Das große astrologische Hausbuch für jeden Geburtstag

Saffi Crawford / Geraldine Sullivan

Das große astrologische Hausbuch für jeden Geburtstag

Sterne, Geburtstage, Schicksalszahlen

Übersetzt aus dem Englischen
von Kristiana Ruhl

Scherz

Die Originalausgabe erschien unter dem Titel «The Power of Birthdays, Stars, & Numbers. The Complete Personology Reference Guide» bei Ballantine Books, New York

1. Auflage 1999
Copyright © 1998 by Saffi Crawford und Geraldine Sullivan
Alle deutschsprachigen Rechte beim Scherz Verlag, Bern, München, Wien.
Alle Rechte der Verbreitung, auch durch Funk, Fernsehen, fotomechanische Wiedergabe,
Tonträger jeder Art und auszugsweisen Nachdruck, sind vorbehalten.

Inhalt

Einführung 7

Einführung in die Astrologie

Sonne, Mond und Sterne 11
Die Archetypen und die Rollen der zwölf Tierkreiszeichen 12
Die zwölf astrologischen Zeichen 12
Die zehn Planeten 18
Die Dekaden 21
Progressionen 23

Einführung in die Welt der Fixsterne

Fixsterne: Grundregeln zur Deutung 25
Die Fixsterne und ihre Magnituden 26

Einführung in die Numerologie

Wie Sie Ihre holistische Zahl errechnen 29
Die neun Grundzahlen 29
Wie Sie Ihre persönliche Jahreszahl errechnen 32
Die neun persönlichen Jahresdeutungen 32
Die 31 persönlichen Tagesdeutungen 34

Die 366 Geburtstage des Jahres

Widder 45
Stier 109
Zwillinge 173
Krebs 237
Löwe 301
Jungfrau 365
Waage 429
Skorpion 491
Schütze 553
Steinbock 615
Wassermann 677
Fische 739

Anhang

Liste der Fixsterne 801

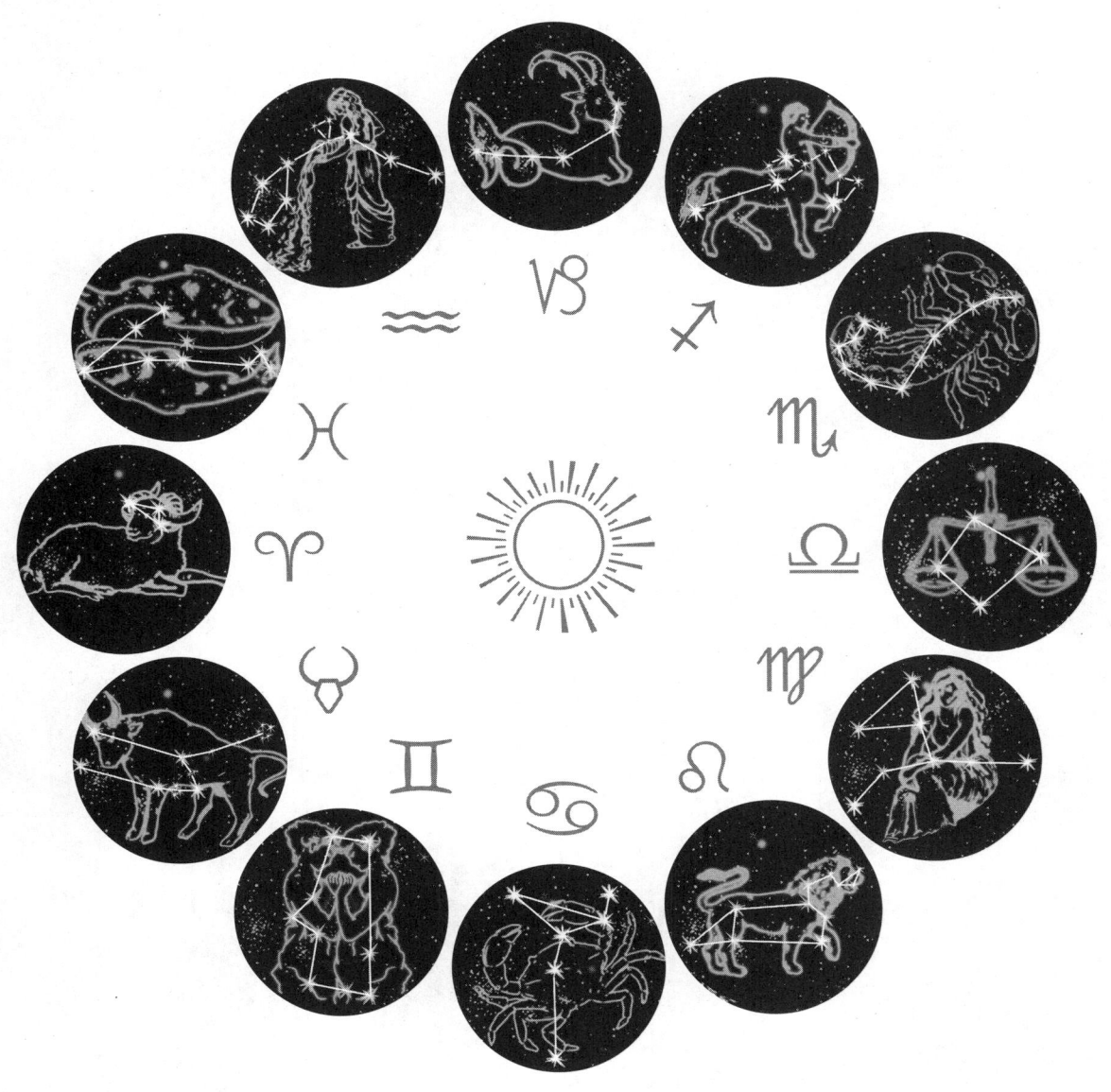

Einführung

Das große astrologische Hausbuch für jeden Geburtstag befaßt sich nicht nur mit den zwölf Zeichen des Zodiakus; es enthält darüber hinaus anschauliche psychologische Profile für alle 366 Tage des Jahres. Wir haben Kenntnisse aus den Bereichen der Astrologie, Psychologie, Numerologie sowie der Fixsterne zusammengetragen und aus der Synthese all dieser verschiedenen Disziplinen die einzelnen Tagesprofile erstellt. Jeder Tag besitzt individuelle kosmische Kräfte und ist deshalb etwas Besonderes und Einzigartiges. In jedem Tagesprofil finden Sie interessante Informationen über sich und Ihre Zukunft. Natürlich können Sie auch die Geburtstage von Freunden, Geliebten, Familienangehörigen und Kollegen nachschlagen. Sie gewinnen profundere Kenntnisse über Ihre persönlichen Fähigkeiten und Ihr Potential, aber auch einen Einblick in Charakter und Motivation der Menschen in Ihrem Umfeld. Astrologie und Numerologie sind Symbolsprachen, die die Beziehung zwischen Mensch und Universum zu beschreiben versuchen. Mit ihrer Hilfe lernen wir uns und andere besser verstehen und erhalten eine Vorstellung von unserem Platz im umfassenderen Plan des Kosmos.

Von Beginn an waren sich die Menschen der Kräfte und Zyklen der Natur bewußt. Jedes Lebewesen steht unter dem Einfluß von natürlichen Kreisläufen und kosmischen Rhythmen. Obwohl sich die Fixsterne außerhalb unseres Sonnensystems befinden, üben auch sie Einfluß auf uns aus. In der Astrologie spielen sie seit Urzeiten eine Rolle. In diesem Buch beschreiben wir die moderne Deutung des Einflusses der Fixsterne auf jeden einzelnen Tag des jährlichen Sonnenzyklus.

Astrologie und Numerologie ermöglichen es, diese Einflüsse zu deuten und zu beschreiben, welche Rolle sie in unserem Leben spielen. In der Astrologie vereinen sich Kenntnisse aus Astronomie, Symbolismus, Psychologie, Physik und Geometrie, während die Numerologie auf der Theorie basiert, daß Zahlen sowohl qualitativ als auch quantitativ zu betrachten sind. Wir haben diese Deutungsmethoden in diesem Buch miteinander kombiniert, um für jeden Tag ein umfassendes persönliches Profil zu erstellen.

Das große astrologische Hausbuch für jeden Geburtstag verbindet zwei verschiedene Methoden, um den Jahreslauf der Sonne zu berechnen. Das astrologische Jahr beginnt am 21. März bei 0° Widder, die numerologische Zeitrechnung hingegen entspricht dem Gregorianischen Kalender, der mit dem 1. Januar beginnt. Zusammen verkörpern diese beiden Sonnenjahrsysteme die holistische Vision der Astronumerologie, die einen tieferen psychologischen Einblick in jeden einzelnen Geburtstag gewährt als die Populärastrologie, die sich nur auf die zwölf Zeichen des Tierkreises mit der Zuordnung ihrer Planeten stützt.

Die Sonne ist das Zentrum unseres Sonnensystems, und die Planeten, einschließlich der Erde, drehen sich um sie. Die Erde beschreibt zwei Kreisbahnen, da sie sich sowohl um die eigene Achse als auch – im Gegenuhrzeigersinn – um die Sonne dreht. Die Drehung der Erde um die eigene Achse bewirkt den Wechsel von Tag und Nacht. Von der Erde aus betrachtet, aus geozentrischer Sicht, scheint die Sonne den Himmel von Osten nach Westen zu durchmessen. Der scheinbare Kreislauf der Sonne vor dem Hintergrund der Fixsterne in ihren zwölf Konstellationen markiert einen Pfad, die sogenannte Ekliptik. Die Achse der Erde rotiert nicht nur, sondern schlingert auch; dabei zeigt zu verschiedenen Zeiten des Jahres der Nordpol einmal zur Sonne und dann in die entgegengesetzte Richtung. Auf diese Weise entstehen die Jahreszeiten mit ihren unterschiedlichen klimatischen Bedingungen. Die Übergänge werden im allgemeinen Frühjahrs- und Herbstequinox sowie Sommer- beziehungsweise Wintersonnenwende genannt. In der Astrologie sind diese vier Abschnitte des Jahres die vier Kardinalpunkte des Zodiakusrades. Das astrologische Jahr beginnt im Frühjahr bei 0° Widder; die Sommersonnenwende findet bei 0° Krebs statt, der Herbst beginnt bei 0° Waage, und die Wintersonnenwende ist bei 0° Steinbock. Da das Zodiakusrad in zwölf gleiche Abschnitte zu je 30° unterteilt ist, folgen den vier Kardinalzeichen die vier festen Zeichen Stier, Löwe, Skorpion und Wassermann. Die vier beweglichen Zeichen Zwilling, Jungfrau, Schütze und Fische vervollständigen den Tierkreis.

Der Zodiak ist in zwölf verschiedene Zeichen unterteilt. In der modernen astrologischen Praxis werden die Zeichen wiederum in drei gleich große Segmente unterteilt, die unterschiedliche Einflüsse ausüben. Die entstehenden Zeichendrittel, die eine Ausdehnung von je 10° haben, werden Dekaden genannt. Sie üben einen Untereinfluß auf das Zeichen aus und vervollständigen seine Eigenschaften. Jede Dekade ist mit einem weiteren Planeten und einem weiteren Zeichen verbunden. In diesem Buch finden Sie nicht nur das Zeichen, in dem Sie geboren wurden, sondern auch die für Sie wichtige Dekade.

In einem weiteren Kapitel stellen wir die Numerologie vor, mit deren Hilfe Sie Ihren Charakter und Ihre Zukunft deuten können. Erklärt wird, wie holistische Zahlen errechnet werden und wie Sie durch die persönliche Jahreszahl Vorhersagen machen können.

Jedes Geburtstagsprofil bietet spezifische Einblicke in die Charakteristika jedes einzelnen Tages. Sie enthalten allgemeine Informationen über planetarische und numerologische Konfigurationen im Hinblick auf die Sonnenzeichen, ihre Stellung im Zodiakus und ihre Dekaden. Indem die Einflüsse weiterer Planeten und Zeichen einbezogen werden, wird Ihr Sonnenzeichen, also das Zeichen, in dem bei Ihrer Geburt die Sonne stand, individuell gedeutet.

Wir haben darüber hinaus eine der bekanntesten Vorhersagetechniken der Astrologie miteinbezogen, die sogenannte Progression. Astrologen können anhand von Sonnenprogressionen wichtige Jahre im Leben eines Menschen bestimmen. Wendepunkte in einer persönlichen Entwicklung treten ungefähr dreimal während einer Lebensspanne auf, immer dann, wenn die progressierende Sonne das Zeichen wechselt.

Im Abschnitt «Ihr geheimes Selbst» finden Sie Ihre ganz persönlichen Stärken und Schwächen. Jedes Tagesprofil enthält darüber hinaus Berufsvorschläge sowie eine Liste berühmter Persönlichkeiten, die an diesem Tag geboren wurden.

In jedem Profil geben wir dem Leser daran anschließend einen Einblick in die Numerologie seines Geburtstages. Für jeden Tag werden die Qualitäten der Zahl beschrieben, die Zahl selbst wird durch die numerologische Bedeutung des einzelnen Monats noch genauer definiert. Die persönliche holistische Zahl beeinflußt Ihr gesamtes Leben und jeden Aspekt Ihres Charakters. Um Ihren Charakter zu verstehen, sollten Sie nicht nur die Numerologie von Tag und Monat berücksichtigen, sondern auch Ihre holistische Zahl. Wenn Sie wissen möchten, was die Jahre Ihnen bringen werden, können Sie Ihre persönliche Jahreszahl errechnen. Jeder Tageseintrag enthält Angaben zu Liebe und Partnerschaft und liefert Daten zu Menschen, mit denen der Leser schicksalhafte Verbindungen, ideale Liebesbeziehungen, Freundschaften und Partnerschaften eingehen kann. Wir haben zwar versucht, möglichst umfassend Daten zusammenzutragen, dennoch sind diese Angaben nicht erschöpfend; Sie können natürlich durchaus Beziehungen zu Menschen haben, deren Daten nicht in diesem Buch erwähnt sind.

Jedes Tagesprofil enthält darüber hinaus Informationen über die besonderen und starken Einflüsse der Fixsterne, die die Sonne auf ihrer jährlichen Bahn passiert. Vielleicht gibt es mehrere Sterne, die sich auf Ihren Geburtstag auswirken, vielleicht liegt aber auch kein Stern nahe genug an der Sonnenbahn, um noch Einfluß auf Sie ausüben zu können. Alle Fixsterne, die einen mit der Sonne in Zusammenhang stehenden Einfluß ausüben, sind in diesem Buch aufgeführt. Außerdem finden Sie die Sterne, die auf Sie den größten Einfluß ausüben. Im Anhang befindet sich eine Liste der wichtigsten Fixsterne. Hier können Sie nochmals gesondert nachschlagen, welche Wirkung «Ihre» Fixsterne auf Sie haben.

Jahrelange Forschung, komplexe astrologische und statistische Untersuchungen sowie Tausende von Fallstudien im Bereich der Personologie liegen diesem Buch zugrunde. Es soll Ihnen helfen, Ihren Charakter, Ihre Fähigkeiten und Ihre Möglichkeiten, aber auch Ihre Mitmenschen besser zu verstehen.

Einführung in die Astrologie

Sonne, Mond und Sterne

Die beiden «Hauptlichter» der Astrologie sind Sonne und Mond, die die Abfolge von Tag und Nacht bestimmen. Auf der Basis dieses natürlichen Rhythmus wurden schon in Frühkulturen Sonnen- und Mondkalender erstellt und in Stunden, Tage, Monate und Jahre eingeteilt. Psychologisch betrachtet, ist die Verbindung von Sonne und Mond so etwas wie eine «mystische Ehe», die die Dualität von Gegensätzen in jedem Individuum verkörpert. In der fernöstlichen Philosophie wird diese Dualität mit dem Yin-und-Yang-Prinzip beziehungsweise mit dem Prinzip des Weiblichen und Männlichen erklärt. Ein individuelles Horoskop ist so etwas wie eine «Landkarte», auf der die genaue Position der Planeten in unserem Sonnensystem am Tage unserer Geburt im Verhältnis zur Erde verzeichnet ist. Grundlage eines Geburtshoroskops sind die zehn Planeten (mit Sonne und Mond) und die zwölf Zodiakus-Zeichen.

Es gibt eine Reihe von Dingen, die der ganzen Menschheit gemein sind: Liebe, Haß, Geburt, Tod, Kindheit, Mutterschaft und Alter. Das ganze Spektrum dieser menschlichen Erfahrungen wird vom astrologischen Rad symbolisiert, auf dem die Sonne ihre Bahn durch die zwölf Zodiakus-Zeichen zieht. Die Astrologie geht davon aus, daß wir alle geboren werden, um in diesen großen Kreis einzutreten und eine Rolle im göttlichen Drama zu übernehmen.

Betrachtet man das Universum als Ganzes, so hängt alles mit allem zusammen und ist somit miteinander verbunden. Ähnlich sind auch in der Astrologie alle zwölf Zeichen sowohl in die Psyche von Individuen als auch in die ganze Menschheit eingebettet. Auch wenn ein Mensch in einem bestimmten Zeichen geboren ist, muß er doch mit den anderen elf Zeichen interagieren, um Teil des Ganzen sein zu können. Im Alltag erleben wir alle Facetten der zwölf Zeichen, wobei unser Sonnenzeichen als die Hauptrolle angesehen werden kann, die wir im Leben zu spielen haben. Carl Gustav Jung hat diese universalen Rollen in der Psychologie als Archetypen bezeichnet.

Die Archetypen und die Rollen der zwölf Tierkreiszeichen

Jedes Tierkreiszeichen übernimmt und spielt bestimmte Rollen eines bestimmten Archetypus, um seine eigene Macht im Schöpfungsakt zu manifestieren. In der folgenden Liste sind jedem Zeichen die wichtigsten Archetypen und Rollen zugeordnet:

WIDDER: Führer, Krieger, Draufgänger, Chef.
STIER: Pragmatiker, Vernunftmensch, Naturliebhaber, Einschätzer, Sänger.
ZWILLING: Kommunikator, Interpret, Schreiber, Sprecher, Geschichtenerzähler, Erzieher.
KREBS: Mutter, Fürsorger, Hellseher, Berater, Beschützer.
LÖWE: Macher, König, Kind, kreativer Künstler, Liebhaber, Schauspieler.
JUNGFRAU: Analytiker, Perfektionist, Forscher, Diener, Verfeinerer, Kritiker.
WAAGE: Liebhaber, Diplomat, Partner, Vermittler, Gastgeber, Unterhändler.
SKORPION: Kontrolleur, Hypnotiseur, Magier, Detektiv, Verwandler.
SCHÜTZE: Reisender, Philosoph, Optimist, Wahrheitssucher, Fremder.
STEINBOCK: Vater, Autoritätsfigur, Arbeiter, Disziplinmensch, Traditionalist.
WASSERMANN: Menschenfreund, unbeteiligter Beobachter, Erfinder, Freund, Exzentriker, Revolutionär.
FISCHE: Visionär, Romantiker, Retter, Mystiker, Hellseher, Heiler, Träumer, Poet.

Die zwölf astrologischen Zeichen

Widder

ERSTES ZEICHEN
KARDINALZEICHEN, ELEMENT FEUER
PLANET: MARS
KÖRPERTEIL: KOPF
TIER: SCHAFBOCK
SCHLÜSSELWORTE: ENERGIE, AKTIVITÄT,
FÜHRUNG

Als erstes Zeichen des Zodiakus bersten Widder geradezu vor Energie und kreativen Ideen. Widdermenschen sind lebhaft, begeisterungsfähig und von dem tiefen Glauben beseelt, daß die Welt nur darauf wartet, von ihnen erforscht und erobert zu werden. Von Natur aus leidenschaftlich und energisch, planen diese Menschen endlose Projekte, die sie selbst ins Leben rufen. Widder sind die Pioniere und Führer unter den Zodiakus-Zeichen, und selbst der Zurückhaltendste unter ihnen träumt heimlich davon, bei irgend etwas die Nummer eins zu werden. Vom Planeten Mars regiert, sind Widder Macher und sitzen nur selten däumchendrehend herum. Mit einem wagemutigen und aktiven Geist ausgestattet, versuchen sie stets, überall die Führung zu übernehmen. Sie können auch großen Idealismus und tiefe Loyalität Freunden gegenüber an den Tag legen. Sie sprechen gern ausführlich mit ihren Partnern über ihre Lieblingsprojekte, unterstützen aber auch die ihrer Partner bedingungslos, wenn sie davon überzeugt sind.

Da Geduld nicht zu ihren Stärken zählt, erkennt man Widdermenschen oft an ihrer direkten Art, ihrem entschlossenen Handeln und ihrem Mangel an Subtilität und Takt. Diese Ungeduld macht sie oft intolerant, impulsiv und läßt sie zu überstürztem Handeln neigen. Andererseits bewähren sie sich gut in Krisen, da sie die Fähigkeit besitzen, Herausforderungen ohne Umschweife anzunehmen und schwierige Situationen furchtlos anzugehen.

Entgegen einem weitverbreiteten Klischee verraten Widder ihre Ideale im allgemeinen nicht, selbst wenn sie dadurch in Schwierigkeiten geraten. Und wenn sie älter werden, lernen selbst Widder, bescheidener zu werden, allerdings nicht ohne vorher häufig anzuecken. Die in diesem Zeichen geborenen Männer lieben es, den Troubadour zu spielen, Widderfrauen wirken oft energisch und leidenschaftlich.

Widder werden leicht wütend und halten mit ihrer Meinung nicht hinter dem Berg, aber sie sind ebenso schnell bereit, zu vergeben und zu vergessen. Ständig voller Adrenalin und ungeduldig, wenn es um Kleinigkeiten geht, sind sie immer in Eile und arbeiten am besten, wenn sie große Projekte auf den Weg bringen. Widdermenschen müssen sich vor naiven, egozentrischen Auswüchsen hüten und davor, andere zu schikanieren.

Stier

ZWEITES ZEICHEN
FESTES ZEICHEN, ELEMENT ERDE
PLANET: VENUS
KÖRPERTEIL: HALS UND NACKEN
TIER: BULLE
SCHLÜSSELWORTE: STANDHAFTIGKEIT,
AUSDAUER, SINNLICHKEIT

Stiere zeichnen sich durch ruhige Entschlossenheit aus. Sie sind sehr vernünftige Menschen, die niemals aufgeben. Geduldig und ausdauernd machen sie auch dann weiter, wenn alle anderen längst aufgegeben haben. Ihre freundliche, ruhige und unaufgeregte Art spiegelt ihre Freude am unkomplizierten Leben wider. Stiermenschen übereilen Dinge nicht. Sie treffen wohlüberlegte Entscheidungen, bei denen Sicherheit und finanzielle Aspekte stark ins Gewicht fallen. Vom Planeten Venus regiert, sind sie oft sehr anziehend, sinnlich und äußerst attraktiv für das andere Geschlecht. Der Einfluß der Venus sorgt auch für Schönheitssinn, Interesse für Kunst und einen besonders hoch entwickelten Tastsinn.

Stiere sind praktische Erdzeichen, denen die Grundbedürfnisse des Lebens, wie Essen und Wohnen, außerordentlich wichtig sind. Häufig kochen sie exzellent, sind Weinkenner und haben gern Gäste. Stiere sind symbolisch gesehen die Banker des Tierkreises; die meisten von ihnen führen akribisch Buch über ihre Finanzgeschäfte. Bezeichnete man sie aber als materialistisch, würden sie entgegnen, daß sie lediglich vernünftig darauf achten, einen adäquaten Gegenwert für ihr Geld zu bekommen. Sie können hervorragend Dinge einschätzen, von Preisen angefangen bis zu sich selbst.

Stiere sind ihren Angehörigen gegenüber häufig sehr großzügig, neigen aber dazu, allzu besitzergreifend zu sein. Als treue und hingebungsvolle Freunde leiden sie oft still, um die Harmonie zu erhalten. Wenn es ihnen aber zu weit geht, werden sie starrköpfig und borniert. Stiermenschen brauchen stabile Verhältnisse und lassen deshalb die Dinge am liebsten so, wie sie sind. In Zeiten des Wandels und der Veränderungen haben sie oft Schwierigkeiten, sich auf neue Situationen einzustellen. Zum Glück finden sie immer wieder Trost in Kunst und Kreativität, in der Natur oder Musik.

Stiere besitzen gewöhnlich eine schöne, ruhige und gleichmäßige Stimme und sind oft gute Sänger. Unter Streß leidet oft ihr Hals zuerst, ansonsten sind sie robust und gesund. Stiermenschen lieben Komfort und schöne Dinge, müssen sich aber hüten, den guten Dingen im Leben allzusehr zuzusprechen.

Oft sind diese Menschen pragmatisch und ausdauernd und steuern gewissenhaft auf ihr Ziel zu. Da sie ihre Wünsche nie auf Sand bauen, haben Stiere gute Chancen, im Leben erfolgreich zu sein.

Zwilling

DRITTES ZEICHEN
BEWEGLICHES ZEICHEN, ELEMENT LUFT
PLANET: MERKUR
KÖRPERTEILE: LUNGE, ARME, HÄNDE
TIER: ELSTER
SCHLÜSSELWORTE: VIELSEITIGKEIT,
REDSELIGKEIT, ERFINDUNGSGABE

Als äußerst kommunikativer Mensch mit schier unerschöpflichem Wissensdurst ist der Zwilling der Prototyp des ewigen Studenten. Als Luftzeichen geboren und sehr intelligent, ist er dauernd in Bewegung, dauernd bemüht, seine intellektuelle Neugierde zu befriedigen. Da er blitzschnell den zentralen Punkt eines Themas erfassen kann, eignet er sich leicht eine große Allgemeinbildung an, die er gerne mit anderen teilt. Zwillingmenschen können klug, vielseitig begabt und begeisterungsfähig sein, müssen sich aber hüten, ihre Energien nicht in zu viele Richtungen zu verströmen. Durch geistige Disziplin und Training können auch Zwillinge lernen, größere Konzentrationsfähigkeit zu entwickeln.

Da sie vom Merkur regiert werden, sind die Menschen dieses Zeichens bisweilen etwas androgyn und besitzen einen schlanken und jugendlich wirkenden Körper. Zwillinge haben meist ausdrucksvolle Gesichter und gestikulieren gern, wenn sie ihre Ideen darlegen. Sie reden mit Begeisterung und können stundenlang telefonieren. Da sie so jugendlich wirken, werden sie oft als ewiges Kind wahrgenommen, das aus dem Staunen nicht herauskommt.

Zwillinge haben ein empfindliches Nervensystem und finden es bisweilen schwer, sich auf eine Sache oder einen Menschen zu konzentrieren. Nicht umsonst ist ihr Symbol der Zwilling, und so sind sie bekannt dafür, stets mindestens zwei Dinge gleichzeitig zu erledigen, flexibel, vielseitig und anpassungsfähig zu sein. Sorglos und geistreich läßt sich der Zwilling nicht gerne festnageln und ist wild entschlossen, sich nicht zu langweilen oder selbst langweilig zu sein. Nicht gerade berühmt für seine Ausdauer, scheint der Zwilling mehrere Persönlichkeiten zu haben und ändert seine Stimmung schnell. Zwillingmenschen sind im allgemeinen intellektuell und meist mehr an anregenden geistigen Herausforderungen interessiert als an erdhaften Leidenschaften. Leichtherzig und freundlich stellen Zwillinge leicht Kontakt mit anderen Menschen her und sind sofort bereit, ihre eigenen Kenntnisse und Wissensquellen anderen zur Verfügung zu stellen. Mit ihrem jugendlichen Charme und ihrem lebhaften Witz sind sie wunderbare Freunde und Begleiter. Unterhaltsam und ideenreich, sind Zwillinge sehr ausdrucksstark, wenn sie ihrem merkurischen Geist freien Lauf lassen.

Krebs

VIERTES ZEICHEN
KARDINALZEICHEN, ELEMENT WASSER
PLANET: MOND
KÖRPERTEIL: BRUST UND BAUCH
TIER: KREBS, SCHILDKRÖTE
SCHLÜSSELWORTE: SENSIBILITÄT, SYMPATHIE, TREUE

Die emotionalen und sensiblen Krebse werden von ihren Gefühlen geleitet. Wie ihr Planet, der Mond, durchlaufen sie die gesamte Skala der Emotionen, die mit dem Wechsel der Gezeiten einhergeht. Krebsmenschen besitzen die Kraft des Ozeans und die Verletzlichkeit eines einsamen Krebses an einem einsamen Strand. Ein Schild aus Schüchternheit oder Zurückhaltung verbirgt ihre große Sensibilität und Vorsicht. Dies sollte aber nicht als Schwäche ausgelegt werden, denn manchmal ziehen sie sich auch nur zurück, um Kraft zu schöpfen. Mitfühlend und freundlich, kümmern sich Krebsmenschen gern um andere, sind zärtliche Eltern und oft in therapeutischen oder pflegerischen Berufen tätig. Sie können einen starken Beschützerinstinkt entwickeln und verteidigen ihre Lieben gegen alle Unbill. Wenig erstaunlich, daß bei ihrem Sicherheitsbedürfnis Heim und Familie eine große Rolle spielen. Sie sind meist häuslich, Feinschmecker und kochen gut.

Trotz häufiger Stimmungswechsel sind sie von Natur aus treu, so sehr, daß sie sogar dazu neigen, andere mit ihrem Beschützereifer und ihrer Hingabe zu erdrücken. Als Wasserzeichen sind sie oft schüchtern und sentimental, hängen an der Vergangenheit und sind eifrige Sammler und Bewahrer. Sie haben bisweilen auch eine sehr große Affinität zu Geld und horten es gerne für schlechte Zeiten.

Krebsmenschen zeichnen sich oft durch eine komplexe Persönlichkeit aus. Einerseits wirken sie wie eine unerschöpfliche Kraftquelle, andererseits besitzen sie die Verletzlichkeit eines Kindes. Krebse sind Meister in der Kunst des passiven Widerstands.

Ihr Planet, der Mond, verleiht den Krebsmenschen natürliche Intuition und die Eigenschaften eines Mediums. Ihre große Phantasie und ihr sensibles Einfühlungsvermögen finden in der Welt der Kreativität und der Kunst den besten Nährboden. Sobald sie jemandem so vertrauen, daß sie sich ihm ganz öffnen, sind sie stark, loyal und beschützend.

Löwe

FÜNFTES ZEICHEN
FESTES ZEICHEN, ELEMENT FEUER
PLANET: SONNE
KÖRPERTEIL: HERZ
TIER: LÖWE
SCHLÜSSELWORTE: VITALITÄT, SELBSTVERTRAUEN, SELBSTVERWIRKLICHUNG

Löwen sind herzlich, liebevoll und großzügig und haben ein großes Herz. Ihre freundlichen und ausladenden Gesten gehen auf ihren Hang zum Dramatischen zurück, denn Löwen fühlen sich am wohlsten, wenn sie im Scheinwerferlicht stehen und für ein dankbares Publikum spielen. Trotz dieser Vorliebe, im Mittelpunkt zu stehen, können Löwen anderen gegenüber sehr aufmerksam sein. Sie unterstützen großzügig deren Projekte und überschütten sie mit Komplimenten.

Von der Sonne regiert, besitzen Löwen eine liebenswerte, kindliche Unbeschwertheit und ein starkes Bedürfnis, sich kreativ auszudrücken. Sie sehen sich selbst stets mehr in der Hauptrolle denn als Statist und haben oft Schwierigkeiten mit Eitelkeit und Stolz. Es fällt ihnen schwer, Fehler zuzugeben, und sie lassen sich mit Schmeicheleien leicht um den Finger wickeln. Mit ihrem sonnigen Gemüt, ihrem Sinn für Humor und ihrer Großzügigkeit machen sie gewisse Untugenden leicht wieder wett. Die sympathischen und geselligen Löwemenschen sind ideale Partner für gesellschaftliche Ereignisse, Partys, Theaterbesuche und lange Ferien.

Ihr Hang zu brillieren, verbunden mit ihrer königlichen und autoritären Ausstrahlung, bringt Löwen oft in Positionen, in denen sie ihre außergewöhnlichen Führungsqualitäten beweisen können. Löwemenschen übernehmen gern Verantwortung. Da sie dies auch tun, ohne darum gebeten worden zu sein, werden sie gelegentlich als herrisch empfunden. Im allgemeinen aber arbeiten sie extrem hart und sind exzellente Manager und Führungspersönlichkeiten. Löwen, die dieses angeborene Potential nicht erfüllen, können dem Müßiggang verfallen und ihren Esprit verlieren.

Löwen sind für ihren Mut bekannt und spielen gerne die Beschützerrolle. Auch bei zurückhaltenderen Löwen, die ihren Stolz und ihre Großartigkeit hinter Bescheidenheit verbergen, schimmert die königliche Würde durch. Löwen gehen immer davon aus, daß andere ebenso integer sind wie sie selbst, und achten darauf, bei Streitigkeiten nie die Selbstachtung zu verlieren. Löwen möchten, daß andere gut über sie denken, und es ist ihnen sehr wichtig, wie sie auf andere wirken.

Unter einem festen Feuerzeichen geboren, können Löwen sehr lebhaft und begeisterungsfähig sein, aber auch dickköpfig. Ihre Kreativität und ihr Sinn für Pathos machen sie zu großen Romantikern. Löwen lieben es, zu lieben und geliebt zu werden. Ihre sonnige Ausstrahlung hinterläßt meist einen bleibenden Eindruck.

Jungfrau

SECHSTES ZEICHEN
BEWEGLICHES ZEICHEN, ELEMENT ERDE
PLANET: MERKUR
KÖRPERTEIL: MAGEN-DARM-TRAKT
TIER: ALLE KLEINEN TIERE
SCHLÜSSELWORTE: SCHARFSINN,
TÜCHTIGKEIT, DIENST AM MITMENSCHEN

Jungfraumenschen sind analytisch und tüchtig und haben eine hohe Arbeitsmoral. Sie brauchen Ordnung im Leben und gehen die Dinge immer systematisch an. Bestehende Systeme müssen sie ständig überprüfen und nachbessern. Leider kann sich dieser Perfektionismus auch in Kritik der Menschen in ihrem Umfeld niederschlagen und löst bei ihnen Widerstand aus. Andererseits schätzen Jungfrauen es überhaupt nicht, von anderen auf ihre Fehler hingewiesen zu werden, denn schließlich kennen sie diese selbst am besten und sind selbst ihre schärfsten Kritiker. Die Fähigkeit, ihre eigenen Fehler einschätzen zu können, kann Jungfraumenschen bescheiden und anspruchslos machen. Häufig bewerten sie sich selbst danach, welchen Wert sie für andere haben.

Vom Merkur regiert, sind Jungfraumenschen intelligent, kritisch und können sich gut ausdrücken; das Element Erde verleiht ihnen einen Sinn fürs Praktische und macht sie zu guten Organisatoren, die hart arbeiten können und Wert aufs Detail legen. Jungfrauen sind generell sehr sparsam, sollte allerdings jemand ihre Hilfe benötigen, spielen Zeit und Geld keine Rolle. Gleichwohl erwarten sie, daß die Menschen, denen sie helfen, auch versuchen, sich selber zu helfen. Jungfrauen können Dummheit und Vulgarität nur schlecht ertragen. Sie besitzen ein stark ausgeprägtes logisches Denkvermögen und versuchen immer, sofort Ordnung in ein Chaos zu bringen. Jungfrauen analysieren noch die letzte Kleinigkeit, müssen sich aber davor hüten, dieselbe Sache immer und immer wieder durchzukauen und darüber den Blick fürs Ganze zu verlieren.

Jungfrauen stellen extrem hohe Ansprüche, was sie äußerst kritisch und auch wählerisch macht. Sie legen meist viel Wert auf Sauberkeit und gute Ernährung, und oft sind sie Verfechter eines sportlichen und gesunden Lebensstils. Dennoch leiden sie hin und wieder unter geistiger Anspannung, werden überängstlich oder gar neurotisch. Dies ist meist auf Streß am Arbeitsplatz zurückzuführen, denn aufgrund ihres starken Pflichtbewußtseins laden sich Jungfrauen oft mehr auf, als sie bewältigen können. Jungfrauen sind im allgemeinen wunderbare Mitarbeiter, denn sie hassen Chaos und schwören auf Gründlichkeit und Tüchtigkeit.

Mit ihrer methodisch ausgerichteten Lebensauffassung, ihrer Zuverlässigkeit und Aufrichtigkeit sind die pragmatischen Jungfraumenschen stets zur Hilfe bereit. Meist helfen sie, bevor sie darum gebeten wurden.

Waage

SIEBTES ZEICHEN
KARDINALZEICHEN, ELEMENT LUFT
PLANET: VENUS
KÖRPERTEIL: NIEREN
TIER: ELEFANT
SCHLÜSSELWORTE: AUSGEGLICHENHEIT,
DIPLOMATIE, BEZIEHUNG

Waagen sind die Diplomaten des Tierkreises. Um Unfrieden zu vermeiden, setzen sie ihren ganzen Charme ein und versuchen alles, um den Frieden zu wahren. Treu, liebenswürdig und kultiviert, streben Waagen stets nach Beliebtheit. Als Luftzeichen haben sie eine Aura der Wichtigkeit um sich, sind freundlich, intelligent und gesellig. Von der Venus regiert, sind sich Waagen ihrer Beziehungen sehr bewußt und können die Dinge sehr gut vom Standpunkt des anderen aus sehen. Durch dieses Bedürfnis nach Ausgeglichenheit brauchen sie oft einen Partner, der ihnen als Spiegel dient, um sich selbst besser verstehen zu lernen. Als Verfechter von Gerechtigkeit und Fairneß wägen Waagen sehr sorgfältig das Für und Wider ab, bevor sie eine Entscheidung treffen. Sie können ein Problem mit außergewöhnlicher Logik und viel Scharfsinn diskutieren. Diese Fähigkeit macht sie zu Spezialisten für Verhandlungen und Kompromißlösungen. Negative Folge ist allerdings, daß sie sich nicht zu einer Entscheidung durchringen können. Balance ist das Schlüsselwort für die Waagen. Sie streben nach Harmonie und durchleben schwierige Phasen, wenn ihre Waagschalen nicht im Gleichgewicht sind. Wenn sie an Selbsterkenntnis und innerer Ausgeglichenheit arbeiten, gewinnen sie mehr Selbstvertrauen. Auf diese Weise erreichen sie auch mehr Unabhängigkeit von anderen. Waagen müssen unter Umständen lernen, für ihre Überzeugung einzustehen, auch wenn sie damit anecken.

Waagen werden von der Venus regiert und sind gesellige, liebenswürdige, elegante Menschen, die Schönheit und Luxus lieben. Im allgemeinen haben sie ein geschmackvoll eingerichtetes Zuhause und sind für irgendeine Art des künstlerischen Ausdrucks begabt. Da sie einen ausgeprägten Sinn für Farben besitzen, brauchen sie ein stilvolles und harmonisches Ambiente, oder sie fühlen sich unglücklich. Diese Liebe zur Ästhetik läßt sich in der Regel auch an ihrem Erscheinungsbild erkennen, da sie stets bemüht sind, attraktiv auszusehen.

Als hervorragende Gastgeber bevorzugen Waagen gesellschaftliche Aktivitäten, die Geselligkeit mit Liebe verbinden, wie Hochzeiten oder intimere Zusammenkünfte mit Freunden oder der Familie. Sie sind große Romantiker, die kleine Aufmerksamkeiten wie Pralinen oder Blumen immer zu schätzen wissen, da dies ihr Bedürfnis nach Schönheit und ihre Schwäche für Süßigkeiten befriedigt. Mit ein wenig Liebe und Treue läßt sich das Herz eines jeden Waagemenschen gewinnen.

Skorpion

ACHTES ZEICHEN
FESTES ZEICHEN, ELEMENT WASSER
PLANET: PLUTO
KÖRPERTEIL: GESCHLECHTSORGANE
TIER: ADLER, SCHLANGE ODER SKORPION
SCHLÜSSELWORTE: REGENERIERUNG,
HEIMLICHKEIT, MACHT

Die Skorpione gehören zu den leidenschaftlichsten Zeichen des Zodiakus. Was immer sie tun, sie tun es ausschließlich und mit größter Hingabe. An Skorpionen ist nichts Halbherziges: Sie sind Kreaturen der Macht, des Willens und der Extreme.

Als Wasserzeichen suchen Skorpionmenschen stets nach tiefen Emotionen. Sie suchen das Echte und Wahre. Skorpione sind Experten im Empfang von Signalen des Unterbewußten, entsprechend Pluto, ihrem Planeten, dem Regenten der Unterwelt. Daraus resultiert, daß Skorpione die unbewußten Gefühle eines anderen ebenso wahrnehmen wie das, was er laut ausspricht. Wie Detektive oder Psychiater fragen sie andere aus, ohne etwas von sich selbst preiszugeben. Diese Heimlichtuerei ist gewöhnlich ein Vorwand, um die Kontrolle zu behalten, da Skorpione sehr intensiv fühlen und daher leicht verletzlich sind.

Eine lehrreiche Erfahrung für Skorpione ist die Überwindung der Begierde durch den kreativen Einsatz des Willens. Da ihr Zeichen mit den Wurzeln des sexuellen Triebs in Zusammenhang gebracht wird, haben sie starke und intensive Gefühle, die manchmal zu Eifersucht oder Besitzergreifung führen.

Symbolischer Tod oder Verwandlung sind für Skorpione eine starke Erfahrung, der sie sich furchtlos stellen. Es gibt Zeiten, in denen sie sich völlig zurückziehen, nur um nicht von ihren intensiven, manchmal überwältigenden Gefühlen lassen zu müssen. Sie können nicht unehrlich sein, selbst auf die Gefahr hin, alles zu verlieren. Dies verleiht ihnen andererseits enorme Stärke: Sie haben keine Angst davor, loszulassen. Als festes Zeichen haben sie großes Durchhaltevermögen und harren aus bis zum bittern Ende. Skorpione sind zwar in der Regel kämpferisch, aber schlechte Verlierer. Im Falle einer Niederlage warten sie so lange, bis sie beweisen können, daß sie doch recht hatten. Wenn man sie auf seiner Seite hat, sind sie kompromißlos treu und loyal und scheuen kein Opfer. Skorpion ist das Zeichen der Regeneration. Skorpionmenschen besitzen enorme Kräfte, weil sie mit den fundamentalen, schöpferischen Kräften der Natur in Verbindung stehen. Das magische Symbol des Phönix, der aus der Asche aufsteigt, verkörpert ihre Fähigkeit, wiedergeboren zu werden und mit neuer Kraft und neuem Verständnis aus den tiefsten Tiefen wieder aufzutauchen. Für Skorpione heißt es immer alles oder nichts. Sie wollen nicht oberflächlich leben, sie brauchen die Herausforderung, um ihre Kräfte zu wecken und sich lebendig zu fühlen.

Schütze

NEUNTES ZEICHEN
BEWEGLICHES ZEICHEN, ELEMENT FEUER
PLANET: JUPITER
KÖRPERTEIL: HÜFTEN UND SCHENKEL
TIER: ZENTAUR, PFERD
SCHLÜSSELWORTE: EHRLICHKEIT,
FORSCHERGEIST, IDEALISMUS

Schützen sind Freigeister mit liebenswürdigem und unabhängigem Auftreten. Sie hassen es, gebunden zu sein, und sind unheilbare Idealisten, die ständig versuchen, ihren Horizont zu erweitern und ihre Lage zu verbessern. Von Natur aus optimistisch und gutmütig, lieben sie Wahrheit, Aufrichtigkeit und Gerechtigkeit und besitzen eine sehr philosophische Lebensauffassung. Als sehr geistvolle Menschen denken Schützen in großen Maßstäben und behalten stets die große Vision im Auge. Diese Gabe, immer den Überblick zu behalten, bedeutet, daß Schützen meist an Projekten für die Zukunft arbeiten. Sie lieben es, Entdeckungen zu machen, und reisen leidenschaftlich gern durch die reale Welt und die Welt des Geistes. Da sie Wissen und Weisheit viel Bedeutung beimessen, suchen sie stets Inspiration für sich und andere und versuchen, ihre Mitmenschen mit amüsanten und klugen Worten oder einem strahlenden Lächeln aufzuheitern. Leider erreichen sie oft den gegenteiligen Effekt, weil sie nicht nachdenken, bevor sie reden. Ein Schütze sagt frank und frei in schonungsloser Offenheit, was er denkt. Es gehört aber auch zu seiner Art, sich nach einem Fauxpas so charmant zu entschuldigen, daß man ihm einfach nicht böse sein kann.

Da sie stets Neues entdecken wollen, entscheiden sich Schützen oft für höhere Bildung und lieben Gebiete wie Philosophie, Religion, Reisen und Recht. Manche Schützenmenschen sind eher sportlich als intellektuell und suchen die Herausforderung im Spiel. Vom Glück begünstigt, gehen sie gerne Risiken ein und neigen zum Glücksspiel oder zur Börsenspekulation.

Was immer sie tun, tun sie mit Stil. Auf ihrer Suche nach den schönen Dingen des Lebens zählt nur das Beste. Sie müssen achtgeben, ihren extravaganten Geschmack nicht zu weit zu treiben und habgierig zu werden. Schützen sind im allgemeinen gut gelaunt und aufrichtig, lieben ihre Bewegungsfreiheit und lassen sich immer gerne mehrere Optionen offen.

Begeisterungsfähig, herzlich und großzügig, tragen Schützen ihr Herz auf der Zunge und richten ihren Bogen auf ein Ziel in weiter Ferne. Sie verstehen es, sich zu amüsieren, und lieben das Abenteuer.

Steinbock

ZEHNTES ZEICHEN
KARDINALZEICHEN, ELEMENT ERDE
PLANET: SATURN
KÖRPERTEIL: KNIE, KNOCHEN
TIER: ZIEGE
SCHLÜSSELWORTE: EHRGEIZ,
GEWISSENHAFTIGKEIT, EIFER

Steinbockmenschen sind überzeugte Realisten und wissen, daß es ohne harte Arbeit keinen Lohn gibt. Sie besitzen ein starkes Pflichtbewußtsein und sind bereit, geduldig zu warten, bis sie ihr Ziel erreichen können. Wie die Bergziege kommen sie irgendwann auf dem Gipfel an, auch wenn es ein ganzes Leben lang dauert.

Entschlossen, eifrig und fleißig, brauchen Steinböcke eine Aufgabe, denn ohne konkretes Ziel sind sie verloren. Sie schreiben für alles Listen und brauchen Ordnung und feste Strukturen, um sich wohl zu fühlen. Sicherheit ist sehr wichtig für sie, und durch ihren Planeten, den Saturn, gehen sie das Leben vorsichtig und konservativ an. Sie zeigen großen Respekt vor Autorität und bewundern die Weisheit und Erfahrung des Alters. Dies wirkt sich auch auf ihre Arbeitseinstellung aus. In ihrem Beruf sind Steinböcke sehr gewissenhaft. Sie können andererseits aber auch dickköpfig, kalt und berechnend sein, wenn sie die saturntypische Härte für egoistische Ziele einsetzen anstatt für Selbstdisziplin, die normalerweise eine ihrer Tugenden darstellt.

Die wirtschaftliche, praktische und sparsame Seite des Steinbocks, der Einfluß des Elements Erde, paßt bestens zu seinem Status- und Prestigedenken, das ihn ohne größere Kraftanstrengung in Machtpositionen bringt. Steinbockmenschen sind weder kapriziös noch leichtherzig; sie nehmen ihre Verantwortung ernst, und Familie und Heim haben oberste Priorität. Steinböcke können leider sehr pessimistisch sein und das Gefühl haben, daß sie nie gut genug sind. Sie müssen sich vor Depressionen hüten. Wenn sie an sich und ihren Fähigkeiten zweifeln, sind sie imstande, alles hinzuwerfen. Wenn sie sich aber sicher fühlen und Rückhalt bekommen, sind sie in ihrem Erfolgsdrang kaum mehr aufzuhalten. Steinböcke müssen vor allem optimistische und positive Zukunftsaussichten entwickeln. Hinter ihrer etwas schüchternen und zurückhaltenden Fassade verbirgt sich meist trockener Humor und Beharrlichkeit, die auf große Selbstdisziplin zurückzuführen ist. Wer Unterstützung braucht, kann sich auf den Steinbockmenschen immer verlassen.

Wassermann

ELFTES ZEICHEN
FESTES ZEICHEN, ELEMENT LUFT
PLANET: URANUS
KÖRPERTEIL: GELENKE UND WADEN
TIER: ADLER, PFAU
SCHLÜSSELWORTE: UNVOREINGENOMMENHEIT,
MENSCHLICHKEIT, UNABHÄNGIGKEIT

Die originellen und unkonventionellen Wassermänner sind progressiv und unabhängig. Zu beobachten, wie die Menschheit funktioniert, ist für sie eine intellektuelle Übung. Da sie stets den unbeteiligten Beobachter spielen, sind sie gut in der Lage, Dinge unpersönlich und unemotional zu beurteilen. Diese Gabe hilft ihnen, in Gruppenbegriffen zu denken, ohne dabei zu vergessen, daß Gruppen aus einzelnen Individuen bestehen, die in einem übergeordneten Ganzen agieren. Dieses humanitäre Bewußtsein ist typisch für Wassermannmenschen, die oft universelle oder philanthropische Aufgaben übernehmen und sich für eine gerechte Sache einsetzen. Da es für sie keine Unterschiede zwischen den Menschen gibt, wirken sie stets freundlich und hilfsbereit und können zu Fremden sprechen, als würden sie sie schon lange kennen.

Die rebellische Ader der Wassermänner ist auf den Einfluß ihres Planeten, des Uranus, zurückzuführen, der einen Sinn für Trends sowie einen starken Freiheitsdrang verleiht. Wassermannmenschen nehmen ungern Befehle entgegen; sie denken lieber selbst und erledigen Dinge auf ihre eigene, unverwechselbare Weise. Versucht man allzu hartnäckig, einen Wassermann zu etwas zu bewegen, wird er mit Sicherheit das Gegenteil tun. Ihr stark ausgeprägter Widerspruchsgeist in Verbindung mit ihrem festen Zeichen kann sie auch extrem dickköpfig machen. In der Regel sind sie aber immer bereit, sich einen anderen Standpunkt erklären zu lassen, sofern er objektiv vorgebracht wird.

Die in diesem Zeichen geborenen Menschen sind sehr zukunftsorientiert und deshalb immer offen und ohne Angst vor neuen Technologien und aufregenden Erfindungen. Wie der Uranus haben Wassermannmenschen eine elektrisierende Wirkung, was häufig in einer besonderen Intuitionsgabe zum Ausdruck kommt. Das kann oft einen Aha-Effekt bei ihnen hervorrufen. Ihr possenhafter Geist macht sie flatterhaft und unberechenbar, aber auch außerordentlich erfinderisch.

Wassermannmenschen wissen, daß sie Teil eines Ganzen sind, und fühlen sich einer Gemeinschaft zugehörig, die sich für Menschenrechte und soziale Reformen einsetzt – selbst wenn der Rest der Welt sie heute noch nicht versteht. Was Wassermänner heute tun, werden andere morgen auch tun.

Fische

ZWÖLFTES ZEICHEN
BEWEGLICHES ZEICHEN, ELEMENT WASSER
PLANET: NEPTUN
KÖRPERTEIL: FÜSSE
TIER: FISCHE, DELPHIN
SCHLÜSSELWORTE: MITGEFÜHL,
AUFGESCHLOSSENHEIT, PHANTASIE

Fischemenschen besitzen einen hochentwickelten Sinn für Empfindungen. Die sensiblen Fische empfangen ständig Signale aus ihrer Umgebung, hören aber ebenso aufmerksam auf ihre eigene innere Stimme. Oft ziehen sie sich in eine eigene Traumwelt zurück, um die Bilder ihrer Phantasie zu genießen oder um der Wirklichkeit zu entfliehen. Das Symbol dieses Tierkreiszeichens sind zwei Fische, die in entgegengesetzte Richtungen schwimmen – sie zeigen die Dualität dieser Persönlichkeiten der Extreme. Fische können müde und lethargisch sein, sich treiben lassen, und dann sind sie wieder hellwach, tüchtig, präzise und arbeiten sehr hart.

Fischemenschen sind für differenzierte Gefühle sehr offen und zeigen viel Großzügigkeit und Mitgefühl. Da sie keine festen Grenzen haben, verlieren sie sich oft in den Bedürfnissen anderer. Fische müssen sich davor hüten, ihr Selbstwertgefühl zu verlieren oder sich selbst zu quälen. Im allgemeinen brauchen sie sehr starken Rückhalt, um Selbstvertrauen zu entwickeln, können oft aber auch so starrköpfig sein, daß niemand sie mehr beeinflussen kann. Als das am wenigsten egoistische Zeichen des Tierkreises können Fische sehr geduldig sein. Wenn sie aber provoziert werden, überraschen sie plötzlich mit einem hohen Maß an Aggressivität. Sentimental und freundlich und sehr gefühlsbetont, reagieren Fische sehr sensibel auf ihre Umwelt und die Gefühle anderer. In Verbindung mit ihrer bemerkenswerten Phantasie befähigt sie das zu jeder Form des Heilens, für Kunst, Theater, Fotografie und vor allem für Bereiche des Spirituellen. Entsprechend dem Symbol der Fische, die in entgegengesetzte Richtungen schwimmen, neigen Fischemenschen zu krassen Stimmungsumschwüngen. Manchmal sind sie voller Optimismus, dann wieder geistesabwesend und ohne Antrieb und geben zu leicht auf. Fischemenschen müssen aufpassen, daß sie nicht den vermeintlich leichteren Weg wählen und sich in Drogen, übermäßigen Fernsehkonsum, Alkohol oder einfach Träumereien flüchten. Die idealistischen Fische neigen dazu, ihre Träume und eigenen Erwartungen auf andere zu projizieren, um dann am Ende desillusioniert zu sein.

Glücklicherweise nutzen sie ihre außergewöhnliche Phantasie und geistigen Fähigkeiten meist, um sich direkt in das kollektive Bewußtsein der Menschheit einzuschalten. Sie sind die Visionäre, die gar nicht anders können, als Menschen in ihrer Umgebung mit ihrem Humor, ihrem Charme und ihrem Mitgefühl aufzuheitern.

Die zehn Planeten

Jeder Planet verkörpert eine psychologische Funktion und entspricht einzelnen Aspekten unserer Persönlichkeit. Charakterzüge werden von der Konstellation der Planeten und den Beziehungen, die sie untereinander haben, beeinflußt. In der Astrologie werden Sonne und Mond «Lichtkörper» genannt und zu den zehn Planeten gezählt, die unser Sonnensystem bilden. Im folgenden werden die Schlüsselfunktionen aufgelistet, die den einzelnen Planeten zugeordnet sind.

Sonne

Als Energiezentrum unseres Sonnensystems strahlt die Sonne Licht und Vitalität aus und gilt als lebensspendende Kraft. In der Astrologie verkörpert sie die Energiequelle jedes lebendigen Wesens und steht für kraftvolle Individualität. Sie ist das Zentrum unseres Daseins, unseres Identitätsgefühls und unseres Ichs. Die Sonne wird dargestellt durch einen Kreis mit einem Punkt in der Mitte, der das Herz unseres physischen Universums markiert. Im esoterischen Symbolismus verkörpert dieser Kreis die Gesamtheit der Unendlichkeit oder Ewigkeit und der Punkt in der Mitte einen bestimmten Punkt in Zeit und Raum innerhalb dieser Gesamtheit. Der Sonne werden Willenskraft, Energie, Stärke und Ausdruckskraft zugeschrieben. Sie steht außerdem für Ehrgeiz und Stolz, Selbstbewußtsein, Selbstvertrauen und metaphorisch für den Vater oder männlichen Archetypus. In der Mythologie werden Könige und Helden oft mit der Sonne oder Helios in Verbindung gebracht. Die Sonne regiert das Tierkreiszeichen des Löwen.

Positive Eigenschaften: Vitalität, Individualität, Kreativität, Robustheit, Willenskraft, Inspiration, Selbsterkenntnis, Ego, Identität.

Negative Eigenschaften: Egoismus, Egozentrik, Stolz, Arroganz, Dominanz, Tyrannei.

Mond

Der Mond reflektiert das Licht der Sonne und ist insofern einzigartig unter den «Planeten», als er als einziger die Erde umkreist. Der Einfluß des Monds bedeutet im wesentlichen Aufnahmebereitschaft und Irrealität. Der Mond verkörpert unsere emotionalen Bedürfnisse und Instinkte und regiert das Element des Wassers, die Ozeane, die Gezeiten und die Nacht.

In der Mythologie repräsentieren Isis, Istar, Artemis und Diana die vielen Gesichter der Mondgottheit. Traditionell wird der Mond mit dem Weiblichen gleichgesetzt. Im allgemeinen steht der Mond für Intuition und geistige Beweglichkeit und ist stark in Folklore, Poesie und Mythen vertreten. Seine Göttlichkeit drückt sich vor allem im Weiblichen und im Zyklus der Fruchtbarkeit, Zeugung, Geburt und Mutterschaft aus, außerdem im Reichtum der Natur.

In der psychologischen Astrologie verkörpert der Mond unsere unterbewußten Reaktionen und subjektive Erfahrung. Er steht außerdem für das unbewußte Bedürfnis, unsere Grundbedürfnisse zu befriedigen. Der Mond spiegelt die Spannungen wider, unter denen wir stehen, und zwingt uns, diese in Gefühlen zum Ausdruck zu bringen. Der Mond regiert das Zeichen des Krebses.

Positive Eigenschaften: Sensibilität, Mütterlichkeit, Aufgeschlossenheit, Intuition, geistige Beweglichkeit.

Negative Eigenschaften: Launenhaftigkeit, Überempfindlichkeit, übermäßige Gefühlsbetontheit.

Merkur

In der Mythologie ist Merkur der Bote der Götter, der dem Menschen die Sprache und die Fähigkeit, zu kommunizieren und zu lernen, überbrachte. In Ägypten und Griechenland war er als Hermes bekannt, dessen Geschenke an die Menschheit Sprache und Schrift waren. Merkurs Begabung liegt in Rhetorik und geistiger Gaukelei, die unser Bewußtsein so weit beeinflussen können, daß wir irgendwann cleverer werden, als es uns guttut. Merkur wird zwar immer als junger Mann dargestellt, ist aber weder männlich noch weiblich. Dieser Zustand ist symbolisch für seine Rolle als neutrales Medium des Nachrichtenaustausches. Er verkörpert das intellektuelle, rationale Denken und kritischen Scharfsinn und wird mit Handel und Markt in Verbindung gebracht.

Psychologisch steht Merkur für die Fähigkeit und das Bedürfnis, zu begreifen und zu kommunizieren, ob durch Sprache, Schrift, Lehren oder eine andere Form des geistigen Ausdrucks. Merkur regiert die Zeichen der Zwillinge und der Jungfrau.

Positive Eigenschaften: Klugheit, geistige Beweglichkeit, gute Kommunikationsgabe, Intellektualität.

Negative Eigenschaften: Verschlagenheit, Schwäche oder Überbetontheit des Intellekts, mangelndes logisches Denkvermögen.

Venus

In der Mythologie ist Venus die Göttin der Liebe und Schönheit, die Mutter von Eros. Die Griechen nannten sie Aphrodite. Venus verkörpert das weibliche Prinzip. Ihre Funktion besteht darin, Einigkeit und Harmonie zu schaffen, aber auch einen Sinn für Natur und Kunst zu vermitteln.

Psychologisch repräsentiert Venus den Antrieb, mit anderen in Kontakt zu treten, den Ausdruck von Liebe und allem, was Freude bringt. Venus ist beliebt, charmant und attraktiv, manchmal aber auch ein wenig maßlos. Stets bemüht, um jeden Preis Konflikte zu vermeiden, versucht Venus, eine Bedrohung dadurch abzuwenden, daß sie den Gegner verführt und für sich einnimmt. Dafür zuständig, Harmonie und Einigkeit zu schaffen, ist Attraktivität bei dieser Rolle ein wichtiger Faktor. Auf Äußerlichkeiten, Geselligkeit, romantische Liebe und das andere Geschlecht wird großen Wert gelegt. Venus verleiht einen einnehmenden Charakter, Liebe zur Natur und starke Begehrlichkeit. Außerdem verschönt sie alles, was sie berührt, und vermittelt großen Sinn für Ästhetik, guten Geschmack mit Talent für Musik und die Künste. Sie regiert zudem das Wertesystem eines Menschen und drückt sich in seiner Einstellung zu Geld und Besitztum, aber auch in seinem Selbstwertgefühl aus. Venus regiert Stier und Waage.

Positive Eigenschaften: Liebe zu Schönheit und Kunst, Wärme und Herzlichkeit, Geselligkeit, Sinn für Werte, Bereitschaft zur Zusammenarbeit.

Negative Eigenschaften: Vergnügungssucht, Maßlosigkeit, Eitelkeit, Luxusverliebtheit.

Mars

In der Mythologie ist Mars der Kriegsgott, der unseren Überlebensinstinkt regiert, ob wir nun fliehen oder uns dem Kampf stellen. Als Gegenpol der Venus verkörpert Mars das männliche Prinzip, er ist kämpferisch, bestimmt und entschlossen. Mars ist voller Energie und Antrieb. Weil er Mut und dynamische Kraft beweist, wenn er sich einem Gegner stellt, repräsentiert er auch den Archetypus des Helden. Martialische Eigenschaften werden oft mit Tapferkeit und Draufgängertum assoziiert. Im modernen Leben können wir Mars' Energie nutzen, um auf dem Arbeitsmarkt zu bestehen, um unsere Ziele zu erreichen oder um für unsere Überzeugungen einzustehen.

Da die Funktion von Mars unseren Überlebenswillen betrifft, ist sie mit der Adrenalinausschüttung in unserem Körper und der Fähigkeit, schnell zu reagieren, verbunden. Im Übermaß vorhanden, kann dieselbe Mars-Energie, die einerseits Entschlossenheit und Kampfgeist verleiht, andererseits schlechte Laune, Wut, Aggression und Ungeduld verursachen. Ohne Mars aber wären wir schlaff, ohne Antrieb und Initiative und könnten unsere Aufgaben nicht bewältigen. Mars regiert das Zeichen des Widders.

Positive Eigenschaften: Energie, Mut, Dynamik, Tatkraft, Vitalität.

Negative Eigenschaften: Aggression, Gewalt, ungehobeltes Verhalten, Wut, Rastlosigkeit.

Jupiter

Jupiter ist der größte Planet in unserem Sonnensystem. Benannt nach dem Führer des römischen Pantheons (den Griechen als Zeus bekannt), wird Jupiter mythologisch mit Weisheit, Sieg und Gerechtigkeit assoziiert. Seiner Größe entsprechend, will Jupiter sich stets ausdehnen oder übertreiben. Er verkörpert die Fähigkeit, über den eigenen Horizont hinauszusehen, um den größeren Plan oder die umfassendere Vision erkennen zu können, und er bringt gleichzeitig den nötigen Optimismus und das Selbstvertrauen dafür mit.

Jupiters Bemühen um Wissen und Wahrheit steht für eine philosophische Lebensanschauung. Der Wunsch, neue Kenntnisse zu gewinnen, weckt Lernbegierde und führt zu Universitäten und spirituellen Lehrern. Außerdem steht Jupiter als Herr der Wahrheit für Justiz, Gerichte, Recht und Gesetz.

Jupiter drückt sich im Bestreben, sich geistig, emotional und spirituell weiterzubilden, aus und wird auch häufig mit Glück und Reichtum in Verbindung gebracht. Jupiter fördert die Sehnsucht nach neuen Erfahrungen und Reisen zu entfernten und exotischen Orten. Übertriebener Wissensdurst kann jedoch auch zu Habsucht, falschem Optimismus, Unseriosität und einem aufgeblasenen Ego führen. Im besten Falle steht Jupiter für gutgelaunte und großzügige Idealisten, die den Glauben und die Weisheit besitzen, ihre großen Pläne zu verwirklichen. Jupiter regiert den Schützen.

Positive Eigenschaften: Wahrheitsliebe, Großzügigkeit, Idealismus, Optimismus, Reiselust, Bildungsdrang.

Negative Eigenschaften: Hang zur Übertreibung, zu großer Wissensdurst, falscher Optimismus, Habgier.

Saturn

In der Mythologie ist Saturn Chronos, der Vater der Zeit. In Griechenland und Rom war er der Gott der sozialen Ordnung und wurde als Ernter mit der Sichel in der Hand dargestellt. Er symbolisiert, daß wir ernten sollen, was wir gesät haben, und verkörpert mithin auch perfekte Gerechtigkeit und das Gesetz von Ursache und Wirkung.

Psychologisch ist Saturn der Archetypus des weisen alten Mannes, des Lehrers. Indem wir die Verantwortung und Disziplin für unsere Selbstverwirklichung übernehmen, werden wir älter und weiser. Die harte Arbeit und das Training, zu denen uns Saturns gestrenger Einfluß treibt, lohnen sich, denn es ist die einzige Möglichkeit, zu lernen und sich weiterzuentwickeln. Der Expansionsdrang des Jupiter wird vom dämpfenden Einfluß des Saturn abgefangen. Er kann die Ordnung aufrechterhalten, indem er die Hochfliegenden auf den Boden der Tatsachen zurückholt. Saturns begrenzender Einfluß kann aber auch zu Pessimismus, Angst und übertriebener Ernsthaftigkeit führen. Saturn fordert Klarheit, Form und Struktur. Er errichtet Grenzen, die Kontrolle, Sicherheit und feste Regeln gewährleisten. Saturn verkörpert alles «Harte», angefangen von unseren Knochen und Zähnen bis zur Härte mit uns selbst. Da dieser Planet uns zwingt, uns unserer Verantwortung und unseren Pflichten zu stellen, erscheinen seine Lektionen manchmal bitter. Saturn ist vollkommen fair und gerecht: Was man investiert, bekommt man auf den Pfennig zurück. Mit Saturn kann man nicht damit rechnen, etwas umsonst zu bekommen. Er vermittelt die nötige Entschlossenheit und Ausdauer, die zum Erfolg führen. Saturn regiert den Steinbock.

Positive Eigenschaften: Disziplin, Ordnung, Autorität, Verantwortungsbewußtsein, Weisheit, Realitätssinn, Geduld und Ausdauer.

Negative Eigenschaften: Pessimismus, Angst, übertriebene Strenge.

Uranus

Der alte griechische Name für Uranus bedeutete «Himmel» oder «Nachthimmel», und in der Mythologie war er Saturns Vater. Die Weite des Himmels symbolisiert unsere Fähigkeit, unseren Geist dem Universum zu öffnen. Uranus sorgt für Erleuchtung und Befreiung des Geistes aus den engen Fesseln des Saturn. Mit dieser Art der Freiheit geht einher, daß wir in unserem Leben auch Platz für das Unerwartete lassen, daß wir gegen alle Konformität unsere Individualität zum Ausdruck bringen. Treiben wir dies aber auf die Spitze, riskieren wir, Rebellen nur um der Rebellion willen zu werden.

Psychologisch können wir mit Uranus unseren Standpunkt dem Universum öffnen und die Menschheit als Gemeinschaft von Brüdern und Schwestern begreifen. Uranus symbolisiert die Bereitschaft, für Menschenrechte und Ausdrucksfreiheit zu kämpfen.

Uranus regiert elektrische Energie jeder Art: Fernseh- und Radiowellen, Magnetfelder, Laserstrahlen, Computer und moderne Technologie. Da er seinen Blick immer in die Zukunft gerichtet hat und fähig ist, bildlich und abstrakt zu denken, ist Uranus äußerst intuitiv und erfinderisch. Diese Gaben führen oft dazu, daß ein Mensch unter seinem Einfluß der Zeit voraus ist und sich besonders individualistisch und unkonventionell gibt. Uranus regiert den Wassermann.

Positive Eigenschaften: Freiheit, Philanthropie, Objektivität, Unvoreingenommenheit.

Negative Eigenschaften: Rebellion, Exzentrik, aufrührerische Tendenzen, Starrsinn.

Neptun

In der Mythologie ist Neptun der Gott des tiefen, unergründlichen und geheimnisvollen Meeres. So wie das Wasser Felsen in Sand verwandeln kann, löst Neptun langsam und stetig die Barrieren auf, die das Ego um sich baut, und läßt uns mystische Erfahrungen machen. Der Nebel, der über den Ufern schwebt, ist wie der Nebel, der diesen Planeten umgibt, auf dem nichts fest und alles illusionistisch und rätselhaft ist. Psychologisch ist es Neptuns Funktion, uns zu helfen, unsere Begrenzungen zu überwinden, indem wir unser Gefühlsleben verfeinern und weiterentwickeln. Anders als Saturn kennt Neptun keine Grenzen und fühlt sich mit allem eins. Diese Fähigkeit, sich allem anzupassen, kann auf der anderen Seite aber auch zu einer gewissen Verlorenheit führen. Hochentwickelte Sensibilität gegenüber allem kann bedeuten, daß man für das Leiden der Menschheit besonders großes Mitgefühl empfindet, kann aber auch dazu führen, daß man sich in künstlerische Ausdrucksarten wie Kunst,

Musik oder Theater verliert. Er kann dem Künstler Inspiration und Vorstellungskraft verleihen.

Für Menschen mit hochentwickelter Wahrnehmungs- und Vorstellungskraft ist es leicht, sich in Phantasiewelten, in Alkohol- und Drogenmißbrauch zu flüchten oder sich der Selbsttäuschung hinzugeben und verwirrt oder fehlgeleitet zu werden. Neptun positiv einzusetzen bedeutet, an der Vision unseres Ideals festzuhalten, damit wir unsere Träume erfüllen können. Neptun regiert das Zeichen der Fische.

Positive Eigenschaften: Sensibilität, Vision, Mitgefühl, Inspiration, Transzendenz.

Negative Eigenschaften: Illusion, Täuschung, Realitätsflucht, Verwirrung, Unsicherheit.

Pluto

Mythologisch steht Pluto, der Gott der Unterwelt, für Verwandlung, Tod und Wiedergeburt. Er symbolisiert tiefgreifende Veränderungen, und seine Energie ist stark und mächtig. Sein Einfluß verleiht Menschen die Fähigkeit, Ungesagtes und unbewußte Zeichen zu verstehen, meist durch Körpersprache. Dies kann positiv eingesetzt werden, etwa in der Tiefenpsychologie, aber auch mißbraucht werden, um Kontrolle über andere auszuüben. Der Planet Pluto wurde zu einer Zeit entdeckt, als die Atomforschung in eine neue Phase eintrat und C. G. Jungs Theorie des Unbewußten veröffentlicht wurde. Plutos Energie ist enorm, ganz gleich ob er düstere Gestalten aus der Unterwelt, Fanatiker oder Terroristen antreibt oder Menschen, die die Gesellschaft positiv verändern.

Er kann diese Extreme auch in unserem Innern auslösen. Pluto steht oft für das «Alles-oder-nichts-Prinzip». In unserer Entwicklung gibt es immer wieder Phasen, in denen wir das Alte hinter uns lassen müssen, ohne zu wissen, was die Zukunft bringen wird. Die Energie von Tod und Wiedergeburt wird machtvoll von Pluto symbolisiert. Mit Plutos Hilfe können wir Veränderungen in unserem Leben akzeptieren. Von ihm lernen wir, wann es nötig ist, loszulassen. Pluto lehrt uns, daß jedes Ende zugleich ein Neuanfang ist und das Leben weitergeht. Dieses Wissen hilft uns beim gesamten Regenerierungsprozeß. Pluto regiert den Skorpion.

Positive Eigenschaften: Kraft, Veränderung, Regeneration, Offenlegung des Verborgenen.

Negative Eigenschaften: Machtmißbrauch, Besessenheit, Verbissenheit, Fanatismus.

Die Dekaden

Eine Dekade entspricht 10° des Tierkreises. Jedes Zeichen besitzt 30° des Zodiakusrads, so daß jedes der zwölf Zeichen drei räumlich gleiche, aber symbolisch verschiedene Abschnitte umfaßt. Wenn die Sonne im Verlauf eines astrologischen Monats ein Zeichen durchwandert, passiert sie nacheinander die drei Dekaden. Rund alle zehn Tage tritt sie in eine neue Dekade ein. Jede der drei Dekaden übt mit den ihr zugeordneten Planeten wiederum Einfluß auf das Sonnenzeichen aus. Bezieht man die Dekaden in die Deutung mit ein, wird eine wesentlich genauere Charakterisierung des Geburtstages möglich. Ein Steinbock, der in der zweiten Dekade geboren ist, steht zum Beispiel unter dem Einfluß des Stiers. In der altägyptischen Astrologie wurde den Dekaden ebensoviel Bedeutung beigemessen wie den zwölf Zeichen selbst.

Die Einflüsse auf die Dekaden werden von dem Element bestimmt, das dem Zeichen zugeordnet ist. Jedes Sonnenzeichen wird symbolisch mit einem der vier Grundelemente assoziiert:

- Das Element Feuer regiert: Widder, Löwe, Schütze
  Zugeordnete Planeten: Mars, Sonne, Jupiter
- Das Element Erde regiert: Stier, Jungfrau, Steinbock
  Zugeordnete Planeten: Venus, Merkur, Saturn
- Das Element Luft regiert: Zwilling, Waage, Wassermann
  Zugeordnete Planeten: Merkur, Venus, Uranus
- Das Element Wasser regiert: Krebs, Skorpion, Fische
  Zugeordnete Planeten: Mond, Pluto, Neptun

Die Abfolge der Dekaden folgt in allen zwölf Sonnenzeichen dem gleichen Muster. Die Dekaden unter jedem Sonnenzeichen werden den drei Zeichen zugeordnet, die wiederum dem Element des entsprechenden Sonnenzeichens zugeordnet sind. Nehmen wir ein Beispiel: Der Widder wird, wie Sie oben sehen, vom Feuer regiert. Alle Menschen, die im Zeichen des Widders geboren sind, werden somit dem Element des Feuers zugeordnet. Alle drei Dekaden des Widders werden nun den Zeichen zugeordnet, die zum Feuer gehören: die erste Widderdekade dem ihm am nächsten liegenden Sonnenzeichen, das zum Feuer gehört, nämlich dem Widder selbst. Gehen wir im Gegenuhrzeigersinn weiter auf dem Tierkreis, kommen wir als nächstes Feuerzeichen zum Löwen. Der Löwe wird also der zweiten Widderdekade zugeordnet. Das dritte Feuerzeichen auf unserer Reise ist der Schütze. Die dritte Widderdekade wird somit dem Schützen zugeordnet. Dieses Muster ist auf alle Dekaden aller Sonnenzeichen anwendbar. So wie jedes Sonnenzeichen einem Planeten zugeordnet ist, der es regiert, sind dies auch die Dekaden. Die Widderdekade des Widders wird vom Planeten Mars regiert, die Schützendekade des Widders vom Jupiter.

In der folgenden Auflistung der Sonnenzeichen sehen Sie, wie deren Dekaden beeinflußt werden und welche Tage jeder Dekade zugeordnet sind.

Widder 21. März – 20. April

Widder-Widder	Mars-Dekade: 20./21. März bis 30. März
Widder-Löwe	Sonnen-Dekade: 31. März bis 9. April
Widder-Schütze	Jupiter-Dekade: 10. April bis 20./21. April

Stier 21. April – 21. Mai

Stier-Stier	Venus-Dekade: 20./21. April bis 30. April
Stier-Jungfrau	Merkur-Dekade: 1. Mai bis 10. Mai
Stier-Steinbock	Saturn-Dekade: 11. Mai bis 21./22. Mai

Zwilling 22. Mai – 21. Juni

Zwilling-Zwilling	Merkur-Dekade: 21./22. Mai bis 31. Mai
Zwilling-Waage	Venus-Dekade: 1. Juni bis 10. Juni
Zwilling-Wassermann	Uranus-Dekade: 11. Juni bis 21./22. Juni

Krebs 22. Juni – 22. Juli

Krebs-Krebs	Mond-Dekade: 21./22. Juni bis 1. Juli
Krebs-Skorpion	Pluto-Dekade: 2. Juli bis 11. Juli
Krebs-Fische	Neptun-Dekade: 12. Juli bis 22./23. Juli

Löwe 23. Juli – 22. August

Löwe-Löwe	Sonnen-Dekade: 22./23. Juli bis 2. August
Löwe-Schütze	Jupiter-Dekade: 3. August bis 12. August
Löwe-Widder	Mars-Dekade: 13. August bis 22./23. August

Jungfrau 23. August – 22. September

Jungfrau-Jungfrau	Merkur-Dekade: 22./23. August bis 2. September
Jungfrau-Steinbock	Saturn-Dekade: 3. September bis 12. September
Jungfrau-Stier	Venus-Dekade: 13. September bis 22./23. September

Waage 23. September – 22. Oktober

Waage-Waage	Venus-Dekade: 22./23. September bis 3. Oktober
Waage-Wassermann	Uranus-Dekade: 4. Oktober bis 13. Oktober
Waage-Zwilling	Merkur-Dekade: 14. Oktober bis 22./23. Oktober

Skorpion 23. Oktober – 21. November

Skorpion-Skorpion	Pluto-Dekade: 22./23. Oktober bis 2. November
Skorpion-Fische	Neptun-Dekade: 3. November bis 12. November
Skorpion-Krebs	Mond-Dekade: 13. November bis 21./22. November

Schütze 22. November – 21. Dezember

Schütze-Schütze	Jupiter-Dekade: 21./22. November bis 2. Dezember
Schütze-Widder	Mars-Dekade: 3. Dezember bis 12. Dezember
Schütze-Löwe	Sonnen-Dekade: 13. Dezember bis 21./22. Dezember

Steinbock 22. Dezember – 20. Januar

Steinbock-Steinbock	Saturn-Dekade: 21./22. Dezember bis 31. Dezember
Steinbock-Stier	Venus-Dekade: 1. Januar bis 10. Januar
Steinbock-Jungfrau	Merkur-Dekade: 11. Januar bis 20./21. Januar

Wassermann 21. Januar – 19. Februar

Wassermann-Wassermann	Uranus-Dekade: 20./21. Januar bis 30. Januar
Wassermann-Zwilling	Merkur-Dekade: 31. Januar bis 9. Februar
Wassermann-Waage	Venus-Dekade: 10. Februar bis 19./20. Februar

Fische 20. Februar – 20. März

Fische-Fische	Neptun-Dekade: 19./20. Februar bis 1. März
Fische-Krebs	Mond-Dekade: 2. März bis 11. März
Fische-Skorpion	Pluto-Dekade: 12. März bis 20./21. März

Progressionen

Progressionen werden in der Astrologie als eine der Vorhersagetechniken verwendet. Die bekannteste Progressionsmethode besteht darin, symbolisch einen Tag durch ein Jahr zu ersetzen, um das Leben gewissermaßen in Zeitlupe zu demonstrieren. In diesem Deutungssystem werden die Planetenbewegungen im Verlauf eines Tages auf die Progression der Planeten im Verlauf eines Jahres übertragen. So entsprechen zum Beispiel die Konstellationen der Himmelskörper am 24. Tag eines Lebens denen des 24. Lebensjahres.

Die Sonne steht im großen Sternenkreis des Zodiakus der Position der Erde in Relation zur Sonne gegenüber. Während die Erde um die Sonne wandert, bewegt sich die Sonne, von der Erde aus betrachtet, durch die verschiedenen Zeichen, die im Abstand von 30° auf dem Tierkreis angeordnet sind. Wir folgen in diesem Buch dem Weg der Sonne durch die verschiedenen Zeichen und beobachten ihre wechselnden Einflüsse auf den Menschen. Wendet man die Zeitlupenmethode der Progressionen an, braucht die Sonne dreißig Jahre, statt dreißig Tage, um alle Zeichen einmal zu passieren. Wenn Sie zum Beispiel auf der Grenze zweier Zeichen geboren sind, würde Ihre progressierende Sonne die nächste Grenze nach dreißig Jahren erreichen, also an Ihrem dreißigsten Geburtstag. Wenn Sie am 15. Tag eines Sonnenzeichens geboren sind, erreicht die Sonne das nächste Zeichen nach 15 Jahren; an Ihrem dreißigsten Geburtstag hätte sie also erst die Mitte des folgenden Zeichens erreicht.

Wenn Sie gegen Ende eines Zodiakus-Zeichens oder auf der Grenze zum nächsten geboren sind, erreicht die Sonne das Nachbarzeichen innerhalb weniger Jahre. In diesem Fall fühlen Sie sich vielleicht mit dem folgenden Zeichen mehr verbunden als mit Ihrem eigenen Sonnenzeichen. Die drei folgenden Diagramme sollen dies illustrieren; die Wendepunkte sind mit einem X markiert.

Beispiel 1: Wenn Sie zu Beginn des Zeichens Zwilling geboren sind, etwa am 23. Mai, wandert Ihre Sonne 28 Jahre lang durch Ihr Sonnenzeichen. Das Zeichen des Krebses erreicht sie, wenn Sie etwa 29 Jahre alt sind. Anschließend braucht sie weitere dreißig Jahre, um ihre Reise durch den Krebs fortzuführen, und erreicht das Zeichen des Löwen, wenn Sie 59 werden.

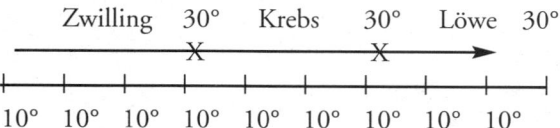

Beispiel 2: Wenn Sie in der Mitte des Zeichens der Jungfrau geboren sind, etwa am 7. September, wechselt Ihre Sonne das Zeichen und tritt in die Waage ein, wenn Sie 15 sind. Anschließend braucht die Sonne weitere dreißig Jahre, um die Waage zu durchqueren, bevor sie das Zeichen des Skorpions erreicht; zu diesem Zeitpunkt sind Sie etwa 45. Ein weiterer Wechsel findet statt, wenn Sie 75 sind und Ihre Sonne in das Zeichen des Schützen eintritt.

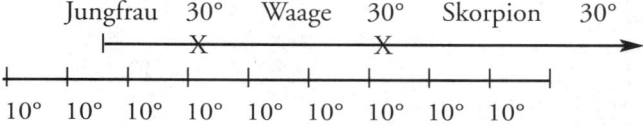

Beispiel 3: Wenn Sie in den letzten Tagen des Schützezeichens geboren sind, erreicht die Sonne das Zeichen des Steinbocks, wenn Sie noch ein Baby sind. Dann braucht sie dreißig Jahre, um den Steinbock zu durchqueren. Ein weiterer Wechsel findet statt, wenn Sie 31 sind und Ihre Sonne in den Wassermann eintritt. Wenn Sie 61 sind, wechselt Ihre Sonne das Zeichen erneut und erreicht die Fische.

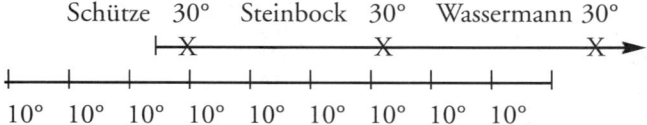

Einführung in die Welt der Fixsterne

Fixsterne sind Teil des Kosmos außerhalb unseres Sonnensystems. Anders als die Planeten, die unsere Sonne umkreisen, sind Fixsterne selbst Sonnen; einige davon strahlen wesentlich weiter und heller als unsere Sonne. Wenn wir von Fixsternen sprechen, benutzen wir den Begriff «Lichtjahr», um die riesigen Entfernungen zu beschreiben, die schwer zu berechnen und noch schwerer zu begreifen sind. «Fixsterne» werden sie genannt, weil sie von der Erde so extrem weit entfernt sind, daß sie uns unbeweglich erscheinen. Der Einfluß der Fixsterne ist von ihrer Helligkeit abhängig.

Obwohl es Millionen von Fixsternen im Universum gibt, werden in der Astrologie nur ein paar wenige beachtet – nämlich diejenigen, die in unmittelbarer Nähe des Tierkreises liegen. Schon vor Tausenden von Jahren wurde der Einfluß von Fixsternen auf Weltereignisse beobachtet. Schon Mesopotamier und Babylonier gaben Fixsternen Namen. Sie sind im Gilgamesch-Epos erwähnt. Zusammen mit Kometen, Eklipsen und Planeten spielten sie bei der Deutung von Wetterphänomenen eine bedeutende Rolle. Auch die Ägypter glaubten an den mächtigen Einfluß der Fixsterne. Sie feierten ihre Sommersonnenwende mit Fruchtbarkeitsriten; die großen Nilhochwasser schrieben sie dem Aufgehen des Sternes Sirius zu. Neueste Forschungen deuten darauf hin, daß die großartigen Pyramiden von Gizeh nach dem Oriongürtel ausgerichtet sind.

Etwa um 250 v. Chr. wurde in Griechenland erstmals eine Liste der Fixsterne erstellt. In der biblischen Weihnachtsgeschichte werden die drei weisen Männer aus dem Morgenland von einem Stern zum Stall in Bethlehem geleitet. Die Beobachtung der Fixsterne setzt sich durch die Geschichte fort und spiegelt sich im Verständnis unserer Vorfahren vom Himmel wider. Fixsterne wurden mit vielen Aspekten des Lebens in Verbindung gebracht und ihre Deutung ursprünglich von den Symbolen abgeleitet, mit denen man sie bezeichnete. In der Konstellation von Alpha Leonis, also des Löwen, ist zum Beispiel Regulus (auch das Löwenherz genannt) der hellste Fixstern. Er symbolisiert Kraft, Stärke und Autorität und erscheint in den Horoskopen von Königen, Führern und hohen Regierungsvertretern. Dieser Stern ist einer der wichtigsten Fixsterne und verheißt auch große Popularität.

Die Bedeutung der Fixsterne beruht auf der Vorstellung, daß jegliche Materie im Kosmos elektrisch geladen ist und von einem Magnetfeld umgeben ist. Selbst die schwächste Strahlung kann sich auf das Leben auf der Erde auswirken, vergleichbar dem aus der modernen Chaostheorie bekannten «Schmetterlingseffekt», nach dem der Schlag eines Schmetterlingsflügels die Luft zum Vibrieren bringt und damit möglicherweise das Wetter in einem anderen Teil der Welt beeinflussen kann. Da die Fixsterne unserer Sonne ähnlich sind, besitzen sie auch vergleichbare Kraftfelder. Die Wirkung der Sterne läßt sich anhand ihrer Helligkeit oder fachsprachlich «Magnitude» bestimmen. Fixsterne bieten einen faszinierenden Einblick in das Unterbewußtsein und die potentiellen Stärken beziehungsweise Schwächen eines Menschen. Diese Deutung muß aber stets im Zusammenhang mit einem vollständigen Geburtshoroskop vorgenommen werden. Fixsterne werden nicht isoliert interpretiert, sondern immer nur als zusätzlicher Faktor zum Einfluß der Planeten. Fixsterne verstärken oder schwächen die Wirkung der Planeten, mit denen sie assoziiert sind.

Wir haben den Tagesprofilen jeweils die Fixsterne zugeordnet, die am meisten Wirkung auf sie haben. Häufig üben andere Fixsterne zusätzliche Einflüsse aus. Im Anhang finden Sie Erläuterungen zu diesen Sternen.

Nicht alle Tage, die in diesem Buch aufgeführt sind, haben einen Fixstern. Wir betrachten hier nur mit dem Lauf der Sonne verbundene Sterne. Wenn also an einem bestimmten Tag kein einflußreicher Stern in der Nähe der Sonne ist, wird in Ihrem Geburtstagsprofil auch kein Fixstern erwähnt. Es ist jedoch sehr wahrscheinlich, daß andere Fixsterne der Planetenkonstellation dieses bestimmten Tages zugeordnet werden können. Mit Hilfe eines Geburtshoroskops sind Sie imstande, den Anhang dieses Buches zu benutzen, um die Einflüsse dieser anderen Fixsterne auf Sie zu erforschen. Wir halten es für sinnvoll, sich ein Geburtshoroskop erstellen zu lassen. Was wir in diesem Buch über Fixsterne sagen, soll nur ein Einstieg in dieses faszinierende und komplexe Gebiet sein.

Fixsterne: Grundregeln zur Deutung

In einem Jahr durchwandert die Sonne alle zwölf Zeichen des Tierkreises. Die Fixsterne stehen an bestimmten Punkten auf der Kreisbahn, doch ihr Orbit, ihre Umlaufbahn und somit ihr Einflußbereich kann sich über eine mehrere Grad breite Spanne erstrecken. Die sogenannte Magnitude der Sterne gibt ihre Einflußkraft an. Sowohl der Einflußbereich als auch die Einflußkraft müssen errechnet werden, um bestimmen zu können, wie lange und wie stark die Sterne wirken. Wenn sich die Sonne oder ein Planet im Orbit befinden, ist der Einfluß des Fixsterns deutlich spürbar, am meisten im Augenblick der Konjunktion. Er wird schwächer, wenn die Sonne oder der Planet sich wieder aus dem Orbit entfernt.

Fixsternmagnituden

Die Einflußkraft eines Sterns wird anhand seiner Magnitude bestimmt.

Die höchste Magnitude liegt bei 0 bis −1.

Magnitude 1: der Orbit ist 2°30';
Magnitude 2: der Orbit ist 2°10';
Magnitude 3: der Orbit ist 1°40';
Magnitude 4: der Orbit ist 1°30';
Magnitude 5 (Sterne, Haufen und Nebel): der Orbit ist unter 1°.

In diesem Buch finden Sie die positiven und negativen Einflüsse, die diese Sterne auf Ihren Geburtstag ausüben. Wir haben versucht, nicht nur traditionelle Deutungen der Fixsternwirkung vorzustellen, sondern auch moderne psychologische Interpretationen.

Wie Sie im folgenden sehen, haben wir für jeden Stern eine «Kraftskala» entsprechend seiner Magnitude erstellt. Eine Magnitude von −1, die stärkste, entspricht zehn Sternchen; eine Magnitude von 5, die schwächste, wird mit zwei Sternchen angegeben.

Die Fixsterne und ihre Magnituden

Widder

Deneb Kaitos	********	Baten Kaitos	*****
Algenib	******	Al Perg	*****
Sirrah	********	Vertex	*****

Stier

Mirach	********	Menkar	*******
Mira	*****	Zanrak	******
El Scheratain	*******	Capulus	****
Hamal	********	Algol	*******
Schedir	*******	Alcyone	******
Alamak	********		

Zwilling

Alcyone	******	Mintaka	*******
Prima Hyadum	****	El Nath	****
Ain	****	Ensis	***
Aldebaran	**********	Alnilam	********
Rigel	**********	Al Hecka	********
Bellatrix	*********	Polaris	********
Capella	**********	Beteigeuze	**********
Phact	*******	Menkalinan	********

Krebs

Tejat	******	Propus	****
Dirah	******	Castor	********
Alhena	********	Pollux	**********
Sirius	**********	Procyon	**********
Canopus	**********	Altarf	*****
Al Wasat	****		

Löwe

Altarf	*****	Merak	********
Praesepe	**	Al Genubi	******
Nördlicher Asellus	*****	Alphard	********
Südlicher Asellus	****	Adhafera	*****
Kochab	********	Al Jabhah	*****
Acubens	****	Regulus	**********
Dubhe	********	Phecda	******

Jungfrau

Phecda	******	Copula	****
Alioth	********	Labrum	****
Zosma	*******	Zavijava	*****
Mizar	*******	Al Kaid	********
Denebola	********	Markeb	*******

Waage

Zaniah	****	Seginus	******
Vindemiatrix	******	Foramen	****
Caphir	******	Spica	**********
Algorab	******	Arcturus	**********

Skorpion			
Princeps	*****	Al Schemali	*******
Khambalia	****	Unukalhai	******
Acrux	**********	Agena	**********
Alphecca	*******	Bungula	**********
Al Genubi	******		

Schütze			
Yed Prior	******	Ras Alhague	********
Isidis	*******	Lesuth	******
Graffias	******	Aculeus	***
Han	******	Etamin	******
Antares	**********	Acumen	***
Rastaban	*******	Sinistra	******
Sabik	*******		

Steinbock			
Spiculum	**	Ascella	******
Polis	****	Manubrium	****
Kaus Borealis	******	Wega	*********
Facies	**	Deneb	******
Pelagus	********	Terebellum	**

Wassermann			
Albireo	******	Armus	**
Altair	**********	Dorsum	****
Giedi	****	Castra	****
Dabih	******	Nashira	****
Oculus	**	Sad Al Suud	******
Bos	**	Deneb Algedi	******

Fische			
Sad Al Melik	******	Achernar	**********
Fom Al Haut	**********	Markab	********
Deneb Adige	**********	Scheat	********
Skat	****		

Einführung in die Numerologie

Nicht nur in den alten Kulturen und in der griechischen Philosophie glaubte man, daß Zahlen heilige Kräfte besitzen, auch Gelehrte der Renaissance und sogar heutige Mathematiker stimmen darin überein.

Die ältesten Zählmarken und Einteilungskerben wurden auf dem Gebiet der heutigen Republik Kongo in Afrika gefunden und stammen von 9000–7500 v. Chr. Sie stimmen mit Aufzeichnungen der Mondphasen überein und stellen eine der frühesten Aufzeichnungen der Mathematik dar. Die Numerologie ist ebenso alt wie die Astrologie und hat ihren Ursprung in Mesopotamien sowie in der jüdischen und griechischen Kultur. Im Alten Testament geben Zahlen und Buchstaben Hinweise auf verschlüsselte Botschaften, Träume oder Personennamen. Jede Kultur entwickelte ihr eigenes System für die Deutung der Zahlen, um den tieferen Sinn des Universums und der Menschheit zu ergründen. Die bekanntesten Systeme, die mit Numerologie arbeiteten, sind das Pythagoreische, das Kabalistische, das I-Ching und die Theorien der Maya.

Viele griechische Philosophen waren fasziniert von Zahlen. Einer der brillantesten Denker des antiken Griechenland, Pythagoras, hielt sie sogar für heilig und glaubte, «alle Dinge sind Zahlen». Er war religiöse Führerfigur, Mystiker und Mathematiker gleichermaßen. Anders als viele moderne Mathematiker verknüpfte er rationales Denken mit Theologie. Er hinterließ den abendländischen Kulturen ein einzigartiges Erbe und einen Ansatzpunkt für die Deutung der Zahlen. Indem er entdeckte, wie wichtig der Zusammenhang zwischen Musik und Zahlen war, stellte er zwischen Noten und Zahlen einen harmonischen Zusammenhang her. Ihm fiel auf, daß Zahlen Formen entsprechen, und so beschrieb er als erster das Rechteck, das Quadrat und das Dreieck als eine Serie von Punkten und Zahlen. Seine Schüler, die Pythagoreer, glaubten als erste, daß die Prinzipien der Mathematik die Grundlage aller existierenden Dinge seien und daß Zahlen gemäß diesen Prinzipien Natur und Universum bestimmen und ordnen.

Einige moderne Mathematiker denken ebenso. Sie sagen, je intensiver man sich mit dem Universum und seinen Gesetzen beschäftige, desto mathematischer erscheine es. Zahlen illustrieren das überaus exakte System, mit dem der Kosmos funktioniert. Für Zahlen gibt es drei Grundmuster. Wir können Zahlen über mathematische Theorien erfassen, über philosophische Definitionen oder Zahlensymbolismus. Anfang des 20. Jahrhunderts interpretierte C. G. Jung die Zahl als den Archetypus einer bewußt gewordenen Ordnung und erklärte, daß Zahlen Mittel zur Schaffung von Ordnung seien. Er glaubte, daß eine Zahl sowohl quantitativ als auch qualitativ zu bewerten sei. In der Tat weisen Untersuchungen im Bereich der Quantenphysik darauf hin, daß sich Veränderungen der Atomanzahl in wahrnehmbaren qualitativen Veränderungen in der makroskopischen Welt niederschlagen.

Die Numerologie ist wie die Astrologie symbolisch ein Instrument, mit dessen Hilfe wir uns und unseren Lebenszweck besser begreifen lernen können. Zahlen besitzen eine duale Natur und können eine positive oder eine negative Kraft verkörpern. Ihre Bedeutung zu ergründen kann uns helfen, unser persönliches Potential zu entdecken und zu fördern, und uns den Weg durch das Leben weisen. In diesem Buch konzentrieren wir uns vor allem auf die qualitative Deutung der Zahlen im Hinblick auf den Geburtstag und -monat eines Menschen. Auf den folgenden Seiten werden Sie sehen, wie einfach es ist, die persönliche holistische Zahl zu errechnen.

Wie Sie Ihre holistische Zahl errechnen

Ihre holistische Zahl entspricht der Quersumme aller Ziffern Ihres Geburtsdatums, mit Tag, Monat und Jahr. Diese Zahl verkörpert Ihren Lebenszweck mit all seinen positiven und negativen Aspekten. Wenn Sie Ihre holistische Zahl begreifen, gelangen Sie mit der Zeit zu größerer Selbstbewußtheit. Ihre persönliche holistische Zahl zu errechnen ist ein simpler Vorgang. Sie brauchen nur die einzelnen Ziffern zu addieren. Zum Beispiel:

28. Juni 1956 (28/6/1956) → 2 + 8 + 6 + 1 + 9 + 5 + 6 = 37 → 3 + 7 = 1 + 0 = 1.

Ihre holistische Zahl ist somit 1. Sie kann auch als 37/1 gelesen werden.

20. Oktober 1961 (20/10/1961) → 2 + 0 + 1 + 0 + 1 + 9 + 6 + 1 = 20 → 2 + 0 = 2.

Ihre holistische Zahl ist somit 2. Sie kann auch als 20/2 gelesen werden.

Die neun Grundzahlen

Die Qualität der neun Grundzahlen, der Ziffern, kann positiv oder negativ auf die Persönlichkeit von Menschen einwirken, je nachdem wie sie sich den Herausforderungen ihres Lebens stellen.

Die Zahl 1

Die Dynamik der 1 bezieht sich auf das Bewußtsein. Die positiven Attribute der Zahl 1 sind Selbstsicherheit, Kreativität, Einzigartigkeit und Unabhängigkeit. Wenn Ihre holistische Zahl die 1 ist, bedeutet dies, daß Sie erfinderisch und voller Lebenskraft, Ehrgeiz und Antrieb sind. Als Pionier mit kühnem Geist wollen Sie eine Führungsrolle übernehmen, und wenn Sie Ihre eigene kreative Kraft und Ihre Individualität einmal erkannt haben, müssen Sie sie zum Ausdruck bringen und auf eigenen Füßen stehen. Das kann bedeuten, daß Sie oft unabhängig von anderen denken und handeln. Manchmal fühlen Sie sich von Ihrer unmittelbaren Umgebung unverstanden, vor allem wenn Sie neue Ideen vorbringen. Inspiration ist Ihr Antrieb, und wenn Sie Ihre Intuition schulen, können Sie sich angesichts verschiedener Optionen besser entscheiden. Sie werden Ihr Leben lang Erfahrungen machen, die Ihnen helfen, Ihre emotionale, körperliche oder geistige Unsicherheit zu überwinden. Auch Verantwortung für Ihr eigenes Handeln gehört zu Ihren Lebenslektionen. So werden Sie zu einem Menschen mit Selbstbewußtsein und Selbstvertrauen, der andere positiv beeinflußt. Toleranz, Mitgefühl und Geduld helfen Ihnen dabei, Ihre Ziele zu erreichen. Nehmen Sie sich die Zeit, Ihre Fähigkeiten zu fördern, dann werden Sie auch den Mut haben, Ihre Außergewöhnlichkeit zu zeigen.

Probleme: Schwankungen von mangelndem zu übersteigertem Selbstvertrauen, anspruchsvoll, Arroganz, Egoismus, herrisches Verhalten.

Die Zahl 2

Die Dynamik der 2 bezieht sich auf die Sinnesebene. Das positive Attribut der 2 ist die Fähigkeit, die eigenen Bedürfnisse auf die der Mitmenschen abzustimmen. Zahl-2-Menschen haben ein Gespür für Menschen und lernen oft im Zusammenspiel mit anderen. Wenn Ihre holistische Zahl die 2 ist, sind Sie rücksichtsvoll, höflich und besitzen eine romantische Ader. Sie sind diplomatisch, freundlich und gesellig und interessieren sich für Öffentlichkeitsarbeit. Voller Intuition und Anpassungsfähigkeit, blühen Sie auf, wenn Sie positive Resonanz spüren, sind aber auch anfällig für Schmeicheleien. Eventuell müssen Sie lernen, zu unterscheiden, wann Sie kooperativ und hilfreich für andere sind und wann Sie sich aufgrund emotionaler Unsicherheit selbst quälen und unterwürfig und liebedienerisch verhalten. Ihr Selbstvertrauen kann leiden, wenn Sie zu abhängig werden; deshalb ist es unerläßlich, stets in gleichem Maße zu geben wie zu nehmen. Achten Sie darauf, daß andere Ihre freundliche Art nicht ausnutzen. Zahl-2-Menschen müssen lernen, wie sie hart bleiben können, ohne gleich aggressiv zu werden; sie müssen lernen, nein zu sagen, ohne ein schlechtes Gewissen zu haben, Hilfe anzunehmen, ohne sich schwach oder hilflos zu fühlen. Ihre Aufgabe ist es, innere Harmonie zu erreichen, zielstrebig Ihre Aufgaben zu erfüllen und Grenzen zu setzen.

Probleme: Abhängigkeit, Rastlosigkeit, Unsicherheit, Überempfindlichkeit, sich zu leicht entmutigen lassen, Mißtrauen, mangelnde Selbstachtung.

Die Zahl 3

Die Dynamik der 3 liegt in Ausdruckskraft und Emotionalität. Die positiven Attribute der Zahl 3 sind kreativer Ausdruck, Sensibilität, Vorstellungskraft und Vielseitigkeit. Wenn Ihre holistische Zahl die 3 ist, bedeutet dies, daß Sie begeisterungsfähig, lebenslustig, gesellig und liebenswürdig sind. Vielleicht bringen Sie Ihre zahlreichen Begabungen in irgendeiner künstlerischen Form zum Ausdruck. Schwierigkeiten aber haben Sie, wenn Sie eine Entscheidung treffen sollen. Sie lieben es, sich mit anderen auszutauschen, ob in Form von Einladungen, bei gesellschaftlichen Ereignissen oder im intimen Gespräch. Freiheitsliebend und gefühlsbetont, müssen Sie Ihre Lebensfreude zum Ausdruck bringen. Es fällt Ihnen leicht, Wissen zusammenzutragen und Ihre Ideen zu vermitteln. Menschen mit der Zahl 3 gehen Konflikten oft aus dem Weg, indem sie Herzlichkeit und Optimismus ausstrahlen. Da ihre Erfahrungen oft mit Selbstverwirklichung und emotionalem Wachstum zu tun haben, sollten sie ihre Gefühle besser kennenlernen und versuchen, sie ohne Umschweife auszudrücken, anstatt die Situation zu manipulieren. Menschen mit der Zahl 3 erleben häufig emotionalen Aufruhr oder kennen negative Gefühle wie Haß und Eifersucht. Auch wenn sie von Natur aus witzig und wortgewandt sind, neigen sie dazu, sich ausgestoßen zu fühlen oder Hemmungen aufzubauen, wenn sie schüchtern oder unsicher sind. Dann fällt es ihnen schwer, ihre Gefühle auszudrücken, und sie flüchten sich in die Verdrängung. Emotionale Erfüllung und Befriedigung entsteht oft aus der Freude, Liebe und Mitgefühl zu erlernen und mit anderen zu teilen.

Probleme: Besorgnis und Selbstzweifel, Vergeudung von Energie, Übertreibung, Intoleranz, sich unvorbereitet fühlen, Unentschlossenheit, mangelndes Verantwortungsgefühl.

Die Zahl 4

Die Dynamik der 4 liegt in der Körperlichkeit. Die positiven Attribute der Zahl 4 sind Pragmatismus, organisatorische Fähigkeiten und Selbstdisziplin. Wenn Ihre holistische Zahl die 4 ist, sind Sie aufrichtig, geradeheraus, mit dem Drang, Stabilität herzustellen. Menschen mit der Zahl 4 sind geduldig, sorgfältig und wissen, daß Methodik und System unerläßlich sind. Was immer sie im Leben anpacken, es hat fast immer einen praktischen Nutzen. Mit der Zahl 4 haben Sie Talent für formale, technische oder mechanische Tätigkeiten und handwerkliche Fähigkeiten. Da Sie sehr viel Wert auf Sicherheit legen, fühlen Sie sich in der Bank- und Wirtschaftswelt besonders wohl. Auch wenn Sie streng wirken und Ihre Gefühle nicht auf der Zunge tragen, sind Sie loyal und zuverlässig. Sie neigen dazu, starrköpfig und steif zu sein, deshalb sollten Sie lernen, flexibler und anpassungsfähiger zu werden. Ihr Ehrgeiz und Ihre Vitalität helfen Ihnen, durchzuhalten, wenn andere längst aufgegeben haben. Vielleicht sollten Sie aber lernen, sich nicht mehr aufzubürden, als Sie tragen können. Sie übernehmen gerne die Rolle des Beschützers für Ihre Lieben, müssen aber aufpassen, nicht zu dominant zu werden und alles an sich zu reißen. Menschen mit der Zahl 4 gelten im allgemeinen als Macher und werden häufig zu Unternehmensgründern oder Projektleitern.

Probleme: Dogmatik, Starrköpfigkeit, Unzuverlässigkeit, Faulheit oder Arbeitswut, Schwierigkeiten, die Vergangenheit hinter sich zu lassen, Neigung zu Exzessen.

Die Zahl 5

Die Dynamik der 5 liegt im Instinkt. Die positiven Attribute sind Einfallsreichtum, Reaktionsschnelligkeit und entschlossenes Handeln. Menschen mit der Zahl 5 sind begeisterungsfähig und freiheitsliebend. Im positivsten Fall haben sie große Selbstdisziplin und einen wachen und scharfsinnigen Geist. Auch wenn Sie mit der Zahl 5 durchaus Sinn für Verantwortung besitzen, brauchen Sie ein großes Maß an Bewegungsfreiheit. Da Sie vielseitig und unternehmungslustig sind, lieben Sie es, neue Menschen kennenzulernen und neue Erfahrungen zu machen. Und mit Ihrer liberalen und offenen Einstellung können Sie sich leicht auf neue Situationen einstellen. Sie sind häufig geschickt und tüchtig, lernen schnell und erfassen rasch Situationen. Reisen und Veränderungen gehören zu einem Leben im Zeichen der Zahl 5. Auch wenn Sie gerne mit dem Strom schwimmen, begrüßen Sie Reformen und passen sich leicht an veränderte Umweltbedingungen an. Menschen unter den negativen Einflüssen der 5 neigen zu Rastlosigkeit, Ungeduld und mangelnder Beständigkeit. Wenn sie keine feste Aufgabe und kein Durchhaltevermögen haben, wandern sie ziellos durchs Leben, immer auf der Suche nach dem Sinn. Deshalb sollten Zahl-5-Menschen nicht alles dem Zufall überlassen. Wenn sie sich selbst besser kennenlernen, lernen sie auch ihr eigenes Potential besser zu nutzen. Wenn sie lernen, ihren scharfen Verstand mit ihren ausgeprägten Instinkten zu verbinden, können sie andere leicht mit ihrer Schlagfertigkeit überrunden. Sie sind geistreich und mutig und verfügen über einen ritterlichen und kühnen Charakter.

Probleme: impulsives Handeln, sich gehen lassen, unverantwortliches Verhalten, Ungeduld, Mangel an Rücksicht, Energieverschwendung, Langeweile, Freimütigkeit.

Die Zahl 6

Die Dynamik der 6 liegt in Emotionalität und Universalität. Die positiven Attribute der Zahl 6 sind Idealismus, Philanthropie, Mitgefühl und Vision. Menschen mit der Zahl 6 sind sensibel, verantwortungsbewußt und agieren oft «aus dem Bauch» heraus. Sie sind geradeheraus und spiegeln ihre unmittelbare Umgebung und das Verhalten der Leute wider. Sie können ebenso häuslich wie umtriebig sein und sind gern Teil einer Gemeinschaft. Sie lieben enge Familienabende und sind gute Eltern, die ihre Kinder unterstützen und ermuntern. Als vertrauenswürdige Menschen, die immer einen guten Rat parat haben, kommen Freunde in schwierigen Zeiten gern zu ihnen. Mit der Zahl 6 neigen Sie zum Perfektionismus und zu kreativen oder künstlerischen Tätigkeiten. Sie besitzen guten Geschmack und einen Blick für guten Stil und Schönheit und legen viel Wert auf ein schön gestaltetes Zuhause. Wenn Sie höheren Idealen nachstreben, laufen Sie Gefahr, Ihre Bodenständigkeit zu verlieren. Nichtsdestotrotz sollten Sie an Ihren Utopien festhalten, die Welt zu verbessern, und versuchen, Ihren hohen Moralansprüchen gerecht zu werden. Sie müssen allerdings darauf achten, nicht zu kritisch und selbstgerecht zu werden. Wenn Sie lernen, Ihre Gefühle und Gedanken abzuwägen, können Sie Harmonie und Frieden schaffen. Ihre eigenen Unzulänglichkeiten und Fehler zu akzeptieren kann Ihnen helfen, sich auch mit der Welt und ihren Beschränkungen abzufinden und zu arrangieren. Als Mensch mit der Zahl 6 müssen Sie sich vor Frustration und zuviel Grübeln hüten. Je mehr Sie geben, desto mehr bekommen Sie zurück.

Probleme: ständige Unzufriedenheit, Snobismus, mangelndes Mitgefühl, überkritisch sein, Dominanz, Einmischung.

Die Zahl 7

Die Dynamik der 7 liegt in Intuition und Rationalität. Zu den positiven Attributen der Zahl 7 gehören Ehrlichkeit und Vertrauenswürdigkeit, außerordentliche Kraft, Liebe zum Detail, Methodik und Einfallsreichtum. Wenn Sie die 7 als holistische Zahl haben, sind Sie analytisch und handeln wohlüberlegt, präzise und mit perfektionistischem Anspruch. Ihr eigenständiger Blickwinkel zeigt, daß Sie Selbstvertrauen und Resolutheit besitzen. Da Sie Ihre Entscheidungen am liebsten allein treffen, lernen Sie am meisten durch persönliche Erfahrung. Wenn Sie übersensibel und unsicher sind, können Sie reserviert und introvertiert wirken. Wenn es Ihnen nicht möglich ist, Ihre Gefühle auszudrücken, fühlen Sie sich leicht mißverstanden. Sie besitzen die Gabe, zu differenzieren und zu verfeinern, und können hervorragend bestehende Systeme verbessern. Achten Sie aber darauf, nicht zum Erbsenzähler zu werden. Um immer gut informiert zu sein und genau arbeiten zu können, sammeln Sie viele Informationen; außerdem verfügen Sie über ein ausgezeichnetes Gedächtnis. Selbstanalyse und die Suche nach besserer Selbstkenntnis erfordern eine gewisse Zeit des Alleinseins, doch ist Isolation für Sie nicht zu empfehlen. Ihr Interesse am Lesen, Schreiben oder der Spiritualität ist für Sie eine Quelle der Inspiration und erweitert Ihren Horizont. Das Bedürfnis, die Dinge begreifen zu lernen, führt meist zu akademischer Bildung oder gar in die wissenschaftliche Forschung. Trotz Ihrer ausgeprägten Intuition laufen Sie Gefahr, zu sehr vom Verstand regiert zu werden und sich in Details zu verlieren. Dies wiederum führt oft zu mangelndem Selbstvertrauen, zu Selbstzweifeln und Unsicherheit. Obwohl Sie eine Tendenz haben, geheimnisvoll, zurückhaltend und rätselhaft zu wirken, sind Sie neugierig und stellen so subtile Fragen, daß niemand erkennt, was Sie wirklich denken.

Probleme: Mißtrauen, Unaufrichtigkeit, Geheimnistuerei, Skepsis, Verwirrtheit, Kritik, Unbeteiligtsein, Herzlosigkeit.

Die Zahl 8

Die Dynamik der 8 liegt in Emotionalität und materieller Macht. Die positiven Attribute der 8 sind Stärke und feste Überzeugungen. Mit der Zahl 8 sind Sie motiviert und voller Entschlossenheit, fleißig und respekteinflößend. Zahl-8-Menschen haben feste Wertvorstellungen, Macherqualitäten und sicheres Urteilsvermögen. Sie suchen Sicherheit und Kontinuität. Mit entschiedenem Auftreten, dem Wunsch nach Dominanz und materiellem Erfolg streben Sie nach hochgesteckten Zielen und verfügen über großen Ehrgeiz. Aufgrund Ihrer Entschlossenheit und Ihrer Ausdauer gelangen Sie oft in Führungspositionen, Sie haben einen natürlichen Geschäftssinn und können viel von Ihren Organisations- und Managertalenten profitieren. Eventuell müssen Sie lernen, wie Sie Ihre Autorität gerecht und fair delegieren. Besitzen Sie eine einflußreiche Position, können Sie anderen mit praktischem Rat zur Seite stehen und sie protegieren. Als Mensch mit der Zahl 8 müssen Sie mit Macht, Geduld und Toleranz umgehen können, Sie müssen vergeben können, verständnisvoll sein und die Schwächen anderer berücksichtigen, wenn Sie ein Urteil fällen. Mit langfristigen Plänen und Investitionen für die Zukunft versuchen Sie, Ihrem Sicherheitsbedürfnis gerecht zu werden. Im allgemeinen verfügen Sie über Kräfte, sich selbst und andere zu heilen, und profitieren am meisten, wenn Sie lernen, diese Kräfte zum Besten Ihrer Mitmenschen zu kanalisieren.

Probleme: Ungeduld, Intoleranz, Nüchternheit, Machthunger, Dominanz, Planlosigkeit.

Die Zahl 9

Die Dynamik der 9 liegt in Universalität und Gemeinschaftssinn. Die positiven Attribute der Zahl 9 sind Mitgefühl, Toleranz, Geduld, Integrität, Sensibilität und Philanthropie. Menschen mit der 9 sind im allgemeinen sehr anziehend und charismatisch, zeichnen sich durch geistige Offenheit und psychologische Fähigkeiten aus, die auf universelle Aufgeschlossenheit schließen lassen. Wenn Ihre holistische Zahl die 9 ist, sind Sie großzügig und besitzen eine ausgeprägte Intuition. Sie sind idealistisch, haben Weitblick und urteilen aufgeschlossen aus dem Gefühl heraus. Mit Ihrem geradezu prophetischen Gespür geht meist innere Weisheit und hochentwickeltes Bewußtsein einher. Auch wenn Sie großmütig und mitfühlend sein können und über große Phantasie verfügen, lassen Sie sich von eigenen und Mißerfolgen anderer leicht desillusionieren und frustrieren. Dies äußert sich in Stimmungsschwankungen oder Realitätsflucht. Als Mensch mit der Zahl 9 sollten Sie sich um innere Zufriedenheit bemühen und vermeiden, in tiefe Gefühlslöcher zu fallen und sich der Melancholie hinzugeben. Sie sollten außerdem Verständnis, Toleranz und Geduld üben und lernen, Abstand zu halten. Mit der Zahl 9 sind Sie möglicherweise dazu bestimmt, anderen nützlich zu sein oder die Welt zu verbessern. Da Sie sehr universal eingestellt sind, profitieren Sie von Weltreisen und vom Umgang mit Menschen aus allen Bereichen des Lebens. Das Bedürfnis, Probleme zu überwinden, und ein Hang zur Übersensibilität machen es erforderlich, daß Sie um Ausgeglichenheit bemüht sind und sich nicht unrealistischen Träumereien hingeben. Inspiration und Idealismus, kombiniert mit einem intensiven Innenleben und lebhaften Träumen, weisen darauf hin, daß Sie möglicherweise einen spirituellen Weg suchen.

Probleme: Nervosität, Selbstsucht, Starrköpfigkeit, Ungeschicktheit, leicht beeinflußbar, Minderwertigkeitskomplex.

Wie Sie Ihre persönliche Jahreszahl errechnen

Um Ihre persönliche Zahl für ein bestimmtes Jahr zu errechnen, müssen Sie lediglich Ihren Geburtsmonat und -tag zu dem entsprechenden Jahr addieren. Wenn Sie zum Beispiel am 28. Juli 1956 geboren sind und wissen möchten, wie das Jahr 2000 wird, ersetzen Sie nur 1956 durch 2000.

Zum Beispiel:
Ersetzen Sie Ihr Geburtsjahr (1956) durch das gewünschte Jahr (2000).

28. Juni 2000 (28/6/2000) → 2 + 8 + 6 + 2 + 0 + 0 + 0 = 18
→ 1 + 8 = 9.

Die Einflüsse dieser Zahl gelten nur vom 1. Januar 2000 bis zum 31. Dezember 2000.

Die neun persönlichen Jahresdeutungen

Persönliche Jahreszahlen wiederholen sich in Zyklen von neun Jahren. Im folgenden beschreiben wir die typischen Charakteristika und Einflüsse jedes persönlichen Jahres.

Jahr 1

Es ist Zeit für einen Neubeginn. Es gibt zahlreiche Möglichkeiten, um Projekte auszubauen, die bereits begonnen wurden. Was Sie jetzt beginnen, trägt Ihren ganz persönlichen Stempel. Auch wenn es ein Risiko bedeuten kann, eine neue Richtung einzuschlagen, und es Mut und Selbstvertrauen braucht, um die richtige Wahl zu treffen – hören Sie auf Ihre innere Stimme, und lassen Sie sich nicht von anderen entmutigen. Wenn Veränderungen in der Luft liegen, sollten Sie jetzt handeln. Persönliche Weiterentwicklung ist sehr wichtig für Sie, und Sie sollten in diesem Jahr viel Wert darauf legen, unabhängig, optimistisch und ehrgeizig zu bleiben, sonst verpassen Sie vielleicht die Gelegenheiten, die Ihnen das Jahr 1 bietet. Versuche, das Rad zurückzudrehen, sind zum Scheitern verurteilt und nicht ratsam. Achten Sie darauf, daß Sie nicht zu träge oder zu unsicher bei der Erfüllung Ihrer Träume werden. Die größte Herausforderung eines Jahres mit der Zahl 1 ist es, eine neue Idee oder eine Erfindung zu verwirklichen, von der andere profitieren können.

Jahr 2

Dies ist ein Jahr der Beziehungen, der Zusammenarbeit und der Geduld. Sie werden Ihren gesellschaftlichen Kreis erweitern und Menschen aus anderen Verhältnissen kennenlernen. Wenn Sie als Friedensstifter agieren, erhöht das die Chancen, langfristige Beziehungen oder Partnerschaften aufzubauen. Vielleicht begegnen Sie auch jemandem, der eine echte Herausforderung für Sie darstellt. Lassen Sie sich nicht einschüchtern, denn diese Person hat Ihnen Wichtiges beizubringen, wenn Sie aufgeschlossen sind und positiv an die Sache herangehen. Dieses Jahr ist günstig für Sie, um Verhandlungsgeschick, Ausgeglichenheit, diplomatisches Verhalten und kommunikative Fähigkeiten zu entwickeln. Es ist ein Jahr, in dem Sie sich durch Selbstbewußtwerdung weiterentwickeln können. Dadurch, wie Sie mit anderen umgehen, können Sie sehr viel über sich selbst erfahren. Ein Jahr mit der Zahl 2 bedeutet gute Gesellschaft und neue Partnerschaften, die sich auf Aufrichtigkeit gründen, bei denen Sie dennoch Ihre Freiheit und Unabhängigkeit bewahren und anderen helfen, während Sie sich selbst helfen.

Jahr 3

Dies ist das Jahr der emotionalen Selbstverwirklichung durch Kreativität, Freude und Liebe. Es ist auch die Zeit für Feste, und Sie wünschen sich mehr Spaß am Leben. Ihre kreativen Energien fließen und erlauben Ihnen, sich besser und freier auszudrücken. Es ist eine Zeit, um sich zu verlieben, denn Ihr Bedürfnis nach Liebe und Freude verleiht Ihnen eine positive Ausstrahlung. Vielleicht erweitern Sie jetzt auch Ihren Freundeskreis. Hüten Sie sich aber vor Eifersucht, Besorgnis, Unentschlossenheit und davor, Ihre Energie zu vergeuden. Die 3 steht auch für Kreativität und Expansion: ein Baby bekommen, reisen, Kunst, Musik und Kultur in das Zuhause bringen oder es verschönern. In diesem Jahr sind gesellschaftliche Aktivitäten wichtig für Sie, wie Theater- oder Ausstellungsbesuche, Einladungen und Unterhaltung. Wenn Sie sich künstlerisch verwirklichen wollen, ist dies die beste Zeit für ein Hobby oder eine kreative Tätigkeit, von der Sie schon immer heimlich geträumt haben. Machen Sie sich voll Vertrauen an neue Projekte und vergessen Sie nicht, Spaß dabei zu haben. Zu den wertvollsten Erfahrungen eines Jahres mit der Zahl 3 gehört es, die Freuden des Lebens zu genießen und sich emotional weiterzuentwickeln.

Jahr 4

Für ein Jahr mit der Zahl 4 ist Struktur das Schlüsselwort. In solch einem Jahr helfen Ihnen Organisation, Ordnung, Geduld und praktische Anwendungen, eine solidere Basis zu finden. In diesem Jahr können Sie viel erreichen und werden auch die guten Gelegenheiten dafür finden. Es kann aber auch zu finanziellen Problemen kommen, vor allem wenn Sie Ihr Geld falsch angelegt haben. Jahre mit der Zahl 4 eignen sich hervorragend, um Kassensturz zu machen, Versicherungen und Finanzgeschäfte zu überprüfen und eventuell zu vereinfachen; sie sind eine gute Zeit für Geschäfte, aber auch um ein Haus zu bauen oder zu renovieren oder in eine schönere Wohnung zu ziehen. Achten Sie aber darauf, daß Sie hinsichtlich Versicherungen oder Immobilien keine voreiligen Entscheidungen treffen, die Sie später bereuen. Das größte Problem in diesem Jahr ist, eine solide Basis zu schaffen und sich nicht ungerechtfertigter Aufsässigkeit oder Trägheit hinzugeben. Zu den wertvollsten Erfahrungen wird gehören, daß Sie etwas schaffen, auf das Sie stolz sind.

Jahr 5

Dies ist ein Jahr der Veränderungen, ob in privater oder beruflicher Hinsicht. Chancen, kurze oder lange Reisen oder ein Wechsel des Arbeitsplatzes werden für lebhafte Aktivität sorgen. Ihre Instinkte sind wach, und Sie brauchen viel Abwechslung. Vielleicht suchen Sie nach neuen Leuten oder neuen Erfahrungen. Rechnen Sie mit unerwarteten und angenehmen Überraschungen.

In einem Jahr mit der Zahl 5 ist es notwendig, sich den Veränderungen anzupassen. Bleiben Sie gelassen, üben Sie sich in Geduld und hüten Sie sich vor Rastlosigkeit und Langeweile. Tun Sie nichts Unüberlegtes, das Sie später bereuen könnten. In diesem Jahr sollten Sie zweckgerichtet und entschlossen handeln und versuchen, aus dem Alltagstrott auszubrechen. Arbeiten Sie an Ihrem Image. Die wertvollste Erfahrung eines Jahres mit der Zahl 5 ist es, Neues kennenzulernen, neue Gesichter und Orte zu sehen und zu erkennen, daß man in kürzester Zeit viel erreichen kann.

Jahr 6

Dies ist ein Jahr, in dem Sie Verantwortung übernehmen sollten, ob zu Hause oder in der Öffentlichkeit. Da die 6 eine universelle Zahl ist, müssen Sie sich mehr für die Außenwelt interessieren und nicht mehr nur für Ihre eigene kleine Welt. Es ist eine Zeit, in der Sie sich in einer neuen Umgebung niederlassen sollten. Neue Verantwortung betrifft oft Familienmitglieder. Es ist ein Jahr des Daseins für andere, in dem Sie anderen Dienste erweisen oder vielleicht Arbeit für das Gemeinwesen leisten. Sie können in diesem Jahr hart arbeiten, doch Ihren Lohn werden Sie erst später bekommen, denn aus der Hilfe für andere erwachsen oft unerwartete Gegengeschenke und Gewinne. Nehmen Sie sich Zeit für Ihre Freunde, vielleicht brauchen Ihre Lieben in diesem Jahr Ihre Hilfe. In einem Jahr mit der Zahl 6 können Sie Harmonie und Ästhetik in Ihr Leben bringen, zum Beispiel Ihr Haus renovieren und es mit ein wenig Luxus und Komfort ausstatten.

Jahr 7

Dies ist ein Jahr für persönliche Weiterentwicklung, um sich neues Wissen anzueignen und den Geist zu schulen. Neues zu begreifen und zu erlernen steht ganz oben auf der Liste Ihrer Prioritäten. Es ist ein Jahr, in dem Sie über Ihr Leben, über Erreichtes und Geleistetes nachdenken und Pläne für die Zukunft schmieden sollten. Auch Weiterbildung oder sich ein neues Wissensgebiet zu erschließen hat in diesem Jahr hohen Stellenwert. Am Arbeitsplatz bieten sich neue Chancen, die Ihre Karriere voranbringen. Vielleicht brauchen oder wollen Sie auch mehr Zeit für sich oder – wenn Sie alleinstehend sind – möchten Sie neue Leute kennenlernen, mit denen Sie gemeinsame Interessen haben. Ein Buch oder ein Artikel beeindruckt Sie nachhaltig oder gewährt Ihnen Einblicke in bislang unbekannte Bereiche. Möglich wäre auch, daß Sie schreiben oder sich einer intellektuell anregenden Gruppe anschließen. Vermeiden Sie Isolation oder zu starke Kritik an Ihrer Umgebung. In Jahren mit der 7 kommt es häufiger zu Mißverständnissen. Die wertvollste Erfahrung dieses Jahres ist ein tiefes Verständnis für die Dinge und daß Sie lernen, Ihre Ideen besser zu vermitteln.

Jahr 8

Dieses Jahr gehört dem entschlossenen Handeln. Jetzt können Sie ernten, was Sie in den letzten sieben Jahren gesät haben. Wenn Sie erfolgreich sein wollen, dürfen Sie jetzt nicht träumen: Sie müssen sich anstrengen und dranbleiben. Erfolge oder Chancen für laufende Projekte zeigen sich möglicherweise in finanziellen Gewinnen oder Gelegenheiten. Alte Pläne und Investitionen tragen jetzt Früchte. Es ist auch ein Jahr harter Arbeit und zusätzlicher Verantwortlichkeiten. Achten Sie deshalb darauf, sich nicht zu übernehmen.

Sie möchten langfristige Investitionen tätigen oder Immobilien kaufen, da Sie das Bedürfnis verspüren, Wurzeln zu schlagen, Ihr Leben unter Kontrolle zu bekommen und langfristige Sicherheit zu schaffen. Es ist ein gutes Jahr für Geschäfte, und das Glück ist auf Ihrer Seite. Behalten Sie Ihre Finanzen dennoch stets gut im Auge, um Verluste zu vermeiden. Nehmen Sie Rücksicht auf Ihre Mitmenschen und genießen Sie, was diese Zeit Ihnen bietet, ohne zu versuchen, andere zu dominieren und allzusehr auf persönliche Vorteile und Gewinne fixiert zu sein.

Jahr 9

Dies ist das wichtigste und spirituellste Jahr im numerologischen Zyklus. Es ist das Jahr der Vollendung. Der neue Zyklus steht erst noch bevor, aber der alte endet bereits. Für ein Jahr mit der Zahl 9 gilt ganz besonders: Sie können ernten, was Sie gesät haben. Es ist auch eine Zeit, um zu testen, wo Sie stehen, und um allen unwichtigen Ballast abzuwerfen. Klammern Sie sich nicht an die Vergangenheit; wenn Sie bestimmten Umständen oder Personen entwachsen sind – jetzt ist die richtige Zeit, sich von ihnen zu verabschieden und Pläne für die Zukunft zu schmieden, vor allem im Spätjahr.

Der universelle Symbolismus der 9 bedeutet auch, daß Sie eine gewisse Reife erreicht haben und ein Verständnis für die fundamentalen Prinzipien des Lebens, den Kreislauf von Tod und Wiedergeburt, von Abschied und Wiederkehr. Die wertvollsten Erfahrungen eines Jahres mit der 9 sind Mitgefühl und Vergebung. Ihre guten Taten sind nicht umsonst: Sie machen einen besseren Menschen aus Ihnen und verleihen Ihnen Kraft und Mut, um weiterzumachen.

Die 31 persönlichen Tagesdeutungen

Die persönliche Tageszahl entspricht Ihrem Geburtstag und ist mithin unveränderlich.

Tag 1

Wenn Sie am Tag 1 eines Monats geboren wurden, verspüren Sie stets den Drang, an erster Stelle zu stehen und unabhängig zu sein. Mit der Zahl 1 legen Sie viel Wert auf Individualismus, sind innovativ, mutig und strotzen vor Energie. Bei vielen ist es erst einmal notwendig, eine starke Identität, Selbstvertrauen und Resolutheit zu entwickeln. Ihr Pioniergeist treibt Sie dazu, einsame Entscheidungen zu treffen und allein vorzusprechen. Aufgrund dieser Einzelkämpferkräfte eignen Sie sich gut für Führungspositionen. Voller Begeisterungsfähigkeit und originellen Ideen, weisen Sie häufig anderen den Weg. Dennoch kann das Bedürfnis, bewundert und beliebt zu sein, Ihre Selbstsicherheit unterminieren, und aus mangelndem Selbstbewußtsein resultiert oft, daß Sie sich in die Abhängigkeit anderer begeben. Mit der Zahl 1 als Geburtstagszahl müssen Sie vielleicht auch lernen, daß sich die

Welt nicht um Sie dreht. Versuchen Sie, Ihrem Hang zum Egoismus und zum Dominieren nicht nachzugeben. Sieg und Erfolg sind dadurch möglich, daß Sie neue Ideen entwickeln oder verschiedene spannende Unternehmungen angehen.

Positiv: führungsstark, kreativ, progressiv, kraftvoll, optimistisch, feste Überzeugungen, kämpferisch, unabhängig.

Negativ: dominierend, eifersüchtig, egoistisch, hochmütig, feindselig, selbstsüchtig, labil, stimmungsschwankend, ungeduldig.

Tag 2

Menschen, die mit der 2 als Geburtstagszahl geboren sind, besitzen große Sensibilität und das starke Bedürfnis, einer Gruppe anzugehören. Häufig sind sie anpassungsfähig, verständnisvoll und führen ihre Aktivitäten gern gemeinsam mit anderen aus. Sie sind aufgeschlossen, aber beeinflußbar und besitzen ein warmherziges Wesen mit guten sozialen und diplomatischen Fähigkeiten. Harmoniebedürfnis und die Überzeugung, im Team besser arbeiten zu können als allein, machen sie zu idealen Vermittlern in Familienangelegenheiten oder zum Friedensstifter. Bei ihrem steten Versuch, anderen zu gefallen, laufen sie allerdings Gefahr, sich in Abhängigkeit zu begeben. Wenn sie aber genügend Selbstvertrauen gewinnen, lernen sie, sich von der Kritik anderer nicht mehr so stark beeindrucken zu lassen. In Liebesbeziehungen sollten Menschen mit der Geburtszahl 2 sich auf ihre Intuition verlassen und sich davor hüten, andere zu manipulieren.

Positiv: gute Partner, sanft, taktvoll, aufgeschlossen, intuitiv, rücksichtsvoll, harmoniebedürftig, angenehm im Umgang, Botschafter des guten Willens.

Negativ: mißtrauisch, mangelndes Selbstvertrauen, unterwürfig, schüchtern, überempfindlich, leicht beleidigt, verschlagen.

Tag 3

Hunger nach Liebe, Kreativität und emotionale Ausdrucksmöglichkeit charakterisieren die 3 als Geburtstagszahl. Diese Menschen sind im allgemeinen lebenslustig, gelassen und gute Kameraden, mögen gesellschaftliche Aktivitäten und haben viele Interessen. Ihre Vielseitigkeit und ihr Bedürfnis nach Selbstverwirklichung motivieren sie, die verschiedensten Erfahrungen zu machen. Allerdings langweilen sie sich leicht, was zu Unentschlossenheit führen kann oder dazu, daß sie sich verzetteln. Obwohl sie meist künstlerisch begabt und charmant sind und einen guten Sinn für Humor haben, müssen sie Selbstwertgefühl entwickeln und sich gegen Überbesorgnis, Eifersucht und andere Gefühle der Unsicherheit wappnen. Persönliche Beziehungen und eine harmonische Umgebung sind sehr wichtig für sie, da sie ihre Begeisterungsfähigkeit und ihre geistige Aktivität fördern.

Positiv: humorvoll, glücklich, freundlich, produktiv, kreativ, künstlerisch veranlagt, freiheitsliebend, wortgewandt.

Negativ: leicht gelangweilt, eitel, zu Übertreibungen neigend, träge, extravagant, maßlos, scheinheilig, selbstzweiflerisch, verschwenderisch.

Tag 4

Die solide Struktur und ordnende Kraft, die mit der Geburtstagszahl 4 einhergehen, bewirken, daß Sie viel Stabilität brauchen und stets auf Recht und Ordnung pochen. Da Sie voller Energie stecken, über handwerkliches Geschick und einen starken Willen verfügen, können Sie durch harte Arbeit zu Erfolg gelangen. Wenn Sie an einem Tag 4 geboren sind, haben Sie ein Gespür für Form und Komposition und sind in der Lage, praktikable Systeme zu schaffen. Sie sind sicherheitsbewußt und möchten für sich und Ihre Familie eine solide Grundlage schaffen. Sie sind auf unaufdringliche Weise loyal und glauben daran, daß Taten mehr wert sind als Worte. Mit Ihrer pragmatischen Lebensauffassung geht ein guter Geschäftssinn einher – die besten Voraussetzungen für materiellen Erfolg im Leben. Die Zahl 4 macht Sie im allgemeinen aufrichtig, gerecht und ehrlich. Dennoch müssen Sie eventuell lernen, Ihre Gefühle besser auszudrücken und nicht stur oder taktlos zu sein. Probleme haben Sie, wenn es gilt, Phasen der Instabilität, finanzieller Sorgen oder der Rücksichtslosigkeit anderer zu überwinden.

Positiv: gut organisiert, selbstdiszipliniert, fleißig, beständig, handwerklich geschickt, exakt, vertrauensvoll.

Negativ: labil, destruktiv, unkommunikativ, zum Verdrängen neigend, schwer zu überzeugen, zögernd, geizig, herrisch, streng.

Tag 5

Für den Tag 5 des Monats charakteristisch sind stark ausgeprägte Instinkte, eine abenteuerlustige Natur und Freiheitsliebe. Das Leben hat Ihnen durch Ihren Drang, alles Neue auszuprobieren, und durch Ihre große Begeisterungsfähigkeit viel zu bieten. Reisen und manch unerwartete Veränderung können dazu führen, daß Sie einen echten Wandel Ihrer Ansichten und Überzeugungen durchmachen. Das Leben muß für Sie aufregend und ereignisreich sein, aber Sie sollten dabei Verantwortungsgefühl entwickeln und darauf achten, daß Sie nicht unberechenbar, maßlos oder rastlos werden. Wenn Sie mit der Geburtstagszahl 5 geboren sind, bedeutet das, daß Sie lernen müssen, geduldig zu sein und mehr Aufmerksamkeit auf Details zu lenken. Wenn Sie Spekulationen oder verfrühte Entscheidungen vermeiden, können Sie sehr erfolgreich sein. Angeboren ist Ihnen im allgemeinen das Talent, mit dem Strom schwimmen zu können und trotzdem unabhängig zu bleiben.

Positiv: vielseitig, anpassungsfähig, progressiv, stark ausgeprägte Instinkte, anziehend, Glück, kühn, freiheitsliebend, witzig, wißbegierig, gesellig.

Negativ: unzuverlässig, wankelmütig, zum Aufschieben

neigend, inkonsequent, unzuverlässig, zu selbstsicher, eigensinnig.

Tag 6

Mitgefühl, Idealismus und eine fürsorgliche Natur gehören zu den Charakteristika der Menschen, die am Tag 6 eines Monats geboren sind. Es ist die Zahl der universellen Freundschaften. Oft sind diese Menschen Visionäre oder Menschenfreunde, die verantwortungsbewußt, liebevoll und andere fördernd sind. Obwohl oft sehr karrierebewußt und nach außen orientiert, können sie dennoch häuslich und hingebungsvolle Eltern sein. Der Wunsch, für allgemeine Harmonie zu sorgen, und starke Emotionen ermutigen sie, hart für ihre Überzeugungen zu arbeiten, sei es im Gemeinwesen oder in Hilfsorganisationen. Die besonders Sensiblen unter ihnen sollten auch eine kreative Form des Ausdrucks finden; die Welt des Entertainments oder der Kunst und des Designs wirkt auf sie sehr anziehend. Problematisch für die mit der Zahl 6 Geborenen kann es sein, nicht genug Selbstvertrauen, nicht genug Mitgefühl für die Menschen in ihrem engsten Umkreis und zuwenig Verantwortungsbewußtsein zu entwickeln. Sie müssen auch gegen den Hang ankämpfen, sich überall einmischen zu wollen, sich zu viele Sorgen zu machen, chronisch unzufrieden zu sein oder ihre Sympathien den falschen Menschen zu schenken.

Positiv: aufgeschlossen, freundlich, verläßlich, verständnisvoll, idealistisch, häuslich, menschenfreundlich, selbstsicher, künstlerisch begabt, ausgeglichen.

Negativ: chronisch unzufrieden, überängstlich, schüchtern, unvernünftig, starrköpfig, zu geradeheraus, perfektionistisch, verantwortungslos, selbstsüchtig, egozentrisch.

Tag 7

Menschen, die am Tag 7 eines Monats geboren wurden, sind oft perfektionistisch, kritisch und egozentrisch. Oft treffen sie einsame Entscheidungen und lernen am besten durch persönliche Erfahrung. Sie haben ein stetes Bedürfnis, sich selbst besser kennenzulernen. Es macht ihnen Spaß, Informationen zu sammeln, und sie interessieren sich für Lesen, Schreiben oder Spiritualität. Dieser ständige Wissensdurst führt sie entweder in die Welt der Wissenschaft oder dazu, ständig an der Weiterentwicklung bestehender Fertigkeiten zu arbeiten. Hin und wieder neigen die mit der 7 geborenen Menschen dazu, allzu verstandesgelenkt zu handeln oder sich in Details zu verlieren. Manchmal reagieren sie überempfindlich auf Kritik oder fühlen sich mißverstanden. Ihr Hang zur Rätselhaftigkeit oder zur Geheimnistuerei führt dazu, daß sie gerne subtile Fragen stellen und niemand errät, was sie wirklich denken. Menschen mit der 7 müssen sich außerdem davor hüten, überkritisch, rechthaberisch, unkommunikativ und distanziert zu sein.

Positiv: gebildet, vertrauensvoll, sorgfältig, idealistisch, ehrlich, spirituell begabt, wissenschaftlich und rational orientiert.

Negativ: verschlagen, geheimnistuerisch, skeptisch, verwirrt, nörglerisch, unbeteiligt, kalt.

Tag 8

Die Kraft, die von der 8 ausgeht, weist auf einen Charakter mit festen Werten und sicherem Urteilsvermögen hin. Die Zahl 8 bedeutet oft, daß Sie sich hohe Ziele gesteckt haben und ehrgeizig sind. Mit diesem Geburtstag gehen auch Dominanzstreben, Sicherheitsbedürfnis und materieller Erfolg einher. Wenn Sie an einem Tag 8 geboren sind, haben Sie einen natürlichen Geschäftssinn und sollten unbedingt Ihr Organisations- und Führungstalent ausbauen. Wenn Sie bereit sind, hart zu arbeiten, werden Sie bald große Verantwortung tragen. Aber Sie sollten auch lernen, Ihre Autorität gerecht und fair zu gebrauchen und zu delegieren. Menschen mit der Zahl 8 üben oft Berufe im Bereich der Justiz oder von Recht und Ordnung aus oder besetzen Führungspositionen in der Industrie oder im Bankwesen. Da sie ein starkes Bedürfnis nach Sicherheit haben, neigen sie dazu, langfristig zu planen und zu investieren. Manche besitzen auch die Kraft, sich und andere zu heilen. Von dieser Gabe profitieren sie am meisten, wenn sie lernen, sie zum Besten der Menschheit zu kanalisieren.

Positiv: führungskräftig, gründlich, fleißig, traditionell, beschützend, heilkräftig, gutes Urteilsvermögen, natürliche Autorität.

Negativ: ungeduldig, verschwenderisch, intolerant, stolz, machthungrig, dominierend, egozentrisch, leicht entmutigt, ausfallend.

Tag 9

Der Tag 9 eines Monats steht für ein gutmütiges, mitfühlendes, sensibles und gefühlsbetontes Wesen. Sie sind kreativ und freundlich, intelligent und großzügig. Intuition und übersinnliche Fähigkeiten weisen auf universelle Aufgeschlossenheit hin, werden diese Gaben richtig gefördert, schlagen Sie vielleicht sogar einen spirituellen Weg ein. Mit der 9 haben Sie oft das Gefühl, Ihr Leben sei vorbestimmt und gewähre Ihnen nicht viel Handlungsspielraum. Lernen sollten Sie Verständnis für andere, Toleranz und Geduld sowie ein Gefühl für Objektivität. Sie stellen sich generell den Herausforderungen des Lebens, haben aber die Tendenz, übersensibel zu sein und in emotionalen Hochs und Tiefs zu schwelgen. Dennoch sind Menschen mit der Zahl 9 auf Erfolg im Leben programmiert und dazu bestimmt, der Menschheit zu dienen.

Positiv: idealistisch, philanthropisch, kreativ, spirituell, großzügig, poetisch, anziehend, unvoreingenommen, freigiebig.

Negativ: frustriert, nervös, unsicher, unbegabt in praktischen Dingen, verbittert, leicht beeinflußbar, überbesorgt, verschlossen.

Tag 10

Wenn Ihr Geburtstag auf einen Tag 10 fällt, gehen Sie Ihre Ziele stürmisch an. Dennoch müssen Sie zahlreiche Hindernisse überwinden, bevor Sie erreichen, was Sie sich vorgenommen haben. Im allgemeinen verspüren Sie den starken Wunsch, eine eigene Identität aufzubauen. Die 10 als Geburtstagszahl bedeutet, daß Sie innovativ, selbstsicher und ehrgeizig sind. Sie denken in großen Maßstäben und sind meist sehr weltlich eingestellt. Menschen mit der 10 sind energiegeladen und schöpferisch und stehen zu ihren Überzeugungen, auch wenn sie von denen der anderen abweichen. Deshalb fühlen sie sich manchmal allein und unbeliebt. Sie haben Pioniergeist, reisen gerne und kämpfen sich gerne allein durch. Mangelndes Selbstbewußtsein, Angst oder das Bedürfnis, bewundert und anerkannt zu werden, führen jedoch zum Hang, sich von anderen abhängig zu machen. Alle mit der Zahl 10 müssen lernen, daß sich die Welt nicht um sie dreht, und sollten sich vor Selbstsucht und diktatorischen Anwandlungen hüten. Erfolg ist für Menschen mit der 10 sehr wichtig, und oft klettern sie die Karriereleiter weit nach oben. Dies wiederum bringt meist globale Ausrichtung mit sich, so daß sie selten häuslich sind.

Positiv: führungsstark, kreativ, progressiv, kraftvoll, optimistisch, feste Überzeugungen, kämpferisch, unabhängig, großzügig.

Negativ: herrisch, eifersüchtig, egoistisch, hochmütig, feindselig, wenig zurückhaltend, selbstsüchtig, labil, launisch, ungeduldig.

Tag 11

Die besonderen Schwingungen der Hauptzahl 11 führen dazu, daß Ihnen Idealismus, Inspiration und Innovation viel bedeuten. Eine Mischung aus Bescheidenheit und Selbstvertrauen treibt Sie an, immer weiter an Ihrer Selbstbeherrschung, sowohl in geistiger als auch in materieller Hinsicht, zu arbeiten. Durch Erfahrung lernen Sie, wie Sie mit beiden Seiten Ihres Wesens zurechtkommen und wie Sie eine weniger extreme Haltung entwickeln können, indem Sie auf Ihre eigenen Gefühle vertrauen. Obwohl Sie eine stark ausgeprägte Intuition besitzen, verschwenden Sie oft Ihre Energie und brauchen ein Ziel, auf das Sie sich konzentrieren können. Im allgemeinen sind Sie hochgestimmt und sehr vital, müssen sich aber davor hüten, überängstlich oder unpraktisch zu werden. Schlimmstenfalls fällt es Ihnen mit der Zahl 11 schwer, zwischen dem, was Sie fühlen, und dem, was Sie erreichen wollen, zu unterscheiden. Im besten Falle verfügen Sie über das Potential eines Genies, von dem andere viel profitieren können.

Positiv: ausgeglichen, konzentriert, objektiv, enthusiastisch, inspirierend, idealistisch, intuitiv, intelligent, extrovertiert, erfinderisch, künstlerisch begabt, philanthropisch, spirituelle Fähigkeiten.

Negativ: übersteigertes Selbstbewußtsein, unehrlich, ziellos, zu gefühlsbetont, leicht beleidigt, übermäßig erregbar, selbstsüchtig, zum Vernebeln neigend, gemein.

Tag 12

Mit der Zahl 12 haben Sie ein starkes Bedürfnis nach echter Individualität. Häufig sind Sie intuitiv, hilfsbereit, freundlich und besitzen gutes logisches Denkvermögen. Mit Ihrem Erfindungsgeist und Ihrer Feinfühligkeit wissen Sie genau, wie Sie mit Takt und guter Teamarbeit Ihre Ziele erreichen. Auf andere wirken Sie oft selbstbewußt, auch wenn Ihr gelassenes Wesen und Ihre positive Lebenseinstellung oft von Selbstzweifeln und Mißtrauen unterminiert werden. Wenn es Ihnen gelingt, einen Mittelweg zu finden zwischen dem Wunsch nach Selbstverwirklichung und Ihrem natürlichen Hang, anderen zu helfen, können Sie emotionale Befriedigung und persönliche Erfüllung finden. Vielleicht müssen Sie den Mut finden, auf eigenen Füßen zu stehen und Selbstvertrauen zu entwickeln, oder lernen, sich von anderen nicht zu schnell entmutigen zu lassen.

Positiv: kreativ, attraktiv, initiativ, diszipliniert, sich und andere fördernd.

Negativ: eigenbrötlerisch, exzentrisch, unkooperativ, überempfindlich, mangelndes Selbstwertgefühl.

Tag 13

Mit der Zahl 13 werden oft emotionale Sensibilität, Begeisterungsfähigkeit und Inspiration gleichgesetzt. Numerologisch sind Sie ehrgeizig, können hart arbeiten und durch kreative Selbstverwirklichung sehr viel erreichen. Vielleicht müssen Sie sich aber eine pragmatischere Lebensauffassung zulegen, wenn Sie Ihre kreativen Begabungen in konkrete Ergebnisse umsetzen wollen. Ihre originelle und innovative Art führt oft zu neuen und aufregenden Ideen, die andere beeindrucken. Wenn Sie mit der Geburtstagszahl 13 geboren wurden, sind Sie seriös, romantisch, charmant und lebenslustig. Mit genügend Hingabe können Sie es zu Wohlstand bringen. Ihre starken Gefühle und Ihr Drang nach Freiheit oder Selbstverwirklichung können Ihre größten Vorzüge sein. Wenn Sie lernen, partnerschaftsbezogen und teambewußt zu arbeiten, können Sie Ihre Talente auch mit anderen teilen. Viele Menschen mit der 13 reisen gerne oder wünschen sich sehnlichst, an einem anderen Ort ein besseres Leben anzufangen. Die Idealisten darunter versuchen vor allem, ihre kreative Begabung zu fördern, und entscheiden sich vielleicht für eine Karriere im Showgeschäft.

Positiv: ehrgeizig, kreativ, freiheitsliebend, fähig, sich selbst zu verwirklichen, initiativ.

Negativ: impulsiv, unentschlossen, dominierend, gefühllos, rebellisch.

Tag 14

Intellektuelles Potential, gesunder Pragmatismus und starke Entschlossenheit sind die Charakteristika der 14. Häufig besitzen Sie den starken Wunsch, eine solide Grundlage zu schaffen und Erfolg durch harte Arbeit zu realisieren. Wenn Sie unter der 14 geboren sind, hat die Arbeit für Sie oft erste Priorität, und Sie beurteilen sich und andere gern nach ihrem Stand auf der Karriereleiter. Auch wenn Sie Stabilität brauchen, werden Sie von Rastlosigkeit angetrieben und suchen ständig neue Herausforderungen, um voranzukommen. Diese innere Unzufriedenheit kann auch dazu führen, daß es in Ihrem Leben häufig zu Veränderungen kommt, vor allem wenn Sie mit Ihrer beruflichen oder finanziellen Situation nicht zufrieden sind. Viele Menschen mit der 14 erreichen in ihrem Beruf Spitzenpositionen. Die versteckten Charakteristika der Geburtstagszahl 14 weisen darauf hin, daß Sie sehr davon profitieren, wenn Sie Ihre kreativen Talente fördern und lernen, Ihre Gefühle offener zu zeigen. Die Liebe kann ein echtes Problem für Sie werden, auch wenn Sie durch Ihre Vielseitigkeit, Ihren Sinn fürs Praktische und Ihre stark ausgeprägten Instinkte Ihre Dickköpfigkeit überwinden. Mit Ihrer raschen Auffassungsgabe können Sie Probleme schnell erfassen, und es macht Ihnen Spaß, sie zu lösen. Wenn Sie an einem 14. geboren sind, gehen Sie gerne Risiken ein und könnten durchaus einmal den Jackpot knacken.

Positiv: tatkräftig, fleißig, glücksbegünstigt, kreativ, pragmatisch, phantasiebegabt.

Negativ: übervorsichtig oder überimpulsiv, labil, gedankenlos, dickköpfig.

Tag 15

Mit dem Tag 15 werden Vielseitigkeit, Großzügigkeit und Rastlosigkeit in Verbindung gebracht. Im allgemeinen sind Sie schnell und begeisterungsfähig und haben eine charismatische Persönlichkeit. Ihre größten Vorzüge sind Ihr stark entwickelter Instinkt und die Fähigkeit, schnell zu lernen, indem Sie Theorie und Praxis verbinden. Bei vielen Gelegenheiten gelingt es Ihnen, zu verdienen, während Sie gleichzeitig lernen. Häufig setzen Sie Ihre Intuition ein, um Chancen zu erkennen, sobald sie sich bieten. Wenn Sie an einem 15. geboren sind, ziehen Sie Geld und die Hilfe und Unterstützung von anderen geradezu an. Im allgemeinen sorglos und begeisterungsfähig, freuen Sie sich über Unerwartetes. Aber auch wenn Sie von Natur aus abenteuerlustig sind, brauchen Sie ein stabiles Fundament oder ein eigenes Zuhause. Obwohl Sie voller Energie und Ehrgeiz stecken, können Sie auch dickköpfig und stur sein und müssen sich davor in acht nehmen, im Alltagstrott zu versinken. Wenn Sie Ihre Ideen mit Hilfe Ihrer praktischen Fähigkeiten in die Tat umsetzen, werden Sie Ihre Unternehmungen öfter zu einem positiven Abschluß bringen und außerdem Ihren Hang zu Rastlosigkeit und Unzufriedenheit überwinden.

Positiv: beflissen, großzügig, verantwortungsbewußt, nett, kooperativ, gute Menschenkenntnis, kreative Ideen.

Negativ: rastlos, egozentrisch, Angst vor Veränderungen, kein Glauben, überbesorgt, unentschlossen, materialistisch.

Tag 16

Wenn Sie an einem 16. Geburtstag haben, sind Sie in der Regel ehrgeizig, aber auch emotional, fürsorglich und freundlich. Ihr starkes Bedürfnis, sich zu verwirklichen, und der Wunsch, die Welt zu entdecken, lassen Sie vielleicht Ihre Familie verlassen. Sie beurteilen das Leben häufig nach dem Gefühl und können Menschen und Situationen gut einschätzen. Mit der Zahl 16 können Sie aber in das Dilemma geraten, sich zwischen Selbstverwirklichung und Verantwortung für andere entscheiden zu müssen.

Mit der 16 sind Sie interessiert an internationalen Geschäften und arbeiten vielleicht in einem internationalen Konzern oder einem Medienbetrieb. Vielleicht engagieren Sie sich aber auch für eine wohltätige Organisation und arbeiten für eine gerechte Sache. Die Kreativen unter Ihnen besitzen das Talent zum Schreiben und haben immer wieder «Geistesblitze». Die unterschwellige Rastlosigkeit, die mit der 16 einhergeht, deutet häufig auf spirituelles Erwachen des Ichs hin, vor allem in Zeiten der Instabilität und des Wandels. Wenn Sie an einem 16. geboren wurden, müssen Sie vielleicht lernen, einen Mittelweg zwischen zu starkem Selbstbewußtsein und Zweifeln und Unsicherheit zu finden. Obwohl die meisten von Ihnen enge Familienbande kennen, ziehen Sie es vor, allein zu leben oder viel zu reisen.

Positiv: bildungshungrig, verantwortungsbewußt gegenüber Heim und Familie, integer, intuitiv, sozial, kooperativ, große Menschenkenntnis.

Negativ: unzufrieden, verantwortungslos, selbstdarstellerisch, rechthaberisch, skeptisch, überempfindlich, reizbar.

Tag 17

Ist die 17 Ihre Geburtstagszahl, sind Sie meist schlau, von zurückhaltender Natur und verfügen über gute analytische Fähigkeiten. Als unvoreingenommener Denker sind Sie handwerklich oder intellektuell sehr gebildet und verlassen sich auf persönliche Erfahrung. Gewöhnlich bauen Sie auf Ihrem Allgemeinwissen ein gutes Fachwissen auf und erlangen materiellen Erfolg oder eine prominente Position als Experte oder Wissenschaftler. Diskret, nachdenklich und unvoreingenommen, mit einem starken Interesse an Zahlen und Fakten, treten Sie meist rücksichtsvoll und seriös auf und nehmen sich gern Zeit für die Dinge. Wenn Sie Ihre kommunikativen Fähigkeiten noch entwickeln, können Sie wesentlich mehr über sich und andere lernen. Haben Sie sich einmal für einen Weg entschieden, können Sie ziemlich stur sein und hören auch nicht mehr auf den Rat anderer. Sie sind ausdauernd und imstande, sich lange zu konzentrieren, und können auf diese Art durch Erfahrung sehr viel lernen. Je weniger skeptisch Sie sind, desto mehr werden Sie lernen.

Positiv: rücksichtsvoll, spezialisiert, guter Planer, Geschäftssinn, zieht Geld an, unabhängiger Denker, exakt, guter Forscher und Wissenschaftler.

Negativ: desinteressiert, einsam, dickköpfig, launisch, unvorsichtig, überempfindlich, engstirnig, kritisch, mißtrauisch.

Tag 18

Mit dem 18. Tag eines Monats werden Entschlossenheit, Energie und Ehrgeiz in Verbindung gebracht. Dynamisch und aktiv, streben Sie nach Macht und suchen die Herausforderung. Da Sie oft gebildet, fleißig und verantwortungsbewußt sind, können Sie verantwortungsvolle Positionen erreichen und sind an Berufen im juristischen oder administrativen Bereich interessiert. Ihr ausgeprägter Geschäftssinn und Ihre organisatorischen Fähigkeiten können Sie aber auch in die Welt des Handels führen. Mit der Zahl 18 sind Sie wahrscheinlich streitlustig, kritisch oder schwer zufriedenzustellen. Sie neigen dazu, sich zu überarbeiten, und müssen lernen, sich von Zeit zu Zeit zu entspannen. Mit der 18 können Sie Ihre Kräfte nutzen, um andere zu heilen, ihnen zu raten oder ihre Probleme zu lösen. Möglicherweise müssen Sie aber lernen, zwischen Machtgebrauch und Machtmißbrauch zu unterscheiden.

Positiv: progressiv, energisch, intuitiv, mutig, resolut, heilerisch begabt, tüchtig, beraterische Fähigkeiten.

Negativ: unkontrollierte Gefühle, träge, mangelnder Ordnungssinn, selbstsüchtig, dickhäutig, unfähig, Projekte und Arbeiten zu Ende zu führen, falsch.

Tag 19

Kreativ, fröhlich, ehrgeizig und dynamisch, aber auch menschenfreundlich und sensibel sind die Menschen, die an einem Tag 19 geboren sind. Sie sind entschlußfreudig und einfallsreich und haben Visionen, doch die träumerische Seite ihres Wesens ist mitfühlend, idealistisch und feinfühlig. Das Bedürfnis, «jemand» zu sein, treibt sie dazu, theatralisch zu sein und sich immer in den Vordergrund zu spielen. Oft sind sie von dem starken Wunsch beseelt, eine ganz individuelle Identität aufzubauen. Um dies zu erreichen, müssen sie sich allerdings zunächst einmal gegen den Druck ihrer sozialen Gruppe wappnen. Nur über große Erfahrung können sie Selbstvertrauen und Führungsqualitäten entwickeln. Wenn Sie an einem 19. geboren wurden, mögen Sie auf andere zwar selbstbewußt, robust und fähig, sich selbst zu helfen, wirken, doch innere Spannungen führen zu emotionalen Schwankungen. Auch wenn Sie stolz sind und das Bedürfnis haben, von anderen geschätzt und umsorgt zu werden, müssen Sie doch lernen, daß sich die Welt nicht um Sie dreht. Das heißt, daß Sie einen Hang zur Selbstsucht und Arroganz überwinden müssen. Sie müssen auch lernen, mutiger zu sein, zu planen und zu ordnen und die Angst vor dem Alleinsein zu überwinden. Mit Ihrer kreativen und charismatischen Art steht Ihnen die Welt offen, am erfolgreichsten sind Sie, wenn Sie entweder allein arbeiten oder innerhalb sehr großer Firmen.

Positiv: dynamisch, kreativ, führungsstark, chancenreich, progressiv, optimistisch, überzeugt, kämpferisch, unabhängig, gesellig.

Negativ: egozentrisch, depressiv, überbesorgt, Angst vor Zurückweisung, Stimmungsschwankungen, materialistisch, egoistisch, ungeduldig.

Tag 20

Mit der Zahl 20 als Geburtstag sind Sie intuitiv, sensibel, anpassungsfähig und verständnisvoll und betrachten sich gern als Teil einer größeren Gruppe. In der Regel lieben Sie gemeinschaftliche Aktivitäten, bei denen Sie sich austauschen, Erfahrungen mit anderen teilen und lernen können. Je nach Einflußnahme Ihrer Umgebung können Sie auch künstlerische oder musikalische Talente entwickeln. Da Sie meist charmant und liebenswürdig sind und über diplomatische und soziale Fähigkeiten verfügen, bewegen Sie sich problemlos in den unterschiedlichsten sozialen Kreisen. Dennoch müssen Sie möglicherweise an Ihrem Selbstvertrauen arbeiten oder den Hang überwinden, sich von der Kritik anderer zu leicht verletzen zu lassen. In Beziehungen oder sozialen Gruppen müssen Sie sich davor in acht nehmen, nicht den Märtyrer spielen zu wollen, mißtrauisch zu sein oder sich von anderen abhängig zu machen. Sie sind Meister darin, eine harmonische Atmosphäre zu schaffen, und werden oft als Vermittler in Familienangelegenheiten oder bei der Arbeit herangezogen.

Positiv: gute Partner, sanft, taktvoll, aufgeschlossen, intuitiv, rücksichtsvoll, harmonisch, angenehm im Umgang, freundschaftlich, Botschafter des guten Willens.

Negativ: mißtrauisch, mangelndes Selbstvertrauen, servil, schüchtern, überempfindlich, selbstsüchtig, leicht beleidigt, hinterlistig.

Tag 21

Menschen, die am 21. Tag eines Monats geboren wurden, sind oft dynamisch und extrovertiert. Als gesellige Menschen sind sie vielseitig interessiert, haben viele Kontakte und sind im allgemeinen vom Glück begünstigt. Normalerweise zeigen sie ihrer Umwelt ihre liebenswürdige und gesellige Seite. Sie sind äußerst originell und intuitiv und Freidenker. Wenn Sie am 21. geboren sind, können Sie lebenslustig, attraktiv und kreativ sein und viel Charme ausstrahlen. Andererseits können Sie auch schüchtern und zurückhaltend sein und das Bedürfnis verspüren, mehr Sicherheit zu entwickeln, vor allem in engeren Beziehungen. Im Leben bieten sich Ihnen viele Chancen, und mit anderen Menschen haben Sie viel Erfolg. Menschen mit der 21 müssen sich aber davor hüten, selbstsüchtig zu werden oder ihre Identität in den Träumen anderer zu suchen. Sie können auch zuviel Zeit in Beziehungen investieren und sich damit in Abhängigkeit begeben.

Positiv: inspiriert, kreativ, beziehungsstark und begabt für langfristige Beziehungen.

Negativ: anfällig für Abhängigkeit, nervös, überemotional, phantasielos, leicht enttäuscht, Angst vor Veränderung.

Tag 22

Wenn Sie an einem Tag 22 geboren wurden, sind Sie stolz, praktisch, diszipliniert und sehr intuitiv. Die 22 ist eine Hauptzahl und kann als 22, aber auch als 4 wirken. Sie sind meist aufrichtig und fleißig, besitzen von Natur aus Führungsqualitäten, haben Charisma und tiefes Verständnis für Ihre Mitmenschen und das, was sie bewegt. Ohne demonstrativ zu sein, zeigen Sie Beschützerinstinkt und Sorge für andere, ohne je den Boden unter den Füßen zu verlieren. Da Sie normalerweise kultiviert und weltgewandt sind, haben Sie viele Freunde und Bewunderer. Ihre auffallendsten Eigenschaften sind Ihre praktische Begabung und Ihre Führungsqualitäten. Ihre offene, aber gelassene Art hilft Ihnen dabei, gehobene Managementpositionen zu erreichen. Die Kämpferischeren unter Ihnen bringen es mit Hilfe und Ermunterung anderer zu Erfolg und Vermögen. Viele Menschen mit diesem Geburtsdatum pflegen enge Kontakte zu Geschwistern und tun alles für deren Schutz und Unterstützung.

Positiv: weltgewandt, führungsstark, sehr intuitiv, pragmatisch, praktisch, gute Organisatoren, realistisch, Problemlöser, zielbewußte Macher.

Negativ: nervös, komplexbeladen, dominierend, materialistisch, phantasielos, träge, egoistisch, habgierig, sich in den Vordergrund spielend.

Tag 23

Zu den Charakteristika des Tages 23 gehören Intuition, emotionale Sensibilität und Kreativität. Im allgemeinen sind Sie vielseitig, leidenschaftlich und ein schneller Denker, wenn Sie an diesem Tag geboren wurden, außerdem sind Sie professionell und haben eine Menge kreativer Ideen. Mit der 23 erfassen Sie Neues sehr rasch, beschäftigen sich aber lieber mit der Praxis als mit der Theorie. Sie neigen dazu, andere ständig zu kritisieren und eine selbstsüchtige Einstellung zu entwickeln. Sie lieben Reisen, Abenteuer und lernen gern neue Leute kennen, was ein ereignisreiches Leben mit sich bringt, das Sie befähigt, aus allen Situationen das Beste zu machen. Im allgemeinen lebenslustig und freundlich, mutig und energisch, sollten Sie unbedingt ein aktives Leben führen, um Ihr wahres Potential auszuschöpfen. Auch wenn Sie gerne anderen helfen, wirken Sie gelegentlich verantwortungslos, weil Sie unentschlossen sind und ständig Ihre Meinung ändern. Manche erleben erst einmal zahlreiche kurze Beziehungen, bevor sie den Partner fürs Leben finden.

Positiv: loyal, verantwortungsvoll, kommunikativ, intuitiv, kreativ und vielseitig, vertrauenswürdig, oft berühmt.

Negativ: selbstsüchtig, unsicher, dickköpfig, kompromißlos, pingelig, eifersüchtig, verschlossen, rastlos.

Tag 24

Typische Eigenschaften des Tages 24 sind Pflichtbewußtsein, Verantwortungsbewußtsein und Unternehmungsgeist. Sie verabscheuen zwar Routine, arbeiten aber oft hart und verfügen über gute praktische Fähigkeiten und ein sicheres Urteilsvermögen. Die emotionale Sensibilität, die mit der 24 einhergeht, weist darauf hin, daß Sie Stabilität, Recht und Ordnung brauchen. Ebenso wichtig sind Ihnen Struktur und Form, und Sie können im Handumdrehen komplizierte und effiziente Systeme schaffen. Aufrichtig, verläßlich und sicherheitsbewußt, brauchen Sie die Liebe und Unterstützung eines Partners und haben Freude daran, für sich und Ihre Familie ein solides Fundament zu schaffen. Pflichtgetreu, gerecht, aber zurückhaltend, sind Sie der Ansicht, daß Taten mehr sagen als Worte. Ihr gesunder Pragmatismus geht mit gutem Geschäftssinn sowie der Fähigkeit, im Leben zu materiellem Erfolg zu gelangen, einher. Wenn Sie an einem 24. geboren sind, müssen Sie Phasen der Instabilität durchstehen und eine Tendenz zur Dickköpfigkeit oder zu fixen Ideen überwinden. Wenn Sie lernen, Ihrer Intuition zu vertrauen, und soziale Fähigkeiten entwickeln, können Sie zu mehr Selbstdisziplin gelangen. Andererseits müssen Sie sich vor destruktivem Verhalten hüten, das von anderen als Rücksichtslosigkeit oder Materialismus gedeutet werden könnte. Zu den Hauptproblemen der Menschen mit der 24 gehört es, mit der verschiedensten Art von Leuten auszukommen, ihr eigenes Mißtrauen zu überwinden und ein sicheres Zuhause zu schaffen.

Positiv: energisch, idealistisch, praktisch veranlagt, entschlossen, aufrichtig, direkt, großzügig, gerecht, aktiv.

Negativ: rücksichtslos, materialistisch, Pfennigfuchser, haßt Routine, faul, untreu, dominierend und dickköpfig.

Tag 25

Mit der 25 als Geburtstagszahl sind Sie intuitiv und zuvorkommend, aber auch schnell und voller Energie und müssen sich auf irgendeine Weise ausdrücken – vielleicht durch neue und aufregende Ideen oder indem Sie neue Menschen und Orte kennenlernen. Ihr Hang zum Perfektionismus läßt Sie hart arbeiten und produktiv sein. Allerdings müssen Sie darauf achten, nicht zu ungeduldig und kritisch zu werden, wenn die Dinge sich nicht nach Plan entwickeln. Feinfühligkeit und kreative künstlerische Talente gehören zu Ihren eher verborgenen Eigenschaften. Sie neigen auch dazu, sich selbst zu unterschätzen, was zu Frustration und destruktivem Verhalten führt. Das starke Bedürfnis nach langlebigen und engen

Partnerschaften, Liebe und Hingabe kann von der Rastlosigkeit der Zahl 25 untergraben werden. Im allgemeinen sind Sie wachsam und instinktgeleitet und lernen schneller durch Praxis als durch Theorie. Mit Ihrem guten Urteilsvermögen und einem guten Auge fürs Detail gelangen Sie immer zum Ziel. Vielleicht sollten Sie sich eine weniger skeptische Haltung zulegen und Ihren Hang zu sprunghaften und impulsiven Entscheidungen zähmen. Ihre Angst vor Veränderungen kann zu emotionalen Spannungen, Stimmungsschwankungen und Eifersucht führen. Mit der 25 verfügen Sie über starke geistige Energien. Wenn Sie sie kanalisieren, helfen sie Ihnen, Situationen schneller zu überblicken und schneller als andere zu einer Schlußfolgerung zu gelangen. Erfolg und Glück stellen sich ein, wenn Sie lernen, Ihren Instinkten zu vertrauen, und mehr Ausdauer und Geduld entwickeln.

Positiv: sehr intuitiv, perfektionistisch, schnelle Auffassungsgabe, kreativ, kommt gut mit Menschen zurecht.

Negativ: impulsiv, ungeduldig, verantwortungslos, überempfindlich, eifersüchtig, geheimnistuerisch, kritisch, launisch, nervös.

Tag 26

Menschen mit der Zahl 26 streben nach Erfolg und sind von Natur aus sehr ehrgeizig. Häufig gehen sie das Leben mit gesundem Pragmatismus an, haben gute Führungsqualitäten und einen ausgeprägten Geschäftssinn. Die Stärke und Kraft, die von der 26 ausgehen, bedeuten, daß sie eine vorsichtige Art, unumstößliche Werte und ein gutes Urteilsvermögen besitzen. Wenn Sie an einem 26. geboren wurden, sind Sie im allgemeinen verantwortungsbewußt und haben von Natur aus einen Sinn für Ästhetik. Die Liebe zu Ihrem Heim und starke Elterngefühle deuten darauf hin, daß Sie viel Wert auf eine solide Grundlage und echte Stabilität legen. Durch Dickköpfigkeit oder mangelndes Selbstbewußtsein geben Sie manchmal jedoch zu schnell auf. Mit Selbstkontrolle und sorgfältiger Planung aber können Sie gute Erfolge erzielen. Ein Hang zu idealistischen und humanitären Fällen bringt Sie dazu, in Bereichen aktiv zu werden, die mit Menschen, Pädagogik oder Gemeinwesen zu tun haben. Oft sind Sie ein Quell der Kraft für Freunde und Familie, die sich gerne an Sie wenden, wenn sie Hilfe benötigen. Dennoch sollten Sie sich gegen materialistische Tendenzen wappnen und der Versuchung widerstehen, Menschen und Situationen kontrollieren zu wollen.

Positiv: kreativ, praktisch, fürsorglich, verantwortungsbewußt, stolz auf die Familie, begeisterungsfähig, mutig.

Negativ: dickköpfig, rebellisch, wenig begeisterungsfähig, mangelnde Ausdauer, labil, dominierend.

Tag 27

Mit der Zahl 27 verbunden sind Intuition, aber auch analytische Fähigkeiten. Wenn Sie Geduld und Selbstkontrolle entwickeln, können Sie Ihre Tiefgründigkeit erheblich verstärken. Oft sind Sie überzeugend, entschlossen und aufmerksam und legen großen Wert aufs Detail. Da Sie häufig auch idealistisch und sensibel sind und über einen schöpferischen Geist verfügen, können Sie andere mit Ihren originellen Ideen und Gedanken leicht beeindrucken. Wenn Sie manchmal geheimnistuerisch, rational und unbeteiligt wirken, verbergen Sie in Wirklichkeit nur Ihre innere Anspannung. Damit einher gehen möglicherweise Tendenzen zu Impulsivität, Unentschlossenheit, Verwirrtheit oder Skepsis über bevorstehende Veränderungen. Wenn Sie gute kommunikative Fähigkeiten entwickeln, können Sie Ihre Abneigung, Ihre Gefühle auszudrücken, überwinden. Ihr Schlüssel zum Erfolg ist oft Ihre Inspiration; wenn Sie sich eine weltoffenere Haltung zulegen, können Sie auf Gefühlsausbrüche verzichten und müssen sich keine Sorgen mehr darüber machen, was andere über Sie denken und sagen. Für Menschen mit der 27 ist Bildung sehr wichtig. Mit der richtigen Ausbildung können Sie durch Schreiben, in der Forschung oder bei großen Organisationen zu Erfolg gelangen. Von Natur aus vielseitig und phantasiebegabt sowie mit stark ausgeprägten Instinkten und spirituellen Fähigkeiten gesegnet, sind Sie sehr ehrgeizig und ideenreich. Andererseits kann Rastlosigkeit Sie auch aus dem Gleichgewicht bringen und zu impulsiv werden lassen, und vielleicht müssen Sie lernen, wie Sie Ihre Ideen in realisierbare Ergebnisse umsetzen können. Obwohl Sie oft liebevoll und zuvorkommend sind, können Sie gelegentlich überempfindlich und unnahbar wirken. Wenn Sie mehr inneren Abstand halten, sind Sie besser in der Lage, anderen zuzuhören und deren Kritik oder Ideen anzunehmen.

Positiv: vielseitig, phantasiebegabt, kreativ, resolut, tapfer, verständnisvoll, gute geistige Fähigkeiten, spirituell, erfindungsreich.

Negativ: streitsüchtig, leicht beleidigt, ruhelos, nervös, mißtrauisch, überempfindlich, leicht reizbar, angespannt.

Tag 28

Mit der 28 sind Sie von Natur aus unabhängig, idealistisch und unkonventionell, aber auch pragmatisch und entschlossen und tun eigentlich immer, was Sie wollen. Oft stecken Sie in dem Dilemma, unabhängig und gleichzeitig Teil einer Gruppe sein zu wollen. Wie alle Menschen mit der Zahl 1 sind Sie ehrgeizig, direkt und unternehmungslustig. Immer bereit zu neuen Abenteuern und Action, stellen Sie sich mutig den Herausforderungen des Lebens. Mit Ihrer Begeisterungsfähigkeit stecken Sie andere an, die Sie dann bei Ihren Unternehmungen unterstützen. Zu Ihren vielen Eigenschaften gehören auch feste Überzeugungen, Einfallsreichtum, gutes Urteilsvermögen und die Fähigkeit, Informationen zu sammeln, mit deren Hilfe Sie Probleme lösen können. Wenn Sie an einem 28. geboren sind, besitzen Sie oft Führungsqualitäten und verlassen sich auf Ihren gesunden Menschenverstand und Ihr logisches Denkvermögen. Obwohl Sie erfolgsorientiert und ehrgeizig sind, haben Sie auch einen starken Sinn für Familie und Heim. Stabilität zu finden und für Ihre Lieben zu sorgen kann gelegentlich zum Problem für Sie werden. Gern übernehmen Sie Verantwortung, können aber auch allzu begeisterungsfähig, ungeduldig oder intolerant sein. Hüten Sie sich auch davor, zu herrisch, rechthaberisch oder rebellisch zu sein.

Positiv: mitfühlend, progressiv, kühn, künstlerisch begabt, kreativ, ehrgeizig, fleißig, idealistisch, willensstark.

Negativ: tagträumerisch, unmotiviert, ohne Mitgefühl, unrealistisch, herrisch, ohne Urteilsvermögen, aggressiv, zu abhängig von anderen, hochmütig.

Tag 29

Als idealistische Visionäre mit dynamischem und kraftvollem Charakter besitzen Menschen mit der 29 eine starke Persönlichkeit und außerordentliches Potential. Sie sind oft äußerst intuitiv, sensibel und emotional. Durch ihre mitfühlende und verständnisvolle Art ermutigen sie andere, ihre Hoffnungen und Träume zu erfüllen. Inspiration ist das Geheimnis Ihres Erfolges, wenn Sie an einem 29. geboren wurden, ohne sie verlieren Sie Ihre Zielstrebigkeit. Obwohl Sie ein echter Träumer sind, müssen Sie sich angesichts der extremen Seiten Ihrer Natur vor Stimmungsschwankungen in acht nehmen. Sie können herzlich und freundlich sein, aber auch kalt und gefühllos. Sie wechseln zwischen optimistisch und pessimistisch. Obwohl Sie kämpferisch und ehrgeizig sind, brauchen Sie es, beliebt zu sein, und es ist Ihnen wichtig, was andere über Sie denken. Deshalb sollten Sie lernen, weniger kritisch, skeptisch, schüchtern oder unbeteiligt und dafür rücksichtsvoller zu Ihren Mitmenschen zu sein. Wenn Sie Ihren geheimsten Gefühlen vertrauen und Ihr Herz anderen öffnen, können Sie Ihren Hang zur Besorgnis überwinden oder Ihren Verstand als Schutzschild einsetzen. Nutzen Sie Ihre schöpferischen Gedanken, um etwas Besonderes und Einzigartiges zu erreichen, das anderen nützen oder sie inspirieren kann.

Positiv: inspirierend, ausgeglichen, großzügig, erfolgreich, intuitiv, mystisch, kraftvoll träumend, weltgewandt.

Negativ: unkonzentriert, unsicher, nervös, launisch, schwierig, extremistisch, rücksichtslos, verschlossen, überempfindlich.

Tag 30

Zu den zahlreichen Eigenschaften der Geburtstagszahl 30 gehören unter anderem künstlerische und kreative Begabung, Freundlichkeit und Geselligkeit. Sie genießen das Leben, lieben das Zusammensein mit anderen und können außergewöhnlich charismatisch, loyal und liebenswürdig sein. Sie sind emotional und ehrgeizig und besitzen großes schöpferisches Potential; Sie greifen Ideen auf und entwickeln sie auf Ihre eigene Weise weiter. Ausgeglichen und großzügig, verfügen Sie über guten Geschmack und ein Auge für Stil und Form, so daß Sie in allen künstlerischen Berufen erfolgreich sein können. Stolz und Ehrgeiz in Verbindung mit guten Chancen katapultieren Sie oft bis ganz oben auf der Karriereleiter. Mit der Geburtstagszahl 30 besitzen Sie starke Gefühle, und verliebt oder glücklich zu sein ist für Sie lebensnotwendig. Bei Ihrer Jagd nach dem Glück sollten Sie es aber vermeiden, träge, nachlässig, ungeduldig oder eifersüchtig zu werden, denn dies kann zu emotionaler Instabilität führen. Viele von Ihnen, die am Tag 30 geboren sind, werden Ruhm oder Anerkennung ernten, vor allem als Musiker, Schauspieler und Entertainer, wobei einige davon große Opfer für nahestehende Personen bringen müssen.

Positiv: lebenslustig, loyal, freundlich, wortgewandt, kreativ, talentiert für Glück.

Negativ: träge, stur, sprunghaft, ungeduldig, nachlässig, unsicher, desinteressiert, eifersüchtig.

Tag 31

Wer am Tag 31 geboren ist, besitzt viel Willenskraft, starke Entschlossenheit und das ausgeprägte Bedürfnis, sich zu verwirklichen. Oft verbindet er seine Intuition und seine praktischen Fähigkeiten, um die richtigen Entscheidungen zu treffen. Im allgemeinen sind Menschen der Zahl 31 unermüdlich und entschlossen, wobei materieller Erfolg stets eine Grundbedingung für sie darstellt. Aber sie müssen lernen, die begrenzten Möglichkeiten des Lebens zu akzeptieren, zumal sie eine solide Basis brauchen. Mit der Zahl 31 haben Sie originelle Ideen, einen ausgeprägten Sinn für Form und die Fähigkeit, geschäftlich erfolgreich zu sein, wenn Sie sich Zeit lassen und einem konkreten Plan folgen. Glück und gute Chancen gehen ebenfalls von der 31 aus, so daß Sie möglicherweise ein Hobby in eine lukrative Nebenbeschäftigung verwandeln können. Vielleicht müssen Sie lernen, sich nicht allzu schnell entmutigen zu lassen und anderen gegenüber rücksichtsvoller zu sein. Zeit für Liebe und Spaß zu haben ist lebenswichtig für Sie. Vor allem, da Sie meist sehr hart arbeiten. Andererseits sollten Sie sich davor hüten, nachlässig oder selbstsüchtig, aber auch nicht zu optimistisch zu werden. Die Schwächeren mit der 31 leiden unter Unsicherheit, geben zu leicht ihre Träume auf und geben sich Wunschträumen hin.

Positiv: talentiert für Glück, originell, konstruktiv, nie aufgebend, praktisch veranlagt, guter Gesprächspartner, verantwortungsvoll.

Negativ: unsicher, ungeduldig, mißtrauisch, leicht zu entmutigen, zuwenig Ehrgeiz, selbstsüchtig, dickköpfig.

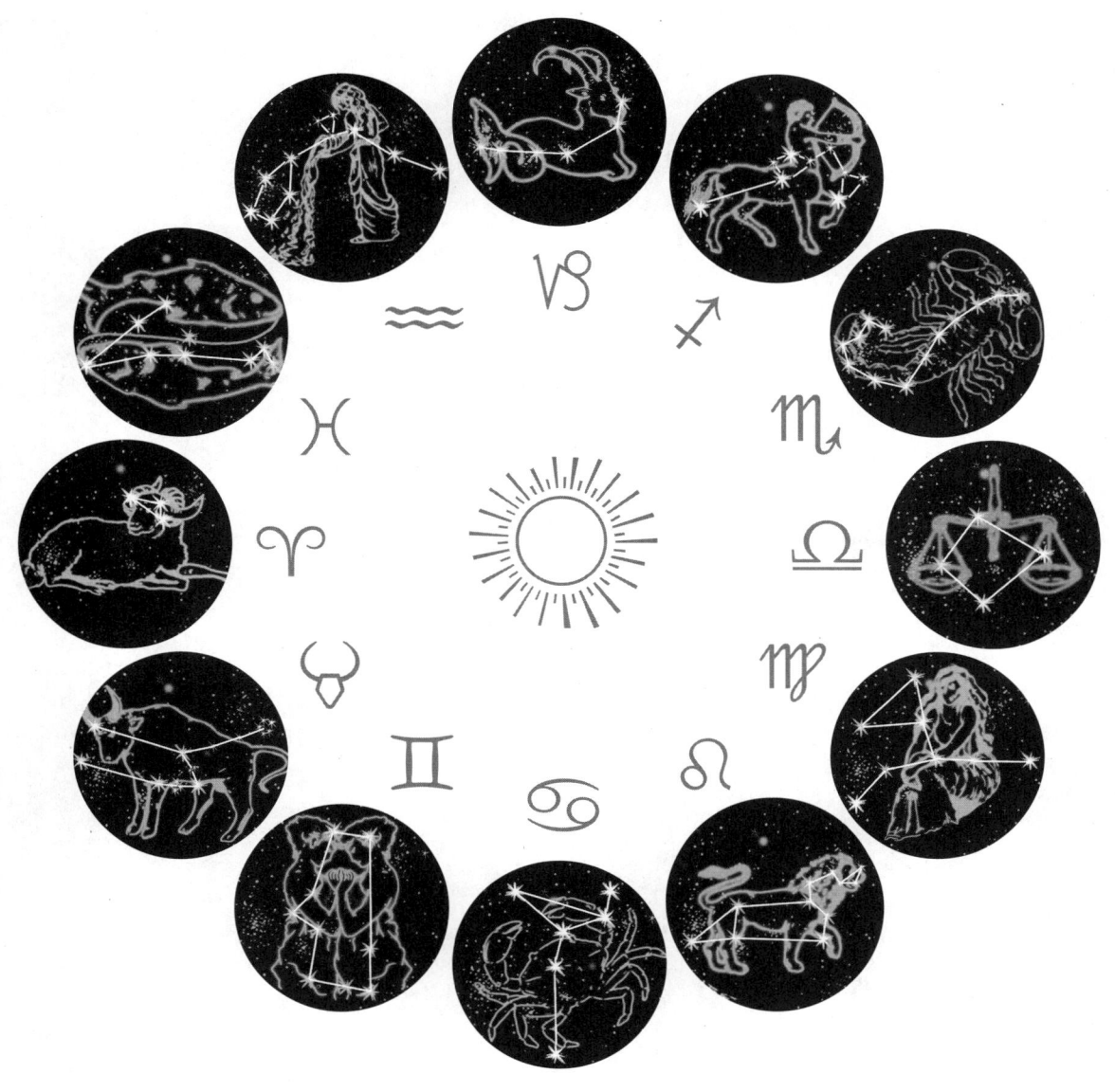

Die 366 Geburtstage des Jahres

Widder

21. März – 20. April

21. März

SONNE: AN DER GRENZE
WIDDER/FISCHE
DEKADE: WIDDER/MARS
GRAD: 29°30' FISCHE –
0°30' WIDDER
ART: KARDINALZEICHEN
ELEMENT: FEUER

Fixstern

Name des Sterns: Deneb Kaitos, auch Dipda genannt
Gradposition: 1°32' – 2°27' Widder zwischen den Jahren 1930 und 2000
Magnitude: 2
Stärke: ********
Orbit: 2°10'
Konstellation: Beta Ceti
Tage: 21., 22., 23., 24., 25., 26. März
Sternqualitäten: Saturn
Beschreibung: gelb-orangefarbener Stern am Schwanz des Walfischs.

Einfluß des Hauptsterns

Deneb Kaitos steht im allgemeinen für Zurückhaltung und Entschlossenheit. Allerdings sorgt er auch für Rastlosigkeit, die zu Erholungsphasen gefolgt von Aktivitätsschüben führen kann. Wenn Sie unter seinem Einfluß stehen, neigen Sie dazu, Ihre Kraft zu vergeuden, und sollten lernen, sich durch positives Denken zu entspannen; im allgemeinen brauchen Sie auch viel Zeit für sich selbst. Im Zusammenhang mit dem Stand Ihrer Sonne kann Deneb Kaitos auch für organisatorisches Geschick, Pflicht- und Verantwortungsbewußtsein stehen. Mit Disziplin und Kontrolle können Sie viel erreichen. Dieser Stern warnt auch vor einer Tendenz zur Frustration.

- Positiv: Beharrlichkeit, Entschlossenheit.
- Negativ: Verdrängung oder Frustration, impulsives Handeln, Änderung der Richtung, ohne nachzudenken.

♈ Entschlußfreudig und energisch, aber auch freundlich und kooperativ, haben Sie eine Vorliebe für Gruppenaktivitäten, die Ihr Bedürfnis widerspiegeln, Teil eines Teams zu sein. An der Zeichengrenze geboren, sind Sie eine dynamische, energiegeladene Persönlichkeit voller Antrieb und Ehrgeiz. Oft erscheinen Sie eilig und ungeduldig, getrieben von dem Bedürfnis, im Leben voranzukommen. Die idealistische Seite Ihrer Natur aber braucht das Zusammensein und Kommunizieren mit anderen, und Ihre unerschöpflichen Ideen bringen Sie mit Menschen aus allen Schichten zusammen.

Der doppelte Einfluß Ihres Planeten Mars verleiht Ihnen Mut und die Fähigkeit, Hindernisse zu überwinden, und mit Ihrer scharfen Intuition und Ihrem gesunden Menschenverstand erkennen Sie sofort, wenn sich eine geschäftliche Chance bietet. Sie sind voller Inspiration und Phantasie, haben oft ein gutes Urteilsvermögen und wissen, wie Sie andere mit Ihrer Begeisterungsfähigkeit anstecken können. Allerdings neigen Sie auch zur Sturheit und können recht streitlustig werden, wenn Sie nicht recht bekommen. Auch wenn Sie eine natürliche Begabung fürs Geldverdienen besitzen, müssen Sie möglicherweise die Angst überwinden, mittellos zu sein, selbst zu Zeiten von Wohlstand und Erfolg.

Sie sind ein guter Stratege und lernen schnell, Ihr Erfolgsstreben mit Ihren humanitären Neigungen in Einklang zu bringen. In andere Menschen zu investieren kann bisweilen enorm erträglich sein; dennoch sollten Sie lernen, wem Sie vertrauen können. Gesellig und kontaktfreudig, genießen Sie es, berufliches und privates Leben zu verbinden und berufliche Partnerschaften mit anderen hart arbeitenden und disziplinierten Menschen einzugehen.

Wenn Sie 30 geworden sind, tritt die Sonne in das Zeichen des Stiers, und Sie verspüren ein wachsendes Bedürfnis nach Stabilität und finanzieller Sicherheit. In dieser Phase konzentrieren Sie sich hauptsächlich darauf, ein Fundament für sich und Ihre Lieben zu schaffen. Diese Zeit dauert, bis Sie etwa Mitte 60 sind, dann tritt die Sonne in das Zeichen der Zwillinge, und Sie wenden sich noch einmal neuen Interessen und der Kommunikation zu.

Ihr geheimes Selbst

Ihr Bedürfnis nach Anerkennung treibt Sie im allgemeinen zum Erfolg. Ihr Potential für materiellen Erfolg ist enorm, wenn Sie Ihre Visionen und Ihre Intuitionen miteinander verknüpfen. Da Ihnen klar ist, daß im Leben nichts umsonst ist, sind Sie bereit, hart zu arbeiten, um Ihr Ziel zu erreichen. Häufig entsprechen Ihre hohen Ideale einer Arbeit, die Sie in eine exzellente finanzielle Lage bringt und die gleichzeitig anderen nützt. Gegensätze in Ihrer Persönlichkeit führen dazu, daß Sie einerseits nach Status, Geld und Macht streben, andererseits aber Ihre Ruhe haben wollen. Eine Lösung wäre zum Beispiel, ein Zuhause zu finden, das für Sie einen sicheren Hafen darstellt. Sie könnten Ihr Machtstreben auch auf Bereiche wie Heilen, Kunst, Musik oder eine andere kreative Ausdrucksform kanalisieren. Andererseits sollten Sie aufpassen, daß Sie sich nicht zu sehr entspannen und in Trägheit oder Angst vor Erfolglosigkeit verfallen.

Beruf & Karriere

Mit Ihren ausgezeichneten Fähigkeiten, mit Menschen umzugehen, sind Sie hervorragend geeignet als Unterhändler, Berater oder Spezialist für Öffentlichkeitsarbeit, als Vermittler, Anwalt oder Agent. Sie können darüber hinaus außergewöhnlich gut verkaufen, solange Sie von dem Produkt überzeugt sind. Um Ihre Begeisterungsfähigkeit und Ihre Führungsqualitäten so richtig zum Tragen zu bringen, wäre es ideal, wenn Sie die Projekte initiieren und anderen die Routinearbeit überlassen könnten. Ihre besondere Art kann aber auch in der Welt der Kreativität zum Ausdruck kommen. Für welche Sparte auch immer Sie sich entscheiden, Sie sollten in jedem Fall mit Menschen zusammenarbeiten. Ihre angeborenen Führungs- und Managerqualitäten bringen Sie meist in gehobene Positionen; Verkauf oder die Immobilienbranche sind besonders für Sie geeignet. Vielleicht ziehen Sie es vor, sich selbständig zu machen, aber auch da sind Sie am besten, wenn Sie mit anderen zusammenarbeiten.

Berühmte Persönlichkeiten dieses Tages sind die Schauspieler Timothy Dalton und Matthew Broderick, Formel-1-Weltmeister Ayrton Senna und der Komponist Johann Sebastian Bach.

Numerologie

Mit der Geburtstagszahl 21 sind Sie lebenslustig, attraktiv, kreativ und charmant. Im allgemeinen zeigen Sie anderen Ihre freundliche und angenehme Seite. Sie sind gesellig und liebenswürdig, haben viele Interessen und Kontakte, und das Glück ist Ihnen meistens hold. Sie sind äußerst originell und intuitiv, mit einem unabhängigen Geist. Sie können aber auch schüchtern und zurückhaltend sein. Dann haben Sie ein größeres Sicherheitsbedürfnis, vor allem in festen Partnerschaften. Obwohl Sie zu engen Partnerschaften oder Ehe tendieren, wollen Sie unabhängig davon für Ihre Talente und Fähigkeiten immer wieder gelobt werden. Der Untereinfluß der Monatszahl 3 führt dazu, daß Sie Ihre Gefühle ausdrücken und zeigen müssen, wie Sie sich wirklich fühlen. Sie können ein unterhaltsamer Gastgeber sein, und Freundlichkeit und Verständnis helfen Ihnen, schwierige Situationen zu meistern. Sie achten sehr auf Details, sollten sich aber hüten, überkritisch zu sein.

Positiv: Inspiration, Charme, Kreativität, Beziehungswillen, langfristige Partnerschaften.

Negativ: Abhängigkeit, Nervosität, Verlust emotionaler Kontrolle, Phantasielosigkeit, Enttäuschung, Neid.

Liebe & Zwischenmenschliches

Ihr Bedürfnis nach geistiger Anregung führt oft dazu, daß Sie ein aktives gesellschaftliches Leben und zahlreiche Freundschaften pflegen. Sie sind gern mit klugen und einflußreichen Menschen zusammen, sollten sich aber vor intellektuellen Machtspielen mit Ihren Partnern in acht nehmen. In der Liebe können Sie sehr großzügig und extrovertiert sein, müssen aber lernen, wie Sie Ihre eigenen Bedürfnisse auf die Ihres Partners abstimmen.

Ihr Partner

Anregung und Liebe werden Sie mit großer Wahrscheinlichkeit bei den an den folgenden Tagen geborenen Menschen finden:

Liebe & Freundschaft: 3., 23., 31. Jan., 11., 21., 22. Feb., 9., 19., 28., 31. März, 7., 17., 26., 29. April, 5., 15., 24., 27., 29., 31. Mai, 3., 13., 22., 25., 27., 29. Juni, 1., 11., 20., 23., 25., 27., 29. Juli, 9., 18., 21., 23., 25., 27. Aug., 7., 16., 19., 21., 23., 25. Sept., 5., 14., 17., 19., 21., 23. Okt., 3., 12., 15., 17., 19., 21. Nov., 10., 13., 14., 15., 17., 19. Dez.

Günstig: 4., 10., 21. Jan., 1., 2., 8., 19. Feb., 6., 17., 30. März, 4., 15., 28. April, 2., 13., 26. Mai, 11., 24. Juni, 9., 22. Juli, 7., 20. Aug., 5., 18. Sept., 6., 16., 31. Okt., 1., 14., 29. Nov., 12., 27. Dez.

Schicksalhaft: 22., 28. Jan., 20., 26. Feb., 18., 24. März, 16., 22. April, 14., 20. Mai, 12., 18. Juni, 10., 16. Juli, 8., 14. Aug., 6., 12., 23., 24., 25. Sept., 4., 10. Okt., 2., 8. Nov., 6. Dez.

Problematisch: 11., 20. Jan., 9., 18. Feb., 7., 16. März, 5., 14. April, 3., 12., 30. Mai, 1., 10., 28. Juni, 8., 26., 31. Juli, 6., 24., 29. Aug., 4., 22., 27. Sept., 2., 20., 25. Okt., 18., 23. Nov., 16., 21. Dez.

Seelenverwandt: 26. Jan., 24. Feb., 22., 30. März, 20., 28. April, 18., 26. Mai, 16., 24. Juni, 14., 22. Juli, 11., 12., 20. Aug., 10., 18. Sept., 8., 16. Okt., 6., 14. Nov., 4., 12. Dez.

22. März

SONNE: WIDDER
DEKADE: WIDDER/MARS
GRAD: 0°30' – 1°30' WIDDER
ART: KARDINALZEICHEN
ELEMENT: FEUER

Fixstern

Name des Sterns: Deneb Kaitos, auch Dipda genannt
Gradposition: 1°32' – 2°27' Widder zwischen den Jahren 1930 und 2000
Magnitude: 2
Stärke: ********
Orbit: 2°10'
Konstellation: Beta Ceti
Tage: 21., 22., 23., 24., 25., 26. März
Sternqualitäten: Saturn
Beschreibung: gelb-orangefarbener Stern am Schwanz des Walfischs.

Einfluß des Hauptsterns

Deneb Kaitos steht im allgemeinen für Zurückhaltung und Entschlossenheit. Allerdings sorgt er auch für Rastlosigkeit, die zu Aktivitätsschüben gefolgt von Erholungsphasen führen kann. Wenn Sie unter seinem Einfluß stehen, neigen Sie dazu, Ihre Kraft zu vergeuden, und sollten lernen, sich durch positives Denken zu entspannen; im allgemeinen brauchen Sie auch viel Zeit für sich selbst. Im Zusammenhang mit dem Stand Ihrer Sonne kann Deneb Kaitos auch für organisatorisches Geschick, Pflicht- und Verantwortungsbewußtsein stehen. Mit Disziplin und Kontrolle können Sie viel erreichen. Dieser Stern warnt auch vor einer Tendenz zur Frustration.

- Positiv: Beharrlichkeit, Entschlossenheit.
- Negativ: Verdrängung oder Frustration, impulsives Handeln, Änderung der Richtung, ohne vorher nachzudenken.

Wer an diesem Tag geboren ist, hat starke Begehrlichkeiten und eine dynamische Persönlichkeit. Als Widder sind Sie unabhängig, furchtlos und wagemutig, mit starken Instinkten und abenteuerlustigem Naturell. Sie ergreifen oft die Initiative, was Sie häufig neue Ideen entdecken oder in eine neue Richtung gehen läßt. Motivation ist das Geheimnis Ihres Erfolgs, und normalerweise wachsen Sie mit Ihren Aufgaben.

Der doppelte Einfluß Ihres Planeten Mars verleiht Ihnen zusätzlich Vitalität, die Sie oft zu etwas Besonderem werden läßt. Tolerant, aber aggressiv, besitzen Sie Führungsqualitäten, Idealismus und ein selbstsicheres Auftreten auf dem Weg zum Erfolg. Dennoch müssen Sie aufpassen, Leuten, die Ihre hohen Erwartungen nicht erfüllen, nicht überkritisch zu begegnen. Visionär und voller Unabhängigkeitsstreben, denken Sie in großen Maßstäben und können hervorragend neue Projekte initiieren oder leiten.

Auch wenn Sie ein starkes Bedürfnis haben, erfolgreich zu sein, müssen Sie sich vorsehen, allzu enthusiastisch und diktatorisch zu sein. Ihre Ruhelosigkeit führt hin und wieder dazu, daß Sie schnell Ihre Meinung ändern oder sich, mit Aktivitätslosigkeit oder Verzögerungen konfrontiert, leicht frustrieren lassen. Wenn Sie vermeiden, aus jeder Mücke einen Elefanten zu machen, lernen Sie, emotionalen Schwankungen und Launenhaftigkeit ruhig entgegenzuwirken.

Ihre idealistische Seite treibt Sie dazu, für das Wohl Ihrer Mitmenschen zu arbeiten. Mit Ihrem praktischen Geschick, Ihrer schnellen Auffassungsgabe und Ihrer strategischen Begabung können Sie andere zu phantasievollen und kreativen Ideen anregen. Als Menschenfreund interessiert Sie immer, was andere motiviert, und Sie entwickeln oft einen guten sechsten Sinn für Menschen.

Wenn Sie 29 sind, tritt Ihre progressierende Sonne in den Stier. Es folgt eine Phase, in der Sie verstärkt nach Wohlstand streben. In dieser Zeit spüren Sie ein größeres Bedürfnis nach finanzieller Sicherheit oder möchten der Natur näher sein. Wenn Sie etwa 59 sind, wechselt Ihre Sonne in das Zeichen der Zwillinge, ein Wendepunkt, nach dem Sie vermehrt Interesse an Neuem gewinnen und den Wunsch verspüren, wieder zu lernen.

Ihr geheimes Selbst

Sie besitzen ein starkes Verlangen nach Liebe und Zuwendung, und wenn es die Umstände erfordern, geben Sie alles. Wenn Sie positiv eingestellt sind, fließt diese Energie wie aus einer unerschöpflichen Quelle aus Ihnen heraus und bereichert Ihre natürlichen Führungsqualitäten mit der Macht der Liebe. Sind Sie allerdings zu sehr mit Ihren eigenen Interessen beschäftigt, führt es dazu, daß Sie überempfindlich werden oder anderen Ihren Willen aufzwingen. Dieselbe Energie kann extrem schöpferisch wirken, wenn Sie sie auf Kunst, Entertainment oder Geschäft anwenden. Persönliche Beziehungen sind Ihnen sehr wichtig als Möglichkeit zu kommunizieren, aber auch um Ihre Erfolgschancen zu verbessern. Da Sie im allgemeinen am besten arbeiten, wenn Sie Ihren Prinzipien treu sind und nicht an sich zweifeln, sollten Sie auf Ihre Instinkte und Ihren Sinn für Strategie vertrauen. Gewöhnlich sind Sie aktiv und arbeiten hart. Sie sind am besten, wenn Sie offen und direkt sind und gleich zum Punkt kommen, statt Ihre Fähigkeiten in diplomatischen Umwegen zu vergeuden.

Beruf & Karriere

Mit Ihrem Mut, Ihrem Engagement und Ihren Führungsqualitäten sollten Sie einen Beruf im Handel, vielleicht als Unterhändler, Agenturleiter oder Finanzberater wählen. Sie könnten Ihre Individualität aber auch im künstlerischen Bereich ausleben. Inspiriert von einer starken Kombination aus Idealismus und Pragmatismus, besitzen Sie natürliche Führungsqualitäten. Sie stellen sich gern neuen Herausforderungen und erkennen blitzschnell gute Gelegenheiten. Häufig fördern Sie andere wirkungsvoller als sich selbst; dennoch profitieren Sie – unabhängig vom Beruf – stets von Ihren ausgezeichneten sozialen Fähigkeiten.

Berühmte Persönlichkeiten dieses Tages sind die Komponisten Andrew Lloyd Webber und Stephen Sondheim, der Mime Marcel Marceau, Chico Marx und der Sänger George Benson.

Numerologie

Die Zahl 22 ist eine Hauptzahl und kann als 22 selbst, aber auch als 4 wirken. Sie sind oft ehrlich und fleißig, besitzen natürliche Führungsqualitäten und eine charismatische Persönlichkeit sowie tiefes Verständnis für Menschen und ihre Beweggründe. Auch wenn Sie meist zurückhaltend sind, haben Sie ein fürsorgliches und beschützendes Wesen und sorgen sich um das Wohl anderer. Deutlicher zu sehen sind jedoch Ihre praktischen Fähigkeiten und Führungsqualitäten. Mit Ihrer direkten und ruhigen Art erreichen Sie oft gehobene Managerpositionen. Die Wettbewerbsorientierten unter Ihnen gelangen mit der Hilfe und Ermunterung anderer zu großem Erfolg und Vermögen. Der Untereinfluß der Monatszahl 3 bewirkt, daß Sie in persönlichen Notzeiten zu größerer Weisheit reifen. Sie sind bedächtig und introvertiert und müssen lernen, Ihrer Intuition zu vertrauen. Vermeiden Sie Pessimismus, indem Sie die Tatsachen sorgfältig abwägen. Sie neigen sowieso dazu, jede Situation bis ins Detail zu analysieren, sollten sich dabei aber davor hüten, zu mißtrauisch oder überkritisch zu sein.

Positiv: Universalität, Führungsqualitäten, Intuition, handwerkliche Fähigkeiten, Organisationstalent, Problemlöser, erfolgsorientiert, realistisch.

Negativ: läßt sich vom «schnellen Geld» verführen, Nervosität, Minderwertigkeitskomplex, diktatorisch, materialistisch, phantasielos, egozentrisch, habgierig.

Liebe & Zwischenmenschliches

Der Wunsch nach ständiger Veränderung und die Tatsache, daß Sie mit Ihrer aktuellen Situation immer unzufrieden sind, machen Sie für emotionale Instabilität anfällig. Oft sind Sie sich nicht sicher, was Sie eigentlich wollen. Vielleicht brauchen Sie jemanden, der Sie bei der Stange hält, Ihnen aber dennoch Abwechslung und neue Ideen bietet. Meist mißfällt Ihnen aber die Vorstellung, in irgendeiner Weise eingeschränkt zu werden, und es fällt Ihnen deshalb besonders schwer, sich fest zu binden und niederzulassen. Andererseits sind Sie begeisterungsfähig, charmant, freundlich und haben viele Bekannte, denn Sie haben keine Mühe, Menschen anzuziehen. Nehmen Sie sich Zeit, die richtigen Freunde und Partner auszuwählen, und gehen Sie nicht zu stürmisch an Liebe und Freundschaften heran.

Ihr Partner

Wenn Sie jemanden suchen, bei dem Sie emotionale Erfüllung und Liebe finden, sollten Sie sich unter den Menschen umsehen, die an folgenden Tagen geboren sind:

Liebe & Freundschaft: 14., 15., 24., 31. Jan., 12., 22., 29. Feb., 10., 20., 27. März, 8., 9., 18., 25. April, 6., 16., 23., 30. Mai, 4., 14., 21., 28., 30. Juni, 2., 12., 19., 26., 28., 30. Juli, 10., 17., 24., 26., 28. Aug., 8., 15., 22., 24., 26. Sept., 6., 13., 20., 22., 24., 30. Okt., 4., 11., 18., 20., 22., 28. Nov., 2., 9., 16., 18., 20., 26., 29., 30. Dez.

Günstig: 5., 22., 30. Jan., 3., 20., 28. Feb., 1., 18., 26. März, 16., 24. April, 14., 22. Mai, 12., 20. Juni, 10., 18., 29. Juli, 8., 16., 27., 31. Aug., 6., 14., 25., 29. Sept., 4., 12., 23., 27. Okt., 2., 10., 21., 25. Nov., 9., 19., 23. Dez.

Schicksalhaft: 12. Jan., 10. Feb., 8. März, 6. April, 4. Mai, 2. Juni, 24., 25., 26., 27. Sept.

Problematisch: 16., 21. Jan., 14., 19. Feb., 12., 17., 30. März, 10., 15., 28. April, 8., 13., 26. Mai, 6., 11., 24. Juni, 4., 9., 22. Juli, 2., 7., 20. Aug., 5., 18. Sept., 3., 16. Okt., 1., 14. Nov., 12. Dez.

Seelenverwandt: 25. Jan., 23. Feb., 21. März, 19. April, 17. Mai, 15. Juni, 13. Juli, 11. Aug., 9. Sept., 7. Okt., 5. Nov., 3., 4., 30. Dez.

SONNE: WIDDER
DEKADE: WIDDER/MARS
GRAD: 1°30' – 2°30' WIDDER
ART: KARDINALZEICHEN
ELEMENT: FEUER

Fixstern

Name des Sterns: Deneb Kaitos, auch Dipda genannt
Gradposition: 1°32' – 2°27' Widder zwischen den Jahren 1930 und 2000
Magnitude: 2
Stärke: ********
Orbit: 2°10'
Konstellation: Beta Ceti
Tage: 21., 22., 23., 24., 25., 26. März
Sternqualitäten: Saturn
Beschreibung: gelb-orangefarbener Stern am Schwanz des Walfischs.

Einfluß des Hauptsterns

Deneb Kaitos steht im allgemeinen für Zurückhaltung und Entschlossenheit. Allerdings sorgt er auch für Rastlosigkeit, die zu von Erholungsphasen gefolgten Aktivitätsschüben führen kann. Wenn Sie unter seinem Einfluß stehen, neigen Sie dazu, Ihre Kraft zu vergeuden, und sollten lernen, sich durch positives Denken zu entspannen; im allgemeinen brauchen Sie auch viel Zeit für sich selbst. Im Zusammenhang mit dem Stand Ihrer Sonne kann Deneb Kaitos auch für organisatorisches Geschick, Pflicht- und Verantwortungsbewußtsein stehen. Mit Disziplin und Kontrolle können Sie viel erreichen. Dieser Stern warnt auch vor einer Tendenz zur Frustration.

- Positiv: Beharrlichkeit, Entschlossenheit.
- Negativ: Verdrängung von Gefühlen oder Frustration, impulsives Handeln, Änderung der Richtung, ohne vorher nachzudenken.

23. März

♈ Geistige Stärke, Intelligenz, gutes Urteilsvermögen und Tiefgründigkeit gehören zu Ihren natürlichen Eigenschaften. Als Widder sind Sie kraftvoll und strahlen Autorität aus. Ihr Verstand ist Ihr größter Vorzug, und wenn Sie die Macht des Wissens erkennen und eine gute Ausbildung genießen, können Sie sehr erfolgreich sein. Als geborene Führungspersönlichkeit sind Sie in der Lage, Probleme auf ganz eigene Weise anzugehen, und können anderen praktischen Rat und Lösungsvorschläge anbieten.

Wer Sie gut kennt, sieht Ihre seltsame Mischung aus konservativen und radikalen Ideen und würde Sie niemals als langweilig bezeichnen. Obwohl Sie Argumente und Diskussionen lieben und oft dabei den Sieg davontragen, müssen Sie lernen, daß intellektuelle Aggressivität und mangelnde Anpassungsfähigkeit Sie nicht immer zum Ziel bringen. Häufig können Sie sich gut in andere hineinversetzen; da Sie die Bedürfnisse anderer verstehen, können Sie gut Arbeit delegieren und sind ein guter Vorgesetzter. Andererseits können Sie Dummheit nicht vertragen und reagieren manchmal intolerant auf die Fehler anderer. Ironischerweise ist einer Ihrer eigenen Fehler, daß Sie oft von sich denken, alles zu können und zu wissen, und dazu neigen, zu arrogant aufzutreten. Mit etwas mehr Mitgefühl und Toleranz erhöhen Sie Ihre Erfolgschancen bei anderen erheblich. Wenn Sie Ihr starkes Bedürfnis nach Selbstverwirklichung unterdrücken, werden Sie anfällig für Stimmungsschwankungen, verfallen von Optimismus in Pessimismus und leiden an mangelndem Selbstwertgefühl. Wenn Sie lernen, Ihrer Intuition zu vertrauen, können Sie auch Herausforderungen wie die Entwicklung eines verborgenen künstlerischen Talents annehmen und es damit zu Erfolg bringen.

Bis zum Alter von 27 sind Sie aktiv und abenteuerlustig. Wenn Sie 28 sind, tritt Ihre Sonne in das Zeichen des Stiers, und bei Ihnen wächst das Interesse an Finanzdingen und das Bedürfnis nach materieller Sicherheit. Diese Phase dauert an, bis Sie 58 sind, wenn die Sonne in das Zeichen der Zwillinge tritt. Dann entwickeln Sie neue Interessen und ein starkes Bedürfnis nach Kommunikation auf allen Ebenen.

Ihr geheimes Selbst

Macht ist etwas, das Sie generell anstreben und genießen, vor allem wenn sie mit einem freundlichen, aber kämpferischen Gedankenaustausch verbunden ist. Sie sind bereit, hart zu arbeiten, was sich bisweilen in kompromißloser Entschlossenheit ausdrückt. Sie können aber auch diplomatisch sein, wenn es die Umstände erfordern; überlassen Sie es Ihrer inneren Weisheit, zu entscheiden, welche Haltung in welcher Situation angebracht ist.

In Diskussionen und dem Austausch mit anderen müssen Sie möglicherweise die Kunst des Kompromisses erlernen. In Ihrem Wunsch, die Kontrolle zu behalten, sollten Sie nicht zu manipulativen Maßnahmen greifen. Nach außen hin wirken Sie gelegentlich zynisch und selbstherrlich, doch im Herzen sind Sie ein Ritter, der gegen Ungerechtigkeit kämpft und immer bereit ist, für seine Gefährten einzustehen. Da Sie im allgemeinen pflicht- und verantwortungsbewußt sind, sollten Sie darauf achten, sich nicht zuviel aufzubürden.

Beruf & Karriere

Ihre Führungsqualitäten und Ihre Fähigkeit, Verantwortung zu übernehmen und hart zu arbeiten, prädestinieren Sie für eine erfolgreiche Laufbahn, sei es im Geschäftsleben oder auf einem anderen Gebiet. Mit Ihrem scharfen Intellekt und Ihrer guten Vorstellungsgabe haben Sie das starke Bedürfnis, sich in Worten auszudrücken, ob in geschriebener oder gesprochener Form. Vielleicht werden Sie als Dozent oder Lehrer tätig. Ihr Sinn für Dramatik kann Sie aber ebensogut in ein Gebiet der Künste oder ins Showbusineß führen. Welche Richtung Sie auch einschlagen – Ihr herausragender Intellekt macht eine gute Ausbildung notwendig, die ermöglicht, Ihr außergewöhnliches Potential auszuschöpfen.

Berühmte Persönlichkeiten dieses Tages sind die Schauspielerin Joan Crawford, der Wissenschaftler Wernher von Braun, der Autor Erich Fromm und der Schauspieler Steve McQueen.

Numerologie

Im allgemeinen sind Sie vielseitig, leidenschaftlich und ein schneller Denker mit professioneller Einstellung und kreativen Ideen. Sie lieben Reisen, Abenteuer und lernen gern neue Menschen kennen. Die Rastlosigkeit, die von der 23 ausgeht, treibt Sie dazu, viele verschiedene Erfahrungen zu machen. Sie passen sich an, um aus jeder Situation das Beste zu machen. Mit dem Einfluß der 23 lernen Sie schnell, ziehen aber die Praxis der Theorie vor. Allerdings sollten Sie sich abgewöhnen, andere zu kritisieren; vielleicht müssen Sie sich auch eine weniger selbstsüchtige Haltung zulegen. Der Untereinfluß der Monatszahl 3 führt dazu, daß Sie ein gutes Gedächtnis und eine lebendige Phantasie haben und viel Liebe und Aufmerksamkeit brauchen. Wenn Sie lernen, Ihre Gefühle mit dynamischer, kreativer Kraft auszudrücken, können Sie Ihre emotionale Unsicherheit überwinden. Im allgemeinen sind Sie freundlich und lebenslustig, besitzen Mut und Antriebskraft und sollten ein aktives Leben führen, um Ihr ganzes Potential zu aktivieren. Es ist wichtig für Sie, Verantwortung zu übernehmen.

Positiv: Loyalität, Verantwortungsbewußtsein, Reisen, Kommunikation, Intuition, Kreativität, Vielseitigkeit, Vertrauenswürdigkeit.

Negativ: Selbstsucht, Unsicherheit, Kompromißlosigkeit, Nörgeln, Dumpfheit, Verschlossenheit, Vorurteile.

Liebe & Zwischenmenschliches

Ihr Bedürfnis nach einem stabilen emotionalen Umfeld führt dazu, daß Sie Ihre Freunde und Lieben immer um sich haben wollen. Emotional ehrlich und direkt, beschützen Sie die Menschen, die Ihnen etwas bedeuten, und tun alles für sie. Auch wenn andere Ihren scharfen Verstand sofort anerkennen, sollten Sie sich nicht arrogant verhalten. Heim und Familie sind Ihnen sehr wichtig, und Sie gehen gerne langfristige Beziehungen ein, in denen Sie emotionale Sicherheit finden. Mit Hilfe Ihrer praktischen Seite können Sie sich viele Annehmlichkeiten leisten. Sie sind ein leidenschaftlicher Mensch mit Charisma; achten Sie aber darauf, sich von Ihren Leidenschaften nicht überwältigen zu lassen.

Ihr Partner

Dauerhaftes Glück und Liebe finden Sie am ehesten unter den Menschen, die an folgenden Tagen geboren wurden:
Liebe & Freundschaft: 11., 13., 15., 17., 25., 27., 28. Jan., 9., 11., 13., 15., 23. Feb., 7., 9., 11., 13., 21. März, 5., 7., 9., 11., 19. April, 3., 5., 7., 9., 17., 31. Mai, 1., 3., 5., 7., 15., 29. Juni, 1., 3., 5., 27., 29., 31. Juli, 1., 2., 3., 11., 25., 27., 29. Aug., 1., 9., 23., 25., 27. Sept., 7., 21., 23., 25. Okt., 5., 19., 21., 23. Nov., 3., 16., 17., 19., 21., 30. Dez.
Günstig: 1., 5., 20. Jan., 3., 18. Feb., 1., 16. März, 14. April, 12. Mai, 10. Juni, 8. Juli, 6. Aug., 4. Sept., 2. Okt.
Schicksalhaft: 6., 22., 24. Jan., 4., 20., 22. Feb., 2., 18., 20. März, 16., 18. April, 14., 16. Mai, 12., 14. Juni, 10., 12. Juli, 8., 10., 31. Aug., 6., 8., 29. Sept., 4., 6., 27. Okt., 2., 4., 25., 30. Nov., 2., 23., 28. Dez.
Seelenverwandt: 6., 12. Jan., 4., 10. Feb., 2., 8. März, 6. April, 4. Mai, 2. Juni

24. März

SONNE: WIDDER
DEKADE: WIDDER/MARS
GRAD: 2°30' – 3°30' WIDDER
ART: KARDINALZEICHEN
ELEMENT: FEUER

Fixstern

Name des Sterns: Deneb Kaitos, auch Dipda genannt
Gradposition: 1°32' – 2°27' Widder zwischen den Jahren 1930 und 2000
Magnitude: 2
Stärke: ********
Orbit: 2°10'
Konstellation: Beta Ceti
Tage: 21., 22., 23., 24., 25., 26. März
Sternqualitäten: Saturn
Beschreibung: gelb-orangefarbener Stern am Schwanz des Walfischs.

Einfluß des Hauptsterns

Deneb Kaitos steht im allgemeinen für Zurückhaltung und Entschlossenheit. Allerdings sorgt er auch für Rastlosigkeit, die zu von Erholungsphasen gefolgten Aktivitätsschüben führen kann. Wenn Sie unter seinem Einfluß stehen, neigen Sie dazu, Ihre Kraft zu vergeuden, und sollten lernen, sich durch positives Denken zu entspannen; im allgemeinen brauchen Sie auch viel Zeit für sich selbst. Im Zusammenhang mit dem Stand Ihrer Sonne kann Deneb Kaitos auch für organisatorisches Geschick, Pflicht- und Verantwortungsbewußtsein stehen. Mit Disziplin und Kontrolle können Sie viel erreichen. Dieser Stern warnt auch vor einer Neigung zur Frustration.

- Positiv: Beharrlichkeit, Entschlossenheit.
- Negativ: Verdrängung oder Frustration, impulsives Handeln, Änderung der Richtung, ohne vorher nachzudenken.

Stark ausgeprägte Intuition, gutes Urteilsvermögen und überragende mentale Begabung gehören zu Ihren Eigenschaften, wenn Sie an diesem Tag geboren sind. Die Kombination von Weisheit und Logik kann Sie in hohe Führungspositionen bringen. Als Widder sind Sie praktisch und entschlußfreudig und besitzen eine charmante und anziehende Persönlichkeit.

Der doppelte Einfluß Ihres Planeten Mars drängt Sie, kämpferisch und ehrgeizig zu sein. Dennoch ist es meist Ihre natürliche Intuition und das Vertrauen auf Ihre innere Stimme, das Sie anderen überlegen macht.

Als selbstsicher, talentiert, aufrichtig und direkt werden Sie von anderen beschrieben. Wenn Sie aber weder Großzügigkeit noch Mitgefühl zeigen, können Sie sich rasch in einen Dickkopf verwandeln, der keinerlei Kritik von anderen akzeptiert. Gegenüber Ignoranz reagieren Sie leicht ungeduldig und werden unbeteiligt. Achten Sie darauf, daß Sie sich bei Ihrer Hilfsbereitschaft nicht selbst zum Märtyrer stilisieren oder zu dramatisch reagieren.

Mit Ihrer enormen Entschlußkraft macht es Ihnen Spaß, Gedanken in Taten umzusetzen. Ihre natürliche Neugier und Wißbegier läßt Sie ständig neue Territorien erkunden. Als Gesprächspartner glänzen Sie mit scharfsinnigen Bemerkungen und geistreicher Schlagfertigkeit. Als sozialer und hochkreativer Mensch können Sie Ihre Talente im künstlerischen Bereich zum Ausdruck bringen, im Theater oder als humoristischer Autor.

Bis zum Alter von 26 sind Sie unabhängig und mutig. Wenn Sie 27 sind, tritt die Sonne in das Zeichen des Stiers ein, und Sie legen mehr Wert auf materiellen Erfolg, Stabilität und Sicherheit. Diese geschäftsmäßige Einstellung hält an bis zum Alter von 57, wenn Ihre Sonne das Zeichen der Zwillinge erreicht. Da dies einen Wendepunkt für Sie bedeutet, entdecken Sie vielleicht neue Interessen, entwickeln neue Fähigkeiten und wenden sich mehr dem Schreiben, Reden und der Kommunikation zu.

Ihr geheimes Selbst

Obwohl andere Sie vor allem als hoch intelligent beschreiben, weist Ihr Geburtsdatum darauf hin, daß hinter Ihrer energischen Fassade auch große Sensibilität verborgen liegt. Aus diesem Grund sollten Sie vielleicht eine kreative Form der Selbstverwirklichung finden, um Ihren tiefsten Gefühlen Ausdruck verleihen zu können. Da Sie stets auf der Suche nach Anerkennung sind – ob beruflich oder in der Familie –, lassen Sie sich manchmal von scheinbar unrealistischen Ideen verführen. Dies sollte Sie aber nicht davon abhalten, Ihre Träume zu verfolgen, denn der Weg ist für Sie oft wichtiger als das Ziel.

Ihre Fähigkeit, in großen Maßstäben zu denken, ermöglicht es Ihnen, weit nach vorn zu blicken. Wenn Sie Ihr Leben nicht nur von materialistischen Prinzipien bestimmen lassen, werden Sie erfahren, daß Geld und Status allein nicht glücklich machen und daß es eine Menge Dinge gibt, die man für Geld nicht kaufen kann. Diese Erkenntnis führt dazu, daß Sie Ihr Leben mehr auf Ihren Sinn für Werte und Identität ausrichten.

Beruf & Karriere

Ihre humanitäre Ader läßt Sie möglicherweise Berufe wie Lehrer, Berater oder Sozialarbeiter ergreifen oder einen Beruf, in dem Sie für andere sprechen, wie Gewerkschafter oder Politiker. Interessant für Sie sind auch die Bereiche Justiz, Banken oder Administration. Mit Ihrer Kreativität und Wortgewandtheit eignen Sie sich aber ebensogut zum Schriftsteller, Filmemacher, Musiker oder Schauspieler. Ihre pragmatische Seite aber fühlt sich mehr zu Naturwissenschaft oder Geschäftsleben hingezogen. Welchen Beruf Sie auch wählen, Ihre größte Erfüllung finden Sie auf jeden Fall dann, wenn Sie anderen in irgendeiner Weise nützen können. Da Sie starke Führungsqualitäten besitzen, gelangen Sie in Ihrem erwähnten Beruf oft bis an die Spitze.

Berühmte Persönlichkeiten dieses Tages sind der Schriftsteller Peter Bichsel, die Popsängerin Nena, der Dramatiker Dario Fo, der Maler William Morris und der Psychologe Wilhelm Reich.

Numerologie

Pflicht- und Verantwortungsbewußtsein sowie Unternehmungslust charakterisieren Menschen mit der Geburtstagszahl 24. Sie hassen Routine, arbeiten hart und besitzen praktische Fähigkeiten und ein sicheres Urteilsvermögen. Aufrichtig, verläßlich und sicherheitsbewußt, brauchen Sie die Liebe und Unterstützung von anderen und sorgen für ein solides Fundament für sich und Ihre Familie. Mit Ihrem gesunden Pragmatismus geht ein guter Geschäftssinn einher sowie die Fähigkeit, materiell erfolgreich zu sein. Sie sollten einen Hang zu Dickköpfigkeit und fixen Ideen überwinden. Die Hauptforderungen für Menschen mit der Geburtstagszahl 24 liegen darin, ihr Mißtrauen auszuschalten und sich ein sicheres Zuhause zu schaffen. Der Untereinfluß der Monatszahl 3 führt dazu, daß Sie mitfühlend und tolerant sind, aber lernen müssen, Ihren Idealen mit Geduld nachzuleben und kleinliches Denken zu vermeiden. Dank Ihrer Rücksicht und Ihrem Verständnis verstehen Sie es meisterlich, eine harmonische Atmosphäre zu schaffen.

Positiv: Energie, Idealismus, praktische Fähigkeiten, starke Entschlußkraft, Aufrichtigkeit, Direktheit, Fairneß, Großzügigkeit, Häuslichkeit.

Negativ: Rücksichtslosigkeit, Materialismus, Labilität, Haß auf Routine, Trägheit, Unzuverlässigkeit, Dominanz, Dickköpfigkeit, Rachsucht.

Liebe & Zwischenmenschliches

Sie sind abenteuerlustig und neugierig, intuitiv, aber auch praktisch veranlagt und haben einen sechsten Sinn für Menschen. Selbst freundlich und gesellig, bevorzugen Sie intelligente und aktive Menschen, die ehrgeizig und vielseitig sind. Obwohl Sie im allgemeinen wissen, was Sie vom Leben wollen, können Sie schnell die Meinung ändern und neigen zu Unentschlossenheit. Manchmal verschwinden Sie einfach und überlassen es den anderen, herauszufinden, wo sie sich falsch verhalten haben. Sie können loyal und voller Zuwendung sein, müssen aber darauf achten, Ihre Sympathie nicht den falschen Menschen zu schenken oder sich in Ihrer Freundlichkeit von anderen ausnutzen zu lassen. Wenn Sie lernen, geduldig und nicht mehr so schnell gelangweilt zu sein, können Sie ein solides Fundament für dauerhafte Freundschaften und Beziehungen schaffen.

Ihr Partner

Einen Liebespartner werden Sie mit großer Wahrscheinlichkeit unter den an den folgenden Tagen geborenen Menschen finden:

Liebe & Freundschaft: 12., 16., 25. Jan., 10., 14., 23., 24. Feb., 8., 12., 22., 23., 31. März, 6., 10., 13., 20., 29. April, 4., 8., 18., 27. Mai, 2., 6., 16., 25., 30. Juni, 4., 14., 23., 28. Juli, 2., 12., 16., 21., 26., 30. Aug., 10., 19., 24., 30. Sept., 8., 17., 22., 26. Okt., 6., 15., 20., 24., 30. Nov., 4., 13., 17., 18., 22., 28. Dez.

Günstig: 2., 13., 22., 24. Jan., 11., 17., 20., 22. Feb., 9., 15., 18., 20., 28. März, 7., 13., 16., 18., 26. April, 5., 11., 16., 18., 26. Mai, 3., 9., 12., 14., 22. Juni, 1., 7., 10., 12., 20. Juli, 5., 8., 10., 18. Aug., 3., 6., 8., 16. Sept., 1., 4., 6., 14. Okt., 2., 4., 12. Nov., 2., 10. Dez.

Schicksalhaft: 25. Jan., 23. Feb., 21. März, 19. April, 17. Mai, 15. Juni, 13. Juli, 11. Aug., 9., 26., 27., 28. Sept., 7. Okt., 5. Nov., 3. Dez.

Problematisch: 7., 23. Jan., 5., 21. Feb., 3., 19., 29. März, 1., 17., 27. April, 15., 25. Mai, 13., 23. Juni, 11., 21., 31. Juli, 9., 19., 29. Aug., 7., 17., 27., 30. Sept., 3., 13., 23., 26. Nov., 1., 11., 21., 24. Dez.

Seelenverwandt: 17. Jan., 15. Feb., 13. März, 11., 22. April, 9. Mai, 7. Juni, 5. Juli, 3. Aug., 1. Sept., 30. Nov., 6., 28. Dez.

25. März

SONNE: WIDDER
DEKADE: WIDDER/MARS
GRAD: 3°30' – 4°30' WIDDER
ART: KARDINALZEICHEN
ELEMENT: FEUER

Fixstern

Name des Sterns: Deneb Kaitos, auch Dipda genannt
Gradposition: 1°32' – 2°27' Widder zwischen den Jahren 1930 und 2000
Magnitude: 2
Stärke: ********
Orbit: 2°10'
Konstellation: Beta Ceti
Tage: 21., 22., 23., 24., 25., 26. März
Sternqualitäten: Saturn
Beschreibung: gelb-orangefarbener Stern am Schwanz des Walfischs.

Einfluß des Hauptsterns

Deneb Kaitos steht im allgemeinen für Zurückhaltung und Entschlossenheit. Allerdings sorgt er auch für Rastlosigkeit, die zu von Erholungsphasen gefolgten Aktivitätsschüben führen kann. Wenn Sie unter seinem Einfluß stehen, neigen Sie dazu, Ihre Kraft zu vergeuden, und sollten lernen, sich durch positives Denken zu entspannen; im allgemeinen brauchen Sie auch viel Zeit für sich selbst. Im Zusammenhang mit dem Stand Ihrer Sonne kann Deneb Kaitos auch für organisatorisches Geschick, Pflicht- und Verantwortungsbewußtsein stehen. Mit Disziplin und Kontrolle können Sie viel erreichen. Sie sollten sich jedoch davor hüten, schnell niedergeschlagen zu sein.

- Positiv: Beharrlichkeit, Entschlossenheit.
- Negativ: Verdrängung von Gefühlen oder Frustration, impulsives Handeln, Änderung der Richtung, ohne vorher nachzudenken.

Zu den Charakteristika dieses Tages gehören starke Anziehungskraft, Jugendlichkeit und natürliche Begeisterungsfähigkeit. Das bedeutet, daß Sie sich den Herausforderungen Ihres Lebens mit Idealismus und Optimismus stellen. Als Widder sind Sie kühn und direkt, mit einem aktiven Verstand begabt und haben brillante Ideen. Wenn Sie allerdings zu spontan sind, können Sie sich in etwas hineinsteigern und neigen zum Dramatisieren und zur Ungeduld. Das bringt Sie dazu, gelegentlich überimpulsiv zu reagieren und planlos vorzugehen.

Das Geheimnis Ihres Erfolgs ist Ihr Verantwortungsbewußtsein und Ihre reife, überlegte Haltung. Wenn Sie erst einmal Ihre Tendenz zur Sprunghaftigkeit und Ruhelosigkeit überwunden haben, können Sie zeigen, wie begabt und klug Sie wirklich sind. Durch gute Ausbildung können Sie Ihre natürliche Begabung für das gesprochene oder geschriebene Wort fördern oder Arbeit in Wissenschaft, Forschung oder dem Lehrberuf suchen.

Sie verfügen über eine ganz individuelle Art des künstlerischen oder kreativen Ausdrucks. Meist sind Sie modern, unkonventionell oder progressiv und verfolgen ungewöhnliche Interessen. Obwohl Sie gesellig und freundlich sind, möchten Sie stets unabhängig und ungebunden bleiben, und Sie geben selten einem Gruppenzwang nach. Ihre charakteristische Ruhelosigkeit aber führt gelegentlich dazu, daß Sie Zeit verschwenden und rebellisch werden, ohne Rücksicht auf die Gefühle anderer zu nehmen.

Bis zum Alter von 25 sind Sie begeisterungsfähig, kühn und ungebunden. Wenn Sie 26 werden und Ihre Sonne in das Zeichen des Stiers eintritt, beginnt für Sie eine dreißigjährige Phase, in der Sie mehr Wert auf materiellen Erfolg, Stabilität und finanzielle Sicherheit legen. Der nächste Wendepunkt kommt für Sie, wenn Sie 56 sind. Dann wechselt Ihre Sonne in die Zwillinge. Für Sie bedeutet dies, daß Sie Ihre Interessen erweitern und sich neue Studiengebiete suchen.

Ihr geheimes Selbst

Ihr starkes Bedürfnis nach Selbstverwirklichung in Verbindung mit Ihrer Vitalität führt dazu, daß Sie bei allen Aktivitäten an der Spitze stehen wollen, wo Sie Ihre starken Gefühle und dezidierten Ansichten zum Ausdruck bringen können. Aufgrund Ihres hohen Sicherheitsbedürfnisses kann es passieren, daß Sie materialistische Überlegungen überwerten. Achten Sie darauf, daß Sie Ihre kostbare Energie nicht damit verschwenden, sich unnötigerweise über Geld Sorgen zu machen.

Innerer Reichtum an Gefühlen erklärt die hohe Bedeutung von Liebe und Zuneigung in Ihrem Leben. Wenn Sie diese Gefühle nach draußen tragen, können Sie andere fesseln und bezaubern, aber auch Ihr Bedürfnis zeigen, Ihren Mitmenschen zu helfen. Wenn Sie in Ihrem Leben die Balance zwischen Geld- und Gefühlsbedürfnissen finden, können Sie die Schlagfertigkeit und den Humor freier zeigen, der andere so entzückt.

Beruf & Karriere

Mit Ihrer unterhaltsamen und charmanten Art eignen Sie sich vor allem für Tätigkeiten im Bereich Schreiben, Pädagogik, Verkauf, Promotion, Öffentlichkeitsarbeit oder Politik. Ihre festen Ideale und Ihre Dynamik machen Sie zu einem exzellenten Propagandisten. Die herausragende Fähigkeit, sich Wissen anzueignen, öffnet Ihnen den Zugang zur

Welt der Universitäten und Wissenschaften. Ebenso können Sie mit Ihrer jugendlichen und kreativen Ausstrahlung Ihren Lebensunterhalt in der Welt der Kunst, der Musik oder des Theaters verdienen. Wenn Sie bereit sind, hart für Ihre Ziele zu arbeiten, helfen Ihnen Ihr differenzierter Verstand und Ihre Führungsqualitäten auch in Bereichen wie Justiz oder Management. Pionier- und Entdeckerarbeit beflügelt Ihre abenteuerlustige Natur.

Berühmte Persönlichkeiten dieses Tages sind Elton John und Aretha Franklin, der Dirigent Arturo Toscanini, die Feministin und Autorin Gloria Steinem.

Numerologie

Sie haben große geistige Energien; wenn Sie sich konzentrieren, erfassen Sie Fakten blitzschnell und ziehen schneller als alle anderen Schlußfolgerungen. Intuitiv und nachdenklich, aber auch schnell und energisch, haben Sie das Bedürfnis, sich durch die verschiedensten Erfahrungen auszudrücken; das können neue und aufregende Ideen, Menschen oder Orte sein. Sie sollten dabei aber weniger ungeduldig und kritisch reagieren, wenn sich die Dinge nicht genau nach Plan entwickeln. Erfolg und Glück stellen sich ein, wenn Sie lernen, Ihren Instinkten zu folgen, und Ausdauer und Geduld entwickeln. Der Untereinfluß der Monatszahl 3 führt dazu, daß Sie originell und selbstbewußt sind. Da Sie ehrgeizig sind, wollen Sie Ihre Entscheidungen allein treffen und möglichst selbständig arbeiten. Zu Ihren eher verborgenen Qualitäten gehören emotionale Sensibilität und künstlerisches Talent. Im allgemeinen sind Sie instinktgelenkt und alert. Sie lernen schneller durch praktische Anwendung als durch Theorie.

Positiv: Intuition, Perfektionismus, schnelle Auffassungsgabe, Kreativität, Umgang mit Menschen.

Negativ: Impulsivität, Ungeduld, Verantwortungslosigkeit, Überempfindlichkeit, Eifersucht, Geheimnistuerei, Kritik, Launenhaftigkeit, Nervosität.

Liebe & Zwischenmenschliches

Spontan und begeisterungsfähig, sind Sie ein kühner und leidenschaftlicher Mensch, der die Freiheit liebt und unabhängig bleiben will, aber dennoch oft nach der idealen Partnerschaft sucht. Gelegentlich können Sie sehr intensiv sein und sich kopfüber in eine emotionale Bindung stürzen. Wenn Sie Ihre Erwartungen zu hoch schrauben, werden Sie oft enttäuscht. Sie müssen erst lernen, Verantwortung zu übernehmen, ehe Sie eine feste Partnerschaft eingehen können. Ihr Hang zum Idealismus führt auch dazu, daß Sie eine spirituelle Bindung brauchen, um Gefühle der Einsamkeit oder Verlassenheit zu überwinden. Die geheimnisvolle Aura, mit der Sie Ihre Beziehungen umgeben, läßt oft vermuten, daß Sie noch andere Bindungen haben.

Ihr Partner

Wenn Sie jemanden suchen, bei dem Sie Glück, Vertrauen und Liebe finden, sollten Sie sich unter den Menschen umsehen, die an folgenden Tagen geboren sind:

Liebe & Freundschaft: 7., 10., 17., 18., 27. Jan., 5., 8., 15., 25. Feb., 3., 6., 13., 23. März, 1., 4., 11., 21. April, 2., 9., 19. Mai, 7., 17. Juni, 5., 15., 29., 31. Juli, 3., 4., 13., 27., 29., 31. Aug., 1., 11., 25., 27., 29. Sept., 9., 23., 25., 27. Okt., 7., 21., 23., 25. Nov., 5., 15., 19., 21., 23. Dez.

Günstig: 3., 5., 20., 25., 27. Jan., 1., 3., 18., 23., 25. Feb., 1., 16., 21., 23. März, 14., 19., 21. April, 12., 17., 19. Mai, 10., 15., 17. Juni, 8., 13., 15. Juli, 6., 11., 13. Aug., 4., 9., 11. Sept., 2., 7., 9. Okt., 5., 7. Nov., 3., 5. Dez.

Schicksalhaft: 13. Jan., 11. Feb., 9. März, 7. April, 5. Mai, 3. Juni, 1. Juli, 27., 28., 29. Sept.

Problematisch: 16., 24. Jan., 14., 22. Feb., 12., 20. März, 10., 18. April, 8., 16., 31. Mai, 6., 14., 29. Juni, 4., 12., 27. Juli, 2., 10., 25. Aug., 8., 23. Sept., 6., 21. Okt., 4., 19. Nov., 2., 17. Dez.

Seelenverwandt: 16. Jan., 14. Feb., 12. März, 10. April, 8. Mai, 6. Juni, 4., 31. Juli, 2., 15., 29. Aug., 27. Sept., 25. Okt., 23. Nov., 7., 21. Dez.

26. März

SONNE: WIDDER
DEKADE: WIDDER/MARS
GRAD: 4°30' – 5°30' WIDDER
ART: KARDINALZEICHEN
ELEMENT: FEUER

Fixstern

Name des Sterns: Deneb Kaitos, auch Dipda genannt
Gradposition: 1°32' – 2°27' Widder zwischen den Jahren 1930 und 2000
Magnitude: 2
Stärke: ********
Orbit: 2°10'
Konstellation: Beta Ceti
Tage: 21., 22., 23., 24., 25., 26. März
Sternqualitäten: Saturn
Beschreibung: gelb-orangefarbener Stern am Schwanz des Walfischs.

Einfluß des Hauptsterns

Deneb Kaitos steht im allgemeinen für Zurückhaltung und Entschlossenheit. Allerdings sorgt er auch für Rastlosigkeit, die zu von Erholungsphasen gefolgten Aktivitätsschüben führen kann. Wenn Sie unter seinem Einfluß stehen, neigen Sie dazu, Ihre Kraft zu vergeuden, und sollten lernen, sich durch positives Denken zu entspannen; im allgemeinen brauchen Sie auch viel Zeit für sich selbst. Im Zusammenhang mit dem Stand Ihrer Sonne kann Deneb Kaitos auch für organisatorisches Geschick, Pflicht- und Verantwortungsbewußtsein stehen. Mit Disziplin und Kontrolle können Sie viel erreichen. Dieser Stern warnt auch vor einer Neigung zur Frustration.

- Positiv: Beharrlichkeit, Entschlossenheit.
- Negativ: Verdrängung oder Frustration, impulsives Handeln, Änderung der Richtung, ohne vorher nachzudenken.

Scharfer Verstand, Ehrgeiz und Entschlossenheit sind die typischen Merkmale dieses Tages. Als Widder wollen Sie die unterschiedlichsten Erfahrungen sammeln. Mit mehr Selbstdisziplin würden Sie jedoch Ihre Energien weniger vergeuden und könnten sich besser auf die wichtigen Ziele konzentrieren.

Der doppelte Einfluß Ihres Planeten Mars führt dazu, daß Sie im Leben viel erreichen können. Ohne Inspiration aber sind Sie ruhelos und frustriert und können nicht vollenden, was Sie angefangen haben. Sie suchen so lange nach einem Ziel, bis Sie endlich etwas gefunden haben, das Ihren Geist beflügelt. Dieses Dilemma können Sie überwinden, indem Sie sich in Selbstbeherrschung üben und Ihr Innerstes erforschen.

Wahre Befriedigung im Leben erreichen Sie im allgemeinen nur durch eigene Anstrengungen. Wenn Sie sich auf die Bemühungen anderer verlassen, sind Sie schnell gelangweilt und unzufrieden. Erfolg für Sie resultiert aus eigener harter Arbeit und Zielstrebigkeit, Ihre Visionen und Eingebungen zwingen Sie eher, unabhängig und in großem Maßstab zu denken, als Details zu beachten.

Sie können sehr überzeugend sein und andere leicht dazu bringen, Ihren großen Träumen zu folgen. Hin und wieder wirken Sie bescheiden und verstecken hinter der freundlichen und gelassenen Fassade Ihre Stärke und Verbissenheit.

In Ihrer frühen Jugend standen Sie sehr wahrscheinlich unter dem starken Einfluß einer männlichen Person, wahrscheinlich Ihres Vaters. Bis zum Alter von 24 sind Sie aktiv und abenteuerlustig. Wenn Ihre Sonne in Ihrem 25. Lebensjahr in das Zeichen des Stiers eintritt, legen Sie mehr Wert auf materielle Sicherheit und Stabilität. In der Mitte Ihres sechsten Lebensjahrzehnts, wenn die Sonne in die Zwillinge wechselt, beginnen Sie sich mehr für Wissen, Bildung und Kommunikation zu interessieren. Das Erlernen einer neuen Fertigkeit kann einen großen Einfluß auf Ihr Leben haben.

Ihr geheimes Selbst

Ihr Bedürfnis nach Aufrichtigkeit ist stark ausgeprägt und ermöglicht es Ihnen, Situationen anzugehen und durchzustehen, die andere von vornherein vermieden hätten. Sie brauchen für alles, was Sie tun, ein solides Fundament und sind bereit, hart zu arbeiten, um Ihre Ziele zu erreichen. Sie sind imstande, gesunden Menschenverstand mit ausgezeichneten gesellschaftsorientierten Fähigkeiten und intuitivem Wissen um andere Menschen zu verbinden und in eine Erfolgsformel zu verwandeln.

Ihre ausgeprägte kreative Seite sorgt dafür, daß Selbstverwirklichung und Umgang mit Menschen gleichermaßen wichtig für Sie sind. Achten Sie aber darauf, daß Besorgnis und Unentschlossenheit Ihnen nicht die Lebensfreude verderben. Auch die Arbeit bedeutet Ihnen sehr viel und sollte etwas sein, auf das Sie stolz sein können. Passen Sie auf, daß Sie nicht ständig so beschäftigt sind, daß Sie keine Zeit und Muße mehr haben, auf Ihre innere Stimme zu hören. Zum Glück können Sie sich aber, wenn es nötig ist, immer auf die Weisheit tief in Ihrem Inneren verlassen, die Ihnen eine philosophische Lebensauffassung und als Gegengift für jedes Problem die nötige Portion Humor verleiht.

Beruf & Karriere

Durch Ihre Dynamik, Ihren scharfen Verstand und Ihre hervorragenden sozialen Fähigkeiten können Sie Ihr Potential in den verschiedensten Bereichen zur Entfaltung bringen. Ihr Wunsch nach Selbstverwirklichung und Ihr Talent für Dramatik führen Sie vielleicht in die Welt des Theaters oder des Schreibens. Sie eignen sich aber auch sehr gut für Lehrtätigkeiten, Forschung, Naturwissenschaften, Politik, Philosophie und Öffentlichkeitsarbeit. Da Sie nie glücklich damit sind, zu tun, was andere Ihnen auftragen, sollten Sie untergeordnete Positionen meiden. Im Bereich der Wirtschaft zieht es Sie fast automatisch zu Großkonzernen. Sie sind ein geborener Problemlöser. Organisations- und Führungstalent bringen Sie oft in gehobene Positionen. Welchen Beruf Sie auch wählen, Sie lieben die Vielseitigkeit und können mit Ihrer großen Phantasie und Begeisterungsfähigkeit sehr gut Projekte initiieren und leiten.

Berühmte Persönlichkeiten dieses Tages sind Tennessee Williams, der Komponist Pierre Boulez, der Psychiater Victor Frankl, der Dichter Robert Frost, die Schriftstellerin Erica Jong, die Popsängerin Diana Ross und der Schriftsteller Patrick Süskind.

Numerologie

Die Kraft und Stärke, die von der 26 ausgehen, weisen darauf hin, daß Sie einen vorsichtigen Charakter mit festen Wertvorstellungen und einem sicheren Urteilsvermögen besitzen. Sie sollten etwas mehr Pragmatismus entwickeln, um Ihre Führungsqualitäten und Ihren Geschäftssinn zu fördern. Mit der 26 sind Sie im allgemeinen verantwortungsbewußt und besitzen einen angeborenen Sinn für Ästhetik. Sie lieben Ihr Zuhause, haben starke familiäre Instinkte und brauchen ein solides Fundament, um ein echtes Gefühl der Sicherheit zu spüren. Für andere sind Sie oft ein Quell der Kraft und helfen Freunden und Verwandten gern, wenn sie sich in Notzeiten an Sie wenden. Hüten Sie sich aber vor materialistischen Tendenzen und dem Hang, Menschen oder Situationen kontrollieren zu wollen. Der Untereinfluß der Monatszahl 3 führt dazu, daß Sie sensibel und idealistisch sind. Als fürsorglicher Mensch mit hohen Idealen sind Sie im allgemeinen ein Philanthrop. Auch wenn Inspiration von außen oder andere Menschen Sie motivieren können, sollten Sie sich von Ihrer eigenen Intuition und Ihren eigenen Gefühlen leiten lassen.

Positiv: Kreativität, praktische Begabung, Fürsorge, Verantwortungsbewußtsein, Stolz auf die Familie, Begeisterungsfähigkeit, Mut.

Negativ: Dickköpfigkeit, Rebellion, labile Beziehungen, Mangel an Begeisterungsfähigkeit, keine Ausdauer, Instabilität.

Liebe & Zwischenmenschliches

Sie sind ein hilfsbereiter und verläßlicher Partner und lieben Ihr Heim. Sie sind unabhängig und ehrgeizig, haben feste Überzeugungen und fühlen sich oft zu einflußreichen, energischen Menschen hingezogen, die kein Blatt vor den Mund nehmen. Obwohl Sie alles, auch Partnerschaften, mit großem Enthusiasmus beginnen, verlieren Sie leicht das Interesse, wenn Sie feststellen, daß Ihr Partner nicht aktiv, ehrgeizig oder intelligent genug ist. Vielleicht müssen Sie Freunde oder Partner finden, die ebenso hart arbeiten wie Sie oder einen natürlichen Sinn für Autorität besitzen. Macht und Klugheit inspirieren Sie, und so suchen Sie die Nähe seriöser und wahrhaftiger Menschen.

Ihr Partner

Sofern Sie Ihre eigenen Gefühle nicht unterdrücken, werden Sie sicherlich einen zuverlässigen und treuen Partner unter den Menschen finden, die an folgenden Tagen geboren wurden:
Liebe & Freundschaft: 1., 14., 19., 28., 31. Jan., 12., 26., 29. Feb., 10., 24., 27. März, 8., 13., 22., 25. April, 6., 20., 23. Mai, 4., 18., 21. Juni, 2., 16., 19., 30. Juli, 14., 17., 28., 30. Aug., 12., 15., 26., 28., 30. Sept., 10., 13., 24., 26., 28. Okt., 8., 11., 22., 24., 26. Nov., 6., 9., 20., 22., 24. Dez.
Günstig: 26. Jan., 24. Feb., 22. März, 20. April, 18. Mai, 16. Juni, 14. Juli, 12. Aug., 10. Sept., 8. Okt., 6. Nov., 4. Dez.
Schicksalhaft: 26., 27., 28., 29. Sept.
Problematisch: 3., 25. Jan., 1., 23. Feb., 21. März, 19. April, 17. Mai, 15. Juni, 13. Juli, 11. Aug., 9. Sept., 7. Okt., 5. Nov., 3. Dez.
Seelenverwandt: 3., 10. Jan., 1., 8. Feb., 6. März, 4. April, 2. Mai, 16. Aug., 8. Dez.

SONNE: WIDDER
DEKADE: WIDDER/MARS
GRAD: 5°30' – 6°30' WIDDER
ART: KARDINALZEICHEN
ELEMENT: FEUER

Fixsterne

Ihre Sonne ist zwar nicht mit einem Fixstern verbunden, sicherlich aber einer der anderen Planeten Ihres Sonnenzeichens. Wenn Sie sich ein Geburtshoroskop erstellen lassen, finden Sie die exakte Position der Planeten an Ihrem Geburtstag. Auf diese Weise können Sie feststellen, welche der Fixsterne in diesem Buch für Sie von Interesse sind.

27. März

♈ Menschen mit diesem Geburtstag sind meist emotional, idealistisch und kreativ, voller Ideen und mit großem künstlerischem Potential. Hochgradig intuitiv und phantasiebegabt, geben sie aber manchmal zu leicht auf, was zu Frustrationen führen kann. Wenn sie aber Selbstkontrolle üben und Probleme als positive Herausforderungen betrachten, entwickeln sie mehr Ausdauer. Mit konstruktiver Einstellung können sie eine schwierige Situation meistern und in einen Vorteil verwandeln.

Der doppelte Einfluß des Planeten Mars bewirkt, daß ihr Pioniergeist nach Wissen dürstet. Mit ein wenig Ermutigung sind sie bereit, mit Begeisterung neue und aufregende Abenteuer zu unternehmen. Andererseits müssen sie sich davor hüten, zu ernst und überängstlich zu sein, denn das ruft nur Rastlosigkeit, Launenhaftigkeit und unnötige Sorgen hervor. An diesem Tag geboren, sind Sie nett und großzügig zu denen, die Sie lieben, aber oft verbergen Sie Ihre große Sensibilität hinter einer Fassade aus Liebenswürdigkeit und Humor. Mit Ihrem Sinn für Dramatik und Ihrer dynamischen Persönlichkeit suchen Sie das Aufregende am Leben und geraten gelegentlich in ausufernde Situationen. Wenn Sie lernen, ausgeglichener zu sein und inneren Frieden zu finden, können Sie sich erheblich weiterentwickeln. Je universeller, toleranter und mitfühlender Sie sind, desto positiver und erfolgreicher werden Sie. Lernen Sie, ein Macher zu sein, nicht nur ein Träumer.

Bis zum Alter von 23 lieben Sie Reisen und neue Entdeckungen und haben vielseitige Interessen. Wenn Sie 24 sind und Ihre Sonne in das Zeichen des Stiers tritt, legen Sie mehr Wert auf materiellen Erfolg, Sicherheit und finanzielle Stabilität. Vielleicht entwickeln Sie auch eine neue Liebe zur Natur. In der Mitte Ihres sechsten Lebensjahrzehnts, wenn die Sonne in die Zwillinge wechselt, beginnen Bildung, Wissen und Kommunikation eine größere Rolle in Ihrem Leben zu spielen.

Ihr geheimes Selbst

Ihr angeborener Sinn für Dramatik, der Sie immer wieder dazu bringt, das Rampenlicht zu suchen, geht eine eigentümliche Verbindung mit Ihrem Wunsch nach Ruhe und Zufriedenheit ein. Ihr Bedürfnis nach Harmonie spiegelt sich in der Bedeutung wider, die Ihr Zuhause für Sie hat. Sie wollen stolz darauf sein können, und es soll ein Hort des Friedens sein. Im allgemeinen sind Sie direkt und offen zu den Menschen und haben den starken Drang, anderen Ihre Ideen zu vermitteln. Oft sprechen Sie auch für andere, wobei Sie stets auf der Seite des Unterlegenen stehen. Achten Sie darauf, daß Ihr großes Verantwortungsbewußtsein nicht dazu führt, daß Sie übers Ziel hinausschießen und sich in das Leben anderer einmischen. Sie sind großherzig und großzügig und können wunderbar mit Menschen umgehen. Diese Eigenschaften, ins Negative verkehrt, können Sie aber ebensogut kalt, herrisch und dominant machen. Versuchen Sie, einen unvoreingenommenen Standpunkt einzunehmen, und suchen Sie etwas, an das Sie glauben können, dann steht Ihnen das bemerkenswerte Potential Ihres Geburtstages immer zur Verfügung.

Beruf & Karriere

Das Bedürfnis, Ihre individuellen Ideen umzusetzen, prädestiniert Sie für Designerberufe, aber auch zum Schreiben, für die Musik, die Kunst oder das Theater. Ihre Freude an

Wissen und Ihre humanitäre Ader öffnen Ihnen die Bereiche Pädagogik, Naturwissenschaft und Sozialarbeit oder Heilberufe. Da Sie eine gute Debatte zu schätzen wissen und über gute Kommunikationsfähigkeiten verfügen, kommen auch Berufe wie Anwalt, Politiker oder Geschäftsmann/-frau für Sie in Frage. Sie sind außerdem in der Lage, sehr schnell Fonds für eine gute Sache aus dem Boden zu stampfen; Wohltätigkeit ist somit ebenfalls ein Bereich, in dem Sie Ihre Organisations- und Managerfähigkeiten einsetzen könnten.

Berühmte Persönlichkeiten dieses Tages sind die Sängerinnen Sarah Vaughan und Mariah Carey, die Filmschauspielerin Gloria Swanson, der Sportler Randall Cunnigham und der Schauspieler Michael York.

Numerologie

Mit der Geburtstagszahl 27 sind Sie ebenso intuitiv wie analytisch, überzeugend wie aufmerksam und achten sehr auf Details. Wenn Sie gelegentlich geheimnistuerisch, rational oder unbeteiligt wirken, verbergen Sie in Wirklichkeit nur Ihre inneren Spannungen. Die können mit Unentschlossenheit zusammenhängen, aber auch mit Skepsis gegenüber bevorstehenden Veränderungen. Ihr Erfolgsgeheimnis ist oft Inspiration; wenn Sie eine universellere Lebensauffassung entwickeln, können Sie sich gegen emotionale Ausbrüche wappnen und sich weniger sorgen um das, was andere von Ihnen denken. Der Untereinfluß der Monatszahl 3 führt dazu, daß Sie idealistisch und sensibel sind und viel Kreativität besitzen. Sie beeindrucken andere mit Ihren originellen Ideen oder bereichern Gemeinschaftsprojekte mit Ihrem Wissen. Von Natur aus vielseitig und phantasiebegabt und mit starken Instinkten gesegnet, müssen Sie darauf achten, konzentriert zu bleiben und impulsives Handeln zu vermeiden. Lernen müssen Sie auch, Ihre Ideen in umsetzbare Konzepte zu verwandeln.

Positiv: Vielseitigkeit, Vorstellungskraft, Kreativität, Resolutheit, Tapferkeit, Verständnis, Spiritualität, Erfindungsreichtum.

Negativ: Streitsucht, leicht beleidigt, Rastlosigkeit, Nervosität, Mißtrauen, Überempfindlichkeit, Anspannung.

Liebe & Zwischenmenschliches

Obwohl Sie den Gefühlen und Bedürfnissen anderer idealistisch und sensibel gegenüberstehen, besitzt Ihre Persönlichkeit auch eine entschlossene egozentrische Seite. Gleichwohl sind Sie sehr gesellig und haben zahlreiche Freunde und Partner. Von Ihren intensiven Gefühlen können Sie gelegentlich überwältigt werden, und Sie brauchen Zeit zum Alleinsein, um Bestandsaufnahme zu machen oder zu meditieren. Beziehungen sind sehr wichtig für Sie; achten Sie aber darauf, sich nicht von Ihrem Partner und seinen Ansichten abhängig zu machen. Wenn Sie zu idealistisch sind und sich allzusehr aufopfern, verlieren Sie den Glauben an andere und sich selbst. Seien Sie nicht ungeduldig oder launisch, und lernen Sie, Ihre Gefühle klar auszudrücken, anstatt reserviert und geheimnistuerisch zu sein. Sie brauchen jemanden, mit dem Sie Ihre Leidenschaften, Ideen und Ansichten teilen können.

Ihr Partner

Wenn Sie jemanden suchen, mit dem Sie Ihre Ideale verwirklichen können, sollten Sie sich unter den Menschen umsehen, die an folgenden Tagen geboren sind:

Liebe & Freundschaft: 1., 5., 15., 26., 29., 30. Jan., 13., 24., 27., 28. Feb., 11., 22., 25., 26. März, 9., 20., 23., 24. April, 7., 18., 21., 22. Mai, 5., 16., 19., 20. Juni, 3., 14., 17., 18., 31. Juli, 1., 12., 15., 16., 29., 31. Aug., 10., 13., 14., 27., 29. Sept., 8., 11., 12., 25., 27. Okt., 6., 9., 10., 23., 25. Nov., 15., 16. Dez.

Günstig: 1., 2., 10., 14., 27. Jan., 8., 12., 25. Feb., 6., 10., 23. März, 4., 8., 21. April, 2., 6., 19., 30. Mai, 4., 17., 28. Juni, 2., 15., 26. Juli, 13., 24. Aug., 11., 22. Sept., 9., 20. Okt., 7., 18. Nov., 15., 16. Dez.

Schicksalhaft: 28., 29., 30. Sept.

Problematisch: 17., 26. Jan., 15., 24. Feb., 13., 22. März, 11., 20. April, 9., 18. Mai, 7., 16. Juni, 5., 14. Juli, 3., 12., 30. Aug., 1., 10., 28. Sept., 8., 26., 29. Okt., 6., 24., 27. Nov., 4., 22., 25. Dez.

Seelenverwandt: 21. Jan., 19. Feb., 17. März, 15. April, 13. Mai, 11. Juni, 9., 29. Juli, 7., 17., 27. Aug., 5., 25. Sept., 3., 23. Okt., 1., 21. Nov., 9., 19. Dez.

SONNE: WIDDER
DEKADE: WIDDER/MARS
GRAD: 6°30' – 7°30' WIDDER
ART: KARDINALZEICHEN
ELEMENT: FEUER

Fixsterne

Ihre Sonne ist zwar nicht mit einem Fixstern verbunden, sicherlich aber einer der anderen Planeten Ihres Sonnenzeichens. Wenn Sie sich ein Geburtshoroskop erstellen lassen, finden Sie die exakte Position der Planeten an Ihrem Geburtstag. Auf diese Weise können Sie feststellen, welche der Fixsterne in diesem Buch für Sie von Interesse sind.

28. März

♈ Das intellektuelle Potential und die Willensstärke der Menschen, die am 28. geboren sind, zeigen, daß man mit Ruhe und Geduld großen Erfolg erzielen kann. Wie jeder echte Widder haben Sie eine energische Persönlichkeit und Hunger nach Action, vor allem im geistigen Bereich.

Der doppelte Einfluß des Mars ermutigt Sie, unabhängig und direkt zu sein. Wenn Sie aber wütend sind, müssen Sie sich davor hüten, brutal offen oder überemotional zu reagieren. Eine harmonische Atmosphäre zu schaffen wirkt immer positiv auf Sie, und wenn Sie Ihre kommunikativen Fähigkeiten fördern, können Sie auch eine Menge Mißverständnisse vermeiden.

Sie sind für alle Arten intellektueller Aktivität begabt und haben bei Debatten und Diskussionen stets Oberwasser. Wenn Sie sich aber nicht wirklich herausgefordert fühlen, beginnen Sie sich schnell zu langweilen und verschwenden dann Ihre große geistige Kraft auf Belanglosigkeiten. Dennoch besitzen Sie einen sechsten Sinn und bemerken sofort, wenn Menschen nicht aufrichtig sind, vor allem wenn sie Machtspiele spielen.

Obwohl Sie im allgemeinen sehr wohl in der Lage sind, auf sich selbst aufzupassen, müssen Sie darauf achten, sich zu Zeiten, wenn Sie sich ungeliebt und unentschlossen fühlen, nicht als Opfer der Aggressionen Ihrer Umwelt zu betrachten. Wenn Sie die Macht des Wissens erkennen, kommt Ihr wahres Potential zum Tragen. Sie haben das Zeug zum führenden Strategen, da Sie einen ausgezeichneten Sinn für Strukturen besitzen. Sie haben Glück mit Investitionen, und mit Ihrer vielseitig begabten Persönlichkeit können Sie materiell sehr erfolgreich sein.

Bis zum Alter von 22 sind Sie begeisterungsfähig, entschlossen und willensstark. Wenn Sie 23 werden und Ihre Sonne in das Zeichen des Stiers tritt, wünschen Sie sich mehr materielle Sicherheit und finanzielle Stabilität. Dann kommt eine Phase, in der Sie praktischer und geschäftlicher orientiert werden und immer die Sicherheit im Hinterkopf behalten. Im Alter von 53, wenn Ihre Sonne in das Zeichen der Zwillinge wechselt, erfahren Sie erneut einen Wendepunkt im Leben, mit dem wachsendes Interesse an Bildung und Kommunikation einhergeht sowie das Eingehen neuer Freundschaften.

Ihr geheimes Selbst

Von Natur aus ein Glückskind, kommen Sie ohne große Anstrengung überall durch, doch dies kann eines Tages Ihr größtes Problem werden. Auch wenn Sie sich Ihrer instinktiven Klugheit bewußt sind, fehlt Ihnen dann vielleicht die Geduld, auf das zu bauen, was Sie bereits wissen. Daher ist es unerläßlich, Ihr erstaunliches geistiges Potential mit Selbstdisziplin und Konzentration zu nutzen.

Sie besitzen eine starke emotionale Bindung zu Liebe, was erklärt, warum Zuwendung in Ihrem Leben so wichtig ist; dieser Umstand kann Ihnen die verschiedensten Erfahrungen bescheren. Obwohl Sie im allgemeinen sehr aktiv sind, will sich ein Teil von Ihnen immer gerne von der Welt zurückziehen und eine Zeit mit Kontemplation verbringen, mit Schreiben oder damit, Antworten philosophischer Natur zu suchen. Voller Selbstvertrauen und Inspiration stürmen Sie oft wild entschlossen auf Ihre Ziele zu.

Beruf & Karriere

Welchen Beruf Sie auch wählen, Ihre natürlichen Führungsqualitäten befördern Sie bald an die Spitze. Es macht Ihnen Freude, neue Projekte zu initiieren. Ihr ausgezeichneter Sinn für Struktur und Form macht meist einen guten Strategen aus Ihnen und befähigt Sie für Berufe wie Architekt, Fotograf oder Filmemacher. Ihre erfolgreiche Art, mit Menschen umzugehen, macht Sie auch für öffentlichkeitsintensive Berufe geeignet. Führungsqualitäten können Sie auch in Pädagogik, Heilberufen, Sozialarbeit oder Justiz beweisen. Auch Kunst, Musik und Entertainment sind Betätigungsfelder für Sie, wenn Sie zu den inspirierteren Geburtstagskindern dieses Datums gehören.

Berühmte Persönlichkeiten dieses Tages sind der Schauspieler Dirk Bogarde, die Hl. Theresa von Avila, der Komponist Petrowitsch Mussorgski und die Sängerin Cheryl James.

Numerologie

Unabhängig, idealistisch und unkonventionell, aber auch pragmatisch und entschlußkräftig, tun Sie meist, was Sie wollen. Sie befinden sich häufig in dem Dilemma, Teil eines Teams sein zu wollen, ohne Ihre Unabhängigkeit aufgeben zu müssen. Stets bereit für Action und neue Abenteuer, stellen Sie sich mutig den Herausforderungen des Lebens. Mit Ihrer Begeisterungsfähigkeit stecken Sie andere an, Sie entweder zu unterstützen oder sich Ihnen anzuschließen. Zu Ihren zahlreichen Eigenschaften zählen feste Überzeugung, Findigkeit, gutes Urteilsvermögen und gesunder Menschenverstand. Obwohl Sie erfolgsorientiert sind, spielen Familie und Heim eine große Rolle für Sie. Stabilität zu finden und die Sorge um Ihre Lieben können gelegentlich belastend für Sie werden. Der Untereinfluß der Monatszahl 3 sorgt für Intuition und Kreativität. Sie brauchen aber dennoch Routine und praktisches Angehen der Lebensfragen. Sorgfältige Vorbereitung und konzentrierte Planung sind für Sie unerläßlich, wenn Sie erfolgreich sein wollen.

Positiv: Mitgefühl, progressive Einstellung, kühn, künstlerische Ader, Kreativität, Idealismus, Ehrgeiz, Fleiß, stabiles Familienleben, willensstark.

Negativ: Mangel an Motivation, Mangel an Mitgefühl, unrealistisch, herrisch, kein Urteilsvermögen, Aggression, launisch, abhängig von anderen, stolz.

Liebe & Zwischenmenschliches

Willensstark und unabhängig, sind Sie wagemutig und freimütig, aber auch loyal und zuverlässig. In Ihren engsten Beziehungen sollten Sie intellektuell angeregt werden, denn Sie brauchen jemanden, mit dem Sie Ihre Interessen und Wertvorstellungen teilen können. Ihre Beziehungen halten länger, wenn Sie lernen, fair und weniger streitlustig zu sein. Bei ähnlichen Prinzipien und einer gemeinsamen Grundbasis im Verständnis können Sie eine liebevolle und zärtliche Beziehung zum anderen Geschlecht aufbauen. Sie fühlen sich vor allem von Menschen angezogen, die klug und direkt sind; Sie selbst wollen ebenfalls frank und frei sein, sollten aber dabei darauf achten, daß Sie nicht brutal offen sind oder unüberlegt handeln. Sie sind treu und fleißig und in der Lage, denen, die Sie lieben, Zuneigung und Sicherheit zu schenken.

Ihr Partner

Geistige Anregung und Liebe werden Sie mit großer Wahrscheinlichkeit bei den an den folgenden Tagen geborenen Menschen finden:

Liebe & Freundschaft: 10., 13., 20., 21., 30. Jan., 8., 11., 18., 19., 28. Feb., 6., 9., 16., 26. März, 4., 7., 17., 24. April, 2., 5., 12., 22. Mai, 3., 10., 20. Juni, 1., 8., 18. Juli, 6., 16., 30. Aug., 4., 14., 28., 30. Sept., 2., 12., 26., 28., 30. Okt., 10., 24., 26., 28. Nov., 8., 22., 24., 26. Dez.

Günstig: 12., 16., 17., 28. Jan., 10., 14., 15., 26. Feb., 8., 12., 13., 24. März, 6., 10., 11., 22. April, 4., 8., 20., 29. Mai, 2., 6., 7., 18., 27. Juni, 4., 5., 16., 25. Juli, 2., 3., 14., 23. Aug., 1., 12., 21. Sept., 10., 19. Okt., 8., 17. Nov., 6., 14. Dez.

Schicksalhaft: 31. März, 29. April, 27. Mai, 25. Juni, 23. Juli, 21. Aug., 19., 30. Sept., 1., 17. Okt., 15. Nov., 17. Dez.

Problematisch: 6., 18., 22., 27. Jan., 4., 16., 20., 25. Feb., 2., 14., 18., 23. März, 12., 16., 21. April, 10., 14., 19. Mai, 8., 12., 17. Juni, 6., 10., 15. Juli, 4., 8., 13. Aug., 2., 6., 11. Sept., 4., 9. Okt., 2., 7. Nov., 5. Dez.

Seelenverwandt: 28. März, 26. April, 24. Mai, 22. Juni, 20. Juli, 18. Aug., 16. Sept., 14. Okt., 12. Nov., 10. Dez.

SONNE: WIDDER
DEKADE: WIDDER/MARS
GRAD: 7°30' – 8°30' WIDDER
ART: KARDINALZEICHEN
ELEMENT: FEUER

Fixstern

Name des Sterns: Algenib
Gradposition: 8°10' – 9°4' Widder zwischen den Jahren 1930 und 2000
Magnitude: 3
Stärke: ******
Orbit: 2°
Konstellation: Alpha Pegasi
Tage: 29., 30., 31. März, 1., 2. April
Sternqualitäten: Mars/Merkur
Beschreibung: kleiner weißer Stern im seitlichen Flügel des Pegasus.

Einfluß des Hauptsterns

Algenib steht für Gedankenstärke und einen klaren, regen Verstand, der Sie sowohl durch Ideen als auch durch Taten zu großen Leistungen befähigt. Zudem verleiht er Kampfgeist, Entschlossenheit und Begeisterungsfähigkeit. Sein Einfluß wirkt verstärkend auf Ihre Auffassungsgabe und verleiht Ihnen Schlagfertigkeit; allerdings macht er Sie auch aufbrausend und rücksichtslos.
Im Zusammenhang mit dem Stand Ihrer Sonne kann Algenib für Erfolg in der Geschäftswelt, Freude am Lernen, Interesse an Religion und Schreibtalent sorgen. Unter seinem Einfluß brauchen Sie viel Zeit für sich selbst und legen Wert auf eine ungestörte Privatsphäre. Algenib ist überdies besonders günstig für öffentlichkeitsorientierte Tätigkeiten.
• Positiv: Entschlossenheit, Unternehmungsgeist, Willenskraft, Kampfgeist, Schlagfertigkeit.
• Negativ: Nörgelei, Sarkasmus, Dickköpfigkeit, Depressionen, Streitlust.

29. März

Sie sind klug und scharfsinnig, erfassen Situationen blitzschnell und sind mit einem sechsten Sinn begabt. Sie sind gern gut informiert, müssen sich aber davor hüten, überkritisch oder rechthaberisch zu sein. Oft kennt Ihre innere Stimme allein die Wahrheit. Als Widder sind Sie energisch und kämpferisch. Eine eigentümliche Mischung aus Skepsis und Naivität läßt andere aber stets über Ihre wahren Gedanken im ungewissen. Manchmal sind Sie ziemlich stur und wollen nichts hören, selbst wenn andere tatsächlich nur Ihr Bestes im Sinn haben.

Durch den doppelten Einfluß Ihres Planeten Mars brauchen Sie eine Herausforderung im Leben und können sehr hart arbeiten. Selbst geradeheraus und direkt, bevorzugen Sie die Gesellschaft von unkomplizierten Menschen, die ehrlich und bodenständig sind. Ihre natürliche Begabung, mit schwierigen Situationen fertig zu werden, hilft Ihnen, sich nie als Spielball des Schicksals zu fühlen. Mit Ihrer Willenskraft und Entschlossenheit können Sie materiell sehr erfolgreich sein. Achten Sie aber darauf, sich von finanziellen Angelegenheiten nicht deprimieren zu lassen, und gehen Sie dem «schnellen Geld» aus dem Weg.

Bis zum Alter von 21 sind Sie abenteuerlustig und unabhängig. Ab 22, wenn Ihre Sonne in das Zeichen des Stiers eintritt, verspüren Sie ein stärkeres Bedürfnis nach finanzieller Sicherheit und Stabilität. Es ist eine Phase, in der Sie pragmatischer und geschäftsorientierter werden. Mit 52, wenn Ihre Sonne in das Zeichen der Zwillinge wechselt, folgt ein weiterer Wendepunkt, nach dem Sie sich verstärkt neuen und aufregenden Interessen zuwenden wie zum Beispiel kreativem Schreiben.

Ihr geheimes Selbst

Sie haben die innere Kraft, Hindernisse zu überwinden, und mit Entschlossenheit können Sie sehr erfolgreich und wohlhabend werden. Geld allein wird Sie allerdings nicht vollständig zufriedenstellen, so daß Sie einen Weg finden müssen, dem tiefgründigeren Teil Ihres geistigen Potentials Ausdruck zu verleihen. Sie besitzen ein natürliches Verständnis für den Wert der Dinge; verlassen Sie sich im richtigen Moment auf dieses Urteilsvermögen, um zur richtigen Zeit mit dem richtigen Partner erfolgreich zu sein.

Da Sie sich produktiv und nützlich fühlen wollen, spielt die Arbeit eine große Rolle in Ihrem Leben, vor allem wenn Sie älter werden. Mit der richtigen Inspiration können Sie hart arbeiten, um Ihre Ideen konkret umzusetzen. Am besten arbeiten Sie, wenn Ihre Energie unvermindert fließen kann und nicht ständig von Zwischenhalten unterbrochen wird. Sie sind spontan und voller Energie und Antrieb, müssen sich aber vor zu großer Skepsis hüten – haben Sie Vertrauen in Ihre eigene Intuition.

Beruf & Karriere

Eine dynamische geistige Energie macht Sie für Geschäftsleben, Debatten, Justiz oder Forschung bestens geeignet. Da Sie großes technisches Verständnis besitzen, eignen Sie sich auch für die Arbeit mit Computern und neuen Technologien. Mit Ihren Führungsqualitäten und Ihrem einfühlenden Verstand kommen auch pädagogische Berufe in Frage, oder Sie benutzen Ihr kommunikatives Talent zum Schreiben. Dieses Geburtsdatum prädestiniert Sie auch für einen hohen Regierungsposten oder zum Kämpfer für soziale Reformen. Ihr analytischer Geist führt Sie vielleicht auch in medizinische oder heilende Berufe oder aber in Gebiete, in denen Sie Ihr Wissen mit anderen teilen können.

Berühmte Persönlichkeiten dieses Tages sind der Tennisstar Jennifer Capriati, der Musiker Vangelis, der ehemalige britische Premier John Major und der Schauspieler Christopher Lambert.

Numerologie

Als idealistischer Visionär mit einem dynamischen und kraftvollen Charakter besitzen Sie, wenn Sie an diesem 29. geboren sind, eine starke Persönlichkeit und bemerkenswertes Potential. Sie sind oft sehr intuitiv, sensibel und emotional. Ihre mitfühlende und verständnisvolle Art ist Ausdruck Ihrer Menschenfreundlichkeit und ermutigt andere, ihre Hoffnungen und Träume zu verwirklichen. Auch wenn Sie kämpferisch und ehrgeizig sind, brauchen Sie es, beliebt zu sein, und es ist Ihnen wichtig, was andere über Sie denken. Wenn Sie den eigenen Gefühlen wenig vertrauen und Ihr Herz anderen öffnen, können Sie Ihre Überbesorgnis überwinden und Ihren Verstand als Schutzschild einsetzen. Der Untereinfluß der Monatszahl 3 führt dazu, daß Sie intuitiv sind, einen ausgeprägten sechsten Sinn und kreatives Talent besitzen. Sie sind freiheitsliebend, ruhelos und voller Energie und wollen niemandem Rechenschaft schuldig sein. Sie sollten Disziplin und Stabilität in Ihr Leben bringen, ohne in Routine zu verfallen. Auch wenn Sie vielseitig und phantasievoll sind, sollten Sie praktisch und besonnen vorgehen und versuchen, weniger taktlos zu sein, indem Sie sich eine zurückhaltendere Art antrainieren.

Positiv: Inspiration, Ausgeglichenheit, innere Ruhe, Großzügigkeit, Erfolg, Kreativität, Intuition, Mystizismus, kraftvolle Träume, Weltgewandtheit, Glaube.

Negativ: Mangel an Konzentrationsfähigkeit, Unsicherheit, Nervosität, Launenhaftigkeit, schwieriger Charakter, Extremismus, unbesonnenes Handeln, Verschlossenheit, Überempfindlichkeit.

Liebe & Zwischenmenschliches

Eine positive und entschlossene Haltung wird Ihnen dabei helfen, sich weniger davon beeindrucken zu lassen, was andere über Sie denken. Scharfsinnig und intuitiv, aber auch zurückhaltend und geheimnistuerisch, reden Sie über alles, nur nicht über Ihre wahren Gefühle. Ihre Skepsis bedeutet oft nur, daß Sie Zeit brauchen, um eine vertrauensvolle dauerhafte Beziehung aufzubauen. Dennoch können Sie leidenschaftlich und zärtlich sein und – solange Sie sich im Griff haben – sehr attraktiv für das andere Geschlecht. Sie fühlen sich meist zu Menschen hingezogen, die durch eigene harte Arbeit zu Erfolg gekommen sind. Sie müssen jemandem vollkommen vertrauen können, um ein treuer und loyaler Partner zu sein. Frauen bringen Ihnen beruflich wie privat besonders Glück.

Ihr Partner

Sicherheit, geistige Anregung und Liebe finden Sie am ehesten unter den Menschen, die an folgenden Tagen geboren wurden:

Liebe & Freundschaft: 21., 28., 31. Jan., 19., 26., 29. Feb., 17., 24., 27. März, 15., 22., 25. April, 13., 20., 23. Mai, 11., 18., 21. Juni, 9., 16., 19. Juli, 7., 14., 17., 31. Aug., 15. Sept., 3., 10., 13., 27., 29., 31. Okt., 1., 8., 11., 25., 27., 29. Nov., 6., 9., 23., 25., 27. Dez.

Günstig: 9., 12., 18., 24., 29. Jan., 7., 10., 16., 22., 27. Feb., 5., 8., 14., 20., 25. März, 3., 6., 12., 18., 23. April, 1., 10., 16., 21., 31. Mai, 2., 8., 14., 19., 29. Juni, 6., 12., 17., 27. Juli, 4., 10., 15., 25. Aug., 2., 8., 13., 23. Sept., 6., 11., 21. Okt., 4., 9., 19. Nov., 2., 7., 17. Dez.

Schicksalhaft: 3. Jan., 1. Feb., 30. April, 28. Mai, 26. Juni, 24. Juli, 22. Aug., 20. Sept., 1., 2., 3., 18. Okt., 16. Nov., 14. Dez.

Problematisch: 7., 8., 19., 28. Jan., 5., 6., 17., 26. Feb., 3., 4., 15., 24. März, 1., 2., 13., 22. April, 11., 20. Mai, 9., 18. Juni, 7., 16. Juli, 5., 14. Aug., 3., 12. Sept., 1., 10. Okt., 8. Nov., 6. Dez.

Seelenverwandt: 3., 19. Jan., 1., 17. Feb., 15. März, 13. April, 11. Mai, 9. Juni, 7. Juli, 5. Aug., 3. Sept., 1. Okt.

30. März

SONNE: WIDDER
DEKADE: WIDDER/MARS
GRAD: 8°30' – 9°30' WIDDER
ART: KARDINALZEICHEN
ELEMENT: FEUER

Fixstern

Name des Sterns: Algenib
Gradposition: 8°10' – 9°4' Widder zwischen den Jahren 1930 und 2000
Magnitude: 3
Stärke: ******
Orbit: 2°
Konstellation: Alpha Pegasi
Tage: 29., 30., 31. März, 1., 2. April
Sternqualitäten: Mars/Merkur
Beschreibung: kleiner weißer Stern im seitlichen Flügel des Pegasus.

Einfluß des Hauptsterns

Algenib steht für Gedankenstärke und einen klaren, regen Verstand, der Sie sowohl durch Ideen als auch durch Taten zu großen Leistungen befähigt. Zudem verleiht er Kampfgeist, Entschlossenheit und Begeisterungsfähigkeit. Sein Einfluß wirkt verstärkend auf Ihre Auffassungsgabe und verleiht Ihnen Schlagfertigkeit; allerdings macht er Sie auch aufbrausend und rücksichtslos.

Im Zusammenhang mit dem Stand Ihrer Sonne kann Algenib für Erfolg in der Geschäftswelt, Freude am Lernen, Interesse an Religion und Schreibtalent sorgen. Unter seinem Einfluß brauchen Sie viel Zeit für sich selbst und legen Wert auf eine ungestörte Privatsphäre. Algenib ist überdies besonders günstig für öffentlichkeitsorientierte Tätigkeiten.

- Positiv: Entschlossenheit, Unternehmungsgeist, Willenskraft, Kampfgeist, Schlagfertigkeit.
- Negativ: Nörgelei, Sarkasmus, Dickköpfigkeit, Depressionen, Streitlust.

Intuitiv und von schneller Auffassungsgabe, haben Sie einen kreativen Verstand voller Ideen und Pläne. Gelegentlich lähmt eine seltsame Mischung aus Ehrgeiz und Trägheit Ihr sonst so großes Potential. Ihr Geburtsdatum weist auf einen fleißigen Menschen mit Pflichtgefühl und Verantwortungsbewußtsein hin. Ein starkes Bedürfnis nach Liebe und emotionaler Befriedigung kann Ihre ansonsten ausgezeichneten Aussichten etwas hemmen.

Sie lassen sich von vielen Ideen und Meinungen anregen und sind häufig vielseitig und weltgewandt. Sie können aber auch Ihre ganz eigene Vision entwickeln und andere mit Ihrer individuellen Art beeindrucken. Sie sind freundlich und gesellig, und mit Ihrer Begeisterungsfähigkeit macht es Ihnen Spaß, Ihren Wissensdurst mit anderen zu teilen, vor allem in Kursen, die Ihre kreativen Talente fördern.

Feinsinnig, aber nervös, mit einem Sinn für Dramatik – so werden Sie oft von anderen beschrieben. Hören Sie auf, sich unnötig Sorgen zu machen, vor allem wenn Sie glauben, die Erwartungen anderer nicht erfüllen zu können. Wenn Sie methodisch vorgehen und Pflichten nicht bis zum letzten Moment aufschieben, können Sie Selbstmitleid oder Depressionen vermeiden. Sie fühlen sich oft zu intelligenten Menschen hingezogen, die durch eigene Arbeit zu Erfolg gelangt sind. Freundlich und extrovertiert, möchten Sie eine wichtige Rolle in Ihrer sozialen Gruppe spielen oder Teil derselben sein. Wenn Sie sich einsam oder schlecht fühlen, versuchen Sie zu flüchten oder lassen sich gehen. Um inneren Frieden und Ausgeglichenheit zu erreichen, sollten Sie versuchen, Möglichkeiten der Selbstverwirklichung zu finden.

Bis zum Alter von 20 sind Sie lebhaft und experimentierfreudig. Wenn Sie 21 werden und Ihre Sonne in das Zeichen des Stiers tritt, empfinden Sie ein stärkeres Bedürfnis nach Wohlstand und materieller Sicherheit. Der Wunsch nach finanzieller Stabilität kann dazu führen, daß Sie etwas Solides für sich aufbauen wollen. Diese Phase dauert bis zum Ende Ihres fünften Lebensjahrzehnts. Dann wechselt Ihre Sonne in das Zeichen der Zwillinge, was für Sie mit 51 wieder einen Wendepunkt bedeutet. Sie verspüren den wachsenden Drang, zu kommunizieren und Ideen auszutauschen. Es ist eine Zeit, in der Sie sich geistig weiterentwickeln und neue Interessengebiete entdecken.

Ihr geheimes Selbst

Auch wenn Sie von Natur aus Führungsqualitäten besitzen, wissen Sie, daß Sie ohne die Zusammenarbeit mit anderen nicht weit kommen. Glücklicherweise können Sie sehr gut die richtigen Kontakte knüpfen und kommen mit Menschen sehr gut zurecht. Da Sie Machtgefühl und große Entschlußkraft besitzen, sind Sie eine Kraft, die nicht zu unterschätzen ist, sobald Sie sich einmal entschlossen haben. Dies zeigt deutlich, wie wichtig es für Sie ist, genau zu wissen, auf welches Ziel Sie zusteuern.

Gelegentlich geraten Sie in ein Dilemma zwischen Pflichten und Vergnügen. Dies kann sich zum Beispiel darin äußern, daß Sie bei der Arbeit sehr aktiv und zu Hause sehr passiv sind. Hier müssen Sie versuchen, das Gleichgewicht zu finden, so daß Sie Rücksicht auf die Gefühle anderer nehmen können, aber dennoch keine Kompromisse im Hinblick auf Ihre eigene Kraft eingehen. Sorgen Sie dafür, daß Ihre Wünsche beruflich und privat sich die Waage halten.

Beruf & Karriere

Obwohl Sie beim Lernen sehr ungeduldig sind, könnte Sie Ihre Freude an geistiger Anstrengung dazu bringen, Berufe wie Lehrer, Dozent, Forscher oder Schriftsteller zu ergreifen. Mit Ihrem Sinn für Form und Farbe sind Sie geeignet für Berufe wie Innenarchitekt, Landschaftsgärtner, aber auch für die Welt des Theaters, für Musik oder Kunst. Da Sie ein natürliches Verständnis für Menschen haben, sind auch kontaktintensive Berufe in Therapie, Gesundheit, Werbung, Öffentlichkeitsarbeit oder Verkauf etwas für Sie. Dieses Geburtsdatum bringt gute Manager und Vorgesetzte hervor.

Berühmte Persönlichkeiten dieses Tages sind der Schauspieler Warren Beatty, der Maler Vincent van Gogh, die Psychiaterin Melanie Klein und der Musiker Eric Clapton.

Numerologie

Zu den vielen Eigenschaften dieses Geburtsdatums gehören Freundlichkeit, Kreativität und Geselligkeit. Sie genießen das Leben, sind gern mit anderen zusammen und können außergewöhnlich charismatisch, loyal und liebenswürdig sein. Ehrgeizig und vielseitig, übernehmen Sie Ideen und entwickeln sie weiter. Bei Ihrer Suche nach Glück sollten Sie darauf achten, nicht träge, nachlässig, ungeduldig oder eifersüchtig zu werden, denn dies kann zu emotionaler Instabilität führen. Viele mit der Geburtstagszahl 30 finden öffentliche Anerkennung und Ruhm, vor allem als Musiker, Schauspieler und Entertainer. Der Untereinfluß der Monatszahl 3 führt dazu, daß Sie begeisterungsfähig und begabt sind und ein gutes Gedächtnis besitzen. Mit Ihrem dramatischen Stil der Selbstverwirklichung machen Sie auf sich aufmerksam. Auch wenn Sie normalerweise ausgeglichen sind, können Sie hin und wieder unvernünftig und launisch sein. Als Perfektionist hassen Sie Fehler; wenn Sie unglücklich oder unzufrieden sind, neigen Sie zu Klagen und Kritik.

Positiv: Lebenslust, Loyalität, Freundlichkeit, fähig, Schlüsse zu ziehen, wortgewandt, kreativ, Glückskind.

Negativ: Faulheit, Hartnäckigkeit, Launenhaftigkeit, Ungeduld, Unsicherheit, Desinteresse, Energieverschwendung.

Liebe & Zwischenmenschliches

Sie sind fürsorglich, freundlich und leidenschaftlich und ein liebender und hingebungsvoller Idealist mit großen Gefühlen. Sie brauchen viel Liebe und Zuneigung. Stabilität und Sicherheit sind für Sie Grundvoraussetzungen, auf die Sie nicht verzichten können. Oft charmant und charismatisch, lieben Sie gesellschaftliche und kreative Aktivitäten, die Ihre Phantasie beflügeln. Hüten müssen Sie sich davor, emotional unsicher oder zu anspruchsvoll zu werden, wenn Dinge nicht Ihre Zustimmung finden. Sie fühlen sich zu anregenden Menschen hingezogen, mit denen Sie Ihre Liebe für Wissen oder Ihr Bedürfnis nach kreativer Selbstverwirklichung teilen können.

Ihr Partner

Sicherheit, emotionale Erfüllung und das gewisse Etwas finden Sie am ehesten unter den Menschen, die an folgenden Tagen geboren sind:

Liebe & Freundschaft: 8., 18., 22. Jan., 16., 20. Feb., 14., 18., 28. März, 12., 16., 26. April, 10., 14., 24. Mai, 8., 12., 22. Juni, 6., 10., 20., 29. Juli, 4., 8., 18., 20., 27., 30. Aug., 2., 6., 16., 25., 28. Sept., 4., 14., 23., 26., 30. Okt., 2., 12., 21., 24., 28. Nov., 10., 19., 22., 26., 28. Dez.

Günstig: 6., 10., 25., 30. Jan., 4., 8., 23., 28. Feb., 2., 6., 21., 26. März, 4., 19., 24. April, 2., 17., 22. Mai, 15., 20., 30. Juni, 13., 18., 28. Juli, 11., 16., 26. Aug., 9., 14., 24. Sept., 7., 12., 22. Okt., 5., 10., 20. Nov., 3., 8., 18. Dez.

Schicksalhaft: 29. Mai, 27. Juni, 25. Juli, 23. Aug., 21. Sept., 1., 2., 3., 4., 19. Okt., 17. Nov., 15. Dez.

Problematisch: 13., 29., 31. Jan., 11., 27., 29. Feb., 9., 25., 27. März, 7., 23., 25. April, 5., 21., 23. Mai, 3., 19., 21. Juni, 1., 17., 19. Juli, 15., 17. Aug., 13., 15. Sept., 11., 13. Okt., 9., 11. Nov., 7., 9. Dez.

Seelenverwandt: 6., 25. Jan., 4., 23. Feb., 2., 21. März, 19. April, 17. Mai, 15. Juni, 13. Juli, 11., 20. Aug., 9. Sept., 7. Nov., 5., 12. Dez.

SONNE: WIDDER
DEKADE: LÖWE/SONNE
GRAD 9°30' – 10°30' WIDDER
ART: KARDINALZEICHEN
ELEMENT: FEUER

Fixstern

Name des Sterns: Algenib
Gradposition: 8°10' – 9°4' Widder zwischen den Jahren 1930 und 2000
Magnitude: 3
Stärke: ✶✶✶✶✶✶
Orbit: 2°
Konstellation: Alpha Pegasi
Tage: 29., 30., 31. März, 1., 2. April
Sternqualitäten: Mars/Merkur
Beschreibung: kleiner weißer Stern im seitlichen Flügel des Pegasus.

Einfluß des Hauptsterns

Algenib steht für Gedankenstärke und einen klaren, regen Verstand, der Sie sowohl durch Ideen als auch durch Taten zu großen Leistungen befähigt. Zudem verleiht er Kampfgeist, Entschlossenheit und Begeisterungsfähigkeit. Sein Einfluß wirkt verstärkend auf Ihre Auffassungsgabe und verleiht Ihnen Schlagfertigkeit; allerdings macht er Sie auch aufbrausend und rücksichtslos.

Im Zusammenhang mit dem Stand Ihrer Sonne kann Algenib für Erfolg in der Geschäftswelt, Freude am Lernen, Interesse an Religion und Schreibtalent sorgen. Unter seinem Einfluß brauchen Sie viel Zeit für sich selbst und legen Wert auf eine ungestörte Privatsphäre. Algenib ist überdies besonders günstig für öffentlichkeitsorientierte Tätigkeiten.

- Positiv: Entschlossenheit, Unternehmungsgeist, Willenskraft, Kampfgeist, Schlagfertigkeit.
- Negativ: Nörgelei, Sarkasmus, Dickköpfigkeit, Depressionen, Streitlust.

31. März

Instinktsicher, alert und flink sind die Menschen, die an diesem Tag geboren wurden. Aufgrund dieser Eigenschaften können sie aber auch ruhelos, zu neugierig und ständig in Bewegung sein. Obwohl sie immer auf der Suche nach neuen Erfahrungen sind, können sie sich durchaus auf eine Sache konzentrieren und sogar Experte auf einem Gebiet werden, wenn sie das richtige für sich gefunden haben.

Als Widder sind Sie von Natur aus dynamisch, energisch und wagemutig. Allerdings langweilen Sie sich leicht, was dazu führen kann, daß Sie unruhig werden. Wenn Sie sich in Geduld üben, können Sie auch Ihren Hang zur Impulsivität überwinden. Der Untereinfluß Ihres Dekadenzeichens, des Löwen, verleiht Ihnen Vitalität und Selbstsicherheit, aber auch einen Hang zur Arroganz.

Ihre idealistische Seite bringt Sie oft dazu, die Dinge zu schwarzweiß zu sehen. Durch Unzufriedenheit und Skepsis werden Sie verwirrt und verschwenden Ihre Energien. Wenn Sie aber erkennen, daß Sie durch Selbsterziehung und Lernen methodische Konzentration und Tiefgründigkeit entwickeln können, lösen Sie Probleme mit großem Geschick und Gründlichkeit.

Bis zum Alter von 19 sind Sie unstet und abenteuerlustig. Wenn Sie 20 sind und Ihre Sonne in das Zeichen des Stiers tritt, entwickeln Sie eine mehr pragmatische Einstellung und mehr Interesse an Wohlstand und Sicherheit. Dieser Wunsch nach materieller Stabilität dauert an, bis Sie Anfang Fünfzig sind, dann wechselt Ihre Sonne in das Zeichen der Zwillinge. Nach diesem Wendepunkt beginnen Sie sich neue Interessengebiete zu suchen und neue Fähigkeiten zu entwickeln.

Ihr geheimes Selbst

Nach außen hin zeigen Sie kaum, daß Sie ein sehr gefühlsbetonter Mensch sind und mehr Resonanz von anderen brauchen, als Sie zugeben wollen. Ihre Gefühle sind meist zwiespältig: Einerseits wollen Sie Veränderung, andererseits möchten Sie etwas Solides für sich aufbauen. Positiv vereint, können diese Gegensätze bei Ihnen für eine Art flexibler Produktivität sorgen und dafür, daß Sie sich in mindestens einem Wissensgebiet umfassend bilden.

Wenn Sie im Streß sind, fällt es Ihnen schwer, Zeit für andere zu finden. Wenn Sie aber innehalten und anderen Ihr Herz und Ihre volle Aufmerksamkeit schenken, tun Sie alles für sie, bis hin zur Selbstaufgabe. Mit Ihrem natürlichen Charme und Ihrer Spontaneität stehen Ihnen Wege künstlerischen Ausdrucks offen, am besten in Phasen der Veränderung oder Umstellung.

Beruf & Karriere

Mit Ihrem scharfen Intellekt und Ihrem Bedürfnis nach geistiger Anregung brauchen Sie viel Abwechslung im Leben und können Informationen sehr schnell erfassen. Durch Ihre natürlichen Führungsqualitäten haben Sie auf vielen Gebieten Erfolg, vor allem im Geschäftsleben, in der Philosophie oder in der Politik. Suchen Sie sich einen Beruf aus, bei dem Sie nicht Gefahr laufen, sich zu langweilen – beispielsweise Beschäftigungen, bei denen Sie mit vielen Menschen und Situationen konfrontiert werden, wie etwa in den Bereichen Tourismus oder Öffentlichkeitsarbeit.

Berühmte Persönlichkeiten dieses Tages sind der Komponist Joseph Haydn, der Philosoph René Descartes, der Regisseur Nagisa Oshima, US-Vizepräsident Al Gore und der Schauspieler Richard Chamberlain.

Numerologie

Mit der Geburtstagszahl 31 sind starke Willenskraft, Entschlossenheit und der Wille zur Selbstverwirklichung verbunden. Oft verbinden Sie Ihre Intuition mit Ihrem praktischen Sinn, um die richtigen Entscheidungen zu treffen. Im allgemeinen sind Sie unermüdlich und entschlossen. Wenn Sie am 31. geboren sind, haben Sie originelle Ideen, einen guten Formensinn und die Fähigkeit, erfolgreiche Geschäfte zu machen, sofern Sie sich Zeit nehmen und einem konkreten Plan folgen. Sie können auch ein Hobby in ein profitables Unternehmen verwandeln.

Allerdings neigen Sie dazu, sich gehen zu lassen oder selbstsüchtig oder zu optimistisch zu werden. Der Untereinfluß der Monatszahl 3 führt dazu, daß Sie ebenso kreativ wie analytisch sind. Ihre intuitiven Kräfte und Ihre Wortgewandtheit weisen auf ein Talent zum Schreiben hin, andererseits aber auch auf einen Hang zu Zynismus und zur Überempfindlichkeit. Sie brauchen viel Zuwendung und Aufmerksamkeit, müssen aber aufpassen, daß Sie nicht besitzergreifend werden. Nach innen gekehrt und nachdenklich, wirken Sie gelegentlich geistesabwesend oder reserviert.

Positiv: Glück, Kreativität, Originalität, konstruktives Denken, Ausdauer, Pragmatismus, guter Gesprächspartner, Verantwortungsbewußtsein.

Negativ: Unsicherheit, Ungeduld, Mißtrauen, läßt sich leicht entmutigen, Mangel an Ehrgeiz, Selbstsucht, Sturheit.

Liebe & Zwischenmenschliches

Idealistisch und hochgradig intuitiv, besitzen Sie Gefühle, die entweder tief verborgen sind oder strahlend an der Oberfläche liegen. Sie sind sensibel, aber geheimnistuerisch und ziehen es vor, über Ihre persönlichen Beziehungen zu schweigen. Sie betrachten jede Beziehung als Lernerfahrung, um Ihren Abenteuergeist lebendig zu halten. Ihre Karriere spielt auch in Ihrem Privatleben eine große Rolle. Lernen müssen Sie, die Vergangenheit loszulassen.

Ihr Partner

Wenn Sie jemanden suchen, bei dem Sie Sicherheit, Vertrauen und Liebe finden, sollten Sie sich unter den Menschen umsehen, die an folgenden Tagen geboren sind:

Liebe & Freundschaft: 13., 19., 23., 24. Jan., 11., 17., 21. Feb., 9., 15., 19., 28., 29., 30. März, 7., 13., 17., 26., 27. April, 5., 11., 15., 24., 25., 26. Mai, 3., 9., 13., 22., 23., 24. Juni, 1., 7., 11., 20., 21., 22. Juli, 5., 9., 10., 18., 19., 20. Aug., 3., 7., 16., 17., 18. Sept., 1., 5., 14., 15., 16., 29., 31. Okt., 3., 12., 13., 14., 27., 29. Nov., 1., 2., 10., 11., 12., 25., 27., 29. Dez.

Günstig: 7., 15., 20., 31. Jan., 5., 13., 18., 29. Feb., 3., 11., 16., 27. März, 1., 9., 14., 25. April, 7., 12., 23. Mai, 5., 10., 21. Juni, 3., 8., 19. Juli, 1., 6., 17., 30. Aug., 4., 15., 28. Sept., 2., 13., 26. Okt., 11., 24. Nov., 9., 22. Dez.

Schicksalhaft: 1., 2., 3., 4. Okt.

Problematisch: 6., 14., 30. Jan., 4., 12., 28. Feb., 2., 10., 26. März, 8., 24. April, 6., 22. Mai, 4., 20. Juni, 2., 18. Juli, 16. Aug., 14. Sept., 12. Okt., 10. Nov., 8. Dez.

Seelenverwandt: 30. April, 28. Mai, 26. Juni, 23., 24. Juli, 22. Aug., 20. Sept., 18., 30. Okt., 16., 28. Nov., 13., 14., 26. Dez.

1. April

SONNE: WIDDER
DEKADE: LÖWE/SONNE
GRAD: 10°30' – 11°30' WIDDER
ART: KARDINALZEICHEN
ELEMENT: FEUER

Fixstern

Name des Sterns: Algenib
Gradposition: 8°10' – 9°4' Widder zwischen den Jahren 1930 und 2000
Magnitude: 3
Stärke: ******
Orbit: 2°
Konstellation: Alpha Pegasi
Tage: 29., 30., 31. März, 1., 2. April
Sternqualitäten: Mars/Merkur
Beschreibung: kleiner weißer Stern im seitlichen Flügel des Pegasus.

Einfluß des Hauptsterns

Algenib steht für Gedankenstärke und einen klaren, regen Verstand, der Sie sowohl durch Ideen als auch durch Taten zu großen Leistungen befähigt. Zudem verleiht er Kampfgeist, Entschlossenheit und Begeisterungsfähigkeit. Sein Einfluß wirkt verstärkend auf Ihre Auffassungsgabe und verleiht Ihnen Schlagfertigkeit; allerdings macht er Sie auch aufbrausend und rücksichtslos.

Im Zusammenhang mit dem Stand Ihrer Sonne kann Algenib für Erfolg in der Geschäftswelt, Freude am Lernen, Interesse an Religion und Schreibtalent sorgen. Unter seinem Einfluß brauchen Sie viel Zeit für sich selbst und legen Wert auf eine ungestörte Privatsphäre. Algenib ist überdies besonders günstig für öffentlichkeitsorientierte Tätigkeiten.

- Positiv: Entschlossenheit, Unternehmungsgeist, Willenskraft, Kampfgeist, Schlagfertigkeit.
- Negativ: Nörgelei, Sarkasmus, Dickköpfigkeit, Depressionen, Streitlust.

♈ Unabhängig und willensstark, aber auch sensibel und distanziert, pragmatisch und mystisch, haben Sie eine ganz eigene philosophische Lebensauffassung. Als Widder sind Sie begeisterungsfähig und ehrgeizig, haben ausgeprägte intuitive Kräfte und Führungsqualitäten. Mit Ihrer schnellen Auffassungsgabe können Sie sich viel Wissen durch Erfahrung aneignen; eine solide Ausbildung erhöht Ihre Erfolgschancen enorm.

Der Untereinfluß der Sonne sorgt dafür, daß Sie ein besonders starkes Bedürfnis nach Selbstverwirklichung verspüren. Oft suchen Sie nach Abwechslung von der täglichen Routine. Ihre Liebe zur Freiheit und zum Ungewöhnlichen macht Sie auch zum Entdecker, deshalb reisen Sie besonders gern.

Sind Sie unterfordert, löst das einen inneren Konflikt zwischen Ihrer Idealvorstellung und der Wirklichkeit des täglichen Lebens aus. Dann neigen Sie dazu, verbittert oder eifersüchtig zu werden. Um emotionale Erfüllung zu finden, müssen Sie Selbstvertrauen gewinnen und gegebenenfalls Ihr Mißtrauen überwinden. Mit Gelassenheit, Geduld und Selbstvertrauen können Sie Ihre Ideen und Träume in die Tat umsetzen.

Bis zum Alter von 18 sind Sie wagemutig und unabhängig. Wenn Sie 19 werden und Ihre Sonne in das Zeichen des Stiers eintritt, steigt das Bedürfnis nach Stabilität und finanzieller Sicherheit. Das dauert an, bis Sie 49 sind, dann wechselt Ihre Sonne in das Zeichen der Zwillinge. Nach diesem Wendepunkt werden neue Interessen, Weiterbildung und Kommunikation wichtiger für Sie.

Ihr geheimes Selbst

Wenn Sie Ihre innere Stärke erkennen, können Sie eine Führungsrolle übernehmen und Ihre Fähigkeiten zu größter Perfektion entwickeln. Bietet sich Ihnen eine Chance, sollten Sie zunächst sorgfältig über die möglichen Resultate nachdenken und Ihre Kräfte so disziplinieren, daß Sie das Beste aus Ihrem Potential herausholen können. Wenn Sie für Menschen arbeiten müssen, die sich nicht auf demselben Bewußtseinslevel bewegen wie Sie, lernen Sie davon, sich noch mehr auf sich selbst zu verlassen und noch unabhängiger zu sein.

Arbeit und Vergnügen zu verbinden gehört auch zu Ihren Talenten und verleiht Ihnen einen gewissen Charme. Sie sind gerne aktiv und mit Menschen zusammen, brauchen dann aber wieder Zeit für sich und zum Nachdenken. Diese Phasen können sehr inspirierend für Sie sein, vor allem, wenn Sie in dem Bereich Kunst, Musik und Theater arbeiten, aber auch auf mystischen Gebieten.

Beruf & Karriere

Ihr Geburtstag bringt ein Potential für gute Führungsqualitäten mit sich. Das äußert sich darin, daß Sie vielleicht ein Experte auf Ihrem Gebiet oder erfolgreich in Management, Verwaltung, Militär oder Politik sind. Sie besitzen einen guten Geschäftssinn, die Kreativeren unter Ihnen bevorzugen jedoch eine Beschäftigung, bei der Sie Ihre außergewöhnliche Phantasie einsetzen können, wie in Kunst, Musik oder Theater. Da Sie gute organisatorische Fähigkeiten haben, liegt Ihnen auch, sich zum Beispiel um Finanzangelegenheiten anderer zu kümmern oder kaufmännisch tätig zu sein. Mit Ihrer ausgeprägten humanitären und idealistischen Ader wählen Sie vielleicht auch eine Karriere in einer gemeinnützigen Organisation oder arbeiten als Berater oder Lehrer.

Berühmte Persönlichkeiten dieses Tages sind die Schauspielerinnen Ali McGraw und Debbie Reynolds, der Psychologe Abraham Maslow und der Komponist Sergej Rachmaninow.

Numerologie

Die Zahl 1 führt dazu, daß Sie immer unabhängig sein und an erster Stelle stehen wollen und daß Sie individuell, innovativ, mutig und voller Energie sind. Der Pioniergeist, der mit der 1 einhergeht, ermutigt Sie zu Alleingängen. Das kann auch zu guten Führungsqualitäten führen. Voller Begeisterung und origineller Ideen zeigen Sie anderen, wo es langgeht. Vielleicht müssen Sie aber lernen, daß sich die Welt nicht um Sie dreht, und darauf achten, nicht selbstsüchtig und diktatorisch zu werden. Der Untereinfluß der Monatszahl 4 führt dazu, daß Sie praktisch veranlagt und fleißig sind. Energisch und wißbegierig, können Sie vielseitig und geistreich, mit starker Willenskraft und einem wachen Geist begabt sein. Sie müssen allerdings auch eine Tendenz zu Dickköpfigkeit, Taktlosigkeit und übersteigertem Selbstbewußtsein überwinden.

Positiv: Führungsstärke, Kreativität, progressiv, kraftvoll, Optimismus, feste Überzeugungen, kämpferisch, unabhängig, gesellig.

Negativ: diktatorisch, eifersüchtig, egozentrisch, stolz, feindselig, mangelnde Zurückhaltung, Selbstsucht, Labilität, Ungeduld.

Liebe & Zwischenmenschliches

Sie sind extrovertiert, liebenswürdig, unabhängig, praktisch, von großer Gefühlstiefe und Sensibilität. In der richtigen Stimmung können Sie der Mittelpunkt einer Party und gesellschaftlich sehr erfolgreich sein. Meist fühlen Sie sich von intelligenten und gebildeten Menschen angezogen. Als Frau müssen Sie sich in acht nehmen, nicht zu redselig oder dominant zu sein. Sie lernen gern dazu und brauchen geistige Anregung. Bei Seminaren und anderen Bildungsaktivitäten fühlen Sie sich besonders wohl. Sie sind romantisch, charmant und geistreich und stecken voller Lebenslust.

Ihr Partner

Einen Partner für eine dauerhafte Beziehung werden Sie mit großer Wahrscheinlichkeit unter den an den folgenden Tagen geborenen Menschen finden:
Liebe & Freundschaft: 5., 6., 21., 28., 31. Jan., 19., 26., 29. Feb., 17., 24., 27. März, 15., 22., 25. April, 13., 20., 23., 30. Mai, 11., 18., 21. Juni, 9., 16., 19. Juli, 7., 14., 17., 31. Aug., 5., 12., 15., 29. Sept., 3., 10., 13., 27., 29., 31. Okt., 1., 8., 11., 25., 27., 29. Nov., 6., 9., 23., 25., 27. Dez.
Günstig: 9., 12., 18., 24., 29. Jan., 7., 10., 16., 22., 27. Feb., 5., 8., 14., 20., 25. März, 3., 6., 12., 18., 23. April, 1., 4., 10., 16., 21., 31. Mai, 2., 8., 14., 19., 29. Juni, 6., 12., 17., 27. Juli, 4., 10., 15., 25. Aug., 2., 8., 13., 23. Sept., 6., 11., 21. Okt., 4., 9., 19. Nov., 2., 7., 17. Dez.
Schicksalhaft: 3. Jan., 1. Feb., 4., 5., 6. Okt.
Problematisch: 7., 8., 19., 28. Jan., 5., 6., 17., 26. Feb., 3., 4., 15., 24. März, 1., 2., 13., 22. April, 11., 20. Mai, 9., 18. Juni, 7., 16. Juli, 5., 14. Aug., 3., 12. Sept., 1., 10. Okt., 8. Nov., 6. Dez.
Seelenverwandt: 3., 19. Jan., 1., 5., 17. Feb., 15. März, 13. April, 11. Mai, 9. Juni, 7. Juli, 5. Aug., 3. Sept., 1. Okt.

2. April

SONNE: WIDDER
DEKADE: LÖWE/SONNE
GRAD: 11°30' – 12°30' WIDDER
ART: KARDINALZEICHEN
ELEMENT: FEUER

Fixsterne

Algenib; Sirrah, auch Alpheratz und Caput Andromedae genannt

Hauptstern

Name des Sterns: Algenib
Gradposition: 8°10' – 9°4' Widder zwischen den Jahren 1930 und 2000
Magnitude: 3
Stärke: ******
Orbit: 2°
Konstellation: Alpha Pegasi
Tage: 29., 30., 31. März, 1., 2. April
Sternqualitäten: Mars/Merkur
Beschreibung: kleiner weißer Stern im seitlichen Flügel des Pegasus.

Einfluß des Hauptsterns

Algenib steht für Gedankenstärke und einen klaren, regen Verstand, der Sie sowohl durch Ideen als auch durch Taten zu großen Leistungen befähigt. Zudem verleiht er Kampfgeist, Entschlossenheit und Begeisterungsfähigkeit. Sein Einfluß wirkt verstärkend auf Ihre Auffassungsgabe und verleiht Ihnen Schlagfertigkeit; allerdings macht er Sie auch aufbrausend und rücksichtslos.

Im Zusammenhang mit dem Stand Ihrer Sonne kann Algenib für Erfolg in der Geschäftswelt, Freude am Lernen, Interesse an Religion und Schreibtalent sorgen. Unter seinem Einfluß brauchen Sie viel Zeit für sich selbst und legen Wert auf eine ungestörte Privatsphäre. Algenib ist überdies besonders günstig für öffentlichkeitsorientierte Tätigkeiten.

- Positiv: Entschlossenheit, Unternehmungsgeist, Willenskraft, Kampfgeist, Schlagfertigkeit.
- Negativ: Nörgelei, Sarkasmus, Dickköpfigkeit, Depressionen, Streitlust.

Als Widdergeborener sind Sie ein progressiver Mensch mit Pioniergeist. Sie sind rastlos, aber originell und besitzen eine innere Kraft, die Ihnen hilft, auf Ihrem Gebiet voranzukommen. Ihr Planet, der Mars, sorgt dafür, daß Sie ein aktives und aufregendes Leben suchen. Durch den Übereinfluß Ihres Dekadenzeichens, des Löwen, besitzen Sie viel Phantasie und Kreativität und das Bedürfnis, anerkannt zu werden.

Intuition, Charme und Harmoniebedürfnis gehören ebenfalls zur Geburtstagszahl 2. Sie sind zwar abenteuerlustig, aber auch zurückhaltend und sensibel, besitzen eine kultivierte Art und den Wunsch nach Sicherheit in angenehmer Atmosphäre. Das enorme Potential, das von Ihrem Geburtsdatum ausgeht, kann durch Selbstdisziplin realisiert werden. Wenn Sie zu Ihrer wahren Stärke finden, haben Sie die Willenskraft und Entschlossenheit, sämtliche Hindernisse zu überwinden. Lernen müssen Sie, zwischen Hartnäckigkeit und Sturheit zu unterscheiden. Ihr Bedürfnis nach menschlichen Kontakten und der Untereinfluß der Sonne verleihen Ihnen schöpferisches Talent und wecken in Ihnen den Wunsch, etwas zu leisten. Oft sind Sie liebenswürdig und gesellig, mit einem stark ausgeprägten Sinn für Gerechtigkeit und Fairplay. Andere beschreiben Sie oft als verantwortungsbewußt, fleißig und seriös. Hinter Ihrer zurückhaltenden Fassade können Sie aber sehr ehrgeizig und erfolgsorientiert sein.

In jungen Jahren standen Sie womöglich unter dem Einfluß einer starken weiblichen Persönlichkeit. Wenn Sie die 18 überschritten haben und Ihre Sonne in das Zeichen des Stiers tritt, verspüren Sie den wachsenden Wunsch nach Stabilität und finanzieller Sicherheit. Diese Phase dauert, bis Sie etwa 48 sind und Ihre Sonne in das Zeichen der Zwillinge wechselt. Nach diesem Wendepunkt werden Kommunikation und intellektuelle Beschäftigungen zunehmend wichtig für Sie.

Ihr geheimes Selbst

Ihre verständnisvolle Art wird durch Klarsicht und Vertrauen ergänzt, wobei Sie lernen müssen, etwas mehr Abstand zu haben und unbeteiligter zu sein. Dies bedeutet möglicherweise, daß Sie etwas oder jemanden loswerden müssen, das oder den Sie zu Ihrer Sicherheit brauchten. Aus dieser Erfahrung lernen Sie vielleicht erst später im Leben, sie wird Ihnen aber enorme innere Freiheit schenken und den Wunsch nach mehr Tiefgründigkeit wecken. Vor allem in intimen Beziehungen drückt sich Ihre Anhänglichkeit und Ihre Tendenz zur Abhängigkeit sofort in übertriebener Besitzergreifung aus. Sie können aber sehr zärtlich, fürsorglich und ein treuer Freund sein.

Sie besitzen eine sehr humanitäre und großzügige Seite, die Sie bei anderen sehr beliebt macht. Sie sind offen für die Bedürfnisse anderer und ein Gewinn für jedes Gemeinschaftsprojekt.

Beruf & Karriere

Mit Ihrer Geburtstagszahl können Sie in menschenorientierten Berufen, wie in den Bereichen Medien, Öffentlichkeitsarbeit, Psychologie, Beratung oder Sozialarbeit, sehr erfolgreich sein. Sie können auch gut mit anderen zusammenarbeiten. Mit Ihrer originellen und kreativen Art sind Sie auch geeignet für künstlerische Berufe, aber auch für Forschung, Bildung oder den Kampf für eine gerechte Sache. Gelegentlich machen Ihnen berufliche Probleme angst, doch wenn Sie Alternativen sehen, schöpfen Sie wieder Mut. Vermeiden Sie Stagnation oder Eintönigkeit. Sie arbeiten hart, haben einen instinktsicheren Geschäftssinn und sind vom Wunsch nach den schönen Dingen des Lebens motiviert.

Berühmte Persönlichkeiten dieses Tages sind der Schauspieler Alec Guinness, die Schriftsteller Emile Zola und Hans Christian Andersen, der Maler William Hunt und die Komikerin Dana Carvey.

Numerologie

Sensibilität und das starke Bedürfnis, Teil einer Gruppe zu sein, gehören zu den Eigenschaften der mit der Zahl 2 Geborenen. Sie sind anpassungsfähig und verständnisvoll und schätzen gemeinschaftliche Aktivitäten. Beim Versuch, denen zu gefallen, die sie lieben, laufen sie Gefahr, sich in zu große Abhängigkeit zu begeben. Wenn sie genug Selbstvertrauen entwickeln, können sie die Kritik anderer besser vertragen. Der Untereinfluß der Monatszahl 4 führt dazu, daß sie die Sicherheit einer soliden Basis brauchen. Oft neigen diese Menschen zu Perfektionismus und Akkuratesse und arbeiten gern mit anderen zusammen. Gesellig und gute Gastgeber, laden sie gerne Gäste ein und sind stolz auf ihr Heim. Sie sind verläßlich, zeigen aber ihre Gefühle nicht. Als Perfektionisten sind sie im allgemeinen auch verantwortungsbewußt, müssen aber Unzufriedenheit und lethargische Stimmungen vermeiden.

Positiv: gute Partner, Zurückhaltung, Taktgefühl, gute Auffassungsgabe, Intuition, Rücksichtnahme, Harmonie, Botschafter des guten Willens.

Negativ: Mißtrauen, mangelndes Selbstvertrauen, Servilität, Überempfindlichkeit, Selbstsucht, leicht beleidigt, falsch.

Liebe & Zwischenmenschliches

Intuitiv, klug und meist gut informiert, lernen Sie schnell. Im allgemeinen lesen Sie gern, und Ihr Wissensdurst ist so groß, daß Sie nie aufhören sollten zu lernen, wenn Sie echte emotionale Befriedigung erreichen wollen. Oft fühlen Sie sich zu intellektuellen Menschen hingezogen, die Sie anregen. Sie sind romantisch und bevorzugen die Gesellschaft von erfolgreichen Menschen oder brauchen einen intelligenten und gebildeten Partner. Dank Ihrer Persönlichkeit haben Sie viele Freunde und soziale Kontakte. Allerdings sollten Sie darauf achten, in engen Beziehungen nicht mißtrauisch oder skeptisch zu werden.

Ihr Partner

Sicherheit, geistige Anregung und Liebe werden Sie mit großer Wahrscheinlichkeit bei den an den folgenden Tagen geborenen Menschen finden:

Liebe & Freundschaft: 6., 10., 20., 22., 24., 30. Jan., 4., 18., 20., 22., 28. Feb., 2., 16., 18., 20., 26., 29. März, 14., 16., 18., 24., 27. April, 12., 14., 16., 22., 25. Mai, 10., 12., 14., 20., 23. Juni, 8., 10., 12., 18., 21., 29. Juli, 6., 8., 10., 16., 19. Aug., 4., 6., 8., 14., 17. Sept., 2., 4., 6., 12., 15. Okt., 2., 4., 10., 13. Nov., 2., 8., 11., 19. Dez.

Günstig: 1., 3., 4., 14. Jan., 1., 2., 12. Feb., 10., 28. März, 8., 26., 30. April, 6., 24., 28. Mai, 4., 22., 26. Juni, 2., 20., 24. Juli, 18., 22. Aug., 16., 20. Sept., 14., 18. Okt., 12., 16. Nov., 10., 14. Dez.

Schicksalhaft: 11. Jan., 9. Feb., 7. März, 5. April, 3. Mai, 1. Juni, 5., 6., 7. Okt.

Problematisch: 3., 5. Jan., 1., 3. Feb., 1. März, 31. Juli, 29. Aug., 27., 30. Sept., 25., 28. Okt., 23., 26., 30. Nov., 21., 24., 28. Dez.

Seelenverwandt: 5., 12. Jan., 3., 6., 10. Feb., 1., 8. März, 6. April, 4. Mai, 2. Juni

SONNE: WIDDER
DEKADE: LÖWE/SONNE
GRAD: 12°30' – 13°30' WIDDER
ART: KARDINALZEICHEN
ELEMENT: FEUER

Fixstern

Name des Sterns: Sirrah, auch Alpheratz und Caput Andromedae genannt
Gradposition: 13°11' – 14°13' Widder zwischen den Jahren 1930 und 2000
Magnitude: 2
Stärke: ********
Orbit: 2°10'
Konstellation: Alpha Andromedae
Tage: 2., 3., 4., 5., 6., 7. April
Sternqualitäten: Jupiter/Venus
Beschreibung: blau-weiß-violetter Doppelstern im Kopf des Sternbilds Andromeda.

Einfluß des Hauptsterns

Sirrah sorgt für gute zwischenmenschliche Beziehungen und Beliebtheit, aber auch für Harmoniebedürfnis und Vorteile durch günstige gesellschaftliche Verbindungen. Zudem wird er mit Ehre, Reichtum, Fröhlichkeit, Optimismus, Vielseitigkeit und gutem Urteilsvermögen assoziiert. Unter seinem Einfluß sollten Sie aber nicht zu freimütig oder sich Ihrer Popularität gar zu sicher sein.
Im Zusammenhang mit dem Stand Ihrer Sonne bewirkt Sirrah, daß Ihre Herzenswünsche im allgemeinen in Erfüllung gehen, solange Sie sich über Ihre Ziele im klaren sind.
Gelegentlich wissen Sie nicht recht, was Sie als nächstes tun sollen, nachdem Sie ein Ziel erreicht haben. Da es aber zu Ihren Eigenschaften gehört, die richtigen Leute zu kennen und zur rechten Zeit am rechten Ort zu sein, ist dieser Zustand nie von langer Dauer.
• Positiv: Warmherzigkeit, Freude, Beliebtheit, Anziehungskraft.
• Negativ: Selbstgefälligkeit, Übertreibung.

3. April

Ihr Pioniergeist, Ihre Vielseitigkeit und Ihre Reiselust garantieren, daß Ihr Leben niemals langweilig wird. Ihre unermüdliche Motivierung und das natürliche Talent zur Kommunikation verleihen Ihnen große Überzeugungskraft. Mit Ihrem Bedürfnis nach Selbstverwirklichung und Abwechslung führen Sie ein Leben voller Aufregung und Abenteuer.

Ihr Planet Mars und das Element Feuer machen Sie begeisterungsfähig, ungeduldig und dynamisch. Der Untereinfluß Ihres Dekadenzeichens, des Löwen, führt dazu, daß Sie sich nach außen hin gern selbstsicher und wagemutig präsentieren. Obwohl Ihr Lebensweg mit Herausforderungen gespickt ist, kommen Sie mit Geduld, harter Arbeit und zielgerichteter Entschlossenheit zum Ziel. Sie sind leidenschaftlich und intensiv und gelangen durch innere Unabhängigkeit zu wahrer Seelengröße. Ihre Karriere bringt viel Wechsel mit sich, Sie müssen Hindernisse überwinden, doch es bieten sich immer wieder Chancen und neue Wege.

Sie neigen zwar ein wenig zu Stimmungsschwankungen, aber Ihre Entschlußkraft sorgt dafür, daß Sie sich rasch wieder auffangen. Sie sind lebenslustig, liebenswürdig und unterhaltsam, besitzen Phantasie und Begeisterungsfähigkeit und sind ein guter Partner mit Witz und Schlagfertigkeit; allerdings langweilen Sie sich leicht.

In der Jugend sind Sie aktiv, unabhängig, rastlos und manchmal leichtsinnig. Es gibt auch einen Hinweis auf den Einfluß eines männlichen Verwandten oder Freundes, der Ihre Hilfe braucht. Wenn Sie 17 sind und Ihre Sonne in das Zeichen des Stiers tritt, werden Sie pragmatischer und entwickeln Sinn für Geld. In den mittleren Jahren, nach einer Phase voller Wechsel, finden Sie Erfüllung in Partnerschaften oder anderen produktiven Beziehungen. Ihre Begeisterungsfähigkeit und Motivierung sorgen dafür, daß sich jetzt einige Ihrer Träume erfüllen. Wenn Sie 47 sind, wechselt Ihre Sonne in das Zeichen der Zwillinge, und Sie entwickeln größere geistige Neugier, was dazu führen kann, daß Sie sich einem völlig neuen Interessengebiet zuwenden. Ein weiterer Wendepunkt tritt ein, wenn Sie 77 sind, dann tritt Ihre Sonne in das Zeichen des Krebses und macht Sie sensibler und familienorientierter.

Ihr geheimes Selbst

Ihren größten Erfolg verdanken Sie wohl der Macht der Liebe. Ihre starken Gefühle müssen in irgendeine praktische Form kanalisiert werden, sonst kann es passieren, daß Sie von ihnen überwältigt werden. Da Sie einen Sinn für Dramatik haben, neigen Sie dazu, manchmal Ihr Gefühlsleben wie ein Bühnenstück zu inszenieren.

Sie besitzen Charme, Sensibilität und blühende Phantasie, die Sie mit einer soliden Basis untermauern sollten. Wenn Sie Ihr exzellentes Gespür für Zukunftschancen nutzen und einen entsprechenden Aktionsplan erstellen, um sie auch zu realisieren, können Sie das Beste aus Ihren hervorragenden Begabungen machen. Durch Fleiß und gezielte Anstrengung können Sie im Beruf Ihr wahres Potential ausschöpfen und mit den finanziellen Möglichkeiten verknüpfen, die mit diesem Datum einhergehen.

Beruf & Karriere

Mit Ihrer enormen Überzeugungskraft und Ihrem Sinn für Dramatik eignen Sie sich hervorragend als Verkäufer oder Promoter. In Verbindung mit Ihrem Bedürfnis nach Selbstverwirklichung können diese Talente Sie aber auch zum Schauspieler, Dozenten oder Politiker machen. Erfüllung finden Sie auch in den Bereichen Reisen, Transport oder Luftfahrt. Natürliches Mitgefühl führt Sie auch oft in Heil- oder Pflegeberufe. Wichtig für Sie ist es, daß Sie Ihren Abenteuergeist wach halten und monotone Beschäftigungen vermeiden.

Berühmte Persönlichkeiten dieses Tages sind die Schauspieler Marlon Brando und Eddie Murphy, die Naturforscherin Jane Goodall, die Schauspielerin Doris Day und der ehemalige Bundeskanzler Helmut Kohl.

Numerologie

Mit der Geburtstagszahl 3 sind Sie sensibel und drängen nach kreativem und emotionalem Ausdruck. Sie sind lebenslustig und ein guter Kamerad, genießen gesellschaftliche Aktivitäten und haben viele Interessen. Da Sie vielseitig und ausdrucksstark sind und sich viele aufregende Erlebnisse wünschen, langweilen Sie sich leicht, wenn die nicht eintreten, und neigen dann zu Unentschlossenheit. Sie sind mit der Geburtstagszahl 3 im allgemeinen auch künstlerisch begabt, sind charmant und besitzen Sinn für Humor. Vielleicht müssen Sie mehr Selbstwertgefühl entwickeln und sich gegen einen Hang zur Überbesorgnis und Unsicherheit wappnen. Der Untereinfluß der Monatszahl 4 führt dazu, daß Sie gut organisiert sind. Sie besitzen gute analytische Fähigkeiten, und wenn Sie sich besser behaupten, nehmen die anderen auch mehr Notiz von Ihren Ansichten. Gelegentlich wirken Sie abwesend oder gedankenverloren. Wenn Sie aber wirklich die Aufmerksamkeit Ihrer Umgebung gewinnen wollen, gelingt Ihnen dies mit ein paar wenigen Worten.

Positiv: Humor, Glück, Freundlichkeit, Produktivität, Kreativität, künstlerische Begabung, Wunschkraft, Freiheitsliebe, Wortgewandtheit.

Negativ: Langeweile, Eitelkeit, allzu blühende Phantasie, Übertreibung, Prahlerei, Extravaganz, Maßlosigkeit, Faulheit, Scheinheiligkeit.

Liebe & Zwischenmenschliches

Sie sind phantasiebegabt, visionär und ein liebevoller, loyaler und hingebungsvoller Mensch. Oft sehen Sie Beziehungen sehr romantisch und idealistisch und suchen einen Partner, der Ihren hohen Idealen entspricht. Manchmal können Sie so idealistisch sein, daß Sie eine platonische Liebe wählen, weil Sie niemanden finden, der Ihren Ansprüchen genügt. Richtig ist für Sie ein Partner, der gebildet und philanthropisch ist. Wenn Sie sich verlieben, achten Sie darauf, daß Sie den oder die Erwählte(n) nicht auf ein Podest heben oder in die Rolle des Retters schlüpfen, vor allem wenn die andere Person gar nicht gerettet werden will. Hinter Ihrer starken Fassade sind Sie romantisch; aber es fällt Ihnen schwer, Ihre Verletzlichkeit zuzugeben. Entwickeln Sie Ihre kommunikativen Fähigkeiten im privaten Bereich, und lassen Sie sich bei der Suche nach dem idealen Lebenspartner viel Zeit.

Ihr Partner

Wenn Sie Ihre Ideale verwirklichen wollen, sollten Sie sich unter den Menschen, die an folgenden Tagen geboren wurden, einen Partner suchen:

Liebe & Freundschaft: 1., 6., 7., 20., 21., 23., 31. Jan., 5., 18., 19., 21., 29. Feb., 3., 17., 19., 27. März, 1., 15., 17., 25. April, 13., 15., 23. Mai, 11., 13., 21. Juni, 9., 11., 19. Juli, 7., 9., 17. Aug., 5., 7., 15. Sept., 3., 5., 13. Okt., 1., 3., 11. Nov., 1., 9. Dez.

Günstig: 5., 16., 18. Jan., 3., 14., 16. Feb., 1., 12., 14., 29. März, 10., 12., 27. April, 8., 10., 25., 29. Mai, 6., 8., 23., 27. Juni, 4., 6., 21., 25. Juli, 2., 4., 19., 23. Aug., 2., 17., 21. Sept., 15., 19. Okt., 13., 17. Nov., 11., 15., 29. Dez.

Schicksalhaft: 6., 30. Jan., 4., 28. Feb., 2., 26. März, 24. April, 22. Mai, 20. Juni, 18. Juli, 16. Aug., 14. Sept., 5., 6., 12. Okt., 10. Nov., 8. Dez.

Problematisch: 4. Jan., 2. Feb., 29., 31. Mai, 27., 29., 30. Juni, 25., 27., 28. Juli, 23., 25., 26., 30. Aug., 21., 23., 24., 28. Sept., 19., 21., 22., 26. Okt., 17., 19., 20., 24. Nov., 15., 17., 18., 22. Dez.

Seelenverwandt: 23. Jan., 21. Feb., 19. März, 17. April, 15. Mai, 13. Juni, 11., 31. Juli, 6., 9., 29. Aug., 7., 27. Sept., 5., 25. Okt., 3., 23. Nov., 1., 6., 21. Dez.

4. April

SONNE: WIDDER
DEKADE: LÖWE/SONNE
GRAD: 13°30' – 14°30' WIDDER
ART: KARDINALZEICHEN
ELEMENT: FEUER

Fixstern

Name des Sterns: Sirrah, auch Alpheratz und Caput Andromedae genannt
Gradposition: 13°11' – 14°13' Widder zwischen den Jahren 1930 und 2000
Magnitude: 2
Stärke: ********
Orbit: 2°10'
Konstellation: Alpha Andromedae
Tage: 2., 3., 4., 5., 6., 7. April
Sternqualitäten: Jupiter/Venus
Beschreibung: blau-weiß-violetter Doppelstern im Kopf des Sternbilds Andromeda.

Einfluß des Hauptsterns

Sirrah sorgt für gute zwischenmenschliche Beziehungen und Beliebtheit, aber auch für Harmoniebedürfnis und Vorteile durch günstige gesellschaftliche Verbindungen. Zudem wird er mit Ehre, Reichtum, Fröhlichkeit, Optimismus, Vielseitigkeit und gutem Urteilsvermögen assoziiert. Unter seinem Einfluß sollten Sie aber nicht zu freimütig oder sich Ihrer Popularität gar zu sicher sein.
Im Zusammenhang mit dem Stand Ihrer Sonne bewirkt Sirrah, daß Ihre Herzenswünsche im allgemeinen in Erfüllung gehen, solange Sie sich über Ihre Ziele im klaren sind.
Gelegentlich wissen Sie nicht recht, was Sie als nächstes tun sollen, nachdem Sie ein Ziel erreicht haben. Da es aber zu Ihren Eigenschaften gehört, die richtigen Leute zu kennen und zur rechten Zeit am rechten Ort zu sein, ist dieser Zustand nie von langer Dauer.
- Positiv: Warmherzigkeit, Freude, Beliebtheit, Anziehungskraft.
- Negativ: Selbstgefälligkeit, Übertreibung.

Durch harte Arbeit, Entschlossenheit und eine positive Einstellung haben Sie die Kraft, Berge zu versetzen und andere Leute mit Ihrem Wissen zu beeindrucken. Im allgemeinen suchen Sie Sicherheit und versuchen, sich eine solide Basis fürs Leben zu schaffen. Dank gewisser Chancen im Beruf und Ihrem sechsten Sinn im Geschäftsleben wird sich Ihr Wunsch nach Erfolg sicherlich erfüllen. Dies bedeutet auch, daß Sie selten – oder nur vorübergehend – finanzielle Probleme haben.

Auch wenn Sie charmant, großzügig und liebenswürdig sind und die Gabe besitzen, sich beliebt zu machen, sollten Sie lernen, daß Sie Menschen vielleicht vor den Kopf stoßen, wenn Sie zu direkt sind. Mit Ihrer Attraktivität und magischen Anziehungskraft genießen Sie das Leben und sind unterhaltsam für andere; allerdings sind moralische Werte für Sie sehr dehnbar, was dazu führen kann, daß Sie sich allzu gern exzessiven Genüssen hingeben. Andererseits können Sie aber auch sehr strikt sein, große Härte demonstrieren und wenig Verständnis für die Bedürfnisse anderer aufbringen.

Als Widder sind Sie dynamisch und ehrgeizig, aber auch pragmatisch. Ihr unermüdlicher Entdeckergeist garantiert Ihnen ein abwechslungsreiches und aufregendes Leben. Der Untereinfluß des Löwen, Ihres Dekadenzeichens, bereichert Ihre ohnehin energische Persönlichkeit mit Entschlußkraft und Vitalität. Seien Sie aber nicht zu stur und willensstark, denn das kann zu sehr destruktivem Verhalten führen.

Bis zum Alter von 15 sind Sie kühn und rebellisch. Wenn Sie 16 sind und Ihre Sonne in das Zeichen des Stiers tritt, empfinden Sie ein wachsendes Bedürfnis nach finanzieller Stabilität, Wohlstand und Sicherheit. Diese Phase dauert, bis Sie etwa 46 sind und Ihre Sonne in die Zwillinge wechselt. Dieser Wendepunkt weckt Ihr Interesse an neuen Dingen, an Weiterbildung, Kommunikation und vertieftem Kontakt mit Ihren Mitmenschen. Wenn Sie 76 sind, tritt Ihre Sonne in das Zeichen des Krebses, und Sie werden sensibler, häuslicher und familienorientierter.

Ihr geheimes Selbst

Wissen und Erfahrung bedeuten für Sie Macht. Sie bewundern Menschen mit starken mentalen Fähigkeiten und unabhängige Denker wie Sie selbst. Erfolgsorientiert und ehrgeizig, haben Sie einen sechsten Sinn für Chancen und können hervorragend Probleme lösen.

Mit Ihrem Bedürfnis, den Menschen stets offen und direkt zu begegnen, sind Ihre Erfolgschancen dann am größten, wenn Sie Ihre Willensstärke und Ihre analytischen Fähigkeiten konstruktiv einsetzen. Da Sie von Natur aus wißbegierig sind, entdecken Sie Ihr Leben lang neue und interessante Dinge. Charakteristisch für Sie ist auch Ihre große Gabe, andere mit Ihrer unwiderstehlichen Begeisterung anzustecken. Hüten Sie sich aber vor allzu großem Übermut, Habgier und Maßlosigkeit. Glücklicherweise haben Sie auch eine optimistische Seite, die aus Ihrer aufgeschlossenen Art resultiert und mit deren Hilfe Sie jede Situation zu Ihren Gunsten wenden können.

Beruf & Karriere

Wenn Sie Ihre praktischen Fähigkeiten mit Ihrem strategischen Talent verbinden, können Sie ausgezeichnet große Projekte organisieren. Diese Fähigkeit kommt Ihnen im Managementbereich, oder wenn Sie selbständig arbeiten, sehr zugute. Viele Unternehmer,

Produzenten, Promoter und Bauunternehmer sind an Ihrem Tag geboren. Zur Kunst fühlen Sie sich nur hingezogen, wenn sie Ihnen irgendwie lukrativ erscheint. Sie haben einen guten Sinn für Formen und Strukturen und können hart arbeiten. Oft sind Sie ein Perfektionist und sollten sich davor hüten, von anderen auch nur Spitzenleistungen zu erwarten.

Berühmte Persönlichkeiten dieses Tages sind der Schauspieler Anthony Perkins, der Filmemacher Elmer Bernstein und die Schauspielerin Christine Lahti.

Numerologie

Die solide Struktur und Ordnung, die von der 4 ausgehen, bedeuten, daß Sie Ordnung und Sicherheit im Leben brauchen. Sie sind voller Energie und Entschlußkraft und können mit Hilfe praktischer Fähigkeiten und harter Arbeit zu Erfolg gelangen. Sie sind sicherheitsbewußt und möchten für sich und Ihre Familie ein solides Fundament bauen. Mit Ihrem gesunden Pragmatismus geht ein guter Geschäftssinn einher sowie die Fähigkeit, materiell erfolgreich zu sein. Mit der Geburtstagszahl 4 sind Sie im allgemeinen ehrlich, offen und fair. Menschen mit der Zahl 4 haben Probleme, Phasen der Instabilität und der finanziellen Schwierigkeiten durchzustehen. Der Untereinfluß der Monatszahl 4 führt dazu, daß Sie wißbegierig und energisch sind und ein aktives Leben führen. Dank Ihrer Selbstdisziplin und Ihrer starken Willenskraft sind Sie meist selbstbewußt und strahlen Autorität aus. Seien Sie aber nicht zu herrisch oder dominant. Sie lassen sich nicht gern einschränken oder sagen, was Sie zu tun haben.

Positiv: Organisation, Selbstdisziplin, Beständigkeit, Fleiß, handwerkliches Geschick, Pragmatismus, Vertrauen, Exaktheit.

Negativ: mangelnde Kommunikationsfähigkeit, Unterdrückung, Strenge, Faulheit, Mangel an Gefühl, Zögerer, Pfennigfuchser, nachtragend.

Liebe & Zwischenmenschliches

Sie sind ehrgeizig, erfolgsorientiert und dynamisch, mit einem starken Bedürfnis nach Prestige und Anerkennung. Oft fühlen Sie sich zu professionell orientierten oder wohlhabenden Menschen aus gutsituierten Kreisen hingezogen. Geld ist bei Ihnen im allgemeinen ein wichtiger Faktor in Beziehungen, und Zeitverschwender und Leute ohne Potential mögen Sie nicht. Voller Großmut und Stolz, haben Sie meist guten Geschmack und legen Wert auf Qualität und Schönheit. Allerdings sollten Sie Ihre materialistischen Tendenzen im Zaum halten und lernen, daß Erfüllung nicht unbedingt etwas mit Wohlstand zu tun haben muß.

Ihr Partner

Einen Liebespartner werden Sie mit großer Wahrscheinlichkeit unter den an den folgenden Tagen geborenen Menschen finden:

Liebe & Freundschaft: 8., 14., 17., 20., 22., 24. Jan., 6., 15., 18., 20., 22. Feb., 4., 13., 16., 18., 20. März, 2., 11., 14., 16., 18. April, 9., 12., 14., 16. Mai, 7., 10., 12., 14. Juni, 5., 8., 10., 12., 30. Juli, 3., 6., 8., 10., 28. Aug., 1., 4., 6., 8., 26. Sept., 2., 4., 6., 24. Okt., 2., 4., 22. Nov., 2., 20., 21. Dez.

Günstig: 6., 23. Jan., 4., 21. Feb., 2., 19., 30. März, 17., 28. April, 15., 26., 30. Mai, 13., 24., 28. Juni, 11., 22., 26. Juli, 9., 20., 24. Aug., 7., 18., 22. Sept., 5., 16., 20. Okt., 3., 14., 18. Nov., 1., 12., 16., 30. Dez.

Schicksalhaft: 7. Jan., 5. Feb., 3. März, 1. April, 7., 8. Okt.

Problematisch: 5., 26., 29. Jan., 3., 24., 27. Feb., 1., 22., 25. März, 20., 23. April, 18., 21. Mai, 16., 19., 30. Juni, 14., 17., 28. Juli, 12., 15., 26., 31. Aug., 10., 13., 24., 29. Sept., 8., 11., 22., 27. Okt., 6., 9., 20., 25. Nov., 4., 7., 18., 23. Dez.

Seelenverwandt: 30. Jan., 8., 28. Feb., 26. März, 24. April, 22. Mai, 20. Juni, 18. Juli, 16. Aug., 14. Sept., 12., 31. Okt., 10., 29. Nov., 8., 27. Dez.

SONNE:	WIDDER
DEKADE:	LÖWE/SONNE
GRAD:	14°30' – 15°30' WIDDER
ART:	KARDINALZEICHEN
ELEMENT:	FEUER

Fixstern

Name des Sterns: Sirrah, auch Alpheratz und Caput Andromedae genannt
Gradposition: 13°11' – 14°13' Widder zwischen den Jahren 1930 und 2000
Magnitude: 2
Stärke: ********
Orbit: 2°10'
Konstellation: Alpha Andromedae
Tage: 2., 3., 4., 5., 6., 7. April
Sternqualitäten: Jupiter/Venus
Beschreibung: blau-weiß-violetter Doppelstern im Kopf des Sternbilds Andromeda.

Einfluß des Hauptsterns

Sirrah sorgt für gute zwischenmenschliche Beziehungen und Beliebtheit, aber auch für Harmoniebedürfnis und Vorteile durch günstige gesellschaftliche Verbindungen. Zudem wird er mit Ehre, Reichtum, Fröhlichkeit, Optimismus, Vielseitigkeit und gutem Urteilsvermögen assoziiert. Unter seinem Einfluß sollten Sie aber nicht zu freimütig oder sich Ihrer Popularität gar zu sicher sein.

Im Zusammenhang mit dem Stand Ihrer Sonne bewirkt Sirrah, daß Ihre Herzenswünsche im allgemeinen in Erfüllung gehen, solange Sie sich über Ihre Ziele im klaren sind.

Gelegentlich wissen Sie nicht recht, was Sie als nächstes tun sollen, nachdem Sie ein Ziel erreicht haben. Da es aber zu Ihren Eigenschaften gehört, die richtigen Leute zu kennen und zur rechten Zeit am rechten Ort zu sein, ist dieser Zustand nie von langer Dauer.

• Positiv: Warmherzigkeit, Freude, Beliebtheit, Anziehungskraft.
• Negativ: Selbstgefälligkeit, Übertreibung.

5. April

♈ Als Widder sind Sie dynamisch, arbeiten hart und besitzen große Überzeugungskraft. Ihre Vielseitigkeit und Ihr Charme in Verbindung mit dem Kampfgeist Ihres Planeten Mars verleihen Ihnen selbstbewußtes und starkes Auftreten. Der Einfluß der Sonne versorgt Sie mit einem Strom kreativer Energie und dem Drang nach Selbstverwirklichung.

Auch wenn Sie nach außen hin energisch wirken, kann dies bisweilen nur ein Schutzschild für eine unterschwellige Unentschlossenheit oder Unsicherheit sein. Mit Ihrer Gabe, unermüdlich dem Ziel Ihres Ehrgeizes entgegenzustreben, können Sie diese Schwäche durch reine Entschlußkraft überwinden. Aufgrund Ihrer Rastlosigkeit brauchen Sie ständig Aktivität. Ihre starke Persönlichkeit macht Sie zum idealen Kandidaten für Führungspositionen. Hüten Sie sich aber davor, herrisch und übermäßig anspruchsvoll zu werden.

Mit der richtigen Einstellung haben Sie das Potential, andere zu inspirieren. Vermeiden Sie aber, Ihre Energie an Belanglosigkeiten zu verschwenden, dies kann Ihr ohnehin sensibles Nervensystem schwächen. Nehmen Sie sich Zeit zur Regeneration, und achten Sie auf Ihre Gesundheit. Im fortgeschrittenen Alter erwächst Ihnen aus den zahlreichen und vielseitigen Erfahrungen, die Sie in Ihrem Leben gemacht haben, große Weisheit und viel Verständnis. Ihre äußere Erscheinung ist Ihnen wichtig, denn Sie möchten stets einen guten Eindruck machen. Mit Ihrem Sinn für Dramatik haben Sie keine Angst davor, kühne Statements abzugeben.

In Ihrer Jugend führen Sie ein aktives Leben und haben viele Freunde. Wenn Sie 15 sind und Ihre Sonne in das Zeichen des Stiers tritt, wächst Ihr Bedürfnis nach Stabilität und finanzieller Sicherheit. Diese Phase hält an, bis Sie etwa 45 sind und Ihre Sonne in das Zeichen der Zwillinge wechselt. Dies ist ein Wendepunkt, nach dem Sie sich verstärkt für Bildung, Kommunikation und für das Entwickeln neuer Fähigkeiten interessieren. Reisen und Veränderungen charakterisieren diese Phase. Wenn Sie 75 sind und Ihre Sonne das Zeichen des Krebses erreicht, wächst Ihre Sensibilität, und Heim und Familie gewinnen an Bedeutung.

Ihr geheimes Selbst

Das Leben steckt voller verborgener Schätze; obwohl Sie sich sehr nach Harmonie sehnen, dreht sich das Ihre aber hauptsächlich um Geld, materielle Überlegungen und die Probleme, die das mit sich bringt. Nur durch echte Auseinandersetzung mit Ihren Ängsten und Zweifeln können Sie wahres Selbstvertrauen gewinnen und entdecken, was das Leben Ihnen zu bieten hat. Liebe, Freundschaft und Schönheit fallen Ihnen zu, aber auch Pflichten und Verantwortung. Wenn Sie für Ihr Handeln geradestehen, werden Sie sehen, daß das Leben es Ihnen tausendfach vergilt.

Sie haben durchaus auch einen Sinn für Kunst, Musik und Theater, den Sie weiter ausbauen können, wenn Sie Ihre Rastlosigkeit und Ungeduld überwinden. Nutzen Sie diese Gabe, dann haben Sie nicht nur eine elegante Form gefunden, sich auszudrücken, sondern auch das Mittel, andere mit Ihrem jugendlichen Charme und Ihrem Charisma gekonnt zu unterhalten.

Beruf & Karriere

Ihre progressive Art, Ihr Pioniergeist und Ihr Bedürfnis, Ihr kreatives Potential auszudrücken, führen Sie möglicherweise in Bereiche wie die Politik oder in die Welt des Theaters und des Kinos. Geeignet sind Sie aber auch für die Forschung, auf den Gebieten der Pädagogik, Naturwissenschaft, Justiz und Philosophie. Ihre Überzeugungskraft und natürlichen Führungsqualitäten bringen Sie in jedem Beruf in Spitzenpositionen, dabei kann es sich auch um eine Karriere im kirchlichen Bereich, in der Verwaltung oder in der Wirtschaft handeln. Wenn sich der erwählte Beruf als nicht lukrativ erweist, geben Sie ihn aber bald wieder auf. Da Sie die Gabe besitzen, die kollektiven Träume einer ganzen Generation zu erfassen, möchten Sie das vielleicht in eine künstlerische Form umsetzen.

Berühmte Persönlichkeiten dieses Tages sind die Schauspieler Spencer Tracy und Gregory Peck, der ehemalige Bundespräsident Roman Herzog, der Dichter Algernon Swinburne, die Schauspielerin Bette Davis und General Colin Powell.

Ihr Partner

Numerologie

Starke Instinkte, eine abenteuerlustige Natur und Freiheitsliebe gehen von der 5 aus. Mit Ihrem Willen, Neues zu entdecken und auszuprobieren, und Ihrer Begeisterungsfähigkeit hat Ihnen das Leben eine Menge zu bieten. Reisen und zahlreiche, manchmal unerwartete Veränderungen führen dazu, daß Sie einen echten Wandel Ihrer Ansichten und Meinungen durchmachen. Das Leben muß für Sie aufregend und ereignisreich sein; dennoch sollten Sie Verantwortungsgefühl entwickeln und darauf achten, daß Sie nicht unberechenbar, maßlos oder rastlos werden. Erfolg stellt sich für Sie ein, wenn Sie übereiltes Handeln vermeiden und Geduld lernen. Der Untereinfluß der Monatszahl 4 führt dazu, daß Sie sich zwar sicher fühlen müssen, aber dennoch frei genug, um Ihre eigene Identität zu entwickeln. Intuitiv und feinfühlig versuchen Sie stets, Ihre eher traditionelle Natur mit einer toleranten Einstellung und offenem Denken in Einklang zu bringen. Hüten Sie sich vor Überempfindlichkeit durch praktisches und realitätsnahes Verhalten.

Positiv: Vielseitigkeit, Anpassungsfähigkeit, progressiv, ausgeprägte Instinkte, Anziehungskraft, freiheitsliebend, schnell, geistreich, Mystizismus, Geselligkeit.

Negativ: Unzuverlässigkeit, Unbeständigkeit, Verzögerung, übersteigertes Selbstbewußtsein, Sturheit.

Liebe & Zwischenmenschliches

Da Charme Ihnen angeboren ist, fällt es Ihnen leicht, Verehrer anzuziehen. Sie wirken auf die verschiedensten Arten von Menschen und müssen sich daher Ihre Freunde sehr sorgfältig aussuchen. Gelegentlich sind Sie sehr extrovertiert, zu anderen Zeiten wieder sehr in sich gekehrt. Sie brauchen Zeit für sich, vor allem in der Natur, um nachzudenken und aufzutanken. Sie fühlen sich von aktiven und anregenden Menschen angezogen; ein Partner, mit dem Sie eine intellektuelle Aktivität teilen können, wäre das beste für Sie. Schwierig für Sie ist es, Ihre Beziehungen stabil und harmonisch zu halten.

Wenn Sie jemanden suchen, bei dem Sie Glück, Vertrauen und Liebe finden, sollten Sie sich unter den Menschen umsehen, die an folgenden Tagen geboren sind:

Liebe & Freundschaft: 6., 9., 17., 23., 25., 27. Jan., 7., 21., 23., 25. Feb., 5., 19., 21., 23., 29. März, 3., 17., 19., 21., 27., 30. April, 1., 15., 17., 19., 25., 28. Mai, 13., 15., 17., 23., 26. Juni, 11., 13., 15., 21., 24. Juli, 9., 11., 13., 19., 22. Aug., 7., 9., 11., 17., 20. Sept., 5., 7., 9., 15., 18. Okt., 3., 5., 7., 13., 16. Nov., 1., 3., 5., 11., 14. Dez.

Günstig: 2., 4., 7. Jan., 2., 5. Feb., 3. März, 1. April, 31. Mai, 29. Juni, 27., 31. Juli, 25., 29. Aug., 23., 27. Sept., 21., 25. Okt., 19., 23. Nov., 17., 21. Dez.

Schicksalhaft: 8., 14. Jan., 6., 12. Feb., 4., 10. März, 2., 8. April, 6. Mai, 4. Juni, 2. Juli, 8., 9. Okt.

Problematisch: 6., 19., 29. Jan., 4., 17., 27. Feb., 2., 15., 25. März, 13., 23. April, 11., 21. Mai, 9., 19. Juni, 7., 17. Juli, 5., 15. Aug., 3., 13., 30. Sept., 1., 11., 28. Okt., 9., 26. Nov., 7., 24., 29. Dez.

Seelenverwandt: 16., 21. Jan., 9., 14., 19. Feb., 12., 17. März, 10., 15. April, 8., 13. Mai, 6., 11. Juni, 4., 9. Juli, 2., 7. Aug., 5. Sept., 3. Okt., 1. Nov.

SONNE: WIDDER
DEKADE: LÖWE/SONNE
GRAD: 15°30' – 16°30' WIDDER
ART: KARDINALZEICHEN
ELEMENT: FEUER

Fixstern

Name des Sterns: Sirrah, auch Alpheratz und Caput Andromedae genannt
Gradposition: 13°11' – 14°13' Widder zwischen den Jahren 1930 und 2000
Magnitude: 2
Stärke: ********
Orbit: 2°10'
Konstellation: Alpha Andromedae
Tage: 2., 3., 4., 5., 6., 7. April
Sternqualitäten: Jupiter/Venus
Beschreibung: blau-weiß-violetter Doppelstern im Kopf des Sternbilds Andromeda.

Einfluß des Hauptsterns

Sirrah sorgt für gute zwischenmenschliche Beziehungen und Beliebtheit, aber auch für Harmoniebedürfnis und Vorteile durch günstige gesellschaftliche Verbindungen. Zudem wird er mit Ehre, Reichtum, Fröhlichkeit, Optimismus, Vielseitigkeit und gutem Urteilsvermögen assoziiert. Unter seinem Einfluß sollten Sie aber nicht zu freimütig oder sich Ihrer Popularität gar zu sicher sein.
Im Zusammenhang mit dem Stand Ihrer Sonne bewirkt Sirrah, daß Ihre Herzenswünsche im allgemeinen in Erfüllung gehen, solange Sie sich über Ihre Ziele im klaren sind.
Gelegentlich wissen Sie nicht recht, was Sie als nächstes tun sollen, nachdem Sie ein Ziel erreicht haben. Da es aber zu Ihren Eigenschaften gehört, die richtigen Leute zu kennen und zur rechten Zeit am rechten Ort zu sein, ist dieser Zustand nie von langer Dauer.
• Positiv: Warmherzigkeit, Freude, Beliebtheit, Anziehungskraft.
• Negativ: Selbstgefälligkeit, Übertreibung.

6. April

♈ Mit diesem Geburtsdatum sind Sie kühn und ehrgeizig, aber auch sensibel und charmant und zeigen eine Mischung aus Idealismus und Realismus. Sie sind gesellig und besitzen hohe Ideale, die mit einem angeborenen Sinn fürs Praktische verbunden sind. Dies ermöglicht Ihnen, Chancen Ihren Fähigkeiten entsprechend zu nutzen.

Als Widder sind Sie entschlossen und besitzen Pioniergeist, Initiative und Motivation. Obwohl Sie gerne unabhängig sind, arbeiten Sie lieber mit anderen zusammen als allein. Auch wenn Sie gelegentlich Menschen und Ereignisse zu intensiv empfinden, sollten Sie vermeiden, übersensibel und eigenbrötlerisch zu werden. Oft helfen Ihnen Partnerschaft und Freundschaften, Ihr großes Potential zu realisieren. Finanziell können Sie ebenfalls von Teamarbeit und gemeinschaftlichen Aktivitäten profitieren.

Der Untereinfluß der Sonne in Ihrer Dekade sorgt für Originalität und Freiheitsliebe. Dabei kann Grobheit zu anderen Menschen Probleme verursachen. Sie müssen Stimmungsschwankungen, Ungeduld oder Dickköpfigkeit überwinden, um wirklich von Teamarbeit profitieren zu können. Dank Ihrer Auffassungsgabe und Intuition entwickeln Sie aber oft eine humanitäre Ader und ein objektives Urteilsvermögen, das Ihnen hilft, die Menschen und ihre Motivation besser zu verstehen.

Wenn Sie 14 sind und Ihre Sonne in das Zeichen des Stiers tritt, wächst bei Ihnen das Bedürfnis nach finanzieller Stabilität und materiellem Erfolg. Von dieser Zeit an möchten Sie auch der Natur näher sein. Diese Phase dauert, bis Sie etwa 44 sind und Ihre Sonne in das Zeichen der Zwillinge tritt. Dies ist ein weiterer Wendepunkt, nach dem Ihr geistiges Interesse wächst und Sie noch etwas Neues lernen möchten. Wenn Sie 74 sind und Ihre Sonne in das Zeichen des Krebses wechselt, werden Sie sich Ihrer emotionalen Bedürfnisse stärker bewußt und legen mehr Wert auf Heim und Familie.

Ihr geheimes Selbst

Ihr Glück liegt darin, ein ausgeglichenes Leben zu führen. Auch wenn zu Ihrer Arbeit zahlreiche unterschiedliche Erfahrungen gehören, müssen Sie sich doch davor hüten, in Routine zu erstarren. Mit anderen Interessen, mit Hobbys und Reisen können Sie Ihren Horizont erweitern und neue Möglichkeiten entdecken. Da Sie eine blühende Phantasie und große Kreativität besitzen, mag eines der Probleme Ihres Lebens sein, große Träume in die Tat umzusetzen.

Sie besitzen Seelengröße, die vor allem zum Ausdruck kommt, wenn Sie leitende Positionen mit Verantwortung bekleiden. Sie nehmen Ihre Arbeit ernst und sind dann am besten, wenn Sie frei und nach Ihrem eigenen Rhythmus tätig sein können. Wenn Sie Angst haben, neigen Sie dazu, sich zurückzuziehen, anstatt Ihre Probleme mit anderen zu besprechen. Lernen Sie, schwierige Situationen genau zu analysieren, statt sich in Machtspiele zu flüchten. Auch wenn Sie nach außen hin gesellig wirken, sind Sie im Grunde eher zurückhaltend und sensibel und besitzen eine unsichtbare innere Stärke.

Beruf & Karriere

Welchen Beruf Sie auch wählen, Sie brauchen Ausgewogenheit zwischen Ihrer aktiven, entdeckerfreudigen Natur und Ihrer Sensibilität. Am erfolgreichsten sind Sie, wenn Sie mit einem Partner oder im Team arbeiten. In Frage kommen für Sie vor allem Öffentlichkeitsarbeit, Diplomatie, Verhandlungs- oder Repräsentationsaufgaben und Berufe, die international orientiert sind. Vielleicht wünschen Sie sich aber auch einen Beruf, bei dem Sie anderen helfen können, und fühlen sich zu Wohlfahrt oder Arbeit mit sozial Benachteiligten hingezogen. In jedem Fall haben Sie die Fähigkeit, hart zu arbeiten, was sich für Sie auszahlen wird. Sie besitzen außerdem ein natürliches Talent für Berufe im Handels- oder Bankwesen, aber auch Verkauf oder Vermittlung sind etwas für Sie. Wenn Sie gern in der Öffentlichkeit stehen, sollten Sie in die Politik gehen. Ihre Kreativität und Ihre bemerkenswerte Phantasie befähigen Sie auch für Schauspielerei, Fotografie, Schreiben oder andere Tätigkeiten aus dem Bereich der Kunst und Unterhaltung.

Berühmte Persönlichkeiten dieses Tages sind der Magier Harry Houdini, der Renaissancemaler Raffael, der Pianist André Prévin, der Schriftsteller Baba Ram Dass, der Musiker Peter Tosh und der Künstler Gustave Moreau.

Numerologie

Mitgefühl, Idealismus und eine fürsorgliche Natur gehören zu den Eigenschaften der Zahl 6. Es ist die Zahl der Perfektionisten und der universalen Freunde, die hilfreich, unterstützend und liebevoll sind und gerne Verantwortung übernehmen. Wenn Sie an diesem Tage geboren wurden, sind Sie meist häuslich und zärtliche Väter oder Mütter. Die Sensibleren unter Ihnen suchen sich wahrscheinlich irgendeine Form des künstlerischen Ausdrucks und fühlen sich in der Welt des Entertainments, der Kunst und des Designs besonders wohl. Vielleicht müssen Sie mehr Selbstbewußtsein entwickeln und versuchen, sich nicht einzumischen, sich nicht unnötig Sorgen zu machen oder Ihre Sympathien an die falschen Menschen zu verschwenden. Der Untereinfluß der Monatszahl 4 führt dazu, daß Sie ehrgeizig und idealistisch sind. Von Natur aus originell und kreativ, können Sie Ihre Träume realisieren, wenn Sie Ihr Selbstvertrauen und Ihren Willen zur Unabhängigkeit stärken. Häufig sind Sie reiselustig oder arbeiten im Ausland. Diplomatie und die Kunst subtiler Anregung helfen Ihnen dabei, die richtigen Kontakte zu knüpfen.

Positiv: Weltgewandtheit, universale Brüderlichkeit, Freundlichkeit, Mitgefühl, Verläßlichkeit, Verständnis, Idealismus, Häuslichkeit, künstlerische Talente, Ausgeglichenheit.

Negativ: Unzufriedenheit, Angst, Schüchternheit, Unvernunft, Dickköpfigkeit, Unverblümtheit, Dominanz, Verantwortungslosigkeit, Selbstsucht, Mißtrauen, Egozentrik.

Liebe & Zwischenmenschliches

In der Liebe sind Sie sensibel, verwegen, romantisch und charmant und spüren darüber hinaus ein tiefes Bedürfnis nach einer festen Beziehung. Ist die Zeit der ersten Liebe erst vorbei, möchten Sie sich im allgemeinen gern in einer harmonischen und beschaulichen Partnerschaft zur Ruhe setzen. Schießen Sie dabei aber nicht über das Ziel hinaus, sonst laufen Sie Gefahr, daß Ihre Beziehung monoton und langweilig wird. Denn dann beginnen Sie, launisch zu werden und die Menschen, die Sie lieben, zu manipulieren. Gleichwohl besitzen Sie natürlichen Charme, der Sie im allgemeinen sehr anziehend macht. Auf diese Weise bekommen Sie die Liebe, die Sie benötigen.

Ihr Partner

Glück, geistige Anregung und Liebe finden Sie am ehesten unter den Menschen, die an folgenden Tagen geboren wurden:

Liebe & Freundschaft: 10., 11., 26., 28. Jan., 8., 9., 24., 26. Feb., 6., 22., 24., 30. März, 4., 20., 22., 28. April, 2., 18., 20., 26., 29. Mai, 16., 18., 24., 27. Juni, 14., 16., 22., 25. Juli, 12., 14., 20., 23., 30. Aug., 10., 12., 18., 21., 28. Sept., 8., 10., 16., 19., 26. Okt., 6., 8., 14., 17., 24. Nov., 4., 6., 12., 15., 22. Dez.

Günstig: 8. Jan., 6. Feb., 4., 28. März, 2., 26. April, 24. Mai, 22., 30. Juni, 20., 28., 29. Juli, 18., 26., 27., 30. Aug., 16., 24., 25., 28. Sept., 14., 22., 23., 26., 29. Okt., 12., 20., 21., 24., 27. Nov., 10., 18., 19., 22., 25. Dez.

Schicksalhaft: 15. Jan., 13. Feb., 11. März, 9. April, 7. Mai, 5. Juni, 3. Juli, 1. Aug., 9., 10. Okt.

Problematisch: 7., 9., 30. Jan., 5., 7., 28. Feb., 3., 5., 26. März, 1., 3., 24. April, 1., 22. Mai, 20. Juni, 18. Juli, 16. Aug., 14. Sept., 12., 29. Okt., 10., 27. Nov., 8., 25., 30. Dez.

Seelenverwandt: 8., 27. Jan., 6., 10., 25. Feb., 4., 23. März, 2., 21. April, 19. Mai, 17. Juni, 15. Juli, 13. Aug., 11. Sept., 9. Okt., 7. Nov., 5. Dez.

7. April

SONNE: WIDDER
DEKADE: LÖWE/SONNE
GRAD: 16°30' – 17°30' WIDDER
ART: KARDINALZEICHEN
ELEMENT: FEUER

Fixstern

Name des Sterns: Sirrah, auch Alpheratz und Caput Andromedae genannt
Gradposition: 13°11' – 14°13' Widder zwischen den Jahren 1930 und 2000
Magnitude: 2
Stärke: ********
Orbit: 2°10'
Konstellation: Alpha Andromedae
Tage: 2., 3., 4., 5., 6., 7. April
Sternqualitäten: Jupiter/Venus
Beschreibung: blau-weiß-violetter Doppelstern im Kopf des Sternbilds Andromeda.

Einfluß des Hauptsterns

Sirrah sorgt für gute zwischenmenschliche Beziehungen und Beliebtheit, aber auch für Harmoniebedürfnis und Vorteile durch günstige gesellschaftliche Verbindungen. Zudem wird er mit Ehre, Reichtum, Fröhlichkeit, Optimismus, Vielseitigkeit und gutem Urteilsvermögen assoziiert. Unter seinem Einfluß sollten Sie aber nicht zu freimütig oder sich Ihrer Popularität gar zu sicher sein.
Im Zusammenhang mit dem Stand Ihrer Sonne bewirkt Sirrah, daß Ihre Herzenswünsche im allgemeinen in Erfüllung gehen, solange Sie sich über Ihre Ziele im klaren sind.
Gelegentlich wissen Sie nicht recht, was Sie als nächstes tun sollen, nachdem Sie ein Ziel erreicht haben. Da es aber zu Ihren Eigenschaften gehört, die richtigen Leute zu kennen und zur rechten Zeit am rechten Ort zu sein, ist dieser Zustand nie von langer Dauer.

- Positiv: Warmherzigkeit, Freude, Beliebtheit, Anziehungskraft.
- Negativ: Selbstgefälligkeit, Übertreibung.

Typisch für dieses Datum sind feste Entschlossenheit und ausgeprägte intuitive Fähigkeiten. Mit Ihrer dynamischen Persönlichkeit lieben Sie alles Neue und initiieren gern neue Projekte. Mit den Herausforderungen in Ihrem Leben gehen oft umfassende Veränderungen einher, die Zeiten der Depression und Stagnation aufwiegen. Wenn Sie Ihre Intuition und Ihren sechsten Sinn ausbauen, lernen Sie sich selbst besser verstehen.

Wenn Sie motiviert sind, können Sie sich engagieren und hart arbeiten. Die Rastlosigkeit, die auf Ihren Planeten Mars zurückgeht, bringt aber auch mit sich, daß Sie niemals stillstehen. Wenn Sie inspiriert sind, können Sie kreativ und begeisterungsfähig sein und spontanen Idealismus an den Tag legen; aufgrund Ihres Hangs zur Heimlichtuerei und zu einer unkommunikativen Art wissen andere aber oft nicht, was Sie eigentlich vorhaben. Sie zeigen zwar meist eine starke Fassade, sind aber in Wirklichkeit eher schüchtern und sensibel. Im allgemeinen können Sie Selbstdisziplin trainieren und sich persönlich weiterentwickeln, wenn Sie die Vergangenheit loslassen und sich von Gefühlsangelegenheiten nicht zu sehr aus der Bahn werfen lassen. Vielleicht müssen Sie unterscheiden lernen zwischen innerer Stärke und sturer Arroganz, die von anderen als Feindseligkeit und Desinteresse interpretiert werden kann.

Wenn Sie 13 sind und Ihre Sonne in das Zeichen des Stiers tritt, wächst Ihr Wunsch nach Stabilität und materieller Sicherheit. Diese Phase dauert, bis Sie etwa 43 sind und Ihre Sonne in das Zeichen der Zwillinge wechselt. Dies ist ein weiterer Wendepunkt, nach dem Sie sich mehr für Kommunikation auf allen Ebenen interessieren und neue Interessengebiete entdecken. Vielleicht beginnen Sie auch, noch etwas Neues zu lernen. Wenn Sie 73 sind und Ihre Sonne in das Zeichen des Krebses wechselt, entwickeln Sie größere Sensibilität und messen Heim und Familie mehr Bedeutung bei.

Ihr geheimes Selbst

Nach außen hin unbemerkt, haben Sie eine sensible und idealistische Natur, die Sie nachdenklich und introvertiert macht. Sie sind Perfektionist und stellen häufig fest, daß Menschen Ihren hohen Idealen nicht gerecht werden. Hüten Sie sich vor ungerechtfertigtem Mißtrauen und der Angst vor dem Alleinsein. Glücklicherweise verfügen Sie über ausgeprägte Intuition, die Sie pflegen sollten; denn diese spirituelle Seite Ihrer Persönlichkeit hilft Ihnen, schwierige Situationen zu überwinden.

Über scharfen Verstand und Fleiß hinaus besitzen Sie eine instinktive Menschenkenntnis. Mit Hilfe dieser psychologischen Fähigkeit vermeiden Sie oft Nervosität und Ungeduld, da Sie diplomatisch und freundschaftlich vorgehen können. Ob und wie gut Sie diese Gaben bei Ihren Mitmenschen anwenden, erkennen Sie daran, ob Sie Ihren Sinn für Humor noch bewahrt haben. Wenn Ihre Energie positiv fließen kann, können Sie auch sehr spontan sein. Sport ist sehr wichtig für Sie, aber auch andere körperliche Betätigungen wie etwa Yoga.

Beruf & Karriere

Ihre Führungsqualitäten und Ihr Fleiß befähigen Sie für viele Bereiche. Sie haben gerne die Kontrolle und sind ungern Untergebener; in leitenden Positionen oder als Selbständiger blühen Sie auf. Ihre innere Stärke zeigen Sie, wenn Sie in Krisensituationen ruhig bleiben. So gewinnen Sie die Bewunderung anderer, was wiederum die beste Voraussetzung für Autoritätspositionen ist. Wenn Sie eine Vorliebe für Theater oder Film haben, können Sie auch ein guter Schauspieler, Produzent oder Regisseur sein; Ihre starke Persönlichkeit findet auch gute Ausdrucksmöglichkeiten in der Schriftstellerei, Kunst oder Musik.

Berühmte Persönlichkeiten dieses Tages sind der Regisseur Francis Ford Coppola, der Musiker Ravi Shankar, Bundeskanzler Gerhard Schröder, der Dichter William Wordsworth, der Schauspieler James Garner, die Sängerin Billie Holiday und der Kung-Fu- und Filmstar Jackie Chan.

Numerologie

Von Natur aus analytisch und besonnen, sind Sie oft kritisch und eigenbrötlerisch. Sie versuchen ständig, mehr über sich zu lernen, lieben es, Informationen zu sammeln, und interessieren sich für Lesen, Schreiben oder Spiritualität. Trotz Ihres Scharfsinns neigen Sie möglicherweise zur Skepsis oder verlieren sich in Details. Ihr Hang zum Mystizismus und zur Spiritualität bringt es manchmal mit sich, daß Sie sich mißverstanden oder fehl am Platz fühlen. Der Untereinfluß der Monatszahl 4 führt dazu, daß Sie sehr intuitiv und aufnahmefähig sind. Da Sie ein sehr sensibler Mensch mit starken, tiefen Gefühlen sind, müssen Sie lernen, sich durch Fröhlichkeit zu entspannen und Ihren Verstand in stressigen Situationen nicht zu überfordern. Mit Ihrem Hang zur Geheimnistuerei und Rätselhaftigkeit stellen Sie subtile Fragen, ohne daß jemand erkennt, was Sie wirklich denken.

Positiv: Bildung, Vertrauen, Genauigkeit, Idealismus, Ehrlichkeit, spirituelle Fähigkeiten, wissenschaftliche Fähigkeiten, Rationalität, Nachdenklichkeit.

Negativ: Unfreundlichkeit, Geheimnistuerei, Skepsis, Verwirrung, Falschheit, Unbeteiligtsein, Gefühlskälte.

Liebe & Zwischenmenschliches

In der Liebe sind Sie entweder spontan und ausdrucksfreudig oder gehemmt und zurückhaltend. Wenn Sie lernen, diese Extreme auszugleichen, können Sie Menschen so akzeptieren, wie sie sind, anstatt zu erwarten, daß sie Ihren hohen Idealen entsprechen. Nutzen Sie diesen Idealismus für kreativen Ausdruck, humanitäre Engagements oder spirituelle Bewußtheit, und Sie sehen Ihr Leben weniger dramatisch. Da Sie über großen Charme verfügen, der Freunde und Bewunderer anzieht, führen Sie ein aktives gesellschaftliches Leben. Es kann aber zum Konflikt kommen zwischen Ihren persönlichen Bedürfnissen einerseits und Ihrer Arbeit und Ihren Pflichten andererseits. Sie brauchen eine geschützte Privatsphäre, müssen sich aber in acht nehmen, Ihre Privatinteressen nicht zu sehr in den Mittelpunkt zu stellen und sich so zu isolieren. Sie fühlen sich am meisten zu Menschen hingezogen, die ebenso liebenswürdig und fleißig sind wie Sie selbst.

Ihr Partner

Liebe und einen treuen Partner finden Sie bei Menschen, die an folgenden Tagen geboren sind:

Liebe & Freundschaft: 11., 20., 21., 25., 27., 29. Jan., 9., 18., 23., 25., 27. Feb., 7., 16., 21., 23., 25. März, 5., 14., 19., 21., 23. April, 3., 12., 17., 19., 21. Mai, 1., 10., 15., 17., 19. Juni, 8., 13., 15., 17. Juli, 6., 11., 13., 15. Aug., 4., 9., 11., 13. Sept., 2., 7., 9., 11. Okt., 5., 7., 9. Nov., 3., 5., 7. Dez.

Günstig: 9., 26. Jan., 7., 24. Feb., 5., 22. März, 3., 20. April, 1., 18., 29. Mai, 16., 27. Juni, 14., 25., 29., 30. Juli, 12., 23., 27., 28., 31. Aug., 10., 21., 25., 26., 29. Sept., 8., 19., 23., 24., 27. Okt., 6., 17., 21., 22., 25. Nov., 4., 15., 19., 20., 23. Dez.

Schicksalhaft: 16. Jan., 14. Feb., 12. März, 10. April, 8. Mai, 6. Juni, 4. Juli, 2. Aug., 8., 10., 11., 12. Okt.

Problematisch: 8., 29., 31. Jan., 6., 27., 29. Feb., 4., 25., 27., 28. März, 2., 23., 25., 26. April, 21., 23., 24. Mai, 19., 21., 22. Juni, 17., 19., 20. Juli, 15., 17., 18. Aug., 13., 15., 16. Sept., 11., 13., 14., 30. Okt., 9., 11., 12., 28. Nov., 7., 9., 10., 26. Dez.

Seelenverwandt: 11. Feb., 5., 30. Mai, 28. Juni, 26. Juli, 24. Aug., 22., 30. Sept., 20., 28. Okt., 18., 26. Nov., 16., 24. Dez.

SONNE: WIDDER
DEKADE: LÖWE/SONNE
GRAD: 17°30' – 18°30' WIDDER
ART: KARDINALZEICHEN
ELEMENT: FEUER

Fixsterne

Ihre Sonne ist zwar nicht mit einem Fixstern verbunden, sicherlich aber einer der anderen Planeten Ihres Sonnenzeichens. Wenn Sie sich ein Geburtshoroskop erstellen lassen, lernen Sie die exakte Position der Planeten an Ihrem Geburtstag kennen. Auf diese Weise können Sie feststellen, welche der Fixsterne in diesem Buch für Sie von Interesse sind.

8. April

Als Widder sind Sie unabhängig und mutig und haben das Bedürfnis, sich auf verschiedene originelle Arten auszudrücken. Empfänglich für neue Ideen, freuen Sie sich über jede neue Erfahrung. Mit Ihrem Geburtstag geht auch der Wunsch einher, viel zu erreichen und Macht zu gewinnen. Mit Ihrer kraftvollen Persönlichkeit und Ihrem gesunden Pragmatismus streben Sie im allgemeinen eine Führungsposition an.

Der Untereinfluß der Sonne in Ihrer Dekade sorgt für schier unerschöpfliche Energie, die Ihren natürlichen Geschäftssinn zusätzlich verstärkt und dabei hilft, die Initiative zu ergreifen und gute Resultate zu erzielen.

Ihren Weg an die Spitze machen Sie mit harter Arbeit und Verantwortungsbewußtsein. Obwohl eine gesicherte Zukunft sehr wichtig für Sie ist, neigen Sie hin und wieder zu unerwarteten, spontanen Entscheidungen. Vielleicht sollten Sie mehr Selbstdisziplin entwickeln und sich abgewöhnen, sich ohne sorgfältige Planung in ein Projekt zu stürzen. Sie neigen auch dazu, sich leicht zu langweilen, und lassen sich leicht entmutigen. Andererseits kommt es auch vor, daß Sie das Glück völlig unerwartet trifft. Sie wirken zwar nach außen hin eher traditionell, sind aber recht progressiv. Um echte spirituelle Erkenntnis zu gewinnen, müssen Sie einen Wertewandel durchleben.

Wenn Sie 12 sind und Ihre Sonne in das Zeichen des Stiers eintritt, gewinnt materieller Erfolg, Stabilität und Sicherheit mehr Bedeutung in Ihrem Leben. Dieser eher praktisch ausgerichtete Schwerpunkt bleibt Ihnen bis zum Alter von 42 erhalten, wenn Ihre Sonne in das Zeichen der Zwillinge wechselt. Das ist ein Wendepunkt für Sie, nach dem Ihr Leben aufregender wird und Sie sich neuen Interessen, dem Schreiben und der Kommunikation zuwenden. Wenn Sie 72 sind und Ihre Sonne in das Zeichen des Krebses tritt, messen Sie Ihren eigenen emotionalen Bedürfnissen, aber auch der Fürsorge für andere und Familie und Heim mehr Bedeutung bei.

Ihr geheimes Selbst

Ihre geistige Überlegenheit kann dazu führen, daß Sie viele Arten des Ausdrucks für sich entdecken; möglicherweise versuchen Sie aber auch, zuviel auf einmal zu machen. Wesentlich komplexer, als Sie nach außen hin wirken, sind Sie feinsinnig, künstlerisch und hoch intelligent. Leider sind Sie aber auch jähzornig und ungeduldig; wenn es zu Ihrem Vorteil ist, können Sie dies jedoch verbergen.

Ihre große Kreativität spornt Sie immer wieder dazu an, neue Ziele anzustreben. Sie schätzen es nicht, von anderen Befehle entgegenzunehmen, und vertragen Kritik nur schlecht. Sie können wunderbar mit Menschen umgehen und leicht Kontakte knüpfen. Allerdings schwanken Sie zwischen warmer Herzlichkeit und kaltem Desinteresse. Hinter Ihrer selbstbewußten Fassade verbergen sich Selbstzweifel und Ängste; deshalb benötigen Sie unbedingt emotionalen Rückhalt aus Familie und Freundeskreis.

Beruf & Karriere

Sie sind sehr fleißig, und Ihr Streben nach Macht bringt Sie mit Sicherheit in eine Führungsposition. Da Sie von Natur aus einfühlsam sind, wählen Sie vielleicht einen beratenden oder heilenden Beruf. Ihr Talent können Sie aber auch in der Wirtschaft einsetzen, vor allem im Bereich Personalwesen und Werbung. Da Sie gut organisieren können und in großen Maßstäben denken, werden Sie in jedem Bereich Erfolg haben. Viele Menschen, die an diesem Tag geboren wurden, zieht es in die Justiz, in gehobene Managementpositionen oder ins Finanzwesen. Ihr scharfer Verstand und Ihr Sinn für Dramatik befähigen Sie auch zur künstlerischen Betätigung.

Berühmte Persönlichkeiten dieses Tages sind die Sänger Walter Berry und Julian Lennon, die Gründerin der Ford-Klinik Betty Ford und die Schauspielerin Mary Pickford.

Numerologie

Die Kraft, die von der 8 ausgeht, sorgt für eine Persönlichkeit mit strengen Wertbegriffen und einem sicheren Urteilsvermögen. Die 8 steht dafür, daß Sie mit großem Ehrgeiz feste Ziele verfolgen. Auch Streben nach Dominanz, Sicherheit und materiellem Erfolg sind mit diesem Geburtsdatum verbunden. Mit der Zahl 8 besitzen Sie Geschäftssinn, organisatorische Fähigkeiten und Führungsqualitäten. Aufgrund Ihres starken Sicherheitsbedürfnisses setzen Sie auf langfristige Planungen und Investitionen. Der Untereinfluß der Monatszahl 4 führt dazu, daß Sie vorsichtig und pragmatisch sind, und zu der starken Bereitschaft, Verantwortung zu übernehmen. Sie können hilfreich, liebenswürdig und vielseitig sein, außerdem unterhaltsam und schlagfertig. Leider langweilen Sie sich leicht. Wenn Sie sich anstrengen, wird Ihnen oft große Verantwortung übertragen. Allerdings müssen Sie lernen, wie Sie Ihre Autorität gerecht und fair ausüben. Achten Sie darauf, daß Sie sich selbst nicht überfordern.

Positiv: Führungskraft, Gründlichkeit, Fleiß, Tradition, Autorität, Schutz, Heilkraft, feste Werte.

Negativ: Ungeduld, Intoleranz, Geiz, Rastlosigkeit, Machthunger, dominantes Verhalten, läßt sich leicht entmutigen, planlos.

Liebe & Zwischenmenschliches

In der Liebe und bei Freundschaften fühlen Sie sich zu freundlichen und geselligen Menschen hingezogen, die Interesse an persönlicher Weiterentwicklung zeigen. Da Sie selbst optimistisch und direkt sind, erwarten Sie diese Eigenschaften auch von anderen, wobei dies manchmal ein naiver Wunschtraum bleibt. Da Sie davon überzeugt sind, daß Geld gleich Macht ist, bevorzugen Sie Menschen mit Erfolgspotential. Ihre Liebe zu Bildung führt dazu, daß Sie die Gesellschaft von Leuten schätzen, die Sie geistig anregen und von denen Sie lernen können. Da Sie stolz sind, erwarten Sie von anderen Respekt. Vermeiden Sie Machtspiele, und verschonen Sie Ihre Umgebung mit Tyrannei. Ihr Vorteil ist, daß Sie viel Charme sowie die Gabe besitzen, mit Menschen umzugehen, so daß Sie niemals ohne Freunde sind.

Ihr Partner

Einen Liebespartner und Menschen, mit dem Sie sich intellektuell austauschen können, werden Sie mit großer Wahrscheinlichkeit unter den an den folgenden Tagen geborenen Menschen finden:

Liebe & Freundschaft: 3., 4., 11., 12., 26., 28., 30. Jan., 2., 9., 10., 24., 26., 28. Feb., 7., 8., 22., 24., 26. März, 5., 6., 20., 22., 24., 30. April, 3., 4., 18., 20., 22., 28., 31. Mai, 1., 2., 16., 18., 20., 26., 29. Juni, 14., 16., 18., 24., 27. Juli, 6., 12., 14., 16., 22., 25. Aug., 10., 12., 14., 20., 23. Sept., 8., 10., 12., 18., 21. Okt., 6., 8., 10., 16., 19. Nov., 4., 6., 8., 14., 17. Dez.

Günstig: 10., 29. Jan., 1., 8., 27. Feb., 6., 25. März, 4., 23. April, 2., 21. Mai, 4., 19. Juni, 17., 30. Juli, 15., 28. Aug., 13., 26. Sept., 11., 24. Okt., 9., 22. Nov., 7., 20. Dez.

Schicksalhaft: 11. Jan., 7. März, 5. April, 3. Mai, 1. Juni, 11., 12., 13. Okt.

Problematisch: 9. Jan., 7. Feb., 5., 28. März, 3., 26. April, 1., 24. Mai, 22. Juni, 20. Juli, 18. Aug., 16. Sept., 14., 30., 31. Okt., 12., 28., 29. Nov., 10., 26., 27. Dez.

Seelenverwandt: 7. Jan., 5. Feb., 3. März, 1. April, 29. Mai, 27. Juni, 25. Juli, 23. Aug., 21. Sept., 19. Okt., 17. Nov., 15. Dez.

SONNE: WIDDER
DEKADE: LÖWE/MARS
GRAD: 18°30' – 19°30' WIDDER
ART: KARDINALZEICHEN
ELEMENT: FEUER

Fixsterne

Ihre Sonne ist zwar nicht mit einem Fixstern verbunden, sicherlich aber einer der anderen Planeten Ihres Sonnenzeichens. Wenn Sie sich ein Geburtshoroskop erstellen lassen, lernen Sie die exakte Position der Planeten an Ihrem Geburtstag kennen. Auf diese Weise können Sie feststellen, welche der Fixsterne in diesem Buch für Sie von Interesse sind.

9. April

Zu den Eigenschaften dieses Tages gehören Kreativität, Unternehmungslust, innere Stärke und Stolz. Obwohl Sie zugänglich, sensibel und intuitiv sind, besitzen Sie einen dynamischen Charakter und Führungsqualitäten. Sie sind gerne Teil einer Gemeinschaft, in der Sie eine wichtige Rolle spielen können.

Als Widder besitzen Sie Sinn für Wirkung, sind gewissenhaft, verläßlich und entschlußfreudig und stolz auf Ihre Arbeit. Andere beschreiben Sie häufig als großzügig und menschenfreundlich und mit einer guten Werteskala ausgestattet. Allerdings kann der Umgang mit Geld für Sie zum Problem werden; Sie sollten lernen zu sparen. Aufgrund Ihrer starken Persönlichkeit schätzen Sie keine untergeordneten Positionen. Obwohl Sie Charme und Charisma besitzen, müssen Sie darauf achten, nicht zu unverblümt und verletzend zu sein. Durch Ihre Neugierde und Tiefgründigkeit fühlen Sie sich zu wissenschaftlichen Tätigkeiten hingezogen. Sie kommen schnell zum Punkt einer Sache und legen Wert auf Exaktheit und Gründlichkeit. Mit Ihrer Schaffenslust und Methodik können Sie auch gut organisieren, Ihre Ideen darlegen oder im Handumdrehen Probleme lösen.

Wenn Sie 11 sind und Ihre Sonne in das Zeichen des Stiers tritt, beginnt eine dreißigjährige Phase, in der Sie Wert auf materielle Stabilität, Status und finanzielle Sicherheit legen. Ein weiterer Wendepunkt folgt, wenn Sie 41 sind und Ihre Sonne in das Zeichen der Zwillinge wechselt. Nun erweitern Sie Ihre Interessen und wenden sich Bildung, Kommunikation und dem Studium neuer Sachgebiete zu. Ab Ihrem 71. Lebensjahr, wenn Ihre Sonne in das Zeichen des Krebses tritt, werden Sie sich Ihrer emotionalen Bedürfnisse mehr bewußt und messen Familie und Heim stärkere Bedeutung zu.

Ihr geheimes Selbst

Unentschlossenheit und Sorge um materielle Angelegenheiten können die wunderbare Kreativität blockieren, die in Ihrem Innern schlummert. Der Drang, diese Seite Ihrer Persönlichkeit um jeden Preis zu fördern, kann dazu führen, daß Sie sich weniger um materielle Dinge kümmern; allerdings kann Ihnen dies auch helfen, das Leben weniger schwer zu nehmen, und macht Sie offener für humanitäre Anliegen.

Wenn Sie unvoreingenommen sind, strahlen Sie Leichtigkeit aus; außerdem besitzen Sie gute Menschenkenntnis. Aufgrund dieser Gaben sind Sie sehr gesellig und sozial orientiert. Oft nutzen Sie dies, um sich für Mitmenschen einzusetzen. Sie können auch sehr kreativ sein und Ihre Kraft sinnvoll anwenden; hüten Sie sich aber davor, an einer Situation auch noch festzuhalten, wenn die es schon lange nicht mehr wert ist. Meist gehen Sie sehr großzügig mit Ihrer Zeit und Energie um. Wenn Sie von jemandem oder einer Sache vollständig überzeugt sind, sind Sie auch bereit, mehr zu investieren, als von Ihnen erwartet wird.

Beruf & Karriere

Sie besitzen Energie und Begeisterungsfähigkeit und fürchten sich nicht davor, unbekanntes Terrain zu betreten. Mit Ihrem Pioniergeist, Mut und Ihren Führungsqualitäten steht Ihnen eine Vielfalt von Berufsmöglichkeiten offen. Im allgemeinen glänzen Sie in wirtschaftlich orientierten Sparten. Ihre Gabe, Reformen aller Art voranzutreiben, befähigt Sie auch für leitende Positionen in großen Organisationen wie etwa Gewerkschaften. Andere fühlen sich zu erzieherischen Berufen oder einer anderen Form des öffentlichen oder sozialen Interesses hingezogen. Viele Philanthropen, Impresarios, Künstler, Maler und Musiker, aber auch Kunsthändler und Kuratoren sind an diesem Tag geboren. Sie sind exzellent, wenn Sie Autorität ausüben können, und da Sie meist fair und gerecht sind, geben Sie gute Manager und Vorgesetzte ab.

Berühmte Persönlichkeiten dieses Tages sind der Playboy-Verleger Hugh Hefner, der Dichter Charles Baudelaire, die Schauspieler Jean-Paul Belmondo und Dennis Quaid.

Numerologie

Nachdenklichkeit, Güte und sentimentale Sensibilität sind die mit der Zahl 9 assoziierten Eigenschaften. Sie sind oft tolerant und freundlich, großzügig und liberal. Intuitive und spirituelle Fähigkeiten deuten auf universale Empfänglichkeit hin. Richtig gebündelt, führen sie Sie vielleicht sogar auf einen spirituellen Weg. Vielleicht müssen Sie daran arbeiten, Probleme und emotionale Höhen und Tiefen besser zu bewältigen und nicht überempfindlich zu sein. Sie profitieren von Reisen und dem Zusammentreffen mit Menschen aus aller Welt. Andererseits müssen Sie sich vor unrealistischen Träumen und einem Hang zur Realitätsflucht hüten. Der Untereinfluß der Monatszahl 4 führt dazu, daß Sie auch praktisch veranlagt sind und gute organisatorische Fähigkeiten haben. Wenn Sie sich von den Umständen eingeengt fühlen, neigen Sie zum Aufbegehren und werden reizbar. Werden Sie flexibler und legen Sie ein wenig von Ihrem Stolz ab; passen Sie sich neuen Situationen an, und lernen Sie, die Vergangenheit loszulassen.

Positiv: Idealismus, Philanthropie, Kreativität, Sensibilität, Großzügigkeit, Anziehungskraft, poetische Gabe, Wohltätigkeit, Unvoreingenommenheit, Glück, Beliebtheit.

Negativ: Frustration, Nervosität, Unsicherheit, Selbstsucht, unpraktisch, Verbitterung, unmoralisches Verhalten, leicht zu beeinflussen, Minderwertigkeitskomplex, Angst, Isolation.

Liebe & Zwischenmenschliches

Ihre liebenswerte Art und Ihr Wunsch nach Selbstverwirklichung garantieren Ihnen Freunde und ein aktives soziales Leben. Durch Ihre originelle Lebensanschauung fühlen Sie sich zu Menschen hingezogen, die Ihre natürliche Kreativität beflügeln. Auch wenn Sie sehr liebevoll sein können, sind Ungewißheit und Unentschlossenheit in Beziehungen oft ein Quell von Sorge und Enttäuschung für Sie. Dies hindert Sie aber nicht daran, weiter nach der perfekten Partnerschaft zu suchen, und oft sind Sie zugunsten Ihrer Lieben auch zu Opfern bereit. Wenn Sie sich Ihre Kreativität bewahren und nicht an Problemen festhalten, werden Sie feststellen, daß Sie den Beziehungsalltag sehr gut meistern können.

Ihr Partner

Einen Partner, der Ihr Bedürfnis nach Liebe versteht, sollten Sie unter den Menschen, die an folgenden Tagen geboren sind, finden:

Liebe & Freundschaft: 13., 14., 21., 29. Jan., 11., 27., 29. Feb., 9., 25., 27. März, 7., 23., 25. April, 5., 21., 23., 29. Mai, 3., 19., 21., 27., 30. Juni, 1., 17., 19., 25., 28. Juli, 15., 17., 23., 26. Aug., 13., 15., 21., 24. Sept., 11., 13., 19., 22., 29. Okt., 9., 11., 17., 20., 27. Nov., 7., 9., 15., 18., 25. Dez.

Günstig: 11. Jan., 9. Feb., 7., 31. März, 5., 29. April, 3., 27., 31. Mai, 1., 25., 29. Juni, 23., 27., 31. Juli, 21., 25., 29., 30. Aug., 19., 23., 27., 28. Sept., 17., 21., 25., 26. Okt., 15., 19., 23., 24., 30. Nov., 13., 17., 21., 22., 28. Dez.

Schicksalhaft: 12. Jan., 10. Feb., 8. März, 6. April, 4. Mai, 2. Juni, 11., 12., 13., 14. Okt.

Problematisch: 10. Jan., 8. Feb., 6., 29. März, 4., 27. April, 2., 25. Mai, 23. Juni, 21. Juli, 19. Aug., 17. Sept., 15., 31. Okt., 13., 29., 30. Nov., 11., 27., 28. Dez.

Seelenverwandt: 18., 24. Jan., 16., 22. Feb., 14., 20. März, 12., 18. April, 10., 16. Mai, 8., 14. Juni, 6., 12. Juli, 1., 4., 10. Aug., 2., 8. Sept., 6. Okt., 4. Nov., 2. Dez.

SONNE: WIDDER
DEKADE: SCHÜTZE/JUPITER
GRAD: 19°30' – 20°30' WIDDER
ART: KARDINALZEICHEN
ELEMENT: FEUER

Fixstern

Name des Sterns: Baten Kaitos, auch Cetus oder Zeta Ceti genannt
Gradposition: 20°57' – 21°49' Widder zwischen den Jahren 1930 und 2000
Magnitude: 3,5 – 4
Stärke: *****
Orbit: 1°30'
Konstellation: Zeta Ceti
Tage: 10., 11., 12., 13. April
Sternqualitäten: Saturn
Beschreibung: topasgelber Stern im Körper des Walfischs.

Einfluß des Hauptsterns

Der Einfluß des Baten Kaitos sorgt für Vorsicht, Ernst und Aufrichtigkeit. Außerdem verleiht er Verantwortungsbewußtsein, Zielstrebigkeit und die Fähigkeit, große Herausforderungen zu meistern. Häufig arbeiten Menschen unter seinem Einfluß gern allein und werden schnell ungeduldig, wenn sie sich eingeschränkt fühlen.

Im Zusammenhang mit dem Stand Ihrer Sonne sorgt dieser Stern dafür, daß Sie lernen müssen, sich wechselnden Lebensumständen anzupassen, da es bei Ihnen zu Veränderungen des Lebensstils und Schicksals kommen kann. Immer dann, wenn Sie denken, daß sich der Wirbel gelegt hat, beginnt der Aufruhr von neuem. Wenn Sie unter dem Einfluß dieses Sterns stehen, kommt es im allgemeinen zu vielen Reisen oder berufsbedingtem Wohnsitzwechsel.

- Positiv: Rücksicht, Bescheidenheit, Hingabe, Fleiß, Ausdauer.
- Negativ: Melancholie, Egoismus, Labilität.

10. April

Mit diesem Datum ist eine Mischung aus Ehrgeiz, Motivation und jugendlichem Charme verbunden. Sie können temperamentvoll, unterhaltsam und warmherzig sein; Ihr Bedürfnis nach Erfolg entspringt einer eigentümlichen Mixtur aus Materialismus und Idealismus. Als Widder sind Sie oft rastlos und abenteuerlustig. Im allgemeinen wünschen Sie sich ein aufregendes und glamouröses Leben, und mit Ihrer Begeisterungsfähigkeit und Ihrer Anziehungskraft scharen Sie oft viele Freunde und Bewunderer um sich. Auf Ihrem Weg nach oben handeln Sie allerdings oft impulsiv und müssen sich vor Unzufriedenheit und Verantwortungslosigkeit hüten.

Auch wenn Sie sehr intelligent sind und sich in origineller Form künstlerisch auszudrücken vermögen, neigen Sie doch dazu, Ihre Energie zu verschleudern, solange Sie Ihren wirklichen Weg im Leben noch nicht gefunden haben. Bis Sie sich endgültig festlegen, lassen Sie sich gern von den Ideen anderer ablenken. Zwar sind Sie entschlossen, schlagfertig und unterhaltsam und besitzen einen scharfen Verstand; dennoch können Sie manchmal kindisch sein oder wollen nicht erwachsen werden. Wenn Sie lernen, Verantwortung zu übernehmen, wird Ihr Leben stabiler werden, und wenn Sie sich um eine reifere Lebenseinstellung bemühen, erhöhen Sie Ihre Erfolgschancen.

Wenn Sie 10 sind und Ihre Sonne in das Zeichen des Stiers eintritt, wächst Ihr Sicherheitsbedürfnis. Sie brauchen verstärkt die Zuneigung anderer und wenden sich mehr praktischen Überlegungen zu. Diese Phase dauert, bis Sie etwa 40 sind, dann erreicht Ihre Sonne das Zeichen der Zwillinge. Nach diesem Wendepunkt gewinnen neue Interessen und Kommunikation für Sie stärkere Bedeutung, und vielleicht wenden Sie sich noch neuen Studien zu. Wenn Sie 70 sind und Ihre Sonne in das Zeichen des Krebses überwechselt, wächst Ihre Sensibilität, und Heim und Familie spielen in Ihrem Leben eine größere Rolle.

Ihr geheimes Selbst

Mit Ihrer Klugheit und Ihrer Ausdruckskraft haben Sie viele Freunde, Interessen und Chancen. Vielleicht gibt es eine Diskrepanz zwischen dem, was Sie wirklich inspiriert, und dem, womit sich Geld verdienen läßt. Da Sie diese verschiedenen Interessen in die unterschiedlichsten Richtungen führen, sollten Sie zielbewußter werden und aufpassen, daß Sie bei Ihrer Lebensplanung nicht zu unentschlossen vorgehen.

Auch wenn Sie sehr unabhängig sein können, sind Ihnen Beziehungen sehr wichtig. Dieses Bedürfnis nach dem engen Zusammensein mit Menschen deutet darauf hin, daß Sie auch gern mit anderen zusammenarbeiten. Unausgeglichenheit führt bei Ihnen zu Ängsten; Sie können aber Ihre wunderbaren intuitiven Fähigkeiten nutzen, um sich davor zu schützen. Lassen Sie sich von ihnen führen und von ihnen zeigen, was Sie im Innersten glücklich macht. Sie sind nicht nur intuitiv und kreativ und entwickeln exzellente Ideen; Sie besitzen auch natürliche Begeisterungsfähigkeit, die Sie bis zum Ende Ihres Lebens nicht verlassen wird.

Beruf & Karriere

Mit Ihren organisatorischen Führungsqualitäten und Ihrem Charisma können Sie Spitzenpositionen in Ihrem Beruf erreichen. Erfolgschancen bieten sich Ihnen vor allem in den Bereichen Verkauf, Verhandlungen, Promotion, Verlagswesen, Werbung, Justiz oder Banken. Mit Ihrem Ehrgeiz fühlen Sie sich vor allem in Führungspositionen oder als Selbständiger wohl. Welche Sparte Sie auch wählen, Ihre Gabe, mit Menschen umzugehen, wird auf Ihrem Weg nach oben eine große Rolle spielen und macht Sie noch zusätzlich wettbewerbsorientiert. Ihr Bedürfnis nach Selbstverwirklichung und Ihr Sinn für Pragmatik können Sie aber auch in die Welt der Kunst oder Unterhaltung führen.

Berühmte Persönlichkeiten dieses Tages sind der Journalist Joseph Pulitzer, der Homöopath Samuel Hahnemann und die Schauspieler Omar Sharif und Steven Seagal.

Numerologie

Sie streben im allgemeinen große Ziele an, und meist haben Sie auch Erfolg damit. Allerdings sollten Sie etwas mehr Geduld und Entschlußkraft entwickeln. Sie sind energisch und originell und stehen zu Ihren Überzeugungen, auch wenn Sie von denen anderer abweichen. Ihr Pioniergeist treibt Sie dazu, weite Reisen zu unternehmen, meist im Alleingang. Sie müssen lernen, daß sich die Welt nicht nur um Sie dreht, sich vor Selbstsucht und Despotismus hüten. Erfolg und Leistung sind wichtig für Sie, und oft streben Sie leitende Positionen in Ihrem Beruf an. Der Untereinfluß der Monatszahl 4 führt dazu, daß Sie rastlos und unternehmungslustig sind. Geben Sie nicht zu leicht auf, und nehmen Sie Ihre Verantwortung ernst. Finden Sie Stabilität in Situationen des Wandels, und versuchen Sie, nicht in Monotonie und Routine zu verfallen.

Positiv: Führungskraft, Kreativität, progressiv, Optimismus, feste Überzeugungen, Wettbewerbsgeist, Unabhängigkeit.

Negativ: Dominanz, Eifersucht, Egoismus, Stolz, Feindseligkeit, Labilität, Ungeduld.

Liebe & Zwischenmenschliches

Da Sie jugendlich, lebhaft und von Natur aus charismatisch sind, haben Sie keine Probleme, Freunde zu finden. Sie sind begeisterungsfähig und unterhaltsam und damit ein wundervoller Gesellschafter. Mit Ihrer Abenteuerlust und Ihrem Wagemut führen Sie ein sehr aktives soziales Leben. Vielleicht sollten Sie aber Ihre Freunde sorgfältiger aussuchen; sonst treffen Sie voreilige Entscheidungen, die Sie später bereuen. Im allgemeinen aber finden Menschen mit diesem Geburtstag die richtigen Ehepartner und fühlen sich in engen Beziehungen sehr wohl.

Ihr Partner

Stabilität und dauerhaftes Glück finden Sie am ehesten bei den Menschen, die an folgenden Tagen geboren wurden:
Liebe & Freundschaft: 6., 8., 14., 15., 23., 26., 28. Jan., 4., 10., 12., 13., 21., 24., 26. Feb., 2., 10., 12., 19., 22., 24. März, 8., 14., 17., 20., 22. April, 6., 15., 16., 18., 20. Mai, 4., 13., 16., 18. Juni, 2., 11., 14., 16., 20. Juli, 1., 9., 12., 14., 22. Aug., 7., 10., 12., 24. Sept., 5., 8., 10., 26. Okt., 3., 6., 8., 28. Nov., 1., 4., 6., 30. Dez.
Günstig: 9., 12. Jan., 7., 10. Feb., 5., 8. März, 3., 6. April, 1., 4. Mai, 2., 30. Juni, 28. Juli, 26., 30., 31. Aug., 24., 28., 29. Sept., 22., 26., 27. Okt., 20., 24., 25. Nov., 18., 22., 23., 29. Dez.
Schicksalhaft: 12., 13., 14., 15. Okt.
Problematisch: 11., 13., 29. Jan., 9., 11. Feb., 7., 9., 30. März, 5., 7., 28. April, 3., 5., 26., 31. Mai, 1., 3., 24., 29. Juni, 1., 22., 27. Juli, 20., 25. Aug., 18., 23., 30. Sept., 16., 21., 28. Okt., 14., 19., 26. Nov., 12., 17., 24. Dez.
Seelenverwandt: 12., 29. Jan., 10., 27. Feb., 8., 25. März, 6., 23. April, 4., 21. Mai, 2., 19. Juni, 17. Juli, 2., 15. Aug., 13. Sept., 11. Okt., 9. Nov., 7. Dez.

11. April

SONNE: WIDDER
DEKADE: SCHÜTZE/JUPITER
GRAD: 20°30' – 21°30' WIDDER
ART: KARDINALZEICHEN
ELEMENT: FEUER

Fixstern

Name des Sterns: Baten Kaitos, auch Cetus oder Zeta Ceti genannt
Gradposition: 20°57' – 21°49' Widder zwischen den Jahren 1930 und 2000
Magnitude: 3,5 – 4
Stärke: *****
Orbit: 1°30'
Konstellation: Zeta Ceti
Tage: 10., 11., 12., 13. April
Sternqualitäten: Saturn
Beschreibung: topasgelber Stern im Körper des Walfischs.

Einfluß des Hauptsterns

Der Einfluß des Baten Kaitos sorgt für Vorsicht, Ernst und Aufrichtigkeit. Außerdem verleiht er Verantwortungsbewußtsein, Zielstrebigkeit und die Fähigkeit, große Herausforderungen zu meistern. Häufig arbeiten Menschen unter seinem Einfluß gern allein und werden schnell ungeduldig, wenn sie sich eingeschränkt fühlen.

Im Zusammenhang mit dem Stand Ihrer Sonne sorgt dieser Stern dafür, daß Sie lernen müssen, sich wechselnden Lebensumständen anzupassen, da es bei Ihnen zu Veränderungen des Lebensstils und Schicksals kommen kann. Immer dann, wenn Sie denken, daß sich der Wirbel gelegt hat, beginnt der Aufruhr von neuem. Wenn Sie unter dem Einfluß dieses Sterns stehen, kommt es im allgemeinen zu vielen Reisen oder zu berufsbedingtem Wohnsitzwechsel.

- Positiv: Rücksicht, Bescheidenheit, Hingabe, Fleiß, Ausdauer.
- Negativ: Melancholie, Egoismus, Labilität.

♈ Voller Inspiration und Erfolgsstreben, sind Sie an einem glücklichen Tag geboren, der Wohlstand und Erfolg verspricht. Allerdings müssen Sie ein wenig Selbstdisziplin und Arbeitseifer entwickeln, wenn Sie von den Vorzügen dieses Tages profitieren wollen. Als Widder sind Sie entschlossen und ehrgeizig, besitzen Intuition und haben einen Sinn für feste Werte. Ihr Planet Mars verleiht Ihnen Mut, dynamischen Antrieb und Abenteuerlust. Andere akzeptieren Ihren natürlichen Führungsanspruch und Ihr angeborenes Potential, Ideen und Projekte zu entwickeln und umzusetzen.

Der Untereinfluß des Schützen, Ihres Dekadenzeichens, führt dazu, daß Sie optimistisch sind und schnell erfassen, wenn sich Ihnen Chancen bieten. Allerdings sollten Sie keine unnötigen Risiken eingehen, sich in zu vielen Projekten verzetteln oder sich gedankenlos in zweifelhafte Aufgaben stürzen.

Wohlstand und materielle Errungenschaften bedeuten Ihnen viel, und manchmal haben Sie einen extravaganten Lebensstil. Achten Sie darauf, daß materialistische Überlegungen in Ihrem Leben nicht die Oberhand gewinnen und Sie auf der Suche nach finanzieller Sicherheit nicht rücksichtslos werden. Leicht werden Sie von Rastlosigkeit erfaßt, was Sie von einer Beschäftigung zur nächsten hasten und dabei Ihre Energie vergeuden läßt.

Wenn Sie 9 sind und Ihre Sonne in das Zeichen des Stiers tritt, wächst Ihr Bedürfnis nach materieller Sicherheit und finanzieller Stabilität. In den folgenden dreißig Jahren verspüren Sie den Drang, ein starkes Fundament zu errichten, und vertreten eine pragmatische Lebensauffassung. Ende Dreißig verschieben sich bei Ihnen die Prioritäten erneut, wenn Ihre Sonne in das Zeichen der Zwillinge wechselt. Ab diesem Zeitpunkt werden Ihnen zwischenmenschliche Beziehungen wichtiger, und Sie erkennen die Bedeutung von Kommunikation. Wenn Sie 69 sind und Ihre Sonne in das Zeichen des Krebses wechselt, legen Sie mehr Wert auf emotionale Angelegenheiten und auf Heim und Familie.

Ihr geheimes Selbst

Sie lernen schnell, daß Geld Macht bedeutet, und können sehr karriereorientiert sein. Sie sind gern beschäftigt, und Ihr Leben ist stets voller Aktivität. Da Sie auch ausgezeichnetes organisatorisches Talent besitzen, können Sie andere leicht für Ihre Projekte einspannen und sie mit viel positiver Energie motivieren. Allerdings sollten Sie darauf achten, daß Sie trotz ständiger Beschäftigung noch die Zeit finden, innezuhalten und über die tiefgründigeren Dinge des Lebens nachzudenken. Mit Ihrer inneren Noblesse und Ihrem Sinn für Wirkung sollten Sie sich nicht mit monotoner Plackerei zufriedengeben, sondern eine Machtposition anstreben. Sie sind von Natur aus sehr gut als Vermittler zwischen den verschiedensten Interessengruppen geeignet. Auf Ihre Mitmenschen wirken Sie selbstbewußt und ziemlich großartig, wenn es um die Verwirklichung Ihrer Vorstellungen geht. Sie müssen sich vor Selbstsucht hüten, die Sie oft bewußt entwickeln; Sie sind so mit Ihren eigenen Projekten beschäftigt, daß Sie nicht mehr richtig wahrnehmen, was um Sie herum vor sich geht. Ihre außergewöhnliche Großzügigkeit und Ihr guter Wille machen diesen Makel aber leicht wett.

Beruf & Karriere

Da Sie nicht gern Befehle annehmen, müssen Sie lernen zu delegieren, um so eine leitende Position zu erreichen. Ihr natürlicher Geschäftssinn und Ihre Gabe, Ihren Charme einzuschalten, wenn es nötig ist, versprechen finanziellen Erfolg, vor allem in den Bereichen Verkauf und Marketing, Dienstleistung oder Gastronomie. Sie bevorzugen einen Beruf, bei dem Sie mit Menschen zu tun haben. Ihre Fähigkeit, in großem Maßstab zu denken, befähigt Sie auch zu Berufen wie Manager, Unternehmer, Richter, Banker oder aber für Bereiche wie Verwaltung, Kirche oder öffentlicher Dienst. Die altruistische Seite Ihrer Persönlichkeit macht Sie auch für Lehr- oder Beraterberufe geeignet. Viele Philanthropen und Kunstmäzene sind an Ihrem Geburtstag geboren.

Berühmte Persönlichkeiten dieses Tages sind Ethel Kennedy, der Designer Oleg Cassini, der Politiker Dean Acheson und der Filmproduzent Bernd Eichinger.

Numerologie

Die besonderen Schwingungen der Hauptzahl 11 sorgen dafür, daß Ihnen Idealismus, Inspiration und Innovation viel bedeuten. Eine Mischung aus Bescheidenheit und Selbstvertrauen treibt Sie dazu, in materieller wie in spiritueller Hinsicht an strenger Selbstbeherrschung zu arbeiten. Durch Erfahrung lernen Sie, wie Sie beide Seiten Ihrer Persönlichkeit unter einen Hut bekommen. Wenn Sie Ihren Gefühlen vertrauen, kommen Sie auch zu mehr Ausgeglichenheit. Im allgemeinen sind Sie sehr lebhaft, müssen sich aber vor Überängstlichkeit und Ungeschicklichkeit hüten. Der Untereinfluß der Monatszahl 4 führt dazu, daß Sie praktisch veranlagt und rücksichtsvoll sind und eine fürsorgliche und verständnisvolle Art haben. Wenn Sie Ihre Ideen mit Ihrem praktischen Geschick verknüpfen, können Sie originelle Konzepte entwickeln. Obwohl Sie großzügig und kooperativ sind, sind Sie manchmal auch ungeduldig und impulsiv. Hüten Sie sich davor, egoistisch oder destruktiv zu werden, und nehmen Sie sich die Zeit, in aller Ruhe über Situationen nachzudenken. Versuchen Sie nicht, Probleme übers Knie zu brechen.

Positiv: Ausgeglichenheit, Konzentration, Objektivität, Begeisterungsfähigkeit, Spiritualität, Idealismus, direkte Art, Erfindungsgeist, künstlerische Talente, Heilkraft, Glaube, mediale Fähigkeiten.

Negativ: Überlegenheitskomplex, Unaufrichtigkeit, Ziellosigkeit, leicht beleidigt, Übererregbarkeit, Selbstsucht, Dominanz.

Liebe & Zwischenmenschliches

Ihre charismatische Art, mit der Sie sich schnell beliebt machen, eröffnet Ihnen zahlreiche zwischenmenschliche Chancen, auch in der Liebe. Sie sind ein treuer Freund, der denen, die er liebt, viel von sich zu geben bereit ist. Ihr Hang zur Rastlosigkeit und emotionalen Unzufriedenheit verlangt, daß Sie viel Abwechslung brauchen. Da Ihre Gefühle stark sind, lassen Sie sich gelegentlich von Ihren Leidenschaften überwältigen. Möglicherweise verspüren Sie eine Diskrepanz zwischen Ihrem starken Bedürfnis nach Liebe und Ihrem Wunsch nach materieller Sicherheit. Meist suchen Sie die Gesellschaft von ehrgeizigen und unabhängigen Menschen und verlangen auf emotionaler Ebene nicht viel.

Ihr Partner

Einen Liebespartner oder Freunde werden Sie mit großer Wahrscheinlichkeit unter den an den folgenden Tagen geborenen Menschen finden:

Liebe & Freundschaft: 6., 15., 16., 29., 31. Jan., 4., 13., 14., 27., 29. Feb., 2., 11., 25., 27. März, 9., 10., 23., 25. April, 7., 21., 23. Mai, 5., 19., 21. Juni, 3., 17., 19., 30. Juli, 1., 10., 15., 17., 28. Aug., 13., 15., 26. Sept., 11., 13., 24. Okt., 9., 11., 22. Nov., 7., 9., 20. Dez.

Günstig: 13., 15., 19. Jan., 11., 13., 17. Feb., 9., 11., 15. März, 7., 9., 13. April, 5., 7., 11. Mai, 3., 5., 9. Juni, 1., 3., 7., 29. Juli, 1., 5., 27., 31. Aug., 3., 25., 29. Sept., 1., 23., 27. Okt., 21., 25. Nov., 19., 23. Dez.

Schicksalhaft: 30. Mai, 28. Juni, 26. Juli, 24. Aug., 22. Sept., 13., 14., 15., 20. Okt., 18. Nov., 16. Dez.

Problematisch: 12. Jan., 10. Feb., 8. März, 6. April, 4. Mai, 2. Juni, 31. Aug., 29. Sept., 27., 29., 30. Okt., 25., 27., 28. Nov., 23., 25., 26., 30. Dez.

Seelenverwandt: 2., 28. Jan., 26. Feb., 24. März, 22. April, 20. Mai, 18. Juni, 16. Juli, 14. Aug., 12. Sept., 10. Okt., 8. Nov., 6. Dez.

12. April

SONNE: WIDDER
DEKADE: SCHÜTZE/JUPITER
GRAD: 21°30' – 22°30' WIDDER
ART: KARDINALZEICHEN
ELEMENT: FEUER

Fixstern

Name des Sterns: Baten Kaitos, auch Cetus oder Zeta Ceti genannt
Gradposition: 20°57' – 21°49' Widder zwischen den Jahren 1930 und 2000
Magnitude: 3,5 – 4
Stärke: *****
Orbit: 1°30'
Konstellation: Zeta Ceti
Tage: 10., 11., 12., 13. April
Sternqualitäten: Saturn
Beschreibung: topasgelber Stern im Körper des Walfischs.

Einfluß des Hauptsterns

Der Einfluß des Baten Kaitos sorgt für Vorsicht, Ernst und Aufrichtigkeit. Außerdem verleiht er Verantwortungsbewußtsein, Zielstrebigkeit und die Fähigkeit, große Herausforderungen zu meistern. Häufig arbeiten Menschen unter seinem Einfluß gern allein und werden schnell ungeduldig, wenn sie sich eingeschränkt fühlen.
Im Zusammenhang mit dem Stand Ihrer Sonne sorgt dieser Stern dafür, daß Sie lernen müssen, mit wechselnden Lebensumständen umzugehen, da es bei Ihnen zu Veränderungen des Lebensstils und Schicksals kommen kann. Immer dann, wenn Sie denken, daß sich der Wirbel gelegt hat, beginnt der Aufruhr von neuem. Wenn Sie unter dem Einfluß dieses Sterns stehen, kommt es im allgemeinen zu vielen Reisen oder berufsbedingtem Wohnsitzwechsel.
- Positiv: Rücksicht, Bescheidenheit, Hingabe, Fleiß, Ausdauer.
- Negativ: Melancholie, Egoismus, Labilität.

♈ Mit Ihrer dynamischen Persönlichkeit und Ihrer Spontaneität führen Sie ein ereignisreiches Leben. Sie sind zwar idealistisch und optimistisch, besitzen aber dennoch einen ausgeprägten Sinn für materielle Werte. Als Widder sind Sie ehrgeizig und abenteuerlustig, aber auch großzügig und liebenswürdig. Durch den Untereinfluß des Schützen, Ihres Dekadenzeichens, reisen Sie gerne und sind vielleicht auch beruflich im Ausland erfolgreich. Sie brauchen ständige Expansion, ob in materieller oder geistiger Hinsicht, um geistig wach und interessiert zu bleiben.

Obwohl Sie aufgrund von Selbstdisziplin und harter Arbeit im allgemeinen keine finanziellen Probleme haben, bringt Sie doch Ihre großzügige Art hin und wieder in Schwierigkeiten. Ironischerweise – auch dies hängt mit Ihrem Geburtsdatum zusammen – haben Sie zeitweise schier unglaubliches Glück, dann wieder verläßt Sie Intuition und Glück gleichermaßen. Von Natur aus klug, tolerant und objektiv, können Sie Ihre Phantasie und Individualität nutzen, um hoffnungslose Situationen in Erfolgsgeschichten zu verwandeln; diese Gaben sollten Sie sich niemals von anderen beeinträchtigen lassen. Dennoch könnten Sie durchaus von den Ansichten Ihrer Mitmenschen profitieren und müssen sich vor Draufgängertum oder Risikofreude hüten. Wenn Sie etwas mehr Zurückhaltung üben und Ihre Ziele vorsichtiger ansteuern, werden Sie garantiert zu Erfolg gelangen.

Wenn Sie 8 sind, tritt Ihre Sonne in das Zeichen des Stiers, und es beginnt eine dreißigjährige Phase, in der Ihnen Praktisches, materielle Stabilität und Status sehr wichtig sind. Zu einem weiteren Wendepunkt kommt es, wenn Sie 38 sind. Jetzt tritt Ihre Sonne in das Zeichen der Zwillinge, und Sie legen mehr Wert auf Bildung, Studium und Kommunikation mit Ihrer Umwelt. Im Alter von 68 Jahren wechselt Ihre Sonne in das Zeichen des Krebses, und Sie messen Ihren eigenen emotionalen Bedürfnissen sowie Heim und Familie mehr Bedeutung zu.

Ihr geheimes Selbst

Sie können Menschen und Dinge gut einschätzen und besitzen einen Instinkt für Geld. Dennoch kann Ihre finanzielle Situation erst einmal gewisse Fluktuationen durchmachen, bevor sie sich stabilisiert. Sie sollten lernen, zu sparen oder langfristig zu investieren, damit Sie sich weniger Sorgen ums Geld machen müssen.

Sie besitzen eine starke Persönlichkeit und nehmen ungern untergeordnete Positionen ein. In Gruppen, wo Sie eine wichtige Rolle spielen können, fühlen Sie sich sehr wohl. Sorgen Sie dafür, daß Ihre Arbeit abwechslungsreich ist, sonst beginnen Sie sich schnell zu langweilen und werden rastlos. Da Sie über große intellektuelle Kraft verfügen, können Sie Ihren Fähigkeiten vertrauen und auf neue Erfolge zusteuern, wenn die Zeichen günstig stehen. Gehen Sie aber keine unnötigen Risiken ein. Achten Sie darauf, daß Sie bei all Ihrer Autorität und Ihren Führungsqualitäten nicht herrisch und dominant werden. Dennoch können sich andere stets auf Sie verlassen, da Sie nicht nur pflichtbewußt und zuverlässig, sondern auch stolz auf Ihre Arbeit sind und in Ihren Pflichten Erfüllung finden.

Beruf & Karriere

Ihre Klugheit und Objektivität garantieren Ihnen, daß Sie mit Disziplin und Entschlossenheit in jedem beruflichen Bereich erfolgreich sind. Mit Ihren Führungsqualitäten wünschen Sie sich entweder Positionen mit Autorität oder wollen wenigstens nach eigenem Rhythmus arbeiten, etwa als Lehrer, Dozent oder Selbständiger. Mit diesem Geburtstag können Sie aber auch im Showbusineß oder in der Kunst erfolgreich sein. Da Sie klug, liberal und humanitär denkend sind, fühlen Sie sich vielleicht auch zu Berufen in der Wohlfahrt, Naturwissenschaft oder Heilbranche hingezogen. Da Sie gut schätzen können, zieht es die pragmatische Seite Ihrer Persönlichkeit vielleicht auch in Richtung Banken oder Wirtschaft.

Berühmte Persönlichkeiten dieses Tages sind der Politiker Joschka Fischer, der Jazzpianist Herbie Hancock, der Schauspieler und Sänger Herbert Grönemeyer und der Indianerführer Dennis Banks.

Numerologie

Im allgemeinen sind Sie intuitiv, hilfreich und liebenswürdig und besitzen gutes logisches Denkvermögen. Da Sie echte Individualität anstreben, sind Sie oft auch innovativ. Von Natur aus verständnisvoll und sensibel, kommen Sie mit Takt und Kooperationsbereitschaft stets ans Ziel. Wenn es Ihnen gelingt, zwischen Ihrem Bedürfnis nach Selbstverwirklichung und Ihrer altruistischen Art ein Gleichgewicht herzustellen, finden Sie emotionale Befriedigung und persönliche Erfüllung. Vielleicht müssen Sie dafür aber den Mut finden, auf eigenen Füßen zu stehen, Selbstbewußtsein entwickeln und lernen, sich nicht zu leicht von anderen entmutigen zu lassen. Der Untereinfluß der Monatszahl 4 führt dazu, daß Sie fleißig und intelligent sind. Sie sind zwar meist großzügig und freundlich, müssen aber mehr Geduld und Ausdauer oder mehr Praxisbezogenheit zeigen. Wenn Sie positiv eingestellt und voller Selbstvertrauen sind, können Sie Ihre analytischen Fähigkeiten wunderbar nutzen, um Probleme zu lösen. Schreiben Sie Ihre Gedanken und Ideen auf, um schwierige Situationen klarzustellen, und verfolgen Sie sie weiter, trotz Hindernissen. Der Erfolg stellt sich ein, wenn Sie verantwortungsbewußter und kompromißbereiter werden.

Positiv: Kreativität, Attraktivität, Initiative, Disziplin, fördert sich und andere.

Negativ: eigenbrötlerisch, exzentrisch, unkooperativ, überempfindlich, mangelndes Selbstbewußtsein.

Liebe & Zwischenmenschliches

Sie können ein geistreicher und unterhaltsamer Gesellschafter sein und haben somit keine Probleme, Freunde und Bewunderer zu finden. Da Sie einen beweglichen Geist haben, brauchen Sie die Gesellschaft geistig anregender Menschen, die Ihnen intellektuell Paroli bieten können. Obwohl Sie im allgemeinen verständnisvoll und gutherzig sind, durchleben Sie auch Phasen der Enttäuschung und der übertriebenen Ernsthaftigkeit, die Ihre Beziehungen belasten können. Nutzen Sie Ihr diplomatisches und psychologisches Talent, um schwierige Situationen zu meistern. Am glücklichsten sind Sie, wenn Sie mit Gleichgesinnten zusammen sind, mit denen Sie sich auf humorvolle Weise austauschen können.

Ihr Partner

Sie finden Ihren Partner am besten unter den Menschen, die an folgenden Tagen geboren sind:

Liebe & Freundschaft: 6., 16., 25. Jan., 4., 14. Feb., 2., 12., 28., 30. März, 10., 26., 28. April, 8., 24., 26., 30. Mai, 6., 22., 24., 28. Juni, 4., 20., 22., 26., 31. Juli, 2., 18., 20., 24., 29. Aug., 16., 18., 22., 27. Sept., 14., 16., 20., 25. Okt., 12., 14., 18., 23. Nov., 3., 10., 12., 16., 21. Dez.

Günstig: 9., 14., 16. Jan., 7., 12., 14. Feb., 5., 10., 12. März, 3., 8., 10. April, 1., 6., 8. Mai, 4., 6. Juni, 2., 4. Juli, 2. Aug., 30. Sept., 28. Okt., 26., 30. Nov., 24., 28., 29. Dez.

Schicksalhaft: 21. Jan., 19. Feb., 17. März, 15. April, 13. Mai, 11. Juni, 9. Juli, 7. Aug., 5. Sept., 3., 14., 15., 16. Okt. 1. Nov.

Problematisch: 4., 13., 28. Jan., 2., 11., 26. Feb., 9., 24. März, 7., 22. April, 5., 20. Mai, 3., 18. Juni, 1., 16. Juli, 14. Aug., 12. Sept., 10., 31. Okt., 8., 29. Nov., 6., 27. Dez.

Seelenverwandt: 15., 22. Jan., 13., 16., 20. Feb., 11., 18. März, 9., 16. April, 7., 14. Mai, 5., 12. Juni, 3., 10. Juli, 1., 4., 8. Aug., 6. Sept., 4. Okt., 2. Nov.

13. April

SONNE: WIDDER
DEKADE: SCHÜTZE/JUPITER
GRAD: 22°30' – 23°30' WIDDER
ART: KARDINALZEICHEN
ELEMENT: FEUER

Fixstern

Name des Sterns: Baten Kaitos, auch Cetus oder Zeta Ceti genannt
Gradposition: 20°57' – 21°49' Widder zwischen den Jahren 1930 und 2000
Magnitude: 3,5 – 4
Stärke: *****
Orbit: 1°30'
Konstellation: Zeta Ceti
Tage: 10., 11., 12., 13. April
Sternqualitäten: Saturn
Beschreibung: topasgelber Stern im Körper des Walfischs.

Einfluß des Hauptsterns

Der Einfluß des Baten Kaitos sorgt für Vorsicht, Ernst und Aufrichtigkeit. Außerdem verleiht er Verantwortungsbewußtsein, Zielstrebigkeit und die Fähigkeit, große Herausforderungen zu meistern. Häufig arbeiten Menschen unter seinem Einfluß gern allein und werden schnell ungeduldig, wenn sie sich eingeschränkt fühlen.

Im Zusammenhang mit dem Stand Ihrer Sonne sorgt dieser Stern dafür, daß Sie lernen müssen, mit wechselnden Lebensumständen umzugehen, da es bei Ihnen zu Veränderungen des Lebensstils und Schicksals kommen kann. Immer dann, wenn Sie denken, daß sich der Wirbel gelegt hat, beginnt der Aufruhr von neuem. Wenn Sie unter dem Einfluß dieses Sterns stehen, kommt es im allgemeinen zu vielen Reisen oder berufsbedingtem Wohnsitzwechsel.

- Positiv: Rücksicht, Bescheidenheit, Hingabe, Fleiß, Ausdauer.
- Negativ: Melancholie, Egoismus, Labilität.

♈ Entschlußfreudigkeit und ein guter Geschäftssinn sind typische Eigenschaften von Menschen, die an diesem Tag geboren wurden. Ihr Planet, der Mars, verleiht Ihnen die Willenskraft des Widders, seine Vitalität und eine befehlsgewohnte Persönlichkeit mit Organisationsfähigkeiten und Führungsqualitäten.

Sicherheit, Machtstreben und der Wunsch nach materiellem Erfolg und Anerkennung sind die motivierenden Kräfte Ihrer dynamischen Natur. Eine gute Ausbildung ist für Ihren Erfolg unerläßlich; entweder geben Sie Wissen an andere weiter, oder Sie verstehen es, Informationen gezielt und produktiv einzusetzen.

Bei Ihrem Streben, ein sicheres Fundament zu bauen, müssen Sie Selbstbeherrschung lernen und sich davor hüten, sich manipulierend und rücksichtslos zu verhalten oder Ihren Materialismus zu weit zu treiben. Wenn Sie all Ihre Energien auf ein lohnendes Projekt konzentrieren, haben Sie die Kraft und Fähigkeit, Großes zu erreichen.

Ihr Wachstum und Ihre Stärke resultieren aus Ihrer Fähigkeit, Schwierigkeiten zu überwinden. Auf Ihrem Weg nach oben sollten Sie vielleicht aber auch Ihren Hang zur Extravaganz, zur Rebellion und Dickköpfigkeit ablegen und Ihr sauer verdientes Geld nicht für überflüssige Dinge ausgeben. Andere bezeichnen Sie als äußerst fleißig; seien Sie aber nicht zu anspruchsvoll.

Nachdem Sie 7 geworden sind und Ihre Sonne in das Zeichen des Stiers tritt, wächst Ihr Bedürfnis nach materieller Stabilität und finanzieller Sicherheit. In den folgenden dreißig Jahren verspüren Sie den Wunsch, ein solides Fundament für das zu errichten, was Sie im Leben erreichen wollen. Wenn Sie 37 sind und Ihre Sonne in das Zeichen der Zwillinge wechselt, entwickeln Sie Interesse für neue Wissensgebiete. Im Alter von 67, wenn Ihre Sonne in das Zeichen des Krebses wechselt, wächst Ihre Sensibilität, und Heim und Familie spielen eine wichtigere Rolle in Ihrem Leben.

Ihr geheimes Selbst

Ihre natürlichen Führungsqualitäten äußern sich in Ihrem Potential, hart zu arbeiten, und Ihrer spirituellen Inspirationsfähigkeit. In beiden Fällen ist das Schlüsselwort Selbstbeherrschung. Sollten Sie den Glauben verlieren, entweder an sich oder Ihre Fähigkeiten, riskieren Sie, gefühlskalt und einsam zu werden. Wenn Sie aber spontan Eingebungen folgen, können Sie mit Ihren enormen Kräften sich und andere beflügeln.

Sie besitzen angeborene Klugheit, die sich auf sehr praktische, ja nüchterne Art offenbart. Eine eher versteckte Seite Ihrer Persönlichkeit sehnt sich nach Alleinsein, Selbstanalyse oder irgendeiner Form der Bildung. Dies steht im Kontrast zu Ihrem Sinn fürs Dramatische, der Sie dazu antreibt, sich intensiv und wettbewerbsbetont darzustellen.

Beruf & Karriere

Ihre dynamische, direkte und geschäftsorientierte Art sorgt dafür, daß Sie auf dem Weg zu Ihrem Ziel nicht viel Zeit verschwenden. Sie lieben Macht, Ordnung und Effizienz, und so sind Sie ein ausgezeichneter Organisierer, Manager, Supervisor oder Unternehmensgründer. Häufig fühlen Sie sich von Bereichen wie Wirtschaft, Justiz und Politik angezogen. Da Sie ungern Untergebener sind und lieber unabhängig arbeiten, eignen Sie sich auch gut für eine selbständige Tätigkeit. Kommunikation in jeder Form sollte stets ein wichtiger Faktor bei Ihrer Arbeit sein.

Berühmte Persönlichkeiten dieses Tages sind der US-Präsident Thomas Jefferson, der Bühnenautor Samuel Beckett, der Schachstar Gary Kasparow, der Sänger Al Green und der Rockmusiker Jack Casady.

Numerologie

Sensibilität der Gefühle, Begeisterungsfähigkeit und Inspiration sind Eigenschaften der Menschen dieses Geburtsdatums. Numerologisch werden Sie mit Ehrgeiz und Fleiß assoziiert; außerdem erreichen Sie viel durch kreative Selbstverwirklichung. Vielleicht müssen Sie mehr Pragmatismus entwickeln, wenn Sie Ihre Ideen in die Tat umsetzen wollen. Ihr originelles und innovatives Herangehen an die Dinge bringt neue und aufregende Ideen hervor, deren Realisierung andere oft sehr beeindruckt. Wenn Sie am 13. geboren wurden, sind Sie ehrlich, romantisch, charmant und lebenslustig, und mit entsprechendem Engagement können Sie zu Wohlstand gelangen. Der Untereinfluß der Monatszahl 4 führt dazu, daß Sie gutes Urteilsvermögen und eine starke individuelle Persönlichkeit besitzen. Sie sind erfinderisch und fleißig, aktiv und voller Energie. Ihre traditionelle Einstellung vereint sich mit einem guten Geschäftssinn und praktischem Geschick. Im Leben folgen Sie einer ganz eigenen, unabhängigen Philosophie. Der Wunsch nach materiellem Erfolg und Macht kann bisweilen andere Aspekte Ihres Charakters überschatten.
Positiv: Ehrgeiz, Kreativität, Freiheitsliebe, Selbstverwirklichung, Initiative.
Negativ: Impulsivität, Unentschlossenheit, tyrannisch, gefühlskalt, rebellisch.

Liebe & Zwischenmenschliches

Sie sind sehr gesellig und verspüren ein starkes Bedürfnis nach Beliebtheit, das dafür sorgt, daß Sie leicht Freundschaften und Bekanntschaften schließen. Kreativität und der Wunsch nach Selbstverwirklichung gehören ebenfalls zu Ihrer lebensfrohen Persönlichkeit. Im allgemeinen sind Sie ein treuer Freund, der seinen Lieben gerne hilft. Obwohl Sie in finanzieller Hinsicht sehr selbstsicher sind, fühlen Sie sich in emotionalen Dingen oft unsicher. In engen Beziehungen plagen Sie Eifersucht oder Unentschlossenheit, solange Sie nicht lernen, mit mehr Abstand an die Dinge heranzugehen, und sich entschließen, nichts zwischen sich und Ihr Glück kommen zu lassen.

Ihr Partner

Ihren passenden Partner finden Sie am ehesten unter den Menschen, die an folgenden Tagen geboren wurden:
Liebe & Freundschaft: 7., 17., 18., 20. Jan., 5., 15., 18. Feb., 3., 13., 16., 29., 31. März, 1., 11., 12., 14., 27., 29. April, 9., 12., 25., 27. Mai, 7., 8., 10., 23., 25. Juni, 5., 8., 21., 23. Juli, 3., 4., 6., 19., 21. Aug., 1., 4., 17., 19. Sept., 2., 15., 17. Okt., 13., 15., 30. Nov., 11., 13., 28. Dez.
Günstig: 15., 17., 28. Jan., 13., 15., 26. Feb., 11., 13., 24. März, 9., 11., 22. April, 7., 9., 20. Mai, 5., 7., 18. Juni, 3., 5.,16. Juli, 1., 3., 14. Aug., 1., 12. Sept., 10., 29. Okt., 8., 27. Nov., 6., 25. Dez.
Schicksalhaft: 5. Jan., 3. Feb., 1. März, 16., 17., 18. Okt.
Problematisch: 4., 5., 14. Jan., 2., 3., 12. Feb., 1., 10. März, 8., 30. April, 6., 28. Mai, 4., 26. Juni, 2., 24. Juli, 22. Aug., 20. Sept., 18. Okt., 16. Nov., 14. Dez.
Seelenverwandt: 2. Jan., 29. März, 27. April, 25. Mai, 23. Juni, 21. Juli, 5., 19. Aug., 17. Sept., 15. Okt., 13. Nov., 11. Dez.

SONNE: WIDDER
DEKADE: SCHÜTZE/JUPITER
GRAD: 23°30' – 24°30' WIDDER
ART: KARDINALZEICHEN
ELEMENT: FEUER

Fixsterne

Ihre Sonne ist zwar nicht mit einem Fixstern verbunden, sicherlich aber einer der anderen Planeten Ihres Sonnenzeichens. Wenn Sie sich ein Geburtshoroskop erstellen lassen, lernen Sie die exakte Position der Planeten an Ihrem Geburtstag kennen. Auf diese Weise können Sie feststellen, welche der Fixsterne in diesem Buch für Sie von Interesse sind.

14. April

Optimistisch und idealistisch, aber auch ungeduldig und rastlos, sind Sie ein dynamischer Widder mit einer anziehenden Persönlichkeit und viel Lebenslust. Durch den Untereinfluß des Schützen, Ihres Dekadenzeichens, sind Sie direkt und unverblümt und besitzen viel Ehrgeiz. Allerdings sollten Sie sich davor in acht nehmen, vor Begeisterung überzusprudeln oder zwanghaft zu handeln. Auch wenn Sie verantwortungsbewußt sind, einen noblen Charakter besitzen und an Gerechtigkeit und Fairneß glauben, neigen Sie dazu, sich und andere nur nach ihrem Stand auf der Karriereleiter zu beurteilen. Da Sie im Leben viel erreichen wollen, stürmen Sie gern voran und suchen neue Herausforderungen, in dem steten Versuch weiterzukommen.

Die Extreme Ihrer Persönlichkeit offenbaren nicht nur eine strenge Seite, die vor allem bei finanziellen Dingen keinen Spaß versteht, sondern auch eine humanitäre, die mitfühlend und fürsorglich ist. Mit Ihrem Optimismus und Ihrer positiven Lebenseinstellung können Sie viel erreichen. Das Glück wird Ihnen öfter hold sein; trotzdem sollten Sie nichts für selbstverständlich hinnehmen oder dem Zufall überlassen.

Ihr Hang zur Rastlosigkeit und Ungeduld führt dazu, daß Sie gern ein wenig schlampig sind und Details übersehen. Wenn Sie lernen, gründlicher und methodischer zu arbeiten, werden Sie Ihre Aufgaben mit Bravour erledigen und gleichzeitig nicht mehr so schnell frustriert sein, wenn Sie auf Hindernisse stoßen.

Wenn Sie 6 sind und Ihre Sonne in das Zeichen des Stiers tritt, wächst Ihr Bedürfnis nach materieller Stabilität und finanzieller Sicherheit. In den folgenden dreißig Jahren wollen Sie ein solides Fundament für das errichten, was Sie im Leben erreichen wollen. Wenn Sie 36 sind und Ihre Sonne in das Zeichen der Zwillinge tritt, entwickeln Sie neue Ideen und werden verständnisvoller und kommunikativer. Im Alter von 66, wenn Ihre Sonne in das Zeichen des Krebses wechselt, wächst Ihre Sensibilität, und Heim und Familie spielen eine wichtige Rolle in Ihrem Leben.

Ihr geheimes Selbst

Zärtlichkeit und Liebe zu zeigen ist für Sie sehr wichtig. Wie jeder Mensch brauchen Sie Liebe und Anerkennung, aber gerade die hat man Ihnen vorenthalten, wenn Sie den Erwartungen nicht entsprachen. Möglicherweise müssen Sie erst beweisen, inwieweit Sie bereit sind, Ihre eigene Vitalität zu unterdrücken, um die Liebe und Zuwendung zu bekommen, die Sie brauchen und verdienen. Wenn Sie lernen, sich selbst und Ihre Gefühle höher zu bewerten, können Sie emotional unabhängiger werden, ohne dabei gefühlskalt zu wirken. Dies bedeutet auch, daß Sie anderen gegenüber offener sein können, Ihre Verwundbarkeit zeigen und Dinge spontan zulassen können, ohne immer zu versuchen, die Kontrolle zu behalten. Wenn Sie das Leben nehmen, wie es kommt, bekommen Sie genau das, was Sie brauchen.

Beruf & Karriere

Ihr Charme und Ihre Geselligkeit machen Sie für alle Berufe geeignet, die mit Menschen zu tun haben, vor allem weil Sie Arbeit und Vergnügen gut miteinander verbinden können. Ihr Sinn für Dramatik und Ihr Wunsch nach Selbstverwirklichung führen Sie vielleicht auch in die Welt der Kunst, Musik, Schriftstellerei oder des Theaters. Mit Ihren natürlichen Führungsqualitäten sind Sie für Machtpositionen oder selbständige Tätigkeit prädestiniert. Achten Sie aber darauf, daß Rastlosigkeit und Ungeduld nicht die Selbstdisziplin lähmen, die Sie zur Entwicklung Ihres Potentials brauchen. Sie brauchen Freiheit in Ihrer Arbeit, und mit Ihrem guten Geschäftssinn und Ihrer Begeisterungsfähigkeit macht es Ihnen besonderen Spaß, Projekte zu initiieren.

Berühmte Persönlichkeiten dieses Tages sind die Schauspieler Rod Steiger und Sir John Gielgud, der Autor Erich von Däniken, die Schauspielerin Julie Christie, der indische Musiker Ali Akbar Khan und die Countrysängerin Loretta Lynn.

Numerologie

Zu den Eigenschaften der Geburtstagszahl 14 gehören intellektuelles Potential, Pragmatismus und Entschlußfreudigkeit. Obwohl Sie Sicherheit brauchen, treibt Sie die Rastlosigkeit der Zahl 14 ständig an. Sie stürmen voran und suchen neue Herausforderungen, in dem steten Versuch weiterzukommen. Diese innere Unzufriedenheit führt auch dazu, daß Sie Ihr Leben schnell umkrempeln, wenn Ihnen Ihre berufliche oder Ihre finanzielle Situation nicht zusagt. Mit Ihrer raschen Auffassungsgabe erkennen Sie Probleme schnell und lösen sie mit Vergnügen. Der Untereinfluß der Monatszahl 4 sorgt dafür, daß Sie aktiv, wißbegierig und voller Energie sind und praktische Fähigkeiten und großen Erfindungsreichtum haben. Da Sie Führungsqualitäten besitzen und selbständig arbeiten können, lassen Sie sich nicht gern bevormunden oder Anweisungen geben. Aufgrund Ihrer Sensibilität und Intuition müssen Sie zwischen Ihrer idealistischen Seite und Ihrem Wunsch nach materiellem Erfolg den goldenen Mittelweg finden.

Positiv: Entschlossenheit, Fleiß, Glück, Kreativität, Pragmatismus, Phantasie.

Negativ: extreme Vorsicht oder Impulsivität, Labilität, Gedankenlosigkeit, Sturheit.

Liebe & Zwischenmenschliches

Beziehungen mit Ihnen können Quell der Freude, aber auch der Unzufriedenheit sein, da Sie stets zwischen liebevoller Wärme und kalter Zurückgezogenheit schwanken. Dank Ihrem natürlichen Charme und Ihrer Geselligkeit besitzen Sie trotzdem einen großen Freundeskreis, in dem Sie sich großmütig und großzügig geben. Die Liebe zu Kunst und Schönheit weist Ihnen vielleicht einen Weg, Ihre starken Gefühle auszudrücken und Sie so zufrieden und anhaltend begeistert zu halten. Auf diese Weise können Sie Ihre gelegentlich auftretende Gehemmtheit überwinden, die sonst immer wieder Grund für Enttäuschung und Frustration ist. Opfern Sie sich nicht für Menschen auf, die Ihre Treue und Zuwendung nicht verdienen. Möglicherweise fühlen Sie sich auch zu einem Partner hingezogen, der einer anderen Altersgruppe als Sie angehört.

Ihr Partner

Einen Liebespartner werden Sie mit großer Wahrscheinlichkeit unter den an den folgenden Tagen geborenen Menschen finden:

Liebe & Freundschaft: 4., 8., 18., 19., 23. Jan., 2., 6., 16., 17., 21. Feb., 4., 14., 15., 19., 28., 30. März, 2., 12., 13., 17., 26., 28., 30. April, 10., 11., 15., 24., 26., 28. Mai, 8., 9., 13., 22., 24., 26. Juni, 6., 7., 20., 22., 24., 30. Juli, 4., 5., 9., 18., 20., 22., 28. Aug., 2., 3., 7., 16., 18., 20., 26. Sept., 1., 5., 14., 16., 18., 24. Okt., 3., 12., 14., 16., 22. Nov., 1., 10., 12., 14., 20. Dez.

Günstig: 5., 16., 27. Jan., 3., 14., 25. Feb., 1., 12., 23. März, 10., 21. April, 8., 19. Mai, 6., 17. Juni, 4., 15. Juli, 2., 13. Aug., 11. Sept., 9., 30. Okt., 7., 28. Nov., 5., 26., 30. Dez.

Schicksalhaft: 17. Jan., 15. Feb., 13. März, 11. April, 9. Mai, 7. Juni, 5. Juli, 3. Aug., 1. Sept., 17., 18., 19. Okt.

Problematisch: 1., 10., 15. Jan., 8., 13. Feb., 6., 11. März, 4., 9. April, 2., 7. Mai, 5. Juni, 3., 29. Juli, 1., 27. Aug., 25. Sept., 23. Okt., 21. Nov., 19., 29. Dez.

Seelenverwandt: 30. Aug., 28. Sept., 26. Okt., 24. Nov., 22. Dez.

SONNE: WIDDER
DEKADE: SCHÜTZE/JUPITER
GRAD: 24°30' – 25°30' WIDDER
ART: KARDINALZEICHEN
ELEMENT: FEUER

Fixstern

Name des Sterns: Al Perg, auch Kullat Nuti oder Piscium genannt

Gradposition: 25°50' – 26°46' Widder zwischen den Jahren 1930 und 2000

Magnitude: 3,5 – 4

Stärke: *****

Orbit: 1°30'

Konstellation: Eta Piscium

Tage: 15., 16., 17., 18. April

Sternqualitäten: Saturn und Jupiter

Beschreibung: Doppelstern im sogenannten Band des Sternbildes, in der Nähe vom Schwanz des Nördlichen Fisches.

Einfluß des Hauptsterns

Al Perg steht vor allem für Zielstrebigkeit. Erfolg ist unter seinem Einfluß gepaart mit Geduld und Standhaftigkeit, aber auch mit Kampf und Mühe. Erfüllung und Anerkennung erreichen Sie durch Beharrlichkeit und Entschlossenheit. Al Perg bewirkt aber auch, daß Sie häufig mit sich selbst unzufrieden sind oder gereizt auf Ihre Mitmenschen reagieren.

Im Zusammenhang mit dem Stand Ihrer Sonne steht Al Perg für Erfolg, wobei Ihre Kräfte langsam, aber stetig zunehmen. Erfolgversprechend ist für Sie die Arbeit beim Staat oder in der Politik.

- Positiv: Glück im Alleinsein, Pflichtbewußtsein, Freimütigkeit, Aufrichtigkeit.
- Negativ: Unbeständigkeit, Unzufriedenheit, Launenhaftigkeit, emotionale Anspannung, Wankelmütigkeit.

15. April

Sie sind sensibel und charmant, aber auch ehrgeizig und ungestüm und von einer Mischung aus Antrieb und Trägheit geprägt. Als Widder spüren Sie das Bedürfnis nach Wohlstand und Erfolg. Ohne die richtige Motivation aber lassen Sie sich leicht entmutigen, verfallen in Alltagsroutine oder irren ziellos umher, bis irgend jemand oder etwas Ihre Phantasie anspricht.

Der Untereinfluß des Jupiter sorgt sowohl für Chancen und Glück wie auch für eine offene und freimütige Persönlichkeit. Wenn Sie wirklich erfolgreich sein wollen, müssen Sie positiv eingestellt und optimistisch bleiben. Nur durch harte Arbeit, Ausdauer und Entschlossenheit werden Sie Ihre Ziele erreichen.

Aufgrund Ihrer vertrauensvollen und mitfühlenden Art wenden sich andere oft mit der Bitte um Unterstützung an Sie, und während Sie wunderbare Ratschläge erteilen können, fällt es Ihnen oft schwer, selbst zu befolgen, was Sie predigen. Das zeigt, daß Sie dazu neigen, dogmatisch, stur und stolz zu sein.

Zu Ihren zahlreichen Eigenschaften gehören auch organisatorische Fähigkeiten und die Gabe, in großen Maßstäben zu denken. Glück und Erfolg liegen also durchaus in greifbarer Nähe für Sie; dennoch müssen Sie sich wahrscheinlich enorm anstrengen, um sich Ihre Herzenswünsche zu erfüllen.

Wenn Sie 5 sind, tritt Ihre Sonne in das Zeichen des Stiers, und es beginnt eine dreißigjährige Phase, in der Ihnen Pragmatismus, materielle Stabilität und Status sehr wichtig sind. Wenn Sie 35 sind, kommt es zu einem weiteren Wendepunkt; jetzt wechselt Ihre Sonne in das Zeichen der Zwillinge, und Sie legen mehr Wert auf Bildung, Studium und Kommunikation mit Ihrer Umwelt. Vielleicht lernen Sie jetzt auch etwas ganz Neues oder besuchen Weiterbildungskurse. Im Alter von 65 wechselt Ihre Sonne in das Zeichen des Krebses, und Sie messen Ihren eigenen emotionalen Bedürfnissen sowie Heim und Familie mehr Bedeutung zu.

Ihr geheimes Selbst

Tief innerlich sind Sie sehr kreativ und intuitiv, müssen sich aber in acht nehmen, daß diese besonderen Gaben nicht von Ihrem Hang, leicht frustriert zu sein, unterminiert werden. Oft kommt die Enttäuschung daher, daß Sie Menschen anziehen, die sich auf Sie verlassen, aber nicht greifbar sind, wenn Sie selbst einmal Hilfe brauchen. Akzeptieren Sie innere Veränderungen, um mit den äußeren Umständen besser klarzukommen.

Wenn Sie positiv eingestellt sind, sind Sie sehr gesellig und zeigen ein herzliches Interesse an Ihren Mitmenschen. Oft haben Sie einen großen Freundes- und Bekanntenkreis, der Sie als tolerant und großmütig erlebt. Sie lassen sich gerne in die Tragödien anderer hineinziehen, deshalb sollten Sie einen besseren Sinn für Ihre eigenen Ziele entwickeln. Auch wenn ein Teil von Ihnen sich im Alltagstrott ganz wohl fühlt, haben Sie doch ein starkes Bedürfnis nach den schönen Dingen im Leben und lassen sich davon stark motivieren.

Beruf & Karriere

Mit Ihrem ausgeprägten Verstand und Ihrem Talent, die Dinge unverblümt beim Namen zu nennen, zieht es Sie häufig in die Wirtschaft, den Verkauf, in Agenturtätigkeit oder Promotion. Welchen Beruf Sie auch wählen, Sie haben stets den Drang, Neues zu entdecken oder neue Projekte zu initiieren. Ihre Toleranz und Ihr Hang zur Philosophie führen Sie vielleicht auch in Bereiche wie Kirche, Pädagogik oder Justiz. Da Sie gut mit Menschen umgehen und sich vehement für sozial Benachteiligte einsetzen können, möchten Sie sich vielleicht auch für eine gute Sache engagieren. Dank Ihrer Liebe zu Farben, Formen und Harmonie finden Sie möglicherweise in Kunst, Musik oder Theater eine wunderbare Form des Ausdrucks.

Berühmte Persönlichkeiten dieses Tages sind die Sängerin Bessie Smith, der Schriftsteller Jeffrey Archer, Leonardo da Vinci und die Schauspielerinnen Claudia Cardinale und Emma Thompson.

Numerologie

Von der Zahl 15 gehen Vielseitigkeit und Begeisterungsfähigkeit aus. Im allgemeinen sind Sie aufgeweckt und charismatisch. Ihre größten Vorzüge sind Ihr ausgeprägter Instinkt und die Gabe, schnell zu lernen, indem Sie Praxis und Theorie verknüpfen. Sie benutzen Ihre intuitiven Fähigkeiten oft und erkennen Chancen sofort, wenn sie sich bieten. Meist besitzen Sie viel Sinn für Geldangelegenheiten und erhalten dabei gerne Hilfe und Unterstützung von anderen. Obwohl Sie im allgemeinen recht abenteuerlustig sind, brauchen Sie die solide Basis eines festen Zuhauses. Der Untereinfluß der Monatszahl 4 führt dazu, daß Sie praktisch veranlagt und widerstandsfähig sind. Auch wenn Sie durch Ihre Unabhängigkeit und Entschlossenheit stets die Freiheit genießen, die Sie auch brauchen, müssen Sie darauf achten, stets optimistisch und konzentriert zu bleiben. Bei der Sorge um andere zeigen Sie Ihre Stärke, seien Sie aber nicht zu dominant. Obwohl Sie auf andere selbstbewußt und selbstsicher wirken, leiden Sie unter innerer Anspannung und Unsicherheit, was zu Stimmungsschwankungen führen kann. Andererseits sind Sie stolz und resolut, brauchen jedoch die ständige Bestätigung durch andere.

Positiv: Großzügigkeit, Verantwortungsbewußtsein, Freundlichkeit, Kooperationsbereitschaft, Anerkennung, kreative Ideen.

Negativ: Zerrissenheit, mangelndes Verantwortungsbewußtsein, Egozentrik, Angst vor Veränderungen, übermäßige Besorgnis, Unentschlossenheit, Materialismus, Machtmißbrauch.

Liebe & Zwischenmenschliches

Ihre Herzenswärme und Ihre Selbstbewußtheit sorgen dafür, daß Sie stets beliebt sind. Da Ihr Erfolg bei den Menschen von vornherein feststeht, sollten Sie vielleicht nur noch darauf achten, daß Sie sich die richtigen Freunde und Partner aussuchen. Andere machen sich gern von Ihnen abhängig, da sie sich in Ihrer Nähe äußerst wohl fühlen. Behandeln Sie Ihre Freunde aber nicht von oben herab. Heim und Familie spielen bei Ihrer Lebensplanung eine große Rolle, wobei auch die finanzielle Sicherheit gewährleistet sein muß. Sie stellen sehr hohe Ansprüche an Beziehungen und finden es außerordentlich wichtig, zu wissen, daß Sie gebraucht und geschätzt werden.

Ihr Partner

Sie sind großzügig im Geben für die, die Sie lieben, und finden dieselbe Eigenschaft am ehesten unter den Menschen, die an folgenden Tagen geboren sind:
Liebe & Freundschaft: 5., 9., 18., 19. Jan., 3., 7., 16., 17., 18. Feb., 1., 5., 14., 15., 31. März, 3., 12., 13., 29. April, 1., 10., 11., 27., 29. Mai, 8., 9., 25., 27. Juni, 6., 7., 23., 25., 31. Juli, 4., 5., 6., 21., 23., 29. Aug., 2., 3., 19., 21., 27., 30. Sept., 1., 17., 19., 25., 28. Okt., 13., 15., 21., 24. Dez.
Günstig: 1., 6., 17. Jan., 4., 15. Feb., 2., 13. März, 11. April, 9. Mai, 7. Juni, 5. Juli, 3. Aug., 1. Sept., 31. Okt., 29. Nov., 27. Dez.
Schicksalhaft: 17., 18., 19., 20. Okt.
Problematisch: 2., 16. Jan., 14. Feb., 12. März, 10. April, 8. Juni, 6. Juli, 4. Aug., 2. Sept., 30. Dez.
Seelenverwandt: 11., 31. Jan., 9., 29. Feb., 7., 27. März, 5., 25. April, 3., 23. Mai, 1., 21. Juni, 19. Juli, 17. Aug., 15. Sept., 13. Okt., 11. Nov., 9. Dez.

16. April

SONNE: WIDDER
DEKADE: SCHÜTZE/JUPITER
GRAD: 25°30' – 26°30' WIDDER
ART: KARDINALZEICHEN
ELEMENT: FEUER

Fixsterne

Al Perg, auch Kullat Nuti oder Piscium genannt; Vertex, auch «Großer Nebel» genannt

Hauptstern

Name des Sterns: Al Perg, auch Kullat Nuti oder Piscium genannt
Gradposition: 25°50' – 26°46' Widder zwischen den Jahren 1930 und 2000
Magnitude: 3,5 – 4
Stärke: *****
Orbit: 18°30'
Konstellation: Eta Piscium
Tage: 15., 16., 17., 18. April
Sternqualitäten: Saturn und Jupiter
Beschreibung: Doppelstern im sogenannten Band des Sternbildes, in der Nähe vom Schwanz des Nördlichen Fisches.

Einfluß des Hauptsterns

Al Perg steht vor allem für Zielstrebigkeit. Erfolg ist unter seinem Einfluß gepaart mit Geduld und Standhaftigkeit, aber auch mit Kampf und Mühe. Erfüllung und Anerkennung erreichen Sie durch Beharrlichkeit und Entschlossenheit. Al Perg bewirkt aber auch, daß Sie häufig mit sich selbst unzufrieden sind oder gereizt auf Ihre Mitmenschen reagieren.

Im Zusammenhang mit dem Stand Ihrer Sonne steht Al Perg für Erfolg, wobei Ihre Fähigkeiten langsam, aber stetig zunehmen. Erfolgversprechend ist für Sie die Arbeit beim Staat oder in der Politik.
- Positiv: Glück im Alleinsein, Pflichtbewußtsein, Freimütigkeit, Aufrichtigkeit.
- Negativ: Unbeständigkeit, Unzufriedenheit, Launenhaftigkeit, emotionale Anspannung, Wankelmütigkeit.

♈ Vorliebe für Veränderungen und angeborene Ruhelosigkeit sind charakteristisch für diesen Geburtstag. Sie sind ebenso sanftmütig wie ehrgeizig und brennen darauf, Ihren Platz in der Welt einzunehmen. Reisen spielen eine wichtige Rolle in Ihrem Leben, vor allem im Zusammenhang mit beruflichen Aufstiegs- oder Veränderungschancen. Vielleicht genießen Sie aber auch nur ein aktives Leben voller Vielfalt und Aufregung. Als Widder sind Sie voller Selbstvertrauen, ehrgeizig und wagemutig. Der Untereinfluß Ihres Dekadenplaneten Jupiter sorgt dafür, daß Sie progressiv und unternehmungslustig sind. Jupiter bewirkt auch, daß Sie vielleicht eine Position suchen, von der aus Sie andere inspirieren können. Sie besitzen die Gabe, sich voll und ganz auf ein bestimmtes Ziel konzentrieren zu können. Dank Ihrer Freiheitsliebe und Ihrem Bedürfnis nach Selbstverwirklichung überwinden Sie Zeiten der Niedergeschlagenheit sehr schnell. Mit Ausdauer und Entschlossenheit trotzen Sie Schwierigkeiten und werden dabei selbstsicherer. Wenn Sie Ordnung halten und unüberlegte Handlungen vermeiden, können Sie Schwankungen in finanziellen Angelegenheiten vermindern. Sie sind sehr kommunikativ und besitzen einen wachen Verstand und ausgeprägte Intuition, mit deren Hilfe Sie langfristige Vorhersagen treffen können. Wenn Sie lernen, zu sparen und Investitionen zu tätigen, können Sie Gewinne einfahren, vor allem mit ausländischen Immobilien.

Wenn Sie 4 Jahre alt sind, tritt Ihre Sonne in das Zeichen des Stiers, und es beginnt eine dreißigjährige Phase, in der Ihnen Pragmatismus, materielle Stabilität und Status sehr wichtig sind. In dieser Zeit möchten Sie auch ein Fundament für das bauen, was Sie im Leben erreichen wollen. Wenn Sie 34 sind, kommt es zu einem weiteren Wendepunkt; jetzt wechselt Ihre Sonne in das Zeichen der Zwillinge, und Sie legen mehr Wert auf Bildung, Studium und zwischenmenschliche Beziehungen. Vielleicht lernen Sie jetzt auch etwas völlig Neues, entweder als Hobby oder als Beruf. Im Alter von 64 wechselt Ihre Sonne in das Zeichen des Krebses, und Sie messen Ihren eigenen emotionalen Bedürfnissen sowie Heim und Familie mehr Bedeutung zu.

Ihr geheimes Selbst

Gelegentlich leiden Sie unter einer unterschwelligen Unsicherheit, die daher rührt, daß Sie nicht recht wissen, ob Sie die richtigen Entscheidungen treffen. Wenn Sie sich auf Ihre humanitäre Seite verlassen, die die Dinge im Großen sieht, werden Sie feststellen, daß Sie sich eigentlich keine Sorgen machen müssen, solange Sie alles in der richtigen Relation betrachten. Das beste für Sie ist, sich auf Ihre wundervollen Ideen, kreativen Projekte und Ihren Sinn für Humor zu konzentrieren.

Sie haben eine schnelle Auffassungsgabe und ein gutes Auge für Chancen, vor allem in finanzieller Hinsicht. Andererseits müssen Sie sich aufgrund Ihrer Ungeduld und Ihres Wunsches nach schnellem materiellen Erfolg vor Perioden voller Ausschweifungen und Maßlosigkeit hüten. Wenn Sie Ihre Ruhelosigkeit auf etwas konzentrieren, das Sie wirklich interessiert, können Sie genügend inspiriert sein, um äußerst hart zu arbeiten und die Verantwortlichkeiten zu übernehmen, die Ihnen solide Einkünfte einbringen.

Beruf & Karriere

Mit Ihrem Ehrgeiz, Ihrem Bedürfnis nach Abwechslung und Ihren Führungsqualitäten fühlen Sie sich vor allem in leitenden Positionen wohl, bei denen nicht die Routine vorherrscht. Im Idealfall können Sie sowohl Ihren Sinn fürs Praktische als auch Ihre Phantasie einsetzen, etwa als Schriftsteller, Fotograf oder Architekt. Vielleicht interessiert Sie ein internationaler Konzern oder die Welt der Medien. Oder aber Sie arbeiten für wohltätige Zwecke und setzen sich für eine gute Sache ein. Das mutige Entdecken neuer Terrains in Ihrem Job kann Sie zu Höchstleistungen anspornen. Sie bleiben nicht lange in einer Stelle, wenn sie sich nicht schnell als lukrativ erweist, und Sie ziehen Berufe vor, in denen Sie viel reisen können. Ihr Wunsch nach Action führt Sie vielleicht auch in die Welt des Sports.

Berühmte Persönlichkeiten dieses Tages sind die Soulsängerin Dusty Springfield, der Musiker Henry Mancini, der Schriftsteller Kingsley Amis und die Schauspieler Sir Peter Ustinov und Charlie Chaplin.

Numerologie

Mit der Zahl 16 sind Sie bedächtig, sensibel und liebenswürdig. Obwohl Sie einen analytischen Verstand besitzen, beurteilen Sie Situationen und Menschen oft aus dem Gefühl heraus. Mit der 16 können Sie leicht in eine emotionale Zwickmühle zwischen Ihrem Wunsch nach Selbstverwirklichung und der Verantwortung anderen gegenüber geraten. Es kann sein, daß Sie sich für das Weltgeschehen und Politik interessieren. Die Kreativen unter Ihnen besitzen Talent zum Schreiben und erleben hin und wieder richtige «Geistesblitze». Sie sollten aber lernen, nicht so sehr zwischen übersteigertem Selbstvertrauen einerseits und Zweifeln und Unsicherheit andererseits zu schwanken. Der Untereinfluß der Monatszahl 4 führt dazu, daß Sie praktisch und fleißig sind. Gesellig und gruppenorientiert, sind Sie den Gefühlen anderer gegenüber aufgeschlossen und können hilfreich und freundlich sein. Da Sie für die Meinungen anderer empfänglich sind, sollten Sie darauf achten, sich nicht so leicht von ihrer Kritik entmutigen zu lassen. Haben Sie keine Angst vor Veränderungen, und lernen Sie, flexibel zu sein.

Positiv: höhere Bildung, Verantwortungsbewußtsein gegenüber Heim und Familie, Treue, Integrität, Geselligkeit, Kooperationsbereitschaft, Verständnis.

Negativ: übermäßige Besorgnis, Unzufriedenheit, mangelndes Verantwortungsbewußtsein, Rechthaberei, Skepsis, Neigung zum Dramatisieren, Reizbarkeit, Selbstsucht.

Liebe & Zwischenmenschliches

Dank Ihrer guten Menschenkenntnis sind Sie ein lebhafter und amüsanter Gesellschafter. Freundschaft ist Ihnen sehr wichtig, und Sie sind gern mit Menschen zusammen, die Sie inspirieren und mit denen Sie Spaß haben können. Sie stecken voller Ideen und legen viel Wert auf Ihr Image, so daß Ihnen die Meinung Ihrer Mitmenschen viel bedeutet. Im allgemeinen arbeiten Sie hart daran, in Ihren Beziehungen die Harmonie aufrechtzuerhalten, seien Sie aber vorsichtig mit Ungeduld und Launenhaftigkeit, die Ihre zwischenmenschlichen Beziehungen gefährden können. Sie brauchen einen intelligenten Partner, mit dem Sie Ihre Interessen teilen können. Da Sie auch eine sehr jugendliche und verspielte Seite besitzen, müssen Sie möglicherweise größeres Verantwortungsbewußtsein entwickeln.

Ihr Partner

Sicherheit, Freundschaft und Liebe finden Sie am ehesten unter den Menschen, die an folgenden Tagen geboren wurden:

Liebe & Freundschaft: 6., 10., 20., 29. Jan., 4., 8., 18., 27. Feb., 2., 6., 16., 25., 28., 30. März, 4., 14., 23., 26., 28., 30. April, 2., 12., 21., 24., 26., 28., 30. Mai, 10., 19., 22., 24., 26., 28. Juni, 8., 17., 20., 22., 24., 26. Juli, 6., 7., 15., 18., 20., 22., 24. Aug., 4., 13., 16., 18., 20., 22. Sept., 2., 11., 14., 16., 18. Okt., 19., 12., 14., 16., 18. Nov., 7., 10., 12., 14., 16. Dez.

Günstig: 7., 13., 18., 28. Jan., 5., 11., 16., 26. Feb., 3., 9., 14., 24. März, 1., 7., 12., 22. April, 5., 10., 20. Mai, 3., 8., 18. Juni, 1., 6., 16. Juli, 4., 14. Aug., 2., 12., 30. Sept., 10., 28. Okt., 8., 26., 30. Nov., 6., 24., 28. Dez.

Schicksalhaft: 25. Jan., 23. Feb., 21. März, 19. April, 17. Mai, 15. Juni, 13. Juli, 11. Aug., 9. Sept., 7., 19., 20., 21. Okt., 5. Nov., 3. Dez.

Problematisch: 3., 17. Jan., 1., 15. Feb., 13. März, 11. April, 9., 30. Mai, 7., 28. Juni, 5., 26., 29. Juli, 3., 24., 27. Aug., 1., 22., 25. Sept., 20., 23. Okt., 18., 21. Nov., 16., 19. Dez.

Seelenverwandt: 18. Jan., 16. Feb., 14. März, 12. April, 10., 29. Mai, 8., 27. Juni, 6., 25. Juli, 4., 23. Aug., 2., 21. Sept., 19. Okt., 17. Nov., 15. Dez.

SONNE: WIDDER
DEKADE: SCHÜTZE/JUPITER
GRAD: 26°30' – 27°30' WIDDER
ART: KARDINALZEICHEN
ELEMENT: FEUER

Fixsterne

Al Perg, auch Kullat Nuti oder Piscium genannt; Vertex, auch «Großer Nebel» genannt

Hauptstern

Name des Sterns: Al Perg, auch Kullat Nuti oder Piscium genannt
Gradposition: 25°50' – 26°46' Widder zwischen den Jahren 1930 und 2000
Magnitude: 3,5 – 4
Stärke: *****
Orbit: 1°30'
Konstellation: Eta Piscium
Tage: 15., 16., 17., 18. April
Sternqualitäten: Saturn und Jupiter
Beschreibung: Doppelstern im sogenannten Band des Sternbildes, in der Nähe vom Schwanz des Nördlichen Fisches.

Einfluß des Hauptsterns

Al Perg steht vor allem für Zielstrebigkeit. Erfolg ist unter seinem Einfluß gepaart mit Geduld und Standhaftigkeit, aber auch mit Kampf und Mühe. Erfüllung und Anerkennung erreichen Sie durch Beharrlichkeit und Entschlossenheit. Al Perg bewirkt aber auch, daß Sie häufig mit sich selbst unzufrieden sind oder gereizt auf Ihre Mitmenschen reagieren.
Im Zusammenhang mit dem Stand Ihrer Sonne steht Al Perg für Erfolg, wobei Ihre Fähigkeiten langsam, aber stetig zunehmen. Erfolgversprechend ist für Sie die Arbeit beim Staat oder in der Politik.
• Positiv: Glück im Alleinsein, Pflichtbewußtsein, Freimütigkeit, Aufrichtigkeit.
• Negativ: Unbeständigkeit, Unzufriedenheit, Launenhaftigkeit, emotionale Anspannung, Wankelmütigkeit.

17. April

♈ Von Natur aus praktisch veranlagt, aber auch visionär, sind Sie meist optimistisch und ständig für Action bereit. Als Widder sind Sie ein Schnellstarter, doch in Ihrem Streben nach Erfolg müssen Sie sich zeitweise vor Rastlosigkeit und plötzlichem Richtungswechsel in acht nehmen. Der Untereinfluß des Schützen, Ihres Dekadenzeichens, sorgt für eine gewisse Weitsicht, mit der Sie sehr günstige Entscheidungen treffen können. Auf diese Weise ist Ihnen das Glück meist hold, auch in finanzieller Hinsicht. Um aber von diesem Segen profitieren zu können, sollten Sie mehr auf Werte achten, hart arbeiten und Verantwortungsbewußtsein entwickeln. Sie besitzen die Gabe, gut mit schwierigen Situationen fertig zu werden und durch schnelles Erfassen Probleme zu lösen. Auch wenn Sie Hindernisse mit Hilfe Ihrer Entschlossenheit und Vitalität leicht überwinden können, sollten Sie doch eine wohlverdiente Pause einlegen, sobald Sie eine Aufgabe erledigt haben.

Praktisches Geschick, stark ausgeprägte Intuition und die Fähigkeit, sich auf die aktuelle Aufgabe zu konzentrieren, sind nur einige Ihrer vielen Vorzüge. Ihre Arbeit erfüllt Sie mit Stolz, was manchmal auch in Perfektionismus ausarten kann. Ihr Pflichtbewußtsein und Ihre Selbstkontrolle sollten nicht dazu führen, sich übermäßig mit materiellen Dingen zu befassen. Aufgrund Ihrer rationalen und bodenständigen Lebensauffassung sind Sie oft direkt und freimütig; achten Sie darauf, nicht stur oder schroff zu werden.

Wenn Sie 3 sind, tritt Ihre Sonne in das Zeichen des Stiers ein, und es beginnt eine dreißigjährige Phase, in der Pragmatismus, materielle Stabilität und Status sehr wichtig sind. Wenn Sie 33 sind, kommt es zu einem weiteren Wendepunkt; jetzt erreicht Ihre Sonne das Zeichen der Zwillinge, und Sie legen mehr Wert auf Bildung, Studium und Kommunikation. Zu Beginn Ihres siebten Lebensjahrzehnts wechselt Ihre Sonne in das Zeichen des Krebses, und Sie messen Ihren eigenen emotionalen Bedürfnissen sowie Heim und Familie mehr Bedeutung zu.

Ihr geheimes Selbst

Paradoxerweise will ein Teil von Ihnen ein stabiles, sicheres Leben ohne Überraschungen, während ein anderer sich durch vielfältige Aktivitäten vor Langeweile zu schützen versucht. Passen Sie auf, daß Sie nicht in Routine verfallen, wenn Ihr Leben zu ereignislos verläuft, denn die besten Chancen bieten sich Ihnen außerhalb des Alltags mit Familie und Arbeit. Wenn Sie Ihr Bedürfnis nach Aufregung und neuen Erfahrungen unterdrücken, fühlen Sie sich rastlos und ungeduldig, ohne recht zu wissen warum, und neigen zu Realitätsflucht. Da Sie ein aktiver Mensch sind, lernen Sie durch persönliche Erfahrung schneller als durch graue Theorie. Außerdem sind Sie sehr empfindsam und haben ein intuitives Verständnis, das Ihnen den Weg weisen kann. Statt blindlings in verschiedene Richtungen zu rennen, sollten Sie auf diese innere Stimme hören; dann verläuft Ihr Leben reibungsloser.

Beruf & Karriere

Ihr Geburtstag gibt Ihnen ausgezeichnete Voraussetzungen für Handel und Wirtschaft mit. Mit Ihrem natürlichen Sinn fürs Praktische schaffen Sie gern geordnete Strukturen. Einen sorgfältig ausgearbeiteten Plan für Ihre großen Visionen zu haben ist lebensnotwendig. Sie sind sehr gut dafür geeignet, das Geld anderer Leute zu verwalten, aber auch für Import und Export, Bankwesen oder Justiz, für Geschäfte im Ausland und um große

Projekte zu leiten. Sie besitzen außerdem große Geschicklichkeit und Formgefühl. Dank Ihrem Ehrgeiz und Ihrem Verhandlungsgeschick gelingen Ihnen im allgemeinen gute und lukrative Geschäfte. Mit Ihrem Geburtstag geht außerdem einher, daß Sie Interesse an Fakten und Zahlen haben und damit materiellen Erfolg oder eine prominente Stellung als Forscher oder Experte erreichen können. Möglicherweise reisen und entdecken Sie auch gern oder nutzen Ihre Feinfühligkeit und Kreativität, um sich in einer künstlerischen Form, etwa durch Musik, auszudrücken.

Berühmte Persönlichkeiten dieses Tages sind der ehemalige sowjetische Staatschef Nikita Chruschtschow, der Schauspieler William Holden, der Industriemanager Ferdinand Piëch, der Bankier J. P. Morgan und der Regisseur Lindsay Anderson.

Numerologie

Als scharfsinniger und unabhängiger Denker profitieren Sie von einer guten Ausbildung. Die Geburtstagszahl 17 bedeutet, daß Sie im allgemeinen Ihr Wissen als Basis nutzen, auf der Sie Ihr spezielles Fachwissen aufbauen. Mit Ihrer reservierten Art und Ihren guten analytischen Fähigkeiten können Sie eine herausragende Position als Forscher oder Experte erreichen. Zurückgezogen und in sich gekehrt, legen Sie oft ein allzu introvertiertes Verhalten an den Tag und lassen sich gern Zeit mit dem, was Sie tun. Wenn Sie mehr kommunikative Fähigkeiten entwickeln, können Sie durch andere sehr viel über sich lernen. Der Untereinfluß der Monatszahl 4 sorgt dafür, daß Sie aber auch liebenswürdig und offen sein können und über gute diplomatische Fähigkeiten verfügen. Wenn Sie sich mehr von Ihrer fürsorglichen und liebevollen Seite zeigen, können Sie vielen Mißverständnissen vorbeugen. Auch wenn Sie Probleme lieber allein lösen, sollten Sie lernen, Ihre Gedanken mit anderen zu teilen und sich in ein Team einzufügen. Hüten Sie sich vor Habgier oder Neid. Ihr Bedürfnis nach Anerkennung zeigt, daß Sie darauf brennen, sich auszudrücken und Ihrem kreativen Geist freien Lauf zu lassen.

Positiv: Rücksicht, gute Planung, Geschäftssinn, finanzieller Erfolg, unabhängiger Denker, Gewissenhaftigkeit, Akkuratesse, Forschergeist, wissenschaftliche Fähigkeiten.

Negativ: Unbeteiligtheit, Einsamkeit, Sturheit, Sorglosigkeit, Launenhaftigkeit, Überempfindlichkeit, Engstirnigkeit, Kritiksucht, Mißtrauen.

Liebe & Zwischenmenschliches

Von Natur aus herzlich und gesellig, ziehen Sie die Menschen mit Ihrem natürlichen Charme an. Dank Ihrer starken Emotionen haben Sie viel Liebe zu geben. Wenn diese Gefühle aber keine positive Ausdrucksform finden, werden Sie launisch oder leicht eingeschnappt. Die Ruhelosigkeit oder Ungeduld, die von Ihrem Geburtstag ausgeht, tritt zutage, wenn Sie sich eingeengt fühlen und mit Ihrer momentanen Lage unzufrieden sind. Emotionale Erfüllung finden Sie, wenn Sie aktiv und abenteuerlustig bleiben. Obwohl Ihre Beziehungen gelegentlich gestört sind, versuchen Sie im allgemeinen, für Harmonie zu sorgen, und geben nicht leicht auf. Dank Ihrer dynamischen und emotionalen Energie aber können Sie sich in jeder Partnerschaft behaupten und bekommen die Hingabe oder Bewunderung, die Sie brauchen.

Ihr Partner

Einen Liebespartner werden Sie mit großer Wahrscheinlichkeit unter den an den folgenden Tagen geborenen Menschen finden:

Liebe & Freundschaft: 7., 11., 22., 24. Jan., 5., 9., 20. Feb., 3., 7., 18., 31. März, 1., 5., 16., 29. April, 3., 14., 27., 29. Mai, 1., 12., 25., 27. Juni, 10., 23., 25. Juli, 8., 10., 21., 23., 31. Aug., 6., 19., 21., 29. Sept., 4., 17., 19., 27., 30. Okt., 2., 15., 17., 25., 28. Nov., 13., 15., 23., 26. Dez.

Günstig: 8., 14., 19. Jan., 6., 12., 17. Feb., 4., 10., 15. März, 2., 8., 13. April, 6., 11. Mai, 4., 9. Juni, 2., 7. Juli, 5. Aug., 3. Sept., 1., 29. Okt., 27. Nov., 25., 29. Dez.

Schicksalhaft: 20., 21., 22. Okt.

Problematisch: 9., 18., 20. Jan., 7., 16., 18. Feb., 5., 14., 16. März, 3., 12., 14. April, 1., 10., 12. Mai, 8., 10. Juni, 6., 8., 29. Juli, 4., 6., 27. Aug., 2., 4., 25. Sept., 2., 23. Okt., 21. Nov., 19. Dez.

Seelenverwandt: 9. Jan., 7. Feb., 5. März, 3. April, 1. Mai, 30. Okt., 28. Nov., 26. Dez.

18. April

SONNE: WIDDER
DEKADE: SCHÜTZE/JUPITER
GRAD: 27°30' – 28°30' WIDDER
ART: KARDINALZEICHEN
ELEMENT: FEUER

Fixsterne

Mirach, auch «Andromedas Gürtel» genannt; Al Perg, auch Kullat Nuti oder Piscium genannt; Vertex, auch «Großer Nebel» genannt

Hauptstern

Name des Sterns: Mirach, auch «Andromedas Gürtel» genannt
Gradposition: 29°17' Widder 0°24' Stier zwischen den Jahren 1930 und 2000
Magnitude: 2
Stärke: ********
Orbit: 2°10'
Konstellation: Beta Andromedae
Tage: 18., 19., 20., 21., 22., 23. April
Sternqualitäten: Neptun und Venus
Beschreibung: rötlich gelber Stern am Gürtel von Andromeda.

Einfluß des Hauptsterns

Mirach verleiht eine sensible, verträumte und idealistische Natur, aber auch einen ausgeprägten Sinn für Ästhetik. Unter seinem Einfluß sind Sie im allgemeinen heiter und charmant, lieben Gesellschaft und streben nach Glück. Der positive Einfluß des Sterns verleiht Ihnen nicht nur Vorstellungskraft und Inspiration, sondern auch künstlerisches Talent. Häufig besitzen Sie spirituelle Fähigkeiten, neigen aber auch zu Tagträumen. Obwohl Sie unter Mirachs Einfluß abenteuerlustig sind, können Sie auch treu und vorausblickend sein. Sie wirken anregend auf Ihre Mitmenschen und finden leicht Freunde. Häufig können Sie auf die Hilfsbereitschaft anderer zählen.
Im Zusammenhang mit dem Stand Ihrer

♈ Sie sind ehrlich und ernsthaft, aber auch vielseitig und originell und suchen oft nach Möglichkeiten, sich auszudrücken. Als Widder sind Sie sowohl entschlossen als auch kreativ und besitzen Charme und eine aufgeschlossene Persönlichkeit. Durch den Untereinfluß des Schützen, Ihres Dekadenzeichens, reisen Sie gern, suchen die unterschiedlichsten Erfahrungen und haben viele Interessen. Derselbe Einfluß kann Sie aber auch dazu bringen, Zeit und Energie zu verschwenden.

Auch wenn Sie sich häufig auf Ihren gesunden Menschenverstand verlassen und die Fähigkeit besitzen, Situationen aus verschiedenen Blickwinkeln zu betrachten, können Sie doch gelegentlich Unentschlossenheit an den Tag legen. Andererseits sind Sie der geborene Stratege, besitzen ausgeprägte Intuition, und wenn Sie mit Problemen konfrontiert werden, finden Sie oft eine ebenso schnelle wie erfinderische Lösung.

Von Natur aus fleißig, methodisch und gründlich, kommen Sie gern schnell zum Kern einer Sache. Verläßlichkeit, Scharfsinn und intellektuelle Flexibilität sind der Grund dafür, daß andere oft Ihre Integrität und Ihren kreativen Verstand bewundern. Bei aller Begeisterung, mit der Sie sich den Problemen des Lebens stellen – seien Sie nicht zu idealistisch oder risikofreudig, nur weil Sie glauben, daß mit einem Neuanfang schon alles wieder gut wird.

Da Ihre Sonne in das Zeichen des Stiers tritt, wenn Sie 2 sind, ist Ihre Kindheit von Pragmatismus und dem Bedürfnis nach materieller Stabilität geprägt. Wenn Sie 32 sind, kommt es zu einem Wendepunkt; jetzt wechselt Ihre Sonne in das Zeichen der Zwillinge, und Sie legen mehr Wert auf Bildung und Kommunikation in allen Lebensbereichen. Im Alter von 62 wechselt Ihre Sonne in das Zeichen des Krebses, und Sie messen Ihren eigenen emotionalen Bedürfnissen sowie Heim und Familie mehr Bedeutung zu.

Ihr geheimes Selbst

Sie haben ein ständiges Bedürfnis nach Sicherheit und Zuwendung. Wenn zum Beispiel Ihre Führungsrolle einer Belastungsprobe unterzogen wird, neigen Sie dazu, Situationen so in die Länge zu ziehen, bis Sie sich wieder sicher fühlen. Wenn Ihre Lieben niedergeschlagen sind, versuchen Sie sie voller Hingabe wieder aufzurichten.

Wenn das Leben langweilig wird und alles nicht so schnell vorwärtsgeht, wie Sie es gern hätten, neigen Sie zu Überängstlichkeit und Nervosität. Es ist aber nur eine Frage der Zeit, bis Ihre fähige und entschlußfreudige Natur wieder in Aktion tritt. Vorübergehende Phasen der Stagnation sind für Sie die Voraussetzung für inneren Frieden; nutzen Sie also diese Zeiten zum Nachdenken und um neue Energien zu tanken.

Beruf & Karriere

Ihr brillanter Verstand und Ihre kommunikativen Fähigkeiten befähigen Sie zu großen Leistungen. Sie sollten sich nur davor hüten, sich zuviel aufzuladen, und nicht an sich zweifeln. Wenn Sie optimistisch sind, sprühen Sie geradezu vor Kreativität, was für jede Art von Beschäftigung von Vorteil ist. Bei künstlerischen Tätigkeiten möchten Sie Ihre originellen und begnadeten Ideen mit anderen teilen. Da Sie gesellig sind und einen guten Geschäftssinn besitzen, eignen Sie sich auch für Berufe, in denen beide Eigenschaften gefragt sind, wie im Bankwesen, Verkauf oder im Immobilienbereich. Ihre philosophische oder humanitäre Seite führt Sie vielleicht in Bereiche wie Kirche oder Wohltätigkeit. Reisen sind sehr wichtig, da sich dadurch viele neue Wege zur Weiterentwicklung öffnen.

Berühmte Persönlichkeiten dieses Tages sind die Schauspielerin Hayley Mills, der Dirigent Leopold Stokowski, der Philanthrop Huntington Hartford und Königin Friederika von Griechenland.

Numerologie

Mit der Zahl 18 werden Entschlossenheit, Energie und Ehrgeiz verbunden. Sie sind aktiv und brauchen Herausforderungen, sind gern beschäftigt und immer in irgendein Projekt verwickelt. Fleiß und Verantwortungsbewußtsein befähigen Sie für Autoritätspositionen. Mit Ihrem ausgeprägten Geschäftssinn und Ihren organisatorischen Fähigkeiten sind Sie gut für die Welt der Wirtschaft geeignet. Da Sie zu Überarbeitung neigen, müssen Sie lernen, sich zu entspannen und Ihr Tempo hin und wieder zu verlangsamen. Die Heilkraft der 18 können Sie nutzen, um anderen zu helfen und gute Ratschläge zu erteilen. Der Untereinfluß der Monatszahl 4 führt dazu, daß Sie tüchtig, nachgiebig und phantasiebegabt sind. Wenn Sie zweifeln, haben Sie Vertrauen und verlassen sich auf Ihren Instinkt. Wenn gelegentlich Ihre Gefühle zu intensiv werden, verlieren Sie nicht die Beherrschung und handeln Sie nicht selbstsüchtig; zeigen Sie Toleranz und Verständnis. Sollten Sie eine Autoritätsposition bekleiden, müssen Sie ehrlich, gerecht und fair sein.

Positiv: progressiv, Energie, Intuition, Mut, Resolutheit, Heilkräfte, Tüchtigkeit, Beraterfähigkeit.

Negativ: unkontrollierte Emotionen, Faulheit, mangelnder Ordnungssinn, Selbstsucht, Unfähigkeit, Arbeiten zu Ende zu führen, Falschheit.

Liebe & Zwischenmenschliches

Dank Ihrer Vielseitigkeit und Kreativität haben Sie viele Freunde und Bekannte. Ihr Charme garantiert Ihnen Erfolg bei allen öffentlichkeitsorientierten Aktivitäten, vor allem aber, wenn es um Selbstverwirklichung geht. Wenn Sie in Liebesdingen aufgeschlossen bleiben, können Sie sehr liebevoll und spontan sein; sind Sie allerdings zu sehr mit Ihren eigenen Angelegenheiten beschäftigt, erscheinen Sie kalt und desinteressiert. Nehmen Sie sich unbedingt hin und wieder Zeit, um auf Ihre innere Stimme zu hören, damit Sie Ihre hohen Ideale nicht aus den Augen verlieren. Außerdem stärken Sie so Ihr Selbstvertrauen und lernen, in Ihren Beziehungen nicht mehr unter Überängstlichkeit wegen Geldangelegenheiten zu leiden.

Sonne macht Sie Mirach oft zu einem begabten Komponisten oder Musiker. Es ist Ihr Ziel, stets Ihre Ideale zu verwirklichen. Allerdings kann Mirachs Einfluß auch dazu führen, daß Sie exzentrisch sind und nicht genügend Selbstvertrauen haben.

- Positiv: Altruismus, scharfer Verstand, Neigung zum Mystizismus, guter Geschmack, künstlerisches Talent, vielseitige Interessen.
- Negativ: geheime schlechte Angewohnheiten, übertrieben romantisch, exzessiver Idealismus.

Ihr Partner

Die Chancen für Liebe und Romantik stehen für Sie am besten bei Menschen, die an folgenden Tagen geboren sind:
Liebe & Freundschaft: 8., 22., 26. Jan., 6., 20., 21., 24. Feb., 4., 18., 22. März, 2., 16., 20., 30. April, 14., 18., 28., 30. Mai, 12., 16., 26., 28. Juni, 10., 14., 24., 26. Juli, 8., 9., 12., 22., 24. Aug., 6., 10., 20., 22., 30. Sept., 4., 8., 18., 20., 28. Okt., 2., 6., 16., 18., 26. Nov., 4., 14., 16., 24. Dez.
Günstig: 9., 20. Jan., 7., 18. Feb., 5., 16., 29. März, 3., 14., 27. April, 1., 12., 25. Mai, 10., 23. Juni, 8., 21. Juli, 6., 19. Aug., 4., 17. Sept., 2., 15., 30. Okt., 13., 28. Nov., 11., 26., 30. Dez.
Schicksalhaft: 27. Jan., 25. Feb., 23. März, 21. April, 19. Mai, 17. Juni, 15. Juli, 13. Aug., 11. Sept., 9., 21., 22., 23. Okt., 7. Nov., 5. Dez.
Problematisch: 2., 10., 19. Jan., 8., 17. Feb., 6., 15. März, 4., 13. April, 2., 11. Mai, 9. Juni, 7., 30. Juli, 5., 28. Aug., 3., 26. Sept., 1., 24. Okt., 22. Nov., 20., 30. Dez.
Seelenverwandt: 15. Jan., 13. Feb., 11. März, 9. April, 7. Mai, 5. Juni, 3. Juli, 1. Aug., 29. Okt., 27. Nov., 25. Dez.

19. April

SONNE: WIDDER
DEKADE: SCHÜTZE/JUPITER
GRAD: 28°30' – 29°30' WIDDER
ART: KARDINALZEICHEN
ELEMENT: FEUER

Fixsterne

Mirach, auch «Andromedas Gürtel» genannt; Vertex, auch «Großer Nebel» genannt

Hauptstern

Name des Sterns: Mirach, auch «Andromedas Gürtel» genannt
Gradposition: 29°17' Widder – 0°24' Stier zwischen den Jahren 1930 und 2000
Magnitude: 2
Stärke: ********
Orbit: 2°10'
Konstellation: Beta Andromedae
Tage: 18., 19., 20., 21., 22., 23. April
Sternqualitäten: Neptun und Venus
Beschreibung: rötlich gelber Stern am Gürtel von Andromeda.

Einfluß des Hauptsterns

Mirach verleiht eine sensible, verträumte und idealistische Natur, aber auch einen ausgeprägten Sinn für Ästhetik. Sie sind im allgemeinen heiter und charmant, lieben Gesellschaft und streben nach Glück. Der positive Einfluß des Sterns verleiht Ihnen nicht nur Vorstellungskraft und Inspiration, sondern auch künstlerisches Talent. Häufig besitzen Sie spirituelle Fähigkeiten, neigen aber auch zu Tagträumen. Obwohl Sie unter Mirachs Einfluß abenteuerlustig sind, können Sie treu und vorausblickend sein. Sie finden leicht Freunde und können auf die Hilfsbereitschaft anderer zählen. Im Zusammenhang mit dem Stand Ihrer Sonne macht Sie Mirach oft zu einem begabten Komponisten oder Musiker. Es ist Ihr Ziel, Ihre Ideale zu

♈ Idealistisch und freundlich, aber auch unternehmungslustig und mit einem Bedürfnis nach Wohlstand, suchen Sie oft Verbindungen, die Ihnen in irgendeiner Form etwas einbringen. Als Widder sind Sie energisch und scharfsinnig und besitzen intuitive Fähigkeiten. Dies bedeutet, daß Sie eine schnelle Auffassungsgabe, Phantasie und Kreativität haben, was Sie ermutigt, die Initiative zu ergreifen. Die große Bedeutung, die Sie aufgrund Ihres Geburtstages Partnerschaften und Beziehungen beimessen, führt dazu, daß Sie, obwohl Sie eine starke und individuelle Persönlichkeit sind, die Kunst des Kompromisses erlernen müssen, damit Sie auch von dem profitieren können, was Ihnen andere zu bieten haben. Der Untereinfluß des Schützen, Ihres Dekadenzeichens, führt dazu, daß Sie optimistisch und erfindungsreich und häufig in der Lage sind, außergewöhnliche Ideen zu entwickeln, die große Gewinne einbringen.

Sie sind meist freundlich und großzügig und haben eine visionäre Lebensauffassung; deshalb sollten Sie sich auch einen Beruf suchen, bei dem Sie viel mit Menschen zu tun haben. Wenn Sie an eine Sache glauben, können Sie sehr überzeugend sein. Im Geschäftsleben haben Sie Begabung für Verkauf und Promotion und können erfolgreich verhandeln.

Wenn Sie 1 Jahr alt sind, tritt Ihre Sonne in das Zeichen des Stiers ein, und es beginnt eine dreißigjährige Phase, in der Pragmatismus, materielle Stabilität und Status sehr wichtig sind. Wenn Sie 31 sind, kommt es zu einem weiteren Wendepunkt; jetzt erreicht Ihre Sonne das Zeichen der Zwillinge, und Sie legen mehr Wert auf Bildung, Kommunikation und neue Interessen. Zu Beginn Ihres siebten Lebensjahrzehnts wechselt Ihre Sonne in das Zeichen des Krebses, und Sie messen Ihren eigenen emotionalen Bedürfnissen sowie Heim und Familie mehr Bedeutung zu.

Ihr geheimes Selbst

Ein inneres Bedürfnis nach Anerkennung treibt Sie zu großen Leistungen, die materiell meßbar sind. Durch eine eigentümliche Mischung aus Idealismus und Sucht nach Geld und Status besitzen Sie die Energie und Entschlossenheit, um zu Wohlstand zu gelangen. Ihre größte Erfüllung finden Sie aber, wenn Sie für andere etwas tun können. Ihr unterschwelliger Traum vom sicheren Hafen des Friedens und der Harmonie spiegelt sich in Ihrem Bedürfnis nach einem festgefügten Zuhause wider, von dem aus Sie Ihre ehrgeizigen Pläne verfolgen können. Vielleicht entwickeln Sie daraus aber auch Talent für Kunst oder Musik, Bereiche, in denen Sie Ihrem stark ausgeprägten universellen Geist Nahrung geben können.

Mit Ihrer hohen Arbeitsmoral und der Erkenntnis, daß man nichts umsonst bekommt, fühlen Sie sich nur wohl, wenn Sie Ihr nächstes Ziel klar vor Augen sehen. Auch wenn Sie gelegentlich finanzielle Ängste verspüren, sehnt sich Ihre idealistische Seite danach, etwas zu tun, was anderen nützt.

Beruf & Karriere

Ihr Fachwissen und Ihre Begeisterungsfähigkeit für neue Projekte führen Sie in die verschiedensten Bereiche. Eine Neigung zu Geschäften und die Fähigkeit, eine Idee oder ein Produkt gut zu verkaufen, von dem Sie überzeugt sind, führen Sie vielleicht in den Verkauf, wo Sie für sich selbst und Ihre Ziele werben können. Am glücklichsten sind Sie, wenn Sie die Führung übernehmen und die Routinearbeit an andere delegieren können. Aufgrund Ihrer Stärke in zwischenmenschlichen Bereichen und Ihrer Gabe, Kontakte herzustellen, sollten Sie in einem Beruf arbeiten, der mit Menschen zu tun hat, etwa in der Öffentlichkeitsarbeit, Werbung oder in einer Agentur. Vielleicht interessieren Sie sich auch für Verhandlungen, etwa im Zusammenhang mit Immobilien oder Kommunikation. Obwohl Sie gern der Chef sind oder selbständig arbeiten, sind Sie sich bewußt, wie wichtig die Zusammenarbeit mit anderen ist.

Berühmte Persönlichkeiten dieses Tages sind der Komiker Dudley Moore, die Designerin Paloma Picasso, der Staatsmann Benjamin Disraeli, der Showmaster Frank Elstner und die Schauspielerin Jane Mansfield.

Numerologie

Als Mensch mit der Geburtstagszahl 19 werden Sie oft als fröhlich, ehrgeizig und menschenfreundlich beschrieben. Sie sind entschlossen und erfinderisch, mit tiefen Einsichten begabt. Die träumerische Seite Ihres Wesens ist sehr mitfühlend, idealistisch und kreativ. Obwohl Sie sehr sensibel sind, werden Sie stark von dem Wunsch angetrieben, jemand zu sein, weshalb Sie sich gern in den Vordergrund spielen. Sie möchten eine ganz individuelle Identität entwickeln. Um dies zu erreichen, müssen Sie zunächst dem sozialen Druck standhalten, den Ihre Umwelt auf Sie ausübt. Auf andere mögen Sie selbstbewußt, widerstandsfähig und erfinderisch wirken, doch aufgrund innerer Anspannung leiden Sie oft an Stimmungsschwankungen. Häufig sind Sie künstlerisch begabt und charismatisch, und die Welt ist da, um von Ihnen erforscht zu werden. Der Untereinfluß der Monatszahl 4 führt dazu, daß Sie zwar pragmatisch und fleißig sind, sich aber konzentrieren und vor Energieverschwendung hüten müssen. Ihr manchmal übertriebener Optimismus kann zu übereilten Handlungen führen. Wenn Sie flexibel, aber selbstsicher sind, können Sie Ihre Führungsqualitäten zeigen, und wenn Sie praktische Fähigkeiten und Phantasie verknüpfen, können Sie Ihre Ideen in die Tat umsetzen.

Positiv: Dynamik, Konzentration, Kreativität, Führungskraft, Glück, progressive Haltung, Optimismus, feste Überzeugungen, Wettbewerbsgeist, Unabhängigkeit, Geselligkeit.

Negativ: Egozentrik, Depression, Überbesorgnis, Angst vor Zurückweisung, Stimmungsschwankungen, Materialismus, Egoismus, Ungeduld.

Liebe & Zwischenmenschliches

Ihre dynamische Kraft sorgt dafür, daß Sie ein aktives gesellschaftliches Leben führen und viele Interessen haben. Sie fühlen sich vor allem von einflußreichen und intelligenten Menschen oder starken Persönlichkeiten angezogen. Allerdings kann es passieren, daß Sie sich in Machtspiele verwickeln lassen oder andere manipulieren, wenn Sie nicht sofort bekommen, was Sie wollen. Andererseits können Sie sehr großmütig und hilfsbereit sein. Außerdem besitzen Sie die glückliche Gabe, überall Freunde zu finden und manche dieser Freundschaften auch in nützliche Geschäftskontakte zu verwandeln.

---

verwirklichen. Allerdings kann Mirachs Einfluß auch dazu führen, daß Sie exzentrisch sind und nicht genügend Selbstvertrauen haben.
- Positiv: Altruismus, scharfer Verstand, Neigung zum Mystizismus, guter Geschmack, künstlerisches Talent, vielseitige Interessen.
- Negativ: geheime schlechte Angewohnheiten, übertrieben romantisch, exzessiver Idealismus.

@05:Ihr Partner

Geistige Anregung und Liebe finden Sie am ehesten unter den Menschen, die an folgenden Tagen geboren sind:
Liebe & Freundschaft: 3., 23. Jan., 11., 21., 23. Feb., 9., 19., 28., 31. März, 7., 17., 26., 29. April, 5., 15., 24., 27., 29., 31. Mai, 3., 13., 22., 25., 27., 29. Juni, 1., 11., 20., 23., 25., 27., 29. Juli, 1., 9., 18., 21., 23., 25., 27. Aug., 7., 16., 19., 21., 23., 25. Sept., 5., 14., 17., 19., 21., 23. Okt., 3., 12., 15., 17., 19., 21. Nov., 1., 10., 13., 15., 17., 19. Dez.
Günstig: 3., 4., 10., 21. Jan., 1., 2., 8., 19. Feb., 6., 17., 30. März, 4., 15., 28. April, 2., 13., 26. Mai, 11., 24. Juni, 9., 22. Juli, 7., 20. Aug., 5., 18. Sept., 3., 16., 31. Okt., 1., 14., 29. Nov., 12., 27. Dez.
Schicksalhaft: 22., 28. Jan., 20., 26. Feb., 18., 24. März, 16., 22. April, 14., 20. Mai, 12., 18. Juni, 10., 16. Juli, 8., 14. Aug., 6., 12. Sept., 4., 10., 23., 24. Okt., 2., 8. Nov., 6. Dez.
Problematisch: 11., 20. Jan., 9., 18. Feb., 7., 16. März, 5., 14. April, 3., 12., 30. Mai, 1., 10., 28. Juni, 8., 26., 31. Juli, 6., 24., 29. Aug., 4., 22., 27. Sept., 2., 20., 25. Okt., 18., 23. Nov., 16., 21. Dez.
Seelenverwandt: 26. Jan., 24. Feb., 22., 30. März, 20., 28. April, 18., 26. Mai, 16., 24. Juni, 14., 22. Juli, 12., 20. Aug., 10., 18. Sept., 8., 16. Okt., 6., 14. Nov., 4., 12. Dez.

SONNE: AN DER GRENZE
WIDDER/STIER
DEKADE: SCHÜTZE/JUPITER
GRAD: 29°30' WIDDER –
0°30' STIER
ART: KARDINALZEICHEN
ELEMENT: FEUER

Fixstern

Name des Sterns: Mirach, auch «Andromedas Gürtel» genannt
Gradposition: 29°17' Widder –
0°24' Stier zwischen den Jahren 1930 und 2000
Magnitude: 2
Stärke: ********
Orbit: 2°10'
Konstellation: Beta Andromedae
Tage: 18., 19., 20., 21., 22., 23. April
Sternqualitäten: Neptun und Venus
Beschreibung: rötlich gelber Stern am Gürtel von Andromeda.

Einfluß des Hauptsterns

Mirach verleiht eine sensible, verträumte und idealistische Natur, aber auch einen ausgeprägten Sinn für Ästhetik. Unter seinem Einfluß sind Sie im allgemeinen heiter und charmant, lieben Gesellschaft und streben nach Glück. Der positive Einfluß des Sterns verleiht Ihnen nicht nur Vorstellungskraft und Inspiration, sondern auch künstlerisches Talent. Häufig besitzen Sie spirituelle Fähigkeiten, neigen aber auch zu Tagträumen. Obwohl Sie unter Mirachs Einfluß abenteuerlustig sind, können Sie treu und vorausblickend sein. Sie wirken anregend auf Ihre Mitmenschen und finden leicht Freunde. Häufig können Sie auf die Hilfsbereitschaft anderer zählen. Im Zusammenhang mit dem Stand Ihrer Sonne macht Sie Mirach oft zu einem begabten Komponisten oder Musiker. Es ist Ihr Ziel, stets Ihre Ideale zu verwirklichen. Allerdings kann Mirachs Einfluß auch dazu führen, daß Sie exzentrisch sind oder nicht genügend Selbstvertrauen haben.

20. April

♈ Geboren an der Grenze zwischen Widder und Stier, besitzen Sie sowohl die Energie und Antriebskraft des Widders wie auch die praktische Entschlußkraft des Stiers. Sie sind ehrgeizig, aber sensibel, haben ein starkes Bedürfnis nach materieller Sicherheit und Aufstieg. Sie müssen einen Mittelweg zwischen Ihrem angeborenen Mitgefühl und einem Hang zu Egoismus und Tyrannei finden.

Der Wunsch nach Erfolg und Sicherheit, der mit Ihrem Geburtstag zusammenhängt, bedeutet auch, daß Sie sich nach Anerkennung anderer sehnen und deshalb freundlich und aufgeschlossen für sie sein können. Ihre Anziehungskraft hilft Ihnen, frühe Rückschläge zu überwinden, und Ihre intuitive Kraft kommt Ihnen dabei häufig zu Hilfe. Dank dieser Eigenschaften können Sie Situationen rasch und präzise erfassen. Obwohl Sie freundlich und offen sind, vertragen Sie schlecht Kritik. Wenn Sie sich um eine rationalere Einstellung bemühen, sind Sie weniger verletzbar durch andere.

Mit Ihrer Bodenständigkeit und Ihren natürlichen diplomatischen Fähigkeiten lieben Sie es, mit anderen zusammenzuarbeiten, und sind voll in Ihrem Element, wenn Sie Arbeit und Vergnügen verbinden oder Ideen verfolgen können, die finanzielle Gewinne versprechen.

In Ihrer frühen Jugend standen Sie unter dem starken Einfluß einer weiblichen Person, wahrscheinlich der Mutter. Bis Sie 30 sind und Ihre Sonne in das Zeichen des Stiers tritt, haben materielle Stabilität, finanzielle Sicherheit und Status sehr große Bedeutung für Sie. Wenn Sie Anfang Dreißig sind, kommt es zu einem Wendepunkt; jetzt wechselt Ihre Sonne in das Zeichen der Zwillinge, und Sie legen mehr Wert auf Bildung, Studium und Kommunikation mit Ihrer Umwelt. Anfang Ihres siebten Lebensjahrzehnts wechselt Ihre Sonne in das Zeichen des Krebses, und Sie messen Ihren eigenen emotionalen Bedürfnissen sowie Heim und Familie mehr Bedeutung zu.

Ihr geheimes Selbst

Ihr natürlicher Instinkt, schnell Personen und Situationen zu erfassen, sorgt dafür, daß Sie anderen auf dem Weg zu Ihrem Ziel immer einen Schritt voraus sind. Ob Sie diese Gabe nutzen, um eine Ihrer zahlreichen Ideen zu verkaufen oder aber um Kontakte zu knüpfen – in jedem Fall lieben Sie es, Projekte zu initiieren. Bei der Zusammenarbeit mit anderen sollten Sie vermeiden, Macht auszuüben, und die Kunst des Kompromisses, der Diplomatie und der Kooperation erlernen.

Tief in Ihrem Innern werden Sie von extrem starken Gefühlen verzehrt. Wenn Sie diese in selbstlose Liebe und Zuneigung für andere verwandeln, können Sie eine starke Kraft zur Verbesserung des Schicksals anderer Menschen werden. Achten Sie darauf, daß diese enorme Kraft nicht durch finanzielle Ängste blockiert wird. Da Sie die Fähigkeit besitzen, Ihren Willen nach außen stark zum Ausdruck zu bringen, sollten Sie ganz genau wissen, was Sie wollen und warum.

Beruf & Karriere

Mit Ihrer Begeisterungsfähigkeit, Ihrem Mut, Ihrem Engagement und Ihren Führungsqualitäten eignen Sie sich für Berufe in der Welt des Handels, etwa als Unterhändler, Agent oder Finanzberater. Sie blühen auf bei neuen Herausforderungen und haben im Geschäftsleben ein gutes Auge für Chancen. Sie besitzen die magische Fähigkeit, mit

Hilfe Ihres starken Willens und Ihrer Entschlossenheit Dinge in materiellen Gewinn umzuwandeln. Motiviert von einer starken Mischung aus Idealismus und Pragmatismus, besitzen Sie angeborene Führungsqualitäten, die sich vor allem in Management oder Unternehmertum auszahlen. Ihr ausgeprägter Sinn für Dramatik und Ihre kreativen Fähigkeiten führen Sie vielleicht auch in die Welt der Kunst oder Unterhaltung.

Berühmte Persönlichkeiten dieses Tages sind der Schauspieler Ryan O'Neal, der Maler Joan Miró, die Schauspielerin Jessica Lange und der Führer des Dritten Reiches, Adolf Hitler.

- Positiv: Altruismus, scharfer Verstand, Neigung zum Mystizismus, guter Geschmack, künstlerisches Talent, vielseitige Interessen.
- Negativ: geheime schlechte Angewohnheiten, übertrieben romantisch, exzessiver Idealismus.

Numerologie

Mit der Geburtstagszahl 20 sind Sie intuitiv, einfühlsam, anpassungsfähig und verständnisvoll und gehören gerne einer größeren Gruppe an. Im allgemeinen schätzen Sie gemeinschaftliche Aktivitäten, bei denen Sie Erfahrungen teilen und von anderen lernen können. Von Natur aus charmant und liebenswürdig, entwickeln Sie rasch diplomatische und gesellschaftliche Fähigkeiten und können sich mit Leichtigkeit in den verschiedensten Umgebungen bewegen. Allerdings bräuchten Sie manchmal mehr Selbstvertrauen, um sich von der Kritik anderer weniger beeindrucken zu lassen und weniger abhängig zu sein. Sie beherrschen es meisterlich, eine harmonische und gemütliche Atmosphäre zu schaffen. Der Untereinfluß der Monatszahl 4 führt dazu, daß Sie praktisch und realistisch veranlagt sind, aber auch liebevoll und hilfsbereit. Vertrauen Sie Ihren Vorahnungen und denken Sie nicht zuviel über andere nach, vor allem wenn diese Sie verletzt und Ihr Vertrauen mißbraucht haben. Da Sie oft ein Perfektionist sind, ist es für Sie wichtig zu wissen, daß Sie Ihr Bestes gegeben haben. Vielleicht sollten Sie auch weniger kritisch und unzufrieden sein und lieber eine eigene Meinung haben, statt auf die anderer zu hören.

Positiv: gute Partner, Takt, Auffassungsgabe, Intuition, Rücksicht, Harmonie, freundschaftliche Art, Botschafter des guten Willens.

Negativ: Mißtrauen, mangelndes Selbstvertrauen, Schüchternheit, Überempfindlichkeit, Selbstsucht, Falschheit, übertriebene Gefühlsreaktionen.

Liebe & Zwischenmenschliches

Da Sie gutherzig und freundlich sind, führen Sie ein aktives gesellschaftliches Leben und lernen gern neue Menschen kennen. Ihr Hang, sich kopfüber in Beziehungen zu stürzen, führt aber dazu, daß Sie oft Ihre Meinung ändern und sich im Hinblick auf langfristige Beziehungen unsicher fühlen. Ihre Liebe zu Veränderungen sorgt dafür, daß Sie in Ihrem Leben viel Abwechslung und Aufregung erfahren, daß Sie reisen und Abenteuer erleben. Aufgrund Ihres Ehrgeizes und Ihrer Entschlossenheit brauchen Sie einen Partner, der ebenso aktiv und fleißig ist wie Sie. Auch wenn Sie im allgemeinen herzlich und fürsorglich sind, können Sie Ihren Lieben gegenüber gelegentlich auch selbstsüchtiges und herrisches Verhalten an den Tag legen. Wenn Sie Geduld und Toleranz üben, erreichen Sie Ausgeglichenheit und emotionale Stabilität.

Ihr Partner

Einen Liebespartner werden Sie mit großer Wahrscheinlichkeit unter den an den folgenden Tagen geborenen Menschen finden:

Liebe & Freundschaft: 14., 24., 31. Jan., 12., 22., 23., 29. Feb., 10., 20., 27. März, 8., 18., 25. April, 6., 16., 23., 30. Mai, 4., 14., 15., 21., 28., 30. Juni, 2., 12., 19., 26., 28., 30. Juli, 10., 11., 17., 24., 26., 28. Aug., 8., 15., 22., 24., 26. Sept., 6., 13., 20., 22., 24., 30. Okt., 4., 11., 18., 20., 22., 28. Nov., 2., 9., 16., 18., 20., 26., 29. Dez.

Günstig: 5., 22., 30. Jan., 3., 20., 28. Feb., 1., 18., 26. März, 16., 24. April, 14., 22. Mai, 12., 20. Juni, 10., 18., 29. Juli, 8., 16., 27., 31. Aug., 6., 14., 25., 29. Sept., 4., 12., 23., 27. Okt., 2., 10., 21., 25. Nov., 9., 19., 23. Dez.

Schicksalhaft: 12. Jan., 10. Feb., 8. März, 6. April, 4. Mai, 2. Juni, 24., 25. Okt.

Problematisch: 16., 21. Jan., 14., 19. Feb., 12., 17., 30. März, 10., 15., 28. April, 8., 13., 26. Mai, 6., 11., 24. Juni, 4., 9., 22. Juli, 2., 7., 20. Aug., 5., 18. Sept., 3., 16. Okt., 1., 14. Nov., 12. Dez.

Seelenverwandt: 25. Jan., 23. Feb., 21. März, 19. April, 17. Mai, 15. Juni, 13. Juli, 11. Aug., 9. Sept., 7. Okt., 5. Nov., 3., 30. Dez.

Stier

21. April – 21. Mai

SONNE: AN DER GRENZE
WIDDER/STIER
DEKADE: STIER/SCHÜTZE
GRAD: 0° – 1°30' STIER
ART: FIXZEICHEN
ELEMENT: ERDE

Fixsterne

Mirach, auch «Andromedas Gürtel» genannt; Mira, auch Stella Mira genannt

Hauptstern

Name des Sterns: Mirach, auch «Andromedas Gürtel» genannt
Gradposition: 29°17' Widder – 0°24' Stier zwischen den Jahren 1930 und 2000
Magnitude: 2
Stärke: ********
Orbit: 2°10'
Konstellation: Beta Andromedae
Tage: 18., 19., 20., 21., 22., 23. April
Sternqualitäten: Neptun und Venus
Beschreibung: rötlich gelber Stern am Gürtel von Andromeda.

Einfluß des Hauptsterns

Mirach verleiht eine sensible, verträumte und idealistische Natur, aber auch einen ausgeprägten Sinn für Ästhetik. Unter seinem Einfluß sind Sie im allgemeinen heiter und charmant, lieben Gesellschaft und streben nach Glück. Der positive Einfluß des Sterns verleiht Ihnen nicht nur Vorstellungskraft und Inspiration, sondern auch künstlerisches Talent. Häufig besitzen Sie spirituelle Fähigkeiten, neigen aber auch zu Tagträumen. Obwohl Sie unter Mirachs Einfluß abenteuerlustig sind, können Sie treu und vorausblickend sein. Sie wirken anregend auf Ihre Mitmenschen und finden leicht Freunde. Häufig können Sie auf die Hilfsbereitschaft anderer zählen. Im Zusammenhang mit dem Stand Ihrer

21. April

Ihr Geburtstag sorgt dafür, daß Sie klug, unabhängig und kompetent sind und einen sehr direkten Stil pflegen. Sie sind besonnen und fürsorglich und gleichzeitig erfinderisch und offen für neue Ideen. Nach außen geben Sie sich gerne energisch und stark. Da Sie an der Grenze zwischen Widder und Stier geboren sind, genießen Sie die Vorteile beider Tierkreiszeichen: Sie sind originell und wagemutig, aber auch sensibel und künstlerisch begabt. Leider kann Sie dieser doppelte Einfluß auch doppelt so stur oder maßlos machen.

Da Sie sehr intelligent sind, spielt Bildung eine wichtige Rolle bei der Förderung Ihres herausragenden Potentials. Obwohl Sie Pragmatiker sind, brauchen Sie Interessen, die Sie intellektuell anregen und Ihr Wissen erweitern. Sie wünschen sich emotionale Aufrichtigkeit und starke Fundamente für das, was Sie im Leben erreichen wollen; schaffen Sie sich deshalb eine solide Basis, von der aus Sie operieren können. Im allgemeinen wird dies ein Zuhause sein, es kann aber durchaus auch die Arbeit oder ein anderer Lebensbereich sein. Sobald Sie diese Sicherheit haben, fühlen Sie sich in der Lage, Ihre natürliche Autorität auszuspielen, und können feststellen, daß Sie Situationen mit Hilfe Ihrer Klugheit lenken können. Frauen, die an diesem Tag geboren wurden, denken oft sehr maskulin; beide Geschlechter müssen sich davor hüten, zu dominant zu werden.

Bis zum Alter von 29 sind Ihnen Pragmatismus, materielle Stabilität und Status sehr wichtig. Wenn Sie 30 sind, kommt es zu einem Wendepunkt; jetzt wechselt Ihre Sonne in das Zeichen des Zwilling, und Sie legen mehr Wert auf klare Kommunikation und neue Interessen. Diese Phase dauert bis Anfang Ihres siebten Lebensjahrzehnts, wenn Ihre Sonne in das Zeichen des Krebses wechselt. Nun messen Sie Ihren eigenen emotionalen Bedürfnissen sowie Heim und Familie mehr Bedeutung zu.

Ihr geheimes Selbst

Da Sie große innere Kraft besitzen und sehr gut mit Menschen umgehen können, fühlen Sie sich in untergebenen Positionen nicht wohl. Zum Ausdruck bringen Sie Ihre Kraft entweder in negativer Form, indem Sie andere provozieren und in Machtspiele verwickeln, oder in positiver, durch produktive Rivalität. Sie lieben es, Ideen mit anderen auszutauschen, und scheinen einen Instinkt für gemeinschaftliche Anstrengungen zu besitzen. Ihre äußere Erscheinung täuscht oft über Ihre innere Stärke, Sensibilität und Ihren Idealismus hinweg.

Manchmal überfordern Sie sich selbst in Ihrem Wunsch, Ihren Verantwortungen gerecht zu werden; oft arbeiten Sie hart und hören nicht auf, bis Sie Ihre Aufgabe erfüllt haben. Sie sind sich bewußt, wie wichtig Geduld und Ausdauer sind, wenn man langfristige Ziele verfolgt. Bei Ihrem großen Fleiß und Engagement müssen Sie sich davor hüten, herrisch oder übermäßig materialistisch zu werden. Ihre Entschlossenheit kann dabei bemerkenswert und kompromißlos sein, selbst wenn Sie eigentlich gar nicht sonderlich an Ihrer aktuellen Aufgabe interessiert sind.

Beruf & Karriere

Da andere Ihre Fähigkeit, das Kommando zu übernehmen, und Ihren Fleiß anerkennen, werden Sie rasch in Führungspositionen aufsteigen. Ihre außergewöhnlichen geistigen Fähigkeiten kommen erst durch eine gute Ausbildung so richtig zum Ausdruck. Dank

Ihrem hochentwickelten Intellekt und Ihrer guten Vorstellungskraft verspüren Sie den starken Drang, sich durch Schreiben, Singen oder Schauspiel auszudrücken. Vielleicht fühlen Sie sich deshalb auch zu Berufen wie Lehrer, Richter oder Entertainer hingezogen. Interessant für Sie sind auch Bereiche wie Investitionen, Börse, Verlagswesen, Werbung, Immobilien oder Vermarktung von landwirtschaftlichen Produkten.

Berühmte Persönlichkeiten dieses Tages sind Königin Elisabeth II., die Schriftstellerin Charlotte Brontë, der Psychologe Rollo May, die Schauspielerin Andie McDowell und der Schauspieler Anthony Quinn.

Sonne macht Sie Mirach oft zu einem begabten Komponisten oder Musiker. Es ist Ihr Ziel, stets Ihre Pläne zu verwirklichen. Allerdings kann Mirachs Einfluß auch dazu führen, daß Sie exzentrisch sind oder nicht genügend Selbstvertrauen haben.

- Positiv: Altruismus, scharfer Verstand, Neigung zum Mystizismus, guter Geschmack, künstlerisches Talent, vielseitige Interessen.
- Negativ: geheime schlechte Angewohnheiten, übertrieben romantisch, exzessiver Idealismus.

Numerologie

Mit der Zahl 21 werden oft dynamischer Antrieb und eine extrovertierte Persönlichkeit in Verbindung gebracht. Von Natur aus freundlich und gesellig, pflegen Sie zahlreiche soziale Kontakte und besitzen einen großen Freundeskreis. Mit der Geburtstagszahl 21 sind Sie lebenslustig, anziehend und kreativ. Sie können aber auch schüchtern und reserviert sein und ein starkes Bedürfnis nach Bestätigung verspüren, vor allem in engen Beziehungen. Sie streben nach festen Verbindungen oder Ehen und wollen ständig für Ihre Talente und Fähigkeiten gelobt werden. Der Untereinfluß der Monatszahl 4 führt dazu, daß Sie praktisch und verantwortungsbewußt, aber auch nachdenklich und phantasievoll sind und analytische Fähigkeiten besitzen. Auch wenn Sie sich gern in Gesellschaft aufhalten, brauchen Sie Ihren persönlichen Freiraum zum Nachdenken. Vielleicht müssen Sie einen Hang zur Skepsis überwinden, indem Sie Vertrauen und Offenheit entwickeln. Wenn Sie sich auf Ihre Intuition verlassen, werden Sie energischer und disziplinierter. Überwinden Sie Ihre Angst zu versagen, indem Sie neue Dinge ausprobieren und das Leben genießen. Vermeiden Sie übereilte Entscheidungen und lernen Sie, Kritik zu akzeptieren.

Positiv: Inspiration, Kreativität, Liebesverbindungen, dauerhafte Beziehungen.

Negativ: Abhängigkeit, Nervosität, Verlust der emotionalen Kontrolle, Phantasielosigkeit, Enttäuschung, Angst vor Veränderungen.

Liebe & Zwischenmenschliches

Ihr starkes Bedürfnis nach emotionaler Stabilität sorgt dafür, daß Sie nicht nur ein aktives und geistig anregendes Leben führen wollen, sondern auch ein harmonisches Zuhause brauchen. Mit Hilfe Ihrer Überzeugungskraft versuchen Sie stets alles, um Ihre Beziehungen im Gleichgewicht zu halten. Trotzdem müssen Sie lernen, übermäßige Kritik oder Arroganz im Zaum zu halten. Sie bevorzugen Menschen, die Sie geistig anregen, und brauchen es, Ihre Interessen mit Ihrem Partner zu teilen. Sie besitzen starke Beschützerinstinkte.

Ihr Partner

Wenn Sie jemanden suchen, bei dem Sie eine stabile Beziehung, Vertrauen und Liebe finden, sollten Sie sich unter den Menschen umsehen, die an folgenden Tagen geboren sind:

Liebe & Freundschaft: 8., 11., 13., 15., 17., 25. Jan., 9., 11., 13., 15., 23., 24. Feb., 7., 9., 11., 13., 21. März, 5., 7., 9., 11., 19. April, 3., 5., 7., 9., 17., 31. Mai, 1., 3., 5., 7., 15., 29. Juni, 1., 3., 5., 27., 29., 31. Juli, 1., 3., 11., 25., 27., 29. Aug., 1., 9., 23., 25., 27. Sept., 7., 21., 23., 25. Okt., 5., 19., 21., 23. Nov., 3., 17., 19., 21., 30. Dez.

Günstig: 1., 5., 20. Jan., 3., 18. Feb., 1., 16. März, 14. April, 12. Mai, 10. Juni, 8. Juli, 6. Aug., 4. Sept., 2. Okt.

Schicksalhaft: 23., 24., 25. Okt.

Problematisch: 6., 22., 24. Jan., 4., 20., 22. Feb., 2., 18., 20. März, 16., 18. April, 14., 16. Mai, 12., 14. Juni, 10., 12. Juli, 8., 10., 31. Aug., 6., 8., 29. Sept., 4., 6., 27. Okt., 2., 4., 25., 30. Nov., 2., 23., 28. Dez.

Seelenverwandt: 6., 12. Jan., 4., 10. Feb., 2., 8. März, 6. April, 4. Mai, 2. Juni

22. April

SONNE: STIER
DEKADE: STIER/VENUS
GRAD: 1° – 2° STIER
ART: FIXZEICHEN
ELEMENT: ERDE

Fixsterne

Mirach, auch «Andromedas Gürtel» genannt; Mira, auch Stella Mira genannt; El Scheratain, auch Sharatan genannt

Hauptstern

Name des Sterns: Mirach, auch «Andromedas Gürtel» genannt
Gradposition: 29°17' Widder – 0°24' Stier zwischen den Jahren 1930 und 2000
Magnitude: 2
Stärke: ********
Orbit: 2°10'
Konstellation: Beta Andromedae
Tage: 18., 19., 20., 21., 22., 23. April
Sternqualitäten: Neptun und Venus
Beschreibung: rötlich gelber Stern am Gürtel von Andromeda.

Einfluß des Hauptsterns

Mirach verleiht eine sensible, verträumte und idealistische Natur, aber auch einen ausgeprägten Sinn für Ästhetik. Unter seinem Einfluß sind Sie im allgemeinen heiter und charmant, lieben Gesellschaft und streben nach Glück. Der positive Einfluß des Sterns verleiht Ihnen nicht nur Vorstellungskraft und Inspiration, sondern auch künstlerisches Talent. Häufig besitzen Sie spirituelle Fähigkeiten, neigen aber auch zu Tagträumen. Obwohl Sie unter Mirachs Einfluß abenteuerlustig sind, können Sie treu und vorausblickend sein. Sie wirken anregend auf Ihre Mitmenschen und finden leicht Freunde. Häufig können Sie auf die Hilfsbereitschaft anderer zählen. Im Zusammenhang mit dem Stand Ihrer

Sie sind klug und gesellig, selbstbewußt und charmant und haben zahlreiche Talente. Wenn Sie sich sicher fühlen, besitzen Sie gute Führungsqualitäten und Verständnis für die verschiedensten Arten von Menschen. Mit Ihrem scharfen Verstand genießen Sie hitzige Debatten und schlagfertigen Austausch und sind als exzellenter Kritiker bekannt. Im allgemeinen haben Sie den Mut, ungeachtet der Konsequenzen zu sagen, was Sie denken, und sind direkt und aufrichtig.

Durch den doppelten Einfluß des Stiers in dieser Dekade sind Sie sehr sinnbetont und brauchen ebensoviel Zuneigung, wie Sie geben. Mit Ihrem ausgeprägten Sinn für Farben, Malerei und Schönheit besitzen Sie großes künstlerisches Flair und einen Hang zum Luxus. Hüten Sie sich davor, dem allzusehr nachzugeben und maßlos zu werden. Andererseits haben Sie einen guten Sinn für Finanzgeschäfte und alles, was mit materieller Sicherheit zusammenhängt.

Im allgemeinen haben Sie große Pläne und die Gabe, stets den Überblick zu behalten, Eigenschaften, die Sie zu einem guten Organisator oder Vermittler machen. Zu Menschen, die Sie lieben, können Sie großmütig und verständnisvoll sein. Allerdings sollten Sie sich davor hüten, zu hartnäckig oder rechthaberisch zu werden. Sie stellen an sich selbst hohe Ansprüche und glauben, daß Taten mehr sagen als Worte. Wenn Sie sich in Selbstdisziplin üben, können Sie bemerkenswerte Ergebnisse erzielen.

Bis zum Alter von 28 sind Ihnen persönliche, aber auch finanziell meßbare Werte sehr wichtig. Wenn Sie 29 sind, kommt es zu einem Wendepunkt; jetzt tritt Ihre Sonne in das Zeichen des Zwillings, und Sie legen mehr Wert auf Bildung und darauf, noch etwas Neues zu lernen. Kommunikation wird dann eine wachsende Rolle in Ihrem Leben spielen. Diese Phase dauert bis Ende Ihres sechsten Lebensjahrzehnts, wenn Ihre Sonne in das Zeichen des Krebses wechselt. Jetzt wenden Sie sich wieder vermehrt Ihren Gefühlen, Ihrer emotionalen Sicherheit sowie Heim und Familie zu.

Ihr geheimes Selbst

Geprägt von einer interessanten Mischung aus Materialismus und Sensibilität, suchen Sie Befriedigung in persönlicher Leistung. Wenn Sie aufhören, Ihr Leben von rein weltlichen Überlegungen dominieren zu lassen, werden Sie feststellen, daß Geld und Status auch nicht alleinseligmachend sind. Diese Erkenntnis führt oft dazu, daß Sie die Sicherheit des Vertrauten verlassen und sich nur noch auf Ihre innere Stimme und Intuition verlassen. Das schwierigste dabei ist für Sie, die richtigen Entscheidungen zu treffen und zu lernen, dem kreativen inneren Prozeß voll zu vertrauen. Haben Sie sich von Unentschlossenheit und Zweifeln erst einmal befreit, können Sie voller Selbstvertrauen und Entschlußkraft oft hervorragende Resultate erreichen. Ihre Fähigkeit, sich auszudrücken, hilft Ihnen, Ihre Ängste zu überwinden, und verhindert, daß Sie überempfindlich werden. Außerdem regt Sie Ihre Lebensfreude an und ermutigt Sie zum Glücklichsein und zur Kreativität.

Beruf & Karriere

Ihre praktische Seite fühlt sich zur Finanzwelt hingezogen, für die Sie sich ausgezeichnet als Banker, Analyst oder Börsenmakler eignen. Sie können aber auch Finanzberater oder Verhandlungsspezialist werden. Sie streben immer nach einer leitenden Position. Mit

Ihren hervorragenden organisatorischen Fähigkeiten steht Ihnen auch eine Karriere als Politiker oder Manager offen. Vielleicht fühlen Sie sich auch von der Wissenschaft angezogen, oder Ihre Wortgewandtheit führt Sie in die Bereiche Pädagogik oder Justiz. Die Kreativeren unter Ihnen wählen möglicherweise einen Beruf im Bereich Theater, Musik oder auch Design oder Landschaftsgärtnerei.

Berühmte Persönlichkeiten dieses Tages sind der Schauspieler Jack Nicholson, der Philosoph Immanuel Kant, der Musiker Yehudi Menuhin, der Atomwissenschaftler Robert Oppenheimer und der Politiker Theodor Waigel.

Numerologie

Mit der 22 als Geburtstagszahl sind Sie praktisch, diszipliniert und hoch intuitiv. Die 22 ist eine Hauptzahl und kann als sie selbst, aber auch als 4 wirken. Häufig fleißig und aufrichtig, mit natürlichen Führungsqualitäten ausgestattet, besitzen Sie eine charismatische Persönlichkeit und großes Verständnis für andere. Sie sind zwar eher zurückhaltend, zeigen aber Fürsorge und Beschützerinstinkt, wenn es um das Wohlergehen anderer geht. Dabei verlieren Sie aber nie Ihren Pragmatismus und realistischen Standpunkt aus den Augen. Der Untereinfluß der Monatszahl 4 bedeutet, daß Sie dazu neigen, unnötige Risiken auf sich zu nehmen. Wenn Sie Geduld und methodisches Vorgehen üben, werden Sie effizienter und konstruktiver. Lernen Sie, Ihre Intuition und Weitsicht zu nutzen, wenn es um Alltägliches geht. Ihr Interesse an Spiritualität hilft Ihnen, die Gesetze und die Ordnung des Universums besser zu verstehen und Ihren Hang zum Materialismus zu überwinden. Mit Entschlossenheit und harter Arbeit können Sie viel erreichen.

Positiv: Universalität, Führungskraft, Intuition, Pragmatismus, handwerkliches Geschick, konstruktive und organisatorische Fähigkeiten, Realismus, Problemlösung, Leistungsorientierung.

Negativ: läßt sich vom «schnellen Geld» verführen, Empfindlichkeit, Nervosität, Despotismus, Materialismus, Phantasielosigkeit, Faulheit, Egoismus, Habgier.

Liebe & Zwischenmenschliches

Mit Ihrer geistigen Abenteuerlust und Ihrer Begeisterungsfähigkeit genießen Sie Abwechslung im Leben und die Gesellschaft ehrgeiziger und hochmotivierter Menschen. Da Sie gesellig und attraktiv sind, bieten sich Ihnen zahlreiche Chancen für Liebesbeziehungen und Affären. Allerdings schleicht sich schnell Langeweile in Ihre Beziehungen ein. Häufig fühlen Sie sich von kreativen Menschen angezogen, mit denen Sie Ihre Schlagfertigkeit und Ihren Sinn für Humor teilen können. Achten Sie aber darauf, daß Sie sich in privaten Beziehungen nicht selbst zum Märtyrer machen und zu viele Opfer bringen.

Sonne macht Sie Mirach oft zu einem begabten Komponisten oder Musiker. Es ist Ihr Ziel, stets Ihre Pläne zu verwirklichen. Allerdings kann Mirachs Einfluß auch dazu führen, daß Sie exzentrisch sind oder nicht genügend Selbstvertrauen haben.

- Positiv: Altruismus, scharfer Verstand, Neigung zum Mystizismus, guter Geschmack, künstlerisches Talent, vielseitige Interessen.
- Negativ: geheime schlechte Angewohnheiten, übertrieben romantisch, exzessiver Idealismus.

Ihr Partner

Sicherheit, geistige Anregung und Liebe finden Sie am ehesten unter den Menschen, die an folgenden Tagen geboren wurden:

Liebe & Freundschaft: 4., 12., 16., 25. Jan., 10., 14., 23., 24. Feb., 8., 12., 22., 31. März, 6., 10., 20., 29. April, 4., 8., 18., 27. Mai, 2., 6., 16., 25., 30. Juni, 4., 14., 23., 28. Juli, 2., 12., 21., 26., 30. Aug., 10., 11., 19., 24., 28. Sept., 8., 17., 22., 26. Okt., 6., 15., 20., 24., 30. Nov., 4., 13., 18., 22., 28. Dez.

Günstig: 2., 13., 22., 24. Jan., 11., 17., 20., 22. Feb., 9., 15., 18., 20., 28. März, 7., 13., 16., 18., 26. April, 5., 11., 16., 18., 26. Mai, 3., 9., 12., 14., 22. Juni, 1., 7., 10., 12., 20. Juli, 5., 8., 10., 18. Aug., 3., 6., 8., 16. Sept., 1., 4., 6., 14. Okt., 2., 4., 12. Nov., 2., 10. Dez.

Schicksalhaft: 25. Jan., 23. Feb., 21. März, 19. April, 17. Mai, 15. Juni, 13. Juli, 11. Aug., 9. Sept., 7., 25., 26., 27. Okt., 5. Nov., 3. Dez.

Problematisch: 7., 23. Jan., 5., 21. Feb., 3., 19., 29. März, 1., 17., 27. April, 15., 25. Mai, 13., 23. Juni, 11., 21., 31. Juli, 9., 19., 29. Aug., 7., 17., 27., 30. Sept., 3., 13., 23., 26. Nov., 1., 11., 21., 24. Dez.

Seelenverwandt: 17. Jan., 15. Feb., 13. März, 11. April, 9. Mai, 7. Juni, 5. Juli, 3. Aug., 1. Sept., 30. Nov., 28. Dez.

23. April

SONNE: STIER
DEKADE: STIER/VENUS
GRAD: 2° – 3° STIER
ART: FIXZEICHEN
ELEMENT: ERDE

Fixsterne

Mirach, auch «Andromedas Gürtel» genannt; Mira, auch Stella Mira genannt; El Scheratain, auch Sharatan genannt

Hauptstern

Name des Sterns: Mirach, auch «Andromedas Gürtel» genannt

Gradposition: 29°17' Widder – 0°24' Stier zwischen den Jahren 1930 und 2000

Magnitude: 2

Stärke: ********

Orbit: 2°10'

Konstellation: Beta Andromedae

Tage: 18., 19., 20., 21., 22., 23. April

Sternqualitäten: Neptun und Venus

Beschreibung: rötlich gelber Stern am Gürtel von Andromeda.

Einfluß des Hauptsterns

Mirach verleiht eine sensible, verträumte und idealistische Natur, aber auch einen ausgeprägten Sinn für Ästhetik. Unter seinem Einfluß sind Sie im allgemeinen heiter und charmant, lieben Gesellschaft und streben nach Glück. Der positive Einfluß des Sterns verleiht Ihnen nicht nur Vorstellungskraft und Inspiration, sondern auch künstlerisches Talent. Häufig besitzen Sie spirituelle Fähigkeiten, neigen aber auch zu Tagträumen. Obwohl Sie unter Mirachs Einfluß abenteuerlustig sind, können Sie treu und vorausblickend sein. Sie wirken anregend auf Ihre Mitmenschen und finden leicht Freunde. Häufig können Sie auf die Hilfsbereitschaft anderer zählen. Im Zusammenhang mit dem Stand Ihrer

Charakteristisch für diesen Tag sind begeisterungsfähige Herzlichkeit und eine charismatische Persönlichkeit. Sie sind nicht nur hoch intelligent und besitzen das Talent, Ihre Ideen kundzutun, Sie sind auch gesellig und unterhaltsam. Da Sie mit Ihren Gefühlen immer offen umgehen, sind Sie oft besonders individualistisch und besitzen die Gabe, Dinge in großem Maßstab durchzuziehen.

Dank dem Einfluß des Stiers, Ihres Dekadenzeichens, lieben Sie die Schönheit, Natur und Kunst und verspüren den starken Drang, sich zu verwirklichen. Da Sie in dieser Hinsicht sehr begabt sind, sollten Sie diese Talente mit Ihrer Originalität verknüpfen. Sie nehmen es sehr übel, wenn man Sie antreibt, und reagieren mit Sturheit und Eigensinn. Sie lassen sich zwar leiten, aber nur von Liebe. In Ihrer Lebensplanung spielt materielle Sicherheit eine wichtige Rolle, und Sie brauchen etwas Solides und Stabiles, auf das Sie sich verlassen können. Im allgemeinen haben Sie bei finanziellen Angelegenheiten für sich und andere eine gute Hand.

Sie sind sehr liebenswürdig, brauchen ein aktives Leben und kommen mit Menschen aller Schichten zusammen. Sie müssen sich vor Nervosität und Streß hüten, was dadurch entstehen kann, daß Sie Gefühle unterdrücken oder sich selbst überfordern. Im allgemeinen besitzen Sie große Überzeugungskraft und die Fähigkeit, andere auf scheinbar sanfte und leichte Weise zu organisieren und zu führen. Sie müssen sich aber davor hüten, nicht ruhelos und ungeduldig zu werden, denn das führt bei Ihnen zu extremer Rechthaberei. Ihr Unternehmungsgeist sorgt dafür, daß Sie nie lange niedergeschlagen bleiben, und mit Ihrer Gabe, andere zu verstehen und zu unterstützen, versuchen Sie stets, Ihren Horizont zu erweitern.

Bis zum Alter von 27 betrachten Sie das Leben von einem pragmatischen und sicherheitsbezogenen Standpunkt aus. Wenn Sie 28 sind, kommt es zu einem Wendepunkt; jetzt wechselt Ihre Sonne in das Zeichen des Zwillings, und Sie werden offener für neue Ideen und wenden sich vielleicht neuen Studien zu. Diese Phase dauert bis Ende Ihres sechsten Lebensjahrzehnts, wenn Ihre Sonne in das Zeichen des Krebses wechselt. Jetzt werden emotionale Angelegenheiten, vor allem solche, die Heim und Familie betreffen, von größerer Bedeutung sein.

Ihr geheimes Selbst

Ihrer hohen Arbeitsmoral und Ihrer Leistungsbereitschaft stehen innere Verspieltheit und der Wunsch nach Liebe und Zuneigung gegenüber. Sie besitzen große Anziehungskraft und fesseln Menschen, wenn Sie Ihrer liebenden Seite freien Lauf lassen und sich angeregt fühlen, sie auszudrücken. Dann können Sie lebhaft, witzig und begeisterungsfähig sein. Auch wenn Sie charismatisch und jung im Herzen sind, werden Sie ein paar Erfahrungen im Hinblick auf das Gleichgewicht zwischen Ihrer Lebenslust und Ihrem Verantwortungsbewußtsein machen müssen. Wenn Sie von einer Sache voll und ganz überzeugt sind, opfern Sie dafür auch Ihre Freizeit und engagieren sich voller Idealismus und Erfindungsreichtum.

Ein kleiner Schönheitsfehler in Ihrem enormen Erfolgsdrang ist ein materialistischer Zug an Ihnen, der Sie dazu bringt, den sicheren Weg zu wählen, statt sich selbst zu fordern. Die Ängste, die Sie in finanzieller Hinsicht oft quälen, sind völlig unberechtigt, da Sie viel Flair fürs Geldverdienen haben. Das wird durch Ihre Fähigkeit, auf unterhaltsame Weise Ideen zu entwickeln, noch unterstützt.

Beruf & Karriere

Welchen Beruf Sie auch wählen – Sie sind bereit, hart zu arbeiten, um Ihre Ziele zu erreichen, außerdem besitzen Sie einen natürlichen Geschäftssinn. Ihr Charme, Ihre Überzeugungskraft und Ihre kommunikativen Fähigkeiten eröffnen Ihnen Chancen in der Welt der Wirtschaft, in Verkauf, Promotion und Verhandlung. Vielleicht entscheiden Sie sich auch für eine Karriere in den Bereichen Immobilien, Öffentlichkeitsarbeit, Justiz oder Politik. Ihr Wunsch, Ihren Geist ständig zu trainieren, führt Sie vielleicht auch in die Wissenschaft; oder Sie wählen eine kreative Beschäftigung wie Fotografie, Schreiben, Malerei, Musik oder Theater. Sie sind bereit, zäh für eine Sache zu kämpfen, an die Sie glauben. Sie geben auch einen exzellenten Manager oder Chef ab.

Berühmte Persönlichkeiten dieses Tages sind der Physiker Max Planck, der Maler Joseph Turner, der Kinderstar Shirley Temple Black, die Schauspielerin Ruth Leuwerik und der Schriftsteller Vladimir Nabokov.

Numerologie

Zu den Eigenschaften der an diesem Tag Geborenen gehören Intuition, Sensibilität und Kreativität. Im allgemeinen sind Sie vielseitig, leidenschaftlich und ein schneller Denker mit professioneller Einstellung und vielen Ideen. Unter dem Einfluß der 23 erfassen Sie sehr schnell Neues, wobei Sie beim Lernen die Praxis der Theorie vorziehen. Sie lieben Reisen, Abenteuer und das Zusammentreffen mit neuen Leuten; eine innere Ruhelosigkeit führt Sie dazu, zahlreiche verschiedene Erfahrungen zu durchleben, dabei aber aus jeder Situation das Beste machen zu können. Im allgemeinen sind Sie freundlich und lebenslustig, voller Mut und Motivation, und brauchen ein aktives Leben, um Ihr wahres Potential ausleben zu können. Der Untereinfluß der Monatszahl 4 läßt Sie Ordnung und gute Planung schätzen. Wenn Sie Intuition und praktisches Geschick verknüpfen, entwickeln Sie oft geniale Ideen und Pläne. Ihr Bedürfnis, sich zu konzentrieren, bringt es mit sich, daß Sie das große Ganze nie aus den Augen verlieren. Da Sie intelligent und kreativ sind, ist es für Sie notwendig, sich uneingeschränkt auszudrücken. Offen gezeigtes Mitgefühl und Freundlichkeit bringen unerwarteten Lohn.

Positiv: Loyalität, Verantwortungsbewußtsein, Reisen, Kommunikation, Intuition, Kreativität, Vielseitigkeit, Vertrauenswürdigkeit, Ruhm.

Negativ: Selbstsucht, Unsicherheit, Sturheit, Kompromißlosigkeit, Pingeligkeit, Stumpfheit, Reserviertheit, Vorurteile.

Liebe & Zwischenmenschliches

Als leidenschaftlicher Liebender leben Sie für den Augenblick. Ihre idealistische Seite verlangt eine spirituelle Bindung, denn Ihre Auffassung von der Liebe ist hoch. Wenn sich Ihre Vorstellung nicht erfüllt, können Sie sehr einsam werden. Oder aber Sie gehen heimliche oder ungewöhnliche Beziehungen ein. Verantwortung anderen gegenüber oder Belastungen, die Familienmitglieder betreffen, können Ihre Beziehungen beeinflussen. Sie können aber ein loyaler und hilfsbereiter Partner sein, der andere durch sein Charisma anzieht.

Sonne macht Sie Mirach oft zu einem begabten Komponisten oder Musiker. Es ist Ihr Ziel, stets Ihre Pläne zu verwirklichen. Allerdings kann Mirachs Einfluß auch dazu führen, daß Sie exzentrisch sind oder nicht genügend Selbstvertrauen haben.

- Positiv: Altruismus, scharfer Verstand, Neigung zum Mystizismus, guter Geschmack, künstlerisches Talent, vielseitige Interessen.
- Negativ: geheime schlechte Angewohnheiten, übertrieben romantisch, exzessiver Idealismus.

Ihr Partner

Sicherheit und Liebe finden Sie am ehesten unter den Menschen, die an folgenden Tagen geboren wurden:

Liebe & Freundschaft: 2., 7., 10., 17., 27. Jan., 5., 8., 15., 25. Feb., 3., 6., 13., 23. März, 1., 4., 11., 21. April, 2., 9., 19. Mai, 7., 17. Juni, 5., 15., 29., 31. Juli, 3., 13., 27., 29., 31. Aug., 1., 11., 25., 27., 29. Sept., 9., 23., 25., 27. Okt., 7., 21., 23., 25. Nov., 5., 19., 21., 23. Dez.

Günstig: 3., 5., 20., 25., 27. Jan., 1., 3., 18., 23., 25. Feb., 1., 16., 21., 23. März, 14., 19., 21. April, 12., 17., 19. Mai, 10., 15., 17. Juni, 8., 13., 15. Juli, 6., 11., 13. Aug., 4., 9., 11. Sept., 2., 7., 9. Okt., 5., 7. Nov., 3., 5. Dez.

Schicksalhaft: 13. Jan., 11. Feb., 9. März, 7. April, 5. Mai, 3. Juni, 1. Juli, 26., 27., 28. Okt.

Problematisch: 16., 24. Jan., 14., 22. Feb., 12., 20. März, 10., 18. April, 8., 16., 31. Mai, 6., 14., 29. Juni, 4., 12., 27. Juli, 2., 10., 25. Aug., 8., 23. Sept., 6., 21. Okt., 4., 19. Nov., 2., 17. Dez.

Seelenverwandt: 16. Jan., 14. Feb., 12. März, 10. April, 8. Mai, 6. Juni, 4., 31. Juli, 2., 29. Aug., 27. Sept., 25. Okt., 23. Nov., 21. Dez.

24. April

SONNE: STIER
DEKADE: STIER/VENUS
GRAD: 3° – 4° STIER
ART: FIXZEICHEN
ELEMENT: ERDE

Fixstern

Name des Sterns: El Scheratain, auch Sharatan genannt

Gradposition: 2°58' – 3°58' Stier zwischen den Jahren 1930 und 2000

Magnitude: 2,5 – 3

Stärke: *******

Orbit: 2°

Konstellation: Beta Arietis

Tage: 22., 23., 24., 25. April

Sternqualitäten: Mars/Saturn

Beschreibung: perlweißer Stern im nördlichen Horn des Widder.

Einfluß des Hauptsterns

El Scheratain steht für Ausdauer, Energie und die Fähigkeit, Schwierigkeiten zu überwinden. Durch Entschlossenheit können Sie Führungsqualitäten entwickeln und zu Ruhm und Glück gelangen. Unter dem Einfluß dieses Sterns können Sie Schwierigkeiten nur mit Geduld begegnen. Sie sollten sich aber vor Frustration oder Unentschlossenheit hüten, um Ihre Kraft nicht zu gefährden. Im Zusammenhang mit dem Stand Ihrer Sonne sorgt El Scheratain dafür, daß Sie gern Arbeiten ausführen, die Ausdauer und körperliche Kraft erfordern. Auf Ihrem Gebiet können Sie es zu Anerkennung bringen. El Scheratain kann Sie aber auch negativ beeinflussen; dann neigen Sie dazu, dominant zu sein oder alles kontrollieren zu wollen, was Probleme schafft.

- Positiv: Hartnäckigkeit, unermüdliche Kräfte.
- Negativ: destruktiv, Dickköpfigkeit, Antriebslosigkeit, Mangel an Vitalität.

Sie sind ein herzlicher, intelligenter und entschlußfreudiger Mensch mit einem unabhängigen Geist und großer Leistungsbereitschaft. Wenn Sie wirklich an einer Sache interessiert sind, entwickeln Sie viel Begeisterungsfähigkeit und Fleiß und haben das Potential für außerordentliche Erfolge.

Der Einfluß Ihrer Sonne in der Stierdekade führt dazu, daß Sie große Sinnenfreudigkeit und einen Sinn für Natur, Schönheit und Kunst besitzen. Wenn es nötig ist, schalten Sie Ihren Charme ein und sind unterhaltsam und gesellig. Wenn die Dinge sich allerdings nicht nach Ihren Vorstellungen entwickeln, werden Sie leicht stur und eigenwillig.

Im allgemeinen denken Sie in großen Maßstäben und sind der natürliche Führer bei Gruppenaktivitäten. Auch wenn Sie gelegentlich arrogant und besserwisserisch sind, fehlt es Ihnen bei anderen Gelegenheiten wieder an Selbstbewußtsein. Mit Hilfe Ihrer Fähigkeit, rasche Entscheidungen zu treffen, und Ihrer Intuition können Sie dieses Manko aber leicht kompensieren. Ihre anziehende Persönlichkeit und Ihr Bedürfnis nach Beliebtheit bringen Sie oft ins Rampenlicht. Da Sie große Überzeugungskraft besitzen, müssen Sie nur etwas mehr Selbstdisziplin entwickeln, um das meiste aus Ihren außergewöhnlichen Möglichkeiten zu machen.

Bis zum Alter von 26 legen Sie viel Wert auf Zuneigung und materielle Sicherheit. Wenn Sie 27 sind, kommt es zu einem Wendepunkt; jetzt tritt die Sonne in das Zeichen des Zwillings, und Ihre Interessen erweitern sich. Lernen und Kommunikation werden sehr wichtig für Sie. Diese Phase dauert, bis Sie 57 sind, wenn Ihre Sonne in das Zeichen des Krebses wechselt. Sie werden sensibler und messen Heim und Familie mehr Bedeutung zu.

Ihr geheimes Selbst

Die Einsicht, daß Wissen Macht ist, motiviert Sie, ständig weiterzulernen. Da Sie praktisches Geschick und ein gutes Urteilsvermögen besitzen, sind Sie bereit, das nötige Fundament dafür zu legen, Ihre großen Pläne zu verwirklichen. Mit Ausdauer und einer realistischen Einschätzung Ihrer Ziele können Sie Ihr bemerkenswertes Potential ausschöpfen. Sie können nicht nur sehr gut mit Menschen umgehen, sondern auch sehr gut organisieren; deshalb können Sie andere gut dazu motivieren, Ihnen bei der Verwirklichung Ihrer Ziele zu helfen. Obwohl Sie gesellig, spontan und frei sind, spielt die Arbeit eine große Rolle in Ihrem Leben. Sie sollten mehr auf Ihre innere Stimme hören, vor allem, wenn Sie Enttäuschungen mit anderen vermeiden wollen. Lassen Sie sich nicht von Ihrem Expansionsdrang überwältigen, und hüten Sie sich davor, Habgier und Materialismus zu verfallen. Um Geld müssen Sie sich ohnehin keine Sorgen machen, da Sie einen gewissen finanziellen Schutz genießen, der Ihnen die meisten Wünsche erfüllen hilft.

Beruf & Karriere

Dank Ihrem Intellekt, Ihrem dramatischen Flair und Ihren sozialen Fähigkeiten können Sie in den verschiedensten Bereichen brillieren. In wirtschaftsorientierten Berufen sind Sie unternehmungsfreudig und stellen sich schützend vor Untergebene. Sie können gut Probleme lösen und besitzen ausgezeichnete Organisations- und Führungsqualitäten. Schreiben fällt Ihnen von Natur aus leicht; diese Gabe können Sie sowohl im Geschäftsleben als auch in künstlerischen Berufen einsetzen. Da Sie publikumsorientiert sind, entscheiden Sie sich vielleicht für eine Karriere in der Politik, als Schauspieler oder Entertainer. Sie lieben Abwechslung und Unabhängigkeit und arbeiten besser nicht in einer untergeordneten Position. Obwohl die meisten an diesem Tag Geborenen sehr pragmatisch sind, gibt es auch einige, die sich sehr für Philosophie oder Mystizismus interessieren.

Berühmte Persönlichkeiten dieses Tages sind die Schauspielerinnen Shirley MacLaine, Barbra Streisand und Jill Ireland sowie der Gitarrist John Williams.

Numerologie

Die Sensibilität, die von der 24 ausgeht, bewirkt, daß Sie nach Ausgeglichenheit und Harmonie streben. Sie sind sehr empfänglich für Form und Struktur und können im Handumdrehen komplexe und effiziente Systeme entwickeln. Sie sind treu und gerecht, neigen aber zur Zurückhaltung, da Sie der Meinung sind, daß Taten mehr sagen als Worte. Schwierig für Menschen mit der 24 ist es, mit unterschiedlichen Menschen auszukommen, Mißtrauen zu überwinden und sich ein gesichertes Zuhause zu schaffen. Der Untereinfluß der Monatszahl 4 sorgt dafür, daß Sie sehr entschlossen sein können, mit starker Willenskraft und Wißbegier. Vielleicht müssen Sie einen Hang zu Ungeduld, Kontrolle und Kritik überwinden. Oft müssen Sie erfahren, daß Abkürzungen Sie nicht schneller ans Ziel bringen. Zeit sparen Sie, wenn Sie Verantwortung für Ihre Handlungen übernehmen und sich besser auf Details konzentrieren. Sie brauchen Anerkennung, müssen aber hart arbeiten, um sich Respekt und Bewunderung zu verdienen. Stärken Sie Ihr Selbstvertrauen, indem Sie sich nicht immer sofort in die Defensive drängen lassen.

Positiv: Energie, Idealismus, Pragmatismus, starke Entschlossenheit, Ehrlichkeit, Direktheit, Fairneß.

Negativ: Rastlosigkeit, tendiert zum Manipulieren, haßt Routine, mangelndes Selbstvertrauen, dominierendes oder stures Verhalten.

Liebe & Zwischenmenschliches

Eine starke männliche Persönlichkeit, wahrscheinlich Ihr Vater, beeinflußt Ihren Lebensweg. Ihr Wunsch nach Unabhängigkeit und einem Leben voller Aktivität bringt vielleicht Unsicherheiten in bezug auf Partnerschaften mit sich. Sie suchen eine Person mit natürlicher Autorität, die Sie bewundern und respektieren können. Da Macht und Klugheit Sie inspirieren, fühlen Sie sich zu seriösen und hart arbeitenden Menschen hingezogen. Wenn Sie selbst weniger selbstherrlich und überseriös auftreten, finden Sie Glück und Liebe in Ihren Beziehungen.

Ihr Partner

Einen treuen und zuverlässigen Partner finden Sie am ehesten unter den Menschen, die an folgenden Tagen geboren wurden:

Liebe & Freundschaft: 1., 4., 9., 14., 28., 31. Jan., 12., 26., 29. Feb., 10., 24., 27. März, 8., 22., 25. April, 6., 20., 23. Mai, 4., 18., 21. Juni, 2., 16., 19., 30. Juli, 14., 17., 28., 30. Aug., 12., 15., 26., 28., 30. Sept., 10., 13., 24., 26., 28. Okt., 8., 11., 22., 24., 26. Nov., 6., 9., 20., 22., 24. Dez.

Günstig: 26. Jan., 24. Feb., 22. März, 20. April, 18. Mai, 16. Juni, 14. Juli, 12. Aug., 10. Sept., 8. Okt., 6. Nov., 4. Dez.

Schicksalhaft: 26., 27., 28., 29. Okt.

Problematisch: 3., 25. Jan., 1., 23. Feb., 21. März, 19. April, 17. Mai, 15. Juni, 13. Juli, 11. Aug., 9. Sept., 7. Okt., 5. Nov., 3. Dez.

Seelenverwandt: 3., 10. Jan., 1., 8. Feb., 6. März, 4. April, 2. Mai, 14. Sept.

SONNE: STIER
DEKADE: STIER/VENUS
GRAD: 4° – 5° STIER
ART: FIXZEICHEN
ELEMENT: ERDE

Fixsterne

Hamal, auch Al Hamal oder «das Schaf» genannt; El Scheratain, auch Sharatan genannt

Hauptstern

Name des Sterns: Hamal, auch Al Hamal oder «das Schaf» genannt
Gradposition: 6°43'–7°38' Stier zwischen den Jahren 1930 und 2000
Magnitude: 2
Stärke: ********
Orbit: 2°10'
Konstellation: Alpha Arietis
Tage: 25., 26., 27., 28., 29., 30. April
Sternqualitäten: kombinierter Einfluß von Mars und Saturn
Beschreibung: orangegelber Stern in der Stirn des Widder.

Einfluß des Hauptsterns

Hamal steht für Rastlosigkeit, Ehrgeiz, Rebellion und einen Hang, sich hervortun zu wollen. Das Gestirn sorgt dafür, daß Wettbewerbswille und Erfolgstrieb Sie zuweilen zu unorthodoxen Methoden greifen lassen, um Ihre Ziele zu erreichen.

Im Zusammenhang mit dem Stand Ihrer Sonne verleiht Hamal die Kraft, Schwierigkeiten durch Konzentration und Ausdauer zu überwinden. Andererseits wird er auch mit Rücksichts- und Skrupellosigkeit in Verbindung gebracht. Nur durch Geduld können Sie Ihre Fähigkeiten, Talente und Stärken entwickeln. Unter Hamals Einfluß spielt Geld in Ihrem Leben oft eine zu große Rolle.

- Positiv: Geduld, Disziplin, Fleiß, Führungspersönlichkeit, konzentrierte Energie.
- Negativ: gewalttätig, skrupellos, bewegt sich gern in schlechter Gesellschaft.

25. April

Sie verfügen über einen glänzenden Intellekt und haben etwas zu sagen. Praktisch, aber auch idealistisch, haben Sie gesunden Menschenverstand und sind gern offen und ehrlich. Allerdings müssen Sie sich vor negativem Denken, übermäßigem Kritisieren und Besserwisserei hüten.

Der Einfluß Ihrer Sonne in der Stierdekade sorgt dafür, daß Sie verläßlich und solide sind und ein starkes Bedürfnis nach Liebe und Zuneigung haben. Gelegentlich sind Sie geizig, obwohl Sie im allgemeinen den Menschen gegenüber, die Sie lieben, sehr großzügig sind. Häufig lieben Sie Schönheit, Kunst und Musik und besitzen selbst künstlerisches Talent sowie eine außergewöhnliche Stimme. Mit der nötigen Portion Selbstdisziplin können Sie diese Begabungen zu wunderbaren Formen des Selbstausdrucks entwickeln.

Ihren Hang zur Dickköpfigkeit können Sie überwinden, wenn Sie ständig neue Herausforderungen suchen, statt immer beim Altbewährten zu bleiben. Obwohl Sie im Grunde optimistisch sind, leiden Sie, wenn Sie niedergeschlagen sind, unter Ungeduld, Frustration und mangelnder Selbstachtung. Sie sind ein Organisationstalent und entwickeln wundervolle Ideen, von denen Sie einige wirklich umsetzen sollten, damit Ihr bemerkenswertes Potential ausgenützt wird.

Wenn Sie 26 Jahre alt sind und Ihre Sonne in das Zeichen des Zwillings tritt, wächst Ihr Interesse an Kommunikation und Ideenaustausch. Dies ist eine Phase, in der Sie Ihren Horizont erweitern, indem Sie sich mit neuen Sachgebieten beschäftigen. Wenn Sie 56 sind, wechselt Ihre Sonne in den Krebs, und Sie erleben einen weiteren Wendepunkt. Jetzt haben Sie verstärkt den Drang nach einem gemütlichen Zuhause. Möglicherweise kommt es zu Veränderungen in Ihrer Familienstruktur.

Ihr geheimes Selbst

Das Zuhause und Zwischenmenschliches spielen bei Ihnen eine große Rolle, denn Sie brauchen einen harmonischen Background, um sich sicher und wohl zu fühlen. Mit Ihren kreativen Fähigkeiten macht es Ihnen Spaß, Ihr Zuhause gemütlich und einladend und mit einem Touch von Luxus einzurichten. Eine andere Form des Ausdrucks für Sie wäre, zusammen mit geistig anregenden Menschen neue Ideen zu entwickeln. Auch Weiterbildung könnte Abwechslung in die tägliche Routine bringen.

Mit Ihrer Warmherzigkeit ziehen Sie oft Leute an, die Ihre Hilfe brauchen. Da Sie große Sensibilität besitzen und gut mit Menschen umgehen können, werden Sie oft zum Vormund oder Mentor bestimmt. Wenn Sie sich selbst feste Ziele setzen, vermeiden Sie die Gefahr, von anderen zu abhängig zu werden. Abhängigkeit kann bei Ihnen zu Frustration und Enttäuschung führen, wenn die Menschen nicht Ihren Ansprüchen genügen. Sie sind kooperativ, gerecht und verantwortungsbewußt, und diese Eigenschaften erwarten Sie auch von anderen.

Beruf & Karriere

Aufgrund Ihrer Kreativität und Wißbegier eignen Sie sich besonders für Bereiche wie Pädagogik oder Kunst. Ihre humanitäre Einstellung macht Sie geeignet zum Reformer, Sozialarbeiter oder Berater. Möglicherweise sind Sie auch ein begabter Dozent, der gerne sein Wissen mit anderen teilt. Interesse an ökonomischen Dingen führt Sie vielleicht an die Börse, in das Bank- und Immobilienwesen. Da Sie außerdem nicht nur kreativ, sondern auch mit den Händen geschickt sind, entscheiden Sie sich vielleicht für einen Designerberuf. Auch Theater und Musik, vor allem Gesang, sind etwas für Sie. Da Sie schnell Gelder für eine gute Sache zusammenbekommen, wäre auch der Bereich Wohltätigkeit für Sie von Interesse.

Berühmte Persönlichkeiten dieses Tages sind der Erfinder Guglielmo Marconi, die Sängerin Ella Fitzgerald und der Schauspieler Al Pacino.

Numerologie

Sie sind intuitiv und rücksichtsvoll, aber auch schnell und energisch und müssen sich durch verschiedenste Erfahrungen ausdrücken. Der Wunsch nach Perfektion, der mit der 25 einhergeht, läßt Sie hart arbeiten und viel leisten. Im allgemeinen sind Sie aufgeweckt und instinktbegabt und lernen besser durch Praxis als durch Theorie. Gutes Urteilsvermögen und ein scharfes Auge fürs Detail garantieren Ihnen Erfolg. Vielleicht sollten Sie etwas weniger skeptisch sein und Ihren Hang zu voreiligen oder impulsiven Entschlüssen überwinden. Mit der 25 besitzen Sie starke mentale Energien; wenn Sie sich auf etwas konzentrieren, erfassen Sie blitzschnell Daten und Fakten und ziehen früher als alle anderen Ihre Schlußfolgerung. Der Untereinfluß der Monatszahl 4 führt dazu, daß Sie Geduld und Praxisbezogenheit üben müssen, um Ihre kreativen Kräfte zu kanalisieren. Lernen Sie, sich zu konzentrieren, indem Sie sich von Ihren Gefühlen leiten lassen, und vertrauen Sie auf Ihre Intuition. Es besteht kein Anlaß für Überängstlichkeit. Legen Sie Ihre Skepsis ab, und vermeiden Sie voreilige oder impulsive Handlungen; denken Sie nach, bevor Sie zur Tat schreiten. Mit Takt und Diplomatie lernen Sie, sich anzupassen.

Positiv: Intuition, Perfektionismus, Aufgeschlossenheit, Kreativität, soziale Fähigkeiten.

Negativ: Impulsivität, Ungeduld, Verantwortungslosigkeit, Überempfindlichkeit, Eifersucht, Geheimnistuerei, Kritiksucht.

Liebe & Zwischenmenschliches

Für eine sensible und emotionale Person wie Sie sind Beziehungen von großer Bedeutung. Frauen mit diesem Geburtstag sind im allgemeinen treu und pflichtbewußt, müssen sich aber davor hüten, zu sehr von Ihren Partnern abhängig zu werden. Als geselliger und freundlicher Mensch laden Sie gern Gäste ein, und mit Ihrem Witz und Humor sind Sie ein guter Gesellschafter.

Manche Beziehungen haben auf Sie die Wirkung eines Katalysators und helfen Ihnen, Ihre Ansichten zu vertiefen und Ihr Verständnis zu erweitern. Lernen Sie, Ihre Gefühle auszudrücken, und seien Sie weniger zurückhaltend und geheimnistuerisch. Sie brauchen eine positive Lebensphilosophie oder jemanden, der Sie versteht, denn mit Liebe und Zuneigung blühen Sie auf.

Ihr Partner

Wenn Sie jemanden suchen, bei dem Sie dauerhaftes Glück, Sicherheit und Liebe finden, sollten Sie sich unter den Menschen umsehen, die an folgenden Tagen geboren sind:

Liebe & Freundschaft: 1., 5., 10., 15., 26., 29., 30. Jan., 13., 24., 27., 28. Feb., 11., 22., 25., 26. März, 9., 20., 23., 24. April, 7., 18., 21., 22. Mai, 5., 16., 19., 20. Juni, 3., 14., 17., 18., 31. Juli, 1., 12., 15., 16., 29., 31. Aug., 10., 13., 14., 27., 29. Sept., 8., 11., 12., 25., 27. Okt., 6., 9., 10., 23., 25. Nov., 4., 7., 8., 21., 23., 29. Dez.

Günstig: 1., 2., 10., 27. Jan., 8., 25. Feb., 6., 23. März, 4., 21. April, 2., 19., 20. Mai, 17., 28. Juni, 15., 26. Juli, 13., 24. Aug., 11., 22. Sept., 9., 20. Okt., 7., 18. Nov., 5., 16. Dez.

Schicksalhaft: 28., 29., 30. Okt.

Problematisch: 17., 26. Jan., 15., 24. Feb., 13., 22. März, 11., 20. April, 9., 18. Mai, 7., 16. Juni, 5., 14. Juli, 3., 12., 30. Aug., 1., 10., 28. Sept., 8., 26., 29. Okt., 6., 24., 27. Nov., 4., 22., 25. Dez.

Seelenverwandt: 21. Jan., 19. Feb., 17. März, 15. April, 13. Mai, 11. Juni, 9., 29. Juli, 7., 27. Aug., 5., 25. Sept., 3., 23. Okt., 1., 21. Nov., 19. Dez.

SONNE: STIER
DEKADE: STIER/VENUS
GRAD: 5° – 6° STIER
ART: FIXZEICHEN
ELEMENT: ERDE

Fixstern

Name des Sterns: Hamal, auch Al Hamal oder «das Schaf» genannt

Gradposition: 6°43' – 7°38' Stier zwischen den Jahren 1930 und 2000

Magnitude: 2

Stärke: ********

Orbit: 2°10'

Konstellation: Alpha Arietis

Tage: 25., 26., 27., 28., 29., 30. April

Sternqualitäten: kombinierter Einfluß von Mars und Saturn

Beschreibung: orangegelber Stern in der Stirn des Widder.

Einfluß des Hauptsterns

Hamal steht für Rastlosigkeit, Ehrgeiz, Rebellion und einen Hang, sich hervortun zu wollen. Das Gestirn sorgt dafür, daß Wettbewerbswille und Erfolgsdrang Sie zuweilen zu unorthodoxen Methoden greifen lassen, um Ihre Ziele zu erreichen.

Im Zusammenhang mit dem Stand Ihrer Sonne verleiht Hamal die Kraft, Schwierigkeiten durch Konzentration und Ausdauer zu überwinden. Andererseits wird er auch mit Rücksichts- und Skrupellosigkeit in Verbindung gebracht. Nur durch Geduld können Sie Ihre Fähigkeiten, Talente und Stärken entwickeln. Unter Hamals Einfluß spielt Geld in Ihrem Leben oft eine zu große Rolle.

- Positiv: Geduld, Disziplin, Fleiß, Führungspersönlichkeit, konzentrierte Energie.
- Negativ: gewalttätig, skrupellos, bewegt sich gern in schlechter Gesellschaft.

26. April

Mit diesem Geburtsdatum sind Sie ein ebenso intelligenter wie sensibler Mensch mit realistischen Vorstellungen, der das Potential für großen Erfolg hat. Sie fühlen sich von geistiger Macht in jeglicher Form angezogen, verabscheuen aber Grobheit und sind deshalb zu Ihrer Umwelt äußerst zuvorkommend. Sie haben Antrieb und Phantasie, die zur vollen Blüte kommen, wenn Sie für Ihren Traum kämpfen.

Der Einfluß der Sonne in der ersten Dekade des Stiers sorgt dafür, daß Sie Gefühl für Farben, Formen und Wohlklang haben. Außerdem lieben Sie Natur, Schönheit und Luxus und haben ein starkes Bedürfnis nach Selbstverwirklichung. Da Sie selbst sehr liebevoll sind, fühlen Sie sich auch zu ebensolchen Menschen hingezogen. Der Untereinfluß der Venus, Ihres Dekadenplaneten, bringt mit sich, daß Sie Geschäftssinn haben. Sie müssen nur etwas mehr Selbstdisziplin einsetzen, dann können Sie Ihre großen Pläne leicht verwirklichen. Leider bewirkt derselbe Einfluß auch einen Hang zum Sichgehenlassen.

Pragmatisch und mit gutem Formensinn ausgestattet, sind Ihnen auch spirituelle Fähigkeiten angeboren. Ihre starken Instinkte gewähren Ihnen Einblicke in die Motivation der Menschen. Mit Ihrer hochentwickelten Wahrnehmung können Sie universelles Verständnis und großes Mitgefühl entwickeln.

Wenn Sie 25 sind und Ihre Sonne in das Zeichen des Zwillings eintritt, wächst Ihr Wunsch, Ihre Ideen auszudrücken und mit Menschen Ihrer direkten Umgebung Kontakte zu pflegen. Vielleicht motiviert Sie dieser Einfluß zu einem Studium oder einer anderen Art der geistigen Horizonterweiterung. Diese Phase dauert, bis Sie 55 sind und Ihre Sonne das Zeichen des Krebses erreicht. Nach diesem Wendepunkt wird Ihr Heim als solide Basis für Sie immer wichtiger, und Sie möchten, gerade im Familienkreis, Ihre Gefühle zum Ausdruck bringen. Ein starkes Bedürfnis, erzieherisch zu wirken, manifestiert sich ebenfalls jetzt.

Ihr geheimes Selbst

Da Sie die Macht des Wissens kennen und sich darauf eine Zukunft aufbauen wollen, möchten Sie stets produktiv sein. Das gibt Ihnen das Gefühl, positiv und sicherheitsbewußt zu sein und Ihren Wertvorstellungen treu bleiben zu können. Wenn Ihr Verstand nicht permanent beschäftigt ist und Sie Ihre Möglichkeiten nicht anwenden können, neigen Sie leicht zur Realitätsflucht. Aufgrund Ihrer Sensibilität und Ihrer lebhaften und kräftigen Phantasie wählen Sie manchmal den leichteren Weg und erzählen den Leuten, was sie hören wollen. Auf der anderen Seite können Ihre Stärke und Entschlossenheit unglaublich sein, wenn Sie sich einmal etwas in den Kopf gesetzt haben.

Da Sie außergewöhnliche Organisationsfähigkeiten besitzen und gut mit Menschen umgehen können, fühlen Sie sich bei Gruppenaktivitäten wohl. Häufig übernehmen Sie dabei die Führungsrolle, vor allem, wenn es um Lernen und Lehren geht. Wenn Sie ein Thema wirklich interessiert, lernen Sie sehr schnell. Metaphysische Themen finden Sie sehr spannend.

Beruf & Karriere

Wenn Sie Ihr praktisches Geschick mit Ihren Organisationsfähigkeiten verbinden, können Sie in Bereichen wie Industrie, Handel oder Bankwesen Karriere machen. Wenn sich für die Wirtschaft entschieden haben, bevorzugen Sie großangelegte Projekte. Mit Ihrer angeborenen Kreativität würden Sie auch ein guter Schriftsteller, Maler oder Musiker. Da Sie gut mit Menschen umgehen können, eignen Sie sich auch für Lehr- oder Sozialberufe. Ihr ausgezeichneter Sinn für Form und Struktur in Verbindung mit Ihrem guten Vorstellungsvermögen macht Sie auch geeignet für Bereiche wie Architektur, Fotografie oder Film. Mit Ihrem Talent für Psychologie und Ihrer natürlichen Heilkraft kämen aber auch medizinische, vor allem alternativmedizinische Berufe für Sie in Frage.

Berühmte Persönlichkeiten dieses Tages sind der Maler Eugène Delacroix, der Philosoph Ludwig Wittgenstein, die Schauspielerin Marianne Hoppe und der Musiker Duane Eddy.

Numerologie

Die Stärke, die von der 26 ausgeht, sorgt dafür, daß Sie einen umsichtigen Charakter, feste Werte und ein gutes Urteilsvermögen besitzen. Sie lieben Heim und Familie, denn Sie brauchen ein solides Fundament und das Gefühl der Sicherheit. Häufig ein Quell der Kraft für andere, sind Sie jederzeit bereit, Freunden und Familienmitgliedern zu helfen, die sich in Notzeiten an Sie wenden. Trotzdem müssen Sie sich vor materialistischen Tendenzen hüten, ebenso wie vor dem Drang, Situationen und Menschen kontrollieren zu wollen. Der Untereinfluß der Monatszahl 4 weist darauf hin, daß Sie sich freier ausdrücken müssen. Fördern Sie Ihre Talente, und wagen Sie Experimente. Seien Sie nicht überkritisch, träge oder zynisch. Wenn Sie verwirrt sind, zeigen Sie schlechte Laune, Sturheit und Langeweile. Seien Sie nicht pessimistisch, sondern positiv und dennoch realistisch, und nehmen Sie sich Zeit für schöne Dinge.

Positiv: Kreativität, Pragmatismus, Fürsorglichkeit, Verantwortungsbewußtsein, Stolz auf die Familie, Begeisterungsfähigkeit, Mut.

Negativ: Sturheit, Rebellion, labile Beziehungen, mangelnde Begeisterungsfähigkeit, keine Ausdauer, Labilität.

Liebe & Zwischenmenschliches

In Ihrer Partnerbeziehung brauchen Sie jemand Seelenverwandten, der Ihre Wertvorstellungen teilt und mit Ihnen auf derselben Wellenlänge liegt. Die erfolgreichsten, haltbarsten und stabilsten sozialen und emotionalen Beziehungen haben Sie mit geistig anregenden Menschen, die eine eigene Meinung vertreten und vielleicht sogar selbst mit Politik, Philosophie, Spiritualität oder Pädagogik zu tun haben. Auch die Arbeit spielt eine wichtige Rolle in Ihren Beziehungen; lassen Sie sich aber nicht in Machtspiele verstricken. Ihre Gabe, subtilste emotionale Veränderungen zu spüren, befähigt Sie zu bezaubernden Partnerschaften mit dem anderen Geschlecht.

Ihr Partner

Langfristiges Glück, Sicherheit und eine stabile Umgebung finden Sie am ehesten unter den Menschen, die an folgenden Tagen geboren wurden:

Liebe & Freundschaft: 10., 13., 20., 30., 31. Jan., 8., 11., 18., 28. Feb., 6., 9., 16., 26. März, 4., 7., 14., 24. April, 2., 5., 12., 22. Mai, 3., 10., 20. Juni, 1., 8., 18. Juli, 6., 16., 30. Aug., 4., 14., 28., 30. Sept., 2., 12., 26., 28., 30. Okt., 10., 24., 26., 28. Nov., 8., 22., 24., 26., 29. Dez.

Günstig: 12., 16., 17., 28. Jan., 10., 14., 15., 26. Feb., 8., 12., 13., 24. März, 6., 10., 11., 22. April, 4., 8., 9., 20., 29. Mai, 2., 6., 7., 18., 27. Juni, 4., 5., 16., 25. Juli, 2., 3., 14., 23. Aug., 1., 12., 21. Sept., 10., 19. Okt., 8., 17. Nov., 6., 15. Dez.

Schicksalhaft: 31. März, 29. April, 27. Mai, 25. Juni, 23. Juli, 21. Aug., 19. Sept., 17., 29., 30. 31. Okt., 15. Nov., 17. Dez.

Problematisch: 6., 18., 22., 27. Jan., 4., 16., 20., 25. Feb., 2., 14., 18., 23. März, 12., 16., 21. April, 10., 14., 19. Mai, 8., 12., 17. Juni, 6., 10., 15. Juli, 4., 8., 13. Aug., 2., 6., 11. Sept., 4., 9. Okt., 2., 7. Nov., 5. Dez.

Seelenverwandt: 28. März, 26. April, 24. Mai, 22. Juni, 20. Juli, 18. Aug., 16. Sept., 14. Okt., 12. Nov., 10. Dez.

SONNE: STIER
DEKADE: STIER/VENUS
GRAD: 6° – 7° STIER
ART: FIXZEICHEN
ELEMENT: ERDE

Fixsterne

Hamal, auch Al Hamal oder «das Schaf» genannt; Schedir, auch Sader genannt

Hauptstern

Name des Sterns: Hamal, auch Al Hamal oder «das Schaf» genannt
Gradposition: 6°43' – 7°38' Stier zwischen den Jahren 1930 und 2000
Magnitude: 2
Stärke: ********
Orbit: 2°10'
Konstellation: Alpha Arietis
Tage: 25., 26., 27., 28., 29., 30. April
Sternqualitäten: kombinierter Einfluß von Mars und Saturn
Beschreibung: orangegelber Stern in der Stirn des Widder.

Einfluß des Hauptsterns

Hamal steht für Rastlosigkeit, Ehrgeiz, Rebellion und einen Hang, sich hervortun zu wollen. Das Gestirn sorgt dafür, daß Wettbewerbswille und Erfolgsdrang Sie zuweilen zu unorthodoxen Methoden greifen lassen, um Ihre Ziele zu erreichen.
Im Zusammenhang mit dem Stand Ihrer Sonne verleiht Hamal die Kraft, Schwierigkeiten durch Konzentration und Ausdauer zu überwinden. Andererseits wird er auch mit Rücksichts- und Skrupellosigkeit in Verbindung gebracht. Nur durch Geduld können Sie Ihre Fähigkeiten, Talente und Stärken entwickeln. Unter Hamals Einfluß spielt Geld in Ihrem Leben oft eine zu große Rolle.
- Positiv: Geduld, Disziplin, Fleiß, Führungspersönlichkeit, konzentrierte Energie.
- Negativ: gewalttätig, skrupellos, bewegt sich gern in schlechter Gesellschaft.

27. April

Mit diesem Geburtstag sind Sie ein kluger und scharfsinniger Stier mit Entschlossenheit und originellen Ideen. Sie können rasch und unvoreingenommen Situationen einschätzen und zeigen eine interessante Mischung aus Zweifel und Naivität. Mit Ihrer jugendlichen Ausstrahlung können Sie Menschen mit Ihren aufregenden und abenteuerlichen Ideen inspirieren. Sie besitzen außerdem Hartnäckigkeit und Durchhaltevermögen und sind in der Lage, ein Projekt bis zum Ende durchzuziehen.

Der doppelte Einfluß Ihrer Sonne in der Stierdekade sorgt dafür, daß Sie das gute Leben mit all seinen kleinen luxuriösen Nettigkeiten lieben. Wenn man Sie provoziert, können Sie stur und eigenwillig werden. Die andere Seite Ihrer Persönlichkeit aber ist liebevoll und zärtlich. Eine natürliche Sinnenfreudigkeit läßt Sie auch Schönheit, Form und Farbe lieben, was vielleicht zu einer künstlerischen Ausdrucksform führt. Sie wünschen sich nur das Beste, was das Leben zu bieten hat, und neigen gelegentlich dazu, sich gehenzulassen. Durch Förderung Ihres Intellekts kommt Ihr großes Potential zum Tragen, und mit Selbsttraining können Sie eine Neigung zu negativem Denken überwinden. Durch Sorgen und Ängste werden Sie kalt und frustriert; deshalb müssen Sie optimistisch bleiben und brauchen feste Ziele. Wenn Sie inspiriert sind, sind Sie begeisterungsfähig und geschickt und besitzen die Gabe, die Chancen des Augenblicks zu nutzen und spontan zu handeln.

Wenn Sie 24 Jahre alt sind und Ihre Sonne in das Zeichen des Zwillings eintritt, wächst Ihr Interesse an Kommunikation und Ideenaustausch. Dies ist eine Phase, in der Sie Ihren Horizont erweitern und sich mit neuen Sachgebieten beschäftigen oder ein Studium beginnen. Wenn Sie 54 sind, erreicht Ihre Sonne den Krebs, und Sie erleben einen weiteren Wendepunkt. Jetzt verspüren Sie verstärkt das Bedürfnis nach einer soliden Basis, von der aus Sie arbeiten können. Außerdem legen Sie noch mehr Wert auf ein sicheres Heim und auf Familienbande.

Ihr geheimes Selbst

Welchen Problemen Sie im Leben auch beggenen werden, im Grunde Ihres Herzens wissen Sie, daß Sie die Kraft haben, sie zu überwinden. Sie haben einen angeborenen Sinn für den Wert der Dinge sowie den inneren Drang nach materiellem Erfolg, der Sie immer wieder vorantreibt. Der Einfluß von Frauen ist auf dem Weg zu Ihrem Ziel besonders hilfreich. Sie haben den nötigen Geschäftssinn, um finanziell erfolgreich zu sein, müssen dabei aber daran glauben können, daß Ihre Arbeit sich lohnt. Durch Bildung kommen Ihre Talente erst richtig zum Tragen.

Da Sie ziemlich stur sein können, sollten Sie Auseinandersetzungen mit anderen positiv angehen und nicht gleich aggressiv werden. Sie lieben schlagfertige Wortkämpfe und stellen gern subtile und provokative Fragen. Obwohl Sie gesellig sind, brauchen Sie Zeit für sich, um nachzudenken und neue Energie zu tanken. Das entwickelt auch Ihre Intuition, die Ihnen gute Dienste leisten kann und Ihnen hilft, Ihren Skeptizismus zu überwinden.

Beruf & Karriere

Mit Ihrer geistigen Vitalität und Ihrer Vorliebe für Diskussionen können Sie einen Beruf in den Bereichen Pädagogik, Justiz oder Wissenschaft wählen. Oft besitzen Sie gute technische Fähigkeiten und können gut mit Computern und technischem Gerät umgehen. Wenn Sie Ihr Wissen mit anderen teilen wollen, gefällt Ihnen auch Arbeit, die mit Veränderungen und sozialen Reformen zusammenhängt. Ihr Intellekt profitiert außerordentlich von höherer Bildung, und mit Ihrem Organisationstalent können Sie eine hohe Position in der Verwaltung erreichen. Vielleicht sind Sie mit Ihrem analytischen Verstand aber auch an Psychologie oder einem medizinischen Beruf interessiert.

Berühmte Persönlichkeiten dieses Tages sind der Erfinder Samuel Morse, die Aktivistin Coretta Scott King, die Sängerin Sheena Easton, die Feministin und Schriftstellerin Mary Wollstonecraft und die Schauspielerin Anouk Aimée.

Numerologie

Die 27 steht für Intuition, aber auch Wißbegier; wenn Sie Geduld und Selbstbeherrschung üben, können Sie Ihre Gedankenwelt erheblich vertiefen. Oft sind Sie stark und entschlossen und legen viel Wert aufs Detail. Da Sie im allgemeinen idealistisch und sensibel sind und einen kreativen Verstand besitzen, können Sie andere mit Ihren originellen Ideen und Gedanken beeindrucken. Wenn Sie gute Kommunikationsfähigkeiten entwickeln, lernen Sie, auch Ihre Gefühle besser auszudrücken. Für Menschen mit der 27 ist Bildung außerordentlich wichtig, und mit den richtigen Qualifikationen können Sie in Forschung, Schriftstellerei oder in einer großen Organisation Erfolg erwarten. Der Untereinfluß der Monatszahl 4 führt dazu, daß Sie Richtung und Kontrolle im Leben brauchen. Bei Ihrer Begeisterungsfähigkeit bringen Ihnen Selbstdisziplin und ein gut organisiertes Leben sehr viel. Vielseitig und phantasiebegabt und mit starken Instinkten und medialen Fähigkeiten gesegnet, sind Sie ehrgeizig und voller Ideen. Rastlosigkeit aber kann Sie impulsiv und unstet machen, und vielleicht müssen Sie lernen, Ihre Ideen in umsetzbare Konzepte zu verwandeln.

Positiv: Vielseitigkeit, Phantasie, Kreativität, Entschlossenheit, Tapferkeit, Verständnis, geistige Fähigkeiten und Stärke, Spiritualität, Erfindungsreichtum.

Negativ: leicht beleidigt, streitlustig, Rastlosigkeit, Nervosität, Mißtrauen, Anspannung.

Liebe & Zwischenmenschliches

Intuitiv und sensibel, aber auch unternehmungslustig und aktiv, fühlen Sie sich zu erfolgreichen Menschen hingezogen. Scharfsinnig und unabhängig, wissen Sie, wie Sie andere motivieren können; allerdings müssen Sie dazu Ihr Mißtrauen überwinden, so daß Sie Ihr Herz öffnen und Ihre Gefühle ausdrücken können. Loyale Frauen spielen eine wichtige Rolle bei Ihrem Erfolg. Häufig verhelfen sie Ihnen zu einem leitenden Posten oder stellen Sie Leuten in den richtigen gesellschaftlichen Kreisen vor.

Ihr Partner

Ihren Traumpartner werden Sie mit großer Wahrscheinlichkeit unter den an den folgenden Tagen geborenen Menschen finden:

Liebe & Freundschaft: 11., 21., 28., 31. Jan., 19., 26., 29. Feb., 17., 24., 27. März, 15., 22., 25. April, 13., 20., 23. Mai, 11., 18., 21. Juni 9., 16., 19. Juli, 7., 14., 17. Mai, 11., 18., 21. Juni, 9., 16., 19. Juli, 7., 14., 17., 31. Aug., 5., 12., 15., 29. Sept., 3., 10., 13., 27., 29., 31. Okt., 1., 8., 11., 25., 27., 29. Nov., 6., 9., 23., 25., 27. Dez.

Günstig: 9., 12., 18., 24., 29. Jan., 7., 10., 16., 22., 27. Feb., 5., 8., 14., 20., 25. März, 3., 6., 12., 18., 23. April, 1., 10., 16., 21., 31. Mai, 2., 8., 14., 19., 29. Juni, 6., 12., 17., 27. Juli, 4., 10., 15., 25. Aug., 2., 8., 13., 23. Sept., 6., 11., 21. Okt., 4., 9., 19. Nov., 2., 7., 17. Dez.

Schicksalhaft: 3. Jan., 1. Feb., 30., 31. Okt., 1., 2. Nov.

Problematisch: 7., 8., 19., 28. Jan., 5., 6., 17., 26. Feb., 3., 4., 15., 24. März, 1., 2., 13., 22. April, 11., 20. Mai, 9., 18. Juni, 7., 16. Juli, 5., 14. Aug., 3., 12. Sept., 1., 10. Okt., 8. Nov., 6. Dez.

Seelenverwandt: 3., 19. Jan., 1., 17. Feb., 15. März, 13. April, 11. Mai, 9. Juni, 7. Juli, 5. Aug., 3. Sept., 1. Okt.

SONNE: STIER
DEKADE: STIER/VENUS
GRAD: 7° – 8° STIER
ART: FIXZEICHEN
ELEMENT: ERDE

Fixsterne

Hamal, auch Al Hamal oder «das Schaf» genannt; Schedir, auch Sader genannt

Hauptstern

Name des Sterns: Hamal, auch Al Hamal oder «das Schaf» genannt
Gradposition: 6°43' – 7°38' Stier zwischen den Jahren 1930 und 2000
Magnitude: 2
Stärke: ********
Orbit: 2°10'
Konstellation: Alpha Arietis
Tage: 25., 26., 27., 28., 29., 30. April
Sternqualitäten: kombinierter Einfluß von Mars und Saturn
Beschreibung: orangegelber Stern in der Stirn des Widder.

Einfluß des Hauptsterns

Hamal steht für Rastlosigkeit, Ehrgeiz, Rebellion und einen Hang, sich hervorzutun. Das Gestirn sorgt dafür, daß Sie aufgrund Ihres Wettbewerbswillens und Erfolgsdrangs zuweilen zu unorthodoxen Methoden greifen, um Ihre Ziele zu erreichen.
Im Zusammenhang mit dem Stand Ihrer Sonne verleiht Hamal die Kraft, Schwierigkeiten durch Konzentration und Ausdauer zu überwinden. Andererseits wird er auch mit Rücksichts- und Skrupellosigkeit in Verbindung gebracht. Nur durch Geduld können Sie Ihre Fähigkeiten, Talente und Stärken entwickeln. Unter Hamals Einfluß spielt Geld in Ihrem Leben oft eine zu große Rolle.
• Positiv: Geduld, Disziplin, Fleiß, Führungspersönlichkeit, konzentrierte Energie.
• Negativ: gewalttätig, skrupellos, bewegt sich gern in schlechter Gesellschaft.

28. April

Sie sind eine interessante Mischung aus geistiger Stärke, Charme und Geschäftssinn. Sie besitzen Durchhaltevermögen und die Überzeugung, es durch eigene Kraft im Leben zu etwas zu bringen; mit dieser Einstellung sind Sie tatsächlich in der Lage, Ihre Träume zu verwirklichen. Leider verhindert manchmal die Liebe zum guten Leben und der Hang, zu sehr mit sich selbst beschäftigt zu sein, daß der große Traum wahr wird.

Der Einfluß der Sonne im Dekadenzeichen Stier sorgt dafür, daß Sie einen ausgeprägten Sinn für Farben, Formen und Wohlklang haben. Außerdem lieben Sie Natur und Schönheit und haben einen starken Drang, sich kreativ auszudrücken. Stark von anderen angezogen, brauchen Sie die Zuwendung anderer Menschen, die Sie selbst ihnen aber auch gerne schenken. Sie müssen sich davor hüten, depressiv zu werden oder sich selbst zu verzärteln. Um einen Konflikt zwischen Ihrem sensiblen Idealismus und Ihrem Materialismus zu vermeiden, sollten Sie Situationen erst sorgfältig abschätzen, bevor Sie sich entscheiden. Nutzen Sie also Ihre ausgezeichneten intuitiven Fähigkeiten auch bei praktischen Angelegenheiten, um ein solides Fundament zu errichten, auf dem Sie das, was Sie erreichen wollen, aufbauen können.

Wenn Sie 23 sind und Ihre Sonne in das Zeichen des Zwillings eintritt, wird Ihr Leben abwechslungsreicher, und Sie wenden sich Schreiben, Reden und Kommunikation zu. Diese Phase dauert, bis Sie 53 sind, wenn Ihre Sonne in das Zeichen des Krebses wechselt. Nun messen Sie emotionalen Bindungen sowie Sicherheit, Heim und Familie mehr Bedeutung zu.

Ihr geheimes Selbst

Ihr Sinn für Wirkung in Verbindung mit Ihrer Entschlossenheit und Ihren Fähigkeiten zur Zusammenarbeit verleiht Ihnen gute Führungsqualitäten. Sie besitzen die angeborene Gabe, Ihre Talente zu vermarkten und gute Kontakte zu knüpfen, müssen aber möglicherweise gegen unbegründete Existenzängste kämpfen. Sie sichern Ihren Berufsbereich gut ab, solange Sie bereit sind, die entsprechende Zeit und Anstrengung dafür zu investieren. Es ist nötig für Sie, einen gangbaren Mittelweg zwischen Beruf und Privatleben zu finden. Sie besitzen die Fähigkeit, Kompromisse einzugehen und Zugeständnisse zu machen; achten Sie aber darauf, daß dabei das Gleichgewicht der Kräfte gewahrt bleibt; sonst werden Sie entweder zu dominant, oder aber Sie ziehen sich zurück, resignieren und werden inaktiv. Andererseits werden Sie immer die Kraft haben, jede Situation mit Hilfe Ihres ausgeglichenen Willens zu meistern.

Beruf & Karriere

Ihre Freude an geistigen Herausforderungen führt Sie vielleicht in Bereiche wie Schreiben oder Lehren. Ihre Gabe, die menschliche Natur zu begreifen, befähigt Sie für Berufe wie Berater oder Therapeut. Mit Ihrem natürlichen Sinn für Form und Farbe eignen Sie sich auch für Designerberufe oder für Tätigkeiten im Bereich Theater, Musik oder Kunst. Da Sie Überzeugungskraft und brillante Ideen haben, können Sie auch in der Welt der Werbung und der Medien oder Verlage erfolgreich sein.

Berühmte Persönlichkeiten dieses Tages sind der Schriftsteller Harper Lee, Diktator Saddam Hussein, die Schauspielerin Ann-Margret und der Schauspieler Lionel Barrymore.

Numerologie

Mit der Geburtstagszahl 28 sind Sie ehrgeizig, direkt und unternehmungslustig. Immer bereit zu neuen Abenteuern und Action, stellen Sie sich mutig den Herausforderungen des Lebens. Dank Ihrer Begeisterungsfähigkeit können Sie andere dazu bringen, Sie bei Ihren Unternehmungen zu unterstützen. Erfolgsorientiert und bestimmt, sind Familie und Heim doch sehr wichtig für Sie. Manchmal haben Sie aber Schwierigkeiten, Stabilität zu finden und sich genügend um das Wohl Ihrer Familie zu kümmern. Der Untereinfluß der Monatszahl 4 führt dazu, daß Sie begeisterungsfähig und vielseitig sind. Auch wenn Sie Stabilität und Sicherheit brauchen, reisen Sie gern oder arbeiten im Ausland. Sie müssen ein Gleichgewicht finden zwischen Ihren Pflichten und Ihrer Freiheitsliebe; wenn Sie sich in Selbstdisziplin üben, verhilft Ihnen das zu mehr Entschiedenheit und Energie. Verschwenden Sie Ihre Kraft nicht unnötig in alle Richtungen. Lernen Sie, daß Sie auch mit kleinen Schritten Ihre Ziele immer erreichen. Ihre Fähigkeit, aus alten Strukturen neue zu schaffen, hilft Ihnen ebenso, Ihre intuitiven Kräfte zu nutzen.

Positiv: Mitgefühl, progressiv, Mut, künstlerische Talente, Kreativität, Idealismus, Ehrgeiz, Fleiß, stabiles Familienleben, willensstark.

Negativ: Tagträumer, mangelnde Antriebskraft, mangelndes Mitgefühl, unrealistische Erwartungen, herrisch, mangelndes Urteilsvermögen, Aggressivität, Abhängigkeit von anderen, Hochmut.

Liebe & Zwischenmenschliches

Sie sind emotional, dynamisch und ausdrucksstark und müssen Ihre Liebe und Kreativität zum Ausdruck bringen. Sensibel und romantisch, müssen Sie lernen, Selbstdisziplin zu üben, und sich vor besitzergreifendem Wesen, Neid oder Eifersucht hüten. Sie fühlen sich von freundlichen und kreativen Leuten angezogen, bevorzugen dabei aber Persönlichkeiten, die mit theatralischer Art Aufregung in Ihr Leben bringen. Vielleicht suchen Sie bei Ihrem Wissensdrang aber auch Gleichgesinnte, mit denen Sie Ihre Interessen teilen können.

Ihr Partner

Einen Partner, der Ihre Sensibilität und Ihr Bedürfnis nach Liebe versteht, werden Sie mit großer Wahrscheinlichkeit unter den an den folgenden Tagen geborenen Menschen finden:

Liebe & Freundschaft: 8., 12., 18., 22. Jan., 10., 16., 20. Feb., 8., 14., 18., 28. März, 12., 16., 26. April, 10., 14., 24. Mai, 8., 12., 22. Juni, 6., 10., 20., 29. Juli, 4., 8., 18., 27., 30. Aug., 2., 6., 16., 25., 28. Sept., 4., 14., 23., 26., 30. Okt., 2., 12., 21., 24., 28. Nov., 10., 19., 22., 26., 28. Dez.

Günstig: 6., 10., 25., 30. Jan., 4., 8., 23., 28. Feb., 2., 6., 21., 26. März, 4., 19., 24. April, 2., 17., 22. Mai, 15., 30., 20. Juni, 13., 18., 28. Juli, 11., 16., 26. Aug., 9., 14., 24. Sept., 7., 12., 22. Okt., 5., 10., 20. Nov., 3., 8., 18. Dez.

Schicksalhaft: 29. Mai, 27. Juni, 25. Juli, 23. Aug., 21. Sept., 19., 31. Okt., 1., 17. Nov., 15. Dez.

Problematisch: 13., 29., 31. Jan., 11., 27., 29. Feb., 9., 25., 27. März, 7., 23., 25. April, 5., 21., 23. Mai, 3., 19., 21. Juni, 1., 17., 19. Juli, 15., 17. Aug., 13., 15. Sept., 11., 13. Okt., 9., 11. Nov., 7., 9. Dez.

Seelenverwandt: 6., 25. Jan., 4., 23. Feb., 2., 21. März, 19. April, 17. Mai, 15. Juni, 13. Juli, 11. Aug., 9. Sept., 7. Nov., 5. Dez.

SONNE: STIER
DEKADE: STIER/VENUS
GRAD: 2° – 3° STIER
ART: FIXZEICHEN
ELEMENT: ERDE

Fixsterne

Hamal, auch Al Hamal oder «das Schaf» genannt; Schedir, auch Sader genannt

Hauptstern

Name des Sterns: Hamal, auch Al Hamal oder «das Schaf» genannt
Gradposition: 6°43' – 7°38' Stier zwischen den Jahren 1930 und 2000
Magnitude: 2°
Stärke: ********
Orbit: 2°10'
Konstellation: Alpha Arietis
Tage: 25., 26., 27., 28., 29., 30. April
Sternqualitäten: kombinierter Einfluß von Mars und Saturn
Beschreibung: orangegelber Stern in der Stirn des Widder.

Einfluß des Hauptsterns

Hamal steht für Rastlosigkeit, Ehrgeiz, Rebellion und einen Hang, sich hervorzutun. Das Gestirn sorgt dafür, daß Sie aufgrund Ihres Wettbewerbswillens und Erfolgsdrangs zuweilen zu unorthodoxen Methoden greifen, um Ihre Ziele zu erreichen.

Im Zusammenhang mit dem Stand Ihrer Sonne verleiht Hamal die Kraft, Schwierigkeiten durch Konzentration und Ausdauer zu überwinden. Anderseits wird er auch mit Rücksichts- und Skrupellosigkeit in Verbindung gebracht. Nur durch Geduld können Sie Ihre Fähigkeiten, Talente und Stärken entwickeln. Unter Hamals Einfluß spielt Geld in Ihrem Leben oft eine zu große Rolle.
- Positiv: Geduld, Disziplin, Fleiß, Führungspersönlichkeit, konzentrierte Energie.
- Negativ: gewalttätig, skrupellos, bewegt sich gern in schlechter Gesellschaft.

29. April

Ihr hochentwickelter Intellekt und Ihre rasche Auffassungsgabe sorgen dafür, daß Ihr Verstand nie müde wird. Da Sie gute Instinkte und Tiefgründigkeit besitzen, können Sie Menschen sehr schnell und meist richtig einschätzen. Vielleicht sollten Sie sich ein bestimmtes Interessengebiet aussuchen, auf das Sie all Ihre geistige Kraft konzentrieren können.

Auf den Einfluß der Stierdekade ist Ihre Liebe zu Schönheit und Kunst, aber auch Ihr Wunsch nach kreativer Selbstverwirklichung zurückzuführen. Er sorgt zudem für eine sinnliche Natur, die aber gelegentlich sehr materialistisch und sicherheitsbewußt sein kann. Ihr Geschäftssinn harmoniert gut mit Ihrem Interesse an Menschen jeglicher Herkunft. Häufig reisen Sie gern, lernen gern neue Menschen kennen oder arbeiten im Ausland. Um Langeweile vorzubeugen, suchen Sie ständig neue Herausforderungen.

Um Pessimismus oder Zynismus entgegenzuwirken, sollten Sie sich ein Ziel stecken, das in erreichbarer Nähe liegt. Dies regt Ihren Unternehmungsgeist an, macht Sie optimistisch und verstärkt Ihr Gefühl für gute Chancen. Sie sind oft geistig rege und neugierig, was Sie zu einem guten, unterhaltsamen und humorvollen Gesellschafter macht.

Wenn Sie 22 sind und Ihre Sonne in das Zeichen des Zwillings tritt, wird Ihr Leben abwechslungsreicher, und Sie wenden sich vermehrt dem Schreiben, Reden und der Kommunikation zu. Diese Phase dauert, bis Sie 52 sind, wenn Ihre Sonne in das Zeichen des Krebses wechselt. Emotionale Bindungen und Sicherheit bekommen mehr Bedeutung für Sie.

Ihr geheimes Selbst

Auch wenn eine innere Ruhelosigkeit Sie antreibt, ständig nach Abwechslung zu suchen, verspüren Sie gleichzeitig ein Bedürfnis nach Ordnung, Verläßlichkeit und Sicherheit. Mit Ihrem Erfindungsreichtum und Ihrem gesunden Pragmatismus können Sie Ihr Leben wunderbar planen und Probleme lösen. Da Sie sehr eigenwillig und stur sein können, wenn Sie sich etwas in den Kopf gesetzt haben, sind Sie eine Kraft, mit der man rechnen muß.

Obwohl Sie nach außen hin sehr pragmatisch sind, sehnen Sie sich im geheimen nach tieferem Sinn und Bedeutung. Dieser Zug verleiht Ihren Beziehungen einen Hauch von Rätselhaftigkeit und kann zu Interesse an spirituellen Themen führen. Sie besitzen auch Sensibilität und können sehr instinktiv reagieren, so daß Sie anderen gegenüber sehr einfühlsam sein können. Obwohl Sie im allgemeinen liebevoll und fürsorglich sind, sollten Sie sich vor Stimmungsschwankungen hüten. Wenn Sie aber optimistisch sind, können Sie Ihre kreativen Gedanken und praktischen Fähigkeiten verbinden und auf diese Weise zum Ziel kommen.

Beruf & Karriere

Ihr Bedürfnis nach geistiger Anregung und Ihre wache Intelligenz garantieren, daß Sie sehr rasch Informationen aufnehmen können. Auf diese Weise steht Ihnen eine große Skala an Karrieremöglichkeiten offen, gefährlich werden kann Ihnen nur Langeweile. Auch wenn Abwechslung das Geheimnis Ihres Erfolges ist – verschwenden Sie nicht Ihre Energien, indem Sie zu viele Eisen im Feuer haben. Tätigkeiten, die mit der Öffentlichkeit zu tun haben, kommen für Sie in Frage, da sozial orientierte Berufe Ihnen Erfüllung bringen können. Die künstlerisch Begabten unter Ihnen können sich als Schriftsteller, Journalisten oder in der Werbe- oder Modebranche beweisen. Mit Ihren Führungsqualitäten haben Sie gute Chancen, in Wirtschaft oder Politik zu reüssieren. Ihre Phantasie und Antriebskraft sind beste Voraussetzungen für Schauspielerei oder Musik.

Berühmte Persönlichkeiten dieses Tages sind die Schauspielerinnen Michelle Pfeiffer und Uma Thurman, der Musiker Duke Ellington, der Tennisstar Andre Agassi, die Dirigenten Thomas Beecham und Sir Malcolm Sargent und der Medienmogul Randolph Hearst.

Numerologie

Mit der Geburtstagszahl 29 sind Sie häufig intuitiv, sensibel und emotional. Ihre mitfühlende und verständnisvolle Art zeugt von Ihrer Menschenfreundlichkeit und kann andere ermutigen, die eigenen Hoffnungen und Träume zu verwirklichen. Auch wenn Sie ein echter Träumer sind, zeigen Sie oft sehr extreme Seiten und müssen sich vor Stimmungsschwankungen hüten. Mit der 29 als Geburtstagszahl haben Sie das Bedürfnis, beliebt zu sein, und machen sich Gedanken darüber, was andere von Ihnen denken. Der Untereinfluß der Monatszahl 4 führt dazu, daß Sie Stabilität und Sicherheit brauchen. Obwohl Sie großzügig und idealistisch sein können, sollten Sie vermehrt auf die Bedürfnisse anderer achten. Wenn Sie rastlos und unstet sind, können Sie ziemlich taktlos und destruktiv werden. Durch Selbstdisziplin und harte Arbeit können Sie ein Gleichgewicht zwischen Ihren hohen Idealen, Ihrer Freiheitsliebe und Ihrem Realismus herstellen. Grenzen zu akzeptieren und mit beiden Füßen auf dem Boden zu bleiben werden Ihnen dabei helfen, Ihre Ziele zu erreichen.

Positiv: Inspiration, Ausgeglichenheit, innerer Frieden, Großmut, Erfolg, Kreativität, Intuition, Mystizismus, starke Träume, Weltoffenheit, Glaube.

Negativ: mangelnde Konzentrationsfähigkeit, Unsicherheit, Nervosität, Launenhaftigkeit, extrem, überempfindlich, Isolation, rücksichtslos.

Liebe & Zwischenmenschliches

Obwohl Sie oft direkt und aufgeweckt sind, neigen Sie bei Ihren privaten Beziehungen eher zur Geheimnistuerei. Vielleicht sollten Sie Ihr Mißtrauen gegenüber denen, die Sie lieben, ablegen und lernen, Beziehungen als erfreuliche Erfahrung zu betrachten. Ungeachtet dessen sind Sie ein guter Freund und Vertrauter, und Ihre unterhaltende Art garantiert Ihnen gesellschaftlichen Erfolg.

Ihr Partner

Langfristiges Glück und Sicherheit finden Sie am ehesten unter den Menschen, die an folgenden Tagen geboren wurden:

Liebe & Freundschaft: 4., 13., 19., 23. Jan., 11., 17., 21. Feb., 9., 15., 19., 28., 29., 30. März, 7., 13., 17., 26., 27. April, 5., 11., 15., 24., 25., 26. Mai, 3., 9., 13., 22., 23., 24. Juni, 1., 7., 11., 20., 21., 22. Juli, 5., 9., 18., 19., 20. Aug., 3., 7., 16., 17., 18. Sept., 1., 5., 14., 15., 16., 29., 31. Okt., 3., 12., 13., 14., 27., 29. Nov., 1., 10., 11., 12., 25., 27., 29. Dez.

Günstig: 7., 15., 20., 31. Jan., 5., 13., 18., 29. Feb., 3., 11., 16., 27. März, 1., 9., 14., 25. April, 7., 12., 23. Mai, 5., 10., 21. Juni, 3., 8., 19. Juli, 1., 6., 17., 30. Aug., 4., 15., 28. Sept., 2., 13., 26. Okt., 11., 24. Nov., 9., 22. Dez.

Schicksalhaft: 1., 2., 3. Nov.

Problematisch: 6., 14., 30. Jan., 4., 12., 28. Feb., 2., 10., 26. März, 8., 24. April, 6., 22. Mai, 4., 20. Juni, 2., 18. Juli, 16. Aug., 14. Sept., 12. Okt., 10. Nov., 8. Dez.

Seelenverwandt: 30. April, 28. Mai, 26. Juni, 24. Juli, 22. Aug., 20. Sept., 18., 30. Okt., 16., 28. Nov., 14., 26. Dez.

30. April

SONNE: STIER
DEKADE: STIER/VENUS
GRAD: 9° – 10° STIER
ART: FIXZEICHEN
ELEMENT: ERDE

Fixstern

Name des Sterns: Hamal, auch Al Hamal oder «das Schaf» genannt

Gradposition: 6°43' – 7°38' Stier zwischen den Jahren 1930 und 2000

Magnitude: 2

Stärke: ********

Orbit: 2°10'

Konstellation: Alpha Arietis

Tage: 25., 26., 27., 28., 29., 30. April

Sternqualitäten: kombinierter Einfluß von Mars und Saturn

Beschreibung: orangegelber Stern in der Stirn des Widder.

Einfluß des Hauptsterns

Hamal steht für Rastlosigkeit, Ehrgeiz, Rebellion und einen Hang, sich hervorzutun. Das Gestirn sorgt dafür, daß Sie aufgrund Ihres Wettbewerbswillens und Erfolgsdrangs zuweilen zu unorthodoxen Methoden greifen, um Ihre Ziele zu erreichen.

Im Zusammenhang mit dem Stand Ihrer Sonne verleiht Hamal die Kraft, Schwierigkeiten durch Konzentration und Ausdauer zu überwinden. Andererseits wird er auch mit Rücksichts- und Skrupellosigkeit in Verbindung gebracht. Nur durch Geduld können Sie Ihre Fähigkeiten, Talente und Stärken entwickeln. Unter Hamals Einfluß spielt Geld in Ihrem Leben oft eine große Rolle.

- Positiv: Geduld, Disziplin, Fleiß, Führungspersönlichkeit, konzentrierte Energie.
- Negativ: gewalttätig, skrupellos, bewegt sich gern in schlechter Gesellschaft.

Von Ihrem Geburtstag geht ein ausgeprägter Sinn fürs Praktische aus; Sie sind ein fleißiger und freimütiger Mensch. Mit Ihrem Pragmatismus, Organisationstalent und Ihrer Loyalität arbeiten Sie gern an großen kreativen Projekten mit. Ein rebellischer Zug an Ihnen vereitelt gelegentlich die Harmonie, die Sie sich so innig wünschen.

Der Einfluß der Stierdekade sorgt dafür, daß Sie sinnesbetont sind, große Anziehungskraft besitzen und ein starkes Bedürfnis nach Liebe und Zuneigung haben. Sie haben eine Vorliebe für Schönheit und Luxus, müssen sich aber in acht nehmen, nicht im guten Leben zu versacken. Auf denselben Einfluß ist auch Ihre Liebe zu Musik, Kunst und Theater, aber auch zur Natur zurückzuführen. Da Sie außerdem über Kreativität verfügen, suchen Sie vielleicht auch eine Form des künstlerischen Ausdrucks.

Dank Ihrer angeborenen Fähigkeit, gute Geschäfte zu wittern und nützliche Kontakte zu knüpfen, erkennen Sie Chancen sofort und haben einen ausgeprägten Unternehmergeist. Da Sie selbst sehr schlagfertig sind, fühlen Sie sich zu Leuten hingezogen, die ebenfalls klug und witzig sind. Was immer Sie tun, Sie tun es mit Stil und Aufrichtigkeit und wollen dabei stets Ihren Horizont erweitern. Wenn eine Sache Sie wirklich fesselt und begeistert, können Sie Ihre Ideen sehr gut in die Tat umsetzen.

Wenn Sie etwa 21 sind und Ihre Sonne in das Zeichen der Zwillinge tritt, entwickeln Sie neue Interessen. In dieser Phase werden Wissen und Kommunikation sehr wichtig für Sie. Ein weiterer Wendepunkt erfolgt, wenn Sie 51 sind und Ihre Sonne in den Krebs wechselt. Jetzt wächst Ihr Bedürfnis nach emotionalen Bindungen und einem sicheren Zuhause.

Ihr geheimes Selbst

Aufgrund Ihrer großen Sensibilität ist es sehr wichtig für Sie, in Ihrem Zuhause einen sicheren Hafen zu finden. Darum empfinden Sie auch großes Verantwortungsbewußtsein für Ihr Zuhause. Es ist Ihr Fundament, auf dem Sie aufbauen. Trotz Ihres Bedürfnisses nach Frieden und Ruhe suchen Sie rastlos nach geistiger Erfüllung. Ihr Wissensdurst treibt Sie an, ständig neue Wege und Ideen zu entdecken, entweder für materiellen Lohn oder um die idealistische Seite Ihrer Persönlichkeit zu befriedigen.

Sie lassen sich selten von Ihren Gefühlen überwältigen, obwohl Sie viel für Ihre Lieben empfinden. Wenn Sie Verantwortung übernehmen, sind Sie bereit, Opfer zu bringen. Andererseits bricht auch Ihre spielerische Seite gelegentlich durch, und Sie überraschen alle mit Ihrer Spontaneität.

Beruf & Karriere

Sie stecken voller Ideen, mit denen sich Geld verdienen läßt, außerdem sind Sie ein guter Planer und Organisator. Erfolgversprechend sind für Sie Pädagogik, Verkauf, Handel, Promotion oder Werbung. Im Geschäftsleben brauchen Sie viel Freiraum und ziehen die Selbständigkeit vor. Gleichwohl sind Sie mit Ihren planerischen Fähigkeiten und lukrativen Ideen ein Gewinn für jedes Team. Sie interessieren sich besonders für Philosophie, Psychologie oder Religion; vielleicht fühlen Sie sich auch zu Berufen hingezogen, bei denen Sie Ihren scharfen Verstand nutzen können, etwa in Verkauf, Information oder Bildung. In Frage kommen auch die Welt des Entertainments und der Kunst.

Berühmte Persönlichkeiten dieses Tages sind die Schauspielerin Jill Clayburgh, Carl XVI. Gustav, König von Schweden, Königin Juliana von Holland und der Komponist Franz Léhar.

Numerologie

Zu den Eigenschaften der 30 gehören Kreativität, Freundlichkeit und Geselligkeit. Dank Ihrem guten Auge für Form und Stil können Sie es in allen Berufen, die mit Kunst, Design oder Musik zu tun haben, zu etwas bringen. Mit Ihrem Bedürfnis nach Ausdruck und Ihrer Wortgewandtheit sind auch Tätigkeiten wie Schreiben, Reden oder Singen etwas für Sie. Sie besitzen starke Gefühle, und verliebt zu sein oder sich auf Ihr Wissen verlassen zu können ist für Sie unabdingbar. Achten Sie auf Ihrer Suche nach Glück darauf, daß Sie nicht träge werden oder sich gehenlassen. Der Untereinfluß der Monatszahl 4 sorgt dafür, daß Sie wundervolle Ideen im Kopf haben und deshalb einen stabilen und sicheren Ort brauchen, an dem Sie in Ruhe Ihrer Kreativität freien Lauf lassen können. Häufig sind Sie in Gedanken versunken; Dinge, die Sie sehen oder lesen, inspirieren Sie und öffnen Ihnen den Blick für das, was unter der Oberfläche schlummert. Konzentrieren Sie sich, und verschleudern Sie Ihre Energien nicht, sonst neigen Sie zu geistiger Abwesenheit. Obwohl Sie extrovertiert sind, blicken Sie doch nach innen, um Antworten zu finden.

Positiv: Lebenslust, Loyalität, Freundlichkeit, bringt Dinge auf den Punkt, Wortgewandtheit, Kreativität, Glück.

Negativ: Trägheit, Sturheit, Sprunghaftigkeit, Ungeduld, Unsicherheit, Desinteresse, Energieverschwendung.

Liebe & Zwischenmenschliches

Auch wenn Sie sich in einem bestimmten Lebensabschnitt auf sehr ungewöhnliche Beziehungen einlassen, sorgt doch Ihr Urteilsvermögen dafür, daß Sie selten wirklich Ihr Herz verlieren. Oft betrachten Sie Beziehungen als lehrreiche Erfahrungen, durch die Sie die Liebe mehr und mehr verstehen lernen. Ihr Bedürfnis nach geistiger Herausforderung führt dazu, daß Sie lieber Ihrer Meinung als Ihren Gefühlen Ausdruck verleihen. Sobald Sie aber jemanden finden, der Ihren Geist anregt, können Sie ein treuer und hilfsbereiter Partner sein.

Ihr Partner

Wenn Sie jemanden suchen, bei dem Sie Sicherheit und Liebe finden, sollten Sie sich unter den Menschen umsehen, die an folgenden Tagen geboren sind:

Liebe & Freundschaft: 3., 4., 14., 20., 24., 25. Jan. 2., 12., 28., 22. Feb. 10., 16., 20., 29., 30. März, 8., 14., 18., 27., 29. April, 6., 12., 16., 25., 26., 31. Mai, 4., 10., 14., 23., 24., 29. Juni, 2., 8., 12., 21., 22., 27. Juli, 6., 10., 19., 20., 25. Aug., 4., 8., 9., 17., 18., 23. Sept., 2., 6., 15., 16., 21., 30. Okt., 4., 13., 14., 19., 28., 30. Nov., 2., 11., 12., 17., 26., 28., 30. Dez.

Günstig: 4., 8., 21. Jan., 2., 6., 19. Feb., 4., 17., 28. März, 2., 15., 16. April, 13., 24. Mai, 11., 22. Juni, 9., 20. Juli, 7., 18., 31. Aug., 5., 16., 29. Sept., 3., 14., 27. Okt., 1., 12., 25. Nov., 10., 23. Dez.

Schicksalhaft: 3. Jan., 1. Feb., 31. Mai, 29. Juni, 27. Juli, 25. Aug., 23. Sept., 21. Okt., 2., 3., 4., 19. Nov., 17. Dez.

Problematisch: 7., 10., 14., 31. Jan., 5., 8., 13., 29. Feb., 3., 6., 11., 27. März, 1., 4., 9., 25. April, 2., 7., 23. Mai, 5., 21. Juni, 3., 19. Juli, 1., 17. Aug., 15. Sept., 13. Okt., 11. Nov., 9. Dez.

Seelenverwandt: 31. März, 29. April, 27. Mai, 25. Juni, 23. Juli, 21. Aug., 19. Sept., 17., 29. Okt., 15., 27. Nov., 13., 25. Dez.

SONNE: STIER
DEKADE: JUNGFRAU/MERKUR
GRAD: 9°30' – 11° STIER
ART: FIXZEICHEN
ELEMENT: ERDE

Fixsterne

Ihre Sonne ist zwar nicht mit einem Fixstern verbunden, sicherlich aber einer der anderen Planeten Ihres Sonnenzeichens. Wenn Sie sich ein Geburtshoroskop erstellen lassen, lernen Sie die exakte Position der Planeten an Ihrem Geburtstag kennen. Auf diese Weise können Sie feststellen, welche der Fixsterne in diesem Buch für Sie von Interesse sind.

1. Mai

Sie sind eine geschickte, praktische und kreative Person, die Menschen um sich braucht, ebenso wie Vielfalt, Veränderungen und Aufregung im Leben. Da Sie großen Charme besitzen und sehr gesellig sind, brauchen Sie die Bestätigung durch andere und sind im allgemeinen auch beliebt. Schönheit und Kunst, die Sie sehr schätzen, bilden eine mögliche Ausdrucksform für Ihre Sensibilität. Da Sie Kunst, Musik und Theater lieben, können Sie Arbeit und kreative Selbstverwirklichung verbinden. Der Einfluß der Jungfraudekade führt dazu, daß Sie geistig agil sind, gutes Urteilsvermögen und ausgeprägte kommunikative Fähigkeiten besitzen. In Verbindung mit Ihrer Kreativität kann sich das als Talent zum Schreiben erweisen.

Derselbe Einfluß sorgt dafür, daß Sie hart arbeiten können, gerne nützlich für andere sind, aber auch eine Vorliebe für knifflige Arbeit oder Forschung haben. Da dieser Einfluß auch eine Begabung fürs Geldverdienen mit sich bringt, kann er Ihnen helfen, Ihre Träume zu verwirklichen.

Da Sie sowohl praktisch und analytisch als auch sensibel und emotional sind, besitzen Sie eine weitgefächerte Persönlichkeit, die Ihnen zu Erfolg in großem Maßstab verhelfen kann. Lassen Sie sich nur nicht entmutigen oder durch Nachlässigkeit und die Verführungen eines zu guten Lebens von Ihren hohen Zielen ablenken.

In Ihrer Jugend sind Sie sensibel, vielseitig und gesellig. Wenn Sie 20 sind und Ihre Sonne in das Zeichen der Zwillinge tritt, wächst Ihr Bedürfnis, Ihre Ideen kundzutun und sich vermehrt mit Ihrer unmittelbaren Umgebung auszutauschen. Vielleicht beginnen Sie auch ein Studium oder bilden sich anders weiter. In Ihren mittleren Jahren, nach vielen Veränderungen, finden Sie Erfüllung in Partnerschaften und anderen Beziehungen. Wenn Sie um die 50 sind, folgt ein weiterer Wendepunkt. Jetzt wechselt Ihre Sonne in das Zeichen des Krebses, und bei Ihnen wächst der Wunsch nach emotionaler Stabilität und der Sicherheit eines Zuhauses.

Ihr geheimes Selbst

Sie haben ein starkes Gefühlsleben und die Fähigkeit, Liebe zu geben und zu empfangen. Deshalb sollten Sie lieber eine Ausdrucksform für Ihre Gefühle suchen, als nach materiellem Erfolg zu streben. Wenn Sie sich treiben lassen, verstricken Sie sich gern in die Tragödien anderer, um so Ihre eigenen Gefühle ausleben zu können. Ihr Wunsch nach Ordnung und Systematik erweist sich für Sie oft als nützlich, denn ein genauer Lebensplan ist Grundvoraussetzung dafür, daß Sie Ihr enormes Potential nutzen können.

Da Sie einen ausgeprägten Sinn für Werte besitzen, können Sie etwas Lohnendes für die Zukunft aufbauen. Wenn Sie gewissenhaft vorgehen, werden Sie Ihre brillanten Ideen in die Tat umsetzen können und feststellen, daß sich Ihnen Chancen oft genau dann bieten, wenn Sie sie brauchen. Ausdauer ist somit das Geheimnis Ihres Erfolges, und wenn Sie beständig bleiben, bekommen Sie auch Ihre ungeduldige Seite in den Griff, die immer sofortige Belohnung verlangt.

Beruf & Karriere

Die musisch Begabten unter Ihnen wählen künstlerische Tätigkeiten wie Schreiben oder Gesang. Oft besitzen Sie eine wunderbare Stimme und ein gutes Gehör. Reisen oder abwechslungsreiche Berufe sind ebenfalls interessant für Sie. Da Sie intuitiv und aufnahmebereit sind, zeigen Sie auch oft Interesse für Metaphysik, Philosophie oder Spiritualität. Sie können ein guter Verkäufer sein mit der Gabe, Ideen, Leute oder Produkte zu vermarkten. Ebenso in Frage kommen für Sie Berufe im Banken- und Immobilienwesen, Tätigkeiten, die mit Garten und Natur zu tun haben, kreatives Kochen oder Catering. Vielleicht fühlen Sie sich auch in der Welt des Entertainments wohl. Sie haben das Talent, bei jeder Art von kreativer Beschäftigung erfolgreich zu sein.

Berühmte Persönlichkeiten dieses Tages sind die Sängerinnen Judy Collins und Rita Coolidge, der Schauspieler Glenn Ford und der Schriftsteller Joseph Heller.

Numerologie

Von der 1 geht der starke Drang aus, vorne zu stehen und autonom zu sein. Mit der Zahl 1 streben Sie nach Individualismus, sind mutig und strotzen vor Energie. Daß Sie Entscheidungen immer allein treffen und zum Alleingang neigen, liegt am Pioniergeist der 1. Voller Begeisterungsfähigkeit und originellen Ideen weisen Sie oft anderen den Weg. Vielleicht müssen Sie aber lernen, daß sich die Welt nicht nur um Sie dreht. Der Untereinfluß der Monatszahl 5 führt dazu, daß Sie eine ruhige Gangart und ein Ziel brauchen. Mit Selbstdisziplin können Sie Ihr Leben selbst in die Hand nehmen. Da Sie vielseitig und ein praktischer Stratege sind, immer damit beschäftigt, Ideen in Taten umzusetzen, sollten Sie sich nicht lange mit theoretischen Überlegungen aufhalten und sich ein bestimmtes Spezialgebiet aussuchen, in dem Sie sattelfest sind. Wenn Sie auf die Bedürfnisse anderer Rücksicht nehmen und genügend Verantwortung tragen, verschwinden Ihre eigenen Sorgen. Starke Instinkte können Sie leiten und inspirieren; dann erkennen Sie auch neue Perspektiven und eine hellere Zukunft. Üben Sie sich in Geduld, und handeln Sie innerhalb Ihrer Möglichkeiten.

Positiv: Führungsqualitäten, Kreativität, progressive Haltung, Energie, Optimismus, feste Überzeugungen, Geselligkeit, Unabhängigkeit.

Negativ: Dominanz, Eifersucht, Egoismus, Feindseligkeit, mangelnde Zurückhaltung, Selbstsucht, Labilität, Ungeduld.

Liebe & Zwischenmenschliches

Als Romantiker und Idealist lassen Sie sich viel Zeit bei der Suche nach dem idealen Partner. Gelegentlich ziehen Sie platonische Freundschaften vor, da es ziemlich schwierig für Sie ist, eine Beziehung aufzubauen, die Ihren hohen Idealen gerecht wird. Der ideale Partner für Sie ist klug, begeisterungsfähig, mit einer starken humanitären Ader. Wenn Sie lieben, lieben Sie ganz und bleiben auch in schwierigen Phasen treu. Wenn Sie Flexibilität und Unvoreingenommenheit üben, beugen Sie Enttäuschungen vor, und Ihre Beziehungen werden lockerer, glücklicher und fruchtbarer.

Ihr Partner

Einen Liebespartner werden Sie mit großer Wahrscheinlichkeit unter den an den folgenden Tagen geborenen Menschen finden:

Liebe & Freundschaft: 1., 7., 8., 21., 31. Jan., 5., 19., 21., 29. Feb., 3., 4., 17., 19., 27. März, 1., 15., 17., 25. April, 13., 15., 23. Mai, 11., 13., 21. Juni, 9., 11., 19. Juli, 7., 9., 17. Aug., 5., 7., 15. Sept., 3., 5., 13. Okt., 1., 3., 11. Nov., 1., 9. Dez.

Günstig: 5., 16., 18. Jan., 3., 14., 16. Feb., 1., 12., 14., 29. März, 10., 12., 27. April, 8., 10., 25., 29. Mai, 6., 8., 23., 27. Juni, 4., 6., 21., 25. Juli, 2., 4., 19., 23. Aug., 2., 17., 21. Sept., 15., 19. Okt., 13., 17. Nov., 11., 15., 29. Dez.

Schicksalhaft: 6., 30. Jan., 4., 28. Feb., 2., 26. März, 24. April, 22. Mai, 20. Juni, 18. Juli, 16. Aug., 14. Sept., 12. Okt., 2., 3., 4., 10. Nov., 8. Dez.

Problematisch: 4. Jan., 2. Feb., 29., 31. Mai, 27., 29., 30. Juni, 25., 27., 28. Juli, 23., 25., 26., 30. Aug., 21., 23., 24., 28. Sept., 19., 21., 22., 26. Okt., 17., 19., 20., 24. Nov., 15., 17., 18., 22. Dez.

Seelenverwandt: 23. Jan., 21. Feb., 19. März, 17. April, 15. Mai, 13. Juni, 11., 31. Juli, 9., 29. Aug., 7., 27. Sept., 5., 25. Okt., 3., 23. Nov., 1., 21. Dez.

SONNE: STIER
DEKADE: JUNGFRAU/MERKUR
GRAD: 10°30' – 12° STIER
ART: FIXZEICHEN
ELEMENT: ERDE

Fixstern

Name des Sterns: Alamak, auch Almach genannt

Gradposition: 13°15' – 14°20' Stier zwischen den Jahren 1930 und 2000

Magnitude: 2

Stärke: ********

Orbit: 2°10'

Konstellation: Gamma Andromedae

Tage: 2., 3., 4., 5., 6., 7. Mai

Sternqualitäten: Venus

Beschreibung: orange-smaragdgrün-blauer Doppelstern am linken Fuß von Andromeda.

Einfluß des Hauptsterns

Alamak steht für künstlerisches und musikalisches Talent, eine gute Stimme und Popularität. Zudem sorgt er für Glück und Erfolg, Ehre und unerwartete Gewinne. Mit Geduld und Fleiß können Sie Erfolg haben, Liebe und Romantik finden, Glück in häuslichen Angelegenheiten.

Im Zusammenhang mit dem Stand Ihrer Sonne sorgt Alamak für Anerkennung, Ruhm und Prestige, insbesondere bei künstlerischen und literarischen Leistungen. Auf seinen Einfluß sind weiterhin zurückzuführen Erfolg in der Öffentlichkeit, in Justiz und juristischen Berufen.

- Positiv: kreative Talente, Liebenswürdigkeit, materieller Erfolg.
- Negativ: Selbstsucht, Nachgiebigkeit, Verschwendung.

2. Mai

Im Zeichen des Stiers geboren, sind Sie praktisch, entschlossen und kreativ und lieben die Schönheit und das gute Leben. Da Sie sowohl ehrlich und direkt als auch diplomatisch sind, zeigen Sie der Welt ein freundliches Gesicht und sind auf Erfolg programmiert.

Durch den Einfluß der Sonne in der Jungfraudekade sind Sie erfindungsreich im Erschließen materieller Ressourcen. Sie sind im allgemeinen aufgeschlossen und intuitiv, aber auch analytisch, praktisch und geistig beweglich. Außerdem haben Sie ein Faible für präzises Sprechen und Kommunikation, Kritikfähigkeit und Urteilsvermögen.

Ihr anziehender Charme und Ihre Herzlichkeit garantieren Ihnen Erfolg bei allen gesellschaftlichen Aktivitäten. Da Sie dabei nach einem harmonischen Verhältnis zu Ihren Mitmenschen trachten, sind Sie empfindsam für Ihre Umgebung und umgeben sich gerne mit geschmackvollen und luxuriösen Dingen. Ihr Heim spielt deshalb eine wichtige Rolle in Ihrem Leben, und so achten Sie stets darauf, daß es einladend und gemütlich ist. Mit Ihren musischen Talenten stehen Ihnen Bereiche wie Musik, Kunst, Schriftstellerei oder Theater offen. Ihre Liebe zur Natur drückt sich vielleicht mit einem gärtnerischen oder einem Beruf an der frischen Luft aus.

Wenn Sie 19 sind und Ihre Sonne in das Zeichen der Zwillinge tritt, wächst Ihr Bedürfnis nach Kommunikation und Ideenaustausch. Es ist eine Phase, in der Sie Ihren geistigen Horizont erweitern und mehr am Lernen interessiert sind. Wenn Sie 49 werden, tritt mit dem Eintritt der Sonne in den Krebs ein weiterer Wendepunkt ein. Nun suchen Sie verstärkt emotionale Nähe zu anderen und überdenken vielleicht Ihre Stellung in der Familie.

Ihr geheimes Selbst

Da Sie selbst gescheit sind und große geistige Kräfte besitzen, schätzen Sie erfahrene und gebildete Menschen. Ein Teil Ihres Erfolgs hängt damit zusammen, daß Sie Ihre Fähigkeiten gerne anwenden und Theorie in die Praxis umsetzen können. Hinzu kommt, daß Sie fleißig, erfolgsorientiert, ehrgeizig und führungsstark sind. Mit einem guten Auge fürs Detail sind Sie häufig erfindungsreich und können hervorragend Probleme lösen. Ihre natürliche Neugier führt dazu, daß Sie immer auf der Suche nach Antworten sind; in Verbindung mit Ihrem phantasiebegabten Intellekt weckt das vielleicht Ihr Interesse an Mystizismus oder Spiritualität.

Da Sie selbst treu sind, beruht Ihre Sicherheit meist auf Liebe und Freundschaft; zu Ihrer Erfüllung gehören unbedingt gute Beziehungen. Obwohl Sie im allgemeinen direkt und aufrichtig sind, werden Sie stur oder lassen sich gehen, wenn Sie sich selbst betrügen.

Beruf & Karriere

Praktisch veranlagt und unternehmungslustig, sind Sie ein guter Unternehmer, Produzent, Promoter oder Bauunternehmer. Die Künste interessieren Sie sehr, allerdings legen Sie Wert darauf, daß Ihre Arbeit sich auch finanziell lohnt; in Frage kommen somit Tätigkeiten in Werbung und Medien oder Schreiben und Schauspielerei. Dank Ihrer Ungezwungenheit und Ihren Führungsqualitäten sind Sie auch ein guter Manager und ein verständnisvoller Arbeitgeber. Mit Ihrem positiven Angehen der Dinge und Ihrer Geschicklichkeit sind Sie auch für manuelle Tätigkeiten geeignet und arbeiten gern an neuen Projekten. Mit der Arbeit kommen Chancen und Glück; Ihre Entschlossenheit verhilft Ihnen auf Ihrem Gebiet zum verdienten Erfolg.

Berühmte Persönlichkeiten dieses Tages sind der Sänger Bing Crosby, der Regisseur Satyajit Ray, der Kinderexperte Benjamin Spock sowie Bianca Jagger.

Numerologie

Mit der Geburtstagszahl 2 sind Sensibilität und das Bedürfnis verbunden, einer Gruppe anzugehören. Häufig sind Sie anpassungsfähig und verständnisvoll und lieben gemeinschaftliche Aktivitäten. Ihr Bedürfnis nach Harmonie und Austausch mit anderen macht Sie zu einem geeigneten Vermittler, nicht nur in Familienangelegenheiten. Bei Ihren Versuchen zu gefallen laufen Sie Gefahr, sich abhängig zu machen. Der Untereinfluß der Monatszahl 5 führt dazu, daß Sie anderen Ihre Gefühle mitteilen müssen. Wenn Sie positiv und entschlossen sind, hilft Ihnen das, sich besser zu konzentrieren und Selbstbewußtsein zu entwickeln. Vielleicht müssen Sie auch einen Mittelweg finden zwischen Zurückhaltung und Mißtrauen und der naiven Überschätzung anderer, durch die Sie immer wieder enttäuscht werden. Von Natur aus ebenso kreativ wie verstandesgelenkt, sollten Sie ein tieferes Verständnis der Dinge anstreben, um eine eigenständigere Lebensphilosophie zu finden.

Positiv: gute Partner, Sanftheit, Takt, Empfänglichkeit, Intuition, Rücksicht, Harmonie, angenehmes Wesen.

Negativ: Mißtrauen, mangelndes Selbstvertrauen, Servilität, Schüchternheit, Überempfindlichkeit, Selbstsucht, leicht verletzt, Falschheit.

Liebe & Zwischenmenschliches

Sie sind meist ehrgeizig und haben es gern, mit Erfolg und Prestige in Zusammenhang gebracht zu werden. Finanzielle Sicherheit und Geld spielen eine große Rolle in Ihren Beziehungen, so daß Sie Personen, die schon etwas erreicht oder zumindest große Möglichkeiten haben, besonders schätzen. Da Sie selbst meist guten Geschmack und Einschätzungsvermögen besitzen, suchen Sie dies auch bei anderen. Obwohl Sie im allgemeinen sehr großzügig gegenüber Ihren Lieben sind, können Sie gelegentlich auch extremen Geiz an den Tag legen. Beurteilen Sie nicht alles nach seinem materiellen Wert, und lernen Sie, daß Flexibilität und Verständnis Ihnen die Bewunderung und Zuneigung anderer sichern.

Ihr Partner

Emotionale Erfüllung, Vertrauen und Liebe finden Sie bei Menschen, die an folgenden Tagen geboren sind:

Liebe & Freundschaft: 8., 12., 17., 20., 22., 24. Jan., 6., 15., 18., 20., 22. Feb., 4., 8., 13., 16., 18., 20. März, 2., 11., 14., 16., 18. April, 9., 12., 14., 16. Mai, 7., 10., 12., 14. Juni, 5., 8., 10., 12., 30. Juli, 3., 6., 8., 10., 28. Aug., 1., 4., 6., 8., 26. Sept., 2., 4., 6., 24. Okt., 2., 4., 22. Nov., 2., 20. Dez.

Günstig: 6., 23. Jan., 4., 21. Feb., 2., 19., 30. März, 17., 28. April, 15., 26., 30. Mai, 13., 24., 28. Juni, 11., 22., 26. Juli, 9., 20., 24. Aug., 7., 18., 22. Sept., 5., 16., 20. Okt., 3., 14., 18. Nov., 1., 12., 16., 30. Dez.

Schicksalhaft: 7. Jan., 5. Feb., 3. März, 1. April, 3., 4., 5. Nov.

Problematisch: 5., 26., 29. Jan., 3., 24., 27. Feb., 1., 22., 25. März, 20., 23. April, 18., 21. Mai, 16., 19., 30. Juni, 14., 17., 28. Juli, 12., 15., 26., 31. Aug., 10., 13., 24., 29. Sept., 8., 11., 22., 27. Okt., 6., 9., 20., 25. Nov., 4., 7., 18., 23. Dez.

Seelenverwandt: 30. Jan., 28. Feb., 26. März, 24. April, 22. Mai, 20. Juni, 18. Juli, 16. Aug., 14. Sept., 12., 31. Okt., 10., 29. Nov., 8., 27. Dez.

3. Mai

SONNE: STIER
DEKADE: JUNGFRAU/MERKUR
GRAD: 11°30' – 13° STIER
ART: FIXZEICHEN
ELEMENT: ERDE

Fixsterne

Alamak, auch Almach genannt; Menkar

Hauptstern

Name des Sterns: Alamak, auch Almach genannt
Gradposition: 13°15' – 14°20' Stier zwischen den Jahren 1930 und 2000
Magnitude: 2
Stärke: ********
Orbit: 2°10'
Konstellation: Gamma Andromedae
Tage: 2., 3., 4., 5., 6., 7. Mai
Sternqualitäten: Venus
Beschreibung: orange-smaragdgrün-blauer Doppelstern am linken Fuß von Andromeda.

Einfluß des Hauptsterns

Alamak steht für künstlerisches und musikalisches Talent, eine gute Stimme und Popularität. Zudem sorgt er für Glück und Erfolg, Ehre und unerwartete Gewinne. Mit Geduld und Fleiß können Sie Erfolg haben, Liebe und Romantik finden und Glück in häuslichen Angelegenheiten haben.

Im Zusammenhang mit dem Stand Ihrer Sonne sorgt Alamak für Anerkennung, Ruhm und Prestige, insbesondere bei künstlerischen und literarischen Leistungen. Auf seinen Einfluß zurückzuführen sind weiterhin Erfolg in der Öffentlichkeit, Justiz und juristischen Berufen.

- Positiv: kreative Talente, Liebenswürdigkeit, materieller Erfolg.
- Negativ: Selbstsucht, Nachgiebigkeit, Verschwendung.

Im Anhang finden Sie zusätzliche Informationen über Fixsterne.

Sie verfügen über ein außergewöhnliches intellektuelles und schöpferisches Potential. Sie müssen nur darauf achten, daß Angst oder Unentschlossenheit Sie nicht davon abhalten, Ihr Ziel zu erreichen. Von Natur aus freundlich und gesellig, besitzen Sie einen Charme, der Menschen in Bann schlägt und Ihnen Erfolg bei allen gemeinschaftlichen Aktivitäten garantiert.

Der Einfluß Ihrer Sonne in der Jungfraudekade des Stiers sorgt dafür, daß Sie praktisches Geschick und ein Gefühl dafür haben, wie man materielle Ressourcen erschließt. Mit Ihrem wendigen Verstand, der Informationen und Ideen sofort aufnimmt, eignen Sie sich auch für analytische oder kommunikative Tätigkeiten. Ihre Liebe zu Schönheit und Kunst in Verbindung mit Ihrer Sinnenfreude ermöglicht Ihnen auch eine Tätigkeit in den Bereichen Kunst, Musik oder Theater. Ihre angeborenen Talente zu fördern kann heilend auf Sie wirken, wenn Sie überempfindlich oder frustriert reagieren.

Sie haben die Gabe, andere zu inspirieren, und engagieren sich mit Freuden für Projekte. Wenn Sie optimistisch sind, können Sie hart arbeiten, und Ihr Glaube an den positiven Ausgang Ihrer Unternehmungen garantiert Ihnen bereits den Erfolg. Wenn Sie Unvoreingenommenheit üben und lernen, konstruktive Kritik zu akzeptieren, überwinden Sie leicht Ihren Hang zur Sturheit und Unzufriedenheit. Obwohl Sie pragmatisch sind, haben Sie auch ein mystisches Potential, das Ihnen helfen kann, Ihre Umwelt und sich selbst besser zu begreifen.

In Ihrer Jugend sind Sie gesellig, phantasievoll und vielseitig und bewegen sich gern an der frischen Luft. Wenn Sie 18 sind und Ihre Sonne in das Zeichen der Zwillinge tritt, wächst Ihr Bedürfnis nach Kommunikation und Ideenaustausch. In dieser Phase entwickeln Sie neue Interessen und beginnen vielleicht ein Studium. Ein weiterer Wendepunkt erfolgt, wenn Sie 48 sind und Ihre Sonne in den Krebs wechselt. Jetzt brauchen Sie eine solide Basis, von der aus Sie arbeiten können; zudem wächst Ihr Bedürfnis nach emotionalen Bindungen und einem sicheren Zuhause.

Ihr geheimes Selbst

Mit Ihrem guten Geschäftssinn und Ihrer Leistungsbereitschaft kommen Sie langsam, aber sicher zu Wohlstand. Wahre Seelengröße aber gewinnen Sie, wenn Sie lernen loszulassen. Sie sehnen sich nach innerer Harmonie und sind zu großen Opfern bereit, um sie zu erreichen. Aus diesem Grund spielt ein stabiles Zuhause in Ihrem Leben eine große Rolle. Sie werden sich Ihr Leben lang Ihre Kindlichkeit bewahren; sie äußert sich durch besondere Kreativität, Verspieltheit oder aber Selbstmitleid. Zu manchen Zeiten fühlen Sie sich in Ihren Erwartungen von anderen enttäuscht; dann müssen Sie aufpassen, daß Sie nicht vor der Realität fliehen. Wenn Sie die Verantwortung für Ihre Probleme übernehmen, werden Sie feststellen, daß das Leben Sie reichlich belohnt.

Beruf & Karriere

Fundament Ihrer Karriere sollten Selbstverwirklichung und geistige Anregung sein. Frauen spielen möglicherweise eine wichtige Rolle in Ihrer Laufbahn. Mit Ihrem natürlichen Geschäftssinn eignen Sie sich gut für Handel, Banken und Immobilien. Mit Ihrem Fleiß und Ihrem guten Verstand können Sie es aber auch in Wissenschaft oder Justiz zu etwas bringen. Oder aber Sie wenden sich kreativen Tätigkeiten zu, wie Schreiben oder

Innenarchitektur, dem Handel mit Antiquitäten oder Kunstobjekten. Da Sie sehr idealistisch sind, können Sie sich mit aller Kraft für eine Sache engagieren. Ihre Liebe zur Natur führt Sie vielleicht auch in die Landwirtschaft oder den Gartenbau. Auch publikumsorientierte Tätigkeiten kommen für Sie in Frage.

Berühmte Persönlichkeiten dieses Tages sind die ehemalige israelische Premierministerin Golda Meir, die Schauspielerinnen Mary Astor und Samantha Eggar, der Sänger Pete Seeger und der Boxer Sugar Ray Robinson.

Numerologie

Sie sind meist lebenslustig und unterhaltsam und haben Spaß an vergnüglichen Gesellschaftsaktivitäten. Allerdings sind Sie schnell gelangweilt, was rasch zu Unentschlossenheit führt. Im allgemeinen sind Sie musisch begabt und charmant und besitzen Sinn für Humor. Ihre Wortgewandtheit zeigt sich, wenn Sie sprechen, schreiben oder singen. Da Sie etwas mehr Selbstbewußtsein entwickeln müssen, hüten Sie sich vor Ängsten und anderen emotionalen Unsicherheiten. Der Untereinfluß der Monatszahl 5 führt dazu, daß Sie lernen müssen, wie Sie den Überreichtum an schöpferischer Kraft einsetzen können. Da Sie ebenso vielseitig wie rastlos sind, sollten Sie mit Pragmatismus mehr Stabilität in Ihr Leben bringen. Ihr Fleiß und Ihre Anstrengungen beweisen Ihren starken Erfolgswillen. Lernen Sie, trotz Schwierigkeiten durchzuhalten; auf diese Weise bekommen Sie Ihr Leben unter Kontrolle.

Positiv: Humor, Glück, Freundlichkeit, Produktivität, Kreativität, künstlerisches Talent, Wunschkraft, Freiheitsliebe, Wortgewandtheit.

Negativ: allzu blühende Phantasie, Übertreibung, langweilt sich leicht, Eitelkeit, Lieblosigkeit, Großspurigkeit, Maßlosigkeit, Faulheit, Scheinheiligkeit.

Liebe & Zwischenmenschliches

Obwohl Sie im allgemeinen gesellig sind, gibt es auch Zeiten, in denen Sie sich zurückziehen. Sie brauchen diese Phasen zum Nachdenken und um Ihre Gedanken zu sammeln, am besten in der Natur oder einer anderen beschaulichen Umgebung. Sie fühlen sich von intelligenten Menschen angezogen und bevorzugen einen Partner, mit dem Sie intellektuelle Aktivitäten teilen können. Da Charme eine Ihrer hervorstechenden Eigenschaften ist, fällt es Ihnen leicht, Freunde und Partner zu finden. Ihre größte Herausforderung aber liegt darin, Probleme in dauerhaften Beziehungen zu überwinden.

Ihr Partner

Stabilität in einer Beziehung finden Sie am ehesten bei Menschen, die an folgenden Tagen geboren sind:

Liebe & Freundschaft: 9., 11., 13., 23., 25., 27. Jan., 7., 21., 23., 25. Feb., 5., 19., 21., 23., 29. März, 3., 17., 19., 21., 27., 30. April, 1., 15., 17., 19., 25., 28. Mai, 13., 15., 17., 23., 26. Juni, 11., 13., 15., 21., 24. Juli, 9., 11., 13., 19., 22. Aug., 7., 9., 11., 17., 20. Sept., 5., 7., 9., 15., 18. Okt., 3., 5., 7., 13., 16. Nov., 1., 3., 5., 11., 14. Dez.

Günstig: 2., 4., 7. Jan., 2., 5. Feb., 3. März, 1. April, 31. Mai, 29. Juni, 27., 31. Juli, 25., 29. Aug., 23., 27. Sept., 21., 25. Okt., 19., 23. Nov., 17., 21. Dez.

Schicksalhaft: 8., 14. Jan., 6., 12. Feb., 4., 10. März, 2., 8. April, 6. Mai, 4. Juni, 2. Juli, 4., 5., 6. Nov.

Problematisch: 6., 19., 29. Jan., 4., 17., 27. Feb., 2., 15., 25. März, 13., 23. April, 11., 21. Mai, 9., 19. Juni, 7., 17. Juli, 5., 15. Aug., 3., 13., 30. Sept., 1., 11., 28. Okt., 9., 26. Nov., 7., 24., 29. Dez.

Seelenverwandt: 16., 21. Jan., 14., 19. Feb., 12., 17. März, 10., 15. April, 8., 13. Mai, 6., 11. Juni, 4., 9. Juli, 2., 7. Aug., 5. Sept., 3. Okt., 1. Nov.

SONNE: STIER
DEKADE: JUNGFRAU/MERKUR
GRAD: 12° – 14° STIER
ART: FIXZEICHEN
ELEMENT: ERDE

Fixsterne

Alamak, auch Almach genannt; Menkar

Hauptstern

Name des Sterns: Alamak, auch Almach genannt
Gradposition: 13°15' – 14°20' Stier zwischen den Jahren 1930 und 2000
Magnitude: 2
Stärke: ********
Orbit: 2°10'
Konstellation: Gamma Andromedae
Tage: 2., 3., 4., 5., 6., 7. Mai
Sternqualitäten: Venus
Beschreibung: orange-smaragdgrünblauer Doppelstern am linken Fuß von Andromeda.

Einfluß des Hauptsterns

Alamak steht für künstlerisches und musikalisches Talent, eine gute Stimme und Popularität. Zudem sorgt er für Glück und Erfolg, Ehre und unerwartete Gewinne. Mit Geduld und Fleiß können Sie Erfolg, Liebe, Romantik und ein glückliches Heim erleben.
Im Zusammenhang mit dem Stand Ihrer Sonne sorgt Alamak für Anerkennung, Ruhm und Prestige, vor allem bei künstlerischen und literarischen Leistungen. Auf seinen Einfluß zurückzuführen sind auch Erfolg in der Öffentlichkeit, Justiz und in juristischen Berufen.
- Positiv: kreative Talente, Liebenswürdigkeit, materieller Erfolg.
- Negativ: Selbstsucht, Nachgiebigkeit, Verschwendung.

4. Mai

Charakteristisch für Menschen, die an diesem Tag geboren sind, ist die interessante Mischung aus praktischer Begabung, Charme und Sensibilität. Teilen heißt Ihr Erfolgsgeheimnis – ob beruflich oder privat. Sie sind nicht nur ehrgeizig und fleißig, sondern auch verantwortungsbewußt und gewissenhaft.

Der Einfluß Ihrer Sonne in der Jungfraudekade des Stiers sorgt dafür, daß Sie an sich selbst hohe Ansprüche stellen und Freude daran haben, anderen nützlich zu sein. Derselbe Einfluß verleiht Ihnen Sinn fürs Praktische und eine gewisse Bodenständigkeit; um sich sicher zu fühlen, brauchen Sie zudem Ordnung und System.

Sie schätzen zwar Unabhängigkeit und lassen sich ungern einschränken, können aber wundervoll mit anderen Menschen umgehen. Dies liegt zum Teil an Ihrem instinktiven Verständnis für die menschliche Natur und Ihrer guten Wahrnehmungsfähigkeit. Auch wenn Sie sich vor allem für materielle Dinge interessieren, streben Sie doch nach einem tieferen Verständnis der Dinge, das später im Leben vielleicht dazu führt, sich mit metaphysischen oder spirituellen Themen zu beschäftigen. Es gibt Zeiten, da neigen Sie zu geradezu egozentrischer Sturheit oder zu Selbstzweifeln. Hüten Sie sich davor, diese Gefühle durch Realitätsflucht oder Genußsucht kompensieren zu wollen. Glücklicherweise besitzen Sie die Fähigkeit, negative Stimmungen mit Hilfe Ihrer mächtigen Phantasie zu vertreiben, indem Sie sich den Idealfall vorstellen.

Wenn Sie 17 sind und Ihre Sonne in das Zeichen der Zwillinge tritt, gewinnt Ihr Leben an Tempo, und Sie interessieren sich mehr für Schreiben, Reden oder Kommunikation allgemein. Ein weiterer Wendepunkt tritt ein, wenn Sie 47 sind und Ihre Sonne in den Krebs wechselt. Jetzt wächst Ihr Bedürfnis nach emotionalen Bindungen und einem sicheren Zuhause.

Ihr geheimes Selbst

Ihre Führungsqualitäten kommen gewöhnlich dann zum Ausdruck, wenn Sie einen Job übernehmen, der bis dahin schlecht oder ineffizient erledigt wurde. Hin und wieder zeigen Sie sich herrisch, aber im allgemeinen haben Sie einen guten Sinn für Teamarbeit. Ihre geistigen Stärken und Ihre rasche Auffassungsgabe erklären Ihren Bildungshunger und daß Sie sich gerne Ihre eigene Meinung bilden. Wenn Sie Ihre intuitiven Qualitäten nutzen, um herauszufinden, welche Ihrer brillanten Ideen sich umsetzen lassen, gewinnen Sie enorme Vorteile.

Ihr großes Verantwortungsbewußtsein wird auch von anderen erkannt und verhilft Ihnen zu Erfolg. Gelegentlich neigen Sie zu Launenhaftigkeit, Überängstlichkeit oder innerer Anspannung, was Ihr Verhältnis zu Ihren Mitmenschen ziemlich belasten kann. Sie brauchen ein harmonisches Umfeld; deshalb spielt Ihr Zuhause eine große Rolle in Ihrem Leben und ist für Sie Ort der Sicherheit und Ruhe.

Beruf & Karriere

Sie besitzen ein natürliches Talent für Kaufen und Verkaufen, für Bankwesen und Handel, geben aber auch einen guten Agenten oder Verhandlungspartner ab. Vielleicht ziehen Sie Berufe vor, bei denen Sie anderen helfen können, wie in den Bereichen Wohltätigkeit, Beratung oder Arbeit mit Benachteiligten. Wenn Sie öffentliches Leben interessiert, sind Sie gut in Politik, Verwaltung, Diplomatie oder Öffentlichkeitsarbeit.

Die besonders Schöpferischen zieht es vielleicht in Berufe, die mit Musik, Fotografie und Theater zu tun haben. Manche bevorzugen sportliche Karrieren. Mit Ihrem Fleiß aber werden Sie in jedem Beruf erfolgreich sein.

Berühmte Persönlichkeiten dieses Tages sind die Schauspielerin Audrey Hepburn, der ägyptische Staatsmann Hosni Mubarak, die Countrysängerin Randy Travis und der Musiker Maynard Ferguson.

Numerologie

Mit der Geburtstagszahl 4 werden vor allem Ordnung und solide Strukturen verbunden, und dies erklärt auch Ihr Bedürfnis nach Stabilität und Ihren Ordnungssinn. Mit der 4 sind Sie empfänglich für Form und Komposition. Sicherheitsbewußt wünschen Sie sich ein solides Fundament für sich und Ihre Familie. Ihr Pragmatismus, gepaart mit einem guten Geschäftssinn, wird Ihnen ziemlich sicher zu materiellem Erfolg verhelfen. Loyal, aber zurückhaltend, sind Sie im allgemeinen ehrlich, offen und gerecht. Allerdings müssen Sie darauf achten, Ihre Gefühle auszudrücken. Auch müssen Sie lernen, Phasen der Instabilität durchzustehen. Der Untereinfluß der Monatszahl 5 führt dazu, daß Sie begeisterungsfähig, aber auch sensibel sind. Zur Motivation brauchen Sie ein Projekt oder eine Idee, die Sie spannend und anregend finden. Sie sind intuitiv, sollten aber lernen, Ihrem Instinkt zu vertrauen und ihn auch praktisch einzusetzen. Auch wenn Sie Unabhängigkeit schätzen, sind Sie sich über die Bedeutung von Selbstdisziplin und Stabilität im klaren.

Positiv: Organisationsfähigkeit, Selbstdisziplin, Beständigkeit, Fleiß, handwerkliches Geschick, Vertrauen, Genauigkeit.

Negativ: destruktives Verhalten, mangelnde Kommunikationsfähigkeit, Verdrängung, Faulheit, Gefühllosigkeit, neigt zum Aufschieben, Pfennigfuchser, herrisch.

Liebe & Zwischenmenschliches

Heirat, Ehe und ein sicheres Heim sind für Sie von großer Bedeutung. Ihr Wissensdurst und das Bedürfnis zu kommunizieren lassen Sie immer neue Ideen entwickeln und machen Sie kreativ. Wenn Sie sich langweilen, müssen Sie sich davor in acht nehmen, nicht in Routine zu versinken und stumpfsinnig zu werden. Gehen Sie gemeinsam mit Ihrem Partner einer kreativen Beschäftigung nach; so können Sie Experimente machen oder einfach Spaß haben. Ausgehen oder Zusammensein mit Freunden bringt Freude in Ihr Leben.

Ihr Partner

Anregende Gesellschaft und den idealen Partner finden Sie unter den Menschen, die an folgenden Tagen geboren sind:

Liebe & Freundschaft: 10., 11., 14., 26., 28. Jan., 8., 24., 26. Feb., 6., 22., 24., 30. März, 4., 20., 22., 28. April, 2., 18., 20., 26., 29. Mai, 16., 18., 24., 27. Juni, 14., 16., 22., 25. Juli, 12., 14., 20., 23., 30. Aug., 10., 12., 18., 21., 28. Sept., 8., 10., 16., 19., 26. Okt., 6., 8., 14., 17., 24. Nov., 4., 6., 12., 15., 22. Dez.

Günstig: 8. Jan., 6. Feb., 4., 28. März, 2., 26. April, 24. Mai, 22., 30. Juni, 20., 28., 29. Juli, 18., 26., 27., 30. Aug., 16., 24., 25., 28. Sept., 14., 22., 23., 26., 29. Okt., 12., 20., 21., 24., 27. Nov., 10., 18., 19., 22., 25. Dez.

Schicksalhaft: 15. Jan., 13. Feb., 11. März, 9. April, 7. Mai, 5. Juni, 3. Juli, 1. Aug., 5., 6., 7. Nov.

Problematisch: 7., 9., 30. Jan., 5., 7., 28. Feb., 3., 5., 26. März, 1., 3., 24. April, 1., 22. Mai, 20. Juni, 18. Juli, 16. Aug., 14. Sept., 12., 29. Okt., 10., 27. Nov., 8., 25., 30. Dez.

Seelenverwandt: 8., 27. Jan., 6., 25. Feb., 4., 23. März, 2., 21. April, 19. Mai, 17. Juni, 15. Juli, 13. Aug., 11. Sept., 9. Okt., 7. Nov., 5. Dez.

5. Mai

SONNE: STIER
DEKADE: JUNGFRAU/MERKUR
GRAD: 13°30' – 15° STIER
ART: FIXZEICHEN
ELEMENT: ERDE

Fixsterne

Alamak, auch Almach genannt; Menkar

Hauptstern

Name des Sterns: Alamak, auch Almach genannt
Gradposition: 13°15' – 14°20' Stier zwischen den Jahren 1930 und 2000
Magnitude: 2
Stärke: ********
Orbit: 2°10'
Konstellation: Gamma Andromedae
Tage: 2., 3., 4., 5., 6., 7. Mai
Sternqualitäten: Venus
Beschreibung: orange-smaragdgrün-blauer Doppelstern am linken Fuß von Andromeda.

Einfluß des Hauptsterns

Alamak steht für künstlerisches und musikalisches Talent, eine gute Stimme und Popularität. Zudem sorgt er für Glück und Erfolg, Ehre und unerwartete Gewinne. Mit Geduld und Fleiß können Sie Erfolg, Liebe, Romantik und ein glückliches Heim erleben.
Im Zusammenhang mit dem Stand Ihrer Sonne sorgt Alamak für Anerkennung, Ruhm und Prestige, insbesondere bei künstlerischen und literarischen Leistungen in der Öffentlichkeit, in Justiz und juristischen Berufen.
• Positiv: kreative Talente, Liebenswürdigkeit, materieller Erfolg.
• Negativ: Selbstsucht, Nachgiebigkeit, Verschwendung.

Typisch für dieses Geburtsdatum sind Willenskraft und Entschlossenheit. Ihr Bedürfnis nach Abwechslung und Vielfalt bringt mit sich, daß Sie eine innere Rastlosigkeit überwinden müssen. Da Sie einen scharfen Verstand besitzen, erfassen Sie Situationen sehr schnell und sind am glücklichsten, wenn Sie an einem Projekt arbeiten, von dem Sie zutiefst überzeugt sind.

Der Einfluß Ihrer Sonne in der Jungfraudekade des Stiers sorgt dafür, daß Sie nicht nur praktisch veranlagt und gewissenhaft, sondern auch kritisch sind. Derselbe Einfluß steht auch für analytische Fähigkeiten, den Wunsch, methodisch vorzugehen, oder für technische Talente aller Art. Sturheit und Eigensinn können Sie allerdings bei der Entwicklung Ihres enormen Potentials behindern.

Trotz Ihres Bedürfnisses nach materieller Sicherheit verspüren Sie den Wunsch nach einem tieferen Verständnis – sei es für eine andere Person oder das ganze Leben betreffend. Dies führt dazu, daß Sie sich nicht mit Oberflächlichem zufriedengeben und stets mehr wissen wollen. Wenn Sie diese intuitive Seite Ihrer Persönlichkeit fördern, können Sie einem möglichen Hang zu Egoismus, Launenhaftigkeit oder Depression vorbeugen. Außerdem hilft sie Ihnen, Ihr enormes Kraftpotential zu entwickeln. Mit Ihrem initiativen Geist, Charme und dem Bedürfnis nach ständiger Beschäftigung haben Sie die für Führungspositionen notwendigen Eigenschaften. Mit Ihrer Fähigkeit, ebenso praktisch wie phantasievoll zu denken, fühlen Sie sich in einer festen Struktur, die aber dennoch neue und anregende Erfahrungen zuläßt, am wohlsten.

Wenn Sie 16 sind und Ihre Sonne in das Zeichen der Zwillinge tritt, werden Studium und Kommunikation in jeder Form wichtig für Sie. Ein weiterer Wendepunkt erfolgt, wenn Sie 46 sind und Ihre Sonne in den Krebs wechselt. Jetzt wächst Ihre Sensibilität, und Sie brauchen die solide Basis eines sicheren Zuhauses und fester Familienstrukturen. Wenn Sie 76 sind, wechselt Ihre Sonne in das Zeichen des Löwen, und Sie werden stärker und selbstbewußter.

Ihr geheimes Selbst

Hinter Ihrer pragmatischen Fassade verbirgt sich oft ein höchst idealistisches Wesen; deshalb kann es passieren, daß Ihre hohen Erwartungen oft nicht erfüllt werden. Sie sollten Ihren ungewöhnlichen Sinn für Humor einsetzen, um nicht zu ernsthaft zu wirken. Damit bewahren Sie auch Ihre Ausgeglichenheit und können andere besser einschätzen. So können Sie Menschen sogar auf freundschaftliche Art provozieren und die Grenzen Ihrer eigenen Macht ausdehnen, ohne enttäuscht, isoliert oder gefühlskalt zu werden. Dieses Vertrauen in Ihre eigene Kraft verleiht Ihnen enormes Selbstbewußtsein und Spontaneität.

In Ihnen stecken große Kräfte, mit deren Hilfe Sie jede Situation meistern und anderen Ihre Ideen so behutsam und anschaulich darlegen können, daß sie von ihrer Einzigartigkeit vollkommen überzeugt sind.

Beruf & Karriere

Ihre Fähigkeit, originelle Ideen sofort beim Schopf zu packen, wird von Ihren Arbeitgebern und Vorgesetzten schnell erkannt und geschätzt. Anpassungsfähigkeit und die Gabe, in kritischen Situationen die Ruhe zu bewahren, helfen Ihnen, Hindernisse zu überwinden. Diese Gaben, verbunden mit großer Leistungsbereitschaft, sind auch die

Grundvoraussetzung für Ihre Führungsqualitäten. Da Sie ohnehin nicht gerne anderen untergeordnet sind, sollten Sie sich entweder selbständig machen oder einen leitenden Posten ansteuern. Sie können hervorragend Probleme lösen und ziemlich hart und autoritär auftreten, wenn es nötig ist. Dies ist vor allem nützlich, wenn Sie Reformen und Veränderungen durchsetzen wollen. In Frage kommen für Sie auch Berufe bei Film und Theater. Mit Ihrem guten Formensinn und Stilgefühl können Sie auch als Designer Erfolg haben. Ihre Talente kommen auch in Verwaltung oder Politik zum Tragen; hier können Sie Ihre angeborene Autorität einsetzen.

Berühmte Persönlichkeiten dieses Tages sind der Philosoph Karl Marx, der politische Führer Ho Chi Minh, der Philosoph Søren Kierkegaard und der Komiker Michael Palin.

Numerologie

Typisch für diesen Geburtstag sind starke Instinkte, Freiheitsbedürfnis und ein abenteuerlustiges Wesen. Reisen und manch unerwartete Veränderungen führen dazu, daß Sie einen echten Wandel Ihrer Ansichten und Überzeugungen durchmachen. Mit der Geburtstagszahl 5 führen Sie oft ein aktives Leben und müssen erst lernen, Geduld zu zeigen und mehr Wert auf Details zu legen. Wenn Sie nicht voreilig oder spekulativ handeln, können Sie erfolgreich sein. Zu Ihren natürlichen Gaben gehört es, mit dem Strom zu schwimmen und trotzdem unabhängig zu bleiben. Der Untereinfluß der Monatszahl 5 führt dazu, daß Sie ehrgeizig und entschlossen sind, aber gelegentlich auch zuviel Selbstvertrauen zeigen. Bei Ihrem Versuch, möglichst schnell ans Ziel zu gelangen, entgeht Ihnen so manches. Sie sind willensstark und scharfsinnig und lehnen jede Form der Beschränkung ab. Wenn Sie mit sich selbst oder anderen unzufrieden sind oder sich eingeengt fühlen, ergreifen Sie die Initiative und fangen von vorne an. Wenn Sie erfolgreich sein wollen, müssen Sie sich unbedingt in Selbstdisziplin üben.

Positiv: Vielseitigkeit, Anpassungsfähigkeit, progressiv, starke Instinkte, Anziehungskraft, Glück, Wagemut, Freiheitsliebe, Schlagfertigkeit und Witz, Neugier, Mystizismus, Geselligkeit.

Negativ: Unzuverlässigkeit, Unbeständigkeit, neigt zum Aufschieben, Arroganz, Lüsternheit.

Liebe & Zwischenmenschliches

Auch wenn Sie Liebe und Zuneigung brauchen und fürsorglich und freigiebig sein können, zeigen doch Ihr Bedürfnis nach Unabhängigkeit und Ihre natürliche Spontaneität, daß Sie sehr freiheitsliebend sind. Durch veränderte Umstände kann es zu Konflikten zwischen Liebe und Arbeit oder zwischen Pflichten und persönlichen Wünschen kommen. Sie brauchen das Gefühl tiefer Vertrautheit, doch gelegentlich fällt es Ihnen schwer, Ihre starken Gefühle auszudrücken. Gleichwohl können Sie sehr hingebungsvoll sein und einen stabilisierenden Einfluß auf Ihren Partner ausüben. Achten Sie nur darauf, daß Sie sich nicht zu sehr mit sich selbst beschäftigen, was letztlich zu Isolation führen könnte. Häufig fühlen Sie sich zu Menschen hingezogen, die Ihren hohen Idealen und Ansprüchen gerecht werden.

Ihr Partner

Eine Beziehung mit einem treuen Partner finden Sie am ehesten unter den Menschen, die an folgenden Tagen geboren sind:

Liebe & Freundschaft: 11., 15., 20., 25., 27., 29. Jan., 9., 18., 23., 25., 27. Feb., 7., 16., 21., 23., 25. März, 5., 14., 19., 21., 23. April, 3., 12., 17., 19., 21. Mai, 1., 10., 15., 17., 19. Juni, 8., 13., 15., 17. Juli, 1., 6., 11., 13., 15. Aug., 4., 9., 11., 13. Sept., 2., 7., 9., 11. Okt., 5., 7., 9. Nov., 3., 5., 7. Dez.

Günstig: 9., 16. Jan., 7., 24. Feb., 5., 22. März, 3., 20. April, 1., 18., 29. Mai, 16., 27. Juni, 14., 25., 29., 30. Juli, 12., 23., 27., 28., 31. Aug., 10., 21., 25., 26., 29. Sept., 8., 19., 23., 24., 27. Okt., 6., 17., 21., 22., 25. Nov., 4., 15., 19., 20., 23. Dez.

Schicksalhaft: 16. Jan., 14. Feb., 12. März, 10. April, 8. Mai, 6. Juni, 4. Juli, 2. Aug., 6., 7., 8. Nov.

Problematisch: 8., 29., 31. Jan., 6., 29. Feb., 4., 25., 27., 28. März, 2., 23., 25., 26. April, 21., 23., 24. Mai, 19., 21., 22. Juni, 17., 19., 20. Juli, 15., 17., 18. Aug., 13., 15., 16. Sept., 11., 13., 14., 30. Okt., 9., 11., 12., 28. Nov., 7., 9., 10., 26. Dez.

Seelenverwandt: 30. Mai, 28. Juni, 26. Juli, 24. Aug., 22., 30. Sept., 20., 28. Okt., 18., 26. Nov., 16., 24. Dez.

SONNE: STIER
DEKADE: JUNGFRAU/MERKUR
GRAD: 14°30' – 16° STIER
ART: FIXZEICHEN
ELEMENT: ERDE

Fixsterne

Alamak, auch Almach genannt; Menkar

Hauptstern

Name des Sterns: Alamak, auch Almach genannt

Gradposition: 13°15' – 14°20' Stier zwischen den Jahren 1930 und 2000

Magnitude: 2

Stärke: ********

Orbit: 2°10'

Konstellation: Gamma Andromedae

Tage: 2., 3., 4., 5., 6., 7. Mai

Sternqualitäten: Venus

Beschreibung: orange-smaragdgrün-blauer Doppelstern am linken Fuß von Andromeda.

Einfluß des Hauptsterns

Alamak steht für künstlerisches und musikalisches Talent, eine gute Stimme und Popularität. Zudem sorgt er für Glück und Erfolg, Ehre und unerwartete Gewinne. Mit Geduld und Fleiß können Sie Erfolg, Liebe, Romantik und ein glückliches Heim erleben.

Im Zusammenhang mit dem Stand Ihrer Sonne sorgt Alamak für Anerkennung, Ruhm und Prestige bei künstlerischen und literarischen Leistungen, in der Öffentlichkeit, Justiz und auch juristischen Berufen.

- Positiv: kreative Talente, Liebenswürdigkeit, materieller Erfolg.
- Negativ: Selbstsucht, Nachgiebigkeit, Verschwendung.

6. Mai

Sie erscheinen weniger komplex, als Sie tatsächlich sind. Als geborener Schauspieler im großen Drama des Lebens präsentieren Sie eine vielseitig talentierte und selbstbewußte Fassade. Dahinter aber verbergen sich möglicherweise Angstgefühle und Unentschlossenheit. Da Sie natürliche Führungsqualitäten besitzen und gut mit Menschen umgehen können, sollten Sie eine Position anstreben, in der Sie das Beste aus Ihren wunderbaren Gaben machen können. Es besteht allerdings die Gefahr, daß Sie sich mit Mittelmäßigem zufriedengeben und Ihre Fähigkeiten nicht voll ausschöpfen.

Der Einfluß Ihrer Sonne in der zweiten Dekade des Stiers sorgt dafür, daß Sie ausgezeichnete analytische Fähigkeiten haben, die Ihnen zum Erfolg verhelfen können. Sie sind für das Schreiben talentiert, verfügen aber gleichzeitig über einen guten Geschäftssinn. Sie lernen schnell, wissen Bildung und Freiheit zu schätzen und sind offen für innovative oder progressive Ideen.

Heim und Sicherheit spielen für Sie eine wichtige Rolle, und Sie nehmen Ihre Verantwortung ernst. Passen Sie auf, daß Sie sich vor lauter Fürsorge nicht in das Leben anderer einmischen und ihnen die Chance nehmen, auf ihre eigene Art und Weise zu lernen. Sie besitzen viel Charme und haben einen großen Freundeskreis; Freundschaften schließen Sie vor allem mit interessanten und anregenden Menschen. Viel Freude haben Sie aber auch an den guten Dingen im Leben, und Sie verstehen es, sich zu amüsieren; achten Sie darauf, daß Sie nicht zu genußvoll werden.

Wenn Sie 15 sind und Ihre Sonne in das Zeichen der Zwillinge tritt, gewinnt Ihr Leben an Tempo, und Sie legen mehr Wert auf Kommunikation. In den folgenden dreißig Jahren verspüren Sie stets das Bedürfnis, Ihren Horizont zu erweitern und mit anderen Ideen auszutauschen. Wenn Sie 45 sind und Ihre Sonne in das Zeichen des Krebses wechselt, folgt ein weiterer Wendepunkt. Jetzt werden Ihnen emotionale Nähe, Familie und Sicherheit wichtiger. Wenn Sie 75 sind, wechselt Ihre Sonne in den Löwen, und Sie gewinnen an Kraft und Selbstvertrauen.

Ihr geheimes Selbst

Ihr schöpferischer Geist ermöglicht es Ihnen, Scharfblick mit Schlagfertigkeit zu verbinden; häufig spiegeln Sie in anderen auf subtile, aber provokative Weise ihre eigenen Eigenschaften wider. Ihr großes Interesse an Menschen macht Sie zum Philanthropen, der über Beruf und gesellschaftliche Aktivitäten noch etwas Sinnvolles für die Mitmenschen tun will.

Vielleicht kämpfen Sie für eine gute Sache, für Freiheit oder Ihren eigenen Traum; in jedem Fall erreichen Sie damit größere Befriedigung und neigen weniger zu Rastlosigkeit. Hinderlich könnte sich dabei mangelndes Selbstvertrauen oder Unentschlossenheit auswirken. Diese Zweifel können dazu führen, daß Sie sich mit einer Nebenrolle begnügen, statt selbst zur Macht zu greifen. Da Sie für Ermunterungen sehr empfänglich sind, können Sie sich vielleicht motivieren, indem Sie Berichte über Menschen lesen, die Sie bewundern. Bedenken Sie, daß jeder Schritt, den Sie auf dem Weg zur Verwirklichung Ihrer Träume gehen, auch andere inspiriert; und andere anzuregen ist besser, als sie ungefragt zu kritisieren.

Beruf & Karriere

Welchen Beruf Sie auch wählen – Ihre psychologischen Fähigkeiten werden Ihnen in jedem Fall sehr nützlich sein. Im Geschäftsleben kommen Sie durch Einfühlungsvermögen sehr gut mit Menschen aus und können intuitiv die Resultate finanzieller Transaktionen erahnen. Diese Gabe ergänzt sich gut mit Ihrer Fähigkeit, Situationen einzuschätzen, was Sie für Führungspositionen auf Ihrem Gebiet geeignet macht. Vielleicht nutzen Sie diese Fähigkeiten aber auch in einem therapeutischen Beruf, wo Sie auch Ihre natürlichen humanitären Gaben anwenden können. Ihr kühner Intellekt und Ihr Sinn fürs Dramatische ermöglichen Ihnen aber auch eine Bühnenlaufbahn; da Sie wahrscheinlich mit einer guten Stimme gesegnet sind, käme auch eine Gesangskarriere in Frage. Auch bei Tätigkeiten im musikalischen oder erzieherischen Bereich können Sie Ihre Talente gut nutzen. Ihr starker Unabhängigkeitswille und daß Sie sich nicht gern Befehle erteilen lassen, ermutigen Sie oft zu einer selbständigen Tätigkeit.

Berühmte Persönlichkeiten dieses Tages sind der Schauspieler und Regisseur Orson Welles, der Psychiater Sigmund Freud, die Schauspieler Rudolph Valentino und George Clooney und der Schriftsteller Erich Fried.

Numerologie

Zu den Eigenschaften dieses Geburtstages gehören Mitgefühl, Idealismus und Fürsorglichkeit. Oft sind Sie häuslich und sehr familienorientiert. Ihr Wunsch nach universeller Harmonie in Verbindung mit Ihren starken Gefühlen ermutigt Sie häufig, sich sehr für die Sache zu engagieren, an die Sie glauben. Die Empfindsameren unter Ihnen sollten eine schöpferische Form der Selbstverwirklichung finden und fühlen sich oft von der Welt des Entertainments und der Kunst angezogen. Wenn Sie an diesem Tag geboren wurden, fällt es Ihnen oft schwer, mehr Selbstbewußtsein und Mitgefühl Freunden gegenüber zu entwickeln. Der Untereinfluß der Monatszahl 5 führt dazu, daß Sie begeisterungsfähig und rastlos sind, aber auch verantwortungsbewußt und stolz. Sie sind taktvoll und diplomatisch und können andere mit Ihrer ungezwungenen Art verzaubern. Gelegentlich schwanken Sie zwischen Selbstvertrauen und Unsicherheit. Durch Ihre humanitäre Veranlagung profitieren Sie sehr von der Zusammenarbeit mit anderen.

Positiv: Weltgewandtheit, Philanthropie, Freundlichkeit, Mitgefühl, Verläßlichkeit, Sympathie, Idealismus, Häuslichkeit, , musische Talente, Ausgeglichenheit.

Negativ: Unzufriedenheit, Angst, Schüchternheit, Unvernunft, Sturheit, Perfektionismus, Dominanz, mangelndes Verantwortungsbewußtsein, , Zynismus.

Liebe & Zwischenmenschliches

Sie interessieren sich vor allem für Menschen, die sich weiterentwickeln wollen; häufig versuchen Sie, Ihre sozialen Aktivitäten mit Lernen zu verbinden, und legen Wert auf Informations- und Wissensaustausch. Ihr Harmoniebedürfnis ist ein wichtiger Faktor in Ihren Beziehungen. Sie fühlen sich zu Personen hingezogen, die geistig anregend und sehr gebildet sind. Da Sie eine starke Persönlichkeit besitzen, müssen Sie darauf achten, Ihren Lieben gegenüber nicht zu dominant aufzutreten.

Ihr Partner

Wenn Sie jemanden suchen, bei dem Sie Sicherheit, geistige Anregung und Liebe finden, sollten Sie sich unter den Menschen umsehen, die an folgenden Tagen geboren sind:

Liebe & Freundschaft: 4., 11., 12., 16., 26., 28., 30. Jan., 2., 9., 10., 24., 26., 28. Feb., 7., 8., 12., 22., 24., 26. März, 5., 6., 20., 22., 24., 30. April, 3., 4., 18., 20., 22., 28., 31. Mai, 1., 2., 16., 18., 20., 26., 29. Juni, 4., 14., 16., 18., 24., 27. Juli, 12., 14., 16., 22., 25. Aug., 10., 12., 14., 20., 23. Sept., 8., 10., 12., 18., 21. Okt., 6., 8., 10., 16., 19. Nov., 4., 6., 8., 14., 17. Dez.

Günstig: 3., 10., 28. Jan., 1., 8., 27. Feb., 6., 25. März, 4., 23. April, 2., 21. Mai, 4., 19. Juni, 17., 20. Juli, 15., 28. Aug., 13., 26. Sept., 11., 24. Okt., 9., 22. Nov., 7., 20. Dez.

Schicksalhaft: 11. Jan., 9. Feb., 7. März, 5. April, 3. Mai, 1. Juni, 7., 8., 9. Nov.

Problematisch: 9. Jan., 7. Feb., 5. März, 28. April, 3., 26. Mai, 1., 24. Juni, 22. Juli, 20. Aug., 16. Sept., 14., 30., 31. Okt., 12., 28., 29. Nov., 10., 26., 27. Dez.

Seelenverwandt: 7. Jan., 5. Feb., 3. März, 1. April, 29. Mai, 27. Juni, 25. Juli, 23. Aug., 21. Sept., 19. Okt., 17. Nov., 15. Dez.

7. Mai

SONNE: STIER
DEKADE: JUNGFRAU/MERKUR
GRAD: 15°30' – 17° STIER
ART: FIXZEICHEN
ELEMENT: ERDE

Hauptstern

Name des Sterns: Alamak, auch Almach genannt

Gradposition: 13°15' – 14°20' Stier zwischen den Jahren 1930 und 2000

Magnitude: 2

Stärke: ********

Orbit: 2°10'

Konstellation: Gamma Andromedae

Tage: 2., 3., 4., 5., 6., 7. Mai

Sternqualitäten: Venus

Beschreibung: orange-smaragdgrün-blauer Doppelstern am linken Fuß von Andromeda.

Einfluß des Hauptsterns

Alamak steht für künstlerisches und musikalisches Talent, eine gute Stimme und Popularität. Zudem sorgt er für Glück und Erfolg, Ehre und unerwartete Gewinne. Mit Geduld und Fleiß können Sie Erfolg, Liebe, Romantik und ein glückliches Heim erleben.

Im Zusammenhang mit dem Stand Ihrer Sonne sorgt Alamak für Anerkennung, Ruhm und Prestige bei künstlerischen und literarischen Leistungen, in der Öffentlichkeit, Justiz und in juristischen Berufen.

- Positiv: kreative Talente, Liebenswürdigkeit, materieller Erfolg.
- Negativ: Selbstsucht, Nachgiebigkeit, Verschwendung.

Typisch für diesen Geburtstag sind eine ausgeprägte praktische Ader und ein starker Charakter. Da Sie ebenso eifrig wie eigenwillig sind, sollten Sie Führungspositionen erreichen, müssen sich aber davor hüten, herrisch oder verletzend zu sein. Sie besitzen ein gutes Einschätzungsvermögen für Menschen und Situationen. Deshalb wählen Sie vielleicht eine Tätigkeit, bei der Sie sich für die Rechte anderer einsetzen. Da Sie gern ständig beschäftigt sind und über große Energiereserven verfügen, sind Sie zu großen Leistungen fähig.

Der Einfluß Ihrer Sonne in der Jungfraudekade des Stiers sorgt dafür, daß Sie das Leben analytisch und methodisch angehen, geistig beweglich sind und sich gut konzentrieren können. Dies kann sich in großer Überzeugungskraft oder in einem Talent zum Schreiben äußern. Da Sie eine realistische Lebenseinstellung haben sowie die Fähigkeit, gleich zum Kern einer Sache zu kommen, besitzen Sie im allgemeinen auch einen guten Geschäftssinn. Ihre Tiefgründigkeit kann Sie aber auch zu philosophischen Erkenntnissen führen oder Ihnen besonderes Geschick zum Lösen von Problemen verleihen. Ihr Potential kommt allerdings nicht zur Entfaltung, wenn Sie stur, arrogant und unkommunikativ sind.

Mit Ihrer natürlichen Begabung für die Erschließung finanzieller Ressourcen, Ihren guten Organisationsfähigkeiten und der Gabe, andere inspirieren zu können, eignen Sie sich automatisch für Führungspositionen. Wenn Sie Ihre innere Stärke mit Selbstdisziplin verknüpfen, haben Sie das Potential, Ihre Träume in die Tat umzusetzen.

Wenn Sie 14 sind und Ihre Sonne in das Zeichen der Zwillinge tritt, entwickeln Sie neue Interessen, und Ihr Bedürfnis nach Lernen und Kommunikation wächst. Ein weiterer Wendepunkt erfolgt, wenn Sie 44 sind und Ihre Sonne in den Krebs wechselt. Jetzt sind es emotionale Bindungen, ein sicheres Zuhause und die Konzentration auf die Wünsche anderer, die wichtiger werden. Wenn Sie 74 sind, tritt Ihre Sonne in den Löwen, und Sie trauen sich mehr Selbstverwirklichung zu.

Ihr geheimes Selbst

Wenn Sie sich bei Ihrer natürlichen Ausdrucksstärke ein wenig mehr von Selbstdisziplin leiten lassen, sind Kunst, Musik und Theater geeignete Formen für Ihre Selbstverwirklichung. Ihre Kreativität läßt sich aber auch im Alltag umsetzen, ob im Beruf oder zu Hause. Angstgefühle oder Unentschlossenheit können sich aber hinderlich auf die Entwicklung Ihres Potentials auswirken. Diese Ängste und Frustrationen können dazu führen, daß Sie nichts wagen wollen und zu lange in unvorteilhaften Situationen verharren. Eine humanitäre und unvoreingenommene Seite Ihrer Persönlichkeit ermutigt Sie zu Höhenflügen und sorgt für mehr Freude und Risikobereitschaft in Ihrem Leben. Achten Sie dann aber darauf, daß Sie nicht ins andere Extrem umschlagen und zu sehr dem guten Leben verfallen.

Beruf & Karriere

Ihnen steht eine große Skala von Berufsmöglichkeiten offen. Sie sind geeignet für Führungspositionen, und mit Ihrem guten Urteilsvermögen kommen Tätigkeiten in Vertrieb und Werbung in Frage. Für Ihre Großzügigkeit bekannt, sind Sie ein Philanthrop, der Menschen und Ideen fördert, an die er glaubt. Vielleicht führt Sie Ihre Kreativität aber auch in die Welt des Entertainments, der Kunst oder der Musik. Im allgemeinen sind Sie in der Lage, Ihre Liebe zu Schönheit und Kunst mit einer Geschäftstätigkeit zu verbinden, etwa als Kunsthändler, Impresario oder Museumsdirektor. Ihre Fähigkeit, Reformen durchzusetzen, verhilft Ihnen vielleicht zu einem Posten an der Spitze einer Großorganisation, etwa einer Gewerkschaft. Andere fühlen sich im Erziehungsbereich oder bei einer anderen Tätigkeit von sozialem oder öffentlichem Interesse wohler.

Berühmte Persönlichkeiten dieses Tages sind der Schauspieler Gary Cooper, die Dichter Rabindranath Tagore und Robert Browning, Eva Perón und die Komponisten Johannes Brahms und Peter Iljitsch Tschaikowski.

Numerologie

Menschen mit der Geburtstagszahl 7 sind oft analytisch und tiefsinnig und neigen zu Perfektionismus, übermäßiger Kritik und Selbstzentriertheit. Sie ziehen es vor, Ihre Entscheidungen allein zu treffen, und lernen am besten durch persönliche Erfahrung. Der Wunsch zu lernen führt Sie vielleicht in die Welt der Wissenschaft oder dazu, ständig Ihren Horizont zu erweitern. Gelegentlich reagieren Sie überempfindlich auf Kritik und fühlen sich mißverstanden. Ihr Hang zur Geheimnistuerei führt dazu, daß Sie gern subtile Fragen stellen, um zu verbergen, was Sie wirklich denken. Der Untereinfluß der Monatszahl 5 führt dazu, daß Sie intelligent sind und eine schnelle Auffassungsgabe besitzen. Sie sind schlagfertig, ausdrucksstark und unterhaltsam. Kreativ, aber beeinflußbar, wollen Sie das Leben genießen und gehen verschiedenen Hobbys nach. Integrität und Kooperation sind für Ihren Erfolg Grundvoraussetzung. Sie sind hilfsbereit und freundlich und können andere ermutigen und unterstützen. Ihr Hang zu taktieren, statt direkt zu sagen, was Sie wollen, weist darauf hin, daß es Ihnen schwerfällt, Ihre Gefühle auszudrücken.

Positiv: Erziehung, Vertrauen, Gewissenhaftigkeit, Idealismus, Ehrlichkeit, mediale Fähigkeiten, wissenschaftliche Einstellung, Rationalität, Nachdenklichkeit.

Negativ: Geheimnistuerei, Falschheit, Unfreundlichkeit, Skepsis, Verwirrung, böswilliges Verhalten, Unbeteiligtsein.

Liebe & Zwischenmenschliches

Ihr Bedürfnis nach geistiger Anregung und Kreativität führt dazu, daß Sie sich zu intelligenten Menschen aus allen Schichten hingezogen fühlen. Obwohl Sie ein guter Gesellschafter sind und zahlreiche Interessen haben, leiden Sie gelegentlich unter Unentschlossenheit und Unsicherheit anderen gegenüber, was Verwirrung und Ängste bei Ihnen auslöst. Wenn Sie sich nicht recht entscheiden können, wo Ihre Loyalitäten liegen, weichen Sie wahrscheinlich aus und vergnügen sich lieber mit Freunden. Wenn Sie Ihre Kreativität wachhalten und diese Dinge nicht überbewerten, können Sie persönliche Probleme meist ziemlich schnell lösen.

Ihr Partner

Sicherheit, eine dauerhafte Beziehung und Liebe finden Sie am ehesten unter den Menschen, die an folgenden Tagen geboren wurden:

Liebe & Freundschaft: 13., 17., 29. Jan., 11., 27., 29. Feb., 9., 25., 27. März, 7., 23., 25. April, 5., 9., 21., 23., 29. Mai, 3., 19., 21., 27., 30. Juni, 1., 17., 19., 25., 28. Juli, 15., 17., 23., 26. Aug., 1., 13., 15., 21., 24. Sept., 11., 13., 19., 22., 29. Okt., 9., 11., 17., 20., 27. Nov., 7., 9., 15., 18., 25. Dez.

Günstig: 11. Jan., 9. Feb., 7., 31. März, 5., 29. April, 3., 27., 31. Mai, 1., 25., 29. Juni, 23., 27., 31. Juli, 21., 25., 29., 30. Aug., 19., 23., 27., 28. Sept., 17., 21., 25., 26. Okt., 15., 19., 23., 24., 30. Nov., 13., 17., 21., 22., 28. Dez.

Schicksalhaft: 12. Jan., 10. Feb., 8. März, 6. April, 4. Mai, 2. Juni, 8., 9., 10. Nov.

Problematisch: 10. Jan., 8. Feb., 6., 29. März, 4., 27. April, 2., 25. Mai, 23. Juni, 21. Juli, 19. Aug., 17. Sept., 15., 31. Okt., 13., 29., 30. Nov., 11., 27., 28. Dez.

Seelenverwandt: 18., 24. Jan., 16., 22. Feb., 14., 20. März, 12., 18. April, 10., 16. Mai, 8., 14. Juni, 6., 12. Juli, 4., 10. Aug., 2., 8. Sept., 6. Okt., 4. Nov., 2. Dez.

SONNE: STIER
DEKADE: JUNGFRAU/MERKUR
GRAD: 16°30'–18° STIER
ART: FIXZEICHEN
ELEMENT: ERDE

8. Mai

Sie sind freundlich und spontan, besitzen einen scharfen Verstand und persönlichen Charme. Sie zeigen gelegentlich eine interessante Mischung aus Materialismus und Idealismus, sind herzlich und gesellig und brauchen Menschen um sich herum. Ihre Jugendlichkeit wird Ihnen Ihr ganzes Leben lang erhalten bleiben; und mit ihr werden Sie immer wieder Ihre Umwelt verzaubern. Da Sie auch ehrgeizig sind, schaffen Sie es dank Ihrer Gabe für Menschenführung bis ganz nach oben.

Der Einfluß Ihrer Sonne in der Jungfraudekade des Stiers sorgt dafür, daß Ihre Wortgewandtheit und geistige Beweglichkeit hoch entwickelt sind, ebenso Ihre kommunikativen Fähigkeiten. Damit zusammen hängen wohl auch die Fähigkeit zur kritischen Analyse und der Wunsch, anderen nützlich zu sein, ebenso wie eine natürliche Begabung für Geschäfte. Das alles prädestiniert Sie für materiellen Erfolg.

Sie sind imagebewußt und wissen im allgemeinen gut, wie Sie auf andere wirken. Gewöhnlich legen Sie Wert auf einen eigenen individuellen Stil. Ihr Bedürfnis, über das Alltägliche hinauszugehen, drückt sich möglicherweise im Wunsch nach mystischer Erfahrung aus, kann aber auch zum anderen Extrem führen, etwa zu Verwirrung, Realitätsflucht oder unmöglichen Träumen. Ansonsten sind Sie ausnahmslos ehrlich und direkt und besitzen einen starken Freiheitsdrang. Wenn Sie diese Eigenschaften mit Ihrem praktischen Geschick verbinden, können Sie den Erfolg ernten, den Ihr Geburtstag verspricht.

Wenn Sie 13 sind und Ihre Sonne in das Zeichen der Zwillinge tritt, wächst Ihr Bedürfnis, Ihre Ideen kundzutun und mit Ihrer unmittelbaren Umgebung in engeren Kontakt zu treten. Außerdem verspüren Sie größere Motivation zum Lernen. Wenn Sie 43 sind, folgt ein weiterer Wendepunkt. Jetzt erreicht Ihre Sonne das Zeichen des Krebses, und Ihnen werden emotionale Bindungen, Heim und Familie wichtiger. Wenn Ihre Sonne den Löwen erreicht, sind Sie 73; jetzt gewinnen Sie an Selbstvertrauen und Stärke.

Ihr geheimes Selbst

Da die persönlichen Qualitäten, die von Ihrem Geburtstag ausgehen, darauf hinweisen, daß Sie sehr vielseitig sind, sollten Sie sich klare und eindeutige Ziele stecken. Wenn Sie genaue Pläne haben, beugen Sie Unentschlossenheit und Angstgefühlen vor. Eine Vorliebe für Geld und Luxus kann Sie von Ihren Idealen ablenken; wenn Sie also Ihre außergewöhnlichen Talente zur Entfaltung bringen wollen, müssen Sie sich entscheiden, wo Ihre Verpflichtungen liegen. Zum Glück haben Sie ein gutes Gedächtnis und eine schnelle Auffassungsgabe, und so werden Sie nie wirkliche Geldsorgen haben.

Es ist höchst wahrscheinlich, daß Schreiben und Bildung eine große Rolle in Ihrer Weiterentwicklung spielen, vielleicht auch erst nach Abschluß einer Karriere oder später im Leben. In jedem Fall würde Ihnen dies die hervorragende Chance bieten, Ihre Kreativität und Kommunikationsfähigkeit zum Ausdruck zu bringen.

Beruf & Karriere

Ihr Talent, Geld zu machen, in Verbindung mit Ihrem Charisma, zeigt, daß Sie das Potential haben, auf Ihrem Gebiet eine Spitzenposition zu erreichen. Erfolgschancen für Sie gibt es in Verkauf, Verhandlungen und Promotion. In Frage für Sie kommen auch Publi-

Fixsterne

Ihre Sonne ist zwar nicht mit einem Fixstern verbunden, sicherlich aber einer der anderen Planeten Ihres Sonnenzeichens. Wenn Sie sich ein Geburtshoroskop erstellen lassen, lernen Sie die exakte Position der Planeten an Ihrem Geburtstag kennen. Auf diese Weise können Sie feststellen, welche der Fixsterne in diesem Buch für Sie von Interesse sind.

zistik, Werbung und Medien, ebenso Justiz, Politik und Bankwesen. Ihre Führungsqualitäten und Ihr Ehrgeiz verhelfen Ihnen zu gehobenen Managerposten. Ihr Drang nach Selbstverwirklichung fördert Ihre Kreativität zusätzlich und kann Sie in die Welt der Schriftsteller, Dichter oder Schauspieler führen oder in die des Entertainments, der Musik und der Künste. Auch Arbeit mit Grund und Boden interessiert Sie, etwa Immobilienwesen, Bauunternehmertum, Landwirtschaft.

Berühmte Persönlichkeiten dieses Tages sind der US-Präsident Harry S. Truman, der Mystiker Krishnamurti, der Jazzpianist Keith Jarrett, die Schriftstellerin Jane Roberts und der Boxer Sonny Liston.

Numerologie

Die Stärke und Macht, die von der Geburtstagszahl 8 ausgehen, sorgen für einen Charakter mit festen Werten und einem guten Urteilsvermögen. Die Zahl 8 steht auch für Ehrgeiz und Leistungsbereitschaft. Ihr Wunsch nach Dominanz, Sicherheit und materiellem Erfolg hängt ebenfalls mit der 8 zusammen. Vielleicht müssen Sie lernen, wie Sie Ihre Macht fair und gerecht ausüben und delegieren. Aufgrund Ihres ausgeprägten Sicherheitsbedürfnisses machen Sie gern langfristige Pläne und Investitionen. Der Untereinfluß der Monatszahl 5 führt dazu, daß Sie begeisterungsfähig und rastlos sind und über einen starken Willen verfügen. Es wird Ihnen guttun, wenn Sie lernen, Ihre Gefühle auszudrücken. Mit Selbstdisziplin und Optimismus können Sie den richtigen Eindruck machen und die Kontrolle übernehmen.

Positiv: Führungsqualitäten, Gründlichkeit, Fleiß, Tradition, Autorität, Schutz, Heilkraft, gutes Urteilsvermögen.

Negativ: Ungeduld, Verschwendung, Intoleranz, Geiz, Rastlosigkeit, Überarbeitung, Dominanz, leicht entmutigt, wird leicht ausfallend, neigt dazu, andere zu kontrollieren.

Liebe & Zwischenmenschliches

Aufgrund Ihres Bedürfnisses nach Sicherheit, Stabilität und einem gewissen Lebensstandard bevorzugen Sie finanziell großzügige Menschen und erhalten auch oft Unterstützung von Freunden. Sie sind ebenso idealistisch wie praktisch, freundlich und gesellig und brauchen die Sicherheit fester Freundschaften. Außerdem sind Sie zärtlich und liebevoll zu den Menschen, die Sie lieben. Um glücklich zu sein, brauchen Sie langfristige finanzielle Sicherheit. Nehmen Sie sich Zeit, wenn Sie Ihre Freunde aussuchen, sonst werden Sie enttäuscht, wenn die Menschen nicht Ihren hohen Erwartungen genügen.

Ihr Partner

Sicherheit, dauerhaftes Glück und Liebe finden Sie am ehesten unter den Menschen, die an folgenden Tagen geboren wurden:

Liebe & Freundschaft: 6., 8., 14., 18., 23., 26., 28. Jan., 4., 10., 12., 21., 24., 26. Feb., 2., 10., 12., 14., 19., 22., 24. März, 8., 14., 17., 20., 22. April, 6., 15., 16., 18., 20. Mai, 4., 13., 16., 18. Juni, 2., 11., 14., 16., 20. Juli, 9., 12., 14., 22. Aug., 2., 7., 10., 12., 24. Sept., 5., 8., 10., 26. Okt., 3., 6., 8., 28. Nov., 1., 4., 6., 30. Dez.

Günstig: 9., 12. Jan., 7., 10. Feb., 5., 8. März, 3., 6. April, 1., 4. Mai, 2., 30. Juni, 28. Juli, 26., 30., 31. Aug., 24., 28., 29. Sept., 22., 26., 27. Okt., 20., 24., 25. Nov., 18., 22., 23., 29. Dez.

Schicksalhaft: 9., 10., 11., 12. Nov.

Problematisch: 11., 13., 29. Jan., 9., 11. Feb., 7., 9., 30. März, 5., 7., 28. April, 3., 5., 26., 31. Mai, 1., 3., 24., 29. Juni, 1., 22., 27. Juli, 20., 25. Aug., 18., 23., 30. Sept., 16., 21., 28. Okt., 14., 19., 26. Nov., 12., 17., 24. Dez.

Seelenverwandt: 12., 29. Jan., 10., 27. Feb., 8., 25. März, 6., 23. April, 4., 21. Mai, 2., 19. Juni, 17. Juli, 15. Aug., 13. Sept., 11. Okt., 9. Nov., 7. Dez.

SONNE: STIER
DEKADE: JUNGFRAU/MERKUR
GRAD: 17°30' – 19° STIER
ART: FIXZEICHEN
ELEMENT: ERDE

9. Mai

Fixsterne

Ihre Sonne ist zwar nicht mit einem Fixstern verbunden, sicherlich aber einer der anderen Planeten Ihres Sonnenzeichens. Wenn Sie sich ein Geburtshoroskop erstellen lassen, lernen Sie die exakte Position der Planeten an Ihrem Geburtstag kennen. Auf diese Weise können Sie feststellen, welche der Fixsterne in diesem Buch für Sie von Interesse sind.

Sie sind erfolgsorientiert, ehrgeizig und klug und können gut mit Menschen umgehen. Voller Energie und Antrieb, lassen Sie sich durch die Aussicht auf direkte Entlohnung motivieren und haben meist eine Idee oder ein Projekt in der Hinterhand. Da Sie sehr scharfsinnig sind und Leute und Situationen gut einschätzen können, suchen Sie ständig nach guten Gelegenheiten und lieben Großprojekte. Der Einfluß Ihrer Sonne in der Jungfraudekade des Stiers sorgt dafür, daß Sie dank Ihrer geistigen Beweglichkeit ziemlich logisch, analytisch und technisch begabt sind. Wenn Sie Ihre emotionalen Fähigkeiten entwickeln, verlieben Sie sich gern. Hüten Sie sich aber vor Maßlosigkeit.

Da Sie unabhängig und ein guter Organisator sind, können Sie Projekte aller Art leiten. Dank Ihrer Großzügigkeit und Ihrem Optimismus kommen Sie bei anderen gut an. Allerdings müssen Sie sich vor gelegentlichen Anfällen von Sturheit hüten. Da Sie alle Voraussetzungen für Erfolg besitzen, brauchen Sie nur noch etwas Selbstdisziplin, und Sie können leicht die wunderbaren Chancen ergreifen, die Ihnen Ihr Geburtstag bietet.

Wenn Sie 12 sind und Ihre Sonne in das Zeichen der Zwillinge tritt, gewinnt Ihr Leben an Tempo. Sie legen mehr Wert auf Beziehungen zu anderen und auf Studium und Kommunikation. Wenn Sie 42 sind, folgt ein weiterer Wendepunkt. Jetzt wechselt Ihre Sonne in das Zeichen des Krebses, und Ihnen werden emotionale Bindungen, Heim und Familie wichtiger. Wenn Ihre Sonne in den Löwen tritt, sind Sie 72; jetzt entwickeln Sie mehr Kreativität und ein stärkeres Bedürfnis nach Selbstverwirklichung.

Ihr geheimes Selbst

Obwohl Sie wahrscheinlich früh im Leben lernen, daß Geld Macht bedeutet, sind Sie trotzdem der Meinung, daß Geld allein auch nicht glücklich macht. Wenn Sie wirklich wollen und hart arbeiten, fällt es Ihnen leicht, Geld zu machen; allerdings finden Sie wahre Erfüllung und Befriedigung nur, wenn Sie Ihrem Idealismus in irgendeiner Form Ausdruck verleihen können. Mit Ihrer intellektuellen Flexibilität und Ihrem Erfindungsreichtum sind Sie oft Ihrer Zeit voraus und haben vielleicht sogar den Wunsch, die Gesellschaft zu verändern. Dies kann sich in philanthropischen und humanitären Interessen äußern, was Ihr Image stärkt, besonders wenn Sie eine leitende Position bekleiden. Da Sie von Natur aus kontaktfreudig sind, kennen Sie Menschen unterschiedlichster Herkunft und sind in der Lage, ihnen Informationen zu geben, die ihnen nützen.

Beruf & Karriere

Sie sind nicht nur unternehmungslustig und ehrgeizig, sondern besitzen auch einen guten Geschäftssinn, der Ihnen viel einbringen wird – vorausgesetzt, Sie üben sich in Selbstdisziplin. Aufgrund Ihres großen Charmes eignen Sie sich gut für den Dienstleistungssektor; überhaupt ziehen Sie Berufe vor, die mit Menschen zu tun haben. Mit Ihrem Optimismus und Ihren großen Plänen initiieren Sie gern neue Projekte, bei denen Sie selbst eine Führungsposition einnehmen. Da Sie nicht gerne Befehlsempfänger sind, arbeiten Sie auch gern selbständig. Zu Ihren zahlreichen Talenten gehören auch Organisations- und Führungsfähigkeiten, die Sie zu leitenden Tätigkeiten in Justiz, Bankwesen oder Verwaltung befähigen. Wenn Ihnen der Sinn nach Ruhm steht, sollten Sie Ihre Kreativität nutzen und Schauspieler oder Politiker werden.

Berühmte Persönlichkeiten dieses Tages sind die Schauspielerin und Politikerin Glenda Jackson, der Sänger Billy Joel, der Rockgitarrist Curtis Knight, der Schauspieler Albert Finney und die Schauspielerin Candice Bergen.

Numerologie

Wohlwollen, Mitgefühl und Sensibilität gehören zu Ihren Eigenschaften, wenn Sie unter der Zahl 9 geboren sind. Häufig sind Sie intelligent und intuitiv und besitzen psychologische Fähigkeiten, die auf universelles Wahrnehmungsvermögen hindeuten. Dennoch sollten Sie nicht nur lernen, unvoreingenommener zu sein, sondern auch mehr Verständnis, Toleranz und Geduld entwickeln. Weltreisen und Kontakt mit den unterschiedlichsten Menschen sind außerordentlich nutzbringend für Sie. Hüten Sie sich vor unrealistischen Zielen und einem Hang zur Realitätsflucht. Der Untereinfluß der Monatszahl 5 führt dazu, daß Sie begeisterungsfähig, abenteuerlustig und gern aktiv sind. Vielleicht ziehen Sie es vor, selbständig zu arbeiten, da Sie ungern Befehle empfangen. Mit Fleiß und Selbstdisziplin können Sie mehr Kreativität entwickeln. Da Sie sowohl Freiheit als auch Stabilität brauchen, sind Ordnung und tägliche Routine für Sie notwendig. Sie müssen sich aber davor hüten, im Alltagstrott zu versinken.

Positiv: Idealismus, Philanthropie, Kreativität, Sensibilität, Großmut, Anziehungskraft, Nachgiebigkeit, Freigiebigkeit, Unvoreingenommenheit, Glück, Beliebtheit.

Negativ: Frustration, Nervosität, Unsicherheit, Selbstsucht, praktisch unbegabt, Verbitterung, leicht beeinflußbar, Minderwertigkeitskomplex, Angst.

Liebe & Zwischenmenschliches

Voller Kreativität und großer Wünsche, sind Sie ein charismatischer Mensch mit starken Überzeugungen. Als treuer Freund sind Sie Ihren Lieben gegenüber sehr freigiebig. Da Sie großmütig und gesellig sind, flirten Sie gern und haben viel Gelegenheit zu sozialen und romantischen Begegnungen. Wenn Sie jemanden kennenlernen, fühlen Sie sich inspiriert und offenbaren Ihre Leidenschaft auf theatralische Art. Vielleicht sollten Sie aber den Gefühlen Ihres Partners mehr Aufmerksamkeit schenken und dominantes Verhalten vermeiden. Wenn Sie inspiriert sind, können Sie sich auch einer höheren Vision verschreiben und sie vehement vertreten.

Ihr Partner

Für eine ganz besondere Liebe sollten Sie sich unter den Menschen umsehen, die an folgenden Tagen geboren sind:
Liebe & Freundschaft: 6., 15., 19., 29., 31. Jan., 3., 13., 27., 29. Feb., 2., 11., 25., 27. März, 9., 23., 25. April, 7., 21., 23. Mai, 5., 19., 21. Juni, 3., 17., 19., 30. Juli, 1., 15., 17., 29. Aug., 13., 15., 26. Sept., 11., 13., 24. Okt., 9., 11., 22. Nov., 7., 9., 20. Dez.

Günstig: 13., 15., 19. Jan., 11., 13., 17. Feb., 9., 11., 15. März, 7., 9., 13. April, 5., 7., 11. Mai, 3., 5., 9. Juni, 1., 3., 7., 29. Juli, 1., 5., 27., 31. Aug., 3., 25., 29. Sept., 1., 23., 27. Okt., 21., 25. Nov., 19., 23. Dez.

Schicksalhaft: 30. Mai, 28. Juni, 26. Juli, 24. Aug., 22. Sept., 20. Okt., 10., 11., 12., 18. Nov., 16. Dez.

Problematisch: 12. Jan., 10. Feb., 8. März, 6. April, 4. Mai, 2. Juni, 31. Aug., 29. Sept., 27., 29., 30. Okt., 25., 27., 28. Nov., 23., 25., 26., 30. Dez.

Seelenverwandt: 2., 28. Jan., 26. Feb., 24. März, 22. April, 20. Mai, 18. Juni, 16. Juli, 14. Aug., 12. Sept., 10. Okt., 8. Nov., 6. Dez.

SONNE: STIER
DEKADE: JUNGFRAU/MERKUR
GRAD: 18°30' – 20° STIER
ART: FIXZEICHEN
ELEMENT: ERDE

Fixsterne

Ihre Sonne ist zwar nicht mit einem Fixstern verbunden, sicherlich aber einer der anderen Planeten Ihres Sonnenzeichens. Wenn Sie sich ein Geburtshoroskop erstellen lassen, lernen Sie die exakte Position der Planeten an Ihrem Geburtstag kennen. Auf diese Weise können Sie feststellen, welche der Fixsterne in diesem Buch für Sie von Interesse sind.

10. Mai

Mit diesem Geburtstag sind Sie nicht nur praktisch veranlagt und unabhängig, sondern auch ehrgeizig und tolerant, mit einem guten Verstand. Sie sind gerne permanent beschäftigt und treffen rasche Entscheidungen. Sie lassen sich leicht enttäuschen oder frustrieren; mit einem festen Ziel vor Augen können Sie sich Ihren Optimismus jedoch bewahren.

Der Einfluß Ihrer Sonne in der Jungfraudekade des Stiers sorgt dafür, daß Sie oft nicht nur intellektuell begabt, sondern auch wortgewandt und erfindungsreich sind. Überdies besitzen Sie gute Kritikfähigkeit und die Gabe, komplizierte, technische oder wissenschaftliche Sachverhalte zu verstehen. Die praktische Ausrichtung dieser Talente sorgt dann für einen guten Geschäftssinn und Geschick in Finanzangelegenheiten.

Im allgemeinen treffen Sie Ihre Entscheidungen allein und nehmen ungern Anordnungen von anderen entgegen. Ihre Fähigkeit, Menschen mit Ihrer Begeisterung und Ihren Ideen anzustecken, deutet darauf hin, daß Sie das Potential haben, neue und aufregende Unternehmungen zu organisieren. Wenn Sie allerdings stur und eigenwillig sind, verlieren Sie leicht die Bewunderung, die Sie brauchen, und werden unsicher. Zum Glück besitzen Sie auch einen wunderbaren Sinn für Humor, der Sie davor bewahrt, egoistisch und verbissen zu werden.

Wenn Sie 11 sind und Ihre Sonne in das Zeichen der Zwillinge tritt, kommt es zu Veränderungen in Ihrem Leben, und Sie entwickeln neue und vielfältige Interessen. Die folgenden dreißig Jahre sind Ihnen Bildung und zwischenmenschlicher Kontakt sehr wichtig. Ein weiterer Wendepunkt erfolgt, wenn Sie 41 sind und Ihre Sonne in den Krebs wechselt. Jetzt wächst Ihre Sensibilität, und Sie brauchen die solide Basis von Heim und Familie. Wenn Sie 71 sind, tritt Ihre Sonne in das Zeichen des Löwen, und Sie werden stärker und sicherer in Ihrer Selbstdarstellung.

Ihr geheimes Selbst

Viele Ihrer Probleme haben etwas mit Geld zu tun. Sie besitzen die ausgezeichnete Fähigkeit, Situationen schnell zu erfassen, was Ihnen natürliche Autorität verleiht. Allerdings sind Sie ein Mensch der Extreme. Einerseits sind Sie idealistisch, großzügig, extravagant und mutig; andererseits können Sie auch materialistisch, selbstsüchtig und allzu sicherheitsbewußt sein. Versuchen Sie, ein Gleichgewicht zwischen diesen beiden Seiten herzustellen. Erstellen Sie ein realistisches Sparprogramm und hüten Sie sich vor extravaganten Impulsen.

Sie sind im allgemeinen in der Lage, das Leben im Ganzen zu betrachten, und pflegen eine humanitäre Philosophie. Ihre Objektivität ist zudem von Intuition geleitet, die Ihnen auch helfen kann, Erfüllung in spiritueller Hinsicht, aber auch im Alltag zu finden.

Beruf & Karriere

Da Sie sehr unabhängig sind und lieber anderen Befehle geben, als selbst welche anzunehmen, sind leitende Positionen wichtig für Sie. Auch wenn Sie im Team arbeiten, genießen Sie gern eine gewisse Handlungsfreiheit. Sie initiieren gern neue Projekte und bringen progressive Ideen ein. Die praktische und geschäftsorientierte Seite Ihrer Persönlichkeit führt Sie vielleicht aber auch in Bankwesen, Handel oder Börse. Aufgrund Ihrer ausgezeichneten geistigen und psychologischen Fähigkeiten sind Sie auch für Pädagogik und Wissenschaft oder für Arbeit fürs Gemeinwesen geeignet. Viele Menschen, die an diesem Tag geboren wurden, besitzen natürliche Heilkräfte, die sie für Medizin oder Alternativheilkunde befähigen. Welchen Beruf Sie auch wählen – Ihre große Begabung für den Umgang mit Menschen wird immer eine große Rolle dabei spielen.

Berühmte Persönlichkeiten dieses Tages sind der Tänzer Fred Astaire, der Liedermacher Donovan, der Produzent David Selznick und die Sänger Sid Vicious (Sex Pistols) und Bono (U2).

Numerologie

Sie sind ehrgeizig und unabhängig. Obwohl Sie viele Hindernisse überwinden müssen, bevor Sie Ihr Ziel erreichen, mit Entschlossenheit erreichen Sie es immer. Dank Ihrem Pioniergeist reisen Sie gern und neigen zum Alleingang. Vielleicht müssen Sie lernen, daß sich die Welt nicht nur um Sie dreht. Hüten Sie sich außerdem vor dominantem Verhalten. Der Untereinfluß der Monatszahl 5 führt dazu, daß Sie begeisterungsfähig sind und ausgeprägte Instinkte besitzen. Da Sie voller Idealismus sind, können Sie andere für Ihre Ideen und Pläne begeistern. Wenn Sie sich aber eingeschränkt fühlen, können Sie rebellisch und destruktiv werden. Obwohl Sie ein guter Stratege sind, müssen Sie lernen, Ihre praktischen Fähigkeiten anzuwenden und Ihre Phantasie zu gebrauchen. Vermeiden Sie übereilte Entscheidungen oder planloses Vorgehen. Gestalten Sie Ihr Leben harmonisch, und finden Sie ein Gleichgewicht zwischen Ihren Zielen und der Kraft, sie zu verwirklichen.

Positiv: Führungsqualitäten, Kreativität, progressiv, Überzeugungskraft, Optimismus, feste Überzeugungen, Kampfgeist, Unabhängigkeit, Geselligkeit.

Negativ: Dominanz, Eifersucht, Egoismus, exzessiver Stolz, Feindseligkeit, mangelnde Zurückhaltung, Labilität, Ungeduld.

Liebe & Zwischenmenschliches

Obwohl Sie häufig unemotional erscheinen, besitzen Sie eine fürsorgliche und liebevolle Art. Am wohlsten fühlen Sie sich in Gesellschaft der Menschen, mit denen Sie irgendeine intellektuelle Aktivität teilen. Gelegentlich neigen Sie dazu, zu ernst zu werden, und sollten sich um eine unpersönlichere und loslassende Einstellung bemühen. Dank Ihrer kommunikativen Fähigkeiten kommen Sie gut mit Menschen unterschiedlichster Herkunft aus. Versteckte Unsicherheit kann sich in Streitlust oder zu großer Nachgiebigkeit äußern. Partnerschaften sind für Sie besonders erfüllend, wenn sie auf gegenseitigem Geben und Nehmen basieren.

Ihr Partner

Einen anregenden Partner finden Sie am ehesten unter den Menschen, die an folgenden Tagen geboren sind:

Liebe & Freundschaft: 6., 16., 20. Jan., 4., 14. Feb., 2., 12., 28., 30. März, 10., 26., 28. April, 8., 24., 26., 30. Mai, 6., 22., 24., 28. Juni, 4., 20., 22., 26., 31. Juli, 2., 18., 20., 24., 29. Aug., 4., 16., 18., 22., 27. Sept., 14., 16., 20., 25. Okt., 12., 14., 18., 23. Nov., 10., 12., 16., 21. Dez.

Günstig: 9., 14., 16. Jan., 7., 12., 14. Feb., 5., 10., 12. März, 3., 8., 10. April, 1., 6., 8. Mai, 4., 6. Juni, 2., 4. Juli, 2. Aug., 30. Sept., 28. Okt., 26., 30. Nov., 24., 28., 29. Dez.

Schicksalhaft: 21. Jan., 19. Feb., 17. März, 15. April, 13. Mai, 11. Juni, 9. Juli, 7. Aug., 5. Sept., 3. Okt., 1., 11., 12., 13. Nov.

Problematisch: 4., 13., 28. Jan., 2., 11., 26. Feb., 9., 24. März, 7., 22. April, 5., 20. Mai, 3., 18. Juni, 1., 16. Juli, 14. Aug., 12. Sept., 10., 31. Okt., 8., 29. Nov., 6., 27. Dez.

Seelenverwandt: 15., 22. Jan., 13., 20. Feb., 11., 18. März, 9., 16. April, 7., 14. Mai, 5., 12. Juni, 3., 10. Juli, 8. Aug., 6. Sept., 4. Okt., 2. Nov.

SONNE: STIER
DEKADE: STEINBOCK/SATURN
GRAD: 19°30' – 21° STIER
ART: FIXZEICHEN
ELEMENT: ERDE

Fixsterne

Ihre Sonne ist zwar nicht mit einem Fixstern verbunden, sicherlich aber einer der anderen Planeten Ihres Sonnenzeichens. Wenn Sie sich ein Geburtshoroskop erstellen lassen, lernen Sie die exakte Position der Planeten an Ihrem Geburtstag kennen. Auf diese Weise können Sie feststellen, welche der Fixsterne in diesem Buch für Sie von Interesse sind.

11. Mai

Sie sind ehrgeizig und entschlossen und besitzen die Willenskraft, die wunderbaren Möglichkeiten zu nutzen, die Ihnen Ihr Geburtstag bietet. Pragmatisch, aktiv und produktiv, brauchen Sie das Gefühl, ständig Ihren Horizont zu erweitern und gleichzeitig eine solide Basis für die Zukunft zu schaffen. Ihre außergewöhnlichen Organisationsfähigkeiten, ein guter Sinn für Timing und die Fähigkeit, mit Menschen umzugehen, machen Sie von vornherein zum Gewinner. Obwohl Sie gelegentlich unentschlossen sind, gehen Sie im allgemeinen direkt und unerschrocken auf Ihr Ziel zu und verschwenden keine Zeit. Der Einfluß des Steinbocks, Ihres Dekadenzeichens, sorgt dafür, daß Sie hart arbeiten können und Ihre Verantwortung ernst nehmen. Da Sie gut mit Geld umgehen können, halten Sie sich mit Ausgaben zurück, wenn es nötig ist. Ihre Loyalität und Verläßlichkeit bringen Ihnen den Respekt Ihrer Mitmenschen ein. Da Sie sehr viel Wert auf Prestige legen, ist Ihnen das besonders wichtig.

Wenn Sie 10 sind und Ihre Sonne in das Zeichen der Zwillinge tritt, werden Sie geselliger und entwickeln neue Interessen. In den folgenden dreißig Jahren ist Bildung und Studium von großer Bedeutung für Sie. Ein weiterer Wendepunkt erfolgt, wenn Sie 40 sind und Ihre Sonne in den Krebs wechselt. Jetzt brauchen Sie mehr emotionale Nähe zu Ihren Mitmenschen und legen mehr Wert auf Heim und Familie. Wenn Sie 70 sind, tritt Ihre Sonne in das Zeichen des Löwen, und Sie werden vertrauensvoller und geselliger.

Ihr geheimes Selbst

Ihr Gefühl für Wirkung in Verbindung mit Ihrem guten Geschäftssinn sichert Ihnen eine prominente Position. Ihr Wissensdurst und Ihr messerscharfer Verstand verleihen Ihnen die Fähigkeit, mit jeder Situation fertig zu werden. Hinderlich für Ihr Weiterkommen sind Ihr Hang, sich zu überfordern, und Ihre Neigung zu Skepsis und Zweifeln. Da Sie eine starke Persönlichkeit besitzen und Ihre Meinung meist relativ kompromißlos hinausposaunen, sollten Sie darauf achten, daß Sie andere nicht mit Ihren intensiven Gefühlen überrollen. Selbstbeherrschung lernen Sie, wenn Sie Ihrer Intuition vertrauen, Ihre Willenskraft stärken Sie, indem Sie sich Ziele setzen, die auf den ersten Blick unerreichbar erscheinen. Das kann Ihnen helfen, Selbstvertrauen und Glauben aufzubauen, mit denen Sie Ihre Träume verwirklichen können.

Beruf & Karriere

Sie lieben Macht, feste Strukturen und Tüchtigkeit, besitzen aber auch emotionales Wahrnehmungsvermögen und Sensibilität. Die Kombination dieser Eigenschaften nützt Ihnen in den verschiedensten Bereichen, angefangen vom Finanzmanagement bis hin zur Kunst. Auch Ihr liebenswerter Charme kann Ihnen von großem Nutzen sein und Ihnen bei allen zwischenmenschlich orientierten Tätigkeiten Erfolg garantieren. Vermutlich streben Sie eine Machtposition oder aber Selbständigkeit an, da Sie sich in untergeordneter Stellung nicht wohl fühlen. Da Ihnen aber auch bewußt ist, wie wichtig Teamarbeit ist, müssen Sie mit Ihrer unabhängigen Art hin und wieder Kompromisse eingehen, wenn Sie mit anderen zusammenarbeiten. Mit diesem Geburtstag stehen Ihnen auch musikalische oder andere künstlerische Karrieren offen.

Berühmte Persönlichkeiten dieses Tages sind der Maler Salvador Dalí, die Tänzerin Martha Graham, der Songwriter Irving Berlin und der Sänger Eric Burdon.

Numerologie

Die besonderen Schwingungen der Hauptzahl 11 bewirken, daß Idealismus, Inspiration und Innovation besonders wichtig für Sie sind. Eine Mischung aus Bescheidenheit und Selbstvertrauen bringt Sie dazu, immer größere Selbstbeherrschung anzustreben, und zwar in materieller wie in spiritueller Hinsicht. Obwohl Sie intuitive Kräfte besitzen, neigen Sie dazu, Ihre Energien zu verschleudern, und brauchen stets ein Ziel, das Sie ansteuern können. Nehmen Sie Ihre Verantwortlichkeiten ernster. Im allgemeinen sind Sie energiegeladen und voller Vitalität, müssen sich aber davor hüten, ängstlich oder unpraktisch zu werden. Der Untereinfluß der Monatszahl 5 führt dazu, daß Sie begeisterungsfähig und energisch sind, aber Zeit brauchen, um Ihre Ideen und Gedanken zu entwickeln. Da Sie verläßlich und vertrauenswürdig sind, können Sie ein Geheimnis gut für sich behalten. Vielleicht müssen Sie ein Gleichgewicht zwischen Ihren eigenen Wünschen und Ihren Verpflichtungen anderen gegenüber herstellen. Sie haben eine schnelle Auffassungsgabe und ein gutes Auge für Details, neigen aber zu übermäßiger Skepsis und Mißtrauen.

Positiv: Ausgeglichenheit, Konzentrationsfähigkeit, Objektivität, Begeisterungsfähigkeit, Inspiration, Spiritualität, Idealismus, Intuition, Intelligenz, Kontaktfreudigkeit, Erfindungsreichtum, musische Talente.

Negativ: übersteigertes Selbstbewußtsein, Unehrlichkeit, Ziellosigkeit, überemotional, leicht verletzt, leicht reizbar, Selbstsucht, Grausamkeit, dominierendes Verhalten.

Liebe & Zwischenmenschliches

Sensibel und kreativ, besitzen Sie großen Gefühlsreichtum und sind sehr gesellig. Im allgemeinen selbstbewußt, können Sie in der Liebe jedoch unentschlossen sein, vor allem, wenn Sie sich auf mehrere Beziehungen gleichzeitig einlassen. Dennoch sind Sie im allgemeinen treu und hingebungsvoll und sollten die Kraft der Liebe nicht unterschätzen. Sie sind zu großen Opfern fähig, sollten sich aber nicht für Partner abquälen, die es nicht wert sind, und sich vor Eifersucht und Besitzdenken hüten. Ihre Liebe zu Kunst, Schönheit und Musik weist darauf hin, daß Sie eine Form der kreativen Selbstverwirklichung brauchen und die Gesellschaft schöpferischer Menschen schätzen.

Ihr Partner

Einen Liebespartner und Glück werden Sie mit großer Wahrscheinlichkeit unter den an den folgenden Tagen geborenen Menschen finden:

Liebe & Freundschaft: 7., 17., 20., 21. Jan., 5., 15., 18. Feb., 3., 13., 16., 17., 29., 31. März, 1., 11., 14., 27., 29. April, 9., 12., 25., 27. Mai, 7., 10., 23., 25. Juni, 5., 8., 21., 23. Juli, 3., 6., 19., 21. Aug., 1., 4., 5., 17., 19. Sept., 2., 15., 17. Okt., 13., 15., 30. Nov., 11., 13., 28. Dez.

Günstig: 15., 17., 28. Jan., 13., 15., 26. Feb., 11., 13., 24. März, 9., 11., 22. April, 7., 9., 20. Mai, 5., 7., 18. Juni, 3., 5., 16. Juli, 1., 3., 14. Aug., 1., 12. Sept., 10., 29. Okt., 8., 27. Nov., 6., 25. Dez.

Schicksalhaft: 5. Jan., 3. Feb., 1. März, 12., 13., 14. Nov.

Problematisch: 4., 5., 14. Jan., 2., 3., 12. Feb., 1., 10. März, 8., 30. April, 6., 28. Mai, 4., 26. Juni, 2., 24. Juli, 22. Aug., 20. Sept., 18. Okt., 16. Nov., 14. Dez.

Seelenverwandt: 2. Jan., 29. März, 27. April, 25. Mai, 23. Juni, 21. Juli, 19. Aug., 17. Sept., 15. Okt., 13. Nov., 11. Dez.

12. Mai

SONNE: STIER
DEKADE: STEINBOCK/SATURN
GRAD: 20° – 21°30' STIER
ART: FIXZEICHEN
ELEMENT: ERDE

Fixsterne

Ihre Sonne ist zwar nicht mit einem Fixstern verbunden, sicherlich aber einer der anderen Planeten Ihres Sonnenzeichens. Wenn Sie sich ein Geburtshoroskop erstellen lassen, lernen Sie die exakte Position der Planeten an Ihrem Geburtstag kennen. Auf diese Weise können Sie feststellen, welche der Fixsterne in diesem Buch für Sie von Interesse sind.

Ihr Geburtstag deutet darauf hin, daß Sie ein fleißiger, aber auch charmanter, ehrlicher und geselliger Mensch sind. Obwohl Sie herzlich und spontan sein können, besitzen Sie auch die Fähigkeit, hart und pflichtbewußt zu sein. Gelegentlich entsteht so ein Konflikt zwischen Ihrer Arbeit und Ihren Herzenswünschen. Sie haben viele Freunde, und mit Ihrer unerschütterlichen Stärke können Sie auch selbst ein treuer und loyaler Freund sein.

Durch den Einfluß des Steinbocks, Ihres Dekadenzeichens, sind Sie im allgemeinen verantwortungsbewußt und legen viel Wert auf Prestige und Status. Materielle Sicherheit ist außerordentlich wichtig für Sie, und gewöhnlich schmieden Sie langfristige Pläne. Dieser pragmatische Einfluß verleiht Ihnen außerdem gute Konzentrationsfähigkeit und die Gabe, sich genau auf Ziele festzulegen. Als Perfektionist wollen Sie jede Arbeit so gut wie möglich erledigen. Dies bedeutet auch, daß Sie eigenwillig, willensstark und fleißig sind und sich gut unter Kontrolle haben; achten Sie darauf, daß diese Eigenschaften nicht in Sturheit ausarten. Die soziale Begabung, die mit Ihrem Geburtstag einhergeht, führt dazu, daß Sie großzügig und gern mit Menschen zusammen sind. Sie sind ein unerschütterlicher Verbündeter, ein guter Vater oder eine liebevolle Mutter und stellen sich schützend vor Ihre Familie, wenn es nötig ist. Da Sie Schönheit und Luxus lieben und einen guten Geschmack besitzen, ist Ihr Zuhause gemütlich und stilsicher eingerichtet.

Mit 9, wenn Ihre Sonne in das Zeichen der Zwillinge tritt, werden Sie geselliger und aufgeschlossener für die Menschen Ihrer Umgebung. In den folgenden dreißig Jahren sind Bildung und die Weiterentwicklung Ihrer kommunikativen Fähigkeiten von großer Bedeutung für Sie. Ein weiterer Wendepunkt erfolgt, wenn Sie 39 sind und Ihre Sonne in den Krebs wechselt. Jetzt legen Sie mehr Wert auf Heim und Familie und brauchen mehr emotionale Fürsorge – für sich selbst und andere. Wenn Sie 69 sind, tritt Ihre Sonne in das Zeichen des Löwen, und Sie entwickeln mehr Selbstvertrauen und Selbstausdruck.

Ihr geheimes Selbst

Ihre Offenheit, die sich in Liebe zu Natur, Kunst oder Musik äußert, hat bei entsprechender Entwicklung das Potential, Sie zu geradezu mystischer Erkenntnis zu führen. Wenn Sie Ihre Großherzigkeit positiv als universelle Liebe für alles einsetzen, sind Sie in der Lage, selbst bedingungslos zu lieben und Liebe anzunehmen und echtes Mitgefühl zu zeigen. Ihre starken Gefühle können sich aber auch negativ ausdrücken, als Enttäuschung, Frustration oder in der Unfähigkeit, die Vergangenheit hinter sich zu lassen. Gleichwohl werden Sie durch Erfahrung klug und lernen die Macht der Liebe zu schätzen.

Sie sind jemand, dem andere vertrauen. Als Berater sind Sie in der Lage, andere ihre Situation objektiver sehen zu lassen und dennoch zu zeigen, daß Sie mitfühlend bleiben. Wenn Sie sich selbst gegenüber zu nachsichtig sind, neigen Sie dazu, sich zum Märtyrer machen zu lassen und sich in Selbstmitleid zu ergehen. Glücklicherweise besitzen Sie amüsante, unterhaltende und kindliche Charakterzüge, die manchmal unerwartet durchbrechen und andere überraschen und entzücken.

Beruf & Karriere

Mit Ihrem Verantwortungsbewußtsein ernten Sie die Anerkennung Ihrer Arbeitgeber; wenn Sie selbständig sind, gewährleistet es, daß Sie Ihre Aufträge stets bestens erfüllen.

Im allgemeinen bevorzugen Sie Teamarbeit, und mit Ihrem natürlichen Charme besitzen Sie die Gabe, Geschäft und Privatleben zu verbinden. Eine angeborene Fürsorglichkeit bewegt Sie vielleicht dazu, eine Karriere als Lehrer oder Berater einzuschlagen. Gewöhnlich sind Sie selbst ein guter Arbeitgeber. Im Gesundheitsbereich neigen Sie zu einem eher pragmatischen Standpunkt und nicht zu Überempfindlichkeit. Da Sie einen guten Geschäftssinn besitzen, sind Sie im allgemeinen auch in der Lage, Ihre Talente in bare Münze umzuwandeln. Mit Ihrer starken Liebe zu Schönheit, Natur und Form kommt für Sie auch eine kreative Tätigkeit in Frage, als Maler, Designer, Musiker oder Landschaftsgärtner. Möglicherweise entscheiden Sie sich auch für einen Beruf im Bereich der Wohltätigkeit.

Berühmte Persönlichkeiten dieses Tages sind die Schauspielerin Katharine Hepburn, der Maler Dante Gabriel Rossetti, der Baseballspieler und Manager Yogi Berra und Florence Nightingale.

Numerologie

Im allgemeinen sind Sie intuitiv und freundlich, besitzen logisches Denkvermögen und haben den starken Wunsch nach echter Individualität. Da Sie innovativ und sensibel sind, wissen Sie genau, wie Sie Takt einsetzen müssen, um Ihre Ziele zu erreichen. Auf andere wirken Sie häufig selbstbewußt, aber Selbstzweifel und Mißtrauen können Ihre gewöhnlich positive Persönlichkeit und Ihren Optimismus unterminieren. Wenn Sie ein Gleichgewicht zwischen Ihrem Bedürfnis nach Selbstfindung und Ihrem Hang zum Altruismus herstellen, können Sie emotionale Befriedigung und Erfüllung finden. Der Untereinfluß der Monatszahl 5 führt dazu, daß Sie eine realistische Lebensauffassung vertreten. Ihr Bedürfnis nach guter Organisation und Verantwortung deutet darauf hin, daß Sie Wert aufs Detail legen. Sie sind ehrgeizig und arbeitsam und verbessern Ihre bestehenden Fertigkeiten durch Beobachtung. Mit Ausdauer, Entschlossenheit und harter Arbeit können Sie zu Erfolg gelangen. Sie brauchen Zeit für sich, um nachzudenken und neue Energien zu tanken.

Positiv: Kreativität, Anziehungskraft, Initiative, fördert sich selbst und andere.

Negativ: eigenbrötlerisch, Exzentrik, unkooperatives Verhalten, Überempfindlichkeit, mangelnde Selbstachtung.

Liebe & Zwischenmenschliches

Da Sie idealistisch und romantisch sind, wünschen Sie sich im allgemeinen ernsthafte Beziehungen. Sie besitzen natürlichen Charme und fühlen sich zu sensiblen Menschen hingezogen. Häufig sind Sie bereit, sehr viel für Ihre Liebe zu opfern. Achten Sie darauf, daß Sie sich nicht für jemand anderen zum Märtyrer machen, dessen wahren Wert Sie noch nicht ergründet haben. Ihre Freundlichkeit und Ihr Verständnis ermutigen Menschen, Sie um Rat und Trost zu bitten; wenn Sie aber verletzt werden, ziehen Sie sich zurück und werden unkommunikativ. Möglicherweise fühlen Sie sich zu einem Partner aus einer anderen Altersgruppe hingezogen.

Ihr Partner

Einen Partner, der Ihre Sensibilität und Ihr Bedürfnis nach Liebe versteht, sollten Sie am ehesten unter den Menschen finden, die an folgenden Tagen geboren sind:

Liebe & Freundschaft: 4., 8., 18., 19., 22., 23. Jan., 2., 6., 16., 17., 21. Feb., 4., 14., 15., 19., 28., 30. März, 2., 12., 13., 17., 26., 28., 30. April, 10., 11., 15., 24., 26., 28. Mai, 8., 9., 13., 22., 24., 26. Juni, 6., 7., 10., 11., 20., 22., 24., 30. Juli, 4., 5., 9., 18., 20., 22., 28. Aug., 2., 3., 6., 7., 16., 18., 20., 26. Sept., 1., 5., 14., 16., 18., 24. Okt., 3., 12., 14., 16., 22. Nov., 1., 10., 12., 14., 20. Dez.

Günstig: 5., 16., 27. Jan., 3., 14., 25. Feb., 1., 12., 23. März, 10., 21. April, 8., 19. Mai, 6., 17. Juni, 4., 15. Juli, 2., 13. Aug., 11. Sept., 9., 30. Okt., 7., 28. Nov., 5., 26., 30. Dez.

Schicksalhaft: 17. Jan., 15. Feb., 13. März, 11. April, 9. Mai, 7. Juni, 5. Juli, 3. Aug., 1. Sept., 13., 14., 15. Nov.

Problematisch: 1., 10., 15. Jan., 8., 13. Feb., 6., 11. März, 4., 9. April, 2., 7. Mai, 5. Juni, 3., 29. Juli, 1., 27. Aug., 25. Sept., 23. Okt., 21. Nov., 19., 29. Dez.

Seelenverwandt: 30. Aug., 28. Sept., 26. Okt., 24. Nov., 22. Dez.

SONNE: STIER
DEKADE: STEINBOCK/SATURN
GRAD: 22° – 22°30' STIER
ART: FIXZEICHEN
ELEMENT: ERDE

Fixstern

Name des Sterns: Zanrak

Gradposition: 22°33' – 23°32' Stier zwischen den Jahren 1930 und 2000

Magnitude: 3

Stärke: ******

Orbit: 1°40'

Konstellation: Gamma Eridani

Tage: 13., 14., 15., 16. Mai

Sternqualitäten: Saturn

Beschreibung: roter Stern im Eridanusfluß.

Einfluß des Hauptsterns

Zanrak steht für Ernst und Pragmatismus und die Tendenz, das Leben allzu ernst zu nehmen; wenn Sie unter seinem Einfluß stehen, reagieren Sie oft überempfindlich auf die Meinung anderer und neigen zu Pessimismus.
Im Zusammenhang mit dem Stand Ihrer Sonne sorgt Zanrak für eine Vorliebe für Schreiben, Geschäftswelt und Öffentlichkeitsarbeit. Andererseits müssen Sie sich vor Vereinsamung und Konflikten hüten. Sie lassen sich durch Ihre unmittelbare Umgebung sehr beeinflussen und brauchen Unterstützung durch die Familie.

- Positiv: Pragmatismus, Ernsthaftigkeit, Verantwortungsbewußtsein, Feingefühl.
- Negativ: allzu ernst, geringes Selbstwertgefühl.

13. Mai

 Typisch für diesen Tag sind natürliche charismatische Wärme und die Fähigkeit, mit Menschen umzugehen. Als Stier besitzen Sie Gelassenheit, sind offen und ehrlich, höflich und bescheiden, Sie sind aber auch kompetent und geduldig.

Der Einfluß Ihrer Sonne in der Steinbockdekade zeigt, daß Sie fleißig sind und sich in Ihren Händen alles in Gold verwandelt. Da Sie besonnen und vorsichtig sind, tätigen Sie oft kluge langfristige Investitionen. Prestige kann Ihnen sehr wichtig sein, deshalb treten Sie meist sehr würdevoll auf. Ihr starkes Verantwortungsbewußtsein, das ebenfalls auf diesen Einfluß zurückgeht, ist so lange von Nutzen, wie Sie nicht die Probleme anderer als Ihre eigenen betrachten.

Obwohl Sie pragmatisch erscheinen, denken Sie oft irrational und treffen intuitive Entscheidungen. Während Sie nicht sonderlich aggressiv sind, wenn es um Ihre eigenen Bedürfnisse geht, so können Sie doch vehement für Benachteiligte oder eine gute Sache kämpfen. Mit Ihrem gesunden Menschenverstand und einer im allgemeinen positiven Lebensauffassung können Sie für andere ein Fels in der Brandung sein. Andererseits kann Sie Unzufriedenheit mit sich oder anderen zum gnadenlosen Kritiker machen. Auch Ihre fürsorgliche Art kann Ihnen zum Problem werden; wenn sich zu viele auf Sie verlassen, werden Sie leicht reizbar oder stur. Mit Ihrem liebenswürdigen Wesen aber gelingt es Ihnen meist, heikle Situationen wieder zu entschärfen.

Wenn Sie 8 sind und Ihre Sonne in das Zeichen der Zwillinge tritt, legen Sie mehr Wert auf Kontakte mit Ihren Mitmenschen, außerdem wird Ihnen Lernen und Kommunikation wichtiger. Wenn Sie 38 sind, folgt ein weiterer Wendepunkt. Jetzt wechselt Ihre Sonne in das Zeichen des Krebses, und Ihnen werden emotionale Bindungen, Heim und Familie wichtiger. Wenn Ihre Sonne in den Löwen tritt, sind Sie 68; jetzt entwickeln Sie mehr Stärke und Selbstvertrauen.

Ihr geheimes Selbst

Da Sie einen natürlichen Sinn für Ästhetik besitzen, haben Sie auch ein gutes Auge für Form und Farbe. Ihre Eleganz und Ihr Stil zeigen sich in Ihrer Erscheinung und in der Ausgestaltung Ihrer Wohnung. Sie besitzen sanftmütigen Charme und können gut mit Menschen umgehen; wahres Selbstbewußtsein und Vertrauen in Ihre eigenen Fähigkeiten finden Sie nur durch Selbstverwirklichung. Dieses Selbstvertrauen kann durch Frustration oder Unsicherheit über Ihren Lebensweg leiden. Es ist besser für Sie, wenn Sie Situationen, die Sie in Ihrer Weiterentwicklung behindern, loslassen, als mit Enttäuschung oder Entmutigung weiterzumachen.

Mit diesem Geburtstag werden im allgemeinen körperliches Wohlgefühl und wirtschaftliche Sicherheit assoziiert. Zuhause und Freunde spielen eine wichtige Rolle für Sie. Häufig ergeben sich Chancen, wo Sie sie gar nicht erwartet haben. Übersehen Sie sie nicht im Alltagstrott; sie könnten Ihnen Vorteile sichern, die Ihnen später von Nutzen sein können.

Beruf & Karriere

Ihre Cleverneß, Ihre Verläßlichkeit und Loyalität machen Sie für jeden Arbeitgeber wertvoll, auch wenn Sie nicht übermäßig ehrgeizig sind. Auf andere wirken Sie tolerant, charmant und liebenswürdig, und so sind Sie vor allem für Berufe geeignet, die mit Menschen zu tun haben, wie etwa im Verkauf. Mit Ihrem Hang zu Philosophie zieht es Sie vielleicht auch zu Pädagogik oder Justiz. Ihre Liebe zu Schönheit und Harmonie öffnet Ihnen die Welt von Kunst, Theater oder Musik, aber auch von allem, was mit Heim und Innenausstattung zu tun hat, wie Innenarchitektur, Design und Kochen. Ebenso wohl fühlen Sie sich bei der Beschäftigung mit Grund und Boden, etwa als Landschaftsgärtner, Bauingenieur oder Immobilienmakler.

Berühmte Persönlichkeiten dieses Tages sind der Musiker Stevie Wonder, die Schriftstellerin Daphne du Maurier, die Schauspielerin Senta Berger, der Schauspieler Harvey Keitel und der Rocksänger Peter Gabriel.

Numerologie

Mit der Zahl 13 werden Sensibilität und Inspiration verbunden. Numerologisch werden Sie mit Fleiß assoziiert und können durch Entschlossenheit und Begabtheit viel erreichen. Allerdings sollten Sie mehr Selbstdisziplin entwickeln, damit Sie Ihre Ideen in die Tat umsetzen können. Mit Entschlossenheit können Sie zu Wohlstand gelangen. Sie können charmant, lebenslustig und gesellig sein. Wie viele Menschen, die an diesem Tag geboren wurden, reisen Sie gern oder sehnen sich danach, anderswo noch einmal von vorne anzufangen. Der Untereinfluß der Monatszahl 5 führt dazu, daß Sie intuitiv und aufgeschlossen sind und ein Bedürfnis nach materieller Sicherheit haben. Wenn Sie von etwas begeistert sind, zeigen Sie große Motivation und Leistungsbereitschaft. Da Sie häufig viel Überzeugungskraft besitzen, eignen Sie sich gut als Vertreter einer guten Sache oder als Anwalt für Menschen, die Hilfe und Unterstützung brauchen. Viel gewinnen Sie durch Ihre Toleranz und liberale Einstellung.

Positiv: Ehrgeiz, Kreativität, Freiheitsliebe, Selbstverwirklichung, Initiative.
Negativ: Impulsivität, Unentschlossenheit, herrisch, Gefühllosigkeit, Rebellion.

Liebe & Zwischenmenschliches

Selbst voller emotionaler Vitalität, stellen Sie oft hohe Ansprüche an Beziehungen. Im allgemeinen fällt es Ihnen leicht, potentielle Partner für sich zu interessieren, Sie müssen sich aber davor hüten, in Ihrem Liebesleben zu anspruchsvoll oder überemotional zu werden. Da Sie gewöhnlich dem, den Sie lieben, alles geben, sollten Sie sich Zeit bei der Suche nach dem richtigen Partner lassen. Mit Ihrer charismatischen Persönlichkeit und Ihrer Anziehungskraft kann es nötig sein, ein besseres Urteilsvermögen zu entwickeln; dies wird Ihnen helfen, echte Freunde zu finden, die Sie in schweren Zeiten unterstützen.

Ihr Partner

Ihre große Liebe finden Sie am ehesten unter den Menschen, die an folgenden Tagen geboren sind:
Liebe & Freundschaft: 5., 9., 18., 19., 23. Jan., 3., 7., 16., 17. Feb., 1., 5., 14., 15., 19., 31. März, 3., 12., 13., 29. April, 1., 10., 11., 27., 29. Mai, 8., 9., 25., 27. Juni, 6., 7., 23., 25., 31. Juli, 4., 5., 21., 23., 29. Aug., 2., 3., 7., 19., 21., 27., 30. Sept., 1., 17., 19., 25., 28. Okt., 13., 15., 21., 24. Dez.
Günstig: 1., 6., 17. Jan., 4., 15. Feb., 2., 13. März, 11. April, 9. Mai, 7. Juni, 5. Juli, 3. Aug., 1. Sept., 31. Okt., 29. Nov., 27. Dez.
Schicksalhaft: 13., 14., 15., 16. Nov.
Problematisch: 2., 16. Jan., 14. Feb., 12. März, 10. April, 8. Mai, 6. Juni, 4. Juli, 2. Aug., 30. Dez.
Seelenverwandt: 11., 31. Jan., 9., 29. Feb., 7., 27. März, 5., 25. April, 3., 23. Mai, 1., 21. Juni, 19. Juli, 17. Aug., 15. Sept., 13. Okt., 11. Nov., 9. Dez.

SONNE: STIER
DEKADE: STEINBOCK/SATURN
GRAD: 22° – 23°30' STIER
ART: FIXZEICHEN
ELEMENT: ERDE

14. Mai

Fixstern

Name des Sterns: Zanrak

Gradposition: 22°33' – 23°32' Stier zwischen den Jahren 1930 und 2000

Magnitude: 3

Stärke: ******

Orbit: 1°40'

Konstellation: Gamma Eridani

Tage: 13., 14., 15., 16. Mai

Sternqualitäten: Saturn

Beschreibung: roter Stern im Eridanusfluß.

Einfluß des Hauptsterns

Zanrak steht für Ernst und Pragmatismus und eine Tendenz, das Leben allzu ernst zu nehmen; wenn Sie unter seinem Einfluß stehen, reagieren Sie oft überempfindlich auf die Meinung anderer und neigen zu Pessimismus. Im Zusammenhang mit dem Stand Ihrer Sonne sorgt Zanrak für Schreibtalent sowie für Erfolg in Geschäftsleben und Öffentlichkeit. Andererseits müssen Sie sich vor Vereinsamung und Konflikten hüten. Sie lassen sich durch Ihre unmittelbare Umgebung sehr beeinflussen und brauchen Unterstützung durch die Familie.

- Positiv: Pragmatismus, Ernsthaftigkeit, Verantwortungsbewußtsein, Feingefühl.
- Negativ: allzu ernst, geringes Selbstwertgefühl.

Sie sind praktisch, aber auch phantasiebegabt und haben nebst einem scharfen Verstand auch einen ausgeprägten Instinkt. Sie sind immer auf der Suche nach Abwechslung, um Ihre innere Unruhe zu bekämpfen; konzentrieren Sie sich und finden Sie zu Entschlossenheit und Selbsterkenntnis, um diese Schwierigkeiten zu überwinden. Es ist wichtig für Sie, ein gutes Image zu präsentieren, und Sie bevorzugen die Gesellschaft intelligenter Menschen.

Der Einfluß Ihrer Sonne in der Steinbockdekade zeigt, daß Sie fleißig und motiviert sind, wenn etwas Sie wirklich interessiert. Der praktische Einfluß weist auf gute Konzentrationsfähigkeit und Organisation hin. Vielleicht müssen Sie darauf achten, daß Ihre Selbstbeherrschung nicht in Sturheit umschlägt. Obwohl Ihnen materielle Sicherheit, Status und Prestige außerordentlich wichtig sind, kämpfen Sie hart für Ihre Prinzipien.

Geistige Anregung spielt eine bedeutende Rolle in Ihrem Leben, und Sie reisen viel, um Ihren Horizont ständig zu erweitern. Möglicherweise entscheiden Sie sich sogar dafür, im Ausland zu leben. In jedem Fall müssen Sie aufpassen, daß Sie sich bei der Verwirklichung Ihrer Ziele nicht von anderen Dingen ablenken lassen. Wenn Sie Ihre Träume wirklich umsetzen wollen, müssen Sie Ausdauer entwickeln.

Wenn Sie 7 sind und Ihre Sonne in das Zeichen der Zwillinge tritt, beginnt eine dreißig Jahre während Phase, in der Sie Wert auf Kommunikation, Bildung und Ideenaustausch legen. Mit 37 wechselt Ihre Sonne in das Zeichen des Krebses, und es folgt ein weiterer Wendepunkt. Jetzt werden Ihnen emotionale Bedürfnisse, Familie und Sicherheit wichtiger. Wenn Sie 67 sind, tritt Ihre Sonne in den Löwen, und Sie gewinnen an Vertrauen und Selbstvertrauen.

Ihr geheimes Selbst

Ihre festen Überzeugungen und Ihr außergewöhnliches geistiges Potential mögen Ihre große Sensibilität verschleiern. Diese zeigt sich vor allem in Ihren Ängsten und Frustrationen, insbesondere wenn es um finanzielle Dinge geht. Bemühen Sie sich um mehr Objektivität, und Sie können diese Unsicherheiten ablegen. Sie verfügen über eine sehr schnelle Auffassungsgabe, mit deren Hilfe Sie Ihr Selbstvertrauen stärken können.

Ihre kreative und erfinderische Seite äußert sich in Ihren phantasievollen Ideen. Da Sie gesellig sind und einen guten Sinn für Humor haben, sind Sie ein guter Gastgeber, müssen sich aber vor Extravaganzen hüten. Wenn Sie unentschlossen sind, neigen Sie dazu, Ihre Kraft zu vergeuden. Andererseits sind Sie bereit, erfolgversprechende Verpflichtungen zu übernehmen und hart dafür zu arbeiten, wenn Sie richtig motiviert sind.

Beruf & Karriere

Kompetent und vielseitig, verfolgen Sie oft mehrere Interessen und probieren erst Verschiedenes aus, bevor Sie sich für einen Berufsweg entscheiden. Mit Ihrem Bedürfnis nach Abwechslung sollten Sie einen Beruf wählen, der wenig Routine mit sich bringt. Da Sie gutes optisches Wahrnehmungsvermögen besitzen, kommen vor allem Medien, Grafik und Design oder Fotografie für Sie in Frage. Mit Ihrem Fleiß und Ihrer Fähigkeit, mit Menschen umzugehen, sind Sie gut im Handelsbereich oder bei Tätigkeiten auf internationaler Ebene. Dank Ihrer Fähigkeit zur Tiefgründigkeit können Sie auch Berufe wählen, bei denen Ihr geistiges Potential herausgefordert wird.

Berühmte Persönlichkeiten dieses Tages sind der Rockmusiker David Byrne, der Regisseur George Lucas, der Wissenschaftler Gabriel Fahrenheit und der Maler Thomas Gainsborough.

Numerologie

Zu den Eigenschaften der mit der Geburtstagszahl 14 Geborenen gehören intellektuelles Potential, Pragmatismus und große Entschlossenheit. Häufig verspüren Sie den starken Wunsch, eine solide Basis zu schaffen und zu Erfolg durch harte Arbeit zu gelangen. Wie viele an diesem Tag Geborene erreichen Sie oft die Spitze in Ihrem Beruf. Mit Ihrem empfänglichen Geist erfassen Sie Probleme sehr rasch, und es macht Ihnen Spaß, sie zu lösen. Sie gehen gerne Risiken ein und können durchaus Glück beim Spiel haben. Der Untereinfluß der Monatszahl 5 führt dazu, daß Sie begeisterungsfähig und ehrgeizig sind. Unabhängig und widerstandsfähig, wollen Sie stets die Kontrolle behalten und sagen, wo es langgeht. Vielleicht müssen Sie zwischen Ihren persönlichen Wünschen und Ihrem Bedürfnis, selbstlos und mitfühlend zu sein, ein Gleichgewicht herstellen. Wenn Sie Ihre instinktive Klugheit auf ein praktisches Projekt anwenden, können Sie andere mit Ihrer Weitsicht anregen. Obwohl Sie große Anziehungskraft auf Menschen besitzen, schöpfen Sie Ihre Kraft eher aus sich selbst.
  Positiv: Entschlossenheit, Fleiß, Glück, Kreativität, Pragmatismus, Phantasie.
  Negativ: übervorsichtiges oder impulsives Verhalten, Labilität, Gedankenlosigkeit, Sturheit.

Liebe & Zwischenmenschliches

Obwohl Sie oft rastlos und unstet sind, bedeuten Ihnen Liebe und Freundschaft sehr viel. Da Sie gesellig sind und einen natürlichen Sinn für Humor besitzen, können Sie sehr unterhaltsam sein, vor allem für die Ihnen Nahestehenden. Sie bevorzugen die Gesellschaft intelligenter Menschen, mit denen Sie Spaß haben können. Als Partner brauchen Sie jemanden, mit dem Sie Ihre Interessen teilen können und der Sie geistig fit hält. Da Sie im Herzen jung, ja sorglos sind, sollten Sie Ihr Verantwortungsbewußtsein stärken, bevor Sie sich auf eine feste Beziehung einlassen.

Ihr Partner

Liebe und geistige Anregung werden Sie mit großer Wahrscheinlichkeit unter den an den folgenden Tagen geborenen Menschen finden:
Liebe & Freundschaft: 6., 10., 20., 24., 29. Jan., 4., 8., 18., 27. Feb., 2., 6., 16., 20., 25., 28., 30. März, 4., 14., 23., 26. 28., 30. April, 2., 12., 21., 24., 26., 28., 30. Mai, 10., 19., 22., 24., 26., 28. Juni, 8., 17., 20., 22., 24., 26. Juli, 6., 15., 18., 20., 22., 24. Aug., 4., 8., 13., 16., 18., 20., 22. Sept., 2., 11., 14., 16., 18., 20. Okt., 9., 12., 14., 16., 18. Nov., 7., 10., 12., 14., 16. Dez.
Günstig: 7., 13., 18., 28. Jan., 5., 11., 16., 26. Feb., 3., 9., 14., 24. März, 1., 7., 12., 22. April, 5., 10., 20. Mai, 3., 8., 18. Juni, 1., 6., 16. Juli, 4., 14. Aug., 2., 12., 30. Sept., 10., 28. Okt., 8., 26., 30. Nov., 6., 24., 28. Dez.
Schicksalhaft: 25. Jan., 23. Feb., 21. März, 19. April, 17. Mai, 15. Juni, 13. Juli, 11. Aug., 9. Sept., 7. Okt., 5., 15., 16., 17. Nov., 3. Dez.
Problematisch: 3.,17. Jan., 1., 15. Feb., 13. März, 11. April, 9., 30. Mai, 7., 28. Juni, 5., 26., 29. Juli, 3., 24., 27. Aug., 1., 22., 25. Sept., 20., 23. Okt., 18., 21. Nov., 16., 19. Dez.
Seelenverwandt: 18. Jan., 16. Feb., 14. März, 12. April, 10., 29. Mai, 8., 27. Juni, 6., 25. Juli, 4., 23. Aug., 2., 21. Sept., 19. Okt., 17. Nov., 15. Dez.

SONNE: STIER
DEKADE: STEINBOCK/SATURN
GRAD: 23° – 24°30' STIER
ART: FIXZEICHEN
ELEMENT: ERDE

Fixsterne

Zanrak; Algol, auch Caput Medusae genannt

Hauptstern

Name des Sterns: Zanrak
Gradposition: 22°33' – 23°32' Stier zwischen den Jahren 1930 und 2000
Magnitude: 3
Stärke: ******
Orbit: 1°40'
Konstellation: Gamma Eridani
Tage: 13., 14., 15., 16. Mai
Sternqualitäten: Saturn
Beschreibung: roter Stern im Eridanusfluß.

Einfluß des Hauptsterns

Zanrak steht für Ernst und Pragmatismus und die Tendenz, das Leben allzu ernst zu nehmen; wenn Sie unter seinem Einfluß stehen, reagieren Sie oft überempfindlich auf die Meinung anderer und neigen zu Pessimismus.
Im Zusammenhang mit dem Stand Ihrer Sonne sorgt Zanrak für eine Vorliebe fürs Schreiben, die Geschäftswelt und Öffentlichkeitsarbeit. Andererseits müssen Sie sich vor Vereinsamung und Konflikten hüten. Sie lassen sich durch Ihre unmittelbare Umgebung beeinflussen und brauchen Unterstützung durch die Familie.
- Positiv: Pragmatismus, Ernsthaftigkeit, Verantwortungsbewußtsein, Feingefühl.
- Negativ: allzu ernst, geringes Selbstwertgefühl.

15. Mai

Sie sind ein praktisch veranlagter, aber auch sensibler Stier mit einer blühenden Phantasie. Freundlich und herzlich, mit festen Wertvorstellungen, ist Stabilität für Sie sehr wichtig, obwohl Sie auch überraschend empfindsam sein können. Da Sie Sicherheit brauchen, suchen Sie durch harte Arbeit finanziellen Schutz. Ihre Arbeit erfüllt Sie auch durchaus mit Stolz, vor allem wenn sie Ihnen ein Forum für kreative Ideen und Verantwortungsbewußtsein bietet.

Unter dem Einfluß Ihrer Sonne in der Steinbockdekade sind Sie pflichtbewußt, systematisch und ordnungsliebend und verfügen über einen gesunden Menschenverstand. Die Früchte Ihrer harten Arbeit können Sie sich allerdings gelegentlich selbst vergällen, weil Sie zu Launenhaftigkeit und Sturheit neigen. Da Ihre Freundlichkeit und Fürsorglichkeit bei anderen ankommt, haben Sie viele gute Freunde. Da Sie empfindsam sind, fühlen Sie sich in disharmonischer Umgebung nicht wohl und brauchen möglicherweise eine Ausdrucksform für Ihre hohen Ideale und Ihre Liebe zu Natur, Kunst und Musik. Bei Ihrer Suche nach Vergnügung müssen Sie sich in acht nehmen, daß Sie nicht in Realitätsflucht landen oder sich gehenlassen.

Wenn Ihre Sonne in das Zeichen der Zwillinge tritt, sind Sie 6. Dieser Wendepunkt fällt ungefähr mit Ihrem Schuleintritt zusammen. Nun beginnt eine dreißig Jahre währende Phase, in der Sie Wert auf Kommunikation und Ausbildung legen. Wenn Sie 36 sind und Ihre Sonne in das Zeichen des Krebses wechselt, folgt ein weiterer Wendepunkt, nach dem Ihnen emotionale Sicherheit, Familie und Zuhause wichtiger werden. Nach 66 tritt Ihre Sonne in den Löwen, und Sie gewinnen mehr Selbstvertrauen und werden extrovertierter.

Ihr geheimes Selbst

Ihr anziehender Charme rettet Sie oft aus heiklen Situationen. Sie besitzen überdies eine emotionale Kraft, die Ihnen die Fähigkeit verleiht, intuitiv die Beweggründe anderer auf den ersten Blick zu begreifen. Diese rasch reagierende innere Energie kann auch Ihren Geist dazu anregen, strenge Grenzen zu überschreiten, und Ihnen erheblich auf Ihrem Weg zum Erfolg weiterhelfen.

Obwohl Sie bereit sind, hart für Ihre Familie zu arbeiten, will sich ein Teil von Ihnen nicht anbinden lassen, und so neigen Sie gelegentlich zu Rastlosigkeit. Aus diesem Grund sollten Sie stets aktiv bleiben, um Ihren Pragmatismus mit innerer Dynamik zu stärken. Dies beugt auch aufrührerischen Gefühlen und Ungeduld gegenüber Ihren Mitmenschen vor.

Beruf & Karriere

Da Sie praktisch und aufgeschlossen sind, können Sie es in jedem Beruf zu etwas bringen, angefangen von wissenschaftlicher Forschung über Geschäftstätigkeit bis hin zu kreativen Beschäftigungen. Auch wenn Sie nicht ausgesprochen ehrgeizig sind, besitzen Sie einen natürlichen Geschäftssinn, Ordnungsliebe und diplomatische Fähigkeiten. Vielleicht interessieren Sie sich für Berufe, bei denen es um das Geld anderer Leute geht, wie Bankwesen, Justiz oder Auslandsgeschäfte. Möglicherweise ziehen Sie es auch vor, zu Hause zu arbeiten. Sie lernen lieber durch Erfahrung als durch Theorie und sind auch für handwerkliche Tätigkeiten gut geeignet. Außerdem besitzen Sie großes Verantwortungsbewußtsein, müssen sich aber davor hüten, im Alltagstrott zu versinken.

Berühmte Persönlichkeiten dieses Tages sind die Schauspieler James Mason und Pierce Brosnan, der Musiker Mike Oldfield, der Wissenschaftler Pierre Curie und der Schriftsteller Max Frisch.

Numerologie

Im allgemeinen sind Sie begeisterungsfähig und besitzen eine charismatische Persönlichkeit. Ihre größten Vorzüge sind Ihre starken Instinkte und die Fähigkeit, durch die Verbindung von Theorie und Praxis zu lernen. Häufig verdienen Sie sogar schon in der Ausbildung. Da Sie sofort erkennen, wenn sich eine Chance bietet, sind Sie nie um Geldquellen oder Hilfe von anderen verlegen. Wenn Sie Ihr praktisches Geschick mit Ihren originellen Ideen verknüpfen und Ihren Hang zu Rastlosigkeit und Unzufriedenheit überwinden, sind Ihre Unternehmungen wesentlich öfter von Erfolg gekrönt.

Der Untereinfluß der Monatszahl 5 führt dazu, daß Sie gesunden Menschenverstand besitzen und Situationen blitzschnell erfassen. Sie sind zwar ein sehr eigenständiger und unabhängiger Mensch, sollten aber erkennen, daß Arbeit im Team für Sie sehr nutzbringend sein kann. Wenn Sie mehr Sympathie und Verständnis für andere entwickeln, reißt Ihnen auch der Geduldsfaden nicht mehr so schnell. Obwohl Sie von Natur aus abenteuerlustig sind, brauchen Sie dennoch eine feste Basis oder ein eigenes Zuhause. Routine und Arbeitspläne verhelfen Ihnen zu mehr Selbstdisziplin.

Positiv: Beflissenheit, Großzügigkeit, Verantwortungsbewußtsein, Freundlichkeit, Kooperationsbereitschaft, Verständnis, Kreativität.

Negativ: Rastlosigkeit, mangelndes Verantwortungsbewußtsein, selbstsüchtiges Verhalten, Angst vor Veränderung, Angst, Unentschlossenheit, Materialismus, Machtmißbrauch.

Liebe & Zwischenmenschliches

Mit Ihren starken Gefühlen und Ihrer Großzügigkeit haben Sie anderen eine Menge zu bieten. Wenn Sie diese Kraft aber nicht richtig kanalisieren, werden Sie zum Opfer Ihrer Launen und Frustrationen. Da Sie möglicherweise in Ihren Beziehungen Enttäuschungen erleben, sollten Sie sich vor emotionalen Machtspielen in acht nehmen. Andererseits ziehen Sie mit Ihrem Charisma viele Freunde und Bewunderer an.

Ihr Partner

Wenn Sie jemanden suchen, bei dem Sie emotionale Erfüllung, Vertrauen und Liebe finden, sollten Sie sich unter den Menschen umsehen, die an folgenden Tagen geboren sind:

Liebe & Freundschaft: 7., 11., 22., 25. Jan., 5., 9., 20. Feb., 3., 7., 18., 21., 31. März, 1., 5., 16., 29. April, 3., 14., 27., 29. Mai, 1., 12., 25., 27. Juni, 10., 23., 25. Juli, 8., 21., 23., 31. Aug., 6., 9., 19., 21., 29. Sept., 4., 17., 19., 27., 30. Okt., 2., 15., 17., 25., 28. Nov., 13., 15., 23., 26. Dez.

Günstig: 8., 14., 19. Jan., 6., 12., 17. Feb., 4., 10., 15. März, 2., 8., 13. April, 6., 11. Mai, 9. Juni, 2., 7. Juli, 5. Aug., 3. Sept., 1., 29. Okt., 27. Nov., 25., 29. Dez.

Schicksalhaft: 16., 17., 18. Nov.

Problematisch: 9., 18., 20. Jan., 7., 16., 18. Feb., 5., 14., 16. März, 3., 12., 14. April, 1., 10., 12. Mai, 8., 10. Juni, 6., 8., 29. Juli, 4., 6., 27. Aug., 2., 4., 25. Sept., 2., 23. Okt., 21. Nov., 19. Dez.

Seelenverwandt: 9. Jan., 7. Feb., 5. März, 3. April, 1. Mai, 30. Okt., 28. Nov., 26. Dez.

SONNE: STIER
DEKADE: STEINBOCK/SATURN
GRAD: 24° – 25°30' STIER
ART: FIXZEICHEN
ELEMENT: ERDE

16. Mai

Ihr Geburtstag wird mit einem klugen, geselligen und kreativen Wesen assoziiert. Sie wirken zwar fröhlich und gelassen, besitzen aber auch eine ernsthafte Seite und beschäftigen sich gern mit philosophischen Themen. Im allgemeinen sind Sie fleißig und von scharfem Verstand; Sie können rational und pragmatisch, aber auch offen für neue und innovative Ideen sein. Aus diesem Grund sind Sie oft Ihrer Zeit voraus oder haben einen schlagfertigen, trockenen Witz, der Sie sehr unterhaltsam macht. Wenn es sein muß, können Sie knallhart die Scheinheiligkeit oder Geheimnistuerei anderer bloßlegen, um Alternativen vorzuschlagen. Da Sie unabhängig sein wollen, ist Ihnen Handlungsspielraum sehr wichtig; achten Sie aber darauf, daß Sie nicht eigenwillig oder kratzbürstig werden, wodurch Sie Ihren natürlichen Charme verlieren würden.

Der zusätzliche Einfluß Ihrer Sonne in der Steinbockdekade verleiht Ihnen Konzentrationsfähigkeit, Organisationstalent und Perfektionismus. Dazu kommen guter Geschäftssinn und großer Ehrgeiz; Eigenschaften, die Ihnen bis an die Spitze Ihrer Profession verhelfen können. Derselbe Einfluß sorgt dafür, daß Sie sparsam sind und gut handeln können. Sie sind ein Philanthrop und interessieren sich für Ihre Mitmenschen, so daß es Ihnen leichtfällt, sich in verschiedensten gesellschaftlichen Kreisen zu bewegen. Außergewöhnliche Ergebnisse erzielen Sie aber durch Ihren guten Verstand und Ihre kreativen Fähigkeiten.

Wenn Sie 5 sind und Ihre Sonne in das Zeichen der Zwillinge tritt, beginnt eine dreißig Jahre während Phase, in der Kommunikation, Bildung und Lernen für Sie von großer Bedeutung sind. Ein weiterer Wendepunkt erfolgt, wenn Sie 35 sind und Ihre Sonne in den Krebs wechselt. Jetzt legen Sie mehr Wert auf Heim und Familie. Wenn Sie 65 sind, tritt Ihre Sonne in das Zeichen des Löwen, Sie werden führungsbewußter und extrovertierter und wenden sich mehr den vergnüglichen Seiten des Lebens zu.

Ihr geheimes Selbst

Als Perfektionist sind Sie zu großen Opfern bereit, um Ihre Ziele zu erreichen oder um den Menschen, die Sie lieben, zu helfen. Sie besitzen großes Verantwortungsbewußtsein und die Gabe, gut abschätzen zu können, wieviel Arbeit Sie in etwas investieren müssen, um Resultate zu erzielen; wenn sich zu diesen Eigenschaften noch ein Sinn für Wirkung und gutes Urteilsvermögen gesellen, finden Sie sich schnell in einer Führungsposition. Allerdings neigen Sie dazu, aus reinem Sicherheitsdenken heraus nicht genug zu riskieren und Ihr Potential nicht auszuschöpfen.

Nehmen Sie sich Zeit für sich selbst, in der Sie Kontakt zu Ihrer nachdenklichen, tiefgründigeren, ja mystischen Seite aufnehmen können. Bei Ihrer Suche nach innerem Frieden spielt eine solche Basis, ein gutes Zuhause, eine sehr wichtige Rolle. Ihre Neigung zu Besorgnis oder Unentschlossenheit in materiellen Dingen können Sie überwinden, wenn Sie Selbstvertrauen gewinnen oder eine Form der kreativen Selbstverwirklichung finden. Wenn Sie glücklich und zufrieden sind, strahlen Sie eine wunderbare innere Freude aus, die auch andere anregt.

Beruf & Karriere

Kreativität, scharfe Intelligenz und die Fähigkeit, hart zu arbeiten, deuten darauf hin, daß Sie die Chance haben, in Ihrem gewählten Beruf bis an die Spitze zu gelangen. Allerdings

Fixsterne

Zanrak; Algol, auch Caput Medusae genannt

Hauptstern

Name des Sterns: Zanrak
Gradposition: 22°33' – 23°32' Stier zwischen den Jahren 1930 und 2000
Magnitude: 3
Stärke: ******
Orbit: 1°40'
Konstellation: Gamma Eridani
Tage: 13., 14., 15., 16. Mai
Sternqualitäten: Saturn
Beschreibung: roter Stern im Eridanusfluß.

Einfluß des Hauptsterns

Zanrak steht für Ernst und Pragmatismus und die Tendenz, das Leben allzu ernst zu nehmen; wenn Sie unter seinem Einfluß stehen, reagieren Sie oft überempfindlich auf die Meinung anderer und neigen zu Pessimismus. Im Zusammenhang mit dem Stand Ihrer Sonne sorgt Zanrak für Schreibtalent, Erfolg in der freien Wirtschaft und der Öffentlichkeit. Andererseits müssen Sie sich vor Vereinsamung und Konflikten hüten. Sie lassen sich durch Ihre unmittelbare Umgebung sehr beeinflussen und brauchen Unterstützung durch die Familie.

- Positiv: Pragmatismus, Ernsthaftigkeit, Verantwortungsbewußtsein, Feingefühl.
- Negativ: allzu ernst, geringes Selbstwertgefühl.

sollten Sie sich davor hüten, Ihre Kraft sinnlos zu vergeuden. Mit Ihrer Wißbegier wollen Sie stets alles bis ins letzte Detail begreifen und können sehr analytisch und technisch sein.

Aufgrund Ihres Charmes und Ihrer kommunikativen Fähigkeiten kommen auch Tätigkeiten für Sie in Frage, die mit der Öffentlichkeit zu tun haben. Ihr ausgeprägter Geschäftssinn zeigt, daß Sie auch für Laufbahnen in den Bereichen Verhandlungen, Bankwesen oder Immobilienhandel sehr geeignet sind. Ihre philosophischen und humanitären Neigungen befriedigen Sie am besten in den Gebieten Kirche, Wohltätigkeit oder Philanthropie. Mit Ihrem Wunsch nach Selbstverwirklichung und Ihrer Liebe zu Schönheit und Form können Sie aber auch eine kreative Karriere als Musiker, Schriftsteller oder Maler einschlagen.

Berühmte Persönlichkeiten dieses Tages sind die Sängerin Janet Jackson, der Jazzdrummer Billy Cobham, die Turnerin Olga Korbut, der Designer Christian Lacroix, der Tennisstar Gabriela Sabatini und die Schauspielerin Debra Winger.

Numerologie

Mit der 16 geht einher, daß Sie sowohl ehrgeizig als auch empfindsam sind. Sie sind im allgemeinen kontaktfreudig und gesellig, außerdem freundlich und rücksichtsvoll. Häufig beurteilen Sie das Leben aus dem Gefühl heraus, besitzen gutes Einfühlungsvermögen und eine fürsorgliche Natur. Mit der 16 interessieren Sie sich für internationale Angelegenheiten und arbeiten vielleicht in einem weltweit operierenden Konzern. Die Kreativeren unter Ihnen haben Talent zum Schreiben und häufig wahre Geistesblitze. Vielleicht müssen Sie einen Mittelweg zwischen übersteigertem Selbstvertrauen einerseits und Zweifel und Unsicherheit andererseits schaffen. Der Untereinfluß der Monatszahl 5 führt dazu, daß Sie intuitiv und aufgeschlossen sind. Da Sie gesellig und vielseitig sind, haben Sie zahlreiche Kontakte und Interessen. Ihr Bedürfnis, sich schöpferisch zu betätigen, führt dazu, daß Sie Ihre originellen Ideen mit Ihrer praktischen Geschicklichkeit verknüpfen und dadurch sehr erfinderisch sein können. Sie legen Wert auf Ihr Äußeres, da Ihnen ein guter Eindruck viel bedeutet. Lernen Sie, Ihren Gefühlen zu vertrauen, und bekämpfen Sie Ihren Hang zu Unentschlossenheit und Überbesorgtheit.

Positiv: gute Ausbildung, Verantwortungsbewußtsein gegenüber Heim und Familie, Integrität, Intuition, Geselligkeit, Kooperationsbereitschaft, Einfühlungsvermögen.

Negativ: Besorgnis, permanente Unzufriedenheit, mangelndes Verantwortungsbewußtsein, Egoismus, Voreingenommenheit, neigt zum Dramatisieren, Selbstsucht, mangelndes Mitgefühl für andere.

Liebe & Zwischenmenschliches

Im allgemeinen gehen Sie auf Beziehungen sehr idealistisch zu. Gelegentlich brauchen Sie Zeit zum Nachdenken, was nach außen hin wie Verschlossenheit oder Desinteresse wirken kann. Sie können spontan, loyal und freigiebig sein, neigen aber auch dazu, sich zum Märtyrer zu machen. Wenn Sie optimistisch bleiben und Selbstvertrauen haben, können Sie Mißtrauen und Eifersucht sowie die Neigung, sich am liebsten mit sich selbst zu beschäftigen, überwinden.

Ihr Partner

Dauerhaftes Glück, Sicherheit und Liebe finden Sie am ehesten unter den Menschen, die an folgenden Tagen geboren sind:

Liebe & Freundschaft: 8., 13., 22., 26. Jan., 6., 20., 24. Feb., 4., 18., 22. März, 2., 16., 20., 30. April, 5., 14., 18., 28., 30. Mai, 12., 16., 26., 28. Juni, 10., 14., 24., 26. Juli, 8., 12., 22., 24. Aug., 6., 10., 20., 22., 30. Sept., 4., 8., 18., 20., 28. Okt., 2., 6., 16., 18., 26. Nov., 4., 14., 16., 24. Dez.

Günstig: 9., 20. Jan., 7., 18. Feb., 5., 16., 29. März, 3., 14., 27. April, 1., 12., 25. Mai, 10., 23. Juni, 8., 21. Juli, 6., 19. Aug., 4., 17. Sept., 2., 15., 30. Okt., 13., 28. Nov., 11., 26., 30. Dez.

Schicksalhaft: 27. Jan., 25. Feb., 23. März, 21. April, 19. Mai, 17. Juni, 15. Juli, 13. Aug., 11. Sept., 9. Okt., 7., 17., 18., 19. Nov., 5. Dez.

Problematisch: 2., 10., 19. Jan., 8., 17. Feb., 6., 15. März, 4., 13. April, 2., 11. Mai, 9. Juni, 7., 30. Juli, 5., 28. Aug., 3., 26. Sept., 1., 24. Okt., 22. Nov., 20., 30. Dez.

Seelenverwandt: 15. Jan., 13. Feb., 11. März, 9. April, 7. Mai, 5. Juni, 3. Juli, 1. Aug., 29. Okt., 27. Nov., 25. Dez.

SONNE: STIER
DEKADE: STEINBOCK/SATURN
GRAD: 25° – 26°30' STIER
ART: FIXZEICHEN
ELEMENT: ERDE

Fixstern

Name des Sterns: Algol, auch Caput Medusae genannt
Gradposition: 25°13' – 26°21' Stier zwischen den Jahren 1930 und 2000
Magnitude: 2,5
Stärke: *******
Orbit: 2°
Konstellation: Beta Persei
Tage: 15., 16., 17., 18., 19. Mai
Sternqualitäten: Saturn/Jupiter
Beschreibung: weißer, veränderlicher Doppelstern im Haupt der Medusa in der Hand des Perseus.

Einfluß des Hauptsterns

Der Einfluß des Algol kann zweierlei bedeuten: Einerseits steht er für hohe spirituelle Werte, andererseits für Mißgeschick, Unzufriedenheit und Mangel an Spiritualität. Ist sein Einfluß positiv, haben Sie das Potential, durch Leistung und Charakterstärke eine Führungspersönlichkeit zu werden oder für die Allgemeinheit von Nutzen zu sein. Der Stern bewirkt, daß ein Trauerfall einen starken Einfluß auf Ihr Leben ausüben kann, und ist häufig für diejenigen von Bedeutung, die den Hinterbliebenen zur Seite stehen. Im Zusammenhang mit dem Stand Ihrer Sonne sorgt Algol dafür, daß Sie aus Konflikten und Meinungsverschiedenheiten meist als Sieger hervorgehen. Sie sollten sich jedoch davor in acht nehmen, Ihre Energie zu verschwenden und sich verwirren zu lassen. Algol steht dafür, daß korrektes Verhalten für Sie von großer Bedeutung ist. Juristische Verwicklungen und unpassende Gesellschaft sollten Sie vermeiden, da dies zu Fehden, familiärem Zwist oder gar Handgemenge führen kann.

17. Mai

Idealismus, Entschlossenheit und geselliges Wesen sorgen dafür, daß Sie fast auf jedem Gebiet erfolgreich sein können. Wenn Sie optimistisch sind, strahlen Sie Charisma und Begeisterungsfähigkeit aus und glauben fest an Ihre eigenen Ideen. Ihr Geburtstag verleiht Ihnen auch die natürliche Gabe, mit Menschen umzugehen und sich amüsieren zu können.

Obwohl Sie nie Probleme mit Geld haben werden, machen Sie sich gelegentlich grundlos Sorgen, keines mehr zu haben. Da Sie aber resolut und ausdauernd sind, sitzen Sie nicht däumchendrehend herum und warten, bis etwas passiert. Großer Ehrgeiz und der Wunsch nach Prestige und Luxus treiben Sie immer weiter an.

Durch den zusätzlichen Einfluß Ihrer Sonne in der Steinbockdekade arbeiten Sie besser, wenn Sie ein festes Ziel haben, da Sie sich dann bestens auf Ihre Aufgabe konzentrieren können. Sie entwickeln ausgezeichnete Ideen und besitzen gute strategische Fähigkeiten, die Sie meist zu Ihrem eigenen materiellen Vorteil einsetzen. Ihre Gabe, angesichts einer anstehenden Aufgabe zu sich selbst und zu anderen hart zu sein, kann beeindruckend sein. Andererseits können Sie aber auch sehr sensibel und idealistisch sein und finden Erfüllung darin, Ihrer Familie, Freunden oder wohltätigen Zwecken zu dienen.

Wenn Sie 4 Jahre alt sind und Ihre Sonne in das Zeichen der Zwillinge tritt, beginnt eine dreißig Jahre währende Phase, in der Kommunikation und Lernen in jeder Form für Sie von großer Bedeutung sind. Ein weiterer Wendepunkt erfolgt, wenn Sie 34 sind und Ihre Sonne in den Krebs wechselt. Jetzt legen Sie mehr Wert auf Intimität und Sicherheit. Wenn Sie Mitte 60 sind, tritt Ihre Sonne in das Zeichen des Löwen; Sie sind jetzt weniger familienorientiert, werden extrovertierter, geselliger und autoritärer.

Ihr geheimes Selbst

In einem äußerlich von Action und Abwechslung geprägten Leben suchen Sie im geheimen inneren Frieden und Harmonie. Das mag Sie dazu bringen, einen Beruf im Musischen oder im Heilbereich anzustreben. Dank der Erkenntnis, daß im Leben nichts umsonst ist, nehmen Sie nichts für selbstverständlich hin. Stolz und das starke Bedürfnis nach Anerkennung sind für Sie die größte Motivation, was bedeutet, daß Sie es nicht lange ertragen, unterschätzt zu werden.

Im Laufe des Lebens garantiert wachsendes gesellschaftliches Prestige auch finanziellen Zuwachs. Sie sind gern bereit, diesen mit Ihren Lieben zu teilen, müssen sich aber vor gönnerhaftem Verhalten und Eifersucht in acht nehmen. Wenn Sie Ihre spirituellen Bedürfnisse mehr zur Kenntnis nehmen, können Sie einen Ausgleich schaffen zwischen Spaß und Tiefsinn im Leben.

Beruf & Karriere

Obwohl Sie die Verantwortung für Ihre Arbeit selbst tragen oder selbständig arbeiten wollen, sind Sie sich durchaus der Bedeutung von Teamarbeit bewußt. Vielleicht lassen Sie sich sogar motivieren, berufliche Partnerschaften einzugehen oder Projekte zu übernehmen, die nur über Teamarbeit zu verwirklichen sind. Verkauf oder Promotion von Produkten oder Ideen liegen Ihnen, und mit Ihren sozialen Fähigkeiten und Ihrer Kontaktfreudigkeit eignen Sie sich besonders für Berufe, die mit Menschen zu tun haben, wie Öffentlichkeitsarbeit und Vermittlungs- oder Agenturtätigkeit. Ihr ausgeprägter Geschäftssinn und Ihre Organisationsfähigkeiten garantieren Ihnen auch in Bereichen wie Finanzberatung, Verhandlungen, Bank- oder Immobilienwesen Erfolg. Auch Musik und Wissenschaft kommen für Sie in Frage.

Berühmte Persönlichkeiten dieses Tages sind der Schauspieler Dennis Hopper, der Rockmusiker Udo Lindenberg, der Musiker Taj Mahal und der Boxer Sugar Ray Leonard.

Numerologie

Mit der Geburtstagszahl 17 sind Sie häufig scharfsinnig, zurückhaltend und verstandesgelenkt. Da Sie Ihr Wissen im allgemeinen spezialisiert nutzen, können Sie sich auf ein Fachgebiet konzentrieren und als Experte oder Forscher zu Ruhm und Anerkennung kommen. Da Sie ziemlich introvertiert sind und ein starkes Interesse an Daten und Fakten haben, legen Sie oft ein nachdenkliches Verhalten an den Tag und lassen sich Zeit mit dem, was Sie tun. Sie können sich sehr lange konzentrieren und lernen am besten durch persönliche Erfahrung. Je weniger Skepsis Sie empfinden, desto schneller lernen Sie. Der Untereinfluß der Monatszahl 5 führt dazu, daß Sie praktisch veranlagt und intelligent sind und sich gern auf Daten und Fakten verlassen. Dank Ihrem natürlichen Geschäftssinn und Ihrer analytischen Art können Sie ein Experte auf Ihrem Gebiet werden. Wenn Sie ständig Ihren Horizont erweitern, wächst auch Ihr Selbstvertrauen. Überdies sollten Sie mehr Verantwortungsbewußtsein entwickeln oder in irgendeiner Form der Gemeinschaft dienen.

Positiv: Rücksicht, Spezialistentum, guter Planer, Geschäftssinn, Fähigkeit, ein Vermögen zu machen, individueller Denker, Gewissenhaftigkeit, Akkuratesse, Begabung für Wissenschaft und Forschung.

Negativ: unbeteiligt, Sturheit, Sorglosigkeit, Launenhaftigkeit, Engstirnigkeit, Kritiksucht, Überbesorgnis, Mißtrauen.

Liebe & Zwischenmenschliches

Im allgemeinen führen Sie ein erfülltes soziales Leben und sind beliebt. Zwischenmenschliche Beziehungen sind Ihnen sehr wichtig, und Sie sind ein treuer Freund. Am meisten fühlen Sie sich von starken, intelligenten Menschen mit festen Überzeugungen angezogen, die Sie geistig anregen. Achten Sie darauf, daß Sie sich nicht in Machtspiele mit Ihren Partnern verwickeln lassen, die unnötig Streß und Angst auslösen. Wenn Sie sich in Beziehungen sicher fühlen, können Sie sehr großzügig und hilfsbereit sein. Vertrauen ist eine Grundvoraussetzung für feste Beziehungen.

- Positiv: hohe spirituelle Werte, korrektes Verhalten.
- Negativ: Mißgeschick, Ungeduld, unkorrektes Verhalten, bewegt sich in schlechter Gesellschaft.

Ihr Partner

Sicherheit, geistige Anregung und Liebe finden Sie am ehesten unter den Menschen, die an folgenden Tagen geboren wurden:

Liebe & Freundschaft: 3., 23., 27. Jan., 11., 21. Feb., 9., 19., 28., 31. März, 7., 17., 21., 26., 29. April, 5., 15., 24., 27., 29., 31. Mai, 3., 13., 22., 25., 27., 29. Juni, 1., 11., 20., 23., 25., 27., 29. Juli, 9., 18., 21., 23., 25., 27. Aug., 7., 11., 16., 19., 21., 23., 25. Sept., 5., 14., 17., 19., 21., 23. Okt., 3., 12., 15., 17., 19., 21. Nov., 1., 10., 13., 15., 17., 19. Dez.

Günstig: 3., 4., 10., 21. Jan., 1., 2., 8., 19. Feb., 6., 17., 30. März, 4., 15., 28. April, 2., 13., 26. Mai, 11., 24. Juni, 9., 22. Juli, 7., 20. Aug., 5., 18. Sept., 3., 16., 31. Okt., 1., 14., 29. Nov., 12., 27. Dez.

Schicksalhaft: 22., 28. Jan., 20., 26. Feb., 18., 24. März, 16., 22. April, 14., 20. Mai, 12., 18. Juni, 10., 16. Juli, 8., 14. Aug., 6., 12. Sept., 4., 10. Okt., 2., 8., 18., 19., 20. Nov., 6. Dez.

Problematisch: 11., 20. Jan., 9., 18. Feb., 7., 16. März, 5., 14. April, 3., 12., 30. Mai, 1., 10., 28. Juni, 8., 26., 31. Juli, 6., 24., 29. Aug., 4., 22., 27. Sept., 2., 20., 25. Okt., 18., 23. Nov., 16., 21. Dez.

Seelenverwandt: 26. Jan., 24. Feb., 22., 30. März, 28. April, 18., 26. Mai, 16., 24. Juni, 14., 22. Juli, 12., 20. Aug., 10., 18. Sept., 8., 16. Okt., 6., 14. Nov., 4., 12. Dez.

18. Mai

SONNE: STIER
DEKADE: STEINBOCK/SATURN
GRAD: 26° – 27°30' STIER
ART: FIXZEICHEN
ELEMENT: ERDE

Fixstern

Name des Sterns: Algol, auch Caput Medusae genannt
Gradposition: 25°13' – 26°21' Stier zwischen den Jahren 1930 und 2000
Magnitude: 2,5
Stärke: *******
Orbit: 2°
Konstellation: Beta Persei
Tage: 15., 16., 17., 18., 19. Mai
Sternqualitäten: Saturn/Jupiter
Beschreibung: weißer, veränderlicher Doppelstern im Haupt der Medusa in der Hand des Perseus.

Einfluß des Hauptsterns

Der Einfluß des Algol kann zweierlei bedeuten: Einerseits steht er für hohe spirituelle Werte, andererseits für Mißgeschick, Unzufriedenheit und Mangel an Spiritualität. Ist sein Einfluß positiv, haben Sie das Potential, durch Leistung und Charakterstärke eine Führungspersönlichkeit zu werden oder für die Allgemeinheit von Nutzen zu sein. Der Stern bewirkt, daß ein Trauerfall einen starken Einfluß auf Ihr Leben ausüben kann, und ist häufig für diejenigen von Bedeutung, die den Hinterbliebenen zur Seite stehen. Im Zusammenhang mit dem Stand Ihrer Sonne sorgt Algol dafür, daß Sie aus Konflikten und Meinungsverschiedenheiten meist als Sieger hervorgehen. Sie sollten sich jedoch davor in acht nehmen, Ihre Energie zu verschwenden und sich verwirren zu lassen. Algol steht dafür, daß korrektes Verhalten für Sie von großer Bedeutung ist. Juristische Verwicklungen und unpassende Gesellschaft sollten Sie vermeiden, da dies zu Fehden, familiärem Zwist oder gar Handgemenge führen kann.

Freundlichkeit, Führungsqualitäten, Entschlossenheit und ein starker Wille machen Sie zum durch und durch erfolgsorientierten Menschen. Trotz Pragmatismus und ausgeprägten Wertvorstellungen lieben Sie Schönheit und die angenehmen Seiten des Lebens. Sie erkennen sofort, wenn sich eine Chance bietet, und verknüpfen Materialismus mit einem starken Sinn für Idealismus.

Der zusätzliche Einfluß Ihrer Sonne in der Steinbockdekade sorgt dafür, daß Sie harte Arbeit und Verantwortung als Teil Ihres Alltags betrachten und daß Ihnen materielle Überlegungen und Status sehr wichtig sind. Da Sie die Anerkennung Ihrer Mitmenschen brauchen, engagieren Sie sich mit voller Kraft für eine Sache oder ein Projekt.

Ihr Idealismus und Ihr Bedürfnis nach Spiritualität oder Selbstfindung können sich in einem ausgeprägten humanitären Zug äußern. Dieses Interesse an Ihren Mitmenschen hilft Ihnen, Mitgefühl und Verständnis für die Bedürfnisse anderer zu entwickeln. Ihre Sensibilität und aktive Phantasie finden Ausdrucksformen in der Malerei, Musik oder Theater. Da Sie sehr wißbegierig sind, genießen Sie Rededuelle; außerdem sind Sie ein guter Organisator und können Situationen schnell erfassen. Allerdings müssen Sie sich davor in acht nehmen, aus reinem Widerspruchsgeist ständig anderer Meinung zu sein. Glücklicherweise können Sie diese Eigenschaft durch selbstlose Großzügigkeit wieder wettmachen.

Wenn Sie 3 sind und Ihre Sonne in das Zeichen der Zwillinge tritt, beginnt eine dreißig Jahre währende Phase, in der Geschwister, Kommunikation, Bildung und Neues zu lernen für Sie von großer Bedeutung sind. Ein weiterer Wendepunkt erfolgt, wenn Sie 34 sind und Ihre Sonne in den Krebs wechselt. Jetzt legen Sie mehr Wert auf Heim und Familie. Wenn Sie Mitte 60 sind, tritt Ihre Sonne in das Zeichen des Löwen; Ihre Familienorientiertheit läßt jetzt nach, und Sie werden kreativer und verspüren einen stärkeren Wunsch nach Selbstverwirklichung.

Ihr geheimes Selbst

Da Sie dank Ihrem starken Willen Ihre Ideen in die Tat umsetzen können, ist es für Sie besonders wichtig, Ihre Ziele und Wünsche genau zu kennen. Wenn Sie sich auf die liebende Kraft in Ihrem Innern besinnen, sind Sie nicht nur eine große Hilfe für andere, sondern können auch die Extreme Ihrer eigenen Persönlichkeit ausgleichen. Diese drücken sich entweder in Dominanzstreben oder aber in Überempfindlichkeit aus. Sie können diese Schwierigkeiten aber leicht überwinden, wenn Sie unabhängig bleiben und Ihre natürliche Gabe der Kooperationsbereitschaft und Diplomatie zur Anwendung bringen. Da Sie ebenso praktisch wie phantasiebegabt sind, sehen Sie unablässig in die Zukunft und treiben sich selbst dazu an, Ihre großen Pläne zu verwirklichen. Auf diese Weise überwinden Sie innere Rastlosigkeit oder Ungeduld, die an Ihren Kraftreserven zehren kann.

Beruf & Karriere

Angetrieben von Ehrgeiz und Idealismus sind Sie bereit, hart für Ihre Ziele zu arbeiten. Mit Ihrer Entschlossenheit und Ihren Führungsqualitäten lieben Sie es, neue Projekte zu initiieren, und bevorzugen Karrieren in Justiz oder Regierung. Da Sie außergewöhnlich gut Ideen verkaufen können, eignen Sie sich auch für Marketing, Agenturtätigkeit oder

Verhandlungen. Dank Ausdauer, Engagement und Organisationsfähigkeiten können Sie aber auch eine Laufbahn als Finanzberater, Manager, Börsenmakler oder Unternehmer einschlagen. Reisen hilft Ihnen enorm bei der Verwirklichung Ihrer Ziele. Da Sie auch einen ausgeprägten Sinn für Schönheit besitzen, kommt auch Handel mit Luxusgütern, Antiquitäten oder Design für Sie in Frage. Interessant für Sie sind auch Tätigkeiten im Bereich Wohltätigkeit oder Vermarktung von Landwirtschaftsprodukten. Ihre starke Individualität findet vielleicht auch in der Welt der Kunst und Kreativität eine Ausdrucksform.

Berühmte Persönlichkeiten dieses Tages sind die Primaballerina Margot Fonteyn, Papst Johannes Paul II. und die Sänger Perry Como und Toyah Willcox.

Numerologie

Zu den Eigenschaften der Geburtstagszahl 18 gehören Entschlossenheit, Kraft und Ehrgeiz. Da Sie dynamisch und aktiv sind, streben Sie oft Macht an und brauchen ständig neue Herausforderungen. Gelegentlich sind Sie überkritisch und schwer zufriedenzustellen oder beschäftigen sich mit umstrittenen Themen. Als Persönlichkeit der Zahl 18 können Sie Ihre Kraft nutzen, um anderen zu helfen und gute Ratschläge zu erteilen. Ihr guter Geschäftssinn und Ihr Organisationstalent befähigen Sie aber auch für eine wirtschaftlich orientierte Tätigkeit. Der Untereinfluß der Monatszahl 5 führt dazu, daß Sie energisch und entschlußfreudig sind und Sinn fürs Praktische haben. Da Sie analytisch an Dinge herangehen, achten Sie auf Details und können von vornherein Mißverständnisse vermeiden. Durch zu große Eile oder Liegenlassen von Arbeiten verursachen Sie später Verzögerungen. Gelegentlich sind Sie zu kritisch, und Ihr Hang, Ihre Meinung über andere häufiger zu ändern, deutet auf versteckte Unzufriedenheit hin. Wenn Sie unsicher sind, ziehen Sie sich schweigend zurück oder werden launisch.

Positiv: progressive Haltung, Sicherheit, Intuition, Mut, Resolutheit, Heilkräfte, Tüchtigkeit, guter Berater.

Negativ: unkontrollierte Gefühle, Faulheit, mangelndes Gefühl für Ordnung, Selbstsucht, Gefühllosigkeit, Unfähigkeit, Projekte zu Ende zu führen, Falschheit.

Liebe & Zwischenmenschliches

Da Sie zahlreiche Interessen haben, suchen Sie stets nach jemand Seelenverwandtem, mit dem Sie Ihre Träume teilen können. Ruhelosigkeit deutet darauf hin, daß Sie zwischen Ihren Pflichten und Ihren persönlichen Wünschen in der Zwickmühle stecken. Da Sie ehrgeizig und sicherheitsbewußt sind, kann es passieren, daß Sie eine Ehe nicht aus Liebe, sondern aus anderen Gründen schließen. Sie bewundern Loyalität und Vertrauen; wenn Sie aber zweifeln, neigen Sie zur Unzufriedenheit und Stimmungsschwankungen. Einerseits können Sie sehr warmherzig und großzügig sein, andererseits aber auch kalt und ernst. Mit Ehrlichkeit, Geduld und Ausdauer finden aber auch Sie Glück, Ausgeglichenheit und Stabilität.

- Positiv: hohe spirituelle Werte, korrektes Verhalten.
- Negativ: Mißgeschick, Ungeduld, unkorrektes Verhalten, bewegt sich in schlechter Gesellschaft.

Ihr Partner

Wenn Sie jemanden suchen, bei dem Sie Sicherheit, Inspiration und Liebe finden, sollten Sie sich unter den Menschen umsehen, die an folgenden Tagen geboren sind:

Liebe & Freundschaft: 14., 24., 28., 31. Jan., 12., 22., 26., 29. Feb., 10., 20., 24., 27. März, 8., 18., 25. April, 6., 16., 23., 30. Mai, 4., 14., 21., 28., 30. Juni, 2., 12., 19., 26., 28., 30. Juli, 10., 17., 24., 26., 28. Aug., 8., 12., 15., 22., 24., 26. Sept., 6., 13., 20., 22., 24., 30. Okt., 4., 11., 18., 20., 22., 28. Nov., 2., 9., 16., 18., 20., 26., 29. Dez.

Günstig: 5., 22., 30. Jan., 3., 20., 28. Feb., 1., 18., 26. März, 16., 24. April, 14., 22. Mai, 12., 20. Juni, 10., 18., 29. Juli, 8., 16., 27., 31. Aug., 6., 14., 25., 29. Sept., 4., 12., 23., 27. Okt., 2., 10., 21., 25. Nov., 9., 19., 23. Dez.

Schicksalhaft: 12. Jan., 10. Feb., 8. März, 6. April, 4. Mai, 2. Juni, 19., 20., 21. Nov.

Problematisch: 16., 21. Jan., 14., 19. Feb., 12., 17., 30. März, 10., 15., 28. April, 8., 13., 26. Mai, 6., 11., 24. Juni, 4., 9., 22. Juli, 2., 7., 20. Aug., 5., 18. Sept., 3., 16. Okt., 1., 14. Nov., 12. Dez.

Seelenverwandt: 25. Jan., 23. Feb., 21. März, 19. April, 17. Mai, 15. Juni, 13. Juli, 11. Aug., 9. Sept., 7. Okt., 5. Nov., 3., 30. Dez.

SONNE:	STIER
DEKADE:	STEINBOCK/SATURN
GRAD:	27° – 28°30' STIER
ART:	FIXZEICHEN
ELEMENT:	ERDE

Fixsterne

Alcyone; Algol, auch Caput Medusae genannt

Hauptstern

Name des Sterns: Alcyone
Gradposition: 29° Stier – 0°6' Zwillinge zwischen den Jahren 1930 und 2000
Magnitude: 3
Stärke: ******
Orbit: 1°40'
Konstellation: Eta Tauri
Tage: 19., 20., 21., 22. Mai
Sternqualitäten: Mond/Mars
Beschreibung: grün-gelber Hauptstern im Sternhaufen der Plejaden an der Schulter des Stiers (es handelt sich um den hellsten Stern der Plejaden).

Einfluß des Hauptsterns

Alcyone steht für Offenheit, Unbefangenheit, Ehrlichkeit und Aufrichtigkeit. Andererseits werden mit ihm auch Rastlosigkeit und impulsives Handeln assoziiert. Unter seinem Einfluß sind Sie von Natur aus energisch und zielstrebig; werden Sie aber von Ihren Gefühlen übermannt, handeln Sie impulsiv, was Aufregung und Veränderungen verursachen kann. Wer unter Alcyones Einfluß steht, sollte sich vor Fieber und Augenproblemen hüten.

Im Zusammenhang mit dem Stand Ihrer Sonne steht Alcyone für Liebe, hohes Ansehen und Führungsqualitäten. Häufig sorgt er dafür, daß Sie Erfolg in öffentlichkeitsorientierten und juristischen Tätigkeiten haben oder Ihre kreativen und schriftstellerischen Talente entwickeln.

- Positiv: Kreativität, Ehrlichkeit, Begeisterungsfähigkeit.
- Negativ: Streitsucht, Launenhaftigkeit.

19. Mai

Die hervorragenden Führungsqualitäten, die von Ihrem Geburtstag ausgehen, verbinden sich mit exzellenten geistigen Fähigkeiten und einer guten Auffassungsgabe. Sie sind besonnen und vorsichtig, besitzen aber auch einen wilden und unabhängigen Charakterzug. Auf andere wirken Sie meist voller Selbstvertrauen, kontrolliert und selbstsicher.

Der zusätzliche Einfluß Ihrer Sonne in der Steinbockdekade des Stiers sorgt dafür, daß Sie sich erst mit voller Kraft für ein Projekt engagieren und besser arbeiten können, wenn Sie ein festes Ziel haben. Derselbe Einfluß verleiht Ihnen großen Ehrgeiz, Pflichtbewußtsein und die Bereitschaft, langfristige Pläne durchzuziehen. Obwohl Sie auch stur sein können, sind Ihnen Ihr Durchhaltevermögen und Ihre Intuition auf Ihrem Weg zum Erfolg sehr hilfreich.

Da Sie sich sehr für Menschen interessieren, denken Sie oft humanitär und halten Freiheit und soziale Reformen für unerläßlich. Erfinderisch und originell, haben Sie eine progressive Lebenseinstellung und setzen sich gern für andere ein. Sowohl Frauen als auch Männer, die an diesem Tag geboren wurden, neigen zu dominantem Verhalten. Freundschaftliche Rededuelle wirken auf Sie äußerst inspirierend und sind einer Ihrer Lieblingszeitvertreibe. Andererseits müssen Sie möglicherweise aufpassen, sich nicht egozentrisch oder wenig mitfühlend zu verhalten oder sich dem angenehmen Leben hemmungslos hinzugeben. Dank Ihrem profunden Wissen und Ihrem guten Urteilsvermögen ist Ihre Gesellschaft aber stets gewinnbringend. Bildung in jeder Form ist unerläßlich, um Ihrem herausragenden Potential gerecht zu werden.

Wenn Sie 2 sind und Ihre Sonne in das Zeichen der Zwillinge tritt, beginnt eine dreißig Jahre während Phase, in der Lernen, Schreiben, Reden und Kommunikation für Sie von großer Bedeutung sind. Ein weiterer Wendepunkt erfolgt, wenn Sie Anfang 30 sind und Ihre Sonne in den Krebs wechselt. Jetzt legen Sie mehr Wert auf emotionale Intimität, Familie, Heim und Sicherheit. Wenn Sie 62 sind, tritt Ihre Sonne in das Zeichen des Löwen; nun haben Sie mehr Vertrauen, werden extrovertierter und verspüren verstärkt den Drang, sich zu verwirklichen.

Ihr geheimes Selbst

Obwohl Sie natürliche Führungsqualitäten besitzen, wissen Sie, daß Teamarbeit sehr fruchtbar sein kann. Wenn Sie Ihre ausgeprägte Intuition einsetzen, können Sie einen Mittelweg finden zwischen Ihrem Wunsch, für Ihre Ideen einzustehen, und der Notwendigkeit, auf die Meinungen der anderen einzugehen. Da Sie aber Charme besitzen, sind Sie im allgemeinen in der Lage, andere von Ihren Plänen zu überzeugen und ihre Unterstützung zu gewinnen.

Ihr Bedürfnis nach Aufrichtigkeit und Gerechtigkeit bringt Sie häufig dazu, in schwierigen Situationen das Heft in die Hand zu nehmen. Auf diese Weise erscheinen Sie manchmal etwas selbstherrlich, wenn Sie den Drang haben, Probleme aus dem Weg zu räumen, statt sie zu vertagen. Ihre Entschlossenheit, Kraft und Ausdauer bilden die Grundvoraussetzungen für Ihren Erfolg. Hinter Ihrer ernsthaften Fassade aber verbirgt sich ein Herz voller Idealismus und Hilfsbereitschaft.

Beruf & Karriere

Durch Verbindung von Fleiß, einfühlsamen Führungsqualitäten und Verantwortungsbewußtsein sind Ihre Erfolgsaussichten groß. Ihr scharfer Verstand und Ihr Ideenreichtum machen Sie für Pädagogik, Philosophie oder Wissenschaft geeignet. Ihre humanitäre Ader und Ihr Hang zur Spiritualität können Sie zu Religion oder sozialen Reformen führen. Ihr Sinn für Dramatik kann für Sie auch die Welt des Entertainments anziehend machen. Interessante Ausdrucksformen für Sie sind auch Reden, Schreiben oder Singen. Da Sie auch mit Heilkräften begabt sind, zieht Sie vielleicht Medizin oder Alternativheilkunde an.

Berühmte Persönlichkeiten dieses Tages sind der politische Führer Malcolm X, die Musiker Pete Townshend (The Who) und Joey Ramone, die Schauspielerin Glenn Close und die Sängerin Grace Jones.

Numerologie

Sie sind entschlußfreudig und erfinderisch und haben große Visionen; diese träumerische Seite ist mitfühlend und beeindruckbar. Sie fühlen sich von dem Wunsch angetrieben, jemand zu sein, und spielen sich gern in den Vordergrund. Auf andere wirken Sie selbstbewußt und scheinen sich nicht unterkriegen zu lassen, doch innere Anspannung führt gelegentlich zu Stimmungsschwankungen. Sie sind stolz, und vielleicht müssen Sie lernen, daß sich die Welt nicht nur um Sie dreht. Der Untereinfluß der Monatszahl 5 führt dazu, daß Sie aufgeweckt und geistig rege sind. Sie wünschen sich Harmonie und Frieden, müssen dafür aber lernen, mehr Rücksicht auf die Gefühle anderer zu nehmen. Da Sie kreativ und phantasievoll sind, sollten Sie Ihre musischen Talente pflegen. Bekämpfen Sie Ihre Angstgefühle, indem Sie lernen, sich zu entspannen und unparteiischer zu sein. Sie ermutigen andere und zeigen dabei Geduld. Damit überwinden Sie Ihren Hang zur vorschnellen Kritik. Vielleicht müssen Sie einen Mittelweg zwischen Egozentrik und Altruismus finden. Ihr faires und gerechtes Verhalten deutet darauf hin, daß Sie zu Mut und echter Selbstkontrolle in der Lage sind.

Positiv: Dynamik, Zentriertheit, Führungsqualitäten, Glück, progressive Einstellung, Optimismus, feste Überzeugungen, Wettbewerb, Unabhängigkeit.

Negativ: Egozentrik, Depression, Besorgtheit, Angst vor Zurückweisung, Launenhaftigkeit, Materialismus, Egoismus, Ungeduld.

Liebe & Zwischenmenschliches

Sie sind offen und direkt und verteidigen Ihre Lieben, wenn es sein muß. Harmonie und eine friedliche Umgebung sind für Sie Grundvoraussetzung. Mit Ihrer ruhigen Art können Sie auch Menschen helfen, die unter innerer Anspannung stehen. Achten Sie aber darauf, daß Sie nicht zu arrogant oder ruhelos werden, und vermeiden Sie Alltagstrott. Auch wenn Sie sehr gesellig sind, spielen Heim und Familie eine große Rolle in Ihrem Leben.

Ihr Partner

Stabilität und eine dauerhafte Liebe finden Sie am ehesten unter den Menschen, die an folgenden Tagen geboren wurden:

Liebe & Freundschaft: 11., 13., 15., 17., 25., 29. Jan., 9., 11., 13., 15., 23. Feb., 7., 9., 11., 13., 21., 25. März, 5., 7., 9., 11., 19. April, 3., 5., 7., 9., 17., 31. Mai, 1., 3., 5., 7., 15., 29. Juni, 1., 3., 5., 27., 29., 31. Juli, 1., 3., 11., 25., 27., 29. Aug., 1., 9., 13., 23., 25., 27. Sept., 7., 21., 23., 25. Okt., 5., 19., 21., 23. Nov., 3., 17., 19., 21., 30. Dez.

Günstig: 1., 5., 20. Jan., 3., 18. Feb., 1., 16. März, 14. April, 12. Mai, 10. Juni, 8. Juli, 6. Aug., 4. Sept., 2. Okt.

Schicksalhaft: 19., 20., 21., 22. Nov.

Problematisch: 6., 22., 24. Jan., 4., 20., 22. Feb., 2., 18., 20. März, 16., 18. April, 14., 16. Mai, 12., 14. Juni, 10., 12. Juli, 8., 10., 31. Aug., 6., 8., 29. Sept., 4., 6., 27. Okt., 2., 4., 25., 30. Nov., 2., 23., 28. Dez.

Seelenverwandt: 6., 12. Jan., 4., 10. Feb., 2., 8. März, 6. April, 4. Mai, 2. Juni

SONNE: STIER
DEKADE: STEINBOCK/SATURN
GRAD: 28° – 29°30' STIER
ART: FIXZEICHEN
ELEMENT: ERDE

Fixstern

Name des Sterns: Alcyone
Gradposition: 29° Stier – 0°6' Zwillinge zwischen den Jahren 1930 und 2000
Magnitude: 3
Stärke: ******
Orbit: 1°40'
Konstellation: Eta Tauri
Tage: 19., 20., 21., 22. Mai
Sternqualitäten: Mond/Mars
Beschreibung: grün-gelber Hauptstern im Sternhaufen der Plejaden an der Schulter des Stiers (es handelt sich um den hellsten Stern der Plejaden).

Einfluß des Hauptsterns

Alcyone steht für Offenheit, Unbefangenheit, Ehrlichkeit und Aufrichtigkeit. Andererseits werden mit ihm auch Rastlosigkeit und impulsives Handeln assoziiert. Unter seinem Einfluß sind Sie von Natur aus energisch und zielstrebig; werden Sie aber von Ihren Gefühlen übermannt, handeln Sie impulsiv, was Aufregung und Veränderungen verursachen kann. Wer unter Alcyones Einfluß steht, sollte sich vor Fieber und Augenproblemen hüten.
Im Zusammenhang mit dem Stand Ihrer Sonne steht Alcyone für Liebe, hohes Ansehen und Führungsqualitäten. Häufig sorgt er dafür, daß Sie Erfolg in öffentlichkeitsorientierten und juristischen Tätigkeiten haben. Vielleicht möchten Sie auch Ihre kreativen und schriftstellerischen Talente entwickeln.

- Positiv: Kreativität, Ehrlichkeit, Begeisterungsfähigkeit.
- Negativ: Streitsucht, Launenhaftigkeit.

20. Mai

Lebhafte Intelligenz zeichnet die an diesem Tag Geborenen aus. Mit Ihrer Begeisterungsfähigkeit und Ihrer Gabe zu brillieren besitzen Sie natürliche Führungsqualitäten, kommen gut mit Menschen aus und sind nett und gesellig. Sie sind von Natur aus talentiert; auf andere wirken Sie charmant, selbstsicher und mit gesundem Menschenverstand begabt.

Der Einfluß Ihrer Sonne in der Steinbockdekade des Stiers sorgt dafür, daß Ihnen Prestige und Selbstachtung sehr wichtig sind. Sie bewahren stets Ihre Würde, können hart arbeiten und nehmen Ihre Verpflichtungen ernst. Da Sie ein natürliches Gefühl für Geld besitzen, können Sie sparsam sein; Ihre Konten und Buchführung halten Sie stets in Ordnung. Luxus allerdings übt starke Anziehungskraft auf Sie aus, und Sie geben gern Geld für schöne Dinge aus; achten Sie darauf, daß Sie es damit nicht übertreiben.

Sie umgeben sich gern mit intelligenten und kommunikativen Menschen. Da Sie wortgewandt sind, gehen Sie keinem Rededuell oder witzigen Schlagabtausch aus dem Weg. Sie erfassen Situationen rasch und sind im allgemeinen aufrichtig und direkt; hüten Sie sich aber vor Sturheit und Rechthaberei. Wenn Ihnen gelegentlich etwas mißlingt, neigen Sie vorübergehend zu Selbstmitleid. Allerdings dauert dieser Zustand dank der Entschlossenheit, mit der Sie Hindernisse überwinden, nicht lange an.

In Ihrem 2. Lebensjahr tritt Ihre Sonne in das Zeichen der Zwillinge. Das bedeutet, daß Sie als Kind sehr schnell lernen und ein enges Verhältnis zu Ihren Geschwistern haben. Bis Sie um die 30 sind, konzentrieren Sie sich vor allem auf Bildung und Studium. Mit 31 erfolgt ein Wendepunkt, wenn Ihre Sonne in das Zeichen des Krebses wechselt. Ab jetzt werden Ihnen Familienbande und ein solides Fundament im Leben immer wichtiger. Wenn Sie Anfang 60 sind, tritt Ihre Sonne in den Löwen, Ihr Selbstvertrauen wächst, und Sie werden kontaktfreudiger und extrovertierter.

Ihr geheimes Selbst

Sie wissen, daß Sie imstande sind, Großes zu erreichen, sollten aber nicht zu materialistisch oder selbstkritisch sein. Ihre Kreativität sorgt dafür, daß Sie stets nach neuen und aufregenden Möglichkeiten suchen, wie Sie Ihren Geist beschäftigen und Ihren Horizont erweitern können. Da Sie nie zufrieden sind mit dem, was Sie erreicht haben, reisen Sie gerne, im wörtlichen wie im übertragenen Sinne, immer auf der Suche nach neuen Herausforderungen. Auch wenn Sie es nach außen hin nicht zeigen, sind Sie sehr emotional. Da diese Sensibilität durch Freude am Leben zum Ausdruck kommen muß, dürfen Sie sie nicht in Besorgnis und Ängsten ersticken. Wenn Sie glücklich sind, hat es den Anschein, als würde Ihnen der Erfolg nur so zufliegen. Denken Sie bei Entscheidungen daran, nie das Vertrauen in sich selbst zu verlieren, damit Sie Ihren großen Lebenstraum immer lebendig halten. Dank der Kombination von Entschlossenheit, Inspiration und Großzügigkeit sind Sie in der Lage zu erstaunlichen Erfolgen im Leben.

Beruf & Karriere

Dank Ihrer Intelligenz und Ihrem Bedürfnis nach Abwechslung sind Sie ständig dabei, Ihr Wissen zu vergrößern. Da Sie große Projekte und Gruppen mögen, sich aber nicht gern anderen unterordnen, sollten Sie einen Beruf ergreifen, in dem Sie sich entweder selbständig machen oder eine Führungsposition einnehmen. Wenn Sie Selbstdisziplin üben, verhilft Ihnen Ihr natürliches Flair für Geschäfte zum Erfolg. Ihre Arbeit sollte unbedingt in irgendeiner Form intellektuell herausfordernd oder abwechslungsreich sein, sonst packt Sie schnell die Langeweile. Ihr intuitiver Intellekt nutzt Ihnen in den Bereichen Forschung, Pädagogik, Metaphysik oder Philosophie. Da Sie vielseitig begabt sind und einen feinen Sinn für Kunst, Musik und Theater besitzen, können Sie Ihren Beruf auch in der Welt des Entertainments, der Künste oder der Medien finden, Ihre fürsorgliche Natur fühlt sich auch in den Bereichen Beratung, Sozialarbeit oder im Kampf für die Rechte anderer wohl.

Berühmte Persönlichkeiten dieses Tages sind die Sängerin und Schauspielerin Cher, der Sänger Joe Cocker, der griechische Philosoph Sokrates, der Schauspieler James Stewart und der Schriftsteller Honoré de Balzac.

Numerologie

Mit der Zahl 20 verbindet sich Intuition, Anpassungsfähigkeit und Verständnis. Im allgemeinen genießen Sie gemeinschaftliche Aktivitäten, bei denen Sie sich mit anderen austauschen, Erfahrungen teilen und von Ihnen lernen können. Charmant und liebenswürdig, haben Sie diplomatische und soziale Fähigkeiten und können sich mit Leichtigkeit in den verschiedensten gesellschaftlichen Kreisen bewegen. Allerdings sollten Sie sich von der Kritik anderer nicht so leicht umwerfen lassen. In Beziehungen neigen Sie dazu, sich zum Märtyrer zu machen, dem anderen zu mißtrauen oder sich in seine Abhängigkeit zu begeben. Der Untereinfluß der Monatszahl 5 führt dazu, daß Sie aufgeschlossen und intelligent sind und das Bedürfnis nach Kreativität und Selbstverwirklichung haben. Manchmal sind Sie schüchtern und müssen lernen, Ihre Gefühle besser und klarer auszudrücken. Auch wenn Sie entspannt sind und sich gern als Teil eines Teams sehen, brauchen Sie Zeit für sich, um in Ruhe Ihre Gedanken zu sammeln. Nehmen Sie sich Zeit, neue Dinge zu lernen, und erlauben Sie anderen, Ihnen zu helfen, wenn Sie in Ihrem Leben etwas verändern wollen. Vertrauen Sie auf Ihre Intuition, und entwickeln Sie Ihren Geist weiter.

Positiv: guter Partner, Freundlichkeit, Takt, Aufgeschlossenheit, Intuition, Nachdenklichkeit, Harmonie, Rücksicht, freundschaftlich, Botschafter des guten Willens.

Negativ: Mißtrauen, mangelndes Selbstvertrauen, Schüchternheit, Überempfindlichkeit, Selbstsucht, leicht verletzt, Falschheit.

Liebe & Zwischenmenschliches

Sensibel und intuitiv, außerdem geistig rege, brauchen Sie auch in Beziehungen Abwechslung und geistige Anregung. Obwohl Sie gerne mit den unterschiedlichsten Menschen zusammen sind, bevorzugen Sie die Gesellschaft intelligenter Leute, die umfassend gebildet sind und gute Ideen haben.

Da Sie auch allein gut zurechtkommen, wollen Sie auch im Verhältnis zu anderen ungern die zweite Geige spielen und betrachten sich im allgemeinen als ebenbürtig. Sie sind zärtlich, treu und verständnisvoll und kümmern sich um die Ihnen Nahestehenden. Wenn Sie lieben, sind Sie oft zu großen Opfern bereit. Rastlosigkeit kann dazu führen, daß Sie schnell Ihre Meinung ändern oder unentschlossen sind.

Ihr Partner

Einen aufregenden Partner werden Sie mit großer Wahrscheinlichkeit unter den an den folgenden Tagen geborenen Menschen finden:

Liebe & Freundschaft: 12., 16., 25., 30. Jan., 10., 14., 23., 24. Feb., 8., 12., 22., 26., 31. März, 6., 10., 20., 29. April, 4., 8., 18., 27. Mai, 2., 6., 16., 25., 30. Juni, 4., 14., 23., 28. Juli, 2., 12., 21., 26., 30. Aug., 10., 14., 19., 24., 28. Sept., 8., 17., 22., 26. Okt., 6., 15., 20., 24., 30. Nov., 4., 13., 18., 22., 28. Dez.

Günstig: 2., 13., 22., 24. Jan., 11., 17., 20., 22. Feb., 9., 15., 18., 20., 28. März, 7., 13., 16., 18., 26. April, 5., 11., 16., 18., 26. Mai, 3., 9., 12., 14., 22. Juni, 1., 7., 10., 12., 20. Juli, 5., 8., 10., 18. Aug., 3., 6., 8., 16. Sept., 1., 4., 6., 14. Okt., 2., 4., 12. Nov., 2., 10. Dez.

Schicksalhaft: 25. Jan., 23. Feb., 21. März, 19. April, 17. Mai, 15. Juni, 13. Juli, 11. Aug., 9. Sept., 7. Okt., 5., 21., 22., 23. Nov., 3. Dez.

Problematisch: 7., 23. Jan., 5., 21. Feb., 3., 19., 29. März, 1., 17., 27. April, 15., 25. Mai, 13., 23. Juni, 11., 21., 31. Juli, 9., 19., 29. Aug., 7., 17., 27., 30. Sept., 3., 13., 23., 26. Nov., 1., 11., 21., 24. Dez.

Seelenverwandt: 17. Jan., 15. Feb., 13. März, 11. April, 9. Mai, 7. Juni, 5. Juli, 3. Aug., 1. Sept., 30. Nov., 28. Dez.

21. Mai

SONNE: AN DER GRENZE
STIER/ZWILLINGE
DEKADE: STEINBOCK/SATURN
GRAD: 29° STIER –
0°30' ZWILLINGE
ART: FIXZEICHEN
ELEMENT: ERDE

Fixstern

Name des Sterns: Alcyone
Gradposition: 29° Stier – 0°6' Zwillinge zwischen den Jahren 1930 und 2000
Magnitude: 3
Stärke: ******
Orbit: 1°40'
Konstellation: Eta Tauri
Tage: 19., 20., 21., 22. Mai
Sternqualitäten: Mond/Mars
Beschreibung: grün-gelber Hauptstern im Sternhaufen der Plejaden an der Schulter des Stiers (es handelt sich um den hellsten Stern der Plejaden).

Einfluß des Hauptsterns

Alcyone steht für Offenheit, Unbefangenheit, Ehrlichkeit und Aufrichtigkeit. Andererseits werden mit ihm auch Rastlosigkeit und impulsives Handeln assoziiert. Unter seinem Einfluß sind Sie von Natur aus energisch und zielstrebig; werden Sie aber von Ihren Gefühlen übermannt, handeln Sie impulsiv, was Aufregung und Veränderungen verursachen kann. Wer unter Alcyones Einfluß steht, sollte sich vor Fieber und Augenproblemen hüten.
Im Zusammenhang mit dem Stand Ihrer Sonne steht Alcyone für Liebe, hohes Ansehen und Führungsqualitäten. Häufig sorgt er dafür, daß Sie Erfolg in öffentlichkeitsorientierten und juristischen Tätigkeiten haben. Vielleicht möchten Sie auch Ihre kreativen und schriftstellerischen Talente entwickeln.
- Positiv: Kreativität, Ehrlichkeit, Begeisterungsfähigkeit.
- Negativ: Streitsucht, Launenhaftigkeit.

Sie sind nicht nur geistvoll, intelligent und ehrgeizig, sondern auch aktiv und wirken anziehend auf Ihre Mitmenschen. Da Sie den Vorteil genießen, an der Grenze zum nächsten Zeichen Geburtstag zu haben, besitzen Sie sowohl die Sinnlichkeit des Stiers als auch die intellektuelle Kraft der Zwillinge. Zu Ihren größten Vorzügen gehören Ihre Gabe, mit Menschen umgehen zu können, sowie Ihr natürlicher Sinn für Dramatik. Stets gut informiert, sind Sie im allgemeinen offen für neue Ideen und Kenntnisse und können Ihre Ideen und Ihr Wissen anderen auf unterhaltsame Weise präsentieren. Sie haben die Fähigkeit, mit Menschen aller Gesellschaftsschichten in Kontakt zu treten, und besitzen einen ausgeprägten Sinn für Individualität und Unabhängigkeit.

Der Einfluß Ihrer Sonne an der Grenze der beiden Dekaden sorgt dafür, daß Sie verantwortungsbewußt, loyal und fleißig sind und darüber hinaus über außergewöhnliche kommunikative Fähigkeiten verfügen. Geschäftssinn ist Ihnen angeboren ebenso wie ein ausgeprägter Sinn fürs Praktische, der dazu führt, daß Ihnen Dinge wie Heim und Sicherheit viel bedeuten. Ihr Unternehmungsgeist sorgt dafür, daß Sie Ihre Ziele in die Tat umsetzen und Ihre großen Pläne meist erfolgreich sind.

Allerdings besitzen Sie auch eine rebellische und sture Seite, die das Verhältnis zu Ihren Mitmenschen stark belasten kann. Da Sie schlagfertig, kreativ und direkt sind, besitzen Sie große Überzeugungskraft und darüber hinaus gute Organisationsfähigkeiten. Ihre Liebe zu Luxus und Vergnügen deutet darauf hin, daß Sie alles genießen wollen, was das Leben Ihnen zu bieten hat; achten Sie aber darauf, daß Sie nicht in Exzesse verfallen und sich damit Ihr Glück verbauen. Mit Selbstdisziplin aber sind Sie in der Lage, in allen Bereichen des Lebens Großes zu leisten.

Während der ersten dreißig Jahre Ihres Lebens durchläuft Ihre Sonne das Zeichen der Zwillinge. Das bedeutet, daß Sie als Kind aufgeweckt sind und sehr schnell lernen. In dieser Phase entwickeln Sie vor allem geistige und kommunikative Fähigkeiten. Um die 30 erfolgt ein Wendepunkt, wenn Ihre Sonne in das Zeichen des Krebses wechselt. Ab jetzt werden Ihnen Familienbande und emotionale Bedürfnisse wichtiger. Wenn Sie Anfang 60 sind, tritt Ihre Sonne in den Löwen, Ihr Selbstvertrauen wächst, und Sie werden kontaktfreudiger und extrovertierter.

Ihr geheimes Selbst

Ein starker materialistischer Zug deutet darauf hin, daß Sicherheit eine übermäßige Rolle in Ihrem Leben spielt. Ausgeglichen wird dies aber dadurch, daß Sie ein großes Herz und viel Mitgefühl für andere besitzen. Im Lauf Ihres Lebens gewinnt die Macht der Liebe zunehmend an Bedeutung für Sie, und es wird sehr wichtig für Sie, Wege der Selbstverwirklichung zu finden. Schreiben, Theater, Malerei oder Musik könnten Möglichkeiten sein, Ihre angeborenen Talente zutage zu fördern. Sie besitzen überdies einen fast kindlichen «Spaß an der Freude», der sich auch auf Ihre Mitmenschen überträgt.

Wenn Sie lieben, sind Sie bereit, sehr viel von sich zu geben, und müssen lernen zu akzeptieren, daß andere Menschen diese Opferbereitschaft vielleicht nicht haben. Mit Ihrer ausgeprägten fürsorglichen Art und Ihrer Gabe, Probleme lösen zu können, kommen Sie häufig in die Lage, anderer Leute Schwierigkeiten mitzutragen, vor allem innerhalb der Familie. Für sich selbst machen Sie sich oft zu viele Gedanken um Ihre finanzielle Situation; dies ist meist unbegründet, da Sie alles, was Sie investieren, irgendwann mit Zinsen zurückbekommen.

Beruf & Karriere

Sie sind begabt und fleißig und besitzen den Charme, um in allen Berufen, die mit Menschen zu tun haben, mit Erfolg rechnen zu können. Mit Ihrer schnellen Auffassungsgabe sind Sie ein wunderbarer Gesprächspartner. Vielleicht nutzen Sie Ihre Begabung für Sprache für Schriftstellerei, Journalismus, Pädagogik, Politik oder Justiz. Da Sie Überzeugungskraft und Geschäftssinn besitzen, können Sie auch in Verkauf, Marketing oder Promotion Karriere machen. Ehrgeiz und ein Sinn für die angenehmen Seiten des Lebens motivieren Sie, Ihre großen Pläne zu verwirklichen, aber erst eine gute Ausbildung bringt Ihr bemerkenswertes geistiges Potential so richtig zur Entfaltung. Viele, die an diesem Tag geboren wurden, fühlen sich in der Welt der Kunst, Musik oder Unterhaltung besonders wohl.

Berühmte Persönlichkeiten dieses Tages sind der Schriftsteller Harold Robbins, der Musiker Fats Waller, der Maler Albrecht Dürer, die irische politische Führerin Mary Robinson und die Schauspieler Raymond Burr und Robert Montgomery.

Numerologie

Mit der 21 als Geburtstagszahl gehen oft Dynamik und Kontaktfreudigkeit einher. Von Natur aus freundlich und gesellig, haben Sie oft viele soziale Kontakte und einen großen Freundeskreis. Wenn Sie an diesem Tag geboren sind, können Sie lebenslustig, anziehend und kreativ sein. Möglicherweise sind Sie aber auch schüchtern und zurückhaltend und müßten bestimmter auftreten, vor allem in engen Beziehungen. Sie brauchen feste Gemeinschaften oder eine Ehe und möchten ständig für Ihre Begabungen und Fähigkeiten gelobt werden. Der Untereinfluß der Monatszahl 5 führt dazu, daß Sie vielseitig und begeisterungsfähig sind. Dank Ihrer schnellen Auffassungsgabe fällt Ihnen Lernen leicht. Vielleicht müssen Sie Ihren Geschäftssinn entwickeln und eine solide Basis für sich selbst schaffen. Da Sie ebenso kreativ wie praktisch veranlagt sind, müssen Sie Ihre Ideen und Gedanken auf ganz individuelle Weise zum Ausdruck bringen. Passen Sie auf, daß Sie Projekte, die Sie mit großer Begeisterung beginnen, auch bis zum Ende durchziehen.

Positiv: Inspiration, Kreativität, Liebesverbindungen, dauerhafte Partnerschaften.

Negativ: Abhängigkeit, Nervosität, mangelnde emotionale Kontrolle, Phantasielosigkeit, Enttäuschung, Angst vor Veränderungen.

Liebe & Zwischenmenschliches

Da Sie spontan und optimistisch, aber auch fleißig und aufgeschlossen sind, stecken Sie oft in der Zwickmühle zwischen Ihrem Wunsch nach Freiheit und Unabhängigkeit und dem Bedürfnis, sich liebevoll einem Partner zuzuwenden. Ihre Begeisterungsfähigkeit und Freundlichkeit deuten darauf hin, daß Sie gesellig und beliebt sind. Vielleicht wünschen Sie sich eine Partnerschaft, in der Sie Ihr Bedürfnis nach größerer innerer Wahrnehmung ausleben können. Versuchen Sie aber, nicht zu viel von anderen zu erwarten. Seien Sie realistisch, und lernen Sie, daß sich Glaube und Vertrauen am Ende auszahlen. Lassen Sie sich Zeit bei der Auswahl von Freunden und Partnern.

Ihr Partner

Ihre ideale Liebe läßt sich am besten mit den Menschen realisieren, die an folgenden Tagen geboren sind:

Liebe & Freundschaft: 7., 10., 17., 21., 27. Jan., 5., 8., 15., 25., 29. Feb., 3., 6., 13., 23., 27. März, 1., 4., 11., 21. April, 2., 9., 19. Mai, 7., 17. Juni, 5., 15., 29., 31. Juli, 3., 13., 27., 29., 31. Aug., 1., 11., 15., 25., 27., 29. Sept., 9., 23., 25., 27. Okt., 7., 21., 23., 25. Nov., 5., 19., 21., 23. Dez.

Günstig: 3., 5., 20., 25., 27. Jan., 1., 3., 18., 23., 25. Feb., 1., 16., 21., 23. März, 14., 19., 21. April, 12., 17., 19. Mai, 10., 15., 17. Juni, 8., 13., 15. Juli, 6., 11., 13. Aug., 4., 9., 11. Sept., 2., 7., 9. Okt., 5., 7. Nov., 3., 5. Dez.

Schicksalhaft: 13. Jan., 11. Feb., 9. März, 7. April, 5. Mai, 3. Juni, 1. Juli, 22., 23., 24. Nov.

Problematisch: 16., 24. Jan., 14., 22. Feb., 12., 20. März, 10., 18. April, 8., 16., 31. Mai, 6., 14., 29. Juni, 4., 12., 27. Juli, 2., 10., 25. Aug., 8., 23. Sept., 6., 21. Okt., 4., 19. Nov., 2., 17. Dez.

Seelenverwandt: 16. Jan., 14. Feb., 12. März, 10. April, 8. Mai, 6. Juni, 4., 31. Juli, 2., 29. Aug., 27. Sept., 25. Okt., 23. Nov., 21. Dez.

Zwillinge

22. Mai – 21. Juni

22. Mai

SONNE: AN DER GRENZE
STIER/ZWILLINGE
DEKADE: ZWILLINGE/MERKUR
GRAD: 0° – 1°30' ZWILLINGE
ART: BEWEGLICHES ZEICHEN
ELEMENT: LUFT

Fixstern

Name des Sterns: Alcyone
Gradposition: 29° Stier – 0°6' Zwillinge zwischen den Jahren 1930 und 2000
Magnitude: 3
Stärke: ******
Orbit: 1°40'
Konstellation: Eta Tauri
Tage: 19., 20., 21., 22. Mai
Sternqualitäten: Mond/Mars
Beschreibung: grün-gelber Hauptstern im Sternhaufen der Plejaden an der Schulter des Stiers (es handelt sich um den hellsten Stern der Plejaden).

Einfluß des Hauptsterns

Alcyone steht für Offenheit, Unbefangenheit, Ehrlichkeit und Aufrichtigkeit. Andererseits werden mit ihm auch Rastlosigkeit und impulsives Handeln assoziiert. Unter seinem Einfluß sind Sie von Natur aus energisch und zielstrebig; werden Sie aber von Ihren Gefühlen übermannt, handeln Sie impulsiv, was Aufregung und Veränderungen verursachen kann. Wer unter Alcyones Einfluß steht, sollte sich vor Fieber und Augenproblemen hüten.
Im Zusammenhang mit dem Stand Ihrer Sonne steht Alcyone für Liebe, hohes Ansehen und Führungsqualitäten. Häufig sorgt er dafür, daß Sie Erfolg in öffentlichkeitsorientierten und juristischen Tätigkeiten haben. Vielleicht möchten Sie auch Ihre kreativen und schriftstellerischen Talente entwickeln.

- Positiv: Kreativität, Ehrlichkeit, Begeisterungsfähigkeit.
- Negativ: Streitsucht, Launenhaftigkeit.

♊ Das große Potential, das in dieser Geburtstagszahl steckt, äußert sich bei Ihnen in scharfem Verstand, Ehrgeiz, Charisma und der Gabe, mit Menschen umzugehen. Sie sind im allgemeinen offen, direkt und tolerant, besitzen gesunden Menschenverstand und vertreten liberale Ansichten. Da Sie auch eine rebellische Seite haben und sich leicht langweilen, sollten Sie Ihre bemerkenswerten Talente auf spannende Projekte konzentrieren. Wenn Sie eine neue Aufgabe angehen, entwickeln Sie so viel Begeisterung, daß Sie gar nicht versagen können. Da Sie ein Mensch sind, der sich nicht verstellen kann, ist es für Sie lebensnotwendig, die richtige Form der Selbstverwirklichung zu finden.

Sie sind an der Grenze zwischen Stier und Zwilling geboren und genießen so die Vorteile von zwei Dekadenplaneten, Saturn und Merkur; dies äußert sich vor allem darin, daß Sie praktisch veranlagt sind und stets gut informiert sein wollen. Ihre Gabe, die Beweggründe anderer zu verstehen, läßt Sie Wege erforschen, wo Sie Ihre pragmatische Logik mit Ihren großen Lebensplänen verbinden können.

Da Sie es mit Charme, Überzeugungskraft und Vitalität verstehen, andere zu ermutigen, fällt es Ihnen nicht schwer, die Führung zu übernehmen. Hüten sollten Sie sich allerdings vor Starrsinn, selbstverursachter Hektik, Redseligkeit oder Streitsucht. Diese Eigenschaften treten vor allem dann auf, wenn Sie Ihr Selbstvertrauen in Arroganz umschlagen lassen, anstatt dafür zu sorgen, Ihr erstaunliches Einfühlungsvermögen und Ihre Fähigkeiten zu fördern.

In jungen Jahren stehen Sie unter dem starken Einfluß einer männlichen Person, meist des Vaters. Wenn Sie um die 30 sind und Ihre Sonne in das Zeichen des Krebses tritt, spielen Heim, Familie und emotionale Bedürfnisse eine größere Rolle in Ihrem Leben. Dieser Einfluß wirkt, bis Sie etwa Anfang 60 sind. Wenn zu diesem Zeitpunkt Ihre Sonne in das Zeichen des Löwen tritt, beginnt für Sie eine Phase, in der Sie Autorität, Selbstvertrauen und Selbstsicherheit gewinnen.

Ihr geheimes Selbst

Sie besitzen eine innere Stärke, die Versagen nicht akzeptieren will, und Sie packen Dinge stets mit großem Elan an. Aus dieser Stärke resultiert das Potential, Großes im Leben zu leisten. Wenn Sie Entschlossenheit, Überzeugungskraft und Ihre ausgezeichneten sozialen Fähigkeiten miteinander verbinden, liegt Ihnen die Welt zu Füßen. Vielleicht verspüren Sie gelegentlich eine Unruhe in sich, die daher rührt, daß Sie immer mehr erreichen wollen, als im Augenblick möglich ist. Wenn Sie aber auf Ihre instinktive Klugheit vertrauen, werden Sie feststellen, daß Ihr erster intuitiver Eindruck der Wahrheit viel näher kommt als lange rationale Überlegungen. Da Sie stolz auf Ihre Errungenschaften und Leistungen sein wollen, bilden Sie sich ständig weiter und gelangen auf diese Weise in hohe Positionen.

Beruf & Karriere

Praktisch und sehr kommunikativ veranlagt, sind Berufe in Verkauf, Promotion oder Öffentlichkeitsarbeit, aber auch Schreiben für Sie geeignet. Mit Ihrem scharfen Verstand und Ihren Führungsqualitäten kommen auch Berufe wie Analyst oder Makler für Sie in Frage. Vielleicht schlagen Sie auch eine akademische Laufbahn ein, etwa in Forschung oder Psychologie. Ihre Suche nach Weisheit ermutigt Sie möglicherweise, sich mit Metaphysik zu beschäftigen. Vermeiden Sie untergeordnete Positionen, denn Sie befolgen ungern Befehle. Mit Ihrer natürlichen Kreativität und Ihrer Abenteuerlust fühlen Sie sich auch in der Welt des Entertainments wohl. Da Sie mit Ihren Händen geschickt sind und Heilkräfte besitzen, kommt auch Alternativheilkunde für Sie in Frage.

Berühmte Persönlichkeiten dieses Tages sind der Schauspieler Lawrence Olivier, der Komponist Richard Wagner, der Schriftsteller Arthur Conan Doyle, die Schriftstellerin Françoise Sagan und das Starmodel Naomi Campbell.

Numerologie

Die 22 ist eine Hauptzahl und wirkt als sie selbst, aber auch als 4. Mit der 22 sind Sie ehrlich und fleißig, besitzen natürliche Führungsqualitäten, eine charismatische Persönlichkeit und tiefes Verständnis für die Motivationen anderer. Obwohl zurückhaltend, zeigen Sie ein fürsorgliches, um das Wohl anderer besorgtes Wesen und starke Beschützerinstinkte, weichen dabei aber nie von Ihrem pragmatischen und praktischen Standpunkt ab. Im allgemeinen sind Sie gebildet und weltoffen und haben viele Freunde und Bewunderer. Die Kämpferischen unter Ihnen gelangen durch die Hilfe und Ermutigung anderer zu Erfolg und Wohlstand. Viele, die an diesem Tag geboren wurden, sind eng verbunden mit ihren Geschwistern und unterstützen und beschützen sie, wenn es nötig ist. Der Untereinfluß der Monatszahl 5 führt dazu, daß Sie hochgradig intuitiv, aber auch nervös sind und kreative Fähigkeiten und Phantasie besitzen. Häufig entwickeln Sie einen ganz eigenen Stil, ohne dabei exzentrisch zu wirken. Da Sie realistisch sind, können Sie Probleme lösen, ohne großes Theater darum zu machen. Allerdings neigen Sie dazu, auf Menschen oder Situationen gelegentlich überzureagieren. In späteren Jahren werden Sie ehrgeiziger.

Positiv: universell eingestellt, Führungsqualitäten, große Intuitionskraft, Pragmatismus, praktisch veranlagt, handwerklich geschickt, guter Organisator, Realist, Problemlöser.

Negativ: läßt sich vom «schnellen Geld» verführen, Nervosität, Minderwertigkeitskomplex, herrisch, Materialismus, Phantasielosigkeit, Trägheit, Egoismus.

Liebe & Zwischenmenschliches

Ihre unabhängige Natur und Ihre ausgeprägten intuitiven Kräfte deuten darauf hin, daß Sie sich zu starken Personen hingezogen fühlen, die entschlossen und diszipliniert sind. Ein respekteinflößender älterer Mann hat starken Einfluß auf Ihre Ansichten und Überzeugungen. Vielleicht finden Sie einen Partner, der besonders fleißig ist oder den Sie achten können. Möglicherweise versuchen Sie aber auch, Ihre Selbstbeherrschung zu zeigen, indem Sie Freunde und Partner herumkommandieren, was genau das ist, was Sie nicht erreichen wollen. Wenn Sie Ihre Klugheit und Ihr Mitgefühl fördern, können Sie sich aber Ihre Herzenswünsche erfüllen.

Ihr Partner

Sicherheit, geistige Anregung und Liebe finden Sie am ehesten unter den Menschen, die an folgenden Tagen geboren sind:

Liebe & Freundschaft: 1., 8., 14., 28., 31. Jan., 12., 26., 29. Feb., 10., 24., 27. März, 8., 22., 25., 26. April, 6., 20., 23. Mai, 4., 18., 21. Juni, 2., 16., 19., 30. Juli, 14., 17., 28., 30. Aug., 12., 15., 16., 26., 28., 30. Sept., 10., 13., 24., 26., 28. Okt., 8., 11., 22., 24., 26. Nov., 6., 9., 20., 22., 24. Dez.

Günstig: 26. Jan., 24. Feb., 22. März, 20. April, 18. Mai, 16. Juni, 14. Juli, 12. Aug., 10. Sept., 8. Okt., 6. Nov., 4. Dez.

Schicksalhaft: 22., 23., 24. Nov.

Problematisch: 3., 25. Jan., 1., 23. Feb., 21. März, 19. April, 17. Mai, 15. Juni, 13. Juli, 11. Aug., 9. Sept., 7. Okt., 5. Nov., 3. Dez.

Seelenverwandt: 3., 10. Jan., 1., 8. Feb., 6. März, 4. April, 2. Mai

SONNE: ZWILLINGE
DEKADE: ZWILLINGE/MERKUR
GRAD: 1° – 2° ZWILLINGE
ART: BEWEGLICHES ZEICHEN
ELEMENT: LUFT

Fixsterne

Ihre Sonne ist zwar nicht mit einem Fixstern verbunden, sicherlich aber einer der anderen Planeten Ihres Sonnenzeichens. Wenn Sie sich ein Geburtshoroskop erstellen lassen, lernen Sie die exakte Position der Planeten an Ihrem Geburtstag kennen. Auf diese Weise können Sie feststellen, welche der Fixsterne in diesem Buch für Sie von Interesse sind.

23. Mai

♊ Sie sind freundlich, intelligent und teilen Ihr Wissen und Ihre Ideen gern mit anderen. Meist bleiben Sie im Herzen jung und besitzen einen regen Geist, mit dem Sie Dinge blitzschnell erfassen können. Sie sind vielseitig und müssen darauf achten, daß Sie bei Ihrem Wunsch nach einem tempogeladenen Leben nicht in Rastlosigkeit und Ungeduld verfallen.

Durch den doppelten Einfluß des Merkur in der ersten Dekade der Zwillinge sind Sie global interessiert und lieben es, ständig unterwegs zu sein. Ihre Lebenseinstellung ist tolerant, freundlich, universal und aufrichtig. Sie halten es für wichtig, die Wahrheit zu sagen und anderen gegenüber ehrlich und direkt zu sein. Gelegentlich neigen Sie zu Angstgefühlen, die Sie deprimieren und entmutigen. In diesen Phasen müssen Sie versuchen, Abstand zu gewinnen und auf alltägliches Pech nicht überempfindlich zu reagieren. Konzentrieren Sie sich auf Ihre Zukunftspläne. Aufgrund Ihrer altruistischen Einstellung setzen Sie sich gern für Benachteiligte ein oder stehen anderen mit Rat und Tat zur Seite. Obwohl Sie im allgemeinen äußerst sparsam sind, spielt Geld bei Ihnen keine Rolle, wenn es um das Wohl der Menschen geht, die Sie lieben.

Ein starkes Harmoniebedürfnis ist Ihnen angeboren, und Ihr Zuhause ist für Sie ein sicheres Fundament, für dessen Aufrechterhaltung Sie zu großen Opfern bereit sind. Sie sind auch offen für spirituelle oder esoterische Entdeckungen und haben durch Ihren engen Kontakt mit dem Unterbewußtsein lebhafte Träume. Sie brauchen kluge Menschen um sich herum, die Sie geistig anregen, denn Sie interessieren sich für viele Wissensgebiete. Als kluger Gesprächspartner diskutieren Sie über Ihr Lieblingsthema mit großer Begeisterung; möglicherweise interessieren Sie sich besonders für Philosophie, Religion, Literatur, Reisen oder Recht.

Wenn Sie 29 sind und Ihre Sonne in das Zeichen des Krebses tritt, werden Sie sensibler und sicherheitsbewußter, und Ihr häusliches Leben gewinnt an Bedeutung. Wenn Ihre Sonne in das Zeichen des Löwen wechselt und Sie etwa 59 sind, wird Ihr Auftreten bestimmter und wächst Ihr Bedürfnis nach Selbstverwirklichung, was dazu führt, daß Sie auch geselliger und abenteuerlustiger werden.

Ihr geheimes Selbst

Ihr Sinn für Dramatik deutet darauf hin, daß Sie ein starkes Bedürfnis verspüren, Ihre kreativen Ideen zum Ausdruck zu bringen. Wird dieser Drang nicht befriedigt, sind Sie frustriert und enttäuscht. Eine positive Lebenseinstellung oder etwas, an das Sie glauben können, verhindert, daß Sie sich treiben lassen, und bewirkt, daß Sie sich gut auf eine Sache konzentrieren können. Geistige und intellektuelle Disziplin ist für Sie unerläßlich; eine gute Ausbildung gibt Ihnen Selbstvertrauen, bringt Ihr Potential zur Entfaltung und ist ein Schlüssel zu Ihrem Erfolg.

Für Sie ist es wichtig, fair und verantwortungsbewußt zu handeln und stets für Ihre Schulden aufzukommen, vor allem weil Sie einen ausgeprägten Gerechtigkeitssinn besitzen und sich eine möglichst harmonische Umgebung wünschen. Achten Sie darauf, daß Sie aus Angst vor Versagen nicht in monotone Routine verfallen. Zum Glück haben Sie die Fähigkeit, ständig an sich zu arbeiten.

Beruf & Karriere

Ihr guter Geschäftssinn in Verbindung mit Ihren Organisationsfähigkeiten nützt Ihnen bei jeder Art von Karriere. Mit Ihrem Wissensdurst und Ihrem kommunikativen Talent eignen Sie sich für Tätigkeiten in den Bereichen Sprache, Journalismus oder auch in der Wissenschaft, etwa im Fach Linguistik. Zudem sind Sie handwerklich begabt, vor allem in kreativer und künstlerischer Hinsicht. Berufe, die viel mit Reisen und neuen Kontakten verbunden sind, befriedigen Ihren Wunsch nach Abwechslung und verhindern, daß Sie sich langweilen. In Justiz, Beratung oder Psychologie können Sie Ihren Wunsch, anderen mit Rat und Tat zur Seite zu stehen, ausleben. Erfolgversprechend ist für Sie auch die Welt des Showbusineß und der Musik.

Berühmte Persönlichkeiten dieses Tages sind die Schauspielerin Joan Collins, der Begründer der Hypnosetherapie Franz Anton Mesmer und der Schauspieler Douglas Fairbanks.

Numerologie

Intuition, Sensibilität und Kreativität sind Attribute dieser Geburtstagszahl. Im allgemeinen sind Sie vielseitig, leidenschaftlich und besitzen eine rasche Auffassungsgabe, eine professionelle Einstellung und einen Kopf voller schöpferischer Ideen. Mit dem Einfluß der 23 können Sie sich schnell in neue Gebiete einarbeiten, ziehen aber die Praxis der Theorie vor. Sie lieben Reisen und Abenteuer und lernen gern neue Menschen kennen. Durch die von der 23 ausgehende Unruhe machen Sie ständig neue Erfahrungen und holen aus jeder Situation das Beste für sich heraus. Sie sind freundlich und lebenslustig und besitzen Mut und Antriebskraft; um Ihr Potential zur Entfaltung zu bringen, müssen Sie ein aktives Leben führen. Der Untereinfluß der Monatszahl 5 bewirkt, daß Sie vielseitig begabt sind und einen ehrgeizigen und unruhigen Charakter besitzen. Vielleicht sollten Sie lernen, bestimmter und entschlossener aufzutreten, indem Sie sich auf eine Sache konzentrieren. Finden Sie durch Arbeit und Leistung zu Ihrer eigenen Individualität, und verwirklichen Sie Ihre Träume, indem Sie Ihre kreativen Ideen in die Tat umsetzen. Sie brauchen Anerkennung und wollen für Ihre Anstrengung gelobt werden.

Positiv: Loyalität, Verantwortungsbewußtsein, Reiselust, Kommunikationsfähigkeit, Intuition, Kreativität, Vielseitigkeit, Vertrauenswürdigkeit, Berühmtheit.

Negativ: Selbstsucht, Unsicherheit, Kompromißlosigkeit, , Vorurteile, introvertiert.

Liebe & Zwischenmenschliches

Ihr Privatleben und die Suche nach einem geeigneten Partner oder Seelenverwandten sind Ihnen außerordentlich wichtig. Achten Sie aber darauf, daß Sie von Ihren Beziehungen nicht zu abhängig werden. Obwohl Sie loyal und zärtlich sein können, funktionieren Liebesverbindungen nicht immer nach Plan. Vielleicht müssen Sie lernen, sich besser veränderten Umständen anzupassen. Wenn Sie Geduld, Selbstdisziplin und Distanz üben, sind Sie den Herausforderungen des Lebens besser gewachsen und geben nicht mehr so leicht auf. Wenn Sie die Liebe Ihres Lebens bereits in frühen Jahren finden, werden Sie ruhiger und zufriedener sein, denn Sie sind nicht gern allein.

Ihr Partner

Emotionale Erfüllung werden Sie mit großer Wahrscheinlichkeit bei den an den folgenden Tagen geborenen Menschen finden:

Liebe & Freundschaft: 1., 5., 6., 15., 26., 29., 30. Jan., 13., 24., 27., 28. Feb., 11., 22., 25., 26., 29. März, 9., 20., 23., 24. April, 7., 18., 21., 22. Mai, 5., 16., 19., 20. Juni, 3., 14., 17., 18., 31. Juli, 1., 12., 15., 16., 29., 31. Aug., 10., 13., 14., 17., 27., 29. Sept., 8., 11., 12., 25., 27. Okt., 6., 9., 10., 23., 25. Nov., 4., 7., 8., 21., 23., 29. Dez.

Günstig: 1., 2., 10., 14., 27. Jan., 8., 12., 25. Feb., 6., 23. März, 4., 8., 21. April, 2., 6., 19., 30. Mai, 4., 17., 28. Juni, 2., 15., 26. Juli, 13., 24. Aug., 11., 22. Sept., 9., 20. Okt., 7., 18. Nov., 5., 16. Dez.

Schicksalhaft: 24., 25., 26. Nov.

Problematisch: 17., 26. Jan., 15., 24. Feb., 13., 22. März, 11., 20. April, 9., 18. Mai, 7., 16. Juni, 5., 14. Juli, 3., 12., 30. Aug., 1., 10., 28. Sept., 8., 26., 29. Okt., 6., 24., 27. Nov., 4., 22., 25. Dez.

Seelenverwandt: 21. Jan., 19. Feb., 17. März, 15. April, 13. Mai, 11. Juni, 9., 29. Juli, 7., 27. Aug., 5., 25. Sept., 3., 23. Okt., 1., 21. Nov., 19. Dez.

SONNE: ZWILLINGE
DEKADE: ZWILLINGE/MERKUR
GRAD: 2° – 3° ZWILLINGE
ART: BEWEGLICHES ZEICHEN
ELEMENT: LUFT

Fixstern

Name des Sterns: Prima Hyadum
Gradposition: 4°41' – 5°46' Zwillinge zwischen den Jahren 1930 und 2000
Magnitude: 4
Stärke: ****
Orbit: 1°30'
Konstellation: Gamma Tauri
Tage: 24., 25., 26., 27., 28. Mai
Sternqualitäten: unterschiedliche Interpretationen: Saturn/Merkur oder Mars/Neptun
Beschreibung: orangefarbener Stern, Hauptstern der Hyaden, die aus 132 Sternen bestehen und sich am nördlichen Auge des Stiers befinden und dessen Stirn markieren.

Einfluß des Hauptsterns

Prima Hyadum steht für Energie, Ehrgeiz und Prestigedenken. Menschen unter seinem Einfluß streben häufig nach höherer Bildung, um ihre analytische Denkweise zu schulen. Er kann aber auch für ein widersprüchliches Schicksal oder unruhige Zeiten sorgen. Im Zusammenhang mit dem Stand Ihrer Sonne sorgt Prima Hyadum nicht nur für ein Talent zum Schreiben, sondern auch für Geschick in geschäftlichen Angelegenheiten, Astrologie und Sport und Umgang mit Menschen. Prima Hyadum ebnet Ihnen den Weg zu Ruhm, Glück und Popularität. Unter seinem Einfluß sollten Sie sich aber auch davor hüten, andere auszubeuten und voreilige Entscheidungen zu treffen.
- Positiv: Talent zum Schreiben, Bildung, kommunikativ.
- Negativ: Rastlosigkeit, Mangel an Wissen, Gier.

24. Mai

Intelligenz und Sensibilität machen dieses Datum zu einem besonderen Geburtstag. Häufig sind Sie vielseitig begabt, wißbegierig und ausdrucksstark und besitzen die Fähigkeit, jedes Problem sofort im Kern zu erfassen. Aus diesem Grund sind Sie aber auch schnell gelangweilt – Sie sollten sich in mehr Ausdauer üben. Mit Ihrer Vitalität und Ihrem scharfen Verstand entwickeln Sie ständig neue Pläne.

Der doppelte Einfluß Merkurs in der ersten Zwillingsdekade sorgt für Empfindsamkeit und ein schriftstellerisches oder rhetorisches Talent. Wenn Sie Ihre Eloquenz mit Ihrer außergewöhnlichen Phantasie verknüpfen, haben Sie das Potential, alles zu erreichen, was Sie wollen. Da Sie gerne experimentieren, entdecken Sie möglicherweise viele Wege auf der Suche nach Ihrer wahren Berufung. Vielleicht müssen Sie das in Ihnen schlummernde Genie erst einmal durch Selbstdisziplin, Geduld und Ausbildung wecken.

Da Ihnen klar ist, daß Wissen Macht bedeutet, hören Sie Ihr Leben lang nicht auf zu lernen. Aufgrund Ihrer Sensibilität begeben Sie sich vielleicht auch auf die Suche nach tieferer Weisheit. Die intuitive Seite Ihrer Persönlichkeit interessiert sich möglicherweise auch für Mystizismus oder Spiritualität und hilft Ihnen sehr beim Umgang mit Ihren Mitmenschen. Hüten Sie sich davor, Ihre Sensibilität für Täuschungsmanöver, Manipulationen, Launenhaftigkeit oder auch Realitätsflucht zu mißbrauchen.

Der intellektuelle Einfluß des Zwillings hält an, bis Sie 28 sind und Ihre Sonne in das Zeichen des Krebses tritt. Nach diesem Wendepunkt gewinnen emotionale Bedürfnisse, vor allem im Zusammenhang mit Heim und Familie, größere Bedeutung für Sie; außerdem schaffen Sie sich jetzt auch beruflich eine Basis. Dieser Einfluß endet, wenn Sie 58 sind und Ihre Sonne in das Zeichen des Löwen wechselt. Nun beginnt eine Phase, in der Autorität, Stärke und Selbstvertrauen eine große Rolle spielen.

Ihr geheimes Selbst

Gewöhnlich begreifen Sie intuitiv, was die Menschen antreibt, und erkennen sofort, wenn jemand unaufrichtig ist. Da zu Ihren größten Gaben die Verstandeskraft gehört, filtern Sie aus jeder Situation die Chancen, die sich bieten, und verwandeln Ihre brillanten Ideen in realisierbare Konzepte. Da Sie raffiniert und geistreich sind, dürfen Sie sich durchaus hin und wieder ganz auf Ihr Glück verlassen. Allerdings hilft Ihnen das nicht dabei, das Verantwortungsbewußtsein zu entwickeln, das Sie brauchen, um Ihre Bestimmung zu erfüllen. Sie führen ein aktives soziales Leben, sollten aber darauf achten, sich dabei nicht völlig zu verausgaben, denn dies behindert Sie auf Ihrem Weg nach oben.

Da Sie offen für alles sind, neigen Sie gelegentlich dazu, große Risiken einzugehen, in der festen Überzeugung, nicht verlieren zu können. Dieser Optimismus wird Ihnen im Leben eine große Hilfe sein, solange Sie sich in irgendeiner Form kreativ ausdrücken oder einem Ideal nacheifern können. Da Sie sehr sensibel auf Ihre Umwelt reagieren, ist es wichtig, daß Ihr Zuhause, aber auch das berufliche Umfeld harmonisch ist, sonst werden Sie unzufrieden und lassen sich auf geistige Machtspiele mit anderen ein.

Beruf & Karriere

Mit Ihrem ausgeprägten Sinn für Form und Struktur sowie Ihren Organisationsfähigkeiten können Sie auf Ihrem Gebiet durchaus eine Spitzenposition erreichen. Wenn Sie positiv eingestellt und von einer Sache überzeugt sind, können Sie viel Phantasie entwickeln; mit diesem Talent stehen Ihnen Berufe in Kunst und Design, Fotografie oder Film offen. Ihre kommunikativen Fähigkeiten sowie Ihre soziale Ader öffnen Ihnen auch die Bereiche Pädagogik und Justiz und alle Berufe, die mit Menschen zu tun haben. Mit Ihrem natürlichen Geschäftssinn wäre auch Handel eine Möglichkeit, allerdings brauchen Sie hier große Handlungsfreiheit. Dank Ihrer Sensibilität und Ihrem psychologischen Einfühlungsvermögen besitzen Sie auch natürliche Heilkräfte, die Ihnen in Medizin oder Alternativheilkunde hilfreich sind. Mit Ihrer Antriebskraft und Ihren Ideen verspüren Sie vielleicht auch den Drang, Ihre Inspirationen an andere weiterzugeben, etwa als Schauspieler, Regisseur, Schriftsteller, Sänger oder Komponist.

Berühmte Persönlichkeiten dieses Tages sind der Sänger und Songwriter Bob Dylan, Königin Viktoria von England, die Schauspielerin Lilli Palmer und der Erfinder George Washington Carver.

Numerologie

Am 24. Geborene hassen Routine, können aber dennoch hart arbeiten, denn sie besitzen praktisches Talent und ein gutes Urteilsvermögen. Mit der Gefühlstiefe der Geburtstagszahl 24 geht einher, daß Sie Stabilität und Ordnung brauchen. Sie sind fair und gerecht, gelegentlich zurückhaltend und davon überzeugt, daß Taten mehr sagen als Worte. Mit dieser pragmatischen Lebenseinstellung entwickeln Sie auch einen guten Geschäftssinn und die Fähigkeit, auf Ihrem Weg zum Erfolg Hindernisse zu überwinden. Möglicherweise müssen Sie einen Hang zu Sturheit oder fixen Ideen bekämpfen. Der Untereinfluß der Monatszahl 5 führt dazu, daß Sie offen und verständnisvoll sind und spirituelle Einsichten haben. Auf der Suche nach der Wahrheit können Sie idealistisch und voller Weitblick, aber sehr skeptisch sein. Wenn Sie von einer Sache überzeugt sind, sprechen Sie voller Überzeugung und aus dem Herzen heraus. Mit Ihrem Charme und Ihrer fürsorglichen Art sind Sie gern Teil einer größeren Gruppe. Da Sie im allgemeinen nicht gern allein sind, nimmt die Kontaktpflege einen großen Teil Ihrer Zeit ein. Vertrauen Sie auf Ihre Intuition und lernen Sie, sich auf Ihre Ziele zu konzentrieren.

Positiv: Energie, Idealismus, praktisch veranlagt, große Entschlossenheit, Aufrichtigkeit, Ehrlichkeit, Gerechtigkeit, Großzügigkeit, liebt sein Zuhause, aktiv.

Negativ: Rücksichtslosigkeit, Materialismus, Geiz, Labilität, haßt Routine, Faulheit, Dominanz, Sturheit, Rachsucht.

Liebe & Zwischenmenschliches

Voraussetzung für eine Beziehung ist für Sie, daß Sie einen Gleichgesinnten finden, mit dem Sie Ihre Wertvorstellungen und Ansichten teilen können. Arbeit und Familie sind Ihnen sehr wichtig, und in einer stabilen Umgebung halten Ihre Partnerschaften länger. Die besten Beziehungen haben Sie zu Menschen, die Sie intellektuell anregen. Ihr Interesse an Menschen und Ihren Beweggründen führt gelegentlich dazu, daß Sie provokativ und streitsüchtig sind, vor allem in Diskussionen über Politik, Philosophie oder Spiritualität. Sie können zu einem Liebespartner aber auch sehr herzlich und zärtlich sein.

Ihr Partner

Wenn Sie jemanden suchen, bei dem Sie Sicherheit, Harmonie und dauerhafte Liebe finden, sollten Sie sich unter den Menschen umsehen, die an folgenden Tagen geboren sind:

Liebe & Freundschaft: 3., 10., 13., 20., 25., 30. Jan., 8., 11., 18., 28. Feb., 6., 9., 16., 26. März, 4., 7., 14., 24., 28. April, 2., 5., 12., 22. Mai, 3., 10., 20. Juni, 1., 8., 18. Juli, 6., 16., 30. Aug., 4., 14., 18., 28., 30. Sept., 2., 12., 26., 28., 30. Okt., 10., 24., 26., 28. Nov., 8., 22., 24., 26. Dez.

Günstig: 12., 16., 17., 28. Jan., 10., 14., 15., 26. Feb., 8., 12., 13., 24. März, 6., 10., 11., 22. April, 4., 8., 9., 20., 29. Mai, 2., 6., 7., 18., 27. Juni, 4., 5., 16., 25. Juli, 2., 3., 14., 23. Aug., 1., 12., 21. Sept., 10., 19. Okt., 8., 17. Nov., 6., 14. Dez.

Schicksalhaft: 31. März, 29. April, 27. Mai, 25. Juni, 23. Juli, 21. Aug., 19. Sept., 17. Okt., 15., 25., 26., 27. Nov., 17. Dez.

Problematisch: 6., 18., 22., 27. Jan., 4., 16., 20., 25. Feb., 2., 14., 18., 23. März, 12., 16., 21. April, 10., 14., 19. Mai, 8., 12., 17. Juni, 6., 10., 15. Juli, 4., 8., 13. Aug., 2., 6., 11. Sept., 4., 9. Okt., 2., 7. Nov., 5. Dez.

Seelenverwandt: 28. März, 26. April, 24. Mai, 22. Juni, 20. Juli, 18. Aug., 16. Sept., 14. Okt., 12. Nov., 10. Dez.

SONNE: ZWILLINGE
DEKADE: ZWILLINGE/MERKUR
GRAD: 3° – 4° ZWILLINGE
ART: BEWEGLICHES ZEICHEN
ELEMENT: LUFT

Fixstern

Name des Sterns: Prima Hyadum
Gradposition: 4°41' – 5°46' Zwillinge zwischen den Jahren 1930 und 2000
Magnitude: 4
Stärke: ****
Orbit: 1°30'
Konstellation: Gamma Tauri
Tage: 24., 25., 26., 27., 28. Mai
Sternqualitäten: unterschiedliche Interpretationen: Saturn/Merkur oder Mars/Neptun
Beschreibung: orangefarbener Stern, Hauptstern der Hyaden, die aus 132 Sternen bestehen und sich am nördlichen Auge des Stiers befinden und dessen Stirn markieren.

Einfluß des Hauptsterns

Prima Hyadum steht für Energie, Ehrgeiz und Prestigedenken. Menschen unter seinem Einfluß streben häufig nach höherer Bildung, um ihre analytische Denkweise zu schulen. Er kann aber auch für ein widersprüchliches Schicksal oder unruhige Zeiten sorgen.
Im Zusammenhang mit dem Stand Ihrer Sonne sorgt Prima Hyadum nicht nur für ein Talent zum Schreiben, sondern auch für Geschick in geschäftlichen Angelegenheiten, Astrologie, Sport und dem Umgang mit Menschen. Prima Hyadum ebnet Ihnen den Weg zu Ruhm, Glück und Popularität. Unter seinem Einfluß sollten Sie sich aber auch davor hüten, andere auszubeuten und voreilige Entscheidungen zu treffen.

- Positiv: Talent zum Schreiben, Bildung, kommunikativ.
- Negativ: Rastlosigkeit, Mangel an Wissen, Gier.

25. Mai

Das Geheimnis Ihres Erfolges liegt in Ihrem außergewöhnlichen geistigen Potential. Von Natur aus klug und scharfsinnig, besitzen Sie eine schnelle Auffassungsgabe und können innovativ und sehr arbeitsam sein. Da Sie unabhängig sein wollen, können Sie in Situationen spontan und voller Willenskraft und Entschlossenheit reagieren. Ihr Hang zu Zweifeln und Skepsis kann Ihnen allerdings bei der Verwirklichung Ihrer großen Möglichkeiten zum Verhängnis werden.

Aufgrund des doppelten Einflusses des Zwillings, Ihres Dekadenzeichens, wollen Sie stets gut informiert sein und lieben intellektuelle Ausflüge in die unterschiedlichsten Gebiete. Sie besitzen Talent zum Schreiben oder Diskutieren, müssen aber durch gute Ausbildung dafür sorgen, daß Ihre Begabungen zur Entfaltung kommen. Sie haben eine rasche Auffassungsgabe und freuen sich über intellektuelle Herausforderungen. Diese sind für Sie von größter Bedeutung, denn sie sorgen für «Geistesblitze» und geistige Befriedigung und geben Ihnen das Gefühl, im Leben voranzukommen. Nehmen Sie sich aber in acht davor, reizbar, stur oder nervös und verspannt zu werden. Ihr Vorteil ist, daß Sie große Energiereserven besitzen, mit deren Hilfe Sie Ihre Ziele erreichen und die auch andere motivieren.

Wenn Sie 27 sind und Ihre Sonne in das Zeichen des Krebses tritt, konzentrieren Sie sich mehr auf Ihr Gefühlsleben und die Menschen, die es am meisten betrifft – Ihre Familie. Nun wird Ihnen auch bewußt, wie wichtig eine solide Basis, im allgemeinen Ihr Zuhause, im Leben ist. Wenn Ihre Sonne in den Löwen wechselt, sind Sie etwa 57. Jetzt treten Sie bestimmter auf und verspüren einen stärkeren Wunsch nach Selbstverwirklichung, so daß Sie vermutlich auch wagemutiger und geselliger werden.

Ihr geheimes Selbst

Bei Ihrem Versuch, zu Wohlstand zu gelangen, können Sie sehr erfolgreich sein. Geld wird Sie dennoch niemals ganz glücklich machen. Vielleicht sollten Sie einen Weg finden, zu wahrer Weisheit zu gelangen, und gleichzeitig Ihr Einfühlungsvermögen weiterentwickeln. Nehmen Sie sich regelmäßig Zeit für sich, um diesen sensibleren Teil Ihrer Persönlichkeit besser kennenzulernen. Neben Ihrem natürlichen Verständnis für den Wert der Dinge besitzen Sie auch eine innere Stärke, die Ihre Beharrlichkeit und Entschlossenheit speist und einen dynamischen Beitrag zu Ihrem Erfolg leistet.

Um nicht zu ernst zu werden, sollten Sie Abenteuerlust und Verspieltheit mehr Raum gewähren. Plötzliche Anfälle von Wut oder Aufbegehren können Sie vermeiden, wenn Sie sich Zeit zum Entspannen und Nachdenken nehmen oder einen Beruf wählen, der Ihrer Kreativität genügend Raum bietet. Wenn Sie von einer Sache überzeugt sind, können Sie extrem hart für Ihre Realisierung arbeiten.

Beruf & Karriere

Da Sie intelligent und eloquent sind und eine gute Debatte zu schätzen wissen, sollten Sie einen Beruf wählen, bei dem Sie Ihre kommunikativen Fähigkeiten einsetzen können, etwa als Verkäufer, Anwalt oder Agent. Sie sind überdies nicht nur analytisch begabt, sondern besitzen auch großes technisches Verständnis, so daß auch Arbeit mit Computern, Maschinenbau oder Ingenieurwesen für Sie in Frage kommt. Ein humanitärer Charakterzug führt Sie vielleicht auch zu Sozialarbeit, Psychologie oder Gesundheitswesen. Durch entsprechende Ausbildung können Sie Ihren scharfen Intellekt so schulen, daß Sie Themen in ihrer ganzen Tiefe erfassen wollen, was Sie vielleicht zu Philosophie oder Metaphysik führt. Mit diesem Geburtstag wird auch musisches und schriftstellerisches Talent assoziiert.

Berühmte Persönlichkeiten dieses Tages sind der Musiker Miles Davis, die Opernsängerin Beverly Sills, der Schriftsteller Ralph Waldo Emerson und der Rockgitarrist Francis Rossi.

Numerologie

Da Sie durch die 25 agil und voller Energie, intuitiv und nachdenklich sind, spüren Sie das Bedürfnis, unterschiedlichste Erfahrungen zu machen; dies können neue und aufregende Ideen sein, aber auch neue Kontakte oder fremde Orte. Ihr Perfektionismus sorgt dafür, daß Sie fleißig und produktiv sind. Allerdings neigen Sie dazu, schnell ungeduldig und kritisch zu werden, wenn die Dinge nicht plangemäß verlaufen. Die 25 sorgt für große geistige Kraft, die Ihnen, wenn Sie sie bündeln, hilft, blitzschnell Fakten zu erfassen und Ihre Schlüsse zu ziehen. Glück und Erfolg stellen sich ein, wenn Sie lernen, Ihren eigenen Instinkten zu vertrauen, und mehr Ausdauer und Geduld entwickeln. Der Untereinfluß der Monatszahl 5 führt dazu, daß Sie im allgemeinen ehrgeizig, ausgeglichen und voller Selbstvertrauen sind. Nervosität und Rastlosigkeit aber können darauf hindeuten, daß Sie sich nicht binden wollen und unzufrieden sind. Begeisterungsfähig, neigen Sie manchmal zu übersteigertem Selbstvertrauen oder Ängstlichkeit, was Sie Fehler machen läßt. Angst können Sie überwinden, indem Sie lernen, kreativer und anpassungsfähiger zu werden. Da Sie sensibel sind, brauchen Sie eine Möglichkeit, sich frei auszudrücken.

Positiv: ausgeprägte Intuition, Perfektionismus, Wahrnehmungsvermögen, Kreativität, gut im Umgang mit Menschen.

Negativ: impulsiv, ungeduldig, mangelndes Verantwortungsbewußtsein, überemotional, Eifersucht, Geheimnistuerei, Kritiksucht, Launenhaftigkeit, Nervosität.

Liebe & Zwischenmenschliches

Sie sind von schneller Auffassung und scharfsinnig, aber auch zurückhaltend und geheimnistuerisch und reden über alles, nur nicht über Ihre wahren Gefühle. Aufgrund Ihrer Skepsis brauchen Sie Zeit, um langfristige Beziehungen aufzubauen. Trotzdem können Sie leidenschaftlich und gewinnend sein; besonders Ihre coole Art wirkt anziehend auf das andere Geschlecht. Am meisten hingezogen fühlen Sie sich zu fleißigen Menschen, die entschlossen, erfinderisch und geschickt sind. Wenn Sie einen inspirierenden Menschen finden, dem Sie vertrauen, können Sie ein treuer Partner sein.

Ihr Partner

Sicherheit, geistige Anregung und Liebe finden Sie am ehesten unter den Menschen, die an folgenden Tagen geboren sind:

Liebe & Freundschaft: 2., 21., 28., 31. Jan., 19., 26., 29. Feb., 17., 24., 27. März, 15., 22., 25., 29. April, 13., 20., 23., 27. Mai, 11., 18., 21. Juni, 9., 16., 19. Juli, 7., 14., 17., 31. Aug., 5., 12., 15., 19., 29. Sept., 3., 10., 27., 29., 31. Okt., 1., 8., 11., 25., 27., 29. Nov., 6., 9., 23., 25., 27. Dez.

Günstig: 9., 12., 18., 24., 29. Jan., 7., 10., 16., 22., 27. Feb., 5., 8., 14., 20., 25. März, 3., 6., 12., 18., 23. April, 1., 10., 16., 21., 31. Mai, 2., 8., 14., 19., 29. Juni, 6., 12., 17., 27. Juli, 4., 10., 15., 25. Aug., 2., 8., 13., 23. Sept., 6., 11., 21. Okt., 4., 9., 19. Nov., 2., 7., 17. Dez.

Schicksalhaft: 3. Jan., 1. Feb., 26., 27., 28. Nov.

Problematisch: 7., 8., 19., 28. Jan., 5., 6., 17., 26. Feb., 3., 4., 15., 24. März, 1., 2., 13., 22. April, 11., 20. Mai, 9., 18. Juni, 7., 16. Juli, 5., 14. Aug., 3., 12. Sept., 1., 10. Okt., 8. Nov., 6. Dez.

Seelenverwandt: 3., 19. Jan., 1., 17. Feb., 15. März, 13. April, 11. Mai, 9. Juni, 7. Juli, 5. Aug., 3. Sept., 1. Okt.

SONNE: ZWILLINGE
DEKADE: ZWILLINGE/MERKUR
GRAD: 3°30' – 5° ZWILLINGE
ART: BEWEGLICHES ZEICHEN
ELEMENT: LUFT

Fixstern

Name des Sterns: Prima Hyadum
Gradposition: 4°41' – 5°46' Zwillinge zwischen den Jahren 1930 und 2000
Magnitude: 4
Stärke: ****
Orbit: 1°30'
Konstellation: Gamma Tauri
Tage: 24., 25., 26., 27., 28. Mai
Sternqualitäten: unterschiedliche Interpretationen: Saturn/Merkur oder Mars/Neptun
Beschreibung: orangefarbener Stern, Hauptstern der Hyaden, die aus 132 Sternen bestehen und sich am nördlichen Auge des Stiers befinden und dessen Stirn markieren.

Einfluß des Hauptsterns

Prima Hyadum steht für Energie, Ehrgeiz und Prestigedenken. Menschen unter seinem Einfluß streben häufig nach höherer Bildung, um ihre analytische Denkweise zu schulen. Er kann aber auch für ein widersprüchliches Schicksal oder unruhige Zeiten sorgen.
Im Zusammenhang mit dem Stand Ihrer Sonne sorgt Prima Hyadum nicht nur für ein Talent zum Schreiben, sondern auch für Geschick in geschäftlichen Angelegenheiten, Astrologie, Sport und der Arbeit mit Menschen. Prima Hyadum ebnet Ihnen den Weg zu Ruhm, Glück und Popularität. Unter seinem Einfluß sollten Sie sich aber auch davor hüten, andere auszubeuten und voreilige Entscheidungen zu treffen.
- Positiv: Talent zum Schreiben, Bildung, kommunikativ.
- Negativ: Rastlosigkeit, Mangel an Wissen, Gier.

26. Mai

Zu Ihrer Persönlichkeit gehören ein aufgeschlossener Geist und ungezwungener Charme. Sie machen sich erst mit einer Situation vertraut, bevor Sie Verpflichtungen eingehen; doch sobald Sie einmal Ihr Wort gegeben haben, nehmen Sie Ihre Verantwortung ernst. Wenn Sie sich ein Ziel gesteckt haben, müssen Sie Menschen finden, die Sie auf Ihrem Weg zum Erfolg immer wieder ermutigen und unterstützen.

Durch den Einfluß des Merkur in der ersten Zwillingsdekade teilen Sie gern Ihre Ideen und Ihre einzigartige Phantasie mit anderen und interessieren sich für viele Themen. Da Sie die Gabe haben, sofort zum Kern einer Sache vorzudringen, und sehr kommunikativ sind, besitzen Sie das Potential, Talent zum Schreiben, aber auch musische oder kreative Begabungen zu entwickeln. Wenn Sie Ihre Vorstellungskraft mit Ihrer realistischen Lebensauffassung verknüpfen, können Sie Ihre Träume verwirklichen.

Ihr Zuhause spielt vermutlich eine große Rolle in Ihrem Leben, und für Menschen, die Sie lieben, sind Sie zu großen Opfern bereit. Da Sie es gerne bequem und gemütlich haben, neigen Sie dazu, in Streßsituationen zu leicht aufzugeben oder die Konzentration zu verlieren. Andererseits können Sie äußerst entschlossen, fleißig und ausdauernd sein, sobald Sie einmal beschlossen haben, Ihren Sinn für Strategie und Ihre Selbstdisziplin einzusetzen. Sie sollten irgendeine Form von Sport betreiben, um nicht träge zu werden und um Aggressionen abzubauen.

Ein starkes Fundament oder ein sicheres Zuhause wird für Sie wichtig, wenn Sie 26 sind und Ihre Sonne in das Zeichen des Krebses wechselt. In einer dreißigjährigen Phase legen Sie nun mehr Wert auf Ihre emotionalen Bedürfnisse. Wenn Sie 56 sind, tritt die Sonne in den Löwen, und für Sie beginnt eine Phase, in der Ihr Selbstvertrauen und Ihre Stärke wachsen und Sie in der Öffentlichkeit bestimmter auftreten.

Ihr geheimes Selbst

Ihr Bedürfnis nach Anerkennung treibt Sie an, Ihre Talente durch eine gute Ausbildung zu fördern. So schaffen Sie ein hervorragendes Fundament für Ihren Ehrgeiz und stärken Ihr Selbstvertrauen. Erstellen Sie einen Aktionsplan, um Ihre Fähigkeiten und Talente bestmöglich nutzen zu können; Teamarbeit und gemeinschaftliche Aktivitäten kommen Ihnen dabei sehr zugute. Lassen Sie sich nicht von unberechtigten Geldsorgen in Ihrer Entschlossenheit bremsen. Wenn Sie niedergeschlagen sind, schieben Sie Dinge nicht auf, da Sie sonst gute Chancen verpassen.

Ihr Sinn für Dramatik und ein starkes Bedürfnis nach Kontrolle deuten darauf hin, daß Sie Macht und Einfluß schätzen. Wenn Sie einen Posten mit viel Autorität bekleiden, müssen Sie lernen, gerecht und unparteiisch zu sein. Wollen Sie anderen helfen, können Sie Ihre Heilkräfte nutzen, vor allem bei Menschen, die unter mentalem Streß oder Angstgefühlen leiden.

Beruf & Karriere

Obwohl Sie nicht ausgesprochen ehrgeizig wirken, können Sie mit Ihrem scharfen Verstand Situationen schnell durchschauen – eine Gabe, die Ihnen in jedem Beruf helfen wird. Vielleicht müssen Sie lernen, Ihre Kraft nicht zu vergeuden, denn wenn Sie sie bündeln, können Sie in Berufen, die Ihr geistiges Potential fordern, sehr erfolgreich sein. In

Frage kommen für Sie Pädagogik oder Schreiben. In der Geschäftswelt hilft Ihnen Ihr kommunikatives Talent, vor allem im Verkauf oder Kundenservice. Interessant für Sie ist aber auch die Welt von Kunst, Theater und Musik. Da Sie auch mit den Händen geschickt sind, können Sie Ihre Fähigkeiten auch in kreativ-praktischer Weise anwenden. Ihre humanitäre Ader führt Sie vielleicht auch in Bereiche wie Beratung oder den Dienst an einer guten Sache.

Berühmte Persönlichkeiten dieses Tages sind die Musikerin Stevie Nicks, der Schauspieler John Wayne, die Filmregisseurin Doris Dörrie, die Sängerin Peggy Lee und die Astronautin Sally Ride.

Numerologie

Mit der Geburtstagszahl 26 besitzen Sie gesunden Pragmatismus, Organisationsfähigkeiten und einen guten Geschäftssinn. Im allgemeinen sind Sie verantwortungsbewußt und haben Sinn für Ästhetik. Außerdem lieben Sie Ihr Zuhause, denn Sie brauchen ein solides Fundament, um sich sicher zu fühlen. Oft sind Sie für andere ein Quell der Kraft, und Sie helfen bereitwillig Freunden, Familienmitgliedern und Verwandten, die sich in schwierigen Zeiten an Sie wenden. Allerdings sollten Sie sich vor einem Hang zum Materialismus hüten und darauf achten, Menschen und Situationen nicht kontrollieren zu wollen. Der Untereinfluß der Monatszahl 5 führt dazu, daß Sie Stabilität und Sicherheit brauchen. Sie müssen lernen, die Vergangenheit loszulassen und für Sie wertlose Dinge abzulehnen. Sie möchten Ihre Gedanken und Ideen auf individuelle Weise ausdrücken. Wenn Sie an Ihren Ansprüchen festhalten und trotz Verantwortungsbewußtsein flexibel bleiben, können Sie Hindernisse überwinden und Angstgefühlen vorbeugen. Ihr Wunsch nach Beliebtheit deutet darauf hin, daß Sie viele Freunde haben.

Positiv: Kreativität, praktisches Geschick, Fürsorge, Verantwortungsbewußtsein, Stolz auf die Familie, Begeisterungsfähigkeit, Mut.

Negativ: Sturheit, Rebellion, labile Beziehungen, mangelnde Begeisterungsfähigkeit, mangelnde Ausdauer, Labilität.

Liebe & Zwischenmenschliches

Sie sind idealistisch und sensibel und besitzen große emotionale Kraft – also ein Romantiker mit starken Gefühlen. Liebe und Zuwendung sind für Sie unerläßlich, ebenso Sicherheit und Stabilität. Häufig sind Sie charmant und freundlich, gern mit Menschen zusammen und lieben kreative Beschäftigungen, die Ihre Phantasie beflügeln. Achten Sie darauf, daß Sie nicht überemotional, unsicher oder fordernd werden, wenn sich die Dinge nicht nach Ihren Vorstellungen entwickeln. Sie fühlen sich von intelligenten Menschen angezogen, die Sie dazu anregen, Ihren natürlichen Sinn für Struktur einzusetzen, um Ihr Ziel zu erreichen. Durch kreative Beschäftigungen bauen Sie innere Anspannung ab und ziehen Gleichgesinnte an.

Ihr Partner

Einen Liebespartner werden Sie mit großer Wahrscheinlichkeit unter den an den folgenden Tagen geborenen Menschen finden:

Liebe & Freundschaft: 8., 18., 22. Jan., 16., 20. Feb., 14., 18., 28. März, 12., 16., 26. April, 10., 14., 24. Mai, 8., 12., 22. Juni, 6., 10., 20., 29. Juli, 4., 8., 18., 27., 30. Aug., 2., 6., 16., 20., 25., 28. Sept., 4., 14., 23., 26., 30. Okt., 2., 12., 21., 24., 28. Nov., 10., 19., 22., 26., 28. Dez.

Günstig: 6., 10., 25., 30. Jan., 4., 8., 23., 28. Feb., 2., 6., 21., 26. März, 4., 19., 24. April, 2., 17., 22. Mai, 15., 20., 30. Juni, 13., 18., 28. Juli, 11., 16., 26. Aug., 9., 14., 24. Sept., 7., 12., 22. Okt., 5., 10., 20. Nov., 3., 8., 18. Dez.

Schicksalhaft: 29. Mai, 27. Juni, 25. Juli, 23. Aug., 21. Sept., 19. Okt., 17., 26., 27., 28. Nov., 15. Dez.

Problematisch: 13., 29., 31. Jan., 11., 27., 29. Feb., 9., 25., 27. März, 7., 23., 25. April, 5., 21., 23. Mai, 3., 19., 21. Juni, 1., 17., 19. Juli, 15., 17. Aug., 13., 15. Sept., 11., 13. Okt., 9., 11. Nov., 7., 9. Dez.

Seelenverwandt: 6., 25. Jan., 4., 23. Feb., 2., 21. März, 19. April, 17. Mai, 15. Juni, 13. Juli, 11. Aug., 9. Sept., 7. Nov., 5. Dez.

27. Mai

SONNE: ZWILLINGE
DEKADE: ZWILLINGE/MERKUR
GRAD: 4°30' – 6° ZWILLINGE
ART: BEWEGLICHES ZEICHEN
ELEMENT: LUFT

Fixsterne

Prima Hyadum; Ain

Hauptstern

Name des Sterns: Prima Hyadum
Gradposition: 4°41' – 5°46' Zwillinge zwischen den Jahren 1930 und 2000
Magnitude: 4
Stärke: ****
Orbit: 1°30'
Konstellation: Gamma Tauri
Tage: 24., 25., 26., 27., 28. Mai
Sternqualitäten: unterschiedliche Interpretationen: Saturn/Merkur oder Mars/Neptun
Beschreibung: orangefarbener Stern, Hauptstern der Hyaden, die aus 132 Sternen bestehen und sich am nördlichen Auge des Stiers befinden und dessen Stirn markieren.

Einfluß des Hauptsterns

Prima Hyadum steht für Energie, Ehrgeiz und Prestigedenken. Menschen unter seinem Einfluß streben häufig nach höherer Bildung, um ihre analytische Denkweise zu schulen. Er kann aber auch für ein widersprüchliches Schicksal oder unruhige Zeiten sorgen. Im Zusammenhang mit dem Stand Ihrer Sonne sorgt Prima Hyadum nicht nur für ein Talent zum Schreiben, sondern auch für Geschick in geschäftlichen Angelegenheiten, Astrologie, Sport und bei der Arbeit mit Menschen. Prima Hyadum ebnet Ihnen den Weg zu Ruhm, Glück und Popularität. Unter seinem Einfluß sollten Sie sich aber auch davor hüten, andere auszubeuten und voreilige Entscheidungen zu treffen.

- Positiv: Talent zum Schreiben, Bildung, kommunikativ.
- Negativ: Rastlosigkeit, Mangel an Wissen, Gier.

Ihre fröhliche und sympathische Persönlichkeit ist ständig auf der Suche nach Neuem, um Ihren aktiven Verstand wach zu halten. Faszination für Menschen und Veränderungen lassen Sie ständig nach Abwechslung und geistigen Herausforderungen suchen. So bleiben Sie immer aktiv und in Bewegung.

Da Sie in der ersten Zwillingsdekade geboren sind, stehen Sie unter dem doppelten Einfluß des Merkur, des Planeten der Kommunikation. Dies führt dazu, daß Sie Dinge sehr rasch begreifen und dann weitergehen wollen. Durch diese geistige Beweglichkeit werden Sie aber auch leicht ungeduldig. Häufig sind Sie eloquent und sollten aber lernen, besser zuzuhören. Von Natur aus vielseitig begabt, müssen Sie Ihr großes geistiges Potential durch Konzentration und Gründlichkeit entwickeln. Wenn eine Sache Sie wirklich interessiert, können Sie aber Ihr ganzes praktisches Geschick und Ihr logisches Denkvermögen einsetzen, um Probleme zu lösen. Sie besitzen durchaus Tiefgründigkeit, was aber nicht zu geistiger Unflexibilität führen darf, denn dann werden Sie stur, zynisch und unkommunikativ. Wenn Sie bestimmt auftreten, haben Sie die Fähigkeit, offen und direkt zu sein und ohne Umwege zum Kern einer Sache zu kommen.

Da Sie Unternehmergeist besitzen, sind Sie im allgemeinen begeisterungsfähig, optimistisch und abenteuerlustig und gehen mit Dynamik daran, ein Vermögen zu machen und Ihre materiellen Bedürfnisse zu befriedigen. Sie können Ihre starken spirituellen und kreativen Kräfte schreibend zum Ausdruck bringen oder durch Umsetzung Ihrer brillanten Ideen.

Wenn Sie 25 sind und Ihre Sonne in das Zeichen des Krebses eintritt, dreht sich Ihr Leben um Sicherheit, Heim und Familie. Dieser Einfluß dauert an, bis Sie etwa 55 sind und Ihre Sonne in das Zeichen des Löwen wechselt; dann beginnt für Sie eine Phase der Autorität, größeren Selbstvertrauens und vermehrter Geselligkeit.

Ihr geheimes Selbst

Obwohl Rastlosigkeit Sie daran hindern kann, die dynamische Liebe zum Ausdruck zu bringen, die Teil Ihres Gefühlslebens ist, sollten Sie Ihren Hang zur Langeweile durch kreative Selbstverwirklichung bekämpfen. So bleibt Ihr Leben aufregend und temporeich, und Sie verschleudern Ihr enormes Potential nicht unnötig. Da Sie gute Instinkte und mediale Fähigkeiten haben, sind Sie anderen gegenüber oft verständnisvoll; wenn Sie diese Gaben mit Ihrem Unternehmergeist verbinden, ist Ihnen der Erfolg garantiert. Neben Ihrer Sensibilität, die nach außen hin vielleicht gar nicht sichtbar ist, besitzen Sie eine pragmatische Einstellung, die dafür sorgt, daß Sie mit beiden Füßen auf dem Boden bleiben. Ihre Liebe zu mystischen Dingen bringt Sie vielleicht dazu, sich mit Metaphysik zu beschäftigen oder das Unbekannte erforschen zu wollen. Durch Bildung und ständige Weiterentwicklung Ihrer Philosophie und Ihres Wertesystems können Sie für innere Stabilität und Sicherheit sorgen. Wenn Sie lernen, sich zu konzentrieren, vergeuden Sie Ihre Kraft nicht mehr ziellos.

Beruf & Karriere

Da Sie sich leicht langweilen, wenn Ihre Arbeit zur Routine wird, ist Abwechslung ein wichtiger Faktor bei Ihrer Berufswahl. Dank Ihrer Intelligenz lernen Sie sehr schnell, deshalb brauchen Sie einen Beruf, der Sie geistig anregt. Ihre Rastlosigkeit und Ihr Entdeckergeist können dazu führen, daß Sie Ihren Beruf mehrmals wechseln, bevor Sie sich endgültig für ein Gebiet entscheiden. Möglicherweise bietet sich Ihnen später im Leben eine zweite Karrierechance, oder Ihre Suche nach Wissen und neuen Chancen läßt Sie viele Reisen unternehmen. Ihre Wortgewandtheit und Ihre Menschenkenntnis helfen Ihnen in Verkauf, Publizistik, Promotion oder Politik. Da Sie auch gut in materiellen Belangen sind, kommt auch die Welt des Handels für Sie in Frage.

Berühmte Persönlichkeiten dieses Tages sind die Tänzerin Isadora Duncan, die Schauspieler Christopher Lee und Vincent Price und der Politiker Henry Kissinger.

Numerologie

Mit der Geburtstagszahl 27 sind Sie idealistisch und empfindsam. Mit Ihrem ebenso intuitiven wie analytischen und kreativen Geist können Sie andere immer wieder beeindrucken. Wenn Sie gelegentlich geheimnistuerisch, unbeteiligt oder zu rational wirken, verbergen Sie dahinter nur innere Spannungen. Damit hängt möglicherweise auch ein Hang zu Unentschiedenheit oder Mißtrauen gegenüber Veränderungen zusammen. Wenn Sie Ihre kommunikativen Fähigkeiten verbessern, lernen Sie auch, Ihre Gefühle besser auszudrücken. Für einen Menschen mit der Geburtstagszahl 27 ist Ausbildung unerläßlich; wenn Sie Ihre Tiefgründigkeit entwickeln, gewinnen Sie auch an Geduld und Selbstdisziplin. Der Untereinfluß der Monatszahl 5 bedeutet, daß Sie von Natur aus vielseitig und phantasiebegabt sind und starke Instinkte oder mediale Fähigkeiten besitzen. Bekämpfen Sie Ihren Hang zum Leichtsinn, indem Sie lernen, mehr Wert aufs Detail zu legen. Geben Sie Ihren Gedanken eine geordnete Struktur, und denken Sie, bevor Sie reden.

Positiv: Vielseitigkeit, phantasiebegabt, resolut, Tapferkeit, Verständnis, geistige Stärke, Spiritualität, erfinderisch.

Negativ: streitsüchtig, leicht beleidigt, rastlos, nervös, mißtrauisch, überemotional, leicht reizbar, angespannt.

Liebe & Zwischenmenschliches

Obwohl Sie im allgemeinen mit Ihrer Meinung nicht hinter dem Berg halten, sind Sie sensibel und geheimnistuerisch, beobachten gern und äußern sich nur sparsam über Ihre persönlichen Angelegenheiten. Diese mangelnde Kommunikationsfähigkeit kann dazu führen, daß Sie sich unsicher in Ihren Beziehungen fühlen. Wenn Sie sich Zeit nehmen und geduldig sind, können Sie jede Beziehung als lehrreiche Erfahrung auswerten und am Ende jemanden finden, den Sie lieben und dem Sie vertrauen können. Neubeginne spielen eine wichtige Rolle in Ihrem Privatleben, und bei jeder neuen Chance können Sie erneut lernen, die Vergangenheit loszulassen.

Ihr Partner

Sicherheit, Vertrauen und Liebe finden Sie am ehesten unter den Menschen, die an folgenden Tagen geboren wurden:
Liebe & Freundschaft: 4., 13., 19., 23. Jan., 11., 17., 21. Feb., 9., 15., 19., 28., 29., 30. März, 7., 13., 17., 26., 27. April, 5., 11., 15., 24., 25., 26. Mai, 3., 9., 13., 22., 23., 24. Juni, 1., 7., 11., 20., 21., 22. Juli, 5., 9., 18., 19., 20. Aug., 3., 7., 16., 17., 18. Sept., 1., 5., 14., 15., 16., 29., 31. Okt., 3., 12., 13., 14., 27., 29. Nov., 1., 10., 11., 12., 25., 27., 29. Dez.
Günstig: 7., 15., 20., 27., 31. Jan., 5., 13., 18., 29. Feb., 3., 11., 16., 27. März, 1., 9., 14., 25. April, 7., 12., 23. Mai, 5., 10., 21. Juni, 3., 8., 19. Juli, 1., 6., 17., 30. Aug., 4., 15., 28. Sept., 2., 13., 26. Okt., 11., 24. Nov., 9., 22. Dez.
Schicksalhaft: 28., 29., 30. Nov.
Problematisch: 6., 14., 30. Jan., 4., 12., 28. Feb., 2., 10., 26. März, 8., 24. April, 6., 22. Mai, 4., 20. Juni, 2., 18. Juli, 16. Aug., 14. Sept., 12. Okt., 10. Nov., 8. Dez.
Seelenverwandt: 30. April, 28. Mai, 26. Juni, 24. Juli, 22. Aug., 20. Sept., 18., 30. Okt., 16., 28. Nov., 14., 26. Dez.

SONNE: ZWILLINGE
DEKADE: ZWILLINGE/MERKUR
GRAD: 5°30' – 7°30' ZWILLINGE
ART: BEWEGLICHES ZEICHEN
ELEMENT: LUFT

Fixsterne

Aldebaran, auch Al Dabbaran genannt; Prima Hyadum; Ain

Hauptstern

Name des Sterns: Aldebaran, auch Al Dabbaran genannt

Gradposition: 8°48' – 9°45' Zwillinge zwischen den Jahren 1930 und 2000

Magnitude: 1

Stärke: **********

Orbit: 2°30'

Konstellation: Alpha Tauri

Tage: 28., 29., 30., 31. Mai, 1., 2. Juni

Sternqualitäten: Mars/Merkur/Jupiter

Beschreibung: riesiger rötlich leuchtender Stern im linken Auge des Stiers.

Einfluß des Hauptsterns

Aldebaran ist einer der vier Königssterne oder Himmelswächter und somit von höchster Bedeutung. Er verleiht hohe Ideale, Ehre, Intelligenz, Eloquenz und Integrität. Wenn Sie unter seinem Einfluß stehen, sind Sie mutig und können zu verantwortungsvollen Positionen und Lebensglück gelangen. Häufig ist der Erfolg jedoch nur von kurzer Dauer. Durch Aldebaran haben Sie eine klare, eindrucksvolle Art sich auszudrücken und können hervorragend diskutieren. Allerdings steht er auch für Widerspruchsgeist und Selbstzerstörung. Nehmen Sie sich vor der Eifersucht Ihrer Mitmenschen in acht und versuchen Sie, sich keine Feinde zu machen. Passen Sie außerdem auf Ihre Augen auf.

Im Zusammenhang mit dem Stand Ihrer Sonne sorgt Aldebaran für eine außerordentliche geistige Energie. Durch Entschlossenheit und Beharrlichkeit sind Sie zu großen Leistungen fähig und können im Leben viel erreichen. Aldebaran verspricht Erfolg, vor allem in öffentlichen Angelegenheiten. Er verleiht Ihnen

28. Mai

♊ Mit Ihrer hochentwickelten Intelligenz, Ihrem Idealismus und Ihrem Unabhängigkeitsdrang sind Sie dann am glücklichsten, wenn Sie ständig Ihren Horizont erweitern können. Ehrlich und direkt, scharfsinnig und pragmatisch, erfassen Sie Situationen, aber auch Motive von Menschen intuitiv sofort. Wenn Sie dieses Einfühlungsvermögen ausbauen und mit Ihrem gesunden Menschenverstand verknüpfen, können Sie anderen als kluger Berater zur Seite stehen.

Ausbildung ist für Sie sehr wichtig – ob konventionell oder möglicherweise als Selbststudium –, und Sie hören Ihr ganzes Leben lang nicht auf zu lernen. Merkur, der sowohl Ihr Sonnenzeichen als auch Ihre Dekade regiert, sorgt dafür, daß Sie jugendlich bleiben und eine androgyne Ausstrahlung haben. Sie sind nicht nur ausdrucksstark und überzeugend, sondern haben auch eine schnelle Auffassungsgabe; Schreiben oder eine andere Form der Kommunikation spielt eine bedeutende Rolle bei Ihrem Erfolg. Mit Ihrem Erfindungsreichtum und strategischen Denken sind Sie manchmal raffinierter, als Ihnen selbst guttut.

Wenn Sie von einer Ihrer eigenen Ideen begeistert sind, erleben Sie einen Schub von Optimismus und Motivation, mit dessen Hilfe Sie Ihre Träume verwirklichen können. Sie sind idealistisch, sollten aber Geduld und Toleranz üben, vor allem wenn Sie mit Menschen zu tun haben, die weniger begabt sind als Sie. Da Sie eine unkonventionelle Ader haben, suchen Sie sich gern ungewöhnliche oder kühne Projekte aus; da Sie stets den Überblick behalten, eignen Sie sich auch hervorragend als Führungspersönlichkeit. Häufig befriedigen Sie Ihre Abenteuerlust durch Reisen, die Sie auch inspirieren.

Wenn Sie 24 sind und Ihre Sonne in das Zeichen des Krebses wechselt, dreht sich Ihr Leben vermehrt um Sicherheit, Heim und Familie. Dieser Einfluß läßt Sie auch mehr auf Ihre emotionalen Bedürfnisse achten. Er dauert an, bis Sie etwa 54 sind und Ihre Sonne in das Zeichen des Löwen wechselt; dann beginnt für Sie eine Phase des Selbstvertrauens und der Kreativität, in der Sie auch stärker in der Öffentlichkeit hervortreten.

Ihr geheimes Selbst

Sie sind aktiv und stets gut informiert, tief im Innern aber wünschen Sie sich vor allem Zufriedenheit. Diese Suche nach innerer Gelassenheit führt dazu, daß Sie im Leben viele verschiedene Wege einschlagen. Dennoch ernten Sie möglicherweise die größten Erfolge, wenn Sie lernen, innezuhalten und Ihr Leben zu vereinfachen. Lernen Sie, nachzudenken und sich zu konzentrieren, und Sie werden ruhiger und kommen mit Ihrer inneren Rastlosigkeit besser zurecht. Hinter Ihrer selbstbewußten und kompetenten Fassade sind Sie sensibel und verletzlich. Ein ausgeglichenes Leben zu führen kann Ihnen helfen, die beiden Seiten Ihrer Persönlichkeit auszubalancieren.

Berufliche Partnerschaften spielen eine wichtige Rolle in Ihrem Leben, und Sie haben ein ausgeprägtes Geschick dafür, die richtigen Kontakte zu knüpfen. Nach und nach werden Sie feststellen, daß die Kontakte, die Sie für wichtig halten, weniger mit materiellem Erfolg als vielmehr mit Weisheit zu tun haben. Obwohl Sie sehr verantwortungsbewußt sein können, wird Ihnen der Wert von Selbstlosigkeit immer mehr bewußt.

Beruf & Karriere

Ihr intelligenter Kopf steckt voller Ideen, die sich zu Geld machen lassen. Da Sie sehr unabhängig sind, brauchen Sie bei der Arbeit viel Handlungsfreiheit, schätzen aber durchaus Zusammenarbeit mit anderen. Auf diese Weise können Sie sehr gewinnbringende Partnerschaften eingehen. Als guter Planer und Organisator sind Sie für Verkauf, Handel, Agenturtätigkeit oder Promotion geeignet. Vielleicht möchten Sie auch anderen helfen und fühlen sich zu Justiz oder Pädagogik hingezogen. Auf Ihrem Fachgebiet können Sie zum glänzenden Berater werden, genauso wie im Privatbereich. Ihr Talent, Ihre Ideen verständlich darzulegen, und Ihr Wissensdurst führen Sie möglicherweise auch in die Welt des Schreibens, der Werbung und der Verlage. Interessant für Sie sind auch Gebiete wie Philosophie, Psychologie oder Religion. Im allgemeinen sind Sie dann am glücklichsten, wenn Sie Ihren scharfen Verstand beruflich einsetzen können. Achten Sie darauf, daß Sie Dinge nicht aufschieben und sich nicht mit oberflächlichem Wissen begnügen.

Berühmte Persönlichkeiten dieses Tages sind der Schriftsteller Ian Fleming, der britische Premier William Pitt und der Musiker John Fogarty.

die Fähigkeit, in großen Maßstäben zu denken und große Projekte zu bewältigen. Sie sollten jedoch immer daran denken, daß Ruhm oder Erfolg ihren Preis haben. Am günstigsten wirkt sich Aldebarans Einfluß auf Ihre Freude am Schreiben und Lernen sowie auf Ihr Interesse an pädagogischen Reformen aus.
- Positiv: theologisches Talent, Freude am Philosophieren, Ausdrucksstärke, Beliebtheit.
- Negativ: traurige Berühmtheit, mangelnde Konzentrationsfähigkeit, Angst.

Numerologie

Unabhängig und idealistisch, aber auch pragmatisch und entschlossen, folgen Sie Ihren eigenen Gesetzen. Wie die Menschen mit der Geburtstagszahl 1 sind Sie ehrgeizig, direkt und unternehmungslustig. Oft leiden Sie an einem inneren Konflikt zwischen Ihrem Bedürfnis nach Unabhängigkeit und dem Wunsch, Teil eines Teams zu sein. Immer bereit zu neuen Abenteuern und Action, stellen Sie sich mutig den Herausforderungen des Lebens. Dank Ihrer Begeisterungsfähigkeit können Sie andere dazu bringen, Sie bei Ihren Unternehmungen zu unterstützen. Wenn Sie an diesem Tag geboren wurden, besitzen Sie Führungsqualitäten, gesunden Menschenverstand und können gut logisch denken. Sie übernehmen gern Verantwortung, können aber auch zu enthusiastisch, ungeduldig oder intolerant sein. Der Untereinfluß der Monatszahl 5 deutet darauf hin, daß Sie scharfsinnig sind und starke Instinkte besitzen. Lernen Sie, die Bedürfnisse anderer mehr zu respektieren; Sie werden enorm davon profitieren. Isolieren Sie sich nicht; teilen Sie Ihr Wissen und Ihre Erfahrung, indem Sie sich einer Gruppe anschließen oder zum Wohl der Gemeinschaft mit anderen zusammenarbeiten.

Positiv: Mitgefühl, progressiv, kühn, künstlerisch, Kreativität, Idealismus, Ehrgeiz, Fleiß, stabiles Familienleben, willensstark.

Negativ: Tagträumer, unmotiviert, mangelndes Mitgefühl, unrealistisch, herrisch, mangelndes Urteilsvermögen, Aggressivität, mangelndes Selbstvertrauen, Hochmut.

Liebe & Zwischenmenschliches

Da Sie zwar idealistisch, aber auch realistisch sind, wissen Sie meist ziemlich genau, was Sie von einer Beziehung erwarten. Dennoch kann Ihnen innere Unruhe oder allzu große Begeisterung Probleme verursachen, wenn Sie zu ungeduldig sind oder versuchen, andere herumzukommandieren. Da Sie jemanden suchen, der sich von der Normalität abhebt, gehen Sie vielleicht auch unkonventionelle oder ungewöhnliche Beziehungen ein, etwa mit Menschen aus anderen Ländern. Es liegt Ihnen näher, Ihre Meinung auszudrücken als Ihre Gefühle; wenn Sie aber jemanden finden, der Sie geistig positiv anregt, können Sie ein liebevoller, treuer und hilfsbereiter Partner sein.

Ihr Partner

Ihren Traumpartner werden Sie mit großer Wahrscheinlichkeit unter den an den folgenden Tagen geborenen Menschen finden:

Liebe & Freundschaft: 3., 4., 6., 8., 14., 20., 24. Jan., 1., 2., 12., 18., 22. Feb., 10., 16., 20., 29., 30. März, 8., 14., 18., 27., 28. April, 6., 12., 16., 25., 26., 31. Mai, 4., 10., 14., 23., 24., 29. Juni, 2., 8., 12., 21., 22., 27. Juli, 6., 10., 19., 20., 25. Aug., 4., 8., 17., 18., 23. Sept., 2., 6., 15., 16., 21., 30. Okt., 4., 13., 14., 19., 28., 30. Nov., 2., 11., 12., 17., 26., 28., 30. Dez.

Günstig: 4., 8., 21. Jan., 1., 2., 6., 19. Feb., 4., 17., 28. März, 2., 15., 16. April, 13., 24. Mai, 11., 22. Juni, 9., 20. Juli, 7., 18., 31. Aug., 5., 16., 29. Sept., 3., 14., 27. Okt., 1., 12., 25. Nov., 10., 23. Dez.

Schicksalhaft: 3. Jan., 1. Feb., 31. Mai, 29. Juni, 27. Juli, 25. Aug., 23. Sept., 21. Okt., 19., 28., 29., 30. Nov., 1., 11., 17. Dez.

Problematisch: 7., 10., 15., 31. Jan., 5., 8., 13., 29. Feb., 3., 6., 11., 27. März, 1., 4., 9., 25. April, 2., 7., 23. Mai, 5., 21. Juni, 3., 19. Juli, 1., 17. Aug., 15. Sept., 13. Okt., 11. Nov., 9. Dez.

Seelenverwandt: 31. März, 29. April, 27. Mai, 25. Juni, 23. Juli, 21. Aug., 19. Sept., 17., 29. Okt., 15., 27. Nov., 13., 25. Dez.

SONNE: ZWILLINGE
DEKADE: ZWILLINGE/MERKUR
GRAD: 6°30' – 8° ZWILLINGE
ART: BEWEGLICHES ZEICHEN
ELEMENT: LUFT

Fixsterne

Aldebaran, auch Al Dabbaran genannt; Ain

Hauptstern

Name des Sterns: Aldebaran, auch Al Dabbaran genannt

Gradposition: 8°48' – 9°45' Zwillinge zwischen den Jahren 1930 und 2000

Magnitude: 1

Stärke: **********

Orbit: 2°30'

Konstellation: Alpha Tauri

Tage: 28., 29., 30., 31. Mai, 1., 2. Juni

Sternqualitäten: Mars/Merkur/Jupiter

Beschreibung: riesiger rötlich leuchtender Stern im linken Auge des Stiers.

Einfluß des Hauptsterns

Aldebaran ist einer der vier Königssterne oder Wächter des Himmels und somit von höchster Bedeutung. Er verleiht hohe Ideale, Ehre, Intelligenz, Eloquenz und Integrität. Wenn Sie unter seinem Einfluß stehen, sind Sie mutig und können zu verantwortungsvollen Positionen und Lebensglück gelangen. Häufig ist der Erfolg jedoch nur von kurzer Dauer. Durch Aldebaran haben Sie eine klare, eindrucksvolle Art sich auszudrücken und können hervorragend diskutieren. Allerdings steht er auch für Selbstzerstörung. Nehmen Sie sich vor der Eifersucht Ihrer Mitmenschen in acht und versuchen Sie, sich keine Feinde zu machen. Passen Sie auf Ihre Augen auf.
Im Zusammenhang mit dem Stand Ihrer Sonne sorgt Aldebaran für eine außerordentliche geistige Energie. Durch Entschlossenheit und Beharrlichkeit sind Sie zu großen Leistungen fähig und können im Leben viel erreichen. Aldebaran verspricht Erfolg, vor allem in öffentlichen Angelegenheiten. Er verleiht Ihnen die Fähigkeit, in großen Maßstä-

29. Mai

♊ Sie versprühen herzlichen und unbekümmerten Charme, der Menschen anzieht und zu Ihren größten Vorzügen zählt. Ihr Geburtstag bedeutet, daß Sie gut mit Menschen umgehen können und dank Ihrer scharfsinnigen Beobachtungen oft sehr beliebt sind. Ihre zweifelnde und unentschlossene Seite verstecken Sie hinter einer Fassade der Selbstsicherheit, so daß Ihre Sensibilität und Verletzlichkeit unsichtbar bleiben.

Der doppelte Einfluß des Merkur auf Ihr Sonnenzeichen und Ihre Dekade sorgt für besondere kommunikative Fähigkeiten und eine vielseitige und ausdrucksstarke Persönlichkeit. Mit Ihren zahlreichen Talenten interessieren Sie sich für die unterschiedlichsten Gebiete, neigen aber leicht dazu, sich zu verzetteln. Sie können aber durchaus entschlossen und zielstrebig sein, wenn Sie ein festes Ziel vor Augen sehen. Mit Hilfe der Selbstdisziplin und Ausdauer, die von Ihrem Geburtstag ausgehen, können Sie Ihr großes Potential zur Entfaltung bringen; allerdings besteht die Gefahr, daß Sie sich durch Vergnügungen ablenken lassen. Seien Sie nicht zu nachgiebig zu sich selbst, machen Sie sich keine ungerechtfertigten Sorgen, und vergeuden Sie nicht Ihre Kraft.

Wenn es Ihnen gutgeht, bringen Sie Ihre Lebensfreude durch Interesse an Kunst oder Literatur zum Ausdruck. Ein natürliches Talent zum Schauspielern läßt Sie das Leben als Bühne betrachten, auf der Sie die verschiedenen Seiten Ihrer Persönlichkeit darstellen können.

Wenn Sie 23 sind und Ihre Sonne in das Zeichen des Krebses wechselt, werden Sie sensibler und sicherheitsbewußter und legen viel Wert auf Ihr Familienleben. Wenn Ihre Sonne in den Löwen tritt, sind Sie etwa 53; nun beginnt eine Phase, in der Sie ein größeres Bedürfnis nach Selbstverwirklichung spüren. Dadurch werden Sie auch geselliger und entwickeln Führungsqualitäten.

Ihr geheimes Selbst

Sie besitzen innere Noblesse und Stolz und einen guten Geschäftssinn. Geld ist Gegenstand beständiger Unsicherheit in Ihrem Leben, vor allem da Sie berufsbedingt oder aus finanziellen Gründen häufig Veränderungen unterworfen sind. Sie können sehr erfolgreich sein, haben allerdings einen Hang zur Verschwendung; lernen Sie sparen oder langfristige Investitionen tätigen.

Da Sie sich schnell eingeengt fühlen, sind Reisen für Sie sehr bereichernd; Abwechslung und Veränderungen regen Sie an und inspirieren Sie. Wenn Sie Selbstvertrauen entwickeln, können Sie lernen, sich auf Ihre eigenen Ressourcen zu verlassen, und Selbstzweifel ausräumen. Wenn Sie auf Ihre Instinkte vertrauen, wendet sich das Schicksal zu Ihren Gunsten; wenn Sie dann ein Risiko eingehen, können Sie nur gewinnen.

Beruf & Karriere

Ihre Vielseitigkeit und Ihr Bedürfnis nach Abwechslung und geistiger Anregung machen es notwendig, daß Sie einen Beruf ohne zu große Routine wählen. Da Sie charmant und gesellig sind, ist Ihnen Erfolg in allen Sparten garantiert, in denen Sie viel mit Menschen zu tun haben. Mit Ihrer Wortgewandtheit sind Sie ein guter Autor, Dozent oder auch Verkäufer. Auch in der Geschäftswelt können Sie Ihre kreative Ader einsetzen, etwa in einer Agentur oder in der Reise- und Tourismusbranche. Ihr dramatisches Talent drückt sich vielleicht eher auf einer Bühne, ob im Theater oder in der Politik aus. Wenn Sie von einer Sache überzeugt sind, können Sie sich sehr dafür engagieren. Ihre originellen Ideen lassen sich auch in Kunst oder Musik hervorragend umsetzen.

Berühmte Persönlichkeiten dieses Tages sind der frühere US-Präsident John F. Kennedy, der Komiker Bob Hope, die Sängerinnen Latoya Jackson und Melissa Etheridge und der Schauspieler Helmut Berger.

Numerologie

Die Zahl 29 bewirkt eine starke Persönlichkeit und außergewöhnliches Potential. Sie sind hoch intuitiv, sensibel und emotional. Inspiration ist das Geheimnis Ihres Erfolgs, und ohne sie verlieren Sie leicht Ihre Zielstrebigkeit. Sie sind ein richtiger Tagträumer mit sehr unterschiedlichen Seiten und müssen sich vor Stimmungsschwankungen hüten. Wenn Sie auf Ihre verborgenen Gefühle hören und Ihr Herz für andere öffnen, können Sie Ihre Angstgefühle bekämpfen und Ihren Verstand als Schutzschild einsetzen. Nutzen Sie Ihre schöpferischen Ideen, um etwas Außergewöhnliches zu leisten, das anderen Auftrieb geben oder von Nutzen sein kann. Der Untereinfluß der Monatszahl 5 führt dazu, daß Sie sehr von unabhängigem Denken profitieren. Bildung erhöht Ihr Selbstvertrauen und Ihre Überzeugungskraft. Sie besitzen ein gutes Auge fürs Detail; im allgemeinen behalten Sie Ihre Überlegungen lieber für sich und ziehen die Rolle des Beobachters vor.

Positiv: inspirierend, Ausgeglichenheit, innerer Frieden, Großmut, Erfolg, Kreativität, Intuition, mystisch, starke Träume, Weltoffenheit, Selbstvertrauen.

Negativ: unkonzentriert, unsicher, nervös, launisch, schwierig, extremistisch, rücksichtslos, überempfindlich.

Liebe & Zwischenmenschliches

Sie sind nicht nur sensibel und idealistisch, sondern auch charmant und romantisch, mit einem Herz für Poesie. Es fällt Ihnen leicht, Freunde zu finden und Menschen mit Ihrer freundlichen Persönlichkeit und Ihren kreativen Talenten an sich zu binden. Andererseits können Sie auch ruhelos und nervös sein, wenn Sie sich über eine Beziehung nicht ganz im klaren sind. Außerdem langweilen Sie sich leicht, so daß Sie sich oft für mehrere Kandidaten gleichzeitig interessieren. Gleichwohl können Sie in Ihrem Liebesleben große Opfer bringen, großzügig und durchaus unterhaltsam sein. Häufig suchen Sie nach einem Partner, der sensibel und verständnisvoll ist und Vertrauen in Ihre Fähigkeiten zeigt.

ben zu denken und große Projekte zu bewältigen. Sie sollten jedoch immer daran denken, daß man für Ruhm oder Erfolg zuweilen auch Opfer bringen muß. Am günstigsten wirkt sich Aldebarans Einfluß auf Ihre Freude am Schreiben und Lernen sowie auf Ihr Interesse an pädagogischen Reformen aus.

- Positiv: theologisches Talent, Freude am Philosophieren, Ausdrucksstärke.
- Negativ: traurige Berühmtheit, mangelnde Konzentrationsfähigkeit, Angst.

Ihr Partner

Wenn Sie einen Partner suchen, der liebevoll und fürsorglich ist, sollten Sie sich unter den Menschen umsehen, die an folgenden Tagen geboren sind:

Liebe & Freundschaft: 21., 25., 30. Jan., 19., 23. Feb., 17., 21., 30. März, 15., 19., 28., 29. April, 13., 17., 26., 27., 31. Mai, 11., 15., 24., 25., 30. Juni, 9., 13., 22., 23., 28. Juli, 7., 11., 20., 21., 26., 30. Aug., 5., 9., 18., 19., 23., 24., 28. Sept., 3., 7., 16., 17., 22., 26., 29. Okt., 1., 5., 14., 15., 20., 24., 27. Nov., 3., 12., 13., 18., 22., 25., 27., 29. Dez.

Günstig: 5., 13., 16., 22., 28. Jan., 3., 11., 14., 20., 26. Feb., 1., 9., 12., 18., 24., 29. März, 7., 10., 16., 22., 27. April, 5., 8., 14., 20., 25. Mai, 3., 6., 12., 18., 23. Juni, 1., 4., 10., 16., 21. Juli, 2., 8., 14., 19. Aug., 6., 12., 17. Sept., 4., 10., 15. Okt., 2., 8., 13. Nov., 6., 11. Dez.

Schicksalhaft: 30. Juni, 28. Juli, 26. Aug., 24. Sept., 22. Okt., 20., 28., 29., 30. Nov., 1., 18. Dez.

Problematisch: 2., 23., 30. Jan., 21., 28. Feb., 19., 26., 28. März, 17., 24., 26. April, 15., 22., 24. Mai, 13., 20., 22. Juni, 11., 18., 20. Juli, 16., 18., 19. Aug., 7., 14., 16. Sept., 5., 12., 14. Okt., 3., 10., 12. Nov., 1., 8., 10. Dez.

Seelenverwandt: 14., 22. Jan., 12., 20. Feb., 10., 18. März, 8., 16. April, 6., 14. Mai, 4., 12. Juni, 2., 10. Juli, 8. Aug., 6. Sept., 4. Okt., 2. Nov.

SONNE: ZWILLINGE
DEKADE: ZWILLINGE/MERKUR
GRAD: 7°30' – 9° ZWILLINGE
ART: BEWEGLICHES ZEICHEN
ELEMENT: LUFT

Fixstern

Name des Sterns: Aldebaran, auch Al Dabbaran genannt
Gradposition: 8°48' – 9°45' Zwillinge zwischen den Jahren 1930 und 2000
Magnitude: 1
Stärke: **********
Orbit: 2°30'
Konstellation: Alpha Tauri
Tage: 28., 29., 30., 31. Mai, 1., 2. Juni
Sternqualitäten: Mars/Merkur/Jupiter
Beschreibung: riesiger rötlich leuchtender Stern im linken Auge des Stiers.

Einfluß des Hauptsterns

Aldebaran ist einer der vier Königssterne oder Wächter des Himmels und somit von höchster Bedeutung. Er verleiht hohe Ideale, Ehre, Intelligenz, Eloquenz und Seriosität. Wenn Sie unter seinem Einfluß stehen, sind Sie mutig und können verantwortungsvolle Positionen und Lebensglück erlangen. Häufig ist der Erfolg jedoch nur von kurzer Dauer. Durch Aldebaran haben Sie eine klare, eindrucksvolle Art sich auszudrücken und können hervorragend diskutieren. Allerdings steht er auch für Widerspruchsgeist und Selbstzerstörung. Nehmen Sie sich vor der Eifersucht Ihrer Mitmenschen in acht und versuchen Sie, sich keine Feinde zu machen. Passen Sie außerdem auf Ihre Augen auf.
Im Zusammenhang mit dem Stand Ihrer Sonne sorgt Aldebaran für eine außerordentliche geistige Energie. Durch Entschlossenheit und Beharrlichkeit sind Sie zu großen Leistungen fähig und können im Leben viel erreichen. Aldebaran verspricht Erfolg, vor allem in öffentlichen Angelegenheiten. Er verleiht Ihnen die Fähigkeit, in großen Maßstäben zu

30. Mai

Ⅱ Als Zwilling sind Sie vielseitig, mitteilungsbedürftig und gesellig und besitzen einen natürlichen Sinn für Humor. Ausdruckskraft und scharfer Verstand sorgen dafür, daß Sie in Gesellschaft brillieren und gut sind im Knüpfen von Kontakten.

Merkur, der Ihr Sonnenzeichen und Ihre Dekade regiert, verleiht Ihnen einen scharfsichtigen und beweglichen Verstand und ein Gefühl für gute Gelegenheiten. Mit Ihrem Wissensdurst und Ihrem scharfen Intellekt interessieren Sie sich für unterschiedlichste Gebiete. Mit Ihrem sensiblen Nervensystem müssen Sie sich aber davor hüten, rastlos zu werden oder Ihre Kraft sinnlos zu vergeuden.

Wenn Sie sich auf Ihren Scharfsinn verlassen, kommen Sie mit jeder Situation zurecht; und dank Ihrer Ausdauer haben Sie auch die nötige Entschlossenheit, um Ihre Ziele zu erreichen. Mit Hartnäckigkeit können Sie Schwierigkeiten überwinden und Stärke entwickeln. Mit Ihrem sechsten Sinn für die Beweggründe anderer sind Sie ein geborener Psychologe, der freundschaftliche, aber scharfe Rededuelle schätzt. Im allgemeinen sagen Sie deutlich und direkt, was Sie meinen, sollten aber Provokationen und Streitlust vermeiden. Wenn Sie Ihre diplomatischen Fähigkeiten und Ihre gute Wahrnehmungsgabe einsetzen, fühlen Sie sofort, wenn Menschen oder Situationen Sie überfordern, können das aber mit Ihrer Großmut leicht auffangen.

In Ihren jungen Jahren stehen Sie unter dem starken Einfluß einer männlichen Person, etwa Ihres Vaters oder eines Onkels. Wenn Sie 22 sind und Ihre Sonne in das Zeichen des Krebses tritt, beginnen Sie sich mehr für Heim und Familie zu interessieren und möchten ein solides Fundament für sich finden. Es ist auch eine Phase, in der Ihr Bedürfnis nach Liebe, Verständnis und Geborgenheit wächst. Wenn Sie 52 sind und die Sonne in den Löwen tritt, erfahren Sie einen starken Anstieg Ihres Selbstbewußtseins und werden sich Ihrer eigenen Fähigkeiten mehr bewußt.

Ihr geheimes Selbst

Ihre innere Noblesse und Ihr Sinn für Wirkung lassen Sie warmherzig und freundlich und stark auf Liebe und Freundschaft reagieren. Oft sind Sie stolz und legen Wert auf Ihre äußere Erscheinung. Auch wenn Sie den Ihnen Nahestehenden gegenüber meist großzügig sind, können Sie sehr launisch oder reizbar werden, wenn Sie Feindseligkeit spüren. Hinter Ihrem schnellen Verstand und Ihrer Schlagfertigkeit verbergen Sie oft nur Ihre große Sensibilität.

Vielleicht verspüren Sie den Drang nach etwas Tiefgründigem und Gehaltvollem, das die ernsthafte und nachdenkliche Seite Ihres Charakters zur Entfaltung bringt. Da Sie sehr intuitiv sind, müssen Sie lernen, auf Ihre Instinkte zu vertrauen, und einen Weg finden, wie Sie Ihre innere Weisheit nutzbar machen können. Ihr Bedürfnis nach Selbstverwirklichung weist darauf hin, daß Sie starke Gefühle und große kreative Fähigkeiten besitzen. Wenn Sie diese Gaben weiterentwickeln, kommen Sie nicht nur mit depressiven Phasen besser zurecht, sondern können auch schöpferische Höchstleistungen erzielen.

Beruf & Karriere

Mit Ihrer Wortgewandtheit und Ihrem scharfen Verstand sind Sie ein ausgezeichneter Schriftsteller, Lehrer, Dozent, Promoter oder Unterhändler. Dank Ihrer guten Menschenkenntnis fühlen Sie sich auch in Verkauf, Agenturtätigkeit oder Öffentlichkeitsarbeit wohl. Als geborener Psychologe sollten Sie einen Beruf wählen, der viel mit persönlichen Kontakten zu tun hat, als Berater, Therapeut oder im Gesundheitswesen. Die Welt der Kunst und Unterhaltung spricht Ihre Kreativität und Ihren Sinn für Dramatik an. Mit Ihren Führungsqualitäten, Organisationsfähigkeiten und Ihrem strategischen Talent können Sie sich auch in der Welt der Wirtschaft behaupten. In diesem Bereich reizen Sie vor allem große Projekte und die Aussicht, Ihr Wissen mit anderen teilen zu können.

Berühmte Persönlichkeiten dieses Tages sind der Bigbandleader Benny Goodman, die Schriftstellerin Cornelia Otis Skinner, die Country-Sängerin Wynona Judd und der Filmregisseur Howard Hawks.

Numerologie

Zu den Eigenschaften der Zahl 30 gehören Kreativität, Freundlichkeit und Geselligkeit. Voller Ehrgeiz und kreativem Potential können Sie übernommene Ideen auf ganz individuelle Weise weiterentwickeln. Durch die 30 genießen Sie die schönen Seiten des Lebens und können außerordentlich charismatisch und kontaktfreudig sein. Da Sie starke Gefühle besitzen, ist Verliebtsein für Sie ein unerläßlicher Bestandteil des Lebens. Achten Sie darauf, daß Sie auf Ihrer Suche nach Glück nicht faul oder nachlässig werden; zudem müssen Sie sich vor einem Hang zu Ungeduld oder Eifersucht hüten, denn dies verursacht bei Ihnen emotionale Instabilität. Viele Menschen mit der Zahl 30 werden Anerkennung oder gar Ruhm ernten, vor allem als Musiker, Schauspieler oder Entertainer. Der Untereinfluß der Monatszahl 5 zeigt an, daß Sie eine mehr praktische Ausrichtung entwickeln sollten. Nutzen Sie Ihre Intelligenz, Ihre Voraussicht und Ihre kreative Kraft konstruktiv und bauen Sie an einer soliden Basis. Erfüllen Sie Ihre Aufgaben, und geben Sie Projekte nicht in der Hälfte auf. Fleiß und Teamarbeit sind sehr nutzbringend. Gehen Sie mit Takt und Diplomatie vor, wenn Sie eigene Wege gehen wollen.

Positiv: lebenslustig, loyal, freundlich, wortgewandt, kreativ, Glück.

Negativ: faul, eigensinnig, launisch, unsicher, ungeduldig, indifferent, Energieverschwendung.

Liebe & Zwischenmenschliches

Jugendlich und kontaktfreudig, besitzen Sie eine ruhelose Seite, durch die Sie ständig auf der Suche nach neuen Bekanntschaften und Orten sind. Da Sie von Natur aus gesellig und scharfsinnig sind, fällt es Ihnen nicht schwer, Freunde und Bewunderer zu gewinnen. Durch Ihre lebenslustige Art kommen Sie mit den unterschiedlichsten Menschen zurecht. In der Liebe sind Sie oft impulsiv und erleben heftige Romanzen. Ihr Hang zu Stimmungsschwankungen aber weist darauf hin, daß Sie ein wenig mehr Reife an den Tag legen sollten, um Schwierigkeiten in Ihren Beziehungen zu überwinden. Am meisten angezogen fühlen Sie sich von Menschen, die Ihre Kreativität anregen oder Ihnen helfen, Ihre innersten Vorstellungen umzusetzen.

---

denken und große Projekte zu bewältigen. Sie sollten jedoch immer daran denken, daß man für Ruhm oder Erfolg zuweilen auch Opfer bringen muß. Am günstigsten wirkt sich Aldebarans Einfluß auf Ihre Freude am Schreiben und Lernen sowie auf Ihr Interesse an pädagogischen Reformen aus.

- Positiv: theologisches Talent, Freude am Philosophieren, Ausdrucksstärke, Beliebtheit.
- Negativ: traurige Berühmtheit, mangelnde Konzentrationsfähigkeit, Angst.

Ihr Partner

Sicherheit und dauerhafte Liebe finden Sie am ehesten unter den Menschen, die an folgenden Tagen geboren wurden:

Liebe & Freundschaft: 6., 7., 16., 18., 22., 26. Jan., 4., 14., 20., 24. Feb., 2., 12., 18., 22. März, 10., 16., 20., 30. April, 8., 14., 18., 28. Mai, 6., 12., 16., 26. Juni, 4., 10., 14., 24., 31. Juli, 2., 4., 8., 12., 22., 29. Aug., 6., 10., 20., 27. Sept., 4., 8., 18., 25. Okt., 2., 6., 16., 23., 30. Nov., 4., 14., 18., 21., 28., 30. Dez.

Günstig: 6., 17., 23., 31. Jan., 4., 15., 21., 29. Feb., 2., 13., 19., 27., 30. März, 11., 17., 25., 28. April, 9., 15., 23., 26. Mai, 7., 13., 21., 24. Juni, 5., 11., 19., 22. Juli, 3., 9., 17., 20. Aug., 1., 7., 15., 18., 30. Sept., 5., 13., 16., 28. Okt., 3., 11., 14., 26. Nov., 1., 9., 12., 24. Dez.

Schicksalhaft: 29., 30. Nov., 1., 2. Dez.

Problematisch: 24. Jan., 22. Feb., 20., 29. März, 18., 27., 29. April, 6., 16., 25., 27., 30. Mai, 14., 22., 25., 28. Juni, 12., 21., 23., 26. Juli, 10., 19., 21., 24. Aug., 8., 17., 19., 22. Sept., 6., 15., 17., 20. Okt., 4., 13., 15., 18. Nov., 2., 11., 13., 16. Dez.

Seelenverwandt: 13. Jan., 11. Feb., 9. März, 7. April, 5. Mai, 3., 20. Juni, 1., 28. Juli, 26. Aug., 24. Sept., 22. Okt., 20. Nov., 18. Dez.

31. Mai

SONNE: ZWILLINGE
DEKADE: ZWILLINGE/MERKUR
GRAD: 8°30' – 10° ZWILLINGE
ART: BEWEGLICHES ZEICHEN
ELEMENT: LUFT

Fixstern

Name des Sterns: Aldebaran, auch Al Dabbaran genannt
Gradposition: 8°48' – 9°45' Zwillinge zwischen den Jahren 1930 und 2000
Magnitude: 1
Stärke: **********
Orbit: 2°30'
Konstellation: Alpha Tauri
Tage: 28., 29., 30., 31. Mai, 1., 2. Juni
Sternqualitäten: Mars/Merkur/Jupiter
Beschreibung: riesiger rötlich leuchtender Stern im linken Auge des Stiers.

Einfluß des Hauptsterns

Aldebaran ist einer der vier Königssterne oder Wächter des Himmels und somit von höchster Bedeutung. Er verleiht hohe Ideale, Ehre, Intelligenz, Eloquenz und Seriosität. Wenn Sie unter seinem Einfluß stehen, sind Sie mutig und können zu verantwortungsvollen Positionen und Lebensglück gelangen. Häufig ist der Erfolg jedoch nur von kurzer Dauer. Durch Aldebaran haben Sie eine klare, eindrucksvolle Art sich auszudrücken und können hervorragend diskutieren. Allerdings steht er auch für Widerspruchsgeist und Selbstzerstörung. Nehmen Sie sich vor der Eifersucht Ihrer Mitmenschen in acht und versuchen Sie, sich keine Feinde zu machen. Passen Sie außerdem auf Ihre Augen auf.
Im Zusammenhang mit dem Stand Ihrer Sonne sorgt Aldebaran für eine außerordentliche geistige Energie. Durch Entschlossenheit und Beharrlichkeit sind Sie zu großen Leistungen fähig und können im Leben viel erreichen. Aldebaran verspricht Erfolg, vor allem in öffentlichen Angelegenheiten. Er verleiht Ihnen

Als Zwilling sind Sie charmant, intelligent und verfügen über einen starken Willen. Idealismus und eine praktische Ader helfen Ihnen, viele Ihrer Ideen und Visionen in die Tat umzusetzen. Sie können sehr gut mit Menschen zusammenarbeiten und sind meist die Person, die das Projekt initiiert oder leitet.

Der doppelte Einfluß des Merkur, der sowohl Ihr Sonnenzeichen als auch Ihre Dekade regiert, verleiht Ihnen einen scharfen und agilen Verstand. Für die Förderung Ihrer geistigen Fähigkeiten ist eine gute Ausbildung unerläßlich. Da Sie selbst von Natur aus pädagogisch veranlagt sind, geben Sie gerne sowohl praktisches als auch intellektuelles Wissen an andere weiter. Sie sind nicht nur ein kreativer Denker, sondern besitzen auch Talent zum Schreiben, diplomatische Fähigkeiten oder ein Interesse an Sprache und Literatur.

Obwohl Sie idealistisch sind, können Sie auch ziemlich materialistisch sein und lieben Schönheit und Luxus. Dabei müssen Sie sich vor übermäßiger Eitelkeit und Extravaganz hüten. Ihr hochentwickelter Intellekt spielt eine bedeutende Rolle bei Ihrem Erfolg, deshalb brauchen Sie einen Beruf oder Interessen, die Sie geistig anregen. Da Sie fleißig, charmant und sehr intelligent sind, brauchen Sie nur ein wenig mehr Selbstdisziplin, um aus Ihrem bemerkenswerten Potential das Beste zu machen.

Sobald Sie 21 sind und Ihre Sonne in das Zeichen des Krebses eintritt, dreht sich Ihr Leben dreißig Jahre lang vor allem um Ihr Zuhause, Ihre Familie und darum, ein starkes Fundament aufzubauen. Sie werden auch vermehrt Bedürfnisse nach Intimität und emotionaler Sicherheit haben. Wenn Sie etwa 51 sind und Ihre Sonne in das Zeichen des Löwen wechselt, beginnt für Sie eine Phase des Selbstvertrauens und der Kreativität, der Autorität und der Stärke.

Ihr geheimes Selbst

Obwohl Sie unabhängig wirken, deutet Ihr Bedürfnis nach nahen Beziehungen darauf hin, daß Sie sich ohne eine funktionierende Partnerschaft nicht vollständig fühlen. Als guter Freund sind Sie bereit, Opfer für andere zu bringen. Sie investieren sehr viel Liebe, Zeit und Engagement und sollten darauf achten, daß dieses Geben nicht nur einseitig von Ihnen ausgeht. Wenn Sie zugunsten von Sicherheit zu viel von sich selbst aufgeben, besteht die Gefahr, daß Sie sich in eine Position der Abhängigkeit begeben. Ihre Sensibilität und Ihre hohen Ideale brauchen einen gewissen inneren Frieden, und Sie leiden sehr, wenn um Sie herum eine angespannte Atmosphäre herrscht. Ihre Sehnsucht nach Liebe findet möglicherweise Ausdruck in einer Vorliebe für Kunst oder Musik, oder aber es zieht Sie zu mystischen Erfahrungen. Sie werden feststellen, daß die Menschen aufgrund Ihrer Kompetenz und Ihres Verständnisses gerne zu Ihnen kommen, wenn sie Hilfe brauchen.

Beruf & Karriere

Im Herzen jung, versehen mit einem scharfen Verstand, haben Sie ein exzellentes Gedächtnis und bringen es in fast allen Berufen zu Erfolg. Ihr Hang zu Fakten und Ihre Wortgewandtheit führen Sie vielleicht in Publizistik, Bibliothekstätigkeit oder Statistik. Mit Ihrer Fähigkeit, die Führung zu übernehmen, und Ihrem Wissensdurst kommen auch Pädagogik oder Erwachsenenbildung in Frage. Mit Ihrer Vorliebe für menschenorientierte Tätigkeiten fühlen Sie sich aber auch in der Öffentlichkeitsarbeit oder in der

Werbung wohl. Da Sie meist kreativ sind, finden Sie vielleicht auch Erfüllung als Agent im künstlerischen Bereich, in der Schönheitsindustrie oder in malerischen oder musikalischen Tätigkeiten.

Berühmte Persönlichkeiten dieses Tages sind der Schauspieler Clint Eastwood, der Dichter Walt Whitman, der Filmregisseur Rainer Werner Fassbinder und die Schauspielerinnen Brooke Shields und Lea Thomson.

Numerologie

Starke Willenskraft, Entschlossenheit und ein Wunsch nach Selbstverwirklichung gehören zu den Charakteristika der 31. Häufig verbinden Sie intuitive und praktische Fähigkeiten, um die richtigen Entscheidungen zu treffen. Durch die Geburtstagszahl 31 haben Sie originelle Ideen, ein gutes Gefühl für Form und die Fähigkeit, in Geschäftsangelegenheiten erfolgreich zu sein, wenn Sie sich nur Zeit lassen und einem praktikablen Plan folgen. Mit diesem Geburtsdatum hängen auch Glück und günstige Gelegenheiten zusammen; außerdem gelingt es Ihnen möglicherweise, ein Hobby in eine gewinnbringende Beschäftigung umzuwandeln. Da Sie oft hart arbeiten, ist es wichtig, daß Sie sich Zeit für Liebe und Vergnügen nehmen. Der Untereinfluß der Monatszahl 5 führt dazu, daß Sie mutig und idealistisch sind. Obwohl Sie in der Regel ungezwungen sind, besitzen Sie feste Überzeugungen. Sie wirken kühl und unbeteiligt, können aber empfindsam und nervös sein. Wenn Sie Geduld üben und sich konzentrieren, vermeiden Sie es, Ihre Kraft zu vergeuden. Geben Sie bei einem Projekt oder Studium nicht auf halbem Weg auf.

Positiv: Glück, kreativ, originell, konstruktiv, praktisch, guter Gesprächspartner, verantwortungsbewußt.

Negativ: Unsicherheit, Ungeduld, Mißtrauen, leicht entmutigt, mangelnder Ehrgeiz, Selbstsucht, Sturheit.

Liebe & Zwischenmenschliches

Sie sind kontaktfreudig und praktisch, haben viel Haltung und wirken ebenso imponierend wie anziehend. Häufig setzen Sie Ihre diplomatischen Fähigkeiten ein, um in Ihren Beziehungen für Harmonie zu sorgen. Erfolg geht oft auf Ihre Anstrengung und Arbeit zurück, und Sie bevorzugen Menschen, die ebenfalls fleißig und erfolgreich sind. Häufig suchen Sie nach Seelenverwandtschaft, glauben an intuitive Bande und sind dem Partner treu, auf den Sie sich schließlich einlassen. Wenn Sie gelegentlich nicht die Zuneigung bekommen, die Sie sich wünschen, sollten Sie sich vor Eifersucht oder Launenhaftigkeit hüten.

die Fähigkeit, in großen Maßstäben zu denken und große Projekte zu bewältigen. Sie sollten jedoch immer daran denken, daß man für Ruhm oder Erfolg zuweilen auch Opfer bringen muß. Am günstigsten wirkt sich Aldebarans Einfluß auf Ihre Freude am Schreiben und Lernen sowie auf Ihr Interesse an pädagogischen Reformen aus.

- Positiv: theologisches Talent, Freude am Philosophieren, Ausdrucksstärke, Beliebtheit.
- Negativ: traurige Berühmtheit, mangelnde Konzentrationsfähigkeit, Angst.

Ihr Partner

Einen Partner, der Ihre Sensibilität und Ihr Bedürfnis nach Liebe versteht, werden Sie mit großer Wahrscheinlichkeit unter den an den folgenden Tagen geborenen Menschen finden:

Liebe & Freundschaft: 1., 4., 9., 27., 29. Jan., 2., 25., 27. Feb., 23., 25. März, 21., 23. April, 19., 21., 29. Mai, 17., 19., 27. Juni, 15., 17., 25. Juli, 13., 15., 23. Aug., 11., 13., 21. Sept., 9., 11., 19. Okt., 7., 9., 17. Nov., 5., 7., 15., 19. Dez.

Günstig: 3., 10., 15., 18. Jan., 1., 8., 13., 16. Feb., 6., 11., 14., 29., 31. März, 4., 9., 12., 27., 29. April, 2., 7., 10., 25., 27. Mai, 5., 8., 23., 25. Juni, 3., 6., 21., 23. Juli, 1., 4., 19., 21. Aug., 2., 17., 19. Sept., 15., 17. Okt., 13., 15. Nov., 11., 13. Dez.

Schicksalhaft: 30. April, 28. Mai, 26. Juni, 24. Juli, 22. Aug., 20. Sept., 18. Okt., 16. Nov., 1., 2., 3., 14. Dez.

Problematisch: 9., 14., 16., 25. Jan., 7., 12., 14., 23. Feb., 5., 10., 12., 21., 28., 30. März, 3., 8., 10., 19., 26., 28. April, 1., 6., 8., 17., 24., 26. Mai, 4., 6., 15., 22., 24. Juni, 2., 4., 13., 20., 22. Juli, 2., 11., 18., 20. Aug., 9., 16., 18. Sept., 7., 14., 16. Okt., 5., 12., 14. Nov., 3., 10., 12. Dez.

Seelenverwandt: 29. Dez.

SONNE: ZWILLINGE
DEKADE: WAAGE/VENUS
GRAD: 9°30' – 11° ZWILLINGE
ART: BEWEGLICHES ZEICHEN
ELEMENT: LUFT

Fixstern

Name des Sterns: Aldebaran, auch Al Dabbaran genannt
Gradposition: 8°48' – 9°45' Zwillinge zwischen den Jahren 1930 und 2000
Magnitude: 1
Stärke: **********
Orbit: 2°30'
Konstellation: Alpha Tauri
Tage: 28., 29., 30., 31. Mai, 1., 2. Juni
Sternqualitäten: Mars/Merkur/Jupiter
Beschreibung: riesiger rötlich leuchtender Stern im linken Auge des Stiers.

Einfluß des Hauptsterns

Aldebaran ist einer der vier Königssterne oder Wächter des Himmels und somit von höchster Bedeutung. Er verleiht hohe Ideale, Ehre, Intelligenz, Eloquenz und Seriosität. Wenn Sie unter seinem Einfluß stehen, sind Sie mutig und können verantwortungsvolle Positionen und Lebensglück erlangen. Häufig ist der Erfolg jedoch nur von kurzer Dauer. Durch Aldebaran haben Sie eine klare, eindrucksvolle Art sich auszudrücken und können hervorragend diskutieren. Allerdings steht er auch für Widerspruchsgeist und Selbstzerstörung. Nehmen Sie sich vor der Eifersucht Ihrer Mitmenschen in acht und versuchen Sie, sich keine Feinde zu machen. Passen Sie außerdem auf Ihre Augen auf.
Im Zusammenhang mit dem Stand Ihrer Sonne sorgt Aldebaran für eine außerordentliche geistige Energie. Durch Entschlossenheit und Beharrlichkeit sind Sie zu großen Leistungen fähig und können im Leben viel erreichen. Aldebaran verspricht Erfolg, vor allem in öffentlichen Angelegenheiten. Er verleiht Ihnen

1. Juni

♊ Mit diesem Geburtstag sind Sie geistig beweglich und intuitiv, außerdem vielseitig und jung im Herzen. Da Ihr Planet Merkur der Götterbote ist, besitzen Sie gute Kommunikationsfähigkeiten und ein sensibles Nervensystem. Durch den Untereinfluß der Waage, Ihres Dekadenzeichens, haben Sie nicht nur Charisma, sondern auch Überzeugungskraft und Charme. Dies fördert Ihre sozialen und künstlerischen Fähigkeiten und sorgt dafür, daß Sie attraktiv sind und starke Ausstrahlung besitzen.

Durch diese Anziehungskraft und das Bedürfnis nach ständiger Abwechslung ist Ihr Leben voll von immer wieder neuen Menschen und Erfahrungen, auch im Ausland. Obwohl Sie zahlreiche Interessen und Talente haben, können Sie extrem konzentriert und zielstrebig arbeiten, was in Verbindung mit Ihrem Optimismus garantiert zum Erfolg führt. Wenn Sie lernen, Distanz zu halten und mit konstruktiver Kritik leben zu können, werden Sie Ihren Hang zur Überempfindlichkeit und Sturheit überwinden. Achten Sie darauf, daß Sie Ihre Pläne wirklich ausführen und nicht nach der Hälfte fallenlassen. Oft werden Sie bei Ihren Anstrengungen von Frauen unterstützt.

Häufig sind Sie mit besonderer Wahrnehmungsfähigkeit und Sensibilität gesegnet und können Ihre Phantasie in Bereichen wie Musik, Kunst oder für die Umsetzung eines Ihrer idealistischen Träume einsetzen. Sie können aber auch Ihre medialen Kräfte entwickeln und sich spirituellen Themen zuwenden. Ihr aufgeschlossener und reger Geist erfaßt Ideen und Wissen sehr schnell.

Wenn Ihre Sonne in den Krebs tritt und Sie etwa 20 sind, legen Sie mehr Wert auf emotionale Sicherheit, Heim und Familie. Sie möchten für sich eine solide Basis schaffen, von der aus Sie arbeiten können. Wenn Sie um die 50 sind, folgt mit dem Eintreten Ihrer Sonne in den Löwen ein weiterer Wendepunkt; jetzt beginnt eine Phase, in der Sie sich stärker und selbstsicherer fühlen.

Ihr geheimes Selbst

Sie streben stets nach innerer Harmonie; Ihre größte Herausforderung aber ist Ihre Einstellung zu Geld und materiellen Dingen, da Sie zwischen Selbstunterschätzung und großer Risikobereitschaft schwanken. Wenn Sie Ihren Ängsten die Stirn bieten, können Sie Selbstvertrauen gewinnen und genießen, was das Leben Ihnen zu bieten hat. Sie sind ein wenig leichtsinnig und abenteuerlustig; mit zunehmender Reife wächst aber auch Ihr Sinn für Verantwortung. Wenn Sie die Verantwortung für Ihre Handlungen übernehmen und sie fair und gerecht abwickeln, werden Sie feststellen, daß das Leben reichlich entlohnt. Ihre Jugendlichkeit, die in Kreativität und Verspieltheit zum Ausdruck kommt, wird Ihnen ein Leben lang erhalten bleiben. Gelegentlich werden Sie in Ihren Erwartungen von anderen enttäuscht und müssen sich in acht nehmen, nicht nach Ersatzbefriedigungen zu suchen. Wahre Seelengröße erreichen Sie, wenn Sie lernen, mit anderen in einer Atmosphäre der Harmonie und Hilfsbereitschaft zusammenzuarbeiten und gleichzeitig Distanz zu wahren.

Beruf & Karriere

Ihre Karriere gründet sich vor allem auf Ihre bahnbrechende Art der Selbstverwirklichung und Ihre geistige Beweglichkeit. Mit Ihren natürlichen kommunikativen Fähigkeiten geben Sie einen erfolgreichen Verkäufer oder Promoter ab. Ebenso interessant für Sie sind Bereiche wie Journalismus, Schriftstellerei, Musik oder Theater. Vielleicht zieht es Sie auch ins Ausland. Oft begreifen Sie intuitiv, was sich im kollektiven Unterbewußten einer Generation abspielt, und möchten dies in irgendeiner Form von Kunst zum Ausdruck bringen. Veränderungen Ihrer Arbeitsbedingungen beeinflussen Ihre Laufbahn.

Berühmte Persönlichkeiten dieses Tages sind die Schauspielerin Marilyn Monroe, der Mormonenführer Brigham Young, der Bandleader Nelson Riddle, der Popsänger Pat Boone und die Sängerin Alanis Morrissette.

die Fähigkeit, in großen Maßstäben zu denken und große Projekte zu bewältigen. Sie sollten jedoch immer daran denken, daß man für Ruhm oder Erfolg zuweilen auch Opfer bringen muß. Am günstigsten wirkt sich Aldebarans Einfluß auf Ihre Freude am Schreiben und Lernen sowie auf Ihr Interesse an pädagogischen Reformen aus.

- Positiv: theologisches Talent, Freude am Philosophieren, Ausdrucksstärke, Beliebtheit.
- Negativ: traurige Berühmtheit, mangelnde Konzentrationsfähigkeit, Angst.

Numerologie

Durch die Zahl 1 sind Sie individuell, innovativ und mutig und stecken voller Energie. Häufig verspüren Sie das Bedürfnis, eine starke Identität aufzubauen. Ihr Pioniergeist beflügelt Sie, alles im Alleingang durchzuziehen. Das kann Sie für Führungsposten befähigen. Voller Begeisterungsfähigkeit und origineller Ideen zeigen Sie anderen den Weg in die Zukunft. Mit der 1 als Geburtstagszahl müssen Sie vielleicht auch lernen, daß sich die Welt nicht nur um Sie dreht, und einen Hang zu Egoismus und diktatorischen Anwandlungen bekämpfen. Der Untereinfluß der Monatszahl 6 deutet darauf hin, daß Sie lernen sollten, flexibler und den Bedürfnissen anderer gegenüber offener zu sein. Sie sind sehr eigenständig, sollten aber Ihre Verpflichtungen gegenüber Ihrer Familie nicht vernachlässigen. Mit Ausdauer und Entschlossenheit können Sie Geduld und Toleranz entwickeln. Durch starken Willen und Selbstdisziplin können Sie lernen, sich selbst und anderen gegenüber aufrichtig zu sein. Suchen Sie durch Ausbildung und Studium Sicherheit in Weisheit und Wissen.

Positiv: Führungsqualitäten, Kreativität, progressiv, Überzeugungskraft, Optimismus, feste Überzeugungen, Kampfgeist, Unabhängigkeit, Geselligkeit.

Negativ: Dominanz, Egoismus, hochmütig, feindselig, mangelnde Zurückhaltung, Selbstsucht, Stimmungsschwankungen, Ungeduld.

Liebe & Zwischenmenschliches

Sie ziehen Menschen jeder Art in Ihren Bann und sollten deshalb bei der Auswahl Ihrer Freunde vorsichtig sein. Häufig schwanken Sie zwischen äußerster Offenheit Ihrer Gedanken und Gefühle und kühler Zurückhaltung. Da Charme und Charisma zu Ihren Hauptvorzügen gehören, fällt es Ihnen nicht schwer, Freunde und Bekannte zu finden. Vielleicht wissen Sie nicht recht, was Sie eigentlich wollen, und häufig haben Sie Schwierigkeiten, in Ihren Beziehungen für Unabhängigkeit und Harmonie zu sorgen. Sie fühlen sich zu intellektuellen Menschen hingezogen und sollten Informationen und Interessen mit Ihren Freunden teilen.

Ihr Partner

Sie werden das Glück finden mit Menschen, die an folgenden Tagen geboren sind:

Liebe & Freundschaft: 9., 13., 23., 25., 27. Jan., 7., 21., 23., 25. Feb., 5., 19., 21., 23., 29. März, 3., 17., 19., 21., 27., 30. April, 1., 15., 17., 19., 25., 28. Mai, 13., 15., 17., 23., 26. Juni, 11., 13., 15., 21., 24. Juli, 9., 11., 13., 19., 22. Aug., 7., 9., 11., 17., 20. Sept., 5., 7., 9., 15., 18. Okt., 3., 5., 7., 13., 16. Nov., 1., 3., 5., 11., 14. Dez.

Günstig: 2., 4., 7. Jan., 2., 5. Feb., 3. März, 1. April, 31. Mai, 29. Juni, 27., 31. Juli, 25., 29. Aug., 23., 27. Sept., 21., 25. Okt., 19., 23. Nov., 17., 21. Dez.

Schicksalhaft: 8., 14. Jan., 6., 12. Feb., 4., 10. März, 2., 8. April, 6. Mai, 4. Juni, 2. Juli, 2., 3., 4. Dez.

Problematisch: 6., 19., 29. Jan., 4., 17., 27. Feb., 2., 15., 25. März, 13., 23. April, 11., 21. Mai, 9., 19. Juni, 7., 17. Juli, 5., 15. Aug., 3., 13., 30. Sept., 1., 11., 28. Okt., 9., 26. Nov., 7., 24., 29. Dez.

Seelenverwandt: 16., 21. Jan., 14., 19. Feb., 12., 17. März, 10., 15. April, 8., 13. Mai, 6., 11. Juni, 4., 9. Juli, 2., 7. Aug., 5. Sept., 3. Okt., 1. Nov.

SONNE: ZWILLINGE
DEKADE: WAAGE/VENUS
GRAD: 10°30' – 12° ZWILLINGE
ART: BEWEGLICHES ZEICHEN
ELEMENT: LUFT

Fixstern

Name des Sterns: Aldebaran, auch Al Dabbaran genannt
Gradposition: 8°48' – 9°45' Zwillinge zwischen den Jahren 1930 und 2000
Magnitude: 1
Stärke: **********
Orbit: 2°30'
Konstellation: Alpha Tauri
Tage: 28., 29., 30., 31. Mai, 1., 2. Juni
Sternqualitäten: Mars/Merkur/Jupiter
Beschreibung: riesiger rötlich leuchtender Stern im linken Auge des Stiers.

Einfluß des Hauptsterns

Aldebaran ist einer der vier Königssterne oder Wächter des Himmels und somit von höchster Bedeutung. Er verleiht hohe Ideale, Ehre, Intelligenz, Eloquenz und Seriosität. Wenn Sie unter seinem Einfluß stehen, sind Sie mutig und können verantwortungsvolle Positionen und Lebensglück erlangen. Häufig ist der Erfolg jedoch nur von kurzer Dauer. Durch Aldebaran haben Sie eine klare, eindrucksvolle Art sich auszudrücken und können hervorragend diskutieren. Allerdings steht er auch für Widerspruchsgeist und Selbstzerstörung. Nehmen Sie sich vor der Eifersucht Ihrer Mitmenschen in acht und versuchen Sie, sich keine Feinde zu machen. Passen Sie außerdem auf Ihre Augen auf.
Im Zusammenhang mit dem Stand Ihrer Sonne sorgt Aldebaran für eine außerordentliche geistige Energie. Durch Entschlossenheit und Beharrlichkeit sind Sie zu großen Leistungen fähig und können im Leben viel erreichen. Aldebaran verspricht Erfolg, vor allem in öffentlichen Angelegenheiten. Er verleiht Ihnen die Fähigkeit, in großen Maßstäben zu

2. Juni

♊ Sie sind ein fleißiger, liebenswerter und beliebter Mensch mit guten Erfolgschancen. Obwohl Sie unabhängig sind, können Sie durch Ihren Charme und Ihre Überzeugungskraft gut mit anderen zusammenarbeiten. Da Sie außerdem hervorragende Organisationsfähigkeiten besitzen, können Sie Beruf und Vergnügen geschickt miteinander verbinden.

Der Untereinfluß Ihres Dekadenzeichens Waage verleiht Ihnen musisches Talent und einen Sinn für Schönheit und Luxus. Auch diplomatische Fähigkeiten gehen von diesem Einfluß aus, die Ihnen in Ihren Beziehungen von Nutzen sind und Sie zu einem ausgezeichneten Unterhändler machen. Allerdings müssen Sie sich davor hüten, Ihre Wortgewalt zu mißbrauchen und scharfe Bemerkungen zu machen, wenn Sie verärgert, stur oder trotzig sind. Diese eigenwillige und rebellische Seite Ihrer Persönlichkeit steht im Kontrast zu einer unerwartet sensiblen und mitfühlenden Komponente Ihres Wesens. Da Sie sich gern unter Kontrolle haben, zeigen Sie anderen diese Seite aber ziemlich selten.

Obwohl Sie gesunden Menschenverstand und die feste Überzeugung haben, daß Sie Ihre Träume verwirklichen können, müssen Sie darauf achten, daß Sie sich nicht von Ihren idealistischen Zielen ablenken lassen. Sie sind durchaus durch Trägheit oder Ausschweifungen gefährdet. Wenn Sie aber von einer Sache überzeugt sind, können Sie äußerst hart arbeiten, und Sie haben sehr wohl das Talent und die Entschlossenheit, Ihre Ziele zu erreichen.

Wenn Sie 19 sind und Ihre Sonne in das Zeichen des Krebses tritt, gewinnen Sicherheit, Heim und Familie mehr Bedeutung in Ihrem Leben, was darauf hindeutet, daß Sie sich Ihrer emotionalen Bedürfnisse vermehrt bewußt werden. Diese Phase dauert, bis Sie 49 sind; jetzt wechselt Ihre Sonne in das Zeichen des Löwen, und für Sie beginnt eine Zeit voller Vitalität, Selbstvertrauen und wachsendem Bedürfnis nach Selbstverwirklichung.

Ihr geheimes Selbst

Da Sie intelligent sind und Sie Menschen und Situationen sehr schnell erfassen, ist Ihnen klar, daß Wissen Macht bedeutet. Ihre innere Noblesse und Ihr Sinn für Wirkung verleihen Ihnen Führungsqualitäten und Selbstvertrauen. Obwohl Sie äußerst kompetent sind, überraschen Sie andere hin und wieder mit Phasen voller Selbstzweifel und Minderwertigkeitsgefühlen. Da Sie aber große Intuitionskraft besitzen, erkennen Sie Ihre eigenen Mängel und können an ihnen arbeiten. Bildung in jedweder Form ist deshalb außerordentlich wichtig für Sie und kann Ihnen helfen, Ihre Ziele zu erreichen.

Ihr Verantwortungsbewußtsein erstreckt sich ganz besonders auf Ihre Familie, die eine große Rolle in Ihrem Leben spielt. Vermeiden Sie Routine, und geben Sie zugunsten des Alltagstrotts nicht zu viele andere Bereiche Ihres Lebens auf. Obwohl Sie gelegentlich herrisch oder rechthaberisch scheinen, besitzen Sie doch eine humanitäre Ader und stehen anderen gerne mit Rat und Tat zur Seite.

Beruf & Karriere

Da Sie Menschen schnell einschätzen können und großen Charme besitzen, kommen für Sie Verkauf, Promotion und Öffentlichkeitsarbeit in Frage. In der Geschäftswelt ziehen Sie möglicherweise Positionen vor, die mit dem Geld anderer Leute zu tun haben, oder treten als Einkäufer, Agent oder Unterhändler auf. Ihre humanitäre Seite kann Sie in beratende oder sozial verantwortliche Tätigkeiten führen. Da Sie einen erfindungsreichen und innovativen Verstand haben, sind auch Naturwissenschaft und Technologie geeignet für Sie. Ihre Phantasie und Ihre visuelle Begabung finden in Fotografie, Theater oder Musik eine Ausdrucksform. Teamarbeit ist besonders gewinnbringend für Sie.

Berühmte Persönlichkeiten dieses Tages sind der Schriftsteller Thomas Hardy, der Schlagzeuger Charlie Watts, der Musiker und Schriftsteller Marvin Hamlisch, der Schauspieler Johnny Weissmuller und der Komponist Edward Elgar.

Numerologie

Zu den Eigenschaften der 2 gehören Sensibilität und das starke Bedürfnis, Teil einer Gruppe zu sein. Von Natur aus anpassungsfähig und verständnisvoll, schätzen Sie gemeinschaftliche Aktivitäten. Allerdings riskieren Sie bei Ihrem Versuch, anderen zu gefallen, sich zu stark in Abhängigkeit zu begeben. Wenn Sie aber mehr Selbstvertrauen gewinnen, sind Sie durch Handlungen und Kritik anderer nicht mehr so leicht verletzbar. Der Untereinfluß der Monatszahl 6 zeigt auf, daß Sie mehr Verantwortungsbewußtsein für Ihre Taten entwickeln sollten. Lernen Sie durch Selbstdisziplin und Fleiß die Kontrolle über Ihr Leben zu übernehmen. Wenn Sie lernen, besser mit Geld umzugehen, können Sie eine solide Basis aufbauen, auf der Sie sich sicher fühlen. Berücksichtigen Sie die Fehler und Schwächen anderer, und Sie gewinnen die Kraft, anderen zu helfen. Wenn Sie trotz Schwierigkeiten durchhalten, werden Sie Erfolg haben.

Positiv: gute Partner, sanft, taktvoll, wendig, aufgeschlossen, Intuition, Rücksicht, Harmonie, Botschafter des guten Willens.

Negativ: Mißtrauen, mangelndes Selbstvertrauen, Schüchternheit, überemotional, Selbstsucht, leicht verletzt, Falschheit.

Liebe & Zwischenmenschliches

Auch wenn Ihr Zuhause eine wichtige Rolle in Ihrem Leben spielt, müssen Sie sich davor hüten, daß Ihre Beziehungen in flaue Routine absacken. Da Sie sehr intuitiv sind, reagieren Sie sensibel auf die Launen anderer und brauchen eine harmonische Umgebung, müssen sich aber selber hüten, launisch und überempfindlich zu sein. Mit Ihrem Verständnis und Ihrem Mitgefühl unterstützen und ermutigen Sie die Menschen, die Sie lieben; häufig sind Sie um des lieben Friedens willen zu Kompromissen bereit. Gehen Sie mit Ihrem Partner zusammen einer kreativen Beschäftigung nach, das wird Sie einander näherbringen. Mit Freunden zusammensein und gute Unterhaltung heben Ihre Laune enorm.

denken und große Projekte zu bewältigen. Sie sollten jedoch immer daran denken, daß man für Ruhm oder Erfolg zuweilen auch Opfer bringen muß. Am günstigsten wirkt sich Aldebarans Einfluß auf Ihre Freude am Schreiben und Lernen sowie auf Ihr Interesse an pädagogischen Reformen aus.

- Positiv: theologisches Talent, Freude am Philosophieren, Ausdrucksstärke, Beliebtheit.
- Negativ: traurige Berühmtheit, mangelnde Konzentrationsfähigkeit, Angst.

Ihr Partner

Wenn Sie jemanden suchen, bei dem Sie Sicherheit, dauerhaftes Glück und Liebe finden, sollten Sie sich unter den Menschen umsehen, die an folgenden Tagen geboren sind:

Liebe & Freundschaft: 10., 14., 26., 28. Jan., 8., 12., 24., 26. Feb., 6., 22., 24., 30. März, 4., 20., 22., 28. April, 2., 18., 20., 26., 29. Mai, 16., 18., 24., 27. Juni, 14., 16., 22., 25. Juli, 12., 14., 20., 23., 30. Aug., 10., 12., 18., 21., 28. Sept., 8., 10., 16., 19., 26. Okt., 6., 8., 14., 17., 24. Nov., 4., 6., 12., 15., 22. Dez.

Günstig: 8. Jan., 6. Feb., 4., 28. März, 2., 26. April, 24. Mai, 22., 30. Juni, 20., 28., 29. Juli, 18., 26., 27., 30. Aug., 16., 24., 25., 28. Sept., 14., 22., 23., 26., 29. Okt., 12., 20., 21., 24., 27. Nov., 10., 18., 19., 22., 25. Dez.

Schicksalhaft: 15. Jan., 13. Feb., 11. März, 9. April, 7. Mai, 5. Juni, 3. Juli, 1. Aug., 3., 4., 5. Dez.

Problematisch: 7., 9., 30. Jan., 5., 7., 28. Feb., 3., 5., 26. März, 1., 3., 24. April, 1., 22. Mai, 20. Juni, 18. Juli, 16. Aug., 14. Sept., 12., 29. Okt., 10., 27. Nov., 8., 25., 30. Dez.

Seelenverwandt: 8., 27. Jan., 6., 25. Feb., 4., 23. März, 2., 21. April, 19. Mai, 17. Juni, 15. Juli, 13. Aug., 11. Sept., 9. Okt., 7. Nov., 5. Dez.

SONNE: ZWILLINGE
DEKADE: WAAGE/VENUS
GRAD: 11°30' – 13° ZWILLINGE
ART: BEWEGLICHES ZEICHEN
ELEMENT: LUFT

Fixstern

Name des Sterns: Rigel
Gradposition: 15°50' – 16°40' Zwillinge zwischen den Jahren 1930 und 2000
Magnitude: 1
Stärke: **********
Orbit: 2°30'
Konstellation: Beta Orionis
Tage: 3., 4., 5., 6., 7., 8., 9. Juni
Sternqualitäten: unterschiedliche Einflüsse: Mars/Jupiter oder Saturn/Jupiter
Beschreibung: leuchtend blau-weißer Doppelstern am linken Fuß des Orion.

Einfluß des Hauptsterns

Rigel bewirkt, daß Sie im Leben schnell vorwärtskommen, und verleiht Ihnen starke Willenskraft, Ehrgeiz und den Drang nach Allgemeinbildung. Tatendrang und gute Chancen stimulieren Ihr Wettbewerbsdenken. Menschen unter Rigels Einfluß können wissenschaftlich denken und sind häufig erfinderisch. Rigel sorgt auch für Anerkennung, materiellen Reichtum und anhaltenden Erfolg. Im Zusammenhang mit dem Stand Ihrer Sonne verleiht Ihnen Rigel Mut und eine liberale Lebensauffassung. Überdies können Sie sehr fleißig sein, zumal Sie einen ausgeprägten Geschäftssinn sowie ein Gefühl für Politik und öffentliche Angelegenheiten haben. Rigel sorgt auch dafür, daß Sie sich für Astrologie interessieren und für den Weg der höheren Bildung entscheiden. Unter seinem Einfluß gelangen Sie durch Direktheit und Bestimmtheit zu großem Erfolg. Sie sollten jedoch nicht zu freimütig sein.

• Positiv: Gründer großer Unternehmen, liberal, Bildung, Gemeinsinn.

• Negativ: jähzornig, anmaßend, widerspenstig, anspruchsvoll, rastlos.

3. Juni

Mit diesem Geburtstag besitzen Sie einen scharfen Verstand und Entschlossenheit, sind gesellig und fröhlich und verspüren den starken Wunsch nach Selbstverwirklichung. Mit Ihrer Sensibilität und Ihren tiefen Gefühlen sind Sie häufig auch ein Idealist. Da Sie gerne neue Projekte initiieren, sollten Sie unbedingt eine kreative Beschäftigung anstreben und aktiv daran arbeiten, Ihr großes Potential auszuschöpfen.

Der starke Einfluß der Venus auf die zweite Zwillingsdekade verstärkt den Drang, mit Menschen zusammenzusein. Im allgemeinen sind Sie kreativ und haben unterhaltsame Freunde und besitzen ein starkes Gefühl für Schönheit, Farbe und Form. Ihre Schlagfertigkeit und Fröhlichkeit lassen Sie ständig auf der Suche nach Unterhaltung sein. Der Einfluß der Venus kann auch für Eitelkeit, Unentschlossenheit oder Nachgiebigkeit sich selbst gegenüber stehen. Wenn Sie in Topform sind, können Sie Ihre sozialen und kreativen Fähigkeiten mit Ihrem Erfindungsreichtum und Ihrem Fleiß verknüpfen und so zu Erfolg gelangen.

Sie haben gute kommunikative Fähigkeiten, vielleicht aber auch den Wunsch, sich selbst auf einer tieferen Ebene besser kennenzulernen. Diese Suche nach Weisheit bringt es mit sich, daß Sie häufig Antworten auf die tiefgründigeren Fragen des Lebens suchen, was dazu führen kann, daß Sie sich spirituellen oder mystischen Gebieten zuwenden. Wenn Sie diese Bedürfnisse ignorieren, kann es passieren, daß Ihre introvertierte Seite die Oberhand gewinnt und Sie überernst, launisch oder gar depressiv werden und nur noch mit sich selbst beschäftigt sind. Andererseits können Sie äußerst charmant und idealistisch sein, mit blühender Phantasie und brillanten Ideen.

Wenn Sie 18 sind und Ihre Sonne in das Zeichen des Krebses tritt, gewinnen Sicherheit, Heim und die Gründung einer Familie mehr Bedeutung in Ihrem Leben, was darauf hindeutet, daß Sie sich Ihrer emotionalen Bedürfnisse mehr bewußt werden. Diese Phase dauert, bis Sie 48 sind; jetzt tritt Ihre Sonne in das Zeichen des Löwen, und für Sie beginnt eine Zeit voller Vitalität, Selbstvertrauen und wachsendem Bedürfnis nach Selbstverwirklichung, was Sie geselliger und abenteuerlustiger macht.

Ihr geheimes Selbst

Vielleicht suchen Sie nach Herausforderungen, die Sie von innen heraus verändern. So bauen Sie innere Stärke auf, mit deren Hilfe Sie Hindernisse überwinden können. Ihre analytischen und intuitiven Qualitäten helfen Ihnen zusätzlich bei dieser Aufgabe; hüten Sie sich aber vor Eifersucht oder Angst vor dem Verlassenwerden. Auf der anderen Seite besitzen Sie einen wunderbaren trockenen Humor, der Ihnen über die meisten Schwierigkeiten im Leben hinweghilft.

Sie sind verantwortungsbewußt und engagiert und können äußerst hart arbeiten, wenn eine Sache Sie wirklich interessiert. Dank Ihrem Einfühlungsvermögen in die menschliche Natur sind Sie sehr verständnisvoll und fürsorglich. Andererseits brauchen Sie auch Zeit für sich, dürfen sich dabei aber nicht einsam fühlen. Zuviel Isolation führt zu Geheimnistuerei und Launenhaftigkeit. Wenn Sie Ihr Selbstvertrauen stärken und auf Ihre Intuition vertrauen, können Sie Probleme im Handumdrehen lösen. Vielleicht verleiht Ihnen dies auch ein wenig Kampfgeist, der Ihnen hilft, Ihre Pläne zu verwirklichen.

Beruf & Karriere

Ihr Wunsch zu lernen und Ihre Abneigung gegen Routine sorgen dafür, daß Sie auf der Suche nach einer geistig anspruchsvollen Arbeit erst einmal vieles ausprobieren. Ihre Wortbegabung hilft Ihnen in der Welt der Kommunikation, bei Verkauf, Schreiben oder in der Verlagswelt. Andere schätzen Ihre innovativen und originellen Ideen und bewundern Ihre Ruhe, die Sie auch in Krisensituationen und Streß nicht verlieren. Mit Ihrer unabhängigen Haltung und Ihren Führungsqualitäten sind Sie auch für Handel und Industrie wie geschaffen. Aber auch kreative und künstlerische Tätigkeiten in der Welt des Showbusineß kommen für Sie in Frage.

Berühmte Persönlichkeiten dieses Tages sind der Schauspieler Tony Curtis, der Soulmusiker Curtis Mayfield, die Künstlerin Josephine Baker und der Dichter Allen Ginsberg.

Numerologie

Durch die Zahl 3 sind Sie sensibel und haben das Bedürfnis nach Kreativität und emotionaler Selbstverwirklichung. Sie sind lebenslustig und ein fröhlicher Gefährte, schätzen gemeinschaftliche Aktivitäten und haben viele Interessen. Obwohl Sie vielseitig und ausdrucksstark sind und den Wunsch haben, viele aufregende Dinge zu erleben, neigen Sie gelegentlich dazu, sich zu langweilen, was zu Unentschlossenheit führt. Durch die 3 sind Sie zwar im allgemeinen musisch begabt und charmant und haben Humor, aber Sie müssen mehr Selbstwertgefühl entwickeln und sich vor Angstgefühlen oder Unsicherheit in acht nehmen. Der Untereinfluß der Monatszahl 6 führt dazu, daß Sie idealistisch und phantasiebegabt sind. Ihre Neugier und der Wunsch, das Leben in seiner ganzen Tiefgründigkeit zu begreifen, weisen darauf hin, daß Sie sich spirituell weiterentwickeln sollten. Wenn Sie Mitgefühl und Verständnis zeigen, lernen Sie, Ihren hohen Idealen selbst gerecht zu werden. Ihre Gedanken zum Ausdruck zu bringen beugt Angstgefühlen und Mißtrauen vor.

Positiv: Humor, Glück, Freundlichkeit, Produktivität, Kreativität, musisch begabt, Wunschkraft, Freiheitsliebe, Wortgewandtheit.

Negativ: leicht gelangweilt, eitel, neigt zum Übertreiben, gefühllos, großspurig, extravagant, nachlässig, faul, scheinheilig, verschwenderisch.

Liebe & Zwischenmenschliches

Da Sie sehr gesellig sind, lieben Sie das Zusammensein mit Freunden und sind schlagfertig und unterhaltsam, aber auch loyal und mitfühlend. Obwohl Sie äußerst liebevoll und herzlich sein können, geraten Sie gelegentlich in die Zwickmühle zwischen Arbeit und Liebe. Eine Lösung wäre, einen Partner zu finden, der Ihre hohen Ziele und Ansprüche teilt und mitträgt. Sie brauchen vertraute Nähe, aber wenn Sie sich gehemmt oder unsicher fühlen, werden Sie mißtrauisch oder eifersüchtig und beschäftigen sich nur noch mit Ihren eigenen Interessen.

Ihr Partner

Spontaneität, Verständnis für Ihre Ideale und tiefe Liebe finden Sie am ehesten unter den Menschen, die an folgenden Tagen geboren wurden:

Liebe & Freundschaft: 7., 11., 20., 25., 27., 29. Jan., 9., 18., 23., 25., 27. Feb., 7., 16., 21., 23., 25. März, 5., 14., 19., 21., 23. April, 3., 12., 17., 19., 21. Mai, 1., 10., 15., 17., 19. Juni, 8., 13., 15., 17. Juli, 6., 11., 13., 15. Aug., 4., 9., 11., 13. Sept., 2., 7., 9., 11., 17. Okt., 5., 7., 9. Nov., 3., 5., 7. Dez.

Günstig: 9., 26. Jan., 7., 24. Feb., 5., 22. März, 3., 20. April, 1., 18., 29. Mai, 16., 27. Juni, 14., 25., 29., 30. Juli, 12., 23., 27., 28., 31. Aug., 10., 21., 25., 26., 29. Sept., 8., 19., 23., 24., 27. Okt., 6., 17., 21., 22., 25. Nov., 4., 15., 19., 20., 23. Dez.

Schicksalhaft: 16. Jan., 14. Feb., 12. März, 10. April, 8. Mai, 6. Juni, 4. Juli, 2. Aug., 4., 5., 6. Dez.

Problematisch: 8., 29., 31. Jan., 6., 27., 29. Feb., 4., 25., 27., 28. März, 2., 23., 25., 26. April, 21., 23., 24. Mai, 19., 21., 22. Juni, 17., 19., 20. Juli, 15., 17., 18. Aug., 13., 15., 16. Sept., 11., 13., 14., 30. Okt., 9., 11., 12., 28. Nov., 7., 9., 10., 26. Dez.

Seelenverwandt: 30. Mai, 28. Juni, 26. Juli, 24. Aug., 22., 30. Sept., 20., 28. Okt., 18., 26. Nov., 16., 24. Dez.

4. Juni

SONNE: ZWILLINGE
DEKADE: WAAGE/VENUS
GRAD: 12°30' – 14° ZWILLINGE
ART: BEWEGLICHES ZEICHEN
ELEMENT: LUFT

Fixstern

Name des Sterns: Rigel
Gradposition: 15°50' – 16°40' Zwillinge zwischen den Jahren 1930 und 2000
Magnitude: 1
Stärke: **********
Orbit: 2°30'
Konstellation: Beta Orionis
Tage: 3., 4., 5., 6., 7., 8., 9. Juni
Sternqualitäten: unterschiedliche Einflüsse: Mars/Jupiter oder Saturn/Jupiter
Beschreibung: leuchtend blau-weißer Doppelstern am linken Fuß des Orion.

Einfluß des Hauptsterns

Rigel bewirkt, daß Sie im Leben schnell vorwärtskommen, und verleiht Ihnen starke Willenskraft, Ehrgeiz und den Drang nach Allgemeinbildung. Tatendrang und gute Chancen stimulieren Ihr Wettbewerbsdenken. Menschen unter Rigels Einfluß können wissenschaftlich denken und sind häufig erfinderisch. Rigel sorgt auch für Anerkennung, materiellen Reichtum und anhaltenden Erfolg. Im Zusammenhang mit dem Stand Ihrer Sonne verleiht Ihnen Rigel Mut und eine liberale Lebensauffassung. Überdies können Sie sehr fleißig sein, zumal Sie einen ausgeprägten Geschäftssinn sowie ein Gefühl für Politik und öffentliche Angelegenheiten haben. Rigel sorgt auch dafür, daß Sie sich für Astrologie interessieren und für den Weg der höheren Bildung entscheiden. Unter seinem Einfluß gelangen Sie durch Direktheit und Bestimmtheit zu großem Erfolg. Sie sollten jedoch nicht zu freimütig sein.

- Positiv: Gründer großer Unternehmen, liberal, Bildung, Gemeinsinn.
- Negativ: jähzornig, anmaßend oder widerspenstig, anspruchsvoll, rastlos.

♊ Als guter Gesprächspartner mit ausgeprägten sozialen Fähigkeiten kennen Sie die menschliche Natur und lieben das Zusammensein mit Menschen jeder Herkunft. Sie sind vielseitig begabt und besitzen die Gabe, in vielen Bereichen des Lebens die Führung zu übernehmen. Dieser Vorteil kann aber auch zum Hemmnis werden, wenn Sie sich verzetteln. Dank Ihrer angeborenen Menschenkenntnis können Sie anderen oft sowohl in psychologischer als auch in materieller Hinsicht mit Rat und Tat zur Seite stehen.

Durch den zusätzlichen Einfluß der Venus auf die zweite Zwillingsdekade sind Sie herzlich und freundlich und fühlen sich zu Schönheit und Künsten hingezogen. Mit Ihrem fröhlichen Charme können Sie freimütig sein, ohne verletzend zu werden, und verfügen im Bedarfsfall über diplomatische Fähigkeiten. Venus steht auch für den Wunsch, beliebt zu sein, und macht Sie äußerst anziehend für das andere Geschlecht.

Da Sie einen innovativen Geist und eine ausgeprägte Individualität besitzen, finden Sie am ehesten Erfüllung im Leben, wenn Sie etwas Außergewöhnliches und Originelles tun. Hindernisse auf Ihrem Weg zum Erfolg sind Ungeduld und Maßlosigkeit. Damit verbunden ist auch die Gefahr, daß Sie sich zuviel aufladen und unter Nervosität und Anspannung leiden. Sie schätzen Bildung und besitzen eine schnelle Auffassungsgabe und können beides meist sehr gut in eine lukrative Beschäftigung umsetzen. Da Sie häufig tolerant und ein Kämpfer für die Freiheit sind, setzen Sie sich auch für soziale Interessen oder Menschenrechte ein.

Wenn Sie 17 sind und Ihre Sonne in das Zeichen des Krebses tritt, beginnt eine Phase, in der Sie viel Wert auf eine harmonische Umgebung legen. Zudem gewinnen Sicherheit, Heim und Familie mehr Bedeutung in Ihrem Leben, was darauf hindeutet, daß Sie sich Ihrer emotionalen Bedürfnisse mehr bewußt werden. Diese Phase dauert, bis Sie 47 sind; jetzt wechselt Ihre Sonne in das Zeichen des Löwen, und für Sie beginnt eine Zeit voller Vitalität und Selbstvertrauen. Sie werden jetzt mehr an die Öffentlichkeit treten.

Ihr geheimes Selbst

Sie sind kreativ, geistig rastlos, wißbegierig, haben vielseitige Interessen und lieben es, mit neuen Ideen herumzuexperimentieren. Vielleicht müssen Sie aber lernen, Ihre Kräfte zu konzentrieren und sich auf eine überschaubare Anzahl von Projekten zu beschränken, wenn Sie Ihr Potential entwickeln wollen. Angstgefühle und Unentschlossenheit können Sie in Ihrem Vorwärtsdrang ebenfalls behindern. Auch wenn Sie selbstbewußt wirken, deutet Ihr Wunsch nach Beliebtheit darauf hin, daß Sie die Anerkennung anderer brauchen. Wenn Sie aber diszipliniert an Ihren kreativen Ideen arbeiten, können Sie Großes erreichen. Neben einer verborgenen Sensibilität besitzen Sie auch das Potential für Philosophie oder Spiritualität, das – sofern Sie es fördern – Ihr Vertrauen in Ihre eigenen Fähigkeiten und das Leben im allgemeinen stärkt. Viele Menschen, die an diesem Tag geboren wurden, arbeiten unter Vorgesetzten, die weniger talentiert und kompetent sind als sie selbst; deshalb müssen Sie Selbstvertrauen entwickeln, wenn Sie die Ziele erreichen wollen, zu denen Sie fähig sind. Nehmen Sie sich Zeit für sich, zum Nachdenken oder Meditieren, um innere Ruhe zu finden. Unterschätzen Sie nie die Macht der Liebe.

Beruf & Karriere

Ehrgeizig und entschlossen, verfügen Sie auch über einen guten Geschäftssinn, der Ihnen in der Geschäftswelt äußerst hilfreich sein wird. Ihre natürlichen psychologischen Fähigkeiten befähigen Sie für Verkauf, Werbung oder auch jegliche Form von Therapie.

Menschenorientierte Berufe kommen Ihnen besonders entgegen, und da Sie Ihr Wissen gern mit anderen teilen, fühlen Sie sich auch als Lehrer oder Dozent sehr wohl. Im allgemeinen besitzen Sie gute Teamfähigkeit; da Sie aber ungern Anordnungen von anderen annehmen, ziehen Sie es vielleicht vor, selbständig zu arbeiten. Journalismus oder Schriftstellerei befriedigen Ihre kreative Ader. Ihr Sinn für Dramatik findet am besten Ausdruck in Musik, Kunst, Tanz oder Theater.

Berühmte Persönlichkeiten dieses Tages sind die Schauspielerinnen Gina Lollobrigida und Rosalind Russell, der Volksschauspieler Karl Valentin und die TV-Psychologin «Dr. Ruth» Westheimer.

Numerologie

Die feste Struktur und ordnende Kraft, die von der Zahl 4 ausgehen, führen dazu, daß Sie Stabilität und eine feste Ordnung brauchen. Voller Energie und Entschlossenheit und mit praktischen Fähigkeiten gesegnet, können Sie durch harte Arbeit zu Erfolg gelangen. Da Sie sicherheitsbewußt sind, möchten Sie ein starkes Fundament für sich und Ihre Familie schaffen. Mit Ihrem Pragmatismus geht auch ein guter Geschäftssinn einher sowie die Fähigkeit, zu Wohlstand zu gelangen. Durch die Zahl 4 sind Sie im allgemeinen aufrichtig, offen und fair. Schwierig für Sie ist es, Phasen der Labilität oder finanzieller Nöte durchzustehen. Der Untereinfluß der Monatszahl 6 führt dazu, daß Sie fürsorglich sind und Beschützerinstinkte besitzen. Sie sind individualistisch, haben Ihren eigenen Kopf und treffen Ihre eigenen Entscheidungen. Vielleicht müssen Sie lernen, andere zu überzeugen, statt ihnen Ihre Ideen aufzuzwingen. Da Sie Ihre Freiheit lieben, sollten Sie auch anderen gegenüber nicht zu kritisch sein, da man dies als unerwünschte Kontrolle betrachten könnte.

Positiv: gut organisiert, Selbstdisziplin, Beständigkeit, Fleiß, handwerklich begabt, Pragmatismus, Vertrauenswürdigkeit, Genauigkeit.

Negativ: destruktives Verhalten, unkommunikativ, Verdrängung, starr, faul, gefühllos, neigt zum Aufschieben, geizig, herrisch, nachtragend.

Liebe & Zwischenmenschliches

Ihr Bedürfnis nach Frieden und Harmonie führt dazu, daß Sie sich zu intelligenten Menschen hingezogen fühlen, die positiv denken und Sie geistig anregen. Ihre Liebe zu Bildung sorgt auch dafür, daß Sie soziale Gruppen bevorzugen, in denen Sie ständig dazulernen können. In Ihren Beziehungen bevorzugen Sie es, wenn Ihre Partner direkt sind, und setzen Ihre diplomatischen Fähigkeiten ein, um die Harmonie zu wahren. Um sich selbst weiterzuentwickeln, umgeben Sie sich mit Menschen, die ebenfalls ehrgeizig sind und weiterkommen wollen. Allerdings müssen Sie darauf achten, daß Sie sich auf dem Weg nach oben Ihrem Lebens- oder Arbeitspartner gegenüber nicht überkritisch oder herrisch verhalten.

Ihr Partner

Wenn Sie jemanden suchen, bei dem Sie Sicherheit, geistige Anregung und Liebe finden, sollten Sie sich unter den Menschen umsehen, die an folgenden Tagen geboren sind:

Liebe & Freundschaft: 4., 11., 12., 21., 26., 28., 30. Jan., 2., 9., 10., 19., 24., 26., 28. Feb., 7., 8., 22., 24., 26. März, 5., 6., 20., 22., 24., 30. April, 3., 4., 18., 20., 22., 28., 31. Mai, 1., 2., 16., 18., 20., 26., 29. Juni, 14., 16., 18., 24., 27. Juli, 12., 14., 16., 22., 25. Aug., 10., 12., 14., 20., 23. Sept., 3., 8., 10., 12., 18., 21. Okt., 6., 8., 10., 16., 19. Nov., 4., 6., 8., 14., 17. Dez.

Günstig: 3., 10., 29. Jan., 1., 8., 27. Feb., 6., 25. März, 4., 23. April, 2., 21. Mai, 19. Juni, 17., 30. Juli, 15., 28. Aug., 13., 26. Sept., 11., 24. Okt., 9., 22. Nov., 7., 20. Dez.

Schicksalhaft: 11. Jan., 9. Feb., 7. März, 5. April, 3. Mai, 1. Juni, 5., 6., 7., 8. Dez.

Problematisch: 9. Jan., 7. Feb., 5., 28. März, 3., 26. April, 1., 24. Mai, 22. Juni, 20. Juli, 18. Aug., 16. Sept., 14., 30., 31. Okt., 12., 28., 29. Nov., 10., 26., 27. Dez.

Seelenverwandt: 7. Jan., 5. Feb., 3. März, 1. April, 29. Mai, 27. Juni, 25. Juli, 23. Aug., 21. Sept., 19. Okt., 17. Nov., 15. Dez.

SONNE: ZWILLINGE
DEKADE: WAAGE/VENUS
GRAD: 13° 30' – 15° ZWILLINGE
ART: BEWEGLICHES ZEICHEN
ELEMENT: LUFT

Fixstern

Name des Sterns: Rigel
Gradposition: 15° 50' – 16° 40' Zwillinge zwischen den Jahren 1930 und 2000
Magnitude: 1
Stärke: **********
Orbit: 2° 30'
Konstellation: Beta Orionis
Tage: 3., 4., 5., 6., 7., 8., 9. Juni
Sternqualitäten: unterschiedliche Einflüsse: Mars/Jupiter oder Saturn/Jupiter
Beschreibung: leuchtend blau-weißer Doppelstern am linken Fuß des Orion.

Einfluß des Hauptsterns

Rigel bewirkt, daß Sie im Leben rasch vorwärtskommen, und verleiht Ihnen starke Willenskraft, Ehrgeiz und den Drang nach Allgemeinbildung. Tatendrang und gute Chancen stimulieren Ihr Wettbewerbsdenken. Menschen unter Rigels Einfluß können wissenschaftlich denken und sind häufig erfinderisch. Rigel sorgt auch für Anerkennung, materiellen Reichtum und anhaltenden Erfolg. Im Zusammenhang mit dem Stand Ihrer Sonne verleiht Ihnen Rigel Mut und eine liberale Lebensauffassung. Überdies können Sie sehr fleißig sein, zumal Sie einen ausgeprägten Geschäftssinn sowie ein Gefühl für Politik und öffentliche Angelegenheiten haben. Rigel sorgt dafür, daß Sie sich für Astrologie interessieren und für den Weg der höheren Bildung entscheiden. Unter seinem Einfluß gelangen Sie durch Direktheit und Bestimmtheit zu großem Erfolg. Sie sollten jedoch nicht zu freimütig sein.
• Positiv: Gründer großer Unternehmen, liberal, Bildung, Gemeinsinn.
• Negativ: jähzornig, anmaßend oder widerspenstig, anspruchsvoll, rastlos.

5. Juni

♊ Selbstsicher und unabhängig, haben Sie einen eigenwilligen und entschlossenen Charakter. Sie können dramatisch sein, aber auch realistisch und pragmatisch – eine ideale Mischung, um Arbeit und Privatleben zu verbinden. Da Sie zudem ausdauernd und fleißig sind, ist Ihnen der Erfolg praktisch garantiert, sofern Sie materiellen Dingen nicht zuviel Bedeutung beimessen.

Ihr Dekadenzeichen, die Waage, sorgt dafür, daß Sie gesellig und feinsinnig sind und ein Faible für Schönheit und Luxus haben, was Ihre kreativen Fähigkeiten erhöht, so daß Sie sich verstärkt für Musik, Kunst oder Theater interessieren. Es weist aber auch auf die Wichtigkeit von Geld in Ihrem Leben hin und bewirkt, daß Sie besonderes Verhandlungsgeschick haben. Sie verhandeln gern offen und direkt, müssen sich aber davor hüten, herrisch oder verletzend zu werden.

Gelegentlich bringen Sie ein bemerkenswertes Ausmaß an Kraft und Mut auf, mit dem Sie rasch reagieren und Gelegenheiten ergreifen können. Sie besitzen einen exzellenten und präzisen Verstand und sind zu tiefgründigen Gedanken fähig, haben aber auch technisches und analytisches Verständnis. Ihr unabhängiger Geist treibt Sie dazu, einen ganz individuellen Weg und persönliche Freiheit zu suchen. Allerdings müssen Sie sich vor zu großer Eigenwilligkeit, Jähzorn und Sturheit hüten oder davor, negativ und unkommunikativ zu werden. Sie haben aber den Vorteil, daß Sie bereit sind, hart zu arbeiten, um jedes innere oder äußere Hindernis zu überwinden.

Wenn Sie 16 sind und Ihre Sonne in das Zeichen des Krebses tritt, beginnt eine Phase, in der Sicherheit, Heim und Familie vermehrt Bedeutung in Ihrem Leben bekommen; dasselbe gilt für Ihre emotionalen Bedürfnisse. Diese Phase dauert, bis Sie 46 sind; jetzt tritt Ihre Sonne in das Zeichen des Löwen, und für Sie beginnt eine Zeit, in der Ihr Selbstvertrauen wächst und in der Sie kontaktfreudiger und geselliger werden.

Ihr geheimes Selbst

Probleme ergeben sich meist im Zusammenhang mit finanziellen Angelegenheiten, und Sie müssen darauf achten, daß Ihr Bedürfnis nach materieller Sicherheit nicht alles andere in Ihrem Leben überschattet. Wenn Sie mutlos und desillusioniert sind, versuchen Sie dies mit extravaganten Gesten zu kompensieren. Wahre Zufriedenheit finden Sie aber vor allem, wenn Sie Ihre natürliche Großzügigkeit, Unbekümmertheit und Unabhängigkeit ausleben.

Ihr Erscheinungsbild ist Ihnen wichtig; besonders wohl fühlen Sie sich bei offiziellen Gelegenheiten oder in Gruppen, wo Sie eine sinnvolle Rolle spielen können. Die Weisheit, die mit Ihrem Geburtstag einhergeht, bewirkt, daß Sie, wenn Sie Ihre Rastlosigkeit in positiven Unternehmungsgeist umwandeln, problemlos zu Wohlstand gelangen, ohne sich deswegen überhaupt Sorgen machen zu müssen.

Beruf & Karriere

Wichtig für Sie ist, daß Sie Ihr gewähltes Gebiet gut beherrschen, denn Sie müssen stolz auf Ihre Arbeit sein können. Ihre natürliche Gabe, Führungsrollen zu übernehmen, in Verbindung mit Ihren administrativen Fähigkeiten verhilft Ihnen in der Geschäftswelt, etwa in der Werbebranche oder im Handel, zu Erfolg. Mit Ihrer Wortgewandtheit bringen Sie es aber auch in der Justiz oder in der Welt der Kommunikation zu etwas. Ihre

Fähigkeit, Reformen durchzusetzen, führt Sie vielleicht an die Spitze einer großen Organisation, etwa einer Gewerkschaft oder einer Menschenrechtsvereinigung. Als Museumsleiter oder Kunstmanager können Sie Ihren Geschäftssinn mit Ihren musischen Talenten kombinieren. Für Ihre Kreativität und Ihren Sinn für Dramatik sind Musik oder Schauspiel die richtige Ausdrucksform. Mit diesem Geburtstag haben Sie auch gute Erfolgschancen im Gesundheitssektor. Welchen Beruf Sie auch wählen – wichtig ist, daß er abwechslungsreich ist, damit Sie das Interesse nicht verlieren.

Berühmte Persönlichkeiten dieses Tages sind die Popmusikerin Laurie Anderson, die Pianistin Martha Argerich und der Schauspieler und Theaterintendant Boy Gobert.

Numerologie

Eigenschaften der Geburtstagszahl 5 sind unter anderem starke Instinkte, Abenteuerlust und Freiheitsdrang. Ihre Bereitschaft, ständig Neues auszuprobieren und zu entdecken, und Ihre Begeisterungsfähigkeit deuten darauf hin, daß Ihnen das Leben allerhand zu bieten hat. Reisen und manch unerwartete Veränderungen führen dazu, daß Sie einen echten Wandel Ihrer Ansichten und Überzeugungen durchmachen. Das Leben muß für Sie aufregend und ereignisreich sein, Sie sollten jedoch Verantwortungsgefühl entwickeln und darauf achten, daß Sie nicht unberechenbar, maßlos oder ruhelos werden. Menschen mit der Geburtstagszahl 5 gelingt es bravourös, mit dem Strom zu schwimmen und trotzdem ihre Unabhängigkeit zu bewahren. Der Untereinfluß der Monatszahl 6 führt dazu, daß Sie idealistisch und motiviert sind, sich aber besser konzentrieren sollten und zielstrebiger sein müssen. Lernen Sie, Ihrer Intuition zu vertrauen, und entwickeln Sie eine eigene Lebensphilosophie. Im allgemeinen sind Sie gern bereit, Ihre Gedanken mit anderen zu teilen; Sie sprechen voller Überzeugung und Aufrichtigkeit aus dem Herzen heraus. Seien Sie unabhängig und flexibel, hüten Sie sich aber vor selbstsüchtigen Motiven und übereilten Aktionen.

Positiv: Vielseitigkeit, Anpassungsfähigkeit, progressiv, starke Instinkte, Anziehungskraft, Glück, Mut, Freiheitsliebe, Schlagfertigkeit und Witz, Neugier, Mystizismus, Geselligkeit.

Negativ: unzuverlässig, wechselhaft, neigt zum Aufschieben, widersprüchlich, lüstern, übersteigertes Selbstvertrauen, Dickköpfigkeit.

Liebe & Zwischenmenschliches

Da Sie freundlich und kommunikativ sind und viele Interessen und Hobbys haben, führen Sie ein sehr geselliges Leben. Obwohl Sie liebevoll und freigiebig sind, können Ihnen in Beziehungen Unsicherheit und Unentschlossenheit zur Quelle von Enttäuschungen werden. Wenn es sein muß, sind Sie zu Menschen, die Ihnen nahestehen, außergewöhnlich großzügig und zu großen Opfern bereit. Hüten Sie sich davor, Menschen gegenüber zu enthusiastisch zu sein und dann aus Unsicherheit der Gefühle schnell wieder das Interesse an ihnen zu verlieren. Wenn Sie in Beziehungen diplomatischer vorgehen und Ihren Standpunkt klar darlegen, erleben Sie auch längerfristige Partnerschaften. In geselliger Runde können Sie schlagfertig und unterhaltsam sein.

Ihr Partner

Einen Partner, der Ihre Sensibilität und Ihr Bedürfnis nach Liebe versteht, finden Sie am ehesten unter den Menschen, die an folgenden Tagen geboren wurden:

Liebe & Freundschaft: 13., 22., 29. Jan., 11., 20., 27., 29. Feb., 9., 25., 27. März, 7., 23., 25. April, 5., 21., 23., 29. Mai, 3., 19., 21., 27., 30. Juni, 1., 17., 19., 25., 28. Juli, 15., 17., 23., 26. Aug., 13., 15., 21., 24. Sept., 11., 13., 19., 22., 29. Okt., 9., 11., 17., 20., 27. Nov., 7., 9., 15., 18., 25. Dez.

Günstig: 11. Jan., 9. Feb., 7., 31. März, 5., 29. April, 3., 27., 31. Mai, 1., 25., 29. Juni, 23., 27., 31. Juli, 21., 25., 29., 30. Aug., 19., 23., 27., 28. Sept., 4., 17., 21., 25., 26. Okt., 15., 19., 23., 24., 30. Nov., 13., 17., 21., 22., 28. Dez.

Schicksalhaft: 12. Jan., 10. Feb., 8. März, 6. April, 4. Mai, 2. Juni, 5., 6., 7., 8. Dez.

Problematisch: 10. Jan., 8. Feb., 6., 29. März, 4., 27. April, 2., 25. Mai, 23. Juni, 21. Juli, 19. Aug., 17. Sept., 15., 31. Okt., 13., 29., 30. Nov., 11., 27., 28. Dez.

Seelenverwandt: 18., 24. Jan., 16., 22. Feb., 14., 20. März, 12., 18. April, 10., 16. Mai, 8., 14. Juni, 6., 12. Juli, 4., 10. Aug., 2., 8. Sept., 6. Okt., 4. Nov., 2. Dez.

SONNE: ZWILLINGE
DEKADE: WAAGE/VENUS
GRAD: 14° – 15°30' ZWILLINGE
ART: BEWEGLICHES ZEICHEN
ELEMENT: LUFT

Fixstern

Name des Sterns: Rigel
Gradposition: 15°50' – 16°40' Zwillinge zwischen den Jahren 1930 und 2000
Magnitude: 1
Stärke: **********
Orbit: 2°30'
Konstellation: Beta Orionis
Tage: 3., 4., 5., 6., 7., 8., 9. Juni
Sternqualitäten: unterschiedliche Einflüsse: Mars/Jupiter oder Saturn/Jupiter
Beschreibung: leuchtend blau-weißer Doppelstern am linken Fuß des Orion.

Einfluß des Hauptsterns

Rigel bewirkt, daß Sie im Leben rasch vorankommen, und verleiht Ihnen starke Willenskraft, Ehrgeiz und den Drang nach Allgemeinbildung. Tatendrang und gute Chancen stimulieren Ihr Wettbewerbsdenken. Menschen unter Rigels Einfluß können wissenschaftlich denken und sind häufig erfinderisch. Rigel sorgt im allgemeinen auch für Anerkennung, materiellen Reichtum und anhaltenden Erfolg.

Im Zusammenhang mit dem Stand Ihrer Sonne verleiht Ihnen Rigel Mut und eine liberale Lebensauffassung. Überdies können Sie sehr fleißig sein, zumal Sie einen ausgeprägten Geschäftssinn sowie ein Gefühl für Politik und öffentliche Angelegenheiten haben. Rigel sorgt dafür, daß Sie sich für Astrologie interessieren und für den Weg der höheren Bildung entscheiden. Unter seinem Einfluß gelangen Sie durch Direktheit und Bestimmtheit zu großem Erfolg. Sie sollten jedoch nicht zu freimütig sein.

• Positiv: Gründer großer Unternehmen, liberal, Bildung, Gemeinsinn.
• Negativ: jähzornig, anmaßend oder widerspenstig, anspruchsvoll, rastlos.

6. Juni

♊ Sie sind nicht nur charismatisch und unterhaltsam, sondern auch warmherzig, optimistisch und freundlich. Diese Eigenschaften bringen es mit sich, daß Sie Menschen um sich herum brauchen und voller Ideen stecken. Sie strahlen natürliche Liebenswürdigkeit aus, sind ein guter Gesprächspartner und haben ein starkes Bedürfnis nach Individualität. Sie machen gern einen guten Eindruck, und so sind Seriosität, Ehrlichkeit anderen gegenüber und direktes Auftreten sehr wichtig für Sie.

Durch Ihre Anziehungskraft und den zusätzlichen Einfluß Ihres Dekadenzeichens Waage haben Sie ein großes Interesse an zwischenmenschlichen Beziehungen und gute diplomatische Fähigkeiten. Sie beherrschen die Kunst der Konversation, und Sie sehnen sich nach Frieden. Außerdem haben Sie die Fähigkeit, Menschen zu verzaubern, und können dies häufig zu Ihrem Vorteil ausnutzen. Ihr Idealismus und der Wunsch, über das Alltägliche hinauszugehen, verleihen Ihnen ein gutes Wahrnehmungsvermögen für Licht, Farbe, Form und Klang, sowie ein Verständnis für die Träume und Sehnsüchte einer gesamten Generation. Vielleicht nutzen Sie diese Gaben für eine künstlerische oder literarische Laufbahn, widmen sich mystischen oder spirituellen Dingen oder einem wohltätigen Zweck. Wenn Sie diese Kraft aber unterdrücken, kann es passieren, daß Sie zu Realitätsflucht oder unerreichbaren Träumen Zuflucht nehmen.

Ihre Kindheit verläuft besonders glücklich. Wenn Sie 15 sind und Ihre Sonne in das Zeichen des Krebses tritt, beginnt eine Phase, in der Sicherheit, Heim und Familie eine große Rolle in Ihrem Leben spielen; dasselbe gilt für Ihre emotionalen Bedürfnisse. Diese Phase dauert, bis Sie 45 sind; jetzt wechselt Ihre Sonne in das Zeichen des Löwen, und für Sie beginnt eine Zeit mit vermehrtem Bedürfnis nach Selbstverwirklichung und Führungspositionen. Das ermutigt Sie, selbstsicherer zu werden und an die Öffentlichkeit zu treten. Wenn Sie 75 sind, tritt Ihre Sonne in die Jungfrau; nun werden Sie nachdenklicher und analytischer.

Ihr geheimes Selbst

Obwohl Sie große geistige und expressive Fähigkeiten besitzen, fällt es Ihnen oft schwer, Entscheidungen zu treffen. Da Sie häufig die unterschiedlichsten Interessen verfolgen, ist es für Sie besonders wichtig, ein klares Ziel zu haben. Andernfalls geraten Sie in die Zwickmühle zwischen Ihren Idealen und dem Wunsch nach materiellem Erfolg. Eine Seite von Ihnen fühlt sich sehr zu Geld, Luxus und einem angenehmen Lebensstil hingezogen, Ihre andere Seite verspürt jedoch das Bedürfnis, hart für die Verwirklichung Ihrer Ideale zu arbeiten. Wofür Sie sich auch entscheiden – Sie werden viele Chancen im Leben bekommen und können sich durch Charme und Redekunst leicht immer wieder aus schwierigen Situationen retten. Ihre jugendliche Art und eine gewisse Verspieltheit, die Ihnen bis ins hohe Alter bleiben wird, sorgen dafür, daß Sie stets unterhaltsam und amüsant sein können. Solange dies Sie nicht daran hindert, Verantwortung zu übernehmen und Selbstdisziplin zu üben, können Sie sicher sein, das Beste aus Ihrem Potential herauszuholen.

Beruf & Karriere

Mit Ihrer Anziehungskraft und Ihrem Charisma können Sie sich selbst, Produkte und Ideen gut verkaufen. Dank Ihrer exzellenten sozialen und kommunikativen Fähigkeiten eignen Sie sich für Pädagogik, Journalismus, Werbung oder Verkauf. Da Sie feste Wertvorstellungen haben, kommen auch Justiz oder Politik in Frage. Ihre Kreativität findet vielleicht in Theater oder Kunst die beste Ausdrucksform. Welchen Beruf Sie auch wählen, achten Sie darauf, daß er Sie mit Menschen zusammenbringt.

Berühmte Persönlichkeiten dieses Tages sind der Tennisstar Björn Borg, der Dichter Alexander Puschkin, die Schauspielerin Billie Whitelaw und der spanische Maler Velázquez.

Numerologie

Mitgefühl, Idealismus und Fürsorglichkeit charakterisieren Menschen mit der Geburtstagszahl 6. Es ist die Zahl des Perfektionismus und der Universalität und deutet darauf hin, daß Sie ein Menschenfreund sind, der verantwortungsbewußt, liebevoll und hilfsbereit ist. Durch die 6 sind Sie im allgemeinen häuslich und haben viel Familiensinn. Die Sensibleren unter Ihnen brauchen eine Form der kreativen Selbstverwirklichung und fühlen sich von der Welt des Entertainments oder von Kunst und Design angezogen. Vielleicht müssen Sie mehr Selbstvertrauen entwickeln; hüten Sie sich vor Angstgefühlen, mischen Sie sich nicht bei anderen ein, und schenken Sie Ihre Sympathien nicht den falschen Menschen. Der Untereinfluß der Zahl 6 führt dazu, daß Sie Ihren Freunden und Nachbarn gegenüber Mitgefühl und Verantwortungsbewußtsein empfinden. Sie sind beliebt und freundlich und brauchen die Anerkennung Ihrer Mitmenschen. Allerdings sollten Sie Ihre Kraft bündeln und sich keine Gedanken darüber machen, was andere von Ihnen denken. Lernen Sie, nein zu sagen, ohne dabei zu befürchten, daß Sie andere vor den Kopf stoßen.

Positiv: Weltoffenheit, Mitgefühl, Verantwortungsbewußtsein, Zuverlässigkeit, Verständnis, Idealismus, Häuslichkeit, musische Begabung, Ausgeglichenheit.

Negativ: unzufrieden, ängstlich, schüchtern, stur, Perfektionismus, dominierend, mangelndes Verantwortungsbewußtsein, Selbstsucht, Mißtrauen, Zynismus, Egoismus.

Liebe & Zwischenmenschliches

Sie sind begeisterungsfähig, lebenslustig und gesellig und finden leicht Freunde. Hingezogen fühlen Sie sich vor allem zu Menschen, die fleißig und verläßlich sind oder Ihnen ein Gefühl der Sicherheit vermitteln. Dank Ihrer charmanten Art finden Sie überall Hilfe und Unterstützung. Da finanzielle Stabilität ein Stützpfeiler für Ihr Lebensglück ist, vermischen Sie gern Arbeit mit Vergnügen. Es macht Ihnen Spaß, Freunde und Geschäftspartner zu unterhalten. Sie gewinnen viel durch enge Partnerschaften und schließen höchstwahrscheinlich früh eine gute Ehe.

Ihr Partner

Einen Liebespartner werden Sie mit großer Wahrscheinlichkeit unter den an den folgenden Tagen geborenen Menschen finden:

Liebe & Freundschaft: 6., 8., 14., 23., 26., 28. Jan., 4., 10., 12., 21., 24., 26. Feb., 2., 10., 12., 19., 22., 24. März, 8., 14., 17., 20., 22. April, 6., 15., 16., 18., 20. Mai, 4., 13., 16., 18. Juni, 2., 11., 14., 16., 20. Juli, 9., 12., 14., 22. Aug., 7., 10., 12., 24. Sept., 5., 8., 10., 26. Okt., 3., 6., 8., 28. Nov., 1., 4., 6., 30. Dez.

Günstig: 9., 12. Jan., 7., 10. Feb., 5., 8. März, 3., 6. April, 1., 4. Mai, 2., 30. Juni, 28. Juli, 26., 30., 31. Aug., 24., 28., 29. Sept., 22., 26., 27. Okt., 20., 24., 25. Nov., 18., 22., 23., 29. Dez.

Schicksalhaft: 6., 7., 8., 9. Dez.

Problematisch: 11., 13., 29. Jan., 9., 11. Feb., 7., 9., 30. März, 5., 7., 28. April, 3., 5., 26., 31. Mai, 1., 3., 24., 29. Juni, 1., 22., 27. Juli, 20., 25. Aug., 18., 23., 30. Sept., 16., 21., 28. Okt., 14., 19., 26. Nov., 12., 17., 24. Dez.

Seelenverwandt: 12., 29. Jan., 10., 27. Feb., 8., 25. März, 6., 23. April, 4., 21. Mai, 2., 19. Juni, 17. Juli, 15. Aug., 13. Sept., 11. Okt., 9. Nov., 7. Dez.

7. Juni

SONNE: ZWILLINGE
DEKADE: WAAGE/VENUS
GRAD: 15° – 16°30' ZWILLINGE
ART: BEWEGLICHES ZEICHEN
ELEMENT: LUFT

Fixstern

Name des Sterns: Rigel
Gradposition: 15°50' – 16°40' Zwillinge zwischen den Jahren 1930 und 2000
Magnitude: 1
Stärke: **********
Orbit: 2°30'
Konstellation: Beta Orionis
Tage: 3., 4., 5., 6., 7., 8., 9. Juni
Sternqualitäten: unterschiedliche Einflüsse: Mars/Jupiter oder Saturn/Jupiter
Beschreibung: leuchtend blau-weißer Doppelstern am linken Fuß des Orion.

Einfluß des Hauptsterns

Rigel bewirkt, daß Sie im Leben rasch vorankommen, und verleiht Ihnen starke Willenskraft, Ehrgeiz und den Drang nach umfassender Bildung. Tatendrang und gute Chancen stimulieren Ihr Wettbewerbsdenken. Menschen unter Rigels Einfluß können wissenschaftlich denken und sind häufig erfinderisch. Rigel sorgt auch für Anerkennung, materiellen Reichtum und anhaltenden Erfolg.
Im Zusammenhang mit dem Stand Ihrer Sonne verleiht Ihnen Rigel Mut und eine liberale Lebensauffassung. Überdies können Sie sehr fleißig sein, zumal Sie einen ausgeprägten Geschäftssinn sowie ein Gefühl für Politik und öffentliche Angelegenheiten haben. Rigel sorgt dafür, daß Sie sich für Astrologie interessieren und für den Weg der höheren Bildung entscheiden. Unter seinem Einfluß gelangen Sie durch Direktheit und Bestimmtheit zu großem Erfolg. Sie sollten jedoch nicht zu freimütig sein.
- Positiv: Gründer großer Unternehmen, liberal, Bildung, Gemeinsinn.
- Negativ: jähzornig, anmaßend, widerspenstig, anspruchsvoll, rastlos.

Mit diesem Geburtstag sind Sie ein vielseitiger, ehrgeiziger und erfolgsorientierter Zwilling. Da Sie Menschen und Situationen schnell einschätzen können und ein gutes Auge für Chancen haben, ist Ihr Erfolg nur eine Frage der Zeit. Am besten arbeiten Sie an großen Plänen und Projekten, vor allem, wenn Sie am Ende eine gute Entlohnung erwartet. Kleinkariertheit ist Ihnen zuwider, zumal Großzügigkeit einer Ihrer größten Vorzüge ist.

Da Sie ein charismatischer Gesprächspartner sind, kommen Sie mit den unterschiedlichsten Menschen gut aus und haben die Macht, andere mit Ihren Ideen zu beeinflussen. Oft Ihrer Zeit voraus, erkennen Sie Veränderungen in der Gesellschaft schneller als andere. Dank Ihrer Schlagfertigkeit und Ihrem Erfindungsreichtum können Sie dieses Wissen häufig zu Ihrem Vorteil nutzen. Obwohl Geldverdienen zu Ihren Hauptbeschäftigungen gehört, werden Sie im Laufe der Zeit feststellen, daß Sie das allein nicht glücklich macht. Achten Sie darauf, daß Sie auf Ihrem Weg zum Erfolg nicht zuviel opfern. Mit Ihrer Gabe, stets den Überblick zu behalten, verfügen Sie über gute Organisationsfähigkeiten und können gut Arbeit delegieren. Passen Sie auf, daß Sie Ihre Kraft nicht vergeuden oder Arbeit unvollendet lassen.

Durch den Einfluß der Venus auf die zweite Zwillingsdekade sind Sie diplomatisch und kreativ. Ihr Sinn für die Kunst motiviert Sie vielleicht, selbst musische Talente zu entwickeln, ob beruflich oder als Hobby. Derselbe Einfluß sorgt auch für ein Faible für Luxus und die schönen Dinge des Lebens.

Wenn Sie 14 sind und Ihre Sonne in das Zeichen des Krebses tritt, beginnt eine Phase, in der Sie Sicherheit, Heim und Familie große Bedeutung beimessen; dasselbe gilt für Ihre emotionalen Bedürfnisse. Diese Phase dauert, bis Sie 44 sind; jetzt tritt Ihre Sonne in das Zeichen des Löwen, und Ihre Schwerpunkte liegen mehr bei Selbstsicherheit und öffentlichem Auftreten. Wenn Sie 74 sind, wechselt Ihre Sonne in die Jungfrau; nun werden Sie nachdenklicher, analytischer und pragmatischer.

Ihr geheimes Selbst

Da Sie sich sehr gut selbst darstellen können, flößen Sie im allgemeinen Vertrauen ein. Gewöhnlich sind Sie scharfsichtig und intelligent und besitzen einen ausgeprägten sechsten Sinn, mit dem Sie Menschen und Situationen rasch einschätzen können. Mit diesen Eigenschaften eignen Sie sich besser für Führungspositionen als etwa für körperliche Arbeit. Da Sie auch eine nachdenklichere, ernsthafte Seite besitzen, finden Sie womöglich mehr Erfüllung, wenn Sie intellektuellen statt materiellen Erfolg anstreben.

Sie gehen im allgemeinen großzügig mit Zeit und Geld um und müssen darauf achten, nicht zu freigiebig zu werden oder sich gehenzulassen. Ihr Vorteil ist, daß Sie Kritik gegenüber offen sind und sie als Mittel zur Selbstanalyse und somit als Werkzeug für Ihre persönliche Weiterentwicklung nutzen können. Dank Ihrer starken Eigenwilligkeit besitzen Sie große Überzeugungskraft und die Fähigkeit, Menschen zu beeinflussen. Häufig spielen Frauen eine bedeutende Rolle bei Ihrem Vorwärtskommen.

Beruf & Karriere

Sie sind ehrgeizig, freundlich, aber auch unabhängig und ziehen es vor, allein zu arbeiten, ob Sie nun in einer großen Firma angestellt oder selbständig tätig sind. Als Lehrer,

Dozent oder Schriftsteller hätten Sie dafür genügend Freiraum. Als guter Planer und jemand, der delegieren kann, sind Sie auch in Justiz oder Handel erfolgreich. Da Sie vielseitig begabt sind, fällt es Ihnen möglicherweise schwer, sich für einen Beruf zu entscheiden. Ihre Gabe, mit Menschen umzugehen, ist gerade in Bereichen wie Marketing oder Verlagstätigkeit von großem Vorteil. Mit Ihrer Kreativität fühlen Sie sich vielleicht auch von der Welt der Kunst, des Theaters oder der Musik angezogen. Da Sie einen natürlichen Geschäftssinn besitzen, können Sie jedes Talent in bare Münze umwandeln. Im allgemeinen arbeiten Sie am besten, wenn Sie Ihren kühnen Intellekt einsetzen können.

Berühmte Persönlichkeiten dieses Tages sind der Impressionist Paul Gauguin, die Sänger Prince und Tom Jones und der größte Bleistifthersteller der Welt, Anton Wolfgang Graf von Faber-Castell.

Numerologie

Menschen mit der Geburtstagszahl 7 sind analytisch und nachdenklich, aber auch häufig kritisch und egozentrisch. Da Sie ständig auf der Suche nach Selbsterkenntnis sind, lieben Sie es, Informationen zusammenzutragen, und interessieren sich für Lesen, Schreiben oder Spiritualität. Sie sind scharfsichtig und neigen dazu, rein verstandesgelenkt zu handeln und sich zu sehr aufs Detail zu konzentrieren. Ihr Hang zu Rätselhaftigkeit und Geheimnistuerei deutet darauf hin, daß Sie sich hin und wieder mißverstanden fühlen. Der Untereinfluß der Monatszahl 6 führt dazu, daß Sie Ordnung und Stabilität brauchen. Nehmen Sie Ihr Leben in die Hand und schaffen Sie eine solide Basis. Sie wollen das Leben genießen und müssen aufpassen, dem nicht zu sehr nachzugeben. Übernehmen Sie die Verantwortung für Ihre Handlungen, und denken Sie nach, bevor Sie sprechen. Wenn Sie aus Ihren Fehlern lernen, erreichen Sie eine realistischere Lebenseinstellung. Erfolg stellt sich häufig ein, wenn Sie bereit sind, hart zu arbeiten und Ihre vorhandenen Fähigkeiten und Ihr Wissen zu erweitern. Schreiben Sie Ihre Gedanken und Ideen nieder; dies wird Ihnen helfen, sich auch an Details zu erinnern und mehr Praxisnähe, Kreativität und Organisationstalent zu entwickeln.

Positiv: gebildet, vertrauenswürdig, exakt, idealistisch, ehrlich, stiller Denker, mediale Fähigkeiten, wissenschaftlich, rational.

Negativ: geheimnistuerisch, falsch, unfreundlich, rätselhaft, skeptisch, verwirrt, gefühllos.

Liebe & Zwischenmenschliches

Ständig auf der Suche nach emotionaler Erfüllung und Aufregung, besitzen Sie eine Natur voller Leidenschaft und starker Gefühle. Da Sie charmant und charismatisch sind, scharen Sie viele Freunde und Bewunderer um sich. Sie fühlen sich zu optimistischen Menschen hingezogen, die Sie mit neuen Ideen und Chancen inspirieren. Mit Ihrem Freiheitsdrang brauchen Sie eine Beziehung, die Ihnen genügend Freiraum läßt. In Liebesangelegenheiten sollten Sie sich Zeit lassen und keine unüberlegten Verpflichtungen eingehen.

Ihr Partner

Wenn Sie jemanden suchen, bei dem Sie Sicherheit, Vertrauen und Liebe finden, sollten Sie sich unter den Menschen umsehen, die an folgenden Tagen geboren sind:

Liebe & Freundschaft: 6., 15., 29., 31. Jan., 4., 13., 27., 29. Feb., 2., 11., 25., 27. März, 9., 23., 25. April, 7., 21., 23. Mai, 5., 19., 21. Juni, 3., 17., 19., 30. Juli, 1., 15., 17., 28. Aug., 13., 15., 26. Sept., 11., 13., 24. Okt., 9., 11., 22. Nov., 7., 9., 20. Dez.

Günstig: 13., 15., 19. Jan., 11., 13., 17. Feb., 9., 11., 15. März, 7., 9., 13. April, 5., 7., 11. Mai, 3., 5., 9. Juni, 1., 3., 7., 29. Juli, 1., 5., 27., 31. Aug., 3., 25., 29. Sept., 1., 23., 27. Okt., 21., 25. Nov., 19., 23. Dez.

Schicksalhaft: 30. Mai, 28. Juni, 26. Juli, 24. Aug., 22. Sept., 20. Okt., 18. Nov., 7., 8., 9., 10., 16. Dez.

Problematisch: 12. Jan., 10. Feb., 8. März, 6. April, 4. Mai, 2. Juni, 31. Aug., 29. Sept., 27., 29., 30. Okt., 25., 27., 28. Nov., 23., 25., 26., 30. Dez.

Seelenverwandt: 2., 28. Jan., 26. Feb., 24. März, 22. April, 20. Mai, 18. Juni, 16. Juli, 14. Aug., 12. Sept., 10. Okt., 8. Nov., 6. Dez.

8. Juni

SONNE: ZWILLINGE
DEKADE: WAAGE/VENUS
GRAD: 16° – 17°30' ZWILLINGE
ART: BEWEGLICHES ZEICHEN
ELEMENT: LUFT

Fixstern

Name des Sterns: Rigel
Gradposition: 15°50' – 16°40' Zwillinge zwischen den Jahren 1930 und 2000
Magnitude: 1
Stärke: **********
Orbit: 2°30'
Konstellation: Beta Orionis
Tage: 3., 4., 5., 6., 7., 8., 9. Juni
Sternqualitäten: unterschiedliche Einflüsse: Mars/Jupiter oder Saturn/Jupiter
Beschreibung: leuchtend blau-weißer Doppelstern am linken Fuß des Orion.

Einfluß des Hauptsterns

Rigel bewirkt, daß Sie im Leben rasch vorwärtskommen, und verleiht Ihnen starke Willenskraft, Ehrgeiz und den Drang nach umfassender Bildung. Tatendrang und gute Chancen stimulieren Ihr Wettbewerbsdenken. Menschen unter Rigels Einfluß können wissenschaftlich denken und sind häufig erfinderisch. Rigel sorgt auch für Anerkennung, materiellen Reichtum und anhaltenden Erfolg.

Im Zusammenhang mit dem Stand Ihrer Sonne verleiht Ihnen Rigel Mut und eine liberale Lebensauffassung. Überdies können Sie sehr fleißig sein, zumal Sie einen ausgeprägten Geschäftssinn sowie ein Gefühl für Politik und öffentliche Angelegenheiten haben. Rigel sorgt dafür, daß Sie sich für Astrologie interessieren und für den Weg der höheren Bildung entscheiden. Unter seinem Einfluß gelangen Sie durch Direktheit und Bestimmtheit zu großem Erfolg. Sie sollten jedoch nicht zu freimütig sein.

- Positiv: Gründer großer Unternehmen, liberal, Bildung, Gemeinsinn.
- Negativ: jähzornig, anmaßend, widerspenstig, anspruchsvoll, rastlos.

Sie sind intelligent, gesellig und tolerant und besitzen gute kommunikative Fähigkeiten. Unabhängig und erfindungsreich, sind Sie am liebsten ständig beschäftigt. Gelegentlich sind Sie angespannt oder nervös. Wenn Sie lernen, Distanz zu wahren, werden Sie ruhiger sein. Ihr Vorteil ist, daß Sie nie lange niedergeschlagen und frustriert sind, denn dank Ihrer schnellen Reaktionen sind Sie schnell wieder obenauf.

Durch den Einfluß Ihres Dekadenzeichens Waage sind Sie musisch und kreativ veranlagt und strahlen großen Charme aus. Mit Ihrer Unbekümmertheit und Fröhlichkeit sind Sie ein unterhaltsamer Gesellschafter. Derselbe Einfluß verleiht Ihnen außerdem diplomatische Fähigkeiten und Eloquenz. Wenn Sie Ihre Intuition mit Ihrem analytischen Verstand verknüpfen, können Sie originelle Ideen entwickeln.

Gelegentlich zeigen Sie eine sehr gegensätzliche Persönlichkeit, die einerseits sensibel und idealistisch, andererseits aber sehr pragmatisch ist. Mit einer ausgeglicheneren Perspektive und Ihrem Sinn für Humor können Sie vermeiden, von anderen zuviel zu erwarten. Ihr Hang, sich mit sich selbst zu beschäftigen, kann zu echter Selbstanalyse und persönlicher Weiterentwicklung führen.

Wenn Sie 13 sind und Ihre Sonne in das Zeichen des Krebses tritt, beginnt eine Phase, in der Sicherheit, Heim und Familie eine große Rolle in Ihrem Leben spielen; dasselbe gilt für Ihre emotionalen Bedürfnisse. Diese Phase dauert, bis Sie 43 sind; jetzt tritt Ihre Sonne in das Zeichen des Löwen, und Sie haben das Bedürfnis nach mehr Selbstverwirklichung und entwickeln Selbstvertrauen, das Sie kontaktfreudiger und geselliger werden läßt. Wenn Sie 73 sind, wechselt Ihre Sonne in die Jungfrau; nun werden Sie analytischer, praktischer und wollen vermehrt dem Gemeinwohl dienen.

Ihr geheimes Selbst

Mit Ihrem ausgezeichneten Einschätzungsvermögen geht auch ein Gefühl für Geld und materielle Angelegenheiten einher. Es kann Ihnen Glück bringen, wenn Sie Ihren sechsten Sinn bei unerwarteten Informationen anwenden. Um gelegentlichen finanziellen Durststrecken vorzubeugen, müssen Sie lernen, ohne Extravaganzen gut zu leben. Ihre natürliche Autorität verhilft Ihnen zu verantwortlichen Positionen, wo Sie auch Ihre Organisationsfähigkeiten nutzen können. Um so besser, wenn sich dabei auch Ihre kreativen Talente verwenden lassen.

Sie können aber auch sehr dominant sein und damit das Verhältnis zu Ihren Mitmenschen belasten. Da Sie unter innerer Unruhe leiden, brauchen Sie bei allem, was Sie tun, viel Abwechslung, um Ihren Abenteuergeist wachzuhalten. Reisen können sich als exzellentes Mittel gegen Ihre Untugenden erweisen.

Beruf & Karriere

Mit Ihrem guten Verstand sind Sie immer auf der Suche nach neuem Wissen, aus dem Sie sofort materielle und persönliche Vorteile schlagen können. Interessant für Sie sind vor allem Berufe, bei denen Sie Ihre intellektuellen mit Ihren kommunikativen Fähigkeiten verbinden können, etwa als Wissenschaftler, Anwalt, Lehrer oder Schriftsteller. Mit Ihrem Geschäftssinn eignen Sie sich aber auch für Bankwesen, Finanzverwaltung, Börse oder Buchhaltung. Die humanitäre Seite Ihrer Persönlichkeit führt Sie vielleicht ins Gesundheitswesen oder in die Sozialarbeit. Ihr ausgeprägter Sinn für Struktur macht Sie zu einem guten Architekten oder Bauingenieur. Erfolgversprechend ist auch die Welt des Showbusineß, der Kunst und der Musik.

Berühmte Persönlichkeiten dieses Tages sind die Komödiantin Joan Rivers, der Bluesmusiker Boz Scaggs, die Rocksängerin Bonnie Tyler, der Architekt Frank Lloyd Wright und der Komponist Robert Schumann.

Numerologie

Die Kraft, die von der Zahl 8 ausgeht, deutet auf einen starken Charakter mit starken Wertvorstellungen und einem guten Urteilsvermögen hin. Die Zahl 8 bedeutet, daß Sie nach Erfolg streben, ehrgeizig sind und das Bedürfnis nach Sicherheit und Dominanz haben. Sie besitzen natürlichen Geschäftssinn und können sehr davon profitieren, wenn Sie Ihre Organisationsfähigkeiten und Führungsqualitäten entwickeln. Ihr starkes Sicherheitsbedürfnis läßt Sie langfristige Pläne und Investitionen machen. Der Untereinfluß der Monatszahl 6 führt dazu, daß Sie treu und fürsorglich sind, auch wenn Sie sich manchmal gedankenlos oder gefühllos verhalten. Sie sind rastlos und phantasiebegabt und sollten Sturheit vorbeugen, indem Sie flexibler werden. Voller Verständnis für andere und häufig spontan großzügig, neigen Sie gelegentlich dazu, allzu sorglos mit Ihrem Geld umzugehen. Da Sie progressiv sind und Ihre Gefühle frei zum Ausdruck bringen wollen, sollten Sie Routine oder Einengung vermeiden. Durch Zusammenarbeit mit anderen können Sie Sicherheit und Stabilität gewinnen.

Positiv: Führungskraft, Gründlichkeit, Fleiß, Tradition, Autorität, Beschützerinstinkt, Heilkräfte, gutes Einschätzungsvermögen.

Negativ: ungeduldig, intolerant, geizig, rastlos, «workaholic», dominierend, leicht entmutigt, planlos, wird leicht ausfallend.

Liebe & Zwischenmenschliches

Als kommunikativer Mensch brauchen Sie die Gesellschaft anderer. Auch wenn Sie oft kühl und gefühllos wirken, sind Sie eine fürsorgliche und mitfühlende Person. Am glücklichsten sind Sie, wenn Sie mit Menschen zusammen sind, mit denen Sie einer gemeinsamen intellektuellen Aktivität nachgehen. Gelegentlich neigen Sie dazu, allzu ernst zu werden, dann sollten Sie versuchen, mehr Distanz zu gewinnen. Versteckte Unsicherheit kann auch dazu führen, daß Sie, statt Ihre diplomatischen Fähigkeiten zu nutzen, streitsüchtig und aggressiv werden. Im Grunde sind Sie aber ein treuer, liebevoller und hilfsbereiter Freund und Partner.

Ihr Partner

Sicherheit, dauerhaftes Glück und Liebe finden Sie am ehesten unter den Menschen, die an folgenden Tagen geboren wurden:

Liebe & Freundschaft: 6., 16. Jan., 4., 14. Feb., 2., 12., 28., 30. März, 10., 26., 28. April, 8., 24., 26., 30. Mai, 6., 22., 24., 28. Juni, 4., 20., 22., 26., 31. Juli, 2., 18., 20., 24., 29. Aug., 16., 18., 22., 27. Sept., 14., 16., 20., 25. Okt., 12., 14., 18., 23. Nov., 10., 12., 16., 21. Dez.

Günstig: 9., 14., 16. Jan., 7., 12., 14. Feb., 5., 10., 12. März, 3., 8., 10. April, 1., 6., 8. Mai, 4., 6. Juni, 2., 4. Juli, 2. Aug., 30. Sept., 28. Okt., 26., 30. Nov., 24., 28., 29. Dez.

Schicksalhaft: 21. Jan., 19. Feb., 17. März, 15. April, 13. Mai, 11. Juni, 9. Juli, 7. Aug., 5. Sept., 3. Okt., 1. Nov., 8., 9., 10., 11. Dez.

Problematisch: 4., 13., 28. Jan., 2., 11., 26. Feb., 9., 24. März, 7., 22. April, 5., 20. Mai, 3., 18. Juni, 1., 16. Juli, 14. Aug., 12. Sept., 10., 31. Okt., 8., 29. Nov., 6., 27. Dez.

Seelenverwandt: 15., 22. Jan., 13., 20. Feb., 11., 18. März, 9., 16. April, 7., 14. Mai, 5., 12. Juni, 3., 10. Juli, 1., 8. Aug., 6. Sept., 4. Okt., 2. Nov.

SONNE: ZWILLINGE
DEKADE: WAAGE/VENUS
GRAD: 17° – 18°30' ZWILLINGE
ART: BEWEGLICHES ZEICHEN
ELEMENT: LUFT

Fixsterne

Rigel; Bellatrix; Capella, auch Amaltheia genannt

Hauptstern

Name des Sterns: Rigel
Gradposition: 15°50' – 16°40' Zwillinge zwischen den Jahren 1930 und 2000
Magnitude: 1
Stärke: **********
Orbit: 2°30'
Konstellation: Beta Orionis
Tage: 3., 4., 5., 6., 7., 8., 9. Juni
Sternqualitäten: unterschiedliche Einflüsse: Mars/Jupiter oder Saturn/Jupiter
Beschreibung: leuchtend blau-weißer Doppelstern am linken Fuß des Orion.

Einfluß des Hauptsterns

Rigel bewirkt, daß Sie im Leben rasch vorankommen, und verleiht Ihnen starke Willenskraft, Ehrgeiz und eine große Allgemeinbildung. Tatendrang und gute Chancen stimulieren Ihr Wettbewerbsdenken. Menschen unter Rigels Einfluß können wissenschaftlich denken und sind häufig erfinderisch. Rigel sorgt auch für Anerkennung, materiellen Reichtum und anhaltenden Erfolg. Im Zusammenhang mit dem Stand Ihrer Sonne verleiht Ihnen Rigel Mut und eine liberale Lebensauffassung. Überdies können Sie sehr fleißig sein, zumal Sie einen ausgeprägten Geschäftssinn sowie ein Gefühl für Politik und öffentliche Angelegenheiten haben. Rigel sorgt dafür, daß Sie sich für Astrologie interessieren

9. Juni

Ihre Willenskraft und Entschlossenheit deuten darauf hin, daß Sie die Fähigkeit haben, das große Potential zu nutzen, mit dem Sie dieses Datum versieht. Ehrgeizig und hartnäckig versuchen Sie, immer weiter nach oben zu kommen, sowohl materiell als auch sozial. Zum Hemmnis kann Ihnen dabei Ihre sture und rebellische Ader werden. Da Sie Macht und Autorität schätzen, können Sie im Bedarfsfall auch Verantwortung übernehmen und sogar ziemlich gebieterisch sein. Versuchen Sie, mehr Geduld aufzubringen, um nicht zu dominant zu werden.

Durch den zusätzlichen Einfluß Ihres Dekadenzeichens, der Waage, können Sie sehr gesellig und unterhaltsam sein und sehr vom Zusammensein mit Frauen profitieren. Derselbe Einfluß verleiht Ihnen auch einen Sinn für Kunst, Musik und Tanz. Neben Geld sorgt Venus außerdem für ein Interesse an zwischenmenschlichen Beziehungen; vielleicht fühlen Sie sich dadurch berufen, für andere bessere Lebensbedingungen zu schaffen.

Mit Selbstdisziplin können Sie das Beste aus sich herausholen, unter anderem die Fähigkeit, Rekordleistungen zu erbringen und Hindernisse zu überwinden. Sie können sehr hartnäckig sein und haben einen starken Freiheitsdrang. Sie wollen oft mit dem Kopf durch die Wand und legen sich mit Autoritätspersonen an.

Wenn Sie 12 sind und Ihre Sonne in das Zeichen des Krebses tritt, beginnt eine Phase, in der Sicherheit, Heim und Familie vermehrt Bedeutung in Ihrem Leben bekommen. Diese Phase dauert, bis Sie 42 sind; jetzt wechselt Ihre Sonne in das Zeichen des Löwen, und für Sie beginnt eine Zeit voller Energie, Selbstvertrauen und Macht. Wenn Sie 72 sind, tritt Ihre Sonne in die Jungfrau, und Sie werden nachdenklicher und analytischer.

Ihr geheimes Selbst

Der Glaube an sich selbst ist das Fundament Ihres Selbstvertrauens; ohne dieses neigen Sie zu Zurückgezogenheit, Unsicherheit oder mangelnder Selbstachtung. Da Sie äußerst scharfsinnig sind, können Sie Informationen sehr schnell erfassen und zu Ihrem Vorteil nutzen. Sie befassen sich gelegentlich gern intensiv mit materiellen Dingen. Ihre kühle und skeptische Haltung können Sie aber nur ablegen, wenn Sie sich auf Ihre innere Weisheit besinnen. Wenn Sie sich trauen, spontan zu leben, und bei allem Wettbewerb fair bleiben, fühlen Sie sich selbst – aber auch die Menschen in Ihrem Umkreis – kraftvoll und lebendig.

Wenn Sie etwas wirklich wollen, aktivieren Sie Ihre natürlichen Führungsqualitäten sowie Konzentrationsfähigkeit und Geduld. In diesem Fall können Sie äußerst hart arbeiten und fühlen sich zu Menschen hingezogen, die machtvoll und ehrgeizig sind. Andere erkennen dann auch Ihre Fähigkeiten an und sind im allgemeinen bereit, Sie bei Ihren Plänen zu unterstützen.

Beruf & Karriere

In Frage kommen für Sie alle Berufe, bei denen Sie mit Menschen zusammenkommen. Ihr Wunsch nach Selbstverwirklichung und Ihr Gefühl für Wirkung führen Sie vielleicht auch in die Welt von Kunst und Unterhaltung. Die humanitäre Seite Ihrer Persönlichkeit kommt am besten in beratenden oder sozial orientierten Berufen zum Tragen. Mit Ihren Organisationsfähigkeiten und Ihrem Potential an Führungsqualitäten sind auch Handel,

Bankwesen und Industrie vielversprechend für Sie. Ihre starke Willenskraft und Ihre Entschlossenheit werden Ihnen leicht zu einer Machtposition verhelfen. Sie arbeiten am liebsten vollkommen autonom, so daß auch eine selbständige Tätigkeit in Frage kommt. Aber auch in Justiz und Verwaltung finden Sie Entfaltungsmöglichkeiten. Ihr Bedürfnis nach Abwechslung und Ihre Kommunikationsfähigkeiten bilden die besten Voraussetzungen für Berufe im Journalismus oder in der Politik.

Berühmte Persönlichkeiten dieses Tages sind die Schauspieler Johnny Depp und Michael J. Fox, der Komponist Cole Porter, der Politiker Robert S. McNamara und die Bluessängerin Jackie Wilson.

und für den Weg der höheren Bildung entscheiden. Unter seinem Einfluß gelangen Sie durch Direktheit und Bestimmtheit zu großem Erfolg. Sie sollten jedoch nicht zu freimütig sein.
- Positiv: Gründer großer Unternehmen, liberal, Bildung, Gemeinsinn.
- Negativ: launisch, anmaßend, widerspenstig, anspruchsvoll, rastlos.

Numerologie

Die Geburtstagszahl 9 verleiht unter anderem Güte, Nachdenklichkeit und Sensibilität. Sie sind nicht nur tolerant und freundlich, sondern häufig auch großzügig und liberal. Intuitive und mediale Fähigkeiten deuten auf universellen Wahrnehmungssinn hin. Positiv kanalisiert, führt Sie das möglicherweise auf einen spirituellen Weg. Die 9 kann bedeuten, daß Sie Hindernisse und einen Hang zur Überempfindlichkeit mit gelegentlichen Stimmungsschwankungen überwinden müssen. Weltreisen und das Zusammentreffen mit den unterschiedlichsten Menschen bringen Ihnen sehr viel; hüten Sie sich aber vor unrealistischen Träumereien oder der Flucht nach innen. Der Untereinfluß der Monatszahl 6 führt dazu, daß Sie verantwortungsbewußt sind und durch gutes Urteilsvermögen, Gerechtigkeit und Fairneß für Ausgeglichenheit und Harmonie sorgen können. Durch Ihre humanitäre Ader sind Sie großzügig, kooperativ und fürsorglich. Seien Sie nicht destruktiv oder rachsüchtig, versuchen Sie, die Bedürfnisse anderer zu berücksichtigen, und hüten Sie sich vor Egoismus und ungerechtfertigter Kritik. Drängen Sie anderen nicht Ihre Meinung auf. Für Mitgefühl und Liebe werden Sie am Ende reich belohnt.

Positiv: Idealismus, Philanthropie, Kreativität, Sensibilität, Großzügigkeit, Anziehungskraft, poetische Ader, nachsichtig, freigiebig, unvoreingenommen, gesegnet mit Glück, beliebt.

Negativ: frustriert, nervös, zerrissen, unsicher, selbstsüchtig, unpraktisch, leicht beeinflußbar, Minderwertigkeitskomplex, Angstgefühle.

Liebe & Zwischenmenschliches

Häufig fasziniert von mächtigen und kreativen Menschen, haben Sie das Bedürfnis nach Liebe und Verständnis, das oft im Gegensatz zu Ihrer selbstbewußten und starken Fassade steht. Obwohl Sie hart arbeiten, amüsieren Sie sich gern mit Ihrer Familie oder Freunden. Sie haben Ihren eigenen Kopf, sind aber dennoch loyal und fürsorglich. Allerdings neigen Sie dazu, sich selbst zu quälen, und sind hin und wieder launisch.

Ihr Partner

Einen Partner, der Ihre Sensibilität und Ihr Bedürfnis nach Liebe versteht, werden Sie mit großer Wahrscheinlichkeit unter den an den folgenden Tagen geborenen Menschen finden:

Liebe & Freundschaft: 7., 17., 20. Jan., 5., 15., 18. Feb., 3. 13., 16., 29., 31. März, 1., 11., 14., 27., 29. April, 9., 12., 25., 27. Mai, 7., 10., 23., 25. Juni, 5., 8., 21., 23. Juli, 3., 6., 19., 21. Aug., 1., 4., 17., 19. Sept., 2., 15., 17. Okt., 13., 15., 30. Nov., 11., 13., 28. Dez.

Günstig: 15., 17., 28. Jan., 13., 15., 26. Feb., 11., 13., 24. März, 9., 11., 22. April, 7., 9., 20. Mai, 5., 7., 18. Juni, 3., 5., 16. Juli, 1., 3., 14. Aug., 1., 12. Sept., 10., 29. Okt., 8., 27. Nov., 6., 25. Dez.

Schicksalhaft: 5. Jan., 3. Feb., 1. März, 9., 10., 11., 12. Dez.

Problematisch: 4., 5., 14. Jan., 2., 3., 12. Feb., 1., 10. März, 8., 30. April, 6., 28. Mai, 4., 26. Juni, 2., 24. Juli, 22. Aug., 20. Sept., 18. Okt., 16. Nov., 14. Dez.

Seelenverwandt: 2. Jan., 29. März, 27. April, 25. Mai, 23. Juni, 21. Juli, 19. Aug., 17. Sept., 15. Okt., 13. Nov., 11. Dez.

10. Juni

SONNE: ZWILLINGE
DEKADE: WAAGE/VENUS
GRAD: 18° – 19°30' ZWILLINGE
ART: BEWEGLICHES ZEICHEN
ELEMENT: LUFT

Fixsterne

Bellatrix; Capella, auch Amaltheia genannt

Hauptstern

Name des Sterns: Capella, auch Amaltheia genannt
Gradposition: 20°52' – 21°48' Zwillinge zwischen den Jahren 1930 und 2000
Magnitude: 1
Stärke: **********
Orbit: 2°30'
Konstellation: Alpha Aurigae
Tage: 9., 10., 11., 12., 13., 14. Juni
Sternqualitäten: Merkur/Mars
Beschreibung: großer, heller, weißer Stern im Körper des Ziegenbocks in den Armen des Fuhrmanns.

Einfluß des Hauptsterns

Capella steht für Energie, Wißbegierde und Freude am Lernen. Er verleiht Ihnen Interesse an der Forschung und neuen Entdeckungen. Unter seinem Einfluß gelangen Sie zu Prominenz, Ehre und in Vertrauenspositionen.

Im Zusammenhang mit dem Stand Ihrer Sonne kann Capella dafür sorgen, daß Sie gerne viele Worte um eine Sache machen; hüten Sie sich also vor Geschwätzigkeit. Um Mißverständnisse zu vermeiden, sollten Sie anderen besser zuhören.

- Positiv: vertrauenswürdig, loyal, wißbegierig, umfassendes Wissen.
- Negativ: streitlustig, unentschlossen, Besorgnis, uninteressiert, verschwendet geistige Energie.

Ihr Geburtstag bedeutet hochentwickelter Intellekt und ein starkes Potential für Erfolg und materielle Errungenschaften. Sie haben viel Überzeugungskraft und Interesse für Ihre Mitmenschen, ebenso die Fähigkeiten, akribisch genau zu arbeiten. Unabhängigkeit ist Ihnen sehr wichtig, Sie können gut aus Erfahrung lernen und konzentrieren sich häufig auf ein bestimmtes Fachgebiet.

Durch den Einfluß der Venus auf die zweite Zwillingsdekade besitzen Sie eine charismatische Persönlichkeit. Sie stecken voller kreativer Ideen und sind ein interessanter Gesprächspartner. Im allgemeinen sind Sie gesellig und haben ein Faible für Schönheit, Kunst und Luxus sowie gute Teamfähigkeit. Venus weist Geld einen wichtigen Platz in Ihrem Leben zu und sorgt dafür, daß Sie bereit sind, hart dafür zu arbeiten. Schwierig ist es für Sie, das Bedürfnis nach Struktur und Pflichtbewußtsein mit dem Wunsch nach Arbeit, Vergnügen, Spontaneität und Liebe unter einen Hut zu bringen.

Wenn Sie Ihr enormes Potential disziplinieren und Ihre Ungeduld in eine kreative Beschäftigung ableiten, haben Sie eine gute Chance, die Schwierigkeiten Ihres Lebens zu meistern. Wenn Sie lernen, optimistisch zu bleiben, und dankbar sind für das, was Sie haben, werden Sie feststellen, daß dies Tugenden sind, die Ihnen sehr weiterhelfen und Ihre Energien freier fließen lassen.

Wenn Sie 11 sind und Ihre Sonne in das Zeichen des Krebses tritt, beginnt eine Phase, in der Sicherheit, Heim und Familie vermehrt Bedeutung in Ihrem Leben gewinnen. Diese Phase dauert, bis Sie 41 sind; jetzt wechselt Ihre Sonne in das Zeichen des Löwen, und für Sie beginnt eine Zeit des wachsenden Selbstvertrauens und der Selbstverwirklichung. Wenn Sie 71 sind, wechselt Ihre Sonne in die Jungfrau; nun werden Sie analytischer, perfektionistischer und pragmatischer.

Ihr geheimes Selbst

Ihre Fassade verrät nicht, daß Sie eigentlich sehr sensibel sind. Ihr großer Gefühlsreichtum bewirkt, daß Sie ein starkes Bedürfnis nach Liebe und Zuneigung haben. Wenn Sie das bekommen, haben Sie das Gefühl, sich dem Leben anvertrauen zu können. Ein tiefer Wunsch nach emotionaler Sicherheit bedeutet auch, daß Sie von Ängsten befallen werden, sobald Sie sich verlassen und ungeliebt fühlen. Vertrauen ist der Schlüssel zu Ihrem Glück. Wenn Sie sich nicht aus Ängsten oder Frustrationen lösen können, blockieren Sie vielleicht genau das, was Sie so nötig brauchen.

Es ist sehr wichtig für Sie, daß man Ihnen zeigt, daß Sie geliebt werden. Gelegentlich neigen Sie zu Schwarzweißdenken, und obwohl Sie im Grunde liebevoll und nicht nachtragend sind, kommt irgendwann ein Punkt, von dem es kein Zurück mehr gibt. Versuchen Sie, nicht das zu sein, was andere von Ihnen erwarten, sondern bleiben Sie sich selbst treu. Wenn Sie wirklich Ihr Herz öffnen, ohne von vornherein auf das Ergebnis zu schielen, können Sie äußerst großzügig sein und bekommen letztlich alles, was Sie sich wünschen.

Beruf & Karriere

Ehrgeiz, Geschäftssinn und Führungsqualitäten helfen Ihnen auf Ihrem Weg zum Erfolg. Da Sie gut Arbeit und Vergnügen kombinieren können und ein interessanter Gesprächspartner sind, eignen Sie sich gut für diplomatische Tätigkeiten oder Öffentlichkeitsarbeit. Auch Handel, Verkauf oder Kommunikation bieten Ihnen mannigfaltige Chancen. Da Sie Routine hassen und sich leicht langweilen, fühlen Sie sich bei abwechslungsreichen Tätigkeiten am wohlsten. Auch Pädagogik, Journalismus oder das Dienstleistungsgewerbe kommen für Sie in Frage, ebenso die Welt der Unterhaltung, wo Sie Ihren Sinn für Dramatik ausleben können. Zu Ihren größten Vorzügen gehört Ihre Gabe, mit Menschen umgehen zu können.

Berühmte Persönlichkeiten dieses Tages sind die Sängerin/Schauspielerin Judy Garland, der Tycoon Robert Ian Maxwell, der Schriftsteller Saul Bellow und Prinz Philipp, Herzog von Edinburgh.

Numerologie

Sie nehmen sich meist große Aufgaben vor. Allerdings müssen Sie einige Hindernisse überwinden, bevor Sie Ihre Ziele erreichen. Voller Energie und Originalität stehen Sie zu Ihren Ansichten, auch wenn sie von denen anderer abweichen. Ihre Fähigkeit, mit Pioniergeist allein voranzupreschen, ermutigt Sie, weite Reisen zu unternehmen oder Projekte im Alleingang durchzuziehen. Vielleicht müssen Sie lernen, daß sich die Welt nicht nur um Sie dreht, und sollten sich vor Selbstsucht und diktatorischem Verhalten hüten. Für alle Menschen mit der 10 sind Leistung und Erfolg sehr wichtig, und häufig erreichen Sie auf Ihrem Gebiet eine Spitzenposition. Der Untereinfluß der Monatszahl 6 führt dazu, daß Sie feste Überzeugungen haben. Sie besitzen eine gute Beobachtungsgabe und ein gutes Auge für Details und sammeln gerne Informationen, die Sie dann zu Ihrem Vorteil einsetzen können. Wenn Sie in Gedanken beschäftigt sind, wirken Sie zerstreut oder ruhelos. Da Sie nie mit dem zufrieden sind, was Sie wissen, sollten Sie sich mit Metaphysik, Spiritualität und Philosophie befassen. Wenn Sie lernen, flexibel und anpassungsfähig zu werden, beugen Sie Mißverständnissen vor.

Positiv: Führungskraft, Kreativität, Progressivität, Überzeugungskraft, Optimismus, feste Überzeugungen, Kampfgeist, Unabhängigkeit, Geselligkeit.

Negativ: Dominanz, Eifersucht, Egoismus, Hochmut, Feindseligkeit, Selbstsucht, Launenhaftigkeit, Ungeduld.

Liebe & Zwischenmenschliches

Mit Charme, Sensibilität und einem Sinn für Schönheit und Kunst lieben Sie Luxus. Oft fühlen Sie sich zu schillernden Persönlichkeiten mit charismatischer Ausstrahlung hingezogen und verzaubern andere mit Ihrem Optimismus und Ihrer Großzügigkeit. Sie sind bereit, für die Liebe große Opfer zu bringen; machen Sie sich aber nicht zum Märtyrer. Im allgemeinen suchen Sie ernsthafte Beziehungen, und wenn Sie realistisch an die Liebe herangehen, werden Sie auch nicht so oft enttäuscht. Gewöhnlich arbeiten Sie hart daran, daß eine Partnerschaft stabil bleibt; vernachlässigen Sie dabei nicht Ihr eigenes starkes Bedürfnis nach kreativer Selbstverwirklichung, etwa in Form von Musik oder Theater.

Ihr Partner

Wenn Sie jemanden suchen, der Ihre Sensibilität und Ihr Bedürfnis nach Liebe versteht, sollten Sie sich unter den Menschen umsehen, die an folgenden Tagen geboren sind:

Liebe & Freundschaft: 4., 8., 18., 19., 23. Jan., 2., 6., 16., 17., 21. Feb., 4., 14., 15., 19., 28., 30. März, 2., 12., 13., 17., 26., 28., 30. April, 10., 11., 15., 24., 26., 28. Mai, 8., 9., 13., 22., 24., 26. Juni, 6., 7., 11., 20., 22., 24., 30. Juli, 4., 5., 9., 18., 20., 22., 28. Aug., 2., 3., 7., 16., 18., 20., 26. Sept., 1., 5., 14., 16., 18., 24. Okt., 3., 12., 14., 16., 22. Nov., 1., 10., 12., 14., 20. Dez.

Günstig: 5., 16., 27. Jan., 3., 14., 25. Feb., 1., 12., 23. März, 10., 21. April, 8., 19. Mai, 6., 17. Juni, 4., 15. Juli, 2., 13. Aug., 11. Sept., 9., 30. Okt., 7., 28. Nov., 5., 26., 30. Dez.

Schicksalhaft: 17. Jan., 15. Feb., 13. März, 11. April, 9. Mai, 7. Juni, 5. Juli, 3. Aug., 1. Sept., 10., 11., 12., 13. Dez.

Problematisch: 1., 10., 15. Jan., 8., 13. Feb., 6., 11. März, 4., 9. April, 2., 7. Mai, 5. Juni, 3., 29. Juli, 1., 27. Aug., 25. Sept., 23. Okt., 21. Nov., 19., 29. Dez.

Seelenverwandt: 30. Aug., 28. Sept., 26. Okt., 24. Nov., 22. Dez.

11. Juni

SONNE: ZWILLINGE
DEKADE: WASSERMANN/URANUS
GRAD: 19° – 21°30' ZWILLINGE
ART: BEWEGLICHES ZEICHEN
ELEMENT: LUFT

Idealismus und Pragmatismus spielen in Ihrem Leben gleichermaßen eine Rolle. Mit Ihrem guten Urteilsvermögen und Ihrem logischen Denkvermögen präsentieren Sie Ihren Mitmenschen eine ebenso scharfsinnige wie sensible Fassade. Da Sie ein starkes Bedürfnis nach Aufrichtigkeit haben, können Sie subtil, aber auch direkt sein und besitzen ein außergewöhnliches Maß an gesundem Menschenverstand.

Der Einfluß Ihres Dekadenzeichens, des Wassermanns, bewirkt Unabhängigkeit und Vielseitigkeit. Zudem sind Sie freundlich, kontaktfreudig und gesellig. Sie können aber auch eine unkonventionelle oder exzentrische Seite zeigen. Sie interessieren sich für die unterschiedlichsten Themenbereiche. Mit Ihrem scharfen Verstand entwickeln Sie originelle Strategien und sind häufig ein inspirierter Denker. Da Sie schnell den Kern einer Sache erfassen, lernen Sie gern und besitzen große Weitsicht. Sie müssen darauf achten, nicht so leicht reizbar zu sein, denn das verdirbt Ihren Charme und entfremdet Sie anderen.

Mit Ihrem Charisma ziehen Sie die unterschiedlichsten Menschen an, neigen aber dazu, sich treiben zu lassen oder sich in die Dramen anderer zu verstricken. Bei aller Vielseitigkeit können Sie aber durchaus entschlossen und organisiert sein, wenn Sie ein bestimmtes Ziel gesetzt haben. Ihre Intuition hilft Ihnen, Menschen und Situationen rasch einzuschätzen.

Wenn Sie 10 sind und Ihre Sonne in das Zeichen des Krebses tritt, beginnt eine Phase, in der Sicherheit, Heim und Familie eine große Bedeutung in Ihrem Leben haben. Diese Phase dauert, bis Sie 40 sind; jetzt wechselt Ihre Sonne in das Zeichen des Löwen, und für Sie beginnt eine Zeit voller Vertrauen, größerer Selbstverwirklichung, Selbstvertrauen und vermehrter Geselligkeit. Wenn Sie 70 sind, wechselt Ihre Sonne in die Jungfrau; nun werden Sie nachdenklicher, praktischer und analytischer.

Fixsterne

Capella, auch Amaltheia genannt; Bellatrix; Phact; El Nath

Hauptstern

Name des Sterns: Capella, auch Amaltheia genannt
Gradposition: 20°52' – 21°48' Zwillinge zwischen den Jahren 1930 und 2000
Magnitude: 1
Stärke: **********
Orbit: 2°30'
Konstellation: Alpha Aurigae
Tage: 9., 10., 11., 12., 13., 14. Juni
Sternqualitäten: Merkur/Mars
Beschreibung: großer, heller, weißer Stern im Körper des Ziegenbocks in den Armen des Fuhrmanns.

Einfluß des Hauptsterns

Capella steht für Energie, Wißbegierde und Freude am Lernen. Er verleiht Ihnen Interesse an der Forschung und neuen Entdeckungen. Unter seinem Einfluß können Sie zu Prominenz und Ehre und in Vertrauenspositionen gelangen.

Im Zusammenhang mit dem Stand Ihrer Sonne kann Capella dafür sorgen, daß Sie gerne viele Worte um eine Sache machen; hüten Sie sich also vor Geschwätzigkeit. Um Mißverständnisse zu vermeiden, sollten Sie anderen besser zuhören.

- Positiv: vertrauenswürdig, loyal, wißbegierig, umfassendes Wissen.
- Negativ: streitlustig, unentschlossen, Besorgnis, uninteressiert, verschwendet geistige Energie.

Ihr geheimes Selbst

Sie sind sensibel und phantasiebegabt und haben den Kopf voller Ideen, müssen sich aber vor Überbesorgtheit in acht nehmen. Stärken Sie Ihr Selbstvertrauen, indem Sie Ihr Talent für kreative Selbstverwirklichung, etwa durch Musik, Kunst oder das geschriebene Wort, fördern. Ihr Zuhause bildet für Sie einen sicheren Hafen, in dem Sie Frieden und Sicherheit finden können. Auch wenn Sie Harmonie anstreben, sollten Sie keine zu großen Kompromisse schließen und nicht zuviel von sich selbst aufgeben.

Eine persönliche Herausforderung für Sie ist eine innere Unzufriedenheit, die aus Frustration oder Enttäuschung über Ihre Lage oder das Verhalten anderer resultieren kann. Wenn Sie dem die Stirn bieten, sind Sie in der Lage, Entscheidungen zu treffen, die Sie positiv und unabhängig bleiben lassen. Wenn Sie unbegründete Ängste abschütteln, können Sie Ihre Kreativität endlich ausleben und wieder echte Lebensfreude empfinden.

Beruf & Karriere

Da Sie gescheit und vielseitig sind und ausgezeichnete kommunikative Fähigkeiten besitzen, können Sie in jedem Beruf erfolgreich sein. Achten Sie nur darauf, daß Sie Ihre Kraft nicht vergeuden. Wenn eine Sache Sie wirklich interessiert, sind Sie bereit, hart dafür zu arbeiten. Diese Eigenschaft hilft Ihnen sowohl in der Geschäftswelt als auch bei der

Sozialarbeit oder in der Politik. Vielleicht interessieren Sie sich auch für Wissenschaft, Justiz oder Theologie. Ihre Gabe, mit Menschen umzugehen, ist Ihnen in Verkauf oder Dienstleistungsgewerbe sehr von Nutzen. Da Sie auch mit den Händen geschickt sind, können Sie auch einen praktischen Beruf ergreifen. Wenn Sie Ihre musischen Talente fördern und Ihren Drang nach Inspiration zum Ausdruck bringen wollen, wenden Sie sich Film, Malerei oder Musik zu.

Berühmte Persönlichkeiten dieses Tages sind der Schauspieler Gene Wilder, der Meeresforscher Jacques Cousteau, der Komponist Richard Strauss, der Schriftsteller Ben Jonson, der Sportler Joe Montana und der Maler John Constable.

Numerologie

Die besonderen Schwingungen der Zahl 11 sorgen dafür, daß Idealismus, Inspiration und Innovation wichtig für Sie sind. Eine Mischung aus Bescheidenheit und Selbstvertrauen motiviert Sie dazu, ständig an sich zu arbeiten, sowohl in materieller als auch in spiritueller Hinsicht. Durch Erfahrung lernen Sie, mit beiden Seiten Ihrer Persönlichkeit umzugehen, Ausgeglichenheit zu entwickeln und auf Ihre Gefühle zu vertrauen. Im allgemeinen haben Sie viel Energie und Lebenskraft, müssen sich aber vor Angstgefühlen oder praktischem Ungeschick hüten. Der Untereinfluß der Monatszahl 6 führt dazu, daß Sie hoch intuitiv sind, sich aber auf Ihre Ziele konzentrieren müssen. Obwohl Sie ehrgeizig sind, müssen Sie mehr Realismus entwickeln, wenn Sie Ihre Träume verwirklichen wollen. Nehmen Sie sich Zeit, um ein solides Fundament zu errichten. Als nachdenklicher und verständnisvoller Mensch können Sie andere sehr motivieren. Vermeiden Sie es aber, launisch, überempfindlich oder reizbar zu sein. Wenn Sie Ihre Träume umsetzen wollen, verlassen Sie sich zunächst auf das Bekannte und Erprobte, bis Sie einen besseren Weg finden.

Positiv: Ausgeglichenheit, Objektivität, Begeisterungsfähigkeit, inspirierend, spirituell, idealistisch, intuitiv, intelligent, kontaktfreudig, erfindungsreich, mediale Fähigkeiten.

Negativ: übersteigertes Selbstbewußtsein, Unehrlichkeit, ziellos, überemotional, leicht verletzt, leicht reizbar, Selbstsucht, Mangel an Klarheit, Dominanz.

Liebe & Zwischenmenschliches

Mit Charisma und Charme scharen Sie Menschen aller Art um sich. Vielleicht ist es notwendig, ein besseres Urteilsvermögen zu entwickeln, da Sie sich häufig zu Menschen hingezogen fühlen, die sich an Sie hängen oder von Ihren Vorhaben ablenken. Sie stellen hohe Ansprüche an Beziehungen, und wenn sie nicht erfüllt werden, neigen Sie zu Rastlosigkeit und Unzufriedenheit mit sich und anderen. Ihr Bedürfnis nach Anerkennung deutet darauf hin, daß Sie zwar für die, die Sie lieben, zu Opfern bereit sind, im Gegenzug aber viel Liebe und Bestätigung erwarten. Im allgemeinen haben Sie eine glückliche Hand im Umgang mit Menschen.

Ihr Partner

Sicherheit, geistige Anregung und dauerhafte Liebe finden Sie am ehesten unter den Menschen, die an folgenden Tagen geboren wurden:

Liebe & Freundschaft: 5., 9., 18., 19. Jan., 3., 7., 16., 17. Feb., 1., 5., 14., 15., 31. März, 3., 12., 13., 29. April, 1., 10., 11., 27., 29. Mai, 8., 9., 25., 27. Juni, 6., 7., 23., 25., 31. Juli, 4., 5., 21., 23., 29. Aug., 2., 3., 19., 21., 27., 30. Sept., 1., 17., 19., 25., 28. Okt., 13., 15., 21., 24. Dez.

Günstig: 1., 6., 17. Jan., 4., 15. Feb., 2., 13. März, 11. April, 9. Mai, 7. Juni, 5. Juli, 3. Aug., 1. Sept., 31. Okt., 29. Nov., 27. Dez.

Schicksalhaft: 11., 12., 13., 14. Dez.

Problematisch: 2., 16. Jan., 14. Feb., 12. März, 10. April, 8. Mai, 6. Juni, 4. Juli, 2. Aug., 30. Dez.

Seelenverwandt: 11., 31. Jan., 9., 29. Feb., 7., 27. März, 5., 25. April, 3., 23. Mai, 1., 21. Juni, 19. Juli, 17. Aug., 15. Sept., 13. Okt., 11. Nov., 9. Dez.

SONNE: ZWILLINGE
DEKADE: WASSERMANN/URANUS
GRAD: 20° – 21°30' ZWILLINGE
ART: BEWEGLICHES ZEICHEN
ELEMENT: LUFT

Fixsterne

Capella, Amaltheia genannt; Bellatrix; Phact; Mintaka, auch Cingula Orionis genannt; El Nath; Alnilam, auch Al Nitham oder «Perlenschnur» genannt

Hauptstern

Name des Sterns: Capella, auch Amaltheia genannt
Gradposition: 20°52' – 21°48' Zwillinge zwischen den Jahren 1930 und 2000
Magnitude: 1
Stärke: **********
Orbit: 2°30'
Konstellation: Alpha Aurigae
Tage: 9., 10., 11., 12., 13., 14. Juni
Sternqualitäten: Merkur/Mars
Beschreibung: großer, heller, weißer Stern im Körper des Ziegenbocks in den Armen des Fuhrmanns.

Einfluß des Hauptsterns

Capella steht für Energie, Wißbegierde und Freude am Lernen. Er verleiht Ihnen Interesse an der Forschung und neuen Entdeckungen. Unter seinem Einfluß können Sie zu Prominenz und Ehre und in Vertrauenspositionen gelangen. Im Zusammenhang mit dem Stand Ihrer Sonne kann Capella dafür sorgen, daß Sie gerne viele Worte um eine Sache machen; hüten Sie sich also vor Geschwätzigkeit. Um Mißverständnisse zu vermeiden, sollten Sie anderen besser zuhören.
- Positiv: vertrauenswürdig, loyal, wißbegierig, umfassendes Wissen.
- Negativ: streitlustig, unentschlossen, Besorgnis, uninteressiert, verschwendet geistige Energie.

12. Juni

♊ Schnelle Auffassungsgabe und ausgeprägte Instinkte verbinden sich ausgezeichnet mit Ihrer vielseitigen und visionären Persönlichkeit. Sie sind ständig in Bewegung, da Sie, von innerer Unruhe angetrieben, stets auf der Suche nach neuen Wegen sind. Da Sie Situationen extrem schnell einschätzen können, langweilen Sie sich leicht und hassen Routine. Im allgemeinen fühlen Sie sich zu intelligenten Menschen hingezogen, die Sie geistig anregen. Sie sind gesellig und freundlich, legen Wert auf Ihr Image und sind sehr beliebt.

Mit Ihrer Sensibilität und Phantasie brauchen Sie ein positives Ziel, auf das Sie sich konzentrieren können. Wenn Sie ungeduldig werden, geben Sie zu schnell auf; entwickeln Sie deshalb mehr Ausdauer, damit Sie Ihr großes Potential zur Entfaltung bringen können.

Durch den Einfluß Ihres Dekadenzeichens, des Wassermanns, lieben Sie Rededuelle und verfolgen gern ungewöhnliche Interessen. Zudem besitzen Sie Scharfsinn und Erfindungsreichtum; es besteht allerdings die Gefahr, daß Sie sich zwischen Idealismus und Alltag aufreiben. Derselbe Einfluß bedeutet auch, daß Reisen Ihr Leben stark beeinflussen, vielleicht arbeiten Sie sogar im Ausland.

Wenn Sie 9 sind und Ihre Sonne in das Zeichen des Krebses tritt, beginnt eine dreißig Jahre lange Phase, in der Sie mehr auf Heim und Familie eingerichtet sind. Diese Phase, in der Sie sich auch verstärkt nach Liebe, Verständnis und emotionaler Sicherheit sehnen, dauert, bis Sie 39 sind; jetzt tritt Ihre Sonne in das Zeichen des Löwen, und Sie erleben einen Schub von Selbstvertrauen und besserem Erkennen Ihrer Fähigkeiten. Wenn Sie 69 sind, wechselt Ihre Sonne in die Jungfrau, und Sie wollen Ihr Leben differenzierter gestalten. Auch werden Sie nachdenklicher, pragmatischer und analytischer.

Ihr geheimes Selbst

Bei Ihnen besteht immer die Gefahr, daß Sie sich unbegründete Geldsorgen machen. Aufgrund Ihrer Ungeduld müssen Sie bei finanziellen Angelegenheiten allerdings vorsichtig vorgehen; bauen Sie lieber für die Zukunft vor, statt Experimente zu machen. Halten Sie Ihre zu Extravaganzen neigende Seite im Zaum. Wenn Sie sich aber einmal auf ein Ziel festgelegt haben, können Sie eigensinnig und entschlossen darauf zugehen.

Ihre dynamische Persönlichkeit weist darauf hin, daß Sie sinn- und zweckgerichtet vorgehen müssen. So können Sie auch Angstgefühlen und Selbstzweifeln vorbeugen. Da Sie in der Lage sind, das Leben aus der kreativen Sicht zu sehen, können Sie Dinge leicht von einem übergeordneten Standpunkt aus betrachten. Vielleicht müssen Sie für andere Opfer bringen, auf die Dauer wird Ihnen das aber bei Ihrer persönlichen Weiterentwicklung helfen und Sie zu mehr Mitgefühl und Menschenfreundlichkeit inspirieren.

Beruf & Karriere

Ihre schnelle Auffassungsgabe und Ihre kommunikativen Fähigkeiten sind Ihnen vor allem in Bereichen wie Journalismus, Kundenservice oder Verkauf von Nutzen. Sie sind ehrgeizig und fleißig, brauchen aber einen abwechslungsreichen Beruf, um nicht in Routine zu ersticken. Ihre Abenteuerlust können Sie in der Tourismus- und Reisebranche ausleben; Ihre Energie und Antriebskraft finden in Sport- oder Freizeitbranche die beste Anwendung. Sie besitzen ein gutes optisches Wahrnehmungsvermögen, was Berufe in den Bereichen Fotografie, Grafikdesign oder auch Mathematik für Sie interessant macht. Mit Ihrer Kreativität können Sie sich auch in der Welt von Kunst und Musik behaupten; in Heilberufen kommen vor allem Ihre Sensibilität und Intuition zum Einsatz.

Berühmte Persönlichkeiten dieses Tages sind der Bankier David Rockefeller, Anne Frank, der ehemalige US-Präsident George Bush, der Maler Egon Schiele und der Jazzmusiker Chick Corea.

Numerologie

Menschen mit der Geburtstagszahl 12 sind gewöhnlich intuitiv und freundlich. Sie wollen einen eigenen Stil entwickeln und besitzen gutes logisches Denkvermögen und Innovationskraft. Von Natur aus verständnisvoll und sensibel, verstehen Sie es, mit Takt und Kooperationsbereitschaft zum Ziel zu gelangen. Wenn es Ihnen gelingt, ein Gleichgewicht zwischen Ihrem Bedürfnis nach Selbstverwirklichung und Ihrem angeborenen Altruismus herzustellen, finden Sie emotionale Zufriedenheit und Erfüllung. Allerdings müssen Sie möglicherweise den Mut aufbringen, sich auf eigene Füße zu stellen, Selbstvertrauen entwickeln und sich nicht so leicht von anderen entmutigen lassen. Der Untereinfluß der Monatszahl 6 führt dazu, daß Sie Ihre Gefühle klar und deutlich zum Ausdruck bringen müssen. Lassen Sie andere wissen, was Sie denken und fühlen, um Mißverständnissen vorzubeugen. Bleiben Sie aufgeschlossen und versuchen Sie, das große Ganze nicht aus den Augen zu verlieren – so bleiben Sie optimistisch und unvoreingenommen. In Mitgefühl drückt sich Ihre humanitäre Seite aus. Beugen Sie Ängsten vor, indem Sie zwar darauf hören, was andere sagen, Ihre eigenen Überzeugungen aber nicht aufgeben.

Positiv: kreativ, attraktiv, initiativ, diszipliniert, fördert sich und andere.

Negativ: exzentrisch, unkooperativ, überempfindlich, mangelndes Selbstwertgefühl.

Liebe & Zwischenmenschliches

Selbst intelligent und rastlos, fühlen Sie sich von Menschen angezogen, die originell und scharfsinnig sind. Freundschaften sind Ihnen sehr wichtig, und daß Sie häufig mit den unterschiedlichsten Menschen zusammen sind, zeigt, daß Sie liberal und im Herzen jung sind. In Ihnen steckt ein geborener Entertainer, den Sie im Kreis Ihnen Nahestehender gern präsentieren. In Ausbildung und Seminaren treffen Sie Menschen, die Ihre Interessen teilen. Sie haben gern Spaß im Leben; zu mehr Frieden und Harmonie in Ihren Beziehungen gelangen Sie aber nur durch größere Reife.

Ihr Partner

Einen Partner für eine Liebesbeziehung finden Sie am ehesten unter den Menschen, die an folgenden Tagen geboren wurden:

Liebe & Freundschaft: 6., 10., 20., 29. Jan., 4., 8., 18., 27. Feb., 2., 6., 16., 25., 28., 30. März, 4., 14., 23., 26., 28., 30. April, 2., 12., 21., 24., 26., 28., 30. Mai, 10., 19., 22., 24., 26., 28. Juni, 8., 17., 20., 22., 24., 26. Juli, 6., 15., 18., 20., 22., 24. Aug., 4., 13., 16., 18., 20., 22. Sept., 2., 11., 14., 16., 18., 20. Okt., 9., 12., 14., 16., 18. Nov., 7., 10., 12., 14., 16. Dez.

Günstig: 7., 13., 18., 28. Jan., 5., 11., 16., 26. Feb., 3., 9., 14., 24. März, 1., 7., 12., 22. April, 5., 10., 20. Mai, 3., 8., 18. Juni, 1., 6., 16. Juli, 4., 14. Aug., 2., 12., 30. Sept., 10., 28. Okt., 8., 26., 30. Nov., 6., 24., 28. Dez.

Schicksalhaft: 25. Jan., 23. Feb., 21. März, 19. April, 17. Mai, 15. Juni, 13. Juli, 11. Aug., 9. Sept., 7. Okt., 5. Nov., 3., 11., 12., 13., 14. Dez.

Problematisch: 3., 17. Jan., 1., 15. Feb., 13. März, 11. April, 9., 30. Mai, 7., 28. Juni, 5., 26., 29. Juli, 3., 24., 27. Aug., 1., 22., 25. Sept., 20., 23. Okt., 18., 21. Nov., 16., 19. Dez.

Seelenverwandt: 18. Jan., 16. Feb., 14. März, 12. April, 10., 29. Mai, 8., 27. Juni, 6., 25. Juli, 4., 23. Aug., 2., 21. Sept., 19. Okt., 17. Nov., 25. Dez.

SONNE: ZWILLINGE
DEKADE: WASSERMANN/URANUS
GRAD: 21° – 22°30' ZWILLINGE
ART: BEWEGLICHES ZEICHEN
ELEMENT: LUFT

Fixsterne

Capella, auch Amaltheia genannt; Bellatrix; Phact; Mintaka, auch Cingula Orionis genannt; El Nath; Eusis; Alnilam, auch Al Nitham oder «Perlenschnur» genannt

Hauptstern

Name des Sterns: Capella, auch Amaltheia genannt
Gradposition: 20°52' – 21°48' Zwillinge zwischen den Jahren 1930 und 2000
Magnitude: 1
Stärke: **********
Orbit: 2°30'
Konstellation: Alpha Aurigae
Tage: 9., 10., 11., 12., 13., 14. Juni
Sternqualitäten: Merkur/Mars
Beschreibung: großer, heller, weißer Stern im Körper des Ziegenbocks in den Armen des Fuhrmanns.

Einfluß des Hauptsterns

Capella steht für Energie, Wißbegierde und Freude am Lernen. Er verleiht Ihnen Interesse an der Forschung und neuen Entdeckungen. Unter seinem Einfluß können Sie zu Prominenz und Ehre und in Vertrauenspositionen gelangen.
Im Zusammenhang mit dem Stand Ihrer Sonne kann Capella dafür sorgen, daß Sie gerne viele Worte um eine Sache machen; hüten Sie sich also vor Geschwätzigkeit. Um Mißverständnisse zu vermeiden, sollten Sie anderen besser zuhören.
- Positiv: vertrauenswürdig, loyal, wißbegierig, umfassendes Wissen.
- Negativ: streitlustig, unentschlossen, Besorgnis, uninteressiert, verschwendet geistige Energie.

13. Juni

Die kluge und praktische Art, die mit diesem Tag verbunden wird, macht Sie zu einem geselligen Idealisten mit einem festen Wertesystem. Da Sie meist sehr vernünftig sind, versuchen Sie, eine solide Basis für sich zu errichten. Arbeit spielt eine große Rolle in Ihrem Leben, und mit Pflichtbewußtsein und gezielten Anstrengungen erreichen Sie eine gesicherte und gutdotierte Position.

Durch den zusätzlichen Einfluß Ihres Dekadenzeichens, des Wassermanns, verfügen Sie über großen Erfindungsreichtum und können andere sehr schnell einschätzen. Derselbe Einfluß sorgt dafür, daß Sie Wege finden müssen, um Ihrer Wortgewandtheit Ausdruck zu geben. Achten Sie darauf, daß Sie nicht zuviel Strenge und Sturheit an den Tag legen und damit Ihren Charme beeinträchtigen.

Wenn Sie eine Aufgabe erledigen, tun Sie dies mit perfektionistischem Anspruch, da Sie stolz auf das Ergebnis sein wollen. Gewöhnlich sind Sie sehr loyal, nehmen Ihre Verpflichtungen ernst und können, wenn Sie Ihre Nüchternheit ablegen, freundlich und herzlich sein. Sie sind idealistisch und setzen Ihre Sensibilität gern zum Nutzen Ihrer Mitmenschen ein. Sie können aber auch sehr geschäftsorientiert sein; beide Eigenschaften kombiniert machen Sie zu einem mitfühlenden Pragmatiker.

Wenn Sie 8 sind und Ihre Sonne in das Zeichen des Krebses eintritt, beginnt eine Phase, in der Heim und Familie eine große Rolle in Ihrem Leben spielen. Diese Phase, in der Sie sich auch verstärkt nach Liebe und emotionaler Sicherheit sehnen, dauert, bis Sie 38 sind; jetzt wechselt Ihre Sonne in das Zeichen des Löwen, und Sie haben vermehrt das Bedürfnis nach Selbstverwirklichung und Bestätigung, werden aber auch kontaktfreudiger, kühner und geselliger. Wenn Sie 68 sind, wechselt Ihre Sonne in die Jungfrau; nun werden Sie perfektionistischer, pragmatischer und analytischer.

Ihr geheimes Selbst

Ihr Bedürfnis nach Abwechslung ist nach außen hin kaum spürbar. Diesem abenteuerlustigen Teil Ihrer Persönlichkeit sollten Sie aber Gelegenheit geben, Neues zu entdecken und auszuprobieren. Da Sie manchmal Ihre Gefühle unterdrücken, kann dieser Drang in Rastlosigkeit und Ungeduld führen oder Ihnen Ihr Selbstvertrauen rauben. Diese Unzufriedenheit versuchen Sie dann unter Umständen durch Alkohol, Drogen, Fernsehen oder Phantastereien zu kompensieren.

Selbst mitfühlend und verständnisvoll, können Sie häufig spüren, was andere fühlen. Sie haben einen starken Wunsch nach Liebe und Zuwendung, den Sie durch Kunst, Spiritualität oder heilende Tätigkeiten ausleben können. Wenn Sie versuchen, diese Sensibilität in Ihrem Alltag anzuwenden, werden Sie feststellen, daß positives Denken Inspiration hervorruft. Allerdings sollten Sie Ihr anfälliges Nervensystem schützen, indem Sie lernen, ruhig zu bleiben und sich von äußeren Einflüssen nicht umwerfen zu lassen.

Beruf & Karriere

Dank Ihrer freundlichen und praktischen Art stehen Ihnen beruflich viele Wege offen. Ihre kommunikativen Fähigkeiten helfen Ihnen in Bereichen wie Justiz oder Pädagogik. Mit Ihrem Ordnungssinn und Ihrer scharfen Intelligenz fühlen Sie sich oft auch zu Handel oder Industrie hingezogen, wo Sie auch Ihre Organisationsfähigkeiten einsetzen können. Menschen, die an diesem Tag geboren wurden, besitzen auch oft manuelles Geschick und können dieses Talent kreativ oder praktisch nutzen. Ihre Menschenkenntnis in Verbindung mit Ihrer Kreativität befähigt Sie auch für Berufe wie Journalist, Autor oder Schauspieler.

Berühmte Persönlichkeiten dieses Tages sind der Schriftsteller W. B. Yeats, der Verpackungskünstler Christo, die Schauspieler Basil Rathbone und Malcolm McDowell und der Komiker Tim Allen.

Numerologie

Zu den Eigenschaften der Zahl 13 gehören Empfindsamkeit, Begeisterungsfähigkeit und Inspiration. Numerologisch werden Sie mit harter Arbeit und Ehrgeiz assoziiert; außerdem können Sie viel durch kreative Selbstverwirklichung erreichen. Vielleicht sollten Sie mehr Pragmatismus entwickeln, damit Sie Ihre neuen und aufregenden Ideen auch in die Tat umsetzen können. Ihre Originalität und Innovationskraft sind für andere häufig eine Überraschung. Mit der Geburtstagszahl 13 sind Sie ernsthaft, charmant, romantisch und lebenslustig und können durch entsprechende Anstrengung zu Wohlstand gelangen. Der Untereinfluß der Monatszahl 6 führt dazu, daß Sie ehrgeizig, hart im Nehmen und erfindungsreich sind und ein gutes logisches Denkvermögen besitzen. Teamarbeit ist sehr förderlich für Sie. Wenn Sie kein Selbstvertrauen haben, begeben Sie sich gern in die Abhängigkeit von anderen. Da Sie entschlußfreudig sind, lösen Sie Ihre Probleme gern allein. Unzufriedenheit führt dazu, daß Sie rastlos werden, zwingt Sie aber andererseits dazu, mit vermehrter Anstrengung weiterzumachen.

Positiv: Ehrgeiz, Kreativität, Freiheitsliebe, Ausdrucksstärke, Initiative.
Negativ: impulsiv, unentschlossen, gefühllos, rebellisch, egoistisch.

Liebe & Zwischenmenschliches

Voller Idealismus und starke Gefühle, sind Sie häufig großzügig und freundlich. In Ihren Beziehungen werden Sie manchmal selbst Opfer Ihrer Launen oder werden unzufrieden oder rastlos. Andererseits können Sie auch sehr charmant und gesellig sein und haben oft viele Freunde und Bewunderer. Lassen Sie sich aber nicht von anderen ausnutzen. Sie fühlen sich zu einflußreichen Menschen mit großen Plänen und viel Ehrgeiz hingezogen, die Ihnen in vielerlei Hinsicht von Nutzen sein können.

Ihr Partner

Jemand, mit dem Sie Ihre Ideale teilen können, werden Sie mit großer Wahrscheinlichkeit unter den an den folgenden Tagen geborenen Menschen finden:
Liebe & Freundschaft: 7., 11., 22. Jan., 5., 9., 20. Feb., 3., 7., 18., 31. März, 1., 5., 16., 29. April, 3., 14., 27., 29. Mai, 1., 12., 25., 27. Juni, 10., 23., 25. Juli, 8., 21., 23., 31. Aug., 6., 19., 21., 29. Sept., 4., 17., 19., 27., 30. Okt., 2., 15., 17., 25., 28. Nov., 13., 15., 23., 26. Dez.
Günstig: 8., 14., 19. Jan., 6., 12., 17. Feb., 4., 10., 15. März, 2., 8., 13. April, 6., 11. Mai, 4., 9. Juni, 2., 7. Juli, 5. Aug., 3. Sept., 1., 29. Okt., 27. Nov., 25., 29. Dez.
Schicksalhaft: 13., 14., 15. Dez.
Problematisch: 9., 18., 20. Jan., 7., 16., 18. Feb., 5., 14., 16. März, 3., 12., 14. April, 1., 10., 12. Mai, 8., 10. Juni, 6., 8., 29. Juli, 4., 6., 27. Aug., 2., 4., 25. Sept., 2., 23. Okt., 21. Nov., 19. Dez.
Seelenverwandt: 9. Jan., 7. Feb., 5. März, 3. April, 1. Mai, 30. Okt., 28. Nov., 26. Dez.

SONNE: ZWILLINGE
DEKADE: WASSERMANN/URANUS
GRAD: 22° – 23°30' ZWILLINGE
ART: BEWEGLICHES ZEICHEN
ELEMENT: LUFT

14. Juni

♊ Mit diesem Geburtsdatum sind Sie ein wunderbarer Gesprächspartner mit einer ganz eigenen Lebensauffassung. Auch wenn Sie meist fröhlich und freundlich wirken, haben Sie doch auch eine ernsthaftere Seite, die gut ist im Problemelösen. Ihr starkes Bedürfnis nach Selbstverwirklichung drückt sich in gesellschaftlichen Belangen oder durch Schreiben oder Malen aus.

Durch den Einfluß der dritten Zwillingsdekade verfügen Sie über Objektivität und Einfallsreichtum und schwanken gelegentlich zwischen Anwandlungen von Genialität und Momenten der Rebellion. Ihr Vorteil ist, daß Sie Ihrer Zeit manchmal voraus sind und sich gegen die Konventionen auflehnen. Ihre Schlagfertigkeit und Kreativität wirken sehr attraktiv auf andere; achten Sie aber darauf, daß Sie sich nicht von Ängsten oder Unentschlossenheit die Lebensfreude verderben lassen.

Da Sie sich für viele verschiedene und manchmal ungewöhnliche Dinge interessieren, müssen Sie aufpassen, daß Sie Ihre Energie nicht vergeuden. Normalerweise halten Sie mit Ihrer Meinung nicht hinter dem Berg, neigen aber auch zu skeptischem oder unkommunikativem Verhalten. Vielleicht entwickeln Sie auch Interesse für Philosophie oder Spiritualismus; in Verbindung mit diesen Kenntnissen können Sie Ihre Kritikfähigkeit konstruktiv nutzen, um anderen mit Rat und Tat zur Seite zu stehen, anstatt sie damit zu verunsichern. Mit Ihrer vielseitigen und kreativen Persönlichkeit können Sie nicht nur selbst viel erreichen, sondern auch andere inspirieren.

Wenn Sie 7 sind und Ihre Sonne in das Zeichen des Krebses tritt, beginnt eine Phase, in der Heim und Familie eine große Bedeutung in Ihrem Leben haben. Diese Phase, in der Sie sich auch verstärkt nach Liebe und emotionaler Sicherheit sehnen, dauert, bis Sie 37 sind; jetzt wechselt Ihre Sonne in das Zeichen des Löwen, was Ihre Kräfte, Ihr Selbstvertrauen, Ihre Talente verstärkt. Wenn Sie 67 sind, wechselt Ihre Sonne in die Jungfrau; nun werden Sie nachdenklicher, perfektionistischer und analytischer.

Ihr geheimes Selbst

Verläßlich und gewissenhaft, stehen Sie immer mit Rat und Tat zur Seite und bieten fachkundige Hilfe an. Für die Menschen und Dinge, die Ihnen am Herzen liegen, sind Sie zu harter Arbeit und beträchtlichen Opfern bereit. Achten Sie darauf, daß die Last Sie nicht erdrückt und Sie niedergeschlagen oder depressiv werden. Lernen Sie, Ihre intuitiven Kräfte zu nutzen und auf Ihre Instinkte zu vertrauen.

Ihre praktische Seite macht Sie zu einem starken Gegner und guten Strategen. Da Sie gescheit und wortgewandt sind, können Sie Ihre Ideen ernstzunehmend und überzeugend vortragen. Dieses Nach-außen-Gehen hilft Ihnen, sich ständig weiterzuentwickeln und Ihre Fähigkeiten auszuloten. Wenn Sie unter Unentschlossenheit leiden, neigen Sie dazu, sich auf Ihren Lorbeeren auszuruhen und den Weg des geringsten Widerstandes zu wählen. Im allgemeinen wissen Sie, wie man das Leben genießt, und freuen sich daran, wenn Sie neue Aufgaben zu bewältigen haben. Da Sie Harmonie und inneren Frieden brauchen, spielen Familie und ein gesichertes Zuhause eine wichtige Rolle in Ihrem Leben.

Beruf & Karriere

Mit Ihrer Intelligenz und Ihrer Redegewandtheit brauchen Sie ständig Abwechslung, um sich nicht zu langweilen. Auch wenn Sie bei einem Arbeitsplatz bleiben, versuchen Sie,

Fixsterne

Capella, auch Amaltheia genannt; Phact; Mintaka, auch Cingula Orionis genannt; El Nath; Alnilam, auch Al Nitham oder «Perlenschnur» genannt; Al Hecka

Hauptstern

Name des Sterns: Capella, auch Amaltheia genannt

Gradposition: 20°52' – 21°48' Zwillinge zwischen den Jahren 1930 und 2000

Magnitude: 1

Stärke: **********

Orbit: 2°30'

Konstellation: Alpha Aurigae

Tage: 9., 10., 11., 12., 13., 14. Juni

Sternqualitäten: Merkur/Mars

Beschreibung: großer, heller, weißer Stern im Körper des Ziegenbocks in den Armen des Fuhrmanns.

Einfluß des Hauptsterns

Capella steht für Energie, Wißbegierde und Freude am Lernen. Er verleiht Ihnen Interesse an der Forschung und neuen Entdeckungen. Unter seinem Einfluß können Sie zu Prominenz und Ehre und Vertrauenspositionen gelangen. Im Zusammenhang mit dem Stand Ihrer Sonne kann Capella dafür sorgen, daß Sie gerne viele Worte um eine Sache machen; hüten Sie sich also vor Geschwätzigkeit. Um Mißverständnisse zu vermeiden, sollten Sie anderen besser zuhören.

- Positiv: vertrauenswürdig, loyal, wißbegierig, umfassendes Wissen.
- Negativ: streitlustig, unentschlossen, Besorgnis, uninteressiert.

Ihre Art zu arbeiten immer weiter zu verbessern. Mit Ihren originellen Ideen und Ihrer individualistischen Lebenseinstellung fühlen Sie sich zum Schreiben hingezogen oder zu Berufen, die mit Kommunikation zu tun haben. Da Sie einen guten Geschäftssinn besitzen, ist auch Handel eine erfolgversprechende Option für Sie; Ihren scharfen Verstand können Sie in der Wissenschaft oder zum Lösen von Problemen einsetzen. Ihr Kampfgeist führt Sie vielleicht in die Welt des Sports, und Ihr Wunsch nach Selbstverwirklichung wird in kreativen Bereichen wie Musik oder Theater erfüllt. Sie interessieren sich sehr für menschenorientierte Beschäftigungen, sind aber auch fähig, tiefgründig und methodisch zu denken, was Sie vielleicht zur Philosophie hinzieht.

Berühmte Persönlichkeiten dieses Tages sind der Revolutionsführer Che Guevara, die Schriftstellerin Harriet Beecher Stowe, die Tennisspielerin Steffi Graf, der Sänger Boy George und der Tycoon Donald Trump.

Numerologie

Charakteristisch für die Zahl 14 sind intellektuelles Potential, Pragmatismus und Entschlossenheit. Wenn Sie an diesem Tag geboren wurden, hat die Arbeit für Sie oft erste Priorität, und Sie beurteilen sich und andere gern nach ihrem beruflichen Erfolg. Auch wenn Sie Stabilität brauchen, treibt Rastlosigkeit Sie vorwärts, und Sie suchen ständig neue Herausforderungen. Diese angeborene Rastlosigkeit und Unzufriedenheit kann dazu führen, daß es in Ihrem Leben häufig zu Veränderungen kommt, vor allem wenn Sie mit Ihrer beruflichen oder finanziellen Situation nicht zufrieden sind. Mit Ihrem empfänglichen Geist können Sie Probleme schnell erkennen und lösen. Der Untereinfluß der Monatszahl 6 bedeutet, daß Sie sich mehr auf Ihre Intuition verlassen und eine philosophischere Lebenseinstellung entwickeln sollten. Obwohl Ihre Wandlungsfähigkeit und Ihre Instinkte meist stärker sind als Ihre Starrköpfigkeit, sollten Sie doch Ihre diplomatischen Fähigkeiten mehr nutzen, um nicht ängstlich oder unsicher zu werden. Ihr Bedürfnis nach Anerkennung deutet darauf hin, daß Sie weniger Zurückhaltung an den Tag legen sollten, wenn Sie fordern, was Ihnen ohnehin zusteht.

Positiv: entschlossenes Handeln, Fleiß, Glück, Kreativität, Pragmatismus, Phantasie.

Negativ: übervorsichtig oder überimpulsiv, Labilität, gedankenlos, stur.

Liebe & Zwischenmenschliches

Sie sind im allgemeinen liebevoll und spontan und bereit, alles für Ihre Lieben zu tun. Eine Seite Ihrer Persönlichkeit kann aber auch kühl und unbeteiligt wirken. Da Sie sensibler sind, als Sie scheinen, brauchen Sie viel Raum für sich, um Kraft zu tanken. Sie stellen hohe Ansprüche an die Liebe, die kaum jemand zu erfüllen vermag. Dennoch sind Sie loyal und fürsorglich, brauchen Stabilität und widmen sich Ihrem Partner voller Hingabe.

Ihr Partner

Wenn Sie jemanden suchen, bei dem Sie Sicherheit, emotionale Erfüllung und Liebe finden, sollten Sie sich unter den Menschen umsehen, die an folgenden Tagen geboren sind:

Liebe & Freundschaft: 8., 22., 26. Jan., 6., 20., 24. Feb., 4., 18., 22. März, 2., 16., 20., 30. April, 14., 18., 28., 30. Mai, 12., 16., 26., 28. Juni, 10., 14., 24., 26. Juli, 8., 12., 22., 24. Aug., 6., 10., 20., 22., 30. Sept., 4., 8., 18., 20., 28. Okt., 2., 6., 16., 18., 26. Nov., 4., 14., 16., 24. Dez.

Günstig: 9., 20. Jan., 7., 18. Feb., 5., 16., 29. März, 3., 14., 27. April, 1., 12., 25. Mai, 10., 23. Juni, 8., 21. Juli, 6., 19. Aug., 4., 17. Sept., 2., 15., 30. Okt., 13., 28. Nov., 11., 26., 30. Dez.

Schicksalhaft: 27. Jan., 25. Feb., 23. März, 21. April, 19. Mai, 17. Juni, 15. Juli, 13. Aug., 11. Sept., 9. Okt., 7. Nov., 5., 14., 15., 16. Dez.

Problematisch: 2., 10., 19. Jan., 8., 17. Feb., 6., 15. März, 4., 13. April, 2., 11. Mai, 9. Juni, 7., 30. Juli, 5., 28. Aug., 3., 26. Sept., 1., 24. Okt., 22. Nov., 20., 30. Dez.

Seelenverwandt: 15. Jan., 13. Feb., 11. März, 9. April, 7. Mai, 5. Juni, 3. Juli, 1. Aug., 29. Okt., 27. Nov., 25. Dez.

15. Juni

SONNE: ZWILLINGE
DEKADE: WASSERMANN/URANUS
GRAD: 23° – 24°30' ZWILLINGE
ART: BEWEGLICHES ZEICHEN
ELEMENT: LUFT

Fixsterne

Mintaka, auch Cingula Orionis genannt; El Nath; Alnilam, auch Al Nitham oder «Perlenschnur» genannt; Al Hecka

Hauptstern

Name des Sterns: Mintaka, auch Cingula Orionis genannt
Gradposition: 21°30' – 22°16' Zwillinge zwischen den Jahren 1930 und 2000
Magnitude: 2,5 – 3
Stärke: *******
Orbit: 1°40'
Konstellation: Delta Orionis
Tage: 12., 13., 14., 15. Juni
Sternqualitäten: Merkur/Saturn/Jupiter
Beschreibung: leuchtendweißer und blaßvioletter, veränderlicher Doppelstern im Gürtel des Orion neben dem Stern Alnilam.

Einfluß des Hauptsterns

Mintaka steht für Vermögen, Glück und Würde. Wenn Sie positiv denken, können Sie aus jeder Situation das Beste machen. Mintaka verleiht Mut, Fleiß, gutes Zeitgefühl, Führungsqualitäten und dauerhaftes Lebensglück.
Im Zusammenhang mit dem Stand Ihrer Sonne sorgt Mintaka für Scharfsinn, Urteilsvermögen, ein gutes Gedächtnis und Taktgefühl. Mit Ihrer Vorsicht, Ihrer Geduld und Ihrem guten Sinn für Timing haben Sie ein natürliches Talent, Situationen zu Ihren Gunsten zu wenden. Unter Mintakas Einfluß verspüren Sie außerdem ein großes Bedürfnis nach Bildung.

- Positiv: Gefühl für Chancen, gutes Urteilsvermögen und Managerfähigkeiten.
- Negativ: wankelmütig, frustriert, unbeständig, mangelnde Ausdauer.

Mit diesem Geburtstag sind Sie ein freundlicher und aktiver Zwilling mit einem regen und aufgeschlossenen Geist. Obwohl Sie unabhängig sind, brauchen Sie das Zusammensein mit anderen und entwickeln dabei ständig Ihre kommunikativen Fähigkeiten. Sie lassen sich von außergewöhnlichen Leuten faszinieren und pflegen Kontakte zu den unterschiedlichsten Menschen. Da Sie sehr entschlußfreudig sind, können Sie zielstrebig auf ein Ziel zugehen.

Der Einfluß des Uranus auf die dritte Zwillingsdekade sorgt dafür, daß Sie originelle Ideen entwickeln und Mitmenschen gut einschätzen können. Zudem besitzen Sie Scharfsinn und eine kreative Ader, die Sie in Kunst, Musik oder Theater einsetzen können und durch die Sie Spaß am Debattieren oder Schreiben haben. Eine Seite Ihrer Persönlichkeit ist hart, bestimmt, ja fast autoritär, während sich die andere sensibel, phantasievoll und freigiebig präsentiert; versuchen Sie, zwischen den Extremen ein Gleichgewicht zu finden. Sie streben Ehrlichkeit und Direktheit an und fühlen sich nicht glücklich, wenn finanzielle Angelegenheiten mit Ihrer Vorstellung von einer perfekten Welt kollidieren. Sie sind sehr großzügig zu denen, die Sie lieben, lassen sich aber gelegentlich durch Geldsorgen quälen, die aber meist unbegründet sind, weil Sie aufgrund Ihrer natürlichen Planungsqualitäten stets materiell abgesichert sein werden.

Wenn Sie 6 sind und Ihre Sonne in das Zeichen des Krebses tritt, beginnt eine Phase, in der Heim und Familie eine große Rolle in Ihrem Leben spielen. Diese Phase, in der Sie sich auch verstärkt nach Liebe und emotionaler Sicherheit sehnen, dauert, bis Sie 36 sind; jetzt wechselt Ihre Sonne in das Zeichen des Löwen, und für Sie beginnt eine Zeit voller Vitalität und Selbstvertrauen, in der Sie kontaktfreudiger, geselliger werden und mehr Führungsqualitäten entwickeln. Wenn Sie 66 sind, wechselt Ihre Sonne in die Jungfrau; nun werden Sie nachdenklicher, pragmatischer und analytischer.

Ihr geheimes Selbst

Ihr starkes Bedürfnis nach materieller Sicherheit, Macht und Prestige paßt wunderbar zu Ihren hochgesteckten Zielen. Ihr Ehrgeiz in Verbindung mit Ihrem Wunsch nach Ruhe und Frieden sorgt dafür, daß Sie, sobald Sie erreicht haben, was Sie wollten, gern bereit sind, andere daran teilhaben zu lassen. Oft streben Sie auch danach, die Welt besser zu verstehen. Hüten Sie sich vor einer speziellen Trägheit oder Angstgefühlen, die aus Ihrem Friedensbedürfnis resultieren.

Da Sie gerne Ihr Wissen mit anderen teilen, sind Sie für jede Gruppe oder Partnerschaft ein Gewinn. Sie besitzen viel konstruktive innere Kraft, mit der Sie auch andere beeinflussen können; deshalb sollten Sie versuchen, nicht nur nach materiellem Erfolg, sondern auch nach echter Erfüllung zu streben. Wenn Sie an eine Sache glauben, engagieren Sie sich mit aller Kraft und versuchen auch, andere davon zu überzeugen.

Beruf & Karriere

Mit Ihrem scharfen Verstand und Ihren kommunikativen Fähigkeiten fühlen Sie sich in allen Berufen wohl, die mit Menschen zu tun haben. Da Sie leicht persönliche Beziehungen aufbauen können, eignen Sie sich besonders für Öffentlichkeitsarbeit oder Vermittlungstätigkeit. Ihre Begeisterungsfähigkeit und die Gabe, alles verkaufen zu können, wovon Sie überzeugt sind, helfen Ihnen in Verkauf und Promotion oder bei Verhandlungen.

Da Sie wortgewandt sind, können Sie sich der Justiz oder einer Dozententätigkeit zuwenden. Menschen, die an diesem Tag geboren wurden, werden oft in den verschiedensten Bereichen beratend tätig. Ihr Wunsch nach Anerkennung führt Sie vielleicht aber auch in die Welt von Kunst, Musik oder Theater. Ihre Ausdauer wird Ihnen am Ende den gewünschten Erfolg bringen.

Berühmte Persönlichkeiten dieses Tages sind der Komponist Edvard Grieg, der Country-Sänger Waylon Jennings, der Schauspieler James Belushi und der Rocksänger Johnny Hallyday.

Numerologie

Typisch für die Zahl 15 sind Vielseitigkeit, Begeisterungsfähigkeit und Rastlosigkeit. Wenn Sie an diesem Tag geboren wurden, gehören zu Ihren größten Vorzügen starke Instinkte und Ihre Fähigkeit, durch die Kombination von Theorie und Praxis schnell zu lernen. Häufig nutzen Sie Ihre intuitiven Kräfte und erkennen sofort, wenn sich Chancen bieten. Mit der Geburtstagszahl 15 haben Sie eine gute Hand für Geld und nie Probleme, von anderen Hilfe und Unterstützung zu bekommen. Sorglos und resolut, erwarten Sie stets das Unerwartete und gehen gern Risiken ein. Der Untereinfluß der Monatszahl 6 führt dazu, daß Sie ein Gleichgewicht zwischen Ihren eigenen Bedürfnissen und den Verpflichtungen anderen gegenüber herstellen müssen. Da praktisch und kompetent, zeigen Sie Ihr Interesse an einer Sache, ohne besondere Begeisterung an den Tag zu legen. Andererseits erwarten Sie stets Anerkennung für Ihre Talente und Ihre Anstrengungen und können ehrgeizig und fleißig sein. Lassen Sie Ihrer Kreativität und Ihren Gefühlen freieren Lauf, dann wird auch das Gefühl von Einengung von Ihnen abfallen. Obwohl Sie von Natur aus abenteuerlustig sind, brauchen Sie eine feste Basis oder ein sicheres Zuhause.

Positiv: bereitwillig, großzügig, verantwortungsbewußt, freundlich, kooperationsbereit, anerkennend, kreativ.

Negativ: Rastlosigkeit, mangelndes Verantwortungsbewußtsein, egozentrisch, Angst vor Veränderungen, kein Selbstvertrauen, Unentschlossenheit, Materialismus.

Liebe & Zwischenmenschliches

Da Sie kontaktfreudig und gesellig, aber auch bestimmt und direkt sind, führen Sie ein aktives gesellschaftliches Leben. Sie lieben Diskussionen mit Menschen, die die unterschiedlichsten Ansichten vertreten. Im allgemeinen sind Ihnen Ihre Beziehungen sehr wichtig; Sie erproben darin Ihre Schlagfertigkeit und vertreten feste Meinungen. Meist versuchen Sie, Ihre Versprechen einzuhalten. Sie fühlen sich zu intellektuell starken Menschen hingezogen und schätzen eine gute Debatte. Lassen Sie sich dabei aber nicht auf Machtspiele mit anderen ein. Im großen und ganzen sind Sie großzügig zu Ihren Lieben und ein loyaler und verläßlicher Freund.

Ihr Partner

Sicherheit, geistige Anregung und Liebe finden Sie am ehesten unter den Menschen, die an folgenden Tagen geboren wurden:

Liebe & Freundschaft: 3., 19., 23. Jan., 11., 21. Feb., 9., 19., 28., 31. März, 7., 17., 26., 29. April, 5., 15., 24., 27., 29., 31. Mai, 3., 13., 22., 25., 27., 29. Juni, 1., 11., 20., 23., 25., 27., 29. Juli, 9., 18., 21., 23., 25., 27. Aug., 7., 16., 19., 21., 23., 25. Sept., 1., 5., 14., 17., 19., 21., 23. Okt., 3., 12., 15., 17., 19., 21. Nov., 1., 10., 13., 15., 17., 19. Dez.

Günstig: 3., 4., 10., 21. Jan., 1., 2., 8., 19. Feb., 6., 17., 30. März, 4., 15., 28. April, 2., 13., 26. Mai, 11., 24. Juni, 9., 22. Juli, 7., 20. Aug., 5., 18. Sept., 3., 16., 31. Okt., 1., 14., 29. Nov., 12., 27. Dez.

Schicksalhaft: 22., 28. Jan., 20., 26. Feb., 18., 24. März, 16., 22. April, 14., 20. Mai, 12., 18. Juni, 10., 16. Juli, 8., 14. Aug., 6., 12. Sept., 4., 10. Okt., 2., 8. Nov., 6., 14., 15., 16., 17. Dez.

Problematisch: 11., 20. Jan., 9., 18. Feb., 7., 16. März, 5., 14. April, 3., 12., 30. Mai, 1., 10., 28. Juni, 8., 26., 31. Juli, 6., 24., 29. Aug., 4., 22., 27. Sept., 2., 20., 25. Okt., 18., 23. Nov., 16., 21. Dez.

Seelenverwandt: 26. Jan., 24. Feb., 22., 30. März, 20., 28. April, 18., 26. Mai, 16., 24. Juni, 14., 22. Juli, 12., 20. Aug., 10., 18. Sept., 8., 16. Okt., 6., 14. Nov., 4., 12. Dez.

SONNE: ZWILLINGE
DEKADE: WASSERMANN/URANUS
GRAD: 24° – 25° ZWILLINGE
ART: BEWEGLICHES ZEICHEN
ELEMENT: LUFT

Fixsterne

El Nath; Alnilam, auch Al Nitham oder «Perlenschnur» genannt; Al Hecka

Hauptstern

Name des Sterns: El Nath
Gradposition: 21°36' – 22°41' Zwillinge zwischen den Jahren 1930 und 2000
Magnitude: 2
Stärke: ********
Orbit: 2°10'
Konstellation: Beta Tauri
Tage: 11., 12., 13., 14., 15., 16. Juni
Sternqualitäten: Mars/Merkur
Beschreibung: großer, leuchtendweißer und blaßgrauer Doppelstern an der Spitze des nördlichen Horns des Stiers.

Einfluß des Hauptsterns

El Nath steht für Ehrgeiz, Entschlossenheit, unternehmerischen Erfolg, Intelligenz, Glück und Anerkennung. Sie können Situationen schnell erfassen; erfolgversprechend für Sie sind Wissenschaft und Forschung, Philosophie, Theologie oder Geschichte.
Im Zusammenhang mit dem Stand Ihrer Sonne verleiht El Nath Ihnen einen wachen Verstand, umfassendes Wissen und energisches Auftreten. El Nath wirkt zudem verstärkend auf Ihre Überzeugungskraft und sorgt dafür, daß für Sie Berufe im juristischen Bereich und beim Staat erfolgversprechend sind.

- Positiv: hohe Bildung, eindrucksvolle Art zu sprechen, Verwirklichung von Plänen und Projekten, außerordentliche Leistungen.
- Negativ: dickköpfig, kritisch und penibel, streitsüchtig, stur.

16. Juni

♊ Als Zwilling sind Sie ein bodenständiger, scharfsinniger, unabhängiger und starker Mensch. Sie zeigen eine interessante Mischung aus hochgesteckten emotionalen Zielen und dem konkreten Wunsch nach Geld und Luxus, was Sie gelegentlich zwischen den Extremen hin und her schwanken läßt. Einerseits wünschen Sie sich ein teures und gestyltes Zuhause und einen hohen Lebensstandard, andererseits sind Sie aber auch zu Opfern für Ihre hohen Ideale bereit. Am besten suchen Sie sich ein hehres Ziel, das sich gleichzeitig finanziell lohnt.

Durch den Einfluß Ihres Dekadenzeichens, des Wassermanns, sind Sie originell, tolerant und freiheitsliebend. Mit Ihrem scharfen Verstand und Ihrer schnellen Auffassungsgabe können Sie in Sekundenschnelle Entscheidungen treffen und interessieren sich für soziale Reformen. Sie haben eine progressive Lebenseinstellung und lieben Wissen; Reisen gehört zu Ihren Lieblingsbeschäftigungen.

Manchmal sind Sie Ihren Lieben gegenüber extrem großzügig und nett, dann wieder sind Sie dominant und herrisch. Vermeiden sollten Sie Ungeduld und Rastlosigkeit. Wenn Sie gegen etwas sind, halten Sie oft aus purem Oppositionsgeist an Ihren Prinzipien fest.

Im Idealfall sollten Sie eine Position besetzen, bei der Sie dank Ihrem Mut und Ihrer Fähigkeit, in großen Maßstäben zu denken, an vorderster Front agieren können. Da Sie von Natur aus gesellig sind, kommen Sie gut mit Menschen aus und erkennen schnell, wenn sich Chancen bieten. Solange Sie den Glauben an sich selbst nicht verlieren, haben Sie mit Ihren originellen Ideen, Ihrer vernünftigen Art und Ihrer Intuition garantiert Erfolg.

Wenn Sie 5 sind und Ihre Sonne in das Zeichen des Krebses tritt, beginnt eine Phase, in der Heim und Familie eine große Bedeutung in Ihrem Leben spielen. Diese Phase, in der Sie sich auch verstärkt nach Liebe und emotionaler Sicherheit sehnen, dauert, bis Sie 35 sind; jetzt tritt Ihre Sonne in das Zeichen des Löwen. Das stärkt Ihr Selbstvertrauen, macht Sie sicherer und schenkt Ihnen vermehrt Möglichkeiten zur Selbstverwirklichung. Wenn Sie 65 sind, wechselt Ihre Sonne in die Jungfrau. Nun wird Ihre Lebenseinstellung pragmatischer und analytischer.

Ihr geheimes Selbst

Ihre starken Gefühle bringen Sie häufig dazu, viele Dinge auf einmal zu beginnen. Manchmal schlagen Sie Warnungen leichtfertig in den Wind, um sich hinterher mit den Konsequenzen herumschlagen zu müssen. Da Sie ständig Ihren eigenen Selbstwert überprüfen und immer sofort wissen, wie Sie aus einer Situation das Beste herausholen können, laufen die Dinge meist so, wie Sie es wünschen. Mit Ihrer Begeisterungsfähigkeit, Willenskraft und Entschlossenheit haben Sie die Kraft, Ihre Ideen in die Realität umzusetzen. Aus diesem Grund sollten Sie sich genau darüber im klaren sein, was Sie wirklich wollen.

Ihre enorme Wunschkraft, in selbstlose Liebe und Hilfe für andere kanalisiert, kann eine bemerkenswerte Kraft des Guten werden. Durch sie laufen Sie nicht mehr Gefahr, andere mit Ihrem starken Willen zu dominieren, und können eventuelle finanzielle Probleme leicht lösen.

Beruf & Karriere

Die Kombination von Entschlossenheit und Beziehungsstärke läßt Sie mit anderen konstruktiv und dynamisch zusammenarbeiten. Als geborener Geschäftemacher und Vermittler suchen Sie ständig neue Herausforderungen und haben ein ausgeprägtes Gefühl für gute Gelegenheiten. Da Sie ein wahrer Überredungskünstler sind, können Sie mit Ihrer Begeisterungsfähigkeit Ideen und Produkte wunderbar verkaufen. Von Natur aus mutig und engagiert und mit guten Führungsqualitäten gesegnet, kommt auch eine Karriere im Handel in Frage, etwa als Verhandlungsspezialist oder Finanzberater. Ihre natürlichen Kommunikationsfähigkeiten kommen am besten bei einer Lehrtätigkeit zum Tragen. Möglicherweise interessieren Sie sich auch für globale Aktivitäten und arbeiten in einem international operierenden Unternehmen oder in den Medien. Auch wohltätige Organisationen stellen eine Option für Sie dar. In der Welt der Kreativität, als Schriftsteller oder Künstler, kommt Ihre Individualität am besten zum Ausdruck.

Berühmte Persönlichkeiten dieses Tages sind der Komiker Stan Laurel, die Theosophistin Alice Bailey, der Schriftsteller Erich Segal, der Motorradrennfahrer Giacomo Agostini, die Schauspielerin Lauren Bacall und der Rapper Tupac Shakur.

Numerologie

Sie sind rücksichtsvoll, sensibel und freundlich. Obwohl Sie analytisch veranlagt sind, beurteilen Sie Menschen und Situationen oft aus dem Gefühl heraus. Als Mensch mit der Geburtstagszahl 16 leiden Sie unter innerer Zerrissenheit, wenn Ihr Bedürfnis nach Selbstverwirklichung mit Ihren Verpflichtungen anderen gegenüber kollidiert. Wie schon gesagt interessieren Sie sich für globale Unternehmungen, etwa in einem international operierenden Konzern oder in den Medien. Die Kreativeren unter Ihnen haben Talent zum Schreiben und erleben regelmäßig «Geistesblitze». Möglicherweise müssen Sie lernen, zwischen übersteigertem Selbstbewußtsein und Selbstzweifeln ein Gleichgewicht herzustellen. Der Untereinfluß der Monatszahl 6 führt dazu, daß Sie ein gesichertes Zuhause und eine Ihnen entsprechende Umgebung brauchen. Stolz und der Wunsch nach Beliebtheit deuten darauf hin, daß Ihnen viel bedeutet, was andere von Ihnen denken. Mit Reisen und Entdeckungen erweitern Sie Ihren Horizont.

Positiv: höhere Bildung, Verantwortungsbewußtsein gegenüber Heim und Familie, Intuition, Integrität, sozial, Kooperationsbereitschaft, Einfühlungsvermögen.

Negativ: Angst, nie zufrieden, unverantwortlich, fördert nur sich selbst, rechthaberisch, skeptisch, neigt zum Dramatisieren, reizbar, selbstsüchtig.

Liebe & Zwischenmenschliches

Intelligent und rastlos, brauchen Sie permanente emotionale Anregung und neue aufregende Erfahrungen. Durch Ihre intensiven Gefühle sind Sie stets auf der Suche nach der großen Liebe; auch wenn Sie enttäuscht werden, hält Sie das nicht lange davon ab, weiterzusuchen. Obwohl Sie idealistisch und leicht entflammbar sind, besitzen Sie gesunden Pragmatismus und können sehr gut zwischen Phantasie und Wirklichkeit unterscheiden. Sie müssen stets sicher sein, daß Sie auch in einer festen Beziehung Freiheit und Unabhängigkeit behalten und Ihrem Partner ebenbürtig sind.

Ihr Partner

Emotionale und finanzielle Sicherheit, geistige Anregung und Liebe finden Sie am ehesten unter den Menschen, die an folgenden Tagen geboren wurden:

Liebe & Freundschaft: 3., 5., 14., 24., 31. Jan., 12., 22., 29. Feb., 10., 20., 27. März, 8., 18., 25. April, 6., 16., 23., 30. Mai, 4., 14., 16., 21., 28., 30. Juni, 2., 12., 19., 26., 28., 30. Juli, 10., 17., 24., 26., 28. Aug., 8., 15., 22., 24., 26. Sept., 6., 13., 20., 22., 24., 30. Okt., 4., 11., 18., 20., 22., 28. Nov., 2., 9., 16., 18., 20., 26., 29. Dez.

Günstig: 5., 22., 30. Jan., 3., 20., 28. Feb., 1., 18., 26. März, 16., 24. April, 14., 22. Mai, 12., 20. Juni, 10., 18., 29. Juli, 8., 16., 27., 31. Aug., 6., 14., 25., 29. Sept., 4., 12., 23., 27. Okt., 2., 10., 21., 25. Nov., 9., 19., 23. Dez.

Schicksalhaft: 12. Jan., 10. Feb., 8. März, 6. April, 4. Mai, 2. Juni, 16., 17., 18. Dez.

Problematisch: 16., 21. Jan., 14., 19. Feb., 12., 17., 30. März, 10., 15., 28. April, 8., 13., 26. Mai, 6., 11., 24. Juni, 4., 9., 22. Juli, 2., 7., 20. Aug., 5., 18. Sept., 3., 16. Okt., 1., 14. Nov., 12. Dez.

Seelenverwandt: 25. Jan., 23. Feb., 21. März, 19. April, 17. Mai, 15. Juni, 13. Juli, 11. Aug., 9. Sept., 7. Okt., 5. Nov., 3., 30. Dez.

SONNE: ZWILLINGE
DEKADE: WASSERMANN/URANUS
GRAD: 25° – 26° ZWILLINGE
ART: BEWEGLICHES ZEICHEN
ELEMENT: LUFT

Fixsterne

Alnilam, auch Al Nitham oder «Perlenschnur» genannt; Al Hecka; Polaris, auch Al Rukkabah oder Polarstern genannt

Hauptstern

Name des Sterns: Alnilam, auch Al Nitham oder «Perlenschnur» genannt
Gradposition: 22°29' – 23°22' Zwillinge zwischen den Jahren 1930 und 2000
Magnitude: 2
Stärke: ********
Orbit: 2°10'
Konstellation: Epsilon Orionis
Tage: 12., 13., 14., 15., 16., 17. Juni
Sternqualitäten: verschiedene Einflüsse: Jupiter/Saturn und Merkur/Saturn
Beschreibung: leuchtendweißer Stern im Zentrum des Gürtels des Orion.

Einfluß des Hauptsterns

Alnilam steht für Kühnheit und Waghalsigkeit, aber auch für vergänglichen Ruhm, Reichtum und offizielle Ehren. Sein Einfluß kann von kurzer Dauer sein. Achten Sie darauf, sich nicht eigensinnig oder ungestüm zu verhalten, und ändern Sie Ihre Richtung nicht ohne angemessene Strategie.
Im Zusammenhang mit dem Stand Ihrer Sonne verleiht Alnilam einen starken Charakter, Energie und Entschlossenheit. Dank seiner Unternehmungslust lieben Sie große Projekte. Allerdings sollten Sie nicht vergessen, erst zu denken, bevor Sie reden. Wenn Sie Sturheit

17. Juni

♊ Sie sind ein dynamischer Mensch, dem klar ist, daß Wissen Macht bedeutet, und der diese Erkenntnis zum eigenen Vorteil nutzt. Mit Ihrem unabhängigen Geist und starken Charakter haben Sie gern die Kontrolle. Mit Ihrem hochentwickelten Wahrnehmungsvermögen können Sie Menschen und Situationen sehr schnell einschätzen.

Der zusätzliche Einfluß Ihres Dekadenzeichens, des Wassermanns, sorgt dafür, daß Sie eine ganz eigene Lebenseinstellung besitzen und unabhängige Ansichten vertreten. Sie legen so viel Wert auf Objektivität, daß Sie häufig sogar kalt und unbeteiligt wirken. Mit Ihrer großen Schlagfertigkeit können Sie sich gut behaupten und schätzen einen freundschaftlichen Schlagabtausch. Da Sie pflichtbewußt sind und gut organisieren können, übernehmen Sie gern Verantwortung für andere. Beide Geschlechter müssen darauf achten, sich anderen gegenüber nicht herrisch zu verhalten.

Das Glück, das mit diesem Datum einhergeht, können Sie durch Geradlinigkeit und Aufrichtigkeit forcieren. Ihr Bedürfnis nach Ordnung und Sicherheit deutet darauf hin, daß Sie eine sichere Basis, etwa ein finanziell abgesichertes Zuhause, brauchen, das für Sie einen Hafen der Ruhe bedeutet. Gelegentlich wirken Sie ziemlich konservativ, dann wieder eigenartig unkonventionell. Sie besitzen die nötige Geduld, um auf langfristige Investitionen zu vertrauen, und können durch harte Arbeit und Selbstdisziplin außergewöhnliche Ziele erreichen.

Wenn Sie 4 sind und Ihre Sonne in das Zeichen des Krebses eintritt, beginnt eine dreißig Jahre lange Phase, in der Heim und Familie die größte Bedeutung in Ihrem Leben haben. Diese Phase dauert, bis Sie 34 sind; jetzt tritt Ihre Sonne in das Zeichen des Löwen ein, und für Sie beginnt eine Zeit voller Vitalität und Selbstvertrauen. Wenn Sie 64 sind, wechselt Ihre Sonne in die Jungfrau; nun entwickeln Sie eine perfektionistischere, pragmatischere und analytischere Lebenseinstellung.

Ihr geheimes Selbst

Sie können hart arbeiten und Hindernisse gut überwinden. Sie möchten Ihr Wissen mit anderen teilen; durch Vergleichen mit anderen lernen Sie Ihre eigenen Kräfte besser einzuschätzen. Dies kann allerdings auch dazu führen, daß Sie unnachsichtig mit anderen sind und hartnäckig darauf bestehen, daß eine Sache nach Ihren Vorstellungen durchzuführen sei. Lernen Sie, Ihre Macht auf faire und gerechte Weise zu nutzen. Am Ende werden Sie feststellen, daß Ihre wahre Kraft in Ihrem profunden Wissen liegt. Wenn Sie Ihre Intuition mit Ihrer außergewöhnlichen Entschlossenheit verknüpfen, sind Sie in der Lage, Großes zu leisten.

Obwohl es beeindruckend ist, Sie bei der Arbeit im Alleingang zu beobachten, brauchen Sie doch andere Menschen. Sie können wesentlich sensibler sein, als Sie es gemeinhin zeigen. Da Sie idealistisch sein können und feste Ansichten vertreten, kämpfen Sie oft erbittert für Dinge, die es Ihrer Meinung nach wert sind. Solange Sie dabei Ihren Sinn für Humor nicht verlieren und objektiv und gelassen bleiben, ist dagegen nichts einzuwenden.

Beruf & Karriere

Mit Ihrem raschen Verstand und Ihren Führungsqualitäten stehen Ihnen in der Regel viele Berufschancen offen. Obwohl Sie unabhängig sind, schätzen andere Ihre Fähigkeit, hart zu arbeiten und Verantwortung zu übernehmen, so daß Sie häufig bis in Spitzenpositionen vordringen. Da Sie sehr selbständig sind, können Sie sich durchaus auch selbständig machen. Besonders geeignet sind Sie für intellektuelle Berufe in den Bereichen Recht, Übersetzen, Pädagogik, Naturwissenschaft und Forschung oder Schreiben. Ihre Organisationsfähigkeiten und Ihre Führungsqualitäten kommen Ihnen in der Geschäftswelt zugute. Eine angeborene humanitäre Seite macht Sie zu einem guten Reformer, ob in der Gesellschaft oder Religion, oder veranlaßt Sie, im Gesundheitswesen zu arbeiten. Der Wunsch nach individuellem kreativem Ausdruck kann Sie aber auch in die Welt von Kunst, Theater und vor allem Musik führen.

Berühmte Persönlichkeiten dieses Tages sind der Komponist Igor Strawinski, der Popmusiker Barry Manilow, der religiöse Führer John Wesley und der Schauspieler Dean Martin.

und Frustration vermeiden, können Sie Ihre enormen Energiereserven für lohnende Projekte nutzen.
- Positiv: kühn, energisch, ehrgeizig, Gewinne und Sieg.
- Negativ: voreilig, labil, nimmt plötzliche Veränderungen vor, wenn es ihm ins Konzept paßt.

Numerologie

Sie sind scharfsinnig, zurückhaltend und besitzen gute analytische Fähigkeiten. Als unabhängiger Denker profitieren Sie enorm von guter Bildung. Im allgemeinen bauen Sie auf Ihrem Wissen ein spezielles Fachwissen auf, mit dessen Hilfe Sie zu materiellem Erfolg oder einer prominenten Position als Experte oder Forscher gelangen. Da Sie taktvoll, nachdenklich und unvoreingenommen sind und ein starkes Interesse an Daten und Fakten haben, treten Sie meist rücksichtsvoll und ernsthaft auf und nehmen sich gern Zeit. Wenn Sie Ihre kommunikativen Fähigkeiten mehr entwickeln, können Sie von anderen wesentlich mehr über sich lernen. Der Untereinfluß der Monatszahl 6 führt dazu, daß Sie einen Ausgleich zwischen Selbständigkeit und Abhängigkeit schaffen müssen. Sie profitieren, wenn Sie auf die Bedürfnisse anderer mehr Rücksicht nehmen und die Verantwortung für Ihre Worte und Taten übernehmen. Mit Ihrer praktischen und hilfsbereiten Art können Sie andere unterstützen und motivieren. Lernen Sie, flexibler zu sein und Veränderungen zu akzeptieren.

Positiv: Rücksicht, Experte, guter Planer, Geschäftssinn, zieht Geld an, unabhängiger Denker, Gewissenhaftigkeit, wissenschaftlich.

Negativ: unbeteiligt, einsam, stur, leichtsinnig, launisch, engstirnig, kritisch, Ängste.

Liebe & Zwischenmenschliches

Sie sind aufrichtig und romantisch, loyal und verläßlich und beschützen die Menschen, die Sie lieben. Ein starkes Bedürfnis nach stabilen Beziehungen deutet darauf hin, daß Sie sich zu treuen Partnern hingezogen fühlen, die emotional ehrlich und direkt sind. Seien Sie Ihrem Partner gegenüber aber nicht herrisch oder arrogant und lernen Sie, Geduld zu üben und die Meinungen anderer zu respektieren. Mit Ihrem intuitiven Verständnis, Ihrem Wissen und Ihrer Sensibilität können Sie sehr hilfsbereit sein, vor allem wenn es um praktische Hilfe geht.

Ihr Partner

Wenn Sie einen Liebespartner suchen, sollten Sie sich unter den Menschen umsehen, die an folgenden Tagen geboren sind:

Liebe & Freundschaft: 11., 13., 15., 17., 22., 25. Jan., 9., 11., 13., 15., 23. Feb., 7., 9., 11., 13., 21. März, 5., 7., 9., 11., 19. April, 3., 5., 7., 9., 17., 31. Mai, 1., 3., 5., 7., 15., 29. Juni, 1., 3., 5., 27., 29., 31. Juli, 1., 3., 11., 25., 27., 29. Aug., 1., 9., 23., 25., 27. Sept., 4., 7., 21., 23., 25. Okt., 5., 19., 21., 23. Nov., 3., 17., 19., 21., 30. Dez.

Günstig: 1., 5., 20. Jan., 3., 18. Feb., 1., 16. März, 14. April, 12. Mai, 10. Juni, 8. Juli, 6. Aug., 4. Sept., 2. Okt.

Schicksalhaft: 17., 18., 19. Dez.

Problematisch: 6., 22., 24. Jan., 4., 20., 22. Feb., 2., 18., 20. März, 16., 18. April, 14., 16. Mai, 12., 14. Juni, 10., 12. Juli, 8., 10., 31. Aug., 6., 8., 29. Sept., 4., 6., 27. Okt., 2., 4., 25., 30. Nov., 2., 23., 28. Dez.

Seelenverwandt: 6., 12. Jan., 4., 10. Feb., 2., 8. März, 6. April, 4. Mai, 2. Juni

18. Juni

SONNE: ZWILLINGE
DEKADE: WASSERMANN/URANUS
GRAD: 26° – 27° ZWILLINGE
ART: BEWEGLICHES ZEICHEN
ELEMENT: LUFT

Fixsterne

Beteigeuze; Polaris, auch Al Rukkabah oder Polarstern genannt

Hauptstern

Name des Sterns: Beteigeuze
Gradposition: 27°46' – 28°42' Zwillinge zwischen den Jahren 1930 und 2000
Magnitude: 1
Stärke: **********
Orbit: 2°30'
Konstellation: Alpha Orionis
Tage: 18., 19., 20., 21., 22., 23. Juni
Sternqualitäten: Mars/Merkur
Beschreibung: orangeroter veränderlicher Stern an der rechten Schulter des Orion.

Einfluß des Hauptsterns

Beteigeuze steht für Urteilsvermögen, Optimismus, Wettbewerbsdenken und eine rasche Auffassungsgabe. Er sorgt dafür, daß Sie durch Entschlossenheit zu Glück und Erfolg gelangen. Für Ihre herausragenden Leistungen ernten Sie große Anerkennung und Reichtum. Im Zusammenhang mit dem Stand Ihrer Sonne verleiht Ihnen Beteigeuze ein Interesse für Philosophie und metaphysische Studien. Unter seinem Einfluß können Sie im sportlichen wie im juristischen Bereich zu Erfolg gelangen und besitzen gute Menschenkenntnis. Bleiben Sie aber stets auf der Hut, denn Ehre und Reichtum sind nicht unbedingt von langer Dauer.

- Positiv: gutes Urteilsvermögen, guter Problemlöser, Übereinstimmung von Gedanken und Taten.
- Negativ: starrsinnig, streitsüchtig, feindselig.

♊ Der positive Einfluß, der von Ihrem Geburtstag ausgeht, sorgt dafür, daß Sie klug, gesellig und selbstsicher sind. Sie sind von Natur aus begabt, geistig aufgeschlossen, großzügig und optimistisch. Die großen Träume, die Sie haben, können Sie sich mit ein wenig Selbstdisziplin erfüllen. Als schneller Denker sind Sie schlagfertig und bestimmt, dabei aber direkt und aufrichtig.

Durch den zusätzlichen Einfluß Ihres Dekadenzeichens, des Wassermanns, sind Sie eigenwillig und unabhängig und entwickeln originelle Ideen, mit denen Sie oft Ihrer Zeit voraus sind. Sie sind wortgewandt und haben Talent zum Schreiben. Sie schwanken etwas zwischen Genie und Wahnsinn und müssen aufpassen, daß Sie nicht Ungeduld, Sturheit und Launenhaftigkeit an den Tag legen. Eines aber steht fest: Sie werden Ihr ganzes Leben lang nicht aufhören zu lernen.

Da Sie Charisma und einen Sinn für Dramatik besitzen, suchen Sie nach Ausdrucksmöglichkeiten und finden das Leben amüsant. Sie haben aber auch eine philosophische Ader, die Ihnen ermöglicht, das große Ganze zu sehen, und Sie veranlassen kann, sich einer humanitären Sache zuzuwenden. Je mehr Sie Ihre Intuition entwickeln, desto leichter fallen Ihnen Entscheidungen. Sie schätzen es nicht, wenn andere sich in Ihr Leben einmischen. Wenn Sie von Ihren Zielen überzeugt sind, können Sie dank Ihrem enormen Potential wahre Wunder vollbringen.

Bis Sie 33 sind, ist Ihr Leben vor allem von Sicherheitsdenken, Heim und Familie geprägt. Dann wechselt Ihre Sonne in das Zeichen des Löwen, und für Sie beginnt eine Zeit mit mehr Bedürfnis nach Selbstverwirklichung und Bestätigung, in der Sie mutiger, abenteuerlustiger und vertrauensvoller werden. Wenn Sie 63 sind, wechselt Ihre Sonne in die Jungfrau; nun entwickeln Sie eine perfektionistischere, pragmatischere und analytischere Lebenseinstellung.

Ihr geheimes Selbst

Mit der fröhlichen und kreativen Seite Ihrer Persönlichkeit sind Sie sehr unterhaltsam und bringen Freude in das Leben Ihrer Mitmenschen. Diese Sensibilität und Inspiration geht verloren, wenn Sie an sich selbst zweifeln und unentschlossen werden, insbesondere bei Herzensangelegenheiten oder wenn es um materiellen Erfolg geht.

Sie besitzen das Potential, ganz konkret erstaunliche Ergebnisse zu erzielen, vor allem wenn Sie Ihren ausgezeichneten Verstand einsetzen; es besteht allerdings die Gefahr, daß dies für finanzielle Bereiche nicht gilt. Um dies abzuwenden, sollten Sie an Projekten arbeiten, bei denen Sie sich weiterbilden und dazulernen können. Ihr Vorteil ist, daß Sie sehr zielstrebig sind, an sich selbst hohe Ansprüche stellen und in der Lage sind, in großem Maßstab zu denken. Auf diese Weise lassen Sie sich von den Herausforderungen des Lebens nicht lange entmutigen.

Beruf & Karriere

Da Sie intuitiv und kreativ sind, brauchen Sie einen Beruf, bei dem Sie Ihr Wissen ständig erweitern können. Mit Ihrem scharfen Verstand, Ihrer Schlagfertigkeit und Ihrer Wortgewandtheit kommen Schreiben und Literatur, aber auch Recht, Pädagogik oder Medien in Frage. Ihre Organisationsfähigkeiten kommen Ihnen in großen Industriekonzernen oder in der Verwaltung zugute. Wenn Sie an Reformen interessiert sind, zieht es

Sie vielleicht in Bereiche, wo Sie für andere sprechen können, etwa Gewerkschaft oder Politik. Als Philanthrop eignen Sie sich auch für beratende Berufe oder Sozialarbeit. Obwohl Sie wahrscheinlich eine kreative Tätigkeit bevorzugen, sind Sie aber auch praktisch veranlagt und können mit Ihrer Intuition auch ein guter Wissenschaftler oder Ingenieur werden. Ihr Bedürfnis nach künstlerischem Ausdruck können Sie durch Musik und Theater stillen.

Berühmte Persönlichkeiten dieses Tages sind Paul McCartney, die Schauspielerinnen Isabella Rossellini und Jeanette MacDonald und die Jazzsängerin Alf Moyet.

Numerologie

Zu den Eigenschaften der Zahl 18 gehören Entschlossenheit, bestimmtes Auftreten und Ehrgeiz. Sie brauchen ständig neue Herausforderungen und sind meist in irgendwelche Unternehmungen verwickelt. Da Sie kompetent, fleißig und verantwortungsbewußt sind, steigen Sie leicht in Führungspositionen auf. Dabei neigen Sie dazu, sich zu überarbeiten, und sollten lernen, sich hin und wieder zu entspannen. Mit der Geburtstagszahl 18 besitzen Sie Heilkräfte, können gute Ratschläge erteilen oder die Probleme anderer lösen. Der Untereinfluß der Monatszahl 6 bedeutet, daß Sie lernen sollten, weniger anspruchsvoll und dafür mitfühlender und fürsorglicher zu werden. Sie profitieren sehr davon, wenn Sie sich offener und liebevoller geben und sich weniger mit sich selbst beschäftigen. Wenn Sie den Einfluß, den Sie durch Ihre Position wahrscheinlich haben, nutzen, können Sie Menschen helfen, die weniger begünstigt sind als Sie. Sie brauchen Zeit für sich, um zu lernen oder Ihre Fähigkeiten zu entwickeln. Achten Sie darauf, daß materielle Überlegungen Ihr Leben nicht dominieren.

Positiv: progressiv, bestimmt, Intuition, Mut, Resolutheit, Heilkräfte, Tüchtigkeit, Beraterfähigkeit.

Negativ: unkontrollierte Gefühle, faul, mangelnder Ordnungssinn, Selbstsucht, Grobheit, kann Projekte nicht zu Ende führen, Falschheit.

Liebe & Zwischenmenschliches

Sie sind klug und schlagfertig und besitzen im allgemeinen eine freundliche und fröhliche Persönlichkeit. Da Sie Abwechslung lieben, kommen Sie gern mit den unterschiedlichsten Menschen zusammen. Eine gewisse Rastlosigkeit deutet darauf hin, daß Sie sich leicht langweilen und Leute bevorzugen, die Ihnen immer etwas Aufregendes zu bieten haben. Reisen und das Sammeln neuer Erfahrungen gehören zu Ihren Lieblingsbeschäftigungen. Andererseits besuchen Sie auch gern Kurse, wo Sie Neues lernen können und Menschen treffen, deren Interessen Sie teilen. Gemeinsam mit Gleichgesinnten geistige Interessen zu verfolgen ist für Sie die schönste Unterhaltung.

Ihr Partner

Sicherheit, Anregung und Liebe finden Sie am ehesten unter den Menschen, die an folgenden Tagen geboren wurden:

Liebe & Freundschaft: 9., 12., 16., 25. Jan., 10., 14., 23., 24. Feb., 5., 8., 12., 22., 31. März, 3., 6., 10., 20., 29. April, 4., 8., 18., 27. Mai, 2., 6., 16., 25., 30. Juni, 4., 14., 23., 28. Juli, 2., 12., 21., 26., 30. Aug., 10., 19., 24., 28. Sept., 8., 17., 22., 26. Okt., 6., 15., 20., 24., 30. Nov., 4., 13., 18., 22., 28. Dez.

Günstig: 2., 13., 22., 24. Jan., 11., 17., 20., 22. Feb., 9., 15., 18., 20., 28. März, 7., 13., 16., 18., 26. April, 5., 11., 16., 18., 26. Mai, 3., 9., 12., 14., 22. Juni, 1., 7., 10., 12., 20. Juli, 5., 8., 10., 18. Aug., 3., 6., 8., 16. Sept., 1., 4., 6., 14. Okt., 2., 4., 12. Nov., 2., 10. Dez.

Schicksalhaft: 25. Jan., 23. Feb., 21. März, 19. April, 17. Mai, 15. Juni, 13. Juli, 11. Aug., 9. Sept., 7. Okt., 5. Nov., 3., 18., 19., 20. Dez.

Problematisch: 7., 23. Jan., 5., 21. Feb., 3., 19., 29. März, 1., 17., 27. April, 15., 25. Mai, 14., 23. Juni, 11., 21., 31. Juli, 9., 19., 29. Aug., 7., 17., 27., 30. Sept., 3., 13., 23., 26. Nov., 1., 11., 21., 24. Dez.

Seelenverwandt: 17. Jan., 15. Feb., 13. März, 11. April, 9. Mai, 7. Juni, 5. Juli, 3. Aug., 30. Nov., 28. Dez.

19. Juni

SONNE: ZWILLINGE
DEKADE: WASSERMANN/URANUS
GRAD: 27° – 28° ZWILLINGE
ART: BEWEGLICHES ZEICHEN
ELEMENT: LUFT

Fixsterne

Beteigeuze; Polaris, auch Al Rukkabah oder Polarstern genannt; Menkalinan, auch «Schulter des Fuhrmanns» genannt

Hauptstern

Name des Sterns: Beteigeuze
Gradposition: 27°46' – 28°42' Zwillinge zwischen den Jahren 1930 und 2000
Magnitude: 1
Stärke: **********
Orbit: 2°30'
Konstellation: Alpha Orionis
Tage: 18., 19., 20., 21., 22., 23. Juni
Sternqualitäten: Mars/Merkur
Beschreibung: orangeroter veränderlicher Stern an der rechten Schulter des Orion.

Einfluß des Hauptsterns

Beteigeuze steht für Urteilsvermögen, Optimismus, Wettbewerbsdenken und eine rasche Auffassungsgabe. Er sorgt dafür, daß Sie durch Entschlossenheit zu Glück und Erfolg gelangen. Für Ihre herausragenden Leistungen ernten Sie große Anerkennung und Ehren und Reichtum.
Im Zusammenhang mit dem Stand Ihrer Sonne verleiht Ihnen Beteigeuze ein Interesse für Philosophie und metaphysische Studien. Unter seinem Einfluß können Sie im sportlichen wie im juristischen Bereich zu Erfolg gelangen und besitzen gute Menschenkenntnis. Bleiben Sie aber stets auf der Hut, denn Ehre und Reichtum sind nicht unbedingt von langer Dauer.
- Positiv: gutes Urteilsvermögen, guter Problemlöser, Übereinstimmung von Gedanken und Taten.
- Negativ: starrsinnig, streitsüchtig, feindselig.

♊ Sie sind ein beliebter Zwilling mit ungezwungenem Charme. Da Sie sehr intelligent sind, verfügen Sie meist über großen Reichtum an Wissen, an dem Sie gerne andere teilhaben lassen. Mit Ihren kommunikativen Fähigkeiten werden Sie schnell zum Experten für das geschriebene oder gesprochene Wort und präsentieren Ihre Ideen mit natürlicher Begeisterungsfähigkeit und Überzeugung. Sie sind immer auf Achse, lieben Action und neigen dazu, sich zu übernehmen. Da Sie unabhängigen Unternehmungsgeist besitzen, können Sie in großen Maßstäben denken und kämpfen für Ihre Überzeugungen. Unerschütterlich und abenteuerlustig, halten Sie mit Ihrer Meinung nicht hinter dem Berg, auch wenn es Sie in Schwierigkeiten bringt; vielleicht müssen Sie lernen, besser zuzuhören.

Durch den zusätzlichen Einfluß Ihres Dekadenzeichens, des Wassermanns, sind Sie originell und erfindungsreich und haben ein gutes Urteil und logisches Denkvermögen. Da Sie gelegentlich rastlos sind und zu übereilten Entscheidungen neigen, sollten Sie mehr Selbstdisziplin an den Tag legen und Ihre Fähigkeiten stärker entwickeln. Ihre Überzeugungskraft und Ihr Organisationstalent sind sicherlich hilfreich auf Ihrem Weg zum Erfolg. Da Sie zwar ehrgeizig sind, das Leben aber auch von seiner kreativen Seite betrachten, brauchen Sie eine Aufgabe, die nicht nur finanziell lukrativ, sondern auch geistig und emotional anspruchsvoll ist. Wenn Sie sich ein Ziel gesteckt haben, sind Sie bereit, viel zu investieren; dann zeigen Sie, was wirklich in Ihnen steckt.

Bis Sie 31 sind, ist Ihr Leben vor allem von Sicherheitsdenken, Heim und Familie geprägt. In Ihrem 32. Lebensjahr wechselt Ihre Sonne in das Zeichen des Löwen, und für Sie beginnt eine Zeit mit einem Bedürfnis nach mehr Selbstverwirklichung und Kreativität, in der Sie auch mutiger und abenteuerlustiger werden. Wenn Sie 62 sind, wechselt Ihre Sonne in die Jungfrau; nun werden Sie methodischer und ordentlicher und stehen anderen hilfreich und praktisch zur Seite.

Ihr geheimes Selbst

Ihre Jugendlichkeit und Verspieltheit, die Ihnen ein Leben lang bleiben wird, ermöglichen Ihnen in Verbindung mit Ihren starken Gefühlen, andere immer wieder durch Mitgefühl, Begeisterungsfähigkeit und Humor aufzumuntern. Mit Ihrer Schlagfertigkeit und Ihrem Witz können Sie wunderbar den Hofnarren spielen. Ihre humanitäre Seite veranlaßt Sie häufig, anderen mit Rat und Tat zur Seite zu stehen und ihre Probleme zu lösen. Wenn Sie an Ideen oder Gefühlen zu lange festhalten, laufen Sie Gefahr, Opfer von Frustrationen zu werden, vor allem in Sachen Geld und Finanzen. Sie haben ein starkes Bedürfnis nach materieller Sicherheit, aber um vorwärtszukommen, müssen Sie dieses mit dem Vertrauen, daß Sie immer genug Geld haben werden und stets für Sie gesorgt sein wird, ausbalancieren.

Beruf & Karriere

Ihre Kreativität, Intelligenz und Vielseitigkeit bieten Ihnen zahlreiche Berufschancen. Vielleicht interessieren Sie sich für die Geschäftswelt, wo Sie Ihre charmante Überzeugungskraft in Verkauf, Promotion oder Verhandlungen einsetzen können. Mit Ihrer positiven Einstellung und Ihrer Unbekümmertheit erreichen Sie auch in großen Konzernen Toppositionen. Ihr Wunsch nach Selbstverwirklichung aber deutet darauf hin, daß Sie mit Ihren kreativen Talenten auch in der Welt von Kunst und Design oder Werbung und Medien Erfolg haben. Da Sie Ihre Ideen gut präsentieren können, eignen Sie sich auch für Pädagogik und Erwachsenenbildung. Ebenso in Frage kommen Publizistik, Justiz, Naturwissenschaft und Politik. Sie können sich vehement für Dinge engagieren und Ihre Ideen auf unterhaltsame Weise darlegen; deshalb behaupten Sie sich auch gut in der Welt des Showbusineß.

Berühmte Persönlichkeiten dieses Tages sind die Schauspielerin Kathleen Turner, die Sängerin Paula Abdul, der Schriftsteller Salman Rushdie, die Herzogin von Windsor (Wallis Simpson), und der Philosoph und Mathematiker Blaise Pascal.

Numerologie

Typisch für die Zahl 19 ist ein fröhliches, ehrgeiziges und humanitäres Wesen. Die Geburtstagszahl 19 macht Sie entschlossen und erfindungsreich, und Sie besitzen eine kraftvolle Phantasie; Ihre träumerische Seite aber ist mitfühlend, idealistisch und schöpferisch. Das Bedürfnis, jemand zu sein, läßt Sie theatralisch sein und sich immer in den Vordergrund spielen. Oft sind Sie von dem starken Wunsch beseelt, eine ganz individuelle Identität aufzubauen. Um dies zu erreichen, müssen Sie sich allerdings zunächst einmal gegen den Druck Ihrer Altersgruppe behaupten. Auf andere mögen Sie selbstbewußt, robust und einfallsreich wirken; doch innere Spannungen verursachen emotionale Hochs und Tiefs. Der Untereinfluß der Monatszahl 6 führt dazu, daß Sie Ihre Phantasie in Kreativität kanalisieren müssen. Nehmen Sie sich die Zeit, Neues zu lernen, oder schreiben Sie Ihre Gedanken und Träume nieder. Um Mißverständnissen vorzubeugen, seien Sie anderen gegenüber offen mit Ihren Gefühlen. Entwickeln Sie eine philosophische Lebenseinstellung, um sich von materiellen Dingen nicht mehr so abhängig zu machen.

Positiv: dynamisch, konzentriert, kreativ, führungsstark, glückbegünstigt, progressiv, optimistisch, wettbewerbsfähig, kompetent, unabhängig, gesellig.

Negativ: Egoismus, Depression, Angstgefühle, Angst vor Zurückweisung, Stimmungsschwankungen, Materialismus, Ungeduld.

Liebe & Zwischenmenschliches

Optimistisch und im Herzen jung, sind Sie meist gesellig und beliebt. In persönlichen Beziehungen sind Sie oft intuitiv und sensibel, können aber auch eigenwillig und zu intensiv werden. Obwohl Sie gern spontan sind, erscheinen Sie oft auch desinteressiert, wenn Ihre Gefühle umschlagen. Häufig suchen Sie den perfekten Partner, aber wenn Sie Ihre Erwartungen zu hoch schrauben, müssen Sie mit Enttäuschungen rechnen. Sie wirken attraktiv auf andere und können ein treuer Freund und liebender Partner sein, wenn Sie Ihre große Liebe finden.

Ihr Partner

Wenn Sie jemanden suchen, der Ihre Sensibilität und Ihr Bedürfnis nach Liebe versteht, sollten Sie sich unter den Menschen umsehen, die an folgenden Tagen geboren sind:

Liebe & Freundschaft: 7., 9., 10., 17., 27. Jan., 5., 8., 15., 25. Feb., 3., 6., 13., 23. März, 1., 4., 11., 21. April, 2., 9., 19. Mai, 7., 17. Juni, 5., 15., 29., 31. Juli, 3., 13., 27., 29., 31. Aug., 1., 11., 15., 17., 29. Sept., 9., 23., 25., 27. Okt., 7., 21., 23., 25. Nov., 5., 19., 21., 23. Dez.

Günstig: 3., 5., 20., 25., 27. Jan., 1., 3., 18., 23., 25. Feb., 1., 16., 21., 23. März, 14., 19., 21. April, 12., 17., 19. Mai, 10., 15., 17. Juni, 8., 13., 15. Juli, 6., 11., 13. Aug., 4., 9., 11. Sept., 2., 7., 9. Okt., 5., 7. Nov., 3., 5. Dez.

Schicksalhaft: 13. Jan., 11. Feb., 9. März, 7. April, 5. Mai, 3. Juni, 1. Juli, 18., 19., 20., 21. Dez.

Problematisch: 16., 24. Jan., 14., 22. Feb., 12., 20. März, 10., 18. April, 8., 16., 31. Mai, 6., 14., 29. Juni, 4., 12., 27. Juli, 2., 10., 25. Aug., 8., 23. Sept., 6., 21. Okt., 4., 19. Nov., 2., 17. Dez.

Seelenverwandt: 16. Jan., 14. Feb., 12. März, 10. April, 8. Mai, 6. Juni, 4., 31. Juli, 2., 29. Aug., 27. Sept., 25. Okt., 23. Nov., 21. Dez.

20. Juni

SONNE: ZWILLINGE
DEKADE: WASSERMANN/URANUS
GRAD: 28° – 29° ZWILLINGE
ART: BEWEGLICHES ZEICHEN
ELEMENT: LUFT

Fixsterne

Beteigeuze; Polaris, auch Al Rukkabah oder Polarstern genannt; Menkalinan, auch «Schulter des Fuhrmanns» genannt

Hauptstern

Name des Sterns: Beteigeuze
Gradposition: 27°46' – 28°42' Zwillinge zwischen den Jahren 1930 und 2000
Magnitude: 1
Stärke: **********
Orbit: 2°30'
Konstellation: Alpha Orionis
Tage: 18., 19., 20., 21., 22., 23. Juni
Sternqualitäten: Mars/Merkur
Beschreibung: orangeroter veränderlicher Stern an der rechten Schulter des Orion.

Einfluß des Hauptsterns

Beteigeuze steht für Urteilsvermögen, Optimismus, Wettbewerbsdenken und eine rasche Auffassungsgabe. Er sorgt dafür, daß Sie durch Entschlossenheit zu Glück und Erfolg gelangen. Für Ihre herausragenden Leistungen ernten Sie große Anerkennung und Ehren und Reichtum.
Im Zusammenhang mit dem Stand Ihrer Sonne verleiht Ihnen Beteigeuze ein Interesse für Philosophie und metaphysische Studien. Unter seinem Einfluß können Sie im sportlichen wie im juristischen Bereich zu Erfolg gelangen und besitzen gute Menschenkenntnis. Bleiben Sie aber stets auf der Hut, denn Ehre und Reichtum sind nicht unbedingt von langer Dauer.

- Positiv: gutes Urteilsvermögen, guter Problemlöser, Übereinstimmung von Gedanken und Taten.
- Negativ: starrsinnig, streitsüchtig, feindselig.

Ⅱ Wer an diesem Tag geboren wurde, ist hoch intuitiv und entwickelt originelle Ideen. Mit diesem Geburtstag sind Sie charismatisch und charmant und können gut mit Menschen umgehen – einer der Schlüssel zu Ihrem Erfolg. Sie sind warmherzig, freundlich und gesellig, häufig auch beliebt und verstehen es, sich zu amüsieren und andere zu unterhalten. Mit Hilfe dieser Gaben läßt sich vielleicht Ihr Wunsch erfüllen, im Rampenlicht – vorzugsweise in einer führenden Rolle – zu stehen. Achten Sie aber darauf, daß Sie nicht unter Ihren Möglichkeiten bleiben, indem Sie Ihre Energien verschleudern und sich verzetteln.

Durch den Einfluß Ihres Dekadenzeichens Wassermann sind Sie ständig auf der Suche nach neuen, innovativen Konzepten. Mit Ihrem scharfsinnigen, aber ruhelosen Geist und voller Witz können Sie Situationen und Menschen blitzschnell einschätzen. Hüten Sie sich davor, ungeduldig oder stur zu werden; außerdem bringen Sie häufig nicht das nötige Verantwortungsbewußtsein mit, um Ihre hochgesteckten Ziele zu verfolgen.

Voller Ehrgeiz denken Sie ständig darüber nach, wie Sie Ihr Leben materiell und gesellschaftlich verbessern können. Mit Ihrem starken Wunsch nach Kreativität geht häufig ein ausgeprägtes Bedürfnis nach Ausdrucksfreiheit einher. Da Begeisterungsfähigkeit zu Ihren größten Vorzügen gehört, brauchen Sie nur eine Aufgabe, von der Sie vollkommen überzeugt sind, und Sie engagieren sich mit voller Kraft und kommen zu guten Ergebnissen.

Bis Sie 30 sind, steht Ihre Sonne im Krebs, und Ihr Leben ist vor allem von Sicherheitsdenken, Heim und Familie geprägt. In Ihrem 31. Lebensjahr wechselt Ihre Sonne in das Zeichen des Löwen, und für Sie beginnt eine Zeit, in der Sie kreativer und sicherer werden. Das ermutigt Sie, abenteuerlustiger und kommunikativer zu werden. Wenn Sie 60 sind, wechselt Ihre Sonne in die Jungfrau; nun werden Sie praktischer, unterscheidungsfähiger und ordentlicher.

Ihr geheimes Selbst

Ihr Wunsch, die Menschen und ihre Beweggründe zu begreifen, deutet darauf hin, daß Sie sich über Ihre Beziehungen zu anderen definieren. Um harmonische Beziehungen einzugehen, müssen Sie zwischen herzlicher Wärme und kühler Distanz ein Gleichgewicht herstellen. Ihr Vorteil ist, daß Sie ein großzügiges Wesen haben und ein inneres Bedürfnis nach Aufrichtigkeit. Wenn Sie das nutzen, um Ihre eigenen Fehler zu erkennen, können Sie aus jeder Situation lernen und sich weiterentwickeln.

Sie lieben die Macht, die eine große Rolle bei Ihrem Fortkommen spielen kann, sofern sie konstruktiv eingesetzt wird. Mißbrauchen Sie sie nicht, um andere zu manipulieren. Sie sind bereit, hart zu arbeiten, und wenn Sie von einer Sache überzeugt sind, können Sie sich vehement dafür einsetzen. Dank Ihrer praktischen und organisatorischen Fähigkeiten in Verbindung mit Ihrer Gabe, mit Menschen umzugehen, schaffen Sie es immer wieder, andere für Ihre Projekte einzuspannen.

Beruf & Karriere

Ihr ungezwungener Charme und Ihre Organisationsfähigkeiten deuten darauf hin, daß Sie sich vor allem in Berufen wohl fühlen, die mit Menschen zu tun haben, ob in der Geschäftswelt oder im öffentlichen Dienst. Meist interessieren Sie sich für Berufe, die mit

Kommunikation verbunden sind, etwa Personalwesen, Pädagogik, Öffentlichkeitsarbeit oder Politik. Auch Verlagswesen, Schreiben, Journalismus oder Forschung kommen Ihnen entgegen. Kreativen Ausdruck finden Sie in Theater oder Musik, vielleicht als Songwriter. Wenn Sie begabt sind, werden die Menschen Ihre einzigartigen Fähigkeiten erkennen und Ihnen helfen, ins Rampenlicht zu kommen.

Berühmte Persönlichkeiten dieses Tages sind die Schauspielerin Nicole Kidman, die Schauspieler Errol Flynn und Martin Landau, die Sängerin Cyndi Lauper und der Sänger Lionel Richie, Brian Wilson (Beach Boys), die Dramatikerin Lillian Hellman und die Schriftstellerin Catherine Cookson.

Numerologie

Mit der Geburtstagszahl 20 sind Sie intuitiv, sensibel, anpassungsfähig und verständnisvoll und gern Teil einer Gruppe. Im allgemeinen bevorzugen Sie gemeinschaftliche Aktivitäten, bei denen Sie mit anderen Erfahrungen teilen und von Ihnen lernen können. Charmant und liebenswürdig, haben Sie diplomatische und gesellschaftliche Talente und können sich mit Leichtigkeit in verschiedensten Kreisen bewegen. Allerdings sollten Sie mehr Selbstvertrauen entwickeln, um sich von der Kritik anderer weniger beeindrucken zu lassen und unabhängiger zu werden. Sie sind sehr begabt dafür, eine harmonische und gemütliche Atmosphäre zu schaffen. Der Untereinfluß der Monatszahl 6 führt dazu, daß Sie mehr praktische Fähigkeiten entwickeln und ein Gleichgewicht zwischen Idealismus und Ihrem Wunsch nach materiellem Erfolg herstellen sollten. Seien Sie sich selbst und anderen gegenüber weniger kritisch und stellen Sie weniger unvernünftige Forderungen. Entschlossenheit und Willenskraft sind das Geheimnis Ihres persönlichen Erfolgs. Da Sie häufig perfektionistisch sind, können Sie Ihre Untugenden leicht mit Ihren Vorzügen wettmachen. Sie brauchen einen festen Aktionsplan, um Schwierigkeiten trotzen zu können.

Positiv: guter Partner, sanft, taktvoll, aufgeschlossen, intuitiv, rücksichtsvoll, harmonisch, angenehm, freundschaftlich.

Negativ: mißtrauisch, mangelndes Selbstbewußtsein, schüchtern, überempfindlich, selbstsüchtig, leicht verletzbar.

Liebe & Zwischenmenschliches

Teilen und Mitteilen sind wichtig für Sie. Daß Sie gerne mit Menschen zusammen sind, die Autorität und Macht ausstrahlen, deutet darauf hin, daß Sie in Ihrer Jugend unter dem Einfluß einer starken männlichen Persönlichkeit, vielleicht Ihres Vaters, standen, die Ihre Ansichten geprägt hat, weshalb Sie sich zu Menschen mit einer sehr individuellen Lebenseinstellung hingezogen fühlen. Obwohl Sie unabhängig sein wollen, neigen Sie dazu, sich Leuten anzuschließen, die Ihnen außergewöhnlich erscheinen. Mit Ihrem Charme und Ihrer natürlichen Autorität ziehen Sie häufig Menschen an, die an Sie glauben. In festen Beziehungen sollten Sie Leichtigkeit und Optimismus zeigen und möglichst nicht zu ernsthaft, herrisch oder kritisch werden. Ihre Liebe zu Bildung oder Weisheit bringt Sie Ihrem Traumpartner näher.

Ihr Partner

Mit Menschen, die an folgenden Tagen geboren sind, können Sie am besten Ihre Ideale realisieren:

Liebe & Freundschaft: 1., 9., 14., 28., 31. Jan., 7., 12., 26., 29. Feb., 10., 24., 27. März, 8., 22., 25. April, 6., 20., 23. Mai, 4., 18., 21. Juni, 2., 16., 19., 30. Juli, 14., 17., 28., 30. Aug., 12., 15., 26., 28., 30. Sept., 10., 13., 24., 26., 28. Okt., 8., 11., 22., 24., 26. Nov., 6., 9., 20., 22., 24. Dez.

Günstig: 26. Jan., 24. Feb., 22. März, 20. April, 18. Mai, 16. Juni, 14. Juli, 12. Aug., 10. Sept., 8. Okt., 6. Nov., 4. Dez.

Schicksalhaft: 19., 20., 21., 22. Dez.

Problematisch: 3., 25. Jan., 1., 23. Feb., 21. März, 19. April, 17. Mai, 15. Juni, 13. Juli, 11. Aug., 9. Sept., 7. Okt., 5. Nov., 3. Dez.

Seelenverwandt: 3., 10. Jan., 1., 8. Feb., 6. März, 4. April, 2. Mai

21. Juni

SONNE: AN DER GRENZE
ZWILLINGE/KREBS
DEKADE: WASSERMANN/URANUS,
KREBS/MOND
GRAD: 28°30' ZWILLINGE –
0° KREBS
ART: BEWEGLICHES ZEICHEN
ELEMENT: LUFT

Fixsterne

Beteigeuze; Polaris, auch Al Rukkabah oder Polarstern genannt; Menkalinan, auch «Schulter des Fuhrmanns» genannt

Hauptstern

Name des Sterns: Beteigeuze
Gradposition: 27°46' – 28°42' Zwillinge zwischen den Jahren 1930 und 2000
Magnitude: 1
Stärke: **********
Orbit: 2°30'
Konstellation: Alpha Orionis
Tage: 18., 19., 20., 21., 22., 23. Juni
Sternqualitäten: Mars/Merkur
Beschreibung: orangeroter veränderlicher Stern an der rechten Schulter des Orion.

Einfluß des Hauptsterns

Beteigeuze steht für Urteilsvermögen, Optimismus, Wettbewerbsdenken und eine rasche Auffassungsgabe. Er sorgt dafür, daß Sie durch Entschlossenheit zu Glück und Erfolg gelangen. Für Ihre herausragenden Leistungen ernten Sie große Anerkennung und Ehren und Reichtum. Im Zusammenhang mit dem Stand Ihrer Sonne verleiht Ihnen Beteigeuze ein Interesse für Philosophie und metaphysische Studien. Unter seinem Einfluß können Sie im sportlichen Bereich zu Erfolg gelangen und besitzen gute Menschenkenntnis. Bleiben Sie aber stets auf der Hut, denn Ehre und Reichtum sind nicht unbedingt von langer Dauer.
• Positiv: gutes Urteilsvermögen, guter Problemlöser, Übereinstimmung von Gedanken und Taten.
• Negativ: starrsinnig, streitsüchtig, feindselig.

Ⅱ Sie sind geistig rege, freundlich und tolerant. Da Sie Kreativität besitzen und Wissen schätzen, interessieren Sie sich für viele verschiedene, aber vor allem weltumspannende Projekte. Da Sie viel Wert auf Ihr Image legen, versuchen Sie häufig, andere zu beeindrucken. Ihren Mitmenschen gegenüber sind Sie freimütig, aber freundlich und großzügig.

Durch den Einfluß Ihrer Sonne auf die Grenze zwischen Zwilling und Krebs sind Sie in der glücklichen Lage, zwei Dekadenzeichen zu besitzen, Wassermann und Krebs, die Ihre Sensibilität und Intuition verstärken. Derselbe Einfluß verleiht Ihnen Originalität, Erfindungsgeist und Phantasie. Da Sie gerne neue Ideen und Theorien testen, sind Sie häufig Ihrer Zeit voraus und sehnen sich nach Freiheit und Unabhängigkeit. Diesem Wunsch steht oft ein Bedürfnis nach Heim und Familie gegenüber. Passen Sie aber auf, daß der Wunsch nach Harmonie, Frieden und Sicherheit Sie nicht in monotoner Routine versinken läßt.

Sie versuchen sehr, anderen zu gefallen, weshalb es Ihnen schwerfällt, nein zu sagen, und Sie laden sich oft zuviel auf. Dies bedeutet häufig auch, daß Sie Ihre Kraft vergeuden. Obwohl Sie durchaus verantwortungsbewußt sind und im allgemeinen Ihre Rechnungen begleichen, brauchen Sie doch mehr Selbstdisziplin, um Ihr herausragendes Potential zur Entfaltung bringen zu können. Statt nur über Ihre großen Pläne zu reden und sich mit Halbwissen zu begnügen, sollten Sie sich für eine Sache entscheiden und an Ihrer persönlichen Weiterentwicklung arbeiten.

Bis Sie 30 sind, ist Ihr Leben vor allem von Sicherheitsdenken, Heim und Familie geprägt. Dann wechselt Ihre Sonne in das Zeichen des Löwen, und für Sie beginnt eine Zeit, in der Sie mehr Vertrauen entwickeln und sich sicherer fühlen. Wenn Sie 60 sind, wechselt Ihre Sonne in die Jungfrau, und Sie werden pragmatischer, methodischer und hilfsbereiter.

Ihr geheimes Selbst

Obwohl Sie im allgemeinen optimistisch sind, gibt es Zeiten, in denen Sie aufgrund von mangelndem Selbstvertrauen und Unzufriedenheit zu Depressionen neigen. Wenn Sie eine positive Lebensauffassung oder etwas haben, an das Sie glauben können, sind Sie in der Lage, Ihre starken Emotionen zu kanalisieren. Ihre emotionale Kraft kann in physischer oder geistiger Kreativität ihren Ausdruck finden.

Sie sind sehr nett und hilfsbereit, müssen aber aufpassen, sich nicht in das Leben anderer einzumischen. Dazu gehört auch, daß Sie Ihren Mitmenschen besser zuhören müssen, um Mißverständnisse zu vermeiden. Um wirklich erfolgreich sein zu können, sollten Sie Ihren starken Verstand trainieren; Bildung jeder Art ist somit außerordentlich wichtig für Sie. Auf diese Weise können Sie nicht nur das Beste aus Ihrem Potential machen; Sie beugen auch Depressionen oder Enttäuschungen vor, wenn Sie sich auf ein positives Ziel konzentrieren. Wenn Sie sich in Geduld und Toleranz üben, können Sie sich zu einer liberalen und unvoreingenommenen Persönlichkeit entwickeln. Ihre Mitmenschen werden Ihre Beraterfähigkeiten zu schätzen wissen.

Beruf & Karriere

Welchen Beruf Sie auch wählen, Sie sollten dafür sorgen, daß Sie Ihren Ideen und Ihrer kreativen Vorstellungskraft freien Lauf lassen können. Da Sie ein Philanthrop sind, besitzen Sie ein natürliches Einfühlungsvermögen für Ihre Mitmenschen, das Ihnen in Bereichen wie Pädagogik, Beratung oder Sozialarbeit zugute kommt. Ihre Organisationsfähigkeit wird Ihnen in der Geschäftswelt von Nutzen sein. Ihr Wissensdurst führt Sie vielleicht in Gebiete wie Philosophie, Recht, Religion oder Politik. Da Sie auch häufig kreativ-künstlerisch oder manuell begabt sind, kommt auch eine Designertätigkeit, vor allem im Bereich Innenausstattung, in Frage. Für Ihre ausgezeichneten kommunikativen Fähigkeiten finden Sie beim Schreiben, in Literatur oder Journalismus Ausdrucksmöglichkeit.

Berühmte Persönlichkeiten dieses Tages sind Jean-Paul Sartre, Prinz William von England, die pakistanische Politikerin Benazir Bhutto, der amerikanische Künstler Rockwell Kent, der Werbeunternehmer Maurice Saatchi, der Gitarrist Nils Lofgren und die Schauspielerinnen Jane Russell und Juliette Lewis.

Numerologie

Typisch für die Zahl 21 sind Dynamik und Kontaktfreudigkeit. Mit der Geburtstagszahl 21 sind Sie gesellig, vom Glück begünstigt und pflegen viele Kontakte und zahlreiche Interessen. Im allgemeinen zeigen Sie anderen ein freundliches und geselliges Gesicht. Sie können lebenslustig und anziehend sein und viel Charme besitzen. Andererseits sind Sie gelegentlich auch scheu und reserviert und sollten bestimmter auftreten, vor allem in engen Beziehungen. Auch in engen Partnerschaften oder Ehe wollen Sie für Ihre Talente und Fähigkeiten immer wieder gelobt werden. Der Untereinfluß der Monatszahl 6 führt dazu, daß Sie aufgeschlossen und kreativ sind. Sie hören gern die Meinungen anderer, sollten sich aber mehr auf Ihre eigenen Entscheidungen verlassen. Trotz Fürsorglichkeit und Mitgefühl verspüren Sie das starke Bedürfnis, Ihre Individualität und Ihre Gefühle zum Ausdruck zu bringen, indem Sie offen sagen, was Sie denken und fühlen. Erweitern Sie Ihren Horizont und versuchen Sie, die Dinge in ihrer Gesamtheit zu betrachten.

Positiv: Inspiration, Kreativität, Liebesverbindungen, langfristige Partnerschaften.

Negativ: Abhängigkeit, Verlust der emotionalen Kontrolle, Phantasielosigkeit, Angst vor Veränderungen, Nervosität.

Liebe & Zwischenmenschliches

Sie besitzen ein anziehendes Wesen, Charme und sind lebenslustig und kreativ. Da Sie einen Seelenverwandten brauchen, sind Ihnen enge persönliche Beziehungen außerordentlich wichtig. Aus diesem Grund laufen Sie bisweilen sogar Gefahr, sich in Abhängigkeit von anderen zu begeben. Ersetzen Sie nicht Liebe und Lebensglück durch trügerische Sicherheit einer Kompromißlösung. Sie drücken Ihre wahren Gefühle durch Großzügigkeit und Fürsorge aus; wenn Sie versuchen, ein wenig mehr Distanz zu wahren, können Sie Liebe und Partnerschaft objektiver betrachten. Mit Ihrem Takt und Ihren diplomatischen Fähigkeiten fällt es Ihnen leicht, Kontakte zu knüpfen; treten Sie aber in Beziehungen von Beginn an bestimmter auf.

Ihr Partner

Einen verständnisvollen Partner werden Sie mit großer Wahrscheinlichkeit unter den an den folgenden Tagen geborenen Menschen finden:

Liebe & Freundschaft: 1., 15., 24., 26., 29., 30. Jan., 13., 24., 27., 28. Feb., 11., 22., 25., 26. März, 9., 20., 23., 24. April, 7., 18., 21., 22. Mai, 5., 16., 19., 20. Juni, 3., 14., 17., 18., 31. Juli, 1., 12., 15., 16., 29., 31. Aug., 10., 13., 14., 27., 29. Sept., 8., 11., 12., 25., 26., 27. Okt., 6., 9., 10., 23., 25. Nov., 4., 7., 8., 21., 23., 29. Dez.

Günstig: 1., 2., 10., 27. Jan., 8., 25. Feb., 6., 23. März, 4., 21. April, 2., 19., 30. Mai, 17., 28. Juni, 15., 26. Juli, 13., 24. Aug., 11., 22. Sept., 9., 20. Okt., 7., 18. Nov., 5., 16. Dez.

Schicksalhaft: 21., 22., 23. Dez.

Problematisch: 17., 26. Jan., 15., 24. Feb., 13., 22. März, 11., 20. April, 9., 18. Mai, 7., 16. Juni, 5., 14. Juli, 3., 12., 30. Aug., 1., 10., 28. Sept., 8., 26., 29. Okt., 6., 24., 27. Nov., 4., 22., 25. Dez.

Seelenverwandt: 21. Jan., 19. Feb., 17. März, 15. April, 13. Mai, 11. Juni, 9., 29. Juli, 7., 27. Aug., 5., 25. Sept., 3., 23. Okt., 1., 21. Nov., 19. Dez.

Krebs

22. Juni – 22. Juli

22. Juni

SONNE: AN DER GRENZE
ZWILLINGE/KREBS
DEKADE: KREBS/MOND
GRAD: 29°30' ZWILLINGE –
1° KREBS
ART: KARDINALZEICHEN
ELEMENT: WASSER

Fixsterne

Beteigeuze; Polaris, auch Al Rukkabah oder Polarstern genannt; Menkalinan, auch «Schulter des Fuhrmanns» genannt

Hauptstern

Name des Sterns: Beteigeuze
Gradposition: 27°46' – 28°42' Zwillinge zwischen den Jahren 1930 und 2000
Magnitude: 1
Stärke: **********
Orbit: 2°30'
Konstellation: Alpha Orionis
Tage: 18., 19., 20., 21., 22., 23. Juni
Sternqualitäten: Mars/Merkur
Beschreibung: orangeroter veränderlicher Stern an der rechten Schulter des Orion.

Einfluß des Hauptsterns

Beteigeuze steht für Urteilsvermögen, Optimismus, Wettbewerbsgeist und eine rasche Auffassungsgabe. Er sorgt dafür, daß Sie durch Entschlossenheit zu Glück, Erfolg und materiellem Wohlstand gelangen. Für Ihre herausragenden Leistungen ernten Sie Anerkennung und Reichtum. Im Zusammenhang mit dem Stand Ihrer Sonne verleiht Ihnen Beteigeuze ein Interesse für Philosophie und metaphysische Studien. Unter seinem Einfluß können Sie im sportlichen wie im juristischen Bereich zu Erfolg gelangen und haben Menschenkenntnis. Bleiben Sie aber stets auf der Hut, denn Ehre und Reichtum sind nicht unbedingt von langer Dauer.

- Positiv: gutes Urteilsvermögen, guter Problemlöser, Übereinstimmung von Gedanken und Taten.
- Negativ: starrsinnig, streitsüchtig, feindselig.

Da Sie direkt an der Grenze zwischen Zwilling und Krebs geboren sind, profitieren Sie von den Einflüssen beider Zeichen. Sie haben nicht nur herausragende geistige und intuitive Kräfte, sondern auch eine rasche Auffassungsgabe, mit der Sie es auf jedem Gebiet weit bringen können.

Sie sind in der ersten Krebsdekade geboren und profitieren deshalb vom doppelten Einfluß des Mondes, der Ihnen eine sensible Vorstellungskraft und starke Gefühle schenkt. Da Sie im allgemeinen vielseitig begabt sind, brauchen Sie Bildung und geistige Anregung. Wenn Sie sich den Herausforderungen stellen, die von Ihrem Geburtsdatum ausgehen, können Sie auf jedem Gebiet erfolgreich sein. Mit Ihrem Einfallsreichtum und Ihren praktischen Fähigkeiten können Sie auch gut Reformen durchsetzen und sich für die Rechte anderer engagieren.

Sie sind nicht nur klug und fürsorglich, sondern auch mitfühlend und mit einem kühnen Verstand begabt. Ihre hochentwickelte Intelligenz und Vorstellungskraft lassen Sie zu Reizbarkeit, Sturheit und Machtspielen neigen, wenn Sie keine festen Strukturen oder Pläne haben. Das kann zu Stimmungsschwankungen und Selbstzweifeln führen, vor allem wenn Sie es zulassen, daß andere Ihr Selbstvertrauen schwächen.

Die Inspirierteren unter den heutigen Geburtstagskindern wollen sich verwirklichen und fühlen sich zu darstellender Kunst, insbesondere zu Musik und Theater, hingezogen. Da Sie häufig erahnen, was andere wollen oder erwarten, können Sie sich mit Ihrer Urteilskraft und Ihrem freundlichen Wesen in den unterschiedlichsten gesellschaftlichen Kreisen bewegen.

Ihr Sicherheitsbewußtsein läßt etwas nach, wenn Sie 30 werden und Ihre Sonne in das Zeichen des Löwen eintritt. Dadurch gewinnen Sie mehr Selbstbewußtsein und treten auf Ihrem Gebiet kompetenter auf. Wenn Sie bislang die Möglichkeiten Ihres herausragenden Potentials noch nicht genutzt haben, bietet sich Ihnen jetzt eine zweite Chance. Wenn Sie 60 sind, wechselt Ihre Sonne in das Zeichen der Jungfrau, und Sie werden pragmatischer und hilfsbereiter.

Ihr geheimes Selbst

Ihre festen Überzeugungen werden gelegentlich von den Menschen erschüttert, die Sie neu kennenlernen. Auch wenn Sie eine selbstbewußte Fassade zeigen, zweifeln Sie häufig daran, ob Sie wirklich recht haben. Sie sind direkt und freimütig und erwarten dies auch von anderen. Dennoch sind Sie manchmal so von Ihren Ansichten überzeugt, daß Sie starrsinnig werden. Vielleicht sollten Sie lernen, zwischen Entschlossenheit und Sturheit zu unterscheiden. Emotionale Unsicherheit können Sie überwinden, wenn Sie lernen, objektiv und rational vorzugehen.

Sie gehen gern Risiken ein und versuchen, Ihren hochgesteckten Zielen durch Spekulation näher zu kommen. Neben Ihrem Vorteil, in großen Maßstäben zu denken, brauchen Sie auch schöpferische Verwirklichung Ihrer Ideale. Wenn Ihr bemerkenswerter Verstand nicht aktiv bleibt, laufen Sie Gefahr, die Entfaltung Ihres wahren Potentials durch Realitätsflucht zu gefährden.

Beruf & Karriere

Ihr Ehrgeiz führt Sie in die Geschäftswelt, wo Sie mit Ihren guten Organisationsfähigkeiten und Führungsqualitäten im Bank- oder Immobilienwesen, in Industrie und Handel glänzen können. Mit Ihrer Voraussicht und Ihrer lebhaften Phantasie können Sie sich aber durchaus auch künstlerischen Tätigkeiten zuwenden, etwa Schauspielerei, Fotografie, Musik, Filmemachen oder auch Design. Ihre Menschenkenntnis und Ihr Mitgefühl kommen Ihnen in Bereichen wie Kommunikation, Pädagogik, Gesundheitswesen, Sozialarbeit, Heil- oder Beraterberufen zugute.

Berühmte Persönlichkeiten dieses Tages sind der Sänger Kris Kristofferson, der Musiker Todd Rundgren, die Schauspielerinnen Meryl Streep und Lindsay Wagner, der Regisseur Billy Wilder und der Komponist Giacomo Puccini.

Numerologie

Mit der 22 als Geburtstagszahl sind Sie stolz, praktisch und sehr intuitiv. Die 22 ist eine Hauptzahl und schwingt als sie selbst, aber auch als 4. Sie sind ehrlich und fleißig, haben natürliche Führungsqualitäten, Charisma und gutes Einfühlungsvermögen. Sie sind meist zurückhaltend und zeigen ein fürsorgliches, um das Wohl der anderen besorgtes Wesen und starke Beschützerinstinkte für Ihre Geschwister. Der Untereinfluß der Monatszahl 6 führt dazu, daß Sie sicherheitsbewußt und harmoniebedürftig sind. Von Natur aus verläßlich und verantwortungsbewußt, sind Sie hilfsbereit und ein mitfühlender Freund. Ihre Phantasie und Kreativität macht Sie idealistisch; Ihre praktische Seite sorgt aber dafür, daß Sie stets mit beiden Füßen auf dem Boden bleiben. Gewinnen ist Ihnen sehr wichtig, und Erfolg stellt sich oft dann ein, wenn Sie originelle Ideen entwickeln, die für andere von Nutzen sind.

Positiv: weltoffen, führungsstark, intuitiv, pragmatisch, praktisch, manuell geschickt, organisationsbegabt, realistisch.

Negativ: läßt sich vom schnellen Reichtum verführen, nervös, herrisch, materialistisch, phantasielos, faul, egoistisch, fördert nur sich selbst.

Liebe & Zwischenmenschliches

Mit Ihrer breiten Gefühlspalette und Ihrem ausgeprägten sechsten Sinn brauchen Sie einen Partner, der Ihre Sensibilität versteht und Ihre Wertmaßstäbe und Ideen teilt. Sie sind ein Quell der Kraft für andere, neigen aber gelegentlich zu Stimmungsschwankungen. Wenn Sie sich um mehr Gelassenheit bemühen, können Sie Ihre Neigung zu Überbesorgnis überwinden und für emotionale Stabilität sorgen. Gute und liebevolle Beziehungen pflegen Sie mit Menschen, die Ihre Interessen teilen und Sie intellektuell anregen.

Ihr Partner

Wenn Sie jemanden suchen, bei dem Sie Wärme und Zärtlichkeit finden, sollten Sie sich unter den Menschen umsehen, die an folgenden Tagen geboren sind:
Liebe & Freundschaft: 10., 13., 20., 30. Jan., 8., 11., 18., 28. Feb., 6., 9., 16., 26. März, 4., 7., 14., 24. April, 2., 5., 12., 22. Mai, 3., 10., 20. Juni, 1., 8., 18. Juli, 6., 16., 30. Aug., 4., 14., 28., 30. Sept., 2., 12., 26., 28., 30. Okt., 10., 24., 26., 28. Nov., 8., 22., 24., 26. Dez.
Günstig: 12., 16., 17., 28. Jan., 10., 14., 15., 26. Feb., 8., 12., 13., 24. März, 6., 10., 11., 22. April, 4., 8., 9., 20., 29. Mai, 2., 6., 7., 18., 27. Juni, 4., 5., 16., 25. Juli, 2., 3., 14., 23. Aug., 1., 12., 21. Sept., 10., 19. Okt., 8., 17. Nov., 6., 15. Dez.
Schicksalhaft: 31. März, 29. April, 27. Mai, 25. Juni, 23. Juli, 21. Aug., 19. Sept., 17. Okt., 15. Nov., 17., 21., 22., 23., 24. Dez.
Problematisch: 6., 18., 22., 27. Jan., 4., 16., 20., 25. Feb., 2., 14., 18., 23. März, 12., 16., 21. April, 10., 14., 19. Mai, 8., 12., 17. Juni, 6., 10., 15. Juli, 4., 8., 13. Aug., 2., 6., 11. Sept., 4., 9. Okt., 2., 7. Nov., 5. Dez.
Seelenverwandt: 28. März, 26. April, 24. Mai, 22. Juni, 20. Juli, 18. Aug., 16. Sept., 14. Okt., 12. Nov., 10. Dez.

SONNE: KREBS
DEKADE: KREBS/MOND
GRAD: 0°30' – 2° KREBS
ART: KARDINALZEICHEN
ELEMENT: WASSER

Fixsterne

Beteigeuze; Menkalinan, auch «Schulter des Fuhrmanns» genannt; Tejat, auch Tejat Prior genannt

---

Hauptstern

Name des Sterns: Beteigeuze
Gradposition: 27°46' – 28°42' Zwillinge zwischen den Jahren 1930 und 2000
Magnitude: 1
Stärke: **********
Orbit: 2°30'
Konstellation: Alpha Orionis
Tage: 18., 19., 20., 21., 22., 23. Juni
Sternqualitäten: Mars/Merkur
Beschreibung: orangeroter veränderlicher Stern an der rechten Schulter des Orion.

Einfluß des Hauptsterns

Beteigeuze steht für Urteilsvermögen, Optimismus, Wettbewerb und eine rasche Auffassungsgabe. Er sorgt dafür, daß Sie durch Entschlossenheit zu Glück, Erfolg und materiellem Wohlstand gelangen. Für Ihre herausragenden Leistungen ernten Sie Anerkennung und Reichtum. Im Zusammenhang mit dem Stand Ihrer Sonne verleiht Ihnen Beteigeuze ein Interesse für Philosophie und metaphysische Studien. Unter seinem Einfluß können Sie im sportlichen wie im juristischen Bereich zu Erfolg gelangen und haben Menschenkenntnis. Bleiben Sie aber stets auf der Hut, denn Ehre und Reichtum sind nicht unbedingt von langer Dauer.

- Positiv: gutes Urteilsvermögen, guter Problemlöser, Übereinstimmung von Gedanken und Taten.
- Negativ: starrsinnig, streitsüchtig, feindselig.

23. Juni

Sie sind nicht nur intuitiv und aufgeschlossen, sondern auch clever und sehr individualistisch. Als Krebs sind Sie sensibel und schüchtern; Ihr enormes geistiges Potential aber motiviert Sie zu großen Leistungen und Erfolgen. Fürsorglich und mitfühlend unterstützen Sie die Menschen Ihrer Umgebung und betrachten Ihre Familie als wichtigste Quelle für Wohlbefinden und Sicherheit.

Da Sie sehr aufgeweckt sind, wollen Sie stets beschäftigt und gut informiert sein. Obwohl Sie Ihren Gefühlen im allgemeinen vertrauen, zeigen Sie doch einen Hang zur Skepsis; lernen Sie, daß die Weisheit Ihrer inneren Stimme zu Ihren größten Vorzügen gehört.

Der doppelte Einfluß des Krebses als Ihr Sonnen- und Dekadenzeichen bewirkt, daß Sie sehr davon profitieren, wenn Sie Ihre medialen Fähigkeiten trainieren. Wenn Sie Ihre starken Emotionen auf ein positives Ziel konzentrieren, können Sie Unsicherheiten und Frustrationen überwinden.

Wenn es Ihnen gutgeht, sind Sie in der Lage, sehr spontan, mit viel Willenskraft und Entschlossenheit zu handeln und andere mit Ihrem nie versiegenden Ideenstrom zu motivieren. Eine Tendenz, zweiflerisch und launisch zu werden und sich zurückzuziehen, kann diesen Strom zum Versiegen bringen, und Sie verbauen sich all Ihre phantastischen Möglichkeiten.

Bis Sie 29 sind, ist Ihr Leben vor allem von Sicherheitsdenken, Heim und Familie geprägt. Dann wechselt Ihre Sonne in das Zeichen des Löwen, und für Sie beginnt eine Zeit voller Kreativität und Selbstvertrauen, in der Sie sich mehr dem öffentlichen Leben zuwenden. Wenn Sie 59 sind, tritt Ihre Sonne in die Jungfrau; nun werden Sie praktischer, methodischer und geschäftsmäßiger.

Ihr geheimes Selbst

Neben Ihrem natürlichen Gefühl dafür, den Wert der Dinge zu erfassen, haben Sie eine innere Stärke, die Ihre Ausdauer und Entschlossenheit erhöht und dynamisch zu Ihrem Erfolg beiträgt. Sie hilft Ihnen, Hindernisse zu überwinden, wie übermächtig sie auch erscheinen mögen. Gelegentlich schieben Sie Dinge auf, weil Sie sich nicht entschließen können, aktiv zu werden; wenn Sie aber von einer Sache überzeugt sind, engagieren Sie sich mit aller Kraft.

Tief in Ihnen steckt eine gewisse Verspieltheit, die einen durchaus positiven Einfluß auf Ihr Leben ausüben kann und Sie davon abhält, zu ernst zu werden. Allerdings brauchen Sie regelmäßig Zeit und Raum für sich, um sich auf den nachdenklicheren Teil Ihrer Persönlichkeit besinnen zu können und tiefere Einsichten zu gewinnen.

Beruf & Karriere

Ihre sensible und fürsorgliche Natur zieht Sie zu benachteiligten Menschen, etwa in Heil- oder Sozialberufe. Ihr scharfer Verstand nutzt Ihnen hingegen in der Pädagogik, Ihre kommunikative Gabe beim Schreiben. Gebiete, in denen Sie Ihr Wissen mit anderen teilen können, etwa Forschung oder Recht, sind das beste Forum für Ihre rationale Seite. Wenn Technik zu Ihren Stärken gehört, sollten Sie sich für Computer- oder Ingenieurarbeit entscheiden. Außerdem interessiert Sie häufig Religion oder Metaphysik. Erfolgversprechende Sparten für Sie sind zudem Administration, Catering oder Handel mit Einrichtungsgegenständen.

Berühmte Persönlichkeiten dieses Tages sind der englische König Edward VIII. (Herzog von Windsor), der Psychologe und Sexualforscher Alfred Kinsey, Ray Davies (The Kinks) und Napoleons Gemahlin Joséphine.

Numerologie

Sensibilität und Kreativität kennzeichnen die Geburtstagszahl 23. Im allgemeinen sind Sie vielseitig, leidenschaftlich und geistig beweglich und haben eine professionelle Einstellung. Mit Ihren vielseitigen Begabungen steckt Ihr Kopf meist voller kreativer Ideen. Sie lieben Reisen und Abenteuer und lernen gern neue Menschen kennen. Die Rastlosigkeit der 23 treibt Sie dazu, immer neue Erfahrungen zu machen, wobei Sie sich neuen Situationen leicht anpassen. Von Natur aus freundlich und lebenslustig, voller Mut und Antriebskraft, brauchen Sie ein aktives Leben, um Ihr Potential auszuschöpfen. Der Untereinfluß der Monatszahl 6 führt dazu, daß Sie gefühlsbetont und sensibel sind und ein idealistisches und fürsorgliches Wesen haben. Mit Ihren starken Instinkten und medialen Fähigkeiten können Sie die Gefühle und Gedanken anderer erfühlen. Da Sie Stabilität und Sicherheit brauchen, sind Sie oft häuslich und familienorientiert. Schwierig für Sie ist es, mehr Selbstbewußtsein und Unabhängigkeit zu entwickeln.

Positiv: loyal, verantwortungsbewußt, reiselustig, kommunikativ, intuitiv, kreativ, vielseitig, vertrauenswürdig, oft berühmt.

Negativ: selbstsüchtig, unsicher, stur, kompromißlos, pingelig, begriffsstutzig, introvertiert, rechthaberisch.

Liebe & Zwischenmenschliches

Sie sind sensibel, geistig rastlos, aber sehr intuitiv; Sie brauchen emotionale Sicherheit und sind im allgemeinen hilfsbereit und optimistisch. Meist fühlen Sie sich zu ehrgeizigen, willensstarken und fleißigen Menschen hingezogen. Aus diesem Grund suchen Sie die Gesellschaft intelligenter Personen, die Selbstdisziplin und Erfindungsreichtum an den Tag legen. Sie lassen sich Zeit, bevor Sie sich auf langfristige Beziehungen einlassen; wenn es aber soweit ist, sind Sie sehr treu und stehen zu Ihrem Partner.

Ihr Partner

Liebespartner finden Sie am ehesten unter den Menschen, die an folgenden Tagen geboren wurden:

Liebe & Freundschaft: 21., 28. 31. Jan., 19., 26., 29. Feb., 17., 24., 27. März, 15., 22., 25. April, 13., 20., 23. Mai, 11., 18., 21. Juni, 9., 16., 19. Juli, 7., 14., 17., 31. Aug., 5., 12., 15., 29. Sept., 3., 10., 13., 27., 29., 31. Okt., 1., 8., 11., 25., 27., 29. Nov., 6., 9., 23., 25., 27. Dez.

Günstig: 9., 12., 18., 24., 29. Jan., 7., 10., 16., 22., 27. Feb., 5., 8., 14., 20., 25. März, 3., 6., 12., 18., 23. April, 1., 10., 16., 21., 31. Mai, 2., 8., 14., 19., 29. Juni, 6., 12., 17., 27. Juli, 4., 10., 15., 25. Aug., 2., 8., 13., 23. Sept., 6., 11., 21. Okt., 4., 9., 19. Nov., 2., 7., 17. Dez.

Schicksalhaft: 3. Jan., 1. Feb., 30. April, 28. Mai, 26. Juni, 24. Juli, 22. Aug., 20. Sept., 18. Okt., 16. Nov., 14., 22., 23., 24., 25. Dez.

Problematisch: 7., 8., 19., 28. Jan., 5., 6., 17., 26. Feb., 3., 4., 15., 24. März, 1., 2., 13., 22. April, 11., 20. Mai, 9., 18. Juni, 7., 16. Juli, 5., 14. Aug., 3., 12. Sept., 1., 10. Okt., 8. Nov., 6. Dez.

Seelenverwandt: 3., 19. Jan., 1., 17. Feb., 15. März, 13. April, 11. Mai, 9. Juni, 7. Juli, 5. Aug., 3. Sept., 1. Okt.

24. Juni

SONNE: KREBS
DEKADE: KREBS/MOND
GRAD: 1°30' – 3° KREBS
ART: KARDINALZEICHEN
ELEMENT: WASSER

Fixstern

Name des Sterns: Tejat, auch Tejat Prior genannt
Gradposition: 2°27' – 3°26' Krebs zwischen den Jahren 1930 und 2000
Magnitude: 3
Stärke: ******
Orbit: 1°40'
Konstellation: Eta Geminorum
Tage: 23., 24., 25., 26. Juni
Sternqualitäten: Merkur/Venus
Beschreibung: orangeroter, veränderlicher Doppelstern am linken Fuß des nördlichen Zwilling.

Einfluß des Hauptsterns

Tejat steht für Vertrauen, Stolz, Würde und ein kultiviertes Wesen. Unter seinem Einfluß sind Sie reich an Gefühlen, haben Sinn für Ästhetik und verfügen über künstlerische wie literarische Fähigkeiten. Tejat sorgt dafür, daß Sie heiter und humorvoll sind. Wenn Sie unter seinem Einfluß stehen, wissen Sie, daß zwei Köpfe besser sind als einer, so daß Sie über viel Teamgeist verfügen, assoziativ denken und diplomatisches Geschick und Überzeugungskraft entwickeln können. Nutzen Sie dieses Talent nicht in negativem Sinn, indem Sie hintertrieben, arrogant oder unbeständig sind. Hüten Sie sich vor Problemen mit dem Gesetz. Im Zusammenhang mit dem Stand Ihrer Sonne sorgt Tejat dafür, daß Sie schöne Dinge lieben, künstlerisches und literarisches Talent sowie ungewöhnliche Interessen haben. Tejat verleiht eine unbeschwerte Art; allerdings müssen Sie sich nicht nur vor Antriebslosigkeit und Unbeständigkeit, sondern auch vor Labilität und Veränderung in acht nehmen.
- Positiv: liebevolle Gedanken, Sinn für Kunst, Talent zum Schreiben, beziehungsstark.
- Negativ: Verschwendung, Unbekümmertheit, Eitelkeit, Einbildung.

Als Krebs sind Sie gelassen, freundlich und zurückhaltend. Ihre konservative Art macht Sie zu einem guten Vermittler. Mit Ihrem Gefühl für Menschen ziehen Sie diplomatisches Vorgehen der offenen Konfrontation vor. Der doppelte Einfluß des Mondes sorgt dafür, daß Sie sich sehr intensiv mit familiären Angelegenheiten beschäftigen. Wenn Sie sich aber auf die Sicherheit Ihres Heims beschränken, riskieren Sie, Ihr Potential verkümmern zu lassen.

Ihr Bedürfnis nach Harmonie und Ruhe ist nicht ein Zeichen für Schwäche, sondern deutet auf Ihren sensiblen Geist hin. Ihre klare Vorstellungskraft in Verbindung mit Ihrem Pragmatismus macht Sie zu einem guten Strategen. Mit Ihrer Konzentrationsfähigkeit und der Bereitschaft, schwierige und problematische Aufgaben zu übernehmen, sind Sie imstande, hart zu arbeiten und sich mit aller Kraft zu engagieren. Verantwortungsbewußtsein und ausgeprägtes Pflichtbewußtsein gehören zu Ihren größten Stärken; Erfolg im Leben ist auf Ihre eigene Kraft und Stärke zurückzuführen. Wenn Sie motiviert sind, können Sie unermüdlich arbeiten, auch wenn keine unmittelbare Belohnung winkt.

Obwohl Sie eine außergewöhnlich rasche Auffassungsgabe haben, schwanken Sie häufig zwischen Leistungsbereitschaft und Trägheit und hemmen damit die Entfaltung Ihres großen Potentials. Nur wenn Sie diese beiden Seiten Ihrer Persönlichkeit in Einklang bringen, erreichen Sie Ausgeglichenheit und Gleichgewicht.

Bis Sie 28 sind, ist Ihr Leben vor allem von Sicherheitsdenken, Heim und Familie geprägt. Dann wechselt Ihre Sonne in das Zeichen des Löwen, und für Sie beginnt eine Zeit voller Kreativität und Selbstvertrauen, in der Sie auch mutiger werden. Wenn Sie 58 sind, wechselt Ihre Sonne in die Jungfrau; nun entwickeln Sie besseres Urteilsvermögen, werden tüchtiger und hilfsbereiter und interessierter an Gesundheitsthemen.

Ihr geheimes Selbst

Obwohl Heim und Familie für Sie sehr wichtig sind, lieben Sie Macht und können sehr karriereorientiert und entschlossen sein. Wenn Sie feststellen, daß Sie allein nicht viel zustande bringen, verlegen Sie sich auf Teamarbeit. Gelegentlich fällt es Ihnen schwer, sich aus Ihrer Routine zu befreien; wenn Sie aber ein konkretes Ziel vor Augen haben, sind Sie bereit, hart zu arbeiten, und können Ihre Talente in bare Münze umwandeln.

Lassen Sie nicht zu, daß Ihre Fähigkeit, Hindernisse zu überwinden, von meist unbegründeten Ängsten – vor allem im Zusammenhang mit Geld – unterminiert wird. Wenn Sie Angst haben, stecken Sie den Kopf in den Sand, statt die Dinge rechtzeitig anzupacken. Aus diesem Grund sollten Sie stets einen festen Aktionsplan haben, der Ihnen als Basis dient – für Ihre Arbeit, aber auch um die Anerkennung, die Sie brauchen und verdienen, zu gewinnen.

Beruf & Karriere

Die fürsorgliche Seite Ihres Wesens findet vor allem in beratenden Berufen oder bei wohltätigen Organisationen eine Ausdrucksform. Ihr Interesse an geistigen Herausforderungen können Sie in Bereichen wie Pädagogik und Lehrtätigkeit, Forschung oder Schreiben ausleben. Ihr ungezwungener Charme und Ihr natürliches Gefühl für Form und Farbe öffnen Ihnen die Welt von Theater, Kunst und Musik. Da Sie gute Menschenkenntnis haben, fühlen Sie sich auch in Berufen wohl, bei denen Sie viel mit Menschen zu tun haben, etwa als Therapeut oder Personalberater. Auch Verkauf, Promotion oder Öffentlichkeitsarbeit kommen für Sie in Frage. Dieser Geburtstag bringt gute Manager und Führungspersönlichkeiten hervor; erfolgversprechend sind auch Berufe, die in irgendeiner Form mit Heim und Wohnen zu tun haben.

Berühmte Persönlichkeiten dieses Tages sind der Boxer Jack Dempsey, die Politikerin Bella Abzug und die Pilotin Amelia Earhart.

Numerologie

Die Sensibilität, die von der 24 ausgeht, deutet darauf hin, daß Sie Harmonie und Ordnung benötigen. Im allgemeinen sind Sie aufrichtig, verläßlich und sicherheitsbewußt und brauchen die Liebe und Unterstützung eines Partners sowie das solide Fundament eines Heims. Mit Ihrem Pragmatismus geht auch ein guter Geschäftssinn einher, der Wohlstand mit sich bringt. Mit der 24 müssen Sie gewisse Phasen der Instabilität und einen Hang zur Sturheit überwinden. Durch den Untereinfluß der Monatszahl 6 sind Sie gewissenhaft und verantwortungsbewußt. Häufig karriereorientiert, wissen Sie dennoch sehr wohl ein gemütliches Heim zu gestalten und sind als Vater oder Mutter hingebungsvoll. Sie sind freundlich und idealistisch, können sich aber auch von einer entschlossenen, hilfsbereiten und fürsorglichen Seite zeigen. Sie hassen zwar jegliche Routine, suchen aber dennoch Stabilität und Sicherheit. Vielleicht müssen Sie gegen gelegentliche Unzufriedenheit ankämpfen, die durch Ängste und falsch angebrachtes Mitgefühl ausgelöst wird.

Positiv: energisch, idealistisch, praktisch, starke Entschlossenheit, aufrichtig, großzügig, liebt das Zuhause, aktiv.

Negativ: materialistisch, geizig, haßt Routine, dominierend, stur, nachtragend.

Liebe & Zwischenmenschliches

Ihre starken Instinkte und Ihre Leidenschaftlichkeit führen häufig dazu, daß Sie sich theatralisch geben. Die Familienorientierung, die mit diesem Tag zusammenhängt, bewirkt, daß Sie liebevoll für Ihre Kinder und Ihren Partner sorgen. Die emotionale Kraft dieses Tages kann aber dazu führen, daß Sie überempfindlich oder melodramatisch reagieren. Dennoch sind Sie charmant, freundlich und warmherzig. Ihr Wunsch nach Selbstverwirklichung sorgt dafür, daß Sie sich häufig zu kreativen Menschen mit Sinn für Theatralik hingezogen fühlen oder sich für einen wohltätigen Zweck engagieren.

Ihr Partner

Einen Liebespartner werden Sie mit großer Wahrscheinlichkeit unter den an den folgenden Tagen geborenen Menschen finden:

Liebe & Freundschaft: 18., 22., 28. Jan., 16., 20., 26. Feb., 14., 18., 28. März, 12., 16., 26. April, 10., 14., 24. Mai, 8., 12., 22. Juni, 6., 10., 20., 29. Juli, 4., 8., 18., 27., 30. Aug., 2., 6., 16., 25., 28. Sept., 4., 14., 23., 26., 30. Okt., 2., 12., 21., 24., 28. Nov., 10., 19., 22., 26., 28. Dez.

Günstig: 6., 10., 25., 30. Jan., 4., 8., 23., 28. Feb., 2., 6., 21., 26. März, 4., 19., 24. April, 2., 17., 22. Mai, 15., 20., 30. Juni, 13., 18., 28. Juli, 11., 16., 26. Aug., 9., 14., 24. Sept., 7., 12., 22. Okt., 5., 10., 20. Nov., 3., 8., 18. Dez.

Schicksalhaft: 29. Mai, 27. Juni, 25. Juli, 23. Aug., 21. Sept., 19. Okt., 17. Nov., 14., 23., 24., 25. Dez.

Problematisch: 13., 29., 31. Jan., 11., 27., 29. Feb., 9., 25., 27. März, 7., 23., 25. April, 5., 21., 23. Mai, 3., 19., 21. Juni, 1., 17., 19. Juli, 15., 17. Aug., 13., 15. Sept., 11., 13. Okt., 9., 11. Nov., 7., 9. Dez.

Seelenverwandt: 6., 25. Jan., 4., 23. Feb., 2., 21. März, 19. April, 17. Mai, 15. Juni, 13. Juli, 11. Aug., 9. Sept., 7. Nov., 5. Dez.

25. Juni

SONNE: KREBS
DEKADE: KREBS/MOND
GRAD: 2°30' – 4° KREBS
ART: KARDINALZEICHEN
ELEMENT: WASSER

Fixsterne

Tejat, auch Tejat Prior genannt; Dirah, auch Nuhaiti genannt

Hauptstern

Name des Sterns: Tejat, auch Tejat Prior genannt

Gradposition: 2°27' – 3°26' Krebs zwischen den Jahren 1930 und 2000

Magnitude: 3

Stärke: ******

Orbit: 1°40'

Konstellation: Eta Geminorum

Tage: 23., 24., 25., 26. Juni

Sternqualitäten: Merkur/Venus

Beschreibung: orangeroter, veränderlicher Doppelstern am linken Fuß des nördlichen Zwilling.

Einfluß des Hauptsterns

Tejat steht für Vertrauen, Stolz, Würde und ein kultiviertes Wesen. Unter seinem Einfluß sind Sie reich an Gefühlen, haben Sinn für Ästhetik und verfügen über künstlerische wie literarische Fähigkeiten. Tejat sorgt dafür, daß Sie heiter und humorvoll sind. Wenn Sie unter seinem Einfluß stehen, wissen Sie, daß zwei Köpfe besser sind als einer, so daß Sie über viel Teamgeist verfügen, assoziativ denken und diplomatisches Geschick und Überzeugungskraft entwickeln können. Nutzen Sie dieses Talent nicht in negativem Sinn, indem Sie hintertrieben, arrogant oder unbeständig sind. Hüten Sie sich vor Problemen mit dem Gesetz. Im Zusammenhang mit dem Stand Ihrer Sonne sorgt Tejat dafür, daß Sie schöne Dinge lieben, künstlerisches und litera-

---

Typisch für diesen Tag sind starke Instinkte, scharfer Verstand und Abwechslungsbedürfnis. Als Krebs sind Sie sensibel, phantasiebegabt und fürsorglich; Ihr wacher Verstand und Ihre ausgeprägte Intuition wecken in Ihnen jedoch Abenteuerlust. Neugierig und geistig rege, sind Sie ein interessanter Gesellschafter, vor allem wenn Sie Ihren unnachahmlichen Sinn für Humor einsetzen, um andere zu unterhalten. Andererseits können Sie angesichts von Dummheit ziemlich schnell ungeduldig werden. Der doppelte Einfluß des Mondes sorgt dafür, daß Sie sehr intuitiv und sensibel sind. Stets auf der Suche nach neuen Erfahrungen und Dingen, interessieren Sie sich sehr für fremde Menschen und Orte. Derselbe Einfluß bringt aber auch Rastlosigkeit und einen Mangel an Selbstdisziplin mit sich.

Um erfolgreich zu sein, benötigen Sie eine Aufgabe, die Sie wirklich fasziniert, Ihr Interesse wachhält und Sie motiviert, zum Experten zu werden. Wenn Sie Ihren Geist nicht fordern, riskieren Sie, Ihre Kraft zu vergeuden oder unter Unzufriedenheit zu leiden. Gelingt es Ihnen aber, Geduld und Verantwortungsbewußtsein zu entwickeln, werden Sie bald feststellen, daß Sie dank Ihrer Intuition auch Tiefgründigkeit und gutes logisches Denkvermögen haben sowie die Fähigkeit zu wissenschaftlicher Arbeit.

Mehr Sensibilität gewinnen Sie, wenn im Alter von 27 Ihre Sonne in das Zeichen des Löwen eintritt. In der folgenden Phase werden Sie in allen Lebensbereichen stärker und selbstbewußter. Wenn Sie 57 sind und Ihre Sonne in das Zeichen der Jungfrau tritt, entwickeln Sie mehr Geduld, Präzision und Pragmatismus.

Ihr geheimes Selbst

Dank Ihrer praktischen Art und Ihrer Begeisterungsfähigkeit können Sie auch andere mit Ihren Ideen motivieren. Unzufriedenheit und die Tatsache, daß Sie sich schnell langweilen, bedeuten, daß Sie viel Abwechslung im Leben brauchen, gern neue Menschen kennenlernen und die unterschiedlichsten Freundschaften und Beziehungen pflegen. Obwohl Sie sich meist freundlich zeigen, neigen Sie hinsichtlich Ihrer Gefühle und Beziehungen manchmal zu Geheimnistuerei.

Sie leben nach einer ganz individuellen Philosophie, die Ihnen immer wieder über schwierige Zeiten hinweghilft. Ihr gesunder Menschenverstand und Ihre Direktheit helfen Ihnen, Sachverhalte zu vereinfachen und Probleme intuitiv zu lösen, weil Sie das Offensichtliche wahrnehmen, das andere nicht sehen. Wenn Sie optimistisch sind, denken Sie in großem Maßstab und zeigen Risikobereitschaft. Die vorsichtige Seite Ihres Wesens gewährleistet aber, daß es stets bei kalkulierbaren Risiken bleibt.

Beruf & Karriere

Mit Ihrem scharfen Verstand und Ihrem Bedürfnis nach geistiger Anregung brauchen Sie viel Abwechslung im Leben und können Situationen blitzschnell erfassen und einschätzen. Ihr Wunsch, Ihre Individualität, Sensibilität und Phantasie zum Ausdruck zu bringen, läßt sich in Journalismus, Architektur, Kunst oder Musik verwirklichen. Mit Ihrer ausgeprägten Intuition und Ihrem Forschungsdrang sind Sie auch in Bereichen wie Religion oder Mystizismus am richtigen Platz. Welchen Beruf Sie auch wählen, er darf nicht langweilig sein; daher sind auch Tätigkeiten in Reise- und Tourismusbranche, Gastronomie oder Dienstleistung eine gute Wahl.

Berühmte Persönlichkeiten dieses Tages sind der spanische Architekt Antonio Gaudí, die Popmusiker George Michael und Carly Simon und der Maler Peter Blake.

Numerologie

Im allgemeinen sind Sie mit der 25 als Geburtstagszahl aufgeweckt und mit ausgeprägten Instinkten gesegnet, haben ein gutes Urteilsvermögen und ein Auge fürs Detail. Allerdings werden Sie leicht ungeduldig, wenn sich Dinge nicht Ihren Vorstellungen gemäß entwickeln. Sensibilität und musisches Talent gehören zu Ihren verborgenen Qualitäten, ebenso starke mentale Energien. Wenn Sie sie kanalisieren, helfen sie Ihnen, Sachlagen rasch zu überblicken und schneller als andere zu einer Schlußfolgerung zu gelangen. Der Untereinfluß der Monatszahl 6 führt dazu, daß Sie verantwortungsbewußt und unternehmungslustig sind und praktische Fähigkeiten sowie ein gutes Urteilsvermögen haben. Sie wollen sich ständig weiterentwickeln, und Selbstanalyse ist ein Geheimnis Ihres Erfolgs. Vielleicht müssen Sie lernen, Ihre Gefühle und Gedanken offener und klarer auszudrücken und weniger schüchtern und unsicher zu sein.

Positiv: ausgeprägte Intuition, Perfektionismus, Aufgeschlossenheit, Kreativität, gute Menschenkenntnis.

Negativ: impulsiv, ungeduldig, mangelndes Verantwortungsbewußtsein, überempfindlich, eifersüchtig, Geheimnistuerei, Nervosität.

Liebe & Zwischenmenschliches

Da Sie gesellig und charmant sind, haben Sie im allgemeinen viele Freunde. Obwohl Sie tiefe Gefühle empfinden, erscheinen Sie oft kühl, weil Sie sie nicht richtig ausdrücken können. Gewöhnlich sind Sie sehr idealistisch, ziehen allerdings gelegentlich platonische Freundschaften einer festen Liebesbeziehung vor. Es kann auch vorkommen, daß Sie sich mit mehr als einer Person einlassen oder sich nicht zwischen zwei Partnern entscheiden können. Wenn Sie aber den Richtigen finden, sind Sie ein treuer und hilfsbereiter Partner.

---

risches Talent sowie ungewöhnliche Interessen haben. Tejat verleiht eine unbeschwerte Art; allerdings müssen Sie sich nicht nur vor Antriebslosigkeit und Unbeständigkeit, sondern auch vor Labilität und Veränderung in acht nehmen.

- Positiv: liebevolle Gedanken, Sinn für Kunst, Talent zum Schreiben, beziehungsstark.
- Negativ: Verschwendung, Unbekümmertheit, Eitelkeit, Einbildung.

Ihr Partner

Den richtigen Partner finden Sie am ehesten unter den Menschen, die an folgenden Tagen geboren sind:

Liebe & Freundschaft: 13., 19., 23. Jan., 11., 17., 21. Feb., 9., 15., 19., 28., 29., 30. März, 7., 13., 17., 26., 27. April, 5., 11., 15., 24., 25., 26. Mai, 3., 9., 13., 22., 23., 24. Juni, 1., 7., 11., 20., 21., 22. Juli, 5., 9., 18., 19., 20. Aug., 3., 7., 16., 17., 18. Sept., 1., 5., 14., 15., 16., 29., 31. Okt., 3., 12., 13., 14., 27., 29. Nov., 1., 10., 11., 12., 25., 27., 29. Dez.

Günstig: 7., 15., 20., 31. Jan., 5., 13., 18., 29. Feb., 3., 11., 16., 27. März, 1., 9., 14., 25. April, 7., 12., 23. Mai, 5., 10., 21. Juni, 3., 8., 19. Juli, 1., 6., 17., 30. Aug., 4., 15., 28. Sept., 2., 13., 26. Okt., 11., 24. Nov., 9., 22. Dez.

Schicksalhaft: 23., 24., 25., 26. Dez.

Problematisch: 6., 14., 30. Jan., 4., 12., 28. Feb., 2., 10., 26. März, 8., 24. April, 6., 22. Mai, 4., 20. Juni, 2., 18. Juli, 16. Aug., 14. Sept., 12. Okt., 10. Nov., 8. Dez.

Seelenverwandt: 30. April, 28. Mai, 26. Juni, 24. Juli, 22. Aug., 20. Sept., 18., 30. Okt., 16., 28. Nov., 14., 26. Dez.

26. Juni

SONNE: KREBS
DEKADE: KREBS/MOND
GRAD: 3°30' – 5° KREBS
ART: KARDINALZEICHEN
ELEMENT: WASSER

Fixsterne

Tejat, auch Tejat Prior genannt; Dirah, auch Nuhaiti genannt

Hauptstern

Name des Sterns: Tejat, auch Tejat Prior genannt

Gradposition: 2°27' – 3°26' Krebs zwischen den Jahren 1930 und 2000

Magnitude: 3

Stärke: ******

Orbit: 1°40'

Konstellation: Eta Geminorum

Tage: 23., 24., 25., 26. Juni

Sternqualitäten: Merkur/Venus

Beschreibung: orangeroter, veränderlicher Doppelstern am linken Fuß des nördlichen Zwilling.

Einfluß des Hauptsterns

Tejat steht für Vertrauen, Stolz, Würde und ein kultiviertes Wesen. Unter seinem Einfluß sind Sie reich an Gefühlen, haben Sinn für Ästhetik und verfügen über künstlerische wie literarische Fähigkeiten. Tejat sorgt dafür, daß Sie heiter und humorvoll sind. Wenn Sie unter seinem Einfluß stehen, wissen Sie, daß zwei Köpfe besser sind als einer, so daß Sie über viel Teamgeist verfügen, assoziativ denken und diplomatisches Geschick und Überzeugungskraft entwickeln können. Nutzen Sie dieses Talent nicht in negativem Sinn, indem Sie hintertrieben, arrogant oder unbeständig sind. Hüten Sie sich vor Problemen mit dem Gesetz. Im Zusammenhang mit dem Stand Ihrer Sonne sorgt Tejat dafür, daß Sie schöne Dinge lieben, künstlerisches und litera-

Ihre Intuition und Ihr Pragmatismus zeigen, daß Sie bei aller Sensibilität und Fürsorglichkeit viel mehr vom Leben erwarten. Sicherheit ist Ihnen sehr wichtig, was auf den doppelten Einfluß Ihres Planeten, des Mondes, zurückzuführen ist. Als positiver Denker mit ausgeprägten Organisationsfähigkeiten möchten Sie Ihr Wissen auf konstruktive Weise nutzen.

Als Krebs sind Sie familienorientiert und kümmern sich rührend und verantwortungsbewußt um Ihre Kinder und Familienmitglieder. Mit Ihrem Verständnis und gesunden Menschenverstand stehen Sie anderen oft mit Rat und Tat zur Seite. Sie schätzen Wissen, deshalb ist eine gute Ausbildung für Sie und Ihre Karriere unerläßlich. Sollten Sie nicht den konventionellen Bildungsweg beschreiten, wenden Sie sich vielleicht später im Leben einer anderen Form der Bildung zu.

Durch Ihr Bedürfnis, Ihre Ideen und Ihre Lebensphilosophie kundzutun, lassen Sie sich gern immer wieder in Diskussionen und Debatten über Ihre Lieblingsthemen verwickeln. Sie haben ein gutes Gefühl für geschäftliche Transaktionen und verstehen es, Kontakte und Diplomatie nutzbringend einzusetzen. Intellektuelle Beschäftigung macht Sie glücklich, deshalb reisen Sie gern, um fremde Kulturen kennenzulernen, und verschwenden selten Ihre Energien an triviale Vergnügungen.

Bis Mitte 20 befassen Sie sich ausgiebig mit Angelegenheiten, die Gefühle, Familie und Sicherheit betreffen. Wenn Sie 26 sind, tritt Ihre Sonne in das Zeichen des Löwen ein, und Sie gewinnen mehr Mut, Ihre Talente und Fähigkeiten einzusetzen. Wenn Sie 56 sind, wechselt Ihre Sonne in die Jungfrau, und praktische Überlegungen erhalten mehr Priorität. Außerdem werden Sie meist tüchtiger, kompetenter und entwickeln Ihre Organisationsfähigkeiten.

Ihr geheimes Selbst

Nach außen hin wirken Sie selbstbewußt und fähig, innerlich aber sind Sie sensibel und sicherheitsbewußt. Aufgrund Ihrer Rastlosigkeit sind Sie ständig auf Achse. Erfüllung werden Sie aber erst finden, wenn Sie gelernt haben, zum Nachdenken innezuhalten. Wenn es Ihnen gelingt, Ihre aktive Seite mit dieser Ruhe zu bändigen, ist es beeindruckend, Ihnen zuzusehen, wenn Sie in Aktion sind.

Sie sind äußerst idealistisch und harmoniebedürftig und lieben Musik, Kunst oder eine andere Form der Kreativität. Ihr Wunsch nach Frieden äußert sich entweder darin, daß Sie für eine Sache kämpfen, die Ihnen am Herzen liegt, oder aber daß Sie Ihr Heim zum sicheren Hafen machen, der Sie vor der rauhen Welt schützt. Gleichwohl versuchen Sie ständig, Ihren Horizont zu erweitern, und denken deshalb oft an Reisen und Abenteuer.

Beruf & Karriere

Mit Ihrer kraftvollen Phantasie und Ihrem regen Verstand stecken Sie voller Ideen, die sich auch zu Geld machen lassen. Ihre Vorliebe für kulinarische Genüsse können Sie am besten in einem gastronomischen Beruf ausleben. Da Sie ein guter Planer und Organisator sind, eignen Sie sich auch gut für Verkauf, Handel, Promotion, Werbung, Sport oder Politik. Möglicherweise absolvieren Sie auch ein Studium der Philosophie, Psychologie oder Theologie. Lehrtätigkeit und Geschäftsleben kommt Ihrem scharfen Verstand entgegen. Sie brauchen dabei aber viel Handlungsspielraum, vielleicht sollten Sie sich sogar selbständig machen. Dank Ihrer guten planerischen Fähigkeiten sind Sie ein Gewinn für jedes Projekt.

Berühmte Persönlichkeiten dieses Tages sind die Schriftsteller Pearl S. Buck und Colin Wilson und die Schauspieler Peter Lorre und Chris O'Donnell.

Numerologie

Die Stärke, die von der Geburtstagszahl 26 ausgeht, deutet darauf hin, daß Sie eine vorsichtige Persönlichkeit mit einem festen Wertesystem und gutem Urteilsvermögen sind. Sie haben eine pragmatische Lebensanschauung, Führungsqualitäten und einen guten Geschäftssinn. Mit der 26 gekoppelt sind Verantwortungsbewußtsein und Sinn für Ästhetik. Durch Sturheit und mangelndes Selbstvertrauen geben Sie oft zu leicht auf. Der Untereinfluß der Monatszahl 6 führt dazu, daß Sie zu Betulichkeit neigen und Dinge leicht dramatisieren, obwohl Sie gewöhnlich fürsorglich und pflichtbewußt sind. Ein Quell der Kraft für Ihre Freunde und Verwandten, wendet man sich in Notzeiten oft an Sie und kann stets mit Ihrer Hilfe rechnen. Da Sie beliebt sein wollen, setzen Sie alles daran, andere glücklich zu machen. Passen Sie auf, daß Sie sich nicht verzetteln und am Ende niemandem mehr gefallen.

Positiv: kreativ, praktisch, fürsorglich, verantwortungsbewußt, stolz auf die Familie, begeisterungsfähig, mutig.

Negativ: Sturheit, Rebellion, unsicher, mangelnde Begeisterungsfähigkeit, keine Ausdauer, Labilität.

Liebe & Zwischenmenschliches

Da Sie liebenswürdig und gesellig sind, haben Sie meist viele Freunde und halten engen Kontakt zu Familienangehörigen. Auch wenn Sie in einer bestimmten Phase Ihres Lebens zu ungewöhnlichen Beziehungen neigen, bewirkt Ihr gutes Urteilsvermögen, daß Sie sich selten wirklich bedingungslos verlieben. Wenn Sie jemanden finden, der Sie geistig genügend anregt, sind Sie loyal und beschützend. Sie sind gern ehrlich zu Ihren Partnern und gewähren stets praktische Hilfe und Unterstützung.

---

risches Talent sowie ungewöhnliche Interessen haben. Tejat verleiht eine unbeschwerte Art; allerdings müssen Sie sich nicht nur vor Antriebslosigkeit und Unbeständigkeit, sondern auch vor Labilität und Veränderung in acht nehmen.

- Positiv: liebevolle Gedanken, Sinn für Kunst, Talent zum Schreiben, beziehungsstark.
- Negativ: Verschwendung, Leichtsinn, Eitelkeit, Einbildung.

Ihr Partner

Den richtigen Partner finden Sie am ehesten unter den Menschen, die an folgenden Tagen geboren sind:

Liebe & Freundschaft: 3., 4., 14., 20., 24. Jan., 2., 12., 18., 22. Feb., 10., 16., 20., 29., 30. März, 8., 14., 18., 27., 28. April, 6., 12., 16., 25., 26., 31. Mai, 4., 10., 23., 24., 29. Juni, 2., 8., 12., 21., 22., 27. Juli, 6., 10., 19., 20., 25. Aug., 4., 8., 17., 18., 23. Sept., 2., 6., 15., 16., 21., 30. Okt., 4., 13., 14., 19., 28., 30. Nov., 2., 11., 12., 17., 26., 28., 30. Dez.

Günstig: 4., 8., 21. Jan., 2., 6., 19. Feb., 4., 17., 28. März, 2., 15., 16. April, 13., 24. Mai, 11., 22. Juni, 9., 20. Juli, 7., 18., 31. Aug., 5., 16., 29. Sept., 3., 14., 27. Okt., 1., 12., 25. Nov., 10., 23. Dez.

Schicksalhaft: 3. Jan., 1. Feb., 31. Mai, 29. Juni, 27. Juli, 25. Aug., 23. Sept., 21. Okt., 19. Nov., 17., 25., 26., 27., 28. Dez.

Problematisch: 7., 10., 15., 31. Jan., 5., 8., 13., 29. Feb., 3., 6., 11., 27. März, 1., 4., 9., 25. April, 2., 7., 23. Mai, 5., 21. Juni, 3., 19. Juli, 1., 17. Aug., 15. Sept., 13. Okt., 11. Nov., 9. Dez.

Seelenverwandt: 31. März, 29. April, 27. Mai, 25. Juni, 23. Juli, 21. Aug., 19. Sept., 17., 29. Okt., 15., 27. Nov., 13., 25. Dez.

27. Juni

SONNE: KREBS
DEKADE: KREBS/MOND
GRAD: 4°30' – 6° KREBS
ART: KARDINALZEICHEN
ELEMENT: WASSER

Fixstern

Name des Sterns: Dirah, auch Nuhaiti genannt
Gradposition: 4°19' – 5°17' Krebs zwischen den Jahren 1930 und 2000
Magnitude: 3
Stärke: ******
Orbit: 1°40'
Konstellation: My Geminorum
Tage: 25., 26., 27., 28. Juni
Sternqualitäten: Merkur/Venus
Beschreibung: gelb-blauer Doppelstern am linken Fuß des nördlichen Zwilling.

Einfluß des Hauptsterns

Dirah steht für gesunden Menschenverstand und kreative Ideen, außerdem für Wortgewandtheit und ein geistreiches, geselliges und freundliches Wesen. Unter seinem Einfluß können Sie gut mit anderen kommunizieren, genießen Diskussionen und Gruppenaktivitäten. Dirah sorgt dafür, daß Sie musik- und ordnungsliebend sind und ein Gefühl dafür haben, wie man eine angenehme und kultivierte Atmosphäre schafft. Dirah verleiht auch ein Talent zum Schreiben, das Ihnen zu Reichtum und Anerkennung verhelfen kann.

Im Zusammenhang mit dem Stand Ihrer Sonne steht Dirah für die Gabe, einen guten Eindruck zu hinterlassen, sowie für große Beliebtheit. Eine akademische Laufbahn, öffentlichkeitsorientierte Tätigkeiten, aber auch Pädagogik, Literatur und Verlagswesen oder Politik sind für Sie erfolgversprechend. Oft sind Sie sportlich oder haben Freude an Astrologie und Esoterik.

- Positiv: Kreativität, Witz, kommunikative Fähigkeiten, Liebe zu Kunst und Ästhetik.
- Negativ: Eitelkeit, Einbildung, Verschwendung, Unreife.

Als Krebs sind Sie phantasievoll und sensibel und haben starke intuitive Kräfte. Häufig sind Sie klug, freundlich und vielseitig und haben kreatives Talent; allerdings besteht die Gefahr, daß Sie großen Gefühlsschwankungen unterworfen sind und dadurch Ihr großes Potential nicht zur Entfaltung bringen können.

Als fürsorglicher und verständnisvoller Mensch empfinden Sie viel Mitgefühl für diejenigen, die Sie lieben.

Durch den Untereinfluß Ihres Dekadenzeichens, des Krebses, sind Ihre medialen Fähigkeiten zusätzlich verstärkt. Lassen Sie sich nicht von Ängsten und Streß erdrücken, das macht Sie unentschlossen.

Wenn Sie sich unsicher fühlen, wirken Sie auf andere übermäßig launisch, redselig oder zerstreut. Sie können aber auch sehr optimistisch und unterhaltsam sein, mit einem wunderbaren Sinn für Humor.

Von Natur aus vielseitig und gesellig, haben Sie einen hochentwickelten Intellekt, der Sie die unterschiedlichsten Dinge ausprobieren läßt; leider ist er auch die Ursache für Ihre Verworrenheit, da Sie immer versuchen, zuviel auf einmal zu tun. Sie stecken voller kreativer Talente und guter Ideen, sollten aber lernen, sich auf ein Ziel und eine Aufgabe zu konzentrieren. Wenn Sie aber realistisch und entschlossen sind, rückt Ihr Erfolg in greifbare Nähe.

Schreiben, Schauspiel, Design oder Dekoration sind günstige Gebiete für Sie, um sich emotional und geistig auszudrücken. Sie sind gesellig, freundlich und lebenslustig und wollen Spaß am Leben haben.

Sie wirken zwar selbstsicher, doch echtes Selbstvertrauen gewinnen Sie erst wirklich um die 25, wenn Ihre Sonne in das Zeichen des Löwen wechselt. Dadurch wächst Ihre Stärke und Kreativität, und Sie können mehr soziale Fähigkeiten entwickeln. Wenn Sie 55 sind, tritt Ihre Sonne in das Zeichen der Jungfrau ein; nun werden Sie praktischer und analytischer und entwickeln ein besseres Urteilsvermögen.

Ihr geheimes Selbst

Reisen und Veränderungen spielen eine große Rolle in Ihrem Leben, da Sie ständig neue und anregende Herausforderungen brauchen. Zögern Sie nicht, Risiken einzugehen, wenn sich ein vielversprechendes Projekt ankündigt; es könnte sich als exzellente Chance für Sie erweisen. Manchmal sind Sie extrem erfolgreich, müssen aber immer wieder mit wechselnden finanziellen Umständen rechnen. Sie sind großzügig, neigen aber auch zu Verschwendung und Maßlosigkeit.

Von Natur aus voller Stolz und Würde, brauchen Sie einen festen Glauben an sich, um Selbstvertrauen aufzubauen und aufkeimende Ängste zu bekämpfen. Als guter Psychologe mit Menschenkenntnis können Sie die Stärken und Schwächen anderer schnell einschätzen. Da Sie charmant und schlagfertig sind, können Sie andere mit Ihrem Idealismus und Ihrer Phantasie verzaubern.

Beruf & Karriere

Ihr Geburtstag deutet darauf hin, daß Sie häuslich und familienorientiert sind. Welchen Beruf Sie auch ergreifen, Sie üben ihn mit Kreativität aus. Ihre guten sozialen Fähigkeiten kommen Ihnen in Bereichen wie Pädagogik, Beratung, Verkauf oder Geschäftstätigkeit zugute. Auf jeden Fall sollten Sie monotone Tätigkeiten vermeiden. In der Welt der Wirtschaft gehen Sie positiv an Dinge heran; erfolgversprechend sind hier vor allem Tätigkeiten in Agenturen oder in der Immobilienbranche. Ihre kreativen Talente können Sie durch Musik, Theater oder Schreiben zum Ausdruck bringen; Ihre dramatische Ader kann Sie aber auch in die Politik führen.

Berühmte Persönlichkeiten dieses Tages sind die Blindenpädagogin Helen Keller, die Schauspielerin Isabelle Adjani, der Kulturphilosoph Eduard Spranger und der Popmusiker Bruce Johnston.

Numerologie

Mit der Geburtstagszahl 27 sind Sie intuitiv, aber auch analytisch; die Zahl bedeutet, daß Sie Ihre Gedankenwelt vertiefen können, wenn Sie Geduld und Selbstbeherrschung üben. Da Sie entschlossen und ein guter Beobachter sind, legen Sie oft viel Wert aufs Detail. Wenn Sie gelegentlich geheimnistuerisch, rational oder unbeteiligt wirken, verdecken Sie damit innere Anspannung. Wenn Sie Ihre kommunikativen Fähigkeiten besser entwickeln, fällt es Ihnen auch nicht mehr so schwer, Ihre Gefühle auszudrücken. Der Untereinfluß der Monatszahl 6 führt dazu, daß Sie ständig auf der Suche nach Harmonie und Ausgeglichenheit sind. Wenn Ihre ausgeprägten Instinkte und Gefühle hin und wieder mit Ihren Gedanken und Ansichten kollidieren, neigen Sie zu Überbesorgnis. Obwohl Sie liebevoll und rücksichtsvoll sind, erscheinen Sie manchmal überempfindlich oder unnahbar. Wenn Sie versuchen, die Dinge unbeteiligter zu sehen, können Sie besser auf andere hören und deren Kritik oder Ideen als Anregungen annehmen.

Positiv: vielseitig, Phantasie, kreativ, resolut, Mut, Kompetenz, Spiritualität, Erfindungsreichtum, geistige Stärke.

Negativ: unangenehm, streitlustig, leicht beleidigt, mißtrauisch, leicht reizbar, angespannt.

Liebe & Zwischenmenschliches

Mit Ihrer Herzlichkeit und Fürsorglichkeit sind Sie charmant und freundlich, ein guter Partner und liebevoller Elternteil. Familie und Heim sind Ihnen sehr wichtig. Zu großen Opfern für Menschen, die Sie lieben, bereit, bedeutet das auch, daß Sie ausgeprägte Beschützerinstinkte haben. Ihre großzügige Natur, Ihre kreativen Talente und Ihre Vielseitigkeit müssen in irgendeiner Form zum Ausdruck kommen; wenn das nicht der Fall ist, besteht die Gefahr, daß Sie sich frustriert oder enttäuscht fühlen. Es fällt Ihnen nicht schwer, Freunde zu finden. Manchmal leiden Sie jedoch unter Stimmungsschwankungen, die das Verhältnis zu Ihren Mitmenschen belasten können.

Ihr Partner

Ihren Traumpartner werden Sie mit großer Wahrscheinlichkeit unter den an den folgenden Tagen geborenen Menschen finden:

Liebe & Freundschaft: 21., 25. Jan., 19., 23. Feb., 17., 21., 30. März, 15., 19., 28., 29. April, 13., 17., 26., 27. Mai, 11., 15., 24., 25., 30. Juni, 9., 13., 22., 23., 28. Juli, 7., 11., 20., 21., 26., 30. Aug., 5., 9., 18., 19., 24., 28. Sept., 3., 7., 16., 17., 22., 26., 29. Okt., 1., 5., 14., 15., 20., 24., 27. Nov., 3., 12., 13., 18., 22., 25., 27., 29. Dez.

Günstig: 5., 13., 16., 22., 28. Jan., 3., 11., 14., 20., 26. Feb., 1., 9., 12., 18., 24., 29. März, 7., 10., 16., 22., 27. April, 5., 8., 14., 20., 25. Mai, 3., 6., 12., 18., 23. Juni, 1., 4., 10., 16., 21. Juli, 2., 8., 14., 19. Aug., 6., 12., 17. Sept., 4., 10., 15. Okt., 2., 8., 13. Nov., 6., 11. Dez.

Schicksalhaft: 30. Juni, 28. Juli, 26. Aug., 24. Sept., 22. Okt., 20. Nov., 18., 26., 27., 28., 29. Dez.

Problematisch: 2., 23., 30. Jan., 21., 28. Feb., 19., 26., 28. März, 17., 24., 26. April, 15., 22., 24. Mai, 13., 20., 22. Juni, 11., 18., 20. Juli, 16., 18., 19. Aug., 7., 14., 16. Sept., 5., 12., 14. Okt., 3., 10., 12. Nov., 1., 8., 10. Dez.

Seelenverwandt: 14., 22. Jan., 12., 20. Feb., 10., 18. März, 8., 16. April, 6., 14. Mai, 4., 12. Juni, 2., 10. Juli, 8. Aug., 6. Sept., 4. Okt., 2. Nov.

SONNE: KREBS
DEKADE: KREBS/MOND
GRAD: 5°30' – 6°30' KREBS
ART: KARDINALZEICHEN
ELEMENT: WASSER

28. Juni

Fixsterne

Alhena oder Al-Hena, auch «Heller Fuß des Zwillings» genannt; Dirah, auch Nuhaiti genannt

Hauptstern

Name des Sterns: Alhena oder Al-Hena, auch «Heller Fuß des Zwillings» genannt
Gradposition: 8°7' – 9°7' Krebs zwischen den Jahren 1930 und 2000
Magnitude: 2
Stärke: ********
Orbit: 2°10'
Konstellation: Gamma Geminorum
Tage: 28., 29., 30. Juni, 1., 2. Juli
Sternqualitäten: Merkur/Venus oder Mond/Venus mit Jupiter
Beschreibung: leuchtendweißer Stern im linken Fuß des südlichen Zwilling.

Einfluß des Hauptsterns

Alhena verleiht eine kultivierte, liebenswerte und freundliche Art und sorgt oft für Prominenz in der Kunstszene. Häufig interessieren Sie sich für Spiritualität, Kunst und Wissenschaft. Unter Alhenas Einfluß sind Sie auf Ihre Leistungen stolz, ob sie nun groß oder klein sind. Auch lieben Sie Bequemlichkeit und Luxus.
Im Zusammenhang mit dem Stand Ihrer Sonne verleiht Ihnen Alhena künstlerisches Talent und Interesse an Wissenschaft, Astrologie oder Metaphysik. Wer unter dem Einfluß dieses Sterns steht, hat im allgemeinen Charisma und Erfolg in der Öffentlichkeit. Ihr Wunsch nach Vergnügen und Luxus treibt Sie immer wieder an. Mit Alhena assoziiert man die

Sie sind ein scharfsinniger und hochintuitiver, ebenso idealistischer wie pragmatischer Mensch mit gutem Verstand und einem natürlichen Sinn für Humor. Ihre logischen Beweisführungen und Ihre schnelle Auffassungsgabe zeigen, daß Sie Gefühl für Sprache und Kommunikation haben. Als Krebs sind Sie liebevoll, aber auch beeinflußbar und brauchen die Sicherheit starker Familienbindungen. Ihre stolze, selbstbewußte und bestimmte Fassade verbirgt einen sensiblen Kern, und obwohl Sie starke mütterliche oder väterliche Instinkte haben, sorgt der zusätzliche Einfluß des Mondes unter Umständen für Stimmungsschwankungen. Ständige Beschäftigung erweist sich als Gegenmittel für Ihre niedere Langweiligkeitsschwelle. Mit Ihren festen Überzeugungen, Ihrem guten Einschätzungsvermögen und Ihrem Unternehmergeist steht Ihrem Erfolg aber nichts im Weg.

Da Sie gesellig sind, genießen Sie das Zusammentreffen mit den unterschiedlichsten Menschen und legen Wert auf persönlichen Kontakt. Achten Sie aber darauf, daß Sie sich nicht provozierend verhalten oder andere manipulieren, da Sie dadurch die Resultate gemeinschaftlicher Anstrengungen zunichte machen könnten. Wenn Sie lernen, die Balance zwischen Ihrem Bedürfnis nach Unabhängigkeit und dem Wunsch nach Kooperation zu finden, kann Ihnen das große Befriedigung und besseres allgemeines Wohlbefinden bringen.

Der starke Einfluß des Mondes in der ersten Krebsdekade wirkt sich doppelt auf Ihre Kindheit und Jugend aus. Obwohl Sie als Kind schüchtern und sensibel sind, wollen Sie doch stets im Mittelpunkt stehen.

Wenn Sie 24 sind, tritt Ihre Sonne in das Zeichen des Löwen ein, und Sie entwickeln mehr Selbstbewußtsein, Kreativität und Stärke. Wenn Sie 54 sind, wechselt Ihre Sonne in die Jungfrau. Nun werden Sie nachdenklicher und analytischer und treten weniger dominant auf. Das führt zu größerem Bedürfnis nach geordneten Verhältnissen.

Ihr geheimes Selbst

Mit Ihrer Entschlossenheit und der Fähigkeit, neue Projekte zu initiieren, sind Sie eine Persönlichkeit voller Dynamik und Stolz. Im allgemeinen sind Sie direkt und nennen die Dinge beim Namen; vielleicht sollten Sie lernen, wann es besser wäre, zu schweigen. In jedem Fall aber sind Sie ein guter Berater und eine Autoritätsperson, die von anderen bewundert und respektiert wird.

Einerseits streben Sie nach einem tieferen Verständnis der Dinge, was Sie ernst, sicherheitsbewußt und nachdenklich macht. Andererseits können Sie mit Ihrem satirischen Witz, Ihrer Spontaneität und Ihrer Lebhaftigkeit zum Mittelpunkt jeder Party werden. Mit Ihrem Wissensdurst und Ihrem scharfen Verstand genießen Sie gute Diskussionen; hüten Sie sich aber davor, streitlustig oder sarkastisch zu werden. Sie können innerlich sehr tief fallen, um wie ein Phönix aus der Asche wieder aufzuerstehen und Hindernisse um so besser zu überwinden. Ihre Hartnäckigkeit ist gepaart mit einem starken Bedürfnis nach Selbstfindung, das zu dem Wunsch nach totaler Transformation führen kann.

Beruf & Karriere

Als geborener Psychologe fühlen Sie sich zu Beschäftigungen hingezogen, die mit persönlichen Kontakten zu tun haben, wie Beratung, Personalwesen, Promotion oder Öffentlichkeitsarbeit. Mit Ihrem brillanten Verstand eignen Sie sich auch für Pädagogik und Lehrtätigkeit, Journalismus, Gesundheitswesen und Kommunikation. Ihr Bedürfnis nach Selbstverwirklichung und ein Sinn für Dramatik locken Sie vielleicht in die Welt des Entertainments und der Kunst. Den Wunsch, sich im Haus kreativ zu betätigen, können Sie sich als Innenarchitekt oder Gourmetkoch erfüllen. Mit Ihren Führungsqualitäten und Organisations- und Planungsfähigkeiten steht Ihnen auch die Welt des Handels offen, wo Sie sich gern den Herausforderungen großer Projekte stellen.

Berühmte Persönlichkeiten dieses Tages sind der Regisseur und Schauspieler Mel Brooks, der Philosoph Jean-Jacques Rousseau, der Maler Peter Paul Rubens und der Physiker Carl Friedrich von Weizsäcker.

sogenannte Achillesferse, weshalb Sie sich vor Fußverletzungen in acht nehmen sollten.
- Positiv: taktvoll, lebenslustig, gesellig, Eleganz, Starqualitäten.
- Negativ: faul, unmäßig, verschwenderisch, eingebildet, stolz.

Numerologie

Mit der Geburtstagszahl 28 sind Sie unabhängig, idealistisch und unkonventionell, aber auch pragmatisch und entschlossen und folgen Ihren eigenen Gesetzen. Ein innerer Konflikt zwischen Ihrem Bedürfnis nach Unabhängigkeit und dem Wunsch, Teil einer Gruppe zu sein, ist vorprogrammiert. Sie sind ehrgeizig, direkt und unternehmungslustig. Zu Ihren zahlreichen Eigenschaften gehören Erfindungsreichtum, gutes Urteilsvermögen und die Fähigkeit, Informationen aufzunehmen und für Problemlösungen einzusetzen. Meist haben Sie gesunden Menschenverstand und können klar denken. Obwohl Sie erfolgsorientiert und ehrgeizig sind, bedeutet Ihnen Ihre Familie sehr viel. Der Untereinfluß der Monatszahl 6 führt dazu, daß Sie Charme und feste Überzeugungen haben. Sie sind zwar entschlossen und zielstrebig, haben aber auch eine skeptische und mißtrauische Ader. Wenn Sie Ihre Träume verwirklichen wollen, sollten Sie Ihre großzügige Seite und Ihr Gespür für das Vermischen von Beruf und Vergnügen zeigen. Ihr Erfindungsreichtum in Verbindung mit Ihren Führungsqualitäten verhilft Ihnen wahrscheinlich zu einer einflußreichen Position.

Positiv: mitfühlend, progressiv, mutig, künstlerisch, kreativ, idealistisch, ehrgeizig, fleißig, willensstark.

Negativ: Tagträumer, unmotiviert, mangelndes Mitgefühl, unrealistisch, herrisch, voreiliges Urteil, aggressiv, zu abhängig von anderen, hochmütig.

Liebe & Zwischenmenschliches

Da Sie freundlich, schlagfertig und charmant sind, fällt es Ihnen nicht schwer, Bewunderer um sich zu scharen. Weil Sie viel Spaß und Zuneigung brauchen, sind Sie im allgemeinen gesellig; Ihr Hang zur Überempfindlichkeit oder an der Vergangenheit festzuhalten kann es aber erschweren, neue Beziehungen einzugehen. Wenn Sie jemanden finden mit denselben intellektuellen Interessen, dann kann das die Basis für eine ideale Partnerschaft sein.

Ihr Partner

Größeren Anreiz, eine dauerhafte Beziehung einzugehen, finden Sie unter den Menschen, die an folgenden Tagen geboren sind:

Liebe & Freundschaft: 6., 16., 22., 26. Jan., 4., 14., 20., 24. Feb., 2., 12., 18., 22. März, 10., 16., 20., 30. April, 8., 14., 18., 28. Mai, 6., 12., 16., 26. Juni, 4., 10., 14., 24., 31. Juli, 2., 8., 12., 22., 29. Aug., 6., 10., 20., 27. Sept., 4., 8., 18., 25. Okt., 2., 6., 16., 23., 30. Nov., 4., 14., 21., 28., 30. Dez.

Günstig: 6., 17., 23., 31. Jan., 4., 15., 21., 29. Feb., 2., 13., 19., 27., 30. März, 11., 17., 25., 28. April, 9., 15., 23., 26. Mai, 7., 13., 21., 24. Juni, 5., 11., 19., 22. Juli, 3., 9., 17., 20. Aug., 1., 7., 15., 18., 30. Sept., 5., 13., 16., 28. Okt., 3., 11., 14., 26. Nov., 1., 9., 12., 24. Dez.

Schicksalhaft: 26., 27., 28. Dez.

Problematisch: 24. Jan., 22. Feb., 20., 29. März, 18., 27., 29. April, 6., 16., 25., 27., 30. Mai, 14., 22., 25., 28. Juni, 12., 21., 23., 26. Juli, 10., 19., 21., 24. Aug., 8., 17., 19., 22. Sept., 6., 15., 17., 20. Okt., 4., 13., 15., 18. Nov., 2., 11., 13., 16. Dez.

Seelenverwandt: 13. Jan., 11. Feb., 9. März, 7. April, 5. Mai, 3., 30. Juni, 1., 28. Juli, 26. Aug., 24. Sept., 22. Okt., 20. Nov., 18. Dez.

29. Juni

SONNE: KREBS
DEKADE: KREBS/MOND
GRAD: 6° – 7°30' KREBS
ART: KARDINALZEICHEN
ELEMENT: WASSER

Fixstern

Name des Sterns: Alhena oder Al-Hena, auch «Heller Fuß des Zwillings» genannt

Gradposition: 8°7' – 9°7' Krebs zwischen den Jahren 1930 und 2000

Magnitude: 2

Stärke: ********

Orbit: 2°10'

Konstellation: Gamma Geminorum

Tage: 28., 29., 30. Juni, 1., 2. Juli

Sternqualitäten: Merkur/Venus oder Mond/Venus mit Jupiter

Beschreibung: leuchtendweißer Stern im linken Fuß des südlichen Zwilling.

Einfluß des Hauptsterns

Alhena verleiht eine kultivierte, liebenswerte und freundliche Art und sorgt oft für Prominenz in der Kunstszene. Häufig interessieren Sie sich für Spiritualität, Kunst und Wissenschaft. Unter Alhenas Einfluß sind Sie auf Ihre Leistungen stolz, ob sie nun groß oder klein sind. Sie lieben Bequemlichkeit und Luxus. Im Zusammenhang mit dem Stand Ihrer Sonne verleiht Ihnen Alhena künstlerisches Talent und Interesse an der Wissenschaft, Astrologie und Metaphysik. Wer unter dem Einfluß dieses Sterns steht, hat im allgemeinen Charisma und Erfolg in der Öffentlichkeit. Ihr Wunsch nach Vergnügen und Luxus treibt Sie immer wieder an. Mit Alhena assoziiert man die sogenannte Achillesferse, weshalb Sie sich vor Fußverletzungen in acht nehmen sollten.

- Positiv: taktvoll, lebenslustig, gesellig, Eleganz, Starqualitäten.
- Negativ: faul, unmäßig, verschwenderisch, eingebildet, stolz.

Inspiration, Sensibilität und Wissensdurst machen Ihren persönlichen Charme aus. Als Krebs sind Sie idealistisch und sensibel, aber auch dynamisch. Von Ihrem wißbegierigen Geist angetrieben, sind Sie häufig kühn und experimentierfreudig. Da Sie schnell begreifen, erkennen Sie sofort, wenn eine Idee gut ist. Mit Ihrer progressiven und innovativen Einstellung interessieren Sie sich für soziale und pädagogische Reformen oder sind ständig auf der Suche nach neuen aufregenden Ideen.

Charmant und anziehend, haben Sie auch musisches Talent. Hinter Ihrer kultivierten Art verbirgt sich ein heiteres Wesen. Wenn Sie geistig unterfordert sind, neigen Sie dazu, Ihre Kraft für triviale Beschäftigungen zu vergeuden. Obwohl Sie idealistisch sind, lieben Sie die schönen Dinge des Lebens, was bedeutet, daß auch Geld eine wichtige Rolle für Sie spielt. Da Sie aber kompetent und stets gut informiert sind, finden Sie immer einen Weg, Ihr Einkommen zu sichern.

Mit Ihrem künstlerischen Talent und Ihrem Wissensdurst können Sie gut recherchieren und entwickeln kommunikative Fähigkeiten, was Sie auch zum Schreiben befähigt. Ihre diplomatische und angenehme Art macht Sie zu einem guten und anregenden Gesellschafter; wenn Sie aber launisch sind, verlieren Sie schnell das Interesse oder werden kühl.

Da Sie sensibel sind, neigen Sie in jungen Jahren zur Zurückhaltung. Wenn Sie aber 23 sind, tritt Ihre Sonne in das Zeichen des Löwen ein, und Sie entwickeln mehr Selbstbewußtsein, Kreativität und Stärke. Wenn Sie 53 sind, wechselt Ihre Sonne in die Jungfrau. Nun nutzen Sie Ihre Autorität zugunsten Ihrer Mitmenschen.

Ihr geheimes Selbst

Nach außen wirken Sie clever und unabhängig; tief im Inneren aber sind die Beziehungen zu den Menschen, die Sie lieben, lebenswichtig für Sie. Ihr Idealismus und Ihr Sehnen nach Liebe lassen Sie vielleicht unermüdlich nach Ihrem Traumpartner suchen, können aber auch durch Kunst, Musik oder mystische Erfahrungen zum Ausdruck kommen. Teil Ihrer Lebenslektion ist es, wie Sie emotional geben und gleichzeitig nehmen können, um so zu Ausgeglichenheit und Erfüllung zu gelangen. Sie sind dynamisch und dramatisch, und andere fühlen sich vor allem aufgrund Ihrer Intelligenz und Ihres Einfühlungsvermögens zu Ihnen hingezogen. Sie stehen Ihren Mitmenschen nicht nur mit Rat und Tat zur Seite, Sie können sich auch wunderbar in ihre Lage versetzen. Da Sie denen gegenüber, die Sie lieben, starke Beschützerinstinkte entwickeln, geben Sie alles, um sie im Notfall zu verteidigen. Trotz Ihres Unabhängigkeitsstrebens ist Ihnen klar, daß Sie nicht allein bestehen können.

Beruf & Karriere

Ihr sensibler Intellekt in Verbindung mit Ihrem guten Gedächtnis und Ihren Führungsqualitäten sorgt dafür, daß Sie in vielen Bereichen zu Erfolg gelangen können. Da Sie sich vor allem zu Berufen hingezogen fühlen, die mit Menschen zu tun haben, kommen für Sie Pädagogik, Werbung, Vermittlungstätigkeit oder Öffentlichkeitsarbeit in Frage. Sie können aber auch Ihr Verkaufstalent zum Einsatz bringen oder sich für eine gute Sache engagieren. Ihre Vorstellungskraft und Ihre rasche Intelligenz sind Ihnen in Wissenschaft, Medizin, Alternativheilkunde oder Geschäftswelt von Nutzen. Erfolgversprechend sind auch Bereiche wie Schönheitsindustrie oder Berufe, die mit Heim und Familie zu tun haben. Ihr Hang zu kreativer Selbstverwirklichung zieht Sie auch zum Schreiben, zur Musik oder zu anderen künstlerischen Tätigkeiten.

Berühmte Persönlichkeiten dieses Tages sind der Schriftsteller Antoine de Saint-Exupéry, der Chirurg William James Mayo, der Modedesigner Claude Montana und die Journalistin Oriana Fallaci.

Numerologie

Als idealistische Visionäre mit einem dynamischen und starken Charakter sind Menschen mit der Geburtstagszahl 29 Persönlichkeiten mit einem außergewöhnlichen Potential. Das Geheimnis Ihres Erfolgs liegt in der Inspiration; ohne sie verlieren Sie Ihre Zielstrebigkeit. Sie sind ein richtiger Tagträumer mit sehr unterschiedlichen Seiten und müssen sich vor Stimmungsschwankungen in acht nehmen: Sie können herzlich und freundlich sein, aber auch kalt und gefühllos, optimistisch, aber auch zutiefst pessimistisch. Sie sind ein guter Beobachter, müssen aber lernen, weniger kritisch und mißtrauisch zu sein und auf die Bedürfnisse Ihrer Mitmenschen besser einzugehen. Der Untereinfluß der Monatszahl 6 führt dazu, daß Sie verantwortungsbewußt, hoch intuitiv und aufgeschlossen sind. Obwohl Sie gutes logisches Denkvermögen haben, beurteilen Sie Situationen meist aus dem Gefühl heraus und versuchen stets, mit Ihren tiefen Gefühlen in Verbindung zu bleiben. Wenn Sie sich ein festes Wertesystem schaffen und lernen, für sich selbst zu denken, werden Sie unabhängiger.

Positiv: inspirierend, ausgeglichen, großzügig, erfolgreich, kreativ, intuitiv, mystisch, weltgewandt.

Negativ: unkonzentriert, unsicher, nervös, launisch, extrem, rücksichtslos.

Liebe & Zwischenmenschliches

Mit Ihrer sozialen Kompetenz und Ihrem Witz schlagen Sie Menschen leicht in Ihren Bann; meist denken Sie in «Wir»-Kategorien. Ihr Hang zu Unbeständigkeit und Eifersucht weist darauf hin, daß Sie persönliche Beziehungen pragmatischer und weniger kompromißlos betrachten sollten. Wenn Sie Ihren Traumpartner gefunden haben, unterstützen Sie ihn bedingungslos und sind zu großen Opfern bereit. Mit Ihren diplomatischen Fähigkeiten können Sie stets für eine harmonische Atmosphäre sorgen und sind gastfreundlich und großzügig. Sie bevorzugen fleißige, erfolgreiche Menschen.

Ihr Partner

Ihre Chance, einen Partner zu finden, ist am größten unter Menschen, die an folgenden Tagen geboren wurden:

Liebe & Freundschaft: 1., 4., 27., 29. Jan., 2., 25., 27. Feb., 23., 25. März, 21., 23. April, 19., 21., 29. Mai, 17., 19., 27. Juni, 15., 17., 25. Juli, 13., 15., 23. Aug., 11., 13., 21. Sept., 9., 11., 19. Okt., 7., 9., 17. Nov., 5., 7., 15. Dez.

Günstig: 3., 10., 15., 18. Jan., 1., 8., 13., 16. Feb., 6., 11., 14., 29., 31. März, 4., 9., 12., 27., 29. April, 2., 7., 10., 25., 27. Mai, 5., 8., 23., 25. Juni, 3., 6., 21., 23. Juli, 1., 4., 19., 21. Aug., 2., 17., 19. Sept., 15., 17. Okt., 13., 15. Nov., 11., 13. Dez.

Schicksalhaft: 30. April, 28. Mai, 26. Juni, 24. Juli, 22. Aug., 20. Sept., 18. Okt., 16. Nov., 14., 28., 29., 30., 31. Dez.

Problematisch: 9., 14., 16., 25. Jan., 7., 12., 14., 23. Feb., 5., 10., 12., 21., 28., 30. März, 3., 8., 10., 19., 26., 28. April, 1., 6., 8., 17., 24., 26. Mai, 4., 6., 15., 22., 24. Juni, 2., 4., 13., 20., 22. Juli, 2., 11., 18., 20. Aug., 9., 16., 18. Sept., 7., 14., 16. Okt., 5., 12., 14. Nov., 3., 10., 12. Dez.

Seelenverwandt: 29. Dez.

30. Juni

SONNE: KREBS
DEKADE: KREBS/MOND
GRAD: 7° – 8°30' KREBS
ART: KARDINALZEICHEN
ELEMENT: WASSER

Fixstern

Name des Sterns: Alhena oder Al-Hena, auch «Heller Fuß des Zwillings» genannt
Gradposition: 8°7' – 9°7' Krebs zwischen den Jahren 1930 und 2000
Magnitude: 2
Stärke: ********
Orbit: 2°10'
Konstellation: Gamma Geminorum
Tage: 28., 29., 30. Juni, 1., 2. Juli
Sternqualitäten: Merkur/Venus oder Mond/Venus mit Jupiter
Beschreibung: leuchtendweißer Stern im linken Fuß des südlichen Zwilling.

Einfluß des Hauptsterns

Alhena verleiht eine kultivierte, liebenswerte und freundliche Art und sorgt oft für Prominenz in der Kunstszene. Häufig interessieren Sie sich für Spiritualität, Kunst und Wissenschaft. Unter Alhenas Einfluß sind Sie auf Ihre Leistungen stolz, ob sie nun groß oder klein sind. Sie lieben Bequemlichkeit und Luxus. Im Zusammenhang mit dem Stand Ihrer Sonne verleiht Ihnen Alhena künstlerisches Talent und Interesse an Wissenschaft, Astrologie oder Metaphysik. Wer unter dem Einfluß dieses Sterns steht, hat im allgemeinen Charisma und Erfolg in der Öffentlichkeit. Ihr Wunsch nach Vergnügen und Luxus treibt Sie immer wieder an. Mit Alhena assoziiert man die sogenannte Achillesferse, weshalb Sie sich vor Fußverletzungen in acht nehmen sollten.

- Positiv: taktvoll, lebenslustig, gesellig, elegant, Starqualitäten.
- Negativ: faul, unmäßig, verschwenderisch, eingebildet, stolz.

Mit diesem Geburtsdatum liegt Ihre größte Stärke in Ihrer emotionalen Kraft. Diese Dynamik treibt Sie dazu an, ständig nach Chancen für Ihre Selbstverwirklichung zu suchen. Als Krebs sind Sie phantasievoll und intuitiv und haben ein großes Herz. Gewillt, für die, die Sie lieben, alles zu tun, sind Sie ein hingebungsvoller Freund, Elternteil oder Lehrer. Diese Dynamik bringt aber auch mit sich, daß Sie mehr Selbstbeherrschung üben und sich vor Dominanzverhalten, Launenhaftigkeit oder Frustration hüten müssen.

Ihr Bedürfnis nach Liebe und Zuneigung zieht Sie oft ins öffentliche Leben, und mit Ihren kreativen Talenten und Ihrem Gefühl für Wirkung werden Sie sich bald über die Masse erheben. Viele, die an diesem Tag geboren sind, streben Machtpositionen an und strahlen Stolz und Würde aus.

Im allgemeinen sind Sie direkt und mutig und nennen die Dinge beim Namen. Voller Leidenschaft und Hingabe, sind Sie zu großen Opfern und harter Arbeit bereit, wenn Sie von etwas oder jemandem überzeugt sind. Vergewissern Sie sich aber, ob Ihr emotionales Engagement sich auch lohnt.

Wenn Sie 22 sind und Ihre Sonne in das Zeichen des Löwen eintritt, beginnt eine Phase, in der Sie vermehrt Gelegenheiten bekommen, die dramatische Seite Ihrer Persönlichkeit zum Ausdruck zu bringen. Sie zeigen mehr Haltung und Selbstbewußtsein, sowohl beruflich wie auch privat. Wenn Sie Anfang 50 sind und Ihre Sonne in die Jungfrau wechselt, werden Sie praktischer und entwickeln besseres Urteilsvermögen und mehr Ordnungssinn.

Ihr geheimes Selbst

Für Ihre großen Träume und hohen Erwartungen müssen Sie mehr Geduld und Ausdauer entwickeln. Langsamer Fortschritt trotz harter Arbeit kann für Sie zum echten Problem werden. Glücklicherweise können Sie sich durch Ihre Überzeugungskraft und Ihren guten Sinn für Humor immer wieder selbst aus schwierigen Situationen befreien. Im allgemeinen lassen Sie sich von Ihrem Herzen leiten, können leidenschaftlich und liebevoll sein und empfinden für Ihre Lieben starke Beschützerinstinkte.

Sie sind charmant und verspüren ein starkes Bedürfnis nach Vertrautheit und Nähe; spontane großzügige Gesten sind bei Ihnen keine Seltenheit. Achten Sie aber darauf, daß Ihr Temperament nicht in Form von emotionalen Ausbrüchen mit Ihnen durchgeht oder Ihre Selbstsucht außer Kontrolle gerät. Als geborener Psychologe können Sie unter Umständen sehr diplomatisch und unvoreingenommen sein und auf selbstlose und freundliche Weise Verständnis zeigen.

Beruf & Karriere

Dank Ihrer starken Gefühle und Ihrem Sinn für Wirkung können Sie auf jedem Gebiet eine führende Rolle übernehmen. Ihr natürlicher Charme, Ihre Führungsqualitäten und kommunikativen Fähigkeiten ziehen Sie zu Pädagogik, Lehrtätigkeit oder Schriftstellerei. Ihre humanitäre Einstellung, Mitgefühl und Intuition machen Sie für beratende Berufe und wohltätige Organisationen geeignet. Wenn Sie Ihre hochentwickelte Sensibilität mit geistiger Kompetenz ergänzen, können Sie auch in der Geschäftswelt, in der Wissenschaft oder im Showbusineß viel Erfolg haben.

Berühmte Persönlichkeiten dieses Tages sind die Schauspielerin Susan Hayward, die Sängerin Lena Horne, der Boxer Mike Tyson, der Sänger und Schauspieler Peter Alexander und der Jazzschlagzeuger Buddy Rich.

Numerologie

Mit der Geburtstagszahl 30 sind Sie freundlich, warmherzig und gesellig und können außerordentlich charismatisch und treu sein. Sie haben starke Gefühle, die auf kreative Weise zum Ausdruck kommen müssen. Verliebtsein oder emotionale Zufriedenheit ist für Sie lebenswichtig; auf Ihrer Suche nach Glück neigen Sie allerdings zu Ungeduld und Unmäßigkeit. Wenn Sie mit Ihrem Stolz und Ehrgeiz die richtigen Gelegenheiten bekommen, werden Sie es in Ihrem Gebiet in Spitzenpositionen bringen. Mit Ihrem guten Geschmack und einem Auge für Stil und Form können Sie in allen Bereichen, die mit Kunst, Design und Musik zu tun haben, Erfolg haben. Viele, die an diesem Tag geboren sind, erlangen vor allem als Musiker, Schauspieler oder Entertainer Ruhm und Anerkennung. Der Untereinfluß der Monatszahl 6 führt dazu, daß Sie idealistisch und sensibel sind und das Leben häufig aus dem Gefühl heraus beurteilen. Sie können übernommene Ideen auf Ihre eigene, unnachahmliche Weise weiterentwickeln. Statt sich entmutigen zu lassen oder mit Ihren Erfolgen unzufrieden zu sein, sollten Sie mehr Entschlossenheit an den Tag legen.
Positiv: lebenslustig, loyal, freundlich, wortgewandt, kreativ, großzügig.
Negativ: faul, stur, sprunghaft, ungeduldig, desinteressiert, vergeudet Kraft.

Liebe & Zwischenmenschliches

Die Macht der Liebe gehört zu Ihren größten Vorzügen; mit Ihrer romantischen Art, Ihrem leidenschaftlichen Temperament und Ihrer Großmut schlagen Sie Ihre Mitmenschen leicht in den Bann. Sie sind zu großen Opfern zugunsten derer, die Sie lieben, bereit, müssen aber aufpassen, daß Sie sich nicht von Ihren Gefühlen dominieren lassen. Wenn Sie lernen, zu geben, ohne eine Gegenleistung zu erwarten, werden Sie zum wahren Meister Ihrer selbst.

Ihr Partner

Erfolg in Liebe und Freundschaft werden Sie mit großer Wahrscheinlichkeit unter den an den folgenden Tagen geborenen Menschen finden:
Liebe & Freundschaft: 2., 28. Jan., 26. Feb., 24. März, 22. April, 20., 29., 30. Mai, 18., 27., 28. Juni, 16., 25., 26. Juli, 14., 23., 24. Aug., 12., 21., 22. Sept., 10., 19., 20., 29., 31. Okt., 8., 17., 18., 27., 29. Nov., 6., 15., 16., 25., 27. Dez.
Günstig: 2., 10., 13., 16. Jan., 8., 11., 14. Feb., 6., 9., 12. März, 4., 7., 10. April, 2., 5., 8. Mai, 3., 6. Juni, 1., 4., 30. Juli, 2., 28., 30. Aug., 26., 28. Sept., 24., 26. Okt., 22., 24. Nov., 20., 22., 30. Dez.
Schicksalhaft: 31. Okt., 29. Nov., 27., 28., 29., 30., 31. Dez.
Problematisch: 3., 9., 10. Jan., 1., 7., 8. Feb., 5., 6., 31. März, 3., 4., 29. April, 1., 2., 27. Mai, 25. Juni, 23. Juli, 2., 21., 31. Aug., 19., 29. Sept., 17., 27. Okt., 15., 25. Nov., 13., 23. Dez.
Seelenverwandt: 5. Jan., 3. Feb., 1. März, 30. Mai, 28. Juni, 26. Juli, 24. Aug., 22. Sept., 20. Okt., 18. Nov., 16. Dez.

1. Juli

SONNE: KREBS
DEKADE: KREBS/MOND
GRAD: 9° – 10° KREBS
ART: KARDINALZEICHEN
ELEMENT: WASSER

Fixstern

Name des Sterns: Alhena oder Al-Hena, auch «Heller Fuß des Zwillings» genannt
Gradposition: 8°7' – 9°7' Krebs zwischen den Jahren 1930 und 2000
Magnitude: 2
Stärke: ********
Orbit: 2°10'
Konstellation: Gamma Geminorum
Tage: 28., 29., 30. Juni, 1., 2. Juli
Sternqualitäten: Merkur/Venus oder Mond/Venus mit Jupiter
Beschreibung: leuchtendweißer Stern im linken Fuß des südlichen Zwilling.

Einfluß des Hauptsterns

Alhena verleiht eine kultivierte, liebenswerte und freundliche Art und sorgt oft für Prominenz in der Kunstszene. Häufig interessieren Sie sich für Spiritualität, Kunst und Wissenschaft. Unter Alhenas Einfluß sind Sie auf Ihre Leistungen stolz, ob sie nun groß oder klein sind. Sie lieben Bequemlichkeit und Luxus. Im Zusammenhang mit dem Stand Ihrer Sonne verleiht Ihnen Alhena künstlerisches Talent und Interesse an Wissenschaft, Astrologie oder Metaphysik. Wer unter dem Einfluß dieses Sterns steht, hat im allgemeinen Charisma und Erfolg in der Öffentlichkeit. Ihr Wunsch nach Vergnügen und Luxus treibt Sie immer wieder an. Mit Alhena assoziiert man die sogenannte Achillesferse, weshalb Sie sich vor Fußverletzungen in acht nehmen sollten.

- Positiv: taktvoll, lebenslustig, gesellig, elegant, Starqualitäten.
- Negativ: faul, unmäßig, verschwenderisch, eingebildet, stolz.

Entschlossenheit, Sensibilität und Einfühlungsvermögen deuten darauf hin, daß Sie hinter Ihrer schüchternen und zurückhaltenden Fassade unnachgiebig sein können. Als Krebs sind Sie beeinflußbar, intuitiv, aber auch fleißig. Von Fürsorglichkeit und Beschützerinstinkten geleitet, sind Sie ein hingebungsvoller Elternteil und treuer Freund; allerdings können Sie gelegentlich auch launisch und herrisch sein, wenn Sie von widersprüchlichen Gefühlen erfüllt sind. Dies kann auch zu Depressionen und Selbstzerstörung führen. Ihre starke und unerschütterliche Natur hilft Ihnen aber immer wieder, Schwierigkeiten zu überwinden. Diese Kraft, immer wieder von neuem zu beginnen, gehört zu Ihren größten Vorteilen.

Der Untereinfluß Ihres Dekadenzeichens Krebs bringt mit sich, daß Sie ehrgeizig und unabhängig sind, Ihre Privatsphäre brauchen und sich nach einem beschaulichen Leben sehnen. Obwohl Sie gesellig sind, ziehen Sie es vor, manches im Verborgenen zu tun, und verbitten sich die Einmischung anderer.

Führungsqualitäten und Ihr Bedürfnis, aktiv zu sein, sorgen dafür, daß Sie Dinge nicht auf die lange Bank schieben. Wenn Sie Ihr natürliches Einfühlungsvermögen stärker entwickeln, lernen Sie die Weisheit schätzen, die in alltäglicher Lebenserfahrung steckt. Wenn Ihnen Beschränkungen auferlegt werden, kommt Ihre rebellische Seite zum Ausbruch. Wenn Sie wirklich motiviert sind, stellen Sie eine Macht dar, mit der man rechnen muß.

Wenn Sie 21 sind und Ihre Sonne in das Zeichen des Löwen tritt, beginnt eine Phase, in der Sie mehr Gelegenheiten bekommen, Stärke, Kreativität und Selbstvertrauen zu zeigen. Wenn Sie Anfang 50 sind und Ihre Sonne in die Jungfrau wechselt, liegt Ihr Schwerpunkt mehr darauf, durch Pragmatismus und besseres Urteilsvermögen anderen nützlich zu sein.

Ihr geheimes Selbst

Enge und vertraute Beziehungen sind der Schlüssel zu Ihrem Glück. Sie haben gute kommunikative Fähigkeiten, und wenn Sie sich vor Mißtrauen und Eifersucht in acht nehmen, können Sie viele gute Freunde gewinnen. Wenn Sie lernen, auf eigenen Füßen zu stehen, wächst Ihr Selbstbewußtsein, und Sie verlieren die Angst vor dem Alleinsein und Verlassenwerden.

Ihre Führungsqualitäten und Ihre Fähigkeit, hart zu arbeiten, garantieren Ihnen auf jedem Gebiet Erfolg. Als Perfektionist mit hohen Idealen und einer romantischen Ader verspüren Sie ein starkes Bedürfnis nach Liebe und Zuwendung. Sie stellen an sich und andere hohe Ansprüche, die manchmal nicht zu erfüllen sind. Wenn Sie sich für eine Sache engagieren, können Sie Ihre hohen Ideale, Ihr gutes Einfühlungsvermögen und Ihr Mitgefühl erfolgreich in den Dienst Ihrer Mitmenschen stellen.

Beruf & Karriere

Mit Ihrem angeborenen Verständnis für die große Masse fühlen Sie sich vor allem von öffentlichkeitsorientierten Berufen angezogen. Sie nehmen ungern Anordnungen entgegen, weshalb Sie oft eine selbständige Tätigkeit vorziehen. Sie können mitfühlend und intuitiv sein, aber auch streng und autoritär – beste Voraussetzungen für eine politische Karriere. Ihre Mitarbeiter schätzen an Ihnen vor allem Verantwortungsbewußtsein und

Ihre Offenheit für neue und originelle Ideen. Mit Ihrer ausgeprägten Individualität und Vorstellungskraft sind Sie ein guter Schauspieler oder Regisseur. Auch Malerei, Musik und Tanz bieten Ihnen gute Ausdrucksmöglichkeiten. Ihre humanitäre Seite läßt Sie vielleicht einen Heilberuf ergreifen oder sich der Arbeit mit Kindern zuwenden.

Berühmte Persönlichkeiten dieses Tages sind Prinzessin Diana, der Sportler Carl Lewis, die Schauspieler Dan Aykroyd und Charles Laughton, die Sängerin Debbie Harry, die Schauspielerinnen Leslie Caron und Olivia de Havilland und die Kosmetikmagnatin Estée Lauder.

Numerologie

Sie sind individualistisch, innovativ und mutig und voller Energie. Häufig wollen Sie eine starke Identität mit Selbstbewußtsein und bestimmtem Auftreten entwickeln. Ihr Pioniergeist ermutigt Sie, Ihre eigenen Entscheidungen zu treffen oder Projekte im Alleingang durchzuziehen. Voller Begeisterungsfähigkeit und origineller Ideen, weisen Sie oft anderen den Weg. Vielleicht müssen Sie aber lernen, daß sich die Welt nicht nur um Sie dreht; überdies neigen Sie zu egoistischem und diktatorischem Verhalten. Gewinnen ist für Sie sehr wichtig, und neue Projekte zu initiieren meist von Erfolg gekrönt. Der Untereinfluß der Monatszahl 7 deutet darauf hin, daß Sie hoch sensibel sind, eine ausgeprägte Intuition und instinktive Weisheit haben. Sie müssen lernen, sich auf diese Instinkte zu verlassen, und mehr Vertrauen und Verständnis zu entwickeln. Als Mensch mit festen Wertvorstellungen und einem guten Urteilsvermögen nehmen Sie sich Großes vor im Leben. Ihr Ehrgeiz und Ihre Heilkräfte weisen darauf hin, daß Sie für das Wohl der Menschheit arbeiten können.

Positiv: Führungsqualitäten, kreativ, progressiv, Überzeugungskraft, optimistisch, feste Überzeugungen, wettbewerbsorientiert, unabhängig, gesellig.

Negativ: dominierend, eifersüchtig, egoistisch, hochmütig, selbstsüchtig, unbeständig, ungeduldig.

Liebe & Zwischenmenschliches

Ihr Bedürfnis nach Sicherheit und finanzieller Stabilität spielt eine wichtige Rolle bei Ihrer Partnersuche. Sie können mitfühlend und hilfsbereit zu Leuten sein, die Sie schätzen, Entscheidungen treffen Sie aber lieber allein. Sie ziehen einige wenige gute Freunde vielen Bekannten vor, und Treue und Vertrauen bilden für Sie die wichtigsten Stützpfeiler für enge Freundschaften. Familienleben und Verpflichtungen kollidieren gelegentlich mit Ihrem persönlichen Drang nach Freiheit und Unabhängigkeit.

Ihr Partner

Sie finden den richtigen Partner am ehesten unter den Menschen, die an folgenden Tagen geboren sind:

Liebe & Freundschaft: 11., 20., 25., 27., 29. Jan., 9., 18., 23., 25., 27. Feb., 7., 16., 21., 23., 25. März, 5., 14., 19., 21., 23. April, 3., 12., 17., 19., 21. Mai, 1., 10., 15., 17., 19. Juni, 8., 13., 15., 17. Juli, 6., 11., 13., 15. Aug., 4., 9., 11., 13. Sept., 2., 7., 9., 11. Okt., 5., 7., 9. Nov., 3., 5., 7. Dez.

Günstig: 9., 26. Jan., 7., 24. Feb., 5., 22. März, 3., 20. April, 1., 18., 29. Mai, 16., 27. Juni, 14., 25., 29., 30. Juli, 12., 23., 27., 28., 31. Aug., 10., 21., 25., 26., 29. Sept., 8., 19., 23., 24., 27. Okt., 6., 17., 21., 22., 25. Nov., 4., 15., 19., 20., 23. Dez.

Schicksalhaft: 1., 2., 16. Jan., 14. Feb., 12. März, 10. April, 8. Mai, 6. Juni, 4. Juli, 2. Aug., 30., 31. Dez.

Problematisch: 8., 29., 31. Jan., 6., 27., 29. Feb., 4., 25., 27., 28. März, 2., 23., 25., 26. April, 21., 23., 24. Mai, 19., 21., 22. Juni, 17., 19., 20. Juli, 15., 17., 18. Aug., 13., 15., 16. Sept., 11., 13., 14., 30. Okt., 9., 11., 12., 28. Nov., 7., 9., 10., 26. Dez.

Seelenverwandt: 30. Mai, 28. Juni, 26. Juli, 24. Aug., 22., 30. Sept., 20., 28. Okt., 18., 26. Nov., 16., 24. Dez.

SONNE: KREBS
DEKADE: SKORPION/PLUTO
GRAD: 9°45' – 11° KREBS
ART: KARDINALZEICHEN
ELEMENT: WASSER

2. Juli

Dieser Tag wird oft mit einer dynamischen und dominanten Persönlichkeit assoziiert, doch können Menschen mit diesem Geburtsdatum auch sehr idealistisch, fürsorglich und zurückhaltend sein.

Der Untereinfluß Ihres Dekadenzeichens Skorpion macht Sie bestimmt, energiegeladen und intensiv im Gefühlsleben. Sie haben künstlerisches Talent und mediale Fähigkeiten und das Bedürfnis, Ihre Individualität auszudrücken.

Ihre freundliche, bescheidene und charismatische Art wirkt anziehend, und Sie profitieren von Partnerschaften. Als geborener Psychologe wollen Sie ergründen, was andere bewegt. Meist sind Sie gelassen, aufrichtig und direkt. Sie sind ein treuer und guter Freund und lieben gesellige Zusammenkünfte; hinter Ihrem freundlichen Lächeln verbergen sich aber knallharter Geschäftssinn und großes Interesse an materiellen Dingen.

Am meisten motiviert Sie Ihre Vorliebe für die schönen Dinge des Lebens. Unterschwellige Unzufriedenheit, ein Hang zum Tagträumen und die Tatsache, daß Sie sich schnell langweilen, können Ihr enormes Potential blockieren. Versuchen Sie, nicht ständig von einem Interesse zum anderen zu springen oder sich durch die Träume anderer verwirklichen zu wollen. Wenn Sie erkennen, daß die Macht der Liebe stärker ist als die Macht des Geldes, können Sie nur gewinnen – an Herz wie an Inspiration.

Wenn Sie 20 sind und Ihre Sonne in das Zeichen des Löwen tritt, entwickeln Sie mehr Stärke, Kreativität und Selbstvertrauen. Dieser Einfluß hält die nächsten dreißig Jahre an und verhilft Ihnen zu einflußreichen Stellungen. Wenn Sie Anfang 50 sind und Ihre Sonne in die Jungfrau wechselt, entwickeln Sie besseres Urteilsvermögen und das Bedürfnis, anderen nützlich zu sein.

Ihr geheimes Selbst

Mit Ihrem Einfühlungsvermögen, Ihrem scharfen Verstand und Ihrer Schlagfertigkeit können Sie wunderbar mit Menschen umgehen und neue Kontakte knüpfen. Da Sie vielseitig und umfassend begabt sind, müssen Sie lernen, Entscheidungen zu treffen. Wenn Sie zuwenig Selbstvertrauen haben, um auf eigenen Füßen zu stehen, werden Sie trotz Ihrer Intelligenz in Positionen landen, die Ihren Fähigkeiten und Talenten nicht gerecht werden. Wenn Sie lernen, sich immer nur auf ein paar wenige Ziele zu konzentrieren, beugen Sie Angst und Unentschlossenheit vor und haben mehr Erfolg.

Mit Ihrem Interesse an allem und jedem sind Sie sehr gesellig, anpassungsfähig und beliebt. Ihr Bedürfnis, Ihre Lebenslust mit anderen zu teilen, sorgt dafür, daß Sie oft großzügig sind und schlecht nein sagen können. Häufig nutzen Sie Ihre diplomatischen Fähigkeiten, um Harmonie und Frieden aufrechtzuerhalten.

Beruf & Karriere

Mit Ihren gesellschaftlichen Talenten, Ihren Führungsqualitäten und Ihrem Einschätzungsvermögen können Sie einflußreiche Positionen erreichen. Da Sie nicht gern Anordnungen entgegennehmen, sind Sie besser für leitende Positionen oder selbständige Tätigkeiten geeignet. Ihr Geschäftssinn ist Ihnen vor allem im Immobilienwesen, in den Medien oder in der Werbung von Nutzen. Da Sie ein guter Psychologe sind und eine humanitäre Ader haben, fühlen Sie sich auch in therapeutischen, beratenden oder Heilberufen wohl. Sie sind ein guter Organisator und können in großen Maßstäben denken, Ei-

---

Fixstern

Name des Sterns: Alhena oder Al-Hena, auch «Heller Fuß des Zwilling» genannt

Gradposition: 8°7' – 9°7' Krebs zwischen den Jahren 1930 und 2000

Magnitude: 2

Stärke: ********

Orbit: 2°10'

Konstellation: Gamma Geminorum

Tage: 28., 29., 30. Juni, 1., 2. Juli

Sternqualitäten: Merkur/Venus oder Mond/Venus mit Jupiter

Beschreibung: leuchtendweißer Stern im linken Fuß des südlichen Zwilling.

Einfluß des Hauptsterns

Alhena verleiht eine kultivierte, liebenswerte und freundliche Art und sorgt oft für Prominenz in der Kunstszene. Häufig interessieren Sie sich für Spiritualität, Kunst und Wissenschaft. Unter Alhenas Einfluß sind Sie auf Ihre Leistungen stolz, ob sie nun groß oder klein sind. Sie lieben Bequemlichkeit und Luxus. Im Zusammenhang mit dem Stand Ihrer Sonne verleiht Ihnen Alhena künstlerisches Talent und Interesse an Wissenschaft, Astrologie oder Metaphysik. Wer unter dem Einfluß dieses Sterns steht, hat im allgemeinen Charisma und Erfolg in der Öffentlichkeit. Ihr Wunsch nach Vergnügen und Luxus treibt Sie immer wieder an. Mit Alhena assoziiert man auch die sogenannte Achillesferse, weshalb Sie sich vor Fußverletzungen in acht nehmen sollten.

- Positiv: taktvoll, lebenslustig, gesellig, elegant, Starqualitäten.
- Negativ: faul, unmäßig, verschwenderisch, eingebildet, stolz.

genschaften, die Ihnen in jedem Beruf weiterhelfen. Ihr scharfer Verstand und Ihr Sinn für Dramatik öffnen Ihnen Wege in die Welt der Kunst, sei es Schreiben, Theater oder Musik.

Berühmte Persönlichkeiten dieses Tages sind die Schriftsteller Franz Kafka und Hermann Hesse, der Komiker Dan Rowan, die philippinische Politikerin Imelda Marcos und das Model Jerry Hall.

Numerologie

Zu den der 2 zugeschriebenen Eigenschaften gehören Sensibilität und das starke Bedürfnis, Teil einer Gruppe zu sein. Sie sind anpassungsfähig und verständnisvoll und schätzen gemeinschaftliche Aktivitäten. Sie sind aufnahmebereit und leicht beeinflußbar durch Ihre Umgebung und haben eine freundliche, warmherzige Persönlichkeit mit gesellschaftlichem und diplomatischem Geschick. Bei Ihrem Versuch, denen zu gefallen, die Sie lieben, laufen Sie Gefahr, sich in zu große Abhängigkeit zu begeben. Wenn Sie aber Selbstvertrauen entwickeln, können Sie von anderen nicht mehr so leicht verletzt werden. Der Untereinfluß der Monatszahl 7 bewirkt, daß Sie nachdenklich und empfänglich für äußere Einflüsse sind. Da Sie häufig perfektionistisch sind, neigen Sie zu übertriebener Kritik oder Egozentrik. Gelegentlich verlieren Sie sich auch in Details. Wenn Sie lernen, sich auf Ihre Instinkte zu verlassen, und mehr Glauben an sich selbst entwickeln, können Sie die Kritik anderer besser ertragen und fühlen sich nicht mehr so oft mißverstanden.

Positiv: guter Partner, sanft, taktvoll, aufgeschlossen, intuitiv, rücksichtsvoll, harmonisch, angenehm.

Negativ: mißtrauisch, mangelndes Selbstvertrauen, schüchtern, überempfindlich, leicht beleidigt.

Liebe & Zwischenmenschliches

Sie wünschen sich ein einfaches Leben zusammen mit einem treuen Partner, der klug und geistig anregend ist. Sie fühlen sich zu Menschen hingezogen, die clever und selbstbewußt sind, da Sie sich selbst ständig weiterentwickeln wollen. Sie verbinden gern Arbeit und Vergnügen, und so fällt es Ihnen nicht schwer, nützliche Kontakte zu knüpfen. Da Sie sich Ihren Freunden gegenüber stets großzügig verhalten, sind diese auch zur Stelle, wenn Sie selbst Hilfe brauchen.

Ihr Partner

Liebe und Freundschaft finden Sie am ehesten unter den Menschen, die an folgenden Tagen geboren sind:

Liebe & Freundschaft: 4., 11., 12., 26., 28., 30. Jan., 2., 9., 10., 24., 26., 28. Feb., 7., 8., 22., 24., 26. März, 5., 6., 20., 22., 24., 30. April, 3., 4., 18., 20., 22., 28., 31. Mai, 1., 2., 16., 18., 20., 26., 29. Juni, 14., 16., 18., 24., 27. Juli, 12., 14., 16., 22., 25. Aug., 10., 12., 14., 20., 23. Sept., 8., 10., 12., 18., 21. Okt., 6., 8., 10., 16., 19. Nov., 4., 6., 8., 14., 17. Dez.

Günstig: 3., 10., 29. Jan., 1., 8., 27. Feb., 6., 25. März, 4., 23. April, 2., 21. Mai, 19. Juni, 17., 30. Juli, 15., 28. Aug., 13., 26. Sept., 11., 24. Okt., 9., 22. Nov., 7., 20. Dez.

Schicksalhaft: 1., 2., 3., 11. Jan., 9. Feb., 7. März, 5. April, 3. Mai, 1. Juni, 31. Dez.

Problematisch: 9. Jan., 7. Feb., 5., 28. März, 3., 26. April, 1., 24. Mai, 22. Juni, 20. Juli, 18. Aug., 16. Sept., 14., 30., 31. Okt., 12., 28., 29. Nov., 10., 26., 27. Dez.

Seelenverwandt: 7. Jan., 5. Feb., 3. März, 1. April, 29. Mai, 4., 27. Juni, 25. Juli, 23. Aug., 21. Sept., 19. Okt., 17. Nov., 15. Dez.

SONNE: KREBS
DEKADE: SKORPION/PLUTO
GRAD: 10°45' – 12° KREBS
ART: KARDINALZEICHEN
ELEMENT: WASSER

Fixstern

Name des Sterns: Sirius
Gradposition: 13°6' – 14°2' Krebs zwischen den Jahren 1930 und 2000
Magnitude: 1
Stärke: **********
Orbit: 2°30'
Konstellation: Alpha Canis Majoris
Tage: 3., 4., 5., 6., 7., 8. Juli
Sternqualitäten: unterschiedliche Deutungen: Mond/Jupiter/Mars
Beschreibung: leuchtend weiß-gelber Doppelstern in der Schnauze des Großen Hundes; verbunden mit der ägyptischen Gottheit Osiris.

Einfluß des Hauptsterns

Sirius steht für Optimismus und Weitsicht und die Fähigkeit, treue Freunde an hoher Stelle zu gewinnen. Unter dem Einfluß dieses Sterns können Sie mit Erfolg und Wohlstand rechnen und eine führende Position erreichen. Ohne große Anstrengung gewinnen Sie die Anerkennung Ihrer Vorgesetzten. Sirius steht für Ehre, Reichtum und Ruhm, verleiht Führungsqualitäten und ebnet den Weg zur Macht. Allerdings steht er auch für Aufsässigkeit und Draufgängertum und warnt vor übereiltem Handeln. Im Zusammenhang mit dem Stand Ihrer Sonne steht Sirius für Erfolg in der freien Wirtschaft, ein glückliches Heim und die Liebe zu Kunst, Astrologie, Philosophie und Bildung. Zu frühe Anerkennung kann Sie unvorbereitet treffen, so daß Sie den Erfolg nicht verkraften können. Im allgemeinen strahlen Sie Würde aus und können gut mit Menschen umgehen. Sirius ist auch dafür verantwortlich, daß Sie zuverlässig sind und den Besitz anderer gut verwalten.

3. Juli

Von Natur aus voller Phantasie und Kreativität, sind Sie ein sicherheitsbewußter Krebs mit praktischen Fähigkeiten. Der Untereinfluß Ihres Dekadenzeichens Skorpion bewirkt, daß Sie ein Philanthrop mit starken Empfindungen sind und Idealismus und Vorausschau eine große Rolle in Ihrem Leben spielen. Die Beschäftigung mit materiellen Dingen aber sorgt dafür, daß Sie stets mit den Füßen auf dem Boden bleiben.

Als guter Beobachter mit ausgeprägtem Sinn für Form und Stil können Sie Ihre Interessen und Talente rasch und ohne Schwierigkeiten in lukrative Unternehmungen umsetzen. Neben Ihren Organisationsfähigkeiten und Ihrer Intuition haben Sie auch ein gutes Urteilsvermögen und feste materielle Wertvorstellungen. Bei Ihrer Vorliebe für die guten Seiten des Lebens müssen Sie übertriebenen Genuß und Extravaganz meiden.

Andere beschreiben Sie im allgemeinen als großzügig, stolz und sensibel, aber auch kritisch und besserwisserisch. Dies läßt vermuten, daß Sie aufgrund emotionaler Hemmungen manchmal Ihre wahren Gefühle und Unsicherheiten verbergen. Dank Ihrer dynamischen und freundlichen Persönlichkeit und Ihrer Wortgewandtheit können Sie aber sehr überzeugend wirken.

Wenn Sie 19 sind und Ihre Sonne in das Zeichen des Löwen tritt, legen Sie Ihre Schüchternheit ab und entwickeln mehr Selbstvertrauen. Dieser Einfluß hält die nächsten dreißig Jahre an und hilft Ihnen, sich in Ihrem Gebiet zu bewähren. Wenn Sie 49 sind und Ihre Sonne in die Jungfrau wechselt, werden Sie praktischer, haben besseres Urteilsvermögen und das Bedürfnis, anderen nützlich zu sein.

Ihr geheimes Selbst

Sie sind ausdrucksstark und kreativ und neigen dazu, Ihre Energien auf zu viele Gebiete zu verteilen. Unentschlossenheit und Angst – vor allem in finanziellen Dingen – können so Ihr großes Potential blockieren. Sie sind zwar ein Glückskind, sollten sich aber dennoch nicht vom schnellen Reichwerden verführen lassen; erfolgreich sind Sie allein durch harte Arbeit und Ausdauer. Im allgemeinen sind Sie mit Ihrer Zeit und Kraft sehr großzügig und wohltätig. Ihr Potential, Großes zu leisten, basiert auf Ihrem überdurchschnittlichen Intellekt und Ihrer Fähigkeit, Ideen großen Maßstabs zu entwickeln. So sind Sie auch begabt dafür, Veranstaltungen zu organisieren oder sich stark für eine gute Sache einzusetzen. Das bringt Ihnen die Anerkennung, die Sie verdienen.

Beruf & Karriere

Da Sie fair und gerecht sind, eignen Sie sich ausgezeichnet für Posten, die Autorität verlangen. Selbstlosigkeit und die Gabe, Reformen durchzusetzen, sind ideale Voraussetzungen für Tätigkeiten in Gewerkschaften, Elterngruppen oder Sozialberufen. Wer weniger kämpferisch ist, fühlt sich in der Pädagogik oder in einem Beruf von öffentlichem oder sozialem Interesse wohler. Ihr Gefühl für Geld und Qualität hilft Ihnen in der Geschäftswelt, wo Sie besonders erfolgreich sind, wenn Sie Ihre Kreativität einsetzen können, etwa als Kunst- oder Antiquitätenhändler, Koch, Gastronom oder Verwalter. Ihr Wunsch, Individualität und Kreativität zum Ausdruck zu bringen, mag Sie in die Welt von Kunst oder Unterhaltung ziehen.

Berühmte Persönlichkeiten dieses Tages sind der Schauspieler Tom Cruise, der Regisseur Ken Russell, der Dramatiker Tom Stoppard und die Sängerin Brigitte Fassbaender.

Numerologie

Charakteristisch für die Zahl 3 sind das Bedürfnis nach Liebe, Kreativität und Sensibilität. Sie sind gutmütig, genießen gesellschaftliche Aktivitäten und haben vielfältige Interessen. Durch Ihre Vielseitigkeit und das Bedürfnis nach Selbstverwirklichung machen Sie die unterschiedlichsten Erfahrungen. Allerdings langweilen Sie sich schnell, was dazu führen kann, daß Sie unentschlossen werden oder sich übernehmen. Obwohl Sie begeisterungsfähig und charmant sein können und einen guten Sinn für Humor haben, müssen Sie mehr Selbstwertgefühl entwickeln, um sich gegen Ängste und Unsicherheiten zu schützen. Persönliche Beziehungen und eine harmonische Atmosphäre sind für Sie von äußerster Wichtigkeit, da Sie nur so Hoffnung und Inspiration behalten. Der Untereinfluß der Monatszahl 7 bewirkt, daß Sie zwar meist analytisch und intuitiv, aber auch gelegentlich skeptisch sind. Im allgemeinen sind Sie wortgewandt und verstehen sich auf die Kunst, subtile Fragen zu stellen, ohne jemand wissen zu lassen, was Sie selbst denken.

Positiv: humorvoll, glücklich, freundlich, produktiv, kreativ, künstlerisch, freiheitsliebend, wortgewandt.

Negativ: leicht gelangweilt, eitel, überbordende Phantasie, lieblos, arrogant, unmäßig, faul, scheinheilig.

Liebe & Zwischenmenschliches

Sie fühlen sich zu kreativen und kommunikativen Menschen hingezogen; freundschaftliche Gefühle stellen sich ein, wenn Sie sich bei einer anderen Person wohl fühlen. Großzügig und stolz, legen Sie Wert auf eine selbstbewußte und intelligente Ausstrahlung. Aufgrund Ihrer vielseitigen Interessen lernen Sie die unterschiedlichsten Menschen kennen. Finanzielle Sorgen und Unentschlossenheit können Ihre Beziehungen belasten. Rastlosigkeit und die Unfähigkeit, sich festzulegen, können das Ende einer Beziehung anzeigen. Haben Sie sich aber einmal entschieden, sind Sie sehr loyal und fürsorglich.

- Positiv: Treue, hohe Verantwortlichkeit, Lebensfreude, Abenteuerlust, Erfolg.
- Negativ: Freiheitsdrang um jeden Preis, Mißbrauch von Macht und Vertrauenspositionen.

Ihr Partner

Ihren Traumpartner werden Sie mit großer Wahrscheinlichkeit unter den an den folgenden Tagen geborenen Menschen finden:

Liebe & Freundschaft: 13., 29. Jan., 11., 27., 29. Feb., 9., 25., 27. März, 7., 23., 25. April, 5., 21., 23., 29. Mai, 3., 19., 21., 27., 30. Juni, 1., 17., 19., 25., 28. Juli, 15., 17., 23., 26. Aug., 13., 15., 21., 24. Sept., 11., 13., 19., 22., 29. Okt., 9., 11., 17., 20., 27. Nov., 7., 9., 15., 18., 25. Dez.

Günstig: 11. Jan., 9. Feb., 7., 31. März, 5., 29. April, 3., 27., 31. Mai, 1., 25., 29. Juni, 23., 27., 31. Juli, 21., 25., 29., 30. Aug., 19., 23., 27., 28. Sept., 17., 21., 25., 26. Okt., 15., 19., 23., 24., 30. Nov., 13., 17., 21., 22., 28. Dez.

Schicksalhaft: 1., 2., 3., 4., 12. Jan., 10. Feb., 8. März, 6. April, 4. Mai, 2. Juni, 31. Dez.

Problematisch: 10. Jan., 8. Feb., 6., 29. März, 4., 27. April, 2., 25. Mai, 23. Juni, 21. Juli, 19. Aug., 17. Sept., 15., 31. Okt., 13., 29., 30. Nov., 11., 27., 28. Dez.

Seelenverwandt: 18., 24. Jan., 16., 22. Feb., 14., 20. März, 12., 18. April, 10., 16. Mai, 8., 14. Juni, 6., 12. Juli, 4., 10. Aug., 2., 8. Sept., 6. Okt., 4. Nov., 2. Dez.

4. Juli

SONNE: KREBS
DEKADE: SKORPION/PLUTO
GRAD: 11°45' – 13° KREBS
ART: KARDINALZEICHEN
ELEMENT: WASSER

Fixsterne

Sirius; Canopus

Hauptstern

Name des Sterns: Sirius
Gradposition: 13°6' – 14°2' Krebs zwischen den Jahren 1930 und 2000
Magnitude: 1
Stärke: **********
Orbit: 2°30'
Konstellation: Alpha Canis Majoris
Tage: 3., 4., 5., 6., 7., 8. Juli
Sternqualitäten: unterschiedliche Deutungen: Mond/Jupiter/Mars
Beschreibung: leuchtend weiß-gelber Doppelstern in der Schnauze des Großen Hundes; verbunden mit der ägyptischen Gottheit Osiris.

Einfluß des Hauptsterns

Sirius steht für Optimismus und Großzügigkeit sowie die Fähigkeit, treue Freunde an hoher Stelle zu gewinnen. Unter dem Einfluß dieses Sterns können Sie zu Erfolg und Wohlstand kommen und eine führende Position erreichen. Ohne große Anstrengung gewinnen Sie die Anerkennung Ihrer Vorgesetzten. Sirius sorgt für Ehre, Reichtum und Ruhm, verleiht Führungsqualitäten und ebnet den Weg zur Macht. Allerdings steht er auch für Aufsässigkeit und Draufgängertum; hüten Sie sich überdies vor übereiltem Handeln.
Im Zusammenhang mit dem Stand Ihrer Sonne steht Sirius für Erfolg in der freien Wirtschaft, ein glückliches Heim und die Liebe zu Kunst, Astrologie, Philosophie und Bildung. Zu frühe Anerkennung

---

Mit diesem Datum werden Erfolg und Entschlossenheit assoziiert. Wie andere Krebsgeborene sind Sie zurückhaltend und sensibel, aber auch ausdauernd und ehrgeizig. Bei richtiger Motivation sind Sie bereit, hart zu arbeiten, und können zu Erfolg und Ruhm gelangen.

Zu Ihren natürlichen Eigenschaften gehören Charisma, Charme und eine gewisse Kindlichkeit. Sie sind außerdem sehr temperamentvoll, schlagfertig und unterhaltsam, haben aber auch eine ernsthafte Seite, die Sie zu Leistung und Erfolg treibt. Diese Mischung aus Materialismus und Idealismus braucht aber ein Ziel, um produktiv zu werden. Wenn Sie ein solches finden, werden Sie rasch zu einem verantwortungsbewußten und reifen Menschen. Von Natur aus spontan, lieben Sie Ihre persönliche Freiheit, die in Ihnen große Begeisterungsfähigkeit weckt. Sie sind anpassungsfähig, gesellig und imagebewußt, wollen sich gut fühlen und gepflegt aussehen und geben entsprechend viel Geld für Kleidung und Luxusgüter aus. Da Sie Abwechslung, Aufregung und Stil im Leben brauchen, sollten Sie genügend finanzielle Mittel haben, um sich dies alles leisten zu können. Obwohl Sie unabhängig sein wollen, bringen Ihnen gemeinschaftliche Anstrengungen und Teamarbeit Erfolg. Wenn Sie sich verantwortungsbewußt verhalten, können Sie für Ihr Team ein großer Gewinn sein.

Bis Sie 18 sind, spielen Heim, Familie und Sicherheit die größten Rollen in Ihrem Leben. Wenn Ihre Sonne dann in das Zeichen des Löwen tritt, fühlen Sie sich stärker in die Öffentlichkeit gezogen, was mehr Kraft und Selbstvertrauen verlangt. Dieser Einfluß hält an, bis Sie 48 sind und Ihre Sonne in die Jungfrau wechselt. Sie werden praktischer, analytischer, beobachtender und ordentlicher.

Ihr geheimes Selbst

Es besteht die Gefahr, daß Sie zwischen dem, was Sie wirklich inspiriert, und dem, womit man Geld verdienen kann, hin und her gerissen werden, was innere Spannungen verursacht. Obwohl Sie kreativ und geschickt sind, müssen Sie Entschlossenheit und Engagement an den Tag legen, um etwas zu erreichen. Die richtige Wahl und Entscheidung zu treffen ist das Hauptproblem Ihres Lebens. Da Sie Intuition und Einfühlungsvermögen haben, sollten Sie mehr auf Ihre innere Stimme hören.

Wenn Sie erkennen, wie wichtig geistige Anregung für Sie ist, wird Ihnen auch klar, daß Bildung und Wissen Grundvoraussetzungen für Erfolg darstellen. Da Sie häufig zahlreiche verschiedene Interessen verfolgen, sollten Sie besseres Urteilsvermögen entwickeln und lernen, sich auf eine einzelne Sache besser zu konzentrieren.

Beruf & Karriere

Am erfolgreichsten sind Sie in Berufen, in denen Sie viel mit Menschen zu tun haben. Mit Ihrem Charisma, Ihren Führungsqualitäten und Organisationsfähigkeiten können Sie in Ihrem Bereich durchaus eine Spitzenposition erreichen. Erfolgversprechend für Sie sind vor allem Verkauf, Verhandlungen oder Promotion, aber auch Verlagswesen, Recht, Bankwesen oder Politik, auch Tätigkeiten, die mit Haus, Nahrung oder Pflege zu tun haben. Ihr Bedürfnis nach Selbstverwirklichung und Ihre Liebe zum Dramatischen führen Sie vielleicht auch in die Welt von Kunst und Entertainment. Mit Ihrem Unabhängigkeitsdrang und Ehrgeiz ist eine selbständige Tätigkeit möglicherweise besser für Sie.

Berühmte Persönlichkeiten dieses Tages sind die Schauspielerin Gina Lollobrigida, der Schriftsteller Nathaniel Hawthorne und der Rockmusiker Jeremy Spencer.

Numerologie

Begabt mit Energie, praktischem Geschick und starker Entschlossenheit, können Sie durch harte Arbeit zu Erfolg gelangen. Mit der Geburtstagszahl 4 haben Sie einen ausgeprägten Sinn für Form und Komposition und sind fähig, praktische Systeme zu schaffen. Da Sie sicherheitsbewußt sind, möchten Sie für sich und Ihre Familie ein solides Fundament bauen. Pragmatismus und guter Geschäftssinn verhelfen Ihnen zu materiellem Erfolg. Im allgemeinen sind Sie aufrichtig, offen und fair. Sie sollten aber mehr diplomatisches Geschick entwickeln und sich vor Sturheit oder Taktlosigkeit hüten. Der Untereinfluß der Monatszahl 7 bewirkt, daß Sie idealistisch und intuitiv sein und originelle Ideen entwickeln können. Ihre Persönlichkeit, die von einer Mischung aus Bescheidenheit und Selbstvertrauen geprägt ist, läßt Sie nach einem ausgewogenen Standpunkt streben und hilft Ihnen, sich nicht so sehr von der Kritik anderer beeindrucken zu lassen. Dieses Bemühen um Ausgeglichenheit bedeutet auch, daß Sie sehr darauf achten, was Sie fühlen und denken.
Positiv: Selbstdisziplin, Beständigkeit, fleißig, organisiert, handwerklich geschickt, pragmatisch, vertrauenswürdig, exakt.
Negativ: labil, destruktives Verhalten, unkommunikativ, starr, faul, geizig, herrisch, nachtragend.

Liebe & Zwischenmenschliches

Sie sind im Herzen jung, freundlich und gesellig und haben viele Interessen. Zwar haben Sie viele Bekannte, und es fällt Ihnen nicht schwer, Kontakte zu knüpfen, aber am meisten zieht es Sie zu unternehmungslustigen und erfolgreichen Menschen mit einer gesunden Portion Ehrgeiz. Durch Freunde und Partner ergeben sich für Sie immer wieder exzellente Möglichkeiten. Reisen könnte eines Ihrer zahlreichen Hobbys sein. Auch Heirat und Partnerschaft bringen Vorteile, und wenn Sie finanziell abgesichert sind, können Sie durchaus glücklich und zufrieden werden. Lassen Sie sich aber genügend Zeit, Ihre Partner sorgfältig auszusuchen, sonst sind Ihre Beziehungen zu schnellem Scheitern verurteilt.

kann Sie unvorbereitet treffen, so daß Sie den Erfolg nicht verkraften können. Im allgemeinen strahlen Sie Würde aus und können gut mit Menschen umgehen. Sirius ist auch dafür verantwortlich, daß Sie zuverlässig sind und den Besitz anderer gut verwalten.
- Positiv: Treue, hohe Verantwortlichkeit, Lebensfreude, Abenteuerlust, Erfolg.
- Negativ: Freiheitsdrang um jeden Preis, Mißbrauch von Macht und Vertrauenspositionen.

Ihr Partner

Sie verbessern Ihre Chancen, den richtigen Partner zu finden, wenn Sie sich unter den Menschen umsehen, die an folgenden Tagen geboren sind:
Liebe & Freundschaft: 6., 8., 14., 23., 26., 28. Jan., 4., 10., 12., 21., 24., 26. Feb., 2., 10., 12., 19., 22., 24. März, 8., 14., 17., 20., 22. April, 6., 15., 16., 18., 20. Mai, 4., 13., 16., 18. Juni, 2., 11., 14., 16., 20. Juli, 9., 12., 14., 22. Aug., 7., 10., 12., 24. Sept., 5., 8., 10., 26. Okt., 3., 6., 8., 28. Nov., 1., 4., 6., 30. Dez.
Günstig: 9., 12. Jan., 7., 10. Feb., 5., 8. März, 3., 6. April, 1., 4. Mai, 2., 30. Juni, 28. Juli, 26., 30., 31. Aug., 24., 28., 29. Sept., 22., 26., 27. Okt., 20., 24., 25. Nov., 18., 22., 23., 29. Dez.
Schicksalhaft: 1., 2., 3., 4., 5. Jan.
Problematisch: 11., 13., 29. Jan., 9., 11. Feb., 7., 9., 30. März, 5., 7., 28. April, 3., 5., 26., 31. Mai, 1., 3., 24., 29. Juni, 1., 22., 27. Juli, 20., 25. Aug., 18., 23., 30. Sept., 16., 21., 28. Okt., 14., 19., 26. Nov., 12., 17., 24. Dez.
Seelenverwandt: 12., 29. Jan., 10., 27. Feb., 8., 25. März, 6., 23. April, 4., 21. Mai, 2., 19. Juni, 17. Juli, 15. Aug., 13. Sept., 11. Okt., 9. Nov., 7. Dez.

5. Juli

SONNE: KREBS
DEKADE: KREBS/SKORPION, MOND/MARS
GRAD: 12°45' – 14° KREBS
ART: KARDINALZEICHEN
ELEMENT: WASSER

Fixsterne

Sirius; Canopus

Hauptstern

Name des Sterns: Sirius
Gradposition: 13°6' – 14°2' Krebs zwischen den Jahren 1930 und 2000
Magnitude: 1
Stärke: **********
Orbit: 2°30'
Konstellation: Alpha Canis Majoris
Tage: 3., 4., 5., 6., 7., 8. Juli
Sternqualitäten: unterschiedliche Deutungen: Mond/Jupiter/Mars
Beschreibung: leuchtend weiß-gelber Doppelstern in der Schnauze des Großen Hundes; verbunden mit der ägyptischen Gottheit Osiris.

Einfluß des Hauptsterns

Sirius steht für Optimismus und Großzügigkeit sowie die Fähigkeit, treue Freunde an hoher Stelle zu gewinnen. Unter dem Einfluß dieses Sterns können Sie zu Erfolg und Ansehen kommen und eine führende Position erreichen. Ohne große Anstrengung gewinnen Sie die Anerkennung Ihrer Vorgesetzten. Sirius sorgt für Ehre, Reichtum und Ruhm, verleiht Führungsqualitäten und ebnet den Weg zur Macht. Allerdings steht er auch für Aufsässigkeit und Draufgängertum. Er warnt auch vor übereiltem Handeln.

Im Zusammenhang mit dem Stand Ihrer Sonne steht Sirius für Erfolg in der freien Wirtschaft, ein glückliches Heim und die Liebe zu Kunst, Astrologie, Philosophie

Mit diesem Geburtstag sind Sie optimistisch, abenteuerlustig und vielseitig begabt. Als Krebs sind Sie intuitiv und haben starken Leistungs- und Erfolgsdrang. Auch wenn Sie sehr phantasiebegabt und praktisch geschickt sind, werden Sie ohne Geduld und Ausdauer viele Ihrer Ideen nicht umsetzen können. Mit Ihrem ausgezeichneten Geschäftssinn können Sie in große Projekte und Spekulationsobjekte einsteigen.

Der Untereinfluß Ihres Dekadenzeichens, des Krebses, führt dazu, daß Sie immer Wege suchen, Ihr Leben zu verändern. Derselbe Einfluß bringt aber auch mit sich, daß Sie dazu neigen, Situationen auszunutzen. Sie sind davon überzeugt, daß Geld Macht ist, und häufig genug werden Sie darin bestätigt. Wenn Sie aber nur materiellen Erfolg sehen, verpassen Sie möglicherweise viele andere Dinge, die das Leben lebenswert machen.

Obwohl Sie diszipliniert und fleißig sind, neigen Sie etwas zur Verschwendung, und Besitztümer sind für Sie von großer Bedeutung. Als praktischer Idealist mit Führungsqualitäten haben Sie auch Phantasie und Weitblick. Mit Hilfe dieser Fähigkeiten sind Sie meist in der Lage, Ihre Talente für lohnende Beschäftigungen einzusetzen. Sie haben hochfliegende Träume, und was Sie auch im Leben tun, Sie wollen es in großem Maßstab tun. Dieses Bedürfnis nach Größe deutet darauf hin, daß Sie von einer inneren Rastlosigkeit oder Unzufriedenheit mit Ihrer Situation immer weiter getrieben werden.

Wenn Sie 17 sind und Ihre Sonne in das Zeichen des Löwen tritt, entwickeln Sie mehr Stärke, Kreativität, Selbstvertrauen und Abenteuerlust. Wenn Sie 47 sind und Ihre Sonne in die Jungfrau wechselt, werden Sie tüchtiger, entwickeln besseres Urteilsvermögen, und Ihr Interesse an Gesundheitsthemen sowie das Bedürfnis, anderen nützlich zu sein, wächst.

Ihr geheimes Selbst

Temperamentvoll, aber auch sensibel, haben Sie das nötige Einfühlungsvermögen, um Situationen schnell zu erfassen. Mit Ihrer inneren Noblesse und einem Sinn für Würde und Stolz lehnen Sie untergeordnete Arbeiten, die Ihren Verstand nicht fordern, ab. Tatsächlich gelangen Sie durch Ihre geistigen Fähigkeiten zu Anerkennung und Erfolg.

Obwohl Sie häufig selbstbewußt und selbstsicher wirken, erkennen Sie Ihr wahres Potential erst durch Erziehung und Bildung. Sie sind nicht nur großzügig und nett, sondern meist auch hilfsbereit und fürsorglich. Da Sie den Wert von Weisheit verstehen, setzen Sie Ihre Fähigkeiten auch für humanitäre Zwecke ein. Mit Ihren Organisationsfähigkeiten und Ihrem Wunsch, ständig beschäftigt zu sein, führen Sie ein reiches und erfülltes Leben.

Beruf & Karriere

Geschäftssinn, gepaart mit Ihrem natürlichen Charme, kann sich in gutem finanziellen Erfolg niederschlagen. Meist interessieren Sie sich für Berufe, die mit Menschen zu tun haben. Da Sie ungern Anordnungen entgegennehmen, streben Sie von vornherein Führungspositionen an. Da Sie umfassend begabt sind und sehr vielseitig sein können, kommen für Sie Verkauf, Promotion oder Gastronomie in Frage. Auch als Unternehmer, Buchhalter, Bankier oder Verwalter können Sie erfolgreich sein. Ihr Hang zur Philosophie weckt vielleicht Ihr Interesse an theologischen oder metaphysischen Gebieten. Da

Sie gut delegieren können und auch eine altruistische Seite haben, fühlen Sie sich auch in lehrenden, beratenden oder sozialen Berufen wohl. Die Kreativeren unter Ihnen werden möglicherweise Schriftsteller, Schauspieler, Filmemacher oder Musiker.

Berühmte Persönlichkeiten dieses Tages sind das Multitalent Jean Cocteau, die Musiker Robbie Robertson und Huey Lewis, der frühere französische Staatspräsident Georges Pompidou und der Sufi-Führer Hazrath Inayat Khan.

Numerologie

Ihre Bereitschaft, alles Neue zu entdecken und auszuprobieren, gepaart mit Ihrer Begeisterungsfähigkeit, deutet darauf hin, daß Ihnen das Leben einiges zu bieten hat. Reisen und manch unerwartete Veränderung führen dazu, daß Sie einen echten Wandel Ihrer Ansichten und Überzeugungen durchmachen. Das Leben muß für Sie aufregend und ereignisreich sein, doch sollten Sie Verantwortungsgefühl entwickeln und darauf achten, daß Sie nicht unberechenbar, maßlos oder anderen gegenüber rücksichtslos sind. Angeboren ist Ihnen im allgemeinen das Talent, mit dem Strom schwimmen zu können und trotzdem unabhängig zu bleiben. Der Untereinfluß der Monatszahl 7 bewirkt, daß Sie wißbegierig, geistig rege und pragmatisch sind. Im allgemeinen verlassen Sie sich auf Ihre Intuition und ziehen es vor, Entscheidungen selbst zu treffen. Sie haben einen starken Willen und viel Selbstbewußtsein und brauchen das Gefühl finanzieller Sicherheit. Sie sammeln gern Informationen, die Ihnen in irgendeiner Form nützlich werden könnten.

Positiv: vielseitig, anpassungsfähig, progressiv, starke Instinkte, Anziehungskraft, kühn, freiheitsliebend, schlagfertig und witzig, mystisch, gesellig.

Negativ: unzuverlässig, wechselhaft, widersprüchlich, übersteigertes Selbstbewußtsein, dickköpfig.

Liebe & Zwischenmenschliches

Sie sind nicht nur sensibel und intuitiv, sondern auch leidenschaftlich und haben das Bedürfnis, Ihre Gefühle wirkungsvoll zum Ausdruck zu bringen. Sie sind freundlich und gesellig, und es ist Ihnen wichtig, beliebt zu sein. Ihren Lieben gegenüber sind Sie im allgemeinen loyal und großzügig. Daß Sie vom Leben immer nur das Beste wollen, kann aber auch bedeuten, daß Sie sich dem Genuß hingeben, vor allem, wenn Sie emotional unzufrieden sind. Sie bevorzugen die Gesellschaft erfolgreicher Menschen, die charismatisch und einflußreich sind und Ihnen den Weg nach oben ebnen.

und Bildung. Zu frühe Anerkennung kann Sie unvorbereitet treffen, so daß Sie den Erfolg nicht verkraften können. Im allgemeinen strahlen Sie Würde aus und können gut mit Menschen umgehen. Sirius ist auch dafür verantwortlich, daß Sie zuverlässig sind und den Besitz anderer gut verwalten können.

- Positiv: Treue, hohe Verantwortlichkeit, Lebensfreude, Abenteuerlust, Erfolg, Kreativität.
- Negativ: Freiheitsdrang um jeden Preis, Mißbrauch von Macht und Vertrauenspositionen.

Ihr Partner

Freundschaft, geistige Anregung und Liebe finden Sie am ehesten unter den Menschen, die an folgenden Tagen geboren sind:

Liebe & Freundschaft: 6., 15., 29., 31. Jan., 4., 13., 27., 29. Feb., 2., 11., 25., 27. März, 9., 23., 25. April, 7., 21., 23. Mai, 5., 19., 21. Juni, 3., 17., 19., 30. Juli, 1., 15., 17., 28. Aug., 13., 15., 26. Sept., 11., 13., 24. Okt., 9., 11., 22. Nov., 7., 9., 20. Dez.

Günstig: 13., 15., 19. Jan., 11., 13., 17. Feb., 9., 11., 15. März, 7., 9., 13. April, 5., 7., 11. Mai, 3., 5., 9. Juni, 1., 3., 7., 29. Juli, 1., 5., 27., 31. Aug., 3., 25., 29. Sept., 1., 23., 27. Okt., 21., 25. Nov., 19., 23. Dez.

Schicksalhaft: 2., 3., 4., 5., 6. Jan., 30. Mai, 28. Juni, 26. Juli, 24. Aug., 22. Sept., 20. Okt., 18. Nov., 16. Dez.

Problematisch: 12. Jan., 10. Feb., 8. März, 6. April, 4. Mai, 2. Juni, 31. Aug., 29. Sept., 27., 29., 30. Okt., 25., 27., 28. Nov., 23., 25., 26., 30. Dez.

Seelenverwandt: 2., 28. Jan., 26. Feb., 24. März, 22. April, 20. Mai, 18. Juni, 16. Juli, 14. Aug., 12. Sept., 10. Okt., 8. Nov., 6. Dez.

SONNE: KREBS
DEKADE: KREBS/SKORPION,
MOND/MARS
GRAD: 13°30' – 15°30' KREBS
ART: KARDINALZEICHEN
ELEMENT: WASSER

Fixsterne

Sirius; Canopus

Hauptstern

Name des Sterns: Sirius
Gradposition: 13°6' – 14°2' Krebs zwischen den Jahren 1930 und 2000
Magnitude: 1
Stärke: **********
Orbit: 2°30'
Konstellation: Alpha Canis Majoris
Tage: 3., 4., 5., 6., 7., 8. Juli
Sternqualitäten: unterschiedliche Deutungen: Mond/Jupiter/Mars
Beschreibung: leuchtend weiß-gelber Doppelstern in der Schnauze des Großen Hundes; verbunden mit der ägyptischen Gottheit Osiris.

Einfluß des Hauptsterns

Sirius steht für Optimismus und Großzügigkeit sowie die Fähigkeit, treue Freunde an hoher Stelle zu gewinnen. Unter dem Einfluß dieses Sterns können Sie zu Erfolg und Ansehen kommen und eine führende Position erreichen. Ohne große Anstrengung gewinnen Sie die Anerkennung Ihrer Vorgesetzten. Sirius sorgt für Ehre, Reichtum und Ruhm, verleiht Führungsqualitäten und ebnet den Weg zur Macht. Allerdings steht er auch für Aufsässigkeit und Draufgängertum; hüten Sie sich überdies vor übereiltem Handeln.
Im Zusammenhang mit dem Stand Ihrer Sonne steht Sirius für Erfolg in der freien Wirtschaft, ein glückliches Heim und die Liebe zu Kunst, Astrologie, Philosophie

6. Juli

Zu den Eigenschaften Ihres Geburtstages gehören Großzügigkeit, Menschenfreundlichkeit und Toleranz. Mit Ihrer glücklichen und liberalen Ausstrahlung sind Sie häufig beliebt und ziehen Menschen an. Ihr Erfolg hängt allerdings stark davon ab, wie Sie Ihre Vorzüge einsetzen. Als Krebs sind Sie im allgemeinen sensibel, idealistisch, hoch intuitiv und haben Sinn für Humor und Satire. Gelegentlich können Sie aber auch überernsthaft oder auch übererregt werden und müssen lernen, mehr Distanz zu halten.

Der Untereinfluß Ihres Dekadenzeichens, des Krebses, deutet darauf hin, daß Sie auch ein Mensch der Extreme sein können. Wenn Sie versuchen, Ungeduld und Ihren Hang zur Verschwendung zu bekämpfen, können Sie Ihre Unzufriedenheit oder ein Gefühl der Unsicherheit reduzieren. Viele Enttäuschungen und Schwierigkeiten lassen sich vermeiden, wenn Sie sich um eine ausgeglichene, harmonische Lebensweise bemühen.

Wenn Sie Verantwortungsbewußtsein entwickeln und lernen, Ihr Glück nicht als selbstverständlich hinzunehmen, können Sie Ihr wahres Potential zur Entfaltung bringen. Sie behalten immer gern das große Ganze im Auge, verlieren dabei aber manchmal im Schwung der Begeisterung die Einzelheiten aus dem Blickfeld. Mit mehr Gründlichkeit verbessern Sie Ihre Erfolgschancen erheblich.

Ihre Sensibilität nimmt etwas ab, wenn Sie 16 sind und Ihre Sonne in das Zeichen des Löwen tritt. Jetzt werden Sie in allen Bereichen des Lebens stärker und selbstbewußter. Wenn Sie 46 sind und Ihre Sonne in die Jungfrau wechselt, werden Sie gesundheitsbewußter, genauer und entwickeln ein besseres Urteilsvermögen.

Ihr geheimes Selbst

Obwohl Sie ein ausgeprägtes Einschätzungsvermögen haben, kann Ihre Art, nur für den Augenblick zu leben, oder Unzufriedenheit mit materiellen Beschränkungen zu Rastlosigkeit führen. Vielleicht sollten Sie reisen und neue Chancen entdecken, wenn Ihre Situation Ihnen nicht genügend Möglichkeiten zum Weiterkommen bietet.

Stolz und sich Ihrer Wirkung bewußt, legen Sie Wert auf Ihre äußere Erscheinung und versuchen, ein positives Image zu präsentieren. Obwohl Sie durchaus eine gute Hand für Geld haben, sind Sie so großzügig und mitfühlend, daß Sie häufig Ihr Geld schneller ausgeben, als Sie es verdienen. Finanzielle Schwankungen werden ohnehin Ihren Wünschen Grenzen setzen. Ein erster Schritt auf dem Weg zu Erfolg wäre für Sie, daß Sie lernen zu sparen. Da Sie aber auch ein guter Unternehmer und Kämpfer für eine gute Sache sind, können sich Ihnen plötzlich spektakuläre Möglichkeiten eröffnen.

Beruf & Karriere

Eine Mischung aus Sensibilität und intellektuellem Verständnis bewirkt, daß Sie mit Disziplin und Entschlossenheit auf jedem Gebiet erfolgreich sein können. Mit Ihren Führungsqualitäten streben Sie von vornherein leitende Positionen an oder ziehen es vor, unabhängig zu arbeiten, als Lehrer, Dozent oder Selbständiger. Da Sie gut schätzen können und auch eine pragmatische Seite haben, eignen Sie sich gut für Immobilien- oder Bankwesen, Börse oder Geschäftstätigkeit. Mit diesem Geburtstag stehen Ihnen auch Kunst und Showbusineß offen. Ihre humanitäre Seite mag Sie auch zu sozialen Berufen hinziehen, etwa in einer wohltätigen Organisation, in Heilberufen oder Arbeit fürs Gemeinwohl.

Berühmte Persönlichkeiten dieses Tages sind der Dalai Lama, die Malerin Frida Kahlo, der Schauspieler Sylvester Stallone, die Schauspielerin Janet Leigh, die frühere US-First-Lady Nancy Reagan und der Musiker Bill Haley.

Numerologie

Mitgefühl, Idealismus und Fürsorglichkeit gehören zu den Eigenschaften Ihrer Geburtstagszahl 6. Sie sind häufig ein Visionär oder Menschenfreund und können sehr verantwortungsbewußt, liebevoll und hilfsbereit sein. Obwohl Sie meist weltgewandt und karrierebewußt sind, macht Sie die 6 zu einem Menschen, dem Heim und Familie sehr viel bedeuten. Die besonders Sensiblen unter Ihnen suchen eine Form der kreativen Selbstverwirklichung und landen häufig in der Welt von Unterhaltung oder Kunst und Design. Schwierig für Sie kann es sein, mehr Selbstbewußtsein und Bestimmtheit zu entwickeln. Der Untereinfluß der Monatszahl 7 bewirkt, daß Sie Ihren eigenen, persönlichen Stil manifestieren und unabhängig sein wollen. Da Sie häufig Perfektionist sind, sind Sie auch kritisch; werden Sie dabei aber nicht rechthaberisch oder unkommunikativ. Wenn Sie Kritik gegenüber zu empfindlich werden, fühlen Sie sich möglicherweise mißverstanden.

Positiv: weltgewandt, mitfühlend, verantwortungsbewußt, zuverlässig, idealistisch, häuslich, ausgeglichen.

Negativ: unzufrieden, ängstlich, schüchtern, stur, unharmonisch, unverantwortlich, mißtrauisch, zynisch, egoistisch.

Liebe & Zwischenmenschliches

Da Sie sich vor allem zu Menschen hingezogen fühlen, die Sie geistig anregen, suchen Sie im allgemeinen nach intellektuellen Aktivitäten in irgendeiner Form. Mit Ihrer Schlagfertigkeit und Ihrem Sinn für Humor sind Sie eine wahre Stimmungskanone und der geborene Entertainer. Obwohl Sie gewöhnlich freundlich und gesellig sind, werden Sie streitsüchtig, wenn verborgene Unsicherheiten an die Oberfläche kommen. Dies kann in engen Beziehungen problematisch werden. Mit Ihren kommunikativen Fähigkeiten können Sie heikle Situationen aber leicht entschärfen.

und Bildung. Zu frühe Anerkennung kann Sie unvorbereitet treffen, so daß Sie den Erfolg nicht verkraften können. Im allgemeinen strahlen Sie Würde aus und können gut mit Menschen umgehen. Sirius ist auch dafür verantwortlich, daß Sie zuverlässig sind und den Besitz anderer gut verwalten können.

- Positiv: Treue, hohe Verantwortlichkeit, Lebensfreude, Abenteuerlust, Erfolg, Kreativität.
- Negativ: Freiheitsdrang um jeden Preis, Mißbrauch von Macht und Vertrauenspositionen.

Ihr Partner

Ihren Traumpartner werden Sie mit großer Wahrscheinlichkeit unter den an den folgenden Tagen geborenen Menschen finden:

Liebe & Freundschaft: 6., 16. Jan., 4., 14. Feb., 2., 12., 28., 30. März, 10., 26., 28. April, 8., 24., 26., 30. Mai, 6., 22., 24., 28. Juni, 4., 20., 22., 26., 31. Juli, 2., 18., 20., 24., 29. Aug., 16., 18., 22., 27. Sept., 14., 16., 20., 25. Okt., 12., 14., 18., 23. Nov., 10., 12., 16., 21. Dez.

Günstig: 9., 14., 16. Jan., 7., 12., 14. Feb., 5., 10., 12. März, 3., 8., 10. April, 1., 6., 8. Mai, 4., 6. Juni, 2., 4. Juli, 2. Aug., 30. Sept., 28. Okt., 26., 30. Nov., 24., 28., 29. Dez.

Schicksalhaft: 3., 4., 5., 6., 7., 21. Jan., 19. Feb., 17. März, 15. April, 13. Mai, 11. Juni, 9. Juli, 7. Aug., 5. Sept., 3. Okt., 1. Nov.

Problematisch: 4., 13., 28. Jan., 2., 11., 26. Feb., 9., 24. März, 7., 22. April, 5., 20. Mai, 3., 18. Juni, 1., 16. Juli, 14. Aug., 12. Sept., 10., 31. Okt., 8., 29. Nov., 6., 27. Dez.

Seelenverwandt: 15., 22. Jan., 13., 20. Feb., 11., 18. März, 9., 16. April, 7., 14. Mai, 5., 12. Juni, 3., 10. Juli, 1., 8. Aug., 6. Sept., 4. Okt., 2. Nov.

SONNE: KREBS
DEKADE: SKORPION/PLUTO
GRAD: 14°30' – 16°30' KREBS
ART: KARDINALZEICHEN
ELEMENT: WASSER

Fixsterne

Sirius; Canopus

Hauptstern

Name des Sterns: Sirius
Gradposition: 13°6' – 14°2' Krebs zwischen den Jahren 1930 und 2000
Magnitude: 1
Stärke: **********
Orbit: 2°30'
Konstellation: Alpha Canis Majoris
Tage: 3., 4., 5., 6., 7., 8. Juli
Sternqualitäten: unterschiedliche Deutungen: Mond/Jupiter/Mars
Beschreibung: leuchtend weiß-gelber Doppelstern in der Schnauze des Großen Hundes; verbunden mit der ägyptischen Gottheit Osiris.

Einfluß des Hauptsterns

Sirius steht für Optimismus und Großzügigkeit sowie die Fähigkeit, treue Freunde an hoher Stelle zu gewinnen. Unter dem Einfluß dieses Sterns können Sie zu Erfolg kommen und eine führende Position erreichen. Ohne große Anstrengung gewinnen Sie die Anerkennung Ihrer Vorgesetzten. Sirius sorgt für Ehre, Reichtum und Ruhm, verleiht Führungsqualitäten und ebnet den Weg zur Macht. Allerdings steht er auch für Aufsässigkeit und Draufgängertum; er warnt auch vor übereiltem Handeln. Im Zusammenhang mit dem Stand Ihrer Sonne steht Sirius für Erfolg in der freien Wirtschaft, ein glückliches Heim und die Liebe zu Kunst, Astrologie, Philosophie und Bildung. Zu frühe Anerkennung kann Sie unvorbereitet treffen, so daß

7. Juli

Zu den Eigenschaften dieses Geburtstages gehören starke Willenskraft, Entschlossenheit und Produktivität. Als Krebs sind Sie intuitiv und phantasiebegabt. Einschätzungsvermögen und Hang zu Materialismus deuten darauf hin, daß finanzielle Sicherheit eine große Rolle in Ihrem Leben spielt.

Der Untereinfluß Ihres Dekadenzeichens Skorpion bewirkt, daß Sie eine einflußreiche Position bekleiden möchten, die Macht lieben und gern die Kontrolle über alles haben. Allerdings sollten Sie sich davor hüten, zu dominant aufzutreten. Sie sind fleißig und energisch und haben gute Organisationsfähigkeiten, Geschäftssinn und eine pragmatische Lebenseinstellung. Häufig vertreten Sie konservative Ansichten und feste moralische Werte, streben aber doch materiellen wie gesellschaftlichen Erfolg an.

Da Sie Ihre Individualität zum Ausdruck bringen wollen, nehmen Sie ungern Anordnungen von anderen entgegen. Sie schaffen sich einen eigenen Verhaltenskodex, müssen sich aber davor hüten, rechthaberisch zu sein. Zusammenarbeit mit anderen bringt Ihnen wertvolle Erfahrungen, und wenn Sie Ihre diplomatischen Fähigkeiten ausbauen, erhöhen Sie oft auch Ihre Überzeugungskraft.

Wenn Sie 15 sind und Ihre Sonne in das Zeichen des Löwen tritt, entwickeln Sie in allen Bereichen des Lebens mehr Selbstvertrauen. Wenn Sie 45 sind und Ihre Sonne in die Jungfrau wechselt, werden Sie analytischer und entwickeln besseres Urteilsvermögen. Ihre Sonne wechselt in die Waage, wenn Sie 75 sind; nun wünschen Sie sich mehr Harmonie und Schönheit in Ihrer Umgebung.

Ihr geheimes Selbst

Als scharfer Beobachter haben Sie eine schnelle Auffassungsgabe und ein gutes Auge fürs Detail; damit können Sie aus Ihren Talenten Kapital schlagen und kluge Investitionen tätigen. Verständnis, Weisheit und Wissen gehören zu Ihren natürlichen Gaben; aber Sie müssen mehr Selbstdisziplin üben, um Ihr großes Potential zur Entfaltung zu bringen. Obwohl Sie äußerst intuitiv sind, neigen Sie gelegentlich zu Mißtrauen oder Selbstzweifeln. Willkommen sind Ihnen freundschaftliche Rededuelle, bei denen Sie Ihren scharfen Verstand trainieren können. Ihre stolze Haltung und innere Noblesse weisen darauf hin, daß Sie nicht versagen wollen. Allerdings sind Sie gelegentlich stur und sollten geduldiger auf den Rat anderer hören. Ihre Spontaneität verstärkt Ihr Konkurrenzdenken und hilft Ihnen, kreative Aufgaben zu bewältigen.

Beruf & Karriere

Da Sie intuitiv, geistig rege und fleißig sind, haben Sie das Zeug, auf Ihrem Gebiet eine Spitzenposition zu erreichen. Ihre direkte und geschäftsmäßige Art sorgt dafür, daß Sie auf dem Weg zu Ihrem Ziel nicht viel Zeit verlieren. Sie lieben Macht, feste Strukturen und Effizienz; in der Geschäftswelt eignen Sie sich deshalb besonders gut als Organisator oder als Führungskraft und Vorgesetzter. Erfolgversprechend sind auch Verkauf, Verhandlungen oder Verlagswesen. Interessant für Sie sind überdies Tätigkeiten in Werbung, Justiz oder Bankwesen. Mit Ihrem Bedürfnis nach Selbstverwirklichung und Ihrem Gefühl für Dramatik steht Ihnen aber auch die Welt von Unterhaltung und Kunst offen. Da Sie ungern Anordnungen entgegennehmen und sehr unabhängig sind, ziehen Sie möglicherweise eine selbständige Tätigkeit vor.

Berühmte Persönlichkeiten dieses Tages sind der Modeschöpfer Pierre Cardin, der Musiker Ringo Starr, der Maler Marc Chagall und der Komponist Gustav Mahler.

Numerologie

Als Mensch mit der Zahl 7 sind Sie analytisch und nachdenklich. Sie treffen Ihre Entscheidungen am liebsten allein; durch persönliche Erfahrung lernen Sie am besten. Da Sie ständig auf der Suche nach Selbsterkenntnis sind, sammeln Sie gern Informationen und interessieren sich für Lesen, Schreiben oder Spiritualität. Gelegentlich reagieren Sie überempfindlich auf die Kritik anderer und fühlen sich mißverstanden. Ihr Hang zu Rätselhaftigkeit oder Geheimnistuerei läßt Sie gerne subtile Fragen stellen, ohne daß jemand errät, was Sie selbst denken. Der Untereinfluß der Monatszahl 7 zeigt, daß Sie sehr individualistisch und stolz sind. Obwohl Sie häufig praktisch, fleißig und unabhängig sind, wirken Sie gelegentlich ungeduldig und sind schnell gelangweilt. Oft schwanken Sie zwischen Beeinflußbarkeit einerseits und Unabhängigkeit und Skepsis andererseits. Ihr Wunsch nach Erfolg und Geld motiviert Sie, Neues zu lernen. Wenn Sie Ihre kommunikativen Fähigkeiten entwickeln, können Sie Ihre Gedanken klarer und präziser darlegen.

Positiv: vertrauensvoll, genau, idealistisch, aufrichtig, spirituelle Fähigkeiten, wissenschaftlich, rational, nachdenklich.

Negativ: rätselhaft, falsch, unfreundlich, heimlichtuerisch, skeptisch, verwirrt, unbeteiligt.

Liebe & Zwischenmenschliches

Obwohl Sie freundlich und gesellig sind, mangelt es Ihnen in Ihren Beziehungen oft an Entschlossenheit. Da Sie auf das andere Geschlecht sehr anziehend wirken, müssen Sie darauf achten, in Ihrem Liebesleben nicht zu anspruchsvoll oder überemotional zu werden. Da Sie bereit sind, dem, den Sie lieben, alles zu geben, sollten Sie sich für die Suche nach dem richtigen Partner Zeit nehmen. Musik ist oft ein gutes Heilmittel gegen Ihre Ängste.

Sie den Erfolg nicht verkraften können. Im allgemeinen strahlen Sie Würde aus und können gut mit Menschen umgehen. Sirius ist auch dafür verantwortlich, daß Sie zuverlässig sind und den Besitz anderer gut verwalten können.

- Positiv: Treue, hohe Verantwortlichkeit, Lebensfreude, Abenteuerlust, Erfolg, Kreativität.
- Negativ: Freiheitsdrang um jeden Preis, Mißbrauch von Macht und Vertrauenspositionen.

Ihr Partner

Sie finden den richtigen Partner am ehesten unter den Menschen, die an folgenden Tagen geboren sind:

Liebe & Freundschaft: 7., 17., 20. Jan., 5., 15., 18. Feb., 3., 13., 16., 29., 31. März, 1., 11., 14., 27., 29. April, 9., 12., 25., 27. Mai, 7., 10., 23., 25. Juni, 5., 8., 21., 23. Juli, 3., 6., 19., 21. Aug., 1., 4., 17., 19. Sept., 2., 15., 17. Okt., 13., 15., 30. Nov., 11., 13., 18. Dez.

Günstig: 15., 17., 28. Jan., 13., 25., 26. Feb., 11., 13., 24. März, 9., 11., 22. April, 7., 9., 20. Mai, 5., 7., 18. Juni, 3., 5., 16. Juli, 1., 3., 14. Aug., 1., 12. Sept., 10., 29. Okt., 8., 27. Nov., 6., 25. Dez.

Schicksalhaft: 4., 5., 6., 7., 8. Jan., 3. Feb., 1. März

Problematisch: 4., 5., 14. Jan., 2., 3., 12. Feb., 1., 10. März, 8., 30. April, 6., 28. Mai, 4., 26. Juni, 2., 24. Juli, 22. Aug., 20. Sept., 18. Okt., 16. Nov., 24. Dez.

Seelenverwandt: 2. Jan., 29. März, 27. April, 25. Mai, 23. Juni, 21. Juli, 19. Aug., 17. Sept., 15. Okt., 13. Nov., 11. Dez.

8. Juli

SONNE: KREBS
DEKADE: SKORPION/PLUTO
GRAD: 15°30' – 17° KREBS
ART: KARDINALZEICHEN
ELEMENT: WASSER

Fixsterne

Sirius; Canopus

Hauptstern

Name des Sterns: Sirius
Gradposition: 13°6' – 14°2' Krebs zwischen den Jahren 1930 und 2000
Magnitude: 1
Stärke: **********
Orbit: 2°30'
Konstellation: Alpha Canis Majoris
Tage: 3., 4., 5., 6., 7., 8. Juli
Sternqualitäten: unterschiedliche Deutungen: Mond/Jupiter/Mars
Beschreibung: leuchtend weiß-gelber Doppelstern in der Schnauze des Großen Hundes; verbunden mit der ägyptischen Gottheit Osiris.

Einfluß des Hauptsterns

Sirius steht für Optimismus und Großzügigkeit sowie die Fähigkeit, treue Freunde an hoher Stelle zu gewinnen. Unter dem Einfluß dieses Sterns können Sie zu Erfolg und Ansehen kommen und eine führende Position erreichen. Ohne große Anstrengung gewinnen Sie die Anerkennung Ihrer Vorgesetzten. Sirius sorgt für Ehre, Reichtum und Ruhm, verleiht Führungsqualitäten und ebnet den Weg zur Macht. Allerdings steht er auch für Aufsässigkeit und Draufgängertum; hüten Sie sich überdies vor übereiltem Handeln.
Im Zusammenhang mit dem Stand Ihrer Sonne steht Sirius für Erfolg in der freien Wirtschaft, ein glückliches Heim und die Liebe zu Kunst, Astrologie, Philosophie und Bildung. Zu frühe Anerkennung

---

Sie sind nicht nur idealistisch und charmant, sondern auch praktisch geschickt; zu Ihren Vorzügen gehören außerdem Aufgeschlossenheit und Fleiß. Häufig verbirgt sich hinter Ihrer Fassade aus Sanftheit und Beschützerinstinkten geistige Rastlosigkeit und Ehrgeiz. Als Krebs sind Sie sensibel und mitfühlend und empfinden die Probleme anderer, als ob es Ihre eigenen wären. Sie wollen die Menschen, die Sie lieben, beschützen; achten Sie aber darauf, sich nicht zum Märtyrer zu machen. Der Untereinfluß Ihres Dekadenzeichens Skorpion sorgt dafür, daß Sie große innere Stärke haben. Da Sie sehr ausdauernd sind, können Sie gut Krisen überwinden. Ausdauer, Überzeugungskraft und Organisationstalent fördern Ihren Geschäftssinn und gesunden Pragmatismus. Obwohl Sie Macht lieben, sind Sie dank Ihrer freundlichen und verantwortungsbewußten Seite oft auch sehr fürsorglich.

Ein Hang zum Materialismus bewirkt, daß finanzielle Faktoren bei Ihren Entscheidungen im allgemeinen eine große Rolle spielen. Häufig vertreten Sie konservative Ansichten und feste moralische Werte, streben aber dennoch materiellen wie gesellschaftlichen Erfolg an. Ihre Herzenswärme und Ihr Bedürfnis, Ihre Gefühle auszudrücken, lassen Sie aber auch Ihre kreativen Talente weiterentwickeln.

Bis Sie 14 sind, spielen Sensibilität und Sicherheit eine große Rolle in Ihrem Leben. Wenn Ihre Sonne in das Zeichen des Löwen tritt, gewinnen Sie in allen Bereichen des Lebens mehr Selbstvertrauen. Wenn Sie 44 sind und Ihre Sonne in die Jungfrau wechselt, entwickeln Sie mehr Sinn fürs Praktische, Organisationsfähigkeiten, ein besseres Urteilsvermögen und werden überdies tüchtiger. Wenn Ihre Sonne in die Waage wechselt, sind Sie 74 und wünschen sich nun mehr Harmonie, Ausgeglichenheit, Schönheit und zwischenmenschliche Beziehungen.

Ihr geheimes Selbst

Wenn Sie lernen, Ihre eigenen Gefühle höher zu schätzen, und erkennen, daß sie ebenso wichtig sind wie die Bedürfnisse anderer, entwickeln Sie mehr Selbstvertrauen und lassen sich von Menschen oder Situationen weniger leicht enttäuschen, da Sie die nötige Distanz wahren können und nicht ständig nur die Erwartungen anderer erfüllen wollen.

Obwohl Sie gesellig und spontan sind und hohe Ideale und Moralvorstellungen haben, können Sie ein Mensch der Extreme sein. Dies bedeutet, daß Sie in einem Moment großzügig, spontan und unbeschwert sind, im nächsten aber überkritisch und überernsthaft. Wenn Sie zwischen Materiellem und Spirituellem einen gesunden Mittelweg finden, sind Sie nicht mehr auf die Anerkennung anderer angewiesen und finden eine innere Stärke, die Ihnen hilft, alle Hindernisse zu überwinden.

Beruf & Karriere

Ihr Talent für Geselligkeit ist Ihnen in allen Berufen von Nutzen, in denen Sie viel mit Menschen zu tun haben, zumal Sie gerne Arbeit und Vergnügen verbinden. Ihr Sinn für Dramatik und Ihr Bedürfnis nach Selbstverwirklichung führen Sie oft in die Welt von Kunst, Theater oder Musik. Sie haben guten Geschäftssinn und brauchen bei der Arbeit viel Handlungsspielraum. Da Sie fleißig sind, können Sie Spitzenpositionen erreichen oder sich selbständig machen. Ihre fürsorgliche und humanitäre Seite hilft Ihnen in Bereichen wie Pädagogik und Beratung oder auch bei der Arbeit, die dem Gemeinwohl dient.

Berühmte Persönlichkeiten dieses Tages sind die Schauspielerin Anjelica Huston, der Industrielle John D. Rockefeller, der Komiker Marty Feldman, der Astrologe Alan Leo und die Schriftstellerin Marianne Williamson.

Numerologie

Ihre Geburtstagszahl 8 zeigt auf, daß Sie Großes leisten wollen und sehr ehrgeizig sind. Auch der Wunsch nach Dominanz, Sicherheit und materiellem Erfolg ist auf die 8 zurückzuführen. Mit der 8 haben Sie Geschäftssinn und profitieren außerordentlich davon, wenn Sie Ihre Organisationsfähigkeiten und Führungsqualitäten weiterentwickeln. Wenn Sie bereit sind, hart zu arbeiten, wird Ihnen bald große Verantwortung übertragen. Sie müssen aber lernen, Ihre Macht fair und gerecht auszuüben und zu delegieren. Aufgrund Ihres ausgeprägten Sicherheitsbedürfnisses bevorzugen Sie langfristige Pläne und Investitionen. Der Untereinfluß der Monatszahl 7 bewirkt, daß Sie geistig rege, schnell und begeisterungsfähig sind und Charisma ausstrahlen. Ihre größten Vorzüge sind Ihre starken Instinkte und die Fähigkeit, durch die Verbindung von Theorie und Praxis rasch zu lernen. Da Sie ehrgeizig, aber auch intuitiv sind, erkennen Sie sofort, wenn sich Ihnen eine Chance bietet; ohne Plan verlieren Sie allerdings leicht das Interesse und geben auf.

Positiv: führungsstark, gründlich, fleißig, traditionell, beschützend, heilbegabt, gutes Einschätzungsvermögen.

Negativ: ungeduldig, verschwenderisch, intolerant, dominierend, leicht entmutigt, planlos, Kontrollverhalten.

Liebe & Zwischenmenschliches

Fürsorglich und selbstlos, sind Sie für die Menschen, die Sie lieben, ein hingebungsvoller Partner und Freund. Ihr Bedürfnis nach Stabilität macht Sie häufig zu großen Opfern für die Liebe bereit. Oft finden Sie einen Partner, der aus einer anderen Altersgruppe oder sozialen Schicht stammt. Ihr Bedürfnis nach Beliebtheit bringt mit sich, daß Sie einen großen Freundeskreis haben und enge Kontakte zu Familienangehörigen pflegen.

---

kann Sie unvorbereitet treffen, so daß Sie den Erfolg nicht verkraften können. Im allgemeinen strahlen Sie Würde aus und können gut mit Menschen umgehen. Sirius ist auch dafür verantwortlich, daß Sie zuverlässig sind und den Besitz anderer gut verwalten können.

- Positiv: Treue, hohe Verantwortlichkeit, Lebensfreude, Abenteuerlust, Erfolg, Kreativität.
- Negativ: Freiheitsdrang um jeden Preis, Mißbrauch von Macht und Vertrauenspositionen.

Ihr Partner

Wenn Sie den idealen Partner suchen, finden Sie ihn am ehesten unter den Menschen, die an folgenden Tagen geboren wurden:

Liebe & Freundschaft: 4., 8., 18., 19., 23. Jan., 2., 6., 16., 17., 21. Feb., 4., 14., 15., 19., 28., 30. März, 2., 12., 13., 17., 26., 28., 30. April, 10., 11., 15., 24., 26., 28. Mai, 8., 9., 13., 22., 24., 26. Juni, 6., 7., 11., 20., 22., 24., 30. Juli, 4., 5., 9., 18., 20., 22., 28. Aug., 2., 3., 7., 16., 18., 20., 26. Sept., 1., 5., 14., 16., 18., 24. Okt., 3., 12., 14., 16., 22. Nov., 1., 10., 12., 14., 20. Dez.

Günstig: 5., 16., 27. Jan., 3., 14., 25. Feb., 1., 12., 23. März, 10., 21. April, 8., 19. Mai, 6., 17. Juni, 4., 15. Juli, 2., 13. Aug., 11. Sept., 9., 30. Okt., 7., 28. Nov., 5., 26., 30. Dez.

Schicksalhaft: 5., 6., 7., 8., 9., 17. Jan., 15. Feb., 13. März, 11. April, 9. Mai, 7. Juni, 5. Juli, 3. Aug., 1. Sept.

Problematisch: 1., 10., 15. Jan., 8., 13. Feb., 6., 11. März, 4., 9. April, 2., 7. Mai, 5. Juni, 3., 29. Juli, 1., 27. Aug., 25. Sept., 23. Okt., 21. Nov., 19., 29. Dez.

Seelenverwandt: 30. Aug., 28. Sept., 26. Okt., 24. Nov., 22. Dez.

9. Juli

SONNE: KREBS
DEKADE: SKORPION/PLUTO
GRAD: 16°30' – 17°30' KREBS
ART: KARDINALZEICHEN
ELEMENT: WASSER

Fixsterne

Canopus; Al Wasat

Hauptstern

Name des Sterns: Canopus
Gradposition: 13°58' – 15° Krebs zwischen den Jahren 1930 und 2000
Magnitude: 1
Stärke: **********
Orbit: 2°30'
Konstellation: Alpha Carinae
Tage: 4., 5., 6., 7., 8., 9., 10. Juli
Sternqualitäten: Saturn/Jupiter und Mond/Mars
Beschreibung: gelb-weißer Stern in einem Ruder des Schiffs der Argonauten.

Einfluß des Hauptsterns

Canopus, der ägyptische Gott der Seeleute und Reisenden, wird mit diesem Gestirn in Verbindung gebracht, das somit für ausgedehnte Reisen steht. Zudem steht der Stern für Freundlichkeit, Konservativismus und Scharfsinnigkeit sowie für Erfolg durch akademische Bildung. Sie haben die Fähigkeit, sich leicht umfassendes Wissen anzueignen, und engagieren sich gern für das Gemeinwohl. Der Stern warnt aber auch vor Ärger und Problemen mit Familie und Verwandten. Im Zusammenhang mit dem Stand Ihrer Sonne sorgt dieses Gestirn für Erfolg in öffentlichen Angelegenheiten und das Erreichen hochgesteckter Ziele durch Fleiß. Canopus wird auch mit Ruhm in Verbindung gebracht, der allerdings nicht immer von langer Dauer ist. Zu Hause oder im Umgang mit Freunden

Mit diesem Geburtstag sind Sie charismatisch und gesellig, haben ein Gefühl für Menschen und schließen leicht Freundschaften. Obwohl Sie im allgemeinen kontaktfreudig sind, haben Sie doch eine sensible Seele und starke Emotionen. Mit Ihrem Verständnis, Ihrem intuitiven Intellekt und ausgeprägten Gerechtigkeitssinn halten Sie mit Ihrer Meinung nicht hinter dem Berg und vertreten feste Überzeugungen. Wenn Sie für Ihre Ideale einstehen und für andere kämpfen, zeigen Sie sich von Ihrer mitfühlenden Seite.

Da Sie sensibel und stark harmoniebedürftig sind, machen Sie nicht gern Wirbel. Ob in der Familie oder im Freundeskreis – Sie fühlen sich oft aufgerufen, große Opfer zu bringen, um anderen zu gefallen.

Wenn Sie nicht mit Ressentiments Ihren Blick verstellen, werden Sie feststellen, daß Ihre guten Taten am Ende reich belohnt werden. Hüten Sie sich davor, schweigend zu leiden; dies führt am Ende nur zu heftigen emotionalen Ausbrüchen. Sie sollten sich eine solide Basis schaffen und Schritt für Schritt auf Ihrem Weg vorangehen, auch wenn Sie das Bedürfnis, Geld zu verdienen, bereits verspüren, wenn Sie noch gar nicht wissen, wo Ihre Begabungen liegen. Da Sie eine blühende Phantasie haben, sollten Sie darauf achten, Ihre Gedanken auf positive Ziele zu konzentrieren, sonst werden Sie womöglich von Ängsten oder Überbesorgnis heimgesucht. Wenn Sie in Topform sind, können Sie lebenslustig, großzügig, gesellig und äußerst humorvoll sein.

Ab 13, wenn Ihre Sonne in das Zeichen des Löwen tritt, werden Sie bestimmter und entwickeln in allen Bereichen des Lebens mehr Selbstvertrauen. Wenn Sie 43 sind und Ihre Sonne in die Jungfrau wechselt, ändern sich Ihre Schwerpunkte. Sie werden praktischer und perfektionistischer und gewinnen besseres Urteilsvermögen. Ihre Sonne tritt in die Waage, wenn Sie 73 sind; nun legen Sie mehr Wert auf Freundschaften und zwischenmenschliche Beziehungen.

Ihr geheimes Selbst

Zweifel oder Frustration kann Sie davon abhalten, sich auf Ihre positiven Ziele zu konzentrieren. Mit mehr Ausdauer stärken Sie Ihre Willenskraft und können so Situationen besser kontrollieren, statt sich von ihnen überrennen zu lassen. Zwingen Sie sich dazu, über sich selbst hinauszuwachsen. Sie werden überrascht sein, was Sie alles erreichen können.

Mit Ihrer Sensibilität und der Gabe, sich in andere Menschen hineinversetzen zu können, haben Sie ein außergewöhnliches Verständnis für die Menschheit im Ganzen. Sie sollten dieses Talent aber mit einer individuellen Form der Selbstverwirklichung kombinieren, um es mit der nötigen Zielstrebigkeit und Kraft einzusetzen. Da Sie sehr kreativ und intuitiv sind, finden Sie zahlreiche Ausdrucksformen für Ihre Talente.

Beruf & Karriere

Ihr Talent, mit Menschen umgehen zu können, und Ihre angeborene Einfühlungsgabe nützen Ihnen vor allem in Berufen, die mit der Öffentlichkeit zu tun haben. Ihr Interesse an den Menschen, an der menschlichen Gesellschaft und ihren Lebensbedingungen veranlaßt Sie vielleicht, einen Heilberuf zu ergreifen oder sich Justiz, Sozialarbeit oder Beratung zuzuwenden. In Frage kommen für Sie aber auch Verkauf und Promotion. Ihre

Fähigkeit, Ihre Meinung zu äußern, macht Sie zu einem guten Redner; Ihre Wortgewandtheit möchten Sie vielleicht aber auch schreibend anwenden. Ihre Phantasie kann sich auch in geschäftlichen oder künstlerischen Tätigkeiten ausdrücken, in Theater, Kunst und Design oder Verlagswesen. Ihre kreative Seite beschäftigt sich gerne mit Ausstattung und Innenarchitektur.

Berühmte Persönlichkeiten dieses Tages sind der Schauspieler Tom Hanks, der Maler David Hockney, die Schriftstellerin Barbara Cartland, der britische Premier Edward Heath und der Erfinder Nicola Tesla.

Numerologie

Wohlwollen, Mitgefühl und Sensibilität gehören zu den Charakteristika der Geburtstagszahl 9. Intuition und mediale Fähigkeiten beweisen universales Wahrnehmungsvermögen. Wenn Sie diese positiv einsetzen, inspiriert Sie das vielleicht sogar dazu, einen spirituellen Weg zu suchen. Die 9 vermittelt häufig das Gefühl, das Leben sei vorbestimmt und ließe kaum eigenen Handlungsspielraum. Sie müssen mehr Verständnis, Toleranz, Geduld und ein Gefühl für mehr Objektivität entwickeln, lernen, auf Ihre eigenen Instinkte zu vertrauen und nicht permanent mit Ihrem Schicksal zu hadern. Durch Ausdauer und eine positive Lebenseinstellung stellt sich auch Erfolg ein. Der Untereinfluß der Monatszahl 7 bewirkt, daß Sie sensibel, zurückhaltend und nachdenklich sind und ein starkes Bedürfnis nach Selbsterfüllung verspüren. Als Menschenfreund leiden Sie gelegentlich unter dem Zwiespalt zwischen Ihrem Bedürfnis nach Selbstverwirklichung und Ihrer Verantwortung anderen gegenüber. Sie sollten lernen, zwischen übersteigertem Selbstbewußtsein einerseits und Selbstzweifeln und Unsicherheit andererseits ein Gleichgewicht herzustellen.

Positiv: idealistisch, kreativ, sensibel, anziehend, poetisch, wohltätig, freigiebig, unvoreingenommen.

Negativ: frustriert, nervös, innerlich zerrissen, unsicher, selbstsüchtig, unpraktisch, leicht beeinflußbar, ängstlich.

Liebe & Zwischenmenschliches

Sie sind ein treuer und verläßlicher Freund, und mit Ihrem natürlichen Charme haben Sie einen großen Freundeskreis, in dem Sie Beliebtheit genießen. Da Sie hohe Ansprüche an Beziehungen stellen, sind Sie bereit, viel zu geben, wollen aber selbst auch geliebt und geschätzt werden. Da Sie Menschen jeglichen Herkommens anziehen, müssen Sie sich unbedingt ein besseres Urteilsvermögen aneignen. Beziehungen und Ehe haben für Sie große Bedeutung, und materielle Sicherheit ist für Sie Grundvoraussetzung.

und Verwandten können sich kleinere Probleme ergeben, aber Hilfe kommt, wenn sie am nötigsten gebraucht wird.
- Positiv: Ernsthaftigkeit, Engagement, Reiselust, Beharrlichkeit, Erfolg in der Justiz.
- Negativ: Niedergeschlagenheit, Unzufriedenheit, selbstgemachte Probleme, Verwicklung in Rechtsangelegenheiten.

Ihr Partner

Den Partner fürs Leben werden Sie mit großer Wahrscheinlichkeit unter den an den folgenden Tagen geborenen Menschen finden:

Liebe & Freundschaft: 5., 9., 18., 19. Jan., 3., 7., 16., 17. Feb., 1., 5., 14., 15., 31. März, 3., 12., 13., 29. April, 1., 10., 11., 27., 29. Mai, 8., 9., 25., 27. Juni, 6., 7., 23., 25., 31. Juli, 4., 5., 21., 23., 29. Aug., 2., 3., 19., 21., 27., 30. Sept., 1., 17., 19., 25., 28. Okt., 13., 15., 21., 24. Dez.

Günstig: 1., 6., 17. Jan., 4., 15. Feb., 2., 13. März, 11. April, 9. Mai, 7. Juni, 5. Juli, 3. Aug., 1. Sept., 31. Okt., 29. Nov., 27. Dez.

Schicksalhaft: 6., 7., 8., 9. Jan.

Problematisch: 2., 16. Jan., 14. Feb., 12. März, 10. April, 8. Mai, 6. Juni, 4. Juli, 2. Aug., 30. Dez.

Seelenverwandt: 11., 31. Jan., 9., 29. Feb., 7., 27. März, 5., 25. April, 3., 23. Mai, 1., 21. Juni, 19. Juli, 17. Aug., 15. Sept., 13. Okt., 11. Nov., 9. Dez.

10. Juli

SONNE: KREBS
DEKADE: SKORPION/PLUTO
GRAD: 17°30' – 18°30' KREBS
ART: KARDINALZEICHEN
ELEMENT: WASSER

Fixsterne

Canopus; Al Wasat; Propus; Castor

Hauptstern

Name des Sterns: Canopus
Gradposition: 13°58' – 15° Krebs zwischen den Jahren 1930 und 2000
Magnitude: 1
Stärke: **********
Orbit: 2°30'
Konstellation: Alpha Carinae
Tage: 4., 5., 6., 7., 8., 9., 10. Juli
Sternqualitäten: Saturn/Jupiter und Mond/Mars
Beschreibung: gelb-weißer Stern in einem Ruder des Schiffs der Argonauten.

Einfluß des Hauptsterns

Canopus, der ägyptische Gott der Seeleute und Reisenden, wird mit diesem Gestirn in Verbindung gebracht, das somit für ausgedehnte Reisen steht. Zudem steht der Stern für Freundlichkeit, Konservativismus und Scharfsinnigkeit sowie für Erfolg durch akademische Bildung. Sie haben die Fähigkeit, sich leicht umfassendes Wissen anzueignen, und engagieren sich gern für das Gemeinwohl. Der Stern warnt aber auch vor Ärger und Problemen mit Familie und Verwandten. Im Zusammenhang mit dem Stand Ihrer Sonne sorgt dieses Gestirn für Erfolg in öffentlichen Angelegenheiten und das Erreichen hochgesteckter Ziele durch Fleiß. Canopus wird auch mit Ruhm in Verbindung gebracht, der allerdings nicht immer von langer Dauer ist. Zu Hause oder im Umgang mit Freunden

---

♋ Sie sind ehrgeizig und rastlos, aber auch nachdenklich und zurückhaltend, ein Krebs mit einer dynamischen Persönlichkeit. Das Leben hat Ihnen viel zu bieten, und Sie nutzen dieses Angebot ausgiebig, bevor Sie sich endgültig festlegen. Motivation und Ausdauer sind die wichtigsten Schlüssel zu Ihrem Erfolg.

Durch den Untereinfluß Ihres Dekadenzeichens Skorpion sind Sie voller Entschlossenheit und Energie. Es kann sein, daß Sie auf der Suche nach einer besseren Zukunft Ihre Vergangenheit hinter sich lassen und noch einmal ganz von vorne anfangen. Diese innere Unruhe zeigt an, daß Sie durch Aktivität und Abwechslung monotone Routine vermeiden sollten. Für inneren Frieden müssen Sie auf langfristige Pläne und Investitionen setzen.

Sie sind individuell und clever und lernen schnell durch persönliche Erfahrung. Sie sind sehr vielseitig, haben eine sensible Seele, und Ihre Instinkte, die Sie nur in den seltensten Fällen trügen, helfen Ihnen oft, neue Möglichkeiten zu erschließen. Auf Ihr Selbstvertrauen und Ihre Freiheitsliebe ist zurückzuführen, daß sich Ihnen immer wieder die Gelegenheit bietet, im Ausland zu arbeiten oder zu reisen. Wenn Sie optimistisch und aufgeschlossen bleiben, werden Sie lernen, daß Sie immer wieder irgendwo anders neu anfangen können, wenn Sie beim ersten Anlauf keinen Erfolg haben.

Wenn Sie 12 sind und Ihre Sonne in das Zeichen des Löwen wechselt, entwickeln Sie mehr Stärke und Kreativität und im Umgang mit Ihren Mitmenschen mehr Selbstvertrauen. Wenn Sie 42 sind und Ihre Sonne in die Jungfrau wechselt, werden Sie praktischer und analytischer und entwickeln mehr Ordnungssinn und Urteilsvermögen. Mit 72 tritt Ihre Sonne in die Waage ein, und Sie legen mehr Wert auf zwischenmenschliche Beziehungen. Ihr Harmoniebedürfnis wächst, und Sie entwickeln künstlerische oder literarische Interessen.

Ihr geheimes Selbst

Da Sie vielseitig begabt und anpassungsfähig sind, lernen Sie schnell. Gelegentlich leiden Sie aber unter mangelndem Selbstbewußtsein oder zweifeln an Ihren Erfolgschancen. Meist sind diese Sorgen jedoch unbegründet, da Sie einen hochkreativen Geist und die Fähigkeit haben, das Leben ebenso distanziert wie tolerant zu betrachten. So können Sie anstehende Probleme stets von einer übergeordneten Perspektive aus sehen.

Da Sie vielleicht noch lernen müssen, daß Verantwortung durchaus lohnend sein kann, sollten Sie sich Projekte suchen, die Sie wirklich interessieren. Wenn Sie sich um finanzielle Angelegenheiten Sorgen machen, liegt das meist an einer inneren Ungeduld. Lassen Sie sich nicht von Ideen über schnellen Reichtum verführen, sondern wählen Sie lieber den beschwerlicheren Weg, um eine sichere und sorgenfreie Zukunft aufzubauen.

Beruf & Karriere

Ihre angeborene Fähigkeit, mit Menschen umzugehen, ist die beste Grundvoraussetzung für Ihre Karriere. Obwohl Sie sehr viel Wert auf ein sicheres Heim und Gemütlichkeit legen, sollten Sie aufgrund Ihres Bedürfnisses nach Abwechslung einen Beruf wählen, der nicht viel Routine mit sich bringt. Der Idealfall ist, wenn Sie sowohl Ihren Sinn fürs Praktische als auch Ihre Phantasie einsetzen können, etwa als Schauspieler, Fotograf, Maler oder Musiker. Sie bleiben nicht lange an einer Stelle, wenn Sie nicht schnell lukrativ wird. Besonders interessieren Sie Berufe, die viel mit Reisen zusammenhängen. Außerdem fühlen Sie sich zu Beratungs- oder Heilberufen hingezogen, wo Sie Ihre Intuition einsetzen können. Ihr Wunsch nach Action kann Sie auch in die Welt des Sports führen.

Berühmte Persönlichkeiten dieses Tages sind der Schriftsteller Marcel Proust, die Maler James Abbott McNeil Whistler, Camille Pissarro und Giorgio De Chirico und der Reformator Johann Calvin.

Numerologie

Mit der Geburtstagszahl 10 haben Sie das starke Bedürfnis, eine Identität aufzubauen und etwas zu erreichen. Meist sind Sie innovativ, selbstsicher und ehrgeizig. Voller Energie und Originalität, stehen Sie zu Ihren Ansichten, auch wenn sie von denen anderer abweichen. Ihr Pioniergeist motiviert Sie oft, weite Reisen zu unternehmen oder Dinge im Alleingang durchzuziehen. Vielleicht müssen Sie lernen, daß sich die Welt nicht nur um Sie dreht; hüten Sie sich außerdem davor, selbstsüchtig und despotisch zu werden. Erfolg und Leistung sind wichtig für Sie, und vielleicht schaffen Sie es auf Ihrem Gebiet sogar bis in eine Spitzenposition. Da damit meist sehr große Aufgaben einhergehen, sind Sie nicht sehr häuslich. Der Untereinfluß der Monatszahl 7 führt dazu, daß Sie wißbegierig und nachdenklich sind. Da Sie Ihre Entscheidungen am liebsten allein treffen, lieben Sie es nicht, wenn sich jemand in Ihre Angelegenheiten einmischt. Sie lernen am besten durch persönliche Erfahrung; um zu Erfolg zu gelangen, sollten Sie sich um Verantwortungsbewußtsein und Reife bemühen.

Positiv: führungsstark, kreativ, progressiv, optimistisch, feste Überzeugungen, wettbewerbsstark, unabhängig, gesellig.

Negativ: dominierend, eifersüchtig, egoistisch, hochmütig, feindselig, mangelnde Zurückhaltung, selbstsüchtig, schwach, unbeständig, ungeduldig.

Liebe & Zwischenmenschliches

Sie sind sensibel, freundlich und intelligent und brauchen die Gesellschaft geistig anregender Menschen. Im allgemeinen fühlen Sie sich zu starken Persönlichkeiten hingezogen, die ihren eigenen Kopf haben und unabhängig und ehrgeizig sind. Sie sind zurückhaltend und legen Wert darauf, einen cleveren Eindruck zu machen. Als guter Beobachter ist Ihnen klar, daß Sie nicht zu kritisch oder rechthaberisch sein dürfen, wenn Sie Wert darauf legen, daß Ihre Beziehungen von Dauer sind.

und Verwandten können sich kleinere Probleme ergeben, aber Hilfe kommt, wenn sie am nötigsten gebraucht wird.
- Positiv: Ernsthaftigkeit, Engagement, Reiselust, Beharrlichkeit, Erfolg in der Justiz.
- Negativ: Niedergeschlagenheit, Unzufriedenheit, selbstgemachte Probleme, Verwicklung in Rechtsangelegenheiten.

Ihr Partner

Wenn Sie den idealen Partner suchen, sollten Sie sich unter den Menschen umsehen, die an folgenden Tagen geboren sind:

Liebe & Freundschaft: 6., 10., 20., 29. Jan., 4., 8., 18., 27. Feb., 2., 6., 16., 25., 28., 30. März, 4., 14., 23., 26., 28., 30. April, 2., 12., 21., 24., 26., 28., 30. Mai, 10., 19., 22., 24., 26., 28. Juni, 8., 17., 20., 22., 24., 26. Juli, 6., 15., 18., 20., 22., 24. Aug., 4., 13., 16., 18., 20., 22. Sept., 2., 11., 14., 16., 18., 20. Okt., 9., 12., 14., 16., 18. Nov., 7., 10., 12., 14., 16. Dez.

Günstig: 7., 13., 18., 28. Jan., 5., 11., 16., 26. Feb., 3., 9., 14., 24. März, 1., 7., 12., 22. April, 5., 10., 20. Mai, 3., 8., 18. Juni, 1., 6., 16. Juli, 4., 14. Aug., 2., 12., 30. Sept., 10., 28. Okt., 8., 26., 30. Nov., 6., 24., 28. Dez.

Schicksalhaft: 7., 8., 9., 10., 25. Jan., 23. Feb., 21. März, 19. April, 17. Mai, 15. Juni, 13. Juli, 11. Aug., 9. Sept., 7. Okt., 5. Nov., 3. Dez.

Problematisch: 3., 17. Jan., 1., 15. Feb., 13. März, 11. April, 9., 30. Mai, 7., 28. Juni, 5., 26., 29. Juli, 3., 24., 27. Aug., 1., 22., 25. Sept., 20., 23. Okt., 18., 21. Nov., 16., 19. Dez.

Seelenverwandt: 18. Jan., 16. Feb., 14. März, 12. April, 10., 29. Mai, 8., 27. Juni, 6., 25. Juli, 4., 23. Aug., 2., 21. Sept., 19. Okt., 17. Nov., 15. Dez.

11. Juli

SONNE: KREBS
DEKADE: SKORPION/PLUTO
GRAD: 18°30' – 19°30' KREBS
ART: KARDINALZEICHEN
ELEMENT: WASSER

Fixsterne

Castor; Al Wasat; Propus

Hauptstern

Name des Sterns: Castor
Gradposition: 19°16' – 20°13' Krebs zwischen den Jahren 1930 und 2000
Magnitude: 2
Stärke: ********
Orbit: 2°10'
Konstellation: Alpha Geminorum
Tage: 10., 11., 12., 13., 14., 15. Juli
Sternqualitäten: unterschiedliche Einflüsse von Merkur, Venus, Mars und Jupiter
Beschreibung: strahlender und blaßweißer Doppelstern am Kopf des nördlichen Zwilling.

Einfluß des Hauptsterns

Castor steht für scharfen Verstand und schnelle Auffassungsgabe. Er sorgt überdies für ein unstetes Leben mit vielen Gewinnen und Verlusten. Nach Höhenflügen können Sie sich unvermittelt wieder auf der Erde wiederfinden.
Im Zusammenhang mit dem Stand Ihrer Sonne steht Castor für Tatkraft, Witz und Satire, aber auch für Zynismus, für Ihr Schreibtalent und Ihre guten kommunikativen Fähigkeiten. Oft interessieren Sie sich für öffentliche Angelegenheiten, so daß Medienberufe oder eine Arbeit im auswärtigen Dienst für Sie in Frage kommen. Überdies haben Sie durch Castor eine ausgeprägte Intuition und einen Hang zur Metaphysik.
- Positiv: plötzliche Schicksalswendungen und unerwarteter Aufstieg, scharfer Verstand, kreative Fähigkeiten.
- Negativ: Ruhm, der manchmal einen hohen Preis erfordert, Selbstaufopferung.

Mit Ihrem Geburtsdatum werden praktische Fähigkeiten, Produktivität und Sicherheitsbewußtsein in Verbindung gebracht. Als Krebs sind Sie sensibel, phantasiebegabt, stark und entschlossen. Empfänglich und mit einem Sinn für Form und Struktur gesegnet, können Sie Ihr praktisches Geschick mit Ihren künstlerischen Talenten verbinden. Da Sie in der Lage sind, funktionstüchtige Systeme zu schaffen, können Sie häufig auch Ihre angeborenen technischen und organisatorischen Fähigkeiten sowie Ihren Geschäftssinn weiterentwickeln.

Der Untereinfluß Ihres Dekadenzeichens Skorpion bewirkt, daß Sie sensibel und praktisch sind; allerdings müssen Sie lernen, Ihren ausgeprägten Instinkten oder Ihrem ersten Eindruck mehr zu vertrauen und Ihre große innere Stärke zu erkennen. Ihre Tüchtigkeit und Bodenständigkeit bringt mit sich, daß Sie die Dinge freimütig und direkt angehen; Sie sollten sich gleichwohl vor Ungeduld und Sturheit in acht nehmen.

Obwohl Sie häufig von Haus aus finanziell begünstigt sind, haben Sie gelegentlich den Eindruck, nicht genug zu haben; diese Phasen sind aber meist von kurzer Dauer. Auch wenn Ihre materielle Lage günstig ist, Arbeit ist Ihnen immer sehr wichtig, und durch Ausdauer und gezielte Anstrengung können Sie bestens von den zahlreichen Möglichkeiten profitieren, die sich Ihnen bieten.

Sie erledigen Ihre Arbeit gern gut, denn Sie wollen stolz darauf sein. Als Perfektionist sind Sie äußerst sparsam und pflichtbewußt. Vieles hängt allerdings davon ab, wie gut Sie sich selbst in der Hand haben. Gelegentlich dominiert Ihr Pflichtbewußtsein Ihre Herzenswünsche.

Wenn Sie 11 sind und Ihre Sonne in das Zeichen des Löwen tritt, wachsen Ihr Selbstvertrauen und Ihre Kreativität. Wenn Sie 41 sind und Ihre Sonne in die Jungfrau wechselt, werden Sie geduldiger und analytischer. Möglicherweise möchten Sie jetzt auch anderen mit Rat und Tat zur Seite stehen. Ihre Sonne tritt in die Waage ein, wenn Sie 71 sind; nun legen Sie mehr Wert auf zwischenmenschliche Beziehungen und wächst Ihr Wunsch nach Harmonie und Schönheit.

Ihr geheimes Selbst

Auch wenn Stabilität eines Ihrer Hauptziele darstellt, treibt Sie doch eine innere Unruhe immer wieder dazu, neue Chancen und Gelegenheiten zu suchen. Eine mögliche Unzufriedenheit mit Ihrem Schicksal können Sie überwinden, wenn Sie mehr Geduld üben oder Harmonie in sich selbst suchen. Verdrängen Sie jedoch Ihren Wunsch nach Action und Abenteuer, neigen Sie zu Realitätsflucht. Berufliche Chancen, die Ihnen oft in den Schoß fallen, bringen Wohnortwechsel oder Reisen mit sich. Da Sie Perfektionist und vielseitig begabt sind, haben Sie das Potential, auf jedem Gebiet erfolgreich zu sein. Dank Ihrer ausgeprägten Instinkte können Sie Ihre Intuition mit Ihrem guten Urteilsvermögen verbinden und wirkungsvoll in Ihrem Alltag anwenden.

Beruf & Karriere

Sie sind sehr phantasiebegabt und praktisch, brauchen aber einen Plan, um Ihre Träume umsetzen zu können. In der Geschäftswelt eignen Sie sich glänzend für Berufe, in denen Sie sich um das Geld anderer kümmern, etwa in Bankwesen, Justiz oder bei internationalen Transaktionen. Ebenso interessant für Sie ist der Verkauf von allem, was mit Haus und Heim zu tun hat. Da Sie gern mit Menschen zusammen sind, kommen auch Promotion oder Öffentlichkeitsarbeit für Sie in Frage. Sie sind auch manuell sehr geschickt; dieses Talent können Sie in handwerklichen Berufen ausleben. Imagebewußt, sensibel und kreativ, zieht es Sie auch in die Welt von Kunst und Design, Musik und Theater. Eine gute Hand haben Sie auch für finanzielle Angelegenheiten.

Berühmte Persönlichkeiten dieses Tages sind der Schauspieler Yul Brynner, die Schauspielerin Sela Ward, der frühere US-Präsident John Quincy Adams und der Modedesigner Giorgio Armani.

Numerologie

Die besonderen Schwingungen der Hauptzahl 11 sorgen dafür, daß Ihnen Idealismus, Inspiration und Innovation außerordentlich wichtig sind. Trotz intuitiver Kräfte vergeuden Sie gern Ihre Energien und sollten nach einem Ziel suchen, auf das Sie sich konzentrieren können. Im allgemeinen sind Sie sehr energiegeladen, müssen sich aber davor hüten, überängstlich oder unpraktisch zu werden. Eine Mischung aus Bescheidenheit und Selbstsicherheit bedingt, daß Sie zwischen Materiellem und Spirituellem in Ihrem Leben ein Gleichgewicht finden sollten. Der Untereinfluß der Monatszahl 7 bewirkt, daß Sie trotz Ihrer Zurückhaltung einen aktiven Verstand haben und sehr entschlossen und ehrgeizig sein können. Sie müssen Verständnis, Toleranz und Geduld üben und lernen, unpersönlicher zu werden. Oft streben Sie nach Macht und Anerkennung, sollten aber eher Ihre analytischen Fähigkeiten weiterentwickeln.

Positiv: ausgeglichen, konzentriert, begeisterungsfähig, inspiriert, spirituell, idealistisch, intelligent, kontaktfreudig, erfinderisch, künstlerisch, humanitär.

Negativ: übersteigertes Selbstbewußtsein, ziellos, überempfindlich, leicht verletzbar, leicht reizbar, selbstsüchtig, unklar, dominierend.

Liebe & Zwischenmenschliches

Sie sind romantisch und sensibel und haben eine Menge Liebe zu geben. Wenn Ihre starken Gefühle aber kein positives Ventil finden, können Sie Opfer von Stimmungsschwankungen werden. Idealistisch und phantasiebegabt, suchen Sie nach einem hingebungsvollen Partner und stellen hohe Ansprüche an die Liebe. Die Rastlosigkeit, die von Ihrer Geburtstagszahl ausgeht, kann durchbrechen, wenn Sie sich eingeengt fühlen; um Glück und emotionale Erfüllung zu finden, müssen Sie stets aktiv bleiben.

Ihr Partner

Am ehesten finden Sie Ihren idealen Partner unter den Menschen, die an folgenden Tagen geboren sind:

Liebe & Freundschaft: 7., 11., 22. Jan., 5., 9., 20. Feb., 3., 7., 18., 31. März, 1., 5., 16., 29. April, 3., 14., 27., 29. Mai, 1., 12., 25., 27. Juni, 10., 23., 25. Juli, 8., 21., 23., 31. Aug., 6., 19., 21., 29. Sept., 4., 17., 19., 27., 30. Okt., 2., 15., 17., 25., 28. Nov., 13., 15., 23., 26. Dez.

Günstig: 8., 14., 19. Jan., 6., 12., 17. Feb., 4., 10., 15. März, 2., 8., 13. April, 6., 11. Mai, 4., 9. Juni, 2., 7. Juli, 5. Aug., 3. Sept., 1., 29. Okt., 27. Nov., 25., 29. Dez.

Schicksalhaft: 8., 9., 10., 11. Jan.

Problematisch: 9., 18., 20. Jan., 7., 16., 18. Feb., 5., 14., 16. März, 3., 12., 14. April, 1., 10., 12. Mai, 8., 10. Juni, 6., 8., 29. Juli, 4., 6., 27. Aug., 2., 4., 25. Sept., 2., 23. Okt., 21. Nov., 19. Dez.

Seelenverwandt: 9. Jan., 7. Feb., 5. März, 3. April, 1. Mai, 30. Okt., 28. Nov., 26. Dez.

12. Juli

SONNE: KREBS
DEKADE: FISCHE/NEPTUN
GRAD: 19°30' – 20°30' KREBS
ART: KARDINALZEICHEN
ELEMENT: WASSER

Fixsterne

Castor; Al Wasat; Propus

Hauptstern

Name des Sterns: Castor
Gradposition: 19°16' – 20°13' Krebs
zwischen den Jahren 1930 und 2000
Magnitude: 2
Stärke: ********
Orbit: 2°10'
Konstellation: Alpha Geminorum
Tage: 10., 11., 12., 13., 14., 15. Juli
Sternqualitäten: unterschiedliche Einflüsse von Merkur, Venus, Mars und Jupiter
Beschreibung: strahlender und blaßweißer Doppelstern am Kopf des nördlichen Zwilling.

Einfluß des Hauptsterns

Castor steht für scharfen Verstand und schnelle Auffassungsgabe. Er sorgt überdies für ein unstetes Leben mit vielen Gewinnen und Verlusten. Nach Höhenflügen können Sie sich unvermittelt wieder auf der Erde wiederfinden.

Im Zusammenhang mit dem Stand Ihrer Sonne steht Castor für Tatkraft, Witz und Satire, aber auch für Zynismus, für Ihr Schreibtalent und Ihre guten kommunikativen Fähigkeiten. Oft interessieren Sie sich für öffentliche Angelegenheiten, so daß Medienberufe oder eine Arbeit im auswärtigen Dienst für Sie in Frage kommen. Überdies haben Sie durch Castor eine ausgeprägte Intuition und einen Hang zu Metaphysik.

- Positiv: plötzliche Schicksalswendungen und unerwarteter Aufstieg, scharfer Verstand, kreative Fähigkeiten.
- Negativ: Ruhm, der manchmal einen hohen Preis erfordert, Selbstaufopferung.

Zu den Qualitäten Ihres Geburtstages gehören unter anderem Kreativität und Unternehmungslust, praktisches Geschick und intuitives Verständnis. Als Krebs sind Sie phantasiebegabt und idealistisch; Ihr Geschäftssinn und Ihre individuellen und originellen Ansichten zeigen, daß Sie auch ein objektiver Denker sind. Diese Objektivität kann allerdings durch Ihren Hang zur Unentschlossenheit oder Unberechenbarkeit empfindlich eingeschränkt werden.

Der Untereinfluß Ihres Dekadenzeichens, der Fische, verstärkt Ihre Aufnahmefähigkeit und führt dazu, daß Sie die Atmosphäre um sich herum leicht in sich aufnehmen. Derselbe Einfluß sorgt auch dafür, daß Sie zu Launenhaftigkeit neigen und deshalb eine harmonische Umgebung benötigen.

Häufig werden Sie von Ängsten geplagt, die sich meist um Geld drehen und Ihre Fähigkeit, Probleme zu lösen und einfache Lösungen zu finden, lahmlegen. Mit Ihren Ideen und Ihrer positiven Lebenseinstellung sind Sie aber oft zuvorderst, wenn Originalität gefragt ist.

Als Perfektionist können Sie dank Ihrer Gründlichkeit und Konzentrationsfähigkeit Methoden und Sachverhalte im Handumdrehen begreifen; dank Ihrer kommunikativen Fähigkeiten wirken Sie gewöhnlich heiter und umgänglich.

Eine optimistische Lebenseinstellung ist für Ihr Wohlbefinden wichtig. Wenn Sie sich vor Pessimismus hüten, können Sie Ihre Aufmerksamkeit der anstehenden Sache widmen, statt durch nervöse Hast Ihre Kraft sinnlos zu vergeuden.

Wenn Sie 10 sind und Ihre Sonne in das Zeichen des Löwen tritt, entwickeln Sie mehr Selbstvertrauen, Kreativität und einen Wunsch nach Selbstverwirklichung. Wenn Sie 40 sind und Ihre Sonne in die Jungfrau wechselt, wächst Ihr Urteilsvermögen, und Sie werden pragmatischer. Ihre Sonne wechselt in die Waage, wenn Sie 70 sind; nun legen Sie mehr Wert auf zwischenmenschliche Beziehungen, Harmonie und Ausgeglichenheit.

Ihr geheimes Selbst

Viele Ihrer Projekte drehen sich um Ihr Heim und die Verpflichtungen, die damit zusammenhängen. Diese Liebe für ein Zuhause kann dem ganzen Planeten Erde gelten, da Sie ein wahrer Menschenfreund sind. Sie fühlen sehr intensiv und haben häufig die entscheidende Idee, die Chaos in Harmonie verwandelt. Vielleicht beschleicht Sie hin und wieder das Gefühl, Sie könnten Ihre Ziele nicht erreichen; Tatsache ist aber, daß Sie die Ausdauer und die Fähigkeiten haben, hervorragende Leistungen zu erbringen.

Innerlich sind Sie extrem sensibel und verletzlich, obwohl Sie nach außen hin selbstbewußt und stark erscheinen. Eine Suche nach innerem Frieden führt Sie vielleicht dazu, sich der Metaphysik oder Spiritualität zuzuwenden, um zu innerer Gelassenheit zu finden. Sie können aber auch sehr kreativ sein und Ihren Hang zu emotionaler Selbstverwirklichung ausleben. Da Sie hohe Moralvorstellungen haben, können Sie sehr hilfsbereit sein und kämpfen häufig für eine Sache, an die Sie glauben.

Beruf & Karriere

Sie gehen das Leben sehr kreativ an, was sich durch Schreiben oder Kunst, aber auch im Geschäftsleben ausdrücken kann. Ihr ausgeprägter Sinn für Geld nutzt Ihnen im Bank- oder Immobilienwesen. Ihr scharfer Verstand und Ihre kommunikativen Fähigkeiten weisen auf große Erfolgschancen hin. Hüten Sie sich davor, Ihre Energien zu verschleudern oder sich in Selbstzweifeln zu ergehen. Ihre humanitäre oder philosophische Ader kann sich in wohltätigen Organisationen oder der Kirche positiv auswirken. Wenn Sie in Ihrem Beruf bleiben, versuchen Sie ständig, Ihre Arbeitsweise zu verändern oder zu verbessern.

Berühmte Persönlichkeiten dieses Tages sind der Schauspieler und Produzent Bill Cosby, der Künstler Amedeo Modigliani und der Schriftsteller Pablo Neruda.

Numerologie

Menschen mit der Geburtstagszahl 12 versuchen häufig, eine besonders individuelle Persönlichkeit zu entwickeln. Sie sind intuitiv, hilfsbereit und freundlich und haben gutes logisches Denkvermögen. Da Sie auch innovativ, verständnisvoll und sensibel sind, können Sie auch Takt und soziale Kompetenz einsetzen, um Ihre Ziele zu erreichen. Auf andere wirken Sie oft selbstbewußt, obwohl Selbstzweifel und Mißtrauen Ihre unkomplizierte Persönlichkeit und Ihren Optimismus stark beeinträchtigen können. Wenn es Ihnen gelingt, zwischen Ihrem Wunsch nach Selbstverwirklichung und Ihrer natürlichen Hilfsbereitschaft ein Gleichgewicht herzustellen, finden Sie Befriedigung und persönliche Erfüllung. Der Untereinfluß der Monatszahl 7 bewirkt, daß Sie intelligent sind und kreativ denken. Sie treffen Ihre Entscheidungen allein, sind aber gelegentlich unstet und unentschlossen. Da Sie voller Begeisterungsfähigkeit und origineller Ideen sind, sollten Sie Ihre Führungsqualitäten ausbauen, um andere zu neuen Ufern führen zu können.

Positiv: kreativ, Anziehungskraft, Initiative, Disziplin, fördert sich selbst und andere.

Negativ: reserviert, selbstsüchtig, exzentrisch, unkooperativ, überempfindlich, schüchtern, mangelndes Selbstwertgefühl.

Liebe & Zwischenmenschliches

Sie sind idealistisch und sensibel und haben intuitive Kräfte, die zum Teil äußerst präzise sind, selbst wenn Ihr Bedürfnis nach Sicherheit und Liebe Sie veranlaßt, Ihren eigenen Instinkten zu mißtrauen, und Sie Beziehungen um jeden Preis eingehen. Hüten Sie sich davor, sich für Menschen zum Märtyrer zu machen, die Ihr großartiges Potential gar nicht erkennen. Wenn Sie spontan und unabhängig bleiben, können Sie Ihre eigenen inneren Kräfte entwickeln und trotzdem liebevolle Beziehungen genießen.

Ihr Partner

Chancen für Liebe und Romanzen finden Sie mit großer Wahrscheinlichkeit unter den an den folgenden Tagen geborenen Menschen:

Liebe & Freundschaft: 8., 22., 26. Jan., 6., 20., 24. Feb., 4., 18., 22. März, 2., 16., 20., 30. April, 14., 18., 28., 30. Mai, 12., 16., 26., 28. Juni, 10., 14., 24., 26. Juli, 8., 12., 22., 24. Aug., 6., 10., 20., 22., 30. Sept., 4., 8., 18., 20., 28. Okt., 2., 6., 16., 18., 26. Nov., 4., 14., 16., 24. Dez.

Günstig: 9., 20. Jan., 7., 18. Feb., 5., 16., 29. März, 3., 14., 27. April, 1., 12., 25. Mai, 10., 23. Juni, 8., 21. Juli, 6., 19. Aug., 4., 17. Sept., 2., 15., 30. Okt., 13., 28. Nov., 11., 26., 30. Dez.

Schicksalhaft: 9., 10., 11., 12., 27. Jan., 25. Feb., 23. März, 21. April, 19. Mai, 17. Juni, 15. Juli, 13. Aug., 11. Sept., 9. Okt., 7. Nov., 5. Dez.

Problematisch: 2., 10., 19. Jan., 8., 17. Feb., 6., 15. März, 4., 13. April, 2., 11. Mai, 9. Juni, 7., 30. Juli, 5., 28. Aug., 3., 26. Sept., 1., 24. Okt., 22. Nov., 20., 30. Dez.

Seelenverwandt: 15. Jan., 13. Feb., 11. März, 9. April, 7. Mai, 5. Juni, 3. Juli, 1. Aug., 29. Okt., 27. Nov., 25. Dez.

13. Juli

SONNE: KREBS
DEKADE: FISCHE/NEPTUN
GRAD: 20°30' – 21°30' KREBS
ART: KARDINALZEICHEN
ELEMENT: WASSER

Fixsterne

Pollux, auch als der «Faustkämpfer des Herkules» bekannt; Al Wasat; Propus; Castor

Hauptstern

Name des Sterns: Pollux, auch als der «Faustkämpfer des Herkules» bekannt
Gradposition: 22°15' – 23°11' Krebs zwischen den Jahren 1930 und 2000
Magnitude: 1
Stärke: **********
Orbit: 2°30'
Konstellation: Beta Geminorum
Tage: 13., 14., 15., 16., 17., 18. Juli
Sternqualitäten: unterschiedliche Einflüsse: Mars/Mond/Uranus
Beschreibung: leuchtendorangefarbener Stern am Kopf des südlichen Zwilling.

Einfluß des Hauptsterns

Pollux steht für eine empfindliche wie selbstbewußte Persönlichkeit voller Vitalität und Mut, überdies sorgt er für eine Vorliebe zu Kampfsportarten. Sein negativer Einfluß bewirkt, daß Sie hitzig oder überempfindlich sind, was zu Frustration und Streit führen und in unangenehmen Situationen enden kann.
Im Zusammenhang mit dem Stand Ihrer Sonne steht Pollux für Abenteuerlust und sportliche Begabung. Häufig versuchen Sie, ohne die Hilfe anderer auszukommen und erfolgreich zu sein. Pollux steht auch für spirituelle Fähigkeiten und den Mut, persönliche Ziele und Ideen zu verwirklichen. Außerdem be-

---

Sie sind aufnahmefähig und intuitiv, haben feste Überzeugungen und Einfühlungsvermögen. Als Krebs haben Sie starke soziale Neigungen und brillante Ideen; Ihre starken Gefühle brauchen jedoch irgendeine Form des Ausdrucks. Ihre Vorliebe für Finanzgeschäfte führt Sie durch gemeinschaftliches Handeln und Arbeiten mit anderen zu gutem Erfolg.

Der Untereinfluß Ihres Dekadenzeichens, der Fische, wirkt verstärkend auf Ihre Sensibilität, Ihre Phantasie und Ihren Idealismus. Sie sind sehr empfänglich für Ihre Umgebung, schwanken aber häufig zwischen himmelhoch jauchzend und zu Tode betrübt. Sie brauchen deshalb Ausgeglichenheit und Stabilität.

Obwohl Sie anderen gegenüber häufig extrem großzügig sind, machen Sie sich manchmal Sorgen um Ihre finanzielle Situation, was erklärt, warum Sie materialistisch und selbstsüchtig wirken können. Ihr Bedürfnis nach persönlichem Kontakt zeigt aber, daß Sie andere mit Ihrer idealistischen und freundlichen Art sehr motivieren können, wenn Sie lernen, zu teilen und zu kommunizieren.

Ihr aktiver Geist und ein natürlicher Hang zu gemeinschaftlichen Aktivitäten zeigen, daß Sie für geistige Herausforderungen und neue Chancen und Kontakte immer zu haben sind. Mit diesen Eigenschaften können Sie ein guter Verkäufer werden. Hüten Sie sich aber davor, streitsüchtig zu werden, wenn Sie Ihren Kopf nicht durchsetzen können.

Wenn Sie 9 sind und Ihre Sonne in das Zeichen des Löwen tritt, werden Sie dynamischer, positiver und stärker. Dadurch lernen Sie bereits in jungen Jahren sozial kompetent zu sein. Wenn Sie 39 sind und Ihre Sonne in die Jungfrau wechselt, wachsen Ihr Ordnungssinn und Ihr Urteilsvermögen. Außerdem möchten Sie anderen nützlich sein. Ihre Sonne tritt in die Waage ein, wenn Sie 69 sind; nun legen Sie mehr Wert auf zwischenmenschliche Beziehungen, und Ihr Bedürfnis nach Kunst und Schönheit wächst.

Ihr geheimes Selbst

Ihre starken inneren Kräfte drängen Sie, Projekte zu initiieren oder sich neue Erfolgschancen zu schaffen. Wenn Sie dieses Leistungspotential mit Ihrem Idealismus verbinden, macht Sie das in allen Bereichen Ihres Lebens optimistischer. Auf diese Weise stoßen Sie häufig bis in Führungspositionen vor; wenn Sie zusätzlich Ihr diplomatisches Geschick und Ihre Teamfähigkeit einsetzen, können Sie zu wirklichem Erfolg gelangen.

Ihr inneres Bedürfnis nach Harmonie macht Ihr Zuhause für Sie zu einem sicheren Hafen und treibt Sie dazu, Ihre kreativen und musischen Talente zu entwickeln. Achten Sie nur darauf, daß Sie bei dem Versuch, den Frieden zu bewahren, nicht Opfer von Ängsten oder Trägheit werden. Wenn es Ihnen gutgeht, zeigen Sie sich von Ihrer lebhaften, fröhlichen und geselligen Seite.

Beruf & Karriere

Ihre soziale Kompetenz und Ihre Gabe, leicht Kontakte zu knüpfen, führen Sie vor allem in Berufe, in denen Sie mit Menschen zu tun haben. Dazu gehören Öffentlichkeitsarbeit oder Verkauf, Beratung, Vermittlung oder Agentur- oder Vertretertätigkeit. Ihr Geschäftssinn in Verbindung mit Ihrer Fähigkeit, Ideen oder Produkte, von denen Sie überzeugt sind, gut zu verkaufen, ist Teil Ihres großen Erfolgspotentials. Es kann auch sein, daß Sie sich für Nahrungszubereitung im weitesten Sinne, Innenausstattung, Landschaftsarchitektur oder Immobilien interessieren. Obwohl Sie am liebsten Ihr eigener Chef sind, wissen Sie um die Vorteile von Teamarbeit. Eine starke idealistische Ader kann Sie in Bereiche wie Pädagogik, Religion oder Kommunalpolitik führen.

Berühmte Persönlichkeiten dieses Tages sind der äthiopische Kaiser Haile Selassie, der Historiker Kenneth Clark, der Schauspieler Harrison Ford und der Rockmusiker Jim McGuinn.

Numerologie

Numerologisch wird dieses Datum mit Ehrgeiz und harter Arbeit in Verbindung gebracht, und Sie können viel durch kreative Selbstverwirklichung erreichen. Ihre originellen und innovativen Ideen führen zu Ergebnissen, die andere beeindrucken. Mit der Geburtstagszahl 13 sind Sie ernsthaft, romantisch, charmant und lebenslustig, und mit entsprechender Entschlossenheit können Sie es zu Wohlstand bringen. Da Sie empfänglich für die Einflüsse Ihrer Umgebung sind, können Sie im Team besser arbeiten als allein. Obwohl Sie freundlich und kooperativ sind, sollten Sie in puncto Loyalität und Vertrauen noch etwas an sich arbeiten. Der Untereinfluß der Monatszahl 7 bewirkt, daß Sie rational, nachdenklich und selbstzentriert sind. Gelegentlich reagieren Sie überempfindlich auf die Kritik anderer und fühlen sich mißverstanden. Sehr intuitiv, brauchen Sie Zeit zum Nachdenken oder um sich ein Urteil zu bilden. Da Stabilität für Sie ein ständiges Thema ist, sollten Sie lernen, daß Sicherheit von innen durch persönliche Erfahrung kommt.

Positiv: ehrgeizig, kreativ, freiheitsliebend, ausdrucksstark, initiativ.
Negativ: impulsiv, unentschlossen, gefühllos, rebellisch.

Liebe & Zwischenmenschliches

Feste Überzeugungen und ein Hang zur Sturheit zeigen, daß Sie entschlossen und bestimmt sind und Ihren eigenen Kopf haben. Trotzdem brauchen Sie vertraute Nähe, Verständnis und Menschen, die Sie geistig anregen. Da Sie ein guter Beobachter sind, entgeht Ihnen selten etwas. Aufgrund Ihrer festen Prinzipien stehen Sie mit beiden Füßen auf der Erde und bewundern starke und unabhängige Menschen.

---

wirkt er oft, daß Sie sich für einen höheren Bildungsweg entscheiden oder sich für Philosophie interessieren.
- Positiv: kämpferisch, dennoch zart und einfühlsam, große Erfolgskraft.
- Negativ: hinterlistig, ungestüm, aggressiv oder egoistisch, Hang zur Grausamkeit, launisch.

Ihr Partner

Den idealen Partner sollten Sie unter den Menschen suchen, die an folgenden Tagen geboren sind:
Liebe & Freundschaft: 3., 23. Jan., 11., 21. Feb., 9., 19., 28., 31. März, 7., 17., 26., 29. April, 5., 15., 24., 27., 29., 31. Mai, 3., 13., 22., 25., 27., 29. Juni, 1., 11., 20., 23., 25., 27., 29. Juli, 9., 18., 21., 23., 25., 27. Aug., 7., 16., 19., 21., 23., 25. Sept., 5., 14., 17., 19., 21., 23. Okt., 3., 12., 15., 17., 19., 21. Nov., 1., 10., 13., 15., 17., 19. Dez.
Günstig: 3., 4., 10., 21. Jan., 1., 2., 8., 19. Feb., 6., 17., 30. März, 4., 15., 28. April, 2., 13., 26. Mai, 11., 24. Juni, 9., 22. Juli, 7., 20. Aug., 5., 18. Sept., 3., 16., 31. Okt., 1., 14., 29. Nov., 12., 27. Dez.
Schicksalhaft: 10., 11., 12., 13., 22., 28. Jan., 20., 26. Feb., 18., 24. März, 16., 22. April, 14., 20. Mai, 12., 18. Juni, 10., 16. Juli, 8., 14. Aug., 6., 12. Sept., 4., 10. Okt., 2., 8. Nov., 6. Dez.
Problematisch: 11., 20. Jan., 9., 18. Feb., 7., 16. März, 5., 14. April, 3., 12., 30. Mai, 1., 10., 28. Juni, 8., 26., 31. Juli, 6., 24., 29. Aug., 4., 22., 27. Sept., 2., 20., 25. Okt., 18., 23. Nov., 16., 21. Dez.
Seelenverwandt: 26. Jan., 24. Feb., 22., 30. März, 20., 28. April, 18., 26. Mai, 16., 24. Juni, 14., 22. Juli, 12., 20. Aug., 10., 18. Sept., 8., 16. Okt., 6., 14. Nov., 4., 12. Dez.

SONNE: KREBS
DEKADE: FISCHE/NEPTUN
GRAD: 21° – 22° KREBS
ART: KARDINALZEICHEN
ELEMENT: WASSER

14. Juli

Fixsterne

Pollux, auch als der «Faustkämpfer des Herkules» bekannt; Castor

---

Hauptstern

Name des Sterns: Pollux, auch als der «Faustkämpfer des Herkules» bekannt

Gradposition: 22°15' – 23°11' Krebs zwischen den Jahren 1930 und 2000

Magnitude: 1

Stärke: **********

Orbit: 2°30'

Konstellation: Beta Geminorum

Tage: 13., 14., 15., 16., 17., 18. Juli

Sternqualitäten: unterschiedliche Einflüsse: Mars/Mond/Uranus

Beschreibung: leuchtendorangefarbener Stern am Kopf des südlichen Zwilling.

Einfluß des Hauptsterns

Pollux steht für eine ebenso empfindliche wie selbstbewußte Persönlichkeit voller Vitalität und Mut, überdies sorgt er für eine Vorliebe zu Kampfsportarten. Sein negativer Einfluß bewirkt, daß Sie hitzig oder überempfindlich sind, was zu Frustration und Streit führen und in unangenehmen Situationen enden kann. Im Zusammenhang mit dem Stand Ihrer Sonne steht Pollux für Abenteuerlust und sportliche Begabung. Häufig versuchen Sie, ohne die Hilfe anderer auszukommen und erfolgreich zu sein. Pollux wird auch mit spirituellen Fähigkeiten und dem Mut, persönliche Ziele und Ideen zu verwirklichen, in Verbindung gebracht. Außerdem bewirkt er oft, daß

Als Krebs mit diesem Geburtstag sind Sie ein Mensch mit starkem Willen, gutem Verstand und großem Herzen. Mit Ihrem scharfen Intellekt und Ihrer Gabe, mit Menschen umzugehen, haben Sie natürliche Führungsqualitäten und wirken sehr selbstbewußt. Sensibler, als Sie scheinen, sind Sie eine interessante Mischung aus Pragmatismus und Idealismus und haben das Potential, Großes zu leisten.

Durch den Untereinfluß Ihres Dekadenzeichens, der Fische, sind Sie phantasiebegabt und haben einen sechsten Sinn für das, was die Menschen wollen. Ihr Gefühl für Gelddinge und Ihre schnelle Auffassungsgabe bringen mit sich, daß Sie Erfolgschancen sofort erkennen, wenn sie sich bieten. Wenn Sie Ihr Glück mehr in sich selbst und weniger in materiellen Dingen suchen, werden Sie sich erfüllter und sicherer fühlen.

Ein schönes und luxuriöses Zuhause steht ganz oben auf Ihrer Prioritätenliste, im allgemeinen wollen Sie für Ihr Geld einen adäquaten Gegenwert. Mit Ihrer Weitsicht und Ihren Organisationsfähigkeiten können Sie große Pläne auch in die Tat umsetzen. Da Sie dafür aber gelegentlich Unterstützung brauchen, sollten Sie darauf achten, sich nicht aus Prinzip stur gegen andere zu stellen.

Wenn Sie 8 sind und Ihre Sonne in das Zeichen des Löwen tritt, legen Sie Schüchternheit und Sicherheitsdenken ab und entwickeln mehr Selbstvertrauen. Unter dem Einfluß des Löwen können Sie in den folgenden dreißig Jahren gute Erfolge auf Ihrem Gebiet erlangen. Wenn Sie 38 sind und Ihre Sonne in die Jungfrau wechselt, wachsen Ihr Sinn für Methodik und Ihr Urteilsvermögen. Außerdem möchten Sie anderen nützlich sein. Ihre Sonne wechselt in die Waage, wenn Sie 68 sind; nun legen Sie mehr Wert auf zwischenmenschliche Beziehungen, Harmonie und Ausgeglichenheit.

Ihr geheimes Selbst

Obwohl Sie eher oberflächlich wirken, haben Sie starke Gefühle und Bedürfnisse, die Sie immer wieder antreiben, neue Aufgaben oder Verpflichtungen zu übernehmen. Um erfolgreich sein zu können, sollten Sie mehr Ausdauer entwickeln und sich vermehrt von Ihrer Intuition leiten lassen. Aktiv und voller Energie, haben Sie die Antriebskraft und Begeisterungsfähigkeit, um Dinge in Gang zu bringen. Statt Situationen mit Anspruchsdenken kontrollieren zu wollen, sollten Sie lieber diplomatisches Geschick und Teamgeist an den Tag legen.

Glücklicherweise sind Sie mit der Gabe gesegnet, gut mit Menschen umzugehen, und können Arbeit und Vergnügen verbinden. Da Sie ein Auge für Gelegenheiten und gute Angebote haben, können Sie fast aus allem ein gutes Geschäft machen. Andererseits stehen Sie auch anderen mit Rat und Tat zur Seite und gehen sehr großzügig mit Zeit, Kraft und Liebe um. Wenn Sie Ihre optimistische, dynamische Willenskraft einsetzen, um Ihre Ziele zu erreichen, sind Sie jemand, den man nicht so leicht ignorieren kann.

Beruf & Karriere

Mit Ihrem ausgeprägten Geschäftssinn sind Sie gut als Unterhändler, Vertreter oder Finanzberater im Handel. Sobald Sie sich einmal für etwas entschieden haben, ist Ihnen auch die Entschlossenheit, Willenskraft und Führungsqualität gegeben, erfolgreich zu sein, vor allem als Manager, Direktor oder Unternehmer. Da Sie von einer starken Kombination aus Idealismus und Pragmatismus geprägt sind, haben Sie ein natürliches Gefühl für Politik. Ihr Sinn für Dramatik und Ihre kreativen Fähigkeiten sorgen für gute Erfolgschancen in der Welt von Kunst und Unterhaltung, aber auch bei der Arbeit mit Jugendlichen. Ihre humanitäre Ader veranlaßt Sie vielleicht, einen pädagogischen oder sozialen Beruf zu ergreifen.

Berühmte Persönlichkeiten dieses Tages sind der Regisseur Ingmar Bergman, der Songwriter Woody Guthrie, der Maler Gustav Klimt, der Schriftsteller Irving Stone, die Suffragette Emmeline Pankhurst und der ehemalige US-Präsident Gerald Ford.

Sie sich für einen höheren Bildungsweg entscheiden oder sich für Philosophie interessieren.
- *Positiv:* kämpferisch, dennoch zart und einfühlsam, große Erfolgskraft.
- *Negativ:* hinterlistig, ungestüm, aggressiv oder egoistisch, Hang zur Grausamkeit, launisch.

Numerologie

Zu den Eigenschaften der 14 gehören Pragmatismus, starke Entschlossenheit und intellektuelles Potential. Sie verspüren den starken Drang nach einer soliden Basis und gelangen durch harte Arbeit zu Erfolg. Arbeit hat für Sie auch erste Priorität, und Sie beurteilen sich und andere gern nach ihrem Stand auf der Karriereleiter. Auch wenn Sie Stabilität benötigen, werden Sie von der Rastlosigkeit der 14 angetrieben und suchen ständig neue Herausforderungen, um voranzukommen. Der Untereinfluß der Monatszahl 7 deutet darauf hin, daß Sie aufgeschlossen, geistig kreativ und ehrgeizig sind. Sehr unabhängig und egozentrisch, verlassen Sie sich gern auf Ihr eigenes Urteil, wenn Sie Entscheidungen zu treffen haben. Wenn Sie lernen, was Vertrauen bedeutet, und Toleranz üben, werden Sie auch erkennen, wie wichtig größere Selbsterkenntnis für Sie ist.

Positiv: entschlossen, fleißig, glücksbegabt, kreativ, pragmatisch, phantasievoll.
Negativ: übervorsichtig oder impulsiv, labil, rücksichtslos, stur.

Liebe & Zwischenmenschliches

Ihre Neigung, sich kopfüber in Beziehungen zu stürzen, ist die Ursache dafür, daß Sie Ihre Meinung schnell ändern und nicht genau wissen, was Sie von langfristigen Beziehungen halten sollen. Trotzdem sind Sie sensibel und fürsorglich und unterstützen die Menschen, die Sie lieben. Sie wollen ein aktives Leben führen, neue Menschen kennenlernen und vielfältige Erfahrungen machen, bevor Sie sich endgültig festlegen. Ihr idealer Partner sollte liebevoll und dynamisch sein und Ihren Geist wachhalten.

Ihr Partner

Ihre Liebe und Zuneigung teilen Sie am besten mit Menschen, die an folgenden Tagen geboren sind:
Liebe & Freundschaft: 14., 24., 31. Jan., 12., 22., 29. Feb., 10., 20., 27. März, 8., 18., 25. April, 6., 16., 23., 30. Mai, 4., 14., 21., 28., 30. Juni, 2., 12., 19., 26., 28., 30. Juli, 10., 17., 24., 26., 28. Aug., 8., 15., 22., 24., 26. Sept., 6., 13., 20., 22., 24., 30. Okt., 4., 11., 18., 20., 22., 28. Nov., 2., 9., 16., 18., 20., 26., 29. Dez.
Günstig: 5., 22., 30. Jan., 3., 20., 28. Feb., 1., 18., 26. März, 16., 24. April, 14., 22. Mai, 12., 20. Juni, 10., 18., 29. Juli, 8., 16., 27., 31. Aug., 6., 14., 25., 29. Sept., 4., 12., 23., 27. Okt., 2., 10., 21., 25. Nov., 9., 19., 23. Dez.
Schicksalhaft: 11., 12., 13., 14. Jan., 10. Feb., 8. März, 6. April, 4. Mai, 2. Juni
Problematisch: 16., 21. Jan., 14., 19. Feb., 12., 17., 30. März, 10., 15., 28. April, 8., 13., 26. Mai, 6., 11., 24. Juni, 4., 9., 22. Juli, 2., 7., 20. Aug., 5., 18. Sept., 3., 16. Okt., 1., 14. Nov., 12. Dez.
Seelenverwandt: 25. Jan., 23. Feb., 21. März, 19. April, 17. Mai, 15. Juni, 13. Juli, 11. Aug., 9. Sept., 7. Okt., 5. Nov., 3., 30. Dez.

15. Juli

SONNE: KREBS
DEKADE: FISCHE/NEPTUN
GRAD: 22° – 23° KREBS
ART: KARDINALZEICHEN
ELEMENT: WASSER

Fixsterne

Pollux, auch als der «Faustkämpfer des Herkules» bekannt; Castor

Hauptstern

Name des Sterns: Pollux, auch als der «Faustkämpfer des Herkules» bekannt
Gradposition: 22°15' – 23°11' Krebs zwischen den Jahren 1930 und 2000
Magnitude: 1
Stärke: **********
Orbit: 2°30'
Konstellation: Beta Geminorum
Tage: 13., 14., 15., 16., 17., 18. Juli
Sternqualitäten: unterschiedliche Einflüsse: Mars/Mond/Uranus
Beschreibung: leuchtendorangefarbener Stern im Kopf des südlichen Zwilling.

Einfluß des Hauptsterns

Pollux steht für eine ebenso empfindliche wie selbstbewußte Persönlichkeit voller Vitalität und Mut, überdies sorgt er für eine Vorliebe für Kampfsportarten. Sein negativer Einfluß macht Sie hitzig oder überempfindlich, was zu Frustration und Streit führen und in unangenehmen Situationen enden kann.
Im Zusammenhang mit dem Stand Ihrer Sonne steht Pollux für Abenteuerlust und sportliche Begabung. Häufig versuchen Sie, ohne die Hilfe anderer auszukommen und erfolgreich zu sein. Pollux steht auch für spirituelle Fähigkeiten und den Mut, persönliche Ziele und Ideen zu verwirklichen. Außerdem be-

Gutes logisches Denkvermögen, ausgeprägte Intuition und Autorität werden oft mit diesem Geburtstag assoziiert. Als Krebs sind Sie instinktbegabt und sensibel und haben eine gute Wahrnehmungsfähigkeit; häufig aber lassen Sie sich mehr von Ihrem Verstand als von Ihrem Herzen leiten. Ihre Intelligenz gehört zu Ihren größten Vorzügen; um Ihr enormes Potential nutzen zu können, müssen Sie jedoch erst einmal erkennen, daß Wissen Macht bedeutet.

Der Untereinfluß Ihres Dekadenzeichens, der Fische, schenkt Ihnen Phantasie und mediale Fähigkeiten. Sie sind unabhängig und zielstrebig und ein analytischer Denker, der bereit ist, hart zu arbeiten.

Eine interessante Mischung aus Konservativismus und Idealismus bewirkt, daß Sie zwischen übersteigertem Selbstbewußtsein und Selbstzweifeln schwanken. Als geborener Pragmatiker können Sie gelegentlich unkonventionell oder gar radikal sein; achten Sie aber darauf, daß Sie nicht aus purer Oppositionshaltung heraus gegen alles sind. Durch Ausdauer und Geduld können Sie erfolgreich auch schwierige Zeiten durchstehen.

Meist sind Sie gebildet und gut informiert, treffen Ihre eigenen Entscheidungen und wollen die Kontrolle. Frauen, die an diesem Tag geboren wurden, lassen sich selten vom Herzen leiten. Da andere Ihre Stärke rasch erkennen, steigen Sie oft in Macht- und Autoritätspositionen auf.

Wenn Sie 7 sind und Ihre Sonne in das Zeichen des Löwen tritt, werden Sie sicherer und haben mehr Ausdruckskraft. Wenn Sie 37 sind und Ihre Sonne in die Jungfrau wechselt, werden Ihre Ziele pragmatischer und realistischer, und Sie zeigen mehr Geduld und Tüchtigkeit. Ihre Sonne wechselt in die Waage, wenn Sie 67 sind; nun legen Sie mehr Wert auf zwischenmenschliche Beziehungen und erweitern Ihren Freundeskreis.

Ihr geheimes Selbst

Ihr Ehrgeiz, Großes zu leisten, erstreckt sich auf alle Bereiche Ihres Lebens. Um motiviert zu sein, müssen Sie von etwas voll und ganz begeistert sein. Wenn Sie aber einmal inspiriert sind, kennt Ihre Entschlossenheit keine Grenzen oder Kompromisse mehr. Ihre Bereitschaft zu harter Arbeit hilft Ihnen bei Ihrem Erfolgsdrang. Obwohl Sie gern bereit sind, Verantwortung zu übernehmen und anderen zu helfen, wollen Sie nicht, daß dies als selbstverständlich hingenommen wird. Wenn Sie das Gefühl haben, daß andere den Bogen überspannen, gehen Sie voll auf Konfrontationskurs.

Obwohl Diplomatie und Verhandlungsgeschick zu Ihren Trümpfen gehören, müssen Sie lernen, anderen mehr zu vertrauen, und versuchen, Ihre persönlichen Beziehungen ausgeglichener zu gestalten. Die Bedeutung von Teamarbeit ist Ihnen bewußt, und Sie teilen Ihr Wissen gern mit anderen, meist im Beruf, oft aber auch in anderen Lebensbereichen und immer dann, wenn bei gemeinschaftlichen Anstrengungen Ihr Verständnis oder Ihre Autorität gefragt ist.

Beruf & Karriere

Ihre sensible Art zu führen und Ihre Fähigkeit, Verantwortung zu übernehmen, sind die besten Voraussetzungen für großen Erfolg. Mit Ihrem außergewöhnlichen Verstand stehen Ihnen Berufe in Pädagogik, Journalismus oder Gesundheitswesen offen. Ihr natürlicher Sinn für Dramatik zieht Sie vielleicht zu Kunst oder Entertainment. Ihre ausgeprägte Phantasie drückt sich am besten durch Worte aus, sei es schreibend, singend oder als Schauspieler. Welchen Beruf Sie auch wählen, eine gute Ausbildung ist wichtig, um Ihr großes Potential auszuschöpfen. Da Sie ein verständnisvolles und mitfühlendes Wesen haben, kommen auch beratende oder Heilberufe für Sie in Frage.

Berühmte Persönlichkeiten dieses Tages sind die Rocksängerin Linda Ronstadt, der Maler Rembrandt van Rijn, die Schriftstellerin Iris Murdoch und der Sultan von Brunei.

wirkt er oft, daß Sie sich für den höheren Bildungsweg entscheiden oder sich für Philosophie interessieren.
- Positiv: kämpferisch, dennoch zart und einfühlsam, erfolgsstark.
- Negativ: hinterlistig, ungestüm, aggressiv, egoistisch, Hang zur Grausamkeit, launisch.

Numerologie

Mit der Zahl 15 werden Vielseitigkeit, Großzügigkeit und Rastlosigkeit assoziiert. Im allgemeinen sind Sie geistig rege und begeisterungsfähig und haben Charisma. Ihre größten Vorzüge sind Ihre ausgeprägten Instinkte und die Fähigkeit, durch die Verknüpfung von Theorie und Praxis schnell zu lernen. Häufig gelingt es Ihnen sogar, Geld zu verdienen, während Sie sich weiterbilden. Dank Ihrer intuitiven Kräfte erkennen Sie sofort, wenn sich eine gute Gelegenheit bietet. Sie haben ein Talent für Gelddinge und bekommen viel Hilfe und Unterstützung von anderen. Auch wenn Sie geistig abenteuerlustig sind, brauchen Sie eine solide Basis, wie etwa ein sicheres eigenes Zuhause. Der Untereinfluß der Monatszahl 7 bewirkt, daß Sie rational und wißbegierig sind und über einen gesunden Pragmatismus verfügen. Sie können Menschen und Situationen schnell einschätzen; häufig sind Sie aber skeptisch und schwanken zwischen Selbstvertrauen und Unsicherheit. Da Sie über eine ausgeprägte Intuition verfügen, sollten Sie mehr auf Ihre innere Stimme hören.

Positiv: Wille, Großmut, Verantwortungsbewußtsein, Kooperationsbereitschaft, Kreativität, gutes Urteilsvermögen.

Negativ: Rastlosigkeit, mangelndes Verantwortungsbewußtsein, Egoismus, kein Selbstvertrauen, Ängste, Machtmißbrauch.

Liebe & Zwischenmenschliches

Durch Ihr großes Verständnis und Ihre ausgeprägte Intuition sind Sie emotional aufrichtig und direkt. Ihr starker Charakter bringt es mit sich, daß Sie gegenüber Familienmitgliedern oder Menschen, die Ihnen nahestehen, starke Beschützerinstinkte entwickeln. Wenn Sie an jemanden glauben, tun Sie alles, um ihn zu ermutigen und zu unterstützen. Ihre Bereitschaft, immer die Verantwortung zu übernehmen, kann aber auch in Arroganz oder dominantes Verhalten ausarten. Manchmal ist es besser, sich zurückzuziehen, wenn man anderen einen Rat gegeben hat, und sie ihre eigenen Entscheidungen treffen zu lassen.

Ihr Partner

Einen Liebespartner werden Sie mit großer Wahrscheinlichkeit unter den an den folgenden Tagen geborenen Menschen finden:

Liebe & Freundschaft: 11., 13., 15., 17., 25. Jan., 9., 11., 13., 15., 23. Feb., 7., 9., 11., 13., 21. März, 5., 7., 9., 11., 19. April, 3., 5., 7., 9., 17., 31. Mai, 1., 3., 5., 7., 15., 29. Juni, 1., 3., 5., 27., 29., 31. Juli, 1., 3., 11., 25., 27., 29. Aug., 1., 9., 23., 25., 27. Sept., 7., 21., 23., 25. Okt., 5., 19., 21., 23. Nov., 3., 17., 19., 21., 30. Dez.

Günstig: 1., 5., 20. Jan., 3., 18. Feb., 1., 16. März, 14. April, 12. Mai, 10. Juni, 8. Juli, 6. Aug., 4. Sept., 2. Okt.

Schicksalhaft: 12., 13., 14., 15. Jan.

Problematisch: 6., 22., 24. Jan., 4., 20., 22. Feb., 2., 18., 20. März, 16., 18. April, 6., 14. Mai, 12., 14. Juni, 10., 12. Juli, 8., 10., 31. Aug., 6., 8., 29. Sept., 4., 6., 27. Okt., 2., 4., 25., 30. Nov., 2., 23., 28. Dez.

Seelenverwandt: 6., 12. Jan., 4., 10. Feb., 2., 8. März, 6. April, 4. Mai, 2. Juni

SONNE: KREBS
DEKADE: FISCHE/NEPTUN
GRAD: 23° – 24° KREBS
ART: KARDINALZEICHEN
ELEMENT: WASSER

Fixsterne

Pollux, auch als der «Faustkämpfer des Herkules» bekannt; Procyon

Hauptstern

Name des Sterns: Pollux, auch als der «Faustkämpfer des Herkules» bekannt
Gradposition: 22°15' – 23°11' Krebs zwischen den Jahren 1930 und 2000
Magnitude: 1
Stärke: **********
Orbit: 2°30'
Konstellation: Beta Geminorum
Tage: 13., 14., 15., 16., 17., 18. Juli
Sternqualitäten: unterschiedliche Einflüsse: Mars/Mond/Uranus
Beschreibung: leuchtendorangefarbener Stern am Kopf des südlichen Zwilling.

Einfluß des Hauptsterns

Pollux steht für eine ebenso empfindliche wie selbstbewußte Persönlichkeit voller Vitalität und Mut, überdies sorgt er für eine Vorliebe für Kampfsportarten. Sein negativer Einfluß macht Sie hitzig oder überempfindlich, was zu Frustration und Streit führen und in unangenehmen Situationen enden kann.
Im Zusammenhang mit dem Stand Ihrer Sonne steht Pollux für Abenteuerlust und sportliche Begabung. Häufig versuchen Sie, ohne die Hilfe anderer auszukommen und erfolgreich zu sein. Pollux steht auch für spirituelle Fähigkeiten und den Mut, persönliche Ziele und Ideen zu verwirklichen. Außerdem be-

16. Juli

♋ Mit Ihrer Aufnahmebereitschaft und Intelligenz, Ihrem gesunden Menschenverstand und Ihrer Intuition sind Sie ein selbstsicherer Krebs. In der Lage, schnell zu lernen, sind Sie praktisch und bestimmt, zumal Sie Ihre instinktive Weisheit mit gutem Urteilsvermögen verbinden können. Wenn Sie sich wissensmäßig sicher fühlen, können Sie Ihre Führungsqualitäten beruflich in einflußreichen Stellungen nutzen, aber auch dazu, in anderen Bereichen eine führende Rolle zu übernehmen, vor allem in Familienangelegenheiten.

Der Untereinfluß Ihres Dekadenzeichens, der Fische, sorgt dafür, daß Sie einen ausgeprägten sechsten Sinn haben. Da Sie empfänglich für Klänge und Schwingungen sind, wirkt Musik sehr beruhigend auf Sie. Mit Ihren vielseitigen Begabungen stehen Ihnen viele Berufe offen. Sie sind freundlich und fürsorglich und treffen sich gern mit Freunden. Obwohl Sie ein aufgeschlossener Mensch sind, wollen Sie nicht, daß sich andere in Ihr Leben einmischen. Ihr Hang zur Sturheit kann dazu führen, daß Sie ungeduldig werden und intolerant erscheinen.

Ihr Bedürfnis, sich weiterzuentwickeln und stets das große Ganze im Auge zu behalten, bringt es mit sich, daß Sie an sich selbst hohe Ansprüche stellen. Erfolg stellt sich bei Ihnen entweder durch Erziehung und höhere Bildung ein oder aber durch moralische oder religiöse Ambitionen. Nichts ist für Sie unmöglich, solange Sie Selbstdisziplin üben und emotionale Unsicherheiten überwinden.

Wenn Sie 6 sind und Ihre Sonne in das Zeichen des Löwen tritt, treten Sie in eine Phase, in der Sie Ihre Schüchternheit verlieren und weniger sicherheitsbewußt sind. Der Einfluß des Löwen garantiert Ihnen in den folgenden dreißig Jahren guten Erfolg auf Ihrem Spezialgebiet. Wenn Sie 36 sind und Ihre Sonne in die Jungfrau wechselt, entwickeln Sie mehr Sinn fürs Praktische und ein besseres Urteilsvermögen. Außerdem möchten Sie anderen nützlich sein. Ihre Sonne wechselt in die Waage, wenn Sie 66 sind; nun legen Sie mehr Wert auf Harmonie und zwischenmenschliche Beziehungen und möchten Ihren Freundeskreis erweitern.

Ihr geheimes Selbst

In Ihrem sensiblen Innern verstecken sich ein starkes Bedürfnis nach Kreativität, aber auch ein ausgeprägter Wunsch nach materiellem Erfolg. Gelegentlich sind Sie etwas zu großzügig. Ihr Streben nach Wohlstand bringt Sie in den Konflikt, freigiebig und gleichzeitig besorgt für die finanzielle Sicherheit Ihrer Lieben zu sein. Sie sollten Ihre Kraft nicht für Ängste oder Unentschlossenheit vergeuden, vor allem in engen Beziehungen.

Dank Ihrer guten sozialen Kompetenz und Ihrem Bedürfnis, anderen nützlich zu sein, können Sie Ihrem Streben nach Wohlstand am besten auf den Gebieten gerecht werden, in denen Sie Ihr enormes Potential nutzen können. So schaffen Sie auch die Möglichkeiten, Ihr umfangreiches Wissen nutzbringend anzuwenden. Wenn Sie sich permanent geistig und kreativ beschäftigen, haben Sie weder Zeit noch Gelegenheit, sich unnötig Sorgen zu machen.

Beruf & Karriere

Da Sie gute Führungsqualitäten haben, können Sie es in Ihrem Beruf bis an die Spitze schaffen. Ihre fürsorgliche oder humanitäre Seite veranlaßt Sie vielleicht, einen lehrenden, beratenden oder sozialen Beruf zu ergreifen oder eine Tätigkeit, bei der Sie sich für andere einsetzen müssen, etwa in einer Gewerkschaft oder der Politik. In Frage für Sie kommen auch Berufe im Bereich Justiz oder Beschäftigungen philosophischer oder religiöser Art. Die praktische Seite Ihrer Persönlichkeit zieht möglicherweise Geschäftswelt oder Bankwesen vor. Ihre Kreativität und Wortgewandtheit eröffnen Ihnen auch Chancen in der Welt von Literatur, Kunst und Theater.

Berühmte Persönlichkeiten dieses Tages sind die Schauspielerin und Tänzerin Ginger Rogers, die Schauspielerin Barbara Stanwyck, die Schriftstellerin Anita Brookner und der Rockmusiker Stewart Copeland.

Numerologie

Die Geburtstagszahl 16 bedeutet, daß Sie ehrgeizig und emotional, fürsorglich und freundlich sind. Häufig beurteilen Sie das Leben aus dem Gefühl heraus und haben gute Menschenkenntnis. Durch die 16 leiden Sie gelegentlich unter innerer Anspannung, wenn zwischen Ihrem Bedürfnis nach Selbstverwirklichung und Ihrer Verantwortung anderen gegenüber eine Diskrepanz entsteht. Die besonders Kreativen unter Ihnen haben Talent zum Schreiben mit vielen Geistesblitzen. Auch wenn Sie aus einer intakten Familie kommen, ziehen Sie es doch vor, allein zu leben oder viel zu reisen. Der Untereinfluß der Monatszahl 7 bewirkt, daß Sie rational und geistig beweglich sind. Da Sie ausgeprägte Instinkte besitzen, können Sie erahnen, was andere sagen oder tun werden, und es zu Ihrem Vorteil nutzen. Sie lernen gern Neues und wollen stets gut informiert sein. Außerdem verfügen Sie über ein ausgezeichnetes Gedächtnis, sind klug und aufgeweckt, fühlen sich aber gelegentlich mißverstanden oder haben Probleme, Ihre Gefühle auszudrücken.

Positiv: höhere Bildung, Verantwortungsbewußtsein gegenüber Heim und Familie, integer, intuitiv, gesellig, kooperativ, verständnisvoll.

Negativ: Ängste, nie zufrieden, unverantwortlich, rechthaberisch, skeptisch, selbstsüchtig, leicht reizbar, dramatisch.

Liebe & Zwischenmenschliches

Sie sind sensibel, intuitiv und intelligent und suchen die Gesellschaft von klugen und interessanten Menschen, die Abwechslung und Spaß in Ihr Leben bringen. Ihre fürsorgliche und mitfühlende Art bewirkt oft, daß andere sich in schwierigen Zeiten mit der Bitte um Hilfe an Sie wenden. Da Sie sich häufig für Reformen und soziale Angelegenheiten engagieren, sind Sie ein Gewinn für Ihre Gemeinde und stehen schnell im Licht der Öffentlichkeit. Da Sie sich leicht langweilen und zu innerer Unruhe neigen, sollten enge Beziehungen Ihnen Sicherheit, Zuneigung und gemeinsame Interessen bieten können.

wirkt er oft, daß Sie sich für den höheren Bildungsweg entscheiden oder sich für Philosophie interessieren.
- Positiv: kämpferisch, dennoch zart und einfühlsam, erfolgsstark.
- Negativ: hinterlistig, ungestüm, aggressiv, egoistisch, Hang zur Grausamkeit, launisch.

Ihr Partner

Partner, die Sie neugierig und geistig aktiv halten, finden Sie am ehesten unter den Menschen, die an folgenden Tagen geboren wurden:

Liebe & Freundschaft: 12., 16., 25. Jan., 10., 14., 23., 24. Feb., 8., 12., 22., 31. März, 6., 10., 20., 29. April, 4., 8., 18., 27. Mai, 2., 6., 16., 25., 30. Juni, 4., 14., 23., 28. Juli, 2., 12., 21., 26., 30. Aug., 10., 19., 24., 28. Sept., 8., 17., 22., 26. Okt., 6., 15., 20., 24., 30. Nov., 4., 13., 28., 22., 28. Dez.

Günstig: 2., 13., 22., 24. Jan., 11., 17., 20., 22. Feb., 9., 15., 18., 20., 28. März, 7., 13., 16., 18., 26. April, 5., 11., 16., 18., 26. Mai, 3., 9., 12., 14., 22. Juni, 1., 7., 10., 12., 20. Juli, 5., 8., 10., 18. Aug., 3., 6., 8., 16. Sept., 1., 4., 6., 14. Okt., 2., 4., 12. Nov., 2., 10. Dez.

Schicksalhaft: 13., 14., 15., 16., 25. Jan., 23. Feb., 21. März, 19. April, 17. Mai, 15. Juni, 13. Juli, 11. Aug., 9. Sept., 7. Okt., 5. Nov., 3. Dez.

Problematisch: 7., 23. Jan., 5., 21. Feb., 3., 19., 29. März, 1., 17., 27. April, 15., 25. Mai, 13., 23. Juni, 11., 21., 31. Juli, 9., 19., 29. Aug., 7., 17., 27., 30. Sept., 3., 13., 23., 26. Nov., 1., 11., 21., 24. Dez.

Seelenverwandt: 17. Jan., 15. Feb., 13. März, 11. April, 9. Mai, 7. Juni, 5. Juli, 3. Aug., 1. Sept., 30. Nov., 28. Dez.

17. Juli

SONNE: KREBS
DEKADE: FISCHE/NEPTUN
GRAD: 24° – 25° KREBS
ART: KARDINALZEICHEN
ELEMENT: WASSER

Fixsterne

Pollux, auch als der «Faustkämpfer des Herkules» bekannt; Procyon

Hauptstern

Name des Sterns: Pollux, auch als der «Faustkämpfer des Herkules» bekannt
Gradposition: 22°15' – 23°11' Krebs zwischen den Jahren 1930 und 2000
Magnitude: 1
Stärke: **********
Orbit: 2°30'
Konstellation: Beta Geminorum
Tage: 13., 14., 15., 16., 17., 18. Juli
Sternqualitäten: unterschiedliche Einflüsse: Mars/Mond/Uranus
Beschreibung: leuchtendorangefarbener Stern am Kopf des südlichen Zwilling.

Einfluß des Hauptsterns

Pollux steht für eine ebenso empfindliche wie selbstbewußte Persönlichkeit voller Vitalität und Mut, überdies sorgt er für eine Vorliebe für Kampfsportarten. Sein negativer Einfluß macht Sie hitzig oder überempfindlich, was zu Frustration und Streit führen und in unangenehmen Situationen enden kann. Im Zusammenhang mit dem Stand Ihrer Sonne steht Pollux für Abenteuerlust und sportliche Begabung. Häufig versuchen Sie, ohne die Hilfe anderer auszukommen und erfolgreich zu sein. Pollux steht auch für spirituelle Fähigkeiten und den Mut, persönliche Ziele und Ideen zu verwirklichen. Außerdem be-

♋ Sie sind realistisch und begeisterungsfähig, von kühnem Verstand und wissensdurstig. Als Krebs sind Sie sensibel und schüchtern, aber auch unabhängig, mit starkem Erfolgs- und Leistungsdrang. Sie haben nicht nur natürlichen Charme und Spontaneität, sondern auch ausgeprägte Individualität und eine jugendliche Ausstrahlung.

Der Untereinfluß Ihres Dekadenzeichens, der Fische, bewirkt, daß Sie beeindruckbar und phantasievoll sind und ausgeprägte Intuition haben. Da Sie ebenso idealistisch wie aufnahmefähig sind, können Sie sich gut in andere hineinversetzen. Vielseitig begabt und meist gut informiert, haben Sie viel Überzeugungskraft, vor allem wenn Sie optimistisch und von einer Sache überzeugt sind.

Dank Ihrer Intelligenz und Ihrem Selbstvertrauen können Sie schnell Entscheidungen treffen. Gelegentlich sind Sie allerdings zu selbstbewußt oder gar stur; dann neigen Sie zu impulsivem oder unverantwortlichem Handeln. Hüten Sie sich gegen die Tendenz, sich geistig zu stark zu erregen, weil das eher wie Exzentrik denn Individualität wirkt.

Das Bedürfnis, ein aktives Leben mit Unternehmungsgeist zu verbinden, bedeutet, daß Sie Ihre Träume durch Ausdauer und Geduld verwirklichen können. Allerdings sollten Sie, wenn Sie erfolgreich sein wollen, mehr Reife zeigen.

Wenn Sie 5 sind und Ihre Sonne in das Zeichen des Löwen tritt, entwickeln Sie mehr Selbstbewußtsein und soziale Kompetenz. Wenn Sie 35 sind und Ihre Sonne in die Jungfrau wechselt, wenden Sie sich mehr praktischen Dingen zu und werden methodischer und ordentlicher. Ihre Sonne wechselt in die Waage, wenn Sie 65 sind. Dann legen Sie vermehrt Wert auf Gesellschaft und zwischenmenschliche Beziehungen und entwickeln eine Liebe zu Kunst und Schönheit.

Ihr geheimes Selbst

Da Sie sehr intelligent sind und feste Überzeugungen haben, brauchen Sie ein Forum, auf dem Sie Ihre Ansichten vertreten können. Wenn diese an eine gute Sache geknüpft sind, wird Ihr Kampfgeist noch durch Zielstrebigkeit angespornt. Sie haben ein großes Herz und viel Mitgefühl für andere, sollten aber darauf achten, daß dies in einem gesunden Verhältnis zu Ihrem eigenen Bedürfnis nach Selbstverwirklichung und Glück steht. Da Sie charismatisch sind, ziehen Sie Menschen an, und da Sie gleich viel männliche wie weibliche Eigenschaften haben, können Sie sowohl unabhängig als auch sensibel sein. Ihre materialistische Ader führt dazu, daß Ihnen Sicherheit im Leben sehr wichtig ist. Passen Sie aber auf, daß Sie Ihre Ideale nicht auf dem Altar finanzieller Stabilität opfern.

Beruf & Karriere

Da Sie vielseitig begabt sind, können Sie Ihre Ideen auf kreative und unterhaltsame Weise vermitteln. Ihr herausragendes Potential öffnet Ihnen die Türen in die Welt der Wissenschaft, nutzt Ihnen aber auch in Bereichen wie Justiz oder Management. Ihre natürliche Begabung für das gesprochene und geschriebene Wort findet am besten Ausdruck in Bereichen wie Schreiben oder Pädagogik. Geeignet sind Sie durchaus auch für Verkauf oder Promotion. Mit Ihren strengen Prinzipien und Ihren Führungsqualitäten sind Sie ein exzellenter Fürsprecher, Politiker oder engagierter Kämpfer für eine gute Sache. Ihr Sinn für Dramatik ermöglicht Ihnen auch, Ihren Lebensunterhalt im Bereich Kunst, Musik und Theater zu verdienen. Dank Ihrem scharfen Verstand und Ihrer Bereitschaft, hart zu arbeiten, können Sie es weit bringen.

Berühmte Persönlichkeiten dieses Tages sind die Schauspieler David Hasselhoff, James Cagney und Donald Sutherland, der Regisseur Jürgen Flimm und die Politikerin Angela Merkel.

Numerologie

Mit der Geburtstagszahl 17 sind Sie gescheit und zurückhaltend und haben gute analytische Fähigkeiten. Von Natur aus nachdenklich und unabhängig, verlassen Sie sich am liebsten auf Ihr eigenes Urteil. Da Sie taktvoll, nachdenklich und unvoreingenommen sind und ein starkes Interesse an Daten und Fakten haben, treten Sie meist rücksichtsvoll und seriös auf und lassen sich gern Zeit. Sie können sich sehr lange konzentrieren und lernen am besten durch persönliche Erfahrung. Je weniger Skepsis Sie empfinden, desto schneller lernen Sie. Der Untereinfluß der Monatszahl 7 bedeutet, daß Sie gern wissen möchten, was andere denken, Ihre eigene Meinung aber lieber für sich behalten. Da Sie Ihr Wissen auf sehr spezielle Weise einsetzen, können Sie es in einem Fachgebiet zu großem Erfolg bringen. Indem Sie für Ihre Taten die volle Verantwortung übernehmen, bauen Sie Ängste und Unzufriedenheit ab. Sie sind sensibler, als Sie zugeben wollen, und es fällt Ihnen hin und wieder schwer, Ihre Gefühle auszudrücken. Lernen Sie, gute Ratschläge von Kritik oder Einmischung zu unterscheiden.

Positiv: nachdenklich, Experte, guter Planer, Geschäftssinn, individueller Denker, gewissenhaft, genau, guter Forscher.

Negativ: stur, leichtsinnig, launisch, dogmatisch, kritisch, ängstlich, mißtrauisch.

Liebe & Zwischenmenschliches

Von Natur aus sensibel und rücksichtsvoll, sind Sie ein unabhängiger Denker, der seine Probleme am liebsten allein löst. Einerseits sind Sie sehr herzlich und gefühlsbetont, andererseits aber auch sehr distanziert. Sie möchten durch besonders enge Bande mit Ihrem Partner verbunden sein, da Sie eine sehr idealistische Vorstellung von Liebe haben. Obwohl Sie im allgemeinen freundlich und gesellig sind, haben Sie Angst vor Alleinsein und Verlassenwerden, wenn Sie unter Unsicherheit leiden. Sobald Sie den richtigen Partner gefunden haben, sind Sie treu, fürsorglich und entwickeln starke Beschützerinstinkte.

wirkt er oft, daß Sie sich für den höheren Bildungsweg entscheiden oder für Philosophie interessieren.
- Positiv: kämpferisch, dennoch zart und einfühlsam, erfolgsstark.
- Negativ: hinterlistig, ungestüm, aggressiv, egoistisch, Hang zur Grausamkeit, launisch.

Ihr Partner

Wahrhaftes Glück werden Sie mit großer Wahrscheinlichkeit mit den an folgenden Tagen geborenen Menschen finden:
Liebe & Freundschaft: 7., 10., 17., 27. Jan., 5., 8., 15., 25. Feb., 3., 6., 13., 23. März, 1., 4., 11., 21. April, 2., 9., 19. Mai, 7., 17. Juni, 5., 15., 29., 31. Juli, 3., 13., 27., 29., 31. Aug., 1., 11., 25., 27., 29. Sept., 9., 23., 25., 27. Okt., 7., 21., 23., 25. Nov., 5., 19., 21., 23. Dez.
Günstig: 3., 5., 20., 25., 27. Jan., 1., 3., 18., 23., 25. Feb., 1., 16., 21., 23. März, 14., 19., 21. April, 12., 17., 19. Mai, 10., 15., 17. Juni, 8., 13., 15. Juli, 6., 11., 13. Aug., 4., 9., 11. Sept., 2., 7., 9. Okt., 5., 7. Nov., 3., 5. Dez.
Schicksalhaft: 14., 15., 16., 17. Jan., 11. Feb., 9. März, 7. April, 5. Mai, 3. Juni, 1. Juli
Problematisch: 16., 24. Jan., 14., 22. Feb., 12., 20. März, 10., 18. April, 8., 16., 31. Mai, 6., 14., 29. Juni, 4., 12., 27. Juli, 2., 10., 25. Aug., 8., 23. Sept., 6., 21. Okt., 4., 19. Nov., 2., 17. Dez.
Seelenverwandt: 16. Jan., 14. Feb., 12. März, 10. April, 8. Mai, 6. Juni, 4., 31. Juli, 2., 29. Aug., 27. Sept., 25. Okt., 23. Nov., 21. Dez.

SONNE: KREBS
DEKADE: FISCHE/NEPTUN
GRAD: 25° – 26° KREBS
ART: KARDINALZEICHEN
ELEMENT: WASSER

18. Juli

Fixstern

Name des Sterns: Procyon
Gradposition: 24°48' – 25°43' Krebs zwischen den Jahren 1930 und 2000
Magnitude: 1
Stärke: **********
Orbit: 2°30'
Konstellation: Alpha Canis Minoris
Tage: 16., 17., 18., 19., 20., 21. Juli
Sternqualitäten: unterschiedliche Einflüsse: Merkur/Mars oder Jupiter/Uranus
Beschreibung: gelb-weißer Doppelstern im Körper des Kleinen Hundes.

Einfluß des Hauptsterns

Procyon steht für Willenskraft, Tatkraft und die Fähigkeit, Pläne zu verwirklichen; er sorgt für Aktivitätsdrang sowie ausgefallene Interessen und Beschäftigungen. Unter seinem Einfluß winken Reichtum, Erfolg und Glück, er kann aber plötzliche Schicksalswendungen anzeigen, die Ihnen in positivem wie negativem Sinne zu Bekanntheit verhelfen und Gewinne oder Verluste mit sich bringen. Darum müssen Sie lernen, sich in Geduld zu üben und sich die Zeit zu nehmen, sorgfältig zu planen, um sichere und gute Ergebnisse zu erzielen. Traditionelle Deutungen besagen, daß man sich unter dem Einfluß von Procyon vor Hundebissen schützen sollte.
Im Zusammenhang mit dem Stand Ihrer Sonne verleiht dieses Gestirn Mut, Einfallsreichtum, außergewöhnliche Talente und Ritterlichkeit. Im allgemeinen haben Sie viele treue Freunde, die Ihnen zur Seite stehen und Ihnen in Notsituationen Hilfe anbieten. Procyon steht auch für unerwartetes Vermögen, sei es durch Schenkung oder Erbschaft.

Von diesem Geburtstag geht viel Kraft aus; für Sie bedeutet dies, daß Sie nachdenkend, intelligent und ständig auf der Suche nach neuen Erkenntnissen sind. Als ehrgeiziger Mensch mit festen Meinungen sind Sie voller Energie und Antriebskraft und haben viel Überzeugungskraft. Von Natur aus bestimmt, anziehend und hoch intuitiv, vertreten Sie ganz individuelle Ansichten und verfügen über gutes logisches Denkvermögen.

Der Untereinfluß Ihres Dekadenzeichens, der Fische, sorgt dafür, daß Sie große Vorstellungskraft haben und bereit sind, für Ihre Ziele hart zu arbeiten. Da Sie ebenso phantasiebegabt wie praktisch sind, schätzen Sie geistige Herausforderungen; bei der Erprobung Ihrer Intelligenz und Ihrer Schlagfertigkeit kann es passieren, daß Sie stur, streitlustig und draufgängerisch werden.

Dank Ihres wachen Geistes und Ihrer zahlreichen Interessen sind Sie sehr vielseitig und begeisterungsfähig. Ihre Fähigkeit, den Überblick zu behalten, und Ihre Bereitschaft zu harter Arbeit zeigen, daß Sie auf eigenen Füßen stehen und große Aufgaben übernehmen können. Eine gute Ausbildung erhöht Ihre Erfolgschancen beträchtlich.

Obwohl Sie sehr diszipliniert und kopfgesteuert sind, die wahre Inspiration liegt für Sie in emotionaler Befriedigung und Erfüllung. Wenn Sie Menschen mit Ihrem Verstand überfordern, gewinnen Sie im Grunde nichts; wenn Sie aber tolerant, höflich und mitfühlend sind, gewinnen Sie die Liebe und Zuneigung Ihrer Mitmenschen.

Früh in Ihrem Leben, im Alter von 4 Jahren, tritt Ihre Sonne in das Zeichen des Löwen; in den nächsten dreißig Jahren sind Sie mutig, stark, selbstbewußt und kreativ. Wenn Sie 34 werden und Ihre Sonne in die Jungfrau wechselt, werden Sie tüchtiger, professioneller und entwickeln besseres Urteilsvermögen. Ihre Sonne tritt in die Waage, wenn Sie 64 sind; nun legen Sie mehr Wert auf Liebe, zwischenmenschliche Beziehungen, Harmonie und Schönheit.

Ihr geheimes Selbst

Von Natur aus mit intuitiven Kräften gesegnet, haben Sie einen sechsten Sinn für Menschen, und es lohnt sich für Sie, stets auf Ihre Instinkte zu vertrauen. Mit dieser Gabe, durch die Sie zuweilen geradezu raffiniert und gerissen sind, können Sie aus Situationen immer wieder Vorteile für sich ziehen. Andererseits können Sie als Menschenfreund auftreten und anderen zu Hilfe kommen und sich so von Ihrer großzügigen und höflichen Seite zeigen.

Meist haben Sie die Fähigkeit, Ihr Geld zusammenzuhalten, und erfreuen sich im allgemeinen auch guter Gesundheit. Mit diesen Vorzügen finden Sie sicherlich eine Arbeit, die Sie erfüllt; dies ist um so wichtiger für Sie, da Sie nicht in der Lage sind, Begeisterung zu heucheln. Da Ihre Probleme selten finanzieller Art sind, liegen Ihre Herausforderungen meist eher auf spiritueller Ebene.

Beruf & Karriere

Ihre Führungsqualitäten, Ihr scharfer Intellekt und Ihre herausragende soziale Kompetenz machen jede Berufswahl für Sie erfolgversprechend: Pädagogik, Forschung und Wissenschaft, Öffentlichkeitsarbeit, Politik oder gar Philosophie sind nur einige von vielen Möglichkeiten. Da Sie ungern Anordnungen von anderen ausführen, sollten Sie untergeordnete Positionen meiden. In der Geschäftswelt sind Sie aufgrund Ihrer Organisationsfähigkeiten und Ihrer Gabe, in großen Maßstäben zu denken, ein hervorragender Problemlöser. Ihr Wunsch nach Selbstverwirklichung und Ihr Sinn für Wirkung ebnen Ihnen auch Wege in die Welt der Literatur, Kunst und Unterhaltung. In jedem Fall aber brauchen Sie Abwechslung. Neue Projekte gehen Sie mit Begeisterung und Leistungsbereitschaft an. Später im Leben empfinden Sie vielleicht den Wunsch, in irgendeiner Weise der Gemeinschaft nützlich zu sein.

Berühmte Persönlichkeiten dieses Tages sind Nelson Mandela, der Astronaut John Glenn und der Dramatiker Edward Bond.

- Positiv: Reichtum und Vermögen, Führungspositionen, Stolz und Würde, Bekanntheit in religiösen Bereichen.
- Negativ: Snobismus, gedankenlos, schwerfällig, hinterlistig, heuchlerisch.

Numerologie

Zu den Attributen der Zahl 18 gehören Entschlossenheit und bestimmtes Auftreten. Von Natur aus talentiert, fleißig und verantwortungsbewußt, steigen Sie häufig in leitende Positionen auf. Ihr ausgeprägter Geschäftssinn und Ihre Organisationsfähigkeiten führen Sie meist in die Welt des Handels. Mit der Geburtstagszahl 18 möchten Sie Ihre Kräfte nutzen, um anderen zu helfen, ihnen Ratschläge zu erteilen oder ihre Probleme zu lösen. Sie müssen dafür jedoch lernen, im Zusammenleben mit anderen zwischen Machtausübung und Machtmißbrauch zu unterscheiden. Der Untereinfluß der Monatszahl 7 bewirkt, daß Sie intelligent und sehr intuitiv sind und gutes Urteilsvermögen besitzen. Voller Begeisterungsfähigkeit und Charisma, sind Sie ehrgeizig, aber auch emotional rastlos. Zu Ihren größten Vorzügen gehören Ihre Instinkte und die Fähigkeit, Ihre praktischen Fähigkeiten mit unkonventionellen Ideen zu verknüpfen. Ein weiterer Trumpf ist Ihre Gabe, sofort die Chancen zu erkennen, die eine Situation bietet.

Positiv: progressiv, bestimmt, intuitiv, mutig, resolut, Heilkräfte, tüchtig, Beraterfähigkeit.

Negativ: unkontrollierte Gefühle, faul, mangelnde Ordnungsliebe, selbstsüchtig, unfähig, Arbeiten zu Ende zu führen, falsch.

Liebe & Zwischenmenschliches

Starke Familienbande und der Einfluß einer älteren Person in Ihrer Kindheit führen häufig dazu, daß Sie einen ausgeprägten Unabhängigkeitsdrang verspüren. Sie brauchen einen Partner, der fleißig und klug ist und einen Sinn für Dramatik hat. Sie sind zwar intuitiv, neigen aber auch zu Skepsis und Mißtrauen; lernen Sie, was Vertrauen und Respekt bedeuten können. Andernfalls kann es passieren, daß Sie – wenn auch unabsichtlich – Ihren Partner dominieren. Mit Ihrem natürlichen Charme können Sie andere in Ihren Bann ziehen, eine Gabe, die Ihnen gesellschaftlichen Erfolg garantiert.

Ihr Partner

Chancen, den richtigen Partner zu finden, haben Sie bei den Menschen, die an folgenden Tagen geboren sind:

Liebe & Freundschaft: 1., 14., 28., 31. Jan., 12., 26., 29. Feb., 10., 24., 27. März, 8., 22., 25. April, 6., 20., 23. Mai, 4., 18., 21. Juni, 2., 16., 19., 30. Juli, 14., 17., 28., 30. Aug., 12., 15., 26., 28., 30. Sept., 10., 13., 24., 26., 28. Okt., 8., 11., 22., 24., 26. Nov., 6., 9., 20., 22., 24. Dez.

Günstig: 26. Jan., 24. Feb., 22. März, 20. April, 18. Mai, 16. Juni, 14. Juli, 12. Aug., 10. Sept., 8. Okt., 6. Nov., 4. Dez.

Schicksalhaft: 15., 16., 17., 18. Jan.

Problematisch: 3., 25. Jan., 1., 23. Feb., 21. März, 19. April, 17. Mai, 15. Juni, 13. Juli, 11. Aug., 9. Sept., 7. Okt., 5. Nov., 3. Dez.

Seelenverwandt: 3., 10. Jan., 1., 8. Feb., 6. März, 4. April, 2. Mai

SONNE: KREBS
DEKADE: FISCHE/NEPTUN
GRAD: 26° – 27° KREBS
ART: KARDINALZEICHEN
ELEMENT: WASSER

19. Juli

Fixstern

Name des Sterns: Procyon
Gradposition: 24°48' – 25°43' Krebs zwischen den Jahren 1930 und 2000
Magnitude: 1
Stärke: **********
Orbit: 2°30'
Konstellation: Alpha Canis Minoris
Tage: 16., 17., 18., 19., 20., 21. Juli
Sternqualitäten: unterschiedliche Einflüsse: Merkur/Mars oder Jupiter/Uranus
Beschreibung: gelb-weißer Doppelstern im Körper des Kleinen Hundes.

Einfluß des Hauptsterns

Procyon steht für Willenskraft, Tatkraft und die Fähigkeit, Pläne zu verwirklichen; er sorgt für Aktivitätsdrang sowie ausgefallene Interessen und Beschäftigungen. Unter seinem Einfluß winken Reichtum, Erfolg und Glück; allerdings kann er auch plötzliche Schicksalswendungen anzeigen, die Ihnen in positivem wie negativem Sinne zu Bekanntheit verhelfen und Gewinne oder Verluste mit sich bringen. Fassen Sie sich in Geduld und nehmen Sie sich die Zeit, sorgfältig zu planen, um sichere und gute Ergebnisse zu erzielen. Traditionelle Deutungen besagen, daß man sich unter dem Einfluß von Procyon vor Hundebissen schützen sollte.
Im Zusammenhang mit dem Stand Ihrer Sonne verleiht dieses Gestirn Mut, Einfallsreichtum, außergewöhnliche Talente und Ritterlichkeit. Im allgemeinen haben Sie viele treue Freunde, die Ihnen zur Seite stehen und Ihnen in Notsituationen Hilfe anbieten. Procyon steht auch für unerwartetes Vermögen, sei es durch Schenkung oder Erbschaft.

♋ Mit diesem Tag werden oft Idealismus und Großzügigkeit assoziiert. Verständnis, Mitgefühl und Warmherzigkeit gehören zu Ihren hervorstechenden Eigenschaften, wenn dies Ihr Geburtstag ist. Als Krebs sind Sie sensibel und sehr intuitiv. Obwohl Sie häufig voller wunderbarer Ideen stecken, kann ein Hang zur Ängstlichkeit Ihre Entschlossenheit und Ihr Selbstwertgefühl unterminieren. Positives Denken, gepaart mit Phantasie, ist für Sie der Schlüssel für Ausgeglichenheit und inneren Frieden.

Der Untereinfluß Ihres Dekadenzeichens, der Fische, bewirkt, daß Sie beeindruckbar sind und einen ausgeprägten sechsten Sinn haben. Da Sie empfänglich für Farben und Klänge sind, haben Sie entweder selbst eine musische Ader, oder aber Musik wirkt beruhigend auf Sie.

Wenn Sie jedes Erlebnis als lehrreiche Erfahrung betrachten, überwinden Sie Ungeduld und Enttäuschungen. Wenn Sie Offenheit und Toleranz üben, werden Sie die unglaublichen Möglichkeiten entdecken, die Ihnen offenstehen.

Von Natur aus charmant, freundlich und abenteuerlustig, mit einem starken Bedürfnis nach vertrauten Beziehungen, führen Sie meist ein gesellschaftlich erfülltes Leben. Da Sie Antriebskraft brauchen, um Ihr wahres geistiges Potential auszuschöpfen, sollten Sie sich um eine gute Ausbildung bemühen. Dies bedeutet aber auch, daß Ihre starken Gefühle und Ihre Kreativität in irgendeiner Form zum Ausdruck kommen müssen.

Bis zum Alter von 3 Jahren sind Sie sehr schüchtern und sensibel. Dann tritt Ihre Sonne in das Zeichen des Löwen ein; der Einfluß des Löwen macht Sie für die nächsten dreißig Jahre selbstbewußter und stärker. Wenn Sie 33 sind und Ihre Sonne in die Jungfrau wechselt, werden Sie geduldiger und perfektionistisch bei der Anwendung Ihrer Talente und Fähigkeiten. Ihre Sonne wechselt in die Waage, wenn Sie 63 sind; nun legen Sie mehr Wert auf Liebe, zwischenmenschliche Beziehungen, Harmonie und Schönheit.

Ihr geheimes Selbst

Sie blühen auf bei Liebe und Zuneigung, und das Gefühl, von anderen geschätzt zu werden, motiviert Sie ungemein. Sie sind fair und verantwortungsbewußt und bleiben ungern etwas schuldig, denn Sie wissen, daß Sie nur das ernten können, was Sie gesät haben. Durch Selbstdisziplin lernen Sie, sich besser zu konzentrieren, um das Beste aus Ihrem großen Potential zu machen.

Wenn Sie keine Ausdrucksform für Ihre starken Gefühle finden, werden Sie mutlos und depressiv. Wenn Sie sich um Distanz bemühen, lernen Sie, loszulassen und gleichzeitig neue Chancen für sich zu erkennen. Sie sind von Natur aus ein guter Berater, sollten sich aber davor hüten, sich in anderer Leute Angelegenheiten einzumischen; lassen Sie sie ihre eigenen Fehler machen. Da Sie aber auch loyal und liebevoll sind, legen Sie Ihren Lieben gegenüber starke Beschützerinstinkte an den Tag. Dank Ihrer Kreativität und Ihrem Sinn für Dramatik können Sie andere mit Ihrem Idealismus und Ihrer Begeisterungsfähigkeit anstecken.

Beruf & Karriere

Da Sie gerne mit Menschen zu tun haben und wissensdurstig sind, kommen für Sie Berufe in Pädagogik, Beratung, Sozialarbeit oder Pflege in Frage. Ihr Bedürfnis, Ihre eigenen Ideen zum Ausdruck zu bringen, zieht Sie vielleicht auch in die Welt von Design, Schriftstellerei, Musik, Kunst, Dichtung oder Theater. Sie sind wortgewandt und stehen zu Ihren Ansichten, was Sie für Justiz oder Politik geeignet macht. Mit Ihren Führungsqualitäten und Organisationsfähigkeiten können Sie sich auch im Geschäftsleben behaupten. Ein humanitärer Zug Ihrer Persönlichkeit veranlaßt Sie vielleicht, sich mit Religion zu beschäftigen oder für eine gute Sache zu kämpfen.

Berühmte Persönlichkeiten dieses Tages sind der Maler Edgar Degas, der Dirigent Gerd Albrecht, der Soziologe Herbert Marcuse und der Schauspieler Anthony Edwards.

- Positiv: Reichtum und Vermögen, Führungspositionen, Stolz und Würde, Bekanntheit in religiösen Bereichen.
- Negativ: Snobismus, gedankenlos, schwerfällig, hinterlistig, heuchlerisch.

Numerologie

Zu den Attributen der Zahl 19 gehören Kreativität, Fröhlichkeit, Dynamik, aber auch Menschenfreundlichkeit und Sensibilität. Von Natur aus entschlossen und erfinderisch, haben Sie eine ausgeprägte Vorausschau, doch Ihre träumerische Seite sorgt auch für Mitgefühl, Idealismus und Sensibilität. Das Bedürfnis, jemand zu sein, macht Sie dramatisch, und Sie spielen sich gern in den Vordergrund. Oft sind Sie von dem starken Wunsch beseelt, eine ganz individuelle Identität zu entwickeln. Um dies zu erreichen, müssen Sie allerdings zunächst einmal dem Druck Ihrer Umgebung standhalten. Nur durch große Erfahrung können Sie Selbstvertrauen und Führungsqualitäten gewinnen. Die an einem Neunzehnten Geborenen wirken auf andere selbstbewußt, robust und einfallsreich, doch innere Spannungen führen oft zu emotionalen Schwankungen. Der Untereinfluß der Monatszahl 7 bewirkt, daß Sie analytisch, nachdenkend und intuitiv sind. Da Sie einen guten Geschäftssinn haben, sollten Sie Ihre Führungsqualitäten und Organisationsfähigkeiten nicht vernachlässigen.

Positiv: dynamisch, konzentriert, kreativ, glücksbegabt, progressiv, optimistisch, unabhängig, gesellig.

Negativ: egoistisch, depressiv, angstvoll, Angst vor Zurückweisung, Stimmungsschwankungen, materialistisch, ungeduldig.

Liebe & Zwischenmenschliches

Da Sie ein starkes Bedürfnis nach emotionaler Sicherheit haben, suchen Sie eine enge Beziehung zu einer verläßlichen Person. Auch wenn Partnerschaften Ihnen sehr wichtig sind, sollten Sie sich nicht zu sehr in die Abhängigkeit des anderen begeben. Da Sie gesellig und beliebt sind, genießen Sie die Gesellschaft anderer und sind nicht gern allein. Als fürsorglicher und großzügiger Mensch lassen Sie sich oft zu großen Opfern für Ihre Lieben hinreißen.

Ihr Partner

Wahre Liebe finden Sie am ehesten unter den Menschen, die an folgenden Tagen geboren wurden:

Liebe & Freundschaft: 1., 15., 26., 29., 30. Jan., 13., 24., 27., 28. Feb., 11., 22., 25., 26. März, 9., 20., 23., 24. April, 7., 18., 21., 22. Mai, 5., 16., 19., 20. Juni, 3., 14., 17., 18., 31. Juli, 1., 12., 15., 16., 29., 31. Aug., 10., 13., 14., 27., 29. Sept., 8., 11., 12., 25., 27. Okt., 6., 9., 10., 23., 25. Nov., 4., 7., 8., 21., 23., 29. Dez.

Günstig: 1., 2., 10., 27. Jan., 8., 25. Feb., 6., 23. März, 4., 21. April, 2., 19., 30. Mai, 17., 28. Juni, 15., 26. Juli, 13., 24. Aug., 11., 22. Sept., 9., 20. Okt., 7., 18. Nov., 5., 16. Dez.

Schicksalhaft: 16., 17., 18., 19. Jan.

Problematisch: 17., 26. Jan., 15., 24. Feb., 13., 22. März, 11., 20. April, 9., 18. Mai, 7., 16. Juni, 5., 14. Juli, 3., 12., 30. Aug., 1., 10., 28. Sept., 8., 26., 29. Okt., 6., 24., 27. Nov., 4., 22., 25. Dez.

Seelenverwandt: 21. Jan., 19. Feb., 17. März, 15. April, 13. Mai, 11. Juni, 9., 29. Juli, 7., 27. Aug., 5., 25. Sept., 3., 23. Okt., 1., 21. Nov., 19. Dez.

SONNE: KREBS
DEKADE: FISCHE/NEPTUN
GRAD: 27° – 28° KREBS
ART: KARDINALZEICHEN
ELEMENT: WASSER

20. Juli

Fixstern

Name des Sterns: Procyon
Gradposition: 28°48' – 25°43' Krebs zwischen den Jahren 1930 und 2000
Magnitude: 1
Stärke: **********
Orbit: 2°30'
Konstellation: Alpha Canis Minoris
Tage: 16., 17., 18., 19., 20., 21. Juli
Sternqualitäten: unterschiedliche Einflüsse: Merkur/Mars oder Jupiter/Uranus
Beschreibung: gelb-weißer Doppelstern im Körper des Kleinen Hundes.

Einfluß des Hauptsterns

Procyon steht für Willenskraft, Tatkraft und die Fähigkeit, Pläne zu verwirklichen; er sorgt für Aktivitätsdrang sowie ausgefallene Interessen und Beschäftigungen. Unter seinem Einfluß winken Reichtum, Erfolg und Glück; allerdings kann er auch plötzliche Schicksalswendungen anzeigen, die Ihnen in positivem wie negativem Sinne zu Bekanntheit verhelfen und Gewinne oder Verluste mit sich bringen. Üben Sie sich in Geduld und nehmen Sie sich die Zeit, sorgfältig zu planen, um sichere und gute Ergebnisse zu erzielen. Traditionelle Deutungen besagen, daß man sich unter dem Einfluß von Procyon vor Hundebissen schützen sollte.

Im Zusammenhang mit dem Stand Ihrer Sonne verleiht dieses Gestirn Mut, Einfallsreichtum, außergewöhnliche Talente und Ritterlichkeit. Im allgemeinen haben Sie viele treue Freunde, die Ihnen zur Seite stehen und Ihnen in Notsituationen Hilfe anbieten. Procyon steht auch für unerwartetes Vermögen, sei es durch Schenkung oder Erbschaft.

Die Vitalität und Antriebskraft, die von Ihrem Geburtstag ausgehen, sind unter Ihrem freundlichen Lächeln und Ihrem Charme häufig gar nicht nach außen hin erkennbar. Als Krebs sind Sie idealistisch und intuitiv, besitzen starke Entschlossenheit und einen scharfen Verstand.

Der Untereinfluß Ihres Dekadenzeichens, der Fische, sorgt dafür, daß Sie phantasiegabt und vorausschauend sind und den nötigen Ehrgeiz haben, um Ihre Träume zu verwirklichen. Motiviert und praktisch, lieben Sie geistige Herausforderungen; bei Ihrem Versuch, Ihre Schlagfertigkeit und Intelligenz unter Beweis zu stellen, neigen Sie jedoch zu Sturheit und Launenhaftigkeit.

Ihr Erfolgspotential hängt von Macht und Wissen ab; je gebildeter Sie sind, desto konzentrierter können Sie vorgehen. Um inneren Frieden und eine solide Basis sollten Sie sich bemühen, indem Sie feste Werte und Ansichten vertreten. Wenn Sie sich Ihres Wertesystems sicher sind, haben Sie großes Leistungs- und Erfolgspotential. Von Natur aus sensibel und harmoniebedürftig, brauchen Sie eine positive Atmosphäre, um sich wohl zu fühlen und Leistungen zu bringen. Disharmonie weckt Ihre schlimmsten Eigenschaften; bei Konfrontationen flüchten Sie sich in Machtspiele oder offenen Streit. In jedem Fall tun Sie gut daran, Ihre diplomatischen Fähigkeiten zu entwickeln, denn damit können Sie andere mit Überzeugungskraft dazu bewegen, ihre Meinung zu ändern.

Im Alter zwischen 2 und 32, wenn Ihre Sonne in das Zeichen des Löwen tritt, haben Sie zahlreiche Gelegenheiten, die gesellige und auf Wirkung bedachte Seite Ihrer Persönlichkeit auszuleben. Sowohl im Beruf als auch im Privatleben lernen Sie in dieser Phase, selbstbewußter und selbstsicherer zu werden. Wenn Ihre Sonne in das Zeichen der Jungfrau wechselt, ändern sich die Vorzeichen für Sie; in dieser Phase werden Sie ordentlicher, praktischer und professioneller. Wenn Sie 62 sind, folgt erneut ein Wendepunkt in Ihrem Leben. Nun gewinnen Ihr soziales Leben und zwischenmenschliche Beziehungen an Bedeutung, und vielleicht entwickeln Sie bislang verborgene literarische oder musische Talente.

Ihr geheimes Selbst

Sie spüren das starke Bedürfnis, sich weiterzuentwickeln und Ihr Wissen an andere weiterzugeben; aber Sie müssen hart arbeiten, um Ihr enormes Potential freizulegen. Mit Ihren Führungsqualitäten und der Gabe, in jeder Situation die Chancen zu erkennen, die sich bieten, können Sie in großen Maßstäben denken. Sie haben eine optimistische Lebensauffassung und eine sehr kreative Phantasie. Wenn Sie Ihre außergewöhnlichen Talente darauf konzentrieren, Ihre Träume zu verwirklichen, sind Sie zu außergewöhnlichen Leistungen imstande.

Sie fühlen sich zu klugen Menschen hingezogen, die Sie anregen und Ihren schier unstillbaren Wissensdurst teilen. Entweder Sie streben höhere Bildung an, oder Sie beschäftigen sich mit mystischen Themen, denn Sie streben unbewußt immer nach tieferer Erkenntnis und Erleuchtung. Dies hindert Sie aber keineswegs daran, bodenständigen Geschäftssinn zu haben, mit dessen Hilfe Sie Ihre zahlreichen Talente in bare Münze umwandeln können.

- Positiv: Reichtum und Vermögen, Führungspositionen, Stolz und Würde, Bekanntheit in religiösen Bereichen.
- Negativ: Snobismus, gedankenlos, schwerfällig, hinterlistig, heuchlerisch.

Beruf & Karriere

Durch die Verbindung Ihres außerordentlichen Intellekts und Ihrer Sensibilität sind Sie vor allem in Berufen erfolgreich, die mit Menschen zu tun haben. Dazu gehören Pädagogik, Beratung, Recht oder soziale Reformen. Dank Ihrer Entschlossenheit, Ihrem Ehrgeiz und Ihren guten Organisationsfähigkeiten steht Ihnen auch das Geschäftsleben offen. Sie arbeiten gern mit Kindern und handeln gern mit Nahrungsmitteln oder Einrichtungsgegenständen. Ihr Scharfblick und Ihr Sinn für Struktur machen Sie geeignet für Fotografie oder Filmemachen. Ihre kreative Seite zieht Sie in die Welt von Kunst, Musik, Theater und Unterhaltung. Da Sie sehr intuitiv sind, haben Sie auch natürliche Heilkräfte, die Ihnen in Medizin und Alternativheilkunde nützlich sind.

Berühmte Persönlichkeiten dieses Tages sind der Gitarrist Carlos Santana, der Entdecker Sir Edward Hillary und die Schauspielerinnen Diana Rigg und Natalie Wood.

Numerologie

Mit der Geburtstagszahl 20 sind Sie intuitiv, sensibel und anpassungsfähig; gern sehen Sie sich als Teil einer größeren Gruppe. Sie bevorzugen gemeinschaftliche Aktivitäten, bei denen Sie mit anderen Erfahrungen teilen und von ihnen lernen können. Von Natur aus charmant und liebenswürdig, haben Sie diplomatische und soziale Fähigkeiten und können sich mit Leichtigkeit in den verschiedensten gesellschaftlichen Kreisen bewegen. Allerdings sollten Sie mehr Selbstvertrauen entwickeln, um sich von der Kritik anderer weniger beeindrucken zu lassen. In zwischenmenschlichen Beziehungen müssen Sie aufpassen, daß Sie sich nicht zum Märtyrer machen. Der Untereinfluß der Monatszahl 7 führt dazu, daß Sie intelligent, wahrnehmungsstark und nachdenkend sind. Von Natur aus vielseitig und phantasiebegabt, haben Sie starke Instinkte oder spirituelle Fähigkeiten und viele kreative Ideen. Häufig idealistisch, brauchen Sie Harmonie und Ausgeglichenheit und lassen sich von den Ideen anderer inspirieren. Gelegentlich sind Sie unentschlossen und brauchen Zeit für sich, um nachzudenken.

Positiv: gute Partner, sanft, taktvoll, aufgeschlossen, rücksichtsvoll, harmonisch, angenehm, freundschaftlich.

Negativ: mißtrauisch, mangelndes Selbstvertrauen, schüchtern, überempfindlich, selbstsüchtig, leicht verletzt, hinterlistig.

Liebe & Zwischenmenschliches

Stabilität und ein gesichertes Zuhause sind für Sie Grundvoraussetzung für ein gutes Privatleben. Im allgemeinen fühlen Sie sich zu Menschen hingezogen, die Ihre Ideale und Prinzipien teilen. In Ihren engsten Beziehungen brauchen Sie Gleichgesinnte, die auf Ihrer Wellenlänge liegen. Sie suchen die Gesellschaft von klugen und direkten Menschen, denn Sie brauchen geistige Anregung und wollen von anderen lernen.

Ihr Partner

Einen warmherzigen, zärtlichen Liebespartner werden Sie mit großer Wahrscheinlichkeit unter den an den folgenden Tagen geborenen Menschen finden:

Liebe & Freundschaft: 10., 13., 20., 30. Jan., 8., 11., 18., 28. Feb., 6., 9., 16., 26. März, 4., 7., 14., 24. April, 2., 5., 12., 22. Mai, 3., 10., 20. Juni, 1., 8., 18. Juli, 6., 16., 30. Aug., 4., 14., 28., 30. Sept., 2., 12., 26., 28., 30. Okt., 10., 24., 26., 28. Nov., 8., 22., 24., 26. Dez.

Günstig: 12., 16., 17., 28. Jan., 10., 14., 15., 26. Feb., 8., 12., 13., 24. März, 6., 10., 11., 22. April, 4., 8., 9., 20., 29. Mai, 2., 6., 7., 18., 27. Juni, 4., 5., 16., 25. Juli, 2., 3., 14., 23. Aug., 1., 12., 21. Sept., 10., 19. Okt., 8., 17. Nov., 6., 14. Dez.

Schicksalhaft: 17., 18., 19., 20. Jan., 31. März, 29. April, 27. Mai, 25. Juni, 23. Juli, 21. Aug., 19. Sept., 17. Okt., 15. Nov., 17. Dez.

Problematisch: 6., 18., 22., 27. Jan., 4., 16., 20., 25. Feb., 2., 14., 18., 23. März, 12., 16., 21. April, 10., 14., 19. Mai, 8., 12., 17. Juni, 6., 10., 15. Juli, 4., 8., 13. Aug., 2., 6., 11. Sept., 4., 9. Okt., 2., 7. Nov., 5. Dez.

Seelenverwandt: 28. März, 26. April, 24. Mai, 22. Juni, 20. Juli, 18. Aug., 16. Sept., 14. Okt., 12. Nov., 10. Dez.

21. Juli

SONNE: KREBS
DEKADE: FISCHE/NEPTUN
GRAD: 28° – 29° KREBS
ART: KARDINALZEICHEN
ELEMENT: WASSER

Fixsterne

Procyon; Altarf

Hauptstern

Name des Sterns: Procyon
Gradposition: 24°48' – 25°43' Krebs zwischen den Jahren 1930 und 2000
Magnitude: 1
Stärke: **********
Orbit: 2°30'
Konstellation: Alpha Canis Minoris
Tage: 16., 17., 18., 19., 20., 21. Juli
Sternqualitäten: unterschiedliche Einflüsse: Merkur/Mars oder Jupiter/Uranus
Beschreibung: gelb-weißer Doppelstern im Körper des Kleinen Hundes.

Einfluß des Hauptsterns

Procyon steht für Willenskraft, Tatkraft und die Fähigkeit, Pläne zu verwirklichen; er sorgt für Aktivitätsdrang sowie ausgefallene Interessen und Beschäftigungen. Unter seinem Einfluß winken Reichtum, Erfolg und Glück; allerdings kann er auch plötzliche Schicksalswendungen anzeigen, die Ihnen in positivem wie negativem Sinne zu Bekanntheit verhelfen und Gewinne oder Verluste mit sich bringen. Üben Sie sich in Geduld und nehmen Sie sich die Zeit, sorgfältig zu planen, um sichere und gute Ergebnisse zu erzielen. Traditionelle Deutungen besagen, daß man sich unter dem Einfluß von Procyon vor Hundebissen schützen sollte.
Im Zusammenhang mit dem Stand Ihrer Sonne verleiht dieses Gestirn Mut, Einfallsreichtum, außergewöhnliche Ta-

Von Natur aus aufnahmebereit und intuitiv, haben Sie viel Ehrgeiz und Erfindungsreichtum und sind ebenso kreativ wie scharfsinnig. Dank Ihrer Neugier und Menschenkenntnis können Sie Situationen und Menschen sehr schnell einschätzen. Als Krebs sind Sie sensibel, intelligent und haben ein gutes geistiges Potential. Daß Sie hin und wieder Skepsis und Ängste zeigen, deutet darauf hin, daß Sie lernen müssen, Ihren Instinkten zu vertrauen. Da Sie stets geistig aktiv und gut informiert sein wollen, hilft Ihnen eine Ausbildung oder individuelles Lernen nicht nur Ihren Verstand zu trainieren, sondern auch Selbstbewußtsein zu entwickeln.

Der Untereinfluß Ihres Dekadenzeichens, der Fische, verleiht Ihnen Phantasie und spirituelle Fähigkeiten. Häufig sind Sie autonom und leistungsbereit, gleichzeitig haben Sie aber auch Tiefgründigkeit und analytisches Talent. Sie sind sehr anpassungsfähig und kommen mit jeder Situation zurecht. Mit Ihrem Verantwortungsbewußtsein und Ihrer Resolutheit fühlen Sie sich nie als Spielball des Schicksals.

Daß Sie immer wieder zwischen Konvention und Avantgarde schwanken, deutet darauf hin, daß Ihre Individualität und Kreativität irgendeine Form des Ausdrucks brauchen. Mangelnde geistige Anregung löst bei Ihnen Nervosität aus und macht Sie streitlustig oder stur.

Da Ihre Sonne in den ersten Jahren Ihres Lebens in das Zeichen des Löwen eintritt, können Sie schon früh Stärke, Kreativität und Selbstverwirklichung entwickeln. Diese Phase wachsenden Selbstbewußtseins dauert etwa, bis Sie 31 sind; nun werden Sie pragmatischer und rationaler und wünschen sich ein geregeltes Leben. Wenn Sie 61 sind, erfolgt ein weiterer Wendepunkt, denn jetzt wechselt Ihre Sonne in die Waage. Von jetzt an legen Sie mehr Wert auf persönliche Beziehungen und erweitern Ihren Freundeskreis; außerdem entwickeln Sie mehr Sinn für Schönheit und Harmonie.

Ihr geheimes Selbst

Ihre fast kindliche Ausgelassenheit kommt vor allem in Wettbewerbssituationen oder bei kreativen Herausforderungen zum Ausdruck. Sie genießen freundschaftliche Rededuelle und lieben es, subtile und provokative Fragen zu stellen. Bei aller Lebenslust mangelt es Ihnen manchmal ein wenig an Verantwortungsbewußtsein, aber wenn Sie von einer Sache überzeugt sind, entwickeln Sie große Begeisterung und arbeiten hart, um Ihre Vorstellungen zu verwirklichen. Sie sind zwar gesellig, benötigen aber Zeit für sich, um Energien zu tanken und nachzudenken.

Dank Entschlossenheit und dem Gefühl für den Wert der Dinge können Sie zu Wohlstand gelangen; wahre Erfüllung aber erreichen Sie nur, wenn Sie diese Talente mit tieferen Einsichten verknüpfen. Wenn Sie mehr auf Ihre innere Stimme als auf Ihren Verstand hören und ihr vertrauen, erhöhen Sie Ihre Erfolgschancen. Ihr Vorteil ist, daß Sie über große innere Stärke verfügen, die Ihnen immer wieder über Schwierigkeiten hinweghilft.

Beruf & Karriere

Mit Ihrer Phantasie und Ihrem scharfen Verstand fühlen Sie sich als Lehrer, Wissenschaftler, Sozialarbeiter oder in Heilberufen wohl. Ihren Wissensdurst und Ihr Bedürfnis, Ihre Individualität zum Ausdruck zu bringen, können Sie am besten mit Schreiben oder in der Welt von Design, Kunst, Musik oder Theater befriedigen. Oft haben Sie auch analytische oder technische Fähigkeiten, die Ihnen in Ihrer Karriere von Nutzen sein können. Im allgemeinen schätzen Sie jedes gute Wortgefecht, deshalb sind Sie mit Ihren kommunikativen Fähigkeiten auch für Politik, Geschäftsleben, Verkauf und Promotion geeignet. Ihre Gabe, Gelder für eine gute Sache aufzutreiben, nutzt Ihnen bei der Arbeit für wohltätige Zwecke, wo Sie auch Ihre Organisationsfähigkeiten und Führungsqualitäten anwenden können.

Berühmte Persönlichkeiten dieses Tages sind der Schriftsteller Ernest Hemingway, der Schauspieler Robin Williams, der Violinist Isaac Stern, der Musiker Cat Stevens und der Politiker Norbert Blüm.

Numerologie

Mit der Geburtstagszahl 21 werden dynamischer Antrieb und Kontaktfreudigkeit assoziiert. Sie sind gesellig, haben vielfältige Interessen, einen großen Freundeskreis und sind meist vom Glück begünstigt. Sie sind lebenslustig, charmant, anziehend und kreativ. Sie können aber auch zurückhaltend und schüchtern sein, so daß Sie, vor allem in engen Beziehungen, mehr Bestimmtheit an den Tag legen sollten. Der Untereinfluß der Monatszahl 7 führt dazu, daß Sie intelligent und praktisch sind und einen ausgeprägten sechsten Sinn haben. Gelegentlich aber müssen Sie lernen, anderen zu vertrauen, und Ihren Hang zu Skepsis oder Mißtrauen bekämpfen. Da Sie sehr kontaktfreudig sind, brauchen Sie das Zusammensein mit anderen, halten Ihre Individualität und Originalität aber oft zurück. Sie sind sensibel, aber auch innovativ, mutig und voller Energie.

Positiv: inspiriert, kreativ, beziehungsstark und begabt für dauerhafte Beziehungen, wortgewandt.

Negativ: anfällig für Abhängigkeit, nervös, überemotional, phantasielos, Frustration, Angst vor Veränderungen.

Liebe & Zwischenmenschliches

Sie sind freundlich, aber zurückhaltend und fühlen sich zu kreativen, unabhängigen und fleißigen Menschen hingezogen, die ihren eigenen Kopf haben. In engen Beziehungen müssen Sie von Anfang an bestimmt auftreten und sollten aufhören, sich unbegründet Sorgen zu machen. Scharfsinnig und selbstbewußt, wissen Sie gern, was andere antreibt. Wenn Sie sich öffnen und Ihre innersten Gefühle offenbaren, tragen Sie viel zur Festigung Ihrer Beziehungen bei. Oft sind es Frauen, die Ihnen helfen oder einen günstigen Einfluß auf Ihr Leben ausüben.

lente und Ritterlichkeit. Im allgemeinen haben Sie viele treue Freunde, die Ihnen zur Seite stehen und Ihnen in Notsituationen Hilfe anbieten. Procyon steht auch für unerwartetes Vermögen, sei es durch Schenkung oder Erbschaft.

- Positiv: Reichtum und Vermögen, Führungspositionen, Stolz und Würde, Bekanntheit in religiösen Bereichen.
- Negativ: Snobismus, gedankenlos, schwerfällig, hinterlistig, heuchlerisch.

Ihr Partner

Einen Partner, der auf Dauer Ihr Interesse wachhält, finden Sie am ehesten unter den Menschen, die an folgenden Tagen geboren sind:

Liebe & Freundschaft: 21., 28., 31. Jan., 19., 26., 29. Feb., 17., 24., 27. März, 15., 22., 25. April, 13., 20., 23. Mai, 11., 18., 21. Juni, 9., 16., 19. Juli, 7., 14., 17., 31. Aug., 5., 12., 15., 29. Sept., 3., 10., 13., 27., 29., 31. Okt., 1., 8., 11., 25., 27., 29. Nov., 6., 9., 23., 25., 27. Dez.

Günstig: 9., 12., 18., 24., 29. Jan., 7., 10., 16., 22., 27. Feb., 5., 8., 14., 20., 25. März, 3., 6., 12., 18., 23. April, 1., 10., 16., 21., 31. Mai, 2., 8., 14., 19., 29. Juni, 6., 12., 17., 27. Juli, 4., 10., 15., 25. Aug., 2., 8., 13., 23. Sept., 6., 11., 21. Okt., 4., 9., 19. Nov., 2., 7., 17. Dez.

Schicksalhaft: 3., 18., 19., 20., 21. Jan., 1. Feb., 30. April, 28. Mai, 26. Juni, 24. Juli, 22. Aug., 20. Sept., 18. Okt., 16. Nov., 14. Dez.

Problematisch: 7., 8., 19., 28. Jan., 5., 6., 17., 26. Feb., 3., 4., 15., 24. März, 1., 2., 13., 22. April, 11., 20. Mai, 9., 18. Juni, 7., 16. Juli, 5., 14. Aug., 3., 12. Sept., 1., 10. Okt., 8. Nov., 6. Dez.

Seelenverwandt: 3., 19. Jan., 1., 17. Feb., 15. März, 13. April, 11. Mai, 9. Juni, 7. Juli, 5. Aug., 3. Sept., 1. Okt.

SONNE: KREBS
DEKADE: FISCHE/NEPTUN
GRAD: 29° KREBS – 0° LÖWE
ART: KARDINALZEICHEN
ELEMENT: WASSER

Fixstern

Name des Sterns: Altarf
Gradposition: 30° Krebs – 1° Löwe zwischen den Jahren 1930 und 2000
Magnitude: 3,5
Stärke: *****
Orbit: 1°40'
Konstellation: Beta Cancri
Tage: 21., 22. Juli
Sternqualitäten: Mars
Beschreibung: großer orangefarbener Stern am südlichen Hinterbein des Krebs.

Einfluß des Hauptsterns

Altarf steht für Willenskraft und Ausdauer. Unter seinem Einfluß kommen Sie gut durch eigene Kraft im Leben voran, und Schwierigkeiten und Gefahren überwinden Sie mit Durchhaltevermögen und Kampfgeist. Sie sollten sich jedoch davor hüten, unbesonnen zu sein oder sich zu überfordern.
Im Zusammenhang mit dem Stand Ihrer Sonne verleiht Altarf Mut und Entschlossenheit sowie den beständigen Drang, aktiv und involviert zu sein. Auch Selbstbewußtsein, Vertrauen, Begeisterungsfähigkeit und Unternehmungsgeist sind auf den Einfluß dieses Sterns zurückzuführen.
• Positiv: aktiv und produktiv, mutig, selbstbewußt.
• Negativ: Mangel an Energie, unbesonnen, risikofreudig.

22. Juli

Da Sie an der Grenze zwischen Krebs und Löwe geboren wurden, sind Sie ebenso sensibel wie energisch und haben viel Ehrgeiz. Im allgemeinen sind Sie gesellig, und mit Ihrer angenehmen Art ziehen Sie Ihre Mitmenschen leicht in Ihren Bann. Sie sind auf sanfte Art überzeugend und direkt und kommen oft durch reine Hartnäckigkeit weiter.

Von Natur aus rücksichtsvoll und clever, sind Sie ein geborener Stratege und können Ihre außergewöhnlich schnelle Auffassungsgabe mit Ihren praktischen Fähigkeiten verknüpfen, um Ihre Träume zu verwirklichen. Wenn Sie eine Sache finden, die Sie wirklich fasziniert, folgen Sie dem Ruf Ihres Herzens und lassen nicht zu, daß Ängste und Sorgen Ihr großes Potential lähmen.

Ebenso phantasiebegabt wie kämpferisch, können Sie Ihre Ideen in bare Münze umwandeln. Da Sie vielseitig sind und viele Interessen verfolgen, sollten Sie jedoch gut organisiert sein, um Ihre Fähigkeiten voll nutzen zu können. Ihr Wissensdurst sorgt dafür, daß Sie auf Ihrem Gebiet oft außerordentlich bewandert sind. Mit Ihrer starken Überzeugungskraft erreichen Sie ein gewisses Prestige. Achten Sie darauf, daß Sie auf dem Weg zum Erfolg nicht zu ernsthaft werden, denn das bringt Sie nur unnötig in Streß.

Bis Sie 29 sind, durchwandert Ihre Sonne das Zeichen des Löwen, was Ihre Kreativität und Geselligkeit erhöht. Wenn Sie 30 werden, wechselt Ihre Sonne in das Zeichen der Jungfrau, und Sie werden analytischer, methodischer und ordentlicher. Diese Phase dauert, bis Sie 60 sind und Ihre Sonne in das Zeichen der Waage eintritt; jetzt gewinnen zwischenmenschliche Beziehungen und Harmonie für Sie an Bedeutung.

Ihr geheimes Selbst

Sicherheit resultiert für Sie aus Zielen oder Plänen für die Zukunft. Doch müssen Sie einen Mittelweg zwischen Ehrgeiz und Leistungswillen einerseits und Ihrem Hang zur Trägheit andererseits finden. Sie haben guten Geschäftssinn und die Gabe, ein Vermögen zu machen, neigen aber dazu, sich unnötig vor Geldmangel zu fürchten. Obwohl Sie ziemlich unabhängig sind, arbeiten Sie gut mit anderen zusammen und wissen die Bedeutung von Teamarbeit und Partnerschaften sehr wohl zu schätzen. Mit Ihrer Gabe, gut Kontakte zu knüpfen und Ihre Talente zu Geld zu machen, werden Sie immer ein sicheres finanzielles Polster haben.

Resolut und entschlossen, können Sie sich durch schiere Willenskraft regenerieren. Positiv eingesetzt, ist diese Kraft ein Segen – bedingt aber, daß Sie sie stets gerecht und fair anwenden. Sie brauchen Anerkennung und wollen stolz auf Ihre Bemühungen sein können. Von Natur aus ein Perfektionist, sind Sie bereit, hart für die Verwirklichung Ihrer Ziele zu arbeiten.

Beruf & Karriere

Dank Ihrer Wortgewandtheit sind Sie ein exzellenter Verkäufer, Diplomat, Politiker oder Vertreter. Mit Ihrem Wissensdurst sind Sie für Lehrberufe besonders geeignet. Ihre Liebe zur Kunst kann Sie aber auch in die Welt von Theater, Film, Literatur, Mode, Innenausstattung oder Musik führen. Da Sie sich auch für kulinarische Genüsse interessieren, können Sie als Gastronom oder Koch Ihre Kreativität mit Ihrer Liebe zum Essen verbinden. Mit Ihren praktischen und technischen Fähigkeiten können Sie auch einen Ingenieur- oder Technikerberuf wählen. Als fürsorglicher und mitfühlender Mensch sind Sie auch für beratende Berufe oder Arbeit mit Kindern geeignet oder für das Sammeln von Geldern für einen guten Zweck.

Berühmte Persönlichkeiten dieses Tages sind die Schauspieler Terence Stamp und Danny Glover, Rose Kennedy, der US-Politiker Bob Dole und der Designer Oscar de la Renta.

Numerologie

Mit der Geburtstagszahl 22 sind Sie stolz, praktisch, diszipliniert und sehr intuitiv. Die 22 ist eine Hauptzahl und kann als 22, aber auch als 4 schwingen. Sie sind meist aufrichtig und fleißig und haben von Natur aus nicht nur Führungsqualitäten, sondern auch Charisma und ausgeprägte Menschenkenntnis. Häufig zeigen Sie Beschützerinstinkte und Fürsorge für andere, ohne dabei aufdringlich zu werden. Auch verlieren Sie nie den Boden unter den Füßen. Der Untereinfluß der Monatszahl 7 führt dazu, daß Sie sensibel, intelligent und voller Wissensdurst sind und einen sechsten Sinn haben. Beeinflußbar und empfänglich für Signale aus der Umwelt, müssen Sie Wege finden, wie Sie Ihrer Kreativität emotionalen Ausdruck verleihen können. Sie sind im allgemeinen fröhlich, lieben gesellschaftliche Aktivitäten und haben viele Interessen, sollten sich aber lieber immer nur auf eine Sache konzentrieren. Eine Mischung aus Bescheidenheit und Selbstvertrauen macht es notwendig, einen Mittelweg zu finden zwischen Ihrem Ehrgeiz und dem Hang, den leichteren Weg zu gehen und Ihre Kraft sinnlos zu vergeuden.

Positiv: weltoffen, führungsstark, sehr intuitiv, pragmatisch, praktisch, manuell geschickt, guter Organisator, Realist, Troubleshooter, Macher.

Negativ: läßt sich vom schnellen Reichtum verführen, nervös, herrisch, materialistisch, phantasielos, faul, egoistisch.

Liebe & Zwischenmenschliches

Im Umgang mit Freunden und Partnern gehört Charme zu Ihren größten Vorzügen. Dank Ihrer Liebe zur Dramatik wird Ihr Privatleben nie langweilig. Da emotionale Kraft zu Ihren Stärken gehört, müssen Sie Ihrer Leidenschaft Ausdruck geben können. Werden Sie aber nicht überempfindlich oder manipulativ, sonst gefährden Sie die Dauerhaftigkeit von Beziehungen. Sobald Sie sich einmal festgelegt haben, sind Sie ein treuer und fürsorglicher Freund und Partner. Allerdings kann es passieren, daß Sie zwischen Arbeit und zwischenmenschlichen Beziehungen in Konflikt geraten.

Ihr Partner

Ihren Traumpartner werden Sie mit großer Wahrscheinlichkeit unter den an den folgenden Tagen geborenen Menschen finden:

Liebe & Freundschaft: 18., 22. Jan., 16., 20. Feb. 14., 18., 28. März, 12., 16., 26. April, 10., 14., 24. Mai, 8., 12., 22. Juni, 6., 10., 20., 29. Juli, 4., 8., 18., 27., 30. Aug., 2., 6., 16., 25., 28. Sept., 4., 14., 23., 26., 30. Okt., 2., 12., 21., 24., 28. Nov., 10., 19., 22., 26., 28. Dez.

Günstig: 6., 10., 25., 30. Jan., 4., 8., 23., 28. Feb., 2., 6., 21., 26. März, 4., 19., 24. April, 2., 17., 22. Mai, 15., 20., 30. Juni, 13., 18., 28. Juli, 11., 16., 26. Aug., 9., 14., 24. Sept., 7., 12., 22. Okt., 5., 10., 20. Nov., 3., 8., 18. Dez.

Schicksalhaft: 19., 20., 21., 22. Jan., 29. März, 27. Juni, 25. Juli, 23. Aug., 21. Sept., 19. Okt., 17. Nov., 15. Dez.

Problematisch: 13., 29., 31. Jan., 11., 27., 29. Feb., 9., 25., 27. März, 7., 23., 25. April, 5., 21., 23. Mai, 3., 19., 21. Juni, 1., 17., 19. Juli, 15., 17. Aug., 13., 15. Sept., 11., 13. Okt., 9., 11. Nov., 7., 9. Dez.

Seelenverwandt: 6., 25. Jan., 4., 23. Feb., 2., 21. März, 19. April, 17. Mai, 15. Juni, 13. Juli, 11. Aug., 9. Sept., 7. Nov., 5. Dez.

Löwe

23. Juli – 22. August

SONNE: AN DER GRENZE
KREBS/LÖWE
DEKADE: LÖWE/SONNE
GRAD: 20°30' KREBS – 1° LÖWE
ART: FIXZEICHEN
ELEMENT: FEUER

Fixsterne

Ihre Sonne ist zwar nicht mit einem Fixstern verbunden, sicherlich aber einer der anderen Planeten Ihres Sonnenzeichens. Wenn Sie sich ein Geburtshoroskop erstellen lassen, lernen Sie die exakten Positionen der Planeten an Ihrem Geburtstag kennen. Auf diese Weise können Sie feststellen, welche der Fixsterne in diesem Buch für Sie von Interesse sind.

23. Juli

♌ Zu den Eigenschaften Ihres Geburtstages zählen Unternehmergeist, Intelligenz, Sensibilität und Rastlosigkeit. Da Sie an der Grenze zwischen Krebs und Löwe geboren sind, profitieren Sie von den Einflüssen von Sonne und Mond. Die Sonne ist im Löwen allerdings so dominant, daß Würde, Stolz, Kreativität und der Wunsch nach Selbstverwirklichung wesentliche Faktoren Ihrer Persönlichkeit sind. Von klein auf voller Energie, suchen Sie ständig nach neuen Interessen und Erfahrungen. Ihre abenteuerlustige Natur ist begierig darauf, überall hinzugehen, und häufig übernehmen Sie die Führung.

Da einer Ihrer größten Vorzüge Ihr scharfer und wacher Verstand ist, gehen Sie bisweilen ein wenig zu schnell vor. Ihr geistiges Potential ermöglicht Ihnen, rasch Neues zu lernen und Bestehendes zu verbessern. Was Sie auch anpacken – Ihre Kreativität und Ihr Einfallsreichtum sorgen für Veränderung. Mit Ihren ausgeprägten Instinkten und einem außergewöhnlichen Sinn für Humor können Sie geistreich und unterhaltsam sein.

Eine Ihrer größten Schwächen ist die Ungeduld, und nur mit mehr Ausdauer können Sie Ihren Hang zur Impulsivität bekämpfen. Wenn Sie etwas finden, das Sie interessiert, können Sie mit Ihrer Intelligenz und Vielseitigkeit schnell spezielle Methoden entwickeln. Wenn Sie sich in Konzentration und geistiger Ausdauer üben, werden Sie pragmatischer und tiefgründiger.

Um das großartige Potential nutzen zu können, das von Ihrem Geburtstag ausgeht, sollten Sie mit Logik oder wissenschaftlichen Methoden vorgehen. Auf diese Weise werden Sie effektiver und gründlicher und achten mehr auf Details. Zu Ihren zahlreichen Talenten gehört außerdem die Gabe, Dinge sofort auf den Punkt zu bringen und Probleme rasch und effizient zu lösen.

Wenn Sie 30 sind, tritt Ihre Sonne in das Zeichen der Jungfrau. Die nächsten dreißig Jahre stehen Sie unter dem praktischen, kritischen und perfektionistischen Einfluß dieses Zeichens. Wenn Sie 60 sind und Ihre Sonne in die Waage wechselt, legen Sie vermehrt Wert auf persönliche Beziehungen, Kreativität und Harmonie.

Ihr geheimes Selbst

Sie sind idealistisch, optimistisch und voller Enthusiasmus für das Leben im großen Maßstab und gehen dafür gerne Risiken ein. Obwohl Sie einen angeborenen Sinn fürs Praktische haben, müssen Sie lernen, daß ohne Geduld, sorgfältige Planung und Weitsicht Ihre Träume Luftschlösser bleiben. Da Sie aber häufig vom Glück begünstigt sind, bieten sich Ihnen immer wieder neue Chancen.

Da Liebe und Freundschaft für Sie von größter Bedeutung sind, müssen Sie im Umgang mit Ihren Lieben einiges lernen. Die rastlose Seite Ihrer Persönlichkeit führt dazu, daß Sie sich trotz großer Sensibilität Ihrer Gefühle manchmal nicht sicher sind. Dadurch langweilen Sie sich auch schnell und vergeuden so Ihre Kraft. Ihre Bereitschaft, anderen zu helfen, beweist, wieviel Mitgefühl Sie wirklich haben; allerdings bedeutet der Stolz, der von dieser Geburtstagszahl ausgeht, auch, daß Sie anfällig für Schmeicheleien sind.

Beruf & Karriere

Da Sie sehr schnell lernen, sind Sie in denk verschiedensten Berufen erfolgreich. Welchen Beruf Sie auch wählen, Ihr Ehrgeiz und Ihr Hunger nach Anerkennung führen dazu, daß

Sie es bis an die Spitze der Karriereleiter schaffen. Aufgrund Ihrer Vielseitigkeit bevorzugen Sie Berufe, die mit Reisen und viel Abwechslung verbunden sind. Da Sie rastlos sind, probieren Sie wahrscheinlich erst einmal verschiedene Beschäftigungen aus, bis Sie die richtige für Ihre abenteuerlustige Natur gefunden haben. Besonders erfolgreich können Sie in der Geschäftswelt oder in jeder Art von Management sein. Mit Ihrer Freiheitsliebe und Ihrem Unternehmergeist können Sie sich auch selbständig machen.

Berühmte Persönlichkeiten dieses Tages sind der Schriftsteller Raymond Chandler, die Schauspieler Michael Wilding und Götz George und der ehemalige Bundespräsident Gustav Heinemann.

Numerologie

Sensibilität und Kreativität gehören zu den Attributen der Zahl 23. Im allgemeinen sind Sie ein schneller Denker mit professioneller Einstellung und einem Kopf voller kreativer Ideen. Mit dem Einfluß der 23 können Sie sich schnell in neue Sachverhalte einarbeiten, ziehen beim Lernen aber die Praxis der Theorie vor. Sie lieben Reisen und Abenteuer und lernen gern neue Menschen kennen. Innere Rastlosigkeit treibt Sie dazu, immer neue Herausforderungen zu suchen, wobei Sie sich aber leicht an neue Situationen anpassen. Der Untereinfluß der Monatszahl 7 führt dazu, daß Sie zwar hin und wieder unter Selbstzweifeln leiden, aber dennoch Ihre eigenen Entscheidungen treffen wollen. Im allgemeinen von Natur aus vielseitig begabt und intelligent, müssen Sie eine geistige Beschäftigung finden, mit deren Hilfe Sie sich ausdrücken können. Gern widmen Sie sich Tätigkeiten, die detaillierte Forschung oder unabhängige Arbeit erfordern. Obwohl Sie bedächtig und vorsichtig wirken können, sind Sie sehr phantasievoll, äußerst sensibel und reaktionsschnell.

Positiv: loyal, verantwortungsbewußt, reiselustig, kommunikativ, intuitiv, kreativ, vielseitig, vertrauenswürdig, oft berühmt.

Negativ: selbstsüchtig, unsicher, stur, kompromißlos, penibel, zurückgezogen, rechthaberisch.

Liebe & Zwischenmenschliches

Als geselliger und begeisterungsfähiger Mensch fühlen Sie sich zu phantasievollen Leuten hingezogen, die Sie mit ihrem Intellekt und Wissen motivieren und anregen. Ihre Sensibilität und Intuition verleihen Ihnen eine gute Menschenkenntnis und machen Sie zu einem liebevollen und hilfsbereiten Freund und Partner. Sie sind geistreich und stolz und möchten stets eine herausragende Rolle in Ihrem Freundeskreis spielen. Ihr Bedürfnis nach Intimsphäre bedeutet aber auch, daß Sie sich unwohl fühlen, wenn jemand zu tief in Ihr Privatleben eindringt. Unzufriedenheit kann dazu führen, daß Sie immer wieder neue und aufregende Erfahrungen suchen, wozu auch flüchtige Liebesabenteuer und kurzlebige Beziehungen gehören.

Ihr Partner

Wenn Sie jemanden suchen, der Ihr Interesse an einer dauerhaften Beziehung wachhält, sollten Sie sich unter den Menschen umsehen, die an folgenden Tagen geboren sind:

Liebe & Freundschaft: 13., 19., 23. Jan., 11., 17., 21. Feb., 9., 15., 19., 28., 29., 30. März, 7., 13., 17., 26., 27. April, 5., 11., 15., 24., 25., 26. Mai, 3., 9., 13., 22., 23., 24. Juni, 1., 7., 11., 20., 21., 22. Juli, 5., 9., 18., 19., 20. Aug., 3., 7., 16., 17., 18. Sept., 1., 5., 14., 15., 16., 29., 31. Okt., 3., 12., 13., 14., 27., 29. Nov., 1., 10., 11., 12., 25., 27., 29. Dez.

Günstig: 7., 15., 20., 31. Jan., 5., 13., 18., 29. Feb., 3., 11., 16., 27. März, 1., 9., 14., 25. April, 7., 12., 23. Mai, 5., 10., 21. Juni, 3., 8., 19. Juli, 1., 6., 17., 30. Aug., 4., 15., 28. Sept., 2., 13., 26. Okt., 11., 24. Nov., 9., 22. Dez.

Schicksalhaft: 19., 20., 21., 22. Jan.

Problematisch: 6., 14., 30. Jan., 4., 12., 28. Feb., 2., 10., 26. März, 8., 24. April, 6., 22. Mai, 4., 20. Juni, 2., 18. Juli, 16. Aug., 14. Sept., 12. Okt., 10. Nov., 8. Dez.

Seelenverwandt: 30. April, 28. Mai, 26. Juni, 24. Juli, 22. Aug., 20. Sept., 18., 30. Okt., 16., 28. Nov., 14., 26. Dez.

24. Juli

SONNE: LÖWE
DEKADE: LÖWE/SONNE
GRAD: 1° – 2° LÖWE
ART: FIXZEICHEN
ELEMENT: FEUER

Fixsterne

Ihre Sonne ist zwar nicht mit einem Fixstern verbunden, sicherlich aber einer der anderen Planeten Ihres Sonnenzeichens. Wenn Sie sich ein Geburtshoroskop erstellen lassen, lernen Sie die exakten Positionen der Planeten an Ihrem Geburtstag kennen. Auf diese Weise können Sie feststellen, welche der Fixsterne in diesem Buch für Sie von Interesse sind.

Von Natur aus ehrgeizig, praktisch und verantwortungsbewußt, sind Sie ein idealistischer Löwe mit einem mitfühlenden und mutigen Herzen. Da Sie positiv denken und gut im Organisieren und Planen sind, können Sie aus Ihrem breitgefächerten Wissen viel herausholen. Sie sind überdies sicherheitsbewußt und möchten sich eine solide Basis schaffen. Im allgemeinen sind Sie am glücklichsten, wenn Sie aktiv und beschäftigt sind, statt Ihre Kraft für flüchtige Vergnügungen zu vergeuden.

Da Sie sich besonders zu klugen oder interessanten Menschen hingezogen fühlen, schließen Sie Freundschaften vor allem aufgrund gemeinsamer Interessen oder dem gemeinsamen Streben nach Wissen und Weisheit. Lernen spielt bei Ihrer Entwicklung eine große Rolle, auch noch in fortgeschrittenem Alter. Vielleicht widmen Sie sich auch dem eingehenden Studium einer Sache, die Sie besonders fasziniert. Wenn Sie Ihren gesunden Menschenverstand einsetzen und Ihre intuitiven Kräfte nutzen, können Sie Ihren Mitmenschen stets mit gutem Rat zur Seite stehen.

Da Sie phantasievoll und voller geldträchtiger Ideen sind, haben Sie ein gutes Gefühl für Trends und verdienen Ihr Geld am liebsten mit kreativen Tätigkeiten. Achten Sie aber darauf, daß Sie in Ihrem Eifer nicht zu stur, kritisch oder aggressiv werden. Sie vermeiden dies, indem Sie lernen, gleichermaßen zu geben und zu nehmen, und durch diplomatisches Verhandlungsgeschick.

Wenn Sie 29 sind, tritt Ihre Sonne in das Zeichen der Jungfrau, und es beginnt eine dreißigjährige Phase, in der Ihnen Arbeit, Tüchtigkeit und Produktivität sehr viel bedeuten. In dieser Zeit macht es Ihnen Freude, anderen nützlich zu sein und Ihre Arbeit gut zu erledigen. Ein weiterer Wendepunkt folgt, wenn Sie 59 sind und Ihre Sonne in das Zeichen der Waage wechselt. Nun werden Sie diplomatischer und legen mehr Wert auf Beziehungen, Ausgeglichenheit und eine harmonische Atmosphäre.

Ihr geheimes Selbst

Da Sie vielseitig begabt sind, interessieren Sie sich für viele Gebiete und versuchen stets auf dem laufenden zu bleiben, indem Sie neue Ideen erproben. So vermeiden Sie auch Langeweile und Rastlosigkeit. Da Sie idealistisch sind, müssen Sie ein Gleichgewicht zwischen Ihrem Bedürfnis, sich für das einzusetzen, woran Sie glauben, und einem gewissen Fatalismus finden. Eine echte eigene Lebensphilosophie hilft Ihnen, Ihre Grenzen zu akzeptieren.

Sie wollen immer weiter vorankommen und werden keinen inneren Frieden finden, solange Sie nicht lernen, in aller Ruhe nachzudenken. In sich hineinzuschauen kann für Sie sehr hilfreich sein bei dem Versuch, zur Ganzheit mit sich selbst zu kommen. Auch Ihr Zuhause kann bei Ihrer Suche nach Sicherheit und Schutz für Ihre Sensibilität ein wichtiger Faktor sein. Im allgemeinen streben Sie nach innerer Weisheit und Klugheit, die Ihnen zu innerer Gelassenheit verhelfen. Diese Suche nach Weisheit, die durch die Beschäftigung mit Metaphysik oder Spiritualität begünstigt wird, beschäftigt Sie ein Leben lang.

Beruf & Karriere

Stolz und ein ausgeprägtes Verantwortungsbewußtsein sorgen dafür, daß Sie Ihre Arbeit gut machen wollen. Sie sind ein ausgezeichneter Manager oder Vorgesetzter, zumal Sie auch sehr erfinderisch sein können. Als guter Organisator und Stratege sind Sie auch in der Welt des Handels am richtigen Platz, vor allem in Partnerschaften und bei Teamwork. Erfolgversprechend sind auch Promotion und Werbung. Ihr scharfer Verstand zieht Sie zu Pädagogik, Philosophie, Religion oder Psychologie. Mit Ihrem ausgeprägten Sinn für Dramatik finden Sie in der Welt von Literatur und Theater, aber auch in der Politik eine passende Bühne.

Berühmte Persönlichkeiten dieses Tages sind die Schriftsteller Alexandre Dumas und Frank Wedekind und der amerikanische TV-Star Linda Carter.

Numerologie

Auf Ihre Geburtstagszahl 24 ist zurückzuführen, daß Sie Routine hassen, was aber nicht bedeutet, daß Sie, begabt mit praktischen Fähigkeiten und gutem Urteilsvermögen, nicht hart arbeiten könnten. Ihre Sensibilität verlangt nach Stabilität und Ordnung. Sie sind fair und gerecht, gelegentlich zurückhaltend und davon überzeugt, daß Taten mehr sagen als Worte. Mit dieser pragmatischen Lebenseinstellung entwickeln Sie auch einen guten Geschäftssinn und die Fähigkeit, auf Ihrem Weg zum Erfolg Hindernisse zu überwinden. Mit der Geburtstagszahl 24 müssen Sie möglicherweise einen Hang zu Sturheit oder fixen Ideen bekämpfen. Der Untereinfluß der Monatszahl 7 führt dazu, daß Sie Dinge erst einmal eingehend beobachten, bevor Sie eine Entscheidung treffen. Sie haben ein Gefühl für Strukturen und können Ihre Kreativität und praktischen Fähigkeiten nutzbringend einsetzen, um effiziente Systeme zu schaffen.

Positiv: energisch, idealistisch, praktisch, entschlossen, ehrlich, direkt, fair, großzügig.

Negativ: materialistisch, geizig, labil, rücksichtslos, haßt Routine, faul, mangelndes Selbstvertrauen, stur.

Liebe & Zwischenmenschliches

Sie sind intuitiv und scharfsinnig und gehen gern unkonventionelle Beziehungen ein oder fühlen sich zu Menschen hingezogen, die Sie anregen und Ihren Horizont erweitern. Obwohl Ihnen Heim und Familie sehr wichtig sind, ist Ihr Drang nach Freiheit und Unabhängigkeit so groß, daß eine unterschwellige Rastlosigkeit dafür sorgt, daß Sie sich nie lange an einem Ort aufhalten. Im allgemeinen bevorzugen Sie die Gesellschaft von Menschen, die mehr wissen als Sie. Dramatisch in Ihrer Selbstdarstellung, werden Sie sich Ihr Leben lang Jugendlichkeit und Lebenslust bewahren.

Ihr Partner

Den richtigen Partner finden Sie am ehesten unter den Menschen, die an folgenden Tagen geboren sind:

Liebe & Freundschaft: 3., 4., 14., 20., 24. Jan., 2., 12., 18., 22. Feb., 10., 16., 20., 29., 30. März, 8., 14., 18., 27., 28. April, 6., 12., 16., 25., 26., 31. Mai, 4., 10., 14., 23., 24., 29. Juni, 2., 8., 12., 21., 22., 27. Juli, 6., 10., 19., 20., 25. Aug., 4., 8., 17., 18., 23. Sept., 2., 6., 15., 16., 21., 30. Okt., 4., 13., 14., 19., 28., 30. Nov., 2., 11., 12., 17., 26., 28., 30. Dez.,

Günstig: 4., 8., 21. Jan., 2., 6., 19. Feb., 4., 17., 28. März, 2., 15., 16. April, 13., 24. Mai, 11., 22. Juni, 9., 20. Juli, 7., 18., 31. Aug., 5., 16., 29. Sept., 3., 14., 27. Okt., 1., 12., 25. Nov., 10., 23. Dez.

Schicksalhaft: 3., 21., 22., 23. Jan., 1. Feb., 31. Mai, 29. Juni, 27. Juli, 25. Aug., 23. Sept., 21. Okt., 19. Nov., 17. Dez.

Problematisch: 7., 10., 15., 31. Jan., 5., 8., 13., 29. Feb., 3., 6., 11., 27. März, 1., 4., 9., 25. April, 2., 7., 23. Mai, 5., 21. Juni, 3., 19. Juli, 1., 17. Aug., 15. Sept., 13. Okt., 11. Nov., 9. Dez.

Seelenverwandt: 31. März, 29. April, 27. Mai, 25. Juni, 23. Juli, 21. Aug., 19. Sept., 17., 29. Okt., 15., 27. Nov., 13., 25. Dez.

25. Juli

SONNE: LÖWE
DEKADE: LÖWE/SONNE
GRAD: 1°45' – 3° LÖWE
ART: FIXZEICHEN
ELEMENT: FEUER

Fixsterne

Ihre Sonne ist zwar nicht mit einem Fixstern verbunden, sicherlich aber einer der anderen Planeten Ihres Sonnenzeichens. Wenn Sie sich ein Geburtshoroskop erstellen lassen, lernen Sie die exakten Positionen der Planeten an Ihrem Geburtstag kennen. Auf diese Weise können Sie feststellen, welche der Fixsterne in diesem Buch für Sie von Interesse sind.

Von Natur aus kreativ, lebenslustig und unterhaltsam, sind Sie ein fröhlicher Löwe voller Charme, Antrieb und Begeisterungsfähigkeit. Außerdem haben Sie die Gabe, Ihre Talente in bare Münze zu verwandeln. Die geistige Vitalität und Sorglosigkeit, die von Ihrem Geburtstag ausgehen, verdecken aber eine tiefgründigere Seite, die entwickelt werden sollte.

Der Untereinfluß Ihres Planeten, der Sonne, sorgt dafür, daß Sie würdevoll sind und die Freude am Leben zum Ausdruck bringen möchten. Vielseitig und neugierig, haben Sie viele Interessen und Hobbys. Sie sind sehr gesellig, was gelegentlich dazu führt, daß Sie übertreiben und Ihre Kraft sinnlos vergeuden. Sie sind geschickt und musisch begabt und haben das Potential, mit einer kreativen Tätigkeit erfolgreich zu sein. Zwar intelligent, wissen Sie aber trotzdem gelegentlich nicht, was Sie wirklich wollen, was eine Quelle für Ängste und Unentschlossenheit sein kann und möglicherweise dazu führt, daß Sie erst einmal Verschiedenes ausprobieren. Wenn Sie inspiriert sind, sind Sie auch bereit, die Ausdauer und Hartnäckigkeit zu beweisen, die für die Verwirklichung Ihrer Träume notwendig sind.

Ihr Pionier- und Unternehmungsgeist und starke Überlebensinstinkte machen Sie zu einem guten Strategen. Wenn Sie willens sind, sich für langfristige Projekte zu engagieren, ohne unmittelbare Entlohnung zu erwarten, können Sie zeigen, wie groß Ihre Entschlossenheit ist. Überwinden Sie Ihren Hang zu emotionaler Unsicherheit und Eifersucht, indem Sie lernen, auf Ihre eigenen Instinkte zu vertrauen.

Wenn Sie 28 sind, tritt Ihre Sonne in das Zeichen der Jungfrau ein, und es beginnt eine dreißigjährige Phase, in der Sie Ihre analytischen Fähigkeiten entwickeln und praktische Dinge und Effizienz wichtig sind. Ein weiterer Wendepunkt folgt, wenn Sie 58 sind und Ihre Sonne in das Zeichen der Waage tritt. Nun werden Sie kooperativer, diplomatischer und legen mehr Wert auf Partnerschaften und Harmonie.

Ihr geheimes Selbst

Wenn Sie Ihr Selbstvertrauen stärken, lernen Sie, sich auf Ihre eigenen Ressourcen zu verlassen, und überwinden mögliche Selbstzweifel. Da Sie clever und scharfsinnig sind, können Sie Menschen und Situationen gut und schnell einschätzen. Diese psychologische Gabe können Sie nutzen, um materielle Ziele zu erreichen, aber auch um Weisheit und Erfahrung an andere weiterzugeben. Sie selbst brauchen anregende und schwierige Aufgaben, die Sie vorwärts bringen. Anderen können Sie manchmal auf ganz unerwartete Art und Weise zu Hilfe kommen.

Da Sie zu Rastlosigkeit und Ungeduld neigen, sollten Sie lernen, Ihre Energien durch sportliches Training, Reisen oder aufregende Forschungen positiv zu kanalisieren. Obwohl Sie dank Ihrer Risikobereitschaft immer wieder gute Chancen erhalten, sollten Sie darauf achten, daß Sie Ihr Geld nicht ebenso schnell ausgeben, wie Sie es verdienen.

Beruf & Karriere

Kreativität und Ihr Gefühl für Wirkung kommen Ihnen in vielen Berufen, vor allem in der Welt des Entertainments zugute. Obwohl Sie selbstbewußt wirken, müssen Sie Ihren eigenen Fähigkeiten mehr vertrauen und Selbstzweifel überwinden. Da Sie charmant und gesellig sind, fühlen Sie sich in allen Berufen wohl, die mit Menschen zu tun haben, sei es in der Politik oder im Engagement für das Gemeinwohl. Da Sie gut mit Sprache umgehen können, sind Sie begabt als Autor, Journalist, Dozent oder Verkäufer. Mit Ihrem Bedürfnis nach Abwechslung sollten Sie monotone Beschäftigungen meiden. Geschäfte gehen Sie sehr kreativ an, und wenn Sie von einer Sache überzeugt sind, können Sie sich mit voller Kraft dafür einsetzen. Mit Ihrer Originalität sind Sie auch in Kunst oder Musik erfolgreich.

Berühmte Persönlichkeiten dieses Tages sind der Künstler Maxfield Parrish, der Maler Thomas Eakins, das Supermodel Iman, die Schauspielerin Estelle Getty und der Schauspieler Brad Renfro.

Numerologie

Voller Energie und wachem Verstand, dennoch intuitiv und bedacht, haben Sie das Bedürfnis nach vielen verschiedenen Erfahrungen. Dazu gehören neue und aufregende Ideen ebenso wie fremde Menschen oder Orte. Ihr Hang zur Perfektion läßt Sie hart und produktiv arbeiten. Allerdings werden Sie leicht ungeduldig, wenn sich Dinge nicht Ihren Vorstellungen gemäß entwickeln. Mit der 25 als Geburtstagszahl besitzen Sie starke mentale Energien, die Ihnen helfen, Situationen rasch zu überblicken und schneller als andere eine Schlußfolgerung zu ziehen. Erfolg und Glück stellen sich ein, wenn Sie lernen, Ihren Instinkten zu vertrauen, und Ausdauer und Geduld entwickeln. Der Untereinfluß der Monatszahl 7 führt dazu, daß Sie sich manchmal nicht trauen, Ihre wahren Gefühle zu zeigen, aber immer auf der Suche nach Möglichkeiten sind, sich auszudrücken. Im allgemeinen sind Sie aufgeweckt und instinktgeleitet und lernen am besten, wenn Sie Theorie und Praxis verbinden.

Positiv: sehr intuitiv, perfektionistisch, aufgeschlossen, kreativ, kommt gut mit Menschen zurecht.

Negativ: impulsiv, ungeduldig, mangelndes Verantwortungsbewußtsein, überempfindlich, eifersüchtig, Heimlichtuerei, kritisch, launisch.

Liebe & Zwischenmenschliches

Da Sie charmant, sensibel und kreativ sind und viel Ausstrahlung haben, fällt es Ihnen nicht schwer, Freundschaften zu schließen und Menschen zu beeinflussen. Im allgemeinen sind Sie selbstbewußt mit einem Hang zum Idealismus und können freigiebig und liebevoll sein. Obwohl Sie zugunsten derer, die Sie lieben, oft zu großen Opfern bereit sind, wirken Sie manchmal selbstsüchtig oder verschlossen. Sie sollten sich Ihren Partner fürs Leben genau aussuchen. Wenn Sie den Richtigen gefunden haben, können Sie ein treuer, liebevoller und hingebungsvoller Gefährte sein.

Ihr Partner

Einen Liebespartner werden Sie mit großer Wahrscheinlichkeit unter den an den folgenden Tagen geborenen Menschen finden:

Liebe & Freundschaft: 21., 25. Jan., 19., 23. Feb., 17., 21. 30. März, 15., 19., 28., 29. April, 13., 17., 26., 27. Mai, 11., 15., 24., 25., 30. Juni, 9., 13., 22., 23., 28. Juli, 7., 11., 20., 21., 26., 30. Aug., 5., 9., 18., 19., 24., 28. Sept., 3., 7., 16., 17., 22., 26., 29. Okt., 1., 5., 14., 15., 20., 24., 27. Nov., 3., 12., 13., 18., 22., 25., 27., 29. Dez.

Günstig: 5., 13., 16., 22., 28. Jan., 3., 11., 14., 20., 26. Feb., 1., 9., 12., 18., 24., 29. März, 7., 10., 16., 22., 27. April, 5., 8., 14., 20., 25. Mai, 3., 6., 12., 18., 23. Juni, 1., 4., 10., 16., 21. Juli, 2., 8., 14., 19. Aug., 6., 12., 17. Sept., 4., 10., 15. Okt., 2., 8., 13. Nov., 6., 11. Dez.

Schicksalhaft: 21., 22., 23., 24., 25. Jan., 30. Juni, 28. Juli, 26. Aug., 24. Sept., 22. Okt., 20. Nov., 18. Dez.

Problematisch: 2., 23., 30. Jan., 21., 28. Feb., 19., 26., 28. März, 17., 24., 26. April, 15., 22., 24. Mai, 13., 20., 22. Juni, 11., 18., 20. Juli, 16., 18., 19. Aug., 7., 14., 16. Sept., 5., 12., 14. Okt., 3., 10., 12. Nov., 1., 8., 10. Dez.

Seelenverwandt: 14., 22. Jan., 12., 20. Feb., 10., 18. März, 8., 16. April, 6., 14. Mai, 4., 12. Juni, 2., 10. Juli, 8. Aug., 6. Sept., 4. Okt., 2. Nov.

SONNE: LÖWE
DEKADE: LÖWE/SONNE
GRAD: 2°45' – 3°30' LÖWE
ART: FIXZEICHEN
ELEMENT: FEUER

Fixsterne

Ihre Sonne ist zwar nicht mit einem Fixstern verbunden, sicherlich aber einer der anderen Planeten Ihres Sonnenzeichens. Wenn Sie sich ein Geburtshoroskop erstellen lassen, lernen Sie die exakten Positionen der Planeten an Ihrem Geburtstag kennen. Auf diese Weise können Sie feststellen, welche der Fixsterne in diesem Buch für Sie von Interesse sind.

26. Juli

♌ Von Natur aus fröhlich und rücksichtsvoll, sind Sie eine ehrgeizige Persönlichkeit, strahlen Selbstvertrauen aus und können charmant und großzügig sein. Als Löwe sind Sie würdevoll und rechtschaffen und haben einen scharfen Verstand. Das bedeutet, daß Sie ein guter Psychologe sind, der die Menschen und ihre Beweggründe intuitiv begreift. Mit Ihrer ganz persönlichen Art geben Sie jedem Menschen das Gefühl, etwas Besonderes und Wichtiges zu sein.

Der doppelte Einfluß Ihres Planeten, der Sonne, sorgt dafür, daß Sie stolz sind; Sie müssen allerdings lernen, wo der Unterschied zwischen Würde und Arroganz liegt. Da Sie stets zuvorkommend behandelt werden wollen und Komplimente lieben, vertragen Sie Kritik oft schlecht. Wenn Sie in Ihren Beziehungen für Harmonie und Ausgeglichenheit sorgen, können Sie Ihre Ideen und Gedanken besser vermitteln.

Sie sind zwar sehr ausdauernd und hartnäckig und haben großes Durchhaltevermögen, neigen aber gelegentlich zu allzu strengen Ansichten, Sturheit und Ungeduld. Mit Ruhe können Sie Ihre Vorstellungen viel besser – nämlich unterhaltsam und logisch – präsentieren und andere von Ihren Ansichten überzeugen. Das hilft Ihnen dabei, die Führung zu übernehmen und Ihre Ideen konstruktiv zu verwirklichen. Scharfsinn und die Fähigkeit, schnell zu denken, machen Sie zu einem engagierten Gesprächspartner, der gerne direkt und klar ist. Bei Ihrer geistigen Präzision müssen Sie darauf achten, nicht sarkastisch zu werden, wenn Sie Frustrationen abbauen. Mit Ihrer natürlichen Vitalität und dem Wunsch zu brillieren fühlen Sie sich bei Spiel und Sport oder bei gesellschaftlichen Aktivitäten wohl.

Wenn Sie 27 sind, tritt Ihre Sonne in das Zeichen der Jungfrau ein, und es beginnt eine dreißigjährige Phase, in der Ihr Bedürfnis nach praktischer Ordnung, Tüchtigkeit und analytischem Denken wächst. Ein weiterer Wendepunkt folgt, wenn Sie 57 sind und Ihre Sonne in das Zeichen der Waage wechselt. Nun legen Sie mehr Wert auf persönliche Beziehungen, und Praktisches weicht einem wachsenden Sinn für Ästhetik.

Ihr geheimes Selbst

Im allgemeinen sind Sie bereit, hart zu arbeiten, um Ihre Ziele zu erreichen, und wollen dabei stets eine führende Rolle übernehmen. Eigensinnig damit beschäftigt, Ihren Kopf durchzusetzen, nehmen Sie Ihre tiefen intuitiven Gefühle manchmal gar nicht mehr wahr. Gelegentlich überraschen Sie dann jedoch durch schier unglaubliche Einsichten, die Sie in einer wunderbar humorvollen Art präsentieren und deren tiefere Weisheit Sie hinter Clownerie verstecken.

Sie müssen ständig neue Projekte initiieren, möglichst solche, die etwas mit Menschen zu tun haben. Überdies sind Sie sehr gesellig und brauchen die Stimulanz anregender Gespräche. Oft zeigen Sie herzliches Interesse für die Angelegenheiten anderer und können nett, rücksichtsvoll und höflich sein. Wenn Sie sich aber zu ernsthaft darauf einlassen, neigen Sie zu Sturheit und destruktivem Verhalten.

Beruf & Karriere

Ihre selbstbewußte Ausstrahlung, gepaart mit Ihrer Macht, Menschen zu beeinflussen, macht Sie zum idealen Führer. Dank Ihrer Wortgewandtheit und Ihrem scharfen Verstand eignen Sie sich hervorragend als Promoter, Unterhändler, Vertreter oder Verkäufer.

Ebenso in Frage kommen Berufe wie Schriftsteller oder Dozent. Da Sie ein guter Psychologe sind, zieht es Sie auch zu Berufen in den Bereichen Beratung oder Öffentlichkeitsarbeit. In der Geschäftswelt sind Sie mit Ihrem Organisationstalent oft für große Projekte zuständig. Kunst oder Entertainment interessiert Sie nur von einer leitenden Position aus. Obwohl Sie unabhängig sind, finden Sie die Zusammenarbeit mit anderen lohnend.

Berühmte Persönlichkeiten dieses Tages sind der Psychiater Carl Gustav Jung, der Dramatiker George Bernard Shaw, der Musiker Mick Jagger, der Schriftsteller Aldous Huxley und die Filmregisseure Stanley Kubrick und Blake Edwards.

Numerologie

Mit der Zahl 26 werden Pragmatismus, Führungsqualitäten und guter Geschäftssinn assoziiert. Im allgemeinen sind Sie verantwortungsbewußt, haben Sinn für Ästhetik, lieben Ihr Zuhause und brauchen die Sicherheit einer soliden Basis. Häufig sind Sie ein Quell der Kraft für Ihre Freunde und Verwandten; wer sich in Notzeiten an Sie wendet, kann stets mit Hilfe rechnen. Hüten Sie sich aber vor materialistischen Tendenzen und dem Hang, Menschen und Situationen kontrollieren zu wollen. Der Untereinfluß der Monatszahl 7 führt dazu, daß Sie das Gleichgewicht zwischen Ihren eigenen Bedürfnissen und Ihren Verpflichtungen anderen gegenüber finden müssen. Da Sie Perfektionist sind, legen Sie viel Wert aufs Detail und möchten Schönheit und Harmonie schaffen. Der Idealismus und die Stärke, die von Ihrem Geburtstag ausgehen, bewirken, daß Sie einen vorsichtigen Charakter mit festen Werten und gutem Urteilsvermögen haben.

Positiv: kreativ, praktisch, fürsorglich, verantwortungsbewußt, begeisterungsfähig, mutig.

Negativ: stur, rebellisch, unsicher, mangelnde Begeisterungsfähigkeit, keine Ausdauer, labil.

Liebe & Zwischenmenschliches

Ihre jugendliche und spielerische Art, Beziehungen anzuknüpfen, kann außerordentlich anziehend, aber auch verantwortungslos sein. Da Sie gesellig und unterhaltsam sind, fällt es Ihnen nicht schwer, Freunde zu finden. Obwohl Sie sich ungern einen guten Flirt entgehen lassen, wünschen Sie sich doch eine langfristige Beziehung mit einem Partner, der Ihre Bedürfnisse und Wünsche versteht.

Ihr Partner

Einen aufregenden Partner werden Sie mit großer Wahrscheinlichkeit unter den an den folgenden Tagen geborenen Menschen finden:

Liebe & Freundschaft: 6., 16., 22., 26. Jan., 4., 14., 20., 24. Feb., 2., 12., 18., 22. März, 10., 16., 20., 30. April, 8., 14., 18., 28. Mai, 6., 12., 16., 26. Juni, 4., 10., 14., 24., 31. Juli, 2., 8., 12., 22., 29. Aug., 6., 10., 20., 27. Sept., 4., 8., 18., 25. Okt., 2., 6., 16., 23., 30. Nov., 4., 14., 21., 28., 30. Dez.

Günstig: 6., 17., 23., 31. Jan., 4., 15., 21., 29. Feb., 2., 13., 19., 27., 30. März, 11., 17., 25., 28. April, 9., 15., 23., 26. Mai, 7., 13., 21., 24. Juni, 5., 11., 19., 22. Juli, 3., 9., 17., 20. Aug., 1., 7., 15., 18., 30. Sept., 5., 13., 16., 28. Okt., 3., 11., 14., 26. Nov., 1., 9., 12., 24. Dez.

Schicksalhaft: 22., 23., 24., 25., 26. Jan.

Problematisch: 24. Jan., 22. Feb., 20., 29. März, 18., 27., 29. April, 6., 16., 25., 27., 30. Mai, 14., 22., 25., 28. Juni, 12., 21., 23., 26. Juli, 10., 19., 21., 24. Aug., 8., 17., 19., 22. Sept., 6., 15., 17., 20. Okt., 4., 13., 15., 18. Nov., 2., 11., 13., 16. Dez.

Seelenverwandt: 13. Jan., 11. Feb., 9. März, 7. April, 5. Mai, 3., 30. Juni, 1., 28. Juli, 26. Aug., 24. Sept., 22. Okt., 20. Nov., 18. Dez.

SONNE: LÖWE
DEKADE: LÖWE/SONNE
GRAD: 3°45' – 5° LÖWE
ART: FIXZEICHEN
ELEMENT: FEUER

Fixsterne

Ihre Sonne ist zwar nicht mit einem Fixstern verbunden, sicherlich aber einer der anderen Planeten Ihres Sonnenzeichens. Wenn Sie sich ein Geburtshoroskop erstellen lassen, lernen Sie die exakten Positionen der Planeten an Ihrem Geburtstag kennen. Auf diese Weise können Sie feststellen, welche der Fixsterne in diesem Buch für Sie von Interesse sind.

27. Juli

♌ Von Natur aus freundlich und verständnisvoll, mit einem ausgeprägten sechsten Sinn gesegnet, sind Sie ein wahrnehmungsbegabter Löwe mit starkem Charakter. Kreativ, wissensdurstig und voll Entdeckungsfreude, haben Sie einen äußerst phantasiebegabten und wißbegierigen Geist. Es ist für Sie sehr wichtig, sich in irgendeiner Form auszudrücken, ob in Gedanken, Worten oder Ideen.

Als entschlossener und progressiver Denker suchen Sie stets geistige Anregung und erkennen gute Ideen sofort. Mit Ihrer schnellen Auffassungsgabe entgeht Ihnen selten eine Gelegenheit, die neuesten Informationen zu erhalten, und häufig sind Sie ein Sammler von Büchern, Magazinen oder Computertechnologien.

Der Untereinfluß Ihres Dekadenzeichens, des Löwen, sorgt dafür, daß Sie lebhaft, charmant und attraktiv sind. Sie schätzen vertrauliche Gespräche und persönliches Miteinander. Sie sind von Natur aus aber extrem und müssen lernen, die Balance zwischen der großzügigen Seite Ihrer Persönlichkeit und einer Tendenz zur Überempfindlichkeit, Unsicherheit und Sturheit zu finden.

Da Sie gesellig sind und viel Überzeugungskraft haben, stellen Sie sich gern einem Publikum. Diplomatie und Öffentlichkeitsarbeit sind deshalb erfolgversprechende Bereiche für Sie. Wenn Sie motiviert sind, beginnen Sie die Dinge in der Regel mit großem Enthusiasmus, sind aber manchmal nicht genügend vorbereitet. Diese Schwäche erklärt auch, warum Sie sich schnell langweilen und die Lust an etwas verlieren. Wenn Sie zu viele verschiedene Interessen verfolgen, laufen Sie Gefahr, Ihren an sich recht konzentrierten Verstand zu verzetteln.

Mit Ihrer Intuition und praktischen Veranlagung sind Sie ein produktiver Idealist, und dank Ihrer Begeisterungsfähigkeit, Bildung und blühenden Phantasie können Sie beeindruckend originelle Ideen entwickeln. Allerdings sollten Sie lernen, wie Sie diese Ideen auch in die Tat umsetzen können.

Wenn Sie 26 sind, tritt Ihre Sonne in das Zeichen der Jungfrau ein, und es beginnt eine dreißigjährige Phase, in der Sie weniger dominant auftreten, dafür ordentlicher, tüchtiger und analytischer werden. Mit wachsenden Verpflichtungen stellen Sie auch fest, daß Ihnen daran liegt, Ihre Arbeit perfekt und effektiver zu erledigen. Ein weiterer Wendepunkt folgt, wenn Sie 56 sind und Ihre Sonne in das Zeichen der Waage eintritt. Nun werden Sie unbeschwerter, anpassungsfähiger und diplomatischer.

Ihr geheimes Selbst

Sie sind zwar sehr ehrgeizig, haben aber Ihre größten Erfolgserlebnisse in der Zusammenarbeit mit anderen. Da Sie sowohl unabhängig wie abhängig sein wollen, müssen Sie dafür sorgen, daß diese beiden Extreme Ihres Charakters ins Gleichgewicht kommen, was notwendig ist, um andauernde und tiefe Beziehungen einzugehen. Sie sollten darauf achten, diese Beziehungen auf einer Basis von gleichberechtigtem Geben und Nehmen zu gründen. Sie können herzlich, liebevoll und sehr idealistisch sein, was Sie auf einen hohen Grat von emotionaler Inspiration führt, sei es durch Kunst, Musik oder Spiritualität. Die Diskrepanz zwischen diesen Höhenflügen und dem Alltag verursacht innere Spannungen. Wenn Sie anderen gegenüber freigiebig sind, ohne zu erwarten, daß alle nach Ihrer Pfeife tanzen, können Sie Enttäuschungen vermeiden.

Beruf & Karriere

Mit Ihrer lebhaften Intelligenz, Ihrem außergewöhnlichen Gedächtnis und Ihren Führungsqualitäten können Sie es in nahezu jeder Sparte zu etwas bringen. Da Sie gern Berufe ausüben, die mit Menschen zu tun haben, eignen Sie sich für Verkauf, Öffentlichkeitsarbeit und Agenturtätigkeit. Ebenso erfolgreich können Sie als Autor, Lehrer oder Verwalter sein. Im Geschäftsleben übernehmen Sie gern die Führungsrolle und tendieren zur Selbständigkeit. Auch als Anwalt oder Berater sind Sie talentiert. Berufe, die in irgendeiner Form mit Form, Farbe, Schönheit oder Musik zu tun haben, ziehen Sie besonders an.

Berühmte Persönlichkeiten dieses Tages sind die Rockmusikerin Bobbie Gentry, die Tänzerin und Choreographin Pina Bausch und der Dichter Hilaire Belloc.

Numerologie

Die Geburtstagszahl 27 bedeutet, daß Sie idealistisch und sensibel sind. Mit Ihrem ebenso intuitiven wie analytischen und kreativen Verstand können Sie andere immer wieder beeindrucken. Wenn Sie gelegentlich geheimnistuerisch, unentschlossen oder überrational wirken, verbergen Sie so nur innere Spannungen. Damit hängt möglicherweise auch ein Hang zu Impulsivität oder Mißtrauen gegenüber Veränderungen zusammen. Wenn Sie Ihre kommunikativen Fähigkeiten verbessern, lernen Sie auch, Ihre Gefühle besser auszudrücken. Für Menschen mit der 27 als Geburtstagszahl ist eine gute Ausbildung unerläßlich. Wenn Sie größere Gedankentiefe entwickeln, gewinnen Sie Geduld und Selbstdisziplin. Der Untereinfluß der Monatszahl 7 sorgt dafür, daß Sie charismatisch sind und Vorstellungskraft und starke Instinkte besitzen. Häufig haben Sie auch viel Überzeugungskraft und Entschlossenheit und legen viel Wert aufs Detail. Wenn Sie Optimismus entwickeln und lernen, anderen zuzuhören, überwinden Sie Ihren Hang zu Skepsis und Mißtrauen. Um tiefere Einblicke in die Geheimnisse des Lebens zu gewinnen, verlassen Sie sich jedoch lieber auf die eigene Erfahrung.

Positiv: vielseitig, phantasievoll, resolut, tapfer, verständnisvoll, spirituell.

Negativ: unangenehm, streitsüchtig, leicht beleidigt, rastlos, nervös, mißtrauisch, überempfindlich.

Liebe & Zwischenmenschliches

Obwohl Sie dynamisch und stark sind, denken Sie oft in «Wir»-Kategorien. Von Natur aus freundlich und gesellig, zieht Ihre fröhliche Art andere an, obwohl Sie selbst den engen Kreis einiger weniger guter Freunde vorziehen. Da Sie ehrgeizig und von innen heraus motiviert sind, fühlen Sie sich meist zu hart arbeitenden Menschen hingezogen, die es aus eigener Kraft zu etwas gebracht haben. Um glücklich zu werden und eine langfristige Beziehung aufzubauen, müssen Sie darauf achten, nicht zu besitzergreifend oder launisch zu sein. Dennoch können Sie in Ihrem Verhältnis zu Ihren Mitmenschen sehr charmant, treu und hilfsbereit sein.

Ihr Partner

Die Chancen, einen liebevollen Partner zu finden, sind bei den Menschen, die an folgenden Tagen geboren sind, am größten:

Liebe & Freundschaft: 1., 4., 27., 29. Jan., 2., 25., 27. Feb., 23., 25. März, 21., 23. April, 19., 21., 29. Mai, 17., 19., 27. Juni, 15., 17., 25. Juli, 13., 15., 23. Aug., 11., 13., 21. Sept., 9., 11., 19. Okt., 7., 9., 17. Nov., 5., 7., 15. Dez.

Günstig: 3., 10., 15., 18. Jan., 1., 8., 13., 16. Feb., 6., 11., 14., 29., 31. März, 4., 9., 12., 27., 29. April, 2., 7., 10., 25., 27. Mai, 5., 8., 23. 25. Juni, 3., 6., 21., 23. Juli, 1., 4., 19., 21. Aug., 2., 17., 19. Sept., 15., 17. Okt., 13., 15. Nov., 11., 13. Dez.

Schicksalhaft: 23., 24., 25., 26., 27. Jan., 30. April, 28. Mai, 26. Juni, 24. Juli, 22. Aug., 20. Sept., 18. Okt., 16. Nov., 14. Dez.

Problematisch: 9., 14., 16., 25. Jan., 7., 12., 14., 23. Feb., 5., 10., 12., 21., 28., 30. März, 3., 8., 10., 19., 26., 28. April, 1., 6., 8., 17., 24., 26. Mai, 4., 6., 15., 22., 24. Juni, 2., 4., 13., 20., 22. Juli, 2., 11., 18., 20. Aug., 9., 16., 18. Sept., 7., 14., 16. Okt., 5., 12., 14. Nov., 3., 10., 12. Dez.

Seelenverwandt: 29. Dez.

SONNE: LÖWE
DEKADE: LÖWE/SONNE
GRAD: 4°45' – 5°30' LÖWE
ART: FIXZEICHEN
ELEMENT: FEUER

Fixsterne

Ihre Sonne ist zwar nicht mit einem Fixstern verbunden, sicherlich aber einer der anderen Planeten Ihres Sonnenzeichens. Wenn Sie sich ein Geburtshoroskop erstellen lassen, lernen Sie die exakten Positionen der Planeten an Ihrem Geburtstag kennen. Auf diese Weise können Sie feststellen, welche der Fixsterne in diesem Buch für Sie von Interesse sind.

28. Juli

♌ Die emotionale Kraft, die von diesem Tag ausgeht, verleiht Ihnen eine dynamische Persönlichkeit und macht Sie zu einem charismatischen, freundlichen und großzügigen Menschen mit natürlichen Führungsqualitäten. Dank ausgeprägtem Ehrgeiz, Mut, Sensibilität und Reaktionsschnelligkeit haben Sie das Potential, Großes zu leisten und zu erreichen. Der Untereinfluß Ihres Dekadenzeichens, des Löwen, sorgt dafür, daß die Menschen sich von Ihrer selbstbewußten und sicheren Ausstrahlung angezogen fühlen. Obwohl Sie hart arbeiten können, führen Sie auch ein aktives gesellschaftliches Leben. Achten Sie nur darauf, daß dies nicht auf Kosten Ihrer Selbstdisziplin geht, die Sie nötig für die Ausschöpfung Ihres großen Potentials brauchen.

Weltgewandt und kultiviert, lieben Sie Qualität und Luxus und haben Sinn für Ästhetik. Wenn Sie dazu inspiriert sind, möchten Sie sich vielleicht auf künstlerische Weise ausdrücken und suchen Anerkennung in Bereichen wie Theater, Musik, Kunst oder Entertainment. Da Sie gesellig und lebenslustig sind, können Sie auch diplomatisches Geschick zeigen, zumindest wenn Sie sich davon einen Vorteil versprechen.

Obwohl Sie sich im allgemeinen stolz und würdevoll geben, können Sie gelegentlich überraschend bescheiden sein. Trotzdem sollten Sie Ihrer Neigung, ungeduldig oder dominant zu werden, nicht nachgeben, die daher rührt, daß Sie Ihre Gefühle zu stark kontrollieren oder unterdrücken. Da Sie gern in großen Maßstäben denken und exzessiv leben, müssen Sie aufpassen, daß Sie nichts übertreiben und so womöglich Ihre Gesundheit gefährden. Zu Erfolg gelangen Sie durch Ihren Fleiß und Ihre Strategie- und Planungsfähigkeiten. Von Kindheit an interessieren Sie sich für gesellschaftliche Aktivitäten und entwickeln Ihre Führungsqualitäten daraus, immer im Mittelpunkt zu stehen.

Wenn Sie 25 sind, tritt Ihre Sonne in das Zeichen der Jungfrau, und es beginnt eine dreißigjährige Phase, in der Sie Urteilsvermögen und Ihren Sinn fürs Praktische entwickeln und umsichtiger mit Ihrer Zeit und Energie umgehen. Vielleicht suchen Sie auch Wege, effizienter zu werden, vor allem in Ihrem beruflichen Umfeld. Ein weiterer Wendepunkt folgt, wenn Sie 55 sind und Ihre Sonne in das Zeichen der Waage wechselt. Das bringt bessere Beziehungen und mehr Harmonie und Ausgeglichenheit in Ihr Leben. Auch interessieren Sie sich vermehrt für Literatur, Malerei, Musik und Gesundheit.

Ihr geheimes Selbst

Obwohl Sie Charme, Witz und Kreativität versprühen und andere unterhalten können, sind Sie hin und wieder überernsthaft oder selbstzentriert und haben das Gefühl, Ihre Bemühungen würden nicht gebührend geschätzt. Dann neigen Sie zu Streitsucht oder Maßlosigkeit. Üben Sie mehr Großmut und halten Sie mehr Distanz und zeigen Sie so Ihre wahre humanitäre und mitfühlende Natur. Das sichert Ihnen Beliebtheit und die Bewunderung, die Sie brauchen.

Sie sind sehr intuitiv, haben einen guten Sinn für Humor und brauchen große Anerkennung von seiten der Menschen, die Sie lieben. Da Sie nicht gerne allein sind, gehen Sie für Frieden, Heim und Familie auch Kompromisse ein. Achten Sie darauf, daß Ihr Bedürfnis nach Komfort und Sinnenfreuden Sie nicht daran hindert, Ihr großes Potential auszuschöpfen.

Beruf & Karriere

Mit Ihrem natürlichen Gefühl für Dramatik und Ihren Führungsqualitäten können Sie es in der Welt des Theaters zu etwas bringen, ob als Schauspieler oder Regisseur. Da Sie außerdem unabhängig sein wollen, streben Sie entweder einen hohen Posten an oder machen sich selbständig. Von Natur aus vielseitig begabt, haben Sie nicht nur die Fähigkeit, Ihre Talente in bare Münze umzuwandeln, sondern verstehen es auch blendend, die richtigen Kontakte zu knüpfen. Da Sie Charme und gute soziale Kompetenz haben, sind Sie für alle Berufe begabt, die mit Menschen zu tun haben. Ihre exzellenten kommunikativen Fähigkeiten nutzen Ihnen als Journalist, Dozent, Verleger oder Verkäufer. Ihre selbstbewußte Fassade und Ihr wettbewerbsorientierter Charakter versprechen auch in der Geschäftswelt Erfolg, vorausgesetzt, Sie üben Selbstdisziplin. Ihrer humanitären Ader tragen Sie Rechnung, wenn Sie einen Heil- oder Sozialberuf ergreifen oder sich um soziale Reformen bemühen. Dieser Geburtstag steht auch für Musikalität.

Berühmte Persönlichkeiten dieses Tages sind die frühere US-First-Lady Jacqueline Kennedy Onassis, die Kinderbuchautorin Beatrix Potter, der Maler Marcel Duchamp und der Musiker Mike Bloomfield.

Numerologie

Mit der Geburtstagszahl 28 sind Sie unabhängig und idealistisch, aber auch pragmatisch und entschlossen und folgen Ihren eigenen Gesetzen. Sie sind ehrgeizig, direkt und unternehmungslustig. Außerdem liegen Sie in innerem Konflikt zwischen Ihrem Bedürfnis nach Unabhängigkeit und dem Wunsch, Teil eines Teams zu sein. Immer bereit zu neuen Abenteuern und Action, stellen Sie sich mutig den Herausforderungen des Lebens. Dank Ihrer Begeisterungsfähigkeit können Sie andere dazu bringen, Sie bei Ihren Unternehmungen zu unterstützen. An einem Tag mit der 28 geboren, sind Sie mit Führungsqualitäten, gesundem Menschenverstand und gutem logischem Denkvermögen ausgestattet. Sie übernehmen gern Verantwortung, können aber auch allzu enthusiastisch sein.

Der Untereinfluß der Monatszahl 7 führt dazu, daß Sie lernen müssen, Ihren innersten Gefühlen zu vertrauen, um Probleme um Macht und Geld zu überwinden.

Positiv: mitfühlend, progressiv, kühn, , kreativ, idealistisch, ehrgeizig, fleißig, willensstark.

Negativ: Tagträumer, unmotiviert, mangelndes Mitgefühl, unrealistisch, herrisch, mangelndes Urteilsvermögen, aggressiv, abhängig, hochmütig.

Liebe & Zwischenmenschliches

Mit Ihrer romantischen Ader und Ihrer Großzügigkeit schlagen Sie andere leicht in den Bann Ihrer charismatischen Persönlichkeit. Zwar ist Ihnen für Ihre Lieben nichts zu gut, aber das bedeutet auch, daß Sie sie dominieren wollen. Mit Ihrem leidenschaftlichen Temperament erleben Sie immer wieder die starke Anziehungskraft des anderen Geschlechts, vielleicht sogar Liebe auf den ersten Blick. Um Ihre Ziele zu erreichen, müssen Sie einen Ausgleich finden zwischen Ihrem Unabhängigkeitsdrang und der Notwendigkeit der Zusammenarbeit, sowohl beruflich wie privat.

Ihr Partner

Erfolg in Liebe und Freundschaft haben Sie am ehesten mit Menschen, die an folgenden Tagen geboren sind:

Liebe & Freundschaft: 2., 28. Jan., 26. Feb., 24. März, 22. April, 20., 29., 30. Mai, 18., 27., 28. Juni, 16., 25., 26. Juli, 14., 23., 24. Aug., 12., 21., 22. Sept., 10., 19., 20., 29., 31. Okt., 8., 17., 18., 27., 29. Nov., 6., 15., 16., 25., 27. Dez.

Günstig: 2., 10., 13., 16. Jan., 8., 11., 14. Feb., 6., 9., 12. März, 4., 7., 10. April, 2., 5., 8. Mai, 3., 6. Juni, 1., 4., 30. Juli, 2., 28., 30. Aug., 26., 28. Sept., 24., 26. Okt., 22., 24. Nov., 20., 22., 30. Dez.

Schicksalhaft: 24., 25., 26., 27., 28. Jan., 31. Okt., 29. Nov., 27. Dez.

Problematisch: 3., 9., 10. Jan., 1., 7., 8. Feb., 5., 6., 31. März, 3., 4., 29. April, 1., 2., 27. Mai, 25. Juni, 23. Juli, 2., 21., 31. Aug., 19., 29. Sept., 17., 27. Okt., 15., 25. Nov., 13., 23. Dez.

Seelenverwandt: 5. Jan., 3. Feb., 1. März, 30. Mai, 28. Juni, 26. Juli, 24. Aug., 22. Sept., 20. Okt., 18. Nov., 16. Dez.

SONNE: LÖWE
DEKADE: LÖWE/SONNE
GRAD: 5°30' – 6°30' LÖWE
ART: FIXZEICHEN
ELEMENT: FEUER

Fixstern

Name des Sterns: Praesepe, auch Praesaepe genannt

Gradposition: 6°16' – 7°16' Löwe zwischen den Jahren 1930 und 2000

Magnitude: 5

Stärke: **

Orbit: 1°

Konstellation: M44 Cancri

Tage: 30., 31. Juli, 1. August

Sternqualitäten: Mars/Mond

Beschreibung: Sternhaufen aus über vierzig Sternen am Kopf des Krebs.

Einfluß des Hauptsterns

Praesepe steht für eine ebenso abenteuerlustige wie fleißige Persönlichkeit mit ausgeprägtem Geschäftssinn. Sein Einfluß sorgt für Glück und Beteiligung an bedeutenden Unternehmensgründungen. Allerdings sind mit ihm auch Unbesonnenheit und Rastlosigkeit verbunden. Hüten Sie sich vor anmaßendem Verhalten, mit dem Sie sich nur unnötige Probleme einhandeln. Auch sollten Sie um Rechtsangelegenheiten und riskante Geschäfte einen großen Bogen schlagen. Im Zusammenhang mit dem Stand Ihrer Sonne verleiht Praesepe Energie, Vitalität, Stolz und Zielstrebigkeit. Sie geben nie auf, sondern kämpfen unablässig für Ihre Lebensziele. Unter dem Einfluß von Praesepe gewinnen Sie überdies viele Freunde, sind beliebt und nehmen im allgemeinen im Beruf eine hohe Stellung ein, so daß Sie auch zu Ruhm gelangen können. Allerdings sollten Sie sich vor Stimmungsschwankungen, Zweifeln und Ängsten, die aus Mißverständnissen resultieren, in acht nehmen, da dies zu selbstzerstörerischem Verhalten führen könnte.

29. Juli

♌ Dieser Geburtstag bedeutet meist Überschwang an Gefühlen, Sensibilität und Phantasie. Von Natur aus begabt und auf Ihre Wirkung bedacht, sind Sie ein entschlossener Löwe, der mit Motivierung und Ermutigung zu Großem fähig ist.

Der Untereinfluß Ihres Dekadenzeichens, des Löwen, sorgt dafür, daß Sie stolz sind, Anerkennung brauchen und eine selbstbewußte und sichere Fassade zeigen. Da Sie alles aus dem Gefühl heraus beurteilen, müssen Sie Wege finden, sich künstlerisch und kreativ auszudrücken. Sie verfügen über eine breite Empfindungspalette, und mit Ihrer Rücksicht und Herzenswärme können Sie die Bewunderung aller gewinnen. Wenn Sie aber keinen eigenen Weg finden, werden Sie dominierend oder melodramatisch und neigen zu emotionalen Ausbrüchen.

Bei all dieser Sensibilität haben Sie jedoch auch einen ausgeprägten Geschäftssinn und Gefühl für materielle Angelegenheiten. Dieser Teil Ihrer Persönlichkeit kann resolut, streng und äußerst pflichtbewußt sein. Wenn eine Sache Sie wirklich interessiert, können Sie extreme Entschlossenheit an den Tag legen. Mit Ihrer ausgeprägten Phantasie und Ihrer Begeisterungsfähigkeit stecken Sie andere an. Sie müssen aber lernen, mit beiden Füßen auf dem Boden zu bleiben und bescheiden und ausgeglichen zu bleiben.

Wenn Sie 24 sind, tritt Ihre Sonne in das Zeichen der Jungfrau, und es beginnt eine dreißigjährige Phase, in der Sie weniger dominierend auftreten, dafür praktischer, analytischer und nachdenker werden. Mit wachsenden Verpflichtungen stellen Sie auch fest, daß Ihnen etwas daran liegt, Ihre Arbeit perfekter und effektiver zu erledigen. Ein weiterer Wendepunkt folgt, wenn Sie 54 sind und Ihre Sonne das Zeichen der Waage erreicht. Nun werden Sie entspannter, diplomatischer und kreativer, und persönliche Beziehungen spielen eine zunehmend wichtige Rolle in Ihrem Leben.

Ihr geheimes Selbst

Da Sie sehr leistungsorientiert sind, sollten Sie sich feste Ziele stecken. Für Ihre hochfliegenden Träume brauchen Sie aber viel Selbstdisziplin und Konzentrationsfähigkeit, sonst erreichen Sie gar nichts. Eines Ihrer größten Probleme besteht darin, daß Sie zu viel von anderen erwarten oder zu Pessimismus neigen. Das ruft Enttäuschung und Frustration hervor, was wiederum zu emotionaler Unzufriedenheit führt. Mit Ihrer Fähigkeit, von den tiefsten Tiefen einer Depression zu den lichtesten Höhen inspirierter Menschenliebe aufzusteigen, sollten Sie Mittel und Wege finden, Ihre sensible Vorstellungskraft und Ihren kreativen Geist zum Ausdruck zu bringen. Wenn Sie all Ihre dynamischen Gefühle in eine sinnvolle Arbeit investieren, finden Sie echte und berechtigte Anerkennung für Ihre herausragende Rolle in der Gesellschaft.

Beruf & Karriere

Mit Ihrem natürlichen Sinn für Autorität wollen Sie keine untergeordnete Position einnehmen; am besten sind Sie, wenn Sie sich selbstlos für eine Sache oder eine Idee einsetzen. Mit diesen Voraussetzungen können Sie in die Politik gehen, für wohltätige Zwecke arbeiten oder sich für soziale Reformen engagieren. Ihr ausgeprägtes Gefühl für Dramatik öffnet Ihnen Wege in die Welt der Unterhaltung. Als Lehrer oder Journalist können Sie Ihr Wissen mit anderen teilen. Mit Ihrer Sensibilität und Phantasie sind auch Tätigkeiten wie Fotografieren oder Filmemachen erfolgversprechend. Sie können auch Kunst- oder Luxusgegenstände vermarkten und Ihre soziale Kompetenz dazu nutzen, Arbeit und Vergnügen zu verbinden.

Berühmte Persönlichkeiten dieses Tages sind der Diplomat und Politiker Dag Hammarskjöld, der Diktator Benito Mussolini, die Schauspielerin Clara Bow und der Regisseur Bill Forsyth.

- Positiv: begeisterungsfähig, Unternehmungsgeist, starker Wille, Offenheit, Unbefangenheit.
- Negativ: Ziellosigkeit, Aufsässigkeit, schwierig, verkannte Persönlichkeit, eigenbrötlerisch.

Numerologie

Die Zahl 29 sorgt für eine starke Persönlichkeit und außergewöhnliches Potential. Sie sind hoch intuitiv, sensibel und emotional. Inspiration ist das Geheimnis Ihres Erfolgs, ohne sie verlieren Sie leicht Ihre Zielstrebigkeit. Sie sind ein richtiger Träumer mit sehr unterschiedlichen Seiten und müssen sich vor Stimmungsschwankungen hüten. Wenn Sie auf Ihre verborgenen Gefühle hören und anderen Ihr Herz öffnen, können Sie Ihre Angstgefühle überwinden und Ihren Verstand als Schutzschild einsetzen. Benutzen Sie Ihre schöpferischen Ideen, um etwas Außergewöhnliches und Einzigartiges zu leisten, das anderen Auftrieb geben oder Ihnen von Nutzen sein kann. Der Untereinfluß der Monatszahl 7 führt dazu, daß Ehrlichkeit und Mitgefühl Ihre wahren Stärken sind, mit deren Hilfe Sie Liebe und Harmonie verbreiten. Sie sind charismatisch und überzeugend, und wenn Sie in eine Machtposition gelangen, sichern Sie sich durch Verantwortungsbewußtsein, Fairneß und Integrität den Respekt und die Loyalität, die Sie sich von anderen wünschen.

Positiv: inspiriert, ausgeglichen, innerer Friede, großzügig, erfolgreich, kreativ, intuitiv, mystisch, träumerisch, weltgewandt.

Negativ: unkonzentriert, unsicher, nervös, selbstsüchtig, eitel, launisch, schwierig, extremistisch, rücksichtslos, überempfindlich.

Ihr Partner

Den Partner fürs Leben werden Sie mit großer Wahrscheinlichkeit unter den an den folgenden Tagen geborenen Menschen finden:

Liebe & Freundschaft: 3., 22., 25., 29., 30. Jan., 1., 20., 23., 27., 28. Feb., 18., 21., 25., 26. März, 16., 19., 23., 24., 28. April, 14., 17., 21., 22., 26., 31. Mai, 12., 15., 19., 20., 24., 29. Juni, 10., 13., 18., 22. Juli, 8., 11., 15., 16., 20., 27., 29., 30. Aug., 6., 9., 13., 14., 18., 23., 27., 28. Sept., 4., 7., 11., 12., 16., 21., 25., 26. Okt., 2., 5., 9., 10., 14., 19., 23., 24. Nov., 3., 7., 8., 12., 17., 21., 22. Dez.

Günstig: 17. Jan., 15. Feb., 13. März, 11. April, 9., 29. Mai, 7., 27. Juni, 5., 25. Juli, 3., 23. Aug., 1., 21. Sept., 19., 29. Okt., 17., 27., 30. Nov., 15., 25., 28. Dez.

Schicksalhaft: 25., 26., 27., 28., 29. Jan., 31. Mai, 29. Juni, 27. Juli, 25., 30. Aug., 23., 28. Sept., 21., 26. Okt., 19., 24. Nov., 17., 22. Dez.

Problematisch: 20., 23. Jan., 18., 21. Feb., 16., 19. März, 14., 17. April, 12., 15. Mai, 10., 13. Juni, 8., 11. Juli, 6., 9. Aug., 4., 7. Sept., 2., 5. Okt., 2. Nov., 1. Dez.

Seelenverwandt: 4., 31. Jan., 2., 29. Feb., 27. März, 25. April, 23. Mai, 21. Juni, 19. Juli, 17. Aug., 15. Sept., 13. Okt., 11. Nov., 9. Dez.

Liebe & Zwischenmenschliches

Sie fühlen sich zu Menschen mit Macht und Einfluß hingezogen, können aber selbst sehr romantisch, ja melodramatisch sein. Allerdings leiden Ihre persönlichen Beziehungen gelegentlich unter Ihren Stimmungsschwankungen. Dank Ihrer starken Gefühle können Sie sensibel und liebevoll sein und viel Mitgefühl an den Tag legen. Treue und Hingabe sind Ihnen sehr wichtig; achten Sie aber darauf, daß Sie nicht dominant oder herrisch werden. Wenn Sie sich verantwortungsbewußt und freigiebig zeigen, gewinnen Sie den Respekt und die Bewunderung Ihrer Mitmenschen.

30. Juli

SONNE: LÖWE
DEKADE: LÖWE/SONNE
GRAD: 6°30' – 8° LÖWE
ART: FIXZEICHEN
ELEMENT: FEUER

Fixsterne

Nördlicher Asellus; Südlicher Asellus; Praesepe, auch Praesaepe genannt

Hauptstern

Name des Sterns: Nördlicher Asellus
Gradposition: 6°34' – 7°35' Löwe zwischen den Jahren 1930 und 2000
Magnitude: 5
Stärke: **
Orbit: 1°
Konstellation: Gamma Cancri
Tage: 30., 31. Juli, 1. August
Sternqualitäten: Mars/Sonne
Beschreibung: blasser gelb-weißer Doppelstern im Körper des Krebs.

Einfluß des Hauptsterns

Der Nördliche Asellus steht für Vitalität und Tatendrang, Kreativität, Liebe zur Kunst und unerwartete Gewinne. Auch wenn sowohl der Nördliche als auch der Südliche Asellus mit Fürsorglichkeit und Verantwortungsbewußtsein in Verbindung gebracht werden, ist der Nördliche Asellus der günstigere Stern, da bei ihm Zielstrebigkeit mit Philanthropie und Großzügigkeit einhergeht. Das Gestirn sorgt auch dafür, daß niemand mit Intoleranz und Aggressivität sein angestrebtes Ziel erreichen kann.
Im Zusammenhang mit dem Stand Ihrer Sonne sorgt dieser Stern für ein Flair für Publikum, für gute soziale Kontakte und Freunde in einflußreichen Stellungen. Erfolgversprechend für Sie sind akademische Bereiche, vor allem Philosophie und Religion, aber auch Geschäftswelt und große Konzerne.

- Positiv: furchtlos, kämpferisch, sehr geduldig, bis eine Vorgehensweise festgelegt ist.
- Negativ: hektisch, stur, rastlos.

♌ Sie sind kreativ und ehrgeizig und haben dynamische emotionale Kräfte und eine anziehende Persönlichkeit. Da Sie jugendlich und gesellig sind, brauchen Sie Gesellschaft. Obwohl Sie idealistisch sind, haben Sie dennoch ein gutes Gefühl für materielle Angelegenheiten und einen guten Geschäftssinn.

Durch den Einfluß Ihres Dekadenzeichens, des Löwen, lieben Sie es, andere zu unterhalten, und haben den Hang zu Großartigkeit. Stolz und sich Ihrer Wirkung bewußt, zeigen Sie Selbstbewußtsein und sind von einer königlichen Aura umgeben. Aus einer Menschenmenge stechen Sie fast immer hervor, sind aber warmherzig und freundlich. Doch sollte Ihr starkes Ego nicht zu Arroganz oder Launenhaftigkeit führen! Ihr Bedürfnis nach Selbstverwirklichung zieht Sie oft in die Welt von Literatur, Kunst, Malerei, Theater oder Musik, und mit Ihren natürlichen Führungsqualitäten sind Sie immer der Anführer Ihrer Clique. Sie sind selbstbewußt, mutig, bereit, Risiken einzugehen, und lieben großartige Gesten. Bei Ihrer Vorliebe für Luxus sollten Sie aber aufpassen, daß Sie sich nicht zu Maßlosigkeit oder Extravaganz hinreißen lassen. Da Sie aber auch voller Würde und Selbstvertrauen sind, können Sie äußerst unterhaltsam und ein wunderbarer Freund sein.

Wenn Sie 23 sind, tritt Ihre Sonne in das Zeichen der Jungfrau, und es beginnt eine dreißigjährige Phase, in der Sie sich mehr Ordnung in Ihrem Alltag wünschen. Sie möchten die Dinge besser analysieren und suchen nach Wegen, Ihr Leben besser zu strukturieren, um es gesünder und effizienter zu gestalten. Ein weiterer Wendepunkt folgt, wenn Sie 53 sind und Ihre Sonne in das Zeichen der Waage wechselt. Nun spielen Zusammensein mit anderen und persönliche Beziehungen, aber auch Kreativität und Harmonie eine zunehmend wichtige Rolle in Ihrem Leben.

Ihr geheimes Selbst

Dank Ihrer hochentwickelten Sensibilität können Sie sehr tolerant und mitfühlend für die Probleme anderer sein. Als aufmerksamer Zuhörer sind Sie auch ein guter Berater. Erfinderisch und unterhaltsam, haben Sie die Gabe, Ihre Mitmenschen aufzuheitern. Ihre innere Noblesse verleiht Ihnen eine natürliche Anmut und die Freiheit, sich nicht um Begrenzungen zu kümmern.

Mit Ihrem hochentwickelten Bewußtsein neigen Sie aber auch zu Extremen. Sie können sich so von Gefühlen überwältigen lassen, daß Sie in Selbstmitleid versinken oder zu Realitätsflucht neigen. Wenn Sie sich zu sehr auf Ihre eigenen Bedürfnisse konzentrieren, werden Sie eingebildet oder egozentrisch und vergessen Ihre hohen Ziele. Wenn Sie aber Ihre Starqualitäten hervorkehren, sind Angst und Unglück kein Thema mehr, und Sie überschütten Ihre zahlreichen Bewunderer mit Liebe und Wärme.

Beruf & Karriere

Mit Ihrer natürlichen Autorität und der Gabe, gut mit Menschen umzugehen, gehören Sie an eine leitende Stellung oder sollten eine Tätigkeit ausüben, bei der Sie volle Handlungsfreiheit haben. Ihr diplomatisches Geschick hilft Ihnen in Bereichen wie Öffentlichkeitsarbeit oder Kundenservice, und Ihre soziale Kompetenz nützt Ihnen in Promotion oder Verlagswesen. Besonders erfolgreich können Sie in Berufen sein, die mit Menschen zu tun haben, etwa in der Gastronomie, im Showbusineß oder der Musikindustrie. Auch die Großindustrie reizt Sie.

Berühmte Persönlichkeiten dieses Tages sind der Autohersteller Henry Ford, der Schauspieler Arnold Schwarzenegger, die Schriftstellerin Emily Brontë, der Bildhauer Henry Moore und der Regisseur Peter Bogdanovich.

Numerologie

Zu den Eigenschaften der Zahl 30 gehören Kreativität, Freundlichkeit und Geselligkeit. Voller Ehrgeiz und kreativem Potential, können Sie übernommene Ideen auf ganz individuelle Weise weiterentwickeln. Mit der Geburtstagszahl 30 genießen Sie die schönen Seiten des Lebens und können außerordentlich charismatisch und kontaktfreudig sein. Da Sie starke Gefühle haben, ist Liebe für Sie ein unerläßlicher Bestandteil des Lebens. Achten Sie darauf, daß Sie auf Ihrer Suche nach Glück nicht faul oder maßlos werden; zudem müssen Sie sich vor Ungeduld oder Eifersucht hüten, denn diese bedeuten für Sie emotionale Instabilität. Viele Menschen mit der Zahl 30 werden Anerkennung oder gar Ruhm ernten, vor allem als Musiker, Schauspieler oder Entertainer. Der Untereinfluß der Monatszahl 7 führt dazu, daß Sie trotz Ihrer selbstbewußten Fassade schüchtern oder heimlichtuerisch sein können und Ihre Ansichten verstecken. Da Sie originell und intuitiv sind, profitieren Sie von Ihren zahlreichen Begabungen. Wenn Sie Ängste und mangelndes inneres Vertrauen vermeiden, können Sie Ihre tiefsten Gefühle offenbaren. Wenn Sie aber voller Skepsis und Zweifel sind, verpassen Sie vielleicht die Gelegenheit, Ihre verborgenen Talente zu entwickeln.

Positiv: lebenslustig, treu, freundlich, wortgewandt, kreativ, glücklich.

Negativ: faul, stur, leicht reizbar, ungeduldig, unsicher, desinteressiert, vergeudet Energien.

Liebe & Zwischenmenschliches

Mit Ihrer warmherzigen und unterhaltsamen Art führen Sie ein aktives gesellschaftliches Leben. Ihr zwingendes Bedürfnis nach Liebe verwickelt Sie in allerlei romantische Begegnungen, von denen allerdings manche mehr Schwierigkeiten als Nutzen einbringen. Da Sie in Herzensangelegenheiten idealistisch sind, sollten Sie versuchen, etwas unbeteiligter zu sein. Wenn Sie sich Ihre Unbeschwertheit bewahren, werden Sie weniger enttäuscht sein, wenn Ihre Lieben einmal nicht Ihren Erwartungen gerecht werden. Sie sind in der Liebe sehr universell und äußerst großzügig.

Ihr Partner

Ihren idealen Partner finden Sie wahrscheinlich unter den Menschen, die an folgenden Tagen geboren sind:

Liebe & Freundschaft: 5., 10., 18., 19., 26., 30. Jan., 3., 8., 16., 17., 24., 28. Feb., 1., 6., 14., 15., 22., 26. März, 4., 12., 13., 20., 24. April, 2., 10., 11., 18., 22. Mai, 8., 9., 16., 20., 30. Juni, 6., 7., 14., 18., 28. Juli, 4., 5., 12., 16., 26., 30. Aug., 2., 3., 10., 14., 28. Sept., 1., 8., 12., 22., 26. Okt., 6., 10., 20., 24. Nov., 4., 8., 18., 22., 30. Dez.

Günstig: 13. Jan., 11. Feb., 9. März, 7. April, 5. Mai, 3., 30. Juni, 1., 28. Juli, 26. Aug., 24. Sept., 22. Okt., 20. Nov., 18. Dez.

Schicksalhaft: 26., 27., 28., 29. Jan.

Problematisch: 14., 24. Jan., 12., 22. Feb., 10., 20. März, 8., 18. April, 6., 16. Mai, 4., 14. Juni, 2., 12. Juli, 10. Aug., 8. Sept., 6. Okt., 4. Nov., 2. Dez.

Seelenverwandt: 30. Juli, 28. Aug., 26. Sept., 24. Okt., 22. Nov., 20. Dez.

31. Juli

SONNE: LÖWE
DEKADE: LÖWE/SONNE
GRAD: 7°30' – 8°30' LÖWE
ART: FIXZEICHEN
ELEMENT: FEUER

Fixsterne

Nördlicher Asellus; Südlicher Asellus; Praesepe, auch Praesaepe genannt

Hauptstern

Name des Sterns: Nördlicher Asellus
Gradposition: 6°34' – 7°35' Löwe zwischen den Jahren 1930 und 2000
Magnitude: 5
Stärke: **
Orbit: 1°
Konstellation: Gamma Cancri
Tage: 30., 31. Juli, 1. August
Sternqualitäten: Mars/Sonne
Beschreibung: blasser gelb-weißer Doppelstern im Körper des Krebs.

Einfluß des Hauptsterns

Der Nördliche Asellus steht für Vitalität und Tatendrang, Kreativität, Liebe zur Kunst und unerwartete Gewinne. Auch wenn sowohl der Nördliche als auch der Südliche Asellus mit Fürsorglichkeit und Verantwortungsbewußtsein in Verbindung gebracht werden, ist der Nördliche Asellus der günstigere Stern, da bei ihm Zielstrebigkeit mit Philanthropie und Großzügigkeit einhergeht. Das Gestirn sorgt auch dafür, daß niemand durch Intoleranz und Aggressivität zum angestrebten Ziel kommt.

Im Zusammenhang mit dem Stand Ihrer Sonne schenkt dieser Stern ein Flair für Publikum, gute soziale Kontakte und Freunde in einflußreichen Stellungen. Erfolgversprechend für Sie sind akademische Bereiche, vor allem Philosophie und Religion, aber auch Geschäftswelt und große Konzerne.

- Positiv: furchtlos, kämpferisch, sehr geduldig, bis eine Vorgehensweise festgelegt ist.
- Negativ: hektisch, stur, rastlos.

♌ Die Herzenswärme und Freundlichkeit, die von Ihrem Geburtstag ausgehen, werden durch Ihr Charisma und Ihre Lebhaftigkeit noch verstärkt. Von Natur aus unabhängig und ehrgeizig, mit der Fähigkeit, in großen Maßstäben zu planen, haben Sie einen scharfen Verstand und sind bereit, hart für die Verwirklichung Ihrer Ziele zu arbeiten. Sie sind großzügig und großmütig und haben gelegentlich das Gefühl, daß das Geld, das Sie verdienen, Ihnen durch die Finger rinnt. Da Sie sehr gesellig sind und Liebe ausstrahlen, sind Sie meist sehr beliebt.

Durch den doppelten Einfluß Ihres Dekadenzeichens, des Löwen, können Sie andere durch Ihre natürliche Autorität beeinflussen und lenken. Sie haben viel Teamgeist und sind vor allem bei gemeinschaftlichen Aktivitäten erfolgreich. Ihr Vorteil ist, daß Sie sich den Reichtum und Luxus, von dem Sie träumen, dank Ihrem Unternehmergeist auch leisten können. Mit Ihrem starken Ego müssen Sie aber aufpassen, daß Sie nicht rechthaberisch oder eitel werden. Sie sind nicht nur stolz, idealistisch und auf Wirkung bedacht, Sie können auch sehr praktisch sein. Mit Vorausschau initiieren Sie neue Projekte oder Ideen, von denen Sie wirklich überzeugt sind. Ihre Persönlichkeit hat aber auch eine andere Seite, denn Sie sind manchmal überempfindlich und verletzlich und müssen sich vor Extremen hüten. Im allgemeinen aber zeigen Sie sich fürsorglich, verständnisvoll und voller Kampfgeist.

Wenn Sie 22 sind, tritt Ihre Sonne in das Zeichen der Jungfrau, und es beginnt eine dreißigjährige Phase, in der Ihr Ordnungssinn, Ihr Urteilsvermögen und Ihr Sinn fürs Praktische wachsen und Sie umsichtiger mit Ihrer Zeit und Energie umgehen. Ein weiterer Wendepunkt folgt, wenn Sie 52 sind und Ihre Sonne in das Zeichen der Waage wechselt. Sie erweitern Ihren Freundeskreis und legen mehr Wert auf persönliche Beziehungen und kreatives Schaffen.

Ihr geheimes Selbst

Da Intelligenz Sie motiviert, schätzen Sie kluge und gebildete Menschen. Da Sie selbst immer auf der Suche sind, gehen Sie weite Wege, um Weisheit zu finden und zu erlangen. Das kann in Form von Reisen geschehen, die Ihren Horizont und Ihren Freundeskreis erweitern. Im allgemeinen sind Sie ehrlich und freimütig und sagen, was Sie denken; dabei ziehen Sie Taten jedoch langen Reden vor. Wenn Sie rastlos oder ungeduldig werden, neigen Sie zu übereilten oder impulsiven Handlungen, ohne die Konsequenzen zu bedenken. Mit Ihrer außerordentlichen Sensibilität und Ihrem Hunger nach Liebe finden Sie dann am ehesten Erfüllung, wenn Sie für Ihre hohen Ideale arbeiten oder an Projekten humanitärer oder universeller Art. Sie haben eine wundervolle jugendliche Art, die Ihnen manchmal eine fast kindliche Unschuld verleiht, Sie aber auch davon abhalten kann, wirklich erwachsen zu werden. Sie lieben es, andere mit Ihren Talenten zu unterhalten und zum Lachen zu bringen.

Beruf & Karriere

Erfolg mit Menschen haben Sie immer, egal, welchen Beruf Sie wählen. Ehrgeizig und mit Organisationstalent und Führungsqualitäten begabt, kommen Manager- und Verwalterposten für Sie in Frage oder jeder Beruf, der Ihnen soviel Handlungsspielraum wie möglich bietet. Besonders geeignet für Sie sind Justiz, Pädagogik oder Arbeit für das Gemeinwohl. Ihr Sinn für Dramatik hilft Ihnen in der Welt der Unterhaltung oder der Politik. Aufgrund Ihrer humanitären Natur können Sie anderen helfen, sei es in Heilberufen, als Arzt oder in wohltätigen Organisationen. In der Wirtschaft arbeiten Sie am besten bei Großkonzernen. Dieser Geburtstag bringt auch gute Autoren, Metaphysiker und Künstler hervor.

Berühmte Persönlichkeiten dieses Tages sind die Schauspielerin Geraldine Chaplin, der Schauspieler Louis de Funès und die Cembalistin Isolde Ahlgrimm.

Numerologie

Starke Willenskraft, Entschlossenheit und ein starker Wunsch nach Selbstverwirklichung gehören zu den Charakteristika der Geburtstagszahl 31. Häufig verbinden Sie intuitive und praktische Fähigkeiten, um die richtigen Entscheidungen zu treffen. Die 31 als Geburtstagszahl schenkt Ihnen originelle Ideen, ein gutes Gefühl für Form und Geschäftserfolge, allerdings nur, wenn Sie sich genügend Zeit lassen und einem Aktionsplan folgen. Mit dieser Geburtstagszahl hängen auch Glück und günstige Gelegenheiten zusammen, und es gelingt Ihnen möglicherweise, ein Hobby in eine gewinnbringende Unternehmung umzuwandeln. Da Sie oft hart arbeiten, ist es wichtig, daß Sie sich Zeit für Liebe und Vergnügen nehmen. Der Untereinfluß der Monatszahl 7 führt dazu, daß Sie sensibel und nachdenkend sind. Zwischenmenschliche Beziehungen sind für Sie von großer Wichtigkeit, und Sie lieben die Gesellschaft anderer. Wenn Sie sich um mehr Ausgeglichenheit bemühen und Stimmungsschwankungen überwinden, sind Sie nicht mehr so überemotional und verletzlich.

Positiv: glücklich, kreativ, Macher, konstruktiv, gibt nie auf, praktisch, guter Gesprächspartner, verantwortungsbewußt.

Negativ: unsicher, ungeduldig, mißtrauisch, leicht entmutigt, kein Ehrgeiz, selbstsüchtig, stur.

Liebe & Zwischenmenschliches

Mit Ihrem Charme und Ihrer warmen Ausstrahlung schlagen Sie andere in Ihren Bann, ob im großen oder kleinen Kreis. Sehr gesellig, sind Sie ein exzellenter Gastgeber und zeigen großes Mitgefühl, wenn andere Ihnen ihre Probleme anvertrauen. Meist fühlen Sie sich zu starken und entschlossenen Menschen hingezogen, müssen sich aber davor hüten, sich in Machtspiele mit Ihren Partnern verwickeln zu lassen. Frauen, die an diesem Tag geboren wurden, sind oft bereit, alles zu tun, um in einer Beziehung die Harmonie zu wahren; beide Geschlechter neigen zu Rastlosigkeit.

Ihr Partner

Die Chancen, Glück mit einem liebevollen Partner zu finden, sind am besten bei Menschen, die an folgenden Tagen geboren sind:

Liebe & Freundschaft: 2., 3., 6., 9., 11., 21., 27., 31. Jan., 1., 4., 7., 9., 25., 29. Feb., 2., 5., 7., 17., 23., 27. März, 3., 5., 15., 21., 25. April, 1., 3., 13., 19., 23., 30. Mai, 1., 11., 17., 21., 28. Juni, 9., 15., 19., 26., 29. Juli, 7., 13., 17., 24., 27. Aug., 5., 11., 15., 22., 25. Sept., 3., 9., 13., 20., 23. Okt., 1., 7., 11., 18., 21., 30. Nov., 5., 9., 16., 19., 28. Dez.

Günstig: 11., 16., 30. Jan., 9., 24., 28. Feb., 7., 22., 26. März, 5., 20., 24. April, 3., 18., 22., 31. Mai, 1., 16., 20., 29. Juni, 14., 18., 27. Juli, 12., 16., 25. Aug., 10., 14., 23. Sept., 8., 12., 21., 29. Okt., 6., 10., 19., 27. Nov., 4., 8., 17., 25. Dez.

Schicksalhaft: 26., 27., 28., 29., 30. Jan.

Problematisch: 15. Jan., 13. Feb., 11. März, 9. April, 7., 30. Mai, 5., 28. Juni, 3., 26. Juli, 1., 24. Aug., 22. Sept., 20., 30. Okt., 18., 28. Nov., 16., 26. Dez.

Seelenverwandt: 9., 29. Jan., 7., 27. Feb., 5., 25. März, 3., 23. April, 1., 21. Mai, 19. Juni, 17. Juli, 15. Aug., 13. Sept., 11. Okt., 9. Nov., 7. Dez.

SONNE: LÖWE
DEKADE: LÖWE/SONNE
GRAD: 8°30' – 9°30' LÖWE
ART: FIXZEICHEN
ELEMENT: FEUER

Fixsterne

Nördlicher Asellus; Südlicher Asellus; Praesepe, auch Praesaepe genannt

Hauptstern

Name des Sterns: Nördlicher Asellus
Gradposition: 6°34' – 7°35' Löwe zwischen den Jahren 1930 und 2000
Magnitude: 5
Stärke: **
Orbit: 1°
Konstellation: Gamma Cancri
Tage: 30., 31. Juli, 1. August
Sternqualitäten: Mars/Sonne
Beschreibung: blasser gelb-weißer Doppelstern im Körper des Krebs.

Einfluß des Hauptsterns

Der Nördliche Asellus steht für Vitalität und Tatendrang, Kreativität, Liebe zur Kunst und unerwartete Gewinne. Auch wenn sowohl der Nördliche als auch der Südliche Asellus mit Fürsorglichkeit und Verantwortungsbewußtsein in Verbindung gebracht werden, ist der Nördliche Asellus der günstigere Stern, da bei ihm Zielstrebigkeit mit Philanthropie und Großzügigkeit einhergeht. Das Gestirn sorgt auch dafür, daß niemand durch Intoleranz und Aggressivität zum angestrebten Ziel gelangt.
Im Zusammenhang mit dem Stand Ihrer Sonne sorgt dieser Stern überdies für ein Flair fürs Publikum, gute soziale Kontakte und Freunde in einflußreichen Stellungen. Erfolgversprechend für Sie sind akademische Bereiche, vor allem Philosophie und Religion, aber auch Geschäftswelt und große Konzerne.

- Positiv: furchtlos, kämpferisch, sehr geduldig, bis eine Vorgehensweise festgelegt ist.
- Negativ: hektisch, stur, rastlos.

1. August

Führungsstärke, Ehrgeiz und starke Präsenz werden mit Ihrem Geburtstag verbunden. Als Löwe sind Sie kreativ, haben intuitive Kräfte und starke Ausstrahlung. Obwohl Ihr abenteuerlustiger Geist stets nach Möglichkeiten der Selbstverwirklichung sucht, sind Sie von Pragmatismus und Sicherheitsbewußtsein geprägt. Das bedeutet, daß Idealismus und Phantasie zwar eine große Rolle in Ihrem Leben spielen, Sie aber aufgrund von berechtigten oder unberechtigten Geldsorgen immer mit beiden Füßen auf dem Boden bleiben. Gleichwohl sind Sie ein fröhlicher Mensch mit starken Gefühlen, einer humanitären Ader und guten Führungsqualitäten.

Durch den zusätzlichen Einfluß Ihres Dekadenzeichens, des Löwen, sind Sie stolz und würdevoll und können andere durch Ihre natürliche Autorität beeinflussen. Als guter Beobachter sind Sie aufgeschlossen, haben ausgeprägtes Einschätzungsvermögen und Erfindungsreichtum. Sie lernen schnell und können Ihre Kenntnisse und kreativen Talente gut in erfolgreiche geschäftliche Unternehmungen umwandeln. Dabei beeindrucken Sie andere mit Ihrer Entschlossenheit und Ihren Organisationstalenten.

Sie werden als großzügig, ritterlich und selbstsicher beschrieben, aber auch als anspruchsvoll und angespannt, was darauf hindeutet, daß Sie gelegentlich aus Unsicherheit Ihre wahren Gefühle verbergen. Sie sind loyal, pflichtbewußt und verläßlich und stolz auf geleistete Arbeit. Sie können Ihre Überzeugungskraft wunderbar zu Ihrem Vorteil einsetzen, laufen dabei aber Gefahr, mit Ihrer scharfen Zunge und Ihrem Hang zu dominierendem Verhalten Ihre Anstrengungen zunichte zu machen.

Wenn Sie 21 sind, tritt Ihre Sonne in das Zeichen der Jungfrau, und es beginnt eine dreißigjährige Phase, in der Sie viel Wert auf Ordnung, Tüchtigkeit, Arbeit und Gesundheit legen. Sie lernen auch, Dinge besser zu analysieren und so Probleme schneller zu lösen. Ein weiterer Wendepunkt folgt, wenn Sie 51 sind und Ihre Sonne in das Zeichen der Waage wechselt. Nun werden Sie kooperativer, diplomatischer, und persönliche Beziehungen und Kreativität spielen eine zunehmend wichtige Rolle in Ihrem Leben.

Ihr geheimes Selbst

Da Sie sehr freigiebig mit Ihrer Zeit und Energie umgehen, sollten Sie aufpassen, daß Sie nicht ständig zwischen Frustration und Gefühlsausbrüchen hin und her schwanken. Das führt häufig zu völlig unbegründeten Existenzängsten. Wenn Sie mehr Distanz halten und Ihre Situation objektiver beurteilen, sind Sie mehr als fähig, jedes Hindernis zu überwinden.

Mutig, unabhängig, erfinderisch und reaktionsschnell, sind Sie der ideale Freiheitskämpfer – ob für sich oder andere. Mit Ihrem hochentwickelten Geist sind Sie direkt und freimütig; Ihre abenteuerlustige Ader veranlaßt Sie, ungewöhnliche und aufregende Erfahrungen zu suchen. Als überzeugter Individualist entwickeln Sie eine Fülle von kreativen Ideen, die Sie motivieren und aktiv werden lassen.

Beruf & Karriere

Mit Ihrer Entschlossenheit und Ihrem starken Willen gehen Sie Ihre Karriere auf ganz eigene Weise an, sofern Sie sich nicht aus Sicherheitsdenken unter Ihren Möglichkeiten verkaufen. Da Sie natürliche Führungsqualitäten haben, wäre Ihnen eine Managerposition angemessen oder eine Tätigkeit, die größtmögliche Handlungsfreiheit gewährt. Da Sie einen scharfen Verstand, technische Begabung und gutes analytisches Verständnis haben, stehen Ihnen alle Berufe, von Wissenschaft über Unterhaltung bis Journalismus, offen. Da Sie auch sehr kreativ sind, zieht es Sie auch in die Welt der Kunst oder Musik, wo Ihre kluge Einschätzung von Menschen und Situationen hilft, Ihre Talente schnell in klingende Münze zu verwandeln. Ihre Gabe, soziale Reformen durchsetzen zu können, nutzt Ihnen vor allem in Organisationen mit sozialen Zielen.

Berühmte Persönlichkeiten dieses Tages sind der Rockmusiker Jerry Garcia, der Modedesigner Yves Saint-Laurent, der Schauspieler Dom DeLuise und der Autor Herman Melville.

Numerologie

Das große Bedürfnis, unabhängig zu sein und immer an erster Stelle zu stehen, hängt mit Ihrer Geburtstagszahl zusammen. Die Zahl 1 macht Sie überdies individuell, innovativ, mutig und energievoll. Häufig haben Sie das Bedürfnis, eine starke Identität zu entwickeln. Ihr Pioniergeist beflügelt Sie, alles im Alleingang durchzuziehen. Diese Einzelkämpfereigenschaften verstärken noch Ihre guten Führungsqualitäten. Voller Begeisterungsfähigkeit und origineller Ideen, weisen Sie anderen oft den Weg. Lernen müssen Sie, daß sich die Welt nicht nur um Sie dreht, und einen Hang zu Egoismus und Despotismus bekämpfen. Der Untereinfluß der Monatszahl 8 führt dazu, daß Sie gern eine einflußreiche Position einnehmen und ein starkes Bedürfnis nach Macht und materiellem Erfolg haben. Großzügigkeit, Fairneß und Gerechtigkeit sichern Ihnen den Respekt Ihrer Mitmenschen. Um Ihre Ziele zu erreichen, sollten Sie Ihr Mitgefühl entwickeln und sich von Ihrer sensiblen, integren und charismatischen Seite zeigen.

Positiv: führungsstark, progressiv, optimistisch, feste Überzeugungen, kämpferisch, unabhängig, großzügig.

Negativ: dominierend, eifersüchtig, egoistisch, hochmütig, feindselig, selbstsüchtig, launisch, ungeduldig.

Liebe & Zwischenmenschliches

Individuell und dynamisch, lernen Sie gern die unterschiedlichsten Menschen kennen. Da Sie gesellig sind, genießen Sie das Zusammensein mit anderen, vor allem mit ideenreichen Menschen, die Sie dazu anregen, Ihre eigenen Talente auszudrücken. Auch wenn Sie Ihren Lieben gegenüber treu und hilfsbereit sind, leiden Sie oft unter Zweifel oder Unentschlossenheit in Ihren Beziehungen. Um Enttäuschungen zu vermeiden, sollten Sie Ihre Herzensangelegenheiten leichter nehmen und sich immer wieder daran erinnern, daß Sie dafür gemacht sind, glücklich zu sein.

Ihr Partner

Emotionale Erfüllung werden Sie mit großer Wahrscheinlichkeit bei den an den folgenden Tagen geborenen Menschen finden:

Liebe & Freundschaft: 4., 13., 14., 29. Jan., 11., 27., 29. Feb., 9., 15., 25., 27. März, 7., 23., 25. April, 5., 21., 23., 29. Mai, 3., 19., 21., 27., 30. Juni, 1., 17., 19., 25., 28. Juli, 15., 17., 23., 26. Aug., 13., 15., 21., 24. Sept., 11., 13., 19., 22., 29. Okt., 9., 11., 17., 20., 27. Nov., 7., 9., 15., 18., 25. Dez.

Günstig: 11. Jan., 9. Feb., 7., 31. März, 5., 29. April, 3., 27., 31. Mai, 1., 25., 29. Juni, 23., 27., 31. Juli, 21., 25., 29., 30. Aug., 19., 23., 27., 28. Sept., 17., 21., 25., 26. Okt., 15., 19., 23., 24., 30. Nov., 13., 17., 21., 22., 28. Dez.

Schicksalhaft: 12., 30., 31. Jan., 1., 10. Feb., 8. März, 6. April, 4. Mai, 2. Juni

Problematisch: 10. Jan., 8. Feb., 6., 29. März, 4., 27. April, 2., 25. Mai, 23. Juni, 21. Juli, 19. Aug., 17. Sept., 15., 31. Okt., 13., 29., 30. Nov., 11., 27., 28. Dez.

Seelenverwandt: 18., 24. Jan., 16., 22. Feb., 14., 20. März, 12., 18. April, 10., 16. Mai, 8., 14. Juni, 6., 12. Juli, 4., 10. Aug., 2., 8. Sept., 6. Okt., 4. Nov., 2. Dez.

SONNE: LÖWE
DEKADE: LÖWE/SONNE
GRAD: 9° – 10°30' LÖWE
ART: FIXZEICHEN
ELEMENT: FEUER

Fixsterne

Ihre Sonne ist zwar nicht mit einem Fixstern verbunden, sicherlich aber einer der anderen Planeten Ihres Sonnenzeichens. Wenn Sie sich ein Geburtshoroskop erstellen lassen, lernen Sie die exakten Positionen der Planeten an Ihrem Geburtstag kennen. Auf diese Weise können Sie feststellen, welche der Fixsterne in diesem Buch für Sie von Interesse sind.

2. August

♌ Charisma, Charme und Lebensfreude werden bei Ihnen häufig von Leistungsdrang und dem starken Wunsch nach materiellem Erfolg überschattet. Als Löwe sind Sie stolz und kontaktfreudig und haben eine jugendliche, ja oft kindliche Art und viel Temperament. Sie sind zwar entschlossen und talentiert, doch Ihr Leichtsinn gefährdet gelegentlich Ihre Erfolgschancen.

Durch den zusätzlichen Einfluß Ihres Dekadenzeichens, des Löwen, laden Sie gerne andere ein und lieben eine gewisse Großartigkeit. Dramatisch und selbstsicher, sind Sie von einer königlichen Aura umgeben. Sonnig und spontan sind Sie, aber auch würdevoll und kreativ. Immer offen für Lob, müssen Sie bewundert und geschätzt werden. Hüten Sie sich vor falschen Freunden, die Ihnen nur das erzählen, was Sie hören wollen. Von Natur aus temperamentvoll und idealistisch, aber auch ehrgeizig und praktisch, sind Sie eine interessante Mischung aus Materialismus und Optimismus.

Angeborene Spontaneität und Freiheitsliebe verleihen Ihnen eine ganz eigene Individualität. Gemeinschaftliche Aktivitäten und Teamarbeit führen bei Ihnen meist zu Erfolg und Profit, und wenn Sie Verantwortung übernehmen, bleibt das nicht unbemerkt. Bei der Verwirklichung Ihrer Träume spielen Ihre Anziehungskraft, Ihre Vielseitigkeit und Beliebtheit eine wichtige Rolle. Wenn Sie sich von Ihrer anpassungsfähigen, schlagfertigen und unterhaltsamen Seite zeigen, gewinnen Sie schnell die Herzen anderer.

Wenn Sie 20 sind, tritt Ihre Sonne in das Zeichen der Jungfrau, und es beginnt eine dreißigjährige Phase, in der Sie viel Wert auf praktische Ordnung, Analyse und Tüchtigkeit legen. In dieser Zeit werden Sie auch introvertierter und gesundheitsbewußter. Ein weiterer Wendepunkt folgt, wenn Sie 50 sind und Ihre Sonne in das Zeichen der Waage wechselt. Nun spielen statt praktischer Dinge persönliche Beziehungen und Kreativität eine zunehmend wichtige Rolle in Ihrem Leben.

Ihr geheimes Selbst

Sie sind mit einer starken Persönlichkeit, ausgeprägtem Intellekt und schneller Auffassungsgabe gesegnet. Gelegentliche Anfälle von Angst oder Verwirrung können zu Launenhaftigkeit oder Realitätsflucht führen. Diese Phasen dauern aber nie lange, da Sie dank klugem Kopf, Selbstvertrauen und Ausdrucksstärke immer wieder für neue kreative Ideen zu begeistern sind.

Mit Ihrer besonderen Lebensphilosophie versuchen Sie, sich von anderen abzuheben, und sind tatsächlich oft Ihrer Zeit voraus. Es fällt Ihnen nicht schwer, Kontakte zu knüpfen, und im allgemeinen kennen Sie Gott und die Welt. Freiheit und Unabhängigkeit stehen ganz oben auf Ihrer Prioritätenliste, und Sie sind meist ehrlich mit Ihren Gefühlen. Sie sind sich Ihrer Wirkung wohl bewußt und können dieses Wissen zu Ihrem Vorteil nutzen. Empfänglich für Einflüsse aus Ihrer Umgebung, haben Sie eine freundliche und warmherzige Persönlichkeit mit sozialer Kompetenz und diplomatischem Geschick.

Beruf & Karriere

Da Sie kreativ sind, finden Sie zahlreiche emotionale Ausdrucksmöglichkeiten in Kunst oder Theater, vor allem als Schauspieler oder Dramatiker. Ihr natürlicher Charme und Ihr Charisma sind Ihnen bei Promotion, Verkauf oder Verhandlungen nützlich. Mit

Ihren ausgezeichneten kommunikativen Fähigkeiten können Sie auch als Autor oder Verleger, in der Werbung oder Pädagogik Erfolg haben. Auch Berufe, die mit persönlichen Kontakten verbunden sind, wie in Öffentlichkeitsarbeit, Medien oder Beratung, entsprechen Ihrer Begabung. Aufgrund Ihres starken Unabhängigkeitsbedürfnisses brauchen Sie viel Freiraum bei der Arbeit, so daß Sie sich am besten selbständig machen. Gut sind Sie auch im Geschäftsleben, Bankwesen oder Recht.

Berühmte Persönlichkeiten dieses Tages sind der Schauspieler Peter O'Toole, der Schriftsteller James Baldwin, die Schauspielerin Myrna Loy und die Schriftstellerin Isabel Allende.

Numerologie

Zur Geburtstagszahl 2 gehören Sensibilität und das Bedürfnis, einer Gruppe anzugehören. Sie sind anpassungsfähig und verständnisvoll und lieben gemeinschaftliche Aktivitäten. Bei dem Versuch, denen zu gefallen, die Sie lieben, laufen Sie Gefahr, in zu große Abhängigkeit zu geraten. Wenn Sie Selbstvertrauen entwickeln, können Sie die Kritik anderer besser vertragen. Der Untereinfluß der Monatszahl 8 führt dazu, daß Sie entschlossen, ehrgeizig und praktisch sind und Managertalent haben. Denken Sie nicht soviel an Macht und Kontrolle, überwinden Sie lieber Ihren Hang, zu skeptisch und anspruchsvoll zu sein. Auch sollten Sie Ihre großzügige Hilfsbereitschaft und Ihre unerwartete Verschlossenheit ins Gleichgewicht bringen. Wenn Sie unsicher sind, fällt es Ihnen schwer, Ihre persönlichen Pläne auszuführen. Wenn Sie aber eine geeignete Form des künstlerischen oder kreativen Ausdrucks finden, können Sie Ihre Träume gut verwirklichen.

Positiv: gute Partner, sanft, taktvoll, aufgeschlossen, intuitiv, rücksichtsvoll, harmonisch, angenehm.

Negativ: mißtrauisch, servil, überempfindlich, sentimental, selbstsüchtig, leicht beleidigt, unehrlich.

Liebe & Zwischenmenschliches

Von Natur aus lebenslustig und gesellig, sind Sie ein großartiger Freund und guter Gefährte. Sie sind liebevoll und hingebungsvoll, sollten sich aber Ihre Partner sorgfältig aussuchen, damit die Beziehungen auch von Dauer sind. Sie können sehr romantisch in der Liebe sein und zeigen Ihre Gefühle offen und ehrlich. Um aber wirklich glücklich zu werden, müssen Sie für finanzielle Sicherheit sorgen. Mit Ihrem Charme wirken Sie sehr attraktiv auf das andere Geschlecht. Ihr Wunsch nach einer engen Beziehung kollidiert allerdings manchmal mit Ihrem Freiheitsdrang.

Ihr Partner

Wenn Sie jemanden für eine dauerhafte Beziehung suchen, sollten Sie sich unter den Menschen umsehen, die an folgenden Tagen geboren sind:

Liebe & Freundschaft: 6., 8., 10., 14., 23., 26., 28. Jan., 4., 10., 12., 21., 24., 26. Feb., 2., 10., 12., 19., 22., 24. März, 8., 14., 17., 20., 22. April, 6., 15., 16., 18., 20. Mai, 4., 13., 16., 18. Juni, 2., 11., 14., 16., 20. Juli, 9., 12., 14., 22. Aug., 7., 10., 12., 24. Sept., 5., 8., 10., 26. Okt., 3., 6., 8., 28. Nov., 1., 4., 6., 30. Dez.

Günstig: 9., 12. Jan., 7., 10. Feb., 5., 8. März, 3., 6. April, 1., 4. Mai, 2., 30. Juni, 28. Juli, 26., 30., 31. Aug., 24., 28., 29. Sept., 22., 26., 27. Okt., 20., 24., 25. Nov., 18., 22., 23., 29. Dez.

Schicksalhaft: 28., 29., 30., 31. Jan., 1., 2. Feb.

Problematisch: 11., 13., 29. Jan., 9., 11. Feb., 7., 9., 30. März, 5., 7., 28. April, 3., 5., 26., 31. Mai, 1., 3., 24., 29. Juni, 1., 22., 27. Juli, 20., 25. Aug., 18., 23., 30. Sept., 16., 21., 28. Okt., 14., 19., 26. Nov., 12., 17., 24. Dez.

Seelenverwandt: 11., 12., 29. Jan., 9., 10., 27. Feb., 7., 8., 25. März, 5., 6., 23. April, 3., 4., 21. Mai, 1., 2., 19. Juni, 17. Juli, 15. Aug., 13. Sept., 11. Okt., 9. Nov., 7. Dez.

SONNE: LÖWE
DEKADE: SCHÜTZE/JUPITER
GRAD: 10° – 11°30' LÖWE
ART: FIXZEICHEN
ELEMENT: FEUER

Fixsterne

Ihre Sonne ist zwar nicht mit einem Fixstern verbunden, sicherlich aber einer der anderen Planeten Ihres Sonnenzeichens. Wenn Sie sich ein Geburtshoroskop erstellen lassen, lernen Sie die exakten Positionen der Planeten an Ihrem Geburtstag kennen. Auf diese Weise können Sie feststellen, welche der Fixsterne in diesem Buch für Sie von Interesse sind.

3. August

♌ Von Natur aus erfolgsorientiert, ehrgeizig und mutig, sind Sie ein glücklicher und optimistischer Mensch mit gutem Geschäftssinn und voller hochfliegender Pläne. Ihr Geburtstag weist Sie als abenteuerlustigen und vielseitig begabten Löwen mit großer Leistungsbereitschaft aus. Ohne Motivation, der Möglichkeit, sich kreativ auszudrücken, und Geduld werden allerdings viele Ihrer Träume unerfüllt bleiben.

Obwohl Sie guten Geschäftssinn und Gefühl für Investitionen und Spekulationen haben, bewirkt der Untereinfluß Ihres Dekadenzeichens, des Schützen, daß Sie auch einen Hang dazu haben, zu optimistisch und zu wenig realistisch zu sein. Häufig sind Sie davon überzeugt, daß finanzielle Sicherheit die Antwort auf alle Probleme des Lebens sei. Wenn Sie aber nur materielle Dinge sehen, verpassen Sie ganz sicher all das, wofür es sich wirklich lohnt zu leben.

Als praktischer Idealist haben Sie Vorausschau und Führungsqualitäten und können häufig Ihre Fähigkeiten gut verkaufen. Der Drang, immer weiter zu eilen, resultiert aus einer inneren Unruhe oder Unzufriedenheit mit Ihrer bestehenden Situation.

Auf Ihrem Weg zu Erfolg und Wohlstand bekommen Sie häufig Unterstützung von Frauen. Sie sind selbstdiszipliniert und fleißig, haben aber einen extravaganten Geschmack und brauchen für Ihr Wohlbefinden ständig neue Anschaffungen.

Wenn Sie 19 sind, tritt Ihre Sonne in das Zeichen der Jungfrau, und es beginnt eine dreißigjährige Phase, in der Sie weniger dominierend auftreten, dafür nachdenklicher, effizienter und tüchtiger werden. Wachsende Verpflichtungen verlangen mehr Zeit, und Sie wollen rationeller und perfekter arbeiten. Ein weiterer Wendepunkt folgt, wenn Sie 49 sind und Ihre Sonne in das Zeichen der Waage wechselt. Nun gewinnen persönliche Beziehungen mehr Bedeutung, und Sie erweitern Ihren Freundeskreis. Möglicherweise entwickeln Sie jetzt auch vermehrt Ihr künstlerisches oder literarisches Talent.

Ihr geheimes Selbst

Mit Ihrem scharfen Intellekt und Erfindungsreichtum sind Sie Ihrer Zeit oft voraus. Ihre originellen Ideen und Ihr Sinn für Noblesse lassen Sie in führenden Positionen glänzen. Da Sie viel Menschenkenntnis haben, können Sie Menschen und Situationen rasch einschätzen. Dank Ihrem ausgezeichneten Organisationstalent können Sie leicht andere für Ihre Pläne einspannen. Ihre plötzlichen Geistesblitze und große Überzeugungskraft beeindrucken andere oft so, daß sie sich zu Ihren Ansichten überreden lassen. Im allgemeinen gehen Sie mit Zeit und Geld äußerst großzügig um und arbeiten besonders gut, wenn Sie anderen helfen können.

Ein rebellischer Zug Ihrer Persönlichkeit kann Ihren Freiheitsdrang noch verstärken. Ihre Schlagfertigkeit und Intelligenz ebnen Ihnen fast überall den Weg, allerdings müssen Sie aufpassen, daß Sie nicht den Weg des geringsten Widerstands wählen. Ihre wahren Fähigkeiten werden erst offenbar, wenn Sie sich den Herausforderungen des Lebens stellen, über sich hinauswachsen und Ihr Potential wirklich nutzen.

Beruf & Karriere

Dank Ihrem Ehrgeiz und Ihrer anziehenden Persönlichkeit können Sie in fast jedem Beruf an die Spitze gelangen. Ob im Bankwesen oder der Kunst – Sie nehmen ungern Anordnungen entgegen und sollten leitende Positionen bekleiden. In der Theaterwelt können Sie sich als Schauspieler, Regisseur oder Dramatiker einen Namen machen. Ihre soziale Kompetenz hilft Ihnen in der Geschäftswelt, vor allem in Verkauf, Promotion oder Verhandlungen. Mit Ihrem Optimismus und Ihren großen Plänen lieben Sie es, neue Projekte zu initiieren, bei denen Sie eine führende Rolle spielen. Da Sie delegieren können, sind Sie gut in Verwaltung oder selbständiger Tätigkeit.

Berühmte Persönlichkeiten dieses Tages sind der Schauspieler Martin Sheen, der Sänger Tony Bennett, der britische Politiker Stanley Baldwin, der Regisseur John Landis und die Modedesignerin Anne Klein.

Numerologie

Charakteristisch für diesen Geburtstag sind das Bedürfnis nach Kreativität und kreativem Ausdruck. Sie sind lebensfroh, genießen gesellschaftliche Aktivitäten und haben vielfältige Interessen. Weil Sie vielseitig und ausdrucksstark sind, haben Sie das Bedürfnis, die unterschiedlichsten Erfahrungen zu machen, langweilen sich aber schnell, was dazu führen kann, daß Sie unentschlossen werden oder sich verzetteln. Obwohl die 3 Sie begeisterungsfähig und charmant macht und Sie einen guten Sinn für Humor haben, müssen Sie mehr Selbstwertgefühl entwickeln, um sich gegen Ängste und Unsicherheit der Gefühle zu schützen. Der Untereinfluß der Monatszahl 8 führt dazu, daß Sie Ihre Kreativität und Vorstellungskraft praktisch nutzen. Trotz vielseitiger Begabung und Neigung zu Opportunismus plagt Sie gelegentlich innere Unruhe; dann geraten Sie in Versuchung, zu viele Dinge auf einmal zu tun. Wenn Sie sich auf einige wenige Aufgaben konzentrieren, können Sie Selbstdisziplin lernen und Erfolg haben.

Positiv: humorvoll, glücklich, freundlich, produktiv, kreativ, künstlerisch, freiheitsliebend, wortgewandt.

Negativ: leicht gelangweilt, eitel, blühende Phantasie, neigt zu Übertreibungen, prahlerisch, extravagant, maßlos, faul, scheinheilig, verschwenderisch.

Liebe & Zwischenmenschliches

Da Sie leidenschaftlich sind und starkes Begehren empfinden, ist Ihr Liebesleben für Sie von größter Bedeutung. Als großzügiger Freund und Lover sind Sie sehr beliebt, auch wenn Sie hin und wieder sehr dominierend sein können. Dank Ihrem Charisma bieten sich Ihnen immer wieder Gelegenheiten zu freundschaftlichen oder romantischen Begegnungen. Obwohl Sie gewöhnlich treu sind, kann es passieren, daß zwischen Ihrer starken Sehnsucht nach Liebe und Zuneigung und Ihrem Bedürfnis nach materieller Sicherheit ein Konflikt entsteht. Um Ihrem Freiheitsdrang zu genügen, sollten Sie Beziehungen eingehen, die Ihnen genügend Freiraum bieten.

Ihr Partner

Für Freundschaft und Liebe finden Sie am ehesten einen Partner unter den Menschen, die an folgenden Tagen geboren sind:

Liebe & Freundschaft: 6., 10., 15., 29., 31. Jan., 4., 8., 13., 27., 29. Feb., 2., 11., 25., 27. März, 4., 9., 23., 25. April, 7., 21., 23. Mai, 5., 19., 21. Juni, 3., 17., 19., 30. Juli, 1., 15., 17., 28. Aug., 13., 15., 26. Sept., 11., 13., 24. Okt., 9., 11., 22. Nov., 7., 9., 20. Dez.

Günstig: 13., 15., 19. Jan., 11., 13., 17. Feb., 9., 11., 15. März, 7., 9., 13. April, 5., 7., 11. Mai, 3., 5., 9. Juni, 1., 3., 7., 29. Juli, 1., 5., 27., 31. Aug., 3., 25., 29. Sept., 1., 23., 27. Okt., 21., 25. Nov., 19., 23. Dez.

Schicksalhaft: 31. Jan., 1., 2. Feb., 30., 28. Juni, 26. Juli, 24. Aug., 22. Sept., 20. Okt., 18. Nov., 16. Dez.

Problematisch: 12. Jan., 10. Feb., 8. März, 6. April, 4. Mai, 2. Juni, 31. Aug., 29. Sept., 27., 29., 30. Okt., 25., 27., 28. Nov., 23., 25., 26., 30. Dez.

Seelenverwandt: 2., 28. Jan., 26. Feb., 24. März, 22. April, 20. Mai, 18. Juni, 16. Juli, 14. Aug., 12. Sept., 10. Okt., 8. Nov., 6. Dez.

4. August

SONNE: LÖWE
DEKADE: SCHÜTZE/JUPITER
GRAD: 11° – 12°30' LÖWE
ART: FIXZEICHEN
ELEMENT: FEUER

Fixstern

Name des Sterns: Kochab
Gradposition: 11°56' – 12°45' Löwe zwischen den Jahren 1930 und 2000
Magnitude: 2
Stärke: ********
Orbit: 2°10'
Konstellation: Beta Ursae Minoris
Tage: 4., 5., 6., 7. August
Sternqualitäten: Saturn/Merkur
Beschreibung: großer orangefarbener Stern im Kleinen Bären, auch Kleiner Wagen genannt.

Einfluß des Hauptsterns

Kochab steht für Logik und Konzentration und die Fähigkeit, in Diskussionen direkt auf den Punkt zu kommen. Sie sind im allgemeinen ordnungsliebend und können gut organisieren. Dank seinem Einfluß haben Sie Ausdauer und Chancen, einen gehobenen Posten zu erreichen.

Im Zusammenhang mit dem Stand Ihrer Sonne sorgt Kochab dafür, daß Sie durch entschlossenes Handeln viel erreichen können. Sie haben die Fähigkeit, einen Kampf mit Energie und Mut bis zum Ende zu führen. Hüten Sie sich aber vor Betrug, Bösartigkeit oder Hinterhältigkeit.

- Positiv: entschlossen, beharrlich, Mut, Hindernisse zu überwinden.
- Negativ: Rastlosigkeit, Boshaftigkeit, Pessimismus.

♌ Von Natur aus großzügig und tolerant, haben Sie eine universelle Einstellung, wobei Ihre humanitäre Seite häufig von materiellen Gedanken beeinträchtigt wird. Als Löwe sind Sie kreativ, großartig, praktisch und leistungswillig. Mit Ihrer Freundlichkeit ziehen Sie andere an und sind meist beliebt. Das führt dazu, daß Sie gute Führungsqualitäten entwickeln und ungern untergeordnete Positionen einnehmen.

Der Untereinfluß Ihres Dekadenzeichens, des Schützen, sorgt dafür, daß Sie weiterkommen wollen, und Ihr Optimismus ermutigt zu Risiken. Furcht vor dem Unbekannten kann diese Gabe aber auch ins Gegenteil verkehren und Ihre Fähigkeit zu Rekordleistungen unterminieren. Wenn Sie sich vor Ungeduld und herrischem Verhalten hüten, können Sie Toleranz entwickeln. Eine distanzierte und ausgeglichene Haltung kann Sie vor Enttäuschungen und Frustrationen bewahren.

Entwickeln Sie mehr Verantwortungsbewußtsein und entdecken Sie Ihr wahres Potential; dann können Sie auf Ihrem Gebiet zum Spezialisten werden. Da Sie sich immer gern auf das große Ganze konzentrieren, verlieren Sie im Überschwang der Begeisterung gelegentlich die Details aus den Augen. Wenn Sie lernen, gründlicher und methodischer vorzugehen, verbessern Sie Ihre Erfolgschancen erheblich.

Von Kindheit an interessieren Sie sich für Gemeinschaftsaktivitäten und stehen gern im Mittelpunkt. Wenn Sie 18 sind, tritt Ihre Sonne in das Zeichen der Jungfrau, und es beginnt eine dreißigjährige Phase, in der Sie gewissenhafter, zurückhaltender und besser im Urteilsvermögen werden. Sie wollen nun auch im Beruf effizienter sein. Ein weiterer Wendepunkt folgt, wenn Sie 48 sind und Ihre Sonne in das Zeichen der Waage wechselt. Nun gewinnen persönliche Beziehungen und Partnerschaften mehr Bedeutung in Ihrem Leben. Möglicherweise entwickeln Sie jetzt auch musikalische, literarische oder andere künstlerische Talente.

Ihr geheimes Selbst

Im allgemeinen bewahren Sie sich Ihre jugendliche Art; wenn Sie entspannt und glücklich sind, kommt Ihr origineller Humor voll zum Ausdruck. Ihr kluger und satirischer Witz hat mit Ihren natürlichen psychologischen Fähigkeiten und Ihrer Menschenkenntnis zu tun. Daß Sie um jeden Preis materielle Sicherheit erreichen wollen, kann zu einem Konflikt zwischen Ihren Idealen und Wünschen einerseits und den begrenzenden Faktoren der Realität andererseits führen. Wenn Sie Abenteuer, Abwechslung und Reisen in Ihr Leben einbeziehen, können Sie Ihre innere Unruhe zum Erreichen immer wieder neuer Ziele benutzen.

Wenn Sie lernen, besser mit Ihren finanziellen Mitteln hauszuhalten, vermeiden Sie den krassen Wechsel von Wohlstand und Perioden materieller Unsicherheit. Auf diese Weise verlieren Sie auch Ihre Angst vor finanziellen Sorgen.

Beruf & Karriere

Da Sie sehr unabhängig sind und lieber Befehle erteilen, als selbst welche anzunehmen, sind Sie eher für führende Positionen geeignet. Wenn Sie im Team arbeiten, brauchen Sie viel Handlungsspielraum. Erfolgversprechende Bereiche für Sie sind Pädagogik, Theater oder eine selbständige Tätigkeit. Sie können sehr gut schätzen, so daß Sie auch im Immobilien- oder Bankwesen und an der Börse Erfolg haben. Ihre humanitäre Seite zieht Sie zu Heil- und Sozialberufen.

Berühmte Persönlichkeiten dieses Tages sind die englische Königinmutter, der Dichter Percy Bysshe Shelley, der Baseballspieler Roger Clemens und die Olympiaathletin Mary Decker Slaney.

Numerologie

Die feste Struktur und ordnende Kraft, die von der Zahl 4 ausgeht, führt dazu, daß Sie Stabilität und eine feste Ordnung brauchen. Voller Energie und Entschlossenheit und mit praktischen Fähigkeiten begabt, gelangen Sie durch Fleiß zum Erfolg. Da Sie sicherheitsbewußt sind, möchten Sie ein starkes Fundament für sich und Ihre Familie bauen. Mit Ihrem Pragmatismus geht auch ein guter Geschäftssinn einher und die Fähigkeit, Wohlstand zu schaffen. Mit der Geburtstagszahl 4 sind Sie im allgemeinen aufrichtig, offen und fair. Schwierig für Sie ist es, Phasen der Labilität oder finanzieller Not durchzustehen. Der Untereinfluß der Monatszahl 8 bewirkt, daß es von größter Wichtigkeit in Ihrem Leben ist, wie Sie finanziellen Nöten begegnen. In jedem Fall aber müssen Sie lernen, praktischer und sparsamer zu werden. Sie denken gern kreativ und können andere anleiten und inspirieren. Im allgemeinen haben Sie gutes logisches Denkvermögen und sind ein guter Planer oder Designer.

Positiv: gut organisiert, Selbstdisziplin, beständig, fleißig, manuelles Geschick, pragmatisch, vertrauenswürdig, exakt.

Negativ: unkommunikativ, strikt, faul, gefühllos, Neigung zum Aufschieben, herrisch, nachtragend.

Liebe & Zwischenmenschliches

Obwohl Sie warmherzig und liebevoll sind, wirken Sie aufgrund emotionaler Hemmungen gelegentlich kühl und unbeteiligt. Partnerschaften spielen eine wichtige Rolle in Ihrem Leben, auch wenn Sie nicht immer Ihre Gefühle offenlegen. Im allgemeinen fühlen Sie sich zu Menschen hingezogen, die Sie geistig anregen oder mit denen Sie gemeinsam irgendeiner intellektuellen Beschäftigung nachgehen können. Obwohl Sie gewöhnlich ein guter Partner sind, kann Ihr Hang zur Sturheit zu Streit führen. Der dauert aber nie lange, da Sie mit viel Verständnis und Fürsorge sonst immer ein guter Freund, Gastgeber und ein Familienmitglied mit Beschützerinstinkten sind.

Ihr Partner

Einen Liebespartner werden Sie mit großer Wahrscheinlichkeit unter den an den folgenden Tagen geborenen Menschen finden:

Liebe & Freundschaft: 6., 7., 16. Jan., 4., 5., 14. Feb., 2., 12., 28., 30. März, 10., 26., 28. April, 8., 24., 26., 30. Mai, 6., 22., 24., 28. Juni, 4., 20., 22., 26., 31. Juli, 2., 18., 20., 24., 29. Aug., 16., 18., 22., 27. Sept., 14., 16., 20., 25. Okt., 12., 14., 18., 23. Nov., 10., 12., 16., 21. Dez.

Günstig: 9., 14., 16. Jan., 7., 12., 14. Feb., 5., 10., 12. März, 3., 8., 10. April, 1., 6., 8. Mai, 4., 6. Juni, 2., 4. Juli, 2. Aug., 30. Sept., 28. Okt., 26., 30. Nov., 24., 28., 29. Dez.

Schicksalhaft: 21. Jan., 19. Feb., 17. März, 15. April, 13. Mai, 11. Juni, 9. Juli, 7. Aug., 5. Sept., 3. Okt., 1. Nov.

Problematisch: 4., 13., 28. Jan., 2., 11., 26. Feb., 9., 24. März, 7., 22. April, 5., 20. Mai, 3., 18. Juni, 1., 16. Juli, 14. Aug., 12. Sept., 10., 31. Okt., 8., 29. Nov., 6., 27. Dez.

Seelenverwandt: 15., 22. Jan., 13., 20. Feb., 11., 18. März, 9., 16. April, 7., 14. Mai, 5., 12. Juni, 3., 10. Juli, 1., 8. Aug., 6. Sept., 4. Okt., 2. Nov.

5. August

SONNE: LÖWE
DEKADE: SCHÜTZE/JUPITER
GRAD: 12° – 13°30' LÖWE
ART: FIXZEICHEN
ELEMENT: FEUER

Fixsterne

Kochab; Acubens, auch Sertan genannt

Hauptstern

Name des Sterns: Kochab
Gradposition: 11°56' – 12°45' Löwe zwischen den Jahren 1930 und 2000
Magnitude: 2
Stärke: ********
Orbit: 2°10'
Konstellation: Beta Ursae Minoris
Tage: 4., 5., 6., 7. August
Sternqualitäten: Saturn/Merkur
Beschreibung: großer orangefarbener Stern im Kleinen Bären, auch Kleiner Wagen genannt.

Einfluß des Hauptsterns

Kochab steht für Logik und Konzentration sowie die Fähigkeit, in Diskussionen direkt auf den Punkt zu kommen. Sie sind im allgemeinen ordnungsliebend und können gut organisieren. Dank seinem Einfluß haben Sie die Ausdauer und Führungsqualitäten, die Sie auf einen gehobenen Posten bringen können.

Im Zusammenhang mit dem Stand Ihrer Sonne sorgt Kochab dafür, daß Sie durch entschlossenes Handeln viel erreichen können. Sie haben die Fähigkeit, einen Kampf mit Energie und Mut bis zum Ende zu führen. Hüten Sie sich aber vor Betrug, Bösartigkeit oder Hinterhältigkeit.

- Positiv: entschlossen, Beharrlichkeit, Mut, Hindernisse zu überwinden.
- Negativ: Rastlosigkeit, Boshaftigkeit, Pessimismus.

♌ Zu den Eigenschaften, die mit Ihrem Geburtstag assoziiert werden, gehören unter anderem Vielseitigkeit, Kreativität, Willenskraft und Entschlossenheit. Als Löwe sind Sie mutig, ehrgeizig und würdevoll. Ihr ausgeprägter Stolz und ein Hang zum Materialismus bedingen, daß finanzielle Sicherheit eine wichtige Rolle bei all Ihren Plänen spielt.

Der Untereinfluß Ihres Dekadenzeichens, des Schützen, bewirkt, daß Sie gern produktiv sind und im allgemeinen feste Moralvorstellungen haben. Hüten Sie sich aber vor Eigensinn und Ungeduld. Von Natur aus fleißig, haben Sie praktischen Geschäftssinn und gute Organisationsfähigkeiten. Da Sie eine starke Persönlichkeit sind, müssen Sie aufpassen, nicht dickköpfig oder dominierend zu werden.

Obwohl Sie konservative Werte vertreten und das starke Bedürfnis haben, materiell und sozial aufzusteigen, wollen Sie dennoch nicht auf Ihre Individualität verzichten. Sie nehmen ungern Anordnungen von anderen entgegen und basteln sich einen ganz persönlichen Verhaltenskodex, sollten sich dabei aber vor Vorurteilen hüten. Frauen können Sie auf Ihrem Weg entscheidend weiterbringen; und wenn Sie lernen, mit anderen zusammenzuarbeiten, wird Ihnen auch das von großem Nutzen sein.

Wenn Sie 17 sind, tritt Ihre Sonne in das Zeichen der Jungfrau, und es beginnt eine dreißigjährige Phase, in der Sie viel Wert auf praktische Ordnung legen. Sie lernen auch, Dinge analytischer zu betrachten, und suchen nach Möglichkeiten, Ihr Leben neu zu strukturieren, um es zu verbessern. Ein weiterer Wendepunkt folgt, wenn Sie 47 sind und Ihre Sonne in das Zeichen der Waage wechselt. Nun spielen persönliche Beziehungen, Harmonie und Kreativität eine zunehmend wichtige Rolle in Ihrem Leben.

Ihr geheimes Selbst

Ihre praktische Entschlossenheit, Ihr Wissensdurst und Ihr messerscharfer Verstand verleihen Ihnen die Fähigkeit, mit jeder Situation fertig zu werden. Ein mögliches Hindernis auf Ihrem Weg zum Erfolg stellt Ihr Hang zu Zweifeln und Skepsis dar. Wenn Sie Ihren Glauben an sich selbst oder an Ihre Fähigkeiten verlieren, besteht die Gefahr von Gefühlskälte und Isolation. Wenn Sie wagemutig und spontan bleiben, gewinnen Sie auch mehr Kraft und Dynamik.

Obwohl Sie sich zu Zeiten sehr mit materiellen Dingen beschäftigen, überwinden Sie doch die Schwierigkeiten des Lebens mit Hilfe Ihrer instinktiven Weisheit. Da Sie eine starke Persönlichkeit haben und mit Ihren Ansichten nicht hinter dem Berg halten, mißbrauchen Sie gelegentlich Ihre Macht, um sich durchzusetzen. Wenn Sie auf Ihre Intuition vertrauen, können Sie Selbstvertrauen aufbauen und Ihre Träume verwirklichen.

Beruf & Karriere

Ehrgeiz, Geschäftssinn und die Fähigkeit, die Führung zu übernehmen, ebnen Ihnen den Weg zum Erfolg. Sie lieben Macht, Strukturen und Effizienz, haben aber auch angeborenes Wahrnehmungsvermögen und Sensibilität. Diese Kombination nützt Ihnen in allen Berufen, vom Finanzbusineß bis hin zu kreativen Tätigkeiten. Da Sie sich Ihrer Wirkung stets bewußt sind, kommen für Sie auch Theater oder die Welt der Unterhaltung in Frage. Da Sie sich nicht gern unterordnen, sollten Sie nach einflußreichen Posten oder einer selbständigen Tätigkeit streben. Mit Ihrer Stärke und Entschlossenheit sind Sie im allgemeinen auch in der Geschäftswelt erfolgreich, vor allem im Verkauf; Sie geben aber auch einen guten Anwalt ab.

Berühmte Persönlichkeiten dieses Tages sind der Schauspieler Robert Taylor, der Astronaut Neil Armstrong, der Regisseur John Huston und die Schauspielerin Loni Anderson.

Numerologie

Eigenschaften dieser Geburtstagszahl sind unter anderem starke Instinkte, Abenteuerlust und Freiheitsdrang. Ihre Bereitschaft, ständig Neues auszuprobieren und zu entdecken, und Ihre Begeisterungsfähigkeit bewirken, daß Ihnen das Leben allerhand zu bieten hat. Reisen und manch unerwartete Veränderungen führen dazu, daß Sie einen echten Wandel Ihrer Ansichten und Überzeugungen durchmachen. Das Leben muß für Sie aufregend und voller Abwechslung sein, dabei sollten Sie aber Verantwortungsgefühl entwickeln und darauf achten, daß Sie nicht unberechenbar, maßlos oder rastlos werden. Menschen mit der Geburtstagszahl 5 gelingt es bravourös, mit dem Strom zu schwimmen und dabei doch ihre Unabhängigkeit zu bewahren. Der Untereinfluß der Monatszahl 8 führt dazu, daß Sie ehrgeizig sind und einen scharfen und wachen Verstand haben. Leistung und Erfolg sind sehr wichtig für Sie, und da Sie hart arbeiten können und gute Managerqualitäten haben, steigen Sie rasch in gehobene und einflußreiche Positionen auf.

Positiv: vielseitig, anpassungsfähig, starke Instinkte, Anziehungskraft, glücksbegabt, kühn, freiheitsliebend, schlagfertig, witzig.

Negativ: unzuverlässig, unbeständig, Neigung zum Aufschieben, unzufrieden, übersteigertes Selbstbewußtsein, stur.

Liebe & Zwischenmenschliches

Sie lieben es, zu reisen und neue Menschen kennenzulernen. Obwohl Sie warmherzig und gesellig sind, werden Sie in engen Beziehungen häufig rastlos und unentschlossen. Das können Sie vermeiden, wenn Sie sich aktiv und kreativ beschäftigen, so daß Ihnen keine Zeit für Zweifel und Sorge bleibt. Musik oder Kunst wirkt sich sehr positiv auf Ihr Befinden aus. Mit Ihrem Optimismus und Ihrer Großzügigkeit können Sie andere in Ihren Bann schlagen; achten Sie aber darauf, daß Sie sich Ihren Lieben gegenüber nicht herrisch verhalten.

Ihr Partner

Glück und wahre Liebe finden Sie unter den Menschen, die an folgenden Tagen geboren sind:

Liebe & Freundschaft: 1., 7., 17., 18., 20. Jan., 5., 15., 18. Feb., 3., 13., 16., 29., 31. März, 1., 11., 14., 27., 29. April, 9., 12., 25., 27. Mai, 7., 10., 23., 25. Juni, 5., 8., 21., 23. Juli, 3., 6., 19., 21. Aug., 1., 4., 17., 19. Sept., 2., 15., 17. Okt., 13., 15., 30. Nov., 11., 13., 28. Dez.

Günstig: 15., 17., 28. Jan., 13., 15., 26. Feb., 11., 13., 24. März, 9., 11., 22. April, 7., 9., 20. Mai, 5., 7., 18. Juni, 3., 5., 16. Juli, 1., 3., 14. Aug., 1., 12. Sept., 10., 29. Okt., 8., 27. Nov., 6., 25. Dez.

Schicksalhaft: 5. Jan., 1., 2., 3., 4. Feb., 1. März

Problematisch: 4., 5., 14. Jan., 2., 3., 12. Feb., 1., 10. März, 8., 30. April, 6., 28. Mai, 4., 26. Juni, 2., 24. Juli, 22. Aug., 20. Sept., 18. Okt., 16. Nov., 14. Dez.

Seelenverwandt: 2. Jan., 29. März, 27. April, 25. Mai, 23. Juni, 21. Juli, 19. Aug., 17. Sept., 15. Okt., 13. Nov., 11. Dez.

6. August

SONNE: LÖWE
DEKADE: SCHÜTZE/JUPITER
GRAD: 13° – 14°30' LÖWE
ART: FIXZEICHEN
ELEMENT: FEUER

Fixsterne

Kochab; Acubens, auch Sertan genannt; Dubhe

Hauptstern

Name des Sterns: Kochab
Gradposition: 11°56' – 12°45' Löwe zwischen den Jahren 1930 und 2000
Magnitude: 2
Stärke: ********
Orbit: 2°10'
Konstellation: Beta Ursae Minoris
Tage: 4., 5., 6., 7. August
Sternqualitäten: Saturn/Merkur
Beschreibung: großer, orangefarbener Stern im Kleinen Bären, auch Kleiner Wagen genannt.

Einfluß des Hauptsterns

Kochab steht für Logik und Konzentration sowie die Fähigkeit, in Diskussionen direkt auf den Punkt zu kommen. Sie sind im allgemeinen ordnungsliebend und können gut organisieren. Dank seinem Einfluß haben Sie Ausdauer und Führungsqualitäten, die Sie auf einen gehobenen Posten bringen können.
Im Zusammenhang mit dem Stand Ihrer Sonne sorgt Kochab dafür, daß Sie durch entschlossenes Handeln viel erreichen können. Sie haben die Fähigkeit, einen Kampf mit Energie und Mut bis zum Ende durchzufechten. Hüten Sie sich aber vor Betrug, Bösartigkeit oder Hinterhältigkeit.

• Positiv: entschlossen, Beharrlichkeit, Mut, Hindernisse zu überwinden.
• Negativ: Rastlosigkeit, Boshaftigkeit, Pessimismus.

♌ Ihr Geburtsdatum weist darauf hin, daß unter Ihrer geselligen und idealistischen äußeren Haltung viel Pragmatismus steckt, mit dem Sie Ihre Talente nutzen. Als Löwe sind Sie charmant, romantisch und spontan und haben kreative Begabungen sowie einen Blick für Farbe und Stil. Durch die extremen Seiten Ihrer Persönlichkeit sind Sie einerseits sehr diszipliniert, vor allem wenn es um Geld geht, andererseits aber auch ein fürsorglicher und mitfühlender Philanthrop.

Durch den Untereinfluß des Jupiter sind Sie ehrgeizig, voller Vitalität, direkt und freimütig. Gelegentlich können Sie sehr kritisch sein, müssen sich aber vor Zweifel und Ängsten hüten. Inspiration ist der Schlüssel zu Ihrem Erfolg. Genügend motiviert, sind Sie bereit, nötige Anstrengungen zu erbringen. Hüten Sie sich aber, dabei nicht zu streng und unflexibel zu werden oder Dinge nur noch aus reinem Pflichtbewußtsein zu tun. Denn das führt zu Selbstverleugnung, läßt Sie Ihr Selbstvertrauen verlieren und gibt Ihnen das Gefühl, mißachtet zu werden.

Mit Ihrer anziehenden Art, Ihrer großen Lebensfreude und positiven Geisteshaltung können Sie zu großem Erfolg kommen. Hin und wieder gewährt Ihnen Fortuna eine besondere Chance. Dennoch sollten Sie nicht einfach alles für selbstverständlich hinnehmen oder dem Zufall überlassen.

Wenn Sie 16 sind, tritt Ihre Sonne in das Zeichen der Jungfrau, und es beginnt eine dreißigjährige Phase, in der Sie viel Wert auf Ordnung und die praktische Lösung von Problemen legen. In dieser Zeit gehen Sie auch gewissenhafter mit Zeit und Energie um. Ein weiterer Wendepunkt folgt, wenn Sie 46 sind und Ihre Sonne in das Zeichen der Waage wechselt. Nun spielen persönliche Beziehungen eine zunehmend wichtige Rolle in Ihrem Leben, und Sie entwickeln möglicherweise verborgene musische, künstlerische oder literarische Talente. Wenn Sie 76 sind, wechselt Ihre Sonne in das Zeichen des Skorpions, und Sie verspüren den Drang, sich näher mit Ihren tieferen Gefühlen auseinanderzusetzen.

Ihr geheimes Selbst

Obwohl Sie nach außen hin stark wirken, haben Sie eine Gefühlssensibilität, die die Extreme Ihres Charakters erklärt. Wenn Sie zu pessimistisch oder egozentrisch sind, drücken sich Ihre starken Gefühle leicht in Enttäuschung oder Einsamkeit aus; wenn Sie aber positiv fühlen, empfinden Sie universelle Liebe für alles und jeden. Dank Ihrer Selbstlosigkeit sind Sie stets bereit, anderen zu helfen, ohne dafür einen Dank zu erwarten. Sie sollten aber zwischen Ihren Bedürfnissen und Ihrer Art, um der Harmonie willen Kompromisse einzugehen, einen Mittelweg finden. Dann gewinnen Sie auch mehr Respekt vor sich selbst und lassen sich von anderen nicht mehr schlecht behandeln. Mit Ihrem starken Begehren, zu lieben und geliebt zu werden, reagieren Sie sehr sensibel auf die Reaktionen anderer. Sie lieben Schönheit und Luxus und teilen gern mit anderen.

Beruf & Karriere

Dank Ihrem Charme und Sinn für den Wert der Dinge können Sie Beruf und Vergnügen hervorragend verbinden. Mitarbeiter schätzen Ihr Verantwortungsbewußtsein und Ihren Fleiß. Sie haben viel Teamgeist, und zu Ihren größten Vorzügen gehört Ihre Gabe, mit Menschen umzugehen. Erfolg finden Sie in Großunternehmen, in Handel, Industrie und Bankwesen oder als Selbständiger. Von Natur aus dafür begabt, fühlen Sie sich auch zu Theater und Unterhaltungsbranche hingezogen. Wenn Sie auf Ihre mitfühlende Seite hören, wählen Sie einen Beruf, der mit Kindern, Beratung, Heilen oder Gemeinwohl zu tun hat. Ihre Liebe zu Schönheit, Form und Natur macht Sie zu einem guten Designer oder Maler.

Berühmte Persönlichkeiten dieses Tages sind der Dichter Lord Tennyson, die Schauspielerin Lucille Ball, der Schauspieler Robert Mitchum, der Unternehmertycoon Freddy Laker, der Maler Andy Warhol und der Wissenschaftler Alexander Fleming.

Numerologie

Mitgefühl, Idealismus und eine fürsorgliche Natur gehören zu den Eigenschaften der Zahl 6. Es ist die Zahl der Perfektionisten und weltoffenen Gefährten, und ihr Einfluß bedeutet, daß Sie ein hilfsbereiter und liebevoller Menschenfreund sind, der gerne Verantwortung übernimmt. Sie sind meist häuslich und hingebungsvoll als Vater oder Mutter. Die Sensibleren unter Ihnen brauchen irgendeine Form des künstlerischen Ausdrucks und fühlen sich zur Welt des Entertainments oder der Kunst und des Designs hingezogen. Sie sollten mehr Selbstbewußtsein entwickeln und versuchen, sich nicht einzumischen, sich nicht unnötig Sorgen zu machen oder Ihr Mitgefühl an die falschen Menschen zu verschwenden. Der Untereinfluß der Monatszahl 8 führt dazu, daß Sie Veränderungen intuitiv erahnen und deshalb vorsichtig sind und gutes Urteilsvermögen haben. Obwohl Sie praktisch und sparsam sind, können Sie auch idealistisch und unbekümmert sein. Wenn Sie auf Ihre Intuition vertrauen und mehr über sich selbst lernen, können Sie das Zusammensein mit anderen mehr genießen.

Positiv: weltgewandt, humanitär, freundlich, mitfühlend, verläßlich, verständnisvoll, sympathisch, idealistisch, häuslich, selbstbewußt, künstlerisch begabt, ausgeglichen.

Negativ: unzufrieden, ängstlich, schüchtern, unvernünftig, stur, disharmonisch, dominierend, selbstsüchtig, mißtrauisch, zynisch, egozentrisch.

Liebe & Zwischenmenschliches

Von Natur aus lebenslustig und fürsorglich, können Sie verläßlich und freundlich sein. Gelegentlich zeigen Sie eine fast kindliche Verspieltheit; diese Jugendlichkeit werden Sie sich Ihr Leben lang bewahren. Dank Charme und Geselligkeit scharen Sie viele Freunde und Bewunderer um sich. In festen Beziehungen sind Sie romantisch, idealistisch und treu, sollten sich aber davor hüten, zu besitzergreifend zu werden. Sie können ein zärtlicher, herzlicher, fürsorglicher und liebevoller Partner sein.

Ihr Partner

Chancen für eine dauerhafte Beziehung finden Sie am ehesten bei Menschen, die an folgenden Tagen geboren wurden:

Liebe & Freundschaft: 4., 8., 9., 18., 19., 23. Jan., 2., 6., 7., 16., 17., 21. Feb., 4., 14., 15., 19., 28., 30. März, 2., 12., 13., 17., 26., 28., 30. April, 10., 11., 15., 24., 26., 28. Mai, 8., 9., 13., 22., 24., 26. Juni, 6., 7., 11., 20., 22., 24., 30. Juli, 4., 5., 9., 18., 20., 22., 28. Aug., 2., 3., 7., 16., 18., 20., 26. Sept., 1., 5., 14., 16., 18., 24. Okt., 3., 12., 14., 16., 22. Nov., 1., 10., 12., 14., 20. Dez.

Günstig: 5., 16., 27. Jan., 3., 14., 25. Feb., 1., 12., 23. März, 10., 21. April, 8., 19. Mai, 6., 17. Juni, 4., 15. Juli, 2., 13. Aug., 11. Sept., 9., 30. Okt., 7., 28. Nov., 5., 26., 30. Dez.

Schicksalhaft: 17. Jan., 2., 3., 4., 5., 15. Feb., 13. März, 11. April, 9. Mai, 7. Juni, 5. Juli, 3. Aug., 1. Sept.

Problematisch: 1., 10., 15. Jan., 8., 13. Feb., 6., 11. März, 4., 9. April, 2., 7. Mai, 5. Juni, 3., 29. Juli, 1., 27. Aug., 25. Sept., 23. Okt., 21. Nov., 19., 29. Dez.

Seelenverwandt: 30. Aug., 28. Sept., 26. Okt., 24. Nov., 22. Dez.

7. August

SONNE: LÖWE
DEKADE: SCHÜTZE/JUPITER
GRAD: 14° – 15°30' LÖWE
ART: FIXZEICHEN
ELEMENT: FEUER

Fixsterne

Kochab; Acubens, auch Sertan genannt; Dubhe

Hauptstern

Name des Sterns: Kochab
Gradposition: 11°56' – 12°45' Löwe zwischen den Jahren 1930 und 2000
Magnitude: 2
Stärke: ********
Orbit: 2°10'
Konstellation: Beta Ursae Minoris
Tage: 4., 5., 6., 7. August
Sternqualitäten: Saturn/Merkur
Beschreibung: großer, orangefarbener Stern im Kleinen Bären, auch Kleiner Wagen genannt.

Einfluß des Hauptsterns

Kochab steht für Logik und Konzentration sowie die Fähigkeit, in Diskussionen direkt auf den Punkt zu kommen. Sie sind im allgemeinen ordnungsliebend und können gut organisieren. Dank seinem Einfluß haben Sie Ausdauer und Führungsqualitäten, die Sie auf einen gehobenen Posten bringen können.
Im Zusammenhang mit dem Stand Ihrer Sonne sorgt Kochab dafür, daß Sie durch entschlossenes Handeln viel erreichen können. Sie haben die Fähigkeit, einen Kampf mit Energie und Mut bis zum Ende durchzufechten. Hüten Sie sich aber vor Betrug, Bösartigkeit oder Hinterhältigkeit.
• Positiv: entschlossen, Beharrlichkeit, Mut, Hindernisse zu überwinden.
• Negativ: Rastlosigkeit, Boshaftigkeit, Pessimismus.

♌ Von Natur aus idealistisch, fleißig, charmant, strahlen Sie Charisma und Zurückhaltung aus und haben gesunden Menschenverstand. Mit diesem Geburtsdatum sind Sie ein künstlerisch begabter oder kreativer Löwe mit einem großen Herzen und ausgeprägtem Pflichtbewußtsein.

Der Untereinfluß Ihres Dekadenzeichens, des Schützen, bewirkt, daß Sie offen und direkt sind und sich gern für die vom Schicksal Benachteiligten einsetzen; gleichzeitig neigen Sie aber dazu, in Ihren Beziehungen zu anderen einen selbstgerechten oder arroganten Ton anzuschlagen.

Ihr Optimismus und Ihre hochfliegenden Träume sind die Antriebskräfte Ihres aktiven und kreativen Geistes. Sie sollten mehr Realitätssinn entwickeln und sich vor übertriebenem Optimismus einerseits und Selbstzerstörung andererseits hüten. Zu Ihren zahlreichen Vorzügen gehören Ihre Fähigkeit, in großen Maßstäben zu denken, und Ihre Überzeugungskraft. Sie streben zwar nach Erfolg und Wohlstand, schwanken aber zwischen Antrieb und Trägheit. Ohne die richtige Unterstützung sind Sie leicht zu entmutigen und lassen sich ziellos treiben, bis irgend etwas oder irgend jemand Sie fasziniert. Wenn Sie Geduld und Ausdauer üben und positiv denken, erreichen Sie Ihre Ziele und ernten Ihren wohlverdienten Erfolg.

Wenn Sie 15 sind, tritt Ihre Sonne in das Zeichen der Jungfrau, und es beginnt eine dreißigjährige Phase, in der Sie viel Wert auf Ordnung in Ihrem Alltag legen. Sie lernen auch, Dinge analytischer zu betrachten, und suchen nach Möglichkeiten, Ihr Leben neu zu strukturieren und zu verbessern. Ein weiterer Wendepunkt folgt, wenn Sie 45 sind und Ihre Sonne in das Zeichen der Waage wechselt. Nun spielen Harmonie, persönliche Beziehungen und Kreativität eine zunehmend wichtige Rolle in Ihrem Leben. Wenn Sie 75 sind, wechselt Ihre Sonne in das Zeichen des Skorpions, und für Sie werden persönliche Macht und Veränderungen wichtiger.

Ihr geheimes Selbst

Da Sie selbstbewußt und mitfühlend sind, wenden sich andere häufig an Sie, wenn sie Unterstützung und Ermutigung brauchen. Sie sind zwar ein guter Ratgeber für andere, aber es fällt Ihnen oft schwer, selbst zu tun, was Sie predigen. Von Natur aus kreativ und intuitiv, haben Sie den starken Drang, sich zu verwirklichen, was Ihnen hilft, Selbstvertrauen aufzubauen, und als Ventil dient für Enttäuschungen oder Frustrationen. Da Sie großzügig und warmherzig sind, liegen Ihnen Ihre Mitmenschen wirklich am Herzen, und sobald Sie sich auf ein Ziel festgelegt haben, können Sie sehr entschlossen sein.

Sie müssen sich vor Lethargie hüten und davor, sich zu stark auf etwas zu fixieren. Das könnte Sie zu bequemer Routine verführen, die Sie daran hindert, Ihr ganzes Potential auszuschöpfen. Ihre interessante Mischung aus Altruismus und Liebe zum Luxus kann für Sie der Antrieb sein, Ihre großen Träume in die Tat umzusetzen.

Beruf & Karriere

Da Sie freundlich und charmant sind und die Fähigkeit haben, Ihre Meinung offen zu sagen, eignen Sie sich vor allem für Berufe, bei denen soziale Kompetenz gefragt ist, wie Verkauf, Agenturtätigkeit oder Promotion. Ihr hochentwickelter Verstand und Ihr Organisationstalent befähigen Sie auch für die Geschäftswelt, wo Sie sich vor allem für

Großunternehmen interessieren. In der Unterhaltungs- und Theaterbranche können Sie Ihr Talent, andere zu unterhalten, entfalten. Mit Ihrem Verlangen nach Wahrheit und einer philosophischen Lebenseinstellung fühlen Sie sich zu Justiz, Theologie oder Metaphysik hingezogen. Wenn Sie Ihre soziale Kompetenz mit Ihrem Engagement für gesellschaftlich Benachteiligte kombinieren möchten, können Sie sich für eine gute Sache einsetzen.

Berühmte Persönlichkeiten dieses Tages sind die Spionin Mata Hari, der Astrologe Alan Leo, der Flamencogitarrist Manitas De Plata, der Jazzmusiker Roland Kirk und der Schriftsteller Joachim Ringelnatz.

Numerologie

Menschen mit der Geburtstagszahl 7 sind analytisch und nachdenklich, aber auch häufig kritisch und egozentrisch. Da Sie ständig auf der Suche nach größerer Selbsterkenntnis sind, forschen Sie gern und interessieren sich für Lesen, Schreiben oder Spiritualität. Sie sind scharfsinnig und neigen dazu, rein verstandesgelenkt zu handeln und sich zu sehr aufs Detail zu konzentrieren. Ihr Hang zu Rätselhaftigkeit und Geheimnistuerei deutet darauf hin, daß Sie sich hin und wieder mißverstanden fühlen. Der Untereinfluß der Monatszahl 8 führt dazu, daß Sie ehrgeizig sind und Geschäftssinn haben. Da Sie nur sehr ungern Schulden machen, sollten Sie lernen, Ihre finanzielle Situation besser in den Griff zu bekommen. Ihre Vorliebe für die schönen Seiten des Lebens deutet darauf hin, daß Sie etwas brauchen, das Sie motiviert und anregt, da Sie sonst Gefahr laufen, sich treiben zu lassen oder in Routine zu erstarren. Da Sie bereit sind, hart für Ihren Erfolg zu arbeiten, bieten sich Ihnen häufig gute Chancen. Besonders glücklich sind Sie, wenn Sie Reisen ins Ausland unternehmen können.

Positiv: gebildet, vertrauenswürdig, gründlich, idealistisch, ehrlich, spirituelle Fähigkeiten, wissenschaftlich, rational, nachdenklich.

Negativ: heimlichtuerisch, falsch, unfreundlich, skeptisch, läßt sich von Kleinigkeiten verwirren, nörglerisch, unbeteiligt, gefühllos, verträgt keine Kritik.

Liebe & Zwischenmenschliches

Da Sie intuitiv und nachdenklich sind und Liebe und Herzlichkeit ausstrahlen, sind Sie sehr beliebt. Mit Ihrer verständnisvollen Art ziehen Sie Menschen an, die bei Ihnen Kraft schöpfen; suchen Sie sich Ihre Freunde also sorgfältig aus. Da Sie im allgemeinen hohe Ideale haben, sind Sie bereit, viel von sich zu geben. Wenn andere nicht ebenso freigiebig und großzügig sind wie Sie selbst, sind Sie häufig enttäuscht.

Ihr Partner

Liebe, Glück und Hingabe finden Sie am ehesten unter den Menschen, die an folgenden Tagen geboren wurden:
Liebe & Freundschaft: 5., 9., 10., 18., 19. Jan., 3., 7., 8., 16., 17. Feb., 1., 5., 6., 14., 15., 31. März, 3., 12., 13., 29. April, 1., 10., 11., 27., 29. Mai, 8., 9., 25., 27. Juni, 6., 7., 23., 25., 31. Juli, 4., 5., 21., 23., 29. Aug., 2., 3., 19., 21., 27., 30. Sept., 1., 17., 19., 25., 28. Okt., 13., 15., 21., 24. Dez.
Günstig: 1., 6., 17. Jan., 4., 15. Feb., 2., 13. März, 11. April, 9. Mai, 7. Juni, 5. Juli, 3. Aug., 1. Sept., 31. Okt., 29. Nov., 27. Dez.
Schicksalhaft: 2., 3., 4., 5., 6. Feb.
Problematisch: 2., 16. Jan., 14. Feb., 12. März, 10. April, 8. Mai, 6. Juni, 4. Juli, 2. Aug., 30. Dez.
Seelenverwandt: 11., 31. Jan., 9., 29. Feb., 7., 27. März, 5., 25. April, 3., 23. Mai, 1., 21. Juni, 19. Juli, 17. Aug., 15. Sept., 13. Okt., 11. Nov., 9. Dez.

SONNE: LÖWE
DEKADE: SCHÜTZE/JUPITER
GRAD: 15° – 16° LÖWE
ART: FIXZEICHEN
ELEMENT: FEUER

8. August

♌ Die dynamische Kraft und Rastlosigkeit, die von Ihrem Geburtstag ausgehen, deuten darauf hin, daß das Leben einiges mit Ihnen vorhat. Als Löwe sind Sie kreativ und ehrgeizig und haben ein starkes Bedürfnis nach Erfolg und Anerkennung.

Der Untereinfluß Ihres Dekadenzeichens, des Schützen, sorgt dafür, daß Ihr Optimismus, Ihre Begeisterungsfähigkeit und Ihre Ausdauer große Veränderung in Ihrem Leben hervorrufen. Von Natur aus fleißig und praktisch, sind Sie ein Pragmatiker, der schnell und instinktiv denkt. Mit Ihrem Geburtstag wird häufig Produktivität assoziiert; hüten Sie sich aber vor Übereifer und Ungeduld.

Abwechslung ist die Würze des Lebens, und bei allem, was Sie tun, sollten Sie unbedingt Monotonie und Routine vermeiden. Neue Menschen kennenlernen, reisen und vielseitig sein regen Sie an und motivieren Sie immer wieder zu neuen Abenteuern. Mit fortschreitendem Alter aber überfällt Sie mehr und mehr das Verlangen, sich festzulegen und zu etablieren, Verantwortung zu übernehmen und langfristige Investitionen zu tätigen. Dann fühlen Sie sich auch sicherer. Ein innerer Kampf zwischen Materialismus und Idealismus deutet darauf hin, daß Ungewißheit und Ziellosigkeit zu Ihren größten Problemen gehören. Wenn Sie Ihre Projekte sorgfältig planen, laufen Sie nicht Gefahr, ständig unter Streß zu stehen oder zu schnell das Handtuch zu werfen.

Wenn Sie 14 sind, tritt Ihre Sonne in das Zeichen der Jungfrau, und es beginnt eine dreißigjährige Phase, in der Sie viel Wert auf Ordnung und die praktische Lösung von Problemen legen. In dieser Zeit gehen Sie auch gewissenhafter mit Zeit und Energie um. Ein weiterer Wendepunkt folgt, wenn Sie 44 sind und Ihre Sonne in das Zeichen der Waage wechselt. Nun spielen Harmonie und Ausgeglichenheit sowie Partnerschaften und zwischenmenschliche Beziehungen im allgemeinen eine zunehmend wichtige Rolle in Ihrem Leben. Wenn Sie 74 sind, wechselt Ihre Sonne in das Zeichen des Skorpion, und es drängt Sie zu mehr persönlicher Macht und zu größerer Gefühlstiefe.

Ihr geheimes Selbst

Obwohl Sie zu Zeiten rasch und gut im Leben vorankommen, wechselt das mit Perioden der Inaktivität. Das verursacht Frustration und Verlust des Selbstwertgefühls. Um dieses Gefühl des Stillstands zu überwinden, sollten Sie mehr Distanz gewinnen und nicht in Enttäuschungen verharren. Wenn Sie erkennen, daß diese Phasen nur vorübergehend sind, können Sie besser vorausschauen und zu große Ernsthaftigkeit vermeiden.

Sie tragen eine Fülle kreativer Ideen in sich, was Ihre Phantasie und Ihren Erfindungsreichtum beflügelt und Sie dazu bringen kann, etwas ganz Originelles zu schaffen. Wenn Sie diesen kreativen Funken in sich aufspüren, wird Ihnen das helfen, mehr Freude am Leben zu haben, und Ängsten und Unentschlossenheit vorbeugen.

Beruf & Karriere

Sie arbeiten hart, lieben aber die Abwechslung und sollten deshalb unbedingt Routinejobs vermeiden. Vielleicht interessieren Sie sich für Theater oder Unterhaltung; ist die Tätigkeit aber finanziell nicht interessant genug, werden Sie nicht lange daran festhalten. Da Sie ungern untergeordnete Positionen einnehmen, ziehen Sie es möglicherweise vor, sich selbständig zu machen, oder versuchen, ins Kader aufzusteigen. Da Sie große Vor-

Fixsterne

Dubhe; Acubens, auch Sertan genannt

Hauptstern

Name des Sterns: Dubhe
Gradposition: 14°9' – 15°2' Löwe zwischen den Jahren 1930 und 2000
Magnitude: 2
Stärke: ********
Orbit: 2°20'
Konstellation: Alpha Ursae Majoris
Tage: 6., 7., 8., 9., 10. August
Sternqualitäten: unterschiedliche Deutungen: Merkur/Venus oder Mars
Beschreibung: gelber Doppelstern im Rücken des Großen Bären.

Einfluß des Hauptsterns

Dubhe steht für Idealismus, Selbstvertrauen, Kühnheit und Stolz. Er sorgt dafür, daß Sie intelligent und redegewandt sind und überzeugend auftreten. Obwohl Sie im allgemeinen abenteuerlustig sind, können Sie sich gelegentlich unsicher und unruhig fühlen, wenn Mißtrauen Sie beherrscht.

Im Zusammenhang mit dem Stand Ihrer Sonne sorgt Dubhe dafür, daß Sie entschlossen nach Erfolg streben und Hindernisse überwinden. Ihre Freude am Lernen und Ihr Wunsch, etwas zu erreichen, veranlassen Sie oft dazu, den höheren Bildungsweg einzuschlagen. Vor allem sind dann Astrologie, Jura oder Militärwesen erfolgversprechend für Sie. Der Einfluß des Sterns kann aber auch eine Begabung für Philosophie und Schreiben bedeuten. Hüten Sie sich davor, zu materialistisch zu sein. Bündeln

stellungskraft und einen stark ausgeprägten optischen Sinn besitzen, sind auch Berufe, die mit Imagepflege zu tun haben, erfolgversprechend für Sie. Ihrer Abenteuerlust kommen Berufe entgegen, bei denen Sie viel reisen müssen.

Berühmte Persönlichkeiten dieses Tages sind die Schauspieler Dustin Hoffman und Keith Carradine, die Sängerin Connie Stevens, die Schauspielerin Esther Williams und der Formel-1-Pilot Nigel Mansell.

Numerologie

Die Kraft, die von der Zahl 8 ausgeht, weist auf einen Charakter mit festen Werten und sicherem Urteilsvermögen hin. Die Zahl 8 bedeutet oft, daß Sie sich hohe Ziele gesteckt haben und ehrgeizig sind. Mit dieser Geburtstagszahl gehen auch Dominierungsstreben, Sicherheitsbedürfnis und materieller Erfolg einher. Sie haben natürlichen Geschäftssinn und sollten unbedingt Ihr Organisations- und Führungstalent ausbauen. Da Sie ein starkes Bedürfnis nach Sicherheit haben, planen und investieren Sie gern langfristig. Der Untereinfluß der Monatszahl 8 wirkt verstärkend auf all Ihre Eigenschaften. Mit Ihrer schnellen und präzisen Wahrnehmungsfähigkeit können Sie Situationen und Menschen rasch einschätzen. Da Sie sehr effizient arbeiten, sind Sie bereit, Verantwortung zu übernehmen. Allerdings sollten Sie Ihre Autorität gerecht und fair gebrauchen und lernen zu delegieren. Da Hochmut bekanntlich vor dem Fall kommt, vermeiden Sie übersteigertes Selbstvertrauen und Eitelkeit.

Positiv: führungsstark, gründlich, fleißig, Autorität, Schutz, Heilkraft, gutes Einschätzungsvermögen.

Negativ: ungeduldig, verschwenderisch, intolerant, «workaholic», dominierend, leicht entmutigt, planlos.

Liebe & Zwischenmenschliches

Sie fühlen sich zu starken Persönlichkeiten hingezogen, die Überzeugungen und feste Ziele haben. Freundschaft ist Ihnen sehr wichtig, da Sie gern mit Menschen zusammen sind, die Sie anregen, mit denen Sie sich aber auch amüsieren können. In Ihnen steckt ein geborener Entertainer, der beim Zusammensein mit Freunden herauskommt. Im allgemeinen tun Sie viel, um die Harmonie in Ihren Beziehungen zu wahren, wenn Sie aber unsicher werden, neigen Sie zur Streitsucht. Wenn Sie anderen gegenüber mehr Geduld aufbringen, können Sie so manche heikle Situation entschärfen.

Sie Ihre Energien positiv, damit Sie nicht destruktiv werden.
- Positiv: höhere Bildung, kreativ, wunderbare Stimme.
- Negativ: Angst, unsicher, phantasielos, Neigung zum Materialismus.

Ihr Partner

Den Partner fürs Leben werden Sie mit großer Wahrscheinlichkeit unter den an den folgenden Tagen geborenen Menschen finden:

Liebe & Freundschaft: 6., 10., 20., 21., 29. Jan., 4., 8., 18., 19., 27. Feb., 2., 6., 16., 25., 28., 30. März, 4., 14., 23., 26., 28., 30. April, 2., 12., 21., 24., 26., 28., 30. Mai, 10., 19., 22., 24., 26., 28. Juni, 8., 17., 20., 22., 24., 26. Juli, 6., 15., 18., 20., 22., 24. Aug., 4., 13., 16., 18., 20., 22. Sept., 2., 11., 14., 16., 18., 20. Okt., 9., 12., 14., 16., 18. Nov., 7., 10., 12., 14., 16. Dez.

Günstig: 7., 13., 18., 28. Jan., 5., 11., 16., 26. Feb., 3., 9., 14., 24. März, 1., 7., 12., 22. April, 5., 10., 20. Mai, 3., 8., 18. Juni, 1., 6., 16. Juli, 4., 14. Aug., 2., 12., 30. Sept., 10., 28. Okt., 8., 26., 30. Nov., 6., 24., 28. Dez.

Schicksalhaft: 25. Jan., 4., 5., 6., 23. Feb., 21. März, 19. April, 17. Mai, 15. Juni, 13. Juli, 11. Aug., 9. Sept., 7. Okt., 5. Nov., 3. Dez.

Problematisch: 3., 17. Jan., 1., 15. Feb., 13. März, 11. April, 9., 30. Mai, 7., 28. Juni, 5., 26., 29. Juli, 3., 24., 27. Aug., 1., 22., 25. Sept., 20., 23. Okt., 18., 21. Nov., 16., 19. Dez.

Seelenverwandt: 18. Jan., 16. Feb., 14. März, 12. April, 10., 29. Mai, 8., 27. Juni, 6., 25. Juli, 4., 23. Aug., 2., 21. Sept., 19. Okt., 17. Nov., 15. Dez.

9. August

SONNE: LÖWE
DEKADE: SCHÜTZE/JUPITER
GRAD: 16° – 17° LÖWE
ART: FIXZEICHEN
ELEMENT: FEUER

♌ Intuition, Phantasie und Pragmatismus gehören zu den Eigenschaften, die mit Ihrem Geburtstag assoziiert werden. Als Löwe sind Sie im allgemeinen selbstbewußt, charmant und großzügig und haben eine sensible Natur. Der Untereinfluß Ihres Dekadenzeichens, des Schützen, führt dazu, daß Sie viele Gelegenheiten finden, Ihre finanzielle Situation abzusichern, wenn Sie Ihre Inspiration und Begeisterungsfähigkeit mit harter Arbeit verbinden. Geld sollte für Sie nie ein größeres Problem sein. Um aber tatsächlich von dieser Segnung profitieren zu können, müssen Sie Verantwortungsbewußtsein entwickeln und sich an feste Werte halten.

Da Sie gesellig und freundlich sind und sich um das Wohlergehen Ihrer Mitmenschen sorgen, haben Sie viele Freunde, die Sie unterstützen und ermutigen. Viele an diesem Datum Geborene sind sehr humanitär und widmen Ihre Zeit und Kraft wohltätigen Zwecken und Organisationen. Sie können sich voller Entschlossenheit auf die jeweilige Aufgabe konzentrieren, sind kreativ und haben zahlreiche Interessen. Man könnte Sie fast als Perfektionisten bezeichnen, so stolz sind Sie auf die Ergebnisse Ihrer Arbeit. Passen Sie aber auf, daß Sie durch übersteigertes Pflichtbewußtsein, und weil Sie sich zu sehr in der Hand haben, nicht zu sparsam werden.

Von Kindesbeinen an interessieren Sie sich für gesellschaftliche Aktivitäten und entwickeln Ihre Führungsqualitäten dadurch, daß Sie immer im Mittelpunkt stehen. Wenn Sie 13 sind, tritt Ihre Sonne in das Zeichen der Jungfrau, und es beginnt eine dreißigjährige Phase, in der Sie gewissenhafter werden und besseres Urteilsvermögen entwickeln. In Ihrem Beruf werden Sie effizienter. Ein weiterer Wendepunkt folgt, wenn Sie 43 sind und Ihre Sonne in das Zeichen der Waage wechselt. Nun spielen persönliche Beziehungen eine zunehmend wichtige Rolle in Ihrem Leben, und Sie entwickeln möglicherweise verborgene musische, literarische und andere künstlerische Talente. Wenn Sie 73 sind, wechselt Ihre Sonne in das Zeichen des Skorpions, und Sie verspüren den Drang nach emotionalen Veränderungen und Verwandlungen.

Ihr geheimes Selbst

Wenn Sie auf Ihre Instinkte vertrauen, haben Sie die emotionale Kraft, intuitiv die Absichten anderer zu erkennen. Sensibilität und intuitives Verständnis weisen Ihnen den richtigen Weg, wenn Sie sich ihrer bewußt werden und auf sie hören.

Obwohl Ihnen materielle Sicherheit sehr wichtig ist, werden Sie rastlos und ungeduldig, sobald Ihr Bedürfnis nach Aufregung, Action und neuen Abenteuern unterdrückt wird. Diese Unzufriedenheit kann bei Ihnen zu Realitätsflucht führen, die das Problem nur noch verschärft. Sie suchen ständig neue Erfahrungen, damit Ihr Geist wach bleibt und nicht innerhalb enger Grenzen verkümmert. Ihr Beruf ist häufig das Instrument für Ihre persönliche Erfüllung und die positive Basis für Ihre Zukunft.

Beruf & Karriere

Da Sie ehrgeizig, praktisch und gesellig sind, stehen Ihnen viele Möglichkeiten offen. Was Sie auch tun, Sie wollen es gut machen, und Sie haben Organisationstalent und Sinn für Methodik und Ordnung. Dank Ihrem Verhandlungsgeschick machen Sie im allgemeinen gute Geschäfte, bei denen der Preis das Geld wert ist. In der Geschäftswelt sind Sie vor allem in Handel, Industrie und Dienstleistung und allem, was mit Öffent-

---

Fixstern

Name des Sterns: Dubhe
Gradposition: 14°9' – 15°2' Löwe zwischen den Jahren 1930 und 2000
Magnitude: 2
Stärke: ********
Orbit: 2°20'
Konstellation: Alpha Ursae Majoris
Tage: 6., 7., 8., 9., 10. August
Sternqualitäten: unterschiedliche Deutungen: Merkur/Venus oder Mars
Beschreibung: gelber Doppelstern im Rücken des Großen Bären.

Einfluß des Hauptsterns

Dubhe steht für Idealismus, Selbstvertrauen, Kühnheit und Stolz. Er sorgt dafür, daß Sie intelligent und redegewandt sind und überzeugend auftreten. Im allgemeinen abenteuerlustig, sind Sie gelegentlich doch unsicher, unruhig und mißtrauisch.

Im Zusammenhang mit dem Stand Ihrer Sonne sorgt Dubhe dafür, daß Sie entschlossen nach Erfolg streben und Hindernisse überwinden. Ihre Freude am Lernen und Ihr Wunsch, etwas zu erreichen, mögen Sie dazu veranlassen, den höheren Bildungsweg einzuschlagen, der vor allem für Astrologie, Jura oder Militärwesen erfolgversprechend ist. Der Einfluß des Sterns kann aber auch Begabung für Philosophie und Schreibtalent bedeuten. Sie sollten darauf achten, nicht zu materialistisch zu sein und Ihre Energien positiv zu kanalisieren, damit sie nicht destruktiv wirken.

- Positiv: höhere Bildung, kreativ, wunderbare Stimme.
- Negativ: Angst, unsicher, phantasielos, Neigung zum Materialismus.

lichkeit zu tun hat, erfolgreich. Ihre Phantasie und Ihre vielseitigen Talente können Sie auch in der Unterhaltungsbranche nutzen. Eine latente humanitäre oder religiöse Ader veranlaßt Sie möglicherweise, einen sozialen Beruf zu ergreifen.

Berühmte Persönlichkeiten dieses Tages sind die Sängerin Whitney Houston, die Schauspielerin Melanie Griffith, der Sänger und Songwriter Joe Jackson, der Filmregisseur Robert Aldrich und der Kinderpsychologe Jean Piaget.

Numerologie

Nachdenklichkeit, Güte und Sensibilität sind Eigenschaften der Zahl 9. Mit der Geburtstagszahl 9 sind Sie oft tolerant und freundlich, großzügig und liberal. Intuitive und mediale Fähigkeiten deuten auf universale Aufnahmefähigkeit hin. Richtig kanalisiert, führen sie oft auf einen spirituellen Weg. Sie müssen daran arbeiten, Probleme und emotionale Höhen und Tiefen besser zu bewältigen und nicht übersensibel zu sein. Sie profitieren sehr viel von Reisen und dem Zusammentreffen mit Menschen aus aller Welt, müssen sich aber vor unrealistischen Träumen und einem Hang zur Realitätsflucht hüten. Der Untereinfluß der Monatszahl 8 führt dazu, daß Sie einen starken Willen und den Wunsch nach Macht und Einfluß haben. Obwohl Sie ein weitherziger Idealist sein können, sind Sie nicht frei von materialistischen Tendenzen. Angetrieben von dem Verlangen nach Wohlstand und Erfolg, arbeiten Sie hart und stoßen oft auf gute Chancen.

Positiv: idealistisch, humanitär, kreativ, sensibel, großmütig, anziehend, nachsichtig, freigiebig, unvoreingenommen, glücklich, beliebt.

Negativ: frustriert, innerlich zerrissen, unsicher, selbstsüchtig, unpraktisch, ängstlich.

Liebe & Zwischenmenschliches

Mit Ihrer geselligen und charismatischen Art scharen Sie viele Freunde und Bewunderer um sich. Ihre starken Gefühle drücken Sie durch viel Liebe und Zuneigung aus. Werden diese Emotionen aber unterdrückt, laufen Sie Gefahr, launisch zu werden oder sich in Machtspiele zu verstricken. Im allgemeinen sind Sie aber bereit, hart daran zu arbeiten, den Frieden in Ihren Beziehungen zu wahren, und auch nicht so leicht aufzugeben.

Ihr Partner

Emotionale Erfüllung und Liebe finden Sie unter den Menschen, die an folgenden Tagen geboren sind:

Liebe & Freundschaft: 7., 11., 21., 22. Jan., 5., 9., 19., 20. Feb., 3., 7., 18., 31. März, 1., 5., 16., 29. April, 3., 14., 27., 29. Mai, 1., 12., 25., 27. Juni, 10., 23., 25. Juli, 8., 21., 23., 31. Aug., 6., 19., 21., 29. Sept., 4., 17., 19., 27., 30. Okt., 2., 15., 17., 25., 28. Nov., 13., 15., 23., 26. Dez.

Günstig: 8., 14., 19. Jan., 6., 12., 17. Feb., 4., 10., 15. März, 2., 8., 13. April, 6., 11. Mai, 4., 9. Juni, 2., 7. Juli, 5. Aug., 3. Sept., 1., 29. Okt., 27. Nov., 25., 29. Dez.

Schicksalhaft: 5., 6., 7., 8. Feb.

Problematisch: 9., 18., 20. Jan., 7., 16., 18. Feb., 5., 14., 16. März, 3., 12., 14. April, 1. 10., 12. Mai, 8., 10. Juni, 6., 8., 29. Juli, 4., 6., 27. Aug., 2., 4., 25. Sept., 2., 23. Okt., 21. Nov., 19. Dez.

Seelenverwandt: 9. Jan., 7. Feb., 5. März, 3. April, 1. Mai, 30. Okt., 28. Nov., 26. Dez.

SONNE: LÖWE
DEKADE: SCHÜTZE/JUPITER
GRAD: 17° – 18° LÖWE
ART: FIXZEICHEN
ELEMENT: FEUER

Fixsterne

Dubhe; Merak

Hauptstern

Name des Sterns: Dubhe
Gradposition: 14°9' – 15°2' Löwe zwischen den Jahren 1930 und 2000
Magnitude: 2
Stärke: ********
Orbit: 2°20'
Konstellation: Alpha Ursae Majoris
Tage: 6., 7., 8., 9., 10. August
Sternqualitäten: unterschiedliche Deutungen: Merkur/Venus oder Mars
Beschreibung: gelber Doppelstern im Rücken des Großen Bären.

Einfluß des Hauptsterns

Dubhe steht für Idealismus, Selbstvertrauen, Kühnheit und Stolz. Er sorgt dafür, daß Sie intelligent und redegewandt sind und überzeugend auftreten. Im allgemeinen abenteuerlustig, sind Sie gelegentlich doch unsicher, unruhig und mißtrauisch. Im Zusammenhang mit dem Stand Ihrer Sonne sorgt Dubhe dafür, daß Sie entschlossen nach Erfolg streben und Hindernisse überwinden. Ihre Freude am Lernen und Ihr Wunsch, etwas zu erreichen, mögen Sie dazu veranlassen, den höheren Bildungsweg einzuschlagen, der vor allem für Astrologie, Jura oder Militärwesen erfolgversprechend ist. Der Einfluß des Sterns kann aber auch Begabung für Philosophie sowie Schreibtalent bedeuten. Sie sollten darauf achten, nicht zu materialistisch zu sein und Ihre positiven Energien zu kanalisieren, damit sie nicht destruktiv wirken.

- Positiv: höhere Bildung, kreativ, wunderbare Stimme.
- Negativ: Angst, unsicher, phantasielos, Neigung zum Materialismus.

10. August

Sie sind ein intuitiver, erfindungsreicher, origineller und ehrgeiziger Mensch mit großem Potential und Führungsqualitäten. Als Löwe sind Sie kreativ und begabt, vertreten unabhängige und unkonventionelle Ansichten und haben den starken Drang nach Selbstverwirklichung.

Der Untereinfluß Ihres Dekadenzeichens, des Schützen, sorgt dafür, daß Sie gern reisen und die unterschiedlichsten Erfahrungen machen wollen. Da Sie vielseitig sind und zahlreiche Interessen haben, müssen Sie sich davor hüten, sich zu verzetteln und Ihre Kraft zu vergeuden. Wenn Sie lernen, sich zu konzentrieren und keine Zeit zu verschwenden, können Sie sich alle Herzenswünsche erfüllen. Ihre effektvolle Selbstdarstellung deutet darauf hin, daß Sie das Potential und die geistigen Fähigkeiten zu Rekordleistungen haben. Anregende Ideen und Objektivität helfen Ihnen, einen Hang zu Enttäuschung, Unentschlossenheit und Besorgnis zu überwinden. Bei Ihren überschwenglichen Versuchen, sich den Herausforderungen des Lebens zu stellen, sollten Sie nicht leichtsinnig Chancen ergreifen, nur weil Sie glauben, ein Neubeginn könne all Ihre alten Probleme lösen.

Obwohl Sie sich im allgemeinen auf Ihren gesunden Menschenverstand verlassen, haben Sie gelegentlich Zweifel an sich selbst und sind verwirrt, weil Sie stets versuchen, jede Situation aus allen Perspektiven zu betrachten. Dennoch sind Sie der geborene Stratege und mit Verständnis und starken Instinkten gesegnet; werden Sie mit einem Problem konfrontiert, finden Sie sofort eine originelle Lösung. Sie sind arbeitsam, methodisch und gut organisiert und kommen dank Ihrer Offenheit stets schnell zum Kern einer Sache.

Wenn Sie 12 sind, tritt Ihre Sonne in das Zeichen der Jungfrau, und es beginnt eine dreißigjährige Phase, in der Sie viel Wert auf Arbeit, geistiges Offensein, Ordnung und die praktische Lösung von Problemen legen. In dieser Zeit gehen Sie auch gewissenhaft mit Zeit und Energie um. Ein weiterer Wendepunkt folgt, wenn Sie 42 sind und Ihre Sonne in das Zeichen der Waage wechselt. Nun spielen Diplomatie, Zusammenarbeit und zwischenmenschliche Beziehungen eine zunehmend wichtige Rolle in Ihrem Leben. Wenn Sie 72 sind, wechselt Ihre Sonne in das Zeichen des Skorpion, und Sie verspüren den Wunsch nach persönlicher Macht und Verwandlungen.

Ihr geheimes Selbst

Wenn Sie Ihren kreativen Geist für materielle Sicherheit einsetzen, erreichen Sie Vollendung im wahrsten Sinn des Wortes. Daß Sie dabei gelegentlich Angst verspüren, alles wieder zu verlieren, was Sie erreicht haben, läßt Sie dazu neigen, die sicherere Möglichkeit der spannenderen vorzuziehen. Sie verpassen so möglicherweise Gelegenheiten zu dramatischen Veränderungen, da die mit Risiken verbunden wären. Das können Sie überwinden, wenn Sie erkennen, daß Sie automatisch erfolgreich sind, solange Sie nur das tun, was Sie am glücklichsten macht.

Sie haben ein starkes inneres Verlangen nach Frieden und Harmonie, das sich durch künstlerische Betätigung oder Liebe zu Heim und Familie ausdrückt. Sie haben starkes Verantwortungsbewußtsein und müssen sich in irgendeiner Form ausdrücken. Häufig idealistisch, können Sie sehr hingebungsvoll sein, vor allem, wenn Sie sich für eine Sache engagieren, die Ihnen wirklich am Herzen liegt. Ihre Liebesfähigkeit kann besonders durch Kunst, Theater und Musik noch verstärkt werden.

Beruf & Karriere

Kreativität, hochentwickelte Intelligenz und die Fähigkeit, hart zu arbeiten, zeigen, daß Sie das Potential haben, es auf Ihrem Gebiet in eine Spitzenposition zu schaffen. Ihre dramatischen Talente kommen Ihnen nicht nur am Theater oder in der Literatur zugute, sondern auch in der Politik. Mit Ihrem natürlichen Geschäftssinn können Sie es auch in Industrie und Produktion zu etwas bringen. Am besten arbeiten Sie im eigenen Geschäft. Aber welchen Beruf Sie auch wählen, Sie werden permanent versuchen, immer besser zu werden. Ihre philosophische oder humanitäre Ader zieht Sie auch zu kirchlichen oder wohltätigen Berufen.

Berühmte Persönlichkeiten dieses Tages sind der ehemalige US-Präsident Herbert Hoover, der Sänger Eddie Fisher, die Schauspielerin Norma Shearer, der Physik-Nobelpreisträger Wolfgang Paul, die Jazzsängerin Patti Austin und die Schauspielerin Rosanna Arquette.

Numerologie

Als Mensch mit der Geburtstagszahl 10 nehmen Sie sich große Aufgaben vor. Allerdings müssen Sie viele Hindernisse überwinden, bevor Sie Ihre Ziele erreichen. Voller Energie und Originalität stehen Sie zu Ihren Ansichten, auch wenn sie von denen anderer abweichen. Ihr Pioniergeist ermutigt Sie, weite Reisen zu unternehmen oder Projekte im Alleingang durchzuziehen. Sie müssen lernen, daß sich die Welt nicht nur um Sie dreht, und sollten sich vor Selbstsucht und diktatorischem Verhalten hüten. Für alle Menschen mit der Geburtstagszahl 10 sind Leistung und Erfolg sehr wichtig, häufig erreichen sie auf ihrem Gebiet eine Spitzenposition. Der Untereinfluß der Monatszahl 8 führt dazu, daß Sie einen starken Charakter mit festen Überzeugungen und einem unabhängigen Geist haben. Häufig sind Sie innovativ, selbstsicher und ehrgeizig, wobei Sie durch Ihre vielseitige Begabung dazu neigen, sich zuviel aufzuladen, sich zu verzetteln und Ihre Kraft zu vergeuden.

Positiv: führungsstark, kreativ, progressiv, Überzeugungskraft, optimistisch, feste Überzeugungen, kämpferisch, unabhängig, gesellig.

Negativ: dominierend, eifersüchtig, egoistisch, hochmütig, feindselig, mangelnde Zurückhaltung, selbstsüchtig, Stimmungsschwankungen, ungeduldig.

Liebe & Zwischenmenschliches

Sie bewundern Menschen, die viel erreicht haben. In der Liebe haben Sie so hohe Ideale, daß es kaum jemandem gelingt, sie zu erfüllen. Da Sie ebenso liebevoll, spontan und zärtlich wie kalt und abweisend sein können, benötigen Sie viel Freiraum, um Ihre extreme Gefühlswelt ausbalancieren zu können. Ihre von Natur aus freundliche Persönlichkeit garantiert Ihnen viele Freunde, und da Sie sehr gastfreundlich sind, fühlen sich andere bei Ihnen zu Hause außerordentlich wohl.

Ihr Partner

Um Ihre Chancen zu verbessern, Liebe und Glück zu finden, sollten Sie sich am ehesten unter den Menschen umsehen, die an folgenden Tagen geboren sind:
Liebe & Freundschaft: 8., 22., 23., 26. Jan., 6., 20., 24. Feb., 4., 18., 22. März, 2., 16., 17., 20., 30. April, 14., 18., 28., 30. Mai, 12., 16., 26., 28. Juni, 10., 14., 24., 26. Juli, 8., 12., 22., 24. Aug., 6., 10., 20., 22., 30. Sept., 4., 8., 18., 20., 28. Okt., 2., 6., 16., 18., 26. Nov., 4., 14., 16., 24. Dez.
Günstig: 9., 20. Jan., 7., 18. Feb., 5., 16., 29. März, 3., 14., 27. April, 1., 12., 25. Mai, 10., 23. Juni, 8., 21. Juli, 6., 19. Aug., 4., 17. Sept., 2., 15., 30. Okt., 13., 28. Nov., 11., 26., 30. Dez.
Schicksalhaft: 27. Jan., 7., 8., 9., 25. Feb., 23. März, 21. April, 19. Mai, 17. Juni, 15. Juli, 13. Aug., 11. Sept., 9. Okt., 7. Nov., 5. Dez.
Problematisch: 2., 10., 19. Jan., 8., 17. Feb., 6., 15. März, 4., 13. April, 2., 11. Mai, 9. Juni, 7., 30. Juli, 5., 28. Aug., 3., 26. Sept., 1., 24. Okt., 22. Nov., 20., 30. Dez.
Seelenverwandt: 15. Jan., 13. Feb., 11. März, 9. April, 7. Mai, 5. Juni, 3. Juli, 1. Aug., 29. Okt., 27. Nov., 25. Dez.

SONNE: LÖWE
DEKADE: SCHÜTZE/JUPITER
GRAD: 18° – 19° LÖWE
ART: FIXZEICHEN
ELEMENT: FEUER

Fixstern

Name des Sterns: Merak
Gradposition: 18°29' – 19°34' Löwe
zwischen den Jahren 1930 und 2000
Magnitude: 2
Stärke: ********
Orbit: 2°10'
Konstellation: Alpha Ursae Majoris
Tage: 10., 11., 12., 13., 14. August
Sternqualitäten: Mars
Beschreibung: großer weißer Stern in der Flanke des Großen Bären.

Einfluß des Hauptsterns

Merak sorgt dafür, daß Sie gerne Anweisungen erteilen und über Führungsqualitäten verfügen; damit einher geht allerdings auch ein Hang zu dominierendem Verhalten. Dank Meraks Entschlossenheit können Sie es aber in Ihrem Leben weit bringen und dort erfolgreich sein, wo andere scheitern.

Im Zusammenhang mit dem Stand Ihrer Sonne verleiht Merak Mut, Bestimmtheit und überbordende Vitalität. Unter seinem Einfluß erreichen Sie, was Sie sich wünschen, und führen ein sehr aktives Leben. Meraks Einfluß bringt auch günstige Gelegenheiten sowie Ruhm und Ehre mit sich.
- Positiv: Lebensfreude, aktiv und kreativ, ehrgeizig, mutig.
- Negativ: Hast, Sturheit, Überforderung.

11. August

♌ Zu den Eigenschaften Ihres Geburtstages gehören Kreativität, Unternehmungslust und Antriebskraft. Neben Pioniergeist zeigen Sie eine interessante Mischung aus Idealismus und Bedürfnis nach Geld und Status. Als Löwe haben Sie Charme und Vitalität, und mit Ihrem freundlichen und geselligen Wesen werden Sie von anderen oft als optimistisch und extrovertiert empfunden.

Der Untereinfluß Ihres Dekadenzeichens, des Schützen, sorgt dafür, daß Sie ebenso idealistisch wie praktisch sind und im allgemeinen genügend Phantasie und Einfallsreichtum haben, um Ihre Träume zu verwirklichen. Derselbe Einfluß weist auch darauf hin, daß Sie mit Ihrer entschlossenen Haltung in der Lage sind, Hindernisse und schwierige Zeiten gut zu überstehen. Jupiter sorgt überdies dafür, daß Sie hervorragende Ideen haben, die sich in bare Münze umwandeln lassen.

Weil Sie sehr viel Wert auf Beziehungen und Partnerschaften legen, ist es notwendig, daß Sie bei aller Entschlossenheit und Zielstrebigkeit die Kunst des Kompromisses erlernen, um von dem zu profitieren, was andere Ihnen zu bieten haben. Freundlich und unternehmungslustig, mit einem Bedürfnis nach materieller Sicherheit, suchen Sie häufig Bekanntschaften, die Sie in irgendeiner Weise weiterbringen können. Geldsorgen und Existenzängste können allerdings Ihre sonst guten Aussichten trüben und Sie materialistisch und rücksichtslos werden lassen.

Wenn Sie 11 sind, tritt Ihre Sonne in das Zeichen der Jungfrau, und es beginnt eine dreißigjährige Phase, in der Sie mit viel Sinn fürs Praktische an das Leben herangehen. In dieser Zeit werden Sie leistungsfähiger, entwickeln besseres Urteilsvermögen und gehen gewissenhafter mit Zeit und Energie um. Ein weiterer Wendepunkt folgt, wenn Sie 41 sind und Ihre Sonne in das Zeichen der Waage wechselt. Nun spielen zwischenmenschliche Beziehungen eine zunehmend wichtige Rolle in Ihrem Leben, und Sie wenden sich mehr ästhetischen Überlegungen zu. Wenn Sie 71 sind, wechselt Ihre Sonne in das Zeichen des Skorpion, und Sie verspüren den Drang nach emotionalen Veränderungen und Verwandlungen.

Ihr geheimes Selbst

Ihr starkes Bedürfnis nach Anerkennung sorgt dafür, daß Sie stets versuchen, materiell wie emotional an vorderster Front zu stehen. Da Sie das Potential haben, Großes zu leisten, ist es wichtig, es sowohl für emotionale Befriedigung wie für materiellen Erfolg einzusetzen. Größte Erfüllung finden Sie, wenn Sie Ihrer Neigung, anderen zu helfen, nachgehen können. Mit Ihrem inneren Verlangen nach Harmonie wünschen Sie sich ein beschauliches und zufriedenes Leben, in dem Familie und Heim eine besondere Rolle als sicherer Hafen spielen. Dieses Harmoniebedürfnis kann auch musikalisches, künstlerisches oder kreatives Talent in Ihnen wecken. Von Natur aus gesellig und unterhaltsam, verstehen Sie es im allgemeinen, sich zu entspannen und zu amüsieren. Achten Sie darauf, daß Sie um des lieben Friedens willen nicht zuviel aufgeben oder sich Ihre Lebenslust von Ängsten beeinträchtigen lassen. Wenn Sie Ihren sechsten Sinn entwickeln, können Sie lernen, die immensen latenten Fähigkeiten zu nutzen, die Ihnen Ihr Geburtstag schenkt.

Beruf & Karriere

Freundlich und großzügig, haben Sie idealistische Neigungen, die Sie in Berufe führen, bei denen Sie viel mit Menschen zu tun haben. Wenn Sie an eine Sache glauben, können Sie viel Überzeugungskraft beweisen; als echter Menschenfreund haben Sie die Kraft, viel für das Gemeinwohl zu tun. Sie haben überdies eine gute Hand für Verkauf oder Promotion und können wunderbar Verträge und Geschäfte aushandeln. Mit diesen Talenten können Sie auch in einer Agentur oder einem Consultingunternehmen Erfolg erwarten. Dank Ihrem starken Willen und Ihrer Entschlossenheit haben Sie viel Schaffenskraft, und trotz ausgeprägter Führungsqualitäten arbeiten Sie gerne im Team. Erfolgversprechend ist für Sie auch die Welt von Musik, Literatur und Unterhaltung.

Berühmte Persönlichkeiten dieses Tages sind die Schauspielerin Arlene Dahl, die Kinderbuchautorin Enid Blyton und der Schriftsteller Alex Haley.

Numerologie

Die besonderen Schwingungen der Zahl 11 sorgen dafür, daß Ihnen Idealismus, Inspiration und Innovation außerordentlich wichtig sind. Eine Mischung von Demut und Selbstvertrauen treibt Sie dazu, sowohl geistig wie materiell Selbstbeherrschung zu üben. Durch Erfahrung lernen Sie, mit den beiden Seiten Ihres Charakters umzugehen und durch Vertrauen auf Ihre Gefühle eine weniger extreme Haltung einzunehmen. Der Untereinfluß der Monatszahl 8 deutet darauf hin, daß Sie entschlossen und ehrgeizig sein können, mit Weitsicht und Führungsqualitäten. Wenn Sie Kreativität und Originalität zeigen, werden Sie optimistisch, fleißig und begeisterungsfähig; Sie müssen aber lernen, Arbeiten, die Sie begonnen haben, auch zu Ende zu führen. Ihre Sorgen hängen meist mit Geld oder Macht zusammen. Hüten Sie sich deshalb, arrogant oder berechnend zu werden. Lernen Sie, Ihre außergewöhnlichen Talente zu nutzen, um Ihr wahres Potential auszuschöpfen.

Positiv: inspiriert, spirituell, intuitiv, kontaktfreudig, erfinderisch, künstlerisch, humanitär, mediale Fähigkeiten.

Negativ: ziellos, überempfindlich, leicht verletzt, leicht reizbar, selbstsüchtig, Heimlichtuerei.

Liebe & Zwischenmenschliches

Da Sie Ihre kreativen Gedanken gut präsentieren können, fühlen Sie sich vor allem in der Gesellschaft künstlerisch orientierter Menschen wohl. Sie sind herzlich, freundlich und sehr gesellig. In engen Beziehungen fühlen Sie sich besonders zu starken und intelligenten Menschen hingezogen, wobei Sie aufpassen müssen, nicht ständig zu streiten. Sie sind meist extrem großzügig zu den Menschen, die Sie lieben, und können ein treuer Freund und Partner sein. Gewöhnlich tun Sie alles dafür, um eine Beziehung aufrechtzuerhalten, brauchen aber ein gesundes Maß an persönlicher Freiheit.

Ihr Partner

Sicherheit, geistige Anregung und Liebe werden Sie mit großer Wahrscheinlichkeit unter den an den folgenden Tagen geborenen Menschen finden:

Liebe & Freundschaft: 3., 5., 23. Jan., 3., 11., 21. Feb., 9., 19., 28., 31. März, 7., 17., 26., 29. April, 5., 15., 24., 27., 29., 31. Mai, 3., 13., 22., 25., 27., 29. Juni, 1., 11., 20., 23., 25., 27., 29. Juli, 9., 18., 21., 23., 25., 27. Aug., 7., 16., 19., 21., 23., 25. Sept., 5., 14., 17., 19., 21., 23. Okt., 3., 12., 15., 17., 19., 21. Nov., 1., 10., 13., 15., 17., 19. Dez.

Günstig: 3., 4., 10., 21. Jan., 1., 2., 8., 19. Feb., 6., 17., 30. März, 4., 15., 28. April, 2., 13., 26. Mai, 11., 24. Juni, 9., 22. Juli, 7., 20. Aug., 5., 18. Sept., 3., 16., 31. Okt., 1., 14., 29. Nov., 12., 27. Dez.

Schicksalhaft: 22., 28. Jan., 8., 9., 10., 20., 26. Feb., 18., 24. März, 16., 22. April, 14., 20. Mai, 12., 18. Juni, 10., 16. Juli, 8., 14. Aug., 6., 12. Sept., 4., 10. Okt., 2., 8. Nov., 6. Dez.

Problematisch: 11., 20. Jan., 9., 18. Feb., 7., 16. März, 5., 14. April, 3., 12., 30. Mai, 1., 10., 28. Juni, 8., 26., 31. Juli, 6., 24., 29. Aug., 4., 22., 27. Sept., 2., 20., 25. Okt., 18., 23. Nov., 16., 21. Dez.

Seelenverwandt: 26. Jan., 24. Feb., 22., 30. März, 20., 28. April, 18., 26. Mai, 16., 24. Juni, 14., 22. Juli, 12., 20. Aug., 10., 18. Sept., 8., 16. Okt., 6., 14. Nov., 4., 12. Dez.

12. August

SONNE: LÖWE
DEKADE: SCHÜTZE/JUPITER
GRAD: 19° – 20° LÖWE
ART: FIXZEICHEN
ELEMENT: FEUER

Fixsterne

Merak; Al Genubi, auch Asad Australis genannt

Hauptstern

Name des Sterns: Merak
Gradposition: 18°29' – 19°34' Löwe zwischen den Jahren 1930 und 2000
Magnitude: 2
Stärke: ********
Orbit: 2°10'
Konstellation: Alpha Ursae Majoris
Tage: 10., 11., 12., 13., 14. August
Sternqualitäten: Mars
Beschreibung: großer weißer Stern in der Flanke des Großen Bären.

Einfluß des Hauptsterns

Merak sorgt dafür, daß Sie gerne Anweisungen erteilen und über Führungsqualitäten verfügen, was allerdings auch einen Hang zu dominierendem Verhalten mit sich bringt. Dank Ihrer Entschlossenheit können Sie es aber im Leben weit bringen und dort erfolgreich sein, wo andere scheitern.

Im Zusammenhang mit dem Stand Ihrer Sonne verleiht Merak Mut, Bestimmtheit und überbordende Lebensfreude. Unter seinem Einfluß haben Sie die Kraft, Dinge zu verwirklichen, und führen ein sehr aktives Leben. Meraks Einfluß bringt auch günstige Gelegenheiten sowie Ruhm und Ehre mit sich.
• Positiv: Lebensfreude, aktiv und kreativ, ehrgeizig, Mut.
• Negativ: Hast, Sturheit, Überforderung.

♌ Wer an diesem Tag geboren wurde, ist ehrgeizig und kreativ und hat nicht nur ausgeprägte Intuition und Vitalität, sondern auch eine positive Lebenseinstellung. Als Löwe sind Sie voller Entschlossenheit und Überzeugungskraft, und mit Ihrer rastlosen und energischen Natur sind Sie meist in der Lage, Ihren Kopf durchzusetzen. Mit Ihrer direkten und schlagfertigen Art können Sie Menschen und Situationen rasch einschätzen. Wenn Sie objektiv bleiben, können Sie auch Ihre Tendenz zu Stimmungsschwankungen überwinden.

Da Sie erfolgsorientiert und sicherheitsbewußt sind, brauchen Sie die Anerkennung Ihrer Umwelt und begegnen deshalb Ihren Mitmenschen meist freundlich und aufgeschlossen. Ihre Anziehungskraft und Ihre intuitiven Kräfte helfen Ihnen, Rückschläge in frühen Jahren zu überwinden.

Der Einfluß Ihres Dekadenplaneten Jupiter bewirkt, daß Sie mutig, kühn und voller Dynamik sind, und verstärkt noch Ihr Bedürfnis nach Anerkennung. Da Sie sowohl sensibel als auch entschlossen sind und den ausgeprägten Wunsch nach Sicherheit und Erfolg haben, ist in Ihnen eine Dualität, die nach Ausgleich verlangt. Es bedeutet auch, daß Sie ebenso mitfühlend und verständnisvoll wie autoritär und despotisch sein können.

Da Sie stolz und würdevoll sind, vertragen Sie die Kritik anderer schlecht. Sie sollten eine rationalere Einstellung und damit ein dickeres Fell entwickeln. Mit Ihrer nüchternen Art und Ihren diplomatischen Fähigkeiten schätzen Sie Teamarbeit und verbinden am liebsten Arbeit und Vergnügen.

Von Kindheit an sind Sie gesellig und freundlich. Wenn Sie 10 sind, tritt Ihre Sonne in das Zeichen der Jungfrau, und es beginnt eine dreißigjährige Phase, in der Sie praktischer und tüchtiger werden und ein besseres Urteilsvermögen entwickeln. Ein weiterer Wendepunkt folgt, wenn Sie 40 sind und Ihre Sonne in das Zeichen der Waage wechselt. Nun spielen persönliche Beziehungen eine zunehmend wichtige Rolle in Ihrem Leben, ebenso wie Schönheit, Harmonie und Ausgeglichenheit. Dadurch wenden Sie sich vermehrt Beschäftigungen kreativer Art und Literatur, Malerei, Musik oder Gesundheit zu. Wenn Sie 70 sind, wechselt Ihre Sonne in das Zeichen des Skorpion, und es drängt Sie zu tiefgreifenden Veränderungen und persönlicher Macht.

Ihr geheimes Selbst

Sie sind ein Mensch der Tat, und Ihre starke Willenskraft sollte niemand unterschätzen. Aus diesem Grund sollten Sie nie zulassen, daß Angst Ihre Reaktionen kontrolliert, denn Sie sind tatsächlich in der Lage, das zu schaffen, worauf Sie sich konzentrieren. Wenn diese Kraft positiv kanalisiert wird, stellt sie eine ungeheure Energie dar, mit der Sie andere beflügeln können.

Da Sie gern aktiv sind und immer irgendwo irgendwelche Geschäfte laufen haben, können Sie Ihr strategisches Geschick, Ihre Energie und Antriebskraft nutzen, um Hindernisse aus dem Weg zu räumen. Am besten arbeiten Sie, wenn Sie inspiriert sind und auf Ihre Intuition hören. Da Sie feste Überzeugungen haben, beharren Sie gern auf Ihren Prinzipien, auch wenn Sie im Unrecht sind. Sie müssen deshalb die Kunst des Verhandelns und des Kompromisses üben, um objektiver zu werden.

Beruf & Karriere

Von Natur aus ehrgeizig und entschlossen, haben Sie gute Führungsqualitäten und Überzeugungskraft, vor allem, wenn es um finanzielle Dinge geht. Da Sie großmütig und nett sind, können Sie ausgezeichnet mit Menschen umgehen und erkennen gute Chancen meist recht schnell. Ob in Pädagogik, Wirtschaft oder Unterhaltungsbranche, brauchen Sie die Freiheit, auf Ihre ganz spezielle Art zu arbeiten. Da Sie ungern Anordnungen entgegennehmen, streben Sie leitende Positionen oder Selbständigkeit an. Sie können gute Geschäfte aushandeln und Ihre Talente gewinnbringend einsetzen.

Berühmte Persönlichkeiten dieses Tages sind der Regisseur Cecil B. DeMille, der Gitarrist Mark Knopfler, die Theosophin Madame Blavatsky und der Schauspieler George Hamilton.

Numerologie

Im allgemeinen sind Sie intuitiv und freundlich und haben gutes logisches Denkvermögen. Mit der 12 ist oft der starke Wunsch nach echter Individualität verbunden. Da Sie innovativ und sensibel sind, wissen Sie genau, wie Sie Takt und Kooperationsbereitschaft einsetzen müssen, um Ihre Ziele zu erreichen. Wenn Sie ein Gleichgewicht zwischen Ihrem Bedürfnis nach Selbstverwirklichung und Ihrem Hang zum Altruismus herstellen, können Sie wahre emotionale Befriedigung und Erfüllung finden. Vielleicht müssen Sie aber den Mut haben, auf eigenen Füßen zu stehen und mehr Selbstvertrauen zu entwickeln, oder lernen, sich von anderen nicht so leicht entmutigen zu lassen. Der Untereinfluß der Monatszahl 8 führt dazu, daß Sie ehrgeizig und entschlossen sind und eine ausgeprägte Intuition haben. Mit Ihrer praktischen Art, die Dinge anzugehen, und Ihren Führungsqualitäten zeigen Sie außerdem viel Dynamik und Kontaktfreudigkeit. Im allgemeinen bieten sich Ihnen im Leben viele gute Chancen zum Weiterkommen, und häufig streben Sie nach Wohlstand und wollen im Rampenlicht stehen.

Positiv: kreativ, Anziehungskraft, Initiative, Disziplin, fördert sich selbst und andere.

Negativ: verschlossen, exzentrisch, unkooperativ, überempfindlich, mangelndes Selbstwertgefühl.

Liebe & Zwischenmenschliches

Sie führen meist ein sehr aktives gesellschaftliches Leben, da Sie sehr unterhaltsam sein können und gern neue Leute kennenlernen. In engen Beziehungen schwanken Sie mit Ihren starken Gefühlen oft zwischen romantischem Idealismus und sehr praktischem Realitätssinn. Da Sie romantisch sind, bahnen Sie gern neue Beziehungen an, ändern aber Ihre Gefühle, sobald die Sache nach Dauerhaftigkeit aussieht. Da Sie einen ausgeprägten Unabhängigkeitsdrang haben, brauchen Sie einen Partner, der Ihnen den nötigen Freiraum läßt. Dennoch sind Sie ein Familienmensch, der Berge versetzen würde, um die Interessen der Seinen zu wahren.

Ihr Partner

Ihren ganz speziellen Partner finden Sie unter den Menschen, die an folgenden Tagen geboren sind:

Liebe & Freundschaft: 14., 15., 22., 24., 26., 31. Jan., 12., 22., 29. Feb., 10., 20., 27. März, 8., 18., 25. April, 6., 16., 23., 30. Mai, 4., 14., 21., 28., 30. Juni, 2., 12., 19., 26., 28., 30. Juli, 10., 17., 24., 26., 28. Aug., 8., 15., 22., 24., 26. Sept., 6., 13., 20., 22., 24., 30. Okt., 4., 11., 18., 20., 22., 28. Nov., 2., 9., 16., 18., 20., 26., 29. Dez.

Günstig: 5., 22., 30. Jan., 3., 20., 28. Feb., 1., 18., 26. März, 16., 24. April, 14., 22. Mai, 12., 20. Juni, 10., 18., 29. Juli, 8., 16., 27., 31. Aug., 6., 14., 25., 29. Sept., 4., 12., 23., 27. Okt., 2., 10., 21., 25. Nov., 9., 19., 23. Dez.

Schicksalhaft: 12. Jan., 9., 10., 11. Feb., 8. März, 6. April, 4. Mai, 2. Juni

Problematisch: 16., 21. Jan., 14., 19. Feb., 12., 17., 30. März, 10., 15., 28. April, 8., 13., 26. Mai, 6., 11., 24. Juni, 4., 9., 22. Juli, 2., 7., 20. Aug., 5., 18. Sept., 3., 16. Okt., 1., 14. Nov., 12. Dez.

Seelenverwandt: 25. Jan., 23. Feb., 21. März, 19. April, 17. Mai, 15. Juni, 13. Juli, 11. Aug., 9. Sept., 7. Okt., 5. Nov., 3., 30. Dez.

SONNE: LÖWE
DEKADE: SCHÜTZE/JUPITER
GRAD: 20° – 21° LÖWE
ART: FIXZEICHEN
ELEMENT: FEUER

13. August

Fixsterne

Merak; Al Genubi, auch Asad Australis genannt

Hauptstern

Name des Sterns: Merak
Gradposition: 18°29' – 19°34' Löwe zwischen den Jahren 1930 und 2000
Magnitude: 2
Stärke: ********
Orbit: 2°10'
Konstellation: Alpha Ursae Majoris
Tage: 10., 11., 12., 13., 14. August
Sternqualitäten: Mars
Beschreibung: großer weißer Stern in der Flanke des Großen Bären.

Einfluß des Hauptsterns

Merak sorgt dafür, daß Sie gerne Anweisungen erteilen und über Führungsqualitäten verfügen; damit einher geht allerdings auch ein Hang zu dominierendem Verhalten. Dank Ihrer Entschlossenheit können Sie es im Leben weit bringen und dort erfolgreich sein, wo andere scheitern.

Im Zusammenhang mit dem Stand Ihrer Sonne verleiht Merak Mut, Bestimmtheit und überbordende Lebensfreude. Unter seinem Einfluß haben Sie die Kraft, Dinge zu verwirklichen, und führen ein sehr aktives Leben. Meraks Einfluß bringt auch günstige Gelegenheiten sowie Ruhm und Ehre mit sich.

- Positiv: Lebensfreude, aktiv und kreativ, ehrgeizig, Mut.
- Negativ: Hast, Sturheit, Überforderung.

♌ Mit diesem Geburtstag sind Sie unabhängig und kreativ und haben die Fähigkeit, andere zu führen. Sie sind intelligent und äußerst praktisch. Als Löwe sind Sie würdevoll, mutig und eine nicht zu unterschätzende Macht. Dank Ihrer Fähigkeit zu rationalem Denken lernen Sie die Macht des Wissens schätzen, das Ihnen meist in reichem Maß zur Verfügung steht. Von Natur aus bestimmt und mit gesundem Menschenverstand begabt, haben Sie gewöhnlich große Selbstdisziplin. Erfolg haben Sie, wenn Sie Ihre geistigen Kräfte entwickeln und sich in einem Spezialgebiet etablieren. Mit unkonventionellen Problemlösungen sind Sie für andere oft ein hilfreicher Berater. Frauen, die an diesem Tag geboren wurden, neigen zu autoritärem Verhalten und reißen gern das Steuer an sich.

Der Untereinfluß Ihres Dekadenzeichens, des Schützen, verstärkt Ihre dominierende Persönlichkeit und Ihren Erfolgsdrang. Dadurch können Sie aber auch stur und kritisch sein. Wer Sie gut kennt, beschreibt Sie als eine eigentümliche Mischung aus Konservativismus und Widerspruchsgeist, aber nie als langweilig und stumpf. Da Sie stets über alles auf dem laufenden sind, lieben Sie Debatten und Rededuelle, die Sie meist für sich entscheiden. Doch verhalten Sie sich leicht besserwisserisch, werden dominierend und müssen lernen, daß Sie durch aggressives und kompromißloses Auftreten nicht immer das bekommen, was Sie sich wünschen.

Wenn Sie 9 sind, tritt Ihre Sonne in das Zeichen der Jungfrau, und es beginnt eine dreißigjährige Phase, in der Sie viel Wert auf praktische Ordnung und Sicherheit in Ihrem Leben legen. Ein weiterer Wendepunkt folgt, wenn Sie 39 sind und Ihre Sonne in das Zeichen der Waage wechselt. Nun spielen persönliche Beziehungen eine zunehmend wichtige Rolle in Ihrem Leben, und Sie werden liebenswürdiger und teamfähiger. Wenn Sie 69 sind, wechselt Ihre Sonne in das Zeichen des Skorpion, und Sie verspüren den Drang nach tiefgreifenden emotionalen Veränderungen.

Ihr geheimes Selbst

Ihr Bedürfnis, zu arbeiten und etwas zu leisten, führt dazu, daß Sie gern viel Verantwortung übernehmen und Ihre Zeit nicht verschwenden wollen. Obwohl Sie sensibel und verletzlich sind, zeigen Sie das nicht nach außen, aus Furcht, von anderen kontrolliert zu werden. Auf Ihre Mitmenschen wirken Sie oft hochmütig oder zynisch, im Herzen aber sind Sie selbstlos und ein Gerechtigkeitsfanatiker. Ihre Ausdauer und Entschlossenheit sind bewundernswert, allerdings haben Sie eine Neigung, andere zu manipulieren. Ungeachtet dessen wissen Sie Teamarbeit sehr wohl zu schätzen. Sie können gut organisieren, und wenn Sie sich zuviel aufgeladen haben, sind Sie auch in der Lage, Verantwortlichkeiten zu delegieren. Obwohl Sie im allgemeinen kooperativ sind, weisen Ihre freundschaftlichen Spötteleien im Kreis Ihrer Lieben darauf hin, daß Sie auch hier gern die Führungsrolle übernehmen wollen, ohne dabei jedoch Ihren Sinn für Humor zu verlieren.

Beruf & Karriere

Mit Ihrem scharfen Verstand, Ihrer Ausdauer und Ihrem Fleiß werden Sie zweifellos in jedem Beruf bald in eine Führungsposition aufsteigen. Ihre Managerqualitäten und Ihre angeborene Kommunikationsfähigkeit sind Ihnen vor allem in der Geschäftswelt von

Nutzen. Geeignet sind Sie auch für intellektuelle Berufe, etwa in Recht, Wissenschaft oder Pädagogik. Ihr starker Wunsch nach Selbstverwirklichung findet Möglichkeiten in der Welt von Literatur und Unterhaltung, vielleicht aber auch in Verlagswesen oder Werbung. Dank Ihrer humanitären Ader können Sie gut Reformen durchsetzen, ob in Gesellschaft, Religion oder Politik.

Berühmte Persönlichkeiten dieses Tages sind der Regisseur Alfred Hitchcock, die Wildwestlady Annie Oakley, der Musiker Dan Fogelberg, der Diktator Fidel Castro und der Hockeyspieler Bobby Clarke.

Numerologie

Mit der Zahl 13 werden oft emotionale Sensibilität, Begeisterungsfähigkeit und Inspiration assoziiert. Numerologisch gesehen sind Sie ehrgeizig, können hart arbeiten und durch kreative Selbstverwirklichung sehr viel erreichen. Sie müssen sich aber eine pragmatischere Lebensauffassung zulegen, wenn Sie Ihre kreativen Begabungen in greifbare Ergebnisse umsetzen wollen. Ihre originelle und innovative Art führt oft zu neuen und aufregenden Ideen, die andere beeindrucken. Mit dieser Geburtstagszahl sind Sie ernsthaft, romantisch, charmant und lebenslustig und können es mit genügend Engagement zu Wohlstand bringen. Der Untereinfluß der Monatszahl 8 führt dazu, daß Sie entschlossen und überzeugend sind und gern die Kontrolle ausüben. Wenn Sie sich auf ein bestimmtes Ziel konzentrieren und Ausdauer zeigen, schaffen Sie es auf Ihrem Gebiet oft bis ganz nach oben. Da Sie auch ausgezeichnete praktische und administrative Talente haben, können Sie hohe Autoritätspositionen erreichen. Partnerschaften und Teamarbeit eröffnen Ihnen Chancen, Ihre Talente profitabel mit anderen zu teilen.

Positiv: Ehrgeiz, Kreativität, Freiheitsliebe, Selbstverwirklichung, Initiative.
Negativ: impulsiv, unentschlossen, despotisch, gefühlsarm, rebellisch.

Liebe & Zwischenmenschliches

Als dynamischer Mensch mit festen Prinzipien fühlen Sie sich zu Leuten hingezogen, die mit Ihrem scharfen Verstand mithalten können. Da Sie clever sind und große Anziehungskraft haben, fällt es Ihnen nicht schwer, Freunde und Partner zu finden. Sie sind gern offen und direkt und brauchen die Sicherheit fester Freundschaften. Lassen Sie nicht zu, daß Ihre zu verstandesgelenkte Art Ihre positive Lebenseinstellung verdirbt. Für die Menschen in Ihrem Umkreis sind Sie stets äußerst fürsorglich, und für Ihre Lieben würden Sie alles tun.

Ihr Partner

Emotionale Sicherheit, geistige Anregung und wahre Liebe finden Sie am ehesten unter den Menschen, die an folgenden Tagen geboren wurden:

Liebe & Freundschaft: 11., 13., 15., 17., 25., 26. Jan., 9., 11., 13., 15., 23. Feb., 7., 9., 11., 13., 21. März, 5., 7., 9., 11., 19. April, 3., 5., 7., 9., 17., 31. Mai, 1., 3., 5., 7., 15., 17., 29. Juni, 1., 3., 5., 27., 29., 31. Juli, 1., 3., 11., 25., 27., 29. Aug., 1., 9., 23., 25., 27. Sept., 7., 21., 23., 25. Okt., 5., 19., 21., 23. Nov., 3., 17., 19., 21., 30. Dez.

Günstig: 1., 5., 20. Jan., 3., 18. Feb., 1., 16. März, 14. April, 12. Mai, 10. Juni, 8. Juli, 6. Aug., 4. Sept., 2. Okt.

Schicksalhaft: 9., 10., 11., 12. Feb.

Problematisch: 6., 22., 24. Jan., 4., 20., 22. Feb., 2., 18., 20. März, 16., 18. April, 14., 26. Mai, 12., 14. Juni, 10., 12. Juli, 8., 10., 31. Aug., 6., 8., 29. Sept., 4., 6., 27. Okt., 2., 4., 25., 30. Nov., 2., 23., 28. Dez.

Seelenverwandt: 6., 12. Jan., 4., 10. Feb., 2., 8. März, 6. April, 4. Mai, 2. Juni

14. August

SONNE: LÖWE
DEKADE: WIDDER/MARS
GRAD: 21° – 22° LÖWE
ART: FIXZEICHEN
ELEMENT: FEUER

Fixsterne

Merak; Al Genubi, auch Asad Australis genannt

Hauptstern

Name des Sterns: Merak
Gradposition: 18°29' – 19°34' Löwe zwischen den Jahren 1930 und 2000
Magnitude: 2
Stärke: ********
Orbit: 2°10'
Konstellation: Alpha Ursae Majoris
Tage: 10., 11., 12., 13., 14. August
Sternqualitäten: Mars
Beschreibung: großer weißer Stern in der Flanke des Großen Bären.

Einfluß des Hauptsterns

Merak sorgt dafür, daß Sie gerne Anweisungen erteilen und über Führungsqualitäten verfügen; damit einher geht allerdings auch ein Hang zu dominierendem Verhalten. Dank Ihrer Entschlossenheit können Sie es im Leben weit bringen und dort erfolgreich sein, wo andere scheitern.
Im Zusammenhang mit dem Stand Ihrer Sonne verleiht Merak Mut, Bestimmtheit und überbordende Lebensfreude. Unter seinem Einfluß haben Sie die Kraft, Dinge zu verwirklichen, und führen ein sehr aktives Leben. Meraks Einfluß bringt auch günstige Gelegenheiten sowie Ruhm und Ehre mit sich.
• Positiv: Lebensfreude, aktiv und kreativ, ehrgeizig, Mut.
• Negativ: Hast, Sturheit, Überforderung.

♌ Sie sind nicht nur pragmatisch und fleißig, sondern haben auch gutes Urteilsvermögen und Kreativität – Eigenschaften, die Ihnen zu Erfolg und Wohlstand verhelfen. Als Löwe sind Sie von Natur aus begabt und gesellig und haben Charme und Anziehungskraft. Sicher in Ihrem Wissen und in Ihrer ausgeprägten Intuition, sind Sie offen für Ihre Umwelt und am glücklichsten, wenn Sie aktiv und produktiv sein können.

Der Untereinfluß Ihres Dekadenplaneten Mars verstärkt Ihre Vitalität und führt Sie zum Erfolg. Um Ihre natürlichen Begabungen entwickeln zu können, sollten Sie aber einen Hang zu Unsicherheit und Überempfindlichkeit überwinden.

Andere beschreiben Sie häufig als fleißig, aufrichtig und direkt. Obwohl im allgemeinen großzügig und sympathisch, reagieren Sie auf Ignoranz oder Dummheit äußerst ungehalten und intolerant. Da Sie ein unabhängiger Denker sind, schätzen Sie es nicht, wenn sich andere in Ihre Angelegenheiten einmischen. Sie werden dann äußerst stur.

Daß Sie gleichzeitig einsichtig und logisch sind, verhilft Ihnen zu einflußreichen Stellungen. In Gesprächen beeindrucken Sie andere mit Ihrer außergewöhnlichen Wortgewandtheit. Entwickeln Sie Vertrauen und hören Sie auf Ihre innere Stimme, dann können Sie Großes leisten. Dank Ihrer Entschlußkraft initiieren Sie gern neue Projekte, und Ihre Neugier treibt Sie immer wieder an, neues Terrain zu erforschen.

Wenn Sie 8 sind, tritt Ihre Sonne in das Zeichen der Jungfrau, und es beginnt eine dreißigjährige Phase, in der Sie viel Wert auf praktische Ordnung legen; zudem gehen Sie sorgsamer mit Zeit und Energie um. Ein weiterer Wendepunkt folgt, wenn Sie 38 sind und Ihre Sonne in das Zeichen der Waage wechselt. Das stimuliert Sie, verborgene musikalische, literarische, künstlerische oder andere Talente zu entwickeln und mehr Wert auf persönliche Beziehungen zu legen. Wenn Sie 68 sind, wechselt Ihre Sonne in das Zeichen des Skorpion, und Sie verspüren den Drang nach tiefgreifenden emotionalen Veränderungen und persönlicher Macht.

Ihr geheimes Selbst

Sie stellen an sich selbst hohe Ansprüche und möchten Großes erreichen. Denken Sie aber immer daran, daß Geld oder beruflicher Erfolg ohne Herz und Kreativität Sie nicht glücklich macht. Sie können gut mit Menschen umgehen und haben die wunderbare Gabe, sie mit Ihren positiven Ideen und Taten aufzuheitern. Ihre dramatische Seite will sowohl informieren wie unterhalten, was Sie zu einem guten Vermittler zwischen Angehörigen verschiedener sozialer Gruppen macht.

Sie brauchen Erfolg, um an sich selbst zu glauben, und suchen ständig Herausforderungen, um sich zu beweisen, daß Sie ihnen die Stirn bieten können. So steigern Sie Ihr Selbstvertrauen und wirken Zweifel und Mißtrauen entgegen, die gelegentlich Ihren Seelenfrieden stören. Wenn die Dinge für Sie positiv ins Rollen gekommen sind, kann Sie dank Ihrer Zielstrebigkeit nichts und niemand mehr davon abhalten, Ihr enormes Potential auszuschöpfen.

Beruf & Karriere

Ihr Imagebewußtsein und Ihr scharfer Verstand sorgen dafür, daß Sie mit Selbstdisziplin auf Ihrem Gebiet bis an die Spitze gelangen. Aufpassen müssen Sie, daß Ihre innere Rastlosigkeit den Aufstieg nicht hemmt. Ihr Bedürfnis nach Abwechslung weist darauf hin, daß Sie sich schnell langweilen, wenn Ihr Beruf Ihnen nicht die entsprechenden Veränderungsmöglichkeiten bietet. Mit Ihrem Geschäftssinn und Organisationstalent können Sie in Handel, Bankwesen oder Justiz erfolgreich sein. Ihre kreativen Talente nutzen Sie am besten in Theater, Musik oder Literatur. Ihrer humanitären Seite werden Sie gerecht, wenn Sie als Lehrer, Sozialarbeiter oder Berater arbeiten oder in einem Beruf, in dem Sie sich für andere einsetzen müssen, etwa als Gewerkschafter oder Politiker. Interessant für Sie ist auch die Welt des Sports, wo Sie durch Ihre Gabe, in großen Maßstäben zu denken, bis ganz nach oben gelangen können.

Berühmte Persönlichkeiten dieses Tages sind der Schauspieler Steve Martin, der Cartoonist Gary Larson, die Schriftstellerin Danielle Steel, der Musiker David Crosby, die Sängerin Sarah Brightman und der Basketballspieler Magic Johnson.

Numerologie

Charakteristisch für die Zahl 14 sind intellektuelles Potential, Pragmatismus und Entschlossenheit. Arbeit hat für Sie meist erste Priorität, und Sie beurteilen sich und andere gern nach ihrem Stand auf der Karriereleiter. Auch wenn Sie Stabilität brauchen, werden Sie von Rastlosigkeit angetrieben und suchen ständig neue Herausforderungen, um immer weiter voranzukommen. Diese Rastlosigkeit kann auch dazu führen, daß es in Ihrem Leben häufig zu Veränderungen kommt, vor allem, wenn Sie mit Ihrer beruflichen oder finanziellen Situation nicht zufrieden sind. Mit Ihrem aufnahmefähigen Geist können Sie Probleme schnell erkennen und lösen. Der Untereinfluß der Monatszahl 8 sorgt dafür, daß Sie Ihre Machtansprüche und Träume durch harte Arbeit erfüllen können. Da Sie meist praktisch sind und ein starkes Bedürfnis nach Wohlstand haben, finden Sie oft unkonventionelle Lösungen für Probleme, mit denen Sie andere beeindrucken.

Positiv: entschlossen, fleißig, glücksbegabt, kreativ, pragmatisch, phantasievoll.

Negativ: übervorsichtig oder überimpulsiv, gedankenlos, stur.

Liebe & Zwischenmenschliches

Dank Ihrer Kreativität und Intelligenz können Sie Arbeit und Vergnügen gut miteinander verbinden. Da Sie freundlich und gesellig sind, finden Sie schnell Freunde und Partner. Am meisten hingezogen fühlen Sie sich zu Menschen, die aktiv und geistig anregend sind. Sie brauchen Menschen, die Ihre Schlagfertigkeit und Ihren Sinn für Humor zu schätzen wissen. Da Sie mitfühlend und verständnisvoll sind, wenden sich oft andere mit der Bitte um Hilfe an Sie.

Ihr Partner

Einen verständnisvollen Liebespartner werden Sie mit großer Wahrscheinlichkeit unter den an den folgenden Tagen geborenen Menschen finden:

Liebe & Freundschaft: 9., 12., 16., 25. Jan., 7., 10., 14., 23., 24. Feb., 8., 12., 22., 31. März, 3., 6., 10., 20., 21., 29. April, 4., 8., 18., 27. Mai, 2., 6., 16., 25., 30. Juni, 4., 14., 23., 28. Juli, 2., 12., 21., 26., 30. Aug., 10., 19., 24., 28. Sept., 8., 17., 22., 26. Okt., 6., 15., 20., 24., 30. Nov., 4., 5., 13., 18., 22., 28. Dez.

Günstig: 2., 13., 22., 24. Jan., 11., 17., 20., 22. Feb., 9., 15., 18., 20., 28. März, 7., 13., 16., 18., 26. April, 5., 11., 16., 18., 26. Mai, 3., 9., 12., 14., 22. Juni, 1., 7., 10., 12., 20. Juli, 5., 8., 10., 18. Aug., 3., 6., 8., 16. Sept., 1., 4., 6., 14. Okt., 2., 4., 12. Nov., 2., 10. Dez.

Schicksalhaft: 25. Jan., 11., 12., 13., 23. Feb., 21. März, 19. April, 17. Mai, 15. Juni, 13. Juli, 11. Aug., 9. Sept., 7. Okt., 5. Nov., 3. Dez.

Problematisch: 7., 23. Jan., 5., 21. Feb., 3., 19., 29. März, 1., 17., 27. April, 15., 25. Mai, 13., 23. Juni, 11., 21., 31. Juli, 9., 19., 29. Aug., 7., 17., 27., 30. Sept., 3., 13., 23., 26. Nov., 1., 11., 21., 24. Dez.

Seelenverwandt: 17. Jan., 15. Feb., 13. März, 11. April, 9. Mai, 7. Juni, 5. Juli, 3. Aug., 1. Sept., 30. Nov., 28. Dez.

SONNE: LÖWE
DEKADE: WIDDER/MARS
GRAD: 21°45' – 23° LÖWE
ART: FIXZEICHEN
ELEMENT: FEUER

15. August

♌ Mit Ihrem Geburtstag werden häufig Begeisterungsfähigkeit und Intelligenz verbunden. Dank dieser Eigenschaften können Sie rasch Informationen aufnehmen, und mit dem Grad Ihrer Bildung steigt dann auch Ihr Selbstvertrauen. Als Löwe sind Sie heiter und fröhlich und strahlen jugendlichen Charme aus. Da Ihr Kopf voller brillanter Ideen steckt, sollten Sie Ihre Vitalität und Rastlosigkeit auf kreative Beschäftigungen konzentrieren.

Sie sind stolz und idealistisch, vertreten feste Überzeugungen und haben ein gutes Sprachgefühl, das Ihnen in Bereichen wie Schreiben oder Pädagogik von großem Nutzen sein kann. Im allgemeinen verlassen Sie sich auf Ihr eigenes Urteil. Die Praxis steht Ihnen näher als die Theorie, doch wenn Sie beides kombinieren, erhöhen Sie Ihre Leistungsfähigkeit ungemein.

Der Untereinfluß Ihres Dekadenzeichens Widder bewirkt, daß Sie voller Ehrgeiz und Antrieb sind. Wenn Sie sich um mehr Verantwortungsbewußtsein und Nachdenken bemühen, steigern Sie Ihre Erfolgschancen. Sobald Sie Ihre Arbeit wirklich beherrschen, zeigen Sie sehr gern, wie begabt und klug Sie sind. Häufig sind Sie unkonventionell und progressiv und haben ungewöhnliche Interessen oder Hobbys. Es ist durchaus möglich, daß Sie am Theater die Anerkennung finden, die Sie brauchen, und dank persönlicher Anziehungskraft und Ihrem Einsatz fällt es Ihnen nicht schwer, entsprechend Eindruck zu machen. Sie sind gesellig und freundlich, aber auch unbekümmert und eigen, und selten lassen Sie sich von Ihrer Umwelt unter Druck setzen.

Wenn Sie 7 sind, tritt Ihre Sonne in das Zeichen der Jungfrau, und es beginnt eine dreißigjährige Phase, in der Sie viel Wert auf praktische Ordnung und Effizienz in Ihrem Leben legen, vor allem im beruflichen Umfeld. Ein weiterer Wendepunkt folgt, wenn Sie 37 sind und Ihre Sonne in das Zeichen der Waage wechselt. Nun entdecken Sie verborgene musikalische, literarische oder andere künstlerische Talente und legen mehr Wert auf persönliche Beziehungen. Wenn Sie 67 sind, wechselt Ihre Sonne in das Zeichen des Skorpion, und Sie verspüren den Drang nach tiefgreifenden emotionalen Veränderungen und persönlicher Macht.

Ihr geheimes Selbst

Durch Ihr Charisma strahlen Sie viel Liebe und Optimismus aus; deshalb ist es auch besonders wichtig für Sie, eine Möglichkeit zur Selbstverwirklichung zu haben. Mit Ihren festen Prinzipien und dem Wunsch, anderen nützlich zu sein, leiten Sie vielleicht eine Gruppe oder Organisation, die dem Gemeinwohl dient. Achten Sie nur darauf, daß Sie nicht zuviel von Ihrer idealistischen Seite zugunsten von materieller Sicherheit aufgeben. Finanzielle Sorgen überwinden Sie meist schnell, zumal Sie sich langfristig meist als unbegründet herausstellen.

Sie vereinen in sich starke männliche und weibliche Elemente, was Sie einerseits unabhängig und entschlossen, andererseits mitfühlend und sensibel macht. Um sich rundherum wohl zu fühlen, müssen Sie diese Eigenschaften im Gleichgewicht halten. Mit Ihrer Willenskraft, Entschlossenheit und außergewöhnlichen Individualität sind Sie ein starker Mensch, der herausragendes Potential für Erfolg besitzt.

Fixstern

Name des Sterns: Al Genubi, auch Asad Australis oder Ras Elased Australis genannt
Gradposition: 19°44' – 20°43' Löwe zwischen den Jahren 1930 und 2000
Magnitude: 3
Stärke: ******
Orbit: 1°40'
Konstellation: Epsilon Leonis
Tage: 12., 13., 14., 15. August
Sternqualitäten: Saturn/Mars
Beschreibung: gelber Stern im Maul des Löwen.

Einfluß des Hauptsterns

Al Genubi wird mit Ausdauer, künstlerischem Talent und Ausdruckskraft in Verbindung gebracht, aber auch mit Kühnheit und Wagemut.

Im Zusammenhang mit dem Stand Ihrer Sonne verleiht Al Genubi Entschlossenheit, Tatendrang und Führungsqualitäten. Sein Einfluß verleiht großes Organisationstalent, das Ihnen zu leitenden Positionen verhelfen kann. Ihr Bedürfnis nach Selbstverwirklichung und Kreativität zieht Sie zur Kunstwelt oder anderen Glamourberufen. Al Genubis Einfluß bewirkt aber auch, daß Sie destruktiv werden, wenn Sie keine Möglichkeiten finden, sich konstruktiv auszudrücken.

- Positiv: nicht kleinzukriegen, kreativ, künstlerisch, Lebenskraft, Anziehungskraft.
- Negativ: dominierend, stolz, arrogant.

Beruf & Karriere

Natürlicher Charme und Geschäftssinn sind Ihnen in vielen Bereichen, vor allem aber in Verkauf, Marketing und Promotion von Nutzen. Ein ausgeprägtes Imagebewußtsein und enormer Wissensdurst sind die besten Voraussetzungen, wenn Sie sich Bühne oder Rednerpult zuwenden wollen. Sie haben die Fähigkeit, Ihre Ideen auf unterhaltsame Weise vorzustellen, was Ihnen bei Präsentationen, Verhandlungen oder beim Schreiben hilft. Da Sie sich mit voller Kraft für Dinge engagieren können, eignen Sie sich auch für Berufe wie Anwalt, Sprecher oder – wenn Sie sich für soziale Reformen interessieren – Gewerkschafter oder Politiker. Ihre humanitäre Seite mag Sie in beratende oder soziale Berufe führen. In jedem Fall aber brauchen Sie große Handlungsfreiheit, so daß Sie im Grunde am besten als Selbständiger arbeiten.

Berühmte Persönlichkeiten dieses Tages sind Napoleon Bonaparte, Prinzessin Anne, der Musiker Oscar Peterson, die Ernährungsexpertin Julia Child, der Schriftsteller Sir Walter Scott und der Mystiker Sri Aurobindo.

Numerologie

Mit der Zahl 15 werden Vielseitigkeit, Großzügigkeit und Rastlosigkeit verbunden. Im allgemeinen sind Sie geistig rege und begeisterungsfähig und haben Charisma. Ihre größten Vorzüge sind Ihre ausgeprägten Instinkte und die Fähigkeit, durch die Verknüpfung von Theorie und Praxis schnell zu lernen. Häufig gelingt es Ihnen sogar, Geld zu verdienen, während Sie noch in einer Ausbildung sind. Dank Ihrer intuitiven Kräfte erkennen Sie sofort, wenn sich eine gute Gelegenheit bietet. Sie haben Gefühl für Geld und dafür, wie Sie Hilfe und Unterstützung von anderen bekommen. Sie sind ebenso unbekümmert wie resolut, lieben das Unerwartete und gehen gern Risiken ein. Obwohl Sie von Natur aus abenteuerlustig sind, brauchen Sie doch eine solide Basis, wie etwa ein eigenes Zuhause. Der Untereinfluß der Monatszahl 8 führt dazu, daß Sie ehrgeizig, entschlossen und dynamisch sind. Mit Ihrer Weitsicht, Ihrem Geschäftssinn und Ihren Organisationsfähigkeiten tätigen Sie gern langfristige Investitionen, die Ihnen zu Wohlstand und Erfolg verhelfen.

Positiv: bereitwillig, großzügig, verantwortungsbewußt, nett, kooperativ, liebevoll, kreativ.

Negativ: destruktives Verhalten, mangelndes Verantwortungsbewußtsein, egozentrisch, Angst vor Veränderungen, unentschlossen, materialistisch.

Liebe & Zwischenmenschliches

Da Sie gesellig und warmherzig sind, können Sie in Beziehungen sehr freigiebig sein, brauchen aber Ihren persönlichen Freiraum. Sie haben eine breite Palette von Gefühlen, von Sensibilität und Fürsorge bis zu großer Leidenschaft. Ihr Hang zum Idealismus ist der Grund dafür, daß Sie einen Partner suchen, der Sie inspiriert und wenigstens einige Ihrer Interessen teilt. Ihre Partnerschaft wird möglicherweise durch Verpflichtungen Dritten gegenüber belastet. Mit Ihrem Charisma aber bieten sich Ihnen zahlreiche Gelegenheiten für romantische Beziehungen; außerdem scharen Sie damit viele Freunde um sich.

Ihr Partner

Wenn Sie jemanden suchen, der Sie glücklich macht und jung hält, sollten Sie sich unter den Menschen umsehen, die an folgenden Tagen geboren sind:

Liebe & Freundschaft: 2., 7., 10., 15., 17., 27. Jan., 5., 8., 15., 25. Feb., 3., 6., 13., 23. März, 1., 4., 11., 21. April, 2., 9., 19. Mai, 7., 17. Juni, 5., 15., 29., 31. Juli, 3., 13., 27., 29., 31. Aug., 1., 11., 25., 27., 29. Sept., 9., 23., 25., 27. Okt., 7., 21., 23., 25. Nov., 5., 19., 21., 23. Dez.

Günstig: 3., 5., 20., 25., 27. Jan., 1., 3., 18., 23., 25. Feb., 1., 16., 21., 23. März, 14., 19., 21. April, 12., 17., 19. Mai, 10., 15., 17. Juni, 8., 13., 15. Juli, 6., 11., 13. Aug., 4., 9., 11., 28. Sept., 2., 7., 9., 26. Okt., 5., 7., 24. Nov., 3., 5. Dez.

Schicksalhaft: 13. Jan., 11., 12., 13. Feb., 9. März, 7. April, 5. Mai, 3. Juni, 1. Juli

Problematisch: 16., 24. Jan., 14., 22. Feb., 12., 20. März, 10., 18. April, 8., 16., 31. Mai, 6., 14., 29. Juni, 4., 12., 27. Juli, 2., 10., 25. Aug., 8., 23. Sept., 6., 21. Okt., 4., 19. Nov., 2., 17. Dez.

Seelenverwandt: 16. Jan., 14. Feb., 12. März, 10. April, 8. Mai, 6. Juni, 4., 31. Juli, 2., 29. Aug., 27. Sept., 25. Okt., 23. Nov., 21. Dez.

SONNE: LÖWE
DEKADE: WIDDER/MARS
GRAD: 22°45' – 24° LÖWE
ART: FIXZEICHEN
ELEMENT: FEUER

Fixsterne

Ihre Sonne ist zwar nicht mit einem Fixstern verbunden, sicherlich aber einer der anderen Planeten Ihres Sonnenzeichens. Wenn Sie sich ein Geburtshoroskop erstellen lassen, lernen Sie die exakten Positionen der Planeten an Ihrem Geburtstag kennen. Auf diese Weise können Sie feststellen, welche der Fixsterne in diesem Buch für Sie von Interesse sind.

16. August

Sie haben große Intelligenz und Intuitionskraft; hinter Ihrer freundlichen und charmanten Fassade verbergen Sie häufig scharfe Beobachtungsgabe und Scharfsinn. Obwohl Sie distanziert und nachdenklich wirken, sind Sie sensibel und idealistisch. Als Löwe sind Sie selbstsicher, entschlossen und einsichtig. So können Sie rasch und präzise Ideen erfassen. Mit Ihrer pragmatischen und direkten Art vertreten Sie unabhängige Ansichten; zu Ihren Vorzügen gehört außerdem große Überzeugungskraft.

Der Untereinfluß Ihres Dekadenplaneten Mars verleiht Ihnen Vitalität und verstärkt Ihr geistiges Potential. Er macht Sie abenteuerlustig und mutig, und er bildet den Gegenpol zur introvertierten Seite Ihrer Persönlichkeit. Allerdings sorgt er auch für Rastlosigkeit und Heißblütigkeit. Hüten Sie sich vor Ängsten und Impulsivität. Lernen Sie durch Selbstdisziplin zu beenden, was Sie begonnen haben, womit Sie auch Ihrer Neigung zur Langeweile entgegenwirken.

Ihr Bedürfnis, zu brillieren und dafür von anderen bewundert zu werden, weist darauf hin, daß Sie gern vor Publikum stehen. Häufig sehr ernsthaft, können Sie Begeisterungsfähigkeit und Spontaneität zeigen, wenn Sie von etwas wirklich fasziniert sind. Lernen Sie, Ihren raschen Instinkten zu vertrauen, und achten Sie darauf, daß Sie nicht dominierend oder zu anspruchsvoll werden.

Wenn Sie 6 sind, tritt Ihre Sonne in das Zeichen der Jungfrau, und es beginnt eine dreißigjährige Phase, in der Sie viel Wert auf praktische Ordnung und Effizienz in Ihrem Leben legen, vor allem im beruflichen Umfeld. Ein weiterer Wendepunkt folgt, wenn Sie 36 sind und Ihre Sonne in das Zeichen der Waage wechselt. Nun entdecken Sie verborgene künstlerische, schauspielerische oder literarische Talente und legen mehr Wert auf persönliche Beziehungen. Wenn Sie 66 sind, wechselt Ihre Sonne in das Zeichen des Skorpion, und Sie verspüren den Drang nach persönlicher Macht und tiefgreifenden emotionalen Veränderungen oder Erneuerungen.

Ihr geheimes Selbst

Was andere antreibt, interessiert Sie brennend, und Ihre Gabe, mit Menschen umzugehen, ist ein Schlüssel zu Ihrem Erfolg. In Ihrem Leben hängt überhaupt viel von der Harmonie Ihrer Beziehungen ab, weshalb Sie sich bemühen müssen, die Balance zwischen extremer Herzlichkeit und äußerst kühler Zurückhaltung zu finden. Wenn Sie von anderen enttäuscht sind, neigen Sie zu Verzweiflung. Denken Sie jedoch konstruktiv, können Sie äußerst großzügig und fleißig sein, mit einem Potential für Leistung und Erfolg.

Dank Ihrem Sinn fürs Praktische sind Sie oft ein nützlicher Berater für andere, eine Rolle, die Sie mit Bescheidenheit und Mitgefühl ausfüllen. Da Sie meist finanziell vom Glück begünstigt sind, lösen sich Geldprobleme in der Regel von selbst. Mit Optimismus und Intuition können Sie wahrhaft Berge versetzen.

Beruf & Karriere

Dank Ihrer sozialen Kompetenz und Ihrem scharfen Verstand können Sie es in vielen Bereichen des Lebens zu etwas bringen. Echte Begeisterungsfähigkeit ist eines Ihrer Erfolgsgeheimnisse. In der Geschäftswelt bevorzugen Sie große Konzerne oder die Medien und erweisen sich als ausgezeichneter Problemlöser. Mit Ihren Organisationsfähigkeiten und Führungsqualitäten können Sie Toppositionen erreichen. Ihr Gefühl für Wirkung in Verbindung mit Ihrer Entschlossenheit öffnet Ihnen auch die Welt des Showbusineß. In jedem Fall sollten Sie untergeordnete Positionen vermeiden, da Sie sich ungern sagen lassen, was Sie tun sollen. Da Sie großen Kampfgeist haben, können Sie sich auch für wohltätige Zwecke engagieren.

Berühmte Persönlichkeiten dieses Tages sind die Sängerin und Schauspielerin Madonna, der Schauspieler Timothy Hutton, T. E. Lawrence (Lawrence von Arabien) und der Politiker Gerhard Pohl.

Numerologie

Mit der Geburtstagszahl 16 sind Sie rücksichtsvoll, sensibel und liebenswürdig. Obwohl Sie einen analytischen Verstand haben, beurteilen Sie doch Situationen und Menschen oft aus dem Gefühl heraus. Mit der 16 können Sie in das Dilemma zwischen Ihrem Wunsch nach Selbstverwirklichung und der Verantwortung anderen gegenüber geraten. Häufig interessieren Sie sich für Weltangelegenheiten und Politik. Die Kreativen unter Ihnen haben Talent zum Schreiben und erleben hin und wieder wahre Geistesblitze. Sie sollten lernen, die Balance zwischen übersteigertem Selbstvertrauen und Zweifeln und Unsicherheit zu finden. Der Untereinfluß der Monatszahl 8 führt dazu, daß Sie zwar gelegentlich unbeteiligt und distanziert wirken, aber im allgemeinen praktisch sind und ein ausgeprägtes Gefühl für Werte haben. Sie streben Positionen mit Macht und Einfluß an, sollten dabei aber stets darauf achten, sich fair und gerecht zu verhalten. Mit Ihrer weltgewandten und stolzen Haltung können Sie mit Entschlossenheit und Glauben an sich selbst viel erreichen.

Positiv: gebildet, verantwortungsbewußt, integer, intuitiv, gesellig, kooperativ, verständnisvoll.

Negativ: ängstlich, unzufrieden, fördert nur sich selbst, rechthaberisch, skeptisch, neigt zum Dramatisieren, leicht reizbar.

Liebe & Zwischenmenschliches

Sie sollten einen Partner finden, der ehrgeizig und von Natur aus clever ist – jemanden, auf den Sie sich voll und ganz verlassen können. Daß Sie sich zu kreativen und erfolgreichen Menschen mit schauspielerischen Talenten hingezogen fühlen, deutet darauf hin, daß Sie Glamour und Gesellschaftsrummel lieben. Wichtig für Sie ist auch, daß Sie Ihre Ideen präsentieren können, denn Sie lieben es, Ihr Wissen mit anderen zu teilen. Achten Sie darauf, sich Ihren Partnern gegenüber nicht herrisch zu verhalten.

Ihr Partner

Den richtigen Partner, der Ihre vielen Interessen teilt, finden Sie am ehesten unter den Menschen, die an folgenden Tagen geboren sind:

Liebe & Freundschaft: 1., 8., 14., 28., 31. Jan., 6., 12., 26., 29. Feb., 10., 24., 27. März, 2., 8., 22., 25. April, 6., 20., 23. Mai, 4., 18., 21. Juni, 2., 16., 19., 30. Juli, 14., 17., 28., 30. Aug., 12., 15., 26., 28., 30. Sept., 10., 13., 24., 26., 28. Okt., 8., 11., 22., 24., 26. Nov., 6., 9., 20., 22., 24. Dez.

Günstig: 26. Jan., 24. Feb., 22. März, 20. April, 18. Mai, 16. Juni, 14. Juli, 12. Aug., 10. Sept., 8. Okt., 6. Nov., 4. Dez.

Schicksalhaft: 10., 11., 12., 13., 14. Feb.

Problematisch: 3., 25. Jan., 1., 23. Feb., 21. März, 19. April, 17. Mai, 15. Juni, 13. Juli, 11. Aug., 9. Sept., 7. Okt., 5. Nov., 3. Dez.

Seelenverwandt: 3., 10. Jan., 1., 8. Feb., 6. März, 4. April, 2. Mai

SONNE: LÖWE
DEKADE: WIDDER/MARS
GRAD: 23°45' – 25° LÖWE
ART: FIXZEICHEN
ELEMENT: FEUER

Fixsterne

Ihre Sonne ist zwar nicht mit einem Fixstern verbunden, sicherlich aber einer der anderen Planeten Ihres Sonnenzeichens. Wenn Sie sich ein Geburtshoroskop erstellen lassen, lernen Sie die exakten Positionen der Planeten an Ihrem Geburtstag kennen. Auf diese Weise können Sie feststellen, welche der Fixsterne in diesem Buch für Sie von Interesse sind.

17. August

♌ Von Natur aus gesellig und freundlich, sind Sie ein kreativer Löwe mit Scharfsinn und Intuition. Da Sie Dinge sehr rasch erfassen, können Sie immer wieder Situationen zu Ihrem Vorteil nutzen. Als Menschenfreund mit liberalen und toleranten Ansichten haben Sie ein festes Wertesystem. Da Selbstdisziplin Grundvoraussetzung für Ihren Erfolg ist, brauchen Sie eine gute Ausbildung und etwas, das Sie wirklich motiviert.

Das Bedürfnis, Ihre zahlreichen Ideen zu verwirklichen, ist auf den Untereinfluß Ihres Dekadenzeichens, des Widders, zurückzuführen; er sorgt dafür, daß Sie geistig aktiv und produktiv sein wollen. Derselbe Einfluß führt aber auch dazu, daß Sie gelegentlich rastlos sind und zwischen kreativem Optimismus und sorgenerfülltem Pessimismus schwanken. Seien Sie nicht zu kritisch, und stellen Sie nicht zu hohe Ansprüche an sich selbst. Hüten Sie sich vor impulsivem Verhalten, lernen Sie, zu beenden, was Sie begonnen haben, und üben Sie sich in Geduld.

Auch wenn Sie treu und fürsorglich sind, sollten Sie weniger dogmatisch oder ungestüm sein. Um die Bewunderung zu bekommen, die Sie sich wünschen, sollten Sie lieber Ihre liebevolle Seite als Ihre Unzufriedenheit zeigen. Bei aller Großzügigkeit und Spontaneität beeinträchtigen manchmal emotionale Hemmungen Ihre positive Lebenseinstellung. Sie brauchen aufregende und emotional erfüllende Aktivitäten, bei denen Sie sich selbst wirkungsvoll darstellen können.

Wenn Sie 5 sind, tritt Ihre Sonne in das Zeichen der Jungfrau, und es beginnt eine dreißigjährige Phase, in der Sie viel Wert auf praktische Ordnung und Effizienz in Ihrem Leben legen, vor allem im beruflichen Umfeld. Ein weiterer Wendepunkt folgt, wenn Sie 35 sind und Ihre Sonne in das Zeichen der Waage wechselt. Nun entdecken Sie verborgene künstlerische Talente und legen mehr Wert auf persönliche Beziehungen und Partnerschaften. Wenn Sie 65 sind, wechselt Ihre Sonne in das Zeichen des Skorpion, und Sie verspüren den Drang, den tieferen Sinn des Lebens zu ergründen; zudem gewinnen Sie größere emotionale Tiefe und gehen mehr Risiken ein.

Ihr geheimes Selbst

Ihre innere Sensibilität mag unter Ihrem stolzen Äußeren nicht sichtbar sein. Ihr Humanitarismus wird wunderbar von Ihrem Sinn für Wirkung ergänzt, so daß Sie Ihre kreativen Ideen zum Ausdruck bringen können. Ihr Interesse für Ihre Mitmenschen macht Sie zum geborenen Berater für andere und läßt Sie die eigene Unzufriedenheit vergessen. Sie suchen die Sicherheit von Heim und Familie und haben großes Verantwortungsbewußtsein. Wenn Sie Ihr Gefühl für Werte besser ausbilden, lernen Sie, zwischen Verschwendung und Geiz einen Mittelweg zu finden.

Distanz und eine positive Lebenseinstellung können in Ihrem Leben Wunder bewirken und Ihnen helfen, Ihre Neigung zu Frustration und Depression zu überwinden. Um nicht im Alltagstrott zu versinken, sollten Sie sich immer wieder neuen Herausforderungen stellen. Ihr Vorteil ist, daß Sie großen Respekt vor Bildung und Wissen haben und immer nach Möglichkeiten suchen, sich selbst und Ihr Leben zu verbessern.

Beruf & Karriere

Ihr Ehrgeiz und Ihre Gabe, sich wirkungsvoll darzustellen, verhelfen Ihnen in der Welt des Theaters, aber auch im Geschäftsleben oder der Politik zu Erfolg. Da Sie ein guter Psychologe sind, arbeiten Sie gern mit Menschen zusammen und eignen sich sehr als privater oder geschäftlicher Berater. Mit Ihren Organisationsfähigkeiten und Führungsqualitäten können Sie auf Ihrem Gebiet eine Spitzenposition erreichen. Ihre kommunikativen Fähigkeiten und Ihr Wissensdurst ziehen Sie vielleicht zu Schreiben, Justiz oder Pädagogik. Mit Ihrer Sensibilität und Ihrem sozialen Bewußtsein sind Sie auch für Heilberufe oder als Kämpfer für eine gute Sache geeignet.

Berühmte Persönlichkeiten dieses Tages sind der Schauspieler Robert De Niro, die Fechterin Anja Fichtel, die Schauspielerinnen Mae West und Maureen O'Hara, der Eislaufstar Robin Cousins und der Rockmusiker Ed Sanders.

Numerologie

Mit der Geburtstagszahl 17 sind Sie scharfsinnig und zurückhaltend und haben gute analytische Fähigkeiten. Als unabhängiger Denker profitieren Sie sehr von einer guten Ausbildung. Meist nutzen Sie Ihr Wissen, um sich zu spezialisieren, und können es als Experte oder Forscher auch finanziell weit bringen. Reserviert und unvoreingenommen, wirken Sie sehr seriös und nehmen sich gern Zeit. Wenn Sie Ihre kommunikativen Fähigkeiten besser anwenden, können Sie im Gespräch mit anderen sehr viel über sich selbst erfahren. Der Untereinfluß der Monatszahl 8 führt dazu, daß Sie entschlossen sind und ein gutes Einschätzungsvermögen haben, Ihr Perfektionismus und Ihre strengen Prinzipien Sie aber gelegentlich am Weiterkommen hindern. Hüten Sie sich vor Ängsten und Mißtrauen. Da Sie Einfluß und Wohlstand anstreben, müssen Sie hart arbeiten, gutes Urteilsvermögen entwickeln und Ihre geistigen Energien konstruktiv einsetzen.

Positiv: nachdenklich, Experte, guter Planer, Geschäftssinn, Gefühl für Geld, individueller Denker, gewissenhaft, genau, wissenschaftlich, qualifizierter Forscher.

Negativ: unbeteiligt, einsam, stur, leichtsinnig, launisch, empfindlich, engstirnig, kritisch.

Liebe & Zwischenmenschliches

Mit Ihrer liebevollen und fürsorglichen Art sind Sie ein hingebungsvoller Partner. Da Sie freundlich und gesellig sind, haben Sie meist viele Freunde und Bekannte. Beziehungen spielen eine wichtige Rolle in Ihrem Leben, und meist sind Sie sehr aufmerksam, was die Bedürfnisse anderer betrifft. Obwohl Sie sehr loyal und hilfsbereit sind, müssen Sie die Balance zwischen zu abhängig oder zu dominierend zu sein finden. Kreative Menschen üben einen positiven Einfluß auf Ihr Leben aus.

Ihr Partner

Den Partner fürs Leben, der das Beste aus Ihnen herausholt, finden Sie mit großer Wahrscheinlichkeit unter den an den folgenden Tagen geborenen Menschen:

Liebe & Freundschaft: 1., 9., 15., 26., 29., 30. Jan., 7., 13., 24., 27., 28. Feb., 11., 22., 25., 26. März, 3., 9., 20., 23., 24. April, 7., 18., 21., 22. Mai, 5., 16., 19., 20. Juni, 3., 14., 17., 18., 31. Juli, 1., 12., 15., 16., 29., 31. Aug., 10., 13., 14., 27., 29. Sept., 8., 11., 12., 25., 27. Okt., 6., 9., 10., 23., 25. Nov., 4., 7., 8., 21., 23., 29. Dez.

Günstig: 1., 2., 10., 27. Jan., 8., 25. Feb., 6., 23. März, 4., 21. April, 2., 19., 30. Mai, 17., 28. Juni, 15., 26. Juli, 13., 24. Aug., 11., 22. Sept., 9., 20. Okt., 7., 18. Nov., 5., 16. Dez.

Schicksalhaft: 11., 12., 13., 14., 15. Feb.

Problematisch: 17., 26. Jan., 15., 24. Feb., 13., 22. März, 11., 20. April, 9., 18. Mai, 7., 16. Juni, 5., 14. Juli, 3., 12., 30. Aug., 1., 10., 28. Sept., 8., 26., 29. Okt., 6., 24., 27. Nov., 4., 22., 25. Dez.

Seelenverwandt: 21. Jan., 19. Feb., 17. März, 15. April, 13. Mai, 11. Juni, 9., 29. Juli, 7., 27. Aug., 5., 25. Sept., 3., 23. Okt., 1., 21. Nov., 19. Dez.

SONNE: LÖWE
DEKADE: WIDDER/MARS
GRAD: 24°45' – 26° LÖWE
ART: FIXZEICHEN
ELEMENT: FEUER

Fixsterne

Ihre Sonne ist zwar nicht mit einem Fixstern verbunden, sicherlich aber einer der anderen Planeten Ihres Sonnenzeichens. Wenn Sie sich ein Geburtshoroskop erstellen lassen, lernen Sie die exakten Positionen der Planeten an Ihrem Geburtstag kennen. Auf diese Weise können Sie feststellen, welche der Fixsterne in diesem Buch für Sie von Interesse sind.

18. August

♌ Von Natur aus inspiriert und phantasiebegabt, sind Sie ein Löwe mit großem Potential und einem aktiven und wißbegierigen Geist. Obwohl Sie stolz und würdevoll sind und sich Erfolg wünschen, brauchen Sie Motivierung und Entschlußkraft, um Ihre Ziele zu erreichen. Da Sie gern neue Erfahrungen suchen und abenteuerlustig sind, haben Sie meist eine Menge Pläne und Ideen.

Der Untereinfluß Ihres Dekadenzeichens Widder verleiht Ihnen Mut. Im Zusammenspiel mit Ihrem Unternehmungsgeist führt das zu einer gewissen Rastlosigkeit. Sie nehmen ungern untergeordnete Positionen ein, da Sie nicht gern tun, was andere Ihnen sagen, und lieber Ihre eigenen Pläne ausführen. Häufig wünschen Sie sich, unabhängig zu arbeiten oder Projekte zu leiten, und mit Ihrem ausgeprägten Sinn für Strukturen haben Sie auch die nötigen Organisationsfähigkeiten dafür.

Geistig aufgeweckt und intelligent, sind Sie voller Wissensdurst und möchten Ihre Ideen und Gedanken anderen mitteilen. Mit Ihren medialen Fähigkeiten erahnen Sie, was andere bewegt, und entlarven sofort scheinheiliges Verhalten. Da Sie sensibel auf Ihre Umwelt reagieren, brauchen Sie eine positive Atmosphäre um sich herum.

Wenn Sie 4 Jahre alt sind, tritt Ihre Sonne in das Zeichen der Jungfrau, und es beginnt eine dreißigjährige Phase, in der Sie viel Wert auf praktische Überlegungen und Ordnung in Ihrem Leben legen. Ein weiterer Wendepunkt folgt, wenn Sie 34 sind und Ihre Sonne in das Zeichen der Waage wechselt. Nun entdecken Sie verborgene musikalische, literarische oder andere künstlerische Talente und legen mehr Wert auf persönliche Beziehungen und Partnerschaften. Wenn Sie 64 sind, wechselt Ihre Sonne in das Zeichen des Skorpion und Sie verspüren den Drang, den tieferen Sinn Ihres Lebens zu ergründen, und zu Veränderungen, die Ihr Bewußtsein erweitern können.

Ihr geheimes Selbst

Wenn Sie realistisch bleiben und sich nicht in Tagträume flüchten, sind Sie imstande, Ihr großes geistiges Potential auszunutzen. Mit Ihrer Sensibilität und lebhaften Phantasie neigen Sie gelegentlich dazu, den Weg des geringsten Widerstands zu gehen. Wissensdurst und Verständnis machen spirituelle oder metaphysische Ideen interessant für Sie. Von Natur aus sind Sie freundlich und kommunikativ, und mit Ihrer Liebe zum Debattieren eignen Sie sich gut für die Arbeit in Gruppen, die gesellschaftliche Veränderungen oder Reformen anstreben.

Sie lieben Macht, vor allem die Macht des Wissens, und schätzen Menschen, die mehr Wissen oder Weisheit haben als Sie selbst. Hüten Sie sich aber vor intellektuellen Machtspielen oder dem Drang, andere zu manipulieren, wenn Sie sich in schwierige Situationen manövriert haben. Gleichwohl haben Sie die Gabe, andere mit Idealismus, Entschlossenheit und Hellsicht zu inspirieren.

Beruf & Karriere

Mit Ihrem Bedürfnis, im Rampenlicht zu stehen, könnten Sie am Theater, etwa als Schauspieler, Tänzer oder Regisseur, erfolgreich sein. Ihr Ehrgeiz zieht Sie aber auch zu Politik, Jura oder Wirtschaft, wo Sie sich eine führende Position wünschen. Da Sie ungern tun, was andere Ihnen sagen, sollten Sie sich vielleicht aber lieber selbständig machen. Ihr Sinn fürs Praktische in Kombination mit Ihrem Organisationstalent spricht dafür, daß Sie in Industrie, Handel oder Bankwesen erfolgreich sein können. Ihre soziale Kompetenz hilft Ihnen in Berufen, die mit Menschen zu tun haben, vor allem in Pädagogik oder Wohlfahrt. Dank Sensibilität, Verständnis und natürlicher Heilkräfte können Sie auch Berufe in Medizin oder Alternativheilkunde ergreifen.

Berühmte Persönlichkeiten dieses Tages sind die Schauspieler Patrick Swayze und Robert Redford, der Regisseur Roman Polanski, der Politiker Markus Meckel und die Schauspielerin Shelley Winters.

Numerologie

Entschlossenheit, Ehrgeiz und Bestimmtheit gehören zu den Eigenschaften der Geburtstagszahl 18. Da Sie sehr aktiv sind und Herausforderungen brauchen, sind Sie ständig beschäftigt oder in irgendwelche Unternehmungen involviert. Mit Ihrer Kompetenz, Ihrem Fleiß und Verantwortungsbewußtsein erreichen Sie führende Positionen. Da Sie leicht unter Überarbeitung leiden, sollten Sie lernen, sich zu entspannen oder einen Gang zurückzuschalten. Als Mensch mit der Zahl 18 können Sie Ihre Kraft nutzen, um andere zu heilen oder ihnen mit Rat und Tat zur Seite zu stehen. Der Untereinfluß der Monatszahl 8 sorgt dafür, daß Sie geistig rege sind und im allgemeinen Menschen und Situationen intuitiv schnell erfassen. Obwohl Sie rastlos und unstet sein können, sind Sie bei der Arbeit sehr effektiv und führen Ihre Pläne zielstrebig durch. Sie brauchen Anerkennung und geraten häufig in Konflikt zwischen Ihren Idealen und materiellen Überlegungen.

Positiv: progressiv, bestimmt, intuitiv, mutig, resolut, Heilkraft, tüchtig, Beraterfähigkeiten.

Negativ: unkontrollierbare Gefühle, faul, unordentlich, selbstsüchtig, unfähig, Arbeiten zu Ende zu bringen, falsch.

Liebe & Zwischenmenschliches

Sie haben eine stolze und charismatische Persönlichkeit, die andere anzieht. In Beziehungen legen Sie viel Wert auf Ehrlichkeit und Direktheit. Dank Ihrer Sensibilität können Sie hingebungsvoll und zärtlich sein, hüten Sie sich aber vor Realitätsflucht oder Unmäßigkeit. Mit Ihrem freundschaftlichen und klugen Rat sind Sie bei anderen hoch angesehen. In Ihren engsten Beziehungen brauchen Sie Menschen, die Sie geistig anregen und mit denen Sie Interessen und Wertvorstellungen teilen können.

Ihr Partner

Wenn Sie jemanden suchen, bei dem Sie emotionale Erfüllung und Liebe finden, sollten Sie sich unter den Menschen umsehen, die an folgenden Tagen geboren sind:

Liebe & Freundschaft: 10., 13., 20., 25., 30. Jan., 8., 11., 18., 28. Feb., 6., 9., 16., 26., 30. März, 4., 7., 14., 24., 30. April, 2., 5., 12., 22. Mai, 3., 10., 20. Juni, 1., 8., 18. Juli, 6., 16., 20., 30. Aug., 4., 14., 28., 30. Sept., 2., 12., 26., 28., 30. Okt., 10., 24., 26., 28. Nov., 8., 22., 24., 26. Dez.

Günstig: 12., 16., 17., 28. Jan., 10., 14., 15., 26. Feb., 8., 12., 13., 24. März, 6., 10., 11., 22. April, 4., 8., 9., 20., 29. Mai, 2., 6., 7., 18., 27. Juni, 4., 5., 16., 25. Juli, 2., 3., 14., 23. Aug., 1., 12., 21. Sept., 10., 19. Okt., 8., 17. Nov., 6., 15. Dez.

Schicksalhaft: 14., 15., 16. Feb., 31. März, 29. April, 27. Mai, 25. Juni, 23. Juli, 21. Aug., 19. Sept., 17. Okt., 15. Nov., 17. Dez.

Problematisch: 6., 18., 22., 27. Jan., 4., 16., 20., 25. Feb., 2., 14., 18., 23. März, 12., 16., 21. April, 10., 14., 19. Mai, 8., 12., 17. Juni, 6., 10., 15. Juli, 4., 8., 13. Aug., 2., 6., 11. Sept., 4., 9. Okt., 2., 7. Nov., 5. Dez.

Seelenverwandt: 28. März, 26. April, 24. Mai, 22. Juni, 20. Juli, 18. Aug., 16. Sept., 14. Okt., 12. Nov., 10. Dez.

SONNE: LÖWE
DEKADE: WIDDER/MARS
GRAD: 25°45' – 27° LÖWE
ART: FIXZEICHEN
ELEMENT: FEUER

Fixsterne

Alphard; Adhafera, auch Al-Serpha genannt; Al Jabhah

Hauptstern

Name des Sterns: Alphard
Gradposition: 26°17' – 27°8' Löwe zwischen den Jahren 1930 und 2000
Magnitude: 2
Stärke: ********
Orbit: 28°10'
Konstellation: Alpha Hydrae
Tage: 19., 20., 21., 22. August
Sternqualitäten: unterschiedliche Deutungen: Saturn/Venus und Sonne/Jupiter
Beschreibung: großer orangefarbener Stern im Nacken der Wasserschlange.

Einfluß des Hauptsterns

Alphard steht für natürliche Weisheit und tiefes Verständnis für die menschliche Natur. Unter seinem Einfluß lieben Sie die Kunst und haben viel Ehrgeiz und Sensibilität, neigen allerdings auch zu Unmäßigkeit und mangelnder Selbstbeherrschung. Mit Alphards Einfluß kann es zu Turbulenzen und Aufruhr in Ihrem Leben kommen, und Sie müssen sich vor jeglicher Form von Vergiftung oder Infektion in acht nehmen.
Im Zusammenhang mit dem Stand Ihrer Sonne verleiht Alphard Führungsqualitäten und gute Aufstiegschancen, so daß Sie eine leitende Position erreichen können. Sie wünschen sich, berühmt zu werden und im Rampenlicht zu stehen. Allerdings sollten Sie immer fair und gerecht bleiben, da Sie sonst von anderen

19. August

♌ Mit Ihrer dynamischen, strahlenden und geselligen Persönlichkeit wollen Sie stets im Mittelpunkt stehen. Als Löwe sind Sie stolz, haben Selbstvertrauen und Kreativität und den Wunsch, sich zu verwirklichen.
Der Untereinfluß Ihres Dekadenzeichens Widder verstärkt Ihre bereits energische Natur zusätzlich und sorgt dafür, daß Sie mit großer Selbstsicherheit handeln. Im allgemeinen übernehmen Sie gern die Führung. Der Einfluß des Mars führt dazu, daß Sie unternehmungslustig und spontan sind, mit einer Neigung zur Spekulation. Hüten Sie sich aber vor dem «schnellen Reichtum». Da Sie Wert darauf legen, daß sich Dinge nach Ihren Vorstellungen entwickeln, sollten Sie eine weniger dominierende oder egoistische Haltung an den Tag legen.
Sie können Situationen schnell erfassen, müssen aber darauf achten, nicht zu scharf zu reagieren, enttäuscht zu sein oder sich allzu große finanzielle Sorgen zu machen. Da Sie klug und scharfsinnig sind und großes geistiges Potential haben, brauchen Sie ständige Beschäftigung und wollen stets gut informiert sein. Ihre Mischung aus Zynismus und Unschuld weist darauf hin, daß Sie Ihren guten Verstand, aber auch Ihre intuitiven Kräfte weiterentwickeln sollten. Im allgemeinen wirken Sie jugendlich, und die Arbeit spielt in Ihrem Leben eine große Rolle, vor allem wenn Sie älter werden. Wie schwierig die Situationen auch sind, mit denen Sie konfrontiert werden, tief in Ihrem Innern wissen Sie, daß Sie die Kraft haben, sie zu meistern.
Wenn Sie 3 Jahre alt sind, tritt Ihre Sonne in das Zeichen der Jungfrau, und es beginnt eine dreißigjährige Phase, in der Sie viel Wert auf praktische Überlegungen und Ordnung in Ihrem Leben legen. In dieser Zeit sind die Beachtung von Details und der Dienst am Nächsten sehr wichtig. Ein weiterer Wendepunkt folgt, wenn Sie 33 sind und Ihre Sonne in das Zeichen der Waage wechselt. Nun entdecken Sie verborgene soziale, diplomatische oder künstlerische Talente und legen mehr Wert auf persönliche Beziehungen und Partnerschaften. Wenn Sie 63 sind, wechselt Ihre Sonne in das Zeichen des Skorpion, und Sie verspüren den Drang nach mehr emotionaler Tiefe, Intensität und Veränderung.

Ihr geheimes Selbst

Da Wissen und Weisheit Sie inspirieren, sollten Sie sich stets eine positive Einstellung bewahren und Geduld und Toleranz üben. Auf diese Weise halten Sie Ihren rastlosen und aktiven Geist unter Kontrolle. Mit Ihrer Bestimmtheit und raschen Auffassungsgabe können Sie gut neue Ideen präsentieren und andere überzeugen. Da Sie Dinge gut einschätzen können, sind Sie bereit, hart zu arbeiten, um ein Ziel zu erreichen, an das Sie glauben.
Starke Willenskraft und Entschlossenheit sind Ihnen in der Welt des Geldes von großem Nutzen. Um aber wirkliche Erfüllung zu finden, müsen Sie diese Fähigkeiten mit Ihrer Intuition kombinieren. Lernen Sie, auf Ihre innere Stimme zu hören. Wenn Sie Ihren scharfen Verstand, Ihren Mut und Ihre Originalität vereinen, können Sie Großes erreichen.

Beruf & Karriere

Sie sind sehr ehrgeizig, geben sich aber im allgemeinen freundlich und zuverlässig. Sie haben geistige Vitalität, die Ihnen in Debatten und bei Auseinandersetzungen von großem Nutzen ist. Mit diesen Talenten eignen Sie sich gut für Justiz und Politik. Ebensogut können Sie aber Karriere in Verkauf oder Vermittlung machen. Sie denken sehr analytisch und haben technisches Geschick, was Ihnen in jedem Beruf hilft. Ihr Sinn für Dramatik führt Sie vielleicht ans Theater oder in die Welt des Entertainments. Welche Tätigkeit Sie aber auch immer ausüben, Sie wollen stets die Führung übernehmen. Mit Ihrer Entschlossenheit und Ihrem Geschäftstalent können Sie sich gut selbständig machen.

Berühmte Persönlichkeiten dieses Tages sind US-Präsident Bill Clinton, die Modedesignerin Coco Chanel, der Philosoph P. D. Ouspensky, der Verleger Malcolm Forbes, der Reggaesänger Johnny Nash und die Schauspielerin Jill St. John.

Numerologie

Als fröhlich, ehrgeizig und menschenfreundlich werden Menschen mit der Geburtstagszahl 19 oft von anderen beschrieben. Von Natur aus entschlossen und erfinderisch, haben Sie ein ausgeprägtes Wahrnehmungsvermögen, und Ihre träumerische Seite sorgt für Mitgefühl, Idealismus und Sensibilität. Das Bedürfnis, jemand zu sein, läßt Sie dramatisch sein und sich gern in den Vordergrund drängen. Oft sind Sie von dem starken Wunsch beseelt, eine ganz individuelle Identität zu entwickeln. Um dies zu erreichen, müssen Sie lernen, dem Druck der Umwelt standzuhalten. Sie mögen auf andere selbstbewußt, robust und einfallsreich wirken; doch innere Spannungen führen oft zu emotionalen Schwankungen. Dank Ihrem künstlerischen Talent und Ihrem Charisma steht Ihnen die Welt offen. Der Untereinfluß der Monatszahl 8 führt dazu, daß Sie Ausdauer und Vitalität haben. Mit Ihrem Scharfsinn und Ihrer Entschlossenheit können Sie in einflußreiche Posten aufsteigen. Organisationstalent und Geschäftssinn kommen Ihnen in der Welt des Handels zugute.

Positiv: dynamisch, konzentriert, kreativ, führungsstark, glücksbegabt, progressiv, optimistisch, kämpferisch, unabhängig, gesellig.

Negativ: egozentrisch, depressiv, Angst vor Zurückweisung, Gefühlsschwankungen, materialistisch, egoistisch, ungeduldig.

Liebe & Zwischenmenschliches

Selbstsicher und entschlossen, sind Sie auch sehr verständnisvoll und rücksichtsvoll. Sie sind gesellig und wirken anziehend auf andere, so daß Sie keine Probleme haben, Freunde und Bewunderer zu finden. Am meisten fühlen Sie sich zu hart arbeitenden und geistig anregenden Menschen hingezogen. Da Sie sehr intuitiv sind, können Sie spüren, was andere denken oder fühlen, aber Sie brauchen viel Zeit, um eine verläßliche und langfristige Beziehung aufzubauen. Wenn es aber einmal soweit ist, sind Sie ein großzügiger und liebevoller Partner.

verdrängt werden. Das gilt fürs Berufsleben, aber auch für zwischenmenschliche Beziehungen, denn hier kommt immer wieder die Eifersucht durch, gegen die Sie oft vergeblich ankämpfen.

- Positiv: Vertrauen, durch eigene Kraft in der Lage, sich einen Namen zu machen, Ruhm.
- Negativ: juristische Verwicklungen und Rechtsstreitigkeiten, mangelnde Selbstbeherrschung, Eifersucht.

Ihr Partner

Dauerhaftes Glück und Liebe finden Sie am ehesten unter den Menschen, die an folgenden Tagen geboren wurden:

Liebe & Freundschaft: 11., 21., 28., 31. Jan., 9., 19., 26., 29. Feb., 17., 24., 27. März, 5., 15., 22., 25. April, 13., 20., 23. Mai, 1., 11., 18., 21. Juni, 9., 16., 19. Juli, 7., 14., 17., 31. Aug., 5., 12., 15., 29. Sept., 3., 10., 13., 27., 29., 31. Okt., 1., 8., 11., 25., 27., 29. Nov., 6., 9., 23., 25., 27. Dez.

Günstig: 9., 12., 18., 24., 29. Jan., 7., 10., 16., 22., 27. Feb., 5., 8., 14., 20., 25. März, 3., 6., 12., 18., 23. April, 1., 10., 16., 21., 31. Mai, 2., 8., 14., 19., 29. Juni, 6., 12., 17., 27. Juli, 4., 10., 15., 25. Aug., 2., 8., 13., 23. Sept., 6., 11., 21. Okt., 4., 9., 19. Nov., 2., 7., 17. Dez.

Schicksalhaft: 3. Jan., 1., 15., 16., 17. Feb., 30. April, 28. Mai, 26. Juni, 24. Juli, 22. Aug., 20. Sept., 18. Okt., 16. Nov., 14. Dez.

Problematisch: 7., 8., 19., 28. Jan., 5., 6., 17., 26. Feb., 3., 4., 15., 24. März, 1., 2., 13., 22. April, 11., 20. Mai, 9., 18. Juni, 7., 16. Juli, 5., 14. Aug., 3., 12. Sept., 1., 10. Okt., 8. Nov., 6. Dez.

Seelenverwandt: 3., 19. Jan., 1., 17. Feb., 15. März, 13. April, 11. Mai, 9. Juni, 7. Juli, 5. Aug., 3. Sept., 1. Okt.

20. August

SONNE: LÖWE
DEKADE: WIDDER/MARS
GRAD: 26°45' – 28° LÖWE
ART: FIXZEICHEN
ELEMENT: FEUER

Fixsterne

Alphard; Adhafera, auch Al-Serpha genannt; Al Jabhah

Hauptstern

Name des Sterns: Alphard
Gradposition: 26°17' – 27°8' Löwe zwischen den Jahren 1930 und 2000
Magnitude: 2
Stärke: ********
Orbit: 2°10'
Konstellation: Alpha Hydrae
Tage: 19., 20., 21., 22. August
Sternqualitäten: unterschiedliche Deutungen: Saturn/Venus und Sonne/Jupiter
Beschreibung: großer orangefarbener Stern im Nacken der Wasserschlange.

Einfluß des Hauptsterns

Alphard steht für natürliche Weisheit und tiefes Verständnis für die menschliche Natur. Unter seinem Einfluß lieben Sie die Kunst und haben viel Ehrgeiz und Sensibilität, neigen allerdings auch zu Unmäßigkeit und mangelnder Selbstbeherrschung. Mit Alphards Einfluß kann es zu Turbulenzen und Aufruhr in Ihrem Leben kommen, und Sie müssen sich vor jeglicher Form von Vergiftung oder Infektion in acht nehmen.
Im Zusammenhang mit dem Stand Ihrer Sonne verleiht Alphard Führungsqualitäten und gute Aufstiegschancen, so daß Sie eine leitende Position erreichen können. Sie wünschen sich, berühmt zu werden und im Rampenlicht zu stehen. Allerdings sollten Sie immer fair und gerecht bleiben, da Sie sonst von anderen verdrängt werden. Dies gilt besonders

♌ Mit Ihrer freundlichen und charmanten Art, Ihrem Ehrgeiz und Ihrer stolzen Haltung sind Sie ein Bilderbuchlöwe. Dank Ihrem Gefühl für Menschen und soziale Angelegenheiten können Sie um sich herum Harmonie und Frieden schaffen. Von Natur aus ebenso intuitiv wie praktisch, können Sie Ihre Ziele mit Hilfe Ihres außergewöhnlich scharfen Verstands erreichen. Allerdings brauchen Sie Motivierung, da Sie sonst gern den Weg des geringsten Widerstands gehen oder sich den Früchten des Wohlstands hingeben.

Zu Ihrem Glück sorgt der Untereinfluß Ihres Dekadenzeichens Widder dafür, daß Sie über genügend Energie und Antrieb verfügen, wenn Sie auf ein Ziel zusteuern, vor allem wenn es sich dabei um Prestige oder Geld handelt. Das bedeutet auch, daß Sie bereit sind, hart zu arbeiten, um einflußreiche oder vielversprechende Positionen zu erreichen.

Sie sind einfühlsam und verantwortungsbewußt, fürchten aber gelegentlich, die Erwartungen, die an Sie gestellt werden, nicht erfüllen zu können, und brauchen sehr viel Anerkennung für Ihre Leistungen. Andererseits verstehen Sie es blendend, Arbeit und Vergnügen miteinander zu verbinden und so eine Atmosphäre zu schaffen, in der sich alle wohl fühlen. Sie können Dinge gut einschätzen und sind imstande, mit Ihrer Entschlossenheit und Ausdauer Hindernisse zu überwinden.

Ihre Liebe zum Wissen und die Erkenntnis, daß es Ihnen Macht verleiht, sind der Grund dafür, daß Sie Ideen oder Informationen gern mit anderen teilen. Dank Ihrem natürlichen Gefühl für Wirkung können Sie andere mit Ihrer einzigartigen Voraussicht immer wieder inspirieren. Hin und wieder geraten Sie in Konflikt zwischen Idealismus und Materialismus. Entwickeln Sie deshalb eine Lebensphilosophie, die Ihnen einen klaren Weg durchs Leben weist.

Bis Sie 31 sind, befindet sich Ihre Sonne im Zeichen der Jungfrau. In dieser Phase legen Sie viel Wert auf praktische Überlegungen und Ordnung in Ihrem täglichen Leben. Möglicherweise versuchen Sie jetzt ständig, Dinge zu analysieren, um sie zu verbessern. Wenn Sie 32 sind und Ihre Sonne in das Zeichen der Waage wechselt, legen Sie mehr Wert auf persönliche Beziehungen, Kreativität und Ausgeglichenheit. Wenn Sie 62 sind, wechselt Ihre Sonne in das Zeichen des Skorpion, und Sie verspüren den Drang nach mehr emotionaler Tiefe und Veränderung sowie nach mehr persönlicher Macht.

Ihr geheimes Selbst

Ihre Entschlossenheit und das Bedürfnis, stets die Kontrolle zu behalten, sind der Grund dafür, daß Sie die Macht lieben. Konstruktiv eingesetzt hilft Ihnen das, Großes zu erreichen, macht Sie aber auch leicht rücksichtslos oder läßt Sie andere manipulieren. Da Sie fleißig sind und über natürlichen Geschäftssinn verfügen, können Sie Ihre Talente in bare Münze umwandeln. Obwohl Sie gerne unabhängig bleiben, wissen Sie, daß Sie in Zusammenarbeit mit anderen weiter kommen.

Manchmal sind Sie sehr resolut, gewissenhaft und methodisch und vermissen dann bei anderen Ausdauer und Zielstrebigkeit. Achten Sie in diesen Fällen darauf, daß Sie zwischen Arbeit und Spiel ein Gleichgewicht halten. Hin und wieder haben Sie Angstgefühle. Aber alle Ängste in puncto finanziellen Angelegenheiten erweisen sich im allgemeinen als unbegründet. Ihr Vorteil ist, daß Sie gutes Durchhaltevermögen und natürliche Heilungskräfte haben, so daß Sie auch aus großen Schwierigkeiten wie Phönix aus der Asche aufsteigen.

Beruf & Karriere

Da Sie klug und entschlossen sind, sollten Sie einen Beruf wählen, bei dem Sie Ihr geistiges Potential voll ausschöpfen können. Ihr Gefühl für Wirkung und Ihr Bedürfnis nach Selbstverwirklichung mögen Sie in die Welt von Literatur oder Entertainment führen. Mit Ihrem guten Verstand sind aber auch Pädagogik, Medien oder Verlagswesen vielversprechend für Sie. In der Welt der Wirtschaft führt Ihr Bedürfnis zu kontrollieren dazu, daß Sie viel Unabhängigkeit brauchen und sich am besten selbständig machen. Von Natur aus diplomatisch, fühlen Sie sich auch von Politik oder Öffentlichkeitsarbeit angezogen. Viele der heutigen Geburtstagskinder haben künstlerisches oder musikalisches Talent oder auch eine Neigung zu humanitären Tätigkeiten.

Berühmte Persönlichkeiten dieses Tages sind der indische Ministerpräsident Rajiv Gandhi, der Musiker Isaac Hayes sowie die Sänger Robert Plant und Jim Reeves.

Numerologie

Mit der Geburtstagszahl 20 sind Sie intuitiv, sensibel und anpassungsfähig; gern sehen Sie sich als Teil einer größeren Gruppe. Sie bevorzugen gemeinschaftliche Aktivitäten, bei denen Sie mit anderen Erfahrungen teilen und von ihnen lernen können. Von Natur aus charmant und liebenswürdig, sind Sie auch diplomatisch und gesellig und bewegen sich mit Leichtigkeit in den verschiedensten gesellschaftlichen Kreisen. Allerdings sollten Sie mehr Selbstvertrauen entwickeln, um sich von der Kritik anderer weniger beeindrucken zu lassen oder zu abhängig zu werden. Sie beherrschen es meisterlich, eine harmonische und gemütliche Atmosphäre zu schaffen. Der Untereinfluß der Monatszahl 8 sorgt dafür, daß Sie pragmatisch und entschlossen sind. Dennoch gibt es Hinweise darauf, daß Sie immer wieder schwanken zwischen dem Bedürfnis, die Führung zu übernehmen, und dem Verlangen, Teil der Gruppe zu sein. Häufig sind Sie ehrgeizig, direkt und unternehmungslustig. Im allgemeinen von Natur aus energisch, stellen Sie sich mutig den Herausforderungen des Lebens. Zu Ihren Eigenschaften gehören überdies feste Überzeugungen, Erfindungsreichtum und gutes Urteilsvermögen.

Positiv: gute Partner, sanft, taktvoll, aufgeschlossen, intuitiv, rücksichtsvoll, harmonisch, angenehm.

Negativ: mißtrauisch, mangelndes Selbstvertrauen, servil, schüchtern, überempfindlich, selbstsüchtig, hinterlistig.

Liebe & Zwischenmenschliches

Intelligent und nachdenklich, sind Sie ein verständnisvoller und anregender Gesprächspartner. Obwohl Sie in Ihrem Liebesleben sehr dramatisch sind, haben Sie ein starkes Bedürfnis nach Frieden und Harmonie in Ihren Beziehungen. Achten Sie darauf, daß Sie dabei nicht zu viele Kompromisse eingehen oder den Märtyrer spielen. Andererseits können Sie auch sehr dominierend werden, weshalb Sie für ausgeglichene Machtverhältnisse sorgen sollten. Alles in allem aber gehen Sie großzügig mit Liebe und Zuneigung um, und mit Ihren wunderbaren sozialen Fähigkeiten können Sie charismatisch und charmant sein.

fürs Berufsleben, aber auch für zwischenmenschliche Beziehungen, denn hier kommt immer wieder die Eifersucht durch, gegen die Sie oft vergeblich ankämpfen.

- Positiv: Vertrauen, durch eigene Kraft in der Lage, sich einen Namen zu machen, Ruhm.
- Negativ: juristische Verwicklungen und Rechtsstreitigkeiten, mangelnde Selbstbeherrschung, Eifersucht.

Ihr Partner

Einen verständnisvollen Liebespartner werden Sie mit großer Wahrscheinlichkeit unter den an den folgenden Tagen geborenen Menschen finden:

Liebe & Freundschaft: 8., 12., 18., 22. Jan., 16., 20. Feb., 14., 18., 28. März, 6., 12., 16., 26. April, 10., 14., 24. Mai, 2., 8., 12., 22. Juni, 6., 10., 20., 29. Juli, 4., 8., 18., 27., 30. Aug., 2., 6., 16., 25., 28. Sept., 4., 14., 23., 26., 30. Okt., 2., 12., 21., 24., 28. Nov., 10., 19., 22., 26., 28. Dez.

Günstig: 6., 10., 25., 30. Jan., 4., 8., 23., 28. Feb., 2., 6., 21., 26. März, 4., 19., 24. April, 2., 17., 22. Mai, 15., 20., 30. Juni, 13., 18., 28. Juli, 11., 16., 26. Aug., 9., 14., 24. Sept., 7., 12., 22. Okt., 5., 10., 20. Nov., 3., 8., 18. Dez.

Schicksalhaft: 16., 17., 18. Feb., 29. Mai, 27. Juni, 25. Juli, 23. Aug., 21. Sept., 19. Okt., 17. Nov., 15. Dez.

Problematisch: 13., 29., 31. Jan., 11., 27., 29. Feb., 9., 25., 27. März, 7., 23., 25. April, 5., 21., 23. Mai, 3., 19., 21. Juni, 1., 17., 29. Juli, 15., 17. Aug., 13., 15. Sept., 11., 13. Okt., 9., 11. Nov., 7., 9. Dez.

Seelenverwandt: 6., 25. Jan., 4., 23. Feb., 2., 21. März, 19. April, 17. Mai, 15. Juni, 13. Juli, 11. Aug., 9. Sept., 7. Okt., 5. Nov., 3. Dez.

21. August

SONNE: LÖWE
DEKADE: WIDDER/MARS
GRAD: 27°30' – 28°30' LÖWE
ART: FIXZEICHEN
ELEMENT: FEUER

Fixsterne

Regulus, auch «Herz des Löwen» genannt; Alphard; Adhafera, auch Al-Serpha genannt, Al Jabhah

Hauptstern

Name des Sterns: Regulus, auch «Herz des Löwen» genannt
Gradposition: 28°51' – 29°48' Löwe zwischen den Jahren 1930 und 2000
Magnitude: 1
Stärke: **********
Orbit: 2°30'
Konstellation: Alpha Leonis
Tage: 21., 22., 23., 24., 25., 26. August
Sternqualitäten: Mars/Jupiter
Beschreibung: leuchtend weiß-blaues Dreifachsystem im Körper des Löwen.

Einfluß des Hauptsterns

Regulus ist ein Königsstern, der in der unendlichen Zahl der Sterne eine führende Rolle einnimmt. Regulus wird mit Noblesse, hohen Ehren, großem Charisma und Würde in Verbindung gebracht. Unter seinem Einfluß können Sie schnell Entscheidungen treffen und werden gut mit Problemen fertig. Zudem steht er für das Streben nach Macht und die Fähigkeit, andere zu führen und anzuleiten. Von Regulus beeinflußt, haben Sie große Willenskraft und Unternehmungsgeist, die häufig mit großem Verlangen nach Freiheit und Unabhängigkeit einhergehen. Regulus steht aber auch dafür, daß Sie nicht immer lange in den Genuß dieser Vorteile kommen. Im Zusammenhang mit dem Stand Ihrer Sonne sorgt Regulus für Ehrgeiz, Macht

---

Von Natur aus erfolgs- und leistungsorientiert, sind Sie ein dynamischer und vielseitiger Löwe mit viel Ehrgeiz und starken Instinkten. Im allgemeinen sind Sie stolz und haben einen scharfen Verstand, außerdem sind Sie neugierig und fest entschlossen, sich durchzusetzen. Mit Ihrem Optimismus und Ihrer Unternehmungslust schöpfen Sie gern aus dem vollen. Diese Begeisterungsfähigkeit bedeutet auch, daß Sie Ihre Individualität auf kreative Weise zum Ausdruck bringen müssen.

Der Untereinfluß Ihres Dekadenzeichens Widder verleiht Ihrer Persönlichkeit zusätzlich Vitalität und Antrieb, führt aber auch dazu, daß Sie übereilt handeln oder sich leicht langweilen. Seien Sie nicht zu impulsiv, und fangen Sie neue Projekte nicht an, ohne sie vorher sorgfältig zu planen. Das große Potential, das von Ihrem Geburtstag ausgeht, verlangt, daß Sie Ihre Kraft in positive Bahnen lenken müssen, um Ihren Hang zur Unzufriedenheit zu überwinden.

Sie brauchen ständig geistige Anregung und können andere mit Ihrer Schlagfertigkeit und Ihrer humorvollen Art bestens unterhalten. Dank Ihrer Überzeugungskraft und Ihrem Sinn für Dramatik erreichen Sie bei anderen gewöhnlich, was Sie wollen. Allerdings können Sie Dummheit nicht ertragen und werden gelegentlich allzu direkt, selbstsüchtig oder arrogant. Sie sind vielseitig begabt und äußerst aktiv, sollten sich aber auf ein Gebiet konzentrieren, in dem Sie durch Weiterbildung viel erreichen können.

Zu Beginn Ihres Lebens tritt Ihre Sonne in das Zeichen der Jungfrau. Die ersten dreißig Jahre stehen Sie unter dem Einfluß seiner Eigenschaften: Pragmatismus, Kritikfähigkeit und Perfektionismus. Mit der Zeit möchten Sie sich beruflich verbessern. Im Alter von 31 erfahren Sie einen Wendepunkt, wenn Ihre Sonne in das Zeichen der Waage wechselt. Nun beginnen Sie, mehr Wert auf Beziehungen zu legen. Sie entwickeln mehr kreative Talente und interessieren sich für Musik, Kunst und Literatur. Wenn Sie 61 sind und Ihre Sonne in das Zeichen des Skorpions wechselt, wollen Sie mehr persönliche Macht und sich verändern. Dieser Einfluß kann auch Ihr Bewußtsein und Ihre Gefühle intensivieren.

Ihr geheimes Selbst

Da Ihre Sensibilität Sie auch sehr intuitiv macht, kann Sie das manchmal in Konflikt bringen: Ein Teil von Ihnen wünscht sich neue und aufregende Erlebnisse, der andere braucht Sicherheit und Stabilität. Wenn Sie das nicht ausgleichen, werden Sie rastlos und unstet oder anfällig für Realitätsflucht. Wenn Sie aber stets einen positiven Plan im Hintergrund haben, überwinden Sie Ihren Hang zu Zynismus und Rebellion. Verfolgen Sie Ihre Ziele und bleiben Sie bei Ihrer Wahrheitsliebe, dann sind Sie großzügig, mitfühlend und menschenfreundlich.

Sie sind ehrlich und aufrichtig und erwarten dasselbe auch von Ihren Mitmenschen; obwohl Sie sehr liebevoll sein können, neigen Sie gelegentlich zu Sarkasmus. Durch Reisen und höhere Bildung können Sie die abenteuerlustige Seite Ihrer Persönlichkeit entdecken. Da Sie charmant und spontan sind, möchten Sie vielleicht auch die verborgenen künstlerischen und kreativen Talente entwickeln, die mit Ihrem Geburtstag einhergehen.

Beruf & Karriere

Da Sie eine sehr schnelle Auffassungsgabe haben, brauchen Sie viel Abwechslung, um sich nicht zu langweilen. Mit Ihrem hochentwickelten Intellekt fühlen Sie sich in Berufen, die mit Pädagogik, Schreiben oder Verlagswesen zu tun haben, wohl. Im Idealfall haben Sie eine Beschäftigung, bei der Sie Ihre ausgezeichneten sozialen Fähigkeiten zum Einsatz bringen können und die Sie vielleicht sogar ins Ausland führt. Mit Ihrem Wunsch nach Selbstdarstellung sind Sie aber auch in der Welt der Kunst, Musik oder Unterhaltung richtig. Im Sport finden Sie eine gute Möglichkeit, Ihren Bewegungsdrang auszuleben.

Berühmte Persönlichkeiten dieses Tages sind Prinzessin Margaret, der Jazzpianist Count Basie, der Sänger Kenny Rogers und der Basketballspieler Wilt Chamberlain.

Numerologie

Mit der Geburtstagszahl 21 werden im allgemeinen dynamischer Antrieb und Kontaktfreudigkeit verbunden. Sie lieben Gesellschaft, haben vielfältige Interessen, einen großen Freundeskreis und sind oft vom Glück begünstigt. Nach außen hin zeigen Sie sich meist freundlich und gesellig. Sie sind lebenslustig, charmant, anziehend und kreativ, können aber auch zurückhaltend und schüchtern sein, mit einem tiefen Bedürfnis nach Bestimmtheit, vor allem in engen Beziehungen. Ihnen bieten sich im Leben viele Möglichkeiten, und Sie haben oft mit anderen zusammen viel Erfolg. Sie tendieren zu engen Partnerschaften oder Ehe, wollen aber stets für Ihre Talente und Fähigkeiten gelobt werden. Der Untereinfluß der Monatszahl 8 ist der Grund dafür, daß Sie geistig rastlos sind und starke Instinkte und Willenskraft haben. Im allgemeinen sind Sie energiegeladen und vital, müssen sich aber davor hüten, überängstlich oder unpraktisch zu werden. Auch wenn Sie schnell lernen und sich rasch an neue Situationen anpassen, können Sie unflexibel und starrsinnig sein.

Positiv: inspiriert, kreativ, beziehungsstark und begabt für dauerhafte Beziehungen.
Negativ: abhängig, nervös, phantasielos, leicht enttäuscht, überängstlich.

Liebe & Zwischenmenschliches

Sie sind schlagfertig und unterhaltsam und haben große Ausstrahlung. Mit Ihrer freundlichen Art kommen Sie überall gut an und führen ein aktives gesellschaftliches Leben. Sie können ein ausgezeichneter Gastgeber und ein anregender Gesprächspartner sein. Hingezogen fühlen Sie sich meist zu unabhängigen und erfolgreichen Menschen; in Beziehungen möchten Sie im allgemeinen frei und selbständig bleiben. Eine Seite Ihrer Persönlichkeit ist sehr liebevoll und dramatisch, eine andere heimlichtuerisch oder mißtrauisch. Meist aber entwickeln Sie für Ihre Familie und die, die Sie lieben, starke Beschützerinstinkte.

---

und Autorität sowie für Aufstiegsmöglichkeiten. Falls Sie selbst keine gehobene Stellung einnehmen, haben Sie einflußreiche Freunde. Unter Regulus' Einfluß sollten Sie auf Ihrem Weg nach oben zu anderen stets freundlich sein, da Sie ihnen auf dem Rückweg nach unten wieder begegnen könnten.

- Positiv: ausgelassen, unbefangen, mutig, Ehre und Reichtum, Autorität, Aufstiegsmöglichkeiten.
- Negativ: starrköpfig, widerspenstig, dominierend, Größe, aber auch Scheitern (meist durch Unehrlichkeit), flüchtiger Erfolg und Ruhm.

Ihr Partner

Wenn Sie jemanden suchen, bei dem Sie Stabilität, Vertrauen und Liebe finden, sollten Sie sich unter den Menschen umsehen, die an folgenden Tagen geboren sind:

Liebe & Freundschaft: 4., 13., 19., 23. Jan., 2., 11., 17., 21. Feb., 9., 15., 19., 28., 29., 30. März, 7., 13., 17., 26., 27. April, 5., 11., 15., 24., 25., 26. Mai, 3., 9., 13., 22., 23., 24. Juni, 1., 7., 11., 20., 21., 22. Juli, 5., 9., 18., 19., 20. Aug., 3., 7., 16., 17., 18. Sept., 1., 5., 14., 15., 16., 29., 31. Okt., 3., 12., 13., 14., 27., 29. Nov., 1., 10., 11., 12., 25., 27., 29. Dez.

Günstig: 7., 15., 20., 31. Jan., 5., 13., 18., 29. Feb., 3., 11., 16., 27. März, 1., 9., 14., 25. April, 7., 12., 23. Mai, 5., 10., 21. Juni, 3., 8., 19. Juli, 1., 6., 17., 30. Aug., 4., 15., 28. Sept., 2., 13., 26. Okt., 11., 24. Nov., 9., 22. Dez.

Schicksalhaft: 16., 17., 18., 19. Feb.

Problematisch: 6., 9., 14., 20. Jan., 4., 7., 12., 28. Feb., 2., 5., 10., 26. März, 3., 8., 24. April, 1., 6., 22. Mai, 4., 20. Juni, 2., 18. Juli, 16. Aug., 14. Sept., 12. Okt., 10. Nov., 8. Dez.

Seelenverwandt: 30. April, 28. Mai, 26. Juni, 24. Juli, 22. Aug., 20. Sept., 18., 30. Okt., 16., 28. Nov., 14., 26. Dez.

22. August

SONNE: AN DER GRENZE
LÖWE/JUNGFRAU
DEKADE: WIDDER/MARS, MERKUR
GRAD: 28°30' – 29°30' LÖWE
ART: FIXZEICHEN
ELEMENT: FEUER

Fixsterne

Regulus, auch «Herz des Löwen» genannt; Alphard; Adhafera, auch Al-Serpha genannt; Al Jabhah; Phecda, auch Phachd genannt

Hauptstern

Name des Sterns: Regulus, auch «Herz des Löwen» genannt
Gradposition: 28°51' – 29°48' Löwe zwischen den Jahren 1930 und 2000
Magnitude: 1
Stärke: **********
Orbit: 2°30'
Konstellation: Alpha Leonis
Tage: 21., 22., 23., 24., 25., 26. August
Sternqualitäten: Mars/Jupiter
Beschreibung: leuchtend weiß-blaues Dreifachsystem im Körper des Löwen.

Einfluß des Hauptsterns

Regulus ist ein Königsstern, der in der unendlichen Zahl der Sterne eine führende Rolle einnimmt. Regulus wird mit Noblesse, hohen Ehren, großem Charisma und Würde in Verbindung gebracht. Unter seinem Einfluß können Sie schnell Entscheidungen treffen und werden gut mit Problemen fertig. Zudem steht er für das Streben nach Macht und die Fähigkeit, andere zu führen und anzuleiten. Durch den Einfluß von Regulus haben Sie große Willenskraft und starken Unternehmungsgeist, häufig mit großer Freiheitsliebe und Unabhängigkeit einhergehend.

Im Zusammenhang mit dem Stand Ihrer Sonne sorgt Regulus für Ehrgeiz, Macht

♌ Geboren an der Grenze zwischen Löwe und Jungfrau, sind Sie ein kreativer Denker, der sich von Pragmatismus leiten läßt. Häufig legen Sie bemerkenswerte Entschlußkraft und Unternehmungslust an den Tag, sind ehrgeizig und stolz, haben Ehrgefühl und wissen, wie Sie Ihre Talente am besten gewinnbringend einsetzen können. Da Sie die Fähigkeit haben, sich auf eine Sache zu konzentrieren und rasch und entschlossen zu handeln, sind Sie ein guter Organisator.

Der Untereinfluß Ihres Dekadenzeichens Widder sorgt dafür, daß Sie gern ein aktives Leben führen. Von Natur aus kühn und wagemutig, strahlen Sie Dynamik und Bestimmtheit aus und wirken häufig stürmisch. Ihr Kopf steckt voller Ideen, und Sie tun alles dafür, Ihre Pläne und Gedanken in die Tat umzusetzen. Im allgemeinen sind Sie bei Ihren Unternehmungen erfolgreich und erscheinen nach außen hin konservativ. Sie müssen aber einen Hang zur Rastlosigkeit oder Ungeduld überwinden. Vielleicht müssen Sie auch lernen, weniger stur zu sein, indem Sie Ihr ununterdrückbares Bedürfnis nach Unabhängigkeit oder Freiheit, aber auch Ihre rebellische Ader etwas zügeln, vor allem, wenn es um Autoritätsfragen geht.

Sie stecken Ihre Kraft lieber in Arbeit als in Vergnügungen und brauchen ständig neue geistige Herausforderungen, um sich nicht zu langweilen. Da Sie Ihr Wissen stets erweitern möchten, ist eine gute Ausbildung für Sie von größter Bedeutung. Durch höhere Bildung oder Selbststudium steigen Ihre Erfolgschancen. Auch wenn Sie eine ausgeprägte materialistische Seite haben, weisen doch Ihre idealistischen Züge darauf hin, daß Sie ein Menschenfreund sind, der mit großer Begeisterung für eine Sache oder eine Idee kämpfen kann.

Zu Beginn Ihres Lebens tritt Ihre Sonne in das Zeichen der Jungfrau. Die folgenden dreißig Jahre stehen Sie unter dem Einfluß seiner Eigenschaften und legen Wert auf praktische Ordnung und System. Mit der Zeit möchten Sie sich auch beruflich verbessern. Im Alter von 30 erleben Sie einen Wendepunkt, wenn Ihre Sonne in das Zeichen der Waage wechselt. Nun beginnen Sie mehr Wert auf Beziehungen zu legen und erweitern Ihren Bekanntenkreis. Sie entwickeln mehr kreative Talente und interessieren sich für Musik, Malerei oder Literatur. Wenn Sie 60 sind und Ihre Sonne in das Zeichen des Skorpion tritt, drängt es Sie nach persönlicher Macht und Veränderung. In dieser Phase erweitert sich auch Ihre Wahrnehmungsfähigkeit.

Ihr geheimes Selbst

Opferbereitschaft, Selbstlosigkeit und Bescheidenheit gehören zweifellos nicht zu Ihren Stärken. Sie sind sich aber Ihrer Verantwortung bewußt und wissen, daß Sie nur wahren Seelenfrieden finden, wenn Sie in Ihrer Umgebung für eine harmonische Atmosphäre sorgen. Das kann im häuslichen Umfeld sein oder als Beschützer und Berater anderer. Mit Ihren festen Ansichten können Sie sich aber auch sehr für eine gute Sache engagieren. Dank Ihrer Zuneigung und Ihrer Art, anderen Ihre Fehler sofort zu vergeben, überwinden Sie viele Schwierigkeiten. Möglicherweise müssen Sie aber daran arbeiten, weniger kritisch und dominierend zu sein und sich weniger einzumischen. Wenn Sie lernen, sich mehr auf sich selbst zu konzentrieren und gelassen zu bleiben, können Sie mögliche Rastlosigkeit in den Griff kriegen. Unzufriedenheit können Sie abbauen, indem Sie nach neuem Wissen streben oder Reisen unternehmen. Auch wenn Sie sehr praktisch orientiert sind, besitzen Sie eine sehr starke innere Sensibilität. Erfüllung finden Sie, wenn Sie Ihren hohen Idealen gerecht werden.

Beruf & Karriere

Sie haben gute Führungsqualitäten und Organisations- und Planungsfähigkeiten. In der Geschäftswelt ziehen Sie es häufig vor, sich selbständig zu machen. Auch wenn Sie gerne unabhängig bleiben, halten Sie viel von Partnerschaften und Teamwork. Stets voll guter Ideen und mit einer ausgezeichneten sozialen Kompetenz begabt, sind Verkauf, Promotion oder Werbung äußerst erfolgversprechend für Sie. Oft fühlen Sie sich zu Berufen hingezogen, bei denen Sie Ihren scharfen Verstand einsetzen können, wie Pädagogik, Schreiben oder Justiz. Mit Ihren Talenten und Ihrem Sinn für Dramatik arbeiten Sie aber auch gern in der Musik- oder Entertainmentwelt.

Berühmte Persönlichkeiten dieses Tages sind der Komponist Claude Debussy, der Bluesmusiker John Lee Hooker, die Schauspielerin Valerie Harper, die Schriftsteller Ray Bradbury und Dorothy Parker sowie der US-General Norman Schwartzkopf.

Numerologie

Die 22 ist eine Hauptzahl und schwingt als sie selbst, aber auch als 4. Mit der Geburtstagszahl 22 sind Sie stolz, arbeitsam und haben natürliche Führungsqualitäten, Charisma und gute Menschenkenntnis. Sie sind meist zurückhaltend und zeigen ein fürsorgliches, um das Wohl der anderen besorgtes Wesen und starke Beschützerinstinkte. Dabei verlieren Sie aber nie Ihren Sinn fürs Praktische. Im allgemeinen sind Sie kultiviert und weltgewandt und haben viele Freunde und Bewunderer. Von anderen ermuntert und unterstützt, gelangen die besonders Wettbewerbsorientierten unter Ihnen zu Erfolg und Vermögen. Viele, die an diesem Tag geboren sind, pflegen enge Kontakte zu ihren Geschwistern und unterstützen und beschützen sie, wenn es nötig ist. Der Untereinfluß der Monatszahl 8 ist der Grund dafür, daß Sie zuverlässig und tüchtig sind und einen ausgeprägten gesunden Menschenverstand haben. Da Sie phantasiebegabt und einfühlsam sind, macht es Ihnen Spaß, Probleme zu lösen. Oft überraschen Sie andere mit Ihren patenten Lösungen.

Positiv: weltoffen, Führungsqualitäten, hochintuitiv, pragmatisch, praktisch, geschickt, guter Organisator, Realist, Problemlöser, Macher.

Negativ: läßt sich vom «schnellen Reichtum» verführen, nervös, herrisch, materialistisch, phantasielos, faul, fördert nur sich selbst.

Liebe & Zwischenmenschliches

Mit Ihrer freundlichen und charismatischen Persönlichkeit scharen Sie viele Bewunderer um sich und führen ein bewegtes gesellschaftliches Leben. In engen Beziehungen fällt es Ihnen manchmal schwer, Ihre Liebe zum Ausdruck zu bringen. Oft fühlen Sie sich zu ungewöhnlichen Menschen hingezogen. Im allgemeinen stark und unabhängig, entwickeln Sie in der Liebe große Hingabe und Beschützerinstinkte. Sie brauchen einen intelligenten Partner, der sich nicht von Ihnen beherrschen läßt, aber andererseits erlaubt, daß Sie Ihre jugendliche und verspielte Art ausleben können.

und Autorität sowie für Aufstiegsmöglichkeiten beim Staat oder in großen Konzernen. Falls Sie selbst keine gehobene Stellung einnehmen, haben Sie im allgemeinen einflußreiche Freunde. Sie sollten auf Ihrem Weg nach oben zu anderen stets freundlich sein, da Sie ihnen auf dem Rückweg nach unten wieder begegnen könnten.

- Positiv: ausgelassen, unbefangen, mutig, Ehre und Reichtum, Autorität, Aufstiegsmöglichkeiten.
- Negativ: starrköpfig, widerspenstig, dominierend, Größe, aber auch Scheitern.

Ihr Partner

Glück und Liebe finden Sie am ehesten unter den Menschen, die an folgenden Tagen geboren wurden:

Liebe & Freundschaft: 3., 4., 14., 20., 24., 25. Jan., 2., 12., 14., 15., 16., 18., 22. Feb., 10., 16., 20., 29., 30. März, 8., 14., 18., 27., 28. April, 6., 12., 16., 25., 26., 31. Mai, 4., 10., 14., 23., 24., 29. Juni, 2., 8., 12., 22., 27. Juli, 6., 10., 19., 20., 25. Aug., 4., 8., 17., 18., 23. Sept., 2., 6., 15., 16., 21., 30. Okt., 4., 13., 14., 19., 28., 30. Nov., 2., 11., 12., 17., 26., 28., 30. Dez.

Günstig: 4., 8., 21. Jan., 2., 6., 19. Feb., 4., 17., 28. März, 2., 15., 16. April, 13., 24. Mai, 11., 22., Juni, 9., 20. Juli, 7., 18., 31. Aug., 5., 16., 29. Sept., 3., 14., 27. Okt., 1., 12., 25. Nov., 10., 23. Dez.

Schicksalhaft: 3. Jan., 1. Feb., 31. Mai, 29. Juni, 27. Juli, 25. Aug., 23. Sept., 21. Okt., 19. Nov., 17. Dez.

Problematisch: 7., 10., 15., 31. Jan., 5., 8., 13., 29. Feb., 3., 6., 11., 27. März, 1., 4., 9., 25. April, 2., 7., 23. Mai, 5., 21. Juni, 3., 19. Juli, 1., 17. Aug., 15. Sept., 13. Okt., 11. Nov., 9. Dez.

Seelenverwandt: 31. März, 29. April, 27. Mai, 25. Juni, 23. Juli, 21. Aug., 19. Sept., 17., 29. Okt., 15., 27. Nov., 13., 25. Dez.

Jungfrau

23. August – 22. September

23. August

SONNE: AN DER GRENZE
LÖWE/JUNGFRAU
DEKADE: JUNGFRAU/MERKUR
GRAD: 29°30' LÖWE –
0°30' JUNGFRAU
ART: BEWEGLICHES ZEICHEN
ELEMENT: ERDE

Fixsterne

Regulus, auch «Herz des Löwen» genannt; Phecda, auch Phachd genannt

Hauptstern

Name des Sterns: Regulus, auch «Herz des Löwen» genannt
Gradposition: 28°51' – 29°48' Löwe zwischen den Jahren 1930 und 2000
Magnitude: 1
Stärke: **********
Orbit: 2°30'
Konstellation: Alpha Leonis
Tage: 21., 22., 23., 24., 25., 26. August
Sternqualitäten: Mars/Jupiter
Beschreibung: leuchtend weiß-blaues Dreifachsystem im Körper des Löwen.

Einfluß des Hauptsterns

Regulus ist ein Königsstern, der in der unendlichen Zahl der Sterne eine führende Rolle einnimmt. Regulus wird mit Noblesse, hohen Ehren, großem Charisma und Würde in Verbindung gebracht. Unter seinem Einfluß können Sie schnell Entscheidungen treffen und werden gut mit Problemen fertig. Zudem steht er für das Streben nach Macht und die Fähigkeit, andere zu führen und anzuleiten. Wenn Sie von Regulus beeinflußt werden, verfügen Sie über große Willenskraft und Unternehmungsgeist, die häufig mit großem Drang nach Freiheit und Unabhängigkeit einhergehen. Im Zusammenhang mit dem Stand Ihrer Sonne sorgt Regulus für Ehrgeiz, Macht und Autorität sowie für Aufstiegsmöglichkeiten. Falls Sie selbst keine gehobene

♍ Da Sie an der Zeichengrenze geboren wurden, haben Sie sowohl die Freundlichkeit, Herzlichkeit und Geselligkeit des Löwen als auch den scharfen Intellekt der Jungfrau. Sie sind arbeitsam und unternehmungslustig und lieben schwierige und herausfordernde Projekte. Wenn Sie sich einmal für eine Vorgehensweise entschieden haben, sind Sie äußerst entschlossen. Ihr Scharfsinn, gepaart mit Ihrer Ausdrucksstärke, garantiert Ihnen im allgemeinen überall Beliebtheit. Ein Hang zu Ungeduld und Unentschlossenheit kann Sie allerdings auf Ihrem Weg zum Erfolg behindern.

Durch den verstärkenden Einfluß Ihres Dekadenzeichens Jungfrau sind Sie scharfsinnig, praktisch und wißbegierig. Aufgrund Ihrer analytischen Art bedenken Sie zunächst alle Einzelheiten, bevor Sie eine Entscheidung treffen. Achten Sie aber darauf, daß Sie nicht detailverliebt dieselbe Sache immer und immer wieder durchkauen oder sich selbst oder anderen gegenüber zu kritisch sind. Ihre Gabe, sich präzise und klar auszudrücken, kann Ihnen auf dem Weg nach oben sehr von Nutzen sein.

Um Enttäuschungen oder Verärgerung zu vermeiden, müssen Sie Selbstdisziplin üben und lernen, Ihre Projekte zu Ende zu bringen. Andernfalls führt Rastlosigkeit dazu, daß Sie Ihre Kräfte vergeuden und sich verzetteln. Da Sie warmherzig sind und gut mit Menschen umgehen können, haben persönliche Beziehungen für Sie große Bedeutung. Da Sie sehr charmant sein können, wenn es darauf ankommt, ziehen Sie andere mit Ihrer interessanten und verständnisvollen Persönlichkeit leicht in Ihren Bann.

Wenn Sie die 30 überschritten haben und Ihre Sonne in das Zeichen der Waage tritt, sind Sie offener für die Bedürfnisse anderer und legen mehr Wert auf persönliche Beziehungen. Ihr Sinn für Harmonie und Ausgeglichenheit wird ausgeprägter, und vielleicht entdecken Sie auch künstlerische oder kreative Beschäftigungen für sich. Diese Phase dauert, bis Sie Anfang 60 sind und Ihre Sonne das Zeichen des Skorpion erreicht. Nach diesem Wendepunkt verspüren Sie das Bedürfnis, tiefgründigere und sensiblere Bereiche Ihrer Psyche zu erkunden, und Sie werden einfühlsamer.

Ihr geheimes Selbst

Sie besitzen innere Noblesse und Stolz und wollen nicht, daß andere sehen, wenn Sie versagen. Da Sie wenig Durchhaltevermögen haben, wenn Sie sich langweilen, brauchen Sie Interessen, die Sie immer wieder motivieren und herausfordern. Es ist besser, wenn Sie Entscheidungen sorgfältig abwägen, statt übereilt zu handeln und anschließend angefangene Projekte wieder aufzugeben. Sie können Menschen sehr schnell einschätzen, eine Eigenschaft, die Sie zu einem guten Psychologen macht. Sie steigen oft in Macherpositionen auf, weil die Menschen Ihre Meinung respektieren.

Geld spielt eine große Rolle, wenn Sie sich unsicher fühlen; Ihr Hang zur Verschwendung ist dabei nicht gerade eine Hilfe. Auch wenn Sie zu manchen Zeiten finanziell außerordentlich erfolgreich sein können, machen Schwankungen in Ihren Finanzen es notwendig, daß Sie langfristig planen und etwas auf die Seite legen. Reisen oder Veränderungen spielen eine wichtige Rolle in Ihrem Leben; zögern Sie also nicht, zuzugreifen, wenn vielversprechende Möglichkeiten außerhalb Ihrer täglichen Routine auftauchen. Auch wenn Sie gelegentlich etwas mehr Selbstvertrauen brauchen könnten – Ihr natürlicher Geschäftssinn wird Ihnen stets als Schutzschild dienen.

Beruf & Karriere

Mit Ihren vielseitigen Begabungen gibt es zahlreiche Berufsmöglichkeiten für Sie, vermeiden Sie aber monotone Tätigkeiten. Mit Ihren kommunikativen Fähigkeiten und Ihrer Gabe, mit Menschen umzugehen, können Sie in Pädagogik, Schreiben, Verlagswesen oder in der Welt des Entertainments erfolgreich sein. Ihr Hang zur Präzision macht Sie aber auch für Ingenieurwesen, Wissenschaft oder Kunsthandwerk geeignet. Ihr Sinn fürs Praktische führt Sie vielleicht auch ins Bank- oder Immobilienwesen. Welche Arbeit Sie auch wählen – Sie werden immer von Perfektionismus getrieben und wollen Ihre Aufgaben gut erledigen.

Berühmte Persönlichkeiten dieses Tages sind die Schauspieler River Phoenix und Gene Kelly, der Musiker Keith Moon, der Sänger Bing Crosby, der Journalist Henry Pringle, König Ludwig XVI. von Frankreich und der Dichter Edgar Lee Masters.

Numerologie

Zu den Eigenschaften der 23 gehören Intuition, Sensibilität und Kreativität. Im allgemeinen sind Sie vielseitig, leidenschaftlich und ein schneller Denker, haben eine professionelle Einstellung und einen Kopf voller schöpferischer Ideen. Mit der Geburtstagszahl 23 können Sie sich schnell in neue Gebiete einarbeiten, ziehen aber die Praxis der Theorie vor. Sie lieben Reisen und Abenteuer und lernen gerne neue Menschen kennen. Aufgrund der Rastlosigkeit, die von der 23 ausgeht, suchen Sie ständig nach neuen Erfahrungen und versuchen aus jeder Situation das Beste zu machen. Im allgemeinen sind Sie freundlich, lebenslustig und voller Mut und Antriebskraft; um Ihr Potential zu nutzen, müssen Sie ein aktives Leben führen. Der Untereinfluß der Monatszahl 8 ist der Grund dafür, daß Sie einen starken Charakter und viel Ehrgeiz haben. Wenn Sie eine Vertrauensposition bekleiden, sollten Sie lernen, gerecht und fair zu sein. Sie sind zwar praktisch, doch Ihr Bedürfnis nach Abwechslung bewirkt, daß Sie sich schnell langweilen, wenn Ihr Leben allzu ereignislos verläuft.

Positiv: treu, mitfühlend, verantwortungsbewußt, reiselustig, kommunikativ, intuitiv, kreativ, vielseitig, zuverlässig.

Negativ: selbstsüchtig, unsicher, kompromißlos, stur, penibel, verschlossen, voller Vorurteile.

Liebe & Zwischenmenschliches

Da Sie meist unterhaltsam und vielseitig sind, kommen Sie gerne mit den unterschiedlichsten Menschen zusammen. Allerdings können Sie auch rastlos und nervös sein, was dazu führt, daß Ihnen hinsichtlich Ihrer Beziehungen gelegentlich die Entschlußfreudigkeit fehlt. Wenn Sie verliebt sind, sind Sie häufig idealistisch und bereit zu großen Opfern. Manchmal sind Sie anfangs etwas zu enthusiastisch, um dann berechnend zu werden oder kalt und desinteressiert zu erscheinen. Sie bevorzugen Partner, die mitfühlend sind und auf Ihre Fähigkeiten vertrauen.

Stellung einnehmen, haben Sie im allgemeinen einflußreiche Freunde. Unter Regulus' Einfluß sollten Sie auf Ihrem Weg nach oben zu anderen stets freundlich sein, da Sie ihnen auf dem Rückweg nach unten wieder begegnen könnten.

- Positiv: ausgelassen, unbefangen, mutig, Ehre und Reichtum, Autorität, Aufstiegsmöglichkeiten.
- Negativ: starrköpfig, widerspenstig, dominierend, Größe, aber auch Scheitern

Ihr Partner

Einen liebevollen und fürsorglichen Partner werden Sie mit großer Wahrscheinlichkeit unter den an den folgenden Tagen geborenen Menschen finden:
Liebe & Freundschaft: 11., 21., 25. Jan., 9., 19., 23. Feb., 17., 21., 30. März, 5., 15., 19., 28., 29. April, 13., 17., 26., 27. Mai, 11., 15., 24., 25., 30. Juni, 9., 13., 22., 23., 28. Juli, 7., 11., 20., 21., 26., 30. Aug., 5., 9., 18., 19., 24., 28. Sept., 3., 7., 16., 17., 22., 26., 29. Okt., 1., 5., 14., 15., 20., 24., 27. Nov., 3., 12., 13., 18., 22., 25., 27., 29. Dez.
Günstig: 5., 13., 16., 22., 28. Jan., 3., 11., 14., 20., 26. Feb., 1., 9., 12., 18., 24., 29. März, 7., 10., 16., 22., 27. April, 5., 8., 14., 20., 25. Mai, 3., 6., 12., 18., 23. Juni, 1., 4., 10., 16., 21. Juli, 2., 8., 14., 19. Aug., 6., 12., 17. Sept., 4., 10., 15. Okt., 2., 8., 13. Nov., 6., 11. Dez.
Schicksalhaft: 19., 20., 21. Feb., 30. Juni, 28. Juli, 26. Aug., 24. Sept., 22. Okt., 20. Nov., 18. Dez.
Problematisch: 2., 23., 30. Jan., 21., 28. Feb., 19., 26., 28. März, 17., 24., 26. April, 15., 22., 24. Mai, 13., 20., 22. Juni, 11., 18., 20. Juli, 16., 18., 19. Aug., 7., 14., 16. Sept., 5., 12., 14. Okt., 3., 10., 12. Nov., 1., 8., 10. Dez.
Seelenverwandt: 14., 22. Jan., 12., 20. Feb., 10., 18. März, 8., 16. April, 6., 14. Mai, 4., 12. Juni, 2., 10. Juli, 8. Aug., 6. Sept., 4. Okt., 2. Nov.

24. August

SONNE: JUNGFRAU
DEKADE: JUNGFRAU/MERKUR
GRAD: 0°30' – 1°30' JUNGFRAU
ART: BEWEGLICHES ZEICHEN
ELEMENT: ERDE

Fixsterne

Regulus, auch «Herz des Löwen» genannt; Phecda, auch Phachd genannt

Hauptstern

Name des Sterns: Regulus, auch «Herz des Löwen» genannt
Gradposition: 28°51' – 29°48' Löwe zwischen den Jahren 1930 und 2000
Magnitude: 1
Stärke: **********
Orbit: 2°30'
Konstellation: Alpha Leonis
Tage: 21., 22., 23., 24., 25., 26. August
Sternqualitäten: Mars/Jupiter
Beschreibung: leuchtend weiß-blaues Dreifachsystem im Körper des Löwen.

Einfluß des Hauptsterns

Regulus ist ein Königsstern, der in der unendlichen Zahl der Sterne eine führende Rolle einnimmt. Regulus wird mit Noblesse, hohen Ehren, großem Charisma und Würde in Verbindung gebracht. Unter seinem Einfluß können Sie schnell Entscheidungen treffen und werden gut mit Problemen fertig. Zudem steht er für das Streben nach Macht und die Fähigkeit, andere zu führen und anzuleiten. Wenn Sie von Regulus beeinflußt werden, verfügen Sie über große Willenskraft und Unternehmungsgeist, die häufig mit großem Drang nach Freiheit und Unabhängigkeit einhergehen. Im Zusammenhang mit dem Stand Ihrer Sonne sorgt Regulus für Ehrgeiz, Macht und Autorität sowie für Aufstiegsmöglichkeiten. Falls Sie selbst keine gehobene Stellung einnehmen, haben Sie im

Sie sind ruhig und selbstsicher und haben einen scharfen Verstand; für Sie gilt das Sprichwort: «Stille Wasser sind tief.» Im allgemeinen bevorzugen Sie klare und deutliche Worte; mit Ihrer Gabe, neue Ideen logisch zu präsentieren, können Sie sehr überzeugend sein. Dank Ihrem Fleiß und Ihrer rationalen Denkweise kommen Sie gut mit schwierigen Situationen zurecht. Mit Ihrem Durchhaltevermögen und Ihrer Willenskraft gewinnen Sie leicht den Respekt und die Bewunderung anderer.

Durch den zusätzlichen Einfluß Ihres Dekadenzeichens Jungfrau haben Sie ausgeprägte Kommunikationsfähigkeiten und einen durchdringenden Intellekt. Dieser Einfluß verstärkt außerdem Ihr Urteilsvermögen und Ihre Gewissenhaftigkeit, so daß Sie auf Ihrem Gebiet zum Spezialisten werden können. Mit Ihrer analytischen Lebensauffassung legen Sie Wert auf Detail und Ordnung in Ihren Angelegenheiten. Achten Sie darauf, daß Sie nicht zu kritisch oder pingelig werden oder Ihre Zeit verschwenden, indem Sie sich unnötig Sorgen machen.

Da Sie erfindungsreich und originell sind, bereichern neue oder anregende Erfahrungen immer wieder Ihr Leben. Ihr Hang zum Humanitären führt oft dazu, daß Sie sich für Freiheit oder soziale Reformen engagieren. Mit Mut und Kampfgeist schlagen Sie erfolgreich schwierige Schlachten, um bedrohliche Situationen zu meistern. Allerdings müssen Sie darauf achten, daß Sie nicht überempfindlich, gereizt oder provokativ reagieren. Sportliche Betätigungen können einen gesunden Ausgleich zu übermäßiger geistiger Anstrengung bilden.

Wenn Sie 29 sind, tritt Ihre Sonne in das Zeichen der Waage. Es beginnt eine dreißigjährige Phase, in der Sie viel Wert auf Partnerschaft legen, sowohl in privater als auch in beruflicher Hinsicht. In dieser Zeit entwickeln Sie einen ausgeprägten Sinn für Schönheit und Harmonie in Ihren Beziehungen und möchten auch Ihr kreatives Potential entwickeln. Ein weiterer Wendepunkt folgt, wenn Sie 59 sind und Ihre Sonne in den Skorpion wechselt. Nun versuchen Sie verstärkt, den tieferen Sinn des Lebens zu ergründen, und messen Veränderungen im Leben größere Bedeutung bei.

Ihr geheimes Selbst

Stärke und innere Kräfte führen dazu, daß Sie zwischen extremer Unsicherheit und großem Selbstbewußtsein schwanken. Bemühen Sie sich, positiv zu denken, und hören Sie auf Ihre innere Stimme – so vermeiden Sie Zeiten voller Angst und Zweifel. Zu Ihrem Glück haben Sie eine gute Portion trockenen Humors, der dafür sorgt, daß Sie sich selbst und andere nicht allzu ernst nehmen und daß Sie emotionale Spannungen abbauen können. Mit Ihren hochgesteckten Zielen, Ihrem Sinn für Wirkung und Ihren Führungsqualitäten haben Sie das Potential, Ihre Talente in bare Münze umzuwandeln.

Sie sind sehr sensibel, und persönliche Beziehungen spielen eine wichtige Rolle in Ihrem Leben. Zwischen Ihrem Wunsch nach Unabhängigkeit und Ihrem Hang, sich von anderen abhängig zu machen, sollten Sie einen Ausgleich schaffen. Wenn hier kein Gleichgewicht herrscht, kann es passieren, daß Sie ständig zwischen Optimismus und Verzweiflung schwanken. Deshalb sollten Sie unbedingt immer kommunikationsbereit für Ihre Mitmenschen sein.

Beruf & Karriere

Ihr Wissen mit anderen teilen können Sie am besten in akademischen Berufen, etwa als Lehrer oder Dozent, vielleicht aber auch im Bereich Promotion. Ihre Führungsqualitäten und Organisations- und Planungsfähigkeiten helfen Ihnen aber auch in der Welt des Handels. Mit Ihrer Liebe zum Detail und Ihrer Gründlichkeit sind Sie ein ausgezeichneter Forscher, Wissenschaftler, Wirtschaftsanalyst oder Buchhalter. Als fleißiger und praktischer Idealist sind Sie gut in Arbeit für das Gemeinwohl oder in der Altenpflege. Ihr humanitäres Interesse zieht Sie zu Beratertätigkeit, Gesundheitswesen und Kommunikation. Als geborener Psychologe fühlen Sie sich generell zu Berufen hingezogen, bei denen Sie viel mit Menschen zu tun haben. Besonders begabt sind Sie für Immobilien- oder Grundbesitzhandel.

Berühmte Persönlichkeiten dieses Tages sind das Model Claudia Schiffer, der chinesische Staatsführer Deng Xiaoping, der Maler George Stubbs und der Musiker Jean-Michel Jarre.

Numerologie

Die Sensibilität, die von der 24 ausgeht, bewirkt, daß Sie nach Ausgeglichenheit und Harmonie streben. Sie sind sehr empfänglich für Form und Struktur und können im Handumdrehen komplexe und effiziente Systeme entwickeln. Selbstbewußt und gerecht, neigen Sie zur Zurückhaltung, da Sie der Meinung sind, daß Taten mehr sagen als Worte. Schwierig für Menschen mit der Geburtstagszahl 24 ist es, mit unterschiedlichen Menschen auszukommen, Mißtrauen zu überwinden und sich ein stabiles Zuhause zu schaffen. Der Untereinfluß der Monatszahl 8 ist der Grund dafür, daß Sie geistig aktiv und gewissenhaft sind und großes Verantwortungsbewußtsein haben. Allerdings müssen Sie sich vor destruktivem Verhalten hüten, das von anderen als Sturheit ausgelegt werden könnte. Wenn Sie lernen, leichtherziger zu sein und Ihre Gefühle zum Ausdruck zu bringen, verlieren Sie ein wenig Ihre allzu ausgeprägte Ernsthaftigkeit. Durch Ihre pragmatische Lebenseinstellung haben Sie auch einen guten Geschäftssinn und die Fähigkeit zu materiellem Erfolg.

Positiv: energisch, idealistisch, praktisch, entschlossen, aufrichtig, gerecht, großzügig, aktiv.

Negativ: materialistisch, geizig, rücksichtslos, haßt Routine, faul, unzuverlässig, labil, dominierend, stur.

Liebe & Zwischenmenschliches

Sie haben eine jugendliche Seite, die dafür sorgt, daß Sie sich immer wieder für neue Menschen und Orte interessieren. Liebe und Freundschaft sind Ihnen sehr wichtig, doch Ihr Hang zu Stimmungsschwankungen kann Ihre Beziehungen gefährden. Ihr Bedürfnis nach Spaß und Vergnügen macht Sie zu einem geselligen Menschen. Wenn Beziehungen bei Ihnen auf geistiger Anziehungskraft beruhen, sind sie im allgemeinen von Dauer. Sie fühlen sich zu Menschen hingezogen, die Ihre Kreativität anregen oder den gleichen Sinn für Humor haben wie Sie.

allgemeinen einflußreiche Freunde. Unter Regulus' Einfluß sollten Sie auf Ihrem Weg nach oben zu anderen stets freundlich sein, da Sie ihnen auf dem Rückweg nach unten wieder begegnen könnten.

- Positiv: ausgelassen, unbefangen, mutig, Ehre und Reichtum, Autorität, Aufstiegsmöglichkeiten.
- Negativ: starrköpfig, widerspenstig, dominant, Größe, aber auch Scheitern.

Ihr Partner

Wenn Sie jemanden suchen, bei dem Sie dauerhafte Liebe finden, sollten Sie sich unter den Menschen umsehen, die an folgenden Tagen geboren sind:

Liebe & Freundschaft: 6., 16., 22., 26., 27. Jan., 4., 14., 20., 24. Feb., 2., 12., 18., 22., 23. März, 10., 16., 20., 30. April, 8., 14., 18., 28. Mai, 6., 12., 16., 26. Juni, 4., 10., 14., 24., 31. Juli, 2., 8., 12., 22., 29. Aug., 6., 10., 20., 27. Sept., 4., 8., 18., 25. Okt., 2., 6., 16., 23., 24., 30. Nov., 4., 14., 21., 22., 28., 30. Dez.
Günstig: 6., 17., 23., 31. Jan., 4., 15., 21., 29. Feb., 2., 13., 19., 27., 30. März, 11., 17., 25., 28. April, 9., 15., 23., 26. Mai, 7., 13., 21., 24. Juni, 5., 11., 19., 22. Juli, 3., 9., 17., 20. Aug., 1., 7., 15., 18., 30. Sept., 5., 13., 16., 28. Okt., 3., 11., 14., 26. Nov., 1., 9., 12., 24. Dez.
Schicksalhaft: 18., 19., 20., 21. Feb.
Problematisch: 24. Jan., 22. Feb., 20., 29. März, 18., 27., 29. April, 6., 16., 25., 27., 30. Mai, 14., 22., 25., 28. Juni, 12., 21., 23., 26. Juli, 10., 19., 21., 24. Aug., 8., 17., 19., 22. Sept., 6., 15., 17., 20. Okt., 4., 13., 15., 18. Nov., 2., 11., 13., 16. Dez.
Seelenverwandt: 13. Jan., 11. Feb., 9. März, 7. April, 5. Mai, 3., 30. Juni, 1., 28. Juli, 26. Aug., 24. Sept., 22. Okt., 20. Nov., 18. Dez.

25. August

SONNE: JUNGFRAU
DEKADE: JUNGFRAU/MERKUR
GRAD: 1°30' – 2°30' JUNGFRAU
ART: BEWEGLICHES ZEICHEN
ELEMENT: ERDE

Fixsterne

Regulus, auch «Herz des Löwen» genannt; Phecda, auch Phachd genannt

Hauptstern

Name des Sterns: Regulus, auch «Herz des Löwen» genannt
Gradposition: 28°51' – 29°48' Löwe zwischen den Jahren 1930 und 2000
Magnitude: 1
Stärke: **********
Orbit: 2°30'
Konstellation: Alpha Leonis
Tage: 21., 22., 23., 24., 25., 26. August
Sternqualitäten: Mars/Jupiter
Beschreibung: leuchtend weiß-blaues Dreifachsystem im Körper des Löwen.

Einfluß des Hauptsterns

Regulus ist ein Königsstern, der in der unendlichen Zahl der Sterne eine führende Rolle einnimmt. Regulus wird mit Noblesse, hohen Ehren, großem Charisma und Würde in Verbindung gebracht. Unter seinem Einfluß können Sie schnell Entscheidungen treffen und werden gut mit Problemen fertig. Zudem steht er für das Streben nach Macht und die Fähigkeit, andere zu führen und anzuleiten. Wenn Sie von Regulus beeinflußt werden, verfügen Sie über große Willenskraft und Unternehmungsgeist, die häufig mit großem Drang nach Freiheit und Unabhängigkeit einhergehen. Im Zusammenhang mit dem Stand Ihrer Sonne sorgt Regulus für Ehrgeiz, Macht und Autorität sowie für Aufstiegsmöglichkeiten. Falls Sie selbst keine gehobene Stellung einnehmen, haben Sie im

---

♍ Die besonderen Einflüsse Ihres Geburtstags bewirken, daß Sie einen scharfsinnigen und kreativen Verstand haben, der ständig auf der Suche nach neuen, auf- und anregenden Ideen ist. Mit Ihrem starken Willen und Ihrem Pragmatismus, aber auch Ihrer Phantasie und Sensibilität haben Sie das Potential, diese Ideen auch zu verwirklichen.

Durch den Einfluß Ihres Dekadenzeichens Jungfrau haben Sie eine gute Allgemeinbildung, denken progressiv und lieben Gründlichkeit. Mit gutem Urteilsvermögen und methodischer Arbeitsweise versuchen Sie stets, bestehende Systeme zu verfeinern und zu verbessern.

Merkur zeigt sich in der Art und Weise, wie Sie Ihre Ideen präsentieren: präzise und entschlossen. Liebe zu Wort und Sprache verleiht Ihnen Talent zum Schreiben oder läßt Sie zu einem Spezialisten auf Ihrem Gebiet werden. Achten Sie aber darauf, daß Sie nicht zu kritisch sind oder sich über Nichtigkeiten aufregen.

Obwohl Sie zu Nervosität neigen, sind Sie sehr zielstrebig, wenn Sie fest an einen Plan glauben. Mit derselben angeborenen Begeisterungsfähigkeit sind Sie ein guter Lehrer oder geben sonst irgendwie Ihr Wissen und Ihre Erfahrungen weiter. Da Sie sehr ehrgeizig sind mit starken Begierden, sollten Sie darauf achten, daß Sie anderen nicht herrisch Ihren Willen aufzwingen.

Wenn es darauf ankommt, können Sie sehr charmant und diplomatisch sein und überzeugen andere mit Ihrer interessanten Stimme. Frauen, die an diesem Tag geboren sind, sind häufig besonders unabhängig und lieben es, neue Projekte zu initiieren. Männer und Frauen mit diesem Geburtstag sind gerne ständig beschäftigt.

Von Kindesbeinen an sind Sie geneigt, Situationen zu analysieren, um sie zu begreifen und zu verbessern. Ihre Sonne tritt in die Waage, wenn Sie 28 sind. In den folgenden dreißig Jahren messen Sie persönlichen Beziehungen und Partnerschaften mehr Bedeutung bei. Ihre kreativen Talente entwickeln sich, und vielleicht entdecken Sie Ihr Interesse für Musik, Malerei oder Literatur. Wenn Sie 58 sind, folgt ein weiterer Wendepunkt. Jetzt tritt Ihre Sonne in das Zeichen des Skorpion ein und sorgt für Veränderung in Ihrem Leben; Sie verspüren den Drang nach mehr Selbstkenntnis und persönlicher Macht.

Ihr geheimes Selbst

Sie sind klug und intellektuell, haben große Sensibilität und hohe Ideale. Dadurch können Sie sehr verletzlich sein, vor allem in Ihren persönlichen Beziehungen. Es ist also sehr wichtig für Sie, ein Gleichgewicht zwischen Ihrer Freiheitsliebe und dem Bedürfnis nach der Gesellschaft anderer zu finden. Sie sind ein wunderbarer Freund, der warmherzig und freizügig zu denen ist, die er liebt. Ohne einen Partner, der genauso ist, fühlen Sie sich allerdings unvollständig. Sie bleiben stets im Herzen jung. Wenn andere Ihren hohen Idealen nicht entsprechen, sind Sie enttäuscht. Achten Sie darauf, daß Sie Schwierigkeiten nicht durch Stimmungsschwankungen oder Realitätsflucht ausweichen. Ihre Sehnsucht nach Liebe findet möglicherweise Ausdruck im Dienst an Ihren Mitmenschen, vielleicht aber auch dadurch, daß Sie sich mit Musik, Malerei, Literatur oder Spiritualität beschäftigen. Da Sie auf Spannungen sehr sensibel reagieren, brauchen Sie stets eine harmonische Atmosphäre um sich.

Beruf & Karriere

Mit Ihrem unstillbaren Wissensdurst sollten Sie eine wissenschaftliche Laufbahn einschlagen oder einen Beruf wie Lehrer oder Trainer wählen. Da Sie gerne Ihr Sachverständnis mit anderen teilen, sind Sie auch ein guter Anwalt oder Berater. Häufig engagieren Sie sich auch für eine gute Sache. Von Natur aus gründlich, können Sie als Forscher, Wissenschaftler oder Techniker erfolgreich sein. Chemie, Mathematik, aber auch Ingenieurwesen oder handwerkliche Tätigkeiten kommen für Sie in Frage. Fleißig und an Finanzdingen interessiert, eignen Sie sich auch für die Geschäftswelt, wo Sie aber am liebsten Ihr eigener Chef sind. Viele der heutigen Geburtstagskinder sind musisch und sehr für Sprache begabt. Dank Ihrer natürlichen diplomatischen Fähigkeiten kommen auch Tätigkeiten in Promotion oder Vermittlung für Sie in Frage.

Berühmte Persönlichkeiten dieses Tages sind der Komponist Leonard Bernstein, die Schauspieler Sean Connery und Mel Ferrer, der Schriftsteller Frederick Forsyth und der Sänger und Songwriter Elvis Costello.

Numerologie

Sie sind intuitiv und rücksichtsvoll, aber auch schnell und energisch und brauchen die verschiedensten Erfahrungen. Mit der Geburtstagszahl 25 sind Sie vom Wunsch nach Perfektion angetrieben, der Sie hart arbeiten und produktiv sein läßt. Im allgemeinen haben Sie viel Instinkt, sind aufgeweckt und lernen durch Praxis schneller als durch Theorie. Gutes Urteilsvermögen und ein Auge fürs Detail garantieren Ihnen Erfolg. Sie sollten aber eine weniger skeptische Haltung einnehmen und weniger sprunghafte und impulsive Entscheidungen treffen. Als Mensch mit der Geburtstagszahl 25 haben Sie starke geistige Kräfte, mit deren Hilfe Sie Fakten sofort überschauen und schneller als andere Ihre Schlußfolgerungen ziehen können. Der Untereinfluß der Monatszahl 8 ist der Grund dafür, daß Sie wagemutig und innovativ sind. Im allgemeinen praktisch, haben Sie einen natürlichen Geschäftssinn und profitieren enorm davon, wenn Sie Ihre organisatorischen und Führungsqualitäten weiterentwickeln. Aufgrund Ihres starken Sicherheitsbedürfnisses tendieren Sie zu langfristigen Plänen und Investitionen.

Positiv: hochintuitiv, perfektionistisch, einfühlsam, kreativ, kann gut mit Menschen umgehen.

Negativ: impulsiv, ungeduldig, überempfindlich, eifersüchtig, überkritisch, launisch, nervös.

Liebe & Zwischenmenschliches

Als selbstbewußter Realist sind Sie charmant und anziehend. Häufig sorgen Sie mit Ihrer unbeschwerten Art für Harmonie in Ihren Beziehungen. Da Sie selbst ehrgeizig sind, bewundern Sie Menschen, die hart arbeiten können. Sie leben gern in engen Partnerschaften und können der Person, mit der Sie zusammen sind, sehr treu sein. Sie sind häufig hingebungsvoll und freigiebig, dürfen aber nicht zu kritisch werden. Ihr natürliches Charisma wirkt aber immer wieder anziehend.

---

allgemeinen einflußreiche Freunde. Unter Regulus' Einfluß sollten Sie auf Ihrem Weg nach oben zu anderen stets freundlich sein, da Sie ihnen auf dem Rückweg nach unten wieder begegnen könnten.

- Positiv: ausgelassen, unbefangen, mutig, Ehre und Reichtum, Autorität, Aufstiegsmöglichkeiten.
- Negativ: starrköpfig, widerspenstig, dominierend, Größe, aber auch Scheitern (meist durch Unehrlichkeit), flüchtiger Erfolg und Ruhm.

Ihr Partner

Verständnis und Liebe finden Sie am ehesten unter den Menschen, die an folgenden Tagen geboren wurden:

Liebe & Freundschaft: 1., 4., 27., 28., 29. Jan., 2., 25., 27. Feb., 23., 25. März, 21., 23. April, 19., 20., 21., 29. Mai, 17., 19., 27. Juni, 15., 17., 25. Juli, 13., 15., 23. Aug., 11., 13., 21. Sept., 9., 11., 19. Okt., 7., 9., 17. Nov., 5., 7., 15. Dez.

Günstig: 3., 10., 15., 18. Jan., 1., 8., 13., 16. Feb., 6., 11., 14., 29., 31. März, 4., 9., 12., 27., 29. April, 2., 7., 10., 25., 27. Mai, 5., 8., 23., 25. Juni, 3., 6., 21., 23. Juli, 1., 4., 19., 21. Aug., 2., 17., 19. Sept., 15., 17. Okt., 13., 15. Nov., 11., 13. Dez.

Schicksalhaft: 20., 21., 22., 23. Feb., 30. April, 28. Mai, 26. Juni, 24. Juli, 22. Aug., 20. Sept., 18. Okt., 16. Nov., 14. Dez.

Problematisch: 9., 14., 16., 25. Jan., 7., 12., 14., 23. Feb., 5., 10., 12., 21., 28., 30. März, 3., 8., 10., 19., 26., 28. April, 1., 6., 8., 17., 24., 26. Mai, 4., 6., 15., 22., 24. Juni, 2., 4., 13., 20., 22. Juli, 2., 11., 18., 20. Aug., 9., 16., 18. Sept., 7., 14., 16. Okt., 5., 12., 14. Nov., 3., 10., 12. Dez.

Seelenverwandt: 29. Dez.

26. August

SONNE: JUNGFRAU
DEKADE: JUNGFRAU/MERKUR
GRAD: 2°30' – 3°30' JUNGFRAU
ART: BEWEGLICHES ZEICHEN
ELEMENT: ERDE

Fixstern

Name des Sterns: Regulus, auch «Herz des Löwen» genannt
Gradposition: 28°51' – 29°48' Löwe zwischen den Jahren 1930 und 2000
Magnitude: 1
Stärke: **********
Orbit: 2°30'
Konstellation: Alpha Leonis
Tage: 21., 22., 23., 24., 25., 26. August
Sternqualitäten: Mars/Jupiter
Beschreibung: leuchtend weiß-blaues Dreifachsystem im Körper des Löwen.

Einfluß des Hauptsterns

Regulus ist ein Königsstern, der in der unendlichen Zahl der Sterne eine führende Rolle einnimmt. Regulus wird mit Noblesse, hohen Ehren, großem Charisma und Würde in Verbindung gebracht. Unter seinem Einfluß können Sie schnell Entscheidungen treffen und werden gut mit Problemen fertig. Zudem steht er für das Streben nach Macht und die Fähigkeit, andere zu führen und anzuleiten. Wenn Sie von Regulus beeinflußt werden, haben Sie große Willenskraft und Unternehmungsgeist, die häufig mit starkem Drang nach Freiheit und Unabhängigkeit einhergehen. Regulus steht aber auch dafür, daß diese Vorteile meist nicht lange wirksam sind. Im Zusammenhang mit dem Stand Ihrer Sonne sorgt Regulus für Ehrgeiz, Macht und Autorität sowie für Aufstiegsmöglichkeiten beim Staat oder in großen Konzernen. Falls Sie selbst keine gehobene Stellung einnehmen, haben Sie im allgemeinen einflußreiche Freunde. Unter Regulus' Einfluß sollten Sie auf Ihrem Weg nach oben zu anderen stets

♍ Natürliche Führungsqualitäten, eine selbstbewußte Fassade und Toleranz gehören zu den Eigenschaften Ihres Geburtstages. Sie sind warmherzig, freundlich und gesellig, und Freunde spielen in Ihrem Leben eine große Rolle. Ihre Liebe zu den Menschen, die mit einem ausgeprägten Sinn für Gerechtigkeit gepaart ist, bringt Sie dazu, sich für Benachteiligte einzusetzen oder sich zu engagieren, wenn es um Prinzipien geht. Auf dem Weg zum Erfolg kann Sie eigentlich nur Ihre gelegentliche Unfähigkeit zur Selbstdisziplin aufhalten.

Durch den Untereinfluß Ihres Dekadenzeichens Jungfrau denken Sie sehr praktisch und fühlen sich von klugen Menschen angezogen. Sie bilden sich Ihre eigene Meinung, aber erst nachdem Sie alle Faktoren gegeneinander abgewogen haben. Achten Sie darauf, daß Sie nicht immer wieder dasselbe Thema durchkauen oder überängstlich und überkritisch werden. Da Sie ein guter Organisator mit einem starken Bedürfnis nach Ordnung und Sauberkeit sind, müssen Sie dafür sorgen, daß in Ihrem Leben alles möglichst glatt läuft.

Sie strahlen große Anziehungskraft aus, interessieren sich für Ihre Mitmenschen und können sehr gütig und verständnisvoll sein. Stolz, aber auch sensibel, legen Sie viel Wert auf Heim und Familie. Mit Ihrer offenen und freundschaftlichen Art gewinnen Sie leicht Freunde. Sie lieben Luxus und schöne Dinge; Ihr Glück ist, daß Sie über den nötigen Geschäftssinn verfügen, um sich diese Dinge auch leisten zu können.

In Ihrer frühen Kindheit stehen Sie möglicherweise unter dem starken Einfluß einer männlichen Person, etwa des Vaters oder Großvaters. Ihre Sonne tritt in die Waage, wenn Sie 27 sind. In den folgenden dreißig Jahren messen Sie Diplomatie, persönlichen Beziehungen und Partnerschaften mehr Bedeutung bei. Durch Ihr wachsendes Bedürfnis nach Harmonie und Ausgeglichenheit entwickeln sich auch vermehrt Ihre kreativen und künstlerischen Talente. Wenn Sie 57 sind, folgt ein weiterer Wendepunkt. Jetzt tritt Ihre Sonne in das Zeichen des Skorpions. Sie werden sensibler und verspüren den Drang nach mehr Veränderung und Verwandlung in Ihrem Leben.

Ihr geheimes Selbst

Da Sie stolz und selbstbewußt wirken, erkennen die Menschen oft nicht, daß Sie auch verletzlich und intuitiv sind. Gelegentlich werden Sie überernst, stur oder selbstsüchtig, wenn Sie spüren, daß Ihre Anstrengungen keine Anerkennung finden. In diesen Phasen neigen Sie zu Frustration oder Streitsucht. Da Sie aber auch sehr warmherzig und großmütig sein können und bereit sind, für die, die Sie lieben, alles zu tun, sollten Sie an Ihrer emotionalen Ausgeglichenheit arbeiten.

Wenn Sie Ihre humanitäre Ader und Ihr Mitgefühl zum Ausdruck bringen, gewinnen Sie die Bewunderung und Anerkennung Ihrer Mitmenschen, die Sie brauchen. Sie haben die wundervolle Gabe, Ihren Humor einzusetzen, wenn Sie andere an Ihren scharfsinnigen Einsichten teilhaben lassen wollen. Wenn Sie wirklich unvoreingenommen sind, überraschen Sie andere oft mit wahren Geistesblitzen an Weisheit.

Beruf & Karriere

Mit Ihren Organisationsfähigkeiten und Ihrem natürlichen Geschäftssinn dürften Sie in jedem Beruf erfolgreich sein; am besten aber passen Sie damit in die Welt des Handels und der Verwaltung. Dank Ihrer kommunikativen und sozialen Fähigkeiten können Sie es aber auch in Pädagogik, Schreiben oder Justiz zu etwas bringen. Ihre analytischen Fähigkeiten und Ihre Liebe zum Detail sind Ihnen in Wissenschaft, Forschung oder Industrie von Nutzen. Mit Ihrer Liebe zu den Menschen und Ihrer Wortgewandtheit sind auch Verkauf oder Schauspielerei für Sie möglich. Ihre humanitäre Ader kommt bei beratenden Tätigkeiten oder in Wohltätigkeitsorganisationen zum Ausdruck. Die Verbindung Ihrer Intuition mit Ihrer rationalen Denkweise kann Ihnen in Heilberufen besonders nützlich sein.

Berühmte Persönlichkeiten dieses Tages sind der Schauspieler Macaulay Culkin, Königin Victorias Gemahl Prinz Albert, die Schriftsteller Christopher Isherwood und Guillaume Apollinaire und der Musiker Branford Marsalis.

Numerologie

Die Stärke, die von der 26 ausgeht, sorgt dafür, daß Sie vorsichtig sind, feste Werte und ein gutes Urteilsvermögen haben. Sie lieben Heim und Familie, denn Sie brauchen ein solides Fundament und das Gefühl der Sicherheit. Häufig ein Quell der Kraft für andere, sind Sie jederzeit bereit, Freunden und Familienmitgliedern zu helfen, die sich in Notzeiten an Sie wenden. Allerdings müssen Sie sich vor materialistischen Tendenzen hüten ebenso wie vor dem Drang, Situationen und Menschen kontrollieren zu wollen. Der Untereinfluß der Monatszahl 8 führt dazu, daß Sie sehr ehrgeizig sind und Großes erreichen wollen. Sie sind bereit, hart zu arbeiten und Verantwortung zu übernehmen, sollten sich aber davor hüten, sich zuviel aufzuladen. Sie haben natürlichen Geschäftssinn, sind praktisch und können andere gut in finanziellen Angelegenheiten beraten. Ihr starkes Sicherheitsbedürfnis diktiert Ihnen langfristige Planungen und Investitionen.

Positiv: kreativ, praktisch, fürsorglich, gewissenhaft, idealistisch, ehrlich, verantwortungsbewußt, begeisterungsfähig, mutig.

Negativ: stur, rebellisch, falsch, unfreundlich, mangelnde Begeisterungsfähigkeit, mangelndes Durchhaltevermögen, labil.

Liebe & Zwischenmenschliches

Mit Ihrer freundlichen und freigiebigen Art ziehen Sie Menschen an. Sie können sehr idealistisch sein und ein starkes Bedürfnis nach Liebe und Zuneigung verspüren, müssen sich aber davor hüten, zu dominierend oder erdrückend zu werden. Da Sie leidenschaftlich sind, verlieben Sie sich leicht. Wenn Sie aber wirklich Ihre Ziele erreichen wollen, müssen Sie ein Gleichgewicht schaffen zwischen Ihrer Freiheitsliebe und der Notwendigkeit der Zusammenarbeit, sei es beruflich oder privat.

freundlich sein, da Sie ihnen auf dem Rückweg nach unten wieder begegnen könnten.

- Positiv: ausgelassen, unbefangen, mutig, Ehre und Reichtum, Autorität, Aufstiegsmöglichkeiten.
- Negativ: starrköpfig, widerspenstig, dominant, Größe, aber auch Scheitern (meist durch Unehrlichkeit), flüchtiger Erfolg und Ruhm.

Ihr Partner

Ihren Traumpartner oder besten Freund werden Sie mit großer Wahrscheinlichkeit unter den an den folgenden Tagen geborenen Menschen finden:
Liebe & Freundschaft: 2., 28. Jan., 26. Feb., 24. März, 22. April, 20., 29., 30. Mai, 18., 27., 28. Juni, 16., 25., 26. Juli, 14., 23., 24. Aug., 12., 21., 22. Sept., 10., 19., 20., 29., 31. Okt., 8., 17., 18., 27., 29. Nov., 6., 15., 16., 25., 27. Dez.
Günstig: 2., 10., 13., 16. Jan., 8., 11., 14. Feb., 6., 9., 12. März, 4., 7., 10. April, 2., 5., 8. Mai, 3., 6. Juni, 1., 4., 30. Juli, 2., 28., 30. Aug., 26., 28. Sept., 24., 26. Okt., 22., 24. Nov., 20., 22., 30. Dez.
Schicksalhaft: 23., 24., 25., 26. Feb., 31. Okt., 29. Nov., 27. Dez.
Problematisch: 3., 9., 10. Jan., 1., 7., 8. Feb., 5., 6., 31. März, 3., 4., 29. April, 1., 2., 27. Mai, 25. Juni, 23. Juli, 2., 21., 31. Aug., 19., 29. Sept., 17., 27. Okt., 15., 25. Nov., 13., 23. Dez.
Seelenverwandt: 5. Jan., 3. Feb., 1. März, 30. Mai, 28. Juni, 26. Juli, 24. Aug., 22. Sept., 20. Okt., 18. Nov., 16. Dez.

SONNE: JUNGFRAU
DEKADE: JUNGFRAU/MERKUR
GRAD: 3°30' – 4°30' JUNGFRAU
ART: BEWEGLICHES ZEICHEN
ELEMENT: ERDE

Fixsterne

Ihre Sonne ist zwar nicht mit einem Fixstern verbunden, sicherlich aber einer der anderen Planeten Ihres Sonnenzeichens. Wenn Sie sich ein Geburtshoroskop erstellen lassen, lernen Sie die exakten Positionen der Planeten an Ihrem Geburtstag kennen. Auf diese Weise können Sie feststellen, welche der Fixsterne in diesem Buch für Sie von Interesse sind.

27. August

Sie sind charmant und entschlossen und haben Führungsqualitäten. Überdies sind Sie ein ebenso praktischer wie scharfsichtiger Visionär. Da Sie fähig sind, hart zu arbeiten und Selbstdisziplin zu üben, erreichen Sie im allgemeinen die Ziele, die Sie sich stecken. Sie können mitfühlend und sensibel, aber auch stark und dominierend sein.

Durch den Untereinfluß Ihres Dekadenzeichens Jungfrau spielt Kommunikation eine bedeutende Rolle in Ihrem Leben. Dank Ihrer Verstandeskräfte und Ihrer raschen Auffassungsgabe können Sie schnell Situationen einschätzen, Fehler entdecken und komplexe Zusammenhänge begreifen. Da Sie hohe Ansprüche stellen und stets methodisches Vorgehen und Ordnung anstreben, kann es passieren, daß Sie übertreiben und allzu kritisch werden.

Wenn Sie Ihre starken Gefühle positiv kanalisieren, sorgen sie dafür, daß Sie bei Ihren Mitmenschen beliebt sind, vor allem, wenn Sie Ihr besonderes Charisma einsetzen. Achten Sie darauf, daß Sie anderen gegenüber nicht zu schnell ungeduldig werden, wenn sie Ihnen zu langsam sind. Hüten Sie sich davor, mit Ihrem Schicksal zu hadern. Da Sie ebenso intuitiv wie praktisch und scharfsinnig sind, suchen Sie ständig nach Inspiration und arbeiten zum Nutzen anderer. Von Natur aus idealistisch und großzügig, haben Sie starkes Pflichtbewußtsein, was Sie aber nicht davon abhält, schlagfertig und unterhaltsam zu sein. Viele Männer mit diesem Geburtsdatum haben eine ausgeprägte weibliche Seite.

Bis zum Alter von 25 befindet sich Ihre Sonne im Zeichen der Jungfrau und unterstreicht die Bedeutung von mentaler Konzentration und gutem Urteilsvermögen. Wenn Sie 26 sind und Ihre Sonne in die Waage tritt, steigt Ihr Bedürfnis nach Partnerschaft und Beziehungen zu anderen. Ihr Sinn für Ausgeglichenheit, Harmonie und Schönheit verstärkt sich, und Sie entdecken Ihr Interesse für Literatur, Malerei oder eine andere kreative Beschäftigung. Diese Phase dauert, bis Sie 56 sind und Ihre Sonne in das Zeichen des Skorpion tritt. Nach diesem Wendepunkt wächst Ihr Bedürfnis nach emotionaler und geistiger Regeneration, aber auch finanzielle Angelegenheiten gewinnen an Bedeutung.

Ihr geheimes Selbst

Ehrgeizig und arbeitsam, sind Sie erfolgsorientiert und versuchen unablässig, sich weiterzuentwickeln. Wenn Sie alte Ängste oder Enttäuschungen hinter sich lassen, wird es Ihnen leichter fallen, die Selbstdisziplin aufzubringen, die Sie brauchen, um Ihr enormes Potential zu entwickeln. Wenn Sie unzufrieden sind und zu leicht aufgeben, lassen Sie sich leicht in die Tragödien anderer verwickeln, statt sich auf Ihr eigenes Dasein zu konzentrieren.

Da Sie eine sehr universelle Lebensauffassung vertreten, finden Sie Ihre wahre Erfüllung am besten, wenn Sie Ihrer Humanität, Spiritualität oder lebhaften Phantasie in irgendeiner Form Ausdruck geben können. Sie sind anderen gegenüber zu großen Opfern bereit, sollten dabei aber keine Hintergedanken hegen. Ihre Großzügigkeit und Freundlichkeit wird Ihnen auch so hundertfach vergolten werden.

Beruf & Karriere

In Ihrem Element sind Sie vor allem dann, wenn Sie sich selbstlos für eine Sache engagieren können, etwa in der Politik, einer Wohlfahrtsorganisation oder in einem Heilberuf. Da Sie Ihr Wissen gern mit anderen teilen, sind Sie auch ein ausgezeichneter Lehrer und können gut schreiben. Da Sie Farbe und Klang lieben, haben Sie ein Flair für Musik oder Malerei. Handel mit Kunst, Kunsthandwerk oder Design kommt Ihnen ebenso entgegen, wie Ihr Sinn für Strukturen Sie für Mathematik oder Architektur geeignet macht. Sie sind tüchtig und gründlich, aber auch phantasievoll, weshalb Sie sich auch für Berufe in Werbung oder Verlagsbranche eignen. Ihre Wortgewandtheit nutzt Ihnen in Verkauf oder Entertainment. Ihre mitfühlende Art können Sie in Gesundheitswesen, Beratung oder Dienstleistung ausleben.

Berühmte Persönlichkeiten dieses Tages sind Mutter Teresa, US-Präsident Lyndon B. Johnson, der Philosoph Georg Friedrich Hegel, der Künstler Man Ray und der Politiker Yasir Arafat.

Numerologie

Die Zahl 27 steht für Intuition, aber auch Wißbegier; wenn Sie Geduld und Selbstbeherrschung üben, können Sie Ihre Gedankenwelt sehr vertiefen. Oft sind Sie stark und entschlossen und legen viel Wert aufs Detail. Da Sie im allgemeinen idealistisch und sensibel sind und einen kreativen Verstand haben, beeindrucken Sie andere oft mit originellen Ideen und Gedanken. Gute Kommunikationsfähigkeiten helfen Ihnen dabei, Ihre Gefühle besser auszudrücken. Für Menschen mit der Geburtstagszahl 27 ist Bildung außerordentlich wichtig, und mit den richtigen Qualifikationen können Sie in Forschung, als Autor oder in einer großen Organisation Erfolg erwarten. Der Untereinfluß der Monatszahl 8 führt dazu, daß Sie geistig aktiv und aufnahmefähig sind. Sie sind eine dynamische Persönlichkeit und müssen Ihre starken Gefühle irgendwie zum Ausdruck bringen. Mit einer weniger persönlich involvierten Perspektive können Sie anderen besser zuhören und Kritik oder Ideen von anderen besser annehmen.

Positiv: Führungsqualitäten, gründlich, fleißig, Autorität, Beschützerinstinkte, Heilkraft, gutes Urteilsvermögen.

Negativ: intolerant, rastlos, «workaholic», dominierend, leicht entmutigt, planlos.

Liebe & Zwischenmenschliches

Sie sind dynamisch und sensibel und voller starker Gefühle. Im allgemeinen fühlen Sie sich deshalb zu kreativen Menschen hingezogen, die sich in Worten und Ideen ausdrücken verstehen. Von Natur aus romantisch und dramatisch, neigen Sie dazu, sich in Beziehungen zu stürzen, die zum Scheitern verurteilt sind. Als geselliger Mensch und treuer Freund können Sie großzügig und hilfsbereit sein. Sie streben häufig nach einflußreichen Positionen, sind aber ein verläßlicher, wenn auch anspruchsvoller Partner, der ein starkes Bedürfnis nach Liebe zu sich selbst und anderen hat.

Ihr Partner

Wenn Sie jemanden suchen, bei dem Sie Glück und Liebe finden, sollten Sie sich unter den Menschen umsehen, die an folgenden Tagen geboren sind:

Liebe & Freundschaft: 3., 16., 22., 25., 29., 30. Jan., 1., 14., 20., 23., 27., 28. Feb., 18., 21., 25., 26. März, 16., 19., 23., 24., 28. April, 8., 14., 17., 21., 22., 26., 31. Mai, 12., 15., 19., 20., 24., 29. Juni, 10., 13., 18., 22. Juli, 8., 11., 15., 16., 20., 27., 29., 30. Aug., 6., 9., 13., 14., 18., 23., 27., 28. Sept., 4., 7., 11., 12., 16., 21., 25., 26. Okt., 2., 5., 9., 10., 14., 19., 23., 24. Nov., 3., 7., 8., 12., 17., 21., 22. Dez.

Günstig: 17. Jan., 15. Feb., 13. März, 11. April, 9., 29. Mai, 7., 27. Juni, 5., 25. Juli, 3., 23. Aug., 1., 21. Sept., 19., 29. Okt., 17., 27., 30. Nov., 15., 25., 28. Dez.

Schicksalhaft: 23., 24., 25. Feb., 31. Mai, 29. Juni, 27. Juli, 25., 30. Aug., 23., 28. Sept., 21., 26. Okt., 19., 24. Nov., 17., 22. Dez.

Problematisch: 20., 23. Jan., 18., 21. Feb., 16., 19. März, 14., 17. April, 12., 15. Mai, 10., 13. Juni, 8., 11. Juli, 6., 9. Aug., 4., 7. Sept., 2., 5. Okt., 2. Nov., 1. Dez.

Seelenverwandt: 4., 31. Jan., 2., 29. Feb., 27. März, 25. April, 23. Mai, 21. Juni, 19. Juli, 17. Aug., 15. Sept., 13. Okt., 11. Nov., 9. Dez.

SONNE: JUNGFRAU
DEKADE: JUNGFRAU/MERKUR
GRAD: 4°30' – 5°30' JUNGFRAU
ART: BEWEGLICHES ZEICHEN
ELEMENT: ERDE

Fixsterne

Ihre Sonne ist zwar nicht mit einem Fixstern verbunden, sicherlich aber einer der anderen Planeten Ihres Sonnenzeichens. Wenn Sie sich ein Geburtshoroskop erstellen lassen, lernen Sie die exakten Positionen der Planeten an Ihrem Geburtstag kennen. Auf diese Weise können Sie feststellen, welche der Fixsterne in diesem Buch für Sie von Interesse sind.

28. August

♍ Von Natur aus gesellig, warmherzig und freundlich, bleiben Sie im Herzen stets jung. Ihr starkes Selbstwertgefühl stellt Sie oft an die vorderste Front, wo Sie die Anerkennung ernten, die Sie brauchen. Sie sind nicht nur fähig zu selbstlosen Gesten, sondern können auch sehr verständnisvoll sein und gut zuhören. Achten Sie darauf, daß Ihr attraktiver Charme nicht durch Unreife oder Sturheit verdorben wird.

Durch den Untereinfluß Ihres Dekadenzeichens Jungfrau sind Sie klug, praktisch und haben einen angeborenen guten Geschäftssinn. Sie analysieren Situationen meist sehr gründlich, neigen dabei aber zur Skepsis. Wortgewandt und direkt, schätzen Sie Wissen und Erfahrung.

Von Natur aus verspielt und romantisch, sind Sie eine dynamische Mischung aus Idealismus und Pragmatismus. Obwohl Sie Dinge gern vor sich herschieben, sind Sie zu großen Opfern bereit, um Ihr Ziel zu erreichen. Da Sie ein Faible für Luxus haben und das gute Leben lieben, brauchen Sie ein aktives gesellschaftliches Leben und sind als unterhaltsamer Freund bekannt. Kooperativ und hilfsbereit, bieten Sie anderen gern Hilfe und Unterstützung an. Ihre Jugendlichkeit wird Ihnen stets erhalten bleiben; Ihr Potential aber können Sie nur durch große Selbstdisziplin ausschöpfen.

Wenn Sie 25 sind, tritt Ihre Sonne in das Zeichen der Waage. Jetzt beginnt eine dreißigjährige Phase, in der Ihnen private und berufliche Partnerschaften zunehmend mehr bedeuten. Ihr Sinn für Harmonie und Schönheit entwickelt sich, und möglicherweise entdecken Sie Ihr Interesse für eine kreative Beschäftigung. Diese Phase dauert, bis Sie 55 sind und Ihre Sonne in das Zeichen des Skorpions tritt. Nach diesem Wendepunkt möchten Sie verstärkt den tieferen Sinn Ihres Lebens ergründen und wünschen sich Veränderung.

Ihr geheimes Selbst

Von Natur aus warmherzig und liebevoll, suchen Sie harmonische Partnerschaften. Sie haben innere Noblesse und feste Überzeugungen und müssen sich ständig durch neue Herausforderungen motivieren. Hinderlich wirken dabei Ihr Hang zur Impulsivität und das Bedürfnis nach sofortiger Anerkennung. Da Sie viel Lebensfreude besitzen, neigen Sie gelegentlich dazu, den Weg des geringsten Widerstands zu wählen. Das kann dazu führen, daß Sie Ziel und Zielstrebigkeit einbüßen.

Da Sie sehr sensibel sind und tiefe Gefühle haben, sollten Sie daran arbeiten, distanzierter zu werden, um nicht so leicht verletzlich zu sein oder in Selbstmitleid zu versinken. Lernen Sie, Ihre Gefühle in positive Bahnen zu lenken. Wenn Sie auf Ihre innere Stimme hören, werden Sie eine kreative Form der Selbstverwirklichung finden und lernen, Ihre emotionalen Kräfte einzusetzen. Im allgemeinen sind Sie großzügig, mitfühlend und sehr hilfsbereit.

Beruf & Karriere

Ihr angeborener Geschäftssinn hilft Ihnen in jedem Beruf. Am meisten aber fühlen Sie sich zu Berufen hingezogen, bei denen Sie mit Menschen zu tun haben. Ihre kommunikative Art nutzt Ihnen in Pädagogik und Verkauf. Da Sie gern andere unterhalten, fühlen Sie sich zu Showbusineß oder Musikindustrie hingezogen. Ihr diplomatisches

Geschick nützt Ihnen in Kundenservice oder Öffentlichkeitsarbeit, Ihre soziale Kompetenz in Promotion oder Werbung. Ihr Sinn für Ästhetik begabt Sie für Kunst, Design, Innenarchitektur oder Raumausstattung.

Berühmte Persönlichkeiten dieses Tages sind die Schauspieler Charles Boyer, Ben Gazzara und David Soul sowie Johann Wolfgang von Goethe.

Numerologie

Sie sind ehrgeizig, direkt und unternehmungslustig. Immer bereit zu neuen Abenteuern und Unternehmungen, stellen Sie sich mutig den Herausforderungen des Lebens. Dank Ihrer Begeisterungsfähigkeit können Sie andere dazu bringen, Sie bei Ihren Unternehmungen zu unterstützen. Sie sind zwar erfolgsorientiert und karrierebewußt, aber Familie und Heim sind auch sehr wichtig für Sie. Manchmal haben Sie jedoch Schwierigkeiten, Stabilität zu finden und sich um das Wohl der Ihnen Nahestehenden zu kümmern. Der Untereinfluß der Monatszahl 8 ist der Grund dafür, daß Sie große Intuition und einen aktiven Geist haben. Wenn Sie Verantwortung übernehmen, legen Sie Wert auf Effizienz und können sehr ungeduldig oder intolerant werden. Sie sind sehr dynamisch und immer in Bewegung und sollten lernen, sich zu entspannen. Dank Ihrer schnellen Einschätzung von Menschen und Situationen können Sie leicht Probleme lösen. Achten Sie darauf, daß Sie sich nicht vor lauter Begeisterung planlos und unvorbereitet in neue Projekte stürzen.

Positiv: progressiv, kühn, künstlerisch, kreativ, mitfühlend, idealistisch, ehrgeizig, fleißig, willensstark.

Negativ: Tagträumer, unmotiviert, mangelndes Mitgefühl, unrealistisch, herrisch, schlechtes Urteilsvermögen, aggressiv, mangelndes Selbstvertrauen, abhängig von anderen.

Liebe & Zwischenmenschliches

Sie streben nach Selbständigkeit und persönlichem Erfolg, Ihr starkes Bedürfnis nach Liebe treibt Sie aber immer wieder in alle möglichen romantischen Beziehungen. Meist sind Sie sehr gütig und fürsorglich, aber durch Ihren Idealismus und Perfektionismus stellen Sie so hohe Anforderungen, daß andere diesen Erwartungen nicht gerecht werden können. Da Sie im allgemeinen charmant, freundlich und großzügig sind, fällt es Ihnen nicht schwer, Freunde zu finden, auch wenn so manche Beziehung die Bemühungen nicht wert sind. Wenn Sie aber den richtigen Partner fürs Leben gefunden haben, sind Sie liebevoll und treu.

Ihr Partner

Ihren Traumpartner finden Sie am ehesten unter den Menschen, die an folgenden Tagen geboren sind:

Liebe & Freundschaft: 4., 5., 10., 18., 19., 26., 30. Jan., 2., 3., 8., 16., 17., 24., 28. Feb., 1., 6., 14., 15., 22., 26. März, 4., 12., 13., 20., 24. April, 2., 10., 11., 18., 22. Mai, 8., 9., 16., 20., 30. Juni, 6., 7., 14., 18., 28. Juli, 4., 5., 12., 16., 26., 30. Aug., 2., 3., 10., 14., 28. Sept., 1., 8., 12., 22., 26. Okt., 6., 10., 20., 24. Nov., 4., 8., 18., 22., 30. Dez.

Günstig: 13. Jan., 11. Feb., 9. März, 7. April, 5. Mai, 3., 30. Juni, 1., 28. Juli, 26. Aug., 24. Sept., 22. Okt., 20. Nov., 18. Dez.

Schicksalhaft: 23., 24., 25., 26. Feb.

Problematisch: 14., 24. Jan., 12., 22. Feb., 10., 20. März, 8., 18. April, 6., 16. Mai, 4., 14. Juni, 2., 12. Juli, 20. Aug., 8. Sept., 6. Okt., 4. Nov., 2. Dez.

Seelenverwandt: 30. Juli, 28. Aug., 26. Sept., 24. Okt., 22. Nov., 20. Dez.

SONNE: JUNGFRAU
DEKADE: JUNGFRAU/MERKUR
GRAD: 5°30' – 6°30' JUNGFRAU
ART: BEWEGLICHES ZEICHEN
ELEMENT: ERDE

Fixstern

Name des Sterns: Alioth
Gradposition: 7°52' – 8°52' Jungfrau zwischen den Jahren 1930 und 2000
Magnitude: 2
Stärke: ********
Orbit: 2°10'
Konstellation: Epsilon Ursae Majoris
Tage: 29., 30., 31. August, 1., 2., 3. September
Sternqualitäten: Mars
Beschreibung: blau-weißer Stern im Schwanz des Großen Bären.

Einfluß des Hauptsterns

Alioth steht für gutes Urteilsvermögen und Lebensfreude. Unter seinem Einfluß genießen Sie das Leben und lieben Komfort, und im allgemeinen sind Sie großzügig und liberal. Alioth schenkt Ihnen viel Ehrgeiz, Kampfgeist und ein ständiges Bedürfnis nach Aktivität. Überdies verleiht er gute Kritikfähigkeit, die konstruktiv genutzt werden sollte.
Im Zusammenhang mit dem Stand Ihrer Sonne steht Alioth für Erfolg im Geschäftsleben, in Regierungsposten, Öffentlichkeitsarbeit und im Sport. Alioth bewirkt Gründlichkeit und die Fähigkeit, aus jeder Situation das Beste zu machen, warnt aber auch vor Reizbarkeit und Vertrauensseligkeit.
- Positiv: aufrichtig, unbefangen, ausdauernd, kann Enttäuschungen überwinden.
- Negativ: rastlos, egoistisch, destruktiv, starrsinnig, überkritisch.

29. August

♍ Mit diesem Geburtsdatum sind Sie charismatisch, warmherzig und ehrgeizig und haben einen scharfen Verstand und viel Unternehmungsgeist. Von Natur aus unabhängig und erfolgsorientiert, sind Sie gern aktiv und denken in großen Maßstäben. Allerdings müssen Sie darauf achten, sich nicht von Ihren Gefühlen überwältigen oder zu Extremen hinreißen zu lassen.

Durch den Untereinfluß Ihres Dekadenzeichens Jungfrau haben Sie einen scharfen, praktischen Verstand und sind häufig ein Perfektionist. Sie legen meist Wert aufs Detail und wollen Ihre Arbeit ständig verfeinern und verbessern. Beschäftigen Sie sich aber nicht unablässig mit ein und derselben Sache, da dies Angstzustände hervorrufen kann. Ihr Wissensdurst und Ihre Liebe zum Lernen sorgen dafür, daß Ihr Geist ständig beschäftigt ist, so daß Sie nicht übersensibel werden.

Da Sie gesellig und großzügig sind, machen Ihnen Aktivitäten, die mit Menschen zu tun haben, besonders viel Spaß. Durch Reisen erweitern Sie Ihren Horizont und knüpfen immer wieder neue Kontakte. Da Sie abenteuerlustig sind, aber auch Organisationstalent besitzen, haben Sie auch ein gutes Gefühl für Geld. Aber erst durch Selbstdisziplin können Sie Ihr großes Potential richtig nutzen.

So dynamisch und charmant Sie auch sein können, gelegentlich neigen Sie zu Unsicherheit und Verschlossenheit. Wenn Sie sich aber auf Ihre Intuition und ideelle Vorausschau verlassen, gewinnen Sie bald Ihre Kreativität und Begeisterungsfähigkeit zurück.

Von Kindesbeinen an sind Sie sehr praktisch und analysieren Situationen, um sie zu verstehen und zu verbessern. Ihre Sonne tritt in die Waage, wenn Sie 24 sind. In den folgenden dreißig Jahren messen Sie persönlichen Beziehungen und Partnerschaften große Bedeutung bei. Sie entwickeln kreative Talente, und vielleicht entdecken Sie auch ein Interesse für Musik, Malerei oder Literatur. Wenn Sie 54 sind, folgt ein weiterer Wendepunkt. Jetzt tritt Ihre Sonne in das Zeichen des Skorpion; Sie verspüren den Drang nach Veränderung, tieferer Bewußtwerdung und innerer Stärke.

Ihr geheimes Selbst

Aufgrund Ihres großen Wissens haben Sie ein besonderes Talent für den Umgang mit dem geschriebenen und gesprochenen Wort und können andere mit Ihren Ideen unterhalten und inspirieren. Ihre Intelligenz stimuliert Sie zwar, aber eine innere Rastlosigkeit läßt Sie vieles ausprobieren, nur um der Langeweile zu entkommen. Von Natur aus sensibel und phantasiebegabt, sind Sie ausgesprochen freiheitsliebend, müssen allerdings aufpassen, nicht zum Träumer zu werden, der seine Pläne nicht mehr in die Tat umsetzen kann.

Da Sie sich leidenschaftlich einsetzen können, wenn Sie sich wirklich für etwas interessieren, brauchen Sie Beschäftigungen, die Ihnen Spaß machen. Wenn Sie dabei zu ungeduldig werden, verlieren Sie Ihre Konzentration und handeln, ohne nachzudenken oder zu planen. Aber meistens sind Sie optimistisch, begeisterungsfähig und in der Lage, Ihre Ziele zu erreichen.

Beruf & Karriere

Da Sie ehrgeizig sind und Führungsqualitäten haben, sollten Sie entweder eine gehobene Managerposition oder Selbständigkeit anstreben. Sie brauchen bei der Arbeit möglichst großen Handlungsspielraum und viel Freiheit. Vermeiden Sie auf jeden Fall monotone Tätigkeiten. Ihre Fähigkeit, mit Menschen umzugehen, nützt Ihnen in jedem Beruf. Ihr Einfühlungsvermögen und Ihre angeborene Weisheit führen Sie oft in Pflege- oder Sozialberufe. Ihr scharfer Intellekt zieht Sie auch zu Pädagogik, Justiz, Wissenschaft, Schreiben oder Politik. Ihre praktische Veranlagung und Ihr Unternehmungsgeist eignen sich aber auch gut für Geschäftswelt oder Handwerk. Dank Ihrer Phantasie und Kreativität steht Ihnen auch die Welt von Musik und Unterhaltung offen.

Berühmte Persönlichkeiten dieses Tages sind der Sänger Michael Jackson, die Schauspielerin Ingrid Bergman, der Schauspieler Richard Gere, der Jazzkomponist Charlie Parker, der Maler Jean Auguste Dominique Ingres und der Filmregisseur Richard Attenborough.

Numerologie

Mit der Geburtstagszahl 29 sind Sie häufig intuitiv, sensibel und emotional. Ihre mitfühlende und verständnisvolle Art spricht für Ihre Menschenfreundlichkeit und kann andere ermutigen, ihre eigenen Hoffnungen und Träume zu verwirklichen. Auch wenn Sie ein echter Träumer sind, zeigen Sie oft sehr extreme Seiten und müssen sich vor Stimmungsschwankungen hüten. Sie haben das Bedürfnis, beliebt zu sein, und machen sich Gedanken darüber, was andere von Ihnen denken. Der Untereinfluß der Monatszahl 8 führt dazu, daß Sie einen starken Willen und viel Ehrgeiz haben. Ihr starkes Bedürfnis nach Selbstverwirklichung zeigt, daß Sie phantasiebegabt sind und emotionale Erfüllung suchen. Auch wenn Sie im allgemeinen dynamisch und ehrgeizig wirken, sind Sie doch ein Idealist voller Mitgefühl und Sensibilität. Ihr Wunsch, jemand zu sein, macht Sie dramatisch und läßt Sie immer danach streben, im Mittelpunkt zu stehen. Sie wollen originell und besonders individuell sein.

Positiv: inspiriert, ausgeglichen, innerer Frieden, großmütig, kreativ, intuitiv, gründlich, Selbstvertrauen.

Negativ: mangelnde Konzentrationsfähigkeit, launisch, schwierig, extrem, verschlossen, überempfindlich, rücksichtslos.

Liebe & Zwischenmenschliches

Sie sind charmant, haben ein gutes Gefühl für Wirkung und große Begeisterungsfähigkeit. Meist fühlen Sie sich zu starken Personen hingezogen; vermeiden Sie aber Machtspiele mit Ihren Partnern. Frauen, die an diesem Tag geboren wurden, sind oft zu großen Opfern bereit, um in Heim und Familie und in ihren Beziehungen für Harmonie und Friedlichkeit zu sorgen. Im allgemeinen sind Sie gesellig und ein guter Gastgeber. Da Sie sich gern mit vielen Menschen umgeben und nur schlecht nein sagen können, fällt es Ihnen manchmal schwer, sich für bestimmte Freunde zu entscheiden.

Ihr Partner

Glück und Liebe werden Sie mit großer Wahrscheinlichkeit unter den an den folgenden Tagen geborenen Menschen finden:

Liebe & Freundschaft: 2., 3., 6., 9., 10., 11., 21., 27., 31. Jan., 1., 4., 7., 8., 9., 25., 29. Feb., 2., 5., 6., 7., 17., 23., 27. März, 3., 4., 5., 15., 21., 25. April, 1., 3., 13., 19., 23., 30. Mai, 1., 11., 17., 21., 28. Juni, 9., 15., 19., 26., 29. Juli, 7., 13., 17., 24., 27. Aug., 5., 11., 15., 22., 25. Sept., 3., 9., 13., 20., 23. Okt., 1., 7., 11., 18., 21., 30. Nov., 5., 9., 16., 19., 28. Dez.

Günstig: 11., 16., 30. Jan., 9., 24., 28. Feb., 7., 22., 26. März, 5., 20., 24. April, 3., 18., 22., 31. Mai, 1., 16., 20., 29. Juni, 14., 18., 27. Juli, 12., 16., 25. Aug., 10., 14., 23. Sept., 8., 12., 21., 29. Okt., 6., 10., 19., 27. Nov., 4., 8., 17., 25. Dez.

Schicksalhaft: 24., 25., 26., 27. Feb.

Problematisch: 15. Jan., 13. Feb., 11. März, 9. April, 7., 30. Mai, 5., 28. Juni, 3., 26. Juli, 1., 24. Aug., 22. Sept., 20., 30. Okt., 18., 28. Nov., 16., 26. Dez.

Seelenverwandt: 9., 29. Jan., 7., 27. Feb., 5., 25. März, 3., 23. April, 1., 21. Mai, 19. Juni, 17. Juli, 15. Aug., 13. Sept., 11. Okt., 9. Nov., 7. Dez.

30. August

SONNE: JUNGFRAU
DEKADE: JUNGFRAU/MERKUR
GRAD: 6° – 7°30' JUNGFRAU
ART: BEWEGLICHES ZEICHEN
ELEMENT: ERDE

Fixstern

Name des Sterns: Alioth
Gradposition: 7°52' – 8°52' Jungfrau zwischen den Jahren 1930 und 2000
Magnitude: 2
Stärke: ********
Orbit: 2°10'
Konstellation: Epsilon Ursae Majoris
Tage: 29., 30., 31. August, 1., 2., 3. September
Sternqualitäten: Mars
Beschreibung: blau-weißer Stern im Schwanz des Großen Bären.

Einfluß des Hauptsterns

Alioth steht für gutes Urteilsvermögen und Lebensfreude. Unter seinem Einfluß genießen Sie das Leben und lieben Komfort, und im allgemeinen sind Sie großzügig und liberal. Alioth schenkt Ihnen viel Energie, Kampfgeist und ein ständiges Bedürfnis nach Aktivität. Überdies verleiht er gute Kritikfähigkeit, die konstruktiv genutzt werden sollte.
Im Zusammenhang mit dem Stand Ihrer Sonne steht Alioth für Erfolg im Geschäftsleben, in Regierungsposten, Öffentlichkeitsarbeit und im Sport. Alioth bewirkt Gründlichkeit und die Fähigkeit, aus jeder Situation das Beste zu machen, warnt aber auch vor Reizbarkeit und Vertrauensseligkeit.
• Positiv: aufrichtig, unbefangen, ausdauernd, kann Enttäuschungen überwinden.
• Negativ: rastlos, egoistisch, destruktiv, starrsinnig, überkritisch.

♍ Von Natur aus ausdrucksstark, fleißig und fürsorglich, haben Sie großes Interesse an Ihren Mitmenschen und sind eine überzeugende und originelle Persönlichkeit. Ein Teil Ihrer Natur ist sanft und liebevoll, der andere stark und diszipliniert.

Durch den Untereinfluß Ihres Dekadenzeichens Jungfrau haben Sie einen scharfen, analytischen Verstand und legen Wert aufs Detail. Mit Ihrem Wissensdurst und Ihrem Bedürfnis, sich ständig weiterzuentwickeln, geht auch eine gute Redegabe einher. Da Sie praktisch sind und sich gut konzentrieren können, sind Sie bei der Arbeit gründlich und geschickt, sollten aber bei Ihrem Streben nach Perfektion vermeiden, sich selbst und anderen gegenüber allzu kritisch zu sein.

Sie sind gesellig und charmant und machen gerne andere glücklich. Obwohl von sehr optimistischer Lebensauffassung, bleiben Sie doch immer Realist. Gelegentlich sind Sie zu ernst oder zu verschlossen, was Sie Ihre Gefühle verbergen läßt und Besorgnis und Pessimismus verursacht. Es kann auch zum Konflikt zwischen Ihrem Pflichtgefühl und Ihren Herzenswünschen kommen. Wenn Sie lernen, mehr Distanz zu wahren und die Ihnen angeborene Liebe zu den Menschen und Ihr Mitgefühl zu zeigen, können Sie wahre emotionale Erfüllung finden.

Von Kindesbeinen an sind Sie gewohnt, Situationen zu analysieren, um sie zu begreifen und zu verbessern. Ihre Sonne tritt in die Waage, wenn Sie 23 sind. In den folgenden dreißig Jahren messen Sie privaten und beruflichen Partnerschaften große Bedeutung bei. Ihr Sinn für Schönheit und Harmonie und Ihre schöpferischen Talente entwickeln sich, und vielleicht entdecken Sie auch Ihr Interesse für kreative Beschäftigungen. Wenn Sie 53 sind, folgt ein weiterer Wendepunkt. Jetzt tritt Ihre Sonne in das Zeichen des Skorpion; Sie verspüren den Drang nach Veränderungen und suchen nach der tieferen emotionalen Bedeutung Ihres Lebens.

Ihr geheimes Selbst

Zuneigung auszudrücken kann für Sie sehr wichtig sein, da Sie möglicherweise negative Erfahrungen mit unterdrückten Emotionen in Ihrer Kindheit gemacht haben. Da Sie zur Skepsis neigen, sollten Sie lernen, mehr Vertrauen zu anderen zu haben und genau zu entscheiden, wem Sie Ihr Vertrauen schenken. Entwickeln Sie mehr Selbstvertrauen, damit Sie sich besser um Ihre eigenen Bedürfnisse kümmern können. Es kann für Sie sehr wichtig sein, wie Sie sich selbst und andere einschätzen, aber auch, was andere von Ihnen halten. Geld spielt für Sie eine bedeutende Rolle, und meist sind Sie bereit, hart dafür zu arbeiten. Meist arbeiten Sie am besten, wenn Sie sich von Ihrer Intuition leiten lassen und ein Projekt dann beginnen, wenn Ihre innere Stimme es sagt und nicht ein streng vorgefaßter Zeitplan. Da Sie sehr sensibel sind, benötigen Sie genügend Zeit für sich selbst, um nachzudenken und den Kontakt zu Ihrer innersten Inspiration herzustellen.

Beruf & Karriere

Mit Ihren analytischen oder sogar technischen Fähigkeiten sind Sie sehr geeignet für einen Beruf in den Bereichen Wissenschaft, Forschung und Gesundheitswesen. Für Pädagogik oder Privatmedien prädestinieren Sie Ihr scharfer Verstand und Ihre kommunikativen Fähigkeiten. Die humanitäre Seite Ihres Wesens findet in Pflegeberufen oder in sozialen Reformen Erfüllung. Ihr Interesse für Ihre Mitmenschen macht Sie auch zu einem ausgezeichneten Berater. Mit Ihrem Wissensdurst und Ihrer praktischen Denkweise können Sie auf Ihrem Gebiet zum Spezialisten werden, aber auch die Geschäftswelt wäre für Sie interessant. Ihre Kreativität und Ihre Liebe und Schönheit öffnen Ihnen Möglichkeiten als Musiker, Schauspieler oder Entertainer, und dank Ihrer Liebe zur Natur sind Sie begabt als Landschaftsarchitekt.

Berühmte Persönlichkeiten dieses Tages sind die Schriftstellerin Mary Shelley, der Physiker Ernest Rutherford, der Rockmusiker Peter Maffay und der Diplomat Charles Bohlen.

Numerologie

Mit der Geburtstagszahl 30 sind Sie freundlich, warmherzig und gesellig und haben Charisma und sind loyal. Sie lieben die schönen Dinge des Lebens. Mit Ihrem guten Geschmack und einem Auge für Stil und Form können Sie in allen Bereichen, die mit Kunst, Design und Musik zu tun haben, brillieren. Mit Ihrem Bedürfnis nach Selbstverwirklichung und Ihrer Liebe zum Wort können Sie es aber auch in Bereichen wie Schreiben, Reden oder Gesang zu außergewöhnlichen Erfolgen bringen. Sie haben starke Gefühle, und Liebe und emotionale Zufriedenheit sind für Sie lebenswichtig; auf Ihrer Suche nach Glück neigen Sie allerdings zu Ungeduld und Maßlosigkeit. Viele, die an diesem Tag geboren sind, gelangen zu Ruhm und Anerkennung, vor allem als Musiker, Schauspieler oder Entertainer. Der Untereinfluß der Monatszahl 8 ist der Grund dafür, daß Sie fleißig und idealistisch sind und einen starken Willen und viel Ehrgeiz haben. Mit Ihrer aufrichtigen und spontanen Begeisterungsfähigkeit und Ihrer Unternehmungslust greifen Sie häufig Ideen auf und entwickeln sie auf Ihre eigene, unnachahmliche Weise weiter.

Positiv: lebenslustig, treu, freundlich, guter Gesprächspartner, kreativ, glücklich.

Negativ: faul, stur, leicht reizbar, unsicher, desinteressiert, verzettelt sich gern.

Liebe & Zwischenmenschliches

Obwohl Sie ein liebevoller Mensch voller Leidenschaft und Romantik sind, bewirkt Ihr Bedürfnis nach Abwechslung und Abenteuer, daß Sie schnell rastlos und ungeduldig werden. Sie sind großzügig und freigiebig, können aber auch kalt und abweisend wirken. In Beziehungen empfiehlt es sich für Sie, ab und zu eine Pause einzulegen, um der täglichen Routine zu entkommen. Da Sie sehr einfühlsam sind, kann es vorkommen, daß Sie bei dem Versuch, den Bedürfnissen Ihres Partners gerecht zu werden, Veränderungen durchmachen; deshalb ist es besonders wichtig für Sie, Ihre Unabhängigkeit und Begeisterungsfähigkeit zu bewahren.

Ihr Partner

Wenn Sie jemanden suchen, bei dem Sie dauerhaftes Glück und Liebe finden, sollten Sie sich unter den Menschen umsehen, die an folgenden Tagen geboren sind:

Liebe & Freundschaft: 2., 9., 11., 12., 22., 25. Jan., 7., 10., 20., 23., 26. Feb., 5., 7., 8., 18., 21. März, 3., 5., 6., 16., 19. April, 1., 4., 14., 17., 20., 24., 29. Mai, 2., 12., 15., 27. Juni, 10., 13., 16., 20., 25., 30. Juli, 9., 15., 24., 26. Aug., 7., 13., 22., 24. Sept., 4., 7., 10., 14., 19., 24., 28., 29. Okt., 2., 5., 8., 12., 17., 22., 26., 27. Nov., 3., 6., 10., 15., 20., 24., 25. Dez.

Günstig: 12., 23., 29. Jan., 10., 21., 27. Feb., 22., 26. März, 6., 17., 23. April, 4., 15., 21. Mai, 2., 13., 19., 28., 30. Juni, 11., 17., 26., 28. Juli, 9., 15., 24., 26. Aug., 7., 13., 22., 24. Sept., 5., 11., 20., 22. Okt., 3., 9., 18., 20., 30. Nov., 1., 7., 16., 18., 28. Dez.

Schicksalhaft: 25., 26., 27., 28. Feb., 29. Juli, 27. Aug., 25. Sept., 23. Okt., 21. Nov., 19. Dez.

Problematisch: 1., 4., 26., 30. Jan., 2., 24., 28. Feb., 22., 26. März, 20., 24. April, 18., 22., 31. Mai, 16., 20., 29. Juni, 14., 18., 27. Juli, 12., 16., 25., 30. Aug., 10., 14., 23., 28. Sept., 8., 12., 21., 26. Okt., 6., 10., 19., 24. Nov., 4., 8., 17., 22. Dez.

Seelenverwandt: 20. Jan., 18. Feb., 16. März, 14. April, 12. Mai, 10. Juni, 8. Juli, 6. Aug., 4. Sept., 2. Okt.

SONNE: JUNGFRAU
DEKADE: JUNGFRAU/MERKUR
GRAD: 7°30' – 8°30' JUNGFRAU
ART: BEWEGLICHES ZEICHEN
ELEMENT: ERDE

Fixstern

Name des Sterns: Alioth
Gradposition: 7°52' – 8°52' Jungfrau zwischen den Jahren 1930 und 2000
Magnitude: 2
Stärke: ********
Orbit: 2°10'
Konstellation: Epsilon Ursae Majoris
Tage: 29., 30., 31. August, 1., 2., 3. September
Sternqualitäten: Mars
Beschreibung: blau-weißer Stern im Schwanz des Großen Bären.

Einfluß des Hauptsterns

Alioth steht für gutes Urteilsvermögen und Lebensfreude. Unter seinem Einfluß genießen Sie das Leben und lieben Komfort, und im allgemeinen sind Sie großzügig und liberal. Alioth schenkt Ihnen viel Ehrgeiz, Kampfgeist und ein ständiges Bedürfnis nach Aktivität. Überdies verleiht er gute Kritikfähigkeit, die konstruktiv genutzt werden sollte.

Im Zusammenhang mit dem Stand Ihrer Sonne steht Alioth für Erfolg im Geschäftsleben, in Regierungsposten, Öffentlichkeit und im Sport. Alioth bewirkt Gründlichkeit und die Fähigkeit, aus jeder Situation das Beste zu machen, warnt aber auch vor Reizbarkeit und Vertrauensseligkeit.

- Positiv: aufrichtig, unbefangen, Ausdauer, kann Enttäuschungen überwinden.
- Negativ: Rastlosigkeit, egoistisch, destruktiv, starrsinnig, überkritisch.

31. August

Mit diesem Geburtstag sind Sie ein fleißiger Idealist mit analytischen Fähigkeiten, einer lebhaften Phantasie und starken Gefühlen. Die einzigartige Kombination von persönlicher Anziehungskraft, Kommunikationsfähigkeiten und Entschlossenheit schenkt Ihnen die Gabe, Arbeit und Vergnügen auf kreative Weise zu verbinden.

Der doppelte Einfluß des Merkur sorgt für klare Vorausschau und die Fähigkeit, Dinge bis ins kleinste Detail hinein aufzunehmen und zu analysieren. Sie sind wortgewandt und taktvoll und bilden sich gern Ihre eigene Meinung, indem Sie aus Ihren Beobachtungen methodisch Schlüsse ziehen. Mit Ihrer Urteilskraft und Ihrem Bedürfnis, Dinge zu verbessern und zu verfeinern, kommen Sie zu großem Erfolg. Hüten Sie sich aber davor, bei Ihrer Sucht nach Perfektion zu kritisch und selbstgerecht zu werden.

Sie lieben Schönheit und Luxus und haben oft eine gute Stimme. Durch dynamische Liebe, Kraft und Begeisterungsfähigkeit, aber auch durch Großzügigkeit beeindrucken Sie andere. Gelegentlich neigen Sie zu Sturheit, Launenhaftigkeit oder Zurückgezogenheit; Ihre Mitmenschen stehen dann vor der schwierigen Aufgabe, die vielen Facetten Ihrer Persönlichkeit zu ergründen.

Von Natur aus tolerant und mit gutem Geschäftssinn begabt, geben Sie Ihre Wertvorstellungen an andere weiter und zeigen großes Interesse an finanziellen Angelegenheiten. Nichtsdestoweniger haben Sie tiefe Gefühle und große Träume.

Der Wunsch, über das gemeine, alltägliche Leben hinauszusehen, veranlaßt Sie, sich mit Metaphysik, Mystik oder Religion zu beschäftigen. Da Sie sich immer mit voller Kraft für eine Sache engagieren, wenn Sie sich einmal festgelegt haben, sollten Sie aufpassen, daß Sie sich nicht übernehmen.

Ihre Sonne tritt in die Waage, wenn Sie 22 sind. In den folgenden dreißig Jahren messen Sie privaten und beruflichen Partnerschaften viel Bedeutung bei. Ihr Sinn für Harmonie sowie Ihre kreativen Talente verstärken sich, und Sie entdecken vermehrt Ihr Interesse für Musik, Malerei oder Literatur. Wenn Sie 52 sind, folgt ein weiterer Wendepunkt. Jetzt tritt Ihre Sonne in das Zeichen des Skorpion; Sie spüren den Wunsch nach emotionalen Veränderungen, durch die Sie mehr Selbständigkeit und Kontrolle im allgemeinen gewinnen.

Ihr geheimes Selbst

Ihr größtes Potential liegt in Ihrem inneren Bedürfnis, zu brillieren und zu inspirieren; es ist tief in Ihrer Ehrlichkeit und Ihren hohen Idealen verwurzelt. Wenn Sie dieses Potential zur Entfaltung bringen, können Sie jedes Hindernis überwinden. Wenn Sie es brachliegen lassen, werden Sie möglicherweise kalt und mutlos. Sobald Sie aber Ihren Weg wiedergefunden haben, zeigen Sie wunderbare Spontaneität und Offenheit.

Da Ihr Geburtstag starke Gefühle mit sich bringt, sollten Sie sich vor Machtspielen hüten, vor allem wenn Sie von Mitmenschen enttäuscht wurden. Es kann zum Konflikt zwischen Ihren Idealen und einer sehr von ihnen verschiedenen Wirklichkeit kommen. Der Schlüssel zu Ihrem Erfolg liegt in Ihrem Mitgefühl und Ihrem Verständnis für Menschen und Situationen. Wenn diese Sorge für andere sich mit Ihrer Begeisterungsfähigkeit und Ihrer sozialen Kompetenz verbindet, schaffen Sie Harmonie und Glück für sich selbst und Ihre Mitmenschen.

Beruf & Karriere

Ihr Gefühl für Menschen und Trends nützt Ihnen vor allem, wenn Sie in Verkauf oder in den Medien neue Ideen durchsetzen wollen. In der Geschäftswelt können Sie als Manager oder Unternehmer erfolgreich sein. Für Ihren analytischen Verstand kommen Wissenschaft und Forschung, Verlagswesen oder Pädagogik in Frage; Ihre Kreativität lockt Sie zu Printmedien, Musik, Malerei oder Unterhaltung. Viele Menschen mit diesem Geburtstag sind auch manuell sehr geschickt. Bei Ihrer praktischen und exakten Art sind Buchhaltung, Immobilien- oder Ingenieurwesen sehr für Sie geeignet. Aufgrund Ihres Idealismus und Ihrer Sensibilität fühlen Sie sich auch zu Wohltätigkeitsorganisationen, Pflegeberufen oder Medizin hingezogen.

Berühmte Persönlichkeiten dieses Tages sind der Schauspieler James Coburn, die Pädagogin Maria Montessori, der Sänger und Songwriter Van Morrison, der Violinist Itzhak Perlman und der Komponist Paul Winter.

Numerologie

Starke Willenskraft, Entschlossenheit und ein Wunsch nach Selbstverwirklichung gehören zu den Charakteristika der 31. Im allgemeinen sind Sie unermüdlich im Streben nach materiellem Erfolg. Sie müssen jedoch lernen, Ihre Grenzen zu akzeptieren, und brauchen eine solide Basis im Leben. Mit dieser Geburtstagszahl hängen auch Glück und günstige Gelegenheiten dafür zusammen, Ihr Hobby in eine gewinnbringende Tätigkeit umzuwandeln. Da Sie oft hart arbeiten, ist es wichtig, daß Sie sich Zeit für Liebe und Vergnügen nehmen. Sie müssen sich davor hüten, zu selbstsüchtig oder allzu optimistisch zu sein. Der Untereinfluß der Monatszahl 8 führt dazu, daß Sie ehrgeizig, praktisch und intelligent sind, Führungsqualitäten haben und das Bedürfnis, etwas zu erreichen. Da Sie nach emotionaler Befriedigung suchen, müssen Sie lernen, sich zu behaupten, statt rein materiellen Interessen nachzugehen. Möglicherweise müssen Sie auch lernen, Ihre Ideen und Gefühle besser auszudrücken.

Positiv: Glück, kreativ, originell, Macher, konstruktiv, ausdauernd, praktisch, guter Gesprächspartner, verantwortungsbewußt.

Negativ: unsicher, ungeduldig, mißtrauisch, leicht entmutigt, mangelnder Ehrgeiz, selbstsüchtig, stur.

Liebe & Zwischenmenschliches

Mit Ihrer großzügigen und charmanten Art gewinnen Sie leicht die Herzen der Menschen. Im allgemeinen sind Sie gesellig und offen. Wenn Sie den Partner fürs Leben gefunden haben, sind Sie bedingungslos treu und setzen alles daran, eine dauerhafte Beziehung aufzubauen. Meist gehen Sie eine Ehe ein, die auf geistiger Zuneigung beruht, und benötigen einen Partner, der Ihnen Stabilität und Unterstützung bietet. Oft gehen Sie Freundschaften mit Menschen aus anderen Ländern ein. Wenn Sie lernen, Ihre Überempfindlichkeit und Nervosität abzubauen, leben Sie in größerer Ausgeglichenheit und Harmonie.

Ihr Partner

Ihren idealen Partner finden Sie am ehesten unter den Menschen, die an folgenden Tagen geboren sind:

Liebe & Freundschaft: 8., 11., 23., 29. Jan., 6., 9., 27. Feb., 4., 7., 19., 25., 29. März, 2., 5., 23., 27. April, 3., 21., 25. Mai, 1., 19., 23. Juni, 17., 21. Juli, 15., 19., 29. Aug., 13., 17., 27. Sept., 11., 15., 25., 29., 30. Okt., 9., 13., 23., 27., 28. Nov., 7., 11., 21., 25., 26. Dez.

Günstig: 13., 30. Jan., 11., 28. Feb., 9., 26. März, 7., 24., 30. April, 5., 22., 28. Mai, 3., 20., 26. Juni, 1., 18., 24., 29. Juli, 16., 22., 25. Aug., 14., 20., 25. Sept., 12., 18., 23. Okt., 10., 16., 21. Nov., 8., 14., 19. Dez.

Schicksalhaft: 27., 28., 29. Feb., 30. Okt., 28. Nov., 26. Dez.

Problematisch: 5., 19. Jan., 3., 17. Feb., 1., 15. März, 13. April, 11. Mai, 9., 30. Juni, 7., 28., 30. Juli, 5., 26., 28. Aug., 3., 24., 26. Sept., 1., 22., 24. Okt., 20., 22. Nov., 18., 20. Dez.

Seelenverwandt: 7. Jan., 5. Feb., 3. März, 4. April, 30. Sept., 28. Okt., 26. Nov., 24. Dez.

1. September

SONNE: JUNGFRAU
DEKADE: JUNGFRAU/MERKUR
GRAD: 8° – 9°25' JUNGFRAU
ART: BEWEGLICHES ZEICHEN
ELEMENT: ERDE

Fixstern

Name des Fixsterns: Alioth
Gradposition: 7°52' – 8°52' Jungfrau zwischen den Jahren 1930 und 2000
Magnitude: 2
Stärke: ********
Orbit: 2°10'
Konstellation: Epsilon Ursae Majoris
Tage: 29., 30., 31. August, 1., 2., 3. September
Sternqualitäten: Mars
Beschreibung: blau-weißer Stern im Schwanz des Großen Bären.

Einfluß des Hauptsterns

Alioth steht für gutes Urteilsvermögen und Lebensfreude. Unter seinem Einfluß genießen Sie das Leben und lieben Komfort, und im allgemeinen sind Sie großzügig und liberal. Alioth schenkt Ihnen viel Ehrgeiz, Kampfgeist und ein ständiges Bedürfnis nach Aktivität. Überdies verleiht er gute Kritikfähigkeit, die konstruktiv genutzt werden sollte.
Im Zusammenhang mit dem Stand Ihrer Sonne steht Alioth für Erfolg im Geschäftsleben, in Regierungsposten, Öffentlichkeit und im Sport. Alioth bewirkt Gründlichkeit und die Fähigkeit, aus jeder Situation das Beste zu machen, warnt aber auch vor Reizbarkeit und Vertrauensseligkeit.

- Positiv: aufrichtig, unbefangen, Ausdauer, kann Enttäuschungen überwinden.
- Negativ: rastlos, egoistisch, destruktiv, starrsinnig, überkritisch.

♍ Sie sind unabhängig und streben nach Wohlstand, aber Sie müssen Ihre innovativen Ideen in irgendeiner Weise zur Umsetzung bringen. Sie sind ehrgeizig, stecken sich hohe Ziele und können dank Ihrem angeborenen Geschäftssinn Ihre Fähigkeiten gut vermarkten. Sie können Menschen, Situationen und Chancen schnell einschätzen und sind kreativ und ein Pionier. Auf Ihr Äußeres bedacht, legen Sie Wert auf eine smarte Erscheinung, die Erfolg ausstrahlt.

Der doppelte Einfluß der Jungfrau, die sowohl Ihr Dekadenzeichen als auch Ihr Dekadenplanet ist, wirkt verstärkend auf Ihren scharfen Verstand und Ihren Wissensdurst. Dieser Einfluß kann aber auch für starke Nervosität sorgen; nehmen Sie sich also immer genügend Zeit für Entspannung, um ruhig zu bleiben. Kommunikation – ob in geschriebener oder gesprochener Form – ist ein erfolgversprechendes Gebiet für Sie, denn aufgrund Ihres präzisen Denkens sind Sie äußerst wortgewandt. Sie stellen hohe Ansprüche und arbeiten selbst sehr gründlich, sollten aber sich selbst und anderen gegenüber nicht zu kritisch sein. Da Ihr Potential für finanziellen Erfolg extrem groß ist, brauchen Sie nur die nötige Selbstdisziplin, um die entsprechenden Leistungen zu erbringen. Glücklicherweise sind Sie ein guter Planer und gut im Delegieren. Sie sind praktisch, gehen aber durchaus auch Risiken ein, wenn die Zeichen gut stehen; und Sie legen Wert darauf, für Ihre Arbeit gebührend entlohnt zu werden.

Wenn Sie 21 sind und Ihre Sonne in die Waage tritt, steigt Ihr Bedürfnis nach Partnerschaft und Beziehungen zu anderen. Ihr Sinn für Ausgeglichenheit, Harmonie und Schönheit entwickelt sich, und Sie entdecken Ihr Interesse für Literatur, Malerei oder eine andere kreative Beschäftigung. Diese Phase dauert, bis Sie 51 sind und Ihre Sonne in das Zeichen des Skorpion tritt. Nach diesem Wendepunkt verspüren Sie das Bedürfnis, tiefgründige und sensible Bereiche Ihrer Psyche zu erkunden, und Sie legen mehr Wert auf persönliche Macht.

Ihr geheimes Selbst

Eine innere Noblesse bewirkt, daß Sie stolz und recht dramatisch sind. Als praktischer Idealist wollen Sie anderen von Nutzen sein und brauchen ein Ziel, da Sie sich sonst von materialistischen Überlegungen beherrschen lassen. Hin und wieder zeigen Sie sich unerwartet bescheiden, dann wieder selbstbewußt und rechthaberisch. Ihre Ideen sind originell und ihrer Zeit voraus, und Sie brauchen die Freiheit, um sich ungehindert auszudrücken. Wenn Sie von einer Sache begeistert sind, können Sie andere mit Ihrem Enthusiasmus anstecken. Sie haben die Fähigkeit, Menschen aus den unterschiedlichsten Gruppierungen an einen Tisch zu bringen, und eine ganz eigene Lebensphilosophie, die von Optimismus und Humor geprägt ist. Da Sie immer vorwärtsstreben, haben Sie einen guten Blick fürs Ganze; Sie haben Führungsqualitäten, Weitsicht und intuitive Weisheit. Je mehr Sie diesem nicht rational erklärbaren Wissen in Ihrem Alltag vertrauen, desto mehr wird Ihnen gelingen.

Beruf & Karriere

Mit Ihrem Organisationstalent, Ihrer Vorliebe für große Unternehmen und der Fähigkeit zu delegieren sind Sie ein ausgezeichneter Manager oder selbständiger Unternehmer. Dieselben Eigenschaften nutzen Ihnen aber auch in Verwaltung, Produktion oder

Politik. Ihre kommunikativen Fähigkeiten kommen in Pädagogik, Schreiben, Verkauf oder der Welt der Kommunikation zum Tragen. Da Sie kämpferisch und gründlich sind und Ihre Arbeit gut machen wollen, haben Sie das Zeug, es auf Ihrem Fachgebiet zum Spezialisten zu bringen oder in die Forschung zu gehen. Ihr Wunsch, zu führen und Pionierarbeit zu leisten, kann Sie in so unterschiedliche Bereiche wie Militär oder Kunst führen. Intuition und Kreativität gehören zu Ihren natürlichen Gaben, und wenn Sie sie pflegen und entwickeln, ist Ihr Erfolg garantiert. Allerdings sollten Sie versuchen, in jedem Beruf so unabhängig wie möglich zu bleiben.

Berühmte Persönlichkeiten dieses Tages sind die Schauspielerin Lily Tomlin, der Boxer Rocky Marciano, die Sängerin Gloria Estefan und der Popmusiker Barry Gibb.

Numerologie

Sie wollen unabhängig sein und immer an erster Stelle stehen. Mit der Geburtstagszahl 1 sind Sie überdies individuell, innovativ, mutig und voller Energie. Ihr Pioniergeist treibt Sie dazu, alles im Alleingang durchzuziehen. Voller Begeisterungsfähigkeit und origineller Ideen, weisen Sie oft anderen den Weg. Vielleicht müssen Sie lernen, daß sich die Welt nicht nur um Sie dreht. Der Untereinfluß der Monatszahl 9 bewirkt, daß Sie sehr intuitiv und sensibel sind. Sie lassen sich stark von Ihrer Umwelt beeinflussen. Als toleranter Menschenfreund streben Sie nach Gerechtigkeit und Fairneß. Auf andere wirken Sie oft selbstbewußt und unverwüstlich, doch innere Spannungen können zu Gefühlsschwankungen führen. Von Natur aus entschlußfreudig und erfinderisch, haben Sie große Phantasie, und Ihre träumerische Seite ist mitfühlend und idealistisch.

Positiv: kreativ, progressiv, energisch, optimistisch, feste Überzeugungen, kämpferisch, unabhängig, gesellig.

Negativ: dominierend, eifersüchtig, egozentrisch, feindselig, mangelnde Zurückhaltung, schwach, labil, ungeduldig.

Liebe & Zwischenmenschliches

Sie haben starke Gefühle und Sehnsüchte und brauchen Kommunikation auf persönlicher Ebene. Mit Ihrem Charme und Charisma gewinnen Sie leicht Freunde und Bewunderer. Sie fühlen sich zu optimistischen Menschen hingezogen, die Sie durch neue Ideen und Gelegenheiten inspirieren. Ihre Freiheitsliebe fordert Beziehungen, die Ihnen genügend Freiraum lassen. Da Sie in Liebesangelegenheiten viel Zeit brauchen, sollten Sie sich Ihren Partner fürs Leben sorgfältig aussuchen und nicht überstürzt heiraten.

Ihr Partner

Den Partner fürs Leben werden Sie mit großer Wahrscheinlichkeit unter den an den folgenden Tagen geborenen Menschen finden:

Liebe & Freundschaft: 6., 10., 15., 29., 31. Jan., 4., 13., 27., 29. Feb., 2., 11., 25., 27. März, 9., 25., 23., 30. April, 7., 21., 23., 28. Mai, 5., 19., 21. Juni, 3., 17., 19., 30. Juli, 1., 15., 17., 28. Aug., 13., 15., 26. Sept., 11., 13., 24. Okt., 9., 11., 22. Nov., 7., 9., 20. Dez.

Günstig: 13., 15., 19. Jan., 11., 13., 17. Feb., 9., 11., 15. März, 7., 9., 13. April, 5., 7., 11. Mai, 3., 5., 9. Juni, 1., 3., 7., 29. Juli, 1., 5., 27., 31. Aug., 3., 25., 29. Sept., 1., 23., 27. Okt., 21., 25. Nov., 19., 23. Dez.

Schicksalhaft: 28., 29. Feb., 1. März, 30. Mai, 28. Juni, 26. Juli, 24. Aug., 22. Sept., 20. Okt., 18. Nov., 16. Dez.

Problematisch: 12. Jan., 10. Feb., 8. März, 6. April, 4. Mai, 2. Juni, 31. Aug., 29. Sept., 27., 29., 30. Okt., 25., 27., 28. Nov., 23., 25., 26., 30. Dez.

Seelenverwandt: 2., 18. Jan., 26. Feb., 24. März, 22. April, 20. Mai, 18. Juni, 16. Juli, 14. Aug., 12. Sept., 10. Okt., 8. Nov., 6. Dez.

SONNE: JUNGFRAU
DEKADE: JUNGFRAU/MERKUR
GRAD: 9° – 10° JUNGFRAU
ART: BEWEGLICHES ZEICHEN
ELEMENT: ERDE

Fixsterne

Alioth; Zosma

Hauptstern

Name des Sterns: Alioth
Gradposition: 7°52' – 8°52' Jungfrau zwischen den Jahren 1930 und 2000
Magnitude: 2
Stärke: *******
Orbit: 2°10'
Konstellation: Epsilon Ursae Majoris
Tage: 29., 30., 31. August, 1., 2., 3. September
Sternqualitäten: Mars
Beschreibung: blau-weißer Stern im Schwanz des Großen Bären.

Einfluß des Hauptsterns

Alioth steht für gutes Urteilsvermögen und Lebensfreude. Unter seinem Einfluß genießen Sie das Leben und lieben Komfort, und im allgemeinen sind Sie großzügig und liberal. Alioth schenkt Ihnen viel Ehrgeiz, Kampfgeist und ein ständiges Bedürfnis nach Aktivität. Überdies verleiht er gute Kritikfähigkeit, die konstruktiv genutzt werden sollte.
Im Zusammenhang mit dem Stand Ihrer Sonne steht Alioth für Erfolg im Geschäftsleben, in Regierungspositionen, der Öffentlichkeit und im Sport. Alioth bewirkt Gründlichkeit und die Fähigkeit, aus jeder Situation das Beste zu machen, warnt aber auch vor Reizbarkeit und Vertrauensseligkeit.

- Positiv: aufrichtig, unbefangen, ausdauernd, kann Enttäuschungen überwinden.
- Negativ: rastlos, egoistisch, destruktiv, starrsinnig, überkritisch.

2. September

♍ Mit diesem Geburtsdatum sind Sie praktisch und sensibel, clever, freundlich und rücksichtsvoll. Von Natur aus begeisterungsfähig und unabhängig, haben Sie die Gabe, andere mit Ihren Ideen und Projekten zu inspirieren. Lassen Sie aber Frustration oder Enttäuschung Ihre großen Pläne nicht durchkreuzen.

Durch den Untereinfluß Ihres Dekadenzeichens Jungfrau sind Sie gründlich, fleißig, methodisch und gewissenhaft. Ihr Wissensdurst geht auf einen scharfen Verstand zurück und sorgt dafür, daß Sie stets gut informiert sind. Sie können Situationen sehr gut analysieren, müssen sich aber davor hüten, zu skeptisch zu sein oder ein Thema immer und immer wieder durchzukauen.

Von Natur aus großzügig und ein guter Psychologe, sind Sie aber auch ein Mensch der Extreme: manchmal menschenfreundlich und tolerant, manchmal nervös und verbissen. Als praktischer Visionär sind Sie erfindungsreich und am liebsten immer mit etwas beschäftigt.

Ihr ideenreicher Verstand macht Sie reaktionsschnell und nutzt Ihnen vor allem dann, wenn Sie im Team oder mit Partnern zusammenarbeiten. Ihre äußere Erscheinung ist Ihnen wichtig, denn Sie möchten stets einen guten Eindruck machen. Sie schätzen die Gesellschaft anderer und können warmherzig und charmant sein. Ihr Sinn für Humor hilft Ihnen oftmals aus der Klemme.

Von Kindesbeinen an versuchen Sie, Situationen zu analysieren, um sie zu begreifen und zu verbessern. Ihre Sonne tritt in die Waage, wenn Sie 20 sind. In den folgenden dreißig Jahren messen Sie persönlichen Beziehungen und Partnerschaften viel Bedeutung bei. Ihr Sinn für Harmonie und Ausgeglichenheit wächst, und vielleicht möchten Sie Ihre kreativen Talente mehr entwickeln. Wenn Sie 50 sind, tritt Ihre Sonne in das Zeichen des Skorpion. Sie verspüren den Drang, Ihrem Leben einen tieferen Sinn zu geben, und setzen zunehmend auf die Kraft der Verwandlung.

Ihr geheimes Selbst

Hin und wieder geraten Sie in Konflikt zwischen Idealismus und Materialismus. Da Sie Dinge gut einschätzen und mit Geld umgehen können, gehen Sie bisweilen kalkulierte Risiken ein. Aufregung ist ein wichtiger Teil Ihres Lebens. Es kann für Sie eine Herausforderung sein, einen goldenen Mittelweg zwischen Verschwendung und Geiz zu finden. Möglichen Schwankungen Ihrer finanziellen Situation können Sie durch langfristige Pläne vorbeugen.

Je mehr Sie Ihr Selbstvertrauen und Ihr Selbstwertgefühl entwickeln, desto mehr hat das Leben Ihnen zu bieten. Es wird einfacher für Sie, wenn Sie sich von Begrenzungen unabhängig machen. Reisen, neue Entdeckungen oder Sport stillen Ihre Abenteuerlust und dämpfen Ihre Rastlosigkeit und Ungeduld.

Beruf & Karriere

Sie genießen Ihre Arbeit am meisten, wenn sie Ihnen viel Abwechslung bietet. Da Sie gut im Team arbeiten können, eignen Sie sich besonders für Beratung, Medien, Sozialarbeit oder Öffentlichkeitsarbeit. Die praktische Seite Ihrer Persönlichkeit fühlt sich zu Bankwesen, Börsengeschehen oder Buchhaltung hingezogen. Mit Ihren technischen oder analytischen Fähigkeiten bieten auch Pädagogik, Printmedien oder Wissenschaft

Möglichkeiten für Sie. Wenn Sie Ihr gutes Urteilsvermögen mit Mitgefühl paaren, können Sie auch einen Heil- oder Sozialberuf ergreifen. Auch das Showbusineß, vor allem Musik, aber auch Sport bieten Ihnen erfolgversprechende Chancen.

Berühmte Persönlichkeiten dieses Tages sind der Tennisspieler Jimmy Connors, der Musiker Russ Conway, der Schauspieler Keanu Reeves, die Astronautin Christa McAuliffe und der Schriftsteller Joseph Roth.

Numerologie

Mit der Geburtstagszahl 2 sind Sensibilität und das Bedürfnis verbunden, einer Gruppe anzugehören. Sie sind anpassungsfähig und verständnisvoll und lieben gemeinschaftliche Aktivitäten. Ihr Bedürfnis nach Harmonie und Austausch mit anderen macht Sie zu einem geeigneten Vermittler, nicht nur in Familienangelegenheiten. Bei Ihrem Versuch zu gefallen laufen Sie Gefahr, zu abhängig zu werden. Der Untereinfluß der Monatszahl 9 führt dazu, daß Sie sehr aufnahmefähig, phantasiebegabt und mitfühlend sind. Im allgemeinen sind Sie unabhängig, tolerant und liberal, auch wenn Sie sich gelegentlich in fixe Ideen verrennen. Als Menschenfreund streben Sie nach Gerechtigkeit und Fairneß. Mit Ihrer Weitsicht und Ihrer progressiven Art können Sie spirituell, aber dennoch praktisch sein. Vermeiden Sie extremes Verhalten, Hast und Überemotionalität. Sie müssen lernen, Ihre Gefühle und Gedanken klarer darzulegen.

Positiv: guter Partner, sanft, taktvoll, aufgeschlossen, intuitiv, rücksichtsvoll, harmonisch, angenehm.

Negativ: mißtrauisch, mangelndes Selbstvertrauen, servil, schüchtern, überempfindlich, selbstsüchtig, leicht verletzt.

Liebe & Zwischenmenschliches

Als freundlicher und kommunikativer Mensch brauchen Sie einen Freundeskreis, in dem viel diskutiert wird, und Menschen, mit denen Sie intellektuelle Interessen teilen. Auch wenn Sie gelegentlich distanziert wirken, schlägt doch ein weiches Herz in Ihrer Brust. Hin und wieder bricht eine versteckte Unsicherheit durch, und Sie werden streitlustig, vergessen Ihr Gefühl für Diplomatie und beschwören eine gespannte Atmosphäre herauf. Im Grunde aber sind Sie ein treuer, liebevoller und hilfsbereiter Freund und Partner.

Ihr Partner

Wenn Sie jemanden suchen, bei dem Sie Sicherheit, dauerhaftes Glück und Liebe finden, sollten Sie sich unter den Menschen umsehen, die an folgenden Tagen geboren sind:

Liebe & Freundschaft: 2., 6., 16., 19. Jan., 4., 14. Feb., 2., 12., 28., 30. März, 10., 26., 28. April, 8., 11., 24., 26., 30. Mai, 6., 22., 24., 28. Juni, 4., 20., 22., 26., 31. Juli, 2., 18., 20., 24., 29. Aug., 16., 18., 22., 27. Sept., 14., 16., 20., 25. Okt., 12., 14., 18., 23. Nov., 10., 12., 16., 21. Dez.

Günstig: 9., 14., 16. Jan., 7., 12., 14. Feb., 5., 10., 12. März, 3., 8., 10. April, 1., 6., 8. Mai, 4., 6. Juni, 2., 4. Juli, 2. Aug., 30. Sept., 28. Okt., 26., 30. Nov., 24., 28., 29. Dez.

Schicksalhaft: 21. Jan., 19., 29. Feb., 1., 2., 17. März, 15. April, 13. Mai, 11. Juni, 9. Juli, 7. Aug., 5. Sept., 3. Okt., 1. Nov.

Problematisch: 4., 13., 28. Jan., 2., 11., 26. Feb., 9., 24. März, 7., 22. April, 5., 20. Mai, 3., 18. Juni, 1., 16. Juli, 14. Aug., 12. Sept., 10., 31. Okt., 8., 29. Nov., 6., 27. Dez.

Seelenverwandt: 15., 22. Jan., 13., 20. Feb., 11., 18. März, 9., 16. April, 7., 14. Mai, 5., 12. Juni, 3., 10. Juli, 1., 8. Aug., 6. Sept., 4. Okt., 2. Nov.

3. September

SONNE: JUNGFRAU
DEKADE: STEINBOCK/SATURN
GRAD: 10° – 11° JUNGFRAU
ART: BEWEGLICHES ZEICHEN
ELEMENT: ERDE

Fixsterne

Alioth; Zosma

Hauptstern

Name des Sterns: Alioth
Gradposition: 7°52' – 8°52' Jungfrau zwischen den Jahren 1930 und 2000
Magnitude: 2
Stärke: ********
Orbit: 2°10'
Konstellation: Epsilon Ursae Majoris
Tage: 29., 30., 31. August, 1., 2., 3. September
Sternqualitäten: Mars
Beschreibung: blau-weißer Stern im Schwanz des Großen Bären.

Einfluß des Hauptsterns

Alioth steht für gutes Urteilsvermögen und Lebensfreude. Unter seinem Einfluß genießen Sie das Leben und lieben Komfort, und im allgemeinen sind Sie großzügig und liberal. Alioth schenkt Ihnen viel Ehrgeiz, Kampfgeist und ein ständiges Bedürfnis nach Aktivität. Überdies verleiht er gute Kritikfähigkeit, die konstruktiv genutzt werden sollte.
Im Zusammenhang mit dem Stand Ihrer Sonne steht Alioth für Erfolg im Geschäftsleben, in Regierungsposten, der Öffentlichkeit und im Sport. Alioth bewirkt Gründlichkeit und die Fähigkeit, aus jeder Situation das Beste zu machen, warnt aber auch vor Reizbarkeit und Vertrauensseligkeit.

- Positiv: aufrichtig, unbefangen, ausdauernd, kann Enttäuschungen überwinden.
- Negativ: rastlos, egoistisch, destruktiv, starrsinnig, überkritisch.

♍ Sie sind ein praktischer und freundlicher Mensch mit großer Entschlossenheit und starkem Willen. Als guter Gefährte sind Sie gesellig und immer ein guter Gesprächspartner. Da Sie ständig danach streben, sich zu verbessern und weiterzukommen, brauchen Sie nur ein festes Ziel, um erfolgreich zu sein. Mit diesem Geburtstag haben Sie viel kreative Kraft und die Fähigkeit, Hindernisse zu überwinden und außergewöhnliche Dinge zu leisten.

Durch den Untereinfluß Ihres Dekadenzeichens Steinbock haben Sie gute Konzentrationsfähigkeit und gutes Aufnahme- und Urteilsvermögen. Als fleißiger Realist gehen Sie methodisch vor und sind ein guter Organisator. Mit Ihrem angeborenen Geschäftssinn gehen Sie die Dinge stets vernünftig an und können sich klar und deutlich ausdrücken. Sie sind verläßlich und gründlich, müssen aber aufpassen, daß Sie nicht penibel werden oder in Routine erstarren.

Von Natur aus ehrgeizig, aktiv und produktiv, sehen Sie sich keineswegs als Spielball des Schicksals. Sie haben viel Durchhaltevermögen und Ausdauer und sollten Aufgaben vermeiden, die Ihnen keinen Raum für neue Erfahrungen lassen. Achten Sie darauf, daß Ihr natürlicher Stolz auf andere nicht wie Herablassung wirkt. In Streßsituationen sind Sie leicht reizbar und schnell frustriert. Glücklicherweise sind Sie aber auch vielseitig begabt und schlagfertig, so daß Sie der Mittelpunkt jeder Party sein können. Die besonders inspirierten Geburtstagskinder dieses Tages finden eine Ausdrucksform in Malerei, Musik oder Literatur.

Von Kindesbeinen an sind Sie geneigt, Situationen zu analysieren, um sie zu begreifen und zu verbessern. Ihre Sonne wechselt in die Waage, wenn Sie 19 sind. In den folgenden dreißig Jahren messen Sie persönlichen Beziehungen und Partnerschaften viel Bedeutung bei. Ihre kreativen Talente entwickeln sich, und vielleicht entdecken Sie Ihr Interesse für Musik, Malerei oder Literatur. Wenn Sie 49 sind, tritt Ihre Sonne in das Zeichen des Skorpion und sorgt für Veränderung in Ihrem Leben; Sie verspüren den Drang nach Verwandlung und persönlicher Macht.

Ihr geheimes Selbst

Ihre bestimmte und selbstbewußte Fassade verdeckt eine hohe Sensibilität. Gelegentlich bedeuten Ihnen materielle Dinge außerordentlich viel. Sie sollten vermehrt Ihrer Intuition vertrauen, um Zweifel und Skepsis abzubauen. Sie brauchen regelmäßig Zeit für sich selbst und zur Entspannung, dürfen sich aber nicht zu sehr absondern. Wenn Sie emotionale Probleme haben, werden Sie bei dem Versuch, Ihre Umgebung unter Ihre Kontrolle zu bringen, kalt, stur oder dominierend. Fühlen Sie sich aber inspiriert, können Sie wagemutig, schnell, kämpferisch und spontan sein und Ihre brillanten Ansichten auf kreative und witzige Weise an den Mann bringen.

Ihre angeborene Weisheit drückt sich in natürlicher Autorität aus. Ihr scharfer Verstand und Ihre Liebe zum Wissen befähigen Sie, jede Situation zu meistern. Da Sie eine starke Persönlichkeit und das Potential zu großer Selbstbeherrschung haben, gelingt es Ihnen, andere mitzureißen und Ihre hochgesteckten Ziele zu erreichen.

Beruf & Karriere

Sie lieben Macht, Struktur und Effizienz; deshalb eignen Sie sich ausgezeichnet für Führungspositionen in Wirtschaft und Industrie. Aufgrund Ihrer Wortgewandtheit kommen auch Justiz, Publizistik, Pädagogik oder Politik in Frage. Kommunikation sollte auf jeden Fall in irgendeiner Form zu Ihrer Arbeit gehören. Ihr Charme hilft Ihnen bei der Begegnung mit anderen und garantiert Ihnen Erfolg in Berufen, die viel mit sozialen Kontakten zu tun haben. Ihre Gewissenhaftigkeit und Gründlichkeit ist Ihnen in Wissenschaft, Forschung oder technischen Berufen von Nutzen. Da Sie sehr unabhängig sind und sich nicht gern herumkommandieren lassen, ist es gut für Sie, sich selbständig zu machen oder die Arbeit zu delegieren. Mit Ihrer direkten, nüchternen Art, die Dinge anzugehen, steuern Sie stets ohne Umschweife auf Ihr Ziel zu.

Berühmte Persönlichkeiten dieses Tages sind der Schauspieler Charlie Sheen, der Bluesmusiker Memphis Slim, der Schauspieler Alan Ladd, der Physiker Carl Anderson und der Popmusiker Al Jardine.

Numerologie

Charakteristisch für die Zahl 3 sind Bedürfnis nach Liebe, Kreativität und Sensibilität. Sie strahlen Lebensfreude aus, genießen gesellschaftliche Aktivitäten und haben vielfältige Interessen. Durch Ihre Vielseitigkeit und das Bedürfnis nach Selbstverwirklichung machen Sie die unterschiedlichsten Erfahrungen. Allerdings langweilen Sie sich schnell, was dazu führen kann, daß Sie unentschlossen sind oder sich verzetteln. Im allgemeinen aber sind Sie mit der Geburtstagszahl 3 begeisterungsfähig und charmant und haben einen guten Sinn für Humor. Sie können gut mit Worten umgehen, was sich in Sprechen, Singen oder Schreiben manifestiert. Gleichwohl müssen Sie mehr Selbstwertgefühl entwickeln, um sich gegen Ängste und Unsicherheiten zu schützen. Der Untereinfluß der Monatszahl 9 bewirkt, daß Sie sehr intuitiv sind und gut logisch denken können. Oft müssen Sie erst Schwierigkeiten überstehen, ehe Sie wirklich Frieden und Harmonie finden. Ihre Einsicht macht Sie häufig zu einem Visionär; allerdings müssen Sie lernen, Ihre Gefühle und Gedanken offener und klarer auszudrücken.

Positiv: humorvoll, glücklich, freundlich, produktiv, kreativ, künstlerisch, Wunschkraft, freiheitsliebend.

Negativ: leicht gelangweilt, eitel, neigt zu Übertreibungen, prahlerisch, extravagant, maßlos, scheinheilig.

Liebe & Zwischenmenschliches

Dank Ihrem dynamischen Charme haben Sie meist viele Freunde. Sie arbeiten hart, haben aber auch gern Vergnügen und gesellschaftliche Aktivitäten. Häufig sind Sie ein Quell der Kraft für andere. Ihre starke Fassade überdeckt oft Ihr eigenes Bedürfnis nach Liebe. Sie fühlen sich zu starken und kreativen Menschen hingezogen und müssen aufpassen, sich nicht selbst zum Märtyrer zu machen. Da Sie sehr unabhängig sind, stehen Sie der Liebe manchmal zwiespältig gegenüber. Wenn Sie sich aber einmal festgelegt haben, sind Sie ein fürsorglicher und zuverlässiger Partner.

Ihr Partner

Wenn Sie einen Partner suchen, der Verständnis für Ihre Sensibilität und Ihr Bedürfnis nach Liebe hat, sollten Sie sich unter den Menschen umsehen, die an folgenden Tagen geboren sind:

Liebe & Freundschaft: 1., 7., 17., 20., 21. Jan., 5., 15., 18. Feb., 3., 13., 16., 29., 31. März, 1., 11., 14., 27., 29. April, 9., 12., 13., 25., 27. Mai, 7., 10., 23., 25. Juni, 5., 8., 21., 23. Juli, 3., 6., 19., 21. Aug., 1., 4., 17., 19. Sept., 2., 15., 17., 23. Okt., 13., 15., 30. Nov., 11., 13., 19., 28. Dez.

Günstig: 15., 17., 28. Jan., 13., 15., 26. Feb., 11., 13., 24. März, 9., 11., 22. April, 7., 9., 20. Mai, 5., 7., 18. Juni, 3., 5., 16. Juli, 1., 3., 14. Aug., 1., 12. Sept., 10., 29. Okt., 8., 27. Nov., 6., 25. Dez.

Schicksalhaft: 5. Jan., 3. Feb., 1., 2., 3. März

Problematisch: 4., 5., 14. Jan., 2., 3., 12. Feb., 1., 10. März, 8., 30. April, 6., 28. Mai, 4., 26. Juni, 2., 24. Juli, 22. Aug., 30. Sept., 18. Okt., 16. Nov., 14. Dez.

Seelenverwandt: 2. Jan., 29. März, 27. April, 25. Mai, 23. Juni, 21. Juli, 19. Aug., 17. Sept., 15. Okt., 13. Nov., 11. Dez.

SONNE: JUNGFRAU
DEKADE: STEINBOCK/SATURN
GRAD: 11° – 12° JUNGFRAU
ART: BEWEGLICHES ZEICHEN
ELEMENT: ERDE

Fixstern

Name des Sterns: Zosma
Gradposition: 10°19' – 11°14' Jungfrau zwischen den Jahren 1930 und 2000
Magnitude: 2,5
Stärke: *******
Orbit: 2°10'
Konstellation: Delta Leonis
Tage: 2., 3., 4., 5., 6. September
Sternqualitäten: Saturn/Venus
Beschreibung: Dreifachsystem, weiß, blaßgelb und blauviolett, im Rücken des Löwen.

Einfluß des Hauptsterns

Zosma steht für Ernsthaftigkeit, Verantwortungsbewußtsein und einen wachen Verstand. Allerdings können Sie unter seinem Einfluß auch übermäßig ernst oder egoistisch sein. Möglicherweise ändern sich Ihre Lebensumstände, Sie sollten sich dann aber vor unbegründeten Ängsten und Sorgen hüten. Wirkt Zosma positiv, steht er für Liberalismus, Charme, Optimismus, unerwartete Erfolge und Fortschritt.
Im Zusammenhang mit dem Stand Ihrer Sonne schenkt Ihnen Zosma eine überzeugende und freundliche Art, die Ihnen zu Einfluß und sozialem Aufstieg verhilft. Auch wenn Sie extrovertiert und gesellig erscheinen, sind Sie durch Zosma eher zurückhaltend und erkennen wahre Freunde vielleicht erst in der Not.
- Positiv: loyal, pflichtbewußt, gründlich.
- Negativ: schamlos, egoistisch, falsche Freunde, zu ernsthaft.

4. September

♍ Die interessante Mischung aus gescheitem Praktischsein und idealistischer Sensibilität macht Sie zu einem fleißigen und überzeugenden Menschen. Als Realist, der sich für seine Mitmenschen interessiert, können Sie ein treuer Freund und Gefährte sein.

Durch den Untereinfluß Ihres Dekadenzeichens Steinbock haben Sie die Fähigkeit, mit akribischer Genauigkeit zu arbeiten. Ihr scharfer Verstand analysiert und untersucht jedes kleine Detail; seien Sie aber sich selbst und anderen gegenüber nicht zu kritisch. Zuverlässig und gründlich erledigen Sie Ihre Arbeit, geraten aber manchmal in Konflikt zwischen Liebe und Pflichterfüllung.

Sie haben ein starkes Harmoniebedürfnis, und Ihre Liebe zu Schönheit und Luxus kann Ihr musisches oder kreatives Talent fördern. Sie planen gerne langfristig, und da Geld Ihnen viel bedeutet, sind Sie auch bereit, hart dafür zu arbeiten. Sie haben starke Beschützerinstinkte und brauchen Stabilität und Anerkennung. Auch wenn Sie charmant und verantwortungsbewußt sind und sehr viel Wert auf persönliche Beziehungen legen, halten Sie Ihre Gefühle oft sehr stark zurück. Diese extremen Seiten Ihrer Persönlichkeit zeigen einerseits fürsorgliche und humanitäre Züge, andererseits können Sie manchmal überernst und in Ihren Ansichten allzu stur sein.

Wenn Sie 18 sind und Ihre Sonne die Waage erreicht, steigt Ihr Bedürfnis nach Partnerschaften und Beziehungen zu anderen. Ihr Sinn für Harmonie und Schönheit entwickelt sich, und möglicherweise entdecken Sie Ihr Interesse für Literatur, Malerei oder eine andere kreative Beschäftigung. Diese Phase dauert, bis Sie 48 sind und Ihre Sonne in das Zeichen des Skorpion tritt. Nach diesem Wendepunkt wächst Ihr Bedürfnis nach emotionaler und geistiger Regeneration; vielleicht gehen Sie eine neue Geschäftsverbindung ein und beschäftigen sich mehr mit finanziellen Dingen. Wenn Sie 78 sind, wechselt Ihre Sonne in den Schützen. Jetzt werden Ihnen Ihre eigene Lebenseinstellung und die Suche nach Wahrheit wichtiger.

Ihr geheimes Selbst

Sie sollten lernen, distanzierter zu werden, ohne kalt und abweisend zu wirken. Auf diese Weise können Sie spontan sein, ohne zu versuchen, die Kontrolle an sich zu reißen. Da Sie sehr sensibel sind, ist der Ausdruck von Zuneigung sehr wichtig für Sie. Möglicherweise litten Sie in jungen Jahren darunter, daß man Ihnen keine Liebe gezeigt hat und Sie immer nur versucht haben, den Erwartungen der anderen zu entsprechen. Wenn Sie lernen, sich und Ihre Gefühle wichtiger zu nehmen, haben Sie mehr Selbstvertrauen und sind weniger darauf aus, anderen zu gefallen. Sonst könnten sich Ihre starken Gefühle in Frustration, Enttäuschung und Festhalten an der Vergangenheit äußern. Wenn es Ihnen aber gutgeht, sind Sie großzügig und sehr liebevoll; dann kann Sie Ihre Offenheit zu universellem Mitgefühl und spiritueller Sensibilität führen, die den Wunsch in Ihnen verstärkt, für andere dazusein.

Beruf & Karriere

Da Sie Arbeit und Vergnügen ausgezeichnet miteinander verbinden können, eignen Sie sich gut als Diplomat. Die fürsorgliche Seite Ihrer Persönlichkeit veranlaßt Sie vielleicht, einen Beruf zu wählen, bei dem Sie anderen helfen können, etwa in Beratung oder

Pädagogik. Für Ihren scharfen Intellekt und Ihre soziale Kompetenz sind Verkauf, Handel und Kommunikation das Richtige. Sie haben einen ausgeprägten Geschäftssinn und können im allgemeinen Ihre Talente in bare Münze umwandeln. Da Sie technisch und praktisch begabt sind, können Sie Ihren Beruf auch in Produktion, Ingenieurwesen, Forschung oder Immobilienbranche finden. Im allgemeinen sind Sie dann am besten, wenn Ihr Beruf viel Abwechslung und Veränderung bietet, da Sie Routine hassen und sich leicht langweilen. In Heilberufen zeigen Sie eine praktische und bodenständige Arbeitseinstellung.

Berühmte Persönlichkeiten dieses Tages sind der Industrielle Henry Ford II., der Politiker Erwin Teufel, die Astrologin und Schriftstellerin Liz Greene und der gesetzlose Westernheld Jesse James.

Numerologie

Mit der Zahl 4 werden vor allem Ordnung und Struktur verbunden, und dies erklärt auch Ihr Bedürfnis nach Stabilität und festen Systemen. Mit der 4 haben Sie Gefühl für Form und Komposition. Sie sind sicherheitsbewußt und wünschen sich ein solides Fundament für sich und Ihre Familie. Ihr Pragmatismus, der mit einem guten Geschäftssinn gepaart ist, wird Ihnen zu materiellem Erfolg verhelfen. Selbstbewußt, aber zurückhaltend, sind Sie im allgemeinen offen, ehrlich und gerecht. Sie müssen aber lernen, Ihre Gefühle besser auszudrücken und Phasen der Instabilität durchzuhalten. Der Untereinfluß der Monatszahl 9 führt dazu, daß Sie aufnahmefähig, aber rational sind. Da Sie sehr sensibel auf Ihre Umgebung reagieren, brauchen Sie regelmäßig Zeit für sich selbst. Sie sind zurückhaltend, tolerant und menschenfreundlich und streben nach Gerechtigkeit und Fairneß.

Positiv: Organisationstalent, Selbstdisziplin, beständig, fleißig, handwerkliches Geschick, pragmatisch, genau.

Negativ: mangelnde Kommunikationsfähigkeit, Verdrängung, faul, gefühllos, neigt zum Aufschieben, Pfennigfuchser, herrisch, nachtragend, streng.

Liebe & Zwischenmenschliches

Im allgemeinen sind Sie idealistisch, sensibel und charmant und können andere in Ihren Bann schlagen. Außerdem sind Sie romantisch und bindungsstark. Sie nehmen Ihre persönlichen Beziehungen ernst und geben manchmal zuviel von sich selbst, was nicht genug anerkannt wird. Beziehungen sind für Sie oft eine zwiespältige Sache, wenn Sie das Gleichgewicht zwischen Machtgefühl und Unabhängigkeit verlieren; dann schwanken Sie zwischen Wärme und Spontaneität einerseits und Strenge und Unflexibilität andererseits. Sie müssen sich ausdrücken können, und wenn Sie die richtige Form dafür finden, wird dies zur Quelle von Freude und Zufriedenheit. Ihren Lieben gegenüber sind Sie sehr großzügig und nehmen deren Bedürfnisse sehr ernst.

Ihr Partner

Wenn Sie einen Partner suchen, der Verständnis für Ihre Sensibilität und Ihr Bedürfnis nach Liebe hat, sollten Sie sich unter den Menschen umsehen, die an folgenden Tagen geboren sind:

Liebe & Freundschaft: 4., 8., 9., 13., 18., 19., 23. Jan., 2., 6., 16., 17., 21. Feb., 4., 9., 14., 15., 19., 28., 30. März, 2., 12., 13., 17., 26., 28., 30. April, 1., 5., 10., 11., 15., 24., 26., 28. Mai, 8., 9., 13., 22., 24., 26. Juni, 6., 7., 11., 20., 22., 24., 30. Juli, 4., 5., 9., 18., 20., 22., 28. Aug., 2., 3., 7., 16., 18., 20., 26. Sept., 1., 5., 14., 16., 18., 24. Okt., 3., 12., 14., 16., 22. Nov., 1., 10., 12., 14., 20. Dez.

Günstig: 5., 16., 27. Jan., 3., 14., 25. Feb., 1., 12., 23. März, 10., 21. April, 8., 19. Mai, 6., 17. Juni, 4., 15. Juli, 2., 13. Aug., 11. Sept., 9., 30. Okt., 7., 28. Nov., 5., 26., 30. Dez.

Schicksalhaft: 17. Jan., 15. Feb., 1., 2., 3., 4., 13. März, 11. April, 9. Mai, 7. Juni, 5. Juli, 3. Aug., 1. Sept.

Problematisch: 1., 10., 15. Jan., 8., 13. Feb., 6., 11. März, 4., 9. April, 2., 7. Mai, 5. Juni, 3., 29. Juli, 1., 27. Aug., 25. Sept., 23. Okt., 21. Nov., 19., 29. Dez.

Seelenverwandt: 30. Aug., 28. Sept., 26. Okt., 24. Nov., 22. Dez.

SONNE: JUNGFRAU
DEKADE: STEINBOCK/SATURN
GRAD: 12° – 13°25' JUNGFRAU
ART: BEWEGLICHES ZEICHEN
ELEMENT: ERDE

Fixstern

Name des Sterns: Zosma
Gradposition: 10°19' – 11°14' Jungfrau zwischen den Jahren 1930 und 2000
Magnitude: 2,5
Stärke: *******
Orbit: 2°10'
Konstellation: Delta Leonis
Tage: 2., 3., 4., 5., 6. September
Sternqualitäten: Saturn/Venus
Beschreibung: Dreifachsystem, weiß, blaßgelb und blauviolett, im Rücken des Löwen.

Einfluß des Hauptsterns

Zosma steht für Ernsthaftigkeit, Verantwortungsbewußtsein und einen wachen Verstand. Allerdings können Sie unter seinem Einfluß auch übermäßig ernst oder egoistisch sein. Möglicherweise ändern sich Ihre Lebensumstände, Sie sollten sich dann aber vor unbegründeten Ängsten und Sorgen hüten. Wirkt Zosma positiv, steht er für Liberalismus, Charme und Optimismus, unerwartete Erfolge und Fortschritt.
Im Zusammenhang mit dem Stand Ihrer Sonne schenkt Ihnen Zosma eine überzeugende und freundliche Art, die Ihnen zu Einfluß und sozialem Aufstieg verhilft. Auch wenn Sie extrovertiert und gesellig erscheinen, sind Sie durch Zosma eher zurückhaltend und erkennen wahre Freunde vielleicht erst in der Not.
- Positiv: loyal, pflichtbewußt, gründlich.
- Negativ: schamlos, egoistisch, falsche Freunde, zu ernsthaft.

5. September

♍ Von Natur aus vorsichtig, charmant, offen und ehrlich, sind Sie ein Mensch mit großem Herzen und gesundem Menschenverstand. Höflich und bescheiden, sind Sie dennoch ein guter Organisator und haben große Pläne. Ihr Auftreten ist freundlich und angenehm, und Sie sind ständig bestrebt, zu lernen und sich zu verbessern. Achten Sie darauf, daß Sie sich Ihren Optimismus nicht durch Unzufriedenheit vergällen lassen.

Der Untereinfluß Ihres Dekadenzeichens Steinbock bewirkt, daß Sie realistisch und fleißig sind und klare Vorstellungen vom Leben haben. Von Natur aus unabhängig und kompetent, sind Sie analytisch und gerne produktiv. Achten Sie darauf, daß Sie bei Ihrem Streben nach Perfektion nicht zu kritisch und penibel werden. Das führt zu Irritationen und Störungen der Harmonie, die Sie so dringend brauchen.

Mit diesem Geburtstag gehen im allgemeinen Wohlstand, körperliches Wohlbefinden und wirtschaftliche Sicherheit einher. Sie brauchen einerseits Freiheit, Veränderungen und Reisen, andererseits aber auch die Stabilität eines sicheren Heims. Ihre innere Rastlosigkeit kann dazu führen, daß Sie einerseits Ihre großen Pläne verwirklichen, andererseits Ihre Zielstrebigkeit unterminieren, was zur Folge hat, daß Sie sich zu sehr in die Probleme anderer hineinziehen lassen. Ihre zahlreichen Interessen können ein Vorzug sein, aber nur solange Sie sich nicht verzetteln. Im allgemeinen jedoch sind Sie in der Lage, durch Ausdauer und Zielstrebigkeit Ihre Ziele zu erreichen.

Von Kindesbeinen an sind Sie geneigt, Situationen zu analysieren, um sie zu begreifen und zu verbessern. Ihre Sonne wechselt in die Waage, wenn Sie 17 sind. In den folgenden dreißig Jahren werden Sie geselliger und brauchen die Anerkennung und Bewunderung Ihrer Mitmenschen. Jetzt messen Sie auch privaten und beruflichen Partnerschaften mehr Bedeutung bei. Wenn Sie 47 sind, tritt Ihre Sonne in das Zeichen des Skorpion und macht Sie selbständiger und machtbewußter. Ein weiterer Wendepunkt folgt, wenn Sie 77 sind und Ihre Sonne in den Schützen wechselt. In dieser Phase kommt noch einmal eine starke, neue, positive Energie in Ihr Leben.

Ihr geheimes Selbst

Sie sollten unbedingt mehr Selbstbewußtsein entwickeln und lernen, sich in allen Bereichen des Lebens besser zum Ausdruck zu bringen. Obwohl Sie kreativ und intuitiv sind, haben Sie Probleme, sich für eine Richtung im Leben zu entscheiden. Erschwerend hinzu kommt hier, daß Sie als guter Berater stets Menschen anziehen, die von Ihnen Hilfe erwarten, für Sie aber nicht zur Verfügung stehen, wenn Sie sie brauchen. Lassen Sie sie lieber durch ihre eigenen Fehler lernen, statt in jeder Situation für sie dazusein.

Wenn es Ihnen gutgeht, haben Sie eine tolerante und weltoffene Lebenseinstellung, sind gesellig und bringen Ihren Mitmenschen Mitgefühl entgegen. In dieser Verfassung können Sie Entscheidungen treffen, die Ihnen helfen, sich zu konzentrieren, ohne dabei die Distanz zu verlieren. Gute Bildung hilft Ihnen bei Ihrem Streben nach Selbstfindung.

Beruf & Karriere

Dank Ihrem angeborenen Geschäftssinn können Sie Ihre Talente wunderbar vermarkten. Sie benötigen Abwechslung, um sich nicht zu langweilen; deshalb müssen Sie aufpassen, daß Sie nicht in Routine versinken. Mit Ihrer technischen Begabung zieht es Sie zu Wissenschaft, Ingenieurwesen oder Computerwelt. Ihr Kommunikationstalent nutzt Ihnen in Justiz oder Publizistik und macht Sie zu einem ausgezeichneten Kritiker. Ihre Gabe, mit Menschen umzugehen, garantiert Ihnen Erfolg in Verkauf oder Promotion. Auch Arbeiten mit Grund und Boden liegen Ihnen, etwa Landschaftsarchitektur, Bauwesen oder Immobilienspekulation. Ihren Hang zur Philosophie befriedigen Sie in klerikalen oder pädagogischen Berufen. Dieser Geburtstag bringt aber auch hervorragende Komponisten und Songwriter hervor.

Berühmte Persönlichkeiten dieses Tages sind der Schriftsteller Arthur Koestler, der Komponist John Cage, die Schauspielerin Raquel Welch, der Sänger Freddie Mercury, König Ludwig XIV. von Frankreich und der Regisseur Werner Herzog.

Numerologie

Eigenschaften der Zahl 5 sind unter anderem starke Instinkte, Abenteuerlust und Freiheitsdrang. Ihre Bereitschaft, ständig Neues auszuprobieren und zu entdecken, und Ihre Begeisterungsfähigkeit deuten darauf hin, daß Sie im Leben allerhand Veränderungen und Transformationen erleben, was Sie einen echten Wandel Ihrer Ansichten und Überzeugungen durchmachen läßt. Das Leben muß für Sie aufregend und ereignisreich sein, dennoch sollten Sie Verantwortungsgefühl entwickeln und darauf achten, daß Sie nicht unberechenbar, maßlos oder gegenüber anderen rücksichtslos sind. Menschen mit der Geburtstagszahl 5 gelingt es bravourös, mit dem Strom zu schwimmen, ohne dabei ihre Unabhängigkeit zu verlieren. Der Untereinfluß der Monatszahl 9 führt dazu, daß Sie rational, aber sensibel sind. Als Menschenfreund streben Sie nach Gerechtigkeit und Fairneß. Mit Ihrer Weitsicht und Ihrer progressiven Einstellung können Sie spirituell, aber auch praktisch sein. Obwohl Sie mit gutem Geschäftssinn begabt sind, müssen Sie hart arbeiten, um zu Erfolg zu gelangen. Seien Sie nicht impulsiv oder machthungrig.

Positiv: vielseitig, anpassungsfähig, progressiv, freiheitsliebend, schlagfertig und witzig, neugierig, mystisch, gesellig.

Negativ: unzuverlässig, wechselhaft, neigt zum Aufschieben, widersprüchlich, übersteigertes Selbstvertrauen, stur.

Liebe & Zwischenmenschliches

Da Sie die natürliche Gabe haben, mit Menschen umzugehen, gewinnen Sie überall leicht Freunde. Achten Sie darauf, daß Sie bei der Auswahl Ihrer Freunde besonnen sind. Von Natur aus großzügig und fürsorglich, sind Sie bei anderen sehr beliebt. Sie sind zu starker Liebe fähig, die Ihnen in Liebesbeziehungen Glück verheißt. Ihrer Familie gegenüber haben Sie starke Beschützerinstinkte, und Sie sind stets ein treuer Freund.

Ihr Partner

Wenn Sie jemanden suchen, bei dem Sie Stabilität, Vertrauen und dauerhafte Liebe finden, sollten Sie sich unter den Menschen umsehen, die an folgenden Tagen geboren sind:

Liebe & Freundschaft: 3., 5., 9., 10., 18., 19. Jan., 3., 7., 16., 17. Feb., 1., 5., 6., 14., 15., 31. März, 3., 12., 13., 29. April, 1., 10., 11., 27., 29. Mai, 8., 9., 25., 27. Juni, 6., 7., 23., 25., 31. Juli, 4., 5., 21., 23., 29. Aug., 2., 3., 19., 21., 27., 30. Sept., 1., 17., 19., 25., 28. Okt., 13., 15., 21., 24. Dez.

Günstig: 1., 6., 17. Jan., 4., 15. Feb., 2., 13. März, 11. April, 9. Mai, 7. Juni, 5. Juli, 3. Aug., 1. Sept., 31. Okt., 29. Nov., 27. Dez.

Schicksalhaft: 3., 4., 5., 6. März

Problematisch: 2., 16. Jan., 14. Feb., 12. März, 10. April, 8. Mai, 6. Juni, 4. Juli, 2. Aug., 30. Dez.

Seelenverwandt: 11., 31. Jan., 9., 29. Feb., 7., 27. März, 5., 25. April, 3., 23. Mai, 1., 21. Juni, 19. Juli, 17. Aug., 15. Sept., 13. Okt., 11. Nov., 9. Dez.

SONNE: JUNGFRAU
DEKADE: STEINBOCK/SATURN
GRAD: 13° – 14° JUNGFRAU
ART: BEWEGLICHES ZEICHEN
ELEMENT: ERDE

6. September

♍ Der Einfluß dieses Geburtstags führt dazu, daß Sie ein praktischer Idealist sind, der Anregung und Veränderung braucht, damit er sich nicht langweilt. Auch wenn Sie Reisen und Abenteuer lieben, legen Sie viel Wert auf die Sicherheit und Bequemlichkeit eines eigenen Heims. Da Sie imagebewußt sind, möchten Sie beliebt sein und einen guten Eindruck machen.

Der Untereinfluß Ihres Dekadenzeichens Steinbock sorgt dafür, daß sich bei harter Arbeit und Ausdauer Ihre Entschlossenheit steigert. Neben Anpassungsfähigkeit und Urteilsvermögen haben Sie auch eine ausgeprägte Wahrnehmungsfähigkeit und starke Instinkte. Der Allgemeinheit können Sie als Berater oder Experte von Nutzen sein. Arbeit spielt in Ihrem Leben eine große Rolle; achten Sie aber darauf, daß Sie nicht durch Rastlosigkeit oder Ungeduld unzufrieden werden.

Da es in Ihrem Leben zu finanziellen Schwankungen kommen kann, sollten Sie sparsam sein und langfristige Investitionen tätigen. Damit überwinden Sie auch Ihre Angst vor Geldmangel. Von Natur aus vielseitig und anpassungsfähig, können Sie sich hervorragend konzentrieren, wenn Sie sich für ein festes Ziel entschieden haben. Neben einem ausgeprägten Sinn fürs Praktische haben Sie eine differenzierte Weitsicht, die Ihnen dabei hilft, Ihre großen Visionen in die Tat umzusetzen.

Ihre Sonne tritt in die Waage, wenn Sie 16 sind. In den folgenden dreißig Jahren brauchen Sie vermehrt Partnerschaften und sehr persönliche Kontakte. Ihr Sinn für Schönheit und Luxus prägt sich aus, und Sie entdecken Ihr Interesse für Literatur, Kunst oder kreative Beschäftigungen. Wenn Sie 46 sind, folgt ein weiterer Wendepunkt. Jetzt tritt Ihre Sonne in das Zeichen des Skorpion; nun werden Ihnen persönliche Wandlungen und Macht wichtiger. Ein weiterer Wendepunkt folgt, wenn Sie 76 sind und Ihre Sonne in den Schützen wechselt. Nun wünschen Sie sich vor allem Optimismus und Aufrichtigkeit.

Fixsterne

Ihre Sonne ist zwar nicht mit einem Fixstern verbunden, sicherlich aber einer der anderen Planeten Ihres Sonnenzeichens. Wenn Sie sich ein Geburtshoroskop erstellen lassen, lernen Sie die exakten Positionen der Planeten an Ihrem Geburtstag kennen. Auf diese Weise können Sie feststellen, welche der Fixsterne in diesem Buch für Sie von Interesse sind.

Ihr geheimes Selbst

Wenn Sie Ihre Rastlosigkeit auf etwas richten, das Sie echt interessiert, können Sie sich selbst so weit motivieren, daß Sie Verantwortung übernehmen, die Ihnen langfristig Befriedigung bringt. Gelegentlich leiden Sie unter Selbstzweifeln oder Unsicherheit in bezug auf die Richtigkeit Ihrer Entscheidungen. Wenn Sie sich um mehr Distanz bemühen und darauf vertrauen, daß auf höherer Ebene für Sie gesorgt wird, gehen Sie das Leben leichter und kreativer an.

Eine angeborene Humanität sorgt dafür, daß Sie sich stets für Ihre Mitmenschen interessieren und eine besonders ausgeprägte Empfänglichkeit für sie haben. Da Sie gesellig sind und kreative Ideen haben, fühlen Sie sich am glücklichsten, wenn Sie ganz Sie selbst sein können. Ihre Intuition trügt Sie im allgemeinen nicht, sondern hilft Ihnen, andere rasch und präzise einzuschätzen. Sie haben Spaß daran, andere zu unterhalten, und überraschen die Menschen immer wieder mit Ihrem schlagfertigen Humor. Ihre Freiheitsliebe bringt Gelegenheiten zu Auslandsreisen und Arbeitsaufenthalten in fremden Ländern mit sich.

Beruf & Karriere

Sie können hart arbeiten, aber Sie brauchen einen Beruf mit wenig Routine. Von Natur aus analytisch und gründlich, eignen Sie sich hervorragend für Forschung und Wissenschaft. Mit Ihrer ausgeprägten optischen Wahrnehmung sind Sie wie geschaffen für Werbung, Medien, Grafik oder Fotografie. In der Geschäftswelt brauchen Sie viel Abwechslung, und wenn Ihre Arbeit nicht sofort Gewinn abwirft, verlieren Sie schnell das Interesse. Für Ihre Energie und Antriebskraft sind Reisen, Sport und Freizeitindustrie das Richtige. Viele der heutigen Geburtstagskinder fühlen sich in Heilberufen besonders wohl.

Berühmte Persönlichkeiten dieses Tages sind der Politiker Franz Josef Strauß, der Komponist und Produzent Billy Rose, die Sozialreformerin Jane Addams, der Kennedy-Patriarch Joseph Kennedy und der französische General Marquis de Lafayette.

Numerologie

Mitgefühl, Idealismus und Fürsorglichkeit charakterisieren Menschen mit der Geburtstagszahl 6. Sie sind im allgemeinen häuslich und haben viel Familiensinn. Die Sensibleren unter Ihnen brauchen eine Form der kreativen Selbstverwirklichung und fühlen sich von der Welt des Entertainments oder von Kunst und Design angezogen. Sie sollten Fremden und Nachbarn gegenüber mehr Selbstvertrauen und Interesse zeigen und lernen, verantwortungsbewußter zu sein. Der Untereinfluß der Monatszahl 9 führt dazu, daß Sie hoch intuitiv und sensibel sind. Mit Ihrem Mitfühlen und Ihrem Verständnis sind Sie häufig ein Visionär oder Menschenfreund, der fürsorglich, liebevoll und hilfsbereit ist. Mit Ihrer Weitsicht und Ihrer progressiven Haltung können Sie ebenso spirituell wie praktisch sein.

Positiv: weltgewandt, humanitär, freundlich, mitfühlend, verläßlich, verständnisvoll, idealistisch, selbstbewußt, musisch, ausgeglichen.

Negativ: unzufrieden, ängstlich, schüchtern, unvernünftig, stur, freimütig, dominierend, kein Verantwortungsbewußtsein, selbstsüchtig, mißtrauisch, egoistisch.

Liebe & Zwischenmenschliches

Von Natur aus freundlich und kontaktfreudig, fühlen Sie sich zu intelligenten und unterhaltsamen Menschen hingezogen. Ihr Wunsch nach mehr Wissen, durch das Sie sich immer weiterentwickeln, und Ihre jugendliche Ausstrahlung werden Ihnen Ihr Leben lang bleiben und Ihnen bei Ihrem gesellschaftlichen Erfolg helfen. Sie können sehr unterhaltsam sein, müssen sich aber um mehr Verantwortungsbewußtsein bemühen. Aber Sie sind bereit, dafür zu arbeiten, daß Ihre Beziehungen harmonisch bleiben. Kurze Ferien allein mit Ihrem Partner wirken dabei Wunder und erneuern Begeisterungsfähigkeit und Abenteuergeist.

Ihr Partner

Ihren Traumpartner werden Sie mit großer Wahrscheinlichkeit unter den an folgenden Tagen geborenen Menschen finden:

Liebe & Freundschaft: 6., 10., 20., 21., 26., 29. Jan., 4., 8., 18., 27. Feb., 2., 6., 16., 25., 28., 30. März, 4., 14., 23., 26., 28., 30. April, 2., 12., 13., 18., 21., 24., 26., 28., 30. Mai, 10., 19., 22., 24., 26., 28. Juni, 8., 17., 20., 22., 24., 26. Juli, 6., 15., 18., 20., 22., 24. Aug., 4., 13., 16., 18., 20., 22. Sept., 2., 11., 14., 16., 18., 20., 22. Okt., 9., 12., 14., 16., 18. Nov., 7., 10., 12., 14., 16. Dez.

Günstig: 7., 13., 18., 28. Jan., 5., 11., 16., 26. Feb., 3., 9., 14., 24. März, 1., 7., 12., 22. April, 5., 10., 20. Mai, 3., 8., 18. Juni, 1., 6., 16. Juli, 4., 14. Aug., 2., 12., 30. Sept., 10., 28. Okt., 8., 26., 30. Nov., 6., 24., 28. Dez.

Schicksalhaft: 25. Jan., 23. Feb., 3., 4., 5., 6., 21. März, 19. April, 17. Mai, 15. Juni, 13. Juli, 11. Aug., 9. Sept., 7. Okt., 5. Nov., 3. Dez.

Problematisch: 3., 17. Jan., 1., 15. Feb., 13. März, 11. April, 9., 30. Mai, 7., 28. Juni, 5., 26., 29. Juli, 3., 24., 27. Aug., 1., 22., 25. Sept., 20., 23. Okt., 18., 21. Nov., 16., 19. Dez.

Seelenverwandt: 18. Jan., 16. Feb., 14. März, 12. April, 10., 29. Mai, 8., 27. Juni, 6., 25. Juli, 4., 23. Aug., 2., 21. Sept., 19. Okt., 17. Nov., 15. Dez.

7. September

SONNE: JUNGFRAU
DEKADE: STEINBOCK/SATURN
GRAD: 14° – 15° JUNGFRAU
ART: BEWEGLICHES ZEICHEN
ELEMENT: ERDE

Fixstern

Name des Sterns: Mizar
Gradposition: 14°36' – 15°37' Jungfrau zwischen den Jahren 1930 und 2000
Magnitude: 2,5
Stärke: *******
Orbit: 2°10'
Konstellation: Zeta Ursae Majoris
Tage: 6., 7., 8., 9., 10., 11. September
Sternqualitäten: Mars und Saturn/Venus
Beschreibung: weiß-blaßsmaragdgrüner Stern im Schwanz des Großen Bären.

Einfluß des Hauptsterns

Mizar steht für Ehrgeiz, Pragmatismus, Kreativität und künstlerisches Talent, aber auch für Disharmonie und die Verwicklung in strittige Angelegenheiten. Im Zusammenhang mit dem Stand Ihrer Sonne verleiht Mizar außergewöhnliches Talent für Schreiben, Geschäft und öffentliche Angelegenheiten. Sie sollten jedoch nicht zu kritisch sein und Ihre geistigen Kräfte kreativ und positiv nutzen.
- Positiv: ernst, verantwortungsbewußt, kreativ.
- Negativ: rebellisch, disharmonisch, egoistisch.

♍ Mit diesem Geburtsdatum sind Sie ein praktischer, gescheiter und sensibler Mensch, der das Bedürfnis nach solider Ordnung im Leben hat. Ihre Arbeit bedeutet Ihnen viel, was Ihre finanzielle Sicherheit begünstigt. Sie haben eine lebhafte Phantasie und gutes Beurteilungsvermögen und können Ihre Vorstellungen in die Tat umsetzen, wenn Sie sich völlig darauf konzentrieren.

Durch den Untereinfluß Ihres Dekadenzeichens Steinbock sind Sie methodisch und geschickt und haben gesunden Menschenverstand. Sie sind sehr stolz auf Ihre Arbeit und neigen zu Perfektionismus. Dank Ihrem Pflichtbewußtsein sind Sie auch sehr verantwortungsbewußt; wenn Sie aber Ihre Gefühle zu sehr unter Kontrolle halten, können Sie auch überernst, launisch oder stur werden.

Sie sind nicht nur idealistisch, sensibel und hilfsbereit, sondern auch sehr geschäftstüchtig, und diese Kombination macht Sie zu einem mitfühlenden Realisten. Um geistigem Streß vorzubeugen, für den Sie anfällig sind, brauchen Sie Perioden der Ruhe und Meditation. Zu Ihren vielen Vorzügen gehören praktische Fähigkeiten, starke Intuition und Konzentration auf erstellte Aufgaben.

Ihre Sonne tritt in die Waage, wenn Sie 15 sind. In den folgenden dreißig Jahren wächst das Bedürfnis nach persönlichen und beruflichen Beziehungen und Partnerschaften. Ihre kreativen Talente entwickeln sich, und Sie entdecken Ihr Bedürfnis nach Harmonie und Ausgeglichenheit. Wenn Sie 45 sind, tritt Ihre Sonne in das Zeichen des Skorpion, Sie möchten den tieferen Sinn Ihres Lebens ergründen und suchen mehr nach der Kraft von Verwandlung. Wenn Sie 75 sind, wechselt Ihre Sonne in den Schützen, und Sie wollen durch die Suche nach Wahrheit und positiven Idealen Ihren Horizont erweitern.

Ihr geheimes Selbst

Sie sind zwar zuverlässig und produktiv, doch eine innere Unruhe treibt Sie ständig dazu an, neue Erfahrungen zu machen und abenteuerlustiger zu sein. Wenn Sie dieses Bedürfnis unterdrücken, kann das zu Unzufriedenheit führen und Sie zu Realitätsflucht als Kompensation verleiten. Glücklicherweise hilft Ihnen Ihr Charme aus vielen schwierigen Situationen und nimmt Ihre Mitmenschen für Sie ein.

Ein Teil von Ihnen wünscht sich Stabilität, Sicherheit und Berechenbarkeit, ein anderer will dagegen ungebunden sein und haßt Langeweile. Passen Sie auf, daß Ihr Leben nicht in Routine erstarrt, denn Ihre Chancen liegen meist außerhalb des täglichen Trotts. Sie sollten mehr Geduld haben und versuchen, Harmonie in sich selbst zu finden.

Beruf & Karriere

Da Sie praktisch und scharfsinnig sind, können Sie es in jedem Beruf zu etwas bringen, ob in Wissenschaft und Forschung, Geschäftsleben oder auch in einem kreativen Bereich. Da Sie gründlich sind und methodisch vorgehen, ist Planung für die Verwirklichung Ihrer großen Träume unabdingbar. Mit Ihrem Ordnungssinn und Ihrem scharfen Verstand eignen Sie sich für Handel und Industrie, wo Sie mit Ihrem Organisationstalent glänzen können. Arbeitgeber schätzen vor allem Ihren Fleiß, Ihre Zuverlässigkeit und Ihr Verantwortungsbewußtsein. Mit Ihren kommunikativen und analytischen

Fähigkeiten sind auch Lehrberufe oder Schreiben gut für Sie. Ihre phantasiebegabte Seite zieht Sie in die Welt von Kunst, Theater oder Musik.

Berühmte Persönlichkeiten dieses Tages sind Königin Elizabeth I. von England, die Musiker Sonny Rollins und Buddy Holly, der Filmregisseur Elia Kazan, der Schauspieler Peter Lawford, die Künstlerin Grandma Moses und der Bankier J. P. Morgan.

Numerologie

Menschen mit der Geburtstagszahl 7 sind oft analytisch und bedächtig und neigen zu Perfektionismus, übermäßiger Kritik und Selbstsucht. Sie ziehen es vor, Ihre Entscheidungen allein zu treffen, und lernen am besten durch persönliche Erfahrung. Der Wunsch zu lernen zieht Sie zu Wissenschaft und ständiger Weiterbildung. Sie reagieren überempfindlich auf Kritik und fühlen sich oft mißverstanden. Ihr Hang zur Geheimnistuerei führt dazu, daß Sie gern subtile Fragen stellen, ohne zu zeigen, was Sie selbst denken. Der Untereinfluß der Monatszahl 9 führt dazu, daß Sie scharfsinnig sind und gutes Urteilsvermögen haben. Da Sie sensibel auf Ihre Umgebung reagieren, spüren Sie bei anderen sofort, wenn es zu Stimmungsumschwüngen kommt. Tolerant und humanitär eingestellt, streben Sie stets nach Ausgeglichenheit und Gerechtigkeit. Dank tiefer Einsicht zeigen Sie oft große Vorausschau. Verwechseln Sie aber Fakten nicht mit Phantasie.

Positiv: gebildet, vertrauensvoll, gewissenhaft, idealistisch, ehrlich, wissenschaftlich, rational, nachdenkend.

Negativ: geheimnistuerisch, falsch, unfreundlich, skeptisch, wirr, unbeteiligt, kalt.

Liebe & Zwischenmenschliches

Ihr Pragmatismus und Ihre nüchterne Lebenseinstellung überdecken häufig, daß Sie sehr sensibel sind. Ihre Gabe, die Gefühle anderer erahnen zu können, ist Ihnen in allen Beziehungen von großem Nutzen. Wenn Sie aber Ihre eigenen starken Gefühle unterdrücken, werden Sie launisch oder isolieren sich von anderen. Bauen Sie Ihre Beziehungen auf der Kenntnis der Bedürfnisse und Interessen Ihrer Partner auf. Im allgemeinen sind Sie gesellig und haben natürlichen Charme; Ihre Fürsorglichkeit zeigt sich oft darin, daß Sie anderen in praktischer Form helfen.

Ihr Partner

Wenn Sie jemanden suchen, mit dem Sie Ihre Ideale teilen können, sollten Sie sich unter den Menschen umsehen, die an folgenden Tagen geboren sind:

Liebe & Freundschaft: 7., 11., 12., 22. Jan., 5., 9., 20. Feb., 3., 7., 8., 18., 31. März, 1., 5., 16., 29. April, 3., 4., 14., 27., 29. Mai, 1., 12., 25., 27. Juni, 10., 23., 25. Juli, 8., 21., 23., 31. Aug., 6., 19., 21., 29. Sept., 4., 17., 19., 27., 30. Okt., 2., 15., 17., 25., 28. Nov., 13., 15., 23., 26. Dez.

Günstig: 8., 14., 19. Jan., 6., 12., 17. Feb., 4., 10., 15. März, 2., 8., 13. April, 6., 11. Mai, 4., 9. Juni, 2., 7. Juli, 5. Aug., 3. Sept., 1., 29. Okt., 27. Nov., 25., 29. Dez.

Schicksalhaft: 5., 6., 7., 8. März

Problematisch: 9., 18., 20. Jan., 7., 16., 18. Feb., 5., 14., 16. März, 3., 12., 14. April, 1., 10., 12. Mai, 8., 10. Juni, 6., 8., 29. Juli, 4., 6., 27. Aug., 2., 4., 25. Sept., 2., 23. Okt., 21. Nov., 19. Dez.

Seelenverwandt: 9. Jan., 7. Feb., 5. März, 3. April, 1. Mai, 30. Okt., 28. Nov., 26. Dez.

SONNE: JUNGFRAU
DEKADE: STEINBOCK/SATURN
GRAD: 15° – 16° JUNGFRAU
ART: BEWEGLICHES ZEICHEN
ELEMENT: ERDE

Fixstern

Name des Sterns: Mizar
Gradposition: 14°36' – 15°37' Jungfrau zwischen den Jahren 1930 und 2000
Magnitude: 2,5
Stärke: *******
Orbit: 2°10'
Konstellation: Zeta Ursae Majoris
Tage: 6., 7., 8., 9., 10., 11. September
Sternqualitäten: Mars und Saturn/ Venus
Beschreibung: weiß-blaßmaragdgrüner Stern im Schwanz des Großen Bären.

Einfluß des Hauptsterns

Mizar steht für Ehrgeiz, Pragmatismus, Kreativität und künstlerisches Talent, aber auch für Disharmonie und die Verwicklung in strittige Angelegenheiten. Im Zusammenhang mit dem Stand Ihrer Sonne verleiht Mizar außergewöhnliches Talent für Schreiben, Geschäfte und öffentliche Angelegenheiten. Sie sollten jedoch nicht zu kritisch sein und Ihre geistigen Kräfte kreativ und positiv nutzen.

- Positiv: ernst, verantwortungsbewußt, kreativ.
- Negativ: rebellisch, disharmonisch, egoistisch.

8. September

♍ Der Einfluß dieses Geburtstages bewirkt, daß Sie kreativ und praktisch sind und eine ungezwungene Persönlichkeit haben. Von Natur aus ehrgeizig und unternehmungslustig, haben Sie Geschäftssinn und vertreten ungewöhnliche Standpunkte. Obwohl Sie meist freundlich und heiter wirken, haben Sie auch eine ernste Seite. Ihr starker Hang zur Selbstverwirklichung zeigt sich entweder in Ihrer Geselligkeit oder darin, daß Sie sich dem Schreiben oder den Künsten zuwenden. Ihre objektive Lebensauffassung wird gelegentlich von Unentschlossenheit oder Ängsten, vor allem in finanziellen Dingen, überschattet.

Durch den Untereinfluß Ihres Dekadenzeichens Steinbock haben Sie die Angewohnheit, Situationen genau zu analysieren, und sind fleißig und verantwortungsbewußt. Da Genauigkeit für Sie sehr wichtig ist, wollen Sie Ihre Arbeit immer gut machen und stolz darauf sein. Sie haben einen scharfen Verstand, der Ihnen hilft, Probleme zu lösen, der Sie aber auch zu einem schonungslosen Kritiker macht. Da Sie Dinge gut bewerten können, sind Sie sparsam und machen häufig lukrative Geschäfte. Ihre intuitive Einsicht ist Ihnen eine große Hilfe, wenn es darum geht, Entscheidungen zu treffen. Sie müssen sich aber davor hüten, zu ernsthaft oder launisch zu werden. Der Wunsch, sich intensiv mit Lebensfragen zu beschäftigen, manifestiert sich auch in besonderen psychologischen Fähigkeiten, spiritueller Wahrnehmung oder schwarzem Humor.

Von Kindesbeinen an sind Sie geneigt, Situationen zu analysieren, um sie zu begreifen und zu verbessern. Ihre Sonne wechselt in die Waage, wenn Sie 14 sind. In den folgenden dreißig Jahren nehmen Sie persönliche Beziehungen und Partnerschaften sehr wichtig. Ihre kreativen Talente entwickeln sich, und Sie entdecken Ihr Interesse für Musik, Malerei oder Literatur. Wenn Sie 44 sind, tritt Ihre Sonne in das Zeichen des Skorpion und es drängt Sie vermehrt zu Intensität, Macht und Veränderung. Ihre Sonne wechselt in den Schützen, wenn Sie 74 sind. Nun wollen Sie noch einmal Ihren Horizont erweitern, vor allem durch Reisen, Weiterbildung oder Religion.

Ihr geheimes Selbst

Klug und wortgewandt, können Sie Ihre Ideen mit Begeisterung und Ernsthaftigkeit präsentieren. Ihr gutes Einschätzungsvermögen hilft Ihnen bei Ihrer Suche nach Ganzheit. Oft geraten Sie in Konflikt zwischen Ihrem starken Bedürfnis nach materieller Sicherheit und Ihrem Wunsch nach Selbstverwirklichung. Sehr intelligent und sich Ihrer Verantwortung bewußt, sind Sie ein starker Gegner und ein guter Stratege.

Sie reagieren sehr sensibel auf schlechte Stimmung in Ihrer Umgebung, und Ihr Wohlbefinden hängt sehr stark von der harmonischen Atmosphäre ab, die Sie umgibt. Wenn Sie Ihre Ausgeglichenheit verlieren, werden Sie bissig und mischen sich in fremde Angelegenheiten ein. Sie empfinden ein starkes Bedürfnis nach Liebe und Harmonie, das Sie auf Kunst, Musik oder Dienst an Ihren Mitmenschen lenken können.

Beruf & Karriere

Da Sie einen ausgeprägten Geschäftssinn haben, sind Sie in der Handelsbranche sehr erfolgreich. Sie können Ihren scharfen Verstand aber auch für Wissenschaft und Forschung benutzen. Ihre technischen Talente kommen Ihnen in jedem Beruf zugute. Mit Ihren originellen Ideen und Ihrer individuellen Lebensauffassung fühlen Sie sich zu

Printmedien oder Kommunikationsberufen hingezogen. Intelligent und wortgewandt, eignen Sie sich auch für Unterhaltungsbranche oder Politik. Da Sie Abwechslung brauchen, wechseln Sie möglicherweise öfter Stellung oder Beruf oder versuchen, auf Ihrem Gebiet neue Ideen zu entwickeln oder die Art des Arbeitens zu verbessern.

Berühmte Persönlichkeiten dieses Tages sind die Schauspieler Peter Sellers und Mario Adorf, König Richard I. Löwenherz, der Komponist Antonin Dvořák und der Patriarch der Orthodoxen Kirche, Dimitrios I.

Numerologie

Die Kraft, die von der 8 ausgeht, manifestiert sich in einem Charakter mit festen Werten und sicherem Urteilsvermögen. Die Zahl 8 bedeutet, daß Sie sich hohe Ziele gesteckt haben und ehrgeizig sind. Zu diesem Geburtstag gehört auch das Bedürfnis nach Dominanz, Sicherheit und materiellem Erfolg. Sie haben ein natürliches Gefühl für Geschäfte und profitieren sehr davon, wenn Sie Ihr Organisations- und Führungstalent entwickeln. Sie müssen aber lernen, Ihre Macht und Autorität auf faire und gerechte Weise auszuüben. Da Sie ein starkes Bedürfnis nach Sicherheit haben, neigen Sie dazu, langfristig zu planen und zu investieren. Der Untereinfluß der Monatszahl 9 bewirkt, daß Sie pragmatisch und aufnahmefähig sind und starke Instinkte besitzen. Sie nutzen Ihr Wissen auf spezielle und kreative Weise und können mit Ihrer Phantasie originell und produktiv sein.

Positiv: führungsstark, gründlich, fleißig, Autorität, Schutz, Heilkraft, gutes Bewertungsvermögen.

Negativ: ungeduldig, verschwenderisch, intolerant, geizig, rastlos, dominant, leicht entmutigt, planlos, dominierend.

Liebe & Zwischenmenschliches

Klug, originell und gesellig, finden Sie leicht Freunde und Bewunderer. Im allgemeinen spontan, schwanken Sie aber gelegentlich zwischen liebe- und gefühlvoll und zu großer Distanziertheit. Häufig suchen Sie nach einer spirituellen Verbindung mit Ihrem Partner und sind allzu kritisch, wenn Sie feststellen, daß er Ihren hohen Idealen nicht entspricht. Auch praktische Überlegungen wie Sicherheit beeinflussen Ihre Entscheidungen in Liebesangelegenheiten. Ihr freundlicher Charme bringt Ihnen Erfolg in allen gesellschaftlichen Kreisen.

Ihr Partner

Sicherheit, emotionale Erfüllung und Liebe finden Sie am ehesten unter den Menschen, die an folgenden Tagen geboren wurden:

Liebe & Freundschaft: 4., 8., 22., 23., 26. Jan., 6., 20., 24. Feb., 4., 18., 22. März, 2., 16., 20., 30. April, 14., 15., 18., 28., 30. Mai, 12., 16., 26., 28. Juni, 10., 14., 24., 26. Juli, 8., 12., 22., 24. Aug., 6., 10., 20., 22., 30. Sept., 4., 8., 18., 20. Okt., 2., 6., 16., 18., 26. Nov., 4., 14., 16., 24. Dez.

Günstig: 9., 20. Jan., 7., 18. Feb., 5., 16., 29. März, 3., 14., 27. April, 1., 12., 25. Mai, 10., 23. Juni, 8., 21. Juli, 6., 19. Aug., 4., 17. Sept., 2., 15., 30. Okt., 13., 28. Nov., 11., 26., 30. Dez.

Schicksalhaft: 27. Jan., 25. Feb., 6., 7., 8., 9., 23. März, 21. April, 19. Mai, 17. Juni, 15. Juli, 13. Aug., 11. Sept., 9. Okt., 7. Nov., 5. Dez.

Problematisch: 2., 10., 19. Jan., 8., 17. Feb., 6., 15. März, 4., 13. April, 2., 11. Mai, 9. Juni, 7., 30. Juli, 5., 28. Aug., 3., 26. Sept., 1., 24. Okt., 22. Nov., 20., 30. Dez.

Seelenverwandt: 15. Jan., 13. Feb., 11. März, 9. April, 7. Mai, 5. Juni, 3. Juli, 1. Aug., 29. Okt., 27. Nov., 25. Dez.

SONNE: JUNGFRAU
DEKADE: STEINBOCK/SATURN
GRAD: 16° – 17° JUNGFRAU
ART: BEWEGLICHES ZEICHEN
ELEMENT: ERDE

Fixstern

Name des Sterns: Mizar
Gradposition: 14°36' – 15°37' Jungfrau zwischen den Jahren 1930 und 2000
Magnitude: 2,5
Stärke: *******
Orbit: 2°10'
Konstellation: Zeta Ursae Majoris
Tage: 6., 7., 8., 9., 10., 11. September
Sternqualitäten: Mars und Saturn/Venus
Beschreibung: weiß-blaßsmaragdgrüner Stern im Schwanz des Großen Bären.

Einfluß des Hauptsterns

Mizar steht für Ehrgeiz, Pragmatismus, Kreativität und künstlerisches Talent, aber auch für Disharmonie und die Verwicklung in strittige Angelegenheiten. Im Zusammenhang mit dem Stand Ihrer Sonne verleiht Mizar außergewöhnliches Talent für Schreiben, Geschäfte und öffentliche Angelegenheiten. Sie sollten jedoch nicht zu kritisch sein und Ihre geistigen Kräfte kreativ und positiv nutzen.

- Positiv: ernst, verantwortungsbewußt, kreativ.
- Negativ: rebellisch, disharmonisch, egoistisch.

9. September

♍ Sie sind freundlich, stets gut informiert, praktisch, scharfsinnig und ein konstruktiver Idealist. Vom Kontakt mit anderen beziehen Sie Energie und sind ein guter Planer und Stratege, der konzentriert und zielstrebig arbeiten kann. Von Natur aus gesellig und freundlich, sind Sie den Menschen zugetan und besitzen großen Gefühlsreichtum. Da Sie sehr entschlossen, aktiv und fleißig sind, haben Sie das Potential, Ihre großen Pläne zu verwirklichen.

Der Untereinfluß Ihres Dekadenzeichens Steinbock macht Sie realistisch, präzise und wortgewandt. Auch haben Sie viel Selbstdisziplin und gute kommunikative Fähigkeiten. Durch Wissensdurst, analytisches Denken und Gründlichkeit sind Sie begabt als Forscher.

Sie müssen jedoch die beiden Extreme Ihrer Persönlichkeit ausbalancieren: Einerseits können Sie sehr hart, stur und anspruchsvoll sein, andererseits sensibel und außerordentlich großzügig, vor allem denen gegenüber, die Sie lieben.

Sie haben eine aktive und lebendige Phantasie, und Ihre idealistische Suche nach der Wahrheit führt Sie vielleicht zu metaphysischen oder religiösen Themen. Obwohl Sie im Grunde ein praktischer Optimist sind, fürchten Sie sich gelegentlich insgeheim vor finanziellen Schwierigkeiten, selbst wenn es Ihnen gutgeht.

Ihre Sonne wechselt in die Waage, wenn Sie 13 sind. In den folgenden dreißig Jahren bedeuten Ihnen persönliche Beziehungen und Partnerschaften sehr viel. Ihre kreativen Talente entwickeln sich, und Sie entdecken Ihr Interesse für Musik, Malerei oder Literatur. Wenn Sie 43 sind, tritt Ihre Sonne in das Zeichen des Skorpion und es drängt Sie zu emotionaler und spiritueller Erneuerung, aber auch zu neuen Geschäftsverbindungen. Ihre Sonne tritt in den Schützen, wenn Sie 73 sind. Sie werden philosophischer und wollen noch einmal Ihren Horizont erweitern, vor allem durch Reisen oder geistige Beschäftigung.

Ihr geheimes Selbst

Ihr Wunsch nach materieller Sicherheit, Macht und Prestige verbindet sich eigenartigerweise hervorragend mit Ihrem Idealismus. Ihr großes Bedürfnis nach Anerkennung treibt Sie zu hohen Leistungen an. Sie haben die Energie und Entschlossenheit, Großes zu vollbringen, Ihre wahre Erfüllung aber finden Sie darin, anderen zu helfen. Wenn Sie von Begeisterung, Willenskraft und Glauben angetrieben werden, sind Sie zu wahren Wundern fähig.

Sie durchleben Zeiten von Schwäche, die von Perioden erstaunlichen Vorwärtskommens abgelöst werden. Wenn Sie in Verbindung mit Ihren innersten spirituellen Bedürfnissen bleiben, schaffen Sie ein Gleichgewicht zwischen Ihrem Wunsch nach Spaß und Vergnügen und den bedeutenderen Dingen des Lebens. Glücklicherweise behalten Sie Ihr Leben lang eine jugendliche und verspielte Seite, die Ihnen dabei hilft, Ihre hohen Ziele zu erreichen.

Beruf & Karriere

Ihr diplomatisches Geschick und Ihre Gabe, Kontakte zu knüpfen, nutzen Ihnen in allen Berufen. Wenn Sie an eine Idee, ein Projekt oder eine Person glauben, können Sie eine Sache dank Ihrer Begeisterungsfähigkeit und Ihrem festen Glauben bestens anpreisen und verkaufen. Diese Gabe kommt Ihnen vor allem in Öffentlichkeitsarbeit, Vermittlungstätigkeit oder bei Verhandlungen zugute. Da Sie viel Energie und Antrieb haben, arbeiten Sie lieber selbständig als im Team. Ihre ausgezeichneten analytischen und kommunikativen Fähigkeiten dienen Ihnen in Forschung oder beim Schreiben, wo Sie ganz besonders erfolgreich sein können. Der Idealfall wäre ein Posten mit viel Autorität oder eine beratende Tätigkeit. Mit Ihrer großen Phantasie ist auch eine Karriere in der Welt von Kunst, Theater und Musik möglich.

Berühmte Persönlichkeiten dieses Tages sind der Sänger Otis Redding, die Schriftsteller Leo Tolstoi und Cesare Pavese, die Schauspieler Hugh Grant und Michael Keaton und der Musiker und Produzent Dave Stewart.

Numerologie

Güte, Mitgefühl und Sensibilität werden mit der Zahl 9 assoziiert. Intuitive und mediale Fähigkeiten bewirken universelle Wahrnehmung. Möglicherweise haben Sie das Gefühl, Ihr Schicksal sei Ihnen vorbestimmt und ließe Ihnen nicht viel Handlungsspielraum. Sie sollten lernen, mehr Distanz zu halten, und mehr Verständnis, Toleranz und Geduld üben. Von Weltreisen und Begegnungen mit den unterschiedlichsten Menschen profitieren Sie sehr. Hüten Sie sich aber vor unrealistischen Träumereien oder Realitätsflucht. Der Untereinfluß der Monatszahl 9 verstärkt Ihre Intuition und Ihre Empfänglichkeit. Da Sie sensibel auf Ihre Umgebung reagieren, sind Sie häufig besorgt um das Wohlergehen Ihrer Mitmenschen. Es fällt Ihnen schwer, die Grenzen des Lebens zu akzeptieren und zu verstehen, daß es nicht immer fair und gerecht in diesem Leben zugeht. Mit Ihrem sechsten Sinn und Ihrem umfassenden Verständnis sind Sie ein Visionär mit medialen Fähigkeiten.

Positiv: idealistisch, humanitär, kreativ, sensibel, großzügig, poetisch, wohltätig, freigiebig, unvoreingenommen, glücklich, beliebt.

Negativ: frustriert, nervös, unbeständig, unsicher, selbstsüchtig, unpraktisch, leicht beeinflußbar, komplexbeladen, ängstlich, verschlossen.

Liebe & Zwischenmenschliches

Da Kommunikation für Sie äußerst wichtig ist, lieben Sie es, mit den unterschiedlichsten sozialen Gruppen in Kontakt zu kommen. Von Natur aus gesellig, aber auch bestimmt, fühlen Sie sich zu intelligenten Menschen hingezogen. Sie haben die Gabe, aus neuen Freundschaften Geschäftskontakte zu machen. Wenn Sie mit geistig starken Menschen zusammenkommen, müssen Sie Machtspiele vermeiden. Da Sie sehr großzügig und hilfsbereit sind, haben Sie meist sehr treue Freunde. Auch wenn Sie ein liebevoller Partner sind, brauchen Sie doch eine gewisse Unabhängigkeit.

Ihr Partner

Sicherheit, geistige Anregung und Liebe finden Sie mit großer Wahrscheinlichkeit bei den an den folgenden Tagen geborenen Menschen:

Liebe & Freundschaft: 3., 23., 24. Jan., 11., 21. Feb., 9., 19., 28., 31. März, 7., 17., 26., 29. April, 5., 15., 16., 24., 27., 29., 31. Mai, 3., 13., 22., 25., 27., 29. Juni, 1., 11., 20., 23., 25., 27., 29. Juli, 9., 18., 21., 23., 25., 27. Aug., 7., 16., 19., 21., 23., 25. Sept., 5., 14., 17., 19., 21., 23. Okt., 3., 12., 15., 17., 19., 21. Nov., 1., 10., 13., 15., 17., 19. Dez.

Günstig: 3., 4., 10., 21. Jan., 1., 2., 8., 19. Feb., 6., 17., 30. März, 4., 15., 28. April, 2., 13., 26. Mai, 11., 24. Juni, 9., 22. Juli, 7., 20. Aug., 5., 18. Sept., 3., 16., 31. Okt., 1., 14., 29. Nov., 12., 27. Dez.

Schicksalhaft: 22., 28. Jan., 20., 26. Feb., 6., 7., 8., 9., 18., 24. März, 16., 22. April, 14., 20. Mai, 12., 18. Juni, 10., 16. Juli, 8., 14. Aug., 6., 12. Sept., 4., 10. Okt., 2., 8. Nov., 6. Dez.

Problematisch: 11., 20. Jan., 9., 18. Feb., 7., 16. März, 5., 14. April, 3., 12., 30. Mai, 1., 10., 28. Juni, 8., 26., 31. Juli, 6., 24., 29. Aug., 4., 22., 27. Sept., 2., 20., 25. Okt., 18., 23. Nov., 16., 21. Dez.

Seelenverwandt: 26. Jan., 24. Feb., 22., 30. März, 20., 28. April, 18., 26. Mai, 16., 24. Juni, 14., 22. Juli, 12., 20. Aug., 10., 18. Sept., 8., 16. Okt., 14. Nov., 4., 12. Dez.

SONNE: JUNGFRAU
DEKADE: STEINBOCK/SATURN
GRAD: 17° – 18° JUNGFRAU
ART: BEWEGLICHES ZEICHEN
ELEMENT: ERDE

Fixstern

Name des Sterns: Mizar
Gradposition: 14°36' – 15°37' Jungfrau zwischen den Jahren 1930 und 2000
Magnitude: 2,5
Stärke: *******
Orbit: 2°10'
Konstellation: Zeta Ursae Majoris
Tage: 6., 7., 8., 9., 10., 11. September
Sternqualitäten: Mars und Saturn/Venus
Beschreibung: weiß-blaßsmaragdgrüner Stern im Schwanz des Großen Bären.

Einfluß des Hauptsterns

Mizar steht für Ehrgeiz, Pragmatismus, Kreativität und künstlerisches Talent, aber auch für Disharmonie und die Verwicklung in strittige Angelegenheiten. Im Zusammenhang mit dem Stand Ihrer Sonne verleiht Mizar außergewöhnliches Talent für Schreiben, Geschäfte und öffentliche Angelegenheiten. Sie sollten jedoch nicht zu kritisch sein und Ihre geistigen Kräfte kreativ und positiv nutzen.
- Positiv: ernst, verantwortungsbewußt, kreativ.
- Negativ: rebellisch, disharmonisch, egoistisch.

10. September

♍ Von Natur aus entschlossen und ehrgeizig, sind Sie ein willensstarker Mensch mit einer natürlichen Lebensauffassung. Da Sie intelligent sind und natürliches diplomatisches Geschick haben, erkennen Sie schnell, wenn sich eine Chance bietet. Mit Ihrem Idealismus und Ihrer freundlichen Art haben Sie überall Erfolg.

Durch den Untereinfluß Ihres Dekadenzeichens Steinbock sind Sie realistisch und fleißig. Sie sind gewissenhaft und haben klare Vorstellungen und eine ernsthafte und unverrückbare Lebensphilosophie. Sie können ein loyaler und unermüdlicher Arbeiter sein, wenn Sie sich einer Sache verschrieben haben. Von Natur aus unabhängig und produktiv, haben Sie einen natürlichen Sinn für Autorität und Führungsqualitäten. Sie sind praktisch und sehen genau den Wert der Dinge, lieben dabei aber die schönen Seiten des Lebens. Ihr Wunsch nach Prestige und Luxus ist Ihre größte Motivation; hüten Sie sich vor Verschwendung. Sie sind zu außerordentlich großzügigen Gesten bereit, bestehen aber auch darauf, für Ihr Geld entsprechende Gegenwerte zu bekommen.

Sie selbst haben einen starken Freiheitsdrang, neigen aber dazu, ungeduldig zu werden und andere zu beherrschen. Wenn Sie auf Widerstand stoßen, werden Sie dickköpfig. Ideal sind für Sie Positionen, in denen Sie durch Ihren Mut und Ihre Fähigkeit, in großen Maßstäben zu denken, automatisch eine Führungsrolle übernehmen. Ihr Idealismus und Ihr Bedürfnis nach Selbstkenntnis können sich auch in Humanität äußern. Dieses besondere Interesse an Ihren Mitmenschen läßt Sie andere sehr gut verstehen und hilft Ihnen, Mitgefühl zu empfinden.

Wenn Sie 12 sind und Ihre Sonne in das Zeichen der Waage tritt, werden Sie geselliger und empfinden ein starkes Bedürfnis nach Beliebtheit und Anerkennung. Sie entwickeln diplomatische Fähigkeiten und streben nach harmonischen und kreativen Beschäftigungen. Wenn Sie 42 sind, wechselt Ihre Sonne in den Skorpion. Jetzt werden Sie selbstbewußter und kontrollierter. Im Alter von 72 wechselt Ihre Sonne in den Schützen. Nun möchten Sie noch einmal Ihren Horizont erweitern, etwa durch Reisen, neue Interessen oder Weiterbildung.

Ihr geheimes Selbst

Ihre starken Wünsche und Gefühle bringen Sie manchmal in Situationen, die Sie anschließend bereuen. Diese starken Emotionen können Sie aber in selbstlose Liebe ableiten, die eine positive Kraft in Ihrem Leben darstellen wird. Sie begreifen intuitiv die Bedürfnisse Ihrer Mitmenschen und erreichen meist, was Sie wollen. Da Sie einen starken Willen haben und die Fähigkeit, sich Ihre Wünsche zu erfüllen, ist es wichtig, ständig Ihre wahre Motivation zu überprüfen und vorsichtig mit dem zu sein, was Sie wollen. Sie haben den Wunsch, etwas Bedeutendes zu schaffen, und sind meistens entschlossen und hoch motiviert. Sie können gut mit Menschen umgehen und leicht Kontakte knüpfen und haben die Gabe, anderen die Lebensumstände erheblich zu erleichtern und zu verbessern.

Beruf & Karriere

Angetrieben von einer starken Kombination aus Idealismus und Pragmatismus, haben Sie natürliche Führungsqualitäten und eignen sich für Berufe wie Manager oder Unternehmer. Ihre guten analytischen Fähigkeiten weisen auch auf Forschung oder Ingenieurwesen hin. Von Natur aus begeisterungsfähig und voller Überzeugungskraft, können Sie Ideen, Produkte und Menschen wunderbar vermarkten. Mutig und engagiert, sind Sie auch als Unterhändler oder Finanzberater begabt. Mit Ihren kommunikativen Fähigkeiten eignen Sie sich für Pädagogik, Kunst, Theater oder Musik. Ihren Antrieb und Ihre Begeisterungsfähigkeit können Sie im Sport ausleben.

Berühmte Persönlichkeiten dieses Tages sind der Modedesigner Karl Lagerfeld, der Golfchampion Arnold Palmer, der Sänger José Feliciano und der Paläontologe Stephen Jay Gould.

Numerologie

Als Mensch mit der Geburtstagszahl 10 sind Sie ehrgeizig und unabhängig. Obwohl Sie viele Hindernisse überwinden müssen, bevor Sie Ihr Ziel erreichen, verlieren Sie nie Ihre Entschlossenheit. Dank Ihrem Pioniergeist reisen Sie gern und neigen zum Alleingang. Sie müssen lernen, daß sich die Welt nicht nur um Sie dreht. Hüten Sie sich außerdem vor dominierendem Verhalten. Der Untereinfluß der Monatszahl 9 macht Sie kreativ, intuitiv und sensibel. Da Sie von rascher Auffassungsgabe sind und Weitsicht haben, erkennen Sie schnell neue Trends. Sie wollen für sich eine klare Identität aufbauen und etwas erreichen. Außerdem sind Sie stolz, haben eine dynamische Persönlichkeit und originelle Ideen. Auf andere wirken Sie selbstbewußt, unerschütterlich und erfinderisch, doch innere Spannungen können zu emotionalen Schwankungen führen.

Positiv: führungsstark, kreativ, progressiv, überzeugend, optimistisch, kämpferisch, unabhängig, großmütig.

Negativ: dominierend, eifersüchtig, egoistisch, arrogant, feindselig, mangelnde Zurückhaltung, selbstsüchtig, schwach, labil, ungeduldig.

Liebe & Zwischenmenschliches

Eine interessante Mischung aus Idealismus und Pragmatismus prägt Ihre Beziehungen. Auch wenn Sie im allgemeinen sehr liebevoll sind, können Ihre starken Gefühle gelegentlich zu Stimmungsschwankungen führen. Da Sie Abenteuer und Action lieben, brauchen Sie einen Partner, der ständig Ihr Interesse wachhält, aber ebenso fleißig ist wie Sie. Obwohl stets hilfsbereit, brauchen Sie in engen Beziehungen eine gewisse Freiheit und Unabhängigkeit.

Ihr Partner

Wenn Sie jemanden suchen, bei dem Sie emotionale und finanzielle Sicherheit, Vertrauen und Liebe finden, sollten Sie sich unter den Menschen umsehen, die an folgenden Tagen geboren sind:

Liebe & Freundschaft: 3., 6., 14., 24., 31. Jan., 1., 12., 22., 29. Feb., 2., 10., 20., 27. März, 8., 18., 25. April, 6., 16., 23., 30. Mai, 4., 14., 21., 28., 30. Juni, 2., 12., 19., 26., 28., 30. Juli, 10., 17., 24., 26., 28., Aug., 8., 15., 22., 24., 26. Sept., 6., 13., 20., 22., 24., 30. Okt., 4., 11., 18., 20., 22., 28. Nov., 2., 9., 16., 18., 20., 26., 29. Dez.

Günstig: 5., 22., 30. Jan., 3., 20., 28. Feb., 1., 18., 26. März, 16., 24. April, 14., 22. Mai, 12., 20. Juni, 10., 18., 29. Juli, 8., 16., 27., 31. Aug., 6., 14., 25., 29. Sept., 4., 12., 23., 27. Okt., 2., 10., 21., 25. Nov., 9., 19., 23. Dez.

Schicksalhaft: 12. Jan., 10. Feb., 8., 9., 10. März, 6. April, 4. Mai, 2. Juni

Problematisch: 16., 21. Jan., 14., 19. Feb., 12., 17., 30. März, 10., 15., 28. April, 8., 13., 26. Mai, 6., 11., 24. Juni, 4., 9., 22. Juli, 2., 7., 20. Aug., 5., 18. Sept., 3., 16. Okt., 1., 14. Nov., 12. Dez.

Seelenverwandt: 25. Jan., 23. Feb., 21. März, 19. April, 17. Mai, 15. Juni, 13. Juli, 11. Aug., 9. Sept., 7. Okt., 5. Nov., 3., 30. Dez.

11. September

SONNE: JUNGFRAU
DEKADE: STEINBOCK/SATURN
GRAD: 17°45' – 19° JUNGFRAU
ART: BEWEGLICHES ZEICHEN
ELEMENT: ERDE

Fixstern

Ihre Sonne ist zwar nicht mit einem Fixstern verbunden, sicherlich aber einer der anderen Planeten Ihres Sonnenzeichens. Wenn Sie sich ein Geburtshoroskop erstellen lassen, lernen Sie die exakten Positionen der Planeten an Ihrem Geburtstag kennen. Auf diese Weise können Sie feststellen, welche der Fixsterne in diesem Buch für Sie von Interesse sind.

Außergewöhnliches geistiges Potential und große Sensibilität machen Sie zu etwas Besonderem. Von Natur aus wortgewandt und fleißig, wollen Sie stets unabhängig bleiben und die Kontrolle behalten. Sie kennen die Macht des Wissens und nutzen es zu Ihrem Vorteil. Bei all Ihren Talenten kann es sein, daß Sie nicht die Leistungen bringen, zu denen Sie das Potential haben. Sie sind besonnen und vorsichtig, haben aber auch eine Vorliebe für das Unkonventionelle. Auf andere wirken Sie selbstbewußt und selbstsicher.

Durch den Untereinfluß Ihres Dekadenzeichens Steinbock haben Sie Tiefgründigkeit und legen Wert aufs Detail. Ihre guten analytischen Gaben befähigen Sie zu großer Konzentration. Sie können ein guter Psychologe oder Schriftsteller sein. Da Sie sehr ergebnisorientiert sind, kann es passieren, daß Sie sich selbst gegenüber zu kritisch oder streng sind. Bildung in jeder Form ist die beste Möglichkeit, Ihr Potential zur Entfaltung zu bringen.

Mit diesem Geburtstag sind nicht nur Führungsqualitäten, sondern auch besonders gute Wahrnehmungsmöglichkeiten verbunden. Sowohl Männer als auch Frauen mit diesem Geburtsdatum neigen dazu, herrisch oder ungeduldig zu werden. Häufig können Sie gut Arbeit delegieren, da Sie sich gut in andere hineinversetzen können und ihre Bedürfnisse verstehen. Wenn Sie lernen, Ihrer Intuition zu vertrauen, können Sie Ihr schöpferisches Talent und Ihren Geschäftssinn entwickeln.

Ihre Sonne tritt in die Waage, wenn Sie 11 sind. In den folgenden dreißig Jahren messen Sie persönlichen Beziehungen und Partnerschaften viel Bedeutung bei. Ihr Sinn für Schönheit und Luxus entwickelt sich, und Sie entdecken Ihr Interesse für Kunst oder Literatur. Wenn Sie 41 sind, tritt Ihre Sonne in das Zeichen des Skorpion. Sie werden selbstbewußter und kontrollierter. Ihre Sonne wechselt in den Schützen, wenn Sie 71 sind. Nun verspüren Sie noch einmal Lust, zu reisen und Ihren Horizont zu erweitern.

Ihr geheimes Selbst

Wenn Sie inspiriert sind, zeigen Sie bemerkenswerte Entschlossenheit, um Ihre Ziele zu erreichen. Wie wichtig Zusammenarbeit mit anderen ist, sagt Ihnen Ihre Intuition. Andere unterschätzen oft Ihre innere Stärke und Ihr Durchhaltevermögen. Die wenigsten erkennen, daß Sie ein guter Schauspieler sind und vielleicht nur Ihre Sensibilität und Angst vor dem Unbekannten verstecken. Wenn Sie lernen, diplomatischer und energischer zu sein, lernen Sie auch, Ihren Fähigkeiten zu vertrauen, und können Ihr Potential entfalten.

Sie sind witzig und unterhaltsam und nutzen gern Ihr Wissen im spielerischen Wettstreit. Achten Sie darauf, daß Sie nicht zu weit gehen, sich auf ein Thema fixieren und zu ernst werden. Bürden Sie sich nicht zuviel Arbeit auf, um sich nicht zu übernehmen. In Ihnen steckt auch ein Idealist, der Ungerechtigkeit bekämpft und der Menschheit helfen will.

Beruf & Karriere

Da Sie ungern Befehle ausführen, sollten Sie eine leitende Position oder die Selbständigkeit anstreben. Mit Ihrem scharfen Verstand und Ihren Organisationsfähigkeiten eignen Sie sich ausgezeichnet für Verwaltung oder Justiz. Dank Ihrer praktischen und analytischen Fähigkeiten sind Sie ein guter Analyst, Finanzberater oder Statistiker, aber auch ein guter Ökonom, Forscher, Wissenschaftler oder Techniker. Dieser Tag bringt auch gute Lehrer oder Autoren hervor. Da Sie verantwortungsbewußt und fleißig sind, schätzen andere Ihre Hilfe und Fähigkeiten. Ihre humanitäre Seite zieht Sie zu Sozial- oder Heilberufen. Mit Ihren Führungsqualitäten sind Sie auch für Showbusineß und Politik geeignet.

Berühmte Persönlichkeiten dieses Tages sind die Schriftsteller D. H. Lawrence, O. Henry und Jessica Mitford, die Schauspielerin Hedy Lamarr, der Komponist Arvo Pärt und der Fußballer Franz Beckenbauer.

Numerologie

Die besonderen Schwingungen der Hauptzahl 11 sorgen dafür, daß Idealismus, Inspiration und Innovation außerordentlich wichtig für Sie sind. Eine Mischung aus Demut und Vertrauen ist der Grund dafür, daß Sie materiell wie spirituell nach Selbstbeherrschung streben. Obwohl Sie intuitive Kräfte haben, vergeuden Sie gern Ihre Energien und sollten nach einem Ziel suchen, auf das Sie sich konzentrieren können. Im allgemeinen sind Sie energiegeladen, müssen sich aber davor hüten, überängstlich oder unpraktisch zu werden. Der Untereinfluß der Monatszahl 9 bewirkt, daß Sie sehr intuitiv und sensibel sind. Aufgeschlossen, tolerant und menschenfreundlich, kümmern Sie sich gern um das Wohl Ihrer Mitmenschen. Wenn Sie sich um Objektivität bemühen und Ihre diplomatischen Fähigkeiten einsetzen, können Sie enge Bindungen mit anderen Menschen eingehen. Sie sind sehr hilfsbereit und möchten andere unterstützen, neigen aber auch zu übersteigerter Kritik. Ihre tiefen Einsichten und medialen Fähigkeiten machen Sie oft visionär.

Positiv: ausgeglichen, konzentriert, objektiv, begeisterungsfähig, inspiriert, spirituell, idealistisch.

Negativ: übersteigertes Selbstbewußtsein, unehrlich, ziellos, überempfindlich, leicht verletzt, leicht reizbar.

Liebe & Zwischenmenschliches

Als intelligenter Mensch und guter Beobachter sind Sie ein treuer und zuverlässiger Partner und Freund. Von Natur aus aufrichtig und fürsorglich, brauchen Sie eine stabile und ehrliche Beziehung. Obwohl Sie die Gabe haben, sich Situationen anzupassen, sollten Sie lernen, zwischen herrisch-kritischem Verhalten einerseits und dem echten Willen, anderen zu helfen, andererseits zu unterscheiden. Im allgemeinen bekommen Sie durch Ihr Verhandlungsgeschick stets, was Sie wollen.

Ihr Partner

Ihren Traumpartner finden Sie am ehesten unter den Menschen, die an folgenden Tagen geboren wurden:

Liebe & Freundschaft: 11., 13., 15., 17., 25. Jan., 9., 11., 13., 15., 23. Feb., 7., 9., 11., 13., 21. März, 5., 7., 9., 11., 19. April, 3., 5., 7., 9., 17., 31. Mai, 1., 3., 5., 7., 15., 29. Juni, 1., 3., 5., 27., 29., 31. Juli, 1., 3., 11., 25., 27., 29. Aug., 1., 9., 23., 25., 27. Sept., 7., 21., 23., 25. Okt., 5., 19., 21., 23. Nov., 3., 17., 19., 21., 30. Dez.

Günstig: 1., 5., 20. Jan., 3., 18. Feb., 1., 16. März, 14. April, 12. Mai, 10. Juni, 8. Juli, 6. Aug., 4. Sept., 2. Okt.

Schicksalhaft: 8., 9., 10., 11., 12. März

Problematisch: 6., 22., 24. Jan., 4., 20., 22. Feb., 2., 18., 20. März, 16., 18. April, 14., 16. Mai, 12., 14. Juni, 10., 12. Juli, 8., 10., 31. Aug., 6., 8., 29. Sept., 4., 6., 27. Okt., 2., 4., 25., 30. Nov., 2., 23., 28. Dez.

Seelenverwandt: 6., 12. Jan., 4., 10. Feb., 2., 8. März, 6. April, 4. Mai, 2. Juni

12. September

SONNE: JUNGFRAU
DEKADE: STEINBOCK/SATURN
GRAD: 18°45' – 20° JUNGFRAU
ART: BEWEGLICHES ZEICHEN
ELEMENT: ERDE

Fixstern

Name des Sterns: Denebola
Gradposition: 20°38' – 21°31' Jungfrau zwischen den Jahren 1930 und 2000
Magnitude: 2
Stärke: ********
Orbit: 2°10'
Konstellation: Beta Leonis
Tage: 12., 13., 14., 15., 16. September
Sternqualitäten: unterschiedliche Einflüsse: Saturn/ Venus/Merkur und Mars
Beschreibung: blauer Stern im Schwanz des Löwen.

Einfluß des Hauptsterns

Denebola steht für gutes Urteilsvermögen, Kühnheit, Mut und einen edlen, großzügigen Charakter. Sein Einfluß kann aufregende Ereignisse und Aufstiegsmöglichkeiten mit sich bringen. Sie denken logisch, haben hohe Wertvorstellungen und die Fähigkeit, rasch zu handeln. Zudem sorgt Denebola dafür, daß Sie sich für andere einsetzen und sich für Ihre Mitmenschen verantwortlich fühlen. Allerdings birgt sein Einfluß auch die Gefahr, daß Vorteile für Sie nicht von langer Dauer sind. Hüten Sie sich davor, zornig oder ängstlich zu sein, da Sie damit Ihren Beziehungen schaden.
Im Zusammenhang mit dem Stand Ihrer Sonne sorgt Denebola dafür, daß Sie mit Entschlossenheit besondere Fertigkeiten erwerben und auf Ihrem Gebiet ein anerkannter Spezialist werden können. Durch Ihre Arbeit kommen Sie oft zu Auszeichnungen und Ehren. Häufig haben Sie Erfolg, wenn Sie für das Gemeinwohl arbeiten oder öffentliche Pflichten

♍ Sie sind ein intelligenter, freundlicher, geselliger und selbstsicherer Mensch. Da Sie einen schnellen Verstand haben, lieben Sie Schlagfertigkeit und freundschaftliche Debatten und verstehen es gut, andere treffend zu beurteilen. Sie haben den Mut, direkt und offen zu sagen, was Sie denken, ohne auf die Konsequenzen zu achten. Von Natur aus talentiert, geistig empfänglich, großzügig und optimistisch, brauchen Sie nur die nötige Selbstdisziplin, um Ihr herausragendes Potential zu entfalten.

Durch den zusätzlichen Einfluß Ihres Dekadenzeichens Steinbock haben Sie gute Konzentrationsfähigkeit und geistige Gründlichkeit. Sie behalten stets Ihre Würde, sind sehr fleißig und nehmen Ihre Pflichten im allgemeinen ernst. Derselbe Einfluß sorgt für ein natürliches Verständnis für Geld und dafür, daß Ihnen Prestige und Selbstrespekt sehr wichtig sind. Da Sie gesunden Menschenverstand haben und ebenso wortgewandt wie scharfzüngig sind, geben Sie auch einen gefürchteten Kritiker ab. Hüten Sie sich aber vor nervösen Spannungen, die Sie ungeduldig und bissig machen.

Dank Ihrer starken Ausstrahlung nehmen Sie oft leitende Positionen ein und können gut mit Menschen umgehen. Sie haben einen Hang zur Philosophie, der Ihnen einen guten Blick für Zusammenhänge verleiht und Sie oft zu humanitären Themenbereichen hinzieht. Wenn Sie sich für bestimmte Ziele entschlossen haben, ist Ihnen der Erfolg garantiert.

Wenn Sie 10 sind und Ihre Sonne in die Waage wechselt, wächst Ihr Bedürfnis nach Beliebtheit und Anerkennung. Außerdem möchten Sie durch enge Beziehungen mit anderen mehr über sich selbst lernen. Diese Phase dauert, bis Sie Anfang 40 sind und Ihre Sonne in das Zeichen des Skorpion tritt. Dies ist ein Wendepunkt in Ihrem Leben, nach dem Sie sich nach Verwandlung sehnen, aber auch Ihre eigene Macht und Kontrollfähigkeit mehr zu schätzen lernen. Wenn Sie 70 sind, wechselt Ihre Sonne in den Schützen, und Sie entwickeln eine philosophischere und breiter gefächerte Lebenseinstellung.

Ihr geheimes Selbst

Da Sie ein guter Schauspieler sind, verdeckt Ihre selbstbewußte Fassade Ihre Sensibilität und Ihr Bedürfnis nach schöpferischem Ausdruck. Sie sind ehrgeizig, stellen hohe Ansprüche an sich selbst und haben den starken Wunsch nach materiellem Erfolg. Es ist wichtig für Sie, die richtigen Entscheidungen zu treffen, da Sie sonst Ihren Mut verlieren und zu Unentschlossenheit oder Angst neigen, vor allem in engen Beziehungen. Da Sie sich sehr für metaphysische oder spirituelle Themen interessieren, profitieren Sie sehr davon, Ihre natürliche Intuition zu entwickeln oder auf Ihre innere Stimme zu hören.

Wenn Ihre großen Pläne gelegentlich scheitern, kann es passieren, daß Sie für kurze Zeit in Selbstmitleid versinken. Dann aber rappeln Sie sich auf und bieten Ihren Schwierigkeiten wieder die Stirn. Mit Ihrem kreativen Geist sind Sie ständig auf der Suche nach neuen und aufregenden Herausforderungen für Ihren Verstand und wollen stets Ihren Horizont erweitern.

Beruf & Karriere

Dank Ihrer ausgezeichneten analytischen Fähigkeiten sind Forschung und Wissenschaft oder Psychologie für Sie erfolgversprechend. Ihr schneller Verstand und Ihre Wortgewandtheit nutzen Ihnen in Journalismus, Pädagogik oder den Medien. In Frage kommen für Sie auch Verlagswesen oder Justiz, doch Ihre praktische Seite zieht Sie eher in die Finanzwelt, wo Sie als Banker, Ökonom oder Broker erfolgreich sein können. Berufe wie Finanzberater, Buchhalter, Händler oder Unterhändler sind ebenfalls gut für Sie. Ihre fürsorgliche und humanitäre Ader veranlaßt Sie vielleicht auch, sich als Sozialarbeiter, Gewerkschafter oder Politiker für andere zu engagieren. Auch Karrieren in Philosophie oder Religion interessieren Sie. In der Welt der Kreativität geben Sie einen ausgezeichneten Designer oder Sänger ab.

Berühmte Persönlichkeiten dieses Tages sind der Athlet Jesse Owens, die Schauspielerin Linda Gray, der Schauspieler Maurice Chevalier, die Sänger Barry White und Maria Muldaur, der Entdecker Henry Hudson, der Journalist H. L. Mencken, der Verleger Alfred A. Knopf und der Maler Ben Shahn.

Numerologie

Im allgemeinen sind Sie intuitiv und freundlich und haben gutes logisches Denkvermögen. Mit der 12 ist oft der starke Wunsch nach echter Individualität verbunden. Da Sie innovativ und sensibel sind, wissen Sie genau, wie Sie Takt und Kooperationsbereitschaft einsetzen müssen, um Ihre Ziele zu erreichen. Auf andere wirken Sie häufig selbstbewußt, aber hinter dieser gelassenen Fassade verbergen sich gelegentlich Selbstzweifel und Mißtrauen. Wenn Sie ein Gleichgewicht zwischen Ihrem Bedürfnis nach Selbstidentifikation und Ihrem Hang zum Altruismus herstellen, können Sie emotionale Befriedigung und Erfüllung finden. Der Untereinfluß der Monatszahl 9 führt dazu, daß Sie schlagfertig, intuitiv und sensibel sind. Da Sie meist intelligent und phantasiebegabt oder kreativ sind, müssen Sie einen Weg finden, um sich in freier Form auszudrücken. Hüten Sie sich davor, übereilt zu handeln, Ihre Kraft zu vergeuden oder sich zu verzetteln. Wenn Sie Ihre Gedanken und Ideen anderen mitteilen, können Sie Ihre Gefühle zum Ausdruck bringen und Mißverständnisse vermeiden. Mit Ihrer Weitsicht und Ihrer progressiven Haltung können Sie spirituell, aber auch praktisch sein.

Positiv: kreativ, anziehend, initiativ, diszipliniert, energisch, selbstbewußt.

Negativ: eigenbrötlerisch, exzentrisch, unkooperativ, überempfindlich, mangelndes Selbstbewußtsein.

Liebe & Zwischenmenschliches

Von Natur aus freundlich und intelligent, zeigen Sie sich meist fröhlich und schlagfertig. Eine gewisse Unzufriedenheit deutet aber darauf hin, daß Sie sich leicht langweilen und nach Menschen Ausschau halten, die Sie geistig anregen. In der Liebe sind Sie treu und hilfsbereit, solange Ihnen Respekt entgegengebracht wird und Ihre Leistungen nicht für selbstverständlich hingenommen werden. Im allgemeinen sind Sie gern gut informiert, und es macht Ihnen Spaß, Neues auszuprobieren oder fremde Orte zu besichtigen. Oft besuchen Sie auch Weiterbildungskurse oder treffen sich mit Menschen, die Sie zum Nachdenken anregen. Es fällt Ihnen leicht, Freunde zu finden und andere in Ihren Bann zu ziehen.

---

erfüllen. Denebola steht allerdings auch für Rastlosigkeit und für die Neigung zu übereilten Entscheidungen, die Sie später bereuen könnten.

- Positiv: Selbstbeherrschung, großzügig, phantasievoll, verantwortungsvoll, rechtschaffen.
- Negativ: ruhelos, mangelndes Verantwortungsbewußtsein, Ungeduld.

Ihr Partner

Einen aufregenden Partner finden Sie mit großer Wahrscheinlichkeit unter den an den folgenden Tagen geborenen Menschen:

Liebe & Freundschaft: 12., 16., 25., 29. Jan., 10., 14., 23., 24. Feb., 8., 12., 22., 25., 31. März, 6., 10., 20., 23., 29. April, 4., 8., 18., 27. Mai, 2., 6., 16., 25., 30. Juni, 4., 14., 23., 28. Juli, 2., 12., 21., 26., 30. Aug., 10., 19., 24., 28. Sept., 8., 17., 22., 26. Okt., 6., 15., 20., 24., 30. Nov., 4., 13., 18., 22., 28. Dez.

Günstig: 2., 13., 22., 24. Jan., 11., 17., 20., 22. Feb., 9., 15., 18., 20., 28. März, 7., 13., 16., 18., 26. April, 5., 11., 16., 18., 26. Mai, 3., 9., 12., 14., 22. Juni, 1., 7., 10., 12., 20. Juli, 5., 8., 10., 18. Aug., 3., 6., 8., 16. Sept., 1., 4., 6., 14. Okt., 2., 4., 12. Nov., 2., 10. Dez.

Schicksalhaft: 25. Jan., 23. Feb., 9., 10., 11., 12., 21. März, 19. April, 17. Mai, 15. Juni, 13. Juli, 11. Aug., 9. Sept., 7. Okt., 5. Nov., 3. Dez.

Problematisch: 7., 23. Jan., 5., 21. Feb., 3., 19., 29. März, 1., 17., 27. April, 15., 25. Mai, 13., 23. Juni, 11., 21., 31. Juli, 9., 19., 29. Aug., 7., 17., 27., 30. Sept., 3., 13., 23., 26. Nov., 1., 11., 21., 24. Dez.

Seelenverwandt: 17. Jan., 15. Feb., 13. März, 11., 22. April, 9. Mai, 7. Juni, 5. Juli, 3. Aug., 30. Nov., 28. Dez.

13. September

SONNE: JUNGFRAU
DEKADE: STIER/VENUS
GRAD: 19°45' – 20°45' JUNGFRAU
ART: BEWEGLICHES ZEICHEN
ELEMENT: ERDE

Fixstern

Name des Sterns: Denebola
Gradposition: 20°38' – 21°31' Jungfrau zwischen den Jahren 1930 und 2000
Magnitude: 2
Stärke: ********
Orbit: 2°10'
Konstellation: Beta Leonis
Tage: 12., 13., 14., 15., 16. September
Sternqualitäten: unterschiedliche Einflüsse: Saturn/Venus/Merkur und Mars
Beschreibung: blauer Stern im Schwanz des Löwen.

Einfluß des Hauptsterns

Denebola steht für gutes Urteilsvermögen, Kühnheit, Mut und einen edlen, großzügigen Charakter. Sein Einfluß kann aufregende Ereignisse und Aufstiegsmöglichkeiten mit sich bringen. Im allgemeinen können Sie von Natur aus logisch denken, haben hohe Wertvorstellungen und die Fähigkeit, rasch zu handeln. Zudem sorgt Denebola dafür, daß Sie sich für andere einsetzen und sich für Ihre Mitmenschen verantwortlich fühlen. Allerdings birgt sein Einfluß auch die Gefahr, daß Vorteile für Sie nicht von langer Dauer sind. Hüten Sie sich davor, zornig oder ängstlich zu sein, da Sie damit Ihren Beziehungen schaden.

Im Zusammenhang mit dem Stand Ihrer Sonne sorgt Denebola dafür, daß Sie mit Entschlossenheit besondere Fertigkeiten erwerben, durch die Sie auf Ihrem Gebiet ein anerkannter Spezialist werden können. Arbeit bringt Ihnen Auszeichnungen und Ehren. Häufig haben Sie Erfolg, wenn Sie für das Gemeinwohl

---

Zu den Eigenschaften Ihres Geburtstages gehören Unabhängigkeit, starke Intelligenz und Pragmatismus. Sie sind gesellig, haben eine ausgeprägte Individualität und treffen gerne Menschen aus den unterschiedlichsten gesellschaftlichen Kreisen. Auch wenn Sie gelegentlich nervös und leicht erregbar sind, gehen Sie mit Ihren Gefühlen ehrlich und direkt um. Sie haben viel Unternehmungsgeist, müssen sich aber vor Streß in acht nehmen, der durch unterdrückte Emotionen oder Überarbeitung entsteht.

Durch den Untereinfluß Ihres Dekadenzeichens Stier haben Sie viel Charme und Überzeugungskraft. Als kreativer Denker mit einem guten Sinn für Humor haben Sie meist eine angenehme Stimme und eine höfliche Art. Weil Sie Schönheit lieben, haben Sie Sinn für Luxus und Bequemlichkeit. Durch Bildung und ständige Wissenserweiterung lassen sich Ihr Talent für das geschriebene und gesprochene Wort und Ihr Geschäftssinn entwickeln.

Sie sind sehr tüchtig und begeisterungsfähig, regen sich aber leicht auf, werden übereifrig oder ungeduldig. Obwohl Sie im allgemeinen loyal und fleißig sind, müssen Sie etwas mehr Selbstdisziplin üben und sich mehr Fertigkeiten aneignen, um Ihr ganzes Potential zur Entfaltung zu bringen. Wenn Sie sich für eine Sache wirklich interessieren, können Sie sehr eifrig werden, müssen aber aufpassen, nicht herrisch zu sein. Menschen, die an diesem Tag geboren wurden, haben häufig einen jugendlichen oder androgynen Zug.

Ihre frühe Kindheit ist vor allem von Pragmatismus geprägt. Wenn Sie 9 sind und Ihre Sonne in die Waage tritt, wächst Ihr Bedürfnis nach Beliebtheit, Anerkennung und Beziehungen zu anderen im allgemeinen. Es ist eine Zeit, in der Sie Sinn für Schönheit und Harmonie entwickeln und vielleicht auch Lust verspüren, ein kreatives Talent zu fördern. Diese Phase dauert, bis Sie Ende 30 sind und Ihre Sonne in das Zeichen des Skorpion tritt. Jetzt drängt es Sie, den tieferen Sinn Ihres Lebens zu ergründen, und Sie sehnen sich nach Wandlungen. Wenn Sie 69 sind, wechselt Ihre Sonne in den Schützen, und Sie möchten gern Ihren Horizont erweitern.

Ihr geheimes Selbst

Sie haben ein großes Herz und viel Charisma. Wenn Sie diese Liebesfähigkeit sich entfalten lassen, können Sie wahre Wunder vollbringen, etwa indem Sie andere unterstützen oder eine kreative Form der Selbstverwirklichung finden. Wenn Sie motiviert sind, können Sie Ihre Ideen unterhaltend unter die Leute bringen.

Ihre Lebenseinstellung ist im allgemeinen idealistisch und optimistisch, manchmal aber neigen Sie auch zur Skepsis. Obwohl Sie talentiert und kreativ sind, müssen Sie darauf achten, daß Sie Ihr Leben nicht von materiellen Überlegungen beherrschen lassen, denn finanzielle Sicherheit liegt Ihnen sehr am Herzen. Sie brauchen etwas Solides und Stabiles, auf das Sie bauen können; andernfalls denken Sie ständig über Geld nach, auch wenn Ihre Ängste im allgemeinen angesichts Ihrer großen finanziellen Talente grundlos sind.

Beruf & Karriere

Ihre Überzeugungskraft und Organisationsfähigkeit helfen Ihnen vor allem in Verkauf, Promotion, Öffentlichkeitsarbeit oder Politik. Mit Ihrem starken Intellekt und Ihrem Wissensdurst eignen Sie sich aber auch für Pädagogik, Schreiben oder Justiz. Dank Ihren festen Idealen und Ihrer Dynamik können Sie sich gut für eine Sache engagieren. Ihr Geschäftssinn nutzt Ihnen in Handel, Immobilienwesen, Buchhaltung oder Börsengeschäft. Da Sie ungern eine untergeordnete Position einnehmen, sollten Sie eine Stelle als Manager oder selbständiger Unternehmer anstreben. Im Sport finden Sie eine Möglichkeit, Ihre Energie und Motivation umzusetzen; Ihr Wunsch nach Selbstverwirklichung eröffnet Ihnen die Welt des Theaters oder der Kunst. Im allgemeinen sind Sie bereit, hart zu arbeiten, um Ihre Ziele zu erreichen.

Berühmte Persönlichkeiten dieses Tages sind die Schauspielerinnen Jacqueline Bisset und Claudette Colbert, der Rockmusiker Ted Nugent, die Schriftsteller Roald Dahl und J. B. Priestley und der Biologe Walter Reed.

Numerologie

Mit der Zahl 13 werden Sensibilität und Inspiration verbunden. Numerologisch werden Sie mit Fleiß assoziiert und können mit Ihrer Entschlossenheit und Begabung viel erreichen. Allerdings sollten Sie mehr Selbstdisziplin entwickeln, damit Sie Ihre Ideen auch in die Tat umsetzen können. Mit Entschlossenheit können Sie zu Wohlstand gelangen. Charmant, lebenslustig und gesellig, reisen Sie gern oder sehnen sich danach, anderswo noch einmal von vorne anzufangen. Der Untereinfluß der Monatszahl 9 führt dazu, daß Sie sehr wahrnehmungsfähig und mitfühlend sind. Da Sie sich von Ihrer Umwelt stark beeinflussen lassen, müssen Sie viel Entschlossenheit aufbringen und Ihr Leben selbst in die Hand nehmen. Sie neigen zu Ungeduld, Selbstzweifeln oder Rastlosigkeit. Da Sie meist tolerant und humanitär sind und gutes logisches Denkvermögen haben, streben Sie nach Fairneß und praktischen Lösungen.

Positiv: ehrgeizig, kreativ, freiheitsliebend, ausdrucksstark, initiativ.
Negativ: impulsiv, unentschlossen, herrisch, gefühllos, rebellisch.

Liebe & Zwischenmenschliches

Obwohl Sie gesellig und freundlich sein können, schwanken Sie in engen Beziehungen oft zwischen beobachtender Distanz und echter emotionaler Leidenschaft. Meist sind Sie offen und direkt, manchmal aber neigen Sie zu Geheimnistuerei und Verschlossenheit. Da Sie oft nach der idealen Liebe suchen und Ihre Ansprüche sehr hoch schrauben, sind Sie für Enttäuschungen prädestiniert. Es besteht die Gefahr, daß Sie heimliche oder unpassende Beziehungen eingehen. Im Grunde aber sind Sie ein treuer Freund und liebevoller Partner. Im allgemeinen bewundern Sie kluge und unterhaltsame Menschen.

arbeiten oder öffentliche Pflichten erfüllen. Denebola steht allerdings auch für Rastlosigkeit und für die Neigung zu übereilten Entscheidungen, die Sie später bereuen könnten.
* Positiv: selbstbeherrscht, großzügig, phantasievoll, verantwortungsvoll, rechtschaffen.
* Negativ: ruhelos, mangelndes Verantwortungsbewußtsein, ungeduldig.

Ihr Partner

Wenn Sie jemanden suchen, bei dem Sie eine stabile Beziehung und Verständnis für Ihre Sensibilität und Ihr Bedürfnis nach Liebe finden, sollten Sie sich unter den Menschen umsehen, die an folgenden Tagen geboren sind:
Liebe & Freundschaft: 2., 7., 10., 17., 27. Jan., 5., 8., 15., 25. Feb., 3., 6., 13., 23. März, 1., 4., 11., 21. April, 2., 9., 19. Mai, 7., 17. Juni, 5., 15., 29., 31. Juli, 3., 13., 27., 29., 31. Aug., 1., 11., 25., 27., 29. Sept., 9., 23., 25., 27., 30. Okt., 7., 21., 23., 25., 28. Nov., 5., 19., 21., 23., 26. Dez.
Günstig: 3., 5., 20., 25., 27. Jan., 1., 3., 18., 23., 25. Feb., 1., 16., 21., 23. März, 14., 19., 21. April, 12., 17., 19. Mai, 10., 15., 17. Juni, 8., 13., 15. Juli, 6., 11., 13. Aug., 4., 9., 11. Sept., 2., 7., 9. Okt., 5., 7. Nov., 3., 5. Dez.
Schicksalhaft: 13. Jan., 11. Feb., 9., 10., 11., 12., 13. März, 7. April, 5. Mai, 3. Juni, 1. Juli
Problematisch: 16., 24. Jan., 14., 22. Feb., 12., 20. März, 10., 18. April, 8., 16., 31. Mai, 6., 14., 29. Juni, 4., 21., 27. Juli, 2., 10., 25. Aug., 8., 23. Sept., 6., 21. Okt., 4., 19. Nov., 2., 17. Dez.
Seelenverwandt: 16. Jan., 14. Feb., 12. März, 10. April, 8. Mai, 6. Juni, 4., 31. Juli, 2., 29. Aug., 27. Sept., 25. Okt., 23. Nov., 21. Dez.

14. September

SONNE: JUNGFRAU
DEKADE: STIER/VENUS
GRAD: 20°45' – 21°45' JUNGFRAU
ART: BEWEGLICHES ZEICHEN
ELEMENT: ERDE

Fixstern

Name des Sterns: Denebola
Gradposition: 20°38' – 21°31' Jungfrau zwischen den Jahren 1930 und 2000
Magnitude: 2
Stärke: ********
Orbit: 2°10'
Konstellation: Beta Leonis
Tage: 12., 13., 14., 15., 16. September
Sternqualitäten: unterschiedliche Einflüsse: Saturn/Venus/Merkur und Mars
Beschreibung: blauer Stern im Schwanz des Löwen.

Einfluß des Hauptsterns

Denebola steht für gutes Urteilsvermögen, Kühnheit, Mut und einen edlen, großzügigen Charakter. Sein Einfluß kann aufregende Ereignisse und Aufstiegsmöglichkeiten mit sich bringen. Im allgemeinen können Sie von Natur aus logisch denken, haben hohe Wertvorstellungen und die Fähigkeit, rasch zu handeln. Zudem sorgt Denebola dafür, daß Sie sich für andere einsetzen und sich für Ihre Mitmenschen verantwortlich fühlen. Allerdings birgt sein Einfluß auch die Gefahr, daß Vorteile für Sie nicht von langer Dauer sind. Hüten Sie sich davor, zornig oder ängstlich zu sein, da Sie damit Ihren Beziehungen schaden.

Im Zusammenhang mit dem Stand Ihrer Sonne sorgt Denebola dafür, daß Sie mit Entschlossenheit besondere Fertigkeiten erwerben und damit auf Ihrem Gebiet ein anerkannter Spezialist werden können. Durch Ihre Arbeit kommen Sie zu Auszeichnungen und Ehren. Häufig haben Sie Erfolg, wenn Sie für das Gemein-

♍ Mit diesem Geburtsdatum sind Sie ein intelligenter und ehrgeiziger Mensch mit festen Überzeugungen. Von Natur aus unabhängig und energisch, sind Sie immer auf der Suche nach Weisheit und Wissen. Wenn Sie etwas finden, an das Sie wirklich glauben, können Sie erstaunliche Begeisterungsfähigkeit entwickeln, die Ihnen Erfolg garantiert.

Durch den Untereinfluß Ihres Dekadenzeichens Stier haben Sie gute kommunikative Fähigkeiten und können wortgewandt und charmant sein. Sie legen Wert aufs Detail und sind ein guter Kritiker. Hüten Sie sich davor, anderen gegenüber ungeduldig oder herrisch zu werden. Der Einfluß der Venus verstärkt Ihren natürlichen Geschäftssinn und Ihren Sinn für die schönen Dinge des Lebens.

Da Sie im allgemeinen unabhängig und stark motiviert sind, brauchen Sie ständige Herausforderung, um das meiste aus Ihren Talenten zu machen und nicht in Langeweile zu verfallen. Obwohl Sie gelegentlich zu Arroganz und Rechthaberei neigen, fehlt Ihnen in manchen Situationen das nötige Selbstbewußtsein. Da Sie aber freundlich und gesellig sind, gewinnt Ihre optimistische Natur meist schnell wieder die Oberhand. Von Natur aus vielseitig und rastlos, wollen Sie das Leben durch Reisen oder Bildung erkunden. Da Sie viel Überzeugungskraft haben, müssen Sie nur etwas Selbstdisziplin üben, um Ihr außergewöhnliches Potential auszuschöpfen.

Wenn Sie 8 sind, tritt Ihre Sonne in das Zeichen der Waage. Sie sind gesellig und entwickeln ein starkes Bedürfnis nach Beliebtheit und Anerkennung. In den folgenden dreißig Jahren lernen Sie durch die Beziehung zu anderen, diplomatisch und taktvoll zu sein. Ihre Sonne tritt in das Zeichen des Skorpion, wenn Sie 38 sind, und macht Sie selbstbewußter und kontrollierter. Wenn Sie 68 sind, wechselt Ihre Sonne in den Schützen. Jetzt gewinnen Wahrheit, Bildung, Reisen und neue Chancen an Bedeutung für Sie.

Ihr geheimes Selbst

Manchmal sind Sie sehr warmherzig, großzügig, liebevoll und bescheiden, manchmal streitsüchtig, manipulativ oder stur. Um diese Extreme Ihrer Persönlichkeit auszugleichen, müssen Sie Verstand und Intuition miteinander verbinden, indem Sie lernen, auf Ihre innere Stimme zu hören. Dies dürfte Ihnen aber nicht schwerfallen, da Sie einen hochentwickelten sechsten Sinn für Menschen und ihre Beweggründe haben.

Die Macht des Wissens ist Ihnen bewußt; und da Sie auch einen guten Sinn für Struktur haben, bewundern Sie Menschen, die viel geleistet haben oder zu Weisheit gelangt sind. Dank Ihrer sozialen Kompetenz und Ihren Organisationsfähigkeiten können Sie andere gut dazu bringen, Ihnen auf Ihrem Weg nach oben zu helfen. Ehrlichkeit ist ein starker Zug Ihres Charakters. Dadurch erkennen Sie Ihre eigenen Schwächen, können schwierige Situationen meistern und sich selbst besser kennenlernen.

Beruf & Karriere

Sie haben gute Managementqualitäten und können gut Probleme lösen. Schreiben liegt Ihnen im Blut, und dieses Talent nutzt Ihnen in vielen Berufen. Im allgemeinen fühlen Sie sich in untergeordneten Positionen nicht wohl, deshalb sollten Sie leitende Stellungen oder Selbständigkeit anstreben. Abwechslung ist sehr wichtig; wenn Ihre Arbeit mit Reisen verbunden ist, um so besser. Mit Ihren analytischen Fähigkeiten können Sie auch in Wissenschaft und Forschung, Psychologie und Pädagogik Erfolg haben. Im Geschäftsleben sollten Sie sich eine Stelle suchen, bei der Sie viel mit Menschen zu tun haben. Welchen Beruf Sie auch ausüben, Sie müssen mit ehrlicher Begeisterung dabeisein, denn es fällt Ihnen schwer, Interesse zu heucheln.

Berühmte Persönlichkeiten dieses Tages sind die Feministin Kate Millett, der Schriftsteller Mario Benedetti, der Schauspieler Jack Hawkins und die Pionierin der Familienplanung, Margaret Sanger.

wohl arbeiten oder öffentliche Pflichten erfüllen. Denebola steht allerdings auch für Rastlosigkeit und für die Neigung zu übereilten Entscheidungen, die Sie später bereuen könnten.
- Positiv: selbstbeherrscht, großzügig, phantasievoll, verantwortungsvoll, rechtschaffen.
- Negativ: ruhelos, mangelndes Verantwortungsbewußtsein, ungeduldig.

Numerologie

Zu den Eigenschaften der Zahl 14 gehören intellektuelles Potential, Pragmatismus und große Entschlossenheit. Häufig haben Sie den starken Wunsch, sich eine solide Basis zu schaffen und von dort durch harte Arbeit zu Erfolg zu gelangen. Wie viele an diesem Tag Geborene erreichen Sie oft die Spitze Ihres Berufs. Mit Ihrer raschen Auffassungsgabe erfassen Sie Probleme sehr schnell, und es macht Ihnen Spaß, Lösungen zu finden. Sie gehen gerne Risiken ein und können durchaus plötzlich großes Glück haben. Der Untereinfluß der Monatszahl 9 führt dazu, daß Sie diskret und sensibel sind. Lernen Sie, Ihren Instinkten und Ihrer Intuition zu vertrauen, und hüten Sie sich davor, übereilt zu handeln, und vor allzu großem Materialismus. Im allgemeinen sehr fleißig, treiben Abenteuerlust und Freiheitsliebe Sie aber immer wieder dazu, Neues zu entdecken und zu versuchen. Dank Ihrer großen Begeisterungsfähigkeit hat das Leben Ihnen eine Menge zu bieten. Reisen und manch unerwartete Veränderungen führen dazu, daß Sie einen echten Wandel Ihrer Ansichten und Überzeugungen durchmachen.

Positiv: entschlossen, fleißig, glücklich, kreativ, pragmatisch, phantasievoll.
Negativ: übervorsichtig oder impulsiv, labil, gedankenlos, stur.

Liebe & Zwischenmenschliches

Sie bewundern Menschen mit ungewöhnlicher oder origineller Lebenseinstellung, wünschen sich aber einen Partner, der diszipliniert und fleißig ist. Mit Ihrem Charme und Ihrem bestimmten Auftreten bringen Sie andere dazu, an Sie zu glauben. In engen Beziehungen sollten Sie flexibler sein und sich hüten, herrisch oder kritisch zu werden. Ihre Liebe zu Wissen und Weisheit kann Sie Ihrem idealen Partner näherbringen. In Beziehungen brauchen Sie ein gewisses Maß an Freiheit, da Sie von starkem Unabhängigkeitsdrang geprägt sind.

Ihr Partner

Einen idealen Partner werden Sie mit großer Wahrscheinlichkeit unter den an den folgenden Tagen geborenen Menschen finden:
Liebe & Freundschaft: 1., 13., 14., 28., 31. Jan., 12., 26., 29. Feb., 10., 24., 27. März, 8., 22., 25. April, 5., 6., 20., 23. Mai, 4., 18., 21. Juni, 2., 16., 19., 30. Juli, 1., 17., 28., 30. Aug., 12., 15., 26., 28., 30. Sept., 10., 13., 24., 26., 28. Okt., 8., 11., 22., 24., 26. Nov. 6., 9., 20., 22., 24. Dez.
Günstig: 26. Jan., 24. Feb., 22. März, 20. April, 18. Mai, 16. Juni, 14. Juli, 12. Aug., 10. Sept., 8. Okt., 6. Nov., 4. Dez.
Schicksalhaft: 12., 13., 14., 15. März
Problematisch: 3., 25. Jan., 1., 23. Feb., 21. März, 19. April, 17. Mai, 15. Juni, 13. Juli, 11. Aug., 9. Sept., 7. Okt., 5. Nov., 3. Dez.
Seelenverwandt: 3., 10. Jan., 1., 8. Feb., 6. März, 4. April, 2. Mai

15. September

SONNE: JUNGFRAU
DEKADE: STIER/VENUS
GRAD: 21°45' – 22°45' JUNGFRAU
ART: BEWEGLICHES ZEICHEN
ELEMENT: ERDE

Fixstern

Name des Sterns: Denebola
Gradposition: 20°38' – 21°31' Jungfrau zwischen den Jahren 1930 und 2000
Magnitude: 2
Stärke: ********
Orbit: 2°10'
Konstellation: Beta Leonis
Tage: 12., 13., 14., 15., 16. September
Sternqualitäten: unterschiedliche Einflüsse: Saturn/Venus/Merkur und Mars
Beschreibung: blauer Stern im Schwanz des Löwen.

Einfluß des Hauptsterns

Denebola steht für gutes Urteilsvermögen, Kühnheit, Mut und einen edlen, großzügigen Charakter. Sein Einfluß kann aufregende Ereignisse und Aufstiegsmöglichkeiten mit sich bringen. Im allgemeinen können Sie von Natur aus logisch denken, haben hohe Wertvorstellungen und die Fähigkeit, rasch zu handeln. Zudem sorgt Denebola dafür, daß Sie sich für andere einsetzen und sich für Ihre Mitmenschen verantwortlich fühlen. Allerdings birgt sein Einfluß auch die Gefahr, daß Vorteile für Sie nicht von langer Dauer sind. Hüten Sie sich davor, zornig oder ängstlich zu sein, da Sie damit Ihren Beziehungen schaden.
Im Zusammenhang mit dem Stand Ihrer Sonne sorgt Denebola dafür, daß besondere Fähigkeiten Sie auf Ihrem Gebiet zum anerkannten Spezialisten machen. Durch Ihre Arbeit bringen Sie es zu Auszeichnungen und Ehren. Häufig haben Sie Erfolg, wenn Sie für das Gemeinwesen arbeiten oder öffentliche Pflich-

---

Von Natur aus intelligent und freundlich, sind Sie ein zuverlässiger Mensch mit großen Plänen. Sie lieben Wissen und interessieren sich für die verschiedensten Themenbereiche, am meisten aber für internationale Angelegenheiten. Image ist wichtig für Sie, und es liegt Ihnen sehr viel daran, auf andere einen guten Eindruck zu machen. Sie sind direkt, großzügig und meist optimistisch, haben aber gelegentlich die Tendenz zu negativem Denken.

Durch den Untereinfluß Ihres Dekadenzeichens Stier sind Sie zuverlässig und solide und haben ein starkes Bedürfnis nach Liebe und Zuneigung. Da Sie einen Sinn für Form und Schönheit besitzen, haben Sie Freude an Kunst, Natur und den schönen Dingen des Lebens. Sie sind wortgewandt, haben gute analytische Fähigkeiten und kreative und kommunikative Talente. Achten Sie aber darauf, nicht zu kritisch oder ungeduldig zu werden. Gelegentlich neigen Sie etwas zu Geiz, obwohl Sie im allgemeinen sehr großzügig sind, vor allem denen gegenüber, die Sie lieben.

Sie sind immer bereit, Ihre Meinung zu äußern, aber manchmal sind Ihre Gefühle blockiert, und Sie empfinden Enttäuschung, Schüchternheit oder zeigen steife Zurückhaltung. Wenn Sie zuviel nachdenken, werden Sie von Ängsten gequält, und bei dem Versuch, anderen zu gefallen, übernehmen Sie sich gelegentlich. Andererseits gehen von Ihrer idealistischen Persönlichkeit viele Ideen aus, und Sie haben den Wunsch, anderen zu helfen.

Wenn Sie 7 sind, tritt Ihre Sonne in das Zeichen der Waage. Nach diesem Wendepunkt werden Sie für die nächsten dreißig Jahre geselliger und entwickeln ein starkes Bedürfnis nach Beliebtheit und Anerkennung. Ihr Sinn für Schönheit und Harmonie verstärkt sich, und Sie entdecken Formen der kreativen Selbstverwirklichung. Ihre Sonne tritt in das Zeichen des Skorpion, wenn Sie 37 sind. Nach diesem Wendepunkt wächst Ihr Bedürfnis nach emotionaler und geistiger Regeneration, vielleicht gehen Sie auch eine neue Geschäftsverbindung ein und beschäftigen sich mehr mit finanziellen Dingen. Wenn Sie 67 sind, wechselt Ihre Sonne in den Schützen, und es drängt Sie, Ihren Horizont zu erweitern.

Ihr geheimes Selbst

Wenn Sie Distanz üben und sich positiv zum Leben einstellen, können Sie Ihre starken Emotionen in kreative Bahnen lenken und Unzufriedenheit vermeiden. Aufgrund Ihrer Sensibilität brauchen Sie ein harmonisches und stabiles Zuhause, in dem Sie Frieden und Ruhe finden. Sie sind sehr verantwortungsbewußt und bleiben im allgemeinen ungern etwas schuldig. Allerdings sollten Sie gelegentlich neue Herausforderungen annehmen, statt sich immer nur mit dem bekannten Trott zu begnügen. Eine Möglichkeit, sich auszudrücken, bieten Ihnen geistig anregende Menschen. Auch wenn Sie gerne anderen helfen und im allgemeinen ein guter Berater sind, sollten Sie sich nicht in fremde Angelegenheiten einmischen. Lassen Sie die Menschen durch ihre eigenen Fehler lernen.

Beruf & Karriere

Ihr scharfer Verstand und Ihre analytischen Fähigkeiten machen eine Karriere in Wissenschaft, Forschung oder Medizin möglich. Auch Pädagogik, Justiz oder Politik kommen für Sie in Frage. Ihre außergewöhnlichen Kommunikationsfähigkeiten sind Ihnen beim Schreiben oder in der Geschäftswelt von Nutzen. Mit Ihrem Sinn für Ordnung, Proportion und Gleichgewicht fühlen Sie sich auch als Architekt, Designer, Künstler oder Mathematiker wohl. Als geborener Berater und Analytiker zieht es Sie zu Psychologie oder Finanzen. Ihre humanitäre Seite können Sie bei sozialen Reformen oder Wohltätigkeit einbringen.

Berühmte Persönlichkeiten dieses Tages sind die Schriftstellerin Agatha Christie, der Schriftsteller James Fenimore Cooper, die Filmregisseure Oliver Stone und Jean Renoir, der Schauspieler Tommy Lee Jones und die Sopranistin Jessye Norman.

Numerologie

Im allgemeinen sind Sie begeisterungsfähig und charismatisch. Ihre größten Vorzüge sind Ihre starken Instinkte und die Fähigkeit, durch die Verbindung von Theorie und Praxis zu lernen. Häufig verdienen Sie sogar Geld, während Sie Neues lernen. Ihre ausgeprägte Intuition läßt Sie Chancen sofort erkennen und nutzen. Mit der 15 als Geburtstagszahl sind Sie um Geldquellen oder Hilfe von anderen nie verlegen. Wenn Sie Ihre praktischen Fähigkeiten mit Ihren originellen Ideen verbinden und Ihren Hang zu Rastlosigkeit und Unzufriedenheit überwinden, sind Ihre Unternehmungen wesentlich öfter von Erfolg gekrönt. Der Untereinfluß der Monatszahl 9 führt dazu, daß Sie vorsichtig und sensibel sind. Wenn Sie mehr Realitätssinn entwickeln und Ihren Mitmenschen mehr Mitgefühl entgegenbringen, wird Ihr Leben harmonischer und angenehmer. Dank Ihrer Weitsicht und progressiven Haltung sind Sie pflichtbewußt und praktisch.

Positiv: beflissen, großzügig, verantwortungsbewußt, freundlich, kooperativ, verständnisvoll, kreativ.

Negativ: destruktiv, rastlos, mangelndes Verantwortungsbewußtsein, egoistisch, Angst vor Veränderungen, unentschlossen.

Liebe & Zwischenmenschliches

Enge Beziehungen sind sehr wichtig für Sie; machen Sie sich aber nicht abhängig von Ihrem Partner. Im allgemeinen sind Sie idealistisch, hilfsbereit und haben geselligen Charme. Da Sie eine Partnerschaft brauchen und ungern allein sind, sollten Sie darauf achten, daß Sie reiner Sicherheit nicht Liebe und Glück opfern. Auch wenn Sie fürsorglich und großzügig sind, sollten Sie Distanz üben und sich vor übersteigerter Kritik hüten. Lernen Sie, mit Ihrem Partner offen über Ihre Gefühle zu sprechen, das wird Ihrer Beziehung sehr förderlich sein.

ten erfüllen. Denebola steht allerdings auch für Rastlosigkeit und für die Neigung zu übereilten Entscheidungen, die Sie später bereuen könnten.
- Positiv: selbstbeherrscht, großzügig, phantasievoll, verantwortungsvoll, rechtschaffen.
- Negativ: ruhelos, mangelndes Verantwortungsbewußtsein, ungeduldig.

Ihr Partner

Wenn Sie jemanden suchen, bei dem Sie Sicherheit, Verständnis und Liebe finden, sollten Sie sich unter den Menschen umsehen, die an folgenden Tagen geboren sind:

Liebe & Freundschaft: 1., 5., 15., 26., 29., 30. Jan., 3., 13., 24., 27., 28. Feb., 11., 22., 25., 26. März, 9., 20., 23., 24. April, 7., 18., 21., 22. Mai, 5., 16., 19., 20. Juni, 3., 14., 17., 18., 31. Juli, 1., 12., 15., 16., 29., 31. Aug., 10., 13., 14., 27., 29. Sept., 8., 11., 12., 25., 27. Okt., 6., 9., 10., 23., 25. Nov., 4., 7., 8., 21., 23., 29. Dez.

Günstig: 1., 2., 10., 27. Jan., 8., 25. Feb., 6., 23. März, 4., 21. April, 2., 19., 30. Mai, 17., 28. Juni, 15., 26. Juli, 13., 24. Aug., 11., 22. Sept., 9., 20. Okt., 7., 18. Nov., 5., 16. Dez.

Schicksalhaft: 13., 14., 15., 16. März

Problematisch: 17., 26. Jan., 15., 24. Feb., 13., 22. März, 11., 20. April, 9., 18. Mai, 7., 16. Juni, 5., 14. Juli, 3., 12., 30. Aug., 1., 10., 28. Sept., 8., 26., 29. Okt., 6., 24., 27. Nov., 4., 22., 25. Dez.

Seelenverwandt: 21. Jan., 19. Feb., 17. März, 15. April, 13. Mai, 11. Juni, 9., 29. Juli, 7., 27. Aug., 5., 25. Sept., 3., 23. Okt., 1., 21. Nov., 19. Dez.

16. September

SONNE: JUNGFRAU
DEKADE: STIER/VENUS
GRAD: 22°45' – 23°45' JUNGFRAU
ART: BEWEGLICHES ZEICHEN
ELEMENT: ERDE

Fixsterne

Denebola; Copula

Hauptstern

Name des Sterns: Denebola
Gradposition: 20°38' – 21°31' Jungfrau zwischen den Jahren 1930 und 2000
Magnitude: 2
Stärke: ********
Orbit: 2°10'
Konstellation: Beta Leonis
Tage: 12., 13., 14., 15., 16. September
Sternqualitäten: unterschiedliche Einflüsse: Saturn/Venus/Merkur und Mars
Beschreibung: blauer Stern im Schwanz des Löwen.

Einfluß des Hauptsterns

Denebola steht für gutes Urteilsvermögen, Kühnheit, Mut und einen edlen, großzügigen Charakter. Sein Einfluß kann aufregende Ereignisse und Aufstiegsmöglichkeiten mit sich bringen. Im allgemeinen können Sie von Natur aus logisch denken, haben hohe Wertvorstellungen und die Fähigkeit, rasch zu handeln. Zudem sorgt Denebola dafür, daß Sie sich für andere einsetzen. Allerdings birgt sein Einfluß auch die Gefahr, daß Vorteile für Sie nicht von langer Dauer sind. Hüten Sie sich davor, zornig oder ängstlich zu sein, da Sie damit Ihren Beziehungen schaden.
Im Zusammenhang mit dem Stand Ihrer Sonne sorgt Denebola dafür, daß Sie durch besondere Fähigkeiten auf Ihrem Gebiet zu einem anerkannten Spezialisten werden können. Durch Ihre Arbeit

Mit diesem Geburtstag sind Sie clever und unabhängig, aber auch freundlich und sensibel. Von Natur ebenso intuitiv wie praktisch, können Sie Menschen und Situationen gut einschätzen. Bei geistigen Beschäftigungen sind Sie anderen meist überlegen; Sie müssen allerdings mehr Selbstdisziplin üben, um Ihre ehrgeizigen Träume zu verwirklichen.

Durch den Untereinfluß Ihres Dekadenzeichens Stier haben Sie Charme und schätzen die schönen Dinge des Lebens. Liebe und Zuneigung sind für Sie von großer Bedeutung. Sie haben viel kommunikatives Geschick, meist auch eine angenehme Stimme und können sich gut ausdrücken. Der Einfluß der Venus sorgt für guten Geschäftssinn, mit dem Sie lukrative Investitionen tätigen. Daß Sie Wert aufs Detail legen, kann Ihnen theoretisch und praktisch sehr von Nutzen sein.

Sie sind von einem starken Wissensdurst getrieben, der Ihr ganzes Leben lang nicht nachlassen wird. Das inspiriert Sie dazu, Ihre außergewöhnlichen Begabungen durch spezielle Bildung oder besonderes Training zu fördern. Leider neigen Sie dazu, sich in geistige Machtspiele mit anderen verwickeln zu lassen.

Als sensibler Visionär haben Sie viel Antrieb und Phantasie. Diese Verbindung funktioniert wunderbar, wenn Sie motiviert sind, für Ihre Ideale zu kämpfen, und führt Sie zu großen Erfolgen. Weil Sie sensibel auf Ihre Umgebung reagieren, hassen Sie Schroffheit und brauchen stets eine harmonische Atmosphäre. Sie können auch zum Träumer werden, deshalb sollten Sie Ihre Gedanken unbedingt in einer kreativen Form ausdrücken. Hüten Sie sich davor, der Phantasie mehr zu glauben als der Wirklichkeit.

Wenn Sie 6 sind, tritt Ihre Sonne in das Zeichen der Waage. Bis Sie 36 sind, spielen Beziehungen eine wichtige Rolle in Ihrem Leben, und Sie wollen beliebt und anerkannt sein. Dann tritt Ihre Sonne in das Zeichen des Skorpion und Sie werden selbstbewußter und kontrollierter. Wenn Sie 66 sind, wechselt Ihre Sonne in den Schützen. Sie werden optimistischer und philosophischer und wollen Ihren Horizont durch Reisen oder Weiterbildung erweitern.

Ihr geheimes Selbst

Da Sie stets von dem starken Wunsch beseelt sind, sich weiterzuentwickeln, hören Sie nie auf, an sich zu arbeiten. Sie brauchen mehr Charakterstärke, da Sie zu manipulativem Verhalten oder Realitätsflucht neigen, um sich aus schwierigen Situationen zu befreien. Wenn Sie die hochsensible und intuitive Seite Ihrer Persönlichkeit fördern, kommen Sie mit Ihren Mitmenschen besser aus und fühlen sich vielleicht sogar zu Mystizismus oder Spiritualität hingezogen. Von intelligenten und interessanten Menschen angezogen, brauchen Sie positive Vorbilder. Da Sie intellektuell außerordentlich brillant sein können, arbeiten Sie hart, wenn Sie sich wirklich für eine Sache interessieren. Es macht Ihnen besondere Freude, Ihre Inspirationen und Erkenntnisse an andere weiterzugeben.

Beruf & Karriere

Ihre Praxisbezogenheit, die mit guten Organisationsfähigkeiten gepaart ist, sorgt dafür, daß Sie im Geschäftsleben immer mit Erfolg rechnen können. Ihre große analytische Begabung macht Sie für Wissenschaft, Mathematik oder Computertechnologie geeignet.

Da Sie über gute kommunikative Fähigkeiten und soziale Kompetenz verfügen, liegen Ihnen auch Berufe, bei denen Sie viel mit Menschen zu tun haben, etwa Pädagogik oder Justiz. Ihr psychologisches Verständnis und Ihre natürlichen Heilkräfte ziehen Sie zu Heil- oder Alternativheilkunde. Vielleicht möchten Sie Ihre Gedanken aber auch auf kreative Weise an andere weitergeben, etwa als Schriftsteller, Journalist oder Schauspieler. Arbeit für Wohltätigkeitsorganisationen oder das Engagement für eine gute Sache sind ebenfalls gute Möglichkeiten für Sie.

Berühmte Persönlichkeiten dieses Tages sind der Bluesmusiker B. B. King, die Schauspielerin Lauren Bacall, der Zauberer David Copperfield, der Schauspieler Peter Falk, der Biologe Albert Szent-Gyorgyi und die Psychologin Karen Horney.

Numerologie

Durch die Geburtstagszahl 16 sind Sie sowohl ehrgeizig als auch sensibel. Im allgemeinen kontaktfreudig und gesellig, sind Sie außerdem freundlich und rücksichtslos. Meistens beurteilen Sie das Leben aus dem Gefühl heraus und zeigen sich verständnisvoll und fürsorglich. Die Zahl 16 impliziert, daß Sie sich für internationale Angelegenheiten interessieren und vielleicht in einem weltweit operierenden Konzern arbeiten. Die Kreativen unter Ihnen haben Talent zum Schreiben und erleben gelegentlich wahre Geistesblitze. Sie sollten das Gleichgewicht zwischen übersteigertem Selbstbewußtsein und Zweifel und Unsicherheit finden. Der Untereinfluß der Monatszahl 9 führt dazu, daß Sie vorsichtig und ein guter Beobachter sind. Da Sie sehr gefühlsgesteuert sind, können Sie sehr empfänglich und beeinflußbar sein und starke Instinkte haben. Der Wunsch, durch Erfahrungen zu wachsen, macht Sie abenteuer- und reiselustig.

Positiv: verantwortungsbewußt, integer, intuitiv, gesellig, kooperativ, verständnisvoll.

Negativ: Angst, permanente Unzufriedenheit, mangelndes Verantwortungsbewußtsein, egoistisch, rechthaberisch, skeptisch, leicht reizbar.

Liebe & Zwischenmenschliches

Von Natur aus häufig idealistisch und fürsorglich, können Sie ein treuer Freund und verantwortungsbewußter Partner sein. Voraussetzung für eine enge Beziehung ist, daß Sie jemanden finden, mit dem Sie die gleichen Ideen und Gefühle teilen können. Am besten funktionieren Verbindungen mit Menschen, die Sie inspirieren und die Ihr Selbstvertrauen aufbauen. Da Sie wißbegierig sind, möchten Sie immer herausfinden, was andere bewegt. Wenn Sie verliebt sind, sind Sie warmherzig, liebevoll und rücksichtsvoll.

kommen Sie zu Auszeichnungen und Ehren. Häufig haben Sie Erfolg, wenn Sie für das Gemeinwohl arbeiten. Denebola steht allerdings auch für Rastlosigkeit und für die Neigung zu übereilten Entscheidungen, die Sie später bereuen könnten.

- Positiv: selbstbeherrscht, großzügig, phantasievoll, verantwortungsvoll, rechtschaffen.
- Negativ: ruhelos, mangelndes Verantwortungsbewußtsein, ungeduldig.

Ihr Partner

Dauerhaftes Glück, Sicherheit und Harmonie finden Sie mit großer Wahrscheinlichkeit bei den an den folgenden Tagen geborenen Menschen:

Liebe & Freundschaft: 3., 10., 13., 20., 21., 30. Jan., 1., 8., 11., 18., 28. Feb., 6., 9., 16., 26. März, 4., 7., 14., 24. April, 2., 5., 12., 22. Mai, 3., 10., 20. Juni, 1., 8., 18. Juli, 6., 16., 30. Aug., 4., 14., 28., 30. Sept., 2., 12., 26., 28., 30. Okt., 10., 24., 26., 28. Nov., 8., 22., 24., 26. Dez.

Günstig: 12., 16., 17., 28. Jan., 10., 14., 15., 26. Feb., 8., 12., 13., 24. März, 6., 10., 12., 24. April, 4., 8., 9., 24. Mai, 2., 6., 7., 18., 27. Juni, 4., 5., 16., 25. Juli, 1., 12., 21. Sept., 10., 19. Okt., 8., 17., Nov., 6., 15. Dez.

Schicksalhaft: 12., 13., 14., 15., 31. Jan., 29. April, 27. Mai, 25. Juni, 23. Juli, 21. Aug., 19. Sept., 17. Okt., 15. Nov., 17. Dez.

Problematisch: 6., 18., 22., 27. Jan., 4., 16., 20., 25. Feb., 2., 14., 16., 18., 23. März, 12., 16., 21. April, 10., 14., 19. Mai, 8., 12., 17. Juni, 6., 10., 15. Juli, 4., 8., 13. Aug., 2., 6., 11. Sept., 4., 9. Okt., 2., 7. Nov., 5. Dez.

Seelenverwandt: 28. März, 26. April, 24. Mai, 22. Juni, 20. Juli, 18. Aug., 16. Sept., 14. Okt., 12. Nov., 10. Dez.

17. September

SONNE: JUNGFRAU
DEKADE: STIER/VENUS
GRAD: 23°45' – 24°45' JUNGFRAU
ART: BEWEGLICHES ZEICHEN
ELEMENT: ERDE

Fixsterne

Labrum, auch «Heiliger Gral» genannt; Copula

Hauptstern

Name des Sterns: Labrum, auch «Heiliger Gral» genannt
Gradposition: 25°41' – 26°21' Jungfrau zwischen den Jahren 1930 und 2000
Magnitude: 4
Stärke: ****
Orbit: 1°30'
Konstellation: Delta Crateris
Tage: 17., 18., 19. September
Sternqualitäten: Venus/Merkur
Beschreibung: kleiner gelber Stern im Sternbild des Bechers.

Einfluß des Hauptsterns

Zu den Eigenschaften des Labrum gehören Intelligenz, Kreativität, Aufnahmebereitschaft, Intuition und spirituelle Kraft. Überdies sorgt er dafür, daß Sie eine kosmopolitische und liberale Einstellung sowie religiöse Neigungen haben. Im allgemeinen interessieren Sie sich für Geschichte, Philosophie oder Theologie und entwickeln Schreibtalent, mit dem Sie es zu Ehren und Reichtum bringen können.
Im Zusammenhang mit dem Stand Ihrer Sonne steht Labrum für Entschlossenheit und Erfolgschancen bei öffentlichen Angelegenheiten. Eigenen Ausdruck finden Sie in kreativen Beschäftigungen und beim Schreiben, aber auch in darstellender Kunst, Präsentation, Kommunikation und Medien. Zudem führt der Einfluß dieses Sterns dazu, daß Sie Bequemlich-

♍ Sie sind klug und aufgeschlossen, haben gute Kommunikationsfähigkeiten, sind unabhängig und fröhlich und immer auf dem laufenden. Wenn Sie inspiriert sind, können Sie sehr spontan sein und Ihre Chancen beim Schopf packen. Ein Hang zu Zweifeln oder mangelndem Selbstvertrauen macht Sie allerdings manchmal skeptisch und ängstlich.

Durch den Untereinfluß Ihres Dekadenzeichens Stier sind Sie charmant und wortgewandt. Von Natur aus gesellig und liebevoll, haben Sie viel Sinn für Schönheit, Farbe und Form. Frauen sind Ihnen auf dem Weg zum Erfolg oft sehr hilfreich. Da Sie praktisch und gründlich sind, legen Sie Wert aufs Detail und können auf Ihrem Gebiet zum Experten werden.

Neue und interessante Entwicklungen finden Sie anregend, und Sie können außerordentlich erfindungsreich, analytisch oder technisch begabt sein. Sie haben nicht nur eine schnelle Auffassungsgabe, sondern können auch geduldig und ausdauernd an einer Sache arbeiten. Sie brauchen Aufregung, und eine innere Rastlosigkeit treibt Sie zu vielen Veränderungen oder Reisen, durch die Sie das Leben erkunden möchten. Diese Veränderungen können Unsicherheit mit sich bringen, aber auch unbegründete Geldsorgen; deshalb schwanken Sie gelegentlich zwischen Geiz und Großzügigkeit. Wenn Sie lernen, zwischen dem Alten und dem Neuen ein Gleichgewicht zu schaffen, bleiben Sie stets inspiriert und geistig jung.

Ihre Sonne tritt in die Waage, wenn Sie 5 sind. In den folgenden dreißig Jahren messen Sie persönlichen Beziehungen und Partnerschaften viel Bedeutung bei, sowohl beruflich als auch privat. Ihr Sinn für Schönheit und Luxus entwickelt sich, und Sie entdecken Ihr Interesse für Kunst, Musik oder Literatur. Wenn Sie 35 sind, folgt ein weiterer Wendepunkt. Jetzt tritt Ihre Sonne in das Zeichen des Skorpion, und Sie möchten Ihrem Leben einen tieferen Sinn geben und sehnen sich nach Wandlungen. In den Schützen tritt Ihre Sonne, wenn Sie 65 sind. Dann haben Sie noch einmal vermehrt Lust, zu reisen, durch neue Ideen und Ansichten Ihren Horizont zu erweitern oder Ihren Lebensstil zu verändern.

Ihr geheimes Selbst

Sie haben einen angeborenen Sinn für den Wert der Dinge und das Potential zu großem finanziellem Erfolg. Wenn Sie aber die Weisheit Ihrer Intuition nutzen, werden Sie erkennen, daß Geld allein Sie nicht glücklich machen kann. Sie haben die Fähigkeit plötzlicher tiefer Einsichten, brauchen aber Zeit und Raum für sich, um nachzudenken und Kraft zu tanken. Wenn Sie an eine Sache glauben, sind Sie bereit, hart für deren Umsetzung zu arbeiten.

Sie brauchen das Gefühl, nützlich und produktiv zu sein, deshalb wird Ihnen Ihre Arbeit im Laufe des Lebens zunehmend wichtiger. Es ist wichtig für Sie, zu wissen, daß diese Arbeit sinnvoll ist. Da Sie etwas zur Sturheit neigen, sollten Sie daran arbeiten, Debatten mit anderen zu führen, ohne streitlustig zu werden.

Beruf & Karriere

Da Sie gründlich sind und Wert aufs Detail legen, sind Sie begabt für Wissenschaft und Forschung. Praktisch und analytisch ist auch Ökonomie, Wirtschaftsanalyse oder Buchhaltung geeignet für Sie. Mit Ihren Kommunikationsfähigkeiten sind Sie auch in Berufen wie Autor, Kritiker oder in der Medienwelt erfolgreich. Ihre geistige Kraft befähigt Sie für alles, was mit Recht zu tun hat. Sie ziehen es im allgemeinen aber vor, dabei hinter den Kulissen aktiv zu sein. Da Sie auch technisch begabt sind, können Sie auch im Computer- oder Ingenieurwesen arbeiten. In Heilberufen können Sie Ihr Wissen mit anderen teilen.

Berühmte Persönlichkeiten dieses Tages sind die Schauspielerin Anne Bancroft, der Sänger Hank Williams, der Seefahrer Francis Chichester, der Unternehmer Günther Fielmann, der Schauspieler Roddy McDowall und der Rennfahrer Stirling Moss.

keit und Vergnügen lieben, warnt aber auch vor Übertreibung und davor, sich der Verantwortung zu entziehen.
- Positiv: kreativ, Bildung, künstlerischer Erfolg, Schreibtalent.
- Negativ: Eitelkeit und Eingebildetheit, Antriebsmangel, Nachgiebigkeit.

Numerologie

Mit der Geburtstagszahl 17 sind Sie häufig scharfsinnig, zurückhaltend und verstandesgelenkt. Da Sie Ihr Wissen im allgemeinen auf besondere Art nutzen, können Sie sich auf ein Fachgebiet konzentrieren und als Experte oder Forscher zu Ruhm und Anerkennung kommen. Da Sie zurückhaltend, nachdenklich und unvoreingenommen sind und ein starkes Interesse an Daten und Fakten haben, treten Sie meist rücksichtsvoll und ernsthaft auf und nehmen sich gern Zeit. Sie können sich sehr lange konzentrieren und lernen am besten durch persönliche Erfahrung. Je weniger Skepsis Sie empfinden, desto schneller lernen Sie. Der Untereinfluß der Monatszahl 9 führt dazu, daß Sie praktisch und aufnahmewillig sind. Als gutinformierter und unabhängiger Denker urteilen Sie nach Ihren eigenen Erfahrungen und bilden sich Ihre eigene Meinung. Mit Ihrer Voraussicht und Ihrer progressiven Haltung können Sie spirituell sein, aber dennoch Geschäftssinn beweisen. Finanzielle Sicherheit bedeutet viel für Sie, weshalb Sie sich vor materialistischen Tendenzen hüten sollten.

Positiv: rücksichtsvoll, Experte, guter Planer, Geschäftssinn, fähig, ein Vermögen zu machen, gewissenhaft, akkurat, guter Wissenschaftler und Forscher.

Negativ: unbeteiligt, stur, leichtsinnig, launisch, engstirnig, empfindlich, kritisch, ängstlich.

Liebe & Zwischenmenschliches

Sie sind intuitiv und intelligent, aber auch zurückhaltend und zeigen ungern offen Gefühle oder Gedanken. Da Sie sehr bewußt leben, neigen Sie gelegentlich zu Nervosität und brauchen Zeit, um Beziehungen aufzubauen. Sie suchen die Gesellschaft ehrgeiziger und entschlossener Menschen, die hart arbeiten. Wichtig ist für Sie eine liebevolle Beziehung, die auf Vertrauen aufgebaut ist und in Ihr Leben Harmonie und Frieden bringt.

Ihr Partner

Eine ebenso stabile wie anregende Beziehung finden Sie mit großer Wahrscheinlichkeit mit den Menschen, die an den folgenden Tagen geboren wurden:

Liebe & Freundschaft: 21., 22., 28., 31. Jan., 19., 26., 29. Feb., 17., 24., 27. März, 15., 16., 22., 25. April, 13., 20., 23. Mai, 11., 18., 21. Juni, 9., 16., 19. Juli, 7., 14., 17., 31. Aug., 5., 12., 15., 29. Sept., 3., 10., 13., 27., 29., 31. Okt., 1., 8., 11., 25., 27., 29. Nov., 6., 9., 23., 25., 27. Dez.

Günstig: 9., 12., 18., 24., 29. Jan., 7., 10., 16., 22., 27. Feb., 5., 8., 14., 20., 25. März, 3., 6., 12., 18., 23. April, 1., 10., 16., 21., 31. Mai, 2., 8., 14., 19., 29. Juni, 6., 12., 17., 27. Juli, 4., 10., 15., 25. Aug., 2., 8., 13., 23. Sept., 6., 11., 21. Okt., 4., 9., 19. Nov., 2., 7., 17. Dez.

Schicksalhaft: 3. Jan., 1. Feb., 13., 14., 15., 16. März

Problematisch: 7., 8., 19., 28. Jan., 5., 6., 17., 26. Feb., 3., 4., 15., 24. März, 1., 2., 13., 22. April, 11., 20. Mai, 9., 18. Juni, 7., 16. Juli, 5., 14. Aug., 3., 12. Sept., 1., 10. Okt., 8. Nov., 6. Dez.

Seelenverwandt: 3., 19. Jan., 1., 17. Feb., 15. März, 13. April, 11. Mai, 9. Juni, 7. Juli, 5. Aug., 3. Sept., 1. Okt.

18. September

SONNE: JUNGFRAU
DEKADE: STIER/VENUS
GRAD: 24°45' – 25°45' JUNGFRAU
ART: BEWEGLICHES ZEICHEN
ELEMENT: ERDE

Fixsterne

Labrum, auch «Heiliger Gral» genannt; Copula; Zavijava, auch Al Araph genannt; Al Kaid, auch Benetnasch genannt

Hauptstern

Name des Sterns: Labrum, auch «Heiliger Gral» genannt
Gradposition: 25°41' – 26°21' Jungfrau zwischen den Jahren 1930 und 2000
Magnitude: 4
Stärke: ****
Orbit: 1°30'
Konstellation: Delta Crateris
Tage: 17., 18., 19. September
Sternqualitäten: Venus/Merkur
Beschreibung: kleiner gelber Stern im Sternbild des Bechers.

Einfluß des Hauptsterns

Zu den Eigenschaften des Labrum gehören Intelligenz, Kreativität, Aufnahmebereitschaft, Intuition und spirituelle Begabung. Überdies sorgt er dafür, daß Sie eine kosmopolitische und liberale Einstellung sowie religiöse Neigungen haben. Sie interessieren sich für Geschichte, Philosophie oder Theologie und entwickeln Schreibtalent, mit dem Sie es zu Ehren und Reichtum bringen können.
Im Zusammenhang mit dem Stand Ihrer Sonne steht Labrum für Entschlossenheit und Erfolgschancen in öffentlichen Angelegenheiten. Eigenen Ausdruck finden Sie in kreativen Beschäftigungen und beim Schreiben, aber auch in darstellender Kunst, Präsentation, Kommunikation

Sie sind praktisch und aufnahmefähig, analytisch und phantasiebegabt. Wenn eine Sache Sie wirklich begeistert, können Sie sehr entschlossen, zielstrebig und fleißig sein, gelegentlich aber auch unter Trägheit leiden und sich glücklich dem Nichtstun hingeben.

Durch den Untereinfluß Ihres Dekadenzeichens Stier spielen Liebe und Zuneigung eine wichtige Rolle für Sie. Da Sie Frieden, Harmonie und Bequemlichkeit brauchen, ist Ihr Zuhause ein bedeutender Sicherheitsfaktor in Ihrem Leben. Sie legen Wert aufs Detail und müssen sich davor hüten, penibel zu sein und immer wieder auf ein und demselben Thema herumzureiten. Sie lieben Wissen und geben es gerne an andere weiter.

Obwohl Sie gelegentlich an Nervosität leiden, sind Sie aufgrund Ihrer klaren Sicht der Dinge und Ihrer praktischen Einstellung ein guter Stratege. Wenn Sie diese Gabe mit Ihrer starken Intuition verbinden, können Sie sehr erfolgreich sein. Es ist für Sie wichtig, erst einmal ein Gefühl für eine Situation zu entwickeln, bevor Sie sich über ein weiteres Vorgehen festlegen. Wenn Sie aber Verantwortung übernommen haben, nehmen Sie das sehr ernst.

Wenn Sie 4 sind, tritt Ihre Sonne in die Waage und verweilt dort für die nächsten dreißig Jahre. Dieser Einfluß bedeutet, daß Sie von Kindesbeinen an freundlich und gesellig sind. Persönliche Beziehungen und diplomatische Fähigkeiten sind Ihnen sehr wichtig. Ein weiterer Wendepunkt folgt, wenn Sie 34 sind und Ihre Sonne in den Skorpion tritt. Jetzt streben Sie nach emotionaler Veränderung, Intensität und persönlicher Macht. Wenn Sie 64 sind und Ihre Sonne in den Schützen wechselt, werden Sie abenteuerlustiger und erweitern durch Reisen oder Weiterbildung Ihren Horizont.

Ihr geheimes Selbst

Als Perfektionist dürfen Sie nicht zu streng gegen sich selbst sein. Oft fürchten Sie, den Erwartungen anderer nicht zu genügen. Sie haben aber die innere Stärke und Entschlossenheit, alle Hindernisse zu überwinden und die Anerkennung zu gewinnen, die Sie brauchen. In Machtpositionen müssen Sie lernen, gerecht und unparteiisch zu sein und nicht unfair oder manipulativ.

Obwohl Sie positiv auf ein Ziel hinarbeiten können, wissen Sie, daß Sie es ohne die Zusammenarbeit mit anderen nicht weit bringen. Zum Glück können Sie gut mit Menschen umgehen und die richtigen Kontakte knüpfen. Hüten Sie sich vor unbegründeten Sorgen in finanziellen Dingen. Teamwork und Partnerschaften sind sehr profitabel für Sie.

Beruf & Karriere

Mit Ihrer Genauigkeit und Ihrem Perfektionismus sind Berufe wie Forscher, Statistiker, Ökonom oder Buchhalter genau das richtige für Sie. Da Zusammenarbeit für Sie sehr förderlich ist, sollten Sie Teil eines Teams werden oder eine geschäftliche Partnerschaft eingehen. Aufgrund Ihrer Organisationsfähigkeiten können Sie sich auch in höheren Positionen, etwa in Management, Verwaltung oder Justiz, behaupten. Bei Psychologie oder Schreiben sind Ihre analytischen Fähigkeiten von Nutzen. In Frage kommen auch Verlagswesen, Werbung und Medien und Heilberufe. Es liegt Ihnen auch, Geld für gute Zwecke zu sammeln.

Berühmte Persönlichkeiten dieses Tages sind die Schauspielerin Greta Garbo, der Schriftsteller Samuel Johnson, der Politiker Wolfgang Schäuble, die Musiker Frankie Avalon und Jimmie Rodgers und der Physiker Edwin McMillan.

Numerologie

Zu den Eigenschaften der Zahl 18 gehören Entschlossenheit, Bestimmtheit und Ehrgeiz. Da Sie dynamisch und aktiv sind, streben Sie oft Macht an und benötigen ständig neue Herausforderungen. Gelegentlich sind Sie überkritisch und schwer zufriedenzustellen oder beschäftigen sich mit kontroversen Angelegenheiten. Mit der Geburtstagszahl 18 können Sie Ihre Kraft nutzen, um anderen zu helfen, Ihnen zu raten und Ihre Probleme zu lösen. Ihr guter Geschäftssinn und Ihr Organisationstalent befähigen Sie aber auch für eine wirtschaftlich orientierte Tätigkeit. Der Untereinfluß der Monatszahl 9 führt dazu, daß Sie ein guter Stratege mit dem Bedürfnis nach Kreativität und Unabhängigkeit sind. Mit Ihrer Voraussicht und Ihrer progressiven Haltung können Sie Visionär sein, bleiben dabei aber immer rational. Durch Güte, Mitgefühl und Sensibilität lernen Sie Verständnis, Toleranz und Geduld.

Positiv: progressiv, energisch, intuitiv, mutig, resolut, tüchtig, guter Berater.

Negativ: unkontrollierte Gefühle, faul, mangelndes Gefühl für Ordnung, selbstsüchtig, gefühllos, mißverstanden.

Liebe & Zwischenmenschliches

Da Sie charmant und freundlich sind, lieben Sie die Gesellschaft anderer. Sie brauchen Liebe und Zuneigung, doch Ihre Beziehungen basieren eher auf Stabilität und Sicherheit. Angezogen fühlen Sie sich von intelligenten Menschen, die Sie motivieren. Ihr Bedürfnis nach Selbstverwirklichung möchten Sie gerne mit Gleichgesinnten ausleben. Sie sind mitfühlend, romantisch und sensibel und müssen sich in acht nehmen, nicht überemotional, unsicher oder anspruchsvoll zu werden, wenn sich die Dinge nicht nach Ihren Vorstellungen entwickeln.

---

und Medien. Zudem führt der Einfluß dieses Sterns dazu, daß Sie Bequemlichkeit und Vergnügen lieben, warnt aber auch vor Übertreibung und davor, sich der Verantwortung zu entziehen.

- Positiv: kreativ, Bildung, künstlerischer Erfolg, Schreibtalent.
- Negativ: Eitelkeit und Eingebildetheit, Antriebsmangel, Nachgiebigkeit.

Ihr Partner

Emotionale Erfüllung werden Sie mit großer Wahrscheinlichkeit bei den an den folgenden Tagen geborenen Menschen finden:

Liebe & Freundschaft: 8., 18., 22. Jan., 6., 16., 20. Feb., 14., 18., 28. März, 12., 16., 26. April, 10., 14., 24. Mai, 8., 12., 22. Juni, 6., 10., 20., 29. Juli, 4., 8., 18., 27., 30. Aug., 2., 6., 16., 25., 28. Sept., 4., 14., 23., 26., 30. Okt., 2., 12., 21., 24., 28. Nov., 10., 19., 22., 26., 28. Dez.

Günstig: 6., 10., 25., 30. Jan., 4., 8., 23., 28. Feb., 2., 6., 21., 26. März, 4., 19., 24. April, 2., 17., 22. Mai, 15., 20., 30. Juni, 13., 18., 28. Juli, 11., 16., 26. Aug., 9., 14., 24. Sept., 7., 12., 22. Okt., 5., 10., 20. Nov., 3., 8., 18. Dez.

Schicksalhaft: 13., 14., 15., 16., 17. März, 29. Mai, 27. Juni, 25. Juli, 23. Aug., 21. Sept., 19. Okt., 17. Nov., 15. Dez.

Problematisch: 13., 29., 31. Jan., 11., 27., 29. Feb., 9., 25., 27. März, 7., 23., 25. April, 5., 21., 23. Mai, 3., 19., 21. Juni, 1., 17., 19. Juli, 15., 17. Aug., 13., 15. Sept., 11., 13. Okt., 9., 11. Nov., 7., 9. Dez.

Seelenverwandt: 6., 25. Jan., 4., 23. Feb., 2., 21. März, 19. April, 17. Mai, 15. Juni, 13. Juli, 11. Aug., 9. Sept., 7. Nov., 5. Dez.

19. September

SONNE: JUNGFRAU
DEKADE: STIER/VENUS
GRAD: 25°45' – 26°30' JUNGFRAU
ART: BEWEGLICHES ZEICHEN
ELEMENT: ERDE

Fixsterne

Al Kaid, auch Benetnasch genannt; Labrum, auch «Heiliger Gral» genannt; Zavijava, auch Al Araph genannt; Markeb

Hauptstern

Name des Sterns: Al Kaid, auch Benetnasch genannt
Gradposition: 25°51' – 26°50' Jungfrau zwischen den Jahren 1930 und 2000
Magnitude: 2
Stärke: ********
Orbit: 2°10'
Konstellation: Eta Ursae Majoris
Tage: 18., 19., 20., 21., 22. September
Sternqualitäten: Mond/Merkur
Beschreibung: blauer Stern im Großen Bären.

Einfluß des Hauptsterns

Al Kaid steht für wachen Verstand, das Bedürfnis nach kreativem Ausdruck, Intuition und Anpassungsfähigkeit. Unter seinem Einfluß haben Sie Freude am Gedankenaustausch mit anderen, neigen aber zu schnellem Meinungsumschwung. Al Kaid schenkt Ihnen überdies Geschäftssinn, Machtstreben, Erfolgschancen, Glück und Reichtum. Im Zusammenhang mit dem Stand Ihrer Sonne sorgt Al Kaid dafür, daß Sie gut mit Menschen umgehen können. Interessant für Sie sind auch Berufe, die mit Daten zu tun haben, Forschungstätigkeit oder jede andere anspruchsvolle Arbeit, die Gefühl fürs Detail verlangt. Andererseits kann Al Kaid Sie auch ruhelos und ehrgeizig machen und gelegentlich

♍ Sie sind ein geistig beweglicher, instinktgeleiteter, praktischer und vielseitiger Mensch. Da Sie sich leicht langweilen, wenn Routine eintritt, brauchen Sie Abenteuer und ständig neue Herausforderungen. Sie sind wißbegierig und neugierig, und nur eine gewisse Rastlosigkeit und Ungeduld kann Sie auf Ihrem Weg zum Erfolg behindern.

Durch den Untereinfluß Ihres Dekadenzeichens Stier sind Sie charmant und kreativ. Ihr natürlicher Geschäftssinn paart sich mit einer Vorliebe für die guten Seiten des Lebens und der Liebe zu Schönheit und Kunst. Sie haben die Gabe, Situationen genau zu analysieren, und mit mehr methodischer Konzentration und Tiefsinn werden Sie gründlicher und lernen, mit großem Geschick Probleme zu lösen.

Mit Ihrem scharfen Verstand erfassen Sie Informationen blitzschnell und kommen direkt zur Sache. Sie können aber auch stur, zynisch oder unkommunikativ sein. Wenn jedoch Ihr Unternehmungsgeist und Optimismus die Oberhand haben, sind Sie sehr unterhaltsam und ein guter Gesprächspartner.

Von Kindesbeinen an bis zum Alter von 32 ist Ihre Sonne in der Waage. In dieser Zeit bedeuten Ihnen Beziehungen viel, und Sie streben nach Beliebtheit und Anerkennung. Wenn Sie 33 sind, wechselt Ihre Sonne in den Skorpion, und es kommt zu einem Wendepunkt. Jetzt wird Ihnen persönliche Macht wichtig, Sie werden selbstbewußter und kontrollierter und wünschen sich Veränderungen in Ihrem Leben. Wenn Sie 63 sind, tritt Ihre Sonne in das Zeichen des Schützen, und Sie betrachten das Leben von einer philosophischeren Warte aus. Auch suchen Sie vermehrt Abenteuer und Freiheit, möglicherweise durch Weiterbildung oder Reisen ins Ausland.

Ihr geheimes Selbst

Sie sind sensibler, als es nach außen hin scheint. Finden Sie eine Form des Ausdrucks für Ihre starken Gefühle, sonst könnten Sie das Opfer von Ängsten und Unentschlossenheit werden, vor allem in materiellen Dingen. Ein Teil von Ihnen wünscht sich Abenteuer, Veränderungen oder Reisen, während ein anderer Sicherheit und finanzielle Stabilität sucht. Schaffen Sie einen Ausgleich zwischen diesen Extremen, so daß Sie produktiv an neuen und aufregenden Projekten arbeiten können; nur so finden Sie einen Ausweg aus diesem Dilemma.

Obwohl Sie im allgemeinen kreativ und erfolgsorientiert sind, neigen Sie gelegentlich zur Realitätsflucht. Diese können Sie überwinden, wenn Sie Ihr natürliches Mitgefühl und Ihre humanitäre Seite entwickeln; denn diese idealistische Seite wünscht sich stets, anderen von Nutzen zu sein.

Beruf & Karriere

Achten Sie darauf, daß Ihr Beruf nicht monoton wird, denn Sie brauchen viel Abwechslung. Gut sind dafür Öffentlichkeitsarbeit oder Tätigkeiten, die mit Reisen zu tun haben. Mit Ihrem scharfen Verstand und Ihren analytischen Fähigkeiten nehmen Sie Informationen sehr schnell auf. Das hilft Ihnen bei Schreiben, Recht, Pädagogik und Wissenschaft, aber auch in der Geschäftswelt. Ihre rastlose Natur und Ihr Wunsch, die Welt zu entdecken, können dazu führen, daß Sie öfter den Beruf wechseln oder eine Arbeit wählen, die sehr viel Aktivität mit sich bringt.

Berühmte Persönlichkeiten dieses Tages sind der Schriftsteller William Golding, der Beatles-Manager Brian Epstein, der Schauspieler Jeremy Irons, die Sängerin «Mama» Cass Elliot, die Designerin Zandra Rhodes und der französische Kardinal Richelieu.

Numerologie

Menschen mit der Geburtstagszahl 19 werden oft als heiter, ehrgeizig, dynamisch, überidealistisch und sensibel beschrieben. Sie sind entschlossen, erfinderisch und haben ein ausgeprägtes Wahrnehmungsvermögen, Ihre träumerische Seite ist dagegen sehr mitfühlend, idealistisch und kreativ. Das Bedürfnis, jemand zu sein, macht Sie dramatisch, und Sie spielen sich gern in den Vordergrund. Auf andere wirken Sie selbstbewußt und widerstandsfähig, doch aufgrund innerer Spannungen leiden Sie oft unter Stimmungsschwankungen. Sie sind sehr stolz und müssen möglicherweise lernen, daß sich die Welt nicht nur um Sie allein dreht. Der Untereinfluß der Monatszahl 9 führt dazu, daß Sie sehr aufnahmefähig sind. Da Sie auch eine humanitäre Seite haben, engagieren Sie sich gern für das Wohl anderer. Oft stellen Sie an sich selbst hohe Ansprüche und sind sich selbst und anderen gegenüber entsprechend kritisch. Obwohl Sie ehrgeizig sind, können gelegentlich Selbstzweifel und Unsicherheit Ihre Motivation lähmen.

Positiv: dynamisch, konzentriert, kreativ, führungsstark, progressiv, optimistisch, kämpferisch, unabhängig, gesellig.

Negativ: egozentrisch, depressiv, überbesorgt, Angst vor Zurückweisung, materialistisch, egoistisch, ungeduldig.

Liebe & Zwischenmenschliches

Sie sind nicht nur geistig rege, sondern auch sensibel und empfänglich. Ihr Bedürfnis nach Sicherheit und Stabilität kann ein wichtiger Faktor in Ihren Beziehungen sein. Wenn Sie sich Zeit nehmen und Geduld üben, lernen Sie, wem Sie Vertrauen und Liebe schenken können. Stürzen Sie sich aber Hals über Kopf in eine Beziehung, kann das bei Ihnen zu emotionalen Spannungen, Angst oder Mißtrauen führen. Das Bedürfnis, an neuen Orten wieder neu anzufangen, prägt Ihr Leben. Wenn sich neue Chancen bieten, lernen Sie, die Vergangenheit loszulassen, und gewinnen wieder mehr Vertrauen in die Zukunft.

rücksichtslos auf dem Weg nach oben. Die Kritikfähigkeit, die von Al Kaid ausgeht, sollten Sie positiv nutzen.

- Positiv: reger Verstand, gute Wahrnehmung und rasche Auffassungsgabe, freundlich, Arbeit mit Kindern.
- Negativ: Kritik, Klatsch, Sorgen, empfindlich, nervös, Neigung zu Lügen, ungeduldig, launisch.

Ihr Partner

Wenn Sie jemanden suchen, bei dem Sie Sicherheit, Vertrauen und Liebe finden, sollten Sie sich unter den Menschen umsehen, die an folgenden Tagen geboren sind:

Liebe & Freundschaft: 4., 13., 19., 23., 24. Jan., 2., 11., 17., 21., 22. Feb., 9., 15., 19., 28., 29., 30. März, 7., 13., 17., 26., 27. April, 5., 11., 15., 24., 25., 26. Mai, 3., 9., 13., 22., 23., 24. Juni, 1., 7., 11., 20., 21., 22. Juli, 5., 9., 18., 19., 20. Aug., 3., 7., 16., 17., 18. Sept., 1., 5., 14., 15., 16., 29., 31. Okt., 3., 12., 13., 14., 27., 29. Nov., 1., 10., 11., 12., 25., 27., 29. Dez.

Günstig: 7., 15., 20., 31. Jan., 5., 13., 18., 29. Feb., 3., 11., 16., 27. März, 1., 9., 14., 25. April, 7., 12., 23. Mai, 5., 10., 21. Juni, 3., 8., 19. Juli, 1., 6., 17., 30. Aug., 4., 15., 28. Sept., 2., 13., 26. Okt., 11., 24. Nov., 9., 22. Dez.

Schicksalhaft: 15., 16., 17., 18. März

Problematisch: 6., 14., 30. Jan., 4., 12., 28. Feb., 2., 10., 26. März, 8., 24. April, 6., 22. Mai, 4., 20. Juni, 2., 18. Juli, 16. Aug., 14. Sept., 12. Okt., 10. Nov., 8. Dez.

Seelenverwandt: 30. April, 28. Mai, 26. Juni, 24. Juli, 22. Aug., 20. Sept., 18. Okt., 16. Nov., 14., 26. Dez.

20. September

SONNE: JUNGFRAU
DEKADE: STIER/VENUS
GRAD: 26°45' – 27°30' JUNGFRAU
ART: BEWEGLICHES ZEICHEN
ELEMENT: ERDE

Fixsterne

Al Kaid, auch Benetnasch genannt; Zavijava, auch Al Araph genannt; Markeb

Hauptstern

Name des Sterns: Al Kaid, auch Benetnasch genannt
Gradposition: 25°51' – 26°50' Jungfrau zwischen den Jahren 1930 und 2000
Magnitude: 2
Stärke: ********
Orbit: 2°10'
Konstellation: Eta Ursae Majoris
Tage: 18., 19., 20., 21., 22. September
Sternqualitäten: Mond/Merkur
Beschreibung: blauer Stern im Großen Bären.

Einfluß des Hauptsterns

Al Kaid steht für wachen Verstand, das Bedürfnis nach kreativem Ausdruck, Intuition und Anpassungsfähigkeit. Unter seinem Einfluß haben Sie Freude am Gedankenaustausch, neigen aber zu raschem Meinungsumschwung. Al Kaid schenkt Ihnen Geschäftssinn, Machtstreben, Erfolgschancen, Glück und Reichtum.
Im Zusammenhang mit dem Stand Ihrer Sonne sorgt Al Kaid dafür, daß Sie gut mit Menschen umgehen können. Interessant für Sie sind Berufe, die mit Daten zu tun haben, Forschungstätigkeit oder jede andere anspruchsvolle Arbeit, die Gefühl fürs Detail verlangt. Andererseits kann Al Kaid Sie auch ruhelos und ehrgeizig machen. Auf Ihrem Weg nach oben neigen Sie zu Rücksichtslosigkeit. Die Kritikfähigkeit, die von Al Kaid ausgeht, sollten Sie positiv nutzen.

♍ Der Einfluß dieses Geburtsdatums macht Sie zu einem scharfsinnigen und praktischen Menschen, der schnell seine Chancen erkennt und gerne lernt. Da Sie ebenso clever wie sensibel sind und viel Unternehmungsgeist haben, macht es Ihnen Freude, aktiv und produktiv zu sein. Im allgemeinen optimistisch eingestellt, sind Sie direkt und ehrlich, sollten aber etwas mehr Geduld und Toleranz zeigen.

Durch den Untereinfluß Ihres Dekadenzeichens Stier sind Sie ein charmanter, intelligenter Gesprächspartner und lieben die Schönheit. Da Sie im allgemeinen viel Wert aufs Detail legen, sind Sie sehr gründlich und haben einen Sinn für Form. Sie sind nicht nur wortgewandt und überzeugend, sondern haben auch eine schnelle Auffassungsgabe. Schreiben oder irgendeine Form der Kommunikation kann eine wichtige Rolle bei Ihrem Erfolg spielen. Neben gutem Geschäftssinn haben Sie auch eine gute Wahrnehmungsfähigkeit, sollten aber aufpassen, nicht zu kritisch zu werden.

Obwohl Sie sehr praktisch sind, können Sie sehr idealistisch und intuitiv sein, und Sie verlieren nie die Gesamtübersicht. Von der Natur mit guter Überzeugungskraft und einem Faible für schlagfertigen Witz ausgestattet, fühlen Sie sich vor allem zu Menschen hingezogen, die erfolgreich und gescheit sind. Solche Kontakte können sich für Sie auch finanziell als äußerst vorteilhaft erweisen. Reisen wirkt inspirierend auf Sie und regt Sie zu mehr Wagemut an.

Von Kindesbeinen an bis zum Alter von 31 ist Ihre Sonne in der Waage. In dieser Zeit bedeuten Ihnen Beziehungen viel, und Sie streben nach Beliebtheit und Anerkennung. Wenn Sie 32 sind, wechselt Ihre Sonne in den Skorpion, und es kommt zu einem Wendepunkt. Jetzt wird Ihnen persönliche Macht wichtig, die Sie selbstbewußter und sensibler macht. Wenn Sie 62 sind, wechselt Ihre Sonne in das Zeichen des Schützen, und Sie betrachten das Leben von einer philosophischeren Warte aus. Jetzt möchten Sie Ihren Horizont erweitern und suchen Abenteuer und Freiheit, möglicherweise durch Weiterbildung oder Reisen ins Ausland.

Ihr geheimes Selbst

Trotz Ihrer Sehnsucht nach Frieden suchen Sie ständig nach geistigen Herausforderungen. Wenn Sie lernen, sich zu konzentrieren, etwa durch Nachdenken oder Meditieren, können Sie Ihre innere Rastlosigkeit besser in den Griff bekommen. Sie sind extrem sensibel und verletzlich, auch wenn Sie nach außen hin selbstbewußt und stark erscheinen. Deshalb brauchen Sie auch einen sicheren Hafen, der Sie vor der Welt schützt. Aus diesem Grund spielt Ihr Zuhause eine wichtige Rolle in Ihrem Leben. Achten Sie bei Ihrer Suche nach Harmonie aber darauf, daß Sie nicht in Routine versinken. Obwohl Sie durchaus verantwortungsbewußt sind, müssen Sie lernen, selbstloser zu sein und Opfer zu bringen. Diese Erfahrung können Sie machen, wenn Sie sich für eine gute Sache engagieren oder auch nur in Ihrer engsten Umgebung für Ruhe und Frieden sorgen.

Beruf & Karriere

Am besten eignen Sie sich für Berufe, in denen Sie Ihre Gabe, mit Menschen umzugehen, nutzen können. Da Sie voller Ideen stecken, die sich zu Geld machen lassen, und überdies gut planen und organisieren können, bieten Verkauf, Öffentlichkeitsarbeit,

Promotion oder Werbung für Sie erfolgversprechende Möglichkeiten. Mit ihren analytischen Fähigkeiten und dem Talent zu recherchieren liegen Ihnen auch Berufe wie Statistiker, Wissenschaftler oder Pädagoge. Auch wenn Sie einen guten Geschäftssinn haben, ist Ihre kreative Seite mehr an Tätigkeiten in der Welt von Musik, Theater oder Kunst interessiert. Besonders erfolgreich sind Sie, wenn Sie im Team arbeiten. Ihrem idealistischen Zug kommen Sie in sozialen Berufen, in Psychologie oder Wohltätigkeit entgegen.

Berühmte Persönlichkeiten dieses Tages sind die Schauspielerin Sophia Loren, der Schriftsteller Upton Sinclair, der Musiker «Jelly Roll» Morton und die Psychologin Joyce Brothers.

- Positiv: reger Verstand, gute Wahrnehmung und rasche Auffassungsgabe, sympathisch, freundlich, Arbeit mit Kindern.
- Negativ: Kritik, Klatsch, Sorgen, empfindlich, nervös, Neigung zu Lügen, ungeduldig, launisch.

Numerologie

Mit der Geburtstagszahl 20 sind Sie intuitiv, sensibel, anpassungsfähig und verständnisvoll. Gern sehen Sie sich als Teil einer größeren Gruppe und lieben gemeinschaftliche Aktivitäten, bei denen Sie mit anderen Erfahrungen teilen und von ihnen lernen können. Von Natur aus charmant und liebenswürdig, eignen Sie sich schnell diplomatische und soziale Fähigkeiten an und können sich mit Leichtigkeit in den verschiedensten gesellschaftlichen Kreisen bewegen. Allerdings sind Sie leicht verletzbar und sollten sich von der Kritik anderer weniger beeindrucken lassen. In zwischenmenschlichen Beziehungen müssen Sie aufpassen, daß Sie sich nicht zum Märtyrer machen, mißtrauisch oder abhängig werden. Der Untereinfluß der Monatszahl 9 bedeutet, daß Sie ein idealistischer Visionär mit Dynamik und Energie sind. Oft sehr sensibel, sind Sie leicht beeinflußbar und sehr empfänglich. Sie sind ein Meister darin, für eine harmonische und gemütliche Atmosphäre zu sorgen. Sie sollten Ihre Kreativität einsetzen, um etwas Besonderes und Einzigartiges zu schaffen, das andere inspiriert oder ihnen in irgendeiner Weise von Nutzen ist.

Positiv: guter Partner, sanft, taktvoll, aufgeschlossen, rücksichtsvoll, harmonisch, angenehm, freundschaftlich.

Negativ: mißtrauisch, mangelndes Selbstvertrauen, servil, überempfindlich, selbstsüchtig, leicht verletzbar.

Liebe & Zwischenmenschliches

Sie sind intelligent, rücksichtsvoll und verstandesgelenkt und wissen im allgemeinen sehr genau, was Sie von einer Beziehung erwarten. Oft gehen Sie ungewöhnliche oder unkonventionelle Partnerschaften ein. Von Natur aus pragmatisch, verlieben Sie sich nicht oft und ziehen sich aus nicht funktionierenden Beziehungen schnell zurück. Da Sie geistig rege sind, benötigen Sie jemanden, der Ihr Interesse wachhält.

Ihr Partner

Ihren Traumpartner werden Sie mit großer Wahrscheinlichkeit unter den an den folgenden Tagen geborenen Menschen finden:

Liebe & Freundschaft: 3., 4., 14., 20., 24., 25. Jan., 1., 2., 12., 18., 22. Feb., 10., 16., 20. März, 8., 14., 18., 27., 28. April, 6., 12., 16., 25., 26., 31. Mai, 4., 10., 14., 23., 24., 29. Juni, 2., 8., 12., 21., 22., 27. Juli, 6., 10., 19., 20., 25. Aug., 4., 8., 17., 18., 23. Sept., 2., 6., 15., 16., 21., 30. Okt., 4., 13., 14., 19., 28., 30. Nov., 2., 11., 12., 17., 26., 28., 30. Dez.

Günstig: 4., 8., 21. Jan., 1., 2., 6., 19. Feb., 4., 17., 28. März, 2., 15., 16. April, 13., 24. Mai, 11., 22. Juni, 9., 20. Juli, 7., 18., 31. Aug., 5., 16., 29. Sept., 3., 14., 27. Okt., 1., 12., 25. Nov., 10., 23. Dez.

Schicksalhaft: 3. Jan., 1. Feb., 16., 17., 18., 19. März, 31. Mai, 29. Juni, 27. Juli, 25. Aug., 23. Sept., 21. Okt., 19. Nov., 11., 17. Dez.

Problematisch: 7., 10., 15., 31. Jan., 5., 8., 13., 29. Feb., 3., 6., 11., 27. März, 1., 4., 9., 25. April, 2., 7., 23. Mai, 5., 21. Juni, 3., 19. Juli, 1., 17. Aug., 15. Sept., 13. Okt., 11. Nov., 9. Dez.

Seelenverwandt: 31. März, 29. April, 27. Mai, 25. Juni, 23. Juli, 21. Aug., 19. Sept., 17., 29. Okt., 15., 27. Nov., 13., 25. Dez.

21. September

SONNE: JUNGFRAU
DEKADE: STIER/VENUS
GRAD: 27°45' – 28°45' JUNGFRAU
ART: BEWEGLICHES ZEICHEN
ELEMENT: ERDE

Fixsterne

Al Kaid, auch Benetnasch genannt; Zavijava, auch Al Araph genannt; Markeb

Hauptstern

Name des Sterns: Al Kaid, auch Benetnasch genannt
Gradposition: 25°51' – 26°50' Jungfrau zwischen den Jahren 1930 und 2000
Magnitude: 2
Stärke: ********
Orbit: 2°10'
Konstellation: Eta Ursae Majoris
Tage: 18., 19., 20., 21., 22. September
Sternqualitäten: Mond/Merkur
Beschreibung: blauer Stern im Großen Bären.

Einfluß des Hauptsterns

Al Kaid steht für wachen Verstand, das Bedürfnis nach kreativem Ausdruck, Intuition und Anpassungsfähigkeit. Unter seinem Einfluß haben Sie Freude am Gedankenaustausch, neigen aber zu raschem Meinungsumschwung. Al Kaid schenkt Ihnen Geschäftssinn, Machtstreben, Erfolgschancen, Glück und Reichtum.
Im Zusammenhang mit dem Stand Ihrer Sonne sorgt Al Kaid dafür, daß Sie gut mit Menschen umgehen können. Interessant für Sie sind Berufe, die mit Daten zu tun haben, Forschungstätigkeit oder jede andere anspruchsvolle Arbeit, die Gefühl fürs Detail verlangt. Andererseits kann Al Kaid Sie auch ruhelos und ehrgeizig machen. Auf Ihrem Weg nach oben neigen Sie zu Rücksichtslosigkeit. Die Kritikfähigkeit, die von Al Kaid ausgeht, sollten Sie positiv nutzen.

♍ Sie sind unabhängig, freundlich und gesellig, haben großes kreatives Potential und ein starkes Bedürfnis, sich auszudrücken. Deshalb sind Sie im allgemeinen auch wortgewandt. Achten Sie darauf, daß Sie Ihre Kraft nicht vergeuden, indem Sie zu vielen verschiedenen Interessen nachgehen oder sich von Ängsten oder Unentschlossenheit plagen lassen.

Durch den Untereinfluß Ihres Dekadenzeichens Stier sind Ihnen Liebe und Zuneigung sehr wichtig. Er macht Sie praktisch, wissensdurstig und sehr charmant. Ihre Liebe zu Schönheit und Form drückt sich in gutem Geschmack aus und führt dazu, daß Sie Kunst, Natur und die schönen Dinge des Lebens schätzen. Sie haben ausgezeichnete Kommunikationsfähigkeiten und legen viel Wert aufs Detail, müssen sich aber davor hüten, nicht immer wieder die gleichen Themen durchzukauen und überkritisch zu werden. Zum Glück schenkt Ihnen derselbe Einfluß aber auch einen natürlichen Geschäftssinn, der Ihnen auf Ihrem Weg zum Erfolg von großem Nutzen ist.

Manchmal sind Sie äußerst warmherzig und optimistisch, dann wieder kalt und reizbar, vor allem wenn Sie keine positiven Ziele haben. Sie sind zwar von Natur aus intuitiv, aber spirituellen Dingen gegenüber eher skeptisch eingestellt. Ihre ausgeprägte Intellektualität eröffnet Ihnen jedoch auf Ihrer Suche nach Weisheit zahlreiche Wege. Von Kindesbeinen an bis zum Alter von 30 ist Ihre Sonne in der Waage. In dieser Zeit bedeuten Ihnen Beziehungen viel, und Sie streben nach Beliebtheit und Anerkennung. Wenn Sie 31 sind, wechselt Ihre Sonne in den Skorpion, und es kommt zu einem Wendepunkt. Jetzt wird Ihnen persönliche Macht wichtig, durch die Sie entschlossener und kontrollierter werden. Vielleicht wünschen Sie sich auch Veränderungen in Ihrem Leben. Wenn Sie 61 sind, wechselt Ihre Sonne in das Zeichen des Schützen. Jetzt betrachten Sie das Leben von einer philosophischeren Warte aus und werden freiheitsliebender und abenteuerlustiger.

Ihr geheimes Selbst

Obwohl Sie einen ausgeprägten Sinn für Werte haben, müssen Sie oft gegen Zweifel ankämpfen, die Ihr Selbstbewußtsein unterminieren. Wenn Sie lernen, Ihre intuitiven Kräfte einzusetzen, können Sie mehr Selbstvertrauen entwickeln und sich auf Ihre inneren Ressourcen verlassen. Sie haben viel innere Würde und Stolz, was dazu führt, daß Sie es hassen, zu versagen. Wenn Sie aber keine Risiken mehr eingehen, werden Sie Ihr Potential nicht ausschöpfen können. Da Sie sich leicht langweilen, brauchen Sie etwas im Leben, das Sie herausfordert und motiviert. Durch Ausdauer und Durchhaltevermögen erreichen Sie Ihre Ziele. Sie sind im allgemeinen vielseitig und erfolgreich, aber auch impulsiv und haben einen Hang zur Verschwendung. Wenn Ihnen das bewußt ist, können Sie Ihre Finanzen besser unter Kontrolle halten. Ihr Wunsch nach Veränderung und Ihre Abneigung gegen enge Fesseln können Sie dazu antreiben, viele verschiedene Wege auf Ihrer Suche nach Befriedigung auszuprobieren. Dazu gehören möglicherweise Reisen oder ein Beruf, bei dem Sie Ihren Horizont erweitern können und der Ihnen stets neue Möglichkeiten bietet.

Beruf & Karriere

Ihre Arbeit spielt eine herausragende Rolle in Ihrem Leben, deshalb sollten Sie das Beste aus Ihrem großen Potential machen. Mit Ihren guten Kommunikationsfähigkeiten eignen Sie sich sowohl für Verkauf wie für die Printmedien. Erfolgversprechend sind für Sie auch Tätigkeiten in Agenturen, Justiz, Theater oder Politik, aber auch in der Werbung. Ihre kreativen Begabungen können Sie in der Musik, etwa mit Gesang, ausleben. Ihr Geschäftssinn hilft Ihnen in der Geschäftswelt, wo Sie kreativ an Ihre Arbeit herangehen. Vermeiden Sie monotone Tätigkeiten und wählen Sie einen Beruf, bei dem Sie Ihre Gabe, mit Menschen umzugehen, einsetzen können. Ihren Wunsch, anderen zu helfen, erfüllen Sie sich als Berater oder Lehrer.

Berühmte Persönlichkeiten dieses Tages sind die Schriftsteller Stephen King und H. G. Wells, der Sänger und Songwriter Leonard Cohen, die Schauspieler Bill Murray und Larry Hagman und der Komponist Gustav Holst.

Numerologie

Mit der Zahl 21 werden im allgemeinen dynamischer Antrieb und Kontaktfreudigkeit verbunden. Sie sind gesellig, haben vielfältige Interessen und einen großen Freundeskreis. Mit der Geburtstagszahl 21 sind Sie lebenslustig, charmant, anziehend und kreativ. Sie können aber auch zurückhaltend und schüchtern sein, so daß Sie, vor allem in engen Beziehungen, mehr Bestimmtheit an den Tag legen sollten. Sie tendieren zu engen Partnerschaften oder Ehe und wollen für Ihre Talente und Fähigkeiten immer wieder gelobt werden. Der Untereinfluß der Monatszahl 9 ist der Grund dafür, daß Sie schlagfertig, diskret und leidenschaftlich und sehr einfühlsam sind. Ebenso rational wie phantasiebegabt, brauchen Sie eine Möglichkeit, sich uneingeschränkt ausdrücken zu können. Vermeiden Sie Unentschlossenheit und lassen Sie sich von den Ansichten anderer nicht so sehr beeindrucken. Tolerant und humanitär, streben Sie nach Gerechtigkeit und Fairneß. Überhasten Sie nichts, und verströmen Sie Ihre Energie nicht in zu viele Richtungen. Ihre tiefen Einsichten machen Sie oft visionär.

Positiv: inspiriert, kreativ, beziehungsstark und begabt für dauerhafte Beziehungen.

Negativ: anfällig für Abhängigkeit, nervös, launisch, phantasielos, leicht enttäuscht, Angst vor Veränderungen.

Liebe & Zwischenmenschliches

Sie sind von Natur aus ein schlagfertiger, unterhaltsamer, beliebter Gesellschafter. Freundlich, großzügig und gesellig, finden Sie leicht Freunde. Im allgemeinen sind Sie auch sensibel und idealistisch, mit einer romantischen Seele. Unzufriedenheit und Nervosität deuten aber darauf hin, daß Sie überkritisch und unentschlossen sein können und in bezug auf Partnerschaften und Freundschaften Ihre Meinung oft ändern. Obwohl Sie zu großen Opfern in Ihrem Liebesleben bereit sind, können Sie auch rasch kalt und desinteressiert werden. Häufig suchen Sie nach einem Partner, der sensibel und verständnisvoll ist und an Ihre Fähigkeiten glaubt.

- Positiv: reger Verstand, gute Wahrnehmung und rasche Auffassungsgabe, sympathisch, freundlich, Arbeit mit Kindern.
- Negativ: Kritik, Klatsch, Sorgen, empfindlich, nervös, Neigung zu Lügen, ungeduldig, launisch.

Im Anhang finden Sie zusätzliche Informationen über Fixsterne.

Ihr Partner

Einen liebevollen und fürsorglichen Partner werden Sie mit großer Wahrscheinlichkeit unter den an den folgenden Tagen geborenen Menschen finden:

Liebe & Freundschaft: 11., 21., 25. Jan., 9., 19., 23. Feb., 17., 21., 30. März, 15., 19., 28., 29. April, 3., 13., 17., 26., 27. Mai, 11., 15., 24., 25., 30. Juni, 9., 13., 22., 23., 28. Juli, 7., 11., 20., 21., 26., 30. Aug., 5., 9., 18., 19., 24., 28. Sept., 3., 7., 16., 17., 22., 26., 29. Okt., 1., 5., 14., 15., 20., 24., 27. Nov., 3., 12., 13., 18., 22., 25., 27., 29. Dez.

Günstig: 5., 13., 16., 22., 28. Jan., 3., 11., 14., 20., 26. Feb., 1., 9., 12., 18., 24., 29. März, 7., 10., 16., 22., 27. April, 5., 8., 14., 20., 25. Mai, 3., 6., 12., 18., 23. Juni, 1., 4., 10., 16., 21. Juli, 2., 8., 14., 19. Aug., 6., 12., 17. Sept., 4., 10., 15. Okt., 2., 8., 13. Nov., 6., 11. Dez.

Schicksalhaft: 17., 18., 19., 20. März, 30. Juni, 28. Juli, 26. Aug., 24. Sept., 22. Okt., 20. Nov., 18. Dez.

Problematisch: 2., 23., 30. Jan., 21., 28. Feb., 19., 26., 28. März, 17., 24., 26. April, 15., 22., 24. Mai, 13., 20., 22. Juni, 11., 18., 20. Juli, 16., 18., 19. Aug., 7., 14., 16. Sept., 5., 12., 14. Okt., 3., 10., 12. Nov., 1., 8., 10. Dez.

Seelenverwandt: 14., 22. Jan., 12., 20. Feb., 10., 18. März, 8., 16. April, 6., 14. Mai, 4., 12. Juni, 2., 10. Juli, 8. Aug., 6. Sept., 4. Okt., 2. Nov.

22. September

SONNE: AN DER GRENZE
JUNGFRAU/WAAGE
DEKADE: STIER/VENUS
GRAD: 28°45' – 29°45' JUNGFRAU
ART: BEWEGLICHES ZEICHEN
ELEMENT: ERDE

Fixstern

Name des Sterns: Al Kaid, auch Benetnasch genannt
Gradposition: 25°51' – 26°50' Jungfrau zwischen den Jahren 1930 und 2000
Magnitude: 2
Stärke: ********
Orbit: 2°10'
Konstellation: Eta Ursae Majoris
Tage: 18., 19., 20., 21., 22. September
Sternqualitäten: Mond/Merkur
Beschreibung: blauer Stern im Großen Bären.

Einfluß des Hauptsterns

Al Kaid steht für wachen Verstand, das Bedürfnis nach kreativem Ausdruck, Intuition und Anpassungsfähigkeit. Unter seinem Einfluß haben Sie Freude am Gedankenaustausch mit anderen, neigen aber zu raschem Meinungsumschwung. Al Kaid schenkt Ihnen Geschäftssinn, Machtstreben, Erfolgschancen, Glück und Reichtum.
Im Zusammenhang mit dem Stand Ihrer Sonne sorgt Al Kaid dafür, daß Sie gut mit Menschen umgehen können. Interessant für Sie sind Berufe, die mit Daten zu tun haben, Forschungstätigkeit oder jede andere anspruchsvolle Arbeit, die Gefühl fürs Detail verlangt. Andererseits kann Al Kaid Sie auch ruhelos und ehrgeizig machen. Auf Ihrem Weg nach oben neigen Sie zu Rücksichtslosigkeit. Die Kritikfähigkeit, die von Al Kaid ausgeht, sollten Sie positiv nutzen.

- Positiv: reger Verstand, gute Wahrnehmung und rasche Auffassungsgabe, sympathisch, freundlich, Arbeit mit Kindern.
- Negativ: Kritik, Klatsch, Sorgen, empfindlich, nervös, Neigung zu Lügen, ungeduldig, launisch.

♍ Sie sind an der Grenze zwischen Jungfrau und Waage geboren, was dazu führt, daß Sie den scharfen Intellekt der Jungfrau und die Geselligkeit der Waage für sich beanspruchen dürfen. Von Grund auf praktisch, können Sie exakt, ausdauernd und präzise sein und haben viel Wettbewerbsdenken. Sie entwickeln gern originelle Ideen und lieben gute Diskussionen oder Debatten, sollten sich aber vor Streitlust oder Sarkasmus hüten. Da Sie, wenn es darauf ankommt, großes diplomatisches Geschick an den Tag legen können, sind Sie für Teamarbeit gut geeignet.

Durch den Untereinfluß Ihres Dekadenzeichens Stier können Sie wortgewandt und scharfsinnig sein, mit natürlichem Geschäftssinn. Oft haben Sie eine angenehme Stimme, eine charmante Ausstrahlung und eine Vorliebe für Schönheit und Luxus. Dank Ihrer ausgeprägten Wahrnehmungsfähigkeit sind Sie ein guter Beobachter; seien Sie aber nicht zu kritisch. Mit Ihrem Wissensdurst und Ihrem hochentwickelten Intellekt interessieren Sie sich für zahlreiche Aktivitäten. Im Freundeskreis schätzen Sie freundschaftliche Kabbeleien und haben außergewöhnlich viel Sinn für Humor.

Ihr Äußeres ist Ihnen sehr wichtig, und Sie möchten gern einen guten Eindruck machen. Wahre Befriedigung erreichen Sie am besten dadurch, daß Sie Ihre Ideale verfechten oder anderen in irgendeiner Weise behilflich sind. Da Sie hoch intuitiv sind, sollten Sie lernen, Ihren Instinkten zu vertrauen.

Da Ihre Sonne während Ihres ersten Lebensjahres in die Waage eintritt, sind Sie als Kind fröhlich und gesellig und brauchen eine harmonische Umgebung. Bis zum Alter von 30 spielen persönliche Beziehungen eine wichtige Rolle in Ihrem Leben. Wenn Ihre Sonne dann in den Skorpion wechselt, erleben Sie einen Wendepunkt. Jetzt werden Sie emotional, selbstbewußter, kontrollierter und weniger ängstlich. Mit 60, wenn Ihre Sonne in das Zeichen des Schützen wechselt, werden Sie abenteuerlustiger und philosophischer und interessieren sich vermehrt für Reisen, fremde Länder und Menschen und Weiterbildung.

Ihr geheimes Selbst

Liebe und Zuneigung sind für Sie sehr wichtig, und Sie können warmherzig, großzügig und ein guter Gesprächspartner sein. Stolz und gelegentlich zur Sturheit neigend, sind Sie aber auch launisch oder reizbar und leiden unter nervösen Spannungen. Häufig schützen Sie Ihre große Sensibilität durch Ihren scharfen Verstand. Wenn Sie sich für eine Sache entschieden haben, zeigen Sie festen Willen und Entschlossenheit. Diese Durchhaltefähigkeit führt Sie zu großen Erfolgen. Das starke Bedürfnis, den Dingen auf den Grund zu gehen und zu ergründen, was sich unter der Oberfläche befindet, macht Sie zu einem guten Psychologen. Ihr Bestreben, die Beweggründe der Menschen zu untersuchen, kann Sie mißtrauisch werden lassen, führt aber auch zu größerer Selbstkenntnis. Das kann Ihnen bei Ihrer Arbeit nützlich sein und Sie ermutigen, andere zu beeinflussen.

Beruf & Karriere

Dank Ihrer analytischen Gabe und Ihrer Kritikfähigkeit sind Sie ein ausgezeichneter Verleger, Autor, Journalist, Lehrer oder Wissenschaftler. Da Sie gerne mit Menschen zusammenarbeiten, eignen Sie sich auch für Tätigkeiten in Agenturen, Verkauf, Promotion oder Öffentlichkeitsarbeit. Mit Ihren Führungsqualitäten, Organisations- und Planungsfähigkeiten sind Sie gut im Handel, als Unterhändler bei Planung und Ausführung von Großprojekten. Da Sie ein gutes Gefühl für Struktur haben, sind Sie auch als Architekt oder technischer Zeichner geeignet. Ihre humanitäre Seite zieht Sie oft zu Sozial- oder Heilberufen, wo Sie Ihr Wissen anderen mitteilen können.

Berühmte Persönlichkeiten dieses Tages sind die Schriftstellerin Fay Weldon, der olympische Reiter Captain Mark Phillips, die Musikerin Joan Jett und der Wissenschaftler Michael Faraday.

Numerologie

Mit der Geburtstagszahl 22 sind Sie praktisch, diszipliniert und äußerst intuitiv. Die Zahl 22 ist eine Hauptzahl und schwingt als sie selbst, aber auch als 4. Sie sind ehrlich und fleißig, haben natürliche Führungsqualitäten, Charisma und tiefes Verständnis für andere. Sie sind meist zurückhaltend, zeigen aber ein fürsorgliches, um das Wohl der anderen besorgtes Wesen und starke Beschützerinstinkte. Dabei verlieren Sie nie Ihren Sinn fürs Praktische. Der Untereinfluß der Monatszahl 9 macht Sie ehrgeizig, sensibel und vorsichtig. Da Sie die Gefühle anderer respektieren, sind Sie auch verständnisvoll und fürsorglich. Energisch und begeisterungsfähig, können Sie durch harte Arbeit und Entschlossenheit zu großen Erfolgen kommen. Durch Ihre Einsichten und Ihre starken Instinkte können Sie Ihre visionären Fähigkeiten nutzen und mit kreativer Selbstverwirklichung viel erreichen. Allerdings sollten Sie pragmatischer denken und besser auf Ihre Finanzen achten.

Positiv: weltoffen, Führungsqualitäten, sehr intuitiv, pragmatisch, praktisch, geschickt, Macher, guter Organisator, Realist, Problemlöser.

Negativ: läßt sich vom schnellen Reichtum verführen, nervös, herrisch, materialistisch, phantasielos, faul, egoistisch, habgierig, fördert nur sich selbst.

Liebe & Zwischenmenschliches

Sie vertreten feste Ansichten und Meinungen und brauchen Partnerschaften. Da Liebe und Freundschaft für Sie so wichtig sind, setzen Sie oft Ihre diplomatischen Fähigkeiten ein oder geben nach, wenn es gilt, die Harmonie in einer Beziehung aufrechtzuerhalten. Kontaktfreudig, stolz und selbstbewußt, wollen Sie den Ton angeben, wirken jedoch sehr anziehend. Immer auf der Suche nach dem idealen Partner, glauben Sie an dauerhafte Beziehungen und sind treu. Wenn Sie gelegentlich nicht die Liebe oder Aufmerksamkeit bekommen, die Sie sich wünschen, neigen Sie zu Unsicherheit oder Eifersucht.

Ihr Partner

Wenn Sie jemanden suchen, bei dem Sie Verständnis für Ihr Bedürfnis nach Liebe finden, sollten Sie sich unter den Menschen umsehen, die an den folgenden Tagen geboren sind:

Liebe & Freundschaft: 6., 16., 22., 26. Jan., 4., 14., 20., 24. Feb., 2., 12., 18., 22. März, 10., 16., 20., 30. April, 8., 14., 18., 28. Mai, 6., 12., 16., 26. Juni, 4., 10., 14., 24., 31. Juli, 2., 8., 12., 22., 29. Aug., 6., 10., 20., 27. Sept., 4., 8., 18., 25. Okt., 2., 6., 16., 23., 30. Nov., 4., 14., 21., 28., 30. Dez.

Günstig: 6., 17., 23., 31. Jan., 4., 15., 21., 29. Feb., 2., 13., 19., 27., 30. März, 11., 17., 25., 28. April, 9., 15., 23., 26. Mai, 7., 13., 21., 24. Juni, 5., 11., 19., 22. Juli, 3., 9., 17., 20. Aug., 1., 7., 15., 18., 30. Sept., 5., 13., 16., 28. Okt., 3., 11., 14., 26. Nov., 1., 9., 12., 24. Dez.

Schicksalhaft: 19., 20., 21. März

Problematisch: 24. Jan., 22. Feb., 20., 29. März, 18., 27., 29. April, 6., 16., 25., 27., 30. Mai, 14., 22., 25., 28. Juni, 12., 21., 23., 26. Juli, 10., 19., 21., 24. Aug., 8., 17., 19., 22. Sept., 6., 15., 17., 20. Okt., 4., 13., 15., 18. Nov., 2., 11., 13., 16. Dez.

Seelenverwandt: 13. Jan., 11. Feb., 9. März, 7. April, 5. Mai, 3., 30. Juni, 1., 28. Juli, 26. Aug., 24. Sept., 22. Okt., 20. Nov., 18. Dez.

Waage

23. September – 22. Oktober

SONNE: AN DER GRENZE
JUNGFRAU/WAAGE
DEKADE: WAAGE/VENUS
GRAD: 29°30' Jungfrau –
0°30' Waage
ART: KARDINALZEICHEN
ELEMENT: LUFT

Fixstern

Ihre Sonne ist zwar nicht mit einem Fixstern verbunden, sicherlich aber einer der anderen Planeten Ihres Sonnenzeichens. Wenn Sie sich ein Geburtshoroskop erstellen lassen, lernen Sie die exakten Positionen der Planeten an Ihrem Geburtstag kennen. Auf diese Weise können Sie feststellen, welche der Fixsterne in diesem Buch für Sie von Interesse sind.

23. September

Sie sind ein ebenso intelligenter wie sensibler Mensch mit einer direkten, aber charmanten Art. Da Sie an der Grenze zweier Zeichen geboren sind, profitieren Sie von beiden Einflüssen. Auf der einen Seite stehen hochentwickelte, praktisch ausgerichtete Intelligenz, auf der anderen musisches Talent. Leider kann Sie dieser doppelte Einfluß auch zu einem Perfektionisten machen, der zu Maßlosigkeit neigt. Gleichwohl verleiht Ihnen die Kombination aus scharfem Verstand, Führungsqualitäten und sensiblen Empfindungen das Potential zu großen Erfolgen.

Durch den Untereinfluß Ihres Dekadenzeichens Waage ziehen Sie Menschen mit Ihrer angenehmen Art und Stimme in Ihren Bann. Sie vertreten progressive Ansichten und haben großen Wissensdurst; überdies lieben Sie es, Projekte zu initiieren, die Sie geistig anregen. Obwohl Sie nach außen hin gelassen wirken, sind Sie ein willensstarker und ehrgeiziger Mensch, der mit festem Glauben und Entschlossenheit an sein Ziel gelangt. Sie sind ein produktiver Idealist mit guten sozialen Fähigkeiten, der mit Selbstdisziplin und starkem Willen seine Träume in die Tat umsetzen kann.

Als kreativer Denker mit rascher Auffassungsgabe haben Sie viel Kommunikationstalent. Obwohl Sie idealistisch sind, können Sie durchaus materialistisch denken und lieben Schönheit und Luxus. Hüten Sie sich aber vor Verschwendung oder Eitelkeit. Ihr scharfer Intellekt spielt eine große Rolle auf Ihrem Weg zum Erfolg, deshalb brauchen Sie Arbeit oder andere Aktivitäten, die Sie geistig wachhalten.

Bis zum Alter von 29 dreht sich Ihr Leben um Dinge wie Geld, Kreativität und Harmonie in Ihren Beziehungen. Wenn Sie 30 sind, tritt Ihre Sonne in das Zeichen des Skorpion. Nach diesem Wendepunkt wünschen Sie sich tiefgreifende emotionale Veränderung und Verwandlung. Ein weiterer Wendepunkt folgt, wenn Sie 60 sind und Ihre Sonne in das Zeichen des Schützen eintritt. In dieser Phase werden Sie abenteuerlustiger und freiheitsliebender und wenden sich Reisen oder Weiterbildung zu.

Ihr geheimes Selbst

Auch wenn Sie sehr selbstbewußt erscheinen, reagieren Sie doch sehr sensibel auf Ihre Umwelt. Liebevoll und diplomatisch, können Sie ein freundlicher und anregender Gefährte sein. Wenn Sie aber Ihr seelisches Gleichgewicht verlieren, werden Sie launisch, kalt oder desinteressiert. Obwohl Sie gern Menschen um sich herum haben, brauchen Sie in Partnerschaften eine gewisse Unabhängigkeit. Damit Sie glücklich sein können, muß Ihre Partnerschaft auf Fairneß und ausgeglichenem Geben und Nehmen basieren.

Da Sie mitfühlend und stark sind, wenden sich oft andere mit der Bitte um Hilfe und Unterstützung an Sie. Meist träumen Sie selbst von einer liebevollen Partnerschaft oder einer Form der kreativen Selbstverwirklichung durch Musik, Kunst oder Spiritualität. Wird Ihre Sensibilität unterdrückt, werden Sie ängstlich und feindselig. Ihr Vorteil aber ist, daß Sie wunderbar mit anderen zusammenarbeiten können, vor allem in produktiven Partnerschaften und Teams.

Beruf & Karriere

Flexibilität und natürliche Kommunikationsfähigkeiten bringen mit sich, daß Sie gern mit Menschen zusammen sind, was Sie besonders für Öffentlichkeitsarbeit oder Promotion begabt. Dank Ihrem Charme und Ihrer Überzeugungskraft können Sie auch die

Aufgabe als Sprecher eines Teams übernehmen. Ihr Wissensdurst zieht Sie zu Pädagogik oder Publizistik. Zwar anpassungsfähig, bringen Sie jedoch durch unkonventionelle Ideen immer wieder frischen Wind in alte Konzepte. Wenn Sie an eine Sache wirklich glauben, sind Sie auch ein guter Vertreter oder Agent. Ihre Liebe zur Musik öffnet Ihnen auch die Welt des Entertainments.

Berühmte Persönlichkeiten dieses Tages sind die Musiker Bruce Springsteen, Ray Charles und John Coltrane, der Sänger Julio Iglesias, die Schauspielerin Romy Schneider und der Publizist Walter Lippmann.

Numerologie

Zu den Eigenschaften der Zahl 23 gehören Intuition, Sensibilität und Kreativität. Im allgemeinen sind Sie vielseitig, leidenschaftlich und geistig beweglich, haben eine professionelle Einstellung und einen Kopf voller schöpferischer Ideen. Mit der Geburtstagszahl 23 können Sie sich schnell in neue Gebiete einarbeiten, ziehen aber die Praxis der Theorie vor. Sie lieben Reisen und Abenteuer und lernen gern neue Menschen kennen. Aufgrund der Rastlosigkeit, die von der 23 ausgeht, suchen Sie ständig neue Herausforderungen und sind fähig, aus jeder Situation das Beste zu machen. Freundlich und lebenslustig, haben Sie Mut und Antriebskraft und müssen ein aktives Leben führen, um Ihr Potential zur Entfaltung zu bringen. Der Untereinfluß der Monatszahl 9 bewirkt, daß Sie intuitiv, phantasiebegabt, vielseitig talentiert und praktisch sind, aber mehr Ordnungssinn und Geduld brauchen. Überdies langweilen Sie sich schnell, was gelegentlich dazu führt, daß Sie auf halbem Weg Ihre Meinung ändern. Sie werden enorm davon profitieren, wenn Sie erst eine Aufgabe zu Ende bringen, bevor Sie eine neue anfangen.

Positiv: treu, verantwortungsbewußt, reiselustig, kommunikativ, intuitiv, kreativ, vielseitig, zuverlässig, oft berühmt.

Negativ: selbstsüchtig, unsicher, stur, kompromißlos, penibel, nichtssagend, verschlossen, voller Vorurteile.

Liebe und Zwischenmenschliches

Dank Ihrem Charme finden Sie leicht Freunde und Partner. Sie binden sich nicht sofort an jemanden; wenn Sie es aber tun, sind Sie zu allem bereit, um die Harmonie in der Beziehung aufrechtzuerhalten. Da Sie romantisch sind und emotionale Stabilität brauchen, sind Sie im allgemeinen treu. Auch wenn Sie enttäuscht wurden, versuchen Sie, Ihre Partnerschaft fortzuführen, vor allem wenn Sie eine Frau sind. Männer sind vielleicht weniger geduldig, glauben aber dennoch weiterhin an das Ideal der perfekten Partnerschaft.

Ihr Partner

Ihren Traumpartner werden Sie mit großer Wahrscheinlichkeit unter den an den folgenden Tagen geborenen Menschen finden:

Liebe & Freundschaft: 1., 4., 27., 28., 29. Jan., 2., 25., 27. Feb., 23., 25. März, 21., 23. April, 19., 21., 29. Mai, 17., 19., 27. Juni, 15., 17., 25. Juli, 13., 15., 23. Aug., 11., 13., 21. Sept., 9., 11., 19. Okt., 7., 9., 17. Nov., 5., 7., 15. Dez.

Günstig: 3., 10., 15., 18. Jan., 1., 8., 13., 16. Feb., 6., 11., 14., 29., 31. März, 4., 9., 12., 27., 29. April, 2., 7., 10., 25., 27. Mai, 5., 8., 23., 25. Juni, 3., 6., 21., 23. Juli, 1., 4., 19., 21. Aug., 2., 17., 19. Sept., 15., 17. Okt., 13., 15. Nov., 11., 13. Dez.

Schicksalhaft: 19., 20., 21., 22. März, 30. April, 28. Mai, 26. Juni, 24. Juli, 22. Aug., 20. Sept., 18. Okt., 16. Nov., 14. Dez.

Problematisch: 9., 14., 16., 25. Jan., 7., 12., 14., 23. Feb., 5., 10., 12., 21., 28., 30. März, 3., 8., 10., 19., 26., 28. April, 1., 6., 8., 17., 24., 26. Mai, 4., 6., 15., 22., 24. Juni, 2., 4., 13., 20., 22. Juli, 2., 11., 18., 20. Aug., 9., 16., 18. Sept., 7., 14., 16. Okt., 5., 12., 14. Nov., 3., 10., 12. Dez.

Seelenverwandt: 29. Dez.

SONNE: WAAGE
DEKADE: WAAGE/VENUS
GRAD: 0°30' – 1°30' WAAGE
ART: KARDINALZEICHEN
ELEMENT: LUFT

Fixstern

Ihre Sonne ist zwar nicht mit einem Fixstern verbunden, sicherlich aber einer der anderen Planeten Ihres Sonnenzeichens. Wenn Sie sich ein Geburtshoroskop erstellen lassen, lernen Sie die exakten Positionen der Planeten an Ihrem Geburtstag kennen. Auf diese Weise können Sie feststellen, welche der Fixsterne in diesem Buch für Sie von Interesse sind.

24. September

♎ Mit diesem Geburtsdatum sind Sie ein freundlicher, mitfühlender und netter Mensch mit ausgeprägtem Sinn für Gerechtigkeit. Familie und Heim spielen für Sie eine große Rolle. In schwierigen Situationen setzen Sie gern Ihr diplomatisches Geschick ein. Von Natur aus ebenso großzügig wie romantisch, sind Sie eine Mischung aus Charisma und Führungsqualität. Da Sie wissen, wie Sie Ihren Einfluß gesellschaftlich nutzen können, kommen Sie mit Menschen aller Kreise zusammen.

Durch den Untereinfluß Ihres Dekadenzeichens Waage lieben Sie Luxus und schöne Dinge. Mit Hilfe Ihrer inspirierten Ideen können Sie musische oder kreative Talente, die in Ihnen schlummern, fördern. Allerdings müssen Sie die notwendige Geduld und Selbstdisziplin aufbringen, um aus Ihrem großen Potential das Beste zu machen.

Je älter und unabhängiger Sie werden, desto besser wird das Leben für Sie. Sie müssen lernen, für Ihre Überzeugungen einzustehen, auch wenn Sie dadurch mit anderen in Konflikt geraten. Als guter Organisator und sehr geselliger Mensch sind Sie gefragt als Entertainer und Gastgeber. Sie sollten aber aufpassen, daß Sie aufgrund Ihrer Vorliebe für Entspannung und Muße nicht in bequeme Routine verfallen. In Ihrem Innern haben Sie eine rebellische humanitäre Ader und den Wunsch nach Action, so daß Sie immer wieder gegen Mittelmäßigkeit kämpfen.

Bis zum Alter von 28 dreht sich Ihr Leben hauptsächlich um gesellschaftliche Beziehungen und um ein harmonisches und luxuriöses Ambiente. Ein Wendepunkt erfolgt, wenn Sie 29 sind und Ihre Sonne in den Skorpion tritt. Jetzt wünschen Sie sich emotionale Veränderung und versuchen, den tieferen Sinn Ihres Lebens zu ergründen. Ein weiterer Wendepunkt folgt, wenn Sie 59 sind und Ihre Sonne in den Schützen tritt. Nun werden Sie abenteuerlustiger und wollen das Leben geistig oder physisch erkunden, vor allem durch Reisen, Weiterbildung oder Menschen aus fremden Ländern, die Ihren Horizont erweitern.

Ihr geheimes Selbst

Wenn es Ihnen gutgeht, haben Sie genügend Distanz, um das Leben auf heitere, humorvolle und unterhaltsame Weise zu betrachten. Wenn Sie aber deprimiert oder enttäuscht sind, kann sich das erheblich auf Ihre Beziehung zu Ihren Mitmenschen auswirken. Entweder Sie versuchen, andere zu beherrschen, oder Sie lassen niemanden mehr an sich heran. Wenn das der Fall ist, sollten Sie Ihre starken Gefühle stabilisieren, indem Sie zwar weiterhin Verantwortungsbewußtsein zeigen, aber versuchen, sich selbst nicht ganz so wichtig zu nehmen. Im allgemeinen dauert es aber nicht lange, bis Ihre warmherzige, großzügige und freundliche Art wieder die Oberhand gewinnt.

Sie haben ein großes Machtpotential, mit dem Sie andere beeinflussen können, sei es als Künstler, Politiker, Entertainer oder geistiger Führer. Sie respektieren Menschen, die Sie geistig wachhalten und Ihnen verbal Paroli bieten. Da Sie ein guter Beobachter sind und Menschen gut einschätzen können, fällt es Ihnen nicht schwer, die menschliche Natur zu begreifen. Diese Gaben helfen Ihnen auch, nützliche soziale Kontakte zu knüpfen.

Beruf & Karriere

Da Sie kreativ und idealistisch sind, engagieren Sie sich gern für eine gute Sache. Sie sind großzügig und haben praktische Fähigkeiten. Ihre charismatische und einnehmende Persönlichkeit beweist ihre Führungsqualitäten gern bei der Organisation von Großanlässen oder gesellschaftlichen Veranstaltungen. Mit Ihrem diplomatischen Geschick und Ihrem Charme gewinnen Sie leicht die Sympathie und Anerkennung anderer. Ihre humanitäre Seite zieht Sie zu Wohlfahrtsorganisationen oder Ehrenämtern in Hilfsvereinen. Da Sie sehr kompromißbereit sind, eignen Sie sich auch gut als Vermittler. Mit Ihrem Verantwortungsbewußtsein und Fleiß sind Sie begabt für Recht und soziale Reformen. Ihre starken Gefühle kommen zum Ausdruck in den Printmedien, bei Design, Theater, Musik oder Kunst.

Berühmte Persönlichkeiten dieses Tages sind der Schriftsteller F. Scott Fitzgerald, der Sänger Anthony Newley, der Erfinder der Muppets Jim Henson und die Fotografin und Musikerin Linda McCartney.

Numerologie

Auf die Zahl 24 ist zurückzuführen, daß Sie Routine hassen, was aber nicht bedeutet, daß Sie nicht dank praktischer Fähigkeiten und gutem Urteilsvermögen hart arbeiten können. Die Sensibilität der Geburtstagszahl 24 bringt mit sich, daß Sie Stabilität und Ordnung brauchen. Sie sind fair und gerecht, gelegentlich zurückhaltend und davon überzeugt, daß Taten mehr sagen als Worte. Mit dieser pragmatischen Lebenseinstellung entwickeln Sie auch einen guten Geschäftssinn und die Fähigkeit, auf Ihrem Weg zum Erfolg Hindernisse zu überwinden. Möglicherweise müssen Sie einen Hang zu Sturheit oder fixen Ideen bekämpfen. Der Untereinfluß der Monatszahl 9 bewirkt, daß Sie phantasiebegabt und großzügig sind und tiefe Gefühle haben. Von Natur aus idealistisch und romantisch, können Sie ein hingebungsvoller Freund und Partner sein. Heim und Familie spielen eine wichtige Rolle in Ihrem Leben, und für Ihre Lieben sind Sie auch zu Opfern bereit. Kreative Selbstverwirklichung ist für Ihre innere Zufriedenheit von großer Bedeutung, da Sie sonst unter verdrängten Gefühlen und Frustration leiden.

Positiv: idealistisch, praktisch, entschlossen, ehrlich, direkt, fair, großzügig, energisch.

Negativ: materialistisch, labil, haßt Routine, faul, mangelndes Selbstvertrauen, dominierend, stur.

Liebe & Zwischenmenschliches

Da Sie charmant und gesellig sind, fällt es Ihnen nicht schwer, Freunde und Partner zu finden. Liebe und eine sichere Beziehung sind sehr wichtig für Sie, vor allem weil Sie sehr viel Wert auf ein liebevolles und stabiles Zuhause legen. Für Harmonie und Frieden sind Sie im allgemeinen zu Opfern bereit. Aufgrund eines Hangs zur Sturheit können Sie aber auch ziemlich unflexibel werden, wenn Sie an etwas fest glauben. Als treuer Freund voller Warmherzigkeit und Großzügigkeit macht es Ihnen Freude, andere zu unterhalten.

Ihr Partner

Den Partner fürs Leben werden Sie mit großer Wahrscheinlichkeit unter den an den folgenden Tagen geborenen Menschen finden:

Liebe & Freundschaft: 2., 5., 28. Jan., 3., 26. Feb., 1., 24. März, 22. April, 20., 29., 30. Mai, 18., 27., 28. Juni, 16., 25., 26. Juli, 14., 23., 24. Aug., 12., 21., 22. Sept., 10., 19., 20., 29., 31. Okt., 8., 17., 18., 27., 29. Nov., 6., 15., 16., 25., 26. Dez.

Günstig: 2., 10., 13., 16. Jan., 8., 11., 14. Feb., 6., 9., 12. März, 4., 7., 10. April, 2., 5. Mai, 3., 6. Juni, 1., 4., 30. Juli, 2., 28., 30. Aug., 26., 28. Sept., 24., 26. Okt., 22., 24. Nov., 20., 22., 30. Dez.

Schicksalhaft: 21., 22., 23. März, 31. Okt., 29. Nov., 27. Dez.

Problematisch: 3., 8., 10. Jan., 1., 7., 8. Feb., 5., 6., 31. März, 3., 4., 29. April, 1., 2., 27. Mai, 25. Juni, 23. Juli, 2., 21., 31. Aug., 19., 29. Sept., 17., 27. Okt., 15., 25. Nov., 13., 23. Dez.

Seelenverwandt: 5. Jan., 3. Feb., 1. März, 30. Mai, 28. Juni, 26. Juli, 24. Aug., 22. Sept., 20. Okt., 18. Nov., 16. Dez.

SONNE: WAAGE
DEKADE: WAAGE/VENUS
GRAD: 1°30' – 2°30' WAAGE
ART: KARDINALZEICHEN
ELEMENT: LUFT

Fixstern

Ihre Sonne ist zwar nicht mit einem Fixstern verbunden, sicherlich aber einer der anderen Planeten Ihres Sonnenzeichens. Wenn Sie sich ein Geburtshoroskop erstellen lassen, lernen Sie die exakten Positionen der Planeten an Ihrem Geburtstag kennen. Auf diese Weise können Sie feststellen, welche der Fixsterne in diesem Buch für Sie von Interesse sind.

25. September

♎ Sie sind ein charmanter, sensibler und scharfsinniger Mensch mit einem warmen Herzen. Idealistisch und großzügig, führen Sie ein aktives gesellschaftliches Leben, haben dabei aber einen ausgeprägten Sinn für Disziplin und Pflichtbewußtsein. Charakteristisch für Sie ist eine breite Gefühlspalette, die von Härte und Unpersönlichkeit bis hin zu Fürsorglichkeit und Mitgefühl reicht.

Durch den Untereinfluß Ihres Dekadenzeichens Waage sind Ihnen Liebe und Zuneigung besonders wichtig. Dank Ihrer sozialen Fähigkeiten können Sie gut mit Menschen umgehen, vor allem wenn Sie Ihr besonderes Charisma einsetzen. Als guter Organisator können Sie dafür sorgen, daß andere sich wohl fühlen, und sind mit Ihrem scharfen Verstand unterhaltsam und schlagfertig. Ihren Wunsch nach Selbstverwirklichung und Ihre Kreativität leben Sie entweder in Kunst, Musik oder Theater aus oder sind zumindest ein leidenschaftlicher Liebhaber der Künste. Finanzielle Angelegenheiten beschäftigen Sie sehr; mit Ihrem natürlichen Geschäftssinn aber haben Sie das Potential, Ihre zahlreichen Talente gewinnbringend umzusetzen.

Als Idealist brauchen Sie eine Arbeit oder Tätigkeit in Ihrem Leben, die Sie ständig in positiver Weise in Anspruch nimmt, denn Sie sind gerne beschäftigt. Sowohl intuitiv als auch scharfsinnig, sind Sie immer auf der Suche nach Anregung und arbeiten gern zum Wohl anderer. Als Perfektionist sind Sie sich selbst und anderen gegenüber oft zu streng und neigen dazu, herrisch oder skeptisch zu werden. Wenn Sie Ihre starken Gefühle aber in positive Bahnen lenken, sind Sie zu bemerkenswerten Erfolgen fähig.

Bis zum Alter von 27 sind Sie im wesentlichen damit beschäftigt, Ihre sozialen Fähigkeiten und kreativen Talente zu entwickeln sowie Chancen für finanziellen Erfolg zu suchen. Wenn Sie 28 sind, tritt Ihre Sonne in den Skorpion. Nach diesem Wendepunkt drängt es Sie zu emotionaler Veränderung und Verwandlung sowie persönlicher Macht. Ein weiterer Wendepunkt folgt, wenn Sie 58 sind und Ihre Sonne in das Zeichen des Schützen wechselt. Nun werden Sie mutiger und offener; Sie möchten Ihren Horizont erweitern und sehnen sich nach Inspiration und Freiheit.

Ihr geheimes Selbst

Wenn Sie mehr Durchhaltevermögen und Arbeitswillen zeigen, gewinnen Sie auch die Selbstdisziplin, die notwendig ist, um Ihr ganzes Potential zu entfalten. Erfolg bedeutet Ihnen viel, und Sie möchten Ihre Lebensumstände ständig verbessern. Da Sie aber sehr sensibel und vergnügungsliebend sind, müssen Sie aufpassen, daß Sie sich nicht gehenlassen oder Realitätsflucht betreiben. Im allgemeinen sind Sie optimistisch und freundlich, haben sehr viel Phantasie, dynamische Gefühle und die Gabe, aus einer Menge hervorzustechen. Überkommt Sie jedoch Ernüchterung, Frustration oder Enttäuschung, neigen Sie zu Unzufriedenheit oder sogar Launenhaftigkeit. Wenn Sie sich um eine weltoffene Haltung bemühen, können Sie gut Schwierigkeiten überwinden oder Fehler vergeben. Lernen Sie, Ihren seelischen Kräften zu vertrauen, dann kommen Sie mit anderen besser zurecht, und Ihr Selbstvertrauen wächst.

Beruf & Karriere

Von Natur aus phantasiebegabt und musisch talentiert, möchten Sie sich ausdrücken können und arbeiten gerne mit anderen zusammen. Sie kommen gern mit einflußreichen Menschen zusammen und interessieren sich für Politik, die Welt der Medien, Werbung oder Publizistik. Mit Ihrer Liebe zur Kunst, einem guten Auge fürs Detail und gutem Geschmack erkennen Sie Qualität und handwerkliches Können sofort. Kreativ und talentiert, lieben Sie Schönheit und interessieren sich für Kunst, Museen, Antiquitäten oder Galerien. Ihre starken Gefühle finden aber auch in Heilberufen Ausdruck. Sie sind intelligent und nachdenklich und teilen Ihr Wissen gern mit anderen; deshalb sind Sie auch ein guter Lehrer oder Dozent, vor allem wenn es um Themen wie Literatur, Theater, Kunst oder Musik geht.

Berühmte Persönlichkeiten dieses Tages sind der Komponist Dmitri Schostakowitsch, der Pianist Glenn Gould, die Schauspieler Michael Douglas und Christopher Reeve, der Fußballer Karl-Heinz Rummenigge, der Maler Mark Rothko und der Schriftsteller William Faulkner.

Numerologie

Voller Energie und wachem Verstand, dennoch intuitiv und nachdenkend, haben Sie als Mensch mit der Geburtstagszahl 25 das Bedürfnis, sich durch verschiedenste Erfahrungen auszudrücken, sei es durch neue und aufregende Ideen oder fremde Menschen und Orte. Ihr Hang zum Perfektionismus läßt Sie hart arbeiten und produktiv sein. Allerdings werden Sie leicht ungeduldig, wenn sich die Dinge nicht Ihren Vorstellungen gemäß entwickeln. Mit der Zahl 25 gehen starke mentale Energien einher. Wenn Sie sie konzentrieren, hilft Ihnen das, Sachlagen schnell zu überblicken und schneller als andere zu einer Schlußfolgerung zu kommen. Erfolg und Glück stellen sich ein, wenn Sie lernen, Ihren Instinkten zu vertrauen, und Ausdauer und Geduld entwickeln. Der Untereinfluß der Monatszahl 9 bewirkt, daß Sie sensibel und phantasiebegabt sind. Da Sie Menschen schnell einschätzen können, sollten Sie ruhig lernen, Ihren Gefühlen und Ihrer Intuition zu vertrauen, statt skeptisch und voller Selbstzweifel zu sein. Obwohl Sie meist charmant und gesellig sind, können Sie gelegentlich überreagieren und überemotional oder impulsiv werden.

Positiv: hochintuitiv, perfektionistisch, empfänglich, kreativ, kommt gut mit Menschen zurecht.

Negativ: impulsiv, ungeduldig, überemotional, eifersüchtig, geheimnistuerisch, kritisch, launisch, nervös.

Liebe & Zwischenmenschliches

Mit all Ihrer emotionalen Kraft und Ihrem Charme sind Sie sehr anziehend für andere. Romantisch und dramatisch, haben Sie einen Hang zu Maßlosigkeit und Unentschlossenheit, durch den Sie sich auf fragwürdige Beziehungen einlassen. Wenn Sie aber Ihr Urteilsvermögen aktivieren, finden Sie leicht Menschen, die zu Ihnen passen und ebenso geistig rege, warmherzig und liebevoll sind wie Sie. Am meisten fühlen Sie sich zu Menschen hingezogen, die Kraft und Entschlossenheit ausstrahlen. Wenn Sie einmal eine Verpflichtung eingegangen sind, sind Sie ein treuer und zuverlässiger Partner und Freund.

Ihr Partner

Den idealen Partner werden Sie mit großer Wahrscheinlichkeit unter den an den folgenden Tagen geborenen Menschen finden:

Liebe & Freundschaft: 3., 8., 22., 25., 29., 30. Jan., 1., 6., 20., 23., 27., 28. Feb., 18., 21., 25., 26. März, 2., 16., 19., 23., 24., 28. April, 14., 17., 21., 22., 26., 31. Mai, 12., 15., 19., 20. Juni, 10., 13., 18., 22. Juli, 8., 11., 15., 16., 20., 27., 29., 30. Aug., 6., 9., 13., 14., 18., 23., 27., 28. Sept., 4., 7., 11., 12., 16., 21., 25., 26. Okt., 2., 5., 9., 10., 14., 19., 23., 24. Nov., 3., 7., 8., 12., 17., 21., 22. Dez.
Günstig: 17. Jan., 15. Feb., 13. März, 11. April, 9., 19. Mai, 7., 27. Juni, 5., 25. Juli, 3., 23. Aug., 1., 21. Sept., 19., 29. Okt., 17., 27., 30. Nov., 15., 25., 28. Dez.
Schicksalhaft: 21., 22., 23., 24. März, 31. Mai, 29. Juni, 27. Juli, 25., 30. Aug., 23., 28. Sept., 21., 26. Okt., 19., 24. Nov., 17., 22. Dez.
Problematisch: 22., 23. Jan., 18., 21. Feb., 16., 19. März, 14., 17. April, 12., 15. Mai, 10., 13. Juni, 8., 11. Juli, 6., 9. Aug., 4., 7. Sept., 2., 5. Okt., 2. Nov., 1. Dez.
Seelenverwandt: 4., 31. Jan., 2., 29. Feb., 27. März, 25. April, 23. Mai, 21. Juni, 19. Juli, 17. Aug., 15. Sept., 13. Okt., 11. Nov., 9. Dez.

26. September

SONNE: WAAGE
DEKADE: WAAGE/VENUS
GRAD: 2°30' – 3°30' WAAGE
ART: KARDINALZEICHEN
ELEMENT: LUFT

♎ Sie sind charmant und anziehend, strahlen Warmherzigkeit aus, sind gesellig, freundlich und liebenswürdig und dennoch voller Scharfsinn und Entschlossenheit. Als sensibler Romantiker sind Ihre starken Gefühle ein Quell hoher Inspiration für Sie, leider gelegentlich aber auch Ursache für Enttäuschung, wenn andere Ihren hohen Idealen nicht entsprechen.

Durch den Untereinfluß Ihres Dekadenzeichens Waage haben Sie ein gutes Auge für Farben und fühlen sich nur wohl in einem schönen Ambiente. Da Sie künstlerisch veranlagt und imagebewußt sind, aber auch einen Touch Glamour lieben, treten Sie im allgemeinen elegant auf und möchten einen guten Eindruck machen. Neben Anmut und Stil haben Sie diplomatisches Geschick und die Fähigkeit, eine Atmosphäre zu schaffen, in der sich alle wohl fühlen. Sie sind ein guter Gesellschafter und ziehen Menschen mit Ihren angenehmen Manieren an; allerdings müssen Sie lernen, entschlossener zu werden.

Von Natur aus spielerisch und unterhaltsam, haben Sie schöpferische Fähigkeiten, die mit Ausdauer und Geduld in Mode, Kunst, Literatur, Theater oder Musik eine Ausdrucksform finden können. Achten Sie aber darauf, daß Ihr großartiges Potential nicht durch Maßlosigkeit oder Bequemlichkeit verlorengeht. Da Sie sich für Ihre Mitmenschen interessieren und andere gern emotional unterstützen, können Sie auf Beziehungen oder größere Gruppen einen positiven Einfluß ausüben. Aufhalten auf Ihrem Weg zum Erfolg kann Sie eigentlich nur, daß Sie nicht genügend Selbstdisziplin haben.

Bis zum Alter von 26 sind Sie stark mit Finanzangelegenheiten, Kreativität und dem Versuch, Ihre Beziehungen harmonisch zu gestalten, beschäftigt. Wenn Sie 27 sind, wechselt Ihre Sonne in den Skorpion. Nach diesem Wendepunkt drängt es Sie zu emotionaler Veränderung und Intensität. Jetzt werden Sie auch entschlossener und verbindlicher. Ein weiterer Wendepunkt folgt, wenn Sie 57 sind und Ihre Sonne in das Zeichen des Schützen wechselt. Nun werden Sie freiheitsliebender und abenteuerlustiger und möchten Ihren Horizont durch höhere Bildung erweitern. Sie reisen mehr und lernen Menschen aus verschiedenen Kulturkreisen kennen.

Fixstern

Name des Sterns: Zaniah
Gradposition: 3°51' – 4°43' Waage zwischen den Jahren 1930 und 2000
Magnitude: 4
Stärke: ****
Orbit: 1°30'
Konstellation: Eta Virginis
Tage: 26., 27., 28., 29. Sept.
Sternqualitäten: Merkur/Venus
Beschreibung: weißer, veränderlicher Stern im südlichen Arm der Jungfrau.

Einfluß des Hauptsterns

Zaniah steht für ein kultiviertes, angenehmes, harmonie- und ordnungsliebendes Wesen. Sie sind freundlich und charmant und haben viele Freunde. Zaniah sorgt für Beliebtheit, Ehre und Erfolg durch gesellschaftliche Kontakte. Im Zusammenhang mit dem Stand Ihrer Sonne begünstigt Zaniah höhere Bildung und eine natürliche Begabung für Forschung und Literatur. Unter seinem Einfluß können Sie Experte auf Ihrem Interessengebiet werden. Durch Zaniah haben Sie ein gutes Verhältnis zu Ihren Mitarbeitern und sind ein guter Lebenspartner. Sie haben eine sehr angenehme Art, vorausgesetzt, Sie erregen sich nicht zu stark.

- Positiv: phantasievoll, reger Geist, kultiviert, gründlich.
- Negativ: eitel, eingebildet, antriebslos, verschwenderisch, geht gern den Weg des geringsten Widerstandes.

Ihr geheimes Selbst

Da Sie Stolz und Noblesse ausstrahlen und viel Wert auf Wirkung legen, ist Ihre Sensibilität und Verletzlichkeit nach außen hin kaum erkennbar. Wenn Sie lernen, Ihrer starken Intuition zu vertrauen, und sich um mehr Distanz bemühen, erkennen Sie früher, wann Situationen für Sie schwierig werden. Dann können Sie sich rechtzeitig zurückziehen und allzu extreme Gefühle vermeiden. Sie sind mitfühlend und verständnisvoll und werden oft als Berater herangezogen. Verschenken Sie Ihre Großzügigkeit und Ihr Mitgefühl mit mehr Distanz, um nicht ständig in die Probleme anderer hineingezogen zu werden.

Da Sie warmherzig sind und die Freuden des Lebens genießen können, werden Sie sich immer eine jugendliche Art bewahren. Von Natur aus freundlich und großmütig, brauchen Sie Menschen und legen viel Wert auf Freundschaften und harmonische Partnerschaften. Wenn Sie etwas finden, das Ihnen wirklich Freude macht, werden Sie entschlossen und fleißig. Anderen Freude zu machen bringt Ihnen reiche Belohnung.

Beruf & Karriere

Obwohl Sie auch Geschäftssinn haben, fühlen Sie sich durch Ihre idealistische Natur und Ihren Wunsch, sich auszudrücken, mehr zu Beschäftigungen hingezogen, bei denen Sie schöpferisch sein können und mit anderen zusammenarbeiten. Gesellig und freundlich, strahlen Sie Charme und Unbeschwertheit aus, was Sie für Öffentlichkeitsarbeit oder Kundenservice besonders geeignet macht. Wenn Sie im Verkauf tätig sind, muß das Produkt Sie sehr überzeugen, um erfolgreich zu sein. Da Sie gern Arbeit und Vergnügen miteinander verbinden, arbeiten Sie auch gut in Bars, Restaurants oder Clubs. Anziehen mag Sie auch Unterrichten, vor allem in den Bereichen Film, Theater, Literatur und Musik. Da Sie meist eine schöne Stimme haben, steht Ihnen auch die Welt des Entertainments offen.

Berühmte Persönlichkeiten dieses Tages sind der Komponist George Gershwin, der Schriftsteller T. S. Eliot, die Popsängerin Olivia Newton-John, der Rockmusiker Bryan Ferry, der Naturwissenschaftler Iwan Pawlow und der Philosoph Martin Heidegger.

Numerologie

Mit der Zahl 26 sind Pragmatismus, Führungsqualitäten und guter Geschäftssinn verbunden. Im allgemeinen sind Sie verantwortungsbewußt und haben Sinn für Ästhetik, lieben Ihr Zuhause und brauchen die Sicherheit einer soliden Basis. Häufig sind Sie ein Quell der Kraft für Ihre Freunde und Verwandten; wer sich in Notzeiten an Sie wendet, kann stets mit Hilfe rechnen. Hüten Sie sich aber vor materialistischen Tendenzen und dem Hang, Menschen und Situationen zu kontrollieren. Der Untereinfluß der Monatszahl 9 ist der Grund dafür, daß Sie phantasiebegabt und intuitiv sind und starke Instinkte haben. Wenn Sie von Motivation und Ehrgeiz gepackt werden, möchten Sie Ihr Wissen auf kreative und individuelle Weise nutzen. Sie lieben zwar Bequemlichkeit und ein sorgloses Leben, mit Ihrem Idealismus aber sind Sie durchaus bereit, sich zu engagieren und Opfer zu bringen, wenn Sie motiviert sind. Wenn Sie Selbstdisziplin und Mitgefühl zeigen, wird Ihre Freundlichkeit und Liebe im allgemeinen von anderen freudig erwidert.

Positiv: kreativ, praktisch, verantwortungsbewußt, fürsorglich, stolz auf die Familie, begeisterungsfähig, mutig.

Negativ: stur, rebellisch, labile Beziehungen, mangelnde Begeisterungsfähigkeit, keine Ausdauer, labil.

Liebe & Zwischenmenschliches

Freundlich und charmant, führen Sie ein aktives gesellschaftliches Leben und haben viele Freunde und Bewunderer. In Gruppen fühlen Sie sich wohl und können bei gesellschaftlichen Zusammenkünften zum Star des Abends werden. Obwohl Sie unabhängig sind, lassen Sie sich von Ihrem Idealismus und Ihrem starken Liebesbedürfnis in fragwürdige Affären treiben. Sie müssen also bei allen persönlichen Beziehungen sehr vorsichtig sein. Sie sind ein großzügiger Partner, sollten aber lernen, mehr Distanz zu wahren und nicht zuviel von sich selbst zu investieren. Eine altruistische und humanitäre Haltung läßt Sie Ihre Liebesangelegenheiten in der richtigen Perspektive sehen.

Ihr Partner

Wenn Sie jemanden suchen, bei dem Sie Vertrauen und Zuverlässigkeit finden, sollten Sie sich unter den Menschen umsehen, die an den folgenden Tagen geboren sind:

Liebe & Freundschaft: 5., 9., 10., 18., 19., 26., 30. Jan., 3., 8., 16., 17., 24., 28. Feb., 1., 6., 14., 15., 22., 26. März, 4., 12., 13., 20., 24. April, 1., 2., 10., 11., 18., 22. Mai, 8., 9., 16., 20., 30. Juni, 6., 7., 14., 18., 28. Juli, 4., 5., 12., 16., 26., 30. Aug., 2., 3., 10., 14., 28. Sept., 1., 8., 12., 22. Okt., 6., 10., 20., 24. Nov., 4., 8., 18., 22., 30. Dez.

Günstig: 13. Jan., 11. Feb., 9. März, 7. April, 5. Mai, 3., 30. Juni, 1., 28. Juli, 26. Aug., 24. Sept., 22. Okt., 20. Nov., 18. Dez.

Schicksalhaft: 22., 23., 24., 25. März

Problematisch: 14., 24. Jan., 12., 22. Feb., 10., 20. März, 8., 18. April, 6., 16. Mai, 4., 14. Juni, 2., 12. Juli, 10. Aug., 8. Sept., 6. Okt., 4. Nov., 2. Dez.

Seelenverwandt: 30. Juli, 28. Aug., 26. Sept., 24. Okt., 22. Nov., 20. Dez.

27. September

SONNE: WAAGE
DEKADE: WAAGE/VENUS
GRAD: 3°30' – 4°30' WAAGE
ART: KARDINALZEICHEN
ELEMENT: LUFT

Fixstern

Name des Sterns: Zaniah
Gradposition: 3°51' – 4°43' Waage zwischen den Jahren 1930 und 2000
Magnitude: 4
Stärke: ****
Orbit: 1°30'
Konstellation: Eta Virginis
Tage: 26., 27., 28., 29. Sept.
Sternqualitäten: Merkur/Venus
Beschreibung: weißer, veränderlicher Stern im südlichen Arm der Jungfrau.

Einfluß des Hauptsterns

Zaniah steht für ein kultiviertes, angenehmes, harmonie- und ordnungsliebendes Wesen. Sie sind freundlich und charmant und haben viele Freunde. Zaniah sorgt für Beliebtheit, Ehre und Erfolg durch gesellschaftliche Kontakte. Im Zusammenhang mit dem Stand Ihrer Sonne begünstigt Zaniah höhere Bildung und eine natürliche Begabung für Forschung und Literatur. Unter seinem Einfluß können Sie Experte auf Ihrem Interessengebiet werden. Durch Zaniah haben Sie ein gutes Verhältnis zu Ihren Mitarbeitern und sind ein guter Lebenspartner. Sie haben eine sehr angenehme Art, vorausgesetzt, Sie erregen sich nicht zu stark.

- Positiv: phantasievoll, reger Geist, kultiviert, gründlich.
- Negativ: eitel, eingebildet, antriebslos, verschwenderisch, geht gern den Weg des geringsten Widerstands.

Sie sind ein warmherziger Mensch mit Charme und Unternehmungsgeist. Aufrichtig und direkt, sind Sie gerne mit anderen zusammen und können ein wunderbarer Gefährte sein. Ehrgeiz treibt Sie ständig auf die Suche nach neuen Möglichkeiten, und da Sie große Pläne haben, sind Sie immer aktiv. Aufgrund Ihrer starken Emotionen müssen Sie darauf achten, daß Sie nicht in Extreme verfallen oder zu impulsiv handeln.

Durch den Untereinfluß Ihres Dekadenzeichens Waage lieben Sie Luxus und Schönheit und haben viel Gefühl für Farbe, Form und Klang. Da Sie Wert auf ein gepflegtes Äußeres legen, sehen Sie im allgemeinen sehr attraktiv aus. Höflich, freundlich und gesellig, haben Sie diplomatisches Geschick und wirken entspannend auf andere Menschen. Dank Ihrem scharfen Verstand, Ihrer Organisationsfähigkeit und Ihrer Abenteuerlust haben Sie auch das Potential, ein Vermögen zu machen. Da Sie idealistisch und spirituell interessiert sind, wäre es gut, wenn Ihre finanziellen Gewinne mit Ihrer persönlichen Lebensphilosophie in Einklang stünden. Mangelnde Selbstdisziplin oder Unentschlossenheit hindern Sie leider oft daran, Ihr reiches Potential wirklich zu nützen. Obwohl Sie im allgemeinen diplomatisch sind, kann Sie gelegentlich ein Hang zu Sturheit von denen, die Sie schätzen, entfremden. Wenn Sie aber positive Ausdrucksmöglichkeiten für Ihre Kreativität und sozialen Fähigkeiten finden, können Sie enorme Begeisterungsfähigkeit und Kampfgeist zeigen.

Bis zum Alter von 25 sind Sie im wesentlichen damit beschäftigt, Ihre sozialen Fähigkeiten und kreativen Talente zu entwickeln sowie Chancen für finanziellen Erfolg zu suchen. Wenn Sie 26 sind, wechselt Ihre Sonne in den Skorpion. Nach diesem Wendepunkt haben Sie den Drang nach emotionaler Veränderung. Ein weiterer Wendepunkt folgt, wenn Sie 56 sind und Ihre Sonne in das Zeichen des Schützen wechselt. Nun werden Sie optimistischer und offener; Sie möchten Ihren Horizont erweitern und sehnen sich nach Inspiration, etwa durch Reisen, persönliche Kontakte, Weiterbildung oder Religion.

Ihr geheimes Selbst

Sie sind im Herzen jung, und es macht Ihnen Freude, andere mit Ihren zahlreichen Talenten zu unterhalten. Diese Kindlichkeit kann gelegentlich in Unreife umschlagen; achten Sie also darauf, daß Sie Ihre Verantwortungen immer wahrnehmen. Der Wunsch nach Bewegung und Veränderung manifestiert sich manchmal in Rastlosigkeit und Ungeduld. Wenn Sie aber wirklich inspiriert sind, regt Sie das an, neue und aufregende Dinge zu entdecken und zu erforschen. Reisen stillt Ihren Hunger nach Freiheit und das Bedürfnis, Ihren Horizont zu erweitern.

Da Sie Intelligenz bewundern, sind Sie gern mit klugen und einsichtigen Menschen zusammen. Sie sind sensibel, phantasievoll und idealistisch, brauchen aber mehr Ausdauer, um das Beste aus Ihren Talenten zu machen. Um Langeweile zu vermeiden, sollten Sie Ihr Wissen und Können ständig erweitern oder sich immer wieder großen Herausforderungen stellen.

Beruf & Karriere

Da Sie entschlossen und dominierend sind, fühlen Sie sich vor allem in Managementpositionen wohl. Sie brauchen aber Freiheit, um Ihr wahres Selbst zum Ausdruck bringen zu können; deshalb arbeiten Sie gern unabhängig. Mit Ihrer Phantasie und Kreativität können Sie sehr erfolgreich in der Welt des Entertainments sein. Ihr scharfer Verstand und Ihre Überzeugungskraft in Verbindung mit Ihrer humanitären Ader nutzen Ihnen vor allem bei Tätigkeiten, die mit sozialen Reformen zu tun haben, oder in Bereichen wie Pädagogik, Recht, Wissenschaft, Publizistik oder Politik. Um Monotonie zu vermeiden, brauchen Sie unbedingt eine abwechslungsreiche, vielseitige Tätigkeit. Mitfühlend und verständnisvoll, mit der Fähigkeit, andere zu trösten und aufzurichten, sind Sie sehr geeignet für Heilberufe oder Tätigkeiten, die anderen auf professioneller Basis helfen.

Berühmte Persönlichkeiten dieses Tages sind der Rockmusiker Meat Loaf, König Ludwig XIII. von Frankreich, der Mystiker und Heilige Amritanandamayi, der Schauspieler William Conrad, der amerikanische Revolutionär Sam Adams und der Regisseur Arthur Penn.

Numerologie

Mit der Geburtstagszahl 27 sind Sie idealistisch und sensibel. Mit Ihrem ebenso intuitiven wie analytischen und kreativen Geist können Sie andere immer wieder beeindrucken. Wenn Sie gelegentlich geheimnistuerisch oder unentschlossen wirken, verbergen Sie nur innere Spannungen. Damit hängt möglicherweise auch ein Hang zu Impulsivität oder Mißtrauen gegenüber Veränderungen zusammen. Wenn Sie Ihre kommunikativen Fähigkeiten fördern, lernen Sie auch, Ihre Gefühle besser auszudrücken. Für Menschen mit der Geburtstagszahl 27 ist eine gute Ausbildung unerläßlich. Wenn Sie mehr Toleranz entwickeln, lernen Sie auch mehr Geduld und Selbstdisziplin. Der Untereinfluß der Monatszahl 9 führt dazu, daß Sie im allgemeinen anziehend, charismatisch und menschenfreundlich sind und Scharfsinn haben. Auch wenn Sie großzügig und mitfühlend sein können, sind Sie gelegentlich frustriert, leiden an Stimmungsschwankungen oder geben sich Realitätsflucht und Selbstmitleid hin. Sie können viel profitieren, wenn Sie Verständnis und Toleranz mit mehr Distanz verbinden. Seien Sie nicht stur oder streitlustig, wenn Sie sich unsicher fühlen.

Positiv: vielseitig, phantasiebegabt, kreativ, resolut, tapfer, verständnisvoll, spirituell, erfinderisch.

Negativ: unangenehm, streitsüchtig, leicht beleidigt, rastlos, nervös, mißtrauisch, leicht reizbar, angespannt.

Liebe & Zwischenmenschliches

Ihr Charisma hinterläßt meist einen starken und bleibenden Eindruck. In Gegenwart Ihrer warmherzigen und ungezwungenen Persönlichkeit fühlen andere sich wohl. Als perfekter Gastgeber haben Sie gern Gesellschaft und viele Freunde. Da Sie das Herz auf der Zunge tragen und viel Liebe und Zuneigung brauchen, wünschen Sie sich einen Partner, der Ihre Liebe und Zuwendung erwidert. Sie fühlen sich zu starken und entschlossenen Menschen hingezogen und müssen deshalb darauf achten, daß Sie sich nicht zu sehr von Ihren Partnern abhängig machen. Sie haben die glückliche Gabe, Arbeit und Vergnügen gut verbinden zu können.

Ihr Partner

Wenn Sie jemanden suchen, bei dem Sie Liebe und Zuneigung finden, sollten Sie sich unter den Menschen umsehen, die an den folgenden Tagen geboren sind:

Liebe & Freundschaft: 2., 3., 6., 9., 10., 11., 21., 27., 31. Jan., 1., 4., 7., 8., 9., 25., 29. Feb., 2., 5., 7., 17., 23., 27. März, 3., 5., 15., 21., 25. April, 1., 2., 3., 13., 19., 26., 29. Mai, 1., 11., 17., 21., 28. Juni, 9., 15., 19., 26., 29. Juli, 7., 13., 17., 24., 27. Aug., 5., 11., 15., 22., 25. Sept., 3., 9., 13., 20., 23. Okt., 1., 7., 18., 21., 30. Nov., 5., 9., 16., 19., 28. Dez.

Günstig: 11., 16., 30. Jan., 9., 24., 28. Feb., 7., 22., 26. März, 5., 20., 24. April, 3., 18., 22., 31. Mai, 1., 16., 20., 29. Juni, 14., 18., 27. Juli, 12., 16., 25. Aug., 10., 14., 23. Sept., 8., 12., 21., 29. Okt., 6., 10., 19., 27. Nov., 4., 8., 17., 25. Dez.

Schicksalhaft: 23., 24., 25., 26., 27. März

Problematisch: 15. Jan., 13. Feb., 11. März, 9. April, 7., 30. Mai, 5., 28. Juni, 3., 26. Juli, 1., 24. Aug., 22. Sept., 20., 30. Okt., 18., 28. Nov., 16., 26. Dez.

Seelenverwandt: 9., 29. Jan., 7., 27. Feb., 5., 25. März, 3., 23. April, 1., 21. Mai, 19. Juni, 17. Juli, 15. Aug., 13. Sept., 11. Okt., 9. Nov., 7. Dez.

SONNE: WAAGE
DEKADE: WAAGE/VENUS
GRAD: 4°30' – 5°30' WAAGE
ART: KARDINALZEICHEN
ELEMENT: LUFT

Fixstern

Name des Sterns: Zaniah

Gradposition: 3°51' – 4°43' Waage zwischen den Jahren 1930 und 2000

Magnitude: 4

Stärke: ****

Orbit: 1°30'

Konstellation: Eta Virginis

Tage: 26., 27., 28., 29. September

Sternqualitäten: Merkur/Venus

Beschreibung: weißer, veränderlicher Stern im südlichen Arm der Jungfrau.

Einfluß des Hauptsterns

Zaniah steht für ein kultiviertes, angenehmes, harmonie- und ordnungsliebendes Wesen. Sie sind freundlich und charmant und haben viele Freunde. Zaniah sorgt für Beliebtheit, Ehre und Erfolg durch gesellschaftliche Kontakte. Im Zusammenhang mit dem Stand Ihrer Sonne begünstigt Zaniah höhere Bildung und eine natürliche Begabung für Forschung und Literatur. Unter seinem Einfluß können Sie Experte auf Ihrem Interessengebiet werden. Durch Zaniah haben Sie ein gutes Verhältnis zu Ihren Mitarbeitern und sind ein guter Lebenspartner. Sie haben eine sehr angenehme Art, vorausgesetzt, Sie erregen sich nicht zu stark.

• Positiv: phantasievoll, reger Geist, kultiviert, gründlich.

• Negativ: eitel, eingebildet, antriebslos, verschwenderisch, geht gern den Weg des geringsten Widerstands.

28. September

♎ Mit diesem Geburtsdatum sind Sie ein charmanter, freundlicher und intelligenter Mensch, scharfsinnig und arbeitsam. Von Natur aus mitfühlend und fürsorglich, haben Sie tiefe Gefühle, können aber auch praktisch und realistisch sein. Sie haben viel Überzeugungskraft und Kritikfähigkeit und interessieren sich sehr für Ihre Mitmenschen, was sich in einer humanitären Einstellung äußert oder dazu führt, daß Sie sich für eine gute Sache engagieren.

Durch den Untereinfluß Ihres Dekadenzeichens Waage sind Ihnen Liebe und Zuneigung außerordentlich wichtig. Anziehungskraft und besondere soziale Kompetenz sorgen dafür, daß Sie eine Atmosphäre schaffen können, in der sich andere wohl fühlen, und daß Sie stets Erfolg bei Ihren Mitmenschen haben. Ihr Sinn für Schönheit und Künste findet durch Musik, Malerei oder Theater einen kreativen Ausdruck; vielleicht äußert er sich aber auch nur dadurch, daß Sie sich gerne mit schönen und luxuriösen Dingen umgeben.

Finanzielle Angelegenheiten beschäftigen Sie sehr; dank Ihrem Geschäftssinn und Fleiß haben Sie aber das Potential, Ihre vielen Talente in bare Münze zu verwandeln. Allerdings sollten Sie ein Gleichgewicht zwischen Arbeit und Vergnügen finden, damit Ihr Leben nicht zu ernst und belastend wird. Am wohlsten fühlen Sie sich, wenn Sie die Freiheit haben, auf Ihre eigene Intuition zu hören, um den besten Zeitpunkt für die Verwirklichung einer Idee oder eines Projekts festzulegen.

Bis zum Alter von 24 sind Sie stark mit finanziellen Dingen und Kreativität beschäftigt und damit, Ihre Beziehungen harmonisch zu gestalten. Wenn Sie 25 sind, tritt Ihre Sonne in den Skorpion. Nach diesem Wendepunkt drängt es Sie zu emotionaler Veränderung, Verwandlung und persönlicher Macht. Dadurch werden Sie entschlußfreudiger und engagierter. Ein weiterer Wendepunkt folgt, wenn Sie 55 sind und Ihre Sonne in das Zeichen des Schützen wechselt. Nun werden Sie abenteuerlustiger und freiheitsliebender, aber auch philosophischer. Sie sehnen sich nach Inspiration, etwa durch Weiterbildung, Reisen oder Kontakte mit fremden Kulturen.

Ihr geheimes Selbst

Sie geizen nicht mit Gefühlen, wenn Sie jemanden lieben, und sind dann zu großer Liebe und überschäumendem Mitgefühl fähig. Aufgrund Ihrer enormen Sensibilität brauchen Sie regelmäßig Zeit für sich und gelegentliche Unterbrechungen der täglichen Routine, um nachzudenken und zu Ihrer ureigensten Inspiration zurückzufinden.

Hin und wieder laden Sie sich die Probleme anderer auf oder leben im Konflikt zwischen Ihrem Pflichtbewußtsein und Ihren Herzenswünschen. Dann neigen Sie zu Skepsis oder werden abweisend. Wenn Sie das Leben aber einfach nehmen, wie es kommt, lernen Sie, Distanz zu gewinnen und darauf zu vertrauen, daß das Leben Ihnen im richtigen Augenblick schon das bringen wird, was Sie gerade brauchen. Wie jeder Mensch sehnen Sie sich nach Liebe und Zuneigung; aber offenbar mußten Sie früher genau darauf verzichten, weil Sie den Erwartungen anderer nicht gerecht wurden. Je mehr Sie sich selbst und Ihre Gefühle respektieren, desto weniger Kompromisse müssen Sie eingehen, um von anderen die Liebe und Zuwendung zu bekommen, die Sie brauchen. Außerdem stärken Sie auf diese Weise auch Ihr Selbstbewußtsein.

Beruf & Karriere

Da Sie ehrgeizig und phantasiebegabt sind, haben Sie große Pläne und originelle Ideen. Obwohl Sie sensibel und idealistisch sind, haben Sie ein ebenso dominierendes wie anziehendes Wesen. Als Menschenfreund sind Sie fleißig und hingebungsvoll, suchen stets nach Harmonie und Ausgeglichenheit, sind gerecht und fair und setzen sich für Benachteiligte ein. Mit Ihrer Überzeugungskraft und Ihren cleveren Ideen eignen Sie sich gut für Werbung, Medien oder Publizistik. Wenn Sie künstlerisch interessiert und leidenschaftlich sind, sollten Sie eine kreative Form der Selbstverwirklichung in Musik oder Theater suchen.

Berühmte Persönlichkeiten dieses Tages sind die Schauspielerin Brigitte Bardot, die Schauspieler Marcello Mastroianni und Peter Finch, der Renaissancekünstler Michelangelo Buonarroti und der Regisseur John Sayles.

Numerologie

Mit der Geburtstagszahl 28 sind Sie unabhängig und idealistisch, aber auch pragmatisch und entschlossen und folgen Ihren eigenen Gesetzen. Wie die Menschen mit der Zahl 1 sind Sie ehrgeizig, direkt und unternehmungslustig. Außerdem leiden Sie an dem inneren Konflikt zwischen Ihrem Bedürfnis nach Selbständigkeit und dem Wunsch, Teil einer Gruppe zu sein. Immer bereit zu Action und neuen Abenteuern, stellen Sie sich mutig den Herausforderungen des Lebens und können mit Ihrer Begeisterungsfähigkeit andere leicht dazu bringen, Sie bei Ihren Unternehmungen zu unterstützen. Sie haben Führungsqualitäten, gesunden Menschenverstand und können gut logisch denken. Verantwortung übernehmen Sie gern, müssen sich aber hüten, allzu enthusiastisch, ungeduldig oder intolerant zu sein. Der Untereinfluß der Monatszahl 9 bewirkt, daß Sie phantasiebegabt und intuitiv sind und einen sechsten Sinn haben. Sie profitieren sehr davon, wenn Sie Ihre Kreativität fördern oder einen Beruf ergreifen, in dem Sie sich verwirklichen können. Sie brauchen Zuneigung und sind gern Teil einer Gruppe, sollten sich aber davor hüten, sich selbst zum Märtyrer zu machen.

Positiv: mitfühlend, progressiv, kühn, künstlerisch, idealistisch, ehrgeizig, fleißig, willensstark.

Negativ: Tagträumer, unmotiviert, mangelndes Mitgefühl, unrealistisch, herrisch, aggressiv, abhängig, hochmütig.

Liebe & Zwischenmenschliches

Mit Ihrer großen Anziehungskraft und Ihrem Charme wirken Sie sehr attraktiv auf andere. Fürsorglich, zärtlich und liebevoll, sind Sie gegenüber denen, die Sie lieben, sehr großzügig. Gelegentlich leiden Sie aber an Stimmungsschwankungen, die Sie zu impulsivem Handeln verleiten. Da Sie sensibel auf Ihre Umwelt reagieren, kann es passieren, daß Sie viele Veränderungen durchmachen, während Sie versuchen, den Bedürfnissen Ihrer Partner nachzukommen. Bleiben Sie trotz allem unabhängig. In engen Beziehungen brauchen Sie Veränderung und Aufregung, damit Sie nicht rastlos werden oder in Routine verfallen. Sie müssen sich unbedingt Zeit für Entspannung, Reisen und Vergnügen nehmen. Am besten paßt ein Partner zu Ihnen, der dieselben Ideale hat wie Sie.

Ihr Partner

Den Partner fürs Leben werden Sie mit großer Wahrscheinlichkeit unter den an den folgenden Tagen geborenen Menschen finden:

Liebe & Freundschaft: 2., 9., 11., 12., 22., 25. Jan., 7., 10., 20., 23., 26. Feb., 5., 8., 18., 21. März, 3., 6., 16., 19. April, 1., 3., 4., 14., 17., 20., 24., 29. Mai, 1., 2., 12., 15., 27. Juni, 10., 13., 16., 20., 25., 30. Juli, 9., 15., 24., 26. Aug., 7., 13., 22., 24. Sept., 4., 7., 10., 14., 19., 24., 28., 29. Okt., 2., 5., 8., 12., 17., 22., 26., 27. Nov., 3., 6., 10., 15., 20., 24., 25. Dez.

Günstig: 12., 23., 29. Jan., 10., 21., 27. Feb., 22., 26. März, 6., 17., 23. April, 4., 15., 21. Mai, 2., 13., 19., 28., 30. Juni, 11., 17., 26., 28. Juli, 9., 15., 24., 26. Aug., 7., 13., 22., 24. Sept., 5., 11., 20., 22. Okt., 3., 9., 18., 20., 30. Nov., 1., 7., 16., 18., 28. Dez.

Schicksalhaft: 24., 25., 26., 27. März, 29. Juli, 27. Aug., 25. Sept., 23. Okt., 21. Nov., 19. Dez.

Problematisch: 1., 4., 26., 30. Jan., 2., 24., 28. Feb., 22., 26. März, 20., 24. April, 18., 22., 31. Mai, 16., 20., 29. Juni, 14., 18., 27. Juli, 12., 16., 25., 30. Aug., 10., 14., 23., 28. Sept., 8., 12., 21., 26. Okt., 6., 10., 19., 24. Nov., 4., 8., 17., 22. Dez.

Seelenverwandt: 20. Jan., 18. Feb., 16. März, 14. April, 12. Mai, 10. Juni, 8. Juli, 6. Aug., 4. Sept., 2. Okt.

29. September

SONNE: WAAGE
DEKADE: WAAGE/VENUS
GRAD: 5°30' – 6°30' WAAGE
ART: KARDINALZEICHEN
ELEMENT: LUFT

Fixstern

Name des Sterns: Zaniah
Gradposition: 3°51' – 4°43' Waage zwischen den Jahren 1930 und 2000
Magnitude: 4
Stärke: ****
Orbit: 1°30'
Konstellation: Eta Virginis
Tage: 26., 27., 28., 29. September
Sternqualitäten: Merkur/Venus
Beschreibung: weißer, veränderlicher Stern im südlichen Arm der Jungfrau.

Einfluß des Hauptsterns

Zaniah steht für ein kultiviertes, angenehmes, harmonie- und ordnungsliebendes Wesen. Sie sind freundlich und charmant und haben viele Freunde. Zaniah sorgt für Beliebtheit, Ehre und Erfolg durch gesellschaftliche Kontakte. Im Zusammenhang mit dem Stand Ihrer Sonne begünstigt Zaniah höhere Bildung und eine natürliche Begabung für Forschung und Literatur. Unter seinem Einfluß können Sie Experte auf Ihrem Interessengebiet werden. Durch Zaniah haben Sie ein gutes Verhältnis zu Ihren Mitarbeitern und sind ein guter Lebenspartner. Sie haben eine sehr angenehme Art, vorausgesetzt, Sie erregen sich nicht zu stark.

- Positiv: phantasievoll, reger Geist, kultiviert, gründlich, visionär.
- Negativ: eitel, eingebildet, antriebslos, verschwenderisch, geht gern den Weg des geringsten Widerstands.

Sie sind ein phantasiebegabter und romantischer Mensch, der die emotionale Kraft hat, sehr stark und entschlossen zu sein. Wenn Sie Ihren dynamischen Charme mit Ihrem Geschäftssinn verbinden, können Sie Arbeit und Vergnügen wunderbar miteinander verknüpfen. Sie sind im allgemeinen sehr unterhaltsam in Gesellschaft und hinterlassen immer großen Eindruck mit Ihrer Herzenswärme und Großzügigkeit.

Durch den Untereinfluß Ihres Dekadenzeichens Waage schätzen Sie Luxus und eine harmonische Atmosphäre. Sie lieben Schönheit, Farbe und Klang und haben musische und schöpferische Talente, die Sie unbedingt fördern sollten, sei es durch Gesang, Musik, Kunst oder Theater. Ein wenig Glamour finden Sie chic, und Sie sehen im allgemeinen elegant und attraktiv aus. Anmutig und freundlich, sind Sie diplomatisch und ein ausgezeichneter Verhandlungsführer. Sie haben das Talent zum Geldverdienen, allerdings können mangelnde Selbstdisziplin oder Maßlosigkeit verhindern, daß Sie Ihr großes Potential auch wirklich entfalten.

Sie brauchen harmonische Beziehungen, und Liebe ist für Sie von enormer Bedeutung. Allerdings pendeln Ihre Waagschalen in entgegengesetzte Richtungen: Sie verfügen über großen Gefühlsreichtum und sind im allgemeinen unbeschwert, andererseits können Sie gelegentlich launisch oder stur werden. Dazu kommt es vor allem dann, wenn Sie enttäuscht sind, weil andere Ihren hohen Erwartungen nicht entsprachen, oder wenn Ihre emotionale Intensität Sie in Machtspiele verwickelt hat.

Bis zum Alter von 23 sind Sie stark damit beschäftigt, Ihre sozialen Fähigkeiten und Ihr Gefühl für Geld zu entwickeln, und Sie legen viel Wert auf Ihre Beziehungen. Wenn Sie 24 sind, wechselt Ihre Sonne in den Skorpion. Nach diesem Wendepunkt haben Sie den Wunsch nach emotionaler Veränderung und Verwandlung. Ein weiterer Wendepunkt folgt, wenn Sie 54 sind und Ihre Sonne in das Zeichen des Schützen wechselt. Nun werden Sie abenteuerlustiger und sind zu größeren Risiken bereit. Vielleicht wollen Sie auch Ihren Horizont erweitern, etwa durch Weiterbildung, Reisen oder Kontakte mit fremden Kulturen.

Ihr geheimes Selbst

Da Sie sehr idealistisch sind, haben Sie eine positive und inspirierende Ausstrahlung auf andere. Wichtig für Sie ist, daß Sie Ausdrucksmöglichkeiten für Ihre Kreativität und soziale Kompetenz finden, damit sich Ihre Spontaneität und Begeisterungsfähigkeit, aber auch Ihr Kampfgeist zeigen können.

Obwohl Sie im allgemeinen optimistisch sind, droht immer die Gefahr, daß Sie sich durch große Gefühlsschwankungen anderen entfremden. Wenn das geschieht und Sie kalt oder unnahbar werden, sollten Sie darauf vertrauen, daß das Leben selbst all das für Sie bereithält, was Sie brauchen, oder aber versuchen, positive Ausdrucksmöglichkeiten für Ihre starken Emotionen zu finden. Obwohl Sie von starker dynamischer Vitalität sind, kann Ihre Sensibilität Sie zu spirituellen oder heilenden Bereichen ziehen. Vielleicht nutzen Sie Ihr Mitgefühl und Verständnis auch, um den Menschen in Ihrer unmittelbaren Umgebung zu besseren Lebensumständen zu verhelfen.

Beruf & Karriere

Sie sind ebenso idealistisch wie dynamisch und strahlen sowohl Charme als auch Überzeugungskraft aus. Da Sie gesellig und freundlich sind, können Sie gut das Nützliche mit dem Angenehmen verbinden. Sie verspüren das Bedürfnis nach emotionaler Erfüllung und suchen mehr nach Berufung als nach einem trivialen Job. Ideal wäre für Sie, bei einer guten Sache mitzuarbeiten oder dafür zu kämpfen. Aber auch Öffentlichkeitsarbeit in Politik oder Sozialwesen ist für Sie geeignet. Wenn Sie Ihrer Kreativität freien Lauf lassen wollen, gehen Sie zum Film. Mit Ihrem Gefühl für Wirkung können Sie auch als Schauspieler oder in der Welt des Entertainments erfolgreich sein, ober aber Sie teilen Ihr Wissen mit anderen, indem Sie lehren oder schreiben.

Berühmte Persönlichkeiten dieses Tages sind die Filmregisseure Michelangelo Antonioni und Stanley Kramer, die Schauspielerin Anita Ekberg, der Maler Jacopo Tintoretto, der Rockmusiker Jerry Lee Lewis, der britische Admiral Lord Nelson oder der polnische Politiker Lech Walesa.

Numerologie

Mit der Geburtstagszahl 29 haben Sie eine starke Persönlichkeit und außergewöhnliches Potential. Sie sind hoch intuitiv, sensibel und emotional. Inspiration ist das Geheimnis Ihres Erfolgs, ohne sie verlieren Sie leicht Ihre Zielstrebigkeit. Sie sind ein richtiger Träumer mit sehr unterschiedlichen Seiten und müssen sich vor Stimmungsschwankungen in acht nehmen. Wenn Sie auf Ihre verborgenen Gefühle hören und Ihr Herz für andere öffnen, können Sie Ihre Angstgefühle bekämpfen oder Ihren Verstand als Schutzschild einsetzen. Setzen Sie Ihre schöpferischen Ideen ein, um etwas Außergewöhnliches zu leisten, das anderen Auftrieb geben oder von Nutzen sein kann. Der Untereinfluß der Monatszahl 9 führt dazu, daß Sie sich um das Wohl anderer sorgen. Ihre hohen Erwartungen führen aber oft zu Enttäuschung und Frustration. Wenn Sie lernen, Kompromisse zu schließen und Fehler zu akzeptieren, werden Sie mit Ihrem Schicksal zufriedener sein.

Positiv: inspiriert, ausgeglichen, innerer Friede, großzügig, kreativ, intuitiv, weltgewandt.

Negativ: unkonzentriert, unsicher, nervös, launisch, schwierig, extrem, rücksichtslos, unnahbar.

Liebe & Zwischenmenschliches

Da Sie freundlich und warmherzig sind, fühlen Sie sich bei gesellschaftlichen Zusammenkünften besonders wohl. Von Natur aus leidenschaftlich und romantisch, lieben Sie Blumen, Schönheit und Gedichte. In dauerhaften Beziehungen brauchen Sie einen Partner, der Ihnen Stabilität und Sicherheit bietet. Bei Ihnen besteht leicht die Gefahr, daß Sie sich von Partnern enttäuscht fühlen; nehmen Sie sich deshalb Zeit für die Partnersuche und verstricken Sie sich nicht in Machtspiele. Mit Ihrem Charisma und Ihrem Charme haben Sie aber im allgemeinen keine Probleme, Freunde und Bewunderer um sich zu scharen, und mit Ihrer großen Liebesfähigkeit und Großzügigkeit haben Sie anderen viel zu geben.

Ihr Partner

Wenn Sie jemanden suchen, bei dem Sie emotionale Erfüllung und Liebe finden, sollten Sie sich unter den Menschen umsehen, die an den folgenden Tagen geboren sind:

Liebe & Freundschaft: 8., 11., 12., 29. Jan., 6., 9., 27. Feb., 4., 7., 21., 25. März, 2., 5., 23., 27. April, 4., 7., 25., 29. Mai, 1., 2., 19., 23. Juni, 17., 21. Juli, 15., 19., 29. Aug., 13., 17., 27. Sept., 11., 15., 25., 29., 30. Okt., 9., 13., 23., 27., 28. Nov., 7., 11., 21., 25., 26. Dez.

Günstig: 13., 30. Jan., 11., 28. Feb., 9., 26. März, 7., 24., 30. April, 5., 22., 28. Mai, 3., 20., 26. Juni, 1., 18., 24., 29. Juli, 16., 22., 25. Aug., 14., 20., 25. Sept., 12., 18., 23. Okt., 10., 16., 21. Nov., 8., 14., 19. Dez.

Schicksalhaft: 25., 26., 27., 28. März, 28. Nov., 26. Dez.

Problematisch: 5., 9. Jan., 3., 17. Feb., 1., 15. März, 13. April, 11. Mai, 9., 30. Juni, 7., 28., 30. Juli, 5., 26., 28. Aug., 3., 24., 26. Sept., 1., 22., 24. Okt., 20., 22. Nov., 18., 20. Dez.

Seelenverwandt: 30. Sept., 28. Okt., 26. Nov., 24. Dez.

SONNE: WAAGE
DEKADE: WAAGE/VENUS
GRAD: 6°30' – 7°30' WAAGE
ART: KARDINALZEICHEN
ELEMENT: LUFT

Fixstern

Ihre Sonne ist zwar nicht mit einem Fixstern verbunden, sicherlich aber einer der anderen Planeten Ihres Sonnenzeichens. Wenn Sie sich ein Geburtshoroskop erstellen lassen, lernen Sie die exakten Positionen der Planeten an Ihrem Geburtstag kennen. Auf diese Weise können Sie feststellen, welche Fixsterne in diesem Buch für Sie von Interesse sind.

30. September

♎ Von Natur aus ebenso phantasiebegabt wie analytisch, sind Sie ein sensibler Mensch mit einer einzigartigen Lebensphilosophie und einer interessanten Mischung aus Idealismus und Skepsis. Die meisten Ihrer Probleme hängen damit zusammen, daß Sie sehr verletzlich sind und andere Ihren hohen Idealen oft nicht gerecht werden. Sie können aber auch sehr charmant sein und äußerst kreative Ideen entwickeln.

Durch den Untereinfluß Ihres Dekadenzeichens Waage sind Liebe und Zuneigung sehr wichtig für Sie. Ihr Bedürfnis nach Selbstverwirklichung und Ihre besondere Kreativität sollten Sie durch Musik, Schreiben oder Schauspielerei befriedigen oder zumindest ein wissender Kunstliebhaber werden. Da Sie liebenswürdig und elegant sind, haben Sie meist auch gute Manieren und eine angenehme Stimme.

Als fortschrittlicher Denker sind Sie wissensdurstig und lieben Projekte, die Sie geistig wachhalten. Sie haben Kritik- und Analysefähigkeit und meist auch technisches Verständnis. Ein Hang zu Mißtrauen oder Angst kann Ihre Unbeschwertheit gelegentlich trüben.

Die erste Hälfte Ihres Lebens kann schwieriger sein als die zweite, was mit Ihrer großen Sensibilität zusammenhängt. Andererseits kann das auch dazu führen, daß die intuitive oder mystische Seite in Ihnen zum Schwingen gebracht wird; davon können Sie später im Leben profitieren.

Bis zum Alter von 22 sind Sie im wesentlichen damit beschäftigt, für Harmonie in Ihren Beziehungen zu sorgen, Ihre sozialen Fähigkeiten und kreativen Talente zu entwickeln sowie Chancen für finanziellen Erfolg zu suchen. Wenn Sie 23 sind, tritt Ihre Sonne in den Skorpion. Nach diesem Wendepunkt verspüren Sie den Wunsch nach emotionaler Veränderung, Verwandlung und Intensität. Ein weiterer Wendepunkt folgt, wenn Sie 53 sind und Ihre Sonne in das Zeichen des Schützen wechselt. Nun wünschen Sie sich Inspiration oder wollen Ihren Horizont erweitern, etwa durch Weiterbildung, Religion, Reisen oder persönliche Kontakte mit anderen Menschen.

Ihr geheimes Selbst

Ihre starken Emotionen brauchen unbedingt eine Ausdrucksmöglichkeit, andernfalls werden Sie zum Opfer von Launen. Andererseits haben Sie enorme Liebesfähigkeit, die Sie auf andere richten können. Ist das der Fall, können Sie äußerst charismatisch und entschlossen sein und Menschen durch Ihre Spontaneität, Ihre Herzenswärme und Großzügigkeit beeinflussen und motivieren. Wenn Sie sich selbst besser organisieren und mehr Ausdauer und Geschäftssinn zeigen, können Sie viele Ihrer Herzenswünsche in die Tat umsetzen.

Auf der Suche nach mehr Wissen werden Sie wahrscheinlich mit Aufgaben konfrontiert, die Seelengröße erfordern, denn Sie brauchen es, ständig an sich zu arbeiten und anspruchsvollen Herausforderungen zu begegnen. Auf diese Weise bannen Sie die Gefahr, zu ernst oder zu egozentrisch zu werden. Obwohl Sie schlecht allein sein können, brauchen Sie regelmäßig Zeiten für sich, zum Nachdenken oder für eine Selbstanalyse.

Beruf & Karriere

Da Sie gesellig und freundlich sind, brauchen Sie eine kreative Tätigkeit, bei der Sie mit Menschen zu tun haben. Als idealistischer und loyaler Mensch arbeiten Sie gerne mit anderen im Team zusammen. Mit Ihren zahlreichen Talenten bevorzugen Sie Arbeitsbedingungen, die Ihnen auch Zeit für Spiel und Spaß lassen. Um wirklich bis nach ganz oben zu gelangen, müssen Sie oft sehr hart arbeiten. Aufgrund Ihrer natürlichen diplomatischen Fähigkeiten sind Sie sehr für Öffentlichkeitsarbeit oder Kundenservice geeignet, und Ihre Menschenkenntnis hilft Ihnen in Promotion oder Publizistik. Da Sie gern andere unterhalten, können Sie wunderbar Arbeit mit Vergnügen verbinden, etwa bei Tätigkeiten in Bars oder Clubs, vielleicht auch im Showbusineß oder der Musikindustrie.

Berühmte Persönlichkeiten dieses Tages sind der Sänger Johnny Mathis, die Schauspielerinnen Angie Dickinson und Deborah Kerr, die Schriftsteller Truman Capote und Jurek Becker und der Schauspieler Raymond Massey.

Numerologie

Zu den Eigenschaften der 30 gehören Kreativität, Freundlichkeit und Geselligkeit. Voller Ehrgeiz und mit großem kreativem Potential, können Sie übernommene Ideen auf ganz individuelle Weise weiterentwickeln. Mit der Geburtstagszahl 30 genießen Sie die schönen Seiten des Lebens und können außerordentlich charismatisch und kontaktfreudig sein. Da Sie starke Gefühle haben, ist Liebe für Sie ein unerläßlicher Bestandteil des Lebens. Achten Sie aber darauf, daß Sie auf Ihrer Suche nach Glück nicht faul oder maßlos werden; zudem müssen Sie sich vor einem Hang zu Ungeduld und Eifersucht hüten, denn das macht Sie emotional instabil. Viele Menschen mit der Zahl 30 ernten Anerkennung oder gar Ruhm, vor allem als Musiker, Schauspieler oder Entertainer. Der Untereinfluß der Monatszahl 9 bewirkt, daß Sie phantasiebegabt und intuitiv sind. Ihr Idealismus und Ihr Gefühl für Dramatik bedeuten aber auch, daß Sie Ihre Träume erst dann umsetzen können, wenn Sie mehr Realitätssinn zeigen. Wenn Sie sich um mehr Ausdauer bemühen und Ihren Ansichten treu bleiben, werden Sie an Ihren Pflichten Freude empfinden. Vermeiden Sie Realitätsflucht, sonst werden Ihre Träume unerfüllt bleiben.

Positiv: lebenslustig, treu, freundlich, wortgewandt, kreativ, glücklich.

Negativ: faul, stur, leicht reizbar, ungeduldig, unsicher, desinteressiert, vergeudet Energien.

Liebe & Zwischenmenschliches

Obwohl Sie idealistisch und sensibel sind, brauchen Sie Abwechslung und Abenteuer, um nicht in Langeweile oder Rastlosigkeit zu verfallen. In Liebesangelegenheiten kann es bei Ihnen viele Veränderungen geben, und Sie sollten lernen, sich anzupassen, anstatt sich immer wieder entmutigen zu lassen. Da Sie gelegentlich dazu neigen, sich die Probleme anderer aufzubürden, sollten Sie sich Ihre Partner und Freunde äußerst sorgfältig aussuchen. Sie brauchen Beweise von Liebe und Zuneigung, weshalb es besonders wichtig für Sie ist, sich anderen gegenüber stets fair und offen zu verhalten. Eine gewisse Aufregung in Ihrem Liebesleben kann verhindern, daß Sie sich langweilen.

Ihr Partner

Ihren Traumpartner werden Sie mit großer Wahrscheinlichkeit unter den an den folgenden Tagen geborenen Menschen finden:

Liebe & Freundschaft: 9., 13., 30. Jan., 7., 11., 28. Feb., 5., 26., 30. März, 3., 24., 28. April, 1., 22., 26. Mai, 3., 20., 24. Juni, 18., 22., 31. Juli, 16., 20., 29., 30. Aug., 14., 18., 27., 28. Sept., 12., 16., 25., 26., 31. Okt., 10., 14., 23., 24., 29. Nov., 8., 12., 21., 22., 27. Dez.

Günstig: 15., 22., 31. Jan., 13., 20., 29. Feb., 11., 18., 27. März, 9., 16., 25. April, 7., 14., 23., 30. Mai, 5., 12., 21., 28. Juni, 3., 10., 19., 26., 30. Juli, 1., 8., 17., 24., 28. Aug., 6., 15., 22., 26. Sept., 4., 13., 20., 24. Okt., 2., 11., 18., 22. Nov., 9., 16., 20. Dez.

Schicksalhaft: 11. Jan., 9. Feb., 7., 26., 27., 28., 29. März, 5. April, 3. Mai, 1. Juni, 31. Okt., 29. Nov., 27. Dez.

Problematisch: 5., 8., 16., 21. Jan., 3., 6., 14., 19. Feb., 1., 4., 12., 17. März, 2., 10., 15. April, 8., 13. Mai, 6., 11. Juni, 4., 9., 29. Juli, 2., 7., 27. Aug., 5., 25. Sept., 3., 23. Okt., 1., 21. Nov., 19. Dez.

Seelenverwandt: 13. Jan., 11. Feb., 9. März, 7. April, 5. Mai, 3. Juni, 1. Juli, 31. Aug., 29. Sept., 27. Okt., 25. Nov., 23. Dez.

SONNE: WAAGE
DEKADE: WAAGE/VENUS
GRAD: 7°30' – 8°30' WAAGE
ART: KARDINALZEICHEN
ELEMENT: LUFT

1. Oktober

Fixstern

Name des Sterns: Vindemiatrix, auch bekannt unter Vindemiator oder «Traubenpflücker»

Gradposition: 8°57' – 9°57' Waage zwischen den Jahren 1930 und 2000

Magnitude: 3

Stärke: ******

Orbit: 1°40'

Konstellation: Epsilon Virginis

Tage: 1., 2., 3., 4. Oktober

Sternqualitäten: unterschiedliche Deutungen: Merkur/Saturn und Saturn/Venus/Merkur

Beschreibung: hellgelber Stern im rechten Arm der Jungfrau.

Einfluß des Hauptsterns

Vindemiatrix sorgt dafür, daß Sie mit Ihrer schnellen Auffassungsgabe gelegentlich impulsiv oder indiskret sind. Er verleiht Konzentration, logisches Denken sowie die Fähigkeit, Dinge schnell auf den Punkt zu bringen. Unter seinem Einfluß nähern Sie sich Problemen systematisch an und lassen nicht nach, bis Sie eine Lösung gefunden haben. Allerdings macht Vindemiatrix Sie auch starrsinnig und unnachgiebig.

Im Zusammenhang mit dem Stand Ihrer Sonne steht Vindemiatrix für Führungsqualitäten, Stolz, Perfektionismus und Streben nach Anerkennung. Sie neigen dazu, Ihre Intelligenz zu verstecken. Nur durch Anstrengung können Sie zu Erfolg kommen. Sie tendieren zu unnötigen Geldsorgen und Versagensängsten.

- Positiv: zurückhaltend, klug, konsequent, geduldig, systematisch.
- Negativ: Depression, Sorgen, Gefahr finanzieller Verluste.

Von Natur aus unabhängig und willensstark, sind Sie ein dynamischer, aber auch charmanter und diplomatischer Waagemensch. Da Sie ehrgeizig sind, möchten Sie Ihre Situation ständig verbessern. Mit Ihrer Entschlossenheit, Ihrem Geschäftssinn und Ihren Organisationsfähigkeiten, die sich hinter einer freundschaftlichen und angenehmen Persönlichkeit verbergen, kommen Sie mit Ausdauer und Selbstdisziplin auf jeden Fall zu Erfolg.

Durch den Untereinfluß Ihres Dekadenzeichens Waage sind Ihnen Liebe und Zuneigung außerordentlich wichtig. Ihre Anziehungskraft und die Gabe, mit Menschen umzugehen, sorgen dafür, daß sich andere in Ihrer Gegenwart wohl fühlen. Ihrem Kunstsinn können Sie in Musik, Malerei oder Schauspielerei Ausdruck verleihen; vielleicht möchten Sie sich aber auch nur mit schönen, stilvollen und luxuriösen Dingen umgeben.

Motor Ihrer starken Natur ist entweder Ihr Bedürfnis nach Sicherheit und Macht oder der Wunsch nach materiellem Erfolg und Anerkennung. Da Sie in großen Maßstäben denken können, sind Sie für Autoritätspositionen gut geeignet. Allerdings neigen Sie dazu, hochmütig, herrisch oder egozentrisch zu werden, und vertragen Kritik schlecht.

Sie sind talentiert, schlagfertig, im allgemeinen auch aktiv und produktiv und haben einen scharfen Verstand. Hüten Sie sich aber vor einem Hang zur Ungeduld oder Sturheit. Wenn Sie durch ein lohnendes Projekt motiviert sind, haben Sie durchaus die Fähigkeiten, die Vitalität und die Kraft, hervorragende Ergebnisse zu erzielen.

Bis zum Alter von 21 sind Sie im wesentlichen damit beschäftigt, Ihre sozialen Fähigkeiten und Ihr Gefühl für Beziehungen und Geld zu entwickeln. Wenn Sie 22 sind, tritt Ihre Sonne in den Skorpion. Nach diesem Wendepunkt drängt es Sie zu persönlicher Macht, Veränderung und Verwandlung. Ein weiterer Wendepunkt folgt, wenn Sie 52 sind und Ihre Sonne in das Zeichen des Schützen wechselt. Nun werden Sie risikobereiter und wollen Ihren Horizont erweitern, etwa durch Weiterbildung, Reisen oder Kontakte mit fremden Kulturen.

Ihr geheimes Selbst

Wenn Sie auf Ihre scharfsinnigen und intuitiven Einsichten vertrauen, zeigen Sie eine tiefe Weisheit, die auf Erfahrung basiert. Da sich Ihre Führungsqualitäten erst durch Kenntnis und Meistern des eigenen Selbst manifestieren, können Sie Ihr wahres Potential nicht zur Entfaltung bringen, solange Sie sich in untergeordneten Positionen befinden. Sie sind kreativ und haben ein Gefühl für Wirkung, und Ihre wahre Stärke liegt in der Kraft und Hingabe, die Sie zeigen, wenn es darum geht, ein Ziel zu erreichen. Es ist gut für Sie, immer in großen Maßstäben zu denken und stets direkt ganz nach oben zu zielen.

Hinderlich auf Ihrem Weg nach oben kann es sein, daß Sie Ihr Nervensystem durch Skepsis oder Ängste strapazieren. Damit isolieren Sie sich auch von anderen. Vertrauen Sie sich selbst und Ihren Fähigkeiten und machen Sie aus Ihren originellen und kreativen Ideen das Beste. Im allgemeinen sind Sie kämpferisch und mutig, schlagfertig und spontan und können andere mit Ihren Talenten beeindrucken. Eine verborgene Seite Ihrer Persönlichkeit manifestiert sich gelegentlich in dem Wunsch nach Alleinsein oder Selbstanalyse.

Beruf & Karriere

Sie sind intuitiv und originell und können gut mit Menschen umgehen; außerdem haben Sie die Gabe, Arbeit und Vergnügen zu verbinden. Sie arbeiten gern mit anderen zusammen, übernehmen aber schnell die Führung. Dank Ihrer diplomatischen Fähigkeiten und Führungsqualitäten eignen Sie sich gut für Positionen als Manager, Organisator oder Abteilungsleiter. Vielleicht entscheiden Sie sich auch für die Selbständigkeit. Da Sie sich gut in andere hineinversetzen können, wäre auch Kundenservice, Finanzberatung oder Justiz die richtige Berufswahl für Sie. Ihrer Liebe zu Schönheit und Kunst käme die Arbeit in einer Kunstgalerie, einem Museum oder einer Agentur entgegen. Im akademischen Bereich zieht Sie Theosophie, Philosophie oder Astronomie besonders an.

Berühmte Persönlichkeiten dieses Tages sind die Schauspielerin und Sängerin Julie Andrews, US-Präsident Jimmy Carter, die Schauspieler Walter Matthau und Richard Harris, die Theosophin Annie Besant, der Astrologe Marc Edmund Jones und die Bankräuberin Bonnie Parker.

Numerologie

Mit der Zahl 1 sind Sie individuell, innovativ, mutig und voller Energie. Häufig verspüren Sie das Bedürfnis, eine starke Identität zu entwickeln. Ihr Pioniergeist inspiriert Sie dazu, alles im Alleingang durchzuziehen. Das fördert auch Ihre Führungsqualitäten. Voller Begeisterungsfähigkeit und origineller Ideen, weisen Sie anderen oft den Weg. Mit der Geburtstagszahl 1 müssen Sie lernen, daß sich die Welt nicht nur um Sie dreht, und einen Hang zu Egoismus und diktatorischen Anwandlungen bekämpfen. Der Untereinfluß der Monatszahl 10 bewirkt, daß Sie sehr intuitiv sind und interessante Gedanken und originelle Ideen produzieren. Obwohl Sie mutig und entschlußfreudig sind, fällt es Ihnen gelegentlich schwer, Ihre innersten Gefühle auszudrücken. Ehrgeizig und imagebewußt, machen Sie allein durch Ihre Präsenz Eindruck. Erfolg stellt sich aber vor allem dann ein, wenn Sie mit anderen zusammenarbeiten.

Positiv: führungsstark, progressiv, Überzeugungskraft, optimistisch, kämpferisch, großzügig.

Negativ: dominierend, eifersüchtig, egoistisch, hochmütig, feindselig, selbstsüchtig, launisch, ungeduldig.

Liebe & Zwischenmenschliches

Von Natur aus freundlich und charmant, haben Sie ein starkes Bedürfnis nach Beliebtheit in einem großen Freundeskreis. Sie sind loyal und denen, die Sie lieben, gegenüber zu großen Opfern bereit, müssen sich aber davor hüten, manipulativ oder egozentrisch zu werden. Liebe ist Ihnen sehr wichtig, zeitweise sind Sie aber in Ihren Freundschaften und Liebesbeziehungen unentschlossen oder sorgenvoll. Ihre Liebe zu Kunst, Schönheit und Musik muß eine Möglichkeit finden, sich auszudrücken. Aus diesem Grund schätzen Sie auch die Gesellschaft musischer Menschen.

Ihr Partner

Wenn Sie jemanden suchen, der Ihre Sensibilität und Ihr Bedürfnis nach Liebe versteht, sollten Sie sich unter den Menschen umsehen, die an den folgenden Tagen geboren sind:

Liebe & Freundschaft: 1., 7., 17., 20., 30. Jan., 5., 15., 18., 28. Feb., 3., 13., 16., 29., 31. März, 1., 11., 14., 27., 29. April, 9., 12., 22., 25., 27. Mai, 7., 10., 23., 25. Juni, 5., 8., 21., 23. Juli, 3., 6., 19., 21. Aug., 1., 4., 17., 19. Sept., 2., 15., 17. Okt., 13., 15., 30. Nov., 11., 13., 28. Dez.

Günstig: 15., 17., 28. Jan., 13., 15., 26. Feb., 11., 13., 24. März, 9., 11., 22. April, 7., 9., 20. Mai, 5., 7., 18. Juni, 3., 5., 16. Juli, 1., 3., 14. Aug., 1., 12. Sept., 10., 29. Okt., 8., 27. Nov., 6., 25. Dez.

Schicksalhaft: 5. Jan., 3. Feb., 1., 27., 28., 29., 30. März

Problematisch: 4., 5., 14. Jan., 2., 3., 12. Feb., 1., 10. März, 8., 30. April, 6., 28. Mai, 4., 26. Juni, 2., 24. Juli, 22. Aug., 20. Sept., 18. Okt., 16. Nov., 14. Dez.

Seelenverwandt: 2. Jan., 29. März, 27. April, 25. Mai, 23. Juni, 21. Juli, 19. Aug., 17. Sept., 15. Okt., 13. Nov., 11. Dez.

2. Oktober

SONNE: WAAGE
DEKADE: WAAGE/VENUS
GRAD: 8°30' – 9°30' WAAGE
ART: KARDINALZEICHEN
ELEMENT: LUFT

Fixsterne

Vindemiatrix, auch bekannt unter Vindemiator oder «Traubenpflücker»; Caphir, auch Porrima genannt

Hauptstern

Name des Sterns: Vindemiatrix, auch bekannt unter Vindemiator oder «Traubenpflücker»

Gradposition: 8°57' – 9°57' Waage zwischen den Jahren 1930 und 2000

Magnitude: 3

Stärke: ✱✱✱✱✱✱

Orbit: 1°40'

Konstellation: Epsilon Virginis

Tage: 1., 2., 3., 4. Oktober

Sternqualitäten: unterschiedliche Deutungen: Merkur/Saturn und Saturn/Venus/Merkur

Beschreibung: hellgelber Stern im rechten Arm der Jungfrau.

Einfluß des Hauptsterns

Vindemiatrix sorgt dafür, daß Sie mit Ihrer schnellen Auffassungsgabe gelegentlich impulsiv oder indiskret sind. Er verleiht Konzentration, logisches Denken sowie die Fähigkeit, Dinge schnell auf den Punkt zu bringen. Unter seinem Einfluß nähern Sie sich Problemen systematisch an und lassen nicht nach, bis Sie eine Lösung gefunden haben. Allerdings macht Vindemiatrix Sie auch starrsinnig und unnachgiebig.
Im Zusammenhang mit dem Stand Ihrer Sonne steht Vindemiatrix für Führungsqualitäten, Stolz, Perfektionismus und Streben nach Anerkennung. Sie neigen dazu, Ihre Intelligenz zu verstecken und

♎ Gesellig, charmant und fleißig, sind Sie ein Menschenfreund mit Überzeugungskraft, der Schönheit und Kunst liebt. Obwohl Sie ein Idealist sind, haben Sie Scharfsinn und Sinn fürs Praktische – Eigenschaften, mit deren Hilfe Sie Ihre hochfliegenden Träume in die Tat umsetzen können.

Durch den Untereinfluß Ihres Dekadenzeichens Waage haben Sie diplomatisches Geschick und die Fähigkeit, eine Atmosphäre zu schaffen, in der sich alle wohl fühlen. Die Menschen fühlen sich von Ihrem höflichen und angenehmen Benehmen und Ihrer Kooperationsbereitschaft angezogen. Sie können ein treuer Freund und zärtlicher Elternteil sein und empfinden Ihrer Familie gegenüber starke Beschützerinstinkte. Da Sie Schönheit lieben und einen guten Geschmack haben, legen Sie viel Wert auf Ihr Äußeres und wollen stets einen guten Eindruck machen. Außerdem haben Sie einen besonderen Sinn für Farben und Klänge und musische Talente, die Ausdruck in Gesang, Musik, Kunst oder Schauspielerei finden können. Da Sie stark auf Ihre Umwelt reagieren, richten Sie Ihr Zuhause warm und ansprechend ein.

Ihre idealistische und romantische Seite engagiert sich oft mit Zeit und Geld für eine gute Sache. Materielle Sicherheit ist Ihnen wichtig, und im allgemeinen planen Sie langfristig. Wenn Sie ein festes Ziel vor Augen haben, sind Sie sehr entschlossen und für finanziellen Erfolg bereit, hart zu arbeiten. Problematisch kann für Sie sein, das Gleichgewicht zwischen Arbeit und Pflicht und Ihrem Wunsch nach Liebe und Vergnügen zu finden.

Bis zum Alter von 20 sind Sie mit gesellschaftlichen Aktivitäten, Finanzen und persönlichen Beziehungen beschäftigt. Wenn Sie 21 sind, tritt Ihre Sonne in den Skorpion. Nach diesem Wendepunkt haben Sie den Wunsch nach emotionaler Veränderung und Intensität, was auch bedeuten kann, daß Sie entschlossener und engagierter werden. Ein weiterer Wendepunkt folgt, wenn Sie 51 sind und Ihre Sonne in das Zeichen des Schützen wechselt. Nun werden Sie wagemutiger und abenteuerlustiger und wollen Ihren Horizont erweitern, etwa durch Weiterbildung, Reisen oder philosophische Studien.

Ihr geheimes Selbst

Ihre Sensibilität ist nach außen hin nicht unbedingt erkennbar. Sie sind mitfühlend und können sich dank Ihrer starken Gefühle gut mit den Problemen anderer identifizieren und haben viel universale Liebe und Mitleid. Wenn Sie Menschen und Situationen von dieser höheren Warte aus betrachten, können Sie sehr freigiebig und unvoreingenommen sein und darauf vertrauen, daß sich im Leben schon alles von selbst richten wird. Wenn Sie sich das bewußt machen, wollen Sie auch nicht mehr alles kontrollieren und vermeiden, überernst, streng oder frustriert zu werden.

Im allgemeinen freundlich und fürsorglich, sind Sie auch ein Mensch der Extreme. Wenn Sie motiviert sind, können Sie amüsant, liebevoll und spontan sein und auf kindliche Weise Freude zeigen. Dann nehmen Sie das Leben, wie es kommt, und vertrauen auf die Kraft des Augenblicks. Wenn Sie aber pessimistisch werden, laufen Sie Gefahr, sich selbst zu zerfleischen, in Selbstmitleid zu versinken und sich gehenzulassen. Wenn es Ihnen gelingt, ein gesundes Gleichgewicht zwischen dem Materiellen und dem Spirituellen herzustellen, können Sie Ihre ganze Liebesfähigkeit nutzen, um Hindernisse zu überwinden und Ihre Träume wahr zu machen.

Beruf & Karriere

Kreativ und ehrgeizig, sind Sie auch sehr intuitiv und haben viel Charme. Sie arbeiten gern mit anderen zusammen und sollten eine Tätigkeit ausüben, bei der Sie viel mit Menschen zu tun haben. Die Medien und Öffentlichkeitsarbeit mögen Sie anziehen, oder Sie werden Sozialarbeiter oder Verhandlungsexperte. Da Sie auch intellektuell und idealistisch sind, eignen Sie sich auch für Berufe wie Lehrer, Psychologe oder Rechtsberater. Mit Ihrem musischen Talent und Ihren originellen Ideen werden Sie sicherlich ein guter Künstler oder Designer, aber auch die Diplomatie sollte Ihnen offenstehen, wo Sie Arbeit, gesellschaftliche Aktivität und Reisen miteinander verbinden könnten. Ihre Gabe, mit verschiedensten Menschen zusammenzuarbeiten, ist die beste Voraussetzung für Verkauf, Promotion oder den Kampf für eine gerechte Sache, etwa als Friedensrichter oder Vermittler.

Berühmte Persönlichkeiten dieses Tages sind Mahatma Gandhi, die Komiker Groucho Marx und Bud Abbott, die Modedesignerin Donna Karan, die Schriftsteller Graham Greene und Wallace Stevens und der Sänger und Songwriter Sting.

Numerologie

Mit der Zahl 2 sind Sensibilität und das Bedürfnis verbunden, einer Gruppe anzugehören. Sie sind anpassungsfähig und verständnisvoll und lieben gemeinschaftliche Aktivitäten. Bei Ihrem Versuch, denen zu gefallen, die Sie lieben, laufen Sie Gefahr, sich in zu große Abhängigkeit zu begeben. Mit etwas mehr Selbstvertrauen könnten Sie die Kritik anderer besser vertragen. Der Untereinfluß der Monatszahl 10 bewirkt, daß Sie idealistisch, originell und charismatisch sind und feste Prinzipien haben. Wenn Sie von einer Sache oder Idee begeistert sind, können Sie andere motivieren, Ihnen zu folgen. Wenn Sie aber unsicher sind, neigen Sie in bezug auf Ihre persönlichen Bedürfnisse und Wünsche zu Unentschlossenheit und Ängsten und verlieren die Richtung. Da Sie sensibel auf Ihre Umwelt reagieren und leicht beeinflußbar sind, sollten Sie sich eine Form des kreativen Ausdrucks suchen und mit anderen zusammenarbeiten, um Ihre Ziele zu erreichen.

Positiv: guter Partner, sanft, taktvoll, empfänglich, intuitiv, agil, rücksichtsvoll, harmonisch, angenehm.

Negativ: mißtrauisch, mangelndes Selbstvertrauen, servil, überempfindlich, sentimental, selbstsüchtig, leicht verletzt.

Liebe & Zwischenmenschliches

Gesellig und freundlich, fällt es Ihnen nicht schwer, Freunde und Bewunderer zu finden. Da Sie außerdem romantisch sind, spielt für Sie Liebe, ob in der Zweierbeziehung oder auf die ganze Menschheit ausgerichtet, eine große Rolle. Für die Liebe sind Sie oft zu großen Opfern bereit; vermeiden Sie es aber, Dinge aus reinem Pflichtgefühl heraus zu tun, denn dann fühlen Sie sich oft nicht genug anerkannt. Sie brauchen den stabilisierenden Einfluß eines festen Partners. Suchen Sie sich deshalb die Person sorgfältig aus, mit der Sie eine dauerhafte Beziehung eingehen wollen. Zu intellektuellen und kreativen Menschen fühlen Sie sich besonders hingezogen.

---

oberflächliches Gerede von sich zu geben. Nur durch Anstrengung können Sie zu Erfolg kommen. Sie tendieren zu unnötigen Geldsorgen und Versagensängsten.

- Positiv: zurückhaltend, klug, konsequent, geduldig, systematisch.
- Negativ: Depression, Sorgen, Gefahr finanzieller Verluste.

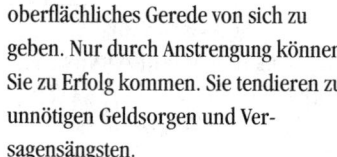

Ihr Partner

Wenn Sie jemanden suchen, bei dem Sie Verständnis für Ihre Sensibilität und Ihr Bedürfnis nach Liebe finden, sollten Sie sich unter den Menschen umsehen, die an den folgenden Tagen geboren sind:
Liebe & Freundschaft: 4., 8., 9., 17., 18., 19., 23. Jan., 2., 6., 16., 17., 21. Feb., 4., 14., 15., 19., 28., 30. März, 2., 12., 13., 17., 26., 28., 30. April, 1., 10., 11., 15., 24., 26., 28. Mai, 7., 8., 9., 13., 22., 24., 26. Juni, 6., 7., 11., 20., 22., 24., 30. Juli, 4., 5., 9., 18., 20., 22., 28. Aug., 2., 3., 7., 16., 18., 20., 26. Sept., 1., 5., 15., 16., 18., 24. Okt., 3., 12., 14., 16., 22. Nov., 1., 10., 12., 14., 20. Dez.
Günstig: 5., 16., 27. Jan., 3., 14., 25. Feb., 1., 12., 23. März, 10., 21. April, 8., 19. Mai, 6., 17. Juni, 4., 15. Juli, 2., 13. Aug., 11. Sept., 9., 30. Okt., 7., 28. Nov., 5., 26., 30. Dez.
Schicksalhaft: 17. Jan., 15. Feb., 13., 28., 29., 30., 31. März, 11. April, 9. Mai, 7. Juni, 5. Juli, 3. Aug., 1. Sept.
Problematisch: 1., 10., 15. Jan., 8., 13. Feb., 6., 11. März, 4., 9. April, 2., 7. Mai, 5. Juni, 3., 29. Juli, 1., 27. Aug., 25. Sept., 23. Okt., 21. Nov., 19., 29. Dez.
Seelenverwandt: 30. Aug., 28. Sept., 26. Okt., 24. Nov., 22. Dez.

3. Oktober

SONNE: WAAGE
DEKADE: WAAGE/VENUS
GRAD: 9°30' – 10°30' WAAGE
ART: KARDINALZEICHEN
ELEMENT: LUFT

Fixsterne

Vindemiatrix, auch bekannt unter Vindemiator oder «Traubenpflücker»; Caphir, auch Porrima genannt

Hauptstern

Name des Sterns: Vindemiatrix, auch bekannt unter Vindemiator oder «Traubenpflücker»
Gradposition: 8°57' – 9°57' Waage zwischen den Jahren 1930 und 2000
Magnitude: 3
Stärke: ******
Orbit: 1°40'
Konstellation: Epsilon Virginis
Tage: 1., 2., 3., 4. Oktober
Sternqualitäten: unterschiedliche Deutungen: Merkur/Saturn und Saturn/Venus/Merkur
Beschreibung: hellgelber Stern im rechten Arm der Jungfrau.

Einfluß des Hauptsterns

Vindemiatrix sorgt dafür, daß Sie mit Ihrer schnellen Auffassungsgabe gelegentlich impulsiv oder indiskret sind. Er verleiht Konzentration, logisches Denken sowie die Fähigkeit, Dinge schnell auf den Punkt zu bringen. Unter seinem Einfluß nähern Sie sich Problemen systematisch an und lassen nicht nach, bis Sie eine Lösung gefunden haben. Allerdings macht Vindemiatrix Sie auch starrsinnig und unnachgiebig.
Im Zusammenhang mit dem Stand Ihrer Sonne steht Vindemiatrix für Führungsqualitäten, Stolz, Perfektionismus und das Streben nach Anerkennung. Sie neigen dazu, Ihre Intelligenz zu verstecken

Kreativ, freundlich und charismatisch, sind Sie ein Optimist mit einer überbordenden Phantasie und einem aktiven Geist. Die Kombination aus Organisationstalent, der Gabe, in großen Maßstäben zu denken, und einem starken Wunsch nach Selbstverwirklichung hilft Ihnen, Ihre Herzenswünsche in die Tat umzusetzen.

Durch den Untereinfluß Ihres Dekadenzeichens Waage schätzen Sie Luxus und eine harmonische Umgebung. Anziehungskraft und große soziale Kompetenz garantieren Ihnen Erfolg bei Ihren Mitmenschen; außerdem sind Sie ein hervorragender Gastgeber. Da Sie gegen etwas Glamour nichts einzuwenden haben, sehen Sie im allgemeinen chic und attraktiv aus und sind sehr imagebewußt. Sie haben nicht nur ein Gefühl für Schönheit, Farbe und Klang, sondern auch musisches Talent, das Sie durch Musik, Kunst oder Theater fördern sollten. Ein Wechselbad von Motivation und Trägheit könnte Sie in bequeme Routine versinken lassen und daran hindern, Ihr großes Potential auszuschöpfen. Zum Glück ist Ihr Bedürfnis nach den schönen Dingen des Lebens so groß, daß Sie immer wieder neuen Antrieb spüren, es zu erfüllen.

Obwohl Sie nicht sonderlich aggressiv für Ihre eigenen Angelegenheiten sind, zeigen Sie enormes Engagement, wenn es um eine gute Sache oder um die Rechte von Benachteiligten geht. Sobald Sie sich für eine Sache entschieden haben, können Sie zielstrebig und entschlossen auf Ihr Ziel zusteuern. Leider neigen Sie gelegentlich zu Gereiztheit oder Sturheit; wenn es Ihnen aber gutgeht, sind Sie liebenswürdig und großzügig und haben viel Sinn für Humor.

Bis zum Alter von 19 sind Sie im wesentlichen damit beschäftigt, Ihre Beziehungen zu ordnen, soziale Fähigkeiten zu entwickeln und Chancen für finanziellen Erfolg zu suchen. Wenn Sie 20 sind, tritt Ihre Sonne in den Skorpion. Nach diesem Wendepunkt verspüren Sie den Wunsch nach mehr Einfluß und emotionaler Veränderung und Verwandlung. Dies kann auch bedeuten, daß Sie entschlossener und engagierter werden. Ein weiterer Wendepunkt folgt, wenn Sie 50 sind und Ihre Sonne in das Zeichen des Schützen wechselt. Nun werden Sie risikobereiter und wollen Ihren Horizont erweitern, etwa durch Weiterbildung, Reisen oder den Kontakt mit fremden Kulturen.

Ihr geheimes Selbst

Von Natur aus zwar kreativ, phantasiebegabt und sehr intuitiv, sollten Sie Ihre innere Kraft dennoch durch gezielten Ausdruck Ihres Selbst stärken. Hin und wieder hindern Selbstzweifel oder Unentschlossenheit Sie daran, Ihre zahlreichen Talente voll zur Entfaltung zu bringen. Aus diesem Grund sollten Sie sich Ihrer Ziele ganz bewußt sein, damit Sie sich nicht in Problemen anderer oder äußeren Umständen selbst verlieren. Wenn Sie Ihre tolerante und weltoffene Lebenseinstellung ausleben, fällt es Ihnen nicht schwer, Hindernisse aus dem Weg zu räumen. Da Sie gesellig sind und sich gut in andere hineinversetzen können, sind Sie im allgemeinen sehr um das Wohl Ihrer Mitmenschen besorgt. Um sich aber nicht von anderen frustrieren oder enttäuschen zu lassen, sollten Sie sich um mehr Distanz bemühen. Wenn Sie sich Ihren Optimismus bewahren, können Sie Ihr Wohlbefinden durch das physische Wohlsein und die wirtschaftliche Sicherheit ergänzen, die von Ihrer Geburtstagszahl ausgehen.

Beruf & Karriere

Dynamisch und vielseitig, haben Sie viel Charme und die Gabe, Ihre Ideen gut zu vermarkten. Je härter Sie arbeiten, desto besser werden die Resultate und Erfolge sein. Im Handel können Sie als Verkäufer erfolgreich sein. Kreativ und talentiert, erahnen Sie dank Ihrer Intuition, was die Kundschaft will. Da Sie gerecht und fair sind, fühlen Sie sich von Politik oder Justiz angezogen, um Benachteiligten zu helfen. Mit entsprechender Ausbildung eignen Sie sich auch als Lehrer oder Dozent. Sie sind gesellig und freundlich, und da Sie es verstehen, Arbeit und Vergnügen zu verbinden, kommen auch Tätigkeiten in Bars, Restaurants oder Hotels für Sie in Frage. Auch die Welt von Kunst, Theater, Film oder Musik steht Ihnen offen.

Berühmte Persönlichkeiten dieses Tages sind der Musiker Lindsey Buckingham, die Expertin für gutes Benehmen Emily Post, die Schauspielerin Eleonora Duse, der Entertainer Chubby Checker, der Komponist Steve Reich und die Schriftsteller Gore Vidal und Thomas Wolfe.

Numerologie

Charakteristisch für die Zahl 3 ist das Bedürfnis nach emotionalem und schöpferischem Selbstausdruck. Sie sind lebenslustig und gesellig, genießen gesellschaftliche Aktivitäten und haben vielfältige Interessen. Durch Ihre Vielseitigkeit und das Bedürfnis nach Selbstausdruck machen Sie die unterschiedlichsten Erfahrungen. Allerdings langweilen Sie sich schnell, was dazu führen kann, daß Sie unentschlossen sind oder sich verzetteln. Obwohl Sie mit der Geburtstagszahl 3 meist musisch begabt und charmant sind und einen guten Sinn für Humor haben, müssen Sie mehr Selbstwertgefühl entwickeln, um sich gegen Ängste und Unsicherheiten zu schützen. Der Untereinfluß der Monatszahl 10 bewirkt, daß Sie sehr intuitiv und unabhängig sind. Trotzdem leiden Sie gelegentlich unter mangelnder Selbstdisziplin, weil Sie gern den Weg des geringsten Widerstands gehen. Sie brauchen mehr Selbstbeherrschung und Disziplin. Im allgemeinen äußert sich Ihre Menschenfreundlichkeit darin, daß Sie anderen helfen, wenn sie in Schwierigkeiten sind. Sie sind anziehend, charmant und von Natur aus weise, müssen aber lernen, sich mehr auf Ihre Gefühle zu verlassen und sich in Geduld zu üben.

Positiv: humorvoll, glücklich, freundlich, produktiv, kreativ, künstlerisch, freiheitsliebend, wortgewandt.

Negativ: leicht gelangweilt, eitel, neigt zum Übertreiben, lieblos, arrogant, faul, maßlos, verschwenderisch, scheinheilig.

Liebe & Zwischenmenschliches

Gesellig und freundlich, wie Sie sind, stehen Sie auf Partys häufig im Mittelpunkt. Mit Ihrem ausgeprägten Gerechtigkeitssinn kümmern Sie sich sehr um die, die Sie lieben, und unterstützen Ihre Freunde mit aufmunternden Worten. Wenn Ihnen jemand etwas Gutes tut, vergessen Sie das nie. Sie sind ein treuer und verläßlicher Freund und Partner, sollten aber aufpassen, daß andere nicht zu abhängig von Ihnen werden. Dank Ihrem natürlichen Charme sind Sie in Ihrem großen Freundeskreis sehr beliebt.

---

und oberflächliches Gerede von sich zu geben. Nur durch Anstrengung können Sie zu Erfolg kommen. Sie tendieren zu unnötigen Geldsorgen und Versagensängsten.

- Positiv: zurückhaltend, klug, konsequent, geduldig, systematisch.
- Negativ: Depression, Sorgen, Gefahr finanzieller Verluste.

Ihr Partner

Sicherheit, geistige Anregung und Liebe finden Sie am ehesten unter den Menschen, die an folgenden Tagen geboren sind:

Liebe & Freundschaft: 5., 9., 10., 18., 19. Jan., 3., 7., 8., 16., 17. Feb., 1., 5., 14., 15., 31. März, 3., 4., 12., 13., 29. April, 1., 10., 11., 27., 29. Mai, 8., 9., 25., 27. Juni, 6., 7., 23., 25., 31. Juli, 4., 5., 21., 23., 29. Aug., 2., 3., 19., 21., 27., 30. Sept., 1., 17., 19., 25., 28. Okt., 13., 15., 21., 24. Dez.

Günstig: 1., 6., 17. Jan., 4., 15. Feb., 2., 13. März, 11. April, 9. Mai, 7. Juni, 5. Juli, 3. Aug., 1. Sept., 31. Okt., 29. Nov., 27. Dez.

Schicksalhaft: 28., 30., 31. März, 1., 2. April

Problematisch: 2., 16. Jan., 14. Feb., 12. März, 10. April, 8. Mai, 6. Juni, 4. Juli, 2. Aug., 30. Dez.

Seelenverwandt: 11., 31. Jan., 9., 29. Feb., 7., 27. März, 5., 25. April, 3., 23. Mai, 1., 21. Juni, 19. Juli, 17. Aug., 15. Sept., 13. Okt., 11. Nov., 9. Dez.

4. Oktober

SONNE: WAAGE
DEKADE: WASSERMANN/URANUS
GRAD: 10°30' – 11°30' WAAGE
ART: KARDINALZEICHEN
ELEMENT: LUFT

Fixsterne

Vindemiatrix, auch bekannt unter Vindemiator oder «Traubenpflücker»; Caphir, auch Porrima genannt

Hauptstern

Name des Sterns: Vindemiatrix, auch bekannt unter Vindemiator oder «Traubenpflücker»
Gradposition: 8°57' – 9°57' Waage zwischen den Jahren 1930 und 2000
Magnitude: 3
Stärke: ******
Orbit: 1°40'
Konstellation: Epsilon Virginis
Tage: 1., 2., 3., 4. Oktober
Sternqualitäten: unterschiedliche Deutungen: Merkur/Saturn und Saturn/Venus/Merkur
Beschreibung: hellgelber Stern im rechten Arm der Jungfrau.

Einfluß des Hauptsterns

Vindemiatrix sorgt dafür, daß Sie mit Ihrer schnellen Auffassungsgabe gelegentlich impulsiv oder indiskret sind. Er verleiht Konzentration, logisches Denken sowie die Fähigkeit, Dinge schnell auf den Punkt zu bringen. Unter seinem Einfluß nähern Sie sich Problemen systematisch an und lassen nicht nach, bis Sie eine Lösung gefunden haben. Allerdings macht Vindemiatrix Sie auch starrsinnig und unnachgiebig.

Im Zusammenhang mit dem Stand Ihrer Sonne steht Vindemiatrix für Führungsqualitäten, Stolz, Perfektionismus und das Streben nach Anerkennung. Sie neigen dazu, Ihre Intelligenz zu verstecken und oberflächliches Gerede von sich zu

♎ Sie sind ein phantasiebegabter, sensibler und kreativer Waagemensch mit Abenteuergeist. Ehrlich und direkt, haben Sie dennoch natürliche diplomatische Fähigkeiten und ein ausgeprägtes Bewußtsein für persönliche Beziehungen. Sie sind freundlich und gesellig, haben Charme und legen Wert auf das Bild, das andere von Ihnen haben. Aufgrund Ihrer Vielseitigkeit suchen Sie ständig neue und aufregende Herausforderungen. Andererseits neigen Sie aber auch zu Ungeduld oder Rastlosigkeit.

Durch den Untereinfluß Ihres Dekadenzeichens Wassermann können Sie kreative und originelle Ideen entwickeln. Da Sie sich sehr für das Funktionieren von zwischenmenschlichen Beziehungen interessieren, sind Sie sehr aufgeschlossen und lieben Diskussionen. Sie schätzen Schönheit und Luxus und haben kreative Talente, denen Sie durch Schreiben, Musik, Kunst oder Theater eine Ausdrucksform geben sollten. Da Sie die Gabe haben, sich auf eine Sache völlig zu konzentrieren, können Sie sehr entschlossen sein, wenn Sie sich einmal für etwas entschieden haben.

Obwohl Reisen eine wichtige Rolle in Ihrem Leben spielen, brauchen Sie unbedingt die Sicherheit und Stabilität eines eigenen Heims. Ihr innerer Kampf zwischen materialistischen und idealistischen Tendenzen führt dazu, daß Unsicherheit, Unentschlossenheit und ein Verlust der Mitte zu Ihren größten Problemen gehören.

Wenn Sie 19 sind, tritt Ihre Sonne für dreißig Jahre in den Skorpion. Nach diesem Wendepunkt haben Sie den Wunsch nach emotionaler Veränderung und Intensität. Wenn Sie 49 sind, wechselt Ihre Sonne in das Zeichen des Schützen. Nun werden Sie abenteuerlustiger und philosophischer. Außerdem möchten Sie Ihren Horizont erweitern, etwa durch Weiterbildung, Reisen oder Kontakte mit fremden Kulturen.

Ihr geheimes Selbst

Sensibel, voller kreativer Ideen und mit ausgeprägter Voraussicht begabt, haben Sie das Potential, Ihre originellen Konzepte auch umzusetzen. Das kann Ihnen helfen, Sorgen und Ängsten über wechselnde finanzielle Situationen zu begegnen und die richtigen Entscheidungen zu treffen. Ihr starkes Bedürfnis nach Selbstausdruck und Ihre Freiheitsliebe garantieren jedoch, daß diese Perioden niemals lange andauern.

Da Sie clever sind, lernen Sie schnell, sollten sich aber in Objektivität üben, um Enttäuschungen zu vermeiden. Dank Ihrer humanitären Ader sind Sie in der Lage, über persönliche Probleme hinaus Dinge von einer universelleren Warte aus zu betrachten. Sie haben einen Hang zur Verschwendung, aber auch die Gabe, sofort zu erkennen, wenn sich irgendwo finanzielle Vorteile bieten, was Ihnen beim raschen Fortkommen im Leben hilft.

Beruf & Karriere

Ehrgeizig, stark und vielseitig, verfolgen Sie oft zahlreiche Interessen und probieren vieles aus, bevor Sie sich endgültig für einen Beruf entscheiden. Aufgrund dieser Vielseitigkeit brauchen Sie eine Arbeit, die Ihnen Möglichkeiten für Veränderung oder Weiterkommen bietet und nicht in Routine steckenbleibt. Da Sie eine sehr gute visuelle Wahrnehmungsfähigkeit haben, eignen Sie sich sehr für Medien, Grafik, Design oder Fotografie. Sie sind im allgemeinen fleißig, können gut mit Menschen umgehen und haben Erfolg mit kreativen und künstlerischen Tätigkeiten, vor allem wenn sie mit dem Ausland zu tun haben. Dank Ihrer Tiefgründigkeit kommen auch Berufe für Sie in Frage, bei denen Sie Ihre geistigen Fähigkeiten einsetzen können, etwa Wissenschaft, Philosophie oder Pädagogik.

Berühmte Persönlichkeiten dieses Tages sind die Schauspieler Buster Keaton und Charlton Heston, die Schauspielerin Susan Sarandon, der Maler Jean Millet, die Popsängerin Patti LaBelle, die Schriftstellerin Jackie Collins und der heilige Franz von Assisi.

Numerologie

Die feste Struktur und ordnende Kraft, die von der Zahl 4 ausgeht, führt dazu, daß Sie Stabilität und eine feste Ordnung brauchen. Voller Energie und Entschlossenheit und mit praktischen Fähigkeiten gesegnet, gelangen Sie durch Fleiß zu Erfolg. Da Sie sicherheitsbewußt sind, möchten Sie ein starkes Fundament für sich und Ihre Familie schaffen. Mit Ihrem Pragmatismus geht auch ein guter Geschäftssinn einher, der zu Wohlstand führt. Mit der Geburtstagszahl 4 sind Sie im allgemeinen aufrichtig, offen und fair. Schwierig für Sie ist es, Phasen der Labilität oder finanzieller Sorgen durchzustehen. Der Untereinfluß der Monatszahl 10 führt dazu, daß Sie ehrgeizig, unabhängig und wißbegierig sind und ausgeprägte Instinkte haben. Als progressiver und anpassungsfähiger Mensch brauchen Sie die Freiheit, verschiedenste Erfahrungen im Leben zu machen. Obwohl Sie im allgemeinen schlagfertig und begeisterungsfähig sind und Neuem immer offen begegnen, können Sie manchmal unberechenbar sein oder unverantwortlich handeln.

Positiv: gut organisiert, Selbstdisziplin, Beständigkeit, fleißig, handwerklich begabt, pragmatisch, vertrauenswürdig, genau.

Negativ: unkommunikativ, Verdrängung, streng, faul, neigt zum Aufschieben, geizig, herrisch, nachtragend.

Liebe & Zwischenmenschliches

Da Sie charismatisch und unterhaltsam sind, haben Sie viele Bewunderer. Als Waage sind Sie gesellig, und Liebe und Zuneigung ist besonders wichtig für Sie. Mit Ihrem guten Sinn für Humor und Ihrer Gabe, Menschen schnell einzuschätzen, sind Sie ein unterhaltsamer Gefährte. Als Partner ideal für Sie ist jemand, der intelligent ist und mit dem Sie Ihre Interessen teilen können. Gelegentlich sind Sie reserviert und halten mit Ihren wahren Gefühlen hinter dem Berg.

geben. Nur durch Anstrengung können Sie zu Erfolg kommen. Sie tendieren zu unnötigen Geldsorgen und Versagensängsten.
- Positiv: zurückhaltend, klug, konsequent, geduldig, systematisch.
- Negativ: Depression, Sorgen, Gefahr finanzieller Verluste.

Ihr Partner

Einen Partner, der Ihnen dabei hilft, sich zu verwirklichen, und Sie geistig anregt, finden Sie am ehesten unter den Menschen, die an folgenden Tagen geboren sind:

Liebe & Freundschaft: 2., 6., 10., 20., 25., 29. Jan., 4., 8., 18., 27. Feb., 2., 6., 16., 25., 28., 30. März, 4., 14., 23., 26., 28., 30. April, 2., 12., 21., 24., 26., 28., 30. Mai, 10., 15., 19., 22., 24., 26., 28. Juni, 8., 17., 20., 22., 24., 26. Juli, 6., 15., 18., 20., 22., 24. Aug., 4., 13., 16., 18., 20., 22. Sept., 2., 11., 14., 16., 18., 20. Okt., 9., 12., 14., 16., 18. Nov., 7., 10., 12., 14., 16. Dez.

Günstig: 7., 13., 18., 28. Jan., 5., 11., 16., 26. Feb., 3., 9., 14., 24. März, 1., 7., 12., 22. April, 5., 10., 20. Mai, 3., 8., 18. Juni, 1., 6., 16., 26. Juli, 4., 14. Aug., 2., 12., 30. Sept., 10., 28. Okt., 8., 26., 30. Nov., 6., 24., 28. Dez.

Schicksalhaft: 15., 23. Jan., 23. Feb., 21., 30., 31. März, 1., 2., 19. April, 17. Mai, 15. Juni, 13. Juli, 11. Aug., 9. Sept., 7. Okt., 5. Nov., 3. Dez.

Problematisch: 3., 17. Jan., 1., 15. Feb., 13. März, 11. April, 9. Mai, 7., 28. Juni, 5., 26., 29. Juli, 3., 24., 27. Aug., 1., 22., 25. Sept., 20., 23. Okt., 18., 21. Nov., 16., 19. Dez.

Seelenverwandt: 18. Jan., 16. Feb., 14. März, 12. April, 10., 29. Mai, 8., 27. Juni, 6., 25. Juli, 4., 23. Aug., 2., 21. Sept., 19. Okt., 17. Nov., 15. Dez.

5. Oktober

SONNE: WAAGE
DEKADE: WASSERMANN/URANUS
GRAD: 11°30' – 12°45' WAAGE
ART: KARDINALZEICHEN
ELEMENT: LUFT

Fixstern

Name des Sterns: Algorab, auch Al Ghirab oder «Rabe» genannt
Gradposition: 12°28' – 13°22' Waage zwischen den Jahren 1930 und 2000
Magnitude: 3
Stärke: ******
Orbit: 1°30'
Konstellation: Delta Corvi
Tage: 5., 6., 7., 8. Oktober
Sternqualitäten: Mars/Saturn
Beschreibung: blaßgelb-violetter Doppelstern im rechten Flügel des Raben.

Einfluß des Hauptsterns

Unter Algorabs Einfluß haben Sie guten Geschäftssinn, Unternehmungsgeist sowie die Entschlußkraft und Power, Probleme mit Charme und Grazie zu lösen. Algorab macht Sie zu einer zurückhaltenden, lernbegierigen Persönlichkeit mit dem Wunsch nach Anerkennung und Erfolg. Er warnt aber auch vor destruktivem Verhalten und Betrug durch andere. Im Zusammenhang mit dem Stand Ihrer Sonne sorgt Algorab dafür, daß Sie meist einen positiven Eindruck hinterlassen, Erfolg in der Öffentlichkeit haben und mit der Unterstützung Ihrer Mitmenschen rechnen können. Wenn Sie in der Öffentlichkeit stehen, ernten Sie Ruhm und Popularität, müssen sich aber vor Skandalen hüten, die Sie Ihre Position kosten könnten.

• Positiv: Hartnäckigkeit, Unternehmungsgeist, Popularität, militärische Auszeichnungen.
• Negativ: unorthodoxe Methoden, arbeitet gegen das Establishment.

♎ Von Ihrem Geburtstag geht eine interessante Mischung aus Emotionalität und ausgeprägter Praxisnähe aus. Sie sind charmant und können gut mit Menschen umgehen. Ständig sind Sie auf der Suche nach neuen Erfahrungen, durch die Sie sich selbst besser kennenlernen können. Ihr Charisma macht Sie für andere anziehend, doch so wichtig Ihnen auch Beziehungen im Leben sind, für wirkliche Befriedigung brauchen Sie eine interessante oder erfüllende Beschäftigung.

Durch den Untereinfluß Ihres Dekadenzeichens Wassermann haben Sie produktive und einfallsreiche Ideen und lieben gute Diskussionen. Durch Ihre tolerante Lebenseinstellung interessieren Sie sich für Menschen und Themen, die mit Freiheit zu tun haben. Sie haben natürliche diplomatische Fähigkeiten und können gut mit anderen zusammenarbeiten. Ihre Liebe zur Kunst findet vielleicht ihren kreativen Ausdruck in Musik, Malerei oder Theater, kann sich aber auch darin äußern, daß Sie sich gern mit schönen, stilvollen und luxuriösen Dingen umgeben.

Sie haben ein gutes Gefühl für Chancen und für Geld und wissen genau, wie man gute Geschäfte macht. Da Sie vielseitig sind, haben Sie auch die Gabe, Arbeit und Vergnügen zu verbinden. Wenn Sie eine Aufgabe übernehmen, erledigen Sie sie gut, denn Sie wollen auf Ihre Arbeit stolz sein. Bei Ihren vielen Talenten müssen Sie nur hart arbeiten, feste Wertvorstellungen und Verantwortungsbewußtsein haben, um in großem Stil erfolgreich zu sein.

Bis zum Alter von 17 sind Sie vor allem damit beschäftigt, Sinn für Beziehungen und soziales Bewußtsein zu entwickeln. Wenn Sie 18 sind, wechselt Ihre Sonne in den Skorpion. Nach diesem Wendepunkt drängt es Sie nach emotionaler Veränderung und Regeneration, was auch bedeuten kann, daß Sie entschlossener und engagierter werden. Ein weiterer Wendepunkt folgt, wenn Sie 48 sind und Ihre Sonne in das Zeichen des Schützen wechselt. Nun möchten Sie Ihren Horizont erweitern, etwa durch Weiterbildung, Reisen oder Kontakte mit fremden Kulturen. Wenn Sie 78 sind, tritt Ihre Sonne in das Zeichen des Steinbock. Jetzt legen Sie mehr Wert auf Struktur, Stabilität und Sicherheit.

Ihr geheimes Selbst

Obwohl Sie Pragmatiker sind, haben Sie viel innere Sensibilität, die Sie dazu bringen kann, sich für eine gute Sache zu engagieren oder sogar eine führende Rolle in einer religiösen oder humanitären Bewegung zu übernehmen. Da Sie ausgeprägte Instinkte haben, können Sie Menschen und Situationen oft intuitiv sofort einschätzen, noch bevor rationale Überlegungen einsetzen. Wenn Sie diese intuitive Fähigkeit weiterentwickeln, hilft Ihnen das, Ihre Einsicht zu vertiefen und Probleme zu lösen.

Da Sie sich im allgemeinen sehr für neue Projekte oder Ideen begeistern, sollten Sie geistig und körperlich stets in Bewegung bleiben, um nicht in Routine und Langeweile zu verfallen. Reisen kann Ihre Erfolgschancen beträchtlich erhöhen. Wenn Ihr Bedürfnis nach Aufregung und neuen Erfahrungen unterdrückt wird, fühlen Sie sich rastlos oder ungeduldig und kompensieren dies durch Realitätsflucht oder Unmäßigkeit.

Beruf & Karriere

Als intelligenter und kreativer Mensch, der viel Abwechslung braucht, eignen Sie sich sehr für Tätigkeiten, die viel Aufregung und Veränderung mit sich bringen. Durch Ihre Gabe, mit Menschen umzugehen, und die Tatsache, daß Sie Routine hassen, kommen für Sie vor allem Berufe in Frage, bei denen Sie mit Publikum zu tun haben. Wenn Sie talentiert und idealistisch sind, sollten Sie versuchen, in der Welt von Unterhaltung und Musik Fuß zu fassen. Den Einsatz für eine gute Sache oder soziale Gerechtigkeit können Sie in einer Menschenrechtsgruppe liefern oder durch Engagement für soziale Reformen. Sie erleben Phasen des Wohlstands, aber auch das Gegenteil. Um Sicherheit und Stabilität zu erreichen, müssen Sie langfristig planen und investieren.

Berühmte Persönlichkeiten dieses Tages sind die Musiker Bob Geldof und Steve Miller, der tschechische Präsident Václav Havel, der Astronaut Richard Gordon, der Filmpionier Louis Lumière und der Rennfahrer Mario Andretti.

Numerologie

Eigenschaften der Zahl 5 sind unter anderem starke Instinkte, Abenteuerlust und Freiheitsdrang. Ihre Bereitschaft, ständig Neues auszuprobieren und zu entdecken, und Ihre Begeisterungsfähigkeit deuten darauf hin, daß Sie vom Leben allerhand erwarten können. Reisen und manch unerwartete Veränderungen führen dazu, daß Sie einen echten Wandel Ihrer Ansichten und Überzeugungen durchmachen. Das Leben muß für Sie aufregend und ereignisreich sein, dennoch sollten Sie Verantwortungsgefühl entwickeln und darauf achten, daß Sie nicht unberechenbar, maßlos oder rücksichtslos werden. Menschen mit der Geburtstagszahl 5 gelingt es bravourös, mit dem Strom zu schwimmen und dabei ihre Unabhängigkeit zu bewahren. Der Untereinfluß der Monatszahl 10 führt dazu, daß Sie ehrgeizig und entschlossen sind, wenn Sie sich einmal für ein Ziel entschieden haben. Charismatisch und gesellig, ziehen Sie Chancen an, haben einen großen Freundeskreis und können leicht Kontakte knüpfen. Sie sind kreativ und vielseitig begabt und können Situationen gewöhnlich zu Ihren Gunsten wenden. Vermeiden Sie es aber, zu kritisch oder zu anspruchsvoll zu werden.

Positiv: vielseitig, anpassungsfähig, starke Instinkte, freiheitsliebend, schlagfertig, neugierig, gesellig.

Negativ: unzuverlässig, wechselhaft, neigt zum Aufschieben, widersprüchlich, übersteigertes Selbstvertrauen, stur.

Liebe & Zwischenmenschliches

Von Ihrem natürlichen Charme fühlen sich andere stark angezogen. Als geselliger Mensch haben Sie keine Probleme, Freunde und Liebespartner zu finden. Wenn Sie lieben, tun Sie es mit tiefen Gefühlen und Leidenschaft. Da die Gefahr besteht, daß Sie in Beziehungen Enttäuschungen erleben, sollten Sie darauf achten, sich nicht auf emotionale Machtspiele einzulassen. Sie fühlen sich zu starken Menschen mit großen Plänen und viel Ehrgeiz hingezogen und profitieren oft von der Unterstützung einflußreicher Freunde.

Ihr Partner

Ihren idealen Partner finden Sie unter den Menschen, die an den folgenden Tagen geboren sind:

Liebe & Freundschaft: 7., 11., 12., 22. Jan., 5., 9., 10., 20. Feb., 3., 7., 18., 31. März, 1., 5., 16., 29. April, 3., 14., 27., 29. Mai, 1., 2., 12., 25., 27. Juni, 10., 23., 25. Juli, 8., 21., 23., 31. Aug., 6., 19., 21., 29. Sept., 4., 17., 19., 27., 30. Okt., 2., 15., 17., 25., 28. Nov., 13., 15., 23., 26. Dez.

Günstig: 8., 14., 19. Jan., 6., 12., 17. Feb., 4., 10., 15. März, 2., 8., 13. April, 6., 11. Mai, 4., 9. Juni, 2., 7. Juli, 5. Aug., 3. Sept., 1. Okt., 29. Nov., 25., 29. Dez.

Schicksalhaft: 1., 2., 3., 4., 5. April

Problematisch: 9., 18., 20. Jan., 7., 16., 18. Feb., 5., 14., 16. März, 3., 12., 14. April, 1., 10., 12. Mai, 10., 12. Juni, 8., 10. Juli, 4., 6., 27. Aug., 2., 4., 25. Sept., 2., 23. Okt., 21. Nov., 19. Dez.

Seelenverwandt: 9. Jan., 7. Feb., 5. März, 3. April, 1. Mai, 1. Juni, 30. Okt., 28. Nov., 26. Dez.

6. Oktober

SONNE: WAAGE
DEKADE: WASSERMANN/URANUS
GRAD: 12°30' – 13°30' WAAGE
ART: KARDINALZEICHEN
ELEMENT: LUFT

Fixstern

Name des Sterns: Algorab, auch Al Ghirab oder «Rabe» genannt
Gradposition: 12°28' – 13°22' Waage zwischen den Jahren 1930 und 2000
Magnitude: 3
Stärke: ******
Orbit: 1°30'
Konstellation: Delta Corvi
Tage: 5., 6., 7., 8. Oktober
Sternqualitäten: Mars/Saturn
Beschreibung: blaßgelb-violetter Doppelstern im rechten Flügel des Raben.

Einfluß des Hauptsterns

Unter Algorabs Einfluß haben Sie guten Geschäftssinn, Unternehmungsgeist sowie die Entschlußkraft und Power, Probleme mit Charme und Grazie zu lösen. Algorab macht Sie zu einer zurückhaltenden, lernbegierigen Persönlichkeit mit dem Wunsch nach Anerkennung und Erfolg. Er warnt aber auch vor destruktivem Verhalten und Betrug durch andere. Im Zusammenhang mit dem Stand Ihrer Sonne sorgt Algorab dafür, daß Sie meist einen positiven Eindruck hinterlassen, Erfolg in der Öffentlichkeit haben und mit der Unterstützung Ihrer Mitmenschen rechnen können. Wenn Sie in der Öffentlichkeit stehen, ernten Sie Ruhm und Popularität, müssen sich aber vor Skandalen hüten, die Sie Ihre Position kosten könnten.

- Positiv: Hartnäckigkeit, Unternehmungsgeist, Popularität, militärische Auszeichnungen.
- Negativ: unorthodoxe Methoden, arbeitet gegen das Establishment.

♎ Mit diesem Geburtsdatum sind Sie ein freundlicher, heiterer, smarter und kreativer Waagemensch mit originellen Ideen. Ebenso diplomatisch wie direkt, interessieren Sie sich sehr für Ihre Mitmenschen und sind anmutig und liebenswürdig. Mit Ihrem besonderen Gefühl für finanzielle Angelegenheiten haben Sie nie Probleme, sich Sicherheit und Luxus im Leben leisten zu können.

Durch den Untereinfluß Ihres Dekadenzeichens Wassermann haben Sie einen hochentwickelten Verstand und interessieren sich für Ideen, die ihrer Zeit voraus sind. Sie haben einerseits zurückhaltenden Charme und Eleganz, andererseits aber auch ein ausgeprägtes Bedürfnis nach Unabhängigkeit und Freiheit. Obwohl Sie gelegentlich kritisch sind, zeigen Sie sich im allgemeinen gelassen und haben die wundervolle Gabe, schnell gesellschaftliche Kontakte zu knüpfen. Gefährdet ist Ihre Stabilität nur durch Ihren Hang, sich Sorgen zu machen, vor allem in finanziellen Dingen.

Durch Ihren starken Wunsch nach Selbstverwirklichung und Ihre Liebe zu Schönheit, Farbe und Klang möchten Sie Ihre schöpferischen Talente durch Schreiben, Musik, Kunst oder Theater ausdrücken. In jedem Fall beweisen Sie guten Geschmack und einen Hang zum Ungewöhnlichen. Obwohl Sie gelegentlich zur Unentschlossenheit neigen, können Sie sehr zielstrebig sein, wenn Sie sich einmal für eine Sache entschieden haben.

Wenn Sie 17 sind, tritt Ihre Sonne in den Skorpion. Nach diesem Wendepunkt verspüren Sie den Wunsch nach emotionaler Veränderung und Intensität sowie persönlicher Macht. Ein weiterer Wendepunkt folgt, wenn Sie 47 sind und Ihre Sonne in das Zeichen des Schützen wechselt. Nun legen Sie mehr Wert auf Ihre Freiheit und werden risikobereiter. In dieser Phase möchten Sie auch Ihren Horizont erweitern, etwa durch Weiterbildung, Reisen oder Kontakte mit fremden Kulturen. Wenn Sie 77 sind, tritt Ihre Sonne in das Zeichen des Steinbock. Jetzt legen Sie mehr Wert auf Disziplin, Sicherheit und praktische Dinge.

Ihr geheimes Selbst

Sie sind verläßlich und gewissenhaft, und aufgrund Ihres großen Verantwortungsbewußtseins legen Sie viel Wert auf Heim und Familie. Da Sie schnell lernen und gut Probleme lösen können, fungieren Sie oft als Berater für andere. Achten Sie nur darauf, daß Sie sich bei Ihrem Versuch zu helfen nicht in anderer Leute Angelegenheiten einmischen oder selbst von Ängsten heimgesucht werden. Sie sind für die, die Sie lieben, zu großen Opfern bereit, lassen sich aber selten von Ihren Gefühlen übermannen. Ihr Wunsch nach Harmonie und Seelenfrieden bedeutet, daß Sie regelmäßig Zeit für sich brauchen, um sich auszuruhen und Kraft zu tanken. Da Sie ein gutes Einschätzungsvermögen und ein Gefühl für Wirkung haben, übernehmen Sie schnell Führungspositionen. Obwohl Sie über guten Geschäftssinn verfügen, neigen Sie zu übertriebenem Sicherheitsdenken und unbegründeten Geldsorgen.

Beruf & Karriere

Kreativ und vielseitig begabt, haben Sie einen scharfen Intellekt, ausgezeichneten Geschäftssinn und das Talent, Ihre einzigartigen Ideen gut zu vermarkten. Sie eignen sich besonders gut für eine selbständige Tätigkeit. Welchen Beruf Sie auch ergreifen – Sie werden immer versuchen, Ihre Arbeitsbedingungen zu verbessern. Da Sie intuitiv und freundlich sind, fällt es Ihnen nicht schwer, sich eine angenehme und harmonische Umgebung zu schaffen. Ihr Talent zum Schreiben und Ihr Interesse für öffentliche Angelegenheiten und Reformen ziehen Sie in die Welt von Kunst, Theater, Medien oder Musik. Mit Ihrem natürlichen Geschäftssinn eignen Sie sich ebenso für Promotion oder Produktion. Ihrer philosophischen oder humanitären Seite tragen Sie Rechnung, wenn Sie sich für einen Beruf in Politik oder Pädagogik entscheiden.

Berühmte Persönlichkeiten dieses Tages sind die Schauspielerinnen Britt Ekland und Carole Lombard, der Wissenschaftler und Ingenieur George Westinghouse, der Entdecker Thor Heyerdahl, die Sängerin Jenny Lind und der Architekt Le Corbusier.

Numerologie

Mitgefühl, Idealismus und Fürsorglichkeit gehören zu den Eigenschaften der Zahl 6. Es ist die Zahl der Perfektionisten und weltoffenen Gefährten, und häufig sind Sie durch die 6 ein hilfsbereiter und liebevoller Menschenfreund, der gerne Verantwortung übernimmt. Sie sind meist häuslich und hingebungsvoll als Vater oder Mutter. Die Sensibleren unter Ihnen suchen sich oft irgendeine Form des künstlerischen Ausdrucks und fühlen sich in der Welt des Entertainments, der Kunst und des Designs besonders wohl. Sie müssen mehr Selbstsicherheit entwickeln und Tendenzen, sich einzumischen, sich unnötig Sorgen zu machen oder Ihr Mitgefühl an die falschen Menschen zu verschwenden, bekämpfen. Der Untereinfluß der Monatszahl 10 führt dazu, daß Sie sehr intuitiv und originell sind, aber auch ein Perfektionist. Obwohl Sie Frieden und Harmonie suchen, deutet ein Hang zu Skepsis und Selbsttäuschung darauf hin, daß Sie oft nicht wissen, wem Ihre Loyalität gehört. Wenn Ihnen das nötige Vertrauen in sich selbst und andere fehlt, sind Sie ständig unzufrieden.

Positiv: weltgewandt, humanitär, freundlich, mitfühlend, verläßlich, verständnisvoll, idealistisch, häuslich, kunstliebend, ausgeglichen.

Negativ: unzufrieden, schüchtern, unvernünftig, stur, disharmonisch, dominierend, mißtrauisch, zynisch, egozentrisch.

Liebe & Zwischenmenschliches

Da Sie freundlich und charmant sind, können Sie sich an jede gesellschaftliche Situation anpassen und sind ein liebevoller Partner und hilfsbereiter Elternteil. Im allgemeinen sind Sie spontan, treu und freigiebig; wenn Sie aber zu sehr mit Ihren eigenen Angelegenheiten beschäftigt sind, können Sie kalt und desinteressiert wirken. Wenn Sie Ihre Ziele zu hoch stecken, kann es leicht passieren, daß andere Ihren Erwartungen nicht mehr gerecht werden. Dank Ihrer geselligen und gastfreundlichen Art haben Sie viele Freunde, sind ein guter Gastgeber und durch Einfallsreichtum und Phantasie witzig und unterhaltsam.

Ihr Partner

Wenn Sie Ihren idealen Partner suchen, sollten Sie sich unter den Menschen umsehen, die an den folgenden Tagen geboren sind:

Liebe & Freundschaft: 4., 8., 13., 22., 26. Jan., 2., 6., 20., 24. Feb., 4., 18., 22. März, 2., 16., 20., 30. April, 14., 18., 28., 30. Mai, 3., 12., 16., 26., 28. Juni, 10., 14., 24., 26. Juli, 8., 12., 22., 24. Aug., 6., 10., 20., 22., 30. Sept., 4., 8., 18., 20., 28. Okt., 2., 6., 16., 18., 26. Nov., 4., 14., 16., 24. Dez.

Günstig: 9., 20. Jan., 7., 18. Feb., 5., 16., 29. März, 3., 14., 27. April, 1., 12., 25. Mai, 10., 23. Juni, 8., 21. Juli, 6., 19. Aug., 4., 17. Sept., 2., 15. Okt., 13., 28. Nov., 11., 26., 30. Dez.

Schicksalhaft: 27. Jan., 25. Feb., 23. März, 2., 3., 4., 5., 21. April, 19. Mai, 17. Juni, 15. Juli, 13. Aug., 11. Sept., 9. Okt., 7. Nov., 5. Dez.

Problematisch: 2., 10., 19. Jan., 8., 17. Feb., 6., 15. März, 4., 13. April, 2., 11. Mai, 9. Juni, 7., 30. Juli, 5., 28. Aug., 3., 26. Sept., 1., 24. Okt., 22. Nov., 20., 30. Dez.

Seelenverwandt: 15. Jan., 13. Feb., 11. März, 9. April, 7. Mai, 5. Juni, 3. Juli, 1. Aug., 29. Okt., 27. Nov., 25. Dez.

SONNE: WAAGE
DEKADE: WASSERMANN/URANUS
GRAD: 13°30' – 14°30' WAAGE
ART: KARDINALZEICHEN
ELEMENT: LUFT

Fixstern

Name des Sterns: Algorab, auch Al Ghirab oder «Rabe» genannt
Gradposition: 12°28' – 13°22' Waage zwischen den Jahren 1930 und 2000
Magnitude: 3
Stärke: ******
Orbit: 1°30'
Konstellation: Delta Corvi
Tage: 5., 6., 7., 8. Oktober
Sternqualitäten: Mars/Saturn
Beschreibung: blaßgelb-violetter Doppelstern im rechten Flügel des Raben.

Einfluß des Hauptsterns

Unter Algorabs Einfluß haben Sie guten Geschäftssinn, Unternehmungsgeist sowie die Entschlußkraft und Power, Probleme mit Charme und Grazie zu lösen. Algorab macht Sie zu einer zurückhaltenden, lernbegierigen Persönlichkeit mit dem Wunsch nach Anerkennung und Erfolg. Er warnt aber auch vor destruktivem Verhalten und Betrug durch andere.
Im Zusammenhang mit dem Stand Ihrer Sonne sorgt Algorab dafür, daß Sie meist einen positiven Eindruck hinterlassen und Erfolg in der Öffentlichkeit haben und mit der Unterstützung Ihrer Mitmenschen rechnen können. Wenn Sie in der Öffentlichkeit stehen, ernten Sie Ruhm und Popularität. Sie müssen sich jedoch vor Skandalen hüten, die Sie Ihre Position kosten könnten.
• Positiv: Hartnäckigkeit, Unternehmungsgeist, Popularität, militärische Auszeichnungen.
• Negativ: unorthodoxe Methoden, arbeitet gegen das Establishment.

7. Oktober

♎ Der Einfluß dieses Geburtstages 7 sorgt dafür, daß Sie ein freundlicher, scharfsinniger und ehrlicher Waagemensch mit ausgezeichneter sozialer Kompetenz sind. Da Sie gern aktiv sind, arbeiten Sie ständig neue Pläne oder Strategien aus. Wenn Sie sich auf ein Ziel festgelegt haben, sind Sie bewundernswert entschlossen und konzentriert. Sie sind unternehmungslustig und legen Wert auf materielle Sicherheit. Ihre Gabe, schnell gute Kontakte zu knüpfen, bringt Ihnen Erfolg und Gewinn.

Durch den Untereinfluß Ihres Dekadenzeichens Wassermann haben Sie originelle Ideen und ein scharfsinniges Verständnis für die Menschheit. Sie sind kreativ und finden Freude daran, Dinge zu gestalten. Sie interessieren sich für Musik und Kunst, für metaphysische und religiöse Themen. Mit Ihrer Offenheit und Liberalität stehen Sie für Ihre Prinzipien und für Gerechtigkeit ein.

Beziehungen und Partnerschaften sind unter dem Einfluß dieses Tages besonders wichtig, und so verwundert es nicht, daß Sie am besten im Team arbeiten können. Gelegentlich verspüren Sie unbegründet Angst, nicht genug Geld zu haben, aber Sie haben immer die materielle Sicherheit Ihrer strategischen Fähigkeiten und Ihres Talents, Ideen verkaufen zu können. Wenn Sie sich einer Sache verschreiben, zeigen Sie Stärke, große Begeisterungsfähigkeit und Entschlossenheit. Ihre humanitäre Seite ist sensibel und idealistisch und drückt sich aus, wenn Sie Ihrer Familie helfen oder sich für eine gute Sache engagieren.

Bis zum Alter von 15 entwickeln Sie vor allem Ihr soziales Bewußtsein. Wenn Sie 16 sind, tritt Ihre Sonne in den Skorpion. Von jetzt an haben Sie den Wunsch nach emotionaler Veränderung, persönlicher Macht und Regeneration. Ein weiterer Wendepunkt folgt, wenn Sie 46 sind und Ihre Sonne in das Zeichen des Schützen wechselt. Nun werden Sie idealistischer, optimistischer und risikobereiter. In dieser Phase möchten Sie auch Ihren Horizont erweitern, etwa durch Weiterbildung, Reisen oder Kontakte mit fremden Kulturen. Wenn Sie 76 sind, tritt Ihre Sonne in das Zeichen des Steinbock. Jetzt legen Sie mehr Wert auf Pflichten, praktische Ziele und Realitätssinn.

Ihr geheimes Selbst

Ein großer Antrieb ist das Bedürfnis nach Anerkennung und Status. Diese Motivation, mit Idealismus gepaart, läßt Sie neue Erfolgschancen suchen oder eine Kraft des Guten im Gemeinwesen werden. Auf diese Art überwinden Sie auch Ihren Hang zu Stagnation und Aufschieben der Dinge. Sobald Sie einmal in Bewegung sind, ist Ihnen wieder bewußt, daß sich all Ihre Anstrengungen langfristig lohnen werden.

Sie sind denen, die Sie lieben, gegenüber äußerst großzügig, wirken aber gelegentlich materialistisch, weil Sie sich Geldsorgen machen. Aber Sie haben die Energie und Entschlossenheit für große Erfolge. Größte Erfüllung für Sie ist es jedoch, anderen zu helfen. Wenn Sie Ihren Ehrgeiz und Antrieb mit Ihrem diplomatischen Geschick und Ihrer Kooperationsbereitschaft verbinden, sind Sie imstande, wirklich große Erfolge zu haben.

Beruf & Karriere

Intuitiv und idealistisch, arbeiten Sie gerne mit anderen zusammen, auch wenn Sie Ihre Entscheidungen gern selbst treffen. Oft möchten Sie aber auch unabhängig sein oder für andere Dienste leisten, etwa als Vertreter, Verkäufer oder Promoter. Sie können Ihre Gedanken und Gefühle gut in Worte fassen und haben Schreibtalent. Bildung und Ausbildung sind für Sie außerordentlich wichtig. Ihr Geschäftssinn und Ihre Organisationsfähigkeiten sichern Ihnen Erfolg als Finanzberater, Rechtsberater oder Unterhändler. Da Sie gesellig sind und gut im Kontakteknüpfen, kommen alle Berufe für Sie in Frage, bei denen Sie viel mit Menschen zu tun haben.

Berühmte Persönlichkeiten dieses Tages sind der Psychiater R. D. Laing, die Sängerin Toni Braxton und der Sänger John Mellencamp, der südafrikanische Erzbischof Desmond Tutu, der Cellist Yo Yo Ma und der Physiker Niels Bohr.

Numerologie

Menschen mit der Geburtstagszahl 7 sind analytisch und nachdenklich, aber auch häufig kritisch und egozentrisch. Da Sie ständig auf der Suche nach größerer Selbsterkenntnis sind, sammeln Sie gerne Informationen und interessieren sich für Lesen, Schreiben oder Spiritualität. Sie sind zwar scharfsinnig, neigen aber dazu, überrational und detailgetreu zu sein. Ein Hang zur Geheimnistuerei deutet darauf hin, daß Sie sich hin und wieder mißverstanden fühlen. Der Untereinfluß der Monatszahl 10 führt dazu, daß Sie ehrgeizig und unabhängig sind und Managerqualitäten haben. Als Perfektionist mit realistischen Erwartungen sind Sie fähig, Ihr Können mit Präzision anzuwenden. Sie sind gebildet und unterhaltsam und haben ein gutes Einfühlungsvermögen, was zeigt, daß Sie auch intuitiv und sensibel sind. Obwohl Sie auch Zeit für sich brauchen, führen Ihre freundliche Art und Ihr Geschäftssinn dazu, daß Sie lieber in Gesellschaft als allein sind. Da Sie immer voller neuer Ideen stecken, müssen Sie ständig aktiv sein und Ihre praktischen Fähigkeiten unter Beweis stellen. Wenn Sie Ihre humanitären Ideale realisieren wollen, können Sie Ihre Heilkräfte einsetzen, um anderen zu helfen.

Positiv: gebildet, vertrauenswürdig, gründlich, idealistisch, ehrlich, spirituelle Begabung, wissenschaftlich, rational, nachdenklich.

Negativ: heimlichtuerisch, unkommunikativ, unfreundlich, skeptisch, verwirrt, kalt.

Liebe & Zwischenmenschliches

Sie fühlen sich zu starken und klugen Menschen hingezogen. Enge Beziehungen sind für Sie von besonderer Wichtigkeit, allerdings ist dieses Feld nicht ganz ohne Stolpersteine. Sie können zwar einerseits sehr warmherzig und großzügig sein zu denen, die Sie lieben, zu gewissen Zeiten aber sind Sie unnahbar und selbstsüchtig. Da Sie sehr charmant sind, fällt es Ihnen nicht schwer, andere in Ihren Bann zu ziehen, doch durch Ihre Vorliebe für geistige Herausforderungen kommt es zu Willenskämpfen, die Sie besser vermeiden sollten. Aufgrund Ihres klugen Kopfes lieben Sie die geistige Anregung durch Gleichgesinnte und können ein treuer Freund und Partner sein.

Ihr Partner

Sicherheit, geistige Anregung und Liebe finden Sie am ehesten unter den Menschen, die an folgenden Tagen geboren sind:

Liebe & Freundschaft: 3., 5., 23. Jan., 1., 11., 21. Feb., 9., 19., 28., 31. März, 7., 17., 26., 29., 30. April, 5., 15., 24., 27., 28., 29. Mai, 3., 13., 22., 25., 27., 29. Juni, 1., 11., 20., 23., 25., 27., 29. Juli, 9., 19., 21., 23., 25., 27. Aug., 7., 16., 19., 21., 23., 25. Sept., 5., 14., 17., 19., 21., 23. Okt., 3., 12., 15., 17., 19., 21. Nov., 1., 10., 13., 15., 17., 19. Dez.

Günstig: 3., 4., 10., 21. Jan., 1., 2., 8., 19. Feb., 6., 17., 30. März, 4., 15., 28. April, 2., 13., 26. Mai, 11., 24. Juni, 9., 22. Juli, 7., 20. Aug., 5., 18. Sept., 3., 16., 31. Okt., 1., 13., 29. Nov., 12., 27. Dez.

Schicksalhaft: 22., 28. Jan., 20., 26. Feb., 18., 24. März, 2., 3., 4., 5., 6., 16., 22. April, 14., 20. Mai, 12., 18. Juni, 10., 16. Juli, 8., 14. Aug., 6., 12. Sept., 4., 10. Okt., 2., 8. Nov., 6. Dez.

Problematisch: 11., 20. Jan., 9., 18. Feb., 7., 16. März, 5., 14. April, 3., 12., 30. Mai, 1., 10., 28. Juni, 8., 26., 31. Juli, 6., 24., 29. Aug., 4., 22., 27. Sept., 2., 20., 25. Okt., 18., 23. Nov., 16., 21. Dez.

Seelenverwandt: 26. Jan., 24. Feb., 22., 30. März, 20., 28. April, 18., 26. Mai, 16., 24. Juni, 14., 22. Juli, 12., 20. Aug., 10., 18. Sept., 8., 16. Okt., 6., 14. Nov., 4., 12. Dez.

SONNE: WAAGE
DEKADE: WASSERMANN/URANUS
GRAD: 14°30' – 15°30' WAAGE
ART: KARDINALZEICHEN
ELEMENT: LUFT

8. Oktober

♎ Sie sind charmant und freundlich; mit Ihrem starken Bedürfnis nach Action und persönlichem Erfolg sind Sie aber auch extrem willensstark und ehrgeizig. Charismatisch und entschlossen, haben Sie intuitive Führungsqualitäten und die Gabe, Geschäft mit Vergnügen zu verbinden. Sie können Situationen schnell erfassen, sind aufrichtig und direkt, unternehmungslustig und erfolgsorientiert und entwickeln gute Ideen, die Sie gern mit anderen teilen. Das ist auch der Schlüssel zu Ihrem Erfolg.

Der Untereinfluß Ihres Dekadenzeichens Wassermann macht Sie erfindungsreich und produktiv und häufig zu einem guten Psychologen. Da Sie tolerant sind, können Sie sehr gut mit Menschen umgehen und schätzen Freiheit sehr hoch ein. Zwar unabhängig, nutzen Sie Ihre diplomatischen Fähigkeiten dennoch gern, um mit anderen zusammenzuarbeiten. Es gibt allerdings Phasen, in denen Sie herrisch oder despotisch sein können, vor allem wenn andere Ihren hohen Erwartungen nicht entsprechen.

Ihre blühende Phantasie und Ihre Liebe zur Kunst findet kreative Ausdrucksformen in Schreiben, Musik, Malerei oder Theater. Vielleicht auch einfach darin, daß Sie sich mit schönen, stilvollen und luxuriösen Dingen umgeben. Allerdings sollten Sie darauf achten, daß Ihre Vorliebe für die angenehmen Seiten des Lebens nicht in Unmäßigkeit ausartet oder Sie materialistischen Überlegungen zuviel Bedeutung beimessen.

Wenn Sie 15 sind, tritt Ihre Sonne in den Skorpion. In den nächsten dreißig Jahren drängt es Sie nach emotionaler Veränderung und persönlichem Wandel. Ein weiterer Wendepunkt folgt, wenn Sie 45 sind und Ihre Sonne in das Zeichen des Schützen wechselt. Nun werden Sie freiheitsliebender und risikobereiter. In dieser Phase möchten Sie auch Ihren Horizont erweitern, etwa durch Weiterbildung, Reisen oder Kontakte mit fremden Kulturen. Wenn Sie 75 sind, tritt Ihre Sonne in das Zeichen des Steinbock. Jetzt legen Sie mehr Wert auf Pflichterfüllung und praktische Überlegungen.

Fixstern

Name des Sterns: Algorab, auch Al Ghirab oder «Rabe» genannt

Gradposition: 12°28' – 13°22' Waage zwischen den Jahren 1930 und 2000

Magnitude: 3

Stärke: ******

Orbit: 1°30'

Konstellation: Delta Corvi

Tage: 5., 6., 7., 8. Oktober

Sternqualitäten: Mars/Saturn

Beschreibung: blaßgelb-violetter Doppelstern im rechten Flügel des Raben.

Einfluß des Hauptsterns

Unter Algorabs Einfluß haben Sie guten Geschäftssinn, Unternehmungsgeist sowie die Entschlußkraft und Power, Probleme mit Charme und Grazie zu lösen. Algorab macht Sie zu einer zurückhaltenden, lernbegierigen Persönlichkeit mit dem Wunsch nach Anerkennung und Erfolg. Er warnt Sie aber auch vor destruktivem Verhalten und Betrug durch andere.

Im Zusammenhang mit dem Stand Ihrer Sonne sorgt Algorab dafür, daß Sie meist einen positiven Eindruck hinterlassen, Erfolg in der Öffentlichkeit haben und mit der Unterstützung Ihrer Mitmenschen rechnen können. Wenn Sie in der Öffentlichkeit stehen, ernten Sie Ruhm und Popularität. Sie müssen sich jedoch vor Skandalen hüten, die Sie Ihre Position kosten könnten.

- Positiv: Hartnäckigkeit, Unternehmungsgeist, Popularität, militärische Auszeichnungen.
- Negativ: unorthodoxe Methoden, arbeitet gegen das Establishment.

Ihr geheimes Selbst

Als praktisch orientierter Visionär vertrauen Sie auf Ihre starken Instinkte und arbeiten am besten, wenn diese Sie inspirieren. Da Sie immer neue Abenteuer und Abwechslung brauchen, um sich nicht zu langweilen, lieben Sie Reisen und führen gern neue Trends und Ideen ein. Auch wenn Sie ein starkes Verlangen nach Geld, Macht und Status haben, können Sie ein idealistischer und sensibler Menschenfreund sein. Das bedeutet, daß Sie die Balance zwischen Ihrem natürlichen Mitgefühl und einem Hang zu Machtspielen und Selbstsucht finden müssen.

Großmütig, freundlich und großzügig, können Sie für andere eine echte Hilfe sein, wenn Sie Ihren starken Willen mit Ihren machtvollen Gefühlen vereinen. Sie denken in großen Maßstäben und haben große Pläne. Häufig gehen Sie dabei Risiken ein, doch im allgemeinen trügt Ihr Gefühl Sie nicht, und Sie bekommen den entsprechenden Gegenwert für Ihr Geld. Dank Ihrer aktiven Phantasie, Ihrer Überzeugungskraft und Ihrem ausgezeichneten Verhandlungsgeschick haben Sie das Potential für Erfolge im großen Stil.

Beruf & Karriere

Dynamisch und fleißig, wollen Sie viel erreichen und sind oft ein phantasiebegabter und aktiver Unternehmer. So können Sie zwar in der Geschäftswelt viel Erfolg haben, ziehen es aber oft vor, Ihre kreativen Talente zu fördern und eine künstlerische Karriere einzuschlagen. Als einnehmende Persönlichkeit mit starken Gefühlen können Sie sich voller Leidenschaft und Idealismus für soziale Reformen einsetzen und in Politik oder Gemeinwohl Erfüllung finden. Ihr hervorragendes Verhandlungsgeschick befähigt Sie zum Manager in großen Firmen. Ihre Liebe zur Gerechtigkeit führt Sie vielleicht in die Politik, die Justiz oder zur Polizei. Weil Sie aber auch Schönheit und Kunst lieben, können Sie auch in Museen oder im Kunst- oder Antiquitätenhandel eine interessante Beschäftigung finden. Wenn Sie von einer Sache oder Person überzeugt sind, eignen Sie sich auch für Vermittlungs- oder Verkaufstätigkeit.

Berühmte Persönlichkeiten dieses Tages sind der Politiker Jesse Jackson, der Schauspieler Paul Hogan, die Schauspielerin Sigourney Weaver, der Schauspieler und Komiker Chevy Chase und der argentinische Diktator Juan Perón.

Numerologie

Die Kraft, die von der 8 ausgeht, weist auf einen Charakter mit festen Werten und sicherem Urteilsvermögen hin. Die Geburtstagszahl 8 bedeutet oft, daß Sie sich hohe Ziele gesteckt haben und ehrgeizig sind. Dieser Geburtstag bedeutet auch Dominanzstreben, Sicherheitsbedürfnis und materieller Erfolg. Wenn Sie an einem Tag 8 geboren sind, haben Sie einen natürlichen Geschäftssinn und sollten unbedingt Ihr Organisations- und Führungstalent fördern. Da Sie ein starkes Bedürfnis nach Sicherheit haben, neigen Sie dazu, langfristig zu planen und zu investieren. Der Untereinfluß der Monatszahl 10 weist darauf hin, daß Sie sehr intuitiv und dynamisch sind. Wenn Sie auf Ihre eigenen Fähigkeiten und Ihre angeborene Weisheit vertrauen, können Sie Kreativität mit materiellem Erfolg verbinden und großen Eindruck machen. Motiviert von hochgesteckten Zielen, mit einem guten Gefühl für Menschen, können Sie Ihre originellen Ideen gut in lukrative Geschäfte umwandeln. Häufig initiieren Sie neue Projekte und arbeiten an vorderster Front an Reformen oder modernisieren bestehende Systeme.

Positiv: führungsstark, gründlich, fleißig, traditionell, Autorität, Schutz, Heilkräfte, gutes Einschätzungsvermögen.

Negativ: ungeduldig, verschwenderisch, intolerant, geizig, rastlos, machthungrig, dominierend, leicht entmutigt, planlos.

Liebe & Zwischenmenschliches

Da Sie freundlich, charmant und gesellig sind, aber auch energisch und direkt, führen Sie in der Regel ein aktives soziales Leben. Sie sind sehr sicherheitsbewußt, und es kann passieren, daß Sie deshalb nicht aus Liebe heiraten. Aufgrund Ihres Ehrgeizes und Ihrer Entschlossenheit brauchen Sie einen Partner, der ebenfalls erfolgreich ist. Da Sie in Beziehungen rastlos werden können und gelegentlich Ihre Meinung ändern, sollten Sie versuchen, mehr Geduld zu entwickeln, um sich nicht so schnell zu langweilen. Das läßt sich erreichen, wenn Sie sich Zeit zum Reisen oder für neue aufregende Erfahrungen nehmen.

Ihr Partner

Wenn Sie jemanden suchen, bei dem Sie dauerhaftes Glück und Stabilität finden, sollten Sie sich unter den Menschen umsehen, die an den folgenden Tagen geboren sind:

Liebe & Freundschaft: 6., 14., 24., 31. Jan., 4., 12., 22., 29. Feb., 2., 10., 20., 27. März, 8., 18., 25. April, 6., 16., 23., 30. Mai, 4., 14., 21., 28., 30. Juni, 2., 12., 19., 26., 28., 30. Juli, 10., 17., 24., 26., 28. Aug., 8., 15., 22., 24., 26. Sept., 6., 13., 20., 22., 24., 30. Okt., 4., 11., 18., 20., 22. Nov., 2., 9., 16., 18., 20., 26., 29. Dez.

Günstig: 5., 22., 30. Jan., 3., 20., 28. Feb., 1., 18., 26. März, 16., 24. April, 14., 22. Mai, 12., 20. Juni, 10., 18., 29. Juli, 8., 16., 27., 31. Aug., 6., 14., 25., 29. Sept., 4., 12., 23., 27. Okt., 2., 10., 21., 25. Nov., 9., 19., 23. Dez.

Schicksalhaft: 12. Jan., 10. Feb., 8. März, 4., 5., 6., 7. April, 4. Mai, 2. Juni

Problematisch: 16., 21. Jan., 14., 19. Feb., 12., 17., 30. März, 10., 15., 28. April, 8., 13., 26. Mai, 6., 11., 24. Juni, 4., 9., 22. Juli, 2., 7., 20. Aug., 5., 18. Sept., 3., 16. Okt., 1., 14. Nov., 12. Dez.

Seelenverwandt: 25. Jan., 23. Feb., 21. März, 19. April, 17. Mai, 15. Juni, 13. Juli, 11. Aug., 9. Sept., 7. Okt., 5. Nov., 3., 30. Dez.

9. Oktober

SONNE: WAAGE
DEKADE: WASSERMANN/URANUS
GRAD: 15°30' – 16°30' WAAGE
ART: KARDINALZEICHEN
ELEMENT: LUFT

Fixstern

Name des Sterns: Seginus
Gradposition: 16°38' – 17°20' Waage zwischen den Jahren 1930 und 2000
Magnitude: 3
Stärke: ******
Orbit: 1°40'
Konstellation: Gamma Bootis
Tage: 9., 10., 11., 12. Oktober
Sternqualitäten: Merkur/Saturn
Beschreibung: kleiner gelb-weißer Stern an der linken Schulter des Bärenhüters.

Einfluß des Hauptsterns

Durch den Einfluß von Seginus sind Sie beliebt, haben einen regen, kühnen Verstand und viele soziale Kontakte. Sie sind vielseitig und lernen schnell, neigen aber auch dazu, unbeständig zu sein und Ihre Meinung zu oft zu ändern.

Im Zusammenhang mit dem Stand Ihrer Sonne schenkt Seginus geschäftliche Erfolge, eine natürliche Begabung für Astrologie und Philosophie und die Neigung zu außergewöhnlichen Interessen. Durch Ihre gesellige, freundliche Art haben Sie viele Freunde, mit deren Hilfe Sie rechnen können.

- Positiv: kooperativ, beliebt, vielseitig.
- Negativ: Verluste durch Freundschaft und Partnerschaft.

Unabhängig und klug, sind Sie ein aufrichtiger und direkter Waagemensch mit natürlichem Selbstvertrauen und einem starken Charakter. In Ihnen vereinen sich Führungsqualitäten und ausgezeichnete geistige Wahrnehmungsfähigkeit. Als kreativer Mensch und guter Beobachter kennen Sie die Macht des Wissens. Allerdings leiden Sie gelegentlich unter emotionalen Spannungen, die Ihr übliches Selbstvertrauen bisweilen unterminieren.

Durch den Untereinfluß Ihres Dekadenzeichens Wassermann entwickeln Sie originelle Ideen und begreifen die Menschheit auf scharfsinnige Weise. Frauen, die an diesem Tag geboren sind, reißen gern das Ruder an sich. Sie initiieren gern progressive Projekte und lieben alles Neue und Trendige. Da Sie tolerant und liberal sind, stehen Sie für Ihre Prinzipien, für Gerechtigkeit und Fairplay ein. Allerdings können Sie Dummheit nicht ertragen und neigen dann zu herrischem oder dominierendem Verhalten.

Dank Ihrer Einsichten und Ihrem Wunsch nach Selbstverwirklichung interessieren Sie sich sehr für Schreiben, Kunst, Musik, aber auch metaphysische oder philosophische Themen. Sie sind zwar von Natur aus ein Pragmatiker, können aber gelegentlich sehr unkonventionell oder gar radikal werden. Hüten Sie sich davor, aus reinem Oppositionsgeist gegen etwas zu sein. Wenn Sie lernen, mehr Toleranz für die Schwächen anderer aufzubringen, erhöhen Sie Ihre Erfolgschancen im Umgang mit Ihren Mitmenschen enorm.

Wenn Sie 14 sind, tritt Ihre Sonne in den Skorpion. In den nächsten dreißig Jahren drängt es Sie zu emotionaler Veränderung und persönlichem Wandel. Ein weiterer Wendepunkt folgt, wenn Sie 44 sind und Ihre Sonne in das Zeichen des Schützen wechselt. Nun werden Sie freiheitsliebender und risikobereiter und möchten Ihren Horizont erweitern, etwa durch Weiterbildung, Reisen oder Inspiration. Wenn Sie 74 sind, tritt Ihre Sonne in das Zeichen des Steinbock. Jetzt legen Sie mehr Wert auf Disziplin und praktische Sicherheit.

Ihr geheimes Selbst

Dank Ihrer Reaktionsschnelligkeit und Schlagfertigkeit können Sie gut für sich selbst einstehen und genießen freundschaftliche Debatten. Wenn Sie auf Ihre Intuition vertrauen, können Sie die Herausforderung, Ihr künstlerisches Talent oder Ihren Geschäftssinn zu fördern, erfolgreich angehen. Im allgemeinen haben Sie alles gut unter Kontrolle, können aber auch launenhaft sein oder zwischen Selbstbewußtsein und Selbstzweifeln schwanken. Sie haben aber eine innere Stärke, mit deren Hilfe Sie allen Schwierigkeiten trotzen können.

Da Sie entschlossen auf Ihre Ziele zusteuern, können Sie im allgemeinen hart für deren Verwirklichung arbeiten. Gerade wenn es sich um langfristige Pläne handelt, zeigen Sie Ausdauer und Entschlußkraft. Um Ihr volles Potential zu entfalten, brauchen Sie noch mehr Selbstdisziplin. Die Kombination von innerer Kraft und dem Gefühl für den Umgang mit Menschen hilft Ihnen, Ihre Ideale zu realisieren.

Beruf & Karriere

Mit Ihrer Intelligenz, Intuition und Phantasie haben Sie viele Berufsmöglichkeiten. Da Sie sich sehr für soziale Reformen interessieren, eignen Sie sich gut für geistig orientierte Berufe in Justiz, Pädagogik, Forschung oder Publizistik. Mit Ihrem scharfen Verstand und Ihren Führungsqualitäten haben Sie auch strategische und administrative Fähigkeiten, die Ihnen in der Geschäftswelt von Nutzen sind. Ihr Wunsch nach Kreativität und Ihre natürlichen Kommunikationsfähigkeiten sind Gründe dafür, daß Sie Ihre Individualität vielleicht durch Kunst, Design, Schauspielerei oder Musik zum Ausdruck bringen möchten. Ihre humanitäre Seite fühlt sich auch von Heilberufen angezogen.

Berühmte Persönlichkeiten dieses Tages sind die Sänger und Songwriter John Lennon, Sean Ono Lennon und Jackson Browne, der Musiker John Entwistle, der Schauspieler Jacques Tati, der Schriftsteller Miguel de Cervantes und der Komponist Camille Saint-Saëns.

Numerologie

Nachdenklichkeit, Güte und Sensibilität sind Eigenschaften der Zahl 9. Mit der Geburtstagszahl 9 sind Sie tolerant und freundlich, großzügig und liberal. Intuitive und geistige Fähigkeiten bewirken Weltoffenheit und führen Sie, positiv abgeleitet, vielleicht auch auf einen spirituellen Weg. Sie müssen daran arbeiten, Probleme und emotionale Höhen und Tiefen besser zu bewältigen und nicht überempfindlich zu sein. Sehr viel profitieren Sie von Reisen und Begegnungen mit Menschen aus aller Welt. Hüten müssen Sie sich vor unrealistischen Träumen und einem Hang zur Realitätsflucht. Der Untereinfluß der Monatszahl 10 führt dazu, daß Sie andere durch Ihre Autonomie und Humanität, Ihre positive Einstellung und Entschlossenheit inspirieren können. Wenn Sie besonders begabt sind, müssen Sie auch besonders viel Durchhaltevermögen beweisen, um Hindernisse zu überwinden und etwas wirklich Außergewöhnliches und Einzigartiges schaffen zu können. Vermeiden Sie, sich stur oder dominierend zu verhalten, wenn Sie wollen, daß andere Sie um Unterstützung und Rat bitten.

Positiv: idealistisch, humanitär, kreativ, sensibel, großmütig, poetisch, nachgiebig, freigiebig, unvoreingenommen, glücklich, beliebt.

Negativ: frustriert, nervös, innerlich zerrissen, unsicher, selbstsüchtig, unpraktisch, leicht beeinflußbar, verbittert.

Liebe & Zwischenmenschliches

Freunde und Bewunderer fühlen sich meist von Ihrem Charisma und Ihrer ausgeprägten Intelligenz angezogen. Sie sind ehrlich und aufrichtig im Umgang mit anderen. Obwohl Sie romantisch und treu sind, stoßen Sie die, die Sie lieben, manchmal durch herrisches oder ungeduldiges Verhalten vor den Kopf. Gleichwohl können Sie sehr hilfsbereit sein, vor allem wenn Sie anderen mit Rat und Tat zur Seite stehen können. Sie brauchen einen Partner, der Sie geistig wachhält und ebenso aufrichtig und direkt ist wie Sie selbst und der Ihr Schwanken zwischen übermäßigem Selbstbewußtsein und Selbstzweifeln verstehen kann.

Ihr Partner

Den Partner fürs Leben und dauerhafte Sicherheit werden Sie mit großer Wahrscheinlichkeit unter den an den folgenden Tagen geborenen Menschen finden:
Liebe & Freundschaft: 7., 11., 13., 15., 16., 17., 25. Jan., 9., 11., 13., 14., 15., 23. Feb., 7., 9., 11., 12., 13., 21. März, 5., 7., 9., 11., 19. April, 3., 5., 7., 9., 17., 31. Mai, 1., 3., 5., 6., 7., 15., 29. Juni, 1., 3., 5., 27., 29., 31. Juli, 1., 3., 11., 25., 27., 29. Aug., 1., 9., 23., 25., 27. Sept., 7., 21., 23., 25. Okt., 5., 19., 21., 23. Nov., 3., 17., 19., 21., 30. Dez.
Günstig: 1., 5., 20. Jan., 3., 18. Feb., 1., 16. März, 14. April, 12. Mai, 10. Juni, 8. Juli, 6. Aug., 4. Sept., 2. Okt.
Schicksalhaft: 5., 6., 7., 8. April
Problematisch: 6., 22., 24. Jan., 4., 20., 22. Feb., 2., 18., 20. März, 16., 18. April, 14., 16. Mai, 12., 14. Juni, 10., 12. Juli, 8., 10., 31. Aug., 6., 8., 29. Sept., 4., 6., 27. Okt., 2., 4., 25., 30. Nov., 2., 23., 28. Dez.
Seelenverwandt: 6., 12. Jan., 4., 10. Feb., 2., 8. März, 6. April, 4. Mai, 2. Juni

10. Oktober

SONNE: WAAGE
DEKADE: WASSERMANN/URANUS
GRAD: 16°30' – 17°30' WAAGE
ART: KARDINALZEICHEN
ELEMENT: LUFT

Fixstern

Name des Sterns: Seginus
Gradposition: 16°38' – 17°20' Waage zwischen den Jahren 1930 und 2000
Magnitude: 3
Stärke: ******
Orbit: 1°40'
Konstellation: Gamma Bootis
Tage: 9., 10., 11., 12. Oktober
Sternqualitäten: Merkur/Saturn
Beschreibung: kleiner gelb-weißer Stern an der linken Schulter des Bärenhüters.

Einfluß des Hauptsterns

Durch den Einfluß von Seginus sind Sie beliebt, haben einen regen, kühnen Verstand und viele gesellschaftliche Kontakte. Sie sind vielseitig, lernen schnell, neigen aber auch dazu, unbeständig zu sein und Ihre Meinung zu oft zu ändern. Im Zusammenhang mit dem Stand Ihrer Sonne schenkt Seginus geschäftliche Erfolge, eine natürliche Begabung für Astrologie und Philosophie und die Neigung zu außergewöhnlichen Interessen. Durch Ihre gesellige, freundliche Art haben Sie viele Freunde, mit deren Hilfe Sie rechnen können.

- Positiv: kooperativ, beliebt, vielseitig.
- Negativ: Verluste durch Freundschaft und Partnerschaft.

Ihr scharfer Verstand und Ihre gute Beobachtungsgabe ergänzen sich sehr gut mit Ihrem Idealismus und Ehrgeiz. Als Waage können Sie auch sehr charmant und gesellig sein und haben die Gabe, mit den unterschiedlichsten Menschen auszukommen. Da Sie großzügig und gutmütig sind, macht es Ihnen Freude, freigiebig zu sein. Sie müssen sich jedoch vor Unmäßigkeit in jedweder Form in acht nehmen. Da Sie Farben, Kunst und Schönheit lieben, haben Sie ein gutes Gefühl für Kreativität und Verlangen nach Luxus.

Durch den Untereinfluß Ihres Dekadenzeichens Wassermann sind Sie ein großer Individualist und wollen stets an vorderster Front Trends oder Ideen mitbestimmen. Sie haben zurückhaltenden Charme und Eleganz, können aber äußerst willensstark und unabhängig sein. Sie sind wettbewerbsorientiert und manchmal überkritisch, aber im allgemeinen sehr gelassen. Ihr Charisma hilft Ihnen, wenn Sie soziale Kontakte knüpfen. Ihre Stabilität ist allerdings durch einen Hang zur Sturheit, und daß Sie nicht auf andere hören, gefährdet.

Da Sie freundlich und unterhaltsam sind, führen Sie ein aktives gesellschaftliches Leben. Sie brauchen Freiheit und Abwechslung, deshalb spielen Reisen eine große Rolle in Ihrem Leben. Ein Hang zur Ungeduld kann möglicherweise verhindern, daß Sie Ihre Talente voll zur Entfaltung bringen. Glücklicherweise erholen Sie sich durch Ihren Optimismus immer wieder schnell von Enttäuschungen oder Rückschlägen.

Wenn Sie 13 sind, tritt Ihre Sonne in den Skorpion. Die nächsten dreißig Jahre streben Sie nach Sensibilität, Wandlung und Selbstbewußtheit. Ein weiterer Wendepunkt folgt, wenn Sie 43 sind und Ihre Sonne in das Zeichen des Schützen wechselt. Nun werden Sie abenteuerlustiger – in geistiger, körperlicher oder spiritueller Hinsicht. Wenn Sie 73 sind, tritt Ihre Sonne in das Zeichen des Steinbock. Jetzt legen Sie mehr Wert auf Strukturen, Stabilität und praktische Ziele.

Ihr geheimes Selbst

Da Sie wissensdurstig sind und in großen Maßstäben denken können, haben Sie viele Ideen, die sich in bare Münze umwandeln lassen. Wenn Sie lernen, daß materialistische Errungenschaften nicht alles sind, werden Sie sehen, daß es vieles gibt auf dieser Welt, das sich mit Geld nicht kaufen läßt. Vertrauen Sie auf sich, Ihre Fähigkeiten und Ihre Intuition, dann steht Ihrem Erfolg nichts im Wege.

Da Sie kreativ und sensibel sind, brauchen Sie eine Form des schöpferischen Ausdrucks für Ihren wachen Verstand und Ihre tiefen Gefühle und Gelegenheiten, um mit Ihrem Wissen glänzen zu können. Da Sie ein Gefühl für Wirkung haben, unterhalten Sie andere gern, was ein wunderbarer Ausgleich für Ihre gelegentlichen Phasen voller Selbstzweifel und Unentschlossenheit sein kann.

Beruf & Karriere

Sie sind stark, vielseitig talentiert, ein humanitärer Idealist, aber auch ein leistungsbereiter Erfolgsmensch. Mit Ihrem Verantwortungsbewußtsein und Ihren Führungsqualitäten erteilen Sie lieber Anordnungen, als sie anzunehmen. Aufgrund Ihrer Organisationsfähigkeiten und Leistungsbereitschaft brauchen Sie einen Beruf, der Sie fordert und bei dem Sie Ihr Wissen und Können ständig erweitern können. Als Mensch voller Scharfsinn und Wortgewandtheit eignen Sie sich hervorragend für Publizistik und Literatur, Justiz oder Pädagogik. Ihre administrativen Fähigkeiten nützen Ihnen in Großunternehmen und Wirtschaft. Da Sie charmant und kontaktfreudig sind, zieht es Sie zu Öffentlichkeitsarbeit, Politik, Gemeinwesen oder gemeinnützigen Projekten. Wenn Ihre künstlerische Seite stärker ausgeprägt ist, steht Ihnen auch die Welt von Kunst und Entertainment offen, etwa als Musiker oder Schauspieler.

Berühmte Persönlichkeiten dieses Tages sind der Dramatiker Harold Pinter, der Rockmusiker David Lee Roth, der Komponist Giuseppe Verdi, der Jazzpianist Thelonious Monk, der Maler Jean-Antoine Watteau und die Schauspielerin Dorothy Lamour.

Numerologie

Sie nehmen sich meist große Aufgaben vor, müssen dabei aber einige Hindernisse überwinden, bevor Sie Ihre Ziele erreichen. Voller Energie und Originalität stehen Sie zu Ihren Ansichten, auch wenn sie von denen anderer abweichen. Ihr Pioniergeist ermutigt Sie, allein weite Reisen zu unternehmen oder Projekte im Alleingang durchzuziehen. Für alle Menschen mit der Geburtstagszahl 10 sind Leistung und Erfolg sehr wichtig, häufig erreichen Sie auf Ihrem Gebiet Spitzenpositionen. Der Untereinfluß der Monatszahl 10 bewirkt, daß Sie unternehmungslustig und fleißig sind. Sie verlassen sich im allgemeinen auf Ihre Intelligenz und Auffassungsgabe, haben dabei aber auch starke intuitive Kräfte, die Ihren Verstand dominieren und dazu führen, daß Sie sich von Ihren Gefühlen leiten lassen. In der Regel sind Sie freundlich und können Ihre Überzeugungskraft und diplomatischen Fähigkeiten dazu nutzen, andere zu Ihren Ansichten zu bekehren. Sie müssen jedoch lernen, daß sich die Welt nicht nur um Sie dreht, und sich vor Selbstsucht oder Überempfindlichkeit hüten.

Positiv: führungsstark, kreativ, progressiv, Überzeugungskraft, optimistisch, feste Überzeugungen, kämpferisch, unabhängig, gesellig.

Negativ: dominierend, eifersüchtig, egoistisch, hochmütig, feindselig, mangelnde Zurückhaltung, selbstsüchtig, Stimmungsschwankungen, ungeduldig.

Liebe & Zwischenmenschliches

Da Sie freundlich, klug und charmant sind, fällt es Ihnen nicht schwer, Freunde und Partner zu finden. Allerdings zeigt eine unterschwellige Rastlosigkeit, daß Sie sich leicht langweilen und sich in Beziehungen manchmal Ihrer Gefühle nicht sicher sind. Das können Sie vermeiden, wenn Sie sich einen intelligenten und aktiven Partner suchen, der Sie geistig ständig wachhält. Sie probieren gern Neues aus, reisen gern an unbekannte Orte oder besuchen Kurse, in denen Sie andere gescheite Menschen kennenlernen. Sie können sehr gut Kontakte knüpfen und lieben gesellschaftliche Anlässe, bei denen Sie mit den unterschiedlichsten Menschen zusammenkommen.

Ihr Partner

Wenn Sie jemanden suchen, bei dem Sie Sicherheit, Vertrauen und Liebe finden, sollten Sie sich unter den Menschen umsehen, die an den folgenden Tagen geboren sind:

Liebe & Freundschaft: 4., 9., 12., 16., 25. Jan., 2., 10., 14., 23., 24. Feb., 8., 12., 22., 31. März, 6., 10., 20., 29. April, 4., 8., 18., 27. Mai, 2., 6., 16., 25., 30. Juni, 4., 14., 23., 28. Juli, 2., 12., 21., 26., 30. Aug., 10., 19., 24., 28. Sept., 8., 17., 22., 26. Okt., 6., 15., 20., 24., 30. Nov., 4., 13., 18., 22., 28. Dez.

Günstig: 2., 13., 22., 24. Jan., 11., 17., 20., 22. Feb., 9., 15., 18., 20., 28. März, 7., 13., 16., 18., 26. April, 5., 11., 16., 18., 26. Mai, 3., 9., 12., 14., 26. Juni, 1., 7., 10., 12., 20. Juli, 5., 8., 10., 18. Aug., 3., 6., 8., 16. Sept., 1., 4., 6., 14. Okt., 2., 4., 12. Nov., 2., 10. Dez.

Schicksalhaft: 25. Jan., 23. Feb., 21. März, 5., 6., 7., 8., 9., 19. April, 17. Mai, 15. Juni, 13. Juli, 11. Aug., 9. Sept., 7. Okt., 5. Nov., 3. Dez.

Problematisch: 7., 23. Jan., 5., 21. Feb., 3., 19., 29. März, 1., 17., 27. April, 15., 25. Mai, 13., 23. Juni, 11., 21., 31. Juli, 9., 19., 29. Aug., 7., 17., 27., 30. Sept., 3., 13., 23., 26. Nov., 1., 11., 21., 24. Dez.

Seelenverwandt: 17. Jan., 15. Feb., 13. März, 11. April, 9. Mai, 7. Juni, 5. Juli, 3. Aug., 1. Sept., 30. Nov., 28. Dez.

SONNE: WAAGE
DEKADE: WASSERMANN/URANUS
GRAD: 17°30' – 18°30' WAAGE
ART: BEWEGLICHES ZEICHEN
ELEMENT: LUFT

Fixstern

Name des Sterns: Seginus
Gradposition: 16°38' – 17°20' Waage zwischen den Jahren 1930 und 2000
Magnitude: 3
Stärke: ******
Orbit: 1°40'
Konstellation: Gamma Bootis
Tage: 9., 10., 11., 12. Oktober
Sternqualitäten: Merkur/Saturn
Beschreibung: kleiner gelb-weißer Stern an der linken Schulter des Bärenhüters.

Einfluß des Hauptsterns

Durch den Einfluß von Seginus sind Sie beliebt, haben einen regen, kühnen Verstand und viele gesellschaftliche Kontakte. Sie sind vielseitig und lernen schnell, neigen aber auch dazu, unbeständig zu sein und Ihre Meinung zu oft zu ändern.
Im Zusammenhang mit dem Stand Ihrer Sonne schenkt Seginus geschäftliche Erfolge, eine natürliche Begabung für Astrologie und Philosophie und die Neigung zu außergewöhnlichen Interessen. Durch Ihre gesellige, freundliche Art haben Sie viele Freunde, mit deren Hilfe Sie rechnen können.
• Positiv: kooperativ, beliebt, vielseitig.
• Negativ: Verluste durch Freundschaft und Partnerschaft.

11. Oktober

♎ Sie sind intelligent, können Ihre Ideen gut vermarkten und strahlen Begeisterung, Wärme und Anziehungskraft aus. Von Natur aus idealistisch, sind Sie stets bereit, Ihre Überzeugungen durch Taten zu beweisen. Optimistisch und im Herzen jung, müssen Sie nur etwas mehr Verantwortungsbewußtsein und Selbstdisziplin zeigen, um Ihr großes Potential voll zur Entfaltung zu bringen.

Der Untereinfluß Ihres Dekadenzeichens Wassermann macht Sie zu einem unabhängigen und originellen Denker, der in großen Maßstäben denkt. Voll Unternehmungsgeist und Freiheitsliebe, sind Sie bereit, für Ihre Überzeugungen zu kämpfen. Charmant und mit natürlichen psychologischen Fähigkeiten begabt, kommen Sie mit den unterschiedlichsten Menschen aus. Ihre Überzeugungskraft und Organisationsfähigkeiten helfen Ihnen auf dem Weg zum Erfolg.

Durch den starken Einfluß der Waage lieben Sie Schönheit, Natur und Kunst und haben den starken Drang, sich auszudrücken. Viele Menschen mit diesem Geburtsdatum vereinen männliche und weibliche Elemente in sich und sind sowohl unabhängig als auch sensibel. Eine gewisse Kultiviertheit sorgt für guten Geschmack und Liebe zu Luxus und Komfort. Wenn Sie sich zusätzlich auch noch bilden, stärkt das Ihr Selbstbewußtsein. Mit Ihren Führungsqualitäten und natürlichen diplomatischen Fähigkeiten sind Sie ein guter Teamarbeiter. Allerdings neigen Sie dazu, sich zu überfordern, weil Sie sich zuviel aufbürden oder aber zur Manipulation greifen, statt mit anderen direkt und aufrichtig umzugehen.

Wenn Sie 12 sind, tritt Ihre Sonne in den Skorpion. Die nächsten dreißig Jahre suchen Sie nach Sensibilität, emotionaler Veränderung und persönlichem Einfluß. Der nächste Wendepunkt folgt, wenn Sie 42 sind und Ihre Sonne in das Zeichen des Schützen wechselt. Nun werden Sie freier und risikobereiter, suchen Inspiration und neue Horizonte, etwa durch Weiterbildung, Reisen oder persönliche Kontakte mit anderen. Wenn Sie 72 sind, tritt Ihre Sonne in das Zeichen des Steinbock. Jetzt zeigen Sie eine nüchternere und realistischere Lebensauffassung.

Ihr geheimes Selbst

Sie ziehen Menschen an, weil Sie Ihre ganze Wärme und Liebe auf sie projizieren. Grund dafür sind eine innere Anmut und Verspieltheit und das Bedürfnis nach Liebe und Zuneigung. Sie können witzig und lebhaft sein, wollen voller Begeisterung Ihren Mitmenschen helfen oder für eine gute Sache kämpfen. Materielle Sicherheit spielt in Ihrem Leben eine große Rolle, da Sie etwas Solides und Stabiles brauchen, auf das Sie sich verlassen können. Widerstehen Sie der Versuchung, immer den sichersten Weg zu gehen, und gehen Sie manchmal ein Risiko ein. Solange Sie Geduld und Ausdauer beweisen, brauchen Sie sich um Ihre Finanzen keine Sorgen zu machen.

Beruf & Karriere

Intelligent und intuitiv, sind Sie auch vielseitig talentiert und idealistisch und haben viele berufliche Möglichkeiten. In der Geschäftswelt können Sie Ihren Charme und Ihre Überzeugungskraft bei Verkauf, Promotion oder beim Handel nutzen. Dank Ihrer Fähigkeit, Ideen auf unterhaltsame Weise zu präsentieren, sind Sie für Pädagogik und Erwachsenenbildung geeignet. Publizistik, Justiz, die Dienstleistungsbranche oder Politik könnten interessant für Sie sein. Als Idealist mit Unternehmungsgeist können Sie auch erfolgreich Ihre künstlerischen Talente einsetzen, sei es in der Kunstwelt, im Design oder in den Medien.

Berühmte Persönlichkeiten dieses Tages sind die Schauspielerin Liselotte Pulver, die Musiker Art Blakey und Daryl Hall, der Gründer des CVJM Sir George Williams und die US-Präsidentengattin Eleanor Roosevelt.

Numerologie

Die besonderen Schwingungen der Hauptzahl 11 sorgen dafür, daß Ihnen Idealismus, Inspiration und Innovation wichtig sind. Eine Mischung aus Bescheidenheit und Selbstbewußtsein motiviert Sie dazu, ständig an sich zu arbeiten, sowohl in materieller als auch in spiritueller Hinsicht. Durch Erfahrung lernen Sie, mit beiden Seiten Ihrer Persönlichkeit umzugehen und eine weniger extreme Einstellung zu gewinnen, indem Sie mehr auf Ihre Gefühle vertrauen. Im allgemeinen sind Sie energiegeladen und vital, müssen sich aber vor Angstgefühlen oder Ungeschicklichkeit hüten. Der Untereinfluß der Monatszahl 10 bewirkt, daß Sie clever und vielseitig sind. Intelligent und freundlich, wollen Sie Ihre Individualität zum Ausdruck bringen und in Ihrem Freundeskreis beliebt sein. Wenn Sie sich des Profits einer Sache nicht sicher sind, werden Sie leicht ungeduldig oder fangen einfach etwas Neues an. Sie sind vielseitig begabt und idealistisch, verfolgen viele Interessen, und man kann Sie wirklich nicht als langweilig oder trocken bezeichnen. Allerdings müssen Sie sich auf Ihre Ziele konzentrieren, um erfolgreich zu sein. Da Sie oft sehr talentiert und freiheitsliebend sind, können Sie von der Förderung Ihrer musischen Begabungen sehr profitieren.

Positiv: ausgeglichen, konzentriert, objektiv, begeisterungsfähig, inspirierend, idealistisch, kontaktfreudig, erfinderisch, künstlerisch, psychologische Fähigkeiten.

Negativ: übersteigertes Selbstbewußtsein, ziellos, überempfindlich, leicht verletzt, leicht reizbar, selbstsüchtig, geheimnistuerisch, herrisch.

Liebe & Zwischenmenschliches

Romantisch und idealistisch, suchen Sie Beziehungen, haben aber gleichzeitig das starke Bedürfnis nach Freiheit und Unabhängigkeit. Mit Ihrem Charisma und Ihrer Intelligenz fällt es Ihnen nicht schwer, Freunde und Bewunderer zu finden. Dieses Dilemma, nämlich einerseits der Wunsch nach intensiver und leidenschaftlicher Liebe, andererseits das Streben nach Unabhängigkeit und Freiheit, kann Ihre Chancen erheblich einschränken. Lassen Sie sich bei der Partnersuche viel Zeit, damit Sie nicht an den Falschen geraten. Wenn Sie sich aber einmal auf eine Partnerschaft eingelassen haben, sind Sie auch bereit, hart zu arbeiten, daß sie funktioniert.

Ihr Partner

Glück und Liebe finden Sie am ehesten unter den Menschen, die an folgenden Tagen geboren wurden:

Liebe & Freundschaft: 2., 7., 9., 17., 27. Jan., 5., 8., 15., 25. Feb., 3., 6., 13., 23. März, 1., 4., 11., 21. April, 2., 9., 25. Mai, 7., 17. Juni, 5., 15., 29., 31. Juli, 3., 13., 27., 29., 31. Aug., 1., 11., 25., 27., 29. Sept., 9., 23., 25., 27. Okt., 7., 21., 23., 25. Nov., 5., 19., 21., 23. Dez.

Günstig: 3., 5., 20., 25., 27. Jan., 1., 3., 18., 23., 25. Feb., 1., 16., 21., 23. März, 14., 19., 21. April, 12., 17., 19. Mai, 10., 15., 17. Juni, 8., 13., 15. Juli, 6., 11., 13. Aug., 4., 9., 11. Sept., 2., 7., 9. Okt., 5., 7. Nov., 3., 5. Dez.

Schicksalhaft: 13. Jan., 11. Feb., 9. März, 6., 7., 8., 9. April, 5. Mai, 3. Juni, 1. Juli

Problematisch: 16., 24. Jan., 14., 22. Feb., 12., 20. März, 10., 18. April, 8., 16., 31. Mai, 6., 14., 29. Juni, 4., 12., 27. Juli, 2., 10., 25. Aug., 8., 23. Sept., 6., 21. Okt., 4., 19. Nov., 2., 17. Dez.

Seelenverwandt: 16. Jan., 14. Feb., 12. März, 10. April, 8. Mai, 6. Juni, 4., 31. Juli, 2., 29. Aug., 27. Sept., 25. Okt., 23. Nov., 21. Dez.

SONNE: WAAGE
DEKADE: WASSERMANN/URANUS
GRAD: 18°30' – 19°30' WAAGE
ART: BEWEGLICHES ZEICHEN
ELEMENT: LUFT

Fixstern

Name des Sterns: Seginus
Gradposition: 16°38' – 17°20' Waage
zwischen den Jahren 1930 und 2000
Magnitude: 3
Stärke: ******
Orbit: 1°40'
Konstellation: Gamma Bootis
Tage: 9., 10., 11., 12. Oktober
Sternqualitäten: Merkur/Saturn
Beschreibung: kleiner gelb-weißer Stern an der linken Schulter des Bärenhüters.

Einfluß des Hauptsterns

Durch den Einfluß von Seginus sind Sie beliebt und haben einen regen, kühnen Verstand und viele gesellschaftliche Kontakte. Sie sind vielseitig und lernen schnell, neigen aber auch dazu, unbeständig zu sein und Ihre Meinung zu oft zu ändern.

Im Zusammenhang mit dem Stand Ihrer Sonne schenkt Seginus geschäftlichen Erfolg, eine natürliche Begabung für Astrologie und Philosophie und die Neigung zu außergewöhnlichen Interessen. Durch Ihre gesellige, freundliche Art haben Sie viele Freunde, mit deren Hilfe Sie rechnen können.

• Positiv: kooperativ, beliebt, vielseitig.
• Negativ: Verluste durch Freundschaft und Partnerschaft.

12. Oktober

♎ Zu den vielen Eigenschaften dieses Tages gehören ein hochentwickelter Verstand, Freundlichkeit und Geselligkeit. Wenn Sie wirklich an eine Sache glauben, sind Sie enthusiastisch und fleißig, denken kreativ und zeigen natürliche Führungsbegabung. Ein wichtiger Teil Ihres Erfolgs ist, daß Sie mit anderen auf einer persönlichen Basis umgehen können. Sie lieben Wissen; wahre Erfüllung aber finden Sie durch Meisterung Ihres Selbst.

Durch den Untereinfluß Ihres Dekadenzeichens Wassermann haben Sie erfinderische und einzigartige Ideen, die nicht nur produktiv sind, sondern sich auch finanziell für Sie lohnen. Sie erkennen schnell neue Trends und Konzepte, und es macht Ihnen Freude, Ihre Ideen zu präsentieren. Sie sind zwar unabhängig, haben aber gleichzeitig gute diplomatische Fähigkeiten und die Gabe, mit anderen im Team zusammenzuarbeiten. Sie haben zurückhaltenden Charme und sind im allgemeinen gelassen. Gelegentlich zeigen Sie sich allerdings despotisch, kritisch oder stur.

Da Sie sehr intelligent und warmherzig sind und Freiheit schätzen, haben Sie anderen sehr viel zu geben. Ihr scharfsinniger, aber rastloser Geist hilft Ihnen, schnelle Entscheidungen zu treffen und Situationen schnell einzuschätzen. Obwohl Sie im allgemeinen selbstsicher sind und feste Überzeugungen vertreten, leiden Sie gelegentlich unter mangelndem Selbstbewußtsein. Glücklicherweise sorgt aber Ihre Entschlossenheit, mit der Sie auf Erfolge zusteuern, dafür, daß Sie diese Phasen stets schnell überwinden.

Wenn Sie 11 sind, tritt Ihre Sonne in den Skorpion. In den nächsten dreißig Jahren erfüllt Sie der Wunsch nach emotionaler Veränderung, nach Wandlung und persönlicher Macht. Der nächste Wendepunkt folgt, wenn Sie 41 sind und Ihre Sonne in das Zeichen des Schützen wechselt. Nun entwickeln Sie neue Interessen und möchten Ihren Horizont erweitern, etwa durch Weiterbildung, Reisen oder Kontakte mit fremden Kulturen. Wenn Sie 71 sind, tritt Ihre Sonne in das Zeichen des Steinbock. Jetzt werden Sie praktischer, konzentrierter und zielorientierter.

Ihr geheimes Selbst

Zu Ihren größten Vorzügen gehören Ihre intuitiven Einsichten. Sie sollten mehr auf diese innere Stimme hören und mehr Vertrauen und Glauben entwickeln. Wenn Sie Ihre innere Weisheit anwenden, erkennen Sie in jeder Situation eine humoristische oder philosophische Seite. Ein musischer Zug Ihrer Persönlichkeit drängt nach Ausdruck, möglicherweise durch Musik, Kunst oder Theater.

Ein Großteil Ihres Erfolgs basiert darauf, daß Sie Ihre genialen Ideen in die Praxis umsetzen und so die nötigen Voraussetzungen für Ihre großen Pläne schaffen können. Sie sind großzügig anderen gegenüber und verstehen es, sich zu amüsieren, müssen sich aber vor Unmäßigkeit in acht nehmen. Ihr innerer Wunsch nach Ehrlichkeit kann Ihnen helfen, einen Hang zu manipulativem Verhalten zu überwinden. Wenn Sie inspiriert sind, können Sie voller Antriebskraft und eine Quelle von Kraft und Mut für andere sein.

Beruf & Karriere

Sie sind ebenso pragmatisch wie intuitiv, und es macht Ihnen Freude, Ihre kreativen Gedanken immer wieder zu testen und anderen zu zeigen, was Sie können. Psychologe, Berater, Diplomat, Anwalt – Ihnen stehen viele Berufsmöglichkeiten offen. Mit Ihrem gelassenen Charme und Ihren Organisationsfähigkeiten können Sie auch in Berufen erfolgreich sein, bei denen Sie viel mit Menschen zu tun haben, ob in der Wirtschaft oder dem öffentlichen Dienst. Da Sie wortgewandt und gesellig sind, fühlen Sie sich oft auch von Journalismus, akademischer Laufbahn oder Verlagswesen angezogen. Ihre große Phantasie sucht in kreativen Berufen Ausdruck, und Sie können als Schauspieler, Musiker oder Songwriter erfolgreich sein.

Berühmte Persönlichkeiten dieses Tages sind der Opernsänger Luciano Pavarotti, der Komponist Wolfgang Fortner, der Rockmusiker Rick Parfitt, die Schauspielerin Susan Anton und der schottische Premier Ramsay MacDonald.

Numerologie

Im allgemeinen sind Sie intuitiv und freundlich und haben gutes logisches Denkvermögen. Mit der Geburtstagszahl 12 ist oft der starke Wunsch nach echter Individualität verbunden. Da Sie innovativ und sensibel sind, wissen Sie genau, wie Sie Takt und Kooperationsbereitschaft einsetzen müssen, um Ihre Ziele zu erreichen. Wenn Sie ein Gleichgewicht zwischen Ihrem Bedürfnis nach Selbstverwirklichung und Ihrem Hang zum Altruismus herstellen, können Sie wahre emotionale Befriedigung und Erfüllung finden. Sie müssen aber den Mut haben, auf eigenen Füßen zu stehen und mehr Selbstbewußtsein zu entwickeln, oder lernen, sich von anderen nicht so leicht entmutigen zu lassen. Der Untereinfluß der Monatszahl 10 führt dazu, daß Sie Intelligenz und Überzeugungskraft haben. Sie sind entschlossen und energisch, und es macht Ihnen Freude, mit anderen zusammenzuarbeiten, solange Sie Ihre Unabhängigkeit nicht verlieren. Obwohl Sie eine pragmatische Lebenseinstellung und guten Geschäftssinn haben, leiden Sie gelegentlich unter Stimmungsschwankungen und Überreaktionen auf Situationen oder Menschen. Wenn Sie Ihre Gefühle ausdrücken und Ihr diplomatisches Geschick anwenden, können Sie sich aber leicht aus der Affäre ziehen und Ihren Hang zu Sturheit oder Taktlosigkeit überwinden.

Positiv: kreativ, Anziehungskraft, Initiative, Disziplin, fördert sich selbst und andere.

Negativ: verschlossen, selbstsüchtig, exzentrisch, unkooperativ, überempfindlich, mangelndes Selbstwertgefühl.

Liebe & Zwischenmenschliches

Da Sie selbst gescheit sind, brauchen Sie einen Partner, mit dem Sie Ihre Ideen austauschen können und der ein geselliger Gefährte ist. In engen Beziehungen sollten Sie heiter und optimistisch bleiben und nicht despotisch, reizbar oder kritisch werden. Häufig fühlen Sie sich zu fleißigen oder mächtigen Menschen hingezogen und schwanken zwischen dem Wunsch nach einer engen Beziehung und dem Drang nach Unabhängigkeit. Ihr Bedürfnis nach Selbstfindung deutet aber darauf hin, daß Sie Menschen mit Disziplin und einer ganz eigenen Lebensauffassung bewundern.

Ihr Partner

Einen Partner, der Sie mit seiner einzigartigen Persönlichkeit inspiriert, finden Sie am ehesten unter den Menschen, die an folgenden Tagen geboren sind:

Liebe & Freundschaft: 1., 14., 28., 31. Jan., 12., 26., 29. Feb., 10., 24., 27. März, 8., 22., 25. April, 6., 20., 23. Mai, 4., 18., 21. Juni, 2., 16., 19., 30. Juli, 14., 17., 28., 30. Aug., 12., 15., 26., 28., 30. Sept., 10., 13., 24., 26., 28. Okt., 8., 11., 22., 24., 26. Nov., 6., 9., 20., 22., 24. Dez.

Günstig: 26. Jan., 24. Feb., 22. März, 20. April, 18. Mai, 16. Juni, 14. Juli, 12. Aug., 10. Sept., 8. Okt., 6. Nov., 4. Dez.

Schicksalhaft: 7., 8., 9., 10., 11. April

Problematisch: 3., 25. Jan., 1., 23. Feb., 21. März, 19. April, 17. Mai, 15. Juni, 13. Juli, 11. Aug., 9. Sept., 8. Okt., 6. Nov., 4. Dez.

Seelenverwandt: 3., 10. Jan., 1., 8. Feb., 6. März, 4. April, 2. Mai

SONNE: WAAGE
DEKADE: WASSERMANN/URANUS
GRAD: 19°30' – 20°30' WAAGE
ART: BEWEGLICHES ZEICHEN
ELEMENT: LUFT

Fixstern

Ihre Sonne ist zwar nicht mit einem Fixstern verbunden, sicherlich aber einer der anderen Planeten Ihres Sonnenzeichens. Wenn Sie sich ein Geburtshoroskop erstellen lassen, lernen Sie die exakten Positionen der Planeten an Ihrem Geburtstag kennen. Auf diese Weise können Sie feststellen, welche der Fixsterne in diesem Buch für Sie von Interesse sind.

13. Oktober

Sie sind ein praktischer, aber auch charmanter und fleißiger Mensch mit einer Fülle von Ideen. Da Sie eine schnelle Auffassungsgabe haben, können Sie Situationen oft zu Ihrem Vorteil nutzen. Sie sind wissensdurstig, ehrgeizig und erfindungsreich und lieben gute Debatten. Obwohl Sie durchaus Verantwortungsbewußtsein zeigen, sollten Sie noch mehr Selbstdisziplin entwickeln, um Ihr ganzes Potential zur Entfaltung zu bringen.

Durch den Untereinfluß Ihres Dekadenzeichens Wassermann haben Sie einen starken Verstand und unabhängige Ansichten. Da Sie in großen Maßstäben denken können, interessieren Sie sich für viele Dinge, und das in globalen Dimensionen. Mit Ihrem Unternehmungsgeist und Ihrer Freiheitsliebe stehen Sie fest für Ihre Ideale ein.

Da Sie von Natur aus diplomatisch sind, kommen Sie gut mit Ihren Mitmenschen aus und können gut mit anderen im Team zusammenarbeiten. Gelegentlich neigen Sie allerdings dazu, sich dominierend zu verhalten. Sie haben ein strenges Wertesystem und gute Organisationsfähigkeiten, und Ihre Überzeugungskraft hilft Ihnen auf dem Weg nach oben. Bildung und Optimismus sind Schlüssel zu Ihrem Erfolg, der Ihnen auch Ungeduld, Frustration oder Reizbarkeit vermeiden hilft und bewirkt, daß Sie geistig aktiv und produktiv bleiben.

Wenn Sie 10 sind, erreicht Ihre Sonne den Skorpion, und Sie verspüren die nächsten dreißig Jahre den Wunsch nach emotionaler Veränderung, Wandlung Ihrer persönlichen Motivation und Macht. Ein weiterer Wendepunkt folgt, wenn Sie 40 sind und Ihre Sonne in das Zeichen des Schützen wechselt. Nun werden Sie optimistischer und freiheitsliebender und möchten Ihren Horizont erweitern, etwa durch Weiterbildung, Reisen oder neue Interessen. Wenn Sie 70 sind, tritt Ihre Sonne in das Zeichen des Steinbock. Jetzt werden Sie praktischer, vorsichtiger und konzentrierter.

Ihr geheimes Selbst

Aufgrund Ihrer festen Ansichten und Ihrem Gefühl für Wirkung möchten Sie nicht unbemerkt bleiben und streben eine führende Position an. Wenn Sie aber für Ihre Kreativität keine Ausdrucksform finden, können Sie ein Opfer von Depressionen werden oder in Arroganz Zuflucht suchen. Ihre Fassade kann große Sensibilität und Phantasie verbergen, die Ihnen ganz außergewöhnliche Wahrnehmungsfähigkeit verleihen, wenn sie positiv abgeleitet werden.

Auch wenn Sie im allgemeinen sparsam, ja geizig sind und sich über jede gute Gelegenheit freuen, können Sie denen, die Sie lieben, gegenüber extrem großzügig sein. Sie sind in der Regel aufrichtig und ehrlich zu Ihren Mitmenschen und lassen ungern Rechnungen offen. Obwohl Sie ehrgeizig sein können, übt die Vorstellung von Harmonie und einem sicheren Zuhause eine enorme Anziehungskraft auf Sie aus. Wenn Sie sich um Ausgeglichenheit und innere Harmonie bemühen, erreichen Sie erstaunliche Resultate.

Beruf & Karriere

Kreativ und gebildet, sind Sie geistig beweglich und schlagfertig und möchten sich ohne Einschränkung zum Ausdruck bringen können. In untergeordneten Positionen werden Sie leicht rebellisch und streitlustig. Da Sie gesellig sind, arbeiten Sie gern im Team und interessieren sich oft für den öffentlichen Dienst. Obwohl Sie auch für Wirtschaft und Handel geeignet sind, fühlen Sie sich als humanitärer Geist in Wissenschaft oder Pädagogik wohler. Wenn Sie Ihre musischen Talente fördern, können Sie ins Showbusineß gehen oder sich Literatur und Publizistik zuwenden, wären aber auch ein guter Redner oder Anwalt. Fürsorge und Mitgefühl machen Sie auch als Sozialarbeiter, Berater oder Psychologe geeignet.

Berühmte Persönlichkeiten dieses Tages sind die britische Premierministerin Margaret Thatcher, der Sänger und Songwriter Paul Simon, die Musiker Pharoah Sanders und Art Tatum, der Schauspieler Yves Montand und der kurdische Widerstandskämpfer Turgut Özal.

Numerologie

Mit der Zahl 13 werden oft emotionale Sensibilität, Begeisterungsfähigkeit und Inspiration assoziiert. Numerologisch gesehen sind Sie ehrgeizig, können hart arbeiten und durch kreative Selbstverwirklichung sehr viel erreichen. Eine pragmatischere Lebensauffassung könnte nicht schaden, wenn Sie Ihre kreativen Begabungen in konkrete Ergebnisse umsetzen wollen. Ihr originelles und innovatives Angehen der Dinge führt oft zu neuen und aufregenden Ideen und Resultaten, die andere beeindrucken. Ernsthaft, romantisch, charmant und lebenslustig, können Sie es mit genügend Engagement zu Wohlstand bringen. Der Untereinfluß der Monatszahl 10 ist der Grund dafür, daß Sie widerstandsfähig sind und über Pragmatismus und Vielseitigkeit verfügen. Sie sind unabhängig und selbstbewußt, haben Führungsqualitäten und verspüren einen starken Freiheitsdrang. Auch wenn Sie auf andere immer selbstsicher wirken, sorgen emotionale Spannungen und Unsicherheiten gelegentlich für Stimmungsschwankungen und unnötige Ängste. Wenn Sie lernen, geduldiger und weniger rastlos zu werden, überwinden Sie Ihren Hang, Ihre Kraft zu vergeuden und sich zu verzetteln.

Positiv: ehrgeizig, kreativ, freiheitsliebend, ausdrucksstark, initiativ.

Negativ: impulsiv, unentschlossen, despotisch, gefühllos, rebellisch.

Liebe & Zwischenmenschliches

Beziehungen und Freundschaften spielen eine große Rolle in Ihrem Leben, wobei es aber wichtig ist, daß Sie immer Ihre Autonomie bewahren und sich nicht in Abhängigkeit begeben. Obwohl Sie romantisch sind, fällt es Ihnen manchmal schwer, Ihre Gefühle auszudrücken. Ihre Beziehungen profitieren aber erheblich davon, wenn Sie Ihre Gefühle offener zeigen. Wenn Sie sich für einen Partner entschieden haben, sind Sie im allgemeinen treu und hilfsbereit.

Ihr Partner

Dauerhaftes Glück, Sicherheit und Harmonie finden Sie am ehesten bei den Menschen, die an folgenden Tagen geboren wurden:

Liebe & Freundschaft: 1., 15., 26., 29., 30. Jan., 13., 24., 27., 28. Feb., 11., 22., 25., 26. März, 9., 20., 23., 24. April, 7., 18., 21., 22. Mai, 5., 16., 19., 20. Juni, 3., 14., 17., 18., 31. Juli, 10., 13., 14., 27., 29. Aug., 8., 11., 12., 25., 27. Sept., 8., 11., 12., 25., 27. Okt., 6., 9., 10., 23., 25. Nov., 4., 7., 8., 21., 23., 29. Dez.

Günstig: 1., 2., 10., 27. Jan., 8., 25. Feb., 6., 23. März, 4., 21. April, 2., 19., 30. Mai, 17., 28. Juni, 15., 26. Juli, 13., 24. Aug., 11., 22. Sept., 9., 20. Okt., 7., 18. Nov., 5., 16. Dez.

Schicksalhaft: 9., 10., 11., 12. April

Problematisch: 17., 26. Jan., 15., 24. Feb., 13., 22. März, 11., 20. April, 9., 18. Mai, 7., 16. Juni, 5., 14. Juli, 3., 12., 30. Aug., 1., 10., 28. Sept., 8., 26., 29. Okt., 6., 24., 27. Nov., 4., 22., 25. Dez.

Seelenverwandt: 21. Jan., 19. Feb., 17. März, 15. April, 13. Mai, 11. Juni, 9., 29. Juli, 7., 27. Aug., 5., 25. Sept., 3., 23. Okt., 1., 21. Nov., 19. Dez.

14. Oktober

SONNE: WAAGE
DEKADE: ZWILLINGE/MERKUR
GRAD: 20°30' – 21°30' WAAGE
ART: KARDINALZEICHEN
ELEMENT: LUFT

Fixsterne

Spica, auch Ishtar oder Arista genannt; Foramen

Hauptstern

Name des Sterns: Spica, auch Ishtar oder Arista genannt
Gradposition: 22°51' – 23°46' Waage zwischen den Jahren 1930 und 2000
Magnitude: 1
Stärke: **********
Orbit: 2°30'
Konstellation: Alpha Virginis
Tage: 14., 15., 16., 17., 18. Oktober
Sternqualitäten: unterschiedlich: Venus/Mars oder Venus/Jupiter/Merkur
Beschreibung: leuchtendweißer Doppelstern in der Jungfrau.

Einfluß des Hauptsterns

Spica ist einer der dominierenden Sterne am Himmel und somit von großer Bedeutung. Er steht für gutes Urteilsvermögen und unerwartetes Glück, aber auch für ein kultiviertes Wesen, Interesse an der Wissenschaft und Liebe zu Kultur und Kunst. Nach abgeschlossener Ausbildung winken Ehre und Reichtum. Erfolg im Ausland, lange Reisen und Tätigkeiten im internationalen Handel sind ebenso auf Spicas Einfluß zurückzuführen.
Im Zusammenhang mit dem Stand Ihrer Sonne steht Spica für eine hochangesehene Stellung, gute Beziehungen und Erfolg in Handel und Wirtschaft. Zudem können Sie Profit aus guten Ideen und Erfindungen schlagen. Sie können sich

♎ Sie sind charmant und freundlich, haben einen sensiblen und starken Verstand und ein starkes Bedürfnis nach Liebe und Freundschaft. Mit Ihrer körperlichen Vitalität brauchen Sie viel Abwechslung und Action im Leben. Ruppigkeit und Disharmonie vertragen Sie schlecht und wünschen sich stets eine schöne und angenehme Atmosphäre.

Durch den Untereinfluß Ihres Dekadenzeichens Zwilling sind Sie ausdrucksstark und wißbegierig, aber auch anpassungsfähig und vielseitig. Mit Ihrer Wortgewandtheit und Ihrer angenehmen Stimme sind Sie ein guter Gesprächspartner mit viel Überzeugungskraft. Da Sie Konfrontationen möglichst vermeiden, ziehen Sie sich gern aus schwierigen Situationen zurück oder sagen den anderen, was sie hören wollen. Sie sind gesellig und heiter, interessieren sich für zwischenmenschliche Beziehungen und können im allgemeinen gut Kontakte knüpfen. Mit Ihrer Liebe zu Luxus und den schönen Seiten des Lebens müssen Sie sich allerdings vor Maßlosigkeit in jeder Form in acht nehmen.

Sie haben Gefühl für Farbe und Klang und angeborenes künstlerisches Talent für Musik, Malerei oder Theater, die Sie ebenso fördern könnten wie Ihren natürlichen Geschäftssinn. Eine besonders glückliche Hand haben Sie mit Investitionen. Ihr scharfer Verstand sorgt dafür, daß Sie immer wieder neue Projekte angehen und Ihre Schlagfertigkeit und Intelligenz unter Beweis stellen wollen. Auch wenn Sie gelegentlich zu Unentschlossenheit neigen, sind Sie doch sehr zielstrebig, wenn Sie sich einmal auf eine Sache festgelegt haben.

Wenn Sie 9 sind, tritt Ihre Sonne in den Skorpion. In den folgenden dreißig Jahren legen Sie steigenden Wert auf emotionale Veränderung, Wandlung und persönliche Macht. Ein weiterer Wendepunkt folgt, wenn Sie 39 sind und Ihre Sonne in das Zeichen des Schützen wechselt. Nun werden Sie optimistischer und freier und möchten Ihren Horizont erweitern, etwa durch Weiterbildung, Reisen oder Kontakt mit fremden Kulturen, Religion oder Philosophie. Wenn Sie 69 sind, tritt Ihre Sonne in das Zeichen des Steinbock. Jetzt werden Sie pragmatischer, realistischer und strukturierter.

Ihr geheimes Selbst

Aufgrund Ihrer großen Sensibilität und lebhaften Phantasie sind Sie entweder ein Visionär oder ein Träumer. Sie haben eine hochintuitive Seite, die Sie veranlaßt, sich für Mystizismus oder Spiritualität zu interessieren; außerdem hilft sie Ihnen beim Umgang mit Ihren Mitmenschen. Hüten Sie sich aber davor, diese Sensibilität zu mißbrauchen, indem Sie sich manipulativ oder irreführend verhalten. Im allgemeinen sind Sie vom Glück begünstigt; hervorragende Ergebnisse aber können Sie erzielen, wenn Sie Ihr geistiges Potential disziplinieren.

Neben Ihren Führungsqualitäten und der Gabe, in jeder Situation eine Chance zu erkennen, haben Sie auch die Fähigkeit, in großen Maßstäben zu denken, und große Risikobereitschaft. Die größte Erfüllung aber finden Sie, wenn Sie Ihr Wissen, Ihre Inspiration oder Ihre besonderen Erkenntnisse zugunsten von anderen einsetzen können.

Beruf & Karriere

Da Sie aufgeschlossen und charmant sind und ein starkes Gefühl für Visionen haben, können Sie gut neue Konzepte entwickeln, was Ihnen bei Berufen, die mit Stil- und Imagepflege, Kunst oder Design zu tun haben, sehr nützlich ist. Als wißbegieriger Mensch, der sich für soziale Themen interessiert, sind Sie sehr geeignet als Reporter, Journalist, Fotograf, Schauspieler oder Filmemacher. Ihr Kommunikationstalent und Ihre soziale Kompetenz lassen Sie oft auch einen pädagogischen Beruf ergreifen. Sie sind nicht nur intuitiv und sensibel, sondern auch spirituell veranlagt und können sich in andere hineinversetzen, was Sie für religiöse und medizinische Berufe oder Alternativheilkunde begabt. Da Sie sehr gesellig sind, kommen vor allem Berufe in Frage, bei denen Sie viel mit Menschen zu tun haben.

Berühmte Persönlichkeiten dieses Tages sind der Designer Ralph Lauren, der Dichter e.e. cummings, der Quäkerführer William Penn, US-Präsident Dwight Eisenhower, der Sänger Cliff Richard und der Schauspieler Roger Moore.

Numerologie

Charakteristisch für die Zahl 14 sind intellektuelles Potential, Pragmatismus und Entschlossenheit. Arbeit hat für Sie oft oberste Priorität, und Sie beurteilen sich und andere gern nach ihrem Stand auf der Karriereleiter. Auch wenn Sie Stabilität brauchen, werden Sie von Rastlosigkeit angetrieben und suchen ständig neue Herausforderungen, um voranzukommen. Das kann dazu führen, daß es in Ihrem Leben häufig zu Veränderungen kommt, vor allem wenn Sie mit Ihrer beruflichen oder finanziellen Situation nicht zufrieden sind. Mit Ihrem aufnahmefähigen Verstand können Sie Probleme schnell erkennen und lösen. Der Untereinfluß der Monatszahl 10 bewirkt, daß Sie intuitiv, idealistisch und freundlich sind. Dank Ihrer Kompromißbereitschaft und Anpassungsfähigkeit schaffen Sie meist eine harmonische und friedliche Atmosphäre um sich herum. Wenn Sie aber stur sind, kommt es zu emotionalen Spannungen und Konfrontationen. Wenn Sie nicht karriereorientiert sind, investieren Sie Ihre ganze Kraft und Zeit in Heim und Familie.

Positiv: entschlossen, fleißig, kreativ, pragmatisch, phantasievoll.

Negativ: übervorsichtig oder impulsiv, gedankenlos, stur.

Liebe & Zwischenmenschliches

Da Sie freundlich sind, kommen Sie mit Menschen aller gesellschaftlichen Kreise aus. Sie fühlen sich zu Menschen hingezogen, die clever und direkt sind, und brauchen einen Partner, der Sie geistig anregt. Da Sie sehr sensibel sind und auch kleinste Gefühlsschwankungen bemerken, sind Sie ein liebevoller Partner. Es besteht allerdings die Gefahr, daß Sie sich aufgrund Ihrer Rastlosigkeit langweilen oder auf Machtspiele einlassen. Andererseits können Sie sehr warmherzig, zärtlich und treu sein, sobald Sie sich endgültig festgelegt haben.

---

gut konzentrieren, sind intuitiv und haben spirituelle Fähigkeiten. Große Konzerne und intellektuelle Aktivitäten sind für Sie besonders erfolgversprechend. Durch wirtschaftliche Unternehmungen können Sie immensen Wohlstand erreichen.

- Positiv: sparsam, pragmatisch, zentrierte Ziele.
- Negativ: verschwenderisch, ändert oft die Richtung, unsteter Charakter.

Ihr Partner

Wenn Sie jemanden suchen, bei dem Sie Sicherheit, geistige Anregung und Liebe finden, sollten Sie sich unter den Menschen umsehen, die an den folgenden Tagen geboren sind:

Liebe & Freundschaft: 3., 10., 13., 20., 30. Jan., 1., 8., 11., 18., 28. Feb., 6., 9., 16., 26. März, 4., 7., 14., 24. April, 2., 5., 12., 22. Mai, 3., 10., 20. Juni, 1., 8., 18. Juli, 6., 16., 30. Aug., 4., 14., 28., 30. Sept., 2., 12., 26., 28., 30. Okt., 10., 24., 26., 28. Nov., 8., 22., 24., 26. Dez.

Günstig: 12., 16., 17., 28. Jan., 10., 14., 15., 26. Feb., 8., 12., 13., 24. März, 6., 10., 11., 22. April, 4., 8., 9., 20., 29. Mai, 2., 6., 7., 18., 27. Juni, 4., 5., 16., 25. Juli, 2., 3., 14., 23. Aug., 1., 12., 21. Sept., 10., 19. Okt., 8., 17. Nov., 6., 15. Dez.

Schicksalhaft: 31. März, 9., 10., 11., 12., 29. April, 27. Mai, 25. Juni, 23. Juli, 21. Aug., 19. Sept., 17. Okt., 15. Nov., 17. Dez.

Problematisch: 6., 18., 22., 27. Jan., 4., 16., 20., 25. Feb., 2., 14., 18., 23. März, 12., 16., 21. April, 10., 14., 19. Mai, 8., 12., 17. Juni, 6., 10., 15. Juli, 4., 8., 13. Aug., 2., 6., 11. Sept., 4., 9. Okt., 2., 7. Nov., 5. Dez.

Seelenverwandt: 28. März, 26. April, 24. Mai, 22. Juni, 20. Juli, 18. Aug., 16. Sept., 14. Okt., 12. Nov., 10. Dez.

15. Oktober

SONNE: WAAGE
DEKADE: ZWILLINGE/MERKUR
GRAD: 21°30' – 22°30' WAAGE
ART: KARDINALZEICHEN
ELEMENT: LUFT

Fixsterne

Spica, auch Ishtar oder Arista genannt; Foramen

Hauptstern

Name des Sterns: Spica, auch Ishtar oder Arista genannt
Gradposition: 22°51' – 23°46' Waage zwischen den Jahren 1930 und 2000
Magnitude: 1
Stärke: **********
Orbit: 2°30'
Konstellation: Alpha Virginis
Tage: 14., 15., 16., 17., 18. Oktober
Sternqualitäten: unterschiedlich: Venus/Mars oder Venus/Jupiter/Merkur
Beschreibung: leuchtendweißer Doppelstern in der Jungfrau.

Einfluß des Hauptsterns

Spica ist einer der dominierenden Sterne am Himmel und somit von großer Bedeutung. Er steht für gutes Urteilsvermögen und unerwartetes Glück, aber auch für ein kultiviertes Wesen, Interesse an der Wissenschaft und Liebe zu Kultur und Kunst. Nach abgeschlossener Ausbildung winken Ehre und Reichtum. Erfolg im Ausland, lange Reisen und Tätigkeiten im internationalen Handel sind ebenso auf Spicas Einfluß zurückzuführen.
Im Zusammenhang mit dem Stand Ihrer Sonne steht Spica für eine hochangesehene Stellung, gute Beziehungen und Erfolg in Handel und Wirtschaft. Zudem können Sie Profit aus guten Ideen und Erfindungen schlagen. Sie können sich

♎ Charmant und mit schneller Auffassungsgabe begabt, sind Sie ein geselliger Waagemensch mit Gefühl für Menschen und diplomatischem Geschick, dem nie die Ideen ausgehen. Sie lieben Farben, Schönheit und Klang und haben musische Talente, die Sie in künstlerischer Form zum Ausdruck bringen möchten. Gescheit und scharfsinnig und mit gutem geistigen Potential, sind Sie gern aktiv und erweitern ständig Ihr Wissen. Skeptisch und gleichzeitig von einer gewissen kindlichen Unschuld, müssen Sie lernen, Ihrer Intuition zu vertrauen. Auf diese Weise werden Sie spontaner und können Chancen sofort beim Schopf ergreifen. Achten Sie nur darauf, daß Sie sich bei all Ihrer Liebe zum schönen Leben nicht durch Maßlosigkeit Ihre Erfolgschancen verbauen.

Durch den Untereinfluß Ihres Dekadenzeichens Zwilling sind Sie wortgewandt und geistig neugierig. Sie interessieren sich für kreative Kommunikation und haben Talent zum Schreiben. Da Sie schlagfertig sind und eine angenehme Stimme haben, sind Sie der geborene Entertainer und Redner. Sie sind vielseitig und anpassungsfähig, möchten gefallen und reden für Ihr Leben gern. Sie sollten aber darauf achten, Ihren Intellekt weiterzuentwickeln, damit Ihr großes geistiges Potential auch zur Entfaltung kommen kann.

Obwohl Sie im allgemeinen heiter sind und sich ein harmonisches Leben wünschen, neigen Sie gelegentlich dazu, stur, reizbar oder unbelehrbar zu sein, und leiden unter nervösen Spannungen. Yoga, Kampf- oder sonstige Sportarten helfen Ihnen, sich zu entspannen und innere Ausgeglichenheit zu finden.

Wenn Sie 8 sind, tritt Ihre Sonne in den Skorpion. In den nächsten dreißig Jahren wünschen Sie sich emotionale Veränderung, Wandlung und persönliche Macht. Ein weiterer Wendepunkt folgt, wenn Sie 38 sind und Ihre Sonne in das Zeichen des Schützen wechselt. Nun werden Sie abenteuerlustiger und freier und möchten Ihren Horizont erweitern, etwa durch Reisen oder Kontakte mit fremden Kulturen. Wenn Sie 68 sind, tritt Ihre Sonne in das Zeichen des Steinbock. Jetzt werden Sie pragmatischer, besonnener und vorsichtiger.

Ihr geheimes Selbst

Da Sie Menschen leicht durchschauen, sind Sie ein guter Psychologe und können schnell Kontakte knüpfen. Ihre Menschenkenntnis, gepaart mit Ihren spontanen Einsichten, führt oft dazu, daß Sie das innere Bedürfnis haben, anderen zu helfen oder nach Weisheit zu suchen. Manchmal sind Sie ausgelassen und verspielt und wollen sich nur amüsieren. Dann wieder kommt Ihre ernsthafte und nachdenkliche Seite durch, und Sie brauchen Einsamkeit und Zeit zum Nachdenken und Entspannen. Dank Ihrer vielen Talente brauchen Sie nur Selbstvertrauen und Urteilsvermögen, um im Leben enormen Erfolg zu haben. Mit Ihrer inneren Stärke und Ihrer großen Antriebskraft können Sie sehr entschlossen an Dinge herangehen. Wenn Sie motiviert sind, können Sie hart arbeiten, um Ihre Pläne zu realisieren. Da Sie den Wert der Dinge sehr genau kennen, sind Sie auf Ihrem Weg zu Wohlstand und Status erfolgreich, müssen aber zielstrebiger sein und Ihr Wettbewerbsdenken konstruktiv einsetzen, um auch wahre Befriedigung zu finden.

Beruf & Karriere

Intelligent und freundlich, schätzen Sie intellektuelle Herausforderungen, neigen aber zu geistiger Rastlosigkeit. Ihre Begeisterungsfähigkeit und Ihre Kommunikationsbegabung sorgen dafür, daß Sie in Berufen, die mit Promotion, Verlagswesen oder Pädagogik zu tun haben, erfolgreich sind. Ihre Liebe zur Kunst zeigt, daß Sie kreativ und sensibel sind; überdies haben Sie auch musikalisches oder schriftstellerisches Talent. Da Sie entschlossen sind und viel Überzeugungskraft haben, eignen Sie sich auch für Berufe wie Anwalt, Verkäufer oder Vertreter; hier können Sie auch Ihre Kommunikationsfähigkeiten einsetzen. Sie sind analytisch begabt und verfügen über technisches Geschick, so daß Sie auch in der Computerbranche oder einem Ingenieurberuf erfolgreich sein können. Wenn Sie Ihren scharfen Verstand entwickeln, kommen auch Philosophie oder Metaphysik für Sie in Frage. Ihren humanitären Zug nutzen Sie bei Sozialarbeit oder Heilberufen.

Berühmte Persönlichkeiten dieses Tages sind der Philosoph Friedrich Nietzsche, die Schriftsteller Oscar Wilde und P. G. Wodehouse, der Dichter Virgil, die Herzogin von York, Sarah Ferguson, der Geschäftsmann Lee Iaccoca und der Ökonom John Kenneth Galbraith.

Numerologie

Mit der Zahl 15 werden Vielseitigkeit, Großzügigkeit und Rastlosigkeit verbunden. Ihre größten Vorzüge sind Ihre ausgeprägten Instinkte und die Fähigkeit, durch die Verknüpfung von Theorie und Praxis schnell zu lernen. Dank Ihrer intuitiven Kräfte erkennen Sie sofort, wenn sich eine gute Gelegenheit bietet. Sie haben Gefühl für Geld und können gut andere für Ihre Projekte einspannen. Sie sind ebenso unbekümmert wie resolut, lieben das Unerwartete und gehen gern Risiken ein. Der Untereinfluß der Monatszahl 10 bewirkt, daß Sie hoch intuitiv und idealistisch sind und auf Ihre Gefühle vertrauen sollten, statt sich allzusehr vom Verstand lenken zu lassen und zu zweifeln. Da Sie sich oft von dem stimulieren lassen, was Sie lesen oder hören, steckt Ihr Kopf voller Informationen, und wenn Sie Ihre geistigen Kräfte auf Bildung, Literatur oder Spiritualität richten, haben Sie davon großen Profit. Sie glauben an Ihre eigenen Ideen und haben einen guten Blick fürs Detail, was Sie zum Beispiel fürs Schreiben begabt.

Positiv: willig, großzügig, verantwortungsbewußt, kooperativ, liebevoll, kreativ.

Negativ: destruktiv, rastlos, mangelndes Verantwortungsbewußtsein, Angst vor Veränderungen, unentschlossen, Machtmißbrauch.

Liebe & Zwischenmenschliches

Sie fühlen sich zu hart arbeitenden, ehrgeizigen Menschen hingezogen, die aus eigener Kraft etwas geworden sind, und brauchen einen Partner, der mit Ihrer geistigen Dynamik mithalten kann. Dank Ihrem natürlichen Charme fällt es Ihnen nicht schwer, Bewunderer anzuziehen. Da Sie aber auch zu Skepsis neigen, sollten Sie sich viel Zeit lassen, bevor Sie eine dauerhafte Beziehung eingehen. Gesellschaftliche Kontakte und Gruppenaktivitäten sind wichtig für Sie, da Sie dadurch Ihre Fähigkeit schulen können, Menschen einzuschätzen. Männer mit diesem Geburtstag fühlen sich zu starken Frauen hingezogen. Wenn Sie sich endgültig niedergelassen haben, können Sie sehr treu und hilfsbereit sein.

---

gut konzentrieren, sind intuitiv und haben spirituelle Fähigkeiten. Große Konzerne und intellektuelle Aktivitäten sind für Sie besonders erfolgversprechend. Durch wirtschaftliche Unternehmungen können Sie immensen Wohlstand erreichen.

- Positiv: sparsam, pragmatisch, zentrierte Ziele.
- Negativ: verschwenderisch, ändert oft die Richtung, unsteter Charakter.

Ihr Partner

Ihren Traumpartner werden Sie mit großer Wahrscheinlichkeit unter den an den folgenden Tagen geborenen Menschen finden:

Liebe & Freundschaft: 11., 21., 28., 31. Jan., 9., 19., 26., 29. Feb., 17., 24., 27., 31. März, 15., 22., 25. April, 13., 20., 23., 27. Mai, 1., 11., 18., 21. Juni, 9., 16., 19. Juli, 7., 14., 17., 31. Aug., 5., 12., 15., 29. Sept., 3., 10., 17., 27., 29., 31. Okt., 1., 8., 11., 25., 27., 29. Nov., 6., 9., 23., 25., 27. Dez.

Günstig: 9., 12., 18., 24., 29. Jan., 7., 10., 16., 22., 27. Feb., 5., 8., 14., 20., 25. März, 3., 6., 12., 18., 23. April, 1., 10., 16., 21., 31. Mai, 2., 8., 14., 19., 29. Juni, 6., 12., 17., 27. Juli, 4., 10., 15., 25. Aug., 2., 8., 13., 23. Sept., 6., 11., 21. Okt., 4., 9., 19. Nov., 2., 7., 17. Dez.

Schicksalhaft: 3. Jan., 1. Feb., 10., 11., 12., 13., 30. April, 28. Mai, 26. Juni, 24. Juli, 22. Aug., 20. Sept., 18. Okt., 16. Nov., 14. Dez.

Problematisch: 7., 8., 19., 28. Jan., 5., 6., 17., 26. Feb., 3., 4., 15., 24. März, 1., 2., 13., 22. April, 11., 20. Mai, 9., 18. Juni, 7., 16. Juli, 5., 14. Aug., 3., 12. Sept., 1., 10. Okt., 8. Nov., 6. Dez.

Seelenverwandt: 3., 19. Jan., 1., 17. Feb., 15. März, 13. April, 11. Mai, 9. Juni, 7. Juli, 5. Aug., 3. Sept., 1. Okt.

16. Oktober

SONNE: WAAGE
DEKADE: ZWILLINGE/MERKUR
GRAD: 22°30' – 23°30' WAAGE
ART: KARDINALZEICHEN
ELEMENT: LUFT

Fixsterne

Arcturus, auch Bärenhüter, Alchameth oder Al Simak genannt; Spica, auch Ishtar oder Arista genannt

Hauptstern

Name des Sterns: Arcturus, auch Bärenhüter, Alchameth oder Al Simak genannt

Gradposition: 23°15' – 24°2' Waage zwischen den Jahren 1930 und 2000

Magnitude: 1

Stärke: **********

Orbit: 2°30'

Konstellation: Alpha Bootis

Tage: 16., 17., 18., 19., 20. Oktober

Sternqualitäten: Mars/Jupiter und Venus/Jupiter

Beschreibung: goldorange-gelber Stern am linken Knie des Bärenhüters.

Einfluß des Hauptsterns

Arcturus steht für kreatives Talent und Erfolg in der Welt der Kunst. Überdies wird er mit Reichtum, Auszeichnungen und Erfolg in Verbindung gebracht. Arcturus bringt Erfolg im Ausland und durch lange Reisen. Er warnt aber auch vor Rastlosigkeit und Angstzuständen. Im Zusammenhang mit dem Stand Ihrer Sonne sorgt Arcturus für Reichtum, Ansehen und Erfolg nach anfänglichen Rückschlägen. Er schenkt Ihnen Intuition und spirituelle oder heilende Fähigkeiten. Erfolgversprechend sind für Sie juristische oder Dienstleistungsberufe. Philosophische, spirituelle oder religiöse Themen weisen Sie zum Schreiben. Arcturus' Einfluß kann Gefühle der

Unter dem Einfluß dieses Tages sind Sie ein charmanter, sensibler und fleißiger Waagemensch voller Entschlossenheit. Da Sie intuitiv sind, aber auch Geschäftssinn haben, sind Sie äußerst zielstrebig, wenn Sie sich für ein Projekt wirklich interessieren oder ein festes Ziel haben. Allerdings neigen Sie gelegentlich zu Unentschlossenheit oder Trägheit oder schieben alles auf und riskieren damit, Ihr bemerkenswertes Potential verkümmern zu lassen.

Durch den Untereinfluß Ihres Dekadenzeichens Zwilling haben Sie einen wißbegierigen und scharfsinnigen Geist und viel Überzeugungskraft. Beziehungen sind Ihnen sehr wichtig, und Sie haben diplomatisches Geschick und können gut Kontakte knüpfen. Sie lieben Luxus und die schönen Dinge des Lebens, sollten sich dabei aber vor Exzessen aller Art und Maßlosigkeit hüten. Ihr kreativer Verstand produziert ständig Ideen und Pläne, und sobald Sie sich für eine Strategie entschieden haben, gehen Sie voller Durchhaltevermögen daran, Ihre persönlichen Ziele zu verwirklichen.

Sie strahlen viel Freundlichkeit aus und sind sehr emotional und dramatisch. Ihr tiefes Bedürfnis nach Liebe und emotionaler Befriedigung können Sie in einer kreativen Beschäftigung mit Musik, Kunst oder Theater kanalisieren oder sich für eine gute Sache engagieren. Dank Ihrer Vorausschau und Ihrer pragmatischen Art sind Sie ein guter Stratege. Hin und wieder durchleben Sie Phasen, in denen Sie zu Verdrängung, Schuldbewußtsein oder Egozentrik neigen. Wenn Sie die beiden Seiten Ihrer Persönlichkeit miteinander verbinden, finden Sie zu Harmonie und Ausgeglichenheit.

Wenn Sie 7 sind, tritt Ihre Sonne in den Skorpion. Die nächsten dreißig Jahre beschäftigen Sie Ihre Sensibilität und persönliche Machtstellung. Der nächste Wendepunkt folgt, wenn Sie 37 sind und Ihre Sonne in das Zeichen des Schützen wechselt. Nun möchten Sie Ihre Lebensperspektive erweitern, etwa durch Weiterbildung, Reisen oder Kontakte mit fremden Kulturen. Wenn Sie 67 sind, tritt Ihre Sonne in das Zeichen des Steinbock. Nun werden Sie praktischer, besonnener und umsichtiger.

Ihr geheimes Selbst

Teamwork und Partnerschaften spielen eine wichtige Rolle in Ihrem Leben, da Sie natürliche diplomatische Fähigkeiten und die Gabe haben, schnell persönlichen Kontakt zu anderen zu finden. Obwohl Sie ein besonderes Talent dafür haben, profitable Kontakte herzustellen und Ihre Begabungen zu Geld zu machen, quälen Sie sich oft unnötig mit Sorgen über Ihre finanzielle Situation. Am besten verbinden Sie die bequeme Routine von Heim und Familie mit Ihrem gesunden Geschäftssinn.

Sie genießen es, Macht auszuüben, deshalb sollten Sie sich immer wieder vergewissern, ob Ihre Motivationen auch lauter und gerecht sind. Zum Glück wägen Sie Situationen stets gut ab, bevor Sie zu einem Schluß kommen. Durch einen Aktionsplan können Sie Ihren angeborenen Sinn für Strukturen noch verbessern, was Ihnen zu mehr Ausdauer und Zielstrebigkeit verhilft. Mit diesem Geburtstag geht auch einher, daß Sie die nötige Entschlossenheit haben, Hindernisse und Schwierigkeiten zu überwinden.

Beruf & Karriere

Idealistisch und hellsichtig veranlagt, sind Sie der geborene Friedensstifter und Menschenfreund, der andere dazu inspirieren kann, für Harmonie besorgt zu sein. Sie sind kompromißbereit, fleißig, loyal und entschlossen. Ihr Verständnis für die menschliche Natur und Ihre Liebe zu Wissen mögen Sie als Lehrer oder Dozent in die Welt der Wissenschaft führen, Ihre Liebe zu Theater, Musik und Kunst in einen musischen Beruf. Auch eine Karriere als Autor oder Dramatiker wäre möglich. Da Sie öffentlichkeitsorientiert und kontaktfreudig sind, möchten Sie sich vielleicht auch für das Gemeinwohl oder eine gute Sache engagieren.

Berühmte Persönlichkeiten dieses Tages sind der Dramatiker Eugene O'Neill, der israelische Premier David Ben Gurion, der Schriftsteller Günter Grass, die Schauspielerinnen Angela Lansbury und Suzanne Somers und der Schauspieler Raoul Aslan.

Numerologie

Mit der Geburtstagszahl 16 sind Sie nachdenklich, sensibel und liebenswürdig. Obwohl Sie einen analytischen Verstand haben, beurteilen Sie doch die Situationen und Menschen oft aus dem Gefühl heraus. Mit der 16 können Sie in die emotionale Zwickmühle zwischen Ihrem Drang zur Selbstverwirklichung und Ihrer Verantwortung anderen gegenüber geraten. Oft interessieren Sie sich für Weltwirtschaft und Politik und arbeiten in einem Weltkonzern oder in den Medien. Die Musischen unter Ihnen haben Talent zum Schreiben und dabei hin und wieder wahre Geistesblitze. Sie sollten lernen, nicht so sehr zwischen übersteigertem Selbstvertrauen und Zweifeln und Unsicherheit zu schwanken. Der Untereinfluß der Monatszahl 10 führt dazu, daß Sie ehrgeizig und führungsstark sind. Da Sie Sicherheit und Stabilität brauchen, sind Sie oft bereit, Kompromisse einzugehen, um den Status quo aufrechtzuerhalten. Sie sind emotional und kreativ und brauchen eine Möglichkeit, Ihre Ideen auszudrücken und eine ganz eigene Individualität zu zeigen. Fürsorglich und treu, sind Sie Ihren Mitmenschen gegenüber loyal und hilfsbereit.

Positiv: Gesundheit und Vermögen, Stellung beim Staat, Stolz und Würde, Erfolg im religiösen Bereich, Liebe zu Wissen, treu.

Negativ: snobistisch, unmäßig, falsch, eingebildet.

Liebe & Zwischenmenschliches

Kreativ und dramatisch, haben Sie ein starkes Bedürfnis nach Liebe und Zuneigung und sind bereit, denen, die Sie lieben, viel von sich selbst zu geben. Sie haben ein breites Gefühlsspektrum und können zwischen sensibel und mitfühlend, aber auch despotisch und autoritär hin und her schwanken. Sie fühlen sich vor allem zu kreativen Menschen hingezogen, die Ihre Leidenschaften und emotionalen Bedürfnisse nachvollziehen können. Durch Ihre Lernbegierde interessieren Sie sich aber auch für Menschen, die klüger und intelligenter sind als Sie selbst.

Sorge und Unzufriedenheit in Ihnen auslösen; deshalb sollten Sie lernen, die Höhen und Tiefen des Lebens gelassen hinzunehmen und nie die Distanz zu verlieren.

- Positiv: Kontakte im klerikalen Bereich, gutes Urteilsvermögen, lange Reisen, glamourös.
- Negativ: maßlos, zu enthusiastisch, träge, nachlässig.

Ihr Partner

Wenn Sie jemanden suchen, bei dem Sie Glück, Liebe und Zuneigung finden, sollten Sie sich unter den Menschen umsehen, die an den folgenden Tagen geboren sind:

Liebe & Freundschaft: 8., 18., 22. Jan., 16., 20. Feb., 14., 18., 28., 31. März, 2., 12., 16., 26. April, 10., 14., 24. Mai, 8., 12., 22. Juni, 6., 10., 20., 29. Juli, 4., 8., 18., 27., 30. Aug., 2., 6., 16., 25., 28. Sept., 4., 14., 23., 26., 30. Okt., 2., 12., 21., 24., 28. Nov., 10., 19., 22., 26., 28. Dez.

Günstig: 6., 10., 25., 30. Jan., 4., 8., 23., 28. Feb., 2., 6., 21., 26. März, 4., 19., 24. April, 2., 17., 22. Mai, 15., 20., 30. Juni, 13., 18., 28. Juli, 11., 16., 26. Aug., 9., 14., 24. Sept., 7., 12., 22. Okt., 5., 10., 20. Nov., 3., 8., 18. Dez.

Schicksalhaft: 11., 12., 13., 14. April, 29. Mai, 27. Juni, 25. Juli, 23. Aug., 21. Sept., 19. Okt., 17. Nov., 15. Dez.

Problematisch: 13., 29., 31. Jan., 11., 27., 29. Feb., 9., 25., 27. März, 7., 23., 25. April, 5., 21., 23. Mai, 3., 19., 21. Juni, 1., 17., 19. Juli, 15., 17. Aug., 13., 15. Sept., 11., 13. Okt., 9., 11. Nov., 7., 9. Dez.

Seelenverwandt: 6., 25. Jan., 4., 23. Feb., 2., 21. März, 19. April, 17. Mai, 15. Juni, 13. Juli, 11. Aug., 9. Sept., 7. Okt., 5. Nov., 3. Dez.

SONNE: WAAGE
DEKADE: ZWILLINGE/MERKUR
GRAD: 23°30' – 24°30' WAAGE
ART: BEWEGLICHES ZEICHEN
ELEMENT: LUFT

17. Oktober

Fixsterne

Arcturus, auch Bärenhüter, Alchameth oder Al Simak genannt; Spica, auch Ishtar oder Arista genannt; Foramen

Hauptstern

Name des Sterns: Arcturus, auch Bärenhüter, Alchameth oder Al Simak genannt

Gradposition: 23°15' – 24°2' Waage zwischen den Jahren 1930 und 2000

Magnitude: 1

Stärke: **********

Orbit: 2°30'

Konstellation: Alpha Bootis

Tage: 16., 17., 18., 19., 20. Oktober

Sternqualitäten: Mars/Jupiter und Venus/Jupiter

Beschreibung: goldorange-gelber Stern am linken Knie des Bärenhüters.

Einfluß des Hauptsterns

Arcturus steht für kreatives Talent und Erfolg in der Welt der Kunst. Überdies wird er mit Reichtum, Auszeichnungen und Erfolg in Verbindung gebracht. Arcturus bringt Erfolg im Ausland und durch lange Reisen. Er warnt aber auch vor Rastlosigkeit und Angstzuständen, die Ihr Leben aus dem Gleichgewicht bringen können.

Im Zusammenhang mit dem Stand Ihrer Sonne sorgt Arcturus für Reichtum, Ansehen und Erfolg nach anfänglichen Rückschlägen. Er schenkt Ihnen Intuition und spirituelle oder heilende Fähigkeiten. Erfolgversprechend sind für Sie juristische oder Dienstleistungsberufe. Philosophische, spirituelle oder reli-

Sie sind vielseitig und gesellig, interessieren sich für Ihre Mitmenschen und brauchen ein Leben voller Abwechslung und Aufregung. Sie sind geistig rege und versuchen ständig, Ihren Horizont zu erweitern, um Ihren wißbegierigen Verstand wachzuhalten. Dank Ihrem anziehenden Charme und Ihrer Schlagfertigkeit können Sie sehr unterhaltsam sein. Allerdings neigen Sie zu Unsicherheit oder Ungeduld, Eigenschaften, die Sie in Ihrer Zielstrebigkeit behindern.

Durch den Untereinfluß Ihres Dekadenzeichens Zwilling sind Sie logisch und wortgewandt und können gut Probleme lösen. Sie haben ausgezeichnete Kommunikationsfähigkeiten, denn Sie können direkt auf den Punkt kommen, ohne dabei undiplomatisch zu werden. Sie sollten Ihren Charme aber nicht durch Sturheit, Berechnung oder Geheimnistuerei verderben. Ihren Sinn für Kunst können Sie durch Beschäftigung mit Musik, Malerei oder Theater anwenden oder sich einfach mit Schönheit, Stil und Luxus umgeben.

Sie sind ausdrucksstark und anpassungsfähig und sollten Ihr großes geistiges Potential durch Konzentration und Gründlichkeit entwickeln. Da Sie ebenso instinktgeleitet wie unternehmungslustig sind, arbeiten Sie am besten, wenn Sie in großen Maßstäben denken und sich auf Ihre Intuition verlassen, und nicht in Pessimismus oder Unentschlossenheit verfallen. Ihr Wunsch nach Aktivität und Wohlstand ermutigt Sie zu Reisen oder Arbeitsaufenthalten im Ausland. Sie lieben Luxus und die schönen Seiten des Lebens, deshalb müssen Sie sich auch vor Realitätsflucht und Maßlosigkeit hüten.

Wenn Sie 6 sind, tritt Ihre Sonne in den Skorpion. In den nächsten dreißig Jahren wünschen Sie sich Sensibilität, persönliche Macht und Veränderung. Ein nächster Wendepunkt folgt, wenn Sie 36 sind und Ihre Sonne in das Zeichen des Schützen wechselt. Nun werden Sie abenteuerlustiger, freiheitsliebender und möchten Ihren Horizont erweitern. Wenn Sie 66 sind, tritt Ihre Sonne in das Zeichen des Steinbock und Sie werden praktischer, besonnener und umsichtiger.

Ihr geheimes Selbst

Ein Teil Ihrer Persönlichkeit ist impulsiv und rastlos, ein anderer dagegen vorsichtig und auf langfristige Sicherheit bedacht. Da Sie einen teuren Geschmack haben, müssen Sie einiges tun, um sich Ihre extravaganten Träume erfüllen zu können. Wenn Sie optimistisch bleiben und Geduld und Toleranz entwickeln, können Sie durch die Verbindung von Einsicht und Ausdauer Erfolg haben.

Da Sie sensibel und intuitiv sind, bewundern Sie Menschen mit viel Wissen und Weisheit. Ein versteckter Wunsch nach Wahrheit und Integrität bringt Sie dazu, daß Sie sich eine individuelle Lebensphilosophie schaffen. Wenn Sie ehrlich mit sich selbst und ohne Hintergedanken sind, ernten Sie den Respekt, den Sie sich wünschen. Ihre idealistische Suche nach Liebe und ein tiefes Bedürfnis nach Selbstausdruck inspirieren Sie möglicherweise, zu schreiben oder diese emotionale Energie konstruktiv für Ihre Mitmenschen einzusetzen.

Beruf & Karriere

Aufgrund Ihres Bedürfnisses nach Abwechslung und geistiger Anregung brauchen Sie einen Beruf, der Veränderung und Reisen mit sich bringt. Durch Reisen, oder wenn Sie im

Import-Export-Geschäft tätig sind, erleben Sie fremde Kontinente. Als intelligenter Mensch mit festen Ansichten können Sie tun, was immer Sie sich wünschen, solange Sie dabei konsequent sind und interessiert bleiben. Aufgrund Ihrer raschen Auffassungsgabe müssen Sie aufpassen, daß Sie sich nicht zu schnell langweilen. Als guter Kommunikator eignen Sie sich ausgezeichnet als Reporter, sind aber auch für Forschung und Wissenschaft, Pädagogik oder Training begabt. Auch öffentlichkeitsbezogene Berufe, Sozialdienst oder Arbeiten für das Gemeinwohl sind für Sie gut. Da Sie viel gesunden Menschenverstand haben und die Fähigkeit, Probleme zu lösen, eignen Sie sich auch gut als Psychiater oder Berater.

Berühmte Persönlichkeiten dieses Tages sind die Schauspielerin Rita Hayworth, der Dramatiker Arthur Miller, der Journalist Jimmy Breslin, die Schriftstellerin Nathalie West und der Schauspieler Montgomery Clift.

Numerologie

Sie sind scharfsinnig und zurückhaltend und haben gute analytische Fähigkeiten. Als unabhängiger Denker profitieren Sie enorm von guter Bildung. Im allgemeinen nutzen Sie Ihr Wissen für eine spezielle Fachausbildung, durch die Sie materiellen Erfolg oder eine prominente Position als Experte oder Forscher erreichen. Taktvoll, nachdenklich und unvoreingenommen, mit einem starken Interesse an Daten und Fakten, treten Sie meist rücksichtsvoll und ernsthaft auf und nehmen sich gern Zeit. Wenn Sie Ihre kommunikativen Fähigkeiten besser entwickeln, können Sie einiges über sich und andere lernen. Der Untereinfluß der Monatszahl 10 führt dazu, daß Sie ehrgeizig sind und eine idealistische und charismatische Persönlichkeit haben. Sie sind intelligent, mit starken Instinkten und einem guten Auge fürs Detail begabt und begreifen intuitiv, welchen Problemen Sie sich stellen müssen. Obwohl Sie gesunden Menschenverstand haben und im allgemeinen auch gutes Urteilsvermögen, neigen Sie gelegentlich zu Ungeduld oder allzu großem Enthusiasmus; nehmen Sie sich Zeit, und übereilen Sie nichts.

Positiv: rücksichtsvoll, Experte, guter Planer, guter Geschäftssinn, Sinn für Geld, unabhängiger Denker, Gewissenhaftigkeit, wissenschaftlich.

Negativ: unbeteiligt, stur, leichtsinnig, launisch, intolerant, kritisch, Ängste.

Liebe & Zwischenmenschliches

Ihr Bedürfnis nach Abwechslung und Veränderung wirkt sich auch auf Ihr gesellschaftliches Leben aus. Häufig fühlen Sie sich zu starken Menschen mit besonders großer Initiative hingezogen. Im allgemeinen mangelt es Ihnen nicht an Möglichkeiten, Freundschaften zu schließen. Allerdings neigen Sie dazu, sich Ihrem Partner gegenüber geheimnistuerisch zu verhalten; seien Sie so aufrichtig, wie es Ihnen möglich ist, um späteren Problemen vorzubeugen. Da Sie sich von Ihren Gefühlen leiten lassen, sollten Sie mehr nach Stabilität und Sicherheit streben. Versuchen Sie, weniger launisch und rastlos zu sein, wenn Sie auf der Suche nach anregenden emotionalen Erfahrungen sind.

giöse Themen reizen Sie zum Schreiben. Arcturus' Einfluß kann Gefühle der Sorge und Unzufriedenheit in Ihnen auslösen; deshalb sollten Sie lernen, die Höhen und Tiefen des Lebens gelassen hinzunehmen und nie die Distanz zu verlieren.

- Positiv: Kontakte im klerikalen Bereich, gutes Urteilsvermögen, lange Reisen, glamourös.
- Negativ: maßlos, zu enthusiastisch, träge, nachlässig.

Ihr Partner

Wenn Sie in einer Beziehung Stabilität und Anregung suchen, sollten Sie sich unter den Menschen umsehen, die an den folgenden Tagen geboren sind:

Liebe & Freundschaft: 4., 13., 19., 23., 24. Jan., 11., 17., 21. Feb., 9., 15., 19., 28., 29., 30. März, 7., 13., 17., 26., 27. April, 5., 11., 15., 24., 25., 26., 27. Mai, 3., 9., 13., 22., 23., 24. Juni, 1., 7., 11., 20., 21., 22. Juli, 5., 9., 18., 19., 20. Aug., 3., 7., 16., 17., 18. Sept., 1., 5., 14., 15., 16., 29., 31. Okt., 3., 12., 13., 14., 27., 29. Nov., 1., 10., 11., 12., 25., 27., 29. Dez.

Günstig: 7., 15., 20., 31. Jan., 5., 13., 18., 29. Feb., 3., 11., 16., 27. März, 1., 9., 14., 25. April, 7., 12., 23. Mai, 5., 10., 21. Juni, 3., 8., 19. Juli, 1., 6., 17., 30. Aug., 4., 15., 28. Sept., 2., 13., 26. Okt., 11., 24. Nov., 9., 22. Dez.

Schicksalhaft: 13., 14., 15., 16. April

Problematisch: 6., 14., 30. Jan., 4., 12., 28. Feb., 2., 10., 26. März, 8., 24. April, 6., 22. Mai, 4., 20. Juni, 2., 18. Juli, 16. Aug., 14. Sept., 12. Okt., 10. Nov., 8. Dez.

Seelenverwandt: 30. April, 28. Mai, 26. Juni, 24. Juli, 22. Aug., 20. Sept., 18. Okt., 16., 28. Nov., 14., 26. Dez.

18. Oktober

SONNE: WAAGE
DEKADE: ZWILLINGE/MERKUR
GRAD: 24°30' – 25°30' WAAGE
ART: KARDINALZEICHEN
ELEMENT: LUFT

Fixsterne

Arcturus, auch Bärenhüter, Alchameth oder Al Simak genannt; Spica, auch Ishtar oder Arista genannt

Hauptstern

Name des Sterns: Arcturus, auch Bärenhüter, Alchameth oder Al Simak genannt
Gradposition: 23°15' – 24°2' Waage zwischen den Jahren 1930 und 2000
Magnitude: 1
Stärke: **********
Orbit: 2°30'
Konstellation: Alpha Bootis
Tage: 16., 17., 18., 19., 20. Oktober
Sternqualitäten: Mars/Jupiter und Venus/Jupiter
Beschreibung: goldorange-gelber Stern am linken Knie des Bärenhüters.

Einfluß des Hauptsterns

Arcturus steht für kreatives Talent und Erfolg in der Welt der Kunst. Überdies wird er mit Reichtum, Auszeichnungen und Erfolg in Verbindung gebracht. Arcturus bringt Erfolg im Ausland und durch weite Reisen. Er warnt aber auch vor Rastlosigkeit und Angstzuständen. Im Zusammenhang mit dem Stand Ihrer Sonne sorgt Arcturus für Reichtum, Ansehen und Erfolg nach anfänglichen Rückschlägen. Er schenkt Intuition und spirituelle oder heilende Fähigkeiten. Erfolgversprechend sind für Sie juristische oder Dienstleistungsberufe. Philosophische, spirituelle oder religiöse Themen reizen Sie zum Schreiben. Arcturus' Einfluß kann Gefühle der Sorge

---

Aktiv und konstruktiv, sind Sie ein kreativer Mensch mit praktischen Ideen. Wenn Sie von einer Sache wirklich überzeugt sind, können Sie hart arbeiten; um sich nicht zu langweilen, brauchen Sie ständige geistige Herausforderungen. Sie sind ein guter Planer mit gesundem Pragmatismus, der sein Wissen stets erweitern und sinnvoll anwenden möchte.

Durch den Untereinfluß Ihres Dekadenzeichens Zwilling sind Sie anpassungsfähig, vielseitig und wortgewandt. Im allgemeinen direkt und ehrlich, haben Sie dennoch gute diplomatische Fähigkeiten und können leicht Kontakte knüpfen. Sie können gut Probleme lösen und haben ein Gefühl für die Bedürfnisse anderer, so daß Sie sich gut als Unterhändler oder Berater eignen. Da Sie gern Ihre Ideen und Vorstellungen vom Leben offen darlegen, kommt es oft zu Diskussionen über Themen, die Ihnen am Herzen liegen. Sie sind idealistisch, sollten aber Geduld und Toleranz üben, vor allem wenn Sie mit Menschen zu tun haben, die weniger scharfsinnig sind als Sie.

Ihre musischen Talente können Sie zu Musik, Malerei, Schreiben oder Theater führen. Dank Ihrem scharfen Verstand und Ihrer Intuition sind Sie klug und unterhaltsam, haben darüber hinaus aber auch guten Geschäftssinn. Da Sie selbst starke Überzeugungskraft besitzen und für jeden Schlagabtausch zu haben sind, fühlen Sie sich vor allem zu Menschen hingezogen, die ebenso erfolgreich und clever sind wie Sie selbst. Als Optimist haben Sie die Fähigkeit, Ihre Träume wahr werden zu lassen, wenn Sie genügend Begeisterung und Konzentration dafür aufbringen. Schmälern Sie Ihr großes Potential nicht durch Nörgelei, Aufsässigkeit oder Sturheit.

Wenn Sie 5 sind, tritt Ihre Sonne in den Skorpion. In den nächsten dreißig Jahren suchen Sie nach emotionaler Veränderung, Macht und Verwandlung. Der nächste Wendepunkt folgt, wenn Sie 35 sind und Ihre Sonne in das Zeichen des Schützen wechselt. Nun werden Sie abenteuerlustiger, freiheitsliebender und möchten Ihren Horizont erweitern. Wenn Sie 65 sind, tritt Ihre Sonne in das Zeichen des Steinbock. Jetzt werden Sie pragmatischer, vorsichtiger und umsichtiger.

Ihr geheimes Selbst

Da Sie viel Sinn für Farben und Klang haben, umgeben Sie sich gern mit Schönheit, Stil und Luxus. Dabei müssen Sie sich aber vor Maßlosigkeit in jeder Form hüten. Wenn Sie Ihre Rastlosigkeit in mehr Konzentration, positive Abenteuerlust oder Wißbegier kanalisieren, können Sie sich stets Ihre Begeisterungsfähigkeit bewahren. Da Sie das Bedürfnis nach Seelenfrieden haben, aber auch ständig Neues lernen und entdecken wollen, müssen Sie langsamer treten, um sich nicht zu verzetteln. Das bedeutet auch, daß Sie Ihr Leben vereinfachen und auf Ihre Intuition hören sollten.

Sehr sensibel, sind Sie sich der Verantwortung anderen gegenüber sehr bewußt, vor allem wenn es um Heim und Familie geht. Von Natur aus freundlich und rücksichtsvoll, sind Sie der geborene Berater. Auch wenn Sie es immer nur gut meinen, könnten andere Ihre Hilfe als Einmischung betrachten. Wenn Sie lernen, wann es besser ist, sich zurückzuhalten, können Sie auf unbeteiligtere Art hilfsbereit sein.

Beruf & Karriere

Intuitiv und phantasiebegabt, stecken Sie voller Ideen, die sich zu Geld machen lassen. Dank Ihrer Organisationsfähigkeiten und Entschlossenheit sind Sie ein guter Planer, der in großen Maßstäben denkt. Im allgemeinen wollen Sie die Führung eines Teams übernehmen oder Ihr eigener Chef sein. Von Natur aus freundlich und gesellig, haben Sie viel Charisma. Wenn Sie an etwas glauben, können Sie sehr überzeugend sein und eignen sich als Vertreter, Verkäufer oder Promoter. Da Sie ebenso talentiert wie ehrgeizig sind, müssen Sie Ihre Kreativität ausdrücken können und Ihre Individualität zeigen. Als intelligenter Mensch mit gesundem Menschenverstand und praktischem Geschick interessieren Sie sich für soziale Reformen und Pädagogik.

Berühmte Persönlichkeiten dieses Tages sind der Schauspieler Jean-Claude van Damme, die Schauspielerin Melina Mercouri, der Tennisstar Martina Navratilova, der Rockmusiker Chuck Berry, die Chansonsängerin und Schauspielerin Lotte Lenya und der Philosoph Henri Bergson.

Numerologie

Zu den Eigenschaften der Zahl 18 gehören Entschlossenheit, bestimmtes Auftreten und Ehrgeiz. Sie brauchen ständig neue Herausforderungen, sind aktiv und unternehmungslustig. Da Sie kompetent, fleißig und verantwortungsbewußt sind, steigen Sie häufig in Führungspositionen auf. Ihr ausgeprägter Geschäftssinn und Ihre Organisationsfähigkeiten machen Sie in der Geschäftswelt erfolgreich. Sie neigen jedoch dazu, sich zu überarbeiten, und sollten lernen, sich besser zu entspannen. Mit der Geburtstagszahl 18 haben Sie Heilkräfte und sind ein guter Berater und Problemlöser. Der Untereinfluß der Monatszahl 10 bewirkt, daß Sie im Leben etwas erreichen wollen. Sie treten zwar freundlich und gesellig auf, haben aber dennoch den Mut, zu Ihren Überzeugungen zu stehen, auch wenn sie von denen Ihrer Mitmenschen abweichen. Da Sie Überzeugungskraft und einen scharfen Verstand haben, können Sie andere leicht beeinflussen; achten Sie aber darauf, daß Sie nicht selbstsüchtig oder despotisch werden.

Positiv: progressiv, bestimmtes Auftreten, intuitiv, mutig, resolut, Heilkräfte, tüchtig, Beraterfähigkeit.

Negativ: unkontrollierte Gefühle, faul, mangelnder Ordnungssinn, selbstsüchtig, gefühllos, kann Projekte nicht zu Ende führen, falsch.

Liebe & Zwischenmenschliches

Beziehungen sind Ihnen sehr wichtig, auch wenn Sie Ihre Gefühle oder Zuneigung nicht immer offen zeigen. Gleichwohl empfinden Sie denen, die Sie lieben, gegenüber starke Beschützerinstinkte. Häufig fühlen Sie sich zu fleißigen, ungewöhnlichen Menschen, möglicherweise aus anderen Ländern, hingezogen und brauchen geistige Anregung oder intellektuelle Herausforderungen. Charmant und witzig, haben Sie Freude an gesellschaftlichen Anlässen und können sehr unterhaltsam sein. Wenn Sie sich einmal fest niedergelassen haben, sind Sie ein treuer und hilfsbereiter Partner.

---

und Unzufriedenheit in Ihnen auslösen; deshalb sollten Sie lernen, die Höhen und Tiefen des Lebens gelassen hinzunehmen und nie die Distanz zu verlieren.
- Positiv: Kontakte im klerikalen Bereich, gutes Urteilsvermögen, lange Reisen, glamourös.
- Negativ: maßlos, zu enthusiastisch, träge, nachlässig.

Ihr Partner

Wenn Sie jemanden suchen, bei dem Sie Sicherheit und Liebe finden, sollten Sie sich unter den Menschen umsehen, die an den folgenden Tagen geboren sind:

Liebe & Freundschaft: 4., 14., 20., 24., 25. Jan., 2., 12., 15., 18., 22., 23. Feb., 10., 16., 20., 29., 30. März, 8., 14., 18., 27., 28. April, 6., 12., 16., 25., 26., 31. Mai, 4., 7., 10., 14., 23., 24., 29. Juni, 2., 8., 12., 21., 22., 27. Juli, 6., 10., 19., 20., 25. Aug., 4., 8., 17., 18., 23. Sept., 2., 6., 15., 16., 21., 30. Okt., 4., 13., 14., 19., 28., 30. Nov., 2., 11., 12., 17., 26., 28., 30. Dez.

Günstig: 4., 8., 21. Jan., 2., 6., 19. Feb., 4., 17., 28. März, 2., 15., 16. April, 13., 24. Mai, 11., 22. Juni, 9., 20. Juli, 7., 18., 31. Aug., 5., 16., 29. Sept., 3., 14., 27. Okt., 1., 12., 25. Nov., 10., 23. Dez.

Schicksalhaft: 3. Jan., 1. Feb., 13., 14., 15., 16. April, 31. Mai, 29. Juni, 27. Juli, 25. Aug., 23. Sept., 21. Okt., 19. Nov., 17. Dez.

Problematisch: 7., 10., 15., 31. Jan., 5., 8., 13., 29. Feb., 3., 6., 11., 27. März, 1., 4., 9., 25. April, 2., 7., 23. Mai, 5., 21. Juni, 3., 19. Juli, 1., 17. Aug., 15. Sept., 13. Okt., 11. Nov., 9. Dez.

Seelenverwandt: 31. März, 29. April, 27. Mai, 25. Juni, 23. Juli, 21. Aug., 19. Sept., 17., 29. Okt., 15., 27. Nov., 13., 25. Dez.

SONNE: WAAGE
DEKADE: ZWILLINGE/MERKUR
GRAD: 25°30' – 26°30' WAAGE
ART: KARDINALZEICHEN
ELEMENT: LUFT

Fixstern

Name des Sterns: Arcturus, auch Bärenhüter, Alchameth oder Al Simak genannt

Gradposition: 23°15' – 24°2' Waage zwischen den Jahren 1930 und 2000

Magnitude: 1

Stärke: **********

Orbit: 2°30'

Konstellation: Alpha Bootis

Tage: 16., 17., 18., 19., 20. Oktober

Sternqualitäten: Mars/Jupiter und Venus/Jupiter

Beschreibung: goldorange-gelber Stern am linken Knie des Bärenhüters.

Einfluß des Hauptsterns

Arcturus steht für kreatives Talent und Erfolg in der Welt der Kunst. Überdies wird er mit Reichtum, Auszeichnungen und Erfolg in Verbindung gebracht. Arcturus bringt Erfolg im Ausland und durch weite Reisen. Er warnt aber auch vor Rastlosigkeit und Angstzuständen, die Ihr Leben aus dem Gleichgewicht bringen können.

Im Zusammenhang mit dem Stand Ihrer Sonne sorgt Arcturus für Reichtum, Ansehen und Erfolg nach anfänglichen Rückschlägen. Er schenkt Intuition und spirituelle oder heilende Fähigkeiten. Erfolgversprechend sind für Sie juristische oder Dienstleistungsberufe. Philosophische, spirituelle oder religiöse Themen reizen Sie zum Schreiben. Arcturus' Einfluß kann Gefühle der Sorge und Unzufriedenheit in Ihnen auslösen; deshalb sollten Sie lernen, die Höhen und Tiefen des Lebens gelassen hinzunehmen und nie die Distanz zu verlieren.

19. Oktober

♎ Unter dem Einfluß dieses Tages sind Sie eine kreative und optimistische Waage mit einem scharfen Verstand. Sie sind freundlich und phantasiebegabt, können auf charmante Art bestimmt sein und wollen populär sein. Da Sie sehr anpassungsfähig und vielseitig sind, müssen Sie darauf achten, daß Sie sich bei Ihren zahlreichen Interessen nicht verzetteln oder Ihre Kraft vergeuden und unentschlossen werden.

Der Untereinfluß Ihres Dekadenzeichens Zwilling macht Sie ausdrucksstark und sehr kommunikativ. Die Mischung von Überzeugungskraft und Charme sorgt dafür, daß Sie sehr gut Kontakte knüpfen und andere beeinflussen können. Sie sind heiter, interessieren sich sehr für zwischenmenschliche Beziehungen und kommen gut mit Ihren Mitmenschen aus. Gelegentlich neigen Sie zu Ängsten oder verbergen Ihre Gefühle vor anderen, um Ihre Sensibilität nicht zeigen zu müssen.

Da Sie einen ausgeprägten Kunstsinn haben und einen starken Wunsch nach Selbstausdruck, umgeben Sie sich gern mit schönen Dingen oder entwickeln Ihre angeborenen künstlerischen oder literarischen Talente. Bei Ihrer Vorliebe für Luxus, Stil und die schönen Seiten des Lebens müssen Sie sich vor Maßlosigkeit oder Exzessen hüten. Zum Glück empfinden Sie echtes Mitgefühl und können sich dadurch in andere hineinversetzen. Weiterentwickelt kann das zu dem humanitären und altruistischen Wunsch führen, anderen zu dienen. Gefahr besteht dennoch, daß bei Ihrer großen Warmherzigkeit und Ihrem Charisma Ihr gesellschaftliches Leben wichtiger wird als Ihre Pflichten.

Wenn Sie 4 sind, tritt Ihre Sonne in den Skorpion. In den nächsten dreißig Jahren suchen Sie nach emotionaler Veränderung, persönlicher Macht und Regeneration. Der nächste Wendepunkt folgt, wenn Sie 34 sind und Ihre Sonne in das Zeichen des Schützen wechselt. Nun werden Sie abenteuerlustiger, freiheitsliebender und möchten durch Reisen oder Weiterbildung Ihren Horizont erweitern. Wenn Sie 64 sind, tritt Ihre Sonne in das Zeichen des Steinbock. Jetzt werden Sie rationaler, sensibler und realistischer und entwickeln besseres Urteilsvermögen.

Ihr geheimes Selbst

Da Sie stolz und imagebewußt sind, suchen Sie Führungspositionen zu erreichen. Mit Ihrem guten Einschätzungsvermögen beurteilen Sie schnell Chancen und Menschen. Ihr Geschäftssinn, gepaart mit Pioniergeist, führt Sie zu sicherem Erfolg. Wenn Sie aber Ihr Selbstvertrauen verlieren, werden Sie unsicher oder launisch und legen zuviel Wert auf materielle Macht und Status. Aufgrund Ihrer Rastlosigkeit langweilen Sie sich schnell, deshalb brauchen Sie Beschäftigungen, die Sie anregen oder herausfordern. Auch wenn Sie gelegentlich in ein Dilemma zwischen Idealismus und Alltäglichkeit geraten, lassen Sie sich doch durch Abwechslung und Veränderung immer wieder motivieren. Reisen spielen möglicherweise eine große Rolle in Ihrem Leben. Wenn Sie sich eingeschränkt fühlen, sollten Sie daher nicht zögern, Risiken einzugehen und andere Umfelder zu suchen, falls sich dadurch bessere Zukunftschancen ergeben.

Beruf & Karriere

Da Sie vielseitig und sehr begabt sind, brauchen Sie viel Abwechslung und Anregung. Sie können sich rasch an veränderte Umstände anpassen und lernen schnell. Mit

- Positiv: Kontakte im klerikalen Bereich, gutes Urteilsvermögen, lange Reisen, glamourös.
- Negativ: maßlos, zu enthusiastisch, träge, nachlässig.

Charme, Eloquenz und Witz können Sie andere wunderbar unterhalten – auch in schriftlicher Form. Mit diesen Eigenschaften sind Sie gut in Verkauf oder Promotion. Da Sie sensibel sind und spüren, was die Öffentlichkeit will, können Sie gut Trends bestimmen und eignen sich für Bereiche wie Mode, Werbung oder Politik. Da Sie sehr gut mit anderen auskommen, arbeiten Sie am besten in großen Organisationen. Ebenso kultiviert wie gründlich, sind Sie auch für Kunsthandwerk, das viel Präzision erfordert, begabt, etwa als Juwelier oder Goldschmied. Wenn Sie Ihr Wissen gern anderen mitteilen möchten, sollten Sie Lehrer werden, am besten in den Bereichen Kunst oder Theater. Auch für beratende Tätigkeiten, bei denen Sie andere trösten und aufheitern können, sind Sie begabt.

Berühmte Persönlichkeiten dieses Tages sind der Sänger und Songwriter Peter Tosh, der Schriftsteller John le Carré, der Filmpionier Auguste Lumière und der Immunologe und Nobelpreisträger Jean Dausset.

Numerologie

Als ehrgeizig und menschenfreundlich werden Menschen mit der Geburtstagszahl 19 oft von anderen beschrieben. Entschlossen und erfinderisch, haben Sie ein ausgeprägtes Wahrnehmungsvermögen. Doch Ihre träumerische Seite sorgt auch für Mitgefühl, Idealismus und Sensibilität. Das Bedürfnis, jemand zu sein, macht Sie dramatisch und drängt Sie dazu, sich immer in den Vordergrund zu spielen. Oft sind Sie von dem starken Wunsch beseelt, eine ganz individuelle Identität zu entwickeln. Dafür müssen Sie aber widerstandsfähiger gegen den Druck Ihrer Umgebung werden. Auf andere mögen Sie selbstbewußt, robust und einfallsreich wirken, doch innere Spannungen führen bei Ihnen zu emotionalen Hochs und Tiefs. Der Untereinfluß der Monatszahl 10 führt dazu, daß Sie selbstbewußt und originell sind und viel Charisma haben. Sie können Ihre Gefühle auf klare und anschauliche Weise äußern. Obwohl Sie sehr viel Wert auf Harmonie und Ausgeglichenheit legen, neigen Sie selbst gelegentlich zu Stimmungsschwankungen, die von Selbstzweifeln bis übersteigertem Selbstvertrauen reichen. Sie möchten immer von Menschen umgeben und sehr populär sein.

Positiv: dynamisch, konzentriert, kreativ, Führungsqualitäten, progressiv, optimistisch, unabhängig.

Negativ: egozentrisch, depressiv, Angst vor Zurückweisung, Gefühlsschwankungen, egoistisch, ungeduldig.

Liebe & Zwischenmenschliches

Da Sie freundlich und beliebt sind, fällt es Ihnen nicht schwer, Freunde zu finden. Außerdem sehen Sie meist sehr attraktiv aus und finden viel Beachtung beim anderen Geschlecht. Wenn Sie es allerdings übertreiben, kann die Liebe für Sie regelrecht zum Minenfeld werden, und Sie erleben ebenso viele Niederlagen wie Erfolge. Gleichwohl können Sie sehr fürsorglich und liebevoll und zu großen Opfern bereit sein, wenn es um die geht, die Sie lieben. Im Umgang mit anderen sind Sie sehr großzügig, haben viel Anziehungskraft und sind einfühlsam in persönlichen Situationen. Allerdings müssen Sie sich vor Extravaganz und Eifersucht hüten.

Ihr Partner

Einen Liebespartner werden Sie mit großer Wahrscheinlichkeit unter den an den folgenden Tagen geborenen Menschen finden:

Liebe & Freundschaft: 21., 25. Jan., 19., 23. Feb., 17., 21., 30. März, 15., 19., 28., 29. April, 13., 17., 26., 27. Mai, 11., 15., 24., 25., 30. Juni, 9., 13., 22., 23., 28. Juli, 7., 11., 20., 21., 26., 30. Aug., 5., 9., 18., 19., 24., 28. Sept., 3., 7., 16., 17., 22., 26., 29. Okt., 1., 5., 14., 15., 20., 24., 27. Nov., 3., 12., 13., 18., 22., 25., 27., 29. Dez.

Günstig: 5., 13., 16., 22., 28. Jan., 3., 11., 14., 20., 26. Feb., 1., 9., 12., 18., 24., 29. März, 7., 10., 16., 22., 27. April, 5., 8., 14., 20., 25. Mai, 3., 6., 12., 18., 23. Juni, 1., 4., 10., 16., 21. Juli, 2., 8., 14., 19. Aug., 6., 12., 17. Sept., 4., 10., 15. Okt., 2., 8., 13. Nov., 6., 11. Dez.

Schicksalhaft: 14., 15., 16., 17., 18. April, 30. Juni, 28. Juli, 26. Aug., 24. Sept., 22. Okt., 20. Nov., 18. Dez.

Problematisch: 2., 23., 30. Jan., 21., 28. Feb., 19., 26., 28. März, 17., 24., 26. April, 15., 22., 24. Mai, 13., 20., 22. Juni, 11., 18., 20. Juli, 16., 18., 19. Aug., 7., 14., 16. Sept., 5., 12., 14. Okt., 3., 10., 12. Nov., 1., 8., 10. Dez.

Seelenverwandt: 14., 22. Jan., 12., 20. Feb., 10., 18. März, 17., 24., 26. April, 10., 18. Mai, 4., 12. Juni, 2., 10. Juli, 8. Aug., 6. Sept., 4. Okt., 2. Nov.

20. Oktober

SONNE: WAAGE
DEKADE: ZWILLINGE/MERKUR
GRAD: 26°30' – 27°30' WAAGE
ART: KARDINALZEICHEN
ELEMENT: LUFT

Fixstern

Name des Sterns: Arcturus, auch Bärenhüter, Alchameth oder Al Simak genannt
Gradposition: 23°15' – 24°2' Waage zwischen den Jahren 1930 und 2000
Magnitude: 1
Stärke: **********
Orbit: 2°30'
Konstellation: Alpha Bootis
Tage: 16., 17., 18., 19., 20. Oktober
Sternqualitäten: Mars/Jupiter und Venus/Jupiter
Beschreibung: goldorange-gelber Stern am linken Knie des Bärenhüters.

Einfluß des Hauptsterns

Arcturus steht für kreatives Talent und Erfolg in der Welt der Kunst. Überdies wird er mit Reichtum, Auszeichnungen und Erfolg in Verbindung gebracht. Arcturus bringt Erfolg im Ausland und durch weite Reisen. Er warnt aber auch vor Rastlosigkeit und Angstzuständen, die Ihr Leben aus dem Gleichgewicht bringen können.
Im Zusammenhang mit dem Stand Ihrer Sonne sorgt Arcturus für Reichtum, Ansehen und Erfolg nach anfänglichen Rückschlägen. Er schenkt Intuition und spirituelle oder heilende Fähigkeiten. Erfolgversprechend sind für Sie juristische oder Dienstleistungsberufe. Philosophische, spirituelle oder religiöse Themen reizen Sie zum Schreiben. Arcturus' Einfluß kann Gefühle der Sorge und Unzufriedenheit in Ihnen auslösen; deshalb sollten Sie lernen, die Höhen und Tiefen des Lebens gelassen hinzunehmen und nie die Distanz zu verlieren.

Mit scharfem Verstand und Überzeugungskraft begabt, sind Sie ein Waagemensch, der sehr gut mit anderen auskommt. Da Sie gern anders sein möchten als andere, legen Sie Wert auf eine attraktive Erscheinung und fühlen sich zu originellen Menschen hingezogen. Da Sie ausdrucksstark sind und gut beobachten können, haben Sie bei gesellschaftlichen Anlässen alle Trümpfe in der Hand. Sie lieben Kunst, Musik und Kreativität und umgeben sich gern mit schönen, stilvollen und luxuriösen Dingen.

Durch den Untereinfluß Ihres Dekadenzeichens Zwilling sind Sie geistig rege und können andere immer wieder mit Ihrer Wortgewandtheit beeindrucken, ob in gesprochener oder geschriebener Form. Sie sind ein guter Redner, ebenso freimütig wie diplomatisch und lieben Debatten. Allerdings müssen Sie aufpassen, daß Ihr Humor nicht in Sarkasmus umschlägt.

Teamwork und Partnerschaften sind äußerst gewinnbringend für Sie, und Sie profitieren sehr von persönlichen Kontakten. Wenn Sie aber provokativ oder manipulativ werden, setzen Sie Harmonie und Ausgeglichenheit in Ihren Beziehungen aufs Spiel. Da Sie sehr entschlossen sind, wenn Sie sich einmal ein Ziel gesetzt haben, sind Sie zu besonderen Leistungen fähig. Sie sollten aber Ihr empfindliches Nervensystem vor Reizbarkeit und Streß schützen.

In Ihrer frühen Kindheit tritt Ihre Sonne in den Skorpion. Dreißig Jahre lang beschäftigen Sie emotionale Veränderung und Aufbau persönlicher Macht. Der nächste Wendepunkt folgt, wenn Sie 33 sind und Ihre Sonne in das Zeichen des Schützen wechselt. Nun möchten Sie durch Reisen oder Weiterbildung Ihren Horizont erweitern; besonders interessieren Sie sich für Philosophie, Psychologie oder Justiz. Wenn Sie 63 sind, tritt Ihre Sonne in das Zeichen des Steinbock. Jetzt werden Sie praktischer, sensibler und vorsichtiger.

Ihr geheimes Selbst

Enorme innere Stärke sorgt dafür, daß Sie mit Hingabe und Fleiß fast alles erreichen können. Ein aktives gesellschaftliches Leben kann entweder Quelle lebhafter Aktivitäten und Unterhaltung sein oder Sie daran hindern, Ihr großes Potential zu entwickeln – manchmal sogar beides. Ob in Gesellschaft oder bei der Arbeit, zeigen Sie eine fürsorgliche und warmherzige Haltung gegenüber anderen, die sich zu allgemeinen humanitären Interessen und Aktivitäten ausweiten kann.

Sie sind intuitiv und spüren instinktiv, was die Menschen wollen. Wenn Sie aber zu ernsthaft werden, neigen Sie zu Launenhaftigkeit oder Sturheit. Durch Unabhängigkeit und ständig neue Projekte stärken Sie Ihre Zielstrebigkeit und Entschlossenheit. Da Sie Sinn für Wirkung und Führungsqualitäten haben, können Sie von Ihren Begabungen enorm profitieren.

Beruf & Karriere

Sie sind aufgeschlossen und intuitiv, kommunizieren gern mit anderen und haben Talent für das gesprochene und geschriebene Wort. Scharfsinnig und freundlich, haben Sie Menschenkenntnis und eignen sich gut als Vermittler oder Unterhändler. Interessant für Sie sind auch Verkauf, Öffentlichkeitsarbeit oder Promotion. Ihre kreative Seite können

- Positiv: Kontakte im klerikalen Bereich, gutes Urteilsvermögen, lange Reisen, glamourös.
- Negativ: maßlos, zu enthusiastisch, träge, nachlässig.

Sie in Pädagogik und Publizistik anbringen. Diplomatisch, gelassen und engagiert, sind Sie ein geborener Psychologe und arbeiten gut in Beratung, Therapie oder Gesundheitswesen. Da Sie sich gern kreativ ausdrücken möchten und ein Gefühl für Wirkung haben, fühlen Sie sich auch zu Entertainment und Kunst hingezogen. Ihre Führungsqualitäten und Organisationsfähigkeiten machen Sie in Wirtschaft und Handel erfolgreich, wo Sie gut mit anderen im Team arbeiten oder an großen Projekten beteiligt sind.

Berühmte Persönlichkeiten dieses Tages sind der Arzt und Schriftsteller Peter Baum, der Rockmusiker Tom Petty, der Dichter Arthur Rimbaud und der Architekt Sir Christopher Wren.

Numerologie

Mit der Geburtstagszahl 20 sind Sie intuitiv, sensibel und anpassungsfähig und sehen sich gern als Teil einer größeren Gruppe. Sie schätzen gemeinschaftliche Aktivitäten, bei denen Sie mit anderen Erfahrungen teilen und von ihnen lernen können. Charmant und liebenswürdig, eignen Sie sich schnell diplomatisches und soziales Geschick an und können sich mit Leichtigkeit in den verschiedensten gesellschaftlichen Kreisen bewegen. Sie sollten aber mehr Selbstvertrauen entwickeln, um sich von der Kritik anderer weniger beeindrucken zu lassen. Sie sind Meister darin, eine harmonische und gemütliche Atmosphäre zu schaffen. Der Untereinfluß der Monatszahl 10 sorgt dafür, daß Sie einerseits sehr selbstsicher und unabhängig sind, andererseits aber ein starkes Bedürfnis nach Liebe und Nähe haben und Ihre Ideen und Gedanken jemandem mitteilen möchten. Sie sind lebenslustig und großzügig, wünschen sich aber viel Zustimmung und Zuneigung von denen, die Sie lieben. Wenn Sie auch in schwierigen Zeiten entschlossen und optimistisch bleiben, können Sie Ihre Kreativität und Ihr Charisma nutzen, um andere zu beeinflussen und rasch voranzukommen. Sie sind vielseitig begabt, haben ein starkes Bedürfnis nach Selbstverwirklichung und vielseitige Interessen.

Positiv: guter Partner, taktvoll, aufgeschlossen, intuitiv, rücksichtsvoll, angenehm, freundschaftlich.

Negativ: mißtrauisch, servil, schüchtern, überempfindlich, selbstsüchtig, leicht verletzbar.

Liebe & Zwischenmenschliches

Beziehungen können sehr wichtig für Sie sein, allerdings wollen Sie auf Ihre Unabhängigkeit nicht verzichten. Sie brauchen Gesellschaft und können nicht lang allein sein. Glücklicherweise finden Sie dank Ihrem Charme, Ihrer diplomatischen Fähigkeiten und Ihrer Überzeugungskraft leicht Freunde und Liebespartner. Allerdings sind Ihre Gefühle manchmal ziemlich extrem und für andere schwer nachvollziehbar, auch wenn Sie im Grunde immer nur nach Harmonie streben. Liebenswürdig, gesellig und unterhaltsam, sind Sie ein wundervoller Gastgeber.

Ihr Partner

Dauerhaftes Glück finden Sie am ehesten bei den Menschen, die an folgenden Tagen geboren wurden:

Liebe & Freundschaft: 6., 16., 22., 26. Jan., 4., 14., 20., 24. Feb., 2., 12., 18., 22. März, 10., 16., 20., 30. April, 8., 14., 18., 28. Mai, 6., 12., 16., 26. Juni, 4., 10., 14., 24., 31. Juli, 2., 8., 12., 22., 29. Aug., 6., 10., 20., 27. Sept., 4., 8., 18., 25. Okt., 2., 6., 16., 23., 30. Nov., 4., 14., 21., 28., 30. Dez.

Günstig: 6., 17., 23., 31. Jan., 4., 15., 21., 29. Feb., 2., 13., 19., 27., 30. März, 11., 17., 25., 28. April, 9., 15., 23., 26. Mai, 7., 13., 21., 24. Juni, 5., 11., 19., 22. Juli, 3., 9., 17., 20. Aug., 1., 7., 15., 18., 30. Sept., 5., 13., 16., 28. Okt., 3., 11., 14., 26. Nov., 1., 9., 12., 24. Dez.

Schicksalhaft: 14., 15., 16., 17., 18., 19. April

Problematisch: 24. Jan., 22. Feb., 20., 29. März, 18., 27., 29. April, 6., 16., 25., 27., 30. Mai, 14., 22., 25., 28. Juni, 12., 21., 23., 26. Juli, 10., 19., 21., 24. Aug., 8., 17., 19., 22. Sept., 6., 15., 17., 20. Okt., 4., 13., 15., 18. Nov., 2., 11., 13., 16. Dez.

Seelenverwandt: 13. Jan., 11. Feb., 9. März, 7. April, 5. Mai, 3., 30. Juni, 1., 28. Juli, 26. Aug., 24. Sept., 22. Okt., 20. Nov., 18. Dez.

21. Oktober

SONNE: WAAGE
DEKADE: ZWILLINGE/MERKUR
GRAD: 27°30' – 28°30' WAAGE
ART: KARDINALZEICHEN
ELEMENT: LUFT

Fixstern

Ihre Sonne ist zwar nicht mit einem Fixstern verbunden, sicherlich aber einer der anderen Planeten Ihres Sonnenzeichens. Wenn Sie sich ein Geburtshoroskop erstellen lassen, lernen Sie die exakten Positionen der Planeten an Ihrem Geburtstag kennen. Auf diese Weise können Sie feststellen, welche der Fixsterne in diesem Buch für Sie von Interesse sind.

Der Einfluß dieses Tages sorgt für einen scharfen Verstand und viel Charme. Als progressiver Denker mit Wißbegier macht es Ihnen Spaß, Projekte ins Leben zu rufen, die Sie geistig wachhalten. Sie sind ein praktischer Idealist und wissen Intuition ebenso zu schätzen wie Pragmatismus. Geselligkeit und Anziehungskraft gehören ebenso zu Ihren Eigenschaften wie das Talent, mit Menschen umzugehen.

Durch den Untereinfluß Ihres Dekadenzeichens Zwilling sind Sie anpassungsfähig, vielseitig und kommunikativ. Da Sie aber auch leicht reizbar und sensibel sind, müssen Sie auf Ihr zartes Nervensystem besonders achten. Sie sind eloquent und gesellig und können dank Ihrer diplomatischen Fähigkeiten gut Kontakte knüpfen. Sie möchten immer auf dem neuesten Stand der Dinge sein und begeistern gern andere mit Ihrem Wissen, was Sie zum geborenen Lehrer macht. Bildung in irgendeiner Form ist unerläßliche Grundlage dafür, daß Sie Ihr ganzes Potential zur Entfaltung bringen können.

Sie haben Kunstsinn, so daß Sie in Musik, Malerei oder Theater eine Ausdrucksform finden können. Auch umgeben Sie sich gern mit Schönheit, Stil und Luxus. Ihre kultivierte Persönlichkeit drückt sich meist in einer heiteren Form aus, manchmal neigen Sie aber auch zu Sturheit. Unterhaltungen über interessante Themen und ein Talent, Probleme zu lösen, halten Ihren Verstand beschäftigt. Wenn Ihnen die geistige Stimulation fehlt, vergeuden Sie Ihre Energie an triviale oder unwichtige Dinge. Ehrgeizig und mit starken Wunschvorstellungen, haben Sie die entsprechenden Führungsqualitäten, müssen sich aber davor hüten, despotisch zu werden.

In Ihrer frühen Kindheit tritt Ihre Sonne in den Skorpion. Dreißig Jahre lang beschäftigen Sie sich hauptsächlich mit emotionalen Veränderungen und persönlichem Machtstreben. Der nächste Wendepunkt folgt, wenn Sie 32 sind und Ihre Sonne in das Zeichen des Schützen wechselt. Nun werden Sie abenteuerlustiger und möchten durch Reisen, Weiterbildung oder Kontakt mit fremden Kulturen Ihren Horizont erweitern. Wenn Sie 62 sind, tritt Ihre Sonne in das Zeichen des Steinbock. Jetzt werden Sie pragmatischer, besonnener und umsichtiger.

Ihr geheimes Selbst

Da Sie ebenso direkt wie einfühlsam sein können, sind Sie ein geborener Berater oder Unterhändler. Obwohl Sie unabhängig wirken, empfinden Sie großes Verantwortungsbewußtsein gegenüber Partnern und Gefährten. Gelegentlich haben Sie Angst vor dem Alleinsein. Machen Sie sich deshalb nicht von anderen abhängig und hüten Sie sich davor, Unsicherheit in Ihren Beziehungen zu empfinden. Wenn Sie sich um Ausgeglichenheit und Fairneß bemühen, können Sie Ihre Liebe und Aufmerksamkeit großzügig verschenken und gleichzeitig Ihre Unabhängigkeit bewahren.

Sie sind ein sensibler Mensch mit außergewöhnlicher Vorstellungskraft; diese Talente können Sie nutzen, wenn Sie sich kreativen Beschäftigungen in Kunst und Musik, Gesundheit oder Spiritualität zuwenden oder sich für eine gute Sache einsetzen. Sie können ein treuer Freund und fürsorglicher Gefährte sein; wird Ihre Liebe aber nicht erwidert, neigen Sie zu Realitätsflucht oder Launenhaftigkeit. An Seelengröße können Sie gewinnen, wenn Sie mit anderen im Team oder in Partnerschaften zusammenarbeiten.

Beruf & Karriere

Da Sie ehrgeizig und kühn sind und Wissen lieben, können Sie ein ausgezeichneter Lehrer oder Trainer werden. Sie sind freundlich, charmant und gelassen und arbeiten gern mit Menschen zusammen. Mit diesen Eigenschaften sind Sie sehr geeignet für Öffentlichkeitsarbeit oder Promotion. Aufgrund Ihrer vielseitigen Begabung fällt es Ihnen möglicherweise schwer, sich für einen Beruf zu entscheiden. Da Sie meist musikalisch und künstlerisch begabt sind und ein Gefühl für Wirkung und Rhetorik haben, können Sie auch ans Theater oder zum Film gehen. Begabt sind Sie auch zum Schreiben, vor allem in den Sparten Belletristik, Humor und Theater, wo Sie Ihren Witz, Ihre Phantasie und Ihre originellen Ideen einbringen können. Wenn Sie wirklich von einer Sache überzeugt sind, können Sie auch ein guter Fürsprecher sein. Loyal und dezidiert, fühlen Sie sich am wohlsten, wenn Sie einem Team angehören, wünschen sich aber persönliche Anerkennung für Ihre Anstrengungen.

Berühmte Persönlichkeiten dieses Tages sind der Erfinder und Initiator des Nobel-Preises Alfred Nobel, der Schriftsteller Samuel Coleridge, der Medienmogul Leo Kirch, der israelische Premier Netanjahu und der Jazzmusiker Dizzy Gillespie.

Numerologie

Mit der Zahl 21 werden dynamischer Antrieb und Kontaktfreudigkeit verbunden. Sie sind gesellig, haben vielfältige Interessen, einen großen Freundeskreis und sind oft vom Glück begünstigt. Nach außen hin zeigen Sie sich meist freundlich und sozial. Mit der Geburtstagszahl 21 sind Sie von unabhängigem Geist, lebenslustig, charmant, anziehend und originell. Sie können aber auch zurückhaltend und schüchtern sein, so daß Sie, vor allem in engen Beziehungen, mehr Bestimmtheit an den Tag legen sollten. Ihnen bieten sich im Leben viele Möglichkeiten, und Sie erreichen oft mit anderen zusammen große Erfolge. Sie tendieren zu engen Partnerschaften oder Ehe und wollen für Ihre Talente und Fähigkeiten immer wieder gelobt werden. Der Untereinfluß der Monatszahl 10 ist der Grund dafür, daß Sie ehrgeizig und direkt sind. Wißbegierig, vielseitig begabt und intuitiv, müssen Sie hart arbeiten und Selbstdisziplin entwickeln, wenn Sie aus Ihren Talenten etwas machen wollen. Dank Ihrem praktischen Geschick und Ihren kreativen Ideen können Sie große Projekte durchziehen oder immer wieder neue ins Leben rufen.

Positiv: inspiriert, kreativ, beziehungsstark und begabt für dauerhafte Beziehungen.

Negativ: anfällig für Abhängigkeit, nervös, phantasielos, leicht enttäuscht, Mangel an Weitsicht.

Liebe & Zwischenmenschliches

Charmant und freundlich, fällt es Ihnen nicht schwer, Freunde und Bewunderer zu gewinnen. Für Partnerschaften bevorzugen Sie meist hart arbeitende und erfolgreiche Menschen. Lernen müssen Sie, in Beziehungen unabhängig und fair zu bleiben und dennoch viel von sich selbst zu geben. Hüten Sie sich vor Eifersucht, denn sie kann Ihre fürsorgliche und liebevolle Art vergiften. Sie suchen nach dem Traumpartner, glauben an bedeutungsvolle Beziehungen und sind treu und loyal, wenn Sie sich einmal entschieden haben.

Ihr Partner

Ihren Traumpartner werden Sie mit großer Wahrscheinlichkeit unter den an den folgenden Tagen geborenen Menschen finden:

Liebe & Freundschaft: 1., 4., 27., 29. Jan., 2., 25., 27. Feb., 23., 25. März, 21., 23. April, 19., 21., 19. Mai, 17., 19., 27. Juni, 15., 17., 25. Juli, 13., 15., 23. Aug., 11., 13., 21. Sept., 9., 11., 19. Okt., 7., 9., 17. Nov., 5., 7., 15. Dez.

Günstig: 3., 10., 15., 18. Jan., 1., 8., 13., 16. Feb., 6., 11., 14., 29., 31. März, 4., 9., 12., 27., 29. April, 2., 7., 10., 25., 27. Mai, 5., 8., 23., 25. Juni, 3., 6., 21., 23. Juli, 1., 4., 19., 21. Aug., 2., 17., 19. Sept., 15., 17. Okt., 13., 15. Nov., 11., 13. Dez.

Schicksalhaft: 16., 17., 18., 19., 20., 30. April, 28. Mai, 26. Juni, 24. Juli, 22. Aug., 20. Sept., 18. Okt., 16. Nov., 14. Dez.

Problematisch: 9., 14., 16., 25. Jan., 7., 12., 14., 23. Feb., 5., 10., 12., 21., 28., 30. März, 3., 8., 10., 19., 26., 28. April, 1., 6., 8., 17., 24., 26. Mai, 4., 6., 15., 22., 24. Juni, 2., 4., 13., 20., 22. Juli, 2., 11., 18., 20. Aug., 9., 16., 18. Sept., 7., 14., 16. Okt., 5., 12., 14. Nov., 3., 10., 12. Dez.

Seelenverwandt: 29. Dez.

SONNE: WAAGE
DEKADE: ZWILLINGE/MERKUR
GRAD: 28°30' – 29°30' WAAGE
ART: KARDINALZEICHEN
ELEMENT: LUFT

Fixstern

Ihre Sonne ist zwar nicht mit einem Fixstern verbunden, sicherlich aber einer der anderen Planeten Ihres Sonnenzeichens. Wenn Sie sich ein Geburtshoroskop erstellen lassen, lernen Sie die exakten Positionen der Planeten an Ihrem Geburtstag kennen. Auf diese Weise können Sie feststellen, welche der Fixsterne in diesem Buch für Sie von Interesse sind.

22. Oktober

♎ Zu den Eigenschaften Ihres Geburtstages gehören Anziehungskraft, Charme und Führungsqualitäten. Sie haben diplomatisches Geschick und soziale Kompetenz und wissen, wie man seinen Einfluß geltend macht und zum eigenen Vorteil nutzt. Mit Ihrem ausgeprägten Gerechtigkeitssinn und Ihren großen geistigen Fähigkeiten sind Sie jeder Situation gewachsen. Es besteht allerdings die Gefahr, daß Sie sich durch Maßlosigkeit oder Unentschlossenheit von Ihren hochgesteckten Zielen abbringen lassen.

Durch den Untereinfluß Ihres Dekadenzeichens Zwilling sind Sie sehr ausdrucksstark und kommunikativ. Sie haben viel Überzeugungskraft und natürliche Menschenkenntnis und sind umgänglich und heiter. Dank Ihrem Charme sind Sie in Gesellschaft unterhaltsam und freundlich. Um Ihr großes Potential auszuschöpfen, müssen Sie nur die nötige Selbstdisziplin aufbringen.

Sie legen viel Wert auf Heim und Familie, lieben die Bequemlichkeit und umgeben sich gern mit wertvollen und luxuriösen Dingen. Mit Ihrem Sinn für Kunst und Schönheit und dem Bedürfnis, sich auszudrücken, werden Sie wahrscheinlich in Musik, Schreiben oder Malerei aktiv. Sie sind aber auch mit einem natürlichen Geschäftssinn begabt, der Ihnen Erfolg verschafft. Sie können als Vermittler oder Diplomat in schwierigen Situationen für Frieden und Harmonie sorgen. Gelegentlich sind Sie despotisch oder kleinlich, was Ihrer ansonsten gelassenen Art widerspricht.

Von Beginn Ihres Lebens an durchwandert Ihre Sonne den Skorpion. In diesen dreißig Jahren beschäftigen Sie Veränderung und persönliche Macht. Der nächste Wendepunkt folgt, wenn Sie 31 sind und Ihre Sonne in das Zeichen des Schützen wechselt. Jetzt werden Sie optimistischer und abenteuerlustiger und möchten durch Reisen, Kontakt mit fremden Kulturen oder Weiterbildung Ihren Horizont erweitern. Wenn Sie 61 sind, tritt Ihre Sonne in das Zeichen des Steinbock. Nun werden Sie pragmatischer, besonnener und zielstrebiger.

Ihr geheimes Selbst

Von Natur aus großzügig und freundlich, empfinden Sie eine tolerante Liebe für die gesamte Menschheit. Hin und wieder neigen Sie jedoch zu Frustration und Enttäuschung, die sich in übertriebenem Ernst oder Streitsucht äußern. Auch wenn Sie sich gelegentlich selbstsüchtig zeigen, sehen Sie im allgemeinen das Leben von der humorvollen Seite und können mit Schlagfertigkeit und Witz heikle Situationen entschärfen.

Sie zeigen eine sehr selbstbewußte Fassade, denn Ihr Stolz gebietet Ihnen, Ihre inneren Ängste zu verbergen. Sie brauchen Sinn und Bedeutung in Ihrem Leben, mit denen Sie Sorgen überwinden und die zur Quelle der Weisheit für Sie werden können. Ihre starken Gefühle und Ihre Sensibilität sind mit Ihrer Intuition verbunden, und es lohnt sich für Sie, auf Ihre Instinkte zu vertrauen. Wenn es Ihnen gutgeht, haben Sie eine innere Kraft, die sich als heilende oder schöpferische Gabe ausdrücken kann.

Beruf & Karriere

Sie sind elegant, dynamisch und praktisch, freundlich zu Ihren Mitmenschen und pflegen Ihre zahlreichen Kontakte. Dank Ihrem Charisma und Ihrer Kreativität können Sie in Öffentlichkeitsarbeit, Politik, aber auch in humanitären Organisationen oder Weltkonzernen erfolgreich sein. Da Sie vielseitig begabt sind und ein Gefühl für Wirkung haben, können Sie auch künstlerische Berufe wie Innenarchitektur, Schreiben oder in Musik oder Theater ergreifen. Mit Ihrem Charme, Ihrer Großzügigkeit und Ihren ausgeprägten sozialen Fähigkeiten eignen Sie sich auch als Unterhändler, Vermittler oder Diplomat. Ihre Aufrichtigkeit und Ihr Idealismus nützen Ihnen als Anwalt oder Richter. Dank Ihrer Überzeugungskraft und Unternehmungslust fällt es Ihnen leicht, gesellschaftliche Ereignisse zu organisieren oder Geld für Wohlfahrt oder gute Zwecke zu beschaffen.

Berühmte Persönlichkeiten dieses Tages sind der Psychologe und Schriftsteller Timothy Leary, die Schauspielerinnen Sarah Bernhardt und Catherine Deneuve, die Schriftstellerin Doris Lessing, die Schauspieler Jeff Goldblum und Derek Jacobi und der Komponist Franz Liszt.

Numerologie

Die 22 ist eine Hauptzahl und schwingt als sie selbst, aber auch als 4. Mit der Geburtstagszahl 22 sind Sie ehrlich und fleißig, haben natürliche Führungsqualitäten, Charisma und tiefes Verständnis für Menschen und was sie bewegt. Sie sind meist zurückhaltend und haben ein fürsorgliches, um das Wohl der anderen besorgtes Wesen und starke Beschützerinstinkte. Dabei verlieren Sie nie Ihren Sinn fürs Praktische. Im allgemeinen sind Sie kultiviert und weltgewandt und haben viele Freunde und Bewunderer. Von anderen ermuntert und unterstützt, gelangen die Kämpferischen unter Ihnen zu Erfolg und Vermögen. Viele, die an diesem Tag geboren sind, pflegen enge Kontakte zu ihren Geschwistern und unterstützen und beschützen sie, wenn es nötig ist. Der Untereinfluß der Monatszahl 10 ist der Grund dafür, daß Sie ehrgeizig und idealistisch sind. Von Natur aus scharfsinnig und intuitiv, müssen Sie lernen, auf Ihre Instinkte zu vertrauen. Ihre tiefen Gefühle und Ihr Wunsch nach Selbstverwirklichung beweisen, daß Sie dynamisch und motiviert sind. In Streßsituationen und schwierigen Phasen zeigen Sie Ihr wahres Ich, das sich durch enormes Durchhaltevermögen auszeichnet. Obwohl Sie im allgemeinen großzügig und begeisterungsfähig sind, können Sie gelegentlich zu Selbstsucht oder Arroganz neigen.

Positiv: weltoffen, Führungsqualitäten, hochintuitiv, pragmatisch, praktisch, geschickt, guter Organisator, Realist, Problemlöser, Macher.

Negativ: läßt sich vom schnellen Reichtum verführen, nervös, herrisch, materialistisch, phantasielos, faul, fördert nur sich selbst, habgierig.

Liebe & Zwischenmenschliches

Sie sind romantisch und großmütig, und die Menschen fühlen sich von Ihrer freundlichen Persönlichkeit angezogen. Mit Ihren starken Gefühlen können Sie intensive Beziehungen erleben. Allerdings können Sie schlecht allein sein, weshalb Sie für Frieden, Heim und Familie große Kompromisse eingehen. Obwohl Sie sehr idealistisch sind, müssen Sie aufpassen, daß Sie sich durch Sinnesfreuden nicht von Ihren Plänen ablenken lassen. Unterhaltsam und warmherzig, sind Sie ein wunderbarer Gastgeber.

Ihr Partner

Den idealen Partner, der all Ihre Liebessehnsucht erfüllt, finden Sie am ehesten unter den Menschen, die an folgenden Tagen geboren wurden:

Liebe & Freundschaft: 2., 28. Jan., 12., 26. Feb., 24. März, 22. April, 20., 29., 30. Mai, 4., 18., 27., 28. Juni, 16., 25., 26. Juli, 14., 23., 24. Aug., 12., 21., 22. Sept., 10., 19., 20., 29., 31. Okt., 8., 17., 27., 29. Nov., 6., 15., 16., 25., 27. Dez.

Günstig: 2., 10., 13., 16. Jan., 8., 11., 14. Feb., 6., 9., 12. März, 4., 7., 10. April, 2., 5., 8. Mai, 3., 6. Juni, 1., 4., 30. Juli, 2., 28., 30. Aug., 26., 28. Sept., 24., 26. Okt., 22., 24. Nov., 20., 22., 30. Dez.

Schicksalhaft: 18., 19., 20., 21. April, 31. Okt., 29. Nov., 27. Dez.

Problematisch: 3., 9., 10. Jan., 1., 7., 8. Feb., 5., 6., 31. März, 3., 4., 29. April, 1., 2., 27. Mai, 25. Juni, 23. Juli, 2., 21., 31. Aug., 19., 29. Sept., 17., 27. Okt., 15., 25. Nov., 13., 23. Dez.

Seelenverwandt: 5. Jan., 3. Feb., 1. März, 30. Mai, 28. Juni, 26. Juli, 24. Aug., 22. Sept., 20. Okt., 18. Nov., 16. Dez.

Skorpion

23. Oktober – 21. November

23. Oktober

SONNE: AN DER GRENZE
WAAGE/SKORPION
DEKADE: SKORPION/PLUTO
GRAD: 29°30' WAAGE – 0°30' SKORPION
ART: FIXZEICHEN
ELEMENT: WASSER

Fixsterne

Ihre Sonne ist zwar nicht mit einem Fixstern verbunden, sicherlich aber einer der anderen Planeten Ihres Sonnenzeichens. Wenn Sie sich ein Geburtshoroskop erstellen lassen, lernen Sie die exakten Positionen der Planeten an Ihrem Geburtstag kennen. Auf diese Weise können Sie feststellen, welche der Fixsterne in diesem Buch für Sie von Interesse sind.

An der Grenze zwischen Waage und Skorpion geboren, sind Sie entschlossen, aufnahmefähig und haben eine ausgeprägte Bewußtheit. Unternehmungslustig, aber auch beeinflußbar, beurteilen Sie Erfahrungen aus dem Gefühl heraus. Im allgemeinen profitieren Sie von einem breiten Spektrum an Emotionen: Disziplin und starke Willenskraft gehören dazu ebenso wie Charisma und Charme. Da Sie arbeitsam sind, gut Kontakte knüpfen können und überdies mit einem sechsten Sinn gesegnet sind, suchen Sie ständig Gelegenheiten, um mit anderen zu kommunizieren. Sie sind von Natur aus begeisterungsfähig, aber auch pragmatisch, so daß Sie im allgemeinen gut mit Krisen fertig werden.

Durch den Untereinfluß Ihres Dekadenzeichens Skorpion haben Sie große innere Stärke. Idealistisch und verständnisvoll, können Sie sehr liebevoll, aber auch scharfsinnig sein. Ihre direkte und unverblümte Art deutet darauf hin, daß Sie unerschrocken und ausdauernd sind. Wenn Sie herausgefordert werden, treten Sie Ihrem Gegner mutig entgegen. Ihr Durchhaltevermögen zeigt sich besonders dann, wenn Sie sich bedroht oder unsicher fühlen.

Wenn Sie das richtige Interessengebiet entdeckt haben, gehen Sie ehrgeizig und entschlossen vor, um alles über das Thema in Erfahrung zu bringen. Sie sind gelegentlich schroff und ungeduldig, haben aber im Grunde ein weiches Herz und können sehr nett und großzügig sein. Im allgemeinen sind Sie gut informiert, und Ihr Wissensdurst und Ihr Drang nach Selbstverwirklichung verlangen, daß Sie Ihren scharfen Verstand stets weiterentwickeln.

Bis zu Ihrem 29. Lebensjahr durchwandert Ihre Sonne den Skorpion. In dieser Phase sind Sie vorwiegend mit Ihren Gefühlen und dem Ausbau Ihrer persönlichen Macht beschäftigt. Ein Wendepunkt folgt, wenn Sie 30 sind und Ihre Sonne in das Zeichen des Schützen wechselt. Jetzt werden Sie freiheitsliebender und möchten durch Reisen, Weiterbildung und eine individuelle Lebensphilosophie Ihren Horizont erweitern. Wenn Sie 60 sind, tritt Ihre Sonne in das Zeichen des Steinbock. Nun werden Sie pragmatischer, ordentlicher und sicherheitsbewußter in Ihrer Lebenseinstellung.

Ihr geheimes Selbst

Sie haben eine wunderbare Vorstellungskraft und dynamische Gefühle; allerdings führen Frustration und Enttäuschungen gelegentlich dazu, daß Sie ungeduldig oder unzufrieden sind. Wenn Sie sich um positives Denken bemühen, lernen Sie, Schwierigkeiten besser zu überwinden, und entwickeln die Selbstdisziplin, die Sie brauchen, um Ihr ganzes Potential zu entfalten. Im allgemeinen sind Sie freundlich, sensibel und tolerant. Wenn Sie diese Haltung auf Ihre allgemeine Lebensauffassung übertragen, können Sie Ihre Großzügigkeit und Ihr Mitgefühl noch steigern.

Von dem Wunsch erfüllt, ständig im Leben voranzukommen, bieten sich Ihnen immer wieder neue Erfolgschancen. Ehrgeizig, wettbewerbsorientiert und intelligent, sind Sie im allgemeinen bereit, hart für Ihre Ziele zu arbeiten. Wenn Sie allerdings die Verantwortungen nicht wahrnehmen, die notwendig sind, um Ihr Schicksal zu erfüllen, werden Sie nicht in der Lage sein, Ihr starkes Bedürfnis, etwas von bleibendem Wert zu schaffen, zu befriedigen.

Beruf & Karriere

Aktivitäten, die mit Menschen zu tun haben, sind für Sie besonders erfolgversprechend. Wenn Sie Ihre Führungsqualitäten richtig einsetzen, können Sie in Ihrem Beruf eine hervorragende Position erreichen, vor allem in Justiz, Pädagogik oder in der Geschäftswelt. Da Sie ausdrucksstark und imagebewußt sind, eignen Sie sich auch für schöpferische Fertigkeiten, etwa in der Welt von Entertainment oder Kunst. Ihr sensibles und fürsorgliches Wesen und Ihr ausgeprägtes Pflichtbewußtsein lassen Sie vielleicht einen Beruf im Dienstleistungssektor, in der Medizin oder dem Gesundheitswesen ergreifen. Da Sie eine starke Vorstellungskraft und ein ausgeprägtes Wahrnehmungsvermögen haben, eignen Sie sich auch für Berufe in Film oder Werbung.

Berühmte Persönlichkeiten dieses Tages sind der Komponist Albert Lortzing, der brasilianische Fußballstar Pelé, der Schriftsteller Michael Crichton und der Gitarrist Roy Buchanan.

Numerologie

Zu den Eigenschaften der 23 gehören Intuition, Sensibilität und Kreativität. Im allgemeinen sind Sie vielseitig und ein schneller Denker, mit professioneller Einstellung und voller schöpferischer Ideen. Sie können sich schnell in neue Gebiete einarbeiten, ziehen aber die Praxis der Theorie vor. Sie lieben Reisen und Abenteuer und lernen gern neue Menschen kennen. Aufgrund der Rastlosigkeit, die von der 23 ausgeht, suchen Sie ständig neue Herausforderungen und versuchen, aus jeder Situation das Beste zu machen. Durch den Untereinfluß der Monatszahl 10 haben Sie innere Stärke und Tiefgründigkeit und legen viel Wert auf Treue. Durch diese Eigenschaften sind Sie außerordentlich tapfer und gut im Bewältigen von Schwierigkeiten. Selbständig und zielstrebig, haben Sie gern die Kontrolle über alles. Obwohl Sie dazu neigen, Ihre Gefühle zu verbergen, sind Sie durch Ihre idealistische und ehrliche Natur oft schonungslos direkt. Hüten Sie sich davor, andere mit dieser Schroffheit vor den Kopf zu stoßen.

Positiv: treu, verantwortungsbewußt, reiselustig, oft berühmt, kommunikativ, intuitiv, vielseitig, zuverlässig.

Negativ: selbstsüchtig, unsicher, stur, kompromißlos, voreingenommen, verschlossen.

Liebe & Zwischenmenschliches

Sie sind ein kühner, sensibler und romantischer Idealist. Da Sie sich zu energischen Menschen hingezogen fühlen, setzen Sie gern Ihre starken Gefühle ein, um Ihre Liebe auf dramatische Weise zu zeigen. Gelegentlich leiden Ihre persönlichen Beziehungen unter Ihrer Launenhaftigkeit oder Ihrem extremen Materialismus. Aufgrund Ihrer starken Emotionen können Sie aber auch fürsorglich und mitfühlend sein. Hingabe und Treue sind Ihnen sehr wichtig; hüten Sie sich davor, dominierend und herrisch zu werden.

Ihr Partner

Wenn Sie jemanden suchen, bei dem Sie emotionale Erfüllung, Vertrauen und Liebe finden, sollten Sie sich unter den Menschen umsehen, die an den folgenden Tagen geboren sind:

Liebe & Freundschaft: 3., 19., 22., 25., 29., 30. Jan., 1., 17., 20., 23., 27., 28. Feb., 18., 21., 25., 26. März, 16., 19., 23., 24., 28. April, 14., 17., 21., 22., 26., 31. Mai, 9., 12., 15., 19., 20., 24., 29. Juni, 10., 13., 18., 22. Juli, 8., 11., 15., 16., 20., 27., 29., 30. Aug., 6., 9., 13., 14., 18., 23., 27., 28. Sept., 4., 7., 11., 12., 16., 21., 25., 26. Okt., 2., 5., 9., 10., 14., 19., 23., 24. Nov., 3., 7., 8., 12., 17., 21., 22. Dez.

Günstig: 17. Jan., 15. Feb., 13. März, 11. April, 9., 29. Mai, 7., 27. Juni, 5., 25. Juli, 3., 23. Aug., 1., 21. Sept., 19., 29. Okt., 17., 27., 30. Nov., 15., 25., 28. Dez.

Schicksalhaft: 19., 20., 21., 22. April, 31. Mai, 29. Juni, 27. Juli, 25., 30. Aug., 23., 28. Sept., 21., 26. Okt., 19., 24. Nov., 17., 22. Dez.

Problematisch: 20., 23. Jan., 18., 21. Feb., 16., 19. März, 14., 17. April, 12., 15. Mai, 10., 13. Juni, 8., 11. Juli, 6., 9. Aug., 4., 7. Sept., 2., 5. Okt., 2. Nov., 1. Dez.

Seelenverwandt: 4., 31. Jan., 2., 29. Feb., 27. März, 25. April, 23. Mai, 21. Juni, 19. Juli, 17. Aug., 15. Sept., 13. Okt., 11. Nov., 9. Dez.

SONNE: SKORPION
DEKADE: SKORPION/PLUTO
GRAD: 0°30' – 1°30' SKORPION
ART: FIXZEICHEN
ELEMENT: WASSER

Fixsterne

Ihre Sonne ist zwar nicht mit einem Fixstern verbunden, sicherlich aber einer der anderen Planeten Ihres Sonnenzeichens. Wenn Sie sich ein Geburtshoroskop erstellen lassen, lernen Sie die exakten Positionen der Planeten an Ihrem Geburtstag kennen. Auf diese Weise können Sie feststellen, welche der Fixsterne in diesem Buch für Sie von Interesse sind.

24. Oktober

♏ Jugendlich und kreativ, sind Sie ein Skorpion mit innerer Noblesse und einer Vorliebe für die schönen Dinge des Lebens. Obwohl Sie einen Hang zum Glamour haben, sind Sie bereit, hart zu arbeiten, wenn Sie sich für eine Sache oder ein lohnendes Projekt wirklich begeistern.

Durch den Untereinfluß Ihres Dekadenzeichens Skorpion haben Sie Durchhaltevermögen, Wagemut und Stärke, aber auch viel Einfühlungsvermögen, das Sie mitfühlend und verständnisvoll macht. Im allgemeinen ebenso attraktiv wie liebenswürdig, sind Sie beliebt. Oft suchen Sie Ausdrucksmöglichkeiten auf künstlerischem Gebiet.

Da Sie sehr aufnahmefähig sind, erkennen Sie schnell, in welcher Stimmung sich andere befinden. Sie lieben großzügige Gesten, wollen von anderen geschätzt werden und sind ein echter Freund und Gefährte. Im allgemeinen sind Sie kooperativ und hilfsbereit, fehlt Ihnen aber der emotionale Rückhalt, können Sie in Selbstmitleid versinken oder nachtragend werden. Etwas mehr Selbstdisziplin wird Ihnen beweisen, daß Verantwortungsbewußtsein und Geduld eine Menge einbringen.

Bis zu Ihrem 28. Lebensjahr steht Ihre Sonne im Skorpion. In dieser Zeit sind Sie stark mit Ihren Gefühlen und persönlichen Veränderungen beschäftigt. Ein Wendepunkt folgt, wenn Sie 29 sind und Ihre Sonne in das Zeichen des Schützen wechselt. Jetzt werden Sie freiheitsliebender und risikobereiter und möchten durch Reisen, Weiterbildung oder die Beschäftigung mit philosophischen Themen Ihren Horizont erweitern. Wenn Sie 59 sind, tritt Ihre Sonne in das Zeichen des Steinbock. Jetzt werden Sie ernster, disziplinierter und praktischer.

Ihr geheimes Selbst

Da Sie ein geborener Schauspieler sind und ausgezeichnet mit Menschen umgehen können, durchschauen Sie rasch die Beweggründe anderer, ohne von sich selbst etwas preiszugeben. Auf diese Weise schützen Sie Ihr sensibles Inneres, und Sie haben das Gefühl, alles unter Kontrolle zu haben. Sie sind großzügig und liebevoll, brauchen Menschen um sich herum und harmonische Beziehungen. Andere schätzen Ihre verständnisvolle Art, und häufig fungieren Sie als Berater für Ihre Mitmenschen. Allerdings sollten Sie etwas unbeteiligter bleiben und klare Grenzen ziehen, um nicht zu mitfühlend und großzügig zu werden. Stolz und intelligent, brauchen Sie ständig neue Herausforderungen, um in Bewegung zu bleiben. Erwartung sofortiger Anerkennung und eine Neigung, sich in Exzesse zu flüchten, kann Sie daran hindern, die nötige Selbstdisziplin aufzubringen, um Ihr volles Potential auszuschöpfen. Wenn Sie Ihrer starken Intuition vertrauen, spüren Sie genau, wie weit Sie Situationen treiben können und wann Sie loslassen müssen, damit Sie keinen Schaden davontragen. Ein jugendlicher Zug sorgt dafür, daß Sie die Freude am Leben nie verlieren.

Beruf & Karriere

Da sich bei Ihnen Charme, Geschäftssinn und soziale Kompetenz verbinden, eignen Sie sich gut für Öffentlichkeitsarbeit, Verkauf oder Publizistik. Besonders erfolgreich sind Sie in Berufen mit gesellschaftlichen Kontakten, etwa Promotion oder Agenturtätigkeit. Da Sie kreativ und unterhaltsam sind, haben Sie auch Chancen in der Kunstwelt, im Showbusineß oder der Musikindustrie. Mit Ihrem natürlichen Verständnis für die Probleme anderer sind Sie ein guter Berater und geeignet für Heil- oder Pflegeberufe. Ihr ausgeprägter Geschäftssinn hilft Ihnen bei jeder Art von Karriere. Wichtig ist, daß Sie die Freiheit haben, so zu arbeiten, wie es Ihnen entspricht.

Berühmte Persönlichkeiten dieses Tages sind der Rockmusiker Bill Wyman, der Mikrobiologe Anthony van Leeuwenhoek, die Schauspielerin Dame Sybil Thorndike und die Schauspieler F. Murray Abraham und Kevin Kline.

Numerologie

Auf den Einfluß der Zahl 24 ist zurückzuführen, daß Sie Routine hassen, was aber nicht bedeutet, daß Sie nicht mit praktischem Geschick und gutem Urteilsvermögen hart arbeiten könnten. Die Sensibilität der Geburtstagszahl 24 bringt mit sich, daß Sie Stabilität und Ordnung brauchen. Sie sind fair und gewissenhaft, gelegentlich zurückhaltend und davon überzeugt, daß Taten mehr sagen als Worte. Mit dieser pragmatischen Lebenseinstellung entwickeln Sie auch einen guten Geschäftssinn und die Fähigkeit, auf Ihrem Weg zum Erfolg Hindernisse zu überwinden. Möglicherweise müssen Sie einen Hang zu Sturheit oder fixen Ideen bekämpfen. Durch den Untereinfluß der Monatszahl 10 sind Sie idealistisch und unabhängig und haben große emotionale Kraft. Ausdauernd und loyal, kommen Sie anderen in Krisenzeiten zu Hilfe. Da Sie selbstsicher und mutig sind, treffen Sie Ihre Entscheidungen gern allein. Gewinnen ist für Sie sehr wichtig, aber achten Sie darauf, daß Sie nicht egozentrisch oder despotisch werden. Sie können ausweichend oder heimlichtuerisch sein; wenn Sie aber sagen, was Sie denken, sind Sie gelegentlich auch sehr kritisch und direkt.

Positiv: energisch, idealistisch, praktisches Geschick, wild entschlossen, ehrlich, direkt, fair, großzügig.

Negativ: materialistisch, geizig, labil, haßt Routine, faul, dominierend, stur, rachsüchtig, eifersüchtig.

Liebe & Zwischenmenschliches

Sie sind hoch sensibel und haben starke Gefühle sowie ein enormes Liebesbedürfnis, das Sie immer wieder in alle möglichen romantischen Verbindungen treibt. Da Sie freundlich und unterhaltsam sind, führen Sie im allgemeinen ein aktives gesellschaftliches Leben. Obwohl Sie im Grunde großzügig und idealistisch sind, vereinnahmen Sie manchmal die anderen und sind in bezug auf Ihre Beziehungen überernst. Um unnötigen Enttäuschungen vorzubeugen, sollten Sie nicht zulassen, daß Ihre Gefühle Ihren Verstand regieren. Wenn Sie Verantwortungsbewußtsein und Anpassungsfähigkeit zeigen, ernten Sie den Respekt und die Bewunderung Ihrer Mitmenschen.

Ihr Partner

Sinnlich, treu und hingebungsvoll, brauchen Sie einen Partner, der Ihre Sensibilität und Ihr Bedürfnis nach Liebe versteht. Sie finden ihn mit großer Wahrscheinlichkeit unter den an den folgenden Tagen geborenen Menschen:
Liebe & Freundschaft: 5., 9., 10., 18., 19., 26., 30., 31. Jan., 3., 8., 16., 17., 24., 28. Feb., 1., 5., 6., 14., 15., 22., 26. März, 3., 4., 12., 13., 20., 24. April, 2., 10., 11., 18., 22. Mai, 8., 9., 16., 20., 30. Juni, 6., 7., 14., 18., 28. Juli, 4., 5., 12., 16., 26., 30. Aug., 2., 3., 10., 14., 28. Sept., 1., 8., 12., 22., 26. Okt., 6., 10., 20., 24. Nov., 4., 8., 18., 22., 30. Dez.
Günstig: 13. Jan., 11. Feb., 9. März, 7. April, 5. Mai, 3., 30. Juni, 1., 28. Juli, 26. Aug., 24. Sept., 22. Okt., 20. Nov., 18. Dez.
Schicksalhaft: 20., 21., 22., 23. April
Problematisch: 14., 24. Jan., 12., 22. Feb., 10., 20. März, 8., 18. April, 6., 16. Mai, 4., 14. Juni, 2., 12. Juli, 10. Aug., 8. Sept., 6. Okt., 4. Nov., 2. Dez.
Seelenverwandt: 30. Juli, 28. Aug., 26. Sept., 24. Okt., 22. Nov., 20. Dez.

SONNE: SKORPION
DEKADE: SKORPION/PLUTO
GRAD: 1°30' – 2°30' SKORPION
ART: FIXZEICHEN
ELEMENT: WASSER

25. Oktober

Charismatisch, dynamisch und voll starker Emotionen, sind Sie ein ehrgeiziger und entschlossener Skorpion, der viel vom Leben erwartet. Sie sind voller Enthusiasmus und Unternehmungsgeist, aber auch sehr phantasievoll und können in großen Maßstäben denken. Hoch intuitiv und analytisch begabt, haben Sie zahlreiche Interessen und sind immer in irgendwelche Projekte oder Unternehmungen involviert. Ihre gelegentliche Impulsivität deutet darauf hin, daß Selbstdisziplin und Konzentration wesentliche Faktoren auf Ihrem Weg zum Erfolg sein müssen.

Durch den Untereinfluß Ihres Dekadenzeichens Skorpion sind Sie ständig auf der Suche nach Erfolg und Ausdrucksmöglichkeiten. Obwohl Sie sinnlich sind, lieben Sie die Macht und wollen durch Ihre geistigen Fähigkeiten auffallen. Ihre Gabe, Hindernisse zu überwinden, befähigt Sie, sich immer wieder zu regenerieren und von vorn anzufangen.

Obwohl Sie mit Ihrem scharfen Urteil andere gelegentlich vor den Kopf stoßen, können Sie dank Ihrer Fähigkeit, Situationen intuitiv zu begreifen, mitfühlend und verständnisvoll sein. Als sensibler Mensch suchen Sie eine Form der künstlerischen Selbstverwirklichung. Da Sie im allgemeinen attraktiv, liebenswürdig und bei anderen beliebt sind, haben Sie eine Vorliebe für gesellschaftliche Aktivitäten.

Bis zu Ihrem 27. Lebensjahr steht Ihre Sonne im Skorpion. In dieser Zeit beschäftigen Sie sich hauptsächlich mit Ihren Gefühlen und Ihrer persönlichen Macht. Ein Wendepunkt folgt, wenn Sie 28 sind und Ihre Sonne in das Zeichen des Schützen wechselt. Jetzt werden Sie optimistischer, freiheitsliebender und möchten durch Reisen, Weiterbildung oder die Beschäftigung mit philosophischen Themen Ihren Horizont erweitern. Wenn Sie 58 sind, tritt Ihre Sonne in das Zeichen des Steinbock. Nun werden Sie bodenständiger, sensibler und sicherheitsbewußter.

Fixsterne

Ihre Sonne ist zwar nicht mit einem Fixstern verbunden, sicherlich aber einer der anderen Planeten Ihres Sonnenzeichens. Wenn Sie sich ein Geburtshoroskop erstellen lassen, lernen Sie die exakten Positionen der Planeten an Ihrem Geburtstag kennen. Auf diese Weise können Sie feststellen, welche der Fixsterne in diesem Buch für Sie von Interesse sind.

Ihr geheimes Selbst

Dank Ihrem ausgeprägten Sinn für Individualität und Unabhängigkeit, der gepaart ist mit Unternehmungsgeist, können Sie Ihren Ehrgeiz nutzen, um stets aktiv zu bleiben und Ihre Ziele zu verwirklichen. Da Sie intelligent sind und große Anziehungskraft haben, können Sie sehr überzeugend wirken und kommen mit Menschen unterschiedlichster Herkunft gut aus. Sie lernen schnell und sind ständig auf der Suche nach neuem Wissen und neuen Ideen. Ihre eigenen Ideen können Sie auf unterhaltsame Weise präsentieren.

Ihre innere Rastlosigkeit sollten Sie durch eine kreative Beschäftigung kanalisieren, da Sie sonst ungeduldig oder unzufrieden werden. Wenn Sie sich mit Dingen beschäftigen, die Sie wirklich interessieren, wirken Sie Langeweile entgegen und erhalten sich Ihre Zielstrebigkeit und Abenteuerlust. Reisen spielen für Sie eine wichtige Rolle, da sie Ihren Horizont erweitern.

Beruf & Karriere

Dank Ihrem scharfen Verstand und Ihrer Gabe, in großen Maßstäben zu denken, sind Sie auf jedem Gebiet zu hervorragenden Leistungen fähig, wenn Sie sich konzentrieren und entschlossen vorgehen. Mit Ihrem Charisma und Ihrer Gabe, Menschen in Ihren Bann zu schlagen, eignen Sie sich gut für Berufe, die mit Menschen zu tun haben. Ihr scharfer Intellekt macht Sie geeignet für Wissenschaft oder Pädagogik, Ihre kreativen Talente können Sie in der Welt von Kunst, Theater oder Musik nutzen. Mit Ihrem Ehrgeiz und Ihren Organisationsfähigkeiten und Führungsqualitäten können Sie auch in Management, Justiz oder Geschäftswelt erfolgreich sein. Da Sie viel Freiheit bei der Arbeit brauchen, sollten Sie sich vielleicht selbständig machen.

Berühmte Persönlichkeiten dieses Tages sind der Maler Pablo Picasso, die Violinistin Midori, die Komponisten Johann Strauß und Georges Bizet und der Schriftsteller Harold Brodkey.

Numerologie

Voller Energie und wachem Verstand, dennoch intuitiv und nachdenklich, haben Sie als Mensch mit der Geburtstagszahl 25 das Bedürfnis, die verschiedensten Erfahrungen zu machen. Dazu gehören neue und aufregende Ideen ebenso wie fremde Menschen oder Orte. Ihr Hang zum Perfektionismus läßt Sie hart arbeiten und produktiv sein. Allerdings werden Sie leicht ungeduldig, wenn sich Dinge nicht Ihren Vorstellungen gemäß entwickeln. Mit der Geburtstagszahl 25 verfügen Sie über starke mentale Energien. Wenn Sie sie kanalisieren, helfen sie Ihnen, Sachlagen schnell zu überblicken und schneller als andere eine Schlußfolgerung zu ziehen. Erfolg und Glück stellen sich ein, wenn Sie lernen, Ihren Instinkten zu vertrauen, und Ausdauer und Geduld entwickeln. Der Untereinfluß der Monatszahl 10 bewirkt, daß Sie zwar unabhängig und charismatisch sind, aber lernen müssen, mehr auf Ihre innere Stärke zu vertrauen und die Kontrolle zu behalten. Von Natur aus entschlossen und mit außerordentlicher Wahrnehmungsfähigkeit begabt, sind Sie von großem Ehrgeiz getrieben und finden zumeist Mittel und Wege, um sich Herausforderungen zu stellen oder Hindernisse zu überwinden. Als eigensinniger und hartnäckiger Mensch mit der Gabe, auf andere heilend zu wirken, sind Sie äußerst loyal und geben niemals auf.

Positiv: sehr intuitiv, perfektionistisch, scharfsinnig, kreativ, kommt gut mit Menschen aus.

Negativ: impulsiv, ungeduldig, überempfindlich, eifersüchtig, heimlichtuerisch, kritisch, launisch.

Liebe & Zwischenmenschliches

Da Sie selbst aktiv und dynamisch sind, bevorzugen Sie als Partner auch starke, intelligente und hart arbeitende Menschen, die sich gerne Herausforderungen stellen oder Autoritätsposten bekleiden. Mit Ihrem Charme und Ihrer Sensibilität schaffen Sie es, daß andere sich in Ihrer Gegenwart sicher und wohl fühlen. Da Sie gesellig und arbeitsam sind, macht es Ihnen Freude, andere zu unterhalten und Geschäft und Vergnügen miteinander zu verbinden. Wenn Sie in Geberlaune sind, strahlen Sie geradezu vor Großzügigkeit, Nettigkeit und Beflissenheit. Von Natur aus verantwortungsbewußt und praktisch, brauchen Sie eine gewisse Ordnung und Planung für die Zukunft.

Ihr Partner

Stabilität und Liebe finden Sie am ehesten unter den Menschen, die an folgenden Tagen geboren sind:

Liebe & Freundschaft: 2., 3., 6., 9., 10., 11., 17., 21., 27., 31. Jan., 1., 4., 7., 9., 25., 29. Feb., 2., 5., 7., 13., 17., 23., 30. März, 3., 5., 15., 21., 25. April, 1., 3., 13., 19., 23., 30. Mai, 1., 11., 17., 21., 28. Juni, 5., 9., 15., 19., 26., 29. Juli, 7., 13., 17., 20., 23. Aug., 5., 11., 15., 22., 25. Sept., 3., 9., 13., 20., 23. Okt., 1., 7., 11., 18., 21., 30. Nov., 5., 9., 16., 19., 28. Dez.

Günstig: 11., 16., 30. Jan., 9., 24., 28. Feb., 7., 22., 26. März, 5., 20., 24. April, 3., 18., 22., 31. Mai, 1., 16., 20., 29. Juni, 14., 18., 24. Juli, 12., 16., 25. Aug., 10., 14., 23. Sept., 8., 12., 21., 29. Okt., 6., 10., 19., 27. Nov., 4., 8., 17., 25. Dez.

Schicksalhaft: 22., 23., 24., 25. April

Problematisch: 15. Jan., 13. Feb., 11. März, 9. April, 7., 30. Mai, 5., 28. Juni, 3., 26. Juli, 1., 24. Aug., 22. Sept., 20., 30. Okt., 18., 28. Nov., 16., 26. Dez.

Seelenverwandt: 9., 29. Jan., 7., 27. Feb., 5., 25. März, 3., 23. April, 1., 21. Mai, 19. Juni, 17. Juli, 15. Aug., 13. Sept., 11. Okt., 9. Nov., 7. Dez.

26. Oktober

SONNE: SKORPION
DEKADE: SKORPION/PLUTO
GRAD: 2°30' – 3°30' SKORPION
ART: FIXZEICHEN
ELEMENT: WASSER

Fixstern

Name des Sterns: Princeps, auch Tsieh Kung genannt
Gradposition: 2°8' – 2°50' Skorpion zwischen den Jahren 1930 und 2000
Magnitude: 3,5
Stärke: *****
Orbit: 1°30'
Konstellation: Delta Bootis
Tage: 26., 27., 28., 29. Oktober
Sternqualitäten: Merkur/Saturn
Beschreibung: großer blaßgelber Stern im Sternbild des Bärenhüters.

Einfluß des Hauptsterns

Princeps steht für einen kühnen Geist und einen ernsthaften, regen und scharfsinnigen Verstand, der Sie für die Forschung befähigt. Unter Princeps' Einfluß sind Sie entschlossen und einfallsreich und vertreten eine konservative Lebensauffassung. Im Zusammenhang mit dem Stand Ihrer Sonne sorgt Princeps dafür, daß Pädagogik, Wissenschaft, Rechts- und Staatswesen für Sie erfolgversprechend sind. Wettbewerbsgeist und Wagemut sind ebenso auf ihn zurückzuführen. Dank Ihrer subtilen Bestimmtheit und Ihrem Einfallsreichtum können Sie sich mit neuen Ideen durchsetzen. Sie sind zurückhaltend und engagieren sich nicht, bevor Sie nicht genau wissen, wo Sie stehen. Wenn Sie von Fakten überzeugt sind, können Sie sehr direkt sein. Sie setzen Ihre Meinung durch, da Sie nie die Kontrolle verlieren möchten.

- Positiv: rastlos, willensstark, fleißig, ehrgeizig.
- Negativ: starrköpfig, unorthodoxe Vorgehensweisen, zu große Kontrolle, selbstgemachte Probleme.

Idealistisch und ehrgeizig, sind Sie ein sensibler Skorpion mit starken Gefühlen und Bedürfnissen. Da Sie charmant und phantasiebegabt sind, suchen Sie Möglichkeiten, Ihre starken Emotionen und Ihre Lebensfreude zum Ausdruck zu bringen. Als Menschenfreund zeigen Sie großes Mitgefühl und die Bereitschaft, anderen zu helfen. Obwohl Sie sich oft impulsiv und romantisch geben, haben Sie auch eine praktische Seite, die Sie scharfsinnig, berechnend und sicherheitsbewußt macht.

Der doppelte Einfluß des Pluto ist der Grund dafür, daß Sie sensibel und äußerst charmant sind, aber auch resolut, mutig und kämpferisch sein können. Diese innere Stärke weist auch auf große Willenskraft hin, mit deren Hilfe Sie sich immer wieder regenerieren und Hindernisse überwinden. Im allgemeinen sind Sie umgänglich, aber auch zurückhaltend. Auch wenn Sie eine sehr intensive Gefühlswelt haben, wirken Sie nach außen hin ruhig und gelassen. Hüten Sie sich aber davor, unflexibel zu werden.

Finanzielle Angelegenheiten beschäftigen Sie sehr; dank Ihrem Geschäftssinn und Ihrem Arbeitswesen verstehen Sie es aber hervorragend, Ihre zahlreichen Talente in bare Münze umzuwandeln. Sie sollten aber darauf achten, daß Sie zwischen Arbeit und Freizeit die richtige Balance finden, sonst wird Ihr Leben mühselig und schwer. Sie arbeiten am besten, wenn Sie Ihrer Intuition erlauben, den richtigen Zeitpunkt für eine Idee oder ein Projekt zu bestimmen, statt sich an einen festgefügten Rahmen zu halten.

Bis zu Ihrem 26. Lebensjahr steht Ihre Sonne im Skorpion. In dieser Zeit wachsen Ihr emotionales Bewußtsein und das Gefühl für Ihre persönliche Kraft. Ein Wendepunkt folgt, wenn Sie 27 sind und Ihre Sonne in das Zeichen des Schützen wechselt. Nun werden Sie freiheitsliebender, optimistischer und abenteuerlustiger und möchten durch Reisen, Weiterbildung, die Beschäftigung mit philosophischen Themen und Kontakt mit fremden Kulturen Ihren Horizont erweitern. Wenn Sie 57 sind, tritt Ihre Sonne in das Zeichen des Steinbock. Jetzt werden Sie entschlossener, disziplinierter und pragmatischer.

Ihr geheimes Selbst

Sie sind ebenso großmütig wie praktisch, deshalb müssen Sie einen goldenen Mittelweg zwischen Ihren Idealen und der Alltagswelt finden. Im allgemeinen haben Sie Freude am Luxus, was sich in einem kostspieligen Geschmack äußert; aber nur die Entwicklung Ihres großen Potentials an universeller Liebe und Mitgefühl kann Sie vor Enttäuschung und Frustration bewahren.

Ihren Lieben gegenüber sind Sie sehr großzügig, können aber auch sehr streng und pflichtbewußt sein. Obwohl Disziplin und Selbstbeherrschung Grundvoraussetzungen für Ihren Erfolg sind, dürfen Sie sich selbst gegenüber nicht zu streng sein. Wenn Sie lernen, Selbstvertrauen und Spontaneität zu entwickeln, überwinden Sie Ihren Hang zu Starrsinn, Isolation oder Skepsis. Aufgrund Ihrer starken Gefühle brauchen Sie regelmäßig Zeit für sich, um nachzudenken und um wieder besser auf Ihre innere Stimme hören zu können.

Beruf & Karriere

Ihr scharfer Verstand und Ihre Kommunikationsfähigkeiten helfen Ihnen in jeder Art von Beruf; besonders interessant für Sie aber sind Justiz, Politik und große Projekte. Dank Ihrer Führungsqualitäten und einem angeborenen Geschäftssinn ernten Sie schnell Respekt von anderen, weil Sie hart arbeiten und verantwortungsbewußt sind. Mit Ihrem Wissensdurst und Ihrer praktischen Denkweise können Sie auf Ihrem Gebiet zu einer Autorität werden. Ihre analytischen und technischen Begabungen können Sie zur Wissenschaft oder zu Heilberufen hinziehen. Da Sie kreativ sind und Schönheit lieben, eignen Sie sich auch für eine Karriere als Musiker, Schauspieler oder Entertainer. Ihre humanitäre Seite findet Erfüllung in Tätigkeiten, die mit Fürsorge oder sozialen Reformen zu tun haben.

Berühmte Persönlichkeiten dieses Tages sind die Gattin des US-Präsidenten, Hillary Rodham Clinton, der iranische Schah Reza Pahlewi, die Sängerin Mahalia Jackson und der französische Staatspräsident François Mitterrand.

Numerologie

Mit der Zahl 26 sind Pragmatismus, Führungsqualitäten und guter Geschäftssinn verbunden. Im allgemeinen sind Sie verantwortungsbewußt und haben einen Sinn für Ästhetik. Sie lieben Ihr Zuhause und brauchen die Sicherheit einer soliden Basis. Häufig sind Sie ein Quell der Kraft für Ihre Freunde und Verwandten; wer sich in Notzeiten an Sie wendet, kann stets mit Hilfe rechnen. Hüten Sie sich aber vor materialistischen Tendenzen und dem Hang, Menschen und Situationen zu kontrollieren. Der Untereinfluß der Monatszahl 10 bewirkt, daß Sie sehr aufrichtig sind. Zu Ihren Eigenschaften gehören außerdem Mut und Höflichkeit sowie enorme emotionale Kraft. Da Sie fleißig und strebsam sind, ist Gewinnen für Sie sehr wichtig; Erfolg haben Sie vor allem dann, wenn Sie neue Projekte ins Leben rufen. Sie sind großzügig und freundlich und können andere motivieren. Als Perfektionist und Idealist sollten Sie dafür sorgen, daß Ihre große Sensibilität nicht Ihr Selbstvertrauen unterminiert oder Sie von Ihrer Umwelt isoliert.

Positiv: kreativ, praktisch, fürsorglich, verantwortungsbewußt, begeisterungsfähig, mutig.

Negativ: stur, rebellisch, brüchige Beziehungen, mangelnde Begeisterungsfähigkeit, keine Ausdauer.

Liebe & Zwischenmenschliches

Obwohl Sie empfindsam sind und sich sehr nach Liebe und Zuneigung sehnen, brauchen Sie viel Abwechslung im Leben, um sich nicht zu langweilen. Reisen oder Urlaub von der Partnerschaft helfen Ihnen, Streß und Überarbeitung entgegenzuwirken. Neue Situationen oder unerwartete Ereignisse können andererseits aber auch Unruhe bei Ihnen auslösen. Wenn Sie zu enthusiastisch in eine Beziehung gehen, sind Sie oft schnell entmutigt oder verlieren das Interesse. Es ist wichtig für Sie, sich in Geduld zu üben und sich bei der Partnerwahl viel Zeit zu lassen.

Ihr Partner

Wenn Sie Liebe und einen dauerhaften Gefährten finden wollen, sollten Sie sich unter den Menschen umsehen, die an den folgenden Tagen geboren sind:

Liebe & Freundschaft: 2., 9., 12., 22., 25. Jan., 7., 10., 20., 23., 26. Feb., 5., 8., 18., 21. März, 3., 6., 16., 19. April, 1., 4., 14., 17., 20., 24., 29. Mai, 2., 12., 15., 27. Juni, 10., 13., 16., 20. Juli, 9., 15., 24., 26. Aug., 7., 13., 22., 24. Sept., 4., 7., 10., 14., 19., 24., 28., 29. Okt., 2., 5., 8., 12., 17., 22., 26., 27. Nov., 3., 6., 10., 15., 20., 24., 25. Dez.

Günstig: 12., 23., 29. Jan., 10., 21., 27. Feb., 22., 26. März, 6., 17., 23. April, 4., 15., 21. Mai, 2., 13., 19., 28., 30. Juni, 11., 17., 26., 28. Juli, 9., 15., 24., 26. Aug., 7., 13., 22., 24. Sept., 5., 11., 20., 22. Okt., 3., 9., 20., 30. Nov., 1., 7., 16., 18., 28. Dez.

Schicksalhaft: 22., 23., 24., 25. April, 29. Juli, 27. Aug., 25. Sept., 23. Okt., 21. Nov., 19. Dez.

Problematisch: 1., 4., 26., 30. Jan., 2., 24., 28. Feb., 22., 26. März, 20., 24. April, 18., 22., 31. Mai, 16., 20., 29. Juni, 14., 18., 27. Juli, 12., 16., 25., 30. Aug., 10., 14., 23., 28. Sept., 8., 12., 21., 26. Okt., 6., 10., 19., 24. Nov., 4., 8., 17., 22. Dez.

Seelenverwandt: 20. Jan., 18. Feb., 16. März, 14. April, 12. Mai, 10. Juni, 8. Juli, 6. Aug., 4. Sept., 2. Okt.

27. Oktober

SONNE: SKORPION
DEKADE: SKORPION/PLUTO
GRAD: 3°30' – 4°30' SKORPION
ART: FIXZEICHEN
ELEMENT: WASSER

Fixstern

Name des Sterns: Princeps, auch Tsieh Kung genannt
Gradposition: 2°8' – 2°50' Skorpion zwischen den Jahren 1930 und 2000
Magnitude: 3,5
Stärke: *****
Orbit: 1°30'
Konstellation: Delta Bootis
Tage: 26., 27., 28., 29. Oktober
Sternqualitäten: Merkur/Saturn
Beschreibung: großer blaßgelber Stern im Sternbild des Bärenhüters.

Einfluß des Hauptsterns

Princeps steht für einen kühnen Geist und einen ernsthaften, regen und tiefgründigen Verstand mit tiefen Einsichten, der sich für die Forschung eignet. Unter Princeps' Einfluß sind Sie entschlossen und einfallsreich und vertreten eine konservative Lebensauffassung. Im Zusammenhang mit dem Stand Ihrer Sonne sorgt Princeps dafür, daß Pädagogik, Wissenschaft, Recht und Staatswesen für Sie erfolgversprechend sind. Wettbewerbsgeist und Wagemut sind ebenso auf ihn zurückzuführen. Dank Ihrer subtilen Bestimmtheit und Ihrem Einfallsreichtum können Sie sich mit neuen Ideen durchsetzen. Sie sind zurückhaltend und engagieren sich nicht, bevor Sie nicht genau wissen, wo Sie stehen. Wenn Sie von Fakten überzeugt sind, können Sie sehr freimütig und direkt sein. Sie setzen Ihre Meinung durch, da Sie nie die Kontrolle verlieren möchten.

• Positiv: rastlos, willensstark, fleißig, ehrgeizig.
• Negativ: starrköpfig, unorthodoxe Vorgehensweisen, zu große Kontrolle.

Sie sind ein phantasiebegabter und idealistischer Skorpion mit starken intuitiven Kräften und Emotionen. Die einzigartige Kombination aus Entschlossenheit, Anziehungskraft und Intellekt bewirkt, daß Sie sehr gut Arbeit und Vergnügen verknüpfen können. Da Ihre starken Gefühle gelegentlich zu Schwankungen neigen, müssen Sie erkennen, welche Macht sie haben und wie Sie damit umgehen. Kreativer Ausdruck dieser Gefühle kann gegen Stimmungsschwankungen helfen.

Der doppelte Einfluß des Pluto sorgt dafür, daß Sie Anziehungskraft, Mut und Kampfgeist haben. Diese innere Stärke beweist, daß Sie auch über starke Willenskraft verfügen, mit deren Hilfe Sie sich leicht regenerieren und Hindernisse überwinden können. Im allgemeinen sind Sie freundlich, aber zurückhaltend. Auch wenn Sie innerlich in Aufruhr sind, wirken Sie nach außen hin stets ruhig und gefaßt. Achten Sie darauf, daß Sie nicht unflexibel werden.

Mit Ihrer Anziehungskraft, Energie und Großzügigkeit wirken Sie charmant und beeindruckend auf andere. Da Sie oft schwanken zwischen Verschlossenheit und Schweigsamkeit einerseits und Freundlichkeit und Mitgefühl andererseits, bleiben Sie für andere oft ein Buch mit sieben Siegeln, denn niemand begreift wirklich die zahlreichen Facetten Ihrer Persönlichkeit.

Bis zu Ihrem 25. Lebensjahr steht Ihre Sonne im Skorpion. In dieser Zeit sind Sie hauptsächlich damit beschäftigt, wie Sie mit Ihren tiefen Gefühlen umgehen und Ihre persönliche Macht ausloten können. Ein Wendepunkt folgt, wenn Sie 26 sind und Ihre Sonne in das Zeichen des Schützen wechselt. Jetzt werden Sie leichtherziger und abenteuerlustiger und möchten durch Reisen, Weiterbildung, die Beschäftigung mit philosophischen Themen oder Kontakt mit fremden Kulturen Ihren Horizont erweitern. Wenn Sie 56 sind, tritt Ihre Sonne in das Zeichen des Steinbock. Nun werden Sie realistischer und strukturierter und organisierter, um Ihr Potential noch einmal zu aktivieren.

Ihr geheimes Selbst

Gesellig und freundlich, macht es Ihnen sehr viel Freude, wenn Sie unterhalten oder inspirieren können. Wenn Ihre dynamischen Gefühle einmal in Bewegung geraten, sind Sie eine positive Kraft, die nicht zu unterschätzen ist. Sie sollten Ihre spontane Kreativität in eine bestimmte Richtung lenken. Denn wenn Ihre starken Emotionen blockiert sind, können Sie launisch werden oder sich zurückziehen. Wenn Sie Ihr natürliches Mitgefühl einsetzen und Ihre Liebesfähigkeit in Fürsorglichkeit für Ihre Umwelt kanalisieren, schaffen Sie eine Atmosphäre der Harmonie und des Glücks für sich und Ihre Mitmenschen.

Von Natur aus idealistisch, können Sie den Schwierigkeiten des Lebens die Stirn bieten, solange Sie etwas haben, wofür es sich zu kämpfen lohnt. Da mit Ihrem Geburtstag dynamische Kraft verbunden ist, müssen Sie sich vor falscher Machtanwendung hüten, vor allem, wenn Sie sich von anderen enttäuscht fühlen. Um stark zu werden, sollten Sie lernen, Ihre Intuition mit Selbstvertrauen zu verbinden. Das bewirkt eine gewisse Siegesgewißheit, und Sie können Ihre Träume erfolgreich umsetzen.

Beruf & Karriere

Mit Ihrem Gefühl für Menschen und Trends eignen Sie sich wunderbar für Promotion, Verkauf und Medien. Sie wissen nicht nur, was die Leute wollen, sondern haben auch natürliches Führungstalent, mit dem Sie auch in der Geschäftswelt erfolgreich sein können. Dank Ihrem wachen Sinn für Finanzen sind Sie gut als selbständiger Unternehmer. Ihre ausgeprägte künstlerische Ausdruckskraft nutzen Sie in Kunst, Musik oder Unterhaltung. Ihre natürlichen Heilkräfte ziehen Sie zu Fürsorge- oder Heilberufen. Mit diesem Geburtstag haben Sie oft auch Talent zum Schreiben oder Interesse an pädagogischen Berufen.

Berühmte Persönlichkeiten dieses Tages sind der Violinist Nicoló Paganini, US-Präsident Theodore Roosevelt, der Schriftsteller Dylan Thomas und die Schriftstellerin Sylvia Plath.

Numerologie

Mit der Geburtstagszahl 27 sind Sie idealistisch und sensibel. Mit Ihrem ebenso intuitiven wie analytischen und kreativen Geist können Sie andere immer wieder beeindrucken. Wenn Sie gelegentlich geheimnistuerisch oder unentschlossen wirken, verbergen Sie nur innere Spannungen. Wenn Sie Ihre kommunikativen Fähigkeiten fördern, lernen Sie auch, Ihre Gefühle besser auszudrücken. Für Menschen mit der 27 ist Ausbildung unerläßlich, und wenn Sie die Tiefe Ihrer Gedanken mehr fördern, werden Sie auch geduldiger und selbstdisziplinierter. Der Untereinfluß der Monatszahl 10 führt dazu, daß Sie originell und wirkungsvoll sind. Ihr Stolz, Ihre Entschlossenheit und Ihre unerschütterliche Moral lassen Sie immer zu Ihrem Wort stehen. Als extrem treuer Mensch haben Sie die Gabe, zu heilen oder anderen über Schwierigkeiten hinwegzuhelfen. Durch Ihr Bedürfnis nach emotionaler Erfüllung können Sie produktiv und fleißig sein, wenn Sie an eine Sache glauben.

Positiv: vielseitig, phantasiebegabt, kreativ, resolut, tapfer, verständnisvoll, spirituell, erfinderisch.

Negativ: unangenehm, streitsüchtig, leicht beleidigt, rastlos, nervös, mißtrauisch, leicht reizbar, angespannt.

Liebe & Zwischenmenschliches

Obwohl Sie im allgemeinen idealistisch und voller Vertrauen sind, können Sie in engen Beziehungen besitzergreifend und eifersüchtig sein, vor allem wenn Sie sich unsicher fühlen. Als verantwortungsbewußter Mensch respektieren und bewundern Sie hart arbeitende Menschen, die dezidiert und loyal sind. Sensibel und ein guter Gefährte, kümmern Sie sich gern um das Wohl anderer; achten Sie aber darauf, daß Sie sich von den Problemen anderer nicht erdrücken lassen. Wenn Sie lernen, ruhig und distanziert zu bleiben, beugen Sie unnötigen Enttäuschungen vor.

Ihr Partner

Ihren Traumpartner werden Sie mit großer Wahrscheinlichkeit unter den an den folgenden Tagen geborenen Menschen finden:

Liebe & Freundschaft: 8., 11., 12., 29. Jan., 6., 9., 27. Feb., 4., 7., 25., 29. März, 2., 5., 23., 27. April, 3., 21., 25., 30. Mai, 1., 19., 23. Juni, 17., 21. Juli, 15., 19., 29. Aug., 13., 17., 27. Sept., 11., 15., 25., 29., 30. Okt., 9., 13., 23., 27., 28. Nov., 7., 11., 21., 25., 26. Dez.

Günstig: 13., 30. Jan., 11., 28. Feb., 9., 26. März, 7., 24., 30. April, 5., 22., 28. Mai, 3., 20., 26. Juni, 1., 18., 24., 29. Juli, 16., 22., 25. Aug., 14., 20., 25. Sept., 12., 18., 23. Okt., 10., 16., 21. Nov., 8., 14., 19. Dez.

Schicksalhaft: 23., 24., 25., 26. April, 30. Okt., 28. Nov., 26. Dez.

Problematisch: 5., 19. Jan., 17. Feb., 1., 15. März, 13. April, 11. Mai, 9., 30. Juni, 7., 28., 30. Juli, 5., 26., 28. Aug., 3., 24., 26. Sept., 1., 22., 24. Okt., 20., 22. Nov., 18., 20. Dez.

Seelenverwandt: 7. Jan., 5. Feb., 3. März, 1. April, 30. Sept., 28. Okt., 26. Nov., 24. Dez.

28. Oktober

SONNE: SKORPION
DEKADE: SKORPION/PLUTO
GRAD: 4°30' – 5°30' SKORPION
ART: FIXZEICHEN
ELEMENT: WASSER

Fixstern

Name des Sterns: Princeps, auch Tsieh Kung genannt
Gradposition: 2°8' – 2°50' Skorpion zwischen den Jahren 1930 und 2000
Magnitude: 3,5
Stärke: *****
Orbit: 2°30'
Konstellation: Delta Bootis
Tage: 26., 27., 28., 29. Oktober
Sternqualitäten: Merkur/Saturn
Beschreibung: großer blaßgelber Stern im Sternbild des Bärenhüters.

Einfluß des Hauptsterns

Princeps steht für einen kühnen Geist und einen ernsthaften, regen und scharfsinnigen Verstand, der Sie für die Forschung befähigt. Unter seinem Einfluß sind Sie entschlossen und einfallsreich und vertreten eine konservative Lebensauffassung.
Im Zusammenhang mit dem Stand Ihrer Sonne sorgt Princeps dafür, daß Pädagogik, Wissenschaft, Rechts- und Staatswesen für Sie erfolgversprechend sind. Wettbewerbsgeist und Kühnheit sind ebenso auf ihn zurückzuführen. Dank Ihrer subtilen Bestimmtheit und Ihrem Einfallsreichtum können Sie sich mit neuen Ideen durchsetzen. Sie sind zurückhaltend und engagieren sich nicht, bevor Sie nicht genau wissen, wo Sie stehen. Wenn Sie von Fakten überzeugt sind, können Sie sehr direkt sein. Sie setzen Ihre Meinungen durch, da Sie nie die Kontrolle verlieren möchten.
- Positiv: rastlos, willensstark, fleißig, ehrgeizig.
- Negativ: starrköpfig, unorthodoxe Vorgehensweisen, zu große Kontrolle.

♏ Das Bedürfnis, Ihre noblen Ideale zu verwirklichen, macht Sie zu einem starken Skorpion voller Sensibilität. Kühn und autonom, können Sie viel erreichen, wenn Sie nur an Ihre Fähigkeiten glauben und nicht den Mut verlieren. Da Sie kreativ und phantasievoll sind, haben Sie die Gabe, anderen Ihre Vision zu vermitteln, vor allem durch Spiritualität und Weisheit. Mit Entschlossenheit und Ausdauer können Sie etwas Einzigartiges und Originelles schaffen.

Durch den Untereinfluß Ihres Dekadenzeichens Skorpion haben Sie die Kraft, Schwierigkeiten unbeschadet zu überstehen. Auch wenn Sie gelegentlich schwach und verletzlich wirken, sind Sie durch Ihre Hartnäckigkeit und dynamische Kraft zu einer ausgeglichenen Haltung fähig, solange Sie Ihre Emotionen im Zaum halten.

Auch wenn Sie viel durch eigene Kraft erreichen können, profitieren Sie enorm davon, mit anderen zusammenzuarbeiten. Als Menschenfreund haben Sie feste Moralvorstellungen; achten Sie aber darauf, daß Sie diese anderen nicht aufoktroyieren. Sie sind bereit, für die, die Sie lieben, große Opfer zu bringen, neigen aber auch dazu, sich selbst zum Märtyrer zu machen. Lernen Sie, bei allem Mitgefühl dennoch distanziert zu bleiben.

Bis zu Ihrem 24. Lebensjahr steht Ihre Sonne im Skorpion. In dieser Phase sind Sie mit Ihren tiefen Gefühlen und Ihrem Bedürfnis nach persönlicher Veränderung beschäftigt. Ein Wendepunkt folgt, wenn Sie 25 sind und Ihre Sonne in das Zeichen des Schützen wechselt. Nun werden Sie freiheitsliebender und möchten durch Reisen, Weiterbildung oder Beschäftigung mit philosophischen Themen Ihren Horizont erweitern. Wenn Sie 55 sind, tritt Ihre Sonne in das Zeichen des Steinbock. Jetzt versuchen Sie, Ihre Ziele mit realistischeren und pragmatischeren Methoden zu erreichen.

Ihr geheimes Selbst

In Ihrem Innern verbergen sich starke und dynamische Gefühle, die nach außen hin nicht immer erkennbar sind. Diese Gefühle treiben Sie an, immer wieder neue Projekte zu initiieren, und helfen Ihnen, nicht in Launenhaftigkeit und negative Emotionen zu verfallen, wenn sie produktiv kanalisiert sind. Häufig interessiert Sie, was sich hinter der Fassade von Menschen oder Situationen verbirgt, und so versuchen Sie, in die tiefgründigeren Bereiche des Lebens vorzudringen.

Da Sie hoch intuitiv sind, lernen Sie die Macht der Liebe schätzen, die eine starke Kraft in Ihren Beziehungen zu anderen darstellt. Ihre große Anziehungskraft hilft Ihnen bei jeder Art von Erfolg und befähigt Sie, andere durch Ihre charismatische Begeisterungsfähigkeit zu inspirieren. Obwohl Sie sich sehr für Finanzangelegenheiten interessieren, sind Liebe und die Erfüllung Ihrer großen Träume von besonderer Bedeutung für Sie.

Beruf & Karriere

Da Sie sowohl analytisch wie intuitiv veranlagt sind, eignen Sie sich für Berufe, in denen Sie kreativ denken müssen. Dazu gehören zum Beispiel Wissenschaft und Forschung in den Sparten Philosophie, Psychologie oder Metaphysik. Mit Ihrem technischen Geschick können Sie auch in Ingenieurberufen oder der Computerbranche erfolgreich sein. Ihr scharfer Verstand und Ihre Kommunikationsfähigkeiten nutzen Ihnen in Publizistik oder Pädagogik. Auch wenn Sie gute Führungsqualitäten haben, sind Sie erfolgreicher, wenn Sie im Team arbeiten. Ihre humanitäre Ader läßt Sie oft für das Gemeinwohl arbeiten.

Berühmte Persönlichkeiten dieses Tages sind die Schauspielerinnen Julia Roberts und Cornelia Froboess, der Computergigant Bill Gates, der Philosoph und Schriftsteller Desiderius Erasmus, der Medizinforscher Jonas Salk, der Entdecker Captain James Cook, der Starkoch Auguste Escoffier, der Popmusiker Eros Ramazzotti und der Maler Francis Bacon.

Numerologie

Sie sind unabhängig, pragmatisch und entschlossen und folgen Ihren eigenen Gesetzen. Ehrgeizig, direkt und unternehmungslustig, leiden Sie manchmal an einem inneren Konflikt zwischen Ihrem Bedürfnis nach Unabhängigkeit und dem Wunsch, Teil einer Gruppe zu sein. Immer bereit zu neuen Abenteuern und Action, stellen Sie sich mutig den Herausforderungen des Lebens. Dank Ihrer Begeisterungsfähigkeit können Sie andere dazu bringen, Sie bei Ihren Unternehmungen zu unterstützen. Sie haben Führungskraft, gesunden Menschenverstand und können gut logisch denken. Sie übernehmen gern Verantwortung, können dabei aber allzu enthusiastisch, ungeduldig und intolerant sein. Der Untereinfluß der Monatszahl 10 bewirkt, daß Sie hoch idealistisch und sensibel sind und über einen ausgeprägten sechsten Sinn verfügen. Auch wenn Sie willensstark und entschlossen sind, profitieren Sie sehr von Partnerschaften und Teamwork. Sie sind selbstsicher, oft eigensinnig und haben feste Überzeugungen; wenn Sie die Kunst der Diplomatie und Kompromißbereitschaft üben, können Sie viel erreichen.

Positiv: mitfühlend, progressiv, kühn, künstlerisch, ehrgeizig, fleißig, willensstark.

Negativ: Tagträumer, unmotiviert, wenig Mitgefühl, unrealistisch, aggressiv, abhängig, hochmütig.

Liebe & Zwischenmenschliches

Ihr Bedürfnis nach Aktivität und Ihre Liebe zur Abwechslung drücken sich in vielen verschiedenen Interessen aus. Obwohl Sie ein Idealist sind und feste Vorstellungen von Liebe haben, führen innere Rastlosigkeit und Ungeduld manchmal zu Spannungen in Ihren Beziehungen. Da Sie aber pflichtbewußt und hingebungsvoll sind, sind Sie auch zu großen Opfern gegenüber denen, die Sie lieben, bereit. Wenn Sie sich auf unkonventionelle Beziehungen einlassen, kann es passieren, daß sich die Umstände rasch ändern und Sie sich anpassen müssen.

Ihr Partner

Dauerhaftes Glück, Sicherheit und Liebe finden Sie am ehesten unter den Menschen, die an folgenden Tagen geboren wurden:

Liebe & Freundschaft: 9., 20., 30. Jan., 7., 18., 28. Feb., 5., 16., 26., 30. März, 3., 24., 28. April, 1., 22., 26. Mai, 20., 24. Juni, 8., 18., 22., 31. Juli, 16., 20., 29., 30. Aug., 14., 18., 27., 28. Sept., 12., 16., 25., 26., 31. Okt., 10., 14., 23., 24., 29. Nov., 8., 12., 21., 22., 27. Dez.

Günstig: 15., 22., 31. Jan., 13., 20., 29. Feb., 11., 18., 27. März, 9., 16., 25. April, 7., 14., 23., 30. Mai, 5., 12., 21., 28. Juni, 3., 10., 19., 26., 30. Juli, 1., 8., 17., 24., 28. Aug., 6., 15., 22., 26. Sept., 4., 13., 20., 24. Okt., 2., 11., 18., 22. Nov., 9., 16., 20. Dez.

Schicksalhaft: 11. Jan., 9. Feb., 7. März, 5., 24., 25., 26., 27. April, 3. Mai, 1. Juni, 31. Okt., 29. Nov., 27. Dez.

Problematisch: 5., 8., 16., 21. Jan., 3., 6., 14., 19. Feb., 1., 4., 12., 17. März, 2., 10., 15. April, 8., 13. Mai, 6., 11. Juni, 4., 9., 29. Juli, 2., 7., 27. Aug., 5., 25. Sept., 3., 23. Okt., 1., 21. Nov., 19. Dez.

Seelenverwandt: 13. Jan., 11. Feb., 9. März, 7. April, 5. Mai, 3. Juni, 1. Juli, 31. Aug., 29. Sept., 27. Okt., 25. Nov., 23. Dez.

29. Oktober

SONNE: SKORPION
DEKADE: SKORPION/PLUTO
GRAD: 5°30' – 6°30' SKORPION
ART: FIXZEICHEN
ELEMENT: WASSER

Fixstern

Name des Sterns: Princeps, auch Tsieh Kung genannt
Gradposition: 2°8' – 2°50' Skorpion zwischen den Jahren 1930 und 2000
Magnitude: 3,5
Stärke: *****
Orbit: 1°30'
Konstellation: Delta Bootis
Tage: 26., 27., 28., 29. Oktober
Sternqualitäten: Merkur/Saturn
Beschreibung: großer blaßgelber Stern im Sternbild des Bärenhüters.

Einfluß des Hauptsterns

Princeps steht für einen kühnen Geist und einen ernsthaften, regen und scharfsinnigen Verstand, der Sie für die Forschung befähigt. Unter Princeps' Einfluß sind Sie entschlossen und einfallsreich und vertreten eine konservative Lebensauffassung.

Im Zusammenhang mit dem Stand Ihrer Sonne sorgt Princeps dafür, daß Pädagogik, Wissenschaft, Rechts- und Staatswesen für Sie erfolgversprechend sind. Wettbewerbsgeist und Wagemut sind ebenfalls auf ihn zurückzuführen. Dank Ihrer subtilen Bestimmtheit und Ihrem Einfallsreichtum können Sie sich mit neuen Ideen durchsetzen. Sie sind zurückhaltend und engagieren sich nicht, bevor Sie nicht genau wissen, wo Sie stehen. Wenn Sie von Fakten überzeugt sind, können Sie sehr freimütig und direkt sein. Sie setzen Ihre Meinungen durch, da Sie nie die Kontrolle verlieren möchten.

- Positiv: rastlos, willensstark, fleißig, ehrgeizig.
- Negativ: starrköpfig, unorthodoxe Vorgehensweisen, zu große Kontrolle.

Idealistisch und originell, sind Sie ein motivierter und warmherziger Skorpion mit einem ausgeprägten sechsten Sinn. Dank Ihrer großzügigen, umgänglichen und geselligen Art fällt es Ihnen nicht schwer, Freunde und Bewunderer um sich zu scharen. Da Sie vielseitig begabt und kreativ sind, haben Sie oft ganz einzigartige Qualitäten, mit denen Sie andere beeindrucken.

Durch den Untereinfluß Ihres Dekadenzeichens Skorpion haben Sie Scharfblick und ein gutentwickeltes Wahrnehmungsvermögen, so daß Sie der geborene Forscher sind und versuchen, die Rätsel des Lebens zu ergründen. Alert und mit gutem Urteilsvermögen begabt, neigen Sie gelegentlich dazu, es mit Ihren scharfen Beobachtungen zu übertreiben. Da Sie intuitiv sind und innere Stärke haben, können Sie an schwierigen Situationen wachsen. Als Menschenfreund sind Sie freundlich und mitfühlend, neigen aber auch zu Stimmungsschwankungen und geistiger Rastlosigkeit. Wenn Sie die Bedeutung von Mitgefühl und Liebe erkannt haben, können Sie für eine harmonische Atmosphäre sorgen und selbst zu innerem Frieden und Ausgeglichenheit finden. Auch wenn Sie sich nach Liebe und Bequemlichkeit sehnen, sind Sie doch im Innern abenteuerlustig und etwas rastlos. Sie möchten ständig Ihren Horizont erweitern und frei sein; durch Ihr Bedürfnis nach emotionaler Sicherheit geht es Ihnen aber besser, wenn Sie nicht allein sind. Stets voller guter Absichten, neigen Sie dazu, immer alles besser zu wissen, und müssen sich davor hüten, sich in anderer Leute Angelegenheiten zu mischen, auch wenn Sie nur helfen wollen. Familienmitgliedern gegenüber sind Sie loyal und hilfsbereit und stolz auf Ihr Heim.

Bis zu Ihrem 23. Lebensjahr steht Ihre Sonne im Skorpion. In dieser Zeit sind Sie mit Ihren tiefen Gefühlen und der Entwicklung persönlicher Kraft beschäftigt. Ein Wendepunkt folgt, wenn Sie 24 sind und Ihre Sonne in das Zeichen des Schützen wechselt. Jetzt werden Sie optimistischer und abenteuerlustiger und möchten durch Reisen oder Weiterbildung Ihren Horizont erweitern. Wenn Sie 54 sind, tritt Ihre Sonne in das Zeichen des Steinbock. Nun versuchen Sie, Ihre Ziele mit realistischeren und pragmatischeren Methoden zu erreichen.

Ihr geheimes Selbst

Ihr Wunsch nach Wahrheit, Wissen und Macht kann Ihre Fähigkeit zu kreativem Denken und Ihre Begabung, Probleme zu lösen, verstärken und bewirken, daß Sie sich mit philosophischen oder metaphysischen Themen beschäftigen. Im Grunde positiv denkend, arbeiten Sie am besten, wenn Sie einen Plan oder eine Strategie haben und auf konstruktive Weise beschäftigt sind. Scharfsinnig und pragmatisch, haben Sie ein Gefühl dafür, wie man theoretisches Wissen in die Praxis umsetzt, müssen aber vermeiden, Ihre Kraft zu vergeuden.

Sie haben nicht nur einen scharfen Verstand, der gelegentlich geniale Geistesblitze produziert, sondern auch ein starkes Bedürfnis, sich auszudrücken, was sich sozial oder kreativ manifestieren muß. Leider neigen Sie auch zu Besorgnis oder Unentschlossenheit, vor allem in finanziellen Angelegenheiten. Mit Ihrer Schlagfertigkeit wirken Sie anziehend auf andere; achten Sie aber darauf, daß Sie Ihre Kritikfähigkeit konstruktiv nutzen.

Beruf & Karriere

Als geborener Forscher interessieren Sie sich stets für das, was sich unter der Oberfläche verbirgt, sowohl bei Menschen als auch in Situationen. Daher eignen Sie sich gut für Psychologie, Wissenschaft oder Metaphysik. Ihr Wunsch nach Harmonie zieht Sie zu Musik oder Heilen. Obwohl ein Teil von Ihnen sich allzu gern dem Müßiggang hingibt, treibt Ihr ausgeprägtes Verantwortungsbewußtsein Sie doch immer wieder an. Teamarbeit oder Partnerschaften sind meist sehr gewinnbringend für Sie. In der Geschäftswelt sind Sie besonders erfolgreich, wenn Sie Ihre soziale Kompetenz einsetzen können. Ein fürsorglicher und humanitärer Charakterzug kann Sie veranlassen, für eine Wohlfahrtsorganisation oder als Berater zu arbeiten.

Berühmte Persönlichkeiten dieses Tages sind die Schauspielerinnen Winona Ryder und Kate Jackson, der Schauspieler Richard Dreyfuss, die Sängerinnen Melba Moore und Cleo Laine, der Schriftsteller James Boswell und der Astronom Edmund Halley.

Numerologie

Sie haben eine starke Persönlichkeit und außergewöhnliche Energien. Sie sind hoch intuitiv, sensibel und emotional. Inspiration ist das Geheimnis Ihres Erfolgs, ohne sie verlieren Sie leicht Ihre Zielstrebigkeit. Sie sind ein echter Träumer mit sehr unterschiedlichen Seiten und müssen sich vor Stimmungsschwankungen hüten. Wenn Sie auf Ihre verborgenen Gefühle hören und Ihr Herz für andere öffnen, können Sie Ihre Angstgefühle bekämpfen oder Ihren Verstand als Schutzschild benutzen. Setzen Sie Ihre schöpferischen Ideen ein, um etwas Außergewöhnliches zu leisten, das anderen Auftrieb geben oder von Nutzen sein kann. Der Untereinfluß der Monatszahl 10 führt dazu, daß Sie zwar das Bedürfnis verspüren, an erster Stelle zu stehen, aber gleichzeitig sehr von Teamwork und Zusammenarbeit mit anderen profitieren. Im allgemeinen sind Sie ehrgeizig und voller bemerkenswerter Ideen; allerdings müssen Sie mehr Entschlossenheit und Realismus an den Tag legen. Wenn Sie optimistisch und von einer Sache begeistert sind, können Sie anpassungsfähig, innovativ und mutig sein und vor Energie nur so sprühen.

Positiv: inspiriert, ausgeglichen, innerer Friede, großzügig, energievoll, intuitiv, weltgewandt, Selbstvertrauen.

Negativ: unkonzentriert, unsicher, nervös, launisch, schwierig, extrem, rücksichtslos, unnahbar, überempfindlich.

Liebe & Zwischenmenschliches

Sie sind so liebevoll und hingebungsvoll, daß Sie gelegentlich dazu neigen, sich für andere aufzuopfern und sich in ihr Leben einzumischen. Charmant und idealistisch, sind Sie ein freundlicher und gefühlsbetonter Mensch, der gerne denen hilft, die weniger vom Glück begünstigt sind als er selbst. Gleichwohl legen Sie viel Wert auf die eigene finanzielle Sicherheit und bevorzugen die Gesellschaft wohlhabender oder einflußreicher Menschen. Wenn Sie unbeschwert und ausgeglichen bleiben, schaffen Sie eine harmonische Atmosphäre, in der sich andere sicher und geliebt fühlen.

Ihr Partner

Wenn Sie jemanden suchen, der Ihre Sensibilität und Ihr Bedürfnis nach Liebe versteht, sollten Sie sich unter den Menschen umsehen, die an den folgenden Tagen geboren sind:

Liebe & Freundschaft: 10., 12., 15., 25., 28. Jan., 10., 13., 23., 26. Feb., 8., 10., 11., 21., 24., 31. März, 6., 9., 19., 22., 29. April, 4., 7., 17., 20., 27. Mai, 2., 5., 15., 18., 25. Juni, 2., 3. 13., 16., 23. Juli, 1., 11., 14., 21., 31. Aug., 9., 12., 19., 29. Sept., 7., 10., 17., 27. Okt., 5., 8., 15., 25. Nov., 3., 6., 13., 23. Dez.

Günstig: 12., 23., 26. Jan., 10., 21., 24. Feb., 8., 19., 22., 28. März, 6., 17., 20., 26. April, 4., 15., 18., 24. Mai, 2., 13., 22., 16. Juni, 11., 14., 20., 31. Juli, 9., 12., 18., 29. Aug., 7., 10., 16., 27. Sept., 5., 8., 14., 25. Okt., 3., 6., 12., 23. Nov., 1., 4., 10., 21. Dez.

Schicksalhaft: 25., 26., 27., 28. April, 30. Nov., 28. Dez.

Problematisch: 17., 18., 21. Jan., 15., 16., 19. Feb., 13., 14., 17., 29. März, 11., 12., 15., 27. April, 9., 10., 13., 25. Mai, 7., 8., 11., 23. Juni, 5., 6., 9., 21., 30. Juli, 3., 4., 7., 19., 28. Aug., 1., 2., 5., 17., 26. Sept., 3., 15., 24. Okt., 1., 13., 22. Nov., 11., 20. Dez.

Seelenverwandt: 24. Jan., 22. Feb., 20. März, 18., 30. April, 16., 28. Mai, 14., 26. Juni, 12., 24. Juli, 10., 22. Aug., 8., 20. Sept., 6., 18. Okt., 4., 16. Nov., 2., 14. Dez.

30. Oktober

SONNE: SKORPION
DEKADE: SKORPION/PLUTO
GRAD: 6°30' – 7°30' SKORPION
ART: FIXZEICHEN
ELEMENT: WASSER

Fixstern

Name des Sterns: Khambalia, auch Khamblia genannt
Gradposition: 5°53' – 6°49' Skorpion zwischen den Jahren 1930 und 2000
Magnitude: 4
Stärke: ****
Orbit: 1°30'
Konstellation: Lambda Virginis
Tage: 30., 31. Oktober, 1. November
Sternqualitäten: Merkur/Mars
Beschreibung: kleiner weißer Stern am linken Fuß der Jungfrau.

Einfluß des Hauptsterns

Khambalia steht für eine schnelle Auffassungsgabe und das Talent zum Debattieren. Überdies sorgt er für wechselnde Lebensumstände, die unerwartete Vorteile mit sich bringen können. Unter seinem Einfluß haben Sie eine pragmatische Lebensauffassung und schlagen im allgemeinen den Weg der höheren Bildung ein. Obwohl Sie im allgemeinen freundlich und gesellig sind, erscheinen Sie manchmal kühl und unpersönlich. Im Zusammenhang mit dem Stand Ihrer Sonne sorgt Khambalia für Erfolg in Wirtschaft, Politik oder Verwaltung. Sie können ein Spezialist mit einzigartigen Fähigkeiten werden. Hin und wieder verleiht Khambalia ungewöhnliche Talente, die zu beruflichen Veränderungen führen können.

- Positiv: Hingabe, höhere Bildung, ausgefeilte Logik, Gedankenstärke.
- Negativ: streitlustig, rastlos, unzuverlässig.

Charmant und freundlich, aber etwas rastlos, sind Sie ein sensibler Skorpion, der ebenso vielseitig wie anpassungsfähig ist. Da Sie sich ein erfülltes und abwechslungsreiches Leben wünschen, sind Sie stets auf der Suche nach neuen Abenteuern und Erfahrungen. Das Bedürfnis nach persönlicher Freiheit kann dazu führen, daß Sie nur schwer dauerhafte Zufriedenheit finden oder daß Stimmungsschwankungen Sie verändern. Kreativ und phantasiebegabt, können Sie Ihre Ideen eindrucksvoll vermitteln.

Durch den Untereinfluß Ihres Dekadenzeichens Skorpion haben Sie besonders große innere Stärke, können sehr liebevoll, idealistisch und sensibel sein, aber auch zur Heimlichtuerei neigen. Ihre direkte Art und Ihre beißenden Kommentare zeigen, daß Sie ein guter Satiriker sind. Denken Sie immer daran, daß Kritik ebenso verletzend wie amüsant sein kann. In schwierigen Situationen treten Sie Ihren Kontrahenten gegenüber mutig und selbstbewußt auf. Ihre angeborene Hartnäckigkeit kommt zum Vorschein, wenn Sie sich bedroht oder unsicher fühlen.

Andere sehen Sie als ebenso aufregenden wie anregenden Gefährten. Ihr Wunsch nach emotionaler Erfüllung läßt Sie Einschränkungen hassen und Grenzen ignorieren. Auf der Suche nach der Befriedigung Ihrer Gefühle gehen Sie häufig auf Reisen und stellen fest, daß Ihnen eine Luftveränderung oft hilft, sich zu entspannen und wieder optimistisch zu werden. Obwohl Arbeit Ihrem Freiheitsdrang prinzipiell widerspricht, finden Sie doch Anerkennung und Erfüllung vor allem durch Loyalität, Verantwortungsbewußtsein und Pflichtgefühl.

Bis zu Ihrem 22. Lebensjahr steht Ihre Sonne im Skorpion. In dieser Zeit sind Sie mit Ihrer Sensibilität und persönlichen Wandlung beschäftigt. Ein Wendepunkt folgt, wenn Sie 23 sind und Ihre Sonne in das Zeichen des Schützen wechselt. Nun werden Sie optimistischer und abenteuerlustiger und möchten durch geistige Weiterentwicklung, Reisen oder Weiterbildung Ihren Horizont erweitern. Wenn Sie 53 sind, tritt Ihre Sonne in das Zeichen des Steinbock. Jetzt werden Ihnen Eigenschaften wie Ausdauer, Hingabe und Pragmatismus wichtiger.

Ihr geheimes Selbst

Aufgrund Ihrer hohen Ideale setzen Sie Ihre Sensibilität besonders gut ein, wenn Sie anderen helfen. Gepaart mit Ihrem guten Geschäftssinn macht Sie das zu einem mitfühlenden Pragmatiker. Wenn Sie von anderen enttäuscht werden oder rastlos und ungeduldig sind, neigen Sie jedoch dazu, Ihre Sensibilität durch Realitätsflucht zu ersetzen, statt sich Ihren Problemen direkt zu stellen oder sich eine Form des kreativen Ausdrucks zu suchen.

Da Sie außerdem einen ausgeprägten Unternehmungsgeist haben, sind Sie im allgemeinen begeisterungsfähig, optimistisch und abenteuerlustig und haben die Dynamik, sich Ihre materiellen Bedürfnisse zu erfüllen. Ihre spirituellen oder schöpferischen Kräfte können Sie durch Schreiben ausdrücken oder dadurch, daß Sie Ihre großartigen Ideen in die Realität umsetzen. Mit Ihrem Instinkt und der Fähigkeit nachzudenken bilden Sie sich rasch eine Meinung über andere, mit der Sie meistens ins Schwarze treffen. Da Sie meist geistig beweglich und neugierig sind und einen ganz besonderen Sinn für Humor haben, sind Sie ein angenehmer und unterhaltsamer Gefährte.

Beruf & Karriere

Sie brauchen in Ihrem Beruf vor allem Abwechslung und Veränderung, um sich nicht zu langweilen. Sie lieben zwar Ihr Zuhause, wenn Sie aber berufsbedingt auf Reisen gehen müssen, zögern Sie nicht eine Sekunde. Dank Ihrer Anziehungskraft und Ihrem Charme eignen Sie sich gut für Tätigkeiten, die mit Menschen zu tun haben. Im allgemeinen gilt für Sie: je größer die Unternehmung, desto mehr Spaß haben Sie daran. Da Sie eloquent sind und Ihre Ideen gut verkaufen können, eignen Sie sich für Publizistik, Medien und Politik. Viele der an diesem Tag Geborenen sind in Theater oder Film erfolgreich.

Berühmte Persönlichkeiten dieses Tages sind der Regisseur Louis Malle, die Rockmusikerin Grace Slick, der Entdecker Christoph Kolumbus und die Schriftsteller Ezra Pound und Paul Valéry.

Numerologie

Zu den Eigenschaften der 30 gehören Kreativität, Freundlichkeit und Umgänglichkeit. Voller Ehrgeiz und mit kreativem Potential, können Sie übernommene Ideen auf ganz individuelle Weise weiterentwickeln. Mit der Geburtstagszahl 30 genießen Sie die schönen Seiten des Lebens und können außerordentlich charismatisch und kontaktfreudig sein. Da Sie starke Gefühle haben, ist Liebe für Sie ein unerläßlicher Bestandteil des Lebens. Achten Sie darauf, daß Sie auf Ihrer Suche nach Glück nicht faul oder maßlos werden; zudem müssen Sie sich vor einem Hang zu Ungeduld oder Eifersucht hüten, denn das verursacht bei Ihnen emotionale Instabilität. Viele Menschen mit der Geburtstagszahl 30 ernten Anerkennung oder gar Ruhm, vor allem als Musiker, Schauspieler oder Entertainer. Der Untereinfluß der Monatszahl 10 führt dazu, daß Sie Aktivität und Aufregung brauchen. Wenn Sie selbstbewußt und entschlossen auftreten, haben Sie großen Erfolg. Da Sie von Natur aus unabhängig sind, brauchen Sie die Freiheit, Ihren eigenen Interessen nachgehen zu können. Wenn Sie resolut und konzentriert bleiben, können Sie Ihre wildesten Träume in die Realität umsetzen.

Positiv: lebenslustig, treu, freundlich, wortgewandt, kreativ, glücklich.

Negativ: faul, stur, leicht reizbar, ungeduldig, unsicher, desinteressiert, vergeudet Energien.

Liebe & Zwischenmenschliches

Obwohl Sie im allgemeinen freundlich sind, können Sie auch sehr heimlichtuerisch sein und wollen Ihre Gefühle stets unter Kontrolle halten. Sie bewundern kreative Menschen, die konzentriert und fleißig sind. Da Sie Monotonie hassen und in bezug auf Ihre Gefühle zu Unsicherheit neigen, sollten Sie sich Zeit nehmen, bevor Sie eine dauerhafte Beziehung eingehen. Ihr Bedürfnis nach persönlicher Freiheit läßt Sie sofort nach einer Fluchtmöglichkeit suchen, wenn Ihre Beziehung zur Routine wird oder Sie sich eingeengt fühlen. Häufig führen veränderte Umstände dazu, daß Sie Ihre Ansichten ändern. Ihre emotionale Rastlosigkeit führt oft dazu, daß Sie viele kurze Beziehungen haben, bevor Sie den Partner fürs Leben finden. Ihre Warmherzigkeit garantiert Ihnen gesellschaftlichen Erfolg.

Ihr Partner

Geistige Anregung und Liebe finden Sie am ehesten unter den Menschen, die an folgenden Tagen geboren wurden:

Liebe & Freundschaft: 6., 11., 14., 15. Jan., 4., 9., 12. Feb., 2., 7., 10., 11., 28. März, 5., 8., 26., 30. April, 3., 6., 24., 28. Mai, 1., 4., 22., 26. Juni, 2., 3., 20., 24. Juli, 18., 22. Aug., 16., 20., 30. Sept., 14., 18., 28. Okt., 12., 16., 26. Nov., 10., 14., 24. Dez.

Günstig: 20., 24. Jan., 18., 22. Feb., 16., 20., 25. März, 14., 18., 27. April, 12., 16., 25. Mai, 10., 14., 23., 29. Juni, 8., 12., 21., 27. Juli, 6., 10., 19., 25., 30. Aug., 4., 8., 17., 23., 28. Sept., 2., 6., 15., 21., 26. Okt., 4., 13., 19., 24. Nov., 2., 11., 17., 22. Dez.

Schicksalhaft: 26., 27., 28., 29. April, 31. Aug., 29. Sept., 27. Okt., 25. Nov., 23. Dez.

Problematisch: 22., 23., 27. Jan., 20., 21., 25. Feb., 18., 19., 23. März, 16., 17., 21. April, 14., 15., 19. Mai, 12., 13., 17. Juni, 10., 11., 15., 21. Juli, 8., 9., 13., 29. Aug., 6., 7., 11., 27. Sept., 4., 5., 9., 25. Okt., 2., 3., 7., 23. Nov., 1., 5., 21. Dez.

Seelenverwandt: 23. Jan., 21. Feb., 19. März, 17., 29. April, 15., 27. Mai, 13., 27. Juni, 11., 23. Juli, 9., 21. Aug., 7., 19. Sept., 5., 17. Okt., 3., 15. Nov., 1., 13. Dez.

31. Oktober

SONNE: SKORPION
DEKADE: SKORPION/PLUTO
GRAD: 7°30' – 8°30' SKORPION
ART: FIXZEICHEN
ELEMENT: WASSER

Fixstern

Name des Sterns: Khambalia, auch Khamblia genannt
Gradposition: 5°53' – 6°49' Skorpion zwischen den Jahren 1930 und 2000
Magnitude: 4
Stärke: ****
Orbit: 1°30'
Konstellation: Lambda Virginis
Tage: 30., 31. Oktober, 1. November
Sternqualitäten: Merkur/Mars
Beschreibung: kleiner weißer Stern am linken Fuß der Jungfrau.

Einfluß des Hauptsterns

Khambalia steht für eine schnelle Auffassungsgabe und das Talent zum Debattieren. Überdies sorgt er für wechselnde Lebensumstände, die unerwartete Vorteile mit sich bringen können. Unter seinem Einfluß haben Sie eine pragmatische Lebensauffassung und schlagen im allgemeinen den Weg der höheren Bildung ein. Obwohl Sie im allgemeinen freundlich und gesellig sind, erscheinen Sie manchmal kühl und unpersönlich. Im Zusammenhang mit dem Stand Ihrer Sonne sorgt Khambalia für Erfolg in Wirtschaft, Politik oder Verwaltung. Sie können ein Spezialist mit einzigartigen Fähigkeiten werden. Hin und wieder verleiht Khambalia ungewöhnliche Talente, die zu beruflichen Veränderungen führen können.

- Positiv: Hingabe, höhere Bildung, ausgefeilte Logik, Gedankenstärke.
- Negativ: streitlustig, rastlos, unzuverlässig.

Entschlossen und produktiv, sind Sie ein pragmatischer Skorpion mit festen Überzeugungen und einer resoluten Art. Sie haben starke Gefühle, und wenn Sie optimistisch bleiben und Ihren Charme einsetzen, vermögen Sie sich meistens durchzusetzen. Sicherheitsbewußt und ehrgeizig, übernehmen Sie gern Verantwortung, müssen aber aufpassen, daß Sie sich nicht zuviel aufbürden.

Durch den Untereinfluß Ihres Dekadenzeichens Skorpion haben Sie besonders große innere Stärke. Ihre direkte Art und Ihr gesunder Menschenverstand machen Sie zum guten Strategen, der seine Ideen gut verkaufen kann. Da Sie kreativ und idealistisch sind und einen scharfen Verstand haben, ist Selbstverwirklichung für Sie von großer Bedeutung. Wenn Sie sich jedoch allzusehr mit dieser eigenen Selbstverwirklichung befassen, laufen Sie Gefahr, daß Ängste die Entfaltung Ihres großen Potentials lähmen und Sie in Trägheit oder Faulheit verfallen.

Als jemand, der sehr viel Wert auf gute Grundlagen legt, sind Sie für andere eine wertvolle Hilfe. Voller Hingabe unterstützen Sie andere Menschen, vor allem wenn Sie von einer Sache oder Idee überzeugt sind. Visionär und sensibel, haben Sie einen ausgeprägten Gerechtigkeitssinn und sind aufrichtig in Ihren Gefühlen. Ihr weiches Herz kann aber zu Stein werden, wenn Sie sich bedroht oder betrogen fühlen. In schwierigen Situationen zeigen Sie sich Ihren Kontrahenten gegenüber mutig und selbstbewußt. Ihre angeborene Hartnäckigkeit kommt zum Vorschein, wenn Sie sich bedroht oder unsicher fühlen.

Bis zu Ihrem 21. Lebensjahr steht Ihre Sonne im Skorpion. In dieser Zeit sind Sie mit Ihrer emotionalen Entwicklung beschäftigt. Ein Wendepunkt folgt, wenn Sie 22 sind und Ihre Sonne in das Zeichen des Schützen wechselt. Nun brauchen Sie mehr Freiheit und möchten durch eine eigene Lebensphilosophie, Reisen, Weiterbildung oder Kontakt mit fremden Kulturen Ihren Horizont erweitern. Wenn Sie 52 sind, tritt Ihre Sonne in das Zeichen des Steinbock. Jetzt werden Ihnen Eigenschaften wie Ernsthaftigkeit, Disziplin und Sicherheitsdenken wichtiger.

Ihr geheimes Selbst

Hinter Ihrer gelassenen Fassade sind Sie ein ehrgeiziger und fleißiger Mensch. Wenn Sie motiviert und von einer Sache begeistert sind, streben Sie entschlossen Ihrem Ziel entgegen. Da Sie praktisch sind, legen Sie Wert auf Sicherheit und arbeiten am besten, wenn Sie einen Plan oder eine Strategie für die Zukunft haben. Dank einem ausgeprägten sechsten Sinn, gerade auch in finanziellen Dingen, verfügen Sie über gutes Einschätzungs- und Einfühlungsvermögen. Sie begreifen sofort, wenn sich eine gute Chance bietet, und sind ein guter Organisator. Aufgrund Ihrer starken Gefühle müssen Sie aber aufpassen, daß Sie Ihre Kraft nicht in Exzessen vergeuden.

Aufrichtig und ehrlich, haben Sie eine scharfe und rege Intelligenz, gutes Urteilsvermögen und die Fähigkeit, durch Selbstdisziplin alle Hindernisse zu überwinden. Ihr Geburtstag verleiht Ihnen das Potential zu beruflichem Erfolg, und im allgemeinen haben Sie keine finanziellen Probleme. Wenn Sie sich allerdings den Verantwortlichkeiten entziehen, die Sie auf sich nehmen müssen, um Ihr Schicksal zu erfüllen, werden Sie Ihr starkes Bedürfnis, etwas von dauerhaftem Wert zu schaffen, nicht befriedigen können.

Beruf & Karriere

Als starker und fleißiger Mensch eignen Sie sich vor allem für Karrieren, bei denen Sie Ihre Warmherzigkeit und Ihr praktisches Angehen der Dinge einsetzen können. Sehr an sozialen Reformen interessiert, arbeiten Sie besonders gut in Pädagogik, Beratung oder humanitären Einrichtungen. Da Sie stets Ihren Horizont erweitern wollen, kommen auch Psychologie, Philosophie, Medizin oder Theologie in Frage. Ihr Pragmatismus und Ihr Wunsch, Dauerhaftes zu hinterlassen, führen Sie möglicherweise in die Baubranche. Als liebevoller Elternteil und guter Organisator sind Sie gern produktiv. Ihr Bedürfnis nach Selbstverwirklichung zieht Sie zu Publizistik und Literatur oder Schauspielerei. Welchen Beruf Sie auch wählen, aufgrund Ihrer emotionalen Aufrichtigkeit, Ihres scharfen Verstands und Ihrer Organisationsfähigkeit werden Sie immer erfolgreich sein.

Berühmte Persönlichkeiten dieses Tages sind der Maler Jan Vermeer, der Schauspieler Michael Landon, der Folksänger Tom Paxton, der Schriftsteller John Keats und der Präsident von Nationalchina Chiang Kai-schek.

Numerologie

Starke Willenskraft, Entschlossenheit und der starke Wunsch nach Ausdruck gehören zu den Charakteristika der 31. Häufig verbinden Sie intuitive und praktische Fähigkeiten, um die richtigen Entscheidungen zu treffen. Sie haben originelle Ideen, ein gutes Gefühl für Form und in Geschäftsangelegenheiten Erfolg, wenn Sie sich Zeit lassen und einem Aktionsplan folgen. Da Sie oft hart arbeiten, ist es wichtig, daß Sie sich Zeit für Liebe und Vergnügen nehmen. Der Untereinfluß der Monatszahl 10 führt dazu, daß Sie selbständig, aber auch rastlos sind und ein aktives und abwechslungsreiches Leben brauchen. Ein leichter Hang zu Neid kann Ihre Entschlossenheit unterminieren. Suchen Sie sich feste Ziele, und halten Sie daran fest. Diese Geburtstagszahl steht überdies für neue Gelegenheiten oder glückliche Veränderungen; möglicherweise können Sie eine Freizeitbeschäftigung in ein profitables Unternehmen verwandeln.

Positiv: glücklich, kreativ, Macher, konstruktiv, gibt nie auf, praktisch, guter Gesprächspartner, verantwortungsbewußt.

Negativ: unsicher, ungeduldig, mißtrauisch, leicht entmutigt, kein Ehrgeiz, selbstsüchtig, stur.

Liebe & Zwischenmenschliches

Sie sind charmant und freundlich, gruppenorientiert und sehr gastfreundlich, denn Sie sind ungern allein. Wenn Sie Ihre Angst, Liebe und Zuneigung mit jemandem zu teilen, ablegen, werden Sie feststellen, wie gewinnbringend Partnerschaften und gemeinschaftliche Aktivitäten sein können. Von Natur aus intuitiv und mit gutem Urteilsvermögen begabt, erkennen Sie schnell das Potential anderer. Machen Sie sich aber nicht zu sehr von ihnen abhängig; lernen Sie, mit Ihrem eigenen Schicksal zufrieden zu sein.

Ihr Partner

Einen zuverlässigen Liebespartner werden Sie mit großer Wahrscheinlichkeit unter den an den folgenden Tagen geborenen Menschen finden:
Liebe & Freundschaft: 7., 12., 15., 16., 23. Jan., 5., 10., 13. Feb., 3., 8., 11., 12., 19., 29. März, 1., 6., 9., 27. April, 4., 7., 25., 29. Mai, 2., 5., 23., 27. Juni, 3., 11., 21., 25. Juli, 1., 19., 23. Aug., 17., 21. Sept., 15., 19., 29. Okt., 13., 17., 27. Nov., 11., 15., 18., 25. Dez.
Günstig: 21., 25. Jan., 19., 23. Feb., 17., 21., 30. März, 15., 19., 28. April, 13., 17., 26. Mai, 11., 14., 24., 30. Juni, 9., 13., 22., 28. Juli, 7., 11., 20., 26., 30. Aug., 5., 9., 18., 24., 29. Sept., 3., 7., 16., 22., 29. Okt., 1., 5., 14., 20., 25. Nov., 3., 12., 18., 23. Dez.
Schicksalhaft: 27., 28., 29., 30. April
Problematisch: 5., 8., 28. Jan., 3., 6., 26. Feb., 1., 4., 24. März, 2., 22. April, 20. Mai, 18. Juni, 16. Juli, 14., 30. Aug., 12., 28., 30. Sept., 10., 26., 28. Okt., 8., 24., 26. Nov., 6., 22., 24. Dez.
Seelenverwandt: 4., 10. Jan., 2., 8. Feb., 6. März, 4. April, 2. Mai

1. November

SONNE: SKORPION
DEKADE: SKORPION/PLUTO
GRAD: 8°30' – 9°30' SKORPION
ART: FIXZEICHEN
ELEMENT: WASSER

Fixstern

Name des Sterns: Khambalia, auch Khamblia genannt
Gradposition: 5°53' – 6°49' Skorpion zwischen den Jahren 1930 und 2000
Magnitude: 4
Stärke: ****
Orbit: 1°30'
Konstellation: Lambda Virginis
Tage: 30., 31. Oktober, 1. November
Sternqualitäten: Merkur/Mars
Beschreibung: kleiner weißer Stern am linken Fuß der Jungfrau.

Einfluß des Hauptsterns

Khambalia steht für eine schnelle Auffassungsgabe und das Talent zum Debattieren. Überdies sorgt er für wechselnde Lebensumstände, die unerwartete Vorteile mit sich bringen können. Unter seinem Einfluß haben Sie eine pragmatische Lebensauffassung und schlagen im allgemeinen den Weg der höheren Bildung ein. Obwohl Sie im allgemeinen freundlich und gesellig sind, erscheinen Sie manchmal kühl und unpersönlich. Im Zusammenhang mit dem Stand Ihrer Sonne sorgt Khambalia für Erfolg in Wirtschaft, Politik oder Verwaltung. Sie können ein Spezialist mit einzigartigen Fähigkeiten werden. Hin und wieder verleiht Khambalia ungewöhnliche Talente, die zu beruflichen Veränderungen führen können.
- Positiv: Hingabe, höhere Bildung, ausgefeilte Logik, Gedankenstärke.
- Negativ: streitlustig, rastlos, unzuverlässig.

Unabhängig und phantasiebegabt, sind Sie ein Skorpion, der viel persönliche Freiheit braucht. Da Sie charmant sind und gut mit Menschen umgehen können, fällt es Ihnen nicht schwer, Freunde zu gewinnen, und Sie führen im allgemeinen ein aktives gesellschaftliches Leben. Zwar gesellig, haben Sie doch eine sensible Seele und starke Gefühle und müssen lernen, weniger egozentrisch zu sein und mit anderen zu teilen.

Mit Ihrem Scharfblick, Ihrem ausgeprägten Gerechtigkeitssinn, Ihren Überzeugungen und Ihrem scharfen Intellekt sagen Sie stets offen, was Sie denken. Obwohl Sie gern über alles die Kontrolle haben, können Sie idealistisch und einfühlsam sein, wenn es um die Rechte anderer geht; dann zeigen Sie Ihre wahre Natur, die voller Güte ist. Durch den Untereinfluß Ihres Dekadenzeichens Skorpion haben Sie viel Durchhaltevermögen und Entschlossenheit. Von Natur aus wißbegierig, sind Sie gern ehrlich und bleiben stets bei der Wahrheit, auch wenn es einmal unangenehm werden kann. Wenn Sie sich bedroht oder unter Druck gesetzt fühlen, treten Sie Ihren Gegnern mutig und kühn entgegen und beweisen, wie hartnäckig Sie sein können.

Ihr Wunsch nach den schönen Dingen des Lebens motiviert Sie im allgemeinen dazu, etwas zu leisten; wenn Sie von einer Sache oder einem Ziel begeistert sind, können Sie auch andere führen. Wenn Sie lernen, nicht nachtragend zu sein, Verantwortung zu übernehmen und Rücksicht zu zeigen, gewinnen Sie die Bewunderung und Unterstützung Ihrer Mitmenschen. Auch wenn Ihre direkte Art und Ihre beißenden Kommentare vor allem zeigen, daß Sie mutig und widerstandsfähig sind, können Sie sehr mitfühlend und liebevoll sein.

Wenn Sie 21 sind, steht Ihre Sonne im Schützen. In dieser Zeit sind Sie optimistisch, abenteuerlustig und risikobereit und möchten durch Reisen oder Weiterbildung Ihren Horizont erweitern. Wenn Sie 51 sind, tritt Ihre Sonne in das Zeichen des Steinbock. Jetzt streben Sie Ihren Zielen mit mehr Realitätssinn, Organisation und Fleiß entgegen.

Ihr geheimes Selbst

Da Sie eine sehr altruistische und humanitäre Lebenseinstellung haben, kommt es häufig vor, daß Sie Benachteiligten zu Hilfe eilen und andere beraten. Frustration und Enttäuschung können für Sie zum Problem werden; wenn Sie aber Geduld und Ausdauer entwickeln und stets positiv bleiben, werden Sie Ihren wohlverdienten Erfolg ernten. Ihr beweglicher Verstand ermöglicht es Ihnen, Dinge schnell zu erfassen; Bildung und Wissen sind somit wichtige Voraussetzungen für Ihr Selbstvertrauen.

Kreativ und intuitiv, haben Sie ausgeprägte gesellschaftliche und künstlerische Fähigkeiten und den Drang, sich auszudrücken. Ihr Charisma, Ihre Überzeugungskraft und Ihr Charme, aber auch Ihre Klugheit machen Sie zu einer Persönlichkeit, die etwas zu sagen hat. Möglicherweise interessieren Sie sich für Philosophie, Religion oder Metaphysik; die Beschäftigung mit solchen Themen verscheucht bei Ihnen auch negatives Denken. Da Sie ebenso praktisch wie idealistisch sind, brauchen Sie ständig neue Herausforderungen, um Ihre Zielstrebigkeit nicht zu verlieren, nicht in Trägheit zu verfallen und Ihr bemerkenswertes Potential zur Entfaltung zu bringen.

Beruf & Karriere

Ihre Gabe, Ideen zu verkaufen, gepaart mit Ihren Organisationsfähigkeiten, macht Sie geeignet für Geschäftswelt, Wissenschaft oder Justiz. Mit Ihrem ausgeprägten Bedürfnis, die Führung zu übernehmen, eignen Sie sich auch für die Welt des Sports. Dank Ihrem Geschäftssinn sind auch Verkauf, Promotion, Bank- oder Immobilienwesen für Sie erfolgversprechend. Ihr Drang, immer wieder Neues zu entdecken und zu erkunden, veranlaßt Sie, zu reisen oder im Ausland zu arbeiten. Da Sie kreativ und phantasiebegabt sind, zieht es Sie auch zu Journalismus, Schauspielerei, Musik oder Kunst. Mit Ihrer natürlichen sozialen Kompetenz eignen Sie sich für Psychologie, Pädagogik oder Sozialarbeit. Dank Ihrem großen Verständnis und Mitgefühl sind auch beratende oder Heilberufe, ob in Schulmedizin oder Alternativheilkunde, Möglichkeiten für Sie.

Berühmte Persönlichkeiten dieses Tages sind die Schriftsteller Stephen Crane und Ilse Aichinger, der Golfspieler Gary Player, der Kritiker Edward Said und der Musiker Lyle Lovett.

Numerologie

Sie haben das große Bedürfnis, unabhängig zu sein und immer an erster Stelle zu stehen. Mit der Zahl 1 sind Sie überdies innovativ, mutig und voller Energie. Häufig haben Sie das Bedürfnis nach einer starken Identität. Ihr Pioniergeist beflügelt Sie, alles im Alleingang durchzuziehen. Dadurch entwickeln Sie auch gute Führungsqualitäten. Voller Begeisterungsfähigkeit und origineller Ideen, weisen Sie oft anderen den Weg. Mit der Geburtstagszahl 1 müssen Sie lernen, daß sich die Welt nicht nur um Sie dreht, und sich vor despotischen oder egozentrischen Anwandlungen hüten. Der Untereinfluß der Monatszahl 11 bewirkt, daß Sie idealistisch und voller Ideen sind. Niemand würde Sie als langweilig bezeichnen; auch wenn Sie manchmal rechthaberisch sein können, sind Sie unterhaltsam und interessieren sich für viele verschiedene Gebiete. Um Erfüllung zu finden, müssen Sie kreativ und innovativ sein. Lernen Sie, sich auf Ihre Ziele zu konzentrieren und Ihre Energien nicht zu vergeuden.

Positiv: kreativ, progressiv, energisch, optimistisch, feste Überzeugungen, kämpferisch, unabhängig, gesellig.

Negativ: dominierend, eifersüchtig, egozentrisch, feindselig, mangelnde Zurückhaltung, schwach, labil, ungeduldig.

Liebe & Zwischenmenschliches

Da Sie anziehend und charismatisch wirken, fällt es Ihnen nicht schwer, Freunde zu finden. Das andere Geschlecht übt große Anziehungskraft auf Sie aus, und es kann passieren, daß Sie sich nicht für einen Partner entscheiden können. Da Sie hohe Erwartungen an Beziehungen stellen, wünschen Sie sich im allgemeinen jemanden, der Ihre Interessen wahrnimmt; vermeiden Sie aber Eifersucht, besitzergreifendes Verhalten und Mißtrauen. Da Sie aber sehr sensibel sind, wollen Sie in der Regel die Gefühle von niemandem verletzen.

Ihr Partner

Wenn Sie jemanden suchen, bei dem Sie Glück und Liebe finden, sollten Sie sich unter den Menschen umsehen, die an den folgenden Tagen geboren sind:

Liebe & Freundschaft: 3., 5., 9., 10., 18., 19. Jan., 1., 3., 16., 17. Feb., 1., 5., 6., 14., 15., 31. März, 3., 12., 13., 29. April, 1., 10., 11., 27., 29. Mai, 8., 9., 25., 27. Juni, 6., 7., 23., 25., 31. Juli, 4., 5., 21., 23., 29. Aug., 2., 3., 19., 21., 27., 30. Sept., 1., 17., 19., 25., 28. Okt., 13., 15., 21., 24. Dez.

Günstig: 1., 6., 17. Jan., 4., 15. Feb., 2., 13. März, 11. April, 9. Mai, 7. Juni, 5. Juli, 3. Aug., 1. Sept., 31. Okt., 29. Nov., 27. Dez.

Schicksalhaft: 6., 7., 8. Jan., 29., 30. April, 1. Mai

Problematisch: 2., 16. Jan., 14. Feb., 12. März, 10. April, 8. Mai, 6. Juni, 4. Juli, 2. Aug., 30. Dez.

Seelenverwandt: 11., 31. Jan., 9., 29. Feb., 7., 27. März, 5., 25. April, 3., 23. Mai, 1., 21. Juni, 19. Juli, 17. Aug., 15. Sept., 13. Okt., 11. Nov., 9. Dez.

2. November

SONNE: SKORPION
DEKADE: SKORPION/PLUTO
GRAD: 9°30' – 10°30' SKORPION
ART: FIXZEICHEN
ELEMENT: WASSER

Fixstern

Name des Sterns: Acrux
Gradposition: 10°54' – 11°50' Skorpion zwischen den Jahren 1930 und 2000
Magnitude: 1
Stärke: **********
Orbit: 2°30'
Konstellation: Alpha Crucis
Tage: 2., 3., 4., 5., 6., 7. November
Sternqualitäten: Jupiter
Beschreibung: blau-weißes Dreifachgestirn, der hellste Stern im Kreuz des Südens.

Einfluß des Hauptsterns

Acrux steht für Wissensdurst, Gerechtigkeitssinn und starkes Harmoniebedürfnis. Er wird mit Interesse an Philosophie, Metaphysik, Astrologie und mit medialen Fähigkeiten in Verbindung gebracht. Unter seinem Einfluß sind Sie wißbegierig, reiselustig und haben einen unersättlichen Appetit auf Bücher. Ihr Interesse gilt vor allem Forschung, Bildung, Sozialwissenschaften, Philosophie und Religion.

Im Zusammenhang mit dem Stand Ihrer Sonne verleiht Acrux auch Sensibilität und Sentimentalität, außerdem Toleranz, Humanität und Gerechtigkeitssinn. Durch seinen Einfluß können Sie nicht nur beruflich aufsteigen, sondern auch durch Beschäftigung mit humanitären Angelegenheiten Prominenz erlangen.

- Positiv: Gerechtigkeit, Nächstenliebe, mitfühlend.
- Negativ: rachsüchtig, ungerecht, gefühlskalt.

Sensibel und rastlos, sind Sie ein Skorpion voller Dynamik, der viel Abwechslung braucht. Im allgemeinen hat Ihnen das Leben eine Menge zu bieten, und bevor Sie sich endgültig niederlassen, durchleben Sie wahrscheinlich zahlreiche Veränderungen. Innere Rastlosigkeit bewirkt, daß Sie sich leicht langweilen. Wenn Sie mit Ihrer finanziellen Situation unzufrieden sind, suchen Sie sofort nach neuen Perspektiven. Der Drang, neu anzufangen, führt manchmal dazu, daß Sie die Vergangenheit völlig hinter sich lassen, um vorwärtszukommen. Für Seelenfrieden und Sicherheit sollten Sie allerdings langfristige Pläne und Investitionen in Betracht ziehen.

Freundlich und gesellig, müssen Sie ständig in gesellschaftliche Aktivitäten involviert sein. Durch den Untereinfluß Ihres Dekadenzeichens Skorpion sind Sie beharrlich, haben Kraft, Entschlossenheit und Antrieb, aber auch eine verletzliche Seite. Wenn diese beiden Seiten zu extrem werden, leiden Ihre Beziehungen darunter. Sie sind ein Idealist, und gelegentlich kollidieren Ihre Launen und Ihr Sarkasmus mit Ihren guten Absichten und Anstrengungen. Von schneller Auffassungsgabe und gescheit, lernen Sie rasch und haben instinktiv Verständnis für andere. Wenn Sie tolerant und optimistisch bleiben, statt Unsicherheit zu zeigen, werden Sie auch erkennen, daß Sie schon irgendwann siegen werden, auch wenn es beim ersten Mal noch nicht gelingt.

Wenn Sie 20 sind, tritt Ihre Sonne in den Schützen, und Sie wollen mehr Erweiterung Ihres Horizonts und Optimismus in Ihrem Leben. Das kann durch Reisen, geistige Entwicklung oder Beschäftigung mit philosophischen Themen geschehen. Wenn Sie 50 sind, tritt Ihre Sonne in das Zeichen des Steinbock. Nun streben Sie Ihren Zielen mit mehr Realitätssinn, Ordnung und Struktur entgegen.

Ihr geheimes Selbst

Sie sind großzügig und tolerant, intelligent und erfinderisch und wollen immer beschäftigt sein. Auch wenn Sie zu Verschwendung neigen, sind Geld und Sicherheit wichtige Antriebsfaktoren für Sie. Als geborener Menschenfreund interessieren Sie sich aber auch stark für Ihre Mitmenschen und behalten so Ihren Sinn für Perspektive. Wenn Sie soviel Distanz, wie Ihnen möglich ist, einhalten, vermeiden Sie Frustration oder Enttäuschungen.

Da Sie gesellig und voller kreativer Ideen sind, fühlen Sie sich am glücklichsten, wenn Sie Ihr Selbst ausdrücken können. Ihre Intuition, mit deren Hilfe Sie andere schnell einschätzen können, trügt Sie im allgemeinen nicht. Gelegentlich leiden Sie unter lähmenden Selbstzweifeln, weil Sie sich Ihrer Entscheidungen nicht sicher sind. Sie können gut mit Menschen umgehen und sind ein unterhaltsamer, witziger und schlagfertiger Gesellschafter.

Beruf & Karriere

Sie sind ehrgeizig und fleißig und lieben Abwechslung. Deshalb brauchen Sie einen Beruf mit ständigen Veränderungen. Ihr scharfer Verstand und Ihr Geschäftssinn machen Sie in Finanzwesen, Verkauf oder Jurisprudenz erfolgreich. Da Sie auch diplomatisches Geschick haben, eignen Sie sich für Medien- und Öffentlichkeitsarbeit oder Vermittlertätigkeit. Dank Ihrer Sensibilität, Phantasie und Wahrnehmungsfähigkeit steht Ihnen auch die Welt von Musik, Theater oder Fotografie offen. Als Idealist und guter Psychologe fühlen Sie sich zu Berufen hingezogen, die mit Therapie zu tun haben oder bei denen Sie sich für eine gute Sache engagieren. In Sport oder Freizeitindustrie nutzen Ihnen Ihre Energie und Ihre Antriebskraft.

Berühmte Persönlichkeiten dieses Tages sind der Schauspieler Burt Lancaster, die Reportschreiberin Shere Hite, Aga Khan III., der Pionier Daniel Boone, der Musiker Keith Emerson, die französische Königin Marie Antoinette und der Musikstar k.d. lang.

Numerologie

Mit der Zahl 2 sind Sensibilität und das Bedürfnis verbunden, einer Gruppe anzugehören. Häufig sind Sie anpassungsfähig und verständnisvoll und lieben gemeinschaftliche Aktivitäten. Bei Ihrem Versuch, denen zu gefallen, die Sie lieben, laufen Sie Gefahr, zu abhängig zu werden. Wenn Sie aber Ihr Selbstvertrauen entwickeln, können Sie die Kritik anderer besser vertragen. Der Untereinfluß der Monatszahl 11 ist der Grund dafür, daß Sie sich verwirklichen und andere mit Ihren hohen Idealen inspirieren können. Da Sie innovativ sind und sich für soziale Reformen interessieren, übernehmen Sie in sozialen Gruppen häufig die Führung. Wenn Sie beharrlich und praktisch sind, können Sie Ihre Ziele erreichen. Laden Sie sich nicht zu viele Pflichten auf und opfern Sie sich nicht auf für andere.

Positiv: guter Partner, sanft, taktvoll, aufgeschlossen, intuitiv, rücksichtsvoll, harmonisch, angenehm.

Negativ: mißtrauisch, mangelndes Selbstvertrauen, servil, überempfindlich, selbstsüchtig, launisch, falsch.

Liebe & Zwischenmenschliches

Da Sie phantasiebegabt und clever sind, umgeben Sie sich gern mit Leuten, die Sie inspirieren und motivieren. Manchmal sind Sie zu reserviert oder zu schüchtern, um Ihre wahren Gefühle zu zeigen. Da Sie aber auch gesellig und unterhaltsam sind, haben Sie viele Freunde und sind ein interessanter und amüsanter Gefährte. Enge Beziehungen sind Ihnen sehr wichtig, und im allgemeinen sind Sie bereit, hart dafür zu arbeiten, daß sie funktionieren.

Ihr Partner

Wenn Sie den idealen Partner suchen, bei dem Sie Sicherheit, Vertrauen und Liebe finden, sollten Sie sich unter den Menschen umsehen, die an den folgenden Tagen geboren sind:

Liebe & Freundschaft: 2., 6., 10., 20., 26., 29. Jan., 4., 8., 18., 24., 27. Feb., 2., 6., 16., 25., 28., 30. März, 4., 14., 23., 26., 28., 30. April, 2., 12., 21., 24., 26., 28., 30. Mai, 10., 19., 22., 24., 26., 28. Juni, 8., 14., 17., 20., 22., 24., 26. Juli, 6., 15., 18., 20., 22., 24. Aug., 4., 13., 16., 18., 20., 22. Sept., 2., 11., 14., 16., 18., 20. Okt., 9., 12., 14., 16., 18. Nov., 7., 10., 12., 14., 16. Dez.

Günstig: 7., 13., 18., 28. Jan., 5., 11., 16., 26. Feb., 3., 9., 14., 24. März, 1., 7., 12., 22. April, 5., 10., 20. Mai, 3., 8., 18. Juni, 1., 6., 16. Juli, 4., 14. Aug., 2., 12., 30. Sept., 10., 28. Okt., 8., 26., 30. Nov., 6., 24., 28. Dez.

Schicksalhaft: 25. Jan., 23. Feb., 21. März, 19., 30. April, 12., 17. Mai, 15. Juni, 13. Juli, 11. Aug., 9. Sept., 7. Okt., 5. Nov., 3. Dez.

Problematisch: 3., 17. Jan., 1., 15. Feb., 13. März, 11. April, 9., 30. Mai, 7., 28. Juni, 5., 26., 29. Juli, 3., 24., 27. Aug., 1., 22., 25. Sept., 20., 23. Okt., 18., 21. Nov., 16., 19. Dez.

Seelenverwandt: 18. Jan., 16. Feb., 14. März, 12. April, 10., 29. Mai, 8., 27. Juni, 6., 25. Juli, 4., 23. Aug., 2., 21. Sept., 19. Okt., 17. Nov., 15. Dez.

SONNE: SKORPION
DEKADE: FISCHE/NEPTUN
GRAD: 10°30' – 11°30' SKORPION
ART: FIXZEICHEN
ELEMENT: WASSER

Fixstern

Name des Sterns: Acrux
Gradposition: 10°54' – 11°50' Skorpion zwischen den Jahren 1930 und 2000
Magnitude: 1
Stärke: **********
Orbit: 2°30'
Konstellation: Alpha Crucis
Tage: 2., 3., 4., 5., 6., 7. November
Sternqualitäten: Jupiter
Beschreibung: blau-weißes Dreifachsystem, der hellste Stern im Kreuz des Südens.

Einfluß des Hauptsterns

Acrux steht für Wissensdurst, Gerechtigkeitssinn und starkes Harmoniebedürfnis. Er wird mit Philosophie, Metaphysik, Astrologie und medialen Fähigkeiten in Verbindung gebracht. Unter seinem Einfluß sind Sie wißbegierig, reiselustig und haben einen unersättlichen Appetit auf Bücher. Ihr Interesse gilt vor allem Forschung, Bildung, Sozialwissenschaften, Philosophie und Religion.
Im Zusammenhang mit dem Stand Ihrer Sonne verleiht Acrux auch Sensibilität und Sentimentalität, außerdem Toleranz, Humanität und Gerechtigkeitssinn.
Durch seinen Einfluß können Sie nicht nur beruflich aufsteigen, sondern auch durch Beschäftigung mit humanitären Angelegenheiten Prominenz erlangen.
- Positiv: Gerechtigkeit, Nächstenliebe, mitfühlend.
- Negativ: rachsüchtig, ungerecht, gefühlskalt.

3. November

Obwohl Sie häufig eine pragmatische Lebensauffassung vertreten, sind Sie im Grunde ein sensibler und phantasiebegabter Skorpion. Im allgemeinen sind Sie entschlossen, haben ein ausgeprägtes Bedürfnis nach Selbstverwirklichung und können gut Ihre kreativen Talente mit Ihren praktischen Fähigkeiten kombinieren. Freundlich und gesellig, sind Sie sehr unterhaltsam und gern mit anderen zusammen.

Der Untereinfluß Ihres Dekadenzeichens Fische sorgt dafür, daß Sie trotz Ihrer Sensibilität lernen müssen, auf Ihre Instinkte zu hören, um Zweifel und Unentschlossenheit zu überwinden. Neptuns Einfluß verleiht Ihnen intuitive Wahrnehmungsfähigkeit, mediale Fähigkeiten und Aufnahmebereitschaft. Auch wenn Sie sehr treu und liebevoll sein können, neigen Sie zu Eigensinn.

Als talentierter und idealistischer Perfektionist sind Sie stolz auf Ihre Arbeit und verleihen allem, was Sie tun, einen Hauch Individualität. Wenn Sie lernen, die Ängste und die emotionale Unsicherheit zu überwinden, durch die Sie oft gefährdet sind, können Sie Ihre Pflichten zu Ihrer eigenen Zufriedenheit erledigen. Wenn Sie Ihre Meinung äußern wollen, sollten Sie dies mit Charme und Witz tun statt mit neidischen oder sarkastischen Bemerkungen. Häufig leben Sie in guten wirtschaftlichen Verhältnissen, und wenn Sie doch einmal Geldsorgen haben, ist dieser Zustand meist nur von kurzer Dauer. Mit Ausdauer und konzentrierter Anstrengung können Sie die zahlreichen Gelegenheiten, die sich Ihnen bieten, nutzen.

Wenn Sie 19 sind, tritt Ihre Sonne in den Schützen. Sie werden optimistischer und möchten durch Reisen, Weiterbildung oder Beschäftigung mit philosophischen Themen Ihren Horizont erweitern. Wenn Sie 49 sind, tritt Ihre Sonne in das Zeichen des Steinbock. Jetzt werden Sie praktischer, ordentlicher und realitätsbewußter.

Ihr geheimes Selbst

Auch wenn Sie nach außen stark wirken, deutet eine gewisse innere Rastlosigkeit darauf hin, daß Sie Geduld üben und nach innerer Ausgeglichenheit streben sollten. Trotz Ihrer pragmatischen Einstellung brauchen Sie Abenteuer und Abwechslung, um Ihren Horizont zu erweitern, sowohl in emotionaler wie in geistiger Hinsicht. Werden Ihre starken Gefühle unterdrückt, werden Sie unzufrieden und benutzen Fantasien oder Exzesse als Kompensation. Mit Ihrem warmen Herzen und Ihrem Mitgefühl spüren Sie häufig, was andere fühlen. Ihre hohen Ideale verstärken noch Ihr Bedürfnis nach Liebe und Zuneigung, das durch Beschäftigung mit Kunst oder Spiritualität Ausdruck finden kann. Ihr Drang nach persönlicher Freiheit führt zu Stimmungsschwankungen. Zum Glück bringen Ihnen Ihre Anziehungskraft und Ihr Charme immer wieder Vorteile und verhelfen Ihnen zu viel Erfolg.

Beruf & Karriere

Mit dem nötigen Arbeitseinsatz können Sie es mit diesem Geburtsdatum zu großem unternehmerischen und finanziellen Erfolg bringen. Ehrgeizig und mit Verhandlungsgeschick begabt, können Sie wunderbar Geschäfte einfädeln und bekommen für Ihr Geld stets den adäquaten Gegenwert. Allerdings müssen Sie sich davor hüten, in Routine zu versinken. Mit angeborenem praktischen Sinn versuchen Sie stets, Methodik und Ordnung durchzusetzen, und brauchen zur Erreichung Ihrer Ziele unbedingt einen Plan oder eine Strategie. Kreativ und wortgewandt, haben Sie auch Schreibtalent, das Sie entwickeln können. In der Geschäftswelt befassen Sie sich am liebsten mit großen Projekten oder dem Geld anderer. Ihre Sensibilität und Kreativität können Sie in Heilberufen nutzen.

Berühmte Persönlichkeiten dieses Tages sind der israelische Premier Jitzhak Schamir, der Schauspieler Charles Bronson, der Boxer Larry Holmes und der Schriftsteller André Malraux.

Numerologie

Charakteristisch für die Zahl 3 ist das Bedürfnis nach Liebe, Kreativität und Sensibilität. Sie sind lebenslustig und gesellig, lieben gesellschaftliche Aktivitäten und haben vielfältige Interessen. Vielseitig und ausdrucksstark, machen Sie die unterschiedlichsten und aufregendsten Erfahrungen, langweilen sich aber schnell, was dazu führen kann, daß Sie unentschlossen werden oder sich verzetteln. Obwohl Sie mit der Geburtstagszahl 3 künstlerisch begabt und sehr charmant sind und einen guten Sinn für Humor haben, müssen Sie mehr Selbstwertgefühl entwickeln, um sich gegen Ängste und Unsicherheit zu schützen. Der Untereinfluß der Monatszahl 11 macht Sie begeisterungsfähig und inspiriert. Äußerst sensibel und phantasiebegabt, haben Sie spirituelle Fähigkeiten und sind sehr empfänglich. Sie sind zwar auch pragmatisch, neigen aber zu emotionalen Schwankungen, was bedeutet, daß Sie sich um mehr Zielstrebigkeit bemühen und Ihre inspirierenden Ideen praktisch oder nützlich umsetzen sollten. Wenn Sie unentschlossen und unsicher sind, neigen Sie zu Maßlosigkeit oder verzetteln sich in zu vielen Interessen.

Positiv: humorvoll, glücklich, freundlich, produktiv, kreativ, künstlerisch, freiheitsliebend, wortgewandt.

Negativ: leicht gelangweilt, eitel, neigt zum Übertreiben, lieblos, faul, maßlos, verschwenderisch, scheinheilig.

Liebe & Zwischenmenschliches

Obwohl Sie sehr bodenständig erscheinen, sind Sie doch idealistisch und romantisch und haben starke Gefühle. Im allgemeinen sind Sie bereit, hart dafür zu arbeiten, daß Ihre Beziehungen stabil bleiben, und können auch diplomatisches Geschick beweisen, wenn es nötig ist. Wenn Ihre Gefühle unterdrückt werden, neigen Sie zu Stimmungsschwankungen oder machen sich von Ihrem Partner abhängig. Sie können ebenso hingebungsvoll wie fürsorglich sein, zeigen sich aber denen, die Sie lieben, gegenüber gelegentlich auch hart und pflichtbewußt. Sie brauchen Menschen um sich herum, weil Sie sehr gesellig sind.

Ihr Partner

Verständnis, Abwechslung und Liebe finden Sie am ehesten unter den Menschen, die an folgenden Tagen geboren sind:

Liebe & Freundschaft: 7., 11., 12., 22., Jan., 5., 9., 20. Feb., 3., 7., 8., 18., 31. März, 1., 5., 16., 29. April, 3., 4., 14., 27., 29. Mai, 1., 12., 25., 27. Juni, 10., 23., 25. Juli, 8., 21., 23., 31. Aug., 6., 19., 21., 29. Sept., 4., 17., 19., 27., 30. Okt., 2., 15., 17., 25., 28. Nov., 13., 15., 23., 26. Dez.

Günstig: 8., 14., 19. Jan., 6., 12., 17. Feb., 4., 10., 15. März, 2., 8., 13. April, 6., 11. Mai, 4., 9. Juni, 2., 7. Juli, 5. Aug., 3. Sept., 1., 29. Okt., 27. Nov., 25., 29. Dez.

Schicksalhaft: 1., 2., 3., 4. Mai

Problematisch: 9., 18., 20. Jan., 7., 16., 18. Feb., 5., 14., 16. März, 3., 12., 14. April, 1., 10., 12. Mai, 8., 10. Juni, 6., 8., 29. Juli, 5., 6., 27. Aug., 2., 4., 25. Sept., 2., 23. Okt., 21. Nov., 26. Dez.

Seelenverwandt: 9. Jan., 7. Feb., 5. März, 3. April, 1. Mai, 30. Okt., 28. Nov., 26. Dez.

4. November

SONNE: SKORPION
DEKADE: FISCHE/NEPTUN
GRAD: 11°30' – 12°30' SKORPION
ART: FIXZEICHEN
ELEMENT: WASSER

Fixsterne

Acrux; Alphecca

Hauptstern

Name des Sterns: Acrux
Gradposition: 10°54' – 11°50' Skorpion zwischen den Jahren 1930 und 2000
Magnitude: 1
Stärke: **********
Orbit: 2°30'
Konstellation: Alpha Crucis
Tage: 2., 3., 4., 5., 6., 7. November
Sternqualitäten: Jupiter
Beschreibung: blau-weißes Dreifachsystem, der hellste Stern im Kreuz des Südens.

Einfluß des Hauptsterns

Acrux steht für Wissensdurst, Gerechtigkeitssinn und starkes Harmoniebedürfnis. Er wird mit Philosophie, Metaphysik, Astrologie und mit medialen Fähigkeiten in Verbindung gebracht. Unter seinem Einfluß sind Sie wißbegierig, reiselustig und haben einen unersättlichen Appetit auf Bücher. Ihr Interesse gilt vor allem Forschung, Bildung, Sozialwissenschaften, Philosophie und Religion. Im Zusammenhang mit dem Stand Ihrer Sonne verleiht Acrux auch Sensibilität und Sentimentalität, außerdem Toleranz, Humanität und Gerechtigkeitssinn. Durch seinen Einfluß können Sie nicht nur beruflich aufsteigen, sondern auch durch Beschäftigung mit humanitären Angelegenheiten Prominenz erlangen.

- Positiv: Gerechtigkeit, Nächstenliebe, mitfühlend.
- Negativ: rachsüchtig, ungerecht, gefühlskalt.

Inspiriert und idealistisch, sind Sie ein praktischer und bodenständiger Skorpion mit Unternehmungsgeist und dem starken Wunsch, kreativ zu sein. Als Mensch mit gutem Urteilsvermögen, Verständnis und Entschlossenheit sind Sie vielseitig und haben guten Geschäftssinn. Häufig kennen Sie intuitiv die Lösung für die Probleme anderer Leute. Scharfsinnig und voll kreativer Ideen, vertreten Sie ungewöhnliche Standpunkte, die praktischen Wert haben und elegant in ihrer Einfachheit sind.

Der Untereinfluß Ihres Dekadenzeichens Fische wirkt verstärkend auf Ihre Aufnahmefähigkeit und sorgt dafür, daß Sie empfänglich für Ihre Umgebung sind. Derselbe Einfluß führt auch dazu, daß Sie phantasiebegabt und anfällig für Unentschlossenheit und Mißverständnisse sind. Eine positive Lebenseinstellung ist für Ihr Wohlbefinden unerläßlich. Wenn Sie negative Gedanken vermeiden, können Sie sich auf anstehende Aufgaben konzentrieren, statt Ihre Kraft durch nervöse Hast zu vergeuden.

Obwohl Sie eine gute Hand für Geld haben, machen Sie sich häufig Sorgen um Ihre finanzielle Lage, was gelegentlich die Fähigkeit, Probleme zu lösen, mindert. Gleichwohl sprühen Sie durch Ihre kreativen Ideen, Ihre Unbeschwertheit und Ihre kommunikative Art geradezu vor Originalität. Sie sind ein Perfektionist, und dank Ihrer Gründlichkeit und Konzentrationsfähigkeit können Sie sich in neue Themen und Methoden schnell einarbeiten.

Wenn Sie 18 sind, tritt Ihre Sonne in den Schützen. Sie haben ein wachsendes Bedürfnis nach Freiheit und suchen Ihren Horizont durch Reisen, Weiterbildung oder Beschäftigung mit philosophischen Themen zu erweitern. Wenn Sie 48 sind, tritt Ihre Sonne in das Zeichen des Steinbock. Jetzt streben Sie Ihren Zielen mit mehr Ausdauer, Hingabe und Realitätssinn entgegen. Im Alter von 78 tritt Ihre Sonne in das Zeichen des Wassermanns ein, und Sie legen vermehrt Wert auf Unabhängigkeit, Freundschaft und Gruppenaktivitäten.

Ihr geheimes Selbst

Durch Ihre Sensibilität streben Sie nach Harmonie, Sicherheit und Zuneigung; deshalb spielen Heim und Familie eine wichtige Rolle für Sie. Allerdings laufen Sie Gefahr, sich so stark um das Wohl Ihrer Lieben zu sorgen, daß Sie despotisch werden und die Angelegenheiten anderer auf Ihre persönliche Weise regeln wollen. Durch die Kraft Ihrer Liebe und Zuneigung aber können Sie vergeben und die meisten Schwierigkeiten leicht überwinden. Als Perfektionist können Sie sehr entschlossen und hingegeben an eine Sache sein, der Sie sich verschrieben haben.

Dramatisch, mit einem ausgeprägten Sinn für Werte und gutem Einschätzungsvermögen, ragen Sie immer wieder aus der Masse heraus. Ihr Geschäftssinn sorgt dafür, daß Sie Situationen oft zu Ihrem Vorteil wenden können. Achten Sie aber darauf, daß Sie nicht zu materialistisch werden oder durch übertriebenes Sicherheitsdenken nicht mehr zu Risiken bereit sind. Charmant und kultiviert, müssen Sie Ihre natürlichen Führungsqualitäten und Ihre Intuition nur mit der notwendigen Selbstdisziplin einsetzen, um bemerkenswerte Resultate zu erzielen.

Beruf & Karriere

Mit Ihren originellen Ideen und Ihrer individuellen Lebenseinstellung fühlen Sie sich zum Schreiben oder zur Kommunikation hingezogen. Da Sie ausgezeichneten Geschäftssinn haben, sind Sie oft im Handel erfolgreich. Ihren scharfen Verstand können Sie aber auch bei Forschung, Wissenschaft oder Medizin einsetzen. Ihre besondere Wahrnehmungsfähigkeit zieht Sie auch zu Philosophie, Religion oder Metaphysik. Durch Ihre intuitive Menschenkenntnis eignen Sie sich für alle Berufe, bei denen psychologische Fähigkeiten gefragt sind. Ihr Gefühl für Dramatik macht Sie für Politik oder Entertainment geeignet. Welchen Beruf Sie auch wählen – Sie werden immer kreative Ideen haben und versuchen, Ihre Arbeitsweise zu verbessern.

Berühmte Persönlichkeiten dieses Tages sind der Nachrichtenmoderator Walter Cronkite, der spanische Tänzer Antonio, der Regisseur Benno Besson und der Fotograf Robert Mapplethorpe.

Numerologie

Die feste Struktur und ordnende Kraft, die von der Zahl 4 ausgeht, führt dazu, daß Sie Stabilität und eine feste Ordnung brauchen. Voller Energie und Entschlossenheit und mit praktischem Geschick begabt, können Sie durch harte Arbeit Erfolg erringen. Da Sie sicherheitsbewußt sind, möchten Sie ein starkes Fundament für sich und Ihre Familie schaffen. Ihr Pragmatismus ist von gutem Geschäftssinn begleitet, wodurch Sie zu Wohlstand gelangen können. Mit der Geburtstagszahl 4 sind Sie im allgemeinen aufrichtig, offen und fair. Schwierig für Sie ist es, Phasen der Instabilität oder finanziellen Not durchzustehen. Der Untereinfluß der Monatszahl 11 führt dazu, daß Sie intuitiv und kreativ sind, aber Ihre Selbstdisziplin fördern müssen. Idealistisch und unbeschwert, wünschen Sie sich Harmonie und Ausgeglichenheit. Wenn Sie rastlos oder unzufrieden sind, werden Sie rebellisch und vergeuden Ihre guten Ideen oder Pläne. Wenn Sie Ihre Verantwortung im Leben ernst nehmen, erreichen Sie dauerhafte Stabilität.

Positiv: gut organisiert, beständig, fleißig, handwerklich begabt, pragmatisch, vertrauenswürdig, genau.

Negativ: unkommunikativ, streng, faul, gefühllos, neigt zum Aufschieben, geizig, nachtragend.

Liebe & Zwischenmenschliches

Als idealistischer und aufrichtiger Mensch sollten Sie Ihre Partner sehr sorgfältig auswählen, sonst kann es zu Enttäuschungen kommen. Ihre gelegentliche Heimlichtuerei deutet darauf hin, daß es Ihnen schwerfällt, Ihre Gefühle offen auszudrücken, weshalb Sie manchmal kalt oder desinteressiert wirken. Wenn Sie vertrauensvoll und aufrichtig bleiben, können Sie die emotionale Spontaneität entwickeln, die für liebevolle Beziehungen so wichtig ist. Ihre kreative Lebenseinstellung garantiert Ihnen gesellschaftlichen Erfolg und sorgt dafür, daß Sie mit Menschen unterschiedlichster Herkunft gut auskommen.

Ihr Partner

Sicherheit und dauerhaftes Glück finden Sie am ehesten unter den Menschen, die an folgenden Tagen geboren sind:

Liebe & Freundschaft: 4., 8., 13., 22., 26. Jan., 6., 20., 24. Feb., 4., 13., 18., 22. März, 2., 16., 20., 30. April, 14., 18., 28., 30. Mai, 12., 16., 26., 28. Juni, 5., 10., 14., 24., 26. Juli, 8., 12., 22., 24. Aug., 6., 10., 20., 22., 30. Sept., 4., 8., 18., 20., 28. Okt., 2., 6., 16., 18., 26. Nov., 4., 14., 16., 24. Dez.

Günstig: 9., 20. Jan., 7., 18. Feb., 5., 16., 29. März, 3., 14., 27. April, 1., 12., 25. Mai, 10., 23. Juni, 8., 21. Juli, 6., 19. Aug., 4., 17. Sept., 2., 15., 30. Okt., 13., 28. Nov., 11., 26., 30. Dez.

Schicksalhaft: 27. Jan., 25. Feb., 23. März, 21. April, 1., 2., 3., 4., 5., 19. Mai, 17. Juni, 15. Juli, 13. Aug., 11. Sept., 9. Okt., 7. Nov., 5. Dez.

Problematisch: 2., 10., 19. Jan., 8., 17. Feb., 6., 15. März, 4., 13. April, 2., 11. Mai, 9. Juni, 7., 30. Juli, 5., 28. Aug., 3., 26. Sept., 1., 24. Okt., 22. Nov., 20., 30. Dez.

Seelenverwandt: 15. Jan., 13. Feb., 11. März, 9. April, 7. Mai, 5. Juni, 3. Juli, 1. Aug., 29. Okt., 27. Nov., 25. Dez.

SONNE: SKORPION
DEKADE: FISCHE/NEPTUN
GRAD: 12°30' – 13°30' SKORPION
ART: FIXZEICHEN
ELEMENT: WASSER

Fixsterne

Acrux; Alphecca

Hauptstern

Name des Sterns: Acrux
Gradposition: 10°54' – 11°50' Skorpion zwischen den Jahren 1930 und 2000
Magnitude: 1
Stärke: **********
Orbit: 2°30'
Konstellation: Alpha Crucis
Tage: 2., 3., 4., 5., 6., 7. November
Sternqualitäten: Jupiter
Beschreibung: blau-weißes Dreifachsystem, der hellste Stern im Kreuz des Südens.

Einfluß des Hauptsterns

Acrux steht für Wissensdurst, Gerechtigkeitssinn und starkes Harmoniebedürfnis. Er wird sowohl mit Interesse an Philosophie, Metaphysik, Astrologie und mit medialen Fähigkeiten in Verbindung gebracht. Unter seinem Einfluß sind Sie wißbegierig, reiselustig und haben einen unersättlichen Appetit auf Bücher. Ihr Interesse gilt vor allem Forschung, Bildung, Sozialwissenschaften, Philosophie und Religion.

Im Zusammenhang mit dem Stand Ihrer Sonne verleiht Acrux auch Sensibilität und Sentimentalität, außerdem Toleranz, Humanität und Gerechtigkeitssinn. Durch seinen Einfluß können Sie nicht nur beruflich aufsteigen, sondern auch durch Beschäftigung mit humanitären Angelegenheiten Prominenz erlangen.

• Positiv: Gerechtigkeit, Nächstenliebe, mitfühlend.
• Negativ: rachsüchtig, ungerecht, gefühlskalt.

5. November

Intelligent und aufnahmefähig, sind Sie ein scharfsinniger Skorpion mit tiefen Gefühlen und starken inneren Kräften. Da Sie wißbegierig sind und gutes Urteilsvermögen haben, versuchen Sie häufig, durch Wissen zu Macht zu gelangen. Während Sie im allgemeinen nach außen hin eher ruhig, ja fast sanft wirken, neigen Sie gelegentlich zu Gefühlsausbrüchen, und Ihre scharfe Kritik kann bisweilen ziemlich offen und schonungslos sein. Da Sie entschlossen und ausdauernd sind, haben Sie auch feste Überzeugungen und eine unerschütterliche Haltung, die allerdings manchmal als Sturheit ausgelegt werden könnte.

Der Untereinfluß Ihres Dekadenzeichens Fische wirkt verstärkend auf Ihre Sensibilität und verleiht Ihnen eine instinktive Auffassungsgabe. Durch Ihre Fähigkeit, sich voll auf eine Aufgabe zu konzentrieren, spezialisieren Sie sich oft auf ein bestimmtes Wissensgebiet oder haben originelle Interessen. Phantasiebegabt und mit wachen Sinnen, nehmen Sie alles in sich auf, was um Sie herum passiert. Derselbe Einfluß bewirkt, daß Sie zu Gefühlsausbrüchen und Stimmungsschwankungen neigen; Sie können aber innere Ausgeglichenheit erreichen, wenn Sie für eine harmonische und friedliche Atmosphäre um sich herum sorgen.

Ihr Wunsch nach persönlichen Kontakten führt dazu, daß Sie eine Vorliebe für Beschäftigungen haben, die mit Menschen zu tun haben, und immer auf der Suche nach neuen Begegnungen sind. Da Sie geistig aktiv sind, schätzen Sie intellektuelle Herausforderungen. Ihr Hang zum Argumentieren läßt Sie allerdings leicht zänkisch werden, wenn es nicht nach Ihrem Kopf geht. Bei Ihrem Bedürfnis erfolgreich zu sein und sich mit finanziellen Angelegenheiten zu beschäftigen, wäre es aber gut, wenn Sie mit anderen zusammen oder für andere arbeiten würden.

Wenn Sie 17 sind, tritt Ihre Sonne in den Schützen. Sie werden optimistischer und möchten durch Reisen, Weiterbildung oder Beschäftigung mit philosophischen Themen Ihren Horizont erweitern. Sie wünschen sich mehr innere Freiheit und haben großes psychologisches Interesse an der Suche nach Wahrheit und dem Sinn des Lebens. Wenn Sie 47 sind, tritt Ihre Sonne in das Zeichen des Steinbock. Jetzt werden Sie effizienter, besser organisiert und realistischer und erkennen deutlicher, was Ihre wahren Ziele und Wünsche im Leben sind. Im Alter von 77 tritt Ihre Sonne in das Zeichen des Wassermann und Sie legen viel Wert auf Freundschaft, Unabhängigkeit und Freiheit.

Ihr geheimes Selbst

Sie sind eine interessante Mischung aus hohen Idealen und Tiefgründigkeit und dem ganz praktischen Wunsch nach Geld, Prestige und Luxus und schwanken oft zwischen diesen beiden Extremen. Sie können sehr entschlossen und willensstark sein, wenn Sie ein festes Ziel im Visier haben, und beeindrucken andere oft mit Ihrer Power und Entschlußkraft. Als guter Stratege haben Sie auch genügend Energie und Entschlossenheit für hervorragenden persönlichen Erfolg, auch wenn Sie wahrscheinlich mehr Erfüllung und Glück darin finden, Ihre konzentrierte Willenskraft zum Wohle anderer einzusetzen. Sie sind von außerordentlich schneller Auffassungsgabe, aber Ihr Schwanken zwischen Ehrgeiz und Trägheit kann Ihr bemerkenswertes Potential blockieren. Mit Ihrer Konzentrationsfähigkeit, Ihrem Anerkennungsbedürfnis und der Bereitschaft, schwierige und herausfordernde Aufgaben zu übernehmen, können Sie aber sehr fleißig und dezidiert sein. Ihr starkes Harmoniebedürfnis kann sich als Liebe zu Kunst oder Musik oder aber in einer besonders humanitären Haltung äußern.

Beruf & Karriere

Dank Ihrem diplomatischen Geschick und der Fähigkeit, Kontakte zu knüpfen, können Sie in Berufen, die mit Verhandlungen oder Schlichtungen zu tun haben, erfolgreich sein, zum Beispiel in Öffentlichkeitsarbeit, Agenturtätigkeit oder Wirtschaftsconsulting. Auch Verkauf oder Promotion liegen Ihnen sehr. Äußerst entschlossen, sobald Sie sich einmal einer Sache verschrieben haben, zeigen Sie auch guten Geschäftssinn und Organisationsfähigkeiten, die Ihnen in nahezu allen Berufen von Nutzen sind. Obwohl Sie gern selbständig arbeiten, wissen Sie doch die Vorteile der Zusammenarbeit mit anderen zu schätzen. Der Wunsch nach Anerkennung treibt Sie oft bis an die Spitze Ihrer gewählten Karriere.

Berühmte Persönlichkeiten dieses Tages sind der Fußballer Uwe Seeler, der Drehbuchautor und Schauspieler Sam Shepard, die Schauspielerinnen Vivian Leigh und Tatum O'Neal und der Sänger und Songwriter Art Garfunkel.

Numerologie

Eigenschaften der Zahl 5 sind unter anderem starke Instinkte, Abenteuerlust und Freiheitsdrang. Durch Ihre Bereitschaft, ständig Neues auszuprobieren und zu entdecken, und Ihre Begeisterungsfähigkeit hat Ihnen das Leben allerhand zu bieten. Reisen und manch unerwartete Veränderungen führen dazu, daß Sie einen echten Wandel Ihrer Ansichten und Überzeugungen durchmachen. Das Leben muß für Sie stets aufregend und ereignisreich sein, aber Sie sollten Verantwortungsgefühl entwickeln und darauf achten, daß Sie nicht unberechenbar, maßlos oder anderen gegenüber rücksichtslos sind. Menschen mit der Geburtstagszahl 5 gelingt es bravourös, mit dem Strom zu schwimmen und dabei ihre Unabhängigkeit zu bewahren. Der Untereinfluß der Monatszahl 11 führt dazu, daß Sie intuitiv sind und starke Instinkte haben. Intelligent und direkt, können Sie Ihre Ideen klar und leicht verständlich vermitteln. Im allgemeinen sind Sie aufnahmefähig und sensibel; hin und wieder aber verbinden sich Humor und Skepsis bei Ihnen zu Zynismus.

Positiv: vielseitig, anpassungsfähig, progressiv, instinktsicher, mutig, freiheitsliebend, schlagfertig, neugierig.

Negativ: unzuverlässig, wechselhaft, neigt zum Aufschieben, widersprüchlich, übersteigertes Selbstvertrauen, dickköpfig.

Liebe & Zwischenmenschliches

Sensibel und voller starker Gefühle, haben Sie im allgemeinen eine wißbegierige Natur, feste Ansichten und unverrückbare Prinzipien. Da Sie starke und unabhängige Menschen mögen, brauchen Sie einen starken Partner, der Ihnen die Stirn bieten kann und sich nicht von Ihrer kraftvollen Persönlichkeit einschüchtern läßt. Auch wenn Sie freundlich und gesellig sind, machen Sie vieles im Alleingang und stellen sich neuen Herausforderungen allein. Da Sie Ihre geistigen Kräfte nutzen wollen, bevorzugen Sie die Gesellschaft intelligenter Menschen.

Ihr Partner

Einen Liebespartner werden Sie mit großer Wahrscheinlichkeit unter den an den folgenden Tagen geborenen Menschen finden:

Liebe & Freundschaft: 2., 3., 23. Jan., 11., 21. Feb., 9., 19., 28., 31. März, 7., 17., 26., 29. April, 5., 15., 24., 27., 28., 29., 31. Mai, 3., 13., 22., 25., 26., 27., 28., 29. Juni, 1., 11., 20., 23., 25., 27., 29. Juli, 9., 18., 21., 23., 25., 27. Aug., 7., 16., 19., 21., 23., 25. Sept., 5., 14., 17., 19., 21., 23. Okt., 3., 12., 15., 17., 19., 21. Nov., 1., 10., 13., 15., 17., 19. Dez.

Günstig: 3., 4., 10., 21. Jan., 1., 2., 8., 19. Feb., 6., 17., 30. März, 4., 15., 28. April, 2., 13., 26. Mai, 11., 24. Juni, 9., 22. Juli, 7., 20. Aug., 5., 18. Sept., 3., 16., 31. Okt., 1., 14., 29. Nov., 12., 27. Dez.

Schicksalhaft: 22., 28. Jan., 20., 26. Feb., 18., 24. März, 16., 22. April, 3., 4., 5., 6., 14., 20. Mai, 12., 18. Juni, 10., 16. Juli, 8., 14. Aug., 6., 12. Sept., 4., 10. Okt., 2., 8. Nov., 6. Dez.

Problematisch: 11., 20. Jan., 9., 18. Feb., 7., 16. März, 5., 14. April, 3., 12., 30. Mai, 1., 10., 28. Juni, 8., 26., 31. Juli, 6., 24., 29. Aug., 4., 22., 27. Sept., 2., 20., 25. Okt., 18., 23. Nov., 16., 21. Dez.

Seelenverwandt: 26. Jan., 24. Feb., 22., 30. März, 20., 28. April, 18., 26. Mai, 16., 24. Juni, 14., 22. Juli, 12., 20. Aug., 10., 18. Sept., 8., 16. Okt., 6., 14. Nov., 4., 12. Dez.

SONNE: SKORPION
DEKADE: FISCHE/NEPTUN
GRAD: 13°30' – 14°30' SKORPION
ART: FIXZEICHEN
ELEMENT: WASSER

6. November

♏ Charmant und gesellig, ehrgeizig und motiviert, sind Sie ein unternehmungslustiger Skorpion mit Visionen und voller Idealismus. Ihr Bedürfnis nach persönlicher Erfüllung und Ihr Wunsch nach Action sind häufig Ihre wichtigsten Antriebskräfte. Obwohl Sie im allgemeinen fröhlich und umgänglich wirken, lassen Sie sich in bestimmten Situationen leicht verwirren und werden unsicher oder unentschlossen. Aber Ihre Glückssträhne hilft Ihnen immer wieder aus schwierigen Situationen, auch wenn Sie diese selbst verursacht haben.

Der Untereinfluß Ihres Dekadenzeichens Fische verstärkt Ihre Sensibilität mit besonders intuitivem Scharfblick. Durch ihn haben Sie auch die Fähigkeit, die Atmosphäre um Sie herum instinktiv sofort zu erfassen und aufzunehmen. Phantasiebegabt, mit ausgeprägten Sinnen, sind Sie – sofern motiviert – gerne kreativ und probieren vieles aus, um Ihre Zukunftsaussichten zu verbessern. Inneres Gleichgewicht finden Sie, wenn Sie eine ausgeglichene und harmonische Atmosphäre um sich herum schaffen.

Da Sie gern Neuerungen einführen, sind Sie oft auch ein Trendsetter. Zu Ihren vielen Gaben gehören unter anderem Kreativität und praktisches Geschick; die Fähigkeit, neue und ungewöhnliche Ansichten zu präsentieren, zeigt, daß Sie originelle Ideen entwickeln können. Im allgemeinen sind Sie ein Perfektionist und stehen mit Ihrem Optimismus und Ihren interessanten Ideen in der vordersten Reihe, wenn Einfallsreichtum und Wirkung gefragt sind.

Wenn Sie 16 sind, tritt Ihre Sonne in den Schützen. Die nächsten dreißig Jahre sind Sie offen, optimistisch und abenteuerlustig. Durch Reisen, Weiterbildung oder Beschäftigung mit philosophischen oder religiösen Themen möchten Sie sich selbst besser kennenlernen. Wenn Sie 46 sind, tritt Ihre Sonne in das Zeichen des Steinbock. Jetzt werden Sie effizienter, besser organisiert und realistischer und legen mehr Wert auf Struktur und Ordnung. Im Alter von 76 tritt Ihre Sonne in das Zeichen des Wassermann. Sie erkennen jetzt den Wert von Freundschaft und Unabhängigkeit und entwickeln humanistische Ideale.

Fixsterne

Acrux; Alphecca; Al Genubi, auch «Südliche Schere» oder «Südliche Waagschale» genannt

Hauptstern

Name des Sterns: Acrux
Gradposition: 10°54' – 11°50' Skorpion zwischen den Jahren 1930 und 2000
Magnitude: 1
Stärke: **********
Orbit: 2°30'
Konstellation: Alpha Crucis
Tage: 2., 3., 4., 5., 6., 7. November
Sternqualitäten: Jupiter
Beschreibung: blau-weißes Dreifachsystem, der hellste Stern im Kreuz des Südens.

Einfluß des Hauptsterns

Acrux steht für Wissensdurst, Gerechtigkeitssinn und starkes Harmoniebedürfnis. Er wird mit Interesse an Philosophie, Metaphysik, Astrologie und mit medialen Fähigkeiten in Verbindung gebracht. Sein Einfluß macht Sie neugierig, reiselustig und haben einen unersättlichen Appetit auf Bücher. Ihr Interesse gilt vor allem Forschung, Bildung, Sozialwissenschaften, Philosophie und Religion.

Im Zusammenhang mit dem Stand Ihrer Sonne verleiht Acrux auch Sensibilität und Sentimentalität, außerdem Toleranz, Humanität und Gerechtigkeitssinn.

Durch seinen Einfluß können Sie nicht nur beruflich aufsteigen, sondern auch durch Beschäftigung mit humanitären Angelegenheiten Prominenz erlangen.

Ihr geheimes Selbst

Begabt dafür, vielversprechende Ideen zu entwickeln, suchen Sie oft Partnerschaften und Verbindungen, die Sie weiterbringen und Erfolg versprechen. Selbst sehr stark, legen Sie doch viel Wert auf Partnerschaften und Beziehungen; allerdings müssen Sie die Kunst des Kompromisses erlernen, um wirklich von dem profitieren zu können, was andere Ihnen zu bieten haben. Dank Ihrer intuitiven Weitsicht und Ihrem schnellen Einschätzungsvermögen sind Sie meist in der Lage, aus Chancen das Beste zu machen. Oft schaffen Sie sich solche Gelegenheiten auch selbst.

Gegenüber denen, die Sie lieben, können Sie äußerst aufrichtig und großzügig sein; gelegentlich gefährden Sie aber auch Ihre Beziehungen, indem Sie sich despotisch oder selbstzerstörerisch verhalten. Sie sind von starken Wünschen und Emotionen getrieben und müssen deshalb lernen, flexibler zu werden und Kritik zu akzeptieren. Dann können Sie die tiefe, selbstlose Liebe, die Sie in sich tragen, viel besser zum Ausdruck bringen.

- Positiv: Gerechtigkeit, Nächstenliebe, mitfühlend.
- Negativ: rachsüchtig, ungerecht, gefühlskalt.

Beruf & Karriere

Mit Ihrer bodenständigen Einstellung und Ihren natürlichen diplomatischen Fähigkeiten arbeiten Sie gern mit anderen zusammen und sind in Ihrem Element, wenn Sie Arbeit mit Vergnügen kombinieren oder lukrative Ideen umsetzen können. Da Sie unabhängig sind und natürliche Führungsqualitäten haben, lassen Sie sich nicht gern Anordnungen erteilen; am besten sind Sie deshalb für Managerpositionen oder eine selbständige Tätigkeit geeignet. Aufgrund Ihres Bedürfnisses nach Action und Ihrer Gabe, Probleme zu lösen, stellen Sie sich gern immer wieder neuen Herausforderungen. Da Sie mutig und überzeugend sind, können Sie sich voller Begeisterung engagieren, wenn Sie sich einmal für einen Beruf entschieden haben. Musik oder Publizistik bieten gute Möglichkeiten für Sie, ob professionell oder als Hobby.

Berühmte Persönlichkeiten dieses Tages sind der Regisseur Mike Nichols, die Schauspielerin Sally Field, der Bandleader Ray Conniff und der Komponist John Philip Sousa.

Numerologie

Mitgefühl, Idealismus und Fürsorglichkeit gehören zu den Eigenschaften der Zahl 6. Es ist die Zahl der Perfektionisten und weltoffenen Gefährten, und häufig sind Sie durch die Geburtstagszahl 6 ein hilfsbereiter und liebevoller Menschenfreund, der gerne Verantwortung übernimmt. Meist sind Sie häuslich und hingebungsvolle Väter oder Mütter. Die Sensibleren unter Ihnen suchen sich wahrscheinlich irgendeine Form des künstlerischen Ausdrucks und fühlen sich zur Welt des Entertainments, der Kunst und des Designs hingezogen. Sie sollten mehr Selbstvertrauen entwickeln und versuchen, sich nicht einzumischen, sich nicht unnötig Sorgen zu machen oder Ihr Mitgefühl an die falschen Menschen zu verschwenden. Der Untereinfluß der Monatszahl 11 bewirkt starke Gefühle und einen ausgeprägten Charakter. Um Ihre hochgesteckten Ideale verwirklichen zu können, brauchen Sie mehr Entschlossenheit, Geduld und Ausdauer. Innovativ und phantasiebegabt, schmieden Sie gern Pläne für die Zukunft und eine materielle Absicherung. Wenn Sie unzufrieden sind, neigen Sie zu übermäßiger Kritik oder despotischem Verhalten anderen gegenüber.

Positiv: weltgewandt, humanitär, verläßlich, verständnisvoll, häuslich, künstlerisch begabt, ausgeglichen.

Negativ: unzufrieden, unvernünftig, freimütig, stur, disharmonisch, despotisch, selbstsüchtig, mißtrauisch, zynisch, egozentrisch.

Liebe & Zwischenmenschliches

Ihre starke Persönlichkeit, gepaart mit Ihrer Herzenswärme und Ihrem Charme, wirkt sehr anziehend auf andere. Obwohl Sie sehr ehrgeizig sind, bringen Sie anderen Verständnis entgegen und finden stets Worte der Ermutigung; für die, die Sie lieben, sind Sie zu allem bereit. Wenn Sie jedoch ungeduldig werden und Beziehungen zu schnell eingehen, tut es Ihnen möglicherweise später leid, wenn Sie wieder zum Nachdenken kommen. Materielle Überlegungen und Sicherheit spielen in Ihren Beziehungen oft eine Rolle.

Ihr Partner

Dauerhaftes Glück und Liebe finden Sie am ehesten unter den Menschen, die an folgenden Tagen geboren sind:

Liebe & Freundschaft: 14., 15., 24., 31. Jan., 12., 22., 29. Feb., 10., 11., 20., 27. März, 8., 18., 25. April, 6., 16., 23., 30. Mai, 4., 14., 21., 28., 30. Juni, 2., 3., 12., 19., 26., 28., 30. Juli, 10., 17., 24., 26., 28. Aug., 8., 15., 22., 24., 26. Sept., 6., 13., 20., 22., 24., 30. Okt., 4., 11., 18., 20., 22., 28. Nov., 2., 9., 16., 18., 20., 26., 29. Dez.

Günstig: 5., 22., 30. Jan., 3., 20., 28. Feb., 1., 18., 26. März, 16., 24. April, 14., 22. Mai, 12., 20. Juni, 10., 18., 29. Juli, 8., 16., 27., 31. Aug., 6., 14., 25., 29. Sept., 4., 12., 23., 27. Okt., 2., 10., 21., 25. Nov., 9., 19., 23. Dez.

Schicksalhaft: 12. Jan., 10. Feb., 8. März, 6. April, 3., 4., 5., 6. Mai, 2. Juni

Problematisch: 16., 21. Jan., 14., 19. Feb., 12., 17., 30. März, 10., 15., 28. April, 8., 13., 26. Mai, 6., 11., 24. Juni, 4., 9., 22. Juli, 2., 7., 20. Aug., 5., 18. Sept., 3., 16. Okt., 1., 14. Nov., 12. Dez.

Seelenverwandt: 25. Jan., 23. Feb., 21. März, 19. April, 17. Mai, 15. Juni, 13. Juli, 11. Aug., 9. Sept., 7. Okt., 5. Nov., 3., 30. Dez.

7. November

SONNE: SKORPION
DEKADE: FISCHE/NEPTUN
GRAD: 14°30' – 15°30' SKORPION
ART: FIXZEICHEN
ELEMENT: WASSER

Fixsterne

Acrux; Alphecca; Al Genubi, auch «Südliche Schere» oder «Südliche Waagschale» genannt

Hauptstern

Name des Sterns: Acrux
Gradposition: 10°54' – 11°50' Skorpion zwischen den Jahren 1930 und 2000
Magnitude: 1
Stärke: **********
Orbit: 2°30'
Konstellation: Alpha Crucis
Tage: 2., 3., 4., 5., 6., 7. November
Sternqualitäten: Jupiter
Beschreibung: blau-weißes Dreifachsystem, der hellste Stern im Kreuz des Südens.

Einfluß des Hauptsterns

Acrux steht für Wissensdurst, Gerechtigkeitssinn und starkes Harmoniebedürfnis. Er wird mit Interesse an Philosophie, Metaphysik, Astrologie und mit medialen Fähigkeiten in Verbindung gebracht. Unter seinem Einfluß sind Sie wißbegierig, reiselustig und haben einen unersättlichen Appetit auf Bücher. Ihr Interesse gilt vor allem Forschung, Bildung, Sozialwissenschaften, Philosophie und Religion.
Im Zusammenhang mit dem Stand Ihrer Sonne verleiht Acrux auch Sensibilität und Sentimentalität, außerdem Toleranz, Humanität und Gerechtigkeitssinn.
Durch seinen Einfluß können Sie nicht nur beruflich aufsteigen, sondern auch durch Beschäftigung mit humanitären Angelegenheiten Prominenz erlangen.

Intelligent und unabhängig, sind Sie ein hochintuitiver Skorpion mit guten analytischen Fähigkeiten und der Gabe, viele Informationen auf einmal erfassen zu können. Ebenso klug wie erfinderisch, sind Sie sich der Macht von Wissen und Bildung bewußt. Dank Scharfsinn und Urteilsvermögen macht es Ihnen Spaß, mit Diskussionen und Debatten Ihren Verstand zu trainieren. Im allgemeinen wollen Sie Kontrolle ausüben und wirken auf andere dadurch autoritär und herrschsüchtig.

Durch den Untereinfluß Ihres Dekadenzeichens Fische haben Sie Phantasie und beschäftigen sich sehr intensiv mit verschiedenen Interessengebieten. Ihre Vorstellungskraft und Ihre spirituellen Fähigkeiten machen Sie kommunikativ und kreativ, wenn Sie von einer Sache begeistert sind. Dank Ihrer Klarsicht und Ihrem intuitiven Scharfblick können Sie die Atmosphäre um Sie herum schnell erfassen.

Sie sind eine Mischung aus Vorsicht und Begeisterung, was Sie gelegentlich zwischen übersteigertem Selbstvertrauen und Selbstzweifeln schwanken läßt. Obwohl Sie von Natur aus ein Pragmatiker sind, können Sie auch unkonventionelle Ideen entwickeln. Allerdings dürfen Sie die Tendenz, unorthodox zu denken, nicht als Ausrede für Streitlust oder schwieriges Verhalten benutzen. Da andere rasch Ihre Stärken erkennen, steigen Sie im allgemeinen schnell zu führenden Positionen auf. Mit Geduld und Ausdauer können Sie große Herausforderungen meistern und gelangen oft durch Fleiß zu Erfolg.

Wenn Sie 15 sind, tritt Ihre Sonne in den Schützen. In den nächsten dreißig Jahren sind Sie optimistisch und wünschen sich viel Ehrlichkeit und Idealismus im Leben. Durch Reisen oder Weiterbildung möchten Sie Ihren Horizont erweitern. Wenn Sie 45 sind, tritt Ihre Sonne in das Zeichen des Steinbock. In dieser Phase werden Sie praktischer, besser organisiert und realistischer und legen starken Wert auf Struktur und Ordnung. Im Alter von 75 tritt Ihre Sonne in das Zeichen des Wassermann; jetzt erkennen Sie den Wert von Freundschaft und Unabhängigkeit und entwickeln humanistische Ideale.

Ihr geheimes Selbst

Stark und entschlossen, aber auch anziehend und charmant, sind Sie eine interessante Mischung aus extremen Eigenschaften. Hinter Ihrem scharfzüngigen Witz und Ihrer Intelligenz versteckt sich eine humanitäre Seite, die Ihnen gute Menschenkenntnis schenkt. Sie sind verantwortungsbewußt und fleißig; in Ihnen steckt aber auch ein Idealist, der sich vehement für Gerechtigkeit einsetzt. Gleichzeitig motiviert Sie ein Wunsch nach Macht, Prestige und Geld, die Erfolgsleiter immer weiter hochzuklettern. Obwohl Sie unabhängig sind, wissen Sie den Wert von Teamwork und gemeinschaftlichen Aktivitäten sehr zu schätzen. Um sich nicht in Abhängigkeit zu begeben, sollten Sie Ihre starke Intuition einsetzen; mit ihrer Hilfe können Sie ein Gleichgewicht finden zwischen Ihrem Drang, für Ihre eigenen Ideen einzustehen, und gleichzeitig für die Meinung anderer offen zu sein und sich Ihren Sinn für Humor zu bewahren.

Beruf & Karriere

Dank Ihrer hochentwickelten Intelligenz und Ihren Führungsqualitäten stehen Ihnen viele Berufsmöglichkeiten offen. Obwohl Sie sehr unabhängig sind, schätzen andere Ihre Fähigkeit, hart zu arbeiten, und Ihr Verantwortungsbewußtsein, so daß Sie oft schnell in

- Positiv: Gerechtigkeit, Nächstenliebe, mitfühlend.
- Negativ: rachsüchtig, ungerecht, gefühlskalt.

Führungspositionen aufsteigen. Mit Ihrem beweglichen Verstand, Ihren Kommunikationsfähigkeiten und Ihrem Wissensdurst eignen Sie sich für Journalismus, Erziehung und Forschung. Auch wenn Sie eher introvertiert und nachdenklich sind, können Sie in Theater oder Politik erfolgreich sein. Da Sie ungern Anweisungen entgegennehmen, sollten Sie führende Positionen anstreben oder eine selbständige Tätigkeit ausüben.

Berühmte Persönlichkeiten dieses Tages sind die Jazzmusikerin Joni Mitchell, die Wissenschaftlerin Marie Curie, der Gitarrist Johnny Rivers, der Verhaltensforscher Konrad Lorenz und der russische Revolutionär Leo Trotzki.

Numerologie

Menschen mit der Geburtstagszahl 7 sind analytisch und nachdenklich, aber häufig auch kritisch und egozentrisch. Da Sie ständig auf der Suche nach größerer Selbsterkenntnis sind, tragen Sie gerne Informationen zusammen und interessieren sich für Lesen, Schreiben oder Spiritualität. Sie sind scharfsichtig, handeln meist verstandesgelenkt und verlieren sich leicht in Details. Durch Ihren Hang zu Rätselhaftigkeit und Geheimnistuerei werden Sie oft mißverstanden. Da Sie geistig neugierig sind, versuchen Sie stets hinter die Fassade zu blicken, um zu entdecken, was die Menschen bewegt. Der Untereinfluß der Monatszahl 11 führt dazu, daß Sie hoch intuitiv sind und gutes Urteilsvermögen besitzen. Bei all Ihrer Intelligenz sind es meistens doch Instinkt und gesunder Menschenverstand, die Sie zu außergewöhnlichen Leistungen befähigen. Sie sind loyal und vertreten feste Überzeugungen und arbeiten dann am besten, wenn Sie Reformen durchsetzen oder andere mit Ihrer humanitären Einstellung inspirieren können. Damit Ihr Mitgefühl und Ihr Vertrauen richtig zum Einsatz kommen, dürfen Sie Überzeugung und Mitgefühl nicht auf destruktive Weise benutzen oder gegen Ihre Mitmenschen richten.

Positiv: gebildet, vertrauenswürdig, gründlich, idealistisch, rational, nachdenklich.

Negativ: heimlichtuerisch, falsch, unfreundlich, skeptisch, distanziert, nörglerisch, verwirrt, kalt.

Liebe & Zwischenmenschliches

Sie brauchen einen Partner, der Ihnen genügend Freiraum gewährt. Sie sind rücksichtsvoll und hoch intuitiv und möchten anderen gegenüber stets aufrichtig sein. Überdies sind Sie erfinderisch, sehr überzeugend und bezwingend. Wenn Sie wirklich lieben, sind Sie hilfsbereit und ein starker Halt für den Partner. Sie sind sehr fürsorglich, aber Ihr Hang, die Kontrolle zu übernehmen, macht Sie besitzergreifend. Doch wenn Sie sich von ganzem Herzen hingeben, sind Sie verantwortungsbewußt und empfinden tiefe Liebe.

Ihr Partner

Den idealen Partner werden Sie mit großer Wahrscheinlichkeit unter den an den folgenden Tagen geborenen Menschen finden:

Liebe & Freundschaft: 11., 13., 15., 17., 25. Jan. 9., 11., 13., 15., 23. Feb. 7., 9., 11., 13., 21., 29. März, 5., 7., 9., 11., 19. April, 3., 5., 7., 9., 17., 31. Mai, 1., 3., 5., 7., 15., 23., 29. Juni, 1., 3., 5., 21., 27., 29., 31. Juli, 1., 3., 11., 25., 27., 29. Aug., 1., 9., 23., 25., 27. Sept., 7., 21., 23., 25. Okt., 5., 19., 21., 23. Nov., 3., 17., 19., 21., 30. Dez.

Günstig: 1., 5., 20. Jan., 3., 18. Feb., 1., 16. März, 14. April, 12. Mai, 10. Juni, 8. Juli, 6. Aug., 4. Sept., 2. Okt.

Schicksalhaft: 5., 6., 7., 8. Mai

Problematisch: 6., 22., 24. Jan., 4., 20., 22. Feb., 2., 18., 20. März, 16., 18. April, 14., 16. Mai, 12., 14. Juni, 10., 12. Juli, 8., 10., 31. Aug., 6., 8., 29. Sept., 4., 6., 27. Okt., 2., 4., 25., 30. Nov., 2., 23., 28. Dez.

Seelenverwandt: 6., 12. Jan., 4., 10. Feb., 2., 8. März, 6. April, 4. Mai, 2. Juni

8. November

SONNE: SKORPION
DEKADE: FISCHE/NEPTUN
GRAD: 15°30' – 16°30' SKORPION
ART: FIXZEICHEN
ELEMENT: WASSER

Fixstern

Name des Sterns: Al Genubi, auch «Südliche Schere» oder «Südliche Waagschale» genannt
Gradposition: 14°6' – 15°4' Skorpion zwischen den Jahren 1930 und 2000
Magnitude: 3
Stärke: ******
Orbit: 1°40'
Konstellation: Alpha Librae
Tage: 6., 7., 8., 9. November
Sternqualitäten: unterschiedliche Deutungen: Jupiter/Mars/Saturn/Venus
Beschreibung: blaßgelber und weißgrauer Doppelstern in der südlichen Schale der Waage.

Einfluß des Hauptsterns

Al Genubi sorgt dafür, daß Sie auf Ihrem Lebensweg immer wieder Veränderungen und instabile Phasen erleben. Er warnt auch davor, vom rechten Weg abzukommen und unorthodoxe Methoden anzuwenden. Erfolg stellt sich erst ein, wenn Sie gelernt haben, Schwierigkeiten zu überwinden.

Im Zusammenhang mit dem Stand Ihrer Sonne verleiht Al Genubi die Gabe, sich auf Ziele zu konzentrieren, eine Eigenschaft, die Ihnen hilft, über Hindernisse und Enttäuschungen hinwegzukommen. Überwinden Sie Ängste, indem Sie sich klarmachen, daß die positiven Dinge auch ihren Preis haben.

- Positiv: lernt zu vergeben, Geduld, Ausdauer.
- Negativ: nachtragend, umgibt sich mit zweifelhaften Personen, Probleme mit dem Gesetz.

Individuell und intelligent, sind Sie ein sensibler Skorpion mit einer dominierenden Ausstrahlung. Obwohl Sie stark und ehrgeizig sind und sich mutig und voller Hingabe Ihren Zielen widmen, sind Sie zu denen, die Sie lieben, freundlich und großzügig. Als guter Beobachter mit Intuition und Wissensdurst erfassen Sie Situationen rasch und entwickeln deshalb auch interessante Ideen. Durch Ihre Weitsicht und Führungsqualitäten gehören Sie meist zu denjenigen, die neue Trends und Konzepte einführen.

Durch den Untereinfluß Ihres Dekadenzeichens Fische sind Sie phantasiebegabt und talentiert und haben einen ausgeprägten sechsten Sinn. Von Natur aus vielseitig begabt, suchen Sie nach Wegen der Selbstverwirklichung und haben viele berufliche Möglichkeiten. Obwohl Sie konzentriert und entschlossen sein können, sollten Sie sich vor einem Hang zu Stimmungsschwankungen, Phantasterei oder Realitätsflucht hüten.

Ihr Bedürfnis nach Weiterentwicklung und Ihre Fähigkeit, den Überblick zu bewahren, lassen Sie in großen Maßstäben denken. Selbstsicher und wißbegierig, schätzen Sie es nicht, wenn andere sich in Ihre Angelegenheiten einmischen. Ihr Starrsinn führt dazu, daß Sie gelegentlich rastlos oder ungeduldig wirken. Erfolgreich werden Sie durch gute Ausbildung, soziale, moralische oder religiöse Beweggründe. Wenn Sie durch Geduld, Toleranz und Selbstdisziplin Ihre emotionalen Unsicherheiten überwinden, ist für Sie alles möglich.

Wenn Sie 14 sind, tritt Ihre Sonne in den Schützen. In den nächsten dreißig Jahren suchen Sie Freiheit, positive Ideale und Möglichkeiten zu reifen. Ihre Entdeckungslust ist nun am stärksten, und durch Reisen und die Beschäftigung mit philosophischen oder religiösen Themen möchten Sie den tieferen Sinn des Lebens ergründen. Wenn Sie 44 sind, tritt Ihre Sonne in das Zeichen des Steinbock. Jetzt werden Sie praktischer, disziplinierter und zielstrebiger. Im Alter von 74 tritt Ihre Sonne in das Zeichen des Wassermann und Sie erkennen den Wert von Freundschaft, Unabhängigkeit und gemeinschaftlichen Aktivitäten.

Ihr geheimes Selbst

Um Ihren schlagfertigen Witz, Ihr Bedürfnis nach Selbstverwirklichung und Ihre gesellige Seite wirklich nutzen zu können, müssen Sie oft einen Hang zu Unsicherheit und Unentschlossenheit in Ihren Beziehungen überwinden. Entscheidungen zu treffen kann für Ihren sonst so gut strukturierten Verstand ein Problem sein. Wenn Sie Ihre Eloquenz und Ihre zahlreichen kreativen Talente einsetzen, können Sie das Leben voll genießen.

Von Natur aus erfolgsorientiert, haben Sie meist einen Plan oder eine Strategie in petto. Da Sie unabhängig sind, gut mit Menschen umgehen und gut organisieren können, überträgt man Ihnen oft die Verantwortung für verschiedenste Projekte. Sie sind scharfsinnig und können Menschen und Situationen schnell einschätzen, deshalb lieben Sie Großprojekte und suchen ständig nach neuen Herausforderungen. Ihr Vorwärtskommen im Leben wird durch Ihre Großzügigkeit und Ihren Optimismus begünstigt, die andere für Sie einnehmen und Ihre Chancen erhöhen.

Beruf & Karriere

Sie streben gezielt führende Positionen an. Ihre ausgezeichneten Organisationsfähigkeiten machen Sie vor allem als Manager in Industrie und Wirtschaft erfolgreich. Mit Ihrem scharfen Verstand fühlen Sie sich auch zu Wissenschaft oder Psychologie hingezogen. Die humanitäre Seite Ihrer Natur und Ihre Wortgewandtheit machen Sie als Lehrer, Berater oder Jurist oder für einen Beruf, bei dem Sie sich für andere einsetzen können, geeignet, zum Beispiel bei sozialen Reformen, in Gewerkschaften oder Politik. Ihr Sinn für Wirkung kann Sie in die Welt des Entertainments führen. Möglicherweise interessieren Sie sich auch für philosophische, religiöse oder metaphysische Gebiete.

Berühmte Persönlichkeiten dieses Tages sind die Bluesmusikerin Bonnie Raitt, der Schauspieler Alain Delon, die Schriftstellerin Margaret Mitchell, der Psychiater Hermann Rorschach, der Herzchirurg Christiaan Barnard und die Schauspielerin Katherine Hepburn.

Numerologie

Die Kraft, die von der 8 ausgeht, prägt einen Charakter mit festen Werten und sicherem Urteilsvermögen. Die Geburtstagszahl 8 bewirkt, daß Sie sich hohe Ziele stecken und ehrgeizig sind. Mit diesem Geburtstag verbinden sich auch Dominierungsstreben, Sicherheitsbedürfnis und materieller Erfolg. Sie haben einen natürlichen Geschäftssinn und sollten unbedingt Ihr Organisations- und Führungstalent fördern. Da Sie ein starkes Bedürfnis nach Sicherheit haben, neigen Sie dazu, langfristig zu planen und zu investieren. Der Untereinfluß der Monatszahl 11 bewirkt, daß Sie intelligent sind und fähig, Ihre Ideen in die Tat umzusetzen. Da Sie produktiv und aufrichtig sind, übernehmen Sie gern Verantwortung und arbeiten hart, um Ihre Ziele zu erreichen. Wenn Sie in einflußreicher Stellung sind, müssen Sie darauf achten, nicht halsstarrig oder dominierend zu werden. Sie müssen sich treu bleiben und an Ihre Fähigkeiten glauben, um Ihr ganzes Potential zu entfalten. Dabei sollten Sie aber Ihre Kraft nicht überstrapazieren oder verbissen werden.

Positiv: führungsstark, gründlich, fleißig, beschützend, Heilkraft, gutes Einschätzungsvermögen.

Negativ: ungeduldig, intolerant, «workaholic», dominierend, leicht entmutigt, planlos.

Liebe & Zwischenmenschliches

Intelligent und hochintuitiv, lieben Sie die Gesellschaft kluger und interessanter Menschen, die Sie geistig anregen. Aufgrund Ihrer freundlichen und verständnisvollen Art bitten andere Sie gerne um Unterstützung, Rat und Hilfe. Idealistisch und ehrgeizig, können Sie für sich selbst und andere Verantwortung übernehmen. Obwohl Sie stark wirken, sorgt Ihre sensible Seite dafür, daß Sie auch rastlos und unsicher sein können. Dank Ihrer ausgezeichneten sozialen Fähigkeiten haben Sie im allgemeinen viele Freunde und Bewunderer.

Ihr Partner

Sicherheit und Zuneigung finden Sie am ehesten unter den Menschen, die an folgenden Tagen geboren sind:

Liebe & Freundschaft: 4., 12., 16., 25. Jan., 10., 14., 23., 24. Feb., 8., 12., 22., 31. März, 6., 10., 20., 29. April, 4., 8., 18., 27. Mai, 2., 6., 16., 25., 30. Juni, 4., 14., 23., 28. Juli, 2., 12., 21., 26., 30. Aug., 10., 19., 24., 28. Sept., 8., 17., 22., 26. Okt., 6., 15., 20., 24., 30. Nov., 4., 13., 18., 22., 28. Dez.

Günstig: 2., 13., 22., 24. Jan., 11., 17., 20., 22. Feb., 9., 15., 18., 20., 28. März, 7., 13., 16., 18., 26. April, 5., 11., 16., 18., 26. Mai, 3., 9., 12., 14., 22. Juni, 1., 7., 10., 12., 20. Juli, 5., 8., 10., 18. Aug., 3., 6., 8., 16. Sept., 1., 4., 6., 14. Okt., 2., 4., 12. Nov., 2., 10. Dez.

Schicksalhaft: 25. Jan., 23. Feb., 21. März, 19. April, 5., 6., 7., 8., 17. Mai, 15. Juni, 13. Juli, 11. Aug., 9. Sept., 7. Okt., 5. Nov., 3. Dez.

Problematisch: 7., 23. Jan., 5., 21. Feb., 3., 19., 29. März, 1., 17., 27. April, 15., 25. Mai, 13., 23. Juni, 11., 21., 31. Juli, 9., 19., 29. Aug., 7., 17., 27., 30. Sept., 3., 13., 23., 26. Nov., 1., 11., 21., 24. Dez.

Seelenverwandt: 17. Jan., 15. Feb., 13. März, 11. April, 9. Mai, 7. Juni, 5. Juli, 3. Aug., 1. Sept., 30. Nov., 28. Dez.

9. November

SONNE: SKORPION
DEKADE: FISCHE/NEPTUN
GRAD: 16°30' – 17°30' SKORPION
ART: FIXZEICHEN
ELEMENT: WASSER

Fixstern

Name des Sterns: Al Genubi, auch «Südliche Schere» oder «Südliche Waagschale» genannt
Gradposition: 14°6' – 15°4' Skorpion zwischen den Jahren 1930 und 2000
Magnitude: 3
Stärke: ******
Orbit: 1°40'
Konstellation: Alpha Librae
Tage: 6., 7., 8., 9. November
Sternqualitäten: unterschiedliche
Deutungen: Jupiter/Mars/Saturn/Venus
Beschreibung: blaßgelber und weißgrauer Doppelstern in der südlichen Schale der Waage.

Einfluß des Hauptsterns

Al Genubi sorgt dafür, daß Sie auf Ihrem Lebensweg immer wieder Veränderungen und instabile Phasen erleben. Er warnt auch davor, vom rechten Weg abzukommen und unorthodoxe Methoden anzuwenden. Erfolg stellt sich erst ein, wenn Sie gelernt haben, Schwierigkeiten zu überwinden.
Im Zusammenhang mit dem Stand Ihrer Sonne verleiht Al Genubi die Gabe, sich auf Ziele zu konzentrieren, eine Eigenschaft, die Ihnen hilft, über Hindernisse und Enttäuschungen hinwegzukommen. Überwinden Sie Ängste, indem Sie sich klarmachen, daß die positiven Dinge auch ihren Preis haben.
- Positiv: lernt zu vergeben, Geduld, Ausdauer.
- Negativ: nachtragend, umgibt sich mit zweifelhaften Personen, Probleme mit dem Gesetz.

Als sensibler, wortgewandter und geistvoller Skorpion sind Sie von ausgeprägter Intelligenz und Wißbegier. Unternehmungslustig und intuitiv, haben Sie jugendliches Temperament, führen ein aktives Leben und sind im allgemeinen spontan und ausdrucksstark. Manchmal neigen Sie zu Unreife. Wenn Sie lernen, sich auf Ihre Pflichten zu konzentrieren, können Sie ebenso kreativ wie diszipliniert sein.

Durch den Untereinfluß Ihres Dekadenzeichens Fische sind Sie phantasiebegabt und beeinflußbar und haben den sechsten Sinn. Idealistisch und aufgeschlossen, verfügen Sie über viel Überzeugungskraft und feste Überzeugungen. Da Sie charmant und gesellig sind, fühlen Sie sich in Gesellschaft anderer sehr wohl und können äußerst unterhaltsam sein. Achten Sie aber darauf, daß Sie Ihre Zeit nicht auf Menschen mit zweifelhaftem Charakter verschwenden.

Starke Willenskraft und Entschlossenheit sorgen dafür, daß Sie gut planen können und in großen Maßstäben denken. Gelegentlich neigen Sie etwas zu Extremen, wenn Sie übersteigertes Selbstvertrauen, Starrsinn oder Impulsivität zeigen. Ihre übertriebene Begeisterungsfähigkeit deutet eher auf Exzentrik als auf Individualität hin. Um erfolgreich zu sein, müssen Sie Vertrauen und Kooperationsbereitschaft entwickeln. Wenn Sie lernen, Ihre rastlose geistige Kraft zu disziplinieren, können Sie Ihre Träume verwirklichen und Ihre hohen Ideale konkret umsetzen.

Zwischen 13 und 42, solange Ihre Sonne durch das Zeichen des Schützen wandert, sind Sie von Grund auf optimistisch und verspüren das Bedürfnis, Ihren Horizont zu erweitern und Chancen zu ergreifen. Möglicherweise interessieren Sie sich in dieser Phase für Philosophie und Weiterbildung, vielleicht auch für Reisen. Wenn Sie 43 sind, tritt Ihre Sonne in das Zeichen des Steinbock. Jetzt werden Sie tüchtiger, pragmatischer und ausdauernder und haben ein starkes Bedürfnis nach Ordnung und Struktur. Ein weiterer Wendepunkt erfolgt, wenn Sie 73 sind und Ihre Sonne in den Wassermann tritt. Nun legen Sie mehr Wert auf neue Ideen, Freundschaft und Wissen über die menschliche Natur.

Ihr geheimes Selbst

Sie können lebhaft, charmant und unterhaltsam sein und viel Warmherzigkeit zeigen. Ihr Erfolgsdrang aber ist auf eine interessante Mischung aus Materialismus und Idealismus zurückzuführen. Obwohl Sie ehrgeizig sind, haben Sie eine spielerische Art, die Sie sich Ihr ganzes Leben lang bewahren und mit der Sie andere immer wieder faszinieren. Freundlich und begeisterungsfähig, können Sie mit Hilfe Ihrer sozialen Kompetenz bis ganz nach oben auf der Karriereleiter gelangen.

Da Sie unabhängig und erfolgsorientiert sind, möchten Sie stets aktiv sein und denken in großen Maßstäben. Allerdings müssen Sie aufpassen, daß Sie sich nicht zu sehr von Ihren Gefühlen leiten lassen oder sich in Extremen verlieren. Sie sind auch sensibel und sollten sich unbedingt vor bewußtseinsverändernden Substanzen hüten. So dynamisch und charmant Sie auch sein können – es gibt durchaus Zeiten, in denen Sie unter geheimen Ängsten leiden oder zu materialistisch werden. Wenn Sie sich aber auf Ihre Intuition und Ihre idealistische Vision verlassen, finden Sie schnell wieder zu Ihrer normalen optimistischen Grundhaltung zurück.

Beruf & Karriere

Da Sie ausgeprägte Führungsqualitäten haben, wünschen Sie sich nichts mehr, als in Ihrem Beruf eine leitende Position einzunehmen. Ihr hervorragendes Lerntalent macht Sie zum Gelehrten oder dient Ihnen in Justiz, Psychologie oder Medizin. Ihr Talent, mit geschriebenem wie gesprochenem Wort umzugehen, befähigt Sie zum Unterrichten oder Schreiben. Ihr natürlicher Geschäftssinn macht Sie für den Handel geeignet, wo Sie Ihren Charme in Verkauf, Promotion oder bei Verhandlungen spielen lassen können. Dank Ihrer festen Prinzipien sind Sie aber auch ein guter Politiker, Sprecher oder Kämpfer für eine gute Sache. Als geborener Schauspieler zieht es Sie in die Welt des Entertainments oder Theaters.

Berühmte Persönlichkeiten dieses Tages sind der Schriftsteller Iwan Turgenjew, der Schriftsteller und Astronom Carl Sagan, die Schauspielerin Hedy Lamarr, der US-Vizepräsident Spiro Agnew und der Golfspieler Tom Weiskopf.

Numerologie

Nachdenklichkeit, Güte und gefühlvolle Sensibilität sind Eigenschaften der Zahl 9. Sie sind tolerant und freundlich, großzügig und liberal. Intuitive und spirituelle Fähigkeiten deuten auf universales Wahrnehmungsvermögen hin und führen, richtig kanalisiert, vielleicht sogar auf einen spirituellen Weg. Sie müssen daran arbeiten, Probleme und emotionale Höhen und Tiefen besser zu bewältigen und nicht überempfindlich zu sein. Sie profitieren von Reisen und Begegnungen mit Menschen aus aller Welt, müssen sich aber auch vor unrealistischen Träumen und einem Hang zur Realitätsflucht hüten. Der Untereinfluß der Monatszahl 11 bewirkt, daß Sie intelligent, intuitiv und medial begabt sind. Als phantasievoller und empfänglicher Mensch sind Ihnen die Gefühle anderer wichtig. Idealistisch und großzügig, können Sie aber auch geheimnistuerisch sein und Ihre tiefen Gefühle verbergen, was letztlich in Groll umschlägt. Wenn Sie überemotional und zu intensiv werden, müssen Sie versuchen, mehr Distanz zu gewinnen, und Ihre diplomatischen Fähigkeiten benutzen, um Mißverständnissen vorzubeugen und Animositäten zu vermeiden.

Positiv: idealistisch, humanitär, sensibel, großzügig, poetisch, nachsichtig, freigiebig, unvoreingenommen.

Negativ: nervös, innerlich zerrissen, unpraktisch, leicht beeinflußbar, verbittert, komplexbeladen, verschlossen.

Liebe & Zwischenmenschliches

Intelligent und sensibel, sind Sie ein meist idealistischer und rücksichtsvoller Mensch. Wenn Sie in der richtigen Stimmung sind, können Sie leidenschaftlich und spontan sein; wenn Sie aber skeptisch oder mißtrauisch sind, wirken Sie desinteressiert und distanziert. Sie möchten durch besondere Bande mit Ihrem Liebespartner verbunden sein, da Ihr Anspruch an die Liebe sehr hoch ist. Kommunikativ und gesellig, haben Sie gelegentlich Angst vor dem Alleinsein. Ihre natürliche Menschenkenntnis hilft Ihnen, Schwierigkeiten zu überstehen, und macht Sie für andere anziehend.

Ihr Partner

Wahres Glück, geistige Anregung und Liebe finden Sie am ehesten unter den Menschen, die an folgenden Tagen geboren sind:

Liebe & Freundschaft: 7., 10., 17., 27. Jan., 5., 8., 15., 25. Feb., 3., 6., 13., 23. März, 1., 4., 11., 21. April, 2., 9., 19. Mai, 7., 17. Juni, 5., 15., 29., 31. Juli, 3., 13., 27., 29., 31. Aug., 1., 11., 25., 27., 29. Sept., 9., 23., 25., 27. Okt., 7., 21., 23., 25. Nov., 5., 19., 21., 23. Dez.

Günstig: 3., 5., 20., 25., 27. Jan., 1., 3., 18., 23., 25. Feb., 1., 16., 21., 23. März, 14., 19., 21. April, 12., 17., 19. Mai, 10., 15., 17. Juni, 8., 13., 15. Juli, 6., 11., 13. Aug., 4., 9., 11. Sept., 2., 7., 9. Okt., 5., 7. Nov., 3., 5. Dez.

Schicksalhaft: 13. Jan., 11. Feb., 9. März, 7. April, 5., 6., 7., 8., 9. Mai, 3. Juni, 1. Juli

Problematisch: 16., 24. Jan., 14., 22. Feb., 12., 20. März, 10., 18. April, 8., 16., 31. Mai, 6., 14., 29. Juni, 4., 12., 27. Juli, 2., 10., 25. Aug., 8., 23. Sept., 6., 21. Okt., 4., 19. Nov., 2., 17. Dez.

Seelenverwandt: 16. Jan., 14. Feb., 12. März, 10. April, 8. Mai, 6. Juni, 4., 31. Juli, 2., 29. Aug., 27. Sept., 25. Okt., 23. Nov., 21. Dez.

SONNE: SKORPION
DEKADE: FISCHE/NEPTUN
GRAD: 17°30' – 18°30' SKORPION
ART: FIXZEICHEN
ELEMENT: WASSER

Fixsterne

Ihre Sonne ist zwar nicht mit einem Fixstern verbunden, sicherlich aber einer der anderen Planeten Ihres Sonnenzeichens. Wenn Sie sich ein Geburtshoroskop erstellen lassen, lernen Sie die exakten Positionen der Planeten an Ihrem Geburtstag kennen. Auf diese Weise können Sie feststellen, welche der Fixsterne in diesem Buch für Sie von Interesse sind.

10. November

Sie sind kreativ und intuitiv und haben große Anziehungskraft. Als unabhängiger Skorpion sind Sie scharfsinnig und voller Überzeugungskraft. Meist sind Sie sehr freiheitsliebend; Ihr Erfolg aber ist auf den konstruktiven Gebrauch Ihrer Willenskraft und Ihres Einfallsreichtums zurückzuführen. Da Sie häufig auch mutig sind und großartige Ideen entwickeln, können Sie mit dem nötigen Fleiß Ihre ehrgeizigen Träume in die Tat umsetzen.

Durch den Untereinfluß Ihres Dekadenzeichens Fische sind Sie phantasievoll, aufgeschlossen, haben feste Prinzipien und ein gutes Wahrnehmungsvermögen. Sie brauchen geistige Herausforderungen, müssen aber darauf achten, daß Sie bei Ihrem Versuch, Ihre Intelligenz und Ihren Witz zu testen, nicht zu provokativ oder streitsüchtig werden. Bildung ist ein wichtiger Stützpfeiler in Ihrem Leben, auf dem sowohl Erfolg als auch Stabilität aufbauen. Dank Ihrem regen Verstand und Ihren zahlreichen Interessen beweisen Sie Vielseitigkeit und Begeisterungsfähigkeit und profitieren enorm von Reisen und Lernen. Als nachdenklicher und intelligenter Mensch auf der Suche nach der Wahrheit entwickeln Sie unabhängige Ansichten und haben ein gutes logisches Denkvermögen.

Obwohl Sie meist kein Problem mit Selbstdisziplin haben und sehr gern lernen, liegt die eigentliche Inspiration, nach der Sie suchen, in emotionaler Befriedigung und Erfüllung. Wenn Sie Menschen durch Ihre Willenskraft beherrschen, gewinnen Sie dabei nichts. Die Liebe und Zuneigung, die Sie sich wünschen, erlangen Sie nur durch mehr Toleranz, Freundschaftlichkeit und Mitgefühl.

Zwischen 12 und 41, solange Ihre Sonne durch den Schützen wandert, sind Sie offen und aufrichtig und brauchen positive Ideale im Leben. Ihr Wunsch, Ihr Wissen zu erweitern, zeigt sich möglicherweise in einem Bedürfnis nach Freiheit und Abenteuer, Reiselust oder Bildungshunger. Wenn Sie 42 sind, erreicht Ihre Sonne den Steinbock; nach diesem Wendepunkt werden Sie praktischer, disziplinierter und zielorientierter. Wenn Ihre Sonne in den Wassermann tritt, sind Sie 72 und legen vermehrt Wert auf Freundschaft und Wissen über die menschliche Natur.

Ihr geheimes Selbst

Obwohl Sie nach außen hin stark wirken, deuten Ihre Sensibilität und starken Emotionen darauf hin, daß Sie gelegentlich auch unter Selbstzweifeln leiden. Wenn Sie lernen, Großzügigkeit und Mitgefühl zu zeigen, müssen Sie weder manipulieren noch emotionale Kontrollen als Kompensation ausüben. Je mehr Sie sich auf Ihre Intuition und Ihre eigenen Erkenntnisse verlassen, desto mehr Erfolg werden Sie im Leben haben. Aber Sie müssen sich vor Ängsten und gesellschaftlichen Exzessen hüten. Wenn es Ihnen gutgeht, strahlen Sie Würde und Bescheidenheit aus, die aus dem Wunsch resultieren, bei der Arbeit das Beste zu geben.

Dynamisch und kreativ und mit einem ebenso scharfen wie reaktionsschnellen Verstand, sind Sie sehr vital und stehen mutig für Ihre Überzeugungen ein. Da Sie den Wunsch haben, zu führen und Macht auszuüben, können Sie sehr ehrgeizig und entschlossen sein. Sie sind charmant, großzügig und freundlich und verstehen es, sich beliebt zu machen; allerdings müssen Sie lernen, daß Sie andere vergraulen, wenn Sie zu direkt oder despotisch sind. Ihre jugendliche Art wird Ihnen ein Leben lang bleiben; Ihr bemerkenswertes Potential aber bringen Sie nur durch Ausdauer und Verantwortungsbewußtsein zur Entfaltung.

Beruf & Karriere

Mit Ihrem Wissen, Ihrem Antrieb und Ihrer ausgezeichneten sozialen Kompetenz können Sie Ihr Potential in vielen Bereichen des Lebens nutzen. Ihr scharfer Verstand befähigt Sie für Forschung und Psychologie; erfolgversprechend für Sie sind auch Pädagogik oder Philosophie. In der Wirtschaft sind Sie vor allem für große Konzerne geeignet und tun sich als ausgezeichneter Problemlöser hervor. Da Sie sich ungern Anordnungen erteilen lassen, brauchen Sie viel Handlungsfreiheit. Mit Hilfe Ihrer Organisationsfähigkeiten und Führungsqualitäten erreichen Sie häufig leitende Positionen. Ihr starkes Bedürfnis nach Selbstverwirklichung und Ihr Gefühl für Wirkung ziehen Sie oft auch zu Publizistik oder Unterhaltung. Dieser Geburtstag bringt auch gute Ärzte hervor und Menschen, die sich fremden Orten und Menschen sofort anpassen.

Berühmte Persönlichkeiten dieses Tages sind die Schauspieler Richard Burton und Roy Scheider, der Chefkoch Robert Carrier, der Songwriter Tim Rice, der englische Maler William Hogarth und der Rockgitarrist Greg Lake.

Numerologie

Wie die Menschen mit der Zahl 1 nehmen Sie sich meist große Aufgaben vor. Allerdings müssen Sie einige Hindernisse überwinden, bevor Sie Ihre Ziele erreichen. Voller Energie und Originalität stehen Sie zu Ihren Ansichten, auch wenn sie von denen anderer abweichen. Ihr Pioniergeist ermutigt Sie, allein weite Reisen zu unternehmen oder Projekte im Alleingang durchzuziehen. Sie müssen lernen, daß sich die Welt nicht nur um Sie dreht, und sich vor Selbstsucht oder Überempfindlichkeit hüten. Für alle Menschen mit der Geburtstagszahl 10 sind Leistung und Erfolg sehr wichtig, häufig erreichen sie auf ihrem Gebiet eine Spitzenposition. Der Untereinfluß der Monatszahl 11 führt dazu, daß Sie vielseitig begabt und originell sind. Ihre festen Überzeugungen und Ihr Bedürfnis, sich selbst zu meistern, weisen darauf hin, daß Sie eine Antenne für spirituelle Dinge haben. Unterhaltsam und schlagfertig, braucht Ihr sorgloser Geist Halt, Ziel und Richtung. Gelegentlich, wenn Sie zu direkt oder zu sehr von sich eingenommen sind, reden Sie zuviel; niemals aber wird Sie jemand als langweilig oder fad bezeichnen. Als ehrgeiziger Mensch sollten Sie Ihre Kräfte nicht überschätzen und auch nicht egozentrisch werden.

Positiv: führungsstark, kreativ, progressiv, kämpferisch, unabhängig, gesellig.

Negativ: dominierend, eifersüchtig, egoistisch, hochmütig, feindselig, ungeduldig.

Liebe & Zwischenmenschliches

Stark und überzeugend, respektieren Sie Menschen, die unabhängig und gebildet sind. Als unterhaltsamer Gefährte haben Sie keine Schwierigkeiten, Freunde oder Bewunderer zu finden. Im allgemeinen suchen Sie sich einen Partner, der willensstark und klug ist oder Eigenschaften hat, die Sie bewundern können. Auch wenn Sie nach außen hin selbstsicher wirken, tief innen zweifeln Sie an Ihren eigenen Gefühlen und können unentschlossen und skeptisch sein. Wenn Sie mißtrauisch sind, müssen Sie lernen, Vertrauen und Integrität zu entwickeln. In Ihren Beziehungen sind Sie sehr kreativ und dramatisch, müssen aber darauf achten, daß Sie nicht zu kritisch oder starrsinnig werden.

Ihr Partner

Ihren Traumpartner werden Sie mit großer Wahrscheinlichkeit unter den an den folgenden Tagen geborenen Menschen finden:

Liebe & Freundschaft: 1., 14., 19., 28., 31. Jan., 12., 26., 29. Feb., 10., 15., 24., 27. März, 8., 22., 25. April, 6., 20., 23. Mai, 4., 18., 21. Juni, 2., 7., 16., 19., 30. Juli, 14., 17., 28., 30. Aug., 12., 15., 26., 28., 30. Sept., 10., 13., 24., 26., 28. Okt., 8., 11., 22., 24., 26. Nov., 6., 9., 20., 22., 24. Dez.

Günstig: 26. Jan., 24. Feb., 22. März, 20. April, 18. Mai, 16. Juni, 14. Juli, 12. Aug., 10. Sept., 8. Okt., 6. Nov., 4. Dez.

Schicksalhaft: 8., 9., 10., 11. Mai

Problematisch: 3., 25. Jan., 1., 23. Feb., 21. März, 19. April, 17. Mai, 15. Juni, 13. Juli, 11. Aug., 9. Sept., 7. Okt., 5. Nov., 3. Dez.

Seelenverwandt: 3., 10. Jan., 1., 8. Feb., 6. März, 4. April, 2. Mai

11. November

SONNE: SKORPION
DEKADE: FISCHE/NEPTUN
GRAD: 18°30' – 19°30' SKORPION
ART: FIXZEICHEN
ELEMENT: WASSER

Fixstern

Name des Sterns: Al Schemali, auch «Nördliche Waagschale» oder «Nördliche Schere» genannt
Gradposition: 18°23' – 19°19' Skorpion zwischen den Jahren 1930 und 2000
Magnitude: 2,5
Stärke: *******
Orbit: 1°30'
Konstellation: Beta Librae
Tage: 11., 12., 13. November
Sternqualitäten: unterschiedliche Deutungen: Merkur/Jupiter und Jupiter/Mars
Beschreibung: blau-weißer, manchmal blaßsmaragdgrüner Stern in der nördlichen Schale der Waage.

Einfluß des Hauptsterns

Unter dem Einfluß von Al Schemali bieten sich häufig günstige Gelegenheiten. Sie haben nicht nur einen scharfen Intellekt und ein Faible für Wissenschaft und Esoterik, sondern auch Intuition und spirituelle Fähigkeiten. Al Schemali steht zudem für Ehren, Reichtum und lang anhaltendes Glück.
Im Zusammenhang mit dem Stand Ihrer Sonne verleiht Al Schemali einen starken Charakter und Führungsqualitäten. Mit seiner Hilfe gelingt Ihnen nach anfänglichen Schwierigkeiten ein großer Karrieresprung. Hüten Sie sich davor, mit dem Gesetz in Konflikt oder in fragwürdige Situationen zu geraten. Probleme sind aber selten von langer Dauer, und das Glück kehrt bald zurück, wenn Sie die richtigen Entscheidungen treffen.
- Positiv: ausgeprägter Gemeinsinn, Ideenreichtum, Optimismus, Organisationstalent.
- Negativ: Übertreibung, Eingebildetheit, Arroganz.

Sensibel und idealistisch, sind Sie ein energischer Skorpion, der über außerordentliches geistiges Potential verfügt, wenn er Selbstdisziplin übt und sich auf seine Ziele konzentriert. Da Sie vielseitig und phantasiebegabt sind, möchten Sie sich in kreativer und emotionaler Form verwirklichen. Gleichmut und Ausdauer sind die Schlüssel zu Ihrem Erfolg; wenn Sie sich auf ein bestimmtes Gebiet spezialisieren, können Sie großen Eindruck machen.

Durch den Untereinfluß Ihres Dekadenzeichens Fische sind Sie nicht nur aufnahmefähig und hoch intuitiv, Sie haben auch mediale Fähigkeiten und den sechsten Sinn. Obwohl Sie immer wieder bemerkenswerte Ideen hervorbringen, neigen Sie zu Ängsten, die Ihre Überzeugungen und Ihr Selbstvertrauen unterminieren können. Wenn Sie mit Pragmatismus, Ausgeglichenheit und Vorstellungskraft an die Dinge herangehen, erreichen Sie mehr Stabilität. Da Sie ein Gefühl für Schwingungen und Rhythmus haben, geben Ihnen kreative oder musische Beschäftigungen positive Impulse.

Wenn Sie offen und tolerant sind, erkennen Sie, wie viele Möglichkeiten Ihnen offenstehen. Auch wenn Sie abenteuerlustig sind und viel Wert auf persönliche Freiheit legen, können Sie nur profitieren, wenn Sie mit anderen zusammenarbeiten. Wenn Sie alles im Leben als lehrreiche Erfahrung betrachten und auf Ihre innere Stimme hören, lernen Sie, sowohl Ihren Verstand als auch Ihre Intuition zu schätzen.

Zwischen 11 und 40, solange sich Ihre Sonne durch den Schützen bewegt, sind Sie optimistisch und möchten Ihr Wissen erweitern, etwa durch Studien, Reisen oder die Suche nach der Wahrheit. Wenn Sie 41 sind, tritt Ihre Sonne in den Steinbock; nach diesem Wendepunkt werden Sie pragmatischer, ausdauernder und realitätsbezogener in Ihren Lebensansichten. Wenn Ihre Sonne in den Wassermann wechselt, sind Sie 71 und schätzen neue Ideen, Freundschaft und Freiheit.

Ihr geheimes Selbst

Mit Ihrem angeborenen Sinn für Dramatik können Sie alle Arten von Gefühlen zeigen, von hart, herrisch und entschlossen bis sensibel, fürsorglich und mitfühlend. Sie sind von Grund auf großzügig, idealistisch und warmherzig, haben aber auch ein ausgeprägtes Pflichtgefühl. Da Sie nicht nur intuitiv, sondern auch scharfsinnig sind, suchen Sie Inspiration und arbeiten gern zum Wohl Ihrer Mitmenschen. Ihr Wunsch nach Selbstausdruck und Kreativität erfüllt sich oft in einer Beschäftigung mit Musik, Kunst oder Theater; oder zumindest als Kunstliebhaber.

Dank Ihres ausgeprägten Verantwortungsbewußtseins bleiben Sie nicht gern etwas schuldig; manchmal aber sind Sie sich selbst und anderen gegenüber zu streng. Dadurch können Sie depressiv oder frustriert werden. Wenn Sie sich um eine positive Lebenseinstellung bemühen oder etwas haben, für das Sie sich voll einsetzen, können Sie durch eine optimistische Geisteshaltung Ihre bemerkenswerten Talente zur Entfaltung bringen.

Beruf & Karriere

Da Sie sich gut in andere hineinversetzen können, sind Sie ein guter Psychologe oder Berater. Ihr natürlicher Geschäftssinn ist mit Organisationstalent gepaart und hilft Ihnen bei jeder Art von Beruf. Mit Ihrem Wissensdurst und Ihrem kommunikativen Talent eignen Sie sich für Pädagogik, Wissenschaft oder Schreiben. Sie entwickeln Ihr Potential am besten selbst als Autodidakt. Durch Tätigkeiten, die mit Menschen oder fremden Ländern zu tun haben, kommen Sie Ihrer Liebe zur Abwechslung entgegen und vermeiden Langeweile. Ihr Bedürfnis, Ihren Mitmenschen oder Ihrer Gemeinschaft in irgendeiner Form von Nutzen zu sein, sorgt dafür, daß Sie mit beiden Beinen auf der Erde bleiben, und schenkt Ihnen emotionale Befriedigung.

Berühmte Persönlichkeiten dieses Tages sind die Schauspielerin Demi Moore, General George Patton, die Schriftsteller Hans Magnus Enzensberger und Carlos Fuentes und der Schauspieler Leonardo DiCaprio.

Numerologie

Die besonderen Schwingungen der Hauptzahl 11 sorgen für Idealismus, Inspiration und Innovation. Eine Mischung aus Bescheidenheit und Selbstbewußtsein motiviert Sie dazu, ständig an sich zu arbeiten, sowohl in materieller als auch in spiritueller Hinsicht. Durch Erfahrung lernen Sie, mit beiden Seiten Ihrer Persönlichkeit umzugehen; Ausgeglichenheit finden Sie, wenn Sie lernen, auf Ihre Gefühle zu vertrauen. Sie sind energiegeladen, haben aber eine Neigung, ängstlich oder unpraktisch zu sein. Der Untereinfluß der Monatszahl 11 bewirkt, daß Sie sensibel sind und spirituelle Fähigkeiten haben. Da Sie für äußere Einflüsse sehr empfänglich sind, sollten Sie eine negative Atmosphäre stets meiden, da sie sich ungünstig auf Ihre Psyche auswirkt. Wenn Sie ausgeglichen, entschlossen und konzentriert sind, haben Sie ein einzigartiges Verständnis für Menschen und Ideen. Sie brauchen viel Freiheit, um unabhängig zu arbeiten, deshalb müssen Sie darauf achten, daß Sie sich nicht zuviel mit sich selbst beschäftigen, und lernen, mit anderen zusammenzuarbeiten. Wenn Sie Ihre Phantasie mit Ihrem Erfindungsreichtum und Ihrem praktischen Geschick verbinden, erreichen Sie hervorragende Ergebnisse.

Positiv: objektiv, inspirierend, spirituell, intuitiv, medial begabt, erfindungsreich, künstlerisch.

Negativ: Überlegenheitskomplex, unehrlich, ziellos, überemotional, reizbar, selbstsüchtig, hinterlistig.

Liebe & Zwischenmenschliches

Da Sie idealistisch sind und ein starkes emotionales Sicherheitsbedürfnis haben, gehören enge Beziehungen unverzichtbar zu Ihrem persönlichen Glück. Sie sind treu und hingebungsvoll und zeigen offen Ihre Gefühle, müssen sich aber hüten, zu ernst oder unsicher zu werden. Da Sie gesellig und allgemein beliebt sind, genießen Sie die Gesellschaft anderer und sind nicht gern allein. Sie sind sehr hilfsbereit und geraten oft in Versuchung, für die, die Sie lieben, große Opfer zu bringen; machen Sie sich aber von Ihren Partnern und Freunden nicht abhängig. Sie haben Charme und besonderes Geschick im Umgang mit Menschen, was andere für Sie einnimmt und Ihr gesellschaftliches Ansehen hebt.

Ihr Partner

Stabilität und dauerhaftes Glück finden Sie am ehesten mit den Menschen, die an folgenden Tagen geboren sind:
Liebe & Freundschaft: 1., 5., 15., 26., 29., 30. Jan., 13., 24., 28. Feb., 5., 11., 22., 25., 26. März, 9., 20., 24., 25. April, 7., 18., 21., 22. Mai, 5., 16., 19., 20. Juni, 3., 14., 17., 18., 31. Juli, 1., 12., 15., 16., 29., 31. Aug., 10., 13., 14., 27., 29. Sept., 8., 11., 12., 25., 27. Okt., 6., 9., 10., 23., 25. Nov., 4., 7., 8., 21., 23., 29. Dez.
Günstig: 1., 2., 10., 27. Jan., 8., 25. Feb., 6., 23. März, 4., 21. April, 2., 19., 30. Mai, 17., 28. Juni, 15., 26. Juli, 13., 24. Aug., 11., 22. Sept., 9., 20. Okt., 7., 18. Nov., 5., 16. Dez.
Schicksalhaft: 9., 10., 11., 12. Mai
Problematisch: 17., 26. Jan., 15., 24. Feb., 13., 22. März, 11., 20. April, 9., 18. Mai, 7., 16. Juni, 5., 14. Juli, 3., 12., 30. Aug., 1., 10., 28. Sept., 8., 26., 29. Okt., 6., 24., 27. Nov., 4., 22., 25. Dez.
Seelenverwandt: 21. Jan., 19. Feb., 17. März, 15. April, 13. Mai, 11. Juni, 9., 29. Juli, 7., 27. Aug., 5., 25. Sept., 3., 23. Okt., 1., 21. Nov., 19. Dez.

SONNE: SKORPION
DEKADE: FISCHE/NEPTUN
GRAD: 19°30' – 20°30' SKORPION
ART: FIXZEICHEN
ELEMENT: WASSER

Fixstern

Name des Sterns: Al Schemali, auch «Nördliche Waagschale» oder «Nördliche Schere» genannt

Gradposition: 18°23' – 19°19' Skorpion zwischen den Jahren 1930 und 2000

Magnitude: 2,5

Stärke: *******

Orbit: 1°30'

Konstellation: Beta Librae

Tage: 11., 12., 13. November

Sternqualitäten: unterschiedliche Deutungen: Merkur/Jupiter und Jupiter/Mars

Beschreibung: blau-weißer, manchmal blaßsmaragdgrüner Stern in der nördlichen Schale der Waage.

Einfluß des Hauptsterns

Unter dem Einfluß von Al Schemali bieten sich häufig günstige Gelegenheiten, und Sie haben nicht nur einen scharfen Intellekt und ein Faible für Wissenschaft und Esoterik, sondern auch Intuition und spirituelle Fähigkeiten. Al Schemali steht zudem für Ehren, Reichtum und lang anhaltendes Glück.

Im Zusammenhang mit dem Stand Ihrer Sonne verleiht Al Schemali einen starken Charakter und Führungsqualitäten. Mit seiner Hilfe gelingt Ihnen nach anfänglichen Schwierigkeiten ein großer Karrieresprung. Hüten Sie sich davor, mit dem Gesetz in Konflikt oder in fragwürdige Situationen zu geraten. Probleme sind aber selten von langer Dauer, und das Glück kehrt bald zurück, wenn Sie die richtigen Entscheidungen treffen.

- Positiv: ausgeprägter Gemeinsinn, Ideenreichtum, Optimismus, Organisationstalent.
- Negativ: Übertreibung, Eingebildetheit, Arroganz.

12. November

♏ Freundlich und kommunikativ, sind Sie ein vielseitig begabter Skorpion mit einem guten Gefühl für den Umgang mit Menschen. Obwohl Sie gelegentlich nach außen hin gefühllos wirken, sind Sie sehr sensibel und haben starke Gefühle. Da Sie idealistisch sind, suchen Sie stets die Wahrheit und sind immer bemüht, hinter die Fassade zu blicken. Ihre Vitalität und geistige Kraft verbergen sich oft hinter charmanter Ausstrahlung. Wenn Sie lernen, Ihre Vision mit Ihren Mitmenschen zu teilen, können Sie sie mit Ihrer Originalität und Tiefgründigkeit inspirieren.

Durch den Untereinfluß Ihres Dekadenzeichens Fische sind Sie phantasiebegabt und haben spirituelle Fähigkeiten und intensive Gefühle. Ihre unbeschwerte Art vermittelt gelegentlich einen falschen Eindruck von Ihnen, denn Sie lieben geistige Herausforderungen und provozieren gern mit Intelligenz und Ihrem schlagfertigen Witz.

Wenn Sie auf Ihr Wissen vertrauen, können Sie viel leisten und sehr erfolgreich sein; je gebildeter Sie sind, desto zentrierter können Sie sein. Von Natur aus harmoniebedürftig, brauchen Sie Seelenfrieden und schaffen sich eine angenehme Atmosphäre durch feste Grundlagen und positive Überzeugungen. Bei Konfrontationen nehmen Sie allerdings gern Zuflucht zu Machtspielen oder werden provokativ und unangenehm. Vertiefen Sie Ihre Überzeugungskraft und Ihr diplomatisches Geschick, dann können Sie andere leichter umstimmen.

Zwischen 10 und 39, solange sich Ihre Sonne durch den Schützen bewegt, brauchen Sie viel Freiheit und Abenteuer. Sie möchten Ihr Wissen erweitern, etwa durch Studien, Reisen oder die Suche nach der Wahrheit. Wenn Sie 40 sind, tritt Ihre Sonne in den Steinbock; nach diesem Wendepunkt werden Sie entschlossener, disziplinierter und realitätsbezogener und legen mehr Wert auf Struktur und Ordnung. Wenn Ihre Sonne den Wassermann erreicht, sind Sie 70 und schätzen Freundschaft, Unabhängigkeit und humanitäre Ideale.

Ihr geheimes Selbst

Hochintuitiv und mit ausgeprägtem Wahrnehmungsvermögen begabt, sind Selbstdisziplin und Konzentration für Sie äußerst wichtig, um Ihr erstaunliches geistiges Potential voll auszuschöpfen. Da Sie aber meist mit wenig Anstrengung vorankommen, müssen Sie selten den Fleiß aufwenden, der nötig wäre, um dieses Potential tatsächlich zu entfalten. Ihnen ist aber durchaus bewußt, daß Wissen Macht bedeutet, weshalb Sie stets weiterlernen wollen und dabei eine gewisse Kindlichkeit behalten.

Die Feinsinnigkeit und Intelligenz, die von Ihrem Geburtstag ausgehen, bewirken, daß Sie Interesse für die Beweggründe und Geheimnisse anderer haben und sich zu Menschen hingezogen fühlen, die einen ausgeprägten Intellekt besitzen. Obwohl Sie sich Ihrer angeborenen Weisheit bewußt sind, bringen Sie oft nicht die Geduld auf, auf dem aufzubauen, was Sie bereits wissen. Aufgrund Ihrer hohen Sensibilität müssen Sie sich unbedingt vor Realitätsflucht durch Alkohol, Phantastereien oder Drogen hüten.

Beruf & Karriere

Sie wirken auf andere stets optimistisch und charmant und können Ihre Ideen auf unterhaltsame Weise vermitteln. Als guter Stratege mit sozialen Fähigkeiten haben Sie auch natürlichen Geschäftssinn, der Ihnen in Promotion oder Verkauf sehr von Nutzen ist. Da Sie sich ungern Anordnungen geben lassen, streben Sie nach leitenden Positionen oder Selbständigkeit. Mit Ihrem Bedürfnis, im Rampenlicht zu stehen, sind Sie begabt als guter Schauspieler, Regisseur oder Politiker. Mit Ihrem scharfen Verstand und Ihren Kommunikationsfähigkeiten sind Publizistik, Jura, Pädagogik oder Gesundheitswesen für Sie geeignet.

Berühmte Persönlichkeiten dieses Tages sind Fürstin Gracia von Monaco, der Folkmusiker Neil Young, der Komponist Alexander Borodin, die Eiskunstläuferin Tonya Harding und die Turnerin Nadia Comaneci.

Numerologie

Im allgemeinen sind Sie intuitiv und freundlich und haben gutes logisches Denkvermögen. Mit der Geburtstagszahl 12 ist oft der starke Wunsch nach echter Individualität verbunden. Da Sie innovativ und sensibel sind, wissen Sie genau, wie Sie Takt und Kooperationsbereitschaft einsetzen müssen, um Ihre Ziele zu erreichen. Wenn Sie ein Gleichgewicht zwischen Ihrem Bedürfnis nach Selbstausdruck und Ihrer natürlichen Neigung, anderen zu helfen, herstellen, können Sie wahre emotionale Befriedigung und Erfüllung finden. Oft müssen Sie aber den Mut finden, auf eigenen Füßen zu stehen und mehr Selbstvertrauen zu entwickeln, und lernen, sich von anderen nicht so leicht entmutigen zu lassen. Der Untereinfluß der Monatszahl 11 führt dazu, daß Sie sich zwar gut ausdrücken können, aber gelegentlich starrköpfig und zu freimütig sind. Durch Ihre Intuition und Vielseitigkeit haben Sie zahlreiche Interessen. Ohne Ausdauer und Entschlossenheit verschwenden Sie aber nur Ihre Energie und verzetteln sich. Als hochintuitiver Mensch verstehen Sie es meisterlich, Menschen einzuschätzen und zu sehen, was unter der Oberfläche verborgen liegt.

Positiv: kreativ, Anziehungskraft, Initiative, Disziplin, fördert sich selbst und andere.

Negativ: verschlossen, exzentrisch, unkooperativ, überempfindlich, mangelndes Selbstwertgefühl.

Liebe & Zwischenmenschliches

Da Sie meist kraftvoll und bestimmt sind, müssen Sie sich sicher fühlen und Ihr Leben unter Kontrolle haben. Sie sind zwar ebenso idealistisch wie praktisch, haben aber auch einen Hang zur Sturheit, der zeigt, daß Sie sich in Ihre Prinzipien verbeißen können und einem eigenen strengen Moralkodex anhängen. In engen Beziehungen sollten Sie lernen, Kompromisse einzugehen, anstatt zu versuchen, Ihren Partner zu kontrollieren, oder unvernünftige Forderungen zu stellen. Von Natur aus sensibel, brauchen Sie eine harmonische Atmosphäre, die geistig anregend ist. Sobald Sie sich auf eine Beziehung eingelassen haben, sind Sie ein ebenso treuer wie leidenschaftlicher und zärtlicher Partner.

Ihr Partner

Wenn Sie jemanden suchen, bei dem Sie geistige Anregung und Liebe finden, sollten Sie sich unter den Menschen umsehen, die an den folgenden Tagen geboren sind:

Liebe & Freundschaft: 10., 13., 20., 21., 30. Jan., 8., 11., 18., 28. Feb., 6., 9., 16., 17., 26. März, 4., 7., 14., 24. April, 2., 5., 12., 22. Mai, 3., 10., 20. Juni, 1., 8., 9., 18. Juli, 6., 16., 30. Aug., 4., 14., 28., 30. Sept., 2., 12., 26., 28., 30. Okt., 10., 24., 26., 28. Nov., 8., 22., 24., 26. Dez.

Günstig: 12., 16., 17., 28. Jan., 10., 14., 15., 26. Feb., 8., 12., 13., 24. März, 6., 10., 11., 22. April, 4., 8., 9., 20., 29. Mai, 2., 6., 7., 18., 27. Juni, 4., 5., 16., 25. Juli, 2., 3., 14., 23. Aug., 1., 12., 21. Sept., 10., 19. Okt., 8., 17. Nov., 6., 15. Dez.

Schicksalhaft: 31. März, 29. April, 9., 10., 11., 12., 27. Mai, 25. Juni, 23. Juli, 21. Aug., 19. Sept., 17. Okt., 15. Nov., 17. Dez.

Problematisch: 6., 18., 22., 27. Jan., 4., 16., 20., 25. Feb., 2., 14., 18., 23. März, 12., 16., 21. April, 10., 14., 19. Mai, 8., 12., 17. Juni, 6., 10., 15. Juli, 4., 8., 13. Aug., 2., 6., 11. Sept., 4., 9. Okt., 2., 7. Nov., 5. Dez.

Seelenverwandt: 28. März, 26. April, 24. Mai, 22. Juni, 20. Juli, 18. Aug., 16. Sept., 14. Okt., 12. Nov., 10. Dez.

13. November

SONNE: SKORPION
DEKADE: KREBS/MOND
GRAD: 20°30' – 21°30' SKORPION
ART: FIXZEICHEN
ELEMENT: WASSER

Fixstern

Name des Sterns: Unukalhai
Gradposition: 21°3' – 21°54' Skorpion
zwischen den Jahren 1930 und 2000
Magnitude: 2,5
Stärke: ******
Orbit: 1°40'
Konstellation: Alpha Serpentis
Tage: 13., 14., 15., 16. November
Sternqualitäten: Saturn/Mars
Beschreibung: blaßorangegelber Stern am Nacken der Schlange.

Einfluß des Hauptsterns

Unukalhai steht für Mut, Entschlossenheit und Ausdauer, so daß es Ihnen nicht schwerfällt, Schwierigkeiten zu überwinden. Der Stern warnt aber auch vor schlechter Gesellschaft und bedeutet, daß man lernen muß, das Richtige zu tun, auch wenn es manchmal schwerfällt.

Im Zusammenhang mit dem Stand Ihrer Sonne verhilft Ihnen Unukalhai zu Erfolg in Publizistik, Politik und Öffentlichkeit. Er verleiht das Talent, gut zu strukturieren, und Entschlußkraft, Sie können durch ihn aber auch starrsinnig sein. Unter seinem Einfluß sollten Sie darauf achten, in Familienangelegenheiten stets fair und gerecht zu bleiben. Hüten Sie sich davor, in Rechtsstreitigkeiten verwickelt zu werden.

- Positiv: entschlossen, Ausdauer, Widerstandskraft, ist seinen Aufgaben gewachsen.
- Negativ: aufsässig und streitlustig, handelt gegen Gesetz und Establishment.

Kreativ und originell, sind Sie ein praktischer und geschickter Skorpion mit scharfem Verstand und ausgeprägter Intuition. Da Sie aufnahmefähig, inspiriert, neugierig und ein guter Beobachter sind, möchten Sie stets herausfinden, was andere bewegt, und können Menschen und Situationen rasch und präzise einschätzen. Häufig unabhängig und kühn, sind Sie tiefgründig und können Ihre intuitiven und analytischen Fähigkeiten weiterentwickeln.

Durch den Untereinfluß Ihres Dekadenzeichens Krebs haben Sie eine besonders ausgeprägte Phantasie und spirituelle Fähigkeiten. Wenn Sie inspiriert sind, können Sie durch Ihre Anpassungsfähigkeit nahezu jede Situation meistern. Auch wenn Sie scharfsinnig sind, sorgen Skepsis oder Unentschlossenheit gelegentlich dafür, daß Sie mißtrauisch oder angstvoll werden. Lernen Sie deshalb, auf Ihre Instinkte zu vertrauen. Da Sie geistig aktiv und immer gut informiert sein wollen, ist Ausbildung oder autodidaktisches Lernen für Sie die beste Möglichkeit, Ihren scharfen Verstand zu trainieren und Ihr Selbstvertrauen zu entwickeln.

Ihr Schwanken zwischen Konvention und Avantgarde zeigt, daß Sie Ihre Individualität und Kreativität durch geistig anregende Beschäftigungen zum Ausdruck bringen müssen. Langeweile und Untätigkeit führen bei Ihnen zu Nervosität, Streitlust oder provokativem Verhalten. Da Sie ehrgeizig sind, können Sie hart arbeiten und strengen sich wirklich an, um Ihre Ziele zu erreichen. Mit einer positiven Einstellung machen Sie sich das Leben wesentlich leichter als mit Zynismus.

Zwischen 9 und 38, solange sich Ihre Sonne durch den Schützen bewegt, sind Ihnen Dinge wie Idealismus, Offenheit und das Ergreifen von Chancen wichtig. Sie sind optimistisch und möchten Ihr Wissen erweitern oder Ihre eigene Psyche erkunden, etwa durch Ihre Arbeit, Studien, Reisen oder die Suche nach der Wahrheit. Wenn Sie 39 sind, tritt Ihre Sonne in den Steinbock. Nach diesem Wendepunkt werden Sie entschlossener, disziplinierter und realitätsbezogener. Außerdem legen Sie mehr Wert auf Struktur und Ordnung. Wenn Ihre Sonne in den Wassermann wechselt, sind Sie 69 und legen vermehrt Wert auf Freundschaft und humanitäre Ideale.

Ihr geheimes Selbst

Ehrgeizig und entschlossen, streben Sie nach Macht und materiellem Erfolg. Dank Ihrem finanziellen Know-how und ausgeprägten Überlebensinstinkten können Sie es zu Wohlstand bringen und alle Chancen nutzen, die sich Ihnen bieten. Sie steuern ohne Umschweife auf Ihr Ziel zu und verschwenden keine Zeit. Sie haben ein natürliches Talent fürs Geldverdienen, sollten aber mehr Selbstbeherrschung zeigen und davon absehen, sich manipulativ, rücksichtslos oder übertrieben materialistisch zu verhalten. Ihre starke Motivierung und die Fähigkeit, hart zu arbeiten, sorgen dafür, daß Sie viel erreichen können.

Trotz Ihrer scharfzüngigen und schlagfertigen Art können Sie sehr charmant sein. Als unabhängiger Denker sind Sie äußerst erfinderisch, wenn Sie sich einem Problem stellen; allerdings müssen Sie darauf achten, daß Sie nicht den Weg des geringsten Widerstands wählen und so Ihr bemerkenswertes Potential nicht ausnutzen. Ihre jugendliche und verspielte Art wird Ihnen ein Leben lang bleiben; um Erfolg und Beherrschung des Lebens zu erreichen, müssen Sie jedoch Verantwortungsbewußtsein üben und sich immer wieder neuen geistigen Herausforderungen stellen. Wenn Gefühle von Zynismus oder Skepsis aufkommen, sollten Sie mehr Mut haben, kühn und spontan zu sein, denn Sie arbeiten besser, wenn Sie sich mit anderen im freundschaftlichen Wettbewerb messen können.

Beruf & Karriere

Dank Ihrem natürlichen Verständnis für den Wert der Dinge können Sie äußerst produktiv arbeiten. Das hilft Ihnen in jedem Beruf, vor allem in der Geschäftswelt. Wenn Sie an eine Sache glauben und motiviert sind, können Sie hart arbeiten, um Ihre Ziele zu erreichen. Dieser Geburtstag verleiht oft Schreibtalent oder pädagogische Fähigkeiten. Sie haben eine große geistige Dynamik, mit der Sie in Debatten oder im juristischen Bereich brillieren können; mit Ihrem analytischen Geist eignen Sie sich auch für Psychologie oder Forschung. Technisches Geschick mag Sie zu Ingenieurwesen oder zur Computerbranche hinziehen. In Heilberufen können Sie Ihr Wissen mit anderen teilen.

Berühmte Persönlichkeiten dieses Tages sind der Schriftsteller Robert Louis Stevenson, die Schauspielerinnen Linda Christian und Whoopi Goldberg, der Schauspieler Oscar Werner und der Politiker Eberhard Diepgen.

Numerologie

Mit der Zahl 13 werden oft emotionale Sensibilität, Begeisterungsfähigkeit und Inspiration assoziiert. Numerologisch sind Sie ehrgeizig, können hart arbeiten und durch kreativen Selbstausdruck sehr viel erreichen. Sie sollten sich aber eine pragmatischere Lebensauffassung zulegen, damit Sie Ihre kreativen Begabungen in konkrete Ergebnisse umsetzen können. Ihre originelle und innovative Art führt oft zu neuen und aufregenden Ideen, die andere beeindrucken. Mit der Geburtstagszahl 13 sind Sie ernsthaft, romantisch, charmant und lebenslustig. Mit genügend Entschlossenheit können Sie es zu Wohlstand bringen. Der Untereinfluß der Monatszahl 11 bewirkt, daß Sie scharfsinnig und hoch intuitiv sind. Obwohl Sie vor originellen Ideen sprühen, kommt es vor, daß Selbstzweifel Ihr Selbstvertrauen und Ihre Entschlossenheit unterminieren. Von Natur aus idealistisch und nachdenklich, benötigen Sie eine Vision, die Ihnen eine Richtung im Leben weist. Skepsis oder Zweifel führen bei Ihnen häufig zu Mißtrauen oder Unsicherheit. Wenn Sie die humanitäre Seite Ihres Charakters einsetzen, können Sie Ihren hohen Idealen gerecht werden.

Positiv: ehrgeizig, kreativ, freiheitsliebend, Selbstverwirklichung, Initiative.
Negativ: impulsiv, unentschlossen, herrisch, gefühllos, rebellisch.

Liebe & Zwischenmenschliches

Sie sind hingebungsvoll und zärtlich zu denen, die Sie lieben, neigen aber zu Geheimniskrämerei und tun sich schwer, Ihre wahren Gefühle zu zeigen, weshalb Sie sich oft einsam fühlen. Wenn Sie verliebt sind, brauchen Sie Zeit, um Ihrem Partner zu vertrauen. Im allgemeinen fühlen Sie sich zu entschlossenen und hart arbeitenden Menschen hingezogen. Eine Neigung zu Angst und Mißtrauen weist darauf hin, daß Sie sich vor Rachsucht oder nachtragendem Verhalten hüten müssen. Wenn Sie eine anregende Person finden, der Sie vertrauen können, sind Sie ein treuer und zuverlässiger Partner.

Ihr Partner

Sicherheit, geistige Anregung und Liebe finden Sie am ehesten unter den Menschen, die an folgenden Tagen geboren sind:

Liebe & Freundschaft: 21., 22., 28., 31. Jan., 19., 20., 26., 29. Feb., 17., 24., 27. März, 15., 22., 25. April, 13., 20., 23. Mai, 11., 18., 21. Juni, 9., 10., 16., 19. Juli, 7., 14., 17., 31. Aug., 5., 12., 15., 29. Sept., 3., 10., 13., 27., 29., 31. Okt., 1., 8., 11., 25., 27., 29. Nov., 6., 9., 23., 25., 27. Dez.
Günstig: 9., 12., 18., 24., 29. Jan., 7., 10., 16., 22., 27. Feb., 5., 8., 14., 20., 25. März, 3., 6., 12., 23. April, 1., 10., 16., 21., 31. Mai, 2., 8., 14., 19., 29. Juni, 6., 12., 17., 27. Juli, 4., 10., 15., 25. Aug., 2., 8., 13., 23. Sept., 6., 11., 21. Okt., 4., 9., 19. Nov., 2., 7., 17. Dez.
Schicksalhaft: 11., 12., 13., 14. Mai
Problematisch: 7., 8., 19., 28. Jan., 5., 6., 17., 26. Feb., 3., 4., 15., 24. März, 1., 2., 13., 22. April, 11., 20. Mai, 9., 18. Juni, 7., 16. Juli, 5., 14. Aug., 3., 12. Sept., 1., 10. Okt., 8. Nov., 6. Dez.
Seelenverwandt: 3., 19. Jan., 1., 17. Feb., 15. März, 13. April, 11. Mai, 9. Juni, 7. Juli, 5. Aug., 3. Sept., 1. Okt.

14. November

SONNE: SKORPION
DEKADE: KREBS/MOND
GRAD: 21°30' – 22°30' SKORPION
ART: FIXZEICHEN
ELEMENT: WASSER

Fixsterne

Agena; Unukalhai

Hauptstern

Name des Sterns: Agena
Gradposition: 22°48' – 23°45' Skorpion zwischen den Jahren 1930 und 2000
Magnitude: 1
Stärke: **********
Orbit: 2°30'
Konstellation: Beta Centauri
Tage: 14., 15., 16., 17., 18. November
Sternqualitäten: unterschiedliche
Einflüsse: Venus/Jupiter oder Mars/Merkur
Beschreibung: kleiner weißer Stern am rechten Vorderbein des Zentauren.

Einfluß des Hauptsterns

Durch Agenas Einfluß gelangen Sie zu Anerkennung und hohen Positionen. Zudem verleiht er Ihnen Vitalität und eine gute Gesundheit. Wenn Sie unter seinem Einfluß stehen, sind Sie feinsinnig und haben hohe Moralvorstellungen, die Ihnen Freundschaft, Erfolg und Ehre einbringen.

Im Zusammenhang mit dem Stand Ihrer Sonne sorgt Agena für Ehrgeiz und Erfolg, und im allgemeinen haben Sie gute Beziehungen und einflußreiche Freunde. Auf Agena ist auch zurückzuführen, daß Sie gute soziale Fähigkeiten haben und sich bei einem breiten Publikum beliebt machen können, was Ihnen wiederum neue Chancen eröffnet. Sein Einfluß fördert die geistige Aktivität und macht Sie schlagfertig; hüten Sie aber Ihre Zunge, denn Indiskretion und un-

---

Als Skorpion sind Sie überzeugend und direkt und kommen durch Ihre große Ausdauer im Leben weiter. Gelassen und liebenswürdig, haben Sie eine umgängliche Art und viel Anziehungskraft, durch die Sie Freunde gewinnen und andere beeinflussen.

Durch den Untereinfluß Ihres Dekadenzeichens Krebs haben Sie Wahrnehmungsvermögen und Urteilskraft, spirituelle Fähigkeiten und tiefe, intensive Gefühle. Ihre freundliche Art kann gelegentlich überdecken, daß es Ihnen Vergnügen macht, Ihre innere Stärke durch Witz und Intelligenz und Ausfragen anderer zu testen. Zwar sensibel und rücksichtsvoll, sind Sie doch ein geborener Stratege mit praktischen Fähigkeiten und können durch die Verbindung Ihrer innovativen Ideen mit Ihrer Entschlossenheit Ihre Träume verwirklichen.

Eine Mischung aus Ehrgeiz und Trägheit macht es notwendig, daß Sie, obwohl klug und leistungsbereit, unbedingt mehr Selbstdisziplin und Konzentration aufbringen müssen, wenn Sie eine Sache gefunden haben, die Sie fasziniert. Sie können andere mit Ihrer einzigartigen Vision und Ihren Plänen inspirieren, dürfen es aber nicht zulassen, daß Ihre Neugier und Ihre zahlreichen Interessen Sie von Ihren Zielen ablenken oder daß Ängste und Sorgen Ihr enormes Potential blockieren. Mit Ihrem Wissensdurst können Sie zum Spezialisten auf Ihrem Gebiet werden, und da Sie vielseitig und wettbewerbsorientiert sind, erweisen sich Ihre Ideen oft als lukrativ. Achten Sie auf dem Weg zum Erfolg darauf, daß Sie nicht zu ernst werden, denn dadurch entsteht für Sie nur unnötiger Streß.

Zwischen 8 und 37, solange sich Ihre Sonne durch den Schützen bewegt, sind Sie optimistisch und legen Wert auf Idealismus oder Offenheit. Sie fühlen sich stark genug, die Chancen zu ergreifen, die sich Ihnen bieten, und möchten Ihr Wissen erweitern, etwa durch Studien, Reisen oder Kontakt mit fremden Kulturen. Wenn Sie 38 sind, tritt Ihre Sonne in den Steinbock; nach diesem Wendepunkt werden Sie realistischer, ausdauernder und sicherheitsbewußter und legen mehr Wert auf Struktur und Ordnung. Wenn Ihre Sonne in den Wassermann wechselt, sind Sie 68 und setzen vermehrt auf neue Ideen, Freundschaft und humanitäre Ideale.

Ihr geheimes Selbst

Sie sind sich Ihrer Wirkung bewußt und haben innere Würde; Ihr Gefühl für Macht können Sie mit großer Entschlossenheit verbinden und auf diese Weise bis ganz nach oben gelangen. Aus diesem Grund sollten Sie stets klare Ziele haben, denn sobald Sie einmal einen Entschluß gefaßt haben, führen Sie ihn mit Ausdauer und Resolutheit aus. Hüten Sie sich davor, daß dies nicht in Exzeß und Sturheit ausartet. Ihr natürlicher Geschäftssinn sorgt jedoch dafür, daß Sie Ihr Arbeitsfeld vor all diesen Einflüssen schützen, allerdings nur solange, wie Sie die nötige Selbstdisziplin dafür aufbringen.

Auch wenn Sie natürliche Führungsqualitäten haben, schätzen Sie die Vorteile von Teamwork und Partnerschaften. Sie können gut Kontakte knüpfen und Ihre Talente vermarkten. Gelegentlich aber geraten Sie in ein Dilemma zwischen Ihren Arbeitspflichten und Ihren persönlichen Beziehungen. Hier müssen Sie das Gleichgewicht finden, sensibel auf die Bedürfnisse anderer zu reagieren und nicht zuviel von Ihrer Persönlichkeit aufzugeben.

Beruf & Karriere

Mit Ihren Organisationsfähigkeiten eignen Sie sich gut für leitende Positionen als Manager oder Führungskraft in Wirtschaft und Verwaltung. Ihr scharfer Verstand und Ihr Vergnügen an geistigen Herausforderungen können Sie zu Publizistik, Lehramt oder in Forschung oder Informationstechnologie führen. Mit Ihrem Verständnis für die menschliche Natur eignen Sie sich als Berater, Therapeut oder Psychologe. Ihr natürlicher Charme, Ihr Gefühl für Form und Farbe und Ihr Sinn für Dramatik öffnen Ihnen Wege zu Theater, Musik und Kunst. Für Ihre Karriere am zuträglichsten ist es, wenn Sie im Team arbeiten.

Berühmte Persönlichkeiten dieses Tages sind Prinz Charles, der Komponist Aaron Copland, König Hussein von Jordanien, der indische Premier Jawaharlal Nehru, die Millionenerbin Barbara Hutton, der Maler Claude Monet, die Schauspielerin Louise Brooks und der UNO-Generalsekretär Boutros Boutros-Ghali.

Numerologie

Charakteristisch für die Zahl 14 sind intellektuelles Potential, Pragmatismus und Entschlossenheit. Die Arbeit hat für Sie oft erste Priorität, und Sie beurteilen sich und andere gern nach dem Stand auf der Karriereleiter. Auch wenn Sie Stabilität brauchen, werden Sie von Rastlosigkeit angetrieben und suchen ständig neue Herausforderungen, um voranzukommen. Diese innere Rastlosigkeit kann auch dazu führen, daß es in Ihrem Leben häufig zu Veränderungen kommt, vor allem, wenn Sie mit Ihrer beruflichen oder finanziellen Situation nicht zufrieden sind. Mit Ihrem aufnahmefähigen Geist können Sie Probleme schnell erkennen und lösen. Der Untereinfluß der Monatszahl 11 bewirkt, daß Sie intelligent, idealistisch und hoch intuitiv sind. Ihre starken Instinkte, mit Ihrer praktischen Geschicklichkeit und Ihrer produktiven Denkweise kombiniert, produzieren kreative und originelle Ideen. Wenn Sie sich weniger skeptisch oder stur verhalten und statt dessen Vertrauen und Flexibilität zeigen, werden Sie erkennen, welche Vorteile es bringt, tolerant und liberal zu sein.

Positiv: entschlossen, fleißig, kreativ, pragmatisch, phantasievoll.

Negativ: übervorsichtig oder zu impulsiv, labil, gedankenlos, stur.

Liebe & Zwischenmenschliches

Als sensibler und mitfühlender Mensch verfügen Sie über ein breites Spektrum an Emotionen. Im allgemeinen sind Sie gesellig und unterhaltsam und gern mit Menschen zusammen. Obwohl Sie viel Liebe und Zuneigung brauchen, basieren Ihre Beziehungen häufig auf Sicherheit und Stabilität. Sie fühlen sich zu stark auftretenden und intelligenten Menschen hingezogen, die Sie inspirieren, selbst kreativ zu sein und sich zu verwirklichen. In engen Beziehungen müssen Sie sich um ein Gleichgewicht zwischen Kompromißbereitschaft und Unabhängigkeit bemühen.

bedachtes Reden können Sie teuer zu stehen kommen.
- Positiv: energisch, klug, ausdauernd, beliebt, hohe Moralvorstellungen.
- Negativ: voreilig, unentschlossen, unehrenhaft.

Ihr Partner

Wenn Sie jemanden suchen, bei dem Sie Verständnis für Ihre Sensibilität und Ihr Bedürfnis nach Liebe finden, sollten Sie sich unter den Menschen umsehen, die an den folgenden Tagen geboren sind:

Liebe & Freundschaft: 8., 12., 18., 22. Jan., 16., 20. Feb., 8., 14., 28. März, 12., 16., 26. April, 10., 14., 24. Mai, 8., 12., 22. Juni, 6., 10., 20., 29. Juli, 4., 8., 18., 27., 30. Aug., 2., 6., 16., 25., 28. Sept., 4., 14., 23., 26., 27., 30. Okt., 2., 12., 21., 24., 28. Nov., 10., 19., 22., 26., 28. Dez.

Günstig: 6., 10., 25., 30. Jan., 4., 8., 23., 28. Feb., 2., 6., 21., 26. März, 4., 19., 24. April, 2., 17., 22. Mai, 15., 20., 30. Juni, 13., 18., 28. Juli, 11., 16., 26. Aug., 9., 14., 24. Sept., 7., 12., 22., 31. Okt., 5., 10., 20. Nov., 3., 8., 18. Dez.

Schicksalhaft: 12., 13., 14., 15., 29. Mai, 27. Juni, 25. Juli, 23. Aug., 21. Sept., 19. Okt., 17. Nov., 15. Dez.

Problematisch: 13., 29., 31. Jan., 11., 27., 29. Feb., 9., 25., 27. März, 7., 23., 25. April, 5., 21., 23. Mai, 3., 19., 21. Juni, 1., 17., 19. Juli, 15., 17. Aug., 13., 15. Sept., 11., 13. Okt., 9., 11. Nov., 7., 9. Dez.

Seelenverwandt: 6., 25. Jan., 23. Feb., 2., 21. März, 19. April, 17. Mai, 15. Juni, 13. Juli, 11. Aug., 9. Sept., 7. Nov., 5. Dez.

15. November

SONNE: SKORPION
DEKADE: KREBS/MOND
GRAD: 22°30' – 23°30' SKORPION
ART: FIXZEICHEN
ELEMENT: WASSER

Fixsterne

Agena; Unukalhai

Hauptstern

Name des Sterns: Agena
Gradposition: 22°48' – 23°45' Skorpion zwischen den Jahren 1930 und 2000
Magnitude: 1
Stärke: **********
Orbit: 2°30'
Konstellation: Beta Centauri
Tage: 14., 15., 16., 17., 18. November
Sternqualitäten: unterschiedliche
Einflüsse: Venus/Jupiter oder Mars/Merkur
Beschreibung: kleiner weißer Stern am rechten Vorderbein des Zentauren.

Einfluß des Hauptsterns

Durch Agenas Einfluß gelangen Sie zu Anerkennung und hohen Positionen. Zudem verleiht er Ihnen Vitalität und eine gute Gesundheit. Wenn Sie unter seinem Einfluß stehen, sind Sie feinsinnig und haben hohe Moralvorstellungen, die Ihnen Freundschaft, Erfolg und Ehre einbringen.

Im Zusammenhang mit dem Stand Ihrer Sonne sorgt Agena für Ehrgeiz und Erfolg, und im allgemeinen haben Sie gute Beziehungen und einflußreiche Freunde. Auf Agena ist auch zurückzuführen, daß Sie gute soziale Fähigkeiten haben und sich bei einem breiten Publikum beliebt machen können, was Ihnen wiederum neue Chancen eröffnet. Sein Einfluß fördert die geistige Aktivität und macht Sie schlagfertig; hüten Sie aber Ihre Zunge, denn Indiskretion und un-

Ehrgeizig, intelligent und unternehmungslustig, sind Sie ein aktiver Skorpion voller innerer Rastlosigkeit. Ihr Geburtstag bringt mit sich, daß Sie trotz Ihres regen und durchdringenden Verstands oft Ihre Kraft vergeuden und sich verzetteln, weil Sie nichts finden, das Sie wirklich interessiert und motiviert. Mit Ihrem enormen kreativen Geistespotential können Sie ausgezeichnet Neues lernen und Ihr bestehendes Wissen vergrößern. Mit Ihrer Kreativität und Ihrem Einfallsreichtum können Sie viel in Bewegung bringen.

Der Untereinfluß Ihres Dekadenzeichens Krebs macht Sie vielseitig und phantasievoll, mit starken Instinkten und intensiven Gefühlen. Dank Ihrem ungewöhnlichen Sinn für Humor können Sie witzig und unterhaltsam sein. Ihre Freundlichkeit kann allerdings manchmal auch zu Mißverständnissen führen, denn Sie lieben geistige Herausforderungen, und es macht Ihnen Spaß, Ihre Intelligenz an Ihren Mitmenschen zu testen.

Sie haben die Gabe, direkt zum Kern einer Sache zu kommen und Probleme auf geschickte und endgültige Weise zu lösen, neigen aber zu Ungeduld. Mit mehr Ausdauer können Sie auch Ihren Hang zur Impulsivität überwinden. Dadurch werden Sie arbeitsamer und gehen methodischer an Aufgaben heran, die viel Gründlichkeit und Detailtreue verlangen.

Zwischen 7 und 36, solange sich Ihre Sonne durch den Schützen bewegt, sind Sie optimistisch, legen Wert auf Idealismus und Offenheit und sind fähig, alle Chancen zu ergreifen, die sich Ihnen bieten. Auch möchten Sie Ihr Wissen erweitern, etwa durch Studien oder Reisen. Wenn Sie 37 sind, tritt Ihre Sonne in den Steinbock. Sie werden disziplinierter, entschlossener und realistischer und legen vermehrt Wert auf Struktur und Ordnung. Wenn Ihre Sonne in den Wassermann wechselt, sind Sie 67. Nun setzen Sie auf Unabhängigkeit, Freundschaft und humanitäre Ideale.

Ihr geheimes Selbst

Häufig verbergen Sie Ihre Sensibilität, um nicht zu zeigen, wie verletzlich Sie in Wahrheit sind. Gelegentlich sind Sie sich Ihrer Gefühle nicht recht sicher oder sind mit Ihrem Leben im allgemeinen unzufrieden. Um Langeweile zu vermeiden, müssen Sie sich Ihre Abenteuerlust bewahren. Reisen, Veränderungen und der Wunsch nach immer neuen Entdeckungen – geistig oder physisch – helfen Ihnen, neue und aufregende Erfahrungen zu machen.

Durch Ihre ausgeprägten Instinkte sind Sie sehr intuitiv. Am besten fahren Sie, wenn Sie sich bei Personen oder Situationen auf den ersten Eindruck verlassen. Wenn Sie sich von dieser Intuition leiten lassen, schenkt Ihnen das tieferes Verständnis und innere Weisheit, und Sie vermeiden Realitätsflucht oder Unmäßigkeit. Wenn Sie bereit sind, für Ihre Ziele Risiken einzugehen, haben Sie oft das Glück, zur rechten Zeit am rechten Ort zu sein.

Beruf & Karriere

Sie lernen sehr schnell, deshalb brauchen Sie einen Beruf, der Sie geistig wachhält. Da Sie großes Geschick im Umgang mit Menschen haben, knüpfen Sie viele Kontakte, die gut für all Ihre Aktivitäten sind. Weil Sie Abwechslung brauchen, eignen Sie sich besonders gut für Berufe, die mit Reisen oder ständigen Veränderungen zu tun haben. Sie sind ehrgeizig und brauchen Anerkennung, was Sie oft in leitende Positionen auf Ihrem Gebiet führt. Ihre lebhafte Intelligenz können Sie in Wirtschaft, Justiz oder Politik einsetzen. Ihre dramatische Begabung zieht Sie zu Theater oder Journalismus. Mit Ihrer Freiheitsliebe und Ihrer Rastlosigkeit machen Sie wahrscheinlich erst zahlreiche verschiedene Erfahrungen, ehe Sie einen Beruf finden, der Ihrer unternehmungslustigen Persönlichkeit am besten gerecht wird. Viele Menschen mit diesem Geburtstag entscheiden sich dafür, sich selbständig zu machen.

Berühmte Persönlichkeiten dieses Tages sind die Malerin Georgia O'Keeffe, die Sängerin Petula Clark, der Astronom William Herschel, der Pianist und Dirigent Daniel Barenboim, «Wüstenfuchs» Erwin Rommel und der Industrielle Andrew Carnegie.

Numerologie

Mit der Zahl 15 werden Vielseitigkeit, Großzügigkeit und Rastlosigkeit verbunden. Im allgemeinen sind Sie geistig rege und begeisterungsfähig und strahlen Charisma aus. Ihre größten Vorzüge sind Ihre ausgeprägten Instinkte und die Fähigkeit, durch die Verknüpfung von Theorie und Praxis schnell zu lernen. Häufig gelingt es Ihnen sogar, während der Ausbildung und Lehrzeit schon Geld zu verdienen. Sie nutzen Ihre intuitiven Kräfte und erkennen gute Gelegenheiten sofort. Sie haben Gefühl für Geld und können gut andere dazu bringen, Ihnen zu helfen und Sie zu unterstützen. Obwohl Sie von Natur aus abenteuerlustig sind, brauchen Sie doch eine solide Basis, wie etwa ein eigenes Zuhause. Der Untereinfluß der Monatszahl 11 bewirkt, daß Sie trotz innerer Zweifel einen starken Charakter haben und häufig entschlossen und willensstark sind. Wenn Sie lernen, Ihren gesunden Menschenverstand und Ihr ausgeprägtes Urteilsvermögen einzusetzen, überwinden Sie die Angst vor Phasen der Instabilität. Wenn Sie resolut, aber flexibel sind, können Sie dem Unerwarteten selbstbewußt entgegensehen und Situationen zu Ihrem Vorteil wenden.

Positiv: bereitwillig, großzügig, verantwortungsbewußt, kooperativ, liebevoll, kreativ, ideenreich.

Negativ: destruktiv, egozentrisch, unentschlossen, materialistisch, Machtmißbrauch.

Liebe & Zwischenmenschliches

Obwohl Sie hoch intuitiv und sensibel sind, zeigt Ihre skeptische Haltung, daß Sie zweiflerisch und unverbindlich sein können und Ihre Gedanken lieber für sich behalten. Sie brauchen geistige Anregung und Abwechslung, sonst langweilen Sie sich leicht. Ihr Bedürfnis nach Stabilität und Sicherheit kann in Ihren Beziehungen eine wichtige Rolle spielen. Mit Geduld, Toleranz und Urteilsvermögen lernen Sie am besten, wem Sie Liebe und Vertrauen schenken können. Lassen Sie nicht zu, daß selbstzerstörerische Anwandlungen oder Rachegelüste Ihre Beziehungen beeinträchtigen. Wenn es Ihnen gutgeht, sind Sie gegenüber denen, die Sie lieben, großzügig und freigiebig.

---

bedachtes Reden können Sie teuer zu stehen kommen.
- Positiv: energisch, klug, ausdauernd, beliebt, hohe Moralvorstellungen.
- Negativ: voreilig, unentschlossen, unehrenhaft.

Ihr Partner

Sicherheit und dauerhaftes Glück finden Sie am ehesten bei den Menschen, die an folgenden Tagen geboren wurden:
Liebe & Freundschaft: 13., 19., 23., 24. Jan., 22., 26. Feb., 9., 15., 19., 28., 29., 30. März, 7., 13., 17., 26., 27. April, 5., 11., 15., 24., 25., 26. Mai, 3., 9., 13., 22., 23., 24. Juni, 1., 7., 11., 20., 21., 22. Juli, 5., 9., 18., 19., 20. Aug., 3., 7., 16., 17., 18. Sept., 1., 5., 14., 15., 16., 29., 31. Okt., 3., 12., 13., 14., 27., 29. Nov., 1., 10., 11., 12., 25., 27., 29. Dez.
Günstig: 7., 15., 20., 31. Jan., 5., 13., 18., 29. Feb., 3., 11., 16., 27. März, 1., 9., 14., 25. April, 7., 12., 23. Mai, 5., 10., 21. Juni, 3., 8., 19. Juli, 1., 6., 17., 30. Aug., 4., 15., 28. Sept., 2., 13., 26. Okt., 11., 24. Nov., 9., 22. Dez.
Schicksalhaft: 13., 14., 15., 16. Mai
Problematisch: 6., 14., 30. Jan., 4., 12., 28. Feb., 2., 10., 26. März, 8., 24. April, 6., 22. Mai, 4., 20. Juni, 2., 18. Juli, 16. Aug., 14. Sept., 12. Okt., 10. Nov., 8. Dez.
Seelenverwandt: 30. April, 28. Mai, 26. Juni, 24. Juli, 22. Aug., 20. Sept., 18., 30. Okt., 16., 28., 30. Nov., 14., 26., 28. Dez.

16. November

SONNE: SKORPION
DEKADE: KREBS/MOND
GRAD: 23°30' – 24°30' SKORPION
ART: FIXZEICHEN
ELEMENT: WASSER

Fixsterne

Agena; Unukalhai

Hauptstern

Name des Sterns: Agena
Gradposition: 22°48' – 23°45' Skorpion zwischen den Jahren 1930 und 2000
Magnitude: 1
Stärke: **********
Orbit: 2°30'
Konstellation: Beta Centauri
Tage: 14., 15., 16., 17., 18. November
Sternqualitäten: unterschiedliche Einflüsse: Venus/Jupiter oder Mars/Merkur
Beschreibung: kleiner weißer Stern am rechten Vorderbein des Zentauren.

Einfluß des Hauptsterns

Durch Agenas Einfluß gelangen Sie zu Anerkennung und hohen Positionen. Zudem verleiht er Ihnen Vitalität und eine gute Gesundheit. Wenn Sie unter seinem Einfluß stehen, sind Sie feinsinnig und haben hohe Moralvorstellungen, die Ihnen Freundschaft, Erfolg und Ehre einbringen.

Im Zusammenhang mit dem Stand Ihrer Sonne sorgt Agena für Ehrgeiz und Erfolg, und im allgemeinen haben Sie gute Beziehungen und einflußreiche Freunde. Auf Agena ist auch zurückzuführen, daß Sie gute soziale Fähigkeiten haben und sich bei einem breiten Publikum beliebt machen können, was Ihnen wiederum neue Chancen eröffnet. Sein Einfluß fördert die geistige Aktivität und macht Sie schlagfertig; hüten Sie aber Ihre Zunge, denn Indiskretion und un-

Intuitiv und nachdenklich, aber auch pragmatisch, sind Sie ein Skorpion mit guten Organisationsfähigkeiten und Planungsgeschick. Als rationaler Denker setzen Sie gern Ihr großes Wissen gewinnbringend ein, das Sie sich durch Ihre enorme Wißbegier und Ihren scharfen Verstand angeeignet haben. Da Sie ein Perfektionist sind, können Sie Ihr geistiges Potential nutzen, um Probleme zu lösen oder erfolgreich in Forschung und Studium zu sein.

Durch den Untereinfluß Ihres Dekadenzeichens Krebs haben Sie eine besonders lebhafte Phantasie und spirituelle Fähigkeiten. Derselbe Einfluß sorgt dafür, daß Sie tiefe Gefühle haben und die Fähigkeit, sich mit Hilfe Ihres dynamischen Unbewußten wirkungsvoll auszudrücken. Idealistisch und überzeugend, haben Sie die Gabe, aktuelle Trends zu spüren. Sie sind gern kreativ beim Verdienen Ihres Lebensunterhalts, sofern Sie nicht zu übersteigerter Kritik oder fixen Ideen neigen.

Positives Denken und Bildung – ob konventionell oder autodidaktisch angeeignet – spielen eine große Rolle bei Ihrem persönlichen Fortkommen. Obwohl Sie zu Skepsis neigen, haben Sie irgendwann im Leben das Bedürfnis, Ihre von gesundem Menschenverstand geprägte Denkweise durch die Beschäftigung mit philosophischen oder mystischen Themen zu erweitern. Häufig dienen Sie anderen auch als Berater. Sie fühlen sich zu klugen und interessanten Menschen hingezogen und knüpfen Kontakte meist über gemeinsame Interessen.

Zwischen 6 und 35, solange Ihre Sonne sich durch den Schützen bewegt, wünschen Sie sich Abenteuer, sind optimistisch und möchten Ihr Wissen erweitern, sei es durch Studien oder Reisen. Wenn Sie 36 sind, tritt Ihre Sonne in den Steinbock. Sie werden praktischer, ordentlicher und realitätsbezogener. Wenn Ihre Sonne in den Wassermann wechselt, sind Sie 66. Nun werden Sie unabhängiger, gruppenbewußter und entwickeln Ihre humanitäre Seite und Ihre Beobachtungsgabe.

Ihr geheimes Selbst

Auch wenn Sie nach außen hin stark und selbstbewußt wirken, sind Sie innerlich sensibel und verletzlich. Mit der Zeit merken Sie, daß Verantwortungsbewußtsein und Fleiß Schlüssel zum Erfolg sind, und sind bereit, für Ihre Ziele oder Mitmenschen Opfer zu bringen. Ihr tiefes Bedürfnis nach Harmonie und Einfachheit drückt sich oft durch eine Beschäftigung mit Kunst oder Musik aus oder aber durch besondere Wertschätzung von Heim und Familie.

Ihr Wunsch nach Frieden wird immer wieder gestört durch Ihren Drang nach Bewegung und das Bedürfnis, ständig neue geistige Horizonte zu entdecken. Die Suche nach Wissen und Weisheit motiviert Sie zu höherer Bildung, Reisen und neuen Abenteuern. Um nicht ständig zwischen Rastlosigkeit und Routine zu schwanken, müssen Sie zu einem ausgeglichenen Leben finden und sich Zeit zum Nachdenken und Entspannen nehmen.

Beruf & Karriere

Praktisch und scharfsinnig, haben Sie einen angeborenen Geschäftssinn. Arbeitgeber schätzen Ihre guten Organisationsfähigkeiten und Ihr Verantwortungsbewußtsein. Diese Eigenschaften nutzen Ihnen vor allem in Verwaltung oder Management. Da Sie sehr unabhängig sind, brauchen Sie viel Freiheit bei der Arbeit und machen sich wahrscheinlich sogar selbständig. Doch Sie wissen die Vorzüge von Teamwork zu schätzen und gehen gern Partnerschaften ein. Ihr scharfer Verstand wird von Forschung, Pädagogik, Justiz oder Beraterpositionen angezogen. Auch interessieren Sie sich für Philosophie, Psychologie oder Metaphysik. Finanzieller Erfolg winkt Ihnen im Verkauf, bei Agenturtätigkeit oder Promotion. Sie können gut langfristig planen und kämpfen gern für eine gute Sache.

Berühmte Persönlichkeiten dieses Tages sind die Schauspielerin Bo Derek, der Komponist Paul Hindemith, der russische Diplomat Anatoli Dobrynin, die Sängerin und Pianistin Chi Coltrane, der Schauspieler Burgess Meredith und der Physiker Wernher von Braun.

Numerologie

Mit der Geburtstagszahl 16 sind Sie nachdenklich, sensibel und liebenswürdig. Obwohl Sie einen analytischen Geist haben, beurteilen Sie doch Situationen und Menschen oft aus dem Gefühl heraus. Sie können aber auch in eine emotionale Zwickmühle zwischen Ihrem Drang nach Selbstverwirklichung und Ihrer Verantwortung anderen gegenüber geraten. Sie interessieren sich für die Welt der Wirtschaft und der Politik und arbeiten am liebsten in Weltkonzernen oder den Medien. Die Kreativen unter Ihnen haben Talent zum Schreiben und erleben hin und wieder wahre Geistesblitze. Sie sollten aber vermeiden, zwischen übersteigertem Selbstvertrauen und Zweifeln und Unsicherheit zu schwanken. Der Untereinfluß der Monatszahl 11 führt dazu, daß Sie zwar aufgeschlossen und phantasievoll sind und starke Gefühle haben, aber geheimnistuerisch sein können und gesammelt oder distanziert wirken, weil Sie Ihre Gefühle verbergen. Sie möchten Ihre Gefühle rationalisieren, neigen aber zu stark emotionalen Reaktionen und Phasen starker Gefühlsturbulenzen. Ihr ausgeprägter Wunsch nach persönlicher Erfüllung sollte sich in einem Ideal oder dem Engagement für eine gute Sache ausdrücken können. Häufig stellen Sie sehr hohe Erwartungen an andere; wenn Sie aber wenig Mitgefühl zeigen oder übersteigerte Kritik üben, gefährden Sie Ihre langfristigen Pläne.

Positiv: gebildet, integer, intuitiv, sozial, kooperativ, verständnisvoll.

Negativ: unzufrieden, mangelndes Verantwortungsbewußtsein, rechthaberisch, skeptisch, leicht reizbar, wenig mitfühlend.

Liebe & Zwischenmenschliches

Obwohl Sie pragmatisch und intelligent sind, fühlt sich Ihr idealistischer und individueller Charakter zu unkonventionellen Beziehungen hingezogen oder zu Menschen aus fremden Ländern. Im allgemeinen brauchen Sie jemanden, der Ihren Geist positiv beeinflußt, und wenn Sie einmal eine Verpflichtung eingegangen sind, können Sie ein treuer, liebevoller und hilfsbereiter Partner sein. Sie sind ein Perfektionist und sollten aufpassen, daß Sie anderen Ihre Vorstellungen und Prinzipien nicht aufdrängen, da Sie sonst als herrisch empfunden werden. Ihre jugendliche und schalkhafte Art sorgt in Ihren Beziehungen dafür, daß Sie die Dinge nicht immer zu ernst nehmen.

bedachtes Reden können Sie teuer zu stehen kommen.
- Positiv: energisch, klug, ausdauernd, beliebt, hohe Moralvorstellungen.
- Negativ: voreilig, unentschlossen, unehrenhaft.

Ihr Partner

Einen Liebespartner werden Sie mit großer Wahrscheinlichkeit unter den an den folgenden Tagen geborenen Menschen finden:

Liebe & Freundschaft: 3., 4., 13., 17., 20., 24., 25. Jan., 1., 2., 12., 18., 22. Feb., 10., 13., 16., 20., 29., 30., 31. März, 8., 14., 18., 27., 28. April, 6., 12., 16., 25., 26., 31. Mai, 4., 10., 14., 23., 24., 29. Juni, 2., 8., 12., 21., 22., 27. Juli, 6., 10., 19., 20., 25. Aug., 4., 8., 17., 18., 23. Sept., 2., 6., 15., 16., 21., 30. Okt., 4., 13., 14., 19., 28. Nov., 2., 11., 12., 17., 26., 28., 30. Dez.

Günstig: 4., 8., 21. Jan., 1., 2., 6., 19. Feb., 4., 17., 28. März, 2., 15., 16. April, 13., 24. Mai, 11., 22. Juni, 9., 20. Juli, 7., 18., 31. Aug., 5., 16., 29. Sept., 3., 14., 27. Okt., 1., 12., 25. Nov., 10., 23. Dez.

Schicksalhaft: 3. Jan., 12., 13., 14., 15., 31. Mai, 29. Juni, 27. Juli, 25. Aug., 23. Sept., 21. Okt., 19. Nov., 17. Dez.

Problematisch: 7., 10., 15., 31. Jan., 5., 8., 13., 29. Feb., 3., 6., 11., 27. März, 1., 4., 9., 25. April, 2., 7., 23. Mai, 5., 21. Juni, 3., 19. Juli, 1., 17. Aug., 15. Sept., 13. Okt., 11. Nov., 9. Dez.

Seelenverwandt: 31. März, 29. April, 27. Mai, 25. Juni, 23. Juli, 21. Aug., 19. Sept., 17., 29. Okt., 15., 27. Nov., 13., 25. Dez.

SONNE: SKORPION
DEKADE: KREBS/MOND
GRAD: 24°30' – 25°30' SKORPION
ART: FIXZEICHEN
ELEMENT: WASSER

Fixstern

Name des Sterns: Agena
Gradposition: 22°48' – 23°45' Skorpion zwischen den Jahren 1930 und 2000
Magnitude: 1
Stärke: **********
Orbit: 2°30'
Konstellation: Beta Centauri
Tage: 14., 15., 16., 17., 18. November
Sternqualitäten: unterschiedliche Einflüsse: Venus/Jupiter oder Mars/Merkur
Beschreibung: kleiner weißer Stern am rechten Vorderbein des Zentauren.

Einfluß des Hauptsterns

Durch Agenas Einfluß gelangen Sie zu Anerkennung und hohen Positionen. Zudem verleiht er Ihnen Vitalität und eine gute Gesundheit. Wenn Sie unter seinem Einfluß stehen, sind Sie feinsinnig und haben hohe Moralvorstellungen, die Ihnen Freundschaft, Erfolg und Ehre einbringen.

Im Zusammenhang mit dem Stand Ihrer Sonne sorgt Agena für Ehrgeiz und Erfolg, und meist haben Sie gute Beziehungen und einflußreiche Freunde. Auf Agena ist auch zurückzuführen, daß Sie gute soziale Fähigkeiten haben und sich bei einem breiten Publikum beliebt machen können, was Ihnen wiederum Chancen eröffnet. Sein Einfluß fördert die geistige Aktivität und macht Sie schlagfertig; hüten Sie aber Ihre Zunge, denn Indiskretion und unbedachtes Reden können Sie teuer zu stehen kommen.

- Positiv: energisch, klug, ausdauernd, beliebt, hohe Moralvorstellungen.
- Negativ: voreilig, unentschlossen, unehrenhaft.

17. November

♏ Ihre geistige Vitalität und Ihre Begeisterungsfähigkeit zeigen, daß Sie ein ebenso sensibler wie praktischer Skorpion sind und die Fähigkeit haben, Ihre Talente zu vermarkten. Wenngleich Sie im allgemeinen geistreich und anpassungsfähig sind, haben Sie doch auch eine nachdenklichere Seite, die Sie bisweilen zurückhaltend oder sogar geheimnistuerisch erscheinen läßt.

Durch den Untereinfluß Ihres Dekadenzeichens Krebs sind Sie aufgeschlossen und phantasiebegabt und haben Forschergeist. Da Sie klug sind, spielen Sie meist zuerst alle Möglichkeiten durch, bevor Sie sich entscheiden, welche Talente Sie fördern möchten. Sie können sehr vielseitig und wißbegierig sein und müssen sich hüten, sich bei all Ihren Hobbys nicht zu verzetteln oder Ihre Kraft sinnlos zu vergeuden. Wenn Sie Selbstdisziplin üben und feste Ziele ansteuern, können Sie auch die nötige Ausdauer aufbringen, mit der sich schließlich Ihre Träume verwirklichen lassen. Versuchen Sie, auf langfristige Ziele hinzuarbeiten, ohne sofort dafür eine Gegenleistung zu erwarten; dann zeigen sich erst Ihre wahren Talente und Interessen.

Da Sie die menschliche Natur klug einschätzen können, sind Sie auch ein guter Stratege mit Blick fürs Detail. Häufig perfektionistisch veranlagt, können Sie penibel genau sein. Lassen Sie aber nicht zu, daß diese Gabe in Krittelei umschlägt. Dank Ihrem Pionier- und Unternehmungsgeist haben Sie starke Überlebensinstinkte. Wenn Sie lernen, diesen Instinkten zu vertrauen, überwinden Sie Ihren Hang zu Unsicherheit und Mißtrauen.

Zwischen 5 und 34, solange sich Ihre Sonne durch den Schützen bewegt, suchen Sie neue Horizonte und Chancen. Sie sind optimistisch, freiheitsliebend und risikobereit. Wenn Sie 35 sind, tritt Ihre Sonne in den Steinbock, und Sie gehen Ihre Ziele disziplinierter, entschlossener und zielstrebiger an. Wenn Ihre Sonne in den Wassermann wechselt, sind Sie 65. Nun setzen Sie zunehmend auf Gruppenaktivitäten, Unabhängigkeit, Freundschaft und humanitäre Ideale.

Ihr geheimes Selbst

Stolz und auf Wirkung bedacht, haben Sie natürlichen Geschäftssinn und einen ausgeprägten Wunsch nach Selbstverwirklichung. Mit Ihrem Erfindungsreichtum und Ihrer starken Individualität finden Sie Erfüllung vor allem in originellen und außergewöhnlichen Beschäftigungen. Als guter Beobachter mit gutem Einschätzungsvermögen können Sie andere gut beraten oder führen. Hinderlich auf Ihrem Weg zum Erfolg ist Ihre Neigung zu Angstzuständen und Unentschlossenheit und daß Sie sich leicht entmutigen lassen. Wenn Sie sich aber einmal für ein Ziel entschieden haben, können Sie sehr wohl entschlossen und zielstrebig sein.

Aufgrund Ihres Wunsches nach Abwechslung und Ihrer inneren Rastlosigkeit brauchen Sie anregende Interessen, die Sie dauerhaft begeistern; andernfalls langweilen Sie sich schnell. Aus demselben Grund spielen Abenteuer, Reisen und Abwechslung oft eine große Rolle in Ihrem Leben. Sie sind ehrgeizig, haben es aber gelegentlich mit finanziellen Problemen zu tun, denen Sie vorbeugen können, wenn Sie langfristig planen. Hüten Sie sich auch vor einem Hang zur Extravaganz oder zu großer Impulsivität.

Beruf & Karriere

Ihre große Anziehungskraft und Ihre sozialen Fähigkeiten garantieren Ihnen in allen Berufen Erfolg, bei denen Sie mit Menschen zu tun haben. Meist gehen Sie an Dinge kreativ heran und nutzen Ihre natürliche Eloquenz. Mit diesem Talent eignen Sie sich vor allem für Bereiche wie Journalismus, Unterrichten, Medien und Verkauf. Sie sind vielseitig, und Ihr Bedürfnis nach Abwechslung bedeutet, daß Sie monotone Beschäftigungen unbedingt vermeiden sollten. Ihr Sinn für Dramatik führt Sie vielleicht ins Showbusineß oder in die Politik, und wenn eine Sache Sie wirklich interessiert, können Sie hart dafür arbeiten, sie zu unterstützen. Da Sie stets wissen möchten, was die Menschen bewegt, eignen Sie sich für psychologische Berufe, und mit Ihrem natürlichen Geschäftssinn bringen Sie es auch leicht zu finanziellem Wohlstand.

Berühmte Persönlichkeiten dieses Tages sind der Regisseur Martin Scorsese, die Schauspieler Danny De Vito und Rock Hudson, der Schauspiellehrer Lee Strasberg, der Designer David Emanuel und Feldmarschall Viscount Montgomery.

Numerologie

Sie sind scharfsinnig und zurückhaltend und haben gute analytische Fähigkeiten. Als unabhängiger Denker profitieren Sie enorm von guter Bildung. Im allgemeinen bauen Sie auf Ihrem Wissen ein spezielles Fachwissen auf, mit dessen Hilfe Sie materiellen Erfolg oder eine prominente Position als Experte oder Forscher erreichen. Taktvoll, rücksichtsvoll und unvoreingenommen, haben Sie ein starkes Interesse an Daten und Fakten, treten meist höflich und ernsthaft auf und nehmen sich gern Zeit. Wenn Sie Ihre kommunikativen Fähigkeiten weiterentwickeln, können Sie Wesentliches über sich selbst und andere lernen. Der Untereinfluß der Monatszahl 11 führt dazu, daß Sie hoch intuitiv sind und spirituelle Fähigkeiten haben. Da Sie wißbegierig sind, wollen Sie stets herausfinden, was sich unter der Oberfläche verbirgt. Da Sie ehrgeizig und vielseitig begabt sind, haben Sie starke Anziehungskraft für andere. Obwohl Sie originell und kreativ sind und inspirierende Ideen entwickeln können, müssen Sie sich um Entschlossenheit und Konzentration bemühen, um aus Ihren Talenten etwas zu machen.

Positiv: rücksichtsvoll, guter Planer, Geschäftssinn, Gefühl für Geld, unabhängiger Denker.

Negativ: unbeteiligt, stur, leichtsinnig, launisch, intolerant, kritisch, mißtrauisch.

Liebe & Zwischenmenschliches

Auch wenn Sie charmant und romantisch sind und tiefe Gefühle haben, beweist ein Hang zur Unzufriedenheit, daß Sie kritisch oder unsicher in bezug auf Ihre Gefühle sein können. Treu und hingebungsvoll, sind Sie für die, die Sie lieben, zu großen Opfern bereit. Allerdings können Sie ebensogut kalt oder zu ernst werden. Sie suchen einen Partner, der ein großes Herz und genug Abstand hat, um Ihnen die Freiheit zu gewähren, die Sie brauchen.

Ihr Partner

Emotionale Erfüllung und Liebe finden Sie am ehesten bei den Menschen, die an folgenden Tagen geboren wurden:
Liebe & Freundschaft: 11., 18., 21., 25. Jan., 19., 23. Feb., 7., 14., 17., 21., 30. März, 15., 19., 28., 29. April, 13., 17., 26., 27. Mai, 11., 15., 24., 25., 30. Juni, 9., 13., 22., 23., 28. Juli, 7., 11., 20., 21., 26., 30. Aug., 5., 9., 18., 19., 24., 28. Sept., 3., 7., 16., 17., 22., 26., 29. Okt., 1., 5., 14., 15., 20., 24., 27. Nov., 3., 12., 13., 18., 22., 25., 27., 29. Dez.
Günstig: 5., 13., 16., 22., 28. Jan., 3., 11., 14., 20., 26. Feb., 1., 9., 12., 18., 24., 29. März, 7., 10., 16., 22., 27. April, 5., 8., 14., 20., 25. Mai, 3., 6., 12., 18., 23. Juni, 1., 4., 10., 16., 21. Juli, 2., 8., 14., 19. Aug., 6., 12., 17. Sept., 4., 10., 15. Okt., 2., 8., 13. Nov., 6., 11. Dez.
Schicksalhaft: 13., 14., 15., 16. Mai, 30. Juni, 28. Juli, 26. Aug., 24. Sept., 22. Okt., 20. Nov., 18. Dez.
Problematisch: 2., 23., 30. Jan., 21., 28. Feb., 19., 26., 28. März, 17., 24., 26. April, 15., 22., 24. Mai, 13., 20., 22. Juni, 11., 18., 20. Juli, 16., 18., 19. Aug., 7., 14., 16. Sept., 5., 12., 14. Okt., 3., 10., 12. Nov., 1., 8., 10. Dez.
Seelenverwandt: 14., 22. Jan., 12., 20. Feb., 10., 18. März, 8., 16. April, 6., 14. Mai, 4., 12. Juni, 2., 10. Juli, 8. Aug., 6. Sept., 4. Okt., 2. Nov.

18. November

SONNE: SKORPION
DEKADE: KREBS/MOND
GRAD: 25°30' – 26°30' SKORPION
ART: FIXZEICHEN
ELEMENT: WASSER

Fixstern

Name des Sterns: Agena
Gradposition: 22°48' – 23°45' Skorpion zwischen den Jahren 1930 und 2000
Magnitude: 1
Stärke: **********
Orbit: 2°30'
Konstellation: Beta Centauri
Tage: 14., 15., 16., 17., 18. November
Sternqualitäten: unterschiedliche Einflüsse: Venus/Jupiter oder Mars/Merkur
Beschreibung: kleiner weißer Stern am rechten Vorderbein des Zentauren.

Einfluß des Hauptsterns

Durch Agenas Einfluß gelangen Sie zu Anerkennung und hohen Positionen. Zudem verleiht er Ihnen Vitalität und eine gute Gesundheit. Wenn Sie unter seinem Einfluß stehen, sind Sie feinsinnig und haben hohe Moralvorstellungen, die Ihnen Freundschaft, Erfolg und Ehre einbringen.

Im Zusammenhang mit dem Stand Ihrer Sonne sorgt Agena für Ehrgeiz und Erfolg, und meist haben Sie gute Beziehungen und einflußreiche Freunde. Auf Agena ist auch zurückzuführen, daß Sie gute soziale Fähigkeiten haben und sich bei einem breiten Publikum beliebt machen können, was Ihnen wiederum Chancen eröffnet. Sein Einfluß fördert die geistige Aktivität und macht Sie schlagfertig; hüten Sie aber Ihre Zunge, denn Indiskretion und unbedachtes Reden können Sie teuer zu stehen kommen.

- Positiv: energisch, klug, ausdauernd, beliebt, hohe Moralvorstellungen.
- Negativ: voreilig, unentschlossen, unehrenhaft.

Ehrgeizig und stark, sind Sie ein Skorpion, der Selbstvertrauen und Charme ausstrahlt und sehr großzügig ist. Da Sie selbstsicher sind, lassen Sie sich von Rückschlägen nicht unterkriegen und geben selten zu, wenn Sie sich irren. Mit Ihrem scharfen Verstand und Ihrem Talent zum Umgang mit Menschen sind Sie ein geborener Psychologe, der Menschen und ihre Beweggründe versteht. Sie können gut Kontakte knüpfen, bevorzugen den persönlichen Touch und haben die Gabe, anderen das Gefühl zu geben, sie seien etwas Besonderes und Wichtiges.

Durch den Untereinfluß Ihres Dekadenzeichens Krebs sind Sie intuitiv und phantasievoll und haben ausgeprägte Instinkte. Mit Ihrem ganz besonderen Sinn für Humor können Sie witzig und unterhaltsam, manchmal aber auch sarkastisch und bissig sein. Sie sind provokativ und schätzen geistige Herausforderungen; Ihren Witz und Ihre Intelligenz testen Sie gern im Wettstreit mit anderen.

Zielstrebig, entschlossen und ausdauernd, übernehmen Sie gern die Führung und setzen Ihre Ideen konstruktiv um. Mit Ihren festen Überzeugungen und Ihrem Pragmatismus sind Sie ein schneller Denker und bestimmter Diskussionspartner. Sind Sie entspannt, präsentieren Sie Ihre Visionen klar und überzeugen andere, die Dinge aus Ihrer Perspektive zu betrachten. Sind Sie aber gereizt, neigen Sie zu Zynismus und Nörgelei.

Zwischen 4 und 33, solange Ihre Sonne sich durch den Schützen bewegt, brauchen Sie Freiheit und Abenteuer und suchen neue Horizonte. In dieser Phase möchten Sie Ihr Wissen erweitern, durch Reisen, Studien oder Ihre persönliche Suche nach der Wahrheit. Wenn Sie 34 sind, tritt Ihre Sonne in den Steinbock. Sie werden verantwortungsbewußter, präziser und fleißiger und legen mehr Wert auf Struktur und Ordnung. Wenn Ihre Sonne in den Wassermann wechselt, sind Sie 64 und setzen zunehmend auf Unabhängigkeit, Freiheit und humanitäre Ideale. Überdies entwickelt sich Ihre Beobachtungsgabe.

Ihr geheimes Selbst

Die extremen Seiten Ihrer Persönlichkeit drücken sich in Wärme, Freundlichkeit und Hilfsbereitschaft einerseits, in Neigung zu schlechter Stimmung andererseits aus. Machen Sie das Gift Ihres Skorpionstachels unschädlich, indem Sie Ihren scharfen und wißbegierigen Verstand dazu benutzen, Ihre eigene Kraft und Motivation zu ergründen. Wenn Sie sich um echte Selbstfindung bemühen, können Sie durch Ihre Erkenntnisse und Erfahrungen auch vielen anderen eine große Hilfe sein.

Die auf Wirkung bedachte Seite Ihrer Persönlichkeit braucht Menschen und ein aktives gesellschaftliches Leben. Stolz kann Sie zu noch größeren Leistungen anspornen. Er kann aber auch zu Sturheit oder Arroganz führen. Um das zu vermeiden, sollten Sie sich ständig mit neuen Projekten oder Aktivitäten beschäftigen, auf die Sie Ihre enormen inneren Kräfte lenken können. Dadurch werden Sie mit Hingabe und Fleiß so ziemlich alles erreichen.

Beruf & Karriere

Wenn Sie sich einer Sache voll und ganz widmen, zeigen Sie viel Entschlossenheit, Ausdauer und Fleiß; mit diesen Eigenschaften können Sie in allen Berufen erfolgreich sein. Dank Ihrer Gabe, charmant zu sein, wenn es nötig ist, und Ihrem Verständnis der menschlichen Natur sind Sie vor allem geeignet für Berufe, in denen Sie mit Menschen zu tun haben. Ihre Organisationsfähigkeiten, Ihre Führungsqualitäten und Ihr strategisches Talent führen Sie in Handel und Wirtschaft, wo Sie sich vor allem für Großprojekte interessieren. Da Sie sehr unabhängig sind, brauchen Sie viel Handlungsspielraum oder machen sich am besten gleich selbständig. Mit Ihrem scharfen Intellekt bieten auch Pädagogik oder Politik Möglichkeiten für Sie. Ihr Wunsch nach Selbstverwirklichung und Ihr Sinn für Dramatik öffnen Ihnen den Weg zu Kunst und Entertainment.

Berühmte Persönlichkeiten dieses Tages sind die Sängerin Kim Wilde, die Opernsängerin Amelita Galli-Curci, der Schauspieler Marcello Mastroianni, der Statistiker George Gallup und die Schauspielerin Linda Evans.

Numerologie

Zu den Eigenschaften der Zahl 18 gehören Entschlossenheit, bestimmtes Auftreten und Ehrgeiz. Sie brauchen ständig neue Herausforderungen und sind meist in irgendwelche Aktivitäten involviert. Da Sie kompetent, fleißig und verantwortungsbewußt sind, erreichen Sie häufig Führungspositionen. Ihr ausgeprägter Geschäftssinn und Ihre Organisationsfähigkeiten führen Sie oft in die Welt des Handels. Da Sie dazu neigen, sich zu überarbeiten, müssen Sie lernen, sich richtig zu entspannen. Mit der Geburtstagszahl 18 haben Sie Heilkräfte, können gut Ratschläge erteilen und die Probleme anderer lösen. Der Untereinfluß der Monatszahl 11 bedeutet, daß Sie willensstark und resolut sind. Zwar rechthaberisch und sehr selbstsicher, können Sie dennoch charmant sein und andere beeinflussen. Da Sie auf Ihrer Freiheit bestehen, neigen Sie aber auch zu Selbstsucht oder Widerspenstigkeit.

Positiv: progressiv, bestimmtes Auftreten, intuitiv, mutig, resolut, Heilkräfte, tüchtig, Beraterfähigkeit.

Negativ: unkontrollierte Gefühle, faul, mangelnder Ordnungssinn, selbstsüchtig, gefühllos, kann Projekte nicht zu Ende führen.

Liebe & Zwischenmenschliches

Sie sind im Herzen jung, wollen Spaß im Leben und sind unterhaltsam und ein guter Gesellschafter. Es macht Ihnen Freude, andere zu beeindrucken. Sie können großzügig sein, neigen aber gelegentlich zu mangelndem Verantwortungsbewußtsein oder Selbstsucht. Da Liebe und Freundschaft Ihnen viel bedeuten, setzen Sie häufig Ihre diplomatischen Fähigkeiten ein, um Ihre Beziehungen harmonisch zu halten. Kontaktfreudig, stolz und mit viel Überzeugungskraft begabt, sind Sie ebenso stark wie anziehend. Hüten Sie sich aber vor Launenhaftigkeit.

Ihr Partner

Einen Partner, der Ihre Sensibilität und Ihr Bedürfnis nach Liebe versteht, werden Sie mit großer Wahrscheinlichkeit unter den an den folgenden Tagen geborenen Menschen finden:

Liebe & Freundschaft: 6., 16., 22., 26. Jan., 4., 14., 20., 24., 25. Feb., 2., 12., 14., 18., 22. März, 10., 16., 20., 30. April, 8., 14., 18., 28. Mai, 6., 12., 16., 26. Juni, 4., 10., 14., 24., 31. Juli, 2., 8., 12., 22., 29. Aug., 6., 10., 20., 27. Sept., 4., 8., 18., 25. Okt., 2., 6., 16., 23., 30. Nov., 4., 14., 21., 28., 30. Dez.

Günstig: 6., 17., 23., 31. Jan., 4., 15., 21., 29. Feb., 2., 13., 19., 27., 30. März, 11., 17., 25., 28. April, 9., 15., 23., 26. Mai, 7., 13., 21., 24. Juni, 5., 11., 19., 22. Juli, 3., 9., 17., 20. Aug., 1., 7., 15., 18., 30. Sept., 5., 13., 16., 28. Okt., 3., 11., 14., 26. Nov., 1., 9., 12., 24. Dez.

Schicksalhaft: 13., 14., 15., 16. Mai

Problematisch: 24. Jan., 22. Feb., 20., 29. März, 18., 27., 29. April, 6., 16., 25., 27., 30. Mai, 14., 22., 25., 28. Juni, 12., 21., 23., 26. Juli, 10., 19., 21., 24. Aug., 8., 17., 19., 22. Sept., 6., 15., 17., 20. Okt., 4., 13., 15., 18. Nov., 2., 11., 13., 16. Dez.

Seelenverwandt: 13. Jan., 11. Feb., 9. März, 7. April, 5. Mai, 3. Juni, 1., 28. Juli, 26. Aug., 24. Sept., 22. Okt., 20. Nov., 18. Dez.

19. November

SONNE: SKORPION
DEKADE: KREBS/MOND
GRAD: 26°30' – 27°30' SKORPION
ART: FIXZEICHEN
ELEMENT: WASSER

Fixsterne

Ihre Sonne ist zwar nicht mit einem Fixstern verbunden, sicherlich aber einer der anderen Planeten Ihres Sonnenzeichens. Wenn Sie sich ein Geburtshoroskop erstellen lassen, lernen Sie die exakten Positionen der Planeten an Ihrem Geburtstag kennen. Auf diese Weise können Sie feststellen, welche der Fixsterne in diesem Buch für Sie von Interesse sind.

Zu Ihrem persönlichen Charme gehören Kreativität und Sensibilität. Idealistisch und voller Überzeugungskraft und Wißbegier, sind Sie ein Skorpion, der Wissen liebt, was ihn zu Kühnheit und Originalität treibt. Als progressiver Denker mit innovativem Geist interessieren Sie sich häufig für soziale oder pädagogische Reformen oder sind ständig auf der Suche nach neuen und aufregenden Ideen.

Durch den Untereinfluß Ihres Dekadenzeichens Krebs sind Sie phantasievoll, neugierig und aufgeschlossen. Da Sie intelligent und vielseitig sind, probieren Sie zunächst mehrere Möglichkeiten aus, bevor Sie entscheiden, welche Talente Sie fördern wollen. Aufgrund Ihrer inneren Rastlosigkeit langweilen Sie sich leicht, wenn Ihnen die geistige Herausforderung fehlt; dann kann es passieren, daß Sie Ihre Kraft an triviale Beschäftigungen vergeuden.

Musisch begabt und wißbegierig, sammeln Sie Informationen und entwickeln gute Kommunikationsfähigkeiten, inklusive Schreibtalent. Ihr Pragmatismus und Ihr scharfer Intellekt machen Sie selbstbewußt, und Sie können Menschen und ihre Motive gut einschätzen. Mit Ihrer persönlichen Art geben Sie Menschen das Gefühl, etwas Besonderes und Wichtiges zu sein. Mitfühlend und diplomatisch, können Sie ein freundlicher und anregender Gefährte sein, außer Sie sind launisch. Dann wirken Sie gefühllos und desinteressiert.

Zwischen 3 und 32, solange Ihre Sonne im Schützen steht, dreht sich Ihr Hauptinteresse um Idealismus, Freiheit und Expansion. Diese Phase ist gut für Studium, Reisen und Wissenserweiterung. Wenn Sie 33 sind, tritt Ihre Sonne in den Steinbock. Sie werden disziplinierter, strukturierter und realitätsbezogener. Wenn Ihre Sonne in den Wassermann wechselt, sind Sie 63. Nun setzen Sie zunehmend auf Unabhängigkeit, Freiheit und humanitäre Ideale.

Ihr geheimes Selbst

Ihre verborgene Sehnsucht nach Liebe und Frieden veranlaßt Sie möglicherweise, sich für die reine Liebe und eine idealistische Sache einzusetzen; achten Sie dabei aber immer auf Gleichberechtigung. Sie wollen zwar abhängig sein, wissen aber auch, daß Sie allein nicht weit kommen. Partnerschaften, Teamwork und gemeinschaftliche Anstrengungen spielen deshalb in Ihrem Leben eine große Rolle. Investieren Sie nie zuviel von sich selbst in Ihre Beziehungen, denn es besteht die Gefahr von emotionalen Tiefs und Enttäuschungen.

Aufgrund Ihrer ausgeprägten Sensibilität müssen Sie die emotionalen Extreme Ihrer Persönlichkeit ausbalancieren. Oft fühlen sich Menschen aufgrund Ihrer Intelligenz zu Ihnen hingezogen. Sie haben einen scharfen Verstand, können aber auch warmherzig, liebevoll und verständnisvoll sein. Mit diesen Eigenschaften können Sie zum Anführer, Berater oder Beschützer für andere werden.

Beruf & Karriere

Mit Ihren Führungsqualitäten, sozialen Fähigkeiten und Ihrer kühnen Intelligenz können Sie in nahezu allen Bereichen erfolgreich sein. Da Sie hart arbeiten können und sich für Finanzangelegenheiten interessieren, zieht es Sie zu Handel und Wirtschaft, wo Sie

Großprojekte bevorzugen und viel Handlungsspielraum brauchen. Ihr Beruf sollte unbedingt mit Reisen oder Abwechslung zu tun haben. Da Sie sich gern für eine Sache engagieren, setzen Sie sich möglicherweise für soziale Reformen ein oder werden ein guter Promoter oder Sprecher. Ihre Überzeugungskraft und Wortgewandtheit nutzen Ihnen in Medien, Politik oder Justiz. Ebenso erfolgversprechend sind für Sie Verkauf, Öffentlichkeitsarbeit oder Beratung. Als Redner oder Berater können Sie Ihr Wissen und Ihre Erfahrung auch mit anderen teilen.

Berühmte Persönlichkeiten dieses Tages sind der Designer Calvin Klein, die Schauspielerinnen Jodie Foster und Meg Ryan, die indische Premierministerin Indira Gandhi, der Medientycoon Ted Turner und der Astronaut Alan Shepard.

Numerologie

Als dynamisch, ehrgeizig und menschenfreundlich werden Menschen mit der Geburtstagszahl 19 oft von anderen beschrieben. Entschlossen und erfinderisch, haben Sie ausgeprägte Vorstellungen. Doch Ihre träumerische Seite zeigt auch Mitgefühl, Idealismus und Sensibilität. Das Bedürfnis, jemand zu sein, läßt Sie dramatisch werden und sich immer in den Vordergrund spielen. Oft sind Sie von dem starken Wunsch beseelt, eine ganz individuelle Identität zu entwickeln. Um das zu erreichen, müssen Sie sich allerdings erst einmal dem Druck Ihrer Umwelt gewachsen zeigen. Sie mögen auf andere zwar selbstbewußt, robust und einfallsreich wirken, doch innere Spannungen sind Ursache von emotionalen Hochs und Tiefs. Musisch und charismatisch, steht Ihnen die Welt offen. Der Untereinfluß der Monatszahl 11 bewirkt, daß Sie hoch intuitiv sind und starke Gefühle haben. Mit Ihrem Scharfblick sind Sie visionär, sollten aber Ihre Gefühle und Gedanken offener zeigen. Als vielseitig talentierter Mensch haben Sie gutes logisches Denkvermögen, müssen sich aber vor Ungeduld oder Angstzuständen hüten. Häufig gilt es Einschränkungen und Schwierigkeiten zu überwinden, ehe Sie Frieden und Harmonie finden.

Positiv: dynamisch, konzentriert, kreativ, progressiv, optimistisch, unabhängig, gesellig.

Negativ: egozentrisch, depressiv, Angst vor Zurückweisung, Gefühlsschwankungen, materialistisch, egoistisch, ungeduldig.

Liebe & Zwischenmenschliches

Praktisch und charismatisch, sind Sie eine anziehende und freundliche Persönlichkeit. Dank Ihrem diplomatischen Geschick können Sie angespannte Situationen entschärfen und in Beziehungen für Harmonie sorgen. Sie lieben aktive und bewußte Menschen, die aus eigener Kraft erfolgreich sind. Da Sie starke Gefühle haben, müssen Sie sich davor hüten, besitzergreifend oder überemotional zu werden. Häufig sind Sie bereit, hart für eine Beziehung zu arbeiten. Im allgemeinen sind Sie ein treuer Freund oder Partner.

Ihr Partner

Sicherheit, geistige Anregung und Liebe finden Sie am ehesten unter den Menschen, die an folgenden Tagen geboren sind:

Liebe & Freundschaft: 1., 4., 20., 27., 29. Jan., 2., 25., 27. Feb., 23., 25. März, 21., 23. April, 19., 21., 29. Mai, 17., 19., 27. Juni, 15., 17., 25. Juli, 13., 25., 23. Aug., 11., 13., 21. Sept., 9., 11., 19. Okt., 7., 9., 17. Nov., 5., 7., 15. Dez.

Günstig: 3., 10., 15., 18. Jan., 1., 8., 13., 16. Feb., 6., 11., 14., 25., 27. März, 4., 9., 12., 27., 29. April, 2., 7., 10., 25., 27. Mai, 5., 8., 23., 25. Juni, 3., 6., 21., 23. Juli, 1., 4., 19., 21. Aug., 2., 17., 19. Sept., 15., 17. Okt., 13., 15. Nov., 11., 13. Dez.

Schicksalhaft: 30. April, 14., 15., 16., 17., 28. Mai, 26. Juni, 24. Juli, 22. Aug., 20. Sept., 18. Okt., 16. Nov., 14. Dez.

Problematisch: 9., 14., 16., 25. Jan., 7., 12., 14., 23. Feb., 5., 10., 12., 21., 28., 30. März, 3., 8., 10., 19., 26., 28. April, 1., 6., 8., 17., 24., 26. Mai, 4., 6., 15., 22., 24. Juni, 2., 4., 13., 20., 22. Juli, 2., 11., 18., 20. Aug., 9., 16., 18. Sept., 7., 14., 16. Okt., 5., 12., 14. Nov., 3., 10., 12. Dez.

Seelenverwandt: 30. Jan., 28. Feb., 18. Juli, 29. Dez.

20. November

SONNE: SKORPION
DEKADE: KREBS/MOND
GRAD: 27°30' – 28°30' SKORPION
ART: FIXZEICHEN
ELEMENT: WASSER

Fixstern

Name des Sterns: Bungula
Gradposition: 28°36' – 29°35' Skorpion zwischen den Jahren 1930 und 2000
Magnitude: 1
Stärke: **********
Orbit: 2°30'
Konstellation: Alpha Centauri
Tage: 20., 21., 22., 23., 24. November
Sternqualitäten: Venus/Jupiter
Beschreibung: leuchtender weiß-gelber Doppelstern am linken Fuß des Zentauren.

Einfluß des Hauptsterns

Bungula steht für Leidenschaft, Scharfsinn und profitable gesellschaftliche Kontakte. Unter dem Einfluß dieses Sterns sind Sie nie um hilfsbereite Freunde und günstige Gelegenheiten verlegen, und er bietet Ihnen die Chancen und Möglichkeiten für Macht und Ehren. Er warnt aber auch vor extremem Verhalten oder Fatalismus.
Im Zusammenhang mit dem Stand Ihrer Sonne sorgt Bungula für Ehrgeiz, Konsequenz und Entschlossenheit, die Ihnen helfen, stetig voranzukommen. Nehmen Sie sich aber vor Rivalität, Neid oder Egozentrik in acht.

- Positiv: selbstsicher, großzügig, beliebt, kann teilen.
- Negativ: überempfindlich, Außenseiter.

Charismatisch und intuitiv, sind Sie ein freundlicher Skorpion mit einem gewinnenden Lächeln und tiefen Gefühlen. Von starkem und dynamischem Charakter, sind Sie dennoch liebenswürdig und großzügig und gelegentlich sogar überraschend bescheiden. Sie müssen lernen, flexibler zu werden und Ihre Gefühle nicht so stark unter Kontrolle zu halten. Da Sie ehrgeizig und dramatisch, sensibel und schlagfertig sind, haben Sie das Potential für hervorragende kreative Leistungen.

Durch den Untereinfluß Ihres Dekadenzeichens Krebs sind Sie phantasievoll und umgeben sich gern mit schönen und luxuriösen Dingen. Großzügig und lebenslustig, können Sie auch diplomatisch sein, wenn es in Ihrem Interesse liegt. Auch wenn Sie sensibel und gefühlsgesteuert sind, deutet Ihre praktische und fleißige Natur darauf hin, daß Sie nur Selbstdisziplin anwenden müssen, um das Beste aus Ihren vielen Talenten zu machen.

Wenn Sie inspiriert sind, möchen Sie sich auf kreative Weise ausdrücken und suchen Anerkennung in der Welt von Theater, Musik, Kunst oder Unterhaltung. Durch Entschlossenheit und harte Arbeit können Sie dort auch erfolgreich sein. Sie müssen Ihre Tendenz zu Ungeduld, manipulativem oder dominierendem Verhalten überwinden und sollten Ihre strategischen und planerischen Fähigkeiten weiterentwickeln. In Zusammenarbeit mit anderen und bei gemeinschaftlichen Anstrengungen leisten Sie oft Ihren größten Beitrag zum Wohl der Gemeinschaft.

Bis zum Alter von 31 ermutigt Ihre Sonne im Schützen Sie, optimistisch im Leben voranzugehen und immer wieder neue Chancen zu suchen. In dieser Phase sind Sie abenteuerlustig und risikobereit, möchten sich weiterbilden und fühlen sich zu fremdländischen Menschen und Kulturen hingezogen. Wenn Sie 32 sind, tritt Ihre Sonne in den Steinbock, Sie gehen das Leben praktischer, ehrgeiziger und realitätsbezogener an und legen vermehrt Wert auf Struktur und Ordnung. Wenn Ihre Sonne in den Wassermann wechselt, sind Sie 62 und werden experimentierfreudiger, unabhängiger und zeigen mehr Beobachtungsgabe und Gruppenbewußtheit.

Ihr geheimes Selbst

Durch Selbstanalyse und mit Humor können Sie die extremen Seiten Ihrer Natur in den Griff bekommen. Sie sind von zahlreichen Gegensätzlichkeiten geprägt – großzügig und selbstsüchtig, fleißig und träge, hart und sensibel. Da Sie gesellig sind und gut persönliche Kontakte knüpfen können, haben Sie dank Ihrem Charme und Ihrem guten Urteilsvermögen in den wenigsten Situationen Probleme. Allein fühlen Sie sich unglücklich, weshalb Gesellschaft für Sie außerordentlich wichtig ist, und für friedliches Zusammensein sind Sie häufig zu Kompromissen bereit. Achten Sie aber darauf, daß Ihre Liebe zu Sinnlichkeit und Bequemlichkeit Sie nicht daran hindert, Ihr großes Potential auf dynamische Weise auszuschöpfen.

Ihre ausgeprägte Intuition kann Ihnen im Leben von großem Nutzen sein; mit ihrer Hilfe können Sie zum Beispiel Ihre humanitäre und mitfühlende Seite weiterentwickeln. Positiv angewendet ermöglicht sie es Ihnen, unvoreingenommen und selbstsicher aufzutreten, und schützt Sie vor Enttäuschungen und Frustration.

Beruf & Karriere

Mit Ihrer Mischung aus Führungsqualitäten und Sensibilität können Sie leicht in gehobene Positionen aufsteigen. Dank Ihrem Charme und Ihren ausgezeichneten sozialen Fähigkeiten sind vor allem Berufe für Sie interessant, bei denen Sie mit Menschen zu tun haben. Ihre Kommunikationsfähigkeiten machen Sie als Lehrer, Dozent, Journalist oder Verkäufer geeignet. Ihre Gabe, nützliche Kontakte zu knüpfen, nützt Ihnen in Wirtschaft und Handel, vor allem, wenn Sie Ihre Fähigkeiten, Ihre Talente zu vermarkten, damit kombinieren. Ihr Sinn für Dramatik ebnet Ihnen den Weg in Politik, Entertainment oder Kunst. Ihre humanitäre Seite fühlt sich oft auch berufen, für soziale Reformen oder eine gute Sache zu kämpfen.

Berühmte Persönlichkeiten dieses Tages sind der US-Politiker Robert F. Kennedy, der Gitarrist Duane Allman und die Schriftstellerin Nadine Gordimer.

Numerologie

Mit der Geburtstagszahl 20 sind Sie intuitiv, sensibel und anpassungsfähig; gern sehen Sie sich als Teil einer größeren Gruppe. Sie bevorzugen gemeinschaftliche Aktivitäten, bei denen Sie mit anderen Erfahrungen teilen und von ihnen lernen können. Charmant und liebenswürdig, haben Sie diplomatisches und soziales Geschick und können sich mit Leichtigkeit in den verschiedensten gesellschaftlichen Kreisen bewegen. Sie sollten jedoch mehr Selbstvertrauen entwickeln, um sich von der Kritik anderer weniger beeindrucken zu lassen. Sie beherrschen es meisterlich, eine harmonische und gemütliche Atmosphäre zu schaffen. Der Untereinfluß der Monatszahl 11 sorgt dafür, daß Sie selbstsicher und praktisch erscheinen, aber unter der Oberfläche haben Sie tiefe Gefühle und sind hoch intuitiv. Obwohl Sie ein weiches Herz haben und treu und großzügig sind, können Sie gelegentlich auch stur und mißtrauisch sein. Wenn Sie lernen, die extremen Seiten Ihrer Persönlichkeit auszubalancieren, können Sie für sich Stabilität und Ordnung schaffen.

Positiv: gute Partner, sanft, taktvoll, aufgeschlossen, intuitiv, rücksichtsvoll, harmonisch, freundschaftlich.

Negativ: mißtrauisch, mangelndes Selbstvertrauen, überempfindlich, selbstsüchtig, leicht verletzbar, unehrlich.

Liebe & Zwischenmenschliches

Von Natur aus gesellig und großzügig, können Sie warmherzig sein und dauerhafte Freundschaften pflegen. Wenn Sie sich aber unsicher fühlen, werden Sie besitzergreifend und selbstsüchtig. Eigenwillig, aber sehr verantwortungsbewußt, geben Sie bei Beziehungen nicht so schnell auf und sind selten der erste, der geht. Sie haben tiefe und starke Gefühle, neigen aber dazu, damit hinter dem Berg zu halten. Ebenso liebevoll wie leidenschaftlich, können Sie aber auch willensstark und dramatisch sein.

Ihr Partner

Ihren Traumpartner werden Sie mit großer Wahrscheinlichkeit unter den an den folgenden Tagen geborenen Menschen finden:

Liebe & Freundschaft: 2., 5., 14., 28. Jan., 26. Feb., 1., 10., 24. März, 22. April, 20., 29., 20. Mai, 18., 27., 28. Juni, 16., 25., 26. Juli, 14., 23., 24. Aug., 12., 21., 22. Sept., 10., 19., 20., 29., 31. Okt., 8., 17., 18., 27., 29. Nov., 6., 15., 16., 25., 27. Dez.

Günstig: 2., 10., 13., 16. Jan., 8., 11., 14. Feb., 6., 9., 12. März, 4., 7., 10. April, 2., 5., 8. Mai, 3., 6. Juni, 1., 4., 30. Juli, 2., 28., 30. Aug., 26., 28. Sept., 24., 26. Okt., 22., 24. Nov., 20., 22., 30. Dez.

Schicksalhaft: 16., 17., 18., 19. Mai, 31. Okt., 29. Nov., 27. Dez.

Problematisch: 3., 9., 10. Jan., 1., 7., 8. Feb., 5., 6., 31. März, 3., 4., 29. April, 1., 2., 27. Mai, 25. Juni, 23. Juli, 2., 21., 31. Aug., 19., 29. Sept., 17., 27. Okt., 15., 25. Nov., 13., 23. Dez.

Seelenverwandt: 5. Jan., 3. Feb., 1. März, 30. Mai, 28. Juni, 26. Juli, 24. Aug., 22. Sept., 20. Okt., 18. Nov., 16. Dez.

21. November

SONNE: AN DER GRENZE SKORPION/SCHÜTZE
DEKADE: KREBS/MOND
GRAD: 28°30' – 29°30' SKORPION
ART: FIXZEICHEN
ELEMENT: WASSER

Fixstern

Name des Sterns: Bungula
Gradposition: 28°36' – 29°35' Skorpion zwischen den Jahren 1930 und 2000
Magnitude: 1
Stärke: **********
Orbit: 2°30'
Konstellation: Alpha Centauri
Tage: 20., 21., 22., 23., 24. November
Sternqualitäten: Venus/Jupiter
Beschreibung: leuchtender weiß-gelber Doppelstern am linken Fuß des Zentauren.

Einfluß des Hauptsterns

Bungula steht für Leidenschaft, Scharfsinn und profitable gesellschaftliche Kontakte. Unter dem Einfluß dieses Sterns sind Sie nie um hilfsbereite Freunde und günstige Gelegenheiten verlegen. Er bietet Ihnen die Chancen und Möglichkeiten für Macht und Ehren. Er warnt aber auch vor extremem Verhalten oder Fatalismus.
Im Zusammenhang mit dem Stand Ihrer Sonne sorgt Bungula für Ehrgeiz, Konsequenz und Entschlossenheit, die Ihnen helfen, stetig voranzukommen. Nehmen Sie sich aber vor Rivalität, Neid oder Egozentrik in acht.
- Positiv: selbstsicher, großzügig, beliebt, kann teilen.
- Negativ: überempfindlich, Außenseiter.

Da Sie an der Grenze zwischen Skorpion und Schütze geboren sind, stehen Sie unter dem Einfluß beider Zeichen. Elegant, gesellig und unternehmungslustig, sind Sie ein charmanter Mensch mit viel Selbstvertrauen. Aufgrund Ihrer großen Vielfalt an Gefühlen, Ihrer Sensibilität und Phantasie sind Sie feinsinnig und gelassen; eine leidenschaftliche Seite Ihres Wesens sorgt aber dafür, daß Sie genausogut entschlossen und dramatisch sein können.

Durch den Untereinfluß Ihres Dekadenzeichens Krebs sind Sie intuitiv und urteilsstark und haben einen ausgeprägten sechsten Sinn. Sie beurteilen Situationen und Erfahrungen aus dem Gefühl heraus, und Ihr emotionales Spektrum umfaßt sowohl große Kreativität und Ausdrucksstärke wie Mitgefühl und Verständnis. Mit diesen Eigenschaften gewinnen Sie leicht die Liebe und Bewunderung, die Sie brauchen. Wenn es aber nicht nach Ihrem Kopf geht, reagieren Sie überempfindlich oder werden launisch.

Ehrgeizig, begeisterungsfähig und mit starken Visionen, können Sie dezidiert sein und hart arbeiten. Von Ideen inspiriert, suchen Sie Möglichkeiten, sich auszudrücken, und übernehmen gern die Führung. Das bedeutet, daß Sie untergeordneten Positionen aus dem Weg gehen. Da Sie idealistisch, loyal und pflichtbewußt sind, geben Sie Verpflichtungen meist Priorität vor Herzensangelegenheiten. Ihre Sensibilität hindert Sie aber nicht daran, ausgeprägten Geschäftssinn und Bewußtsein für materielle Dinge zu haben. Dieser Teil Ihrer Persönlichkeit kann resolut und unflexibel sein.

Bis zum Alter von 30, solange Ihre Sonne im Schützen steht, sind Sie überwiegend idealistisch, optimistisch und suchen neue Horizonte. Diese Zeit ist gut für Studien, Reisen oder die persönliche Suche nach der Wahrheit als positiver Lebensphilosophie. Wenn Sie 31 sind, tritt Ihre Sonne in den Steinbock, und Sie gehen das Leben disziplinierter, entschlossener und realitätsbezogener an. Wenn Ihre Sonne in den Wassermann wechselt, sind Sie 61. Jetzt legen Sie mehr Wert auf persönliche Freiheit, den Ausdruck Ihrer Individualität, humanistische Ideale, Freundschaft und Gruppenaktivitäten.

Ihr geheimes Selbst

Wettbewerbs- und erfolgsorientiert, versuchen Sie ständig, weiterzukommen oder Ihre Lebensumstände zu verbessern. Wenn Sie Ihre dynamischen Gefühle in eine sinnvolle Arbeit kanalisieren, wird Ihnen bewußt, wieviel Kraft in Ihnen steckt. Um Ihre großen Träume zu verwirklichen und etwas Dauerhaftes aufzubauen, müssen Sie viel Konzentration und Selbstdisziplin aufwenden.

Wenn Sie Ihre humanitäre Ader entwickeln, vermeiden Sie Unzufriedenheit und Enttäuschungen. Viele Ihrer Leistungen basieren auf der Erweiterung Ihres Wissens und der Vertiefung Ihres universalen Verständnisses. Wenn Sie sich um Unvoreingenommenheit und Objektivität bemühen, können Sie schwierige Situationen leichter durchstehen und Probleme mit Hilfe guter Ideen lösen. Da Sie vertrauenerweckend und sozial denkend sind, können Sie andere mit tröstenden und ermutigenden Worten aufrichten.

Beruf & Karriere

Da Sie hart arbeiten können, zuverlässig sind und einen natürlichen Sinn für Autorität haben, ist es sehr wahrscheinlich, daß Sie in gehobene Positionen aufsteigen. Dank Ihrem Charme und Ihrer Wärme können Sie gut mit Menschen umgehen, neigen gelegentlich aber auch zu übertriebenen Disziplinmaßnahmen. Sie sind zwar tüchtig und gründlich, in der Geschäftswelt aber stellt sich Erfolg vor allem ein, wenn Sie Ihre Wahrnehmungsfähigkeit auf kreative Weise einsetzen, etwa in der Werbung, in den Medien oder im Verlagswesen. Da Sie idealistisch sind, engagieren Sie sich gern für soziale Bewegungen oder eine gute Sache. Damit eignen Sie sich auch für Politik, Wohlfahrt oder Gesundheitswesen. Da Sie wortgewandt sind und Ihr Wissen gern mit anderen teilen, sind Sie ein ausgezeichneter Lehrer oder Journalist. Mit Ihrer Sensibilität und Phantasie steht Ihnen auch die Welt der Kunst offen.

Berühmte Persönlichkeiten dieses Tages sind die Schauspielerin Goldie Hawn, der Philosoph Voltaire, die Schriftstellerin Marilyn French, der Maler René Magritte und die Tänzerin Eleanor Powell.

Numerologie

Mit der Zahl 21 werden im allgemeinen dynamischer Antrieb und Kontaktfreudigkeit verbunden. Sie sind umgänglich, haben vielfältige Interessen, einen großen Freundeskreis und sind vom Glück begünstigt. Nach außen hin zeigen Sie sich meist gesellig und sozial, sind dabei aber hoch intuitiv, erfindungsreich und originell. Mit der Geburtstagszahl 21 sind Sie außerdem lebenslustig, charmant, anziehend und kreativ. Sie können aber auch zurückhaltend und schüchtern sein, so daß Sie, vor allem in engen Beziehungen, mehr Bestimmtheit an den Tag legen sollten. Das Leben bietet Ihnen viele Gelegenheiten, Ihre vielfältigen Begabungen und Ihr Führungstalent zu beweisen. Auch wenn Sie zu engen Partnerschaften tendieren, wollen Sie stets allein für Ihre Talente und Fähigkeiten gelobt werden. Der Untereinfluß der Monatszahl 11 bewirkt, daß Sie inspiriert und aufnahmefähig sind. Ihre Gabe, Situationen schnell einzuschätzen, zeigt, daß Sie starke Instinkte und einen kühnen Verstand haben. Lassen Sie nicht zu, daß Zweifel oder Mißtrauen Ihr Selbstvertrauen unterminieren. Wenn Sie lernen, sich in Geduld zu üben, können Sie Ihre Kreativität weiterentwickeln und zu impulsives Handeln vermeiden.

Positiv: inspiriert, kreativ, beziehungsstark und begabt für dauerhafte Beziehungen.

Negativ: anfällig für Abhängigkeit, nervös, überemotional, phantasielos, leicht enttäuscht, Angst vor Veränderungen.

Liebe & Zwischenmenschliches

Als Idealist mit starken Gefühlen haben Sie auch intuitive Wünsche und Sehnsüchte. Sie sind ausdrucksstark und können gegenüber denen, die Sie lieben, sehr liebevoll und hilfsbereit sein; oft sind Sie ein treuer und großzügiger Freund. Da Sie sehr sicherheitsbewußt sind, legen Sie Wert darauf, daß alle um Sie herum stets gut versorgt sind. Sie ziehen unkonventionelle Menschen an und sollten sich vor zweifelhaften Beziehungen hüten. Um die Harmonie in Ihren Beziehungen zu wahren, müssen Sie negatives Denken und einen Hang zu herrischem Verhalten vermeiden.

Ihr Partner

Sicherheit, Glück und Liebe finden Sie am ehesten unter den Menschen, die an folgenden Tagen geboren sind:

Liebe & Freundschaft: 3., 22., 25., 29., 30. Jan., 1., 20., 23., 27., 28. Feb., 18., 21., 25., 26. März, 16., 19., 23., 24., 28. April, 14., 17., 21., 22., 24., 26., 31. Mai, 12., 15., 19., 20., 24., 29. Juni, 10., 13., 18., 22. Juli, 8., 11., 15., 16., 20., 27., 29., 30. Aug., 6., 9., 13., 14., 18., 23., 27., 28. Sept., 4., 7., 11., 12., 16., 21., 25., 26. Okt., 2., 5., 9., 10., 14., 19., 23., 24. Nov., 3., 7., 12., 17., 21., 22. Dez.

Günstig: 17. Jan., 15. Feb., 13. März, 11. April, 9. Mai, 9., 29. Juni, 5., 25. Juli, 3., 23. Aug., 1., 21. Sept., 19., 29. Okt., 17., 27., 30. Nov., 15., 25., 28. Dez.

Schicksalhaft: 18., 19., 20., 21., 31. Mai, 29. Juni, 27. Juli, 25., 30. Aug., 23., 28. Sept., 21., 26. Okt., 19., 24. Nov., 17., 22. Dez.

Problematisch: 20., 23. Jan., 18., 21. Feb., 16., 19. März, 14., 17. April, 12., 15. Mai, 10., 13. Juni, 8., 11. Juli, 6., 9. Aug., 4., 7. Sept., 2., 5. Okt., 2. Nov., 1. Dez.

Seelenverwandt: 4., 31. Jan., 2., 29. Feb., 27. März, 25. April, 23. Mai, 21. Juni, 19. Juli, 17. Aug., 15. Sept., 13. Okt., 11. Nov., 9. Dez.

Schütze

22. November – 21. Dezember

SONNE: AN DER GRENZE
SKORPION/SCHÜTZE
DEKADE: SCHÜTZE/JUPITER
GRAD: 29°30' SKORPION –
0°30' SCHÜTZE
ART: BEWEGLICHES ZEICHEN
ELEMENT: FEUER

Fixstern

Name des Sterns: Bungula
Gradposition: 28°36' – 29°35' Skorpion zwischen den Jahren 1930 und 2000
Magnitude: 1
Stärke: **********
Orbit: 2°30'
Konstellation: Alpha Centauri
Tage: 20., 21., 22., 23., 24. November
Sternqualitäten: Venus/Jupiter
Beschreibung: leuchtender weiß-gelber Doppelstern am linken Fuß des Zentauren.

Einfluß des Hauptsterns

Bungula steht für Leidenschaft, Scharfsinn und profitable gesellschaftliche Kontakte. Unter diesem Stern sind Sie nie um hilfsbereite Freunde und günstige Gelegenheiten verlegen, und er bietet Ihnen die Chancen und Möglichkeiten für Macht und Ehren. Er warnt aber auch vor extremem Verhalten oder Fatalismus.
Im Zusammenhang mit dem Stand Ihrer Sonne sorgt Bungula für Ehrgeiz, Konsequenz und Entschlossenheit, die Ihnen helfen, stetig voranzukommen. Nehmen Sie sich aber vor Rivalität, Neid oder Egozentrik in acht.
• Positiv: selbstsicher, großzügig, beliebt, kann teilen.
• Negativ: überempfindlich, Außenseiter.

22. November

♐ Da Sie an der Zeichengrenze zwischen Skorpion und Schütze geboren sind, profitieren Sie von den Einflüssen beider Zeichen. Der Skorpion verleiht Ihnen Hartnäckigkeit, Sensibilität und starke Intuition. Mit Ihrer Großmut, Begeisterungsfähigkeit und Lebensfreude sind Sie ein Mensch voller Mitgefühl und Verspieltheit, der aufgrund des Schützeneinflusses idealistisch und tolerant ist.

Durch den zusätzlichen Untereinfluß Ihres Dekadenzeichens Schütze lassen Sie sich von Reisen, Natur und hohen Idealen inspirieren; häufig interessieren Sie sich auch für Philosophie und Religion. Ihr Optimismus, Ihre starken Instinkte und Ihre Geselligkeit sorgen dafür, daß andere sich zu Ihrer freundlichen und umgänglichen Persönlichkeit hingezogen fühlen. Sie sind beliebt, unterhaltsam und können andere mit Ihrem angeborenen Charme bezaubern. Sie interessieren sich sehr für neue Fakten und Ideen, langweilen sich aber relativ schnell. Freundlich und kooperativ, neigen Sie bisweilen zu Übereifer. Sie sollten ihn durch etwas mehr Zurückhaltung dämpfen.

Sie sind sowohl emotional wie materiell großzügig, werden aber leicht extrem und geben sich einem Leben voller Luxus und Glamour hin. Da Sie zur Realitätsflucht neigen und nicht erwachsen werden wollen, müssen Sie lernen, mehr Verantwortung zu übernehmen und reifer zu werden. Gleichwohl können Sie sehr viel Fleiß, Hingabe und Ausdauer aufbringen, wenn Sie sich mit etwas beschäftigen, das Ihnen wirklich Spaß macht.

Bis zum Alter von 29, solange Ihre Sonne sich durch den Schützen bewegt, möchten Sie Ihr Wissen erweitern, etwa durch Studien oder Reisen. Wenn Sie 30 sind, tritt Ihre Sonne in den Steinbock. Sie werden praktischer, zielgerichteter und realitätsbezogener. Wenn Ihre Sonne in den Wassermann wechselt, sind Sie 60. Jetzt legen Sie mehr Wert auf Freiheit und neue Ideen und möchten Ihre Individualität zum Ausdruck bringen.

Ihr geheimes Selbst

Obwohl Sie sehr eigenwillig sind, haben Sie sensible Gefühle und suchen Inspiration. Ihre größte Freude aber ist es, anderen von Nutzen zu sein. Auch wenn Sie sehr fürsorglich sind, sollten Sie sich um mehr Distanz bemühen, um weniger leicht verletzlich zu sein oder in Selbstmitleid zu versinken. Durch Ihr gutes Wahrnehmungsvermögen haben Sie einen ausgeprägten Sinn für Farbe und Form und Liebe zu Kunst und Musik. Vielleicht möchten Sie das zu Heilzwecken weiterentwickeln. Was auch immer Sie tun im Leben, Sie sollten stets die Herausforderung suchen; nur so können Sie aus Ihrem bemerkenswerten Potential das Beste machen.

Kreativ, attraktiv und ein guter Zuhörer, brauchen Sie Menschen und Freunde und sind im allgemeinen nicht gern allein. Sie haben einen Sinn für Wirkung, innere Noblesse und ein weiches Herz und brauchen ein Publikum, das Sie unterhalten und glücklich machen können. Sie sind sehr gesellig, aber eine Tendenz zu Maßlosigkeit und ein zu üppiger Lebensstil können Sie daran hindern, Ihren hohen Idealen gerecht zu werden.

Beruf & Karriere

Ihre ausgeprägten sozialen Fähigkeiten, Ihr Geschäftssinn und Ihr Idealismus machen Sie vor allem in Berufen erfolgreich, in denen Sie mit anderen zusammenarbeiten. Mit Ihrem Charme, Ihrem Kommunikationstalent und Ihrem diplomatischen Geschick eignen Sie sich für Verkauf, Agenturtätigkeit oder Öffentlichkeitsarbeit. Ebenso in Frage kommen Medien, Publizistik oder Politik. Da Sie soziale Kontakte schätzen und unterhaltsam sind, eignen Sie sich auch für Showbusineß oder Musikindustrie. Vielleicht möchten Sie Ihre Ideen auch als Lehrer an andere weitergeben. Mit Ihrem natürlichen Verständnis für die Probleme anderer sind Sie auch gut als Berater oder in Pflege- und Heilberufen. Ihre spielerische und kämpferische Ader findet in der Welt des Sports ihren Ausdruck.

Berühmte Persönlichkeiten dieses Tages sind die Schauspielerin Jamie Lee Curtis, die Schriftstellerin George Eliot, der Tennisspieler Boris Becker, der Komponist Benjamin Britten, der Songwriter Hoagy Carmichael und der französische Staatspräsident Charles de Gaulle.

Numerologie

Die 22 ist eine Hauptzahl und schwingt als sie selbst, aber auch als 4. Mit der Geburtstagszahl 22 sind Sie ehrlich und fleißig, haben natürliche Führungsqualitäten, Charisma und ein tiefes Verständnis für Menschen und was sie bewegt. Sie sind meist zurückhaltend und zeigen ein fürsorgliches, um das Wohl der anderen besorgtes Wesen und starke Beschützerinstinkte. Dabei verlieren Sie aber nie Ihren Sinn fürs Praktische. Im allgemeinen sind Sie kultiviert und weltgewandt und haben viele Freunde und Bewunderer. Von anderen ermuntert und unterstützt, gelangen die Wettbewerbsorientierten unter Ihnen zu Erfolg und Vermögen. Viele, die an diesem Tag geboren sind, pflegen enge Kontakt zu ihren Geschwistern und unterstützen und beschützen sie, wenn es nötig ist. Der Untereinfluß der Monatszahl 11 führt dazu, daß Sie entschlossen und intuitiv sind; außerdem haben Sie tiefe Gefühle und verfolgen hohe Ideale. Im allgemeinen sind Sie sehr sensibel, errichten aber einen Schutzwall um sich und wirken dann distanziert und unbeteiligt. Wenn Sie Ihre Ansprüche zu hoch ansetzen, werden Sie unzufrieden, nörglerisch und wenig mitfühlend.

Positiv: weltoffen, Führungskraft, große Intuitionskraft, pragmatisch, praktisch, handwerklich geschickt.

Negativ: läßt sich vom «schnellen Reichtum» verführen, nervös, komplexbeladen, herrisch, materialistisch, phantasielos, faul, egoistisch, fördert nur sich selbst.

Liebe & Zwischenmenschliches

Sie sind freundlich und unterhaltsam, aber auch sensibel und voller starker Gefühle. Mit Ihrer herzlichen Art und Ihrem Bedürfnis nach Liebe und Zuneigung gehören Sie zu den Menschen, die viele Liebesbeziehungen eingehen, die oft ungeeignet und die Anstrengung nicht wert sind. Jugendlich und idealistisch, hängen Sie sehr an Ihren Partnern, sollten sich aber vor unnötigem Herzschmerz hüten, der durch Sentimentalität verursacht wird. Mit Ihrem großen Herzen können Sie gegenüber denen, die Sie lieben, großzügig und mitfühlend sein.

Ihr Partner

Den idealen Partner werden Sie mit großer Wahrscheinlichkeit unter den an den folgenden Tagen geborenen Menschen finden:

Liebe & Freundschaft: 5., 9., 10., 18., 19., 26., 30. Jan., 3., 8., 16., 17., 24., 28. Feb., 1., 6., 14., 15., 22., 26., 31. März, 4., 11., 12., 13., 20., 24. April, 2., 10., 11., 18., 22. Mai, 8., 9., 16., 20., 30. Juni, 6., 7., 14., 18., 28. Juli, 3., 4., 5., 12., 16., 26., 30. Aug., 2., 3., 10., 14., 28. Sept., 1., 8., 12., 22., 26. Okt., 6., 10., 20., 24. Nov., 4., 8., 18., 22., 30. Dez.

Günstig: 13. Jan., 11. Feb., 9. März, 7. April, 5. Mai, 3., 30. Juni, 1., 28. Juli, 26. Aug., 24. Sept., 22. Okt., 20. Nov., 18. Dez.

Schicksalhaft: 20., 21., 22., 23. Mai

Problematisch: 14., 24. Jan., 12., 22. Feb., 10., 20. März, 8., 18. April, 6., 16. Mai, 4., 14. Juni, 2., 12. Juli, 10. Aug., 8. Sept., 6. Okt., 4. Nov., 2. Dez.

Seelenverwandt: 13. Jan., 11. Feb., 7. April, 30. Juli, 28. Aug., 26. Sept., 24. Okt., 22. Nov., 20. Dez.

SONNE: SCHÜTZE
DEKADE: SCHÜTZE/JUPITER
GRAD: 0°30' – 1°30' SCHÜTZE
ART: BEWEGLICHES ZEICHEN
ELEMENT: FEUER

Fixstern

Name des Sterns: Bungula
Gradposition: 28°36' – 29°35' Skorpion zwischen den Jahren 1930 und 2000
Magnitude: 1
Stärke: **********
Orbit: 2°30'
Konstellation: Alpha Centauri
Tage: 20., 21., 22., 23., 24. November
Sternqualitäten: Venus/Jupiter
Beschreibung: leuchtender weiß-gelber Doppelstern am linken Fuß des Zentauren.

Einfluß des Hauptsterns

Bungula steht für Leidenschaft, Scharfsinn und profitable gesellschaftliche Kontakte. Unter dem Einfluß dieses Sterns sind Sie nie um hilfsbereite Freunde und günstige Gelegenheiten verlegen, und er bietet Ihnen die Chancen und Möglichkeiten für Macht und Ehren. Er warnt aber auch vor extremem Verhalten oder Fatalismus. Im Zusammenhang mit dem Stand Ihrer Sonne sorgt Bungula für Ehrgeiz, Konsequenz und Entschlossenheit, die Ihnen helfen, stetig voranzukommen. Nehmen Sie sich aber vor Rivalität, Neid oder Egozentrik in acht.

- Positiv: selbstsicher, großzügig, beliebt, kann teilen.
- Negativ: überempfindlich, Außenseiter.

23. November

Gesellig und begeisterungsfähig, sind Sie ein unternehmungslustiger Schütze voller Lebenslust. Da Sie charmant und aufrichtig sind, können Sie leicht Freundschaft schließen und Menschen beeindrucken. Sie sind abenteuerlustig und gern aktiv, deshalb ist Ihr Terminkalender stets voll.

Der Untereinfluß Ihres Dekadenzeichens Schütze verleiht Ihrer rastlosen Natur zusätzlich Vitalität, so daß Sie gern Risiken eingehen, um Ihren Horizont zu erweitern. Von Natur aus rücksichtsvoll und idealistisch, entwickeln Sie gern neue Ideen, um sie sogleich überall zu verbreiten. Da Sie sich leicht langweilen, müssen Sie lernen, eifriger, verläßlicher und nachdenklicher zu werden. Verzetteln Sie sich nicht, indem Sie zu viele Ziele gleichzeitig verfolgen. Wenn Sie inspiriert sind, neigen Sie zu impulsivem Handeln und schlagen oft neue Richtungen ein, ohne vorher darüber nachzudenken. Sie brauchen mehr Disziplin, um all Ihre guten Absichten auszuführen.

Kreativ und kämpferisch, tun Sie emotional als auch materiell alles im großen Stil. Sie haben nicht nur Führungsqualitäten und einen regen Verstand, sondern sind auch vielseitig und talentiert. Spontan und kontaktfreudig, können Sie sehr direkt und bissig sein, so daß andere Ihnen zu Recht Taktlosigkeit vorwerfen. Mit Ihrem Mitgefühl und Ihrer Warmherzigkeit gleichen Sie verbale Entgleisungen aber leicht wieder aus.

Bis zum Alter von 28, solange Ihre Sonne im Schützen steht, legen Sie Wert auf Freiheit und wollen Ihren Horizont erweitern, etwa durch Studien, Reisen oder eine neue Lebensphilosophie. Wenn Sie 29 sind, tritt Ihre Sonne in den Steinbock; nach diesem Wendepunkt werden Sie praktischer, ordentlicher und strukturierter. Wenn Ihre Sonne in den Wassermann wechselt, sind Sie 59. Jetzt haben Sie vermehrt das Bedürfnis nach Unabhängigkeit, progressiven Ideen und möchten Ihre Individualität zum Ausdruck bringen.

Ihr geheimes Selbst

Intelligent und begeisterungsfähig, lernen Sie gern und können Informationen sehr schnell erfassen. Ihnen ist bewußt, daß Wissen Macht bedeutet, und durch Anhäufen von Wissen lernen Sie Weisheit, Verständnis und Selbstvertrauen. Sie sind idealistisch und stolz, vertreten feste Überzeugungen und Ansichten, die Sie gern an andere weitergeben möchten, und dank Ihrer Wort- und Schreibgewandtheit fällt Ihnen das nicht schwer. Mit Ihrem Engagement und Ihrer starken Anziehungskraft können Sie andere beeinflussen und motivieren.

Ihre Geburtstagszahl verspricht ein Leben voller Abwechslung, Aufregung und Abenteuer. Rastlosigkeit und Ungeduld können Sie positiv kanalisieren und nutzen, um an sich zu arbeiten. Aktiv, emotional und sensibel, haben Sie eine vielschichtige Persönlichkeit und können besser als andere in großem Maßstab erfolgreich sein.

Beruf & Karriere

Mit Ihrem Charisma und Ihren sozialen Fähigkeiten erreichen Sie im allgemeinen leicht führende Stellungen. Da Sie bei der Arbeit sehr viel Freiraum brauchen, sollten Sie sich aber am besten gleich selbständig machen. Sie sind ehrgeizig und vielseitig und brauchen Abwechslung, um Ihr Interesse wachzuhalten. Als Menschenfreund engagieren Sie sich mit Ihrem kühnen Verstand und Ihrer Überzeugungskraft gern für soziale Reformen. In

Frage kommen für Sie auch Pädagogik, Justiz, Wissenschaft, Publizistik oder Politik. Da Sie sensibel sind, haben Sie viel Einfühlungsvermögen, was Sie für Pflege- oder Heilberufe geeignet macht. Ihr Unternehmungsgeist zieht Sie zu Wirtschaft und Handel. Phantasie, Kreativität und die Gabe, Menschen anzuziehen, führen Sie in die Welt der Unterhaltung, vor allem zur Musik.

Berühmte Persönlichkeiten dieses Tages sind der Sänger Bruce Hornsby, die Schauspieler Boris Karloff, Harpo Marx und Franco Nero, der Filmemacher Herbert Achternbusch und der Lyriker Paul Celan.

Numerologie

Zu den Eigenschaften der 23 gehören Intuition, Sensibilität und Kreativität. Im allgemeinen sind Sie vielseitig, geistig beweglich, haben eine professionelle Einstellung und einen Kopf voller schöpferischer Ideen. Unter dem Einfluß der 23 können Sie sich schnell in neue Gebiete einarbeiten, ziehen aber die Praxis der Theorie vor. Sie lieben Reisen und Abenteuer und lernen gern neue Menschen kennen. Aufgrund der Rastlosigkeit, die von der 23 ausgeht, suchen Sie ständig neue Herausforderungen und versuchen, aus jeder Situation das Beste zu machen. Der Untereinfluß der Monatszahl 11 sorgt dafür, daß Sie methodisch sind und sich gern auf Ihren gesunden Menschenverstand verlassen. Obwohl Sie gegenüber anderen aufnahmebereit sind, treffen Sie Ihre Entscheidungen stets allein. Mit Ihrem Selbstvertrauen und natürlichen Charme können Sie Ihre starken Gefühle ausdrücken und andere mit Ihren humanitären Ansichten inspirieren. Energiegeladen, sind Sie ebenso schöpferisch wie dramatisch.

Positiv: treu, reiselustig, oft berühmt, kommunikativ, intuitiv, kreativ, vielseitig, zuverlässig.

Negativ: selbstsüchtig, unsicher, stur, kompromißlos, nörglerisch, verschlossen, voller Vorurteile.

Liebe & Zwischenmenschliches

Mit Ihrem Charme und Ihrer Wärme ziehen Sie Menschen aus den unterschiedlichsten sozialen Schichten an. Da Sie Sicherheit und Stabilität brauchen, planen Sie gern für die Zukunft. In engen Beziehungen fühlen Sie sich vor allem zu willensstarken Menschen hingezogen, die zielstrebig und entschlossen sind. Als sehr geselliger Mensch sind Sie auch ein ausgezeichneter Gastgeber. Sie können sehr mitfühlend sein, wenn sich andere mit ihren Problemen an Sie wenden.

Ihr Partner

Wenn Sie jemanden suchen, bei dem Sie Glück und Liebe finden, sollten Sie sich unter den Menschen umsehen, die an den folgenden Tagen geboren sind:

Liebe & Freundschaft: 2., 3., 6., 9., 10., 11., 21., 25., 27., 31. Jan., 1., 4., 7., 8., 25., 29. Feb., 2., 5., 7., 17., 23., 27. März, 3., 4., 5., 15., 21., 25. April, 1., 3., 13., 19., 23., 30. Mai, 1., 11., 17., 21., 28. Juni, 9., 15., 19., 26., 29. Juli, 7., 13., 17., 24., 27. Aug., 5., 11., 15., 22., 25. Sept., 3., 9., 13., 20., 23. Okt., 1., 7., 11., 18., 21., 30. Nov., 5., 9., 16., 19., 28. Dez.

Günstig: 11., 16., 30. Jan., 9., 24., 28. Feb., 7., 22., 26. März, 5., 20., 24. April, 3., 18., 22., 31. Mai, 1., 16., 20., 29. Juni, 14., 18., 27. Juli, 12., 16., 25. Aug., 10., 14., 23. Sept., 8., 12., 21., 29. Okt., 6., 10., 19., 27. Nov., 4., 8., 17., 25. Dez.

Schicksalhaft: 22., 23., 24., 25. Mai

Problematisch: 15. Jan., 13. Feb., 11. März, 9. April, 7., 30. Mai, 5., 28. Juni, 3., 26. Juli, 1., 24. Aug., 22., Sept., 20., 30. Okt., 18., 28. Nov., 16., 26. Dez.

Seelenverwandt: 9., 29. Jan., 7., 27. Feb., 5., 25. März, 3., 23. April, 1., 21. Mai, 19. Juni, 17. Juli, 15. Aug., 13. Sept., 11. Okt., 9. Nov., 7. Dez.

24. November

SONNE: SCHÜTZE
DEKADE: SCHÜTZE/JUPITER
GRAD: 1°30' – 2°30' SCHÜTZE
ART: BEWEGLICHES ZEICHEN
ELEMENT: FEUER

Fixsterne

Bungula; Isidis, auch Dschubba genannt; Graffias, auch Acrab oder «Stirn des Skorpions» genannt; Yed Prior

Hauptstern

Name des Sterns: Bungula
Gradposition: 28°36' – 29°35' Skorpion zwischen den Jahren 1930 und 2000
Magnitude: 1
Stärke: **********
Orbit: 2°30'
Konstellation: Alpha Centauri
Tage: 20., 21., 22., 23., 24. November
Sternqualitäten: Venus/Jupiter
Beschreibung: leuchtender weiß-gelber Doppelstern am linken Fuß des Zentauren.

Einfluß des Hauptsterns

Bungula steht für Leidenschaft, Scharfsinn und profitable gesellschaftliche Kontakte. Unter dem Einfluß dieses Sterns sind Sie nie um hilfsbereite Freunde und günstige Gelegenheiten verlegen, und er bietet Ihnen Chancen und Möglichkeiten für Macht und Ehren. Er warnt aber auch vor extremem Verhalten und Fatalismus.
Im Zusammenhang mit dem Stand Ihrer Sonne sorgt Bungula für Ehrgeiz, Konsequenz und Entschlossenheit, die Ihnen helfen, stetig voranzukommen. Nehmen Sie sich aber vor Rivalität, Neid oder Egozentrik in acht.

- Positiv: selbstsicher, großzügig, beliebt, kann teilen.
- Negativ: überempfindlich, Außenseiter.

Ausdrucksstark und voller tiefer Gefühle, sind Sie ein romantischer Schütze mit einer zarten Seele und großem kreativem Potential. Sie sind zwar intelligent und hoch intuitiv, sollten aber aufgrund Ihres sensiblen und beeinflußbaren Wesens bei der Wahl Ihrer Freunde sehr viel Vorsicht walten lassen. Eine ernsthafte Seite Ihrer Persönlichkeit drückt sich darin aus, daß Sie fleißig und praktisch sind, realistische Ansichten vertreten und ausgeprägtes Pflichtbewußtsein haben. Treu und zuverlässig, manchmal bis zur Selbstaufgabe, nehmen Sie sich Dinge oft sehr zu Herzen und haben häufig widersprüchliche Wünsche.

Der Untereinfluß Ihres Dekadenzeichens Schütze macht Sie optimistisch und begeisterungsfähig. Bisweilen sind Sie fast erschreckend direkt, denn Sie reden, bevor Sie denken. Wenn Sie inspiriert sind, haben Sie das Potential, sowohl intellektuell wie kreativ erfolgreich zu sein. Ständig aber suchen Sie nach emotionaler Erfüllung durch Reisen oder Risiken. Ihr Wunsch nach Seelengröße und Ihre moralischen Ansprüche lassen Sie Spiritualität und Philosophie bereichernd und erfüllend finden. Sie helfen Ihnen, Ihren sechsten Sinn zu entwickeln und zu lernen, die Dinge nicht schwarzweiß zu sehen, sondern zu differenzieren.

Im allgemeinen sind Sie ehrenhaft und aufrichtig und interessieren sich für Ihre Mitmenschen. Als Idealist können Sie ziemlich überzeugend sein und sich mutig für eine Sache einsetzen. Durch Ihre Freundlichkeit und Großzügigkeit ziehen Sie viele Menschen in Ihren Bann; allerdings müssen Sie aufpassen, daß Sie sich durch zu viele emotionale Verpflichtungen nicht von Ihrem Weg abbringen lassen.

Bis zum Alter von 27, solange Ihre Sonne im Schützen steht, suchen Sie Ihren Horizont zu erweitern und nach Chancen, sei es durch Studien, Reisen oder aufregende Unternehmungen. Wenn Sie 28 sind, tritt Ihre Sonne in den Steinbock; nach diesem Wendepunkt werden Sie praktischer, zielgerichteter und realitätsbezogener. Außerdem brauchen Sie jetzt mehr Ordnung und Struktur in Ihrem Leben. Wenn Ihre Sonne in den Wassermann wechselt, sind Sie 58. Jetzt steigert sich Ihr Bedürfnis nach Freiheit und neuen Ideen, und Sie möchten Ihre Individualität vermehrt zum Ausdruck bringen.

Ihr geheimes Selbst

Ihre Persönlichkeit ist von Extremen geprägt: Einerseits sind Sie mitfühlend, fürsorglich und humanitär, andererseits können Sie strikt und humorlos sein. Sie sollten zwischen Beruf und Privatleben ein besseres Gleichgewicht schaffen, um Konflikte zu vermeiden. Wenn Sie spontaner werden und versuchen, nicht immer alles unter Kontrolle zu halten, wird Ihr Selbstvertrauen wachsen, weil Sie mehr an sich und Ihre Fähigkeiten glauben.

Liebe und Zuneigung sind außerordentlich wichtig für Sie. Wenn Sie aber zu viele Kompromisse zugunsten anderer eingehen, werden Sie sich schließlich zurückziehen und unnahbar und kalt wirken. Wenn Sie lernen, Ihren eigenen Gefühlen ebensoviel Bedeutung beizumessen wie denen Ihrer Mitmenschen, können Sie Ihre fürsorgliche Seite ausleben und dennoch genügend emotionale Distanz wahren.

Beruf & Karriere

Ehrgeizig, fleißig und phantasiebegabt, können Sie ein praktischer Idealist mit originellen Ideen und großen Plänen sein. Mit Ihrem scharfen Intellekt und Ihren guten Kommunikationsfähigkeiten sind Sie in jedem Beruf erfolgreich. Obwohl sehr sensibel, haben Sie eine starke und anziehende Persönlichkeit, die Ihnen bei jeder Karriere von Nutzen ist. Die humanitäre Seite Ihrer Natur läßt Sie vielleicht einen Heilberuf ergreifen oder sich für soziale Reformen einsetzen oder als Berater arbeiten. Mit Ihrem Hang zur Philosophie möchten Sie Ihre Ideen vielleicht in Lehrberufen oder Publizistik weitergeben. Da Sie sehr kreativ sind, steht Ihnen auch die Welt von Musik, Entertainment oder Theater offen. Von Vorteil ist es, wenn Sie berufsbedingt reisen oder sogar im Ausland arbeiten können.
Berühmte Persönlichkeiten dieses Tages sind der Künstler Henri Toulouse-Lautrec, der Pianist Scott Joplin, die Schauspielerin Geraldine Fitzgerald, der Philosoph Spinoza und die Autoren William F. Buckley und Frances Hodgson Burnett.

Numerologie

Auf die Zahl 24 ist zurückzuführen, daß Sie Routine hassen, was aber nicht bedeutet, daß Sie nicht dank praktischen Geschicks und gutem Urteilsvermögen hart arbeiten könnten. Die Sensibilität der Geburtstagszahl 24 gebietet, daß Sie Stabilität und Ordnung brauchen. Sie sind fair und gerecht, gelegentlich zurückhaltend und davon überzeugt, daß Taten mehr sagen als Worte. Mit dieser pragmatischen Lebenseinstellung entwickeln Sie auch einen guten Geschäftssinn und die Fähigkeit, auf Ihrem Weg zum Erfolg Hindernisse zu überwinden. Mit der Geburtstagszahl 24 müssen Sie möglicherweise einen Hang zu Sturheit oder fixen Ideen bekämpfen. Der Untereinfluß der Monatszahl 11 bewirkt, daß Sie idealistisch und optimistisch sind. Ihr starker Drang, sich auszudrücken, kann sowohl emotional wie materiell sehr produktiv für Sie sein. Sie sind ehrgeizig und sicherheitsbewußt, nicht ganz frei von materialistischen Gedanken und lieben die schönen Dinge des Lebens. Wenn Sie dafür sorgen, daß Ihre starken Gefühle Ihre Partnerschaften nicht belasten, können Sie von der Stabilität häuslicher Harmonie profitieren.
Positiv: energiegeladen, idealistisch, praktische Fähigkeiten, starke Entschlossenheit, ehrlich, direkt, fair, großzügig.
Negativ: materialistisch, labil, rücksichtslos, faul, mangelndes Selbstvertrauen, dominant, stur, rachsüchtig.

Liebe & Zwischenmenschliches

Da Sie ebenso sensibel wie rastlos sind, brauchen Sie Beziehungen, die nicht ereignislos werden oder in Routine erstarren. Es wäre gut für Sie, gelegentlich einen Abenteuer- oder spontanen Kurzurlaub mit Ihrem Partner einzuplanen. Sie ändern öfter Ihre Meinung, deshalb sollten Sie sich viel Zeit beim Aufbau einer Beziehung lassen. Da Sie großzügig und idealistisch sind, gehen Sie häufig sehr enthusiastisch in Beziehungen hinein; nach einer Weile verlieren Sie dann aber das Interesse. Wenn Sie Geldsorgen haben, kann sich das negativ auf Ihre Partnerschaft auswirken und zu Veränderungen führen.

Ihr Partner

Einen anregenden Partner werden Sie mit großer Wahrscheinlichkeit unter den an den folgenden Tagen geborenen Menschen finden:
Liebe & Freundschaft: 2., 9., 11., 12., 22., 25. Jan., 7., 10., 20., 23., 26. Feb., 5., 8., 18., 21. März, 3., 5., 6., 16. 19. April, 1., 4., 14., 17., 20., 24., 29. Mai, 2., 12., 15., 27. Juni, 10., 13., 16., 20., 23., 25., 30. Juli, 9., 15., 24., 26. Aug., 7., 13., 22., 24. Sept., 4., 7., 10., 14., 19., 24. Okt., 2., 5., 8., 12., 17., 22., 26., 27. Nov., 3., 6., 10., 11., 15., 20., 24., 25. Dez.
Günstig: 12., 23., 29. Jan., 10., 21., 27. Feb., 22., 26. März, 6., 17., 23. April, 4., 15., 21. Mai, 2., 13., 19., 28., 30. Juni, 11., 17., 26., 28. Juli, 9., 15., 24., 26. Aug., 7., 13., 22., 24. Sept., 5., 11., 20., 22. Okt., 3., 9., 18., 20., 30. Nov., 1., 7., 16., 18., 28. Dez.
Schicksalhaft: 21., 22., 23., 24. Mai, 29. Juli, 27. Aug., 25. Sept., 23. Okt., 21. Nov., 19. Dez.
Problematisch: 1., 4., 26., 30. Jan., 2., 24., 28. Feb., 22., 26. März, 20., 24. April, 18., 22., 31. Mai, 16., 20., 29. Juni, 14., 18., 27. Juli, 12., 16., 25., 30. Aug., 10., 14., 23., 28. Sept., 8., 12., 21., 26. Okt., 6., 10., 19., 24. Nov., 4., 8., 17., 22. Dez.
Seelenverwandt: 20. Jan., 18. Feb., 16. März, 14. April, 12. Mai, 10. Juni, 8. Juli, 6. Aug., 4. Sept., 2. Okt.

SONNE: SCHÜTZE
DEKADE: SCHÜTZE/JUPITER
GRAD: 2°30' – 3°30' SCHÜTZE
ART: BEWEGLICHES ZEICHEN
ELEMENT: FEUER

Fixsterne

Isidis, auch Dschubba genannt; Graffias, auch Acrab oder «Stirn des Skorpions» genannt; Yed Prior

Hauptstern

Name des Sterns: Isidis, auch Dschubba genannt
Gradposition: 1°33' – 2°29' Schütze zwischen den Jahren 1930 und 2000
Magnitude: 2,5
Stärke: *******
Orbit: 1°40'
Konstellation: Delta Scorpii
Tage: 24., 25., 26. November
Sternqualitäten: Mars/Saturn
Beschreibung: heller Stern nahe der rechten Schere des Skorpion.

Einfluß des Hauptsterns

Isidis steht für Liberalismus, Stolz und hohe Ziele, aber auch für Ehrgeiz und Kampfgeist. Menschen unter seinem Einfluß sind im allgemeinen kühn und unkonventionell, neigen aber zu Ungeduld oder lassen sich mit unzuverlässigen Menschen ein.
Im Zusammenhang mit dem Stand Ihrer Sonne sorgt Isidis dafür, daß Sie sich eine gute Ausbildung wünschen und sich für Jura, Politik, Philosophie, Religion, Metaphysik und Astrologie interessieren. Im allgemeinen sind Sie kontaktfreudig und beliebt, haben viele Freunde und dauerhafte Partnerschaften. Bemühen Sie sich stets um Diskretion.
- Positiv: freimütig und unbefangen, gebildet, weltgewandt eingestellt.
- Negativ: indiskret, Opportunist, zu optimistisch.

25. November

Intuitiv und idealistisch, sind Sie ein Schütze mit Sinn für Dramatik, Vitalität, starken Gefühlen und Antrieb. Auch wenn Sie im allgemeinen ziemlich praktisch sind, bedeutet die Mischung aus Optimismus und Skepsis, die Sie prägt, daß Sie die Balance zwischen zu begeistert und zu kritisch finden müssen.

Durch den Untereinfluß Ihres Planeten Jupiter versuchen Sie stets, durch Reisen und Veränderungen Ihren Horizont zu erweitern. Lebenslustig und optimistisch, kämpfen Sie für Aufrichtigkeit um jeden Preis und sind freimütig und direkt. Ihr Bedürfnis nach emotionaler Erfüllung bewirkt, daß Sie sich für religiöse, spirituelle oder ethische Themen interessieren. Da Sie starke Wünsche und hohe Ziele haben, können Sie emotional rastlos und ehrgeizig sein. Gesellig und großzügig, blühen Sie bei Zuneigung und Anerkennung auf. Wenn Sie Ihren Charme benutzen, strahlen Sie viel Charisma aus. Aber Sie langweilen sich leicht und neigen zu Launenhaftigkeit; dies sind Ihre emotionalen Schwächen, die sich vor allem dann zeigen, wenn andere Ihren hohen Erwartungen nicht gerecht werden.

Als progressiver Denker sind Sie wißbegierig und brauchen Projekte, die Sie anregen. Aufrichtig und freimütig, haben Sie gute Kritik- und Analysefähigkeit; da Sie aber meist sagen, was Sie denken, können Sie erschreckend direkt sein, vor allem wenn es um Ihre starken Überzeugungen geht. Nichtsdestotrotz sind Sie freundlich und verständnisvoll, können gute Ratschläge geben, und Ihre Loyalität ist grenzenlos.

Bis zum Alter von 26, solange Ihre Sonne im Schützen steht, sind Sie mit Freiheit und der Erweiterung Ihres Horizonts beschäftigt, etwa durch Studien, Reisen oder eine neue Chance. Wenn Sie 27 sind, tritt Ihre Sonne in den Steinbock; nach diesem Wendepunkt gehen Sie das Leben praktischer, organisierter und strukturierter an. Wenn Ihre Sonne in den Wassermann wechselt, sind Sie 57. Jetzt legen Sie vermehrt Wert auf Unabhängigkeit, Freundschaft und progressive und originelle Ideen. Auch Ihr Interesse für Gemeinschaftsaktivitäten wächst.

Ihr geheimes Selbst

Sie sind sensibel und intuitiv, und wenn Sie spontan handeln, haben Sie eine große Ausstrahlungskraft und zeigen anderen Ihre ganze emotionale Power. Trotz Ihrer Begeisterungsfähigkeit und Ihrem Kampfgeist neigen Sie jedoch zu Mißtrauen und zweifeln an sich selbst und an anderen. Möglicherweise verstricken Sie sich in Ihren Beziehungen sogar in Machtspiele. Um emotionale Isolation zu vermeiden, müssen Sie sich um positives Denken bemühen und fest darauf vertrauen, daß Sie Ihre hohen Ziele erreichen können. Jeder Schritt, den Sie Ihrem Ziel näher kommen, bringt Ihnen Befriedigung und Belohnung.

Da Sie kreativ denken können und einen Sinn im Leben brauchen, spielen für Sie Arbeit und Beschäftigung eine sehr große Rolle. Wenn Sie eine Stellung haben, die Ihren wahren Talenten nicht gerecht wird, geraten Sie in einen Konflikt zwischen Ihren hehren Träumen und der so anderen Realität des Alltags. Wenn Sie Ihr wunderbares visionäres Talent durch Ausdauer und Selbstdisziplin unterstützen, werden Sie schließlich erreichen, was Sie sich vorgenommen haben.

Beruf & Karriere

Mit Ihrer charismatischen und dynamischen Persönlichkeit können Sie sich in jedem Beruf durchsetzen. Gesellig und freundlich, können Sie Arbeit und Vergnügen gut verbinden; diese Gabe nutzt Ihnen vor allem bei Verkauf, Promotion oder in den Medien. Sie können Trends erspüren und haben gute Führungsqualitäten, beides ist in der Geschäftswelt äußerst nützlich. Da Sie ebenso humanitär wie idealistisch sind, können Sie sich auch für einen guten Zweck engagieren oder einen Pflegeberuf ergreifen. Mit Ihrem scharfen Verstand eignen Sie sich für Pädagogik, Jura oder Großprojekte; Ihr Drang, sich auszudrücken, führt Sie vielleicht in die Welt von Literatur, Kunst, Musik oder Entertainment.

Berühmte Persönlichkeiten dieses Tages sind die Sängerin Tina Turner, der Zeitschriftenverleger John F. Kennedy junior, der Musiker Bev Bevan, der Komponist und Schriftsteller Virgil Thompson und der Schauspieler Ricardo Montalban.

Numerologie

Voller Energie und wachem Verstand, dennoch intuitiv und nachdenklich, verspüren Sie als Mensch mit der Geburtstagszahl 25 das Bedürfnis, sich durch verschiedenste Erfahrungen auszudrücken. Dazu gehören neue und aufregende Ideen ebenso wie fremde Menschen oder Orte. Ihr Hang zum Perfektionismus läßt Sie hart arbeiten und produktiv sein. Allerdings werden Sie leicht ungeduldig, wenn sich Dinge nicht Ihren Vorstellungen gemäß entwickeln. Mit der Geburtstagszahl 25 verfügen Sie über starke mentale Energien. Wenn Sie sie kanalisieren, helfen sie Ihnen, Situationen rasch zu überblicken und schneller als andere zu einer Schlußfolgerung zu kommen. Erfolg und Glück stellen sich ein, wenn Sie lernen, Ihren Instinkten zu vertrauen, und Ausdauer und Geduld entwickeln. Der Untereinfluß der Monatszahl 11 bewirkt, daß Sie idealistisch sind, ständig Ihren Horizont erweitern und sich zum Kosmopoliten entwickeln wollen. Wenn Sie von einer Sache überzeugt sind, können Sie zum fanatischen Kämpfer werden. Charismatisch und direkt, sind Sie gern Teil einer Gruppe und schätzen es, mit anderen zusammenzuarbeiten.

Positiv: hochintuitiv, perfektionistisch, scharfsinnig, kreativ, kommt gut mit Menschen aus.

Negativ: impulsiv, ungeduldig, mangelndes Verantwortungsbewußtsein, überempfindlich, eifersüchtig, kritisch, launisch.

Liebe & Zwischenmenschliches

Freundlich und gesellig, können Sie sehr hingebungsvoll sein; doch bevor Sie Ihren perfekten Partner finden, brechen Sie wahrscheinlich erst noch ein paar Herzen. Da Sie zu Angstzuständen neigen, brauchen Sie Sicherheit. Sie respektieren und bewundern hart arbeitende Menschen, die entschlossen und treu sind. Von Natur aus verantwortungsbewußt, können Sie auch unter Druck harmonisch mit Ihrem Partner zusammenarbeiten. Sie sind ein Idealist, und wenn Sie an jemanden glauben, sind Sie loyal und hilfsbereit. Obwohl Sie stark in Ihrer Familie verwurzelt sind, möchten Sie viel und weit reisen.

Ihr Partner

Sicherheit und eine dauerhafte Beziehung finden Sie am ehesten unter den Menschen, die an folgenden Tagen geboren sind:

Liebe & Freundschaft: 8., 11., 12., 29. Jan., 6., 9., 27. Feb., 4., 7., 25., 29. März, 2., 5., 6., 23., 27. April, 3., 12., 25. Mai, 1., 19., 23. Juni, 17., 21. Juli, 15., 19., 29. Aug., 13., 17., 27. Sept., 11., 15., 25., 29., 30. Okt., 9., 13., 23., 27., 28. Nov., 7., 11., 21., 25., 26. Dez.

Günstig: 13., 30. Jan., 11., 28. Feb., 9., 26. März, 7., 24., 30. April, 5., 22., 28. Mai, 3., 20., 26. Juni, 1., 18., 24., 29. Juli, 16., 22., 25. Aug., 14., 20., 25. Sept., 12., 18., 23. Okt., 10., 16., 21. Nov., 8., 14., 19. Dez.

Schicksalhaft: 23., 24., 25., 26. Mai, 30. Okt., 28. Nov., 26. Dez.

Problematisch: 5., 19. Jan., 3., 17. Feb., 1., 15. März, 13. April, 11. Mai, 9., 30. Juni, 7., 28., 30. Juli, 5., 26., 28. Aug., 3., 24., 26. Sept., 1., 22., 24. Okt., 20., 22. Nov., 18., 20. Dez.

Seelenverwandt: 7. Jan., 5. Feb., 3. März, 1. April, 30. Sept., 28. Okt., 26. Nov., 24. Dez.

SONNE: SCHÜTZE
DEKADE: SCHÜTZE/JUPITER
GRAD: 3°30' – 4°30' SCHÜTZE
ART: BEWEGLICHES ZEICHEN
ELEMENT: FEUER

26. November

Fixsterne

Isidis, auch Dschubba genannt; Graffias, auch Acrab oder «Stirn des Skorpions» genannt; Yed Prior

Hauptstern

Name des Sterns: Isidis, auch Dschubba genannt

Gradposition: 1°33' – 2°29' Schütze zwischen den Jahren 1930 und 2000

Magnitude: 2,5

Stärke: *******

Orbit: 1°40'

Konstellation: Delta Scorpii

Tage: 24., 25., 26. November

Sternqualitäten: Mars/Saturn

Beschreibung: heller Stern nahe der rechten Schere des Skorpions

Einfluß des Hauptsterns

Isidis steht für Liberalismus, Stolz und hohe Ziele, aber auch für Ehrgeiz und Kampfgeist. Menschen unter seinem Einfluß sind im allgemeinen kühn und unkonventionell, neigen aber zu Ungeduld oder lassen sich mit unzuverlässigen Menschen ein.

Im Zusammenhang mit dem Stand Ihrer Sonne sorgt Isidis dafür, daß Sie sich eine gute Ausbildung wünschen und sich für Jura, Politik, Philosophie, Religion, Metaphysik und Astrologie interessieren. Im allgemeinen sind Sie kontaktfreudig und beliebt, haben viele Freunde und dauerhafte Partnerschaften. Bemühen Sie sich stets um Diskretion.

- Positiv: freimütig und unbefangen, gebildet, weltgewandt eingestellt.
- Negativ: indiskret, Opportunist, zu optimistisch.

Intuitiv, sensibel und voller starker Emotionen, sind Sie ein idealistischer Schütze mit festen Überzeugungen. Wenn Sie Ihren eigenen hohen Erwartungen gerecht werden und Ihre Ideale verwirklichen, finden Sie Freude und Befriedigung.

Der doppelte Einfluß Ihres Planeten Jupiter sorgt dafür, daß Sie optimistisch und ehrlich sind. Obwohl Sie sehr begeisterungsfähig sein können, neigen Sie auch zur Skepsis. Dadurch werden Sie mißtrauisch und zweifeln an sich und anderen.

Da Sie ein Mensch der Extreme sind, können Sie einerseits ein Perfektionist, kritisch und freimütig sein, andererseits ein Menschenfreund, der fürsorglich, liebenswürdig und liberal ist. Wenn es Ihnen gutgeht, sind Sie idealistisch und loyal; wenn Sie sich aber verletzlich fühlen, zeigen Sie die Kehrseite Ihrer Persönlichkeit, die kalt und gefühllos ist. Da Sie geistig rastlos sind, langweilen Sie sich leicht, wenn Ihnen die Motivation fehlt. Deshalb sollten Sie unbedingt durch die Beschäftigung mit religiösen oder ethischen Themen nach geistiger Weiterentwicklung streben oder Ihren intellektuellen Horizont erweitern.

Wenn Sie Ihr enormes kreatives und emotionales Potential kanalisieren, können Sie andere leicht mit Ihren besonderen künstlerischen Talenten inspirieren. Da Sie ebenso phantasiebegabt wie analytisch sind, brauchen Sie eine Philosophie, die Ihnen dabei hilft, eine ganz individuelle und unabhängige Lebensauffassung zu entwickeln.

Bis zum Alter von 25, solange Ihre Sonne im Schützen steht, brauchen Sie die Freiheit, abenteuerlustig zu sein und günstige Gelegenheiten zu suchen, sei es durch Studien, Reisen oder andere aufregende Unternehmungen. Wenn Sie 26 sind, tritt Ihre Sonne in den Steinbock, und Sie werden im Verfolgen Ihrer Ziele praktischer, erfolgsorientierter und realistischer. Wenn Ihre Sonne in den Wassermann wechselt, sind Sie 56. Jetzt legen Sie mehr Wert auf Unabhängigkeit, werden gruppenorientierter und möchten Ihre Individualität zum Ausdruck bringen.

Ihr geheimes Selbst

Ihr Charme hilft Ihnen in allen Lebenslagen und sorgt dafür, daß Sie andere beeinflussen und motivieren können. Da Sie starke Emotionen haben, müssen Sie erkennen, wie wichtig eine positive Lebenseinstellung für Sie ist. Wenn Sie sich erlauben, in Pessimismus zu versinken, neigen Sie zu Launenhaftigkeit oder Einsamkeitsgefühlen. Wenn Sie aber für eine Person oder ein Projekt Feuer und Flamme sind, strahlen Sie Begeisterung und Wärme aus. Finanzielle Dinge spielen eine wichtige Rolle in Ihrem Leben; dennoch können Liebe und die Erfüllung Ihrer Träume für Sie noch wichtiger sein.

Da Sie gern neue Projekte ins Leben rufen, müssen Sie stets in irgendeiner Form beschäftigt sein. So überstehen Sie Zeiten, in denen Sie sonst vielleicht allzu ernst werden würden. Da Sie sensibel und hoch intuitiv sind, haben Sie den Wunsch, in tiefere Bewußtseinsschichten vorzustoßen, was Sie zu Selbstanalyse und Selbstverwirklichung führen kann.

Beruf & Karriere

Dank Ihrem guten analytischen Verstand und Ihrer ausgeprägten Vorstellungskraft sind Sie im allgemeinen ein kreativer Denker. Ihre Gabe, Probleme zu lösen, können Sie entweder im Geschäftsleben oder in Bereichen wie Erziehung, Philosophie oder Schreiben einsetzen. Wenn Sie technisch interessiert sind, zieht es Sie zu Ingenieur- oder Computerwesen. Wenn dabei auch noch kreatives Denken gefragt ist, etwa bei der Entwicklung von Computerspielen – um so besser. Da Sie sensibel sind und über diplomatisches Geschick verfügen, eignen Sie sich gut für Tätigkeiten, bei denen Sie mit Menschen zu tun haben. Sowohl praktisch als auch intuitiv, haben Sie gute Managerqualitäten auch wenn Sie dank Ihrem Unternehmergeist eher dazu tendieren, selbständig zu arbeiten. Ihr natürlicher Sinn für Farbe und Form zieht Sie auch zu künstlerischen Ausdrucksmöglichkeiten.

Berühmte Persönlichkeiten dieses Tages sind der Musiker John McVie, der englische Staatsmann William Pitt, der Cartoonist Charles Schulz und der Dramatiker Eugène Ionesco.

Numerologie

Mit der Zahl 26 sind Pragmatismus, Führungsqualitäten und guter Geschäftssinn verbunden. Im allgemeinen sind Sie verantwortungsbewußt und haben einen Sinn für Ästhetik, lieben Ihr Zuhause und brauchen die Sicherheit solider Grundlagen. Häufig sind Sie ein Quell der Kraft für Ihre Freunde und Verwandten; wer sich in Notzeiten an Sie wendet, kann stets mit Hilfe rechnen. Hüten Sie sich aber vor materialistischen Tendenzen und dem Hang, Menschen und Situationen kontrollieren zu wollen. Der Untereinfluß der Monatszahl 11 ist der Grund dafür, daß Sie optimistisch und intuitiv sind. Unternehmungslustig und ehrgeizig, finden Sie immer wieder Gelegenheiten, Ihr Verantwortungsbewußtsein und Ihre Originalität unter Beweis zu stellen. Wenn Sie sich für etwas entschlossen haben, können Sie stur werden und folgen nur noch Ihrer inneren Stimme. Da Sie ebenso abenteuerfreudig wie idealistisch sind, lassen Sie sich oft von Ihrer Phantasie überwältigen und zu fernen und inspirierenden Orten tragen. Das Bedürfnis nach Entdeckung und Expansion beweist, daß Sie viel im Leben erreichen wollen. Ohne richtigen Antrieb verlieren Sie aber schnell den Mut und geben auf.

Positiv: kreativ, praktisch, fürsorglich, verantwortungsbewußt, stolz auf die Familie, begeisterungsfähig, mutig.

Negativ: stur, rebellisch, brüchige Beziehungen, mangelnde Begeisterungsfähigkeit, keine Ausdauer.

Liebe & Zwischenmenschliches

Gesellig und freundlich, macht es Ihnen Spaß, Gäste zu bewirten und zu unterhalten. Ihre starken Emotionen brauchen ein positives Ventil, sonst werden Sie launisch oder langweilen sich. Da Sie rastlos und übereifrig sind, gibt es viele Möglichkeiten für Sie, Ihren abenteuerlustigen Geist zu befriedigen. Ihre Lebenssituation kann sich plötzlich ändern, was Sie und Ihren Partner aus dem Gleichgewicht bringt, vor allem, wenn Ihnen diese Veränderung ohne vorherige Ankündigung aufgezwungen wird. Auch wenn Sie zu Sturheit und Prinzipienreiterei neigen, können Sie sehr pflichtbewußt und hingegeben sein, wenn Sie lieben; dann sind Sie auch zu großen Opfern bereit.

Ihr Partner

Sicherheit, geistige Anregung und Liebe finden Sie am ehesten unter den Menschen, die an folgenden Tagen geboren sind:

Liebe & Freundschaft: 9., 13., 30. Jan., 7., 9., 28. Feb., 5., 26., 30. März, 3., 5., 24., 28. April, 1., 22., 26. Mai, 20., 24. Juni, 18., 22., 31. Juli, 16., 20., 29., 30. Aug., 14., 18., 27., 28. Sept., 12., 16., 25., 26., 31. Okt., 10., 14., 23., 24., 29. Nov., 8., 12., 21., 22., 27. Dez.

Günstig: 15., 22., 31. Jan., 13., 20., 29. Feb., 11., 18., 27. März, 9., 16., 25. April, 7., 14., 23., 30. Mai, 5., 12., 21., 28. Juni, 3., 10., 19., 26., 30. Juli, 1., 8., 17., 24., 28. Aug., 6., 15., 22., 26. Sept., 4., 13., 20., 24. Okt., 2., 11., 18., 22. Nov., 9., 16., 20. Dez.

Schicksalhaft: 11. Jan., 9. Feb., 7. März, 5. April, 3., 24., 25., 26., 27. Mai, 1. Juni, 31. Okt., 29. Nov., 27. Dez.

Problematisch: 5., 8., 16., 21. Jan., 3., 6., 14., 19. Feb., 1., 4., 12., 17. März, 2., 10., 15. April, 8., 13. Mai, 6., 11. Juni, 4., 9., 29. Juli, 2., 7., 27. Aug., 5., 25. Sept., 3., 23. Okt., 1., 21. Nov., 19. Dez.

Seelenverwandt: 13. Jan., 11. Feb., 9. März, 7. April, 5. Mai, 3. Juni, 1. Juli, 31. Aug., 29. Sept., 27. Okt., 25. Nov., 23. Dez.

SONNE: SCHÜTZE
DEKADE: SCHÜTZE/JUPITER
GRAD: 4°30' – 5°30' SCHÜTZE
ART: BEWEGLICHES ZEICHEN
ELEMENT: FEUER

Fixstern

Name des Sterns: Graffias, auch Acrab oder «Stirn des Skorpions» genannt

Gradposition: 2°12' – 3°13' Schütze zwischen den Jahren 1930 und 2000

Magnitude: 3

Stärke: ******

Orbit: 1°40'

Konstellation: Beta Scorpii

Tage: 24., 25., 26., 27. November

Sternqualitäten: Saturn/Mars

Beschreibung: blaßweiß-lilafarbenes Dreifachsystem im Kopf des Skorpions

Einfluß des Hauptsterns

Graffias steht für ausgeprägten Geschäftssinn, Reichtum und materielle Macht, und meist sorgt er für einen aktiven Verstand und Risikofreudigkeit. Wenn Sie unter seinem Einfluß stehen, stellt sich der ersehnte Erfolg nach anfänglichen Schwierigkeiten ein; Ausdauer und Entschlossenheit sind somit der Schlüssel zur Erfüllung Ihrer Wünsche. Allerdings besteht die Gefahr, daß Vorteile nicht von langer Dauer sein können und zu große Aktivität Streß verursacht, der sich schädlich auf Ihre Gesundheit auswirken kann.

Im Zusammenhang mit dem Stand Ihrer Sonne schenkt Ihnen Graffias Erfolg in Politik, Pädagogik, Religion und Berufen mit Öffentlichkeitskontakt. Zu hohen Ehren kommen Sie durch harte Arbeit und Dienst an Ihren Mitmenschen. Im allgemeinen haben Sie die Kraft, sich Ihre Wünsche zu erfüllen, aber nicht immer die Fähigkeit, die Früchte Ihrer hart erkämpften Erfolge auch zu genießen.

• Positiv: Ausdauer, Fleiß, Hingabe.

27. November

Idealistisch und warmherzig, sind Sie ein kreativer Schütze mit Charisma und einem gewinnenden Lächeln. Sie sind aufrichtig und ehrlich, aber auch schüchtern und sensibel, haben viele Interessen und sind häufig vielseitig talentiert. Auch wenn Sie oft gefühlsmäßig urteilen, sind Sie ein guter Kommunikator mit phantasievollen Ideen. Da Sie begeisterungsfähig und optimistisch sind, fällt es Ihnen nicht schwer, Freunde zu finden und sie an Ihren Plänen und Aktivitäten teilhaben zu lassen. Um aber Seelengröße und mehr Selbsterkenntnis zu gewinnen, brauchen Sie Phasen, in denen Sie allein sind, um Ihren scharfen Verstand und eine eigene Lebensphilosophie zu entwickeln.

Der doppelte Einfluß Ihres Planeten Jupiter sorgt dafür, daß Sie mit Ihren moralischen und spirituellen Zielen stets nach Aufrichtigkeit streben. Sie sind tolerant und möchten durch Reisen und neue Chancen Ihren Horizont erweitern. Als visionärer Denker müssen Sie Ihr breites Gefühlsspektrum in irgendeiner Form zum Ausdruck bringen. Trotz Ihres Charmes können Sie gelegentlich schockierend direkt und freimütig sein. Hüten Sie sich davor, zu nörgeln oder andere unbeabsichtigt zu attackieren.

Obwohl Sie mit gesundem Menschenverstand und praktischen Fähigkeiten begabt sind, sehnen Sie sich, geleitet von Ihrer träumerischen Seite, nach utopischen Realitäten an idyllischen Orten. Da Sie geistig rastlos sind, lieben Sie das Abenteuer; aufgrund Ihres Bedürfnisses nach emotionaler Sicherheit sind Sie nicht gern allein. Optimistisch und begeisterungsfähig, denken Sie in großen Maßstäben. Etwas mehr Konzentration aufs Detail erlaubt Ihnen ein umfassenderes Verständnis der Dinge.

Bis zum Alter von 24, solange Ihre Sonne im Schützen steht, sind Sie optimistisch und abenteuerlustig und suchen neue Horizonte, etwa durch Studien, Reisen oder andere aufregende Unternehmungen. Wenn Sie 25 sind, tritt Ihre Sonne in den Steinbock, und Sie werden praktischer, ordentlicher und realitätsbezogener. Wenn Ihre Sonne in den Wassermann wechselt, sind Sie 55. Jetzt brauchen Sie mehr Unabhängigkeit, Gruppenaktivität und progressive Ideen.

Ihr geheimes Selbst

Da Sie idealistisch sind und einen hochentwickelten Verstand haben, sind Sie meist dann am glücklichsten, wenn Sie produktiv sind und Ihr Wissen erweitern können. Da Sie anderen gegenüber am liebsten offen und ehrlich sind, gelingt es Ihnen gut, Ihre Praxisnähe mit Ihrer Intuition zu verbinden. Sie stecken voller konstruktiver Ideen, wodurch Sie sich gut für unternehmerische Anstrengungen eignen, vor allem wenn Sie eine definitive Vorstellung davon haben, was Sie erreichen wollen. Allerdings sollten Sie mehr Geduld und Toleranz aufbringen, insbesondere wenn Sie mit Menschen umgehen, die vom Schicksal weniger begünstigt sind als Sie.

Ihr großes kreatives Potential drängt Sie zur Selbstverwirklichung, die Sie in Musik, Kunst, Theater oder Schreiben finden können. Ihr Verstand arbeitet objektiv und erfinderisch und schwankt zwischen wahren Geistesblitzen und Aufrührertum hin und her, so daß Sie mit Ihren Ideen oftmals Ihrer Zeit voraus sind. Mit Ihrer Schlagfertigkeit macht es Ihnen Spaß, andere zu unterhalten. Achten Sie darauf, daß Sie Ihrem Hang zu Angstzuständen oder Unentschlossenheit, vor allem in finanziellen Angelegenheiten, nicht nachgeben.

Beruf & Karriere

Sie zeigen eine freundliche und charmante Fassade, hinter der Ihr reger Verstand ständig neue und originelle Ideen ausheckt, die Ihnen bei der Arbeit nützlich sein können. Ihr Optimismus und Unternehmergeist läßt Sie stets große Pläne machen. Schreiben, Metaphysik oder Philosophie gehören zu Ihren Interessengebieten; Ihr starker Wunsch nach Harmonie und Ihr Gefühl für Farbe und Form machen Sie auch geeignet für Kunst oder Musik. Obwohl ein Teil Ihrer Persönlichkeit um des lieben Friedens willen gern alles beim alten läßt, sorgen Ihre Reiselust und Ihr Wunsch nach Aufregung, aber auch Ihr Verantwortungsbewußtsein dafür, daß Sie sich immer wieder zu neuen Taten aufschwingen. Zusammenarbeit mit anderen kann für Sie besonders bereichernd sein.

Berühmte Persönlichkeiten dieses Tages sind der Musiker Jimi Hendrix, der Theaterproduzent David Merrick, der Schauspieler und Kampfsportler Bruce Lee und die Politiker Alexander Dubček und Benigno Aquino.

Numerologie

Mit der Geburtstagszahl 27 sind Sie idealistisch und sensibel. Mit Ihrem ebenso intuitiven wie analytischen und kreativen Verstand können Sie andere immer wieder beeindrucken. Wenn Sie gelegentlich geheimnistuerisch oder unentschlossen wirken, verbergen Sie nur innere Spannungen. Verbessern Sie Ihre kommunikativen Fähigkeiten; dann lernen Sie auch, Ihre Gefühle besser auszudrücken. Für Menschen mit der Geburtstagszahl 27 ist Ausbildung unerläßlich, und wenn Sie mehr Gedankentiefe und Toleranz entwickeln, werden Sie auch geduldiger und selbstdisziplinierter. Durch den Untereinfluß der Monatszahl 11 sind Sie hoch intuitiv, haben spirituelle Fähigkeiten und einen Sinn für Metaphysik. Idealistisch und sensibel, phantasievoll und visionär, brauchen Sie Möglichkeiten, um sich auszudrücken, sei es durch Schreiben oder Bildung. Obwohl Sie häufig ein Menschenfreund mit liberalen Ansichten sind, leiden Sie unter Zweifeln und emotionalen Schwankungen, wenn es Ihnen an Vertrauen fehlt oder Sie kein Lebensziel haben, das sich anzustreben lohnt. Sie brauchen Zeit für sich, sollten sich deshalb aber nicht von Ihrer Umwelt isolieren. Inneren Frieden finden Sie, wenn Sie in Ihrer Umgebung für Harmonie sorgen.

Positiv: vielseitig, phantasievoll, kreativ, resolut, tapfer, verständnisvoll, spirituell, erfinderisch.

Negativ: unangenehm, streitsüchtig, leicht beleidigt, rastlos, nervös, mißtrauisch, angespannt.

Liebe & Zwischenmenschliches

Obwohl Sie ein liebevoller und idealistischer Mensch sind, verlieben Sie sich selten und lassen sich nicht von Ihren Gefühlen überwältigen. Liberal und unbeschwert, finden Sie leicht Freunde; wenn Sie aber einen Partner suchen, spielen finanzielle Überlegungen eine große Rolle, weil Sie materielle Sicherheit brauchen. Sie fühlen sich zu aktiven, kreativen und fleißigen Menschen hingezogen und erhalten häufig Unterstützung von Ihren Freunden. Aufgrund Ihres ausgeprägten Teamgeistes arbeiten Sie lieber in Partnerschaften als allein.

- Negativ: Veränderungen und Turbulenzen, Neigung zum Materialismus.

Ihr Partner

Einen Partner, der Ihr Interesse in einer dauerhaften Beziehung wachhält, werden Sie mit großer Wahrscheinlichkeit unter den an den folgenden Tagen geborenen Menschen finden:

Liebe & Freundschaft: 12., 13., 14., 25., 28. Jan., 10., 12., 13., 23., 26. Feb., 8., 11., 21., 24., 31. März, 6., 9., 19., 22., 29. April, 4., 7., 17., 20., 27., 28. Mai, 2., 4., 5., 15., 18., 25. Juni, 3., 13., 16., 23., 24. Juli, 1., 11., 14., 21., 31. Aug., 9., 12., 19., 29. Sept., 7., 10., 17., 27. Okt., 5., 8., 15., 25. Nov., 3., 6., 13., 23. Dez.

Günstig: 12., 23., 26. Jan., 10., 21., 24. Feb., 8., 19., 22., 28. März, 6., 17., 20., 26. April, 4., 15., 18., 24. Mai, 2., 13., 18., 29. Juni, 11., 14., 20., 31. Juli, 9., 12., 18., 29. Aug., 7., 10., 16., 27. Sept., 5., 8., 14., 25. Okt., 3., 6., 12., 23. Nov., 1., 4., 10., 21. Dez.

Schicksalhaft: 25., 26., 27., 28. Mai, 30. Nov., 28. Dez.

Problematisch: 17., 18., 21. Jan., 15., 16., 19. Feb., 13., 14., 17., 29. März, 11., 12., 15., 27. April, 9., 10., 13., 25. Mai, 7., 8., 11., 23. Juni, 5., 6., 9., 21., 30. Juli, 3., 4., 7., 19., 28. Aug., 1., 2., 5., 17., 26. Sept., 3., 15., 24. Okt., 1., 13., 22. Nov., 11., 20. Dez.

Seelenverwandt: 24. Jan., 22. Feb., 20. März, 18., 30. April, 16., 28. Mai, 14., 26. Juni, 12., 24. Juli, 10., 22. Aug., 8., 20. Sept., 6., 18. Okt., 4., 16. Nov., 2., 14. Dez.

SONNE: SCHÜTZE
DEKADE: SCHÜTZE/JUPITER
GRAD: 5°30' – 6°30' SCHÜTZE
ART: BEWEGLICHES ZEICHEN
ELEMENT: FEUER

Fixsterne

Ihre Sonne ist zwar nicht mit einem Fixstern verbunden, sicherlich aber einer der anderen Planeten Ihres Sonnenzeichens. Wenn Sie sich ein Geburtshoroskop erstellen lassen, lernen Sie die exakten Positionen der Planeten an Ihrem Geburtstag kennen. Auf diese Weise können Sie feststellen, welche der Fixsterne in diesem Buch für Sie von Interesse sind.

28. November

Mit Ihren vielen Interessen sind Sie ein rastloser Romantiker voller Abenteuerlust, Hoffnungen, Ehrgeiz und Charme. Von Wissen inspiriert, können Sie Ihre Unzufriedenheit über die tägliche Routine überwinden, wenn Sie resolut sind und einen klaren Aktionsplan haben. Auch wenn Ihr Wunsch nach Veränderung eine Menge Unsicherheiten mit sich bringt, sorgt er doch für ein abwechslungsreiches und ereignisreiches Leben.

Der doppelte Einfluß Ihres Planeten Jupiter macht Sie geistreich und klug. Im allgemeinen voller Begeisterungsfähigkeit und Optimismus, sind Sie freimütig und direkt. Da Sie idealistisch sind und feste Überzeugungen vertreten, geht Ihnen Aufrichtigkeit über alles. Derselbe Einfluß führt möglicherweise auch dazu, daß Sie dem Ruf Ihres Herzens folgen und sich kreativer Selbstverwirklichung oder religiösen und moralischen Zielen widmen. Da Sie stets an der Gesamtheit interessiert sind, haben Sie Voraussicht und eine philosophische Lebensauffassung, neigen aber dazu, Details zu übersehen. Sie sollten mehr Geduld entwickeln, damit Sie sich nicht zu schnell langweilen oder das Interesse verlieren. Anstatt von einer Beschäftigung zur nächsten zu wechseln, sollten Sie sich auf eine bestimmte Sache konzentrieren, um Ihr wahres Potential ausschöpfen zu können.

Bis zum Alter von 23, solange Ihre Sonne im Schützen steht, beschäftigen Sie sich hauptsächlich mit der Freiheit und suchen nach neuen Horizonten, etwa durch Studien, Reisen oder eine besondere Lebensphilosophie. Wenn Sie 24 sind, tritt Ihre Sonne in den Steinbock, und Sie gehen das Leben praktischer, ordentlicher und strukturierter an. Sie entwickeln auch größeres Verantwortungsbewußtsein und mehr Zielstrebigkeit. Wenn Ihre Sonne in den Wassermann wechselt, sind Sie 54. Jetzt legen Sie mehr Wert auf Freundschaft und Unabhängigkeit und werden gruppenorientierter.

Ihr geheimes Selbst

Idealistisch und phantasievoll, setzen Sie Ihre Sensibilität am liebsten kreativ oder zum Wohl anderer ein. Da Sie zusätzlich pragmatisch sind und Ordnung schätzen, macht diese Kombination Sie zu einem praktischen Visionär. Die Arbeit spielt eine wichtige Rolle in Ihrem Leben; durch beständige und unablässige Anstrengung können Sie sich eine stabile und finanziell abgesicherte Basis schaffen.

Sie suchen ständig neue und aufregende Interessen, um Ihren aktiven Geist wachzuhalten. Ihre innere Rastlosigkeit macht Sie gelegentlich unzufrieden, und Sie neigen dann zur Realitätsflucht. Deshalb ist es wichtig, daß Sie sich stets auf positive Ziele konzentrieren. Menschen und Veränderungen faszinieren Sie, was dazu führen kann, daß Sie Ihr Bedürfnis nach Abwechslung und geistiger Herausforderung durch Studien oder Reisen befriedigen.

Beruf & Karriere

Auf Ihrer ständigen Suche nach Abwechslung und nach Neuem gelingt es Ihnen irgendwann, das Gefühl zu überwinden, die Kirschen in Nachbars Garten seien süßer als Ihre, und eine Arbeit zu finden, die Ihrem freien Geist keine Beschränkungen auferlegt, hilft Ihnen dabei, Ihre Lebenssituation zu akzeptieren. Da Sie ehrgeizig sind, setzen Sie sich hohe Ziele und haben Führungsqualitäten. Obwohl Sie gern unabhängig sind, profitieren Sie von Teamwork oder Partnerschaften. Gut wäre es, wenn Sie Ihre Reiselust berufsbedingt ausleben könnten. Möglicherweise möchten Sie auch Ihr literarisches oder musikalisches Talent zum Beruf machen. In jedem Falle sind Sie dann am glücklichsten, wenn Sie Ihren Charme und Ihre soziale Kompetenz bei einer dynamischen Tätigkeit einsetzen können.

Berühmte Persönlichkeiten dieses Tages sind der Popmusiker Randy Newman, der Dichter William Blake, US-Senator Gary Hart, die Schriftstellerinnen Nancy Mitford und Rita Mae Brown, Friedrich Engels sowie der Bandleader Paul Shaffer.

Numerologie

Mit der Geburtstagszahl 28 sind Sie unabhängig und idealistisch, aber auch pragmatisch und entschlossen und folgen Ihren eigenen Gesetzen. Sie sind ehrgeizig, direkt und unternehmungslustig. Oft geraten Sie in den inneren Konflikt zwischen Ihrem Bedürfnis nach Unabhängigkeit und dem Wunsch, Teil einer Gruppe zu sein. Immer bereit zu neuen Abenteuern und Action, stellen Sie sich mutig den Herausforderungen des Lebens. Dank Ihrer Begeisterungsfähigkeit können Sie andere dazu bringen, Sie bei Ihren Unternehmungen zu unterstützen. Sie haben Führungsqualitäten, gesunden Menschenverstand und können gut logisch denken. Sie übernehmen gern Verantwortung, können aber auch allzu enthusiastisch, ungeduldig oder intolerant sein. Der Untereinfluß der Monatszahl 11 führt dazu, daß Sie inspiriert, aber rastlos sind und sich nach emotionaler Erfüllung sehnen. Auch wenn Sie sich Erfolg und Stabilität wünschen, sind Sie so abenteuerlustig und eifrig, daß Sie bereit sind, Risiken einzugehen, um mehr vom Leben zu haben.

Positiv: mitfühlend, progressiv, kühn, künstlerisch, idealistisch, ehrgeizig, fleißig, willensstark.

Negativ: Tagträumer, unmotiviert, mangelndes Mitgefühl, mangelndes Urteilsvermögen, aggressiv, hochmütig.

Liebe & Zwischenmenschliches

Ihr Bedürfnis nach Action und Abwechslung macht Sie rastlos. Sie lieben Schönheit und haben Stilgefühl. Gelegentlich sind Sie sich Ihrer Gefühle nicht ganz sicher. Sie sind abenteuerlustig und optimistisch, und wechselnde Umstände bringen es mit sich, daß es Ihnen schwerfällt, eine dauerhafte Beziehung einzugehen. Da Sie Monotonie hassen, haben Sie zunächst zahlreiche kurze Affären, bevor Sie den richtigen Partner finden. Sie bewundern kreative Menschen, die hart arbeiten, entschlossen sind und wissen, was sie wollen.

Ihr Partner

Den richtigen Partner finden Sie am ehesten unter den Menschen, die an folgenden Tagen geboren sind:
Liebe & Freundschaft: 6., 7., 10., 11., 14. Jan., 3., 9., 12. Feb., 2., 7., 10., 28. März, 1., 4., 14. April, 2., 7., 10., 28. Mai, 1., 4., 22., 26. Juni, 2., 20., 24. Juli, 18., 22. Aug., 16., 20., 30. Sept., 14., 18., 28. Okt., 12., 16., 26. Nov., 10., 14., 24. Dez.
Günstig: 20., 24. Jan., 18., 22. Feb., 16., 20., 29. März, 14., 18., 27. April, 12., 16., 25. Mai, 10., 14., 23., 29. Juni, 8., 12., 21., 27. Juli, 6., 10., 19., 25., 30. Aug., 4., 8., 17., 23., 28. Sept., 2., 6., 15., 21., 26. Okt., 4., 13., 19., 24. Nov., 2., 11., 17., 22. Dez.
Schicksalhaft: 25., 26., 27., 28. Mai, 31. Aug., 29. Sept., 27. Okt., 25. Nov., 23. Dez.
Problematisch: 22., 23., 27. Jan., 20., 21., 25. Feb., 18., 19., 23. März, 16., 17., 21. April, 14., 15., 19. Mai, 12., 13., 17. Juni, 10., 11., 14., 31. Juli, 8., 9., 13., 29. Aug., 6., 7., 11., 27. Sept., 4., 5., 9., 25. Okt., 2., 3., 7., 23. Nov., 1., 5., 21. Dez.
Seelenverwandt: 23. Jan., 21. Feb., 19. März, 17., 29. April, 15., 27. Mai, 13., 25. Juni, 11., 23. Juli, 9., 21. Aug., 7., 19. Sept., 5., 17. Okt., 3., 15. Nov., 1., 13. Dez.

SONNE: SCHÜTZE
DEKADE: SCHÜTZE/JUPITER
GRAD: 6°30' – 7°30' SCHÜTZE
ART: BEWEGLICHES ZEICHEN
ELEMENT: FEUER

Fixsterne

Ihre Sonne ist zwar nicht mit einem Fixstern verbunden, sicherlich aber einer der anderen Planeten Ihres Sonnenzeichens. Wenn Sie sich ein Geburtshoroskop erstellen lassen, lernen Sie die exakten Positionen der Planeten an Ihrem Geburtstag kennen. Auf diese Weise können Sie feststellen, welche der Fixsterne in diesem Buch für Sie von Interesse sind.

29. November

Aufnahmefähig und erfinderisch und voller Energie und Antrieb, sind Sie ein leidenschaftlicher Schütze, der sich nach Stabilität sehnt. Als hochintuitiver Mensch können Sie Menschen und ihre Beweggründe verstehen; wegen Ihres Bedürfnisses nach emotionaler Sicherheit müssen Sie aber immer genau wissen, wie andere zu Ihnen stehen. Obwohl Sie von Grund auf idealistisch sind, sorgen Ihr Ehrgeiz und Ihr Sinn fürs Praktische dafür, daß Sie überzeugend und tüchtig sein können, wenn Sie mit beiden Füßen auf dem Boden bleiben.

Der doppelte Einfluß Ihres Planeten Jupiter bewirkt, daß Sie ein integrer und idealistischer Mensch sind, dem Ehrlichkeit über alles geht. Begeisterungsfähig und optimistisch, mit religiösen oder ethischen Idealen, sind Sie visionär und interessieren sich für Philosophie. Ihr Bedürfnis, Neues zu entdecken und sich weiterzuentwickeln, bringt Sie auf der Suche nach Wahrheit und Erkenntnis weit voran. Achten Sie aber darauf, daß Sie nicht fanatisch werden bei Ihrem Versuch, die Welt zu verbessern.

Als aufrichtiger und offener Mensch mit festen Prinzipien und Ansichten sind Sie gern freimütig und direkt. Im allgemeinen zeigen Sie sich loyal und aufrichtig, und wenn Sie ein Versprechen geben, halten Sie es auch. Sie arbeiten fleißig und dezidiert, und andere verlassen sich gern auf Sie. Spontan und großzügig, müssen Sie zwischen Gesten der Humanität und Ihrem Bedürfnis nach Fairneß einen Mittelweg finden. Erfüllung finden Sie vor allem dann, wenn Sie emotionale und praktische Bedürfnisse miteinander verknüpfen.

Bis zum Alter von 22, solange Ihre Sonne im Schützen steht, wollen Sie Ihre Chancen vergrößern, etwa durch Studien, Reisen oder besondere Unternehmungen. Wenn Sie 23 sind, wechselt Ihre Sonne in den Steinbock; Sie werden praktischer, zielgerichteter und realitätsbezogener. Wahrscheinlich wünschen Sie sich auch mehr Ordnung und Struktur im Leben. Wenn Ihre Sonne in den Wassermann tritt, sind Sie 53. Jetzt wächst Ihr Bedürfnis nach Freiheit, neuen Ideen und danach, Ihre Individualität auszudrücken.

Ihr geheimes Selbst

Sie sind praktisch und entschlossen, können aber auch kreativ, witzig und unterhaltsam sein. Durch Ihren Sinn für die schönen Seiten des Lebens haben Sie meist auch guten Geschmack und lieben den Luxus. Obwohl Sie im allgemeinen freundlich und hilfsbereit sind, schlagen Sie manchmal einen selbstgerechten oder arroganten Ton an, der andere vor den Kopf stößt. Selten sind Ihre Probleme finanzieller Natur, da Sie nicht nur einen gesunden Pragmatismus haben, sondern auch die spezielle Gabe, Chancen zu erkennen.

Ihr Motto heißt: höher, schneller, weiter; mit dieser erfolgsorientierten Einstellung dürfte es für Sie beruflich keine Schwierigkeiten geben. Dank Ihrem scharfen und regen Intellekt können Sie hoch motiviert sein, wenn Sie sich wirklich für eine Sache interessieren. Sie gehen gern im großen Maßstab vor, so daß Sie darauf achten müssen, nicht die Details zu übersehen, die auch Teile des Ganzen sind. Sie sind ein inspirierter Denker, der anderen in beruflicher wie kreativer Hinsicht viel geben kann.

Beruf & Karriere

Mit Ihrem ausgeprägten Sinn für Wahrheit und Gerechtigkeit, der mit Ihrer Humanität gepaart ist, sollten Sie sich für einen guten Zweck oder soziale Reformen einsetzen oder in Justiz oder Politik arbeiten. Diese Eigenschaften mit Ihrer Phantasie und Sensibilität kombinieren können Sie als Schriftsteller, Journalist oder in einem Pflegeberuf. Als guter Planer und Organisator sind Sie gern produktiv und sollten diese Talente in Wirtschaft oder Administration nutzen. Als geborener Menschenfreund und hingebungsvoller Vater oder liebevolle Mutter möchten Sie vielleicht auch anderen helfen, indem Sie für eine Wohltätigkeitsorganisation oder Ihre Gemeinde tätig werden.

Berühmte Persönlichkeiten dieses Tages sind die Schriftsteller Louisa May Alcott und C. S. Lewis, der Popmusiker Denny Doharty, die Politikerin Petra Kelly und der französische Staatspräsident Jacques Chirac.

Numerologie

Mit der Geburtstagszahl 29 haben Sie eine starke Persönlichkeit und außergewöhnliches Potential. Sie sind hoch intuitiv, sensibel und emotional. Inspiration ist das Geheimnis Ihres Erfolgs, ohne sie verlieren Sie leicht Ihre Zielstrebigkeit. Sie sind ein richtiger Träumer mit sehr unterschiedlichen Seiten und müssen sich vor Stimmungsschwankungen hüten. Wenn Sie auf Ihre innersten Gefühle hören und Ihr Herz für andere öffnen, können Sie Ihre Tendenz zu Sorgen überwinden und Ihren Verstand als Schutzschild benützen. Setzen Sie Ihre schöpferischen Ideen ein, um etwas Außergewöhnliches zu leisten, das anderen Auftrieb geben oder für sie von Nutzen sein kann. Der Untereinfluß der Monatszahl 11 führt dazu, daß Sie ein Idealist und Menschenfreund sind und nach emotionaler Erfüllung und Zufriedenheit suchen. Wißbegierig und abenteuerfreudig, wollen Sie ständig Neues erkunden und ausprobieren. Bei allem Optimismus und festen Prinzipien müssen Sie darauf achten, daß Sie Ihren gesunden Menschenverstand einsetzen und praktisch bleiben, wenn Sie neue Unternehmungen anpacken. Glauben und Horizonterweiterung durch Bildung und Studien führen Sie zu spiritueller Bewußtwerdung und Erleuchtung.

Positiv: inspiriert, ausgeglichen, großzügig, kreativ, intuitiv, mystisch, weltgewandt, selbstsicher.

Negativ: unkonzentriert, unsicher, nervös, selbstsüchtig, eitel, launisch, schwierig, extremistisch, überempfindlich.

Liebe & Zwischenmenschliches

Gastfreundlich und charmant, haben Sie gern Menschen um sich, weshalb Sie stets an irgendwelchen gemeinschaftlichen Aktivitäten beteiligt sind. Sie sind gruppenorientiert und deshalb nicht gern allein. Achten Sie aber darauf, daß Sie sich Partnern oder Freunden gegenüber nicht manipulativ verhalten oder sich von ihnen abhängig machen. Heim und Familie sind für Sie außerordentlich wichtig, und Sie möchten, daß Ihr Zuhause ein warmer, freundlicher und einladender Ort ist.

Ihr Partner

Wenn Sie jemanden suchen, bei dem Sie Liebe und vielleicht sogar Seelenverwandtschaft finden, sollten Sie sich unter den Menschen umsehen, die an den folgenden Tagen geboren sind:

Liebe & Freundschaft: 1., 7., 12., 15., 19. Jan., 5., 10., 13. Feb., 3., 8., 11., 29. März, 1., 6., 9., 27. April, 4., 7., 25., 29. Mai, 2., 5., 23., 27. Juni, 3., 21., 25. Juli, 1., 5., 19., 23. Aug., 17., 21. Sept., 15., 19., 29. Okt., 13., 17., 27. Nov., 11., 15., 18., 25. Dez.

Günstig: 21., 25. Jan., 19., 23. Feb., 17., 21., 30. März, 15., 19., 28. April, 13., 17., 26. Mai, 11., 15., 24., 30. Juni, 9., 13., 22., 28. Juli, 7., 11., 20., 26., 31. Aug., 5., 9., 18., 24., 29. Sept., 3., 7., 16., 22., 29. Okt., 1., 5., 14., 20., 25. Nov., 3., 12., 18., 23. Dez.

Schicksalhaft: 28., 29., 30., 31. Mai

Problematisch: 5., 8., 28. Jan., 3., 6., 26. Feb., 1., 4., 24. März, 2., 22. April, 20. Mai, 18. Juni, 16. Juli, 14., 30. Aug., 12., 28., 30. Sept., 10., 26., 28. Okt., 8., 24., 26. Nov., 6., 22., 24. Dez.

Seelenverwandt: 4., 10. Jan., 2., 8. Feb., 6. März, 4. April, 2. Mai

30. November

SONNE: SCHÜTZE
DEKADE: SCHÜTZE/JUPITER
GRAD: 7°30' – 8°30' SCHÜTZE
ART: BEWEGLICHES ZEICHEN
ELEMENT: FEUER

Fixstern

Name des Sterns: Antares, auch Anti Aries oder «Gegenmars» genannt
Gradposition: 8°48' – 9°49' Schütze zwischen den Jahren 1930 und 2000
Magnitude: 1
Stärke: **********
Orbit: 2°30'
Konstellation: Alpha Scorpii
Tage: 30. November, 1., 2., 3., 4., 5. Dezember
Sternqualitäten: Mars/Jupiter, auch Jupiter/Venus
Beschreibung: feuerrot-smaragdgrüner Doppelstern im Körper des Skorpion.

Einfluß des Hauptsterns

Antares gehört zu den vier Königssternen und ist mithin von großer Bedeutung. Er steht für Abenteuerlust und Kühnheit, aber auch für Toleranz und Liberalismus. Unerwartete Ereignisse, große Chancen und viele Auslandsreisen sind auf Antares zurückzuführen. Menschen unter seinem Einfluß sind mutig und kühn und vertreten feste Prinzipien, müssen sich aber vor Rastlosigkeit, destruktivem Verhalten, Starrsinn und Rachsucht hüten.
Im Zusammenhang mit dem Stand Ihrer Sonne sorgt Antares dafür, daß Sie Interesse an öffentlichkeitsorientierten Berufen, Pädagogik oder Politik haben. Im allgemeinen sind Sie idealistisch und optimistisch und treten für Gerechtigkeit ein. Antares verleiht außerdem Schreibtalent und Religiosität, die mit der Suche nach Erkenntnis und Wahrheit verbunden ist. Unter seinem Einfluß können sich Situationen plötzlich zum Guten oder Schlechten wenden, und Ehre und

Kreativ und vielseitig und mit ausgezeichneten Kommunikationsfähigkeiten begabt, sind Sie ein talentierter Schütze voller Phantasie und Lebenslust. Als anpassungsfähiger und vielschichtiger Mensch sind Sie begeisterungsfähig und wißbegierig. Stabile persönliche Beziehungen helfen Ihnen, dauerhafte Gefühle zu entwickeln. Sie können sich gut ausdrücken und sind wortgewandt und schlagfertig. Obwohl Sie im allgemeinen charmant und amüsant sind, können Sie hin und wieder streitlustig oder schockierend freimütig sein und mit scharfer Zunge Ihre Gefühle zum Ausdruck bringen. Abenteuerlustig und romantisch und mit einem Sinn für Dramatik, lassen Sie sich manchmal von Ihren Gefühlen hinreißen oder neigen zu Unmäßigkeit.

Der doppelte Einfluß Ihres Planeten Jupiter sorgt dafür, daß Sie im allgemeinen optimistisch und idealistisch sind und eine humanitäre Ader haben. Eine gewisse Rastlosigkeit und Ihre Tendenz, sich leicht zu langweilen, zeigen, daß Sie Herausforderungen lieben und Aufregung im Leben brauchen. Kreativ und mit Schreibtalent begabt, sollten Sie unbedingt Wege finden, um sich sowohl emotional wie intellektuell auszudrücken.

Auch wenn Sie reiselustig, unternehmungs- und abenteuerfreudig sind und Veränderungen lieben, haben Sie manchmal Zweifel und fühlen sich unsicher, wenn Sie ehrlich zu sich selbst sind. Hochintuitiv, vertrauen Sie gern auf Ihre Instinkte, aber wenn Sie lernen, geduldig zu sein, werden Sie feststellen, daß impulsives Handeln nicht immer weise ist.

Bis zum Alter von 21, solange Ihre Sonne im Schützen steht, brauchen Sie viel Freiheit und suchen neue Horizonte, etwa durch Studien, Reisen oder eine ganz eigene Lebensphilosophie. Wenn Sie 22 sind, tritt Ihre Sonne in den Steinbock, und Sie gehen das Leben praktischer, ordentlicher und strukturierter an. Wenn Ihre Sonne in den Wassermann wechselt, sind Sie 52. Jetzt legen Sie mehr Wert auf Freundschaft und Unabhängigkeit und werden gruppenorientierter.

Ihr geheimes Selbst

Obwohl von großer Gefühlstiefe, wird Ihr starkes Bedürfnis nach Liebe und Selbstausdruck nach außen hin kaum sichtbar. Ihre Sensibilität kann Ihnen bei künstlerischen Betätigungen, oder wenn Sie anderen helfen, sehr nützen; aber Sie müssen aufpassen, daß Sie nicht überemotional und zu involviert werden. Dennoch sollten Sie durchaus auf die Stimme Ihres Herzens hören und Ihrer ausgeprägten Intuition vertrauen, statt sich zu sehr vom Verstand lenken zu lassen. Dank Ihrer Willenskraft, Ihrem Gefühl für Wirkung und Ihrer Überzeugungskraft haben Sie das Potential, Großes zu leisten und zu erreichen.

Durch den Einfluß Ihres Geburtstags verfügen Sie über starke Intuition, gutes Urteilsvermögen und überragende geistige Fähigkeiten. Die Kombination von Logik und Weisheit führt Sie wahrscheinlich in Positionen mit Autorität und Einfluß. Da Sie gesellig und hoch intelligent sind, ein gutes Image haben und immer den Überblick über das Ganze bewahren, macht es Ihnen Freude, kommunikative Netze aufzubauen und Informationen mit anderen zu teilen. Sie sind sehr gut im Instruieren anderer, sollten aber nicht stur werden, wenn die anderen auch etwas sagen wollen.

Beruf & Karriere

Sie sind ehrgeizig und gesellig, haben einen regen Verstand und dazu ausgezeichnete Kommunikationsfähigkeiten, die Ihr größter Trumpf sein können. Sie können als Schriftsteller oder Journalist tätig werden oder in Politik, Verkauf oder Entertainment. Wenn Sie sich einmal für einen Beruf entschieden haben, was eine Weile dauern kann, läßt sich Ihre natürliche Kreativität voll zu Ihrem Vorteil einsetzen. Mit Ihrem Wunsch nach Action sind Sie ständig unterwegs und brauchen viel Abwechslung. Bildung – konventionell oder autodidaktisch angeeignet – spielt eine wichtige Rolle auf Ihrem Weg zum Erfolg. Dynamisch und freundlich, sind Sie sehr wortgewandt, was Ihnen beim Aufstieg hilft und Sie beliebt macht.

Berühmte Persönlichkeiten dieses Tages sind der Rockmusiker Billy Idol, die Sängerin June Pointer, der britische Premier Winston Churchill und die Schriftsteller Jonathan Swift, Mark Twain und David Mamet.

Numerologie

Zu den Eigenschaften der 30 gehören Kreativität, Freundlichkeit und Geselligkeit. Voller Ehrgeiz und schöpferischem Potential, können Sie übernommene Ideen auf ganz individuelle Weise weiterentwickeln. Mit der Geburtstagszahl 30 genießen Sie die schönen Seiten des Lebens und können außerordentlich charismatisch und kontaktfreudig sein. Da Sie starke Gefühle haben, ist Liebe für Sie ein unerläßlicher Bestandteil Ihres Lebens. Achten Sie darauf, daß Sie auf Ihrer Suche nach Glück nicht faul oder unmäßig werden; zudem müssen Sie sich vor Ungeduld und Eifersucht hüten, die Sie emotional instabil machen. Viele Menschen mit der Geburtstagszahl 30 ernten Anerkennung oder gar Ruhm, vor allem als Musiker, Schauspieler oder Entertainer. Der Untereinfluß der Monatszahl 11 bedeutet, daß Sie hoch sensibel sind und große Hoffnungen und Erwartungen in sich tragen. Auch wenn Sie die Kraft haben, sich Ihre Herzenswünsche zu erfüllen, kann es passieren, daß Sie am Ende erkennen, daß Sie sich im Grunde etwas ganz anderes erträumt hatten. Ihr Hang zu Rastlosigkeit und Langeweile kann Ihre Kraft und Entschlossenheit enorm behindern. Obwohl Sie geschickt und begabt sind, zweifeln Sie gelegentlich an Ihren Fähigkeiten. Wenn Sie aber inspiriert sind, schwingen Sie sich zu kreativen Höhenflügen auf und zeigen, wie fähig und dezidiert Sie wirklich sein können.

Positiv: lebenslustig, treu, freundlich, wortgewandt, kreativ, glücklich.

Negativ: faul, stur, leicht reizbar, ungeduldig, unsicher, desinteressiert.

Liebe & Zwischenmenschliches

Sie sind optimistisch, gesellig und meist auch beliebt. Auch wenn Sie Charisma ausstrahlen, haben Sie entweder die Tendenz, zuviel nachzudenken und zu träumen, oder das Bedürfnis nach viel Abwechslung und geistiger Anregung, so daß Sie unstet oder unentschlossen über Ihre Partnerschaft sind. Im Zweifelsfall dürfen Sie nicht den Märtyrer spielen oder Ihre Zeit und Kraft an die falsche Person vergeuden. Im allgemeinen fühlen Sie sich zu freundlichen und gebildeten Menschen hingezogen. Beide Geschlechter werden besonders von Frauen unterstützt und vorangebracht.

Reichtum sind meist nicht von langer Dauer.
- Positiv: mutig, weltgewandt, Auslandsreisen, höhere Bildung.
- Negativ: heißblütig, unverblümt, rebellisch, destruktiv.

Ihr Partner

Geistige Anregung und Liebe finden Sie am ehesten unter den Menschen, die an folgenden Tagen geboren sind:

Liebe & Freundschaft: 2., 8., 19., 28. Jan., 6., 26. Feb., 4., 24., 30. März, 2., 22., 28. April, 20., 26., 30. Mai, 18., 24., 28. Juni, 16., 22., 26. Juli, 5., 14., 20., 24. Aug., 12., 18., 22. Sept., 1., 10., 16., 20., 30. Okt., 8., 14., 28. Nov., 6., 12., 16., 26. Dez.

Günstig: 18., 21., 22. Jan., 16., 19., 20. Feb., 14., 17., 18., 31. März, 12., 15., 16., 29. April, 10., 13., 14., 27. Mai, 8., 11., 12., 25. Juni, 6., 9., 10., 23. Juli, 4., 7., 8., 21., 30. Aug., 2., 5., 6., 19., 28. 30. Sept., 3., 4., 17., 26., 28. Okt., 1., 2., 15., 24., 26. Nov., 13., 22., 24. Dez.

Schicksalhaft: 27., 28., 29., 30. Mai, 29. Okt., 27. Nov., 25. Dez.

Problematisch: 29. Jan., 27. Feb., 25. März, 23. April, 21. Mai, 19. Juni, 17. Juli, 15. Aug., 13. Sept., 11., 26. Okt., 9., 24. Nov., 7., 22. Dez.

Seelenverwandt: 24., 27., 28. Jan., 22., 25., 26. Feb., 20., 23., 24. März, 18., 21., 22. April, 16., 19., 20. Mai, 14., 17., 18., 30. Juni, 12., 15., 16., 28. Juli, 10., 13., 14., 26. Aug., 8., 11., 12., 24. Sept., 6., 9., 10., 22. Okt., 4., 7., 8., 20. Nov., 2., 5., 6., 18., 30. Dez.

1. Dezember

SONNE: SCHÜTZE
DEKADE: SCHÜTZE/JUPITER
GRAD: 8°30' – 9°30' SCHÜTZE
ART: BEWEGLICHES ZEICHEN
ELEMENT: FEUER

Fixsterne

Antares, auch Anti Aries oder «Gegenmars» genannt; Han

Hauptstern

Name des Sterns: Antares, auch Anti Aries oder «Gegenmars» genannt
Gradposition: 8°48' – 9°49' Schütze zwischen den Jahren 1930 und 2000
Magnitude: 1
Stärke: **********
Orbit: 2°30'
Konstellation: Alpha Scorpii
Tage: 30. November, 1., 2., 3., 4., 5. Dezember
Sternqualitäten: Mars/Jupiter, auch Jupiter/Venus
Beschreibung: feuerrot-smaragdgrüner Doppelstern im Körper des Skorpion.

Einfluß des Hauptsterns

Antares gehört zu den vier Königssternen und ist mithin von großer Bedeutung. Er steht für Abenteuerlust und Kühnheit, aber auch für Toleranz und Liberalismus. Unerwartete Ereignisse, große Chancen und viele Auslandsreisen sind auf Antares zurückzuführen. Menschen unter seinem Einfluß sind mutig und kühn und vertreten feste Prinzipien, müssen sich aber vor Rastlosigkeit, destruktivem Verhalten, Starrsinn und Rachsucht hüten.
Im Zusammenhang mit dem Stand Ihrer Sonne sorgt Antares dafür, daß Sie Interesse an öffentlichkeitsorientierten Berufen, Pädagogik oder Politik haben. Im allgemeinen sind Sie idealistisch und optimistisch und treten für Gerechtigkeit ein. Antares verleiht außerdem Schreib-

Unabhängig und ehrgeizig, sind Sie ein entschlossener Schütze mit hohen Idealen. Sie brauchen die Freiheit, sich auszudrücken und Ihre Ziele und Interessen zu verfolgen, sind aber auch gesellig und charmant. Da Sie begeisterungsfähig und optimistisch sind, brauchen Sie Abenteuer und Veränderungen im Leben; achten Sie darauf, daß Sie sich nicht verzetteln.

Der doppelte Einfluß Ihres Planeten Jupiter sorgt dafür, daß Sie lieber das Ganze sehen als das Detail und daß Sie gut organisieren können. Auch wenn Sie mit dem Alltäglichen beschäftigt sind, zeigt Ihr Bedürfnis nach spirituellen Erkenntnissen, daß Sie eine praktikable Philosophie brauchen, die Ihnen Selbstvertrauen und Sicherheit gibt. Die dynamische Kraft und die Rastlosigkeit, die von Ihrem Geburtstag ausgehen, bewirken, daß Ihnen das Leben eine Menge zu bieten hat. Auch wenn Produktivität mit diesem Tag in Verbindung gebracht wird, müssen Sie darauf achten, daß Sie nicht übereifrig oder ungeduldig werden.

Manchmal geraten Sie in die Zwickmühle zwischen Idealismus und Materialismus, was dazu führen kann, daß Sie Ihre Kraft vergeuden oder sich in Trägheit fallen lassen. Ihre Neigung, unter Streß leicht aufzugeben oder sich zu langweilen, können Sie überwinden, wenn Sie Ihre Vorhaben sorgfältig planen und Ihre Ziele nicht aus den Augen verlieren. Wenn Sie hart arbeiten und mit beiden Füßen auf dem Boden bleiben, können Sie gesunden Menschenverstand und Intuition einsetzen, um schnell und instinktsicher zu denken. Sie sind direkt und freimütig und vertreten feste Ansichten, lassen sich aber gern auf Wagnisse ein und streben nach Ehrlichkeit um jeden Preis.

Bis zum Alter von 20, solange Ihre Sonne im Schützen steht, sind Sie optimistisch und abenteuerlustig, mit dem starken Bedürfnis, Chancen zu vergrößern, sei es durch Studien, Reisen oder Risiken. Wenn Sie 21 sind, tritt Ihre Sonne in den Steinbock, und Sie werden praktischer, ordentlicher und realistischer. Sie sehen auch klarer, wie Sie Ihre Ziele realistisch erreichen können. Wenn Ihre Sonne in den Wassermann wechselt, sind Sie 51. Jetzt legen Sie mehr Wert auf Freundschaft und Unabhängigkeit und werden gruppenorientierter. Vielleicht möchten Sie jetzt auch einige Ihrer progressiven Ideen mit anderen teilen.

Ihr geheimes Selbst

Dank Ihrer dynamischen Gefühle und sensiblen Kraft können Sie Situationen gut aus dem Gefühl heraus einschätzen. Da Sie sich auf Ihre Instinkte verlassen können, trügt Sie Ihr erster Eindruck von Menschen meist nicht. Mit Ihrem breiten Gefühlsspektrum können Sie warmherzig, sanft und mitfühlend, aber auch stark und energisch sein. Auch wenn Sie gelegentlich unter Rastlosigkeit und Ungeduld leiden, können Sie sehr ausdauernd sein, wenn Sie einmal eine Aufgabe übernommen haben.

Sie sind eine interessante Mischung aus Charme, Organisationstalent und lebhafter Phantasie. Wichtig für Sie ist, daß Sie Ihre Energie und Talente im Beruf ausleben können. Um Ihr Potential zu entwickeln, müssen Sie geschickt und konzentriert vorgehen, aber glücklicherweise sichert harte Arbeit Ihre materielle Situation. Mit Ihrer guten Wahrnehmungsfähigkeit und Ihrem ausgeprägten Gefühl für Werte können Sie andere positiv beeinflussen.

Beruf & Karriere

Unabhängig und willensstark, haben Sie natürliche Führungsqualitäten, die Ihnen auf Ihrem Gebiet Erfolg garantieren, solange Sie genügend Selbstdisziplin aufbringen. Sie sind praktisch, ehrlich und direkt, und andere schätzen es sehr, daß Sie immer genau wissen, woran sie mit Ihnen sind. Mit Ihren Organisationsfähigkeiten eignen Sie sich gut für Administration, allerdings bietet Ihnen diese Tätigkeit nicht genügend geistige Anregung, es sei denn, Sie haben dabei viel mit Menschen zu tun. Mit Ihren originellen Ideen realisieren Sie gern eigene Projekte oder versuchen, bestehende Systeme zu verbessern.

Berühmte Persönlichkeiten dieses Tages sind der Schauspieler und Regisseur Woody Allen, der Musiker Jaco Pastorius, die Primaballerina Alizija Markowa, die Sängerin und Schauspielerin Bette Midler und der Golfspieler Lee Trevino.

Numerologie

Sie haben das große Bedürfnis, unabhängig zu sein und immer an erster Stelle zu stehen. Mit der Geburtstagszahl 1 sind Sie überdies innovativ, mutig und voller Energie. Häufig haben Sie ein starkes Identitätsbedürfnis. Ihr Pioniergeist beflügelt Sie, alles im Alleingang durchzuziehen, wodurch Sie aber auch gute Führungsqualitäten entwickeln. Voll von Begeisterungsfähigkeit und originellen Ideen, weisen Sie anderen gern den Weg, müssen aber lernen, daß sich die Welt nicht nur um Sie dreht. Unterdrücken Sie despotische oder egozentrische Anwandlungen. Der Untereinfluß der Monatszahl 12 bewirkt, daß Sie freundlich und großzügig sind. Auch wenn Sie idealistisch, kühn und optimistisch sind, sollten Sie mit beiden Füßen auf dem Boden bleiben und, wenn nötig, Ihren gesunden Menschenverstand einsetzen. Zwar haben Sie im allgemeinen keine Probleme damit, andere anzuziehen oder zu überzeugen, sollten aber lernen, wann es angebracht ist, die Führung zu übernehmen, und wann Sie Veränderungen oder Kompromisse akzeptieren müssen.

Positiv: führungsstark, kreativ, progressiv, energisch, optimistisch, kämpferisch, unabhängig, gesellig.

Negativ: dominierend, eifersüchtig, egozentrisch, hochmütig, feindselig, labil, ungeduldig.

Liebe & Zwischenmenschliches

Zwar idealistisch und gesellig, sehnen Sie sich dennoch nach Stabilität und Sicherheit. Harmoniebedürftig und liebevoll, sind Sie bereit, dafür zu arbeiten, den Frieden in Ihren Beziehungen aufrechtzuerhalten, und lassen Ihren Liebespartner nie im Stich. Sie können Ihre Liebe und Zuneigung gut ausdrücken, werden aber rücksichtslos oder starrsinnig, wenn Ihre Gefühle unterdrückt werden.

talent und Religiosität, die mit der Suche nach Erkenntnis und Wahrheit verbunden ist. Unter seinem Einfluß können sich Situationen plötzlich zum Guten oder Schlechten wenden, und Ruhm und Reichtum sind meist nicht von langer Dauer.

- Positiv: mutig, weltgewandt, Auslandsreisen, höhere Bildung.
- Negativ: heißblütig, unverblümt, rebellisch, destruktiv.

Ihr Partner

Sicherheit, dauerhaftes Glück und Liebe finden Sie am ehesten unter den Menschen, die an folgenden Tagen geboren sind:

Liebe & Freundschaft: 1., 7., 11., 12., 22., 27. Jan., 5., 9., 20. Feb., 3., 7., 18., 26., 31. März, 1., 5., 16., 29. April, 3., 14., 27. Mai, 1., 12., 25., 27. Juni, 10., 23., 25. Juli, 8., 16., 21., 23., 31. Aug., 6., 19., 21., 29. Sept., 4., 17., 19., 27., 30. Okt., 2., 15., 17., 25., 28. Nov., 13., 15., 23., 26. Dez.

Günstig: 8., 14., 19. Jan., 6., 12., 17. Feb., 4., 10., 15. März, 2., 8., 13. April, 6., 11. Mai, 4., 9. Juni, 2., 7. Juli, 5. Aug., 3. Sept., 1., 29. Okt., 27. Nov., 25., 29. Dez.

Schicksalhaft: 30., 31. Mai, 1., 2. Juni

Problematisch: 9., 18., 20. Jan., 7., 16., 18. Feb., 5., 14., 16. März, 3., 12., 14. April, 1., 10., 12. Mai, 8., 10. Juni, 6., 8., 29. Juli, 4., 6., 27. Aug., 2., 4., 25. Sept., 2., 23. Okt., 21. Nov., 19. Dez.

Seelenverwandt: 9. Jan., 7. Feb., 5. März, 3. April, 1. Mai, 30. Okt., 28. Nov., 26. Dez.

2. Dezember

SONNE: SCHÜTZE
DEKADE: SCHÜTZE/JUPITER
GRAD: 9°30' – 10°30' SCHÜTZE
ART: BEWEGLICHES ZEICHEN
ELEMENT: FEUER

Fixsterne

Antares, auch Anti Aries oder «Gegenmars» genannt; Han

Hauptstern

Name des Sterns: Antares, auch Anti Aries oder «Gegenmars» genannt
Gradposition: 8°48' – 9°49' Schütze zwischen den Jahren 1930 und 2000
Magnitude: 1
Stärke: **********
Orbit: 2°30'
Konstellation: Alpha Scorpii
Tage: 30. November, 1., 2., 3., 4., 5. Dezember
Sternqualitäten: Mars/Jupiter, auch Jupiter/Venus
Beschreibung: feuerrot-smaragdgrüner Doppelstern im Körper des Skorpion.

Einfluß des Hauptsterns

Antares gehört zu den vier Königssternen und ist mithin von großer Bedeutung. Er steht für Abenteuerlust und Kühnheit, aber auch für Toleranz und Liberalismus. Unerwartete Ereignisse, große Chancen und viele Auslandsreisen sind auf Antares zurückzuführen. Menschen unter seinem Einfluß sind mutig und kühn und vertreten feste Prinzipien, müssen sich aber vor Rastlosigkeit, destruktivem Verhalten, Starrsinn und Rachsucht hüten.
Im Zusammenhang mit dem Stand Ihrer Sonne sorgt Antares dafür, daß Sie Interesse an öffentlichkeitsorientierten Berufen, Pädagogik oder Politik haben. Im allgemeinen sind Sie idealistisch und optimistisch und treten für Gerechtigkeit ein. Antares verleiht außerdem Schreib-

Vielseitig und gesellig, sind Sie ein intuitiver Schütze mit Unternehmungsgeist. Sie sind idealistisch und sensibel, aber auch rastlos und brauchen Abwechslung. Als ebenso erfinderischer wie mutiger Mensch gehen Sie hin und wieder gern Risiken ein, um für Aufregung und neue Chancen im Leben zu sorgen. Voller Begeisterungsfähigkeit und voll von klugen Ideen, können Sie kreativ sein und auf andere anregend wirken.

Der Einfluß Ihres Dekadenzeichens Schütze sorgt dafür, daß Sie lieber das Gesamte sehen als die einzelnen Details. Im allgemeinen sind Sie optimistisch, humanitär und vorausblickend, was bewirkt, daß Sie sich am meisten für Ideen interessieren, die ein großes Ganzes betreffen. Ihre bestimmte Art drängt zu Wettbewerb und Abenteuer, dennoch sind gerade gemeinschaftliche Aktivitäten für Sie besonders gewinnbringend. Mit Ihrem ausgeprägten Sinn für Literatur und Schreiben sollten Sie unbedingt Wege finden, sich sowohl emotional wie auch intellektuell auszudrücken. Sie stellen sich voller Enthusiasmus den Herausforderungen des Lebens, müssen aber aufpassen, daß Sie nicht zu risikofreudig werden, wenn Sie glauben, daß mit einem Neuanfang alle Probleme der Vergangenheit gelöst seien.

Da Sie originelle Gedanken und ausgezeichnete Führungsqualitäten haben, sind Sie ein geborener Stratege, der praktische Lösungen für Probleme findet und Dinge ohne Umschweife in Gang bringt. Auch wenn Sie sich im allgemeinen auf Ihren gesunden Menschenverstand verlassen, bringt Sie Ihr unabhängiges und unkonventionelles Angehen der Dinge dazu, alle Seiten einer Situation zu sehen. Wenn Sie sich in Geduld üben, verschwenden Sie weniger Energie auf Ängste und Zweifel. Sie sind nicht nur tüchtig und methodisch, sondern auch offen und pragmatisch, ehrlich und geradeaus und kommen gewöhnlich direkt zum Kern einer Sache.

Bis zum Alter von 19, solange Ihre Sonne im Schützen steht, suchen Sie nach guten Gelegenheiten, sei es durch Studien, Reisen oder aufregende Unternehmungen. Wenn Sie 20 sind, wechselt Ihre Sonne in den Steinbock, Sie werden praktischer, zielorientierter und realitätsbezogener und brauchen mehr Struktur und Ordnung in Ihrem Leben. Wenn Ihre Sonne in den Wassermann tritt, sind Sie 50. Jetzt wächst Ihr Bedürfnis nach Freiheit und Unabhängigkeit. Sie entwickeln mehr Sinn für Gruppenaktivitäten und Humanität und möchten Ihre Individualität zum Ausdruck bringen, etwa durch einen außergewöhnlichen Lebensstil.

Ihr geheimes Selbst

Ihr selbstbewußtes Äußeres läßt kaum ahnen, wie sensibel Sie sind. Als Troubleshooter kennen Sie häufig intuitiv die Antwort auf die Probleme anderer. Da Sie verantwortungsbewußt sind und viel Liebe und Zuneigung brauchen, können Sie große Opfer für andere bringen, um Harmonie zu wahren. Ihre Fürsorglichkeit kann aber so weit gehen, daß Sie despotisch werden oder sich in die Angelegenheiten anderer einmischen. Mit der Kraft der Liebe aber können Sie Hindernisse überwinden und den Frieden schaffen, der Ihnen so wichtig ist.

Durch gutes Einschätzungsvermögen und einen angeborenen Geschäftssinn wenden Sie die meisten Situationen zu Ihren Gunsten, solange Sie sich um Ihre materielle Situation nicht zuviel Sorgen machen. Auch wenn Sie charmant sind, können Sie gelegentlich äußerst direkt, ja bissig sein. Dank Ihrer inneren Stärke und Ihrem Charisma müssen Sie aber nur die nötige Selbstdisziplin anwenden, um Hervorragendes im Leben zu leisten.

Beruf & Karriere

Mit Ihrer scharfen Intelligenz und ausgezeichneten Kommunikationsfähigkeit können Sie enorm erfolgreich sein. Allerdings neigen Sie dazu, sich zu übernehmen oder an sich selbst zu zweifeln. Da Sie sich engagiert für eine Sache einsetzen können, eignen Sie sich als Kämpfer für soziale oder pädagogische Reformen. Sie lernen nie aus; deshalb kann es passieren, daß Sie Ihren Beruf wechseln oder zumindest Ihre Arbeitssituation zu verbessern versuchen. Da Sie von Natur aus gesellig sind, aber auch Geschäftssinn haben, sollten Sie einen Beruf ergreifen, bei dem Sie beides verbinden können, etwa in Verkauf, Verlagswesen oder Medien. Mit Ihrer kreativen Lebenseinstellung zieht es Sie auch zu Schreiben und Kunst. Ihre philosophische und humanitäre Seite wendet sich karitativen Werken oder der Kirche zu. Reisen oder Arbeit in Partnerschaften können sich für Sie als besonders bereichernd erweisen.

Berühmte Persönlichkeiten dieses Tages sind die Tennisspielerin Monica Seles, der Impressionist Georges Seurat, die Operndiva Maria Callas, der Designer Gianni Versace und der Schriftsteller Nicos Kazantzakis.

Numerologie

Mit der Zahl 2 sind Sensibilität und das Bedürfnis verbunden, einer Gruppe anzugehören. Sie sind anpassungsfähig und verständnisvoll und lieben gemeinschaftliche Aktivitäten. Bei Ihrem Versuch, denen zu gefallen, die Sie lieben, laufen Sie Gefahr, sich in zu große Abhängigkeit zu begeben. Wenn Sie aber Selbstvertrauen entwickeln, können Sie die Kritik anderer besser vertragen. Der Untereinfluß der Monatszahl 12 ist der Grund dafür, daß Sie kreativ, vielseitig begabt und instinktsicher sind. Ihr Bedürfnis nach geistiger Anregung und Ihre Rastlosigkeit machen es ratsam, Selbstdisziplin und Beständigkeit zu üben. Außerdem sollten Sie an Ihren diplomatischen Fähigkeiten arbeiten, um weniger freimütig und verletzend zu sein. Mit mehr Selbstdisziplin und Geduld lernen Sie auch, Ihren Instinkten mehr zu vertrauen.

Positiv: gute Partner, aufgeschlossen, intuitiv, rücksichtsvoll, harmonisch, angenehm.

Negativ: mißtrauisch, mangelndes Selbstvertrauen, servil, überempfindlich, launisch, falsch.

Liebe & Zwischenmenschliches

Idealistisch und aufrichtig, sollten Sie Ihre Partner sorgfältig aussuchen, sonst wird es für die Betreffenden möglicherweise schwierig, Ihren hohen Erwartungen gerecht zu werden. Ihre freundliche Art sorgt dafür, daß Sie stets viele Freunde haben; allerdings weist sie zwei Seiten auf, so daß Sie zwischen Optimismus, Spontaneität und Hingabe einerseits und Desinteresse und Verschlossenheit andererseits schwanken können. Andere reagieren auf diese Stimmungsschwankungen oft verwundert oder verwirrt. Sie suchen nach fast spirituellen Verbindungen und sind bereit, sich sehr einzusetzen, um denen, die Sie lieben, zu helfen.

---

talent und Religiosität, die mit der Suche nach Erkenntnis und Wahrheit verbunden ist. Unter seinem Einfluß können sich Situationen plötzlich zum Guten oder Schlechten wenden, und Ruhm und Reichtum sind meist nicht von langer Dauer.

- Positiv: mutig, weltgewandt, Auslandsreisen, höhere Bildung.
- Negativ: heißblütig, unverblümt, rebellisch, destruktiv.

Ihr Partner

Freundschaft, geistige Anregung und Liebe finden Sie am ehesten unter den Menschen, die an folgenden Tagen geboren wurden:

Liebe & Freundschaft: 4., 8., 22., 26. Jan., 6., 20., 24. Feb., 4., 18., 22. März, 2., 7., 16., 20., 30. April, 14., 18., 28., 30. Mai, 12., 16., 26., 28. Juni, 10., 14., 23., 24., 26. Juli, 8., 12., 22., 24. Aug., 6., 10., 20., 22., 30. Sept., 4., 8., 18., 20., 28. Okt., 2., 6., 16., 18., 26. Nov., 4., 14., 16., 24. Dez.

Günstig: 9., 20. Jan., 7., 18. Feb., 5., 16., 29. März, 3., 14., 27. April, 1., 12., 25. Mai, 10., 23. Juni, 8., 21. Juli, 6., 19. Aug., 4., 17. Sept., 2., 15., 30. Okt., 13., 28. Nov., 11., 26., 30. Dez.

Schicksalhaft: 27. Jan., 25. Feb., 23. März, 21. April, 19., 30., 31. Mai, 1., 2., 17. Juni, 15. Juli, 13. Aug., 11. Sept., 9. Okt., 7. Nov., 5. Dez.

Problematisch: 2., 10., 19. Jan., 8., 17. Feb., 6., 15. März, 4., 13. April, 2., 11. Mai, 9. Juni, 7., 30. Juli, 5., 28. Aug., 3., 26. Sept., 1., 24. Okt., 22. Nov., 20., 30. Dez.

Seelenverwandt: 15. Jan., 13. Feb., 11. März, 9. April, 7. Mai, 5. Juni, 3. Juli, 1. Aug., 29. Okt., 27. Nov., 25. Dez.

3. Dezember

SONNE: SCHÜTZE
DEKADE: WIDDER/MARS
GRAD: 10°30' – 11°30' SCHÜTZE
ART: BEWEGLICHES ZEICHEN
ELEMENT: FEUER

Fixsterne

Antares, auch Anti Aries oder «Gegenmars» genannt; Rastaban; Han

Hauptstern

Name des Sterns: Antares, auch Anti Aries oder «Gegenmars» genannt
Gradposition: 8°48' – 9°49' Schütze zwischen den Jahren 1930 und 2000
Magnitude: 1
Stärke: **********
Orbit: 2°30'
Konstellation: Alpha Scorpii
Tage: 30. November, 1., 2., 3., 4., 5. Dezember
Sternqualitäten: Mars/Jupiter, auch Jupiter/Venus
Beschreibung: feuerrot-smaragdgrüner Doppelstern im Körper des Skorpion.

Einfluß des Hauptsterns

Antares gehört zu den vier Königssternen und ist mithin von großer Bedeutung. Er steht für Abenteuerlust und Kühnheit, aber auch für Toleranz und Liberalismus. Unerwartete Ereignisse, große Chancen und viele Auslandsreisen sind auf Antares zurückzuführen. Menschen unter seinem Einfluß sind mutig und kühn und vertreten feste Prinzipien, müssen sich aber vor Rastlosigkeit, destruktivem Verhalten, Starrsinn und Rachsucht hüten.
Im Zusammenhang mit dem Stand Ihrer Sonne sorgt Antares dafür, daß Sie Interesse an öffentlichkeitsorientierten Berufen, Pädagogik oder Politik haben. Im allgemeinen sind Sie idealistisch und optimistisch und treten für Gerechtigkeit ein. Antares verleiht außerdem Schreibtalent und Religiosität, die mit der Suche nach Erkenntnis und Wahrheit verbunden ist. Unter seinem Einfluß können

Kreativ und vielseitig, mit einem Flair für Menschen, sind Sie ein charmanter und freundlicher Schütze mit gesundem Pragmatismus. Dank Ihrer Kooperations- und Kompromißfähigkeit können Sie gewinnbringende Verbindungen eingehen. Obwohl meist vom Glück begünstigt, dürfen Sie Ihre Kraft nicht vergeuden; lernen Sie, Ihren unternehmenden Geist auf die wichtigen Dinge des Lebens zu konzentrieren.

Der Untereinfluß Ihres Dekadenzeichens Widder verstärkt Ihren Optimismus durch Vitalität. Energisch und entschlossen, haben Sie die Fähigkeit, Hindernisse zu überwinden. Durch dieselben Eigenschaften sind Sie auch abenteuerfreudig und versuchen ständig, Ihren Horizont zu erweitern. Da Sie aufgeweckt sind und über ausgezeichnete Führungsqualitäten verfügen, gehen Sie gern Wagnisse ein, die Glück und Aufregung versprechen. Mit Ihrem Kampfgeist und Ihren originellen Ideen brauchen Sie viel Freiraum für Selbstverwirklichung und treiben die Dinge gern schnell voran.

Ebenso verstandesgelenkt wie intuitiv, sind Sie ein Menschenfreund, der intellektuelle Aktivitäten schätzt. Auf diese Weise regen Sie Ihre Phantasie an, festigen Ihre idealistischen Überzeugungen und vertiefen Ihr Interesse an metaphysischen oder religiösen Themen. Sie haben viele finanzträchtige Ideen, schwanken aber zwischen Ihren hohen Ansprüchen und der Wirklichkeit, weshalb Sie unbedingt feste und realistische Ziele im Leben ansteuern sollten. Andernfalls leiden Sie unter Geldsorgen, oder Perioden der Schwäche wechseln mit Phasen des entschlossenen Vorwärtsgehens in Ihrem Leben ab.

Bis zum Alter von 18, solange Ihre Sonne im Schützen steht, sind Sie optimistisch und abenteuerlustig und suchen neue Horizonte und Chancen, etwa durch Studien oder Reisen. Wenn Sie 19 sind, tritt Ihre Sonne in den Steinbock, und Sie werden praktischer, ordentlicher und strukturierter. Überdies sehen Sie klarer, wie Sie Ihre Ziele erreichen können. Wenn Ihre Sonne in den Wassermann wechselt, sind Sie 49. Jetzt legen Sie mehr Wert auf Freundschaft und Unabhängigkeit und werden gruppenorientierter.

Ihr geheimes Selbst

Obwohl Sie nach außen hin sehr aktiv sind und ein starkes Bedürfnis nach Anerkennung haben, sehnen Sie sich innerlich nach Ruhe und Frieden. Dadurch fördern Sie möglicherweise Ihre künstlerischen oder kreativen Talente oder schaffen sich ein Zuhause, das Ihnen als Hort der Ruhe dienen kann. Wenn Sie zwischen Ihren dynamischen weltlichen Bedürfnissen und dem Wunsch nach Schlichtheit den goldenen Mittelweg finden, bannen Sie die Gefahr, in Extreme zu verfallen oder selbstzentriert zu werden. Sie können Ihre hochentwickelte Intuition für alle praktischen Angelegenheiten nutzen; dadurch bekommen Sie erst einmal das Gefühl für eine Situation, bevor Sie sich festlegen müssen.

Ihr starkes Bedürfnis nach materiellem Erfolg führt dazu, daß Sie sich vor allem mit Projekten beschäftigen, von denen Sie das Gefühl haben, daß sie wirklich Erfolg bringen. Wenn Sie sich einer Sache verschrieben haben, können Sie sehr entschlossen und von großer Kraft sein. Ihr ausgeprägter Wunsch nach Wohlstand und Prestige verbindet sich merkwürdigerweise sehr gut mit Ihren hohen Idealen. Am besten arbeiten Sie, wenn Sie inspiriert sind und auf Ihre Intuition vertrauen. In positive Bahnen gelenkt, kann Ihre innere Stärke eine enorme Kraft sein, um andere aufzurichten.

Beruf & Karriere

Obwohl Sie unabhängig sind und gute Führungsqualitäten haben, schätzen Sie die Zusammenarbeit mit anderen. Dank Ihrer Begeisterungsfähigkeit und Vitalität eignen Sie sich gut für den Verkauf oder die Promotion einer Idee oder eines Produkts. Mit Ihrer sozialen Kompetenz und der Gabe, Kontakte zu knüpfen, sind alle Berufe für Sie geeignet, bei denen Sie viel mit Menschen zu tun haben, etwa als Berater, PR-Spezialist, Vermittler oder Vertreter. Da Sie clever und kreativ sind, steht Ihnen auch die Welt von Musik, Literatur, Kunst und Theater offen. Ebenso idealistisch wie praktisch, finden Sie Erfüllung durch Tätigkeiten, bei denen Sie anderen helfen.

Berühmte Persönlichkeiten dieses Tages sind der Filmemacher Jean-Luc Godard, der Schriftsteller Joseph Conrad, der Liedermacher Franz Josef Degenhardt, die Psychologin Anna Freud und die Eiskunstläuferin Katarina Witt.

Numerologie

Charakteristisch für die Zahl 3 ist das Bedürfnis nach kreativem Ausdruck und die Sensibilität. Sie sind lebenslustig und gesellig, lieben gesellschaftliche Aktivitäten und haben vielfältige Interessen. Ihre Vielseitigkeit und das Bedürfnis nach Selbstverwirklichung lassen Sie die unterschiedlichsten Erfahrungen machen. Allerdings langweilen Sie sich schnell, was dazu führen kann, daß Sie unentschlossen werden oder sich verzetteln. Obwohl Sie mit der Geburtstagszahl 3 begeisterungsfähig und charmant sein können und einen guten Sinn für Humor haben, müssen Sie mehr Selbstwertgefühl entwickeln und sich vor Angstgefühlen und Unsicherheit hüten. Der Untereinfluß der Monatszahl 12 bewirkt, daß Sie freiheitsliebend, idealistisch und direkt sind und eine vertrauensvolle und optimistische Lebenseinstellung haben. Im allgemeinen genießen Sie bei Ihren vielen Freunden große Beliebtheit. Ihr Bedürfnis nach Aktivität führt dazu, daß Sie gern Mitglied einer sozialen Gruppe oder einer großen Familie sein möchten. Es führt aber auch dazu, daß Sie viel Abwechslung brauchen, um sich nicht zu langweilen oder rastlos zu werden.

Positiv: humorvoll, freundlich, produktiv, kreativ, künstlerisch, freiheitsliebend, wortgewandt.

Negativ: leicht gelangweilt, eitel, lieblos, faul, maßlos, verschwenderisch, scheinheilig.

Liebe & Zwischenmenschliches

Freundlich und idealistisch, fühlen Sie sich zu intelligenten und starken Menschen hingezogen, die feste Überzeugungen vertreten. Sie sind warmherzig, dezidiert und sehr gesellig und haben einen großen Freundeskreis. Obwohl Sie gegenüber denen, die Sie lieben, offen und großzügig sein können, haben Sie auch starke persönliche Wünsche und Ambitionen, wodurch Sie manchmal berechnend wirken. Sie sind im allgemeinen zu großen Opfern bereit, wenn es um Ihre Beziehungen geht; deshalb sollten Sie darauf achten, daß Ihre persönliche Freiheit nicht eingeschränkt wird. Freunde können sich auch in beruflicher Hinsicht als sehr hilfreich erweisen.

sich Situationen plötzlich zum Guten oder Schlechten wenden, und Ruhm und Reichtum sind meist nicht von langer Dauer.
- Positiv: mutig, weltgewandt, Auslandsreisen, höhere Bildung.
- Negativ: heißblütig, unverblümt, rebellisch, destruktiv.

Ihr Partner

Wenn Sie jemanden suchen, bei dem Sie Verständnis für Ihr Liebesbedürfnis finden, sollten Sie sich unter den Menschen umsehen, die an den folgenden Tagen geboren sind:

Liebe & Freundschaft: 3., 6., 23. Jan., 11., 21. Feb., 9., 19., 28., 31. März, 7., 11., 17., 26., 29. April, 5., 15., 24., 27., 29., 31. Mai, 3., 13., 22., 25., 27., 29. Juni, 1., 11., 20., 23., 25., 27., 29. Juli, 3., 9., 18., 21., 23., 25., 27. Aug., 7., 16., 19., 21., 23., 25. Sept., 5., 14., 17., 19., 21., 23. Okt., 3., 12., 15., 17., 19., 21. Nov., 1., 10., 13., 15., 17., 19. Dez.

Günstig: 3., 4., 10., 21. Jan., 1., 2., 8., 19. Feb., 6., 17., 30. März, 4., 15., 28. April, 2., 13., 26. Mai, 11., 24. Juni, 9., 22. Juli, 7., 20. Aug., 5., 18. Sept., 3., 16., 31. Okt., 1., 14., 29. Nov., 12., 27. Dez.

Schicksalhaft: 22., 28. Jan., 20., 26. Feb., 18., 24. März, 16., 22. April, 14., 20., 30. Mai, 1., 2., 3., 12., 18. Juni, 10., 16. Juli, 8., 14. Aug., 6., 12. Sept., 4., 10. Okt., 2., 8. Nov., 6. Dez.

Problematisch: 11., 20. Jan., 9., 18. Feb., 7., 16. März, 5., 14. April, 3., 12., 30. Mai, 1., 10., 28. Juni, 8., 26., 31. Juli, 6., 24., 29. Aug., 4., 22., 27. Sept., 2., 20., 25. Okt., 18., 23. Nov., 16., 21. Dez.

Seelenverwandt: 26. Jan., 24. Feb., 22., 30. März, 20., 28. April, 18., 26. Mai, 16., 24. Juni, 14., 22. Juli, 12., 20. Aug., 10., 18. Sept., 8., 16. Okt., 6., 14. Nov., 4., 12. Dez.

4. Dezember

SONNE: SCHÜTZE
DEKADE: WIDDER/MARS
GRAD: 11°30' – 12°30' SCHÜTZE
ART: BEWEGLICHES ZEICHEN
ELEMENT: FEUER

Fixsterne

Antares, auch Anti Aries oder «Gegenmars» genannt; Rastaban

Hauptstern

Name des Sterns: Antares, auch Anti Aries oder «Gegenmars» genannt
Gradposition: 8°48' – 9°49' Schütze zwischen den Jahren 1930 und 2000
Magnitude: 1
Stärke: **********
Orbit: 2°30'
Konstellation: Alpha Scorpii
Tage: 30. November, 1., 2., 3., 4., 5. Dezember
Sternqualitäten: Mars/Jupiter, auch Jupiter/Venus
Beschreibung: feuerrot-smaragdgrüner Doppelstern im Körper des Skorpion.

Einfluß des Hauptsterns

Antares gehört zu den vier Königssternen und ist mithin von großer Bedeutung. Er steht für Abenteuerlust und Kühnheit, aber auch für Toleranz und Liberalismus. Unerwartete Ereignisse, große Chancen und viele Auslandsreisen sind auf Antares zurückzuführen. Menschen unter seinem Einfluß sind mutig und kühn und vertreten feste Prinzipien, müssen sich aber vor Rastlosigkeit, destruktivem Verhalten, Starrsinn und Rachsucht hüten.

Im Zusammenhang mit dem Stand Ihrer Sonne sorgt Antares dafür, daß Sie Interesse an öffentlichkeitsorientierten Berufen, Pädagogik oder Politik haben. Im allgemeinen sind Sie idealistisch und optimistisch und treten für Gerechtigkeit ein. Antares verleiht außerdem Schreib-

Optimistisch und ehrgeizig, sind Sie ein temperamentvoller Schütze mit gesundem Pragmatismus und Entschlossenheit. Ihre starken Wünsche und Ihr Bedürfnis nach Geld und Prestige führen dazu, daß Sie mutig und dezidiert Ihre Ziele erreichen. Sie sind stark und äußerst individuell und brauchen viel Freiraum; durch Neuanfänge und Chancen erweitern Sie ständig Ihren Horizont.

Der Untereinfluß Ihres Dekadenzeichens Widder wirkt noch verstärkend auf Ihr ohnehin bestimmtes Auftreten und macht Sie abenteuerlustig und unabhängig. Sie sind wettbewerbsorientiert und unternehmungsfreudig, aktiv, aufgeweckt und wagemutig. Mit Ihren ausgezeichneten Führungsqualitäten gehen Sie bei Herausforderungen auch gern einmal ein Wagnis ein und bringen meist die Dinge schnell auf den Weg.

Einerseits idealistisch, andererseits mit gutem Geschäftssinn ausgestattet, entwickeln Sie glückliche Ideen und auch die Fähigkeit, sie umzusetzen. Dank Weitsicht und Einfühlungsvermögen erahnen Sie häufig kommende Trends und Situationen. Sie initiieren gern neue Projekte und stehen gern in vorderster Front, wenn es gilt, moderne Konzepte zu realisieren. Sie sind im allgemeinen erfinderisch und mutig, manchmal basieren Ihre Prinzipien aber weniger auf echter Überzeugung als auf Sturheit. Sie sollten mehr Kompromißbereitschaft lernen und weniger despotisch sein.

Bis zum Alter von 17, solange Ihre Sonne im Schützen steht, sind Sie hauptsächlich mit Freiheit, Abenteuern und Chancen beschäftigt. Wenn Sie 18 sind, tritt Ihre Sonne in den Steinbock, und Sie werden praktischer, zielorientierter und realitätsbezogener. Außerdem bringen Sie mehr Ordnung und Struktur in Ihr Leben. Wenn Ihre Sonne in den Wassermann wechselt, sind Sie 48. Jetzt legen Sie mehr Wert auf Unabhängigkeit, neue Ideen und Freundschaft. Überdies werden Sie gruppenorientierter und möchten Ihre Individualität zum Ausdruck bringen.

Ihr geheimes Selbst

Sie sind unabhängig, können aber gut mit Menschen umgehen und Kontakte knüpfen. Beziehungen zu anderen sind Ihnen sehr wichtig, und Sie arbeiten gern im Team oder in einer Partnerschaft. Da Sie idealistisch, aber auch geschäftstüchtig sind, könnte man Sie als praktischen Visionär bezeichnen, der hervorragend Produkte oder Ideen an den Mann bringen kann. Auch wenn Sie gelegentlich unter unbegründeten Ängsten in Finanzangelegenheiten leiden, haben Sie soviel Überzeugungskraft und Verhandlungsgeschick, daß Ihnen Erfolg garantiert ist.

Ebenso willensstark wie großmütig, haben Sie ein starkes Bedürfnis nach Liebe und Selbstverwirklichung. Wenn sich Ihre humanitäre Ader damit paart, können Sie eine äußerst dynamische Kraft anbieten, wenn es darum geht, anderen zu helfen. Voller Begeisterung machen Sie häufig große Pläne, die Sie auf Ihre individuelle Art durchziehen wollen. Wenn Sie einen Mittelweg finden zwischen Idealismus und Ehrgeiz, Liebe und Geld, Mitgefühl und Macht, können Sie andere inspirierend führen und motivieren.

Beruf & Karriere

Unternehmungsfreudig, ehrgeizig und fleißig, können Sie dank Ihrer Willensstärke und der Gabe, Chancen zu erkennen, erfolgreich sein. Durch die Verbindung von sozialer Kompetenz mit Entschlossenheit arbeiten Sie dynamisch und konstruktiv mit anderen zusammen. Da Sie in großen Maßstäben denken und ausgezeichnetes Verhandlungsgeschick haben, eignen Sie sich sowohl für eine selbständige Tätigkeit als Unternehmer wie auch für große Konzerne oder Industrien. Ihre Überzeugungskraft macht Sie für den Handel geeignet, und Ihre Begeisterungsfähigkeit befähigt Sie, Ideen, Produkte oder Personen zu vermarkten; da Sie aber auch idealistisch sind, setzen Sie sich gern für eine gute Sache ein. Bei einer künstlerischen Karriere kommen Ihnen Ihre kreativen Talente zugute.

Berühmte Persönlichkeiten dieses Tages sind der Maler Wassili Kandinski, der Dichter Rainer Maria Rilke, der Biologe R. R. Mann und der Schauspieler Horst Buchholz.

Numerologie

Die feste Struktur und ordnende Kraft, die von der Zahl 4 ausgeht, führt dazu, daß Sie Stabilität und eine feste Ordnung brauchen. Voller Energie und Entschlossenheit und mit praktischem Geschick begabt, können Sie durch harte Arbeit zu Erfolg gelangen. Da Sie sicherheitsbewußt sind, möchten Sie ein starkes Fundament für sich und Ihre Familie schaffen. Ihre pragmatische Lebenseinstellung begünstigt Ihren Geschäftssinn und die Fähigkeit, materiell erfolgreich zu sein. Mit der Geburtstagszahl 4 sind Sie im allgemeinen ehrlich, offen und fair. Schwierig für Sie ist es, Phasen der Labilität oder finanziellen Not durchzustehen. Der Untereinfluß der Monatszahl 12 führt dazu, daß Sie zwar freundlich und gesellig sind, aber sehr freimütig und direkt sein können. Von Natur aus wißbegierig und zweiflerisch, messen Sie Ihre Kompetenz und Intelligenz gern mit anderen. Als frei Denkender können Sie ziemlich stur und engstirnig werden, wenn Sie sich einmal für einen Weg entschieden haben. Auch wenn Sie voll dynamischem Antrieb sind, brauchen Sie Stabilität und Geduld, um Ihre Kraft auf eine sinnvolle oder bedeutende Sache zu konzentrieren.

Positiv: gut organisiert, Selbstdisziplin, beständig, handwerklich begabt, pragmatisch, vertrauenswürdig, genau.

Negativ: labil, destruktiv, unkommunikativ, streng, faul, gefühllos, herrisch, nachtragend.

Liebe & Zwischenmenschliches

Dynamisch und nachdenklich, brauchen Sie viel persönliche Freiheit und ein aktives gesellschaftliches Leben. Sie ändern oft Ihre Meinung, und so kann es passieren, daß Sie es sich noch in letzter Minute anders überlegen, bevor Sie eine dauerhafte Beziehung eingehen. In engen Beziehungen schwanken Sie durch Ihre intensiven Gefühle zwischen idyllischem Optimismus und praktischer Realität. Da Sie autonom bleiben möchten, brauchen Sie einen Partner, der Ihnen die Freiheit läßt, die Sie zum Glücklichsein brauchen.

talent und Religiosität, die mit der Suche nach Erkenntnis und Wahrheit verbunden ist. Unter seinem Einfluß können sich Situationen plötzlich zum Guten oder Schlechten wenden, und Ruhm und Reichtum sind meist nicht von langer Dauer.
• Positiv: mutig, weltgewandt, Auslandsreisen, höhere Bildung.
• Negativ: heißblütig, unverblümt, rebellisch, destruktiv.

Ihr Partner

Einen Partner, der Ihren Idealen gerecht wird, werden Sie mit großer Wahrscheinlichkeit unter den an den folgenden Tagen geborenen Menschen finden:
Liebe & Freundschaft: 6., 14., 21., 24., 31. Jan., 4., 12., 22., 29. Feb., 10., 20., 27. März, 8., 18., 25. April, 6., 16., 23., 30. Mai, 4., 14., 21., 28., 30. Juni, 2., 12., 19., 26., 28., 30. Juli, 10., 17., 24., 26., 28. Aug., 8., 15., 22., 24., 26. Sept., 6., 13., 20., 22., 24., 30. Okt., 4., 11., 18., 20., 22., 28. Nov., 2., 9., 16., 18., 20., 26., 29. Dez.
Günstig: 5., 22., 30. Jan., 3., 20., 28. Feb., 1., 18., 26. März, 16., 24. April, 14., 22. Mai, 12., 20. Juni, 10., 18., 29. Juli, 8., 16., 27., 31. Aug., 6., 14., 25., 29. Sept., 4., 12., 23., 27. Okt., 2., 10., 21., 25. Nov., 9., 19., 23. Dez.
Schicksalhaft: 12. Jan., 10. Feb., 8. März, 6. April, 4. Mai, 1., 2., 3., 4., 5. Juni
Problematisch: 16., 21. Jan., 14., 19. Feb., 12., 17., 30. März, 10., 15., 28. April, 8., 13., 26. Mai, 6., 11., 24. Juni, 4., 9., 22. Juli, 2., 7., 20. Aug., 5., 18. Sept., 3., 16. Okt., 1., 14. Nov., 12. Dez.
Seelenverwandt: 25. Jan., 23. Feb., 21. März, 19. April, 17. Mai, 15. Juni, 13. Juli, 11. Aug., 9. Sept., 7. Okt., 5. Nov., 3., 30. Dez.

SONNE: SCHÜTZE
DEKADE: WIDDER/MARS
GRAD: 12°30' – 13°30' SCHÜTZE
ART: BEWEGLICHES ZEICHEN
ELEMENT: FEUER

Fixsterne

Antares, auch Anti Aries oder «Gegenmars» genannt; Rastaban

Hauptstern

Name des Sterns: Antares, auch Anti Aries oder «Gegenmars» genannt
Gradposition: 8°48' – 9°49' Schütze zwischen den Jahren 1930 und 2000
Magnitude: 1
Stärke: **********
Orbit: 2°30'
Konstellation: Alpha Scorpii
Tage: 30. November, 1., 2., 3., 4., 5. Dezember
Sternqualitäten: Mars/Jupiter, auch Jupiter/Venus
Beschreibung: feuerrot-smaragdgrüner Doppelstern im Körper des Skorpions

Einfluß des Hauptsterns

Antares gehört zu den vier Königssternen und ist mithin von großer Bedeutung. Er steht für Abenteuerlust und Kühnheit, aber auch für Toleranz und Liberalismus. Unerwartete Ereignisse, große Chancen und viele Auslandsreisen sind auf Antares zurückzuführen. Menschen unter seinem Einfluß sind mutig und kühn und vertreten feste Prinzipien, müssen sich aber vor Rastlosigkeit, destruktivem Verhalten, Starrsinn und Rachsucht hüten.
Im Zusammenhang mit dem Stand Ihrer Sonne sorgt Antares dafür, daß Sie Interesse an öffentlichkeitsorientierten Berufen, Pädagogik oder Politik haben. Im allgemeinen sind Sie idealistisch und optimistisch und treten für Gerechtigkeit ein. Antares verleiht außerdem Schreib-

5. Dezember

♐ Intelligent und entschlossen, sind Sie ein vielseitiger und rastloser Schütze, der durch Wissen, Reife und Urteilsvermögen Erfolg hat. Ihr Optimismus und Ihr Wunsch nach einem aktiven Leben bewirken, daß Sie genügend Freiraum brauchen, um sich emotional und geistig ausdrücken zu können.

Der Untereinfluß Ihres Dekadenzeichens Widder wirkt verstärkend auf Ihre bestimmte Art und macht Sie abenteuerlustig und unabhängig. Obwohl Sie sich nach außen hin selbstbewußt zeigen und ausgezeichnete Führungsqualitäten demonstrieren, können Selbstzweifel und Unsicherheit Ihre Zielstrebigkeit unterminieren, so daß Sie nicht mehr recht wissen, was Sie eigentlich wollen. Wenn Sie hartnäckig Ihre Pläne verfolgen, können Sie die Geduld und Ausdauer entwickeln, die zur Erreichung Ihrer langfristigen Ziele nötig sind. Direkt und freimütig, haben Sie Ideen für soziale Reformen und originelle Anschauungen, die zeigen, daß Sie gebildet sind und Autorität besitzen. Frauen, die an diesem Tag geboren sind, denken im allgemeinen sehr entschlossen und übernehmen gern die Führung.

Gescheit und mit einer Mischung aus Konservativismus und Rebellion, sind Sie scharfzüngig und direkt, aber niemals langweilig. Da Sie rational denken, ist Ihnen klar, daß Wissen Macht bedeutet. Wenn Sie sich voller Begeisterung für eine revolutionäre Sache einsetzen, vergeuden Sie häufig Ihre Kraft oder werden stur und eigensinnig, was Sie hinterher bereuen.

Bis zum Alter von 16, solange Ihre Sonne im Schützen steht, sind Sie optimistisch und abenteuerlustig und suchen neue Horizonte, etwa durch Reisen oder Studien. Wenn Sie 17 sind, wechselt Ihre Sonne in den Steinbock. Sie werden praktischer, ordentlicher und strukturierter. Überdies sehen Sie Ihre Ziele deutlicher vor Augen und werden sicherheitsbewußter. Wenn Ihre Sonne in den Wassermann tritt, sind Sie 47. Jetzt legen Sie mehr Wert auf Unabhängigkeit und Freiheit, wenden sich mehr Gruppenaktivitäten zu, möchten Ihre progressiven oder originellen Ideen zum Ausdruck bringen und entwickeln humanitäre Ideale.

Ihr geheimes Selbst

Dank Ihrem starken Charakter sind Sie häufig sehr zielorientiert und ehrgeizig und haben ausgeprägtes Pflichtbewußtsein und Ausdauer. Da Sie verantwortungsbewußt sind und Macht lieben, übernehmen Sie gern die Kontrolle. Aufgrund Ihrer Schlagfertigkeit können Sie sich gut behaupten und schätzen einen freundschaftlichen Schlagabtausch.

Sie sind unabhängig und eine Führernatur, wissen aber doch Teamwork und gemeinschaftliche Anstrengungen zu schätzen. Beziehungen und berufliche Partnerschaft spielen eine wichtige Rolle in Ihrem Leben; dabei müssen Sie jedoch lernen, die Bedürfnisse anderer ebenso zu berücksichtigen wie Ihre eigenen. Um emotionale Spannungen oder arrogantes Auftreten zu vermeiden, sollten Sie Ihre diplomatischen Fähigkeiten einsetzen. Ihre stolze und starke Fassade ist häufig nicht mehr als ein Schild, hinter dem Sie Sensibilität, innere Stärke und Idealismus verbergen.

Beruf & Karriere

Dank Ihrem Fleiß und Verantwortungsbewußtsein steigen Sie leicht in führende Positionen auf. Mit Ihrer scharfen Intelligenz und Ihren originellen Ideen eignen Sie sich für

Pädagogik, Philosophie oder wissenschaftliche Forschung. Großmütig und freundlich, können Sie hervorragend mit Menschen umgehen und erkennen im allgemeinen sofort Ihre Chancen. Da Sie ungern Anordnungen entgegennehmen, sollten Sie Kaderstellungen oder eine selbständige Tätigkeit anstreben, zumal Sie viel Freiraum bei der Arbeit brauchen. Mit Ihrer humanitären oder auch spirituellen Seite setzen Sie sich für soziale Reformen oder religiöse Anliegen ein. Ihr Sinn für Dramatik zieht Sie in die Welt des Entertainments.

Berühmte Persönlichkeiten dieses Tages sind der Opernsänger José Carreras, die Regisseure Fritz Lang und Otto Preminger, die Musiker J. J. Cale und Little Richard, die Dichterin Christina Rossetti und der Mickymaus-Vater Walt Disney.

talent und Religiosität, die mit der Suche nach Erkenntnis und Wahrheit verbunden ist. Unter seinem Einfluß können sich Situationen plötzlich zum Guten oder Schlechten wenden, und Ruhm und Reichtum sind meist nicht von langer Dauer.
- Positiv: mutig, weltgewandt, Auslandsreisen, höhere Bildung.
- Negativ: heißblütig, unverblümt, rebellisch, destruktiv.

Numerologie

Eigenschaften der Zahl 5 sind unter anderem starke Instinkte, Abenteuerlust und Freiheitsdrang. Ihre Bereitschaft, ständig Neues auszuprobieren und zu entdecken, und Ihre Begeisterungsfähigkeit bringen mit sich, daß Ihnen das Leben allerhand zu bieten hat. Reisen und manch unerwartete Veränderung führen dazu, daß Sie einen echten Wandel Ihrer Ansichten und Überzeugungen durchmachen. Das Leben muß für Sie aufregend und ereignisreich sein, dennoch sollten Sie Verantwortungsgefühl entwickeln und darauf achten, daß Sie nicht unberechenbar, maßlos oder anderen gegenüber rücksichtslos sind. Menschen mit der Geburtstagszahl 5 gelingt es bravourös, mit dem Strom zu schwimmen und dabei ihre Unabhängigkeit zu bewahren. Der Untereinfluß der Monatszahl 12 führt dazu, daß Sie hoch intuitiv und kreativ sind, aber auch praktisches Geschick und Überzeugungskraft haben. Obwohl Sie im allgemeinen intelligent und tolerant sind, können Sie gelegentlich ungeduldig und angespannt sein, vor allem wenn Ihnen Dinge nicht schnell genug gehen. Sie brauchen viel persönliche Freiheit und kämpfen oft für Gerechtigkeit.

Positiv: vielseitig, anpassungsfähig, progressiv, kühn, schlagfertig und witzig, neugierig, mystisch, gesellig.

Negativ: unzuverlässig, wechselhaft, neigt zum Aufschieben, widersprüchlich, übersteigertes Selbstvertrauen, dickköpfig.

Ihr Partner

Ihren idealen Partner werden Sie mit großer Wahrscheinlichkeit unter den an den folgenden Tagen geborenen Menschen finden:

Liebe & Freundschaft: 7., 11., 13., 15., 17., 25. Jan., 5., 9., 11., 13., 15., 23. Feb., 7., 9., 11., 13., 21. März, 1., 5., 7., 9., 11., 19. April, 3., 5., 7., 9., 17., 31. Mai, 1., 3., 5., 7., 15., 29. Juni, 1., 3., 5., 27., 29., 31. Juli, 1., 3., 11., 25., 27., 29. Aug., 1., 9., 23., 25., 27. Sept., 7., 21., 23., 25. Okt., 5., 19., 21., 23. Nov., 3., 17., 19., 21., 30. Dez.

Günstig: 1., 5., 20. Jan., 3., 18. Feb., 1., 16. März, 14. April, 12. Mai, 10. Juni, 8. Juli, 6. Aug., 4. Sept., 2. Okt.

Schicksalhaft: 2., 3., 4., 5. Juni

Problematisch: 6., 22., 24. Jan., 4., 20., 22. Feb., 2., 18., 20. März, 16., 18. April, 16., 14. Mai, 12., 14. Juni, 10., 12. Juli, 8., 10., 31. Aug., 6., 8., 29. Sept., 4., 6., 27. Okt., 2., 4., 25., 30. Nov., 2., 23., 28. Dez.

Seelenverwandt: 6., 12. Jan., 4., 10. Feb., 2., 8. März, 6. April, 4. Mai, 2. Juni

Liebe & Zwischenmenschliches

Intelligent und meist auch gebildet, strahlen Sie Autorität und Selbstvertrauen aus und scharen viele Bewunderer um sich. Sie sind nicht nur verantwortungsbewußt und rücksichtsvoll, sondern auch direkt und ehrlich. Wenn Sie an jemanden glauben, sind Sie hilfsbereit und eine echte Stütze. Sie sind sehr fürsorglich, doch Ihr Hang, die Kontrolle an sich zu reißen, führt dazu, daß Sie auch dominierend und rechthaberisch sein können. Aus diesem Grund sollten Sie sich darauf beschränken, anderen Vorschläge zu machen, sie dann aber selbst entscheiden zu lassen. Sie bewundern emotional ausgeglichene Menschen, die zufrieden und glücklich sind. Ihr Wunsch nach einer soliden Basis im Leben führt dazu, daß Ihnen Ihre Ehe oder – wenn Sie Single sind – Ihr Zuhause sehr viel bedeutet.

SONNE: SCHÜTZE
DEKADE: WIDDER/MARS
GRAD: 13°30' – 14°30' SCHÜTZE
ART: BEWEGLICHES ZEICHEN
ELEMENT: FEUER

Fixstern

Name des Sterns: Rastaban
Gradposition: 10°49' – 11°42' Schütze zwischen den Jahren 1930 und 2000
Magnitude: 2,5
Stärke: *******
Orbit: 1°40'
Konstellation: Beta Draconis
Tage: 3., 4., 5., 6. Dezember
Sternqualitäten: Saturn/Mars
Beschreibung: unregelmäßiger, großer, veränderlicher rot-gelber Doppelstern im Kopf des Drachen.

Einfluß des Hauptsterns

Rastaban sorgt für feste Überzeugungen, Entschlossenheit und Erfolg im Umgang mit der Öffentlichkeit. Sein Einfluß führt zu außergewöhnlichen Entdeckungen und Erfindungen, aber auch zu Veränderungen und unerwarteten Schicksalswendungen. Rastaban verleiht Mut, Waghalsigkeit und Ehrgeiz, und wenn Sie unter seinem Einfluß stehen, gelangen Sie oft durch die Hilfe anderer zu Macht und Ruhm.

Im Zusammenhang mit dem Stand Ihrer Sonne sorgt Rastaban für Führungsqualitäten, Ehrgeiz und Ausdauer – Eigenschaften, die Sie auf der Karriereleiter weit nach oben bringen, vor allem in Gebieten wie Pädagogik, Religion, Wissenschaft und Forschung. Traditionell werden Pferde mit Rastaban assoziiert; Arbeit mit Pferden kann für Sie ein Traumberuf sein.

- Positiv: Ausdauer, Geduld, Pragmatismus.
- Negativ: rebellisch, handelt gegen das Establishment, Antriebsmangel.

6. Dezember

♐ Intelligent und mit gutem Urteilsvermögen, sind Sie ein aufnahmefähiger Schütze mit starken Gefühlen und hohen Idealen. Durch Entwicklung Ihrer Instinkte und Ihrer Intuition lernen Sie, positiv zu denken, und können so Ihren Hang zu Ängsten und Unsicherheit überwinden.

Der Untereinfluß Ihres Dekadenzeichens Widder wirkt verstärkend auf Ihre Vitalität und macht Sie abenteuerlustig und unabhängig. Um jedoch Ihre Ziele erreichen zu können, müssen Sie bestimmt und optimistisch bleiben. Sie sind vielseitig begabt und begeisterungsfähig und haben das Bedürfnis, Ihre Originalität und Individualität auszudrücken; dabei müssen Sie aber aufpassen, daß Sie nicht die Details übersehen, und sich auf das konzentrieren, was Sie erreichen wollen.

Da Sie ein freidenkender Mensch sind, wollen Sie sich nicht von anderen dreinreden lassen und zeigen sich bisweilen sogar ziemlich unflexibel. Was auch immer Sie im Leben erreichen wollen – es kann nur von Vorteil sein, wenn Sie nach Wahrheit und Weisheit suchen oder sich mit Spiritualität beschäftigen. Als Perfektionist mit ausgezeichneten Führungsqualitäten können Sie große Projekte leiten, dezidiert sein und hart arbeiten. Da Sie freundlich, gesellig und kontaktfreudig sind, haben Sie einen großen Freundeskreis. Obwohl Sie im allgemeinen charmant, großzügig und mitfühlend sind, können Sie mit Ignoranz nur schlecht umgehen. Dann werden Sie äußerst ungeduldig, vor allem wenn Sie mit Dummheit konfrontiert sind. Wenn Sie 16 sind, wechselt Ihre Sonne in den Steinbock. Sie werden praktischer und streben Ordnung und Struktur an. Wenn Ihre Sonne in den Wassermann tritt, sind Sie 46. Jetzt legen Sie noch mehr Wert auf Unabhängigkeit; Sie werden auch gruppenbewußter, entwickeln progressive Ideen und werden experimentierfreudiger. Ein weiterer Wendepunkt erfolgt, wenn Sie 76 sind und Ihre Sonne in das Zeichen der Fische tritt. Nun werden emotionale Aufgeschlossenheit, Phantasie und spirituelles Bewußtsein wichtig für Sie.

Ihr geheimes Selbst

Die Fähigkeit, sich auszudrücken, kann sich als wertvoll erweisen, um Spannungen und Überempfindlichkeit abzubauen. Außerdem steigert Selbstverwirklichung Ihre Lebenslust und macht Sie glücklich und kreativ. Da Sie erfindungsreich, schlagfertig und phantasievoll sind, kann Inspiration ein Schlüssel zu Ihrem Erfolg sein – ob im Zusammenleben mit Ihren Mitmenschen oder bei der Förderung Ihrer musischen Talente. Zu den größten Problemen Ihres sonst so klaren Verstands gehören Ängste und Unentschlossenheit, vor allem in Gefühlsangelegenheiten. Erfolgsorientiert, ehrgeizig und mutig, sind Sie ein glücklicher und optimistischer Mensch mit gutem Geschäftssinn und einer Vorliebe für große Projekte. Allerdings glauben Sie häufig, daß finanzielle Sicherheit wichtiger als alles andere sei. Wenn Sie aber nur die materielle Seite des Lebens sehen, verpassen Sie womöglich das, worauf es wirklich ankommt. Glücklicherweise sind Sie mit einer intuitiven Quelle höheren Wissens verbunden, die Ihnen viel privates Glück und Erfüllung schenkt, vor allem, wenn Sie dem Wohl anderer dienen können.

Beruf & Karriere

Aufgrund Ihres scharfen Intellekts und Ihres Unternehmungsgeists lieben Sie Herausforderungen und erweitern ständig Ihr Wissen. Da Sie gern an großen Projekten arbeiten und sich ungern etwas sagen lassen, sollten Sie einen Beruf wählen, bei dem Sie Autorität und Kontrolle ausüben können. Ihre stete Suche nach der Wahrheit macht Sie für Justiz, Beratung oder den Kampf für soziale Reformen geeignet, vor allem wenn Sie sich dabei für die Rechte anderer einsetzen können. Mit Ihrem intuitiven Verstand finden Sie Erfüllung in Pädagogik, Forschung, Metaphysik oder Philosophie. Ihre praktischere Seite fühlt sich möglicherweise zu Wirtschaft und Industrie hingezogen, wo Sie mit Ihren Organisationsfähigkeiten, Ihrer Überzeugungskraft und Ihren zahlreichen Talenten mit Sicherheit erfolgreich sein werden. Ihr starkes Harmoniebedürfnis veranlaßt Sie vielleicht, sich Musik oder Kunst zuzuwenden.

Berühmte Persönlichkeiten dieses Tages sind der Songwriter und Librettist Ira Gershwin, die Schauspielerin Agnes Moorehead, der Jazzpianist Dave Brubeck, die Schwimmerin Eleanor Holm und der Fotojournalist Alfred Eisenstadt.

Numerologie

Mitgefühl, Idealismus und Kreativität gehören zu den Eigenschaften der Zahl 6. Es ist die Zahl der Perfektionisten und universalen Freunde, und häufig sind Sie durch die Geburtstagszahl 6 ein hilfsbereiter und liebevoller Menschenfreund, der gerne Verantwortung übernimmt. Sie sind meist häuslich und hingebungsvolle Väter oder Mütter. Die Sensibleren unter Ihnen suchen sich irgendeine Form des künstlerischen Ausdrucks und fühlen sich zu Entertainment, Kunst und Design hingezogen. Sie müssen mehr Selbstvertrauen entwickeln und versuchen, sich nicht einzumischen, sich nicht unnötig Sorgen zu machen oder Ihr Mitgefühl an die falschen Menschen zu verschwenden. Der Untereinfluß der Monatszahl 12 führt dazu, daß Sie phantasievoll und wohltätig sind. Auch wenn Sie ein kluger und optimistischer Visionär sind, müssen Sie lernen, auf Ihre Intuition zu hören, und Ihre spirituellen Fähigkeiten entwickeln. Tolerant und originell, schlagen Sie häufig den Weg der höheren Bildung ein und profitieren enorm davon, sich mit Metaphysik oder Philosophie zu beschäftigen. Wenn Sie die Bedürfnisse anderer berücksichtigen und Ihre Pflichten akzeptieren, finden Sie Seelenfrieden und überwinden Ängste.

Positiv: weltgewandt, universal, mitfühlend, verläßlich, verständnisvoll, idealistisch, häuslich, selbstbewußt, künstlerisch begabt.

Negativ: unzufrieden, Ängste, schüchtern, unvernünftig, freimütig, perfektionistisch, stur, dominierend, mangelndes Verantwortungsbewußtsein, mißtrauisch, egozentrisch.

Liebe & Zwischenmenschliches

Sie sind freundlich und aufgeschlossen und bevorzugen die Gesellschaft intelligenter und starker Menschen, mit denen Sie sich gut unterhalten und die Sie geistig anregen. Da Sie eine mitfühlende und freundschaftliche Natur haben, ist es nicht verwunderlich, wenn sich andere in Notzeiten an Sie wenden. Idealistisch und ehrgeizig, übernehmen Sie Verantwortung für sich und andere. Obwohl Sie in Beziehungen bestimmt und stark wirken, kann Ihre sensible Seite dafür sorgen, daß Sie gelegentlich rastlos oder gelangweilt sind. Wenngleich Sie von fremden Ländern und Menschen fasziniert sind, brauchen Sie doch die Sicherheit des eigenen Zuhauses.

Ihr Partner

Sicherheit, Liebe und Zuneigung finden Sie am ehesten unter den Menschen, die an folgenden Tagen geboren sind:
Liebe & Freundschaft: 4., 9., 12., 16., 25., 30. Jan., 10., 14., 23., 24. Feb., 8., 12., 22., 31. März, 3., 6., 10., 29. April, 4., 8., 18., 27. Mai, 2., 6., 16., 25., 30. Juni, 4., 14., 23., 28. Juli, 2., 12., 16., 21., 26., 30. Aug., 10., 19., 24., 28. Sept., 8., 17., 22., 26. Okt., 6., 15., 20., 24., 30. Nov., 4., 13., 18., 22., 28. Dez.
Günstig: 2., 13., 22., 24. Jan., 11., 17., 20., 22. Feb., 9., 15., 18., 20., 28. März, 7., 13., 16., 18., 26. April, 5., 11., 16., 18., 26. Mai, 3., 9., 12., 14., 22. Juni, 1., 7., 10., 12., 20. Juli, 5., 8., 10., 18. Aug., 3., 6., 8., 16. Sept., 1., 4., 6., 14. Okt., 2., 4., 12. Nov., 2., 10. Dez.
Schicksalhaft: 25. Jan., 23. Feb., 21. März, 19. April, 17. Mai, 2., 3., 4., 5., 6., 15. Juni, 13. Juli, 11. Aug., 9. Sept., 7. Okt., 5. Nov., 3. Dez.
Problematisch: 7., 23. Jan., 5., 21. Feb., 3., 19., 29. März, 1., 17., 27. April, 15., 25. Mai, 13., 23. Juni, 11., 21., 31. Juli, 9., 19., 29. Aug., 7., 17., 27., 30. Sept., 3., 13., 23., 26. Nov., 1., 11., 21., 24. Dez.
Seelenverwandt: 17. Jan., 15. Feb., 13. März, 11. April, 9. Mai, 7. Juni, 5. Juli, 3. Aug., 1. Sept., 30. Nov., 28. Dez.

SONNE: SCHÜTZE
DEKADE: WIDDER/MARS
GRAD: 14°30' – 15°30' SCHÜTZE
ART: BEWEGLICHES ZEICHEN
ELEMENT: FEUER

Fixsterne

Ihre Sonne ist zwar nicht mit einem Fixstern verbunden, sicherlich aber einer der anderen Planeten Ihres Sonnenzeichens. Wenn Sie sich ein Geburtshoroskop erstellen lassen, lernen Sie die exakten Positionen der Planeten an Ihrem Geburtstag kennen. Auf diese Weise können Sie feststellen, welche der Fixsterne in diesem Buch für Sie von Interesse sind.

7. Dezember

Entschlossen und intuitiv und von großer Verstandeskraft, sind Sie ein Schütze, der nach Erleuchtung und Bewußtheit strebt. Im allgemeinen intelligent und begeisterungsfähig, können Sie Informationen schnell erfassen und produzieren erfinderische Ideen, die Sie in intellektueller oder kreativer Form umsetzen sollten.

Der Untereinfluß Ihres Dekadenzeichens Widder sorgt dafür, daß Sie ehrgeizig und voller Vitalität, aber auch rastlos sind. Von Natur aus wißbegierig und abenteuerlustig, gehen Sie gelegentlich Risiken ein, um Ihr Leben aufregender zu machen und neue Chancen zu schaffen. Als kreativer Denker sammeln Sie gern Informationen und Wissen, wodurch Sie auch Ihr Selbstvertrauen stärken. Begabt und wortgewandt, haben Sie Jugendlichkeit, Anziehungskraft und Spontaneität. Da Sie Ihre Ideen gut vermitteln können, fällt es Ihnen im allgemeinen nicht schwer, den richtigen Eindruck zu hinterlassen.

Auch wenn Sie gesellig sind, zeigen Ihre individuelle Lebensphilosophie und Ihre Selbständigkeit, daß Sie unabhängig denken wollen und sich selten dem Druck der Umgebung unterwerfen. Diese Haltung bedeutet auch ausgeprägte Individualität, einen Hang zur Skepsis und das Bedürfnis nach kreativer Selbstverwirklichung. Da Sie idealistisch sind, setzen Sie sich gern für Gerechtigkeit ein. Wenn Ihre progressiven Vorstellungen allerdings zu unkonventionell sind, können Sie impulsiv oder rebellisch wirken.

Wenn Sie 15 sind, tritt Ihre Sonne in den Steinbock; nach diesem Wendepunkt werden Sie praktischer und streben nach Ordnung und Struktur in Ihrem Leben. Wenn Ihre Sonne in den Wassermann wechselt, sind Sie 45. Jetzt legen Sie noch mehr Wert auf Unabhängigkeit und möchten Ihre Individualität zum Ausdruck bringen. Freiheit, Gruppenaktivitäten und humanitäre Ideale spielen nun eine größere Rolle. Ein weiterer Wendepunkt erfolgt, wenn Sie 75 sind und Ihre Sonne in das Zeichen der Fische tritt. Nun gewinnen Aufgeschlossenheit, Phantasie und Ihre spirituelle innere Welt größere Bedeutung für Sie.

Ihr geheimes Selbst

Sie haben nicht nur Charisma und Ehrgeiz, sondern sind auch charmant und warmherzig. Gesellig und großzügig, sind Sie bei Beschäftigungen, die mit Menschen zu tun haben, besonders gut. Da Sie unabhängig und erfolgsorientiert sind, möchten Sie gern stets aktiv sein und denken in großen Maßstäben. Aufgrund Ihrer festen Überzeugungen und Ihrem Wunsch, anderen zu helfen, möchten Sie sich möglicherweise für eine gute Sache einsetzen oder eine Bewegung anführen, die für andere von Nutzen ist. Sie sind zu tiefem Mitgefühl fähig, aber Ihre starken Gefühle können auch dazu führen, daß Sie extrem oder zu impulsiv handeln. Ehrlich und direkt, sind Sie gern mit anderen zusammen und können ein wunderbarer Gefährte sein. Neben Ihrer idealistischen Seite haben Sie auch einen Sinn fürs Materielle, der dafür sorgt, daß finanzielle Sicherheit für Sie eine große Bedeutung hat. Achten Sie aber darauf, daß Sie zugunsten von materieller Absicherung nicht zu viele Kompromisse eingehen. Mit Ihrer fast kindlichen Begeisterungsfähigkeit, Ihrer ausgeprägten Individualität und Ihrem wachen Intellekt sind Sie in der vorteilhaften Lage, andere durch die Fülle von Informationen, die Ihnen zur Verfügung steht, zu inspirieren und zu unterhalten.

Beruf & Karriere

Mit Ihrem scharfen Verstand und Ihren ausgezeichneten analytischen und kommunikativen Fähigkeiten eignen Sie sich als Autor, Sprecher oder Pädagoge. Da Sie Ihre Ideen sehr gut vermitteln können, kommen auch Justiz, Wissenschaft und Politik für Sie in Frage. Mit Ihrem Optimismus, Ihren großen Plänen und Ihrem Charisma können Sie viel Erfolg in großen Konzernen haben. In Handel und Gewerbe können Sie Ihren Charme in Verkauf, Promotion oder Verhandlung einsetzen. Ihr Bedürfnis nach Selbstverwirklichung führt Sie möglicherweise auch in die Welt von Musik, Kunst oder Theater.

Berühmte Persönlichkeiten dieses Tages sind der Sprachwissenschaftler Noam Chomsky, die Sänger und Songwriter Harry Chapin und Tom Waits, die Schauspielerin Ellen Burstyn und die Schriftstellerin Willa Cather.

Numerologie

Menschen mit der Geburtstagszahl 7 sind analytisch und nachdenklich, aber auch häufig kritisch und egozentrisch. Da Sie ständig auf der Suche nach größerer Selbsterkenntnis sind, tragen Sie gern Informationen zusammen und interessieren sich für Lesen, Schreiben oder Spiritualität. Sie sind scharfsinnig und neigen dazu, überrational zu handeln und sich in Details zu verlieren. Ihr Hang zu Rätselhaftigkeit und Geheimnistuerei bedeutet wohl, daß Sie sich hin und wieder mißverstanden fühlen. Da Sie ständig auf der Suche nach der Wahrheit sind, ist Bildung für Sie außerordentlich gewinnbringend, vor allem das Studium von Metaphysik, Philosophie oder Jura. Der Untereinfluß der Monatszahl 12 führt dazu, daß Sie hoch intuitiv und phantasievoll sind. Unabhängig und stark, verfolgen Sie große Pläne und entwickeln originelle Ideen. Sie sind optimistisch und unbekümmert und wollen Ihre eigenen Entscheidungen treffen. Gelegentlich sind Sie anderen gegenüber unsensibel und sagen, ohne nachzudenken, was Ihnen gerade in den Sinn kommt. Dank Ihrem unschuldigen Charme aber werden Ihnen Ihre direkte Art und Unhöflichkeit meist gern verziehen. Wenn Sie lernen, mit anderen zusammenzuarbeiten, können Sie Ihren Hang zu Sturheit, Skepsis und Provokation überwinden.

Positiv: gebildet, vertrauenswürdig, gründlich, idealistisch, ehrlich, spirituelle Fähigkeiten, wissenschaftlich, rational.

Negativ: heimlichtuerisch, falsch, unfreundlich, skeptisch, distanziert, bösartig, kalt.

Liebe & Zwischenmenschliches

Da Sie idealistisch und mystisch angehaucht sind, suchen Sie Beziehungen, die eine tiefere Bedeutung haben. Sie können einerseits spontan und leidenschaftlich sein; Ihre nachdenkliche Seite aber braucht Zeit und Raum für sich, so daß Sie manchmal distanziert und desinteressiert wirken. Wenn Sie sich entmutigt oder frustriert fühlen, sollten Sie Ihre Gefühle offen und ehrlich darlegen, sonst könnten Skepsis und Mißtrauen Freundschaften und enge Beziehungen zerstören. Lassen Sie sich nicht in heimliche Affären oder mit unpassenden Partnern ein, die später zu einem schweren Hemmschuh werden könnten. Sie brauchen einen intelligenten Partner, der Ihrem regen Verstand gewachsen ist und Ihr Bedürfnis nach ständig mehr Wissen teilt.

Ihr Partner

Wenn Sie jemanden suchen, bei dem Sie echtes Glück und Anregung finden, sollten Sie sich unter den Menschen umsehen, die an den folgenden Tagen geboren sind:

Liebe & Freundschaft: 2., 7., 10., 17., 27., 31. Jan., 5., 8., 15., 25. Feb., 3., 6., 13., 23. März, 1., 4., 11., 21., 27. April, 2., 9., 19. Mai, 7., 17. Juni, 5., 15., 29., 31. Juli, 3., 13., 27., 29., 31. Aug., 1., 11., 25., 27., 29. Sept., 9., 23., 25., 27. Okt., 7., 21., 23., 25. Nov., 5., 19., 21., 23. Dez.

Günstig: 3., 5., 20., 25., 27. Jan., 1., 3., 18., 23., 25. Feb., 1., 16., 21., 23. März, 13., 19., 21. April, 12., 17., 19. Mai, 10., 15., 17. Juni, 8., 13., 15. Juli, 6., 11., 13. Aug., 4., 9., 11. Sept., 2., 7., 9. Okt., 5., 7. Nov., 3., 5. Dez.

Schicksalhaft: 13. Jan., 11. Feb., 9. März, 7. April, 5. Mai, 3., 4., 5., 6., 7. Juni, 8. Juli

Problematisch: 16., 24. Jan., 14., 22. Feb., 12., 20. März, 10., 18. April, 8., 16., 31. Mai, 6., 14., 29. Juni, 4., 12., 27. Juli, 2., 10., 25. Aug., 8., 23. Sept., 6., 21. Okt., 4., 19. Nov., 2., 17. Dez.

Seelenverwandt: 16. Jan., 14. Feb., 12. März, 10. April, 8. Mai, 6. Juni, 4., 31. Juli, 2., 29. Aug., 27. Sept., 25. Okt., 23. Nov., 21. Dez.

8. Dezember

SONNE: SCHÜTZE
DEKADE: WIDDER/MARS
GRAD: 15°30' – 16°30' SCHÜTZE
ART: BEWEGLICHES ZEICHEN
ELEMENT: FEUER

Fixstern

Name des Sterns: Sabik
Gradposition: 16°58' – 17°59' Schütze zwischen den Jahren 1930 und 2000
Magnitude: 2,5
Stärke: *******
Orbit: 1°40'
Konstellation: Eta Ophiuchi
Tage: 8., 9., 10., 11. Dezember
Sternqualitäten: unterschiedliche Einflüsse: Saturn/Venus und Jupiter/Venus
Beschreibung: blaßgelber Stern am linken Knie des Schlangenträgers.

Einfluß des Hauptsterns

Sabik steht für einen aufrechten und moralisch gefestigten Charakter. Sein Einfluß bewirkt, daß Sie sich selbst treu bleiben und Unehrlichkeit und Verschwendung aus dem Weg gehen müssen. Sie müssen mehr Urteilsvermögen zeigen und sich von zweifelhaften Machenschaften fernhalten, mögen sie auch noch so lukrativ erscheinen.
Im Zusammenhang mit dem Stand Ihrer Sonne verleiht Sabik Aufrichtigkeit, ehrenhaftes Verhalten und Gerechtigkeitssinn. Sie suchen nach spiritueller Weisheit und haben eine Vorliebe für philosophische Studien und für unkonventionelle oder kontroverse Themen. Sabik wird auch mit positiven Veränderungen in Verbindung gebracht, und oftmals verbirgt sich hinter unerfreulichen Situationen unerwartet Positives. Zudem sorgt er dafür, daß Ihnen, unabhängig von den Umständen, hohe Moralvorstellungen und feste Prinzipien den Weg durch schwere Zeiten weisen werden.

Intelligent und inspiriert, sind Sie ein dynamischer Schütze mit einem kraftvollen Geist und viel Ehrgeiz. Auch wenn Sie findig und mutig wirken, sorgen Ihre Sensibilität und starken Gefühle dafür, daß Sie gelegentlich unter Selbstzweifeln und Unsicherheit leiden. Wenn Sie lernen, Ihre Großzügigkeit und Ihr Mitgefühl offen zu zeigen, überwinden Sie Ihren Hang zu manipulativem oder kontrollierendem Verhalten.

Der Untereinfluß Ihres Dekadenzeichens Widder wirkt verstärkend auf Ihre Vitalität, Ihre Entschlossenheit und Bestimmtheit und macht Sie zu einem unabhängigen Denker. Auch wenn Sie im allgemeinen vorsichtig sind, haben Sie eine abenteuerlustige Seite; gelegentlich gehen Sie auch gern ein Risiko ein, um Ihr Leben aufregender und abwechslungsreicher zu gestalten. Da Sie ausgezeichnete Führungsqualitäten haben, übernehmen Sie gern die Kontrolle. Ihr Unternehmergeist und Ihr Bedürfnis, sich frei auszudrücken, lassen sich nicht gern einschränken.

Ihre Intelligenz und Intuition ergeben eine starke Kombination, die Sie kreativ und materiell erfolgreich macht. Idealistisch und auf Ihrer Meinung beharrend, können Sie gelegentlich rastlos oder gelangweilt sein; da Sie sich ungern etwas sagen lassen, neigen Sie auch zu Streitlust und Kompromißlosigkeit. Mit Selbstdisziplin, Optimismus und Begeisterungsfähigkeit, aber auch mit Ihrem Wissensdurst sind Sie häufig inspiriert, Reformen, neue Ideen oder Erfindungen durchzusetzen.

Wenn Sie 14 sind, tritt Ihre Sonne in den Steinbock; nach diesem Wendepunkt werden Sie praktischer und streben nach Ordnung und Struktur in Ihrem Leben. Wenn Ihre Sonne in den Wassermann wechselt, sind Sie 44. Nun legen Sie mehr Wert auf Freiheit und Unabhängigkeit und möchten Ihre Individualität zum Ausdruck bringen. Gruppenaktivitäten und humanitäre Ideale spielen nun für Sie eine größere Rolle. Ein weiterer Wendepunkt erfolgt, wenn Sie 74 sind und Ihre Sonne in das Zeichen der Fische tritt. Das macht Sie sensibler, mitfühlender und phantasievoller. Es ist eine Zeit, in der Sie sich verstärkt mit künstlerischen oder spirituellen Dingen beschäftigen.

Ihr geheimes Selbst

Auch wenn Sie eine jugendliche Ausstrahlung haben, sind Sie ein unabhängiger Denker mit ausgeprägtem Verständnis für die Beweggründe Ihrer Mitmenschen. Hochintuitiv, haben Sie den sechsten Sinn, und wenn Sie auf Ihre innere Stimme vertrauen, können Sie ihn sehr gut nutzen. Sie können sehr erfinderisch sein, wenn Sie unter Druck stehen; achten Sie deshalb darauf, daß Sie nicht immer den Weg des geringsten Widerstands wählen, denn nur durch Ausdauer und eine verantwortliche Haltung können Sie wirklich gute Ergebnisse erzielen.

Dank Ihrem Pragmatismus und angeborenen Geschäftssinn lösen sich finanzielle Probleme für Sie meist sehr schnell. Dieses Glück erstreckt sich auch auf den beruflichen Bereich, so daß Sie eine wirklich erfüllende Arbeit finden. Erfolg stellt sich vor allem dann ein, wenn Sie Ihrer echten Begeisterungsfähigkeit freien Lauf lassen. Die Kombination aus Ihrem Wunsch nach Direktheit und Ehrlichkeit, Ihrer dynamischen Antriebskraft und Ihrer positiven Entschlossenheit ist die beste Grundlage für außergewöhnliche Erfolge im Leben.

- Positiv: Moral und Mut, kann Schwierigkeiten meistern.
- Negativ: Verschwendung, Unehrlichkeit, Betrug, Mangel an Moral.

Beruf & Karriere

Sie können nicht nur gut Probleme lösen, sondern haben auch gute Organisationsfähigkeiten und Führungsqualitäten. In der Wirtschaft interessieren Sie vor allem große Konzerne. Da Sie sich nicht gern unterordnen, sollten Sie eine gehobene Position oder eine selbständige Tätigkeit anstreben. Wenn sich Ihr Sinn für Wirkung mit Ihrem Bedürfnis nach Selbstverwirklichung paart, garantiert Ihnen das Erfolg in der Welt von Musik, Kunst oder Unterhaltung. Viele der heutigen Geburtstagskinder interessieren sich für Metaphysik oder positives Gedankentraining. Dank Ihrem Kampfgeist können Sie jedes berufliche Hindernis überwinden.

Berühmte Persönlichkeiten dieses Tages sind die Sängerin Sinead O'Connor und der Rockmusiker Jim Morrison, die Schauspielerin Kim Basinger, der Maler Diego Rivera, der Komponist Jean Sibelius, die Schauspieler David Carradine und Maximilian Schell und der Entertainer Sammy Davis jr.

Numerologie

Die Kraft, die von der 8 ausgeht, sorgt für einen Charakter mit festen Werten und sicherem Urteilsvermögen. Die Geburtstagszahl 8 bedeutet oft, daß Sie sich hohe Ziele gesteckt haben und ehrgeizig sind. Mit diesem Geburtstag gehen auch Dominierungsstreben, Sicherheitsbedürfnis und materieller Erfolg einher. Sie haben natürlichen Geschäftssinn und sollten unbedingt Ihr Organisations- und Führungstalent fördern. Da Sie ein starkes Bedürfnis nach Sicherheit haben, neigen Sie dazu, langfristig zu planen und zu investieren. Der Untereinfluß der Monatszahl 12 führt dazu, daß Sie optimistisch und charismatisch sind. Im allgemeinen sind Sie stark, voller Vitalität und Willenskraft und legen großen Wert darauf, daß Ihre Ansichten respektiert werden. Wenn Sie inspiriert sind, können Sie sich klar und deutlich und voller Überzeugungskraft ausdrücken. Obwohl Sie einen ausgeprägten Hang zum Materialismus haben, fühlen Sie sich von Philosophie und intellektuellen Beschäftigungen angezogen. Ihr Bedürfnis nach Beliebtheit läßt Sie in Ihrer Umgebung für Harmonie und Einstimmigkeit sorgen.

Positiv: führungsstark, gründlich, fleißig, Autorität, Schutz, Heilkraft, gutes Einschätzungsvermögen.

Negativ: ungeduldig, intolerant, «workaholic», dominierend, leicht entmutigt, planlos, kontrollierendes Verhalten.

Liebe & Zwischenmenschliches

Da Sie sich zu Menschen hingezogen fühlen, die Sie geistig anregen, suchen Sie die Gesellschaft besonders individueller und unabhängiger Gefährten. Sie bewundern auch Menschen, die praktisches Wissen haben, freundlich und hilfsbereit sind und gute Ratschläge erteilen können. Obwohl Sie nach außen hin Selbstvertrauen demonstrieren, schwanken Sie zwischen Optimismus und Pessimismus, was darauf hindeutet, daß Sie sich Ihrer Gefühle nicht ganz sicher sind. Wenn Sie unsicher sind, neigen Sie dazu, andere dominieren zu wollen. Bei allem Fleiß und Karrierebewußtsein sollten Sie sich stets genügend Zeit für Partner, Familie und Freunde lassen.

Ihr Partner

Ihren Traumpartner werden Sie mit großer Wahrscheinlichkeit unter den an den folgenden Tagen geborenen Menschen finden:

Liebe & Freundschaft: 1., 13., 14., 22., 28., 29., 31. Jan., 12., 26., 29. Feb., 10., 24., 27. März, 8., 16., 22., 25. April, 6., 20., 23. Mai, 4., 18., 21. Juni, 2., 16., 19., 30. Juli, 14., 17., 28., 30. Aug., 12., 15., 26., 28., 30. Sept., 10., 13., 24., 26., 28. Okt., 8., 11., 22., 24., 26. Nov., 6., 9., 20., 22., 24. Dez.

Günstig: 26. Jan., 24. Feb., 22. März, 20. April, 18. Mai, 16. Juni, 14. Juli, 12. Aug., 10. Sept., 8. Okt., 6. Nov., 4. Dez.

Schicksalhaft: 5., 6., 7., 8. Juni

Problematisch: 3., 25. Jan., 1., 23. Feb., 21. März, 19. April, 17. Mai, 15. Juni, 13. Juli, 11. Aug., 9. Sept., 7. Okt., 5. Nov., 3. Dez,

Seelenverwandt: 3., 10. Jan., 1., 8. Feb., 6. März, 4. April, 2. Mai, 31. Aug.

SONNE: SCHÜTZE
DEKADE: WIDDER/MARS
GRAD: 16°30' – 17°30' SCHÜTZE
ART: BEWEGLICHES ZEICHEN
ELEMENT: FEUER

Fixstern

Name des Sterns: Sabik
Gradposition: 16°58' – 17°59' Schütze zwischen den Jahren 1930 und 2000
Magnitude: 2,5
Stärke: *******
Orbit: 1°40'
Konstellation: Eta Ophiuchi
Tage: 8., 9., 10., 11. Dezember
Sternqualitäten: unterschiedliche Einflüsse: Saturn/Venus und Jupiter/Venus
Beschreibung: blaßgelber Stern am linken Knie des Schlangenträgers.

Einfluß des Hauptsterns

Sabik steht für einen aufrechten und moralisch gefestigten Charakter. Sein Einfluß bewirkt, daß Sie sich selbst treu bleiben und Unehrlichkeit und Verschwendung aus dem Weg gehen müssen. Sie müssen mehr Urteilsvermögen zeigen und sich von zweifelhaften Machenschaften fernhalten, mögen sie auch noch so lukrativ erscheinen.
Im Zusammenhang mit dem Stand Ihrer Sonne verleiht Sabik Aufrichtigkeit, ehrenhaftes Verhalten und Gerechtigkeitssinn. Sie suchen nach spiritueller Weisheit und haben eine Vorliebe für philosophische Studien und für unkonventionelle oder kontroverse Themen. Sabik wird auch mit positiven Veränderungen in Verbindung gebracht, und oftmals verbirgt sich hinter unerfreulichen Situationen unerwartet Positives. Zudem sorgt er dafür, daß Ihnen, unabhängig von den Umständen, hohe Moralvorstellungen und feste Prinzipien den Weg durch schwere Zeiten weisen werden.

9. Dezember

Geistige Kreativität, Sensibilität und Optimismus sind die Schlüssel zu Ihrem Erfolg. Freundlich und gesellig, sind Sie ein lebenslustiger Schütze. Ein Auf und Ab von glückbringenden Chancen und Schwierigkeiten verlangt, daß Sie eine Balance zwischen Enthusiasmus und Frustration finden. Und wenn Sie das Leben nicht allzu schwer nehmen, können Sie mit Ausdauer, Geduld und Entschlossenheit alle diese Schwierigkeiten leicht überwinden.

Der Untereinfluß Ihres Dekadenzeichens Widder wirkt verstärkend auf Ihre bestimmte Art und macht Sie kreativ und abenteuerlustig. Scharfsinnig, intuitiv und von schneller Auffassungsgabe, können Sie schwierige Situationen oft zu Ihrem Vorteil wenden. Als Menschenfreund mit progressiven und liberalen Ansichten vertreten Sie feste Prinzipien. Mit Ihrem aktiven und produktiven Verstand entwickeln Sie ständig neue Ideen. Sie sollten sich für aufregende und emotional erfüllende Aktivitäten engagieren, bei denen Sie sich geistig und emotional ausdrücken können. Sie haben auch eine rastlose Seite und schwanken zwischen Optimismus und Kreativität und Ängsten und Pessimismus. Sie sollten sich vor zu großer Impulsivität hüten, stets beenden, was Sie begonnen haben, und im ganzen gelassener werden. Sie haben zwar Managerqualitäten, neigen aber zur Krittelei, was bedeutet, daß Sie an sich und andere schwer zu erfüllende Ansprüche stellen. Statt Unzufriedenheit auszustrahlen, sollten Sie sich lieber von Ihrer großzügigen und liebevollen Seite zeigen.

Zwischen 13 und 42 bewegt sich Ihre Sonne durch den Steinbock. In dieser Zeit packen Sie Ihr Leben praktisch, zielbewußt und bodenständig an. Wenn Ihre Sonne in den Wassermann wechselt, sind Sie 43. Jetzt legen Sie mehr Wert auf Unabhängigkeit und möchten Ihre Individualität zum Ausdruck bringen. Freiheit, Gruppenaktivitäten und humanitäre Ideale spielen nun für Sie eine größere Rolle. Ein weiterer Wendepunkt folgt, wenn Sie 73 sind und Ihre Sonne in das Zeichen der Fische tritt. Nun werden Sie emotional aufnahmebereiter, phantasievoller und mitfühlender.

Ihr geheimes Selbst

Hinter Ihrer selbstbewußten Fassade sind Sie sehr sensibel. Ihre starken Gefühle, gepaart mit Ihrem Sinn für Wirkung, machen Sie beliebt, vor allem, wenn Sie Ihren besonderen Charme einsetzen. Phantasievoll und mit festen Prinzipien, haben Sie das Bedürfnis, Ihre Kreativität und Ihre Ideen zum Ausdruck zu bringen. Wird dieses Bedürfnis nicht erfüllt, kann es zu Frustrationen und Enttäuschungen kommen, vor allem, wenn andere Ihren hohen Erwartungen nicht gerecht werden. Wenn Sie geistige Disziplin üben und ständig an sich arbeiten, gibt Ihnen das Selbstvertrauen und ermuntert Sie, das Beste aus Ihren Anlagen zu machen.

Ihr Pflichtbewußtsein ist der Grund dafür, daß es Ihnen nichts ausmacht, Verantwortung zu übernehmen, und Sie Ihre Verpflichtungen stets erfüllen. Da Sie Sicherheit und Harmonie brauchen, legen Sie viel Wert auf Ihr Zuhause. Ihr Harmoniebedürfnis kann sich aber auch in einer Vorliebe oder Begabung für Schauspiel, Schreiben oder Musik niederschlagen.

- Positiv: Moral und Mut, kann Schwierigkeiten meistern.
- Negativ: Verschwendung, Unehrlichkeit, Betrug, Mangel an Moral.

Beruf & Karriere

Sie lieben Wissen und möchten Ihre Ideen zum Ausdruck bringen. Daher eignen Sie sich gut für Publizistik, Wissenschaft oder Pädagogik. Ihr Wettbewerbsgeist, Ihre Kommunikationsfähigkeiten und Ihre Vorliebe für Debatten und Diskussionen lassen sich in Tätigkeiten wie Anwalt, Politiker oder Reformer kombinieren. Da Sie gut organisieren und managen können und einen ausgeprägten Geschäftssinn haben, sind auch Wirtschaft und Industrie für Sie geeignet, und Sie können es auf Ihrem Gebiet zu einer leitenden Position bringen. Ihre angeborene Humanität zieht Sie vielleicht in Pflegeberufe, oder Sie engagieren sich für gute Zwecke. Mit Ihrem Sinn für Dramatik könnten Sie auch einen Weg ins Unterhaltungsbusineß finden.

Berühmte Persönlichkeiten dieses Tages sind die Schauspieler Kirk Douglas und John Malkovich, der Soulmusiker Junior Wells, der Schauspieler und Regisseur John Cassavetes und die Sängerin und Songwriterin Joan Armatrading.

Numerologie

Nachdenklichkeit, Güte und Sensibilität sind Eigenschaften der Zahl 9. Mit der Geburtstagszahl 9 sind Sie oft tolerant, großzügig und liberal. Intuitive und geistige Fähigkeiten deuten auf universale Aufnahmefähigkeit hin. Positiv kanalisiert, führen sie Sie vielleicht sogar auf einen spirituellen Weg. Sie müssen daran arbeiten, Probleme und emotionale Höhen und Tiefen besser zu bewältigen und nicht überempfindlich zu sein. Sie profitieren sehr von Reisen und Begegnungen mit Menschen aus aller Welt. Aber Sie müssen sich vor unrealistischen Träumen und einem Hang zur Realitätsflucht hüten. Der Untereinfluß der Monatszahl 12 führt dazu, daß Sie ein Menschenfreund mit idealistischen und optimistischen Ansichten sind. Ihr Bedürfnis nach Abwechslung und Ihre Begabungen sorgen dafür, daß Sie viel Freiheit brauchen, um Entdeckungen und Erfahrungen zu machen. Deshalb sollten Sie sich um Unabhängigkeit bemühen und eine Ausdrucksform für Ihre zahlreichen Talente finden. Sie sind kreativ und charmant, aber auch leicht reizbar. Da Sie geistig sehr aktiv sind, sollten Sie ständig Ihren Horizont erweitern und mit Geduld und Ausdauer immer wieder Neues dazulernen.

Positiv: idealistisch, humanitär, kreativ, großzügig, anziehend, poetisch, nachsichtig, freigiebig, unvoreingenommen.

Negativ: frustriert, nervös, innerlich zerrissen, unsicher, selbstsüchtig, unpraktisch, leicht beeinflußbar, komplexbeladen.

Liebe & Zwischenmenschliches

Gesellig und rücksichtsvoll, sind Sie gern mit anderen zusammen. Sensibel und idealistisch, haben Sie ein starkes Bedürfnis nach emotionaler Sicherheit und brauchen einen Partner, der hingebungsvoll und zärtlich ist. Auch wenn Sie treu, liebevoll und großzügig sind, brauchen Sie die Freiheit, reisen und verschiedenste Erfahrungen machen zu können. Da Sie sich ungern Beschränkungen unterwerfen, sollten Sie einen Partner finden, der Sie nicht durch große Verantwortungen festbindet. Als freundlicher und mitleidsvoller Mensch sind Sie häufig zu großen Opfern für die, die Sie lieben, bereit.

Ihr Partner

Den Partner fürs Leben werden Sie mit großer Wahrscheinlichkeit unter den an den folgenden Tagen geborenen Menschen finden:

Liebe & Freundschaft: 1., 5., 9., 15., 26., 29., 30. Jan., 13., 24., 27., 28. Feb., 11., 22., 25., 26. März, 3., 9., 19., 20., 23., 24. April, 7., 18., 21., 22. Mai, 5., 16., 19., 20. Juni, 3., 14., 17., 18., 31. Juli, 1., 12., 15., 19., 20. Aug., 10., 13., 14., 27., 29. Sept., 8., 11., 12., 25., 27. Okt., 6., 9., 10., 23., 25. Nov., 4., 7., 8., 21., 23., 29. Dez.

Günstig: 1., 2., 10., 12., 27. Jan., 8., 10., 25. Feb., 6., 23. März, 4., 8., 21. April, 2., 6., 19., 30. Mai, 4., 17., 28. Juni, 2., 15., 26. Juli, 13., 24. Aug., 11., 22. Sept., 9., 20. Okt., 7., 18. Nov., 5., 16. Dez.

Schicksalhaft: 8., 9., 10., 11. Juni

Problematisch: 17., 26. Jan., 15., 24. Feb., 13., 22. März, 11., 20. April, 9., 18. Mai, 7., 16. Juni, 5., 14. Juli, 3., 13., 30. Aug., 1., 10., 28. Sept., 8., 26., 28. Okt., 6., 24., 27. Nov., 4., 22., 25. Dez.

Seelenverwandt: 21. Jan., 19. Feb., 17. März, 15. April, 13. Mai, 11. Juni, 9., 29. Juli, 7., 27. Aug., 5., 25. Sept., 3., 23. Okt., 1., 21. Nov., 19. Dez.

10. Dezember

SONNE: SCHÜTZE
DEKADE: WIDDER/MARS
GRAD: 17°30' – 18°30' SCHÜTZE
ART: BEWEGLICHES ZEICHEN
ELEMENT: FEUER

Fixstern

Name des Sterns: Sabik
Gradposition: 16°58' – 17°59' Schütze zwischen den Jahren 1930 und 2000
Magnitude: 2,5
Stärke: *******
Orbit: 1°40'
Konstellation: Eta Ophiuchi
Tage: 8., 9., 10., 11. Dezember
Sternqualitäten: unterschiedliche Einflüsse: Saturn/Venus und Jupiter/Venus
Beschreibung: blaßgelber Stern am linken Knie des Schlangenträgers.

Einfluß des Hauptsterns

Sabik steht für einen aufrechten und moralisch gefestigten Charakter. Sein Einfluß bewirkt, daß Sie sich selbst treu bleiben und Unehrlichkeit und Verschwendung aus dem Weg gehen müssen. Sie müssen mehr Urteilsvermögen zeigen und sich von zweifelhaften Machenschaften fernhalten, mögen sie auch noch so lukrativ erscheinen.
Im Zusammenhang mit dem Stand Ihrer Sonne verleiht Sabik Aufrichtigkeit, ehrenhaftes Verhalten und Gerechtigkeitssinn. Sie suchen nach spiritueller Weisheit und haben eine Vorliebe für philosophische Studien und für unkonventionelle oder kontroverse Themen. Sabik wird auch mit positiven Veränderungen in Verbindung gebracht, und oftmals verbirgt sich hinter unerfreulichen Situationen unerwartet Positives. Zudem sorgt er dafür, daß Ihnen, unabhängig von den Umständen, hohe Moralvorstellungen und feste Prinzipien den Weg durch schwere Zeiten weisen werden.

Ehrgeizig und unabhängig, sind Sie ein intelligenter Schütze mit Phantasie und guten Ideen. Mit Ihrem wißbegierigen und aktiven Geist wollen Sie Erfolg durch Einführen von Neuerungen und Originalität haben. Trotz Ihrer Kühnheit und Abenteuerlust sind Sie von glasklarem Verstand und pragmatischer Lebenseinstellung und suchen nach Freiheit durch die Beherrschung Ihrer geistigen und emotionalen Kräfte. Ihr guter Geschäftssinn zeigt, daß Sie durch entsprechende Motivation auch finanziell sehr erfolgreich sein können.

Der Untereinfluß Ihres Dekadenzeichens Widder fügt Ihrem Unternehmungsgeist innere Stärke, aber auch Aufsässigkeit hinzu. Da Sie abenteuerlustig sind und die verschiedensten Erfahrungen machen möchten, sind Sie voller Pläne und Ideen. Derselbe Einfluß sorgt dafür, daß Sie kämpferisch sind, Action lieben und gerne Risiken eingehen. Sie ordnen sich nicht gern unter, sondern übernehmen lieber die Führung. Sie sind unabhängig, haben Führungsqualitäten und organisieren gern große Projekte.

Dank Ihrem scharfen Verstand lernen Sie im allgemeinen gern und sammeln ständig Wissen und Informationen. Oft interessieren Sie sich für Philosophie, Psychologie oder Religion. Hochintuitiv und mit spirituellen Fähigkeiten begabt, durchschauen Sie Ihre Mitmenschen schnell und entlarven sofort scheinheiliges Verhalten. Trotz Ihrer Stärke benötigen Sie eine harmonische Atmosphäre, in der Sie sich entspannen können.

Wenn Sie 12 sind, tritt Ihre Sonne in den Steinbock; nach diesem Wendepunkt sind Ihnen dreißig Jahre lang Ordnung und Struktur im Leben besonders wichtig. Wenn Ihre Sonne in den Wassermann wechselt, sind Sie 42. Jetzt legen Sie mehr Wert auf Unabhängigkeit, Gruppenaktivitäten und humanitäre Ideale. Sie brauchen Freiheit und sind experimentierfreudig. Ein weiterer Wendepunkt erfolgt, wenn Sie 72 sind und Ihre Sonne in das Zeichen der Fische tritt. Nun gewinnen Sensibilität, Phantasie und Mitgefühl vermehrt Bedeutung in Ihrem Leben.

Ihr geheimes Selbst

Sie sind intuitiv, aber auch leicht erregbar, und Sie haben große Sensibilität, die Sie für die Gefühle und Beweggründe anderer empfänglich macht. Ihre herausragende Vorstellungskraft und Individualität drängen Sie dazu, Ihre spirituellen, künstlerischen oder kreativen Talente zu entwickeln. Geistige Kraft gehört zu Ihren größten Vorzügen, und Sie sollten darauf achten, daß Sie sie nicht auf die Machtspiele mit anderen verschwenden oder andere damit manipulieren.

Da Sie sehr klug und bereit sind, Risiken einzugehen, können Sie sich häufig darauf verlassen, daß Ihnen das Glück hold ist. Allerdings verführt Sie das möglicherweise dazu, immer wieder den Weg des geringsten Widerstands zu gehen, statt Selbstdisziplin und Verantwortungsbewußtsein zu entwickeln, was zur Entfaltung Ihres außergewöhnlichen Potentials vonnöten wäre. Da Sie allgemein beliebt sind, führen Sie ein aktives gesellschaftliches Leben; lassen Sie aber nicht zu, daß Ihr Hang zur Realitätsflucht Sie auf Ihrem Weg zum Erfolg behindert. Ihnen ist bewußt, daß Wissen Macht ist; aus diesem Grund sind Sie stets auf der Suche nach Inspiration für sich und andere. Von Ihren bemerkenswerten Talenten profitieren Sie am meisten, wenn Sie sie einem Ideal widmen.

- Positiv: Moral und Mut, kann Schwierigkeiten meistern.
- Negativ: Verschwendung, Unehrlichkeit, Betrug, Mangel an Moral.

Beruf & Karriere

Optimistisch und charmant, haben Sie nicht nur viel Geschäftssinn, sondern auch die Gabe, mit Menschen umzugehen; Berufe, bei denen Sie mit Publikum zu tun haben, sind somit besonders erfolgversprechend für Sie. Ihr scharfer Verstand und Ihre Wortgewandtheit machen Sie für Pädagogik, Schreiben, Justiz, Promotion oder Verkauf geeignet. Als sensibler Mensch und geborener Psychologe sollten Sie den persönlichen Kontakt mit anderen suchen, etwa als Therapeut oder in der Alternativmedizin. Da Sie sich nicht gern unterordnen, sollten Sie Managementposten oder eine selbständige Tätigkeit anstreben. Mit Ihrer außergewöhnlichen Vorstellungskraft eignen Sie sich auch für Kunst, Film, Theater oder Architektur.

Berühmte Persönlichkeiten dieses Tages sind der Schauspieler Kenneth Branagh, die Schauspielerinnen Dorothy Lamour und Susan Dey, die Schriftstellerin Emily Dickinson und der tschechische Politiker Antonin Novotny.

Numerologie

Sie nehmen sich meist große Aufgaben vor. Allerdings müssen Sie einige Hindernisse überwinden, bevor Sie Ihre Ziele erreichen. Voller Energie und Originalität, stehen Sie zu Ihren Ansichten, auch wenn sie von denen anderer abweichen. Ihr Pioniergeist ermutigt Sie, allein weite Reisen zu unternehmen oder Projekte im Alleingang durchzuziehen. Sie müssen aber lernen, daß sich die Welt nicht nur um Sie dreht, und sich vor Egoismus oder Herrschsucht hüten. Für alle Menschen mit der Geburtstagszahl 10 sind Leistung und Erfolg sehr wichtig, häufig erreichen sie auf ihrem Gebiet eine Spitzenposition. Der Untereinfluß der Monatszahl 12 führt dazu, daß Sie optimistisch, unternehmungslustig und vielseitig begabt sind. Auch wenn Sie freundlich, idealistisch und humanitär sind, schätzen Sie es nicht, wenn Ihre Autorität oder Haltung in Frage gestellt wird. Kreativ und innovativ, nutzen Sie Ihre Vorstellungskraft und Ihren Erfindungsreichtum bei großen Projekten.

Positiv: führungsstark, kreativ, progressiv, Überzeugungskraft, Optimismus, feste Überzeugungen, kämpferisch, unabhängig, gesellig.

Negativ: dominierend, eifersüchtig, egoistisch, hochmütig, feindselig, selbstsüchtig, schwach, Stimmungsschwankungen, ungeduldig.

Liebe & Zwischenmenschliches

Da Sie charmant, freundlich und gesellig sind, fällt es Ihnen im allgemeinen nicht schwer, Freunde und Bewunderer zu finden. Sie sind liebenswürdig und können ein sensibler und fürsorglicher Lover sein, brauchen aber auf die Dauer einen Partner, der Sie geistig stimuliert und inspiriert. Da Sie idealistisch sind und feste Moralvorstellungen haben, können Sie gelegentlich stur wirken. Mit Ihrer direkten Art sind Sie mit denen, die Sie lieben, ehrlich, müssen aber darauf achten, nicht taktlos zu werden.

Ihr Partner

Den idealen Partner werden Sie mit großer Wahrscheinlichkeit unter den an den folgenden Tagen geborenen Menschen finden:

Liebe & Freundschaft: 8., 10., 13., 20., 30. Jan., 1., 8., 11., 18., 28. Feb., 6., 9., 16., 26. März, 4., 7., 14., 24. April, 2., 5., 12., 22. Mai, 3., 10., 20. Juni, 1., 8., 18. Juli, 6., 16., 30. Aug., 4., 14., 28., 30. Sept., 2., 12., 26., 28., 30. Okt., 10., 24., 26., 28. Nov., 8., 22., 24., 26. Dez.

Günstig: 12., 16., 17., 28. Jan., 10., 14., 15., 26. Feb., 8., 12., 13., 24. März, 6., 10., 11., 22. April, 4., 8., 9., 20., 29. Mai, 2., 6., 7., 18., 27. Juni, 4., 5., 16., 25. Juli, 2., 3., 14., 23. Aug., 1., 12., 21. Sept., 10., 19., Okt., 8., 17. Nov., 6., 15. Dez.

Schicksalhaft: 31. März, 29. April, 27. Mai, 7., 11. Juni, 23. Juli, 21. Aug., 19. Sept., 17. Okt., 15. Nov., 17. Dez.

Problematisch: 6., 18., 22., 27. Jan., 4., 16., 20., 25. Feb., 2., 14., 18., 23., 28. März, 12., 16., 21. April, 6., 10., 14., 19. Mai, 4., 8., 12., 17. Juni, 6., 10., 15. Juli, 4., 8., 13. Aug., 2., 6., 11. Sept., 4., 9. Okt., 2., 7. Nov., 5. Dez.

Seelenverwandt: 28. März, 26. April, 24. Mai, 22. Juni, 20. Juli, 18. Aug., 16. Sept., 14. Okt., 12. Nov., 10. Dez.

11. Dezember

SONNE: SCHÜTZE
DEKADE: WIDDER/MARS
GRAD: 18°30' – 19°30' SCHÜTZE
ART: BEWEGLICHES ZEICHEN
ELEMENT: FEUER

Fixstern

Name des Sterns: Sabik
Gradposition: 16°58' – 17°59' Schütze zwischen den Jahren 1930 und 2000
Magnitude: 2,5
Stärke: *******
Orbit: 1°40'
Konstellation: Eta Ophiuchi
Tage: 8., 9., 10., 11. Dezember
Sternqualitäten: unterschiedliche Einflüsse: Saturn/Venus und Jupiter/Venus
Beschreibung: blaßgelber Stern am linken Knie des Schlangenträgers.

Einfluß des Hauptsterns

Sabik steht für einen aufrechten und moralisch gefestigten Charakter. Sein Einfluß bewirkt, daß Sie sich selbst treu bleiben und Unehrlichkeit und Verschwendung aus dem Weg gehen müssen. Überdies müssen Sie mehr Urteilsvermögen zeigen und sich von zweifelhaften Machenschaften fernhalten, mögen sie auch noch so lukrativ erscheinen.

Im Zusammenhang mit dem Stand Ihrer Sonne verleiht Sabik Aufrichtigkeit, ehrenhaftes Verhalten und Gerechtigkeitssinn. Sie suchen nach spiritueller Weisheit und haben eine Vorliebe für philosophische Studien und für unkonventionelle oder kontroverse Themen. Sabik wird auch mit positiven Veränderungen in Verbindung gebracht, und oftmals verbirgt sich hinter unerfreulichen Situationen unerwartet Positives. Zudem sorgt er dafür, daß Ihnen, unabhängig von den Umständen, hohe Moralvorstellungen und feste Prinzipien den Weg durch schwere Zeiten weisen werden.

♐ Begeisterungsfähig, abenteuerfreudig und unbeschwert, sind Sie ein scharfsinniger Schütze mit einer optimistischen Lebensauffassung. Sie sind dynamisch, gescheit und großzügig; wenn Sie sich vor Ängsten und Selbstzweifeln hüten, ist das Schicksal auf Ihrer Seite. Da Sie hoch intuitiv sind, sollten Sie Ihre geistigen Kräfte mit Ihrem sechsten Sinn kombinieren und lernen, Ihren Gefühlen zu vertrauen.

Der Untereinfluß Ihres Dekadenzeichens Widder wirkt noch verstärkend auf Ihre ohnehin schon enorme Energie und macht Sie spontan und unternehmungslustig. Welchen Problemen Sie im Leben auch begegnen, Sie wissen, daß Sie die Kraft haben, alle Hindernisse zu überwinden. Der Einfluß des Mars sorgt dafür, daß Sie risikobereit sind, gern spekulieren und Situationen schnell einschätzen können. Hüten Sie sich aber vor «schnellem Reichtum».

Auch wenn Sie idealistisch und sensibel sind, glauben Sie an materiellen Erfolg und suchen nach Gelegenheiten, um mit harter Arbeit zu Wohlstand zu kommen. Sie sind schlagfertig und müssen aufpassen, daß Sie nicht überreagieren, sich schnell enttäuschen lassen oder sich Sorgen ums Geld machen. Ihre Mischung aus Zynismus und Unschuld deutet darauf hin, daß Sie Ihren guten Verstand und Ihr Selbstvertrauen verantwortlich entwickeln müssen.

Wenn Sie 11 sind, tritt Ihre Sonne in den Steinbock, und die nächsten dreißig Jahre packen Sie Ihr Leben praktisch und realistisch an. Wenn Ihre Sonne in den Wassermann wechselt, sind Sie 41. In der folgenden Phase legen Sie mehr Wert auf Unabhängigkeit und möchten Ihre Individualität zum Ausdruck bringen. Gruppenaktivitäten, Freiheit und humanitäre Ideale spielen jetzt eine größere Rolle für Sie. Ein weiterer Wendepunkt erfolgt, wenn Sie 71 sind und Ihre Sonne in das Zeichen der Fische tritt. Nun gewinnen Sensibilität, Aufnahmefähigkeit, Phantasie vermehrt an Bedeutung in Ihrem Leben.

Ihr geheimes Selbst

Hauptantriebskraft Ihrer dynamischen Natur ist Ihr Bedürfnis nach Sicherheit und Macht beziehungsweise Ihr Wunsch nach materiellem Erfolg und Anerkennung. Auch wenn Sie ein natürliches Gefühl für den Wert der Dinge haben und produktiv in Ihrer Arbeit sind, müssen Sie an Ihrer Selbstkontrolle arbeiten, dürfen nicht manipulativ oder rücksichtslos handeln oder zu materialistisch denken. Wenn Sie inspiriert sind und wirklich an eine Sache glauben, können Sie hart arbeiten, um Ihre Ziele zu erreichen; dann sind Sie zu herausragenden Leistungen fähig.

Obwohl Sie eine jugendliche Ausstrahlung und viel Temperament haben, gilt Ihnen hart erarbeiteter Erfolg viel. Wenn Sie motiviert sind, tun Sie alles, um Ihre Ideale zu verwirklichen. Wenn Sie regelmäßig Pausen einlegen, um nachzudenken und Kraft zu schöpfen, lernen Sie, auf Ihre natürliche Intuition zu hören, und überwinden Ihren Hang zu Skepsis oder Verschlossenheit.

Beruf & Karriere

Mit Ihrer dynamischen Kraft, Ihrer Begeisterungsfähigkeit und Ihrer Fähigkeit, in großen Maßstäben zu denken, eignen Sie sich hervorragend für Wirtschaft, Verhandlungen, Jura oder Forschung. Wenn Sie an eine Sache glauben und motiviert sind, arbeiten

- Positiv: Moral und Mut, kann Schwierigkeiten meistern.
- Negativ: Verschwendung, Unehrlichkeit, Betrug, Mangel an Moral.

Sie hart, um Ihre Ziele zu erreichen. Dank Ihrem hochentwickelten Verstand sind Sie auch ein guter Lehrer; vielleicht möchten Sie Ihr Kommunikationstalent auch durch Schreiben zum Ausdruck bringen. Technische Begabung können Sie in Computerbranche oder Ingenieurwesen einsetzen. Wenn Sie Ihre geistigen Fähigkeiten schulen, sind wissenschaftliche Berufe interessant für Sie. In jedem Fall werden Ihre natürlichen Führungsqualitäten Sie in Spitzenpositionen bringen. Mit Ihrem guten Einschätzungsvermögen und dem Wunsch, Ihr Wissen mit anderen zu teilen, haben Sie einen äußerst produktiven Einfluß auf andere.

Berühmte Persönlichkeiten dieses Tages sind der russische Dissident und Schriftsteller Alexander Solschenizyn, die Millionenerbin Christina Onassis, der Sänger Jermaine Jackson, der Komponist Hector Berlioz, der Filmproduzent Carlo Ponti, der New Yorker Bürgermeister Fiorello LaGuardia und der Schriftsteller Nagib Mahfus.

Numerologie

Die besonderen Schwingungen der Hauptzahl 11 sorgen dafür, daß Idealismus, Inspiration und Innovation sehr wichtig für Sie sind. Eine Mischung aus Bescheidenheit und Selbstvertrauen veranlaßt Sie, ständig an sich zu arbeiten, sowohl in materieller als auch in spiritueller Hinsicht. Durch Erfahrung lernen Sie, mit beiden Seiten Ihres Wesens umzugehen, weniger extrem zu sein und mehr auf Ihre Gefühle zu vertrauen. Meist sind Sie energiegeladen und vital, müssen sich aber davor hüten, überängstlich oder unpraktisch zu werden. Der Untereinfluß der Monatszahl 12 führt dazu, daß Sie energisch, hochintuitiv und unternehmungslustig sind und Ihre Freiheit lieben. Auch wenn Sie sich freundlich, umgänglich und charmant geben, sind Sie ehrgeizig und entschlossen und übernehmen gern Verantwortung. Wenn Sie unsicher sind, werden Sie mißtrauisch oder rastlos und nervös. Begeisterungsfähig und kühn, versuchen Sie stets, sich aus Beschränkungen zu befreien, und ergreifen jede Chance, um Ihre Situation zu verbessern.

Positiv: konzentriert, objektiv, inspirierend, spirituell, intuitiv, extravertiert, idealistisch, intelligent, künstlerisch, hilfsbereit.

Negativ: übersteigertes Selbstbewußtsein, unehrlich, ziellos, überempfindlich, leicht verletzt, leicht reizbar, selbstsüchtig, verwirrt, hinterlistig.

Liebe & Zwischenmenschliches

Obwohl Sie hoch intuitiv und sensibel, aber auch gesellig und umgänglich sind, können Sie gelegentlich geheimnisvoll tun und mit Ihren Ansichten hinterm Berg halten. Wenn Sie verliebt sind, brauchen Sie Zeit, um sich an die neue Situation und Ihren Partner zu gewöhnen. Ein Hang zu Skepsis und Ängsten deutet darauf hin, daß Sie mit Streß nicht gut zurechtkommen. Im allgemeinen bewundern Sie ehrgeizige und hart arbeitende Menschen, die praktisch und unabhängig sind und selbstbewußt ihren eigenen Weg gehen.

Ihr Partner

Wenn Sie jemanden suchen, bei dem Sie Treue, Hingabe und Liebe finden, sollten Sie sich unter den Menschen umsehen, die an den folgenden Tagen geboren sind:

Liebe & Freundschaft: 11., 21., 25., 28., 31. Jan., 9., 19., 26., 29. Feb., 17., 21., 24., 27. März, 5., 15., 22., 25. April, 13., 20., 23. Mai, 11., 18., 21. Juni, 9., 16., 19. Juli, 7., 11., 14., 17., 31. Aug., 5., 12., 15., 29. Sept., 3., 10., 13., 27., 29., 31. Okt., 1., 8., 11., 25., 27., 29. Nov., 6., 9., 23., 25., 27. Dez.
Günstig: 9., 12., 18., 24., 29. Jan., 7., 10., 16., 22., 27. Feb., 5., 8., 14., 20., 25. März, 3., 6., 12., 18., 23. April, 1., 10., 16., 21., 31. Mai, 2., 8., 14., 29. Juni, 6., 12., 17., 27. Juli, 4., 10., 15., 25. Aug., 2., 8., 13., 23. Sept., 6., 11., 21. Okt., 4., 9., 19. Nov., 2., 7., 17. Dez.
Schicksalhaft: 28. Mai, 6., 7., 8., 9., 10., 11., 12., 26. Juni, 24. Juli, 20. Sept.
Problematisch: 7., 8., 19., 28. Jan., 5., 6., 17., 26. Feb., 3., 4., 15., 24. März, 1., 2., 13., 22. April, 11., 20. Mai, 9., 18. Juni, 7., 16. Juli, 5., 14. Aug., 3., 12. Sept., 1., 10. Okt., 8. Nov., 6. Dez.
Seelenverwandt: 3., 19. Jan., 1., 17. Feb., 15. März, 13. April, 11. Mai, 9. Juni, 7. Juli, 5. Aug., 3. Sept., 1. Okt.

SONNE: SCHÜTZE
DEKADE: WIDDER/MARS
GRAD: 19°30' – 20°30' SCHÜTZE
ART: BEWEGLICHES ZEICHEN
ELEMENT: FEUER

Fixsterne

Ihre Sonne ist zwar nicht mit einem Fixstern verbunden, sicherlich aber einer der anderen Planeten Ihres Sonnenzeichens. Wenn Sie sich ein Geburtshoroskop erstellen lassen, lernen Sie die exakten Positionen der Planeten an Ihrem Geburtstag kennen. Auf diese Weise können Sie feststellen, welche der Fixsterne in diesem Buch für Sie von Interesse sind.

12. Dezember

Gesellig und freundlich, sind Sie ein idealistischer Schütze mit Wissensdurst und einem ausgeprägten sechsten Sinn. Als praktischer Visionär mit Verantwortungsbewußtsein haben Sie Geschäftssinn und ein gutes Gefühl für Timing. Obwohl Sie im allgemeinen ehrgeizig sind, kann Ihr Hang zu Ängsten Ihren Optimismus unterwandern. Ihre Mischung aus Unternehmungslust und Trägheit bedeutet, daß Sie eine besondere und inspirierende Aufgabe brauchen, die Sie mit anderen zusammen erfüllen können.

Der Untereinfluß Ihres Dekadenzeichens Widder sorgt dafür, daß Sie mutig und lebhaft sind und Antriebskraft haben. Als Menschenfreund erleben Sie hin und wieder einen Konflikt zwischen Idealismus und Materialismus und sollten eine Lebensauffassung entwickeln, die klare Erkenntnisse ermöglicht. Derselbe Einfluß führt dazu, daß Sie hart arbeiten können, um Ihre Talente und Fähigkeiten anzuwenden.

Da Sie Arbeit und Vergnügen gut miteinander verbinden und dafür sorgen können, daß andere sich wohl fühlen, können Sie es zu Wohlstand und Einfluß bringen. Kreativ und intelligent, drängt es Sie dazu, sich durch intellektuelle Tätigkeiten zu verwirklichen und sich nicht Bequemlichkeit und gutem Leben hinzugeben.

Wenn Sie 10 sind, tritt Ihre Sonne in den Steinbock, und Sie brauchen dreißig Jahre lang Ordnung und Struktur im Leben. Wenn Ihre Sonne in den Wassermann wechselt, sind Sie 40. In der folgenden Phase legen Sie mehr Wert auf Unabhängigkeit und möchten Ihre Individualität durch progressive Ideen zum Ausdruck bringen. Gruppenaktivitäten, Freiheit und humanitäre Ideale spielen jetzt eine größere Rolle für Sie. Ein weiterer Wendepunkt erfolgt, wenn Sie 70 sind und Ihre Sonne in das Zeichen der Fische tritt. Das macht Sie sensibler, aufnahmefähiger und phantasievoller, und Ihre künstlerischen, kreativen oder spirituellen Begabungen verstärken sich.

Ihr geheimes Selbst

Da Sie ein Gefühl für Macht und eine große Entschlossenheit haben, stürmen Sie unbeirrbar auf Ihr Ziel zu, sobald Sie sich einmal festgelegt haben. Da Sie ehrgeizig sind und das Gefühl haben wollen, produktiv zu sein, spielt Arbeit eine besondere Rolle in Ihrem Leben. Allerdings ist es für Sie unerläßlich, einen festen Plan oder ein klares Ziel zu haben, damit Sie Ihre Talente und Fähigkeiten richtig anwenden können.

Sie gehen sehr gut mit Menschen um und knüpfen leicht Kontakte, müssen aber darauf achten, sich nicht von anderen abhängig zu machen, da Sie sonst zu Herrschsucht neigen, um zu kompensieren. Das Beste aus Ihren Talenten machen Sie, wenn Sie einen Mittelweg finden zwischen Unabhängigkeit und dem Bedürfnis nach Verbundenheit mit anderen. Geldsorgen, die Sie manchmal plagen, sind in der Regel unbegründet. Besonders vorteilhaft für Sie sind Partnerschaften und gemeinschaftliche Aktivitäten.

Beruf & Karriere

Den größten Erfolg erreichen Sie, wenn Sie einen Beruf ergreifen, bei dem Sie Ihr volles geistiges Potential ausschöpfen können, etwa als Lehrer, Schriftsteller, Journalist oder Politiker. Mit Ihrer Überzeugungskraft und Ihren brillanten Ideen eignen Sie sich auch für Werbung, Medien und Verlagswesen. Da Sie ehrgeizig sind, stecken Sie sich hohe Ziele und streben entschlossen darauf zu. Dank Ihrer Kreativität und Ihrem Sinn für

Dramatik stehen Ihnen auch Karrieren in Theater oder der Kunstwelt offen. Dieselben Eigenschaften können Sie als Berater nutzen und in allen anderen Berufen, bei denen es auf persönliche Kontakte ankommt.

Berühmte Persönlichkeiten dieses Tages sind Frank Sinatra, die Schriftsteller John Osborne und Gustave Flaubert, die Sängerin Dionne Warwick, der Musiker Grover Washington junior, der Schauspieler Edward G. Robinson und die Malerin Helen Frankenthaler.

Numerologie

Im allgemeinen sind Sie intuitiv und freundlich und haben gutes logisches Denkvermögen. Mit der 12 ist oft der starke Wunsch nach großer Individualität verbunden. Da Sie innovativ und sensibel sind, wissen Sie genau, wie Sie Takt und Kooperationsbereitschaft einsetzen müssen, um Ihre Ziele zu erreichen. Wenn Sie ein Gleichgewicht zwischen Ihrem Bedürfnis nach Selbstverwirklichung und Ihrem Hang zum Altruismus herstellen, können Sie wahre emotionale Befriedigung und Erfüllung finden. Vielleicht müssen Sie aber den Mut finden, auf eigenen Füßen zu stehen, mehr Selbstvertrauen zu entwickeln und sich von anderen nicht so leicht entmutigen zu lassen. Der Untereinfluß der Monatszahl 12 führt dazu, daß Sie idealistisch und ehrgeizig sind. Im allgemeinen können Sie sich klar ausdrücken und dank Ihrer Aufnahmefähigkeit schnell und exakt Situationen und Menschen einschätzen. Allerdings müssen Sie an Ihre Ziele glauben, um erfolgreich zu sein. Ihre Gabe, gerechte und richtige Entscheidungen zu treffen, hilft Ihnen, eine Atmosphäre von Harmonie und Sicherheit zu schaffen, in der andere sich wohl fühlen. Wenn Sie aber zweifeln und mißtrauisch werden, neigen Sie zu Angst oder Desinteresse und verbreiten Spannung und Disharmonie.

Positiv: kreativ, anziehend, initiativ, diszipliniert, fördert sich selbst und andere.

Negativ: Zurückgezogen, exzentrisch, unkooperativ, überempfindlich, mangelndes Selbstwertgefühl.

Liebe & Zwischenmenschliches

Sie sind gesellig und großzügig und haben eine Vorliebe fürs Dramatische. Im allgemeinen fühlen Sie sich zu kreativen oder ausdrucksstarken Menschen mit viel Antrieb und Begeisterungsfähigkeit hingezogen. Sie sind sensibel, voller Leidenschaft und haben starke Sehnsüchte. Sie sind treu und dynamisch, können aber gelegentlich auch herrisch oder aufbrausend werden. Obwohl Sie fröhlich und unterhaltsam sind, nehmen Sie sich häufig Gefühlsangelegenheiten sehr zu Herzen, vor allem wenn die Dinge nicht so laufen, wie Sie es sich vorstellen.

Ihr Partner

Einen zuverlässigen und treuen Partner finden Sie unter den Menschen, die an den folgenden Tagen geboren sind:
Liebe & Freundschaft: 11., 12., 18., 22. Jan., 16., 20. Feb., 14., 18., 28. März, 5., 6., 12., 16., 26. April, 10., 14., 24. Mai, 8., 12., 22. Juni, 6., 10., 20., 29. Juli, 4., 8., 18., 27., 30. Aug., 2., 6., 16., 26., 28. Sept. 4., 14., 23., 26., 30. Okt., 2., 12., 21., 24., 28. Nov., 10., 19., 22., 26., 28. Dez.
Günstig: 6., 10., 25., 30. Jan., 4., 8., 23., 28. Feb., 2., 6., 21., 26. März, 4., 19., 24. April, 2., 17., 22. Mai, 15., 20., 30. Juni, 13., 18., 28. Juli, 11., 16., 26. Aug., 9., 14., 24. Sept., 7., 12., 22. Okt., 5., 10., 20. Nov., 3., 8., 18. Dez.
Schicksalhaft: 29. Mai, 10., 11., 12., 13., 27. Juni, 25. Juli, 23. Aug., 21. Sept., 19. Okt., 17. Nov., 15. Dez.
Problematisch: 13., 29., 31. Jan., 11., 27., 29. Feb., 9., 25., 27. März, 7., 23., 25. April, 5., 21., 23. Mai, 3., 19., 21. Juni, 1., 17., 19. Juli, 15., 17. Aug., 13., 15. Sept., 11., 13. Okt., 9., 11. Nov., 7., 9. Dez.
Seelenverwandt: 6., 25. Jan., 4., 23. Feb., 2., 21. März, 19. April, 17. Mai, 15. Juni, 13. Juli, 11. Aug., 9. Sept., 7. Okt., 5. Nov., 3. Dez.

13. Dezember

SONNE: SCHÜTZE
DEKADE: LÖWE/SONNE
GRAD: 20°30' – 21°30' SCHÜTZE
ART: BEWEGLICHES ZEICHEN
ELEMENT: FEUER

Fixstern

Name des Sterns: Ras Alhague, auch «Schlangenbeschwörer» genannt
Gradposition: 21°28' – 22°26' Schütze zwischen den Jahren 1930 und 2000
Magnitude: 2
Stärke: ********
Orbit: 2°10'
Konstellation: Alpha Ophiuchi
Tage: 13., 14., 15., 16. Dezember
Sternqualitäten: Saturn/Venus
Beschreibung: leuchtendweiß-saphirblauer Stern am Kopf des Schlangenträgers.

Einfluß des Hauptsterns

Ras Alhague steht für Wissensdurst und Hunger nach Bildung, für Humanität, Toleranz und Liberalismus. Menschen unter seinem Einfluß interessieren sich für Philosophie und Religion und können sich Dinge gut bildlich vorstellen. Im Zusammenhang mit dem Stand Ihrer Sonne steht Ras Alhague für Zurückhaltung und Nachdenklichkeit. Er verleiht die Fähigkeit, sich auf große Unternehmungen zu konzentrieren und in großen Maßstäben zu denken, und verhilft so zu Erfolg in der Geschäftswelt. Überdies sorgt er häufig für außerordentliche persönliche Leistungen und dafür, daß Sie stets Ihrer Zeit voraus sind. Auch Mißtrauen wird auf Ras Alhague zurückgeführt; anderen mehr zu vertrauen bringt Ihnen Popularität und einen erweiterten Freundeskreis.

- Positiv: Vorliebe für Großprojekte, sportlich, gutes Einkommen.
- Negativ: mißtrauisch, zu ernsthaft, verschwendet Kraft.

Voller Begeisterungsfähigkeit und Kreativität, sind Sie ein vielseitig begabter Schütze mit viel Scharfsinn und einer optimistischen Persönlichkeit. Ausgedehnte Auslandsreisen und Abenteuer spielen in Ihrem Leben eine wichtige Rolle. Inspiriert und ehrgeizig, können Sie Ihre Ziele erreichen, wenn Sie sich fest darauf konzentrieren und durchhalten. Lebenslustig und frei, müssen Sie mit Ihrer rastlosen Natur und Ihrem Bedürfnis nach Sicherheit mehr Pragmatismus und Realitätssinn entwickeln.

Der Untereinfluß Ihres Dekadenzeichens Löwe wirkt verstärkend auf Ihr Selbstvertrauen; mit Ihrem Unternehmungsgeist und Ihrer Hoffnungsfreude treffen Sie auf viele glückliche Chancen im Leben. Wenn Sie allerdings in Selbstgerechtigkeit verfallen, werden Sie rechthaberisch und egozentrisch. Als idealistischer Menschenfreund haben Sie aber auch noble und hochfliegende Ideen, mit denen Sie Ihren Horizont erweitern. Sie sind nicht nur intelligent, geistig rege und aufgeweckt, sondern haben auch starke Instinkte, die Sie zu einer philosophischen Lebensauffassung führen.

Sie haben Tiefgründigkeit, geistige Ausdauer und eine wissenschaftliche und rationale Denkweise, womit Sie ausgezeichnet Probleme lösen können. Ihr Bedürfnis nach Abwechslung sorgt dafür, daß Sie Aktivität, geistige Anregung und ständige Bewegung brauchen, sonst werden Sie desinteressiert oder unzufrieden. Mit Ihrem ungewöhnlichen Sinn für Humor sind Sie äußerst unterhaltsam und witzig, können aber Dummheit nur schwer ertragen, so daß Sie manchmal übermäßig freimütig, ja verletzend sein können.

Wenn Sie 9 sind, tritt Ihre Sonne in den Steinbock. Die nächsten dreißig Jahre steuern Sie praktisch und realistisch Ihre Ziele an. Wenn Ihre Sonne in den Wassermann wechselt, sind Sie 39. In der folgenden Phase legen Sie mehr Wert auf Unabhängigkeit und möchten Ihre Individualität zum Ausdruck bringen. Gruppenaktivitäten, Freiheit und humanitäre Ideale spielen jetzt eine größere Rolle für Sie. Ein weiterer Wendepunkt erfolgt, wenn Sie 69 sind und Ihre Sonne in das Zeichen der Fische tritt. Nun gewinnen Sensibilität, Aufnahmefähigkeit und spirituelles Bewußtsein Bedeutung in Ihrem Leben.

Ihr geheimes Selbst

Hin und wieder müssen Ihre starken Gefühle mit widersprüchlichen Idealen kämpfen. Einerseits wollen Sie ständige Veränderung, andererseits Sicherheit und Pragmatismus. Wenn Sie erkennen, daß Sie für alles, was Sie erreichen wollen, zunächst eine solide Basis errichten müssen, nicht sofort aufgeben, desinteressiert oder ungeduldig werden dürfen, dann erreichen Sie ausgezeichnete Resultate. Im allgemeinen ist es besser für Sie, sich auf ein Gebiet zu spezialisieren, statt zu viele Interessen und Ziele zu verfolgen.

Sie haben nicht nur Sensibilität, sondern auch gute Organisationsfähigkeiten und kreatives Denkvermögen. Dank Ihrer Intuition und Wärme können Sie wunderbar mit Menschen umgehen. Obwohl Sie sehr charmant sein können, verhindert Rastlosigkeit zuweilen, daß Sie die kraftvolle Liebe zum Ausdruck bringen, die ein wichtiger Bestandteil Ihrer Persönlichkeit ist. Wenn Sie begeistert auf Ihre Ziele hinarbeiten, können Sie andere inspirieren und Großes leisten.

Beruf & Karriere

Für welchen Beruf Sie sich auch entscheiden – wichtig ist, daß er Abwechslung und geistige Herausforderung bietet, denn Sie erfassen Informationen sehr schnell. Berufe, die mit Reisen verbunden sind, können besonders vorteilhaft für Sie sein, wie jede Arbeit, die Sie geistig stimuliert. Sie kommen mit Menschen unterschiedlichster Herkunft zurecht und knüpfen leicht nützliche Kontakte, was Ihnen in jedem Beruf hilft. Sie sind ehrgeizig, aber aufgrund Ihrer Rastlosigkeit und Freiheitsliebe probieren Sie verschiedene Tätigkeiten aus, bevor Sie die richtige für Ihre unternehmungslustige Persönlichkeit finden.

Berühmte Persönlichkeiten dieses Tages sind die Schauspieler Robert Lindsay, Dick Van Dyke und Christopher Plummer, der Schriftsteller und Fotograf Michael Horbach, der Gitarrist Carlos Montoya und die US-Präsidentengattin Mary Todd Lincoln.

Numerologie

Mit der Zahl 13 werden oft emotionale Sensibilität, Begeisterungsfähigkeit und Inspiration verbunden. Numerologisch gesehen sind Sie ehrgeizig, können hart arbeiten und durch kreative Selbstverwirklichung sehr viel erreichen. Sie sollten aber eine pragmatischere Lebensauffassung kultivieren, wenn Sie Ihre kreativen Begabungen konkret umsetzen wollen. Ihre originelle und innovative Art führt oft zu neuen und aufregenden Ideen, die andere beeindrucken. Mit der Geburtstagszahl 13 sind Sie ernsthaft, romantisch, charmant und lebenslustig und bringen es mit der nötigen Hingabe zu Wohlstand. Auf den Untereinfluß der Monatszahl 12 ist zurückzuführen, daß Sie manchmal nicht recht wissen, was Sie eigentlich wollen. Aus Angst, etwas zu verpassen, versuchen Sie, zu viel zu unternehmen, und vergeuden dabei Ihre Energien. Auch wenn Sie freundlich und optimistisch sind und Partnerschaften viel Bedeutung beimessen, sind Sie sehr unabhängig im Denken und wollen stets autonom und frei bleiben. Da Sie ebenso intelligent wie rastlos sind, sollten Sie eine solide Lebensphilosophie pflegen oder Ihren gesunden Menschenverstand für höhere Bildung und tiefere Erkenntnisse einsetzen.

Positiv: ehrgeizig, kreativ, freiheitsliebend, Selbstverwirklichung, Initiative.

Negativ: impulsiv, unentschlossen, herrisch, gefühllos, rebellisch.

Liebe & Zwischenmenschliches

Da Sie Neuanfänge und Chancen lieben, brauchen Sie die Gesellschaft geistig anregender Menschen, die abenteuerlustig, idealistisch und unternehmungslustig sind, sonst langweilen Sie sich oder werden rastlos. Ein heimlichtuerischer Zug Ihrer Persönlichkeit sorgt dafür, daß Sie selten offen über Ihre Gefühle sprechen. Wenn Sie Geduld und gutes Urteilsvermögen zeigen, können Sie liebevolle Beziehungen aufbauen. Im allgemeinen sollten Sie Beruf und Privatleben besser nicht vermischen. Wenn Sie mißtrauisch oder skeptisch werden, leiden Ihre Beziehungen darunter, da Sie dann nicht bereit sind, sich voll zu engagieren. Wenn Sie aber von anderen begeistert sind, müssen Sie achtgeben, daß Sie sich nicht von deren Plänen und Ideen so beeinflussen lassen, daß Sie von Ihrem Weg abkommen.

Ihr Partner

Ihren Traumpartner werden Sie mit großer Wahrscheinlichkeit unter den an den folgenden Tagen geborenen Menschen finden:

Liebe & Freundschaft: 13., 19., 23., 28. Jan., 11., 17., 21. Feb., 9., 15., 19., 24., 28., 29., 30. März, 7., 13., 17., 26., 27. April, 5., 11., 15., 24., 25., 26. Mai, 3., 9., 13., 22., 23., 24. Juni, 1., 7., 11., 20., 21., 22. Juli, 5., 9., 14., 18., 19., 20. Aug., 3., 7., 16., 17., 18. Sept., 1., 5., 14., 15., 16., 29., 31. Okt., 3., 12., 13., 14., 27., 29. Nov., 1., 10., 11., 12., 25., 26., 27. Dez.

Günstig: 7., 15., 20., 31. Jan., 5., 13., 18., 29. Feb., 3., 11., 16., 27. März, 1., 9., 14., 25. April, 7., 12., 23. Mai, 5., 10., 21. Juni, 3., 8., 19. Juli, 1., 6., 17., 30. Aug., 4., 15., 28. Sept., 2., 13., 26. Okt., 11., 24. Nov., 9., 22. Dez.

Schicksalhaft: 10., 11., 12., 13. Juni

Problematisch: 6., 14., 30. Jan., 4., 12., 28. Feb., 2., 10., 26. März, 8., 24. April, 6., 22. Mai, 4., 20. Juni, 2., 18. Juli, 16. Aug., 14. Sept., 12. Okt., 10. Nov., 8. Dez.

Seelenverwandt: 30. April, 28. Mai, 26. Juni, 24. Juli, 22. Aug., 20. Sept., 18. Okt., 16., 28. Nov., 14., 26. Dez.

14. Dezember

SONNE: SCHÜTZE
DEKADE: LÖWE/SONNE
GRAD: 21°30' – 22°30' SCHÜTZE
ART: BEWEGLICHES ZEICHEN
ELEMENT: FEUER

Fixstern

Name des Sterns: Ras Alhague, auch «Schlangenbeschwörer» genannt
Gradposition: 21°28' – 22°26' Schütze zwischen den Jahren 1930 und 2000
Magnitude: 2
Stärke: ********
Orbit: 2°10'
Konstellation: Alpha Ophiuchi
Tage: 13., 14., 15., 16. Dezember
Sternqualitäten: Saturn/Venus
Beschreibung: leuchtendweiß-saphirblauer Stern am Kopf des Schlangenträgers.

Einfluß des Hauptsterns

Ras Alhague steht für Wissensdurst und Hunger nach Bildung, für Humanität, Toleranz und Liberalismus. Menschen unter seinem Einfluß interessieren sich für Philosophie und Religion und können sich Dinge gut bildlich vorstellen. Im Zusammenhang mit dem Stand Ihrer Sonne steht Ras Alhague für Zurückhaltung und Nachdenklichkeit. Er verleiht die Fähigkeit, sich auf große Unternehmungen zu konzentrieren und in großen Maßstäben zu denken, und verhilft so zu Erfolg in der Geschäftswelt. Überdies sorgt er häufig für außerordentliche persönliche Leistungen und dafür, daß Sie stets Ihrer Zeit voraus sind. Auch Mißtrauen wird auf Ras Alhague zurückgeführt; anderen mehr zu vertrauen bringt Ihnen Popularität und einen erweiterten Freundeskreis.

- Positiv: Vorliebe für Großprojekte, sportlich, gutes Einkommen.
- Negativ: mißtrauisch, zu ernsthaft, verschwendet Kraft.

Obwohl Sie ein rastloser und idealistischer Schütze voller Abenteuer- und Reiselust sind, haben Sie auch viel gesunden Menschenverstand und ein starkes Bedürfnis nach Sicherheit und Stabilität. Sie zeichnen sich durch Scharfsinn und gute Beobachtungsgabe aus. Ihr Bedürfnis nach Abwechslung und Veränderung sorgt dafür, daß Sie sich im allgemeinen nicht auf Ihren Lorbeeren ausruhen und sich nicht mit Kompromißlösungen zufriedengeben.

Der Untereinfluß Ihres Dekadenzeichens Löwe wirkt verstärkend auf Ihr Selbstvertrauen; dank Ihrem Optimismus und Ihrer Begeisterungsfähigkeit entwickeln Sie noble und hochfliegende Ideen. Sie sind freimütig und vertreten im allgemeinen feste Prinzipien und Ansichten, die Sie auch zum Ausdruck bringen möchten. Da Sie aktiv sind und gute Organisationsfähigkeiten haben, ziehen Sie es vor, zu planen und zu arbeiten, anstatt Ihre Energien für triviale Beschäftigungen zu verschwenden. Da Sie für eine solide Basis sorgen, auf der Sie aufbauen, können Sie sich hohe Ziele stecken oder für langfristige Projekte engagieren, von denen Sie wirklich überzeugt sind.

Sie sind ebenso intelligent wie intuitiv und wissen, wie Sie Informationen für sich nutzen können. Da Wissen Sie motiviert und inspiriert, lernen Sie oft etwas Neues, um Langeweile zu entgehen. Von Beschäftigung mit Philosophie und Spiritualität profitieren Sie ungemein. Ob konventionell studiert oder autodidaktisch erworben – Sie schätzen jede Art geistiger Beschäftigung, die Ihren Horizont erweitert.

Wenn Sie 8 sind, tritt Ihre Sonne in den Steinbock, und während der nächsten dreißig Jahre versuchen Sie, Ordnung und Struktur in Ihr Leben zu bringen. Sie werden zielorientierter und verantwortungsbewußter. Wenn Ihre Sonne in den Wassermann wechselt, sind Sie 38. Jetzt legen Sie vermehrt Wert auf Unabhängigkeit und möchten Ihre Individualität durch progressive Ideen zum Ausdruck bringen. Gruppenaktivitäten, Freiheit und humanitäre Ideale spielen jetzt eine größere Rolle für Sie. Ein weiterer Wendepunkt erfolgt, wenn Sie 68 sind und Ihre Sonne in das Zeichen der Fische tritt und Sensibilität, Phantasie und spirituelle Erkenntnisse in Ihrem Leben wichtiger werden.

Ihr geheimes Selbst

Nach außen hin wirken Sie selbstbewußt; in Ihrem Innern aber tobt ein Kampf zwischen dem Wunsch nach aufregenden Erfahrungen und einem starken Bedürfnis nach Seelenfrieden. Auch wenn Ihre Rastlosigkeit Sie zu Erfolg antreibt, führt sie doch auch dazu, daß Sie zu Realitätsflucht oder Unmäßigkeit neigen; deshalb sollten Sie sich um eine ausgeglichenere Lebensführung bemühen. Wenn Sie lernen, ruhiger und nachdenklicher zu werden, wächst auch Ihre Geduld und Ihre innere Gelassenheit.

Dank Ihrer ausgeprägten Instinkte und Ihrer Sensibilität sind Sie sehr intuitiv. Nutzen Sie diese Eigenschaft für tiefere Einsicht und um Weisheit zu lernen, mit der Sie andere beeinflussen und inspirieren können. Bei Ihrem Verlangen, anderen zu helfen, müssen Sie sich davor hüten, dominierend oder nörglerisch zu werden. Als Idealist, der die Welt verbessern möchte, fühlen Sie sich am glücklichsten, wenn Sie sich selbstlos für eine gute Sache engagieren oder anderen helfen können.

Beruf & Karriere

Aufgrund Ihres Unternehmungsgeistes und Ihrer guten Organisationsfähigkeiten denken Sie meist in großen Maßstäben. Ihr reger und scharfer Verstand produziert im allgemeinen lukrative Ideen, die Ihnen zu Erfolg verhelfen, vor allem in Verkauf, Agenturtätigkeit oder Promotion. Da Sie sehr unabhängig sind, brauchen Sie genügend Freiraum bei der Arbeit; dennoch wissen Sie die Vorteile von Teamwork durchaus zu schätzen, weshalb Partnerschaften äußerst gewinnbringend für Sie sein können. Mit Ihrem ausgeprägten gesunden Menschenverstand und Ihrer individuellen Lebensphilosophie sind Sie ein guter Berater und interessieren sich für psychologische oder spirituelle Themengebiete. Da Sie Ihre Ideen gut präsentieren können und Wissen und Weisheit lieben, eignen Sie sich auch für Literatur, Journalismus, Werbung oder Verlagswesen. Viele der heutigen Geburtstagskinder sind begeisterte Sportler.

Berühmte Persönlichkeiten dieses Tages sind die Schauspielerinnen Jane Birkin und Lee Remick, der Bandleader Spike Jones, der Jazzpianist Charlie Rich und der brasilianische Theologe Leonardo Boff.

Numerologie

Charakteristisch für die Zahl 14 sind intellektuelles Potential, Pragmatismus und Entschlossenheit. Arbeit hat für Sie oft oberste Priorität, und Sie beurteilen sich und andere gern nach dem Stand auf der Karriereleiter. Obgleich Sie Stabilität brauchen, werden Sie von Rastlosigkeit angetrieben und suchen ständig neue Herausforderungen, um voranzukommen. Innere Unzufriedenheit kann auch dazu führen, daß es in Ihrem Leben häufig zu Veränderungen kommt, vor allem wenn Sie mit Ihrer beruflichen oder finanziellen Situation nicht zufrieden sind. Mit Ihrem aufnahmefähigen Geist können Sie Probleme schnell erfassen und lösen. Der Untereinfluß der Monatszahl 12 bewirkt, daß Sie idealistisch und ehrgeizig sind und eine abenteuerlustige Natur haben. Trotz Pragmatismus und gesundem Menschenverstand brauchen Sie Aufregung und testen gern Ihren Verstand, indem Sie Risiken eingehen. Vermeiden Sie aber unbedingt finanzielle Wagnisse, die Sie in echte Schulden stürzen. Wenn Ihnen bewußt ist, daß Wissen Macht bedeutet, können Sie über sich selbst und Ihre wildesten Träume hinauswachsen.

Positiv: entschlossen, fleißig, Glück, kreativ, pragmatisch, Phantasie.
Negativ: übervorsichtig oder impulsiv, labil, gedankenlos, stur.

Liebe & Zwischenmenschliches

Wißbegierig und geistig rege, umgeben Sie sich gern mit Menschen, die optimistisch und unternehmungslustig sind und Sie anregen und inspirieren können. Obwohl Sie idealistisch und romantisch sind, können Sie oft Ihre innersten Gefühle nicht sonderlich gut ausdrücken. Wenn Sie sich aber für einen Partner entschieden haben, sind Sie treu und liebevoll. Geld und finanzielle Sicherheit spielen meist eine große Rolle in Ihren Beziehungen, da Sie Stabilität und Bequemlichkeit wollen. Häufig fühlen Sie sich zu intelligenten Menschen hingezogen, die unkonventionell und selbstsicher sind. Sie sind zwar sehr fürsorglich, aber auch oft herrisch denen gegenüber, die Sie lieben.

Ihr Partner

Geistige Anregung und Liebe finden Sie am ehesten unter den Menschen, die an folgenden Tagen geboren sind:
Liebe & Freundschaft: 3., 4., 14., 17., 20., 24. Jan., 1., 2., 12., 18., 22. Feb., 10., 16., 20., 29., 30. März, 8., 11., 14., 18., 27., 28. April, 6., 12., 16., 25., 26., 31. Mai, 4., 10., 14., 23., 24., 29. Juni, 2., 8., 12., 21., 22., 27. Juli, 3., 6., 10., 19., 20., 29. Aug., 4., 8., 17., 18., 23. Sept., 2., 6., 15., 16., 21., 30. Okt., 4., 13., 14., 19., 28., 30. Nov., 2., 11., 12., 17., 26., 28., 30. Dez.
Günstig: 4., 8., 21. Jan., 1., 2., 6., 19. Feb., 4., 17., 28. März, 2., 15., 16. April, 13., 24. Mai, 11., 22. Juni, 9., 20. Juli, 7., 18., 31. Aug., 5., 16., 29. Sept., 3., 14., 27. Okt., 1., 12., 25. Nov., 10., 23. Dez.
Schicksalhaft: 31. Mai, 11., 12., 13., 14., 15., 29. Juni, 27. Juli, 25. Aug., 23. Sept., 21. Okt., 19. Nov., 17. Dez.
Problematisch: 7., 10., 15., 31. Jan., 5., 8., 13., 29. Feb., 3., 6., 11., 27. März, 1., 4., 9., 25. April, 2., 7., 23. Mai, 5., 21. Juni, 3., 19. Juli, 1., 17. Aug., 15. Sept., 13. Okt., 11. Nov., 9. Dez.
Seelenverwandt: 31. März, 29. April, 27. Mai, 25. Juni, 23. Juli, 21. Aug., 19. Sept., 17., 29. Okt., 15., 27. Nov., 13., 25. Dez.

15. Dezember

SONNE: SCHÜTZE
DEKADE: LÖWE/SONNE
GRAD: 22°30' – 23°30' SCHÜTZE
ART: BEWEGLICHES ZEICHEN
ELEMENT: FEUER

Fixsterne

Ras Alhague, auch «Schlangenbeschwörer» genannt; Lesuth, auch «Stachel» genannt

Hauptstern

Name des Sterns: Ras Alhague, auch «Schlangenbeschwörer» genannt
Gradposition: 21°28' – 22°26' Schütze zwischen den Jahren 1930 und 2000
Magnitude: 2
Stärke: ********
Orbit: 2°10'
Konstellation: Alpha Ophiuchi
Tage: 13., 14., 15., 16. Dezember
Sternqualitäten: Saturn/Venus
Beschreibung: leuchtendweiß-saphirblauer Stern am Kopf des Schlangenträgers.

Einfluß des Hauptsterns

Ras Alhague steht für Wissensdurst und Hunger nach Bildung, für Humanität, Toleranz und Liberalismus. Menschen unter seinem Einfluß interessieren sich für Philosophie und Religion. Im Zusammenhang mit dem Stand Ihrer Sonne steht Ras Alhague für Zurückhaltung und Nachdenklichkeit. Er verleiht die Fähigkeit, sich auf große Unternehmungen zu konzentrieren und in großen Maßstäben zu denken, und verhilft zu Erfolg in der Geschäftswelt. Überdies sorgt er häufig für außerordentliche persönliche Leistungen und dafür, daß Sie stets Ihrer Zeit voraus sind. Auch Mißtrauen wird auf Ras Alhague zurückgeführt; anderen mehr zu vertrauen bringt Ihnen Popularität und einen erweiterten Freundeskreis.

Kreativ und phantasievoll, sind Sie ein vielseitig begabter Schütze mit einer dynamischen Persönlichkeit und zahlreichen Interessen. Da Sie heiter und gesellig sind, pflegen Sie im allgemeinen ein aktives gesellschaftliches Leben und sind mit Ihrer optimistischen Einstellung freundlich und charmant. Sie haben viele Talente, und durch Entschlossenheit und Pragmatismus erhöhen Sie Ihre Erfolgschancen erheblich.

Der Untereinfluß Ihres Dekadenzeichens Löwe wirkt verstärkend auf Ihren Optimismus und Ihr Selbstvertrauen und macht Sie stolz und unternehmungslustig. Ihr Bedürfnis nach Sicherheit führt dazu, daß Sie ständig auf der Suche nach einer idealen Lebenssituation sind, die Ihnen auch geistige Anregung und Abwechslung bietet. Mit Ihrer intellektuellen Wißbegier möchten Sie immer wieder neue Themengebiete erschließen, was zu Verwirrung führen kann, wenn Sie sich zuviel vornehmen. Auch Unzufriedenheit kann dadurch ausgelöst werden. Wenn Geldsorgen Sie plagen, werden Sie zynisch oder bekommen Angstzustände. Auch wenn Sie gelegentlich zu Unentschlossenheit neigen, sind Sie doch entschlossen und zielstrebig, sobald Sie sich auf ein Ziel festgelegt haben.

Sie sind schlagfertig, witzig, haben natürliche Menschenkenntnis und interessieren sich für alles und jeden. Sie arbeiten gern mit anderen zusammen, sind aber hin und wieder unberechenbar und handeln impulsiv, so daß es zu Mißverständnissen und Spannungen kommt. Gewöhnlich aber sind Sie sensibel und intuitiv genug, um diese Spannungen zu spüren und taktvoll zu reagieren, wenn es nötig ist.

Wenn Sie 7 Jahre alt sind, tritt Ihre Sonne in den Steinbock, und in den nächsten dreißig Jahren bauen Sie zielbewußt, praktisch und realistisch Ihr Leben auf. Wenn Ihre Sonne in den Wassermann wechselt, sind Sie 37. In der folgenden Phase legen Sie mehr Wert auf Unabhängigkeit und möchten durch progressive Ideen Ihre Individualität zum Ausdruck bringen. Ein weiterer Wendepunkt erfolgt, wenn Sie 67 sind und Ihre Sonne in das Zeichen der Fische tritt. Nun gewinnen Sensibilität, Intuition und Phantasie an Bedeutung in Ihrem Leben.

Ihr geheimes Selbst

Als kluger Gesprächspartner mit ausgezeichneter sozialer Kompetenz haben Sie gute Menschenkenntnis und kommen mit Menschen unterschiedlichster Herkunft gut aus. Ihr angeborener Geschäftssinn und Ihr gutes Einschätzungsvermögen gehören neben Führungsqualitäten und der Fähigkeit, die Beweggründe anderer schnell zu erkennen, zu Ihren größten Vorzügen. Mit Ihrem Erfindungsreichtum und Ihrer ausgeprägten Individualität finden Sie die größte Erfüllung des Lebens darin, Ihre Humanität auszuleben oder Ihre große Originalität zum Ausdruck zu bringen. Die Schlagfertigkeit und die Instinkte, die von Ihrem Geburtstag ausgehen, ergänzen Ihre phantasievolle und vielseitige Persönlichkeit wunderbar. Da Sie stolz sind, ist es Ihnen wichtig, ein gutes Image zu präsentieren. Sie schätzen die Gesellschaft intelligenter Menschen sehr. Ihre innere Rastlosigkeit treibt Sie ständig zu Abwechslung und Action; Sie brauchen Konzentration, Entschlossenheit und Selbsterkenntnis, um sich dadurch nicht einschränken zu lassen. Da Geld für Ihr Wohlbefinden eine wichtige Rolle spielt, sollten Sie nicht allzu verschwenderisch damit umgehen.

- Positiv: Vorliebe für Großprojekte, sportlich, gutes Einkommen.
- Negativ: mißtrauisch, zu ernsthaft, verschwendet Kraft.

Beruf & Karriere

Da Sie Situationen sehr rasch erfassen, langweilen Sie sich schnell und hassen Routine. Das bedeutet, daß Sie einen Beruf brauchen, der Ihnen Abwechslung bietet und bei dem Sie ständig unterwegs sein können. Zögern Sie nicht, Risiken einzugehen und zuzugreifen, wenn sich vielversprechende Angebote ergeben; im allgemeinen ist Ihnen dabei das Glück hold. Aufgrund Ihres Charmes und Ihrer außergewöhnlichen Gabe, mit Menschen umzugehen, sollten Sie eine Tätigkeit wählen, bei der Sie mit Menschen zu tun haben. Mit Ihrer Überzeugungskraft und Eloquenz eignen Sie sich als Lehrer oder Verkäufer. In der Wirtschaft zeigen Sie Kreativität, die Sie gerne auf große Projekte anwenden. Da Sie viel Sinn für Dramatik haben, steht Ihnen auch die Welt der Musik oder der Unterhaltung offen, wo Sie Ihre originellen Ideen verwirklichen können.

Berühmte Persönlichkeiten dieses Tages sind der Schauspieler Don Johnson, die Schauspielerinnen Liv Ullman und Stephanie Lawrence, der Tycoon J. Paul Getty, die Schriftstellerin Edna O'Brien und der Ingenieur Alexandre Eiffel.

Ihr Partner

Geistige Anregung und Liebe finden Sie am ehesten unter den Menschen, die an folgenden Tagen geboren sind:

Liebe & Freundschaft: 11., 21., 25. Jan., 19., 23. Feb., 17., 21., 30. März, 5., 15., 19., 28., 29. April, 13., 17., 26., 27. Mai, 11., 15., 24., 25., 30. Juni, 9., 13., 22., 23., 28. Juli, 7., 11., 20., 21., 26., 30. Aug., 5., 9., 18., 19., 24., 28. Sept., 3., 7., 16., 17., 22., 26., 29. Okt., 1., 5., 14., 15., 20., 24., 27. Nov., 3., 12., 18., 22., 25., 27., 29. Dez.

Numerologie

Mit der Zahl 15 werden Vielseitigkeit, Großzügigkeit und Rastlosigkeit verbunden. Im allgemeinen sind Sie geistig rege, begeisterungsfähig und charismatisch. Ihre größten Vorzüge sind Ihre ausgeprägten Instinkte und die Fähigkeit, durch die Verknüpfung von Theorie und Praxis schnell zu lernen. Dank Ihrer intuitiven Kräfte erkennen Sie sofort, wenn sich eine gute Gelegenheit bietet. Sie haben ein Gefühl für Geld und können gut andere für Ihre Projekte einspannen. Obwohl Sie von Natur aus abenteuerlustig sind, brauchen Sie doch eine solide Basis. Der Untereinfluß der Monatszahl 12 führt dazu, daß Sie idealistisch und optimistisch sind und spirituelle Fähigkeiten haben. Wenn Sie von einer Sache oder einer Person begeistert sind, gehen Sie mit Leidenschaft und Eifer zu Werke, verlieren allerdings auch schnell wieder das Interesse und langweilen sich. Da Sie vielseitig begabt sind und die verschiedensten Interessen haben, möchten Sie sich durch Reisen und Studien intellektuell stets weiterentwickeln. Auch wenn Sie gelegentlich unter Geldsorgen leiden, ziehen Sie Geld und die Hilfe anderer an.

Positiv: beflissen, großzügig, verantwortungsbewußt, kooperativ, liebevoll, kreativ.

Negativ: destruktiv, egozentrisch, Ängste, unentschlossen, materialistisch.

Günstig: 5., 13., 16., 22., 28. Jan., 3., 11., 14., 20., 26. Feb., 1., 9., 12., 18., 24., 29. März, 7., 10., 16., 22., 27. April, 5., 8., 14., 20., 25. Mai, 3., 6., 12., 18., 23. Juni, 1., 4., 10., 16., 21. Juli, 2., 8., 14., 19. Aug., 6., 12., 17. Sept., 4., 10., 15. Okt., 2., 8., 13. Nov., 6., 11. Dez.

Schicksalhaft: 13., 14., 15., 16., 30. Juni, 28. Juli, 26. Aug., 24. Sept., 22. Okt., 20. Nov., 18. Dez.

Liebe & Zwischenmenschliches

Da Sie gesellig und charmant sind, fällt es Ihnen nicht schwer, Freunde zu finden und mit Menschen umzugehen. Sie wirken großzügig, und andere fühlen sich sehr wohl in Ihrer Gesellschaft. Ängste und Unsicherheit gehen oft auf Geldsorgen zurück und können zu Spannungen in engen Beziehungen führen; lernen Sie deshalb, positiv zu denken, und haben Sie Vertrauen. Da Sie im allgemeinen attraktiv sind, haben Sie keine Schwierigkeiten, Partner zu finden. Wenn Sie verliebt sind, können Sie leidenschaftlich und fürsorglich sein; häufig machen Sie auch Zugeständnisse und stellen die Bedürfnisse des anderen über Ihre eigenen. Dennoch deutet ein Hang zu Stimmungsschwankungen darauf hin, daß Sie Gefühle ausschalten und sich kalt und lieblos zeigen können.

Problematisch: 2., 23., 30. Jan., 21., 28. Feb., 19., 26., 28. März, 17., 24., 26. April, 15., 22., 24. Mai, 13., 20., 22. Juni, 11., 18., 20. Juli, 16., 18., 19. Aug., 7., 14., 16. Sept., 5., 12., 14. Okt., 3., 10., 12. Nov., 1., 8., 10. Dez.

Seelenverwandt: 14., 22. Jan., 12., 20. Feb., 10., 18. März, 8., 16. April, 6., 14. Mai, 4., 12. Juni, 2., 10. Juli, 8. Aug., 6. Sept., 4. Okt., 2. Nov.

SONNE: SCHÜTZE
DEKADE: LÖWE/SONNE
GRAD: 23°30' – 24°30' SCHÜTZE
ART: BEWEGLICHES ZEICHEN
ELEMENT: FEUER

16. Dezember

Fixsterne

Ras Alhague, auch «Schlangenbeschwörer» genannt; Lesuth, auch «Stachel» genannt

Hauptstern

Name des Sterns: Ras Alhague, auch «Schlangenbeschwörer» genannt
Gradposition: 21°28' – 22°26' Schütze zwischen den Jahren 1930 und 2000
Magnitude: 2
Stärke: ********
Orbit: 2°10'
Konstellation: Alpha Ophiuchi
Tage: 13., 14., 15., 16. Dezember
Sternqualitäten: Saturn/Venus
Beschreibung: leuchtendweiß-saphirblauer Stern am Kopf des Schlangenträgers.

Einfluß des Hauptsterns

Ras Alhague steht für Wissensdurst und Hunger nach Bildung, für Humanität, Toleranz und Liberalismus. Menschen unter seinem Einfluß interessieren sich für Philosophie und Religion. Im Zusammenhang mit dem Stand Ihrer Sonne steht Ras Alhague für Zurückhaltung und Nachdenklichkeit. Er verleiht die Fähigkeit, sich auf große Unternehmungen zu konzentrieren und in großen Maßstäben zu denken, und verhilft so zu Erfolg in der Geschäftswelt. Überdies sorgt er häufig für außerordentliche persönliche Leistungen und dafür, daß Sie stets Ihrer Zeit voraus sind. Auch Mißtrauen wird auf Ras Alhague zurückgeführt; anderen mehr zu vertrauen bringt Ihnen Popularität und einen erweiterten Freundeskreis.

Als geselliger Idealist sind Sie ein ehrgeiziger und kosmopolitischer Schütze, der das Zusammensein mit anderen genießt. Stolz und charismatisch, kommen Sie mit Ihrer charmanten und freundlichen Art überall gut an. Als Menschenfreund strahlen Sie Liebe und Zuneigung aus, denn auf diese Weise bringen Sie Ihre starken Gefühle zum Ausdruck. Wenn Sie allerdings Ihrer selbst nicht sicher sind, können Sie ziemlich großspurig auftreten.

Der Untereinfluß Ihres Dekadenzeichens Löwe wirkt verstärkend auf Ihr Selbstvertrauen; mit Ihrer optimistischen Einstellung haben Sie oft noble und hochfliegende Ideen. Auch wenn Sie sich nach außen hin großzügig und freundlich zeigen, leiden Sie innerlich unter einem Konflikt zwischen Pflichtbewußtsein und Freiheitsdrang; dadurch wissen Sie manchmal nicht, wo Ihre Loyalitäten liegen. Wenn Sie emotional unzufrieden sind, werden Sie verschwendungssüchtig, nur um andere zu beeindrucken. Ihre Sensibilität beweist aber, daß Sie ein mitfühlendes Herz haben. Mit einer philosophischeren Lebenseinstellung können Sie die Extreme Ihrer Natur ausbalancieren.

Intelligent und mit einem scharfen Verstand begabt, haben Sie ausgezeichnete Kommunikationsfähigkeiten und Freude am Lernen und Diskutieren. Da Sie auch schlagfertig sind und Sinn für Humor besitzen, können Sie gut mit Menschen umgehen und sind oft anziehend und unterhaltsam. Wenn Sie allerdings an übersteigertem Selbstbewußtsein leiden oder launisch sind, neigen Sie zu Zynismus und benutzen Ihre scharfe Zunge, um Spannung und Streit auszulösen.

Wenn Sie 6 Jahre alt sind, tritt Ihre Sonne in den Steinbock. In den nächsten dreißig Jahren bauen Sie Ihr Leben praktisch und realistisch auf. Wenn Ihre Sonne in den Wassermann wechselt, sind Sie 36. In der folgenden Phase legen Sie mehr Wert auf Unabhängigkeit und möchten von weniger Verantwortung belastet Ihre Individualität zum Ausdruck bringen. Sie interessieren sich für spirituelle Themen, werden gruppenorientierter und entdecken Ihre humanitäre Seite. Ein weiterer Wendepunkt erfolgt, wenn Sie 66 sind und Ihre Sonne in das Zeichen der Fische tritt. Nun werden Ihnen Sensibilität, Intuition und Ihre innere Welt sehr wichtig.

Ihr geheimes Selbst

Willensstark, gesellig und lebenslustig, können Sie auch diplomatisch sein, wenn es Vorteile für Sie bringt. Da diese Eigenschaften mit einem Gefühl für Wirkung verknüpft sind, strahlen Sie großes Selbstbewußtsein aus, von dem sich andere angezogen fühlen. Ihre emotionale Kraft macht Sie zu einer starken Persönlichkeit und zu einem charismatischen und großzügigen Menschen mit natürlichen Führungsqualitäten. Wenn Sie inspiriert sind, suchen Sie möglicherweise auf kreative Weise Ausdruck in der Welt von Theater, Kunst, Musik oder Schriftstellerei. Sie sind fleißig, doch ein aktives gesellschaftliches Leben steht ebenfalls ganz oben auf Ihrer Prioritätenliste. Achten Sie nur darauf, daß Sie dadurch nicht Ihre Selbstdisziplin verlieren, die Sie brauchen, um das meiste aus Ihren vielen Talenten zu machen.

Dank Ihrem scharfen Verstand und Ihrer Fähigkeit, ohne Umschweife zum Kern einer Sache zu kommen, können Sie ausgezeichnet Probleme lösen und neue Projekte ins Leben rufen. Wenn Sie Ihre Sensibilität fördern, lernen Sie sich selbst und Ihr Leben auf einer höheren Ebene begreifen und können so Phasen von Frustration oder Depression vorbeugen. Ihre Gabe, die Absurditäten des Lebens zu erkennen, hilft Ihnen, den Humor nie zu verlieren und Ihre geistige Ausgeglichenheit zu behalten.

- Positiv: Vorliebe für Großprojekte, sportlich, gutes Einkommen.
- Negativ: mißtrauisch, zu ernsthaft, verschwendet Kraft.

Beruf & Karriere

Ihr scharfer und reger Verstand gehört zu Ihren größten Vorzügen und macht Sie besonders geeignet für Berufe, die mit Schreiben, Lehren oder Politik zu tun haben. Mit Ihren Führungsqualitäten, Organisationsfähigkeiten und der Fähigkeit, strategisch zu planen, eignen Sie sich gut für Wirtschaft und Industrie, wo Sie sich am liebsten mit großen Projekten beschäftigen. Sie brauchen viel Freiraum bei der Arbeit, deshalb sollten Sie vielleicht eine selbständige Tätigkeit anstreben. Ihr Bedürfnis nach Selbstverwirklichung und Ihr Gefühl für Wirkung können Sie in die Welt von Musik, Kunst oder Theater führen. Als geborener Psychologe kommen Sie auch für Berufe in Frage, bei denen Sie viel Verständnis für die menschliche Natur brauchen.

Berühmte Persönlichkeiten dieses Tages sind die Schriftstellerin Jane Austen, die Anthropologin Margaret Mead, der Komponist Ludwig van Beethoven und der Dramatiker Noel Coward.

Numerologie

Mit der Zahl 16 sind Sie nachdenklich, sensibel und liebenswürdig. Obwohl Sie einen analytischen Geist haben, beurteilen Sie doch Situationen und Menschen oft aus dem Gefühl heraus. Mit der Geburtstagszahl 16 können Sie in eine emotionale Zwickmühle zwischen Ihrem Drang zur Selbstverwirklichung und Ihrer Verantwortung anderen gegenüber geraten. Oft interessieren Sie sich weltweit für Wirtschaft und Politik und haben eine Vorliebe für Weltkonzerne oder Medien. Die Kreativen unter Ihnen haben Talent zum Schreiben und erleben hin und wieder wahre Geistesblitze. Sie sollten aber lernen, nicht so sehr zwischen übersteigertem Selbstvertrauen und Zweifeln und Unsicherheit zu schwanken. Der Untereinfluß der Monatszahl 12 führt dazu, daß Sie optimistisch und wagemutig sind und das Bedürfnis haben, sich ständig weiterzuentwickeln. Intuitiv und analytisch, sind Sie ein scharfsinniger Psychologe mit guter Menschenkenntnis. Sie bieten anderen stets die richtigen Anreize, zumal Sie sich gern selbst inszenieren; überdies können Sie Arbeit und Vergnügen gut miteinander verknüpfen. Obwohl Sie liebenswürdig und freundlich sind, neigen Sie zu Arroganz, Selbstsucht und Egoismus.

Positiv: gebildet, verantwortungsbewußt der Familie gegenüber, integer, intuitiv, sozial, kooperativ, verständnisvoll.

Negativ: nie zufrieden, mangelndes Verantwortungsbewußtsein, fördert nur sich selbst, rechthaberisch, skeptisch, leicht reizbar, wenig mitfühlend.

Liebe & Zwischenmenschliches

Sie kennen Menschen unterschiedlichster Herkunft, was zeigt, daß Sie sich gern in verschiedenen Kreisen bewegen. Freundlich, umgänglich und humorvoll, sind Sie gern mit anderen fröhlich zusammen. Jung im Herzen und leidenschaftlich, möchten Sie verschiedene Formen von Beziehungen ausprobieren und sollten sich nicht zu früh im Leben binden. Im allgemeinen fühlen Sie sich zu Menschen hingezogen, die künstlerisch begabt oder besonders kreativ in ihrem Beruf sind. Sie sind gastfreundlich, laden gern Freunde ein und können sehr unterhaltsam sein.

Ihr Partner

Sicherheit, geistige Anregung und Liebe finden Sie am ehesten unter den Menschen, die an folgenden Tagen geboren sind:

Liebe & Freundschaft: 6., 16., 18., 22., 26. Jan., 4., 14., 20., 24. Feb., 2., 12., 18., 22. März, 10., 12., 16., 20., 30. April, 8., 14., 18., 28. Mai, 6., 12., 16., 26. Juni, 4., 10., 14., 24., 26., 31. Juli, 2., 4., 8., 12., 22., 29. Aug., 6., 10., 20., 27. Sept., 4., 8., 18., 25. Okt., 2., 6., 23., 30. Nov., 4., 14., 21., 28., 30. Dez.

Günstig: 6., 17., 23., 31. Jan., 4., 15., 21., 29. Feb., 2., 13., 19., 27., 30. März, 11., 17., 25., 28. April, 9., 15., 23., 26. Mai, 7., 13., 21., 24. Juni, 5., 11., 19., 22. Juli, 3., 9., 17., 20. Aug., 1., 7., 15., 18., 30. Sept., 5., 13., 16., 28. Okt., 3., 11., 14., 26. Nov., 1., 9., 12., 24. Dez.

Schicksalhaft: 14., 15., 16., 17. Juni

Problematisch: 24. Jan., 22. Feb., 20., 29. März, 18., 27., 29. April, 6., 16., 25., 27., 30. Mai, 14., 22., 25., 28. Juni, 12., 21., 23., 26. Juli, 10., 19., 21., 24. Aug., 8., 17., 19., 22. Sept., 6., 15., 17., 20. Okt., 4., 13., 15., 18. Nov., 2., 11., 13., 16. Dez.

Seelenverwandt: 13. Jan., 11. Feb., 9. März, 7. April, 5. Mai, 3., 30. Juni, 1., 28. Juli, 26. Aug., 24. Sept., 22. Okt., 20. Nov., 18. Dez.

17. Dezember

SONNE: SCHÜTZE
DEKADE: LÖWE/SONNE
GRAD: 24°30' – 25°30' SCHÜTZE
ART: BEWEGLICHES ZEICHEN
ELEMENT: FEUER

Fixsterne

Lesuth, auch «Stachel» genannt; Aculeus

Hauptstern

Name des Sterns: Lesuth, auch «Stachel» genannt
Gradposition: 23°2' – 25°0' Schütze zwischen den Jahren 1930 und 2000
Magnitude: 3
Stärke: ******
Orbit: 1°40'
Konstellation: Ny Scorpii
Tage: 15., 16., 17., 18. Dezember
Sternqualitäten: Merkur/Mars
Beschreibung: kleines, von einem Nebel umgebenes Vierfachsystem am Stachel des Skorpion.

Einfluß des Hauptsterns

Lesuth steht für kühnen Verstand, schnelle Auffassungsgabe, Bestimmtheit und Eigenmotivation. Im allgemeinen sind Sie unter seinem Einfluß ehrgeizig, gesellig und haben ein gutes Urteilsvermögen. Er sorgt für Kreativität, Erfindungsgeist und Möglichkeiten, an Neuentdeckungen zu arbeiten oder unerwartete Vorteile und Glück zu genießen.
Im Zusammenhang mit dem Stand Ihrer Sonne steht Lesuth für Erfolg in der Öffentlichkeit, Schreibtalent und höhere Bildung. Unter seinem Einfluß sind Sie erfinderisch und neugierig und leisten durch Entdeckungen Ihren Beitrag an die Gesellschaft. Mit Ihrem schnellen, regen Verstand sind Sie ein guter Detektiv. Sie sind freimütig, fleißig, vital und schwungvoll; allerdings müssen Sie lernen, Ihre Kraft auf lohnende Dinge zu

Wißbegierig und ehrgeizig, sind Sie ein Schütze voller Dynamik und mit einem schier unstillbaren Wissensdurst. Da Sie ebenso optimistisch wie kreativ sind, haben Sie eine gute Phantasie und sind bereit, Risiken einzugehen und innovativ zu sein. Sie sind ehrgeizig und werden von starken Wünschen angetrieben, deshalb müssen Sie darauf achten, daß Sie sich anderen gegenüber nicht herrisch verhalten oder sich aufdrängen. Ihre rasche Auffassungsgabe und Ihr kreativer Verstand sorgen dafür, daß Sie ständig nach neuen und aufregenden Ideen suchen, um intellektuell stimuliert zu bleiben.

Der Untereinfluß Ihres Dekadenzeichens Löwe verstärkt Ihre Unabhängigkeit mit Vitalität und Selbstvertrauen. Willensstark, unternehmungslustig und mit ausgezeichneten praktischen Fähigkeiten begabt, sind Sie in der Lage, Ihre hochfliegenden Träume in die Tat umzusetzen. Ob Sie ganz vorne stehen oder hinter den Kulissen agieren, Ihr Beitrag ist stets wertvoll und effektiv.

Sie haben nicht nur gutes Urteilsvermögen und die Gabe, methodisch vorzugehen, sondern behalten auch stets den Überblick und denken progressiv; die Kombination dieser Eigenschaften bewirkt, daß es Ihnen Freude macht, bestehende Systeme zu verbessern. Sie müssen aber aufpassen, daß Sie nicht zu kritisch werden oder sich über kleine und unbedeutende Dinge zu sehr aufregen. Ihr Interesse an höherer Bildung veranlaßt Sie möglicherweise, sich mit Philosophie und Spiritualität zu beschäftigen. Da Sie Ihre Ideen präzise und entschlossen vermitteln können, eignen Sie sich für die wissenschaftliche Forschung. Da Sie die Sprache lieben, haben Sie oft auch Schreibtalent.

Wenn Sie 5 sind, tritt Ihre Sonne in den Steinbock; nach diesem Wendepunkt konzentrieren Sie sich dreißig Jahre lang auf Ordnung und Struktur in Ihrem Leben. Wenn Ihre Sonne in den Wassermann wechselt, sind Sie 35. In der folgenden Phase legen Sie mehr Wert auf Unabhängigkeit und progressive Ideen. Gruppenaktivitäten und Freiheit spielen jetzt eine größere Rolle für Sie, und Ihre Experimentierfreude wächst. Ein weiterer Wendepunkt erfolgt, wenn Sie 65 sind und Ihre Sonne in das Zeichen der Fische tritt. Nun gewinnen Aufgeschlossenheit, Sensibilität, Phantasie und Sympathie mehr Bedeutung in Ihrem Leben. Jetzt entdecken Sie oft auch künstlerische, kreative oder spirituelle Talente in sich.

Ihr geheimes Selbst

Da Sie charmant sind, können Sie ein freundlicher und anregender Gesellschafter sein und haben die Gabe, gut mit Menschen umgehen zu können. Ihre guten Kommunikationsfähigkeiten, Ihr angenehmes Auftreten und Ihre soziale Kompetenz machen Sie zu einem kultivierten Diplomaten. Auf Ihr Äußeres bedacht, möchten Sie auf andere attraktiv wirken; deshalb neigen Sie auch etwas zu Eitelkeit oder Falschheit.

Obwohl Sie hingebungsvoll und fürsorglich sind und Menschen brauchen, müssen Sie in Beziehungen unbedingt Ihre Unabhängigkeit bewahren. Wenn Sie für entsprechenden Ausgleich sorgen, werden Sie auch nicht von verborgenen Ängsten oder Stimmungsschwankungen geplagt. Mit Ihren hohen Idealen und Ihrer lebhaften Phantasie sind Sie ein kreativer Denker und praktischer Visionär. Sie können diese Eigenschaften materiell nutzen oder sie zur Entwicklung Ihrer angeborenen Kreativität und Spiritualität einsetzen. Sie haben ein ausgeprägtes Gefühl für Geld; überdies können Sie sich vehement für eine Sache oder eine Idee einsetzen und sind im allgemeinen bereit, hart zu arbeiten, um Ihre Ziele zu erreichen.

Beruf & Karriere

Mit Ihrer raschen Auffassungsgabe, Ihren Führungsqualitäten und Ihrer Liebe zum Wissen eignen Sie sich gut für pädagogische Berufe, ob an einer Schule oder auch als Managementtrainer. Erfolgversprechend für Sie sind auch Publizistik oder wissenschaftliche Forschung, wo Sie Ihre ausgeprägte Phantasie einsetzen können. Da Sie außerdem ausgezeichnete soziale Kompetenz haben, sind Sie auch für Wirtschaft, Verkauf, Öffentlichkeitsarbeit oder Promotion geeignet. Obwohl Sie Ihre Unabhängigkeit lieben, wissen Sie die Vorteile von Teamwork zu schätzen. Wenn Sie die kreative Seite Ihrer Persönlichkeit fördern möchten, sollten Sie in musikalischen oder künstlerischen Tätigkeiten Erfüllung suchen.

Berühmte Persönlichkeiten dieses Tages sind der Schriftsteller Erskine Caldwell, der Arzt und Alchimist Paracelsus, der Politiker Klaus Kinkel, der Physiker Joseph Henry, der Rockmusiker Tommy Steele und der Schriftsteller Ford Madox Ford.

Numerologie

Sie sind scharfsinnig und zurückhaltend und haben gute analytische Fähigkeiten. Als unabhängiger Denker profitieren Sie enorm von guter Bildung. Im allgemeinen bauen Sie auf Ihrem Wissen ein spezielles Fachwissen auf, mit dessen Hilfe Sie materiellen Erfolg oder eine prominente Position als Experte oder Forscher erreichen. Taktvoll, nachdenklich und unvoreingenommen, mit einem starken Interesse an Daten und Fakten, treten Sie meist rücksichtsvoll und ernsthaft auf und nehmen sich gern Zeit. Wenn Sie Ihre kommunikativen Fähigkeiten stärker entwickeln, können Sie eine Menge über sich und andere lernen. Der Untereinfluß der Monatszahl 12 führt dazu, daß Sie intuitiv und vielseitig begabt sind. Wenn Sie inspiriert sind, treten Sie äußerst dynamisch auf und haben das starke Bedürfnis, sich zu verwirklichen. Im allgemeinen sind Sie direkt und freimütig und vertreten feste Prinzipien, neigen aber auch zu Ungeduld und Rastlosigkeit. Wenn Sie unentschlossen oder ängstlich sind, erleben Sie Phasen emotionaler, aber auch finanzieller Schwankungen. Wenn Sie mehr Ausdauer entwickeln und diplomatischer und vertrauensvoller mit anderen umgehen, können Sie sehr von Teamarbeit und Partnerschaften profitieren.

Positiv: rücksichtsvoll, Experte, guter Planer, Geschäftssinn, Gefühl für Geld, unabhängiger Denker, gewissenhaft, wissenschaftlich, exakt, kompetenter Forscher.

Negativ: unbeteiligt, stur, launisch, intolerant, kritisch, Ängste, mißtrauisch.

Liebe & Zwischenmenschliches

Wißbegierig und geistig rastlos, haben Sie gern intelligente Menschen um sich, die kreativ und unternehmungslustig sind und es aufgrund eigener harter Arbeit und Findigkeit zu etwas gebracht haben. Gern sehen Sie sich als Teil einer Gruppe, und mit Ihrer anziehenden Art fällt es Ihnen nicht schwer, Freunde und Bewunderer anzuziehen. Auch wenn Sie geistig unabhängig sind, neigen Sie gelegentlich emotional zu Unsicherheit, vor allem wenn Sie von Ihrem Partner keine Unterstützung erfahren. Im allgemeinen glauben Sie an dauerhafte Beziehungen und suchen jemanden, der verläßlich ist, dem Sie vertrauen können und mit dem Sie Ihr Leben verbringen möchten.

---

konzentrieren und Aktivitäten, die Gefahren oder Schwierigkeiten mit dem Gesetz mit sich bringen, zu meiden.
- Positiv: scharfsinnig, kreativ, entschlossen, Gemeinsinn.
- Negativ: neigt zur Übertreibung, Unruhe.

Ihr Partner

Glücklich werden Sie wahrscheinlich mit jemandem, der an den folgenden Tagen geboren ist:

Liebe & Freundschaft: 1., 4., 20., 27., 29. Jan., 2., 25., 27. Feb., 23., 25. März, 4., 21., 23. April, 19., 21., 29. Mai, 17., 19., 27. Juni, 15., 17., 25. Juli, 6., 13., 15., 23. Aug., 11., 13., 21. Sept., 9., 11., 19. Okt., 7., 9., 17. Nov., 5., 7., 15. Dez.

Günstig: 3., 10., 15., 18. Jan., 1., 8., 13., 16. Feb., 6., 11., 14., 29., 31. März, 4., 9., 12., 27., 29. April, 2., 7., 10., 25., 27. Mai, 5., 8., 23., 25. Juni, 3., 6., 21., 23. Juli, 1., 4., 19., 21. Aug., 2., 17., 19. Sept., 15., 17. Okt., 13., 15. Nov., 11., 13. Dez.

Schicksalhaft: 30. April, 28. Mai, 15., 16., 17., 18., 26. Juni, 24. Juli, 22. Aug., 20. Sept., 18. Okt., 16. Nov., 14. Dez.

Problematisch: 9., 14., 16., 25. Jan., 7., 12., 14., 23. Feb., 5., 10., 12., 21., 28., 30. März, 3., 8., 10., 19., 26., 28. April, 1., 6., 8., 17., 24., 26. Mai, 4., 6., 15., 22., 24. Juni, 2., 4., 13., 20., 22. Juli, 2., 11., 18., 20. Aug., 9., 16., 18. Sept., 7., 14., 16. Okt., 5., 12., 14. Nov., 3., 10., 12. Dez.

Seelenverwandt: 29. Dez.

SONNE: SCHÜTZE
DEKADE: LÖWE/SONNE
GRAD: 25°30' – 26°30' SCHÜTZE
ART: BEWEGLICHES ZEICHEN
ELEMENT: FEUER

18. Dezember

Fixsterne

Lesuth, auch «Stachel» genannt; Aculeus

Hauptstern

Name des Sterns: Lesuth, auch «Stachel» genannt

Gradposition: 23°2' – 24°0' Schütze zwischen den Jahren 1930 und 2000

Magnitude: 3

Stärke: ******

Orbit: 1°40'

Konstellation: Ny Scorpii

Tage: 15., 16., 17., 18. Dezember

Sternqualitäten: Merkur/Mars

Beschreibung: kleines, von einem Nebel umgebenes Vierfachsystem am Stachel des Skorpion.

Einfluß des Hauptsterns

Lesuth steht für kühnen Verstand, schnelle Auffassungsgabe, Bestimmtheit und Eigenmotivation. Im allgemeinen sind Sie unter seinem Einfluß ehrgeizig, gesellig und haben ein gutes Urteilsvermögen. Er sorgt für Kreativität, Erfindungsgeist und Möglichkeiten, an Neuentdeckungen zu arbeiten oder unerwartete Vorteile und Glück zu genießen.

Im Zusammenhang mit dem Stand Ihrer Sonne steht Lesuth für Erfolg in der Öffentlichkeit, Schreibtalent und höhere Bildung. Unter seinem Einfluß sind Sie erfinderisch und neugierig und leisten durch Entdeckungen Ihren Beitrag an die Gesellschaft. Mit Ihrem schnellen, regen Verstand sind Sie ein guter Detektiv. Sie sind freimütig, fleißig, vital und schwungvoll; allerdings müssen Sie lernen, Ihre Kraft auf lohnende Dinge zu

Ehrgeizig, charmant und gefühlvoll, sind Sie ein sensibler Schütze mit einer ritterlichen Art und viel Entschlossenheit. Kosmopolitisch und freundlich, suchen Sie nach Anerkennung und emotionaler Erfüllung. Wenn Sie eine passende Möglichkeit finden, Ihr Gefühl für Dramatik richtig einzusetzen, können Sie sowohl Erfolg als auch emotionale Stabilität erreichen. Wenn Sie Ihr diplomatisches Geschick benutzen und lernen, mit anderen zusammenzuarbeiten, werden Sie feststellen, daß Partnerschaft und Teamwork äußerst gewinnbringend und bereichernd sein können.

Der Untereinfluß Ihres Dekadenzeichens Löwe verstärkt Ihr Selbstvertrauen mit einer hoffnungsfrohen und kreativen Note. Als optimistischer Mensch erweitern Sie Ihren Horizont durch Reisen und neue Chancen. Sie können allerdings auch eigensinnig und hochmütig sein; dank Ihrem ausgeprägten Sinn für Gerechtigkeit und Ihren hohen moralischen Ansprüchen sind Sie aber zu Gesten der Großmut fähig und zeigen sich meist von Ihrer großzügigen und warmherzigen Seite.

Obwohl Sie im allgemeinen beherrscht und verständnisvoll sind, können Sie auch anspruchsvoll und kritisch werden, wenn Sie etwas auf Ihre eigene Art und Weise erledigen wollen. Gern umgeben Sie sich mit Eleganz und Luxus, und um sich Ihren aufwendigen Lebensstil und Ihren hohen Lebensstandard leisten zu können, sind Sie bereit, hart zu arbeiten. Hüten Sie sich davor, daß Ihr Hang zu sinnlichem Vergnügen und Extravaganz Sie nicht dazu führt, die Selbstdisziplin zu verlieren, die Sie brauchen, um Ihr großes Potential auszuschöpfen.

Wenn Sie 4 Jahre alt sind, tritt Ihre Sonne in den Steinbock. Die nächsten dreißig Jahre bemühen Sie sich darum, Ihr Leben praktisch und zielgerichtet aufzubauen. Wenn Ihre Sonne in den Wassermann wechselt, sind Sie 34. In der folgenden Phase legen Sie mehr Wert auf Unabhängigkeit und möchten Ihre Individualität zum Ausdruck bringen. Freiheit, Gruppenaktivitäten und humanitäre Ziele werden Ihnen jetzt wichtiger. Ein weiterer Wendepunkt erfolgt, wenn Sie 64 sind und Ihre Sonne in das Zeichen der Fische tritt. Nun werden emotionale Aufgeschlossenheit, Phantasie und spirituelles Bewußtsein wichtig in Ihrem Leben.

Ihr geheimes Selbst

Sie sind charismatisch, gesellig und knüpfen rasch gesellschaftliche Kontakte. Überdies strahlen Sie Charme aus und erkennen schnell, aus welchen Beweggründen andere handeln; diese Eigenschaften helfen Ihnen überall im Leben. Die Verbindung Ihres scharfen Intellekts mit Ihrer psychologischen Begabung bewirkt, daß Sie tiefgründigen, aber auch beißenden Humor haben und sehr unterhaltsam sein können. Gelegentlich sind Sie provokativ und haben Spaß daran, Ihren Verstand und Ihre Intelligenz an Ihren Mitmenschen zu testen. Freundschaft bedeutet Ihnen sehr viel, und Sie gehen häufig Kompromisse ein, um den Frieden aufrechtzuerhalten. Wenn Sie ein festes Ziel vor Augen haben, sind Sie äußerst zielstrebig und fleißig. Werden Sie mit Rückschlägen konfrontiert, können Sie enormes Durchhaltevermögen aufbringen und sind zu großen Opfern bereit. Lernen sollten Sie, die Extreme Ihrer Natur in den Griff zu bekommen, denn Sie schwanken zwischen humanitärem, mitfühlendem Verhalten und Humorlosigkeit, Desinteresse, Frustration, ja sogar Depression. Durch Selbstanalyse und Vertrauen auf Ihre tieferen Einsichten können Sie aus Ihren außergewöhnlichen Talenten das Beste machen.

Beruf & Karriere

Ehrgeizig, charismatisch und unabhängig, gelangen Sie fast von allein in leitende Positionen, wo Sie Ihre natürlichen Führungsqualitäten einsetzen können. Da Sie charmant sind und hervorragende soziale Fähigkeiten haben, eignen Sie sich bestens für Berufe, bei denen Sie mit Menschen zu tun haben. Wenn Sie hart arbeiten, sind Sie mit Ihrem Unternehmungsgeist, Ihrem Selbstbewußtsein und Kampfgeist erfolgreich in der Geschäftswelt, zumal Sie ein gutes Gefühl dafür haben, wie man nützliche Kontakte knüpft. Mit Ihren Kommunikationsfähigkeiten eignen Sie sich auch für Publizistik, Verkauf, Verlagswesen oder Pädagogik. Ihr Sinn für Dramatik nützt Ihnen in Entertainment oder Politik. Ihre humanitäre Seite findet Erfüllung, wenn Sie sich für einen wohltätigen Zweck oder soziale Reformen engagieren.

Berühmte Persönlichkeiten dieses Tages sind der Regisseur Steven Spielberg, der Musiker Keith Richards, der Maler Paul Klee und die Schauspielerin Betty Grable.

konzentrieren und Aktivitäten, die Gefahren oder Schwierigkeiten mit dem Gesetz mit sich bringen, zu meiden.
- *Positiv:* scharfsinnig, kreativ, entschlossen, Gemeinsinn.
- *Negativ:* neigt zu Übertreibung, Unruhe.

Numerologie

Zu den Eigenschaften der Zahl 18 gehören Entschlossenheit, bestimmtes Auftreten und Ehrgeiz. Sie brauchen ständig neue Herausforderungen und sind meist in irgendwelche Aktivitäten involviert. Da Sie kompetent, fleißig und verantwortungsbewußt sind, stoßen Sie häufig bis in Führungspositionen vor. Ihr ausgeprägter Geschäftssinn und Ihre Organisationsfähigkeiten führen Sie in Handel und Wirtschaft. Sie neigen dazu, sich zu überarbeiten, und sollten lernen, sich richtig zu entspannen. Mit der Geburtstagszahl 18 haben Sie Heilkräfte, können gute Ratschläge erteilen oder die Probleme anderer lösen. Der Untereinfluß der Monatszahl 12 sorgt dafür, daß Sie ehrlich und idealistisch sind und starke Gefühle haben; um emotionale Erfüllung zu finden, müssen Sie ständig reifen und sich weiterentwickeln. Sie sind vielseitig begabt und interessiert; wenn Sie aber keine Möglichkeit haben, sich auszudrücken, werden Sie rastlos und unstet. Auch wenn Sie großzügig und freundlich sind, wirken Sie gelegentlich hochmütig und arrogant. Es wäre klug zu lernen, weniger kritisch zu sein und anderen nicht Ihren Willen aufzuzwingen.

Positiv: progressiv, bestimmtes Auftreten, intuitiv, mutig, resolut, Heilkräfte, tüchtig, Beraterfähigkeit.

Negativ: überempfindlich, unterdrückte Gefühle, faul, mangelnder Ordnungssinn, selbstsüchtig.

Ihr Partner

Geistige Anregung und Liebe finden Sie am ehesten unter den Menschen, die an folgenden Tagen geboren sind:
Liebe & Freundschaft: 2., 28. Jan., 26. Feb., 24. März, 22. April, 20., 29., 30. Mai, 18., 27., 28. Juni, 16., 25., 26. Juli, 14., 23., 24. Aug., 12., 21., 22. Sept. 10., 19., 20., 29., 31. Okt., 8., 17., 18., 27., 29. Nov., 6., 15., 16., 25., 27. Dez.
Günstig: 2., 10., 13., 16. Jan., 8., 11., 14. Feb., 6., 9., 12. März, 4., 7., 10. April, 2., 5., 8. Mai, 3., 6. Juni, 1., 4., 30. Juli, 2., 28., 30. Aug., 26., 28. Sept., 24., 26. Okt., 22., 24. Nov., 20., 22., 30. Dez.
Schicksalhaft: 31. Okt., 29. Nov., 27. Dez.
Problematisch: 3., 9., 10. Jan., 1., 7., 8. Feb., 5., 6., 31. März, 3., 4., 29. April, 1., 2., 27. Mai, 25. Juni, 23. Juli, 2., 21., 31. Aug., 19., 29. Sept., 17., 27. Okt., 15., 25. Nov., 13., 23. Dez.
Seelenverwandt: 5. Jan., 3. Feb., 1. März, 30. Mai, 28. Juni, 26. Juli, 24. Aug., 22. Sept., 20. Okt., 18. Nov., 16. Dez.

Liebe & Zwischenmenschliches

Dynamisch und gefühlsgesteuert, fühlen Sie sich zu starken Menschen hingezogen. Sie sind großzügig und mitfühlend, aber auch selbstbewußt und legen Wert darauf, einen guten Eindruck zu machen. Auch wenn Sie treu und fürsorglich sind, können Sie gelegentlich frustriert und emotional blockiert sein und es schwierig finden, Ihre wahren Gefühle zu zeigen. Da Sie Frieden und Harmonie in Ihren Beziehungen suchen, lehnen Sie häufig Veränderungen ab und verhalten sich stur und herrisch. Oft aber zeigen Sie große Geduld und bringen Opfer, um Ihre Beziehungen aufrechtzuerhalten. Sie müssen lernen, am richtigen Zeitpunkt loszulassen.

SONNE: SCHÜTZE
DEKADE: LÖWE/SONNE
GRAD: 26°30' – 27°30' SCHÜTZE
ART: BEWEGLICHES ZEICHEN
ELEMENT: FEUER

Fixsterne

Etamin; Aculeus

Hauptstern

Name des Sterns: Etamin
Gradposition: 26°55' – 27°57' Schütze zwischen den Jahren 1930 und 2000
Magnitude: 2,5 – 3
Stärke: ******
Orbit: 1°40'
Konstellation: Gamma Draconis
Tage: 19., 20., 21. Dezember
Sternqualitäten: Mars/Mond
Beschreibung: großer roter Doppelstern im Auge des Drachen.

Einfluß des Hauptsterns

Etamin steht für Wagemut, Begeisterungsfähigkeit, Individualität und Pioniergeist. Im allgemeinen sind Sie unter seinem Einfluß selbstsicher; manchmal neigen Sie allerdings zu übersteigertem Selbstvertrauen, das zu übereilten Handlungen führen kann, die Ihre Position schwächen.

Im Zusammenhang mit dem Stand Ihrer Sonne führt Etamins Einfluß dazu, daß Sie sich für Pädagogik, Schreiben oder Jura eignen. Gewöhnlich steht Etamin für Energie und Entschlossenheit und für Interesse an ungewöhnlichen Themen, Ideen und Gebieten.

• Positiv: Willenskraft, kämpferisch, ehrgeizig, Aufrichtigkeit.
• Negativ: impulsive Handlungen, Streitigkeiten, Reizbarkeit, launisch.

19. Dezember

Gesellig und vielseitig, sind Sie ein sensibler Schütze mit starken Gefühlen und kreativen Talenten. Sie sind vielseitig begabt und verstehen es, sich wirkungsvoll in Szene zu setzen. Überdies sind Sie praktisch und haben einen ausgezeichneten Sinn für Struktur. Wenn Sie Ihre dynamischen Gefühle auf konstruktive Weise zum Ausdruck bringen, können Sie erfolgreich sein; allerdings müssen Sie sich davor hüten, ungeduldig oder unzufrieden zu werden, wenn sich die Dinge zu langsam oder nicht nach Ihren Vorstellungen entwickeln. Da Sie viel erreichen wollen, sollten Sie sich klarmachen, daß Sie nur durch harte Arbeit und Ausdauer wirklich zu Erfolg im Leben gelangen können.

Der Untereinfluß Ihres Dekadenzeichens Löwe wirkt verstärkend auf Ihr Selbstvertrauen. Mit Ihrer hoffnungsfreudigen und optimistischen Einstellung wollen Sie immer wieder Neues lernen. Als stolzer Mensch mit einer resoluten und dynamischen Persönlichkeit übernehmen Sie lieber selbst die Führung, anstatt sich unterzuordnen. Auch wenn Sie klug und rational sind, verlassen Sie sich bei Ihrem Urteil aufs Gefühl. Wenn Sie von etwas wirklich begeistert sind, engagieren Sie sich voll und ganz; andernfalls langweilen Sie sich schnell oder verlieren das Interesse. Ihr ausgeprägtes Pflichtbewußtsein führt dazu, daß Sie treu und zuverlässig und zu harter Arbeit, Engagement und großen Opfern bereit sind. Gelegentlich dominiert dieses Pflichtbewußtsein aber die Stimme Ihres Herzens, und Sie werden frustriert oder emotional rastlos.

Wenn Sie 3 Jahre alt sind, tritt Ihre Sonne in den Steinbock, was bedeutet, daß Sie nun dreißig Jahre lang mit Ordnung und Struktur Ihr Leben aufbauen. Wenn Ihre Sonne in den Wassermann wechselt, sind Sie 33. In der folgenden Phase legen Sie mehr Wert auf persönliche Freiheit, auf progressive und humanitäre Ideen. Überdies spielen Gruppenaktivitäten und Unabhängigkeit jetzt eine größere Rolle für Sie, und Ihre Experimentierfreude wächst. Ein weiterer Wendepunkt erfolgt, wenn Sie 63 sind und Ihre Sonne in das Zeichen der Fische tritt. Nun gewinnen Aufgeschlossenheit, Sensibilität, Phantasie und Mitgefühl mehr Bedeutung in Ihrem Leben. Sie entdecken möglicherweise auch künstlerische, kreative und spirituelle Talente in sich.

Ihr geheimes Selbst

Freundlich und intelligent, vermitteln Sie gern Ihre Ideen und teilen Ihr Wissen mit anderen. Da Sie sehr universal denken, können Sie sehr tolerant, unvoreingenommen und menschenfreundlich sein und gehen auf andere direkt und offen zu. Obwohl Sie gegenüber denen, die Sie lieben, warmherzig und großzügig sind, müssen Sie einen Hang zu negativem Denken, Krittelei und Rechthaberei überwinden. Wenn Sie positiv denken, gewinnen Sie die geistige Disziplin, die Sie brauchen, um Hindernisse zu überwinden und erfolgreich zu sein.

Da Sie sehr erfolgsorientiert sind, können Sie ehrgeizig sein und hart arbeiten. Leistungsbezogen, wie Sie sind, brauchen Sie feste Ziele, und am besten arbeiten Sie, wenn Sie eine genaue Vorstellung davon haben, was Sie erreichen wollen. Auf diese Weise bleibt Ihre große Phantasie stets zielgerichtet, und Sie vermeiden emotionale Unzufriedenheit.

Beruf & Karriere

Die Verbindung von Ihrem Optimismus und Ihrer sensiblen Art, andere zu führen, garantiert Ihnen in Berufen Erfolg, bei denen Sie viel mit Menschen zu tun haben. Da Sie intelligent und rücksichtsvoll sind, bereitet es Ihnen Freude, Ihr Wissen mit anderen zu teilen, etwa durch Schreiben oder Unterrichten. Da Sie ebenso kreativ wie talentiert sind, eignen Sie sich auch für musikalische oder künstlerische Berufe. Sie haben die Gabe, Arbeit und Vergnügen zu verbinden und Kunst zu vermarkten. Ihr Sinn für Dramatik läßt sich in Schauspielerei oder Unterhaltung einsetzen. Da Sie gern die Kontrolle haben, fühlen Sie sich in untergeordneten Positionen nicht wohl. Am besten arbeiten Sie, wenn Sie sich selbstlos für eine Sache oder ein Ideal engagieren. Ihre Vorstellungskraft macht Sie auch für Medien, Werbung oder Verlagswesen geeignet. Ihre mitfühlende Seite befriedigen Sie, wenn Sie einen Heil- oder Pflegeberuf ergreifen.

Berühmte Persönlichkeiten dieses Tages sind die Sängerin Edith Piaf, der Showmaster Rudi Carell, der Produzent David Susskind, der Sänger und Musiker Maurice White und die Schriftsteller Jean Genet und Tankred Dorst.

Numerologie

Als ehrgeizig und menschenfreundlich werden Menschen mit der Geburtstagszahl 19 oft von anderen beschrieben. Entschlossen und erfinderisch, haben Sie eine gute Vorstellungskraft, doch sorgt Ihre träumerische Seite auch für Mitgefühl, Idealismus und Sensibilität. Sie haben den starken Wunsch nach einer individuellen und unverwechselbaren Identität. Auf andere mögen Sie selbstbewußt, robust und einfallsreich wirken; doch innere Spannungen führen zu starken emotionalen Schwankungen. Von Natur aus musisch und charismatisch, werden Sie feststellen, daß Ihnen die Welt offensteht. Der Untereinfluß der Monatszahl 12 bewirkt, daß Sie aufrecht sind und starke Gefühle und eine gute Vorstellungskraft haben. Ihr praktisches Geschick und Ihre dominierende Persönlichkeit bringen es mit sich, daß Sie stets gern die Führung übernehmen und sich ohne Einschränkungen verwirklichen wollen. Wenn Sie optimistisch bleiben und zu einer philosophischen Lebenseinstellung finden, überwinden Sie auch den Hang zur Frustration.

Positiv: energisch, konzentriert, kreativ, progressiv, optimistisch, kämpferisch, unabhängig, gesellig.

Negativ: egozentrisch, Angst vor Zurückweisung, Gefühlsschwankungen, materialistisch.

Liebe & Zwischenmenschliches

Mit Ihrer großen Liebesfähigkeit fühlen Sie sich vor allem von starken und ausdrucksvollen Menschen angezogen. Gerade weil Sie romantisch und sensibel sind, brauchen Sie Stabilität und Sicherheit; deshalb sollten Sie sich Ihren Partner sehr sorgfältig aussuchen.

Da Sie durch die Entwicklung Ihres großen Potentials emotionale Erfüllung finden, sollten Sie sich gegen störende Angst, gegen Pessimismus, Mißtrauen oder Eifersucht wehren. Hilfsbereit und mit viel Beschützerinstinkt, sind Sie ein hingebungsvoller Freund und Partner. Wenn Sie sich in Geduld und Toleranz üben, überwinden Sie Ihren Hang zur Frustration, wenn die Dinge nicht nach Ihren Vorstellungen laufen.

Ihr Partner

Einen Partner fürs Leben werden Sie mit großer Wahrscheinlichkeit unter den an den folgenden Tagen geborenen Menschen finden:

Liebe & Freundschaft: 3., 8., 22., 25., 29., 30. Jan., 1., 6., 20., 23., 27., 28. Feb., 18., 21., 25., 26., 30. März, 16., 19., 23., 24., 28. April, 14., 17., 21., 22., 26., 31. Mai, 12., 15., 19., 20., 24., 29. Juni, 10., 13., 18., 22. Juli, 8., 11., 15., 16., 20., 27., 29., 30. Aug., 6., 9., 13., 14., 18., 25., 26. Sept., 4., 7., 11., 12., 16., 21., 25., 26. Okt., 2., 5., 9., 10., 14., 19., 23., 24. Nov., 3., 7., 8., 12., 17., 21., 22. Dez.

Günstig: 17. Jan., 15. Feb., 13. März, 11. April, 9., 29. Mai, 7., 27. Juni, 5., 25. Juli, 3., 23. Aug., 1., 21. Sept., 19., 29. Okt., 17., 27., 30. Nov., 15., 25., 28. Dez.

Schicksalhaft: 31. Mai, 17., 18., 19., 20., 29. Juni, 27. Juli, 25., 30. Aug., 23., 28. Sept., 21., 26. Okt., 19., 24. Nov., 17., 22. Dez.

Problematisch: 20., 23. Jan., 18., 21. Feb., 16., 19. März, 14., 17. April, 12., 15. Mai, 10., 13. Juni, 8., 11. Juli, 6., 9. Aug., 4., 7. Sept., 2., 5. Okt., 2. Nov., 1. Dez.

Seelenverwandt: 4., 31. Jan., 2., 29. Feb., 27. März, 25. April, 23. Mai, 21. Juni, 19. Juli, 17. Aug., 15. Sept., 13. Okt., 11. Nov., 9. Dez.

20. Dezember

SONNE: SCHÜTZE
DEKADE: LÖWE/SONNE
GRAD: 27°30' – 28°30' SCHÜTZE
ART: BEWEGLICHES ZEICHEN
ELEMENT: FEUER

Fixsterne

Etamin; Acumen

Hauptstern

Name des Sterns: Etamin
Gradposition: 26°55' – 27°57' Schütze zwischen den Jahren 1930 und 2000
Magnitude: 2,5 – 3
Stärke: ******
Orbit: 1°40'
Konstellation: Gamma Draconis
Tage: 19., 20., 21. Dezember
Sternqualitäten: Mars/Mond
Beschreibung: großer roter Doppelstern im Auge des Drachen.

Einfluß des Hauptsterns

Etamin steht für Wagemut, Begeisterungsfähigkeit, Individualität und Pioniergeist. Im allgemeinen sind Sie unter seinem Einfluß selbstsicher; manchmal neigen Sie allerdings zu übersteigertem Selbstvertrauen, das zu übereilten Handlungen führen kann, die Ihre Position schwächen.
Im Zusammenhang mit dem Stand Ihrer Sonne führt Etamins Einfluß dazu, daß Sie sich für Pädagogik, Schreiben oder Jura eignen. Gewöhnlich steht Etamin für Energie und Entschlossenheit und für Interesse an ungewöhnlichen Themen, Ideen und Gebieten.
- Positiv: Willenskraft, kämpferisch, ehrgeizig, Aufrichtigkeit.
- Negativ: impulsive Handlungen, Streitigkeiten, Reizbarkeit, launisch.

Aufgeschlossen und charmant, sind Sie ein freundlicher und sympathischer Schütze mit einer gewinnenden Art. Bei Gruppenaktivitäten sind Sie hilfsbereit und kooperativ und bieten Ihren Mitstreitern emotionale Unterstützung. Als Idealist mit einer ausgeprägten humanitären Ader widmen Sie sich vielleicht einer guten Sache oder einer echten Berufung. Auch wenn Sie phantasievoll sind und noble und hehre Ideen haben, können Sie hochmütig sein und zu Verschwendung und Unmäßigkeit neigen.

Der Untereinfluß Ihres Dekadenzeichens Löwe wirkt verstärkend auf Ihr Selbstvertrauen. Dank Ihrer hoffnungsfreudigen und optimistischen Einstellung wollen Sie ständig Neues lernen. Sie sind scharfsinnig und äußerst entschlossen; wenn es Ihnen gutgeht, zeigen Sie Geduld und philosophische Gelassenheit, die Ihren Charakter geistig und spirituell stärkt.

Als beeinflußbarer Romantiker haben Sie starke Gefühle, die Ihnen als Quell der Inspiration dienen können. Sie sind aber auch gelegentlich Grund für Frustration, vor allem wenn Sie selbst nicht in der Lage sind, Ihre hohen Erwartungen zu erfüllen. Denn Sie neigen dazu, den Weg des geringsten Widerstands zu gehen, statt sich Ihren Pflichten zu stellen; deshalb sollten Sie mehr Selbstdisziplin entwickeln, statt auf unmittelbare Belohnung zu hoffen oder impulsiv zu handeln.

Mitfühlend und wohltätig, kommen Sie gern mit den unterschiedlichsten Menschen zusammen und brauchen harmonische Beziehungen. Wenn Sie etwas wirklich Anregendes finden, können Sie voller Enthusiasmus hart arbeiten.

Bis Sie 31 sind, bewegt sich Ihre Sonne durch den Steinbock; in dieser Zeit packen Sie Ihr Leben praktisch und realistisch an. Wenn Ihre Sonne in den Wassermann wechselt, sind Sie 32. In der folgenden Phase legen Sie mehr Wert auf Unabhängigkeit und möchten Ihre Individualität zum Ausdruck bringen. Freiheit, Gruppenaktivitäten und humanitäre Ziele werden Ihnen jetzt wichtiger. Ein weiterer Wendepunkt erfolgt, wenn Sie 62 sind und Ihre Sonne in das Zeichen der Fische tritt. Nun gewinnen emotionale Aufgeschlossenheit, Phantasie und spirituelles Bewußtsein an Bedeutung in Ihrem Leben.

Ihr geheimes Selbst

Da Sie überaus gesellig sind, brauchen Sie Leute um sich herum und können äußerst großzügig, freundlich und großmütig sein. Sie suchen harmonische und mitfühlende Beziehungen und können ein wunderbarer Freund und Gefährte sein. Stolz und auf Ihre Wirkung bedacht, zeigen Sie nicht gern, wie sensibel Sie sind, da Sie stets die Kontrolle behalten wollen. Wenn jemand Sie verletzt, neigen Sie dazu, den Märtyrer zu spielen oder in Selbstmitleid zu versinken. Dieselbe Sensibilität aber macht Sie auch hoch intuitiv, und wenn Sie diese Intuition weiterentwickeln, kommen Sie zu tieferem Verständnis der menschlichen Existenz.

Ihre jugendliche Ausstrahlung ergänzt sich wunderbar mit Ihrer kindlich-verspielten Art, die Ihnen ein Leben lang bleiben wird. Dieser Hang zum Spielerischen kann seinen Ausdruck in Schreiben, Kunst oder Schauspielerei finden oder einfach darin, daß Sie besonders unterhaltsam sind und sich am Leben freuen.

Beruf & Karriere

Ihre Warmherzigkeit und Ihr großer Charme garantieren Ihnen in allen Berufen Erfolg, die mit Menschen zu tun haben, besonders aber in Öffentlichkeitsarbeit, Promotion, Verkauf oder Agenturtätigkeit. Auch Beratungs- oder Heilberufe sind geeignet für Sie, und Ihr ausgeprägter Geschäftssinn nutzt Ihnen in allen Berufen. Wichtig ist nur, daß Sie genügend Freiraum bei der Arbeit haben. Da Sie kreativ sind, kommen auch Literatur, Musik, Kunst oder Unterhaltung für Sie in Betracht. Ihre spielerische Ader können Sie im Sport ausleben.

Berühmte Persönlichkeiten dieses Tages sind der Mann mit den übernatürlichen Fähigkeiten Uri Geller, die Philosophin Susanne Langer, der Schauspieler Kiefer Sutherland, der Schriftsteller Max Lerner und der Politiker Otto Graf Lambsdorff.

Numerologie

Mit der Geburtstagszahl 20 sind Sie intuitiv, sensibel, anpassungsfähig und verständnisvoll; häufig sehen Sie sich als Teil einer größeren Gruppe. Sie bevorzugen gemeinschaftliche Aktivitäten, bei denen Sie mit anderen Erfahrungen teilen und von ihnen lernen können. Charmant und liebenswürdig, haben Sie diplomatisches und gesellschaftliches Talent, und Sie können sich mit Leichtigkeit in den verschiedensten gesellschaftlichen Kreisen bewegen. Sie sollten jedoch mehr Selbstvertrauen entwickeln, um sich von der Kritik anderer weniger beeindrucken zu lassen. Sie beherrschen es meisterlich, eine harmonische und gemütliche Atmosphäre zu schaffen. Der Untereinfluß der Monatszahl 12 sorgt dafür, daß Sie scharfsinnig und aufgeschlossen sind und eine rastlose Natur haben. Verlassen Sie sich auf Ihre ausgeprägten Instinkte, denn damit können Sie Menschen und ihre Beweggründe sehr klar einschätzen und beurteilen. Sie sind ehrgeizig und entschlossen; Ihre idealistische Ader aber läßt Sie gelegentlich schwanken, ob Sie Ihrem persönlichen Erfolg den Vorrang geben oder Ihre Ziele dem Allgemeinwohl unterordnen sollen.

Positiv: gute Partner, sanft, taktvoll, aufgeschlossen, intuitiv, rücksichtsvoll, Harmonie, freundschaftlich.

Negativ: mißtrauisch, mangelndes Selbstvertrauen, überempfindlich, selbstsüchtig.

Liebe & Zwischenmenschliches

Ihre starken Gefühle zeigen sich vor allem in Ihrem Bedürfnis nach emotionaler Anregung. Rastlos und hochsensibel, haben Sie eine idealistische Ader, die bewirkt, daß Sie sich auf zahlreiche Beziehungen einlassen. Da Sie für die, die Sie lieben, zu großen Opfern bereit sind, sollten Sie sich bei der Partnerwahl viel Zeit lassen. Mit Ihrer Jugendlichkeit und Begeisterungsfähigkeit sind Sie gern spontan, wenn Sie sich aber zu eng an einen Partner binden, verlieren Sie möglicherweise Ihre Leichtigkeit – und das kann schwerwiegenden und unnötigen Kummer verursachen.

Ihr Partner

Wenn Sie jemanden suchen, der Verständnis für Ihre Sensibilität und Ihr Liebesbedürfnis aufbringt, sollten Sie sich unter den Menschen umsehen, die an den folgenden Tagen geboren sind:

Liebe & Freundschaft: 5., 10., 18., 19., 20., 26., 30. Jan., 3., 8., 16., 17., 24., 28. Feb., 1., 6., 14., 15., 22., 26. März, 4., 12., 13., 20., 24., 30. April, 2., 10., 11., 12., 18., 22. Mai, 8., 9., 16., 20., 30. Juni, 6., 7., 14., 18., 28. Juli, 4., 5., 12., 16., 26., 30. Aug., 2., 3., 10., 14., 28. Sept., 1., 8., 12., 22., 26. Okt., 6., 10., 20., 24. Nov., 4., 8., 18., 22., 30.Dez.

Günstig: 13. Jan., 11. Feb., 9. März, 7. April, 5. Mai, 3., 30. Juni, 1., 28. Juli, 26. Aug., 24. Sept., 22. Okt., 20. Nov., 18. Dez.

Schicksalhaft: 16., 17., 18., 19., 20. Juni

Problematisch: 14., 24. Jan., 12., 22. Feb., 10., 20. März, 8., 18. April, 6., 16. Mai, 4., 14. Juni, 2., 12. Juli, 10. Aug., 8. Sept., 6. Okt., 4. Nov., 2. Dez.

Seelenverwandt: 30. Juli, 28. Aug., 26. Sept., 24. Okt., 22., 23. Nov., 20., 21. Dez.

21. Dezember

SONNE: AN DER GRENZE
SCHÜTZE/STEINBOCK
DEKADE: LÖWE/SONNE
GRAD: 28°30' – 29°30' SCHÜTZE
ART: BEWEGLICHES ZEICHEN
ELEMENT: FEUER

Fixsterne

Etamin; Acumen; Sinistra; Spiculum

Hauptstern

Name des Sterns: Etamin
Gradposition: 26°55' – 27°57' Schütze zwischen den Jahren 1930 und 2000
Magnitude: 2,5 – 3
Stärke: ******
Orbit: 1°40'
Konstellation: Gamma Draconis
Tage: 19., 20., 21. Dezember
Sternqualitäten: Mars/Mond
Beschreibung: großer roter Doppelstern im Auge des Drachen.

Einfluß des Hauptsterns

Etamin steht für Wagemut, Begeisterungsfähigkeit, Individualität und Pioniergeist. Im allgemeinen sind Sie unter seinem Einfluß selbstsicher; manchmal neigen Sie allerdings zu übersteigertem Selbstvertrauen, das zu übereilten Handlungen führen kann, die Ihre Position schwächen.

Im Zusammenhang mit dem Stand Ihrer Sonne führt Etamins Einfluß dazu, daß Sie sich für die Bereiche Pädagogik, Schreiben oder Jura eignen. Gewöhnlich steht Etamin für Energie und Entschlossenheit und für Interesse an ungewöhnlichen Themen, Ideen und Gebieten.

- Positiv: Willenskraft, kämpferisch, ehrgeizig, Aufrichtigkeit.
- Negativ: impulsive Handlungen, Streitigkeiten, Reizbarkeit, launisch.

Da Sie an der Grenze zwischen Schütze und Steinbock geboren sind, verleiht Ihnen Jupiter den Optimismus und Saturn den Realitätssinn. Charismatisch und vielseitig, haben Sie eine dynamische Persönlichkeit und das Bedürfnis, in großem Stil zu Erfolg zu gelangen. Ihr Hauptantrieb sind Ihre starken Gefühle, und Sie wollen vor allem Ihr kreatives Potential nutzen, um Ihre Träume wahr zu machen. Sie sind aktiv und voller Antriebskraft, Ihre starken Wünsche können aber dazu führen, daß Sie die besten Chancen verpassen, weil Sie sich voller Begeisterung in immer neue Projekte stürzen, ohne vorher nachzudenken. Wenn Sie lernen, Ihre Ungeduld zu zähmen und sich auf ein paar Ziele zu beschränken, werden Sie verantwortungsbewußter und ernten am Ende den verdienten Lohn.

Der Untereinfluß von Löwe und Sonne, die Ihre Dekade bestimmen, wirkt verstärkend auf Ihr Selbstvertrauen und Ihre Entschlossenheit. Im allgemeinen sind Sie kreativ, idealistisch und voller nobler Ideen. Freundschaftlich und liebenswürdig, bringen Sie Ihre Gefühle lebhaft zum Ausdruck; mit Ihrer direkten Art sind Sie ebenso aufrichtig wie mitfühlend. Voller Vitalität, inspirieren Sie andere mit Ihrer Begeisterungsfähigkeit und Ihrem Unternehmungsgeist.

Liebenswürdig und umgänglich, haben Sie diplomatisches Geschick und können mit Menschen unterschiedlichster Herkunft umgehen und eine Atmosphäre schaffen, in der andere sich wohl fühlen. Durch Ihre Güte und den Drang, ständig zu reifen und sich weiterzuentwickeln, können Sie viel aus eigener Kraft erreichen. Am besten aber kommt das enorme Potential, das Ihnen Ihr Geburtstag mitgegeben hat, vor allem dann zur Entfaltung, wenn Sie mit anderen zusammenarbeiten und so nicht nur Sie selbst, sondern auch die anderen davon profitieren.

Bis zum Alter von 30, wenn Ihre Sonne sich durch den Steinbock bewegt, brauchen Sie vor allem Ordnung und Struktur im Leben. Wenn Ihre Sonne in den Wassermann tritt, sind Sie 31. In der folgenden Phase legen Sie mehr Wert auf persönliche Freiheit und auf progressive und originelle Ideen. Auch spielen Gruppenaktivitäten und Unabhängigkeit jetzt eine größere Rolle für Sie, und Ihre Experimentierfreude wächst. Ein weiterer Wendepunkt erfolgt, wenn Sie 61 sind und Ihre Sonne in das Zeichen der Fische tritt. Das macht Sie sensibler, phantasievoller und mitfühlender. Möglicherweise entdecken Sie auch künstlerische, kreative oder spirituelle Talente in sich.

Ihr geheimes Selbst

Dank Ihrem unstillbaren Wissensdurst wird Ihnen Lernen bis an Ihr Lebensende Freude bereiten. Mit Ihrem natürlichen Charme, Ihrer Spontaneität und Ihrer jugendlichen Art strahlen Sie Liebenswürdigkeit und Individualität aus. Häufig gut informiert und vielseitig talentiert, können Sie äußerst überzeugend sein und zeigen eine selbstbewußte Fassade. Da Sie begeisterungsfähig und intelligent sind, erfassen Sie Informationen rasch und wenden Sie zum eigenen Nutzen an. Achten Sie aber darauf, daß Ihr Hang zu Hochmut oder zu emotionalen Schwankungen nicht dazu führt, daß Sie erst hoch fliegen, um dann enttäuscht tief zu fallen. Mit Ihrem Bedürfnis nach Abwechslung und Ihrer starken persönlichen Anziehungskraft können Sie andere inspirieren und beeinflussen. Ihr Wunsch nach Action und Veränderung äußert sich gelegentlich in Rastlosigkeit oder Ungeduld; wenn Sie aber motiviert sind, kann er Sie dazu anregen, immer neue Aktivitäten und Dinge zu entdecken und auszuprobieren.

Beruf & Karriere

Da Sie Ehrgeiz und scharfe Intelligenz haben und die Fähigkeit, in großen Maßstäben zu denken, können Sie auf jedem Gebiet Hervorragendes leisten, wenn Sie entschlossen und konzentriert vorgehen. Mit Ihren natürlichen Führungsqualitäten brauchen Sie viel Freiraum bei der Arbeit; deshalb sollten Sie entweder eine Position im Management oder eine selbständige Tätigkeit anstreben. Mit Ihrem Charisma und Ihrer Anziehungskraft eignen Sie sich vor allem für Berufe, die mit Menschen und Öffentlichkeit zu tun haben. Ihre Organisationsfähigkeiten, Ihr praktisches Geschick und Ihr Unternehmungsgeist helfen Ihnen in der Geschäftswelt. Gelegentlich geraten Sie in Konflikt, ob Sie Ihrem persönlichen Erfolg oder dem Gemeinwohl den Vorrang geben sollen. Ihr scharfer Intellekt macht Sie in Wissenschaft oder Pädagogik erfolgreich.

Berühmte Persönlichkeiten dieses Tages sind der Musiker Frank Zappa, Diktator Josef Stalin, die Schauspielerin Jane Fonda, die Tennisspielerin Chris Evert-Mill und die Athletin Florence Griffith Joyner.

Numerologie

Mit der Zahl 21 werden im allgemeinen dynamischer Antrieb und Kontaktfreudigkeit verbunden. Sie sind gesellig, haben vielfältige Interessen und einen großen Freundeskreis und sind meist vom Glück begünstigt. Nach außen hin zeigen Sie sich meist freundlich und sozial. Intuitiv und unabhängig, sind Sie höchst erfindungsreich und originell. Mit der Geburtstagszahl 21 sind Sie außerdem lebenslustig, charmant, anziehend und kreativ. Sie können aber auch zurückhaltend und schüchtern sein, so daß Sie, vor allem in engen Beziehungen, mehr Bestimmtheit an den Tag legen sollten. Sie tendieren zu engen Partnerschaften oder Ehe und wollen für Ihre Talente und Fähigkeiten immer wieder gelobt werden. Der Untereinfluß der Monatszahl 12 ist der Grund dafür, daß Sie optimistisch und kreativ sind und Phantasie und hohe Ideale haben. Im allgemeinen sehr perfektionistisch veranlagt, sollten Sie realistisch bleiben, um Enttäuschungen zu vermeiden. Sie können eine harmonische und gemütliche Atmosphäre schaffen, in der andere sich wohl fühlen, und mit Ihrer Überzeugungskraft und Ihrem Charisma andere beeinflussen.

Positiv: inspiriert, kreativ, beziehungsstark und begabt für dauerhafte Beziehungen.

Negativ: anfällig für Abhängigkeit, nervös, überemotional, phantasielos, leicht enttäuscht, Angst vor Veränderungen.

Liebe & Zwischenmenschliches

Die Fähigkeit, mit Menschen unterschiedlichster Herkunft auszukommen, läßt Sie universale und offene Vorstellungen von Liebe und Mitgefühl akzeptieren. Charismatisch, dynamisch und verantwortungsbewußt, brauchen Sie Ordnung im Leben und planen gern. Im allgemeinen gehen Sie Beziehungen ein, die dauerhafte Stabilität und Sicherheit versprechen. Sie schätzen die Gesellschaft hart arbeitender und ehrgeiziger Menschen in Machtpositionen, die sich gern Herausforderungen stellen. Humanitär veranlagt und verständnisvoll, suchen Sie nach wahrer emotionaler Erfüllung und geben sich nicht mit Kompromissen zufrieden.

Ihr Partner

Sicherheit, geistige Anregung und Liebe finden Sie am ehesten unter den Menschen, die an folgenden Tagen geboren sind:

Liebe & Freundschaft: 2., 3., 6., 9., 10., 11., 21., 27., 29., 31. Jan., 1., 4., 7., 9., 25., 29. Feb., 2., 5., 7., 17., 23., 25., 27. März, 3., 4., 5., 15., 21., 25. April, 1., 3., 13., 19., 23., 30. Mai, 1., 11., 17., 21., 28. Juni, 9., 15., 19., 26., 29. Juli, 7., 13., 17., 24., 27. Aug., 5., 11., 15., 22., 25. Sept., 3., 9., 13., 20., 23. Okt., 1., 7., 18., 21., 20. Nov., 5., 9., 16., 19., 28. Dez.

Günstig: 11., 16., 30. Jan., 9., 24., 28. Feb., 7., 22., 26. März, 5., 20., 24. April, 3., 18., 22., 31. Mai, 1., 16., 20., 29. Juni, 14., 18., 27. Juli, 12., 16., 25. Aug., 10., 14., 23. Sept., 8., 12., 21., 29. Okt., 6., 10., 19., 27. Nov., 4., 8., 17., 25. Dez.

Schicksalhaft: 19., 20., 21., 22. Juni

Problematisch: 15. Jan., 13. Feb., 11. März, 9. April, 7., 30. Mai, 5., 28. Juni, 3., 26. Juli, 1., 24. Aug., 22. Sept., 20., 30. Okt., 18., 28. Nov., 16., 26. Dez.

Seelenverwandt: 9., 29. Jan., 7., 27. Feb., 5., 25. März, 3., 23. April, 1., 21. Mai, 19. Juni, 17. Juli, 15. Aug., 13. Sept., 11. Okt., 9. Nov., 7. Dez.

Steinbock

22. Dezember – 20. Januar

22. Dezember

SONNE: AN DER GRENZE
SCHÜTZE/STEINBOCK
DEKADE: STEINBOCK/SATURN
GRAD: 29°30' – 0°30' STEINBOCK
ART: KARDINALZEICHEN
ELEMENT: ERDE

♑ Anziehend und charmant, aber auch fleißig, haben Sie ein enorm hohes Erfolgspotential, wenn Sie die nötige Selbstdisziplin aufbringen. Da Sie an der Zeichengrenze geboren sind, haben Sie vom Steinbock Pragmatismus und Realitätssinn und vom Schützen die Gabe, gute Gelegenheiten zu erkennen. In Kombination können diese Eigenschaften Sie in Führungspositionen bringen, wo Sie Ihre ausgezeichneten sozialen Fähigkeiten, Ihre Sensibilität und nicht zuletzt Ihr Gefühl für den Umgang mit Menschen einsetzen können.

Durch den Untereinfluß Ihres Dekadenzeichens Steinbock sind Sie ehrgeizig und pflichtbewußt. Ein Touch Perfektionismus sorgt dafür, daß Sie Ihre Aufgaben stets ordentlich erledigen wollen. Ihr gutes Gefühl für Struktur verleiht Ihnen einen guten Geschäftssinn und hilft Ihnen, Ihre Vorhaben zu organisieren. Finanzielle Angelegenheiten nehmen viel von Ihrer Aufmerksamkeit in Anspruch, und Sie haben die Fähigkeit, Ihre Talente zu vermarkten. Allerdings müssen Sie aufpassen, daß Ihre Beschäftigung mit materiellen Dingen Sie nicht zu sehr von Ihren hohen Zielen ablenkt. Es kann für Sie in der Tat besonders schwierig sein, ein Gleichgewicht zwischen Arbeit und Vergnügen zu finden, so daß das Leben nicht zu beschwerlich wird.

Sie sind fürsorglich und freundlich, haben tiefe Gefühle und sorgen gern dafür, daß andere sich wohl fühlen. Ihr Interesse für die Menschen äußert sich in einer humanitären Ader, mit der Sie sich möglicherweise für eine gute Sache engagieren. Da Sie freundlich und sehr überzeugend sind, haben Sie auch gute Kommunikationsfähigkeiten und verstehen es hervorragend, auf einer persönlichen Ebene mit Menschen umzugehen. Ihren Sinn für Schönheit und Kunst können Sie durch Beschäftigung mit Musik, Malerei oder Theater zum Ausdruck bringen. Vielleicht umgeben Sie sich aber einfach nur gerne mit stilvollen oder luxuriösen Dingen.

Bis Sie 29 sind, bewegt sich Ihre Sonne durch den Steinbock; in dieser Zeit sind Sie zielorientiert und praktisch. Wenn Ihre Sonne in den Wassermann wechselt, sind Sie 30. Jetzt legen Sie mehr Wert auf Freiheit und neue Ideen und möchten Ihre Individualität zum Ausdruck bringen. Ein weiterer Wendepunkt erfolgt, wenn Sie 60 sind und Ihre Sonne in das Zeichen der Fische tritt. Nun gewinnen emotionale Aufgeschlossenheit, Phantasie und spirituelles Bewußtsein an Bedeutung in Ihrem Leben.

Fixstern

Name des Sterns: Sinistra
Gradposition: 28°46' – 29°44' Schütze zwischen den Jahren 1930 und 2000
Magnitude: 3
Stärke: ******
Orbit: 1°40'
Konstellation: Ny Ophiuchi
Tage: 21., 22., 23. Dezember
Sternqualitäten: Venus/Saturn
Beschreibung: winziger orangefarbener Stern in der linken Hand des Schlangenträgers.

Einfluß des Hauptsterns

Sinistra steht für erfolgreiche geschäftliche Unternehmungen, gute Führungsqualitäten und eine unabhängige oder originelle Persönlichkeit. Sein Einfluß kann allerdings auch Rastlosigkeit mit sich bringen, was zu Veränderungen und unstetem Lebenswandel führt. Häufig streben Sie nach hohen, einflußreichen Positionen.

Im Zusammenhang mit dem Stand Ihrer Sonne verleiht Sinistra Ehrgeiz und Wagemut, aber auch Streitlust. Er wird außerdem mit Erfolg in Wirtschaft, Öffentlichkeit, juristischen Berufen oder Regierungsstellen in Verbindung gebracht. Sinistras Einfluß ist auch positiv für Studium und Gebiete wie Religion oder Philosophie. Er schafft Möglichkeiten, sich einen Namen zu machen, Ruhm zu ernten und Popularität zu genießen.

- Positiv: hohe Positionen im öffentlichen Leben.
- Negativ: dominierend, gefühllos, zu ernst.

Ihr geheimes Selbst

Auch wenn Sie sehr großzügig, warmherzig und spontan sind, können Sie durchaus streng und pflichtbewußt sein. Das mag gelegentlich einen Konflikt zwischen Arbeit und Ihren Herzenswünschen verursachen. Da Sie starke Gefühle und eine hochentwickelte Sensibilität haben, leiden Sie enorm unter Enttäuschung oder Frustration, wenn Sie in negatives Denken verfallen und sich nicht von der Vergangenheit lösen können. Wenn Sie positiv denken und das Leben nehmen, wie es kommt, gewinnen Sie mehr Abstand und überwinden Ihren Hang zum Zynismus; vertrauen Sie darauf, daß Ihnen das Leben schon zur rechten Zeit bieten wird, was Sie brauchen.

In Ihrer Kindheit wurden Sie mit stark kontrollierten Gefühlen konfrontiert und mußten den Erwartungen anderer gerecht werden. Wenn Sie Vertrauen in Ihre eigenen Fähigkeiten haben, können Sie auch anderen Mitgefühl und Fürsorge schenken.

Beruf & Karriere

Obwohl Sie sensibel und kreativ sind, sind Sie von Natur aus praktisch. In der Finanzwelt sind Sie geeignet als Ökonom, Analyst, Buchhalter oder Börsenmakler. Erfolgversprechend für Sie sind auch Beraterberufe. Ihre Gabe, mit Menschen umzugehen, läßt Sie gut verhandeln und handeln. Sie sind ehrgeizig und streben nach führenden Stellungen. Da Sie ausgezeichnete Organisationsfähigkeiten haben, sind Sie auch als Politiker, Manager oder Verwaltungsexperte erfolgreich. Möglicherweise fühlen Sie sich auch zu Forschung und Wissenschaft oder Arbeit für das Gemeinwohl hingezogen. Kreativ und vielseitig talentiert, steht Ihnen auch die Welt von Design, Theater und Musik offen.

Berühmte Persönlichkeiten dieses Tages sind die Popmusiker Maurice und Robin Gibb, die US-Präsidentengattin Claudia «Lady Bird» Johnson, der Opernkomponist Giacomo Puccini und der Architekt und Künstler Max Bill.

Numerologie

Mit der 22 als Geburtstagszahl sind Sie praktisch, diszipliniert und hoch intuitiv. Die 22 ist eine Hauptzahl und schwingt als sie selbst, aber auch als 4. Mit dieser Geburtstagszahl sind Sie ehrlich und fleißig, haben natürliche Führungsqualitäten, Charisma und gute Menschenkenntnis. Sie sind meist zurückhaltend, aber auch fürsorglich um das Wohl der anderen besorgt und haben starke Beschützerinstinkte. Dabei verlieren Sie nie Ihren Sinn fürs Praktische. Der Untereinfluß der Monatszahl 12 führt dazu, daß Sie ehrgeizig und idealistisch sind. Sowohl optimistisch als auch skeptisch, hängt bei Ihnen viel von Ihrem Seelenzustand ab. Wenn Sie positiv denken, können Sie äußerst lukrative Ideen entwickeln; andererseits müssen Sie sich vor Depressionen und Ängsten hüten. Sie sind zwar sehr aufnahmefähig und haben einen ausgeprägten sechsten Sinn, doch wenn Sie an sich selbst zweifeln, neigen Sie zu Angstzuständen. Wenn Sie sich um eine harmonische und ruhige Umgebung bemühen, steigen auch Ihre Chancen, inneren Frieden und Ausgeglichenheit zu erreichen.

Positiv: weltoffen, originell, hochintuitiv, pragmatisch, praktisch, handwerklich geschickt, guter Organisator, Realist, guter Problemlöser.

Negativ: läßt sich vom «schnellen Reichtum» verführen, komplexbeladen, herrisch, materialistisch, faul, egoistisch.

Liebe & Zwischenmenschliches

Dank Ihrer Intuition und Ihrem Verständnis fällt es Ihnen nicht schwer, Kontakte zu knüpfen. Freundlich und liebevoll, brauchen Sie Menschen und Beziehungen. Auch wenn Sie im allgemeinen großzügig und fürsorglich sind, gibt es Phasen, in denen Sie überempfindlich und verschlossen sind. Dann wirken Sie kalt auf andere und müssen sich um innere Ausgeglichenheit bemühen. Veränderung, Reisen oder körperliche Betätigung können Ihnen helfen, Ihren normalen Optimismus wiederzugewinnen. Sie sind romantisch und sensibel und haben humanitäre und universale Ideale. Deshalb teilen Sie gern Ihre Erfahrungen mit anderen und können ein treuer und hilfsbereiter Partner oder Freund sein.

Ihr Partner

Den Partner fürs Leben werden Sie mit großer Wahrscheinlichkeit unter den an den folgenden Tagen geborenen Menschen finden:

Liebe & Freundschaft: 2., 7., 9., 11., 12., 22., 25. Jan., 7., 10., 20., 23., 26. Feb., 5., 8., 18., 21. März, 3., 6., 16., 19. April, 1., 3., 4., 14., 17., 20., 24., 29. Mai, 2., 12., 15., 27. Juni, 10., 13., 16., 20., 25., 30. Juli, 9., 15., 24., 26. Aug., 7., 13., 22., 24. Sept., 4., 7., 10., 14., 19., 24., 28., 29., 30. Okt., 2., 5., 8., 12., 17., 22., 26., 27., 28. Nov., 3., 6., 10., 15., 20., 24., 25. Dez.

Günstig: 12., 23., 29. Jan., 10., 21., 27. Feb., 22., 26. März, 6., 17., 23. April, 4., 15., 21. Mai, 2., 13., 19., 28., 30. Juni, 11., 17., 26., 28. Juli, 9., 15., 24., 26. Aug., 7., 13., 22., 24. Sept., 5., 11., 20., 22. Okt., 3., 9., 18., 20., 30. Nov., 1., 7., 16., 18., 28. Dez.

Schicksalhaft: 20., 21., 22., 23. Juni, 29. Juli, 27. Aug., 25. Sept., 23. Okt., 21. Nov., 19. Dez.

Problematisch: 1., 4., 26., 30. Jan., 2., 24., 28. Feb., 22., 26. März, 20., 24. April, 18., 22., 31. Mai, 16., 20., 29. Juni, 14., 18., 27. Juli, 12., 16., 25., 30. Aug., 10., 14., 23., 28. Sept., 8., 12., 21., 26. Okt., 6., 10., 19., 24. Nov., 4., 8., 17., 22. Dez.

Seelenverwandt: 20. Jan., 18. Feb., 16. März, 14. April, 12. Mai, 10. Juni, 8. Juli, 6. Aug., 4. Sept., 2. Okt.

23. Dezember

SONNE: STEINBOCK
DEKADE: STEINBOCK/SATURN
GRAD: 0°30' – 1°30' STEINBOCK
ART: KARDINALZEICHEN
ELEMENT: ERDE

Fixstern

Name des Sterns: Polis
Gradposition: 2°15' – 3°14' Steinbock zwischen den Jahren 1930 und 2000
Magnitude: 4
Stärke: ****
Orbit: 1°30'
Konstellation: My Sagittarii
Tage: 23., 24., 25., 26. Dezember
Sternqualitäten: Jupiter/Mars
Beschreibung: blau-weißes Dreifachsystem im oberen Teil des Bogens des Schützen.

Einfluß des Hauptsterns

Polis steht für ein stark ausgeprägtes Wahrnehmungsvermögen und die Kraft, sich auf ein bestimmtes Ziel zu konzentrieren. Sein Einfluß ermutigt Sie, nach Glück und Erfolg zu streben, und verleiht Ihnen die Entschlossenheit, in hohe Positionen aufzusteigen. Die Gabe, schnell und gezielt zu entscheiden, bewirkt gute Führungsqualitäten. Polis warnt aber auch vor rebellischem und dominierendem Verhalten.

Im Zusammenhang mit dem Stand Ihrer Sonne steht Polis für Pioniergeist und Mut, viele Chancen, Ausdauer und großen Ehrgeiz. Sie sind stolz und darum bemüht, sich einen Namen zu machen, wobei Sie in positivem wie in negativem Sinne zu Ruhm und Bekanntheit gelangen können. Dieser Stern steht auch für höhere Bildung und ein besonderes Interesse für Spiritualität. Allerdings besteht die Gefahr, daß Sie das Ruder an sich reißen wollen und nur dann die Führung einer Unternehmung übernehmen, wenn Sie selbst der Initiator waren.

♑ Der Einfluß Ihres Geburtstages sorgt dafür, daß Sie stark, praktisch und phantasievoll sind, mit einem ausgeprägten Bedürfnis nach Action. Obwohl Sie den Antrieb und die Entschlossenheit haben, es zu Wohlstand zu bringen, finden Sie wahre Befriedigung doch nur durch Ihre emotionale Stärke, mit der Sie Menschen beeinflussen können.

Durch den Untereinfluß Ihres Dekadenzeichens Steinbock sind Sie ehrgeizig und fleißig. Da Sie beharrlich sind, verfügen Sie über die nötige Energie, um die Ziele zu erreichen, die Sie sich gesteckt haben. Im allgemeinen höflich und freundlich, neigen Sie gelegentlich dazu, Ihre starken Gefühle zu unterdrücken und dann kalt und verschlossen zu wirken. Wenn Sie aber Ihren dynamischen Charme und Ihre Gabe, andere zu unterhalten, gebrauchen, können Sie durch Warmherzigkeit und Großzügigkeit beeindrucken.

Mit Ihrem Talent, Arbeit und Vergnügen zu verbinden, streben Sie nach Gewinn und Anerkennung. Sie haben großen Gefühlsreichtum und große Träume. Solange Sie bereit sind, die nötige Anstrengung aufzubringen, helfen Ihnen Ihr intuitiver Intellekt und Ihre außergewöhnliche Phantasie dabei, an die Spitze zu gelangen. Bei Ihrer Vielseitigkeit müssen Sie versuchen, innere Rastlosigkeit konstruktiv zu kanalisieren und für positive Veränderung einzusetzen.

Bis Sie 28 sind, bewegt sich Ihre Sonne durch den Steinbock; in dieser Zeit gehen Sie Ihre Pflichten und das Leben im allgemeinen praktisch an. Wenn Ihre Sonne in den Wassermann wechselt, sind Sie 29. In der folgenden Phase wollen Sie unabhängiger sein und vermehrt Ihre Individualität zum Ausdruck bringen. Ein weiterer Wendepunkt erfolgt, wenn Sie 59 sind und Ihre Sonne in das Zeichen der Fische tritt. Nun werden Sie sensibler und sich Ihrer eigenen kreativen Bedürfnisse mehr bewußt.

Ihr geheimes Selbst

Stolz und unabhängig, müssen Sie konstruktive Ausdrucksformen für Ihre enorme emotionale Kraft finden. Obwohl Sie praktisch und bodenständig sind, können Sie andere mit Ihren Idealen und Ihrer Spontaneität inspirieren. Menschen schätzen Sie sehr rasch und präzise ein. Auch haben Sie eine altruistische Ader, so daß Sie bei Tätigkeiten, die mit Menschen zu tun haben, besonders erfolgreich sind.

Die verschiedenen Seiten Ihrer Natur wirken manchmal verwirrend auf Ihre Mitmenschen. Im allgemeinen sind Sie sehr gesellig und stark, andererseits neigen Sie dazu, sich abzusondern, so daß Sie sich gelegentlich einsam fühlen. Wenn Sie sich so verschließen, kommt auch ein Hang zur Sturheit durch, der Ihre Beziehungen zu anderen belastet. Ihr Wunsch, über das Alltägliche hinauszugehen, hilft Ihnen, diesen Hang zu überwinden, und regt Sie dazu an, Ihre Großzügigkeit, Phantasie und Ihr Mitgefühl mit anderen zu teilen.

Beruf & Karriere

Als erfinderischer Mensch mit einer starken Persönlichkeit haben Sie natürlichen Geschäftssinn. Vor allem sind Sie in Berufen erfolgreich, die mit Menschen zu tun haben. Vielseitig und verantwortungsbewußt, können Sie fleißig und dezidiert sein. Mit Ihren ausgezeichneten Führungsqualitäten haben Sie das Zeug, in großen Konzernen bis in hohe Positionen als Manager oder Verwaltungsexperte vorzudringen.

- Positiv: Konzentration, Kampfgeist.
- Negativ: rebellisch, ruhelos, mangelnde Ausdauer, zu optimistisch.

Ihr Charme, Ihre Überzeugungskraft und Ihre Kommunikationsfähigkeiten garantieren Ihnen Erfolg in Verkauf, Promotion oder Verhandlungstätigkeiten. Da Sie kreativ sind, fühlen Sie sich auch von Fotografie, Schreiben, Kunst, Musik oder Theater angezogen. Solange Sie bereit sind, hart zu arbeiten, um Ihre Ziele zu erreichen, können Sie Ihre Talente in jedem Beruf nutzen.

Berühmte Persönlichkeiten dieses Tages sind der japanische Kaiser Akihito, Königin Silvia von Schweden, der Gründer der Mormonensekte Joseph Smith, der Schriftsteller Robert Bly und der Musiker Chet Baker.

Numerologie

Zu den Eigenschaften der 23 gehören Intuition, Sensibilität und Kreativität. Im allgemeinen sind Sie vielseitig, leidenschaftlich und geistig rege, haben eine professionelle Einstellung und eine Fülle schöpferischer Ideen. Mit der Geburtstagszahl 23 können Sie sich schnell in neue Gebiete einarbeiten, ziehen aber die Praxis der Theorie vor. Sie lieben Reisen und Abenteuer und lernen gern neue Menschen kennen. Aufgrund der Rastlosigkeit, die von der Zahl 23 ausgeht, suchen Sie ständig neue Herausforderungen und versuchen, aus jeder Situation das Beste zu machen. Der Untereinfluß der Monatszahl 12 ist der Grund dafür, daß Sie Ihre Gefühle klar zum Ausdruck bringen möchten und sich von anfänglichen Hindernissen nicht beirren lassen. Um emotionale Unruhe zu vermeiden, sollten Sie lernen, sich selbst zu disziplinieren, und nicht in Wutanfälle ausbrechen, wenn die Dinge nicht nach Ihren Vorstellungen laufen. Wenn Sie die Kunst des gegenseitigen Gebens und Nehmens erlernen, gewinnen Sie mehr Distanz.

Positiv: treu, mitfühlend, verantwortungsbewußt, reiselustig, kommunikativ, intuitiv, vielseitig, zuverlässig.

Negativ: selbstsüchtig, unsicher, stur, kompromißlos, penibel.

Liebe & Zwischenmenschliches

Obwohl Sie aktiv und rastlos sind, sehnen Sie sich nach emotionaler Ruhe. Aufgrund Ihres Harmoniebedürfnisses machen Sie oft große Anstrengungen, um den Frieden zu wahren; Partnerschaft und Heim spielen deshalb eine wichtige Rolle in Ihrem Leben. Ihre starken Gefühle machen es aber auch nötig, daß Sie eine Möglichkeit des positiven Selbstausdrucks finden, da Sie sonst Emotionen unterdrücken, was dann später zu Problemen führt. Dank Ihrem dynamischen Charme aber gewinnen Sie leicht die Herzen der Menschen und scharen Bewunderer um sich. Auch wenn Sie sehr viel Liebe anzubieten haben, brauchen Sie für dauerhafte Beziehungen einen Partner, der auch für materielle Sicherheit und Stabilität sorgt.

Ihr Partner

Den idealen Partner finden Sie mit großer Wahrscheinlichkeit bei den an den folgenden Tagen geborenen Menschen:

Liebe & Freundschaft: 8., 11., 12., 29. Jan., 6., 9., 27. Feb., 4., 7., 25., 29. März, 2., 5., 23., 27. April, 3., 4., 21., 25. Mai, 1., 19., 23. Juni, 17., 21. Juli, 15., 19., 29. Aug., 13., 17., 27. Sept., 11., 15., 25., 29., 30. Okt., 9., 13., 23., 27., 28. Nov., 7., 11., 21., 25., 26. Dez.

Günstig: 13., 30. Jan., 11., 28. Feb., 9., 26. März, 7., 24., 30. April, 5., 22., 28. Mai, 3., 20., 26. Juni, 1., 18., 24., 29. Juli, 16., 22., 25. Aug., 14., 20., 25. Sept., 12., 18., 23. Okt., 10., 16., 21. Nov., 8., 14., 19. Dez.

Schicksalhaft: 21., 22., 23. Juni, 30. Okt., 28. Nov., 26. Dez.

Problematisch: 5., 19. Jan., 3., 17. Feb., 1., 15. März, 13. April, 11. Mai, 9., 30. Juni, 7., 28., 30. Juli, 5., 26., 28. Aug., 3., 24., 26. Sept., 1., 22., 24. Okt., 20., 22. Nov., 18., 20. Dez.

Seelenverwandt: 7. Jan., 5. Feb., 3. März, 1. April, 30. Sept., 28. Okt., 26. Nov., 24. Dez.

SONNE: STEINBOCK
DEKADE: STEINBOCK/SATURN
GRAD: 1°30' – 2°30' STEINBOCK
ART: KARDINALZEICHEN
ELEMENT: ERDE

24. Dezember

♑ Mit Ihrem Pragmatismus und Ihren starken Idealen sind Sie ein kultivierter und praktischer Mensch mit sensiblem Intellekt. Ebenso rational wie hochintuitiv, können Sie Ihre Kritikfähigkeit sowohl im Beruf als auch zur Selbstanalyse einsetzen. Achten Sie aber darauf, daß Ihre Skepsis Sie nicht blind macht für die zahlreichen Gelegenheiten und Chancen, die sich Ihnen bieten.

Durch den Untereinfluß Ihres Dekadenzeichens Steinbock sind Sie ehrgeizig und verantwortungsbewußt. Da Sie überdies hartnäckig sind, erreichen Sie Ihre Ziele, indem Sie langsam, aber beständig darauf hinarbeiten, ohne sich beirren zu lassen. Am liebsten arbeiten Sie in festen Systemen, können sehr verläßlich sein und nehmen Ihre Aufgaben ernst. Achten Sie aber darauf, daß Ihre Zurückhaltung nicht in Melancholie umschlägt oder Sie kalt und stur wirken läßt.

Im allgemeinen haben Sie eine realitätsbezogene Lebensauffassung und sind sehr talentiert und charmant. Ihre Fähigkeit, kreativ zu denken, schlägt sich in Schreiben, Reden oder anderen Formen der Kommunikation nieder. Dank Ihrem diplomatischen Geschick, Ihrer angenehmen Stimme und Persönlichkeit gewinnen Sie leicht Freunde und können andere beeinflussen. Wenn Sie unsicher werden, fühlen Sie sich allein und verlassen. Sie brauchen aber regelmäßig Zeit für sich allein zum Entspannen und Nachdenken.

Bis Sie 27 sind, durchwandert Ihre Sonne den Steinbock; in diesem Lebensabschnitt brauchen Sie vor allem Ordnung und Struktur im Leben. Wenn Ihre Sonne in den Wassermann wechselt, sind Sie 28. In der folgenden Phase legen Sie mehr Wert auf Unabhängigkeit und Autonomie. Sie werden geselliger, gruppenorientierter und möchten vermehrt Ihre Individualität zum Ausdruck bringen. Ein weiterer Wendepunkt erfolgt, wenn Sie 58 sind und Ihre Sonne in das Zeichen der Fische tritt. Nun werden emotionale Aufgeschlossenheit, Phantasie sowie spirituelles Bewußtsein wichtiger in Ihrem Leben.

Ihr geheimes Selbst

Mit Ihrer großen inneren Kraft können Sie andere wunderbar inspirieren und aufheitern. Ihre starke Phantasie, gepaart mit Ihren praktischen Fähigkeiten, macht Sie zu einem Visionär mit Realitätssinn. Achten Sie aber darauf, daß Sie Ihre starke Vorstellungskraft nicht zum Tagträumen oder zur Realitätsflucht mißbrauchen. Wenn Sie diese Eigenschaft positiv einsetzen, haben Sie die Gabe, große Liebe und Entschlossenheit auszustrahlen, eine Kombination, die Ihnen garantiert Erfolg bringen wird.

Auch wenn Ihnen Ihr dynamischer Charme und Ihre Führungsqualitäten dabei helfen, die Karriereleiter hochzuklettern, müssen Sie aufpassen, daß Sie nicht so perfektionistisch werden, daß niemand mehr Ihren hohen Ansprüchen genügen kann. Sonst entstehen Mißverständnisse, oder Sie können Ihre Ideen nicht mehr vermitteln. Ihren scharfen Verstand müssen Sie ständig wachhalten, um das Beste aus Ihren vielen Begabungen zu machen. Wenn Sie Ihre intuitiven Kräfte entwickeln, lernen Sie sich selbst besser kennen und überwinden Ihre Neigung, zu ernst oder depressiv zu werden. Wenn Sie sich Ihren Sinn für Humor bewahren und Freude daran haben, neue Aktivitäten zu initiieren, bleiben Sie stets kreativ beschäftigt.

Fixstern

Name des Sterns: Polis
Gradposition: 2°15' – 3°14' Steinbock zwischen den Jahren 1930 und 2000
Magnitude: 4
Stärke: ****
Orbit: 1°30'
Konstellation: My Sagittarii
Tage: 23., 24., 25., 26. Dezember
Sternqualitäten: Jupiter/Mars
Beschreibung: blau-weißes Dreifachsystem im oberen Teil des Bogens des Schützen.

Einfluß des Hauptsterns

Polis steht für ein stark ausgeprägtes Wahrnehmungsvermögen und die Kraft, sich auf ein bestimmtes Ziel zu konzentrieren. Sein Einfluß ermutigt Sie, nach Glück und Erfolg zu streben, und verleiht Ihnen die Entschlossenheit, in hohe Positionen aufzusteigen. Die Gabe, schnell und gezielt zu entscheiden, bewirkt gute Führungsqualitäten. Polis warnt aber auch vor rebellischem und dominierendem Verhalten.

Im Zusammenhang mit dem Stand Ihrer Sonne steht Polis für Pioniergeist und Mut, viele Chancen, Ausdauer und großen Ehrgeiz. Sie sind stolz und darum bemüht, sich einen Namen zu machen, wobei Sie in positivem wie in negativem Sinne zu Ruhm und Bekanntheit gelangen können. Dieser Stern steht auch für höhere Bildung und ein besonderes Interesse an Spiritualität. Allerdings besteht die Gefahr, daß Sie das Ruder an sich reißen wollen und nur dann die Führung einer Unternehmung übernehmen, wenn Sie selbst der Initiator waren.

- Positiv: Konzentration, Kampfgeist.
- Negativ: rebellisch, ruhelos, mangelnde Ausdauer, zu optimistisch.

Beruf & Karriere

Entschlossen und selbstsicher, sind Sie oft auch intuitiv und intelligent und haben Ehrgeiz und Antriebskraft. Ihr ausgeprägter Intellekt verleiht Ihnen Geschäftssinn und Unternehmungslust. Außerdem können Sie gut Probleme lösen und haben Organisationsfähigkeiten und Führungsqualitäten. Sie haben Schreibtalent, können Ihre musischen Begabungen aber auch nutzen, um Kunst zu vermarkten und zu verwalten. Da Sie sich für öffentliche Angelegenheiten interessieren, eignen Sie sich auch für Pädagogik, Politik, Schauspielerei oder Unterhaltung. Obwohl Sie sehr praktisch sind, fühlen Sie sich von Gebieten wie Philosophie, Metaphysik oder Mystizismus angezogen. Ihre Vorliebe für Abwechslung und das Bedürfnis, aktiv und unabhängig zu sein, können aber auch dazu führen, daß Sie sich selbständig machen.

Berühmte Persönlichkeiten dieses Tages sind der Astronom Tycho Brahe, der Bluessänger Huddie «Leadbelly» Leadbetter, der Milliardär Howard Hughes, der Seher Nostradamus und die Schauspielerin Ava Gardner.

Numerologie

Die Sensibilität, die von der 24 ausgeht, bewirkt, daß Sie nach Ausgeglichenheit und Harmonie streben. Sie sind sehr empfänglich für Form und Struktur und können sehr schnell komplexe und effiziente Systeme entwickeln. Sie sind idealistisch, loyal und fair, neigen aber zur Zurückhaltung, da Sie der Meinung sind, daß Taten mehr sagen als Worte. Schwierig für Menschen mit der Geburtstagszahl 24 ist es, mit unterschiedlichen Menschen auszukommen, Mißtrauen zu überwinden und sich ein stabiles und sicheres Heim zu schaffen. Der Untereinfluß der Monatszahl 12 ist der Grund dafür, daß Sie sehr aufnahmefähig sind und von starkem Ehrgeiz angetrieben werden. Sie sind freundlich und gesellig, aber auch leicht reizbar und verletzt, weshalb Sie sich Dinge häufig zu sehr zu Herzen nehmen. Sie schwanken gelegentlich zwischen Selbstvertrauen und Unabhängigkeit einerseits und Verletzlichkeit und Selbstzweifeln andererseits; aus diesem Grund brauchen Sie in all Ihren Beziehungen viel Ausgeglichenheit und Harmonie. Wenn Sie tolerant und liberal bleiben, sehen Sie die Dinge in Ihren größeren Zusammenhängen. Sie sind ernsthaft, tüchtig, fleißig und verläßlich.

Positiv: energisch, idealistisch, praktisch, tolerant, ehrlich, fair, großzügig, aktiv.
Negativ: materialistisch, eifersüchtig, rücksichtslos, faul, unzuverlässig, labil, stur.

Liebe & Zwischenmenschliches

Ihre Liebe zu Wahrheit und Schönheit macht Sie meist offen und ehrlich. Da Sie eine idealistische Vorstellung von der Liebe haben, suchen Sie ebenso auf- wie anregende Partner und Freunde. Mit Ihrem natürlichen Charme nehmen Sie andere für sich ein und machen sich beliebt. Da Sie in Ihren Beziehungen viele emotionale Veränderungen durchleben, sollten Sie lernen, flexibel und anpassungsfähig zu sein. Sie sind sensibel, weshalb Ihnen die Demonstration von Liebe und Zuneigung besonders wichtig ist und Ihnen über Zeiten der emotionalen Rastlosigkeit hinweghilft. Ihr Bedürfnis nach einem stabilen und sicheren Heim hilft Ihnen schließlich dabei, sich endgültig niederzulassen.

Ihr Partner

Einen anregenden Lebensgefährten werden Sie mit großer Wahrscheinlichkeit unter den an den folgenden Tagen geborenen Menschen finden:
Liebe & Freundschaft: 9., 13., 30. Jan., 7., 28. Feb., 5., 26., 30. März, 3., 24., 28. April, 1., 5., 22., 26. Mai, 3., 20., 24. Juni, 18., 22., 31. Juli, 16., 20., 29., 30. Aug., 14., 18., 27., 28. Sept., 12., 16., 25., 26., 31. Okt., 10., 14., 23., 24., 29. Nov., 8., 12., 21., 22., 27. Dez.
Günstig: 15., 22., 31. Jan., 13., 20., 29. Feb., 11., 18., 27. März, 9., 16., 25. April, 7., 14., 23., 30. Mai, 5., 12., 21., 28. Juni, 3., 10., 19., 26., 30. Juli, 1., 8., 17., 24., 28. Aug., 6., 15., 22., 26. Sept., 4., 13., 20., 24. Okt., 2., 11., 18., 22. Nov., 9., 16., 20. Dez.
Schicksalhaft: 11. Jan., 9. Feb., 7. März, 5. April, 3. Mai, 1., 22., 23., 24., 25. Juni, 31. Okt., 29. Nov., 27. Dez.
Problematisch: 5., 8., 16., 21. Jan., 3., 6., 14., 19. Feb., 1., 4., 12., 17. März, 2., 10., 15. April, 8., 13. Mai, 6., 11. Juni, 4., 9., 29. Juli, 2., 7., 27. Aug., 5., 25. Sept., 3., 23. Okt., 1., 21. Nov., 19. Dez.
Seelenverwandt: 13. Jan., 11. Feb., 9. März, 7. April, 5. Mai, 3. Juni, 1. Juli, 31. Aug., 29. Sept., 27. Okt., 25. Nov., 23. Dez.

SONNE: STEINBOCK
DEKADE: STEINBOCK/SATURN
GRAD: 2°30' – 3°30' STEINBOCK
ART: KARDINALZEICHEN
ELEMENT: ERDE

Fixstern

Name des Sterns: Polis
Gradposition: 2°15' – 3°14' Steinbock zwischen den Jahren 1930 und 2000
Magnitude: 4
Stärke: ****
Orbit: 1°30'
Konstellation: My Sagittarii
Tage: 23., 24., 25., 26. Dezember
Sternqualitäten: Jupiter/Mars
Beschreibung: blau-weißes Dreifachsystem im oberen Teil des Bogens des Schützen.

Einfluß des Hauptsterns

Polis steht für ein stark ausgeprägtes Wahrnehmungsvermögen und die Kraft, sich auf ein bestimmtes Ziel zu konzentrieren. Sein Einfluß ermutigt Sie, nach Glück und Erfolg zu streben, und verleiht Ihnen die Entschlossenheit, in hohe Positionen aufzusteigen. Die Gabe, schnell und gezielt zu entscheiden, bewirkt gute Führungsqualitäten. Polis warnt aber auch vor rebellischem und dominierendem Verhalten.
Im Zusammenhang mit dem Stand Ihrer Sonne steht Polis für Pioniergeist und Mut, viele Chancen, Ausdauer und großen Ehrgeiz. Sie sind stolz und darum bemüht, sich einen Namen zu machen, wobei Sie in positivem wie in negativem Sinne zu Ruhm und Bekanntheit gelangen können. Dieser Stern steht auch für höhere Bildung und ein besonderes Interesse an Spiritualität. Allerdings besteht die Gefahr, daß Sie das Ruder an sich reißen wollen und nur dann die Führung einer Unternehmung übernehmen, wenn Sie selbst der Initiator waren.

25. Dezember

♑ Sie sind ein praktischer und liebevoller Mensch mit ausgeprägtem Harmoniebedürfnis. Charme gehört zu Ihren größten Vorzügen, und Sie können sehr gut mit Menschen umgehen, was Ihnen sehr hilft auf dem Weg zum Erfolg. Sie sind ein angenehmer und kluger Gesprächspartner und entwickeln oft originelle und erfindungsreiche Ideen, mit denen Sie Ihrer Zeit voraus sind. Trotz Scharfsinn und Intelligenz empfinden Sie echtes Mitgefühl und Sorge für andere und setzen sich vielleicht sogar für eine gute Sache ein.

Durch den Untereinfluß Ihres Dekadenzeichens Steinbock sind Sie zuverlässig und verantwortungsbewußt. Ein sicheres Heim ist Ihnen außerordentlich wichtig, und für den Schutz derer, die Sie lieben, sind Sie bereit, hart zu arbeiten. Wenn Sie eine Aufgabe übernehmen, möchten Sie sie gut erledigen und sind zu Opfern bereit, um Ihre Ziele zu erreichen. Ihr gutes Gefühl für Strukturen hilft Ihnen auf dem Weg zum Erfolg, zumal Sie dadurch auch guten Geschäftssinn haben. Sie möchten selbst gut leben und wünschen dank Ihrer philanthropischen Einstellung auch anderen nur Gutes. Mit Ihrer Hilfsbereitschaft sind Sie für andere oft ein Quell guter Ratschläge und eine echte Stütze. Wenn Ihre Hilfswilligkeit aber zu weit geht, werden Sie überkritisch oder dominierend und mischen sich zu sehr in anderer Leute Angelegenheiten ein. Im allgemeinen aber wollen Sie den Frieden wahren und sind ebenso tolerant wie zuverlässig.

Bis Sie 26 sind, gehen Sie das Leben praktisch, realitätsbezogen und zielstrebig an. Wenn Ihre Sonne dann in den Wassermann wechselt, sind Sie 27. In der folgenden Phase legen Sie mehr Wert auf Freiheit und Unabhängigkeit. Sie werden experimentierfreudiger und möchten neue Freunde kennenlernen oder sich Gruppenaktivitäten zuwenden. Ein weiterer Wendepunkt erfolgt, wenn Sie 57 sind und Ihre Sonne in das Zeichen der Fische tritt. Das verstärkt Ihre Sensibilität und Ihre Gefühle. Sie werden mitfühlender und freundlicher oder beschäftigen sich mit künstlerischen oder mystischen Bereichen.

Ihr geheimes Selbst

Mit Ihrem ausgeprägten Verstand, Ihrem Idealismus und Ihrer philosophischen Lebensauffassung sind Sie im allgemeinen dann am glücklichsten, wenn Sie konstruktiv beschäftigt sind und Ihr Wissen erweitern können. Bildung ist meist der Schlüssel zu Ihrem Erfolg. Offen, ehrlich und hochintuitiv, können Sie Menschen und ihre Beweggründe rasch und präzise einschätzen. Dank Ihrer strategischen Fähigkeiten und der Gabe, stets den Überblick zu behalten, sind Sie meist voller Optimismus und Motivation, so daß Sie auf selbstbewußte und unternehmungslustige Weise im Leben vorankommen.

Da Sie schnell lernen, gehen Sie das Leben von der kreativen Seite an und haben ein starkes Bedürfnis nach Selbstverwirklichung. Sie brauchen Menschen um sich herum, und innere Rastlosigkeit kann dazu führen, daß Sie viele menschenorientierte Beschäftigungen ausprobieren. Da Sie sich für viele verschiedene Gebiete interessieren, ist es wichtig, daß Sie sich konzentrieren, damit Sie sich nicht verzetteln oder ängstlich und unentschlossen werden. Wenn Sie den Bedürfnissen anderer gegenüber offen bleiben, können Sie große Toleranz entwickeln und zu großer emotionaler Befriedigung finden.

- Positiv: Konzentration, Kampfgeist.
- Negativ: rebellisch, ruhelos, mangelnde Ausdauer, zu optimistisch.

Beruf & Karriere

Unternehmungslustig und idealistisch, sind Sie sehr menschenfreundlich. Dank Ihrem Charme und Ihrer Aufgeschlossenheit können Sie sehr gut mit Menschen umgehen. Ein Beruf, der mit Öffentlichkeit zu tun hat, entspricht deshalb gut Ihrer Persönlichkeit. Sie können in Politik, Heilberufen oder in öffentlichen Institutionen sehr erfolgreich sein. Mit Ihrer Liebe zu Wissen und Ihrem Interesse für Metaphysik studieren Sie vielleicht Geschichte, Philosophie oder Astrologie. Da Sie auch technisch begabt sind und sich für Mathematik interessieren, eignen Sie sich auch für die Naturwissenschaften. Kreativ und mit einem Bedürfnis nach Selbstausdruck, beginnen Sie vielleicht auch zu schreiben oder entwickeln Ihre künstlerischen Talente.

Berühmte Persönlichkeiten dieses Tages sind die Schauspielerin Hanna Schygulla, der ägyptische Staatspräsident Anwar Sadat, der Rocksänger Alice Cooper, die Popsängerin Annie Lennox, der Schauspieler Humphrey Bogart, die Kosmetikzarin Helena Rubinstein und der Schriftsteller Carlos Castaneda.

Numerologie

Sie sind intuitiv und nachdenklich, aber auch scharfsinnig und energisch und müssen durch verschiedenste Erfahrungen Ihren Ausdruck finden. Mit der Geburtstagszahl 25 sind Sie vom Wunsch nach Perfektion angetrieben, der Sie hart und produktiv arbeiten läßt. Im allgemeinen sind Sie instinktgeleitet und aufgeweckt und lernen durch Praxis schneller als durch Theorie. Gutes Urteilsvermögen und ein Auge fürs Detail garantieren Ihnen Erfolg. Sie sollten aber weniger skeptisch sein und weniger sprunghafte und impulsive Entscheidungen treffen. Als Mensch mit der Geburtstagszahl 25 haben Sie starke geistige Kräfte, mit deren Hilfe Sie Fakten sofort überschauen. Der Untereinfluß der Monatszahl 12 bewirkt, daß Sie hilfsbereit und freundlich sind und viel Anziehungskraft haben. Ihre festen Prinzipien und Ihr Hang zu unabhängigem Denken zeigen, daß Sie intelligent, aber auch praktisch sind. Sie sind im allgemeinen verläßlich, haben aber die unangenehme Eigenschaft, zu nörgeln und andere mit gutgemeinten Ratschlägen zu bedrängen. Sie sollten toleranter und zurückhaltender sein.

Positiv: hochintuitiv, perfektionistisch, scharfsinnig, kreativ, kann gut mit Menschen umgehen.

Negativ: impulsiv, ungeduldig, eifersüchtig, heimlichtuerisch, überkritisch, launisch.

Liebe & Zwischenmenschliches

Ihr ausgeprägtes Bedürfnis nach Liebe und Zuneigung kann dazu führen, daß Sie auf die Traumromanze schlechthin warten. Sie fühlen sich zu Aktivitäten hingezogen, bei denen Sie mit anderen zusammen sind. Mit Ihrer hohen Sensibilität sollten Sie sich aber vor gesellschaftlichen Exzessen hüten. Sie ziehen mit Ihrem Charme viele Bewunderer an, sollten sich einen festen Partner aber sehr sorgfältig aussuchen, um unnötige emotionale Verstrickungen zu vermeiden. Da Sie ein starkes Bedürfnis nach Harmonie und innerem Frieden haben, spielt die Frage eines sicheren und stabilen Zuhauses eine wichtige Rolle bei Ihren Entscheidungen.

Ihr Partner

Für eine stabile Beziehung sollten Sie sich unter den Menschen umsehen, die an den folgenden Tagen geboren sind:

Liebe & Freundschaft: 9., 14., 15., 25., 28. Jan., 10., 13., 23., 26. Feb., 8., 11., 21., 24., 31. März, 6., 9., 19., 22., 29. April, 4., 6., 7., 17. Mai, 2., 5., 15., 18., 25. Juni, 3., 13., 16., 23. Juli, 1., 11., 14., 21., 31. Aug., 9., 12., 19., 29. Sept., 7., 10., 17., 27. Okt., 5., 8., 15., 25. Nov., 3., 6., 13., 23. Dez.

Günstig: 12., 23., 26. Jan., 10., 21., 24. Feb., 8., 19., 22., 28. März, 6., 17., 20., 26. April, 4., 15., 18., 24. Mai, 2., 13., 16., 22. Juni, 11., 14., 20., 31. Juli, 9., 12., 18., 29. Aug., 7., 10., 16., 27. Sept., 5., 8., 14., 25. Okt., 3., 6., 12., 23. Nov., 1., 4., 10., 21. Dez.

Schicksalhaft: 23., 24., 25., 26. Juni, 30. Nov., 28. Dez.

Problematisch: 17., 18., 21. Jan., 15., 16., 19. Feb., 13., 14., 17., 29. März, 11., 12., 15., 27. April, 9., 10., 13., 25. Mai, 7., 8., 11., 23. Juni, 5., 6., 9., 21., 30. Juli, 3., 4., 7., 19., 28. Aug., 1., 2., 5., 17., 26. Sept., 3., 15., 24. Okt., 1., 13., 22. Nov., 11., 20. Dez.

Seelenverwandt: 24. Jan., 22. Feb., 20. März, 18., 30. April, 16., 28. Mai, 14., 26. Juni, 12., 24. Juli, 10., 22. Aug., 8., 20. Sept., 6., 18. Okt., 4., 16. Nov., 2., 14. Dez.

SONNE: STEINBOCK
DEKADE: STEINBOCK/SATURN
GRAD: 3°30' – 4°30' STEINBOCK
ART: KARDINALZEICHEN
ELEMENT: ERDE

Fixstern

Name des Sterns: Polis
Gradposition: 2°15' – 3°14' Steinbock
zwischen den Jahren 1930 und 2000
Magnitude: 4
Stärke: ****
Orbit: 1°30'
Konstellation: My Sagittarii
Tage: 23., 24., 25., 26. Dezember
Sternqualitäten: Jupiter/Mars
Beschreibung: blau-weißes Dreifachsystem im oberen Teil des Bogens des Schützen.

Einfluß des Hauptsterns

Polis steht für ein stark ausgeprägtes Wahrnehmungsvermögen und die Kraft, sich auf ein bestimmtes Ziel zu konzentrieren. Sein Einfluß ermutigt Sie, nach Glück und Erfolg zu streben, und verleiht Ihnen die Entschlossenheit, in hohe Positionen aufzusteigen. Die Gabe, schnell und gezielt zu entscheiden, bewirkt gute Führungsqualitäten. Polis warnt aber auch vor rebellischem und dominierendem Verhalten.
Im Zusammenhang mit dem Stand Ihrer Sonne steht Polis für Pioniergeist und Mut, viele Chancen, Ausdauer und großen Ehrgeiz. Sie sind stolz und darum bemüht, sich einen Namen zu machen, wobei Sie in positivem wie in negativem Sinne zu Ruhm und Bekanntheit gelangen können. Dieser Stern steht auch für höhere Bildung und ein besonderes Interesse an Spiritualität. Allerdings besteht die Gefahr, daß Sie das Ruder an sich reißen wollen und nur dann die Führung einer Unternehmung übernehmen, wenn Sie selbst der Initiator waren.

26. Dezember

♑ Dank Ihrer dynamischen Gefühle, Ihrer Intuition und Wärme können Sie wundervoll mit Menschen umgehen. Als Steinbock steuern Sie voller Pragmatismus und Enthusiasmus auf Ihre Ziele zu. Neben Charme und einem kreativen Verstand haben Sie auch gute Organisationsfähigkeiten. Achten Sie aber darauf, daß Ihre innere Rastlosigkeit Sie nicht daran hindert, Ihr großes Potential richtig zu entwickeln.

Durch den Untereinfluß Ihres Dekadenzeichens Steinbock sind Sie zuverlässig und pflichtbewußt. Loyal und treu, können Sie äußerst hartnäckig sein, wenn es darum geht, anderen zu helfen. Auch wenn Sie sich im Prinzip gut konzentrieren können, müssen Sie, selbst wenn Sie von einer Sache begeistert sind, mehr Geduld aufbringen, um das Interesse nicht bald wieder zu verlieren. Voller großer Pläne und einem starken Bedürfnis nach Action, Freiheit und Abenteuer, führen Sie ein abwechslungs- und ereignisreiches Leben. Allerdings können finanzielle Probleme der Erfüllung Ihrer Herzenswünsche im Wege stehen. Durch Selbstanalyse, Verantwortungsbewußtsein und wenn Sie lernen, die Vergangenheit loszulassen, finden Sie zu emotionaler Stabilität.

Bis zum Alter von 25 brauchen Sie vor allem Ordnung, Struktur und praktische Lebenseinstellung. Wenn Ihre Sonne in den Wassermann wechselt, sind Sie 26. In der folgenden Phase legen Sie mehr Wert auf Unabhängigkeit und Befreiung vom Alltäglichen. Sie werden gruppenorientierter und möchten Ihre Individualität vermehrt zum Ausdruck bringen. Ein weiterer Wendepunkt erfolgt, wenn Sie 56 sind und Ihre Sonne in das Zeichen der Fische tritt. Das verstärkt Ihre emotionale Aufgeschlossenheit, Ihre Vorstellungskraft und Ihr psychologisches oder spirituelles Bewußtsein.

Ihr geheimes Selbst

Auch wenn Sie sehr praktisch sind, steckt doch ein äußerst sensibler und intuitiver Kern in Ihnen. Mit Ihren hohen Idealen und Ihrem Bedürfnis nach Liebe engagieren Sie sich möglicherweise für eine gute Sache, finden eine spezielle Möglichkeit der Selbstverwirklichung oder suchen auf spirituellem Weg nach Wahrheit. Sie brauchen eine solide Ordnung, weshalb Ihre Arbeit stets eine große Rolle in Ihrem Leben spielt. So ist auch immer für Ihre finanzielle Sicherheit gesorgt. Dank Ihrer großen Phantasie und einem guten Einschätzungsvermögen können Sie mit ein wenig Ausdauer und konzentrierter Anstrengung Ihre Träume Wirklichkeit werden lassen.

Sie haben ein starkes Verlangen nach Action und Abenteuer. Wenn Sie es unterdrücken, verlieren Sie Zielstrebigkeit und Konsequenz oder schwanken zwischen Rastlosigkeit und Trägheit. Um Tagträumerei oder Realitätsflucht vorzubeugen, müssen Sie stets dafür sorgen, daß Sie mit kreativen und aufregenden Dingen beschäftigt sind. Wenn Sie optimistisch und voller Begeisterung sind, können Sie andere inspirieren und sind zu großen Leistungen fähig.

Beruf & Karriere

Sie sind intelligent und zielstrebig, außerdem voller Entschlossenheit und Antrieb; deshalb bevorzugen Sie große Betriebe und sind am liebsten mit vielen Dingen gleichzeitig beschäftigt. Sie sind selbstbewußt und genießen vor allem den Erfolg, den Sie durch eigene harte Arbeit und Anstrengung erreicht haben. Auch wenn Ihnen die Geschäftswelt

- Positiv: Konzentration, Kampfgeist.
- Negativ: rebellisch, ruhelos, mangelnde Ausdauer, zu optimistisch.

mit ihrem materiellen Erfolg durchaus zusagt, entscheiden Sie sich möglicherweise doch lieber für eine Karriere in Werbung, Verlagswesen oder Promotion. Ihre Wortgewandtheit und die Fähigkeit, Ideen gut zu vermitteln, können Sie auch in Publizistik, den Medien oder beim Theater oder Film erfolgreich machen. Praktisch und mit guten organisatorischen Fähigkeiten begabt, sind Sie tüchtig und werden mit Respekt behandelt. Wählen Sie auf jeden Fall einen Beruf, der Ihnen Abwechslung und Vielseitigkeit bietet.

Berühmte Persönlichkeiten dieses Tages sind der Kommunistenführer Mao Zedong, die indische Mystikerin Mutter Meera, der Schriftsteller Henry Miller, der Schauspieler Richard Widmark und der Entertainer Steve Allen.

Numerologie

Die Stärke, die von der 26 ausgeht, sorgt dafür, daß Sie einen vorsichtigen Charakter, feste Werte und ein gutes Urteilsvermögen haben. Sie lieben Heim und Familie, denn Sie brauchen ein solides Fundament und das Gefühl der Sicherheit. Häufig ein Quell der Kraft für andere, sind Sie jederzeit bereit, Freunden und Familienmitgliedern zu helfen, die sich in Notzeiten an Sie wenden. Allerdings müssen Sie sich vor materialistischen Tendenzen und dem Drang, Situationen und Menschen kontrollieren zu wollen, hüten. Der Untereinfluß der Monatszahl 12 führt dazu, daß Sie großzügig und liebenswürdig sind und Unternehmungsgeist haben. Intuitiv, intelligent und führungsstark, entwickeln Sie originelle Ideen, die Sie auch umsetzen und zu Geld machen können. Im allgemeinen wissen Sie, wie Sie aus neuen Situationen das Beste herausholen können. Wenn Sie aber mit Ihrer Lage unzufrieden sind, kann das zu innerer Unruhe führen. Die ständige Suche nach Frieden läßt Sie stets versuchen, Ausgeglichenheit und Harmonie um sich herum herzustellen.

Positiv: kreativ, praktisch, fürsorglich, gewissenhaft, idealistisch, ehrlich, verantwortungsbewußt, begeisterungsfähig, mutig.

Negativ: stur, rebellisch, unfreundlich, mangelndes Durchhaltevermögen, labil.

Liebe & Zwischenmenschliches

Wenn Sie Ihren Charme einsetzen, können Sie leicht andere für sich gewinnen. Sehr gesellig, fühlen Sie sich zu kreativen und hart arbeitenden Menschen hingezogen, die diese Eigenschaften auch in Ihnen wecken. Aufgrund Ihres großen Liebesbedürfnisses haben Sie solange Probleme mit der Partnerwahl, bis Sie zu mehr Distanz und Unvoreingenommenheit gefunden haben. Da Sie kreativ sind und sich bei Routine schnell langweilen, gehen Sie möglicherweise erst viele kurze Beziehungen ein, bevor Sie den Partner fürs Leben finden. Sobald Ihnen aber die wahre Liebe begegnet, sind Sie liebevoll und treu.

Ihr Partner

Wenn Sie jemanden suchen, bei dem Sie Verständnis für Ihre Sensibilität und Ihr Liebesbedürfnis finden, sollten Sie sich unter den Menschen umsehen, die an den folgenden Tagen geboren sind:

Liebe & Freundschaft: 6., 11., 14., 26. Jan., 4., 9., 12. Feb., 2., 7., 10., 28. März, 5., 8., 20., 26., 30. April, 3., 6., 24., 28. Mai, 1., 4., 22., 26. Juni, 2., 20., 24. Juli, 18., 22. Aug., 10., 16., 20., 30. Sept., 14., 18., 28. Okt., 12., 16., 26. Nov., 10., 14., 24. Dez.

Günstig: 20., 24. Jan., 18., 22. Feb., 16., 20., 29. März, 14., 18., 27. April, 12., 16., 25. Mai, 10., 14., 23., 29. Juni, 8., 12., 21., 27. Juli, 6., 10., 19., 25., 30. Aug., 4., 8., 17., 23., 28. Sept., 2., 6., 15., 21., 26. Okt., 4., 13., 19., 24. Nov., 2., 11., 17., 22. Dez.

Schicksalhaft: 24., 25., 26., 27. Juni, 31. Aug., 29. Sept., 27. Okt., 25. Nov., 23. Dez.

Problematisch: 22., 23., 27. Jan., 20., 21., 25. Feb., 18., 19., 23. März, 16., 17., 21. April, 14., 15., 19. Mai, 12., 13., 17. Juni, 10., 11., 15., 31. Juli, 8., 9., 13., 29. Aug., 6., 7., 11., 27. Sept., 4., 5., 9., 25. Okt., 2., 3., 7., 23. Nov., 1., 5., 21. Dez.

Seelenverwandt: 23. Jan., 21. Feb., 19. März, 17., 29. April, 15., 27. Mai, 13., 25. Juni, 11., 23. Juli, 9., 21. Aug., 7., 19. Sept., 5., 17. Okt., 3., 15. Nov., 1., 13. Dez.

27. Dezember

SONNE: STEINBOCK
DEKADE: STEINBOCK/SATURN
GRAD: 4°30' – 5°30' STEINBOCK
ART: KARDINALZEICHEN
ELEMENT: ERDE

Fixstern

Name des Sterns: Kaus Borealis
Gradposition: 5°20' – 6°19' Steinbock zwischen den Jahren 1930 und 2000
Magnitude: 3
Stärke: ******
Orbit: 1°40'
Konstellation: Lambda Sagittarii
Tage: 27., 28., 29. Dezember
Sternqualitäten: Merkur/Mars
Beschreibung: großer orangefarbener Stern im nördlichen Teil vom Bogen des Schützen.

Einfluß des Hauptsterns

Der Einfluß von Kaus Borealis äußert sich in Intelligenz, einem scharfen Verstand und besonderer Wortgewandtheit. Unter seinem Einfluß diskutieren Sie gerne, können dabei allerdings aggressiv oder streitlustig werden. Kaus Borealis wird mit Schlagfertigkeit, humanitären Tendenzen, Idealismus und einem ausgeprägten Gerechtigkeitssinn verbunden. Er kann Ihnen Veränderungen aufzwingen.
Im Zusammenhang mit dem Stand Ihrer Sonne kann Kaus Borealis auch für Entschlossenheit und innere Antriebskraft für das Erreichen einflußreicher Positionen stehen. Einfallsreichtum und Führungsqualitäten, die von ihm ausgehen, werden allgemein an Ihnen geschätzt und führen zu Beförderung. Durch innere Unruhe und das stete Bedürfnis vorwärtszukommen neigen Sie zu Unzufriedenheit.

- Positiv: flexibel, entschlossen, gebildet, freimütig.
- Negativ: unzufrieden, radikal, rechthaberisch.

♑ Aufgrund Ihrer starken Gefühle und Ihrer praktischen Veranlagung wollen Sie stets wissen, wo Sie stehen – ob in bezug auf Ihre Mitmenschen oder die Welt im allgemeinen. Sie brauchen ein starkes Fundament im Leben, ein Bedürfnis, das bestens mit Ihrem Sinn für Ehrlichkeit und Direktheit harmoniert. Auch wenn Sie von Natur aus idealistisch sind, sorgt Ihr Ehrgeiz doch dafür, daß Sie durchaus fleißig und unternehmungslustig sein können. Menschen sind Ihnen sehr wichtig, und Ihre Gabe, den charmanten Diplomaten zu spielen, hilft Ihnen bei allen Aktivitäten, die mit Öffentlichkeit zu tun haben.

Durch den Untereinfluß Ihres Dekadenzeichens Steinbock können Sie hartnäckig und zielstrebig sein. Neben Ihrem scharfen Intellekt und Ihrem Urteilsvermögen haben Sie auch gutes Einschätzungsvermögen und gesunden Menschenverstand. Als guter Stratege und Planer macht es Ihnen Freude, konstruktiv zu sein; allerdings müssen Sie sich vor zuviel Selbstbewußtsein oder Egozentrik hüten.

Sensibel und intuitiv, sollten Sie auf Ihre Gefühle vertrauen, denn sie trügen Sie im allgemeinen nicht. Sie genießen es, Gäste zu haben, können gewöhnlich Arbeit und Privatleben sehr gut verbinden, neigen aber zu Maßlosigkeit und emotionalen Exzessen.

Bis zum Alter von 24 gehen Sie das Leben praktisch an und wissen, was Sie wollen. Wenn Ihre Sonne in den Wassermann tritt, sind Sie 25, legen vermehrt Wert auf Freiheit und Unabhängigkeit, werden experimentierfreudiger und möchten neue Freunde kennenlernen oder sich Gruppenaktivitäten zuwenden. Ein weiterer Wendepunkt erfolgt, wenn Sie 55 sind und Ihre Sonne in das Zeichen der Fische tritt. Das vertieft Ihre Sensibilität und Ihre Gefühle. Sie werden mitfühlender und offener, und wenn Sie Ihrer Phantasie freien Lauf lassen, beschäftigen Sie sich vermehrt mit künstlerischen oder mystischen Dingen.

Ihr geheimes Selbst

Auch wenn Sie nach außen hin unbeschwert wirken, sind Sie doch motiviert und erfolgsorientiert, vor allem wenn Sie einen festen Aktionsplan haben. Von Natur aus tolerant, lieben Sie Reisen oder beschäftigen sich mit philosophischen oder spirituellen Themen. Dies hindert Sie aber nicht daran, gute Gelegenheiten zu erkennen und für Ihr gutes Geld gute Gegenwerte zu bekommen.

Dank Ihrem regen Verstand und Ihren treffenden Bemerkungen können Sie äußerst unterhaltsam sein. Da Sie fest von Ihren Ansichten überzeugt sind, müssen Sie sich aber hüten, unflexibel und arrogant zu werden. Ihr sechster Sinn, der sich vor allem auf finanzielle Angelegenheiten bezieht, sorgt dafür, daß Sie materielle Sicherheit genießen und Menschen gut und präzise einschätzen. Wenn Sie sich dezidiert einem Ziel widmen, brauchen Sie nur solide Grundlagen für Ihre Leistungen, um wahre Wunder zu vollbringen und dauerhafte Erfolge zu erringen.

Beruf & Karriere

Ehrgeizig und fleißig und mit einem Flair für Publikum, haben Sie auch natürliche Heilkräfte. Am besten eignen Sie sich für Tätigkeiten, bei denen Sie Ihre umgängliche Persönlichkeit und praktische Kompetenz einsetzen können. Da Sie im allgemeinen ruhig und verständnisvoll sind und gut zuhören können, eignen Sie sich auch als Berater. Mit

Ihrem Wunsch nach sozialen Reformen arbeiten Sie gut in Pädagogik oder Forschung. Da Sie gute Organisationsfähigkeiten und das Bedürfnis haben, etwas Solides und Dauerhaftes zu schaffen, könnten Sie sich auch einer humanitären Tätigkeit zuwenden. Ihr Wunsch, sich auszudrücken, kann Sie in die Welt von Literatur oder der darstellenden Künste führen. Mit Ihrem Interesse für Metaphysik und Ihren technischen Fähigkeiten eignen Sie sich für Astronomie und Astrologie.

Berühmte Persönlichkeiten dieses Tages sind die Schauspielerin Marlene Dietrich, der Astronom/Astrologe Johannes Kepler, der Chemiker Louis Pasteur und die Schauspieler Gérard Départdieu und Michel Piccoli.

Numerologie

Die 27 steht für Intuition, aber auch für Wißbegier, und wenn Sie Geduld und Selbstbeherrschung üben, können Sie Ihre Tiefgründigkeit erheblich fördern. Oft sind Sie stark und entschlossen und legen viel Wert aufs Detail. Im allgemeinen idealistisch und sensibel, mit einem kreativen Verstand, können Sie andere mit Ihren originellen Ideen und Gedanken beeindrucken. Wenn Sie Ihre Kommunikationsfähigkeiten entwickeln, lernen Sie, auch Ihre tieferen Gefühle besser auszudrücken. Für Menschen mit der Geburtstagszahl 27 ist Bildung außerordentlich wichtig, und mit den richtigen Qualifikationen können Sie in Forschung, Publizistik oder Arbeit in einer großen Organisation Erfolg erwarten. Der Untereinfluß der Monatszahl 12 macht Sie begabt und ehrgeizig. Sie sind sicherheitsbewußt und denken in großen Maßstäben, wobei Sie aber stets realistisch bleiben. Wenn Sie lernen, auf Ihre Intuition zu vertrauen, werden Sie ausgeglichener und sehen mit Ihrem gesunden Menschenverstand die Dinge mehr in ihren größeren Zusammenhängen. Sie fühlen sich dann auch entspannter und strahlen Selbstvertrauen aus.

Positiv: Führungsqualitäten, gründlich, traditionsgebunden, Autorität, Beschützerinstinkte, Heilkraft, gutes Einschätzungsvermögen.

Negativ: intolerant, geizig, rastlos, «workaholic», dominierend, leicht entmutigt, planlos.

Liebe & Zwischenmenschliches

Ihr Bedürfnis, mit Menschen zusammenzusein, zeigt, daß Ihnen Liebe und Freundschaft viel bedeuten. Dank Ihrer warmherzigen Art haben Sie viele Freunde und können gut in Partnerschaften oder im Team arbeiten. Sie lieben Heim und Familie und glauben fest daran, daß Wurzeln und eine solide Basis unerläßlich für Ihr Leben sind. Da Sie nur schlecht allein sein können, müssen Sie sich hüten, sich in Liebesbeziehungen vom Partner zu abhängig zu machen. Dank Ihrer starken Gefühle können Sie hingebungsvoll, treu und fürsorglich sein, neigen aber gelegentlich auch zu dominierendem Verhalten.

Ihr Partner

Emotionale Erfüllung und Liebe finden Sie am ehesten bei den Menschen, die an folgenden Tagen geboren sind:
Liebe & Freundschaft: 7., 12., 15., 27. Jan., 5., 10., 13. Feb., 3., 8., 11., 29. März, 1., 6., 9., 19., 27. April, 4., 7., 25., 29. Mai, 2., 5., 23., 27. Juni, 3., 21., 25. Juli, 1., 19., 23. Aug., 11., 17., 21. Sept., 15., 19., 29. Okt., 13., 17., 27. Nov., 11., 15., 18., 25. Dez.
Günstig: 21., 25. Jan., 19., 23. Feb., 17., 21., 30. März, 15., 19., 28. April, 13., 17., 26. Mai, 11., 15., 24., 30. Juni, 9., 13., 22., 28. Juli, 7., 11., 20., 26., 31. Aug., 5., 9., 18., 24., 29. Sept., 3., 7., 16., 22., 29. Okt., 1., 5., 14., 20., 25. Nov., 3., 12., 18., 23. Dez.
Schicksalhaft: 26., 27., 28. Juni
Problematisch: 5., 8., 28. Jan., 3., 6., 26. Feb., 1., 4., 24. März, 2., 22. April, 20. Mai, 18. Juni, 16. Juli, 14., 30. Aug., 12., 28., 30. Sept., 10., 26., 28. Okt., 8., 24., 26. Nov., 6., 22., 24. Dez.
Seelenverwandt: 4., 10. Jan., 2., 8. Feb., 6. März, 4. April, 2. Mai

SONNE: STEINBOCK
DEKADE: STEINBOCK/SATURN
GRAD: 5°30' – 6°30' STEINBOCK
ART: KARDINALZEICHEN
ELEMENT: ERDE

Fixstern

Name des Sterns: Kaus Borealis
Gradposition: 5°20' – 6°19' Steinbock zwischen den Jahren 1930 und 2000
Magnitude: 3
Stärke: ******
Orbit: 1°40'
Konstellation: Lambda Sagittarii
Tage: 27., 28., 29. Dezember
Sternqualitäten: Merkur/Mars
Beschreibung: großer orangefarbener Stern im nördlichen Teil vom Bogen des Schützen.

Einfluß des Hauptsterns

Der Einfluß von Kaus Borealis äußert sich in Intelligenz, einem scharfen Verstand und besonderer Wortgewandtheit. Unter seinem Einfluß diskutieren Sie gerne, können dabei allerdings aggressiv oder streitlustig werden. Kaus Borealis wird mit Schlagfertigkeit, humanitären Tendenzen, Idealismus und einem ausgeprägten Gerechtigkeitssinn verbunden. Er kann Ihnen Veränderungen aufzwingen.
Im Zusammenhang mit dem Stand Ihrer Sonne kann Kaus Borealis auch für Entschlossenheit und innere Antriebskraft für das Erreichen einflußreicher Positionen stehen. Einfallsreichtum und Führungsqualitäten, die von ihm ausgehen, werden allgemein an Ihnen geschätzt und führen zu Beförderung. Durch innere Unruhe und das stete Bedürfnis vorwärtszukommen neigen Sie zu Unzufriedenheit.

- Positiv: flexibel, entschlossen, gebildet, freimütig.
- Negativ: unzufrieden, radikal, rechthaberisch.

28. Dezember

♑ Der Einfluß Ihres Geburtstages sorgt dafür, daß Sie ein charmanter und intelligenter Steinbock sind, der sensibel und mitfühlend ist, aber auch hart arbeiten kann. Da Sie stets gut informiert sind und sich voller Begeisterung auf neue Aufgaben stürzen, ist Bildung wahrscheinlich der Schlüssel zum Erfolg für Sie. Obwohl Sie geistig rege, witzig und gesellig sind, neigen Sie gelegentlich doch zu Unentschlossenheit oder Ängsten.

Der Untereinfluß Ihres Dekadenzeichens Steinbock führt dazu, daß Sie möglicherweise zunächst einen Hang zu Überernsthaftigkeit oder Schüchternheit überwinden müssen, bevor Sie Ihrem Bedürfnis nach Selbstausdruck nachgeben können. Sie sind ein Idealist, haben aber auch natürliche Führungsqualitäten, die Sie vor allem einsetzen, um anderen zu helfen. Wenn Sie die Vorteile von Organisation und einem guten System erkennen, können Sie Ihren gesunden Menschenverstand und Idealismus als Inspirationsquelle nutzen und Menschen zusammenbringen, die ein gemeinsames Interesse haben.

Da Sie einen regen Verstand haben und es hassen, sich zu langweilen, suchen Sie ungeduldig nach immer neuen und originellen Beschäftigungen. Hüten Sie sich davor, daß dies zu Nervosität, Unsicherheit oder emotionaler Unzufriedenheit führt. Ehrgeizig, ausdauernd und praktisch, meistern Sie schwierige Situationen gut, wenn Sie aber genug haben, können Sie ziemlich starrsinnig werden. Da Sie durch Ihren Geburtstag große intuitive und spirituelle Fähigkeiten haben, gewinnen Sie mit zunehmendem Alter häufig sehr an Weisheit.

Ab dem Alter von 24, wenn Ihre Sonne sich dreißig Jahre lang durch den Wassermann bewegt, lassen Sie sich weniger von Äußerlichkeiten beeinflussen, werden unabhängiger und vertrauen mehr auf Ihre Individualität. Möglicherweise interessieren Sie sich vermehrt für ungewöhnliche Themen, Gruppenaktivitäten oder humanitäre Angelegenheiten. Ein weiterer Wendepunkt erfolgt, wenn Sie 54 sind und Ihre Sonne in das Zeichen der Fische wechselt. Jetzt legen Sie mehr Wert auf Ihre emotionalen Bedürfnisse und Ziele und auf Sensibilität und Phantasie.

Ihr geheimes Selbst

Da Sie äußerst emotional und sensibel sind, haben Sie ein starkes Bedürfnis nach Liebe und Zuneigung, das von anderen möglicherweise gar nicht wahrgenommen wird. Sie sollten stets Ihrem Herzen mehr vertrauen als Ihrem Kopf, der gelegentlich allzu berechnend und rational sein kann. Sie sind recht dramatisch, so daß Sie sich vor Melancholie und Selbstsucht hüten müssen, am besten, indem Sie einer kreativen Beschäftigung, zum Beispiel im musikalischen Bereich, nachgehen. So können Sie Ihre starken Liebesgefühle zum Ausdruck bringen.

Hochintelligent und mit viel Ausstrahlungskraft, haben Sie einen ausgeprägten Sinn für Individualität. Ihr Unternehmungsgeist drängt Ihren Ehrgeiz dazu, Ihre Träume zu verwirklichen. Allerdings neigen Sie zu Aufsässigkeit oder Sturheit, was die Selbstdisziplin unterminieren kann, die Sie unbedingt brauchen, um Ihr Potential auszuschöpfen. Glücklicherweise sind Sie mit einer intuitiven Quelle höheren Wissens verbunden, die Ihnen privates Glück und Erfüllung schenken kann, vor allem wenn Sie dem Wohl anderer dienen.

Beruf & Karriere

Überzeugend und charmant, haben Sie gute Organisationsfähigkeiten und sind ehrgeizig und vielseitig begabt. Ihr Interesse an Wissen und Ihre Kommunikationsfähigkeiten machen Sie für Berufe in Pädagogik, Verlagswesen, Marktforschung, Medien oder Publizistik geeignet. In Geschäftsleben, Politik, Wohlfahrt oder großen Organisationen nutzen Ihnen vor allem Ihre Verwaltungstalente. Da Sie sehr unternehmungslustig sind und viel Abwechslung brauchen, wechseln Sie Ihren Beruf oft mehr als einmal. Sie können in großen Maßstäben denken und haben ein ausgeprägtes Unabhängigkeitsbedürfnis, weshalb Sie entweder als freier Mitarbeiter arbeiten oder sich selbständig machen sollten.

Berühmte Persönlichkeiten dieses Tages sind der US-Präsident Woodrow Wilson, die Schauspielerin Hildegard Knef, der Schauspieler Denzel Washington und der Geiger Nigel Kennedy.

Numerologie

Mit der Geburtstagszahl 28 sind Sie ehrgeizig, direkt und unternehmungslustig. Immer bereit zu neuen Abenteuern und Action, stellen Sie sich mutig den Herausforderungen des Lebens. Dank Ihrer Begeisterungsfähigkeit können Sie andere dazu bringen, Sie bei Ihren Unternehmungen zu unterstützen. Obwohl Sie erfolgsorientiert und entschlossen sind, bedeuten Ihnen Familie und Heim sehr viel. Manchmal haben Sie aber Schwierigkeiten, die nötige Stabilität zu finden, um sich um das Wohl Ihrer Lieben genügend zu kümmern. Der Untereinfluß der Monatszahl 12 ist der Grund dafür, daß Sie idealistisch und vielseitig begabt sind und ein starkes Bedürfnis danach haben, sich auszudrücken. Wenn Sie an etwas wirklich glauben, können Sie bestimmt, ja unflexibel sein. Da Sie Veränderungen nicht mögen, planen Sie gern im voraus und sichern Ihre Zukunft ab. Sensibel und hochintuitiv, nutzen Sie Ihre kreativen Talente am liebsten auf praktische Weise. Dank Ihrer Fähigkeit, in großen Maßstäben zu denken, können Sie originelle und erfindungsreiche Ideen entwickeln, wenn Sie Ihre Phantasie spielen lassen.

Positiv: progressiv, kühn, künstlerisch, kreativ, mitfühlend, idealistisch, ehrgeizig, fleißig, willensstark.

Negativ: Tagträumer, unmotiviert, mangelndes Mitgefühl, unrealistisch, herrisch, schlechtes Urteilsvermögen, mangelndes Selbstvertrauen, abhängig von anderen, hochmütig.

Liebe & Zwischenmenschliches

Mit Ihrem Charme und Ihrer Freundlichkeit schließen Sie leicht Freundschaften, und wenn Sie Ihre Schüchternheit und Überempfindlichkeit ablegen, können Sie ein witziger und höchst unterhaltsamer Gesellschafter sein. In Ihren persönlichen Beziehungen fühlen Sie sich zu kreativen oder besonders intelligenten Menschen mit starker Persönlichkeit hingezogen, mit denen Sie irgendeine geistige Verbindung haben. Zweifel oder Unsicherheiten können bei Ihnen zu Unentschlossenheit führen und Ihre Beziehungen belasten. Wenn Sie positiv denken und sich kreativ beschäftigen, bleiben Sie stets optimistisch und vermeiden Angstzustände.

Ihr Partner

Dauerhafte Liebe finden Sie am ehesten unter den Menschen, die an folgenden Tagen geboren sind:

Liebe & Freundschaft: 1., 2., 8., 19., 28. Jan., 6., 26. Feb., 4., 24., 30. März, 2., 22., 28. April, 11., 20., 26., 30. Mai, 18., 24., 28. Juni, 16., 22., 26. Juli, 14., 20., 24. Aug., 3., 12., 18. Sept., 10., 16., 20., 30. Okt., 8., 14., 18., 28. Nov., 6., 12., 16., 26. Dez.

Günstig: 18., 21., 22. Jan., 16., 19., 20. Feb., 14., 17., 18., 31. März, 12., 15., 16., 29. April, 10., 13., 14., 27. Mai, 8., 11., 12., 25. Juni, 6., 9., 10., 23. Juli, 4., 7., 8., 21., 30. Aug., 2., 5., 6., 19., 28., 30. Sept., 3., 4., 17., 26., 28. Okt., 1., 2., 15., 24., 26. Nov., 13., 22., 24. Dez.

Schicksalhaft: 26., 27., 28., 29. Juni, 29. Okt., 27. Nov., 25. Dez.

Problematisch: 29. Jan., 27. Feb., 25. März, 23. April, 21. Mai, 19. Juni, 17. Juli, 15., 30. Aug., 13., 28. Sept., 11., 26. Okt., 9., 24. Nov., 7., 22. Dez.

Seelenverwandt: 24., 27., 28. Jan., 22., 25., 26. Feb., 20., 23., 24. März, 18., 21., 22. April, 16., 19., 20. Mai, 14., 17., 18., 30. Juni, 12., 15., 16., 28. Juli, 10., 13., 14., 26. Aug., 8., 11., 12., 24. Sept., 6., 9., 10., 22. Okt., 4., 7., 8., 20. Nov., 2., 5., 6., 18., 30. Dez.

29. Dezember

SONNE: STEINBOCK
DEKADE: STEINBOCK/SATURN
GRAD: 6°30' – 7°30' STEINBOCK
ART: KARDINALZEICHEN
ELEMENT: ERDE

Fixstern

Name des Sterns: Kaus Borealis
Gradposition: 5°20' – 6°19' Steinbock zwischen den Jahren 1930 und 2000
Magnitude: 3
Stärke: ******
Orbit: 1°40'
Konstellation: Lambda Sagittarii
Tage: 27., 28., 29. Dezember
Sternqualitäten: Merkur/Mars
Beschreibung: großer orangefarbener Stern im nördlichen Teil vom Bogen des Schützen.

Einfluß des Hauptsterns

Der Einfluß von Kaus Borealis äußert sich in Intelligenz, einem scharfen Verstand und besonderer Wortgewandtheit. Unter seinem Einfluß diskutieren Sie gerne, können dabei allerdings aggressiv oder streitlustig werden. Kaus Borealis wird mit Schlagfertigkeit, humanitären Tendenzen, Idealismus und einem ausgeprägten Gerechtigkeitssinn verbunden. Er kann Ihnen Veränderungen aufzwingen.
Im Zusammenhang mit dem Stand Ihrer Sonne kann Kaus Borealis auch für Entschlossenheit und innere Antriebskraft für das Erreichen einflußreicher Positionen stehen. Einfallsreichtum und Führungsqualitäten, die von ihm ausgehen, werden allgemein an Ihnen geschätzt und führen zu Beförderung. Durch innere Unruhe und das stete Bedürfnis vorwärtszukommen neigen Sie zu Unzufriedenheit.
• Positiv: flexibel, entschlossen, gebildet, freimütig.
• Negativ: unzufrieden, radikal, rechthaberisch.

♑ Als sensibler, charmanter und kreativer Steinbock können Sie wunderbar mit Menschen umgehen. Kommunikationsfähigkeiten, angenehmes Auftreten und soziale Kompetenz machen Sie zu einem höflichen Diplomaten. Sie verfolgen hohe Ideale, können aber auch sehr praktisch sein; im allgemeinen sind Sie bereit, hart zu arbeiten, um Ihre Ziele zu erreichen.

Durch den Untereinfluß Ihres Dekadenzeichens Steinbock sind Sie besonders dezidiert und gewissenhaft, wenn Sie von einer Sache voll und ganz überzeugt sind. Als Stratege und guter Planer sind Sie gern konstruktiv und verstehen es bestens, eine Idee oder ein Produkt zu verkaufen oder zu vermarkten. Gelegentlich leiden Sie unter der Angst, in finanzielle Schwierigkeiten zu geraten, aber Ihr Talent, mit Menschen umzugehen, und Ihre engagierte Haltung garantieren Ihnen stets die notwendigen Mittel. Dank Ihrer großen Phantasie sind Sie ein kreativer Denker und hart arbeitender Visionär. Diese Eigenschaften bringen Sie im Geschäftsleben weiter, können aber auch Ihre künstlerischen oder spirituellen Talente fördern. Mit Ihrer angenehmen Stimme und Ihrem Äußeren, auf das Sie viel Wert legen, wirken Sie sehr anziehend auf andere. Da Sie einen ausgeprägten Hang zum Luxus haben, müssen Sie sich allerdings vor Eitelkeit und Verschwendungssucht hüten.

Wenn Sie 23 Jahre alt sind und Ihre Sonne sich durch den Wassermann bewegt, lassen Sie sich weniger von Normen und Traditionen beeinflussen. Sie lösen sich von der Vergangenheit und vertrauen mehr auf Ihre eigenen Ansichten. Möglicherweise beginnen Sie sich für Gruppenaktivitäten oder humanitäre Ziele zu interessieren, oder aber Sie möchten vermehrt Ihre Individualität ausdrücken. Ein weiterer Wendepunkt erfolgt, wenn Sie 53 sind und Ihre Sonne in das Zeichen der Fische wechselt. Jetzt legen Sie zunehmend Wert auf Ihr innerstes Gefühlsleben, was sich in Phantasie, Träumen und einem intuitiven Verständnis für Ihre Beziehungen zu anderen ausdrückt.

Ihr geheimes Selbst

Auch wenn Liebe für Sie große Bedeutung hat, sind die Suche nach Wissen und die Entwicklung eines tieferen Verständnisses der Dinge für Ihre emotionale Erfüllung ebenso notwendig. Bildung kann der Schlüssel dazu sein, Ihr Bedürfnis nach Information und Weisheit zu befriedigen. Ständig neue Projekte zu initiieren hält Sie geistig wach und führt zu größerer Bewußtheit und zu Gelegenheiten, Ihre Erkenntnisse mit anderen zu teilen. Wenn Sie Ihre Selbstbeherrschung mit Ihrem Wissen kombinieren, eignen Sie sich gut als Berater oder entwickeln besondere Führungsqualitäten. Wenn Sie Ihren Idealismus und Ihr Mitgefühl in einen größeren Zusammenhang stellen, vermeiden Sie Pessimismus und negatives Denken.

Beruf & Karriere

Charmant und charismatisch, sind Sie rücksichtsvoll und gewinnend. Da Sie sehr gut mit Publikum umgehen können, eignen Sie sich gut für Verkauf oder Promotion. Mit Ihrem Wissensdurst zieht es Sie zu Lehrtätigkeiten. Da Sie auch technisches Geschick haben, interessiert Sie Informations- und Kommunikationstechnologie. Die Gabe, schnell Informationen zu erfassen und zu nutzen, können Sie einsetzen, um Sprachen zu lernen und als Dolmetscher oder Übersetzer zu arbeiten. Erfolgversprechend sind auch

Tätigkeiten in der Politik oder in Dienstleistungsbetrieben. Mit Ihrem Kunstinteresse und Ihrem Schreibtalent können Sie als kreativer Künstler erfolgreich sein.

Berühmte Persönlichkeiten dieses Tages sind die Schauspieler Jon Voight und Ted Danson, der Cellist Pablo Casals, die Schauspielerin Mary Tyler Moore und die Sängerin Marianne Faithfull.

Numerologie

Mit der Geburtstagszahl 29 sind Sie häufig intuitiv, sensibel und emotional. Ihre mitfühlende und verständnisvolle Art spricht für Ihre Menschenfreundlichkeit und kann andere ermutigen, ihre eigenen Hoffnungen und Träume zu verwirklichen. Auch wenn Sie ein echter Träumer sind, haben Sie sehr extreme Seiten und müssen sich vor Stimmungsschwankungen hüten. Mit der Geburtstagszahl 29 haben Sie das Bedürfnis, beliebt zu sein, und machen sich Gedanken darüber, was andere von Ihnen denken. Der Untereinfluß der Monatszahl 12 führt dazu, daß Sie gesellig und freundlich sind, auch wenn Sie gelegentlich schüchtern und zurückhaltend wirken. Ihr Pragmatismus und Ihre Bereitschaft, für materiellen Wohlstand hart zu arbeiten, zeigen, daß Sie sehr sicherheitsbewußt sind, hin und wieder aber auch Ängste um Ihre finanzielle Lage ausstehen. Sie brauchen genügend Freiheit, um unabhängig zu sein; wenn Sie aber lernen, zu teilen und zu vertrauen, werden Sie die Vorzüge von engen Beziehungen und Partnerschaften oder der Teamarbeit schätzen lernen.

Positiv: inspiriert, ausgeglichen, kreativ, intuitiv, träumerisch, gründlich, gläubig.

Negativ: mangelnde Konzentrationsfähigkeit, launisch, extrem, überempfindlich, rücksichtslos.

Liebe & Zwischenmenschliches

Ihr starkes Bedürfnis nach Gesellschaft zeigt, daß Ihnen persönliche Beziehungen sehr viel wert sind. Sie suchen immer nach der perfekten Liebe und fühlen sich zu erfolgreichen und kreativen Menschen hingezogen, die möglichst auch noch wohlhabend und angesehen sind oder künstlerische Fähigkeiten haben. Wenn Sie sich auf eine Beziehung eingelassen haben, sind Sie zu großen Opfern bereit, um Frieden und Harmonie aufrechtzuerhalten. Sie finden Freunde und Vergnügen, wenn Sie Ihre kreativen und intellektuellen Interessen mit anderen teilen.

Ihr Partner

Ihren idealen Partner werden Sie mit großer Wahrscheinlichkeit unter den an den folgenden Tagen geborenen Menschen finden:

Liebe & Freundschaft: 5., 6., 14., 16., 31. Jan., 12., 14. Feb., 1., 2., 10., 12., 31. März, 8., 10., 25., 29. April, 6., 8., 27. Mai, 4., 6., 25. Juni, 2., 4., 23., 29. Juli, 2., 21., 27. Aug., 15., 19., 25. Sept., 17., 23., 31. Okt., 15., 21., 29. Nov., 13., 19., 27. Dez.

Günstig: 19., 22., 30. Jan., 17., 20., 28. Feb., 15., 18., 26. März, 13., 16., 24., 30. April, 11., 14., 22., 28. Mai, 9., 12., 20., 26. Juni, 7., 10., 18., 24. Juli, 5., 8., 16., 22. Aug., 3., 6., 14., 20. Sept., 1., 4., 12., 18., 29. Okt., 2., 10., 16., 27. Nov., 8., 14., 25. Dez.

Schicksalhaft: 27., 28., 29., 30. Juni

Problematisch: 11., 25., 26. Jan., 9., 23., 24. Feb., 7., 21., 22. März, 5., 19., 20. April, 3., 17., 18., 29. Mai, 1., 15., 16., 27. Juni, 13., 14., 25. Juli, 11., 12., 23. Aug., 9., 10., 21., 30. Sept., 7., 8., 19., 28. Okt., 5., 6., 17., 26. Nov., 3., 4., 15., 24. Dez.

Seelenverwandt: 31. Mai, 29. Juni, 27. Juli, 25. Aug., 23. Sept., 21. Okt., 19. Nov., 17. Dez.

SONNE: STEINBOCK
DEKADE: STEINBOCK/SATURN
GRAD: 7°30' – 8°30' STEINBOCK
ART: KARDINALZEICHEN
ELEMENT: ERDE

Fixstern

Name des Sterns: Facies
Gradposition: 7°12' – 8°24' Steinbock zwischen den Jahren 1930 und 2000
Magnitude: 5
Stärke: **
Orbit: 1°
Konstellation: M22 Sagittarii
Tage: 29., 30., 31. Dezember
Sternqualitäten: Sonne/Mars
Beschreibung: heller Sternhaufen und Nebel im Bogen des Schützen.

Einfluß des Hauptsterns

Facies steht für Bestimmtheit, Kampfgeist und Furchtlosigkeit. Unter seinem Einfluß sind Sie lebensfroh und vital, haben Führungsqualitäten und möchten Macht ausüben. Mit Facies sind Sie ein entschlossener Stratege, der den Wettkampf liebt und seine Siege genießt. Im Zusammenhang mit dem Stand Ihrer Sonne steht Facies für Erfolg in Wirtschaft und Öffentlichkeit, sorgt für Willenskraft, inneren Antrieb und Wettbewerbsgeist. Sie sollten aber nicht immer und überall die Nummer eins sein wollen, denn das könnte mit Risiken, unsauberen Geschäften und gefährlichen Situationen verbunden sein.
- Positiv: Lebenswille, Aktivität, große Leistungskraft, Entschlossenheit.
- Negativ: Überforderung, Starrsinn, Streitlust.

30. Dezember

♑ Mit Ihren guten Kommunikationsfähigkeiten und einer individuellen Lebensphilosophie sind Sie meist ein ebenso praktischer wie scharfsinniger und unterhaltsamer Steinbock. Durch Ihre kreative Lebensauffassung sind Sie freundlich und gesellig und haben ein starkes Bedürfnis nach Liebe und Selbstverwirklichung. Achten Sie aber darauf, daß Sie nicht durch Ängste oder Unentschlossenheit Ihre bemerkenswerten Talente beeinträchtigen.

Durch den Untereinfluß Ihres Dekadenzeichens Steinbock ist Ihnen stets bewußt, daß Sie im Leben nichts ohne Anstrengung bekommen. Mit Ihrem starken Willen sind Sie im allgemeinen engagiert und arbeiten hart, wenn Sie in interessante Aktivitäten involviert sind. Ihre zahlreichen Interessen und der Wunsch nach Abwechslung führen dazu, daß Sie gern die verschiedensten Erfahrungen machen; dabei sollten Sie aber Ihre Kraft nicht vergeuden oder sich verzetteln.

Da Sie klug und verständnisvoll sind, haben Sie das starke Bedürfnis, mit Menschen zusammenzusein, und fungieren häufig als Vermittler von Ideen. Ihre Sensibilität ist Ihnen bei künstlerischen Tätigkeiten oder bei der Hilfe für andere sehr nützlich, Sie müssen sich aber vor Überemotionalität oder Egozentrik hüten. Da Sie sehr empfänglich für Umwelteinflüsse sind, brauchen Sie eine harmonische Umgebung. Dann können Sie Ihr angeborenes universelles Verständnis entwickeln und emotionale Distanz lernen, was Ihnen hilft, Enttäuschungen zu vermeiden.

Bis zum Alter von 21 gehen Sie Ihr Leben recht behutsam und realitätsbezogen an. Wenn Sie 22 sind, tritt Ihre Sonne in den Wassermann, und Sie kümmern sich weniger um die Meinung anderer, werden unabhängiger und möchten Ihre Individualität zum Ausdruck bringen. Freundschaften, Gruppenaktivitäten oder humanitäre Ziele spielen nun eine zunehmend wichtigere Rolle in Ihrem Leben. Ein weiterer Wendepunkt erfolgt, wenn Sie 52 sind und Ihre Sonne in das Zeichen der Fische tritt. Jetzt legen Sie mehr Wert auf Sensibilität und Gefühle. Sie werden aufgeschlossener und phantasievoller, oder Sie verspüren das Bedürfnis, Ihre kreativen Talente zu fördern.

Ihr geheimes Selbst

Sie sind zwar voller Zuwendung und liebevoll, zum Handeln motiviert Sie aber Ihr innerer Wunsch nach materiellem Erfolg. Ihr Bedürfnis nach Geld und Status kollidiert gelegentlich mit Ihren emotionalen Wunschvorstellungen und läßt Sie zwischen diesen Extremen schwanken. Am besten ist es für Sie, wenn finanzieller Erfolg aus dem Einsatz für eine gute Sache resultiert. Sie haben natürliche Führungsqualitäten, müssen aber darauf achten, nicht herrisch oder fordernd aufzutreten.

Wenn Sie inspiriert sind, lassen Sie alle an Ihren Glücksgefühlen teilhaben. Intelligent und stets wohlinformiert, hassen Sie Langeweile und sind ständig auf der Suche nach neuen und aufregenden Dingen, die Ihren Verstand beschäftigen. Eine grundsätzliche Unsicherheit in Gefühlsangelegenheiten oder Unzufriedenheit mit Ihrer Lebenssituation können Ihnen den Optimismus rauben. Aus diesem Grund ist es besonders wichtig, daß Sie eine kreative Form des Ausdrucks für Ihre zahlreichen Talente finden. Mit zunehmendem Alter erkennen Sie immer mehr, wie sehr Ihnen höhere Weisheit dabei helfen kann, Ihre angeborenen intuitiven Kräfte zu nutzen.

Beruf & Karriere

Kreativ und dynamisch, haben Sie eine gewinnende Persönlichkeit und eine bodenständige Lebensauffassung. Mit Ihrem diplomatischen Geschick macht es Ihnen Freude, mit anderen zusammenzuarbeiten; in Ihrem Element sind Sie, wenn Sie Arbeit und Vergnügen verbinden können. Wenn Sie an eine Sache oder ein Projekt glauben, zeigen Sie Engagement und Begeisterung. Da Sie unabhängig sind und natürliche Führungsqualitäten haben, delegieren Sie lieber, statt sich selbst unterzuordnen. Deshalb sollten Sie entweder Positionen im Management anstreben oder sich selbständig machen. Mit Ihrem Bedürfnis nach Action und Ihrem Talent, andere zu motivieren, blühen Sie bei neuen und aufregenden Aufgaben auf. Erfolgreich sind für Sie auch Kunst, Musik oder Schreiben, sei es auf professioneller Basis oder als Hobby.

Berühmte Persönlichkeiten dieses Tages sind der Schriftsteller Rudyard Kipling, der Bluesgitarrist Bo Diddley, der Tänzer und Choreograph William Forsythe und der Fußballspieler und Bundestrainer Berti Vogts.

Numerologie

Mit der Geburtstagszahl 30 sind Sie freundlich, warmherzig und gesellig und können sehr charismatisch und loyal sein. Sie lieben die schönen Dinge des Lebens, und mit Ihrem guten Geschmack und Sinn für Stil und Form fühlen Sie sich zu allen Bereichen, die mit Kunst, Design und Musik zu tun haben, hingezogen. Mit Ihrem Bedürfnis, sich auszudrücken, und Ihrer angeborenen Wortgewandtheit können Sie durch Schreiben, Reden oder Singen bekannt werden. Sie haben starke Gefühle, und Verliebtsein oder emotionale Erfüllung ist für Sie lebenswichtig; auf Ihrer Suche nach Glück neigen Sie allerdings zu Ungeduld und Maßlosigkeit. Viele, die an diesem Tag geboren sind, werden vor allem als Musiker, Schauspieler oder Entertainer berühmt. Der Untereinfluß der Monatszahl 12 ist der Grund dafür, daß Sie idealistisch und sehr anziehend sind. Ästhetisch und eigenwillig, legen Sie Wert aufs Detail, Ihr Hang zur Pingeligkeit führt dabei aber oft dazu, daß Sie an allem herumkritteln. Mit Ihrer Fähigkeit, Konzepte zu entwickeln und auszubauen, können Sie sehr gut neue Projekte initiieren oder alte Ideen wieder aufleben lassen und sie mit neuem Leben erfüllen.

Positiv: lebenslustig, loyal, freundlich, guter Gesprächspartner, kreativ, glücklich.

Negativ: träge, stur, leicht reizbar, ungeduldig, launisch, eifersüchtig, unsicher, desinteressiert.

Liebe & Zwischenmenschliches

Amüsant und dynamisch, sind Sie eine charmante und charismatische Persönlichkeit. Freundlich und gesellig, fällt es Ihnen nicht schwer, die Liebe und Zuneigung von anderen zu bekommen, die Sie brauchen. Frauen unterstützen Sie positiv in Ihrem Leben. Sie haben gern kreative und auf Wirkung bedachte Menschen um sich, die Sie dazu ermuntern, selbst mehr aus sich herauszugehen und mehr auf den Eindruck, den Sie machen, zu achten. Gelegentlich können Zweifel oder Unentschlossenheit Ihre Beziehungen belasten, was Sie besonders sicherheitsbewußt macht.

Ihr Partner

Wenn Sie jemanden suchen, bei dem Sie Glück und Liebe finden, sollten Sie sich unter den Menschen umsehen, die an den folgenden Tagen geboren sind:

Liebe & Freundschaft: 5., 6., 7., 15., 17. Jan., 3., 5., 13., 15. Feb., 1., 2., 3., 11., 13. März, 1., 9., 11., 27., 30. April, 7., 9., 28. Mai, 5., 7., 26. Juni, 3., 5., 24., 30. Juli, 1., 3., 22., 28. Aug., 1., 17., 20., 26. Sept., 18., 24. Okt., 16., 22., 30. Nov., 14., 20., 28. Dez.

Günstig: 8., 20., 31. Jan., 6., 18., 29. Feb., 4., 16., 27. März, 2., 14., 25. April, 12., 23., 29. Mai, 10., 21., 27. Juni, 8., 19., 25. Juli, 6., 17., 23. Aug., 4., 15., 21. Sept., 2., 3., 13., 19., 30. Okt., 11., 17., 28. Nov., 9., 15., 26. Dez.

Schicksalhaft: 28., 29., 30. Juni, 1. Juli

Problematisch: 11., 12., 27. Jan., 9., 10., 25. Feb., 7., 8., 23. März, 5., 6., 21. April, 3., 4., 19., 30. Mai, 1., 2., 17., 28. Juni, 15., 26. Juli, 13., 24. Aug., 11., 22. Sept., 9., 20., 29. Okt., 7., 18., 27. Nov., 5., 16., 25. Dez.

Seelenverwandt: 26. Jan., 24. Feb., 22. März, 20. April, 18. Mai, 16. Juni, 14. Juli, 12. Aug., 10. Sept., 8. Okt., 6., 30. Nov., 4., 28. Dez.

SONNE: STEINBOCK
DEKADE: STEINBOCK/SATURN
GRAD: 8°30' – 9°30' STEINBOCK
ART: KARDINALZEICHEN
ELEMENT: ERDE

Fixstern

Name des Sterns: Facies
Gradposition: 7°12' – 8°24' Steinbock zwischen den Jahren 1930 und 2000
Magnitude: 5
Stärke: **
Orbit: 1°
Konstellation: M22 Sagittarii
Tage: 29., 30., 31. Dezember
Sternqualitäten: Sonne/Mars
Beschreibung: heller Sternhaufen und Nebel im Bogen des Schützen.

Einfluß des Hauptsterns

Facies steht für Bestimmtheit, Kampfgeist und Furchtlosigkeit. Unter seinem Einfluß sind Sie lebensfroh und vital, haben Führungsqualitäten und möchten Macht ausüben. Mit Facies sind Sie ein entschlossener Stratege, der den Wettkampf liebt und seine Siege genießt. Im Zusammenhang mit dem Stand Ihrer Sonne steht Facies für Erfolg in Wirtschaft und Öffentlichkeit, sorgt für Willenskraft, inneren Antrieb und Wettbewerbsgeist. Sie sollten aber nicht immer und überall die Nummer eins sein wollen, denn dies könnte mit Risiken, unsauberen Geschäften und gefährlichen Situationen verbunden sein.
- Positiv: Lebenswille, Aktivität, große Leistungskraft, Entschlossenheit.
- Negativ: Überforderung, Starrsinn, Streitlust.

31. Dezember

♑ Ernsthaft, aber auch charismatisch, haben Sie einen ausgeprägten Sinn für Präsenz und Individualität, der Sie zu etwas ganz Besonderem macht. Mit Ihrem forschen Charme stehen Sie gern im Mittelpunkt des Interesses und sind äußerst hartnäckig, wenn es darum geht, Ziele zu erreichen. Obwohl Sie gelegentlich melancholisch oder pessimistisch sind, verlieren Sie nie das Bewußtsein für sich selbst und bauen Ihr Leben nach praktischen Grundsätzen auf, so daß Sie aus jeder Situation das Beste machen können. Durch Selbstdisziplin können Sie Ihr bemerkenswertes Potential und Ihre zahlreichen Talente entfalten.

Durch den Untereinfluß Ihres Dekadenzeichens Steinbock haben Sie ein gutes Gefühl für Timing und Struktur. Deshalb machen Zeiten der Veränderungen und der Instabilität Sie unsicher. Ihr Wunsch, hundertprozentig zuverlässig zu sein, führt dazu, daß Sie gern selbst die Führung oder Kontrolle übernehmen. Ihr Pragmatismus und die Bedeutung, die Sie materiellen Dingen beimessen, lassen Sie gelegentlich zwischen Materialismus und der Suche nach tieferen Einsichten schwanken.

Sie streben nach Unabhängigkeit und legen Wert auf Image und ersten Eindruck. Da Sie fleißig und gut organisiert sind, kommen Sie zu beachtlichen Resultaten, wenn Sie sich einem Projekt oder einer Sache voll und ganz verschrieben haben. Mit Ihrer starken Ausstrahlung und Ihren festen Prinzipien brauchen Sie eine Form der Selbstverwirklichung, durch die Sie sich den Respekt verdienen können, den Sie sich wünschen. Häufig haben Sie ausgeprägte intuitive Kräfte und die Fähigkeit, schwierige Situationen zu bezwingen und sich aus eigener Kraft zu regenerieren.

Bis Sie 20 sind, brauchen Sie vor allem Ordnung und Struktur im Leben. Wenn Sie die 21 überschritten haben und Ihre Sonne in den Wassermann wechselt, lassen Sie sich die nächsten dreißig Jahre weniger von Normen und Traditionen beeinflussen und werden unabhängiger. Neue Chancen, bei denen Sie Ihre eigenen Ansichten durchsetzen können, ermutigen Sie dazu, sich für Gruppenaktivitäten oder humanitäre Zwecke zu engagieren. Ein weiterer Wendepunkt erfolgt, wenn Sie 51 sind und Ihre Sonne in das Zeichen der Fische tritt. Jetzt legen Sie zunehmend Wert auf Ihr innerstes Gefühlsleben, das sich in Phantasien, Träumen und emotionalen Idealen ausdrückt.

Ihr geheimes Selbst

Eine kindliche Unschuld wird Sie Ihr ganzes Leben lang begleiten. Sie wirken dadurch nicht nur immer jugendlich, sondern haben auch die Gabe, phantasievoll und kreativ zu denken. Im allgemeinen sind Sie positiv und optimistisch, es gibt aber auch Zeiten, in denen Sie unter – meist unbegründeten – Ängsten und Befürchtungen leiden.

Wenn es Ihnen richtig gutgeht, können Sie erstaunlich stark sein und eine geradezu überirdische Bescheidenheit an den Tag legen. Sie sind bereit, Opfer zu bringen und tiefes Mitgefühl zu zeigen, wenn es darum geht, anderen zu helfen. Hinderlich für die Entfaltung Ihrer Talente können Ihnen Ihr Hang zu Selbstsucht und Arroganz oder Ihre Überempfindlichkeit werden, die Sie aus einer Mücke gern einen Elefanten machen läßt. Manch unangenehme Erfahrung in Ihrer Jugend erweist sich, wenn Sie älter und klüger geworden sind, als äußerst bereichernd. Um Erfüllung und Glück zu finden, müssen Sie mehr Selbstdisziplin lernen.

Beruf & Karriere

Unternehmungslustig und vielseitig begabt, stehen Ihnen viele berufliche Möglichkeiten offen. Da Sie ehrgeizig und zielorientiert sind und zudem einen ausgezeichneten Geschäftssinn haben, können Sie hart arbeiten, vor allem wenn Sie von einer Sache oder einem Projekt wirklich begeistert sind. Sie wollen nicht nur einfach einen Job; Sie wollen sich in Ihrem Beruf verwirklichen. Deshalb findet man Sie häufig an der Spitze Ihres Gebietes. Unabhängig, mit Pragmatismus und Führungsqualitäten begabt, organisieren Sie gern Großereignisse. Sensibel, kreativ, dramatisch, sind Sie wunderbar für die Welt des Theaters und der Oper geeignet. Mit Ihrer Eloquenz und Ihrem Schreibtalent können Sie Ihr Geld auch mit Schreiben verdienen. Mit Ihrer angenehmen Stimme und Ihrem Konversationstalent sind Sie auch ein ausgezeichneter Redner, Lehrer oder Dozent.

Berühmte Persönlichkeiten dieses Tages sind der Maler Henri Matisse, die Kosmetikunternehmerin Elizabeth Arden, der Sänger John Denver, die Sängerinnen Donna Summer und Odetta und die Schauspieler Ben Kingsley und Anthony Hopkins.

Numerologie

Starke Willenskraft, Entschlossenheit und der Wunsch, sich selbst auszudrücken, gehören zu den Charakteristika der 31. Im allgemeinen streben Sie unermüdlich und entschlossen nach materiellem Erfolg. Sie müssen aber lernen, Ihre Grenzen zu akzeptieren und auf solide Grundlagen im Leben zu bauen. Glück und günstige Gelegenheiten machen es möglich, Hobbys in gewinnbringende Tätigkeiten umzuwandeln. Da Sie oft hart arbeiten, ist es wichtig, daß Sie sich Zeit für Liebe und Vergnügen nehmen. Sie müssen sich davor hüten, zu selbstsüchtig oder allzu optimistisch zu sein. Der Untereinfluß der Monatszahl 12 bewirkt, daß Sie kreativ und vielseitig talentiert sind. Auch wenn Sie gesellig und freundlich sind, bleiben Sie stets ein unabhängiger Denker und handeln nach Ihrem eigenen Kopf. Abenteuer- und unternehmungslustig, suchen Sie Erfüllung durch Selbstverwirklichung. Ihre innere Größe wächst an Hindernissen und Schwierigkeiten. Wenn Sie zu wahrer Weisheit finden wollen, müssen Sie sich von rein materialistisch motivierten Aktivitäten freimachen.

Positiv: Glück, kreativ, originell, Macher, konstruktiv, ausdauernd, praktisch, guter Gesprächspartner, verantwortungsbewußt.

Negativ: unsicher, ungeduldig, mißtrauisch, leicht entmutigt, mangelnder Ehrgeiz, selbstsüchtig, stur.

Liebe & Zwischenmenschliches

Mit Ihrem Charme, Charisma und Gefühl für Wirkung fällt es Ihnen nicht schwer, Freunde und Bewunderer zu gewinnen. Trotz ausgeprägter Beschützerinstinkte, die Sie gegenüber denen, die Sie lieben, empfinden, können Sie ziemlich fordernd sein. Sie sind ein ausgezeichneter Gastgeber und haben viel Verständnis für andere. Obwohl Sie gelegentlich unter Verstimmungen leiden, sind Sie im allgemeinen ein warmherziger, verantwortungsbewußter und liebevoller Liebespartner und treuer Gefährte.

Ihr Partner

Emotionale Erfüllung, geistige Anregung und Liebe finden Sie am ehesten unter den Menschen, die an folgenden Tagen geboren sind:

Liebe & Freundschaft: 2., 4., 5., 6., 10., 15., 18., 19. Jan., 7., 25., 28., 29. Feb., 1., 2., 4., 6., 11., 13. März, 21., 24., 25. April, 2., 7., 9., 19., 22. Mai, 21., 27., 28., 29. Juni, 3., 5., 18., 19. Juli, 23., 24., 25. Aug., 1., 11., 14., 15., 21., 22., 23. Sept., 31. Okt., 7., 10., 11., 17., 18., 19. Nov., 8., 16., 17., 27., 28., 29. Dez.

Günstig: 20., 31. Jan., 6., 18., 29. Feb., 4., 16., 27. März, 2., 14., 25. April, 12., 23., 29. Mai, 10., 21., 27. Juni, 8., 19., 25. Juli, 6., 17., 23. Aug., 4., 15., 21. Sept., 2., 3., 13., 19., 30. Okt., 11., 17., 28. Nov., 9., 15., 26. Dez.

Schicksalhaft: 1., 2., 3., 4. Juli

Problematisch: 12., 25., 27. Jan., 9., 10., 23., 25. Feb., 7., 8., 23. März, 5., 6., 21. April, 3., 4., 19., 30. Mai, 1., 2., 17., 28. Juni, 15., 26. Juli, 13., 24. Aug., 11., 22. Sept., 9., 20., 29. Okt., 7., 18., 27. Nov., 5., 16., 25. Dez.

Seelenverwandt: 25., 26. Jan., 23., 24. Feb., 22. März, 20. April, 18. Mai, 16. Juni, 14. Juli, 12. Aug., 10. Sept., 8. Okt., 5., 6., 30. Nov., 4., 28., 30. Dez.

SONNE: STEINBOCK
DEKADE: STIER/VENUS
GRAD: 9° – 11° STEINBOCK
ART: KARDINALZEICHEN
ELEMENT: ERDE

Fixstern

Name des Sterns: Pelagus, auch Nunki genannt

Gradposition: 11°15' – 12°21' Steinbock zwischen den Jahren 1930 und 2000

Magnitude: 2

Stärke: ********

Orbit: 2°10'

Konstellation: Sigma Sagittarii

Tage: 1., 2., 3., 4., 5. Januar

Sternqualitäten: Merkur/Jupiter

Beschreibung: Stern an der Hand des Schützen.

Einfluß des Hauptsterns

Pelagus' Einfluß bewirkt, daß Sie sehr wahrheitsliebend sind, einen starken Charakter und eine direkte, energische Art haben. Sie streben entschlossen nach Erfolg und haben viel gesunden Menschenverstand. Pelagus drängt Sie zu Weiterbildung, vor allem in Wissenschaft, Philosophie, Geschichte und Spiritualität. Unter Pelagus' Einfluß sind Sie freimütig und haben feste Prinzipien. Im Zusammenhang mit dem Stand Ihrer Sonne schenkt Pelagus Kreativität, Ideenreichtum, gute berufliche Aufstiegschancen und ein glückliches Heim. Sie können berühmt werden, auch wenn Sie sich manchmal in komplexe Situationen verwickeln, aus denen Sie jedoch gewöhnlich unbeschadet hervorgehen.

• Positiv: höhere Bildung, ausgeprägter gesunder Menschenverstand, Wahrheitsliebe.

• Negativ: Streitsucht, Unehrlichkeit.

1. Januar

♑ Der Einfluß Ihres Geburtstages sorgt dafür, daß Sie ein ehrgeiziger und bodenständiger Steinbock sind, der gern Machtpositionen einnimmt. Selbstbeherrschung und ausgeprägte Zielstrebigkeit sind die Schlüssel zu Ihrem Erfolg und Glück; ohne sie neigen Sie zu Rastlosigkeit und Unzufriedenheit. Sie haben das große Talent, andere führen und motivieren zu können, sofern Sie Verantwortlichkeiten nicht ausweichen.

Durch den Untereinfluß Ihres Dekadenzeichens Stier haben Sie die Zielstrebigkeit, sich bis zum Ende durchzubeißen, auch wenn es eine Zeitlang dauert. Da Sie praktisch und ausdauernd sind, können Sie sehr hart arbeiten, wenn Sie sich wirklich für eine Sache interessieren. Loyal und dezidiert, sind Sie zu großen Opfern bereit, wenn Sie etwas wirklich wollen. Ihre musischen Talente oder Ihre Liebe zu Musik oder Theater sollten Sie als entspannenden Ausgleich kultivieren. Sie sollten aber nicht herrisch oder selbstsüchtig werden, denn damit könnten Sie sich viele Chancen verderben.

Ihre Vielseitigkeit und Ihr Wunsch nach Abwechslung führen dazu, daß Sie sich mit vielen verschiedenen Themengebieten beschäftigen. Da Sie selbst gescheit und wißbegierig sind, fühlen Sie sich auch zu gescheiten Menschen hingezogen. Schon in jungen Jahren entwickeln Sie eine unabhängige Haltung, die Sie sich Ihr ganzes Leben lang bewahren. Sie nehmen ungern Ratschläge von anderen an, was Sie gelegentlich stur und dickköpfig sein läßt. Problematisch kann es für Sie sein, über kleine Gefühlsduseleien hinaus echte Liebe durch Hilfsbereitschaft für andere auszudrücken.

Bis zum Alter von 19 gehen Sie Ihr Leben recht ernsthaft an. Wenn Sie 20 sind, tritt Ihre Sonne in den Wassermann. Sie kümmern sich weniger um die Meinung anderer, werden unabhängiger und möchten Ihre Individualität zum Ausdruck bringen. Freundschaften, Gruppenaktivitäten oder humanitärer Einsatz mögen eine zunehmend wichtigere Rolle in Ihrem Leben spielen. Im mittleren Alter sollten Sie Ihre Ziele klar vor Augen haben, um Frustration und Ungeduld zu vermeiden. Ein weiterer Wendepunkt erfolgt, wenn Sie 50 sind und Ihre Sonne in das Zeichen der Fische tritt. Jetzt legen Sie mehr Wert auf Sensibilität und Gefühle. Sie werden aufgeschlossener und phantasievoller oder haben das Bedürfnis, Ihre kreativen Talente zu fördern. Wenn Sie lernen, auf Ihre Intuition zu vertrauen, entwickeln Sie mehr Selbstsicherheit und Vorausschau.

Ihr geheimes Selbst

Obwohl Sie natürliche Weisheit, innere Noblesse und Stolz haben, quält Sie manchmal das Gefühl, nicht gut genug zu sein, und darin liegt auch Ihre Hauptantriebskraft. Wenn Sie über sich selbst unsicher sind, neigen Sie dazu, Situationen und Mitmenschen kontrollieren zu wollen. Sie brauchen Anerkennung und Beliebtheit, auch wenn es Ihnen unangenehm ist, das zuzugeben. Mit jedem Kampf, den Sie mit sich selbst ausfechten, wächst Ihr Selbstvertrauen. Ihre Stärke liegt darin, daß Sie Ihre Talente, Ihre Grenzen und die Größe Ihres Potentials richtig einschätzen können.

Während Sie in jungen Jahren dicke Schutzmauern um sich errichten, legen Sie mit zunehmendem Alter ein wenig von Ihrer übergroßen Ernsthaftigkeit ab und werden unbeschwerter. Nach vielen bitteren Erfahrungen werden Sie zur Autorität für Ihr eigenes Selbst und selbstsicherer und entschlossener.

Beruf & Karriere

Voller Autorität und Unabhängigkeit, Verwaltungsgeschick und Führungsqualitäten, sind Sie für verantwortungsvolle und leitende Positionen geschaffen. Intuitiv und scharfsinnig, erkennen Sie schnell die Beweggründe anderer. Mit Ihrem Geschäftssinn und Ihrem Unternehmersinn arbeiten Sie meist selbständig oder sind als Urheber, Politiker oder Produzent tätig. Sollten Sie angestellt sein, arbeiten Sie im allgemeinen als leitender Manager oder Vorarbeiter. Mit Ihren Talenten können Sie es sowohl in kreativen Berufen wie im Geschäftsleben zu Erfolg bringen; in großen Konzernen oder staatlichen Institutionen können Sie Ihre Führungsqualitäten besonders gut einsetzen. Sie spezialisieren sich gern. Hart arbeitend und dezidiert, müssen Sie zuweilen mehr Rücksicht auf die Bedürfnisse anderer nehmen.

Berühmte Persönlichkeiten dieses Tages sind der FBI-Chef J. Edgar Hoover, der Schriftsteller J. D. Salinger, der amerikanische Revolutionär Paul Revere, der US-Politiker Barry Goldwater und der Choreograph Maurice Béjart.

Numerologie

Sie haben das große Bedürfnis, unabhängig zu sein und immer an erster Stelle zu stehen. Mit der Geburtstagszahl 1 sind Sie innovativ, mutig und voller Energie. Häufig haben Sie das Bedürfnis nach einer ganz besonderen Identität. Ihr Pioniergeist veranlaßt Sie, alles im Alleingang durchziehen zu wollen. Voller Begeisterungsfähigkeit und origineller Ideen, weisen Sie oft anderen den Weg. Mit der Geburtstagszahl 1 müssen Sie lernen, daß sich die Welt nicht nur um Sie allein dreht. Der Untereinfluß der Monatszahl 1 bewirkt, daß Sie nicht nur kreativ und hoch intuitiv sind, sondern auch scharfsinnig und idealistisch. Inspiriert und resolut, haben Sie einen starken Charakter und geben lieber selbst Anweisungen, als welche zu empfangen. Wenn Sie Schwierigkeiten haben, Ihre Gefühle auszudrücken, wirken Sie kalt und gefühllos. Lernen Sie, auf Ihre starke Intuition zu vertrauen, und lassen Sie keine negativen Gedanken zu. Sie müssen die Kunst des Kompromisses lernen, um Inflexibilität und Unnachgiebigkeit zu vermeiden.

Positiv: führungsstark, kreativ, progressiv, energisch, optimistisch, feste Überzeugungen, kämpferisch, unabhängig.

Negativ: eifersüchtig, egozentrisch, feindselig, mangelnde Zurückhaltung, ungeduldig.

Liebe & Zwischenmenschliches

Da Sie intelligent sind und eine rasche Auffassungsgabe haben, langweilen Sie sich schnell und brauchen Abwechslung und Abenteuer in Ihrem gesellschaftlichen Leben. Sie fühlen sich zu erfinderischen Menschen hingezogen und können ein treuer Freund und Partner sein. Aufgrund Ihrer starken Persönlichkeit ertragen Sie Dummheit nur schwer, sind aber sehr charmant, wenn es nötig ist. Dank Ihrem Wissensdurst und Ihrem Bedürfnis nach Ordnung und Struktur sind Sie eine gute Mutter oder ein guter Vater, müssen sich aber davor hüten, zu dominierend zu sein. Sosehr Sie auch Liebe brauchen – praktische Überlegungen haben bei Ihnen stets Priorität. Doch je mehr Liebe Sie anderen offen entgegenbringen, desto besser für Sie.

Ihr Partner

Geistige Anregung und Glück finden Sie am ehesten unter den Menschen, die an folgenden Tagen geboren wurden:

Liebe & Freundschaft: 9., 30. Jan., 7., 28. Feb., 5., 26. März, 3., 24. April, 1., 22., 30., 31. Mai, 20., 28., 29. Juni, 18., 26., 27. Juli, 16., 24., 25. Aug., 14., 22., 23. Sept., 12., 20., 21. Okt., 10., 18., 19. Nov., 8., 16., 17., 29. Dez.

Günstig: 4., 6., 8., 21. Jan., 2., 4., 19. Feb., 2., 17. März, 15. April, 13. Mai, 11. Juni, 9. Juli, 7. Aug., 5. Sept., 3. Okt., 1. Nov.

Schicksalhaft: 1., 2., 3., 4., 5. Juli

Problematisch: 25. Jan., 23. Feb., 21., 31. März, 19., 29. April, 17., 27. Mai, 15., 25. Juni, 13., 23. Juli, 11., 21. Aug., 9., 19. Sept., 7., 17. Okt., 5., 15. Nov., 3., 13. Dez.

Seelenverwandt: 2., 13. Jan., 11. Feb., 9. März, 17. April, 5. Mai, 21. Nov.

SONNE: STEINBOCK
DEKADE: STIER/VENUS
GRAD: 10° – 12° STEINBOCK
ART: KARDINALZEICHEN
ELEMENT: ERDE

Fixstern

Name des Sterns: Pelagus, auch Nunki genannt

Gradposition: 11°15' – 12°21' Steinbock zwischen den Jahren 1930 und 2000

Magnitude: 2

Stärke: ********

Orbit: 2°10'

Konstellation: Sigma Sagittarii

Tage: 1., 2., 3., 4., 5. Januar

Sternqualitäten: Merkur/Jupiter

Beschreibung: Stern an der Hand des Schützen.

Einfluß des Hauptsterns

Pelagus' Einfluß bewirkt, daß Sie sehr wahrheitsliebend sind, einen starken Charakter und eine direkte, energische Art haben. Sie streben entschlossen nach Erfolg und haben viel gesunden Menschenverstand. Pelagus drängt Sie zu Weiterbildung, vor allem in Wissenschaft, Philosophie, Geschichte und Spiritualität. Unter Pelagus' Einfluß sind Sie freimütig und haben feste Prinzipien. Im Zusammenhang mit dem Stand Ihrer Sonne schenkt Pelagus Kreativität, Ideenreichtum, gute berufliche Aufstiegschancen und ein glückliches Heim. Sie können berühmt werden, auch wenn Sie sich manchmal in komplexe Situationen verwickeln, aus denen Sie jedoch gewöhnlich unbeschadet hervorgehen.

- Positiv: höhere Bildung, ausgeprägter gesunder Menschenverstand, Wahrheitsliebe.
- Negativ: Streitsucht, Unehrlichkeit.

2. Januar

♑ Sie sind ein ehrgeiziger, ausdauernder, ernsthafter und fleißiger Steinbock. Als praktischer und bodenständiger Mensch mit scharfem Verstand fällt Ihnen Lernen außerordentlich leicht. Durch Bildung läßt sich aus Ihrem Potential das Beste machen. Ihre Schwäche liegt vor allem in Ihrer negativen Haltung zu Geld und Beziehungen.

Durch den Untereinfluß Ihres Dekadenzeichens Stier haben Sie ein starkes Bedürfnis nach Liebe und Zuneigung und wünschen sich harmonische berufliche Partnerschaften. Da Sie Schönheit und Künste lieben, können Sie kreativ sein, möchten Ihre Talente aber gern für eine nutzbringende Sache anwenden. Sie haben ein natürliches Gefühl für den Wert der Dinge und sind praktisch genug, um aus jeder Situation das Beste herauszuholen. Bei Ihrer Vorliebe für Luxus und Schönheit müssen Sie allerdings darauf achten, daß Sie nicht mehr Geld ausgeben, als Sie sich leisten können.

Dank Ihrer originellen Ideen und Ihrer scharfsinnigen Beurteilung der menschlichen Natur bieten sich Ihnen immer wieder ausgezeichnete Erfolgschancen, Sie müssen aber genügend Fleiß und Selbstdisziplin aufbringen, um Ihre Ziele zu erreichen. Zum Glück haben Sie ausreichendes Durchhaltevermögen, um Ihre Träume zu verwirklichen, zumindest solange Sie Spannungen in Ihren Beziehungen vermeiden. Zu Ihren größten Problemen gehört, daß Sie zuwenig an Ihre eigenen Fähigkeiten glauben. Wenn Sie das nicht in den Griff bekommen, müssen Sie sich möglicherweise mit Positionen zufriedengeben, die Ihrem Potential bei weitem nicht gerecht werden.

Bis Sie 18 sind, brauchen Sie vor allem Ordnung und Struktur im Leben. Wenn Sie die 19 überschritten haben und Ihre Sonne in den Wassermann wechselt, wünschen Sie sich mehr Unabhängigkeit und Freiheit; auch Freundschaft bedeutet Ihnen jetzt mehr. Möglicherweise interessieren Sie sich für ungewöhnliche Gebiete, oder Sie möchten Ihre eigenen Ideen zum Ausdruck bringen. Ein weiterer Wendepunkt erfolgt, wenn Sie 49 sind und Ihre Sonne in das Zeichen der Fische tritt. Jetzt legen Sie zunehmend Wert auf Ihr innerstes Gefühlsleben, was sich in Ihrer Phantasie, Ihren Träumen und emotionalen Idealen ausdrückt.

Ihr geheimes Selbst

Sie können aus allem ein Geschäft machen, was aber nicht zu verwechseln ist mit dem Erfolg, den Sie erreichen können, wenn Sie etwas für wirklich sinnvoll halten. Auch wenn Sie ein echtes Gefühl für Geld haben, befriedigen Sie Beschäftigungen mit rein materiellem Charakter nur unvollständig. Deshalb ist es wichtig, daß Sie Ihr Talent, Geld zu verdienen, auf sinnvolle Projekte anwenden, die Ihnen auch innere Erfüllung bringen.

Da Sie sehr entschlossen sind, wollen Sie immer ganz nach oben. Sie lieben die Macht und tanken Kraft, wenn Sie sich völlig einer bestimmten Sache oder einem Ziel widmen. Ohne das werden Sie unsicher oder stur, oder Sie neigen zu extremen Stimmungsschwankungen, die von Leidenschaft bis Desinteresse gehen. Da Sie sensibel sind, bietet Ihnen Ihre Intuition aber den nötigen Schutz und hilft Ihnen auch dabei, eigene und fremde Probleme zu lösen.

Beruf & Karriere

Ehrgeizig, erfolgsorientiert und kreativ, arbeiten Sie häufig mit anderen zusammen. Im allgemeinen sind Sie hoch intuitiv und haben enormes intellektuelles Potential. Diese Eigenschaften kombiniert mit Ihrer Sensibilität machen Sie sehr geeignet für Heilberufe, Pädagogik oder Forschung. Da Sie Autorität ausstrahlen und hart arbeiten, sind Sie auch begabt für Medien, Öffentlichkeitsarbeit, Beratung oder Management. Als guter Psychologe haben Sie natürliches Schreibtalent, das Sie aber vielleicht erst später im Leben entwickeln. Ihre Kreativität zieht Sie zu Fotografie, Musik oder Theater. Sie wollen Selbstausdruck, Wissen und Weisheit finden, deshalb ist reines Busineß für Sie auf die Dauer keine befriedigende Lösung. Am meisten fühlen Sie sich zu pädagogischen Berufen oder Sozialarbeit hingezogen.

Berühmte Persönlichkeiten dieses Tages sind der Schriftsteller Isaac Asimov, die Opernsängerin Renata Tebaldi, der Schriftsteller Ulrich Becher, die heilige Theresa von Lisieux und der Fotograf David Bailey.

Numerologie

Mit der Zahl 2 sind Sensibilität und das Bedürfnis verbunden, einer Gruppe anzugehören. Sie sind anpassungsfähig und verständnisvoll und lieben gemeinschaftliche Aktivitäten. Ihr Bedürfnis nach Harmonie und Austausch mit anderen macht Sie zu einem geeigneten Vermittler, nicht nur in Familienangelegenheiten. Bei Ihrem Versuch zu gefallen laufen Sie Gefahr, sich abhängig zu machen. Der Untereinfluß der Monatszahl 1 bewirkt, daß Sie hoch intuitiv und phantasiebegabt sind. Mit Ihrem initiativen Geist treffen Sie Entscheidungen gern allein oder ziehen Projekte im Alleingang durch. Meist sind Sie unabhängig, innovativ, mutig und voller Energie. Im allgemeinen geben Sie sich tolerant und liberal, wobei Sie aber auch zu Sturheit neigen können. Als humanitärer Menschenfreund sind Sie stets auf der Suche nach Weisheit und Gerechtigkeit. Ihr Bedürfnis, die Geheimnisse des Lebens zu erforschen, inspiriert Sie möglicherweise, Metaphysik und Philosophie zu studieren und zu lehren. Achten Sie darauf, nicht hastig, überempfindlich oder extrem zu reagieren. Am glücklichsten sind Sie, wenn Sie dem Gemeinwohl dienen und sich für Reformen oder Aufklärung einsetzen können.

Positiv: rücksichtsvoll, guter Partner, sanft, taktvoll, aufgeschlossen, intuitiv, harmonisch, angenehmes Wesen.

Negativ: mißtrauisch, mangelndes Selbstvertrauen, schüchtern, überempfindlich, selbstsüchtig, leicht verletzt, falsch.

Liebe & Zwischenmenschliches

Sie sind sinnlich, strahlen große Anziehungskraft aus und sehnen sich nach Liebe und Zuneigung. Sie brauchen Gesellschaft, weshalb es wichtig ist, daß Ihr Liebespartner für Sie auch ein guter Freund ist. Achten Sie darauf, daß Sie im Alltag nicht pingelig sind, denn das führt zu Spannungen in Ihren Beziehungen. Sie können gegenüber denen, die Sie lieben, sehr großzügig sein; dennoch kann es in Beziehungen oder Ehe zu Unstimmigkeiten über finanzielle Dinge kommen.

Ihr Partner

Den idealen Partner werden Sie mit großer Wahrscheinlichkeit unter den an den folgenden Tagen geborenen Menschen finden:

Liebe & Freundschaft: 4., 18., 21., 31. Jan., 2., 16., 19., 29. Feb., 14., 17., 27. März, 12., 15., 25., 27. April, 10., 13., 23., 25. Mai, 8., 11., 21. Juni, 6., 9., 19., 31. Juli, 4., 7., 17., 29. Aug., 2., 15., 17., 27., 30. Sept., 3., 13., 25., 28. Okt., 1., 11., 13., 23. Nov., 9., 21., 24., 30. Dez.

Günstig: 6. Jan., 4. Feb., 2. März, 30. Mai, 28. Juni, 26. Juli, 24. Aug., 22., 30. Sept., 20., 28. Okt., 18., 26. Nov., 16., 24. Dez.

Schicksalhaft: 30. Juni, 3., 4., 5., 6., 28. Juli, 26. Aug., 24. Sept., 22. Okt., 20. Nov., 18. Dez.

Problematisch: 27. Jan., 25. Feb., 23. März, 21. April, 19. Mai, 17. Juni, 15. Juli, 13. Aug., 11. Sept., 9. Okt., 7. Nov., 5. Dez.

Seelenverwandt: 17., 19. Jan., 15., 17. Feb., 13., 15. März, 11., 13. April, 9., 11. Mai, 7., 9. Juni, 5., 7. Juli, 3., 5. Aug., 1., 3. Sept., 1. Okt.

3. Januar

SONNE: STEINBOCK
DEKADE: STIER/VENUS
GRAD: 11° – 13° STEINBOCK
ART: KARDINALZEICHEN
ELEMENT: ERDE

Fixstern

Name des Sterns: Pelagus, auch Nunki genannt
Gradposition: 11°15' – 12°21' Steinbock zwischen den Jahren 1930 und 2000
Magnitude: 2
Stärke: ********
Orbit: 2°10'
Konstellation: Sigma Sagittarii
Tage: 1., 2., 3., 4., 5. Januar
Sternqualitäten: Merkur/Jupiter
Beschreibung: Stern an der Hand des Schützen.

Einfluß des Hauptsterns

Pelagus' Einfluß bewirkt, daß Sie sehr wahrheitsliebend sind, einen starken Charakter und eine direkte, energische Art haben. Sie streben entschlossen nach Erfolg und haben viel gesunden Menschenverstand. Pelagus drängt Sie zu Weiterbildung, vor allem in Wissenschaft, Philosophie, Geschichte und Spiritualität. Unter Pelagus' Einfluß sind Sie freimütig und haben feste Prinzipien. Im Zusammenhang mit dem Stand Ihrer Sonne schenkt Pelagus Kreativität, Ideenreichtum, gute berufliche Aufstiegschancen und ein glückliches Heim. Sie können berühmt werden, auch wenn Sie sich manchmal in komplexe Situationen verwickeln, aus denen Sie jedoch gewöhnlich unbeschadet hervorgehen.
• Positiv: höhere Bildung, ausgeprägter gesunder Menschenverstand, Wahrheitsliebe.
• Negativ: Streitsucht, Unehrlichkeit.

♑ Sie sind ein dynamischer und kreativer Steinbock mit Scharfsinn und Schlagfertigkeit. Wenn Sie von einer Sache wirklich begeistert sind, können Sie ehrgeizig und fleißig sein. Im allgemeinen sind Sie ein unabhängiger Denker, der unter Druck besonders erfinderisch wird; allerdings neigen Sie dazu, den Weg des geringsten Widerstands zu gehen und Ihr Potential brachliegen zu lassen. Auch wenn Sie Ihr Leben lang einen jugendlichen Touch haben, brauchen Sie unbedingt Ausdauer und Verantwortungsbewußtsein, erst dann können Sie nahezu alles erreichen.

Durch den Untereinfluß Ihres Dekadenzeichens Stier können Sie äußerst charmant sein, vor allem wenn es in Ihrem eigenen Interesse liegt. Äußerlichkeiten sind Ihnen ziemlich wichtig, und Sie haben einen guten Blick für Stil und Schönheit. Mit diesem Geburtstag geht häufig Talent oder Vorliebe für Musik oder Schauspiel einher. Dank Ihrem finanziellen Know-how und Ihren ausgeprägten Überlebensinstinkten können Sie es zu Wohlstand bringen und Ihre Umwelt zu Ihrem Vorteil nutzen. Unerläßlich für Ihren Erfolg aber sind Bildung, Planung und eine konzentrierte und methodische Vorgehensweise.

Mit diesem Geburtstag haben Sie die Wahl zwischen Selbstdisziplin und manipulativem Verhalten, um Ihre Träume zu verwirklichen. Vermeiden Sie negatives Denken und Ängste. Wenn es Ihnen gutgeht, strahlen Sie eine gewisse Würde aus, die daher rührt, daß Sie sich zu Höherem berufen fühlen, dabei aber immer bescheiden bleiben und stets Ihr Bestes geben. Trotz Ihrem Hang zur Skepsis entwickeln Sie im Lauf der Zeit eine unabhängige und freie Lebensphilosophie.

Bis zum Alter von 17 gehen Sie Ihr Leben recht behutsam an. Wenn Sie 18 sind, tritt Ihre Sonne in den Wassermann, und Sie kümmern sich weniger um die Meinung anderer, werden unabhängiger und möchten Ihre Individualität zum Ausdruck bringen. Freundschaften, Gruppenaktivitäten oder humanitäre Angelegenheiten spielen eine zunehmend wichtigere Rolle in Ihrem Leben. Ab mittlerem Alter sollte Ihnen auch klar sein, daß nichts umsonst ist und Sie Zeit und Kraft investieren müssen, um erfolgreich zu sein. Ein weiterer Wendepunkt erfolgt, wenn Sie 48 sind und Ihre Sonne in das Zeichen der Fische tritt. Jetzt legen Sie mehr Wert auf Sensibilität und Gefühle. Sie werden aufgeschlossener und phantasievoller oder fühlen sich zur Spiritualität hingezogen.

Ihr geheimes Selbst

Erfolg stellt sich bei Ihnen nur ein, wenn Sie echte Begeisterung für etwas empfinden. Dann sind Sie bereit, alles zu geben, und im tiefsten Innern davon überzeugt, daß Sie gewinnen werden. Auf Ihrer Suche nach Erfolg und Macht brauchen Sie stets neue geistige Herausforderungen. Wenn Sie zweifeln, reagieren Sie skeptisch oder zynisch. Wenn Sie an etwas glauben, werden Sie wagemutiger und spontaner, und in der Atmosphäre eines freundschaftlichen Wettbewerbs arbeiten Sie am besten.

Da Sie moderne und aufregende Konzepte schätzen, initiieren Sie auch gern selbst neue Projekte oder motivieren andere zu Wagnissen. Ihnen ist bewußt, daß Wissen Macht bedeutet, und Sie haben die Gabe, Ihre Ziele im Kopf so zu strukturieren, daß Sie erfolgreich sein müssen. In fortgeschrittenem Alter machen Sie überwältigende Erfahrungen, wenn Sie den Wert der Liebe für sich entdecken.

Beruf & Karriere

Unternehmungslustig, idealistisch und führungsstark, sind Sie ein guter Initiator und Troubleshooter. Ihre Intuition und die Fähigkeit, schnell zu denken, führen dazu, daß Sie stets aktiv sein wollen und es schätzen, wenn Dinge klar umrissen sind. Ihre Gabe, Arbeit und Vergnügen zu verbinden, zeigt, daß Sie freundlich und hilfsbereit sind. Im Geschäftsleben brauchen Sie Vertrauen und eine Vision, um Erfolg haben zu können. Als Einzelgänger sind Sie unternehmungslustig und originell, benutzen jedoch meist konventionelle Methoden. Mit Ihrem Organisationstalent übernehmen Sie gern die Kontrolle. Ihre freundliche Art hilft Ihnen in Verkauf oder Promotion. Als Menschenfreund oder Sozialreformer eignen Sie sich gut für Lehrberufe, und mit Ihrem Schreibtalent könnten Sie als Schriftsteller Erfolg haben.

Berühmte Persönlichkeiten dieses Tages sind der Schauspieler Mel Gibson, der Musiker Stephen Arthur Stills, die Schauspielerin Victoria Principal, der Schriftsteller J. R. R. Tolkien und der Regisseur Sergio Leone.

Numerologie

Charakteristisch für die Zahl 3 ist das Bedürfnis nach Kreativität. Sie sind lebenslustig, genießen gesellschaftliche Aktivitäten und haben vielfältige Interessen. Durch Ihre Vielseitigkeit und das Bedürfnis, sich auszudrücken, machen Sie die unterschiedlichsten Erfahrungen. Allerdings langweilen Sie sich schnell, was dazu führen kann, daß Sie unentschlossen sind oder sich übernehmen. Im allgemeinen aber sind Sie mit der Geburtstagszahl 3 begeisterungsfähig und charmant und haben einen guten Sinn für Humor. Ihre Wortgewandtheit kann sich in Sprechen, Singen oder Schreiben manifestieren. Der Untereinfluß der Monatszahl 1 bewirkt, daß Sie sehr unabhängig und autonom sind. Voller Begeisterungsfähigkeit und origineller Ideen, weisen Sie häufig anderen den Weg. Als ernsthafter und fleißiger Mensch möchten Sie Ihre phantasievollen Gedanken gern praktisch nutzen. Innovativ und mutig, sagen Sie frei heraus, was Sie denken, tun dies aber gewöhnlich auf sehr charmante Weise.

Positiv: humorvoll, freundlich, produktiv, kreativ, künstlerisch, guter Gesprächspartner, Freiheitsliebe.

Negativ: leicht gelangweilt, eitel, prahlerisch, verschwenderisch, maßlos, zweiflerisch.

Liebe & Zwischenmenschliches

Trotz Ihrem Bedürfnis nach Unabhängigkeit brauchen Sie ein stabiles und sicheres Heim. Frauen mit diesem Geburtsdatum fühlen sich häufig zu Männern hingezogen, die gern Risiken eingehen oder voller Pioniergeist sind. Auch wenn Sie eine jugendliche und verspielte Art haben, können Sie sehr treu, verläßlich und verantwortungsbewußt sein, sobald Sie den richtigen Partner gefunden haben. Gelegentlich aber leiden Sie in Ihren Beziehungen unter emotionaler Entfremdung. Sehr gesellig und charmant, fällt es Ihnen jedoch nicht schwer, unterhaltsam zu sein und Menschen anzuziehen.

Ihr Partner

Den Partner fürs Leben werden Sie mit großer Wahrscheinlichkeit unter den an den folgenden Tagen geborenen Menschen finden:

Liebe & Freundschaft: 4., 5., 6., 11., 21., 24. Jan., 2., 3., 4., 9., 19., 22. Feb., 7., 17., 20. März, 5., 15., 18., 30. April, 1., 13., 16., 28. Mai, 11., 14., 26. Juni, 9., 12., 24. Juli, 7., 10., 22. Aug., 5., 8., 20. Sept., 3., 6., 18. Okt., 1., 4., 16. Nov., 2., 14. Dez.

Günstig: 23., 27. Jan., 21., 25. Feb., 19., 23. März, 17., 21. April, 15., 19. Mai, 13., 17. Juni, 11., 15., 31. Juli, 9., 13., 29. Aug., 5., 7., 11., 27. Sept., 9., 25. Okt., 3., 7., 23. Nov., 1., 5., 21. Dez.

Schicksalhaft: 3., 4., 5., 6. Juli

Problematisch: 17. Jan., 15. Feb., 13. März, 11. April, 9. Mai, 7. Juni, 5. Juli, 3. Aug., 1. Sept.

Seelenverwandt: 30. Jan., 28. Feb., 26., 29. März, 24., 27. April, 22., 25. Mai, 20., 23. Juni, 18., 21. Juli, 16., 19. Aug., 14., 17. Sept., 12., 15. Okt., 10., 13. Nov., 8., 11. Dez.

SONNE: STEINBOCK
DEKADE: STIER/VENUS
GRAD: 12° – 14° STEINBOCK
ART: KARDINALZEICHEN
ELEMENT: ERDE

Fixstern

Name des Sterns: Wega, auch «Geier» genannt
Gradposition: 14°20' – 15°19' Steinbock zwischen den Jahren 1930 und 2000
Magnitude: 1
Stärke: **********
Orbit: 2°30'
Konstellation: Alpha Lyrae
Tage: 4., 5., 6., 7., 8. Januar
Sternqualitäten: unterschiedliche Deutungen: Venus/Merkur, auch Jupiter/Saturn
Beschreibung: leuchtendweiß-saphirblauer Stern im nördlichen Teil der Leier.

Einfluß des Hauptsterns

Wega steht für Führungsqualitäten, Geselligkeit und Kontaktfreudigkeit. Gewöhnlich sind Sie unter seinem Einfluß kreativ, haben eine idealistische, optimistische Lebensauffassung und Schreibtalent. Wega sorgt allerdings auch dafür, daß sich Ihre Lebensumstände mehrfach ändern, Sie Phasen stark wechselnden Erfolgs durchleben müssen und nur durch Entschlossenheit Stabilität in Ihrem Leben sichern können.
Im Zusammenhang mit dem Stand Ihrer Sonne ist Wega ein Stern des Erfolgs und der Aufstiegschancen. Sein Einfluß bringt Sie oft in Kontakt mit einflußreichen Persönlichkeiten, was zu Ehren und Popularität führen kann. Wechselnde Umstände machen diese Erfolge aber kurzlebig. Häufig wählen Sie einen Beruf in staatlichen Einrichtungen oder eine Tätigkeit, bei der Sie mit Publikum zu tun haben.

4. Januar

♑ Erfolgsorientiert, sind Sie ein offener und ehrlicher Steinbock, der bereit ist, hart für die Erreichung seiner Ziele zu arbeiten. Sie sind ehrgeizig und kämpferisch, haben einen regen und scharfen Verstand, gutes Urteilsvermögen und die Fähigkeit, Hindernisse zu überwinden, sofern Sie genügend Selbstdisziplin aufbringen. Wenn Sie allerdings den Verantwortlichkeiten ausweichen, die zum Erreichen Ihrer Ziele notwendig sind, werden Sie Ihren Wunsch, etwas Dauerhaftes zu schaffen, nicht befriedigen können.

Durch den Untereinfluß Ihres Dekadenzeichens Stier können Sie Ihre kreativen und künstlerischen Talente entweder zum Beruf ausbauen oder als Hobby betreiben. Durch den Einfluß der Venus sind Sie charmant, witzig und gesellig. Mit Ihrer globalen Einstellung und Ihrer Vorliebe für Abwechslung reisen Sie entweder gern, oder Sie beschäftigen sich mit philosophischen oder spirituellen Themen. Dies hindert Sie aber nicht daran, einen ausgeprägten Pragmatismus an den Tag zu legen, mit dessen Hilfe Sie aus jeder Situation das Beste machen und Ihr Geld gewinnbringend einsetzen können.

Sie stehen sehr selbstbewußt zu Ihren Ansichten und sind überdies äußerst schlagfertig; deshalb werden Sie gelegentlich auch arrogant oder ungeduldig. Obwohl Sie eine sehr pragmatische Lebensauffassung haben und ein echtes Gefühl dafür, wie man ein Vermögen macht, finden Sie wahre Erfüllung doch eher in tiefgründigeren Bereichen.

Ab Ihrem 17. Lebensjahr, in dem Ihre Sonne in den Wassermann tritt, sind Sie gruppenorientiert, weniger konservativ und brauchen mehr Freiheit. In Ihren mittleren Jahren ernten Sie die Früchte Ihrer Arbeit. Wenn Sie eine neue Richtung suchen, sollten Sie behutsam vorgehen, um plötzliche Veränderungen und unvernünftige Spekulationen zu vermeiden, die aus Langeweile entstehen. Wenn Sie 47 sind, wechselt Ihre Sonne in das Zeichen der Fische. Jetzt vertieft sich Ihre Sensibilität, und Sie wenden sich mehr Ihrer Gefühlswelt zu. In späteren Jahren kehren Sie zu den Standpunkten Ihrer Jugend zurück.

Ihr geheimes Selbst

Hinter Ihrer starken und selbstsicheren Fassade verbergen sich starke Gefühle und große Sensibilität. Mit Ihrer ausgeprägten Phantasie und Ihrer Aufnahmefähigkeit sind Sie ein praktischer Mensch mit viel Vorausschau, der ein starkes Gefühl für die öffentliche Meinung hat. Ihr Mitgefühl ist Ihr Geschenk an Ihre Mitmenschen. Sie können stolz und imagebewußt sein, und wenn Sie diese Eigenschaften auf Ihre Arbeit oder eine kreative Beschäftigung übertragen, ist Ihnen Erfolg garantiert. Wenn Sie für Ihre Sensibilität keine positive Form des Ausdrucks finden oder die Bedeutung der Arbeit in Ihrem Leben unterschätzen, neigen Sie zu Realitätsflucht, Stimmungsschwankungen oder Verwirrung. Wißbegierig, interessieren Sie sich für viele Gebiete, darunter Pädagogik, Philosophie, Recht, Religion, Reisen und Politik. Wenn es Ihnen gutgeht, sind Sie ein motivierter Denker und anregender Gesprächspartner, der mit größter Begeisterung über sein Lieblingsthema sprechen kann.

Beruf & Karriere

Gesellig und freundlich, haben Sie gute Kommunikationsfähigkeiten und ein Flair für den Umgang mit Publikum. Da Sie viel Abwechslung brauchen, müssen Sie ständig aktiv sein, neigen aber trotzdem dazu, Dinge aufzuschieben. Erfolgreich sind Sie vor allem

- Positiv: kultiviert, hoffnungsfreudig, ernsthaft, verantwortungsbewußt.
- Negativ: Kräfteverschleiß, allzu zurückhaltend, kritisch, schroff, verborgene Feinde.

im Geschäftsleben, wo Sie als guter Manager oder Planer gefragt sind. Interessant für Sie sind auch Berufe in staatlichen Einrichtungen, etwa bei der Polizei oder bei kommunalen Behörden. Mit Ihrer Liebe zum Wissen sind Sie ein ausgezeichneter Lehrer oder Trainer. Dank Ihrer Phantasie, Ihrem Witz und Ihrem Talent für Unterhaltung können Sie gut Arbeit und gesellschaftliche Aktivitäten verbinden und ins Showbusineß gehen.

Berühmte Persönlichkeiten dieses Tages sind der Wissenschaftler Sir Isaac Newton, der Boxer Floyd Patterson, der Germanist und Märchensammler Jacob Grimm, der Erfinder der Stenografie Isaac Pitman und der Erfinder der Blindenschrift Louis Braille.

Numerologie

Mit der Zahl 4 werden vor allem Ordnung und Struktur verbunden; daraus erklären sich auch Ihr Bedürfnis nach Stabilität und Ihre Vorliebe für eine feste Ordnung. Mit der Geburtstagszahl 4 haben Sie ein Gefühl für Form und Komposition. Sie sind sicherheitsbewußt und wünschen sich ein solides Fundament für sich und Ihre Familie. Ihr Pragmatismus, gepaart mit einem guten Geschäftssinn, wird Ihnen ziemlich sicher zu materiellem Erfolg verhelfen. Selbstbewußt, aber zurückhaltend, sind Sie im allgemeinen ehrlich, offen und gerecht. Sie müssen aber lernen, Ihre Gefühle besser auszudrücken und Phasen der Instabilität durchzustehen. Der Untereinfluß der Monatszahl 1 führt dazu, daß Sie ehrgeizig und unternehmungslustig sind und nach Unabhängigkeit streben. Innovativ, wißbegierig und voller Energie, sind Sie im allgemeinen fleißig und ernsthaft und haben das starke Bedürfnis, Großes zu leisten. Mit Scharfsinn und Intuition treffen Sie Ihre Entscheidungen gern allein. Sie strahlen Autorität aus und erteilen lieber Anweisungen, als sich selbst in untergeordnete Positionen zu fügen. Wenn Sie von originellen Ideen inspiriert sind, weisen Sie oft anderen den Weg.

Positiv: Organisationstalent, Selbstdisziplin, beständig, fleißig, handwerkliches Geschick, pragmatisch, Vertrauen, genau.

Negativ: mangelnde Kommunikationsfähigkeit, Verdrängung, träge, gefühllos, neigt zum Aufschieben, nachtragend.

Liebe & Zwischenmenschliches

Dynamisch und witzig, können Sie äußerst charmant sein. Da Sie gesellig und freundlich sind, haben Sie viele Freunde und führen ein aktives gesellschaftliches Leben. Sie schätzen Heiterkeit und Kreativität und teilen diese auch gern mit Freunden und Partnern. Wenn Sie sich aber endgültig auf eine Beziehung festlegen sollen, werden Sie unentschlossen und achten zu sehr auf finanzielle Belange. Auch wenn Sie gelegentlich desinteressiert erscheinen, haben Sie eine romantische und mitfühlende Seele.

Ihr Partner

Es kann lange dauern, bis Sie sich festlegen, aber Sie öffnen Ihr Herz mit großer Wahrscheinlichkeit Menschen, die an den folgenden Tagen geboren sind:
Liebe & Freundschaft: 3., 14., 24., 28. Jan., 1., 12., 22., 26. Feb., 10., 20. März, 8., 18. April, 6., 16., 20., 31. Mai, 4., 14., 29. Juni, 2., 12., 27. Juli, 10., 25., 31. Aug., 8., 12., 23., 29. Sept., 6., 21., 27. Okt., 4., 19., 25. Nov., 2., 17., 23. Dez.
Günstig: 1., 11. Jan., 9. Feb., 7., 28. März, 5., 26., 30. April, 3., 23., 28. Mai, 1., 22., 26. Juni, 20., 24. Juli, 18., 28. Aug., 16., 20., 30. Sept., 14., 18., 28. Okt., 12., 16., 26. Nov., 10., 14., 24. Dez.
Schicksalhaft: 4., 5., 6., 7. Juli
Problematisch: 17., 20. Jan., 15., 18. Feb., 13., 16. März, 11., 14. April, 9., 12. Mai, 7., 10. Juni, 5., 8. Juli, 3., 6. Aug., 1., 4. Sept., 2. Okt.
Seelenverwandt: 29. Juli, 27. Aug., 25. Sept., 23., 31. Okt., 21., 29. Nov., 19., 27. Dez.

SONNE: STEINBOCK
DEKADE: STIER/VENUS
GRAD: 13° – 15° STEINBOCK
ART: KARDINALZEICHEN
ELEMENT: ERDE

Fixstern

Name des Sterns: Wega, auch «Geier» genannt

Gradposition: 14°20' – 15°19' Steinbock zwischen den Jahren 1930 und 2000

Magnitude: 1

Stärke: **********

Orbit: 2°30'

Konstellation: Alpha Lyrae

Tage: 4., 5., 6., 7., 8. Januar

Sternqualitäten: unterschiedliche Deutungen: Venus/Merkur, auch Jupiter/Saturn

Beschreibung: leuchtendweiß-saphirblauer Stern im nördlichen Teil der Leier.

Einfluß des Hauptsterns

Wega steht für Führungsqualitäten, Geselligkeit und Kontaktfreudigkeit. Gewöhnlich sind Sie unter seinem Einfluß kreativ, haben eine idealistische, optimistische Lebensauffassung und Schreibtalent. Wega sorgt allerdings auch dafür, daß sich Ihre Lebensumstände mehrfach ändern, Sie Phasen stark wechselnden Erfolgs durchleben müssen und nur durch Entschlossenheit Stabilität in Ihrem Leben sichern können.

Im Zusammenhang mit dem Stand Ihrer Sonne ist Wega der Stern des Erfolgs und der Aufstiegschancen. Sein Einfluß bringt Sie oft in Kontakt mit einflußreichen Persönlichkeiten, was zu Ehren und Popularität führen kann. Wechselnde Umstände machen diese Erfolge aber kurzlebig. Häufig wählen Sie einen Beruf in staatlichen Einrichtungen oder eine Tätigkeit, bei der Sie mit Publikum zu tun haben.

5. Januar

♑ Sie sind ein charismatischer, treuer und fleißiger Steinbock, der auf ein lohnendes Ziel entschlossen hinarbeiten kann. Praktisch und bodenständig, haben Sie enormes Durchhaltevermögen, wenn Sie mit Rückschlägen konfrontiert werden, und sind zu großen Opfern bereit. Zu diesem Geburtstag gehören viele Talente, er kann aber auch für Extreme sorgen: von sehr weltoffen und unvoreingenommen bis deprimiert und überernst.

Der Untereinfluß Ihres Dekadenzeichens Stier sorgt für Charme und kreative Fähigkeiten. Durch Ihre ausgeprägten gesellschaftlichen Talente kommen Sie ausgezeichnet mit Ihren Mitmenschen aus. Sie lieben die schönen Seiten des Lebens und brauchen eine harmonische, wenn nicht gar luxuriöse Umgebung. Da Sie unkonventionell und imagebewußt sind, legen Sie Wert auf ein gepflegtes Äußeres und kleiden sich häufig ausgefallen.

Sie haben gute Organisationsfähigkeiten, müssen aber positiv eingestellt sein und einen Aktionsplan haben, bevor Sie an eine Aufgabe herangehen. Am erfolgversprechendsten für Sie sind langfristige Projekte; hüten Sie sich unbedingt vor zweifelhaften Geschäften, die Ihnen schnellen Reichtum versprechen. Sie sind sehr reiselustig und abenteuerfreudig, und es kann sein, daß Sie sich weit entfernt von Ihrer Heimat niederlassen.

Wenn Sie 16 sind, tritt Ihre Sonne in den Wassermann. Sie kümmern sich weniger um Traditionen, werden unabhängiger und möchten Ihre Individualität zum Ausdruck bringen. Freundschaften, Gruppenaktivitäten oder humanitäre Ziele spielen eine zunehmend wichtigere Rolle in Ihrem Leben. Ein weiterer Wendepunkt erfolgt, wenn Sie 46 sind und Ihre Sonne in das Zeichen der Fische tritt. Jetzt legen Sie mehr Wert auf Sensibilität und Gefühle. Auf höchster geistiger Ebene suchen Sie nach mystischer oder spiritueller Erfahrung, was im Alltag zu Verwirrung oder Tagträumerei führen kann. Sie werden aufnahmefähiger und phantasievoller und haben das Bedürfnis, Ihre kreativen Talente zu fördern.

Ihr geheimes Selbst

Wenn Sie Ihr enormes Potential an emotionaler Kraft nutzen und mit Ihrer Zielstrebigkeit verbinden, können Sie zu einer führenden Persönlichkeit in Kunst, Unterhaltung, Politik oder einem spirituellen Bereich werden. Wenn Ihre starke Willenskraft positiv gebündelt wird, können Sie wahre Wunder vollbringen und extrem mitfühlend sein. Negatives Denken aber macht Sie despotisch und rücksichtslos oder läßt Sie in Frustration und Enttäuschung versinken. Wenn Sie lernen, Distanz zu wahren, ohne dabei kalt zu wirken, finden Sie tiefen inneren Frieden und hegen den Wunsch nach tiefgründigerem und profunderem Wissen; allerdings wird das aber erst in fortgeschrittenem Alter der Fall sein.

Ihr Bedürfnis nach Harmonie veranlaßt Sie, Frieden zu suchen. Aufgrund Ihrer Sensibilität und Ihrem Wunsch, über das Alltägliche hinauszugehen, haben Sie ein besonderes Wahrnehmungsvermögen für Licht, Farbe, Form und Klang, was Ihnen Wege zu Kunst, Musik oder Spiritualität öffnet. Sie haben anderen gegenüber ein ausgeprägtes Verantwortungsbewußtsein und sind oft auf der Suche nach wahrer Weisheit oder einer idealen Welt.

- Positiv: kultiviert, hoffnungsfreudig, ernsthaft, verantwortungsbewußt.
- Negativ: Kräfteverschleiß, allzu zurückhaltend, kritisch, schroff, verborgene Feinde.

Beruf & Karriere

Freundlich und großzügig, aber auch ehrgeizig und fleißig, brauchen Sie zum Arbeiten eine harmonische und angenehme Umgebung. Ihre Gabe, mit Menschen umzugehen, macht Sie zu einem guten Vermittler, Manager oder Vertreter. Sie spüren, was das Publikum will, weil Sie ein intuitives Gefühl für kollektive Wünsche haben. Auch wenn Sie sich zum Geschäftsleben hingezogen fühlen, liegen Ihre wahren Talente in einem Beruf, bei dem Sie anderen von Nutzen sein können, etwa im erzieherischen oder spirituellen Bereich. Ihre Begabung für Schreiben, Schauspielerei und Musik zeigt, daß Sie starke Gefühle haben, die Sie ausdrücken müssen.

Berühmte Persönlichkeiten dieses Tages sind der spirituelle Meister Paramahansa Yogananda, die Schauspielerin Diane Keaton, Bundeskanzler Konrad Adenauer, der Gitarrist Jimmy Page, der spanische König Juan Carlos I. und der Schriftsteller Umberto Eco.

Numerologie

Eigenschaften der Zahl 5 sind unter anderem starke Instinkte, Abenteuerlust und Freiheitsdrang. Reisen oder manch unerwartete Veränderungen führen dazu, daß Sie einen echten Wandel Ihrer Ansichten und Überzeugungen durchmachen. Mit der Geburtstagszahl 5 führen Sie ein aktives Leben und müssen lernen, Geduld zu üben und mehr Wert aufs Detail zu legen. Sie sind erfolgreich, wenn Sie voreilige oder spekulative Handlungen vermeiden. Menschen mit der Geburtstagszahl 5 gelingt es bravourös, mit dem Strom zu schwimmen, ohne dabei ihre Unabhängigkeit zu verlieren. Der Untereinfluß der Monatszahl 1 führt dazu, daß Sie stolz, ehrgeizig und unabhängig sind. Als sensibler und intuitiver Mensch sind Sie mitfühlend und haben ein großes Herz. Sie legen Wert darauf, Ihre Entscheidungen selbständig zu treffen und vieles im Alleingang zu erledigen. Wenn Sie dabei voller Enthusiasmus sind, kann die Notwendigkeit, mehr Ausdauer zu zeigen, Gefühle der Enttäuschung und Frustration hervorrufen. Dann neigen Sie dazu, unüberlegt zu handeln oder sich ungeduldig zu zeigen.

Positiv: vielseitig, anpassungsfähig, progressiv, anziehend, kühn, freiheitsliebend, schlagfertig, neugierig, gesellig.

Negativ: unzuverlässig, inkonsequent, neigt zum Aufschieben, widersprüchlich, übersteigertes Selbstbewußtsein, Widerstand gegen Veränderungen.

Liebe & Zwischenmenschliches

Die Menschen fühlen sich von Ihrer Art angezogen, weshalb es Ihnen nicht schwerfällt, Freunde zu finden. Wenn Sie lieben, tun Sie es intensiv und leidenschaftlich. Da Sie sich Freiheit wünschen und einen Hang zu unkonventionellen Beziehungen haben, schätzen Sie freies, weltoffenes Zugehen auf Freundschaften und Partnerschaften. Männer mit diesem Geburtstag fühlen sich oft von starken Frauen angezogen. Beziehungen sind Ihnen extrem wichtig, deshalb müssen Sie besonders darauf achten, von Ihren Partnern nicht abhängig zu werden. Sie wünschen sich liebevolle Beziehungen mit intelligenten Menschen. Wenn Sie den Traumpartner gefunden haben, sind Sie treu und zuverlässig.

Ihr Partner

Wärme, Zärtlichkeit und Liebe finden Sie am ehesten unter den Menschen, die an folgenden Tagen geboren sind:

Liebe & Freundschaft: 5., 17., 19. Jan., 3., 15., 17. Feb., 13., 15. März, 11., 13. April, 9., 11. Mai, 7., 9., 30. Juni, 5., 7., 28., 30. Juli, 3., 5., 26., 28. Aug., 1., 3., 24., 26. Sept., 1., 22., 24. Okt., 20., 22. Nov., 18., 20., 30. Dez.

Günstig: 20., 29. Jan., 18., 27. Feb., 16., 25. März, 14., 23. April, 12., 21. Mai, 10., 19. Juni, 8., 17. Juli, 6., 15. Aug., 4., 13. Sept., 2., 11. Okt., 9., 27. Nov., 7., 25. Dez.

Schicksalhaft: 29. März, 27. April,. 25. Mai, 23. Juni, 5., 6., 7., 8., 21. Juli, 19. Aug., 17. Sept., 15. Okt., 13. Nov., 11. Dez.

Problematisch: 14., 27. Jan., 12., 25. Feb., 10., 23. März, 8., 21. April, 6., 19. Mai, 4., 17. Juni, 2., 15. Juli, 13. Aug., 11. Sept., 9. Okt., 7. Nov., 5. Dez.

Seelenverwandt: 30. Juni, 28. Juli, 26. Aug., 24. Sept., 22., 29. Okt., 20., 27. Nov., 18., 25. Dez.

SONNE: STEINBOCK
DEKADE: STIER/VENUS
GRAD: 14° – 16° STEINBOCK
ART: KARDINALZEICHEN
ELEMENT: ERDE

Fixstern

Name des Sterns: Wega, auch «Geier» genannt

Gradposition: 14°20' – 15°19' Steinbock zwischen den Jahren 1930 und 2000

Magnitude: 1

Stärke: **********

Orbit: 2°30'

Konstellation: Alpha Lyrae

Tage: 4., 5., 6., 7., 8. Januar

Sternqualitäten: unterschiedliche Deutungen: Venus/Merkur, auch Jupiter/Saturn

Beschreibung: leuchtendweiß-saphirblauer Stern im nördlichen Teil der Leier.

Einfluß des Hauptsterns

Wega steht für Führungsqualitäten, Geselligkeit und Kontaktfreudigkeit. Gewöhnlich sind Sie unter seinem Einfluß kreativ, haben eine idealistische, optimistische Lebensauffassung und Schreibtalent. Wega sorgt allerdings auch dafür, daß sich Ihre Lebensumstände mehrfach ändern, Sie Phasen stark wechselnden Erfolgs durchleben müssen und nur durch Entschlossenheit Stabilität in Ihrem Leben sichern können.
Im Zusammenhang mit dem Stand Ihrer Sonne ist Wega der Stern des Erfolgs und der Aufstiegschancen. Sein Einfluß bringt Sie oft in Kontakt mit einflußreichen Persönlichkeiten, was zu Ehren und Popularität führen kann. Wechselnde Umstände machen diese Erfolge aber kurzlebig. Häufig wählen Sie einen Beruf in staatlichen Einrichtungen oder eine Tätigkeit, bei der Sie mit Publikum zu tun haben.

6. Januar

♑ Stark und entschlossen, aber auch anziehend und charmant, sind Sie eine interessante Mischung von Gegensätzlichkeiten. Mit diesem Geburtstag sind Sie ein praktischer Visionär, der bereit ist, für seine Ziele hart zu arbeiten, und der über enorme Energiereserven verfügt, die ihm zu Erfolg verhelfen. Ihr Wunsch nach Macht, Geld und Prestige treibt Sie an, die Erfolgsleiter immer weiter zu erklimmen. Sie sind schlagfertig und intelligent, haben aber auch eine humanitäre Seite, die Ihnen scharfsichtige Einsicht in die menschliche Natur ermöglicht und Sie motiviert, Höheres anzustreben.

Durch den Untereinfluß Ihres Dekadenzeichens Stier lieben Sie Kunst und Schönheit, haben aber auch die Gabe, ein Vermögen zu machen. Hochkreativ, möchten Sie Ihre Talente in irgendeiner Form praktisch nutzen und sind oft zu großen Opfern bereit, um Ihre Ziele zu erreichen. Sie sollten das Leben aber nicht ganz so ernst sehen, da Sie sonst frustriert oder enttäuscht werden. Zeitweise können Sie äußerst mitfühlend, unvoreingenommen und voller Liebe für die Menschheit sein.

Als starker Mensch sind Sie zielstrebig, ehrgeizig und hartnäckig und haben ein extremes Pflichtbewußtsein. Da Sie zu einer philosophischen Art des Denkens neigen, sehen Sie schwierige Situationen im Leben als lehrreiche Erfahrungen an.

Wenn Sie 15 sind, tritt Ihre Sonne in den Wassermann. Sie kümmern sich weniger um Traditionen, werden unabhängiger und möchten Ihre Individualität zum Ausdruck bringen. Freundschaften, Gruppenaktivitäten oder humanitäre Angelegenheiten spielen eine zunehmend wichtige Rolle in Ihrem Leben. Ein weiterer Wendepunkt erfolgt, wenn Sie 45 sind und Ihre Sonne in das Zeichen der Fische tritt. Jetzt legen Sie mehr Wert auf Ihr inneres Leben, auf Sensibilität und Gefühle, was sich an Ihrer Phantasie, Ihren Träumen oder emotionalen Idealen zeigt. In späteren Jahren werden Sie feststellen, daß Sie Ihre emotionale Erfüllung darin finden, anderen Ihre Liebe zu zeigen, und Sie erkennen, daß Geld und Macht nicht alles im Leben sind.

Ihr geheimes Selbst

Ihr Wissensdurst ist ein Schlüssel zu Ihrem Erfolg. Durch Bildung sichern Sie, daß Ihr enormes Potential zur Entfaltung kommt. Ihr natürlicher Stolz hindert Sie daran, Zweifel oder Unentschlossenheit zu zeigen, und sorgt so dafür, daß Sie besser in führenden Positionen arbeiten als in untergeordneten. Da Sie originell sein wollen, haben Sie auch Originelles zu sagen. Ihr lebhaftes Temperament macht Sie manchmal rastlos, aber andauernde Ergebnisse sind nur durch Ausdauer und Einsatz Ihrer strategischen Fähigkeiten zu erreichen. Lassen Sie sich nicht in Machtspiele verwickeln, mit denen Sie nur Ihre Energien vergeuden.

Da Sie ein großes Bedürfnis nach Anerkennung haben, finden Sie es unerträglich, wenn man Sie nicht gebührend zur Kenntnis nimmt. Sie haben viel Verantwortungsbewußtsein, schwanken aber gelegentlich zwischen Ihren Pflichten und Ihren Idealen. Hochintuitiv, handeln Sie am besten, wenn Sie erst ein Gefühl für eine Situation entwickeln, bevor Sie irgendwelche Verpflichtungen eingehen.

- Positiv: kultiviert, hoffnungsfreudig, ernsthaft, verantwortungsbewußt.
- Negativ: Kräfteverschleiß, allzu zurückhaltend, kritisch, schroff, verborgene Feinde.

Beruf & Karriere

Stark und entschlossen, zeigen Sie eine selbstbewußte Fassade, hinter der sich Ihre Zweifel und Unsicherheiten verbergen, die aber in allen publikumsorientierten Dingen sehr nützlich ist. Sie eignen sich hervorragend für Heilberufe, ob in der klassischen Medizin oder Alternativheilkunde. Ihr Geschäftssinn, kombiniert mit Ihrer Gabe, anderen helfen zu können, macht Sie zum ausgezeichneten Berater, Psychologen, Vermittler, Unterhändler oder Händler. Mit Ihrer starken Inspiration und Intelligenz fühlen Sie sich vielleicht auch zu Religion oder Spiritualität hingezogen. Auch die Filmindustrie oder Firmen, die mit Image oder Visionen zu tun haben, kommen für Sie in Betracht. Auch wenn Sie aus der Arbeit Ihre persönliche Befriedigung ziehen, sollten Sie nicht zum Workaholic werden.

Berühmte Persönlichkeiten dieses Tages sind die Dichter Khalil Gibran und Carl Sandburg, der US-Politiker Benjamin Franklin, die Schriftsteller Alan Watts und E. L. Doctorow, der Komponist Aleksandr Skrjabin und der Maler Gustav Doré.

Numerologie

Mitgefühl, Idealismus und Kreativität gehören zu den Eigenschaften der Zahl 6. Sie sind meist häuslich und hingebungsvoll als Vater oder Mutter. Starke Gefühle und der Wunsch nach universeller Harmonie lassen Sie für das, woran Sie glauben, hart arbeiten. Die Sensibleren unter Ihnen suchen sich wahrscheinlich irgendeine Form des künstlerischen Ausdrucks und fühlen sich zur Welt der Unterhaltung, der Kunst und des Designs hingezogen. Sie müssen bescheidener werden, mehr Mitgefühl zeigen, wenn es um Freunde oder Nachbarn geht, und mehr Verantwortungsbewußtsein entwickeln. Der Untereinfluß der Monatszahl 1 führt dazu, daß Sie ehrgeizig und stolz sind und einen starken Charakter haben. Mit Ihrem ausgeprägten Geschäftssinn und Ihren Führungsqualitäten müssen Sie vermeiden, zu materialistisch zu werden. Autonom, stolz und praktisch, sind Sie zudem hoch intuitiv, haben hohe Wertvorstellungen und ausgeprägte Instinkte. Wenn Sie tolerant und liberal bleiben, überwinden Sie Ihren Hang zu kritischem oder autoritärem Verhalten.

Positiv: weltgewandt, humanitär, mitfühlend, verläßlich, verständnisvoll, idealistisch, selbstbewußt, künstlerisch begabt.

Negativ: schüchtern, unvernünftig, zu freimütig, stur, dominierend, mangelndes Verantwortungsbewußtsein, selbstsüchtig, zynisch, egozentrisch.

Liebe & Zwischenmenschliches

Dynamisch und praktisch, sind Sie sehr beschützend für die, die Sie lieben, und arbeiten hart für sie, müssen aber aufpassen, daß Sie nicht die Führung beanspruchen oder sich dominierend verhalten. Ihre Freundschaften und romantischen Träume lassen sich gut mit Ihren beruflichen Ambitionen in Verbindung bringen, denn Sie fühlen sich zu starken Menschen in einflußreichen Positionen oder mit guten Kontakten hingezogen. Auch wenn Sie treu und verantwortungsbewußt sind, müssen Sie darauf achten, daß Unentschlossenheit oder Launenhaftigkeit Ihr Glück nicht trüben.

Ihr Partner

Ihre Erfolgschancen für Beziehungen sind am besten mit den an den folgenden Tagen geborenen Menschen:

Liebe & Freundschaft: 9., 16., 18., 26., 31. Jan., 7., 14., 16., 29. Feb., 5., 12., 14., 22., 27. März, 3., 10., 12., 20., 25. April, 1., 8., 10., 18., 23. Mai, 6., 8., 16., 21. Juni, 4., 6., 14., 19., 31. Juli, 2., 4., 12., 17., 29. Aug., 2., 10., 15., 27. Sept., 8., 13., 25. Okt., 6., 11., 23. Nov., 4., 9., 21., 30. Dez.

Günstig: 1., 21. Jan., 19. Feb., 17. März, 15. April, 13. Mai, 11. Juni, 9. Juli, 7. Aug., 5. Sept., 3., 30. Okt., 1., 28. Nov., 26. Dez.

Schicksalhaft: 6., 7., 8., 9., 10. Juli

Problematisch: 29. März, 27. April, 25. Mai, 23. Juni, 21. Juli, 19. Aug., 17. Sept., 15. Okt., 13. Nov., 11. Dez.

Seelenverwandt: 27. Jan., 25. Feb., 23., 30. März, 21., 28. April, 19., 26. Mai, 17., 24. Juni, 15., 22. Juli, 13., 20. Aug., 11., 18. Sept., 9., 16. Okt., 7., 14. Nov., 5., 12. Dez.

SONNE: STEINBOCK
DEKADE: STIER/VENUS
GRAD: 15° – 17° STEINBOCK
ART: KARDINALZEICHEN
ELEMENT: ERDE

Fixstern

Name des Sterns: Wega, auch «Geier» genannt

Gradposition: 14°20' – 15°19' Steinbock zwischen den Jahren 1930 und 2000

Magnitude: 1

Stärke: **********

Orbit: 2°30'

Konstellation: Alpha Lyrae

Tage: 4., 5., 6., 7., 8. Januar

Sternqualitäten: unterschiedliche Deutungen: Venus/Merkur, auch Jupiter/Saturn

Beschreibung: leuchtendweiß-saphirblauer Stern im nördlichen Teil der Leier.

Einfluß des Hauptsterns

Wega steht für Führungsqualitäten, Geselligkeit und Kontaktfreudigkeit. Gewöhnlich sind Sie unter seinem Einfluß kreativ, haben eine idealistische, optimistische Lebensauffassung und Schreibtalent. Wega sorgt allerdings auch dafür, daß sich Ihre Lebensumstände mehrfach ändern, Sie Phasen stark wechselnden Erfolgs durchleben müssen und nur durch Entschlossenheit Stabilität in Ihrem Leben sichern können.
Im Zusammenhang mit dem Stand Ihrer Sonne ist Wega der Stern des Erfolgs und der Aufstiegschancen. Sein Einfluß bringt Sie oft in Kontakt mit einflußreichen Persönlichkeiten, was zu Ehren und Popularität führen kann. Wechselnde Umstände machen diese Erfolge aber kurzlebig. Häufig wählen Sie einen Beruf in staatlichen Einrichtungen oder eine Tätigkeit, bei der Sie mit Publikum zu tun haben.

7. Januar

♑ Sie sind ein kluger, intuitiver und fleißiger Mensch, und der Einfluß Ihres Geburtstags sorgt dafür, daß Ihr sensibler Intellekt eine große Rolle auf Ihrem Weg zum Erfolg spielt. Praktisch und bodenständig, haben Sie aber auch die Fähigkeit, andere mit Ihren Ideen und Ihrer Spontaneität zu inspirieren. Sie können Menschen sehr schnell einschätzen und haben eine humanitäre Ader, so daß Sie bei allem, was mit Menschen zu tun hat, besonders erfolgreich sind.

Durch den zusätzlichen Einfluß Ihres Dekadenzeichens Stier und Ihr ausgeprägtes Engagement sind Beschäftigungen mit Kunst, Musik und Literatur besonders erfolgversprechend für Sie. Sie können Geschäft und Privates sehr gut verbinden, denken in großen Maßstäben und wollen ganz nach oben. Allerdings müssen Sie sich vor einer sturen oder aufrührerischen Seite Ihrer Natur hüten, die manchmal aus reinem Oppositionsgeist heraus Schwierigkeiten macht.

Sie können sehr gesellig sein, isolieren sich aber auch gelegentlich von Ihrer Umwelt und fühlen sich dann einsam. Versuchen Sie, zwischen den verschiedenen Seiten Ihrer Persönlichkeit ein Gleichgewicht zu finden, vor allem zwischen Ihren materiellen Ambitionen, Ihren Idealen und Ihrer spirituellen Wahrnehmung. Nichtsdestotrotz erleben Sie oft ganz plötzlichen Erfolg und unerwarteten Gewinn, vor allem durch Reisen oder Gemeinschaftsaktivitäten.

Wenn Sie 14 sind, tritt Ihre Sonne in den Wassermann, und Sie werden gruppenorientierter, progressiver und unabhängiger. Möglicherweise entwickeln Sie ungewöhnliche Interessen oder haben das starke Bedürfnis, Ihre Individualität zum Ausdruck zu bringen. Ein weiterer Wendepunkt erfolgt, wenn Sie 44 sind und Ihre Sonne in das Zeichen der Fische tritt. Jetzt legen Sie mehr Wert auf Sensibilität und Gefühle, was sich an Ihrer Phantasie, Ihren Träumen oder emotionalen Zielen zeigt. Im Alter von 74 erleben Sie einen weiteren Wendepunkt, wenn Ihre Sonne in das Zeichen des Widders wechselt. Nun haben Sie das Bedürfnis, die Initiative zu übernehmen und direkt und mutig auf andere zuzugehen.

Ihr geheimes Selbst

Zu Ihren größten Problemen gehört, daß Sie Ihre innere Kraft nicht erkennen und Positionen annehmen, die Ihren Fähigkeiten nicht gerecht werden. Dadurch müssen Sie manchmal mit Menschen zusammenarbeiten, die nicht auf der gleichen Bewußtseinsebene liegen wie Sie. Um so wichtiger ist es dann, daß Sie an Ihr großes Potential und Ihre Talente glauben. Da Sie neuen Ideen gegenüber aufgeschlossen sind und sich für Freiheit und Reformen begeistern, sind Sie erfindungsreich und progressiv und legen Wert darauf, daß man Ihre originellen Ansichten anhört. Ihre unabhängige Denkweise macht Sie gelegentlich auch streitlustig; wenn Sie diesen Nachteil in Freude am Debattieren und gute Kommunikation umwandeln, können Sie Großes erreichen. Auch wenn Sie es nicht darauf anlegen, die Führung zu übernehmen, haben Sie doch gute Führungsqualitäten.

Da Sie sensibel sind, neigen Sie hin und wieder zu Stimmungsschwankungen, die Sie verschlossen oder kalt wirken lassen. Diese Sensibilität verleiht Ihnen aber auch Intuition und einen sechsten Sinn, mit dem Sie Menschen und Situationen schnell einschätzen können. Wenn Sie fest auf Ihre eigenen Ideen und Ihre klaren Einsichten vertrauen, finden Sie den besten Zugang zur Quelle Ihrer Spontaneität und Ihrer Weisheit. Das hilft Ihnen auch, die Wärme und Liebe auszustrahlen, mit der Sie andere verzaubern und anziehen.

- Positiv: kultiviert, hoffnungsfreudig, ernsthaft, verantwortungsbewußt.
- Negativ: Kräfteverschleiß, allzu zurückhaltend, kritisch, schroff, verborgene Feinde.

Beruf & Karriere

Auch wenn Sie einen ausgezeichneten Geschäftssinn haben, interessieren Sie sich oft mehr für eine Tätigkeit, bei der Sie Ihre Führungsqualitäten mit Ihrer außergewöhnlichen Vorstellungskraft und Ihren kreativen Talenten verbinden können. In Frage kommen hier etwa Publizistik, Theater oder Künste. Mit Ihren Organisationsfähigkeiten, Ihrem Idealismus und Ihrer humanitären Ader eignen Sie sich auch für öffentliche Institutionen. Beruflich sollte der Schwerpunkt auf der Auswertung von geistigen und kreativen Fähigkeiten liegen, etwa als Lehrer, Berater oder Sozialarbeiter. In der Geschäftswelt eignen Sie sich als Vertreter, Unterhändler oder Vermittler in Finanzangelegenheiten. Da Sie gern hinter den Kulissen aktiv sind, arbeiten Sie gut als Produzent, Promoter oder Finanzverwalter für andere. Ihre humanitäre Seite möchte sich vielleicht sozialen Reformen zuwenden. Geben Sie sich auf keinen Fall mit Kompromissen zufrieden, sondern suchen Sie sich einen Beruf, bei dem Sie Ihre Talente wirklich einsetzen können.

Berühmte Persönlichkeiten dieses Tages sind der Schauspieler Nicolas Cage, der Sänger und Songwriter Kenny Loggins, der Flötist Jean-Pierre Rampal und die heilige Bernadette von Lourdes.

Numerologie

Menschen mit der Geburtstagszahl 7 sind oft analytisch und nachdenklich und neigen zu Perfektionismus, übermäßiger Kritik und Selbstsucht. Sie treffen Ihre Entscheidungen gern allein und lernen am besten durch persönliche Erfahrung. Dieser Wunsch zu lernen führt Sie oft in die akademische Welt und drängt Sie, Ihren Horizont ständig zu erweitern. Gelegentlich reagieren Sie überempfindlich auf Kritik und fühlen sich mißverstanden. Ihr Hang zur Geheimnistuerei und intensivem Ausforschen anderer läßt Sie gern subtile Fragen stellen, gleichzeitig verbergen Sie aber, was Sie selber denken. Der Untereinfluß der Monatszahl 1 macht Sie scharfsinnig und schenkt Ihnen gutes Urteilsvermögen. Ihr Bedürfnis, autonom zu sein und an erster Stelle zu stehen, ist ebenfalls auf die 1 zurückzuführen. Obwohl Sie intuitiv sind, haben Sie doch einen Hang zur Skepsis. Da Sie praktisch sind, möchten Sie Ihre Ideen vermarkten und werden oft auf einem bestimmten Gebiet zum Spezialisten. Mit Ihrem Fleiß entscheiden Sie sich häufig für eine akademische Karriere und sind erfolgreich in Schreiben, Forschung oder Administration.

Positiv: gebildet, vertrauensvoll, gewissenhaft, idealistisch, ehrlich, wissenschaftlich, rational, nachdenklich.

Negativ: geheimnistuerisch, skeptisch, nörglerisch, hinterlistig, verwirrt, unbeteiligt.

Liebe & Zwischenmenschliches

Ihr romantischer Charme zieht viele Freunde und Bewunderer an. Sie fühlen sich zu intelligenten Menschen hingezogen und brauchen einen Partner, der die Welt ebenso offen sieht wie Sie. Achten Sie darauf, daß Sie in engen Beziehungen nicht despotisch werden. Ihr Durchhaltevermögen läßt Sie in Beziehungen sehr treu sein. Ihre geistigen Fähigkeiten und ungewöhnlichen Interessen führen dazu, daß Ihre Freundschaften oft aus Ihrer Arbeit heraus entstehen oder durch geistig anregende Freizeitbeschäftigungen.

Ihr Partner

Einen anregenden Partner werden Sie mit großer Wahrscheinlichkeit unter den an den folgenden Tagen geborenen Menschen finden:

Liebe & Freundschaft: 21., 28., 31. Jan., 19., 26., 29. Feb., 17., 24., 27. März, 15., 22., 25. April, 13., 20., 23. Mai, 11., 18., 21. Juni, 9., 16., 19. Juli, 7., 14., 17., 31. Aug., 5., 12., 15., 29. Sept., 3., 10., 13., 27., 29., 31. Okt., 1., 8., 11., 25., 27., 29. Nov., 6., 9., 23., 25., 27. Dez.

Günstig: 9., 12., 18., 24., 29. Jan., 7., 10., 16., 22., 27. Feb., 5., 8., 14., 20., 25. März, 3., 6., 12., 18., 23. April, 5., 8., 14., 20., 25. Mai, 2., 8., 14., 19., 29. Juni, 6., 12., 17., 27. Juli, 4., 10., 15., 25. Aug., 2., 8., 13., 23. Sept., 6., 11., 21. Okt., 4., 9., 19. Nov., 2., 7., 17. Dez.

Schicksalhaft: 3. Jan., 1. Feb., 7., 8., 9., 10., 11. Juli

Problematisch: 7., 8., 19., 28. Jan., 5., 6., 17., 26. Feb., 3., 4., 15., 24. März, 1., 2., 13., 22. April, 11., 20. Mai, 9., 18. Juni, 7., 16. Juli, 5., 14. Aug., 3., 12. Sept., 1., 10. Okt., 8. Nov., 6. Dez.

Seelenverwandt: 3., 19. Jan., 1., 17. Feb., 15. März, 13. April, 11. Mai, 9. Juni, 7. Juli, 5. Aug., 3. Sept., 1. Okt.

SONNE: STEINBOCK
DEKADE: STIER/VENUS
GRAD: 16° – 18° STEINBOCK
ART: KARDINALZEICHEN
ELEMENT: ERDE

Fixstern

Name des Sterns: Wega, auch «Geier» genannt

Gradposition: 14°20' – 15°19' Steinbock zwischen den Jahren 1930 und 2000

Magnitude: 1

Stärke: **********

Orbit: 2°30'

Konstellation: Alpha Lyrae

Tage: 4., 5., 6., 7., 8. Januar

Sternqualitäten: unterschiedliche Deutungen: Venus/Merkur, auch Jupiter/Saturn

Beschreibung: leuchtendweiß-saphirblauer Stern im nördlichen Teil der Leier.

Einfluß des Hauptsterns

Wega steht für Führungsqualitäten, Geselligkeit und Kontaktfreudigkeit. Gewöhnlich sind Sie unter seinem Einfluß kreativ, haben eine idealistische, optimistische Lebensauffassung und Schreibtalent. Wega sorgt allerdings auch dafür, daß sich Ihre Lebensumstände mehrfach ändern, Sie Phasen stark wechselnden Erfolgs durchleben müssen und nur durch Entschlossenheit Stabilität in Ihrem Leben sichern können.

Im Zusammenhang mit dem Stand Ihrer Sonne ist Wega der Stern des Erfolgs und der Aufstiegschancen. Sein Einfluß bringt Sie oft in Kontakt mit einflußreichen Persönlichkeiten, was zu Ehren und Popularität führen kann. Wechselnde Umstände machen diese Erfolge aber kurzlebig. Häufig wählen Sie einen Beruf in staatlichen Einrichtungen oder eine Tätigkeit, bei der Sie mit Publikum zu tun haben.

8. Januar

♑ Der Einfluß Ihres Geburtstages macht Sie zu einer starken, dezidierten und ehrgeizigen Persönlichkeit, die dennoch kultiviert, fein und bescheiden ist. Auch wenn Sie entschlossen, kämpferisch und fleißig sind, haben Sie Phantasie, Sensibilität und charismatischen Charme. Bei all Ihrem Sinn fürs Praktische und Ihrer Weltgewandtheit dürfen Sie nicht Ihre intuitiven Kräfte und Ihre visionäre Begabung vernachlässigen, die Sie durch den Einfluß Ihres Geburtstags mitbekommen haben.

Durch den Untereinfluß Ihres Dekadenzeichens Stier haben Sie gute Chancen, daß Ihnen Ihre Liebe zu Musik, den Künsten, aber auch zu Geldangelegenheiten Erfolg und Erfüllung bringt. Wenn Sie mit anderen zusammenarbeiten, profitieren Sie von Ihrer ausgezeichneten sozialen Kompetenz. Da Sie Schönheit, Glamour und das gute Leben lieben, leben Sie gern in einer harmonischen oder gar luxuriösen Umgebung. Sie verstehen es, andere zu bezaubern; andererseits erkennt meist niemand, daß hinter Ihrer selbstbewußten Fassade oft Verwirrung oder Zweifel herrschen.

Obwohl Sie manchmal zu Trägheit neigen, wenn es um die Verwirklichung Ihrer großen Träume und Ziele geht, treibt Sie doch der Gedanke an materiellen Erfolg immer wieder an. Klug und willensstark, können Sie schnell Wissen aufnehmen, wenn Sie an etwas interessiert sind. Ihre Begeisterungsfähigkeit ist beeindruckend; mit ihrer Hilfe können Sie einen Hang zur Nervosität oder Unzufriedenheit überwinden, der Sie schlimmstenfalls in Alkohol- oder Drogensucht treiben kann. Mit Ihrem Sinn für Stil und Ihrem Gefühl für Wirkung stechen Sie fast immer aus der Masse hervor.

In Ihrer Jugend hat eine starke Frau Sie geprägt. Wenn Sie 13 sind, tritt Ihre Sonne in den Wassermann, und Sie werden gruppenorientierter, progressiver und unabhängiger. Sie entwickeln ungewöhnliche Interessen und möchten Ihre Individualität zum Ausdruck bringen. Ein weiterer Wendepunkt erfolgt, wenn Sie 43 sind und Ihre Sonne in das Zeichen der Fische tritt. Jetzt legen Sie mehr Wert auf Gefühle, was sich an Ihrer Phantasie, Ihren Träumen oder emotionalen Zielen zeigt. Im Alter von 73 wechselt Ihre Sonne in das Zeichen des Widders. Nun haben Sie das Bedürfnis, die Initiative bei allem, was Sie selbst betrifft, zu übernehmen, statt passiv zuzuschauen.

Ihr geheimes Selbst

Mit der nötigen Motivation und Selbstdisziplin können Sie Ihr enormes Potential voll zur Entfaltung bringen. Viele Ihrer Lebenserfahrungen beziehen sich auf Ihre Arbeit. Glücklicherweise wissen Sie, welche Vorzüge es mit sich bringt, mit anderen zusammenzuarbeiten und berufliche Partnerschaften einzugehen. Allerdings müssen Sie darauf achten, daß Sie sich von nichts und niemandem abhängig machen, da Sie sonst zu Ängsten oder übermäßiger Ernsthaftigkeit neigen.

Sie müssen sich auf einer sehr tiefgründigen Ebene um Distanz bemühen; was das für Sie bedeutet, wird Ihnen möglicherweise erst später im Leben wirklich klar. Wenn Sie diese Notwendigkeit erkennen, bringt Ihnen das inneren Frieden und weckt in Ihnen den Wunsch, Dinge von humanitärer und tieferer Bedeutung kennenzulernen. Da Sie hoch intuitiv sind, haben Sie das Bedürfnis, über das Alltägliche hinauszugehen, was vielleicht dazu führt, daß Sie eine ungewöhnliche Arbeit wählen oder sich mit fremden Ländern und Kulturen beschäftigen.

- Positiv: kultiviert, hoffnungsfreudig, ernsthaft, verantwortungsbewußt.
- Negativ: Kräfteverschleiß, allzu zurückhaltend, kritisch, schroff, verborgene Feinde.

Beruf & Karriere

Da Sie ehrgeizig und praktisch sind und gesellschaftliche Begabungen haben, brauchen Sie den Kontakt zu anderen und arbeiten gern im Team. Mit Ihrem Fleiß und Ihrer Gründlichkeit eignen Sie sich für wissenschaftliche, theologische oder pädagogische Berufe. In Wirtschaft und Handel können Sie erfolgreich sein, wenn Sie sich für Reformen einsetzen oder in irgendeiner Form der Öffentlichkeit dienen. Sie sind charismatisch und individuell, haben eine angenehme Stimme und ein Bedürfnis nach Selbstausdruck, was Sie auch für den Unterhaltungssektor geeignet macht. Da Sie Ideen gut vermitteln und inspirierend wirken, kommen Politik, Spiritualität und Philosophie für Sie in Frage. Mit Ihrer Sensibilität und Ihrem Sinn für Harmonie können Sie es auch in der Welt von Kunst und Musik zu etwas bringen.

Berühmte Persönlichkeiten dieses Tages sind die Sänger Elvis Presley und David Bowie, die Sängerin Shirley Bassey, der Publizist Walter Dirks und der Wissenschaftler Stephen Hawking.

Numerologie

Die Kraft, die von der 8 ausgeht, sorgt für einen Charakter mit festen Wertvorstellungen und sicherem Urteilsvermögen. Die Geburtstagszahl 8 kann bedeuten, daß Sie sich hohe Ziele gesteckt haben und ehrgeizig sind. Mit diesem Geburtstag gehen auch Dominierungsstreben, Sicherheitsbedürfnis und materieller Erfolg einher. Sie haben ein natürliches Gefühl für Geschäfte und sollten unbedingt Ihr Organisations- und Führungstalent fördern. Sie müssen aber lernen, Ihre Macht und Autorität auf faire und gerechte Weise auszuüben. Da Sie ein starkes Bedürfnis nach Sicherheit haben, neigen Sie dazu, langfristig zu planen und zu investieren. Der Untereinfluß der Monatszahl 1 macht Sie unternehmungslustig, tüchtig und urteilsfähig. Ihre kreative Vitalität ermutigt Sie, sich zu verwirklichen, Ihr eigenes Urteil zu fällen oder im Alleingang zu handeln. Da Sie phantasiebegabt und originell sind und praktische Ideen entwickeln, gehen Sie gern methodisch vor und nutzen Ihr Wissen auf produktive Weise. Da Sie äußerst entschlossen und voller Eifer sind, müssen Sie lernen, Toleranz zu üben und weniger dominierend aufzutreten.

Positiv: führungsstark, gründlich, fleißig, Autorität, Heilkraft, gutes Einschätzungsvermögen.

Negativ: Ungeduld, Verschwendung, Intoleranz, Rastlosigkeit, dominierend, leicht entmutigt, planlos.

Liebe & Zwischenmenschliches

Ihr Charisma macht Sie für andere sehr anziehend, auch wenn Sie gerade in persönlichen Beziehungen am häufigsten Probleme haben. Sie fühlen sich zu erfolgreichen und geistig anregenden Menschen hingezogen, und wenn Sie von einer Partnerschaft überzeugt sind, tun Sie alles dafür. Sie können ein leidenschaftlicher und warmherziger Lover sein, auch wenn Sie gelegentlich zu Launenhaftigkeit neigen. Ihr Zuhause, das Ihnen äußerst viel bedeutet, betrachten Sie als Refugium vor der Welt.

Ihr Partner

Wenn Sie jemanden suchen, bei dem Sie Sicherheit, Vertrauen und Liebe finden, sollten Sie sich unter den Menschen umsehen, die an den folgenden Tagen geboren sind:

Liebe & Freundschaft: 6., 20., 22., 24., 30. Jan., 4., 18., 20., 22., 28. Feb., 2., 16., 18., 20., 26., 29. März, 14., 16., 18., 24., 27. April, 12., 14., 16., 22., 25. Mai, 10., 12., 14., 20., 23. Juni, 8., 10., 12., 18., 21. Juli, 6., 8., 10., 16., 19. Aug., 4., 6., 14., 17. Sept., 2., 4., 6., 12., 15. Okt., 2., 4., 10., 13. Nov., 2., 8., 11. Dez.

Günstig: 1., 3., 4., 14. Jan., 1., 2., 12. Feb., 10., 28. März, 8., 26., 30. April, 6., 24., 28. Mai, 4., 22., 26. Juni, 2., 20., 24. Juli, 18., 22. Aug., 16., 20. Sept., 14., 18. Okt., 12., 16. Nov., 10., 14. Dez.

Schicksalhaft: 11. Jan., 9. Feb., 7. März, 5. April, 3. Mai, 1. Juni, 8., 9., 10., 11., 12. Juli

Problematisch: 3., 5. Jan., 1., 3. Feb., 1. März, 31. Juli, 29. Aug., 27., 30. Sept., 25., 28. Okt., 23., 26., 30. Nov., 21., 24., 28. Dez.

Seelenverwandt: 5., 12. Jan., 3., 10. Feb., 1., 8. März, 6. April, 4. Mai, 2. Juni

SONNE: STEINBOCK
DEKADE: STIER/VENUS
GRAD: 17° – 19° STEINBOCK
ART: KARDINALZEICHEN
ELEMENT: ERDE

Fixstern

Name des Sterns: Deneb, auch Al Danab genannt

Gradposition: 18°49' – 19°55' Steinbock zwischen den Jahren 1930 und 2000

Magnitude: 3

Stärke: ✷✷✷✷✷✷

Orbit: 1°40'

Konstellation: Zeta Aquilae

Tage: 9., 10., 11., 12. Januar

Sternqualitäten: Mars/Jupiter

Beschreibung: grüner Stern im Auge des Adlers.

Einfluß des Hauptsterns

Deneb steht für Führungsqualitäten, eine liberale Einstellung und Toleranz. Sie sind optimistisch, kühn, unternehmungslustig, begeisterungsfähig und ehrgeizig. Sie haben einen ausgeprägten Gemeinschaftssinn und handeln entschlossen.

Im Zusammenhang mit dem Stand Ihrer Sonne sorgt Deneb für Erfolg in der Öffentlichkeit und für eine Neigung zu Geschäftsleben oder juristischen Berufen. Sie haben einen starken Willen und die Fähigkeit, andere anzuleiten. Durch Deneb haben Sie einen unabhängigen, dynamischen Charakter und echte Individualität, die für Gelegenheiten sorgt, durch Mut und Begeisterungsfähigkeit voranzukommen.

- Positiv: Unternehmungsgeist, kämpferisch, Ehrgeiz.
- Negativ: Eile, ungeduldig, Unehrlichkeit, Nachlässigkeit.

9. Januar

♑ Der Einfluß Ihres Geburtstags sorgt dafür, daß Sie ein ebenso praktischer wie fleißiger Steinbock mit viel Durchhaltevermögen sind. Da Sie sicherheitsbewußt sind, bauen Sie gern auf lang anhaltenden Resultaten auf, und wenn Sie sich einer Person oder Sache verschrieben haben, sind Sie treu, pflichtbewußt und verantwortungsvoll. Ihr universales Denken äußert sich als humanitäres Interesse an anderen. Negatives Denken ruft in Ihnen Frustration und Ungeduld hervor und hindert Sie daran, Ihre Träume und Wünsche zu realisieren.

Durch den Untereinfluß Ihres Dekadenzeichens Stier haben Sie natürliche kreative Talente, die Sie entwickeln können, indem Sie sich der Kunst widmen, um so Ihre Phantasie und Ihre sensiblen Gefühle auszudrücken. Sie können Ihre Begabungen und Ihren Charme aber auch einfach im Umgang mit Menschen einsetzen. Mit Ihrem Bedürfnis nach Liebe und Zuneigung ist auch ein starker Wunsch nach Anerkennung gepaart, so daß Ihnen gute Beziehungen äußerst wichtig sind.

Ihre Liebe zu Schönheit und den guten Dingen des Lebens bewirkt, daß Sie gern in Harmonie und Luxus leben. Ihr Harmoniebedürfnis kann aber so weit gehen, daß Sie bei jeder kleinen Konfrontation lieber den Kopf in den Sand stecken, als sich zu stellen. Lernen Sie, sich Hindernissen und Enttäuschungen zu stellen, und hüten Sie sich vor Pessimismus oder Materialismus. Distanziertheit statt Unflexibilität ist oft der Schlüssel zur Lösung Ihrer Probleme. Zum Glück kommen Sie durch Durchhaltevermögen und Intelligenz doch immer zum Ziel, wenn Sie nur genügend Entschlossenheit aufwenden.

Wenn Sie 12 sind, tritt Ihre Sonne in den Wassermann. Sie werden zwar unabhängiger, legen aber mehr Wert auf Freundschaften. Sie interessieren sich für ungewöhnliche oder humanitäre Themen oder möchten Ihre Individualität ausdrücken. Ein weiterer Wendepunkt erfolgt, wenn Sie 42 sind und Ihre Sonne in das Zeichen der Fische tritt. Jetzt legen Sie mehr Wert auf Sensibilität und Gefühle, was sich an Ihrer Phantasie, Ihren Träumen oder emotionalen Zielen zeigt. In Ihren mittleren Jahren lernen Sie nach zahlreichen Veränderungen die Vorzüge von Partnerschaften und Arbeitsgemeinschaften schätzen. Im Alter von 72, wenn Ihre Sonne in das Zeichen des Widders wechselt, haben Sie das Bedürfnis, die Initiative zu ergreifen und offen und direkt auf andere zuzugehen. Möglicherweise sind damit auch Neuanfänge verbunden.

Ihr geheimes Selbst

Ihre dynamischen Gefühle brauchen eine positive Form des Ausdrucks, andernfalls lassen Sie sich gern in die Tragödien anderer verwickeln. Ihre Fähigkeit, anderen zu helfen, erfüllt Sie mit Befriedigung und gewinnt Ihnen viele Freunde. Wenn Sie selbstsicher sind, können Sie die Kraft Ihrer Liebe auf andere richten und sie mit Ihrem Charisma bezaubern.

Da Sie ebenso praktisch wie phantasiebegabt sind, schätzen Sie Ordnung, sind aber auch visionär. Sie brauchen Pläne und Inhalte, sonst leiden Sie unter Rastlosigkeit, die Sie in eine Form der Realitätsflucht, wie zum Beispiel Unmäßigkeit, treiben kann. Sie möchten sich ständig weiterentwickeln und messen Ihrer Arbeit große Bedeutung bei; deshalb müssen Sie Engagement und Konzentration aufbringen, um Ihr wahres Potential nutzen zu können. Wenn Sie nur hart arbeiten, stellt sich auch immer die finanzielle Sicherheit ein, die Sie so notwendig brauchen.

Beruf & Karriere

Da Sie unternehmungslustig und phantasievoll sind, brauchen Sie viel Freiheit und Unabhängigkeit. Ihr Bedürfnis nach Abwechslung und Veränderung veranlaßt Sie oft, Reisen und Arbeit zu verbinden. Mit Ihrem Wunsch nach Aktivität und Fortschritt probieren Sie wahrscheinlich erst einmal verschiedene Tätigkeiten aus. In jedem Fall sollten Sie langweilige Routinejobs vermeiden, die weder Aufregung noch Weiterkommen versprechen. Da Sie idealistisch und kreativ sind und ein poetisches Herz haben, fühlen Sie sich von Musik und Kunst angezogen. Wenn Sie sich für Wirtschaft und soziale Reformen interessieren, kommen Marketing, Betriebswirtschaft, Promotion oder Politik für Sie in Frage. Mit Ihrem Charme und der Gabe, schnell denken zu können, möchten Sie vielleicht Arbeit mit Reisen verbinden, was in der Touristikbranche möglich wäre, etwa als Reiseleiter. Interessant für Sie sind auch Stellen, bei denen Sie pendeln müssen, oder Tätigkeiten im Verkaufsbereich.

Berühmte Persönlichkeiten dieses Tages sind US-Präsident Richard Nixon, die Sängerin Joan Baez, der Rockmusiker Jim Page und die Schriftstellerin Simone de Beauvoir.

Numerologie

Zu den Eigenschaften der Zahl 9 gehören unter anderem Güte, Mitgefühl und Sensibilität. Intuitive und spirituelle Fähigkeiten deuten auf universales Aufnahmevermögen hin. Mit der Geburtstagszahl 9 haben Sie meist das Gefühl, Ihr Schicksal sei Ihnen vorbestimmt und lasse Ihnen nicht viel Handlungsspielraum. Sie sollten lernen, innerlich mehr Distanz zu halten, und mehr Verständnis, Toleranz und Geduld üben. Von Weltreisen und dem Zusammentreffen mit den unterschiedlichsten Menschen und Kulturen profitieren Sie enorm. Hüten Sie sich aber vor Träumereien oder Realitätsflucht. Der Untereinfluß der Monatszahl 1 verstärkt Ihre Intuition und Ihr Wahrnehmungsvermögen. Ehrgeizig und entschlossen, können Sie energisch und autoritär sein. Mit Ihrem sechsten Sinn sind Sie oft vorausschauend. Idealistisch und phantasiebegabt, können Sie Ihren Instinkten voll vertrauen. Das Bedürfnis, immer an erster Stelle zu stehen, erschwert es Ihnen, Ihre Grenzen zu erkennen und zu verstehen, daß es nicht immer gerecht zugeht im Leben.

Positiv: idealistisch, humanitär, kreativ, sensibel, großzügig, anziehend, poetisch, nachsichtig, freigiebig, unvoreingenommen, glücklich, beliebt.

Negativ: frustriert, nervös, innerlich zerrissen, selbstsüchtig, unpraktisch, leicht beeinflußbar, ängstlich.

Liebe & Zwischenmenschliches

Da Sie sehr idealistische Vorstellungen von Ihrem Partner haben, begnügen Sie sich möglicherweise sogar mit einer platonischen Liebe, wenn Sie niemanden finden, der Ihren Ansprüchen gerecht wird. Enttäuschungen können Sie vermeiden, wenn Sie sich jemanden suchen, der eine sehr humanitäre Seite hat. Manche der heutigen Geburtstagskinder suchen nach Partnern, die sie auf einen Sockel stellen oder glauben, retten zu müssen. Deshalb sollten Sie bei der Partnerwahl sehr vorsichtig sein. Wenn Sie sich aber einmal auf eine Beziehung einlassen, sind Sie sehr treu und zuverlässig.

Ihr Partner

Einen Liebespartner könnten Sie unter den an den folgenden Tagen geborenen Menschen finden:

Liebe & Freundschaft: 1., 7., 21., 23., 31. Jan., 5., 19., 21., 29. Feb., 3., 17., 19., 27. März, 1., 15., 17., 25. April, 13., 15., 23. Mai, 11., 13., 21. Juni, 9., 11., 19. Juli, 7., 9., 17. Aug., 5., 7., 15. Sept., 3., 5., 13. Okt., 1., 3., 11. Nov., 1., 9. Dez.

Günstig: 5., 16., 18. Jan., 3., 14., 16. Feb., 1., 12., 14., 29. März, 10., 12., 27. April, 8., 10., 25., 29. Mai, 6., 8., 23., 27. Juni, 4., 6., 21., 25. Juli, 2., 4., 19., 23. Aug., 2., 17., 21. Sept., 15., 19. Okt., 13., 17. Nov., 11., 15., 29. Dez.

Schicksalhaft: 6., 30. Jan., 4., 28. Feb., 2., 26. März, 24. April, 22. Mai, 20. Juni, 9., 10., 11., 12., 13., 18. Juli, 16. Aug., 14. Sept., 12. Okt., 10. Nov., 8. Dez.

Problematisch: 4. Jan., 2. Feb., 29., 31. Mai, 27., 29., 30. Juni, 25., 27., 28. Juli, 23., 25., 26., 30. Aug., 21., 23., 24., 28. Sept., 19., 21., 22., 26. Okt., 17., 19., 20., 24. Nov., 15., 17., 18., 22. Dez.

Seelenverwandt: 23. Jan., 21. Feb., 19. März, 17. April, 15. Mai, 13. Juni, 11., 31. Juli, 9., 29. Aug., 7., 27. Sept., 5., 25. Okt., 3., 23. Nov., 1., 21. Dez.

SONNE: STEINBOCK
DEKADE: STIER/VENUS
GRAD: 18° – 20° STEINBOCK
ART: KARDINALZEICHEN
ELEMENT: ERDE

10. Januar

Fixstern

Name des Sterns: Deneb, auch Al Danab genannt

Gradposition: 18°49' – 19°55' Steinbock zwischen den Jahren 1930 und 2000

Magnitude: 3

Stärke: ******

Orbit: 1°40'

Konstellation: Zeta Aquilae

Tage: 9., 10., 11., 12. Januar

Sternqualitäten: Mars/Jupiter

Beschreibung: grüner Stern im Auge des Adlers.

Einfluß des Hauptsterns

Deneb steht für Führungsqualitäten, eine liberale Einstellung und Toleranz. Sie sind optimistisch, kühn, unternehmungslustig, begeisterungsfähig und ehrgeizig. Sie haben einen ausgeprägten Gemeinschaftssinn und handeln entschlossen.

Im Zusammenhang mit dem Stand Ihrer Sonne sorgt Deneb für Erfolg in der Öffentlichkeit und für eine Neigung zu Geschäftsleben oder juristischen Berufen. Sie haben einen starken Willen und die Fähigkeit, andere anzuleiten. Durch Deneb haben Sie einen unabhängigen, dynamischen Charakter und echte Individualität, die für Gelegenheiten sorgt, durch Mut und Begeisterungsfähigkeit voranzukommen.

- Positiv: Unternehmungsgeist, kämpferisch, Ehrgeiz.
- Negativ: Eile, ungeduldig, Unehrlichkeit, Nachlässigkeit.

♑ Sie sind ein praktischer, freundlicher und entschlossener Steinbock mit starkem Willen und einer direkten Art. Ihr sechster Sinn, der sich vor allem auf finanzielle Dinge bezieht, verleiht Ihnen rasches und scharfsichtiges Einschätzungsvermögen für Menschen und Dinge. Wenn Sie Ihre Instinktsicherheit mit Ihrer Zielstrebigkeit kombinieren, können Sie mit voller Entschlossenheit auf Erfolgskurs gehen. Da Sie von Natur aus ehrgeizig sind und gern die Führung übernehmen, brauchen Sie nur etwas mehr Selbstdisziplin, um bemerkenswerte Resultate zu erreichen.

Durch den zusätzlichen Einfluß Ihres Dekadenzeichens Stier haben Sie besonderen Charme, der Sie gesellig und beliebt macht. Sie umgeben sich gern mit Schönheit und Luxus. Aber auch wenn Ihnen materielle Sicherheit, Status und Prestige sehr wichtig sind, streben Sie so richtig nur nach Resultaten, wenn etwas Sie wirklich interessiert. Da Sie das gute Leben lieben und es verstehen, sich zu amüsieren, müssen Sie sich davor hüten, nachlässig oder zu materialistisch zu werden.

Ihre Wärme und Ihr anziehender Charme sorgen für Erfolg in Ihren zwischenmenschlichen Beziehungen. Sie reagieren sensibel auf Ihre Umwelt, deshalb ist es wichtig, daß diese Beziehungen harmonisch sind. Im allgemeinen sehnen Sie sich nach Sicherheit und brauchen für alles, was Sie im Leben unternehmen, feste Grundlagen. Mit Ihrem Fleiß und einer guten Portion Optimismus können Sie Berge versetzen und andere mit Ihrem Wissen und Ihren Leistungen beeindrucken.

Wenn Sie 11 sind, tritt Ihre Sonne in den Wassermann. In den nächsten dreißig Jahren werden Sie unabhängiger und legen mehr Wert auf Freundschaft und Gruppenaktivitäten. Sie wollen eigene originelle Ideen entwickeln und Experimente machen. Ein weiterer Wendepunkt erfolgt, wenn Sie 41 sind und Ihre Sonne in das Zeichen der Fische tritt. Jetzt werden Sie noch sensibler und vorausschauender und verfolgen vermehrt idealistische oder spirituelle Ziele. Im Alter von 71 erleben Sie einen weiteren Wendepunkt, wenn Ihre Sonne in das Zeichen des Widders wechselt. Nun haben Sie das Bedürfnis, sich bei allem wieder mehr auf sich selbst zu besinnen.

Ihr geheimes Selbst

Als erfolgsorientierter und unabhängiger Denker wissen Sie, daß Wissen und Erfahrung Macht bedeuten. Da Sie ebenso geistig rege wie praktisch sind, können Sie wunderbar Probleme lösen. Mit Ihrer Sensibilität und Ihrem intuitiven Intellekt haben Sie originelle Ideen und interessieren sich für Literatur, Kunst, Philosophie, Religion und Metaphysik. Sie können andere mit Ihrer Begeisterungsfähigkeit anstecken und dadurch immer wieder automatisch in Führungspositionen geraten. Sie neigen jedoch dazu, starrköpfig oder stur zu sein. Großzügig und freundlich, können Sie sehr fürsorglich sein. Ihre Probleme sind selten finanzieller Natur, sondern entstehen aus Enttäuschungen über andere. Glücklicherweise erkennen Sie stets, wenn sich Ihnen neue Chancen bieten, so daß Sie jede Situation zum Besseren wenden können.

Beruf & Karriere

Fleißig, ehrgeizig und pragmatisch, denken Sie gern unabhängig und sind so ein geborener Unternehmer, aber auch ein guter Produzent und Promoter. Da Sie auch handwerklich geschickt sind und etwas Dauerhaftes schaffen wollen, eignen Sie sich für die Baubranche oder das Ingenieurwesen. Im Kunstleben können Sie finanziell gewinnen, wenn Sie in Werbung, Promotion, Kunstmanagement oder Kunsthandwerk tätig sind. Ihr guter Geschäftssinn hindert Sie nicht daran, sich für Philosophie, Religion oder Metaphysik zu interessieren, weil Sie als neugieriger und erfindungsreicher Mensch das Unbekannte erforschen möchten. Sie neigen zu Einzelgängertum.

Berühmte Persönlichkeiten dieses Tages sind der Sänger Rod Stewart, der Maler James McNeill Whistler, die Sängerin Pat Benatar, der Musiker Max Roach und der Boxer George Foreman.

Numerologie

Sie sind unternehmend und unabhängig. Obwohl Sie viele Hindernisse überwinden müssen, bevor Sie Ihr Ziel erreichen, verlieren Sie nie Ihre Entschlossenheit. Dank Ihrem Pioniergeist reisen Sie gern allein und neigen überhaupt zum Alleingang. Sie müssen aber lernen, daß sich die Welt nicht nur um Sie dreht. Hüten Sie sich außerdem vor Selbstsucht und dominierendem Verhalten. Der Untereinfluß der Monatszahl 1 führt dazu, daß Sie voller Antriebskraft und hoher Ziele sind. Im allgemeinen kreativ und innovativ, strahlen Sie Autorität aus und haben gute Führungsqualitäten. Da Sie intelligent sind, übernehmen Sie lieber selbst die Führung, statt sich unterzuordnen. Ihr Bedürfnis nach immer neuen Herausforderungen bewirkt, daß Sie Ihre Intelligenz und Schlagfertigkeit immer wieder testen wollen. Manchmal müssen Sie viel Bodenständigkeit beweisen, um mehr Selbstvertrauen zu entwickeln. Wenn Sie aber selbstsicher sind, können Sie hart und ehrgeizig arbeiten. Sie brauchen Ausgeglichenheit und Stabilität im Leben, da Sie zu Enttäuschungen neigen und Schwierigkeiten haben, Ihre Gefühle zu zeigen. Als Mensch, der Erfolg haben will, sollten Sie mehr diplomatisches Geschick entwickeln.

Positiv: Führungsqualitäten, kreativ, progressiv, Überzeugungskraft, optimistisch, feste Überzeugungen, kämpferisch, unabhängig, gesellig.

Negativ: dominierend, eifersüchtig, egoistisch, arrogant, feindselig, selbstsüchtig, labil, ungeduldig.

Liebe & Zwischenmenschliches

Dank Ihrem erlesenen Geschmack und Ihrem Gefühl für Stil haben Sie meist ein schönes Heim, in das Sie gern Freunde und Bekannte einladen. Da Sie ehrgeizig sind und am liebsten mit intelligenten und erfolgreichen Menschen verkehren, haben Sie keine Zeit für Verlierer. Auch wenn Sie leidenschaftlich sind, verlieren Sie nie den Sinn fürs Praktische. Obwohl Sie im allgemeinen gegenüber denen, die Sie lieben, außerordentlich großzügig sind, können Sie gelegentlich ziemlich geizig sein. Mit Ihrer stolzen und charmanten Art haben Sie normalerweise keine Probleme, Partner zu finden; achten Sie aber darauf, daß materielle Überlegungen in Ihren Beziehungen nicht die Oberhand gewinnen.

Ihr Partner

Den idealen Partner werden Sie mit großer Wahrscheinlichkeit unter den an den folgenden Tagen geborenen Menschen finden:

Liebe & Freundschaft: 8., 12., 17., 20., 22., 24. Jan., 6., 15., 18., 20., 22. Feb., 4., 13., 16., 18., 20., 28. März, 2., 11., 14., 16., 18., 26. April, 9., 12., 14., 16. Mai, 7., 10., 12., 14. Juni, 5., 8., 10., 12., 30. Juli, 3., 6., 8., 10., 28. Aug., 1., 4., 6., 8., 16., 26. Sept., 2., 4., 6., 24. Okt., 2., 4., 22. Nov., 2., 20. Dez.

Günstig: 6., 23. Jan., 4., 21. Feb., 2., 19., 30. März, 17., 28. April, 15., 26., 30. Mai, 13., 24., 28. Juni, 11., 22., 26. Juli, 9., 20., 24. Aug., 7., 18., 22. Sept., 5., 16., 20. Okt., 3., 14., 18. Nov., 1., 12., 16., 30. Dez.

Schicksalhaft: 7. Jan., 5. Feb., 3. März, 1. April, 10., 11., 12., 13., 14. Juli

Problematisch: 5., 26., 29. Jan., 3., 24., 27. Feb., 1., 22., 25. März, 20., 25. April, 18., 21. Mai, 16., 19., 30. Juni, 14., 17., 28. Juli, 12., 15., 26., 31. Aug., 10., 13., 24., 29. Sept., 8., 11., 22., 27. Okt., 6., 9., 20., 25. Nov., 4., 7., 18., 23. Dez.

Seelenverwandt: 30. Jan., 28. Feb., 26. März, 24. April, 22. Mai, 20. Juni, 18. Juli, 16. Aug., 14. Sept., 12., 31. Okt., 10., 29. Nov., 8., 27. Dez.

SONNE: STEINBOCK
DEKADE: JUNGFRAU/MERKUR
GRAD: 19° – 21° STEINBOCK
ART: KARDINALZEICHEN
ELEMENT: ERDE

11. Januar

♑ Sie sind ein fleißiger Idealist mit einem kreativen Geist. Obwohl Sie ein ernster und ehrgeiziger Steinbock sind, können Sie auch äußerst charmant und warmherzig sein, mit großem Gefühl für den Umgang mit Menschen. Da Sie unkonventionell und imagebewußt sind, legen Sie Wert auf ein gepflegtes Äußeres und kleiden sich häufig unkonventionell. Auch wenn Sie im allgemeinen willensstark und entschlossen sind, schwanken Sie gelegentlich zwischen Selbstvertrauen und Zweifeln, was zu Ängsten und Unentschlossenheit führen kann.

Durch den Untereinfluß Ihres Dekadenzeichens Jungfrau sind Sie geistig rege und aufgeweckt und können sich gut konzentrieren. Scharfsinnig und zielstrebig, können Sie gut Probleme lösen und ziehen Dinge bis zum Ende durch. Da Sie pragmatisch und ein guter Stratege sind, möchten Sie Ihre Talente praktisch nutzen, und wenn Sie sich feste Ziele gesteckt haben, können Sie die mit der nötigen Anstrengung auch erreichen. Allerdings sollten Sie das Leben nicht ganz so ernst nehmen, um nicht ständig enttäuscht zu werden. Ihre starken Gefühle können Sie auch konstruktiv einsetzen, etwa als Mitgefühl und eine universelle Liebe.

Aufgrund Ihrer zahlreichen Interessen und Ihrem Bedürfnis nach Action lieben Sie Reisen und Abenteuer. Sie schätzen Schönheit, Glamour und die guten Seiten des Lebens; glücklicherweise haben Sie auch das nötige Gefühl für Geld, um sich Ihren Standard leisten zu können. Frauen üben auf Ihr Leben möglicherweise einen besonders günstigen Einfluß aus.

Wenn Sie 10 sind, tritt Ihre Sonne in den Wassermann, und Sie werden unabhängiger und freier, legen mehr Wert auf Freundschaft und möchten Ihre Individualität zum Ausdruck bringen. Ein weiterer Wendepunkt erfolgt, wenn Sie 40 sind und Ihre Sonne in das Zeichen der Fische tritt. Jetzt verstärken sich Ihre Sensibilität und Ihr visionäres Denken. Sie beschäftigen sich auch mehr mit idealistischen oder spirituellen Themen. In mittleren Jahren müssen Sie berufsbedingt mehr reisen, was sich sehr positiv auf Ihr Leben auswirkt. Mit 70 erleben Sie einen weiteren Wendepunkt, wenn Ihre Sonne in das Zeichen des Widders wechselt. Nun haben Sie das Bedürfnis, Ihre Angelegenheiten direkt und offen anzugehen.

Ihr geheimes Selbst

Mit der richtigen Einstellung haben Sie das Potential, andere mit Ihren Idealen und Ihrer Phantasie zu inspirieren; deshalb sollten Sie Ihre Energien nicht für unwichtige Dinge verschwenden, die Sie möglicherweise von Ihren wahren Zielen ablenken. Wenn Sie sich auf Ihre kreative Energie konzentrieren, erreichen Sie produktive Ergebnisse. Nehmen Sie sich Zeit zum Regenerieren: Lernen Sie, sich regelmäßig zu entspannen, und achten Sie auf Gesundheit und Ernährung.

Sie können andere bezaubern; doch oft ist nach außen hin nicht erkennbar, daß Sie hinter Ihrer selbstbewußten Fassade verwirrt sind. In fortgeschrittenem Alter werden Sie durch spirituelle Entwicklung, universelles Verständnis und Ihr angeborenes mystisches Potential weise werden. Hüten Sie sich vor impulsivem oder extravagantem Verhalten, und fallen Sie nicht auf Träume vom schnellen Geld herein, sondern investieren Sie lieber in langfristige Projekte.

Fixstern

Name des Sterns: Deneb, auch Al Danab genannt

Gradposition: 18°49' – 19°55' Steinbock zwischen den Jahren 1930 und 2000

Magnitude: 3

Stärke: ******

Orbit: 1°40'

Konstellation: Zeta Aquilae

Tage: 9., 10., 11., 12. Januar

Sternqualitäten: Mars/Jupiter

Beschreibung: grüner Stern im Auge des Adlers.

Einfluß des Hauptsterns

Deneb steht für Führungsqualitäten, eine liberale Einstellung und Toleranz. Sie sind optimistisch, kühn, unternehmungslustig, begeisterungsfähig und ehrgeizig. Sie haben einen ausgeprägten Gemeinschaftssinn und handeln entschlossen.

Im Zusammenhang mit dem Stand Ihrer Sonne sorgt Deneb für Erfolg in der Öffentlichkeit und für eine Neigung zu Geschäftsleben oder juristischen Berufen. Sie haben einen starken Willen und die Fähigkeit, andere anzuleiten. Durch Deneb haben Sie einen unabhängigen, dynamischen Charakter und echte Individualität, die für Gelegenheiten sorgt, durch Mut und Begeisterungsfähigkeit voranzukommen.

Positiv: Unternehmungsgeist, kämpferisch, Ehrgeiz.

Negativ: Eile, ungeduldig, Unehrlichkeit, Nachlässigkeit.

Beruf & Karriere

Selbstverwirklichung, Freiheit und geistige Anregung sollten die Grundpfeiler Ihrer Karriere sein. Da Sie sich ungern unterordnen, wäre es am besten, sich selbständig zu machen. Im allgemeinen sind Sie sehr dynamisch und unternehmungslustig und leben nach Ihren eigenen Gesetzen. Mit Ihrem universellen Mitgefühl und Ihrer unabhängigen Art zu denken eignen Sie sich für Lehr- und Beratungsberufe oder Psychologie. Sie haben Interesse für Religion, Philosophie und Metaphysik und Talent für Astrologie. Frauen spielen im allgemeinen eine aktive Rolle bei Ihrem Vorwärtskommen. Mit Ihrer Eloquenz, Phantasie und Kommunikationsfähigkeit haben Sie auch ein Flair für Literatur, Musik und Kunst. Als Idealist kämpfen Sie für Reformen und gegen Ungerechtigkeit, indem Sie sich Kirche, Politik oder staatlichen Institutionen zuwenden.

Berühmte Persönlichkeiten dieses Tages sind der US-Politiker Alexander Hamilton, die Schauspielerin Christine Kaufmann, die Sängerin Naomi Judd und der Psychologe William James.

Numerologie

Die besonderen Schwingungen der Hauptzahl 11 sorgen dafür, daß Ihnen Idealismus, Inspiration und Innovation außerordentlich wichtig sind. Eine Mischung aus Bescheidenheit und Selbstvertrauen läßt Sie oft sowohl nach materieller wie spiritueller Entwicklung Ihres Selbst streben. Sie sind energiegeladen, müssen sich aber davor hüten, überängstlich oder unpraktisch zu werden. Der Untereinfluß der Monatszahl 1 führt dazu, daß Sie unabhängig und unternehmungslustig sind und sich kreativ ausdrücken wollen. Sie sind freundlich und kontaktfreudig, lassen sich aber nicht gern einschränken. Wenn Sie Ihr diplomatisches Geschick ausbauen, finden Sie festeren Boden unter den Füßen und werden weniger selbstzentriert. Innovativ und voller Energie, sind Sie vielseitig begabt und interessiert. Sie sind sehr unterhaltsam, manchmal vielleicht ein wenig zu freimütig. Auch wenn Sie intuitive Kräfte haben und entschlossen sind, brauchen Sie ein festes Ziel, sonst vergeuden Sie Ihre Energien und verzetteln sich.

Positiv: ausgeglichen, konzentriert, objektiv, begeisterungsfähig, inspiriert, idealistisch, intuitiv, humanitär, spirituelle Fähigkeiten.

Negativ: übersteigertes Selbstbewußtsein, ziellos, überemotional, leicht verletzt, leicht reizbar, selbstsüchtig, unklar, dominierend.

Liebe & Zwischenmenschliches

Da Sie charmant und anziehend sind, fühlen sich andere sehr zu Ihnen hingezogen. Sie interessieren sich für Menschen, die Sie kreativ oder intellektuell anregen. Da Sie sensibel sind und starke Gefühle haben, brauchen Sie regelmäßig Zeit für sich, in der Sie Ihre Gedanken und Gefühle wieder sammeln können. So spüren Sie intuitiv, was für Sie und Ihre Beziehungen richtig ist, und finden das Gleichgewicht zwischen Ihrem Unabhängigkeitsdrang und dem Bedürfnis, mit anderen zusammenzusein. Am wohlsten fühlen Sie sich, wenn Sie voller Selbstvertrauen sind und Ihre Partner im freundschaftlichen Wettstreit geistig wachhalten.

Ihr Partner

Glück finden Sie mit großer Wahrscheinlichkeit unter den an den folgenden Tagen geborenen Menschen:

Liebe & Freundschaft: 9., 13., 23., 25., 27. Jan., 7., 21., 23., 25. Feb., 5., 19., 21., 23., 29. März, 3., 17., 19., 21., 27., 30. April, 1., 5., 15., 17., 19., 25., 28. Mai, 13., 15., 17., 23., 26. Juni, 11., 13., 15., 21., 24. Juli, 9., 11., 13., 19., 22. Aug., 7., 9., 11., 17., 20. Sept., 5., 7., 9., 15., 18. Okt., 3., 5., 7., 13., 16. Nov., 1., 3., 5., 11., 14. Dez.

Günstig: 2., 4., 7. Jan., 2., 5. Feb., 3. März, 1. April, 31. Mai, 29. Juni, 27., 31. Juli, 25., 29. Aug., 23., 27. Sept., 21., 25. Okt., 19., 23. Nov., 17., 21. Dez.

Schicksalhaft: 8., 14. Jan., 6., 12. Feb., 4., 10. März, 2., 8. April, 6. Mai, 4. Juni, 2., 11., 12., 13., 14., 15. Juli

Problematisch: 6., 19., 29. Jan., 4., 17., 27. Feb., 2., 15., 25. März, 13., 23. April, 11., 21. Mai, 9., 19. Juni, 7., 17. Juli, 5., 15. Aug., 3., 13., 30. Sept., 1., 11., 28. Okt., 9., 26. Nov., 7., 24., 29. Dez.

Seelenverwandt: 16., 21. Jan., 14., 19. Feb., 12., 17. März, 10., 15. April, 8., 13. Mai, 6., 11. Juni, 4., 9. Juli, 2., 7. Aug., 5. Sept., 3. Okt., 1. Nov.

SONNE: STEINBOCK
DEKADE: JUNGFRAU/MERKUR
GRAD: 20° – 22° STEINBOCK
ART: KARDINALZEICHEN
ELEMENT: ERDE

Fixstern

Name des Sterns: Deneb, auch Al Danab genannt

Gradposition: 18°49' – 19°55' Steinbock zwischen den Jahren 1930 und 2000

Magnitude: 3

Stärke: ******

Orbit: 1°40'

Konstellation: Zeta Aquilae

Tage: 9., 10., 11., 12. Januar

Sternqualitäten: Mars/Jupiter

Beschreibung: grüner Stern im Auge des Adlers.

Einfluß des Hauptsterns

Deneb steht für Führungsqualitäten, eine liberale Einstellung und Toleranz. Er macht Sie optimistisch, kühn, unternehmungslustig, begeisterungsfähig und ehrgeizig. Sie haben einen ausgeprägten Gemeinschaftssinn und handeln entschlossen.

Im Zusammenhang mit dem Stand Ihrer Sonne sorgt Deneb für Erfolg in der Öffentlichkeit und eine Neigung zu kaufmännischen oder juristischen Berufen. Sie haben einen starken Willen und die Fähigkeit, andere anzuleiten. Durch Deneb haben Sie einen unabhängigen, dynamischen Charakter und echte Individualität, die für Gelegenheiten sorgt, durch Mut und Begeisterungsfähigkeit voranzukommen.

Positiv: Unternehmungsgeist, kämpferisch, Ehrgeiz.

Negativ: Eile, ungeduldig, Unehrlichkeit, Nachlässigkeit.

12. Januar

♑ Mit diesem Geburtstag sind Sie ein freundlicher, fleißiger und praktischer Steinbock mit großem Charme. Auch wenn Sie unabhängig sind, haben Sie gutes diplomatisches Geschick, das Ihnen in Teamsituationen und Partnerschaften hilft. Obwohl Sie sehr bodenständig sind, können Sie auch phantasievoll und visionär sein.

Durch den Untereinfluß Ihres Dekadenzeichens Jungfrau sind Sie verantwortungsbewußt und verfolgen klare Ziele. Sie sind methodisch und stolz auf Ihre Arbeit, und wenn Sie sich einmal auf ein Ziel festgelegt haben, sind Sie stark genug, es zu erreichen, ganz gleich, wie lange es auch dauern mag. Ihr Beruf hat eine besonders große Bedeutung in Ihrem Leben, weshalb Sie sich davor hüten müssen, sich so sehr in Ihre eigenen Interessen zu verstricken, daß Sie Ihre Umgebung nicht mehr wahrnehmen.

Da Sie von praktischem Geschäftssinn ebenso geprägt sind wie von sensiblen Gefühlen, müssen Sie für ein Gleichgewicht der Extreme sorgen, um Ängste oder Spannungen zu vermeiden, die Sie in Labilität oder Realitätsflucht treiben könnten. Obwohl Sie viel Sinn für die materielle Welt haben, interessieren Sie sich auch für humanitäre oder mystische Themen und beschäftigen sich mit Spiritualität oder Metaphysik. Die Verbindung aus Sensibilität, Erfindungsgeist und schneller Auffassungsgabe sorgt dafür, daß Sie ein tiefes Verständnis für die menschliche Natur haben. Damit können Sie für das Gemeinwohl tätig sein oder als Berater oder Spezialist.

Wenn Sie 9 sind, tritt Ihre Sonne in den Wassermann. Die nächsten dreißig Jahre lassen Sie sich weniger von Traditionen beeinflussen und werden unabhängiger. Sie lernen, auf Ihre individuellen Ansichten zu vertrauen, haben ein starkes Bedürfnis nach Freundschaft und interessieren sich mehr für Gruppenaktivitäten. Ein weiterer Wendepunkt erfolgt, wenn Sie 39 sind und Ihre Sonne in das Zeichen der Fische tritt. Jetzt messen Sie Ihrem Gefühlsleben mehr Bedeutung bei, was sich in Ihren Träumen, Ihrer Phantasie und Ihren emotionalen Zielen ausdrückt. Im Alter von 69, wenn Ihre Sonne in das Zeichen des Widders wechselt, haben Sie das Bedürfnis, offen und direkt auf Situationen und Menschen zuzugehen.

Ihr geheimes Selbst

Eines Ihrer größten Probleme ist es, Ihre großen Ideen und Träume in die Tat umzusetzen. Dank Ihrer regen Intelligenz und einer inneren Noblesse befinden Sie sich meist aber trotzdem in führenden Positionen. Obwohl Sie klug und begabt sind, leiden Sie gelegentlich unter Selbstzweifeln oder einem Minderwertigkeitskomplex. Wenn Sie erkennen, welche Macht Sie mit Ihrem Wissen haben, und Ihre Intuition entwickeln, können Sie selbstbewußt die Initiative ergreifen und Ihre Träume wahr werden lassen.

Auch wenn ein Teil von Ihnen damit zufrieden wäre, in bequemer Gewohnheit zu Hause auf dem Sofa zu sitzen, treibt Sie Ihr angeborenes Verantwortungsbewußtsein immer wieder zu Aktivitäten an. Ihr inneres Bedürfnis nach Harmonie äußert sich in Liebe zu Musik, Kunst oder beschaulicher Umgebung. Obwohl Sie gelegentlich unter Angst leiden, können Sie, wenn es Ihnen gutgeht, andere mit Ihrem Mitgefühl und Ihrer inneren Stärke stützen.

Beruf & Karriere

Freundlich und diplomatisch, genießen Sie alle Arten von gemeinschaftlichen Tätigkeiten oder Teamwork. Sie können sehr gut mit dem gesprochenen und geschriebenen Wort umgehen, und wenn Sie musikalisch sind, komponieren Sie oder spielen ein Instrument. Auch Malen und Zeichnen sind Ausdrucksmöglichkeiten für Sie. Da Sie wettbewerbsorientiert und ehrgeizig sind, fühlen Sie sich auch von Theater oder Sport angezogen. Als Selbständiger sind Sie ein ausgezeichneter Verhandler, Kaufmann oder Agent, auch für Public Relations oder Beratertätigkeiten sind Sie geeignet. Wenn Sie beim Staat arbeiten, sind Sie der geborene Diplomat oder Verhandler. Fotografie oder Design inspirieren Ihre visuelle Phantasie. Da Sie keine Angst vor Neuem haben, eignen Sie sich auch für Berufe der Informationstechnologie.

Berühmte Persönlichkeiten dieses Tages sind der Maler John Singer Sargent, der US-Politiker John Hancock, der spirituelle Führer Swami Vivekananda, der Schriftsteller Jack London und der Bluessänger John Baldry.

Numerologie

Im allgemeinen sind Sie intuitiv und freundlich und haben gutes logisches Denkvermögen. Mit der 12 ist oft der starke Wunsch nach echter Individualität verbunden. Da Sie innovativ und sensibel sind, wissen Sie genau, wie Sie Takt und Kooperationsbereitschaft einsetzen müssen, um Ihre Ziele zu erreichen. Auf andere wirken Sie häufig selbstbewußt, aber hinter dieser gelassenen Fassade verbergen sich gelegentlich Selbstzweifel und Mißtrauen. Wenn Sie das Gleichgewicht zwischen Ihrem Bedürfnis nach Selbstidentifikation und Ihrem Hang zum Altruismus herstellen, können Sie emotionale Befriedigung und Erfüllung finden. Der Untereinfluß der Monatszahl 1 führt dazu, daß Sie ehrgeizig, fleißig und praktisch sind. Intelligent und mutig, sind Sie dank Ihrem autonomen Geist meist auch innovativ und haben Managerbegabung. Auch wenn Sie die Nummer 1 sein und meist allein vorgehen wollen, profitieren Sie enorm von Partnerschaft und Teamwork. Doch begeisterungsfähig und originell, sehen Sie sich lieber in der Führungsrolle als in der des Gefolgschafters.

Positiv: Kreativität, Anziehungskraft, Initiative, Disziplin, Energie, Selbstbewußtsein.

Negativ: eigenbrötlerisch, exzentrisch, unkooperativ, überempfindlich, mangelndes Selbstbewußtsein.

Liebe & Zwischenmenschliches

Auch wenn Sie nach außen hin sehr gesellig wirken, sind Sie im Grunde eher zurückhaltend. Ehe oder eine feste Beziehung kann für Sie außerordentlich wichtig sein, zumal Sie sehr viel Wert auf ein sicheres Zuhause legen. Im allgemeinen sind Sie treu und bereit zu großen Opfern, wenn es um die Harmonie in Ihren Beziehungen geht. Doch versinken Sie leicht in Routine oder wirken durch mangelnde Kommunikation desinteressiert oder gar kalt. Auch wenn Ihnen Beziehungen sehr wichtig sind, müssen Sie die Balance zwischen Abhängigkeit und Selbständigkeit halten.

Ihr Partner

Liebe und einen treuen Partner finden Sie unter den Menschen, die an den folgenden Tagen geboren sind:

Liebe & Freundschaft: 10., 14., 26., 27., 28. Jan., 8., 12., 24., 26. Feb., 6., 22., 24., 30. März, 4., 20., 22., 28. April, 2., 6., 18., 19., 20., 26., 28. Mai, 16., 18., 24., 27. Juni, 14., 16., 22., 25. Juli, 12., 14., 20., 23., 30. Aug., 10., 11., 12., 18., 21., 28. Sept., 8., 10., 16., 19., 26. Okt., 6., 8., 14., 17., 24. Nov., 4., 6., 12., 15., 22. Dez.

Günstig: 8. Jan., 6. Feb., 4., 28. März, 2., 26. April, 24. Mai, 22., 30. Juni, 20., 28., 29. Juli, 18., 26., 27., 30. Aug. 16., 24., 25., 28. Sept., 14., 22., 23., 26., 29. Okt., 12., 20., 21., 24., 27. Nov., 10., 18., 19., 22., 25. Dez.

Schicksalhaft: 15. Jan., 13. Feb., 11. März, 9. April, 7. Mai, 5. Juni, 3., 12., 13., 14., 15., 16. Juli, 1. Aug.

Problematisch: 7., 9., 30. Jan., 5., 7., 28. Feb., 3., 4., 26. März, 1., 3., 24. April, 1., 22. Mai, 20. Juni, 18. Juli, 16. Aug., 14. Sept., 12., 29. Okt., 10., 27. Nov., 8., 25., 30. Dez.

Seelenverwandt: 8., 27. Jan., 6., 25. Feb., 4., 23. März, 2., 21. April, 19. Mai, 17. Juni, 15. Juli, 13. Aug., 11. Sept., 9. Okt., 7. Nov., 5. Dez.

SONNE: STEINBOCK
DEKADE: JUNGFRAU/MERKUR
GRAD: 21° – 23° STEINBOCK
ART: KARDINALZEICHEN
ELEMENT: ERDE

Fixsterne

Ihre Sonne ist zwar nicht mit einem Fixstern verbunden, sicherlich aber einer der anderen Planeten Ihres Sonnenzeichens. Wenn Sie sich ein Geburtshoroskop erstellen lassen, lernen Sie die exakten Positionen der Planeten an Ihrem Geburtstag kennen. Auf diese Weise können Sie feststellen, welche der Fixsterne in diesem Buch für Sie von Interesse sind.

13. Januar

♑ Zu den Charakteristika Ihres Geburtstages gehören unter anderem starke Willenskraft und ein scharfer Verstand. Als entschlossener Steinbock müssen Sie ständig beschäftigt sein, um aus Ihren zahlreichen Talenten das Beste machen zu können. Wenn Sie Ihre ausgeprägte Intuition entwickeln, verstehen Sie sich selbst und das Leben auf einer höheren Ebene und vermeiden so Phasen der Frustration. Ihr gewinnender Charme und Ihre Führungsqualitäten helfen Ihnen auf dem Weg nach oben.

Durch den Untereinfluß Ihres Dekadenzeichens Jungfrau sind Sie geistig rege und aufgeweckt und können sich gut konzentrieren. Auch haben Sie die Gabe, direkt zum Kern einer Sache zu kommen, und sind ein klarer Denker mit gesundem Menschenverstand. Besonders gern rufen Sie neue Projekte ins Leben oder lösen Probleme. Da Sie Wert auf Präzision und Gründlichkeit legen, arbeiten Sie stetig und diszipliniert, sobald Sie sich einmal für ein Ziel entschieden haben. Nehmen Sie sich regelmäßig Zeit zum Entspannen und Nachdenken, damit Sie sich nicht verausgaben und am Ende Ihren Humor verlieren.

Auch wenn Sie pragmatisch sind, machen Sie Ihre Sensibilität, Ihre lebhafte Phantasie und Ihre originellen Ideen zu einem Idealisten. Aus diesem Grund sind Sie vielleicht dann am glücklichsten, wenn Sie sich für eine Sache oder ein Projekt engagieren können, das Ihnen zu Herzen geht. Wenn Sie sich allerdings stur, kompromißlos oder starrsinnig zeigen, blockieren Sie die Entfaltung Ihres großen Potentials.

Wenn Sie 8 Jahre alt sind, tritt Ihre Sonne in den Wassermann, und die nächsten dreißig Jahre haben Sie ein wachsendes Bedürfnis nach Freiheit und Unabhängigkeit. Freundschaft und Gruppenaktivitäten werden ebenfalls bedeutsamer für Sie, und Sie möchten Ihre Individualität zum Ausdruck bringen. Ein weiterer Wendepunkt erfolgt, wenn Sie 38 sind und Ihre Sonne in das Zeichen der Fische tritt. Jetzt vertiefen sich Ihre Sensibilität und Ihr visionäres Denken. Auch verfolgen Sie nun mehr idealistische oder spirituelle Ziele. Im Alter von 68 wechselt Ihre Sonne in das Zeichen des Widders, und Sie wollen sich Situationen und Menschen offener und direkter stellen. Jetzt übernehmen Sie die Führung und inspirieren andere.

Ihr geheimes Selbst

Dank Ihrer ausgeprägten Sensibilität haben Sie auch starke intuitive Kräfte und das Potential, weise zu werden. Wenn Sie lernen, Ihren instinktiven Reaktionen auf Menschen und Situationen zu vertrauen, erfahren Sie, wieviel Stärke und spontane Wahrnehmungskraft Sie in sich haben. So erkennen Sie vielleicht auch, daß Sie Ihre hohen Ideale nicht unbedingt in anderen Menschen wiederfinden. Der Preis für diese hohen Ideale ist möglicherweise, daß Sie gelegentlich allein dastehen. Künstlerisch begabt und kultiviert, haben Sie die Fähigkeit, visionär und kreativ zu denken; damit eignen Sie sich für die Beschäftigung mit Literatur oder Mystik. Als Perfektionist mit guter Kritik- und Analysefähigkeit zeigen Sie sich bescheiden und widmen sich dezidiert Ihrer Arbeit.

Mit Ihrem scharfen Verstand und Ihren natürlichen psychologischen Fähigkeiten interessieren Sie sich sehr für die Beweggründe der Menschen und haben ein angeborenes Talent zur Selbstanalyse. Sie bevorzugen stets den persönlichen Kontakt und haben die Gabe, daß andere sich als etwas Besonderes fühlen. Sie haben einen außergewöhnlichen Sinn für Humor, schätzen geistige Herausforderungen und testen Ihren Witz und Ihre Intelligenz gern im Wettstreit mit anderen.

Beruf & Karriere

Arbeitsam und dezidiert, sind Sie ein kreativer Mensch mit Führungsqualitäten. Wenn Sie angestellt sind, loben Vorgesetzte und Arbeitgeber stets Ihr Verantwortungsbewußtsein und Ihre Aufgeschlossenheit für originelle Ideen. Da Sie sehr diszipliniert sind, verlieren Sie auch in Krisenzeiten nie die Nerven. Sie sind intuitiv und können gut Probleme lösen, was Sie zu einem guten Berater oder Experten auf Ihrem Gebiet macht. Ihr Interesse an Geschichte, Philosophie und Spiritualität veranlaßt Sie oft, sich mit Metaphysik zu beschäftigen. Mit Ihrem Drang nach Bildung sind Sie auch ein ausgezeichneter Lehrer oder Publizist.

Berühmte Persönlichkeiten dieses Tages sind die Sängerin Sophie Tucker, der Philosoph George Gurdjieff, die Schauspielerin Elsa Martinelli und der Physikochemiker Friedrich Bonhoeffer.

Numerologie

Mit der Zahl 13 werden Sensibilität und Inspiration verbunden. Sie sind arbeitsam und können durch Entschlossenheit und kreativen Selbstausdruck viel erreichen. Sie sollten aber mehr Pragmatismus entwickeln, damit Sie Ihre Talente und künstlerischen Gaben produktiv umsetzen können. Wenn Sie sich etwas wirklich widmen, kann Ihnen das Wohlstand und Anerkennung bringen. Sie können charmant, lebenslustig und gesellig sein. Wie viele Menschen, die an diesem Tage geboren wurden, reisen Sie gern oder sehnen sich danach, anderswo noch einmal von vorne anzufangen. Der Untereinfluß der Monatszahl 1 führt dazu, daß Sie intelligent sind und starke Instinkte, Spontaneität und originelle Gedanken haben. Da Sie von Weisheit und Bildung fasziniert sind, wenden Sie vielleicht sogar der materiellen Welt den Rücken zu, um in der Spiritualität Erleuchtung zu suchen. Im allgemeinen autonom und innovativ, haben Sie Mut und sehr viel Energie. Ihr Pioniergeist treibt Sie, immer wieder neue Ziele, Gebiete oder Konzepte auszuprobieren, und das oft im Alleingang. So treffen Sie auch Ihre Entscheidungen. Mit Ihrer Begeisterungsfähigkeit und Ihren originellen Ideen weisen Sie anderen häufig den Weg.

Positiv: Ehrgeiz, Kreativität, Freiheitsliebe, Initiative, Selbstausdruck.

Negativ: impulsiv, unentschlossen, herrisch, gefühllos, rebellisch.

Liebe & Zwischenmenschliches

Sie können Offenheit und Charme ausstrahlen, so daß Sie meist keine Probleme haben, Freunde und Bewunderer anzuziehen. Sie brauchen Liebe, sind aber manchmal zu gehemmt und schüchtern, um auf andere zuzugehen. Konflikte zwischen Liebe, Pflicht und Arbeit sind möglich. Sie können extrem treu sein, wenn Sie sich einmal auf eine Beziehung eingelassen haben, und haben ein starkes Bedürfnis nach Sicherheit. Je universaler Ihre Einstellung wird, desto weniger ernst nehmen Sie Ihr eigenes Leben, was vielen Enttäuschungen vorbeugt. Der ideale Partner wäre ein Mensch, der wirklich Ihre Interessen, Hoffnungen und Träume teilt.

Ihr Partner

Glück mit einem Partner finden Sie unter den an den folgenden Tagen geborenen Menschen:

Liebe & Freundschaft: 11., 20., 24., 25., 27., 29. Jan., 9., 18., 23., 25., 27. Feb., 7., 16., 21., 23., 25. März, 3., 12., 16., 17., 19., 21. Mai, 1., 10., 15., 17., 19. Juni, 8., 13., 15., 17. Juli, 6., 11., 13., 15. Aug., 4., 8., 9., 11., 13. Sept., 2., 7., 9., 11. Okt., 5., 7., 9. Nov., 3., 5., 7. Dez.

Günstig: 9., 26. Jan., 7., 24. Feb., 5., 22. März, 3., 20. April, 1., 18., 29. Mai, 16., 27. Juni, 14., 25., 29., 30. Juli, 12., 23., 27., 28., 31. Aug., 10., 21., 25., 26., 29. Sept., 8., 19., 23., 24., 27. Okt., 6., 17., 22., 25. Nov., 4., 15., 19., 20., 23. Dez.

Schicksalhaft: 16. Jan., 14. Feb., 12. März, 10. April, 8. Mai, 6. Juni, 4., 13., 14., 15., 16., 17. Juli, 2. Aug.

Problematisch: 8., 29., 31. Jan., 6., 27., 29. Feb., 4., 25., 27., 28. März, 2., 23., 25., 26. April, 21., 23., 24. Mai, 19., 21., 22. Juni, 17., 19., 20. Juli, 15., 17., 18. Aug., 13., 15., 16. Sept., 11., 13., 14., 30. Okt., 9., 11., 12., 28. Nov., 7., 9., 10., 26. Dez.

Seelenverwandt: 30. Mai, 28. Juni, 26. Juli, 24. Aug., 22., 30. Sept., 20., 28. Okt., 18., 26. Nov., 16., 24. Dez.

SONNE: STEINBOCK
DEKADE: JUNGFRAU/MERKUR
GRAD: 22° – 24° STEINBOCK
ART: KARDINALZEICHEN
ELEMENT: ERDE

Fixsterne

Ihre Sonne ist zwar nicht mit einem Fixstern verbunden, sicherlich aber einer der anderen Planeten Ihres Sonnenzeichens. Wenn Sie sich ein Geburtshoroskop erstellen lassen, lernen Sie die exakten Positionen der Planeten an Ihrem Geburtstag kennen. Auf diese Weise können Sie feststellen, welche der Fixsterne in diesem Buch für Sie von Interesse sind.

14. Januar

♑ Freundlich, praktisch und fleißig, sind Sie ein intuitiver und phantasievoller Mensch mit gesundem Menschenverstand. Ihr anziehender Charme hilft Ihnen im Umgang mit Ihren Mitmenschen und wirkt sich günstig auf Ihre Führungsqualitäten aus. Als logischer Denker mit Sinn für Kreativität bewundern Sie Menschen, die gebildet sind, und sind selbst gern auf dem neuesten Stand der Dinge. Sie sind klug, ehrgeizig und unabhängig und haben Talente, die Sie im Leben enorm weiterbringen können, vor allem, wenn Sie sich vor negativem Denken hüten.

Durch den Untereinfluß Ihres Dekadenzeichens Jungfrau sind Sie ein methodischer und sorgfältiger Arbeiter, der Wert aufs Detail legt. Trotz einer unterschwelligen Schüchternheit haben Sie gute Kommunikationsfähigkeiten und können direkt zum Kern einer Sache kommen. Durch Ihren Perfektionismus beobachten Sie genau, sollten aber darauf achten, daß Sie nicht zu vorsichtig oder ernst werden.

Neuen Ideen gegenüber aufgeschlossen, sind Sie erfinderisch und progressiv und wollen Ihre Originalität zum Ausdruck bringen. Sie interessieren sich für Freiheit und Reformen, und Ihre Abneigung gegen Einschränkungen kann so weit gehen, daß Sie stur oder streitsüchtig werden. Sie sind gern aktiv und haben einen regen Verstand, der ständig nach Abwechslung und neuen Erfahrungen sucht, damit Sie sich nicht langweilen. Innere Rastlosigkeit kann bei Ihnen zu voreiligem oder impulsivem Handeln führen.

Wenn Sie 7 Jahre alt sind, tritt Ihre Sonne in den Wassermann. Die nächsten dreißig Jahre suchen Sie nach Freiheit und Unabhängigkeit. Auch Freundschaft und Gruppenaktivitäten gewinnen langsam vermehrt an Bedeutung, und Sie möchten Ihre Individualität zum Ausdruck bringen. Ein weiterer Wendepunkt erfolgt, wenn Sie 37 sind und Ihre Sonne in das Zeichen der Fische tritt. Jetzt vertiefen sich Ihre emotionalen Bedürfnisse, und aufgrund Ihres visionären Denkens verfolgen Sie idealistische oder spirituelle Ziele. Im Alter von 67 wechselt Ihre Sonne in das Zeichen des Widders, und Sie gehen offener und direkter auf Situationen und Menschen zu.

Ihr geheimes Selbst

Obwohl Sie nach außen hin selbstbewußt wirken, neigen Sie zu Ängsten oder Unentschlossenheit und sind innerlich vielschichtiger, als es scheint. Ihr Bedürfnis nach Selbstausdruck äußert sich in Liebe zu Musik, Kunst oder Theater, und wenn Sie Ihre Ideen mit Selbstdisziplin verfolgen, können Sie es zu Erfolg in großem Stil bringen. Sie wollen beliebt sein, was zeigt, daß Sie die Anerkennung Ihrer Mitmenschen brauchen, und wenn es in Ihrem eigenen Interesse liegt, können Sie auch Ihre Ungeduld gut verbergen. Richtig inspiriert, sind Sie visionär und kämpfen als wahrer Menschenfreund für Ihre Ideale oder eine Sache.

Da Sie sich für alles und jeden interessieren, bürden Sie sich häufig zu viel auf. Für Ihre innere Ruhe brauchen Sie regelmäßig Zeit für sich selbst, zum Nachdenken oder Meditieren. Am erfolgreichsten sind Sie, wenn Sie etwas tun, was Ihnen wirklich gefällt, weil Sie sich dann sicher fühlen. Wenn Sie an Ihrer Zielstrebigkeit arbeiten und an sich selbst und die Chancen des Lebens glauben, können Sie wahre Wunder vollbringen.

Beruf & Karriere

Kreativ und pragmatisch, können Sie Menschen und Dinge scharfsinnig beurteilen. Da Sie vielseitig begabt und interessiert sind, erreichen Sie viel, wenn Sie genügend Zeit und Kraft investieren. Im allgemeinen ehrgeizig und wettbewerbsorientiert, gehören Sie zu denen, die Ihr Handwerk beherrschen, ob Sie nun zeichnen oder kochen. Gute administrative Fähigkeiten lassen Sie nach gehobenen Posten im Management streben. Freundlich und mit ausgezeichneter Kommunikationsfähigkeit, eignen Sie sich fürs Lehramt, Öffentlichkeitsarbeit, Medien, Werbung und Promotion, aber auch für Bankwesen und Börse. Da Sie Überzeugungskraft und Autorität ausstrahlen, können Sie in allen Berufen, die mit Menschen zu tun haben, erfolgreich sein, solange Sie Ihren gesunden Menschenverstand und Ihr Mitgefühl einsetzen.

Berühmte Persönlichkeiten dieses Tages sind die Schauspielerin Faye Dunaway, der Arzt und Philanthrop Albert Schweitzer, der Fotograf Sir Cecil Beaton, der Schriftsteller John Don Passos und der Politiker Giulio Andreotti.

Numerologie

Zu den Eigenschaften der Zahl 14 gehören intellektuelles Potential, Pragmatismus und große Entschlossenheit. Sie brauchen eine solide Basis und kommen durch harte Arbeit zu Erfolg. Wie viele an diesem Tag Geborene bringen Sie es oft bis an die Spitze Ihres Gebiets. Mit Ihrem aufgeschlossenen Geist erfassen Sie Probleme sehr rasch, und es macht Ihnen Spaß, sie zu lösen. Sie gehen gerne Risiken ein und können durchaus Glück beim Spiel haben. Der Untereinfluß der Monatszahl 1 führt dazu, daß Sie originell und idealistisch sind, aber auch inquisitorisch, stur und unflexibel sein können. Sie wollen stets an vorderster Front stehen und immer autonom bleiben. Wenn Sie Ihre kreativen Talente entwickeln, können Sie zu Berühmtheit in Ihrem Gebiet aufsteigen. Sie bilden sich stets Ihr eigenes Urteil und sind ein Einzelgänger. Innovativ und begeistert, weisen Sie anderen häufig den Weg, indem Sie Reformen oder originelle Konzepte einführen.

Positiv: entschlossen, fleißig, kreativ, pragmatisch, phantasievoll.

Negativ: übervorsichtig oder zu impulsiv, labil, gedankenlos, stur.

Liebe & Zwischenmenschliches

Großzügig und freundlich, können Sie gut Menschen zusammenbringen und haben gern Gesellschaft. Da Sie sich stets weiterentwickeln wollen, fühlen Sie sich zu gescheiten Menschen hingezogen, die eifrig an ihrem Fortkommen arbeiten. Ihre Wißbegier führt Sie außerdem in die verschiedensten Gruppierungen, um Neues zu lernen oder Informationen zu sammeln. Obwohl Sie im allgemeinen ehrlich und direkt sind, haben Sie in Beziehungen gelegentlich Probleme, Ihre Gefühle auszudrücken. Am besten für Sie ist ein Partner, der Ihre Interessen teilt und mit dem Sie gemeinsam an Projekten arbeiten können.

Ihr Partner

Den endgültigen Partner fürs Leben werden Sie mit großer Wahrscheinlichkeit unter den an den folgenden Tagen geborenen Menschen finden:

Liebe & Freundschaft: 4., 10., 11., 12., 26., 28., 30., 31. Jan., 2., 9., 10., 24., 26., 28. Feb., 7., 8., 22., 24., 26. März, 5., 6., 20., 22., 24., 30. April, 3., 4., 18., 20., 22., 28., 31. Mai, 1., 2., 16., 18., 20., 26., 28. Juni, 14., 16., 18., 24., 27. Juli, 12., 14., 16., 22., 25. Aug., 10., 12., 14., 20., 23. Sept., 8., 10., 12., 18., 21. Okt., 6., 8., 16., 19. Nov., 4., 6., 8., 14., 17. Dez.

Günstig: 3., 10., 29. Jan., 1., 8., 27. Feb., 6., 25. März, 4., 23., 25. April, 2., 21., 23. Mai, 19. Juni, 17., 30. Juli, 15., 28. Aug., 13., 15., 26. Sept., 11., 24. Okt., 9., 22. Nov., 7., 20. Dez.

Schicksalhaft: 11. Jan., 9. Feb., 7. März, 5. April, 3. Mai, 1. Juni, 14., 15., 16., 17., 18. Juli

Problematisch: 9. Jan., 7. Feb., 5., 28. März, 3., 26. April, 1., 24. Mai, 22. Juni, 20. Juli, 18. Aug., 16. Sept., 14., 30., 31. Okt., 12., 28., 29. Nov., 10., 26., 27. Dez.

Seelenverwandt: 7. Jan., 5. Feb., 3. März, 1. April, 29. Mai, 27. Juni, 25. Juli, 23. Aug., 21. Sept., 19. Okt., 17. Nov., 15. Dez.

15. Januar

SONNE: STEINBOCK
DEKADE: JUNGFRAU/MERKUR
GRAD: 23° – 25° STEINBOCK
ART: KARDINALZEICHEN
ELEMENT: ERDE

Fixstern

Name des Sterns: Terebellum
Gradposition: 24°52' – 25°55' Steinbock zwischen den Jahren 1930 und 2000
Magnitude: 5
Stärke: **
Orbit: 1°
Konstellation: Omega Sagittarii
Tage: 15., 16., 17. Januar
Sternqualitäten: Venus/Saturn
Beschreibung: orangeroter Stern in der viereckigen Figur im Schwanz des Sternbilds Schütze.

Einfluß des Hauptsterns

Terebellum steht für eine klare und pragmatische Einstellung, Ehrgeiz und Entschlossenheit. Sein Einfluß bewirkt, daß Sie pflichtbewußt sind und sich Hindernissen gewachsen fühlen. Häufig gehen Sie aus schwierigen Situationen gestärkt hervor. Terebellum steht aber auch für Zweifel und innere Konflikte: Sie fühlen sich zwischen Ihren persönlichen Wünschen und Pflichten anderen gegenüber hin und her gerissen. Im Zusammenhang mit dem Stand Ihrer Sonne sorgt Terebellum dafür, daß Sie genügend Klugheit und Ehrgeiz haben, um in gehobene Positionen aufzusteigen. Unter seinem Einfluß neigen Sie aber auch zu Hinterlist oder Bösartigkeit. Mit Terebellum können Sie sehr wohl glücklich und erfolgreich werden, müssen dafür aber oft einen hohen Preis zahlen oder Opfer bringen.

• Positiv: ehrgeizig, bescheiden, gefühlvoll, klug.
• Negativ: gewinnsüchtig, rastlos, hinterlistig, selbstsüchtig.

♑ Sie sind ein ehrgeiziger und entschlossener Steinbock mit gutem Einschätzungsvermögen. Mit Ihrem guten Gefühl für Wirkung und Ihren Führungsqualitäten bringen Sie viel Ausdauer und Hingabe auf, wenn es um die Umsetzung Ihrer Pläne geht. Realistisch und pragmatisch, sind Sie ein direkter Mensch mit guter sozialer Kompetenz, die Ihnen im Umgang mit anderen stets weiterhilft. Allerdings haben materialistische Überlegungen gelegentlich so große Bedeutung für Sie, daß Ihr bemerkenswertes Potential gefährdet ist.

Durch den Untereinfluß Ihres Dekadenzeichens Jungfrau haben Sie ausgezeichnete Kommunikationsfähigkeiten und einen guten Blick fürs Detail. Sie sind logisch und gründlich, können sich gut konzentrieren und denken tiefgründig. Sie sollten aber darauf achten, daß Sie mit Ihrer ausgeprägten Kritikfähigkeit nicht zu kleinlich in Ihren Beobachtungen werden. Sie haben es gern, wenn alles klar definiert und erklärt ist – eine Eigenschaft, mit der sich gut Probleme angehen und lösen lassen und die Ihren guten Geschäftssinn noch verstärkt. Durch Ihren starken Charakter können Sie Ihre Kreativität mit Unternehmungsgeist verbinden. Da Sie gutes Urteilsvermögen haben und Menschen und Situationen schnell einschätzen können, sind Sie oft der Sprecher für andere oder kämpfen für die Menschenrechte. Unabhängig, eigenwillig und dynamisch, haben Sie gute Organisationsfähigkeiten und die Gabe, andere zu inspirieren.

Wenn Sie 6 Jahre alt sind, tritt Ihre Sonne in den Wassermann, und die nächsten dreißig Jahre suchen Sie nach Freiheit und Unabhängigkeit. Auch Freundschaften und Gruppenaktivitäten gewinnen im Lauf der Zeit mehr an Bedeutung für Sie. Sie fühlen sich von unkonventionellen Ideen angezogen und wollen Ihre Individualität zum Ausdruck bringen. Ein weiterer Wendepunkt erfolgt, wenn Sie 36 sind und Ihre Sonne in das Zeichen der Fische tritt. Jetzt vertiefen sich Ihre Sensibilität und Ihre innere Welt, was dazu führen kann, daß Sie idealistische oder spirituelle Ziele verfolgen. Im Alter von 66 wechselt Ihre Sonne in das Zeichen des Widders und verstärkt Ihr Bedürfnis, selbst die Initiative zu ergreifen und mutig und direkt auf Situationen und Menschen zuzugehen.

Ihr geheimes Selbst

Eine humanitäre und unvoreingenommene Seite Ihrer Persönlichkeit läßt Sie gelegentlich zu großzügig mit Zeit oder Geld umgehen. Häufig stecken Sie sehr viel Energie in eine Sache oder ein Projekt und inspirieren damit andere. Verharren in der Vergangenheit kann Frustration oder Enttäuschung hervorrufen, und die Tendenz, zwischen Sicherheitsbewußtsein und Verschwendung zu schwanken, verlangt, daß Sie Ihren Geschäftssinn besser entwickeln. Ihre Kreativität eröffnet Ihnen ganz besondere Wege der praktischen Selbstverwirklichung. Das macht Sie heiter, gesellig und lebenslustig. Wenn Sie sich aber verzetteln, kommen Angst und Unentschlossenheit auf. Häufig Ihrer Zeit voraus, haben Sie ungewöhnliche und erfinderische Ideen, einen trockenen Humor und können äußerst unterhaltsam sein.

Beruf & Karriere

Ebenso idealistisch wie energisch, sind Berufe in Erziehung, Forschung und Recherche erfolgversprechend für Sie. Mit Ihrem guten Sinn für Struktur bearbeiten und leiten Sie gut große Projekte. Ob als Architekt, Manager oder im Staatsdienst – Sie neigen zu großmütigen und dramatischen Gesten. Wenn Sie erfolgreich sind, zeigen Sie sich gern als Menschenfreund. Kreativ und technisch begabt, erspüren Sie neue Trends, was Sie geeignet für Kunsthandel, Museen oder Kunstmanagement macht. Wortbegabt, dramatisch und unterhaltsam, könnten Sie in Theater, Oper oder der Musikwelt erfolgreich sein. Interessant für Sie sind auch die Tätigkeiten in großen Organisationen wie Gewerkschaften oder Bürgerrechtsbewegungen.

Berühmte Persönlichkeiten dieses Tages sind der Bürgerrechtler Martin Luther King junior, der Dichter Molière, der Schlagzeuger Gene Krupa, der Tycoon Aristoteles Onassis, der Physiker Edward Teller und der Kardinal John O'Connor.

Numerologie

Sie sind begeisterungsfähig und schnell und haben eine charismatische Persönlichkeit. Ihre größten Vorzüge sind Ihre starken Instinkte und die Fähigkeit, durch die Verbindung von Theorie und Praxis zu lernen. Häufig verdienen Sie sogar Geld, während Sie sich noch weiterbilden. Da Sie sofort erkennen, wenn sich eine Chance bietet, sind Sie nie um Geldquellen oder Hilfe von anderen verlegen. Wenn Sie Ihr praktisches Geschick mit Ihren originellen Ideen verknüpfen und Ihren Hang zu Rastlosigkeit und Unzufriedenheit überwinden, sind Ihre Unternehmungen wesentlich öfter von Erfolg gekrönt. Der Untereinfluß der Monatszahl 1 bewirkt, daß Sie individuell und innovativ sind und ebensoviel Durchhaltevermögen wie Energie haben. Die Initiative und Vitalität der Monatszahl 1 ermutigt Sie auch zu Risiken, vor allem wenn Sie von einer Sache oder einer geschäftlichen Chance überzeugt sind. Sie sind scharfsinnig und autonom, ergreifen gern selbst die Initiative und weisen anderen den Weg.

Positiv: beflissen, großzügig, verantwortungsbewußt, freundlich, kooperativ, verständnisvoll, kreativ.

Negativ: destruktiv, rastlos, mangelndes Verantwortungsbewußtsein, egoistisch, Angst vor Veränderungen.

Liebe & Zwischenmenschliches

Freundlich und mit einem starken Bedürfnis nach Selbstausdruck führen Sie ein aktives gesellschaftliches Leben. Viele Frauen, die an diesem Tag geboren sind, fühlen sich zu Männern hingezogen, die ein aufregendes, abenteuerliches, temporeiches Leben führen. Als erfinderischer und origineller Mensch brauchen Sie die Gesellschaft von Menschen, die Sie geistig anregen. Unsicherheit oder Unentschlossenheit, was Ihre engen Beziehungen betrifft, können für Sie zu einer Quelle der Sorge oder Enttäuschung werden, solange Sie nicht lernen, ebenso verantwortungsbewußt wie unbeschwert zu sein.

Ihr Partner

Wenn Sie jemanden suchen, bei dem Sie dauerhaftes Glück, Vertrauen und Liebe finden, sollten Sie sich unter den Menschen umsehen, die an den folgenden Tagen geboren sind:

Liebe & Freundschaft: 13., 26., 29. Jan., 11., 27., 29. Feb., 9., 25., 27. März, 7., 23., 25. April, 5., 18., 21., 23., 29. Mai, 3., 19., 21., 27., 30. Juni, 1., 17., 19., 25., 28. Juli, 15., 17., 23., 26. Aug., 10., 13., 15., 21., 24. Sept., 11., 13., 19., 22., 29. Okt., 9., 11., 17., 20., 27. Nov., 4., 7., 9., 15., 18., 25. Dez.

Günstig: 11. Jan., 9. Feb., 7., 31. März, 5., 29. April, 3., 27., 31. Mai, 1., 25., 29. Juni, 23., 27., 31. Juli, 21., 25., 29., 30. Aug., 19., 23., 27., 28. Sept., 17., 21., 25., 26. Okt., 15., 19., 23., 24., 30. Nov., 13., 17., 21., 22., 28. Dez.

Schicksalhaft: 12. Jan., 10. Feb., 8. März, 6. April, 4. Mai, 2. Juni, 15., 16., 17., 18., 19. Juli

Problematisch: 10. Jan., 8. Feb., 6., 29. März, 4., 27. April, 2., 25. Mai, 23. Juni, 21. Juli, 19. Aug., 17. Sept., 15., 31. Okt., 13., 29., 30. Nov., 11., 27., 28. Dez.

Seelenverwandt: 18., 24. Jan., 16., 22. Feb., 14., 20. März, 12., 18. April, 10., 16. Mai, 8., 14. Juni, 6., 12. Juli, 4., 10. Aug., 2., 8. Sept., 6. Okt., 4. Nov., 2. Dez.

SONNE: STEINBOCK
DEKADE: JUNGFRAU/MERKUR
GRAD: 24° – 26° STEINBOCK
ART: KARDINALZEICHEN
ELEMENT: ERDE

Fixstern

Name des Sterns: Terebellum
Gradposition: 24° 52' – 25° 55' Steinbock zwischen den Jahren 1930 und 2000
Magnitude: 5
Stärke: **
Orbit: 1°
Konstellation: Omega Sagittarii
Tage: 15., 16., 17. Januar
Sternqualitäten: Venus/Saturn
Beschreibung: orangeroter Stern in der viereckigen Figur im Schwanz des Sternbilds Schütze.

Einfluß des Hauptsterns

Terebellum steht für eine klare und pragmatische Einstellung, Ehrgeiz und Entschlossenheit. Sein Einfluß bewirkt, daß Sie pflichtbewußt sind und sich Hindernissen gewachsen fühlen. Häufig gehen Sie aus schwierigen Situationen gestärkt hervor. Terebellum steht aber auch für Zweifel und innere Konflikte: Sie fühlen sich zwischen Ihren persönlichen Wünschen und Pflichten anderen gegenüber hin und her gerissen. Im Zusammenhang mit dem Stand Ihrer Sonne sorgt Terebellum dafür, daß Sie genügend Klugheit und Ehrgeiz haben, um in gehobene Positionen aufzusteigen. Unter seinem Einfluß neigen Sie aber auch zu Hinterlist und Bösartigkeit. Mit Terebellum können Sie sehr wohl glücklich und erfolgreich werden, müssen dafür aber oft einen hohen Preis bezahlen oder Opfer bringen.

• Positiv: ehrgeizig, bescheiden, gefühlvoll, klug.
• Negativ: gewinnsüchtig, rastlos, hinterlistig, selbstsüchtig.

16. Januar

♑ Mit diesem Geburtstag sind Sie ein geselliger, charmanter und praktischer Steinbock, der den Wert der Dinge kennt. Ihr anziehender Charme und Ihre Gabe, Menschen und Situationen schnell zu durchschauen, helfen Ihnen im Leben enorm weiter. Da Sie ein ausgeprägtes Gefühl für Ihre eigene Individualität haben, sind Sie imagebewußt und möchten attraktiv aussehen. Aufgrund Ihres Sicherheitsbewußtseins planen Sie gern lange voraus und haben viel Ausdauer, wenn es um die Verwirklichung Ihrer Vorstellungen geht.

Durch den Untereinfluß Ihres Dekadenzeichens Jungfrau halten Sie sich gern an bestehende Systeme, erstellen Listen und arbeiten nach Plan. Mit Ihrer geistigen und verbalen Schärfe sind Sie offen und ehrlich und ein guter Kritiker. Obwohl immer etwas schüchtern und reserviert, sind Sie gesellig und haben gute Kommunikationsfähigkeiten. Da Sie Anerkennung brauchen, sind Sie im allgemeinen ehrgeizig und entschlossen, leiden aber gelegentlich unter Zweifeln oder Angst vor Veränderungen. Dank Ihrem natürlichen Geschäftssinn sind Sie aber loyal und verantwortungsbewußt, sobald Sie sich einer Sache verschrieben haben.

Ihr humanitäres Interesse kann sich darin äußern, daß Sie mit Menschen unterschiedlichster Herkunft gut auskommen. Sie sind zäh und praktisch, und Ihr Eifer und Idealismus verraten eine interessante Mischung aus Materialismus und Begeisterung. Da Sie Schönheit und die schönen Seiten des Lebens lieben, leben Sie gern in harmonischer und luxuriöser Umgebung.

Wenn Sie 5 Jahre alt sind, tritt Ihre Sonne in den Wassermann. Die nächsten dreißig Jahre legen Sie viel Wert auf Freiheit und Ihre Individualität. Ein weiterer Wendepunkt erfolgt, wenn Sie 35 sind und Ihre Sonne in das Zeichen der Fische tritt. Jetzt haben Sie mehr Verbindung zu Ihrer Sensibilität und zu Ihren emotionalen Bedürfnissen. Im Alter von 65 wechselt Ihre Sonne in das Zeichen des Widders. Nun wollen Sie vermehrt selbst die Initiative ergreifen und Neues wagen.

Ihr geheimes Selbst

Würdevoll und kreativ, haben Sie große Ausdruckskraft, durch die sich Ihnen viele Chancen und Interessen im Leben anbieten. Durch Ihre Anziehungskraft und Ihr Bedürfnis nach Abwechslung machen Sie immer wieder neue Erfahrungen und knüpfen Kontakte ins Ausland. Das könnte Ihnen bestimmte Entscheidungen schwerer machen. Vermeiden Sie unbedingt Ängste und negatives Denken, sonst haben Sie Mühe, Ihre Ziele zu erreichen. Wenn Sie lernen, an sich selbst zu glauben, können Sie Ihr großes Potential voll zur Entfaltung bringen.

Mit Ihrem scharfen Verstand und der Gabe, schnell zu lernen, ist Ihnen klar, daß Wissen Macht bedeutet. Selbst originell, sind Sie meist Ihrer Zeit voraus und können aktuelle Trends erahnen. Auch wenn Sie sehr seriös sind, haben Sie eine verspielte Seite, die bezaubernd sein kann. Allerdings kann Ihre Neigung zur Egozentrik Ihre Beziehungen gefährden. Mit Ihrer Fähigkeit, Ideen auf informative und unterhaltsame Weise zu präsentieren, inspirieren und begeistern Sie andere.

Beruf & Karriere

Ihre Persönlichkeit und Ihre Kommunikationsfähigkeiten lassen sich positiv in Verkauf, Unterhaltung oder Politik einsetzen. Sie sind praktisch, ehrgeizig und fleißig, und im Geschäftsleben nutzt Ihnen vor allem Ihr Charme bei der Vermarktung von Produkten oder Ihrer eigenen Person. Ihre persönliche Art ist vor allem in Verlagswesen oder Werbung von Vorteil. Da Sie feste Wertvorstellungen, aber auch Organisationstalent haben, kommen auch Verwaltung oder Justiz in Frage. Mit Ihrer kreativen Lebensauffassung fühlen Sie sich zur Kunst hingezogen. Immer aber sollten Sie in einem Beruf arbeiten, bei dem Sie mit Menschen und der Öffentlichkeit zu tun haben.

Berühmte Persönlichkeiten dieses Tages sind die Sängerin Sade, der Politiker Gregor Gysi, die Schauspielerin und Sängerin Ethel Merman, die Schriftstellerin Susan Sontag, das Supermodel Kate Moss und die Verhaltensforscherin Dian Fossey.

Numerologie

Mit der Geburtstagszahl 16 sind Sie sowohl ehrgeizig als auch sensibel, kontaktfreudig und gesellig, außerdem freundlich und rücksichtsvoll. Häufig beurteilen Sie das Leben aus dem Gefühl heraus, sind einsichtig, haben Intuition und eine fürsorgliche Art. Sie interessieren sich für internationale Angelegenheiten und arbeiten gern in einem weltweit operierenden Konzern. Die Kreativen unter Ihnen haben Talent zum Schreiben, mit gelegentlich wahren Geistesblitzen. Sie sollten nach dem Gleichgewicht zwischen übersteigertem Selbstbewußtsein und Zweifel und Unsicherheit suchen. Der Untereinfluß der Monatszahl 1 macht Sie selbständig und erfinderisch. Da Sie unternehmungslustig sind, übernehmen Sie gern die Führung, um neue Projekte zu initiieren. Als scharfsinniger und kreativer Mensch entwickeln Sie neue Konzepte und haben ungewöhnliche und originelle Ansichten. Aufgrund Ihres Sicherheitsbewußtseins sind Sie tüchtig und realitätsbewußt und planen gern langfristig.

Positiv: höhere Bildung, verantwortungsbewußt, integer, intuitiv, gesellig, kooperativ, verständnisvoll, einsichtig.

Negativ: Angst, unzufrieden, mangelndes Verantwortungsbewußtsein, rechthaberisch, selbstsüchtig, skeptisch, wenig mitfühlend.

Liebe & Zwischenmenschliches

Da Sie selbst gesellig sind, haben Sie keine Schwierigkeiten, Freunde zu finden. Freundschaft bedeutet Ihnen viel, und im allgemeinen sind Sie ein treuer Gefährte. Sie legen viel Wert auf finanzielle Sicherheit, deshalb spielen praktische Überlegungen in Ihren romantischen Beziehungen eine große Rolle. Ihr Bedürfnis nach Liebe und Zuneigung zeigt andererseits aber, wie wichtig Ihnen Liebesbeziehungen sind, obwohl Sie manchmal unabsichtlich distanziert wirken. Sie sollten ein Gleichgewicht zwischen Ihrem Bedürfnis nach menschlicher Nähe und Ihrer Freiheitsliebe finden.

Ihr Partner

Glück können Sie mit großer Wahrscheinlichkeit unter den an den folgenden Tagen geborenen Menschen finden:
Liebe & Freundschaft: 2., 6., 8., 14., 23., 26., 27., 28. Jan., 4., 10., 12., 21., 24. 26. Feb., 2., 10., 12., 19., 22., 24. März, 8., 14., 17., 20., 22. April, 6., 15., 16., 18., 19., 20., 30. Mai, 4., 13., 16., 18. Juni, 2., 11., 14., 16., 20. Juli, 9., 12., 14., 22. Aug., 7., 10., 11., 12., 24. Sept., 5., 8., 10., 26. Okt., 3., 6., 8., 28. Nov., 1., 4., 6., 30. Dez.
Günstig: 9., 12., 18. Jan., 7., 10. Feb., 5., 8. März, 3., 6. April, 1., 4., 10. Mai, 2., 30. Juni, 28. Juli, 26., 30., 31. Aug., 24., 28., 29. Sept., 22., 26., 27. Okt., 20., 24., 25. Nov., 18., 22., 23., 29. Dez.
Schicksalhaft: 16., 17., 18., 19. Juli
Problematisch: 11., 13., 29. Jan., 9., 11. Feb., 7., 9., 30. März, 5., 7., 28. April, 3., 5., 26., 31. Mai, 1., 3., 24., 29. Juni, 1., 22., 27. Juli, 20., 25. Aug., 18., 23., 30. Sept., 16., 21., 28. Okt., 14., 19., 26. Nov., 12., 17., 24. Dez.
Seelenverwandt: 12., 29. Jan., 10., 27. Feb., 8., 25. März, 6., 23. April, 4., 21. Mai, 2., 19. Juni, 17. Juli, 15. Aug., 13. Sept., 11. Okt., 9. Nov., 7. Dez.

SONNE: STEINBOCK
DEKADE: JUNGFRAU/MERKUR
GRAD: 25° – 27° STEINBOCK
ART: KARDINALZEICHEN
ELEMENT: ERDE

Fixstern

Name des Sterns: Terebellum
Gradposition: 24°52' – 25°55' Steinbock zwischen den Jahren 1930 und 2000
Magnitude: 5
Stärke: **
Orbit: 1°
Konstellation: Omega Sagittarii
Tage: 15., 16., 17. Januar
Sternqualitäten: Venus/Saturn
Beschreibung: orangeroter Stern in der viereckigen Figur im Schwanz des Sternbilds Schütze.

Einfluß des Hauptsterns

Terebellum steht für eine klare und pragmatische Einstellung, Ehrgeiz und Entschlossenheit. Sein Einfluß bewirkt, daß Sie pflichtbewußt sind und sich Hindernissen gewachsen fühlen. Häufig gehen Sie aus schwierigen Situationen gestärkt hervor. Terebellum steht aber auch für Zweifel und innere Konflikte: Sie fühlen sich zwischen Ihren persönlichen Wünschen und Pflichten anderen gegenüber hin und her gerissen.
Im Zusammenhang mit dem Stand Ihrer Sonne sorgt Terebellum dafür, daß Sie genügend Klugheit und Ehrgeiz haben, um in gehobene Positionen aufzusteigen. Unter seinem Einfluß neigen Sie aber auch zu Hinterlist und Bösartigkeit. Mit Terebellum können Sie sehr wohl glücklich und erfolgreich werden, müssen dafür aber oft einen hohen Preis bezahlen oder Opfer bringen.

- Positiv: ehrgeizig, bescheiden, gefühlvoll, klug.
- Negativ: gewinnsüchtig, rastlos, hinterlistig, selbstsüchtig.

17. Januar

♑ Entschlossen und pragmatisch, sind Sie ein dynamischer Steinbock mit einer direkten Art. Unabhängig und erfolgsorientiert, brauchen Sie Veränderung und Abenteuer im Leben, um geistig alert zu bleiben und nicht rastlos oder ungeduldig zu werden. Sie haben Selbstvertrauen und fühlen sich am wohlsten, wenn Sie voller Optimismus an großen Projekten arbeiten. Das macht Sie aktiv, und sobald Sie sich auf ein Ziel festgelegt haben, arbeiten Sie hart, um Ihre Pläne auch zu verwirklichen.

Durch den Untereinfluß Ihres Dekadenzeichens Jungfrau haben Sie einen wachen und regen Geist und eine rasche Auffassungsgabe. Gute Konzentrationsfähigkeit und gesunder Menschenverstand machen Sie sehr gründlich und zu tiefgründigen Gedanken fähig. Da Sie sehr hohe Ansprüche stellen und selbst sehr kompetent an Ihre Arbeit herangehen, dürfen Sie sich selbst und anderen gegenüber nicht zu kritisch werden. Mit Ihrem angeborenen Geschäftssinn können Sie gut Ihre Fähigkeiten vermarkten und erkennen sofort, wenn sich gute Chancen bieten. Da Sie ehrgeizig sind, stecken Sie sich hohe Ziele und lieben Macht und Einfluß. Mit Ihrer Gabe, Enthusiasmus auszustrahlen und andere zu begeistern, sind Sie ein guter Organisator und eine geborene Führungspersönlichkeit.

Mit Ihrer großzügigen und sicheren Art ziehen Sie Glück ebenso an wie andere Menschen. Manchmal verursachen emotionale Launen nervöse Spannungen, weshalb Sie unbedingt ein ausgeglichenes Leben brauchen und auf Ihre Gesundheit achten müssen.

Vom Alter von 4 Jahren an, bis Sie 34 sind, bewegt sich Ihre Sonne durch den Wassermann, und Sie werden sich Ihrer Freiheit und Unabhängigkeit bewußt. Sie werden gruppenorientiert, haben ungewöhnliche Interessen und wollen Ihre Individualität zum Ausdruck bringen. Ein weiterer Wendepunkt erfolgt, wenn Sie 34 sind und Ihre Sonne in das Zeichen der Fische tritt. Jetzt vertiefen sich Ihre Sensibilität und Ihre emotionalen Bedürfnisse, was sich an Ihren Träumen und Zielen zeigen kann. Im Alter von 64 wechselt Ihre Sonne in das Zeichen des Widders. Sie wollen vermehrt selbst die Initiative ergreifen und offener und direkter auf Situationen und Mitmenschen zugehen.

Ihr geheimes Selbst

Sie sind stolz, imagebewußt und gesellig und übernehmen gern die Führung. Mit Ihrer angeborenen Neugier und Ihren erfindungsreichen Ideen sind Sie häufig Ihrer Zeit voraus. Möglicherweise engagieren Sie sich für Reformen und möchten die Gesellschaft verändern. Wenn Sie diszipliniert und fleißig sind, können Sie es auch zu Wohlstand bringen, finden aber mehr Befriedigung in altruistischen Engagements. Häufig ist es Ihr sechster Sinn, der Ihnen zu Vorteilen und Erfolgen verhilft.

Ihr Wunsch nach Selbstbereicherung und Ihre wißbegierige Natur treiben Sie immer wieder dazu, Neues zu entdecken. Wenn Sie aber nicht auf Ihre eigenen Talente vertrauen, finden Sie sich möglicherweise in Positionen wieder, die Ihren Fähigkeiten nicht gerecht werden. Glücklicherweise bringen Sie die nötige Ausdauer mit, um Ihren Ehrgeiz doch noch zu befriedigen. Gelegentlich sollten Sie aber auf andere hören, statt eigensinnig zu werden. Mit Ihrer Intuition, Ihren Kommunikationsfähigkeiten und Ihrem Bedürfnis nach Selbstausdruck haben Sie die besten Voraussetzungen, um erfolgreich zu sein.

Beruf & Karriere

Ebenso dynamisch wie intuitiv, sind Sie ehrgeizig und fest entschlossen, Erfolge aus eigener Kraft zu erreichen. Sie sind intelligent und praktisch und planen gern in großem Maßstab. Sie können gut delegieren und andere überwachen. Häufig entscheiden Sie sich für einen Beruf in Justiz, Politik oder Staatsdienst. Wenn Sie sich für Finanzangelegenheiten interessieren, sollten Sie ins Bankwesen oder zu einer großen Versicherungsgesellschaft gehen. Kulinarische Genüsse und Dienstleistung können Sie in der Gastronomie verbinden. Ihre Bildung und Ihr Schreibtalent machen Sie geeignet für Lehrberufe, Publizistik oder Beratertätigkeiten. Wenn Sie wohlhabend sind, zeigen Sie sich gern als Wohltäter und Philanthrop, der gute Zwecke unterstützt. Haben Sie es aber auf Wohlstand und materielle Macht abgesehen, jagen Sie gern dem schnellen Reichtum nach.

Berühmte Persönlichkeiten dieses Tages sind der Schauspieler Jim Carrey, der Boxer Joe Frazier, der Gangsterboß Al Capone, der Hairstylist Vidal Sassoon, der Schriftsteller Anton Tschechow und der Boxer Muhammad Ali.

Numerologie

Mit der Geburtstagszahl 17 sind Sie häufig scharfsinnig und verstandesgelenkt. Da Sie Ihr Wissen im allgemeinen auf besondere Art nutzen, können Sie sich auf ein Fachgebiet konzentrieren und als Experte oder Forscher zu Ruhm und Anerkennung kommen. Da Sie rücksichtsvoll und unvoreingenommen sind und den Wert von Daten und Fakten kennen, treten Sie meist bescheiden und seriös auf und nehmen sich gern Zeit. Sie können sich sehr lange konzentrieren und lernen am besten durch persönliche Erfahrung. Je weniger skeptisch Sie sind, desto schneller lernen Sie. Der Untereinfluß der Monatszahl 1 macht Sie ehrgeizig und hoch intuitiv. Mit Ihrem Hang zu Individualität und innovativem Denken sind Sie ein guter Analytiker und Planer. Unabhängig, mutig und voller Energie, werden Sie durch Ihren abenteuerlustigen Geist immer wieder ermutigt, in großen Maßstäben zu denken oder im Alleingang zu handeln. Voller Begeisterungsfähigkeit und origineller Ideen, übernehmen Sie gern die Führung oder weisen anderen den Weg.

Positiv: rücksichtsvoll, Experte, guter Planer, Geschäftssinn, fähig, ein Vermögen zu machen, gewissenhaft, akkurat, wissenschaftlich.

Negativ: unbeteiligt, stur, leichtsinnig, launisch, intolerant, kritisch, angstvoll, mißtrauisch.

Liebe & Zwischenmenschliches

Im allgemeinen sind Sie denen gegenüber, die Sie lieben, loyal und großzügig. Sie sind freundlich und gesellig und legen Wert darauf, von anderen respektiert zu werden. Mit Ihren starken Gefühlen können Sie leidenschaftlich und dramatisch sein, wobei Sie aber nie Ihre praktische Einstellung verlieren. Obwohl Sie viel Liebe und Zuneigung brauchen, haben Sie doch ein so starkes Bedürfnis nach Freiheit, daß Sie Beziehungen eingehen sollten, die Ihnen viel Freiraum lassen. Sie fühlen sich zu starken, optimistischen oder einflußreichen Menschen hingezogen, die Sie mit neuen Ideen und Chancen inspirieren können.

Ihr Partner

Freundschaft und Liebe finden Sie am ehesten bei den Menschen, die an folgenden Tagen geboren sind:

Liebe & Freundschaft: 5., 6., 10., 11., 15., 29., 31. Jan., 4., 13., 27., 29. Feb., 2., 6., 11., 25., 27. März, 9., 23., 25. April, 2., 3., 7., 21., 23. Mai, 5., 19., 21. Juni, 3., 17., 19., 30. Juli, 1., 15., 17., 28. Aug., 13., 15., 26. Sept., 11., 13., 24. Okt., 9., 11., 22. Nov., 7., 9., 20. Dez.

Günstig: 13., 15., 19. Jan., 11., 13., 17. Feb., 9., 11., 15. März, 7., 9., 13., 24. April, 5., 7., 11. Mai, 3., 5., 9. Juni, 1., 3., 7., 29. Juli, 1., 5., 27., 31. Aug., 3., 16., 25., 29. Sept., 1., 23., 27. Okt., 21., 25. Nov., 19., 23. Dez.

Schicksalhaft: 30. Mai, 28. Juni, 17., 18., 19., 20., 26. Juli, 24. Aug., 22. Sept., 20. Okt., 18. Nov., 16. Dez.

Problematisch: 12. Jan., 10. Feb., 8. März, 6. April, 4. Mai, 2. Juni, 31. Aug., 29. Sept., 27., 29., 30. Okt., 25., 27., 28. Nov., 23., 25., 26., 30. Dez.

Seelenverwandt: 2., 28. Jan., 26. Feb., 24. März, 22. April, 20. Mai, 18. Juni, 16. Juli, 14. Aug., 12. Sept., 10. Okt., 8. Nov., 6. Dez.

SONNE: STEINBOCK
DEKADE: JUNGFRAU/MERKUR
GRAD: 26° – 28° STEINBOCK
ART: KARDINALZEICHEN
ELEMENT: ERDE

Fixsterne

Ihre Sonne ist zwar nicht mit einem Fixstern verbunden, sicherlich aber einer der anderen Planeten Ihres Sonnenzeichens. Wenn Sie sich ein Geburtshoroskop erstellen lassen, lernen Sie die exakten Positionen der Planeten an Ihrem Geburtstag kennen. Auf diese Weise können Sie feststellen, welche der Fixsterne in diesem Buch für Sie von Interesse sind.

18. Januar

♑ Mit Ihrer klugen und scharfsinnigen Lebensauffassung und Ihrer charmanten Art sind Sie, wenn es um Erfolg geht, allen anderen stets eine Nasenlänge voraus. Ehrgeizig und tolerant, haben Sie gute Führungsqualitäten, müssen sich aber davor hüten, zu weit zu gehen und despotisch aufzutreten. Die humanitäre Seite Ihrer Natur sorgt aber dafür, daß Sie gute Menschenkenntnis haben und gern anderen helfen.

Durch den Untereinfluß Ihres Dekadenzeichens Jungfrau haben Sie einen scharfen Verstand und gute Kommunikationsfähigkeiten. Ihr Sinn für Struktur verleiht Ihnen zusätzlich guten Geschäftssinn und die Bereitschaft, für Erfolg hart zu arbeiten. Praktisch und scharfsinnig, können Sie präzise beobachten, müssen sich aber davor hüten, zu kritisch zu werden. Gesunder Menschenverstand und gute Konzentrationsfähigkeit befähigen Sie zu tiefgründigen Gedanken und produktiven Ergebnissen.

Sie sind gesellig und freundlich, und wenn Sie entspannt sind, haben Sie einen originellen und satirischen Humor. Ihr Hang zu Enttäuschungen oder Frustration kann Sie gelegentlich von Ihrer sonst positiven Einstellung ablenken. Wichtig für Sie ist, daß Sie stets genügend Distanz wahren und den Blick fürs Ganze nicht verlieren. Wenn Sie sich um Toleranz bemühen, können Sie großzügig zu anderen sein und ihnen Ihre warmherzige, freigiebige und großmütige Seite zeigen. Von Natur aus erfinderisch und voller origineller Ideen, haben Sie die Gabe, andere mit Ihrer Begeisterung und Ihren großen Plänen zu motivieren.

Wenn Sie 3 Jahre alt sind, erreicht Ihre Sonne den Wassermann; in den folgenden dreißig Jahren legen Sie viel Wert auf Individualität, Freiheit, Unabhängigkeit und Gruppenaktivitäten. Ein weiterer Wendepunkt erfolgt, wenn Sie 33 sind und Ihre Sonne in das Zeichen der Fische tritt. Jetzt legen Sie mehr Wert auf Sensibilität, Phantasie und Ihre eigenen emotionalen Bedürfnisse. Im Alter von 63 erleben Sie einen weiteren Wendepunkt, wenn Ihre Sonne in das Zeichen des Widders wechselt. Nun haben Sie das Bedürfnis nach mehr Durchsetzungsvermögen, mehr Action und neuen Chancen.

Ihr geheimes Selbst

Mit Ihrem Geschäftssinn und Ihrem Gefühl für finanzielle Angelegenheiten können Sie Menschen, Dinge und Situationen sehr gut einschätzen. Diese Gabe geht Hand in Hand mit Ihrer liberalen Einstellung. Da Sie natürliche Autorität ausstrahlen, möchten Sie Ihr Wissen gern an andere weitergeben. Aus diesem Grund können Sie sich auch sehr wirkungsvoll für gute Zwecke oder Ideale engagieren. Achten Sie aber darauf, daß Ihr Hang zum Materialismus Sie nicht von Ihren hohen Zielen abbringt. Da Sie Veränderung und Abenteuer suchen, brauchen Sie viel Abwechslung in Ihrem Leben, um sich nicht zu langweilen. Wenn Sie von Strukturen oder Pflichten zu sehr eingeschränkt sind, werden Sie rastlos und ungeduldig. Wenn Sie sich um Ausgeglichenheit bemühen, vermeiden Sie Extreme und laufen nicht Gefahr, sich in materielle Extravaganzen zu flüchten, nur um emotionale Unzufriedenheit zu kompensieren. Wenn Sie eine Möglichkeit finden, Ihre dynamische Empfindsamkeit auszudrücken, bezaubern Sie andere mit Ihrer subtilen Art. Mit dieser Gabe und Ihrer Schlagfertigkeit können Sie andere immer wieder unterhalten und aufrichten.

Beruf & Karriere

Begabt und kreativ, versuchen Sie häufig, Ihre Talente mit Ihrem praktischen Geschick zu verknüpfen. Da Sie sehr imagebewußt sind, eignen Sie sich für Werbung, Mode oder Medien. Ebenso idealistisch wie progressiv, sind Sie interessiert an Pädagogik, Erwachsenenbildung oder Wohltätigkeit. Im Geschäftsleben helfen Ihnen Ihre Intuition und ein ausgeprägter sechster Sinn, vor allem wenn Sie sich mit Bankwesen, Investitionen und Börsenhandel beschäftigen. Es zieht Sie auch zu Heilberufen, Wissenschaft oder Technologie. Die dramatische Seite Ihrer Persönlichkeit inspiriert Sie dazu, zu schreiben oder Schauspieler, Promoter oder Produzent bei Film und Theater zu werden.

Berühmte Persönlichkeiten dieses Tages sind die Schauspieler Kevin Costner, Cary Grant und Danny Kaye, der Schriftsteller A. A. Milne und der Regisseur John Boorman.

Numerologie

Zu den Eigenschaften der 18 gehören Entschlossenheit, Kraft und Ehrgeiz. Da Sie dynamisch und aktiv sind, streben Sie oft nach Macht und brauchen ständig neue Herausforderungen. Gelegentlich sind Sie überkritisch und schwer zufriedenzustellen oder beschäftigen sich mit umstrittenen Themen. Mit der Geburtstagszahl 18 können Sie Ihre Kraft nutzen, um anderen zu helfen, zu raten und ihre Probleme zu lösen. Ihr guter Geschäftssinn und Ihr Organisationstalent machen Sie aber auch zu einem guten Kaufmann. Der Untereinfluß der Monatszahl 1 bewirkt, daß Sie originell und vielseitig begabt sind. Voller Phantasie und Ideen, brauchen Sie Möglichkeiten, sich kreativ und individuell auszudrücken. Als guter Stratege sind Sie auch in der Lage, Ihre guten Ideen in die Tat umzusetzen. Das enorme Bedürfnis, immer an erster Stelle zu stehen und innovativ zu sein, führt dazu, daß Sie Ihre Entscheidungen stets allein treffen oder im Alleingang handeln. Sie sind selbstbewußt und haben viel Energie, und Ihr Charme und Ihre Begeisterung können andere dazu motivieren, Sie bei Ihren Projekten zu unterstützen. Auch wenn Sie im allgemeinen vom Glück begünstigt sind, müssen Sie lernen, daß sich die Welt nicht nur um Sie dreht.

Positiv: progressiv, energisch, intuitiv, mutig, resolut, tüchtig, guter Berater.

Negativ: unkontrollierte Gefühle, faul, mangelnder Ordnungssinn, selbstsüchtig, gefühllos, unfähig, Projekte zu Ende zu führen, fühlt sich mißverstanden.

Liebe & Zwischenmenschliches

In Ihren Beziehungen müssen Sie auf Ausgeglichenheit achten, denn gelegentlich wirken Sie kalt oder distanziert, um dann aber wieder warmherzig und fürsorglich zu sein. Es ist sehr wichtig für Sie, Freunde und Partner zu haben, die Sie geistig anregen, sonst werden Sie streitlustig oder verbissen. Problematisch werden kann es auch, wenn Sie zu viel arbeiten und nicht genug Zeit für Ihre Partner haben. Deshalb sollten Sie sich Gefährten suchen, die sehr unabhängig sind. Gleichwohl sind Sie ein loyaler, liebevoller und hilfsbereiter Freund und Partner.

Ihr Partner

Ihren Traumpartner werden Sie mit großer Wahrscheinlichkeit unter den an den folgenden Tagen geborenen Menschen finden:

Liebe & Freundschaft: 2., 6., 7., 11., 16. Jan., 4., 14. Feb., 2., 12., 28., 30. März, 10., 26., 28. April, 3., 8., 24., 26., 30. Mai, 6., 22., 24., 28. Juni, 4., 20., 22., 26., 31. Juli, 2., 18., 20., 24., 29. Aug., 16., 18., 22., 27. Sept., 14., 16., 20., 25. Okt., 12., 14., 18., 23. Nov., 10., 12., 16., 21. Dez.

Günstig: 9., 14., 16. Jan., 7., 12., 14. Feb., 5., 10., 12. März, 3., 8., 10. April, 1., 6., 8. Mai, 4., 6. Juni, 2., 4. Juli, 2. Aug., 30. Sept., 28. Okt., 26., 30. Nov., 24., 28., 29. Dez.

Schicksalhaft: 21. Jan., 19. Feb., 17. März, 15. April, 13. Mai, 11. Juni, 9., 18., 19., 20., 21., 22. Juli, 7. Aug., 5. Sept., 3. Okt., 1. Nov.

Problematisch: 4., 13., 28. Jan., 2., 11., 26. Feb., 9., 24. März, 7., 22. April, 5., 20. Mai, 3., 18. Juni, 1., 16. Juli, 14. Aug., 12. Sept., 10., 31. Okt., 8., 29. Nov., 6., 27. Dez.

Seelenverwandt: 15., 22. Jan., 13., 20. Feb., 11., 18. März, 9., 16. April, 7., 14. Mai, 5., 12. Juni, 3., 10. Juli, 1., 8. Aug., 6. Sept., 4. Okt., 2. Nov.

SONNE: STEINBOCK
DEKADE: JUNGFRAU/MERKUR
GRAD: 27° – 29° STEINBOCK
ART: KARDINALZEICHEN
ELEMENT: ERDE

Fixsterne

Ihre Sonne ist zwar nicht mit einem Fixstern verbunden, sicherlich aber einer der anderen Planeten Ihres Sonnenzeichens. Wenn Sie sich ein Geburtshoroskop erstellen lassen, lernen Sie die exakten Positionen der Planeten an Ihrem Geburtstag kennen. Auf diese Weise können Sie feststellen, welche der Fixsterne in diesem Buch für Sie von Interesse sind.

19. Januar

♑ Willensstärke und Entschlossenheit gehören unter anderem zu den Charakteristika dieses Geburtstages. Mit Ihrer scharfen Intelligenz, Ihrem praktischen Sinn und Ihrem Bedürfnis nach Anerkennung schätzen Sie es gar nicht, wenn man sich nicht um Sie bemüht. Mit Ihrem natürlichen Geschäftssinn und Ihren Führungsqualitäten sind Sie ebenso aktiv wie produktiv und am liebsten Ihr eigener Chef. Wenn Sie hart arbeiten, können Sie es zu außergewöhnlichem Erfolg bringen.

Durch den Untereinfluß Ihres Dekadenzeichens Jungfrau können Sie strukturiert und tüchtig sein und haben gute Kommunikationsfähigkeiten. Schreib- oder Redetalent kommt Ihnen auch im Beruf zugute. Sie denken in großen Maßstäben und lieben die Macht; Sicherheitsbewußtsein und ein starker Wunsch nach materiellem Erfolg treiben Sie immer wieder zu Leistungen an. Ihr Hang zu Arroganz, despotischem Verhalten oder Egozentrik bewirkt, daß Sie Kritik nicht gut vertragen, was Ihre Beziehungen zu Ihren Mitmenschen belasten kann. Wenn Sie Ihr diplomatisches Geschick ausbauen und lernen, mit anderen zusammenzuarbeiten, erhöhen Sie Ihren Einfluß enorm.

Sie sind schlagfertig und talentiert und haben gute Organisationsfähigkeiten. Allerdings werden Sie schnell ungeduldig oder stur. Mit derselben harten Entschlossenheit überwinden Sie aber auch Schwierigkeiten und kommen zu großen Erfolgen.

Wenn Sie 2 Jahre alt sind, tritt Ihre Sonne in den Wassermann; in den folgenden dreißig Jahren legen Sie viel Wert auf Individualität, Freiheit und Gruppenaktivitäten. Sie wollen Ihre Ideen zum Ausdruck bringen und Experimente wagen. Wenn Sie 32 sind und Ihre Sonne in das Zeichen der Fische tritt, verfeinern sich Ihre emotionalen Bedürfnisse, und Sie entwickeln mehr visionären Sinn. Das ermutigt Sie auch, sich idealistischen oder spirituellen Zielen zuzuwenden. Im Alter von 62 wechselt Ihre Sonne in das Zeichen des Widders. Jetzt haben Sie das Bedürfnis nach mehr Selbstsicherheit und neuen Chancen.

Ihr geheimes Selbst

Stolz und aufgeweckt, schätzen Sie das aus praktischer Erfahrung und harter Arbeit gewonnene Wissen wesentlich höher ein als die graue Theorie. Ihre geheime Kraft ist Ihre Selbstbeherrschung, die Ihnen sehr viel mehr Befriedigung bringt als reiner materieller Gewinn. Wenn Sie Ihren intuitiven Kräften vertrauen und Ihre Willenskraft entwickeln, können Sie auf Ihrem Gebiet zu einer Autorität werden.

Hinderlich auf dem Weg zum Erfolg kann Ihnen nur Ihre Neigung zu Kritik, Kälte oder Zweifeln werden. Innere Stärke ist deshalb ein wichtiger Faktor bei Ihrem Selbstvertrauen, denn durch sie werden Sie mutiger und spontaner. Ihr Wettbewerbsgeist und Ihre Begeisterungsfähigkeit können Ihnen helfen, sowohl Wohlstand wie Weisheit zu erringen.

Beruf & Karriere

Ehrgeizig und wettbewerbsorientiert, wollen Sie eine Machtposition erreichen, von der aus Sie Ihren Einfluß spielen lassen können. In der Wirtschaft übernehmen Sie gern Verantwortung und strengen sich sehr an, um in Führungspositionen aufzusteigen. Als Organisator und Vorgesetzter sind Sie sehr tüchtig und legen Wert aufs Detail. Da Sie sich ungern sagen lassen, was Sie tun sollen, sollten Sie sich vielleicht selbständig machen und als Gutachter oder Berater tätig werden. Möglicherweise interessieren Sie sich für Justiz, staatliche oder andere große Organisationen. Da Sie individuell und originell sind, können Sie Ihre kreativen Kräfte durch Schreiben, Malen, Musik oder Schauspielerei ausdrücken. Ihr Bedürfnis, aktiv zu sein, läßt Sie gern Sport treiben, und Sie können ein erfolgreicher Athlet werden.

Berühmte Persönlichkeiten dieses Tages sind der Schriftsteller Edgar Allan Poe, der Maler Paul Cézanne, die Sängerinnen Janis Joplin und Dolly Parton, der Sänger Phil Everly, der Schauspieler Michael Crawford und der Tennisspieler Stefan Edberg.

Numerologie

Menschen mit der Geburtstagszahl 19 werden oft als fröhlich, ehrgeizig und dynamisch beschrieben. Sie sind entschlossen, erfinderisch und haben ein ausgeprägtes Wahrnehmungsvermögen. Ihre träumerische Seite ist dagegen sehr mitfühlend, idealistisch und kreativ. Sie haben das Verlangen, jemand zu sein, weshalb Sie sich oft in den Vordergrund spielen. Auf andere wirken Sie selbstbewußt, gewissenhaft und erfinderisch, aber innere Spannungen verursachen oft Stimmungsschwankungen. Sie sind sehr stolz und müssen lernen, daß sich die Welt nicht nur um Sie allein dreht. Der Untereinfluß der Monatszahl 1 macht Sie scharfsinnig und ehrgeizig. Manchmal starten Sie voller Enthusiasmus neue Projekte, führen Sie dann aber nicht zu Ende. Angelegenheiten, die mit Ausgeglichenheit und Fairneß zu tun haben, beschäftigen Sie besonders, da Sie einen ausgeprägten Gerechtigkeitssinn haben. Lernen Sie, Ihre Reaktionen zu kontrollieren, indem Sie sich um Distanz bemühen. Unabhängig und idealistisch, sind Sie individuell, innovativ, mutig und voller Energie. Als Macher verlassen Sie sich bei Ihrem Urteil meist auf sich allein und handeln im Alleingang. Als Führernatur weisen Sie häufig anderen den Weg.

Positiv: dynamisch, konzentriert, kreativ, führungsstark, progressiv, optimistisch, wettbewerbsorientiert, unabhängig, gesellig.

Negativ: egozentrisch, Angst vor Zurückweisung, materialistisch, egoistisch, ungeduldig.

Liebe & Zwischenmenschliches

Sie sind gesellig und haben den starken Wunsch, sich emotional auszudrücken. Auch wenn Sie treu sein können, leiden Sie in Herzensangelegenheiten doch gelegentlich unter Ängsten oder Unentschlossenheit. Versuchen Sie ein Gleichgewicht zwischen Ihrer tiefgründigen und ernsten Seite und einem fröhlicheren und romantischeren Teil Ihrer Persönlichkeit zu finden. Wenn Sie Ihren Charme einsetzen, können Sie andere wunderbar unterhalten und ein perfekter Gastgeber sein.

Ihr Partner

Wenn Sie jemanden suchen, bei dem Sie Verständnis für Ihre Sensibilität und Ihr Bedürfnis nach Liebe finden, sollten Sie sich unter den Menschen umsehen, die an den folgenden Tagen geboren sind:

Liebe & Freundschaft: 1., 7., 12., 17., 20., 21. Jan., 5., 15., 18. Feb., 3., 13., 16., 29., 31. März, 1., 11., 14., 27., 29. April, 9., 12., 13., 25., 27. Mai, 7., 10., 23., 25. Juni, 5., 8., 21., 23. Juli, 3., 6., 19., 21. Aug., 1., 4., 5., 17., 19. Sept., 2., 15., 17. Okt., 13., 15., 30. Nov., 11., 13., 28. Dez.

Günstig: 15., 17., 28. Jan., 13., 15., 26. Feb., 11., 13., 24. März, 9., 11., 22., 28. April, 7., 9., 20. Mai, 5., 7., 18. Juni, 3., 5., 16. Juli, 1., 3., 14. Aug., 1., 12., 18. Sept., 10., 29. Okt., 8., 27. Nov., 6., 25. Dez.

Schicksalhaft: 5. Jan., 3. Feb., 1. März, 19., 20., 21., 22., 23. Juli

Problematisch: 4., 5., 14. Jan., 2., 3., 12. Feb., 1., 10. März, 8., 30. April, 6., 28. Mai, 4., 26. Juni, 2., 24. Juli, 22. Aug., 20. Sept., 18. Okt., 16. Nov., 14. Dez.

Seelenverwandt: 2. Jan., 29. März, 27. April, 25. Mai, 23. Juni, 21. Juli, 19. Aug., 17. Sept., 15. Okt., 13. Nov., 11. Dez.

20. Januar

SONNE: AN DER GRENZE
STEINBOCK/WASSERMANN
DEKADE: JUNGFRAU/MERKUR
GRAD: 28° STEINBOCK –
0° WASSERMANN
ART: KARDINALZEICHEN
ELEMENT: ERDE

Fixstern

Name des Sterns: Altair, auch Al Tair, Atair oder «Adler» genannt
Gradposition: 0°47' – 1°43' Wassermann zwischen den Jahren 1930 und 2000
Magnitude: 1
Stärke: **********
Orbit: 2°30'
Konstellation: Alpha Aquilae
Tage: 20., 21., 22., 23., 24. Januar
Sternqualitäten: Mars/Jupiter, Uranus, Merkur
Beschreibung: weiß-gelber Stern im Nacken des Adler.

Einfluß des Hauptsterns

Altair steht für große Sehnsüchte, Vertrauen, Ehrgeiz und Liberalismus, aber auch für Unnachgiebigkeit. Sie können radikal und rebellisch sein oder Verwirrung stiften, indem Sie Sand ins Getriebe streuen. Im allgemeinen sind Sie originell und exzentrisch, und schlechtes Benehmen gleichen Sie durch geniale Ideen aus, so daß Ihnen niemand ernsthaft böse sein kann. Altair sorgt auch für plötzlichen Reichtum oder Erfolg durch neue Erfindungen, warnt aber auch vor wechselnden Umständen, die Ihre Autorität untergraben können.
Im Zusammenhang mit dem Stand Ihrer Sonne kann dieser Stern für Originalität, Beliebtheit und Abenteuerlust stehen. Altair macht Sie wißbegierig und schenkt schriftstellerisches und pädagogisches Talent. Häufig sind Sie ehrgeizig und wagemutig und wollen Ihre Situation verbessern, wobei es passieren

♑ Mit diesem Geburtsdatum sind Sie ein überzeugend auftretender und charmanter Steinbock, der ebenso praktisch und fleißig wie sensibel ist. Da Sie an der Zeichengrenze geboren sind, haben Sie auch das Interesse des Wassermanns an den Menschen und verstehen intuitiv alle Arten von Beziehungen. Mit andern gut zusammenzuarbeiten kann Ihnen enorme Vorteile bringen. Mit Ihrer pragmatischen Lebenseinstellung sind Sie sehr loyal und ausdauernd. Sie müssen jedoch einen Mittelweg finden zwischen Ihrem Wunsch, Ihre Pflichten zu erfüllen, und Ihrem Bedürfnis nach Freiheit, Spontaneität und Vergnügen.

Durch den Untereinfluß Ihres Dekadenzeichens Jungfrau gehen Sie methodisch und vorsichtig an Ihre Aufgaben heran und legen Wert aufs Detail. Eher zurückhaltend, ja oft schüchtern, haben Sie gute Kommunikationsfähigkeiten und kommen direkt zur Sache. Mit Ihrem Hang zum Perfektionismus und Ihrer guten Kritikfähigkeit möchten Sie Ihre Arbeit gut machen und stellen präzise und scharfe Beobachtungen an. Ihr Pflichtbewußtsein macht Sie zuverlässig und kompetent, doch wenn Sie Ihre Gefühle zu sehr unter Kontrolle halten, werden Sie zu ernst, streng oder stur.

Sie lieben Schönheit, haben ein gutes Formgefühl und könnten Ihre kreativen Talente in Kunst, Musik oder Schreiben anwenden. Ihr Zuhause ist meist einladend und gemütlich, da Sie einen guten Geschmack haben und Luxus lieben. Geld ist für Sie sehr wichtig, und Sie sind bereit, hart dafür zu arbeiten, möglichst mit der Sicherheit langfristiger Pläne.

Bis Sie 30 sind, bewegt sich Ihre Sonne durch den Wassermann; in dieser Zeit legen Sie viel Wert auf Individualität, Freiheit und Gruppenaktivitäten. Unabhängigkeit, aber auch Freundschaften spielen eine wichtige Rolle. Ein Wendepunkt erfolgt, wenn Sie 31 sind und Ihre Sonne in das Zeichen der Fische tritt. Jetzt suchen Sie nach Verbindung mit Ihren innersten Gefühlen und entwickeln visionäres Denken. Im Alter von 61 erleben Sie einen weiteren Wendepunkt, wenn Ihre Sonne in das Zeichen des Widders wechselt. Sie haben das Bedürfnis nach mehr Durchsetzungsvermögen, neuen Chancen und Neubeginn. Vielleicht übernehmen Sie jetzt auch gerne Führungsrollen.

Ihr geheimes Selbst

Hinter Ihrer selbstbewußten Fassade verbirgt sich häufig große Sensibilität. Liebe und Beziehungen sind extrem wichtig für Sie, und es macht Ihnen Freude, andere glücklich zu machen. Das äußert sich entweder in humanitärer Fürsorge oder Verständnis für die Gefühle anderer. Gelegentlich sind Sie enttäuscht oder frustriert, weil Sie sich nicht entspannen und loslassen können. Vielleicht bekamen Sie in Ihrer frühen Jugend die Zuneigung, die Sie brauchten, erst, nachdem Sie bestimmte Erwartungen erfüllt hatten. Deshalb ist es wichtig, daß Sie in Ihrer Sehnsucht, zu lieben und geliebt zu werden, nicht zu viel von sich selbst aufgeben oder durch Verschlossenheit oder Kühle und Melancholie überkompensieren.

Mit Ihrem Bedürfnis nach Frieden und Harmonie sind Sie bereit, hart zu arbeiten, um etwaige Hindernisse zu überwinden. Aber Sie lernen dadurch auch, wie wichtig es ist, sich selbst zu schätzen und seinen Gefühlen zu vertrauen.

Beruf & Karriere

Sie sind gesellig, können gut Geschäft und Vergnügen verbinden und erreichen am meisten, wenn Sie mit anderen zusammenarbeiten. Sie nutzen Ihr diplomatisches Geschick und Ihre Kommunikationsfähigkeiten häufig, um andere von Ihren Ideen zu überzeugen. Phantasievoll, unterhaltsam und originell, setzen Sie auch auf beruflicher Ebene gern Humor und Charme ein. Häufig ebenso scharfsinnig wie fürsorglich, fühlen Sie sich zu Medizin und Heilberufen hingezogen. Mit Ihrem Geschäftssinn sind Sie auch als Lehrer oder Berater erfolgreich. Ihre zahlreichen Talente und Ihr Bedürfnis, kreativ zu sein, führen Sie oft in die Welt von Musik, Literatur oder Film.

Berühmte Persönlichkeiten dieses Tages sind die Regisseure David Lynch und Federico Fellini, die Schauspielerin Patricia Neal und die japanische Schriftstellerin Sawako Ariyoshi.

Numerologie

Mit der Geburtstagszahl 20 sind Sie intuitiv, sensibel, anpassungsfähig und verständnisvoll. Sie bevorzugen gemeinschaftliche Aktivitäten, bei denen Sie mit anderen Erfahrungen teilen und von ihnen lernen können. Charmant und liebenswürdig, zeigen Sie diplomatisches und gesellschaftliches Geschick und können sich mit Leichtigkeit in den verschiedensten Kreisen bewegen. Allerdings sind Sie leicht verletzlich und sollten sich von der Kritik anderer weniger beeindrucken lassen. In zwischenmenschlichen Beziehungen müssen Sie aufpassen, daß Sie sich nicht zum Märtyrer machen, mißtrauisch oder abhängig werden. Der Untereinfluß der Monatszahl 1 führt dazu, daß Sie ehrgeizig und entschlossen sind und Überzeugungskraft haben. Individuell, innovativ und kreativ, sind Sie mutig und energiegeladen, wenn Sie inspiriert sind. Auch wenn Sie freundlich und charmant sind, müssen Sie lernen, daß sich die Welt nicht nur um Sie dreht. In Beziehungen sollten Sie einen Mittelweg zwischen Ihren eigenen Wünschen und den Bedürfnissen anderer finden. Wenn Sie lernen, an Ihre Fähigkeiten glauben, können Sie mit der Vermarktung Ihrer künstlerischen Talente sehr erfolgreich sein.

Positiv: guter Partner, taktvoll, aufgeschlossen, intuitiv, rücksichtsvoll, harmonisch, freundschaftlich.

Negativ: mißtrauisch, mangelndes Selbstvertrauen, schüchtern, überempfindlich, selbstsüchtig, hinterlistig.

Liebe & Zwischenmenschliches

Mit Ihrem natürlichen Charme und Ihrem Talent für Geselligkeit haben Sie im allgemeinen einen großen Freundeskreis, in dem Sie sich großzügig und freigiebig bewegen. Idealistisch und romantisch, haben Sie ein starkes Bedürfnis nach Liebe, die auch nach außen hin gezeigt wird. Bei aller stoischen Ruhe sind Sie ein treuer und verläßlicher Freund und haben Ihren Familienmitgliedern gegenüber starke Beschützerinstinkte. Das bedeutet, daß Sie auch zu großen Opfern bereit sind, aber aufpassen müssen, nicht den Märtyrer zu spielen. Manche der heutigen Geburtstagskinder gehen Beziehungen mit Partnern aus anderen Altersklassen ein.

---

kann, daß sich tatsächlich unerwartet Gewinne oder andere Vorteile einstellen. Da Sie gemeinschaftsorientiert sind, finden Sie schnell Freunde und lernen einflußreiche Leute kennen.

- Positiv: originell, phantasievoll, individuell, humanitär, kreativ.
- Negativ: rebellisch, feindselig, unberechenbar.

Ihr Partner

Sicherheit und Liebe finden Sie am ehesten unter den Menschen, die an folgenden Tagen geboren sind:

Liebe & Freundschaft: 4., 8., 13., 18., 19., 23. Jan., 2., 6., 16., 17., 21. Feb., 4., 14., 15., 19., 28., 30. März, 2., 12., 13., 17., 26., 28., 30. April, 1., 5., 10., 11., 15., 24., 26. 28. Mai, 8., 9., 13., 22., 24., 26. Juni, 6., 7., 11., 20., 22., 24., 30. Juli, 4., 5., 9., 18., 20., 22., 28. Aug., 2., 3., 7., 16., 18., 20., 26. Sept., 1., 5., 14., 16., 18., 24. Okt., 3., 12., 14., 16., 22. Nov., 1., 10., 12., 14., 20. Dez.

Günstig: 5., 16., 27. Jan., 3., 14., 25. Feb., 1., 12., 23. März, 10., 21., 29. April, 8., 19. Mai, 6., 17. Juni, 4., 15. Juli, 2., 13. Aug., 11., 19. Sept., 9., 30. Okt., 7., 28. Nov., 5., 26., 30. Dez.

Schicksalhaft: 17. Jan., 15. Feb., 13. März, 11. April, 9. Mai, 7. Juni, 5., 20., 21., 22., 23., 24. Juli, 1., 27. Aug., 25. Sept., 23. Okt., 21. Nov., 19., 29. Dez.

Problematisch: 1., 10., 15. Jan., 8., 13. Feb., 6., 11. März, 4., 9. April, 2., 7. Mai, 5. Juni, 3., 29. Juli, 1., 27. Aug., 25. Sept., 23. Okt., 21. Nov., 19., 29. Dez.

Seelenverwandt: 30. Aug., 28. Sept., 26. Okt., 24. Nov., 22. Dez.

Wassermann

21. Januar – 19. Februar

21. Januar

SONNE: AN DER GRENZE
STEINBOCK/WASSERMANN
DEKADE: WASSERMANN/URANUS
GRAD: 29°30' STEINBOCK –
1°30' WASSERMANN
ART: FIXZEICHEN
ELEMENT: LUFT

Fixsterne

Altair, auch Al Tair, Atair oder «Adler» genannt; Albireo

Hauptstern

Name des Sterns: Altair, auch Al Tair, Atair oder «Adler» genannt
Gradposition: 0°47' – 1°43' Wassermann zwischen den Jahren 1930 und 2000
Magnitude: 1
Stärke: **********
Orbit: 2°30'
Konstellation: Alpha Aquilae
Tage: 20., 21., 22., 23., 24. Januar
Sternqualitäten: Mars/Jupiter, Uranus, Merkur
Beschreibung: weiß-gelber Stern im Nacken des Adlers.

Einfluß des Hauptsterns

Altair steht für große Sehnsüchte, Vertrauen, Ehrgeiz und Liberalismus, aber auch für Unnachgiebigkeit. Sie können radikal und rebellisch sein oder Verwirrung stiften, indem Sie Sand ins Getriebe streuen. Im allgemeinen sind Sie originell und exzentrisch, und schlechtes Benehmen gleichen Sie durch geniale Ideen aus, so daß Ihnen niemand ernsthaft böse sein kann. Altair sorgt auch für plötzlichen Reichtum oder Erfolg durch neue Erfindungen, warnt aber auch vor wechselhaften Umständen, die Ihre Autorität untergraben können.
Im Zusammenhang mit dem Stand Ihrer Sonne kann dieser Stern für Originalität, Beliebtheit und Abenteuerlust stehen.

Da Sie an der Grenze zwischen Wassermann und Steinbock geboren wurden, sind Sie sowohl freundlich und charismatisch als auch scharfsinnig und praktisch. Von Natur aus offen und ehrlich und mit scharfem Verstand begabt, haben Sie feste Überzeugungen und sagen offen, was Sie denken. Sie haben eine originelle Art, lernen gern und gehen das Leben vorsichtig und mit viel Urteilsvermögen an. Auch wenn Sie im allgemeinen umgänglich sind, können Sie gelegentlich leicht reizbar sein, was Ihre Beziehungen zu anderen belastet.

Durch den zusätzlichen Einfluß Ihrer Sonne in den Dekaden von Wassermann und Jungfrau sind Sie ein origineller Denker, der scharf beobachtet, insbesondere wenn es um Menschen geht. Sie können sich gut konzentrieren und nehmen Ihre Arbeit ernst. Es fällt Ihnen leicht, Probleme zu lösen. Mit Ihrem Hang zum Perfektionismus neigen Sie aber auch dazu, allzu kritisch zu sein. Tolerant und menschenfreundlich, sind Sie ein freier Denker, der sich gegen Ungerechtigkeit und für die Rechte anderer engagiert. Mit Ihren Ideen sind Sie Ihrer Zeit häufig voraus und können sehr erfinderisch sein. Hüten Sie sich davor, zu freimütig und allzu offen zu sein, um andere nicht vor den Kopf zu stoßen. Obwohl sich ein Teil von Ihnen nur Frieden und Ruhe wünscht, treibt Sie der Wunsch nach dem guten Leben immer wieder an. Wenn Sie von einer Sache wirklich begeistert sind, arbeiten Sie doppelt hart. Da Sie Selbstvertrauen haben und fürsorglich sind, wenden sich andere gern mit der Bitte um Rat und Hilfe an Sie.

Bis Sie 29 sind, bewegt sich Ihre Sonne durch den Wassermann; in dieser Phase legen Sie viel Wert auf Individualität, Freiheit und Unabhängigkeit. Ein Wendepunkt erfolgt, wenn Sie 30 sind und Ihre Sonne in das Zeichen der Fische tritt. Jetzt werden Sie sensibler für Ihre emotionalen Bedürfnisse und haben größeren Zugang zu Ihrer inneren Welt. Wenn Sie 60 sind, wechselt Ihre Sonne in das Zeichen des Widders. Sie werden selbstbewußter und sicherer, besinnen sich mehr auf sich selbst, was Sie vielleicht dazu inspiriert, etwas Neues zu beginnen.

Ihr geheimes Selbst

Dank Ihrer kreativen Art haben Sie viele originelle Ideen, die Sie gern umsetzen wollen. Ihr Selbstvertrauen können Sie durch Selbstausdruck aufbauen, etwa durch Kunst, Musik, Schreiben oder Theater. Ihr sanfter Charme und Ihre soziale Kompetenz nutzen Ihnen besonders im Umgang mit anderen. Um nicht Ihre Kraft zu vergeuden oder unter Unentschlossenheit zu leiden, müssen Sie Ausdauer und Zielstrebigkeit entwickeln.

Obwohl Sie im allgemeinen eine weltoffene und unvoreingenommene Einstellung vertreten, leiden Sie gelegentlich unter Frustration. Wenn Sie sich von anderen enttäuscht fühlen, werden Sie nachtragend oder rebellisch. Wenn Sie die Vergangenheit loslassen und all Ihre geistige Kraft auf positive Ziele richten, vermeiden Sie, Ihre Energien sinnlos zu verschwenden. Da Sie viel Intuition haben, sollten Sie Ihrem sechsten Sinn ruhig vertrauen.

Beruf & Karriere

An der Zeichengrenze geboren, haben Sie den Geschäftssinn des Steinbocks, der nach Prestige strebt, aber auch die Menschenkenntnis, die vom Wassermann ausgeht. Dadurch können Sie gut Arbeit und Privatleben verbinden. Dynamisch und vielseitig, haben Sie viel Charme und die Gabe, Ihre Ideen gut zu vermitteln. Das kommt Ihnen in Verkauf, Promotion und Öffentlichkeitsarbeit zugute. Erfolgversprechend für Sie sind auch Handel oder Bankwesen, wo Sie Ihre soziale Kompetenz einsetzen können. Mit Ihrem starken Gerechtigkeitssinn können Sie in Politik oder Justiz für Benachteiligte eintreten. Ihr Drang nach Wissen und Erkenntnis macht Sie zu einem guten Lehrer, Philosophen oder Wissenschaftler. Kreativ und entsprechend talentiert, können Sie auch in Design, Kunst, Theater oder Musik erfolgreich sein.

Berühmte Persönlichkeiten dieses Tages sind der Modeschöpfer Christian Dior, die Schauspieler Paul Scofield und Telly Savalas, die Schauspielerin Geena Davis, der Komponist Jerome Kern und der Opernsänger Plácido Domingo.

Numerologie

Mit der Zahl 21 werden dynamischer Antrieb und Kontaktfreudigkeit verbunden. Sie sind gesellig, haben vielfältige Interessen und einen großen Freundeskreis. Meist zeigen Sie anderen Ihre freundliche und umgängliche Seite. Intuitiv und unabhängig, sind Sie äußerst erfinderisch und originell. Mit der Geburtstagszahl 21 sind Sie außerdem lebenslustig, charmant und anmutig. Sie können aber auch zurückhaltend und schüchtern sein, so daß Sie, vor allem in engen Beziehungen, mehr Bestimmtheit an den Tag legen sollten. Sie tendieren zu engen Partnerschaften oder Ehe und brauchen immer wieder Lob und Anerkennung für Ihre Talente und Fähigkeiten. Der Untereinfluß der Monatszahl 1 macht Sie unternehmungslustig und selbständig. Sie haben eine gute Beobachtungsgabe, sind erfinderisch und ehrgeizig, müssen aber dennoch hart arbeiten, um Erfolg und Anerkennung zu ernten. Gelegentlich neigen Sie zu Sturheit und lassen andere an Ihren Entscheidungen nicht teilhaben. Wenn Sie inspiriert sind, haben Sie sehr originelle Ideen und eine sehr individuelle Lebensauffassung.

Positiv: inspiriert, kreativ, beziehungsstark und begabt für dauerhafte Beziehungen.
Negativ: anfällig für Abhängigkeit, nervös, phantasielos, Angst vor Veränderungen.

Liebe & Zwischenmenschliches

Sie sind charismatisch und idealistisch und stellen hohe Ansprüche an Beziehungen. Im allgemeinen können Sie sehr gut mit Menschen umgehen. Auch wenn Sie gelegentlich überreagieren, sind Sie doch ein Menschenfreund, der gegenüber denjenigen, die er liebt, starke Beschützerinstinkte empfindet. Lassen Sie sich nicht von anderen ausnutzen und von Ihren Zielen ablenken. Ihre starke Persönlichkeit in Verbindung mit Ihrer Warmherzigkeit und Ihrem Charme wirkt sehr anziehend auf andere.

Altair macht wißbegierig und schenkt schriftstellerisches und pädagogisches Talent. Häufig sind Sie ehrgeizig und wagemutig und wollen Ihre Situation verbessern, wobei es passieren kann, daß sich tatsächlich unerwartet Gewinne oder andere Vorteile einstellen. Da Sie gemeinschaftsorientiert sind, finden Sie schnell Freunde und lernen einflußreiche Leute kennen.
- Positiv: originell, phantasievoll, individuell, humanitär, kreativ.
- Negativ: rebellisch, feindselig, unberechenbar.

Ihr Partner

Den richtigen Partner werden Sie mit großer Wahrscheinlichkeit unter den an den folgenden Tagen geborenen Menschen finden:

Liebe & Freundschaft: 5., 9., 18., 19., 23. Jan., 3., 7., 16., 17. Feb., 1., 5., 14., 15., 31. März, 3., 12., 13., 29. April, 1., 10., 11., 15., 27., 29. Mai, 8., 9., 25., 27. Juni, 6., 7., 23., 25., 31. Juli, 4., 5., 21., 23., 29. Aug., 2., 3., 7., 19., 21., 27., 30. Sept., 1., 17., 19., 29. Okt., 13., 15., 21., 24. Dez.
Günstig: 1., 6., 17. Jan., 4., 15. Feb., 2., 13. März, 11., 30. April, 9., 28. Mai, 7. Juni, 5. Juli, 3., 22. Aug., 1. Sept., 13. Okt., 11. Nov., 9. Dez.
Schicksalhaft: 22., 23., 24., 25. Juli
Problematisch: 2., 16. Jan., 14. Feb., 12. März, 10. April, 8. Mai, 6. Juni, 4. Juli, 2. Aug., 30. Dez.
Seelenverwandt: 11., 31. Jan., 9., 29. Feb., 7., 27. März, 5., 25. April, 3., 23. Mai, 1., 21. Juni, 19. Juli, 17. Aug., 15. Sept., 13. Okt., 11. Nov., 9. Dez.

SONNE: WASSERMANN
DEKADE: WASSERMANN/URANUS
GRAD: 1° – 2° WASSERMANN
ART: FIXZEICHEN
ELEMENT: LUFT

Fixsterne

Altair, auch Al Tair, Atair oder «Adler» genannt; Albireo

Hauptstern

Name des Sterns: Altair, auch Al Tair, Atair oder «Adler» genannt
Gradposition: 0°47' – 1°43' Wassermann zwischen den Jahren 1930 und 2000
Magnitude: 1
Stärke: **********
Orbit: 2°30'
Konstellation: Alpha Aquilae
Tage: 20., 21., 22., 23., 24. Januar
Sternqualitäten: Mars/Jupiter, Uranus, Merkur
Beschreibung: weiß-gelber Stern im Nacken des Adlers.

Einfluß des Hauptsterns

Altair steht für große Sehnsüchte, Vertrauen, Ehrgeiz und Liberalismus, aber auch für Unnachgiebigkeit. Sie können radikal und rebellisch sein oder Verwirrung stiften, indem Sie Sand ins Getriebe streuen. Im allgemeinen sind Sie originell und exzentrisch. Altair sorgt auch für plötzlichen Reichtum oder Erfolg durch neue Erfindungen, warnt aber auch vor wechselhaften Umständen. Im Zusammenhang mit dem Stand Ihrer Sonne kann dieser Stern für Originalität, Beliebtheit und Abenteuerlust stehen. Altair macht wißbegierig und schenkt schriftstellerisches und pädagogisches Talent. Häufig sind Sie ehrgeizig und wagemutig und wollen Ihre Situation verbessern, wobei es passieren kann, daß sich unerwartet Gewinne oder andere

22. Januar

Clever und instinktgesteuert, sind Sie ein Wassermann, der ebenso aktiv wie sensibel ist und ein Bedürfnis nach Veränderung hat. Da Sie Routine hassen, spielen Reisen und Abwechslung eine große Rolle in Ihrem Leben, möglicherweise leben oder arbeiten Sie auch zeitweise im Ausland. Sie sind offen und ehrlich und haben ebensoviel Geschäftssinn wie Hellsicht. Da Ihnen viel an Wirkung liegt, möchten Sie gern einen guten Eindruck auf andere machen. Um Ihre innere Rastlosigkeit zu überwinden, müssen Sie lernen, sich zu konzentrieren und Geduld und Ausdauer zu entwickeln.

Durch den zusätzlichen Einfluß Ihrer Sonne in der Wassermanndekade sind Sie freundlich, kontaktfreudig und gesellig. Möglicherweise haben Sie auch eine leicht exzentrische Ader. Mit Ihrem objektiven und erfindungsreichen Verstand haben Sie hin und wieder regelrechte Geistesblitze und können den Charakter anderer ziemlich rasch beurteilen. Mit Ihrer individuellen Lebensauffassung sind Sie Ihrer Zeit oft voraus; wenn diese aber übertrieben wird, macht Sie das rebellisch, stur oder widerspenstig. Als praktischer Idealist haben Sie die Fähigkeit und die nötige Selbstdisziplin, um für die Verwirklichung Ihrer Träume hart zu arbeiten. Gelegentlich laufen Sie Gefahr, lieber den Weg des sofortigen Erfolgs zu gehen, statt an die Zukunft zu denken. Um möglichen Ängsten über eine wechselhafte finanzielle Lage vorzubeugen, sollten Sie sparen oder langfristige Investitionen in Betracht ziehen.

Bis Sie 28 sind, bewegt sich Ihre Sonne durch den Wassermann; in dieser Phase legen Sie viel Wert auf Individualität, Freiheit und Freundschaft. Ein Wendepunkt erfolgt, wenn Sie 29 sind und Ihre Sonne in das Zeichen der Fische tritt. Jetzt werden Sie sich Ihrer emotionalen Bedürfnisse bewußter und entwickeln visionäres Denken. Im Alter von 59 erleben Sie einen weiteren Wendepunkt, wenn Ihre Sonne in das Zeichen des Widders wechselt. Nun gewinnen Sie mehr Selbstvertrauen, Durchsetzungsvermögen und Ehrgeiz und wagen sich an neue Aktivitäten und Unternehmungen.

Ihr geheimes Selbst

Sie sind aufmerksam und lebendig und geben Ihrer inneren Kreativität gerne Ausdruck. Indem Sie zu Ihren Entscheidungen stehen, lernen Sie, Ängste und Zweifel aus Ihrem Leben auszuschließen. Als vielseitiger und anpassungsfähiger Mensch können Sie hingebungsvoll auf ein bestimmtes Ziel hin arbeiten. Obwohl Sie pragmatisch veranlagt sind, besitzen Sie auch die notwendige Voraussicht, mit der Sie Ihre Vision verwirklichen.

Sie sind großzügig, tolerant und besitzen eine weltoffene Perspektive. Da Sie zudem eine sehr zugängliche Person sind, ziehen Sie viele Menschen an und sind allgemein beliebt. Das paßt zu Ihren Führungseigenschaften, welche andeuten, daß Sie sich nicht gerne in einer untergeordneten Position befinden. Obwohl Sie einen angeborenen Sinn fürs Geschäftliche besitzen, sollten Sie aufpassen, daß Sie sich nicht allzusehr mit materiellen Fragen beschäftigen und somit Ihr soziales und menschenfreundliches Potential vernachlässigen.

Beruf & Karriere

Sie sind fleißig und ehrgeizig, haben aber ein tiefes Bedürfnis nach Abwechslung und Vielfalt, weshalb Sie einen Beruf brauchen, der viel Veränderung mit sich bringt und nicht in Routine absinkt. Reisen kommen Ihrer Abenteuerlust besonders entgegen. Sie brauchen praktische Arbeit, die gleichzeitig Ihren Idealismus befriedigt. Im Geschäftsleben können Sie Ihre Hellsicht nutzen, um Prognosen zu stellen oder um anderen Ihre Ideen zu verkaufen. In jedem Fall brauchen Sie viel Action. Wenn Sie Ihre Phantasie und Ihre Sensibilität einsetzen möchten, sollten Sie einen künstlerischen oder medizinischen Beruf ergreifen.

Berühmte Persönlichkeiten dieses Tages sind der Dichter Lord Byron, die Sänger Michael Hutchence und Sam Cooke, der Philosoph Sir Francis Bacon, der Schauspieler John Hurt und der Regisseur D. W. Griffith.

Numerologie

Die 22 ist eine Hauptzahl und schwingt als sie selbst, aber auch als 4. Mit der Geburtstagszahl 22 sind Sie ehrlich und fleißig, haben natürliche Führungsqualitäten, Charisma und gute Menschenkenntnis. Obwohl meist zurückhaltend, haben Sie ein fürsorgliches, um das Wohl der anderen besorgtes Wesen und starke Beschützerinstinkte. Dabei verlieren Sie nie Ihren Sinn fürs Praktische. Im allgemeinen sind Sie kultiviert und weltgewandt und haben viele Freunde. Die Wettbewerbsorientierten unter Ihnen gelangen, von anderen ermuntert und unterstützt, zu Erfolg und Vermögen. Der Untereinfluß der Monatszahl 1 macht Sie ehrgeizig, unternehmungslustig und unabhängig. Auch wenn Sie fest entschlossen sind, Stabilität und Sicherheit in Ihr Leben zu bringen, haben Sie doch eine rastlose Seite und brauchen die Gewißheit, daß Sie ohne Einschränkung eine breite Palette von Möglichkeiten nutzen können. Mit Ihrem scharfen Verstand und Ihrer Intuition treffen Sie Ihre Entscheidungen meist allein oder handeln im Alleingang. Als Menschenfreund mit viel Realitätssinn sind Sie häufig ein Quell der Kraft für andere.

Positiv: weltoffen, hochintuitiv, pragmatisch, praktisch, geschickt, guter Organisator, Realist, Problemlöser, Macher.

Negativ: nervös, komplexbeladen, herrisch, materialistisch, phantasielos, faul, egoistisch.

Liebe & Zwischenmenschliches

Dank Ihrer enormen sozialen Kompetenz haben Sie im allgemeinen viele Freunde und Bewunderer. Da Sie aufgeschlossen und freundlich sind und geistige Anregung brauchen, suchen Sie die Gesellschaft intelligenter Menschen. Für Frieden und Harmonie sind Sie oft zu Kompromissen und Opfern bereit. Freundschaft ist Ihnen sehr wichtig, denn Sie möchten viel mit Menschen zusammensein, die Sie mit ihrer Abenteuerlust anstecken können und mit denen Sie Spaß haben. In Ihrem Element sind Sie, wenn Sie die Menschen unterhalten können, die Sie lieben.

Vorteile einstellen. Da Sie gemeinschaftsorientiert sind, finden Sie schnell Freunde.
- Positiv: originell, phantasievoll, individuell, humanitär, kreativ.
- Negativ: rebellisch, feindselig, unberechenbar.

Ihr Partner

Wenn Sie jemanden suchen, bei dem Sie Glück und wahre Liebe finden, sollten Sie sich unter den Menschen umsehen, die an den folgenden Tagen geboren sind:

Liebe & Freundschaft: 6., 10., 20., 24., 29. Jan., 4., 8., 18., 27. Feb., 2., 6., 16., 25., 28. März, 4., 14., 23., 26., 27., 28., 30. April, 2., 12., 21., 24., 26., 28., 30. Mai, 10., 19., 22., 24., 26., 28. Juni, 8., 17., 20., 22., 24., 26. Juli, 6., 15., 18., 20., 22., 24., 30. Aug., 4., 13., 16., 17., 18., 20., 22. Sept., 2., 11., 14., 16., 28., 20. Okt., 8., 26., 30. Nov., 6., 24., 28. Dez.

Günstig: 7., 13., 18., 28. Jan., 5., 11., 16., 26. Feb., 3., 9., 14., 24. März, 1., 7., 12., 22. April, 5., 10., 20. Mai, 3., 8., 18. Juni, 1., 6., 16. Juli, 4., 14. Aug., 2., 12., 30. Sept., 10., 28. Okt., 8., 26., 30. Nov., 6., 24., 28. Dez.

Schicksalhaft: 25. Jan., 23. Feb., 21. März, 19. April, 17. Mai, 15. Juni, 13., 22., 23., 24., 25., 26. Juli, 11. Aug., 9. Sept., 7. Okt., 5. Nov., 3. Dez.

Problematisch: 3., 17. Jan., 1., 15. Feb., 13. März, 11. April, 9., 30. Mai, 7., 28. Juni, 5., 26., 29. Juli, 3., 24., 27. Aug., 1., 22., 25. Sept., 20., 23. Okt., 18., 21. Nov., 16., 29. Dez.

Seelenverwandt: 18. Jan., 16. Feb., 14. März, 12. April, 10., 29. Mai, 8., 27. Juni, 6., 25. Juli, 4., 23. Aug., 2., 21. Sept., 19. Okt., 17. Nov., 15. Dez.

23. Januar

SONNE: WASSERMANN
DEKADE: WASSERMANN/URANUS
GRAD: 2° – 3° WASSERMANN
ART: FIXZEICHEN
ELEMENT: LUFT

Fixsterne

Altair, auch Al Tair, Atair oder «Adler» genannt; Albireo; Dabih; Giedi, auch Al Jady genannt

Hauptstern

Name des Sterns: Altair, auch Al Tair, Atair oder «Adler» genannt
Gradposition: 0°47' – 1°43' Wassermann zwischen den Jahren 1930 und 2000
Magnitude: 1
Stärke: **********
Orbit: 2°30'
Konstellation: Alpha Aquilae
Tage: 20., 21., 22., 23., 24. Januar
Sternqualitäten: Mars/Jupiter, Uranus, Merkur
Beschreibung: weiß-gelber Stern im Nacken des Adlers.

Einfluß des Hauptsterns

Altair steht für große Sehnsüchte, Vertrauen, Ehrgeiz und Liberalismus, aber auch für Unnachgiebigkeit. Sie können radikal und rebellisch sein oder Verwirrung stiften, indem Sie Sand ins Getriebe streuen. Im allgemeinen sind Sie originell und exzentrisch, und schlechtes Benehmen gleichen Sie durch geniale Ideen aus, so daß Ihnen niemand ernsthaft böse sein kann. Altair sorgt auch für plötzlichen Reichtum oder Erfolg durch neue Erfindungen, warnt aber auch vor wechselhaften Umständen, die Ihre Autorität untergraben können.
Im Zusammenhang mit dem Stand Ihrer Sonne kann dieser Stern für Originalität, Beliebtheit und Abenteuerlust stehen. Altair macht wißbegierig und schenkt

 Ebenso intuitiv wie praktisch, sind Sie ein fleißiger Wassermann mit großer Menschenkenntnis. Da Sie methodisch und organisiert sind, schaffen Sie gern ein solides Fundament für alles, was Sie im Leben erreichen möchten. Sie sind pragmatisch, aber auch sensibel und haben eine fruchtbare Phantasie.

Durch den zusätzlichen Einfluß Ihrer Sonne in dieser Dekade des Wassermanns sind Sie erfinderisch, vor allem wenn es darum geht, Probleme zu lösen. Gesellig und freundlich, brauchen Sie Menschen um sich herum und wollen einen guten Eindruck machen. Mit Ihren starken Instinkten verstehen Sie intuitiv, was in anderen Menschen vorgeht, was Ihre humanitären Tendenzen unterstützt. Mit Ihrem großen geistigen Potential erfahren Sie Augenblicke hoher Inspiration oder Intuition, neigen aber auch zur Sturheit oder Hartnäckigkeit.

Da Sie offen und ehrlich sind, strahlen Sie großen Charme aus, der Sie aus vielen schwierigen Situationen retten kann und die Menschen anzieht. Auch wenn Sie gesellig sind, deutet eine gewisse Zurückhaltung darauf hin, daß Sie Ihre Gefühle gelegentlich unterdrücken. Im allgemeinen sind Sie äußerst sparsam und messen Ihrer Arbeit große Bedeutung bei. Als praktischer Idealist brauchen Sie nur ein wenig Eifer und konzentrierte Anstrengung, um von Ihrem speziellen Potential echt profitieren zu können.

Bis Sie 27 sind, bewegt sich Ihre Sonne durch den Wassermann; in dieser Zeit legen Sie viel Wert auf Individualität, persönliche Freiheit und Freundschaft. Ein Wendepunkt erfolgt, wenn Sie 28 sind und Ihre Sonne in das Zeichen der Fische tritt. Jetzt werden Sie emotional sensibler und aufnahmebereiter, und Ihr spirituelles Gefühl für andere verstärkt sich. Wenn Sie 58 sind, wechselt Ihre Sonne in das Zeichen des Widders. Sie werden selbstbewußter und bestimmter, wagen sich an neue Aktivitäten und Unternehmungen und besinnen sich mehr auf sich selbst.

Ihr geheimes Selbst

Auch wenn Sie fleißig und verantwortungsbewußt sind, brauchen Sie doch Abwechslung und Veränderung im Leben, um nicht rastlos oder ungeduldig zu werden. Obwohl Sie Ordnung und Sicherheit schätzen, wünschen Sie sich auch Freiheit und lassen sich nicht gern einschränken. Diese widersprüchlichen Seiten Ihrer Persönlichkeit machen es ratsam, daß Sie gelegentlich aus Ihrem Trott ausbrechen und Ihre Abenteuerlust ausleben. Das kann Sie auch zu mehr Dynamik und Produktivität inspirieren.

Mit Ihren hohen Idealen, großen Träumen und Ihrer emotionalen Kraft haben Sie ein starkes Bedürfnis nach Liebe, Zuneigung und Selbstausdruck. Wenn Sie das unterdrücken, laufen Sie Gefahr, Opfer von Stimmungsschwankungen oder Realitätsflucht zu werden. Mit Geduld können Sie aktiv daran arbeiten, zu Harmonie mit sich selbst zu finden. Als starker Visionär haben Sie anderen mit Ihrer Weitsicht und Ihrem sensiblen Einfühlungsvermögen viel zu bieten.

Beruf & Karriere

Ihr erfinderischer Geist will ständig angeregt sein; dank Ihrem Geschick im Umgang mit Menschen sollten Sie einen Beruf ergreifen, bei dem Sie viel mit Publikum zu tun haben. Ihre praktische Seite zieht Sie zur Geschäftswelt, Ihre humanitäre mehr zu beratenden

Berufen oder sozialen Reformaufgaben. Ihr praktisches und verantwortungsbewußtes Angehen der Dinge macht Arbeitgeber schnell auf Ihre Talente aufmerksam. Sie sind zwar organisiert und methodisch, brauchen aber einen Beruf, der Sie nicht langweilt. Da Sie auch mit den Händen geschickt sind, können Sie auch einen handwerklichen Beruf ergreifen. Ihre angeborene Kreativität sollte Möglichkeiten finden, sich auf originelle und individuelle Art auszudrücken.

Berühmte Persönlichkeiten dieses Tages sind der Maler Edouard Manet, der Schauspieler Humphrey Bogart, Prinzessin Caroline von Monaco, die Schauspielerin Jeanne Moreau, die Sängerin Anita Pointer, der Maler Georg Baselitz und der russische Filmregisseur Sergej Eisenstein.

schriftstellerisches und pädagogisches Talent. Häufig sind Sie ehrgeizig und wagemutig und wollen Ihre Situation verbessern, wobei es passieren kann, daß sich unerwartet Gewinne oder andere Vorteile einstellen. Da Sie gemeinschaftsorientiert sind, finden Sie schnell Freunde und lernen einflußreiche Leute kennen.
- Positiv: originell, phantasievoll, individuell, humanitär, kreativ.
- Negativ: rebellisch, feindselig, unberechenbar.

Numerologie

Zu den Eigenschaften der 23 gehören Intuition, Sensibilität und Kreativität. Im allgemeinen sind Sie vielseitig, leidenschaftlich, geistig beweglich, haben eine professionelle Einstellung und viele schöpferische Ideen. Mit der Geburtstagszahl 23 können Sie sich schnell in neue Gebiete einarbeiten, ziehen aber die Praxis der Theorie vor. Sie lieben Reisen und Abenteuer und lernen gern neue Menschen kennen. Aufgrund der Rastlosigkeit, die von der 23 ausgeht, suchen Sie ständig neue Herausforderungen und sind fähig, aus jeder Situation das Beste zu machen. Freundlich und lebenslustig, haben Sie Mut und Motivation und sollten ein aktives Leben führen, um Ihr Potential voll zur Entfaltung zu bringen. Der Untereinfluß der Monatszahl 1 macht Sie autonom, begeisterungsfähig und originell. Trotz Ihrer Unabhängigkeit und Ihrer progressiven Einstellung profitieren Sie enorm von der Zusammenarbeit mit anderen. In harmonischer Atmosphäre können Sie sich wunderbar entspannen und inneren Frieden finden. In Gefühlsdingen neigen Sie zu einer gewissen Sturheit und zu mangelnder Flexibilität.

Positiv: reiselustig, kommunikativ, intuitiv, kreativ, vielseitig, zuverlässig, oft berühmt.
Negativ: selbstsüchtig, unsicher, stur, penibel, verschlossen, voller Vorurteile.

Ihr Partner

Glück, Hingabe und Liebe finden Sie am ehesten unter den Menschen, die an folgenden Tagen geboren sind:
Liebe & Freundschaft: 7., 11., 12., 22., 25. Jan., 5., 9., 20. Feb., 3., 7., 18., 31. März, 1., 5., 16., 29. April, 3., 4., 14., 17., 27., 29. Mai, 1., 12., 25., 29. Juni, 10., 23., 25. Juli, 8., 21., 23., 31. Aug., 6., 9., 19., 21., 29. Sept., 4., 17., 19., 27., 30. Okt., 2., 15., 17., 25., 28. Nov., 13., 15., 23., 26. Dez.
Günstig: 8., 14., 19., 30. Jan., 6., 12., 17. Feb., 4., 10., 15. März, 2., 8., 13., 24. April, 6., 11. Mai, 4., 9. Juni, 2., 7. Juli, 5. Aug., 3. Sept., 1., 29. Okt., 27. Nov., 25., 29. Dez.
Schicksalhaft: 24., 25., 26., 27. Juli
Problematisch: 9., 18., 20. Jan., 7., 16., 18. Feb., 5., 14., 16. März, 3., 12., 14. April, 1., 10., 12. Mai, 8., 10. Juni, 6., 8., 29. Juli, 4., 6., 27. Aug., 2., 4., 25. Sept., 2., 23. Okt., 21. Nov., 19. Dez.
Seelenverwandt: 9. Jan., 7. Feb., 5. März, 3. April, 1. Mai, 30. Okt., 28. Nov., 26. Dez.

Liebe & Zwischenmenschliches

Freundlich und aufgeschlossen, sind Sie ein Menschenfreund mit großer Menschenkenntnis. Ihr Bedürfnis nach Abwechslung und Ihr Hang zur Rastlosigkeit lassen Sie die Gesellschaft geistig anregender Menschen suchen, die Sie für neue und progressive Ideen interessieren. Da Sie sehr viel Liebe zu verschenken haben, sollten Sie einen Menschen finden, der Ihren Gefühlsreichtum zu schätzen weiß. Wenn Sie eine Ausdrucksmöglichkeit finden, können Sie Ihre Kreativität entwickeln und die Stimmungsschwankungen vermeiden, die Sie schwierig und launisch machen. Obwohl Sie in Beziehungen im allgemeinen treu sind, brauchen Sie doch genügend Freiraum, um Sie selbst zu sein.

SONNE: WASSERMANN
DEKADE: WASSERMANN/URANUS
GRAD: 3° – 4° WASSERMANN
ART: FIXZEICHEN
ELEMENT: LUFT

24. Januar

Fixsterne

Altair, auch Al Tair, Atair oder «Adler» genannt; Dabih; Giedi, auch Al Jady genannt; Oculus

Hauptstern

Name des Sterns: Altair, auch Al Tair, Atair oder «Adler» genannt
Gradposition: 0°47' – 1°43' Wassermann zwischen den Jahren 1930 und 2000
Magnitude: 1
Stärke: **********
Orbit: 2°30'
Konstellation: Alpha Aquilae
Tage: 20., 21., 22., 23., 24. Januar
Sternqualitäten: Mars/Jupiter, Uranus, Merkur
Beschreibung: weiß-gelber Stern im Nacken des Adlers.

Einfluß des Hauptsterns

Altair steht für große Sehnsüchte, Vertrauen, Ehrgeiz und Liberalismus, aber auch für Unnachgiebigkeit. Sie können radikal und rebellisch sein oder Verwirrung stiften, indem Sie Sand ins Getriebe streuen. Im allgemeinen sind Sie originell und exzentrisch. Altair sorgt auch für plötzlichen Reichtum oder Erfolg durch neue Erfindungen, warnt aber auch vor wechselhaften Umständen, die Ihre Autorität untergraben können.
Im Zusammenhang mit dem Stand Ihrer Sonne kann dieser Stern für Originalität, Beliebtheit und Abenteuerlust stehen. Altair macht wissensdurstig und schenkt schriftstellerisches und pädagogisches Talent. Häufig sind Sie ehrgeizig und wagemutig und wollen Ihre Situation ver-

Sie sind ein freundlicher und kreativer Wassermann mit einer umgänglichen Art und einer originellen Lebensauffassung. Ehrgeizig und erfinderisch, haben Sie natürlichen Geschäftssinn und ein großes Bedürfnis nach Harmonie. Sie interessieren sich für Menschen, und Ihre menschenfreundliche Art sorgt dafür, daß Sie sich sicher in allen gesellschaftlichen Kreisen bewegen können. Ihre zahlreichen Interessen lassen Sie manchmal zögern, für was Sie sich entscheiden sollen. Ihre originellen Ideen und Ihre nüchterne Denkart helfen Ihnen, Ihren Hang, sich Sorgen zu machen, zu überwinden, vor allem in finanziellen Dingen. Ihr ausgezeichnetes geistiges Potential und Ihr Drang zur Selbstverwirklichung treiben Sie zu großen Leistungen an.

Durch zusätzlichen Einfluß Ihrer Sonne in der Dekade des Wassermanns sind Sie liebenswürdig, kontaktfreudig und gesellig. Auch wenn Sie fröhlich und unbeschwert wirken, haben Sie doch eine ernsthafte Seite, die sich sehr für philosophische Themen interessiert und dank der Sie ausgezeichnet Probleme lösen können. Mit Ihren außergewöhnlichen Ideen sind Sie häufig Ihrer Zeit voraus und können witzig und unterhaltsam sein. Da Sie unabhängig sind, ist Freiheit sehr wichtig für Sie. Sie müssen aber vermeiden, zu eigenwillig oder querköpfig zu werden.

Sie können hart arbeiten, sind besonnen und praktisch und finden immer gute Gelegenheiten und Angebote. Mit Ihrer direkten Art kommen Sie im allgemeinen ohne Umschweife zur Sache und klettern dank Ihrer ausgezeichneten Kommunikationsfähigkeiten die Karriereleiter problemlos nach oben.

Bis Sie 26 sind, bewegt sich Ihre Sonne durch den Wassermann; in dieser Phase legen Sie viel Wert auf Individualität, Freiheit und Freundschaft. Ein Wendepunkt erfolgt, wenn Sie 27 sind und Ihre Sonne in das Zeichen der Fische tritt, was Sie sensibler macht und bewußter für Ihre eigenen emotionalen Bedürfnisse. Im Alter von 57 wechselt Ihre Sonne in das Zeichen des Widders, und Sie gewinnen mehr Selbstvertrauen, Durchsetzungsvermögen und Mut.

Ihr geheimes Selbst

Ihr inneres Bedürfnis nach Liebe, Zuneigung und Harmonie manifestiert sich in Ihrem Leben dadurch, daß Sie kreativen Beschäftigungen nachgehen oder besondere Liebe für Heim und Familie empfinden. Wenn Sie es mit Ihren Beschützerinstinkten für die Menschen Ihrer Umgebung aber übertreiben, werden Sie nörglerisch oder betrachten deren Schwierigkeiten als Ihre eigenen. Auch wenn Sie selbst von Ihren guten Absichten überzeugt sind, sollten Sie lernen, andere ihre Probleme selbst lösen zu lassen. Wenn Sie Ihr Mitgefühl mit Ihrer humanitären Ader kombinieren, suchen Sie den tieferen Sinn des Lebens zu ergründen und engagieren sich für eine gute Sache.

Da Sie vielseitig begabt sind, haben Sie einzigartige Talente und beeindrucken andere gelegentlich mit wahren Geistesblitzen. Trotz Ihres Wunsches nach Selbstverwirklichung sind Ihnen Geld und materielle Sicherheit so wichtig, daß Sie wenig Risiken eingehen. Mit Ihren natürlichen Führungsqualitäten und Ihrem Wettbewerbsgeist halten Sie es aber nicht lange in einer Position aus, die Ihrem Potential nicht gerecht wird.

Beruf & Karriere

Mit Ihren originellen Ideen, Ihrer ausgeprägten Intelligenz und Ihrer individuellen Lebensauffassung dürften Sie in jedem Beruf erfolgreich sein, vor allem dort, wo Sie Ihre Kommunikationsfähigkeiten einsetzen können. Sie wollen sich und Ihre Arbeitsweise ständig positiv weiterentwickeln. Im Geschäftsleben zeigen Sie häufig Scharfsinn, der Ihnen zum Erfolg verhilft und den Sie nutzen, um Probleme zu lösen. Ihr ausgeprägter Wunsch nach Selbstausdruck führt Sie oft in die Welt von Literatur, Musik oder Unterhaltung. Auch wenn Sie sich für Berufe interessieren, die viel mit Publikum zu tun haben, sind Sie doch tiefgründig und begeistern sich für Philosophie, Recht oder Religion. Mit Ihrem Wunsch, sich weiterzuentwickeln und Ihr Wissen mit anderen zu teilen, beteiligen Sie sich gern an Sozial- oder Bildungsreformen.

Berühmte Persönlichkeiten dieses Tages sind der Sänger Neil Diamond, die Schauspielerin Nastassja Kinski, die Schriftstellerin Edith Wharton und der Schauspieler Ernest Borgnine.

Numerologie

Auf die Zahl 24 ist zurückzuführen, daß Sie Routine hassen, was aber nicht bedeutet, daß Sie nicht dank praktischer Fähigkeiten und gutem Urteilsvermögen hart arbeiten können. Die Sensibilität der Geburtstagszahl 24 führt dazu, daß Sie Stabilität und Ordnung brauchen. Sie sind fair und gerecht, gelegentlich zurückhaltend und davon überzeugt, daß Taten mehr sagen als Worte. Mit dieser pragmatischen Lebenseinstellung entwickeln Sie auch einen guten Geschäftssinn und die Fähigkeit, auf Ihrem Weg zum Erfolg Hindernisse zu überwinden. Mit der Geburtstagszahl 24 müssen Sie möglicherweise aber einen Hang zu Sturheit oder fixen Ideen bekämpfen. Der Untereinfluß der Monatszahl 1 macht Sie unabhängig und idealistisch. Als ernsthafter Mensch möchten Sie Ihre phantasievollen Ideen auch in die Praxis umsetzen. Als progressiver Denker interessieren Sie sich für humanitäre Angelegenheiten oder möchten sich für Reformen, vor allem in Bildung und Politik, einsetzen. Innovativ und mutig, sagen Sie, was Sie denken, allerdings meist auf sehr charmante Weise. Mit Ihrem Unternehmungsgeist wollen Sie immer wieder neue Konzepte ausprobieren und treffen Ihre Entscheidungen meist im Alleingang.

Positiv: energisch, idealistisch, praktisch, entschlossen, ehrlich, direkt, fair, großzügig, aktiv.

Negativ: materialistisch, geizig, haßt Routine, faul, unzuverlässig, dominierend, stur.

Liebe & Zwischenmenschliches

Da Sie sehr individuell und sensibel sind, brauchen Sie viel Zeit und Raum für sich selbst. Als Idealist haben Sie häufig so hohe Erwartungen, daß Sie für andere schwer zu erfüllen sind. Auch wenn Sie meist liebevoll und spontan sind, können Sie anderen auch die kalte Schulter zeigen und sehr distanziert wirken. Sie sind großzügig und freigiebig, müssen aber darauf achten, nicht zu viele Zugeständnisse zu machen, die Sie später bereuen könnten. Da Sie freundlich sind, fühlen sich andere zu Ihnen hingezogen, und Sie fühlen sich bei Gruppenaktivitäten besonders wohl.

bessern, wobei es oft dazu kommt, daß sich unerwartet Gewinne oder andere Vorteile einstellen. Da Sie gemeinschaftsorientiert sind, finden Sie schnell Freunde und lernen einflußreiche Leute kennen.

- Positiv: originell, phantasievoll, individuell, humanitär, kreativ.
- Negativ: rebellisch, feindselig, unberechenbar.

Ihr Partner

Wenn Sie jemanden suchen, bei dem Sie emotionale Erfüllung und Liebe finden, sollten Sie sich unter den Menschen umsehen, die an den folgenden Tagen geboren sind:

Liebe & Freundschaft: 4., 8., 13., 22., 26. Jan., 2., 6., 20., 24. Feb., 4., 18., 22., März, 2., 16., 20., 30. April, 5., 14., 18., 28., 30. Mai, 3., 12., 16., 26., 28. Juni, 10., 14., 24., 26. Juli, 8., 12., 22., 24. Aug., 6., 10., 20., 22., 30. Sept., 4., 8., 18., 20., 28. Okt., 2., 6., 16., 18., 26. Nov., 4., 14., 16., 24. Dez.

Günstig: 9., 20. Jan., 7., 18. Feb., 5., 16., 29. März, 3., 14., 27. April, 1., 12., 25., 31. Mai, 10., 23. Juni, 8., 21. Juli, 6., 19., 25. Aug., 4., 17., 23. Sept., 2., 15., 30. Okt., 13., 28. Nov., 11., 26., 30. Dez.

Schicksalhaft: 27. Jan., 25. Feb., 23. März, 21. April, 19. Mai, 17. Juni, 15., 24., 25., 26., 27., 28. Juli, 13. Aug., 11. Sept., 9. Okt., 7. Nov., 5. Dez.

Problematisch: 2., 10., 19. Jan., 8., 17. Feb., 6., 15. März, 4., 13. April, 2., 11. Mai, 9. Juni, 7., 30. Juli, 5., 28. Aug., 3., 26. Sept., 1., 24. Okt., 22. Nov., 20., 30. Dez.

Seelenverwandt: 15. Jan., 13. Feb., 11. März, 9. April, 7. Mai, 5. Juni, 3. Juli, 1. Aug., 29. Okt., 27. Nov., 25. Dez.

SONNE: WASSERMANN
DEKADE: WASSERMANN/URANUS
GRAD: 4° – 5° WASSERMANN
ART: FIXZEICHEN
ELEMENT: LUFT

Fixsterne

Dabih; Giedi, auch Al Jady genannt; Oculus; Bos

Hauptstern

Name des Sterns: Dabih
Gradposition: 3°4' – 4°3' Wassermann zwischen den Jahren 1930 und 2000
Magnitude: 3
Stärke: ******
Orbit: 1°40'
Konstellation: Beta Capricorni
Tage: 23., 24., 25., 26. Januar
Sternqualitäten: Saturn/Venus und Saturn/Uranus
Beschreibung: orangegelb-blauer Doppelstern im linken Auge des Steinbocks.

Einfluß des Hauptsterns

Dabih steht für Positionen des Vertrauens und der Autorität, die öffentliche Anerkennung einbringen. Er ist aber auch dafür verantwortlich, daß Sie sehr zurückhaltend sind und zu Mißtrauen neigen. Nehmen Sie sich vor schlechtem Umgang und vor Verlusten, die durch Freunde verursacht werden, in acht. Im Zusammenhang mit dem Stand Ihrer Sonne steht Dabih dafür, daß Sie durch harte Arbeit und Entschlossenheit zu Erfolg gelangen. Gehen Sie aber vorsichtig vor, und beschränken Sie sich auf Ihrem Weg nach oben auf konventionelle Methoden.

• Positiv: fleißig, entschlossen, Beharrlichkeit.
• Negativ: mißtrauisch, Argwohn.

25. Januar

Freundlich und großzügig, sind Sie ein ebenso aktiver wie intelligenter Wassermann mit Gefühl für Erfolg. Scharfsinnig und klug, können Sie fleißig und diszipliniert sein. Als entschlossener Mensch mit guten Strategien können Sie sich gut konzentrieren und steuern ohne Umschweife auf Ihr Ziel zu. Dank Ihrem angeborenen Geschäftssinn vermarkten Sie Ihre eigenen Talente gut, engagieren sich mit Ihrem Idealismus aber auch gern für humanitäre Projekte.

Durch den zusätzlichen Einfluß Ihrer Sonne in dieser Dekade des Wassermanns sind Sie ein scharfsinniger Beurteiler der Charaktere und Motive anderer. Sie sind tolerant und menschenfreundlich, und als freier Denker entwickeln Sie erfinderische und originelle Ideen. Freundschaft ist Ihnen außerordentlich wichtig, und da Sie liebenswürdig und gesellig sind, knüpfen Sie leicht neue Kontakte. Mit Ihrer Schlagfertigkeit und Ihrer ausgeprägten Individualität sind Sie selten langweilig, müssen sich aber vor einem Hang zu nervöser Hast hüten.

Ihre Persönlichkeit ist von zwei Extremen geprägt: Entweder Sie sind rücksichtslos entschlossen, geschäftsmäßig und energisch, oder aber mitfühlend, sensibel und hellsichtig. Wenn Sie sich um Ausgeglichenheit bemühen, können Sie diese extremen Seiten miteinander verbinden, so daß sie Ihnen bei der Verwirklichung Ihrer Träume und Ziele nützlich sind. Gelegentlich interpretieren andere Ihre distanzierte Haltung als Kälte oder Desinteresse, es gehört aber zu Ihren größten Vorzügen, daß Sie wunderbar mit anderen zusammenarbeiten können.

Bis Sie 25 sind, bewegt sich Ihre Sonne durch den Wassermann; in dieser Phase legen Sie viel Wert auf Unabhängigkeit, persönliche Freiheit und Freundschaft und möchten Ihre Individualität zum Ausdruck bringen. Ein Wendepunkt erfolgt, wenn Sie 26 sind und Ihre Sonne in das Zeichen der Fische tritt. Sie werden sensibler und beeinflußbarer und haben mehr Verbindung zu Ihren Träumen und emotionalen Bedürfnissen. Wenn Sie 56 sind, wechselt Ihre Sonne in das Zeichen des Widders. Dieser dynamische Einfluß macht Sie selbstorientierter und führungsbewußter und inspiriert Sie möglicherweise noch einmal zu gänzlich neuen Projekten.

Ihr geheimes Selbst

Ihr Bedürfnis nach Action und persönlichem Erfolg zeigt, daß Sie ein eigenwilliger und ehrgeiziger Mensch sind. Mit Ihrer Ausdauer und Ihrem starken Überlebenswillen können Sie sehr hartnäckig sein, neigen aber auch zu Sturheit oder Ungeduld. Auch wenn Sie sich gelegentlich allzu große Sorgen über materielle Dinge machen, sorgt Ihre Fähigkeit, lukrative Ideen zu entwickeln und sie mit anderen zusammen auszuführen, immer wieder für Erfolg.

Ihr Idealismus und Ihre aktive Phantasie äußern sich möglicherweise in einem starken Interesse an Musik, Religion oder Spiritualität. Trotz Ihrer großen Träume, Ihrem Antrieb und Ihrer Entschlossenheit neigen Sie erstaunlicherweise zu Trägheit. Durch Ihre universale Lebenseinstellung können Sie aber die Harmonie in Ihrem Leben wahren. Das hält Sie auch in Verbindung mit Ihrem angeborenen Mitgefühl und inspiriert Sie zu altruistischen Unternehmungen.

Beruf & Karriere

Sie sind erfindungsreich und schätzen Ihre Mitmenschen schnell und präzise ein, was Ihnen in jedem Beruf nützt, vor allem aber bei schreibenden oder beratenden Tätigkeiten. Da Sie freundlich sind und gern und gut mit anderen zusammenarbeiten, fällt es Ihnen nicht schwer, nützliche Kontakte zu knüpfen. Intuitiv und idealistisch, schätzen Sie Teamwork, obwohl Sie durchaus unabhängig sind und Ihre eigenen Entscheidungen treffen wollen. Besonders geeignet sind Sie für Verkauf oder Vermarktung einer Idee oder eines Produkts. Ihre Organisationsfähigkeiten, Ihr Geschäftssinn und Ihr Talent für den Umgang mit Menschen machen Sie als Finanzberater oder Unterhändler erfolgreich. Sensibel, aber auch perfektionistisch, möchten Sie vielleicht Ihre kreativen Talente entwickeln und zum Beruf machen, etwa in den Bereichen Musik, Literatur oder Kunst.

Berühmte Persönlichkeiten dieses Tages sind die Schriftsteller Somerset Maugham und Virginia Woolf, die Cellistin Jacqueline Du Pré, der Dichter Robert Burns, der Dirigent Wilhelm Furtwängler, die Sängerin Etta James und das philippinische Staatsoberhaupt Corazon Aquino.

Numerologie

Voller Energie und wachem Verstand, dennoch intuitiv und nachdenklich, haben Sie als Mensch mit der Geburtstagszahl 25 das Bedürfnis, sich durch verschiedenste Erfahrungen auszudrücken. Dazu gehören neue und aufregende Ideen ebenso wie fremde Menschen oder Orte. Ihr Hang zum Perfektionismus läßt Sie hart arbeiten und produktiv sein. Allerdings werden Sie leicht ungeduldig. Mit der Geburtstagszahl 25 haben Sie starke mentale Energien, die Ihnen helfen, Sachlagen zu überblicken und schneller als andere zu einer Schlußfolgerung zu kommen. Erfolg und Glück stellen sich ein, wenn Sie lernen, Ihren Instinkten zu vertrauen, und Ausdauer und Geduld entwickeln. Der Untereinfluß der Monatszahl 1 macht Sie intuitiv und ehrgeizig. Wenn Sie sich sicher fühlen, zeigen Sie viel Begeisterung und große Teamfähigkeit. Wenn Sie aber im Zweifel sind, können Sie mißtrauisch und unkooperativ werden. Ebenso innovativ wie mutig, sagen Sie direkt, was Sie denken, aber meist auf sehr charmante Weise.

Positiv: hochintuitiv, perfektionistisch, aufgeschlossen, kreativ, kommt gut mit Menschen aus.

Negativ: impulsiv, ungeduldig, überempfindlich, eifersüchtig, Heimlichtuerei, kritisch, launisch.

Liebe & Zwischenmenschliches

Gesellig und gruppenorientiert, sind Sie kontaktfreudig und treffen gerne viele Leute. Im allgemeinen führen Sie ein aktives gesellschaftliches Leben und verbinden Arbeit mit Vergnügen. Ihre Beziehungen sind Ihnen sehr wichtig, und Sie pflegen Ihre Kontakte zu Freunden und Bekannten. Meist fühlen Sie sich zu intelligenten und einflußreichen Menschen hingezogen. Allerdings müssen Sie aufpassen, daß Sie sich Partnern gegenüber nicht manipulativ verhalten. Auch wenn Sie gelegentlich von Geldsorgen geplagt werden, sind Sie im allgemeinen gegenüber Menschen, die Sie lieben, sehr großzügig.

Ihr Partner

Ihren Traumpartner werden Sie mit großer Wahrscheinlichkeit unter den an den folgenden Tagen geborenen Menschen finden:

Liebe & Freundschaft: 3., 6., 23., 28. Jan., 11., 21. Feb., 9., 19., 28., 31. März, 7., 17., 26., 29. April, 5., 15., 24., 27., 29., 31. Mai, 3., 13., 18., 22., 25., 27., 29. Juni, 1., 11. 20., 23., 25. Juli, 9., 18., 21., 23., 25., 27. Aug., 7., 16., 19., 21., 23., 25. Sept., 5., 10., 14., 17., 19., 21., 23. Okt., 3., 12., 15., 17., 19., 21. Nov., 1., 10., 13., 15., 17., 19. Dez.

Günstig: 3., 4., 10., 21. Jan., 1., 2., 8., 19. Feb., 6., 17., 30. März, 4., 15., 28. April, 2., 13., 26. Mai, 11., 24. Juni, 9., 22. Juli, 7., 20. Aug., 5., 18., 22. Sept., 3., 16., 31. Okt., 1., 14., 29. Nov., 12., 27. Dez.

Schicksalhaft: 22., 28. Jan., 20., 26. Feb., 18., 24. März, 16., 22. April, 14., 20. Mai, 12., 18. Juni, 10., 16., 26., 27., 28., 29. Juli, 8., 14. Aug., 6., 12. Sept., 4., 10. Okt., 2., 8. Nov., 6. Dez.

Problematisch: 11., 20. Jan., 9., 18. Feb., 7., 16. März, 5., 14. April, 3., 12., 30. Mai, 1., 10., 28. Juni, 8., 26., 31. Juli, 6., 24., 29. Aug., 4., 22., 27. Sept., 2., 20., 25. Okt., 18., 23. Nov., 16., 21. Dez.

Seelenverwandt: 26. Jan., 24. Feb., 22., 30. März, 20., 28. April, 18., 26. Mai, 16., 24. Juni, 14., 22. Juli, 12., 20. Aug., 10., 18. Sept., 8., 16. Okt., 6., 14. Nov., 4., 12. Dez.

26. Januar

SONNE: WASSERMANN
DEKADE: WASSERMANN/URANUS
GRAD: 5° – 6° WASSERMANN
ART: FIXZEICHEN
ELEMENT: LUFT

Fixsterne

Dabih; Oculus; Bos

Hauptstern

Name des Sterns: Dabih
Gradposition: 3°4' – 4°3' Wassermann zwischen den Jahren 1930 und 2000
Magnitude: 3
Stärke: ******
Orbit: 1°40'
Konstellation: Beta Capricorni
Tage: 23., 24., 25., 26. Januar
Sternqualitäten: Saturn/Venus und Saturn/Uranus
Beschreibung: orangegelb-blauer Doppelstern im linken Auge des Steinbocks.

Einfluß des Hauptsterns

Dabih steht für Positionen des Vertrauens und der Autorität, die öffentliche Anerkennung einbringen. Er ist aber auch dafür verantwortlich, daß Sie sehr zurückhaltend sind und zu Mißtrauen neigen. Nehmen Sie sich vor schlechtem Umgang, aber auch vor Verlusten, die durch Freunde verursacht werden, in acht.

Im Zusammenhang mit dem Stand Ihrer Sonne steht Dabih dafür, daß Sie durch harte Arbeit und Entschlossenheit zu Erfolg gelangen. Gehen Sie aber vorsichtig vor, und beschränken Sie sich auf Ihrem Weg nach oben auf konventionelle Methoden.

• Positiv: fleißig, entschlossen, Beharrlichkeit.
• Negativ: mißtrauisch, Argwohn.

 Der Einfluß des Wassermanns sorgt dafür, daß Sie ein willensstarker Individualist sind, der sich gerne an vorderster Front und als Trendsetter sieht. Charismatisch und entschlossen, haben Sie intuitive Führungsqualitäten und die Gabe, Arbeit mit Vergnügen zu verbinden. Ihr Bedürfnis nach Action und persönlicher Leistung zeigt, daß Sie ehrgeizig und erfolgsorientiert sind. Sie schätzen Situationen rasch und präzise ein und sind ehrlich und direkt. Voller Antrieb und Unternehmungsgeist, haben Sie das Potential, Ihre großen Träume Wirklichkeit werden zu lassen.

Durch den zusätzlichen Einfluß Ihrer Sonne in der Dekade des Wassermanns sind Sie ein toleranter Menschenfreund mit einer rebellischen Ader. Konstruktiv genutzt, macht Sie das zu einem Pionier. Obwohl Sie selbst sich in Ihrer persönlichen Freiheit auf keinen Fall einschränken lassen wollen, können Sie zu anderen sehr despotisch werden, um Ihren Willen durchzusetzen. Von Natur aus direkt, können Sie Dinge und Situationen gut einschätzen und zeigen sich im allgemeinen freundlich, aber bestimmt.

Auch wenn Sie gut mit Menschen umgehen können, gehört Geduld nicht eben zu Ihren Stärken. Das führt dazu, daß Sie einerseits zu Ruhelosigkeit neigen, andererseits aber äußerst großmütig zu anderen sein können. Einer Ihrer größten Vorzüge besteht darin, daß Sie die Beweggründe der Menschen verstehen. Wenn Sie diese Gabe mit Ihren lukrativen Ideen, Ihrem Idealismus und Ihrer Bodenständigkeit kombinieren, können Sie zu Erfolg und Wohlstand gelangen.

Bis Sie 24 sind, bewegt sich Ihre Sonne durch den Wassermann. In dieser Phase legen Sie viel Wert auf Unabhängigkeit, Freiheit, Freundschaft und Gruppenorientierung, und Sie möchten Ihre Individualität zum Ausdruck bringen. Wenn Sie 25 sind, tritt Ihre Sonne in das Zeichen der Fische. Sie werden sensibler und bekommen es mehr mit Gefühlsangelegenheiten zu tun. Sie entwickeln mehr visionäres Denken und finden einen besseren Zugang zu Ihrer eigenen inneren Welt. Im Alter von 55 wechselt Ihre Sonne in das Zeichen des Widders. Das verstärkt Ihr Bedürfnis, initiativer, direkter und aktiver in Ihren Beziehungen zu werden. Sie entwickeln mehr Selbstvertrauen und Mut und wenden sich vielleicht sogar noch einmal ganz neuen Aktivitäten und Plänen zu.

Ihr geheimes Selbst

Da Sie Ihre Ziele mit sehr viel Entschlossenheit verfolgen, sollten Sie sich unbedingt genau über Ihre Wünsche im klaren sein. Obwohl Sie auf andere häufig distanziert wirken, brodeln in Ihnen starke Gefühle und Wünsche. Dieser Emotionen müssen Sie sich bewußt werden, damit Sie ihnen eine positive Ausdrucksform geben können. Wenn es Ihnen gelingt, sie in selbstloser Liebe und Altruismus zu bündeln, können sich Ihre Persönlichkeit und Ihre Ideale zu einer bemerkenswerten Kraft entwickeln.

Sie haben nicht nur natürlichen Geschäftssinn, sondern auch die Gabe, Kontakte zu knüpfen. Da Sie ständig Ihren eigenen Wert und den, der aus Gelegenheiten gewonnen werden kann, einschätzen, handeln Sie gerne und sind bekannt dafür, die Dinge schnell ins Rollen zu bringen. Selbst wenn es Ihnen materiell gutgeht, fürchten Sie gelegentlich, nicht genug Geld zu haben; wenn Sie sich aber auf Ihre Stärken besinnen, werden Sie damit nie ernsthafte Probleme haben.

Beruf & Karriere

Da Sie von einer starken Mischung aus Idealismus und Pragmatismus geprägt sind, haben Sie natürliche Führungsqualitäten. In der Welt der Wissenschaft haben Sie eine gute Hand für finanzielle Dinge; hüten Sie sich aber vor Machtspielen und seien Sie anderen gegenüber nicht zu kritisch. Sie lieben Neuanfänge und Herausforderungen, und Sie haben die Gabe, Chancen zu erkennen, wenn sie sich bieten. Dank Ihrer Begeisterungsfähigkeit und Ihrer Überzeugungskraft können Sie wunderbar Ideen oder Produkte vermarkten. Als Mensch mit Mut, Engagement und Managerqualitäten eignen Sie sich für den Handel, vor allem als Unterhändler, Vertreter oder Finanzberater; mit Ihrer sehr individuellen Lebensauffassung eignen Sie sich aber auch für kreative Berufe.

Berühmte Persönlichkeiten dieses Tages sind der Schauspieler Paul Newman, der General Douglas MacArthur, die Sängerinnen Eartha Kitt und Anita Baker, der Musiker Eddie van Halen, der Violinist Stéphane Grappelli und der Regisseur Roger Vadim.

Numerologie

Mit der Geburtstagszahl 26 sind Pragmatismus, Führungsqualitäten und guter Geschäftssinn verbunden. Im allgemeinen sind Sie verantwortungsbewußt und haben einen Sinn für Ästhetik. Sie lieben Ihr Zuhause und brauchen die Sicherheit einer soliden Basis. Häufig sind Sie ein Quell der Kraft für Ihre Freunde und Verwandten; wer sich in Notzeiten an Sie wendet, kann stets mit Hilfe rechnen. Hüten Sie sich aber vor materialistischen Tendenzen und dem Hang, Menschen und Situationen zu kontrollieren. Der Untereinfluß der Monatszahl 1 ist der Grund dafür, daß Sie intuitiv und unabhängig sind und viel Unternehmungsgeist haben. Mit Ihrem Freiheitsdrang brauchen Sie viel Handlungsspielraum, der es Ihnen erlaubt, Chancen sofort zu ergreifen, wenn sie sich bieten. Mit Ihren originellen Ideen weisen Sie anderen häufig den Weg. Als ernsthafter und hart arbeitender Mensch kommen Sie im Leben schnell voran und setzen Ihre phantasievollen Gedanken meist in Taten um. Auch wenn Sie durch eigene Anstrengung viel erreichen, brauchen Sie doch die Unterstützung anderer, um dauerhaften Erfolg zu erringen.

Positiv: kreativ, praktisch, fürsorglich, verantwortungsbewußt, stolz auf die Familie, begeisterungsfähig, mutig.

Negativ: stur, rebellisch, labile Beziehungen, mangelnde Begeisterungsfähigkeit, keine Ausdauer.

Liebe & Zwischenmenschliches

Ihr Hang zu Meinungsumschwüngen in Herzensangelegenheiten deutet darauf hin, daß Sie viel Abwechslung und Bewegung brauchen. Sie sollten mehr Geduld üben und abwarten, wie sich die Dinge entwickeln, da Sie sonst zu impulsiv handeln, was Sie später bereuen könnten. Im allgemeinen genießen Sie ein aktives gesellschaftliches Leben, lernen gern neue Leute kennen und stellen sich schwierigen Situationen. Ihr Traumpartner sollte jemand sein, der Sie geistig anregt und Ihnen Paroli bieten kann, andererseits aber auch liebevoll und verständnisvoll ist. Da Sie unabhängig sind, brauchen Sie auch in einer Liebesbeziehung genügend Freiraum, um nach Ihrer eigenen Art und Weise zu leben.

Ihr Partner

Sicherheit, geistige Anregung und Liebe finden Sie am ehesten unter den Menschen, die an folgenden Tagen geboren wurden:

Liebe & Freundschaft: 6., 14., 22., 24., 31. Jan., 4., 12., 22., 29. Feb., 10., 20., 27. März, 8., 18., 25. April, 6., 16., 23., 25., 30. Mai, 4., 14., 21., 28., 30. Juni, 2., 12., 19., 26., 28., 30. Juli, 10., 17., 24., 26., 28. Aug., 8., 15., 22., 24., 26. Sept., 4., 6., 13., 15., 20., 22., 24., 30. Okt., 4., 11., 18., 20., 22., 28. Nov., 2., 9., 16., 18., 20., 26., 29. Dez.

Günstig: 5., 22., 30. Jan., 3., 20., 28. Feb., 1., 18., 26. März, 16., 24. April, 14., 22. Mai, 12., 20. Juni, 10., 18., 29. Juli, 8., 16., 27., 31. Aug., 6., 14., 25., 27., 29. Sept., 4., 12., 23., 27. Okt., 2., 10., 21., 23., 25. Nov., 9., 19., 23. Dez.

Schicksalhaft: 12. Jan., 10. Feb., 8. März, 6. April, 4., Mai, 2. Juni, 28., 29., 30., 31. Juli

Problematisch: 16., 21. Jan., 14., 19. Feb., 12., 17., 30. März, 10., 15., 30. April, 8., 13., 26. Mai, 6., 11., 24. Juni, 4., 9., 22. Juli, 2., 7., 20. Aug., 5., 18. Sept., 3., 16. Okt., 1., 14. Nov., 12. Dez.

Seelenverwandt: 25. Jan., 23. Feb., 21. März, 19. April, 17. Mai, 15. Juni, 14. Juli, 11. Aug., 9. Sept., 7. Okt., 5. Nov., 3., 30. Dez.

SONNE: WASSERMANN
DEKADE: WASSERMANN/URANUS
GRAD: 6° – 7° WASSERMANN
ART: FIXZEICHEN
ELEMENT: LUFT

27. Januar

Fixsterne

Ihre Sonne ist zwar nicht mit einem Fixstern verbunden, sicherlich aber einer der anderen Planeten Ihres Sonnenzeichens. Wenn Sie sich ein Geburtshoroskop erstellen lassen, lernen Sie die exakten Positionen der Planeten an Ihrem Geburtstag kennen. Auf diese Weise können Sie feststellen, welche der Fixsterne in diesem Buch für Sie von Interesse sind.

Clever, intuitiv und sehr individualistisch, sind Sie im allgemeinen ein gebildeter Wassermann mit rascher Auffassungsgabe. Sie sind unabhängig, haben Führungsfähigkeiten und stehen lieber selbst an der Spitze, als sich von anderen etwas sagen zu lassen. Voller Scharfsinn und gesundem Menschenverstand, sind Sie gewöhnlich bereit, hart zu arbeiten, um Ihre Ziele zu erreichen. Mit Ihrem hervorragenden Intellekt und Ihrer Intuition brauchen Sie nur die nötige Selbstdisziplin, um Ihr bemerkenswertes Potential auszuschöpfen.

Durch den zusätzlichen Einfluß der Sonne in Ihrer Wassermanndekade sind Sie freundlich, kontaktfreudig und gesellig. Da Sie häufig unkonventionelle Problemlösungen anzubieten haben, können Sie anderen mit Rat und Tat zur Seite stehen. Oft haben Sie auch eine etwas ungewöhnliche oder exzentrische Seite. Mit Ihrer individualistischen Denkweise sind Sie häufig Ihrer Zeit voraus; achten Sie aber darauf, daß Sie nicht stur oder querköpfig werden.

Während Sie hartnäckig Ihre Pläne verfolgen, bringen Sie auch genügend Geduld und Ausdauer auf, um Ihre langfristigen Ziele zu erreichen. Ihr objektiver und erfinderischer Geist produziert gelegentlich wahre Geistesblitze, und Ihr erster Eindruck von anderen trügt Sie meist nicht. Da Sie andere sehr gut einschätzen können, sind Sie meist offen und direkt. Ihre originelle Lebensauffassung inspiriert Sie häufig dazu, Reformen durchzusetzen oder bestehende Systeme zu verbessern. Frauen mit diesem Geburtstag sind im allgemeinen sehr entschlossen und übernehmen lieber die Führung, als nur passive Beobachterin zu bleiben.

Bis Sie 23 sind, bewegt sich Ihre Sonne durch den Wassermann. In dieser Zeit legen Sie viel Wert auf Freiheit, Freundschaft und Ausdruck Ihrer Individualität. Ein Wendepunkt erfolgt, wenn Sie 24 sind und Ihre Sonne in das Zeichen der Fische tritt. Sie werden sensibler, denken visionärer und haben besseren Zugang zu Ihrer eigenen inneren Welt. Im Alter von 54 wechselt Ihre Sonne in das Zeichen des Widder. Dieser Einfluß macht Sie selbstbewußter, entschlossener, mutiger und ehrgeiziger, so daß Sie sich vielleicht sogar noch einmal ganz neuen Aktivitäten und Plänen zuwenden.

Ihr geheimes Selbst

Wenn Sie sich ein festes Ziel gesteckt haben, steuern Sie entschlossen und ohne Umschweife darauf zu. Mit derselben Entschlossenheit überwinden Sie auch Hindernisse in Ihrem Leben und können große Leistungen vollbringen. Da Sie die Macht lieben, halten Sie gern selbst die Fäden in der Hand, sollten sich aber davor hüten, sich in taktische oder psychologische Spiele verwickeln zu lassen. Ihr ausgeprägtes Pflichtbewußtsein und Ihr Wunsch nach materiellem Erfolg führen dazu, daß Sie Ihre Arbeit und Pflichten sehr ernst nehmen.

Auch wenn Sie gern unabhängig sind, arbeiten Sie gut mit anderen zusammen. Dank Ihrer Teamfähigkeit wissen Sie, wie wichtig Kompromisse für eine funktionierende Partnerschaft sind. Auch wenn Sie Dummheit nur schlecht ertragen können, kommen Sie mit diplomatischem Geschick wesentlich weiter als mit Sturheit. Wenn Sie mit anderen auf einer persönlichen Ebene verkehren, geben Sie ihnen das Gefühl, etwas Besonderes zu sein.

Beruf & Karriere

Ihre große Intelligenz ist einer der wichtigsten Faktoren bei Ihrer Berufswahl. Wenn Sie eine Arbeit haben, die Sie geistig anregt, können Sie klug und verantwortungsbewußt sein und hart arbeiten. Wenn sich die Gelegenheit bietet, haben Sie auch das Zeug dazu, in leitende Positionen aufzusteigen. Ihre humanitäre Seite zieht Sie zu sozialen oder erzieherischen Berufen, in die Politik oder zu Menschenrechtsorganisationen. Ihre Organisations- und Kommunikationsfähigkeiten nutzen Ihnen vor allem im Geschäftsleben. Da Sie sehr unabhängig sind, sollten Sie am besten als freier Mitarbeiter oder selbständig arbeiten. Mit Ihrer Menschenkenntnis sind Sie auch für beratende oder medizinische Berufe geeignet. Der Wunsch, Ihre Kreativität und Individualität auszudrücken, kann Sie in die Welt von Kunst, Theater oder Musik führen.

Berühmte Persönlichkeiten dieses Tages sind Wolfgang Amadeus Mozart, die Schauspielerin Bridget Fonda, der Jazzrockmusiker Kim Gardner, der Schriftsteller Lewis Carroll (alias Charles Dodgson) und der Zeitungsverleger William Randolph Hearst junior.

Numerologie

Mit der Geburtstagszahl 27 sind Sie idealistisch und sensibel. Mit Ihrem ebenso intuitiven wie analytischen und kreativen Geist können Sie andere immer wieder beeindrucken. Wenn Sie gelegentlich geheimnistuerisch oder unentschlossen wirken, verbergen Sie nur innere Anspannung. Wenn Sie Ihre kommunikativen Fähigkeiten verbessern, lernen Sie auch, Ihre Gefühle besser auszudrücken. Für Menschen mit der Geburtstagszahl 27 ist eine gute Ausbildung unerläßlich; wenn Sie mehr Toleranz entwickeln, werden Sie auch geduldiger und selbstdisziplinierter. Der Untereinfluß der Monatszahl 1 macht Sie talentiert und phantasievoll und schenkt Ihnen starke Instinkte und spirituelle Fähigkeiten. Als unabhängiger Denker sind Sie autonom und bestimmt und vertreten eine tolerante Einstellung. Voller Begeisterungsfähigkeit und origineller Ideen, haben Sie progressive Ansichten und weisen häufig anderen den Weg. Obwohl idealistisch, sind Sie ernsthaft und fleißig und möchten Ihre Ideen in die Praxis umsetzen. Innovativ und mutig, zögern Sie nicht, Ihre Meinung frei heraus zu sagen, wenn es um Themen geht, die Ihnen am Herzen liegen. Gerne probieren Sie neue Konzepte aus und treffen im allgemeinen Ihre Entscheidungen allein.

Positiv: vielseitig, phantasiebegabt, kreativ, verständnisvoll, spirituell, erfinderisch.

Negativ: streitsüchtig, leicht beleidigt, rastlos, mißtrauisch, leicht reizbar, angespannt.

Liebe & Zwischenmenschliches

Sie sind humanitär und progressiv und brauchen Menschen um sich herum. Liebe und Beziehungen sind Ihnen sehr wichtig. Sie sind emotional ehrlich und intelligent, und andere schätzen Ihre Fähigkeiten und Ihre rationale Einstellung. Da Sie ein starkes Bedürfnis nach Stabilität und emotionaler Sicherheit haben, brauchen Sie eine Familie oder ein solides Fundament im Leben. Aufgrund Ihrer starken Gefühle können Sie hingebungsvoll, treu und fürsorglich sein, müssen aber darauf achten, daß Sie anderen gegenüber nicht zu dominierend werden.

Ihr Partner

Den richtigen Partner werden Sie mit großer Wahrscheinlichkeit unter den an den folgenden Tagen geborenen Menschen finden:

Liebe & Freundschaft: 7., 8., 11., 13., 15., 17., 25. Jan., 5., 7., 9., 11., 13., 15., 23. Feb., 7., 9., 11., 13., 21. März, 2., 5., 7., 9., 11., 19. April, 3., 5., 7., 9., 17., 31. Mai, 1., 3., 5., 7., 15., 29. Juni, 1., 3., 5., 27., 29., 31. Juli, 1., 3., 11., 25., 27., 29. Aug., 1., 9., 23., 25., 27. Sept., 7., 21., 23., 25. Okt., 5., 19., 21., 23. Nov., 3., 17., 19., 21., 30. Dez.

Günstig: 1., 5., 20., 29. Jan., 3., 18. Feb., 1., 16. März, 14. April, 12. Mai, 10. Juni, 17. Juli, 6. Aug., 4. Sept., 2., 9. Okt.

Schicksalhaft: 28., 29., 30., 31. Juli

Problematisch: 6., 22., 24. Jan., 4., 20., 22. Feb., 2., 18., 20. März, 16., 18. April, 14., 16. Mai, 12., 14. Juni, 10., 12. Juli, 8., 10., 31. Aug., 6., 8., 29. Sept., 4., 6., 27. Okt., 2., 4., 25., 30. Nov., 2., 23., 28. Dez.

Seelenverwandt: 6., 12. Jan., 4., 10. Feb., 2., 8. März, 6. April, 4. Mai, 2. Juni

28. Januar

SONNE: WASSERMANN
DEKADE: WASSERMANN/URANUS
GRAD: 7° – 8° WASSERMANN
ART: FIXZEICHEN
ELEMENT: LUFT

Fixsterne

Ihre Sonne ist zwar nicht mit einem Fixstern verbunden, sicherlich aber einer der anderen Planeten Ihres Sonnenzeichens. Wenn Sie sich ein Geburtshoroskop erstellen lassen, lernen Sie die exakten Positionen der Planeten an Ihrem Geburtstag kennen. Auf diese Weise können Sie feststellen, welche der Fixsterne in diesem Buch für Sie von Interesse sind.

Ehrgeizig und smart, sind Sie ein Wassermann mit regem Verstand und natürlicher Intuition. Voller Charme und Attraktivität, zeigen Sie anderen ein selbstbewußtes Äußeres. Sie sind großzügig und freundlich, haben gute Kommunikationsfähigkeiten und sind meist überall beliebt. Begabt und mit gutem Urteilsvermögen, sind Sie sich Ihrer Kenntnisse sicher und denken gern unabhängig. Mit Ihrer Reaktionsschnelligkeit und Ihrem ausgeprägten Sinn für Individualität sind Sie selten langweilig, müssen aber Ihre Ungeduld etwas zügeln.

Durch den zusätzlichen Einfluß der Sonne in Ihrer Wassermanndekade sind Sie ein origineller und toleranter Menschenfreund mit einem Hang zur Aufsässigkeit. Positiv genutzt, macht Sie dieser Charakterzug zu einem Pionier für neue und progressive Ideen. Als guter Psychologe haben Sie die Gabe, Menschen und ihre Beweggründe rasch und präzise einzuschätzen, was Ihnen auf dem Weg nach oben sehr nützlich ist.

Freundschaften spielen eine große Rolle bei Ihrer emotionalen Entwicklung. Da Sie warmherzig und gesellig sind, können Sie rasch Kontakte knüpfen. Obwohl Sie es selbst nicht schätzen, wenn sich andere in Ihre Angelegenheiten mischen oder Ihre persönliche Freiheit eingeschränkt wird, sind Sie zu anderen gelegentlich stur oder despotisch. Originell und erfinderisch, haben Sie einen regen und scharfsinnigen Schlagabtausch. Wenn Sie unter Druck stehen, entwickeln Sie enormen Kampfgeist und können Angriffe verbal geschickt parieren. Sie haben eine ausgeprägte Kritikfähigkeit, die Sie nicht übertreiben sollten, indem Sie Worte als Waffen einsetzen.

Bis Sie 22 sind, bewegt sich Ihre Sonne durch den Wassermann. In dieser Phase legen Sie viel Wert auf persönliche Freiheit, Freundschaft und Ausdruck Ihrer Individualität. Ein Wendepunkt erfolgt, wenn Sie 23 sind und Ihre Sonne in das Zeichen der Fische tritt. Sie werden sensibler und aufgeschlossener und messen Ihren Träumen und Ihrer Intuition mehr Bedeutung bei. Im Alter von 53 wechselt Ihre Sonne in das Zeichen des Widder. Sie werden selbstorientierter und entwickeln mehr Selbstvertrauen und Mut.

Ihr geheimes Selbst

Sensibel, kreativ und imagebewußt, haben Sie den ausgeprägten Wunsch nach Selbstverwirklichung. Auch wenn Sie im allgemeinen optimistisch sind, können Unzufriedenheit oder Unentschlossenheit in Gefühlsdingen gelegentlich für Sie zum Problem werden. Ihr Idealismus aber dient Ihnen immer wieder als Quell der Inspiration. Da Sie sich ungern langweilen, sind Sie ständig auf der Suche nach neuen und aufregenden Beschäftigungen, die Ihren Geist anregen. Mit Ihren intuitiven und spirituellen Begabungen erkennen Sie nach und nach, welche Bedeutung höhere Weisheit in Ihrem Leben haben kann.

Sie sind erfolgsorientiert und denken in großen Maßstäben, haben große Pläne und sind äußerst unternehmungslustig. Von Natur aus ehrgeizig und mutig, sind Sie im allgemeinen vom Glück begünstigt, zumal Sie guten Geschäftssinn haben. Verfallen Sie aber nicht dem Irrglauben, daß finanzielle Sicherheit alles im Leben sei. Räumen Sie Ihren Wertvorstellungen, Ihrer Identität und Ihrer Selbstachtung genügend Platz in Ihrer Lebenseinstellung ein.

Beruf & Karriere

Als scharfsinniger, charmanter und witziger Mensch, der überdies gut mit Worten umgehen kann, eignen Sie sich für alle Berufe, die mit Kommunikation zu tun haben, vor allem Journalismus und Medien, oder als Sprecher für andere. Da Sie stets Ihr Wissen erweitern wollen, fühlen Sie sich auch zu Pädagogik, Wissenschaft, Literatur oder Justiz hingezogen. Fähig und vielseitig begabt, sind Sie sowohl ein humanitärer Idealist wie auch ein Mensch, der viel erreichen will. Deshalb sind beratende Berufe, Arbeit für das Gemeinwohl oder für eine gute Sache geeignet für Sie. Dank Ihrer Führungsqualitäten und Ihrer Gabe, in großen Maßstäben zu denken, können Sie auch in großen Konzernen oder in der Geschäftswelt erfolgreich sein. Ihr Bedürfnis nach künstlerischem Selbstausdruck kann Sie in die Welt von Kunst und Unterhaltung, Musik und Theater führen.

Berühmte Persönlichkeiten dieses Tages sind der Pianist Arthur Rubinstein, die Schriftstellerin Sidonie-Gabrielle Colette, der Ballettänzer Michail Baryschnikow, der Politiker Kurt Biedenkopf und der Maler Jackson Pollock.

Ihr Partner

Wenn Sie jemanden suchen, der Sie geistig anregt und Ihre Sensibilität versteht, sollten Sie sich unter den Menschen umsehen, die an den folgenden Tagen geboren sind:

Liebe & Freundschaft: 9., 12., 16., 25., 30. Jan., 7., 10., 14., 23., 24. Feb., 5., 8., 12., 22., 31. März, 6., 10., 20., 29. April, 4., 8., 18., 22., 27. Mai, 2., 6., 16., 25., 30. Juni, 4., 14., 23., 28. Juli, 2., 12., 21., 26., 30. Aug., 10., 19., 24., 28. Sept., 8., 12., 17., 22., 26. Okt., 6., 15., 20., 24., 30. Nov., 4., 13., 18., 22., 28. Dez.

Numerologie

Mit der Geburtstagszahl 28 sind Sie unabhängig und idealistisch, aber auch pragmatisch und entschlossen und folgen Ihren eigenen Gesetzen. Sie sind ehrgeizig, direkt und unternehmungslustig und geraten oft in den inneren Konflikt zwischen Ihrem Bedürfnis nach Unabhängigkeit und dem Wunsch, Teil einer Gruppe zu sein. Immer bereit zu neuen Abenteuern und Action, stellen Sie sich mutig den Herausforderungen des Lebens. Mit Ihrer Begeisterungsfähigkeit können Sie andere dazu bringen, Sie bei Ihren Unternehmungen zu unterstützen. Sie haben Führungsqualitäten, gesunden Menschenverstand und können gut logisch denken. Sie sind zwar verantwortungsbewußt, können aber auch allzu enthusiastisch, ungeduldig oder intolerant werden. Der Untereinfluß der Monatszahl 1 bewirkt, daß Sie begeisterungsfähig und voller origineller Ideen sind. Scharfsinnig und instinktgeleitet, brauchen Sie Aktivität und geistige Herausforderung und sind von Kindesbeinen an zu großen Taten fähig. Sie sind praktisch, aber Ihre Wertvorstellungen können sich durch Erfahrung wandeln. Um inneren Frieden zu finden, brauchen Sie um sich herum eine harmonische Atmosphäre voller Liebe und Fürsorge.

Positiv: mitfühlend, progressiv, kühn, künstlerisch, idealistisch, ehrgeizig, fleißig, willensstark.

Negativ: Tagträumer, unmotiviert, mangelndes Mitgefühl, unrealistisch, despotisch, mangelndes Urteilsvermögen.

Günstig: 2., 13., 19., 22., 24. Jan., 11., 17., 20., 22. Feb., 9., 15., 18., 20., 28. März, 7., 13., 16., 18., 26. April, 5., 11., 16., 18., 26. Mai, 3., 9., 12., 14., 22. Juni, 1., 7., 10., 12., 20. Juli, 5., 8., 10., 18. Aug., 3., 6., 8., 16. Sept., 1., 4., 6., 14. Okt., 2., 4., 12. Nov., 2., 10. Dez.

Schicksalhaft: 25. Jan., 23. Feb., 21. März, 19. April, 17. Mai, 15. Juni, 13., 30., 31. Juli, 1., 2., 11. Aug., 9. Sept., 7. Okt., 5. Nov., 3. Dez.

Problematisch: 7., 23. Jan., 5., 21. Feb., 3., 19., 29. März, 1., 17., 27. April, 15., 25. Mai, 13., 23. Juni, 11., 21., 31. Juli, 9., 19., 29. Aug., 7., 17., 27., 30. Sept., 3., 13., 23., 26. Nov., 1., 11., 21., 24. Dez.

Liebe & Zwischenmenschliches

Intelligent und entschlossen, schätzen Sie die Gesellschaft von cleveren Menschen, die abenteuerlustig sind oder Sie geistig anregen. Sie langweilen sich leicht und brauchen deshalb aktive Menschen um sich herum. Da Sie sich bei Liebesbeziehungen oft nicht ganz sicher sind, fühlen Sie sich in platonischen Beziehungen oft wohler, in denen Sie und Ihr Partner dieselben Interessen haben. Wenn Sie Ihr Herz aber wirklich verschenken, sind Sie treu, liebevoll und hilfsbereit.

Seelenverwandt: 17. Jan., 15. Feb., 13. März, 11. April, 9. Mai, 7. Juni, 5. Juli, 3. Aug., 1. Sept., 30. Nov., 28. Dez.

SONNE: WASSERMANN
DEKADE: WASSERMANN/URANUS
GRAD: 8° – 9° WASSERMANN
ART: FIXZEICHEN
ELEMENT: LUFT

Fixsterne

Ihre Sonne ist zwar nicht mit einem Fixstern verbunden, sicherlich aber einer der anderen Planeten Ihres Sonnenzeichens. Wenn Sie sich ein Geburtshoroskop erstellen lassen, lernen Sie die exakten Positionen der Planeten an Ihrem Geburtstag kennen. Auf diese Weise können Sie feststellen, welche der Fixsterne in diesem Buch für Sie von Interesse sind.

29. Januar

Von Natur aus willensstark und intelligent, sind Sie ein Wassermann mit ausgezeichneten Kommunikationsfähigkeiten. Vielleicht nutzen Sie Ihre angeborene rebellische Ader konstruktiv, um sich für die Rechte anderer einzusetzen; mit Ihrem umfassenden Wissen eignen Sie sich auch hervorragend als Vermittler. Mit Ihrem Charme und Ihren kreativen Talenten ziehen Sie andere an, sind meist sehr beliebt und kommen mit Menschen der unterschiedlichsten Herkunft gut aus. Sprühend vor Lebensfreude und mit stark ausgeprägten Talenten, unterhalten Sie die Menschen und bringen gleichzeitig an, was Sie zu sagen haben.

Durch den zusätzlichen Einfluß Ihrer Sonne in Ihrer Wassermanndekade sind Sie mit Ihren erfinderischen Ideen oft Ihrer Zeit voraus. Unabhängig und freiheitsliebend, wollen Sie die Dinge nach Ihren Vorstellungen durchziehen. Da Sie sehr gesellig sind, legen Sie viel Wert auf Freundschaft und gehen Beziehungen tolerant und humanitär an. Ehrlich in Ihren Gefühlen, sind Sie enthusiastisch und eifrig bei der Sache, wenn etwas Sie wirklich fasziniert. Da Sie aber leicht reizbar sind, sollten Sie sich vor Streß und Überbelastung hüten, sonst neigen Sie zu Unberechenbarkeit.

Idealistisch und mit festen Prinzipien, haben Sie eine Gabe für den Umgang mit dem geschriebenen und gesprochenen Wort, literarisches Talent und pädagogisches Geschick. Obwohl Sie im allgemeinen praktisch sind und gute Organisationsfähigkeiten haben, lassen Sie sich manchmal vom Schwung der Begeisterung davontragen. Sie sind freimütig und lebenslustig, lieben Action und möchten Großes erreichen. Bei aller Begabung und Entschlossenheit müssen Sie aber darauf achten, daß Sie nicht stur oder dickköpfig werden.

Bis Sie 21 sind, bewegt sich Ihre Sonne durch den Wassermann. In dieser Phase legen Sie viel Wert auf Freiheit und Unabhängigkeit und möchten Ihre Individualität zum Ausdruck bringen. Ein Wendepunkt erfolgt, wenn Sie 22 sind und Ihre Sonne in das Zeichen der Fische tritt. Nun werden Sie sensibler und bewußter für Gefühlsdinge. Sie denken visionärer und haben einen besseren Zugang zu Ihrer eigenen Innenwelt. Im Alter von 52 wechselt Ihre Sonne in das Zeichen des Widder. Jetzt werden Sie selbstorientierter mit mehr Selbstvertrauen und Mut, so daß Sie sich vielleicht auch neuen Plänen oder Interessengebieten zuwenden.

Ihr geheimes Selbst

Sie sind eine interessante Mischung aus Materialismus und Idealismus. Auch wenn Sie sich über finanzielle Dinge häufig Sorgen machen, sorgt doch Ihr Geburtstag dafür, daß Sie stets materiell abgesichert sind. Ihre Liebe zu Schönheit und den guten Seiten des Lebens zeigt, daß Sie Luxus mit einem Touch von Glamour schätzen. Originell in jeder Form des künstlerischen oder kreativen Ausdrucks, haben Sie vor allem Freude am Interessanten und Ungewöhnlichen.

Charmant und warmherzig, haben Sie starke Gefühle. Mit Ihrem Charisma strahlen Sie Liebe und Optimismus aus, was unterstreicht, wie wichtig für Sie eine passende Form des Selbstausdrucks ist. Aufgrund Ihrer starken Emotionen neigen Sie aber auch zu Extremen oder impulsivem Handeln. Ihre Persönlichkeit vereint sowohl männliche als auch weibliche Elemente in sich, so daß Sie einerseits unabhängig und entschlossen, andererseits mitfühlend und sensibel sind.

Beruf & Karriere

Mit Ihrer scharfen Intelligenz haben Sie zahlreiche Berufsmöglichkeiten. Da Sie Ihre Ideen so gut vermitteln können, eignen Sie sich für Berufe wie Dozent, Lehrer oder Publizist. Mit Ihrem Optimismus und Ihrer Ungezwungenheit sind Sie in allen Berufen erfolgreich, in denen Sie viel mit Menschen zu tun haben, wo Sie verantwortungsvolle Positionen erreichen. In Handel und Gewerbe können Sie in Verkauf, Promotion oder Verhandlungstätigkeit Ihren Charme einsetzen. Erfolgversprechend für Sie sind auch Justiz, Wissenschaft oder Politik. Ihr Bedürfnis nach Selbstausdruck kann Sie in die Medien oder in die Unterhaltungsindustrie führen.

Berühmte Persönlichkeiten dieses Tages sind die amerikanische TV-Moderatorin Oprah Winfrey, die Feministin Germaine Greer, die Schauspieler Tom Selleck und W. C. Fields, der Revolutionär Thomas Paine und der Schriftsteller Anton Tschechow.

Numerologie

Mit der Geburtstagszahl 29 haben Sie eine starke Persönlichkeit und außergewöhnliches Potential. Sie sind hoch intuitiv, sensibel und emotional. Motivation ist das Geheimnis Ihres Erfolgs, ohne sie verlieren Sie leicht Ihre Zielstrebigkeit. Sie sind ein richtiger Träumer mit sehr unterschiedlichen Seiten und müssen sich vor Stimmungsschwankungen hüten. Wenn Sie auf Ihre innersten Gefühle hören und Ihr Herz für andere öffnen, können Sie Angstgefühle bekämpfen oder Ihren Verstand als Schutzschild benutzen. Setzen Sie Ihre schöpferischen Ideen ein, um etwas Außergewöhnliches zu leisten, das anderen Auftrieb geben oder von Nutzen sein kann. Der Untereinfluß der Monatszahl 1 führt dazu, daß Sie intuitiv, aufgeschlossen und menschenfreundlich sind. Kreativ und intelligent, sind Sie bei allen Beschäftigungen erfolgreich, die Individualität und Scharfsinn erfordern. Ihre Unternehmungslust sorgt dafür, daß Sie gern die unterschiedlichsten Konzepte ausprobieren, Ihre Entscheidungen allein treffen oder im Alleingang handeln. Da Sie liberal und begeisterungsfähig sind, entdecken Sie gern neue Ideen. Sie sind phantasiebegabt und erfinderisch und möchten Ihre Ideen in die Praxis umsetzen.

Positiv: inspiriert, ausgeglichen, innerer Friede, großzügig, Erfolg, kreativ, intuitiv, stark, weltgewandt, Selbstvertrauen.

Negativ: unkonzentriert, unsicher, launisch, schwierig, extrem, rücksichtslos, überempfindlich.

Liebe & Zwischenmenschliches

Im allgemeinen sind Sie offen und ehrlich; es macht Ihnen Freude, viele Interessen mit Ihren Mitmenschen zu teilen, und Sie können ein wunderbarer Gefährte sein. Da Sie spontan und idealistisch sind, brauchen Sie eine besonders inspirierende Verbindung zu Ihrem Partner. Ihre Angst, verlassen zu werden oder allein zu sein, führt gelegentlich dazu, daß Sie distanziert oder lieblos wirken oder sich mit dem falschen Partner einlassen. Achten Sie darauf, daß Sie nicht so kalt und unbeteiligt wirken, daß Ihr Partner denkt, Sie bräuchten ihn nicht. Da Sie selbst klug und intuitiv sind, schätzen Sie die Gesellschaft kreativer Menschen und sind ein großzügiger und treuer Freund.

Ihr Partner

Echtes Engagement werden Sie mit großer Wahrscheinlichkeit für die an den folgenden Tagen geborenen Menschen aufbringen:

Liebe & Freundschaft: 2., 7., 10., 17. 22., 27., 31. Jan., 5., 8., 15., 25. Feb., 3., 6., 13., 23. März, 1., 4., 11., 16., 21. April, 2., 9., 19., 23. Mai, 7., 12., 17., 23. Juni, 5., 15., 29., 31. Juli, 3., 13., 27., 29., 31. Aug., 1., 11., 25., 27., 29. Sept., 4., 9., 13., 23., 25., 27. Okt., 7., 21., 23., 25. Nov., 5., 19., 21., 23. Dez.

Günstig: 3., 5., 20., 25., 27. Jan., 1., 3., 18., 23., 25. Feb., 1., 16., 21., 23. März, 14., 19., 21. April, 12., 17., 19. Mai, 10., 15., 17. Juni, 8., 13., 15. Juli, 6., 11., 13. Aug., 4., 9., 11., 28. Sept., 2., 7., 9. Okt., 5., 7., 24. Nov., 3., 5. Dez.

Schicksalhaft: 13. Jan., 11. Feb., 9. März, 7. April, 5. Mai, 3. Juni, 1., 31. Juli, 1., 2. Aug.

Problematisch: 16., 24. Jan., 14., 22. Feb., 12., 20. März, 10., 18. April, 8., 16., 31. Mai, 6., 14., 29. Juni, 4., 12., 27. Juli, 2., 10., 25. Aug., 8., 23. Sept., 6., 21. Okt., 4., 19. Nov., 2., 17. Dez.

Seelenverwandt: 16. Jan., 14. Feb., 12. März, 10. April, 8. Mai, 6. Juni, 4., 31. Juli, 2., 29. Aug., 27. Sept., 25. Okt., 23. Nov., 21. Dez.

SONNE: WASSERMANN
DEKADE: WASSERMANN/URANUS
GRAD: 9° – 10° WASSERMANN
ART: FIXZEICHEN
ELEMENT: LUFT

Fixsterne

Ihre Sonne ist zwar nicht mit einem Fixstern verbunden, sicherlich aber einer der anderen Planeten Ihres Sonnenzeichens. Wenn Sie sich ein Geburtshoroskop erstellen lassen, lernen Sie die exakten Positionen der Planeten an Ihrem Geburtstag kennen. Auf diese Weise können Sie feststellen, welche der Fixsterne in diesem Buch für Sie von Interesse sind.

30. Januar

Mit diesem Geburtstag sind Sie ein begeisterungsfähiger, freundlicher, freiheitsliebender und erfolgsorientierter Wassermann mit großen Plänen. Energisch und dynamisch, verhalten Sie sich anderen gegenüber sehr warmherzig und finden sich in allen gesellschaftlichen Situationen leicht zurecht. Aufgrund Ihres scharfen Verstandes und Ihrer rationalen Denkweise sind Sie sehr wissensdurstig; wahre Zufriedenheit aber erlangen Sie nur durch echte Weisheit.

Durch den zusätzlichen Einfluß der Sonne in Ihrer Wassermanndekade sind Sie ein toleranter Menschenfreund mit einer rebellischen Ader. Als objektiver Denker mit viel Erfindungsreichtum entwickeln Sie originelle und individualistische Ideen, die sich auch finanziell lohnen können. Mit Ihren scharfsinnigen Erkenntnissen schätzen Sie andere sehr schnell und präzise ein. Damit und mit Ihren progressiven Ideen sind Sie Ihrer Zeit häufig voraus; achten Sie aber darauf, daß Sie es nicht übertreiben und stur oder überkritisch werden.

Sie erkennen schnell neue Trends oder interessante Konzepte, und im allgemeinen möchten Sie Ihre eigenen Ideen an andere weitergeben. Auch wenn Sie selbstsicher sind und feste Prinzipien haben, neigen Sie gelegentlich zu Ängsten oder impulsivem Handeln. Ihr Bedürfnis nach Anerkennung und Beliebtheit führt Sie oft ins Rampenlicht. Wenn Sie von einer Sache wirklich fasziniert sind, entwickeln Sie enorme Motivation und Begeisterung, mit der Sie dank großer Überzeugungskraft auch Ihre Mitmenschen anstecken.

Bis Sie 20 sind, bewegt sich Ihre Sonne durch den Wassermann. In dieser Zeit legen Sie viel Wert auf persönliche Freiheit und Freundschaft und möchten Ihre Individualität zum Ausdruck bringen. Ein Wendepunkt erfolgt, wenn Sie 21 sind und Ihre Sonne in das Zeichen der Fische tritt. Jetzt werden Sie sensibler, arbeiten mehr auf Ihre Traumziele hin und finden einen besseren Zugang zu Ihrer inneren Welt. Im Alter von 51 wechselt Ihre Sonne in das Zeichen des Widder. Das macht Sie selbstbewußter, mutiger und dynamischer, und Sie werden jetzt langsam ganz Sie selbst.

Ihr geheimes Selbst

Da Sie hoch intelligent sind, sollten Sie auf Ihre innere Stimme vertrauen. Dann finden Sie auch den goldenen Mittelweg zwischen Ihren Träumen und der Wirklichkeit. Wenn Sie einmal einen Plan entwickelt haben, mit dessen Hilfe Sie Ihre Ziele erreichen wollen, sollten Sie sich trotz aller Hindernisse daran halten. Ihr inneres Bedürfnis, beruflich das Beste zu geben, sorgt dafür, daß Sie bescheiden und aufrichtig bleiben. Auf dem Weg nach oben ist Ihnen vor allem Ihre Entschlossenheit von großem Nutzen.

Von Natur aus ehrgeizig, nehmen Sie nur ungern Anordnungen entgegen. Darum sollten Sie möglichst leitende Stellungen anstreben. Sie erkennen nicht nur sofort, wann sich Chancen bieten, sondern haben auch ausgeprägtes Organisationstalent und praktische Fähigkeiten. Auch wenn Sie freundlich und scharfsinnig sind, werden Sie hin und wieder ungeduldig, was sich zum Beispiel darin äußert, daß Sie kein guter Zuhörer sind oder sich schnell langweilen. Da Sie das Potential dazu haben, sehr erfolgreich zu sein, können Sie mit einer positiven Einstellung Berge versetzen.

Beruf & Karriere

Mit Ihrem scharfsinnigen Verständnis für die menschliche Natur, Ihrem Charme und Ihren Organisationsfähigkeiten eignen Sie sich hervorragend für alle Berufe, die mit Menschen zu tun haben, ob in Wirtschaft, Pädagogik oder bei staatlichen Behörden. Unabhängig, selbstbewußt und freundlich, haben Sie die Führungsqualitäten für gehobenes Management oder einen selbständigen Betrieb. Da Sie großes Engagement zeigen, wenn Sie sich wirklich für eine Sache interessieren, wollen Sie sich ständig selbst verbessern. Mit Ihren kreativen und innovativen Ideen sind Sie ein guter Kommunikator, Schriftsteller, Journalist oder Unterhändler, aber auch Entertainer.

Berühmte Persönlichkeiten dieses Tages sind die Schauspielerin Vanessa Redgrave, der Erfinder der Dampfmaschine James Watt, US-Präsident Franklin Roosevelt, der Schauspieler Gene Hackman und die Sängerin Jody Watley.

Numerologie

Mit der Geburtstagszahl 30 sind Sie künstlerisch begabt, warmherzig, gesellig und charismatisch. Sie lieben die schönen Dinge des Lebens, und mit Ihrem guten Geschmack und Sinn für Stil und Form können Sie in allen Bereichen, die mit Kunst, Design und Musik zu tun haben, erfolgreich sein. Mit Ihrem Bedürfnis, sich auszudrücken, und mit Ihrer angeborenen Wortgewandtheit eignen Sie sich für alles, was mit Schreiben, Reden oder Singen zu tun hat. Sie haben starke Gefühle, und Verliebtsein oder emotionale Zufriedenheit ist für Sie lebenswichtig. Auf Ihrer Suche nach Glück neigen Sie leider zu Trägheit und Maßlosigkeit. Viele, die an diesem Tag geboren wurden, finden Ruhm und Anerkennung, vor allem als Musiker, Schauspieler oder Entertainer. Der Untereinfluß der Monatszahl 1 ist der Grund dafür, daß Sie ehrgeizig und idealistisch sind und kreative Ideen haben. Ihre Gabe, alte Konzepte mit neuem Leben zu erfüllen, beweist, daß Sie auch neue Ideen umsetzen und anwenden können. Auch wenn Sie freundlich und aufgeschlossen sind, müssen Sie die Kunst des Kompromisses lernen und darauf achten, daß Sie nicht stur oder despotisch werden; nur dann können andere sich an Ihrer schlagfertigen und geselligen Art erfreuen.

Positiv: lebenslustig, treu, freundlich, guter Gesprächspartner, kreativ, glücklich.

Negativ: träge, stur, ungeduldig, leicht reizbar, eifersüchtig, desinteressiert, verzettelt sich gern.

Liebe & Zwischenmenschliches

Da Sie individuell und unabhängig sind, haben Sie viele verschiedene Interessen und sind in zahlreiche Aktivitäten involviert. Manchmal leiden Ihre Partnerschaften darunter, daß Sie sich Ihrer wahren Gefühle nicht sicher sind. Sie brauchen einen hart arbeitenden Partner, zu dem Sie aufsehen und auf den Sie sich verlassen können. Es kann aber auch sein, daß Sie Ihre Karriere so spannend finden, daß Sie sich voll und ganz Ihrem Erfolg widmen. Geselligkeit bereitet Ihnen am meisten Freude, wenn Sie mit klugen und kreativen Menschen zusammen sind, die Sie geistig anregen.

Ihr Partner

Sicherheit und Liebe finden Sie am ehesten bei den Menschen, die an folgenden Tagen geboren sind:

Liebe & Freundschaft: 1., 8., 14., 23., 28., 31. Jan., 12., 26., 29. Feb., 10., 24., 27. März, 2., 8., 22., 25. April, 6., 20., 23. Mai, 4., 13., 18., 21. Juni, 2., 16., 19., 30. Juli, 14., 17., 28., 30. Aug., 12., 15., 26., 28., 30. Sept., 10., 13., 24., 26., 28. Okt., 8., 11., 22., 24., 26. Nov., 6., 9., 20., 22., 24. Dez.

Günstig: 26. Jan., 24. Feb., 22. März, 20. April, 18. Mai, 16. Juni, 14. Juli, 12. Aug., 10., 29. Sept., 8. Okt., 6. Nov., 4., 22. Dez.

Schicksalhaft: 1., 2., 3., 4. Aug.

Problematisch: 3., 25. Jan., 1., 23. Feb., 21. März, 19. April, 17. Mai, 15. Juni, 13. Juli, 11. Aug., 9. Sept., 7. Okt., 5. Nov., 3. Dez.

Seelenverwandt: 3., 10. Jan., 1., 8. Feb., 6. März, 4. April, 2. Mai

31. Januar

SONNE: WASSERMANN
DEKADE: ZWILLINGE/MERKUR
GRAD: 10° – 11° WASSERMANN
ART: FIXZEICHEN
ELEMENT: LUFT

Fixsterne

Ihre Sonne ist zwar nicht mit einem Fixstern verbunden, sicherlich aber einer der anderen Planeten Ihres Sonnenzeichens. Wenn Sie sich ein Geburtshoroskop erstellen lassen, lernen Sie die exakten Positionen der Planeten an Ihrem Geburtstag kennen. Auf diese Weise können Sie feststellen, welche der Fixsterne in diesem Buch für Sie von Interesse sind.

Aufgeweckt und erfindungsreich, sind Sie ein großzügiger und kreativer Wassermann mit einer freundlichen Art. Sie sind freiheitsliebend und unabhängig und vertreten nicht nur tolerante und humanitäre, sondern auch progressive Ansichten. Sie sind sehr intelligent und haben eine sehr offene und universale Art, an Dinge heranzugehen. Durch Reisen und Lernen versuchen Sie Ihren schier unstillbaren Wissensdurst zu stillen.

Der zusätzliche Einfluß Ihrer Sonne in der Dekade des Zwilling macht Sie zu einem geschickten und engagierten Vermittler, ob durch das geschriebene oder das gesprochene Wort. Geistig aktiv und von Natur aus neugierig, denken Sie objektiv, sammeln Informationen aus den verschiedensten Quellen und präsentieren sie auf originelle Weise. Häufig sind Sie Ihrer Zeit voraus; achten Sie aber darauf, daß Sie durch Ihren rebellischen Zug nicht stur oder dickköpfig werden.

Als außergewöhnlicher Denker mit einem Hauch von Genialität können Sie hoch inspiriert und sehr enthusiastisch sein. Als guter Beobachter äußern Sie sich über andere scharfsinnig und einsichtsvoll. Ihr Hang zur Ungeduld führt dazu, daß Sie sich leicht langweilen und so von der Entwicklung Ihres großartigen Potentials ablenken lassen.

Bis Sie 19 sind, bewegt sich Ihre Sonne durch den Wassermann. In dieser Zeit legen Sie viel Wert auf Freiheit und Unabhängigkeit und den Ausdruck Ihrer Individualität. Ein Wendepunkt erfolgt, wenn Sie 20 sind und Ihre Sonne in das Zeichen der Fische tritt. Nun werden Sie aufgeschlossener, sensibler und imagebewußter. Sie entwickeln mehr visionäres Denken und besseren Zugang zu Ihrem Unterbewußten. Im Alter von 50 erleben Sie einen weiteren Wendepunkt, wenn Ihre Sonne in das Zeichen des Widder wechselt. Jetzt verstärken sich Ihre Führungsqualitäten und Ihr Kampfgeist. Vielleicht lassen Sie mit neuem Mut und voller Ehrgeiz die Vergangenheit ganz hinter sich und wenden sich neuen Unternehmungen zu.

Ihr geheimes Selbst

Sie haben große Vorstellungskraft und viel Kreativität und sollten diese Talente unbedingt nutzen, um damit Ihre originellen Ideen umzusetzen. Wenn Sie sich auf Ihre eigene Inspiration und Ihre innere Stimme verlassen, können Sie Entscheidungen treffen, die Ihr Leben verändern. Machen Sie aber nicht aus purem Sicherheitsdenken heraus zu viele Zugeständnisse. Da Sie sehr auf Wirkung bedacht sind, haben Sie das starke Bedürfnis, Ihre Gefühle auszudrücken und anderen Ihre Ideen zu vermitteln. Wenn diese Bedürfnisse unerfüllt bleiben, besteht die Gefahr, daß Sie melancholisch oder frustriert werden. Da Sie sich für zahlreiche Themengebiete interessieren, vor allem für Philosophie, Religion, Reisen und Politik, sind Sie ein anregender Gesprächspartner.

Es bringt Ihnen sehr viel, wenn Sie Ihren Geist durch Bildung disziplinieren, denn Bildung ist einer der Schlüssel zu Ihrem Erfolg. Wenn Sie Geduld und Toleranz lernen und etwas finden, an das Sie glauben, denken Sie positiv und können trotz vieler Probleme Bemerkenswertes leisten.

Beruf & Karriere

Ihr angeborener Geschäftssinn, gepaart mit Ihren natürlichen Organisationsfähigkeiten und Managerqualitäten, nutzt Ihnen bei jeder Art von Beruf. Da Sie gern Informationen sammeln und sehr kommunikativ sind, eignen Sie sich hervorragend als Pädagoge, Wissenschaftler, Publizist oder Anwalt. Mit Ihrer natürlichen Menschenkenntnis können Sie gut andere beraten oder sich für soziale Reformen einsetzen. Tätigkeiten, die mit Reisen ins Ausland oder mit der Öffentlichkeit zu tun haben, sind für Sie besonders geeignet. Da Sie ebenso kreativ wie gebildet sind, können Sie auch Ihre künstlerischen oder musikalischen Talente einsetzen und ins Showbusineß gehen.

Berühmte Persönlichkeiten dieses Tages sind der Sänger und Musiker Phil Collins, die Komponisten Franz Schubert und Philip Glass, der Schriftsteller Norman Mailer, die niederländische Königin Beatrix und der Sänger Mario Lanza.

Numerologie

Starke Willenskraft, Entschlossenheit und der Wunsch, sich auszudrücken, gehören zu den Charakteristika der Zahl 31. Im allgemeinen streben Sie unermüdlich und entschlossen nach materiellem Erfolg. Sie müssen aber lernen, Ihre Grenzen zu akzeptieren und eine solide Basis im Leben zu errichten. Mit diesem Geburtsdatum hängen auch Glück und günstige Gelegenheiten zusammen. Häufig gelingt es Ihnen, ein Hobby in eine gewinnbringende Tätigkeit umzuwandeln. Da Sie oft hart arbeiten, ist es wichtig, daß Sie sich Zeit für Liebe und Vergnügen nehmen. Hüten Sie sich davor, zu selbstsüchtig oder überoptimistisch zu werden. Der Untereinfluß der Monatszahl 1 führt dazu, daß Sie intuitiv, vielseitig begabt und unternehmungslustig sind. Scharfsinnig, kreativ und sicherheitsbedürftig, neigen Sie gelegentlich zu Rastlosigkeit oder Ungeduld. Wenn Sie optimistisch bleiben und lernen, mit dem Strom zu schwimmen, entwickeln Sie auch mehr Geduld und einen Blick fürs Detail. Innovativ und wißbegierig, sind Sie im allgemeinen ehrgeizig und bereit zu harter Arbeit, um Anerkennung und Erfolg zu finden. Wenn Sie inspiriert sind, entwickeln Sie originelle Ideen und haben sehr individuelle Ansichten.

Positiv: Glück, kreativ, originell, Macher, konstruktiv, ausdauernd, praktisch, guter Gesprächspartner, verantwortungsbewußt.

Negativ: unsicher, ungeduldig, mißtrauisch, leicht entmutigt, mangelnder Ehrgeiz, selbstsüchtig, stur.

Liebe & Zwischenmenschliches

Freundlich und kontaktfreudig, sind Sie spontan, gesellig und anziehend für andere. Wenn Sie unsicher sind, werden Sie leicht dominierend. Kreativ, mit einem Gefühl für Wirkung, schätzen Sie geistig anregende und originelle Menschen, die es verstehen, sich auszudrücken. Sie sind sehr hingebungsvoll und liebevoll, müssen sich aber davor hüten, sich aus Angst vor dem Alleinsein vom Partner abhängig zu machen. Da Sie klug sind und feste eigene Ansichten vertreten, lieben Sie vor allem gesellschaftliche Anlässe, bei denen lebhaft diskutiert wird.

Ihr Partner

Glück und Liebe finden Sie am ehesten unter den Menschen, die an folgenden Tagen geboren sind:

Liebe & Freundschaft: 1., 5., 9., 15., 26., 29., 30. Jan., 13., 24., 27., 28. Feb., 11., 22., 25., 26. März, 9., 20., 23., 24. April, 7., 18., 21., 22. Mai, 5., 16., 19., 20. Juni, 3., 14., 17., 18., 31. Juli, 1., 12., 15., 16., 29., 31. Aug., 10., 13., 14., 27., 29. Sept., 8., 11., 12., 25., 27. Okt., 6., 9., 10., 23., 25. Nov., 4., 7., 8., 21., 23., 29. Dez.

Günstig: 1., 2., 10., 14., 27. Jan., 8., 12., 25. Feb., 6., 10., 23. März, 4., 8., 21. April, 2., 6., 19., 30. Mai, 4., 17., 28. Juni, 2., 15., 26. Juli, 13., 24. Aug., 11., 22., 30. Sept., 9., 20. Okt., 7., 18. Nov., 5., 16. Dez.

Schicksalhaft: 2., 3., 4., 5. Aug.

Problematisch: 17., 26. Jan., 15., 24. Feb., 13., 22. März, 11., 20. April, 9., 18. Mai, 7., 16. Juni, 5., 14. Juli, 3., 12., 30. Aug., 1., 10., 28. Sept., 8., 26., 29. Okt., 6., 24., 27. Nov., 4., 22., 25. Dez.

Seelenverwandt: 21. Jan., 19. Feb., 17. März, 15. April, 13. Mai, 11. Juni, 9., 29. Juli, 7., 27. Aug., 5., 25. Sept., 3., 23. Okt., 1., 21. Nov., 19. Dez.

SONNE: WASSERMANN
DEKADE: ZWILLINGE/MERKUR
GRAD: 11° – 12° WASSERMANN
ART: FIXZEICHEN
ELEMENT: LUFT

1. Februar

Fixstern

Name des Sterns: Armus
Gradposition: 11°45' – 12°45' Wassermann zwischen den Jahren 1930 und 2000
Magnitude: 5
Stärke: **
Orbit: 1°
Konstellation: Eta Capricorni
Tage: 1., 2., 3. Februar
Sternqualitäten: Mars/Merkur
Beschreibung: kleiner orangeroter Stern im Herzen des Steinbock.

Einfluß des Hauptsterns

Armus steht für Originalität, Erfindungsgabe, Kampfgeist, schnellen Verstand und die Gabe, andere zu beeindrucken. Unter seinem Einfluß sind Sie schlagfertig und rhetorisch begabt. Sie neigen aber auch zu streitsüchtigem oder unangenehmem Verhalten. Hüten Sie sich vor innerer Unruhe, denn sie kann zu Labilität führen.

Im Zusammenhang mit dem Stand Ihrer Sonne verleiht Ihnen Armus Unabhängigkeit, rasche Handlungsfähigkeit und einen wachen Verstand. Im allgemeinen sind Sie gesellig und erfolgreich in der Öffentlichkeit.

• Positiv: Gemeinsinn, Urteilsvermögen, eindrucksvolles Reden.
• Negativ: Reizbarkeit, geistige Anspannung, nervös, streitsüchtig.

Individualität und kreativer Intellekt gehören zu Ihren hervorstechenden Charaktereigenschaften. Mit Ihrem scharfen Verstand und Ihrer Schlagfertigkeit lieben Sie geistige Herausforderungen. Die Kraft, die Sie aus Ihrer Arbeit schöpfen, hilft Ihnen, feste Strukturen, Entschlossenheit und Disziplin zu entwickeln. Die Verbindung Ihrer intuitiven Kräfte mit Ihrem praktischen Geschick sorgt dafür, daß Sie nur guten Willen zeigen müssen, um gute Ergebnisse zu erreichen.

Durch den zusätzlichen Einfluß Ihrer Sonne in der Dekade des Zwilling haben Sie manchmal wahre Geistesblitze und überdurchschnittliche geistige Fähigkeiten. Da Sie neugierig sind, erweitern Sie ständig Ihr Wissen, und Ihre Ideen vermitteln Sie auf überzeugende und anregende Weise. In negativer Form ausgeprägt führen diese Energien dazu, daß Sie reizbar oder leicht erregbar werden.

Sie haben ein gutes Gefühl für Wirkung, wollen aktiv sein und Dinge voranbringen, wobei Sie am liebsten selbst an vorderster Front stehen. Voller Stolz auf Ihre Leistungen, möchten Sie die Menschen auf aufregende und abenteuerliche Pfade führen und sie motivieren, positive Dinge zu tun. Von Natur aus ehrgeizig und kämpferisch, setzen Sie sich auch gern für einen humanitären Zweck oder Reformen ein. Lassen Sie sich nicht von Sachzwängen erdrücken, sondern tun Sie, was Sie für richtig halten.

Bis Sie 18 sind, bewegt sich Ihre Sonne durch den Wassermann. In dieser Zeit legen Sie viel Wert auf persönliche Freiheit und Freundschaft und möchten Ihre Individualität zum Ausdruck bringen. Ein Wendepunkt erfolgt, wenn Sie 19 sind und Ihre Sonne in das Zeichen der Fische tritt. Jetzt werden Ihre Träume und Vorstellungen fest umrissener, und Sie entwickeln mehr emotionales Aufnahmevermögen. Im Alter von 49 wechselt Ihre Sonne in das Zeichen des Widders. Sie besinnen sich mehr auf sich selbst, entwickeln mehr Selbstvertrauen und Energie, was Sie dazu inspirieren kann, sich ganz neuen Beschäftigungen zuzuwenden.

Ihr geheimes Selbst

Neues und Ungewöhnliches übt große Faszination auf Sie aus, und Sie akzeptieren es nicht, sich traditionellen und engstirnigen Ansichten zu beugen. Gelegentlich zwar stur, sind Sie aber dann besonders erfinderisch, wenn Sie unter Druck stehen. Mit Ihrem besonderen Verständnis für das menschliche Verhalten profitieren Sie sehr vom Zusammensein mit Menschen, die gebildeter sind als Sie; umgekehrt inspirieren auch Sie gern andere. Mit Ihrem beweglichen Verstand handeln Sie rasch und entschlossen und können sich gut aus schwierigen Situationen retten. Sie hassen jede Form der Einschränkung und müssen lernen, sich nicht zu plötzlichen Ausbrüchen von Wut oder Sturheit hinreißen zu lassen, die Sie in Schwierigkeiten bringen. Wenn Sie in Verbindung mit Ihrer großen inneren Vitalität bleiben, sind Sie kühn und spontan und voller Überzeugung, daß Sie gewinnen oder hervorragende Ergebnisse erreichen werden. Da Sie diese Begeisterung nicht spielen können, sollten Sie sich auf Dinge konzentrieren, die Ihren Geist in positiver Weise motivieren.

Beruf & Karriere

Dank Ihrem Charisma arbeiten Sie wunderbar mit anderen zusammen. Im Geschäftsleben schätzen Sie festumrissene Aufgaben und steigen meist bis ins Management und in Führungspositionen auf. Da Sie freundlich und überzeugend sind, eignen Sie sich auch sehr gut für Verkauf und Promotion. Sie brauchen einen Beruf, der voller Action ist und bei dem man schnell denken muß; mit Ihrem Mut setzen Sie sich wirkungsvoll für andere ein oder kämpfen gegen soziale Ungerechtigkeit. Da Sie Abwechslung brauchen, sollten Sie unbedingt Routinejobs vermeiden. Ihre erfindungsreichen Ideen involvieren Sie oft in Forschungsarbeiten, und Sie können mit neuen Erfindungen Ihre Individualität ausdrücken.

Berühmte Persönlichkeiten dieses Tages sind der Schauspieler Clark Gable, der russische Präsident Boris Jelzin, der Regisseur John Ford, der Physiker Fritjof Capra, die Tänzerin und Choreographin Katherine Dunham und die Musiker Rick James und Don Everly.

Numerologie

Mit der Geburtstagszahl 1 sind Sie individuell, innovativ, mutig und voller Energie. Sie haben das Bedürfnis nach einer starken Identität und bestimmtem Auftreten. Ihr Pioniergeist beflügelt Sie, alles im Alleingang durchzuziehen. Das entwickelt auch Ihre Führungsqualitäten. Voller Begeisterungsfähigkeit und origineller Ideen, weisen Sie anderen oft den Weg. Mit der Geburtstagszahl 1 müssen Sie oft lernen, daß sich die Welt nicht nur um Sie dreht, und egoistische oder diktatorische Anwandlungen bekämpfen. Der Untereinfluß der Monatszahl 2 macht Sie intuitiv und sehr aufnahmefähig. Auch wenn Sie freundlich und gesellig sind, haben Sie einen starken Charakter. Mit zunehmendem Alter werden Sie sich Ihrer einzigartigen Qualitäten bewußt und treten bestimmter und selbstbewußter auf. Als Menschenfreund sind Sie weltoffen und progressiv und bereit, sich für soziale Reformen und gute Zwecke einzusetzen. Ohne Selbstvertrauen oder Verbindung zu Ihrem übergeordneten Ich fühlen Sie sich unsicher und unentschlossen. Mit Ihrer Hellsicht und Ihrem Einfallsreichtum aber können Sie andere inspirieren, vor allem, wenn Sie Ihre Kreativität einsetzen und Ihre eigene Lebensphilosophie entwickeln können.

Positiv: führungsstark, kreativ, progressiv, Überzeugungskraft, Optimismus, feste Prinzipien, kämpferisch, unabhängig, großzügig.

Negativ: dominierend, eifersüchtig, egoistisch, feindselig, mangelnde Zurückhaltung, selbstsüchtig, labil, ungeduldig.

Liebe & Zwischenmenschliches

Auch wenn Sie progressiv und unabhängig sind, brauchen Sie eine sichere Basis wie etwa ein stabiles Zuhause. Im allgemeinen fühlen Sie sich von starken Menschen angezogen, die ihre eigene Meinung haben. Solange Sie die Freiheit haben, das zu tun, was Ihnen paßt, können Sie ein sehr treuer und zuverlässiger Freund und Partner sein. Da Sie gesellig und charmant sind, ziehen Sie Menschen an und können sehr unterhaltsam sein.

Ihr Partner

Den Partner für eine anhaltende Beziehung werden Sie mit großer Wahrscheinlichkeit unter den an den folgenden Tagen geborenen Menschen finden:
Liebe & Freundschaft: 1., 4., 5., 11., 21., 24. Jan., 2., 3., 9., 19., 22. Feb., 1., 7., 17., 20. März, 5., 15., 18., 30. April, 1., 13., 16., 28. Mai, 11., 14., 26. Juni, 9., 12., 24. Juli, 7., 10., 22. Aug., 5., 8., 20. Sept., 3., 6., 18. Okt., 1., 4., 16. Nov., 2., 14. Dez.
Günstig: 14., 23., 27. Jan., 12., 21., 25. Feb., 19., 23. März, 17., 21. April, 15., 19. Mai, 13., 17. Juni, 11., 15., 31. Juli, 9., 13., 29. Aug., 7., 11., 27. Sept., 9., 25. Okt., 3., 7., 23. Nov., 1., 5., 21. Dez.
Schicksalhaft: 4., 5., 6., 7. Aug.
Problematisch: 17. Jan., 15. Feb., 13. März, 11. April, 9. Mai, 7. Juni, 5. Juli, 3. Aug., 1. Sept.
Seelenverwandt: 30. Jan., 28. Feb., 26., 29. März, 24., 27. April, 22., 25. Mai, 20., 23. Juni, 18., 21. Juli, 16., 19. Aug., 14., 17. Sept., 12., 15. Okt., 10., 13. Nov., 8., 11. Dez.

2. Februar

SONNE: WASSERMANN
DEKADE: ZWILLINGE/MERKUR
GRAD: 12° – 13° WASSERMANN
ART: FIXZEICHEN
ELEMENT: LUFT

Fixsterne

Dorsum; Armus

Hauptstern

Name des Sterns: Dorsum
Gradposition: 12°51' – 13°50' Wassermann zwischen den Jahren 1930 und 2000
Magnitude: 4
Stärke: ****
Orbit: 1°30'
Konstellation: Theta Capricorni
Tage: 2., 3., 4. Februar
Sternqualitäten: Jupiter/Saturn
Beschreibung: kleiner weiß-blauer Stern am Rücken des Steinbock.

Einfluß des Hauptsterns

Dorsum verleiht die Fähigkeit, durch Beharrlichkeit und Geduld weitreichende Ziele zu erreichen. Mit Fleiß können Sie in öffentlichen Angelegenheiten erfolgreich sein.

Im Zusammenhang mit dem Stand Ihrer Sonne sorgt dieser Stern dafür, daß Sie langsam, aber stetig vorankommen, wobei Fortschritte gewöhnlich mit wachsender Verantwortung verbunden sind. Dorsum ermutigt Sie, Ihr Schreibtalent zu entdecken und zu entwickeln.

- Positiv: pflichtbewußt, diplomatisch, beflissen.
- Negativ: Anspannung, Unzufriedenheit, Ungeduld.

Unabhängig und erfolgsorientiert, sind Sie ein Wassermann mit stark ausgeprägten individuellen Zügen. Der Einfluß Ihres Geburtstages sorgt dafür, daß Sie mit Ihrer offenen Denkweise und Ihrer lebhaften Phantasie ein unabhängiger Denker mit eindrucksvollen Ideen sind. Freundlich und gesellig, mit scharfsinnigem Einblick in die menschliche Natur, sind Sie ein sensibler Menschenfreund. Intellektuell kreativ, haben Sie einen regen Verstand, der Sie immer wieder dazu antreibt, Abwechslung zu suchen und sich neues Wissen anzueignen. Deshalb sind Sie aber auch schnell ungeduldig oder leicht gelangweilt.

Durch den zusätzlichen Einfluß Ihrer Sonne in der Dekade des Zwilling hegen Sie starkes Interesse an den neuesten Ideen und Entwicklungen, und Ihr freier Geist drückt sich auf unorthodoxe Weise aus. Schlagfertig und unterhaltsam, können Sie ein kluger Gesprächspartner sein und haben Talent für das gesprochene wie für das geschriebene Wort. Obwohl Sie unabhängig und eigenwillig sind, wissen Sie doch die Vorzüge von Teamwork zu schätzen und zeigen viel Teamgeist, wenn Sie an eine Sache wirklich glauben. Sie sind objektiv und möchten anderen gegenüber stets offen und ehrlich sein. Allerdings kann es passieren, daß Sie so distanziert sind, daß andere Sie für desinteressiert halten.

Ehrgeizig und unternehmungslustig, sind Sie im allgemeinen auch bereit, hart zu arbeiten, um Ihre Ziele zu erreichen. Beruflicher Erfolg ist Ihnen sehr wichtig, und häufig dreht sich Ihr Leben um Ihre Karriere und Ihre persönliche Weiterentwicklung. Ausdauer und Disziplin werden Ihnen den Erfolg bescheren, den Sie sich so sehnlichst wünschen.

Bis Sie 17 sind, bewegt sich Ihre Sonne durch den Wassermann. In dieser Phase legen Sie viel Wert auf Freiheit und Unabhängigkeit und den Ausdruck Ihrer Individualität. Ein Wendepunkt erfolgt, wenn Sie 18 sind und Ihre Sonne in das Zeichen der Fische tritt. Sie werden aufgeschlossener und sensibler und hören mehr auf Ihre eigenen emotionalen Bedürfnisse. Im Alter von 48 wechselt Ihre Sonne in das Zeichen des Widder. Nun lassen Sie die Vergangenheit hinter sich und entwickeln mehr Selbstbewußtsein und Energie. Wenn Ihre Sonne in den Stier wechselt, sind Sie 78. Jetzt haben Sie ein stärkeres Bedürfnis nach Stabilität und praktischer Sicherheit.

Ihr geheimes Selbst

Auch wenn Sie nach außen hin sehr sicher, ja unbeteiligt wirken, sind Sie im Innern doch äußerst sensibel. Dennoch können Sie durchaus stolz und wirkungsvoll auftreten; sobald Sie entdecken, daß Sie etwas Besonderes an sich haben, wird Ihnen klar, daß Sie anderen einiges zu bieten haben. Beeindruckbar und visionär denkend, haben Sie Gefühl für Farbe und Klang und bezaubern andere mit Ihren künstlerischen Talenten. Mit Ihrem Mitgefühl und Ihren hohen Idealen fühlen Sie sich aber auch zu Philosophie oder Mystizismus hingezogen. Sollten Sie keine produktive Ausdrucksform für Ihre Sensibilität finden, werden Sie launisch und neigen zu Realitätsflucht.

Ihr ausgeprägtes Bedürfnis nach Ehrlichkeit zieht sich wie ein roter Faden durch Ihr Leben. Ihr größter Wunsch ist es, für sich, Ihre Lieben oder die ganze Welt eine bessere Zukunft zu schaffen. Deshalb sollten Sie zeitig für gute Grundlagen sorgen, ehe Sie vorwärtsstürmen.

Beruf & Karriere

Mit Ihrem Charme und Ihrer Anziehungskraft sollten Sie in allen Berufen erfolgreich sein, die mit Menschen zu tun haben. Ihre Neugier auf Menschen zieht Sie zu Psychologie, Soziologie oder Politik. Sehr unabhängig, sind Sie am liebsten Ihr eigener Chef und brauchen viel Freiheit bei der Arbeit. Mit Ihrem regen Verstand und Ihren Kommunikationsfähigkeiten sind Sie sehr geeignet für Publizistik oder Pädagogik. Durch Ihre Sensibilität haben Sie auch Zugang zu Musik und Kunst und interessieren sich für Heilberufe. Da Sie sich leicht langweilen, brauchen Sie einen Beruf, der Ihnen Abwechslung oder Reisemöglichkeiten bietet.

Berühmte Persönlichkeiten dieses Tages sind der Schriftsteller James Joyce und die Schriftstellerin Ayn Rand, der Psychologe Havelock Ellis, der Violinist Jascha Heifetz, der Sänger Graham Nash sowie die Schauspielerinnen Farrah Fawcett und Holly Hunter.

Numerologie

Mit der Zahl 2 sind Sensibilität und das starke Bedürfnis verbunden, einer Gruppe anzugehören. Sie sind anpassungsfähig und verständnisvoll und lieben gemeinschaftliche Aktivitäten. Bei Ihrem Versuch, denen zu gefallen, die Sie lieben, laufen Sie Gefahr, sich in zu große Abhängigkeit zu begeben. Mit Selbstvertrauen können Sie auch die Kritik anderer besser vertragen. Der Untereinfluß der Monatszahl 2 macht Sie aufgeschlossen und intuitiv. Als Menschenfreund sind Sie liberal und progressiv und interessieren sich für Reformen und Menschenrechte. Kooperativ und hilfsbereit, brauchen Sie Stabilität und Ordnung. Auch wenn Sie ein Idealist sind, haben Sie durch Ihre pragmatische Lebensauffassung genügend Geschäftssinn, um zu materiellem Wohlstand zu kommen. Mit Ihrem sechsten Sinn täuschen Sie sich selten in Menschen, deshalb sollten Sie unbedingt auf Ihre Gefühle vertrauen.

Positiv: guter Partner, taktvoll, aufgeschlossen, intuitiv, agil, rücksichtsvoll, harmonisch, angenehm.

Negativ: mißtrauisch, mangelndes Selbstvertrauen, überempfindlich, selbstsüchtig, hinterlistig.

Liebe & Zwischenmenschliches

Umgänglich und freundlich, lieben Sie Gruppenaktivitäten und Begegnungen mit immer neuen Menschen. Ehrgeizig und fleißig, haben Sie das starke Bedürfnis nach Sicherheit, sind treu und haben starke Beschützerinstinkte. Unentschlossenheit und Angst aber können dazu führen, daß Sie an Ihren innersten Gefühlen zweifeln und nicht wissen, mit wem Sie Ihr Leben teilen möchten. Wenn Sie sich zu viele Gedanken um finanzielle Angelegenheiten machen, belasten Sie damit Ihre Beziehungen. Auch wenn Sie im allgemeinen sensibel und sogar romantisch sind, erscheinen Sie gelegentlich ein wenig distanziert oder allzu praktisch.

Ihr Partner

Ihren Traumpartner werden Sie mit großer Wahrscheinlichkeit unter den an den folgenden Tagen geborenen Menschen finden:

Liebe & Freundschaft: 3., 14., 24., 28. Jan., 1., 12., 22. Feb., 10., 20. März, 8., 18. April, 6., 16., 31. Mai, 4., 14., 18., 29. Juni, 2., 12., 27. Juli, 10., 25., 31. Aug., 8., 23., 29. Sept., 6., 10., 21., 27. Okt., 4., 19., 25. Nov., 2., 17., 23. Dez.

Günstig: 1., 11. Jan., 9. Feb., 7., 28. März, 5., 26., 30. April, 3., 23., 28. Mai, 1., 22., 26. Juni, 20., 24. Juli, 18., 22. Aug., 16., 20., 30. Sept., 14., 18., 28. Okt., 12., 16., 26. Nov., 10., 14., 24. Dez.

Schicksalhaft: 4., 5., 6., 7. Aug.

Problematisch: 17., 20. Jan., 15., 18. Feb., 13., 16. März, 11., 14. April, 9., 12. Mai, 7., 10. Juni, 5., 8. Juli, 3., 6. Aug., 1., 4. Sept., 2. Okt.

Seelenverwandt: 29. Juli, 27. Aug., 25. Sept., 23., 31. Okt., 21., 29. Nov., 19., 27. Dez.

3. Februar

SONNE: WASSERMANN
DEKADE: ZWILLINGE/MERKUR
GRAD: 13° – 14° WASSERMANN
ART: FIXZEICHEN
ELEMENT: LUFT

Fixsterne

Dorsum; Armus

Hauptstern

Name des Sterns: Dorsum
Gradposition: 12°51' – 13°50' Wassermann zwischen den Jahren 1930 und 2000
Magnitude: 4
Stärke: ****
Orbit: 1°30'
Konstellation: Theta Capricorni
Tage: 2., 3., 4. Februar
Sternqualitäten: Jupiter/Saturn
Beschreibung: kleiner weiß-blauer Stern am Rücken des Steinbock.

Einfluß des Hauptsterns

Dorsum verleiht die Fähigkeit, durch Beharrlichkeit und Geduld weitreichende Ziele zu erreichen. Mit Fleiß können Sie in öffentlichen Angelegenheiten erfolgreich sein.

Im Zusammenhang mit dem Stand Ihrer Sonne sorgt dieser Stern dafür, daß Sie langsam, aber stetig vorankommen, wobei Fortschritte mit wachsender Verantwortung verbunden sind. Dorsum ermutigt Sie, Ihr Schreibtalent zu entdecken und zu entwickeln.

- Positiv: pflichtbewußt, diplomatisch, beflissen.
- Negativ: Anspannung, Unzufriedenheit, ungeduldig.

 Mit diesem Geburtstag sind Sie ein unabhängiger Wassermann mit guten sozialen Fähigkeiten. Originell und freundlich, haben Sie viel Verständnis für die menschliche Natur. Dank Ihrer Faszination für Menschen kommen Sie auf der Suche nach kreativer Anregung und Selbstverwirklichung mit den unterschiedlichsten Leuten zusammen. Sie sind beeindruckbar und daher auch imagebewußt. Im allgemeinen sind Sie heiter und können andere bezaubern, sollten aber lernen, loszulassen und nicht an Frustrationen oder Enttäuschungen hängenzubleiben, da Sie sonst nur leiden oder überernst werden.

Durch den zusätzlichen Einfluß Ihrer Sonne in der Dekade des Zwilling haben Sie gelegentlich wahre Geistesblitze, die Ihre überdurchschnittlichen geistigen Fähigkeiten noch verstärken. Ausgezeichnetes Kommunikationsgeschick sorgt dafür, daß Sie viel Überzeugungskraft und Eloquenz haben. Mit Ihrem scharfen Verstand und Ihrer Aufnahmebereitschaft für neue Ideen sind Sie Ihrer Zeit häufig voraus. Sie betrachten die Dinge sehr objektiv und wollen stets dazulernen.

Mit Ihrer großen Anziehungskraft strahlen Sie auch Individualität aus. Freundschaft und Kameradschaft sind Ihnen sehr wichtig, und häufig betrachten Sie zwischenmenschliche Beziehungen von einer ungewöhnlichen oder humanitären Warte aus. Mit Ihrer Sensibilität und Ihrem Wunsch, über das Alltägliche hinauszugehen, haben Sie auch eine besondere Wahrnehmung für Licht, Form, Farbe und Klang, die Sie gern künstlerisch, malerisch oder spirituell ausdrücken.

In Ihrer Jugend gab es eine Vaterfigur, die vielleicht zu streng zu Ihnen war. Zwischen 17 und 46, solange sich Ihre Sonne durch das Zeichen der Fische bewegt, sind Sie sensibel und phantasiebegabt, entwickeln Vorstellungskraft und Hellsicht und haben einen besseren Zugang zu Ihrer inneren Welt. Im Alter von 47 wechselt Ihre Sonne in das Zeichen des Widder und Sie werden selbstbewußter, sicherer und ehrgeiziger und beginnen möglicherweise etwas völlig Neues. Wenn Ihre Sonne in den Stier wechselt, sind Sie 77 und haben ein größeres Bedürfnis nach Sicherheit und Stabilität.

Ihr geheimes Selbst

Wenn Sie Ihren starken Willen positiv auf etwas richten, können Sie mit Leichtigkeit Hindernisse überwinden und bemerkenswerte Ergebnisse erreichen. Mit Ihrer Gabe, stets die Führung zu übernehmen, können Sie Ihre starken Gefühle kanalisieren, um Positionen mit Einfluß und Autorität zu erreichen. Ihren Mitmenschen gegenüber sind Sie sehr sensibel und brauchen ein stabiles Zuhause und eine friedvolle und harmonische Umgebung.

Wenn es Ihnen gutgeht, sind Sie fleißig, geschickt, gründlich und verantwortungsbewußt. Da Sie sehr weltoffen und unvoreingenommen sein können, drängt es Sie dazu, Ihren Idealen gerecht zu werden oder dem Wohle anderer zu dienen. So überwinden Sie auch Perioden der Instabilität oder Desorientierung. Auch wenn Sie gelegentlich unbeteiligt wirken, ist das nur ein Schutz, um nicht so leicht verletzbar zu sein, denn Sie können warme, tiefe Gefühle und Mitgefühl zeigen, wenn Sie sich um jemanden sorgen.

Beruf & Karriere

Im allgemeinen gelangen Sie durch Ihre originellen Ideen und Ihre individuellen Ansichten zu Erfolg. Sie sind freundlich, legen Wert auf harmonische Zusammenarbeit und die Möglichkeit, Kontakte zu knüpfen. Damit sind Sie bestens geeignet für Verkauf oder Öffentlichkeitsarbeit, zumal Sie ein intuitives Gefühl dafür haben, was die Menschen wollen. Mit Ihrer Wortbegabung sind Sie auch ein guter Publizist oder Lehrer oder fühlen sich zu kreativen Tätigkeiten hingezogen. Ob in Wissenschaft, Wirtschaft oder in kreativen Berufen – wenn Sie an etwas arbeiten, an das Sie wirklich glauben, steht Ihrem Erfolg nichts im Weg. Dank Ihrem Verständnis für die menschliche Natur können Sie auch gut mit Kindern oder in Beratungs- oder Sozialberufen arbeiten.

Berühmte Persönlichkeiten dieses Tages sind die Schriftstellerin Gertrude Stein, der Schriftsteller James Michener, der Maler Ernst Fuchs, der Künstler Norman Rockwell und der Musiker Dave Davies.

Numerologie

Charakteristisch für die Zahl 3 ist das Bedürfnis nach Sensibilität, Liebe und kreativem Ausdruck. Sie sind lebenslustig und gesellig, lieben gesellschaftliche Aktivitäten und haben vielfältige Interessen. Durch Ihre Vielseitigkeit und das Bedürfnis nach Selbstverwirklichung machen Sie die unterschiedlichsten Erfahrungen. Allerdings langweilen Sie sich schnell, was dazu führen kann, daß Sie unentschlossen werden oder sich verzetteln. Obwohl Sie mit der Geburtstagszahl 3 begeisterungsfähig und charmant sein können und einen guten Sinn für Humor haben, müssen Sie mehr Selbstwertgefühl entwickeln, um sich gegen Ängste und emotionale Unsicherheit zu schützen. Der Untereinfluß der Monatszahl 2 bewirkt, daß Sie aufgeschlossen und idealistisch sind und gut mit Menschen umgehen können. Ehrgeizig, doch charmant, haben Sie diplomatisches Geschick und eine freundliche Persönlichkeit. Ihr Bedürfnis, Ihre Talente zum Ausdruck zu bringen, sorgt dafür, daß Sie dynamisch und ausdrucksstark sein können, wenn Sie ein Ziel vor Augen haben. Auch wenn Sie im allgemeinen großmütig und liebenswürdig sind, neigen Sie gelegentlich zu Frustration oder Ungeduld; dann kommt es vor, daß Sie überreagieren oder impulsiv handeln, was sich in Extravaganz oder Unmäßigkeit äußern kann.

Positiv: humorvoll, glücklich, freundlich, produktiv, kreativ, künstlerisch, freiheitsliebend, wortgewandt.

Negativ: leicht gelangweilt, neigt zum Übertreiben, unmäßig, faul, maßlos, verschwenderisch, scheinheilig.

Liebe & Zwischenmenschliches

Obwohl Sie starke Gefühle und ein ausgeprägtes Bedürfnis nach Liebe haben, brauchen Sie doch Unabhängigkeit und Freiheit, um sich auszudrücken. Sie sind romantisch, charmant und charismatisch, imagebewußt und stets auf einen guten Eindruck bedacht. Da Sie spontan sind, handeln Sie häufig aus der Situation heraus. Mit Ihrer strahlenden Persönlichkeit und Ihrem Charme ziehen Sie die Menschen an. Männer, die an diesem Tag geboren wurden, fühlen sich vor allem von unabhängigen und starken Frauen angezogen.

Ihr Partner

Glückliche Partnerschaften können Sie mit großer Wahrscheinlichkeit mit den an den folgenden Tagen geborenen Menschen aufbauen:

Liebe & Freundschaft: 8., 17., 19. Jan., 15., 17. Feb., 13., 15. März, 11., 13. April, 9., 11. Mai, 7., 9., 30. Juni, 5., 7., 28., 30. Juli, 3., 5., 26., 28. Aug., 1., 3., 24., 26. Sept., 1., 22., 24. Okt., 20., 22. Nov., 18., 20., 30. Dez.

Günstig: 20., 29. Jan., 18., 27. Feb., 16., 25. März, 14., 23. April, 12., 21. Mai, 10., 19. Juni, 8., 17. Juli, 6., 15. Aug., 4., 13. Sept., 2., 11., 29. Okt., 9., 27. Nov., 7., 25. Dez.

Schicksalhaft: 29. März, 27. April, 25. Mai, 23. Juni, 21. Juli, 5., 6., 7., 8., 9., 19. Aug., 17. Sept., 15. Okt., 13. Nov., 11. Dez.

Problematisch: 14., 20., 27. Jan., 12., 25. Feb., 10., 23. März, 8., 21. April, 6., 19. Mai, 4., 10., 17. Juni, 2., 15. Juli, 13. Aug., 11. Sept., 2., 9. Okt., 7. Nov., 5. Dez.

Seelenverwandt: 30. Juni, 28. Juli, 26. Aug., 24. Sept., 22., 29. Okt., 20., 27. Nov., 18., 25. Dez.

4. Februar

SONNE: WASSERMANN
DEKADE: ZWILLINGE/MERKUR
GRAD: 14° – 15° WASSERMANN
ART: FIXZEICHEN
ELEMENT: LUFT

Fixstern

Name des Sterns: Dorsum
Gradposition: 12°51' – 13°50' Wassermann zwischen den Jahren 1930 und 2000
Magnitude: 4
Stärke: ****
Orbit: 1°30'
Konstellation: Theta Capricorni
Tage: 2., 3., 4. Februar
Sternqualitäten: Jupiter/Saturn
Beschreibung: kleiner weiß-blauer Stern am Rücken des Steinbock.

Einfluß des Hauptsterns

Dorsum verleiht die Fähigkeit, durch Beharrlichkeit und Geduld weitreichende Ziele zu erreichen. Mit Fleiß können Sie in öffentlichen Angelegenheiten erfolgreich sein.
Im Zusammenhang mit dem Stand Ihrer Sonne sorgt dieser Stern dafür, daß Sie langsam, aber stetig vorankommen, wobei Fortschritte gewöhnlich mit wachsender Verantwortung verbunden sind. Dorsum ermutigt Sie, Ihr Schreibtalent zu entdecken und zu entwickeln.

- Positiv: pflichtbewußt, diplomatisch, beflissen.
- Negativ: Anspannung, Unzufriedenheit, Ungeduld.

Mit diesem Geburtsdatum sind Sie ein ebenso freundlicher wie entschlossener und ehrgeiziger Wassermann mit originellen Ideen. Willensstark und fleißig, geraten Sie häufig in Konflikt zwischen Materialismus und Ihren Idealen. Ihre starke emotionale Antriebskraft, die mit Geschäftssinn gepaart ist, gibt Ihnen aber die Möglichkeit, beide Seiten Ihrer Persönlichkeit erfolgreich miteinander zu verbinden, was Sie zu einem praktischen Idealisten macht.

Durch den zusätzlichen Einfluß Ihrer Sonne in der Dekade des Zwilling können Sie Ihre Ideen auf realitätsnahe, dynamische und überzeugende Art vermitteln. Clever und erfinderisch, nehmen Sie Informationen sehr rasch auf und haben nicht nur schlagfertigen Witz, sondern auch gute Urteilskraft und logisches Denkvermögen. Da Sie sehr unabhängig sind, fühlen Sie sich schnell in Ihrer Freiheit eingeschränkt und können rasch dominierend werden, wenn Sie versuchen, Ihren Willen durchzusetzen.

Entschlossen und unternehmungslustig und mit guten Organisationsfähigkeiten, haben Sie die Kraft, nahezu jedes Projekt durchzuziehen. Es wäre allerdings klug, wenn Sie sich nicht mehr aufbürden würden, als Sie tragen können. Von Natur aus direkt, haben Sie ganz eigene Wertvorstellungen und sind eine interessante Mischung aus Gegensätzen, wie zum Beispiel eine ebenso strenge wie charmante Art. Ihr Wunsch nach Macht, Geld und Prestige wird gewöhnlich mit einer stark humanitären Ader ausgeglichen, die Ihnen scharfsichtiges Verständnis für einzelne Menschen, aber auch für die Gesellschaft als Ganzes schenkt.

Zwischen 16 und 45, solange Ihre Sonne sich durch das Zeichen der Fische bewegt, sind Sie sensibel und aufgeschlossen, legen Wert auf Ihre emotionalen Bedürfnisse und entwickeln Vorstellungskraft und Hellsicht. Im Alter von 46 erleben Sie einen Wendepunkt, wenn Ihre Sonne in das Zeichen des Widder wechselt; nun lassen Sie die Vergangenheit hinter sich und werden selbstbewußter und bestimmter. In Ihren mittleren Jahren gehen Sie mit mehr Entschlossenheit und Durchsetzungskraft an Projekte heran. Wenn Ihre Sonne in den Stier wechselt, sind Sie 76 und haben ein größeres Bedürfnis nach Sicherheit und Stabilität.

Ihr geheimes Selbst

Hinter Ihrem Selbstbewußtsein verbergen sich oft Unsicherheiten und Ihr Bedürfnis nach Liebe. Wenn Sie eine Ausdrucksform für Ihre natürliche Kreativität finden, sei es durch eine besondere Lebensphilosophie, künstlerische Beschäftigungen oder im Freundeskreis, beugen Sie Unentschlossenheit und Ängsten vor. Auf Wirkung bedacht, haben Sie das Bedürfnis, andere zu führen oder immer im Brennpunkt des Geschehens zu stehen. Ihre Intelligenz kann Dummheit nur schwer ertragen. Durch Ihren Stolz haben Sie einen natürlichen Sinn für Noblesse, neigen aber auch zu Sturheit oder Eigenwilligkeit.

Wissen hat einen starken Einfluß auf Ihr Leben und ist unerläßlich für Ihr persönliches Weiterkommen. Mit Ihrer Ausdauer, Ihrem starken Bedürfnis nach Anerkennung und Ihrem ausgeprägten Pflichtbewußtsein haben Sie die besten Voraussetzungen, Ihre Ziele zu erreichen. Wenn Sie Ihre ausgezeichneten intuitiven Kräfte auch bei praktischen Angelegenheiten einsetzen, schaffen Sie die Grundlagen, auf denen Sie Ihre Träume aufbauen können. Ehrlich und direkt, sind Sie mit klaren Vorstellungen, Geduld und Ausdauer zu dauerhaftem Erfolg fähig.

Beruf & Karriere

Durch Ihre Entschlossenheit und Ihr Gefühl für Macht und Struktur haben Sie einen guten Geschäftssinn. Ihre erfindungsreichen und originellen Ideen können Sie in vielen verschiedenen Lebensbereichen umsetzen. Dank Ihrer guten Kommunikationsfähigkeiten eignen Sie sich für Publizistik, Pädagogik, Verlagswesen oder Medien. Interessant für Sie sind auch Theater und Politik. Ihre psychologischen Fähigkeiten helfen Ihnen in allen Berufen, vor allem bei therapeutischen oder beratenden Tätigkeiten. Als Menschenfreund interessieren Sie sich für neue gesellschaftliche Bewegungen; Beschäftigungen, die mit Menschen zu tun haben, spielen eine besondere Rolle in Ihrem Leben.

Berühmte Persönlichkeiten dieses Tages sind der US-Vizepräsident Dan Quayle, der Schriftsteller Alfred Andersch, die Bürgerrechtlerin Rosa Parks, die argentinische Präsidentin Isabel Perón, der Flieger Charles Lindbergh, die Feministin Betty Friedan und die Schauspielerin Ida Lupino.

Numerologie

Die feste Struktur und ordnende Kraft, die von der Zahl 4 ausgeht, führt dazu, daß Sie Stabilität und eine feste Ordnung brauchen. Voller Energie und Entschlossenheit und praktisch begabt, kommen Sie durch Fleiß zu Erfolg. Da Sie sicherheitsbewußt sind, möchten Sie ein starkes Fundament für sich und Ihre Familie schaffen. Ihr Pragmatismus verbindet sich mit gutem Geschäftssinn und dem Talent, zu Wohlstand zu kommen. Mit der Geburtstagszahl 4 sind Sie im allgemeinen aufrichtig, offen und fair. Schwierig für Sie ist es, Phasen der Labilität oder finanziellen Not durchzustehen. Der Untereinfluß der Monatszahl 2 macht Sie aufnahmefähig und idealistisch. Heim und Familie bedeuten Ihnen sehr viel. Immobilien und Grundbesitz können für Sie sehr einträglich sein. Auch wenn Sie sehr hart arbeiten, genießen Sie das gute Leben und neigen zu Unmäßigkeit. Gelegentlich gehen Sie mit Ihrer Großzügigkeit und Fürsorge so weit, daß andere sie als Einmischung verstehen. Sie sind ein treuer und hilfsbereiter Partner oder Elternteil.

Positiv: gut organisiert, diszipliniert, beständig, fleißig, handwerklich begabt, pragmatisch, vertrauenswürdig, genau.

Negativ: labil, destruktiv, unkommunikativ, träge, gefühllos, neigt zum Aufschieben, geizig, herrisch, nachtragend.

Liebe & Zwischenmenschliches

Auch wenn Sie im allgemeinen umgänglich und liebenswürdig sind, neigen Sie zu herrischem oder dominierendem Verhalten. Ihre zwischenmenschlichen oder romantischen Beziehungen hängen oft mit Ihren beruflichen Ambitionen zusammen. Im allgemeinen fühlen Sie sich von führungsstarken Persönlichkeiten mit gesellschaftlichen Beziehungen angezogen. Treu und verantwortungsbewußt, sind Sie häufig ein Quell der Kraft für Ihre Mitmenschen.

Ihr Partner

Wenn Sie jemanden suchen, bei dem Sie Romantik und Liebe finden, sollten Sie sich unter den Menschen umsehen, die an den folgenden Tagen geboren sind:
Liebe & Freundschaft: 4., 8., 9., 16., 18., 26., 31. Jan., 2., 7., 14., 16., 24., 29. Feb., 4., 5., 12., 14., 22., 27. März, 3., 10., 12., 20., 25. April, 1., 8., 10., 18., 23. Mai, 6., 8., 16., 21. Juni, 4., 6., 14., 19., 31. Juli, 2., 4., 12., 17., 29. Aug., 2., 10., 15., 27. Sept., 8., 13., 25. Okt., 6., 11., 23. Nov., 4., 9., 21., 30. Dez.
Günstig: 1., 21. Jan., 19. Feb., 17. März, 15. April, 13. Mai, 10., 11. Juni, 9. Juli, 7. Aug., 5. Sept., 2., 3., 30. Okt., 1., 28. Nov., 26. Dez.
Schicksalhaft: 7., 8., 9., 10. Aug.
Problematisch: 29. März, 27. April, 23., 30. Mai, 23. Juni, 21. Juli, 19. Aug., 17. Sept., 15. Okt., 13. Nov., 11. Dez.
Seelenverwandt: 27. Jan., 25. Feb., 23., 30. März, 21., 28. April, 19., 26. Mai, 17., 24. Juni, 15., 22. Juli, 13., 20. Aug., 11., 18. Sept., 9., 16. Okt., 7., 14. Nov., 5., 12. Dez.

SONNE: WASSERMANN
DEKADE: ZWILLINGE/MERKUR
GRAD: 15° – 16° WASSERMANN
ART: FIXZEICHEN
ELEMENT: LUFT

Fixsterne

Ihre Sonne ist zwar nicht mit einem Fixstern verbunden, sicherlich aber einer der anderen Planeten Ihres Sonnenzeichens. Wenn Sie sich ein Geburtshoroskop erstellen lassen, lernen Sie die exakten Positionen der Planeten an Ihrem Geburtstag kennen. Auf diese Weise können Sie feststellen, welche der Fixsterne in diesem Buch für Sie von Interesse sind.

5. Februar

Mit diesem Geburtstag sind Sie ein objektiver, intuitiver und starker Mensch mit einer originellen Persönlichkeit. Sie sind clever und haben hin und wieder richtige Geistesblitze. Ihre unstillbare Neugier in bezug auf Menschen und das Leben im allgemeinen verbindet sich mit einem ausgeprägten Bedürfnis nach Abwechslung und Veränderung. Wenn Sie diesem Bedürfnis nachkommen, können Sie Ihre sehr individuellen Ideen in die Tat umsetzen. Allerdings müssen Sie darauf achten, daß Sie Ihr bemerkenswertes Potential nicht durch emotionale Schwankungen oder Rastlosigkeit behindern.

Durch den Untereinfluß Ihres Dekadenzeichens Zwilling haben Sie eine rasche Auffassungsgabe und können in Sekundenschnelle Entscheidungen treffen. Sie sind neuen Ideen gegenüber aufgeschlossen und mit Ihrer progressiven Haltung der Zeit oft voraus. Durch Ihren Drang, sich ständig weiterzubilden, haben Sie auch gute Kommunikationsfähigkeiten und ein Talent zum Schreiben. Sie sind so objektiv in Ihren Ansichten, daß Sie manchmal unbeteiligt, ja sogar kalt wirken. Als Menschenfreund mit unabhängigen Ansichten kennen Sie aber die Vorteile von Teamwork und zeigen viel Teamgeist, wenn Sie wirklich an eine Sache glauben.

Dank Ihrer klugen Lebensanschauung schätzen Sie Wissen und Freiheit und interessieren sich für soziale Reformen. Ihre autonome Denkweise bringt Sie gelegentlich in Schwierigkeiten; wenn Sie aber lernen, statt Streitlust Diskussionsfreude zu zeigen, können Sie damit geradezu brillieren. Auch wenn Sie von Religion und Spiritualität fasziniert sind, haben Sie doch Ihre ganz individuellen Wertvorstellungen. Auch bei einer gewissen Narrenfreiheit müssen Sie sich vor Ungeduld, Sturheit oder Launenhaftigkeit hüten. Körperliche Betätigung kann Ihnen als Ventil dienen und Ihnen Entspannung und Ruhe bringen.

Schon in Ihrer Jugend lernen und reagieren Sie sehr schnell. Zwischen 15 und 44, solange Ihre Sonne sich durch das Zeichen der Fische bewegt, entwickeln Sie Sensibilität und Phantasie, was Sie dazu bringen kann, sich idealistischen, kreativen oder spirituellen Zielen zuzuwenden. Im Alter von 45 wechselt Ihre Sonne in das Zeichen des Widder. Sie werden sicherer, aktiver und beginnen vielleicht noch einmal etwas Neues. Wenn Ihre Sonne in den Stier tritt, sind Sie 75, und Sie haben ein größeres Bedürfnis nach Sicherheit und Stabilität.

Ihr geheimes Selbst

Vielseitig begabt, haben Sie für viele Lebensbereiche ganz individuelle Ansichten. Um mit Leuten zurechtzukommen, die nicht auf Ihrer Bewußtseinsstufe stehen, sollten Sie sich um mehr Geduld bemühen. Sie müssen mehr Selbstdisziplin üben und mehr auf Ihre Fähigkeiten vertrauen, um Ihre Talente und Ihr Potential voll nutzen zu können. Durch Ihr angeborenes gutes Einschätzungsvermögen haben Sie für andere stets gute Ratschläge bereit, sowohl in psychologischer wie in materieller Hinsicht.

Da Sie sensibel sind und ein anfälliges Nervensystem haben, brauchen Sie Zeit für sich selbst, um nachzudenken und neue Kraft zu sammeln. Diese Phasen sind besonders bereichernd, wenn Sie sich darin mit Kunst, Musik, Theater oder mystischen Themen beschäftigen. Wenn Sie sich nicht unnötig Sorgen um Ihre finanzielle Situation machen beziehungsweise nicht über Ihre Verhältnisse leben, können Sie die Macht Ihrer dynamischen Gefühle genießen und mit Ihrer Energie und Ihrer Großzügigkeit andere beeindrucken und bezaubern.

Beruf & Karriere

Mit Ihren Organisationsfähigkeiten haben Sie das Zeug, gehobene Positionen zu erreichen. Mit Ihren geistigen und kommunikativen Fähigkeiten sind Sie ein Lehrer, Berater, Psychologe oder Kämpfer für soziale Reformen. Trotz Ihres ausgeprägten Geschäftssinns und Ihrer Gabe, die Finanzen anderer geschickt zu verwalten, fühlen Sie sich mehr von Berufen angezogen, die Kreativität und Phantasie erfordern wie Schreiben, Theater oder Kunst. Mit Ihrer Freiheitsliebe und Ihrem Bedürfnis, immer wieder Ihre geistigen Fähigkeiten zu testen, können Sie sich gut selbständig machen. Ihre humanitäre Seite können Sie bei Tätigkeiten für öffentlichkeitsorientierte Organisationen einsetzen.

Berühmte Persönlichkeiten dieses Tages sind die Schauspielerin Charlotte Rampling, die Astronautin Mary Cleave, der Reggaesänger Bob Marley und der Schriftsteller William Burroughs.

Numerologie

Eigenschaften der Zahl 5 sind starke Instinkte, Abenteuerlust und Freiheitsdrang. Ihre Bereitschaft, ständig Neues auszuprobieren und zu entdecken, und Ihre Begeisterungsfähigkeit bewirken, daß Ihnen das Leben allerhand zu bieten hat. Reisen und manch unerwartete Veränderungen führen dazu, daß Sie einen echten Wandel Ihrer Ansichten und Überzeugungen durchmachen. Das Leben muß für Sie aufregend und ereignisreich sein, dennoch sollten Sie Verantwortungsgefühl entwickeln und vermeiden, unberechenbar, maßlos oder gegenüber anderen rücksichtslos zu sein. Menschen mit der Geburtstagszahl 5 gelingt es bravourös, mit dem Strom zu schwimmen und dabei ihre Unabhängigkeit zu bewahren. Der Untereinfluß der Monatszahl 2 führt dazu, daß Sie diplomatisch, freundlich und gesellig sind. Auch wenn Sie gut mit Menschen umgehen können, sind Sie gelegentlich mißtrauisch und reserviert. Gleichwohl arbeiten Sie gern mit anderen zusammen, vor allem wenn Sie Arbeit und Vergnügen verbinden können. Intuitiv und anpassungsfähig, sind Sie im allgemeinen höflich und nehmen Rücksicht auf die Gefühle anderer. Sie blühen auf bei Ermunterung und brauchen ständige geistige Beschäftigung.

Positiv: vielseitig, anpassungsfähig, progressiv, instinktstark, anziehend, freiheitsliebend, wissensdurstig, gesellig.

Negativ: unzuverlässig, neigt zum Aufschieben, widersprüchlich, übersteigertes Selbstvertrauen.

Liebe & Zwischenmenschliches

Mit Ihrem Charme, Ihrem Witz und Ihrer Fähigkeit, andere aufzuheitern und zu inspirieren, haben Sie im allgemeinen viele Freunde und führen ein erfolgreiches gesellschaftliches Leben. Sie sind romantisch und fühlen sich zu klugen Menschen mit starker Persönlichkeit hingezogen. Da Sie Liebesbeziehungen ebenso brauchen wie geistige Anregung, verbinden Sie Ihre Beziehungen gern mit dem Beruf oder intellektuell orientierten gesellschaftlichen Aktivitäten. Auch wenn Sie sich zu starken und intelligenten Menschen hingezogen fühlen, müssen Sie darauf achten, daß Sie selbst sich Ihren Partnern gegenüber nicht herrisch verhalten.

Ihr Partner

Geistige Anregung und Romantik finden Sie am ehesten unter den Menschen, die an folgenden Tagen geboren sind:

Liebe & Freundschaft: 21., 28., 29., 31. Jan., 19., 26., 29. Feb., 17., 24., 27. März, 3., 15., 22., 25. April, 13., 20., 23. Mai, 11., 18., 19., 21. Juni, 9., 16., 19. Juli, 7., 14., 17., 31. Aug., 5., 12., 15., 29. Sept., 3., 10., 11., 13., 27., 29., 31. Okt., 1., 8., 11., 25., 27., 29. Nov., 6., 9., 23., 25., 27. Dez.

Günstig: 9., 12., 18., 24., 29. Jan., 7., 10., 16., 22., 27. Feb., 5., 8., 14., 20., 25. März, 3., 6., 12., 18., 23. April, 1., 4., 10., 16., 21., 31. Mai, 1., 2., 8., 14., 19., 29. Juni, 6., 12., 17., 27. Juli, 4., 10., 15., 25. Aug., 2., 8., 13., 23. Sept., 6., 11., 21. Okt., 4., 9., 19. Nov., 2., 7., 17. Dez.

Schicksalhaft: 3. Jan., 1. Feb., 7., 8., 9., 10. Aug.

Problematisch: 7., 8., 19., 28. Jan., 5., 6., 17., 26. Feb., 3., 4., 15., 24. März, 1., 2., 13., 22. April, 11., 20. Mai, 9., 18. Juni, 7., 16. Juli, 5., 14. Aug., 3., 12. Sept., 1., 10. Okt., 8. Nov., 6. Dez.

Seelenverwandt: 3., 19. Jan., 1., 17. Feb., 15. März, 13. April, 11. Mai, 9. Juni, 7. Juli, 5. Aug., 3. Sept., 1. Okt.

SONNE: WASSERMANN
DEKADE: ZWILLINGE/MERKUR
GRAD: 16° – 17° WASSERMANN
ART: FIXZEICHEN
ELEMENT: LUFT

Fixsterne

Ihre Sonne ist zwar nicht mit einem Fixstern verbunden, sicherlich aber einer der anderen Planeten Ihres Sonnenzeichens. Wenn Sie sich ein Geburtshoroskop erstellen lassen, lernen Sie die exakten Positionen der Planeten an Ihrem Geburtstag kennen. Auf diese Weise können Sie feststellen, welche der Fixsterne in diesem Buch für Sie von Interesse sind.

6. Februar

Mit diesem Geburtstag sind Sie ein charismatischer Mensch, freundlich, idealistisch und diplomatisch. Im allgemeinen gesellig und charmant, sind Sie gelegentlich aber reserviert, ernst und zeigen großes Verantwortungsbewußtsein. Sie sind sehr weltoffen, sollten aber darauf achten, daß Sie die Verbindung zu Ihrer Intuition oder Hellsicht nicht verlieren. Ihr Wunsch, immer neue Wissensgebiete zu erforschen, zeigt, daß Sie sich ständig weiterbilden wollen. Dabei entwickeln Sie auch die Selbstdisziplin, die Sie für die Nutzung Ihres großen Potentials brauchen.

Durch den Untereinfluß Ihres Dekadenzeichens Zwilling sind Sie clever und haben gute Kommunikationsfähigkeiten. Da Sie unabhängig sind und eine objektive Art zu denken haben, können Sie gelegentlich äußerst freimütig sein. Ebenso originell wie erfinderisch, haben Sie Urteilskraft und gutes logisches Denkvermögen. Die Verbindung Ihrer Überzeugungskraft mit Ihren praktischen Fähigkeiten hilft Ihnen auf Ihrem Weg zum Erfolg.

Da Sie im allgemeinen verantwortungsbewußt und fleißig sind, werden Sie häufig gebeten, Projekte zu leiten oder anderen dabei zu helfen. Ein starkes Bedürfnis nach Frieden und Harmonie drängt Sie manchmal dazu, alles in den alten Gleisen laufen zu lassen. Wenn Sie sich aber gegen Neuerungen wehren, bleiben Sie in Routine stecken. Glücklicherweise treibt Sie der Gedanke an materiellen Erfolg immer wieder an.

Zwischen 14 und 43, solange Ihre Sonne sich durch das Zeichen der Fische bewegt, sind Sie phantasievoll, aufgeschlossen und führen ein reges gesellschaftliches Leben. Sie denken visionär und medial und entwickeln Ihre kreativen Talente. Im Alter von 44 erleben Sie einen Wendepunkt, wenn Ihre Sonne in das Zeichen des Widder wechselt. Sie werden ehrgeiziger, bestimmter und entschlossener und beginnen vielleicht noch einmal etwas Neues oder produzieren ganz individuelle Ideen. Wenn Ihre Sonne in den Stier wechselt, sind Sie 74. Jetzt haben Sie das Bedürfnis nach Sicherheit, Stabilität und emotionaler Beständigkeit.

Ihr geheimes Selbst

Sie interessieren sich für soziale Reformen, haben humanitäres Bewußtsein und arbeiten gern mit anderen zusammen. Sie sehen den Vorteil des Arbeitens für progressive Gruppenziele. Sie können aber auch ziemlich eigenwillig sein, und gelegentlich müssen Sie sich den Unterschied zwischen Sturheit und Ausdauer vor Augen führen. Wenn Sie unvoreingenommen und tolerant bleiben, vermeiden Sie es, kalt oder desinteressiert zu wirken. Lernen müssen Sie auch, sich in Geduld zu üben, um Zeiten der Frustration oder Enttäuschung leichter zu überwinden. Aber Sie haben viel Verantwortungsbewußtsein und die Gabe, andere zu inspirieren und zu bezaubern. Oft suchen Sie nach wahrer Weisheit oder einer idealen Welt.

Viele Ihrer Lebenserfahrungen drehen sich um Ihren Beruf. Partnerschaften spielen eine wichtige Rolle in Ihrem Leben, und Teilen ist ein Schlüssel zu Ihrem Erfolg. Im allgemeinen kommen Sie mit anderen auf einer persönlichen Ebene sehr gut aus. Um Angst oder übermäßige Ernsthaftigkeit zu vermeiden, müssen Sie versuchen, die Balance zwischen guter Zusammenarbeit mit anderen und Ihrer Unabhängigkeit zu wahren.

Beruf & Karriere

Ihr ausgeprägter Gerechtigkeitssinn führt dazu, sich stets für gleiche Rechte für alle und für gerechte Arbeitsbedingungen für sich und andere einzusetzen; Politik, soziale Angelegenheiten oder Engagement fürs Gemeinwohl sind somit genau das Richtige für Sie. Welchen Beruf Sie auch wählen – Sie sollten Ihre ausgezeichneten sozialen Fähigkeiten einsetzen können. Mit Ihrem Talent, zu kommunizieren, zu unterrichten und andere zu motivieren, eignen Sie sich für Pädagogik, Forschung oder dazu, soziale Veränderungen in die Wege zu leiten. Wenn Sie sich nicht politischen oder humanitären Zielen zuwenden, können Sie Ihr Talent, Publikum zu begeistern, in der Unterhaltungswelt anwenden.

Berühmte Persönlichkeiten dieses Tages sind der US-Präsident Ronald Reagan, die Schauspielerin Zsa Zsa Gabor, der Sänger Axel Rose, die Sängerin Natalie Cole, der Schauspieler Pierre Brice und der Regisseur François Truffaut.

Numerologie

Mitgefühl, Idealismus und Fürsorglichkeit gehören zu den Eigenschaften der Zahl 6. Es ist die Zahl der Perfektionisten und universalen Freundschaften, und häufig sind Sie durch die 6 ein hilfsbereiter und verantwortungsbewußter Menschenfreund. Meist sind Sie auch häuslich und hingebungsvolle Väter oder Mütter. Die Sensibleren unter Ihnen suchen sich eine Form des künstlerischen Ausdrucks und fühlen sich zu Entertainment, Kunst und Design hingezogen. Sie sollten mehr Selbstbewußtsein entwickeln und Tendenzen zu Einmischung, unnötigen Sorgen, der Verschwendung Ihres Mitgefühls an die falschen Personen bekämpfen. Der Untereinfluß der Monatszahl 2 bewirkt, daß Sie intuitiv, höflich und idealistisch sind. Als empfindsamer und anpassungsfähiger Mensch sind Sie fürsorglich und liberal und ein wahrer Menschenfreund. Wenn Sie mit anderen zusammenarbeiten, sind Sie fleißig und praktisch und bereit, Glück und wertvolle Erkenntnisse mit ihnen zu teilen.

Positiv: weltgewandt, humanitär, freundlich, mitfühlend, verläßlich, verständnisvoll, idealistisch, häuslich, künstlerisch begabt, ausgeglichen.

Negativ: unzufrieden, schüchtern, unvernünftig, stur, disharmonisch, perfektionistisch, mißtrauisch, zynisch, egozentrisch, mischt sich überall ein.

Liebe & Zwischenmenschliches

Im allgemeinen fühlen Sie sich zu Menschen hingezogen, die sich Ihrer Fülle an Ideen und Ihrer Begeisterungsfähigkeit gewachsen fühlen oder selbst sehr erfinderisch und aus eigener Kraft heraus erfolgreich sind. Wenn Sie sich verlieben, gehen Sie voller Eifer und gutem Willen in die Beziehung. Da Sie sich zu intelligenten Menschen hingezogen fühlen, brauchen Sie einen klugen und gutinformierten Partner. Ihr Charisma garantiert Ihnen, daß Sie viele Freunde und gesellschaftliche Kontakte haben. Ehe und Stabilität spielen häufig eine wichtige Rolle in Ihrem Leben.

Ihr Partner

Glück und Liebe finden Sie am ehesten unter den Menschen, die an folgenden Tagen geboren sind:

Liebe & Freundschaft: 6., 20., 22., 24., 28., 30. Jan., 4., 18., 20., 22., 28. Feb., 2., 16., 18., 20., 26., 29. März, 14., 16., 18., 24., 27. April, 12., 14., 16., 22., 25. Mai, 10., 12., 14., 18., 20., 23. Juni, 8., 10., 12., 18., 21. Juli, 6., 8., 10., 16., 19. Aug., 4., 6., 8., 14., 17., 29. Sept., 2., 4., 6., 12., 15. Okt., 2., 4., 10., 13., 25. Nov., 2., 8., 11. Dez.

Günstig: 1., 3., 4., 14., 23. Jan., 1., 2., 12. Feb., 10., 28. März, 8., 17., 26., 30. April, 6., 24., 28. Mai, 4., 22., 26. Juni, 2., 20., 24. Juli, 18., 22. Aug., 16., 20., Sept., 14., 18. Okt., 12., 16. Nov., 10., 14. Dez.

Schicksalhaft: 11. Jan., 9. Feb., 7. März, 5. April, 3. Mai, 1. Juni, 8., 9., 10., 11. Juli

Problematisch: 3., 5. Jan., 1., 3. Feb., 1. März, 31. Juli, 29. Aug., 27., 30. Sept., 25., 28. Okt., 23., 26., 30. Nov., 21., 24., 28. Dez.

Seelenverwandt: 5., 12. Jan., 3., 10. Feb., 1., 8. März, 6. April, 4. Mai, 2. Juni

SONNE: WASSERMANN
DEKADE: ZWILLINGE/MERKUR
GRAD: 17° – 18° WASSERMANN
ART: FIXZEICHEN
ELEMENT: LUFT

Fixsterne

Ihre Sonne ist zwar nicht mit einem Fixstern verbunden, sicherlich aber einer der anderen Planeten Ihres Sonnenzeichens. Wenn Sie sich ein Geburtshoroskop erstellen lassen, lernen Sie die exakten Positionen der Planeten an Ihrem Geburtstag kennen. Auf diese Weise können Sie feststellen, welche der Fixsterne in diesem Buch für Sie von Interesse sind.

7. Februar

 Mit diesem Geburtstag sind Sie ein origineller und progressiver Mensch mit außerordentlichen geistigen Fähigkeiten. Begeisterungsfähig, erfinderisch und humanitär, lieben Sie die Freiheit und profitieren davon, daß Sie auf Ihrer Suche nach Abwechslung oder interessanten Zielen viele verschiedene Wege ausprobieren. Achten Sie aber darauf, daß Sie dadurch nicht in eine nervöse Rastlosigkeit getrieben werden, die Sie davon abhält, Ihre großen Talente zu entwickeln.

Durch den Untereinfluß Ihres Dekadenzeichens Zwilling sind Sie neugierig und haben Talent für objektives Denken und wissenschaftliche Forschung. Als geschickter und engagierter Vermittler beobachten Sie die Menschen genau. Ihr Wissensdurst und Ihre Weltoffenheit führen dazu, daß Sie immer wieder reisen und studieren. Ihre angeborene Neugier läßt Sie Ihre Entdeckungen auf solch überzeugende Weise präsentieren, daß Sie ein wundervoller Geschichtenerzähler oder Schriftsteller sind. Da Sie sich aber leicht langweilen, haben Sie gelegentlich Probleme mit Ihrem Durchhaltevermögen, so daß Sie Ihr großes Potential oftmals nicht ganz ausschöpfen können.

Unvoreingenommenheit und Weltoffenheit sind der Schlüssel zur Lösung vieler Ihrer Probleme. Vermeiden Sie, unflexibel, frustriert oder ungeduldig zu werden, da dies Ihre Entschlossenheit unterminiert, die Sie brauchen, um Ihre Ziele zu erreichen. Verbinden Sie statt dessen lieber Ihre ausgeprägte Phantasie und Ihren Idealismus mit Ihrem scharfen Verstand.

Zwischen 13 und 42, solange Ihre Sonne sich durch das Zeichen der Fische bewegt, sind Sie sehr sensibel, und Sie entwickeln ein starkes Innenleben, das sich in Ihren Träumen, Visionen und Idealen, aber auch in Ihrem gesellschaftlichen Leben äußert. Im Alter von 43 erleben Sie einen Wendepunkt, wenn Ihre Sonne in das Zeichen des Widder wechselt. Jetzt haben Sie das Bedürfnis, die Initiative zu ergreifen und in Ihren Beziehungen zu anderen direkter und mutiger zu sein. Wenn Ihre Sonne in den Stier tritt, sind Sie 73 und haben ein größeres Bedürfnis nach einer praktischen Lebenseinstellung und finanzieller Sicherheit.

Ihr geheimes Selbst

Ihre starken Gefühle und Ihre Warmherzigkeit zeigen, daß Sie ein Mensch sind, der seine Erfahrungen gern mit anderen teilt. Höflich und freundlich, haben Sie diplomatisches Geschick und die Gabe, eine Atmosphäre zu schaffen, in der andere sich entspannen können. Mit Ihrem Charisma strahlen Sie Liebe und Optimismus aus, was darauf hindeutet, daß Ihr Selbst in irgendeiner Form Ausdruck finden sollte. Da Sie sehr starke Gefühle haben, müssen Sie sich um Ausgeglichenheit bemühen und Extreme und Überreaktionen vermeiden. Sie haben Charme, und mit Ihrer Liebeskraft brauchen Sie nur erfüllende Aktivitäten oder Beziehungen, um das Beste aus sich herauszuholen.

Offen und ehrlich, sind Sie ein wunderbarer Gefährte mit einer tief von innen kommenden Hilfsbereitschaft. Sie haben nicht nur Charme, sondern auch Ehrgeiz und Unternehmungsgeist. Auch wenn Sie aufgrund dieser Eigenschaften stets auf der Suche nach neuen Chancen sind, haben Sie doch auch ein Bedürfnis nach Sicherheit und einer soliden Basis. Um Harmonie zu schaffen, sollten Sie Ihre Handlungen planen und Ihre Organisationsfähigkeiten nutzen.

Beruf & Karriere

Da Sie viel Veränderung und Anregung brauchen, sollten Sie monotone Tätigkeiten meiden. Berufe, die Abwechslung oder Reisen mit sich bringen, sind ideal für Ihre abenteuerlustige Natur. Da Sie wunderbar Ideen, Menschen oder Produkte vermarkten können, eignen Sie sich gut für den Verkauf. Dank Ihrer ausgeprägten Phantasie und Ihrem Bedürfnis nach Selbstverwirklichung können Sie Ihre innere Rastlosigkeit mit Schreiben, Theaterspielen oder künstlerischen Tätigkeiten bekämpfen. Wenn Sie Ihre Aufnahmefähigkeit mit Ihren analytischen Fähigkeiten verknüpfen, sind Sie auch in der Forschung erfolgreich. Ihre humanitäre Einstellung zieht Sie in sozialpädagogische Berufe. Ihr angeborenes Mitgefühl macht Sie für Gesundheitswesen und Heilberufe geeignet.

Berühmte Persönlichkeiten dieses Tages sind der Psychologe Alfred Adler, der Soziologe Peter Blau, die Schriftsteller Charles Dickens und Sinclair Lewis und die Chansonsängerin Juliette Greco.

Numerologie

Menschen mit der Geburtstagszahl 7 sind analytisch und nachdenklich, aber häufig auch kritisch und egozentrisch. Da Sie ständig auf der Suche nach größerer Selbsterkenntnis sind, sammeln Sie gerne Informationen und interessieren sich für Lesen, Schreiben oder Spiritualität. Sie sind scharfsichtig und neigen dazu, rein verstandesgelenkt zu handeln und sich zu sehr aufs Detail zu konzentrieren. Ihr Hang zu Rätselhaftigkeit und Geheimnistuerei deutet darauf hin, daß Sie sich hin und wieder mißverstanden fühlen. Als unabhängiger Denker brauchen Sie genügend Freiraum, um Ihre eigenen Entscheidungen zu treffen. Der Untereinfluß der Monatszahl 2 führt dazu, daß Sie hoch intuitiv und sensibel sind. Da Sie Routine hassen, neigen Sie gelegentlich zu Ungeduld oder sind leicht reizbar. Mit Ihrer emotionalen Rastlosigkeit brauchen Sie Aufregung und viel Aktivität. Progressiv und liberal, interessieren Sie sich für Ihre Mitmenschen und sind meist an irgendeiner Gruppenaktivität beteiligt. Da Sie bei Ermunterung aufblühen, brauchen Sie hilfsbereite Menschen um sich, die Sie unterstützen oder Ihnen mit Rat und Tat zur Seite stehen. Hüten Sie sich vor Menschen, die Ihre Fähigkeiten unterminieren, aber hören Sie darauf, was andere zu sagen haben, bevor Sie sich eine Meinung bilden.

Positiv: gebildet, vertrauenswürdig, gründlich, idealistisch, ehrlich, spirituelle Fähigkeiten, rational, nachdenklich.

Negativ: hinterlistig, heimlichtuerisch, unfreundlich, skeptisch, verwirrt, distanziert.

Liebe & Zwischenmenschliches

Da Sie in Herzensangelegenheiten sehr sensibel sind, sollten Sie Beziehungen lieber vorsichtig als überschwenglich angehen. Wenn Sie sich verlieben, entwickeln Sie sehr tiefe Gefühle und bleiben auch in schwierigeren Zeiten stets treu, auch wenn Sie dafür Opfer bringen müssen. In Beziehungen führen Ihre hohen Erwartungen manchmal zu Enttäuschungen. Wenn Sie lernen, Distanz zu halten, vermeiden Sie Frustrationen. Sie fühlen sich von klugen Menschen angezogen, sollten sich aber einen Partner suchen, der ebenso humanitär und tolerant eingestellt ist wie Sie.

Ihr Partner

Glück und Liebe finden Sie am ehesten unter den Menschen, die an folgenden Tagen geboren sind:

Liebe & Freundschaft: 1., 7., 11., 21., 23., 31. Jan., 5., 19., 21., 29. Feb., 3., 17., 19., 27. März, 1., 15., 17., 25. April, 13., 15., 23. Mai, 11., 13., 21. Juni, 9., 11., 19. Juli, 7., 9., 17. Aug., 5., 7., 15. Sept., 3., 5., 13. Okt., 1., 3., 11., 27. Nov., 1., 9., 24. Dez.

Günstig: 5., 16., 18. Jan., 3., 14., 16. Feb., 1., 12., 14., 29. März, 10., 12., 27. April, 8., 10., 25., 29. Mai, 6., 8., 23., 27. Juni, 4., 6., 21., 25. Juli, 2., 4., 19., 23. Aug., 2., 17., 21. Sept., 15., 19. Okt., 13., 17. Nov., 11., 15., 29. Dez.

Schicksalhaft: 6., 30. Jan., 4., 28. Feb., 2., 26. März, 24. April, 22. Mai, 20. Juni, 18. Juli, 9., 10., 11., 12., 16. Aug., 14. Sept., 12. Okt., 10. Nov., 8. Dez.

Problematisch: 4. Jan., 2. Feb., 29., 31. Mai, 27., 29., 30. Juni, 25., 27., 28. Juli, 23., 25., 26., 30. Aug., 21., 23., 24., 28. Sept., 19., 21., 22., 26. Okt., 17., 19., 20., 24. Nov., 15., 17., 18., 22. Dez.

Seelenverwandt: 23. Jan., 21. Feb., 19. März, 17. April, 15. Mai, 13. Juni, 11., 31. Juli, 9., 29. Aug., 7., 27. Sept., 5., 25. Okt., 3., 23. Nov., 1., 21. Dez.

SONNE: WASSERMANN
DEKADE: ZWILLINGE/MERKUR
GRAD: 18° – 19°30' WASSERMANN
ART: FIXZEICHEN
ELEMENT: LUFT

Fixstern

Name des Sterns: Castra
Gradposition: 19°30' – 20°12' Wassermann zwischen den Jahren 1930 und 2000
Magnitude: 4
Stärke: ****
Orbit: 1°30'
Konstellation: Epsilon Capricorni
Tage: 8., 9., 10. Februar
Sternqualitäten: Jupiter/Saturn
Beschreibung: kleiner orangegelber Stern im Bauch des Steinbock.

Einfluß des Hauptsterns

Castra steht für Führungsqualitäten, Bestimmtheit und Erfolg in staatlichen Einrichtungen. Unter seinem Einfluß kommen Sie mit Geduld und harter Arbeit zu Erfolg, können durch destruktives Verhalten aber leicht scheitern.
Im Zusammenhang mit dem Stand Ihrer Sonne kann Castra Ihnen zu Anerkennung für Ihr Schreibtalent oder Erfolg durch höhere Bildung verhelfen. Sie interessieren sich stark für Philosophie oder Astrologie. Intuition und spirituelle Fähigkeiten sind ebenfalls auf Castras Einfluß zurückzuführen.
• Positiv: Beharrlichkeit, ehrgeizig, philosophische Denkweise.
• Negativ: mangelndes Selbstvertrauen, Pessimismus.

8. Februar

 Gesellig und freundlich, sind Sie ein willensstarker Individualist mit charismatischem Charme und festen Prinzipien. Großzügig und direkt, brauchen Sie stets Menschen um sich herum und genießen das gute Leben. Sie erkennen schnell, wenn sich Chancen bieten, sind praktisch und haben gute Organisationsfähigkeiten. Dazu gesellen sich meist noch Antrieb und Entschlossenheit, so daß Sie in großen Maßstäben denken und sehr erfolgreich sein können.

Durch den Untereinfluß Ihres Dekadenzeichens Zwilling lieben Sie Kommunikation in jeder Form. Als außergewöhnlicher Denker haben Sie die Fähigkeit, Informationen aus zahlreichen Quellen zusammenzutragen und Ihre Ideen auf originelle und interessante Weise zu vermitteln. Manchmal fast genial, kann geistige Inspiration Sie in ziemliche Aufregung versetzen. Mit Ihren erfindungsreichen und progressiven Ideen sind Sie Ihrer Zeit häufig voraus. Eine rebellische Ader kann sich in Ihrem Erscheinungsbild oder Ihrem Lebensstil niederschlagen; manchmal wird sie Ihnen aber auch zum Problem, wenn Sie sich exzentrisch oder stur verhalten.

Mit Ihrem Selbstbewußtsein und Ihrer Freundlichkeit ist Ihnen der Erfolg bei allen menschenorientierten Aktivitäten gewiß. Mit Ihrer Scharfsinnigkeit lernen Sie schnell. Ihre Tendenz, sich leicht zu langweilen, führt aber dazu, daß es zu Mißverständnissen kommt, weil Sie sich nicht genügend Zeit zum Zuhören nehmen. Gleichwohl wünschen Sie sich harmonische Beziehungen mit Ihren Mitmenschen, zumal Sie sehr intuitiv auf Ihre Umgebung reagieren.

Zwischen 12 und 41, solange Ihre Sonne sich durch das Zeichen der Fische bewegt, ist Ihre Sensibilität sehr stark, und Sie sind sehr hellsichtig. Möglicherweise streben Sie in dieser Zeit kreative, idealistische oder spirituelle Ziele an. Im Alter von 42 wechselt Ihre Sonne in das Zeichen des Widder und Sie werden ehrgeiziger, bestimmter und direkter im Alltag. Vielleicht beginnen Sie noch einmal etwas völlig Neues. Wenn Ihre Sonne in den Stier wechselt, sind Sie 72 und haben das Bedürfnis nach Sicherheit und finanzieller Stabilität.

Ihr geheimes Selbst

Sie blühen auf, wenn es darum geht, sich Wissen anzueignen, denn Sie fühlen, daß das Ihre persönliche Macht erweitert. Smart und mit Führungsqualitäten begabt, sind Sie ehrgeizig und begeisterungsfähig, wenn Sie etwas finden, für das Sie sich wirklich interessieren. Da Sie das Potential zu großen Leistungen und Erfolgen haben, können Sie bei positiver Einstellung wahre Wunder vollbringen, sollten aber andererseits ein wenig mehr Bescheidenheit zeigen, um nicht arrogant oder herrisch zu wirken.

Als kreativer Mensch haben Sie viele Talente, die Sie möglicherweise in die Welt von Musik, Kunst, Literatur oder Theater führen. Sie sind warmherzig und großzügig, haben aber auch gesunden Menschenverstand, so daß Sie anderen kompetent mit Rat und Tat zur Seite stehen können. Sie brauchen solide Grundlagen für Ihre Unternehmungen und sind im allgemeinen bereit, hart für die Erreichung Ihrer Ziele zu arbeiten. Allerdings neigen Sie auch dazu, dem guten Leben zu sehr zuzusprechen und darüber Ihre hochfliegenden Träume und Ideale zu vernachlässigen.

Beruf & Karriere

Mit Ihrem Unternehmungsgeist, Ihrem Antrieb und Ihren sozialen Fähigkeiten haben Sie keine Schwierigkeiten, Karriere zu machen. Da Sie unabhängig sind, nehmen Sie ungern Anordnungen entgegen und arbeiten lieber selbständig oder in einem Beruf, der Ihnen viel Freiraum läßt. Praktisch und gut organisiert, möchten Sie ein solides Fundament schaffen, von dem aus Sie Ihre Ziele anstreben, etwa als Unternehmer, Manager oder in der Baubranche. Ihre guten Kommunikationsfähigkeiten helfen Ihnen in Verkauf, Werbung und den Medien. Mit Ihrem Sinn für Wirkung können Sie auch als Schauspieler, Regisseur oder Schriftsteller erfolgreich sein.

Berühmte Persönlichkeiten dieses Tages sind die Schauspielerin Lana Turner, die Schauspieler James Dean, Jack Lemmon und Nick Nolte, der Schriftsteller Jules Verne, der Philosoph Emmanuel Swedenborg, der Regisseur King Vidor und der Religionsphilosoph Martin Buber.

Numerologie

Die Kraft, die von der Zahl 8 ausgeht, sorgt für einen Charakter mit festen Wertvorstellungen und sicherem Urteilsvermögen. Die Geburtstagszahl 8 bedeutet oft, daß Sie sich hohe Ziele gesteckt haben und ehrgeizig sind. Mit diesem Geburtstag gehen auch Dominierungsstreben, Sicherheitsbedürfnis und materieller Erfolg einher. Sie haben natürlichen Geschäftssinn und profitieren von gutem Organisations- und Führungstalent. Da Sie ein starkes Bedürfnis nach Sicherheit haben, neigen Sie dazu, langfristig zu planen und zu investieren. Der Untereinfluß der Monatszahl 2 führt dazu, daß Sie sehr intuitiv und aufnahmefähig sind. Auch wenn Sie freundlich und gesellig sind und Gefühl für den Umgang mit Menschen haben, sind Sie im allgemeinen sehr selbständig und unabhängig. Meist sind Sie auch rücksichtsvoll, höflich und romantisch. Hochintuitiv und originell, sind Sie ehrgeizig und kreativ und haben den starken Drang, Ihre emotionale Sensibilität in irgendeiner Form zum Ausdruck zu bringen. Auch wenn Sie mit Ihrem gesunden Menschenverstand meist im Recht sind, sollten Sie vermeiden, arrogant oder kritisch aufzutreten.

Positiv: führungsstark, gründlich, fleißig, traditionell, Autorität, Schutz, Heilkraft, gutes Einschätzungsvermögen.

Negativ: ungeduldig, verschwenderisch, intolerant, geizig, rastlos, dominierend, leicht entmutigt, planlos.

Liebe & Zwischenmenschliches

Sie sind praktisch, haben gesunden Menschenverstand und lieben die schönen Dinge des Lebens; und Sie verstehen es, sich zu amüsieren und andere zu unterhalten. Sie umgeben sich gern mit ehrgeizigen und hart arbeitenden Menschen, die erfolgsorientiert sind. Da Sie stolz und sicherheitsbewußt sind, spielen Prestige und Geld in Ihren Beziehungen eine große Rolle. Mit Ihrem guten Geschmack und Ihrer Liebe zur Ästhetik erkennen Sie Qualität sofort. Sie lieben großmütige Gesten und sind ein wertvoller Freund.

Ihr Partner

Dauerhaftes Glück und Liebe finden Sie am ehesten unter den Menschen, die an folgenden Tagen geboren sind:

Liebe & Freundschaft: 8., 14., 17., 20., 22., 24. Jan., 6., 15., 18., 20., 22. Feb., 4., 13., 16., 18., 20. März, 2., 8., 11., 14., 16., 18. April, 9., 12., 14., 16. Mai, 4., 7., 10., 12., 13., 14. Juni, 5., 8., 10., 12., 30. Juli, 3., 6., 8., 10., 28. Aug., 1., 4., 6., 8., 26. Sept., 2., 4., 6., 24. Okt., 2., 4., 22. Nov., 2., 20. Dez.

Günstig: 6., 23. Jan., 4., 21. Feb., 2., 19., 30. März, 17., 28. April, 15., 26., 30. Mai, 13., 24., 28. Juni, 11., 22., 26. Juli, 9., 20., 24. Aug., 7., 18., 22. Sept., 5., 16., 20. Okt., 3., 14., 18. Nov., 1., 12., 16., 30. Dez.

Schicksalhaft: 7. Jan., 5. Feb., 3. März, 1. April, 10., 11., 12., 13. Aug.

Problematisch: 5., 26., 29. Jan., 3., 24., 27. Feb., 1., 22., 25. März, 20., 23. April, 18., 21. Mai, 16., 19., 30. Juni, 14., 17., 28. Juli, 12., 15., 26., 31. Aug., 10., 13., 24., 29. Sept., 8., 11., 22., 27. Okt., 6., 9., 20., 25. Nov., 4., 7., 18., 23. Dez.

Seelenverwandt: 30. Jan., 28. Feb., 26. März, 24. April, 22. Mai, 20. Juni, 18. Juli, 16. Aug., 14. Sept., 12., 31. Okt., 10., 29. Nov., 8., 27. Dez.

SONNE: WASSERMANN
DEKADE: ZWILLINGE/MERKUR
GRAD: 19°30' –
20°30' WASSERMANN
ART: FIXZEICHEN
ELEMENT: LUFT

Fixstern

Name des Sterns: Castra
Gradposition: 19°30' – 20°12' Wassermann zwischen den Jahren 1930 und 2000
Magnitude: 4
Stärke: ****
Orbit: 1°30'
Konstellation: Epsilon Capricorni
Tage: 8., 9., 10. Februar
Sternqualitäten: Jupiter/Saturn
Beschreibung: kleiner orangegelber Stern im Bauch des Steinbock.

Einfluß des Hauptsterns

Castra steht für Führungsqualitäten, Bestimmtheit und Erfolg im Staatsdienst. Unter seinem Einfluß kommen Sie mit Geduld und harter Arbeit zu Erfolg, können durch destruktives Verhalten aber leicht scheitern.
Im Zusammenhang mit dem Stand Ihrer Sonne kann Castra Ihnen zu Anerkennung für Ihr Schreibtalent oder Erfolg durch höhere Bildung verhelfen. Sie interessieren sich vor allem für Philosophie oder Astrologie. Intuition und spirituelle Fähigkeiten sind ebenfalls auf Castras Einfluß zurückzuführen.
- Positiv: Beharrlichkeit, ehrgeizig, philosophische Denkweise.
- Negativ: mangelndes Selbstvertrauen, Pessimismus.

9. Februar

Kreativ und originell, sind Sie ein freundlicher Wassermann von unabhängiger Natur. Sie sind nicht nur geistig rege und von schneller Auffassungsgabe, sondern auch voller Charisma und Überzeugungskraft. Ihre intuitive und humanitäre Persönlichkeit drückt sich in einer sehr individuellen Lebensauffassung aus und sorgt dafür, daß Sie gesellig und ein guter Beobachter des menschlichen Verhaltens sind. Da Sie vielseitig begabt sind, stehen Ihnen viele Wege offen. Sie sollten sich aber vor Ängsten und Unentschlossenheit hüten, die Ihr Selbstbewußtsein untergraben und Ihre Energien schwächen.

Durch den Untereinfluß Ihres Dekadenzeichens Zwilling haben Sie eine originelle Art, an Probleme heranzugehen. Großformatig und unkonventionell in Ihren Ideen, haben Sie gelegentlich wahre Geistesblitze. Da Sie Freiheit brauchen, wirken Sie manchmal sehr unbeteiligt, so daß andere Sie für kalt oder desinteressiert halten.

Sie setzen gerne neue Ideen in die Tat um und sind damit häufig Ihrer Zeit voraus. Da Ihre Inspiration Sie oft zu Höhenflügen veranlaßt, brauchen Sie unbedingt geistige Disziplin, um nicht genauso tief zu fallen. Die Verbindung Ihres universalen Verständnisses mit Ihrem natürlichen mystischen Potential bringt große Weisheit in Ihr Leben und das Ihrer Mitmenschen.

Mit Ihrer Anziehungskraft und Ihrem Bedürfnis nach ständiger Abwechslung knüpfen Sie zahlreiche Kontakte und erleben viel in Ihrem Leben, gehen möglicherweise auch ins Ausland. Obwohl bei Ihren vielen Interessen durchaus die Gefahr besteht, daß Sie sich verzetteln, können Sie sehr konzentriert und hart arbeiten, wenn Sie von einer Sache begeistert sind.

Zwischen 11 und 40, solange Ihre Sonne sich durch das Zeichen der Fische bewegt, sind Sie besonders sensibel und phantasievoll; Sie sind beeindruckbar und sich Ihrer spirituellen Gaben und kreativen Talente bewußt. Im Alter von 41 erleben Sie einen Wendepunkt, wenn Ihre Sonne in das Zeichen des Widders wechselt. Sie ergreifen aktiv die Initiative für Ihre Angelegenheiten und beginnen vielleicht noch einmal etwas ganz Neues. Wenn Ihre Sonne in den Stier wechselt, sind Sie 71 und haben ein großes Bedürfnis nach Stabilität und praktischer Lebenseinstellung.

Ihr geheimes Selbst

Ihr starkes inneres Bedürfnis nach Harmonie äußert sich vor allem darin, daß Ihnen Heim und Familie viel bedeuten. Manchmal nehmen Sie gegenüber denen, die Sie lieben, die Haltung des Beschützers ein und versuchen, ihre Probleme für sie zu lösen. Auch wenn Sie dabei nur die besten Absichten verfolgen, sollten Sie lernen, sich nicht in das Leben anderer einzumischen. Fortschritt kommt durch entschlossenes Handeln, deshalb ist es wichtig für Sie, daß Sie Ihren Lebenssinn genau definieren können und die Verantwortung für schwierige Herausforderungen akzeptieren, um Ihr wahres Potential zu entfalten.

Ein verspielter Zug wird Ihnen Ihr ganzes Leben lang bleiben. Da Sie ein Gefühl für Wirkung haben und Ihren ganz individuellen Stil zum Ausdruck bringen wollen, loten Sie Ihre Kreativität vielleicht durch eine künstlerische Tätigkeit aus. Sie sehnen sich nach Harmonie und einem utopischen Ideal, aber nur wenn Sie sich Ihren Verantwortlichkeiten stellen, werden Sie auf Dauer Erfüllung finden.

Beruf & Karriere

Als mitfühlend und unabhängig Denkender fühlen Sie sich zu pädagogischen, schreibenden, beratenden, psychologischen oder sozialen Berufen hingezogen. Da Sie vielseitig begabt sind, brauchen Sie eine Beschäftigung, die nicht nur finanziell befriedigend ist; Reisen und Abwechslung sollten eine große Rolle dabei spielen. Wenn Sie sich für einen Beruf im öffentlichen Dienst entscheiden, sind Verwaltung, Justiz, Politik oder staatliche Institutionen für Sie geeignet. Da Sie die Gabe haben, die kollektiven Träume und Wünsche einer ganzen Generation intuitiv zu begreifen, können Sie Ihre Kreativität in Kunst, Theater, Design oder Technologie einsetzen.

Berühmte Persönlichkeiten dieses Tages sind die Schriftstellerin Alice Walker, die Sopranistin Hildegard Behrens, die Bluessängerin Carole King, die Schauspielerin Mia Farrow und der Biologe Jacques Monod.

Numerologie

Nachdenklichkeit, Güte und Sensibilität sind Eigenschaften der Zahl 9. Mit der Geburtstagszahl 9 sind Sie oft tolerant und liebenswürdig, großzügig und liberal. Intuitive und geistige Fähigkeiten deuten auf universale Aufnahmefähigkeit hin. Richtig gebündelt, können sie auf einen spirituellen Weg führen. Sie sollten daran arbeiten, Probleme und emotionale Höhen und Tiefen besser zu bewältigen und nicht überempfindlich zu sein. Sie profitieren sehr viel von Reisen und dem Zusammentreffen mit Menschen aus aller Welt. Andererseits müssen Sie sich vor unrealistischen Träumen und einem Hang zur Realitätsflucht hüten. Der Untereinfluß der Monatszahl 2 führt dazu, daß Sie sensibel und aufgeschlossen sind, aber zu Stimmungsschwankungen neigen, so daß Sie sich um Ausgeglichenheit bemühen müssen. Um erfolgreich zu sein, brauchen Sie etwas, das Sie wirklich dazu motiviert, Ihre Talente zu entwickeln. Da Sie vielseitig sind, haben Sie zahlreiche Interessen, und Ihre unabhängige Art verlangt die Freiheit, spontan und geistig kreativ sein zu können.

Positiv: idealistisch, humanitär, kreativ, sensibel, großmütig, anziehend, poetisch, nachsichtig, freigiebig, unvoreingenommen.

Negativ: frustriert, innerlich zerrissen, selbstsüchtig, unpraktisch, leicht beeinflußbar, mißtrauisch, komplexbeladen.

Liebe & Zwischenmenschliches

Da Sie freundlich und gesellig sind, ziehen Sie die unterschiedlichsten Menschen an. Sie schwanken gelegentlich zwischen enormer Großzügigkeit und scheinbarer Gefühllosigkeit, deshalb sollten Sie sich in Beziehungen um Ausgeglichenheit und Harmonie bemühen. Intelligente Menschen interessieren Sie besonders; suchen Sie sich am besten einen Partner, mit dem Sie gemeinsam intellektuellen Interessen oder Beschäftigungen nachgehen können. Als modern denkender Mensch haben Sie wahrscheinlich eine ungewöhnliche oder unkonventionelle Vorstellung von Beziehungen.

Ihr Partner

Spaß, Glück und Liebe finden Sie am ehesten unter den Menschen, die an folgenden Tagen geboren sind:

Liebe & Freundschaft: 7., 9., 23., 25., 27. Jan., 5., 7., 21., 23., 25. Feb., 5., 19., 21., 23., 29. März, 3., 17., 19., 21., 27., 30. April, 1., 15., 17., 19., 25., 28. Mai, 3., 13., 15., 17., 23., 26. Juni, 11., 13., 15., 21., 24. Juli, 9., 11., 13., 19., 22. Aug., 7., 9., 11., 17., 20. Sept., 5., 7., 9., 15., 18. Okt., 3., 5., 7., 13., 16., 28. Nov., 1., 3., 5., 11., 14. Dez.

Günstig: 2., 4., 7., 26. Jan., 2., 5. Feb., 3. März, 1. April, 31. Mai, 16., 29. Juni, 27., 31. Juli, 25., 29. Aug., 23., 27. Sept., 21., 25. Okt., 19., 23. Nov., 17., 21. Dez.

Schicksalhaft: 8., 14. Jan., 6., 12. Feb., 4., 10. März, 2., 8. April, 6. Mai, 4. Juni, 2. Juli, 11., 12., 13., 14. Aug.

Problematisch: 6., 19., 29. Jan., 4., 17., 27. Feb., 2., 15., 25. März, 13., 23. April, 11., 21. Mai, 9., 19. Juni, 7., 17. Juli, 5., 15. Aug., 3., 13., 30. Sept., 1., 11., 28. Okt., 9., 26. Nov., 7., 24., 29. Dez.

Seelenverwandt: 16., 21. Jan., 14., 19. Feb., 12., 17. März, 10., 15. April, 8., 13. Mai, 6., 11. Juni, 4., 9. Juli, 2., 7. Aug., 5. Sept., 3. Okt., 1. Nov.

SONNE: WASSERMANN
DEKADE: WAAGE/VENUS
GRAD: 20° – 21°30' WASSERMANN
ART: FIXZEICHEN
ELEMENT: LUFT

Fixsterne

Nashira, auch «Überbringer guter Nachrichten» genannt; Castra

Hauptstern

Name des Sterns: Nashira, auch «Überbringer guter Nachrichten» genannt
Gradposition: 20°48' – 21°45' Wassermann zwischen den Jahren 1930 und 2000
Magnitude: 4
Stärke: ****
Orbit: 1°30'
Konstellation: Gamma Capricorni
Tage: 10., 11., 12., 13. Februar
Sternqualitäten: Saturn/Jupiter
Beschreibung: kleiner Stern im Schwanz des Steinbock.

Einfluß des Hauptsterns

Nashira steht für Erfolg und für die Fähigkeit, Rückschläge und andere Schwierigkeiten zu meistern. Häufig sorgt er auch für ein vorsichtiges Wesen und auch dafür, daß Geduld zwar belohnt wird, Erfolg sich aber erst nach Schwierigkeiten einstellt.
Im Zusammenhang mit dem Stand Ihrer Sonne verleiht Nashira Schreibtalent, Führungs- und Managerqualitäten sowie Geschick im Umgang mit der Öffentlichkeit. Obwohl Nashira auch für Probleme steht, wenn Erfolg sich einstellt, dauert er an und führt zu guten Chancen für ausgezeichnete Positionen später im Leben.
• Positiv: Ausdauer, Geduld, Vorsicht.
• Negativ: Anspannung, Unzufriedenheit, Reizbarkeit.

10. Februar

 Freundlich und fleißig, sind Sie ein willensstarker Wassermann mit gesundem Menschenverstand. Ihr Charisma und Ihre Gabe, mit Menschen auf einer persönlichen Ebene umzugehen, zeigen, daß Sie natürliches diplomatisches Geschick haben und gut im Team arbeiten. Auch wenn Sie praktisch sind und gern beschäftigt, haben Sie eine sensible Seite und eine lebhafte Phantasie.

Durch den Untereinfluß Ihres Dekadenzeichens Waage haben Sie Charme und Intuition. Als guter Beobachter der menschlichen Natur haben Sie eine Wahrnehmungsgabe, die sich mit zunehmendem Alter immer mehr vertieft. Auch wenn Sie unabhängig sind, brauchen Sie Menschen um sich herum, und es befriedigt Sie, dem Wohl anderer zu dienen. Mit Ihren autonomen Ansichten benötigen Sie jedoch viel Freiheit und lassen sich nicht gern einschränken. Sie sind erfindungsreich, haben eine gute Aufnahmefähigkeit und können ausgezeichnet Probleme lösen.

Auch wenn Sie gelegentlich reizbar oder stur sind, bezaubern Sie zu anderen Zeiten mit Ihrer Sensibilität, Fürsorge und mitfühlenden Art. Obwohl Sie aktiv und bodenständig sind, haben Sie hohe Ideale und sind sehr hellsichtig. Erst wenn Sie genau wissen, was Sie wollen, werden Sie aktiv. Um auf dem laufenden zu bleiben, sollten Sie hie und da Ihren Lebensplan überprüfen. Wenn Sie ein ausgeglichenes Leben führen, können Sie vermeiden, in einengende Situationen zu kommen, und werden auch nicht Opfer von Realitätsflucht in Form von Unmäßigkeit.

Zwischen 10 und 39, solange sich Ihre Sonne durch das Zeichen der Fische bewegt, sind Sie besonders sensibel, entwickeln eine Taktik, wie Sie mit Ihren Gefühlen fertig werden, und fassen den Mut, Ihre Träume wahr zu machen. Im Alter von 40 erleben Sie einen Wendepunkt, wenn Ihre Sonne in das Zeichen des Widders tritt. Sie werden ehrgeiziger, bestimmter und entschlossener im Alltag und beginnen vielleicht noch einmal etwas Neues. Wenn Ihre Sonne in den Stier wechselt, sind Sie 70 und haben das Bedürfnis nach Sicherheit und finanzieller Stabilität. Auch wächst Ihre Liebe zur Natur.

Ihr geheimes Selbst

Sie sind nicht nur liebenswürdig und diplomatisch, sondern auch voller Energie und Entschlossenheit. Da Sie verantwortungsbewußt sind und gut organisieren können, darüber hinaus innere Noblesse und Stolz ausstrahlen, werden Ihnen häufig wichtige Positionen übertragen. Mit Ihrem scharfen Verstand haben Sie eine direkte und ehrliche Art, die andere als natürliches Selbstvertrauen interpretieren. Da Sie hoch intuitiv sind, sollten Sie unbedingt Ihrem ersten Eindruck vertrauen, den Sie von Menschen oder Situationen haben.

Ihr Verantwortungsbewußtsein erstreckt sich auch auf Ihr Heim und Ihre Familie, die beide eine wichtige Rolle in Ihrem Leben spielen. Ihr starkes Bedürfnis nach Frieden und Harmonie führt gelegentlich dazu, daß Sie Ihren Ärger unterdrücken oder in Routine verfallen. Dann aber leiden Sie unter emotionalen Spannungen, Launenhaftigkeit oder Angst vor dem Unbekannten. Wenn Sie lernen, sich Ihren Gefühlen und Ängsten zu stellen, können Sie neues Terrain betreten und sich jung halten. Wenn Sie Ihren Horizont erweitern, finden Sie auch einen Mittelweg zwischen Ihrem Bedürfnis, anderen mit Ihrer Erfahrung und Ihrem Können zu helfen, und der Freude an neuen und interessanten oder entspannenden Beschäftigungen.

Beruf & Karriere

Unabhängig und klug, brauchen Sie viel Freiraum. Da Sie sich nicht gern unterordnen, sollten Sie gleich eine gehobene Position anstreben. Als intuitiver Mensch haben Sie ein gutes Urteilsvermögen, und dank Ihrem ausgezeichneten Geschäftssinn fällt es Ihnen nicht schwer, gute Geschäfte abzuschließen. Da Sie gut kaufen und verkaufen können, interessieren Sie sich für Tätigkeiten als Unterhändler oder Vertreter. Ihr Gefühl für Menschen macht Sie auch als Politiker, in der Dienstleistungsbranche oder in der Verwaltung erfolgreich. Da Sie gern anderen helfen, fühlen Sie sich besonders zu wohltätigen Organisationen hingezogen. Von Natur aus kreativ, wählen Sie vielleicht auch die Welt von Theater, Kunst oder Musik oder auch die von Sport oder Fotografie. Ihr Erfindungsreichtum macht Sie auch für Forschung oder Spitzentechnologie geeignet.

Berühmte Persönlichkeiten dieses Tages sind die Schauspieler Jimmy Durante und Robert Wagner, die Schriftsteller Boris Pasternak, Bertolt Brecht und Thomas Bernhard, der britische Premier Harold Macmillan, der Schwimmer Mark Spitz und die Gesangsstars Roberta Flack und Leontyne Price.

Numerologie

Sie nehmen sich meist große Aufgaben vor, müssen aber einige Hindernisse überwinden, bevor Sie Ihre Ziele erreichen. Voller Energie und Originalität, stehen Sie zu Ihren Ansichten, auch wenn sie von denen anderer abweichen. Ihre Fähigkeit, im Alleingang vorzugehen, ermutigt Sie, weite Reisen zu unternehmen oder Projekte allein durchzuziehen. Sie müssen jedoch lernen, daß sich die Welt nicht nur um Sie dreht, und sich vor Selbstsucht oder Überempfindlichkeit hüten. Für alle Menschen mit der Geburtstagszahl 10 sind Leistung und Erfolg sehr wichtig; häufig erreichen sie auf ihrem Gebiet eine Spitzenposition. Der Untereinfluß der Monatszahl 2 führt dazu, daß Sie intuitiv, freundlich und anpassungsfähig sind. Im allgemeinen sind Sie diplomatisch und gesellig, können gut mit Menschen umgehen und profitieren von der Zusammenarbeit mit anderen.

Positiv: führungsstark, kreativ, progressiv, Überzeugungskraft, Optimismus, feste Überzeugungen, kämpferisch, unabhängig, gesellig.

Negativ: dominierend, eifersüchtig, egoistisch, feindselig, mangelnde Zurückhaltung, selbstsüchtig, Stimmungsschwankungen, ungeduldig.

Liebe & Zwischenmenschliches

Sie sind freundlich und genießen es, mit anderen gesellig zusammenzusein oder im Team zu arbeiten, vor allem wenn Sie das Gefühl haben, etwas Sinnvolles zu tun. Da Partnerschaften sehr bereichernd für Sie sind, ist es wichtig für Sie, diplomatisch und verhandlungstüchtig zu sein. Komfort und Sicherheit bedeuten Ihnen viel. Ihr Bedürfnis nach Inspiration führt dazu, daß Sie Beziehungen suchen, die in irgendeiner Form mit intellektueller Herausforderung zusammenhängen. Wenn Sie überempfindlich sind, neigen Sie zu Stimmungsschwankungen oder verursachen Mißverständnisse durch mangelnde Kommunikation. Im allgemeinen sind Sie ein treuer Partner, auf den sich andere in Sachen Liebe und Unterstützung stets verlassen können.

Ihr Partner

Emotionale Erfüllung und Liebe finden Sie am ehesten unter den Menschen, die an folgenden Tagen geboren sind:

Liebe & Freundschaft: 10., 14., 26., 28. Jan., 8., 24., 26. Feb., 6., 22., 24., 30. März, 4., 8., 20., 22., 28. April, 2., 18., 20., 26., 29. Mai, 4., 16., 18., 24., 27. Juni, 14., 16., 22., 25. Juli, 12., 14., 20., 23., 30. Aug., 10., 12., 18., 21., 28. Sept., 8., 10., 16., 19., 26. Okt., 6., 8., 14., 17., 24. Nov., 4., 6., 12., 15., 22. Dez.

Günstig: 8. Jan., 6. Feb., 4., 28. März, 2., 26. April, 24. Mai, 22., 30. Juni, 20., 28., 29. Juli, 18., 26., 27., 30. Aug., 16., 24., 25., 28. Sept., 14., 22., 23., 26., 29. Okt., 12., 20., 21., 24., 27. Nov., 10., 18., 19., 22., 25. Dez.

Schicksalhaft: 15. Jan., 13. Feb., 11. März, 9. April, 7. Mai, 5. Juni, 3. Juli, 1., 12., 13., 14., 15. Aug.

Problematisch: 7., 9., 30. Jan., 5., 7., 28. Feb., 3., 5., 26. März, 1., 3., 24. April, 1., 22. Mai, 20. Juni, 18. Juli, 16. Aug., 14. Sept., 12., 29. Okt., 10., 27. Nov., 8., 25., 30. Dez.

Seelenverwandt: 8., 27. Jan., 6., 25. Feb., 4., 23. März, 2., 21. April, 19. Mai, 17. Juni, 15. Juli, 13. Aug., 11. Sept., 9. Okt., 7. Nov., 5. Dez.

11. Februar

SONNE: WASSERMANN
DEKADE: WAAGE/VENUS
GRAD: 21° – 22°30' WASSERMANN
ART: FIXZEICHEN
ELEMENT: LUFT

Fixsterne

Sad Al Suud; Deneb Algedi; Nashira, auch «Überbringer guter Nachrichten» genannt

Hauptstern

Name des Sterns: Sad Al Suud
Gradposition: 22°24' – 23°20' Wassermann zwischen den Jahren 1930 und 2000
Magnitude: 3
Stärke: ******
Orbit: 1°30'
Konstellation: Beta Aquarii
Tage: 11., 12., 13., 14. Februar
Sternqualitäten: unterschiedliche Einflüsse: Merkur/Saturn und Sonne/Uranus
Beschreibung: blaßgelber Stern an der linken Schulter des Wassermann.

Einfluß des Hauptsterns

Mit dem Einfluß von Sad Al Suud werden Kreativität, Phantasie, Intuition und spirituelle Fähigkeiten assoziiert. Unter seinem Einfluß interessieren Sie sich oft für Astrologie und Metaphysik. Er sorgt außerdem dafür, daß Sie häuslich sind und Ihr Zuhause schätzen.
Im Zusammenhang mit dem Stand Ihrer Sonne steht Sad Al Suud für Originalität, Erfolg in der Öffentlichkeit und Interesse für Astrologie, Philosophie oder Spiritualität. Sie sind kämpferisch, originell und phantasievoll. Es können sich unter dem Einfluß dieses Sterns merkwürdige oder unerwartete Dinge ereignen.
• Positiv: Originalität, kreativ, glückliche Veränderungen, neue Möglichkeiten.
• Negativ: Skandale, übereiltes Handeln.

Willensstark und originell, sind Sie ein entschlossener Wassermann mit viel Erfindungsgeist und scharfer Einsicht in die menschliche Natur. Mit Phantasie und dem Bedürfnis, bei neuen Trends ganz vorne zu stehen, suchen Sie nach immer neuen aufregenden Unternehmungen, die Ihren Geist aktiv und wach halten. Mit Ihrem körperlichen Durchhaltevermögen und Ihrem Antrieb haben Sie die nötige Kraft, um Hindernisse oder Enttäuschungen zu überwinden, solange Sie positiv eingestellt bleiben.

Durch den Untereinfluß Ihres Dekadenzeichens Waage sind Sie freundlich und herzlich und haben den starken Wunsch, sich mit anderen auszutauschen. Sie haben kreative Talente und gehen Ihre Beziehungen oft originell an. Sie kommen mit Menschen verschiedenster Herkunft zurecht und haben eine stark ausgeprägte humanitäre Seite. Als geborener Rebell mit progressiven Ideen können Sie überholte Systeme reformieren. Allerdings müssen Sie sich vor Sturheit oder Eigensinn hüten.

Mit Ihrer Sensibilität und Ihren starken Emotionen sind Sie häufig ein Idealist und am glücklichsten, wenn Sie für etwas arbeiten, an das Sie aus tiefster Seele glauben. Da Sie scharfsichtig und sehr aufnahmefähig sind, erfassen Sie Situationen sehr rasch. Wenn Sie sich kreativ beschäftigen, vermeiden Sie Langeweile und entwickeln gleichzeitig Ihr großes Potential.

Zwischen 9 und 38, solange Ihre Sonne sich durch das Zeichen der Fische bewegt, verstärkt sich Ihre Sensibilität, und Sie entwickeln Ihr Vorstellungsvermögen, was sich in Ihren Träumen und Idealen, aber auch in Ihrem gesellschaftlichen Leben niederschlägt. Im Alter von 39 erleben Sie einen Wendepunkt, wenn Ihre Sonne in das Zeichen des Widders tritt. Jetzt möchten Sie selbst die Initiative ergreifen und werden in Ihren Beziehungen zu anderen direkter und mutiger. Vielleicht gibt es auch ganz neue Aktivitäten in Ihrem Leben. Wenn Ihre Sonne in den Stier wechselt, sind Sie 69 und haben ein größeres Bedürfnis nach einer praktischen Lebenseinstellung und finanzieller Sicherheit.

Ihr geheimes Selbst

Hochintuitiv, mit großem spirituellen Potential, ist es sehr bereichernd für Sie, wenn Sie diese Seite Ihrer Natur fördern. Durch Selbstanalyse und Zeiten innerer Einkehr bleiben Sie in Verbindung mit Ihrer inneren Sensibilität und Spontaneität, so daß das Leben sich nach seinem eigenen Rhythmus entwickeln kann. So lernen Sie, sich zu entspannen, und beugen Phasen des Mißtrauens oder der Isolation vor. Wenn Sie Ihre Ansprüche zu hoch schrauben, fällt es anderen schwer, diesen hohen Idealen zu entsprechen.

Situationskomik und satirischer Witz können Ihnen helfen, das Leben gelassener zu betrachten, und für geistige Ausgeglichenheit sorgen. Sie können sehr provokant sein, und obwohl Sie andere gern unterhalten, lieben Sie es noch mehr, in geistiger Herausforderung im Wettstreit mit anderen Ihre Schlagfertigkeit und Intelligenz zu testen. Auch wenn Sie unabhängig sind, schätzen Sie bei Ihren vielen sozialen Kontakten persönliche Nähe und arbeiten gut in Partnerschaften oder im Team. Ihre Entschlossenheit und Führungsqualitäten verhelfen Ihnen in allen Lebensbereichen zu Erfolg.

Beruf & Karriere

Mit Ihrem Scharfsinn und Ihren starken Instinkten sind Sie dynamisch und wahrnehmungsfähig und haben Führungsqualitäten. Erfinderisch und progressiv, interessieren Sie sich für Forschung und Informationstechnologie und stehen gern an vorderster Front neuer Industriezweige. Sie sind fleißig und dezidiert, und Ihre Arbeitgeber oder Vorgesetzten schätzen Ihre Disziplin und Ihre Toleranz neuen und originellen Ideen gegenüber. Da Sie auch in Krisen stets die Ruhe bewahren, können Sie gut Probleme lösen. Im allgemeinen sind Sie ein guter Berater, Experte oder auch selbständiger Unternehmer. Ihr Interesse an Bildung macht Sie für lehrende oder schreibende Berufe geeignet. Vielleicht wenden Sie sich Philosophie, Spiritualität oder Metaphysik zu.

Berühmte Persönlichkeiten dieses Tages sind der Erfinder Thomas Edison, die Designerin Mary Quant, die Schauspielerinnen Jennifer Aniston und Tina Louise, der Schriftsteller Fjodor Dostojewski und der Schauspieler Burt Reynolds.

Numerologie

Die besonderen Schwingungen der Hauptzahl 11 sorgen dafür, daß Ihnen Idealismus, Inspiration und Innovation viel bedeuten. Eine Mischung aus Bescheidenheit und Selbstbewußtsein motiviert Sie dazu, ständig an sich zu arbeiten, sowohl in materieller als auch in geistiger Hinsicht. Durch Erfahrung lernen Sie, mit beiden Seiten Ihrer Persönlichkeit umzugehen. Sie sind energiegeladen, müssen sich aber davor hüten, überängstlich oder unpraktisch zu werden. Der Untereinfluß der Monatszahl 2 macht Sie intuitiv und aufnahmefähig. Als sensibler Mensch sind Sie diplomatisch, gesellig und menschenfreundlich, mit einer humanitären Einstellung. Partnerschaften und gemeinschaftliche Aktivitäten sind sehr bereichernd für Sie, vor allem, wenn Ihre Mitstreiter Sie ermutigen und unterstützen. Auch wenn Sie im allgemeinen anpassungsfähig sind, lassen Sie sich manchmal zu leicht entmutigen, weil Sie zu Angst oder Mißtrauen neigen. Sie sind erfinderisch und begabt, und wenn Sie sich für etwas interessieren, sollten Sie der Stimme Ihres Herzens folgen und sich nicht von anderen Ihr Selbstvertrauen nehmen lassen.

Positiv: konzentriert, begeisterungsfähig, intuitiv, idealistisch, kontaktfreudig, erfinderisch, künstlerisch, humanitär, Heilkraft, spirituelle Fähigkeiten.

Negativ: übersteigertes Selbstbewußtsein, ziellos, überempfindlich, leicht verletzt, selbstsüchtig, geheimnistuerisch, herrisch.

Liebe & Zwischenmenschliches

Idealistisch und unkonventionell, lieben Sie progressive Konzepte und schätzen die Gesellschaft unorthodoxer Menschen, die bereit sind, neue Ideen zu akzeptieren. Zeitenweise schwanken Sie zwischen Sensibilität, Bescheidenheit und Fürsorge einerseits und Sturheit und Selbstsucht andererseits. Auch können Sie in inneren Konflikt zwischen Ihren hohen Idealen und praktischen Überlegungen geraten. Obwohl Sie meistens menschliche Nähe suchen, fühlen Sie sich manchmal gehemmt und können Ihre Gefühle nicht ausdrücken. Im allgemeinen aber sind Sie ein wunderbarer Freund und Partner, der seinen starken Willen einsetzt, um die zu unterstützen, die er liebt.

Ihr Partner

Wenn Sie jemanden suchen, der Ihre hohen Ideale und Ziele teilt, sollten Sie sich unter den Menschen umsehen, die an den folgenden Tagen geboren sind:

Liebe & Freundschaft: 11., 15., 20., 25., 27., 28., 29. Jan., 9., 18., 23., 25., 27. Feb., 7., 16., 21., 23., 25. März, 5., 9., 14., 19., 21., 23. April, 3., 12., 17., 19., 21. Mai, 1., 5., 10., 15., 17., 18., 19. Juni, 8., 13., 15., 17. Juli, 6., 11., 13., 15. Aug., 4., 9., 11., 13. Sept., 2., 7., 9., 11. Okt., 5., 7., 9. Nov., 3., 5., 7. Dez.

Günstig: 9., 26. Jan., 7., 24. Feb., 5., 22. März, 3., 20. April, 1., 18., 29. Mai, 7., 16., 27. Juni, 14., 25., 29., 30. Juli, 12., 23., 27., 28., 31. Aug., 10., 21., 25., 26., 29. Sept., 8., 19., 23., 24., 27. Okt., 6., 17., 22., 25. Nov., 4., 15., 19., 20., 23. Dez.

Schicksalhaft: 16. Jan., 14. Feb., 12. März, 10. April, 8. Mai, 6. Juni, 4. Juli, 2., 13., 14., 15., 16. Aug.

Problematisch: 8., 29., 31. Jan., 6., 27., 29. Feb., 4., 25., 27., 28. März, 2., 23., 25., 26. April, 21., 23., 24. Mai, 19., 21., 22. Juni, 17., 19., 20. Juli, 15., 17., 18. Aug., 13., 15., 16. Sept., 11., 14., 30. Okt., 9., 11., 12., 28. Nov., 7., 9., 10., 26. Dez.

Seelenverwandt: 30. Mai, 28. Juni, 26. Juli, 24. Aug., 22., 30. Sept., 20., 28. Okt., 18., 26. Nov., 16., 24. Dez.

12. Februar

SONNE: WASSERMANN
DEKADE: WAAGE/VENUS
GRAD: 22° – 23°30' WASSERMANN
ART: FIXZEICHEN
ELEMENT: LUFT

Fixsterne

Sad Al Suud; Deneb Algedi; Nashira, auch «Überbringer guter Nachrichten» genannt

Hauptstern

Name des Sterns: Sad Al Suud
Gradposition: 22°24' – 23°20' Wassermann zwischen den Jahren 1930 und 2000
Magnitude: 3
Stärke: ******
Orbit: 1°30'
Konstellation: Beta Aquarii
Tage: 11., 12., 13., 14. Februar
Sternqualitäten: unterschiedliche Einflüsse: Merkur/Saturn und Sonne/Uranus
Beschreibung: blaßgelber Stern an der linken Schulter des Wassermann.

Einfluß des Hauptsterns

Mit dem Einfluß von Sad Al Suud werden Kreativität, Phantasie, Intuition und spirituelle Fähigkeiten assoziiert. Unter seinem Einfluß interessieren Sie sich oft für Astrologie und Metaphysik. Er sorgt außerdem dafür, daß Sie häuslich sind und Ihr Zuhause schätzen.
Im Zusammenhang mit dem Stand Ihrer Sonne steht Sad Al Suud für Originalität, Erfolg in der Öffentlichkeit und Interesse für Astrologie, Philosophie oder Spiritualität. Sie sind kämpferisch, originell und phantasievoll. Es können sich unter dem Einfluß dieses Sterns merkwürdige oder unerwartete Dinge ereignen.
• Positiv: Originalität, kreativ, glückliche Veränderungen, neue Möglichkeiten.
• Negativ: Skandale, übereiltes Handeln.

Sie sind ein origineller, intelligenter und kreativer Wassermann mit anziehendem Charme und guten sozialen Fähigkeiten. Sie haben Führungsqualitäten und einen ausgeprägten, objektiven Verstand, mit dem Sie rasch Menschen, Situationen und neue Ideen erfassen und einschätzen können. Ehrgeizig und klug, denken Sie in großen Maßstäben; hüten Sie sich aber davor, daß Sie sich mit all Ihren Talenten und Fähigkeiten nicht verzetteln.

Durch den Untereinfluß Ihres Dekadenzeichens Waage sind Sie charmant, gesellig und kommen mit Menschen jeglicher Herkunft zurecht. Auch wenn Sie gelegentlich distanziert und kühl wirken, sehnen Sie sich nach Zuneigung und einem Kreis lieber Freunde. Sie sind eine interessante Mischung aus Menschlichkeit und Geschäftssinn. Ihr diplomatisches Geschick und Ihre Gabe, schnell Kontakte zu knüpfen und Ihre Ideen gut zu vermarkten, tragen viel zu Ihrem Erfolg bei.

Hinter Ihrem kühlen und distanzierten Äußeren sind Sie oft komplexer, als es den Anschein hat. Wenn Sie Ihre innere Rastlosigkeit in Selbstdisziplin verwandeln, können Sie all die kreativen und phantasievollen Ideen in Ihrem Kopf Wirklichkeit werden lassen. Da Sie gutes Einschätzungsvermögen haben, gewinnen Sie aber in den meisten Situationen schnell die Oberhand. Achten Sie aber darauf, daß Ihre natürlichen Führungsqualitäten nicht in herrisches oder stures Verhalten ausarten. Wenn es Ihnen gutgeht, sind Sie unabhängig, äußerst begeisterungsfähig, dynamisch und erfinderisch und haben Ihren ganz eigenen Stil.

Zwischen 8 und 37, solange Ihre Sonne sich durch das Zeichen der Fische bewegt, verstärken sich Ihre Sensibilität, Phantasie, Wahrnehmung und Hellsicht. Dies schlägt sich in Ihren Träumen und Zielen, aber auch in Ihrem gesellschaftlichen Leben nieder. Im Alter von 38 erleben Sie einen Wendepunkt, wenn Ihre Sonne in das Zeichen des Widders tritt. Ihr Ehrgeiz und Ihre Entschlossenheit treten mehr in Erscheinung, und Sie finden langsam zu sich selbst. Vielleicht beginnen Sie noch einmal etwas ganz Neues im Leben oder haben neue progressive Ideen. Wenn Ihre Sonne in den Stier wechselt, sind Sie 68 und haben ein größeres Bedürfnis nach Stabilität, Sicherheit und emotionaler Beständigkeit.

Ihr geheimes Selbst

Sie haben künstlerische Talente und einen scharfen Verstand, was darauf hindeutet, daß Ihre Persönlichkeit viele verborgene Facetten hat. Schlagfertiger Witz und Drang nach Selbstverwirklichung können Ihre abenteuerlustige Natur zum Teil zufriedenstellen; Sie sollten aber darauf achten, daß Sie Ihre Energie nicht für Selbstzweifel, Unentschlossenheit oder Ängste vergeuden. Wenn Sie Glauben an sich selbst und Selbstdisziplin entwickeln und lernen, auf Ihre intuitiven Kräfte zu vertrauen, können Sie enorm erfolgreich sein. Dazu gehört auch, daß Sie Positionen ablehnen, die Ihren Talenten und Fähigkeiten nicht gerecht werden.

Da Sie sehr kreativ sind, haben Sie eine starke Antriebskraft, die Sie immer wieder zu neuen Leistungen motiviert. Sensibel und leicht erregbar, brauchen Sie aber unbedingt Phasen, in denen Sie sich Zeit und Muße für Meditation und Beschaulichkeit nehmen, um innere Ruhe zu finden.

Beruf & Karriere

Dank Ihrem ausgeprägten Geschäftssinn, Ihren Führungsqualitäten und Kommunikationsfähigkeiten können Sie ausgezeichnet Verhandlungen führen. Vielleicht interessieren Sie sich für den öffentlichen Dienst. Da Sie ein Faible für Bildung und Lernen haben, eignen Sie sich gut als Lehrer oder Dozent. Ihr Interesse für öffentliche Angelegenheiten kann dazu führen, daß Sie sich Politik oder beratenden Berufen zuwenden. Respekteinflößend und kompetent, eignen Sie sich im Geschäftsleben für Produktion, Administration, Verlagswesen oder Werbung. Ihr unabhängiger und kreativer Geist drängt Sie zu Publizistik, Theater oder Kunst. Als Mensch mit objektiver und unorthodoxer Denkweise sind Sie auch der geborene Wissenschaftler oder Erfinder. Ihre humanitäre Seite können Sie wirkungsvoll für gute Zwecke einsetzen. Wenn Sie sich für fremde Kulturen interessieren, sollten Sie sich Archäologie oder Anthropologie zuwenden.

Berühmte Persönlichkeiten dieses Tages sind US-Präsident Abraham Lincoln, der Biologe Charles Darwin, der Musiker Ray Manzarek, der Regisseur Franco Zeffirelli und der Theologe und Politiker Rainer Eppelmann.

Numerologie

Sie sind intuitiv und freundlich und haben den starken Wunsch nach echter Individualität. Innovativ und sensibel, wissen Sie genau, wie Sie Takt und Kooperationsbereitschaft einsetzen müssen, um Ihre Ziele zu erreichen. Wenn Sie ein Gleichgewicht zwischen Ihrem Bedürfnis nach Selbstverwirklichung und Ihrem Hang, andere zu unterstützen, herstellen, können Sie wahre emotionale Befriedigung und Erfüllung finden. Sie müssen aber den Mut finden, auf eigenen Füßen zu stehen, und mehr Selbstvertrauen entwickeln oder lernen, sich von anderen nicht so leicht entmutigen zu lassen. Der Untereinfluß der Monatszahl 2 führt dazu, daß Sie aufnahmefähig sind und über diplomatisches Geschick und soziale Kompetenz verfügen. Lernen müssen Sie, Ihr erfülltes gesellschaftliches Leben und Ihren Beruf und Ihre Pflichten unter einen Hut zu kriegen. Auch wenn Sie intuitiv und anpassungsfähig sind, haben Sie eine rastlose Ader, die bewirkt, daß Sie gelegentlich zu Ungeduld oder dominierendem Verhalten neigen. Mit Ihrem Interesse für Lernen und Reformen beschäftigen Sie sich gern mit progressiven Konzepten und sozialen Angelegenheiten, vor allem in den Bereichen Pädagogik und Politik.

Positiv: kreativ, Anziehungskraft, Initiative, Disziplin, fördert sich selbst und andere.
Negativ: verschlossen, exzentrisch, überempfindlich, mangelndes Selbstwertgefühl.

Liebe & Zwischenmenschliches

Freundlich, gesellig und lebenslustig, fällt es Ihnen leicht, Kontakte mit den unterschiedlichsten Menschen zu knüpfen. Im allgemeinen schätzen Sie geistig anregende Menschen oder Gruppen, in denen Sie Ihre Interessen mit anderen teilen und dazulernen können. Sie lieben neue Trends und sind selbstbewußt. In engen Beziehungen müssen Sie sich vor despotischem Verhalten hüten. Progressiv eingestellt, experimentieren Sie gern auf der Suche nach Liebe. Ihre distanzierte Haltung überdeckt oft nur, daß Sie Probleme haben, Ihre tiefen Gefühle zu zeigen.

Ihr Partner

Glück in Ihren Beziehungen werden Sie mit großer Wahrscheinlichkeit unter den an den folgenden Tagen geborenen Menschen finden:

Liebe & Freundschaft: 4., 11., 12., 26., 28., 30. Jan., 2., 9., 10., 24., 26., 28. Feb., 7., 8., 22., 24., 26. März, 5., 6., 10., 20., 22., 24., 30. April, 3., 4., 18., 20., 22., 28., 31. Mai, 1., 2., 6., 16., 18., 20., 26., 29. Juni, 14., 16., 18., 24., 27. Juli, 12., 14., 16., 22., 25. Aug., 10., 12., 14., 20., 23. Sept., 8., 10., 12., 13., 18., 21. Okt., 6., 8., 10., 16., 19. Nov., 4., 6., 8., 14., 17. Dez.

Günstig: 3., 10., 29., 31. Jan., 1., 8., 27. Feb., 6., 25. März, 4., 23. April, 2., 21., 23. Mai, 19. Juni, 17., 30. Juli, 15., 28. Aug., 13., 26. Sept., 11., 24. Okt., 9., 22. Nov., 7., 20. Dez.

Schicksalhaft: 11. Jan., 9. Feb., 7. März, 5. April, 3. Mai, 1. Juni, 14., 15., 16., 17. Aug.

Problematisch: 9. Jan., 7. Feb., 5., 28. März, 3., 26. April, 1., 24. Mai, 22. Juni, 20. Juli, 18. Aug., 16. Sept., 14., 30., 31. Okt., 12., 28., 29. Nov., 10., 26., 27. Dez.

Seelenverwandt: 7. Jan., 5. Feb., 3. März, 1. April, 29. Mai, 27. Juni, 25. Juli, 23. Aug., 21. Sept., 19. Okt., 17. Nov., 15. Dez.

SONNE: WASSERMANN
DEKADE: WAAGE/VENUS
GRAD: 23°30' –
24°30' WASSERMANN
ART: FIXZEICHEN
ELEMENT: LUFT

Fixsterne

Sad Al Suud; Deneb Algedi; Nashira, auch «Überbringer guter Nachrichten» genannt

Hauptstern

Name des Sterns: Sad Al Suud
Gradposition: 22°24' – 23°20' Wassermann zwischen den Jahren 1930 und 2000
Magnitude: 3
Stärke: ******
Orbit: 1°30'
Konstellation: Beta Aquarii
Tage: 11., 12., 13., 14. Februar
Sternqualitäten: unterschiedliche Einflüsse: Merkur/Saturn und Sonne/Uranus
Beschreibung: blaßgelber Stern an der linken Schulter des Wassermann.

Einfluß des Hauptsterns

Mit dem Einfluß von Sad Al Suud werden Kreativität, Phantasie, Intuition und spirituelle Fähigkeiten assoziiert. Unter seinem Einfluß interessieren Sie sich oft für Astrologie und Metaphysik. Er sorgt außerdem dafür, daß Sie häuslich sind und Ihr Zuhause schätzen.
Im Zusammenhang mit dem Stand Ihrer Sonne steht Sad Al Suud für Originalität, Erfolg in der Öffentlichkeit und Interesse für Astrologie, Philosophie oder Spiritualität. Sie sind kämpferisch, originell und phantasievoll. Es können sich unter dem Einfluß dieses Sterns merkwürdige oder unerwartete Dinge ereignen.
• Positiv: Originalität, kreativ, glückliche Veränderungen, neue Möglichkeiten.
• Negativ: Skandale, übereiltes Handeln.

13. Februar

Mit Ihren Kommunikationsfähigkeiten und erfinderischen Ideen sind Sie ein origineller und talentierter Wassermann mit viel Gefühl für Wirkung. Ihr starker Charakter bringt mit sich, daß Sie stolz auf Ihre Arbeit sein möchten und ungern untergeordnete Positionen einnehmen. Eifrig, kreativ und verläßlich, sind Sie gern Teil einer Gruppe, in der Sie eine führende Rolle einnehmen.

Der Untereinfluß Ihres Dekadenzeichens Waage macht Sie gesellig und charmant und fähig, mit Menschen jeglicher Herkunft umzugehen. Ihr diplomatisches Geschick und Ihr gutes Einschätzungsvermögen helfen Ihnen beim Erfolg und unterstützen Ihren Geschäftssinn und Ihr Verhandlungstalent. Da Sie originelle Ideen und eine hochentwickelte Wahrnehmung haben, außerdem Schönheit lieben, drücken Sie Ihre Individualität gern in Kunst oder Literatur aus. Ihr ausgeprägtes Bedürfnis nach Liebe und Zuneigung macht Ihnen Beziehungen sehr wichtig.

Sie sind scharfsichtig und haben eine gute Beobachtungsgabe; dadurch können Sie glasklar denken und Probleme messerscharf analysieren. Als Menschenfreund und Rebell setzen Sie sich gern für die Rechte anderer ein oder engagieren sich für eine idealistische Sache. Sie sind andern gegenüber gern direkt und freimütig, müssen allerdings aufpassen, daß Sie dabei nicht herrisch oder scharfzüngig werden.

Zwischen 7 und 36, solange Ihre Sonne sich durch das Zeichen der Fische bewegt, verstärken sich Ihre Sensibilität und Ihr visionäres Denken. Ihre Gefühle drängen Sie, sich idealistischen, kreativen oder spirituellen Zielen zuzuwenden. Im Alter von 37 erleben Sie einen Wendepunkt, wenn Ihre Sonne in das Zeichen des Widder tritt. Sie werden im Alltag bestimmter, aktiver und direkter und beginnen vielleicht etwas ganz Neues. Wenn Ihre Sonne in den Stier wechselt, sind Sie 67. Jetzt haben Sie ein größeres Bedürfnis nach finanzieller Stabilität und Sicherheit und entwickeln große Liebe zur Natur.

Ihr geheimes Selbst

Obwohl Sie ehrgeizig sind und ausgeprägten Geschäftssinn haben, leiden Sie wegen Ihrer Finanzen gelegentlich unter Ängsten oder Unentschlossenheit, was Sie daran hindert, Ihr kreatives Potential voll auszuschöpfen. Wenn Sie mit mehr Leichtigkeit und Optimismus an die Dinge herangehen und Extravaganzen in Grenzen halten, wird Ihnen Ihr Leben plötzlich viel einfacher erscheinen. Da Sie ein freier Denker und mutig sind, können Sie inspirierende Ideen entwickeln. Wenn Sie diese Ideen mit Selbstdisziplin verknüpfen, sind die Ergebnisse hervorragend. Großzügig und tolerant, haben Sie eine universale Einstellung, die Ihnen dabei hilft, andere zu führen.

Sie lieben Aufregung und verstehen es meisterlich, andere zu motivieren oder für Veränderungen oder Reformen zu begeistern. Da Sie gelegentlich zu Sturheit neigen, sollten Sie sich um Distanz und Ausgeglichenheit bemühen, um Frustration oder Enttäuschung zu vermeiden. Aufgrund Ihrer Sensibilität brauchen Sie regelmäßig Zeit für sich, um Kraft zu tanken.

Beruf & Karriere

Mit Ihrer Intelligenz und Ihrem praktischen Geschick sind Sie erfinderisch und originell. Kreativ und vielseitig, brauchen Sie Abwechslung und verschiedenartige Möglichkeiten, um sich auszudrücken. Sie lieben große Projekte und Teamwork, fühlen sich aber in untergeordneten Positionen sofort eingeengt. Am besten wählen Sie einen Beruf, in dem Sie selbständig arbeiten können oder selbst die Kontrolle haben. Mit Ihrem intuitiven Intellekt eignen Sie sich für Forschung, Pädagogik, Metaphysik oder Philosophie. Ihre humanitäre Seite kann Sie in einen Berater- oder Heilberuf führen, in die Sozialarbeit oder dazu, daß Sie sich für die Rechte anderer engagieren. Da Sie vielseitig begabt sind und ein ausgeprägtes Gefühl für Musik, Kunst und Theater haben, steht Ihnen auch die Welt von Kunst, Medien oder Entertainment offen. Ihre humanitäre Einstellung und Ihre Gabe, Reformen durchzusetzen, machen Sie sehr für den Kampf für eine gute Sache oder für Dienste zum Wohle anderer geeignet.

Berühmte Persönlichkeiten dieses Tages sind die Sänger Peter Gabriel und Tennessee Ernie Ford, die Schauspielerinnen Kim Novak und Stockard Channing sowie die Schauspieler Oliver Reed und George Segal.

Numerologie

Mit der Zahl 13 werden oft emotionale Sensibilität, Begeisterungsfähigkeit und Inspiration verbunden. Numerologisch gesehen sind Sie ehrgeizig, können hart arbeiten und durch kreativen Selbstausdruck sehr viel erreichen. Ihre Lebensauffassung sollte pragmatischer werden, damit Sie Ihre kreativen Begabungen in greifbare Ergebnisse umsetzen können. Ihre originelle und innovative Art führt oft zu neuen und aufregenden Ideen, die andere beeindrucken. Sie sind ernsthaft, romantisch, charmant und lebenslustig, und mit genügend Hingabe können Sie es zu Wohlstand bringen. Durch den Untereinfluß der Monatszahl 2 sind Sie aufgeschlossen und idealistisch und haben ein Flair für den Umgang mit Menschen. Ehrgeizig, aber auch charmant, können Sie geschickt Ihre diplomatischen Fähigkeiten und Ihre freundliche Persönlichkeit einsetzen, um finanziell und gesellschaftlich erfolgreich zu sein. Ihr Drang, Ihre Talente zum Ausdruck zu bringen, läßt Sie wirkungsvoll und dynamisch vorgehen, wenn Sie ein Ziel vor Augen haben. Obwohl Sie im allgemeinen großzügig und nett sind, neigen Sie gelegentlich zu Überreaktionen, Verschwendungssucht oder dazu, sich gehen zu lassen. Sie profitieren sehr von gemeinschaftlichen Aktivitäten, sind dabei aber gern in führender Position.

Positiv: ehrgeizig, kreativ, freiheitsliebend, ausdrucksstark, initiativ.

Negativ: impulsiv, unentschlossen, herrisch, gefühllos, rebellisch, egoistisch.

Liebe & Zwischenmenschliches

Gesellig und freundlich, haben Sie mit Ihrer unterhaltsamen und witzigen Art viele Freunde und Bekannte. Im allgemeinen interessieren Sie sich für intelligente und kreative Menschen, da Sie dazu anregen, sich auszudrücken. Auch wenn Sie Liebe und Zuneigung brauchen, können Unentschlossenheit oder Unsicherheit in dauerhaften Beziehungen Verwirrung stiften. Wenn Sie lernen, Distanz zu wahren, und sich eine kreative Beschäftigung suchen, bereitet Ihnen Ihr Privatleben weniger Kummer. Ihre humanitäre Seite deutet darauf hin, daß Ihnen Freundschaft sehr viel bedeutet.

Ihr Partner

Chancen, Ihren idealen Partner zu finden, bieten sich unter den an den folgenden Tagen geborenen Menschen:

Liebe & Freundschaft: 13., 17., 29. Jan., 11., 27., 29. Feb., 9., 25., 27. März, 7., 11., 23., 25. April, 5., 21., 23., 29. Mai, 3., 7., 19., 21., 27., 30. Juni, 1., 17., 19., 25., 28. Juli, 15., 17., 23., 26. Aug., 13., 15., 21., 24. Sept., 11., 13., 19., 22., 29. Okt., 9., 11., 17., 20., 27. Nov., 7., 9., 15., 18., 25. Dez.

Günstig: 11. Jan., 9. Feb., 7., 31. März, 5., 29. April, 3., 27., 31. Mai, 1., 9., 25., 29. Juni, 23., 27., 31. Juli, 21., 25., 29., 30. Aug., 19., 23., 27., 28. Sept., 1., 17., 21., 25., 26. Okt., 15., 19., 23., 24., 30. Nov., 13., 17., 21., 22., 28. Dez.

Schicksalhaft: 12. Jan., 10. Feb., 8. März, 6. April, 4. Mai, 2. Juni, 15., 16., 17., 18. Aug.

Problematisch: 10. Jan., 8. Feb., 6., 29. März, 4., 27. April, 2., 25. Mai, 23. Juni, 21. Juli, 19. Aug., 17. Sept., 15., 31. Okt., 13., 29., 30. Nov., 11., 27., 28. Dez.

Seelenverwandt: 18., 24. Jan., 16., 22. Feb., 14., 20. März, 12., 18. April, 10., 16. Mai, 8., 14. Juni, 6., 12. Juli, 4., 10. Aug., 2., 8. Sept., 6. Okt., 4. Nov., 2. Dez.

SONNE: WASSERMANN
DEKADE: WAAGE/VENUS
GRAD: 24° – 25°30' WASSERMANN
ART: FIXZEICHEN
ELEMENT: LUFT

Fixsterne

Sad Al Suud; Deneb Algedi

Hauptstern

Name des Sterns: Sad Al Suud
Gradposition: 22°24' – 23°20' Wassermann zwischen den Jahren 1930 und 2000
Magnitude: 3
Stärke: ✶✶✶✶✶✶
Orbit: 1°30'
Konstellation: Beta Aquarii
Tage: 11., 12., 13., 14. Februar
Sternqualitäten: unterschiedliche Einflüsse: Merkur/Saturn und Sonne/Uranus
Beschreibung: blaßgelber Stern an der linken Schulter des Wassermann.

Einfluß des Hauptsterns

Mit dem Einfluß von Sad Al Suud werden Kreativität, Phantasie, Intuition und spirituelle Fähigkeiten assoziiert. Unter seinem Einfluß interessieren Sie sich oft für Astrologie und Metaphysik. Er sorgt außerdem dafür, daß Sie häuslich sind und Ihr Zuhause schätzen.
Im Zusammenhang mit dem Stand Ihrer Sonne steht Sad Al Suud für Originalität, Erfolg in der Öffentlichkeit und Interesse für Astrologie, Philosophie oder Spiritualität. Sie sind kämpferisch, originell und phantasievoll. Es können sich unter dem Einfluß dieses Sterns merkwürdige oder unerwartete Dinge ereignen.
• Positiv: Originalität, kreativ, glückliche Veränderungen, neue Möglichkeiten.
• Negativ: Skandale, übereiltes Handeln.

14. Februar

 Mit diesem Geburtstag sind Sie ein freundlicher, charmanter und intelligenter Wassermann mit einem großen Herzen. Dank Ihrer besonders liebenswürdigen Persönlichkeit haben Sie hochentwickelte soziale Fähigkeiten, die Ihnen stets helfen, erfolgreich zu sein. Von ausgeprägter Vorstellungskraft und imagebewußt, sind Sie kreativ und machen Eindruck auf andere.

Durch den Untereinfluß Ihres Dekadenzeichens Waage sind Sie herzlich und umgänglich und brauchen Zuneigung und harmonische Beziehungen. Sie lieben Schönheit, Kunst und Musik und haben ausgeprägte kreative Talente. Wenn Sie Selbstdisziplin üben, können Sie daraus eine wunderbare Form des Selbstausdrucks entwickeln. Da Sie Luxus und Stil lieben, wollen Sie vom Leben nur das Beste.

Im Umgang mit anderen sind Sie offen, ehrlich und unkompliziert. Da Sie schnell die Beweggründe der Menschen erspüren, sind Sie ein geborener Psychologe und Menschenfreund. Durch distanziertes Auftreten schützen Sie sich oft selbst vor dem Verletztwerden. Sie sollten aber darauf achten, daß andere dieses Verhalten nicht mißverstehen und sich abgewiesen fühlen. Ein jugendlicher Zug wird Ihnen Ihr ganzes Leben lang bleiben; damit wird es Ihnen immer wieder gelingen, andere zu bezaubern und zu unterhalten.

Zwischen 6 und 35, solange Ihre Sonne durch das Zeichen der Fische wandert, entwickeln sich Ihre Sensibilität und Ihre Phantasie, was sich in Träumen, visionärem Denken und Idealen, aber auch in Ihrem gesellschaftlichen Leben niederschlägt. Im Alter von 36 erleben Sie einen Wendepunkt, wenn Ihre Sonne in das Zeichen des Widders tritt. Sie werden bestimmter, aktiver und zeigen mehr Initiative. Sie unterstützen oder führen progressive Unternehmungen an und treten anderen gegenüber direkter auf. Wenn Ihre Sonne in den Stier wechselt, sind Sie 66 und haben ein größeres Bedürfnis nach einer praktischen Lebenseinstellung und finanzieller Sicherheit.

Ihr geheimes Selbst

Mit der breiten Palette Ihrer Interessen und Wünsche sind Sie gelegentlich unentschlossen oder geraten in Konflikt zwischen Ihren Idealen und der trivialen Wirklichkeit. Ihre strahlende Persönlichkeit und Ihre Ausdruckskraft helfen Ihnen aber, die richtige Lebensperspektive nicht zu verlieren. Lassen Sie nicht zu, daß das Bedürfnis nach materieller Sicherheit Sie davon abhält, Chancen zu ergreifen.

Auch wenn Sie praktisch sind, haben Sie spirituelle und intuitive Kräfte, die Ihnen bei der Selbstfindung, aber auch in Ihrem Bemühen, anderen zu helfen, sehr nützlich sein können. Mit Ihrer verspielten Ader sollten Sie sich um größeres Verantwortungsbewußtsein bemühen, um mehr Stabilität in Ihr Leben zu bringen und so Ihre Erfolgschancen zu verbessern. Sie haben Sinn für Wirkung und eine Menge kluger Ideen, sollten aber Ihre Vitalität und Rastlosigkeit durch kreative Beschäftigungen in konstruktive Bahnen lenken. Ihr Wissensdurst wird Sie ein Leben lang begleiten und Ihnen Ihre Jugendlichkeit und Begeisterungsfähigkeit erhalten.

Beruf & Karriere

Individuell und entschlossen, strahlen Sie Charme und Vitalität aus. Im Geschäftsleben nutzen Sie diese Eigenschaften zur Eigenpromotion und ergreifen jede Chance, um weiterzukommen. Da Sie hart arbeiten können und ebenso praktisch wie führungsstark sind, eignen Sie sich für Verkauf, Promotion oder Imagewerbung. Ihr Gefühl für den Umgang mit Menschen nützt Ihnen in der Dienstleistungsbranche, aber auch für Positionen in großen Konzernen, zumal Sie wunderbar im Aufbau von Netzwerken sind. Sie können auch eine Agentur leiten oder in Medien oder Verlagswesen tätig werden. Bank- und Versicherungswesen oder die Börse interessieren Sie ebenfalls. Am besten aber ist für Sie, sich selbständig zu machen. Wenn Sie ein aufregendes und abwechslungsreiches Leben lieben, gehen Sie ins Showbusineß.

Berühmte Persönlichkeiten dieses Tages sind der Regisseur Alan Parker, der Gewerkschafter James Hoffa, der Soziologe und Philosoph Max Horkheimer und der Choreograph Gregory Hines.

Numerologie

Charakteristisch für die Zahl 14 sind intellektuelles Potential, Pragmatismus und Entschlossenheit. Tatsächlich hat die Arbeit für Sie oft erste Priorität, und Sie beurteilen sich und andere gern nach ihrem Stand auf der Karriereleiter. Auch wenn Sie Stabilität brauchen, werden Sie von Rastlosigkeit angetrieben und suchen ständig neue Herausforderungen, um voranzukommen. Diese innere Unruhe und Unzufriedenheit kann dazu führen, daß es in Ihrem Leben häufig zu Veränderungen kommt, vor allem wenn Sie mit Ihrer beruflichen oder finanziellen Situation nicht zufrieden sind. Mit Ihrem aufnahmebereiten Geist können Sie Probleme schnell erkennen und lösen. Der Untereinfluß der Monatszahl 2 macht Sie intuitiv und schenkt Ihnen gutes Urteilsvermögen. Ihr Hang zu Nörgelei und Egozentrik zeigt, daß Sie perfektionistisch sein können, was manchmal in skeptischen Rationalismus ausufert. Sie sind wahrnehmungsstark und instinktbegabt, neigen aber zu Rastlosigkeit und mangelndem Vertrauen. Da Sie Ihre Entscheidungen am liebsten allein treffen, lernen Sie am besten durch persönliche Erfahrung.

Positiv: entschlossen, fleißig, kreativ, pragmatisch, phantasievoll.

Negativ: übervorsichtig oder impulsiv, unentschlossen, labil, gedankenlos, stur.

Liebe & Zwischenmenschliches

Charmant und individuell, möchten Sie frei sein, die Chancen zu ergreifen, die sich Ihnen bieten. Da Sie leicht Freunde finden, gibt es viel gesellschaftliche Aktivität in Ihrem Leben. Viele Ihrer Chancen ergeben sich durch persönliche Kontakte. Sie sind praktisch und haben gesunden Menschenverstand, sollten sich aber bei der Partnerwahl viel Zeit lassen, da Sie sich schnell eingeengt fühlen oder das Interesse verlieren. Da Sie selbst offen und direkt sind, interessiert Sie ein Partner, der praktisch, aber auch phantasiebegabt und sensibel ist. Auch wenn Ihnen Beziehungen sehr wichtig sind, brauchen Sie in einer Partnerschaft viel Freiraum.

Ihr Partner

Dauerhaftes Glück und Liebe finden Sie am ehesten unter den Menschen, die an folgenden Tagen geboren sind:

Liebe & Freundschaft: 6., 8., 14., 18., 23., 26., 28. Jan., 4., 10., 12., 21., 24., 26. Feb., 2., 10., 12., 19., 22., 24. März, 8., 12., 14., 17., 20., 22. April, 6., 15., 16., 18., 20., 22. Mai, 4., 13., 16., 18., 20. Juni, 2., 11., 14., 16., 20. Juli, 4., 9., 12., 14., 22. Aug., 7., 10., 12., 24. Sept., 5., 8., 10., 12., 26. Okt., 3., 6., 8., 28. Nov., 1., 4., 6., 30. Dez.

Günstig: 9., 12., 17. Jan., 7., 10. Feb., 5., 8. März, 3., 6. April, 1., 4. Mai, 2., 7., 30. Juni, 28. Juli, 26., 30., 31. Aug., 24., 28., 29. Sept., 22., 26., 27. Okt., 20., 24., 25. Nov., 18., 22., 23., 29. Dez.

Schicksalhaft: 16., 17., 18., 19. Aug.

Problematisch: 11., 13., 29. Jan., 9., 11. Feb., 7., 9., 30. März, 5., 7., 28. April, 3., 5., 26., 31. Mai, 1., 3., 24., 29. Juni, 1., 22., 27. Juli, 20., 25. Aug., 18., 23., 30. Sept., 16., 21., 28. Okt., 14., 19., 26. Nov., 12., 17., 24. Dez.

Seelenverwandt: 12., 29. Jan., 10., 27. Feb., 8., 25. März, 6., 23. April, 4., 21. Mai, 2., 19. Juni, 17. Juli, 15. Aug., 13. Sept., 11. Okt., 9. Nov., 7. Dez.

SONNE: WASSERMANN
DEKADE: WAAGE/VENUS
GRAD: 25° – 26°30' WASSERMANN
ART: FIXZEICHEN
ELEMENT: LUFT

Fixsterne

Ihre Sonne ist zwar nicht mit einem Fixstern verbunden, sicherlich aber einer der anderen Planeten Ihres Sonnenzeichens. Wenn Sie sich ein Geburtshoroskop erstellen lassen, lernen Sie die exakten Positionen der Planeten an Ihrem Geburtstag kennen. Auf diese Weise können Sie feststellen, welche der Fixsterne in diesem Buch für Sie von Interesse sind.

15. Februar

Als origineller Denker mit schneller Auffassungsgabe sind Sie ein großzügiger und freundlicher Wassermann mit einem ausgeprägten Sinn für Werte. Liebenswürdig und begeisterungsfähig, können Sie dank Ihrer Fähigkeit, schnell zu lernen, viele Talente im Leben entwickeln. Sie sind ein charismatischer Kommunikator mit gutem Geschäftssinn, der Chancen sofort erkennt, wenn sie sich bieten, und seine Begabungen in bare Münze umwandeln kann.

Durch den Untereinfluß Ihres Dekadenzeichens Waage können Sie mit den unterschiedlichsten Menschen umgehen und haben die Macht, sie mit Ihren erfindungsreichen Ideen zu beeinflussen. Charmant und herzlich, haben Sie ein ausgeprägtes Interesse an gesellschaftlichen Aktivitäten, aber auch eine starke humanitäre Ader. Ihr diplomatisches Geschick und Ihre Gabe, Kontakte zu knüpfen, ergänzen sich hervorragend mit Ihrem Talent, Ideen zu vermitteln; das erhöht Ihre Erfolgschancen ungemein. Da Sie Schönheit, Stil und Luxus lieben, haben Sie meist einen ziemlich kostspieligen Geschmack.

Sie haben Visionen und die Fähigkeit, die Dinge ganzheitlich zu sehen, beweisen häufig Weitsicht und sind ein ausgezeichneter Organisator. Da Sie sich ungern mit Kleinigkeiten und Trivialitäten abgeben, arbeiten Sie besser mit einem positiven und fest umrissenen Ziel. Auch wenn Ihre rebellische Seite immer wieder für meist positive Veränderungen in Ihrem Leben sorgt, führt sie doch auch dazu, daß Sie sich manchmal stur oder streitlustig verhalten. Da Sie begabt sind und Situationen schnell einschätzen können, haben Sie die besten Voraussetzungen, um Ihre Träume zu verwirklichen. Achten Sie aber darauf, daß Sie dabei nicht durch materielle Überlegungen abgelenkt werden.

Zwischen 5 und 34, solange sich Ihre Sonne durch das Zeichen der Fische bewegt, entwickeln Sie Subtilität, Ihre Sensibilität vertieft sich, und Sie suchen nach idealistischen oder kreativen Zielen. Im Alter von 35 erleben Sie einen Wendepunkt, wenn Ihre Sonne in das Zeichen des Widders eintritt; nun werden Sie im täglichen Leben bestimmter, aktiver und direkter und beginnen möglicherweise etwas ganz Neues. Wenn Ihre Sonne in den Stier wechselt, sind Sie 65 und haben das Bedürfnis nach einer pragmatischen Lebenseinstellung, finanzieller Stabilität und Sicherheit.

Ihr geheimes Selbst

Da Sie Gefühl für Wirkung haben und Stolz ausstrahlen, erscheinen Sie stets selbstbewußt und bekleiden häufig autoritäre Positionen. Sie können gut Netzwerke aufbauen, Menschen mit verschiedenstem Background zusammenbringen und empfinden Befriedigung darin, anderen zu helfen. Ihre Kultiviertheit und Ihre Liebe zur Kunst regen Sie dazu an, Ihre kreativen Talente zu entwickeln, entweder auf professioneller Ebene oder als Hobby. Finanziellen Erfolg erreichen Sie leicht; wahre Erfüllung aber finden Sie nur, wenn Sie Ihren inneren Idealen nachleben und Ihre natürliche Weisheit entwickeln.

Sie haben große Ausdauer, die Ihnen hilft, Ihre Ziele leicht zu erreichen. In einer Position, die Ihren Fähigkeiten nicht entspricht, erkennen Sie jedoch nicht, über was für ein enormes Potential Sie verfügen. Mit entsprechender Anstrengung und genug Selbstdisziplin haben Sie aber ausgezeichnete Erfolgschancen.

Beruf & Karriere

Da Sie gut delegieren können und sich für öffentliche Angelegenheiten interessieren, eignen Sie sich gut für den öffentlichen Dienst oder als Staatsangestellter. Mit Ihrem ausgezeichneten Geschäftssinn, Ihren Kommunikationsfähigkeiten und Führungsqualitäten können Sie hervorragend Verhandlungen führen oder als Berater tätig werden. Ihr Interesse an Bildung und Lernen mag Sie in einen pädagogischen oder schreibenden Beruf führen. Da Sie sich für neue technologische Entwicklungen interessieren, eignen Sie sich auch für Computerbereiche oder als Ingenieur. Im Geschäftsleben fühlen Sie sich zu Bankwesen oder Dienstleistungsbetrieben hingezogen. Ihre Kreativität inspiriert Sie möglicherweise zu ungewöhnlichen Kunstwerken. Als Menschenfreund können Sie sich wirkungsvoll für eine gute Sache engagieren. Wer es mit diesem Geburtstag zu Wohlstand bringt, wird häufig zum Philanthropen oder Kunstmäzen.

Berühmte Persönlichkeiten dieses Tages sind die Schauspielerinnen Jane Seymour, Claire Bloom und Marisa Berenson, der Astronom Galileo Galilei, der Grafiker und Maler HAP Grieshaber, der Schauspieler John Barrymore und der Juwelier Charles Tiffany.

Numerologie

Mit der Zahl 15 werden Vielseitigkeit, Enthusiasmus und Rastlosigkeit verbunden. Ihre größten Vorzüge sind Ihre ausgeprägten Instinkte und die Fähigkeit, durch die Verknüpfung von Theorie und Praxis schnell zu lernen. Dank Ihrer guten Intuition erkennen Sie sofort, wenn sich eine gute Gelegenheit bietet. Sie haben das Talent, Geld anzuziehen und auf Hilfe und Unterstützung anderer rechnen zu können. Unbekümmert, aber resolut, lieben Sie das Unerwartete und gehen gern Risiken ein. Der Untereinfluß der Monatszahl 2 macht Sie hoch intuitiv und aufnahmefähig. Auch wenn Sie unternehmungslustig sind und hart arbeiten, lieben Sie geselliges Zusammensein mit anderen, müssen aber lernen, Ihre Meinung durchzusetzen, ohne intolerant oder aggressiv zu werden. Rastlos und geistig aktiv, sind Sie ehrgeizig und stark motiviert, neigen aber dazu, sich zu überarbeiten oder in Habgier zu verfallen. Wenn Sie enthusiastisch und optimistisch eingestellt sind, profitieren Sie sehr von der Zusammenarbeit mit anderen.

Positiv: bereitwillig, großzügig, verantwortungsbewußt, freundlich, kooperativ, liebevoll, kreativ.

Negativ: rastlos, mangelndes Verantwortungsbewußtsein, egozentrisch, Angst vor Veränderungen, kein Vertrauen, unentschlossen, materialistisch.

Liebe & Zwischenmenschliches

Kontaktfreudig und beliebt, haben Sie viele Freunde und Bekannte. Als loyaler Partner sind Sie Freunden und Familie gegenüber großzügig. Mit Ihrem Charme haben Sie viel Gelegenheit, Freundschaften oder romantische Beziehungen einzugehen. Intelligent und dynamisch, schätzen Sie starke Persönlichkeiten mit Charisma. Auch wenn Sie tiefe Gefühle und ein ausgeprägtes Bedürfnis nach Liebe und Zuneigung haben, können Sie sich manchmal nicht entscheiden, wer der richtige Partner für Sie ist. Ihre Freundlichkeit und Ihr Charisma garantieren Ihnen gesellschaftlichen Erfolg.

Ihr Partner

Den richtigen Partner werden Sie mit großer Wahrscheinlichkeit unter den an den folgenden Tagen geborenen Menschen finden:

Liebe & Freundschaft: 6., 15., 18., 29., 31. Jan., 4., 13., 27., 29. Feb., 2., 11., 25., 27. März, 9., 12., 23., 25. April, 7., 21., 23. Mai, 1., 5., 19., 21. Juni, 3., 17., 19., 30. Juli, 1., 15., 17., 28. Aug., 13., 15., 26. Sept., 1., 11., 13., 24. Okt., 9., 11., 22. Nov., 7., 9., 20. Dez.

Günstig: 13., 15., 19. Jan., 11., 13., 17., 19. Feb., 9., 11., 15. März, 7., 9., 13. April, 5., 7., 11. Mai, 3., 5., 9., 11. Juni, 1., 3., 7., 29. Juli, 1., 5., 27., 31. Aug., 3., 25., 29. Sept., 1., 3., 23., 27. Okt., 21., 25. Nov., 19., 23. Dez.

Schicksalhaft: 30. Mai, 28. Juni, 26. Juli, 17., 18., 19., 20., 24. Aug., 22. Sept., 20. Okt., 18. Nov., 16. Dez.

Problematisch: 12. Jan., 10. Feb., 8. März, 6. April, 4. Mai, 2. Juni, 31. Aug., 29. Sept., 27., 29., 30. Okt., 25., 27., 28. Nov., 23., 25., 26., 30. Dez.

Seelenverwandt: 2., 28. Jan., 26. Feb., 24. März, 22. April, 20. Mai, 18. Juni, 16. Juli, 14. Aug., 12. Sept., 10. Okt., 8. Nov., 6. Dez.

SONNE: WASSERMANN
DEKADE: WAAGE/VENUS
GRAD: 26° – 27°30' WASSERMANN
ART: FIXZEICHEN
ELEMENT: LUFT

Fixsterne

Ihre Sonne ist zwar nicht mit einem Fixstern verbunden, sicherlich aber einer der anderen Planeten Ihres Sonnenzeichens. Wenn Sie sich ein Geburtshoroskop erstellen lassen, lernen Sie die exakten Positionen der Planeten an Ihrem Geburtstag kennen. Auf diese Weise können Sie feststellen, welche der Fixsterne in diesem Buch für Sie von Interesse sind.

16. Februar

Intelligent und mit weltoffenen Ansichten, sind Sie ein freundlicher und unabhängiger Wassermann. Mit diesem Geburtstag sind Sie im allgemeinen großzügig und offen, haben aber auch eine kritische und introvertierte Seite. Ihre ausgeprägten Führungsinstinkte deuten darauf hin, daß Sie sich nicht gern unterordnen und ein gutes Wertesystem haben.

Durch den zusätzlichen Einfluß Ihrer Sonne in der Dekade der Waage haben Sie gute soziale und kommunikative Fähigkeiten. Sie brauchen Menschen, Liebe und Zuneigung, und Ihre Beziehungen sind Ihnen sehr wichtig. Sie sind geistreich und kultiviert, haben eine rasche Auffassungsgabe und humanitäre Ansichten. Auch wenn Sie unabhängig sind, können Sie aufgrund Ihres Talents, mit Menschen umzugehen, gut im Team arbeiten. Gelegentlich neigen Sie zu Phasen exzentrischer Labilität, in denen Sie sich schnell langweilen, nicht zuhören können und nichtssagend im Gespräch sind.

Da Sie gern aktiv sind, können Sie produktiv und erfinderisch sein. Ein Hauch von Genialität läßt Sie manchmal sehr inspirierende und einzigartige Ideen produzieren. Als außergewöhnlicher Denker können Sie gut Informationen zusammentragen. Sie lernen gern und teilen Ihr Wissen auch gern mit anderen. Wenn Sie allerdings zu sehr mit Ihren eigenen Gedanken beschäftigt sind, mangelt es Ihnen an Konzentration, und Sie wirken abwesend. Auch wenn Sie im allgemeinen unvoreingenommen sind, kommt es vor, daß Sie Enttäuschungen oder Frustrationen nicht loslassen können, was Ihre positiven Pläne und Ziele unterminiert. Wenn Sie die Vergangenheit loslassen, leben Sie in der Gegenwart glücklicher.

Zwischen 4 und 33, solange Ihre Sonne sich durch das Zeichen der Fische bewegt, erhöht sich Ihre Sensibilität und macht Sie phantasievoller, aufnahmefähiger und bewußter für Ihr gesellschaftliches Leben. Sie werden visionärer oder entwickeln Ihre kreativen Talente. Im Alter von 34 tritt Ihre Sonne in das Zeichen des Widders. Ihr Ehrgeiz und Ihre Entschlossenheit treten mehr in Erscheinung, und Sie werden wirklich Sie selbst. Wenn Ihre Sonne in den Stier wechselt, sind Sie 64 und haben das Bedürfnis nach Stabilität, Sicherheit und emotionaler Beständigkeit.

Ihr geheimes Selbst

Mit Ihrem Sinn fürs Praktische erkennen Sie sofort den Wert einer Idee oder eines Projekts. Diese Gabe ergänzt sich wunderbar mit Ihren psychologischen Fähigkeiten, so daß Sie Menschen und Ihre Beweggründe rasch und präzise einordnen können – ein Talent, das häufig dazu führt, daß Sie eine führende Stellung einnehmen. Ihr Bedürfnis nach materieller Sicherheit spielt eine große Rolle bei Ihren Entscheidungen; achten Sie aber darauf, daß dies Ihr seelisches Wachstum nicht behindert. Ihr besonderer Sinn für Humor hält glücklicherweise das alles in der richtigen Balance und Perspektive. Wenn Sie für Abwechslung im Leben sorgen, können Sie Ihre Rastlosigkeit oder Ungeduld in Dynamik für Veränderung, Abenteuer, Reisen oder Sport umwandeln. Ihre finanziellen Umstände sind sehr veränderlich, und Sie selbst schwanken dabei zwischen Extravaganz und Geiz. Beharrlichkeit und langfristige Planungen helfen Ihnen, materielle Beschränkungen zu vermeiden.

Beruf & Karriere

Unabhängig und progressiv, können Sie sich durch das geschriebene oder gesprochene Wort ausdrücken. Mit diesen Talenten eignen Sie sich gut als Lehrer oder Dozent. Idealistisch und freimütig, haben Sie eine gute Beobachtungsgabe, Eloquenz und einen Blick fürs Detail. Wenn Sie dazu Ihre analytischen Fähigkeiten benutzen, können Sie die Arbeit anderer überwachen oder beurteilen oder in den Medien als Journalist oder Reporter arbeiten. Mit Ihren Führungsqualitäten und Ihrem Geschäftssinn eignen Sie sich aber auch für Handel, Bankwesen oder Börse. Ihre Kreativität kann Sie in die Welt von Sport, Kunst oder Showbusineß führen. Humanitär und dynamisch, können Sie Ihre praktischen Fähigkeiten für gute Zwecke oder soziale Organisationen einsetzen.

Berühmte Persönlichkeiten dieses Tages sind der Tennisstar John McEnroe, der Regisseur John Schlesinger, der Rocksänger und Politiker Sonny Bono, der Industriemanager Eduard Reuter und der Politologe George Kennan.

Numerologie

Mit der Zahl 16 sind Sie nachdenklich, sensibel und freundlich. Obwohl Sie einen analytischen Geist haben, beurteilen Sie doch Situationen und Menschen oft aus dem Gefühl heraus. Mit der Geburtstagszahl 16 können Sie aber auch in eine emotionale Zwickmühle zwischen Ihrem Wunsch nach Selbstverwirklichung und Ihrer Verantwortung anderen gegenüber geraten. Oft interessieren Sie sich für Angelegenheiten der Wirtschaft und Politik, für Weltkonzerne und Medien. Sie müssen vermeiden, zu stark zwischen übersteigertem Selbstvertrauen und zweifelnder Unsicherheit zu schwanken. Der Untereinfluß der Monatszahl 2 führt dazu, daß Sie innere Harmonie suchen und häufig intuitiv und sehr idealistisch sind. Als Menschenfreund können Sie fürsorglich und freundlich sein und für eine Sache, an die Sie glauben, alles tun. Auch wenn Sie sich anderen gegenüber rücksichtsvoll verhalten, haben Sie doch einen Hang zu Mißtrauen oder Launenhaftigkeit, so daß Sie gelegentlich zwischen Großzügigkeit und Begeisterungsfähigkeit einerseits und Unsicherheit und Unentschlossenheit andererseits schwanken. Auch müssen Sie eine Tendenz zu Rastlosigkeit und Ungeduld überwinden.

Positiv: höhere Bildung, verantwortungsbewußt, integer, gesellig, kooperativ, verständnisvoll.

Negativ: Angst, nie zufrieden, mangelndes Verantwortungsbewußtsein, fördert nur sich selbst, rechthaberisch, skeptisch.

Liebe & Zwischenmenschliches

Am glücklichsten sind Sie, wenn Sie die Gesellschaft anderer genießen können, vor allem die von geistig anregenden Menschen, die Ihre Interessen teilen. Werden Sie aber nicht zu ernst oder streitlustig. Wahren Sie Distanz, behalten Sie eine ausgeglichene Perspektive. Intelligent und scharfsinnig, verstehen Sie es, durch Einsatz Ihrer psychologischen Fähigkeiten für Harmonie und dauerhafte Zufriedenheit in Ihren Beziehungen zu sorgen.

Ihr Partner

Geistige Anregung und dauerhaftes Glück finden Sie am ehesten unter den Menschen, die an folgenden Tagen geboren sind:

Liebe & Freundschaft: 6., 11., 16. Jan., 4., 14. Feb., 2., 12., 28., 30. März, 10., 26., 28. April, 8., 24., 26., 30. Mai, 1., 6., 22., 24., 28. Juni, 4., 20., 22., 26., 31. Juli, 2., 18., 20., 24., 29. Aug., 16., 18., 22., 27., 28. Sept., 14., 16., 20., 25. Okt., 12., 14., 18., 23. Nov., 10., 12., 16., 21. Dez.

Günstig: 9., 14., 16. Jan., 7., 12., 14. Feb., 5., 10., 12. März, 3., 8., 10. April, 1., 6., 8. Mai, 4., 6., 12. Juni, 2., 4. Juli, 2. Aug., 30. Sept., 4., 28. Okt., 26., 30. Nov., 24., 28., 29. Dez.

Schicksalhaft: 21. Jan., 19. Feb., 17. März, 15. April, 13. Mai, 11. Juni, 9. Juli, 7., 19., 20., 21., 22., 23. Aug., 5. Sept., 3. Okt., 1. Nov.

Problematisch: 4., 13., 28. Jan., 2., 11., 26. Feb., 9., 24. März, 7., 22. April, 5., 20. Mai, 3., 18. Juni, 1., 16. Juli, 14. Aug., 12. Sept., 10., 31. Okt., 8., 29. Nov., 6., 27. Dez.

Seelenverwandt: 15., 22. Jan., 13., 20. Feb., 11., 18. März, 9., 16. April, 7., 14. Mai, 5., 12. Juni, 3., 10. Juli, 1., 8. Aug., 6. Sept., 4. Okt., 2. Nov.

SONNE: WASSERMANN
DEKADE: WAAGE/VENUS
GRAD: 27° – 28°30' WASSERMANN
ART: FIXZEICHEN
ELEMENT: LUFT

Fixsterne

Ihre Sonne ist zwar nicht mit einem Fixstern verbunden, sicherlich aber einer der anderen Planeten Ihres Sonnenzeichens. Wenn Sie sich ein Geburtshoroskop erstellen lassen, lernen Sie die exakten Positionen der Planeten an Ihrem Geburtstag kennen. Auf diese Weise können Sie feststellen, welche der Fixsterne in diesem Buch für Sie von Interesse sind.

17. Februar

Mit diesem Geburtstag sind Sie ein willensstarker und entschlossener, aber auch praktischer Mensch mit einem aktiven Geist. Ehrgeizig und ausdauernd, strahlen Sie starke Präsenz aus, verfügen über gute Organisationsfähigkeiten und möchten sich ständig weiterentwickeln, sowohl materiell wie gesellschaftlich. Sie sind aktiv und produktiv und lieben Macht, deshalb stellen Sie sich immer wieder neuen Herausforderungen. Auch wenn Sie natürliche Führungsqualitäten haben, sollten Sie Geduld entwickeln, um nicht dominierend zu werden. Glücklicherweise sind Sie fähig, alle Hindernisse zu überwinden und hervorragende Ergebnisse zu erreichen.

Durch den zusätzlichen Einfluß Ihrer Sonne in der Dekade der Waage sind Sie gesellig und unterhaltsam und haben häufig einen Sinn für Kunst und Kreativität. Frauen sind Ihnen auf Ihrem Weg eine besonders große Hilfe, und Sie haben einen Kreis lieber Freunde. Sie können sehr diplomatisch sein, wenn es nötig ist, und verbinden gern Arbeit und Vergnügen.

Mit Ihrem erfinderischen und analytischen Geist entwickeln Sie häufig originelle oder lukrative Konzepte. Hinderlich für Ihren Erfolg kann Ihnen nur Ihr Hang zu Sturheit oder Rebellion werden. Wenn Sie ihn nicht in Schach halten, kann er zu selbstzerstörerischem Verhalten führen.

Bis Sie 32 sind, bewegt sich Ihre Sonne durch das Zeichen der Fische. Sie entwickeln Ihr starkes Innenleben und Ihre Sensibilität, was sich in Ihren Visionen, Träumen und Idealen, aber auch in Ihrem gesellschaftlichen Leben niederschlägt. Im Alter von 33 erleben Sie einen Wendepunkt, wenn Ihre Sonne in das Zeichen des Widders wechselt. Jetzt haben Sie das Bedürfnis, vermehrt die Initiative zu ergreifen, neue Ideen zu entwickeln und mutig und direkt auf andere zuzugehen. Wenn Ihre Sonne in den Stier wechselt, sind Sie 63 und haben das wachsende Bedürfnis nach Stabilität und praktischer Lebenseinstellung.

Ihr geheimes Selbst

Sie arbeiten hart, sind ausdauernd und mutig und haben Gefühl für Wirkung und inneren Stolz, neigen aber gelegentlich zu herablassendem Verhalten oder Reizbarkeit. Wenn Sie sich um Selbstbeherrschung bemühen, werden Sie tiefe Zufriedenheit finden und können anderen mit Ihrem gesunden Menschenverstand und Ihrer Erfahrung beistehen.

Sie lieben geistige Herausforderungen und sind für Ihre scharfsinnigen und blitzschnellen Bemerkungen bekannt. Wenn Sie inneres Vertrauen aufbauen, werden Sie mutig und spontan genug, um Ihrem Herzen zu folgen. Damit überwinden Sie auch einen Hang zu Skepsis und Zweifeln. Wenn Sie Ihre Liebe zu Wissen und Ihre Scharfsichtigkeit mit Ihrem angeborenen Geschäftssinn kombinieren, erreichen Sie bemerkenswerte Ergebnisse im Leben.

Beruf & Karriere

Fleißig, kreativ und unabhängig, haben Sie viel Talent und Führungskraft. Aufgrund Ihres guten logischen Denkvermögens recherchieren Sie gern und gehen den Dingen gern auf den Grund. Sie eignen sich gut für Berufe wie Detektiv oder Anwalt. Da Sie praktisch sind, können Sie Ihre Organisationsfähigkeiten auch einsetzen, um umfangreiche Geschäfte abzuwickeln. Mit Ihrem Talent, Ihre Gedanken zu Papier zu bringen, und mit Ihrer Phantasie zieht es Sie auch zu Publizistik oder Pädagogik, oder Sie schulen andere in technischen Bereichen. Da Ihnen Unabhängigkeit viel bedeutet und Sie sich nicht gern unterordnen, streben Sie Positionen als Manager oder Supervisor an.

Berühmte Persönlichkeiten dieses Tages sind der Basketballspieler Michael Jordan, der farbige Bürgerrechtler Huey Newton, die Autorinnen Ruth Rendell und Isabelle Eberhardt und die Politikerin Rita Süssmuth.

Numerologie

Sie sind scharfsinnig und zurückhaltend, haben gute analytische Fähigkeiten und Schreibtalent. Wißbegierig und originell, sind Sie ein unabhängiger Denker und profitieren enorm von einer guten Ausbildung. Im allgemeinen bauen Sie auf Ihrem Wissen ein spezielles Fachwissen auf, mit dessen Hilfe Sie zu materiellem Erfolg oder einer prominenten Position als Experte oder Forscher kommen. Da Sie taktvoll, nachdenklich und unvoreingenommen sind und ein starkes Interesse an Daten und Fakten haben, treten Sie meist rücksichtsvoll und ernsthaft auf und nehmen sich gern Zeit. Wenn Sie Ihre kommunikativen Fähigkeiten sensibilisieren, können Sie von anderen wesentliches über sich lernen. Der Untereinfluß der Monatszahl 2 führt dazu, daß Sie aufnahmefähig und intuitiv sind. Freundlich und gesellig, haben Sie eine unabhängige Natur, originelle Gedanken und eine sehr individuelle Philosophie. Wenn es Ihnen an Vertrauen oder Verständnis für Ihr übergeordnetes Ich fehlt, neigen Sie zu Zweifeln oder Unentschlossenheit. Als Menschenfreund sind Sie universal und progressiv eingestellt und engagieren sich vehement für soziale Reformen und gute Zwecke.

Positiv: rücksichtsvoll, Experte, guter Planer, Geschäftssinn, Sinn für Geld, unabhängiger Denker, gewissenhaft, Forscher.

Negativ: unbeteiligt, stur, leichtsinnig, launisch, intolerant, kritisch, Ängste, mißtrauisch.

Liebe & Zwischenmenschliches

Von Natur aus ebenso gesellig wie klug, schätzen Sie die Gesellschaft interessanter oder ungewöhnlicher Menschen und kommen mit den unterschiedlichsten Menschen aus. Gelegentlich leiden Sie aber an Unentschlossenheit oder Unsicherheit in Sachen Liebe und langfristige Beziehungen. Häufig fühlen Sie sich zu starken und kreativen Menschen hingezogen; Ihr Bedürfnis nach Liebe, Nähe und Verständnis steht allerdings im Widerspruch zu der starken und selbstsicheren Fassade, die Sie zeigen. Wenn Sie verliebt sind, müssen Sie aufpassen, daß Sie sich nicht zum Märtyrer machen oder launisch werden. Sie brauchen einen gewissen Freiraum, können aber treu und fürsorglich sein.

Ihr Partner

Wenn Sie jemanden suchen, bei dem Sie Verständnis für Ihre Sensibilität und Ihr Bedürfnis nach Liebe finden, sollten Sie sich unter den Menschen umsehen, die an den folgenden Tagen geboren sind:

Liebe & Freundschaft: 7., 17., 20., 21. Jan., 5., 15., 18. Feb., 3., 13., 16., 29., 31. März, 1., 11., 14., 15., 27., 29. April, 9., 12., 25., 27. Mai, 7., 10., 11., 23., 25. Juni, 5., 8., 21., 23. Juli, 3., 6., 19., 21. Aug., 1., 4., 17., 19. Sept., 2., 3., 15., 17. Okt., 13., 15., 30. Nov., 11., 13., 28. Dez.

Günstig: 15., 17., 24., 28. Jan., 13., 15., 22., 26. Feb., 11., 13., 24. März, 9., 11., 22. April, 7., 9., 20. Mai, 5., 7., 14., 18. Juni, 3., 5., 16. Juli, 1., 3., 14. Aug., 1., 12. Sept., 6., 10., 29. Okt., 8., 27. Nov., 6., 25. Dez.

Schicksalhaft: 5. Jan., 3. Feb., 1. März, 21., 22., 23. Aug.

Problematisch: 4., 5., 14. Jan., 2., 3., 12. Feb., 1., 10. März, 8., 30. April, 6., 28. Mai, 4., 26. Juni, 2., 24. Juli, 22. Aug., 20. Sept., 18. Okt., 16. Nov., 14. Dez.

Seelenverwandt: 2. Jan., 29. März, 27. April, 25. Mai, 23. Juni, 21. Juli, 19. Aug., 17. Sept., 15. Okt., 13. Nov., 11. Dez.

SONNE: WASSERMANN
DEKADE: WAAGE/VENUS
GRAD: 28° – 29°30' WASSERMANN
ART: FIXZEICHEN
ELEMENT: LUFT

Fixsterne

Ihre Sonne ist zwar nicht mit einem Fixstern verbunden, sicherlich aber einer der anderen Planeten Ihres Sonnenzeichens. Wenn Sie sich ein Geburtshoroskop erstellen lassen, lernen Sie die exakten Positionen der Planeten an Ihrem Geburtstag kennen. Auf diese Weise können Sie feststellen, welche der Fixsterne in diesem Buch für Sie von Interesse sind.

18. Februar

Dynamisch, überzeugend und individualistisch, sind Sie eine interessante Mischung aus materialistischem Antrieb und humanitärem Idealismus. Sie sind gesellig und charmant, aber auch reserviert, lieben Macht und initiieren gern neue Projekte. Eines Ihrer Hauptprobleme besteht darin, Beruf und persönliche Beziehungen unter einen Hut zu bringen.

Durch den zusätzlichen Einfluß Ihrer Sonne in der Dekade der Waage haben Sie viel Gefühl für Schönheit und Kunst. Mit Ihrem Sinn für Wirkung entwickeln Sie sehr eigenwillige Ideen, die in Musik, Literatur oder Theater ihren Ausdruck finden. Auch wenn Sie unabhängig sind, legen Sie viel Wert auf Beziehungen, und Sie wissen um die Vorzüge von Teamarbeit. Sie interessieren sich für Menschen, übernehmen gern die Führung und müssen sich davor hüten, zu kritisch oder dominierend zu werden.

Sie können verletzlich, aber auch hart sein; für andere ist Ihre Mischung aus Liebe und Disziplin oft schwer zu durchschauen. Finanzielle Angelegenheiten beschäftigen Sie sehr, doch mit Ihrem Geschäftssinn und Ihrer Entschlossenheit haben Sie das Potential, Ihre Talente in bare Münze umzuwandeln. Da Sie resolut und dezidiert sind, wenn Sie ein Ziel vor Augen haben, können Sie etwas Besonderes schaffen. Wenn Sie voller Selbstvertrauen sind, kommt es Ihnen so vor, als füge sich alles von selbst. Wenn Sie aber zweifeln, klammern Sie sich an die Vergangenheit und verlieren Ihr Gefühl für Timing. Sie haben die glückliche Gabe, Selbstdisziplin als positive Investition und nicht als Einschränkung zu betrachten.

Bis Sie 31 sind und solange Ihre Sonne sich durch das Zeichen der Fische bewegt, entwickeln Sie Ihre Sensibilität und Vision. Häufig suchen Sie nach idealistischen, künstlerischen oder spirituellen Zielen. Wenn Sie 32 sind, wechselt Ihre Sonne in das Zeichen des Widder. Sie werden bestimmter, direkter und aktiver in Ihren täglichen Angelegenheiten und beginnen vielleicht sogar etwas ganz Neues. Wenn Ihre Sonne in den Stier tritt, sind Sie 62 und haben ein größeres Bedürfnis nach praktischer Stabilität und Sicherheit.

Ihr geheimes Selbst

Innerlich sind Sie äußerst sensibel, vor allem was den Ausdruck von Liebe und Gefühlen angeht. Gelegentlich werden Sie deshalb sogar skeptisch oder verschlossen. Wenn Sie anderen aber so weit vertrauen, daß Sie ihnen Ihr Herz ganz öffnen, können Sie extrem großzügig und mitfühlend sein. Dieses Mitgefühl führt manchmal sogar dazu, daß Sie ein Interesse an mystischen oder spirituellen Erfahrungen entwickeln. Wenn Sie lernen, loszulassen und die Dinge zu nehmen, wie sie kommen, gewinnen Sie mehr Distanz und können das Leben mit trockenem Humor betrachten. Da Sie tiefe Gefühle und eine humanitäre Ader haben, engagieren Sie sich möglicherweise für ein Ideal oder eine gute Sache. Mit Ihrer ausgeprägten Intuition sind Sie dann am besten, wenn Sie Ihren Instinkten vertrauen und sich auf Ihren ersten Eindruck verlassen.

Beruf & Karriere

Fleißig und pflichtbewußt, sind Sie bereit, Opfer zu bringen, sollten aber versuchen, zwischen Pflichten und Freizeit ein gesundes Gleichgewicht zu finden. Da Sie unabhängig sind, brauchen Sie genügend Freiraum, um Ihre originellen Gedanken auszudrücken. Durch Ermunterung und positives Feedback Ihrer Kollegen blühen Sie auf. Im allgemeinen idealistisch und charmant, arbeiten Sie gern für die Öffentlichkeit und setzen sich vehement für soziale Reformen ein. Intuitiv, intelligent und talentiert für Geschäfte, eignen Sie sich auch für einen Beruf in der Verwaltung, wo Sie Ihre Kritik- und Analysefähigkeiten nutzen können, um andere zu beraten. Freundlich und diplomatisch, haben Sie die Gabe, Beruf und Vergnügen miteinander zu verbinden. Allerdings müssen Sie aufpassen, nicht zu leicht beleidigt oder nachtragend zu sein.

Berühmte Persönlichkeiten dieses Tages sind die Künstlerin Yoko Ono, die Schauspieler John Travolta und Matt Dillon, der Violinist Niccoló Paganini, der Gitarrist Andrés Segovia, der Mystiker Ramakrishna, der Regisseur Milos Forman und die Schriftstellerin Toni Morrison.

Numerologie

Zu den Eigenschaften der Zahl 18 gehören Entschlossenheit, Bestimmtheit und Ehrgeiz. Sie brauchen ständig neue Herausforderungen, müssen immer beschäftigt sein und sind meist in irgendwelche Aktivitäten involviert. Da Sie kompetent, fleißig und verantwortungsbewußt sind, steigen Sie häufig in Führungspositionen auf. Ihr ausgeprägter Geschäftssinn und Ihre Organisationsfähigkeiten machen Sie besonders für Handel und Industrie geeignet. Allerdings neigen Sie dazu, sich zu überarbeiten, und Sie sollten lernen, sich richtig zu entspannen. Mit der Geburtstagszahl 18 haben Sie Heilkräfte, können gut Ratschläge erteilen oder die Probleme anderer lösen. Der Untereinfluß der Monatszahl 2 bedeutet, daß Sie intuitiv und kreativ sind und sehr individuelle Gedanken haben. Aufgeschlossen und freundlich, lassen Sie sich nicht gern von Pflichten und Verantwortungen einschränken und hassen Routine. Auch wenn Sie idealistisch sind, praktisches Geschick und originelle Ideen haben, müssen Sie sich um Ausgeglichenheit bemühen, um inneren Frieden und Ruhe zu finden.

Positiv: progressiv, bestimmtes Auftreten, intuitiv, mutig, resolut, Heilkräfte, tüchtig, Beraterfähigkeit.

Negativ: unkontrollierte Gefühle, faul, mangelnder Ordnungssinn, selbstsüchtig, gefühllos, kann Projekte nicht zu Ende führen.

Liebe & Zwischenmenschliches

Intuitiv und sensibel, brauchen Sie die Freiheit, Ihre tiefen Gefühle auszudrücken. Sie sind freundlich und clever und schätzen die Gesellschaft kreativer Menschen, die sich amüsieren können. Im allgemeinen wünschen Sie sich ernsthafte Beziehungen und sind selbst treu und liebevoll. Manchmal handeln Sie aus einer spontanen Laune heraus und reißen Ihre Partner oder Freunde mit, etwas Verrücktes zu unternehmen. Ihre Opferbereitschaft gegenüber denen, die Sie lieben, sollten Sie mit mehr Urteilsvermögen anbieten. Freundschaft ist ein wichtiger Bestandteil Ihrer Partnerschaften.

Ihr Partner

Glück und Liebe finden Sie am ehesten unter den Menschen, die an folgenden Tagen geboren sind:
Liebe & Freundschaft: 4., 8., 18., 19., 23. Jan., 2., 6., 16., 17., 21. Feb., 4., 14., 15., 19., 28., 30. März, 2., 12., 13., 17., 26., 28., 30. April, 10., 11., 15., 24., 26., 28. Mai, 8., 9., 12., 13., 22., 24., 26. Juni, 6., 7., 11., 20., 22., 24., 30. Juli, 4., 5., 9., 18., 20., 22., 28. Aug., 2., 3., 7., 16., 18., 20., 26. Sept., 1., 4., 5., 14., 16., 18., 24. Okt., 3., 12., 14., 16., 22. Nov., 1., 10., 12., 14., 20. Dez.
Günstig: 5., 16., 27. Jan., 3., 14., 25. Feb., 1., 12., 23. März, 10., 21. April, 8., 19. Mai, 6., 17. Juni, 4., 15. Juli, 2., 13. Aug., 11. Sept., 9., 30. Okt., 7., 28. Nov., 5., 26., 30. Dez.
Schicksalhaft: 17. Jan, 15. Feb., 13. März, 11. April, 9. Mai, 7. Juni, 5. Juli, 3., 21., 22., 23., 24. Aug., 1. Sept.
Problematisch: 1., 10., 15. Jan., 8., 13. Feb., 6., 11. März, 4., 9. April, 2., 7. Mai, 5. Juni, 3., 29. Juli, 1., 27. Aug., 25. Sept., 23. Okt., 21. Nov., 19., 29. Dez.
Seelenverwandt: 30. Aug., 28. Sept., 26. Okt., 24. Nov., 22. Dez.

19. Februar

SONNE: AN DER GRENZE
WASSERMANN/FISCHE
DEKADE: WAAGE/VENUS
GRAD: 29°30' WASSERMANN –
0°30' FISCHE
ART: FIXZEICHEN/BEWEGLICHES
ZEICHEN
ELEMENT: LUFT/WASSER

Fixsterne

Fom Al Haut; Sad Al Melik

Hauptstern

Name des Sterns: Fom Al Haut
Gradposition: 2°51' – 3°51' Fische
zwischen den Jahren 1930 und 2000
Magnitude: 1
Stärke: **********
Orbit: 2°30'
Konstellation: Alpha Piscis Austrini
Tage: 19., 20., 21., 22., 23., 24.,
25. Februar
Sternqualitäten: Venus/Merkur
Beschreibung: rötlicher Stern im Maul
des Südlichen Fisches.

Einfluß des Hauptsterns

Fom Al Haut ist einer der vier Königssterne und markiert die Wintersonnenwende. Als besonders kraftvoller Stern steht er für Glück, Erfolg und Kühnheit. Unter seinem Einfluß sollte man weniger materialistisch denken und sich dafür mehr spirituellen Dingen zuwenden. Im Zusammenhang mit dem Stand Ihrer Sonne sorgt Fom Al Haut für Rhythmusgefühl, Aufnahmefähigkeit und die Tendenz, mit dem Strom zu schwimmen. Sie lassen sich leicht von Ihrer Umgebung beeinflussen, streben nach Selbstfindung und haben das Bedürfnis, sich auf kreative Weise zu verwirklichen. Unter dem Einfluß von Fom Al Haut sind Legate und Erbschaften zu erwarten. Er warnt aber gleichzeitig davor, sie zu verschwenden und vorschnell auszugeben.

 An der Grenze zwischen Wassermann und Fische geboren, sind Sie geistig beweglich, sensibel und idealistisch. Im Umgang mit anderen sind Sie offen und ehrlich. Freundlich, warmherzig und kontaktfreudig, haben Sie Gefühl für den Umgang mit Menschen. Allerdings neigen Sie zu Reizbarkeit und Sturheit – Charakterzüge, die Ihre charismatische Anziehungskraft beeinträchtigen und Sie von Ihren Mitmenschen isolieren können.

Durch den zusätzlichen Einfluß Ihrer Sonne zwischen Waage- und Fischedekade können Sie romantisch, kreativ, hellsichtig und mit intuitivem Intellekt begabt sein. Sie sind gesellig und brauchen Menschen um sich herum, weshalb Sie auch ein aktives, gesellschaftliches Leben führen. Image und Status sind Ihnen wichtig, und so zeigen Sie anderen gegenüber stets Haltung. Aber Sie haben auch eine ungewöhnliche oder gar exzentrische Seite, die sich in Ihren originellen und individuellen Ideen äußert, mit denen Sie Ihrer Zeit häufig voraus sind.

Mit Ihrem angeborenen Geschäftssinn sehen Sie Chancen sofort. Ihr Hang, sich leicht entmutigen zu lassen oder in Routine zu versinken, kann Sie gelegentlich davon abhalten, den Fleiß, die Ausdauer und die Entschlossenheit zu zeigen, die Sie brauchen, um Ihre Ziele zu erreichen. Wenn Sie aber positiv und optimistisch sind, haben Sie inspirierte Gedanken und große Entschlußkraft. Mit Ihrem Gerechtigkeitssinn und Ihrem Mitgefühl vertreten Sie feste Überzeugungen und stehen für Ihre eigenen Ideale oder die Rechte anderer ein. Bis Sie 30 sind und solange Ihre Sonne sich durch das Zeichen der Fische bewegt, entwickeln Sie Ihre Sensibilität, Ihre Phantasie und Aufgeschlossenheit und Ihr Bewußtsein für den Umgang mit Gleichaltrigen. Sie denken verstärkt visionär und entwickeln Ihre kreativen oder spirituellen Talente. Im Alter von 31, wenn Ihre Sonne in das Zeichen des Widders wechselt, treten Ihr Ehrgeiz und Ihre Entschlossenheit stärker in Erscheinung, Sie finden zu sich selbst und beginnen vielleicht etwas ganz Neues. Wenn Ihre Sonne in den Stier tritt, sind Sie 61 und haben ein größeres Bedürfnis nach finanzieller Stabilität, Sicherheit und emotionaler Beständigkeit.

Ihr geheimes Selbst

Mit Ihrem inneren Bedürfnis nach Selbstverwirklichung fühlen Sie sich angezogen von Literatur, Kunst, Musik oder Theater, ob beruflich oder als Hobby. Wenn Sie gelassen und kreativ an Probleme herangehen, beugen Sie Ängsten und Unentschlossenheit vor. Chancen und Vorurteile aus unerwarteten Richtungen sollten Sie nicht ignorieren, auch wenn Sie noch so klein scheinen; häufig erweisen sie sich später erst als bedeutsam.

Tolerant und humanitär, betrachten Sie das Leben aus einer universalen Perspektive. Gelegentlich aber leiden Sie unter einer unterschwelligen Unzufriedenheit, die davon herrührt, daß Sie von sich, Ihrer Situation und von anderen enttäuscht sind. Geben Sie aber nicht zu schnell auf, und gehen Sie nicht den Weg des geringsten Widerstands. Mit geistiger Distanz und Ausdauer gewinnen Sie Selbstvertrauen und können hervorragende Ergebnisse erreichen.

Beruf & Karriere

Mit Ihrem Charisma und Ihrer sozialen Kompetenz sollten Sie unbedingt mit vielen Menschen zusammenarbeiten. Da Sie überzeugend und imagebewußt sind, eignen Sie

- Positiv: sparsam, idealistisch, phantasievoll, kreativ.
- Negativ: kostspielige juristische Auseinandersetzungen, mangelndes Verständnis, Nachlässigkeit.

sich für Verkauf, Promotion oder Werbung. Auch Design und Mode oder Schauspielerei, Tanz oder Gesang liegen im Bereich Ihrer Möglichkeiten. Sie sind geistreich, haben einen guten Sinn für Humor und können sehr unterhaltsam sein – die besten Voraussetzungen, um erfolgreich einen Club zu leiten. Da Sie gern so vielen Menschen wie nur möglich begegnen, eignen Sie sich für die Arbeit in großen Konzernen, wo Sie auch damit rechnen können, bis an die Spitze Ihres Gebietes aufzusteigen. Um erfolgreich zu sein, müssen Sie hart arbeiten, beenden, was Sie begonnen haben, und dürfen nicht alles bis zum letzten Moment aufschieben.

Berühmte Persönlichkeiten dieses Tages sind der Astronom Nikolaus Kopernikus, der Sänger Smokey Robinson, die Schriftstellerin Amy Tan, die Schauspielerin Merle Oberon, der Schauspieler Lee Marvin, das Mitglied des britischen Königshauses Prinz Andrew sowie das Supermodel Cindy Crawford.

Numerologie

Als ehrgeizig und menschenfreundlich werden Menschen mit der Geburtstagszahl 19 oft von anderen beschrieben. Ihre träumerische Seite sorgt für Mitgefühl, Idealismus und Sensibilität. Das Bedürfnis, jemand zu sein, läßt Sie dramatisch sein und sich immer in den Vordergrund spielen. Oft haben Sie den starken Wunsch, eine ganz individuelle Identität aufzubauen. Dafür müssen Sie allerdings zunächst einmal dem Druck Ihrer Umgebung standhalten. Auf andere mögen Sie selbstbewußt, robust und einfallsreich wirken, doch führen innere Spannungen zu emotionalen Schwankungen. Der Untereinfluß der Monatszahl 2 führt dazu, daß Sie aufnahmefähig und intuitiv sind und ein Gefühl für Wirkung haben. Sie sind Ihrer Umgebung gegenüber sehr empfindsam und blühen auf bei Ermutigung und Anerkennung. Als höflicher und romantischer Mensch nehmen Sie Rücksicht auf die Gefühle anderer. Sie sind freundlich und gesellig und haben Gefühl für den Umgang mit Menschen; gelegentlich aber zeigen Sie durch Launen und Rastlosigkeit, daß Sie im Grunde sehr verletzlich sind. Achten Sie darauf, daß Sie sich bei aller Anpassungsfähigkeit nicht von anderen Ihre Entscheidungen abnehmen lassen.

Positiv: dynamisch, konzentriert, kreativ, progressiv, feste Überzeugungen, unabhängig, gesellig, diszipliniert.

Negativ: egozentrisch, Ängste, Angst vor Zurückweisung, Gefühlsschwankungen, materialistisch, egoistisch, ungeduldig.

Liebe & Zwischenmenschliches

Da Sie lebenslustig und gesellig sind, fällt es Ihnen im allgemeinen nicht schwer, Bewunderer anzuziehen. Sie sollten aber besseres Urteilsvermögen zeigen, damit Sie Ihr Herz nicht an Menschen verschenken, die Ihre Wärme und Hingabe nicht verdienen. Da Sie fürsorglich, mitfühlend und selbstbewußt wirken, kommen andere gern zu Ihnen, um sich Rat und Hilfe zu holen, was aber nicht immer auf Gegenseitigkeit beruht. Suchen Sie sich deshalb Ihre Freunde sorgfältig aus. Großzügig und freigiebig zu denen, die Sie lieben, strahlen Sie gewinnenden Charme aus, was in Beziehungen immer wieder ein wertvoller Vorteil ist.

Ihr Partner

Erfolgreich in Liebe und Freundschaft sind Sie mit großer Wahrscheinlichkeit mit den an den folgenden Tagen geborenen Menschen:

Liebe & Freundschaft: 5., 9., 18., 19., 23. Jan., 3., 7., 17., 21. Feb., 1., 5., 14., 15., 31. März, 3., 12., 13., 29. April, 1., 10., 11., 27., 29. Mai, 4., 8., 9., 25., 27. Juni, 6., 7., 23., 25., 31. Juli, 4., 5., 21., 23., 29. Aug., 2., 3., 19., 21., 27., 30. Sept., 1., 17., 19., 25., 28. Okt., 13., 15., 21., 24. Dez.

Günstig: 1., 6., 17. Jan., 4., 15. Feb., 2., 13. März, 11. April, 9. Mai, 7. Juni, 5. Juli, 3. Aug., 1. Sept., 31. Okt., 29. Nov., 27. Dez.

Schicksalhaft: 22., 23., 24., 25. Aug.

Problematisch: 2., 16. Jan., 14. Feb., 12. März, 10. April, 8. Mai, 6. Juni, 4. Juli, 2. Aug., 30. Dez.

Seelenverwandt: 11., 31. Jan., 9., 29. Feb., 7., 27. März, 5., 25. April, 3., 23. Mai, 1., 21. Juni, 19. Juli, 17. Aug., 15. Sept., 13. Okt., 11. Nov., 9. Dez.

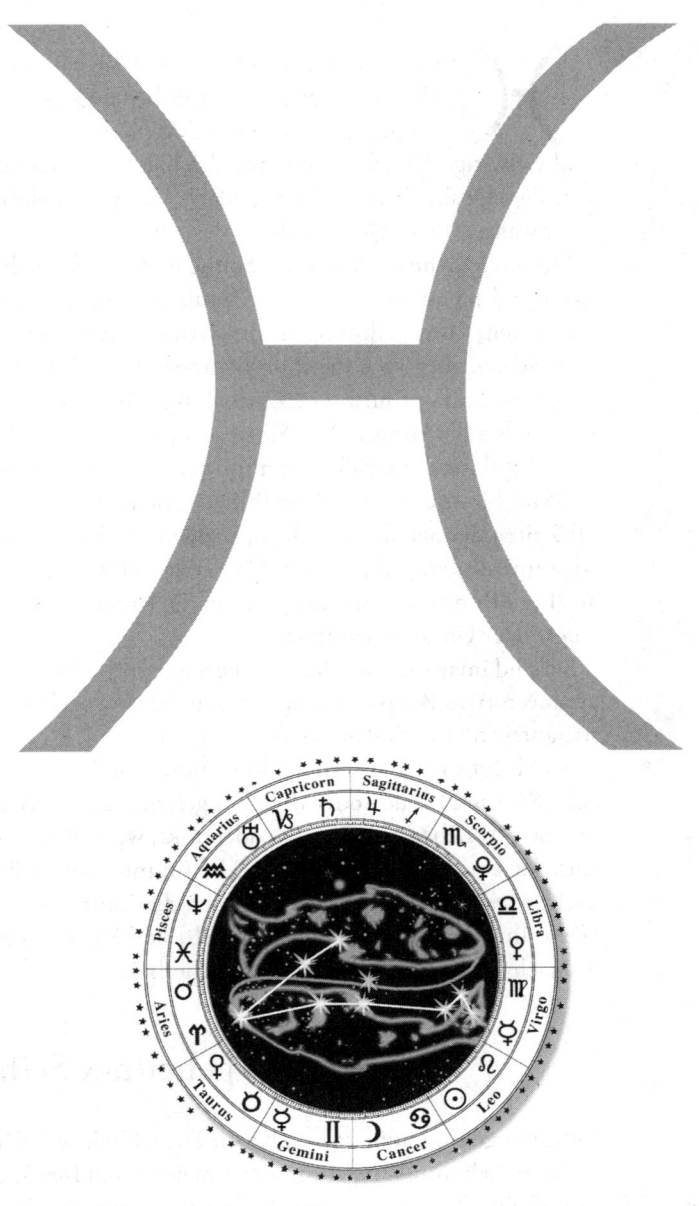

Fische

20. Februar – 20. März

SONNE: FISCHE
DEKADE: FISCHE/NEPTUN
GRAD: 0° – 1°30' FISCHE
ART: BEWEGLICHES ZEICHEN
ELEMENT: WASSER

20. Februar

Fixsterne

Fom Al Haut; Sad Al Melik

Hauptstern

Name des Sterns: Fom Al Haut
Gradposition: 2°51' – 3°51' Fische zwischen den Jahren 1930 und 2000
Magnitude: 1
Stärke: **********
Orbit: 2°30'
Konstellation: Alpha Piscis Austrini
Tage: 19., 20., 21., 22., 23., 24., 25. Februar
Sternqualitäten: Venus/Merkur
Beschreibung: rötlicher Stern im Maul des Südlichen Fisches.

Einfluß des Hauptsterns

Fom Al Haut ist einer der vier Königssterne und markiert die Wintersonnenwende. Als besonders kraftvoller Stern steht er für Glück, Erfolg und Kühnheit. Unter seinem Einfluß sollte man weniger materialistisch denken und sich dafür mehr spirituellen Dingen zuwenden. Im Zusammenhang mit dem Stand Ihrer Sonne sorgt Fom Al Haut für Rhythmusgefühl, Aufnahmefähigkeit und die Tendenz, mit dem Strom zu schwimmen. Sie lassen sich leicht von Ihrer Umgebung beeinflussen, streben nach Selbstfindung und haben das Bedürfnis, sich auf kreative Weise zu verwirklichen. Unter dem Einfluß von Fom Al Haut sind Legate und Erbschaften zu erwarten. Er warnt aber gleichzeitig davor, sie zu verschwenden und vorschnell auszugeben.
• Positiv: sparsam, idealistisch, phantasievoll, kreativ.
• Negativ: kostspielige juristische Auseinandersetzungen, mangelndes Verständnis, Nachlässigkeit.

Charmant und gesellig, sind Sie ein aufnahmefähiger Fischemensch mit einer freundlichen Art. Sehr umgänglich, mit einer sensiblen Natur sind Sie gut im Umgang mit Menschen unterschiedlichster Herkunft. Kreativ und vielseitig, fällt es Ihnen schwer, sich auf Ziele festzulegen. Ehrgeizig und entschlossen, sind Sie aber bereit, sich zu ändern, und unternehmen oft sogar weite Reisen, um zu Ihrer wahren Identität zu finden.

Der zusätzliche Einfluß Ihrer Sonne in der Dekade der Fische verleiht Ihrem hellsichtigen und phantasievollen Geist Intuition und Ihrer idealistischen Natur Tiefe. Wenn Sie lernen, Ihren Ahnungen zu vertrauen, erkennen Sie Ihre eigenen Stärken und Schwächen, aber auch die Ihrer Mitmenschen. Einer Ihrer größten Vorzüge ist Ihre jugendliche und optimistische Einstellung. Mit Entschlossenheit und harter Arbeit überwinden Sie alle Hindernisse. Sie sind anpassungsfähig, hassen aber Routine, sind von innerer Rastlosigkeit erfüllt und mit Ihrer Situation schnell unzufrieden.

Wenn Sie erkennen, daß in Ihrem Leben auf Zeiten des Fortschritts und des Erfolgs oft Zeiten der Stagnation folgen, können Sie finanziellen Schwankungen durch langfristige Investitionen vorbeugen. Da Erfolg sich vor allem durch Ausdauer und Festhalten an Ihren Prinzipien einstellt, müssen Sie lernen, daß Ungeduld bei Ihnen meist nur zu Angst oder Unsicherheit führt.

Sie sind imagebewußt, haben eine ausgeprägte Wahrnehmung und eine Menge kreativer Ideen. Von Beispielen inspiriert, suchen Sie nach ideellen Gelegenheiten, die Sie geistig anregen und für Abwechslung sorgen.

Bis Sie 29 sind und solange Ihre Sonne sich durch das Zeichen der Fische bewegt, suchen Sie nach Idealen oder Beziehungen oder etwas Magischem in Ihrem Leben. Im Alter von 30 erleben Sie einen Wendepunkt, wenn Ihre Sonne in das Zeichen des Widders tritt. Jetzt werden Sie ehrgeiziger, bestimmter und selbstbewußter und beginnen vielleicht etwas ganz Neues oder ergreifen die Initiative in Ihren Beziehungen zu anderen. Wenn Ihre Sonne in den Stier wechselt, sind Sie 60, und Sie haben ein größeres Bedürfnis nach finanzieller Stabilität und Sicherheit.

Ihr geheimes Selbst

Geistig rege und aufgeweckt, haben Sie zahlreiche Talente; deshalb brauchen Sie Entschlossenheit, um Verwirrung zu vermeiden und Ihre Ziele zu erreichen. Sobald Sie aber einmal eine Richtung eingeschlagen haben, können Sie dezidiert und zielstrebig sein.

Als geborener Psychologe haben Sie gute Menschenkenntnis, und Sie lernen gern. Gesellig und smart, führen Sie im allgemeinen ein aktives gesellschaftliches Leben und können freundlich, witzig und charmant sein. Gelegentlich aber frustriert Sie Ihre finanzielle Situation, was sich dann in Anfällen von Extravaganz äußern kann. Wenn Sie sich um eine universale und humanitäre Einstellung bemühen, gewinnen Sie mehr Distanz und können Ihre materielle Lage entspannter betrachten. Mit Ihrem natürlichen Weitblick können Sie sich auf Ihre Intuition verlassen und sollten auf Ihre innere Stimme hören, bevor Sie aktiv werden. Wenn Sie konzentriert bleiben und an Ihrer Selbstbewußtheit arbeiten, werden auch Ihre Ziele realistischer, und Sie können Ihr bemerkenswertes Potential voll entfalten.

Beruf & Karriere

Sie sind sehr fleißig, aber mit Ihrem Ehrgeiz brauchen Sie einen Beruf, der Ihnen von vornherein genügend Aufstiegschancen bietet. Mit Ihrer raschen Intelligenz brauchen Sie ein aktives Leben voller Veränderungen und Reisen. Da Sie sensibel sind, ist eine harmonische Arbeitsatmosphäre für Sie unerläßlich. Wenn Sie mit Ihrem Chef oder Ihren Kollegen nicht auskommen, kündigen Sie und sehen sich anderswo um. Da Sie vielseitig sind, lernen Sie schnell Neues und passen sich rasch an neue Situationen an. Mit Ihrem Blick für Form und Farbe haben Sie Talent für Kunst und Design; Ihr Gefühl für Rhythmus und Ihre Sensibilität ziehen Sie zu Musik und Tanz, oder Sie interessieren sich für Gesundheits- und Heilberufe. Da Sie gesellig und umgänglich sind, ist auch Öffentlichkeitsarbeit eine Möglichkeit für Sie. Bei einer Karriere im Sport können Sie Ihren Kampfgeist einsetzen oder als Trainer wirken. Auf jeden Fall brauchen Sie eine Tätigkeit, die nicht viel Routine mit sich bringt und die Ihre Phantasie anregt.

Berühmte Persönlichkeiten dieses Tages sind die Schauspieler Hans Christian Blech und Sidney Poitier, die Society-Lady Ivana Trump, der Sänger Kurt Cobain, der Pianist und Dirigent Christoph Eschenbach und der Regisseur Robert Altman.

Numerologie

Mit der Geburtstagszahl 20 sind Sie intuitiv, sensibel und verständnisvoll und sehen sich häufig als Teil einer größeren Gruppe. Sie beteiligen sich gern an gemeinschaftlichen Aktivitäten, bei denen Sie mit anderen Erfahrungen teilen und von ihnen lernen können. Charmant und liebenswürdig, haben Sie diplomatische und gesellschaftliche Talente und können sich mit Leichtigkeit in den verschiedensten Kreisen bewegen. Sie sollten mehr Selbstvertrauen entwickeln, damit Sie sich von der Kritik anderer weniger beeindrucken lassen und nicht abhängig werden. Sie beherrschen es meisterlich, eine harmonische und gemütliche Atmosphäre zu schaffen. Der Untereinfluß der Monatszahl 2 sorgt dafür, daß Sie anpassungsfähig und praktisch sind. Wenn es Ihnen an Methodik fehlt, haben Sie ein besonders großes Bedürfnis nach Stabilität. Sensibilität gegenüber Ihrer Umgebung und Harmoniebedürfnis machen Sie sehr geeignet als Vermittler oder Friedensstifter. Mit Geduld und Vertrauen in Ihre Gefühle überwinden Sie Selbstzweifel.

Positiv: rücksichtsvoll, guter Partner, sanft, taktvoll, aufgeschlossen, intuitiv, harmonisch, angenehm.

Negativ: mißtrauisch, mangelndes Selbstvertrauen, überemotional, überempfindlich, selbstsüchtig, leicht verletzbar.

Liebe & Zwischenmenschliches

Freundlich und gesellig, versuchen Sie immer, Frieden und Harmonie zu schaffen. Freundschaften sind Ihnen sehr wichtig, und am liebsten sind Sie mit Menschen zusammen, die Ihren Geist anregen und mit denen Sie sich amüsieren können. Als geborener Entertainer können Sie witzig, vor allem in vertrautem Kreis. Auch wenn Sie sich auf eine feste Partnerschaft einlassen, brauchen Sie viel Abwechslung, weshalb Sie gern reisen und ständig den Kreis Ihrer Freunde und Bekannten erweitern möchten.

Ihr Partner

Sicherheit, geistige Anregung und Liebe finden Sie am ehesten unter den Menschen, die an folgenden Tagen geboren sind:

Liebe & Freundschaft: 6., 10., 20., 24., 29. Jan., 4., 8., 18., 27. Feb., 2., 6., 16., 25., 28., 30. März, 4., 14., 23., 26., 28., 30. April, 2., 12., 21., 24., 26., 28., 30. Mai, 10., 19., 22., 24., 26., 28. Juni, 8., 12., 17., 20., 22., 24., 26. Juli, 6., 15., 18., 20., 22., 24. Aug., 4., 13., 16., 18., 20., 22. Sept., 2., 11., 14., 16., 18., 20. Okt., 4., 9., 12., 14., 16., 18. Nov., 7., 10., 12., 14., 16. Dez.

Günstig: 7., 13., 18., 28. Jan., 5., 11., 16., 26. Feb., 3., 9., 14., 24. März, 1., 7., 12., 22. April, 5., 10., 20. Mai, 3., 8., 18. Juni, 1., 6., 16. Juli, 4., 14. Aug., 2., 12., 30. Sept., 10., 28. Okt., 8., 26., 30. Nov., 6., 24., 28. Dez.

Schicksalhaft: 25. Jan., 23. Feb., 21. März, 19. April, 17. Mai, 15. Juni, 13. Juli, 11., 23., 24., 25., 26. Aug., 9. Sept., 7. Okt., 5. Nov., 3. Dez.

Problematisch: 3., 17. Jan., 1., 15. Feb., 13. März, 11. April, 9., 30. Mai, 7., 28. Juni, 5., 26., 29. Juli, 3., 24., 27. Aug., 1., 22., 25. Sept., 20., 23. Okt., 18., 21. Nov., 16., 19. Dez.

Seelenverwandt: 18. Jan., 16. Feb., 14. März, 12. April, 10., 29. Mai, 8., 27. Juni, 6., 25. Juli, 4., 23. Aug., 2., 21. Sept., 19. Okt., 17. Nov., 15. Dez.

SONNE: FISCHE
DEKADE: FISCHE/NEPTUN
GRAD: 1°30' – 2°30' FISCHE
ART: BEWEGLICHES ZEICHEN
ELEMENT: WASSER

Fixsterne

Fom Al Haut; Sad Al Melik

Hauptstern

Name des Sterns: Fom Al Haut
Gradposition: 2°51' – 3°51' Fische zwischen den Jahren 1930 und 2000
Magnitude: 1
Stärke: **********
Orbit: 2°30'
Konstellation: Alpha Piscis Austrini
Tage: 19., 20., 21., 22., 23., 24., 25. Februar
Sternqualitäten: Venus/Merkur
Beschreibung: rötlicher Stern im Maul des Südlichen Fisches.

Einfluß des Hauptsterns

Fom Al Haut ist einer der vier Königssterne und markiert die Wintersonnenwende. Als besonders kraftvoller Stern steht er für Glück, Erfolg und Kühnheit. Unter seinem Einfluß sollte man weniger materialistisch denken und sich dafür mehr spirituellen Dingen zuwenden. Im Zusammenhang mit dem Stand Ihrer Sonne sorgt Fom Al Haut für Rhythmusgefühl, Aufnahmefähigkeit und die Tendenz, mit dem Strom zu schwimmen. Sie lassen sich leicht von Ihrer Umgebung beeinflussen, streben nach Selbstfindung und haben das Bedürfnis, sich auf kreative Weise zu verwirklichen. Unter dem Einfluß von Fom Al Haut sind Legate und Erbschaften zu erwarten. Er warnt aber gleichzeitig davor, sie zu verschwenden und übereilt auszugeben.

• Positiv: sparsam, idealistisch, phantasievoll, kreativ.
• Negativ: kostspielige juristische Auseinandersetzungen, mangelndes Verständnis, Nachlässigkeit.

21. Februar

♓ Ebenso praktisch wie phantasievoll, sind Sie ein sensibler Fischemensch mit dem starken Bedürfnis nach Selbstverwirklichung. Als vielseitiger und kreativer Mensch sind Sie beeindruckbar und begeisterungsfähig, wenn Sie von einer Person oder Sache fasziniert sind. Aufgrund Ihrer vernünftigen Einstellung versuchen Sie meist, sich erst einmal ein sicheres Fundament zu schaffen. Beschränkungen oder Routine aber machen Ihre bewegliche Natur unruhig und unstet. Sie lassen sich nicht gern festlegen, wenn es aber nötig ist, zeigen Sie, wie anpassungsfähig und methodisch Sie sind.

Durch den zusätzlichen Einfluß Ihrer Sonne in der Dekade der Fische wird Ihr Wahrnehmungsvermögen durch Intuition verstärkt, und mit Ihren medialen Kräften ahnen Sie häufig Moden und Trends voraus. Mit Ihrem Gefühl für Rhythmus sind Sie nicht nur musikalisch, sondern auch tänzerisch begabt. Wenn Sie kein Ziel haben, werden Sie durch den Druck der Umwelt beeinflußt, und statt fest zu bleiben, schwimmen Sie lieber mit dem Strom oder suchen durch Realitätsflucht einen schnellen Ausweg.

Finanziell haben Sie meist Glück. Ihre Arbeit spielt dabei eine wichtige Rolle, denn durch geschickte und konzentrierte Anstrengung können Sie es zu einer sicheren und gutdotierten Position bringen. Im allgemeinen loyal und geschäftsmäßig, nehmen Sie Ihre Pflichten sehr ernst. Sie möchten Ihre Aufgaben gut erledigen und auf Ihre Arbeit stolz sein können.

Bis Sie 28 sind und solange sich Ihre Sonne durch das Zeichen der Fische bewegt, liegt Ihre Priorität bei der Entwicklung Ihrer Sensibilität, bei Zukunftsträumen und Gefühlsangelegenheiten. Im Alter von 29 tritt Ihre Sonne in das Zeichen des Widder und Sie werden bestimmter, aktiver und abenteuerlustiger. Wenn Ihre Sonne in den Stier wechselt, sind Sie 59. Sie werden ruhiger und beständiger und haben ein größeres Bedürfnis nach Stabilität und Sicherheit. Auch entwickeln Sie große Liebe zur Natur.

Ihr geheimes Selbst

Auch wenn Sie pragmatisch sein können und sich nach Stabilität und Sicherheit sehnen, müssen Sie sich bemühen, Ihre innere Ungeduld zu überwinden. Wenn diese Rastlosigkeit außer Kontrolle gerät, neigen Sie zu Realitätsflucht oder Stimmungsschwankungen. Wenn Sie aber Ihre fruchtbare Phantasie durch praktische Aktivitäten in positive Bahnen lenken, können Sie extrem produktiv sein.

Dank Ihrem inneren Charme strahlen Sie viel Wärme aus. Ihr Bedürfnis nach Action, Freiheit und Abenteuer sorgt dafür, daß Sie ein abwechslungsreiches und ereignisvolles Leben führen. Genießen Sie das Leben im Hier und Jetzt, denn Sie haben die Neigung zu glauben, das Glück liege immer gerade um die nächste Ecke. Mit Ihren hohen Idealen und Ihrer Hellsicht können Sie Ihre Träume und Ihre Sehnsucht nach Liebe durch kreative Beschäftigungen oder Dienst am Mitmenschen ausdrücken. Daß Sie auch pflichtbewußt und perfektionistisch sind, kompensieren Sie oft aber auch damit, daß Sie stolz auf Ihre Arbeit sind.

Beruf & Karriere

Bei allem Pragmatismus und gesundem Menschenverstand lassen Sie sich nicht gern durch Routine oder Monotonie einschränken. Sensibel und phantasievoll, sind Sie sowohl anregend als auch praktisch. Obwohl Sie Ordnung brauchen, wissen Sie manchmal nicht genau, was Sie eigentlich erreichen wollen, und probieren zunächst einmal Verschiedenes aus. Im Geschäftsleben verhelfen Ihnen Ihre Organisationsfähigkeiten zum Erfolg. Solange Sie bereit sind, hart zu arbeiten, bieten sich Ihnen glücklicherweise immer wieder neue Chancen. Gesellig und kontaktfreudig, eignen Sie sich für alle Arten von Öffentlichkeitsarbeit, vor allem in Musikindustrie, Mode, Kunst oder Design. Mit Ihrem Rhythmusgefühl haben Sie auch gute Chancen in Musik und Tanz. Da Sie geschickt sind, möchten Sie vielleicht mit Ihren Händen etwas bauen oder schaffen.

Berühmte Persönlichkeiten dieses Tages sind die Jazzmusikerin Nina Simone, der Modedesigner Hubert de Givenchy, der russische Politiker Alexej Kossygin, die Schriftstellerin Anais Nin, König Harald V. von Norwegen und der Regisseur Sam Peckinpah.

Numerologie

Mit der Zahl 21 werden im allgemeinen dynamischer Antrieb und Kontaktfreudigkeit verbunden. Sie sind gesellig, haben vielfältige Interessen, einen großen Freundeskreis und sind meist vom Glück begünstigt. Nach außen hin zeigen Sie sich freundlich und sozial. Sie sind intuitiv und geistig unabhängig, aber auch äußerst erfinderisch und originell. Mit der Geburtstagszahl 21 sind Sie lebenslustig, charmant, anziehend und kreativ. Sie können aber auch zurückhaltend und schüchtern sein, so daß Sie, vor allem in engen Beziehungen, mehr Bestimmtheit an den Tag legen sollten. Ihnen bieten sich im Leben viele Möglichkeiten, und Sie erreichen oft mit anderen zusammen große Erfolge. Sie tendieren zu engen Partnerschaften oder Ehe und wollen für Ihre Talente immer wieder gelobt werden. Der Untereinfluß der Monatszahl 2 macht Sie wahrnehmungsfähig und beeinflußbar durch Ihre Umgebung, auch wenn Sie gelegentlich zu Eigensinn und Sturheit neigen. Wenn Sie an sich selbst zweifeln, vergeuden Sie Ihre Energien. Ihr Bedürfnis nach Aktivität verlangt nach Möglichkeiten des Ausdrucks. Wenn Sie eine ebenso stabilisierende wie aufregende Beschäftigung finden, befriedigt Sie das geistig wie emotional.

Positiv: inspiriert, kreativ, beziehungsstark und begabt für dauerhafte Beziehungen.

Negativ: anfällig für Abhängigkeit, überemotional, nervös, phantasielos, leicht enttäuscht, Angst vor Veränderungen.

Liebe & Zwischenmenschliches

Gesellig und freundlich, lieben Sie gesellschaftliche Aktivitäten und freundschaftliche Treffen. Mit Ihren starken Gefühlen und Ihrer Sensibilität haben Sie viel Liebe zu geben. Wenn Ihre starken Emotionen nicht kanalisiert werden, können Sie launisch werden. Nehmen Sie sich viel Zeit für die Partnersuche, damit Sie sicher sind, was Sie wollen. Hüten Sie sich davor, den Retter zu spielen, wenn jemand Ihre Hilfe braucht, sonst werden Sie noch selbst zum Opfer. Um echtes Glück zu finden, brauchen Sie einen Partner, der aufregend und großzügig ist, Ihnen aber doch die Sicherheit bietet, die Sie brauchen.

Ihr Partner

Einen lebenslustigen Partner, der die Kraft Ihrer Liebe zu schätzen weiß, werden Sie mit großer Wahrscheinlichkeit unter den an den folgenden Tagen geborenen Menschen finden:

Liebe & Freundschaft: 7., 11., 16., 22. Jan., 5., 9., 20. Feb., 3., 7., 18., 31. März, 1., 5., 16., 29. April, 3., 14., 16., 27., 29. Mai, 1., 6., 12., 25., 27. Juni, 4., 10., 13., 23., 25. Juli, 8., 21., 23., 31. Aug., 6., 19., 21., 29. Sept., 4., 17., 19., 27., 30. Okt., 2., 5., 15., 17., 25., 28. Nov., 13., 15., 23., 26. Dez.

Günstig: 8., 14., 19. Jan., 6., 12., 17. Feb., 4., 10., 15. März, 2., 8., 13. April, 6., 11. Mai, 4., 9., 28. Juni, 2., 7. Juli, 5. Aug., 3. Sept., 1., 29. Okt., 18., 27. Nov., 25., 29. Dez.

Schicksalhaft: 24., 25., 26., 27. Aug.

Problematisch: 9., 18., 20. Jan., 7., 16., 18. Feb., 5., 14., 16. März, 3., 12., 14. April, 1., 10., 12. Mai, 8., 10. Juni, 6., 8., 29. Juli, 4., 6., 27. Aug., 2., 4., 25. Sept., 2., 23. Okt., 21. Nov., 19. Dez.

Seelenverwandt: 9. Jan., 7. Feb., 5. März, 3. April, 1. Mai, 30. Okt., 28. Nov., 26. Dez.

22. Februar

SONNE: FISCHE
DEKADE: FISCHE/NEPTUN
GRAD: 2°30' – 3°30' FISCHE
ART: BEWEGLICHES ZEICHEN
ELEMENT: WASSER

Fixsterne

Fom Al Haut; Sad Al Melik; Deneb Adige, auch Al Dhanab genannt

Hauptstern

Name des Sterns: Fom Al Haut
Gradposition: 2°51' – 3°51' Fische zwischen den Jahren 1930 und 2000
Magnitude: 1
Stärke: **********
Orbit: 2°30'
Konstellation: Alpha Piscis Austrini
Tage: 19., 20., 21., 22., 23., 24., 25. Februar
Sternqualitäten: Venus/Merkur
Beschreibung: rötlicher Stern im Maul des Südlichen Fisches.

Einfluß des Hauptsterns

Fom Al Haut ist einer der vier Königssterne und markiert die Wintersonnenwende. Als besonders kraftvoller Stern steht er für Glück, Erfolg und Kühnheit. Unter seinem Einfluß sollte man weniger materialistisch denken und sich dafür mehr spirituellen Dingen zuwenden. Im Zusammenhang mit dem Stand Ihrer Sonne sorgt Fom Al Haut für Rhythmusgefühl, Aufnahmefähigkeit und die Tendenz, mit dem Strom zu schwimmen. Sie lassen sich leicht von Ihrer Umgebung beeinflussen, streben nach Selbstfindung und haben das Bedürfnis, sich auf kreative Weise zu verwirklichen. Unter dem Einfluß von Fom Al Haut sind Legate und Erbschaften zu erwarten. Er warnt aber auch davor, diese zu verschwenden und übereilt auszugeben.

- Positiv: sparsam, idealistisch, phantasievoll, kreativ.
- Negativ: kostspielige juristische Auseinandersetzungen, mangelndes Verständnis, Nachlässigkeit.

Mit diesem Geburtstag sind Sie ein hochintuitiver, anpassungsfähiger Fischemensch mit einer sehr individuellen Lebensphilosophie. Phantasievoll und aufnahmefähig, gehen Sie kreativ an Probleme heran, was Sie als Pragmatiker ausweist, der gelegentlich zu wahren Geniestreichen fähig ist.

Durch den zusätzlichen Einfluß Ihrer Sonne in der Dekade der Fische sind Ihre Sensibilität und Ihre spirituellen Fähigkeiten stark ausgeprägt. Sie nehmen Stimmungen sofort wahr und erahnen Trends und Modeströmungen. Sie denken viel nach und sind mit Ihren Ideen häufig nicht nur Ihrer Zeit voraus, sondern auch im Widerstreit mit Ihren Zeitgenossen. Wenn Sie kein Ziel haben, beugen Sie sich dem Druck Ihrer Umwelt, statt fest zu bleiben, schwimmen mit dem Strom oder wählen Realitätsflucht als leichten Ausweg.

Auch wenn Sie manchmal abwesend oder unberechenbar sind, wirken Sie doch mit Ihrer Schlagfertigkeit und Ihren kreativen Talenten immer wieder anziehend auf andere. Als vielseitiger Mensch haben Sie viele verschiedene Interessen und ungewöhnliche Hobbys. Wenn Sie keine Möglichkeit haben, sich auszudrücken, werden Sie von Ängsten gequält, und wenn Sie unentschlossen sind, vergeuden Sie Ihre Energien, indem Sie sich verzetteln. Auch wenn Sie meist Ihre fröhliche und freundliche Einstellung behalten, tritt Ihre ernsthafte Seite in Erscheinung, wenn es um finanzielle Dinge geht.

Bis Sie 27 sind und solange Ihre Sonne sich durch das Zeichen der Fische bewegt, liegt der Schwerpunkt Ihres Lebens auf Sensibilität und Beziehungen zu anderen. Wenn Sie 28 sind, wechselt Ihre Sonne in das Zeichen des Widders. Sie werden entschlossener und bestimmter und haben das starke Bedürfnis nach neuen Unternehmungen. Wenn Ihre Sonne in den Stier tritt, sind Sie 58. Sie werden ruhiger und streben nach mehr Stabilität, Sicherheit und emotionaler Beständigkeit.

Ihr geheimes Selbst

Sie sind verantwortungsbewußt, lieben Ihr Zuhause und sehnen sich nach innerem Frieden. Häufig sind Sie für die, die Sie lieben, zu großen Opfern bereit. Aber obwohl Sie zu tiefer Liebe und Zuneigung fähig sind, kommt es selten vor, daß Sie von Ihren Gefühlen überwältigt werden. Wenn Sie es mit der Verantwortung übertreiben und die Probleme anderer zu Ihren eigenen machen, werden Sie das Opfer von Ängsten. Mit Ihren hohen Idealen und Ihrem Wunsch nach Harmonie möchten Sie sich verwirklichen – gesellschaftlich, kreativ oder auch indem Sie für eine gute Sache kämpfen.

Mit Ihrem guten Geschäftssinn und Ihren Führungsqualitäten bleiben Sie selten lang in untergeordneten Positionen. Als exzellenter und scharfsichtiger Beobachter haben Sie gutes Einschätzungsvermögen und sind oft sehr erfinderisch. Häufig beeindrucken Sie andere mit Ihrer Fähigkeit, zu handeln und Dinge und Menschen zu bewerten. Dabei neigen Sie aber dazu, Ihre Ideale zugunsten von Sicherheit aufzugeben. Stolz und imagebewußt, lernen Sie schnell, so daß Sie Ihre Interessen und kreativen Aktivitäten leicht in lukrative Unternehmungen umwandeln können.

Beruf & Karriere

Kreativ und intelligent, haben Sie einen scharfen Verstand, ausgeprägtes Vorstellungsvermögen und Organisationstalent. Da Sie freundlich und diplomatisch sind, eignen Sie sich für Berufe, die viel mit Menschen zu tun haben. Mit Ihren Kommunikationsfähigkeiten kommen für Sie auch Publizistik oder Öffentlichkeitsarbeit in Frage. Sie sind zwar sehr sensibel, haben aber dennoch einen ausgeprägten Geschäftssinn, der Ihnen vor allem in Handel und Gewerbe von Nutzen ist. Da Sie am besten arbeiten, wenn Sie inspiriert sind, sollten Sie Ihren Beruf immer wieder hinterfragen, um Ihr Interesse wachzuhalten. Eine Seite Ihrer Persönlichkeit, die sich für Philosophie oder Dienst am Mitmenschen interessiert, läßt Sie vielleicht einen religiös orientierten Beruf ergreifen, sich für Sozialreformen engagieren oder in Politik oder Gesundheitswesen gehen. Mit Ihrem Rhythmusgefühl sind Sie nicht nur musikalisch, sondern auch tänzerisch begabt. Da Sie ein starkes Bedürfnis nach Selbstverwirklichung haben, können Sie auch in der Musikwelt und beim Theater erfolgreich sein.

Berühmte Persönlichkeiten dieses Tages sind die Schauspielerinnen Drew Barrymore und Giulietta Masina, der Rennfahrer Niki Lauda, der Regisseur Luis Buñuel, der Schauspieler Kyle MacLachlan, der Gründer der Pfadfinderbewegung Robert Baden-Powell, der Komponist Frédéric Chopin und US-Präsident George Washington.

Numerologie

Als Mensch mit der Geburtstagszahl 22 sind Sie stolz, praktisch und hoch intuitiv. Die 22 ist eine Hauptzahl und schwingt als sie selbst, aber auch als 4. Ehrlich und fleißig, haben Sie natürliche Führungsqualitäten, Charisma und tiefes Verständnis für Menschen. Auch wenn Sie zurückhaltend sind, können Sie ein fürsorgliches, um das Wohl der anderen besorgtes Wesen und starke Beschützerinstinkte zeigen. Der Untereinfluß der Monatszahl 2 bewirkt, daß Sie trotz Perfektionismus und Humanität sehr reale Ziele brauchen. Quälen Sie sich nicht für Menschen, die dieses Opfer nicht wert sind. Wenn Sie sich unentschlossen oder verletzlich fühlen, bauen Sie einen Schutzwall um sich herum. Vermeiden Sie Überreaktionen oder übertriebene Kritik, wenn Sie mit denen, die Sie lieben, gut zurechtkommen möchten. Ihr Bedürfnis nach Harmonie und innerem Frieden zeigt, daß Sie von Natur aus mitfühlend und idealistisch sind.

Positiv: universal, führungsstark, hochintuitiv, pragmatisch, praktisch, geschickt mit den Händen, guter Organisator, Realist, Problemlöser, Macher.

Negativ: läßt sich vom «schnellen Reichtum» verführen, nervös, herrisch, materialistisch, phantasielos, faul, egoistisch.

Liebe & Zwischenmenschliches

Für ihr Liebsten ist es oft schwierig, Ihren Ansprüchen an Zwischenmenschliches gerecht zu werden, da Sie hohe und idealistische Vorstellungen von der Liebe haben. Sie sind mitfühlend und verständnisvoll, bereit, sich Ihren Freunden liebevoll zu widmen. Doch obwohl Sie spontan und großzügig sein können, besteht die Gefahr, daß Sie rasch von Ihren eigenen Bedürfnissen eingenommen werden und gelegentlich kühl und abwesend wirken. Es ist deshalb wichtig, daß Sie ein inneres Gleichgewicht finden und positiv denken, um nicht allzu heftig zu reagieren. Sie sind kreativ und vielseitig, genießen soziale Anlässe und Sie haben ein Talent, die Arbeit mit dem Vergnügen zu verbinden. Freunden und Ihrem Partner gegenüber sind Sie loyal und oft eine große Stütze.

Ihr Partner

Einen anregenden Partner werden Sie mit großer Wahrscheinlichkeit unter den an den folgenden Tagen geborenen Menschen finden:

Liebe & Freundschaft: 4., 8., 22., 26. Jan., 6., 20., 24. Feb., 4., 18., 22. März, 2., 16., 20., 30. April, 14., 18., 28., 30. Mai, 12., 16., 26., 28., 29. Juni, 10., 14., 24., 26. Juli, 8., 12., 22., 24. Aug., 6., 10., 20., 22., 30. Sept., 4., 8., 18., 20., 21., 28. Okt., 2., 6., 16., 18., 26. Nov., 4., 14., 16., 24. Dez.

Günstig: 9., 20. Jan., 7., 18. Feb., 5., 16., 29. März, 3., 14., 27. April, 1., 12., 25. Mai, 10., 23. Juni, 8., 21. Juli, 6., 19. Aug., 4., 17. Sept., 2., 15., 30. Okt., 13., 28. Nov., 11., 26., 30. Dez.

Schicksalhaft: 27. Jan., 25. Feb., 23. März, 21. April, 19. Mai, 17. Juni, 15. Juli, 13., 25., 26., 27. Aug., 11. Sept., 9. Okt., 7. Nov., 5. Dez.

Problematisch: 2., 10., 19. Jan., 8., 17. Feb., 6., 15. März, 4., 13. April, 2., 11. Mai, 9. Juni, 7., 30. Juli, 5., 28. Aug., 3., 26. Sept., 1., 24. Okt., 22. Nov., 20., 30. Dez.

Seelenverwandt: 15. Jan., 13. Feb., 11. März, 9. April, 7. Mai, 5. Juni, 3. Juli, 1. Aug., 29. Okt., 27. Nov., 25. Dez.

23. Februar

SONNE: FISCHE
DEKADE: FISCHE/NEPTUN
GRAD: 3°30' – 4°30' FISCHE
ART: BEWEGLICHES ZEICHEN
ELEMENT: WASSER

Fixsterne

Fom Al Haut; Deneb Adige, auch Al Dhanab genannt

Hauptstern

Name des Sterns: Fom Al Haut
Gradposition: 2°51' – 3°51' Fische zwischen den Jahren 1930 und 2000
Magnitude: 1
Stärke: **********
Orbit: 2°30'
Konstellation: Alpha Piscis Austrini
Tage: 19., 20., 21., 22., 23., 24., 25. Februar
Sternqualitäten: Venus/Merkur
Beschreibung: rötlicher Stern im Maul des Südlichen Fisches.

Einfluß des Hauptsterns

Fom Al Haut ist einer der vier Königssterne und markiert die Wintersonnenwende. Als besonders kraftvoller Stern steht er für Glück, Erfolg und Kühnheit. Unter seinem Einfluß sollte man weniger materialistisch denken und sich dafür mehr spirituellen Dingen zuwenden. Im Zusammenhang mit dem Stand Ihrer Sonne sorgt Fom Al Haut für Rhythmusgefühl, Aufnahmefähigkeit und die Tendenz, mit dem Strom zu schwimmen. Sie lassen sich leicht von Ihrer Umgebung beeinflussen, streben nach Selbstfindung und haben das Bedürfnis, sich auf kreative Weise zu verwirklichen. Unter dem Einfluß von Fom Al Haut sind Legate und Erbschaften zu erwarten. Er warnt aber auch davor, sie zu verschwenden und vorschnell auszugeben.

- Positiv: sparsam, idealistisch, phantasievoll, kreativ.
- Negativ: kostspielige juristische Auseinandersetzungen, mangelndes Verständnis, Nachlässigkeit.

Mit diesem Geburtstag sind Sie ein aufgeschlossener, dynamischer und aktiver Fischemensch, der durch Partnerschaften und gemeinschaftliche Anstrengung zu Erfolg gelangt. Auch wenn Sie von Natur aus rastlos sind, ist Ihr Leben auf soziale Kontakte ausgerichtet und entwickelt sich durch Erfahrungen mit anderen Menschen.

Durch den zusätzlichen Einfluß Ihrer Sonne auf die Dekade der Fische ist Ihre Wahrnehmung besonders stark ausgeprägt; mit Ihrem sechsten Sinn erfassen Sie sofort die Stimmungen der Menschen in Ihrer Umgebung. Obwohl Sie sensibel und phantasievoll sind, haben Sie Geschäftssinn und können Ideen entwickeln, die sich finanziell lohnen. Sie haben nicht nur Rhythmusgefühl, sondern sind auch musikalisch und meist auch tänzerisch begabt. Wenn Sie kein Ziel vor Augen haben, unterliegen Sie dem Einfluß Ihrer Umgebung, und statt Widerstand zu leisten, schwimmen Sie lieber mit dem Strom oder wählen Realitätsflucht als leichten Ausweg.

Ehrgeizig und vielseitig, können Sie Arbeit und Vergnügen gut miteinander verbinden und kommen mit Menschen unterschiedlichster Herkunft zurecht. Da Sie äußerst entschlossen sein können, stellen Sie eine enorme Kraft dar, wenn Sie von einer Idee oder Sache inspiriert sind. Bei Ihrem ausgeprägten Bedürfnis nach Erfolg haben Sie aber auch eine sensible, phantasievolle und idealistische Seite, weshalb Sie sich um Ausgeglichenheit bemühen müssen, um sich nicht unnötig Sorgen zu machen, vor allem in finanziellen Angelegenheiten.

Bis Sie 26 sind und solange sich Ihre Sonne durch das Zeichen der Fische bewegt, suchen Sie nach idealen Gelegenheiten oder Beziehungen oder etwas Magischem in Ihrem Leben. Im Alter von 27 erleben Sie einen Wendepunkt, wenn Ihre Sonne in das Zeichen des Widder wechselt. Sie werden entschlossener, ehrgeiziger und bestimmter und möchten vielleicht etwas ganz Neues beginnen oder die Initiative in Ihren Beziehungen zu anderen ergreifen. Wenn Ihre Sonne in den Stier wechselt, sind Sie 57. Sie werden ruhiger und haben mehr Bedürfnis nach Stabilität und finanzieller Sicherheit.

Ihr geheimes Selbst

Hellsichtig und idealistisch, mit dem Bedürfnis nach Geld, Macht und Prestige, sind Sie ehrgeizig und motiviert. Auch wenn Sie hart arbeiten können und Ihre Pläne methodisch ausführen, langweilen Sie sich leicht, und wenn kein schneller finanzieller Erfolg in Sicht ist, geben Sie leicht auf und sehen sich anderswo nach besseren Chancen um. Mit Ihrem intuitiven Verständnis für das Gesetz von Ursache und Wirkung ist Ihnen aber klar, daß Sie ohne Anstrengung auch zu nichts kommen werden.

Da Sie Führungsqualitäten und ein Bedürfnis nach Anerkennung haben, denken Sie in großen Maßstäben. Sie sehnen sich nach Harmonie, lieben Neuanfänge, müssen sich aber vor Angst und Rastlosigkeit hüten. Als großzügiger und vielseitiger Mensch sind Sie tolerant und erfinderisch, brauchen aber realistische Ziele. Ihr Hang zur Verschwendung bricht gelegentlich durch, aber Ihr Wunsch nach Geld und Sicherheit treibt Sie dann wieder an, voller Unternehmungslust neue Chancen zu ergreifen.

Beruf & Karriere

Phantasievoll und entschlossen, haben Sie eine freundliche Persönlichkeit, die Ihnen in allen menschenorientierten Berufen Erfolg garantiert. Mit Ihrem Bedürfnis nach Anerkennung stehen Sie sicher bald an vorderster Front auf Ihrem Gebiet. Da Sie eine Sache oder Idee, an die Sie glauben, sehr gut vermarkten können, eignen Sie sich vor allem für Promotion oder Verhandlungen. Ebenfalls interessant für Sie sind Berufe, mit denen Reisen ins Ausland verbunden sind. Auch wenn Sie gern unabhängig arbeiten, haben Sie viel Teamgeist. Obwohl Sie mit viel Geschäftssinn begabt sind, haben Sie doch auch Gefühl für Farbe, Klang und Form, so daß Sie auch in Kunst, Theater und Musik erfolgreich sein können. Wenn Sie sich einer Sache voll und ganz widmen, zeigen Sie außergewöhnlichen Geschäftssinn und ausgezeichnete Organisationsfähigkeiten.

Berühmte Persönlichkeiten dieses Tages sind der Schauspieler Peter Fonda, der Meisterkoch Anton Mosimann, die Schauspielerin Julie Walters, der Bankier M. A. Rothschild, der Schriftsteller Samuel Pepys und der Gitarrist Johnny Winter.

Numerologie

Zu den Eigenschaften der 23 gehören Intuition, Sensibilität und Kreativität. Im allgemeinen sind Sie vielseitig, leidenschaftlich und geistig beweglich, haben eine professionelle Einstellung und eine Menge schöpferischer Ideen. Mit der Geburtstagszahl 23 können Sie sich schnell in neue Gebiete einarbeiten, ziehen aber die Praxis der Theorie vor. Sie lieben Reisen und Abenteuer und lernen gern neue Menschen kennen. Aufgrund der Rastlosigkeit, die von der Zahl 23 ausgeht, suchen Sie ständig neue Herausforderungen und versuchen, aus jeder Situation das Beste zu machen. Im allgemeinen sind Sie freundlich und lebenslustig und haben Mut und Antriebskraft; um Ihr Potential zur Entfaltung zu bringen, müssen Sie ein aktives Leben führen. Der Untereinfluß der Monatszahl 2 ist der Grund dafür, daß Sie unabhängig bleiben und Ihre eigenen Entscheidungen treffen möchten, auch wenn Sie gern mit anderen zusammenarbeiten. Sie profitieren ungemein davon, wenn Sie Ihren Horizont durch Erforschen verschiedener neuer Bereiche erweitern und sich Ihre eigene Meinung bilden. Liebe zu Harmonie und Frieden inspiriert Sie dazu, Ihre Gedanken und Talente zum Ausdruck zu bringen.

Positiv: treu, verantwortungsbewußt, vielseitig, zuverlässig, oft berühmt.

Negativ: selbstsüchtig, unsicher, stur, kompromißlos, penibel, voller Vorurteile.

Liebe & Zwischenmenschliches

Im allgemeinen führen Sie ein aktives gesellschaftliches Leben und haben viele Freunde. Da Ihnen Beziehungen viel bedeuten, sind Sie zu großen Opfern bereit, um sie aufrechtzuerhalten. Mit Ihren festen Prinzipien brauchen Sie einen Partner, der Ihnen Paroli bieten kann und sich nicht von Ihrer starken Persönlichkeit einschüchtern läßt. Sie sind zwar freundlich und umgänglich, haben aber Spaß an geistigen Herausforderungen. Geistige Kraft und starke Menschen faszinieren Sie besonders, Sie dürfen dabei aber weder zu dominierend werden, noch sich von anderen unterdrücken lassen. Freundlich und verständnisvoll, sind Sie gegenüber denen, die Sie lieben, äußerst großzügig und hilfsbereit.

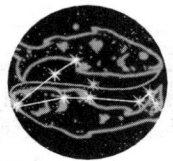

Ihr Partner

Sicherheit, geistige Anregung und Liebe finden Sie am ehesten unter den Menschen, die an folgenden Tagen geboren sind:

Liebe & Freundschaft: 3., 23. Jan., 11., 21., 25. Feb., 9., 19., 28., 31. März, 7., 17., 26., 29. April, 5., 15., 24., 27., 29., 31. Mai, 3., 13., 22., 25., 27., 29. Juni, 1., 11., 15., 20., 23., 25. Juli, 9., 18., 21., 23., 25., 27. Aug., 7., 16., 19., 21., 23., 25. Sept., 5., 14., 17., 19., 21., 23. Okt., 3., 7., 12., 15., 17., 19., 21. Nov., 1., 10., 13., 15., 17., 19. Dez.

Günstig: 3., 4., 10., 21. Jan., 1., 2., 8., 19. Feb., 6., 17., 30. März, 4., 15., 28. April, 2., 13., 26. Mai, 11., 24. Juni, 9., 22. Juli, 7., 20. Aug., 5., 18., 24. Sept., 3., 16., 22., 31. Okt., 1., 14., 29. Nov., 12., 27. Dez.

Schicksalhaft: 22., 28. Jan., 20., 26. Feb., 18., 24. März, 16., 22. April, 14., 20. Mai, 12., 18. Juni, 10., 16. Juli, 8., 14., 26., 27., 28., 29. Aug., 6., 12. Sept., 4., 10. Okt., 2., 8. Nov., 6. Dez.

Problematisch: 1., 20. Jan., 9., 18. Feb., 7., 16. März, 5., 14. April, 3., 12., 30. Mai, 1., 10., 28. Juni, 8., 26., 31. Juli, 6., 24., 29. Aug., 4., 22., 27. Sept., 2., 20., 25. Okt., 18., 23. Nov., 16., 21. Dez.

Seelenverwandt: 26. Jan., 24. Feb., 22., 30. März, 20., 28. April, 18., 26. Mai, 16., 24. Juni, 14., 22. Juli, 12., 20. Aug., 10., 18. Sept., 8., 16. Okt., 6., 14. Nov., 4., 12. Dez.

24. Februar

SONNE: FISCHE
DEKADE: FISCHE/NEPTUN
GRAD: 4°30' – 5°30' FISCHE
ART: BEWEGLICHES ZEICHEN
ELEMENT: WASSER

Fixsterne

Fom Al Haut; Deneb Adige, auch Al Dhanab genannt

Hauptstern

Name des Sterns: Fom Al Haut
Gradposition: 2°51' – 3°51' Fische zwischen den Jahren 1930 und 2000
Magnitude: 1
Stärke: **********
Orbit: 2°30'
Konstellation: Alpha Piscis Austrini
Tage: 19., 20., 21., 22., 23., 24., 25. Februar
Sternqualitäten: Venus/Merkur
Beschreibung: rötlicher Stern im Maul des Südlichen Fisches.

Einfluß des Hauptsterns

Fom Al Haut ist einer der vier Königssterne und markiert die Wintersonnenwende. Als besonders kraftvoller Stern steht er für Glück, Erfolg und Kühnheit. Unter seinem Einfluß sollte man weniger materialistisch denken und sich dafür mehr spirituellen Dingen zuwenden. Im Zusammenhang mit dem Stand Ihrer Sonne sorgt Fom Al Haut für Rhythmusgefühl, Aufnahmefähigkeit und die Tendenz, mit dem Strom zu schwimmen. Sie lassen sich leicht von Ihrer Umgebung beeinflussen, suchen nach Selbstfindung und haben das Bedürfnis, sich auf kreative Weise zu verwirklichen. Unter dem Einfluß von Fom Al Haut sind Legate und Erbschaften zu erwarten. Er warnt aber auch, sie zu verschwenden und vorschnell auszugeben.

• Positiv: sparsam, idealistisch, phantasievoll, kreativ.
• Negativ: kostspielige juristische Auseinandersetzungen, mangelndes Verständnis, Nachlässigkeit.

Sie können sich wunderbar selbst motivieren, haben viel Phantasie und sind ein aufgeschlossener und unabhängiger Mensch. Idealistisch und mit starken Gefühlen, sind Sie bereit, hart zu arbeiten, können sehr großzügig sein und haben denen gegenüber, die Sie lieben, ausgeprägte Beschützerinstinkte. Auch wenn Sie im allgemeinen freundlich und liebenswürdig sind und eine pragmatische Ader haben, sorgt Ihre Mischung aus hohen Idealen und dem Wunsch nach Geld und Luxus dafür, daß Sie gelegentlich zwischen Extremen hin und her schwanken. Wenn Sie eine gerechte Sache finden, die Sie einerseits inspiriert, andererseits aber auch finanziellen Erfolg verspricht, können Sie verhüten, daß Sie von Ihren starken Gefühlen regiert werden.

Der zusätzliche Einfluß Ihrer Sonne in der Dekade der Fische wirkt verstärkend auf Ihre intuitiven Kräfte, kann aber auch gelegentlich zu Stimmungsschwankungen oder Rastlosigkeit führen. Da Sie einen scharfen Verstand haben und neuen Trends und Ideen gegenüber sehr aufgeschlossen sind, befürworten Sie im allgemeinen soziale Reformen. Obwohl Sie meist eher nachdenklich und rücksichtsvoll sind, führt Ihre rastlose Natur manchmal dazu, daß Sie mit anderen in Konflikt geraten. Wenn Sie kein Ziel vor Augen haben, geben Sie dem Druck Ihrer Umgebung nach, und statt Widerstand zu leisten, schwimmen Sie lieber mit dem Strom oder suchen durch Realitätsflucht einen leichten Ausweg.

Da Sie Neuanfänge lieben, sind Sie selbst jemand, der gern Projekte initiiert. Damit hängt auch Ihre Abneigung gegen Routine zusammen, die Sie sofort ungeduldig macht. Solange Sie an sich selbst glauben, verhelfen Ihnen Ihre nüchterne Art, Ihre originellen Ideen und Ihre Intuition zu Erfolg.

Bis Sie 25 sind und solange sich Ihre Sonne durch das Zeichen der Fische bewegt, liegt Ihr Schwerpunkt auf Ihrer emotionalen Entwicklung und Intuition und Ihren Träumen für die Zukunft. Im Alter von 26, wenn Ihre Sonne in das Zeichen des Widders tritt, entwickeln Sie mehr Bestimmtheit, Aktivität und Abenteuerlust. Es ist eine gute Phase, um neue Projekte zu beginnen oder zu leiten und Ihren Mitmenschen gegenüber bestimmter aufzutreten. Wenn Ihre Sonne in den Stier wechselt, sind Sie 56. Sie werden ruhiger und haben das Bedürfnis nach Stabilität und finanzieller Sicherheit. Außerdem entdecken Sie Ihre Liebe zur Natur.

Ihr geheimes Selbst

Charmant und kooperativ, sind Sie gern in Gesellschaft und haben großes Charisma. Sie knüpfen schnell Kontakte und verbinden gern Arbeit und Vergnügen. Wenn Sie von einer Sache wirklich fasziniert sind, entwickeln Sie extreme Energie und Entschlossenheit. Mit Ihren intuitiven Kräften und Ihrem Geschäftssinn erkennen Sie finanzielle Chancen sofort, und im allgemeinen lassen sich Ihre Ideen ausgezeichnet in bare Münze verwandeln.

Obwohl Sie gelegentlich ziemlich herrisch sein können, arbeiten Sie doch gut mit anderen zusammen, haben diplomatisches Geschick und sind kompromißbereit. Persönliche Beziehungen sind für Sie äußerst wichtig, sowohl als Spiegel für Ihre eigene Bewußtwerdung wie auch als Möglichkeit, Ihre starken Gefühle und Ihre Liebe zum Ausdruck zu bringen.

Beruf & Karriere

Ihre starken Wünsche und Beweggründe zeigen, daß Sie idealistisch sind, aber auch einen Hang zum Materialismus haben. Intuitiv und aufgeschlossen, kommen Sie wunderbar mit Menschen zurecht und eignen sich deshalb ausgezeichnet als Finanzberater, Vermittler oder Unterhändler. Sie lieben Neuanfänge und Herausforderungen, und in der Geschäftswelt hilft Ihnen vor allem Ihre Gabe, Chancen und vielversprechende Mitarbeiter zu erkennen. Da Sie phantasiebegabt sind und ein Gefühl für Farbe und Form haben, können Sie auch in Design oder Innenarchitektur erfolgreich sein. Ihre Abenteuerlust treibt Sie auf der Suche nach Glück zu Reisen, um verschiedene Lebensweisen kennenzulernen. Mit Ihren Talenten und Ihrer Individualität steht Ihnen auch die Welt von Literatur, Theater oder Malerei offen.

Berühmte Persönlichkeiten dieses Tages sind der Maler Winslow Homer, der Märchensammler Wilhelm Grimm, der Verleger Franz Burda, der Musiker Nicky Hopkins und der italienische Ministerpräsident Bettino Craxi.

Numerologie

Die Sensibilität, die von der Zahl 24 ausgeht, bewirkt, daß Sie Stabilität und Ordnung brauchen. Im allgemeinen sind Sie aufrichtig, zuverlässig und sicherheitsbewußt und brauchen die Liebe und Unterstützung eines Partners; es macht Ihnen Freude, eine solide Basis für sich und Ihre Familie zu schaffen. Dank Ihrer pragmatischen Lebenseinstellung haben Sie auch guten Geschäftssinn und die Fähigkeit, materiellen Wohlstand zu erreichen. Mit der Geburtstagszahl 24 müssen Sie möglicherweise einen Hang zu Sturheit oder fixen Ideen bekämpfen. Der Untereinfluß der Monatszahl 2 sorgt dafür, daß Sie gut soziale Netze aufbauen können, da Sie ausgezeichnet mit anderen kommunizieren und sich dadurch sehr gut als Vermittler und Teamarbeiter eignen. Sie sind tüchtig, organisiert und entschlossen. Mit etwas mehr Selbstdisziplin und mehr Drang, etwas aus sich zu machen, ist Ihnen Erfolg gewiß. Mit Ihrem sicheren Urteilsvermögen können Sie sich ruhig auf Ihre Intuition verlassen. Wenn Sie unmotiviert sind, werden Sie rastlos und vergeuden Ihre Kraft.

Positiv: energisch, idealistisch, praktisch, entschlossen, aufrichtig, offen, fair, großzügig, aktiv, tüchtig.

Negativ: materialistisch, geizig, labil, haßt Routine, faul, unzuverlässig, dominierend, stur, rachsüchtig.

Liebe & Zwischenmenschliches

Charmant und freundlich, führen Sie im allgemeinen ein aktives Leben und treffen gern neue Leute. Da Sie sich leicht langweilen, brauchen Sie einen Partner, der Sie geistig wachhält. Am besten suchen Sie sich jemanden, der ebenso fleißig ist wie Sie selbst. Ihr starkes Bedürfnis nach Liebe und Zuneigung mag dazu führen, daß Sie verfrüht eine feste Bindung eingehen; wenn Sie sich bei der Wahl Ihrer Partner und Freunde Zeit lassen, vermeiden Sie, in Liebe und Freundschaft zu impulsiv zu handeln.

Ihr Partner

Freundschaft, geistige Anregung und Liebe finden Sie am ehesten unter den Menschen, die an folgenden Tagen geboren sind:

Liebe & Freundschaft: 14., 24., 31. Jan., 12., 22., 29. Feb., 10., 20., 27. März, 8., 18., 25. April, 6., 16., 23., 30. Mai, 4., 14., 18., 21., 28., 30. Juni, 2., 12., 16., 19., 26., 28., 30. Juli, 10., 17., 24., 26., 28. Aug., 8., 15., 22., 24., 26. Sept., 6., 13., 20., 22., 24., 30. Okt., 4., 8., 11., 18., 20., 22., 28. Nov., 2., 9., 16., 18., 20., 26., 29. Dez.

Günstig: 5., 22., 30. Jan., 3., 20., 28. Feb., 1., 18., 26. März, 16., 24. April, 14., 22. Mai, 12., 20. Juni, 10., 18., 29. Juli, 8., 16., 27., 31. Aug., 6., 14., 25., 29. Sept., 4., 12., 23., 27. Okt., 2., 10., 21., 25. Nov., 9., 19., 23. Dez.

Schicksalhaft: 12. Jan., 10. Feb., 8. März, 6. April, 4. Mai, 2. Juni, 27., 28., 29., 30. Aug.

Problematisch: 16., 21. Jan., 14., 19. Feb., 12., 17., 30. März, 10., 15., 28. April, 8., 13., 26. Mai, 6., 11., 24. Juni, 4., 9., 22. Juli, 2., 7., 20. Aug., 5., 18. Sept., 3., 16. Okt., 1., 14. Nov., 12. Dez.

Seelenverwandt: 25. Jan., 23. Feb., 21. März, 19. April, 17. Mai, 15. Juni, 13. Juli, 11. Aug., 9. Sept., 7. Okt., 5. Nov., 3., 30. Dez.

25. Februar

SONNE: FISCHE
DEKADE: FISCHE/NEPTUN
GRAD: 5° – 6°30' FISCHE
ART: BEWEGLICHES ZEICHEN
ELEMENT: WASSER

Fixsterne

Fom Al Haut; Deneb Adige, auch Al Dhanab genannt

Hauptstern

Name des Sterns: Fom Al Haut
Gradposition: 2°51' – 3°51' Fische zwischen den Jahren 1930 und 2000
Magnitude: 1
Stärke: **********
Orbit: 2°30'
Konstellation: Alpha Piscis Austrini
Tage: 19., 20., 21., 22., 23., 24., 25. Februar
Sternqualitäten: Venus/Merkur
Beschreibung: rötlicher Stern im Maul des Südlichen Fisches.

Einfluß des Hauptsterns

Fom Al Haut ist einer der vier Königssterne und markiert die Wintersonnenwende. Als besonders kraftvoller Stern steht er für Glück, Erfolg und Kühnheit. Unter seinem Einfluß sollte man weniger materialistisch denken und sich dafür mehr spirituellen Dingen zuwenden. Im Zusammenhang mit dem Stand Ihrer Sonne sorgt Fom Al Haut für Rhythmusgefühl, Aufnahmefähigkeit und die Tendenz, mit dem Strom zu schwimmen. Sie lassen sich leicht von Ihrer Umgebung beeinflussen, streben nach Selbstfindung und haben das Bedürfnis, sich auf kreative Weise zu verwirklichen. Unter dem Einfluß von Fom Al Haut sind Legate und Erbschaften zu erwarten. Er warnt aber gleichzeitig, sie nicht zu verschwenden und vorschnell auszugeben.

- Positiv: sparsam, idealistisch, phantasievoll, kreativ.
- Negativ: kostspielige juristische Auseinandersetzungen, mangelndes Verständnis, Nachlässigkeit.

♓ Die Mischung aus Sensibilität und geistiger Kraft, die von diesem Tag ausgeht, macht Sie zu einem besonderen Geburtstagskind. Inspiriert und phantasievoll, sind Sie ein wortgewandter und fleißiger Mensch, der unabhängig sein möchte und gern selbst die Kontrolle über alles hat. Da Sie sowohl intuitiv wie rational sind, machen Sie das Beste aus Ihrer Intelligenz, wenn Sie die Macht des Wissens anerkennen und Ihr angeborenes Urteilsvermögen einsetzen. Aufgrund Ihrer zahlreichen Talente kommt es leicht dazu, daß Sie sich unterfordert fühlen. Sie sind vorsichtig, haben aber auch eine unkonventionelle Seite, und auf andere wirken Sie selbstbewußt und selbstsicher.

Durch den zusätzlichen Einfluß Ihrer Sonne in der Dekade der Fische haben Sie mediale Kräfte und Tiefgründigkeit, gute analytische Fähigkeiten und die Gabe, Stimmungen, aber auch Modeströmungen und Trends sofort zu spüren. Das verleiht Ihnen einzigartiges Einfühlungsvermögen für Menschen und Situationen, kann aber auch dazu führen, daß Sie Phasen voller Verwirrung und Selbstzweifel durchleben.

Wenn Sie kein Ziel vor Augen haben, geben Sie dem Druck Ihrer Umgebung nach, und statt zu Ihrer eigenen Meinung zu stehen, schwimmen Sie lieber mit dem Strom oder suchen durch Realitätsflucht einen leichten Ausweg. Sobald Sie aber ein Ziel haben, neigen Sie dazu, sich selbst gegenüber zu kritisch und zu streng zu sein. Vertrauen Sie Ihrer Intuition, dann können Sie sich Ihren Problemen stellen und eine ganz eigene Lebensphilosophie entwickeln. Ein Schlüssel zu Ihrem Erfolg ist eine gute Ausbildung; dabei ist unerheblich, ob sie auf konventionellem Weg oder autodidaktisch zustande kommt.

Bis Sie 24 sind und solange Ihre Sonne sich durch das Zeichen der Fische bewegt, legen Sie viel Wert auf Sensibilität und den Aufbau von emotionalen Kontakten. Wenn Sie 25 sind, tritt Ihre Sonne in das Zeichen des Widder. Sie werden energischer, bestimmter und entschlossener und möchten etwas ganz Neues beginnen. Wenn Ihre Sonne dann in den Stier wechselt, sind Sie 55. Sie werden ruhiger und haben mehr Bedürfnis nach Stabilität und finanzieller Sicherheit.

Ihr geheimes Selbst

Stark und entschlossen, aber auch liebenswürdig und anziehend, sind Sie eine interessante Mischung von Gegensätzen. Intelligent und ein guter Beobachter, schlagfertig und mit Witz und einer scharfen Zunge begabt, haben Sie auch die Gabe, die Psyche anderer leicht zu durchschauen. Idealistisch und fleißig, sind Sie ein selbstbewußter Mensch, der vehement gegen Ungerechtigkeit kämpft. Ebenso motivierend wirkt auf Sie aber auch der Gedanke an Geld, Macht und Prestige.

Obwohl Sie im allgemeinen unabhängig sind, kennen Sie die Vorzüge des Teilens und der Teamarbeit. Manchmal überraschen Sie andere mit erstaunlicher Ausdauer und Entschlossenheit. Es wäre allerdings klug, untergeordnete Positionen zu vermeiden, da Sie auf Machtspiele von Vorgesetzten ziemlich heftig reagieren können. Im allgemeinen sind Sie gewissenhaft und helfen anderen gern, müssen aber darauf achten, daß Sie sich nicht zuviel aufbürden.

Beruf & Karriere

Intelligent und aufgeschlossen, haben Sie einen starken Charakter und Führungsqualitäten. Da Arbeitgeber Ihr Verantwortungsbewußtsein und Ihren Fleiß schätzen, machen Sie meist schnell Karriere. Im Geschäftsleben können Sie Ihr Wissen gut vermarkten. Lehrberufe und Anwendung Ihres Schreibtalents interessieren Sie, auch beschäftigen Sie sich gern mit großen Projekten, deren Leitung Sie übernehmen. Ihre Gabe, Systeme zu organisieren und zu verbessern, macht Sie für Tätigkeiten in der Administration geeignet. Als Menschenfreund interessieren Sie sich für Sozial- und Arbeitsreformen. Wenn Sie eine spirituelle Ader haben, wenden Sie sich Philosophie oder Religion zu.

Berühmte Persönlichkeiten dieses Tages sind der Rockmusiker George Harrison, der Komponist Georg Friedrich Händel, der Mystiker Meher Baba, der Maler Pierre-Auguste Renoir, der Schauspieler und Komiker Zeppo Marx und der Schauspieler Tom Courtenay.

Numerologie

Voller Energie und wachem Verstand, dennoch intuitiv und nachdenklich, haben Sie als Mensch mit der Geburtstagszahl 25 das Bedürfnis, sich durch verschiedenste Erfahrungen auszudrücken. Dazu gehören neue und aufregende Ideen ebenso wie fremde Menschen oder Orte. Ihr Hang zum Perfektionismus läßt Sie hart arbeiten und produktiv sein. Allerdings werden Sie leicht ungeduldig, wenn sich Dinge nicht Ihren Vorstellungen gemäß entwickeln. Mit der Geburtstagszahl 25 haben Sie starke mentale Energien. Positiv kanalisiert, helfen sie Ihnen, Situationen rasch zu überblicken und schneller als andere Ihre Schlußfolgerungen zu ziehen. Erfolg und Glück stellen sich ein, wenn Sie lernen, Ihren Instinkten zu vertrauen, und Ausdauer und Geduld entwickeln. Der Untereinfluß der Monatszahl 2 bewirkt, daß Sie sensibel und intelligent sind. In Beziehungen lernen Sie im allgemeinen viel dazu und entwickeln sich weiter. Wenn Sie positiv eingestellt bleiben und nicht zulassen, daß Ängste Ihren kreativen Fluß unterbrechen, können Sie Ihre intuitiven und spirituellen Fähigkeiten ausbauen. Als praktischer Menschenfreund können Sie sich sehr wirkungsvoll für Gruppen oder Organisationen einsetzen.

Positiv: hochintuitiv, perfektionistisch, wahrnehmungsfähig, kreativ, gut im Umgang mit Menschen.

Negativ: impulsiv, ungeduldig, überempfindlich, eifersüchtig, heimlichtuerisch, kritisch, launisch, nervös.

Liebe & Zwischenmenschliches

Im allgemeinen sind Sie sensibel, können aber auch äußerst direkt und freimütig sein. Sie lieben optimistische, aufrichtige und direkte Menschen. Sie sind idealistisch und verantwortungsbewußt, neigen in Beziehungen aber dazu, die Führung an sich zu reißen. Wenn Sie negativ eingestellt sind, werden Sie leicht dominierend oder übertragen Ihre eigenen Gefühle der Enttäuschung und Unzufriedenheit auf andere Familienmitglieder. Ihr Zuhause bedeutet alles für Sie, denn dort können Sie sich von der stressigen und lauten Außenwelt erholen. Im allgemeinen sind Sie ein fürsorglicher Gastgeber.

Ihr Partner

Glück und Liebe finden Sie am ehesten unter den Menschen, die an den folgenden Tagen geboren sind:

Liebe & Freundschaft: 11., 13., 15., 17., 25. Jan., 9., 11., 13., 15., 23. Feb., 7., 9., 11., 13., 21. März, 5., 7., 9., 11., 19. April, 3., 5., 7., 9., 17., 31. Mai, 1., 3., 5., 7., 15., 29. Juni, 1., 3., 5., 17., 27., 29., 31. Juli, 1., 3., 11., 25., 27., 29. Aug., 1., 9., 23., 25., 27. Sept., 7., 21., 23., 25. Okt., 5., 9., 19., 21., 23. Nov., 3., 17., 19., 21., 30. Dez.

Günstig: 1., 5., 20. Jan., 3., 18. Feb., 1., 16. März, 14. April, 12. Mai, 10. Juni, 8. Juli, 6. Aug., 4. Sept., 2. Okt.

Schicksalhaft: 28., 29., 30., 31. Aug.

Problematisch: 6., 22., 24. Jan., 4., 20., 22. Feb., 2., 18., 20. März, 16., 18. April, 14., 16. Mai, 12., 14. Juni, 10., 12. Juli, 8., 10., 31. Aug., 6., 8., 29. Sept., 4., 6., 27. Okt., 2., 4., 25., 30. Nov., 2., 23., 28. Dez.

Seelenverwandt: 6., 12. Jan., 4., 10. Feb., 2., 8. März, 6. April, 4. Mai, 2. Juni

26. Februar

SONNE: FISCHE
DEKADE: FISCHE/NEPTUN
GRAD: 6°30' – 7°30' FISCHE
ART: BEWEGLICHES ZEICHEN
ELEMENT: WASSER

♓ Gesellig und intuitiv, sind Sie ein idealistischer Fischemensch mit praktischem Geschick und außergewöhnlicher geistiger Aufnahmefähigkeit. Begabt und vielseitig, führen Sie ein ereignisreiches Leben und suchen durch Selbstausdruck nach Erfüllung. Auch wenn Sie geistig rastlos sind, können Sie emotionale Sicherheit und Seelenfrieden finden, wenn Sie hart arbeiten und für sich und Ihre Familie ein solides Fundament schaffen. Sie übernehmen lieber die Führung, als sich unterzuordnen. Wenn Sie aber zuviel machen wollen, laufen Sie Gefahr, sich zu übernehmen und am Ende überhaupt nichts zu erreichen.

Der zusätzliche Einfluß Ihrer Sonne in der Dekade der Fische verstärkt Ihr gutes Urteilsvermögen mit Phantasie und spirituellen Fähigkeiten und ergänzt Ihre innere Weisheit durch Logik. Wenn Sie lernen, Ihren Instinkten zu vertrauen, fühlen Sie sich mit Ihrem Wissen und Ihren Kenntnissen sicher und können selbstbewußt und entschlossen auftreten.

Als Perfektionist nehmen Sie Ihre Pflichten im allgemeinen sehr ernst. Sie müssen sich aber vor nervöser Anspannung hüten, die Sie ungeduldig oder überkritisch macht. Scharfsinnig und mit gutem Urteilsvermögen, sagen Sie offen, was Sie denken, und vermitteln Ihre Ideen und Ansichten sehr direkt oder auf witzige und unterhaltsame Weise.

Bis Sie 23 sind und solange sich Ihre Sonne durch das Zeichen der Fische bewegt, suchen Sie nach idealen Gelegenheiten, Beziehungen oder etwas Magischem in Ihrem Leben. Wenn Sie 24 sind, wechselt Ihre Sonne in das Zeichen des Widders. Sie werden ehrgeiziger, bestimmter und selbstbewußter und unternehmen Neues oder übernehmen eine Führungsrolle. Wenn Ihre Sonne in den Stier tritt, sind Sie 54. Sie werden ruhiger und haben ein größeres Bedürfnis nach finanzieller Stabilität und Sicherheit.

Fixsterne

Deneb Adige, auch Al Dhanab genannt; Skat

Hauptstern

Name des Sterns: Deneb Adige, auch Al Dhanab genannt
Gradposition: 4°19' – 4°55' Fische zwischen den Jahren 1930 und 2000
Magnitude: 1
Stärke: **********
Orbit: 2°30'
Konstellation: Alpha Cygni
Tage: 22., 23., 24., 25., 26., 27. Februar
Sternqualitäten: Venus/Merkur
Beschreibung: leuchtend weißer Stern im Schwanz des Schwan.

Einfluß des Hauptsterns

Deneb Adige steht für Intelligenz und eine schnelle Auffassungsgabe. Er wird mit Vielseitigkeit und Idealismus, aber auch mit spirituellen Fähigkeiten in Verbindung gebracht. Sie sind freundlich und liebenswert, sollten aber bei der Wahl Ihrer Freunde vorsichtig sein. Im Zusammenhang mit dem Stand Ihrer Sonne sorgt Deneb Adige dafür, daß Sie Schreibtalent haben, Literatur lieben und sich für Astrologie interessieren. Sein Einfluß verleiht Popularität und Erfolg im Umgang mit der Öffentlichkeit, ist möglicherweise aber auch daran schuld, wenn schwerwiegende Kindheitserlebnisse unauslöschliche Spuren hinterlassen.

- Positiv: wortgewandt, phantasievoll, scharfer Verstand, intellektuell.
- Negativ: mangelndes Taktgefühl, Zerstörung von Beziehungen.

Ihr geheimes Selbst

Sie sind nicht nur intelligent, sondern auch sehr sensibel und intuitiv und haben einen starken Drang nach Selbstverwirklichung. Geistreich und freundlich, müssen Sie aber eine gewisse Unsicherheit über Ihre tieferen Gefühle überwinden, vor allem wenn es um enge Beziehungen geht. Entscheidungen zu treffen ist manchmal ein Problem für Ihren sonst so rationalen Verstand. Mit Ihrem metaphysischen und spirituellen Interesse profitieren Sie sehr davon, wenn Sie Ihre natürliche Intuition entwickeln oder auf Ihre innere Stimme hören.

Mit Ihrem ausgeprägten Sinn fürs Praktische sind Sie ehrgeizig und scharfsinnig und können Menschen und Situationen sehr rasch einschätzen. Hüten Sie sich aber davor, anzunehmen, finanzielle Sicherheit sei alles im Leben. Ihre Zielstrebigkeit und Ihre Leistungsbereitschaft sorgen dafür, daß Sie erfolgsorientiert sind und hohe Ansprüche stellen. Ihr Bedürfnis nach Aktivität bewirkt, daß Sie meist einen Plan in der Hinterhand haben. Dank Ihrer Fähigkeit, unabhängig zu denken, können Sie große Projekte leiten und beaufsichtigen. Im allgemeinen reagieren Sie auf Einschränkungen und Kritik, indem Sie den Zweifler eines Besseren belehren.

Beruf & Karriere

Phantasiebegabt und praktisch, brauchen Sie einen Beruf, bei dem Sie Ihr Wissen und Können ständig erweitern können. Mit Ihrer Hellsicht und Weitsicht suchen Sie eine

Arbeit, die kreativ und geistig anregend ist. Mit Ihrer Wortgewandtheit können Sie in den verschiedensten Bereichen der Kommunikation erfolgreich sein. Wenn Sie wissenschaftlich interessiert sind, sollten Sie sich für Chemie oder Technik entscheiden. Bankwesen oder Justiz kommen für Sie ebenfalls in Frage. Da Sie gut organisiert sind und Autorität ausstrahlen, sind Sie in jedem Beruf erfolgreich. Vielleicht zieht es Sie auch zu Berufen, bei denen Sie sich für andere einsetzen oder sich für eine gute Sache engagieren. In Sozialarbeit oder Beratung könnten Sie anderen hilfreich zur Seite stehen. Ihr Bedürfnis nach künstlerischem Ausdruck kann Sie in die Welt von Kunst, Design, Musik oder Theater führen.

Berühmte Persönlichkeiten dieses Tages sind der Schriftsteller Victor Hugo, die Musiker Fats Domino und Johnny Cash, der Industrielle Sir James Goldsmith und der Komiker und Schauspieler Jackie Gleason.

Numerologie

Mit der Zahl 26 sind Pragmatismus, Führungsqualitäten und guter Geschäftssinn verbunden. Im allgemeinen sind Sie verantwortungsbewußt und haben einen Sinn für Ästhetik. Sie lieben Ihr Zuhause und brauchen die Sicherheit einer soliden Basis. Häufig sind Sie ein Quell der Kraft für Ihre Freunde und Verwandten; wer sich in Notzeiten an Sie wendet, kann stets mit Hilfe rechnen. Hüten Sie sich aber vor materialistischen Tendenzen und dem Hang, Menschen und Situationen zu kontrollieren. Der Untereinfluß der Monatszahl 2 bewirkt, daß Sie intuitiv sind und einen sechsten Sinn, aber auch praktisches Geschick haben. Bei Ihrem Versuch, anderen zu gefallen, geraten Sie leicht in Abhängigkeit. Ihr Wunsch nach Erfolg macht Sie innovativ und läßt Sie in großen Maßstäben denken. Auch wenn Sie der Meinung anderer gegenüber aufgeschlossen sind, schätzen Sie es nicht, wenn sich jemand in Ihre Angelegenheiten einmischt. Sie sind resolut und möchten Ihre eigenen Entscheidungen treffen.

Positiv: kreativ, praktisch, fürsorglich, verantwortungsbewußt, begeisterungsfähig, mutig.

Negativ: stur, rebellisch, labile Beziehungen, mangelnde Begeisterungsfähigkeit, keine Ausdauer.

Liebe & Zwischenmenschliches

Sie sind hoch intuitiv und geistig rastlos und schätzen intelligente Menschen, die etwas erreichen und erfolgreich sein wollen. Sie sind zwar sensibel und mitfühlend, aber Ihre Beziehungen sind sehr veränderlich, und Sie fühlen sich oft unentschieden. Neue Chancen oder das Zusammentreffen mit aufregenden Menschen können Ihre Pläne beeinflussen, denn Sie lieben Abwechslung und geistige Anregung. Sie brauchen einen Partner, der klug ist und mit dem Sie Ihre Liebe zum Wissen teilen können.

Ihr Partner

Einen Traumpartner oder besten Freund werden Sie mit großer Wahrscheinlichkeit unter den an den folgenden Tagen geborenen Menschen finden:

Liebe & Freundschaft: 12., 16., 25. Jan., 10., 14., 23., 24. Feb., 8., 12., 22., 31. März, 6., 10., 20., 29. April, 4., 8., 18., 27. Mai, 2., 6., 16., 25., 30. Juni, 4., 14., 18., 23., 28. Juli, 2., 12., 21., 26., 30. Aug., 10., 19., 24., 28. Sept., 8., 17., 22., 26. Okt., 6., 10., 15., 20., 24., 30. Nov., 4., 13., 18., 22., 28. Dez.

Günstig: 2., 13., 22., 24. Jan., 11., 17., 20., 22. Feb., 9., 15., 18., 20., 28. März, 7., 13., 16., 18., 26. April, 5., 11., 16., 18., 26. Mai, 3., 9., 12., 14., 22. Juni, 1., 7., 10., 12., 20. Juli, 5., 8., 10., 18. Aug., 3., 6., 8., 16. Sept., 1., 4., 6., 14. Okt., 2., 4., 12. Nov., 2., 10. Dez.

Schicksalhaft: 25. Jan., 23. Feb., 21. März, 19. April, 17. Mai, 15. Juni, 13. Juli, 11., 30., 31. Aug., 1., 9. Sept., 7. Okt., 5. Nov., 3. Dez.

Problematisch: 7., 23. Jan., 5., 21. Feb., 3., 19., 29. März, 1., 17., 27. April, 15., 25. Mai, 13., 23. Juni, 11., 21., 31. Juli, 9., 19., 29. Aug., 7., 17., 27., 30. Sept., 3., 13., 23., 26. Nov., 1., 11., 21., 24. Dez.

Seelenverwandt: 17. Jan., 15. Feb., 13. März, 11. April, 9. Mai, 7. Juni, 5. Juli, 3. Aug., 1. Sept., 30. Nov., 28. Dez.

27. Februar

SONNE: FISCHE
DEKADE: FISCHE/NEPTUN
GRAD: 7°30' – 8°30' FISCHE
ART: BEWEGLICHES ZEICHEN
ELEMENT: WASSER

Fixsterne

Deneb Adige, auch Al Dhanab genannt; Skat

Hauptstern

Name des Sterns: Deneb Adige, auch Al Dhanab genannt
Gradposition: 4°19' – 4°55' Fische zwischen den Jahren 1930 und 2000
Magnitude: 1
Stärke: **********
Orbit: 2°30'
Konstellation: Alpha Cygni
Tage: 22., 23., 24., 25., 26., 27. Februar
Sternqualitäten: Venus/Merkur
Beschreibung: leuchtendweißer Stern im Schwanz des Schwan.

Einfluß des Hauptsterns

Deneb Adige steht für Intelligenz und eine schnelle Auffassungsgabe. Er wird mit Flexibilität und Idealismus, aber auch mit spirituellen Fähigkeiten in Verbindung gebracht. Sie sind freundlich und liebenswert, sollten aber bei der Wahl Ihrer Freunde vorsichtig sein.

Im Zusammenhang mit dem Stand Ihrer Sonne sorgt Deneb Adige dafür, daß Sie Schreibtalent haben, Literatur lieben und sich für Astrologie interessieren. Sein Einfluß verleiht Popularität und Erfolg im Umgang mit der Öffentlichkeit, ist möglicherweise aber auch daran schuld, wenn schwerwiegende Kindheitserlebnisse unauslöschliche Spuren hinterlassen.

- Positiv: wortgewandt, phantasievoll, scharfer Verstand, intellektuell.
- Negativ: mangelndes Taktgefühl, Zerstörung von Beziehungen.

Intelligent, aufgeschlossen und idealistisch, sind Sie ein sensibler Fischemensch mit hochgesteckten Zielen. Sie haben einen jugendlichen oder androgynen Zug, der Sie das Leben von der leichten Seite betrachten läßt, Sie aber auch geistig rastlos machen kann. Wenn Sie sich um mehr Reife und Verantwortungsbewußtsein bemühen, können Sie Ihr Potential verstärken. Obwohl Sie gern ausweichend reagieren, sind Sie doch im allgemeinen mit Ihren Gefühlen direkt und aufrichtig. Sie haben Unternehmungslust, müssen sich aber vor Streß hüten, der durch übertriebenen Enthusiasmus oder unterdrückte Gefühle entsteht.

Durch den zusätzlichen Einfluß Ihrer Sonne in der Dekade der Fische sind Sie intuitiv, phantasievoll, vielseitig begabt und voller Ideen. Auch wenn Sie im allgemeinen anziehend und charmant sind, können Sie sich rätselhaft und unkommunikativ geben, wenn Ihnen der Sinn danach steht.

Sie sind zwar gesellig, haben aber eine unabhängige Lebensphilosophie. Wenn Sie von einer Sache oder Idee fasziniert sind, werden Sie sehr eifrig; bei Ihrem Wunsch, erfolgreich zu sein, neigen Sie allerdings zu herrischem Verhalten. Als kreativer Denker mit großem Wissensdurst haben Sie zahlreiche Interessen. Mit Ausbildung und Weiterbildung entwickeln Sie Ihr Talent für das gesprochene und geschriebene Wort und Ihren Geschäftssinn. Durch Ihre Liebe zu Kunst und Schönheit haben Sie guten Geschmack und schätzen Luxus und Komfort.

Bis Sie 22 sind und solange Ihre Sonne sich durch das Zeichen der Fische bewegt, legen Sie viel Wert auf Intuition und Ihre emotionale Entwicklung. Im Alter von 23, wenn Ihre Sonne in das Zeichen des Widder wechselt, werden Sie ehrgeiziger, aktiver und abenteuerlustiger. Wenn Ihre Sonne in den Stier tritt, sind Sie 53. Sie werden kreativer, interessieren sich mehr für Natur, Luxus und gutes Leben und haben ein wachsendes Bedürfnis nach Stabilität und Sicherheit.

Ihr geheimes Selbst

Charmant und jung im Herzen, geben Sie sich meist lebhaft und unterhaltsam. Ihr Wunsch nach Erfolg basiert auf einer interessanten Mischung aus Materialismus und Idealismus. Bei allem Ehrgeiz haben Sie auch einen unbeschwerten Zug, der dafür sorgt, daß Sie Ihr Leben lang nie Optimismus und Begeisterungsfähigkeit verlieren. Mit diesen Eigenschaften faszinieren Sie andere immer wieder. Sie sind freundlich und kontaktfreudig, und Ihre Gabe, mit Menschen umzugehen, hilft Ihnen auf der Karriereleiter ganz nach oben. Image und materielle Sicherheit bedeuten Ihnen viel, und manchmal leiden Sie unter heimlichen Ängsten und messen finanziellen Belangen allzu große Bedeutung bei. Im allgemeinen aber konzentrieren Sie sich mit wachem Geist und phantasievollen Ideen auf Ihren Erfolg. Mit Ihrer jugendlichen Ausstrahlung, Ihren starken Gefühlen und Ihrem Mitgefühl, mit Ihrer Begeisterungsfähigkeit und Ihrer verspielten Art können Sie andere immer wieder mitreißen und aufheitern.

Beruf & Karriere

Intelligent und scharfsinnig, sind Sie sehr überzeugend und können hervorragend Produkte und Ideen vermarkten. Besonders geeignet sind deshalb für Sie Tätigkeiten in Werbung oder Verkauf. Ihre charmante und optimistische Persönlichkeit eignet sich auch für alle Berufe, die mit Menschen zu tun haben. Mit Ihrem Interesse für progressive Ideen, Ihrem Wissensdurst und Ihrer Begeisterungsfähigkeit sind Sie ein ausgezeichneter und motivierender Lehrer oder Dozent. Als Menschenfreund eignen Sie sich auch als Anwalt, Politiker oder Kämpfer für eine gute Sache. Mit Ihren Führungsqualitäten und Ihrem Unternehmergeist können Sie gut ein selbständiges Unternehmen gründen oder als Abteilungsleiter oder Firmenchef arbeiten. Solange Sie Ihre Pflichten ernst nehmen, können Sie durch Ihre Vitalität und Entschlossenheit viel erreichen. Da Sie Situationen schnell erfassen, kann Ihnen eine gute Ausbildung sehr weiterhelfen. Wenn Sie sich ständig weiterbilden, bleiben Sie im Herzen jung.

Berühmte Persönlichkeiten dieses Tages sind die Schauspielerinnen Elizabeth Taylor und Joanne Woodward, der Dichter H. W. Longfellow, der Philosoph Rudolf Steiner, der Sänger Michael Bolton und der Schriftsteller John Steinbeck.

Numerologie

Die Zahl 27 steht für Intuition, aber auch für analytische Fähigkeiten. Mit Geduld und Selbstbeherrschung läßt sich Ihr Denken erheblich vertiefen. Oft sind Sie stark, entschlossen, ein guter Beobachter und legen viel Wert aufs Detail. Wenn Sie gelegentlich geheimnistuerisch oder distanziert wirken, verbergen Sie damit nur innere Spannungen. Wenn Sie Ihre Kommunikationsfähigkeiten entwickeln, lernen Sie, auch Ihre tiefsten Gefühle besser auszudrücken. Der Untereinfluß der Monatszahl 2 macht Sie anpassungsfähig und verständnisvoll, läßt Sie gemeinschaftliche Aktivitäten schätzen und sich gern als Teil einer Gruppe betrachten. Da Sie aufnahmefähig und wißbegierig sind, sollten Sie Ihrer Intuition vertrauen, um Ihre Gedanken in klare Bahnen zu lenken und Ihre Wahrnehmung zu schärfen. Wenn Sie sich um Ausgeglichenheit und Unvoreingenommenheit bemühen, können Sie sich mit anderen beschäftigen und trotzdem Ihre Unabhängigkeit bewahren. Werden Sie nicht ängstlich oder nervös, wenn Sie auf Widerspruch stoßen. Entwickeln Sie Ihre humanitäre Ader, indem Sie anderen Ihr Mitgefühl zeigen. Passen Sie aber auf, daß Ihnen Erfolg nicht zu Kopf steigt.

Positiv: vielseitig, phantasievoll, kreativ, resolut, mutig, verständnisvoll, spirituell, erfinderisch, geistige Stärke.

Negativ: streitlustig, rastlos, mißtrauisch, überemotional, nervös.

Liebe & Zwischenmenschliches

Sie sind charmant, intelligent, im Herzen jung und gewöhnlich auch gesellig und beliebt. Gefühlsbetont und sensibel, können Sie einerseits spontan und nett, andererseits auch kalt und distanziert sein. Häufig suchen Sie die perfekte Liebe mit starker Bindung an den Partner. Gelegentlich können Ihre Verpflichtungen anderen gegenüber Ihre Pläne oder Beziehungen beeinträchtigen. Liebenswürdig und attraktiv, haben Sie im allgemeinen keine Schwierigkeiten, Freunde oder Partner zu finden. Da Sie sich vor dem Alleinsein oder Verlassenwerden fürchten, müssen Sie lernen, Kompromisse zu schließen und sich anderen anzupassen. Wenn Sie den richtigen Partner gefunden haben, sind Sie ein treuer Freund und liebevoller Partner.

Ihr Partner

Ihren speziellen Partner werden Sie mit großer Wahrscheinlichkeit unter den an den folgenden Tagen geborenen Menschen finden:

Liebe & Freundschaft: 7., 10., 17., 27. Jan., 5., 8., 15., 25. Feb., 3., 6., 13., 23. März, 1., 4., 11., 21. April, 2., 9., 19. Mai, 7., 17. Juni, 5., 15., 19., 29., 31. Juli, 3., 13., 27., 29., 31. Aug., 1., 11., 25., 27., 29. Sept., 9., 23., 25., 27. Okt., 7., 11., 21., 23., 25. Nov., 5., 19., 21., 23. Dez.

Günstig: 3., 5., 20., 25., 27. Jan., 1., 3., 18., 23., 25. Feb., 1., 16., 21., 23. März, 14., 19., 21. April, 12., 17., 19. Mai, 10., 15., 17., 23. Juni, 8., 13., 15. Juli, 6., 11., 13. Aug., 4., 9., 11. Sept., 2., 7., 9., 26. Okt., 5., 7., 13. Nov., 3., 5. Dez.

Schicksalhaft: 13. Jan., 11. Feb., 9. März, 7. April, 5. Mai, 3. Juni, 1. Juli, 31. Aug., 1., 2. Sept.

Problematisch: 16., 24. Jan., 14., 22. Feb., 12., 20. März, 10., 18. April, 8., 16., 31. Mai, 6., 14., 29. Juni, 4., 12., 27. Juli, 2., 10., 25. Aug., 8., 23. Sept., 6., 21. Okt., 4., 19. Nov., 2., 17. Dez.

Seelenverwandt: 16. Jan., 14. Feb., 12. März, 10. April, 8. Mai, 6. Juni, 4., 31. Juli, 2. Aug., 27. Sept., 25. Okt., 23. Nov., 21. Dez.

28. Februar

SONNE: FISCHE
DEKADE: FISCHE/NEPTUN
GRAD: 8°30' – 9°30' FISCHE
ART: BEWEGLICHES ZEICHEN
ELEMENT: WASSER

Fixstern

Name des Sterns: Skat
Gradposition: 7°51' – 8°40' Fische zwischen den Jahren 1930 und 2000
Magnitude: 3,5 – 4
Stärke: ****
Orbit: 1°30'
Konstellation: Delta Aquarii
Tage: 26., 27., 28., 29. Februar
Sternqualitäten: unterschiedliche Deutungen: Saturn/Jupiter oder Uranus/Venus/Merkur
Beschreibung: kleiner Stern im rechten Bein des Wassermann.

Einfluß des Hauptsterns

Skat steht für Idealismus, Kunstsinn und Wahrnehmung. Häufig sind Sie unter seinem Einfluß romantisch veranlagt und erleben Wohlstand, Erfolg und dauerhaftes Glück.
Im Zusammenhang mit dem Stand Ihrer Sonne verleiht Skat Feingefühl, Idealismus, spirituelle Fähigkeiten und Erfolg in publikumsorientierten Berufen. Sie sind allgemein beliebt und finden hilfsbereite Freunde in Zeiten der Not. Skat warnt aber auch vor Überemotionalität, Überreaktionen und Nörgelei.
- Positiv: Kreativität, Rhythmus, Feingefühl, Geduld.
- Negativ: unstet, launisch, nervös.

Sie sind freundlich, geistreich und unbeschwert, und der Einfluß Ihres Fischegeburtstages verleiht Ihnen zusätzlich Kampfgeist, Fleiß und Intelligenz. Da Sensibilität und Intuition zu Ihren größten Vorzügen gehören, haben Sie große Hoffnungen und Träume. Sie sind vielseitig begabt, aber Ihr großes Potential kommt nur zur Entfaltung, wenn Sie Selbstdisziplin, Ausdauer und Entschlossenheit entwickeln. Da Sie gut im Umgang mit Menschen sind, profitieren Sie sehr von gemeinschaftlichen Aktivitäten.

Der Einfluß Ihrer Sonne in der Dekade der Fische verstärkt Ihre Wahrnehmung und Kreativität mit Vision und Phantasie. Obwohl Sie künstlerisch veranlagt und beeindruckbar sind und eine humanitäre Ader haben, verfügen Sie auch über einen scharfen Verstand und guten Geschäftssinn.

Als nachdenklicher und intelligenter Wahrheitssucher haben Sie dynamischen Antrieb und Überzeugungskraft. Um Ihre Erfolgschancen zu verstärken, brauchen Sie eine gute Ausbildung, die Ihnen als solide Basis dient. Sie sind ebenso inspiriert wie praktisch und schätzen geistige Herausforderungen; wenn Sie aber versuchen, Ihren Witz und Ihre Schlagfertigkeit zu testen, neigen Sie zu Streitlust, Sturheit, oder aber Sie weichen aus. Als unternehmungslustiger Mensch mit festen Überzeugungen haben Sie unabhängige Ansichten und gutes logisches Denkvermögen.

Bis Sie 21 sind, bewegt sich Ihre Sonne durch das Zeichen der Fische, und Sie entwickeln Ihre Sensibilität und Beziehungsfähigkeit. In Ihren jungen Jahren stehen Sie unter dem Einfluß einer starken männlichen Person. Im Alter von 22 tritt Ihre Sonne in das Zeichen des Widder. Sie werden entschlossener, bestimmter und aktiver und haben das starke Bedürfnis nach neuen Unternehmungen. Wenn Ihre Sonne in den Stier wechselt, sind Sie 52. Sie werden ruhiger und emotional beständiger, haben ein größeres Bedürfnis nach materieller Stabilität und wünschen sich emotionale Beständigkeit.

Ihr geheimes Selbst

Als überzeugender Mensch mit umfassendem Verständnis und ausgeprägtem Bewußtsein können Sie sich Ihre Wünsche auf zwei verschiedene Arten erfüllen: indem Sie Ihrer inneren Weisheit und Ihren Prinzipien folgen oder aber dadurch, daß Sie andere manipulieren. Je verantwortungsvoller und fairer Sie handeln, desto weiter können Sie es im Leben bringen. Obwohl Sie viel Würde besitzen, die auf Ihr Bewußtsein für Moral und Ihren Idealismus zurückzuführen ist, neigen Sie zu Selbstsucht oder Unmäßigkeit.

Sie erfassen Dinge instinktiv, haben aber auch einen ausgeprägten gesunden Menschenverstand und sind geistig sehr reaktionsschnell – Eigenschaften, die Sie aufgeweckt und schlagfertig machen. Da Sie charmant, großzügig und freundlich sind, verstehen Sie es, sich beliebt zu machen, müssen aber vermeiden, dabei arrogant zu werden oder andere vor den Kopf zu stoßen. Sie haben eine verspielte Ader; deshalb müssen Sie Ausdauer und Verantwortungsbewußtsein entwickeln, um Ihr großes Potential zur Entfaltung zu bringen.

Beruf & Karriere

Die Verbindung Ihres scharfen Verstands und Ihrer ausgezeichneten sozialen Fähigkeiten verhilft Ihnen in vielen Bereichen des Lebens zu Erfolg. Ihr Wunsch, alles intellektuell zu erforschen und zu untersuchen, zieht Sie beruflich zu Pädagogik, Wissenschaft und Forschung oder Philosophie. Mit Ihrem hochentwickelten Verstand können Sie wunderbar Probleme lösen. Sie lieben Reisen, aber eine rastlose Ader verbaut Ihnen so manche berufliche Chance. Da Sie gern die Führung übernehmen, sollten Sie versuchen, in gehobene Positionen aufzusteigen oder sich selbständig zu machen. Im Geschäftsleben profitieren Sie von Ihren ausgezeichneten Organisationsfähigkeiten und Ihrem Unternehmergeist. Oft hängt Ihr Erfolg auch mit Ihrer Begeisterungsfähigkeit zusammen. Ihr Bedürfnis, anderen zu helfen, wird mit zunehmendem Alter stärker. Ihr Wunsch nach Selbstverwirklichung und Ihr Sinn für Wirkung führen Sie möglicherweise in die Welt von Literatur, Kunst oder Unterhaltung.

Berühmte Persönlichkeiten dieses Tages sind der Rennfahrer Mario Andretti, der Tänzer und Choreograph Waslaw Nijinskij, der Chemiker Linus Pauling, der Rolling Stone Brian Jones und der Architekt Frank Gehry.

Numerologie

Mit der Geburtstagszahl 28 sind Sie unabhängig und idealistisch, aber auch pragmatisch und entschlossen und folgen Ihren eigenen Gesetzen. Sie sind ehrgeizig, direkt und unternehmungslustig. Außerdem geraten Sie leicht in Konflikt zwischen Ihrem Bedürfnis nach Unabhängigkeit und dem Wunsch, Teil einer Gruppe zu sein. Immer bereit zu neuen Abenteuern und Action, stellen Sie sich mutig den Herausforderungen des Lebens. Dank Ihrer Begeisterungsfähigkeit können Sie andere dazu bringen, Sie bei Ihren Unternehmungen zu unterstützen. Sie haben Führungstalent, gesunden Menschenverstand und können gut logisch denken. Sie sind verantwortungsbewußt, können aber auch allzu enthusiastisch, ungeduldig oder intolerant sein. Der Untereinfluß der Monatszahl 2 macht Sie aufnahmefähig und läßt Sie intuitiv erfassen, was andere bewegt. Die verschiedenen Formen der Kommunikation sind für Sie sehr bereichernd. Anderen gegenüber häufig sehr kritisch, sollten Sie Ihre eigenen Schwächen einmal genauer betrachten. Ihr Harmoniebedürfnis verlangt, daß Sie die Kunst von Geben und Nehmen besser lernen müssen.

Positiv: mitfühlend, progressiv, kühn, künstlerisch, kreativ, idealistisch, ehrgeizig, fleißig, willensstark.

Negativ: Tagträumer, mangelndes Mitgefühl, unrealistisch, herrisch, mangelndes Urteilsvermögen, aggressiv, abhängig von anderen, arrogant.

Liebe & Zwischenmenschliches

Ihre zahlreichen Aktivitäten und Ihr ausgeprägtes Bedürfnis nach Unabhängigkeit beeinträchtigen gelegentlich Ihre Beziehungen. Im allgemeinen schätzen Sie Menschen, die sowohl praktisches Geschick als auch innere Weisheit haben, die freundlich und hilfsbereit und nie um einen guten Rat verlegen sind. Auch wenn Sie geistig stark sind, brauchen Sie einen Partner, der Ihre Verletzlichkeit versteht. Wenn Sie Ihre sensible Seite nicht verstecken, werden Ihre Beziehungen wärmer und intensiver.

Ihr Partner

Dauerhaftes Glück und Liebe finden Sie am ehesten unter den Menschen, die an folgenden Tagen geboren sind:

Liebe & Freundschaft: 1., 8., 14., 28., 31. Jan., 12., 26., 29. Feb., 10., 24., 27. März, 8., 22., 25. April, 6., 10., 23. Mai, 4., 18., 21. Juni, 2., 16., 19., 20., 30. Juli, 14., 17., 28., 30. Aug., 12., 15., 26., 28., 30. Sept., 10., 13., 24., 26., 28. Okt., 8., 11., 12., 22., 24., 26. Nov., 6., 9., 20., 22., 24. Dez.

Günstig: 26. Jan., 24. Feb., 22. März, 20. April, 18. Mai, 16., 24. Juni, 14. Juli, 12. Aug., 10. Sept., 8. Okt., 6., 14. Nov., 4., 29. Dez.

Schicksalhaft: 31. Aug., 1., 2., 3. Sept.

Problematisch: 3., 25. Jan., 1., 23. Feb., 21. März, 19. April, 17. Mai, 15. Juni, 13. Juli, 11. Aug., 9. Sept., 7. Okt., 5. Nov., 3. Dez.

Seelenverwandt: 3., 10. Jan., 1., 8. Feb., 6. März, 4. April, 2. Mai

29. Februar

SONNE: FISCHE
DEKADE: FISCHE/NEPTUN
GRAD: 9° – 10° FISCHE
ART: BEWEGLICHES ZEICHEN
ELEMENT: WASSER

Fixstern

Name des Sterns: Skat
Gradposition: 7°51' – 8°40' Fische zwischen den Jahren 1930 und 2000
Magnitude: 3,5 – 4
Stärke: ****
Orbit: 1°30'
Konstellation: Delta Aquarii
Tage: 26., 27., 28., 29. Februar
Sternqualitäten: unterschiedliche Deutungen: Saturn/Jupiter oder Uranus/Venus/Merkur
Beschreibung: kleiner Stern im rechten Bein des Wassermann.

Einfluß des Hauptsterns

Skat steht für Idealismus, Kunstsinn und Wahrnehmung. Häufig sind Sie unter seinem Einfluß romantisch veranlagt und erleben Wohlstand, Erfolg und dauerhaftes Glück.

Im Zusammenhang mit dem Stand Ihrer Sonne verleiht Skat Feingefühl, Idealismus, spirituelle Fähigkeiten und Erfolg in publikumsorientierten Berufen. Sie sind allgemein beliebt und finden hilfsbereite Freunde in Zeiten der Not. Skat warnt aber auch vor Überemotionalität, Überreaktionen und Nörgelei.

- Positiv: Kreativität, Rhythmus, Feingefühl, Geduld.
- Negativ: unstet, launisch, nervös.

Zu den Eigenschaften Ihres Geburtstages gehören unter anderem Entschlossenheit, Phantasie und kreative Selbstverwirklichung. Als idealistischer und mitfühlender Mensch haben Sie intuitive Menschenkenntnis und ein weiches Herz. Obwohl Sie eine Fülle bemerkenswerter Ideen haben, neigen Sie zu Ängsten, die Ihr Selbstbewußtsein untergraben.

Der zusätzliche Einfluß Ihrer Sonne in der Dekade der Fische führt dazu, daß Sie beeindruckbar sind und einen ausgeprägten sechsten Sinn haben. Mit viel Charme bezaubern Sie oft andere mit Ihrer inspirierten Vision und Ihrem Idealismus. Obwohl die Verbindung von Phantasie und positivem Denken häufig der Schlüssel zu Ihrem Glück und Erfolg ist, müssen Sie sich um mehr Realitätssinn bemühen und sich mehr mit den Dingen des täglichen Lebens auseinandersetzen. Sie haben nicht nur ein Gefühl für Klang, sondern auch für Rhythmus und Zeit und empfinden Musik als sehr entspannend.

Da Sie Motivation brauchen, um Ihr wahres geistiges Potential zu entwickeln, ist Ausbildung enorm wichtig für Sie. Wenn Sie alles im Leben als lehrreiche Erfahrung betrachten, vermeiden Sie Frustration und Ungeduld. Sie sind gut im Umgang mit Menschen, und durch Offenheit und Toleranz erkennen Sie, wie viele Chancen sich Ihnen im Leben bieten.

Bis Sie 20 sind, bewegt sich Ihre Sonne durch das Zeichen der Fische, und Sie entwickeln Ihre Sensibilität und Ihre Gefühle. Sie suchen nach Idealen und nach Beziehungen und beschäftigen sich mit Ihrem Innenleben. Wenn Sie 21 sind, wechselt Ihre Sonne in das Zeichen des Widders. Sie werden ehrgeiziger, bestimmter und selbstbewußter, beginnen etwas Neues und gehen direkter auf Ihre Mitmenschen zu. Ihre Sonne tritt in den Stier, wenn Sie 51 sind. Jetzt werden Sie ruhiger und haben ein größeres Bedürfnis nach finanzieller Stabilität und Sicherheit.

Ihr geheimes Selbst

Mit Ihrer umfangreichen Gefühlspalette sind Sie kreativ, imagebewußt und haben den starken Wunsch nach Selbstverwirklichung. Wenn Sie Ihre Gefühle und Ideen nicht ausdrücken können, werden Sie depressiv oder fühlen sich von anderen enttäuscht. Um das große Potential Ihres Geburtstags nutzen zu können, müssen Sie eine positive Lebenseinstellung finden und Geduld und Ausdauer entwickeln. Da Sie künstlerisch sehr begabt sind, finden Sie in Kunst, Musik oder Theater Ausdrucksmöglichkeiten für Ihre Kreativität, oder Sie entwickeln sich zum Kunstkenner. Aufgrund Ihres ausgeprägten Verantwortungsbewußtseins bleiben Sie ungern etwas schuldig, sind aber auch oft zu streng zu sich selbst und anderen. Im allgemeinen großzügig, idealistisch und warmherzig, haben Sie ein starkes Pflichtbewußtsein und sind loyal und treu. Da Bildung ein Schlüssel zu Ihrem Erfolg ist, müssen Sie ständig Ihr Wissen auf den neuesten Stand bringen und Ihren Geist beschäftigt und wach halten.

Beruf & Karriere

Mit Ihrer Liebe zu Wissen und Ihren Kommunikationsfähigkeiten eignen Sie sich gut für pädagogische oder wissenschaftlich orientierte Berufe. Ihr Geschäftssinn und Ihre guten Organisationsfähigkeiten sind Ihnen bei jeder Tätigkeit sehr nützlich. Ihr Gefühl für Farbe und Klang zieht Sie zu Kunst und Design, Dichtung, Musik oder Tanz. Ihr

Mitgefühl für andere und Ihr Hang zur Philosophie führen Sie möglicherweise zu Religion oder Mystizismus, oder Sie setzen sich für Benachteiligte ein. Mit Ihrem Gefühl für Wirkung können Sie sich auch im Showbusineß behaupten.

Berühmte Persönlichkeiten dieses Tages sind der Komponist Gioacchino Rossini, der Bandleader Jimmy Dorsey, der Schauspieler James Mitchell und die Sängerin und Schauspielerin Dinah Shore.

Numerologie

Als idealistische Visionäre mit einem dynamischen und starken Charakter sind Menschen mit der Geburtstagszahl 29 Persönlichkeiten mit einem außergewöhnlichen Potential. Das Geheimnis ihres Erfolgs liegt in der Inspiration, ohne sie verlieren sie ihre Zielstrebigkeit. Mit der Geburtstagszahl 29 sind Sie ein richtiger Tagträumer mit sehr unterschiedlichen Seiten, weshalb Sie sich vor Stimmungsschwankungen hüten müssen, die von herzlich und freundlich bis zu kalt und gefühllos, von optimistisch bis zu tief pessimistisch reichen. Mit Ihrer scharfen Beobachtungsgabe müssen Sie lernen, etwas weniger kritisch und mißtrauisch zu sein und auf die Bedürfnisse Ihrer Mitmenschen besser einzugehen. Der Untereinfluß der Monatszahl 2 führt dazu, daß Sie viel Sensibilität und starke Gefühle haben. Ihr starker Drang nach Kommunikation und Selbstausdruck bringt mit sich, daß Sie andere Menschen nötig brauchen. Vielseitig begabt, profitieren Sie davon, wenn Sie Ihre Ideen in die Praxis umsetzen. Bei Ihrem Versuch, anderen zu gefallen, stellen Sie möglicherweise fest, daß Ihre guten Absichten nicht immer willkommen sind.

Positiv: inspirierend, ausgeglichen, kreativ, großzügig, intuitiv, mystisch, weltgewandt, vertrauensvoll.

Negativ: unkonzentriert, schwierig, launisch, extrem, rücksichtslos, überempfindlich.

Liebe & Zwischenmenschliches

Auch wenn Ihnen Beziehungen viel bedeuten, dürfen Sie sich nicht von Partnern abhängig machen. Sie müssen eine unabhängige Einstellung kultivieren und Ausdrucksmöglichkeiten für Ihre zahlreichen Talente finden. Als treuer Mensch suchen Sie einen loyalen und liebevollen Partner, der immer für Sie da ist. Da Sie Ihre Gefühle offen zeigen, wünschen Sie sich eine dauerhafte Beziehung mit einem Partner fürs Leben. Mit Ihrer warmherzigen Art lieben Sie Gesellschaft, haben viele Freunde und sind sehr unterhaltsam.

Ihr Partner

Sicherheit, starke emotionale Verbindung und Liebe finden Sie am ehesten unter den Menschen, die an den folgenden Tagen geboren sind:

Liebe & Freundschaft: 1., 15., 26., 29., 30. Jan., 13., 24., 27., 28. Feb., 11., 22., 25., 26. März, 9., 20., 23., 24. April, 7., 18., 21., 22. Mai, 5., 16., 19., 20., 23. Juni, 3., 14., 17., 18., 31. Juli, 1., 12., 15., 16., 29., 31. Aug., 10., 13., 14., 27., 29. Sept., 8., 11., 12., 25., 27. Okt., 6., 9., 10., 13., 23., 25. Nov., 4., 7., 8., 21., 23., 29. Dez.

Günstig: 1., 2., 10., 14., 27. Jan., 8., 25. Feb., 6., 23. März, 4., 21. April, 2., 6., 19., 30. Mai, 4., 17., 28. Juni, 2., 15., 26. Juli, 13., 24. Aug., 11., 22. Sept., 9., 20. Okt., 7., 18. Nov., 5., 16. Dez.

Schicksalhaft: 31. Aug., 1., 2., 3., 4. Sept.

Problematisch: 17., 27. Jan., 15., 24. Feb., 13., 22. März, 11., 20. April, 9., 18. Mai, 7., 16. Juni, 5., 14. Juli, 3., 12., 30. Aug., 1., 10., 28. Sept., 8., 26., 29. Okt., 6., 24., 27. Nov., 4., 22., 25. Dez.

Seelenverwandt: 21. Jan., 19. Feb., 17. März, 15. April, 13. Mai, 11. Juni, 9., 29. Juli, 7., 27. Aug., 5., 25. Sept., 3., 23. Okt., 1., 21. Nov., 19. Dez.

SONNE: FISCHE
DEKADE: FISCHE/NEPTUN
GRAD: 9°30' – 10°30' FISCHE
ART: BEWEGLICHES ZEICHEN
ELEMENT: WASSER

Fixsterne

Ihre Sonne ist zwar nicht mit einem Fixstern verbunden, sicherlich aber einer der anderen Planeten Ihres Sonnenzeichens. Wenn Sie sich ein Geburtshoroskop erstellen lassen, lernen Sie die exakten Positionen der Planeten an Ihrem Geburtstag kennen. Auf diese Weise können Sie feststellen, welche der Fixsterne in diesem Buch für Sie von Interesse sind.

1. März

Mit diesem Geburtstag sind Sie ein idealistischer und fleißiger Fischemensch, der sehr entschlossen und hingebungsvoll sein kann, wenn er ein klares Ziel hat. Wenn Sie Ihre Kreativität mit praktischem Geschick kombinieren, können Sie Ihre ganze Originalität zeigen. Es täte Ihnen gut, mehr Distanz zu sich selbst und zu anderen zu finden und zu lernen, das Leben nicht ganz so schwer zu nehmen. Wenn Sie mit Frustration oder Widerstand konfrontiert werden, bewegen Ihre Ausdauer und Ihre charismatische Begeisterungsfähigkeit andere oft dazu, Ihnen zu helfen.

Durch den zusätzlichen Einfluß Ihrer Sonne in der Dekade der Fische sind Sie sensibel, beeindruckbar und visionär. Als mitfühlender Mensch nehmen Sie Rücksicht auf die Gefühle anderer, müssen sich aber vor Stimmungsschwankungen hüten. Um diese emotionalen Extreme auszugleichen, brauchen Sie eine positive Lebenseinstellung und eine harmonische Umgebung. Dank Ihrer spirituellen Fähigkeiten haben Sie Zugang zum kollektiven Unterbewußtsein der Menschen, und wenn Sie diese Gabe mit Ihren überdurchschnittlichen sozialen Fähigkeiten verbinden, haben Sie großes Talent für den Umgang mit anderen Menschen. Wenn Sie unglücklich sind, neigen Sie zu Realitätsflucht oder Selbstmitleid.

Sie sind ehrgeizig und haben ausgezeichnete Führungsqualitäten. Als guter Organisator arbeiten Sie besser mit einem festumrissenen Zukunftsplan. Da Sie vor allem von langfristigen Investitionen profitieren, sollten Sie einen großen Bogen um Anlagen machen, die schnellen Reichtum versprechen.

Bis Sie 19 sind und während Ihre Sonne sich durch das Zeichen der Fische bewegt, entwickeln Sie Ihre Sensibilität, die Wahrnehmung gegenüber Ihrer Umwelt und Ihre eigenen emotionalen Bedürfnisse. Wenn Sie 20 sind, tritt Ihre Sonne in das Zeichen des Widders. Sie werden bestimmter, wagemutiger und lebhafter und haben das Bedürfnis nach neuen Unternehmungen. Wenn Ihre Sonne in den Stier wechselt, sind Sie 50. Sie werden ruhiger, und Ihr Bedürfnis nach finanzieller Stabilität und Sicherheit verstärkt sich.

Ihr geheimes Selbst

Ihre emotionale Kraft trägt dazu bei, daß Sie eine anziehende Art und das Potential für viel Mitgefühl und Großmut haben. Wenn Sie Ihren starken Eigenwillen in positive Bahnen lenken, können Sie durch Entschlossenheit und feste Überzeugungen wahre Wunder vollbringen. Wenn Sie aber negative Gedanken zulassen, können Sie extrem stur werden oder gar unter Depressionen leiden. Sie müssen lernen, Ihre wahren Gefühle auszudrücken, damit Sie innere Freiheit finden und Distanz wahren können, ohne rücksichtslos oder kalt zu wirken.

Ihr Drang zu tieferen Erkenntnissen zeigt, wie sehr Sie sich nach Harmonie und Frieden sehnen. Ihre subtile Sensibilität begabt Sie mit sehr guter Wahrnehmungsfähigkeit für Farbe, Licht und Klang, die Sie oft auf Musik, Kunst oder Spiritualität richten. Durch Selbstlosigkeit und eine universale Lebensauffassung finden Sie zu wahrem Glück und echter Befriedigung.

Beruf & Karriere

Freundlich, aber auch ehrgeizig, haben Sie die Fähigkeit, Projekte zu initiieren und Kontakte zu knüpfen. Ihre Leichtigkeit, mit Menschen umzugehen, hilft Ihnen in jedem Beruf. Ihre Sensibilität verlangt aber nach einem harmonischen beruflichen Umfeld. Sie haben zwar administrative und Managerqualitäten, die Sie in der Geschäftswelt erfolgreich machen, aber emotionale Befriedigung erreichen Sie nur, wenn Sie Ihre Phantasie und Ihren Sinn für Originalität auch beruflich einsetzen können. Im Verkauf setzen Sie Ihre psychologischen Fähigkeiten dazu ein, Ihre Kunden als Freunde zu gewinnen, und haben einen sechsten Sinn dafür, was die Menschen wollen. Anderen zu dienen oder mit einer spirituellen Einstellung an Ihre Arbeit gehen zu können bringt Ihnen tiefe Befriedigung. Ihre kreativen Gefühle möchten Sie am liebsten mit Schreiben, Theaterspielen oder Musik ausdrücken. Da Sie sehr unabhängig sind, sollten Sie möglichst selbständig arbeiten.

Berühmte Persönlichkeiten dieses Tages sind der Schauspieler David Niven, der Maler Sandro Botticelli, der Sänger und Schauspieler Harry Belafonte, der ermordete israelische Premier Ytzhak Rabin, der Bigbandleader Glenn Miller und der Sänger Roger Daltrey.

Numerologie

Mit der Geburtstagszahl 1 sind Sie individualistisch, innovativ, mutig und voller Energie. Sie wollen eine starke Identität aufbauen, Selbstbewußtsein und eine bestimmte Haltung entwickeln. Ihr Pioniergeist ermutigt Sie, Projekte im Alleingang durchzuziehen, was auch zur Entwicklung besonderer Führungsqualitäten beiträgt. Voller Begeisterung und origineller Ideen, weisen Sie oft anderen den Weg. Sie müssen aber lernen, daß sich die Welt nicht nur um Sie dreht, und sollten egoistische und despotische Anwandlungen bekämpfen. Der Untereinfluß der Monatszahl 3 bewirkt, daß Sie Ihre Gefühle zum Ausdruck bringen müssen. Beziehungen und Freundschaft sind für Ihre emotionale Entwicklung äußerst wichtig. Wenn Sie lernen, sich auf ein Ziel zu konzentrieren, verlieren Sie es nicht mehr so leicht aus den Augen. Da Sie das Bedürfnis haben, sich ständig weiterzuentwickeln und die Welt zu entdecken, reisen Sie gern oder lassen sich im Ausland nieder.

Positiv: führungsstark, kreativ, progressiv, überzeugend, optimistisch, kämpferisch, unabhängig, gesellig.

Negativ: dominierend, eifersüchtig, egoistisch, hochmütig, feindselig, selbstsüchtig, labil, ungeduldig.

Liebe & Zwischenmenschliches

Charmant und charismatisch, sind Sie umgänglich und freundlich. Im allgemeinen fühlen Sie sich zu starken und überzeugenden Menschen hingezogen. Ihr Bedürfnis, Ihre Gefühle auszudrücken, führt dazu, daß Sie bei gesellschaftlichen Ereignissen brillieren. Großzügig und voller Zuwendung, tun Sie alles für das Wohl derer, die Sie lieben. Sie bewundern entschlossene Menschen mit scharfem Verstand. Wenn Sie sich wohl fühlen, können Sie sehr unterhaltsam und witzig sein. Häufig lassen Sie sich auf unkonventionelle Beziehungen ein und brauchen viel Freiheit und Raum.

Ihr Partner

Wenn Sie jemanden suchen, der Ihre Sensibilität, Leidenschaft und Ihr Bedürfnis nach Liebe versteht, sollten Sie sich unter den Menschen umsehen, die an den folgenden Tagen geboren sind:
Liebe & Freundschaft: 7., 8., 17., 19. Jan., 15., 17. Feb., 3., 13., 15. März, 11., 13. April, 9., 11. Mai, 7., 9., 30. Juni, 5., 7., 28., 30. Juli, 3., 5., 26., 28. Aug., 1., 3., 24., 26. Sept., 1., 22., 24. Okt., 20., 22. Nov., 18., 20., 30. Dez.
Günstig: 20., 29. Jan., 18., 27. Feb., 16., 25. März, 14., 23. April, 12., 21. Mai, 10., 19. Juni, 8., 17. Juli, 6., 15. Aug., 4., 13. Sept., 2., 11., 29. Okt., 9., 27. Nov., 7., 25. Dez.
Schicksalhaft: 29. März, 27. April, 25. Mai, 23. Juni, 21. Juli, 19. Aug., 1., 2., 3., 4., 17. Sept., 15. Okt., 13. Nov., 11. Dez.
Problematisch: 14., 27. Jan., 12., 25. Feb., 10., 23. März, 8., 21. April, 6., 19. Mai, 4., 17. Juni, 2., 15. Juli, 13. Aug., 11. Sept., 9. Okt., 7. Nov., 5. Dez.
Seelenverwandt: 30. Juni, 28. Juli, 26. Aug., 24. Sept., 22., 29. Okt., 20., 27. Nov., 18., 25. Dez.

SONNE: FISCHE
DEKADE: KREBS/MOND
GRAD: 10°30' – 11°30' FISCHE
ART: BEWEGLICHES ZEICHEN
ELEMENT: WASSER

Fixstern

Ihre Sonne ist zwar nicht mit einem Fixstern verbunden, sicherlich aber einer der anderen Planeten Ihres Sonnenzeichens. Wenn Sie sich ein Geburtshoroskop erstellen lassen, lernen Sie die exakten Positionen der Planeten an Ihrem Geburtstag kennen. Auf diese Weise können Sie feststellen, welche der Fixsterne in diesem Buch für Sie von Interesse sind.

2. März

Ebenso idealistisch wie praktisch, sind Sie ein beeindruckbarer, intelligenter und entschlossener Mensch. Auch wenn Sie charmant und unbeschwert wirken, haben Sie einen starken Charakter und sind oft objektiv und voller Unternehmungsgeist. Im allgemeinen profitieren Sie von Partnerschaften, neigen aber zu dominierendem Verhalten oder Machtspielen mit Partnern, vor allem wenn die Ihren praktischen Rat oder Ihre übergeordnete Position nicht gebührend zur Kenntnis nehmen.

Der zusätzliche Einfluß Ihrer Sonne in der Dekade des Krebses sorgt dafür, daß Sie phantasievoll, intuitiv und aufnahmefähig sind. Als Menschenfreund sind Sie im allgemeinen sensibel und fürsorglich und haben sehr viel Familiensinn. Sie setzen Ihr Wissen auch gern ein, um anderen zu helfen. Sie sind mitfühlend und offen für die Bedürfnisse anderer, müssen aber lernen, Distanz zu wahren und Stimmungsschwankungen zu vermeiden. Wenn Sie unglücklich sind, neigen Sie als eine Art der Realitätsflucht dazu, Risiken einzugehen.

Anziehend und charmant, zäh und resolut, sind Sie eine interessante Mischung aus Vorsicht und Eifer. Scharfsinnig und logisch, erfassen Sie blitzschnell Menschen und ihre Beweggründe. Ihr Wunsch nach Geld und Prestige gibt Ihnen Antrieb und führt dazu, daß Sie als hart arbeitender Visionär große Energiereserven haben, mit denen Sie im Leben viel erreichen können.

Bis Sie 18 sind, bewegt sich Ihre Sonne durch das Zeichen der Fische, und Sie legen das Hauptgewicht auf die Entwicklung Ihrer Sensibilität und Zukunftsträume. Wenn Sie 19 sind, wechselt Ihre Sonne in das Zeichen des Widder. Sie werden bestimmter und selbstbewußter und entwickeln Aktivitätsdrang und Abenteuerlust. Es ist eine gute Zeit, um die Initiative zu ergreifen und direkter auf andere zuzugehen. Wenn Ihre Sonne in den Stier tritt, sind Sie 49. Sie werden emotional beständiger und praktischer. Ihr Bedürfnis nach finanzieller Stabilität und Sicherheit steigert sich, auch entdecken Sie Ihre Liebe zu Schönheit und Natur.

Ihr geheimes Selbst

Sie wirken sehr liebenswürdig und haben eine dynamische Persönlichkeit mit sehr viel innerer Noblesse, Intelligenz und Entschlossenheit. Ihre Liebe zum Lernen und das Bedürfnis, immer gut informiert zu sein, sind Ausdruck Ihrer Suche nach Wissen und Weisheit. Bildung sichert häufig die Entfaltung Ihres enormen Potentials. Dank Ihrer philosophischen Einstellung erkennen Sie, welch wertvolle Erfahrungen sich durch Schwierigkeiten im Leben gewinnen lassen. Im allgemeinen sind Sie progressiv, und tief im Innern spüren Sie, daß Sie Bedeutsames zu sagen haben.

Sie neigen zu Ängsten, aber Ihr Stolz läßt es nicht zu, Zweifel oder Unentschlossenheit zu zeigen. Derselbe Stolz plaziert Sie auch eher in führende Positionen als in untergeordnete Stellungen. Ihr ausgeprägtes Pflicht- und Verantwortungsbewußtsein macht es nötig, ein Gleichgewicht zwischen Pflichten und Idealen zu finden. Als Perfektionist stellen Sie zu hohe Ansprüche und neigen zur Krittelei. Konzentrieren Sie sich lieber darauf, anderen zu helfen, dann können Sie diese Neigung überwinden. Aufgrund Ihres starken Bedürfnisses nach Anerkennung ertragen Sie es nicht, wenn Ihre Hilfe als selbstverständlich hingenommen wird. Lassen Sie sich nicht in Machtspiele verwickeln, da diese Ihre positiven Energien untergraben.

Beruf & Karriere

Entschlossen und progressiv, setzen Sie gern neue Ideen und Methoden in die Praxis um. Intelligent und sensibel, finden Sie Beschäftigungen, die mit Menschen zu tun haben, besonders interessant. Bühnen und Rednerpulte üben eine starke Anziehungskraft auf Sie aus, egal ob in Politik oder Theater. So sind für Sie auch Tätigkeiten, die ein Publikum brauchen, in jedem Fall erfolgversprechend. Mit Ihren originellen und erfinderischen Ideen eignen Sie sich auch für Pädagogik, Publizistik oder den Kampf für Sozialreformen. Da Sie Power und Geschäftssinn haben, können Sie im Leben viel erreichen; als besonders befriedigend aber empfinden Sie Erfolg, wenn Sie dabei Ihre Fähigkeit der Vision einsetzen können. Da Sie Ihre Erfüllung in Beruf oder anderen produktiven Aktivitäten finden, dürfen Sie sich nicht übernehmen. Auch medizinische Berufe eignen sich gut für Ihre Begabungen. Im allgemeinen arbeiten Sie sehr gut im Team.

Berühmte Persönlichkeiten dieses Tages sind der russische Staatsmann Michail Gorbatschow, die Sänger Lou Reed und Jon Bon Jovi, die Sängerin Karen Carpenter, der Komponist Kurt Weill und die Schauspielerin Jennifer Jones.

Numerologie

Mit der Zahl 2 sind Sensibilität und das Bedürfnis verbunden, einer Gruppe anzugehören. Sie sind anpassungsfähig und verständnisvoll und lieben gemeinschaftliche Aktivitäten, bei denen Sie mit anderen zusammen Erfahrungen machen. Bei Ihrem Versuch, denen zu gefallen, die Sie lieben, laufen Sie Gefahr, sich in zu große Abhängigkeit zu begeben. Wenn Sie mehr Selbstvertrauen entwickeln, können Sie auch die Kritik anderer besser vertragen. Der Untereinfluß der Monatszahl 3 bewirkt, daß Sie mit Ihrer Intuition und Ihrem scharfen Verstand immer aufregende Projekte brauchen, mit denen Sie sich beschäftigen. Ihr Geburtstag bringt mit sich, daß es in Ihrem gesellschaftlichen Leben viele Veränderungen gibt und Sie viel Gelegenheit haben zu reisen. Wenn Sie unsicher sind, bekommen Sie durch Rastlosigkeit und wechselnde Launen Probleme mit anderen, doch durch Liebe, Überzeugungskraft und Verständnis bringen Sie die Beziehungen wieder in Ordnung. Gehen Sie Verbindungen aus dem Weg, die Machtspiele oder Manipulationen mit sich bringen.

Positiv: guter Partner, taktvoll, aufgeschlossen, intuitiv, agil, harmonisch, angenehm.

Negativ: mißtrauisch, mangelndes Selbstvertrauen, überempfindlich, selbstsüchtig.

Liebe & Zwischenmenschliches

Freunde und Bewunderer fühlen sich von Ihrer Stärke und Ihrem Charisma angezogen. Sie sind liebevoll und haben starke Beschützerinstinkte; deshalb müssen Sie darauf achten, daß Sie andere nicht kontrollieren oder beherrschen. Freundschaften und romantische Beziehungen hängen bei Ihnen häufig mit Beruf und Karriere zusammen, und Sie fühlen sich zu Menschen mit guten Verbindungen hingezogen. Ihre Loyalität und Ihr Verantwortungsbewußtsein äußern sich darin, daß Sie bereit sind, für Ihre Liebe hart zu arbeiten. Obwohl Sie romantisch sind, spielen bei Ihrer Suche nach einem Partner praktische Überlegungen und Ihr Bedürfnis nach Sicherheit eine große Rolle.

Ihr Partner

Einen Liebespartner werden Sie mit großer Wahrscheinlichkeit unter den an den folgenden Tagen geborenen Menschen finden:

Liebe & Freundschaft: 9., 16., 18., 26., 31. Jan., 7., 14., 16., 24., 29. Feb., 5., 12., 14., 22., 27. März, 3., 10., 12., 20., 25. April, 1., 8., 10., 12., 18., 23. Mai, 6., 8., 16., 21. Juni, 4., 6., 8., 14., 19., 31. Juli, 2., 4., 12., 17., 29. Aug., 2., 10., 15., 27. Sept., 8., 13., 25. Okt., 6., 11., 23. Nov., 4., 9., 21., 30. Dez.

Günstig: 1., 21. Jan., 19. Feb., 17. März, 15. April, 13. Mai, 11. Juni, 9. Juli, 7. Aug., 5. Sept., 3., 30. Okt., 1., 28. Nov., 26. Dez.

Schicksalhaft: 2., 3., 4., 5. Sept.

Problematisch: 29. März, 27. April, 25. Mai, 23. Juni, 21. Juli, 19. Aug., 17. Sept., 15. Okt., 13. Nov., 11. Dez.

Seelenverwandt: 27. Jan., 25. Feb., 23., 30. März, 21., 28. April, 19., 26. Mai, 17., 24. Juni, 15., 22. Juli, 13., 20. Aug., 11., 18. Sept., 9., 16. Okt., 7., 14. Nov., 5., 12. Dez.

SONNE: FISCHE
DEKADE: KREBS/MOND
GRAD: 11°30' – 12°30' FISCHE
ART: BEWEGLICHES ZEICHEN
ELEMENT: WASSER

Fixstern

Name des Sterns: Achernar
Gradposition: 14°17' – 15°11' Fische
zwischen den Jahren 1930 und 2000
Magnitude: 1
Stärke: **********
Orbit: 2°30'
Konstellation: Alpha Eridani
Tage: 3., 4., 5., 6., 7., 8. März
Sternqualitäten: Jupiter
Beschreibung: blau-weißer Stern am südlichen Ende von Eridanus.

Einfluß des Hauptsterns

Achernars Einfluß sorgt dafür, daß Sie Weitsicht und einen Blick für die Gesamtheit haben. Sie sind optimistisch und ehrgeizig und lieben Gerechtigkeit. Durch Achernar haben Sie Flair und Erfolg im Umgang mit Publikum und interessieren sich für Philosophie und Religion.
Im Zusammenhang mit dem Stand Ihrer Sonne steht Achernar für Großzügigkeit, Geduld und Optimismus. Er schenkt Ihnen Schreibtalent und sorgt für höhere Bildung. Auszeichnungen für herausragende Arbeit und Erfolg im Geschäftsleben und Öffentlichkeit sind ebenso auf seinen Einfluß zurückzuführen. Ruhm und Anerkennung sind meist von Dauer.
• Positiv: gerecht, sozial, strebsam.
• Negativ: Beeinflußbarkeit, Realitätsflucht, Spekulation, Mißverständnisse.

3. März

♓ Sie sind ein vielseitiger, phantasievoller und sensibler Mensch mit ausgeprägtem Wahrnehmungsvermögen Mit Ihren starken Gefühlen und Ihrer Freiheitsliebe brauchen Sie als kreativer Mensch Möglichkeiten, um sich zu verwirklichen. Ihre innere Noblesse und Ihr Stolz drücken sich in großen Träumen aus, wobei Sie aber auch zu unrealistischen Phantastereien neigen. Idealistisch und romantisch, können Sie verständnisvoll und mitfühlend sein.

Der zusätzliche Einfluß Ihrer Sonne in der Dekade des Krebses macht Sie beeindruckbar und aufnahmefähig. Im allgemeinen haben Sie einen sechsten Sinn mit starken Ahnungen, großen Gefühlsreichtum, Fürsorglichkeit und Beschützerinstinkte. Es ist sehr wichtig für Sie, daß Sie an das glauben, was Sie tun; wenn das nicht der Fall ist, schlägt Ihre Stimmung von Optimismus und Fröhlichkeit in Kälte und Verschlossenheit um. Da Sie aber im Grunde zielstrebig und entschlossen sind, bleiben Sie meist nicht lange in diesem Tief.

Ihre Gabe, Geschäft und Vergnügen zu verbinden, ist gut für Partnerschaften und Gruppenaktivitäten. Sie sind gesellig und freundlich, spontan und äußerst unterhaltsam und können Menschen rasch und präzise einschätzen; allerdings neigen Sie gelegentlich zu Sarkasmus, Streitlust oder Eifersucht.

Zwischen 18 und 47 durchläuft Ihre Sonne den Widder. Dieser Einfluß führt dazu, daß Sie Bestimmtheit entwickeln und aktiv und mutig sind. Wenn Sie 48 sind, tritt Ihre Sonne in das Zeichen des Stiers. Jetzt haben Sie ein gesteigertes Bedürfnis nach Pragmatismus, Stabilität und finanzieller Sicherheit. Sie werden ruhiger, emotional beständiger und entdecken Ihre Liebe zur Natur. Ihre Sonne wechselt in das Zeichen der Zwillinge, wenn Sie 78 sind. Sie werden noch mal neugierig, ändern Ihre Denkweise und interessieren sich für Kommunikation und neue Themengebiete.

Ihr geheimes Selbst

Sie sind stolz und sensibel und haben ein gutes Einschätzungsvermögen. Eines Ihrer Probleme ist, daß Sie Ihre innere Kraft nicht erkennen und sich oft mit weniger zufriedengeben, als Sie sollten. Wenn Sie Geld übermäßige Bedeutung beimessen oder zu wenig an Ihre Fähigkeiten glauben, bleiben Sie im Beruf unter Ihren Möglichkeiten. Sie sind ein exzellenter Beobachter des menschlichen Verhaltens und ein Individualist, der Freiheit sehr hoch einschätzt. Erfinderisch und progressiv, haben Sie das Bedürfnis, Ihre originellen Ideen und Talente auch zum Ausdruck zu bringen. Auch wenn Ihre Sensibilität manchmal zu Stimmungsschwankungen führt, wenn Sie inspiriert sind, können Sie andere blendend unterhalten und aufheitern. Idealistisch und sensibel, interessieren Sie sich oft besonders für Kunst, Musik, Theater oder Mystik. Wenn es Ihnen gutgeht, strahlen Sie dynamischen Charme, Enthusiasmus und Großzügigkeit aus.

Beruf & Karriere

Ihr ausgeprägter Geschäftssinn in Verbindung mit Ihrer Intuition und Phantasie macht Sie zum Reformer oder Erneuerer. Mit Ihrer Wortgewandtheit und Ihrer außergewöhnlichen Vorstellungskraft eignen Sie sich sehr für Publizistik, Theater oder Künste. Mit Ihren Führungsqualitäten und Organisationsfähigkeiten können Sie sich auch gut um die Angelegenheiten anderer kümmern. Ihre Freiheitsliebe und das Bedürfnis, Ihre geistigen Fähigkeiten unter Beweis zu stellen, veranlassen Sie häufig, sich selbständig zu machen. Da Sie idealistisch sind und eine humanitäre Ader haben, werden Sie möglicherweise auch für eine wohltätige Organisation tätig. Am liebsten agieren Sie hinter den Kulissen. Dieser Geburtstag bringt gute Berater und Lehrer hervor.

Berühmte Persönlichkeiten dieses Tages sind der Erfinder Alexander Graham Bell, die Schauspielerin Jean Harlow, die Siebenkämpferin Jackie Joyner-Kersee, der Illustrator und Cartoonist Ronald Searle und der rumänische Präsident Ion Iliescu.

Numerologie

Charakteristisch für die Zahl 3 ist ein großes Bedürfnis nach Liebe, Kreativität und Sensibilität. Sie sind umgänglich, genießen gesellschaftliche Aktivitäten und haben vielfältige Interessen. Durch Ihre Vielseitigkeit und Ihr starkes Bedürfnis nach Selbstverwirklichung machen Sie die unterschiedlichsten Erfahrungen. Allerdings langweilen Sie sich schnell und müssen sich hüten, unentschlossen zu werden oder sich zu verzetteln. Obwohl Sie mit der Geburtstagszahl 3 begeisterungsfähig und charmant sein können und einen guten Sinn für Humor haben, müssen Sie mehr Selbstwertgefühl entwickeln, um sich gegen Ängste und Unsicherheiten zu schützen. Persönliche Beziehungen und eine harmonische Atmosphäre sind für Sie von äußerster Wichtigkeit, weil sie Sie hoffnungsvoll machen und inspirieren. Durch den Untereinfluß der Monatszahl 3 wollen Sie Ihre phantasievollen und kreativen Ideen auch in die Praxis umsetzen. Stolz und idealistisch, sollten Sie auf Ihre Fähigkeiten vertrauen und sich nicht als kompliziert oder inkompetent empfinden. Wenn Sie optimistisch sind, strahlen Sie Liebe, Großzügigkeit und Kreativität aus. Wenn es Ihnen aber nicht gutgeht, neigen Sie zu heftigen Gefühlsausbrüchen.

Positiv: humorvoll, freundlich, produktiv, kreativ, künstlerisch, liebevoll, freiheitsliebend, wortgewandt.

Negativ: leicht gelangweilt, eifersüchtig, eitel, neigt zum Übertreiben, verschwenderisch, unmäßig, besitzergreifend, verwöhnt.

Liebe & Zwischenmenschliches

Als Romantiker gewinnen Sie mit Ihrem Charme und Ihrer Lebenslust leicht Freunde und Bewunderer. Sie bewundern intelligente Menschen, die durch eigene Kraft erfolgreich sind. Freunde finden Sie häufig im beruflichen Umfeld oder bei intellektuell orientierten gesellschaftlichen Aktivitäten. Gesellig und spontan, sind Sie oft Mittelpunkt von Partys, wenn Sie in der richtigen Stimmung sind. Sie fühlen sich zu Menschen mit großer geistiger Kraft hingezogen und vermitteln und diskutieren gern Ihre Ideen. Achten Sie darauf, daß Sie sich nicht herrisch oder besitzergreifend verhalten, denn dadurch verraten Sie nur Ihre Unsicherheiten und Ängste.

Ihr Partner

Geistige Aufregung, Rücksicht und Liebe finden Sie am ehesten bei den Menschen, die an den folgenden Tagen geboren sind:

Liebe & Freundschaft: 21., 28., 31. Jan., 19., 26., 27., 29. Feb., 17., 24., 27. März, 15., 22., 23., 25. April, 13., 20., 23. Mai, 11., 18., 21. Juni, 9., 16., 17., 19. Juli, 7., 14., 17., 31. Aug., 5., 12., 15., 29. Sept., 3., 10., 13., 27., 29., 31. Okt., 1., 8., 9., 11., 25., 27., 29. Nov., 6., 9., 23., 25., 27. Dez.

Günstig: 9., 12., 18., 24., 29. Jan., 7., 10., 16., 22., 27. Feb., 5., 8., 14., 20., 25. März, 3., 6., 12., 18., 23. April, 1., 4., 10., 16., 21., 31. Mai, 2., 8., 14., 19., 29. Juni, 6., 12., 17., 27. Juli, 4., 10., 15., 25. Aug., 2., 8., 13., 23. Sept., 6., 11., 21. Okt., 4., 9., 19. Nov., 2., 7., 17. Dez.

Schicksalhaft: 3. Jan., 1. Feb., 3., 4., 5., 6. Sept.

Problematisch: 7., 8., 19., 28. Jan., 5., 6., 17., 26. Feb., 3., 4., 15., 24. März, 1., 2., 13., 22. April, 11., 20. Mai, 9., 18. Juni, 7., 16. Juli, 5., 14. Aug., 3., 12. Sept., 1., 10. Okt., 8. Nov., 6. Dez.

Seelenverwandt: 3., 19. Jan., 1., 17. Feb., 15. März, 13. April, 11. Mai, 9. Juni, 7. Juli, 5. Aug., 3. Sept., 1. Okt.

SONNE: FISCHE
DEKADE: KREBS/MOND
GRAD: 12°30' – 14° FISCHE
ART: BEWEGLICHES ZEICHEN
ELEMENT: WASSER

4. März

♓ Mit diesem Geburtstag sind Sie ein praktischer und hingebungsvoller Fischemensch, der sowohl ehrgeizig und entschlossen als auch feinsinnig und vornehm ist. Sie sind fleißig und kämpferisch und haben Phantasie, Sensibilität und Charisma. Bei all Ihrem weltgewandten und geistvollen Charme haben Sie enorme intuitive Einsichten.

Der zusätzliche Einfluß Ihrer Sonne in der Dekade des Krebs sorgt dafür, daß Sie beeindruckbar und aufnahmefähig sind. Auch wenn Sie hohe Ziele verfolgen, neigen Sie zu Lethargie, weshalb Sie finanzielle Anreize als Motivation brauchen. Als mitfühlender Mensch nehmen Sie Rücksicht auf die Gefühle anderer, müssen sich aber vor Stimmungsschwankungen und Angstgefühlen hüten. Sie haben natürliche mediale Fähigkeiten, so daß Sie sich leicht in die Gefühle anderer hineinversetzen können. Wenn Sie unglücklich sind, neigen Sie zu Realitätsflucht oder Selbstmitleid.

Sie nehmen Wissen schnell auf, wenn es Sie interessiert. Sie brauchen Stabilität und Sicherheit, sollten sich aber vor langweiligen und monotonen Beschäftigungen hüten, da sie am Ende Beklemmung in Ihnen auslösen. Ihr Bedürfnis nach Sicherheit und emotionaler Befriedigung macht Partnerschaften und Freundschaften sehr wichtig für Sie. Sie sind zwar kooperativ, sollten aber mehr Verantwortungsbewußtsein und Selbstdisziplin entwickeln und so Ihren Initiativgeist und Ihr Selbstvertrauen stärken.

Bis Sie 16 sind, bewegt sich Ihre Sonne durch das Zeichen der Fische. Sie legen viel Wert auf Sensibilität, Aufgeschlossenheit Ihrer Umwelt gegenüber und Ihre eigenen emotionalen Bedürfnisse. Wenn Sie 17 sind, wechselt Ihre Sonne in das Zeichen des Widder. Sie wollen unabhängig sein, werden sicherer, wagemutiger und selbstbewußter. Ihre Sonne tritt in den Stier, wenn Sie 47 sind. Jetzt wächst Ihr Bedürfnis nach finanzieller Stabilität und gefühlsmäßiger Sicherheit. Ihre Sonne wechselt in das Zeichen der Zwillinge, wenn Sie 77 sind. Sie werden noch einmal neugierig, ändern Ihre Denkweise und interessieren sich für Kommunikation und neue Themengebiete.

Ihr geheimes Selbst

Freundlich und kontaktfreudig, arbeiten Sie gut im Team und sind sich der Vorzüge von Zusammenarbeit im allgemeinen bewußt. Um Ängste zu überwinden, müssen Sie lernen, Distanz zu wahren, und sich von der Vergangenheit lösen. Dazu gehört auch, daß Sie sich von nichts und niemandem abhängig machen, denn das kann bei Ihnen zu Überernsthaftigkeit führen. Wenn Sie lernen loszulassen, entwickeln Sie einen ausgeprägten Sinn für persönliche Freiheit und finden Verbindung zu einer tieferen, universalen Ebene.

Dank Ihrem diplomatischen Geschick kommen Sie gut mit Menschen zurecht. Auch wenn viele Ihrer Lebenserfahrungen in Zusammenhang mit Ihrem Beruf stehen, sind private Beziehungen äußerst wichtig für Ihr Wohlbefinden. Für Menschen, die Sie lieben, sind Sie zu großen Opfern bereit und müssen sich sogar hüten, sich nicht zum Märtyrer zu machen. Wenn Sie dafür sorgen, daß in Ihren Beziehungen das Gleichgewicht der Kräfte stimmt, und Selbstdisziplin entwickeln, können Sie Ihr erstaunliches Potential voll zur Entfaltung bringen.

Fixstern

Name des Sterns: Achernar
Gradposition: 14°17' – 15°11' Fische zwischen den Jahren 1930 und 2000
Magnitude: 1
Stärke: **********
Orbit: 2°30'
Konstellation: Alpha Eridani
Tage: 3., 4., 5., 6., 7., 8. März
Sternqualitäten: Jupiter
Beschreibung: blau-weißer Stern am südlichen Ende von Eridanus

Einfluß des Hauptsterns

Achernars Einfluß sorgt dafür, daß Sie Weitsicht und einen Blick für die Gesamtheit haben. Sie sind optimistisch und ehrgeizig und lieben Gerechtigkeit. Durch Achernar haben Sie Flair und Erfolg im Umgang mit Publikum und interessieren sich für Philosophie und Religion.

Im Zusammenhang mit dem Stand Ihrer Sonne steht Achernar für Großzügigkeit, Geduld und Optimismus. Er schenkt Ihnen Schreibtalent und sorgt für höhere Bildung. Auszeichnungen für herausragende Arbeit und Erfolg in Geschäftsleben und Öffentlichkeit sind ebenso auf seinen Einfluß zurückzuführen. Ruhm und Anerkennung sind meist von Dauer.

- Positiv: gerecht, sozial, strebsam.
- Negativ: Beeinflußbarkeit, Realitätsflucht, Spekulation, Mißverständnisse.

Beruf & Karriere

Dank Ihrer sozialen Kompetenz eignen Sie sich gut für Berufe, die mit Menschen zu tun haben. Hochintuitiv und phantasievoll, können Sie Ihre Talente in kreativen Bereichen wie Kunst, Tanz, Musik, Schauspiel oder auch Hairstyling einsetzen. Schreiben in jeder Form übt große Faszination auf Sie aus. Mit Ihrer sensiblen und mitfühlenden Art sind auch Berufe für Sie geeignet, in denen Sie beraten, lehren oder für das Gemeinwohl tätig sind. Sie sind nicht nur fleißig und geschäftstüchtig, Sie lassen sich auch vom Wunsch nach guten Dingen des Lebens sehr motivieren. Bei Ihrem Drang nach einer harmonischen Umgebung versinken Sie allerdings leicht in Routine.

Berühmte Persönlichkeiten dieses Tages sind der Komponist Antonio Vivaldi, der Schriftsteller Alan Sillitoe, der Rennfahrer Jim Clark, die Schauspielerin Paula Prentiss, der Psychologe Hans Eysenck und der Schauspieler John Garfield.

Numerologie

Da Sie Energie, praktisches Geschick und starke Entschlossenheit haben, kommen Sie durch harte Arbeit zu Erfolg. Mit der Geburtstagszahl 4 haben Sie Gefühl für Form und Komposition und können sehr gut praktische Systeme planen. Da Sie sicherheitsbewußt sind, möchten Sie für sich und Ihre Familie ein solides Fundament schaffen. Ihre pragmatische Lebenseinstellung sorgt für guten Geschäftssinn und dafür, daß Sie materiell erfolgreich sind. Als Mensch mit der Geburtstagszahl 4 sind Sie im allgemeinen aufrichtig, offen und fair. Sie sollten aber mehr diplomatisches Geschick entwickeln und sich vor Sturheit oder Taktlosigkeit hüten. Der Untereinfluß der Monatszahl 3 führt dazu, daß Sie ebenso vielseitig wie kreativ sind und Ihre Ideen praktisch nützen wollen. Damit Sie nicht immer alles vor sich herschieben, brauchen Sie feste Strukturen im Leben und ständige geistige Anregung. Statt sich mit vielen gesellschaftlichen Aktivitäten zu verzetteln, sollten Sie sich auf ein paar wenige Ziele konzentrieren. Im allgemeinen sind Sie ein charmanter und unterhaltsamer Gesellschafter; emotionale Unsicherheit läßt Sie aber manchmal reserviert erscheinen. Sie haben gute analytische Fähigkeiten, und wenn Sie sich besser behaupten, nehmen andere auch Ihre Meinungen mehr zur Kenntnis.

Positiv: Selbstdisziplin, beständig, fleißig, gut organisiert, handwerklich und manuell geschickt, pragmatisch, vertrauenswürdig, exakt.

Negativ: labil, unkommunikativ, neigt zur Verdrängung, faul, geizig, herrisch, nachtragend, neigt zum Aufschieben.

Liebe & Zwischenmenschliches

Dank Ihrer charismatischen Art haben Sie viele Freunde und gute gesellschaftliche Kontakte. In engen Beziehungen fühlen Sie sich oft unsicher, sind aber gern mit intelligenten Menschen zusammen, die geistig anregend sind. Sie bewundern hart arbeitende Leute, die sich den Herausforderungen des Lebens entschlossen stellen. Ihre Liebe zu Wissen und Ihre Bewunderung für Menschen mit innerer Weisheit führen dazu, daß Sie gern weiterbildende Kurse besuchen und mit anderen zusammenarbeiten. Wenn eine Beziehung Sie voll und ganz überzeugt, sind Sie bereit, Ihre Zeit und Ihr Geld in sie zu investieren.

Ihr Partner

Glück und Liebe finden Sie am ehesten unter den Menschen, die an den folgenden Tagen geboren sind:

Liebe & Freundschaft: 6., 20., 22., 24., 27., 30. Jan., 4., 18., 20., 22., 28. Feb., 2., 16., 18., 20., 26., 29. März, 14., 16., 18., 24., 27. April, 2., 12., 14., 16., 22., 25. Mai, 10., 12., 14., 20., 23. Juni, 8., 10., 12., 15., 16., 18., 21. Juli, 6., 8., 10., 16., 19. Aug., 4., 6., 8., 14., 17. Sept., 2., 4., 6., 12., 15. Okt., 2., 4., 10., 13., 17. Nov., 2., 8., 11. Dez.

Günstig: 1., 3., 4., 12., 14. Jan., 1., 2., 12. Feb., 10., 28. März, 8., 26., 30. April, 6., 24., 28. Mai, 4., 22., 26. Juni, 2., 11., 20., 24. Juli, 18., 22. Aug., 16., 20. Sept., 14., 18. Okt., 3., 12., 16. Nov., 10., 14. Dez.

Schicksalhaft: 11. Jan., 9. Feb., 7. März, 5. April, 3. Mai, 1. Juni, 4., 5., 6., 7., 8. Sept.

Problematisch: 3., 5. Jan., 1., 3. Feb., 1. März, 31. Juli, 29. Aug., 27., 30. Sept., 25., 28. Okt., 23., 26., 30. Nov., 21., 24., 28. Dez.

Seelenverwandt: 5., 12. Jan., 3., 10. Feb., 1., 8. März, 6. April, 4. Mai, 2. Juni

SONNE: FISCHE
DEKADE: KREBS/MOND
GRAD: 13°30' – 15° FISCHE
ART: BEWEGLICHES ZEICHEN
ELEMENT: WASSER

Fixstern

Name des Sterns: Achernar
Gradposition: 14°17' – 15°11' Fische
  zwischen den Jahren 1930 und 2000
Magnitude: 1
Stärke: **********
Orbit: 2°30'
Konstellation: Alpha Eridani
Tage: 3., 4., 5., 6., 7., 8. März
Sternqualitäten: Jupiter
Beschreibung: blau-weißer Stern am südlichen Ende von Eridanus.

Einfluß des Hauptsterns

Achernars Einfluß sorgt dafür, daß Sie Weitsicht und einen Blick für die Gesamtheit haben. Sie sind optimistisch und ehrgeizig und lieben Gerechtigkeit. Durch Achernar haben Sie Flair und Erfolg im Umgang mit Publikum und interessieren sich für Philosophie und Religion.

Im Zusammenhang mit dem Stand Ihrer Sonne steht Achernar für Großzügigkeit, Geduld und Optimismus. Er schenkt Ihnen Schreibtalent und sorgt für höhere Bildung. Auszeichnungen für herausragende Arbeit und Erfolg in Geschäftsleben und Öffentlichkeit sind ebenfalls auf seinen Einfluß zurückzuführen. Ruhm und Anerkennung sind meist auch von Dauer.

• Positiv: gerecht, sozial, strebsam.
• Negativ: Beeinflußbarkeit, Realitätsflucht, Spekulation, Mißverständnisse.

5. März

Idealistisch und dynamisch, sind Sie ein ehrgeiziger und rastloser Träumer. Da Sie sensibel und hoch intuitiv sind, können Sie Ihre kraftvolle Phantasie für kreative und produktive Tätigkeiten nutzen. Mit Ihrem Abwechslungsbedürfnis brauchen Sie verschiedene und aufregende Möglichkeiten, um Ihre Gefühle auszudrücken. Manchmal lassen Sie sich im Überschwang zu spontanen, ja impulsiven Handlungen hinreißen.

Der zusätzliche Einfluß Ihrer Sonne in der Dekade des Krebs sorgt dafür, daß Sie einen ausgeprägten sechsten Sinn und das Bedürfnis haben, Ihre Familie oder Freunde zu unterstützen. Beeindruckbar und aufnahmefähig, haben Sie natürliche mediale Fähigkeiten, mit denen Sie die Gefühle anderer leicht erfassen können. Als mitfühlender und fürsorglicher Mensch müssen Sie vermeiden, die Probleme anderer nicht als Ihre eigenen zu betrachten. Sie sind im allgemeinen praktisch und fleißig, durch Ihre starken Gefühle benehmen Sie sich gelegentlich aber überspannt oder dramatisch.

Da Sie von Natur aus mitfühlend sind, erwarten Sie das auch von anderen und sind häufig zu großen Opfern für sie bereit. Bei Hindernissen und Enttäuschungen werden Sie schnell pessimistisch oder materialistisch. Wenn Sie unglücklich sind, neigen Sie dazu, den Kopf in den Sand zu stecken, in Realitätsflucht auszuweichen oder in Selbstmitleid zu versinken. Sie sollten Ihren starken Instinkten vertrauen und unerwartete Wendungen im Leben als positive Erfahrung betrachten. Ihr Geschäftssinn und Ihre Liebe zu Reisen und Veränderung inspirieren Sie oft dazu, die verschiedensten Aktivitäten und Beschäftigungen auszuprobieren.

Bis Sie 15 sind, bewegt sich Ihre Sonne durch das Zeichen der Fische. Sie sind idealistisch, liebevoll und vielseitig, wobei Sie zu Überemotionalität neigen und sich leicht langweilen. Zwischen 16 und 45 wandert Ihre Sonne durch das Zeichen des Widder. In dieser Zeit werden Sie bestimmter, wagemutiger, selbstbewußter und starten neue Unternehmungen, oft mit anderen zusammen. Wenn Ihre Sonne in den Stier wechselt, sind Sie 46. Sie werden ruhiger und haben ein größeres Bedürfnis nach finanzieller Stabilität und Sicherheit. Ihre Sonne tritt in das Zeichen der Zwillinge, wenn Sie 76 sind. Nun verstärkt sich noch einmal Ihr Interesse an Kommunikation und Austausch von Ideen.

Ihr geheimes Selbst

Ihre starken Emotionen und Ihre Sensibilität bewirken, daß Sie durch die Macht der Liebe erfolgreich sind. Wenn Sie diese starken Gefühle aber nicht in produktive Bahnen lenken oder praktisch nutzen, arbeiten sie gegen Sie, und Sie werden überemotional. Positiv genutzt, machen sie Sie dynamisch und ausdrucksstark, vor allem, wenn Sie Ihre kreativen Talente auf der Bühne oder vor Publikum anwenden.

Sie sind gesellig und idealistisch, haben inspirierte Ideen und können ebenso praktisch wie phantasievoll sein. Um Ihre großen Möglichkeiten zu nutzen, brauchen Sie eine klare Vorstellung von dem, was Sie erreichen wollen, und müssen methodisch planen. Zum Glück haben Sie praktisches Einschätzungsvermögen und können durch harte Arbeit stets für Ihre finanzielle Sicherheit sorgen. Ihr Beruf ist Ihnen sehr wichtig, so daß Sie mit Geschick und konzentrierter Anstrengung Ihre hochfliegenden Träume in die Realität umsetzen können.

Beruf & Karriere

Sensibel und phantasievoll, haben Sie ein ausgeprägtes Bedürfnis nach Veränderung und Aufregung, weshalb Sie einen Beruf wählen sollten, der mit Abwechslung oder Reisen zu tun hat. Ihre natürliche Dynamik macht Sie im Wirtschaftsleben erfolgreich. Ihre fürsorgliche Art führt Sie in soziale oder Heilberufe, wo Sie besonders gut mit Kindern arbeiten. Viele der heutigen Geburtstagskinder nutzen ihre visionären Fähigkeiten in Kunst, Design, Film oder Mode. Die dramatischere Seite Ihrer Persönlichkeit zieht Sie zur Politik oder in die Unterhaltungsbranche. Wichtig ist in jedem Beruf, den Sie wählen, daß Sie monotone Tätigkeiten meiden. Sie erkennen geschäftliche Chancen sehr schnell und eignen sich deshalb auch für Verkauf, Promotion oder internationalen Handel.

Berühmte Persönlichkeiten dieses Tages sind der chinesische Premierminister Chou Enlai, der Futurologe Ossip Flechtheim, der Schauspieler Rex Harrison, die Schauspielerin Samantha Eggar und der Filmregisseur Pier Paolo Pasolini.

Numerologie

Ihre Bereitschaft, Neues zu entdecken und auszuprobieren, gepaart mit Ihrer Begeisterungsfähigkeit, läßt erwarten, daß Ihnen das Leben einiges zu bieten hat. Reisen und unerwartete Veränderungen können dazu führen, daß Sie einen echten Wandel Ihrer Ansichten und Überzeugungen durchmachen. Das Leben muß für Sie aufregend und ereignisreich sein, aber Sie sollten mehr Verantwortungsgefühl entwickeln und vermeiden, unberechenbar oder rastlos zu werden. Angeboren ist Ihnen das Talent, mit dem Strom zu schwimmen und trotzdem unabhängig zu bleiben. Der Untereinfluß der Monatszahl 3 führt dazu, daß Sie gesellig und kontaktfreudig sind. Sie sehnen sich zwar nach Sicherheit und Stabilität, langweilen sich aber leicht und suchen deshalb ständig nach Abwechslung. Sie sollten mehr Geduld und Toleranz üben. Sie sind sehr wortgewandt, müssen aber erst lernen, wie Sie Ihre enorme kreative Kraft auch nutzen können. Wenn Sie trotz Schwierigkeiten und Verzögerungen durchhalten, werden Sie stets die Kontrolle behalten.

Positiv: vielseitig, anpassungsfähig, progressiv, intuitiv, freiheitsliebend, neugierig, mystisch, gesellig.

Negativ: unzuverlässig, neigt zum Aufschieben, wechselhaft, übersteigertes Selbstbewußtsein.

Liebe & Zwischenmenschliches

Mit Ihren romantischen und idealistischen Vorstellungen von der Liebe entscheiden Sie sich möglicherweise für eine platonische Beziehung, da Sie keinen Partner finden, der Ihren hohen Idealen voll und ganz entspricht. Sie bewundern Menschen, die kreativ oder humanitär und idealistisch sind. Wenn Sie sich verlieben, lieben Sie mit ganzem Herzen und bleiben auch in schlechten Tagen stets treu. Sie sind fürsorglich und hilfsbereit, neigen aber zu Überreaktionen oder quälen sich selbst, indem Sie sich rational und distanziert geben.

Ihr Partner

Einen Liebespartner und dauerhafte Beziehungen werden Sie mit großer Wahrscheinlichkeit unter den an den folgenden Tagen geborenen Menschen finden:
Liebe & Freundschaft: 1., 7., 21., 23., 31. Jan., 5., 19., 21., 29. Feb., 3., 7., 17., 19., 27. März, 1., 15., 17., 25. April, 3., 13., 15., 23. Mai, 11., 13., 21. Juni, 9., 11., 18., 19. Juli, 7., 9., 17. Aug., 5., 7., 15. Sept., 3., 5., 13. Okt., 1., 3., 10., 11. Nov., 1., 9. Dez.
Günstig: 5., 16., 18. Jan., 3., 14., 16. Feb., 1., 12., 14., 29. März, 10., 12., 27. April, 8., 10., 25., 29. Mai, 6., 8., 23., 27. Juni, 4., 6., 21., 25. Juli, 2., 4., 19., 23. Aug., 2., 17., 21. Sept., 15., 19. Okt., 13., 17. Nov., 11., 15., 29. Dez.
Schicksalhaft: 6., 30. Jan., 4., 28. Feb., 2., 26. März, 24. April, 22. Mai, 20. Juni, 18. Juli, 16. Aug., 5., 6., 7., 8., 9., 14. Sept., 12. Okt., 10. Nov., 8. Dez.
Problematisch: 4. Jan., 2. Feb., 29., 31. Mai, 27., 29., 30. Juni, 25., 27., 28. Juli, 23., 25., 26., 30. Aug., 21., 23., 24., 28. Sept., 19., 21., 22., 26. Okt., 17., 19., 20., 24. Nov., 15., 17., 18., 22. Dez.
Seelenverwandt: 23. Jan., 21. Feb., 19. März, 17. April, 15. Mai, 13. Juni, 11., 31. Juli, 9., 29. Aug., 7., 27. Sept., 5., 25. Okt., 3., 23. Nov., 1., 21. Dez.

SONNE: FISCHE
DEKADE: KREBS/MOND
GRAD: 14°30' – 15°30' FISCHE
ART: BEWEGLICHES ZEICHEN
ELEMENT: WASSER

Fixstern

Name des Sterns: Achernar
Gradposition: 14°17' – 15°11' Fische
zwischen den Jahren 1930 und 2000
Magnitude: 1
Stärke: **********
Orbit: 2°30'
Konstellation: Alpha Eridani
Tage: 3., 4., 5., 6., 7., 8. März
Sternqualitäten: Jupiter
Beschreibung: blau-weißer Stern am südlichen Ende von Eridanus.

Einfluß des Hauptsterns

Achernars Einfluß sorgt dafür, daß Sie Weitsicht und einen Blick für die Gesamtheit haben. Sie sind optimistisch und ehrgeizig und lieben Gerechtigkeit. Durch Achernar haben Sie Flair und Erfolg im Umgang mit Publikum und interessieren sich für Philosophie und Religion.

Im Zusammenhang mit dem Stand Ihrer Sonne steht Achernar für Großzügigkeit, Geduld und Optimismus. Er schenkt Ihnen Schreibtalent und sorgt für höhere Bildung. Auszeichnungen für herausragende Arbeit und Erfolg in Geschäftsleben und Öffentlichkeit sind ebenso auf seinen Einfluß zurückzuführen. Ruhm und Anerkennung sind meist von Dauer.
• Positiv: gerecht, sozial, strebsam.
• Negativ: Beeinflußbarkeit, Realitätsflucht, Spekulation, Mißverständnisse.

6. März

Mit diesem Geburtstag sind Sie ein idealistischer Mensch mit gutem Einschätzungsvermögen und praktischen Fähigkeiten. Freundlich, liebenswürdig und häufig voller Vitalität und Antrieb, sind Sie ein willensstarker Fischemensch mit einer offenen und ehrlichen Art. Da Sie hoch intuitiv sind, vor allem was finanzielle Dinge angeht, profitieren Sie von ausgezeichneten beruflichen Chancen. Wenn Sie von einer Sache wirklich fasziniert sind, können Sie sich ihr entschlossen widmen.

Der zusätzliche Einfluß Ihrer Sonne in der Dekade des Krebs sorgt dafür, daß Sie Ihr sechster Sinn in bezug auf Menschen selten trügt. Da Sie Chancen schnell erkennen, verpassen Sie selten etwas. Als mitfühlender Mensch nehmen Sie Rücksicht auf die Gefühle anderer, neigen aber auch zu Stimmungsschwankungen. Mit Ihren natürlichen Führungsqualitäten erteilen Sie lieber selbst Anordnungen, als welche entgegenzunehmen. Um erfolgreich zu sein, müssen Sie nur die nötige Selbstdisziplin aufbringen.

Da Sie eine gute Gesundheit haben und es verstehen, sich zu amüsieren, genießen Sie das Leben. Leider neigen Sie aber auch zu Unmäßigkeit oder Materialismus. Zeigen Sie Ihre bescheidene und sanfte Seite, damit Sie nicht herrisch oder arrogant auf andere wirken. Wenn es Ihnen an Selbstdisziplin fehlt, sind Sie sich Ihrer Werte und Ansichten nicht sicher; mit der richtigen Einstellung aber können Sie wahre Wunder vollbringen und andere mit Ihrem Wissen und Können beeindrucken.

Bis Sie 14 sind, bewegt sich Ihre Sonne durch das Zeichen der Fische, und Sie sind mit Ihrer emotionalen Entwicklung beschäftigt. Im Alter von 15 wechselt Ihre Sonne in das Zeichen des Widder. Nun werden Sie nach und nach bestimmter, aktiver und abenteuerlustiger. Es ist eine gute Zeit, um Initiative zu ergreifen und direkter zu werden. Wenn Ihre Sonne in den Stier wechselt, sind Sie 45. Jetzt werden Sie ruhiger, haben ein größeres Bedürfnis nach finanzieller Stabilität und Sicherheit und entdecken Ihre Liebe zu Natur und Schönheit. Ihre Sonne wechselt in das Zeichen der Zwillinge, wenn Sie 75 sind. Sie werden noch einmal neugieriger und interessieren sich für Kommunikation und neue Themengebiete.

Ihr geheimes Selbst

Mit Ihrer Liebe zum Wissen fühlen Sie sich am wohlsten, wenn Sie gut informiert sind oder das nötige Geschick haben, um Ihre Probleme selbst zu lösen. Wenn Ihre enorme geistige Willenskraft positiv gelenkt wird, denken Sie unabhängig und konstruktiv. Im allgemeinen smart und entschlossen, mit einem Blick fürs Detail, sind Sie auch neugierig und erfinderisch. Da Sie die Tendenz haben, sich leicht zu langweilen, brauchen Sie Abwechslung und begeistern sich immer wieder für neue Interessengebiete.

Sie können hart arbeiten und lernen schnell. Warmherzig und kreativ, sind Sie von großer Liebenswürdigkeit und kommen gut mit anderen aus. Ihr Hang zur Maßlosigkeit kann in Ihren Liebesbeziehungen jedoch zu Spannungen führen. Wenn Sie aber Ihren Charme einsetzen, wirken Sie magnetisch anziehend und können sich bei anderen leicht beliebt machen.

Beruf & Karriere

Mit Ihrer Kombination aus Vision und praktischem Unternehmergeist sind Sie bestens geeignet, große Unternehmungen zu organisieren und zu leiten. Als guter Organisator haben Sie einen ausgezeichneten Sinn für Form und können im allgemeinen hart arbeiten. Mit Ihrem Bedürfnis nach Harmonie und Selbstverwirklichung fühlen Sie sich zu künstlerischen oder kreativen Beschäftigungen hingezogen. Da Sie gute soziale Kompetenz besitzen, eignen Sie sich auch für Berufe, die mit Publikum und Öffentlichkeit zu tun haben. Wenn Sie Ihren Geschäftssinn mit Ihrer Kreativität und Ihren sozialen Fähigkeiten verbinden, können Sie es in der Finanzwelt zu einer Spitzenposition bringen. Ihr Wunsch, anderen zu helfen, läßt Sie vielleicht aber auch einen Heil- oder Pflegeberuf ergreifen.

Berühmte Persönlichkeiten dieses Tages sind die Dichterin Elizabeth Barrett Browning, der Komiker Lou Costello, die Sängerinnen Kiri Te Kanawa und Mary Wilson, der Olympionike Dick Fosbury und der Schriftsteller Gabriel García Márquez.

Numerologie

Mitgefühl, Idealismus und Fürsorglichkeit gehören zu den Eigenschaften der 6. Sie sind häufig ein Visionär oder Menschenfreund und sehr verantwortungsbewußt, liebevoll und hilfsbereit. Obwohl Sie meist weltgewandt und karrierebewußt sind, macht Sie die 6 zu einem Menschen, dem Heim und Familie sehr viel bedeuten. Die besonders Sensiblen unter Ihnen suchen Formen der kreativen Selbstverwirklichung in Unterhaltung, Kunst oder Design. Schwierig für Sie kann es sein, mehr Selbstvertrauen und Autorität zu entwickeln. Der Untereinfluß der Monatszahl 3 bewirkt, daß Sie hoch sensibel sind und einen ausgeprägten sechsten Sinn haben. Lebenslustig und gesellig, lieben Sie gesellschaftliche Aktivitäten und haben viele Interessen. Sie sind vielseitig und brauchen die verschiedensten aufregenden Erfahrungen im Leben. Durch Ihre Neigung, sich leicht zu langweilen, sind Sie aber oft unentschlossen oder verzetteln sich. Ihre Neugier und das Bedürfnis, das Leben auf einer höheren Ebene zu begreifen, führen oft dazu, daß Sie sich spirituell weiterentwickeln wollen.

Positiv: weltgewandt, humanitär, freundlich, mitfühlend, verantwortungsbewußt, zuverlässig, idealistisch, häuslich, selbstbewußt, künstlerisch begabt, ausgeglichen.

Negativ: unzufrieden, ängstlich, schüchtern, unvernünftig, stur, dominierend, egozentrisch, mangelndes Verantwortungsbewußtsein, zynisch.

Liebe & Zwischenmenschliches

Charmant und gutmütig, streben Sie nach Erfolg und Prestige. Ihr Geschmack am guten Leben läßt Sie Luxus und Qualität schätzen. In Beziehungen spielen Geld und gute Zukunftsaussichten eine wichtige Rolle. Im allgemeinen verstehen Sie es, sich zu amüsieren oder andere zu unterhalten. Am liebsten sind Sie mit Menschen zusammen, die selbst großes Potential haben. Sie sind großmütig und freundlich und schätzen großzügige Menschen, müssen sich aber vor Maßlosigkeit hüten.

Ihr Partner

Wenn Sie jemanden suchen, bei dem Sie Sicherheit, Harmonie, Wohlstand und Glück finden, sollten Sie sich unter den Menschen umsehen, die an den folgenden Tagen geboren sind:

Liebe & Freundschaft: 7., 8., 17., 20., 22., 24. Jan., 6., 15., 18., 20., 22. Feb., 4., 13., 16., 18., 20. März, 1., 2., 11., 14., 16., 18., 26. April, 9., 12., 14., 16. Mai, 7., 10., 12., 14. Juni, 5., 8., 10., 12., 20., 30. Juli, 3., 6., 8., 10., 28. Aug., 1., 4., 6., 8., 26. Sept., 2., 4., 6., 24. Okt., 2., 4., 12., 22. Nov., 2., 20. Dez.

Günstig: 6., 23. Jan., 4., 21. Feb., 2., 19., 30. März, 17., 28. April, 15., 26., 30. Mai, 13., 24., 28. Juni, 11., 22., 26. Juli, 9., 20., 24. Aug., 7., 18., 22. Sept., 5., 16., 20. Okt., 3., 14., 18. Nov., 1., 12., 16., 30. Dez.

Schicksalhaft: 7. Jan., 5. Feb., 3. März, 1. April, 6., 7., 8., 9. Sept.

Problematisch: 5., 26., 29. Jan., 3., 24., 27. Feb., 1., 22., 25. März, 20., 23. April, 18., 21. Mai, 16., 19., 30. Juni, 14., 17., 28. Juli, 12., 15., 26., 31. Aug., 10., 13., 24., 29. Sept., 8., 11., 22., 27. Okt., 6., 9., 20., 25. Nov., 4., 7., 18., 23. Dez.

Seelenverwandt: 30. Jan., 28. Feb., 26. März, 24. April, 22. Mai, 20. Juni, 18. Juli, 16. Aug., 14. Sept., 12., 31. Okt., 10., 29. Nov., 8., 27. Dez.

7. März

SONNE: FISCHE
DEKADE: KREBS/MOND
GRAD: 15°30' – 16°30' FISCHE
ART: BEWEGLICHES ZEICHEN
ELEMENT: WASSER

Fixstern

Name des Sterns: Achernar
Gradposition: 14°17' – 15°11' Fische
zwischen den Jahren 1930 und 2000
Magnitude: 1
Stärke: **********
Orbit: 2°30'
Konstellation: Alpha Eridani
Tage: 3., 4., 5., 6., 7., 8. März
Sternqualitäten: Jupiter
Beschreibung: blau-weißer Stern am südlichen Ende von Eridanus.

Einfluß des Hauptsterns

Achernars Einfluß sorgt dafür, daß Sie Weitsicht und einen Blick für die Gesamtheit haben. Sie sind optimistisch und ehrgeizig und lieben Gerechtigkeit. Durch Achernar haben Sie Flair und Erfolg im Umgang mit Publikum und interessieren sich für Philosophie und Religion.

Im Zusammenhang mit dem Stand Ihrer Sonne steht Achernar für Großzügigkeit, Geduld und Optimismus. Er schenkt Ihnen Schreibtalent und sorgt für höhere Bildung. Auszeichnungen für herausragende Arbeit und Erfolg in Geschäftsleben und Öffentlichkeit sind ebenso auf seinen Einfluß zurückzuführen. Ruhm und Anerkennung sind meist von Dauer.

• Positiv: gerecht, sozial, strebsam.
• Negativ: Beeinflußbarkeit, Realitätsflucht, Spekulation, Mißverständnisse.

Phantasievoll, idealistisch und nachdenklich, sind Sie ein kreativer Fischemensch mit gutem Urteilsvermögen und voller Ideen. Mit Ihrem lebhaften Innenleben brauchen Sie ein praktisches Ziel, um all Ihre Ideen und Träume umzusetzen und um zu Erfolg und Wohlstand zu kommen.

Der zusätzliche Einfluß Ihrer Sonne in der Dekade des Krebs bewirkt, daß Sie intuitiv sind und Zugang zum kollektiven Unbewußten haben. Da Sie im allgemeinen großen Gefühlsreichtum haben, sind Sie ein sensibler und liebenswürdiger Mensch. Wenn Sie optimistisch und positiv eingestellt sind, strahlen Sie mit Ihrer mitfühlenden und fürsorglichen Art Hoffnung, Freude und Heiterkeit aus. Sie nehmen zwar Rücksicht auf die Gefühle anderer, neigen aber zu Stimmungsschwankungen. Wenn Sie unglücklich sind, geben Sie sich Ängsten oder Träumereien hin. Entwickeln Sie Ihre Intuition, indem Sie auf Ihren sechsten Sinn vertrauen.

Auch wenn Sie der Welt eine fröhliche und selbstbewußte Fassade zeigen, haben Sie eine ernsthafte und tiefgehende Seite. Da Sie vielseitig begabt und interessiert sind, fällt es Ihnen manchmal schwer, sich zu entscheiden. Fortschritt stellt sich aber durch entschlossenes Handeln und nicht durch Angst und Unentschlossenheit ein. Es ist besser für Sie, langfristig zu investieren und erst eine solide Basis zu schaffen, statt auf sofortige Belohnung zu hoffen. Sie entwickeln zwar großartige Ideen, müssen aber lernen, geduldig zu sein und auf die Ratschläge anderer zu hören. Wenn es Ihnen gelingt, sich mehr zu distanzieren und sich von der Vergangenheit zu lösen, vermeiden Sie Phasen der Frustration und Enttäuschung.

Wenn Sie 14 sind, tritt Ihre Sonne in das Zeichen des Widder. Sie werden nach und nach selbstbewußter, bestimmter und aktiver. Wenn Ihre Sonne in den Stier wechselt, sind Sie 44. Jetzt werden Sie langsam ruhiger, haben ein größeres Bedürfnis nach finanzieller Stabilität und Sicherheit und entdecken Ihre Liebe zur Natur. Ihre Sonne tritt in das Zeichen der Zwillinge, wenn Sie 74 sind. Ihre Neugierde wächst, und Sie ändern Ihre Denkweise. Sie interessieren sich vermehrt für Kommunikation und neue Themengebiete.

Ihr geheimes Selbst

Auch wenn Sie idealistisch und hoch intuitiv sind, schwanken Sie zwischen Vertrauen und Selbstzweifeln. Gelegentlich zögern Sie, Risiken einzugehen, vor allem wenn Ihre Sicherheit davon betroffen ist; wenn Sie aber zu vorsichtig sind, erleben Sie mit sich und anderen Enttäuschungen oder Frustration. Nur wenn Sie sich Ihren Zweifeln und Ängsten stellen, gewinnen Sie echtes Vertrauen in sich selbst und erkennen, was Ihnen das Leben alles zu bieten hat. Mit einer positiven Einstellung können Sie andere durch Ihre Ideale und Ihre Phantasie inspirieren. Doch müssen Sie oft lernen, sich auf Ihre wahren Ziele zu konzentrieren und Ihre Kraft nicht für triviale Beschäftigungen zu verschwenden.

Sie lieben eine Umgebung voll Harmonie und Schönheit, und viele Ihrer Probleme im Leben hängen mit Ihrer Einstellung zu Geld und materiellen Dingen zusammen. Es fällt Ihnen schwer, für Ihre Schwierigkeiten selbst die Verantwortung zu übernehmen. Wenn Sie aber Ihre kreative Kraft bündeln, können Sie zu originellen und produktiven Ergebnissen kommen. Nehmen Sie sich Zeit, um sich zu regenerieren, achten Sie auf Ihre Gesundheit, und lernen Sie, sich zu entspannen.

Beruf & Karriere

Ebenso sensibel wie analytisch, haben Sie ein starkes Bedürfnis nach Selbstverwirklichung. Wenn Sie dies mit Ihrer Phantasie und Vision verbinden, können Sie gut Karriere in Fotografie, Kunst oder Film machen oder Ihre emotionale Beeindruckbarkeit für Musik oder Tanz nutzen. Vielleicht zieht es Sie aber auch zu Heilberufen, Pädagogik, Sozialarbeit, oder Sie engagieren sich für einen wohltätigen Zweck. Es ist sehr gut möglich, daß Sie im Ausland arbeiten. Auch im Geschäftsleben können Sie Ihre sozialen Fähigkeiten erfolgreich einsetzen. Wechselnde Umstände in Ihrem beruflichen Umfeld können dazu führen, daß Sie Ihren Beruf ändern. Mit Ihrer ausgeprägten Intelligenz und Intuition können Sie aber in jedem Beruf schnell Fuß fassen.

Berühmte Persönlichkeiten dieses Tages sind der Komponist Maurice Ravel, der Maler Piet Mondrian, der Studentenführer und Soziologe Rudi Dutschke, der Tennisspieler Ivan Lendl, der Fotograf Lord Snowdon und die Schauspielerin Anna Magnani.

Numerologie

Menschen mit der Geburtstagszahl 7 sind analytisch und nachdenklich, aber auch häufig kritisch und egozentrisch. Da Sie ständig auf der Suche nach Selbsterkenntnis sind, sammeln Sie eifrig Informationen und interessieren sich für Lesen, Schreiben oder Spiritualität. Sie sind scharfsichtig und neigen dazu, überrational zu handeln und sich im Detail zu verlieren. Ihr Hang zur Rätselhaftigkeit und Geheimnistuerei kann dazu führen, daß Sie mißverstanden werden. Der Untereinfluß der Monatszahl 3 macht Sie sensibel und idealistisch. Sie brauchen zwar enge Beziehungen, müssen aber dennoch gelegentlich allein sein. Analytisch und wißbegierig, stellen Sie gern subtile Fragen, lassen andere aber nicht wissen, was Sie selbst denken. Da Sie zu Skepsis und Hochmut neigen, sollten Sie bessere Kommunikationsfähigkeiten entwickeln, um Mißverständnisse zu vermeiden. Wissensdurstig und lernbegierig, profitieren Sie von allen Formen intellektueller Beschäftigung. Auf der Suche nach Weisheit finden Sie Inspiration, wenn Sie sich mit Metaphysik, Philosophie oder Heilkunst befassen.

Positiv: gebildet, vertrauenswürdig, genau, idealistisch, ehrlich, spirituelle Fähigkeiten, wissenschaftlich, rational, nachdenklich.

Negativ: geheimnistuerisch, unfreundlich, rätselhaft, skeptisch, verwirrt, distanziert.

Liebe & Zwischenmenschliches

Sie ziehen Menschen jeder Herkunft an und sollten deshalb Ihre Freunde sorgfältig auswählen. Emotionale Ausgeglichenheit schützt Sie vor Schwankungen zwischen Verschlossenheit und Überschwang. Sie müssen unbedingt absolut ehrlich zu Ihren Partnern sein. Sie fühlen sich zu intelligenten Menschen hingezogen, mit denen Sie gemeinsam intellektuellen Interessen nachgehen können. Charmant und freundlich, fällt es Ihnen nicht schwer, Freunde oder Partner zu finden. Mit Ihrer freundlichen Art und Ihrer kreativen Lebenseinstellung bezaubern Sie andere.

Ihr Partner

Glück werden Sie mit großer Wahrscheinlichkeit unter den an den folgenden Tagen geborenen Menschen finden:

Liebe & Freundschaft: 9., 23., 25., 27. Jan., 7., 21., 23., 25. Feb., 5., 19., 21., 23., 29. März, 3., 17., 19., 21., 27., 30. April, 1., 15., 17., 19., 25., 28. Mai, 13., 15., 17., 23., 26., 27. Juni, 11., 13., 15., 21., 24. Juli, 9., 11., 13., 19., 22. Aug., 7., 9., 11., 17., 20. Sept., 5., 7., 9., 15., 18., 30. Okt., 3., 5., 7., 13., 16., 17. Nov., 1., 3., 5., 11., 14., 26. Dez.

Günstig: 2., 4., 7., 26. Jan., 2., 5. Feb., 3. März, 1. April, 31. Mai, 29. Juni, 14., 27., 31. Juli, 25., 29. Aug., 23., 27. Sept., 21., 25. Okt., 6., 19., 23. Nov., 17., 21. Dez.

Schicksalhaft: 8., 14. Jan., 6., 12. Feb., 4., 10. März, 2., 8. April, 6. Mai, 4. Juni, 2. Juli, 7., 8., 9., 10. Sept.

Problematisch: 6., 19., 29. Jan., 4., 17., 27. Feb., 2., 15., 25. März, 13., 23. April, 11., 21. Mai, 9., 19. Juni, 7., 17. Juli, 5., 15. Aug., 3., 13., 30. Sept., 1., 11., 28. Okt., 9., 26. Nov., 7., 24., 29. Dez.

Seelenverwandt: 16., 21. Jan., 14., 19. Feb., 12., 17. März, 10., 15. April, 8., 13. Mai, 6., 11. Juni, 4., 9. Juli, 2., 7. Aug., 5. Sept., 3. Okt., 1. Nov.

SONNE: FISCHE
DEKADE: KREBS/MOND
GRAD: 16°30' – 17°30' FISCHE
ART: BEWEGLICHES ZEICHEN
ELEMENT: WASSER

Fixstern

Name des Sterns: Achernar
Gradposition: 14°17' – 15°11' Fische zwischen den Jahren 1930 und 2000
Magnitude: 1
Stärke: **********
Orbit: 2°30'
Konstellation: Alpha Eridani
Tage: 3., 4., 5., 6., 7., 8. März
Sternqualitäten: Jupiter
Beschreibung: blau-weißer Stern am südlichen Ende von Eridanus

Einfluß des Hauptsterns

Achernars Einfluß sorgt dafür, daß Sie Weitsicht und einen Blick für die Gesamtheit haben. Sie sind optimistisch und ehrgeizig und lieben Gerechtigkeit. Durch Achernar haben Sie Flair und Erfolg im Umgang mit Publikum und interessieren sich für Philosophie und Religion.

Im Zusammenhang mit dem Stand Ihrer Sonne steht Achernar für Großzügigkeit, Geduld und Optimismus. Er schenkt Ihnen Schreibtalent und sorgt für höhere Bildung. Auszeichnungen für herausragende Arbeit und Erfolg in Geschäftsleben und Öffentlichkeit sind ebenfalls auf seinen Einfluß zurückzuführen. Ruhm und Anerkennung sind meist von Dauer.

• Positiv: gerecht, sozial, strebsam.
• Negativ: Beeinflußbarkeit, Realitätsflucht, Spekulation, Mißverständnisse.

8. März

Mit diesem Geburtstag sind Sie ein fleißiger und pragmatischer Fischemensch mit einer freundlichen und charmanten Art. Obwohl Sie direkt und freimütig auf Dinge und Menschen zugehen, sind Sie inspiriert und sehr phantasievoll. Selbstbewußt und zielstrebig, haben Sie diplomatisches Geschick und arbeiten gern als Teamleiter mit anderen zusammen. Lassen Sie sich aber nicht zu Machtspielen oder manipulativen Taktiken hinreißen.

Der zusätzliche Einfluß Ihrer Sonne in der Dekade des Krebs sorgt dafür, daß Sie wahrnehmungsstark und sensibel sind. Da Sie die Gabe haben, unterbewußte Regungen anderer zu spüren, können Sie häufig erahnen, was sie bewegt. Als auf andere bedachter Mensch nehmen Sie Rücksicht auf deren Gefühle, müssen sich aber vor Stimmungsschwankungen hüten. Wenn Sie sich unsicher fühlen, werden Sie leicht streitsüchtig, weichen in Realitätsflucht aus oder versinken in Selbstmitleid.

Sie sind ehrgeizig und haben einen guten Geschäftssinn. Aufgrund Ihrer geistigen Dynamik müssen Sie aber immer wieder aufs neue für Ausgeglichenheit im Leben sorgen. Wenn Sie um sich herum Harmonie schaffen, können Sie innere Spannungen und unerklärliche Ängste überwinden. Ihr Interesse an metaphysischen Themen zieht Sie zu Philosophie oder Spiritualität. Wenn Sie von einer Sache oder Idee fasziniert sind, können Sie sich intensiv damit beschäftigen und Ihre eigenen originellen Ideen dazu beitragen.

Zwischen 13 und 42, wenn Ihre Sonne das Zeichen des Widders durchläuft, werden Sie selbstbewußter, bestimmter und aktiver. Sie übernehmen Führungsrollen oder starten neue Unternehmungen. Wenn Ihre Sonne in den Stier wechselt, sind Sie 43. Sie werden ruhiger und haben ein größeres Bedürfnis nach finanzieller Stabilität und Sicherheit. Ihre Sonne tritt in das Zeichen der Zwillinge, wenn Sie 73 sind. Sie werden neugieriger, ändern Ihre Denkweise und entwickeln noch einmal großes Interesse an Kommunikation und Ideenaustausch.

Ihr geheimes Selbst

Ebenso intelligent wie phantasievoll, wissen Sie Weisheit und Verständnis zu schätzen. Ihr Wissensdrang und Ihr Unternehmungsgeist sind Ihre Hauptantriebskräfte. Ein Teil von Ihnen wäre am glücklichsten, wenn Sie sich zu Hause ausruhen und in eine bequeme Routine verfallen würden, weshalb Sie manchmal nicht genügend Motivation und Entschlossenheit aufbringen, um Ihre großen Ideen und Pläne in die Tat umzusetzen. Ihre natürlichen Führungsqualitäten und Ihr Stolz verlangen dann aber doch nach geistiger Anregung, die Ihr wahres Potential zur Entfaltung bringt.

Zwar hochintuitiv und phantasiebegabt, brauchen Sie aber etwas, das Sie inspiriert, damit Sie unabhängig handeln. Im allgemeinen haben Sie originelle und progressive Ansichten, müssen eine kreative Möglichkeit haben, sich auszudrücken. Ein ausgeglichenes Leben ist eine Grundvoraussetzung für Ihr Glück. Um Ängste, vor allem beruflicher Art, zu vermeiden, sollten Sie durch Hobbys oder Reisen aus der Routine des Alltags ausbrechen.

Beruf & Karriere

Freundlich und kooperativ, arbeiten Sie gut mit anderen zusammen. Ihr Geschäftssinn macht Sie in Handel, Bank- oder Finanzwesen erfolgreich, vor allem wenn Sie Ihre Kreativität und Ihre sozialen Fähigkeiten einsetzen können. Ihre ausgezeichneten Organisationstalente nützen Ihnen in Administration und Verwaltung. Mit Ihrem diplomatischen Geschick sind Sie auch für die Öffentlichkeitsarbeit oder alle Arten von Verhandlungen geeignet. Ihre Intuition läßt Sie berufliche Chancen immer und überall erkennen. Ihr Erfindungsreichtum ist nützlich in künstlerischen Berufen. Mit Ihrer Sensibilität und Ihrem Bedürfnis nach Kreativität haben Sie auch das Potential, Ihre Ideen in die Praxis umzusetzen.

Berühmte Persönlichkeiten dieses Tages sind die Schauspielerin Lynn Redgrave, der Schriftsteller Kenneth Grahame, der Maler Anselm Kiefer, die Ballettänzerin Lynn Seymour, der Sänger und Schauspieler Mickey Dolenz und der Richter und Jurist Oliver Wendell Holmes.

Numerologie

Durch die Kraft, die von der Zahl 8 ausgeht, haben Sie einen starken Charakter mit festen Wertvorstellungen und ein gutes Urteilsvermögen. Sie haben einen natürlichen Geschäftssinn und profitieren sehr davon, wenn Sie Ihre Organisationsfähigkeiten und Führungsqualitäten entwickeln. Als Mensch mit starkem Sicherheitsbedürfnis planen und investieren Sie langfristig. Der Untereinfluß der Monatszahl 3 macht Sie vielseitig begabt und phantasievoll, und Ihre intuitiven Kräfte produzieren gelegentlich wahre Geistesblitze. Vernünftig und mit einem starken Bedürfnis nach Ausdruck, setzen Sie Ihre Ideen praktisch um. Als geborener Opportunist müssen Sie sich hüten, zu viele Dinge gleichzeitig zu tun. Wenn Sie sich auf ein paar wenige Projekte konzentrieren, lernen Sie Selbstdisziplin und Geduld, was Sie erfolgreich zu Ihren Zielen führen wird. Dabei sollten Sie Ihre Überzeugungskraft einsetzen, statt zu versuchen, andere zu manipulieren.

Positiv: führungsstark, gründlich, fleißig, Tradition, Autorität, Beschützerinstinkt, Heilkräfte, gutes Einschätzungsvermögen.

Negativ: ungeduldig, intolerant, geizig, rastlos, Workaholic, dominierend, leicht entmutigt, planlos.

Liebe & Zwischenmenschliches

Auch wenn Ihnen Stabilität und Familienleben wichtig sind, brauchen Sie Möglichkeiten, um sich kreativ zu verwirklichen, damit Ihr Privatleben nicht langweilig oder monoton wird. Versuchen Sie, Arbeit und Freizeit besser unter einen Hut zu kriegen. Obwohl Ihnen Harmonie und Sicherheit und auch eine stabile Beziehung sehr viel bedeuten, sind Sie denen gegenüber, die Sie lieben, oft launisch, vor allem wenn Sie unzufrieden sind oder sich von Ihren Partnern zu stark abhängig gemacht haben. Wenn Sie aber Ihren Charme und Ihr Einfühlungsvermögen einsetzen, können Sie anderen das Gefühl vermitteln, etwas ganz Besonderes zu sein. Benutzen Sie Ihr diplomatisches Geschick, um in Ihren Beziehungen für Frieden und Harmonie zu sorgen.

Ihr Partner

Freundschaft und Liebe finden Sie am ehesten unter den Menschen, die an den folgenden Tagen geboren sind:
Liebe & Freundschaft: 10., 26., 28. Jan., 8., 21., 24., 26. Feb., 6., 22., 24., 30. März, 4., 20., 22., 28. April, 2., 18., 20., 26., 29. Mai, 16., 18., 24., 27. Juni, 11., 14., 16., 22., 25. Juli, 12., 14., 20., 23., 30. Aug., 10., 12., 18., 21., 28. Sept., 8., 10., 16., 19., 26. Okt., 3., 6., 8., 14., 17., 24. Nov., 4., 6., 12., 15., 22. Dez.
Günstig: 8. Jan., 6. Feb., 4., 28. März, 2., 26. April, 24. Mai, 22., 30. Juni, 20., 28., 29. Juli, 18., 26., 27., 30. Aug., 16., 24., 25., 28. Sept., 14., 22., 23., 26., 29. Okt., 12., 20., 21., 24., 27. Nov., 10., 18., 19., 22., 25. Dez.
Schicksalhaft: 15. Jan., 13. Feb., 11. März, 9. April, 7. Mai, 5. Juni, 3. Juli, 1. Aug., 8., 9., 10., 11. Sept.
Problematisch: 7., 9., 30. Jan., 5., 7., 28. Feb., 3., 5., 26. März, 1., 3., 24. April, 1., 22. Mai, 20. Juni, 18. Juli, 16. Aug., 14. Sept., 12., 29. Okt., 10., 27. Nov., 8., 25., 30. Dez.
Seelenverwandt: 8., 27. Jan., 6., 25. Feb., 4., 23. März, 2., 21. April, 19. Mai, 17. Juni, 15. Juli, 13. Aug., 11. Sept., 9. Okt., 7. Nov., 5. Dez.

SONNE: FISCHE
DEKADE: KREBS/MOND
GRAD: 17°30' – 18°30' FISCHE
ART: BEWEGLICHES ZEICHEN
ELEMENT: WASSER

Fixsterne

Ihre Sonne ist zwar nicht mit einem Fixstern verbunden, sicherlich aber einer der anderen Planeten Ihres Sonnenzeichens. Wenn Sie sich ein Geburtshoroskop erstellen lassen, lernen Sie die exakten Positionen der Planeten an Ihrem Geburtstag kennen. Auf diese Weise können Sie feststellen, welche der Fixsterne in diesem Buch für Sie von Interesse sind.

9. März

Hochintuitiv und sensibel, sind Sie ein zurückhaltender Fischemensch mit guter Beobachtungsgabe, verborgenen Kräften und viel Entschlossenheit. Da Sie einen scharfen Verstand haben, macht es Ihnen Freude, Projekte zu initiieren und Führungspositionen zu übernehmen. Idealistisch und voller tiefer Gefühle, brauchen Sie Herausforderungen, um die Wandlung durchzumachen, durch die Ihr wahrer Charakter zutage tritt.

Der zusätzliche Einfluß Ihrer Sonne in der Dekade des Krebs sorgt dafür, daß Sie eine lebhafte Phantasie haben. Im allgemeinen haben Sie tiefe Gefühle und sind sensibel und fürsorglich. Wenn Sie sich mitfühlend und offen für die Gefühle anderer zeigen, können Sie sehr hilfsbereit und treu sein; machen Sie aber die Probleme anderer nicht zu Ihren eigenen. Sie haben intuitiven Zugang zum kollektiven Unbewußten, so daß Sie Trends schnell erkennen, müssen sich aber vor Ihren eigenen Stimmungsschwankungen hüten. Wenn Sie unzufrieden sind, neigen Sie zu Realitätsflucht, Ängsten oder Selbstmitleid.

Da Sie vielseitig begabt sind, sollten Sie dafür sorgen, daß Sie stets beschäftigt sind und sich kreativ ausdrücken können. Sturheit oder Eigenwilligkeit können sich auf Ihrem Weg zum Erfolg als ziemlich hinderlich erweisen. Wenn Sie Ihr ausgeprägtes Wahrnehmungsvermögen entwickeln, begreifen Sie sich selbst und das Leben in einem tieferen Sinn. Durch Neuanfänge inspiriert, können Sie für etwas, an das Sie wirklich glauben, voller Selbstvertrauen und Hoffnung hart arbeiten.

Bis Sie 11 Jahre alt sind, bewegt sich Ihre Sonne durch das Zeichen der Fische, und es entwickeln sich Sensibilität, Beeindruckbarkeit und emotionale Bedürfnisse. Wenn Sie 12 sind, tritt Ihre Sonne in das Zeichen des Widder. In den nächsten dreißig Jahren werden Sie selbstbewußter, wagemutiger, bestimmter und abenteuerlustiger. Wenn Ihre Sonne in den Stier wechselt, sind Sie 42. Das läßt Sie ruhiger werden, und Sie haben ein größeres Bedürfnis nach finanzieller Stabilität und emotionaler Beständigkeit. Ihre Sonne tritt in das Zeichen der Zwillinge, wenn Sie 72 sind. Sie werden noch einmal neugieriger und interessieren sich vermehrt für Kommunikation und neue Interessengebiete.

Ihr geheimes Selbst

Sie können zwar großes diplomatisches Geschick zeigen, sind aber äußerst idealistisch und haben Probleme, Ihre wahren Gefühle auszudrücken. Persönliche und enge Beziehungen sind ein Schlüssel zu Ihrem Glück. Mehr Distanz zu halten, Ihre Ansprüche anderen gegenüber herunterzuschrauben und auf eigenen Füßen zu stehen geben Ihnen das Selbstvertrauen, das Sie sich wünschen. Sie können so auch Mißtrauen oder Angst vor dem Alleinsein überwinden. Gründlich und ordentlich, legen Sie viel Wert aufs Detail. Ihre Analyse- und Kritikfähigkeiten sollten Sie fördern.

Mit Ihren Führungsqualitäten, Ihrer Entschlossenheit und Ihrem Fleiß können Sie es auf jedem Gebiet zu etwas bringen, wenn Sie sich einmal festgelegt haben. Als Perfektionist mit sehr idealistischen und romantischen Vorstellungen haben Sie das starke Bedürfnis, sich kreativ auszudrücken. Wenn Sie eine sinnvolle Sache finden, für die es sich zu kämpfen lohnt, können Sie Ihre hohen Ideale, Ihren Scharfsinn und Ihr Mitgefühl einsetzen, um anderen zu helfen.

Beruf & Karriere

Tolerant und fleißig, widmen Sie sich Projekten voller Hingabe, wenn Sie wirklich interessiert sind. Ihre Arbeitgeber schätzen an Ihnen besonders Ihr Verantwortungsbewußtsein und Ihre schnelle Auffassungsgabe. Sie können andere positiv beeinflussen und bleiben auch in Krisensituationen ruhig. Intuitiv und phantasievoll, haben Sie eine Voraussicht, die Sie für Prognosen, zur Lösung von Problemen oder auch in den darstellenden Künsten gut brauchen können. Häufig interessieren Sie sich auch für Musik oder Tanz. In Frage kommen für Sie auch Berufe in Beratung oder Administration. Mit Ihrem Interesse an Bildung sind Sie auch als Lehrer oder Publizist geeignet. Manche der heutigen Geburtstagskinder interessieren sich stark für Religion oder Spiritualität, möchten anderen in einem Heilberuf helfen oder sich humanitär engagieren.

Berühmte Persönlichkeiten dieses Tages sind der Schachspieler Bobby Fisher, der Kosmonaut Juri Gagarin, der Jazzmusiker Ornette Coleman, die Schauspielerin Ornella Muti, der Gitarrist Robin Trower und der Autor Mickey Spillane.

Numerologie

Zu den Eigenschaften der Zahl 9 gehören unter anderem Güte, Nachdenklichkeit und Sensibilität. Sie sind nicht nur tolerant und freundlich, sondern häufig auch großzügig und liberal. Intuitive und spirituelle Fähigkeiten, gepaart mit universaler Aufnahmefähigkeit, weisen auf einen spirituellen Weg hin. Die Geburtstagszahl 9 kann bedeuten, daß Sie Hindernisse, eine Neigung zur Überempfindlichkeit und Stimmungsschwankungen überwinden müssen. Weltreisen und Begegnungen mit den unterschiedlichsten Menschen sind sehr bereichernd für Sie; geben Sie aber unrealistischen Träumen oder Realitätsflucht nicht nach. Der Untereinfluß der Monatszahl 3 macht Sie auch aufnahmefähig, zuvorkommend und liebenswürdig. Verständnisvoll und mitfühlend, können Sie Takt und Kooperationsbereitschaft geschickt einsetzen, um Ihre Ziele zu erreichen. Neben Ihrer Intelligenz haben Sie auch gutes logisches Denkvermögen. Erfindungsreich arbeiten Sie daran, echte Individualität zu entwickeln. Um Ihre persönlichen Probleme zu lösen, müssen Sie Selbstdisziplin und Entschlossenheit üben.

Positiv: idealistisch, humanitär, kreativ, sensibel, großzügig, poetisch, unvoreingenommen, glücklich, beliebt.

Negativ: frustriert, nervös, selbstsüchtig, unpraktisch, leicht beeinflußbar, komplexbeladen, ängstlich.

Liebe & Zwischenmenschliches

Sensibel und aufnahmebereit, brauchen Sie einen Partner, dem Sie vertrauen können und der Ihr Bedürfnis nach Nähe teilt. Sie sollten sich nicht zuviel mit sich selbst beschäftigen, da Sie das anderen entfremdet. Ihr Mißtrauen lernen Sie zu überwinden, wenn Sie sich weniger schüchtern geben. Am besten passen Sie zu jemandem, der Ihre hohen Ideale und Ziele teilt. Ihr dynamischer Antrieb und Ihre Kraft, Neues schaffen zu wollen, bringen Ihnen immer wieder die Bewunderung anderer ein.

Ihr Partner

Wenn Sie jemanden suchen, mit dem Sie Ihre Ideale verwirklichen können, sollten Sie sich unter den Menschen umsehen, die an den folgenden Tagen geboren sind:

Liebe & Freundschaft: 11., 20., 25., 27., 29. Jan., 9., 18., 23., 25., 27. Feb., 7., 16., 21., 23., 25. März, 5., 14., 19., 21., 23., 29. April, 3., 12., 17., 19., 21. Mai, 1., 10., 21., 23., 29. Juni, 8., 13., 15., 17. Juli, 6., 11., 13., 15. Aug., 4., 9., 11., 13. Sept., 2., 7., 9., 11. Okt., 5., 7., 9., 15. Nov., 3., 5., 7. Dez.

Günstig: 9., 26. Jan., 7., 24. Feb., 5., 22. März, 3., 20. April, 1., 18., 29. Mai, 16., 27. Juni, 14., 25., 29., 30. Juli, 12., 23., 27., 28., 31. Aug., 10., 21., 25., 26., 29. Sept., 8., 19., 23., 24., 27. Okt., 6., 17., 21., 22., 25. Nov., 4., 15., 20., 23. Dez.

Schicksalhaft: 16. Jan., 14. Feb., 12. März, 10. April, 8. Mai, 6. Juni, 4. Juli, 2. Aug., 8., 9., 10., 11., 12. Sept.

Problematisch: 8., 29., 31. Jan., 6., 27., 29. Feb., 4., 25., 27., 28. März, 2., 23., 25., 26. April, 21., 23., 24. Mai, 19., 21., 22. Juni, 17., 19., 20. Juli, 15., 17., 18. Aug., 13., 15., 16. Sept., 11., 13., 14., 30. Okt., 9., 11., 12., 28. Nov., 7., 9., 10., 26. Dez.

Seelenverwandt: 30. Mai, 28. Juni, 26. Juli, 24. Aug., 22., 30. Sept., 20., 28. Okt., 18., 26. Nov., 16., 24. Dez.

10. März

SONNE: FISCHE
DEKADE: KREBS/MOND
GRAD: 18°30' – 19°30' FISCHE
ART: BEWEGLICHES ZEICHEN
ELEMENT: WASSER

Fixsterne

Ihre Sonne ist zwar nicht mit einem Fixstern verbunden, sicherlich aber einer der anderen Planeten Ihres Sonnenzeichens. Wenn Sie sich ein Geburtshoroskop erstellen lassen, lernen Sie die exakten Positionen der Planeten an Ihrem Geburtstag kennen. Auf diese Weise können Sie feststellen, welche der Fixsterne in diesem Buch für Sie von Interesse sind.

Die Mischung aus Ehrgeiz und Idealismus, die von Ihrem Geburtstag ausgeht, macht Sie zu einem Fischemensch mit viel Wahrnehmung und pragmatischer Lebenseinstellung. Sie sind begabt und vielseitig, und wenn Sie inspiriert sind, übernehmen Sie gern die Führung und zeigen anderen Ihre Originalität und Ihre administrativen Fähigkeiten.

Der zusätzliche Einfluß Ihrer Sonne in der Dekade des Krebs sorgt dafür, daß Sie intuitiv und phantasievoll sind. Trotz Ihrer Unabhängigkeit haben Sie ein starkes Bedürfnis nach Sicherheit, so daß Heim und Familie eine wichtige Rolle in Ihrem Leben spielen. Sie haben spirituelle oder mediale Fähigkeiten und können sich fest auf Ihre Gefühle verlassen. Ihre Vorahnungen trügen Sie selten. Obwohl Sie warmherzig und fürsorglich sind und meist Toleranz und Mitgefühl zeigen, machen Ihr Stolz und Ihre Sensibilität Sie leicht verletzbar und lassen Sie zu Launenhaftigkeit neigen. Sie können hart arbeiten und haben einen guten Geschäftssinn, gleichzeitig aber auch den Drang, sich auf unkonventionelle und kreative Weise auszudrücken.

Neuen Ideen und Erfahrungen gegenüber sind Sie aufgeschlossen, brauchen aber viel Handlungsspielraum. Materielle Belange sind Ihnen sehr wichtig, aber Routine schätzen Sie gar nicht. Sie lieben die Freiheit, und dank Ihrem Charme, Ihrer Warmherzigkeit und Ihrer freundlichen Art fällt es Ihnen nicht schwer, sich bei anderen beliebt zu machen. Da Sie feinsinnig sind und diplomatisches Geschick haben, können Sie direkt sein, ohne verletzend zu wirken. Sie schätzen schöne Dinge, haben Stil und lieben Kunst.

Bis Sie 10 Jahre alt sind, bewegt sich Ihre Sonne durch das Zeichen der Fische, und Sie entwickeln Ihre Sensibilität und Ihre Zukunftsträume. Zwischen 11 und 40 bewegt sich Ihre Sonne durch das Zeichen des Widder. Sie werden bestimmter und selbstbewußter und haben mehr Aktivitätsdrang und Abenteuerlust. Es ist eine gute Zeit, um Initiative zu ergreifen und zu lernen, direkter zu sein. Wenn Ihre Sonne in den Stier wechselt, sind Sie 41. In der folgenden Zeit werden Sie ruhiger, haben ein größeres Bedürfnis nach finanzieller Stabilität und Sicherheit und lieben Schönheit und Natur. Wenn Sie 71 sind, wechselt Ihre Sonne in das Zeichen der Zwillinge, und Sie interessieren sich für Kommunikation und neue Interessengebiete.

Ihr geheimes Selbst

Da Sie gesellig sind und viel Gefühl für Wirkung haben, erscheinen Sie im allgemeinen selbstsicher. Wenn Ihnen innerlich aber das Selbstvertrauen fehlt, enden Sie möglicherweise in Positionen, die unter dem Niveau Ihrer Fähigkeiten und Talente liegen. Bei den vielen Interessen, die Sie haben, sollten Sie sich auf ein bestimmtes Projekt konzentrieren, damit Sie Ihre ausgeprägte Kreativität besser zum Ausdruck bringen können. Gescheit und anpassungsfähig, haben Sie das Talent, Menschen rasch und präzise einzuschätzen, was Ihnen in allen Bereichen des Lebens sehr nützt. Sie sind großzügig und verständnisvoll und versuchen häufig, durch Ihr diplomatisches Geschick und Ihren Charme für Ruhe und Frieden in Ihrer Umgebung zu sorgen. Obwohl Sie freundlich sind, zeigen Sie anderen nicht alles von sich und brauchen Zeit für sich allein, um nachzudenken und Ihre Mitte zu finden. Vertrauen Sie Ihrer starken Intuition und Ihren Fähigkeiten; damit beugen Sie auch Ängsten und Unentschlossenheit vor.

Beruf & Karriere

Berufe, die viel mit Menschen zu tun haben, bringen Ihnen die größte Befriedigung. Ihre angeborenen psychologischen Fähigkeiten nützen Ihnen in Verkauf, Werbung oder Beratung. Sie arbeiten zwar gern im Team, nehmen aber nicht gern Anordnungen von anderen entgegen, weshalb Sie eine führende Position oder Selbständigkeit anstreben sollten. Ihr Sinn für Dramatik und Ihre ausgeprägte Vorstellungskraft ziehen Sie zu Musik, Kunst, Tanz oder Theater. Auch Schreiben ist eine gute Möglichkeit für Sie, Ihre kreative Seite auszuleben. Mitfühlend und intuitiv, eignen Sie sich für Heilberufe. Ihrer Reiselust käme ein Beruf, der mit Auslandsgeschäften zu tun hat, entgegen. Die neuen und originellen Ideen, die Sie am Arbeitsplatz entwickeln, werden besonders geschätzt.

Berühmte Persönlichkeiten dieses Tages sind die Schauspielerin Sharon Stone, der Jazzkomponist Bix Beiderbecke, der Schauspieler Chuck Norris und Prinz Edward, Mitglied des britischen Königshauses.

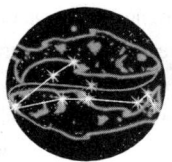

Numerologie

Sie sind ehrgeizig und unabhängig. Obwohl Sie viele Hindernisse überwinden müssen, bevor Sie Ihr Ziel erreichen, verlieren Sie nie Ihre Entschlossenheit. Dank Ihrem Pioniergeist reisen Sie gern und neigen zum Alleingang. Lernen müssen Sie, daß sich die Welt nicht nur um Sie dreht. Hüten Sie sich außerdem vor dominierendem Verhalten. Der Untereinfluß der Monatszahl 3 bedeutet, daß Sie einen Weg finden sollten, um sich zu verwirklichen. Liebenswürdig und freundlich, genießen Sie gesellschaftliche Aktivitäten und haben im allgemeinen zahlreiche Interessen. Da Sie sehr vielseitig und rastlos sind, langweilen Sie sich leicht und neigen dazu, sich zu verzetteln. Auch wenn Sie begeisterungsfähig sind und einen guten Sinn für Humor haben, müssen Sie mehr Selbstwertgefühl entwickeln, um Ängsten entgegenzuwirken. Seien Sie in engen Beziehungen nicht herrisch oder zu kritisch. Eine Atmosphäre voller Liebe ist für Sie lebenswichtig, da sie Sie mit Hoffnung und Inspiration erfüllt.

Positiv: führungsstark, kreativ, progressiv, Überzeugungskraft, Optimismus, feste Überzeugungen, kämpferisch, unabhängig, gesellig.

Negativ: dominierend, eifersüchtig, egoistisch, hochmütig, selbstsüchtig, ungeduldig.

Liebe & Zwischenmenschliches

Da Sie unwiderstehlich freundlichen Charme ausstrahlen, haben Sie viele Freunde und Bewunderer und führen meist ein aktives gesellschaftliches Leben. Sie schätzen die Gesellschaft intelligenter Menschen, die Sie mit neuen Ideen konfrontieren, oder Sie schließen sich Gruppen an, die Sie mit neuen Informationen versorgen oder wo Sie praktische Fähigkeiten ausbilden können. Bei Ihren Partnern erreichen Sie mehr mit Ihrem diplomatischen Geschick und Ihrer sozialen Kompetenz als mit dogmatischem Verhalten.

Ihr Partner

Sicherheit, geistige Anregung und Liebe finden Sie am ehesten unter den Menschen, die an den folgenden Tagen geboren sind:

Liebe & Freundschaft: 4., 11., 12., 16., 26., 28., 30. Jan., 2., 9., 10., 24., 26., 28. Feb., 7., 8., 22., 24., 26. März, 5., 6., 20., 22., 24., 30. April, 3., 4., 8., 18., 20., 22., 28., 31. Mai, 1., 2., 16., 18., 20., 26., 29. Juni, 4., 14., 16., 18., 24., 27. Juli, 12., 14., 16., 22., 25. Aug., 10., 12., 14., 20., 23. Sept., 8., 10., 12., 18., 21. Okt., 6., 8., 10., 16., 19. Nov., 4., 6., 8., 14., 17. Dez.

Günstig: 3., 10., 29., 31. Jan., 1., 8., 27., 29. Feb., 6., 25., 27. März, 4., 23., 25. April, 2., 21., 23. Mai, 19., 21. Juni, 17., 19., 30. Juli, 15., 17., 28. Aug., 13., 15., 26. Sept., 11., 13., 24. Okt., 9., 11., 22. Nov., 7., 9., 20. Dez.

Schicksalhaft: 11. Jan., 9. Feb., 7. März, 5. April, 3. Mai, 1. Juni, 10., 11., 12., 13. Sept.

Problematisch: 9. Jan., 7. Feb., 5., 28. März, 3., 26. April, 1., 24. Mai, 22. Juni, 20. Juli, 18. Aug., 16. Sept., 14., 30., 31. Okt., 12., 28., 29. Nov., 10., 26., 27. Dez.

Seelenverwandt: 7. Jan., 5. Feb., 3. März, 1. April, 29. Mai, 27. Juni, 25. Juli, 23. Aug., 21. Sept., 19. Okt., 17. Nov., 15. Dez.

11. März

SONNE: FISCHE
DEKADE: KREBS/MOND
GRAD: 19°30' – 20°30' FISCHE
ART: BEWEGLICHES ZEICHEN
ELEMENT: WASSER

Fixsterne

Ihre Sonne ist zwar nicht mit einem Fixstern verbunden, sicherlich aber einer der anderen Planeten Ihres Sonnenzeichens. Wenn Sie sich ein Geburtshoroskop erstellen lassen, lernen Sie die exakten Positionen der Planeten an Ihrem Geburtstag kennen. Auf diese Weise können Sie feststellen, welche der Fixsterne in diesem Buch für Sie von Interesse sind.

♓ Inspiriert und idealistisch, sind Sie ein dynamischer und begeisterungsfähiger Fischemensch mit festen materiellen Wertvorstellungen. Mit Ihrer inneren Stärke und Ihrer Wahrnehmungsfähigkeit übernehmen Sie gern die Führung oder stehen an vorderster Front bei neuen und innovativen Projekten. Sie sollten Ihre materiellen Interessen und Ihr Bedürfnis nach finanzieller Sicherheit mit Ihren phantasievollen und kreativen Talenten für kommerziell orientierte Unternehmungen kombinieren. Durch Ihre Vorliebe für ein leichtes Leben neigen Sie zu Unmäßigkeit oder Verschwendung.

Der zusätzliche Einfluß Ihrer Sonne in der Dekade des Krebs bewirkt, daß Sie eine ausgeprägte Intuition, einen starken sechsten Sinn und dank Ihrer blühenden Phantasie Hell- und Weitsicht haben. Obwohl bei Ihnen praktische Fähigkeiten und ein gutes Urteilsvermögen andere Eigenschaften dominieren, haben Sie Zugang zum kollektiven Unterbewußten und können so Trends erahnen.

Als Menschenfreund mit Entschlossenheit und festen Überzeugungen haben Sie aber auch idealistische Anschauungen. Da Sie ausdauernd und eifrig sein können, steht Ihrem Erfolg nichts im Weg, solange Sie Ihre materialistischen Tendenzen nicht überhand nehmen lassen. Sie reagieren im allgemeinen sehr rasch und intuitiv. Wenn Sie zwanghaftes und sprunghaftes Handeln vermeiden, werden Sie erheblich geduldiger und weniger dominierend.

Zwischen 10 und 39 bewegt sich Ihre Sonne durch das Zeichen des Widder. Sie entwickeln nach und nach mehr Bestimmtheit, Selbstvertrauen, Aktivitätsdrang und Mut. Wenn Ihre Sonne in den Stier tritt, sind Sie 40. Sie werden ruhiger und haben ein größeres Bedürfnis nach finanzieller Stabilität und Sicherheit. Sie werden entspannter und dezidierter, aber eine Abneigung gegen Veränderungen macht Sie auch starrköpfiger. Wenn Sie 70 sind, wechselt Ihre Sonne in das Zeichen der Zwillinge, jetzt verändern Sie Ihre Denkweise und interessieren sich mehr für Kommunikation und andere neue Interessengebiete.

Ihr geheimes Selbst

Gelegentlich untergraben Unentschlossenheit und finanzielle Ängste Ihre Kreativität. Originell und tiefgründig, sind Sie mutig und unabhängig, weshalb Sie viel persönliche Freiheit brauchen und schnell reagieren können. Da Sie sehr ausdrucksstark sind, neigen Sie dazu, Ihre Kraft auf zu viele Interessen zu vergeuden. Mit Selbstdisziplin können Sie das Beste aus Ihrem außergewöhnlichen Potential machen. Großzügig, wenn Sie optimistisch eingestellt sind, aber frustriert, wenn es Ihnen schlechtgeht, müssen Sie lernen, Distanz zu wahren, um Enttäuschungen zu vermeiden. Mit Ihrem scharfen Verstand und Ihrer Vision können Sie in großen Maßstäben denken. Mit Ihren Organisationsfähigkeiten und Ihrem Kampfgeist können Sie mit Ihrem Wissen und Können sehr erfolgreich sein, sowohl in persönlicher Hinsicht als auch beim Einsatz für eine sinnvolle Sache.

Beruf & Karriere

Sie sind ausgezeichnet als Manager oder Administrator, wenn möglich in gehobensten Posten. Ihr angeborenes Gefühl für Geld und Werte hilft Ihnen im Geschäftsleben, vor allem wenn Sie Ihre praktischen und kreativen Fähigkeiten mit Ihrer Phantasie verbinden können. Mit Ihrer Gabe, Reformen durchzusetzen, sind Sie geeignet für Organisationen, die sich für die Rechte anderer einsetzen. Als geborener Redner können Sie in der Politik reüssieren. Auch Pädagogik oder andere Formen der Dienstleistung sind für Sie geeignet. Ihr Bedürfnis, Ihre Individualität und Kreativität auszudrücken, zieht Sie in die Welt von Kunst, Musik, Tanz oder Unterhaltung.

Berühmte Persönlichkeiten dieses Tages sind der Medientycoon Rupert Murdoch, der britische Premier Harold Wilson, der Schauspieler Hans Joachim Fuchsberger, der Stummfilmstar Dorothy Gish und die Rocksängerin Nina Hagen.

Numerologie

Die besonderen Schwingungen der Hauptzahl 11 sorgen dafür, daß für Sie Idealismus, Inspiration und Innovation besonders wichtig sind. Die Mischung aus Bescheidenheit und Selbstvertrauen motiviert Sie dazu, ständig an sich zu arbeiten, sowohl in materieller als auch in spiritueller Hinsicht. Durch Erfahrung lernen Sie, mit beiden Seiten Ihrer Persönlichkeit umzugehen, und finden zu einer weniger extremen Haltung, wenn Sie lernen, auf Ihre Gefühle zu vertrauen. Sie sind sehr energiegeladen, müssen sich aber vor Überängstlichkeit oder praktischem Ungeschick hüten. Der Untereinfluß der Monatszahl 3 bewirkt, daß Sie sensibel und phantasievoll, geistig dynamisch und reaktionsschnell sind. Auch sind Sie begeisterungsfähig und unternehmungslustig, bereit, Risiken einzugehen und immer wieder von vorne anzufangen. Sehr unabhängig, fällt es Ihnen schwer, die Hände in den Schoß zu legen, da Sie viel Abwechslung und Aktivität brauchen. Sie wissen nicht nur genau, was Sie wollen, Sie wissen auch, wie Sie es am schnellsten bekommen. Im allgemeinen sind Sie praktisch und haben ein Gefühl für technische Vorgänge, die Präzision und Geschick verlangen. Gesellig und stolz, legen Sie Wert auf Ihr Image und auf Ihr Äußeres.

Positiv: konzentriert, objektiv, begeisterungsfähig, intuitiv, intelligent, kontaktfreudig, erfindungsreich, künstlerisch.

Negativ: übersteigertes Selbstbewußtsein, unehrlich, ziellos, überemotional, leicht verletzt, selbstsüchtig, dominierend.

Liebe & Zwischenmenschliches

Kontaktfreudig und gesellig, sind Sie gern mit anderen zusammen und wollen einen guten Eindruck machen. Sie bevorzugen die Gesellschaft optimistischer und pragmatischer Menschen, die gute Ratschläge geben oder Probleme lösen können. Als dynamischer und ausdrucksstarker Mensch müssen Sie aufpassen, daß Sie sich Ihren Partnern gegenüber nicht herrisch verhalten. Sie profitieren enorm davon, wenn Sie mit geistig anregenden Menschen zusammen sind oder sich Gruppen anschließen, in denen Sie sich kreativ ausdrücken können.

Ihr Partner

Den richtigen Partner werden Sie mit großer Wahrscheinlichkeit unter den an den folgenden Tagen geborenen Menschen finden:

Liebe & Freundschaft: 8., 13., 27., 29. Jan., 11., 27., 29. Feb., 9., 25., 27. März, 2., 7., 23., 25. April, 5., 21., 23., 29. Mai, 3., 19., 21., 27., 30. Juni, 1., 15., 17., 19., 25., 28. Juli, 15., 17., 23., 26. Aug., 13., 15., 21., 24. Sept., 11., 13., 19., 22., 29. Okt., 7., 9., 11., 17., 20., 27. Nov., 7., 9., 15., 18., 25. Dez.

Günstig: 11. Jan., 9. Feb., 7., 31. März, 5., 29. April, 3., 27., 31. Mai, 1., 25., 29. Juni, 23., 27., 31. Juli, 21., 25., 29., 30. Aug., 19., 23., 27., 28. Sept., 17., 21., 25., 26. Okt., 15., 19., 23., 24., 30. Nov., 13., 17., 21., 22., 28. Dez.

Schicksalhaft: 12. Jan., 10. Feb., 8. März, 6. April, 4. Mai, 2. Juni, 11., 12., 13., 14. Sept.

Problematisch: 10. Jan., 8. Feb., 6., 29. März, 4., 27. April, 2., 25. Mai, 23. Juni, 21. Juli, 19. Aug., 17. Sept., 15., 31. Okt., 13., 29., 30. Nov., 11., 27., 28. Dez.

Seelenverwandt: 18., 24. Jan., 16., 22. Feb., 14., 20. März, 12., 18. April, 10., 16. Mai, 8., 14. Juni, 6., 12. Juli, 4., 10. Aug., 2., 8. Sept., 6. Okt., 4. Nov., 2. Dez.

12. März

SONNE: FISCHE
DEKADE: SKORPION/PLUTO
GRAD: 20°30' – 21°30' FISCHE
ART: BEWEGLICHES ZEICHEN
ELEMENT: WASSER

Fixstern

Name des Sterns: Markab
Gradposition: 22°29' – 23°22' Fische zwischen den Jahren 1930 und 2000
Magnitude: 2,5 – 3
Stärke: ********
Orbit: 1°40'
Konstellation: Alpha Pegasi
Tage: 12., 13., 14., 15., 16. März
Sternqualitäten: Mars/Merkur
Beschreibung: leuchtendweißer Stern am Flügel des Pegasus.

Einfluß des Hauptsterns

Markab steht für Unternehmungsgeist und Entschlossenheit. Unter seinem Einfluß sind Sie schlagfertig und lieben es, zu diskutieren oder zu argumentieren; auch haben Sie gutes Urteilsvermögen und praktische Fähigkeiten. Ihre Rhetorik ist eindrucksvoll, und Sie verstehen es, Situationen zu Ihren Gunsten zu wenden.

Im Zusammenhang mit dem Stand Ihrer Sonne verleiht Markab Reiselust, Kreativität, künstlerisches Talent und Erfolg beim Umgang mit Publikum. Mit Markab verbindet man Geschäftssinn und finanzielle Gewinne durch die Fähigkeit, schnell und intuitiv zu denken und zu handeln. Er ermuntert Sie, den Weg der höheren Bildung einzuschlagen und Ihrem Interesse für Spiritualität, Philosophie oder Schreiben nachzugehen. Hüten Sie sich aber vor Selbstgefälligkeit und mangelnder Begeisterungsfähigkeit.

- Positiv: tatkräftig, kreativ, unternehmungslustig.
- Negativ: Krittelei, Starrsinn, Reizbarkeit, übereiltes Handeln.

Charmant und sympathisch, sind Sie ein freundlicher Fischemensch mit jugendlichem Charisma und viel Begeisterungsfähigkeit. Idealistisch und temperamentvoll, werden Sie langsamer alt als andere. Die eigenartige Mischung aus Materialismus und Idealismus, die vom Einfluß Ihres Geburtstags herrührt, bringt mit sich, daß Sie einerseits Entschlossenheit, Ehrgeiz und Geschäftssinn haben, sich aber auch sehr gut amüsieren können und sehr imagebewußt sind. Deshalb sind Sie auch ständig auf der Suche nach Geldmitteln, mit denen Sie sich ein gutes Leben finanzieren können. Da Sie rasch lernen, besteht der Weg zum Erfolg für Sie unter anderem darin, daß Sie immer Neues lernen, das Sie kreativ anwenden.

Der zusätzliche Einfluß Ihrer Sonne in der Skorpiondekade bewirkt, daß Sie eine Art zweites Gesicht und natürliche mediale Fähigkeiten haben. Ihr Interesse für Parapsychologie, Telepathie und Hellseherei führt Sie daher auch zu mystischen Erkenntnissen. Sie haben ausgeprägte Wahrnehmungsfähigkeit und große Gefühlstiefe und gehen mit Ihrem wißbegierigen Geist den Dingen gern auf den Grund. Wenn Sie wahre Inspiration finden, können Sie hart arbeiten und zu Wohlstand und Ruhm gelangen.

Freundlich, anpassungsfähig und gesellig, sind Sie meist geistreich und unterhaltsam und haben ein starkes Bedürfnis nach Popularität und Anerkennung. Da Sie imagebewußt sind, möchten Sie sich gut fühlen und gepflegt aussehen und geben häufig für Kleidung und Luxus viel Geld aus. Auch wenn Sie gern unabhängig sind, profitieren Sie sehr von gemeinschaftlichen Aktivitäten. Mit Ihrem Verantwortungsbewußtsein sind Sie ein wertvolles Mitglied von jedem Team.

Zwischen 9 und 39 bewegt sich Ihre Sonne durch das Zeichen des Widder und Sie werden nach und nach bestimmter und ehrgeiziger. Sie ergreifen die Initiative, starten neue Unternehmungen und gehen direkter auf andere zu. Wenn Ihre Sonne in den Stier wechselt, sind Sie 39. In der folgenden Zeit werden Sie ruhiger und haben ein größeres Bedürfnis nach finanzieller Stabilität und Sicherheit. Wenn Sie 69 sind, wechselt Ihre Sonne in das Zeichen der Zwillinge, und Ihr Interesse an Kommunikation und Ideenaustausch wächst.

Ihr geheimes Selbst

Bei all Ihren Talenten und Fähigkeiten können Sie Ihr Potential nicht ohne Anstrengung und Entschlossenheit entfalten. Ihre heitere und jugendliche Ausstrahlung zeigt, daß Sie idealistisch und voller Leben sind. Da Sie oft zahlreiche Interessen verfolgen, sollten Sie sich klare Ziele setzen, um sich nicht zu verzetteln.

Intelligent und ehrgeizig, geraten Sie gelegentlich in die Zwickmühle, was Sie inspiriert und was sich finanziell lohnt. Eine Seite Ihrer Persönlichkeit fühlt sich zu einem leichten, luxuriösen Lebensstil hingezogen, während Ihr Wunsch nach Inspiration Sie zu harter Arbeit antreibt, mit der Sie Ihre Ziele erreichen wollen. Deshalb ist es unerläßlich für Ihr Wohlbefinden, daß Sie lernen, die richtigen Entscheidungen zu treffen und dazu zu stehen. Ihre Gabe, andere zu unterhalten und zu bezaubern, wird Ihnen Ihr ganzes Leben lang bleiben.

Beruf & Karriere

Mit Ihrem Charme und Ihren sozialen Fähigkeiten finden Sie in allen Berufen Erfüllung, die mit Menschen zu tun haben. Ihr Charisma, Ihre Führungsqualitäten und Organisationsfähigkeiten lassen Sie auf Ihrem Gebiet bis in Spitzenpositionen aufsteigen. In der Geschäftswelt können Sie Ihr Gefühl für Menschen vor allem in Verkauf, Promotion, Verlagswesen oder Medien einsetzen. Da Sie wortgewandt sind, eignen Sie sich auch für Publizistik oder Lehrberufe. Ihr Bedürfnis nach Selbstverwirklichung zieht Sie zu Kunst, Musik oder Unterhaltung. Originell und begabt und von gutem Einschätzungsvermögen, können Sie Ihren Geschäftssinn mit Ihrer scharfsinnigen Menschenkenntnis verknüpfen, um materiell erfolgreich zu sein.

Berühmte Persönlichkeiten dieses Tages sind die Entertainerin und Schauspielerin Liza Minelli, der Schriftsteller Jack Kerouac, die Musiker und Songwriter James Taylor und Paul Kantner, der Jazzsänger Al Jarreau und der Dramatiker Edward Albee.

Numerologie

Menschen mit der Geburtstagszahl 12 sind gewöhnlich intuitiv, hilfsbereit und freundlich. Sie wollen einen eigenen Stil entwickeln und haben gutes logisches Denkvermögen und Innovationskraft. Verständnisvoll und sensibel, verstehen Sie es, mit Takt und Kooperationsbereitschaft zum Ziel zu gelangen. Wenn es Ihnen gelingt, ein Gleichgewicht zwischen Ihrem Bedürfnis nach Selbstverwirklichung und dem, anderen zu helfen, herzustellen, finden Sie Erfüllung und Zufriedenheit. Sie müssen aber den Mut aufbringen, sich auf eigene Füße zu stellen, Selbstvertrauen zu entwickeln und sich nicht so leicht von anderen entmutigen zu lassen. Der Untereinfluß der Monatszahl 3 macht Sie sensibel und vielseitig begabt, Sie sind freundich, schätzen soziale Aktivitäten und haben zahlreiche Interessen. Durch Ihr starkes Bedürfnis nach Selbstverwirklichung machen Sie die verschiedensten Erfahrungen. Als idealistischer Perfektionist brauchen Sie eine harmonische Umgebung und müssen einen Hang zu Ängsten oder übertriebener Kritik überwinden. Auch persönliche Beziehungen sind Ihnen sehr wichtig, denn aus ihnen schöpfen Sie Hoffnung und Inspiration.

Positiv: kreativ, attraktiv, initiativ, diszipliniert, fördert sich und andere.

Negativ: verschlossen, unkooperativ, überempfindlich, mangelndes Selbstwertgefühl.

Liebe & Zwischenmenschliches

Mit Ihrer umgänglichen und geselligen Art fällt es Ihnen nicht schwer, Freunde zu finden. Im allgemeinen haben Sie zahlreiche Interessen und verknüpfen gern Arbeit und Vergnügen. Sie bewundern Menschen, die auf kreative oder finanzielle Weise erfolgreich sind, und mit Ihren sozialen Fähigkeiten profitieren Sie von Freunden und Bekannten. Lassen Sie sich Zeit bei Ihrer Partnersuche, damit Sie eine dauerhafte Beziehung eingehen können. Mit Ihrer warmherzigen und kreativen Art heitern Sie andere auf, müssen aber lernen, Ihre eigenen Bedürfnisse auszudrücken.

Ihr Partner

Dauerhaftes Glück und Liebe finden Sie am ehesten unter den Menschen, die an den folgenden Tagen geboren sind:

Liebe & Freundschaft: 6., 8., 14., 23., 26., 28. Jan., 4., 10., 12., 21., 24., 26. Feb., 2., 10., 12., 19., 22., 24. März, 8., 14., 17., 20., 22. April, 6., 15., 16., 18., 20. Mai, 4., 13., 16., 18., 28. Juni, 2., 11., 14., 16., 20. Juli, 9., 12., 14., 22. Aug., 7., 10., 12., 24. Sept., 5., 8., 10., 23., 26. Okt., 3., 6., 8., 15., 28. Nov., 1., 4., 6., 30. Dez.

Günstig: 9., 12. Jan., 7., 10. Feb., 5., 8. März, 3., 6. April, 1., 4. Mai, 2., 30. Juni, 28. Juli, 26., 30., 31. Aug., 24., 28., 29. Sept., 22., 26., 27. Okt., 20., 24., 25. Nov., 18., 22., 23., 29. Dez.

Schicksalhaft: 12., 13., 14., 15., 16. Sept.

Problematisch: 11., 13., 29. Jan., 9., 11. Feb., 7., 9., 30. März, 5., 7., 28. April, 3., 5., 26., 31. Mai, 1., 3., 24., 29. Juni, 1., 22., 27. Juli, 20., 25. Aug., 18., 23., 30. Sept., 16., 21., 28. Okt., 14., 19., 26. Nov., 12., 17., 24. Dez.

Seelenverwandt: 12., 29. Jan., 10., 27. Feb., 8., 25. März, 6., 23. April, 4., 21. Mai, 2., 19. Juni, 17. Juli, 15. Aug., 13. Sept., 11. Okt., 9. Nov., 7. Dez.

SONNE: FISCHE
DEKADE: SKORPION/PLUTO
GRAD: 21°30' – 22°30' FISCHE
ART: BEWEGLICHES ZEICHEN
ELEMENT: WASSER

Fixstern

Name des Sterns: Markab
Gradposition: 22°29' – 23°22' Fische
zwischen den Jahren 1930 und 2000
Magnitude: 2,5 – 3
Stärke: ********
Orbit: 1°40'
Konstellation: Alpha Pegasi
Tage: 12., 13., 14., 15., 16. März
Sternqualitäten: Mars/Merkur
Beschreibung: leuchtendweißer Stern am Flügel des Pegasus.

Einfluß des Hauptsterns

Markab steht für Unternehmungsgeist und Entschlossenheit. Unter seinem Einfluß sind Sie schlagfertig und lieben es, zu diskutieren oder zu argumentieren; auch haben Sie gutes Urteilsvermögen und praktische Fähigkeiten. Ihre Rhetorik ist eindrucksvoll, und Sie verstehen es, Situationen zu Ihren Gunsten zu wenden.

Im Zusammenhang mit dem Stand Ihrer Sonne verleiht Markab Reiselust, Kreativität, künstlerisches Talent und Erfolg beim Umgang mit Publikum. Mit Markab verbindet man Geschäftssinn und finanzielle Gewinne durch die Fähigkeit, schnell und intuitiv zu denken und zu handeln. Er ermuntert Sie, den Weg der höheren Bildung einzuschlagen und Ihrem Interesse für Spiritualität, Philosophie oder Schreiben nachzugehen. Hüten Sie sich aber vor Selbstgefälligkeit und mangelnder Begeisterungsfähigkeit.

- Positiv: tatkräftig, kreativ, unternehmungslustig.
- Negativ: Krittelei, Starrsinn, Reizbarkeit, übereiltes Handeln.

13. März

Sie sind ein vielseitig begabter, scharfsinniger und optimistischer Fischemensch mit starkem Erfolgsdrang. Trotz Ihres großen Bedürfnisses nach kreativer oder praktischer Selbstverwirklichung können Sie Ihre zahlreichen kreativen Ideen doch nur umsetzen, wenn Sie genügend Entschlossenheit und Ausdauer aufbringen.

Der zusätzliche Einfluß Ihrer Sonne in der Skorpiondekade wirkt verstärkend auf Ihre dynamischen Gefühle, Ihre Sensibilität und Intuition. Als praktischer Idealist mit Führungsqualitäten sind Sie außerdem ein guter Planer und können gut Arbeiten delegieren. Visionär mit Weitsicht und emotionaler Kraft, haben Sie die nötige Power, Ihren Lebensweg zu verändern. Wenn Sie inspiriert sind, können Sie sich voll und ganz auf Ihre Aufgabe konzentrieren. Ihr Interesse an metaphysischen Themen deutet darauf hin, daß Sie Ihre telepathischen und spirituellen Fähigkeiten noch ausbauen können.

Mit Ihrem ausgezeichneten Geschäftssinn sind Sie ein ernstzunehmender Konkurrent bei geschäftlichen Unternehmungen, konzentrieren sich auch gern auf große Projekte und spekulative Geschäfte. Bei einem Hang zum Materialismus haben Sie häufig auch einen extravaganten Geschmack, und Besitz ist sehr wichtig für Ihr Selbstwertgefühl. Wenn das Geldverdienen in Ihrem Leben aber einen zu großen Stellenwert einnimmt, sollten Sie sich Gedanken darüber machen, ob Sie zugunsten Ihres Erfolges nicht zu viele Kompromisse eingehen. Großzügig und optimistisch, denken Sie gern in großen Maßstäben.

Bis Sie 7 Jahre alt sind, durchwandert Ihre Sonne das Zeichen der Fische. Sie entwickeln Ihre Sensibilität, Aufnahmefähigkeit und emotionalen Bedürfnisse. Zwischen 8 und 37 bewegt sich Ihre Sonne durch das Zeichen des Widder. Sie werden nach und nach selbstbewußter, kühner und bestimmter und starten neue Unternehmungen. Wenn Ihre Sonne in den Stier tritt, sind Sie 38. Sie werden ruhiger und haben ein größeres Bedürfnis nach finanzieller Sicherheit und emotionaler Beständigkeit. Ihre Sonne wechselt in das Zeichen der Zwillinge, wenn Sie 68 sind. Sie interessieren sich stärker für die verschiedenen Formen der Kommunikation und andere neue Interessengebiete.

Ihr geheimes Selbst

Hochintuitiv und ehrgeizig, sind Sie sensibel und intelligent und können Menschen und Situationen rasch und präzise einschätzen. Mit Ihren Organisatonsfähigkeiten leiten Sie große Projekte und sind am liebsten ununterbrochen beschäftigt. Ihr Sinn für Würde und Stolz führt dazu, daß Sie es nicht schätzen, eingeschränkt zu werden oder Arbeiten zu tun, die keine geistige Herausforderung darstellen. Voller Energie und Wißbegier, sind Sie sich der Macht des Wissens bewußt, mit Ihren Ideen häufig Ihrer Zeit voraus und brauchen die Freiheit, sich verwirklichen zu können.

Sie sind großzügig, freundlich und sehr überzeugend und nehmen meist führende Positionen ein. Sie können gut soziale Netzwerke aufbauen und Kontakte zu Menschen aus unterschiedlichsten Kreisen knüpfen. Da Sie fleißig, phantasievoll und erfinderisch sind, erkennen Sie schnell, wenn sich Chancen bieten, die Sie weiterbringen. Sie können es durchaus zu Wohlstand bringen, finden aber Ihre Erfüllung eher darin, anderen bei humanitär orientierten Projekten zu helfen. Wenn Sie von einer Sache wirklich überzeugt sind, können Sie andere mit Ihrer Begeisterung anstecken. Frauen haben einen besonders guten Einfluß auf Ihr Fortkommen, vor allem bei Bildung und Beruf.

Beruf & Karriere

Da Sie phantasievoll sind und einen scharfen Verstand und Geschäftssinn haben, fällt es Ihnen leicht, Ihre zahlreichen Talente in bare Münze umzuwandeln. Ihr Gefühl für den Umgang mit Menschen und der Öffentlichkeit hilft Ihnen besonders in Verkauf, Marketing oder Publizistik. Manche der heutigen Geburtstagskinder arbeiten auch in Wissenschaft und Forschung. Neben Ihrem natürlichen Geschäftssinn zeigen Sie in allen Berufen besondere Planungs- und Organisationsfähigkeiten. Da Sie gern reisen, eignen Sie sich für Berufe, die mit Auslandskontakten zu tun haben. Lehrberufe und Publizistik bieten Ihnen den Freiraum, um nach Ihren eigenen Vorstellungen arbeiten zu können.

Berühmte Persönlichkeiten dieses Tages sind der Astronom Percival Lowell, der Rockmusiker Neil Sedaka, der Gründer von Scientology, L. Ron Hubbard, der Musiker Dick Katz und der Verleger Walter Annenberg.

Numerologie

Zu den Eigenschaften der 13 gehören Sensibilität, Begeisterungsfähigkeit und Inspiration. Numerologisch werden Sie mit harter Arbeit und Ehrgeiz assoziiert; außerdem können Sie viel durch kreative Selbstverwirklichung erreichen. Vielleicht müssen Sie mehr Pragmatismus entwickeln, um Ihre neuen und aufregenden Ideen auch in die Tat umsetzen zu können. Ihre Originalität und Innovationskraft ist für andere häufig eine Überraschung. Mit der Geburtstagszahl 13 sind Sie ernsthaft, charmant und lebenslustig und kommen mit entsprechendem Einsatz zu Wohlstand. Der Untereinfluß der Monatszahl 3 macht Sie kreativ und phantasievoll. Intelligent und sensibel, haben Sie großartige Ideen und große Pläne. Im allgemeinen sind Sie umgänglich und ein guter Gefährte, der gesellige Zusammenkünfte liebt. Ihre Vielseitigkeit und Ihr Bedürfnis nach Selbstverwirklichung bringen Ihnen zahlreiche Erfahrungen ein. Allerdings langweilen Sie sich schnell, was dazu führen kann, daß Sie unentschlossen sind oder sich verzetteln. Ihre Neigung zur Skepsis kann Sie emotional unsicher machen. Deshalb sollten Sie Vertrauen in sich selbst haben und sich auf Ihre Intuition verlassen.

Positiv: ehrgeizig, kreativ, freiheitsliebend, Selbstverwirklichung, Initiative.

Negativ: impulsiv, unentschlossen, herrisch, gefühllos, rebellisch, egoistisch.

Liebe & Zwischenmenschliches

Gesellig und freundlich, wollen Sie beliebt sein und genießen neue emotionale Erfahrungen. Da Sie sich leicht langweilen, brauchen Sie einen Partner, der Sie anregt und ermutigt. Im allgemeinen haben Sie dynamische Gefühle und bewundern Menschen, die charismatisch und stark sind. Da Sie Sinn für Dramatik haben, lieben Sie großmütige Gesten und können sehr hilfsbereit sein, wenn sich andere in Notzeiten an Sie wenden. Mit Ihren starken Gefühlen und Ihrem Bedürfnis nach Zuneigung sind Sie ein rücksichtsvoller und treuer Freund.

Ihr Partner

Mit Ihrem Charme ziehen Sie leicht andere in Ihren Bann. Den Partner fürs Leben aber finden Sie mit großer Wahrscheinlichkeit unter den an den folgenden Tagen geborenen Menschen:

Liebe & Freundschaft: 6., 10., 15., 29., 31. Jan., 4., 13., 27., 29. Feb., 2., 11., 25., 27. März, 9., 23., 25. April, 2., 7., 21., 23. Mai, 5., 19., 21. Juni, 3., 7., 17., 19., 30. Juli, 1., 15., 17., 28. Aug., 13., 15., 26. Sept., 1., 11., 13., 24. Okt., 9., 11., 22. Nov., 7., 9., 20. Dez.

Günstig: 13., 15., 19. Jan., 11., 13., 17. Feb., 9., 11., 15. März, 7., 9., 13. April, 5., 7., 11. Mai, 3., 5., 9. Juni, 1., 3., 7., 29. Juli, 1., 5., 27., 31. Aug., 3., 25., 29. Sept., 1., 23., 27. Okt., 21., 25. Nov., 19., 23. Dez.

Schicksalhaft: 30. Mai, 28. Juni, 26. Juli, 24. Aug., 13., 14., 15., 16., 22. Sept., 20. Okt., 18. Nov., 16. Dez.

Problematisch: 12. Jan., 10. Feb., 8. März, 6. April, 4. Mai, 2. Juni, 31. Aug., 29. Sept., 27., 29., 30. Okt., 25., 27., 28. Nov., 23., 25., 26., 30. Dez.

Seelenverwandt: 2., 28. Jan., 26. Feb., 24. März, 22. April, 20. Mai, 18. Juni, 16. Juli, 14. Aug., 12. Sept., 10. Okt., 8. Nov., 6. Dez.

SONNE: FISCHE
DEKADE: SKORPION/PLUTO
GRAD: 22°30' – 23°30' FISCHE
ART: BEWEGLICHES ZEICHEN
ELEMENT: WASSER

14. März

Fixstern

Name des Sterns: Markab
Gradposition: 22°29' – 23°22' Fische zwischen den Jahren 1930 und 2000
Magnitude: 2,5 – 3
Stärke: ********
Orbit: 1°40'
Konstellation: Alpha Pegasi
Tage: 12., 13., 14., 15., 16. März
Sternqualitäten: Mars/Merkur
Beschreibung: leuchtendweißer Stern am Flügel des Pegasus.

Einfluß des Hauptsterns

Markab steht für Unternehmungsgeist und Entschlossenheit. Unter seinem Einfluß sind Sie schlagfertig und lieben es, zu diskutieren oder zu argumentieren, und haben gutes Urteilsvermögen und praktische Fähigkeiten. Ihre Rhetorik ist eindrucksvoll, und Sie verstehen es, Situationen zu Ihren Gunsten zu wenden. Im Zusammenhang mit dem Stand Ihrer Sonne verleiht Markab Reiselust, Kreativität, künstlerisches Talent und Erfolg beim Umgang mit der Öffentlichkeit. Mit Markab verbindet man Geschäftssinn und finanzielle Gewinne durch die Fähigkeit, schnell und intuitiv zu denken und zu handeln. Er ermuntert Sie, den Weg der höheren Bildung einzuschlagen und Ihrem Interesse für Spiritualität, Philosophie oder Schreiben nachzugehen. Hüten Sie sich aber vor Selbstgefälligkeit und mangelnder Begeisterungsfähigkeit.

• Positiv: tatkräftig, kreativ, unternehmungslustig.
• Negativ: Krittelei, Starrsinn, Reizbarkeit, übereiltes Handeln.

♓ Obwohl Sie wahrnehmungsfähig und sensibel sind, drängt Sie Ihre dynamische und rastlose Natur, die vielen Möglichkeiten, die Ihnen das Leben bietet, zu erforschen. Ihr Erfolgspotential liegt in Ihrer Intelligenz, Vielseitigkeit und Ihrem selbständigen Geist. Großzügig und liberal, wirken Sie anziehend auf andere und sind meist sehr beliebt. Ihre universale Einstellung läßt Sie das Leben humanitär angehen und verstärkt Ihren Sinn für Humor.

Der zusätzliche Einfluß Ihrer Sonne in der Skorpiondekade macht Sie zum Menschen der Extreme. Idealistisch und phantasievoll, aber auch pragmatisch und mit einem starken materialistischen Sinn, sind Sie eine interessante Mischung von Gegensätzen. Sie haben Anziehungskraft und gutes Urteilsvermögen, einen sechsten Sinn, Scharfsinn und spirituelle Fähigkeiten. Auch wenn Sie meist ruhig wirken, können Sie durch Frustration oder Enttäuschung innerlich verspannt sein, was sich in sarkastischen Bemerkungen äußert. Als vielseitig begabter und ehrgeiziger Mensch mit guter Einschätzungsgabe haben Sie aber das Potential, Ihre großen Ziele zu erreichen.

Da Sie im allgemeinen unabhängig sind, empfangen Sie ungern Anordnungen von anderen und schätzen es auch nicht, untergeordnete Positionen einzunehmen. Sie möchten lieber Ihre eigenen Führungsqualitäten einsetzen. Wie Sie mit all Ihren Vorzügen umgehen sollen, macht Ihnen gelegentlich Schwierigkeiten, vor allem, da Sie eine Neigung zur Extravaganz haben. Hastige oder impulsive Entscheidungen können Sie finanziell vor Probleme stellen. Mit kalkulierbaren Risiken kann Ihr Timing aber ausgezeichnet sein und macht Sie glücklicher als viele andere.

Zwischen 7 und 36 durchläuft Ihre Sonne das Zeichen des Widder. Sie werden nach und nach selbstbewußter und bestimmter und entwickeln viel Pioniergeist. Wenn Ihre Sonne in den Stier wechselt, sind Sie 37. Sie werden ruhiger und haben mehr Bedürfnis nach Pragmatismus und finanzieller Stabilität und Sicherheit. Ihre Sonne tritt in das Zeichen der Zwillinge, wenn Sie 67 sind. Sie beschäftigen sich mehr mit Kommunikation und suchen Stimulation und neue Interessengebiete.

Ihr geheimes Selbst

Ihre natürliche Autorität basiert auf Ihrem inneren Stolz und Ihrem Sinn für Wirkung. Sie bringen es damit in verantwortungsvolle Posten, wo Sie Ihre zahlreichen Talente nutzen können. Ihre innere Ungeduld und Rastlosigkeit lehnt sich gegen alle Beschränkungen und Reglementierungen auf. Wenn Ihnen die Umstände nicht die gewünschten Aufstiegschancen bieten, reisen Sie und schauen sich anderswo nach besseren Aussichten um.

Sie haben nicht nur ein gutes Einschätzungsvermögen sowie einen Instinkt für finanzielle Dinge, Sie können sich auch vehement für eine Sache engagieren. Veränderliche finanzielle Situationen können Sie aber daran hindern, Ihre Ambitionen zu verwirklichen, deshalb sollten Sie besser langfristig für die Zukunft planen, statt auf unmittelbare Belohnung zu setzen. Wenn Sie so unbeteiligt wie möglich bleiben, vermeiden Sie zuviel Sicherheitsbedürfnis und können Ihre universale Einstellung nutzen, um zu bemerkenswerten Ergebnissen zu kommen.

Beruf & Karriere

Am besten wählen Sie eine Karriere, bei der Sie Ihren scharfen Verstand und Ihre Kommunikationsfähigkeiten einsetzen können, zum Beispiel als Wissenschaftler, Jurist, Lehrer oder Journalist. Mit Ihren hohen Idealen und Ihrer humanitären Ader engagieren Sie sich gern für den Fortschritt. Mit Ihrer Phantasie und Ihrem hochentwickelten Verstand macht es Ihnen Freude, neue Ideen und Erkenntnisse auszuprobieren, die Ihnen helfen, produktiver zu werden. Ihre Sensibilität kann sich sehr wohl durch Musik, Kunst oder Unterhaltung ausdrücken. Ihre humanitäre Seite zieht Sie zu Heilberufen oder Sozialarbeit.

Berühmte Persönlichkeiten dieses Tages sind der Physiker Albert Einstein, die Komponisten Georg Philipp Telemann und Quincy Jones, die Schauspieler Michael Caine und Billy Crystal, der Immunologe Paul Ehrlich und die Schauspielerin Rita Tushingham.

Numerologie

Charakteristisch für die Zahl 14 sind intellektuelles Potential, Pragmatismus und Entschlossenheit. Arbeit hat für Sie oft erste Priorität, und Sie beurteilen sich und andere gern nach ihrem Stand auf der Karriereleiter. Auch wenn Sie Stabilität brauchen, werden Sie von Rastlosigkeit angetrieben und suchen ständig neue Herausforderungen, um voranzukommen. Innere Unzufriedenheit kann auch dazu führen, daß es in Ihrem Leben häufig zu Veränderungen kommt, vor allem wenn Sie mit Ihrer beruflichen oder finanziellen Situation nicht zufrieden sind. Mit Ihrem Scharfsinn können Sie Probleme schnell erkennen und lösen. Durch den Untereinfluß der Monatszahl 3 sind Sie sensibel und haben starke Gefühle. Auch wenn Sie idealistisch und kreativ sind, Ihr Ehrgeiz ist es, produktiv zu sein; dank Ihrer außergewöhnlichen Energieschübe können Sie tatsächlich auch Großes leisten. Allerdings langweilen Sie sich leicht, was dazu führen kann, daß Sie unentschlossen sind oder sich verzetteln. Eine positiv gepolte Umgebung ist für Sie unerläßlich, da Sie bei Inspiration und Aufregung aufblühen.

Positiv: entschlossen, fleißig, kreativ, pragmatisch, phantasievoll.
Negativ: übervorsichtig oder impulsiv, labil, gedankenlos, stur.

Liebe & Zwischenmenschliches

Ihre coole Ausstrahlung verrät auf den ersten Blick nicht unbedingt, wie warmherzig Sie sind. Am liebsten sind Sie mit Menschen zusammen, die Sie zum Denken anregen oder mit denen Sie intellektuelle oder kreative Interessen teilen. Sie sind ein guter Gesprächspartner, sollten sich aber um mehr Neutralität bemühen und nicht zu ernst werden, um so Ihre Unsicherheit zu verbergen. Zum Glück sind Sie intuitiv und unterhaltsam und können mit Ihrem ungewöhnlichen Sinn für Humor heikle Situationen entschärfen.

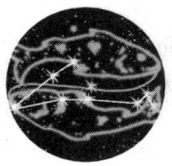

Ihr Partner

Sicherheit, geistige Anregung und Liebe finden Sie am ehesten unter den Menschen, die an folgenden Tagen geboren sind:

Liebe & Freundschaft: 6., 11., 16. Jan., 4., 14. Feb., 2., 12., 28., 30. März, 10., 26., 28. April, 3., 8., 24., 26., 30. Mai, 1., 6., 22., 24., 28. Juni, 4., 20., 22., 26., 31. Juli, 2., 18., 20., 24. Aug., 16., 18., 22., 27. Sept., 14., 16., 20., 25. Okt., 12., 14., 18., 23. Nov., 10., 12., 16., 21. Dez.

Günstig: 9., 14., 16. Jan., 7., 12., 14. Feb., 5., 10., 12. März, 3., 8., 10. April, 1., 6., 8. Mai, 4., 6. Juni, 2., 4. Juli, 2. Aug., 30. Sept., 28. Okt., 26., 30. Nov., 24., 28., 29. Dez.

Schicksalhaft: 21. Jan., 19. Feb., 17. März, 15. April, 13. Mai, 11. Juni, 9. Juli, 7. Aug., 5., 14., 15., 16., 17. Sept., 3. Okt., 1. Nov.

Problematisch: 4., 13., 28. Jan., 2., 11., 26. Feb., 9., 24. März, 7., 22. April, 5., 20. Mai, 3., 18. Juni, 1., 16. Juli, 14. Aug., 12. Sept., 10., 31. Okt., 8., 29. Nov., 6., 27. Dez.

Seelenverwandt: 15., 22. Jan., 13., 20. Feb., 11., 18. März, 9., 16. April, 7., 14. Mai, 5., 12. Juni, 3., 10. Juli, 1., 8. Aug., 6. Sept., 4. Okt., 2. Nov.

SONNE: FISCHE
DEKADE: SKORPION/PLUTO
GRAD: 23°30' – 24°30' FISCHE
ART: BEWEGLICHES ZEICHEN
ELEMENT: WASSER

Fixstern

Name des Sterns: Markab
Gradposition: 22°29' – 23°22' Fische
zwischen den Jahren 1930 und 2000
Magnitude: 2,5 – 3
Stärke: ********
Orbit: 1°40'
Konstellation: Alpha Pegasi
Tage: 12., 13., 14., 15., 16. März
Sternqualitäten: Mars/Merkur
Beschreibung: leuchtendweißer Stern am Flügel des Pegasus.

Einfluß des Hauptsterns

Markab steht für Unternehmungsgeist und Entschlossenheit. Unter seinem Einfluß sind Sie schlagfertig und lieben es, zu diskutieren oder zu argumentieren; auch haben Sie gutes Urteilsvermögen und praktische Fähigkeiten. Ihre Rhetorik ist eindrucksvoll, und Sie verstehen es, Situationen zu Ihren Gunsten zu wenden.

Im Zusammenhang mit dem Stand Ihrer Sonne verleiht Markab Reiselust, Kreativität, künstlerisches Talent und Erfolg beim Umgang mit Publikum. Mit Markab verbindet man Geschäftssinn und finanzielle Gewinne durch die Fähigkeit, schnell und intuitiv zu denken und zu handeln. Er ermuntert Sie, den Weg der höheren Bildung einzuschlagen und Ihrem Interesse für Spiritualität, Philosophie oder Schreiben nachzugehen. Hüten Sie sich aber vor Selbstgefälligkeit und mangelnder Begeisterungsfähigkeit.

- Positiv: tatkräftig, kreativ, unternehmungslustig.
- Negativ: Krittelei, Starrsinn, Reizbarkeit, übereiltes Handeln.

15. März

♓ Phantasievoll und intuitiv, sind Sie ein Fischemensch, der sich nach Sicherheit und Harmonie sehnt. Sie sind umgänglich und bescheiden und ziehen mit Ihrer freundlichen und charmanten Art viele Freunde an. Im allgemeinen bieten sich Ihnen materiell wie gesellschaftlich zahlreiche Chancen, erfolgreich zu sein. Bei Ihrem ausgeprägten Sinn für Werte spielt finanzielle Sicherheit eine große Rolle in Ihrem Leben. Sie haben zwar die Energie, zu einer gewissen Macht und zu Prestige oder Anerkennung zu kommen, aber Sie neigen dazu, Ihre Kraft auf zu viele Interessen zu verzetteln, worunter Ihre Entschlossenheit leidet.

Der zusätzliche Einfluß Ihrer Sonne in der Skorpiondekade macht Sie wißbegierig und gründlich. Sie interessieren sich für Unbekanntes und erforschen gern neue Konzepte oder suchen die Wahrheit zu entdecken. Stärke und Größe erwachsen Ihnen aus der Gabe, Schwierigkeiten gut zu überwinden. Wenn Sie von einer Idee oder Sache wirklich fasziniert sind, haben Sie auch die nötige Inspiration und Antriebskraft für große Leistungen.

Da Sie häufig zwischen Mißtrauen und Hoffnung schwanken, wirken Sie manchmal rastlos und voller Selbstzweifel, dann aber wieder sehr selbstbewußt, sicher, ja dominierend. Das kann in Ihrer Umgebung zu Unruhe führen, vor allem, wenn Sie sich auf Konflikte mit Vorgesetzten einlassen. Sie müssen lernen, sich zu entspannen, und versuchen, Aggression und Reizbarkeit abzubauen, um so den Frieden zu wahren.

Zwischen 6 und 35 Jahren bewegt sich Ihre Sonne durch das Zeichen des Widder. Nach und nach werden Sie selbstbewußter, wagemutiger und bestimmter. Wenn Ihre Sonne in den Stier tritt, sind Sie 36. In der folgenden Zeit werden Sie ruhiger und entschlossener, aber eine Abneigung gegen Veränderungen macht Sie starrsinnig. Ihre Sonne wechselt in das Zeichen der Zwillinge, wenn Sie 66 sind. Ihre Neugierde wächst und verändert Ihre Art zu denken. Ihr Interesse an Kommunikation und neuen Wissensgebieten vertieft sich.

Ihr geheimes Selbst

Da Sie stolz und imagebewußt sind und es hassen, zu versagen, möchten Sie Ihre Aufgaben gut erledigen, um den Respekt vor sich selbst bewahren zu können. Sie haben eine innere Weisheit, die Sie nach außen nicht gern zeigen. Das kann sich in einer Sehnsucht nach Einsamkeit oder dem Wunsch, die Geheimnisse des Lebens zu ergründen, äußern. Gelegentlich aber sind Sie zu ungeduldig, stur oder verwirrt und sollten mehr Toleranz zeigen oder auf die Ratschläge anderer hören. Durch eine bemerkenswerte innere Stärke haben Sie die Kraft, Schwierigkeiten zu überwinden und andere aufzumuntern.

Um Ihr wahres Potential entwickeln zu können, müssen Sie erkennen lernen, daß Wissen Grundvoraussetzung für Ihren Erfolg ist. Wenn Sie das Vertrauen in sich selbst oder Ihre Fähigkeiten verlieren, isolieren Sie sich oder werden geheimnistuerisch, was Sie mißtrauisch oder zweiflerisch macht. Hochintuitiv, haben Sie eine scharfe Beobachtungsgabe und ein rasches Auffassungsvermögen. Wenn Sie Ihrem ersten Eindruck vertrauen und entsprechend reagieren, leben Sie wirklich in der Gegenwart und nicht in der Vergangenheit oder Zukunft.

Beruf & Karriere

Sensibel, doch entschlossen, können Sie hart arbeiten, was Ihnen in jedem Beruf enorm weiterhelfen wird. Sie lieben Macht und Effektivität, weshalb Sie sich gut für das Geschäftsleben eignen, aber auch für Staatsstellen wie etwa in der Verwaltung. Auch Werbung, Justiz, Wissenschaft oder Bankwesen sind für Sie geeignet. Verkauf, Verhandlungen oder Berufe, die mit Recherchen zu tun haben, sind ebenfalls erfolgversprechend. Ihre humanitäre Seite zieht Sie zu wohltätigen Organisationen oder Heilberufen. Da Sie unabhängig sind und ungern Anordnungen entgegennehmen, sollten Sie sich vielleicht selbständig machen. Ihre Kreativität drückt sich am besten in der Musikbranche aus.

Berühmte Persönlichkeiten dieses Tages sind die Sänger Terence Trent D'Arby und Michael Love, der Musiker Phil Lesh, der Wissenschaftler Alexander Popov und der US-Präsident Andrew Jackson.

Numerologie

Typisch für die Zahl 15 sind Vielseitigkeit, Begeisterungsfähigkeit und Rastlosigkeit. Zu Ihren größten Vorzügen gehören starke Instinkte und Ihre Fähigkeiten, durch die Kombination von Theorie und Praxis schnell zu lernen. Sie nutzen Ihre intuitiven Kräfte häufig und erkennen sofort, wenn sich Chancen bieten. Mit der Geburtstagszahl 15 haben Sie eine gute Hand für Geld und nie Probleme, von anderen Hilfe und Unterstützung zu bekommen. Unbekümmert und resolut, ist Ihnen das Unerwartete stets willkommen, und Sie gehen gern Risiken ein. Der Untereinfluß der Monatszahl 3 führt dazu, daß Sie aufgeschlossen und vielseitig sind. Freundlich und charmant, haben Sie Freude an gesellschaftlichen Aktivitäten und zahlreiche Interessen. Da Sie vielseitig begabt und ehrgeizig sind, brauchen Sie Möglichkeiten, sich durch die verschiedensten Erfahrungen und Aktivitäten auszudrücken. Allerdings langweilen Sie sich leicht, was dazu führen kann, daß Sie rastlos werden oder sich verzetteln. Sie sind begeisterungsfähig und unterhaltsam und haben einen guten Sinn für Humor, müssen aber mehr Selbstwertgefühl entwickeln, um sich gegen Ängste und emotionale Unsicherheiten zu schützen. Persönliche Beziehungen und eine Atmosphäre voller Liebe sind für Sie außerordentlich wichtig, da das für Sie Quelle der Hoffnung und Inspiration ist.

Positiv: bereitwillig, großzügig, verantwortungsbewußt, freundlich, kooperativ, scharfsinnig, begeisterungsfähig.

Negativ: rastlos, mangelndes Verantwortungsbewußtsein, egozentrisch, Angst vor Veränderungen, unentschlossen, materialistisch, Machtmißbrauch.

Liebe & Zwischenmenschliches

Gesellig und freundlich, sind Sie sensibel und idealistisch und haben das Bedürfnis, Ihre Gefühle mitzuteilen. Wenn Sie verliebt sind, können Sie hingebungsvoll und rücksichtsvoll sein. Wenn Sie aber über Ihre Beziehungen Zweifel und Unentschlossenheit fühlen, führt das zu Ängsten und Verwirrung. Wenn Sie einmal eine Entscheidung getroffen haben, sind Sie jedoch treu und voller Hingabe. Sie sollten Beziehungen eingehen, in denen Sie Ihre kreativen Ideen und Aktivitäten mit dem Partner teilen können.

Ihr Partner

Wenn Sie jemanden suchen, der Ihre Sensibilität und Ihr Bedürfnis nach Liebe versteht, sollten Sie sich unter den Menschen umsehen, die an den folgenden Tagen geboren sind:

Liebe & Freundschaft: 7., 13., 17., 20. Jan., 5., 15., 18. Feb., 3., 13., 16., 29., 31. März, 1., 11., 14., 27., 29. April, 5., 9., 12., 25., 27. Mai, 7., 10., 23., 25. Juni, 1., 5., 8., 21., 23. Juli, 3., 6., 19., 21. Aug., 1., 4., 17., 19. Sept., 2., 15., 17. Okt., 13., 15., 30. Nov., 11., 13., 28. Dez.

Günstig: 15., 17., 28. Jan., 13., 15., 26. Feb., 11., 13., 24. März, 9., 11., 22. April, 7., 9., 20. Mai, 5., 7., 18. Juni, 3., 5., 11., 16. Juli, 1., 3., 14. Aug., 1., 12. Sept., 10., 29. Okt., 3., 8., 27. Nov., 6., 25. Dez.

Schicksalhaft: 5. Jan., 3. Feb., 1. März, 15., 16., 17., 18. Sept.

Problematisch: 4., 5., 14. Jan., 2., 3., 12. Feb., 1., 10. März, 8., 30. April, 6., 28. Mai, 4., 26. Juni, 2., 24. Juli, 22. Aug., 20. Sept., 18. Okt., 16. Nov., 14. Dez.

Seelenverwandt: 2. Jan., 29. März, 27. April, 25. Mai, 23. Juni, 21. Juli, 19. Aug., 17. Sept., 15. Okt., 13. Nov., 11. Dez.

SONNE: FISCHE
DEKADE: SKORPION/PLUTO
GRAD: 24°30' – 25°30' FISCHE
ART: BEWEGLICHES ZEICHEN
ELEMENT: WASSER

Fixsterne

Markab; Scheat

Hauptstern

Name des Sterns: Markab
Gradposition: 22°29' – 23°22' Fische zwischen den Jahren 1930 und 2000
Magnitude: 2,5 – 3
Stärke: ********
Orbit: 1°40'
Konstellation: Alpha Pegasi
Tage: 12., 13., 14., 15., 16. März
Sternqualitäten: Mars/Merkur
Beschreibung: leuchtendweißer Stern am Flügel des Pegasus.

Einfluß des Hauptsterns

Markab steht für Unternehmungsgeist und Entschlossenheit. Unter seinem Einfluß sind Sie schlagfertig und lieben es, zu diskutieren oder zu argumentieren; auch haben Sie gutes Urteilsvermögen und praktische Fähigkeiten. Ihre Rhetorik ist eindrucksvoll, und Sie verstehen es, Situationen zu Ihren Gunsten zu wenden.

Im Zusammenhang mit dem Stand Ihrer Sonne verleiht Markab Reiselust, Kreativität, künstlerisches Talent und Erfolg beim Umgang mit Publikum. Mit Markab verbindet man Geschäftssinn und finanzielle Gewinne durch die Fähigkeit, schnell und intuitiv zu denken und zu handeln. Er ermuntert Sie, den Weg der höheren Bildung einzuschlagen und Ihrem Interesse für Spiritualität, Philosophie oder Schreiben nachzugehen. Hüten Sie sich aber vor Selbstgefälligkeit und mangelnder Begeisterungsfähigkeit.

16. März

♓ Freundlich und gesellig, sind Sie ein idealistischer Fischemensch mit einer fröhlichen charmanten Ausstrahlung. Sie sind eine interessante Mischung aus Spiritualität und Materialismus. Einerseits haben Sie die Vision und die praktischen Fähigkeiten, die Sie in der Geschäftswelt brauchen, um sich als überzeugender und erfolgreicher Unternehmer oder Geschäftsmann durchzusetzen. Andererseits sorgt Ihre mystische und humanitäre Seite dafür, daß Sie sich spontan und mitfühlend für humanitäre Zwecke einsetzen.

Der zusätzliche Einfluß Ihrer Sonne in der Skorpiondekade macht Sie scharfsinnig und intelligent. Sie versuchen immer, Ihr Verständnis der Dinge zu vertiefen, und sind häufig introvertiert. Heilende innere Kräfte helfen Ihnen, sich zu ändern oder immer wieder von vorne anzufangen. Sie haben einen durchdringenden Verstand und gehen den Dingen gern auf den Grund, geben aber von sich selbst nur ungern etwas preis.

Zur Selbstverwirklichung sollten Sie Ihre Phantasie auf Schreiben oder andere kreative Beschäftigungen lenken. Da Sie sensibel auf Ihre Umwelt reagieren, liegt der Schlüssel zu Ihrem Glück darin, innere Harmonie und Frieden zu schaffen. Ihr Selbstvertrauen wächst, wenn Sie, statt zu zweifeln, das Vertrauen in Ihre eigenen Fähigkeiten entwickeln.

Zwischen 5 und 34 bewegt sich Ihre Sonne durch das Zeichen des Widder. Sie entwickeln Ihr Selbstbewußtsein, werden wagemutiger und ehrgeiziger. Neue Unternehmungen reizen Sie, und Sie werden direkter im Umgang mit anderen. Wenn Ihre Sonne in den Stier eintritt, sind Sie 35. Nun werden Sie ruhiger und wünschen sich Beständigkeit und finanzielle Sicherheit. Ihre Sonne tritt in das Zeichen der Zwillinge, wenn Sie 65 sind. Sie interessieren sich vermehrt für Kommunikation und Ideenaustausch.

Ihr geheimes Selbst

Liebe und Beziehungen sind für Sie außerordentlich wichtig, und Sie haben das Bedürfnis, andere glücklich zu machen. Das äußert sich in humanitärer Fürsorge oder warmherziger Großzügigkeit. Da Sie sensibel und Ihrer Umwelt gegenüber aufnahmefähig sind, fällt es Ihnen manchmal schwer, spontan zu sein oder Ihre Zuneigung offen zu zeigen, wenn Sie sich eingeengt fühlen. Da auch finanzielle Sicherheit und Selbstwertgefühl eine große Rolle in Ihrem Leben spielen, geraten Sie gelegentlich in den Konflikt zwischen Pflichten und Herzenswünschen. Durch persönliche Erfahrungen lernen Sie die Macht der Liebe schätzen.

Sie sind idealistisch, und irgendwann stellt sich Ihnen die Frage, inwieweit Sie zu Kompromissen bereit sind, um die Anerkennung zu bekommen, die Sie brauchen und verdienen. Versuchen Sie, einen Mittelweg zwischen Ihrem Bedürfnis, für Ihre Rechte einzustehen, und Ihrer fürsorglichen und sensiblen Art zu finden.

Beruf & Karriere

Charmant und phantasievoll und mit Sinn für Farbe und Stil, eignen Sie sich für Design oder Werbung. Sie sind gesellig, legen aber viel Wert auf finanzielle Dinge und können gut Geschäft und Vergnügen verbinden. Ihr Wunsch nach Selbstverwirklichung bringt mit sich, daß Sie sich gern mit schönen Dingen umgeben, so daß zum Beispiel Kunst- und Antiquitätenhandel sehr geeignet für Sie sind. Mit Ihren phantasievollen und origi-

- Positiv: tatkräftig, kreativ, unternehmungslustig.
- Negativ: Krittelei, Starrsinn, Reizbarkeit, übereiltes Handeln.

nellen Ideen eignen Sie sich auch für Journalismus und Verlagswesen. Sie interessieren sich für andere, haben gute soziale Fähigkeiten und sind ein ausgezeichneter Vermittler oder Diplomat. Humanitär und spirituell begabt, haben Sie die einzigartige Kraft, Menschen, die vom Leben weniger begünstigt sind als Sie, zu heilen und zu trösten.

Berühmte Persönlichkeiten dieses Tages sind der Schauspieler und Komiker Jerry Lewis, die Schauspielerin Isabelle Huppert, der Regisseur Bernardo Bertolucci, der Schauspieler Hardy Krüger und die Sängerin Teresa Berganza.

Numerologie

Mit der Geburtstagszahl 16 sind Sie rücksichtsvoll, sensibel und freundlich. Obwohl Sie analytisch veranlagt sind, beurteilen Sie Menschen und Situationen oft aus dem Gefühl heraus. Sie leiden unter inneren Spannungen, wenn sich zwischen Ihrem Bedürfnis nach Selbstverwirklichung und Ihren Verpflichtungen anderen gegenüber ein Konflikt ergibt. Globale Unternehmen und internationale Medizin interessieren Sie. Sie haben Talent zum Schreiben und manchmal wahre Geistesblitze. Lernen müssen Sie, zwischen übersteigertem Selbstvertrauen und Selbstzweifel den Mittelweg zu finden. Der Untereinfluß der Monatszahl 3 bewirkt, daß Sie idealistisch, kreativ und voller origineller Ideen sind. Auch wenn Sie umgänglich und freundlich sind, treffen Sie Ihre Entscheidungen gern allein und sind autonom. Intuitiv und sensibel, sollten Sie mehr Vertrauen in Ihre eigenen Fähigkeiten entwickeln und sich vor beruflichem Streß hüten. Im allgemeinen glauben Sie, mit Geld alle Probleme lösen zu können, aber Ihre emotionalen Unsicherheiten haben selten etwas mit finanziellen Dingen zu tun. Wenn Sie inspiriert sind, sind Sie dynamisch und motiviert und können Ihre Kraft nutzen, um andere zu ermutigen, ohne ihnen Ihre Wünsche aufzuzwingen.

Positiv: höhere Bildung, verantwortungsbewußt gegenüber Heim und Familie, intuitiv, integer, sozial, kooperativ, verständnisvoll.

Negativ: Angst, mangelndes Verantwortungsbewußtsein, fördert nur sich selbst, rechthaberisch, skeptisch, neigt zum Dramatisieren, reizbar, selbstsüchtig.

Liebe & Zwischenmenschliches

Sie sind idealistisch und im Herzen jung und für Liebe und eine glückliche Beziehung oft zu Opfern bereit. Da Sie von Natur aus romantisch sind, glauben Sie, daß Liebe und Hingabe alles überwinden. Opfern Sie sich aber nicht für jemanden, der es nicht wert ist. Oft wählen Sie einen Lebenspartner aus einer anderen Altersgruppe oder mit einem anderen sozialen Background. Auch wenn Sie sanft sein können, sind Sie in Beziehungen am liebsten direkt und zeigen viel Verantwortungsbewußtsein.

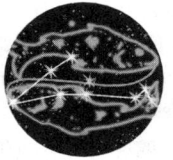

Ihr Partner

Einen Liebespartner oder Freund werden Sie mit großer Wahrscheinlichkeit unter den an den folgenden Tagen geborenen Menschen finden:

Liebe & Freundschaft: 4., 8., 18., 19., 23. Jan., 2., 6., 16., 17., 21. Feb., 4., 14., 15., 19., 28., 30. März, 2., 12., 13., 17., 26., 28., 30. April, 1., 10., 11., 15., 24., 26., 28. Mai, 8., 9., 13., 22., 24., 26. Juni, 6., 7., 11., 20., 22., 24., 30. Juli, 4., 5., 9., 18., 20., 22., 28. Aug., 2., 3., 7., 16., 18., 20., 26. Sept., 1., 15., 14., 16., 18., 24. Okt., 3., 12., 14., 16., 22. Nov., 1., 10., 12., 14., 20. Dez.

Günstig: 5., 16., 27. Jan., 3., 14., 25. Feb., 1., 12., 23. März, 10., 21. April, 8., 19. Mai, 6., 17. Juni, 4., 15. Juli, 2., 13. Aug., 11. Sept., 9., 30. Okt., 7., 28. Nov., 5., 26., 30. Dez.

Schicksalhaft: 17. Jan., 15. Feb., 13. März, 11. April, 9. Mai, 7. Juni, 5. Juli, 3. Aug., 1., 16., 17., 18., 19. Sept.

Problematisch: 1., 10., 15. Jan., 8., 13. Feb., 6., 11. März, 4., 9. April, 2., 7. Mai, 5. Juni, 3., 29. Juli, 1., 27. Aug., 25. Sept., 23. Okt., 21. Nov., 19., 29. Dez.

Seelenverwandt: 30. Aug., 28. Sept., 26. Okt., 24. Nov., 22. Dez.

SONNE: FISCHE
DEKADE: SKORPION/PLUTO
GRAD: 25°30' – 26°30' FISCHE
ART: BEWEGLICHES ZEICHEN
ELEMENT: WASSER

Fixstern

Name des Sterns: Scheat
Gradposition: 18°14' – 29°6' Fische zwischen den Jahren 1930 und 2000
Magnitude: 2
Stärke: ********
Orbit: 2°10'
Konstellation: Beta Pegasi
Tage: 16., 17., 18., 19., 20., 21. März
Sternqualitäten: Mars/Merkur oder Saturn/Merkur
Beschreibung: großer tieforangegelber Stern am linken Bein des Pegasus.

Einfluß des Hauptsterns

Scheat steht für Entschlossenheit, aber auch für Sturheit. Er macht Sie verträumt und idealistisch, aber auch unternehmungslustig. Im allgemeinen haben Sie viele Freunde und ein aktives gesellschaftliches Leben.
Im Zusammenhang mit dem Stand Ihrer Sonne kann Ihnen Scheat Erfolg in öffentlichen Angelegenheiten und Interesse für Metaphysik, Astrologie und Esoterik bescheren. Oft schenkt er Ihnen spirituelle Fähigkeiten, Intuition und Vorstellungskraft. Sein Einfluß bedeutet aber auch, daß Ihr Erfolg nicht unbedingt von langer Dauer ist und Sie vorsichtig bei der Wahl Ihrer Freunde, Bekannten oder Geschäftskollegen sein müssen.

- Positiv: resolut, entschlossen, Gemeinsinn, Diskussion, Unternehmungsgeist.
- Negativ: Gefahr durch Wasser, Hast, Starrsinn.

17. März

Ebenso intuitiv wie analytisch, sind Sie ein Mensch mit gesunder pragmatischer Lebenseinstellung. Trotz Ihrer hohen Ideale beschäftigen Sie sich gern mit materiellen Dingen. Häufig charismatisch und kreativ, sind Sie außerdem phantasievoll und aufgeschlossen; möglicherweise fällt es Ihnen schwer, durch Selbstausdruck innere Harmonie zu finden. Wenn Sie sich unterdrückt fühlen, neigen Sie zu Ängsten, Zweifeln und negativem Denken. Erfolg haben Sie durch harte Arbeit und Dezidiertheit. Um Belohnung und Anerkennung zu finden, müssen Sie deshalb erst Ihre Pflichten erfüllen.

Der zusätzliche Einfluß Ihrer Sonne in der Skorpiondekade verleiht Ihnen große Intuition und das zweite Gesicht. Gepaart mit ausgeprägter Wahrnehmungsfähigkeit und tiefen Gefühlen, geht Ihr wißbegieriger Verstand den Dingen auf den Grund. Da Sie mitfühlend, offen und ehrlich sind, wenden sich andere in Notzeiten gern an Sie, und Sie sind immer bereit, sich für sozial Benachteiligte einzusetzen. Als Mensch mit gesundem Menschenverstand und guten Organisationsfähigkeiten denken Sie in großen Maßstäben. Wenn Sie positiv eingestellt sind, entwickeln Sie originelle Ideen und stecken andere mit Ihrer Heiterkeit an. Auch wenn Sie im allgemeinen konstruktiv denken, neigen Sie zu übermäßiger Kritik, wenn Sie mit sich oder anderen unzufrieden sind. Reisen sind eine enorm bereichernde Erfahrung für Sie, da sie Ihnen ermöglichen, Ihren Horizont zu erweitern und sich weiterzuentwickeln.

Zwischen 4 und 33 durchwandert Ihre Sonne das Zeichen des Widder; in dieser Phase werden Sie nach und nach wagemutiger, bestimmter und ehrgeiziger und entwickeln das Bedürfnis nach neuen Unternehmungen. Wenn Ihre Sonne in den Stier tritt, sind Sie 34. In der folgenden Zeit werden Sie ruhiger und wünschen sich emotionale Beständigkeit und finanzielle Sicherheit. Ihre Sonne wechselt in das Zeichen der Zwillinge, wenn Sie 64 sind. Sie interesssieren sich vermehrt für alle Formen der Kommunikation und neue Wissensgebiete.

Ihr geheimes Selbst

Aufnahmefähig und gütig, sind Sie am liebsten mit unvoreingenommenen und freimütigen Menschen zusammen. Mit Ihrer fürsorglichen Art stehen Sie anderen gern mit Rat und Tat zur Seite. Auch wenn Sie selbstbewußt und zielstrebig wirken, sind Frustration und Enttäuschungen ein Problem für Sie. Wenn Sie genügend Geduld und Ausdauer entwickeln, können Sie sich aber eine positive Einstellung bewahren und wohlverdienten Erfolg ernten. Mit Ihrer Fähigkeit, Ideen schnell zu erfassen, sind Bildung und Wissen eine wichtige Voraussetzung für Ihr Selbstvertrauen. Sie sind charismatisch, charmant und klug, haben viele kreative Ideen und sind von dem Wunsch getrieben, sich auszudrücken. Sie interessieren sich für Philosophie, Religion oder Metaphysik, was Ihnen hilft, negatives Denken zu bekämpfen. Bei Ihrer Suche nach Harmonie spielt Ihr Zuhause eine besonders wichtige Rolle, denn es befriedigt Ihr Bedürfnis nach Frieden und Sicherheit.

Beruf & Karriere

Auch wenn Sie einen ausgeprägten Geschäftssinn und eine optimistische Einstellung haben – Sie müssen lernen, daß es im Leben nichts umsonst gibt. Begabt und dynamisch, interesssieren Sie sich für viele Themengebiete, sollten sich aber um mehr Ausdauer und

Eifer bemühen. Sie neigen dazu, Dinge aufzuschieben und Arbeiten unerledigt zu lassen, was zu Frustrationen und Ängsten führt. Wenn Sie aber hart arbeiten und Wert aufs Detail legen, können Sie in hohe Positionen aufsteigen, vor allem in Verkauf oder Promotion. Sie können Kunst für ein Massenpublikum produzieren und so Ihre kreativen Talente in bare Münze umwandeln. Bildung, Reisen, Dienstleistungsbranche oder Politik sind erfolgversprechend für Sie. Ihre kreativen Talente können Sie in Tanz, Kunst, Musik oder Theater ausdrücken.

Berühmte Persönlichkeiten dieses Tages sind der Tänzer Rudolf Nurejew, der Jazzpianist Nat King Cole, der Golfer Bobby Jones und der Popmusiker John B. Sebastin.

Numerologie

Sie sind scharfsinnig und zurückhaltend und haben gute analytische Fähigkeiten. Als unabhängiger Denker profitieren Sie enorm von guter Bildung. Im allgemeinen bauen Sie auf Ihrem Wissen ein spezielles Fachwissen auf, was Sie zu materiellem Erfolg führt oder Ihnen eine prominente Position als Experte oder Forscher sichert. Sie sind taktvoll, nachdenklich und unvoreingenommen, haben ein starkes Interesse an Daten und Fakten, treten meist rücksichtsvoll und ernsthaft auf und lassen sich gern Zeit. Wenn Sie Ihre kommunikativen Fähigkeiten weiterentwickeln, können Sie von anderen sehr viel über sich lernen. Der Untereinfluß der Monatszahl 3 macht Sie wahrnehmungsstark und mit einem ausgeprägten sechsten Sinn und Ahnungsvermögen begabt. Wenn Sie inspiriert sind, entwickeln Sie großartige Ideen und phantasievolle Gedanken, die es wert sind, niedergeschrieben zu werden. Freundlich und idealistisch, wirken Sie anziehend auf Menschen, die Aufmunterung und Trost brauchen. Als umgänglicher Mensch und guter Gefährte haben Sie Spaß an gesellschaftlichen Aktivitäten und zahlreiche Interessen. Durch Ihre Vielseitigkeit und Ihr Bedürfnis nach Selbstverwirklichung machen Sie alle möglichen kreativen Erfahrungen. Persönliche Beziehungen und eine Atmosphäre voller Liebe sind Ihnen außerordentlich wichtig, da sie für Sie eine Quelle der Hoffnung und Inspiration sind.

Positiv: rücksichtsvoll, Experte, guter Planer, Geschäftssinn, Gespür für Geld, unabhängiger Denker, gewissenhaft, wissenschaftlich.

Negativ: leichtsinnig, überempfindlich, stur, eigensinnig, launisch, kritisch, fixe Ideen, mißtrauisch.

Liebe & Zwischenmenschliches

Dynamisch und liebevoll, ziehen Sie viele Freunde an. Im allgemeinen sind Sie vom Glück begünstigt und kommen mit den unterschiedlichsten Menschen zusammen. Sie müssen aber lernen, zwischen wahren und falschen Freunden zu unterscheiden, da Sie sonst Menschen um sich versammeln, die zu viel von Ihrer Zeit in Anspruch nehmen oder Sie von Ihren Zielen ablenken. Sie haben viel Liebe zu verschenken, neigen aber zu Überreaktionen, wenn Sie Ihre Gefühle zeigen. Ihren Freunden und Partnern gegenüber sind Sie großzügig und mitfühlend, fürsorglich und hilfsbereit.

Ihr Partner

Wenn Sie jemanden suchen, der Ihre Sensibilität und Ihr Bedürfnis nach Liebe versteht, sollten Sie sich unter den Menschen umsehen, die an den folgenden Tagen geboren sind:

Liebe & Freundschaft: 3., 5., 9., 18., 19. Jan., 1., 3., 7., 16., 17. Feb., 1., 5., 14., 15., 31. März, 3., 12., 13., 29. April, 1., 10., 11., 27., 29. Mai, 8., 9., 25., 27. Juni, 6., 7., 11., 23., 25., 31. Juli, 4., 5., 21., 23., 29. Aug., 2., 3., 19., 21., 27., 30. Sept., 1., 17., 25., 28. Okt., 3. Nov., 13., 15., 21., 24. Dez.

Günstig: 1., 6., 17. Jan., 4., 15. Feb., 2., 13. März, 11. April, 9. Mai, 7. Juni, 5. Juli, 3. Aug., 1. Sept., 31. Okt., 29. Nov., 27. Dez.

Schicksalhaft: 17., 18., 19., 20., 21. Sept.

Problematisch: 2., 16. Jan., 14. Feb., 12. März, 10. April, 8. Mai, 6. Juni, 4. Juli, 2. Aug., 30. Dez.

Seelenverwandt: 11., 31. Jan., 9., 29. Feb., 7., 27. März, 5., 25. April, 3., 23. Mai, 1., 21. Juni, 19. Juli, 17. Aug., 15. Sept., 13. Okt., 11. Nov., 9. Dez.

SONNE: FISCHE
DEKADE: SKORPION/PLUTO
GRAD: 26°30' – 27°30' FISCHE
ART: BEWEGLICHES ZEICHEN
ELEMENT: WASSER

18. März

Fixstern

Name des Sterns: Scheat
Gradposition: 18°14' – 29°6' Fische zwischen den Jahren 1930 und 2000
Magnitude: 2
Stärke: ********
Orbit: 2°10'
Konstellation: Beta Pegasi
Tage: 16., 17., 18., 19., 20., 21. März
Sternqualitäten: Mars/Merkur oder Saturn/Merkur
Beschreibung: großer tieforangegelber Stern am linken Bein des Pegasus.

Einfluß des Hauptsterns

Scheat steht für Entschlossenheit, aber auch für Sturheit. Er macht Sie verträumt und idealistisch, aber auch unternehmungslustig. Im allgemeinen haben Sie viele Freunde und ein aktives gesellschaftliches Leben.
Im Zusammenhang mit dem Stand Ihrer Sonne kann Ihnen Scheat Erfolg in öffentlichen Angelegenheiten und Interesse für Metaphysik, Astrologie und Esoterik bescheren. Oft schenkt er Ihnen spirituelle Fähigkeiten, Intuition und Vorstellungskraft. Sein Einfluß bedeutet aber auch, daß Ihr Erfolg nicht unbedingt von langer Dauer ist und Sie vorsichtig bei der Wahl Ihrer Freunde, Bekannten oder Geschäftskollegen sein müssen.

- Positiv: resolut, entschlossen, Gemeinsinn, Diskussion, Unternehmungsgeist.
- Negativ: Gefahr durch Wasser, Hast, Starrsinn.

Sensibel und rastlos, sind Sie ein Fischemensch, der die Grenzen seiner Existenz durch Reisen und Wandel überschreiten möchte. Sie sind nicht nur intuitiv und spontan, sondern auch phantasievoll und jung im Herzen. Vielseitig begabt und visionär, brauchen Sie irgendeine From des kreativen Selbstausdrucks. Hinderlich werden kann Ihnen nur Ihre mangelnde Ausdauer oder der Wunsch, immer finanziell sofort für Ihre Anstrengungen belohnt zu werden.

Der Untereinfluß Ihres Dekadenzeichens Skorpion wirkt verstärkend auf Ihre Entschlossenheit, sich zu wandeln und weiterzuentwickeln. Häufig erkennen Sie erst in besonders schwierigen Zeiten Ihre wahren Stärken. Sie sind bescheiden und aufgeschlossen, haben Einfühlungsvermögen und tiefes Verständnis und können die verschiedenen Seiten jeder Angelegenheit und den besten Zeitpunkt für kommende Ereignisse sehen.

Veränderliche Umstände und ein Hang zur Verschwendung resultieren aus dem Wunsch nach einem aufwendigen Lebensstil. Das bedeutet, daß Sie sich um Selbstbeherrschung und Geduld bemühen sollten und nach einem disziplinierten Plan vorgehen müssen. Wenn Sie erkennen, daß sich Chancen für dauerhaften Erfolg besser nutzen lassen, wenn man gut vorbereitet und diszipliniert ist, können Sie sich auch den Lebensstil leisten, den Sie sich wünschen.

Zwischen 3 und 32 durchwandert Ihre Sonne das Zeichen des Widder. Sie entwickeln nach und nach Bestimmtheit, Wagemut, Ehrgeiz und Selbstorientierung. Wenn Ihre Sonne in den Stier wechselt, sind Sie 33. Sie werden ruhiger und streben nach einer pragmatischeren Lebenseinstellung, emotionaler Beständigkeit und finanzieller Sicherheit. Ihre Sonne tritt in das Zeichen der Zwillinge, wenn Sie 63 sind. Sie beschäftigen sich vermehrt mit Kommunikation und brauchen mehr geistige Anregung.

Ihr geheimes Selbst

Großzügig und tolerant, sind Sie ein intelligenter und erfinderischer Mensch, der gern ständig beschäftigt ist. In Ihrem tiefsten Inneren leiden Sie gelegentlich an Selbstzweifeln oder Unsicherheit, was Ihre Kreativität und Ihre Entscheidungskraft unterminiert. Ihre humanitäre Seite aber hilft Ihnen, alles wieder in die richtige Perspektive zu rücken und Ihre Ängste zu überwinden. Wenn Sie lernen, sich zu entspannen, können Sie Ihre Talente frei entfalten und das Leben genießen. Da Sie geistreich und unterhaltsam sind, können Sie gut mit Menschen umgehen und haben Spaß an gesellschaftlichen Aktivitäten. Sie haben einen Hang zur Extravaganz, und der Gedanke an Geld und Sicherheit wirkt sehr motivierend auf Sie. Ihr starkes Interesse an Ihren Mitmenschen und Ihre scharfe Beobachtungsgabe unterstützen Ihre intuitiven Gefühle, die Sie selten trügen und Ihnen helfen, andere rasch und präzise einzuschätzen. Wenn Sie so unbeteiligt wie möglich bleiben, können Sie Frustrationen oder Enttäuschungen vermeiden.

Beruf & Karriere

Trotz Ihrer Leistungsbereitschaft sollten Sie monotone Tätigkeiten meiden, die Ihnen nicht genügend Abwechslung und Anreiz bieten. Wenn Sie in einer aufregenden und ständig sich verändernden Atmosphäre arbeiten, hält das Ihr Interesse und Ihren Geist wach. Berufe, die mit Reisen oder publikumsorientierten Tätigkeiten zu tun haben, kommen Ihrer Ruhelosigkeit entgegen. Ihr Bedürfnis nach Abenteuer führt dazu, daß

Sie in jungen Jahren so viele Erfahrungen wie möglich machen möchten, bevor Sie sich endgültig niederlassen. Mit Ihrer Phantasie, Ihrer Vision und Ihrem Sinn für Struktur interessieren Sie sich für Design, Kunst, Architektur oder Film. Ihr Rhythmusgefühl zieht Sie zu Musik oder Tanz. Ein ausgeprägter Geschäftssinn und Organisationstalente machen Sie auch für die Geschäftswelt geeignet.

Berühmte Persönlichkeiten dieses Tages sind der Hellseher Edgar Cayce, der Countrysänger Charlie Pride, der britische Premier Neville Chamberlain, der Soulsänger Wilson Pickett, der Komponist Nikolai Rimski-Korsakow, die Schriftsteller John Updike und Wolfgang Bauer und der US-Präsident Grover Cleveland.

Numerologie

Zu den Eigenschaften der Zahl 18 gehören Entschlossenheit, bestimmtes Auftreten und Ehrgeiz. Sie brauchen ständig neue Herausforderungen und sind meist in irgendwelche Aktivitäten involviert. Da Sie kompetent, fleißig und verantwortungsbewußt sind, steigen Sie leicht in Führungspositionen auf. Allerdings neigen Sie dazu, sich zu überarbeiten, und sollten lernen, sich hin und wieder zu entspannen. Mit der Geburtstagszahl 18 haben Sie Heilkräfte, können gut Ratschläge erteilen oder die Probleme anderer lösen. Der Untereinfluß der Monatszahl 3 macht Sie idealistisch und sensibel. Als umgänglicher Mensch und guter Gefährte haben Sie Freude an gesellschaftlichen Aktivitäten und zahlreiche Interessen. Ihre Vielseitigkeit und Ihr Bedürfnis nach Selbstverwirklichung verlangen nach ständiger Aktivität und Produktivität. Mit Ihrer humanitären Seite setzen Sie sich gern für Verbesserungen und Reformen ein. Sie langweilen sich leicht, was Sie zum Reisen anregt; aus demselben Grund neigen Sie aber auch dazu, sich zu verzetteln. Charmant und begeisterungsfähig, haben Sie viel Sinn für Humor. Sie müssen mehr Selbstwertgefühl entwickeln und lernen, Distanz zu wahren.

Positiv: progressiv, bestimmtes Auftreten, intuitiv, mutig, resolut, Heilkräfte, tüchtig, Beraterfähigkeit.

Negativ: unkontrollierte Gefühle, faul, mangelnder Ordnungssinn, selbstsüchtig, gefühllos.

Liebe & Zwischenmenschliches

Sie sind nicht nur aufnahmefähig und sensibel, sondern auch unabhängig. Freundlich und gesellig, fühlen Sie sich häufig zu Menschen hingezogen, die Ihren Geist und Ihre Phantasie anregen, sind aber auch rastlos. Im allgemeinen bedeuten Ihnen Beziehungen sehr viel, und Sie kommen gern mit den unterschiedlichsten Menschen zusammen. Mit Ihrem guten Sinn für Humor können Sie sehr unterhaltsam sein. Am besten fahren Sie mit einem intelligenten Partner, der Ihre Interessen teilt.

Ihr Partner

Ihren Traumpartner werden Sie mit großer Wahrscheinlichkeit unter den an den folgenden Tagen geborenen Menschen finden:

Liebe & Freundschaft: 6., 10., 20., 29. Jan., 4., 8., 18., 27. Feb., 2., 6., 16., 20., 25., 28., 30. März, 4., 14., 23., 26., 28., 30. April, 2., 12., 16., 21., 24., 26., 28., 30. Mai, 10., 19., 22., 24., 26., 28. Juni, 8., 12., 17., 20., 22., 24., 26. Juli, 6., 15., 18., 20., 22., 24. Aug., 4., 13., 16., 18., 20., 22. Sept., 2., 11., 14., 16., 18., 20. Okt., 4., 9., 12., 14., 16., 18. Nov., 7., 10., 12., 14., 16. Dez.

Günstig: 7., 13., 18., 28. Jan., 5., 11., 16., 26. Feb., 3., 9., 14., 24. März, 1., 7., 12., 22. April, 5., 10., 20. Mai, 3., 8., 18. Juni, 1., 6., 16. Juli, 4., 14. Aug., 2., 12., 30. Sept., 10., 28. Okt., 8., 26., 30. Nov., 6., 23., 28. Dez.

Schicksalhaft: 25. Jan., 23. Feb., 21. März, 19. April, 17. Mai, 15. Juni, 13. Juli, 11. Aug., 9., 19., 20., 21. Sept., 7. Okt., 5. Nov., 3. Dez.

Problematisch: 3., 17. Jan., 1., 15. Feb., 13. März, 11. April, 9., 30. Mai, 7., 28. Juni, 5., 26., 29. Juli, 3., 24., 27. Aug., 1., 22., 25. Sept., 20., 23. Okt., 18., 21. Nov., 16., 19. Dez.

Seelenverwandt: 18. Jan., 16. Feb., 14. März, 12. April, 10., 29. Mai, 8., 27. Juni, 6., 25. Juli, 4., 23. Aug., 2., 21. Sept., 19. Okt., 17. Nov., 15. Dez.

SONNE: FISCHE
DEKADE: SKORPION/PLUTO
GRAD: 27°30' – 28°30' FISCHE
ART: BEWEGLICHES ZEICHEN
ELEMENT: WASSER

19. März

Fixstern

Name des Sterns: Scheat
Gradposition: 18°14' – 29°6' Fische zwischen den Jahren 1930 und 2000
Magnitude: 2
Stärke: ********
Orbit: 2°10'
Konstellation: Beta Pegasi
Tage: 16., 17., 18., 19., 20., 21. März
Sternqualitäten: Mars/Merkur oder Saturn/Merkur
Beschreibung: großer tieforangegelber Stern am linken Bein des Pegasus.

Einfluß des Hauptsterns

Scheat steht für Entschlossenheit, aber auch für Sturheit. Er macht Sie verträumt und idealistisch, aber auch unternehmungslustig. Im allgemeinen haben Sie viele Freunde und ein aktives gesellschaftliches Leben.

Im Zusammenhang mit dem Stand Ihrer Sonne kann Ihnen Scheat Erfolg in öffentlichen Angelegenheiten und Interesse für Metaphysik, Astrologie und Esoterik bescheren. Oft schenkt er Ihnen spirituelle Fähigkeiten, Intuition und Vorstellungskraft. Sein Einfluß bedeutet aber auch, daß Ihr Erfolg nicht unbedingt von langer Dauer ist und Sie vorsichtig bei der Wahl Ihrer Freunde, Bekannten oder Geschäftskollegen sein müssen.

• Positiv: resolut, entschlossen, Gemeinsinn, Diskussion, Unternehmungsgeist.
• Negativ: Gefahr durch Wasser, Hast, Starrsinn.

♓ Entschlossen und intuitiv, sind Sie ein aufgeschlossener Fischemensch voller Motivation und dynamischem Antrieb. Als pragmatischer und phantasievoller Mensch brauchen Sie Stabilität und Sicherheit, aber auch Aktivität und Vielfalt. Ihre Karriere spielt meist eine wichtige Rolle in Ihrem Leben, und wenn Sie sich ihr dezidiert widmen und hart arbeiten, können Sie es zu Erfolg und einer sicheren Position bringen.

Der zusätzliche Einfluß Ihrer Sonne in der Skorpiondekade schenkt Ihnen gutes Urteilsvermögen und eine scharfe Beobachtungsgabe. Sie sind wißbegierig und ein geschickter Detektiv, von sich selbst aber geben Sie ungern etwas preis. Sie suchen durch Selbsterkenntnis nach mehr Verständnis für die Dinge des Lebens. Eine Form für kreativen Ausdruck finden Sie, wenn Sie Führung übernehmen und Ihren Unternehmungsgeist einsetzen. Durch Ihre Kraft der Selbstheilung können Sie sich ändern und immer wieder neu beginnen. Wenn Sie Ihre Organisationsfähigkeiten mit Ihren starken Instinkten verbinden, wenden Sie alle Situationen zu Ihrem Vorteil und machen aus Ihren inspirierten Ideen reale Projekte.

Da Sie idealistisch sind, wollen Sie stolz auf Ihre Arbeit sein und sind häufig bereit, sich voll und ganz einer Sache oder einem Projekt zu widmen. Auch wenn Sie im allgemeinen keine finanziellen Probleme haben, sollten Sie sich um Ausdauer und Engagement bemühen, wenn Sie erfolgreich sein wollen. Als treuer Mensch nehmen Sie Ihre Verantwortung ernst, Sie sollten aber lernen, sich zu entspannen und sich anderen gegenüber freundlicher zu verhalten.

Bis Sie 31 sind, durchwandert Ihre Sonne das Zeichen des Widder und Sie entwickeln Ihre Bestimmtheit, werden aktiv und mutig. Wenn Ihre Sonne in den Stier tritt, sind Sie 32. In der folgenden Zeit werden Sie ruhiger, entspannter und arbeiten auf Stabilität und finanzielle Sicherheit hin. Ihre Abneigung gegen Veränderungen kann zur Sturheit werden. Ihre Sonne wechselt in das Zeichen der Zwillinge, wenn Sie 62 sind. Sie interessieren sich nun vermehrt für Kommunikation und andere Wissensgebiete.

Ihr geheimes Selbst

Da Sie Vitalität und starke Instinkte haben, brauchen Sie emotionale und geistige Anregung. Ihr Wunsch nach Action und Aufregung läßt Sie gern neue Ideen ausprobieren oder originelle Projekte initiieren. Monotonie und Routine machen Sie rastlos und ungeduldig, ohne zu wissen, warum. Kompensation suchen Sie dann in einer Form der Realitätsflucht. Da eine Seite von Ihnen Abenteuer und Abwechslung braucht, während die andere sich nach Stabilität und Sicherheit sehnt, sollten Sie für ein ausgeglichenes Umfeld sorgen, in dem Ihnen neben Möglichkeiten zum Weiterkommen auch Beständigkeit geboten wird. Sie interessieren sich für Wandel und Reformen und können andere zum Handeln motivieren. Obwohl Sie nach außen hin unbeschwert und gesellig wirken, sehnen Sie sich tief im Innersten nach emotionaler Zufriedenheit, Ruhe und Frieden. Statt sich in verschiedene Richtungen zu verzetteln, sollten Sie auf Ihre innere Stimme hören; dann wird Ihr Leben ausgeglichener verlaufen.

Beruf & Karriere

Viele berufliche Möglichkeiten stehen Ihnen offen, und Sie haben buchstäblich die Qual der Wahl. Mit Ihrer praktischen Einstellung und Ihren guten Organisationsfähigkeiten eignen Sie sich für Managerposten oder andere Autoritätspositionen. Die Geschäftswelt steht Ihnen offen, Ihre Kreativität gibt sich allerdings nicht allein mit finanziellen Gewinnen zufrieden. Wenn Sie keine emotionale Erfüllung in Ihrem Beruf finden, verlieren Sie das Interesse und wenden sich neuen Herausforderungen und Chancen zu. In großen Unternehmen, wo Sie gute Aufstiegschancen haben, fühlen Sie sich besonders wohl. Ihre Vorliebe für Reisen und Abwechslung läßt Sie die verschiedensten Erfahrungen machen und darauf brennen, immer wieder an neuen Orten zu arbeiten.

Berühmte Persönlichkeiten dieses Tages sind die Schauspielerinnen Glenn Close und Ursula Andress, die Schriftsteller Philip Roth und Irving Wallace und der Schauspieler Bruce Willis.

Numerologie

Als ehrgeizig und dynamisch, aber auch kreativ, idealistisch und sensibel werden Menschen mit der Geburtstagszahl 19 oft von anderen beschrieben. Entschlossen und erfinderisch, haben Sie viel Vision, doch sorgt Ihre träumerische Seite auch für Mitgefühl und Beeinflußbarkeit. Das Bedürfnis, jemand zu sein, läßt Sie sich dramatisch immer wieder in den Vordergrund spielen. Auf andere mögen Sie selbstbewußt, robust und einfallsreich wirken, doch führen innere Spannungen häufig zu emotionalen Schwankungen. Wenn Sie Ihre Ansprüche zu hoch schrauben, neigen Sie dazu, sich und anderen gegenüber zu kritisch zu werden. Der Untereinfluß der Monatszahl 3 macht Sie äußerst scharfsinnig. Als vielseitig begabter Mensch haben Sie besonders hohe Erfolgschancen, wenn Sie für eine stabile Umgebung sorgen, in der Sie Ihre Kraft in konstruktive Bahnen lenken können. Wenn Sie motiviert sind, nutzen Sie Ihre Vielseitigkeit und Ihren Erfindungsreichtum, um neue Ansichten durchzusetzen oder Arbeitsbedingungen zu verbessern. Auch wenn Ihnen materieller Erfolg wichtig ist, sind Sie doch von einem starken Wunsch nach Selbsterkenntnis und Wandlung erfüllt, weshalb die höchste Belohnung auch darin besteht, wenn Sie Weisheit und emotionalen Ausdruck miteinander verbinden können.

Positiv: dynamisch, konzentriert, kreativ, führungsstark, progressiv, optimistisch, kämpferisch, unabhängig.

Negativ: Angst vor Zurückweisung, materialistisch, egoistisch, ungeduldig.

Liebe & Zwischenmenschliches

Charismatisch und freundlich, sind Sie gern mit den unterschiedlichsten Menschen zusammen. Wenn Sie lieben, lieben Sie ganz und gar und voll tiefer Gefühle. Auch wenn Sie im allgemeinen dauerhafte Beziehungen und Freundschaften aufbauen und starke Bindungen zu Ihren Partnern haben, ertragen Sie Beschränkungen durch Routine oder Pflichten schlecht. Für Ihr Bedürfnis nach Stabilität und Sicherheit brauchen Sie einen Partner, der ebenso anregend wie zuverlässig ist. Da sich die Umstände in Ihrem Leben häufig ändern, sollten Sie sich Zeit lassen, bevor Sie eine dauerhafte Beziehung eingehen.

Ihr Partner

Vertrauen, Zuverlässigkeit und Liebe finden Sie am ehesten unter den Menschen, die an den folgenden Tagen geboren sind:

Liebe & Freundschaft: 7., 11., 22., 25. Jan., 5., 9., 20. Feb., 3., 7., 18., 31. März, 1., 5., 16., 29. April, 3., 14., 17., 27., 29. Mai, 1., 12., 25., 27. Juni, 10., 13., 23., 25. Juli, 8., 21., 23., 31. Aug., 6., 19., 21., 29. Sept., 4., 17., 19., 27., 30. Okt., 2., 5., 15., 17., 25., 28. Nov., 13., 15., 23., 26. Dez.

Günstig: 8., 14., 19. Jan., 6., 12., 17. Feb., 4., 10., 15. März, 2., 8., 13. April, 6., 11. Mai, 4., 9. Juni, 2., 7. Juli, 5. Aug., 3. Sept., 1., 29. Okt., 27. Nov., 25., 29. Dez.

Schicksalhaft: 20., 21., 22., 23., 24. Sept.

Problematisch: 9., 18., 20. Jan., 7., 16., 18. Feb., 5., 14., 16. März, 3., 12., 14. April, 1., 10., 12. Mai, 8., 10. Juni, 6., 8., 29. Juli, 4., 6., 27. Aug., 2., 4., 25. Sept., 2., 23. Okt., 21. Nov., 19. Dez.

Seelenverwandt: 9. Jan., 7. Feb., 5. März, 3. April, 1. Mai, 30. Okt., 28. Nov., 26. Dez.

SONNE: AN DER GRENZE
FISCHE/WIDDER
DEKADE: SKORPION/PLUTO,
WIDDER/MARS
GRAD: 28°30' – 29°30' FISCHE
ART: BEWEGLICHES ZEICHEN
ELEMENT: WASSER

Fixstern

Name des Sterns: Scheat
Gradposition: 18°14' – 29°6' Fische
zwischen den Jahren 1930 und 2000
Magnitude: 2
Stärke: ********
Orbit: 2°10'
Konstellation: Beta Pegasi
Tage: 16., 17., 18., 19., 20., 21. März
Sternqualitäten: Mars/Merkur oder Saturn/Merkur
Beschreibung: großer tieforangegelber Stern am linken Bein des Pegasus.

Einfluß des Hauptsterns

Scheat steht für Entschlossenheit, aber auch für Sturheit. Er macht Sie verträumt und idealistisch, aber auch unternehmungslustig. Im allgemeinen haben Sie viele Freunde und ein aktives gesellschaftliches Leben.
Im Zusammenhang mit dem Stand Ihrer Sonne kann Ihnen Scheat Erfolg in öffentlichen Angelegenheiten und Interesse für Metaphysik, Astrologie und Esoterik bescheren. Oft schenkt er Ihnen spirituelle Fähigkeiten, Intuition und Vorstellungskraft. Sein Einfluß bedeutet aber auch, daß Ihr Erfolg nicht unbedingt von langer Dauer ist und Sie bei der Wahl Ihrer Freunde, Bekannten oder Geschäftskollegen vorsichtig sein müssen.
- Positiv: resolut, entschlossen, Gemeinsinn, Diskussion, Unternehmungsgeist.
- Negativ: Gefahr durch Wasser, Hast, Starrsinn.

20. März

Da Sie an der Grenze zwischen Fische und Widder geboren sind, profitieren Sie von den Einflüssen beider Zeichen. Idealistisch und zielstrebig, setzen Sie Ihre phantasievollen Ideen in die Realität um. Sie sind sensibel, ehrgeizig, vielseitig begabt und sehr erfolgreich. Scharfsinnig und aufgeschlossen, kommen Sie im allgemeinen schnell zum Kern einer Sache. Ihr starkes Bedürfnis nach Selbstausdruck kann durch Ihren Hang zu Ängsten und Zweifeln untergraben werden. Um Ihre Träume verwirklichen zu können, müssen Sie trotz finanzieller Hindernisse auf Ihre eigenen Entscheidungen vertrauen.

Der zusätzliche Einfluß Ihrer Sonne in Skorpion- und Widderdekade sorgt dafür, daß Sie dank Ihrer starken Intuition rasch die Hintergedanken anderer erkennen und daß Sie den Dingen gern auf den Grund gehen. Wenn Sie positiv eingestellt sind, treten Sie selbstsicher, herausfordernd und selbstbewußt auf und vertreten originelle und inspirierte Ideen. Auf den ersten Blick wirken Sie fröhlich und angenehm; auf den zweiten erkennt man, daß Sie auch eine ernste Seite haben, die sich für unkonventionelle, philosophische oder spirituelle Themen interessiert.

Sie können großen Erfolg im Leben haben, und wenn Sie Ihr diplomatisches Geschick und Ihren Charme besser einsetzen, erhöhen Sie ihn noch zusätzlich. Ihre humanitäre Seite interessiert sich sehr für Ihre Mitmenschen. Partnerschaften und Teamarbeit spielen eine große Rolle in Ihrer persönlichen Entwicklung.

Bis Sie 30 sind, bewegt sich Ihre Sonne durch das Zeichen des Widder. Sie entwickeln voller Selbstvertrauen ehrgeizige Pläne und experimentieren mit Erfahrungen und Unternehmungen. Wenn Ihre Sonne in den Stier wechselt, sind Sie 31, werden praktischer und sicherheitsbewußter und legen mehr Wert auf Luxus und Schönheit. Ihre Sonne tritt in das Zeichen der Zwillinge, wenn Sie 61 sind, und Sie interessieren sich stärker für Kommunikation und Ideenaustausch.

Ihr geheimes Selbst

Ebenso idealistisch wie praktisch, sind Sie unternehmungslustig und arbeiten gern, wenn eine Sache sich lohnt. Auch wenn Sie sehr viel Wert auf materielle Sicherheit legen, sind Sie nicht bereit, bei Dingen, die Ihnen am Herzen liegen, Kompromisse einzugehen. Gern stehen Sie anderen mit Rat und Tat zur Seite. Auf Ermunterung sprechen Sie sehr an, und Ihre Liebe zu Harmonie und Schönheit bewirkt, daß Sie alles tun, um in angespannten Situationen die Harmonie wiederherzustellen.

Wenn Sie an eine Sache wirklich glauben, setzen Sie sich voll und ganz dafür ein und tun alles, um andere ebenfalls davon zu überzeugen. Da Sie Ihr Wissen gern mit anderen teilen, sind Sie eine echte Bereicherung für Teams und Partnerschaften. Romantisch und idealistisch, wünschen Sie sich wahre Liebe und Zuneigung; gleichzeitig aber sind Sie praktisch und sicherheitsbewußt und lassen sich selten von Gefühlen überwältigen. Sie sollten den Unterschied zwischen «beraten» und «sich in das Leben anderer einmischen» lernen.

Beruf & Karriere

Mit Ihrem Wettbewerbsgeist möchten Sie erfolgreich und kreativ sein. Sport, Musik oder Theater ziehen Sie an. Da Sie viel Überzeugungskraft haben, können Sie gut Ihre Ideen vermitteln, was Sie in Verkauf und anderen publikumsorientierten Berufen erfolgreich macht. Als kompetenter und methodisch vorgehender Mensch interessieren Sie sich für große Projekte, bei denen Sie Ihre administrativen Fähigkeiten beweisen können. Da Sie originell und vielseitig sind, versuchen Sie in jedem Beruf, etwas zu bewegen oder zu verändern. Intelligent und wortgewandt, eignen Sie sich auch für Berufe, die mit Unterrichten, Schreiben oder Kommunikation zu tun haben. Mit Ihrem ausgeprägten Geschäftssinn sind Sie in Handel und Wirtschaft erfolgreich, oder Sie nutzen Ihren scharfen Verstand für Forschung und Problemlösung.

Berühmte Persönlichkeiten dieses Tages sind die Schauspieler William Hurt und Sir Michael Redgrave, der Dramatiker Henrik Ibsen, der kanadische Premier Brian Mulroney, der Pianist Swjatoslaw Richter, der Regisseur Spike Lee.

Numerologie

Mit der Geburtstagszahl 20 sind Sie intuitiv, sensibel und verständnisvoll und sehen sich gern als Teil einer größeren Gruppe. Sie schätzen gemeinschaftliche Aktivitäten, bei denen Sie mit anderen Erfahrungen teilen und von anderen lernen können. Charmant und liebenswürdig, haben Sie diplomatische und gesellschaftliche Talente und können sich mit Leichtigkeit in den verschiedensten gesellschaftlichen Kreisen bewegen. Sie sollten aber mehr Selbstvertrauen entwickeln, um sich von der Kritik anderer weniger beeindrucken zu lassen. Sie beherrschen es meisterlich, eine harmonische und gemütliche Atmosphäre zu schaffen. Der Untereinfluß der Monatszahl 3 macht Sie kreativ und sensibel. Als umgänglicher Mensch und guter Gefährte haben Sie Spaß an gesellschaftlichen Aktivitäten und zahlreiche Interessen. Ihre Vielseitigkeit und Ihr Bedürfnis, sich auszudrücken, lassen Sie alle möglichen kreativen Erfahrungen machen. Sie langweilen sich allerdings leicht, was dazu führen kann, daß Sie unentschlossen werden oder sich verzetteln. Auch wenn Sie nach außen hin begeisterungsfähig und charmant wirken und einen guten Sinn für Humor zeigen, müssen Sie mehr Selbstwertgefühl entwickeln, um sich vor Ängsten und emotionalen Unsicherheiten zu schützen. Hoffnung und Motivation sind für Sie sehr wichtig.

Positiv: gute Partner, taktvoll, aufgeschlossen, intuitiv, rücksichtsvoll, harmonisch, angenehm, freundschaftlich.

Negativ: mißtrauisch, mangelndes Selbstvertrauen, überempfindlich, selbstsüchtig, leicht verletzbar, hinterlistig.

Liebe & Zwischenmenschliches

Sensibel und aufgeschlossen, sind Sie im allgemeinen auch intuitiv und spontan. Obwohl Sie bereit sind, für die, die Sie lieben, alles zu tun, haben Sie auch eine andere Seite, die Sie gelegentlich desinteressiert oder rastlos erscheinen läßt. Da Sie sensibler sind, als es nach außen hin scheint, müssen Sie für ein harmonisches Umfeld sorgen, in dem Sie sich entspannen können. Wenn Sie einem Idealbild der Liebe nachjagen, werden Sie kaum jemanden finden, der diesen hohen Ansprüchen genügen kann. Rücksichtsvoll und freundlich, brauchen Sie eine stabile Beziehung, in der Sie ein treuer und loyaler Partner sind.

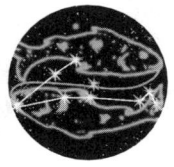

Ihr Partner

Wenn Sie einen dynamischen, aber sensiblen Partner suchen, sollten Sie sich unter den Menschen umsehen, die an den folgenden Tagen geboren sind:

Liebe & Freundschaft: 4., 8., 13., 22., 26. Jan., 6., 20., 24. Feb., 4., 18., 22. März, 2., 16., 20., 30. April, 14., 18., 28., 30. Mai, 12., 16., 26., 28. Juni, 1., 10., 14., 24., 26. Juli, 8., 12., 22., 24. Aug., 6., 10., 20., 22., 30. Sept., 4., 8., 18., 20., 28. Okt., 2., 6., 16., 18., 26. Nov., 4., 14., 16., 24. Dez.

Günstig: 9., 20. Jan., 7., 18. Feb., 5., 16., 29. März, 3., 14., 27. April, 1., 12., 25. Mai, 10., 23. Juni, 8., 21. Juli, 6., 19. Aug., 4., 17., 22., 23., 24. Sept., 2., 15., 30. Okt., 13., 28. Nov., 11., 26., 30. Dez.

Schicksalhaft: 27. Jan., 25. Feb., 23. März, 21. April, 19. Mai, 17. Juni, 15. Juli, 13. Aug., 11. Sept., 9. Okt., 7. Nov., 5. Dez.

Problematisch: 2., 10., 19. Jan., 8., 17. Feb., 6., 15. März, 4., 13. April, 2., 11. Mai, 9. Juni, 7., 30. Juli, 5., 28. Aug., 3., 26. Sept., 1., 24. Okt., 22. Nov., 20., 30. Dez.

Seelenverwandt: 15. Jan., 13. Feb., 11. März, 9. April, 7. Mai, 5. Juni, 3. Juli, 1. Aug., 29. Okt., 27. Nov., 25. Dez.

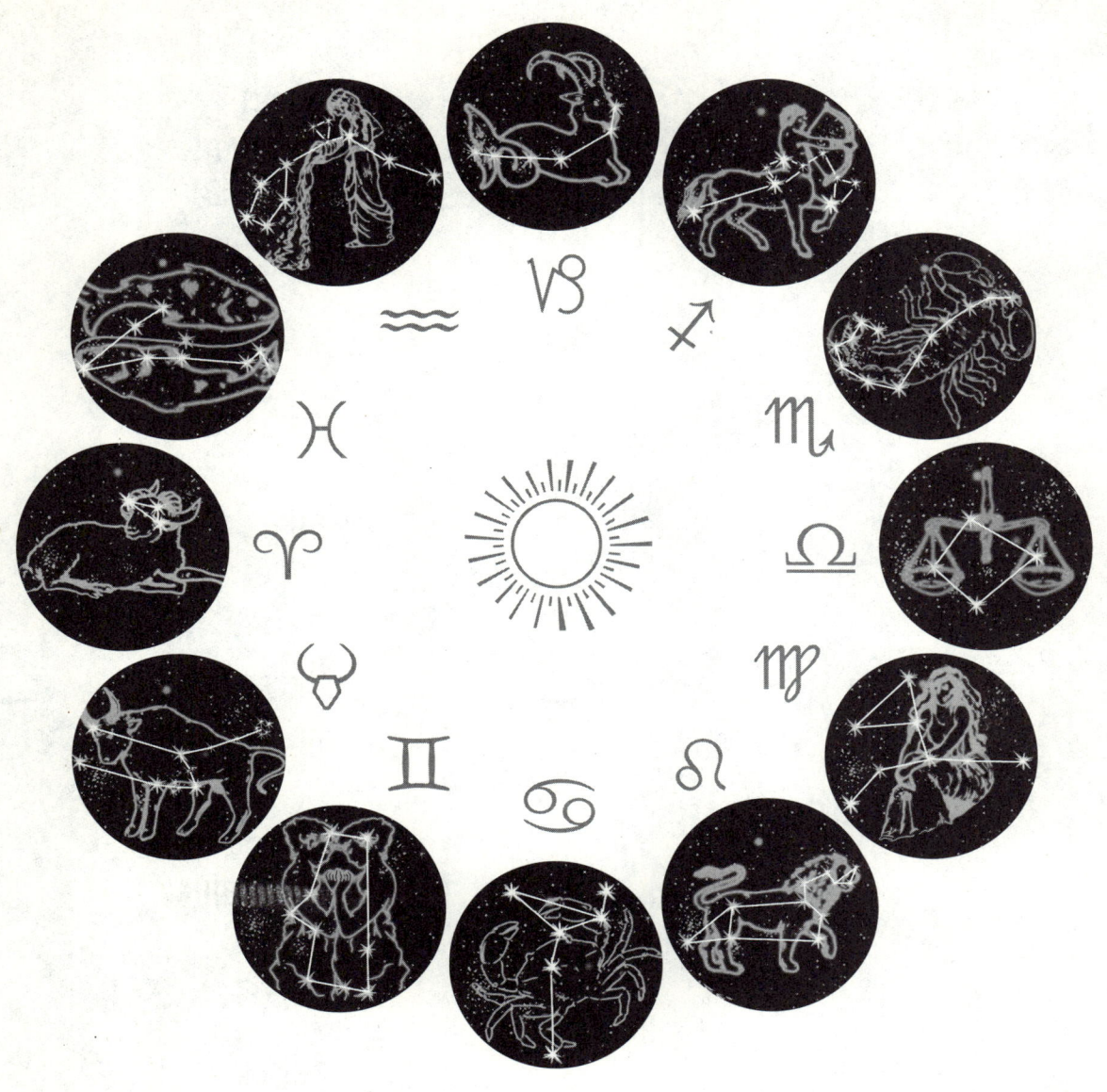

Anhang
Liste der Fixsterne

 Für diejenigen, deren Geburtstag unter dem Einfluß von mehr als einem Fixstern steht, hier eine vollständige Liste der Fixsterne und ihrer Eigenschaften. Wenn Sie noch mehr über die Bedeutung dieser Himmelskörper erfahren möchten, können Sie diesen Anhang in Verbindung mit einem speziell für Sie erstellten Geburtshoroskop benutzen.

Widder

Deneb Kaitos

Name des Sterns: Deneb Kaitos, auch Dipda genannt
Gradposition: 1°32' – 2°27' Widder zwischen den Jahren 1930 und 2000
Magnitude: 2
Stärke: ********
Orbit: 2°10'
Konstellation: Beta Ceti
Tage: 21., 22., 23., 24., 25., 26. März
Sternqualitäten: Saturn
Beschreibung: gelb-orangefarbener Stern am Schwanz des Walfisch

Deneb Kaitos steht im allgemeinen für Zurückhaltung und Entschlossenheit. Allerdings sorgt er auch für Rastlosigkeit, die zu Erholungsphasen, gefolgt von Aktivitätsschüben, führen kann. Wenn Sie unter seinem Einfluß stehen, neigen Sie dazu, Ihre Kraft zu vergeuden, und sollten lernen, sich durch positives Denken zu entspannen; im allgemeinen benötigen Sie auch viel Zeit für sich selbst.

Im Zusammenhang mit dem Stand Ihrer Sonne kann Deneb Kaitos auch für organisatorisches Geschick, Pflicht- und Verantwortungsbewußtsein stehen. Mit Disziplin und Kontrolle können Sie viel erreichen. Dieser Stern warnt vor einer Tendenz zur Frustration.
- Positiv: Beharrlichkeit, Entschlossenheit.
- Negativ: Verdrängung, Frustration, impulsives Handeln, Änderung der Richtung, ohne nachzudenken.

Algenib

Name des Sterns: Algenib
Gradposition: 8°10' – 9°4' Widder zwischen den Jahren 1930 und 2000
Magnitude: 3
Stärke: ******
Orbit: 2°
Konstellation: Alpha Pegasi
Tage: 29., 30., 31. März, 1., 2. April
Sternqualitäten: Mars/Merkur
Beschreibung: kleiner weißer Stern im Flügel des Pegasus.

Algenib steht für Gedankenstärke und einen klaren, regen Verstand, der Sie sowohl durch Ideen als auch durch Taten zu großen Leistungen befähigt. Zudem verleiht er Kampfgeist, Entschlossenheit und Begeisterungsfähigkeit. Sein Einfluß wirkt verstärkend auf Ihre Auffassungsgabe und verleiht Ihnen Schlagfertigkeit; allerdings macht er Sie auch aufbrausend und rücksichtslos.

Im Zusammenhang mit dem Stand Ihrer Sonne kann Algenib für Erfolg in der Geschäftswelt, Freude am Lernen, Interesse an Religion und Schreibtalent sorgen. Unter seinem Einfluß benötigen Sie viel Zeit für sich selbst und legen Wert auf eine ungestörte Privatsphäre. Algenib ist überdies besonders günstig für öffentlichkeitsorientierte Tätigkeiten.
- Positiv: Entschlossenheit, Unternehmungsgeist, Willenskraft, Kampfgeist, Schlagfertigkeit.
- Negativ: Nörgelei, Sarkasmus, Dickköpfigkeit, Depressionen, Streitlust.

Sirrah

Name des Sterns: Sirrah, auch Alpheratz und Caput Andromeda genannt
Gradposition: 13°11' – 14°13' Widder zwischen den Jahren 1930 und 2000
Magnitude: 2
Stärke: ********
Orbit: 2°10'
Konstellation: Alpha Andromedae
Tage: 2., 3., 4., 5., 6., 7. April
Sternqualitäten: Jupiter/Venus
Beschreibung: blau-weiß-violetter Doppelstern im Kopf des Sternbilds Andromeda.

Sirrah sorgt für gute zwischenmenschliche Beziehungen und Beliebtheit, aber auch für Harmoniebedürfnis und Vorteile durch günstige gesellschaftliche Verbindungen. Zudem wird er mit Ehre, Reichtum, Fröhlichkeit, Optimismus, Vielseitigkeit und gutem Urteilsvermögen assoziiert. Unter seinem Einfluß sollten Sie aber nicht zu freimütig oder sich Ihrer Popularität gar zu sicher sein.

Im Zusammenhang mit dem Stand Ihrer Sonne bewirkt Sirrah, daß Ihre Herzenswünsche im allgemeinen in Erfül-

lung gehen, solange Sie sich über Ihre Ziele im klaren sind. Gelegentlich wissen Sie nicht recht, was Sie als nächstes tun sollen, nachdem Sie ein Ziel erreicht haben. Da es aber zu Ihren Eigenschaften gehört, die richtigen Leute zu kennen und zur rechten Zeit am rechten Ort zu sein, ist dieser Zustand nie von langer Dauer.
- Positiv: Warmherzigkeit, Freude, Beliebtheit, Anziehungskraft.
- Negativ: Selbstgefälligkeit, Übertreibung.

Baten Kaitos

Name des Sterns: Baten Kaitos, auch Detus oder Zeta Ceti genannt
Gradposition: 20°57' – 21°49' Widder zwischen den Jahren 1930 und 2000
Magnitude: 3,5 – 4
Stärke: *****
Orbit: 2°30'
Konstellation: Zeta Ceti
Tage: 10., 11., 12., 13. April
Sternqualitäten: Saturn
Beschreibung: topasgelber Stern im Körper des Walfischs.

Der Einfluß des Baten Kaitos sorgt für Vorsicht, Ernst und Aufrichtigkeit. Außerdem verleiht er Verantwortungsbewußtsein, Zielstrebigkeit und die Fähigkeit, große Herausforderungen zu meistern. Häufig arbeiten Menschen unter seinem Einfluß gern allein und werden schnell ungeduldig, wenn sie sich eingeschränkt fühlen.

Im Zusammenhang mit dem Stand Ihrer Sonne sorgt dieser Stern dafür, daß Sie lernen müssen, sich wechselnden Lebensumständen anzupassen, da es bei Ihnen zu Veränderungen des Lebensstils und Schicksals kommen kann. Immer dann, wenn Sie denken, daß sich der Wirbel gelegt hat, beginnt der Aufruhr von neuem. Wenn Sie unter dem Einfluß dieses Sterns stehen, kommt es im allgemeinen zu vielen Reisen oder zu gelegentlich berufsbedingtem Wohnungswechsel.
- Positiv: Rücksicht, Bescheidenheit, Hingabe, Fleiß, Ausdauer.
- Negativ: Melancholie, Egoismus, Labilität.

Al Perg

Name des Sterns: Al Perg, auch Kullat Nuti oder Piscium genannt
Gradposition: 25°50' – 26°46' Widder zwischen den Jahren 1930 und 2000
Magnitude: 3,5 – 4
Stärke: *****
Orbit: 1°30'
Konstellation: Eta Piscium
Tage: 15., 16., 17., 18. April
Sternqualitäten: Saturn und Jupiter
Beschreibung: Doppelstern im sogenannten Band des Sternbildes, in der Ähre vom Schwanz des Nördlichen Fisches.

Al Perg steht vor allem für Zielstrebigkeit. Erfolg ist unter seinem Einfluß gepaart mit Geduld und Standhaftigkeit, aber auch mit Kampf und Mühe. Erfüllung und Anerkennung erreichen Sie durch Beharrlichkeit und Entschlossenheit. Al Perg bewirkt aber auch, daß Sie häufig mit sich selbst unzufrieden sind oder gereizt auf Ihre Mitmenschen reagieren.

Im Zusammenhang mit dem Stand Ihrer Sonne steht Al Perg für Erfolg, wobei Ihre Kräfte langsam, aber stetig zunehmen. Erfolgversprechend ist für Sie die Arbeit im Staat oder in der Politik.
- Positiv: glücklich im Alleinsein, Pflichtbewußtsein, Freimütigkeit, Aufrichtigkeit.
- Negativ: Unbeständigkeit, Unzufriedenheit, Launenhaftigkeit, emotionale Anspannung, Wankelmütigkeit.

Vertex

Name des Sterns: Vertex, auch «Großer Nebel» genannt
Gradposition: 26°51' – 27°46' Widder zwischen den Jahren 1930 und 2000
Magnitude: 3,5 – 4
Stärke: *****
Orbit: 1°
Konstellation: M31 Andromedae
Tage: 16., 17., 28., 29. April
Sternqualitäten: Mars/Mond
Beschreibung: großer Nebel im Norden des Kopfes von Andromeda.

Vertex steht für Ehrgeiz. Es ist einer Ihrer Wesenszüge, stets zu den Ersten gehören zu wollen; überdies sind Sie eine Kämpfernatur. Der Stern steht ferner für große innere Anspannung, was zu impulsiven oder voreiligen Handlungen führen kann.

Im Zusammenhang mit dem Stand Ihrer Sonne sorgt Vertex dafür, daß Sie sehr gut mit Menschen umgehen können. Er steht für Führungsqualitäten, Idealismus und den Drang, für eine gerechte Sache zu kämpfen. Er kann allerdings auch für Turbulenzen sorgen.
- Positiv: Kampfgeist, Leidenschaft, Vitalität und Begeisterungsfähigkeit, kraftvolle Ausstrahlung.
- Negativ: Rastlosigkeit, Launenhaftigkeit, Reizbarkeit.

Mirach

Name des Sterns: Mirach, auch «Andromedas Gürtel» genannt
Gradposition: 29°17' Widder – 0°24' Stier zwischen den Jahren 1930 und 2000
Magnitude: 2

Stärke: ********
Orbit: 2°10'
Konstellation: Beta Andromedae
Tage: 18., 19., 20., 21., 22., 23. April
Sternqualitäten: Neptun und Venus
Beschreibung: rötlich gelber Stern am Gürtel von Andromeda.

Mirach verleiht eine sensible, verträumte und idealistische Natur, aber auch einen ausgeprägten Sinn für Ästhetik. Unter seinem Einfluß sind Sie im allgemeinen heiter und charmant, lieben Gesellschaft und streben nach Glück. Der positive Einfluß des Sterns verleiht Ihnen nicht nur Vorstellungskraft und Inspiration, sondern auch künstlerisches Talent. Häufig besitzen Sie spirituelle Fähigkeiten, neigen aber auch zu Tagträumen. Obwohl Sie unter Mirachs Einfluß abenteuerlustig sind, können Sie auch treu und vorausblickend sein. Sie wirken anregend auf Ihre Mitmenschen und finden leicht Freunde. Häufig können Sie auf die Hilfsbereitschaft anderer zählen.

Im Zusammenhang mit dem Stand Ihrer Sonne macht Sie Mirach oft zu einem begabten Komponisten oder Musiker. Es ist Ihr Ziel, stets Ihre Ideale zu verwirklichen. Allerdings kann Mirachs Einfluß auch dazu führen, daß Sie exzentrisch sind und nicht genügend Selbstvertrauen haben.

- Positiv: Altruismus, scharfer Verstand, Neigung zum Mystizismus, guter Geschmack, künstlerisches Talent, vielseitige Interessen.
- Negativ: geheime schlechte Angewohnheiten, übertrieben romantisch, exzessiver Idealismus.

Stier

Mira

Name des Sterns: Mira oder Stella Mira
Gradposition: 0°33' – 1°32' Stier zwischen den Jahren 1930 und 2000
Magnitude: 2 – 10
Stärke: *****
Orbit: 1°30'
Konstellation: Omikron Ceti
Tage: 20., 21., 22., 23. April
Sternqualitäten: Saturn/Jupiter
Beschreibung: orangeroter Stern im Schwanz des Walfisch.

Mira steht für Beharrlichkeit, Zielstrebigkeit und Pflichtbewußtsein und für die Fähigkeit, Schwierigkeiten durch Ausdauer zu überwinden. Unter seinem Einfluß neigen Sie aber auch zu Materialismus; Unzufriedenheit mit sich selbst und anderen kann Sie in Verwirrung stürzen oder zu Frustration und einem unsteten Leben führen. Lernen Sie unbedingt, sich in Geduld zu üben. Mira sorgt dafür, daß Sie wissenschaftlich denken können und voller Einfallsreichtum und origineller Ideen sind.

Im Zusammenhang mit dem Stand Ihrer Sonne verleiht Mira Ihnen Entschlossenheit und besondere juristische Fähigkeiten. Dank Ihrer Führungsqualitäten können Sie gut mit Menschen umgehen.

- Positiv: Fleiß, Pflichtbewußtsein, Geradlinigkeit, Aufrichtigkeit.
- Negativ: Labilität, Reizbarkeit, Frustration.

El Scheratain

Name des Sterns: El Scheratain, auch Sharatan genannt
Gradposition: 2°58' – 3°58' Stier zwischen den Jahren 1930 und 2000
Magnitude: 2,5 – 3
Stärke: *******
Orbit: 2°
Konstellation: Beta Arietis
Tage: 22., 23., 24., 25. April
Sternqualitäten: Mars/Saturn
Beschreibung: perlweißer Stern im nördlichen Horn des Widder.

El Scheratain steht für Ausdauer, Energie und die Fähigkeit, Schwierigkeiten zu überwinden. Durch Entschlossenheit können Sie Führungsqualitäten entwickeln und zu Ruhm und Glück gelangen. Unter dem Einfluß dieses Sterns können Sie Widrigkeiten nur mit Geduld begegnen. Sie sollten sich vor Frustration oder Unentschlossenheit hüten, um Ihre Kraft nicht zu gefährden.

Im Zusammenhang mit dem Stand Ihrer Sonne sorgt El Scheratain dafür, daß Sie gern Arbeiten tun, die Ausdauer und körperliche Kraft erfordern. Auf Ihrem Gebiet können Sie es zu Anerkennung bringen. El Scheratain kann Sie aber auch negativ beeinflussen; dann neigen Sie dazu, dominierend zu sein oder alles kontrollieren zu wollen, was Probleme schaffen würde.

- Positiv: Hartnäckigkeit, unermüdliche Kräfte.
- Negativ: destruktiv, Dickköpfigkeit, Antriebslosigkeit, Mangel an Vitalität.

Hamal

Name des Sterns: Hamal, auch Al Hamal oder «das Schaf» genannt
Gradposition: 6°43' – 7°38' Stier zwischen den Jahren 1930 und 2000
Magnitude: 2
Stärke: ********
Orbit: 2°10'
Konstellation: Alpha Arietis

Tage: 25., 26., 27., 28., 29., 30. April
Sternqualitäten: kombinierter Einfluß
von Mars und Saturn
Beschreibung: orangegelber Stern in der Stirn des Widder.

Hamal steht für Rastlosigkeit, Ehrgeiz, Rebellion und einen Hang, sich hervorzutun. Das Gestirn sorgt dafür, daß Wettbewerbsgeist und Erfolgstrieb Sie zuweilen zu unorthodoxen Methoden greifen lassen, um Ihre Ziele zu erreichen.

Im Zusammenhang mit dem Stand Ihrer Sonne verleiht Hamal die Kraft, Schwierigkeiten durch Konzentration und Ausdauer zu überwinden. Andererseits wird er auch mit Rücksichts- und Skrupellosigkeit in Verbindung gebracht. Nur durch Geduld können Sie Ihre Fähigkeiten, Talente und Stärken entwickeln. Unter Hamals Einfluß spielt Geld in Ihrem Leben oft eine große Rolle.

- Positiv: Geduld, Disziplin, Fleiß, Führungspersönlichkeit, konzentrierte Energie.
- Negativ: gewalttätig, skrupellos, bewegt sich gern in schlechter Gesellschaft.

Schedir

Name des Sterns: Schedir, auch Sader genannt
Gradposition: 6°51' – 7°57' Stier zwischen den
Jahren 1930 und 2000
Magnitude: 2,5
Stärke: *******
Orbit: 2°
Konstellation: Alpha Cassiopeiae
Tage: 26., 27., 28., 29., 30. April
Sternqualitäten: Saturn
Beschreibung: überwiegend blauer, leicht veränderlicher
Mehrfachstern der Kassiopeia.

Schedir steht im allgemeinen für die Unterstützung durch Personen in einflußreichen Positionen. Obwohl die Menschen unter seinem Einfluß oft ernst erscheinen, können sie durchaus die schönen Dinge des Lebens genießen. Häufig verleiht Schedir auch einen Hang zum Mystizismus.

Im Zusammenhang mit dem Stand Ihrer Sonne sorgt Schedir für Schreibtalent, Erfolg und Geschick bei Aktivitäten, die mit Publikum zu tun haben.

- Positiv: Unterstützung durch andere, Entschlossenheit, Konsequenz.
- Negativ: Neigung zu Materialismus, allzu ernst.

Alamak

Name des Sterns: Alamak, auch Almach genannt
Gradposition: 13°15' – 14°20' Stier zwischen den
Jahren 1930 und 2000
Magnitude: 2
Stärke: ********
Orbit: 2°10'
Konstellation: Gamma Andromedae
Tage: 2., 3., 4., 5., 6., 7. Mai
Sternqualitäten: Venus
Beschreibung: orange-smaragdgrün-blauer Doppelstern
am linken Fuß von Andromeda.

Alamak steht für künstlerisches und musikalisches Talent, eine gute Stimme und Popularität. Zudem sorgt er für Glück und Erfolg, Ehre und unerwartete Gewinne. Mit Geduld und Fleiß können Sie Erfolg haben, Liebe und Romantik finden und Glück in häuslichen Angelegenheiten haben.

Im Zusammenhang mit dem Stand Ihrer Sonne sorgt Alamak für Anerkennung, Ruhm und Prestige, insbesondere bei künstlerischen und literarischen Leistungen. Auf seinen Einfluß zurückzuführen sind weiterhin Erfolg in der Öffentlichkeit und in juristischen Berufen.

- Positiv: kreative Talente, Liebenswürdigkeit, materieller Erfolg.
- Negativ: Rachsucht, Nachgiebigkeit, Verschwendung.

Menkar

Name des Sterns: Menkar
Gradposition: 13°20' – 14°14' Stier zwischen den
Jahren 1930 und 2000
Magnitude: 2,5
Stärke: *******
Orbit: 1°40'
Konstellation: Alpha Ceti
Tage: 3., 4., 5., 6. Mai
Sternqualitäten: Saturn
Beschreibung: strahlend orangeroter Stern
im Kiefer des Walfisch.

Menkar steht für Herausforderungen und Beharrlichkeit. Unter seinem Einfluß sind Sie im allgemeinen aufrichtig, ehrlich und mitfühlend. Bei familiären Problemen übernehmen Sie Ihre Verantwortung voller Stolz und Entschlossenheit.

Im Zusammenhang mit dem Stand Ihrer Sonne sorgt Menkar dafür, daß Sie durch Geduld und verantwortungsbewußtes Handeln Erfolg haben. Hüten Sie sich vor Erbstreitigkeiten. Menkar sorgt für eine gute Stimme, kann aber auch Ursache für Kehlkopfprobleme sein.

- Positiv: aufrichtig, rücksichtsvoll, mitfühlend.
- Negativ: nachtragend, verantwortungslos, gibt zu schnell auf und ergeht sich in Selbstmitleid.

Zanrak

Name des Sterns: Zanrak
Gradposition: 22°33' – 23°32' Stier zwischen den Jahren
1930 und 2000

Magnitude: 3
Stärke: ******
Orbit: 1°40'
Konstellation: Gamma Eridani
Tage: 13., 14., 15., 16. Mai
Sternqualitäten: Saturn
Beschreibung: roter Stern im Eridanus.

Zanrak steht für Ernst und Pragmatismus. Unter seinem Einfluß reagieren Sie oft überempfindlich auf die Meinung anderer und neigen zu Pessimismus.

Im Zusammenhang mit dem Stand Ihrer Sonne sorgt Zanrak für Schreibtalent und Erfolg in Geschäftsleben und Öffentlichkeitsarbeit. Sie müssen sich vor Vereinsamung und Konflikten hüten. Sie lassen sich durch Ihre unmittelbare Umgebung beeinflussen und brauchen Unterstützung durch die Familie.
• Positiv: Pragmatismus, Ernsthaftigkeit, Verantwortungsbewußtsein, Feingefühl.
• Negativ: allzu ernst, geringes Selbstwertgefühl.

Capulus

Name des Sterns: Capulus, auch Gyrus genannt
Gradposition: 23°15' – 24°27' Stier zwischen den Jahren 1930 und 2000
Magnitude: 4
Stärke: ****
Orbit: 1°30'
Konstellation: M34 Persei
Tage: 13., 14., 15. Mai
Sternqualitäten: Mars/Merkur
Beschreibung: Doppelsternhaufen an der Hand, in der Perseus sein Schwert hält.

Capulus steht für Gedankenstärke, schnelle Auffassungsgabe und die Realisierung von Ideen und Plänen. Unter seinem Einfluß sind Sie ehrgeizig und kämpferisch, was allerdings auch zu Hast, Unentschlossenheit und Wankelmut führen kann. Ferner sorgt Capulus dafür, daß Sie sich gerne unterhalten und Freude an Diskussionen haben. Er verleiht rhetorisches Talent und Schlagfertigkeit. Sie sollten sich jedoch davor hüten, Ihre Talente für destruktive Zwecke zu nutzen. Halten Sie sich aus Streitigkeiten heraus, und vermeiden Sie Sarkasmus.

Im Zusammenhang mit dem Stand Ihrer Sonne verleiht Capulus Ausdauer, Entschlossenheit und die Fähigkeit, Energien zu kanalisieren. Sein Einfluß sorgt dafür, daß Sie eine gehobene Position auf Ihrem Gebiet einnehmen können, und ermuntert Sie zum Studium der Philosophie, Astrologie oder Metaphysik. Überdies steht er für Erfolg in öffentlichen Angelegenheiten.
• Positiv: ehrgeizig, humorvoll.
• Negativ: sarkastisch, kritisch, zu kämpferisch, destruktiv.

Algol

Name des Sterns: Algol, auch Caput Medusae genannt
Gradposition: 25°13' – 26°21' Stier zwischen den Jahren 1930 und 2000
Magnitude: 2,5
Stärke: *******
Orbit: 2°
Konstellation: Beta Persei
Tage: 15., 16., 17., 18., 19. Mai
Sternqualitäten: Saturn/Jupiter
Beschreibung: weißer, veränderlicher Doppelstern im Haupt der Medusae in der Hand des Perseus.

Der Einfluß des Algol kann zweierlei bedeuten: Einerseits steht er für hohe spirituelle Werte, andererseits für Mißgeschick, Unzufriedenheit und Mangel an Spiritualität. Ist sein Einfluß positiv, haben Sie das Potential, durch Leistung und Charakterstärke eine Führungspersönlichkeit zu werden oder für die Allgemeinheit von Nutzen zu sein. Der Stern bewirkt, daß ein Trauerfall einen starken Einfluß auf Ihr Leben ausüben kann, und ist häufig für diejenigen von Bedeutung, die den Hinterbliebenen zur Seite stehen.

Im Zusammenhang mit dem Stand Ihrer Sonne sorgt Algol dafür, daß Sie aus Konflikten und Meinungsverschiedenheiten meist als Sieger hervorgehen. Sie sollten sich jedoch davor in acht nehmen, Ihre Energie zu verschwenden und sich verwirren zu lassen. Algol steht dafür, daß korrektes Verhalten für Sie von großer Bedeutung ist. Juristische Verwicklungen und unpassende Gesellschaft sollten Sie vermeiden, da dies zu Fehden, familiärem Zwist oder gar Handgemenge führen kann.
• Positiv: hohe spirituelle Werte, korrektes Verhalten.
• Negativ: Mißgeschick, Ungeduld, unkorrektes Verhalten, bewegt sich in schlechter Gesellschaft.

Alcyone

Name des Sterns: Alcyone
Gradposition: 29° Stier – 0°6' Zwillinge zwischen den Jahren 1930 und 2000
Magnitude: 3
Stärke: ******
Orbit: 1°40'
Konstellation: Eta Tauri
Tage: 19., 20., 21., 22. Mai
Sternqualitäten: Mond/Mars
Beschreibung: grün-gelber Hauptstern im Sternhaufen der Plejaden an der Schulter des Stier (es handelt sich um den hellsten Stern der Plejaden).

Alcyone steht für Offenheit, Unbefangenheit, Ehrlichkeit und Aufrichtigkeit. Mit ihm werden aber auch Rastlosigkeit und impulsives Handeln assoziiert. Unter seinem Einfluß sind Sie von Natur aus energisch und zielstrebig; werden Sie aber von Ihren Gefühlen übermannt, handeln Sie impulsiv, was Aufregung und Veränderungen verursachen kann. Wer unter Alcyones Einfluß steht, sollte sich vor Fieber und Augenproblemen hüten.

Im Zusammenhang mit dem Stand Ihrer Sonne steht Alcyone für Liebe, hohes Ansehen und Führungsqualitäten. Häufig sorgt er dafür, daß Sie Erfolg in öffentlichkeitsorientierten und juristischen Tätigkeiten haben oder Ihre kreativen und schriftstellerischen Talente entwickeln.
• Positiv: Kreativität, Ehrlichkeit, Begeisterungsfähigkeit.
• Negativ: Streitsucht, Launenhaftigkeit.

Zwillinge

Prima Hyadum

Name des Sterns: Prima Hyadum
Gradposition: 4°41' – 5°46' Zwillinge zwischen den Jahren 1930 und 2000
Magnitude: 4
Stärke: ****
Orbit: 1°30'
Konstellation: Gamma Tauri
Tage: 24., 25., 26., 27., 28. Mai
Sternqualitäten: unterschiedliche Interpretationen: Saturn/Merkur oder Mars/Neptun
Beschreibung: orangefarbener Stern, Hauptstern der Hyaden, die aus 132 Sternen bestehen und sich am nördlichen Auge des Stier befinden und dessen Stirn markieren.

Prima Hyadum steht für Energie, Ehrgeiz und Prestigedenken. Menschen unter seinem Einfluß streben häufig nach höherer Bildung, um ihre analytische Denkweise zu schulen. Er kann aber auch für ein widersprüchliches Schicksal oder unruhige Zeiten sorgen.

Im Zusammenhang mit dem Stand Ihrer Sonne sorgt Prima Hyadum nicht nur für ein Talent zum Schreiben, sondern auch für Geschick in geschäftlichen Angelegenheiten, Astrologie, Sport und Umgang mit Menschen. Prima Hyadum ebnet Ihnen den Weg zu Ruhm, Glück und Popularität. Unter seinem Einfluß sollten Sie sich aber auch davor hüten, andere auszubeuten und voreilige Entscheidungen zu treffen.
• Positiv: Talent zum Schreiben, Bildung, kommunikativ.
• Negativ: Rastlosigkeit, Mangel an Wissen, Gier.

Ain

Name des Sterns: Ain
Gradposition: 7°30' – 8°26' Zwillinge zwischen den Jahren 1930 und 2000
Magnitude: 4
Stärke: ****
Orbit: 1°30'
Konstellation: Epsilon Tauri
Tage: 27., 28., 29. Mai
Sternqualitäten: Merkur/Mars
Beschreibung: orangefarbener Stern im nördlichen Auge des Stiers.

Ain steht für einen scharfen Verstand, Urteilsvermögen, Schlagfertigkeit und Freude am Diskutieren. Unter seinem Einfluß sind Sie energisch, aber auch rechthaberisch und haben die Fähigkeit, schlagfertig und pointiert zu kontern. Sie sollten sich aber vor Unehrlichkeit und Problemen mit dem Gesetz in acht nehmen.

Im Zusammenhang mit dem Stand Ihrer Sonne steht Ain dafür, daß Schreiben und höhere Bildung erfolgversprechend für Sie sind. Sein Einfluß verleiht Ihnen Energie und die nötige Entschlossenheit, um Ihre Lebensziele zu erreichen. Sie können erfolgreich Karriere machen und hinterlassen meist einen bleibenden Eindruck. Ain bewirkt jedoch auch, daß auf Höhepunkte immer wieder Talsohlen folgen. Sie sollten sich vor illegalen Geschäften in acht nehmen, da sie katastrophale Auswirkungen für Sie hätten.
• Positiv: Gedankenstärke, Schlagfertigkeit, Urteilsvermögen.
• Negativ: Rastlosigkeit, Reizbarkeit, Streitlust, Unwissenheit.

Aldebaran

Name des Sterns: Aldebaran, auch Al Dabbaran genannt
Gradposition: 8°48' – 9°45' Zwillinge zwischen den Jahren 1930 und 2000
Magnitude: 1
Stärke: **********
Orbit: 2°30'
Konstellation: Alpha Tauri
Tage: 28., 29., 30., 31. Mai, 1., 2. Juni
Sternqualitäten: Mars/Merkur/Jupiter
Beschreibung: großer, rötlicher leuchtender Stern im linken Auge des Stier.

Aldebaran ist einer der vier Königssterne oder Himmelswächter am Firmament und somit von höchster Bedeutung. Er verleiht hohe Ideale, Ehre, Intelligenz, Eloquenz und Integrität. Wenn Sie unter seinem Einfluß stehen, sind Sie mutig und können zu verantwortungsvollen Positionen und Lebensglück gelangen. Häufig ist der Erfolg jedoch nur von kurzer Dauer. Durch Aldebaran haben Sie eine klare, eindrucksvolle Art, sich auszudrücken, und können hervorragend diskutieren. Allerdings steht er auch für Widerspruchsgeist und Selbstzerstörung. Nehmen Sie sich vor der Eifersucht Ihrer Mitmenschen in acht und versuchen Sie, sich keine Feinde zu machen. Passen Sie außerdem auf Ihre Augen auf.

Im Zusammenhang mit dem Stand Ihrer Sonne sorgt Aldebaran für eine außerordentliche geistige Energie. Durch Entschlossenheit und Beharrlichkeit sind Sie zu großen Leistungen fähig und können im Leben viel erreichen. Aldebaran verspricht Erfolg, vor allem in öffentlichen Angelegenheiten. Er verleiht Ihnen die Fähigkeit, in großen Maßstäben zu denken und große Projekte zu bewältigen. Sie sollten jedoch immer daran denken, daß Ruhm oder Erfolg ihren Preis haben. Am günstigsten wirkt sich Aldebarans Einfluß auf Ihre Freude am Schreiben und Lernen und auf Ihr Interesse an pädagogischen Reformen aus.
- Positiv: theologisches Talent, Freude am Philosophieren, Ausdrucksstärke, Beliebtheit.
- Negativ: traurige Berühmtheit, mangelnde Konzentrationsfähigkeit, Angst.

Rigel

Name des Sterns: Rigel
Gradposition: 15°50' – 16°40' Zwillinge zwischen den Jahren 1930 und 2000
Magnitude: 1
Stärke: *********
Orbit: 2°30'
Konstellation: Beta Orionis
Tage: 3., 4., 5., 6., 7., 8., 9. Juni
Sternqualitäten: unterschiedliche Einflüsse: Mars/Jupiter oder Saturn/Jupiter
Beschreibung: leuchtendblau-weißer Doppelstern am linken Fuß des Orion.

Rigel bewirkt, daß Sie im Leben schnell vorwärtskommen, und verleiht Ihnen starke Willenskraft, Ehrgeiz und den Drang nach Allgemeinbildung. Tatendrang und gute Chancen stimulieren Ihr Wettbewerbsdenken. Menschen unter Rigels Einfluß können wissenschaftlich denken und sind häufig erfinderisch. Rigel sorgt im allgemeinen auch für Anerkennung, materiellen Reichtum und anhaltenden Erfolg.

Im Zusammenhang mit dem Stand Ihrer Sonne verleiht Ihnen Rigel Mut und eine liberale Lebensauffassung. Überdies können Sie sehr fleißig sein, zumal Sie einen ausgeprägten Geschäftssinn sowie Gefühl für Politik und öffentliche Angelegenheiten haben. Rigel sorgt auch dafür, daß Sie sich für Astrologie interessieren und für den Weg der höheren Bildung entscheiden. Unter seinem Einfluß gelangen Sie durch Direktheit und Bestimmtheit zu großem Erfolg. Sie sollten jedoch nicht zu freimütig sein.
- Positiv: Gründer großer Unternehmen, liberal, Bildung, Gemeinsinn.
- Negativ: jähzornig, anmaßend und widerspenstig, anspruchsvoll, rastlos.

Bellatrix

Name des Sterns: Bellatrix
Gradposition: 19°58' – 20°54' Zwillinge zwischen den Jahren 1930 und 2000
Magnitude: 1,5
Stärke: *********
Orbit: 2°10'
Konstellation: Gamma Orionis
Tage: 9., 10., 11., 12., 13. Juni
Sternqualitäten: Mars/Merkur
Beschreibung: großer, blasser weiß-gelber Stern an der linken Schulter von Orion.

Bellatrix sorgt für Gedankenstärke, Gemeinsinn und die Fähigkeit, Situationen schnell einzuschätzen. Dieser Stern wird mit Reichtum und guten sozialen Kontakten in Verbindung gebracht und steht für Intelligenz, klaren Verstand und eine schnelle Auffassungsgabe. Im allgemeinen sind Sie unter Bellatrix' Einfluß beredt und energisch und verschaffen sich mit kraftvoller Stimme Gehör. Frauen unter dem Einfluß des Sterns haben eine eher maskuline Geisteshaltung. Bellatrix verleiht überdies Autorität und Ehrgeiz und den Wunsch nach zivilen oder politischen Ehren.

Im Zusammenhang mit dem Stand Ihrer Sonne sorgt Bellatrix für unbeständige Lebensumstände; Reichtum und Ehre sind möglicherweise nicht von langer Dauer. Bellatrix wird außerdem mit Begabung für Forschung, technische Fähigkeiten und einer wissenschaftlichen Geisteshaltung assoziiert.
- Positiv: Gemeinsinn, Intelligenz, gute Kontakte, kommunikativ.
- Negativ: schwankend, voreilig, eigensinnig, unentschlossen in geschäftlichen Angelegenheiten, plötzliche Ereignisse und Turbulenzen.

Capella

Name des Sterns: Capella, auch «Ziegenböckchen» und Amaltheia genannt
Gradposition: 20°52' – 21°48' Zwillinge zwischen den Jahren 1930 und 2000
Magnitude: 1
Stärke: *********
Orbit: 2°30'
Konstellation: Alpha Aurigae
Tage: 9., 10., 11., 12., 13., 14. Juni
Sternqualitäten: Merkur/Mars
Beschreibung: großer, heller, weißer Stern im Körper des Ziegenbocks in den Armen des Fuhrmann.

Capella steht für Energie, Wißbegierde und Freude am Lernen. Er verleiht Ihnen Interesse an der Forschung und neuen Entdeckungen. Unter seinem Einfluß gelangen Sie zu Prominenz und Ehre und in Vertrauenspositionen.

Im Zusammenhang mit dem Stand Ihrer Sonne kann Capella dafür sorgen, daß Sie gerne viele Worte um eine Sache machen; hüten Sie sich also vor Geschwätzigkeit. Um Mißverständnisse zu vermeiden, sollten Sie anderen besser zuhören.
- Positiv: vertrauenswürdig, loyal, wißbegierig, umfassendes Wissen.
- Negativ: streitlustig, unentschlossen, Besorgnis, uninteressiert, verschwendet geistige Energie.

Phact

Name des Sterns: Phact
Gradposition: 21°08' – 21°46' Zwillinge zwischen den Jahren 1930 und 2000
Magnitude: 2,5 – 3
Stärke: *******
Orbit: 1°40'
Konstellation: Alpha Columbae
Tage: 11., 12., 13., 14. Juni
Sternqualitäten: Merkur/Venus mit dem Einfluß des Uranus
Beschreibung: kleiner, heller Doppelstern im rechten Flügel der Taube.

Phact steht für künstlerisches Talent, Intelligenz und Rhythmusgefühl. Er verleiht Gefühl für kreative Denkprozesse und Interesse an Mathematik, Musik und Pädagogik. Unter Phacts Einfluß sind Sie meist vom Glück begünstigt und zeigen sich im allgemeinen freundlich und liebenswert.

Im Zusammenhang mit dem Stand Ihrer Sonne sorgt Phact für Beliebtheit und soziale Kontakte, vor allem mit jungen Leuten. Sein Einfluß bewirkt, daß künstlerische Berufe für Sie erfolgversprechend sind. Sie eignen sich überdies gut als Vermittler und sollten in menschenorientierten Berufen arbeiten. Phact verleiht Ihnen einen Touch Genialität und hellseherische Fähigkeiten.
- Positiv: hoffnungsvoll, charmant, kreative Talente.
- Negativ: redselig, Zweifel, Unsicherheit.

Mintaka

Name des Sterns: Mintaka, auch Cingula Orionis genannt
Gradposition: 21°30' – 22°16' Zwillinge zwischen den Jahren 1930 und 2000
Magnitude: 2,5 – 3
Stärke: *******
Orbit: 1°40'
Konstellation: Delta Orionis
Tage: 12., 13., 14., 15. Juni
Sternqualitäten: Merkur/Saturn/Jupiter
Beschreibung: leuchtendweiß und blaßvioletter, veränderlicher Doppelstern im Gürtel des Orion neben dem Stern Alnilam.

Mintaka steht für Vermögen, Glück und Würde. Wenn Sie positiv denken, können Sie aus jeder Situation das Beste machen. Mintaka verleiht Mut, Fleiß, gutes Zeitgefühl, außerdem Führungsqualitäten und dauerhaftes Lebensglück.

Im Zusammenhang mit dem Stand Ihrer Sonne sorgt Mintaka für Scharfsinn, Urteilsvermögen, ein gutes Gedächtnis und Taktgefühl. Mit Ihrer Vorsicht, Ihrer Geduld und Ihrem guten Gefühl für Timing haben Sie ein natürliches Talent, Situationen zu Ihren Gunsten zu wenden. Unter Mintakas Einfluß haben Sie außerdem ein großes Bedürfnis nach Bildung.
- Positiv: Gespür für Chancen, gutes Urteilsvermögen und Managerfähigkeiten.
- Negativ: wankelmütig, frustriert, unbeständig, mangelnde Ausdauer.

El Nath

Name des Sterns: El Nath
Gradposition: 21°36' – 22°41' Zwillinge zwischen den Jahren 1930 und 2000
Magnitude: 2
Stärke: ********
Orbit: 2°10'
Konstellation: Beta Tauri
Tage: 11., 12., 13., 14., 15., 16. Juni
Sternqualitäten: Mars/Merkur
Beschreibung: großer, leuchtendweißer und blaßgrauer Doppelstern an der Spitze des nördlichen Horns des Stier.

El Nath steht für Ehrgeiz, Entschlossenheit, unternehmerischen Erfolg, Intelligenz, Glück und Anerkennung. Unter seinem Einfluß können Sie Situationen schnell erfassen; erfolgversprechend für Sie sind Wissenschaft und Forschung, Philosophie, Theologie oder Geschichte.

Im Zusammenhang mit dem Stand Ihrer Sonne verleiht El Nath Ihnen einen wachen Verstand, umfassendes Wissen und energisches Auftreten. El Nath wirkt zudem verstärkend auf Ihre Überzeugungskraft und sorgt dafür, daß für Sie Berufe im juristischen Bereich und beim Staat erfolgversprechend sind.
- Positiv: hoher Bildungsgrad, eindrucksvolle Art zu sprechen, Verwirklichung von Plänen und Projekten, außerordentliche Leistungen.
- Negativ: dickköpfig, kritisch, streitsüchtig, stur.

Ensis

Name des Sterns: Ensis
Gradposition: 22°2' – 22°57' Zwillinge zwischen den Jahren 1930 und 2000
Magnitude: 4,5
Stärke: ***
Orbit: 1°

Konstellation: M42 Orionis
Tage: 13., 14., 15. Juni
Sternqualitäten: Mars/Mond
Beschreibung: Orion-Nebel, der das Schwertgehänge des Orion bildet.

Ensis steht für Aufsässigkeit und großen Ehrgeiz, aber auch für Rastlosigkeit und Hast.

Im Zusammenhang mit dem Stand Ihrer Sonne verleiht Ensis enorme Energie, Tatkraft und Willensstärke. Durch seinen Einfluß sind Sie wagemutig und zu starken Gefühlen fähig. Sie haben die Begabung, voller Energie und Begeisterung Projekte zu planen. Die Rastlosigkeit und Ungeduld aber, die von Ensis ausgehen, können zu Stimmungsschwankungen und Gefühlsausbrüchen führen.

- Positiv: Ehrgeiz, Kühnheit, Führungsqualitäten, Energie, Vitalität, Tatkraft.
- Negativ: Ungeduld, Rastlosigkeit, Zorn, Launenhaftigkeit, Streitsucht.

Alnilam

Name des Sterns: Alnilam, auch Al Nitham oder «Perlenschnur» genannt
Gradposition: 22°29' – 23°22' Zwillinge zwischen den Jahren 1930 und 2000
Magnitude: 2
Stärke: ********
Orbit: 2°10'
Konstellation: Epsilon Orionis
Tage: 12., 13., 14., 15., 16., 17. Juni
Sternqualitäten: verschiedene Einflüsse: Jupiter/Saturn und Merkur/Saturn
Beschreibung: leuchtendweißer Stern im Zentrum des Gürtels des Orion.

Alnilam steht für Kühnheit und Waghalsigkeit, aber auch für vergänglichen Ruhm, Reichtum und offizielle Ehren. Sein Einfluß kann von kurzer Dauer sein. Achten Sie darauf, sich nicht eigensinnig oder ungestüm zu verhalten, und ändern Sie Ihre Richtung nicht ohne angemessene Strategie.

Im Zusammenhang mit dem Stand Ihrer Sonne verleiht Alnilam einen starken Charakter, Energie und Entschlossenheit. Dank seiner Unternehmungslust lieben Sie große Projekte. Allerdings sollten Sie nicht vergessen, erst zu denken, bevor Sie reden. Wenn Sie Sturheit und Frustration vermeiden, können Sie Ihre enormen Energiereserven für lohnende Projekte nutzen.

- Positiv: kühn, energisch, ehrgeizig, Gewinne und Sieg.
- Negativ: voreilig, labil, nimmt zu plötzlich Veränderungen vor, wenn es ihm ins Konzept paßt.

Al Hecka

Name des Sterns: Al Hecka
Gradposition: 23°48' – 24°25' Zwillinge zwischen den Jahren 1930 und 2000
Magnitude: 2
Stärke: ********
Orbit: 1°40'
Konstellation: Zeta Tauri
Tage: 14., 15., 16., 17. Juni
Sternqualitäten: Mars oder Saturn/Merkur
Beschreibung: bläulicher Stern am südlichen Horn des Stier.

Al Hecka steht für Stolz, Energie und Kraft. Unter seinem Einfluß haben Sie Führungsqualitäten und sind fest entschlossen, es zu Wohlstand und Ruhm zu bringen. Al Hecka steht aber auch für boshafte Charakterzüge. Außerdem sollten Sie sich hüten, in zweifelhafte Gesellschaft zu geraten.

Im Zusammenhang mit dem Stand Ihrer Sonne kann Al Hecka für Zurückhaltung, aber auch für Unternehmungslust sorgen. Wer unter dem Einfluß Al Heckas steht, hat nicht nur Organisationstalent, sondern ist auch wißbegierig und fleißig. Al Hecka verleiht Pragmatismus und Führungsqualitäten und macht Sie erfolgreich in öffentlichkeitsorientierten Tätigkeiten. Sie sollten sich vor fragwürdigen Angelegenheiten und Betrug in acht nehmen.

- Positiv: praktisch veranlagt, fleißig, entschlossen.
- Negativ: hinterfragt alles.

Polaris

Name des Sterns: Polaris, auch Al Rukkabah oder Polarstern genannt
Gradposition: 27°35' – 28°33' Zwillinge zwischen den Jahren 1930 und 2000
Magnitude: 2
Stärke: ********
Orbit: 2°10'
Konstellation: Alpha Ursae Minoris
Tage: 17., 18., 19., 20., 21., 22. Juni
Sternqualitäten: Saturn/Venus
Beschreibung: gelber und blaß-weißer Doppelstern im Schwanz des Kleinen Bären.

Polaris steht für spirituelle Kraft, Umsicht und klare Zielvorstellungen. Er sorgt dafür, daß Sie Respekt genießen, und ermutigt Sie, Ihre Ziele voller Ausdauer zu verfolgen. Häufig folgt Anerkennung erst nach Verzögerungen und Schwierigkeiten. Durch dauerhaftes Bemühen und Ihre Fähigkeit, Dinge in Bewegung zu bringen, können Sie Erfolg haben. Erbschaften sind mit Mißverständnissen und Streitigkeiten verbunden.

Im Zusammenhang mit dem Stand Ihrer Sonne sorgt Polaris für eine Neigung zu Spiritualität, Religion und Philoso-

phie. Sie haben Gefühl für Tätigkeiten, die mit Publikum zu tun haben. Unter Polaris' Einfluß müssen Sie mit unvorhergesehenen schicksalhaften Ereignissen rechnen.
- Positiv: Pflichtbewußtsein, ausgeprägte Instinkte, klare Zielvorstellungen, kennt seine Grenzen.
- Negativ: gefühllos, zu ernst, Hemmungen, Gefühle auszudrücken.

Beteigeuze

Name des Sterns: Beteigeuze
Gradposition: 27°46' – 28°42' Zwillinge zwischen den Jahren 1930 und 2000
Magnitude: 1
Stärke: **********
Orbit: 2°30'
Konstellation: Alpha Orionis
Tage: 18., 19., 20., 21., 22., 23. Juni
Sternqualitäten: Mars/Merkur
Beschreibung: orangeroter veränderlicher Stern an der rechten Schulter des Orion.

Beteigeuze steht für Urteilsvermögen, Optimismus, Wettbewerbsdenken und eine rasche Auffassungsgabe. Er sorgt dafür, daß Sie durch Entschlossenheit zu Glück und Erfolg gelangen. Für Ihre herausragenden Leistungen ernten Sie Anerkennung, Ehren und Reichtum.

Im Zusammenhang mit dem Stand Ihrer Sonne verleiht Ihnen Beteigeuze ein Interesse für Philosophie und metaphysische Studien. Unter seinem Einfluß können Sie im sportlichen wie im juristischen Bereich erfolgreich sein und haben gute Menschenkenntnis. Bleiben Sie aber stets auf der Hut, denn Ehre und Reichtum sind nicht unbedingt von langer Dauer.
- Positiv: gutes Urteilsvermögen, guter Problemlöser, Übereinstimmung von Gedanken und Taten.
- Negativ: starrsinnig, streitsüchtig, feindselig.

Menkalinan

Name des Sterns: Menkalinan, auch «Schulter des Fuhrmanns» genannt
Gradposition: 28°56' – 29°54' Zwillinge zwischen den Jahren 1930 und 2000
Magnitude: 2
Stärke: ********
Orbit: 2°10'
Konstellation: Beta Aurigae
Tage: 19., 20., 21., 22., 23. Juni
Sternqualitäten: Jupiter mit dem Einfluß von Mars/Merkur/Venus
Beschreibung: leuchtendgelber Stern an der rechten Schulter des Fuhrmann.

Menkalinan verleiht sowohl einen tatkräftigen, energischen und kämpferischen Charakter als auch einen scharfen und regen Verstand. Allerdings steht er auch für übereiltes Handeln und Rastlosigkeit. Der Einfluß von Menkalinan verspricht Erfolg, Ehre und Beliebtheit. Sie sollten sich aber vor plötzlichen Änderungen, übereilten Aktionen oder Zerstörungswut hüten.

Im Zusammenhang mit dem Stand Ihrer Sonne sorgt Menkalinan für Erfolg, wenn Sie entschlossen voranschreiten, dabei unnötige Turbulenzen vermeiden und immer erst denken, bevor Sie handeln.
- Positiv: Entschlossenheit, schnelles Denken, energischer Verstand, Freude am Debattieren, Schlagfertigkeit, eindrucksvolle Art zu reden.
- Negativ: Nervosität, Hast, Streitsucht, eigensinnig, stur, kritisch.

Krebs

Tejat

Name des Sterns: Tejat, auch Tejat Prior genannt
Gradposition: 2°27' – 3°26' Krebs zwischen den Jahren 1930 und 2000
Magnitude: 3
Stärke: *******
Orbit: 1°40'
Konstellation: Eta Geminorum
Tage: 23., 24., 25., 26. Juni
Sternqualitäten: Merkur/Venus
Beschreibung: orangeroter, veränderlicher Doppelstern am linken Fuß des nördlichen Zwilling.

Tejat steht für Vertrauen, Stolz, Würde und ein kultiviertes Wesen. Unter seinem Einfluß sind Sie reich an Gefühlen, haben Sinn für Ästhetik und verfügen über künstlerische wie literarische Fähigkeiten. Tejat sorgt dafür, daß Sie heiter und humorvoll sind. Wenn Sie unter seinem Einfluß stehen, wissen Sie, daß zwei Köpfe besser sind als einer, so daß Sie über viel Teamgeist verfügen, assoziativ denken und diplomatisches Geschick und Überzeugungskraft entwickeln können. Nutzen Sie dieses Talent nicht in negativem Sinn, indem Sie hintertrieben, arrogant oder unbeständig sind.

Im Zusammenhang mit dem Stand Ihrer Sonne sorgt Tejat dafür, daß Sie schöne Dinge lieben, künstlerisches und literarisches Talent und ungewöhnliche Interessen haben. Tejat verleiht eine unbeschwerte Art; allerdings müssen Sie sich nicht nur vor Antriebslosigkeit und Unbeständigkeit, sondern auch vor Labilität und Veränderung in acht nehmen.
- Positiv: liebevolle Gedanken, Kunstsinn, Talent zum Schreiben, beziehungsstark.

- Negativ: Verschwendung, Unbekümmertheit, Eitelkeit, eingebildet.

Dirah

Name des Sterns: Dirah, auch Nuhaiti genannt
Gradposition: 4°19' – 5°17' Krebs zwischen den
Jahren 1930 und 2000
Magnitude: 3
Stärke: ******
Orbit: 1°40'
Konstellation: My Geminorum
Tage: 25., 26., 27., 28. Juni
Sternqualitäten: Merkur/Venus
Beschreibung: gelb-blauer Doppelstern am linken
Fuß des nördlichen Zwillings.

Dirah steht für gesunden Menschenverstand und kreative Ideen, außerdem für Wortgewandtheit und ein geistreiches, geselliges und freundliches Wesen. Unter seinem Einfluß können Sie gut mit anderen kommunizieren und genießen Diskussionen und Gruppenaktivitäten. Dirah sorgt dafür, daß Sie Musik lieben, ordnungsliebend sind und ein Gefühl dafür haben, wie man eine angenehme und kultivierte Atmosphäre schafft. Dirah verleiht auch ein Talent zum Schreiben, das Ihnen zu Reichtum und Anerkennung verhelfen kann.

Im Zusammenhang mit dem Stand Ihrer Sonne steht Dirah für die Gabe, einen guten Eindruck zu machen, und für große Beliebtheit. Eine akademische Laufbahn, öffentlichkeitsorientierte Tätigkeiten und Schreiben, aber auch Pädagogik, Literatur, Verlagswesen oder Politik sind für Sie erfolgversprechend. Oft sind Sie sportlich oder haben Interesse an Astrologie und Esoterik.

- Positiv: Kreativität, Witz, kommunikative Fähigkeiten, Liebe zu Kunst und Ästhetik.
- Negativ: Eitelkeit, Eingebildetheit, Verschwendung, Unreife.

Alhena

Name des Sterns: Alhena oder Al-Hena, auch
«Heller Fuß der Zwillinge» genannt
Gradposition: 8°7' – 9°7' Krebs zwischen den
Jahren 1930 und 2000
Magnitude: 2
Stärke: ********
Orbit: 2°10'
Konstellation: Gamma Geminorum
Tage: 28., 29., 30. Juni, 1., 2. Juli
Sternqualitäten: Merkur/Venus oder
Mond/Venus mit Jupiter
Beschreibung: leuchtendweißer Stern
im linken Fuß des südlichen Zwilling.

Alhena verleiht eine kultivierte, liebenswerte und freundliche Art und sorgt oft für Prominenz in der Kunstszene. Häufig interessieren Sie sich für Spiritualität, Kunst und Wissenschaft. Unter Alhenas Einfluß sind Sie auf Ihre Leistungen stolz, ob sie nun groß oder klein sind. Auch lieben Sie Bequemlichkeit und Luxus.

Im Zusammenhang mit dem Stand Ihrer Sonne verleiht Ihnen Alhena künstlerisches Talent und Interesse an Wissenschaft, Astrologie oder Metaphysik. Wer unter dem Einfluß dieses Sterns steht, hat im allgemeinen Charisma und Erfolg in der Öffentlichkeit. Ihr Wunsch nach Vergnügen und Luxus treibt Sie immer wieder an. Mit Alhena assoziiert man die sogenannte Achillesferse, weshalb Sie sich vor Fußverletzungen in acht nehmen sollten.

- Positiv: taktvoll, lebenslustig, gesellig, Eleganz mit Starqualitäten.
- Negativ: faul, unmäßig, verschwenderisch, eingebildet, stolz.

Sirius

Name des Sterns: Sirius
Gradposition: 13°6' – 14°2' Krebs zwischen den
Jahren 1930 und 2000
Magnitude: 1
Stärke: **********
Orbit: 2°30'
Konstellation: Alpha Canis Majoris
Tage: 3., 4., 5., 6., 7., 8. Juli
Sternqualitäten: unterschiedliche Deutungen:
Mond/Jupiter/Mars
Beschreibung: leuchtendweiß-gelber Doppelstern in der
Schnauze des Großen Hundes; verbunden mit der
ägyptischen Gottheit Osiris.

Sirius steht für Optimismus und Weisheit und die Fähigkeit, treue Freunde an hoher Stelle zu gewinnen. Unter dem Einfluß dieses Sterns können Sie mit Erfolg und Wohlstand rechnen und eine führende Position erreichen. Ohne große Anstrengung gewinnen Sie die Anerkennung Ihrer Vorgesetzten. Sirius steht für Ehre, Reichtum und Ruhm, verleiht Führungsqualitäten und ebnet den Weg zur Macht. Allerdings steht er auch für Aufsässigkeit und Draufgängertum und warnt vor übereiltem Handeln.

Im Zusammenhang mit dem Stand Ihrer Sonne steht Sirius für Erfolg in der Wirtschaft, ein glückliches Heim und die Liebe zu Kunst, Astrologie, Philosophie und Bildung. Zu frühe Anerkennung kann Sie unvorbereitet treffen, so daß Sie den Erfolg nicht verkraften können. Im allgemeinen strahlen Sie Würde aus und können gut mit Menschen umgehen. Sirius ist auch dafür verantwortlich, daß Sie zuverlässig sind und den Besitz anderer gut verwalten können.

- Positiv: Treue, hohe Verantwortlichkeit, Lebensfreude, Abenteuerlust, Erfolg.
- Negativ: Freiheitsdrang um jeden Preis, Mißbrauch von Macht und Vertrauenspositionen.

Canopus

Name des Sterns: Canopus
Gradposition: 13°58' – 15° Krebs zwischen den Jahren 1930 und 2000
Magnitude: 1
Stärke: **********
Orbit: 2°30'
Konstellation: Alpha Carinae
Tage: 4., 5., 6., 7., 8., 9., 10. Juli
Sternqualitäten: Saturn/Jupiter und Mond/Mars
Beschreibung: gelbweißer Stern in einem Ruder des Schiffs der Argonauten.

Canopus, der ägyptische Gott der Seeleute und Reisenden, wird mit diesem Gestirn in Verbindung gebracht, das somit für ausgedehnte Reisen steht. Zudem steht der Stern für Freundlichkeit, Konservativismus, Scharfsinnigkeit und für Erfolg durch höhere Bildung. Sie haben die Fähigkeit, sich leicht umfassendes Wissen anzueignen, und engagieren sich gern für das Gemeinwohl. Der Stern warnt aber auch vor Problemen und Ärger mit Familie und Verwandten.

Im Zusammenhang mit dem Stand Ihrer Sonne sorgt dieses Gestirn für Erfolg in öffentlichen Angelegenheiten und das Erreichen hochgesteckter Ziele durch Fleiß. Canopus wird auch mit Ruhm in Verbindung gebracht, der allerdings nicht immer von langer Dauer ist. Zu Hause oder im Umgang mit Freunden und Verwandten können sich kleinere Probleme ergeben, aber Hilfe kommt, wenn sie am nötigsten gebraucht wird.
- Positiv: Ernsthaftigkeit, Engagement, Reiselust, Beharrlichkeit, Erfolg in der Justiz.
- Negativ: Frustration, Unzufriedenheit, selbstgemachte Probleme, Verwicklung in Rechtsangelegenheiten.

Al Wasat

Name des Sterns: Al Wasat
Gradposition: 17°32' – 18°34' Krebs zwischen den Jahren 1930 und 2000
Magnitude: 4
Stärke: ****
Orbit: 1°30'
Konstellation: Delta Geminorum
Tage: 9., 10., 11., 12., 13. Juli
Sternqualitäten: Saturn
Beschreibung: gelb-blauer Doppelstern im Freiraum zwischen den beiden Zwillingen.

Al Wasat steht für Intelligenz, Hartnäckigkeit und Pragmatismus. Unter dem Einfluß dieses Sterns bringen Sie die Dinge in klaren Worten auf den Punkt, was Sie in Management oder Öffentlichkeitsarbeit erfolgreich macht. Vorsicht vor Überanstrengung und Energieverschwendung. Vermeiden Sie destruktives Handeln, unnötigen Streß und unangenehme Situationen, die Sie später bereuen könnten.

Im Zusammenhang mit dem Stand Ihrer Sonne sorgt Al Wasat für Ausdauer und Gemeinsinn. Sie sind fest entschlossen voranzukommen. Hüten Sie sich jedoch davor, die Dinge zu schnell voranzutreiben, und lernen Sie, Ihre Energien zu bündeln.
- Positiv: Anerkennung aufgrund früherer Leistungen, Entschlossenheit.
- Negativ: drängend, aggressiv, pessimistisch, destruktives Verhalten.

Propus

Name des Sterns: Propus
Gradposition: 17°59' – 19°3' Krebs zwischen den Jahren 1930 und 2000
Magnitude: 4
Stärke: ****
Orbit: 1°30'
Konstellation: Jota Geminorum
Tage: 10., 11., 12., 13. Juli
Sternqualitäten: Merkur/Venus
Beschreibung: kleiner Doppelstern zwischen den Schultern der Zwillinge.

Propus steht für Scharfsinn und wirkungsvolle Selbstdarstellung. Als geselliger, freundlicher und witziger Mensch sind Sie sehr beliebt und haben Erfolg auf künstlerischem Gebiet und mit Publikum. Sie sind einfühlsam, haben starke Gefühle und lieben Luxus und Bequemlichkeit.

Im Zusammenhang mit dem Stand Ihrer Sonne ermutigt Propus Sie zu künstlerischem Schaffen. Sie haben Schreibtalent, können gut vor einem größeren Publikum sprechen und sind begabt für die Astrologie. Propus schenkt Ihnen große Überzeugungskraft, mit der Sie Ihre Ideen klar präsentieren können.
- Positiv: gute Stimme, eindrucksvolle Art zu reden, Liebe zur Musik, kreative Talente.
- Negativ: überempfindlich, Süßholzraspler, arrogant, geringe Zielstrebigkeit.

Castor

Name des Sterns: Castor
Gradposition: 19°16' – 20°13' Krebs zwischen den Jahren 1930 und 2000
Magnitude: 2
Stärke: ********

Orbit: 2°10'
Konstellation: Alpha Geminorum
Tage: 10., 11., 12., 13., 14., 15. Juli
Sternqualitäten: unterschiedliche Einflüsse von Merkur, Venus, Mars und Jupiter
Beschreibung: strahlender und blaßweißer Doppelstern am Kopf des nördlichen Zwillings.

Castor steht für scharfen Verstand und schnelle Auffassungsgabe. Er sorgt überdies für ein unstetes Leben mit vielen Gewinnen und Verlusten. Nach Höhenflügen können Sie sich unvermittelt wieder auf der Erde wiederfinden.

Im Zusammenhang mit dem Stand Ihrer Sonne steht Castor für Tatkraft, Witz und Satire, aber auch für Zynismus. Auch Schreibtalent und gute kommunikative Fähigkeiten sind auf ihn zurückzuführen. Oft interessieren Sie sich für öffentliche Angelegenheiten, so daß besonders Medienberufe oder Arbeit im auswärtigen Dienst für Sie geeignet sind. Durch Castor haben Sie ausgeprägte Intuition und Neigung zur Metaphysik.

- Positiv: plötzliche Schicksalswendungen und unerwarteter Aufstieg, scharfer Verstand, kreative Fähigkeiten.
- Negativ: Ruhm, der manchmal einen hohen Preis erfordert, Selbstaufopferung.

Pollux

Name des Sterns: Pollux, auch als der «Faustkämpfer des Herkules» bekannt
Gradposition: 22°15' – 23°11' Krebs zwischen den Jahren 1930 und 2000
Magnitude: 1
Stärke: **********
Orbit: 2°30'
Konstellation: Beta Geminorum
Tage: 13., 14., 15., 16., 17., 18. Juli
Sternqualitäten: unterschiedliche Einflüsse: Mars/Mond/Uranus
Beschreibung: leuchtendorangefarbener Stern am Kopf des südlichen Zwilling.

Pollux steht für eine ebenso empfindsame wie selbstbewußte Persönlichkeit voller Vitalität und Mut und sorgt für eine Vorliebe für Kampfsportarten. Wirkt er negativ, sind Sie hitzig oder überempfindlich, was zu Frustration und Streit führen und in unangenehmen Situationen enden kann.

Im Zusammenhang mit dem Stand Ihrer Sonne steht Pollux für Abenteuerlust und sportliche Begabung. Häufig versuchen Sie, ohne die Hilfe anderer auszukommen und erfolgreich zu sein. Pollux steht auch für spirituelle Fähigkeiten und den Mut, persönliche Ziele und Ideen zu verwirklichen. Außerdem bewirkt er oft, daß Sie einen höheren Bildungsweg einschlagen oder sich für Philosophie interessieren.

- Positiv: kämpferisch, dennoch zart und einfühlsam, Erfolgskraft.
- Negativ: hinterlistig, ungestüm, aggressiv oder egoistisch, Hang zur Grausamkeit, Launenhaftigkeit.

Procyon

Name des Sterns: Procyon
Gradposition: 24°48' – 25°43' Krebs zwischen den Jahren 1930 und 2000
Magnitude: 1
Stärke: **********
Orbit: 2°30'
Konstellation: Alpha Canis Minoris
Tage: 16., 17., 18., 19., 20., 21. Juli
Sternqualitäten: unterschiedliche Einflüsse: Merkur/Mars oder Jupiter/Uranus
Beschreibung: gelb-weißer Doppelstern am Körper des Kleinen Hundes.

Procyon steht für Willenskraft, Tatkraft und die Fähigkeit, Pläne zu verwirklichen; er sorgt für Aktivitätsdrang und ausgefallene Interessen. Unter seinem Einfluß wirken Reichtum, Erfolg und Glück, es kann aber auch zu plötzlichen Schicksalswendungen kommen, die Ihnen in positivem wie negativem Sinne zu Bekanntheit verhelfen und Gewinne oder Verluste mit sich bringen. Darum müssen Sie lernen, sich in Geduld zu üben und sorgfältig zu planen, um gute Ergebnisse zu erzielen. Traditionelle Deutungen sagen, daß man sich unter dem Einfluß von Procyon vor Hundebissen schützen sollte.

Im Zusammenhang mit dem Stand Ihrer Sonne verleiht dieses Gestirn Mut, Einfallsreichtum, außergewöhnliche Talente und Ritterlichkeit. Im allgemeinen haben Sie viele treue Freunde, die Ihnen zur Seite stehen und Ihnen in Notsituationen Hilfe anbieten. Procyon steht auch für unerwartetes Vermögen, sei es durch Schenkung oder Erbschaft.

- Positiv: Reichtum und Vermögen, Führungspositionen, Stolz und Würde, Bekanntheit in religiösen Bereichen.
- Negativ: Snobismus, gedankenlos, schwerfällig, hinterlistig, heuchlerisch.

Altarf

Name des Sterns: Altarf
Gradposition: 30° Krebs – 1°32' Löwe zwischen den Jahren 1930 und 2000
Magnitude: 3,5
Stärke: *****
Orbit: 1°40'
Konstellation: Beta Cancri
Tage: 21., 22. Juli
Sternqualitäten: Mars
Beschreibung: großer orangefarbener Stern am südlichen Hinterbein des Krebs

Altarf steht für Willenskraft und Ausdauer. Unter seinem Einfluß kommen Sie gut durch eigene Kraft im Leben voran, und Schwierigkeiten und Gefahren überwinden Sie mit Durchhaltevermögen und Kampfgeist. Sie sollten sich jedoch davor hüten, unbesonnen zu sein oder sich zu überfordern.

Im Zusammenhang mit dem Stand Ihrer Sonne verleiht Altarf Mut und Entschlossenheit sowie den beständigen Drang, aktiv und involviert zu sein. Auch Selbstbewußtsein, Vertrauen, Begeisterungsfähigkeit und Unternehmungsgeist sind auf Altarf zurückzuführen.
- Positiv: aktiv und produktiv, mutig, selbstbewußt.
- Negativ: Mangel an Energie, unbesonnen, risikofreudig.

Löwe

Praesepe

Name des Sterns: Praesepe, auch Praesaepe genannt
Gradposition: 6°16' – 7°16' Löwe zwischen den Jahren 1930 und 2000
Magnitude: 5
Stärke: **
Orbit: 1°
Konstellation: M44 Cancri
Tage: 30., 31. Juli, 1. August
Sternqualitäten: Mars/Mond
Beschreibung: Sternhaufen aus über vierzig Sternen am Kopf des Krebses.

Praesepe steht für eine ebenso abenteuerlustige wie fleißige Persönlichkeit mit ausgeprägtem Geschäftssinn. Sein Einfluß sorgt für Glück und Beteiligung an bedeutenden Unternehmensgründungen. Allerdings sind mit ihm auch Unbesonnenheit und Rastlosigkeit verbunden. Hüten Sie sich vor anmaßendem Verhalten, mit dem Sie sich nur unnötige Probleme einhandeln. Auch sollten Sie um Rechtsangelegenheiten und riskante Geschäfte einen großen Bogen schlagen.

Im Zusammenhang mit dem Stand Ihrer Sonne verleiht Praesepe Energie, Vitalität, Stolz und Zielstrebigkeit; Sie geben nie auf, sondern kämpfen unablässig für Ihre Lebensziele. Unter dem Einfluß von Praesepe gewinnen Sie überdies viele Freunde, sind beliebt und nehmen im Beruf meist eine hohe Stellung ein, so daß Sie auch zu Ruhm gelangen können. Allerdings sollten Sie sich vor Stimmungsschwankungen, Zweifeln und Ängsten, die aus Mißverständnissen resultieren, in acht nehmen, da dies zu selbstzerstörerischem Verhalten führen könnte.
- Positiv: Begeisterungsfähigkeit, Unternehmungsgeist, starker Wille, Offenheit, Unbefangenheit.
- Negativ: Ziellosigkeit, Aufsässigkeit, schwierig, verkannte Persönlichkeit, eigenbrötlerisch.

Nördlicher Asellus

Name des Sterns: Nördlicher Asellus
Gradposition: 6°34' – 7°35' Löwe zwischen den Jahren 1930 und 2000
Magnitude: 5
Stärke: **
Orbit: 1°
Konstellation: Gamma Cancri
Tage: 30., 31. Juli, 1. August
Sternqualitäten: Mars/Sonne
Beschreibung: blasser gelb-weißer Doppelstern im Körper des Krebs.

Der Nördliche Asellus steht für Vitalität und Tatendrang, Kreativität, Liebe zur Kunst und unerwartete Gewinne. Auch wenn sowohl der Nördliche als auch der Südliche Asellus mit Fürsorglichkeit und Verantwortungsbewußtsein in Verbindung gebracht werden, ist der Nördliche Asellus der günstigere Stern, da bei ihm Zielstrebigkeit mit Humanität und Großzügigkeit einhergeht. Dieses Gestirn sorgt auch dafür, daß niemand mit Intoleranz und Aggressivität sein angestrebtes Ziel erreichen kann.

Im Zusammenhang mit dem Stand Ihrer Sonne sorgt dieser Stern für ein Flair für Publikum, für gute soziale Kontakte und Freunde in einflußreichen Stellungen. Erfolgversprechend für Sie sind akademische Bereiche, vor allem Philosophie und Religion, aber auch Geschäftswelt und große Konzerne.
- Positiv: furchtlos, kampflustig, sehr geduldig, bis eine Vorgehensweise festgelegt ist.
- Negativ: hektisch, stur, rastlos.

Südlicher Asellus

Name des Sterns: Südlicher Asellus
Gradposition: 7°44' – 8°44' Löwe zwischen den Jahren 1930 und 2000
Magnitude: 4
Stärke: ****
Orbit: 1°30'
Konstellation: Delta Cancri
Tage: 30., 31. Juli, 1., 2., 3. August
Sternqualitäten: Mars/Sonne
Beschreibung: blasser, gelber Doppelstern im Körper des Krebs.

Unter dem Einfluß des Südlichen Asellus sollten Sie sich unbedingt um mehr Verantwortungsbewußtsein bemühen, vor allem, wenn Sie in einer führenden Stellung sind. Setzen Sie nicht in leichtsinnigem Draufgängertum Ihr Leben aufs Spiel. Hüten Sie sich davor, Verleumdungen zu verbreiten; sie könnten auf Sie zurückfallen und Ihren Ruf schädigen oder zu familiären Problemen führen.

Im Zusammenhang mit dem Stand Ihrer Sonne und sofern er in einer günstigen Konstellation zu anderen Planeten steht, strahlt der Südliche Asellus Großzügigkeit und Nachgiebigkeit aus, aber auch Geschäftssinn. Zudem sorgt der Südliche Asellus für Energie und Entschlossenheit. Unter seinem Einfluß sollten Sie um Zurückhaltung besorgt sein, da Irrtümer in Mißverständnisse münden können, die Ihre Glaubwürdigkeit mindern oder berufliche Probleme verursachen.
- Positiv: nachdenklich und fürsorglich, vorsichtig.
- Negativ: unverblümt und leichtsinnig, offensiv.

Kochab

Name des Sterns: Kochab
Gradposition: 11°56' – 12°45' Löwe zwischen den Jahren 1930 und 2000
Magnitude: 2
Stärke: ********
Orbit: 2°10'
Konstellation: Beta Ursae Minoris
Tage: 4., 5., 6., 7. August
Sternqualitäten: Saturn/Merkur
Beschreibung: großer, orangefarbener Stern im Kleinen Bären, auch Kleiner Wagen genannt.

Kochab steht für Logik und Konzentration und die Fähigkeit, in Diskussionen direkt auf den Punkt zu kommen. Sie sind im allgemeinen ordnungsliebend und können gut organisieren. Dank seinem Einfluß haben Sie Ausdauer und Chancen, einen gehobenen Posten zu erreichen.

Im Zusammenhang mit dem Stand Ihrer Sonne sorgt Kochab dafür, daß Sie durch entschlossenes Handeln viel erreichen können. Sie haben die Fähigkeit, einen Kampf mit Energie und Mut bis zum Ende zu kämpfen. Hüten Sie sich aber vor Betrug, Bösartigkeit und Hinterhältigkeit.
- Positiv: Entschlossenheit, Beharrlichkeit, Mut, Hindernisse zu überwinden.
- Negativ: Rastlosigkeit, Boshaftigkeit, Pessimismus.

Acubens

Name des Sterns: Acubens, auch Sertan genannt
Gradposition: 12°40' – 13°36' Löwe zwischen den Jahren 1930 und 2000
Magnitude: 4
Stärke: ****
Orbit: 1°30'
Konstellation: Alpha Cancri
Tage: 5., 6., 7., 8. August
Sternqualitäten: Merkur/Saturn
Beschreibung: Doppelstern mit weißen und roten Flecken in der südlichen Schere des Krebs.

Acubens steht für logisches und rationales Denken, für Beharrlichkeit und hohe Ideale. Sie sind voller Überzeugungskraft und ausgesprochen freimütig. Acubens verleiht Tiefgründigkeit und Organisationstalent, aber auch die Neigung zu dominierendem Verhalten.

Im Zusammenhang mit dem Stand Ihrer Sonne wird Acubens mit Organisationsfähigkeit und Führungsqualitäten in Verbindung gebracht. Sie haben das Potential, in Ihrem Fachgebiet Außergewöhnliches zu leisten. Sie haben Schreibtalent, und höhere Bildung ist für Sie sehr interessant, vor allem in den Bereichen Astrologie und Naturwissenschaften. Traditionell wurde Acubens mit Verstecken und Zufluchtsstätten für Geächtete in Verbindung gebracht, was davor warnt, sich gegen das Establishment zu stellen.
- Positiv: Pragmatismus, Geduld und Entschlossenheit.
- Negativ: Spekulant, aufsässig, Rastlosigkeit, Mißbrauch von Informationen.

Dubhe

Name des Sterns: Dubhe
Gradposition: 14°9' – 15°2' Löwe zwischen den Jahren 1930 und 2000
Magnitude: 2
Stärke: ********
Orbit: 2°20'
Konstellation: Alpha Ursae Majoris
Tage: 6., 7., 8., 9., 10. August
Sternqualitäten: unterschiedliche Deutungen: Merkur/Venus oder Mars
Beschreibung: gelber Doppelstern im Rücken des Großen Bären.

Dubhe steht für Idealismus, Selbstvertrauen, Kühnheit und Stolz. Er sorgt dafür, daß Sie intelligent und redegewandt sind und überzeugend auftreten. Obwohl Sie im allgemeinen abenteuerlustig sind, können Sie sich gelegentlich unsicher und unruhig fühlen, wenn Mißtrauen Sie beherrscht.

Im Zusammenhang mit dem Stand Ihrer Sonne sorgt Dubhe dafür, daß Sie entschlossen nach Erfolg streben und Hindernisse überwinden. Ihre Freude am Lernen und Ihr Wunsch, etwas zu erreichen, veranlassen Sie oft dazu, den höheren Bildungsweg einzuschlagen. Vor allem sind dann Astrologie, Jura oder Militärwesen erfolgversprechend. Der Einfluß des Sterns kann aber auch eine Begabung für Philosophie und Schreiben bedeuten. Hüten Sie sich davor, zu materialistisch zu sein. Bündeln Sie Ihre positiven Energien, damit sie nicht negativ wirken.
- Positiv: höhere Bildung, kreativ, wunderbare Stimme.
- Negativ: Angst, Unsicherheit, Phantasielosigkeit, Neigung zum Materialismus.

Merak

Name des Sterns: Merak
Gradposition: 18°29' – 19°34' Löwe zwischen den
Jahren 1930 und 2000
Magnitude: 2
Stärke: ********
Orbit: 2°10'
Konstellation: Alpha Ursae Majoris
Tage: 10., 11., 12., 13., 14. August
Sternqualitäten: Mars
Beschreibung: großer weißer Stern in der Flanke
des Großen Bären.

Merak sorgt dafür, daß Sie gerne Anweisungen erteilen und Führungsqualitäten haben, damit einher geht allerdings auch ein Hang zu dominierendem Verhalten. Dank Meraks Entschlossenheit können Sie es aber in Ihrem Leben weit bringen und dort erfolgreich sein, wo andere scheitern.

Im Zusammenhang mit dem Stand Ihrer Sonne verleiht Merak Mut, Bestimmtheit und überbordende Vitalität. Unter seinem Einfluß erreichen Sie, was Sie sich wünschen, und führen ein sehr aktives Leben. Meraks Einfluß bringt auch günstige Gelegenheiten sowie Ruhm und Ehre mit sich.
• Positiv: Lebensfreude, aktiv und kreativ, Ehrgeiz, Mut.
• Negativ: Hast, Sturheit, Überforderung.

Al Genubi

Name des Sterns: Al Genubi, auch Asad Australis
oder Ras Elased Australis genannt
Gradposition: 19°44' – 20°43' Löwe zwischen den
Jahren 1930 und 2000
Magnitude: 3
Stärke: ******
Orbit: 1°40'
Konstellation: Epsilon Leonis
Tage: 12., 13., 14., 15. August
Sternqualitäten: Saturn/Mars
Beschreibung: gelber Stern im Maul des Löwen.

Al Genubi wird mit Ausdauer, künstlerischem Talent und Ausdruckskraft in Verbindung gebracht, aber auch mit Kühnheit und Wagemut.

Im Zusammenhang mit dem Stand Ihrer Sonne verleiht Al Genubi Entschlossenheit, Tatendrang und Führungsqualitäten. Sein Einfluß verleiht großes Organisationstalent, das Ihnen zu leitenden Positionen verhelfen kann. Ihr Bedürfnis nach Selbstverwirklichung und Kreativität zieht Sie zur Kunstwelt oder anderen Glamourberufen. Al Genubis Einfluß bewirkt aber auch destruktives Handeln, wenn Sie keine Möglichkeiten finden, sich konstruktiv auszudrücken.
• Positiv: nicht kleinzukriegen, kreativ, Anziehungskraft.
• Negativ: dominierend, stolz, arrogant, grausam.

Alphard

Name des Sterns: Alphard
Gradposition: 26°17' – 27°8' Löwe zwischen den
Jahren 1930 und 2000
Magnitude: 2
Stärke: ********
Orbit: 2°10'
Konstellation: Alpha Hydrae
Tage: 19., 20., 21., 22. August
Sternqualitäten: unterschiedliche Deutungen:
Saturn/Venus und Sonne/Jupiter
Beschreibung: großer orangefarbener Stern
im Nacken der Wasserschlange.

Alphard steht für natürliche Weisheit und tiefes Verständnis für die menschliche Natur. Unter seinem Einfluß sind Sie kunstliebend und haben viel Ehrgeiz und Sensibilität, neigen allerdings auch zu Unmäßigkeit und mangelnder Selbstbeherrschung. Mit Alphards Einfluß kann es zu Turbulenzen und Aufruhr in Ihrem Leben kommen, und Sie müssen sich vor jeglicher Form von Vergiftung oder Infekten in acht nehmen.

Im Zusammenhang mit dem Stand Ihrer Sonne verleiht Alphard Führungsqualitäten und gute Aufstiegschancen, so daß Sie eine leitende Position erreichen können. Sie wünschen sich, im Rampenlicht zu stehen. Sie sollten immer fair und gerecht bleiben, da Sie sonst von anderen verdrängt werden. Dies gilt fürs Berufsleben, aber auch für zwischenmenschliche Beziehungen, denn hier kommt immer wieder Eifersucht durch, die Sie oft vergeblich zu verbergen suchen.
• Positiv: Vertrauen, durch eigene Kraft in der Lage, sich einen Namen zu machen, Ruhm.
• Negativ: juristische Verwicklungen und Rechtsstreitigkeiten, mangelnde Selbstbeherrschung, Eifersucht.

Adhafera

Name des Sterns: Adhafera, auch Al-Serpha genannt
Gradposition: 26°35' – 27°34' Löwe zwischen den
Jahren 1930 und 2000
Magnitude: 3,5 – 4
Stärke: *****
Orbit: 1°30'
Konstellation: Zeta Leonis
Tage: 19., 20., 21., 22. August
Sternqualitäten: Saturn/Merkur
Beschreibung: gelber Doppelstern in der Mähne des Löwen.

Adhafera steht für Tiefgründigkeit, Ordnungsliebe, praktisches Geschick und die Gabe, sich auf Aufgaben oder Probleme zu konzentrieren. Unter seinem Einfluß sind Sie fleißig und arbeiten gern an großen Projekten. Er warnt aber auch vor unorthodoxen Methoden und davor, sich gegen das Establishment zu stellen.

Im Zusammenhang mit dem Stand Ihrer Sonne verleiht Adhafera einen regen Verstand, Freude am Lernen und Pragmatismus. Er sorgt für Entschlossenheit, Ausdauer und die Fähigkeit, Probleme auf geschickte Weise zu lösen.
- Positiv: praktische Veranlagung, gute Konzentrationsfähigkeit.
- Negativ: starrsinnig, unnachgiebig, pessimistisch.

Al Jabhah

Name des Sterns: Al Jabhah
Gradposition: 26°55' – 27°52' Löwe zwischen den Jahren 1930 und 2000
Magnitude: 3,5
Stärke: *****
Orbit: 1°30'
Konstellation: Eta Leonis
Tage: 19., 20., 21., 22. August
Sternqualitäten: Merkur/Saturn
Beschreibung: Stern in der Mähne des Löwen.

Al Jabhah steht für Ehrgeiz und hohes Erfolgspotential im Beruf. Sie haben gutes Urteilsvermögen und die Entschlossenheit, es zu materiellem und beruflichem Erfolg zu bringen. Al Jabhah warnt vor Phasen der Instabilität und Angst, die eintreten, wenn Sie selbstsüchtig und opportunistisch handeln.

Im Zusammenhang mit dem Stand Ihrer Sonne sorgt Al Jabhah für Wettbewerbsgeist und Führungsqualitäten. Wenn Sie unter seinem Einfluß stehen, gehen Sie kreative Projekte methodisch an. Sie sollten jedoch nicht zu vertrauensselig oder aufsässig sein – Sie könnten es später bereuen.
- Positiv: Ausdauer, Entschlossenheit, gute Strukturen, Kreativität.
- Negativ: tollkühn, ruhelos, übereilte Entscheidungen.

Regulus

Name des Sterns: Regulus, auch «Herz des Löwen» genannt
Gradposition: 28°51' – 29°48' Löwe zwischen den Jahren 1930 und 2000
Magnitude: 1
Stärke: **********
Orbit: 2°30'
Konstellation: Alpha Leonis
Tage: 21., 22., 23., 24., 25., 26. August
Sternqualitäten: Mars/Jupiter
Beschreibung: leuchtendweiß-blaues Dreifachsystem im Körper des Löwen.

Regulus ist ein Königsstern, der in der unendlichen Zahl der Sterne eine führende Rolle einnimmt. Regulus wird mit Noblesse, hohen Ehren, großem Charisma und Würde in Verbindung gebracht. Unter seinem Einfluß können Sie schnell Entscheidungen treffen und werden gut mit Problemen fertig. Zudem steht er für das Streben nach Macht und die Fähigkeit, andere zu führen und anzuweisen. Von Regulus beeinflußt haben Sie große Willenskraft und Unternehmungsgeist, die häufig mit großem Verlangen nach Freiheit und Unabhängigkeit einhergehen. Regulus steht aber auch dafür, daß diese Vorteile nicht lange andauern.

Im Zusammenhang mit dem Stand Ihrer Sonne sorgt Regulus für Ehrgeiz, Macht und Autorität sowie für Aufstiegsmöglichkeiten in Staatsstellen oder in großen Konzernen. Falls Sie selbst keine gehobene Stellung einnehmen, haben Sie einflußreiche Freunde. Unter Regulus' Einfluß sollten Sie auf Ihrem Weg nach oben zu anderen stets freundlich sein, da Sie ihnen auf dem Weg nach unten wieder begegnen könnten.
- Positiv: ausgelassen, unbefangen, mutig, Ehre und Reichtum, Autorität, Aufstiegsmöglichkeiten.
- Negativ: starrköpfig, widerspenstig, dominierend, Größe, aber auch Scheitern (meist durch Unehrlichkeit), flüchtiger Erfolg und Ruhm.

Phecda

Name des Sterns: Phecda oder Phachd
Gradposition: 29°41' Löwe – 0°9' Jungfrau zwischen den Jahren 1930 und 2000
Magnitude: 3
Stärke: ******
Orbit: 2°
Konstellation: Gamma Ursae Majoris
Tage: 22., 23., 24., 25. August
Sternqualitäten: unterschiedliche Deutungen: Mars/Jupiter oder Venus
Beschreibung: drittgrößter Stern des Großen Bären.

Phecda steht für Charisma, Freude am Luxus und Kreativität, aber auch für Begeisterungsfähigkeit und Unternehmungsgeist. Er verleiht Ehrgeiz und die Fähigkeit, schnell Entscheidungen zu treffen. Unter seinem Einfluß lieben Sie das schöne Leben, müssen sich aber davor hüten, träge oder maßlos zu werden.

Im Zusammenhang mit dem Stand Ihrer Sonne steht Phecda für Beliebtheit, Attraktivität und Kontaktfreudigkeit. Auch kreatives und schriftstellerisches Talent werden auf ihn zurückgeführt. Sein Einfluß stimuliert Sie zu beruflichem Erfolg, damit Sie sich den luxuriösen Lebensstil auch leisten können, den Sie sich wünschen.
- Positiv: kontaktfreudig, beliebt, einflußreiche Freunde, Unternehmungsgeist.
- Negativ: Hang zur Übertreibung, Arroganz, Opportunismus, Eitelkeit, Stolz, Vertrauensseligkeit.

Jungfrau

Alioth

Name des Sterns: Alioth
Gradposition: 7°52' – 8°52' Jungfrau zwischen
den Jahren 1930 und 2000
Magnitude: 2
Stärke: ********
Orbit: 2°10'
Konstellation: Epsilon Ursae Majoris
Tage: 29., 30., 31. August, 1., 2., 3. September
Sternqualitäten: Mars
Beschreibung: blau-weißer Stern im Schwanz
des Großen Bären.

Alioth steht für gutes Urteilsvermögen und Lebensfreude. Unter seinem Einfluß genießen Sie das Leben und lieben Komfort und sind großzügig und liberal. Alioth schenkt Ihnen viel Ehrgeiz, Kampfgeist und ein ständiges Bedürfnis nach Aktivität. Überdies verleiht er gute Kritikfähigkeit, die konstruktiv genutzt werden sollte.

Im Zusammenhang mit dem Stand Ihrer Sonne steht Alioth für Erfolg in Geschäftsleben, in Regierungsposten, Öffentlichkeitsarbeit und Sport. Alioth verleiht Gründlichkeit und die Fähigkeit, aus jeder Situation das Beste zu machen, warnt aber auch vor Reizbarkeit oder zu großer Vertrauensseligkeit.
- Positiv: aufrichtig, unbefangen, ausdauernd, kann Enttäuschungen überwinden.
- Negativ: Rastlosigkeit, Egoismus, destruktiv, starrsinnig, überkritisch.

Zosma

Name des Sterns: Zosma
Gradposition: 10°19' – 11°14' Jungfrau zwischen
den Jahren 1930 und 2000
Magnitude: 2,5
Stärke: *******
Orbit: 2°10'
Konstellation: Delta Leonis
Tage: 2., 3., 4., 5., 6. September
Sternqualitäten: Saturn/Venus
Beschreibung: Dreifachsystem, weiß, blaßgelb
und blauviolett, im Rücken des Löwen.

Zosma steht für Ernsthaftigkeit, Verantwortungsbewußtsein und einen wachen Verstand. Allerdings können Sie unter seinem Einfluß auch übermäßig ernst oder egoistisch sein. Möglicherweise ändern sich Ihre Lebensumstände, Sie sollten sich dann aber vor unbegründeten Ängsten und Sorgen hüten. Wirkt Zosma positiv, steht er für Liberalismus, Charme, Optimismus, unerwartete Erfolge und Fortschritt.

Im Zusammenhang mit dem Stand Ihrer Sonne schenkt Ihnen Zosma eine überzeugende und freundliche Art, die Ihnen zu Einfluß und sozialem Aufstieg verhilft. Auch wenn Sie extrovertiert und gesellig erscheinen, sind Sie durch Zosma eher zurückhaltend und erkennen wahre Freunde vielleicht erst in der Not.
- Positiv: loyal, pflichtbewußt, gründlich.
- Negativ: schamlos, egoistisch, falsche Freunde, zu ernsthaft.

Mizar

Name des Sterns: Mizar
Gradposition: 14°36' – 15°37' Jungfrau zwischen den
Jahren 1930 und 2000
Magnitude: 2,5
Stärke: *******
Orbit: 2°10'
Konstellation: Zeta Ursae Majoris
Tage: 6., 7., 8., 9., 10., 11. September
Sternqualitäten: Mars und Saturn/Venus
Beschreibung: weiß-blaßsmaragdgrüner Stern
im Schwanz des Großen Bären.

Mizar steht für Ehrgeiz, Pragmatismus, Kreativität und künstlerisches Talent, aber auch für Disharmonie und die Verwicklung in strittige Angelegenheiten.

Im Zusammenhang mit dem Stand Ihrer Sonne verleiht Mizar außergewöhnliches Talent für Schreiben, Geschäfte und öffentliche Angelegenheiten. Sie sollten jedoch nicht zu kritisch sein und Ihre geistigen Kräfte kreativ und positiv nutzen.
- Positiv: ernst, verantwortungsbewußt, kreativ.
- Negativ: aufsässig, disharmonisch, egoistisch.

Denebola

Name des Sterns: Denebola
Gradposition: 20°38' – 21°31' Jungfrau zwischen
den Jahren 1930 und 2000
Magnitude: 2
Stärke: ********
Orbit: 2°10'
Konstellation: Beta Leonis
Tage: 12., 13., 14., 15., 16. September.
Sternqualitäten: unterschiedliche Einflüsse:
Saturn/Venus/Merkur und Mars
Beschreibung: blauer Stern im Schwanz des Löwen.

Denebola steht für gutes Urteilsvermögen, Kühnheit, Mut und einen noblen, großzügigen Charakter. Sein Einfluß kann aufregende Ereignisse und Aufstiegsmöglichkeiten mit sich bringen. Sie denken logisch, haben hohe Wertvorstellungen und die Fähigkeit, rasch zu handeln. Zudem sorgt

Denebola dafür, daß Sie sich für andere einsetzen und sich für Ihre Mitmenschen verantwortlich fühlen. Allerdings sind unter seinem Einfluß Vorteile meist nicht von langer Dauer. Hüten Sie sich davor, zornig oder ängstlich zu sein, da Sie damit Ihren Beziehungen schaden.

Im Zusammenhang mit dem Stand Ihrer Sonne sorgt Denebola dafür, daß Sie mit Entschlossenheit besondere Fertigkeiten erwerben und auf Ihrem Gebiet ein anerkannter Spezialist werden können. Durch Ihre Arbeit kommen Sie oft zu Auszeichnungen und Ehren. Häufig haben Sie Erfolg, wenn Sie für das Gemeinwesen arbeiten oder öffentliche Pflichten erfüllen. Denebola steht allerdings auch für Rastlosigkeit und für die Neigung zu übereilten Entscheidungen, die Sie später bereuen könnten.
- Positiv: Selbstbeherrschung, großzügig, phantasievoll, verantwortungsvoll, rechtschaffen.
- Negativ: ruhelos, mangelndes Verantwortungsbewußtsein, Ungeduld.

Copula

Name des Sterns: Copula
Gradposition: 24°4' – 24°47' Jungfrau zwischen den Jahren 1930 und 2000
Magnitude: 4
Stärke: ****
Orbit: 1°
Konstellation: M51 Canum Venaticorum
Tage: 16., 17., 18. September
Sternqualitäten: Venus/Mond
Beschreibung: Stern beziehungsweise Spiralnebel unterhalb vom Schwanz des Großen Bären.

Copula steht für große Leidenschaft, tiefe und intensive Gefühle und Sensibilität. Sie sind fürsorglich und verständnisvoll und haben ein weiches Herz. Er verleiht Liebe zu Musik und Kunst, wodurch Ihnen zahlreiche Wege zur Selbstverwirklichung offenstehen. Copula warnt vor Gefahr für die Augen.

Im Zusammenhang mit dem Stand Ihrer Sonne verleiht Copula Flair für Publikum, und Sie sollten sich für Berufe in Verwaltung oder im juristischen Bereich interessieren. Unter Copulas Einfluß lassen Sie sich von kleineren Problemen und Rückschlägen leicht entmutigen und sollten einsehen, daß man mit Gelassenheit und Geduld sehr viel weiter kommt.
- Positiv: harmonisches Wesen, heiter, vergnügt, lernt schnell, kleinere Rückschläge zu überwinden.
- Negativ: reizbar, launisch, Konflikte in der Liebe.

Labrum

Name des Sterns: Labrum, auch «Heiliger Gral» genannt
Gradposition: 25°41' – 26°21' Jungfrau zwischen den Jahren 1930 und 2000
Magnitude: 4
Stärke: ****
Orbit: 1°30'
Konstellation: Delta Crateris
Tage: 17., 18., 19. September
Sternqualitäten: Venus/Merkur
Beschreibung: kleiner gelber Stern im Sternbild des Becher.

Labrum verleiht Intelligenz, Kreativität und Aufgeschlossenheit, häufig auch Intuition und spirituelle Kräfte. Auch sorgt er dafür, daß Sie eine kosmopolitische und liberale Einstellung sowie religiöse Neigungen haben. Im allgemeinen interessieren Sie sich für Geschichte, Philosophie oder Theologie und entwickeln Schreibtalent, mit dem Sie es zu Ehre und Reichtum bringen können.

Im Zusammenhang mit dem Stand Ihrer Sonne steht Labrum für Entschlossenheit und Erfolgschancen bei öffentlichen Angelegenheiten. Ausdrücken können Sie sich in kreativen Beschäftigungen und beim Schreiben, aber auch in darstellender Kunst, Präsentation, Kommunikation und Medien. Zudem führt der Einfluß dieses Sterns dazu, daß Sie Bequemlichkeit und Vergnügen lieben, warnt aber auch vor Übertreibung und davor, daß Sie sich der Verantwortung entziehen.
- Positiv: Kreativität, Bildung, künstlerischer Erfolg, Schreibtalent.
- Negativ: Eitelkeit und Eingebildetheit, Antriebsmangel, Übertreibung.

Zavijava

Name des Sterns: Zavijava, auch Al Araph genannt
Gradposition: 26°10' – 27°4' Jungfrau zwischen den Jahren 1930 und 2000
Magnitude: 3,5
Stärke: *****
Orbit: 1°30'
Konstellation: Beta Virginis
Tage: 18., 19., 20., 21. September
Sternqualitäten: Mars/Merkur
Beschreibung: blaßgelber Stern unterhalb des Kopfes der Jungfrau.

Zavijava steht für eine starke und dynamische Persönlichkeit. Unter seinem Einfluß sind Sie intelligent und interessieren sich für höhere Bildung, Wissenschaft, Forschung, einen juristischen Beruf, Verlags- oder Medienwelt oder das Nachrichtenwesen. Zavijava verleiht die Gabe, allen Hindernissen zum Trotz vorwärtszukommen.

Im Zusammenhang mit dem Stand Ihrer Sonne sorgt Zavijava für scharfen Verstand, Konzentration und Blick für Details. Sie neigen dazu, sich zu spezialisieren, und können auf Ihrem Gebiet eine führende Persönlichkeit werden. Er-

folgversprechend ist für Sie die Arbeit als Forscher, Gutachter, Ingenieur, Statistiker oder Computerexperte.
- Positiv: schnelles Handeln, Können und Geschicklichkeit, Entschlossenheit, offen und freimütig, schlagfertig.
- Negativ: rastlos, kritisch, streitlustig.

Al Kaid

Name des Sterns: Al Kaid, auch Benetnasch genannt
Gradposition: 25°51' – 26°50' Jungfrau zwischen den Jahren 1930 und 2000
Magnitude: 2
Stärke: ********
Orbit: 2°10'
Konstellation: Eta Ursae Majoris
Tage: 18., 19., 20., 21., 22. September
Sternqualitäten: Mond/Merkur
Beschreibung: blauer Stern im Großen Bären.

Al Kaid steht für wachen Verstand, das Bedürfnis nach kreativem Ausdruck, Intuition und Anpassungsfähigkeit. Unter seinem Einfluß haben Sie Freude an Gedankenaustausch mit anderen, neigen aber zu schnellem Meinungsumschwung. Al Kaid sorgt überdies für Geschäftssinn, Machtstreben, Erfolgschancen, Glück und Reichtum.

Im Zusammenhang mit dem Stand Ihrer Sonne sorgt Al Kaid dafür, daß Sie gut mit Menschen umgehen können. Interessant für Sie sind Berufe, die mit Daten zu tun haben, Forschungstätigkeit oder jede andere anspruchsvolle Arbeit, die Gefühl fürs Detail verlangt. Andererseits kann Al Kaid Sie auch ruhelos und ehrgeizig und gelegentlich rücksichtslos auf dem Weg nach oben machen. Die Kritikfähigkeit, die von Al Kaid ausgeht, sollten Sie positiv nutzen.
- Positiv: reger Verstand, gute Wahrnehmung und rasche Auffassungsgabe, freundlich, arbeitet gut mit Kindern.
- Negativ: Kritik, Klatsch, Sorgen, empfindlich, nervös, Neigung zu Lügen, Ungeduld, Launenhaftigkeit.

Markeb

Name des Sterns: Markeb
Gradposition: 27°53' – 28°25' Jungfrau zwischen den Jahren 1930 und 2000
Magnitude: 2,5
Stärke: *******
Orbit: 1°40'
Konstellation: Kappa Velorum
Tage: 19., 20., 21., 22. September
Sternqualitäten: Jupiter/Saturn
Beschreibung: kleiner Stern im Segel des Schiffs der Argonauten.

Markeb steht für Hingabe und Frömmigkeit, Wissensdurst und Allgemeinbildung. Unter seinem Einfluß haben Sie ein starkes Bedürfnis nach Bildung und Interesse für Philosophie, aber auch für lange Reisen oder Arbeit im Ausland. Um Erfolg zu haben, müssen Sie sich in Geduld üben.

Im Zusammenhang mit dem Stand Ihrer Sonne verleiht Markeb Talent für Schreiben, Wissenschaft oder Geschäfte. Unter Markebs Einfluß wirken Sie auf andere häufig wie ein unerschöpflicher Quell von Wissen und Information.
- Positiv: reger Verstand, Konzentration, Blick fürs Detail.
- Negativ: Sammeln unnützer Informationen, Interesse an belanglosen Dingen und Klatsch.

Waage

Zaniah

Name des Sterns: Zaniah
Gradposition: 3°51' – 4°43' Waage zwischen den Jahren 1930 und 2000
Magnitude: 4
Stärke: ****
Orbit: 1°30'
Konstellation: Eta Virginis
Tage: 26., 27., 28., 29. September
Sternqualitäten: Merkur/Venus
Beschreibung: weißer, veränderlicher Stern im südlichen Arm der Jungfrau.

Zaniah steht für ein kultiviertes, angenehmes, harmonie- und ordnungsliebendes Wesen. Unter seinem Einfluß sind Sie freundlich und charmant und haben viele Freunde. Zaniah sorgt für Beliebtheit, Ehre und Erfolg durch gesellschaftliche Kontakte.

Im Zusammenhang mit dem Stand Ihrer Sonne begünstigt Zaniah höhere Bildung und eine natürliche Begabung für Forschung und Literatur. Unter seinem Einfluß können Sie Experte auf Ihrem Interessengebiet werden. Durch Zaniah haben Sie ein gutes Verhältnis zu Ihren Mitarbeitern und sind ein guter Lebenspartner. Sie haben eine sehr angenehme Art, vorausgesetzt, Sie erregen sich nicht zu stark.
- Positiv: phantasievoll, reger Geist, kultiviert, gründlich.
- Negativ: eitel, eingebildet, antriebslos, verschwenderisch, geht gern den Weg des geringsten Widerstands.

Vindemiatrix

Name des Sterns: Vindemiatrix, auch bekannt unter Vindemiator oder «Traubenpflücker»
Gradposition: 8°57' – 9°57' Waage zwischen den Jahren 1930 und 2000
Magnitude: 3
Stärke: ******
Orbit: 1°40'

Konstellation: Epsilon Virginis
Tage: 1., 2., 3., 4. Oktober
Sternqualitäten: unterschiedliche Deutungen:
Merkur/Saturn und Saturn/Venus/Merkur
Beschreibung: hellgelber Stern im rechten
Arm der Jungfrau.

Vindemiatrix sorgt dafür, daß Sie mit Ihrer schnellen Auffassungsgabe gelegentlich impulsiv oder indiskret sind. Er verleiht Konzentration, logisches Denken sowie die Fähigkeit, Dinge schnell auf den Punkt zu bringen. Unter seinem Einfluß nähern Sie sich Problemen systematisch an und lassen nicht nach, bis Sie eine Lösung gefunden haben. Allerdings macht Vindemiatrix auch starrsinnig und unnachgiebig.

Im Zusammenhang mit dem Stand Ihrer Sonne steht Vindemiatrix für Führungsqualitäten, Stolz, Perfektionismus und das Streben nach Anerkennung. Sie neigen dazu, Ihre Intelligenz zu verstecken und oberflächliches Gerede von sich zu geben. Nur durch Anstrengung können Sie zu Erfolg kommen. Sie tendieren zu unnötigen Geldsorgen und Versagensängsten.

- Positiv: zurückhaltend, klug, konsequent, geduldig, systematisch.
- Negativ: Depression, Sorgen, Gefahr finanzieller Verluste.

Caphir

Name des Sterns: Caphir, auch Porrima genannt
Gradposition: 9°9' – 10°3' Waage zwischen den
Jahren 1930 und 2000
Magnitude: 3
Stärke: ******
Orbit: 1°40'
Konstellation: Gamma Virginis
Tage: 1., 2., 3., 4. Oktober
Sternqualitäten: Merkur/Venus und Venus/Mars
Beschreibung: veränderlicher gelb-weißer Doppelstern am
linken Arm der Jungfrau.

Caphir steht für ein angenehmes, liebenswertes Wesen, für Idealismus, kultivierten Geschmack und eine diplomatische und höfliche Art. Er macht beliebt und bietet Aufstiegsmöglichkeiten durch gesellschaftliche Kontakte.

Im Zusammenhang mit dem Stand Ihrer Sonne verleiht Caphir Talent für Schreiben, Astrologie, Philosophie und Sozialwissenschaften. Durch Ihr starkes Bedürfnis, mit anderen zu kommunizieren, sind Sie hervorragend für den Umgang mit Publikum geeignet. Ihr Drang nach Erfolg und Anerkennung sorgt dafür, daß Sie verdienten Beifall bekommen. Sie werden selbstbewußter, wenn Sie auf Ihre Instinkte vertrauen.

- Positiv: gebildet, intuitiv, kultiviert, guter Geschmack, kreativ, freundlich.
- Negativ: Verwicklung in fragwürdige Situationen, Zweifel.

Algorab

Name des Sterns: Algorab, auch Al Ghirab
oder «Rabe» genannt
Gradposition: 12°28' – 13°22' Waage zwischen den
Jahren 1930 und 2000
Magnitude: 3
Stärke: ******
Orbit: 1°30'
Konstellation: Delta Corvi
Tage: 5., 6., 7., 8. Oktober
Sternqualitäten: Mars/Saturn
Beschreibung: blaßgelb-violetter Doppelstern
im rechten Flügel des Raben.

Unter Algorabs Einfluß haben Sie guten Geschäftssinn, Unternehmungsgeist und lösen Ihre Probleme mit Charme und Grazie. Algorab macht Sie zu einer zurückhaltenden, lernbegierigen Persönlichkeit mit dem Wunsch nach Anerkennung und Erfolg. Er warnt aber auch vor destruktivem Verhalten und Betrug durch andere.

Im Zusammenhang mit dem Stand Ihrer Sonne sorgt Algorab dafür, daß Sie meist einen positiven Eindruck hinterlassen, Erfolg in der Öffentlichkeit haben und mit der Unterstützung Ihrer Mitmenschen rechnen können. Wenn Sie in der Öffentlichkeit stehen, ernten Sie Ruhm und Popularität, müssen sich aber vor Skandalen hüten, die Sie Ihre Position kosten könnten.

- Positiv: Hartnäckigkeit, Unternehmungsgeist, Popularität, militärische Auszeichnungen.
- Negativ: Unorthodoxe Methoden, arbeitet gegen das Establishment.

Seginus

Name des Sterns: Seginus
Gradposition: 16°38' – 17°20' Waage zwischen den
Jahren 1930 und 2000
Magnitude: 3
Stärke: ******
Orbit: 1°40'
Konstellation: Gamma Bootis
Tage: 9., 10., 11., 12. Oktober
Sternqualitäten: Merkur/Saturn
Beschreibung: kleiner gelb-weißer Stern an der linken
Schulter des Bärenhüter.

Durch den Einfluß von Seginus sind Sie beliebt, haben einen regen, kühnen Verstand und viele gesellschaftliche Kontakte. Sie sind vielseitig und lernen schnell, neigen aber auch dazu, unbeständig zu sein und Ihre Meinung zu oft zu ändern.

Im Zusammenhang mit dem Stand Ihrer Sonne schenkt Seginus gesellschaftliche Erfolge, eine natürliche Begabung

für Astrologie und Philosophie und die Neigung zu außergewöhnlichen Interessen. Durch Ihre gesellige, freundliche Art haben Sie viele Freunde, mit deren Hilfe Sie rechnen können.
- Positiv: kooperativ, beliebt, vielseitig.
- Negativ: Verluste durch Freundschaft und Partnerschaft.

Foramen

Name des Sterns: Foramen
Gradposition: 21°12' – 22°18' Waage zwischen den Jahren 1930 und 2000
Magnitude: 4
Stärke: ****
Orbit: 1°30'
Konstellation: Eta Carinae
Tage: 14., 15., 16., 17. Oktober
Sternqualitäten: Saturn/Jupiter
Beschreibung: veränderlicher rötlicher Stern im Stern des Schiffs der Argonauten, umgeben von einem Sternhaufen.

Foramen verleiht eine intuitive, charmante und großzügige Persönlichkeit mit Führungsqualitäten. Freundlich und unprätentiös, haben Sie einen starken Charakter. Mit Würde und Engagement können Sie zu Erfolg und Ansehen gelangen.

Im Zusammenhang mit dem Stand Ihrer Sonne sorgt Foramen für diplomatisches Geschick, eine angenehme, mitfühlende Natur und eine humanitäre Ader. Sie sehen stets mehrere Seiten einer Situation gleichzeitig, was Sie zum idealen Schlichter in Streitigkeiten macht.
- Positiv: gesellig, verständnisvoll, angenehm, geduldig.
- Negativ: unentschlossen, richtungslos, einfältig, raffgierig.

Spica

Name des Sterns: Spica, auch Ishtar oder Arista genannt
Gradposition: 22°51' – 23°46' Waage zwischen den Jahren 1930 und 2000
Magnitude: 1
Stärke: **********
Orbit: 2°30'
Konstellation: Alpha Virginis
Tage: 14., 15., 16., 17., 18. Oktober
Sternqualitäten: unterschiedlich: Venus/Mars oder Venus/Jupiter/Merkur
Beschreibung: leuchtendweißer Doppelstern in der Jungfrau.

Spica ist einer der dominierenden Sterne am Himmel und somit von großer Bedeutung. Er steht für gutes Urteilsvermögen und unerwartetes Glück, aber auch für ein kultiviertes Wesen, Interesse an der Wissenschaft und Liebe zu Kultur und Kunst. Nach abgeschlossener Ausbildung winken Ehre und Reichtum. Erfolg im Ausland, lange Reisen und Tätigkeiten im internationalen Handel sind ebenso auf Spicas Einfluß zurückzuführen.

Im Zusammenhang mit dem Stand Ihrer Sonne steht Spica für eine hochangesehene Stellung, gute Beziehungen und Erfolg in Handel und Wirtschaft. Zudem können Sie Gewinn aus guten Ideen und Erfindungen schlagen. Sie können sich gut konzentrieren, sind intuitiv und haben spirituelle Fähigkeiten. Große Konzerne und intellektuelle Aktivitäten sind für Sie besonders erfolgversprechend. Durch wirtschaftliche Unternehmungen können Sie immensen Wohlstand erreichen.
- Positiv: sparsam, pragmatisch, zentrierte Ziele.
- Negativ: verschwenderisch, ändert oft die Richtung, unsteter Charakter.

Arcturus

Name des Sterns: Arcturus, auch Bärenhüter, Alchameth oder Al Simak genannt
Gradposition: 23°15' – 24°2' Waage zwischen den Jahren 1930 und 2000
Magnitude: 1
Stärke: **********
Orbit: 2°30'
Konstellation: Alpha Bootis
Tage: 16., 17., 18., 19., 20. Oktober
Sternqualitäten: Mars/Jupiter und Venus/Jupiter
Beschreibung: goldorangefarben-gelber Stern am linken Knie des Bärenhüter.

Arcturus steht für kreatives Talent und Erfolg in der Welt der Kunst. Überdies wird er mit Reichtum, Auszeichnungen und Ansehen in Verbindung gebracht. Arcturus bringt Erfolg im Ausland und durch lange Reisen. Er warnt aber auch vor Rastlosigkeit und Angstzuständen, die Ihr Leben aus dem Gleichgewicht bringen können.

Im Zusammenhang mit dem Stand Ihrer Sonne sorgt Arcturus für Reichtum, Ansehen und Erfolge nach anfänglichen Rückschlägen. Er schenkt Ihnen Intuition und spirituelle oder heilende Fähigkeiten. Erfolgversprechend sind für Sie juristische Tätigkeiten oder Dienstleistungsberufe. Philosophische, spirituelle oder religiöse Themen reizen Sie zum Schreiben. Arcturus' Einfluß kann Gefühle der Sorge und Unzufriedenheit in Ihnen auslösen; deshalb sollten Sie lernen, die Höhen und Tiefen des Lebens gelassen hinzunehmen und nie die Distanz zu verlieren.
- Positiv: Kontakte im klerikalen Bereich, gutes Urteilsvermögen, lange Reisen, glamourös.
- Negativ: maßlos, zu enthusiastisch, träge, nachlässig.

Skorpion

Princeps

Name des Sterns: Princeps, auch Tsieh Kung genannt
Gradposition: 2°8' – 2°50' Skorpion zwischen den Jahren 1930 und 2000
Magnitude: 3,5
Stärke: *****
Orbit: 1°30'
Konstellation: Delta Bootis
Tage: 26., 27., 28., 29. Oktober
Sternqualitäten: Merkur/Saturn
Beschreibung: großer blaßgelber Stern im Sternbild des Bärenhüter.

Princeps steht für einen kühnen Geist und einen ernsthaften, regen und tiefgründigen Verstand, der sich für die Forschung eignet. Unter Princeps' Einfluß sind Sie entschlossen und einfallsreich und vertreten eine konservative Lebensauffassung.

Im Zusammenhang mit dem Stand Ihrer Sonne sorgt Princeps dafür, daß Pädagogik, Wissenschaft, Rechts- und Staatswesen für Sie erfolgversprechend sind. Wettbewerbsgeist und Staatswesen sind ebenfalls auf ihn zurückzuführen. Dank Ihrer subtilen Bestimmtheit und Ihrem Einfallsreichtum können Sie sich mit neuen oder noch nicht erprobten Ideen durchsetzen. Sie sind zurückhaltend und engagieren sich nicht, bevor Sie nicht genau wissen, wo Sie stehen. Wenn Sie von Fakten überzeugt sind, können Sie sehr freimütig und direkt sein. Sie setzen Ihre Meinung durch, da Sie nie die Kontrolle verlieren möchten.

- Positiv: rastlos, willensstark, fleißig, ehrgeizig.
- Negativ: starrköpfig, unorthodoxe Vorgehensweisen, zu große Kontrolle, selbstgemachte Probleme.

Khambalia

Name des Sterns: Khambalia, auch Khamblia genannt
Gradposition: 5°53' – 6°49' Skorpion zwischen den Jahren 1930 und 2000
Magnitude: 4
Stärke: ****
Orbit: 1°30'
Konstellation: Lambda Virginis
Tage: 30., 31. Oktober, 1. November
Sternqualitäten: Merkur/Mars
Beschreibung: kleiner weißer Stern am linken Fuß der Jungfrau.

Khambalia steht für eine schnelle Auffassungsgabe und das Talent zum Debattieren. Überdies sorgt er für wechselnde Lebensumstände, die unerwartete Vorteile mit sich bringen. Unter seinem Einfluß haben Sie eine pragmatische Lebensauffassung und schlagen im allgemeinen den höheren Bildungsweg ein. Obwohl Sie im allgemeinen freundlich und gesellig sind, erscheinen Sie manchmal kühl und unpersönlich.

Im Zusammenhang mit dem Stand Ihrer Sonne sorgt Khambalia für Erfolg in Wirtschaft, Politik oder Verwaltung. Sie können ein Spezialist mit einzigartigen Fähigkeiten werden. Hin und wieder verleiht Khambalia ungewöhnliche Talente, die zu beruflichen Veränderungen führen können.

- Positiv: Hingabe, höhere Bildung, ausgefeilte Logik, Gedankenstärke.
- Negativ: streitlustig, rastlos, unzuverlässig.

Acrux

Name des Sterns: Acrux
Gradposition: 10°45' – 11°50' Skorpion zwischen den Jahren 1930 und 2000
Magnitude: 1
Stärke: **********
Orbit: 2°30'
Konstellation: Alpha Crucis
Tage: 2., 3., 4., 5., 6., 7. November
Sternqualitäten: Jupiter
Beschreibung: blau-weißes Dreifachsystem, der hellste Stern im Kreuz des Südens.

Acrux steht für Wissensdurst, Gerechtigkeitssinn und starkes Harmoniebedürfnis. Er wird sowohl mit einem Interesse an Philosophie, Metaphysik und Astrologie als auch mit psychologischen Fähigkeiten in Verbindung gebracht. Unter seinem Einfluß sind Sie wißbegierig, reiselustig und haben einen unersättlichen Appetit auf Bücher. Ihr Interesse gilt vor allem Forschung, Bildung, Sozialwissenschaften, Philosophie und Religion.

Im Zusammenhang mit dem Stand Ihrer Sonne verleiht Acrux auch Sensibilität und Sentimentalität, außerdem Toleranz, Humanität und Gerechtigkeitssinn. Durch seinen Einfluß können Sie nicht nur beruflich aufsteigen, sondern auch durch Beschäftigung mit humanitären Angelegenheiten zu Prominenz gelangen.

- Positiv: Gerechtigkeit, Nächstenliebe, Mitgefühl.
- Negativ: rachsüchtig, ungerecht, gefühlskalt.

Alphecca

Name des Sterns: Alphecca
Gradposition: 11°16' – 12°0' Skorpion zwischen den Jahren 1930 und 2000
Magnitude: 2,5
Stärke: *******
Orbit: 2°10'
Konstellation: Alpha Coronae Borealis
Tage: 4., 5., 6., 7. November

Sternqualitäten: Venus/Merkur und Mars/Merkur
Beschreibung: leuchtendweißer Stern in der Nördlichen Krone.

Alphecca steht für Würde, Führungsqualitäten, Heilkräfte und ein intensives Interesse an esoterischen Bereichen wie etwa der Astrologie. Überdies verleiht er künstlerische Begabung und Flair für Musik und Dichtung. Unter seinem Einfluß sind Sie entschlußfreudig und haben die besten Voraussetzungen für verantwortungsvolle Positionen. Auch Erbschaften werden mit Alphecca in Verbindung gebracht.

Im Zusammenhang mit dem Stand Ihrer Sonne sorgt Alphecca für einen regen Verstand mit hervorragenden intellektuellen Fähigkeiten, Schreibtalent und Gefühl für den Umgang mit Menschen. Durch Alphecca haben Sie eine Begabung für die darstellenden Künste und können Entertainer oder eine Persönlichkeit des öffentlichen Lebens werden. Schwierigkeiten haben im allgemeinen nichts mit Ihrer beruflichen Situation zu tun. Durch Bildung können Sie Ihren kreativen und aktiven Verstand zusätzlich schulen.
- Positiv: klug, kreativ, Schreibtalent, Bildung, Wissen.
- Negativ: unentschlossen, gerissen, unglücklich.

Al Genubi

Name des Sterns: Al Genubi, auch «Südliche Schere» oder «Südliche Waagschale» genannt
Gradposition: 14°6' – 15°4' Skorpion zwischen den Jahren 1930 und 2000
Magnitude: 3
Stärke: ******
Orbit: 1°40'
Konstellation: Alpha Librae
Tage: 6., 7., 8., 9. November
Sternqualitäten: unterschiedliche Deutungen: Jupiter/Mars/Saturn/Venus
Beschreibung: blaßgelber und weißgrauer Doppelstern in der südlichen Schale der Waage.

Al Genubi sorgt dafür, daß Sie auf Ihrem Lebensweg immer wieder Veränderungen und instabile Phasen erleben. Er warnt auch davor, vom rechten Weg abzukommen und unorthodoxe Methoden anzuwenden. Erfolg stellt sich erst ein, wenn Sie gelernt haben, Schwierigkeiten zu überwinden.

Im Zusammenhang mit dem Stand Ihrer Sonne verleiht Al Genubi die Gabe, sich auf Ziele zu konzentrieren, eine Eigenschaft, die Ihnen hilft, über Hindernisse und Enttäuschungen hinwegzukommen. Überwinden Sie Ängste, indem Sie sich klarmachen, daß die positiven Dinge auch ihren Preis haben.
- Positiv: lernt zu vergeben, Geduld, Ausdauer.
- Negativ: nachtragend, umgibt sich mit zweifelhaften Personen, Probleme mit dem Gesetz.

Al Schemali

Name des Sterns: Al Schemali, auch «Nördliche Waagschale» oder «Nördliche Schere» genannt
Gradposition: 18°23' – 19°19' Skorpion zwischen den Jahren 1930 und 2000
Magnitude: 2,5
Stärke: *******
Orbit: 1°30'
Konstellation: Beta Librae
Tage: 11., 12., 13. November
Sternqualitäten: unterschiedliche Deutungen: Merkur/Jupiter und Jupiter/Mars
Beschreibung: blau-weißer, manchmal blaßsmaragdgrüner Stern in der nördlichen Schale der Waage.

Unter dem Einfluß von Al Schemali bieten sich häufig günstige Gelegenheiten. Sie haben nicht nur einen scharfen Intellekt und ein Faible für Wissenschaft und Esoterik, sondern auch Intuition und spirituelle Fähigkeiten. Al Schemali steht zudem für Ehren, Reichtum und lang anhaltendes Glück.

Im Zusammenhang mit dem Stand Ihrer Sonne verleiht Al Schemali einen starken Charakter und Führungsqualitäten. Mit seiner Hilfe gelingt Ihnen nach anfänglichen Schwierigkeiten ein großer Karrieresprung. Hüten Sie sich davor, mit dem Gesetz in Konflikt oder in fragwürdige Situationen zu geraten. Schwierigkeiten sind selten von langer Dauer, und das Glück kehrt bald wieder zurück, wenn Sie die richtigen Entscheidungen treffen.
- Positiv: ausgeprägter Gemeinsinn, Ideenreichtum, Optimismus, Organisationstalent.
- Negativ: Übertreibung, Eingebildetsein, Arroganz.

Unukalhai

Name des Sterns: Unukalhai
Gradposition: 21°3' – 21°54' Skorpion zwischen den Jahren 1930 und 2000
Magnitude: 2,5
Stärke: ******
Orbit: 1°40'
Konstellation: Alpha Serpentis
Tage: 13., 14., 15., 16. November
Sternqualitäten: Saturn/Mars
Beschreibung: blaßorangegelber Stern am Nacken der Schlange.

Unukalhai steht für Mut, Entschlossenheit und Ausdauer, so daß es Ihnen nicht schwerfällt, Schwierigkeiten zu überwinden. Der Stern warnt aber auch vor schlechter Gesellschaft und bedeutet, daß man lernen muß, das Richtige zu tun, auch wenn es manchmal schwerfällt.

Im Zusammenhang mit dem Stand Ihrer Sonne verhilft Ihnen Unukalhai zu Erfolg in Publizistik, Politik und Öf-

fentlichkeit. Er verleiht das Talent, gut zu strukturieren, und Entschlußkraft. Sie können durch ihn aber auch starrsinnig sein. Unter seinem Einfluß sollten Sie darauf achten, in Familienangelegenheiten stets fair und gerecht zu bleiben. Hüten Sie sich davor, in Rechtsstreitigkeiten verwickelt zu werden.
- Positiv: Entschlossenheit, Ausdauer, Widerstandskraft, ist seinen Aufgaben gewachsen.
- Negativ: aufsässig und streitlustig, handelt gegen Gesetz und Establishment.

Agena

Name des Sterns: Agena
Gradposition: 22°48' – 23°45' Skorpion zwischen den Jahren 1930 und 2000
Magnitude: 1
Stärke: **********
Orbit: 2°30'
Konstellation: Beta Centauri
Tage: 14., 15., 16., 17., 18. November
Sternqualitäten: unterschiedliche Einflüsse: Venus/Jupiter oder Mars/Merkur
Beschreibung: kleiner weißer Stern am rechten Vorderbein des Zentauren.

Durch Agenas Einfluß gelangen Sie zu Anerkennung und hohen Positionen. Zudem verleiht er Ihnen Vitalität und eine gute Gesundheit. Wenn Sie unter seinem Einfluß stehen, sind Sie feinsinnig und haben hohe Moralvorstellungen, die Ihnen Freundschaft, Erfolg und Ehre einbringen.

Im Zusammenhang mit dem Stand Ihrer Sonne sorgt Agena für Ehrgeiz und Erfolg, und im allgemeinen haben Sie gute Beziehungen und einflußreiche Freunde. Auf Agena ist auch zurückzuführen, daß Sie gute soziale Fähigkeiten haben und sich bei einem breiten Publikum beliebt machen können, was Ihnen wiederum neue Chancen eröffnet. Sein Einfluß fördert die geistige Aktivität und macht Sie schlagfertig; hüten Sie aber Ihre Zunge, denn Indiskretion und unbedachtes Reden können Sie teuer zu stehen kommen.
- Positiv: energisch, klug, ausdauernd, beliebt, hohe Moralvorstellungen.
- Negativ: voreilig, unentschlossen, unehrenhaft.

Bungula

Name des Sterns: Bungula
Gradposition: 28°36' – 29°35' Skorpion zwischen den Jahren 1930 und 2000
Magnitude: 1
Stärke: **********
Orbit: 2°30'
Konstellation: Alpha Centauri
Tage: 20., 21., 22., 23., 24. November
Sternqualitäten: Venus/Jupiter
Beschreibung: leuchtendweiß-gelber Doppelstern am linken Fuß des Zentauren.

Bungula steht für Leidenschaft, Scharfsinn und profitable gesellschaftliche Kontakte. Unter dem Einfluß dieses Sterns sind Sie nie um hilfsbereite Freunde und günstige Gelegenheiten verlegen, und er bietet Ihnen die Chancen und Möglichkeiten für Macht und Ehren. Er warnt aber auch vor Extremismus oder Fatalismus.

Im Zusammenhang mit dem Stand Ihrer Sonne sorgt Bungula für Ehrgeiz, Konsequenz und Entschlossenheit, die Ihnen helfen, stetig voranzukommen. Nehmen Sie sich aber vor Rivalität, Neid oder Egozentrik in acht.
- Positiv: selbstsicher, großzügig, beliebt, kann teilen.
- Negativ: überempfindlich, Außenseiter.

Schütze

Yed Prior

Name des Sterns: Yed Prior
Gradposition: 1°19' – 2°13' Schütze zwischen den Jahren 1930 und 2000
Magnitude: 3
Stärke: ******
Orbit: 1°40'
Konstellation: Delta Ophiuchi
Tage: 23., 24., 25., 26. November
Sternqualitäten: Saturn/Venus
Beschreibung: dunkelgelber Stern an der linken Hand des Schlangenträger.

Der Einfluß von Yed Prior sorgt für eine offene, direkte und zugleich ernste Art; im allgemeinen sind Sie ehrgeizig und entschlossen und haben gute soziale Fähigkeiten.

Im Zusammenhang mit dem Stand Ihrer Sonne verleiht Ihnen Yed Prior nicht nur Charme, sondern auch Ehrgeiz und Erfolg, vor allem in Publizistik oder Pädagogik und höherer Bildung. Besonders interessieren Sie sich für Astrologie, Philosophie und Religion, aber auch für Jura und Politik. Kollegen und Arbeitgeber schätzen und bewundern Sie.
- Positiv: Beliebtheit, stets voll konzentriert.
- Negativ: geschwätzig, unmoralisch, schamlos, aufsässig.

Isidis

Name des Sterns: Isidis, auch Dschubba genannt
Gradposition: 1°33' – 2°29' Schütze zwischen den Jahren 1930 und 2000
Magnitude: 2,5
Stärke: ******
Orbit: 1°40'

Konstellation: Delta Scorpii
Tage: 24., 25., 26. November
Sternqualitäten: Mars/Saturn
Beschreibung: heller Stern nahe der rechten Schere des Skorpions.

Isidis steht für Liberalismus, Stolz und hohe Ziele, aber auch für Ehrgeiz und Kampfgeist. Menschen unter seinem Einfluß sind im allgemeinen kühn und unkonventionell, neigen aber zu Ungeduld oder lassen sich mit unzuverlässigen Menschen ein.

Im Zusammenhang mit dem Stand Ihrer Sonne sorgt Isidis dafür, daß Sie sich eine gute Ausbildung wünschen und sich für Jura, Politik, Philosophie, Religion, Metaphysik und Astrologie interessieren. Im allgemeinen sind Sie kontaktfreudig und beliebt, haben viele Freunde und dauerhafte Partnerschaften. Bemühen Sie sich stets um Diskretion.
- Positiv: freimütig und unbefangen, gebildet, weltlich eingestellt.
- Negativ: indiskret, Opportunist, zu optimistisch.

Graffias

Name des Sterns: Graffias, auch Acrab oder «Stirn des Skorpions» genannt
Gradposition: 2°12' – 3°13' Schütze zwischen den Jahren 1930 und 2000
Magnitude: 3
Stärke: ******
Orbit: 1°40'
Konstellation: Beta Scorpii
Tage: 24., 25., 26., 27. November
Sternqualitäten: Saturn/Mars
Beschreibung: blaßweiß-lilafarbenes Dreifachsystem im Kopf des Skorpions.

Graffias steht für ausgeprägten Geschäftssinn, Reichtum und materielle Macht, und meist sorgt er für einen aktiven Verstand und Risikofreudigkeit. Wenn Sie unter seinem Einfluß stehen, stellt sich der ersehnte Erfolg nach anfänglichen Schwierigkeiten ein; Ausdauer und Entschlossenheit sind somit der Schlüssel zur Erfüllung Ihrer Wünsche. Allerdings besteht die Gefahr, daß Vorteile nicht von langer Dauer sind und zu große Aktivität Streß verursacht, der sich schädlich auf Ihre Gesundheit auswirkt.

Im Zusammenhang mit dem Stand Ihrer Sonne schenkt Ihnen Graffias Erfolg in Politik, Pädagogik, Religion und Berufe mit Öffentlichkeitskontakt. Zu hohen Ehren kommen Sie durch harte Arbeit und Dienst an Ihren Mitmenschen. Im allgemeinen haben Sie die Kraft, sich Ihre Wünsche zu erfüllen, aber nicht immer die Fähigkeit, die Früchte Ihrer hart erkämpften Erfolge auch zu genießen.
- Positiv: Ausdauer, Fleiß, Hingabe.
- Negativ: Veränderungen und Turbulenzen, Neigung zum Materialismus.

Han

Name des Sterns: Han
Gradposition: 8°15' – 9°13' Schütze zwischen den Jahren 1930 und 2000
Magnitude: 3
Stärke: ******
Orbit: 1°40'
Konstellation: Zeta Ophiuchi
Tage: 30. November, 1., 2., 3. Dezember
Sternqualitäten: Saturn/Venus
Beschreibung: kleiner blau-weißer Stern nahe dem linken Knie des Schlangenträgers.

Han steht für großen Erfolg, glückliche Unterbrechungen und Ehre, allerdings auch für selbstzerstörerisches oder unkorrektes geschäftliches Verhalten.

Im Zusammenhang mit dem Stand Ihrer Sonne sorgt Han für Charisma und die Gabe, stets einen guten Eindruck zu machen. Um die Hilfe anderer sind Sie nie verlegen; Ihr rascher Aufstieg verläuft meist ohne große Anstrengung, ist aber nicht immer verdient. Berufe, die mit Schreiben oder Öffentlichkeit zu tun haben, sind besonders interessant für Sie. Hüten Sie sich davor, in fragwürdige Situationen zu geraten, um unnötige Sorgen und Streß zu vermeiden.
- Positiv: engagiert, verantwortungsbewußt, seriös.
- Negativ: gefühllos, verweigert sich.

Antares

Name des Sterns: Antares, auch Anti Aries oder «Gegenmars» genannt
Gradposition: 8°48' – 9°49' Schütze zwischen den Jahren 1930 und 2000
Magnitude: 1
Stärke: **********
Orbit: 2°30'
Konstellation: Alpha Scorpii
Tage: 30. November, 1., 2., 3., 4., 5. Dezember
Sternqualitäten: Mars/Jupiter, auch Jupiter/Venus
Beschreibung: feuerrot-smaragdgrüner Doppelstern im Körper des Skorpion.

Antares gehört zu den vier Königssternen und ist mithin von großer Bedeutung. Er steht für Abenteuerlust und Kühnheit, aber auch für Toleranz und Liberalismus. Unerwartete Ereignisse, große Chancen und viele Auslandsreisen sind auf Antares zurückzuführen. Menschen unter seinem Einfluß sind mutig und kühn und vertreten feste Prinzipien, müssen sich aber vor Rastlosigkeit, destruktivem Verhalten, Starrsinn und Rachsucht hüten.

Im Zusammenhang mit dem Stand Ihrer Sonne sorgt Antares dafür, daß Sie Interesse an öffentlichkeitsorientierten Berufen, Pädagogik oder Politik haben. Im allgemeinen sind Sie idealistisch und optimistisch und treten für Gerechtigkeit ein. Antares verleiht außerdem Schreibtalent und Religiosität, die mit der Suche nach Erkenntnis und Wahrheit verbunden ist. Unter seinem Einfluß können sich Situationen plötzlich zum Guten oder Schlechten wenden, und Ruhm und Reichtum sind meist nicht von langer Dauer.
- Positiv: mutig, weltgewandt, Auslandsreisen, höhere Bildung.
- Negativ: heißblütig, unverblümt, aufsässig, destruktiv.

Rastaban

Name des Sterns: Rastaban
Gradposition: 10°49' – 11°42' Schütze zwischen den Jahren 1930 und 2000
Magnitude: 2,5
Stärke: *******
Orbit: 1°40'
Konstellation: Beta Draconis
Tage: 3., 4., 5., 6. Dezember
Sternqualitäten: Saturn/Mars
Beschreibung: unregelmäßiger, großer, veränderlicher rotgelber Doppelstern im Kopf des Drachen.

Rastaban sorgt für feste Überzeugungen, Entschlossenheit und Erfolg im Umgang mit der Öffentlichkeit. Sein Einfluß führt zu außergewöhnlichen Entdeckungen und Erfindungen, aber auch zu Veränderungen und unerwartete Schicksalswendungen. Rastaban verleiht Mut, Waghalsigkeit und Ehrgeiz, und wenn Sie unter seinem Einfluß stehen, gelangen Sie oft durch die Hilfe anderer zu Macht und Ruhm.

Im Zusammenhang mit dem Stand Ihrer Sonne sorgt Rastaban für Führungsqualitäten, Ehrgeiz und Ausdauer – Eigenschaften, die Sie auf der Karriereleiter weit nach oben bringen, vor allem in Gebieten wie Pädagogik, Religion, Wissenschaft und Forschung. Traditionell werden Pferde mit Rastaban assoziiert; Arbeit mit Pferden kann für Sie ein Traumberuf sein.
- Positiv: Ausdauer, Geduld, Pragmatismus.
- Negativ: aufsässig, handelt gegen das Establishment, Antriebsmangel.

Sabik

Name des Sterns: Sabik
Gradposition: 16°58' – 17°59' Schütze zwischen den Jahren 1930 und 2000
Magnitude: 2,5
Stärke: *******
Orbit: 1°40'
Konstellation: Eta Ophiuchi
Tage: 8., 9., 10., 11. Dezember
Sternqualitäten: unterschiedliche Einflüsse: Saturn/Venus und Jupiter/Venus
Beschreibung: blaßgelber Stern am linken Knie des Schlangenträger.

Sabik steht für einen aufrechten und moralisch gefestigten Charakter. Sein Einfluß bewirkt, daß Sie lernen müssen, sich selbst treu zu bleiben und Unehrlichkeit und Verschwendung aus dem Weg zu gehen. Sie müssen mehr Urteilsvermögen zeigen und sich von zweifelhaften Machenschaften fernhalten, mögen sie auch noch so lukrativ erscheinen.

Im Zusammenhang mit dem Stand Ihrer Sonne verleiht Sabik Aufrichtigkeit, ehrenhaftes Verhalten und Gerechtigkeitssinn. Sie suchen nach spiritueller Weisheit und haben eine Vorliebe für philosophische Studien und unkonventionelle oder kontroverse Themen. Sabik wird auch mit positiven Veränderungen in Verbindung gebracht, und oftmals verbirgt sich hinter unerfreulichen Situationen unerwartet Positives. Zudem sorgt er dafür, daß Ihnen, unabhängig von den Umständen, hohe Moralvorstellungen und feste Prinzipien den Weg durch schwere Zeiten weisen werden.
- Positiv: Moral und Mut, kann Schwierigkeiten meistern.
- Negativ: Verschwendung, Unehrlichkeit, Betrug, Mangel an Moral.

Ras Alhague

Name des Sterns: Ras Alhague, auch «Schlangenbeschwörer» genannt
Gradposition: 21°28' – 22°26' Schütze zwischen den Jahren 1930 und 2000
Magnitude: 2
Stärke: ********
Orbit: 2°10'
Konstellation: Alpha Ophiuchi
Tage: 13., 14., 15., 16. Dezember
Sternqualitäten: Saturn/Venus
Beschreibung: leuchtendweiß-saphirblauer Stern am Kopf des Schlangenträger.

Ras Alhague steht für Wissensdurst und Hunger nach Bildung, für Humanität, Toleranz und Liberalismus. Menschen unter seinem Einfluß interessieren sich für Philosophie und Religion und können sich Dinge gut bildlich vorstellen.

Im Zusammenhang mit dem Stand Ihrer Sonne steht Ras Alhague für Zurückhaltung und Nachdenklichkeit. Er verleiht die Fähigkeit, sich auf große Unternehmungen zu konzentrieren, in großen Maßstäben zu denken, und verhilft so zu Erfolg in der Geschäftswelt. Überdies sorgt er häufig für außerordentliche persönliche Leistungen und dafür, daß Sie stets Ihrer Zeit voraus sind. Auch Mißtrauen wird auf Ras Alhague zurückgeführt; anderen mehr zu vertrauen bringt Ihnen Popularität und einen erweiterten Freundeskreis.

- Positiv: Vorliebe für Großprojekte, sportlich, gutes Einkommen.
- Negativ: Mißtrauen, zu ernsthaft, verschwendet Kraft.

Lesuth

Name des Sterns: Lesuth, auch «Stachel» genannt
Gradposition: 23°2' – 24°0' Schütze zwischen den Jahren 1930 und 2000
Magnitude: 3
Stärke: ******
Orbit: 1°40'
Konstellation: Ny Scorpii
Tage: 15., 16., 17., 18. Dezember
Sternqualitäten: Merkur/Mars
Beschreibung: kleines, von einem Nebel umgebenes Vierfachsystem am Stachel des Skorpion.

Lesuth steht für kühnen Verstand, schnelle Auffassungsgabe, Bestimmtheit und Selbstmotivation. Im allgemeinen sind Sie unter seinem Einfluß ehrgeizig, gesellig und haben ein gutes Urteilsvermögen. Er sorgt für Kreativität, Erfindungsgabe und Möglichkeiten, an Neuentdeckungen zu arbeiten oder in den Genuß unerwarteter Vorteile und Glück zu kommen.

Im Zusammenhang mit dem Stand Ihrer Sonne steht Lesuth für Erfolg in der Öffentlichkeit, Schreibtalent und höhere Bildung. Durch seinen Einfluß sind Sie erfinderisch und wißbegierig und leisten durch Entdeckungen Ihren Beitrag an die Gesellschaft. Mit Ihrem schnellen, regen Verstand sind Sie ein guter Kriminalbeamter oder Detektiv. Sie sind freimütig, fleißig, vital und schwungvoll; allerdings müssen Sie lernen, Ihre Kraft auf lohnende Dinge zu konzentrieren und Aktivitäten, die Gefahren oder Schwierigkeiten mit dem Gesetz mit sich bringen könnten, zu meiden.
- Positiv: scharfsinnig, kreativ, entschlossen, Gemeinsinn.
- Negativ: neigt zu Übertreibung, Unruhe.

Aculeus

Name des Sterns: Aculeus
Gradposition: 24°49' – 25°57' Schütze zwischen den Jahren 1930 und 2000
Magnitude: 4,5
Stärke: ***
Orbit: 1°
Konstellation: M6 Scorpii
Tage: 17., 18., 19. Dezember
Sternqualitäten: Mars/Mond
Beschreibung: Stern etwas oberhalb des Stachels des Skorpion, der ebenso wie der Stern Acumen Teil eines Sternhaufens ist.

Aculeus verleiht Energie, Entschlossenheit und Führungsqualitäten. Sie sind aktiv, aber rastlos und neigen zu Wankelmut; üben Sie sich in Geduld, dann steigen Ihre Erfolgschancen.

Im Zusammenhang mit dem Stand Ihrer Sonne sorgt Aculeus für Erfolg in der Öffentlichkeit, allerdings nur, wenn Sie bereit sind, hart zu arbeiten und sich auf anstehende Aufgaben zu konzentrieren. Aculeus warnt vor Gefahren für Ihre Augen.
- Positiv: wacher Verstand, Intuition, energisch, ehrgeizig.
- Negativ: Ungeduld, Reizbarkeit, Wankelmut.

Etamin

Name des Sterns: Etamin
Gradposition: 26°55' – 27°57' Schütze zwischen den Jahren 1930 und 2000
Magnitude: 2,5 – 3
Stärke: ******
Orbit: 1°40'
Konstellation: Gamma Draconis
Tage: 19., 20., 21. Dezember
Sternqualitäten: Mars/Mond
Beschreibung: großer roter Doppelstern im Auge des Drachen.

Etamin steht für Wagemut, Begeisterungsfähigkeit, Individualität und Pioniergeist. Im allgemeinen sind Sie unter seinem Einfluß selbstsicher; manchmal neigen Sie allerdings zu übersteigertem Selbstvertrauen, das zu übereilten Handlungen führen kann, die Ihre Position schwächen.

Im Zusammenhang mit dem Stand Ihrer Sonne führt Etamins Einfluß dazu, daß Sie sich für Pädagogik, Schreiben und Justiz eignen. Gewöhnlich steht Etamin für Energie und Entschlossenheit und für Interesse an ungewöhnlichen Themen, Ideen und Gebieten.
- Positiv: Willenskraft, Kampfgeist, Ehrgeiz, Aufrichtigkeit.
- Negativ: impulsive Handlungen, Streitigkeiten, Reizbarkeit, Launenhaftigkeit.

Acumen

Name des Sterns: Acumen
Gradposition: 27°45' – 28°54' Schütze zwischen den Jahren 1930 und 2000
Magnitude: 4,5
Stärke: ***
Orbit: 1°
Konstellation: M7 Scorpii
Tage: 20., 21., 22. Dezember
Sternqualitäten: Mars/Mond
Beschreibung: Sternhaufen etwas oberhalb des Stachels des Skorpion.

Acumen steht für Führungsqualitäten, Energie, Bestimmtheit und das Bedürfnis vorwärtszukommen. Sein Einfluß gibt Ihnen Willensstärke, aber auch innere Anspannung und eine Tendenz zu Impulsivität. Häufig führen diese heftigen Gefühle und die Neigung zu Übererregbarkeit zu Verwirrung, Mißverständnissen oder gar Streitigkeiten.

Im Zusammenhang mit dem Stand Ihrer Sonne sorgt Acumen für Begeisterungsfähigkeit und Zielstrebigkeit, aber auch für Draufgängertum. Sie zeigen gern, was Sie können, und Gewinnen ist Ihr Hauptziel. Auch Vitalität wird mit Acumen in Verbindung gebracht. Sie sind für Ihre zündenden Ideen oder einfallsreichen Unternehmungen bekannt und können gut mit Menschen umgehen. Gleichwohl benötigen Sie die Unterstützung und Liebe Ihrer Familie. Acumen warnt vor Gefahr für Ihr Augenlicht.
- Positiv: unabhängig, emotional, beliebt, ehrgeizig.
- Negativ: überempfindlich, wankelmütig, ungeduldig, innere Anspannung.

Sinistra

Name des Sterns: Sinistra
Gradposition: 28°46' – 29°44' Schütze zwischen den Jahren 1930 und 2000
Magnitude: 3
Stärke: ***
Orbit: 1°40'
Konstellation: Ny Ophiuchi
Tage: 21., 22., 23. Dezember
Sternqualitäten: Venus/Saturn
Beschreibung: winziger orangefarbener Stern in der linken Hand des Schlangenträgers.

Sinistra steht für erfolgreiche geschäftliche Unternehmungen, gute Führungsqualitäten und eine Unabhängigkeit oder originelle Persönlichkeit. Sein Einfluß kann allerdings auch Rastlosigkeit mit sich bringen, was zu Veränderungen und unstetem Lebenswandel führt. Häufig streben Sie nach hohen einflußreichen Positionen.

Im Zusammenhang mit dem Stand Ihrer Sonne verleiht Sinistra Ehrgeiz und Wagemut, aber auch Streitlust. Er wird außerdem mit Erfolg in Wirtschaft, Öffentlichkeit, juristischen Berufen oder Regierungsstellen in Verbindung gebracht. Sinistra ist auch positiv für ein Studium der Religion oder Philosophie. Er schafft Möglichkeiten, sich einen Namen zu machen, Ruhm zu ernten und Popularität zu genießen.
- Positiv: hohe Positionen im öffentlichen Leben.
- Negativ: dominierend, gefühllos, zu ernst.

Spiculum

Name des Sterns: Spiculum, auch Trifid-Nebel genannt
Gradposition: 29°41' – 0°39' Schütze zwischen den Jahren 1930 und 2000
Magnitude: 5
Stärke: **
Orbit: 1°
Konstellation: M20, M21 Sagittarii
Tage: 21., 22., 23. Dezember
Sternqualitäten: Mond/Mars
Beschreibung: zwei Sternhaufen und ein Nebel an der Pfeilspitze des Schützen.

Spiculum steht für Ehrgeiz, Bestimmtheit, Mut und feste Überzeugungen. Unter seinem Einfluß sind Sie gesellig und genießen gesellschaftliche Zusammenkünfte. Allerdings können Sie zu Launenhaftigkeit und Rastlosigkeit neigen, manchmal unberechenbare Entscheidungen treffen oder sich sonderbar verhalten.

Im Zusammenhang mit dem Stand Ihrer Sonne verleiht Spiculum intensive Gefühle, Strebsamkeit, Ehrgeiz, Mut und feste Überzeugungen. Sie sind gesellig, lieben gesellschaftliche Aktivitäten und haben viele Freunde, vor allem weibliche. Hüten Sie sich vor voreiligen Handlungen, die Sie später bereuen könnten.
- Positiv: Willensstärke, Kampfgeist, Vitalität.
- Negativ: Launenhaftigkeit, Reizbarkeit, Rastlosigkeit, Streitigkeiten, unkluge Entscheidungen.

Steinbock

Polis

Name des Sterns: Polis
Gradposition: 2°15' – 3°14' Steinbock zwischen den Jahren 1930 und 2000
Magnitude: 4
Stärke: ****
Orbit: 1°30'
Konstellation: My Sagittarii
Tage: 23., 24., 25., 26. Dezember
Sternqualitäten: Jupiter/Mars
Beschreibung: blau-weißes Dreifachgestirn im oberen Teil des Bogens des Schützen.

Polis steht für ein stark ausgeprägtes Wahrnehmungsvermögen und die Kraft, sich auf ein bestimmtes Ziel zu konzentrieren. Sein Einfluß ermutigt Sie, nach Glück und Erfolg zu streben, und verleiht Ihnen die Entschlossenheit, in hohe Positionen aufzusteigen. Die Gabe, schnell und gezielt zu entscheiden, bewirkt gute Führungsqualitäten. Polis warnt aber auch vor aufsässigem und dominierendem Verhalten.

Im Zusammenhang mit dem Stand Ihrer Sonne steht Polis für Pioniergeist und Mut, Chancen, Ausdauer und großen Ehrgeiz. Sie sind stolz und darum bemüht, sich einen Namen zu machen, wobei Sie in positivem wie in negativem Sinne zu

Ruhm und Bekanntheit gelangen können. Dieser Stern steht auch für höhere Bildung und ein besonderes Interesse für Spiritualität. Allerdings besteht die Gefahr, daß Sie das Ruder an sich reißen wollen und nur dann die Führung einer Unternehmung übernehmen, wenn Sie selbst der Initiator waren.
• Positiv: Konzentration, Kampfgeist.
• Negativ: aufsässig, ruhelos, mangelnde Ausdauer, zu optimistisch.

Kaus Borealis

Name des Sterns: Kaus Borealis
Gradposition: 5°20' – 6°19' Steinbock zwischen den
Jahren 1930 und 2000
Magnitude: 3
Stärke: ******
Orbit: 1°40'
Konstellation: Lambda Sagittarii
Tage: 27., 28., 29. Dezember
Sternqualitäten: Merkur/Mars
Beschreibung: großer, orangefarbener Stern
im nördlichen Teil vom Bogen des Schützen.

Der Einfluß von Kaus Borealis äußert sich in Intelligenz, einem scharfen Verstand und besonderer Wortgewandtheit. Unter seinem Einfluß diskutieren Sie gern, können dabei allerdings aggressiv oder streitlustig werden. Kaus Borealis wird mit Schlagfertigkeit, humanitären Tendenzen, Idealismus und einem ausgeprägten Gerechtigkeitssinn verbunden. Er kann Ihnen Veränderungen aufzwingen und Ihre Hartnäckigkeit herausfordern.

Im Zusammenhang mit dem Stand Ihrer Sonne kann Kaus Borealis auch für Entschlossenheit und innere Antriebskraft für das Erreichen einflußreicher Posten stehen. Einfallsreichtum und Führungsqualitäten, die von ihm ausgehen, werden allgemein an Ihnen geschätzt und führen zu Beförderung. Durch innere Unruhe und das stete Bedürfnis vorwärtszukommen neigen Sie zu Unzufriedenheit.
• Positiv: flexibel, entschlossen, gebildet, freimütig.
• Negativ: unzufrieden, radikal, rechthaberisch.

Facies

Name des Sterns: Facies
Gradposition: 7°12' – 8°24' Steinbock zwischen
den Jahren 1930 und 2000
Magnitude: 5
Stärke: **
Orbit: 1°
Konstellation: M22 Sagittarii
Tage: 29., 30., 31. Dezember
Sternqualitäten: Sonne/Mars
Beschreibung: heller Sternhaufen und Nebel
im Bogen des Schützen.

Facies steht für Bestimmtheit, Kampfgeist und Furchtlosigkeit. Unter seinem Einfluß sind Sie lebensfroh und vital, haben Führungsqualitäten und möchten Macht ausüben. Mit Facies sind Sie ein entschlossener Stratege, der den Wettbewerb liebt und seine Siege genießt.

Im Zusammenhang mit dem Stand Ihrer Sonne steht Facies für Erfolg in der Wirtschaft und Öffentlichkeit, sorgt für Willenskraft, inneren Antrieb und Wettbewerbsgeist. Sie sollten aber nicht immer und überall die Nummer eins sein wollen, denn das könnte mit Risiken, unsauberen Geschäften und gefährlichen Situationen verbunden sein.
• Positiv: Lebenswille, Aktivität, große Leistungskraft, Entschlossenheit.
• Negativ: Überforderung, Starrsinn, Streitlust.

Pelagus

Name des Sterns: Pelagus, auch Nunki genannt
Gradposition: 11°15' – 12°21' Steinbock zwischen
den Jahren 1930 und 2000
Magnitude: 2
Stärke: ********
Orbit: 2°10'
Konstellation: Sigma Sagittarii
Tage: 1., 2., 3., 4., 5. Januar
Sternqualitäten: Merkur/Jupiter
Beschreibung: Stern an der Hand des Schützen.

Pelagus' Einfluß bewirkt, daß Sie sehr wahrheitsliebend sind, einen starken Charakter und eine direkte, energische Art haben. Sie streben entschlossen nach Erfolg und haben gesunden Menschenverstand. Pelagus drängt Sie zu Weiterbildung, vor allem in Wissenschaft, Philosophie, Geschichte und Spiritualität. Unter Pelagus' Einfluß sind Sie freimütig und haben feste Überzeugungen.

Im Zusammenhang mit dem Stand Ihrer Sonne schenkt Pelagus Kreativität, Ideenreichtum und gute berufliche Aufstiegschancen und ein glückliches Heim. Sie können berühmt werden, auch wenn Sie sich manchmal in dubiose Situationen verwickeln, aus denen Sie gewöhnlich aber unbeschadet hervorgehen.
• Positiv: höhere Bildung, ausgeprägter gesunder Menschenverstand, Wahrheitsliebe.
• Negativ: Streitsucht, Unehrlichkeit.

Ascella

Name des Sterns: Ascella
Gradposition: 12°39' – 13°37' Steinbock zwischen
den Jahren 1930 und 2000
Magnitude: 3
Stärke: ******
Orbit: 1°40'
Konstellation: Zeta Sagittarii

Tage: 3., 4., 5., 6. Januar
Sternqualitäten: Jupiter/Merkur
Beschreibung: Doppelstern in der Achselhöhle
des Schützen.

Ascella steht für Ideenreichtum, gutes Urteilsvermögen und spirituelle und philosophische Neigungen. Wenn Sie rührig sind und Ihre Fähigkeit, in großen Maßstäben zu denken, mit Ihrem Pragmatismus verbinden, können Sie reich und glücklich werden.

Im Zusammenhang mit dem Stand Ihrer Sonne steht Ascella für Ehrgeiz, moralischen Mut und gutes Urteilsvermögen. Meist haben Sie feste Ansichten und Überzeugungen. Zudem sorgt dieses Gestirn dafür, daß Sie in Notzeiten einflußreiche Freunde oder hilfreiche Arbeitgeber haben. Der Einfluß von Ascella bewirkt, daß sich Ihnen dank Ihrer Führungsqualitäten und Ihrer sozialen Art immer wieder Chancen bieten und Sie im allgemeinen auf der Sonnenseite des Lebens stehen.
- Positiv: gesellig, freundlich, feste Überzeugungen.
- Negativ: unangenehm, streitlustig.

Manubrium

Name des Sterns: Manubrium
Gradposition: 14°1' – 15°03' Steinbock zwischen den
Jahren 1930 und 2000
Magnitude: 4
Stärke: ****
Orbit: 1°30'
Konstellation: Omikron Sagittarii
Tage: 5., 6., 7. Januar
Sternqualitäten: Sonne/Mars
Beschreibung: Stern in einem Sternhaufen
im Gesicht des Schützen.

Unter Manubriums Einfluß sind Sie mutig und besitzen eine kühne und dynamische Persönlichkeit. Manubrium bedeutet, daß Sie zu großem Heroismus und Widerstand fähig sind, außerdem hitzköpfig und ungeduldig sind.

Im Zusammenhang mit dem Stand Ihrer Sonne sorgt Manubrium für Vitalität, Elan und ein starkes Bedürfnis nach Führungspositionen, und er verleiht Ihnen Pioniergeist und Stolz. Sie sind sportlich und lieben Wettkämpfe, möchten aber möglichst alle Situationen dominieren.
- Positiv: eifrig, leistungsstark, mutig, ehrgeizig.
- Negativ: starrköpfig, ruhelos, streitlustig.

Wega

Name des Sterns: Wega, auch «Geier» genannt
Gradposition: 14°20' – 15°19' Steinbock zwischen
den Jahren 1930 und 2000
Magnitude: 1
Stärke: **********
Orbit: 2°30'
Konstellation: Alpha Lyrae
Tage: 4., 5., 6., 7., 8. Januar
Sternqualitäten: unterschiedliche Deutungen:
Venus/Merkur, auch Jupiter/Saturn
Beschreibung: leuchtendweiß-saphirblauer Stern
im nördlichen Teil der Leier.

Wega steht für Führungsqualitäten, Geselligkeit und Kontaktfreudigkeit. Gewöhnlich sind Sie unter seinem Einfluß kreativ, haben eine idealistische, optimistische Lebensauffassung und Schreibtalent. Wega sorgt allerdings auch dafür, daß sich Ihre Lebensumstände mehrfach ändern, Sie Phasen stark wechselnden Erfolgs durchleben müssen und nur durch große Entschlossenheit Stabilität in Ihrem Leben sichern können.

Im Zusammenhang mit dem Stand Ihrer Sonne ist Wega der Stern des Erfolgs und der Aufstiegschancen. Sein Einfluß bringt Sie oft in Kontakt mit einflußreichen Persönlichkeiten, was zu Ehren und Popularität führt. Wechselnde Umstände machen diese Erfolge aber kurzlebig. Häufig wählen Sie einen Beruf in staatlichen Organisationen oder eine Tätigkeit, bei der Sie mit Publikum zu tun haben. Hüten Sie sich davor, zu kritisch oder zu schroff zu sein.
- Positiv: kultiviert, hoffnungsfreudig, ernsthaft, verantwortungsbewußt.
- Negativ: Kräfteverschleiß, allzu zurückhaltend, kritisch, schroff, verborgene Feinde.

Deneb

Name des Sterns: Deneb, auch Al Danab genannt
Gradposition: 18°49' – 19°55' Steinbock zwischen
den Jahren 1930 und 2000
Magnitude: 3
Stärke: ******
Orbit: 1°40'
Konstellation: Zeta Aquilae
Tage: 9., 10., 11., 12. Januar
Sternqualitäten: Mars/Jupiter
Beschreibung: grüner Stern im Auge des Adler.

Deneb steht für Führungsqualitäten, eine liberale Einstellung und Toleranz. Sie sind optimistisch, kühn, unternehmungslustig, begeisterungsfähig und ehrgeizig. Sie haben einen ausgeprägten Gemeinschaftssinn und handeln entschlossen.

Im Zusammenhang mit dem Stand Ihrer Sonne sorgt Deneb für Erfolg in der Öffentlichkeit und für eine Neigung zu Geschäftsleben oder juristischen Berufen. Sie haben Führungsqualitäten, einen starken Willen und die Fähigkeit, andere anzuleiten. Durch Deneb haben Sie einen unabhän-

gigen, dynamischen Charakter und echte Individualität, die für Gelegenheiten sorgt, mit Mut und Begeisterungsfähigkeit voranzukommen.
- Positiv: Unternehmungsgeist, Kampfgeist, Ehrgeiz.
- Negativ: Hast, Ungeduld, Unehrlichkeit, Nachlässigkeit.

Terebellum

Name des Sterns: Terebellum
Gradposition: 24°52' – 25°55' Steinbock zwischen den Jahren 1930 und 2000
Magnitude: 5
Stärke: **
Orbit: 1°
Konstellation: Omega Sagittarii
Tage: 15., 16., 17. Januar
Sternqualitäten: Venus/Saturn
Beschreibung: orangeroter Stern in der viereckigen Figur im Schwanz des Sternbilds Schütze.

Terebellum steht für eine klare und pragmatische Einstellung, Ehrgeiz und Entschlossenheit. Sein Einfluß bewirkt, daß Sie verantwortlich handeln, pflichtbewußt sind und sich Hindernissen gewachsen fühlen. Häufig gehen Sie aus schwierigen Situationen gestärkt hervor. Terebellum steht aber auch für Zweifel und innere Konflikte: Sie fühlen sich zwischen Ihren persönlichen Wünschen und Pflichten anderen gegenüber hin und her gerissen.

Im Zusammenhang mit dem Stand Ihrer Sonne sorgt Terebellum dafür, daß Sie genügend Klugheit und Ehrgeiz haben, um in gehobene Positionen aufzusteigen. Unter seinem Einfluß neigen Sie aber auch zu Hinterlist oder Bösartigkeit. Mit Terebellum können Sie sehr wohl glücklich und erfolgreich werden, müssen dafür aber oft einen hohen Preis zahlen.
- Positiv: ehrgeizig, bescheiden, gefühlvoll, klug.
- Negativ: gewinnsüchtig, rastlos, hinterlistig, selbstsüchtig.

Wassermann

Albireo

Name des Sterns: Albireo
Gradposition: 0°17' – 1°16' Wassermann zwischen den Jahren 1930 und 2000
Magnitude: 3
Stärke: ******
Orbit: 1°40'
Konstellation: Beta Cygni
Tage: 20., 21., 22., 23. Januar
Sternqualitäten: Merkur/Venus
Beschreibung: topasgelb-saphirblauer Doppelstern am Kopf des Schwan.

Albireo steht für ein kultiviertes und sanftmütiges Wesen, und häufig assoziiert man mit diesem Stern auch Eleganz und Schönheit. Sie sind ordnungsliebend, liebenswert und beliebt und können mit der Hilfe anderer rechnen, wann immer Sie sie brauchen.

Im Zusammenhang mit dem Stand Ihrer Sonne steht Albireo für Geselligkeit, Mitgefühl und Unbeschwertheit. Unter seinem Einfluß schließen Sie leicht Freundschaften und können gut mit Menschen umgehen. Albireo schenkt auch Schreibtalent, vor allem für humanitäre oder soziale Themen. Sie wählen oft ungewöhnliche Tätigkeiten und neigen zu exzentrischem Verhalten. Albireo warnt davor, radikal oder gar extremistisch zu werden.
- Positiv: kommunikativ, liberal, kreativ, phantasievoll.
- Negativ: aufsässig, radikal, exzentrisch, unfreundlich.

Altair

Name des Sterns: Altair, auch Al Tair, Atair oder «Adler» genannt
Gradposition: 0°47' – 1°43' Wassermann zwischen den Jahren 1930 und 2000
Magnitude: 1
Stärke: **********
Orbit: 2°30'
Konstellation: Alpha Aquilae
Tage: 20., 21., 22., 23., 24. Januar
Sternqualitäten: Mars/Jupiter, Uranus, Merkur
Beschreibung: weiß-gelber Stern im Nacken des Adler.

Altair steht für große Sehnsüchte, Vertrauen, Ehrgeiz und Liberalismus, aber auch für Unnachgiebigkeit. Sie können radikal und aufsässig sein oder Verwirrung stiften, indem Sie Sand ins Getriebe streuen. Im allgemeinen sind Sie originell und exzentrisch, und schlechtes Benehmen gleichen Sie durch geniale Ideen aus, so daß Ihnen niemand ernsthaft böse sein kann. Altair sorgt auch für plötzlichen Reichtum oder Erfolg durch neue Erfindungen, warnt aber vor wechselnden Umständen, die Ihre Autorität untergraben.

Im Zusammenhang mit dem Stand Ihrer Sonne kann dieser Stern für Originalität, Beliebtheit und Abenteuerlust stehen. Altair macht Sie wißbegierig und schenkt schriftstellerisches und pädagogisches Talent. Häufig sind Sie ehrgeizig und wagemutig und wollen Ihre Situation verbessern, wobei es passieren kann, daß sich unerwartet Gewinne oder andere Vorteile einstellen. Da Sie gemeinschaftsorientiert sind, finden Sie schnell Freunde und lernen einflußreiche Leute kennen.
- Positiv: originell, phantasievoll, individuell, humanitär, kreativ.
- Negativ: aufsässig, feindselig, unberechenbar.

Giedi

Name des Sterns: Giedi, auch Al Jady oder Algedi genannt
Gradposition: 2°50' – 3°48' Wassermann zwischen den
Jahren 1930 und 2000
Magnitude: 4
Stärke: ****
Orbit: 1°40'
Konstellation: Alpha Capricorni
Tage: 23., 24., 25. Januar
Sternqualitäten: unterschiedliche Einflüsse: Venus/Mars
und Venus/Merkur
Beschreibung: gelber, aschfarbener und lilafarbener
Doppelstern am südlichen Horn des Steinbock.

:Giedi steht für ein ereignisreiches Leben voll von unerwarteten Begebenheiten und Wendungen, Glück, plötzlichem Erfolg und ungewöhnlichen Verbindungen. Unter dem Einfluß dieses Sterns durchleben Sie unstete Zeiten und wechselnde Lebensumstände. Obwohl Sie im allgemeinen vom Schicksal begünstigt sind, müssen Sie stets mit dem Unerwarteten rechnen.

Im Zusammenhang mit dem Stand Ihrer Sonne verleiht Giedi Energie, Vitalität und eine dynamische Persönlichkeit. Ihre Kreativität, zu der auch Schreibtalent gehört, sorgt dafür, daß Sie allgemein beliebt und erfolgreich sind. Sie haben einflußreiche Freunde, die Sie unterstützen. Hüten Sie sich jedoch davor, zu kritisch zu sein, und vermeiden Sie dubiose Geschäfte.

- Positiv: Kreativität, Popularität, außergewöhnliche Verbindungen, Vergünstigungen durch die Unterstützung anderer.
- Negativ: unstet, exzentrisch, nörglerisch.

Dabih

Name des Sterns: Dabih
Gradposition: 3°4' – 4°3' Wassermann zwischen
den Jahren 1930 und 2000
Magnitude: 3
Stärke: ******
Orbit: 1°40'
Konstellation: Beta Capricorni
Tage: 23., 24., 25., 26. Januar
Sternqualitäten: Saturn/Venus und Saturn/Uranus
Beschreibung: orangegelb-blauer Doppelstern
im linken Auge des Steinbock.

Dabih steht für Positionen des Vertrauens und der Autorität, die öffentliche Anerkennung einbringen. Er ist aber auch dafür verantwortlich, daß Sie sehr zurückhaltend sind und zu Mißtrauen neigen. Nehmen Sie sich vor schlechtem Umgang und vor Verlusten, die durch Freunde verursacht werden, in acht.

Im Zusammenhang mit dem Stand Ihrer Sonne steht Dabih dafür, daß Sie durch harte Arbeit und Entschlossenheit zu Erfolg kommen. Gehen Sie aber vorsichtig vor, und beschränken Sie sich auf Ihrem Weg nach oben auf konventionelle Methoden.

- Positiv: Fleiß, Entschlossenheit, Beharrlichkeit.
- Negativ: Mißtrauen, Argwohn.

Oculus

Name des Sterns: Oculus
Gradposition: 3°44' – 4°44' Wassermann zwischen
den Jahren 1930 und 2000
Magnitude: 5
Stärke: **
Orbit: 1°
Konstellation: Pi Capricorni
Tage: 24., 25., 26. Januar
Sternqualitäten: Venus/Saturn
Beschreibung: kleiner weißgelber Stern
im rechten Auge des Steinbock.

Oculus steht für einen scharfen Verstand, Pflichtbewußtsein und eine pragmatische Lebenseinstellung. Obwohl Sie gesellig sind und einen großen Freundes- und Bekanntenkreis haben, machen Sie durch Ihre ernste Ausstrahlung einen unbeteiligten Eindruck. Der Einfluß von Oculus sorgt aber für treue Freunde, die Sie unterstützen und Ihnen auf Ihrem Weg zum Erfolg helfen.

Im Zusammenhang mit dem Stand Ihrer Sonne schenkt Ihnen Oculus Charme und Freundlichkeit, Beliebtheit und Erfolg in der Öffentlichkeit.

- Positiv: gesellig, freundlich, gemeinschaftsorientiert.
- Negativ: einsam, gleichgültig, zu ernst.

Bos

Name des Sterns: Bos
Gradposition: 4°11' – 5°2' Wassermann zwischen
den Jahren 1930 und 2000
Magnitude: 5
Stärke: **
Orbit: 1°
Konstellation: Rho Capricorni
Tage: 25., 26. Januar
Sternqualitäten: Venus/Saturn
Beschreibung: kleiner weißer Stern
im Gesicht des Steinbock.

Bos steht für gutes Urteilsvermögen, Talent für künstlerischen Ausdruck und scharfen Verstand. Durch seinen Einfluß sind Sie sehr pflichtbewußt und können hart arbeiten. Wenn Sie entschlossen und von einer Sache überzeugt sind, verhilft Ihnen Bos zu Glück und Erfolg.

Im Zusammenhang mit dem Stand Ihrer Sonne kann der Einfluß von Bos für eine starke Persönlichkeit, feste Überzeugungen, Individualität und Zielstrebigkeit sorgen. Auf Bos lassen sich auch Ihre originellen Interessengebiete zurückführen. Hüten Sie sich aber davor, radikal oder extremistisch zu werden.
- Positiv: scharfer Verstand, Selbstbeherrschung, Ehrgeiz, Erfolg durch Fleiß.
- Negativ: zu ernsthaft, selbstquälerisch, Trennungen.

Armus

Name des Sterns: Armus
Gradposition: 11°45' – 12°45' Wassermann zwischen den Jahren 1930 und 2000
Magnitude: 5
Stärke: **
Orbit: 1°
Konstellation: Eta Capricorni
Tage: 1., 2., 3. Februar
Sternqualitäten: Mars/Merkur
Beschreibung: kleiner orangeroter Stern im Herzen des Steinbock.

Armus steht für Originalität, Erfindungsgabe, Kampfgeist, schnellen Verstand und die Gabe, andere zu beeindrucken. Unter seinem Einfluß sind Sie schlagfertig und rhetorisch begabt, neigen aber zu Streitsucht und unangenehmem Verhalten. Hüten Sie sich vor innerer Unruhe.

Im Zusammenhang mit dem Stand Ihrer Sonne verleiht Ihnen Armus Unabhängigkeit, rasche Handlungsfähigkeit und einen wachen Verstand. Im allgemeinen sind Sie gesellig und erfolgreich in der Öffentlichkeit.
- Positiv: Gemeinsinn, Urteilsvermögen, eindrucksvolles Reden.
- Negativ: Reizbarkeit, geistige Anspannung, Nervosität, streitsüchtig.

Dorsum

Name des Sterns: Dorsum
Gradposition: 12°51' – 13°50' Wassermann zwischen den Jahren 1930 und 2000
Magnitude: 4
Stärke: ****
Orbit: 1°30'
Konstellation: Theta Capricorni
Tage: 2., 3., 4. Februar
Sternqualitäten: Jupiter/Saturn
Beschreibung: kleiner weiß-blauer Stern am Rücken des Steinbock.

Dorsum verleiht die Fähigkeit, durch Beharrlichkeit und Geduld weitreichende Ziele zu erreichen. Mit harter Arbeit können Sie in öffentlichen Angelegenheiten erfolgreich sein.

Im Zusammenhang mit dem Stand Ihrer Sonne sorgt dieser Stern dafür, daß Sie langsam, aber stetig vorankommen, wobei Fortschritte gewöhnlich mit wachsender Verantwortung verbunden sind. Dorsum ermutigt Sie, Ihr Schreibtalent zu entdecken und zu entwickeln.
- Positiv: pflichtbewußt, diplomatisch, beflissen.
- Negativ: Anspannung, Unzufriedenheit, Ungeduld.

Castra

Name des Sterns: Castra
Gradposition: 19°30' – 20°12' Wassermann zwischen den Jahren 1930 und 2000
Magnitude: 4
Stärke: ****
Orbit: 1°30'
Konstellation: Epsilon Capricorni
Tage: 8., 9., 10. Februar
Sternqualitäten: Jupiter/Saturn
Beschreibung: kleiner orangegelber Stern im Bauch des Steinbock.

Castra steht für Führungsqualitäten, Bestimmtheit und Erfolg im Staatsdienst. Unter seinem Einfluß kommen Sie mit Geduld und harter Arbeit ans Ziel, können durch destruktives Verhalten aber leicht scheitern.

Im Zusammenhang mit dem Stand Ihrer Sonne kann Castra Ihnen zu Anerkennung für Ihr Schreibtalent oder Erfolg durch höhere Bildung verhelfen. Sie interessieren sich stark für Philosophie oder Astrologie. Intuition und spirituelle Fähigkeiten sind ebenfalls auf Castras Einfluß zurückzuführen.
- Positiv: Beharrlichkeit, Ehrgeiz, philosophisches Denken.
- Negativ: mangelndes Selbstvertrauen, Pessimismus.

Nashira

Name des Sterns: Nashira, auch «Überbringer guter Nachrichten» genannt
Gradposition: 20°48' – 21°45' Wassermann zwischen den Jahren 1930 und 2000
Magnitude: 4
Stärke: ****
Orbit: 1°30'
Konstellation: Gamma Capricorni
Tage: 10., 11., 12., 13. Februar
Sternqualitäten: Saturn/Jupiter
Beschreibung: kleiner Stern im Schwanz des Steinbock.

Nashira steht für Erfolg und für die Fähigkeit, Rückschläge und andere Schwierigkeiten zu meistern. Häufig sorgt er auch für ein vorsichtiges Wesen und dafür, daß Ihre Geduld zwar belohnt wird, Erfolg sich aber erst nach Schwierigkeiten einstellt.

Im Zusammenhang mit dem Stand Ihrer Sonne verleiht Nashira Schreibtalent, Führungs- und Managerqualitäten und Geschick im Umgang mit der Öffentlichkeit. Obwohl Nashira auch für Probleme steht, wenn Erfolg sich einstellt, dauert er an und führt zu guten Chancen für ausgezeichnete Positionen.
• Positiv: Ausdauer, Geduld, Vorsicht.
• Negativ: Anspannung, Unzufriedenheit, Reizbarkeit.

Sad Al Suud

Name des Sterns: Sad Al Suud
Gradposition: 22°24' – 23°20' Wassermann zwischen
den Jahren 1930 und 2000
Magnitude: 3
Stärke: ******
Orbit: 1°30'
Konstellation: Beta Aquarii
Tage: 11., 12., 13., 14. Februar
Sternqualitäten: unterschiedliche Einflüsse:
Merkur/Saturn und Sonne/Uranus
Beschreibung: blaßgelber Stern an der linken Schulter
des Wassermann.

Mit dem Einfluß von Sad Al Suud werden Kreativität, Phantasie, Intuition und spirituelle Fähigkeiten assoziiert. Unter seinem Einfluß interessieren Sie sich oft für Astrologie und Metaphysik. Er sorgt außerdem dafür, daß Sie häuslich sind und Ihr Zuhause schätzen.

Im Zusammenhang mit dem Stand Ihrer Sonne steht Sad Al Suud für Originalität, Erfolg in der Öffentlichkeit und Interesse für Astrologie, Philosophie oder Spiritualität. Sie sind kämpferisch, originell und phantasievoll. Es können sich unter dem Einfluß dieses Sterns merkwürdige oder unerwartete Dinge ereignen.
• Positiv: Originalität, Kreativität, glückliche Veränderungen, neue Möglichkeiten.
• Negativ: Skandale, übereiltes Handeln.

Deneb Algedi

Name des Sterns: Deneb Algedi
Gradposition: 22°23' – 23°39' Wassermann zwischen
den Jahren 1930 und 2000
Magnitude: 3
Stärke: ******
Orbit: 1°40'
Konstellation: Delta Capricorni
Tage: 11., 12., 13., 14. Februar
Sternqualitäten: Jupiter/Saturn
Beschreibung: kleiner Stern im Schwanz des Steinbock.

Deneb Algedi steht für Erfolg, Ruhm und Reichtum sowie die Fähigkeit, schwierige und unrentable Situationen in Erfolg umzuwandeln. Geschäftssinn, gepaart mit einer energischen Persönlichkeit, macht Sie zu einer Führernatur. Gewöhnlich sind Sie ein guter Stratege und denken in großen Maßstäben. Unter dem Einfluß von Deneb Algedi können Sie hohe Stellungen erreichen. Sie sollten jedoch Diskretion üben und bei der Wahl Ihres Arbeitgebers vorsichtig sein.

Im Zusammenhang mit dem Stand Ihrer Sonne sorgt Deneb Algedi dafür, daß Sie in juristischen Berufen oder im Staatsdienst erfolgreich sind. Sie kommen zwar nicht allzu schnell, aber stetig voran. Unter dem Einfluß dieses Sterns neigen Sie dazu, auf kleinere Probleme ungeduldig oder gereizt zu reagieren.
• Positiv: überzeugend, scharfsinnig, ehrgeizig.
• Negativ: destruktives Verhalten, verpaßte Gelegenheiten.

Fische

Sad Al Melik

Name des Sterns: Sad Al Melik
Gradposition: 2°21' – 3°16' Fische zwischen
den Jahren 1930 und 2000
Magnitude: 3
Stärke: ******
Orbit: 1°30'
Konstellation: Alpha Aquarii
Tage: 19., 20., 21., 23. Februar
Sternqualitäten: unterschiedliche Einflüsse:
Saturn/Merkur und Saturn/Jupiter
Beschreibung: großer, blaßgelber Stern
an der rechten Schulter des Wassermann.

Sad Al Melik steht für Phantasie, aber auch Konservativismus. Er verleiht spirituelle Fähigkeiten und Interesse an Metaphysik und Astrologie.

Im Zusammenhang mit dem Stand Ihrer Sonne bewirkt Sad Al Melik, daß Sie sich für Tätigkeiten in großen Unternehmen eignen. Unter seinem Einfluß sind Sie äußerst fleißig, neigen aber auch zu Raffgier und Materialismus. Sad Al Melik ist dafür verantwortlich, daß sich Erfolg erst nach Niederlagen einstellt; viel hängt aber davon ab, wieviel Energie Sie zu investieren bereit sind.
• Positiv: praktisch, geduldig, sensibel, fleißig.
• Negativ: unrealistisch, mißtrauisch, verwirrt.

Fom Al Haut

Name des Sterns: Fom Al Haut
Gradposition: 2°51' – 3°51' Fische zwischen
den Jahren 1930 und 2000
Magnitude: 1
Stärke: **********

Orbit: 2°30'
Konstellation: Alpha Piscis Austrini
Tage: 19., 20., 21., 22., 23., 24., 25. Februar
Sternqualitäten: Venus/Merkur
Beschreibung: rötlicher Stern im Maul des Südlichen Fisches.

Fom Al Haut ist einer der vier Königssterne und markiert die Wintersonnenwende. Als besonders kraftvoller Stern steht er für Glück, Erfolg und Kühnheit. Unter seinem Einfluß sollte man weniger materialistisch denken und sich dafür mehr spirituellen Dingen zuwenden.

Im Zusammenhang mit dem Stand Ihrer Sonne sorgt Fom Al Haut für Rhythmusgefühl, Aufnahmefähigkeit und die Tendenz, mit dem Strom zu schwimmen. Sie lassen sich leicht von Ihrer Umgebung beeinflussen, streben nach Selbstfindung und haben das Bedürfnis, sich auf kreative Weise zu verwirklichen. Unter dem Einfluß von Fom Al Haut sind Legate und Erbschaften zu erwarten. Er warnt aber gleichzeitig davor, sie nicht zu verschwenden und übereilt auszugeben.

- Positiv: sparsam, idealistisch, phantasievoll, kreativ.
- Negativ: kostspielige juristische Auseinandersetzungen, mangelndes Verständnis, Nachlässigkeit.

Deneb Adige

Name des Sterns: Deneb Adige, auch Al Dhanab genannt
Gradposition: 4°19' – 4°55' Fische zwischen
den Jahren 1930 und 2000
Magnitude: 1
Stärke: **********
Orbit: 2°30'
Konstellation: Alpha Cygni
Tage: 22., 23., 24., 25., 26., 27. Februar
Sternqualitäten: Venus/Merkur
Beschreibung: leuchtendweißer Stern im Schwanz des Schwan.

Deneb Adige steht für Intelligenz und eine schnelle Auffassungsgabe. Er wird mit Vielseitigkeit und Idealismus, aber auch mit spirituellen Fähigkeiten in Verbindung gebracht. Sie sind freundlich und liebenswert, sollten aber bei der Wahl Ihrer Freunde vorsichtig sein.

Im Zusammenhang mit dem Stand Ihrer Sonne sorgt Deneb Adige dafür, daß Sie Schreibtalent haben, Literatur lieben und sich für Astrologie interessieren. Sein Einfluß sorgt für Popularität und Erfolg im Umgang mit der Öffentlichkeit, ist möglicherweise aber auch daran schuld, wenn schwerwiegende Kindheitserlebnisse unauslöschliche Spuren hinterlassen.

- Positiv: wortgewandt, phantasievoll, scharfer Verstand, intellektuell.
- Negativ: mangelndes Taktgefühl, Zerstörung von Beziehungen.

Skat

Name des Sterns: Skat
Gradposition: 7°51' – 8°40' Fische zwischen
den Jahren 1930 und 2000
Magnitude: 3,5 – 4
Stärke: ****
Orbit: 1°30'
Konstellation: Delta Aquarii
Tage: 26., 27., 28., 29. Februar
Sternqualitäten: unterschiedliche Deutungen:
Saturn/Jupiter oder Uranus/Venus/Merkur
Beschreibung: kleiner Stern im rechten Bein des Wassermann.

Skat steht für Idealismus, Kunstsinn und Wahrnehmung. Häufig sind Sie unter seinem Einfluß romantisch veranlagt und erleben Wohlstand, Erfolg und dauerhaftes Glück.

Im Zusammenhang mit dem Stand Ihrer Sonne verleiht Skat Feingefühl, Idealismus, spirituelle Fähigkeiten und Erfolg in publikumsorientierten Berufen. Sie sind allgemein beliebt und finden hilfsbereite Freunde in Zeiten der Not. Skat warnt aber auch vor Überemotionalität, Überreaktionen und Nörgelei.

- Positiv: Kreativität, Rhythmus, Feingefühl, Geduld.
- Negativ: unstet, launisch, nervös.

Achernar

Name des Sterns: Achernar
Gradposition: 14°17' – 15°11' Fische zwischen
den Jahren 1930 und 2000
Magnitude: 1
Stärke: **********
Orbit: 2°30'
Konstellation: Alpha Eridani
Tage: 3., 4., 5., 6., 7., 8. März
Sternqualitäten: Jupiter
Beschreibung: blau-weißer Stern am südlichen Ende von Eridanus.

Achernars Einfluß sorgt dafür, daß Sie Weitsicht und einen Blick für die Gesamtheit haben. Sie sind optimistisch und ehrgeizig und lieben Gerechtigkeit. Durch Achernar haben Sie Flair und Erfolg im Umgang mit Publikum und interessieren sich für Philosophie und Religion.

Im Zusammenhang mit dem Stand Ihrer Sonne steht Achernar für Großzügigkeit, Geduld und Optimismus. Er schenkt Ihnen Schreibtalent und sorgt für höhere Bildung. Auszeichnungen für herausragende Arbeit und Erfolg in Geschäftsleben und Öffentlichkeit sind ebenfalls auf seinen Einfluß zurückzuführen. Ruhm und Anerkennung sind aber meist nicht von Dauer.

- Positiv: gerecht, sozial, strebsam.

- Negativ: Beeinflußbarkeit, Realitätsflucht, Spekulation, Mißverständnisse.

Markab

Name des Sterns: Markab
Gradposition: 22°29' – 23°22' Fische zwischen den Jahren 1930 und 2000
Magnitude: 2,5 – 3
Stärke: ********
Orbit: 1°40'
Konstellation: Alpha Pegasi
Tage: 12., 13., 14., 15., 16. März
Sternqualitäten: Mars/Merkur
Beschreibung: leuchtendweißer Stern am Flügel des Pegasus.

Markab steht für Unternehmungsgeist und Entschlossenheit. Unter seinem Einfluß sind Sie schlagfertig und lieben es, zu diskutieren oder zu argumentieren; auch haben Sie gutes Urteilsvermögen und praktische Fähigkeiten. Ihre Rhetorik ist eindrucksvoll, und Sie verstehen es, Situationen zu Ihren Gunsten zu wenden.

Im Zusammenhang mit dem Stand Ihrer Sonne verleiht Markab Reiselust, Kreativität, künstlerisches Talent und Erfolg beim Umgang mit Publikum. Mit Markab verbindet man Geschäftssinn und finanzielle Gewinne durch die Fähigkeit, schnell und intuitiv zu denken und zu handeln. Er ermuntert Sie, den Weg der höheren Bildung einzuschlagen und Ihrem Interesse für Spiritualität, Philosophie oder Schreiben nachzugehen. Hüten Sie sich aber vor Selbstgefälligkeit und mangelnder Begeisterungsfähigkeit.

- Positiv: tatkräftig, kreativ, unternehmungslustig.
- Negativ: Krittelei, Starrsinn, Reizbarkeit, hektisch.

Scheat

Name des Sterns: Scheat
Gradposition: 18°14' – 29°6' Fische zwischen den Jahren 1930 und 2000
Magnitude: 2
Stärke: ********
Orbit: 2°10'
Konstellation: Beta Pegasi
Tage: 16., 17., 18., 19., 20., 21. März
Sternqualitäten: Mars/Merkur oder Saturn/Merkur
Beschreibung: großer tieforangegelber Stern am linken Bein des Pegasus.

Scheat steht für Entschlossenheit, aber auch für Sturheit. Er macht Sie verträumt und idealistisch, aber auch unternehmungslustig. Im allgemeinen haben Sie viele Freunde und ein aktives gesellschaftliches Leben.

Im Zusammenhang mit dem Stand Ihrer Sonne kann Ihnen Scheat Erfolg in öffentlichen Angelegenheiten und Interesse für Metaphysik, Astrologie und Esoterik bescheren. Oft schenkt er Ihnen spirituelle Fähigkeiten, Intuition und Vorstellungskraft. Sein Einfluß bedeutet aber auch, daß Ihr Erfolg nicht unbedingt von langer Dauer ist und Sie vorsichtig bei der Wahl Ihrer Freunde, Bekannten oder Geschäftskollegen sein müssen.

- Positiv: Resolutheit, Entschlossenheit, Gemeinsinn, Diskussionslust, Unternehmungsgeist.
- Negativ: Gefahr durch Wasser, Hast, Starrsinn.

Über die Autorinnen

Geraldine Sullivan, Bachelor of Science, geboren am 4. Juni, ist Astrologin mit zwanzigjähriger Berufserfahrung. Sie arbeitet international als Dozentin und ist der amerikanischen Öffentlichkeit durch zahlreiche TV-Auftritte bekannt. Sie führt in London eine erfolgreiche astrologische Praxis und veranstaltet Workshops und Seminare. Sie hat Astrologie und Psychologie studiert und sich jahrelang wissenschaftlich mit dem Unbewußten, Träumen und mystischen Erfahrungen beschäftigt.

Saffi Crawford, Master of Arts, geboren am 28. Mai, ist seit dreizehn Jahren als Numerologin und Astrologin tätig. Sie führt in London eine erfolgreiche astrologische Beratungspraxis und veranstaltet Workshops für Astrologie und Numerologie. Ihren Magister erwarb sie sich in Geschichte und Philosophie. Im Zuge ihrer Forschungen befaßt sie sich mit Astrologie, Hermeneutik und Reflexivität.

Die Autorinnen freuen sich über Fragen und Anmerkungen zu diesem Buch.

Für zusätzliche Informationen über Fixsterne oder persönliche Horoskope wenden Sie sich bitte via Internet an die Autorinnen:

http://members.aol.com/AstroNum
oder http://members.aol.com/SunAstNum

oder senden Sie einen frankierten Rückumschlag an folgende Adresse:

BSN
P.O. Box 95
Barnet EN5 5ZT
England